Heiner Kruse

Logic Pro X

Das umfassende Handbuch

Rheinwerk
Computing

Liebe Leserin, lieber Leser,

kennen Sie Logic bereits aus früheren Versionen oder befassen Sie sich erstmalig mit dieser Software? In beiden Fällen wird die Funktionsvielfalt dieser DAW Sie beeindrucken: Sie erleichtert Ihnen die Arbeit und ermöglicht professionelle Musikproduktionen – vorausgesetzt, Sie kennen die passenden Funktionen und setzen sie richtig ein. Dabei sollten Sie sich von der oberflächlichen Ähnlichkeit mit GarageBand nicht täuschen lassen ...

Womit wir bei diesem Buch wären: Es vermittelt Ihnen zu Beginn alle Grundlagen, die Sie für den Start benötigen. Bereits in den ersten beiden Kapiteln lernen Sie, wie Logic eingerichtet wird und führen eine komplette Beispielproduktion durch. Darauf aufbauend lernen Sie neben der Aufnahme und Bearbeitung von Audio und MIDI u. a. die Synthesizer- und Sampler-Programmierung, MIDI-Effekte oder das Mischen mit Logic kennen.

Und da zur Musikproduktion mehr nötig ist als die Beherrschung der DAW, führt Sie das Buch auch in die Grundlagen der Harmonie- und Kompositionslehre ein und gibt Ihnen zahlreiche Tipps zur Produktion unterschiedlicher Genres an die Hand. Kapitel zu Filmvertonung, Mastering, dem Zusammenspiel mit anderer populärer Musiksoftware und ein Troubleshooting-Abschnitt runden den letzten Teil dieses Nachschlagewerks ab.

Wer könnte Ihnen die Vielzahl der relevanten Themen besser vermitteln als jemand, der nicht nur sehr erfolgreicher Musiker, Labelbetreiber und Musikproduzent ist, sondern auch als von Apple zertifizierter Dozent und Autor im Bereich Musikproduktion tätig ist? Heiner Kruse ist Logic-Experte der ersten Stunde, setzt bei seinen Musikproduktionen seit Anfang der 90er auf diese DAW und vermittelt sein Logic-Wissen seit vielen Jahren als Dozent. Ich bin sicher, dass Ihnen sein Werk eine große Hilfe sein wird!

Abschließend ein Wort in eigener Sache: Dieses Werk wurde mit großer Sorgfalt geschrieben, geprüft und produziert. Sollte dennoch einmal etwas nicht so funktionieren, wie Sie es erwarten, freue ich mich, wenn Sie sich mit mir in Verbindung setzen. Ihre Kritik und konstruktiven Anregungen sind uns jederzeit herzlich willkommen!

Ihr Christoph Meister
Lektorat Rheinwerk Computing

christoph.meister@rheinwerk-verlag.de
www.rheinwerk-verlag.de
Rheinwerk Verlag · Rheinwerkallee 4 · 53227 Bonn

Auf einen Blick

Wir hoffen, dass Sie Freude an diesem Buch haben und sich Ihre Erwartungen erfüllen. Ihre Anregungen und Kommentare sind uns jederzeit willkommen. Bitte bewerten Sie doch das Buch auf unserer Website unter **www.rheinwerk-verlag.de/feedback**.

An diesem Buch haben viele mitgewirkt, insbesondere:

Lektorat Christoph Meister
Fachgutachten Carlos Jünemann, Köln
Korrektorat Petra Biedermann, Reken
Herstellung Denis Schaal
Typografie und Layout Vera Brauner
Einbandgestaltung Mai Loan Nguyen Duy
Coverbild Shutterstock: 59147674 ©O.V.D., 110428847 ©martan, 124514986 ©Evgeny Karandaev; iStockphoto21658287 ©s-cphoto; Apple Incorporated
Satz III-Satz, Husby
Druck C.H.Beck, Nördlingen

Dieses Buch wurde gesetzt aus der TheAntiquaB (9,35/13,7 pt) in FrameMaker.
Gedruckt wurde es auf chlorfrei gebleichtem Offsetpapier (80 g/m²).
Hergestellt in Deutschland.

Bibliografische Information der Deutschen Nationalbibliothek:
Die Deutsche Nationalbibliothek verzeichnet diese Publikation in der Deutschen Nationalbibliografie; detaillierte bibliografische Daten sind im Internet über *http://dnb.d-nb.de* abrufbar.

ISBN 978-3-8362-5659-9

2., aktualisierte und erweiterte Auflage 2018

Informationen zu unserem Verlag und Kontaktmöglichkeiten finden Sie auf unserer Verlagswebsite **www.rheinwerk-verlag.de**. Dort können Sie sich auch umfassend über unser aktuelles Programm informieren und unsere Bücher und E-Books bestellen.

Inhalt

10 Export und Import von Audio, MIDI, Sonderformaten und Projektbestand teilen 525

Kapitel 1
Einführung, Schnellkurs Mac, Logic-Installation

In diesem Kapitel finden Sie zunächst eine Einführung. Im folgenden Schnellkurs lernen Sie Grundlagen zum Umgang mit dem Mac-System. Danach erläutere ich, wie und wo Sie Logic installieren und wie Sie es mit und ohne optionale externe Geräte wie ein Keyboard oder ein Audiointerface in Betrieb nehmen. Dabei werde ich auf mögliche Stolpersteine und Mindestvoraussetzungen inklusive Systeminstallation eingehen. Des Weiteren werde ich Möglichkeiten optionaler Downloads von Sounds und Logic-Inhalten vorstellen.

Logic Pro X ist in den letzten Jahren immer weiter verbessert worden. Das betrifft sowohl hinzugekommene Profi-Features als auch eine einfachere Bedienung. Auch die neue, platzsparendere Grafik macht das Arbeiten mit Logic X seit Version 10.3 angenehmer.

Die zweite Auflage dieses Buches ist ebenfalls komplett überarbeitet und teilweise neu strukturiert worden und enthält neue Inhalte und Funktionen wie Alchemy, DRUM MACHINE DESIGNER, Controller-Fernsteuerung, Spuralternativen, Regionsautomation oder AUSWAHLBASIERTE VERARBEITUNG sowie News bezüglich Apples iOS-Apps, die mit Logic zusammenarbeiten.

Die erste Auflage des Buchs hat teilweise im Detail Unterschiede zu Logic 9 behandelt, um Umsteigern zu helfen. Da Logic X mittlerweile etabliert ist, hat dies nicht mehr Priorität, wodurch die neue Auflage mitunter auch einfacher zu lesen ist. Das Buch konzentriert sich auf Logic X, ergänzt um praktische Workflow-Tipps. Durch die hinzugekommenen Erfahrungen der letzten vier Jahre sind diese nun – wie das Programm selbst – noch ausgereifter.

Unter *logichilfe.de* werde ich zusätzlich Hilfsvideos veröffentlichen, die auch Updates betreffen. Ein paar sind schon da.

Dass man in Logic alles in zig Varianten lösen kann, hat sich allerdings nicht geändert. Das Buch versucht hier immer wieder, den Kompromiss zu finden zwischen den Ansprüchen als ausführliches Kompendium einerseits und als kompakter Ratgeber andererseits. Als Besitzer eines E-Books können Sie übrigens stets auf Verweise klicken und direkt zum Ziel springen. Der Rheinwerk-Verlag bietet für Buch-Käufer ein Bundle-Angebot: Für nur 5 € zusätzlich können Sie auch nachträglich noch das E-Book erwerben. Dieses ermöglicht ein schnelles Springen zu verlinkten Abschnitten bzw. Querverweisen via Doppelklick.

1.1 Einführung

Menschen musizieren miteinander, Menschen genießen Musik anderer Musiker oder möchten sich mit Musik ausdrücken. Musik kann viel geben: Kraft, Freude, Spaß, Muße, Ruhe, Besinnung oder Verbundenheit mit anderen. Bei Musik geht es auch immer wieder darum, miteinander richtig umzugehen – ob als Musiker mit dem Mitmusiker oder als DJ mit der Crowd.

Ich habe im musikalischen Leben oft Unterstützung von tollen Musikern erfahren und hoffe, mit diesem Buch etwas zurückgeben zu können und dem ein oder anderen zu helfen, Ideen umzusetzen, ohne an Technik, mangelnder Hilfe und Dokumentation zu scheitern.

Logic Pro X bietet hierfür endlose Möglichkeiten. Ein Computer, ein kleines Mischpult, Logic Pro X und ein Mikrofon können ausreichen, um professionelle Produktionen zu realisieren – als Einzelkämpfer, im Team oder via Dateiaustausch per Internet. Vorausgesetzt, Sie können als Komponist und Musiker mit den Tools richtig umgehen.

Logic ist graphisch und strukturell ein eher klassisch aufgebautes Sequenzerprogramm bzw. eine Digital Audio Workstation (abgekürzt DAW) und mit Programmen wie Pro Tools, Cubase oder PreSonus Studio One eher artverwandt als z. B. mit Ableton Live, Reason oder Fruity Loops, die anders strukturiert sind.

Logic ist weltweit eines der populärsten Programme zum Produzieren von Musik aller Genres. In Logic produzierte Musik kann elektronische Schwerpunkte haben, muss aber auch überhaupt nicht nach »Computer« klingen.

Logic ist für viele professionelle Komponisten und Filmmusikproduzenten das bevorzugte Programm – aus folgenden Gründen:

- Logic ist eine voll ausgestattete Workstation mit einem professionellen Mixer.
- Logic enthält Instrumente, professionelle Effekte und Sounds aller Art (in Logic Pro X kommt eine riesige Auswahl topaktueller Sounds und Loops hinzu).
- Logic verfügt über die Werkzeuge, mit denen Sie Ihre Musik perfekt arrangieren und abmischen.
- Logic ist für die unterschiedlichsten Genres geeignet (Loop-Packs sind auch nach Genres sortiert).
- Logic nutzt die Ressourcen des Computers auch bei großen Projekten bislang meist besser als andere Programme.
- Logic kooperiert über Audio-Unit-(AU-)Plug-Ins mit einer endlosen Zahl von Instrumenten und Effekten anderer Hersteller.

Auch das iPad und iPhone können Sie bei der Arbeit mit Logic einbeziehen, sei es als Logic Remote-Fernsteuerung oder mit GarageBand für iOS oder der neuen Musikmemos-App als Skizzentool für unterwegs.

Logic wurde ursprünglich als Programm für professionelle Musikproduzenten konzipiert. Die Zielgruppe war damals eine vergleichsweise elitäre Gruppe von Studioprofis mit vielen Hardware-Klangerzeugern. Deshalb ist dies ein sehr dickes Buch, denn alle Profifunktionen sind immer noch da – und mehr.

Seit der Übernahme von Logics Erfinderfirma Emagic durch Apple ist Logic Stück für Stück einfacher zu erlernen und leichter zu bedienen geworden. Die Hinwendung von Apple zum Einsteiger verstanden einige Profis zunächst falsch und dachten aufgrund des neuen Designs, dass Profifunktionen verlorengegangen seien. Dem war nie so – doch spätestens seit dem 10.3-Update und einigen eingeführten neuen Tools, die an Pro Tools angelehnt sind, sollte auch jeder Profi wissen, dass Logic Pro X das, was Logic 9 bereits konnte, auf sehr gelungene Weise weiterentwickelt hat. Und Logic Pro 9-Projekte lassen sich in Logic Pro X öffnen.

Einsteiger können komplexe Optionen ausblenden. Das Buch bietet am Anfang einen Schnellkurs, mit dem Sie sich schnell einen Überblick verschaffen können.

Dieses Buch soll Ihnen in künstlerischer und technischer Hinsicht bei der Realisation von Ideen helfen. Schwerpunkte liegen natürlich auf Erläuterungen von Logics Funktionen zum Erreichen von Zielen. Aber auch auf allgemeinere Themen wie Vorbereitung einer Audioaufnahme, Mixdown, Synthesizerprogrammierung, Sounddesign, Filmvertonung, Effekte, Harmonielehre und Mastering gehe ich ein. Auch als User anderer Programme kann Ihnen dieses Buch also vielleicht weiterhelfen.

Das Buch ist in drei Teile unterteilt:

- *Teil 1: Einführung und Schnellkurse* umfasst Kapitel 1 und Kapitel 2. Hier geht es um die wichtigsten Basics. Es gibt eine Art Mac-Grundkurs für Windows-User, eine Anleitung für die Installation und das Setup Ihres Arbeitsplatzes sowie einen Logic-Schnellkurs. Der Logic-Schnellkurs ist in zwei Teile unterteilt und skizziert einen typischen Arbeitsablauf von der ersten Idee bis zum Export eines fertigen Audiofiles – und stellt bereits so etwas wie ein kompaktes Logic-Lernbuch dar.

  Der Schnellkurs bringt Ihnen gleich zu Beginn die wichtigsten Funktionen näher, die Sie zur Erreichung des Zieles, nämlich einer fertigen Songproduktion, immer wieder benötigen. Aus einer solchen Position heraus macht es mehr Spaß, sich den Details zu widmen. Ich behandele dabei auch kurz grundsätzliche Routing- und Mixdown-Strategien und ihre Umsetzung in Logic.
- *Teil 2: Logic Pro X im Detail* umfasst Kapitel 3 bis Kapitel 16. Kapitel 3 liefert theoretischen Background über MIDI und Informationen zu Setups, Einstellungen, Tastaturkommandos etc. Kapitel 4 bis Kapitel 6 sind (neben dem Schnellkurs) gewissermaßen das Herz des Buches in puncto Workflow und Detailerläuterungen; hier widmen wir uns dem Hauptfenster, der Aufnahme und dem Editing von Audio und MIDI und dem Arrangieren im Hauptfenster im Detail. In Kapitel 7 bis Kapitel 10 gehen wir die verschiedenen Editoren, Tempo- und Tuning-Anpassungen sowie Audio- und MIDI-Im- und Export durch.

Wenn Sie vor allem selbst mit MIDI komponieren möchten und weniger Audio aufnehmen, können Sie nach dem Schnellkurs auch direkt zu Kapitel 11 springen. Darin stelle ich Ihnen die Grundlagen der Synthesizer- und Sampler-Programmierung sowie sämtliche Logic-Instrumente vor und gebe Tipps für Drittanbieter-Plug-Ins. Kapitel 12 vermittelt Basisinhalte zu Harmonie- und Kompositionslehre, die weitgehend unabhängig von Logic sind und die Sie auch ohne Kenntnisse von Notenschrift verstehen sollten. Kapitel 13 zeigt MIDI-FX und erläutert detailliert das Environment. In Kapitel 14 und Kapitel 15 stelle ich Logics Mixer, sowie sämtliche Logic-Effekte vor. In Kapitel 16 geht es um Mix-Automation, Smart Controls sowie die Nutzung von Controllern und Logic Remote (iOS) mit Logic.

- *Teil 3: Mixingpraxis, musikalische und spezielle Ziele, Logic im Zusammenspiel mit anderer Software, Fehlersuche* umfasst Kapitel 17 bis Kapitel 20. Kapitel 17 bringt einen allgemeinen Mixing-Grundkurs sowie praktische Beispiele zur Demonstration von Ästhetiken und Produktionstechniken diverser Genres und Instrumentengruppen. Kapitel 18 widmet sich der Realisation spezieller Aufgabenstellungen, wie etwa Mastering oder der Vertonung von Filmen. Schließlich behandelt Kapitel 19 das Zusammenspiel Logics mit GarageBand iOS, Musikmemos und populärer Software anderer Hersteller wie *Ableton Live*, *Reason*, *Kontakt* oder *Maschine*. Kapitel 20 listet Schwierigkeiten auf, die mir bei der Arbeit mit Logic begegnet sind, sowie einige Hinweise zu Änderungen gegenüber Vorversionen. Zu guter Letzt hilft Ihnen ein Index am Ende des Buches beim Nachschlagen von Begriffen und Funktionen.

Unter *www.rheinwerk-verlag.de/4448* finden Sie den Bonusbereich mit »Materialien zum Buch«. Dieser enthält Hinweise zu Aktualisierungen und die Downloads zu den Logic-Projekten. Ich bitte um Verständnis, wenn manche Beispiele einen eher limitierten musikalischen Wert haben, da sie vor allem der Demonstration von Funktionen dienen. In Kapitel 17 finden Sie aussagekräftigere musikalische Beispiele.

Aus Platz- und Copyright-Gründen konnte ich Logics Library Sounds *nicht* mit Projekten abspeichern, doch diese sollten bei ordnungsgemäß installierten zusätzlichen Inhalten automatisch aufgefunden werden. Im Ordner *Sonstiges* finden Sie außerdem einzelne Bounces von Projektdateien als *.mp3*, wodurch Sie einen Vorgeschmack auf Projekte im Buch bekommen können.

Ich habe bei Studenten oft genug erlebt, was in dem einen oder anderen Fall aufgrund falscher Bedienung oder auch Bugs schieflaufen kann. Davon profitieren Sie als Leser ebenfalls und finden auch mal kritische Anmerkungen zu Dingen, die in Logic nicht ganz so gut gelöst sind – inklusive Lösungsvorschläge, wie Sie Probleme umgehen können.

Sicher kann man auch mit anderen Programmen ähnlich gut zum Ziel kommen. Verschiedene Programme oder Hardwaregeräte implizieren unterschiedliche Workflows; was wem liegt, ist auch eine Typfrage und Gewohnheit. Für mich ist Logic gewohntes Hauptwerkzeug, aber ich arbeite auch gerne mit anderen Programmen wie Ableton Live, Reason, Maschine oder Pro Tools.

Wenn Ihnen das Buch weitergeholfen hat und Sie Lust haben, an Beispielen aus dem Buch weiterzuarbeiten und etwas Neues zu basteln – schreiben Sie mir einfach eine Mail an *heiner@basswerk.de*.

Besonderer Dank gebührt Sebastian Kestel, dessen Vision das Buch möglich machte, sowie Christoph Meister. Meiner Frau Eva Kruse-Bartsch, die mich bei der zeitintensiven Erstellung dieses Buchs geduldig unterstützt hat, möchte ich ebenso danken wie meiner Lektorin Petra Biedermann sowie Jan Torkewitz, der mir bei Kapitel 12, »Harmonielehre, Skalen und Rhythmik: eine Einführung«, kontrollierend zur Seite stand.

1.2 Mac-Basics und -Shortcuts, Unterschiede zwischen Mac und PC

Wenn Sie Logic Pro X nutzen wollen, ist ein Mac Pflicht, denn Logic ist ein Apple-Programm. Die folgenden Tipps zum Workflow auf dem Mac sollen Mac-Einsteigern und Umsteigern von Windows den Einstieg erleichtern. Sie kennen sich mit dem Mac schon aus und haben Logic schon installiert? Dann können Sie diesen Abschnitt auch überspringen, aber vor allem bei den Shortcut-Tipps ist vielleicht auch für Sie das ein oder andere dabei, was Sie noch nicht wussten.

Neben dem Mac-Tastaturlayout werde ich das Programm Finder erklären, das Ihnen die grundlegende Mac-Benutzeroberfläche liefert, sowie Sie kurz über den App Store und Systemaktualisierungen informieren.

1.2.1 Unterschiede zwischen der Mac- und der PC-Tastatur

Es ist wichtig, sich mit der Tastatur des Mac auszukennen, denn Sie können sich die Arbeit mit dem Mac und mit Logic mit Hilfe von voreingestellten oder selbst zugewiesenen *Tastaturkurzbefehlen* (englisch: *shortcuts*) deutlich vereinfachen. Es gibt vor allem in der linken unteren Ecke einige Unterschiede zu einer Windows-PC-Tastatur. Aber auch für Mac-User ist es wichtig, hier noch einmal zusammenzufassen, welche Bezeichnungen für Tasten gängig sind, damit es nicht zu Verwechslungen kommt. Kennen Sie den Unterschied zwischen der Wahltaste und der Umschalttaste? Tabelle 1.1 und Abbildung 1.1 zeigen, welche Symbole und Bezeichnungen Sie kennen sollten, um Tastaturkurzbefehle auf dem Mac und in Logic zu verstehen.

Die Tabelle fasst die verschiedenen gängigen Begriffe und Symbole zusammen. Oft werden in der Literatur oder in Workshops deutsche und englische Bezeichnungen gemischt benutzt. Ich bevorzuge in diesem Buch meist die Benutzung der Tastenkappen [⇧], [ctrl], [alt] und [cmd], die sich ohnehin aus der Beschriftung der Tastatur ergeben.

Mac	Windows-PC
⇧ = Shift = Umschalttaste	⇧ = Shift = Umschalttaste
ctrl = Ctrl = Control = ^	Strg = Strg = Steuerungstaste
alt = Alt = Alternate = Wahltaste = Optionstaste	Alt = Alt = Alternate
cmd = Cmd = Command = Befehlstaste = Apfeltaste	⊞ = Win = Windowstaste

Tabelle 1.1 Verschiedene Bezeichnungen für die Funktionstaste

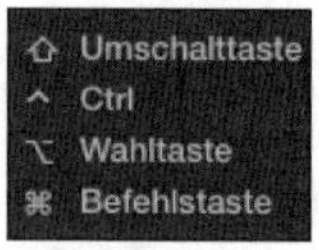

Abbildung 1.1 Funktionstasten der Mac-Tastatur mit den dazugehörigen Symbolen, wie sie von Logic benutzt und angezeigt werden

Wenn Sie sich Ihre Mac-Tastatur ansehen, werden Sie die oben abgebildeten Symbole darauf wiederfinden, wobei sich Laptoptastaturen von größeren Tastaturen leicht unterscheiden, wie Abbildung 1.2 und Abbildung 1.3 verdeutlichen.

Abbildung 1.2 Das Layout einer großen Mac-Tastatur

Abbildung 1.3 Das Layout einer kleineren Laptop-Mac-Tastatur

Die Taste mit dem ↵-Symbol ❶ wird übrigens (wie in Windows auch) als *Eingabe-Taste* oder als *Return-Taste* bezeichnet, die Taste in Abbildung 1.2 ganz unten rechts nennt man dagegen *Enter-Taste* ❷.

Die Befehlstaste [cmd] beim Mac liegt links neben der Leertaste und ist am entsprechenden Symbol zu erkennen. Bei älteren Macs ist manchmal außerdem oder stattdessen ein Apfelsymbol abgebildet, weshalb man auch von der *Apfeltaste* spricht. Als Kürzel für die Befehlstaste wird Cmd (*command*, englisch = Befehl) benutzt. Auf Mac-Tastaturen fehlt die [Strg]-Taste (Steuerung), die bei PC-Tastaturen meist unten links liegt – also dort, wo bei Macs stattdessen die [ctrl]-Taste (*control*) platziert ist. Bei PC-Tastaturen liegt üblicherweise die [Alt]-Taste links neben der Leertaste und links daneben die *Windows-Taste* mit einem Windows-Symbol ([⊞]).

Ein typischer Unterschied zwischen PC- und Mac-Shortcuts besteht darin, dass bei Programmen, die sowohl auf dem Mac als auch auf dem PC funktionieren (wie zum Beispiel *Reason*, *Ableton Live* oder *Word*), beim Mac die [cmd]-Taste oft die gleiche Funktion erfüllt wie beim PC die [Strg]-Taste – obwohl letztere eine andere Position auf der PC-Tastatur hat (ganz links unten außen). So lautet der Tastaturbefehl »kopieren« beim Mac [cmd] + [C] (auch genannt *Apfel C*) und beim PC [Strg] + [C].

Die [alt]/[Alt]-Taste wird auf PCs und Macs meist synonym verwendet; man nennt sie auch *Option*- oder *Wahltaste*. Die [⇧]-Taste ist auf beiden Systemen als *Großbuchstabentaste* oder *Umschalttaste* bekannt.

Bei der Arbeit mit dem Mac ist die Arbeit mit Shortcuts oft sinnvoll und spart Zeit. Viele Shortcuts können Sie später auch selbst vergeben, andere sind fest in das System integriert. Priorität sollte aber haben, dass Sie überhaupt erst einmal mit dem Mac zurechtkommen.

1.2.2 Einführung Mac/Finder

Wenn Sie Windows-Rechner gewöhnt sind oder sich mit einem Mac überhaupt nicht auskennen, ist der Umstieg mit Hilfe der Kenntnis einiger Mac-Basics relativ leicht.

Grundlegendes

Ich gehe davon aus, dass Sie das Mac-System grundsätzlich installiert haben und Ihren Benutzernamen sowie Ihr Benutzerkennwort kennen, das Sie zum Beispiel bei der Installation von bestimmten Programmen und Inhalten benötigen. Zu diesem Zweck müssen Sie sich nämlich oft nochmals als sogenannter Administrator anmelden, wodurch das Mac-Betriebssystem macOS verhindern möchte, dass ungewollt schädliche Software installiert wird.

All diese Dinge lässt Sie das Installationsprogramm bei einer kompletten Systemneuinstallation des Mac normalerweise automatisch konfigurieren. Dabei erstellen Sie ein Benutzerkonto mit einem Benutzernamen und Kennwort und haben Administratorrechte. Sie können mehrere Benutzer anlegen, die beispielsweise nur eingeschränkte Rechte haben (z. B. Schüler einer Schule, Kollegen oder Kinder).

Finder

Wenn Sie Ihren Mac in Betrieb genommen haben, öffnet sich zunächst das Programm *Finder*. Dass der Finder aktiv ist, sehen Sie oben links auf dem Bildschirm, wo FINDER rechts neben dem Apfelsymbol steht, wie in Abbildung 1.4.

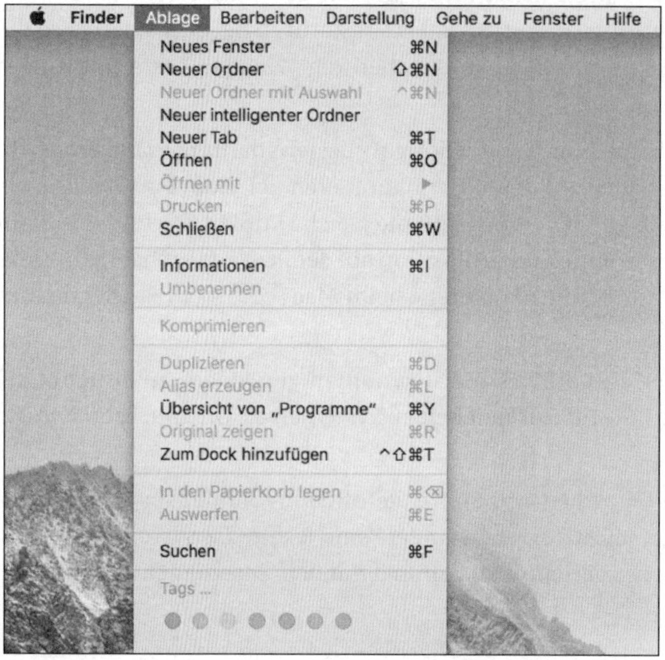

Abbildung 1.4 Sie befinden sich im Finder. Öffnen Sie von hier aus ein neues Fenster.

Hier steht immer der Name des Programms, das sich gerade im Vordergrund befindet und zu dem auch die weiteren sichtbaren Menüeinträge rechts daneben gehören. Sobald Sie mit einem anderen Programm arbeiten, steht dort ein anderer Name. Mit dem Shortcut [cmd] + [⇥] schalten Sie zwischen Programmen um (siehe Abbildung 1.5). Der Finder hat dabei das Icon mit dem Smiley.

Abbildung 1.5 Symbole der aktiven Programme in der Anzeige, die sie mit den Tasten »cmd« und »Tab« erreichen. Durch wiederholtes Drücken der Tabulatortaste bei gehaltener »cmd«-Taste wechseln Sie zwischen den Programmen.

Tastaturkurzbefehle für das Mac-Programm Finder funktionieren nur, wenn der Finder als Programm im Vordergrund ausgewählt ist. Je nachdem, welches Programm im Vordergrund ist, ändern sich ganz oben auch die Menüs in der Menüleiste. Das Apfelmenü, das Sie links oben unterhalb des Apfels sehen, wenn Sie diesen anklicken, bleibt dagegen gleich, auch wenn Sie zwischen Programmen wechseln.

Das Programm Finder ist vergleichbar mit dem Windows Explorer. Im Finder können Sie neue Fenster und Ordner erzeugen (Abbildung 1.4), Dateien kopieren und einfügen, Darstellungsoptionen wählen, Hilfefunktionen aufrufen etc. Diese Dinge waren bislang auf verschiedenen macOS-Systemen gleich, auch wenn es immer wieder ein paar Änderungen in neuen Systemen gibt. Für die Arbeit mit diesem Buch ist es weitgehend unwesentlich, mit welchem System Sie arbeiten (solange Ihr Logic darauf läuft – Logic 10.3 braucht 10.11 OS X El Capitan).

Fenster im Finder

Wählen Sie im Menü ABLAGE • NEUES FENSTER. Im neu geöffneten Fenster können Sie durch die Dateien und Ordner auf Ihrem Computer navigieren und hierfür verschiedene Ansichten wählen, die sich mit den Tastaturkommandos `cmd` + `1`, `cmd` + `2`, `cmd` + `3` und `cmd` + `4` aufrufen lassen. In Abbildung 1.6 habe ich die *Spaltenansicht* ❶ (`cmd` + `3`) ausgewählt. Der Button für die Spaltenansicht unterhalb des Menüeintrages DARSTELLUNG ist markiert. Der Button links daneben ❷ mit den drei horizontalen Streifen würde beispielsweise die Listenansicht auswählen, in der Sie Dateien nach Name, Größe oder Datum sortieren können, indem Sie oben im Fenster die entsprechende Spalte anklicken (siehe Abbildung 1.7). Die Buttons rechts und links daneben bieten weitere Ansichtsalternativen. Natürlich können Sie beliebig viele Fenster öffnen, Ordner erstellen und Dateien mit der Maus anfassen und bewegen. Wenn Sie dabei die Taste `alt` halten, werden Elemente nicht bewegt, sondern kopiert.

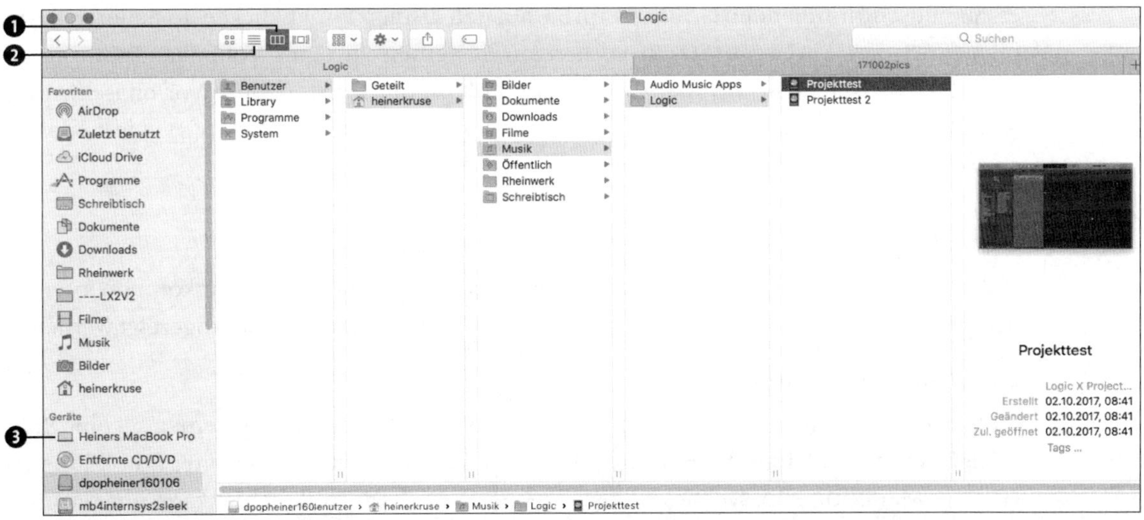

Abbildung 1.6 Im Fenster sehen Sie, wie Sie in der unterhalb des Eintrags »Darstellung« ausgewählten Spaltenansicht durch die Dateien navigieren. Zudem sind zwei Tabs geöffnet.

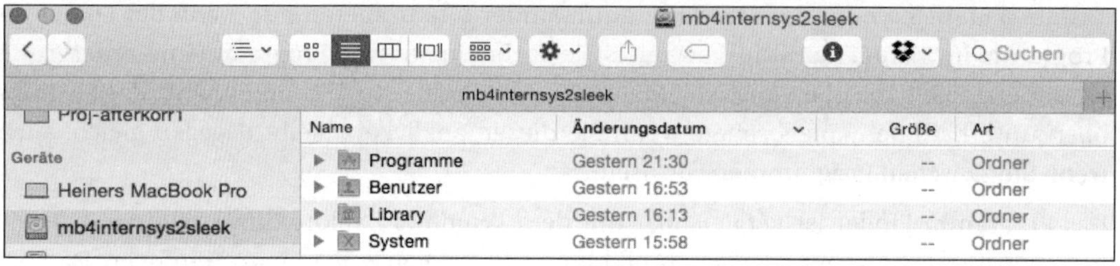

Abbildung 1.7 Ein anderer Ordner in der Listenansicht, die eine Sortierung u. a. nach Name oder – wie im Bild – nach Änderungsdatum erlaubt

Ab Mac OS X 10.11 aufwärts ähneln die Finder-Fenster gegenüber den Vorversionen noch mehr einem Browser. Sie können nicht nur (wie bereits in vorherigen Systemen) mit den Pfeiltasten oben links unterhalb der bunten Punkte zur letzten oder nächsten Ansicht navigieren, sondern nun auch Tabs innerhalb eines Fensters durch Klick auf das +-Symbol rechts (oder via `cmd` + `T`) erstellen, um zwischen mehreren Ansichten in einem Fenster umzuschalten (siehe Abbildung 1.6). Für die Darstellung von Fenstern oder Dateien finden Sie im Menü DARSTELLUNG des Finders weitere Einstellungen.

Wenn Sie bei einem geöffneten Fenster oben links, wo Sie nebeneinander einen roten, einen gelben und einen grünen Punkt sehen, auf den gelben Punkt klicken (oder `cmd` + `M` für MINIMIEREN • FENSTER IM DOCK ABLEGEN betätigen), verschwindet das Fenster. Sie finden es danach im Dock wieder und können es von dort aus auf die ursprüngliche Größe bringen, indem Sie es anklicken. Auch Dokumentenfenster anderer Programme haben diese farbigen Punkte und lassen sich so temporär aus dem Weg räumen. Sie schließen ein Fenster oder Dokument, indem Sie auf den roten Punkt klicken (oder `cmd` + `W` betätigen). Sie befördern es zur bildschirmfüllenden Größe, wenn Sie auf den grünen Punkt klicken. In neueren Systemen führt dies im Gegensatz zu vorherigen Systemen zu einer Vollbildansicht, die die Menüleiste ausblendet, was manchmal lästig ist. Um das Fenster wie zuvor bildschirmfüllend zu vergrößern, halten Sie dort nun beim Klick auf den grünen Punkt `alt` fest oder klicken einfach doppelt auf den Fensterkopf.

Wo finde ich meine Festplatten, meine Dateien und Logic?

In diesem Abschnitt geht es darum, wo Sie verschiedene Inhalte oder Systemkomponenten auf dem Mac finden, die nach der Installation teilweise nicht standardmäßig angezeigt werden.

Wo ist meine Festplatte?

Wenn Sie kein Symbol für Ihre Festplatte sehen (was bei neuen Mac-Systemen oft eine Standardeinstellung ist), hilft der Eintrag mit dem Namen des Computers weiter (Abbildung 1.6: HEINERS MACBOOK PRO, ❸), Dieser ist via `⇧` + `cmd` + `C` aufrufbar oder kann über FINDER • EINSTELLUNGEN • SEITENLEISTE eingeblendet werden. Ist die Spaltenansicht gewählt, tauchen rechts davon die Inhalte auf – in diesem Fall eben alle Festplatten, die zum Computer gehören.

Was zeigen die Seitenleiste und das Fenster?

Sie können unter FINDER • EINSTELLUNGEN • SEITENLEISTE weiterhin einstellen, was sonst noch in der Seitenleiste sichtbar ist (z. B. dass Sie Festplatten – wie von früheren Versionen gewohnt – wieder auf dem *Schreibtisch* (engl.: *Desktop)*, angezeigt bekommen). Sie können alternativ auch ein Festplattensymbol zu Ihren FAVORITEN in der Seitenleiste herüberziehen. Im Menü DARSTELLUNG des Finders finden Sie weitere Darstellungsoptionen, z. B. das Einblenden der SEITENLEISTE oder der PFADLEISTE unten

Wo sind die Inhalte des Schreibtischs auf der Festplatte?

In Abbildung 1.6 sehen Sie Details zur Anordnung der Dateien: So ist zum Beispiel das, was Sie auf Ihrem Schreibtisch sehen, Bestandteil des Ordners SCHREIBTISCH, der sich im Bild rechts unten im Ordner DPOP160106 (Systemfestplatte) • BENUTZER • HEINERKRUSE befindet und den Sie auch mit Hilfe des Shortcuts ⇧ + cmd + D erreichen.

Benutzerordner und seine Library

Zu jedem Benutzerordner gehören Ordner wie BILDER, DOKUMENTE, DOWNLOADS, FILME und MUSIK (Abbildung 1.6). In letzterem legt Logic Pro X seine Dateien in einem Unterordner namens AUDIO MUSIC APPS ab.

Außerdem sehen Sie in Abbildung 1.6 einen LIBRARY-Ordner auf der Systemfestplatte. Der LIBRARY-Ordner im Benutzerordner ist seit Mac OS X 10.7 normalerweise nicht sichtbar, Sie erreichen ihn aber unter anderem über das Menü GEHE ZU ..., wenn Sie es mit gehaltener alt-Taste aufrufen. Das spielt auch eine Rolle, wenn Sie manuell Apple Loops in den Pfad *Benutzer* • *Library* • *Audio* • *Apple Loops* • *User Loops* kopieren möchten.

Programmordner

Auf der obersten Ebene der Festplatte sehen Sie einen Ordner PROGRAMME, in dem Sie auch das Programm LOGIC PRO X finden, wenn Sie es installiert haben. Mit einem Doppelklick öffnen Sie es. Abbildung 1.6 zeigt links oben auch einen Ordner PROGRAMME unter dem Eintrag FAVORITEN, mit Hilfe dessen Sie eventuell schneller zu den Programmen gelangen. Dorthin (unter die FAVORITEN) können Sie übrigens auch alle Ordner ziehen, die Sie schnell erreichen möchten, wie ich das im Bild beispielsweise mit dem Ordner RHEINWERK getan habe.

Hinweis: Wenn Sie bei einem geöffneten Ordner (z. B. PROGRAMME) die Taste L drücken, wird automatisch die erste Datei, die mit einem »L« beginnt, selektiert.

Festplatten auswerfen und formatieren

Externe Festplatten müssen Sie auf dem Mac auswerfen, bevor Sie sie abziehen. Sie werfen eine Festplatte aus, indem Sie mit der rechten Maustaste (oder ctrl + Klick) das Kontextmenü aufrufen und den Eintrag AUSWERFEN auswählen (oder cmd + E betätigen).

Eine Festplatte können Sie im sogenannten *Festplatten-Dienstprogramm* (im Ordner PROGRAMME • DIENSTPROGRAMME, den Sie auch mit ⇧ + cmd + U aufrufen) Mac-kompatibel formatieren. NTFS-formatierte Windows-Festplatten lassen sich normalerweise auf Macs lesen, aber nicht beschreiben.

Dock und Apfelmenü

Eine Möglichkeit, Programme und minimierte Dokumente schnell aufzurufen, bietet das sogenannte *Dock*. Abbildung 1.8 zeigt das Dock. An den kleinen schwarzen Punkten unter/neben den Programm-Icons sehen Sie, welche Programme aktiv sind. Im Bild sind das mehrere Programme, wie zum Beispiel der Finder (repräsentiert durch das quadratische Gesichtssymbol) und das optional zu erwerbende Microsoft Word (dargestellt durch das blaue W).

Mit einem Klick auf die unterschiedlichen Symbole schalten Sie zwischen den Programmen um. Wenn Sie beispielsweise auf das blaue W klicken würden, stünde anschließend WORD und nicht mehr FINDER rechts neben dem Apfel – und die Menüs rechts daneben würden dann ebenfalls zu Word gehören.

Im Bild ruht die Maus über dem schwarz-silbernen Logic Pro X-Programmsymbol (wodurch der Name des Programms angezeigt wird), und ein einfacher Klick darauf ruft das Programm Logic auf.

Abbildung 1.8 Hier sehen Sie das Dock auf der linken Seite. Aktive Programme sind mit einem Punkt markiert, das Zahnradsymbol führt zu den Systemeinstellungen.

Für das Dock können Sie einstellen, ob es permanent sichtbar ist oder nur dann, wenn Sie die Maus auf eine dem Dock zugewiesene Seite bewegen. In meinem Fall ist das unten, das Dock kann aber auch links oder rechts liegen. Sie finden Einstellungen für das Dock unter SYSTEMEINSTELLUNGEN – im Dock selbst oder im Apfelmenü (siehe Abbildung 1.9). Dort erreichen Sie auch wichtige grundlegende Befehle wie NEUSTART oder AUSSCHALTEN. Klicken Sie hierzu auf den Apfel ganz links oben.

Abbildung 1.9 Die Einträge des Apfelmenüs

Systemeinstellungen

Wenn Sie die Systemeinstellungen öffnen, finden Sie dort neben dem Eintrag Dock viele weitere Einstellmöglichkeiten für den Mac (siehe Abbildung 1.10). Sie können hier so ziemlich alles einstellen, inklusive der Konfiguration Ihrer Tastatur, der Sprache, der Maus, des Trackpads und der Bildschirme. Sound und MIDI werden allerdings größtenteils durch ein anderes Programm, das Audio-MIDI-Setup, konfiguriert, das ich in Abschnitt 1.5, in verschiedenen Abschnitten über die Konfiguration von Audio und MIDI in Kapitel 3 sowie für Netzwerkverbindungen in Abschnitt 19.14 erläutere.

Abbildung 1.10 Die Systemeinstellungen

Mission Control ist ein Programm, mit dem Sie mehrere geöffnete Dokumente auf mehrere Schreibtische verteilen können, was nicht jeder braucht und den Rahmen einer Einführung sprengt. Sie sollten aber wissen, dass Programme wie Mission Control durch bestimmte, meist vorkonfigurierte Befehle aufgerufen werden, z. B. durch Tastaturkurzbefehle oder durch Bewegen des Mauszeigers in eine bestimmte Ecke. Es kann also sein, dass vorgegebene Shortcuts für Hilfsprogramme oder das System Sie bei der Arbeit mit Programmen behindern. Sie müssen solche Shortcuts in den zugehörigen Bereichen der Systemeinstellungen deaktivieren, damit Sie in anderen Programmen wie Logic wieder verfügbar sind. Das geht allerdings nicht bei bestimmten System-Shortcuts (`cmd` + `W` zum Schließen eines Fensters oder `cmd` + `M` zum Minimieren bzw. Ablegen des Fensters im Dock sind fest vergeben).

Apple hat in der Vergangenheit circa einmal pro Jahr ein neues System veröffentlicht, mit kleinen Abweichungen waren die hier beschriebenen Dinge in den jeweiligen Systemen jeweils ähnlich.

Unerwünschte Dateiauslagerung an iCloud

Ab macOS 10.12 Sierra wird bei der Nutzung von iCloud teilweise vorkonfiguriert: Apps können Dokumente dorthin auslagern, um Platz auf der Festplatte zu sparen. Das kann zu Problemen führen, wenn keine Internetverbindung vorhanden ist. Ich nutze iCloud auf dem Mac nicht – dann kann das ohnehin nicht passieren. Bei aktivierter iCloud sollten Sie in den iCloud-Einstelllungen die Option MAC-SPEICHER OPTIMIEREN deaktivieren.

Warum bewegt sich alles in die falsche Richtung, wenn ich scrolle?

Im Fenster SYSTEMEINSTELLUNGEN finden Sie auch ein Feld namens TRACKPAD, wo Sie die Richtung, in die Sie mit der Maus scrollen, ändern können. Apple definierte in Version 10.7 die »natürliche Richtung« des Scrollings neu, was so manchen User auf die Palme brachte. Zum Glück kann man solche Dinge manuell anpassen.

1.2.3 Workflow-Tipps und Task Manager

Nun möchte ich Ihnen noch ein paar Tipps für ein schnelleres Arbeiten mit dem Mac geben, inklusive der erwähnten Suchfunktion Spotlight und der Option PROGRAMME SOFORT BEENDEN, mit der Sie ein abgestürztes Programm zwangsweise schließen. Einige Shortcuts haben Sie bereits kennengelernt.

Arbeit mit Programmen

Mit dem Tastaturbefehl [cmd] + [⇥] schalten Sie ganz einfach und schnell zwischen aktiven Programmen um. Um Programme komfortabel zu schließen, ohne dabei lange Wege z. B. mit der Maus oder dem Trackpad zurücklegen zu müssen, verwenden Sie die übliche Tastenkombination [cmd] + [Q].

Was tun bei Hängern und Abstürzen? Programme mit einem Task Manager beenden!

Wenn ein Programm nicht mehr reagiert oder nicht beendet werden kann, können Sie es zu Letzterem zwingen. In solchen Fällen sehen Sie möglicherweise dauerhaft ein kreisrundes Symbol in Regenbogenfarben anstelle des Mauszeigers (von Usern liebevoll *Spinning Wheel of Death* getauft). Programmabstürze oder -hänger kommen beim aktuellen Mac-System nicht häufig vor. Ein Hänger kann allerdings auch dem Hauptprogramm Finder passieren. Oft sind angeschlossene Festplatten, optische Laufwerke oder USB-Sticks schuld; entfernt man sie, ist das Problem eventuell behoben. Welche Gründe auch immer Sie haben, ein Programm gewaltsam schneller beenden zu wollen, der Tastaturbefehl für den entsprechenden Dialog lautet [cmd] + [alt] + [esc].

In diesem Dialog PROGRAMME SOFORT BEENDEN (eine Art Mac-Pendant zum Windows Task Manager) sehen Sie alle geöffneten Programme (siehe Abbildung 1.11). Wählen Sie die Anwendung aus, die Sie beenden möchten, und klicken Sie unten auf SOFORT BEENDEN. Eventuell ungesicherte Daten können dabei verlorengehen. Das Programm Finder ist nicht im Ordner PROGRAMME zu finden, kann aber bei Problemen ebenfalls beendet und durch Klick auf sein Symbol im Dock neu gestartet werden.

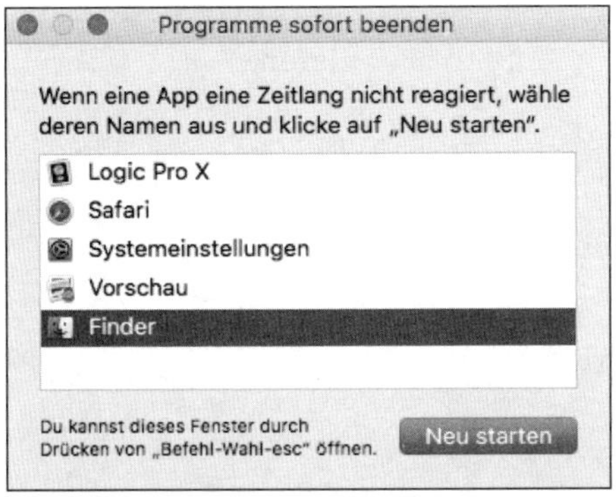

Abbildung 1.11 Dieser Dialog zeigt Ihnen alle aktiven Programme. Durch Auswahl und Klick auf »Sofort Beenden« lässt sich ein Programm zwangsweise schließen.

Wenn Sie Logic auf diese Weise beenden, können Sie in der Regel dank der Autosave-Funktion Ihre Arbeit weitgehend wiederherstellen.

Dateien schneller sichern

Wenn Sie beim Vorgang SICHERN UNTER ... zum Speichern eines Dokuments im anschließend erscheinenden Dialog eine sichtbare Datei anklicken, wird zunächst deren Name für die zu sichernde Datei übernommen! Kleine Korrekturen des Namens sind oft schneller als die Eingabe des ganzen Namens, z. B. wenn Sie für einen Song-Bounce als *.wav*-Datei den Namen eines Logic-Projekts verwenden wollen.

Dateien selektieren und im Papierkorb löschen

Mehrere Dateien gleichzeitig können Sie mit gehaltener [cmd]- oder [⇧]-Taste selektieren. Letztere wählt zusätzlich alle zwischen zwei selektierten Dateien liegenden Dateien mit aus.

Mit dem Tastaturkommando [cmd] + [⌫] können Sie eine oder mehrere Datei(en) in den Papierkorb verschieben. Damit sind diese meistens noch nicht automatisch gelöscht (außer in Sonderfällen, wenn Sie auf Festplatten mit bestimmten Zugriffsrechten arbeiten). Wenn

Sie auf das Papierkorb-Symbol unten bzw. rechts im Dock klicken, sehen Sie übrigens die Papierkorb-Inhalte und können diese auch wieder daraus herausziehen.

Im FINDER-Menü (Abbildung 1.12) sehen Sie einen Eintrag PAPIERKORB ENTLEEREN. Er wird ausgegraut, wenn der Papierkorb leer ist. Mit diesem Befehl löschen Sie die Inhalte des Papierkorbs und geben Platz auf der Festplatte frei. Rechts neben dem Menüeintrag für den Befehl sehen Sie den dazugehörigen Shortcut ⇧ + cmd + ⌫, dargestellt mit den weiter oben erläuterten Symbolen. Das Symbol mit dem Pfeil nach links, in dem sich ein »x« befindet, symbolisiert die ⌫-Taste.

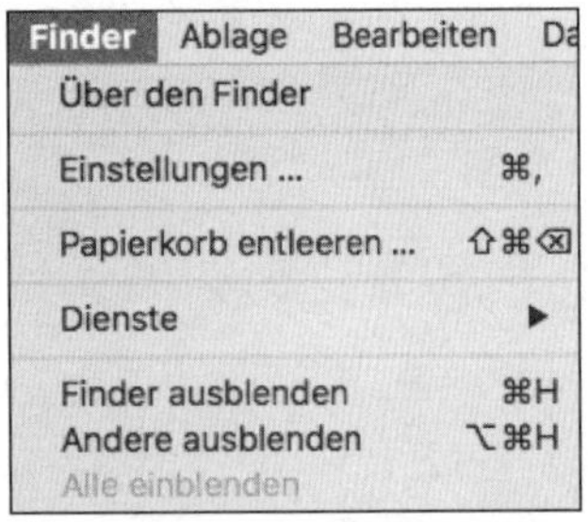

Abbildung 1.12 Das »Finder«-Menü

Dateien finden mit Spotlight

Wenn Sie eine Datei suchen, klicken Sie oben rechts auf das Lupensymbol. Damit rufen Sie die Funktion Spotlight auf, es erscheint ein Eingabefenster im Finder, in den Sie das Sie den Suchbegriff eingeben können. Spotlight ist eine Apple-Funktion, die Festplatten indexiert, so dass Inhalte schneller gefunden werden können. Geben Sie den Namen (oder einen Teil davon) der gesuchten Datei ein.

Anschließend sehen Sie eine Liste der passenden gefundenen Dateien, kategorisiert nach ihrer Art (Programme, Dokumente, Ordner). Der Suchdialog enthält kurz nach dem Eintippen der ersten Zeichen u. a. eine Vorschau für gefundene Dateien und eine Vervollständigungsfunktion für die Suchanfrage (Abbildung 1.13). Wenn Sie in der Vorschau ganz nach unten scrollen, erscheint der Eintrag ALLE IM FINDER ZEIGEN. Wählen Sie ihn aus, um eine vollständige Liste der Treffer für Ihre gesuchte Eingabe zu sehen.

Ist die von Ihnen gesuchte Datei dabei, wählen Sie sie einfach aus und klicken sie an, um sie zu öffnen.

Alternativ finden Sie im Finder-Menü ABLAGE einen Eintrag für eine Dateisuche (Tastaturkurzbefehl cmd + F), die ebenfalls die Spotlight-Technologie nutzt. Hierüber erscheint ein Fenster mit zusätzlichen Optionen zur Verfeinerung der Suche (z. B. können Sie ausschließlich alle Musikdateien anzeigen lassen). Dieses Fenster erreichen Sie auch über den Eintrag ALLE IM FINDER ZEIGEN, der ganz oben über den Ergebnissen einer Spotlight-Suche angezeigt wird.

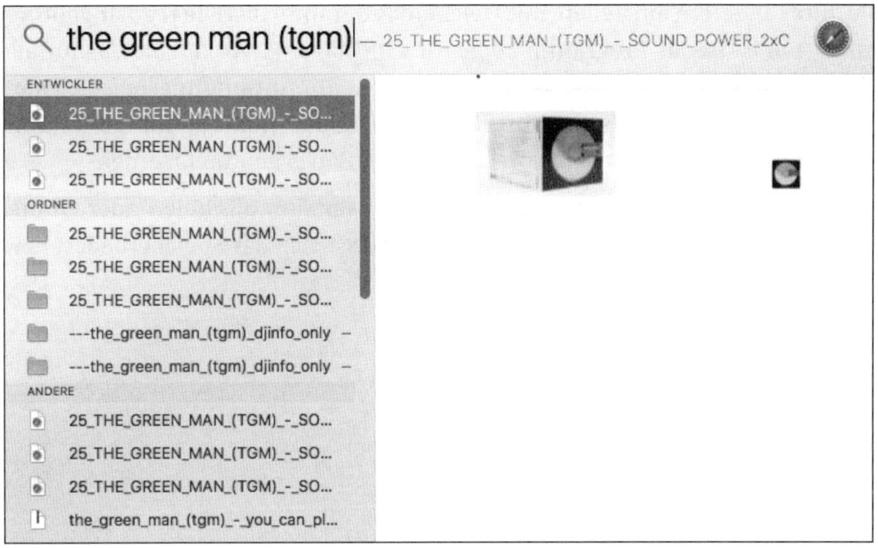

Abbildung 1.13 Spotlight-Suche in macOS 10.13

Gefundene Datei im Finder anzeigen

Wenn Sie die gewünschte Datei in den Sucheinträgen gefunden haben und sehen wollen, wo sie liegt, selektieren Sie sie und nutzen dann den Tastaturbefehl `cmd` + `R`. Auf diese Weise öffnet sich ein Finder-Fenster, das die Datei an ihrem Ort anzeigt. Man nennt den Shortcut bzw. die Funktion im Englischen auch »Reveal in Finder«; so können Sie sich das »R« in dem Befehl vielleicht leichter merken.

Dateivorschau, Detailinformationen und Standardprogramme zum Öffnen von Dateien

Für die meisten Dokumente auf dem Mac erhalten Sie durch Drücken der Leertaste eine »Vorschau«. Eine Musikdatei wird kurz angespielt, ein Foto angezeigt usw. So stöbern Sie beispielsweise schnell durch Bilder, hören Musikdateien vor und lesen Dokumente, ohne erst die dazugehörigen Programme öffnen zu müssen. Ein Ordner mit Bassdrums zum Beispiel ist so spielend leicht durchgehört: Bei laufender Vorhörfunktion gehen Sie mit den Pfeilen der Tastatur nach oben und unten, um Sounds durchzuhören. Bei Textdateien werden die Inhalte teilweise sogar ohne sonstiges Zutun in der Spaltenansicht angezeigt, ansonsten gibt die Spaltenansicht rechts Informationen über Größe, Erstellungsdatum etc. einer Datei.

Wenn Sie auf eine Datei doppelklicken, öffnet sie sich mit dem hierfür voreingestellten Standardprogramm – das ein anderes sein kann als das, das sie gerade nutzen wollen. Mit einem Rechtsklick können Sie unter dem Eintrag Öffnen mit ... in der Regel auch ein anderes Programm zum Öffnen des Dokuments auswählen. Wenn Sie die Datei selektieren und `cmd` + `I` drücken, erhalten Sie detailliertere Informationen über die Datei und das Standardprogramm zum Öffnen derselben (siehe Abbildung 1.14).

Hier können Sie unter anderem einstellen, mit welchem Programm das File regulär geöffnet wird (in Abbildung 1.14 ist es das Programm *Logic* für *.caf*-Dateien). Wollen Sie das für alle Files derselben Art einstellen, klicken Sie auf ALLE ÄNDERN. Ein Anwendungsbeispiel wäre beispielsweise, dass Sie möchten, dass alle MP3-Dateien nicht automatisch mit iTunes, sondern mit Logic oder einem anderen Programm (z. B. *TwistedWave*) geöffnet werden.

Mit `alt` + `cmd` + `I` erhalten Sie für mehrere zuvor ausgewählte Dateien oder Ordner Gesamtinformationen in einem Fenster. Auf diese Weise lässt sich der Speicherbedarf bzw. die Größe mehrerer Objekte gleichzeitig überprüfen.

Abbildung 1.14 Dieses Fenster mit Dateiinformationen öffnen Sie mit dem Tastaturkommando »cmd« + »I«, nachdem Sie eine Datei selektiert haben.

Tags für die Audiolibrary

Im Infobereich können Sie auch bei TAGS zusätzliche Informationen eingeben (z. B. Stichwörter zu einem Audiofile wie: »Türknallen Holztür mit Metallgriff«, wodurch Spotlight bei einer entsprechenden Suche nach »Metallgriff« die Datei finden und auflisten würde, selbst wenn die Audiodatei nur *Door 2* hieße). Das kann bei der Geräuschvertonung von Filmen oder bei der Arbeit als Sounddesigner sehr nützlich sein!

Navigation im Finder

Folgende weitere nützliche Shortcuts helfen bei der Navigation im Finder:

- Ansicht COMPUTER aufrufen: [⇧] + [cmd] + [C]
- Ansicht DESKTOP aufrufen: [⇧] + [cmd] + [D]
- verschiedene Fensteransichten aufrufen: [cmd] + [1], [2], [3] oder [4]
- Fenster schließen: [cmd] + [W]

1.2.4 App Store, Systeminformationen

Über den App Store installieren Sie Systeme und Programme. Um zum App Store zu gelangen, klicken Sie auf das blaue runde Symbol mit dem weißen A im Dock oder wählen den APP STORE aus dem Apfelmenü aus.

Sie müssen einen Account mit Kennwort bzw. eine sogenannte Apple-ID anlegen und sich einloggen, was Sie möglicherweise von der Inbetriebnahme oder von der Registrierung Ihres Mac oder von der Nutzung des iTunes Stores bereits kennen (für den App Store und iTunes können Sie den gleichen Account benutzen).

Das Apfel-Menü zeigt übrigens auch den Eintrag ÜBER DIESEN MAC, der Ihnen Informationen über das aktuell installierte System, Ihren Prozessor oder die Größe des installierten Arbeitsspeichers liefert. Beachten Sie auch die SYSTEMEINSTELLUNGEN • APP STORE.

1.2.5 Systeme und Programme installieren, Sicherheitsblockaden

Auf neuen Macs ist stets das neueste System installiert. Manchmal ist es nicht mehr möglich, sie mit älteren Systemen zu betreiben. Hingegen ist es meist kein Problem, ein neueres Betriebssystem auf älteren Macs zu installieren, sofern diese schon über 64-Bit-Prozessoren verfügen (mehr hierzu in Abschnitt 1.3.1, »Systemvoraussetzungen für die Installation«).

Ältere Systeme

An ältere Systeme kommt man nur schwer. Sie ließen sich in der Vergangenheit teilweise über Apples regulären Store beziehen (via *store.apple.com/DE*). Ein empfehlenswerter Workaround ist es, wenn Sie vorher rechtzeitig ein Update antäuschen, dann das System speichern und später (etwa mit einem Jahr Verzögerung) updaten. Klicken Sie hierzu auf den entsprechenden Eintrag für ein Systemupdate oder laden das System aus dem App Store herunter. Das Update wird dann typischerweise in den Ordner *Programme* heruntergeladen. Brechen Sie den Installationsdialog ab. Dieser poppt nach vollständigem Download auf. Nun liegt die Datei mit dem Namen *Install macOS...* in Ihrem Ordner *Programme*. Von dort aus können Sie sie anderswo sichern und später installieren. Bei einem späteren Installationsprozess müssen Sie dann noch, falls es Schwierigkeiten gibt, eventuell das Datum auf eine Zeit zurücksetzen, in der das System aktuell war.

Hinweise zu System-Updates und Backups finden Sie in Abschnitt 1.8.3.

Neues System Programme installieren und Updates

Ein neues System und Programme installieren Sie typischerweise über den App Store oder alternativ nach Download vom Hersteller. Nicht über den App Store installierte Software müssen Sie mitunter über den Eintrag ÖFFNEN aus dem Kontextmenü starten, damit das System sie nicht aus Sicherheitsgründen blockiert.

Apple versucht Ihnen Updates so leicht wie möglich zu machen. Via APFEL-MENÜ • APP STORE können Sie verfügbare Updates sehen – für Ihr System und für Programme wie Logic, die Sie über den App Store gekauft haben. Sie können dort durch einen Klick auf das entsprechende Feld Ihr System oder Ihre Programme aktualisieren. Oft ist es allerdings ratsam, automatische Updateangebote erst einmal zu ignorieren und sich genauer zu informieren, ob das jeweilige Update für die eigenen Bedürfnisse und Setups sinnvoll ist.

Achtung: Automatische Updates

Unter SYSTEMEINSTELLUNGEN • APP STORE legen Sie fest, ob Updates angezeigt oder gar automatisch installiert werden.

Mac OS High Sierra 10.13

Das Betriebssystem macOS 10.13 (High Sierra) führte ein neues Dateiformat namens *APFS* (*Apple File System*) ein, das teilweise eine Beschleunigung der Datenzugriffe und mehr Sicherheit bringen soll, aber von älteren Systemen nicht gelesen werden kann. Zudem ist es möglich, dass Sie in High Sierra die Installation von zusätzlicher Software wie UAD-Treiber erlauben müssen. Diese Option finden Sie in den Systemeinstellungen unter SICHERHEIT • ALLGEMEIN • APPS DOWNLOAD ERLAUBEN.

Falls beim Download von High Sierra nur ein ca. 20 MB großer *Stub* anstelle des über 5 GB großen Installers geladen wird, müssen Sie ein kleines Update Ihres Systems vornehmen, das im Update-Bereich angezeigt wird.

Damit ist der Mac-Grundkurs beendet, und wir wenden uns der Installation von Logic zu.

1.3 Logic-Installation, Computer- und Systemvoraussetzungen, Touch Bar

In diesem Abschnitt werde ich die Installation von Logic erläutern. Ich erkläre auch Systemvoraussetzungen, diskutiere dann geeignete Macs und die neue Touch Bar-Option. Ganz am Ende dieses Kapitels gehe ich kurz auf die Prozedur eines System- oder Logic-Updates mit Backup-Optionen ein. Bei einer Erstinstallation betrifft Sie das allerdings eher (noch) nicht.

1.3.1 Systemvoraussetzungen für die Installation

Für die Installation von Logic Pro X 10.3.2 ist mindestens das installierte System Mac OS X 10.11 nötig (El Capitan). Neuere Systeme als das in den Mindestvoraussetzungen genannte sind grundsätzlich auch für Logic geeignet, Kompatibilität mit Drittanbietersoftware muss bei ganz neuen Systemen geprüft werden. Neuere Logic-Versionen erfordern möglicherweise ein neueres System als Mindestvoraussetzung.

Informationen über neue Updates erhalten Sie auch unter *support.apple.com* (tippen Sie dort ins Suchfeld »Logic« und die gesuchte Versionsnummer ein). Erfüllt Ihr System nicht die Mindestvoraussetzungen, ist der Kauf oder die Installation über den App Store nicht möglich.

Zu hohe oder sich ändernde Systemanforderungen sowie die Bindung an den Mac sind vielleicht der größte Nachteil von Logic Pro X gegenüber anderen Programmen. Ich sage »vielleicht«, weil die optimierte Anpassung an den Mac andererseits auch dazu führt, dass Logic extrem leistungsstark ist und gut funktioniert. Systemupdates oder ein Zwang dazu sind problematisch, weil professionelle User ein funktionierendes System aus Sicherheitsgründen nicht updaten möchten oder sollten. Es besteht immer die Gefahr, dass aktuell genutzte Plug-Ins anderer Hersteller Probleme bekommen und sich Projekte nach einem Update nicht mehr richtig öffnen lassen. Ich installiere daher Mac-Systeme nach der in Abschnitt 1.2.5 beschriebenen Methode immer mit mindestens einem Jahr Verspätung. Ich lade typischerweise im August die letzte Version des alten Systems und behalte sie ca. 1,5 Jahre, bevor ich sie installiere, spätestens bis die Mindestvoraussetzungen für Logic auf das vor 2 Jahren erschienene System ansteigen. Bis dahin sind meist auch alle Drittanbieterprogramme an ein mittlerweile 1–2 Jahre altes System angepasst.

1.3.2 Welche Macs sind gut genug für Logic?

Diese Frage lässt sich natürlich nicht allgemeingültig beantworten, sondern wir müssen die Bedürfnisse des jeweiligen Logic-Users betrachten. Zudem spielen die Aspekte Kompatibilität und Leistungsfähigkeit eine Rolle.

Mac-Hardware: Systemkompatibilität

Auf vielen Macs lassen sich neuere Betriebssysteme nachrüsten, aber es gibt Beschränkungen. Sowohl Logic als auch macOS ab 10.9 (Mavericks) benötigen einen 64-bit-fähigen Prozessor, den beispielsweise ältere weiße MacBooks mit Core-Duo-Prozessor nicht besitzen, die etwas neueren Modelle mit Core 2 Duo dagegen schon. Logic Pro X ist ein 64-Bit-Programm, das mit bestimmten älteren 32-Bit-Plug-Ins zumindest ohne externe Hilfs-Tools nicht zusammenarbeitet.

Weitere Beschränkungen entstehen durch verwendete Grafikkarten bei älteren MacBooks und iMacs. Bei einigen Modellen werden auch nur manche Funktionen neuer Betriebssysteme nicht unterstützt, was die Arbeit mit Logic meist nicht stört.

Mac-Hardware: Leistungsfähigkeit und Nachhaltigkeit

Darüber hinaus stellt sich die Frage, ob Ihr Mac leistungsfähig genug für Ihre Ansprüche ist. Das hängt natürlich von der Größe und Komplexität Ihrer Projekte ab. Ihr Rechner sollte für Logic 10.3 über einen Intel-Prozessor und mindestens 4, besser 8 GB RAM verfügen, wodurch einige (zum Teil ohnehin ungeeignete) ältere Modelle automatisch ausscheiden, weil sie maximal 2 GB RAM erlauben. Neue Rechner werden nicht mehr mit 4 GB RAM angeboten, dementsprechend könnten 4 GB RAM bald auch zu wenig sein.

Viele Rechner erlauben 16 GB RAM und mehr, und ich kann Ihnen aus Erfahrung sagen, dass die Arbeit damit Spaß macht und Sie auch mit vielen gleichzeitig geöffneten Programmen flüssig arbeiten können.

Bei aktuellen Rechnern sind die Mac Minis zumindest für den stationären Gebrauch die günstigste Variante. Zudem können Sie in neueren Laptops leider nicht mehr manuell die Systemfestplatte austauschen, wodurch sich die Laptoplebenszeit eventuell drastisch verkürzt, weil sich eine Laptopreparatur unter Umständen bei einem Festplattendefekt nicht mehr lohnt.

Im Web finden sich oft sehr aussagekräftige Vergleiche, in denen mit Hilfe sogenannter Benchmarks die Geschwindigkeiten von Rechnern miteinander verglichen werden. Ich fand meine Erfahrungen mit eigenen Rechnern oft in Tabellen im Netz bestätigt. Anhand von Benchmark-Tabellen listet beispielsweise die Seite *http://browser.primatelabs.com/mac-benchmarks* Macs nach ihrer Geschwindigkeit auf – getrennt nach 32- und 64-Bit-Prozessoren (Logic Pro X läuft nur im 64-Bit-Modus).

1.3.3 Touch Bar und die Simulation »Touché«

Viele seit 2016 erschienene MacBooks besitzen die sogenannte Touch Bar-Funktionalität. Hierbei entfällt die obere Reihe der Tastatur zugunsten eines berührungsempfindlichen Multifunktionsdisplays.

Dieses kann die bisherigen Tasten ([esc], [F1]–[F12], [⏏]) emulieren, bietet aber noch viel mehr Optionen, die in der Touch Bar-Zeile dargestellt werden können. Auch ohne die neueste Hardware können Sie in den Genuss dieser Funktionalität kommen oder sie ausprobieren, nämlich über die Freeware Touché (*https://red-sweater.com/touche*), die eine Touch Bar

1:1 als Fenster auf Ihrem Rechner emuliert und von der die folgenden Abbildungen stammen (Abbildung 1.15 und Abbildung 1.16.).

Abbildung 1.15 Touch Bar mit Vogelperspektive auf das Arrangement

Abbildung 1.16 Touch Bar mit Transporttasten

Detaillierte Erläuterungen dazu finden Sie in Abschnitt 3.7.

1.3.4 Logic kaufen und installieren

Wenn Sie Logic noch nicht installiert oder gekauft haben, erwerben Sie es in Apples App Store. Haben Sie Logic bereits erworben und auf einem anderen Rechner installiert, ist es kein Problem, es auf so vielen Rechnern zu installieren, wie es der App Store für Ihren User-Account zulässt (in der Regel fünf Rechner).

Anschließend beginnt ein Download von über 1 GB für die Erstinstallation des eigentlichen Logic Pro X-Programms. Wenn Sie nach dem Download Logic Pro X öffnen, beginnt automatisch ein weiterer Download von einigen GB Basisinhalten, den Sie bei Bedarf auch überspringen können. Logic muss diese erst herunterladen und dann entpacken, weshalb übrigens etwa die doppelte Menge an freiem Platz auf der Festplatte benötigt wird, was im Dialog angezeigt wird. Wenn alles normal läuft, erscheint ein Fenster (siehe Abbildung 1.17), das Ihnen anbietet, sich bereits während des Downloads des Basiscontents weiter zu informieren.

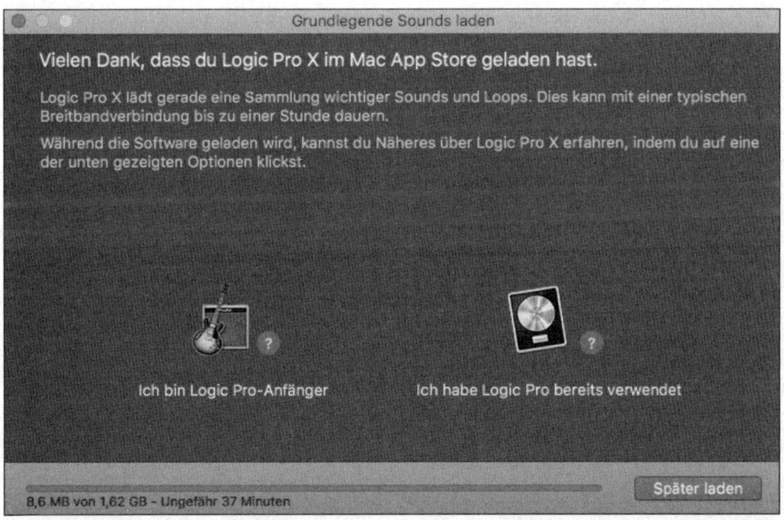

Abbildung 1.17 Diesen Dialog sehen Sie, wenn Sie Logic nach dem Download aus dem App Store das erste Mal öffnen.

Wenn Sie auf eines der beiden Felder klicken, werden Sie auf bestimmte Bereiche der Hilfeseiten im Internet weitergeleitet. Diese erreichen Sie aber auch direkt unter *http://help.apple.com/logicpro* oder aus dem Programm heraus. Nach dem Download werden Sie ein weiteres Mal nach Ihrem Admin-Benutzernamen und -Kennwort gefragt (siehe Abbildung 1.18).

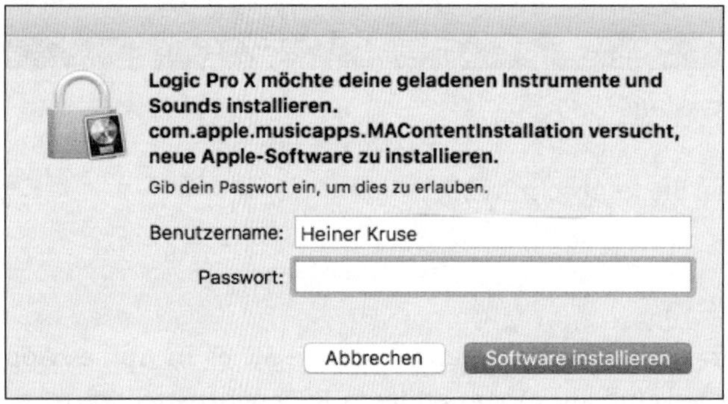

Abbildung 1.18 Sie müssen Ihr Kennwort eingeben, um Inhalte zu installieren.

Nach der Installation dieser Basisinhalte lassen sich weitere Inhalte über den SOUND LIBRARY-MANAGER installieren.

1.3.5 Zusätzliche Inhalte installieren und herunterladen

Sie können zusätzliche Inhalte laden und installieren – über das Menü LOGIC PRO X • SOUND BIBLIOTHEK INSTALLIEREN oder LOGIC PRO X • SOUND LIBRARY-MANAGER ÖFFNEN. Sie sollten am besten sofort alle Inhalte installieren, müssen dies aber nicht tun, um Logic betreiben zu können. Insgesamt ca. 60 GB an Sounds, Presets und Apple Loops können Sie installieren – und mit jedem kleinen Update werden es mehr. Das erweitert die musikalischen Möglichkeiten mit Logic deutlich, kann aber auch zu Platzproblemen mit der internen Festplatte führen. Viele Beispieldokumente dieses Buches, die Sie im Bonusbereich finden, greifen auf zusätzliche Logic-Inhalte zurück, und wir speichern diese aus diversen Gründen (Platz, Copyright etc.) nicht mit den Songs.

Sie können aber auch selektiv nur bestimmte Inhalte installieren (beispielsweise erst einmal nur die Schlagzeugsounds auswählen). Im SOUND LIBRARY-MANAGER wird für verschiedene »Soundpacks« angezeigt, wie viel Platz die jeweilige Installation benötigen würde und welche Inhalte bereits installiert sind (Abbildung 1.19). Wenn Sie im Dialog auf die Pfeile links klicken, klappt eine Liste auf, in der Sie Ihre Selektion innerhalb der optionalen Installationspakete verfeinern können. Wenn Sie Songs mit fehlenden Inhalten laden, bietet Logic automatisch an, diese Inhalte aus dem Internet nachzuladen. Auch in der BIBLIOTHEK und der Loops Library lassen sich fehlende Sounds laden. Fehlende Standardsounds erscheinen ausgegraut und werden durch Klick auf ein rechts daneben erscheinendes entsprechendes Symbol heruntergeladen.

Der Eintrag FRÜHERE INHALTE UND KOMPATIBILITÄT erlaubt das Laden der meisten Inhalte aus Logic-Vorversionen, um Songs aus Logic 9 inklusive der Standardsamples öffnen zu können (ergänzende Hinweise hierzu bietet Ihnen Kapitel 20, »Fehler, Workarounds, Problemlösungen«).

Falls Sie genügend Platz auf der Festplatte haben, können Sie es sich auch ganz einfach machen: Klicken Sie unten auf das Feld ALLE NICHTINSTALLIERTEN AUSWÄHLEN, um alle fehlenden Inhalte zu installieren. Sie können dabei bereits ungestört mit Logic arbeiten, während im Hintergrund Inhalte heruntergeladen werden. Falls die Automatik einmal versagen sollte, installieren Sie ein Inhaltspaket gegebenenfalls manuell nach.

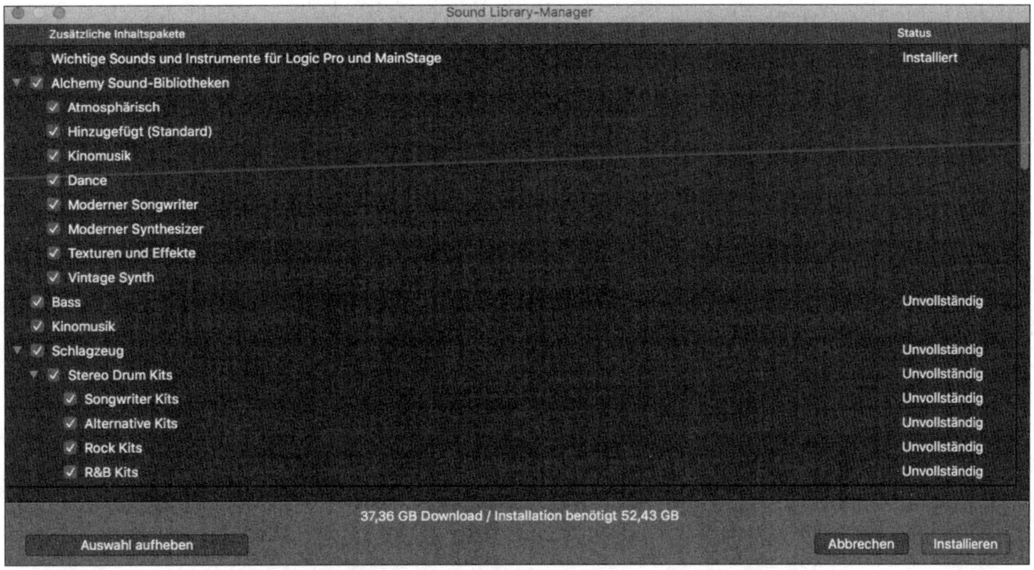

Abbildung 1.19 Diese Dialogbox zeigt, welche Inhalte bereits installiert sind, welche Sie noch laden können und wie viel Platz das jeweils in Anspruch nähme.

Tipp

In Kapitel 3, »Setup/Konfiguration, Speichern und MIDI-Hintergrundwissen«, finden Sie auch ausführliche Details über die Speicherorte von Logic-Inhalten.

1.3.6 Inhalte auf externen Festplatten installieren

Insbesondere wegen der relativ kleinen internen SSD-Festplatten von Laptops besteht oft der Wunsch, Logic-Inhalte auf größere externe Speicher auszulagern. Ich empfehle jedoch die Installation der Inhalte auf der internen Festplatte des Rechners. Alle anderen Methoden sind eher experimentell. Besonders können Probleme auftreten, wenn Updates neue Inhalte nachladen müssen und so Gefahr für die Stabilität Ihres Systems entsteht.

Sie können mit *Aliassen* und *Symbolic Links* (*Symlinks*) auf Inhalte verweisen, die auf externen Platten liegen. Symlinks speichern im Gegensatz zu Aliassen nur einen Pfadverweis und stellen keinen vollständigen Objektverweis dar. Sie können das Referenzobjekt daher nicht verschieben, wenn Sie Symlinks nutzen, sie jedoch durch ein anderes, gleichnamiges Objekt ersetzen – was etwa bei automatischen Updates vorteilhaft ist. Eine ausführliche Anleitung dazu finden Sie unter *https://www.lifewire.com/aliases-symbolic-links-hard-links-mac-2260189*. Sie können aber nicht so einfach wie Aliasse im Dateikontextmenü, das per Rechtsklick erreichbar ist, erstellt werden. Stattdessen benötigen Sie Zusatzsoftware wie *Symlinker* oder etwas tiefere Kenntnisse im Umgang mit dem Terminal. Darauf werde ich hier nicht eingehen.

Im Test hat das Auslagern von eigenen Apple Loops (also keinen von Content-Updates betroffene Factory-Inhalten) bei mir folgendermaßen funktioniert: Ziehen Sie einen Ordner (z. B. Apple Loops von Loopmasters) von einer anderen Festplatte auf den Loop Browser. Im anschließenden Dialog wählen Sie durch Klick auf AKTUELLER ORT aus, dass die Dateien am Ursprungsort bleiben sollen. Anschließend wird automatisch ein Symlink im Ordner *Benutzer • Library • Audio • Apple Loops • User Loops* erstellt. Selbst erstellte Ordner bzw. Aliasse, die Sie so erstellen, sind normalerweise von Content-Updates nicht betroffen. Da es sich um einen Symlink und keinen Alias handelt, kann das Original auf der Festplatte nicht mehr vom Loop-Browser gefunden werden, wenn Sie das Original an einen anderen Ort verschieben. Versuche, Factory Loops auf die gleiche Weise anders zu lagern, sind möglicherweise ähnlich erfolgversprechend, aber wegen der Updates nicht ohne Risiko. Ich kann Ihnen nicht versprechen, dass dieser Weg ohne Probleme funktionieren wird.

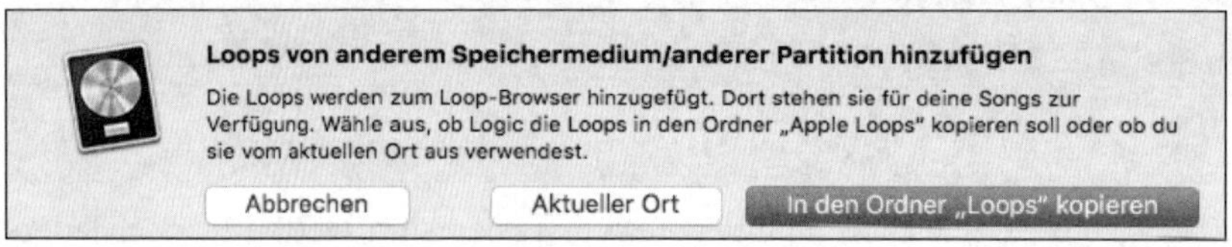

Abbildung 1.20 Wählen Sie »Aktueller Ort« aus, um Loops am Ursprungsort zu belassen

Die Arbeit mit manuell erstellten Aliassen funktioniert alternativ folgendermaßen – zumindest in der Theorie: Erzeugen Sie im Kontextmenü der Datei oder via ABLAGE • ALIAS ERZEUGEN (`cmd` + `L`) auf der externen Festplatte eine Aliasdatei, die auf das Original verweist. Kopieren Sie diese Datei (beachten Sie exakt den Pfad!) nach *Benutzer • Library • Audio • Apple Loops • User Loops* (den Benutzer-LIBRARY-Ordner erreichen Sie über das Menü GEHE ZU ..., wenn Sie es mit gehaltener `alt`-Taste aufrufen). Entfernen Sie dann den Zusatz *Alias* aus dem Dateinamen, und indizieren Sie die Apple Loops neu.

1.4 Logic Pro X in Betrieb nehmen

In diesem Abschnitt zeige ich die erste Inbetriebnahme von Logic Pro X. Dabei erläutere ich die Prüfung von Drittanbieter-Plug-Ins ebenso wie die Aktivierung der sogenannten erweiterten Werkzeuge und die Auswahl der Sprache. Zudem erwähne ich noch kurz, wo Sie die Apple-Manuals finden, und liefere ein paar Hinweise zu MIDI. Auch die Nutzung von Peripheriegeräten (Audio und MIDI) wird kurz angesprochen (ausführlicher jedoch im darauffolgenden Abschnitt 1.5).

1.4.1 Erster Start, Audio-Unit-Scan

Logics Audio-Unit-Manager untersucht installierte Audio-Unit-(AU-)Plug-Ins beim ersten Start von Logic oder beim ersten Start von Logic nach der Installation externer Plug-Ins auf Kompatibilität hin, gibt sie nach bestandenem Test für die Verwendung in Logic frei oder deaktiviert sie, falls sie Probleme machen. Logic Pro X kann nur mit 64-Bit-Plug-Ins arbeiten. Falls Sie viele Drittanbieter-Plug-Ins installiert haben, kann der Scan ein wenig dauern, mit dem ABORT-Button können Sie ihn auch überspringen/abbrechen und später nachholen (Abbildung 1.21).

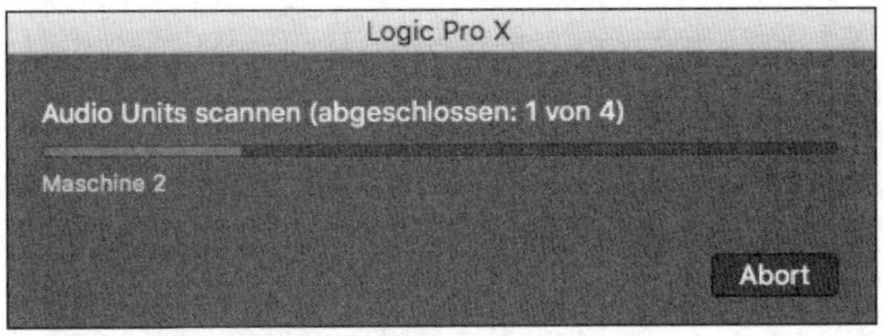

Abbildung 1.21 AU Scan

AU-Plug-Ins können Sie auch in einem Plug-In Manager »sortieren«. Detailliertere Informationen hierzu finden Sie in Abschnitt 3.5.

1.4.2 Erstellung eines neuen Logic-Projekts/Projektvorlagen

Beim Starten des Programms öffnet sich voreingestellt ein leeres Projekt (Abbildung 1.22).

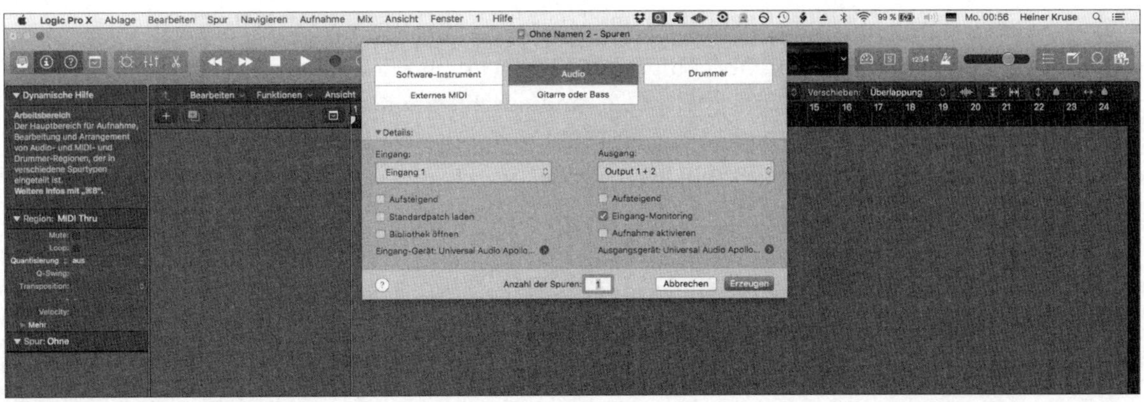

Abbildung 1.22 Leeres Projekt

Wenn Sie die erweiterten Werkzeuge nicht aktiviert haben, kann es aber auch wie in Abbildung 1.23 aussehen.

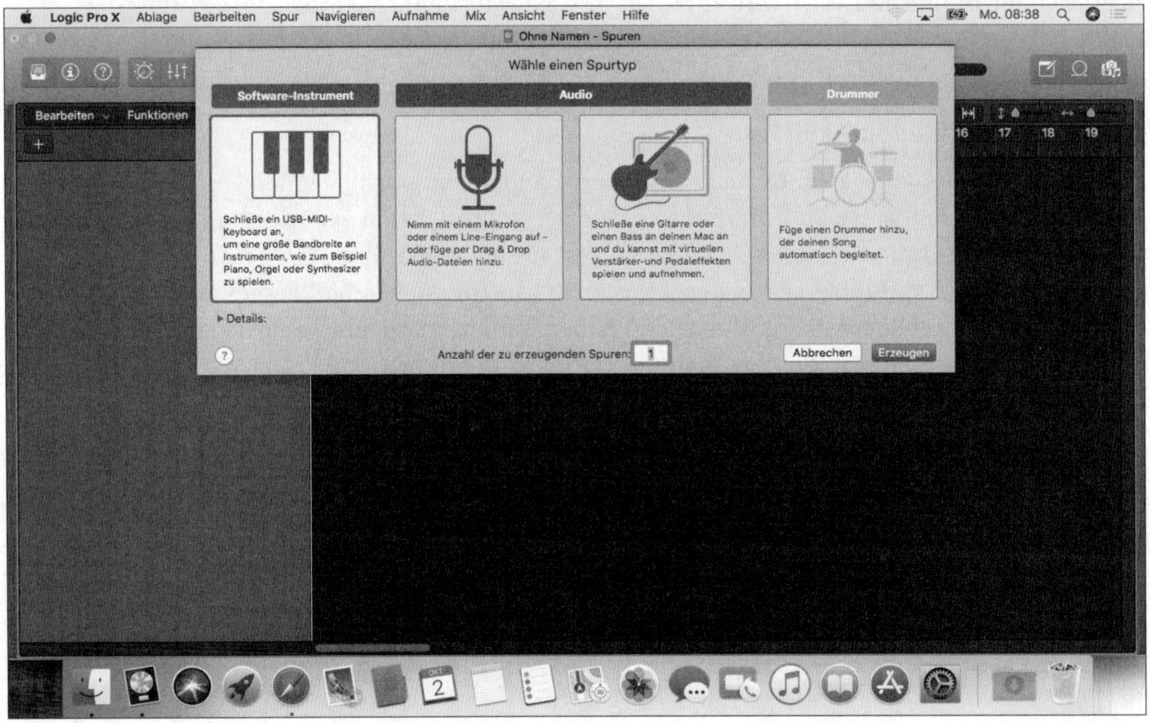

Abbildung 1.23 Leeres Projekt in der Einstellung ohne erweiterte Werkzeuge

Wenn Sie Logic zuvor anders konfiguriert haben, kann es sein, dass keines der beiden Fenster erscheint. Im Menü LOGIC PRO X • EINSTELLUNGEN • ALLGEMEIN können Sie einstellen, was Logic beim Startvorgang machen soll. So kann Logic optional z. B. auch das zuletzt benutzte Projekt öffnen oder beim Start einfach gar nichts tun. Ist Letzteres eingestellt, so kann es sein, dass Sie Logic geöffnet haben und Logic bzw. das Projekt nicht sehen.

Stellen Sie dann (wie in Abschnitt 1.2.3 gelernt) durch Klick auf das Logic-Symbol im Dock oder durch den Shortcut [cmd] + [⇥] und anschließendes Auswählen des Logic-Symbols sicher, dass Logic das gerade angewählte Programm ist. Ist das gelungen, sehen Sie oben rechts neben dem Apfelsymbol den Eintrag LOGIC PRO X.

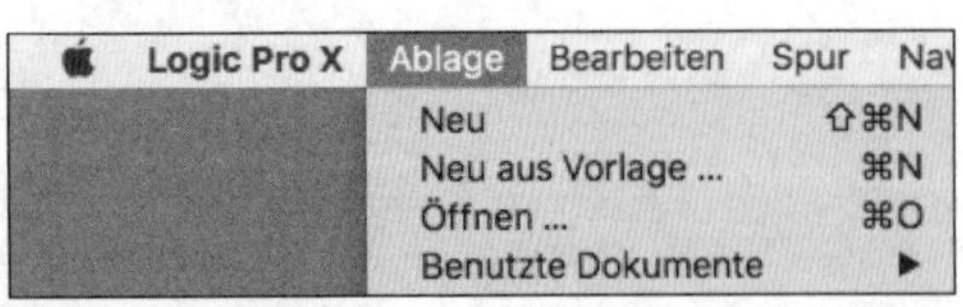

Abbildung 1.24 Logic als Programm ist angewählt/das »Ablage«-Menü

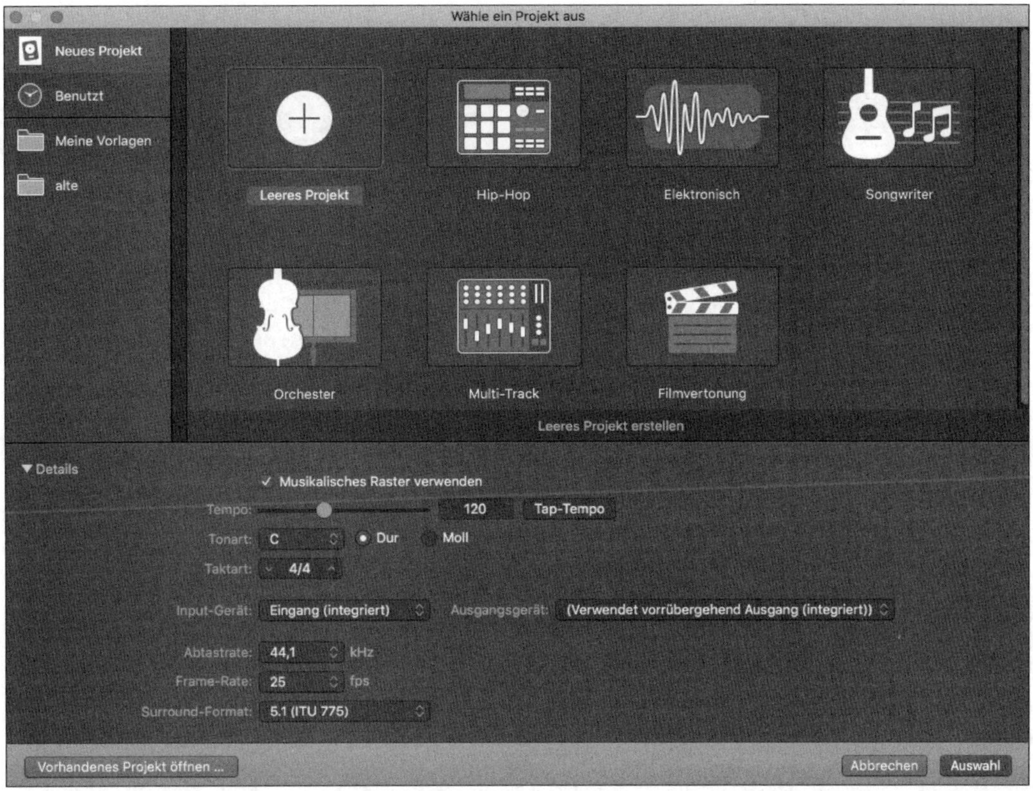

Abbildung 1.25 Der Dialog, der vor der Erstellung eines Projekts in Logic erscheint und jederzeit über »Ablage • Neu aus Vorlage« erreichbar ist.

Wenn Sie im ABLAGE-Menü (Abbildung 1.24) den Eintrag NEU auswählen, wird immer ein leeres Projekt erzeugt; der nachfolgende Dialog zum Erzeugen von Spuren sieht aber nicht immer gleich aus, weil die Option LOGIC PRO X • EINSTELLUNGEN • ANZEIGE • SYMBOLE IM DIALOGFENSTER NEUE SPUREN ANZEIGEN aktiviert werden kann.

Wenn Sie stattdessen NEU AUS VORLAGE wählen, sehen Sie den Dialog aus Abbildung 1.25. Sie finden hier verschiedene Songvorlagen mit bereits vorkonfigurierten Instrumenten, Audiotracks und Routings – z. B. für Hip-Hop-, Electronic- und Songwriter-Projekte oder für Multi-Track-Aufnahmen. Die Vorlagen enthalten keine Songs oder MIDI-Daten.

Ich schlage vor, erst einmal auf LEERE VORLAGE zu klicken, um mit einem leeren Projekt zu beginnen und davon ausgehend dem Schnellkurs in nächsten Kapitel zu folgen. Sie können sich aber natürlich auch eine andere Vorlage ansehen.

Wählen Sie im anschließenden Dialog den Eintrag SOFTWARE-INSTRUMENT & MIDI aus. Im nächsten Schritt möchte ich mit Ihnen gemeinsam sicherstellen, dass Sie gespielte Noten an Logic senden und hören können. Sie können von hier aus auch in den Schnellkurs von Kapitel 2 springen.

Alternativ finden Sie eine andere Projektdatei namens *02Leer* im Ordner *LogicProjekte* (in den Materialien zum Buch unter *www.rheinwerk-verlag.de/4448*), bei der ein einzelnes Instrument erzeugt wurde.

1.4.3 Hilfe, mein Logic sieht aus wie GarageBand – Erweiterte Werkzeuge ein- und ausblenden

Im Menü LOGIC PRO X • EINSTELLUNGEN • ERWEITERTE WERKZEUGE (Abbildung 1.26) sollten Sie, falls das nicht bereits der Fall ist, die erweiterten Werkzeuge durch Klick auf das Feld daneben aktivieren, um den vollen Funktionsumfang von Logic zu sehen. Ansonsten arbeiten Sie mit einer stark vereinfachten Version für Anfänger, und es kann sein, dass viele spezielle Logic-Funktionen ausgeblendet sind und die Darstellung anders aussieht. Gegebenenfalls müssen Sie alle darunter sichtbaren Optionen ebenfalls aktivieren.

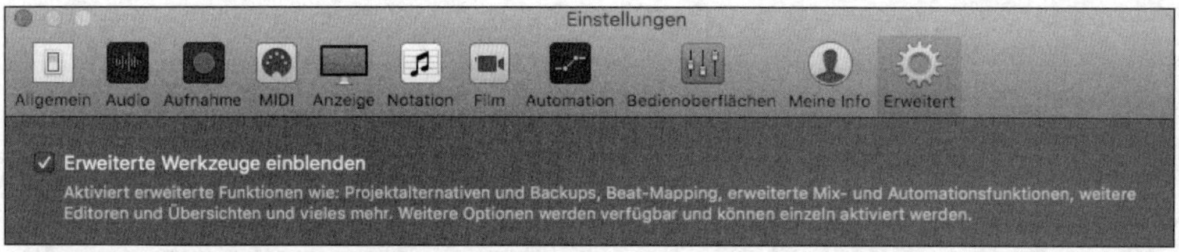

Abbildung 1.26 Hier aktivieren Sie den vollen Funktionsumfang von Logic.

Wenn alle erweiterten Werkzeuge ausgeblendet sind, ähnelt Logic Apples Gratisprogramm *GarageBand*. So wird Anfängern und GarageBand-Umsteigern der Einstieg in Logic leicht gemacht. Es gibt weniger Optionen und eine andere Darstellung, die mitunter einfacher verständlich ist, wenn man ohne Erklärungen zurechtkommen will. Ich werde im Buch jedoch mit allen eingeblendeten Werkzeugen arbeiten.

Übrigens: GarageBand-Dokumente können in Logic geöffnet werden – aber nicht umgekehrt. Es spielt in Logic für das Öffnen eines Projekts keine Rolle, ob alle oder einzelne erweiterte Werkzeuge eingeblendet sind oder ob sie beim Speichern des Projekts eingeblendet waren.

Mehr zu GarageBand für Mac und iOS sowie Abbildungen, die den Vergleich optisch demonstrieren, finden Sie in Abschnitt 1.7, »GarageBand auf Mac und iPad«, und in Abschnitt 19.1 über GarageBand für iOS.

1.4.4 Was ist MIDI?

Anfang der 80er Jahre einigten sich verschiedene Synthesizerhersteller auf ein einheitliches Datenformat, um ihre Geräte besser miteinander verbinden zu können: *MIDI*. Dieses Datenformat ist auch in Logic Pro X noch aktuell. Es wird von Logic-Instrumenten wie externen Hardware-Synthesizern gleichermaßen verstanden. MIDI ist ein *digitales* Datenformat – bis dahin waren Verbindungen auf analogem Weg hergestellt worden.

Sie spielen beispielsweise eine Note auf Ihrem Keyboard. Dadurch wird ein Note-On-Befehl gesendet; wenn Sie die Taste loslassen, wird ein entsprechender Note-Off-Befehl gesendet. Diese Informationen benötigen eine sehr geringe Datenmenge, und diese wenigen Daten allein sorgen noch nicht dafür, dass Sie etwas hören. Hierfür ist der *Klangerzeuger* zuständig, der die MIDI-Daten empfängt. Einen kleinen MIDI-Grundkurs finden Sie in Abschnitt 3.11.

1.4.5 Inbetriebnahme von Logic mit und ohne Peripherie

Sie können Logic zumindest für den Anfang auch ohne zusätzliche Peripherie wie Keyboards und Audiointerface benutzen. Die Tastatur Ihres Computers dient im Folgenden als Hilfstool, um Noten einzuspielen, falls kein MIDI-Keyboard zur Hand ist. Auch den Sound können Sie über die Audioanschlüsse Ihres Computers ausgeben und bei einigen Mac-Modellen auch einspeisen. Manche Macs haben kombinierte Ein- und Ausgangs-Audiobuchsen, für die Sie spezielle Adapter benötigen.

Sind ein Audiointerface und ein Keyboard angeschlossen, wählt Logic diese in der Regel automatisch aus – oder Sie werden in einem Dialog gefragt, ob Sie ein bestimmtes Gerät nutzen möchten (weitere Informationen hierzu in Abschnitt 1.5).

Zunächst möchte ich sicherstellen, dass Sie Sound hören und Noten einspielen können. Gehen Sie dazu ins Menü FENSTER, und wählen Sie dort den Eintrag MUSIK-TASTATUR EINBLENDEN.

Nun erscheint ein Fenster mit einer Art Keyboard, in dem Sie erkennen, welcher Buchstabe Ihrer Tastatur welche MIDI-Note auslöst (siehe Abbildung 1.27). Drücken Sie testweise die Taste [A] Ihrer Computertastatur. Wenn Sie einen Sound hören, ist alles gut, und Sie können zum nächsten Abschnitt springen.

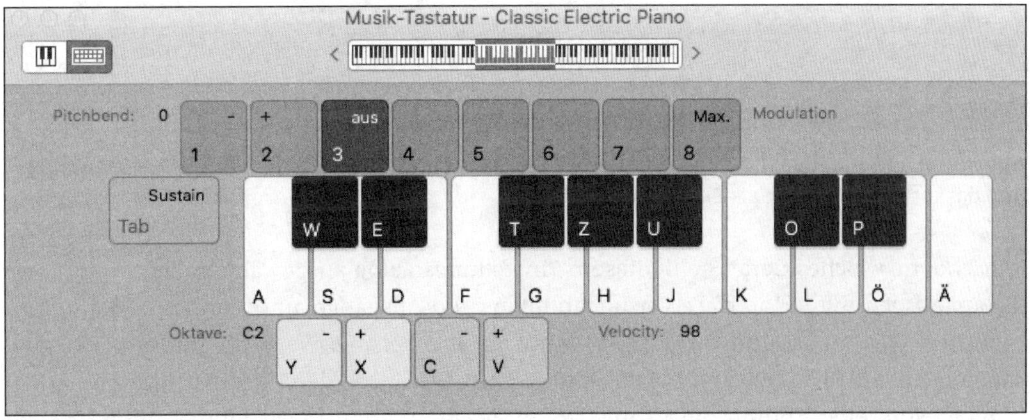

Abbildung 1.27 Die Musik-Tastatur in Logic Pro X, mit deren Hilfe Sie Noten mit Ihrem Computerkeyboard spielen

Wenn Sie keinen Sound hören, überprüfen Sie, ob Ihr Verstärker aufgedreht und Ihr Audioausgang richtig angeschlossen ist und ob im Menü LOGIC PRO X • EINSTELLUNGEN • AUDIO • GERÄTE unter AUSGANGSGERÄT und EINGANG-GERÄT die Soundkarte Ihrer Wahl eingestellt ist; ändern Sie gegebenenfalls die Einstellung, und wählen Sie das von Ihnen gewünschte Audiointerface aus (siehe Abbildung 1.28). Im Bild ist der interne Mac-Ausgang als Ausgang und das interne Mikrofon als Eingang vorgegeben.

Im Menü LOGIC PRO X • EINSTELLUNGEN • AUDIO finden Sie weitere Einstellungen zur I/O-PUFFERGRÖSSE. In Abschnitt 3.3.2 über Audio-Einstellungen und ihre Optimierung erläutere ich das Thema ausführlicher.

Abbildung 1.28 Im abgebildeten Audioeinstellungsdialog ist die interne Soundkarte als Ausgang und das interne Mikrofon als Eingang eingestellt.

Je nachdem, welches Gerät Sie in diesem Einstellungsdialog ausgewählt haben, weist Logic die am ausgewählten Interface verfügbaren Ein- und Ausgänge automatisch seinen intern nummerierten Inputs und Outputs zu. Wenn Sie also beispielsweise die internen Ein- und Ausgänge des Mac ausgewählt haben, sind diese automatisch dem Stereoausgang und dem Input 1-2 von Logics Spuren zugeordnet. Wenn Sie ein Audiointerface mit mehreren Ein- und Ausgängen benutzen, werden diese numerisch aufsteigend zugeordnet.

Sie sehen, dass Sie die Logic-Sound-Eingabe und -Ausgabe in der Software selbst konfigurieren können. Das bedeutet, dass Sie diese Einstellungen unabhängig von denjenigen für den Computer und seine Programme wie iTunes und Safari treffen können (es sei denn, Sie wählen jeweils den Eintrag SYSTEMEINSTELLUNG für das In- und Output-Gerät aus). Wenn Sie ein separates Audiointerface benutzen, kann es also sein, dass die Sounds verschiedener Programme aus unterschiedlichen Ausgängen ausgegeben werden.

Weitere Details und Hinweise zur Fehlerbehebung finden Sie in Abschnitt 1.5, »Peripherie: Audio, MIDI und eine Einführung in das Audio-MIDI-Setup«, und in Kapitel 20, »Fehler, Workarounds, Problemlösungen«.

1.4.6 Logic in Deutsch oder Englisch benutzen?

Dieses Buch ist zwar ein deutsches Handbuch, aber manche Übersetzungen von Logic-Befehlen vom Englischen ins Deutsche sind – zumindest zum Zeitpunkt der Drucklegung – nicht besonders gut gelungen und teils nicht konsequent durchgeführt. So ist es beispielsweise nicht sehr sinnvoll, einen *Delay*-Effekt mit *Verzögerung* zu übersetzen. Oft sind die englischen Bezeichnungen auch einfach griffiger und verbreiteter. In der zu dem Zeitpunkt, an dem Sie dieses Buch lesen, aktuellen Version kann daher durchaus eine Übersetzung auch mal anders als in diesem Buch ausfallen. Aus diesen Gründen erwähne ich im Buch oft zusätzlich englische Bezeichnungen.

Außerdem ist es auf dem Mac bei vielen Programmen (inklusive Logic) leicht möglich, das Programm in einer anderen Sprache zu starten, indem Sie das Programm zunächst schließen, dann in den Systemeinstellungen SPRACHE & TEXT die gewünschte Sprache nach oben schieben und anschließend das Programm neu starten. Je nach verwendetem System kann die Systemeinstellung SPRACHE auch etwas anders aussehen. In macOS kann es z. B. zuerst nötig sein, die gewünschte Sprache über den +-Button unten hinzuzufügen. Auch wenn der Mac danach Dialoge mit Vorschlägen zum Neustarten zeigt, ist ein Neustart für ein Öffnen von Logic X in der neuen Sprache meist nicht nötig.

1.4.7 Logic-Manuals und Hilfe

Unter dem Menüpunkt HILFE können Sie auf verschiedene Optionen zurückgreifen:

- Nutzen Sie die dynamische Hilfe.
- Schauen Sie in die Logic-Hilfe.
- Rufen Sie online die Logic Pro X-Handbücher auf
(hierfür benötigen Sie eine Internetverbindung).

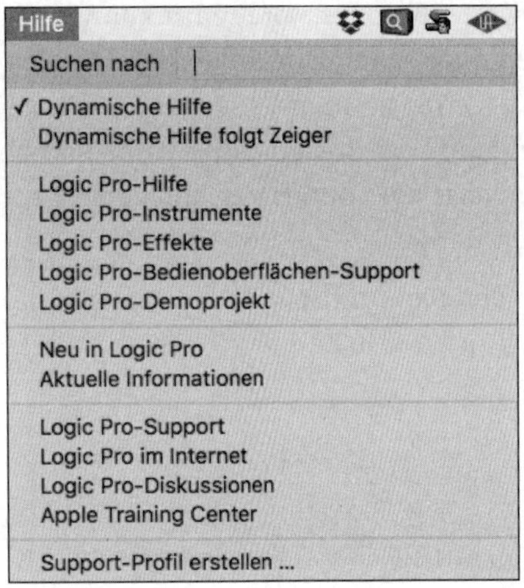

Abbildung 1.29 Das »Hilfe«-Menü in Logic

Dynamische Hilfe/Logic-Hilfe

Sie können über das Hilfe-Menü oder über den Button mit dem Fragezeichen die DYNAMISCHE HILFE einblenden. Wie die gelben »Sprechblasen« mitteilen, rufen Sie weitere Informationen bzw. die Logic-Hilfe mit ⇧ + cmd + ß auf, was zügig und auch ohne Internetverbindung, aber nicht für alle Funktionen von Logic funktioniert. Mehr Details finden Sie in Abschnitt 4.9.1.

Handbücher

Es gibt mehrere Logic-Handbücher und Hilfsdokumente von Apple:

- das Logic-Benutzerhandbuch
- das Logic-Instrumente-Handbuch
- das Logic-Effekte-Handbuch
- das Handbuch »Logic Control Surfaces Support« (bislang nur in Englisch; mehr zu diesem Thema lesen Sie in Abschnitt 16.3, »Bedienoberflächen und Controller-Zuweisungen«)
- das Dokument »Aktuelle Informationen«, das neue Funktionen von kleineren Updates auflistet

All diese Dokumente finden Sie im HILFE-Menü von Logic Pro X. Um nicht von einer Internetverbindung abhängig zu sein, können Sie sich diese Handbücher auch herunterladen. Wählen Sie hierzu im HILFE-Menü den Eintrag LOGIC PRO-SUPPORT, und folgen Sie im anschließenden Dialog den Optionen zum Herunterladen von Handbüchern.

1.5 Peripherie: Audio, MIDI und eine Einführung in das Audio-MIDI-Setup

Hier noch einige Informationen zu Audio- und MIDI-Peripheriegeräten und deren Konfiguration zur Nutzung mit Logic im AUDIO-MIDI-SETUP.

1.5.1 Welche Peripheriegeräte brauchen Sie wirklich?

Die Nutzung des internen Mac-Audiointerface für zwischendurch oder zum Erlernen von Logic und Arbeiten mit diesem Buch finde ich persönlich für den Anfang vollkommen okay, die Mac-Wandler sind oft akzeptabler als die vieler PC-Geräte. Für einen ersten Funktionstest können Sie als Input auch das interne Mikrofon eines Laptops als Eingabequelle nutzen.

Falls Sie viel Gesang, Gitarre oder akustische Instrumente aufnehmen, benötigen Sie natürlich ein spezielles Audiointerface mit entsprechenden Anschlüssen und Mikrofonvorverstärkern etwas dringender als etwa ein reiner Keyboarder. Sie verbessern mit einem guten Audiointerface mit guten Wandlern (z. B. von RME, UAD oder Apogee), guten Monitorboxen und eventuellen Optimierungen der Raumakustik natürlich auch die Qualität Ihrer Aufnahmen, Ihre Abhörsituation und die korrekte Wiedergabe Ihrer Musikproduktionen.

Das Fehlen eines Keyboards/einer Pianotastatur oder einer sonstigen Hardware-MIDI-Noten-Eingabemöglichkeit erschwert die Arbeit mit Logic deutlich, wenn Sie mit Software-Synths arbeiten möchten. Ich empfehle daher, entsprechende Hardware anzuschaffen. Ob Sie sich dabei für ein kleines KORG nanoKEY, ein 25, 49, 61 oder 88 Tasten großes Keyboard mit oder ohne eigene Klangerzeugung oder Controllerfunktionen oder gar einen Pad-Controller wie *Maschine* oder *Push* entscheiden, ist natürlich eine Frage Ihrer persönlichen Arbeitsweise oder Ihres verfügbaren Platzangebots vor Ort.

1.5.2 Audio-MIDI-Setup

Das AUDIO-MIDI-SETUP verwaltet Ihre Audio- und MIDI-Geräte. Da es sich um ein zum System gehörendes Programm handelt, sieht es je nach verwendeter macOS-Version etwas anders aus. Sie finden das AUDIO-MIDI-SETUP im Ordner DIENSTPROGRAMME, das sich im Ordner PROGRAMME befindet. Oft ist es auch als Symbol im Dock vorkonfiguriert. In Abbildung 1.30 sehen Sie links, wie das Symbol für das Programm aussieht. Es empfiehlt sich, das Programm in das Dock zu ziehen, um es immer schnell erreichen zu können. Alternativ können Sie mit dem Shortcut [cmd] + [⇧] + [U] automatisch ein Finder-Fenster mit dem geöffneten Ordner DIENSTPROGRAMME (englisch: *utilities*, daher das [U]) erzeugen.

Im AUDIO-MIDI-SETUP geht es darum, *welche* Geräte Ihnen in Logic zur Verfügung stehen. Ferner stellen Sie im AUDIO-MIDI-SETUP ein, wo der Sound des Mac-Systems und der Mac-Programme ohne eigene Audioeinstellung ausgegeben wird (was Sie in Logic unter EINSTELLUNGEN • AUDIO • GERÄTE durch Wahl der Option SYSTEMEINSTELLUNG für Input und Output auch übernehmen können).

Fortgeschrittene Möglichkeiten dieses Programms erläutere ich in Abschnitt 3.9, »Audiointerface-Konfiguration im Audio-MIDI-Setup«. Wenn bei Ihnen schon alles funktioniert, können Sie die folgenden Zeilen auch überspringen.

Abbildung 1.30 Im Audio-MIDI-Setup konfigurieren Sie In- und Outputs für Audio und MIDI.

Angeschlossene Audio- und MIDI-Geräte erkennt der Mac meistens selbständig. Bei manchen müssen Sie erst Treiber installieren, bevor sie erkannt werden oder um zusätzliche Funktionen nutzen zu können. Manchmal helfen bei Problemen einfache Dinge wie Ab- und Anstecken des Gerätes oder ein Neustart von Logic oder des Computers. In anderen Fällen (z. B. bei älteren USB-2.0-Audiointerfaces, die an neue Macs mit USB-3-Anschlüssen gesteckt werden) habe ich in der Praxis erlebt, dass es helfen kann, einen USB-2- oder USB-3-Hub zwischenzuschalten. Andererseits lässt sich ein USB-Audiointerface bei USB-2-Anschlüssen am Computer manchmal *nicht* über einen Hub betreiben, sondern muss *direkt* mit dem Mac verbunden werden.

1.5.3 Audiointerface auswählen und prüfen, ob Ihr Audiointerface erkannt wird

Im Audio-MIDI-Setup können Sie nun einstellen, wo der Sound der anderen Programme Ihres Mac ein- und ausgegeben wird. Das Audio-MIDI-Setup listet die erkannten Audiointerfaces auf. Wenn Sie Ihr Audiointerface hier nicht sehen, wird es auch nicht erkannt, und auch Logic kann es nicht finden. Um das zu prüfen, gehen Sie über den Menüeintrag Fenster in die Ansicht des Audio-MIDI-Setups (Abbildung 1.31), die die Audiogeräte anzeigt.

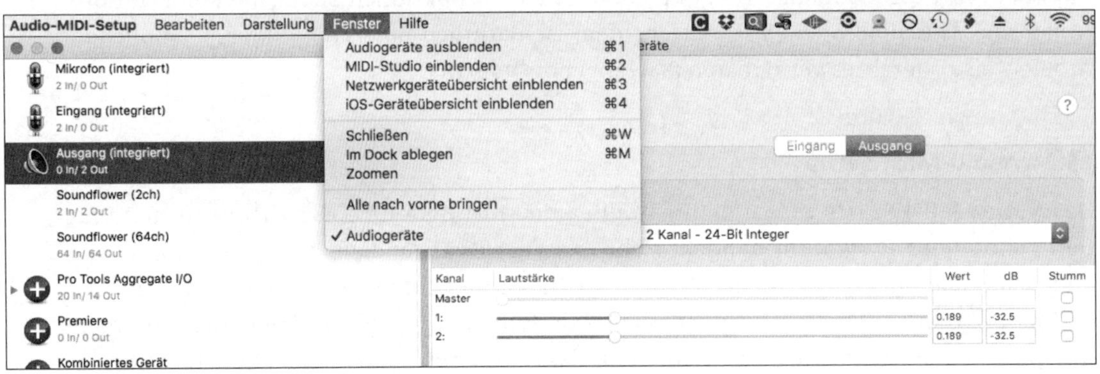

Abbildung 1.31 Das Fenster »Audiogeräte« des Audio-MIDI-Setups

1.5.4 Einstellen, wo der Sound der anderen Programme Ihres Mac ein- und ausgegeben wird

Sie sehen anhand der Symbole neben dem Namen des Audiointerface,

- welcher Input und
- welcher Ausgang für die Mac-Warntöne und
- welcher Ausgang für die Tonausgabe der sonstigen Mac-Programme ausgewählt ist.

Wenn Sie mit der rechten Maustaste auf einen der Einträge klicken oder bei selektiertem Audiointerface auf das Einstellungsrädchen unten klicken, erscheint ein Flip-Menü, wo Sie die oben genannten Einstellungen ändern können.

1.5.5 MIDI-Geräte auswählen

Die verfügbaren MIDI-Geräte sind in der Grundeinstellung *alle* aktiv. In der Regel wählen Sie im Logic-Hauptfenster eine MIDI-Spur aus, und diese empfängt automatisch die MIDI-Signale aller angeschlossenen bzw. aktiven MIDI-Geräte (sofern Sie nicht selbst etwas in der MIDI-Umgebung in Ihrem Logic-Vorlagensong verstellt haben).

Das Audio-MIDI-Setup listet die erkannten MIDI-Geräte (wie zuvor die Audiogeräte) auf. Nicht erkannte Geräte erscheinen ausgegraut. Um zu prüfen, ob Geräte nicht erkannt wurden, rufen Sie über den Menüeintrag Fenster das MIDI-Studio auf (siehe Abbildung 1.32).

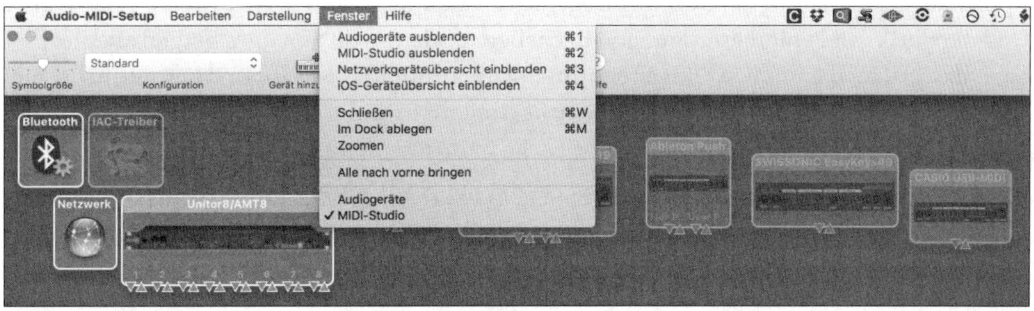

Abbildung 1.32 MIDI-Studio des Audio-MIDI-Setups

In Abbildung 1.32 wurde der Unitor 8 als MIDI-Objekt erkannt. Die blassen Objekte daneben werden aktuell nicht erkannt, das Audio-MIDI-Setup kann sich aber daran erinnern, welche Geräte Sie bereits benutzt zu haben, diese erscheinen ausgegraut. Wenn Ihr Keyboard erkannt wird (z. B. wenn Sie es via USB anschließen) oder Ihr MIDI-Keyboard korrekt an ein erkanntes MIDI-Interface angeschlossen ist, sollte es nun an Logic senden können. Wenn Ihr MIDI-Gerät nicht erkannt wird, können Sie (neben den genannten Optionen des An- und Absteckens oder Installierens von Treibern) auch auf das Feld Neu Suchen klicken; Audio-MIDI-Setup durchsucht dann nochmals alles nach angeschlossenen Geräten.

1.6 iPad-Steuerung für Logic via Logic Remote

Logic Pro X erlaubt die Bedienung und Fernsteuerung des Programms vom iPad aus mit Hilfe der kostenlosen Logic-Remote-App. Wenn Sie ein iPad besitzen und Logic Remote benutzen möchten, finden Sie ausführliche Erläuterungen zu Logic Remote in Abschnitt 16.4, »Logic Remote und Touch-Instrumente«.

1.7 GarageBand auf Mac und iPad

Das kostenlose GarageBand für Mac ist normalerweise auf Macs vorinstalliert. Damit können auch Anfänger einfach zum Spaß auf dem Computer musizieren und sich Logic »annähern«, denn GarageBand ist zumindest seit der Einführung von Logic Pro X eine Art abgespeckte Version von Logic. Hierdurch wird dieses Buch immer mehr auch für GarageBand-User relevant. Ich empfehle zudem das Buch über GarageBand iOS, das mein Kollege Ben Kampert und ich im Rheinwerk-Verlag veröffentlicht haben und das auch eine Sektion über GarageBand Mac enthält. GarageBand-Projekte lassen sich in Logic öffnen – aber nicht umgekehrt.

1.8 Logic-Updates installieren und mit Backups arbeiten, Time Machine

Apple hat in den letzten Jahren (im Gegensatz zu einigen Jahren zuvor) eine relativ gute Updatepolitik mit Fehlerbeseitigungen betrieben. Updates von Software bergen aber immer auch das Risiko, dass einige Dinge nicht mehr funktionieren wie zuvor. Dies gilt für Logic-User umso mehr, je mehr Plug-Ins von Drittherstellern im Einsatz sind. Tipps zur Installation von Systemen und älteren Systemen finden Sie in Abschnitt 1.2.5.

Je wichtiger die Projekte sind, an denen Sie gerade arbeiten, oder umso mehr Sie dafür auf ein bestimmtes Computersystem angewiesen sind, desto vorsichtiger sollten Sie bei Updates sein – und desto wichtiger ist es, sich vorher eine Strategie für den Fall der Fälle zu überlegen.

1.8.1 Logic-Backups behalten

Bezüglich verschiedener Logic Pro X-Versionen ist es relativ leicht, alte Versionen des Programms auf dem Rechner zu behalten. Auch wenn Apple das nicht empfiehlt, können Sie im Ordner *Programme* oder anderswo eine Kopie von Logic erzeugen und ablegen, indem Sie das Programm mit gehaltener `alt`-Taste anfassen und zum gewünschten Ort ziehen. Anschließend sollten Sie die neue Datei umbenennen und beispielsweise die Versionsnummer im Dateinamen hinzufügen. Danach können Sie auch ein Update, das Ihnen der Mac über sein Programm *Softwareaktualisierung* für Logic anbietet, vornehmen, ohne die Vorversion verloren zu haben.

Übrigens: Logic 9 wird nicht deinstalliert, wenn Sie Logic Pro X installieren.

1.8.2 Kompatibilität zwischen verschiedenen Logic-Versionen

Probleme, dass beispielsweise ein etwas älteres Logic Pro X die Dateien eines neueren Logic Pro X nicht mehr öffnen konnte, hatte ich bislang kaum, bei neu eingeführten Funktionen sind sie nicht zu vermeiden. Logic 9 kann keine Logic Pro X-Projekte öffnen.

1.8.3 System-Backup behalten

Steht ein Systemupdate an, empfehle ich, vorher die gesamte Festplatte zu klonen oder ein Backup zu erstellen. Hierfür gibt es mehrere Möglichkeiten.

Carbon Copy Cloner

Ich empfehle aus meiner Erfahrung heraus hierfür das Programm *Carbon Copy Cloner* (CCC). Am besten ist es, wenn Ihnen auf Ihrem System eine zweite Festplatte oder Partition zur Verfügung steht, auf der Sie Ihr System klonen können, so dass Sie nach einem Update oder bei einem System-Crash entweder direkt vom anderen System booten oder das andere System wieder auf Ihre Platte zurückspielen. Von Festplatten, die mit CCC geklont wurden, kann direkt gestartet werden. Lediglich einige wenige Softwareautorisationen von Drittherstellersoftware gehen bei einem Klonen mit CCC verloren, die meisten bleiben erhalten.

Festplatten-Dienstprogramm

Eine ähnlich funktionierende Alternative: das Festplatten-Dienstprogramm und die Option WIEDERHERSTELLEN. Hier können Sie zwei Volumes (Partitionen oder Festplatten) per Drag & Drop als Quelle und Ziel definieren. Das Festplatten-Dienstprogramm kopiert nach meinen bisherigen Erfahrungen langsamer und blockweise.

Time-Machine-Backups

Eine dritte Alternative sind Backups mit Apples integriertem Time-Machine-Backup-System. Der Nachteil hierbei ist, dass von der Backup-Festplatte nicht direkt gestartet werden kann. Sie können allerdings ein System von einem Time-Machine-Backup wiederherstellen.

Wenn Sie in den SYSTEMEINSTELLUNGEN eine Time-Machine-Backup-Festplatte wählen, werden in der Regel automatisch Backups erstellt, wenn Sie diese Festplatte anschließen. Das hat den Vorteil, dass Sie nichts machen müssen, um das Backup zu erstellen, und so bei einem eventuellen Crash auf relativ aktuelle Backups zurückgreifen können. Ein weiterer Vorteil von Time Machine ist, dass sie verschiedene Backup-Zeitpunkte registriert, so dass Sie zu Systemen von einem bestimmten Zeitpunkt zurückspringen und diese oder auch einfach nur bestimmte Dateien wiederherstellen können.

1.8.4 Ausblick

Nun sollten Sie startklar sein, und im nächsten Kapitel beginnen wir mit einem Logic-Schnellkurs.

Kapitel 2

Schnellkurs: Musikproduktion und Hauptfenster in Logic

Vollziehen Sie in diesem Schnellkurs die wichtigsten Arbeitsschritte bei der Realisation eines Musikstücks bis hin zu einem fertigen Audiofile nach, damit Sie ein Gefühl für Möglichkeiten, Ziele, Workflow und Struktur von Logic und den Prozess der Musikproduktion bekommen. Er ist in zwei Teile unterteilt. Teil 1 wendet sich vor allem an Einsteiger und umfasst einen ersten Rundgang sowie einfache Workflows bei einfachen MIDI- und Audioaufnahmen und Edits. Teil 2 behandelt Timing- und Tuningkorrekturen, aufwendigere Edits, Mixdown und Audioexport.

Wenn Sie einmal nicht alles auf Anhieb verstehen oder selbst nachvollziehen können, finden Sie auf der Bonusseite die im Text genannten Zwischenstände der bearbeiteten Projekte zum Download. Projekte öffnen Sie über das Menü ABLAGE • ÖFFNEN (`cmd` + `O`). Bitte schließen Sie zuvor geöffnete Projekte. Logic kann zwar mehrere Projekte gleichzeitig öffnen, das führt aber leicht zu Verwirrung. Mit ABLAGE • PROJEKT SCHLIESSEN bzw. `alt` + `cmd` + `W` schließen Sie schnell ein Projekt. Logic kann übrigens auch ohne geladenes Projekt als Programm geöffnet sein.

2.1 Einführung

Einige von Ihnen möchten eher mit elektronischen Instrumenten selbst etwas einspielen und musizieren, andere möchten vor allem handgespielte Instrumente, Gesang und Schlagzeug oder generell Audio aufnehmen (z. B. eine Band). Die meisten Musiker nutzen eine Kombination aus beidem. Dem soll der Schnellkurs gerecht werden, und er ist daher recht umfangreich geworden – fast eine Art Buch im Buch. Wenn Sie an bestimmten Stellen mehr wissen möchten, nutzen Sie auch den Index des Buches, um detailliertere Erläuterungen und weitere Informationen nachzuschlagen.

Ich gehe nachfolgend davon aus, dass alle erweiterten Werkzeuge via LOGIC PRO X • EINSTELLUNGEN • ERWEITERTE WERKZEUGE aktiviert sind. Sie können auch begleitend zu den Tipps und Anleitungen dieses Kurses Ihr eigenes Stück produzieren. Ich bitte Sie darum, über den banalen musikalischen Gehalt mancher Beispiele hinwegzusehen. Hier geht es vor allem darum, Funktionen und Workflows in Logic zu verstehen.

2.2 Settings und Tastaturbefehle konfigurieren, Demoprojekt

Um sicherzustellen, dass die Standard-Tastaturkommandos aktiv sind, wählen Sie im Menü LOGIC PRO X • TASTATURKURZBEFEHLE • PRESETS • GERMAN aus. Zur Sicherheit sollten Sie außerdem *alle* Voreinstellungen außer den Tastaturkommandos initialisieren! Das geht über den Eintrag LOGIC PRO X • EINSTELLUNGEN • ALLE AUSSER TASTATURKURZBEFEHLE INITIALISIEREN. Sie müssen dies anschließend in einem Dialog bestätigen (Abbildung 2.1).

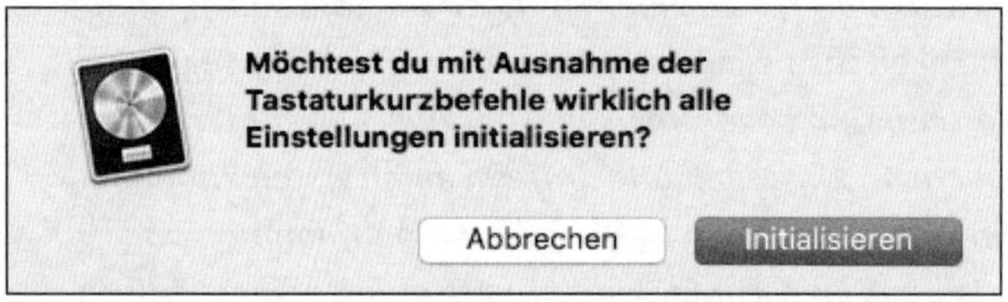

Abbildung 2.1 Alle Einstellungen können initialisiert werden.

Ich empfehle, zumindest als Basis mit den Original-Logic-Shortcuts zu arbeiten, auch weil neue Funktionen hier bei Updates schlüssig integriert werden. Shortcuts helfen, schneller zu werden, aber manchmal machen Anfänger den Fehler, sich zu sehr auf Shortcuts zu konzentrieren, bevor sie das Programm verstanden haben.

Für den Anfang sollten Sie aber vor allem die *Funktionen* und Wege zum Ziel kennen, verstehen und wiederfinden können – ob mit oder ohne Shortcut. Manchmal kann Ihnen der in Abschnitt 3.6 genauer erklärte Dialog zum Finden und Einstellen von eigenen Shortcuts aber auch helfen, Funktionen kennenzulernen, wenn Sie dort nach Begriffen (wie z. B. »vorspulen«) suchen.

2.2.1 Logic-Demoprojekt zur Ansicht öffnen

Um einen Eindruck von Logics Leistungsfähigkeit zu bekommen, können Sie im HILFE-Menü das mitgelieferte LOGIC-DEMOPROJEKT herunterladen bzw. öffnen und abspielen. Es handelt sich um eine Produktion von Foster the People namens »Helena Beat«, die immerhin #1 der kanadischen Alternative Charts und #70 der kanadischen Hot 100 erreichte.

Dort kommen Audioaufnahmen (Guitar, Voice, Synths), aber auch MIDI-Spuren mit Logic-Synths und jede Menge Logic-Effekte zum Einsatz. Klicken Sie bei einzelnen Spuren auf den S-Button, um sie solo zu hören (Abbildung 2.2).

Abbildung 2.2 Solo geschaltete Spur mit Gesang

2.3 Hilfekontext, dynamische Hilfe, Logic-Hilfe

Wenn Sie den Mauszeiger auf einem Button ruhen lassen, wird Ihnen meist die Funktion des Buttons angezeigt. Dies gilt unabhängig davon, ob eine Hilfe aktiv ist. Sie können außerdem über den Fragezeichen-Button oder via [cmd] + [ß] die DYNAMISCHE HILFE aktivieren, der für die meisten Funktionen in Erläuterungen liefert, die sich auf die Position des Mauszeigers beziehen. Wenn im HILFE-Menü (wo Sie weitere Handbücher finden) DYNAMISCHE-HILFE FOLGT ZEIGER aktiviert ist, erscheint die DYNAMISCHE HILFE in Form gelber Sprechblasen (Abbildung 2.3). Durch den Shortcut [⇧] + [cmd] + [ß] können in der Logic-Hilfe eventuell noch detailliertere Informationen aufgerufen werden. Mehr Details zur Logic-Hilfe lesen Sie in Abschnitt 4.9.

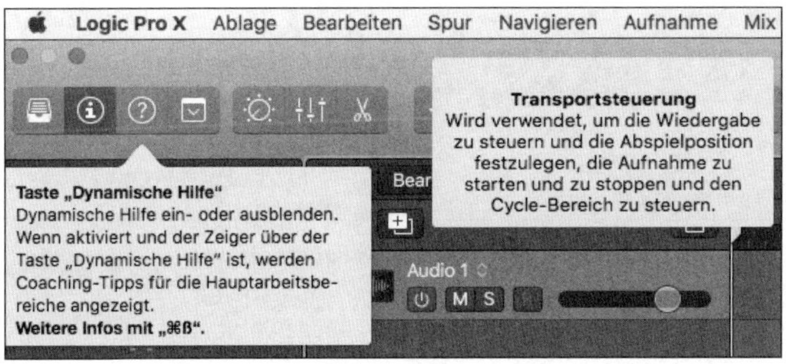

Abbildung 2.3 Das dritte Symbol von links oben ist das Fragezeichensymbol zum Einblenden der dynamischen Hilfe.

2.4 Schnellkurs Teil 1: Projekt anlegen, erste MIDI- und Audioaufnahmen und Edits

Den Schnellkurs möchte ich mit einem leeren Projekt beginnen.

2.4.1 Neues Projekt anlegen und eine erste Spur erstellen

Falls Sie es nicht bereits getan haben:

- Öffnen Sie Logic.
- Wählen Sie im Menü ABLAGE den Eintrag NEU ODER NEU AUS VORLAGE.
- Falls Sie NEU AUS VORLAGE gewählt haben, wählen Sie im folgenden Dialog den Eintrag LEERES PROJEKT (Songs heißen in Logic *Projekt*).
- Anschließend erscheint ein Dialog zum Erzeugen einer ersten Spur. Dieser sollte wie in Abbildung 2.4. aussehen. (Falls er bei Ihnen anders aussieht und Sie zusätzlich Bilder sehen, so ist die Option SYMBOLE IM DIALOGFENSTER NEUE SPUREN ANZEIGEN im Menü EINSTELLUNGEN • ANZEIGE • ALLGEMEIN aktiviert.)

- Wählen Sie den Eintrag SOFTWARE-INSTRUMENT aus, indem Sie bei ausgewähltem Button SOFTWARE-INSTRUMENT (in Abbildung 2.4) einfach sofort auf ERZEUGEN klicken oder die [↵]-Taste drücken.

Abbildung 2.4 Der Dialog zum Erstellen einer neuen Spur. Dieses Fenster kann etwas anders aussehen, wenn unter »Einstellungen« • »Anzeige« • »Allgemein« die Option »Symbole im Dialogfenster »Neue Spuren« anzeigen« ausgewählt ist.

Achten Sie darauf, dass hierbei das Häkchen neben dem Eintrag BIBLIOTHEK ÖFFNEN gesetzt ist. Andernfalls müssen Sie gegebenenfalls manuell ein Instrument im Kanalzug oder ein neues Patch aus der BIBLIOTHEK laden. Unter INSTRUMENT sollte STANDARDPATCH stehen.

Sie sollten nun über eine ausgewählte Tastatur das E-Piano-Software-Instrument der einzigen Spur Ihres Projekts spielen und über Ihre Lautsprecher hören. Alternativ öffnen Sie das Dokument *Schnellkurs01*.

2.4.2 Spuren erzeugen, Spurkategorien und Shortcuts zum Erzeugen von Spuren kennenlernen

Sie erzeugen eine neue Spur ([alt] + [cmd] + [N]) im Allgemeinen oder eine neue Spur einer bestimmten Kategorie (siehe unten) mit Hilfe eines Shortcuts oder über das Menü SPUR. Logic Pro X unterscheidet zwischen verschiedenen Spurarten:

- *Software-Instrument-Spuren* (erzeugen mit [alt] + [cmd] + [S]): Spuren, die MIDI-Daten abspielen und an einen Logic-internen Klangerzeuger senden, der sich im selben Kanalzug befindet (eine solche Spur haben wir gerade geöffnet).
- *Externes MIDI* (erzeugen mit [alt] + [cmd] + [X]): Spuren, die ebenfalls MIDI-Dateien abspielen, diese aber an einen Klangerzeuger *außerhalb* von Logic senden, den Sie an den

Mac angeschlossen haben. In einem Flip-Menü können Sie den MIDI-Anschlussport wählen, den Sie mit der Spur ansteuern möchten.

- *Audiospuren* (Erzeugen mit alt + cmd + A): Spuren, die Audiodateien abspielen und aufnehmen können (z. B. aufgenommener Gesang, aufgenommene Gitarre, Samples). Gitarre und Bass aus Logics Dialog beim Erzeugen von Spuren fällt ebenfalls in diese Kategorie, wird aber mit passenden Gitarreneffekten und -einstellungen geladen, z. B. aktiviertem Input-Monitoring für die Aufnahme.

Es ist wichtig zu verstehen, dass Audiospuren keine MIDI-Regionen und Software-Instrument-Spuren keine Audiofiles abspielen können. Hier ein Beispiel mit modernen Sounds: Im Projekt *03MidiundAudio* spielt oben ein Dance-Synth, darunter ein Hip-Hop-Beat aus Apples Loop Library. Wenn Sie versuchen, den Inhalt der einen Spur auf die andere zu schieben, ist nichts mehr zu hören (falls Sie die Inhalte nicht installiert haben, ignorieren Sie dieses Beispiel).

»Drummer«-Spuren

Die *»Drummer«-Spuren* in Logic Pro X senden ebenfalls Inhalte als Steuerbefehle an ein Instrument, auch wenn ladbare, automatisch begleitende Schlagzeuger die Inhalte erzeugen (vergleiche die untere Spur im Projekt *03Drummer*). Sie können ihre Inhalte aber u. a. in andere MIDI-Spuren ziehen und bearbeiten (vergleiche Spur 1 im Projekt *03Drummer*).

Aux-Spuren

Aux-Spuren sind eine Art Hilfskanal, durch den Audiosignale geroutet werden können, beispielsweise um diese zusammenzufassen oder um Effekte hinzuzumischen. Aux-Spuren werden automatisch oder manuell im Mixer erzeugt und nicht im Hauptmenü Spur. Wenn Sie aus der Bibliothek ein Instrument laden, das aus mehreren Spuren oder Instrumenten besteht (z. B. *Boutique 808*-Drumkit), erscheint auch ein Aux-Kanal (Summenstapel-Master), aus dem einerseits »verbundene« Instrumente per MIDI angesteuert und in dem andererseits die Audiosignale mehrerer Instrumente zusammengemischt werden. Auch Aux-Kanäle, die als separate Audio-Outputs eines Instruments fungieren, können MIDI an das Instrument senden.

2.4.3 Speichern Ihres Logic-Projekts

Speichern Sie Ihr Projekt über das Menü Ablage • Sichern unter (⇧ + cmd + S). Vergeben Sie einen Namen, und klicken Sie dann auf Sichern.

Sie haben beim Speichern die Option, das Projekt in einem Paket (Voreinstellung, siehe Abbildung 2.5) oder einem Ordner zu verwalten.

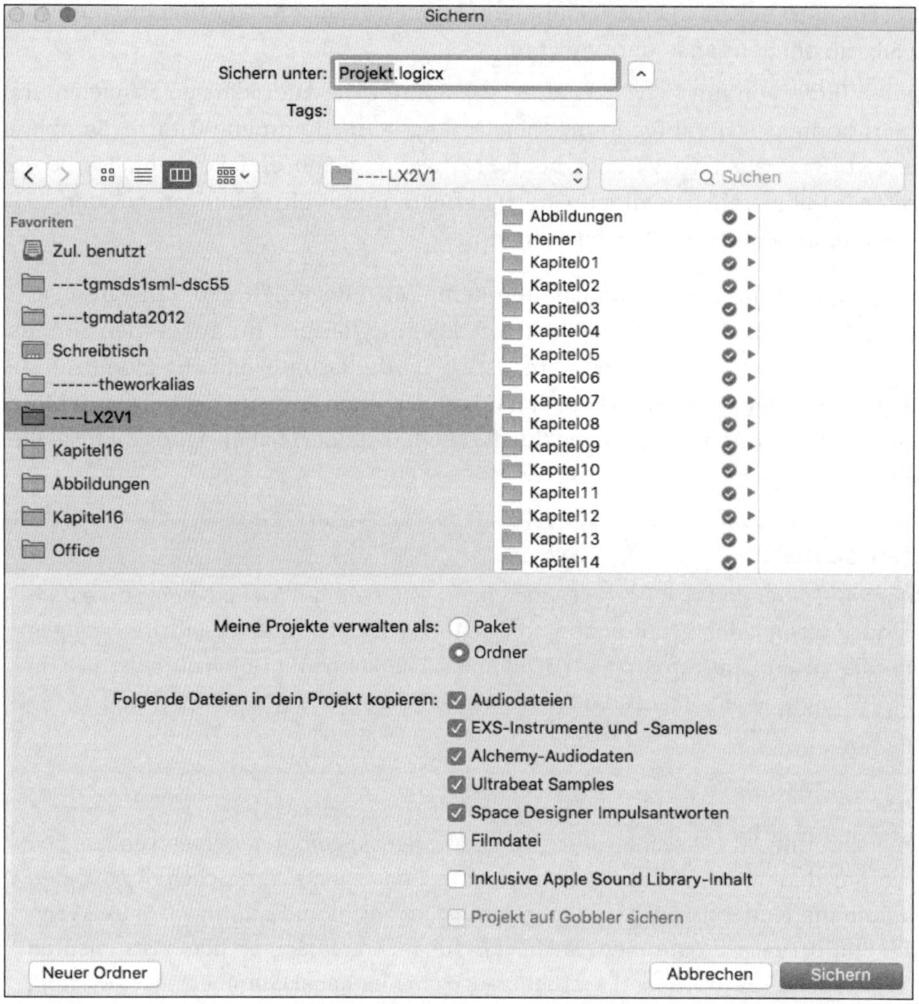

Abbildung 2.5 Der Dialog zum Abspeichern Ihres Projekts

Ich habe die Projektdateien des Schnellkurses jeweils als Paket inklusive aller Medien gespeichert, damit immer alle Dateien beisammen sind und Sie sie einfacher aus dem Bonusbereich herunterladen und öffnen können. Wenn Sie zu Hause arbeiten, ist die Option ORDNER meist sinnvoller, um nicht alle zugehörigen Files doppelt zu speichern.

Beim Sichern können Sie im Dialog Häkchen setzen, um betreffende Dateien wie z. B. vor allem selbstaufgenommene Soundinhalte (z. B. als Audiodateien, *EXS*- oder *Ultrabeat*-Samples) mitzuspeichern (siehe Abbildung 2.5). Setzen Sie alle Häkchen wie im Bild, und lassen Sie die beiden unteren Haken unten weg. Filmdateien oder den Inhalt der Apple Sound Library müssen Sie für den Anfang nicht mitspeichern.

Logic Pro X erstellt im Hintergrund automatisch Backups. Falls Logic während der Arbeit mit einem Projekt abstürzt oder Sie ein Projekt geschlossen und lange vorher nicht gesichert haben, erscheint beim Versuch, das Projekt neu zu öffnen, eventuell der Dialog aus Abbildung 2.6.

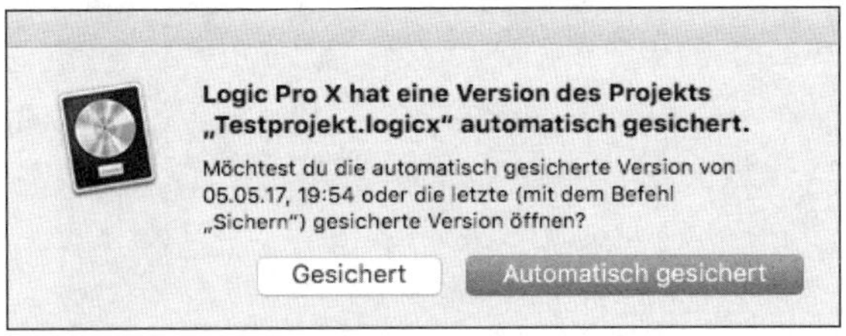

Abbildung 2.6 Meldung über automatisch gesicherte Dateien

Sie sollten dann die automatisch gesicherte Version öffnen, denn aus dieser heraus können sie normalerweise jederzeit via ABLAGE • ZURÜCKSETZEN AUF auch wieder zu gesicherten Versionen springen, die unter diesem Menüpunkt rechts vom Menüeintrag zu sehen sind, siehe Abbildung 2.7.

Wenn Sie Ihr Projekt schnell via ABLAGE • SICHERN ... (cmd + S) speichern, können Sie mit dem gleichen Projekt weiterarbeiten, innerhalb dessen Sie aber stets via ABLAGE • ZURÜCKSETZEN AUF zu zuvor inklusive Uhrzeit und Datumsangabe gespeicherten Vorversionen zurückspringen können (Abbildung 2.7).

Detaillierte Informationen zum Thema Sichern und Projektverwaltung finden Sie in Abschnitt 3.1. Sollte Ihnen dieser Dialog im Zusammenspiel mit Beispielprojekten dieses Buches begegnen, öffnen Sie bitte die gesicherte Version.

Ich habe ein (bis auf eine E-Piano-Spur) leeres Projekt *Schnellkurs01* zwischengespeichert, das Sie im Ordner *LogicProjekte/Kapitel02* im Bonusbereich finden.

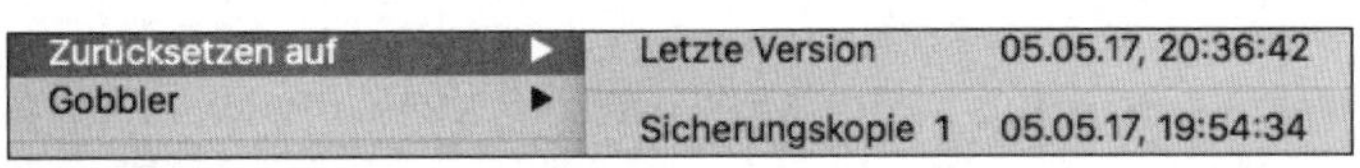

Abbildung 2.7 Hier sehen Sie, wie viele Sicherungskopien es aktuell gibt, und können diese auch aufrufen.

2.4.4 Übersicht über Logic und das Hauptfenster

Ganz oben in Abbildung 2.8 sehen Sie die *Hauptmenüs* ❶ von Logic (LOGIC PRO X, ABLAGE, BEARBEITEN, SPUR, NAVIGIEREN, AUFNAHME, MIX, ANSICHT und HILFE) angeordnet, in denen Sie viele wichtige Befehle und Einstellungen finden. Darunter sehen Sie das *Hauptfenster*. Das Hauptfenster ist ein komplexes All-in-One-Fenster zur Arbeit mit Logic, in dem der komplette Songverlauf vertikal (in einzelnen Spuren) und horizontal (über die Zeit) dargestellt wird.

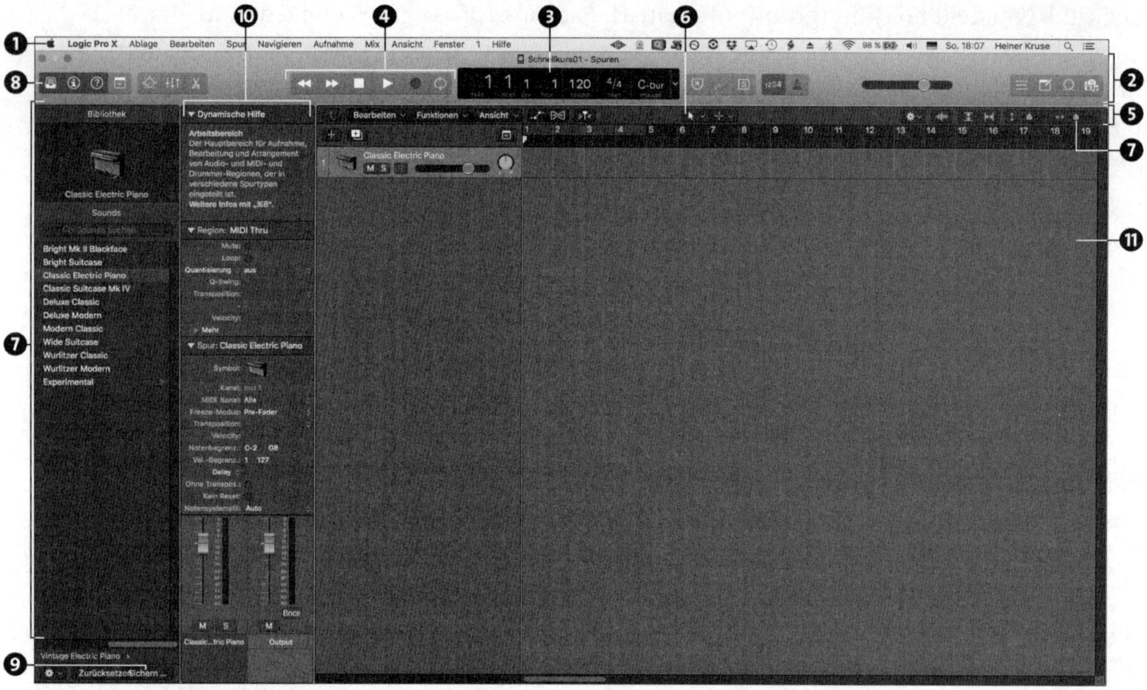

Abbildung 2.8 Das Logic-Hauptfenster im Dokument »Schnellkurs01«

Betrachten Sie nun Abbildung 2.8 oder das Fenster Ihres geöffneten Dokuments *Schnellkurs01* etwas genauer.

- Oben im Hauptfenster sehen Sie die Bereiche *Steuerungsleiste* ❷ und *Anzeige* ❸ mit Tasten, die mit Symbolen beschriftet sind (z. B. zum Ein- und Ausblenden bestimmter Bereiche), sowie *Transportfunktionen* ❹ wie Record und Play und einen *Displaybereich* ❸ mit Songeinstellungen.
- Darunter sehen Sie eine schwarze Leiste, die in der Mitte weitere Menüs beherbergt ❺ (Bearbeiten, Funktionen, Ansicht). Daneben befinden sich weitere Einstellungen inklusive der Zoomregler und Zoom-Buttons oben rechts. Zoomen können Sie auch mit verschiedenen Zoom-Shortcuts (u. a. [cmd] + [↑], [↓], [←] oder [→]) oder dem Vergrößerungswerkzeug ([alt]). Oberhalb von Takt 6 erkennen Sie das Standard-Zeigerwerkzeug ❻ als aktuell eingestelltes Werkzeug. Rechts daneben sehen Sie ein Menü für ein zweites Werkzeug, das mit gehaltener [cmd]-Taste aufgerufen wird. Beide Werkzeugmenüs lassen sich aufklappen, um ein Werkzeug auszuwählen.
- Links befindet sich die Bibliothek (englisch *library*) ❼: Hier wählen Sie Sounds und Einstellungen für Instrumente, Audiospuren, Effekte, spezielle Kanalzüge (Master- oder Aux-Kanäle) oder sogar für Kombinationen aus mehreren Kanalzügen aus. Durch Klick auf das

Bibliotheks-/Schubladensymbol oben links ❽ blenden Sie die Bibliothek schnell ein und aus, durch Bewegen der vertikalen Linie rechts können Sie ihre Anzeige verbreitern und mehrspaltig machen (siehe Projekt *Schnellkurs01a*). Im Bild ist der Button oben links gedrückt und die Bibliothek eingeblendet. Ganz unten können Sie Patches sichern ❾.

- Rechts neben der Bibliothek findet sich der *Informationsbereich* ❿: Hier werden oben die dynamische Hilfe, darunter die Informationsfenster Region und Spur sowie darunter der Mixkanal der Spur inklusive einer im Routing nachfolgenden Spur angezeigt. Durch Klick auf das i-Symbol oben rechts neben dem Bibliothekssymbol (oder mit dem Shortcut I) blenden Sie den Infobereich ein und aus. Einzelne Informationsfenster können eingeklappt werden, um die Mixer-Spuren unten besser sehen zu können, in denen Sie Instrumente und Effekte laden und hin- und herschieben können.
- Rechts daneben sehen Sie die ausgewählte Spur und den Sequencer-/Arrangierbereich, der in Logic Pro X »Bereich Spuren« ⓫ heißt.
- Jede Spur in unserem Beispiel hat einen Lautstärkeregler auf der Pegelanzeige und mit M und S beschriftete Buttons zum Stummschalten (M wie »mute«) und Soloschalten (S wie »solo«). Ferner hat die Spur in unserem Beispiel einen *Record-Button* und einen *Panoramaregler* (Abbildung 2.9). Diesen Bereich nennt man in Logic *Spur-Header*. Sie können ihn via alt + T konfigurieren oder per Rechtsklick auf die Spur und Auswahl des Eintrags Spur-Header konfigurieren weitere Bestandteile einblenden, z. B. On/Off-Buttons für einzelne Spuren.

Abbildung 2.9 Eine Spur mit »Mute«-, »Solo«- und »Record«-Button sowie Volume- und Pan-Regler

- Unten öffnet sich bei Doppelklick auf Regionen ein Editor im Bereich *Editoren* (Abbildung 2.10). Haben Sie auf eine MIDI-Region doppelt geklickt, öffnet sich ein MIDI-Editor (wahlweise Pianorolle, Notation oder Schritteditor); haben Sie doppelt auf eine Audioregion geklickt, öffnet sich ein Audio-Editor (wahlweise Datei- oder Spur-Editor). Klicken Sie auf eine »Drummer«-Region, erscheint der Drummer-Editor. Ich zeige Ihnen in Abbildung 2.10, wie das ungefähr aussehen kann, wenn wir mit unserem Schnellkurs fertig sind.
- Auf der rechten Seite lassen sich Notizen, Listeneditoren (für Taktart, Tonart, Tempo etc.), Apple Loops oder Übersichten für Medien (Medien des aktuellen Projekts, Medien in Apple-Programmen und Logic-relevante Medien allgemein auf dem Rechner) einblenden. In Abbildung 2.10 sehen Sie die Übersicht Projekt, die im Projekt verwendete Audiofiles und Regionen anzeigt.

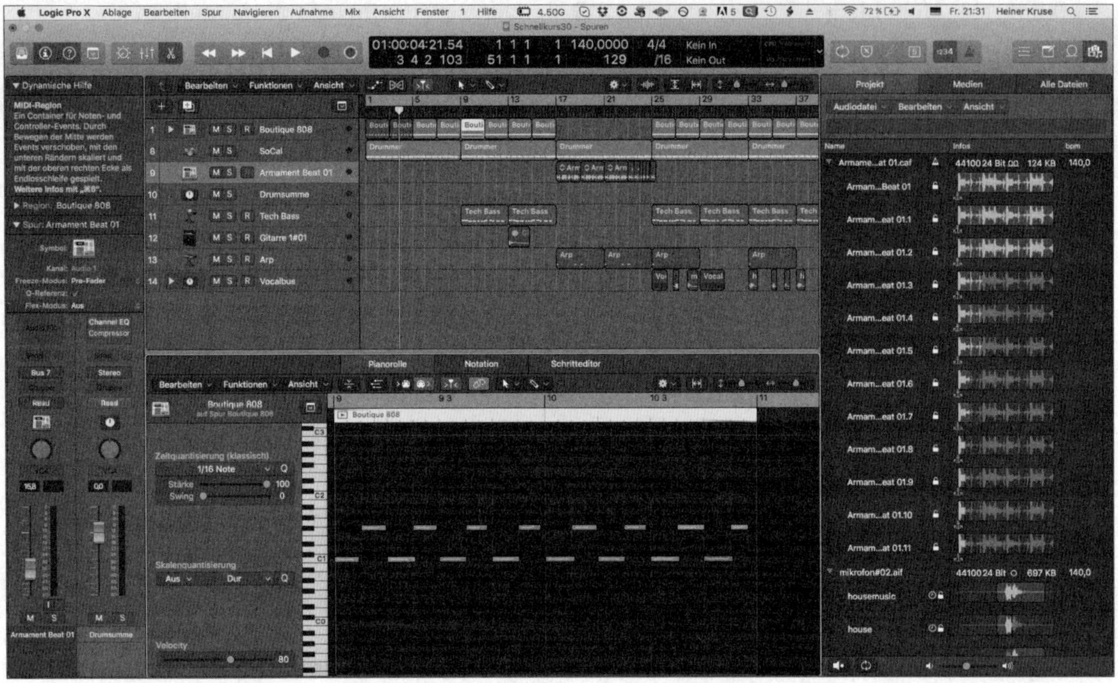

Abbildung 2.10 Hauptfenster mit fertigem Schnellkurs, eingeblendeter Pianorolle und Übersicht »Projekt«

Bereiche des Hauptfensters ein- und ausblenden

Über das Hauptmenü ANSICHT oder verschiedene Buttons in der Steuerungsleiste können Sie einzelne Bereiche des Hauptfensters ein- und ausblenden und zusätzlich eine Symbolleiste (Abbildung 2.11) im Hauptfenster anzeigen, die Ihnen schnellen Zugriff auf praktische Funktionen auch ohne Kenntnis eines Shortcuts erlaubt – aber auch Platz wegnimmt, weshalb ich sie im Folgenden meistens ausgeblendet habe. In Logic können Sie so ziemlich alles manuell konfigurieren – von der Anzeige der Steuerungsliste über die Funktionen in der Symbolleiste und vieles mehr.

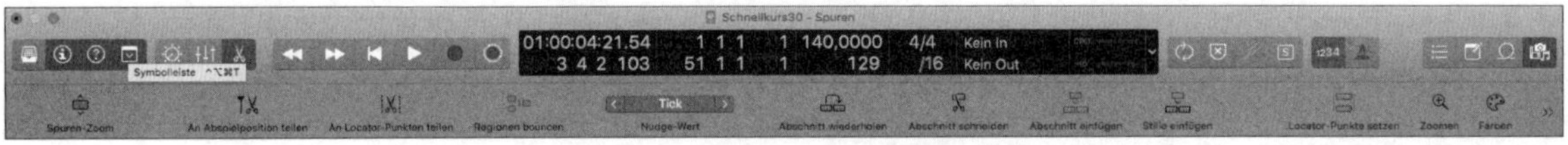

Abbildung 2.11 Logic mit eingeblendeter Symbolleiste

Das Hauptfenster ist darauf ausgelegt, hier alles Notwendige erledigen zu können, ohne weitere Fenster öffnen zu müssen. Trotzdem können Sie viele Ansichten über das Menü FENSTER auch als separates Fenster aufrufen.

Fokus im Hauptfenster einstellen

Wenn Sie die [⇥]-Taste drücken, wechselt der Fokus zwischen verschiedenen Bereichen des Hauptfensters, was Sie an einem dünnen blauen Rahmen um den jeweils fokussierten Bereich erkennen. Das bedeutet zum Beispiel, dass sich Tastaturkurzbefehle nun auf den fokussierten Bereich beziehen – und nicht auf einen anderen Bereich des Hauptfensters.

2.4.5 Das Songtempo für Ihr Projekt einstellen

Im Displaybereich können Sie das Tempo und den Takt einstellen. Aktuell sind Tempo 120 und ein $^4/_4$-Takt gewählt. Als erste Übung ändern Sie das Tempo auf eine Einstellung Ihrer Wahl. In meinem Beispiel nehme ich Tempo 140. Klicken Sie hierfür doppelt auf die 120, und geben Sie Ihr gewünschtes Tempo ein.

Diesen Zwischenstand finden Sie im Dokument *Schnellkurs01b*.

Abbildung 2.12 Hier stellen Sie das Tempo mit einem Doppelklick ein.

2.4.6 Die Bibliothek kennenlernen und Instrumentensounds durchhören

Lassen Sie uns nun Sounds aussuchen und erste Noten einspielen. Wir fangen mit selbstgespielten Drums an, aber zuvor können Sie einmal Sounds von Logic »antesten«.

In der BIBLIOTHEK ist ein Eintrag namens CLASSIC ELECTRIC PIANO selektiert. Wenn Sie den hellgrauen Scrollbalken unten (sichtbar in Abbildung 2.8) nach links schieben oder den Bereich der Bibliothek durch Bewegung der Grenzlinie nach rechts vergrößern (wie in Abbildung 2.13), wird die übergeordnete Soundkategorie sichtbar. Diese heißt hier VINTAGE ELECTRIC PIANO und ist in Abbildung 2.13 selektiert.

- Klicken Sie stattdessen auf den Eintrag ELECTRONIC DRUM KIT und in der nächsten Spalte auf DRUM MACHINE. Je nach Umfang der bereits geladenen Inhalte kann dieses Menü bei Ihnen anders aussehen.
- Klicken Sie auf den Eintrag BOUTIQUE 808. Hierdurch laden Sie ein entsprechendes sogenanntes *Patch*.

Nach kurzer Ladezeit ändert sich nicht nur das Symbol oberhalb des Eintrags in eine Art Drumcomputer-Icon, auch der Inhalt der bislang einzigen Spur, die selektiert war, hat sich geändert. Nun ist das E-Piano zugunsten eines elektronischen Drumkits auf Basis des Roland-808-Drumcomputers verschwunden. Dabei wurde nicht nur ein neues Instrument in Form eines Plug-Ins geladen, sondern zusätzlich eine Kombination von Effekten und eine

Kombination zusätzlicher Spuren, über die Einzelsounds des Drumkits separat abgemischt werden können. Solche komplexen Patches gibt es viele in der BIBLIOTHEK.

Abbildung 2.13 Bibliothek

Auf zwei Oktaven Ihrer Tastatur beginnend mit dem C1 sind nun die Drumsounds des *Boutique 808*-Patches zu hören, auf den Tasten oberhalb davon ein als Instrument spielbarer Bass-Sound. Diesen Zwischenstand (inklusive eingestelltem Tempo 140) finden Sie auch im Dokument *Schnellkurs02*.

Probieren Sie auch einmal etwas anderes als dieses Drumkit aus. Sie sehen in Abbildung 2.13, dass es noch viele andere Soundkategorien gibt, z. B. BASS, GUITAR, ORCHESTRAL, PIANO, SYNTHESIZER, VINTAGE B3 ORGAN, ARPEGGIATOR, ÄLTERE VERSIONEN und viele weitere. Klicken Sie einfach eine Kategorie mit der Maus an, um ihren Inhalt zu sehen. Wenn Sie danach auf einen Eintrag klicken, ändert sich der jeweils in der Spur befindliche Sound sofort. Wenn Ihnen das etwas zu schnell ging, können Sie das Laden eines Patches mit [cmd] + [Z] (Undo) widerrufen.

Die BIBLIOTHEK zeigt unterschiedliche Inhalte an, je nachdem, welche Art Spur (z. B. Software-Instrument-Spur, Audiospur etc.) Sie ausgewählt haben und ob Sie den ganzen Kanalzug oder nur ein Plug-In (via [⇧] + Klick) per Klick mit dem Pfeil links neben den Plug-In-Namen selektiert haben. Klappen Sie die Informationsfenster REGION und SPUR ein, sehen Sie wie in Abbildung 2.14 den Pfeil links neben dem weiß umrahmten Eintrag: Dieser zeigt hier auf das oberste Feld, so dass die BIBLIOTHEK sogenannte *Patches* für den ganzen Kanalzug anzeigt. Wenn Sie stattdessen links neben den Eintrag E-PIANO klicken, dann wechselt der Pfeil nach unten links neben den E-PIANO-Eintrag, und die Anzeige in der BIBLIOTHEK zeigt Presets für das E-Piano.

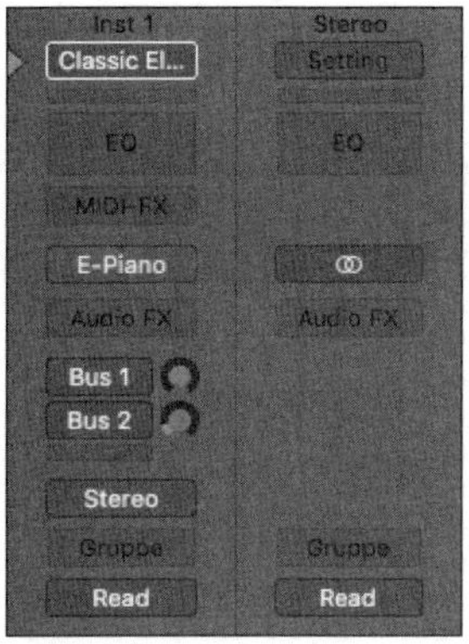

Abbildung 2.14 Beachten Sie den Pfeil links im Bild.

Es gibt auch Patches in Form von Kombinationen von Effekten für Audiospuren. (Mehr hierzu in Abschnitt 2.5.3, »Patches und Presets in der Bibliothek«)

Sie können so viele Spuren erzeugen, wie Sie wollen; im Dialog zum Erzeugen von Spuren können Sie auch mehrere Spuren gleichzeitig erstellen.

Bevor Sie etwas einspielen und aufnehmen, lernen Sie ein paar Sounds von Logic kennen. Sie werden dabei bemerken, dass Logic seine Sounds in der BIBLIOTHEK vor allem nach Instrumentenkategorien sortiert bereitstellt. Es gibt aber ja auch noch den Bereich *Apple Loops* (siehe Abschnitt 4.8), wo Sie eher genrespezifisches Material finden oder selbst hinzufügen können.

Ich habe in einem Beispieldokument mehrere Spuren mit unterschiedlichen Sounds geöffnet – laden Sie *Schnellkurs01c*. Klicken Sie auf die unterschiedlichen Spuren, um das jeweilige Instrument zu spielen, oder benutzen Sie bei selektierter Spur die [↑]- und [↓]-Taste. Wie Sie Sounds selbst designen oder Presets modifizieren, lesen Sie ausführlich in Kapitel 11. Einfache Sound-Edits können Sie auch mit den Smart Controls vornehmen (mehr hierzu in Abschnitt 2.5.12)

In der untersten Spur befindet sich eine »Drummer«-Spur, in der ein virtueller Drummer automatisch für Sie Schlagzeug spielt. Im Dokument *Schnellkurs01d* spielt der »Drummer« einen anderen Style. In Abschnitt 11.9 lesen Sie mehr über den »Drummer«.

Notizen (über Lieblingssounds oder Einstellungen) erstellen

Auf der rechten Seite des Fensters können Sie Notizen – wie zum Beispiel Sounds, die Ihnen gefallen – spur- oder projektbezogen festhalten. Klicken Sie auf das Symbol mit einem Blatt Papier und Stift, um den Notizenbereich einzublenden. Klicken Sie nun auf das Feld BEARBEITEN, um eine Notiz einzugeben, und anschließend auf FERTIG (Zwischenstand: *Schnellkurs02b*). Durch wiederholten Klick auf das Symbol mit Papier und Stift blenden Sie den Bereich wieder aus (siehe Abbildung 2.15).

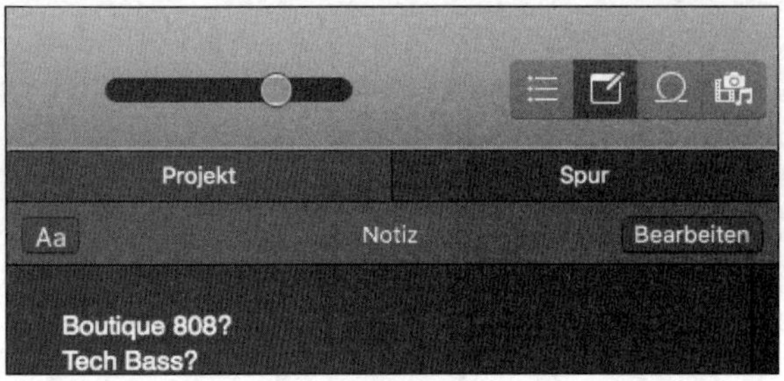

Abbildung 2.15 Den Notizenbereich können Sie im Hauptfenster rechts einblenden.

2.4.7 Instrument-Plug-Ins aus Logic oder von Drittherstellern ohne Bibliothek laden

Sie können Instrumente oder Plug-Ins statt über die BIBLIOTHEK auch manuell in den Instrumenten-Slot laden. Wenn Sie im Dokument *Schnellkurs01* mit gehaltener Maustaste auf die rechte Seite des mit E-PIANO benannten Slots klicken (dort taucht ein dreigeteilter Button auf), können Sie im aufspringenden Menü ein Instrumenten-Plug-In auswählen. Instrumente von Drittherstellern finden Sie dabei unten in der Liste bzw. im Menü unter AU-INSTRUMENTE (»AU« steht für Audio Unit).

2.4.8 MIDI-Noten in Logic einspielen und aufnehmen und einfache Transportfunktionen

Zunächst sollen Sie hier lernen, wie Sie selbst etwas einspielen. Zur Vereinfachung gehen wir wieder zurück zu einem Projekt mit nur einer Spur. Öffnen Sie bitte das Dokument *Schnellkurs02*.

Wir machen dort weiter mit dem im vorherigen Abschnitt ausgewählten *Boutique 808*-Kit auf der bislang einzigen Spur. Ich werde nun eine einfache Bassdrum einspielen. Anschließend soll eine zusätzliche Hi-Hat einsetzen. Versuchen Sie, es mir nachzumachen ...

Welche Note spiele ich, und wo kann ich das erkennen (MIDI-Aktivitätsanzeige)?

Wenn es Ihnen nicht gelingt, Bassdrum oder Keyboard auf Ihrer Tastatur zu finden, dann spielen Sie eventuell in einem falschen Tonhöhenbereich. Ob MIDI ankommt oder nicht, erkennen Sie wie in Abbildung 2.16 an einem kleinen Punkt im Display.

Abbildung 2.16 Der Punkt signalisiert eingehende MIDI-Daten.

- Klicken Sie einmal in den rechten Bereich des Displays, wo ein kleiner Abwärtspfeil zu sehen ist (Abbildung 2.17).

Abbildung 2.17 Optionen für das Informationsdisplay

- Wählen Sie im aufspringenden Menü den Eintrag EIGENE. Ich empfehle Ihnen generell, diese Einstellung beizubehalten.

Danach zeigt das Display beispielsweise eine detaillierte MIDI-Aktivitätsanzeige und hierüber auch die eingehenden MIDI-Informationen an, und Sie können prüfen, ob und was Sie gerade über Ihr Keyboard senden (Abbildung 2.18), und auf diese Weise als Anfänger auch Noten- und Akkordnamen lernen.

Abbildung 2.18 Eine eingehende MIDI-Note C1 auf Kanal 1 mit Velocity 64, die zuvor von der Musik-Tastatur aus Abbildung 2.19 erzeugt wurde

Mit der MUSIK-TASTATUR können Sie über eine Computertastatur Noten einspielen. Wenn Sie via cmd + K die MUSIK-TASTATUR verwenden und einblenden, sehen Sie, dass Sie mit den Buchstaben Y und X der deutschen Tastatur die Oktavlage der Tastatur verändern.

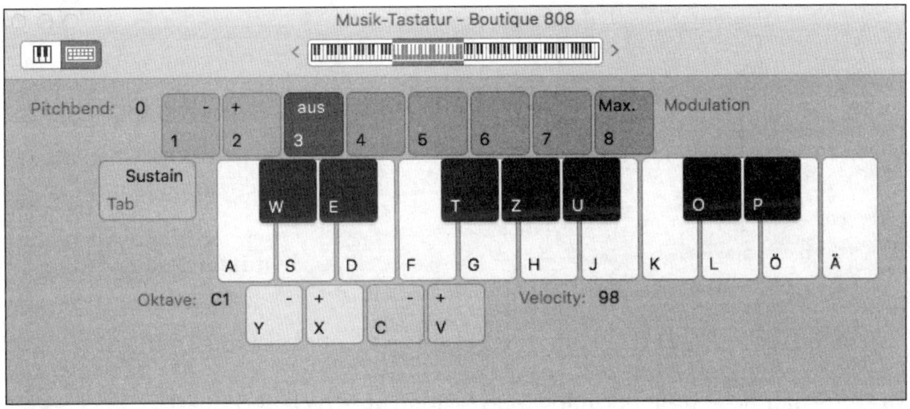

Abbildung 2.19 Die Musik-Tastatur ist im Bild so eingestellt, dass die Taste »A« die Note C1 spielt.

Im Bild ist die richtige Oktave beginnend mit C1 ausgewählt.

Die Bassdrum liegt in meinem Beispiel auf der Taste C1, die Hi-Hat auf der Taste F#1. Dies ist die übliche Drum-Belegung nach dem sogenannten *General-MIDI-Standard*, an den sich Logics Drum-Instrumente grundsätzlich halten. Sie finden die Bassdrum also in den meisten Drumkits auf C1.

Transportfunktionen

Im Hauptfenster sehen Sie die Buttons für Transportfunktionen wie *Aufnahme, Zurück zum Anfang, Zurückspulen, Stopp* und *Wiedergabe* (Abbildung 2.20).

Abbildung 2.20 Die Buttons für die Transportfunktionen

Mit den Tasten [,] und [.] können Sie *vor- und zurückspulen* und durch erneutes Drücken der Leertaste die Wiedergabe wieder starten. Um an eine Stelle im Song zu springen, klicken Sie mit der Maus einfach in den unteren Bereich des Taktlineals. Mit der [↵]-Taste gelangen Sie an den Projektanfang. Wenn Sie mit der rechten Maustaste auf die PLAY- oder RECORD-Taste klicken, erscheint ein Kontextmenü, das verschiedene Einstellungen für Play bzw. Record bietet.

Menü: Aufnahme und Einzähler einstellen

Über das Menü AUFNAHME • EINZÄHLER (Abbildung 2.21) stellen Sie ein, wie viele Takte das Metronom vor der Aufnahme klickt. Sie finden im Menü AUFNAHME viele weitere wichtige Aufnahmeeinstellungen, z. B. auch, was passieren soll, wenn Sie auf eine Spur mit bestehender Aufnahme weitere Aufnahmen machen und sich Aufnahmen »überlappen«. Genauere Erklärungen hierzu finden Sie in Kapitel 5 und Kapitel 6.

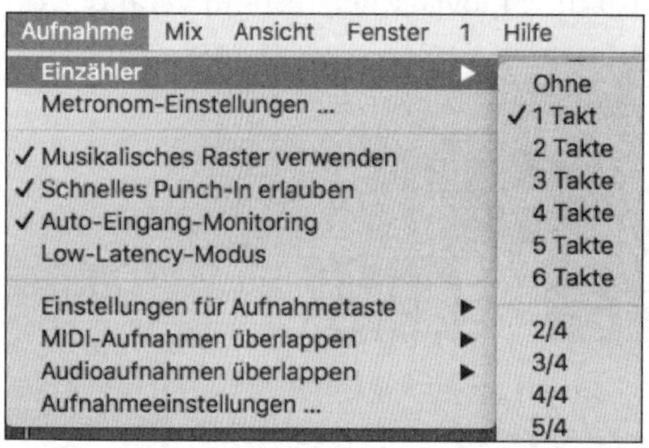

Abbildung 2.21 »Aufnahme«-Menü

Eine erste MIDI-Aufnahme erstellen, Undo/Redo (Widerrufen/Wiederholen)

- Klicken Sie nun auf das Feld mit dem roten Punkt, um eine Aufnahme zu starten (oder nutzen Sie den Shortcut [R]). Sie hören nun ein Metronom als Einzähler. Logics Sequencer startet, und Sie können etwas einspielen. Mit der Leertaste stoppen Sie die Aufnahme. Mit der [↵]-Taste springt Logic an den Songanfang zurück.
- Wenn Sie nicht zufrieden mit Ihrer Aufnahme sind, löschen Sie in unserem Schnellkurs die Region mit [⌫] und nehmen neu auf.

- Spielen Sie ein paar Noten ein – beispielsweise je zwei Takte, in denen die Bassdrum allein spielt, und zwei Takte, in denen Bassdrum und Hi-Hat spielen. Achten Sie dabei darauf, zum vorgegebenen Takt des Metronoms zu spielen. Falls Ihnen das zu schnell spielt, können Sie auch das Tempo ändern – z. B. um langsamer einzuspielen – und es später eventuell wieder schneller machen (bei MIDI-Regionen ist das unproblematisch, bei Audioaufnahmen geht das nur mit Hilfe von Flex Time (vergleiche Abschnitt 9.3 über Flex Time oder Abschnitt 2.5.1, »Audioaufnahmen detailliert editieren«).
- Drücken Sie danach die Leertaste, um die Aufnahme zu beenden. Ihre eingespielten Noten werden in einer *Region* zusammengefasst, die Sie editieren, verschieben und kopieren können. Alternativ öffnen Sie einfach das Dokument *Schnellkurs03* (Abbildung 2.22).

Abbildung 2.22 Eine erste aufgenommene Region

Wenn Sie Ihre letzte Aufnahme oder den letzten Arbeitsschritt rückgängig machen wollen, geht das mit Hilfe der Funktion *Undo* bzw. *Widerrufen*. Diese lösen Sie mit dem Tastaturkurzbefehl [cmd] + [Z] aus. Mit [⇧] + [cmd] + [Z] werden rückgängig gemachte Schritte wiederholt (*Redo-Funktion*). Hierfür müssen Sie den betreffenden Bereich im Fenster ausgewählt haben. Nicht für alle Logic-Funktionen steht Undo zur Verfügung (z. B. nicht für Änderungen an Mischpult- und Plug-In-Reglern).

In Abbildung 2.22 oder wenn Sie das Dokument *Schnellkurs03* öffnen, erkennen Sie unterhalb der Takte 2 bis 6 eine Region, die MIDI-Daten enthält. Sie hat automatisch den Namen der Spur angenommen, kann aber umbenannt werden. Mit Step-Recording und Note Repeat stehen weitere spezielle Tools für die Aufnahme zur Verfügung, die z. B. für die Einspielung schneller Hi-Hats, wie man sie im Trap-Genre nutzt, nützlich sein können. Wenn Sie über bestehende Aufnahmen aufnehmen wollen, beachten Sie die Optionen im Menü AUFNAHME • MIDI-AUFNAHMEN ÜBERLAPPEN. Mehr hierzu in Abschnitt 5.2.

2.4.9 Erste Edits eingespielter MIDI-Noten vornehmen und die Pianorolle kennenlernen

Nach dem Einspielen bemerken Sie vermutlich Ungenauigkeiten. Nun möchte ich zeigen, wie Sie diese bei Bedarf zumindest grob ausbügeln können. Dabei spielt es eine ganz große Rolle, ob Ihre Einspielung bereits halbwegs synchron mit Logics Metronom läuft! Wenn wir uns der Knechtschaft des Metronoms unterziehen, geht es vor allem darum, Eingespieltes (zum Beispiel mit Quantisierung) besser editieren und an das Logic-Tempo anpassen zu können. Ansonsten müssten Sie Regionen/Noten/Balken einzeln justieren – das kann sehr zeitraubend sein.

Die Drums der ersten Einspielung quantisieren

Auch im Beispiel *Schnellkurs03* sind ein paar Ungenauigkeiten. Diese wollen wir nun ausbessern. Das geht beispielsweise, indem Sie die eingespielte Region selektieren und links davon im Informationsfenster REGION unter dem Eintrag QUANTISIEREN die Einstellung in ⅛ NOTE ändern (siehe Abbildung 2.23). Dadurch werden gespielte Noten so korrigiert, dass sie genau innerhalb eines ⅛-Takt-Rasters liegen. Es ist dabei notwendig, dass Sie die Region zuvor selektieren. Allgemein gilt: Wählen Sie zuerst die zu bearbeitende Region oder Note aus, und führen Sie dann den Bearbeitungsbefehl aus. Der Name des Informationsfensters, REGION, sagt bereits, dass sich die Einstellungen auf einzelne Regionen beziehen. Sie finden diesen Zwischenstand im Dokument *Schnellkurs04*.

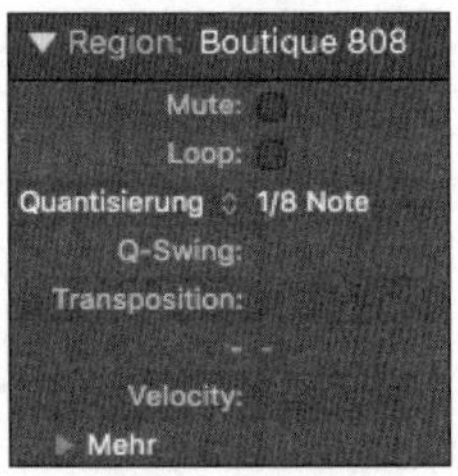

Abbildung 2.23 Die selektierte Region »Boutique 808« wurde auf eine Achtelnote quantisiert.

Beim Quantisieren werden die eingespielten Noten anhand eines frei wählbaren Rasters (z. B. ⅛-Note) korrigiert und hierdurch alle genau auf die nächstliegenden Positionen des Rasters (z. B. Achtelnotenpositionen) bewegt. Diese Korrektur erfolgt im Informationsfenster REGION nichtdestruktiv. Das heißt, Sie können jederzeit wieder zu Ihrem Original zurückkehren, das nicht dauerhaft verändert wurde. Das gilt für alle Einstellungen, die Sie in dieser Box vornehmen.

Wenn Sie auf das kleine Dreieck in Abbildung 2.23 links unten klicken, wo MEHR steht, sehen Sie weitere Parameter für die Region, z. B. prozentuale Quantisierungstärke. In einem Flip-Menü neben der Quantisierung kann die Quantisierung zudem zwischen KLASSISCH und INTELLIGENT umgeschaltet werden. Letztere versucht, absichtliche Ungenauigkeiten zu erkennen und unbearbeitet zu lassen (z. B. Triller).

In unserem Beispiel mache ich mit einfacher Quantisierung weiter. Sie können den Unterschied zwischen aktivierter und nicht aktivierter Quantisierung bzw. zwischen *Schnellkurs03* und *Schnellkurs04* nicht nur deutlich hören, sondern auch sehen.

Quantisierungsvoreinstellung/automatische Quantisierung

Wenn Sie eine Quantisierungseinstellung vornehmen, ohne eine Region selektiert zu haben, wird sie als Voreinstellung automatisch für jede neu erzeugte Region übernommen.

Wenn Sie mit gehaltener ⇧-Taste oder durch Aufziehen eines Bereichs mit gehaltener Maustaste mehrere Regionen selektieren, können Sie die Einstellungen im Informationsfenster REGION auch für mehrere Regionen gleichzeitig vornehmen. Doppelklicken Sie auf die grüne Region. Danach öffnet sich voreingestellt unten im Hauptfenster der Bereich PIANOROLLE. In Abbildung 2.24 und Abbildung 2.25 sehen Sie die eingespielten Noten unquantisiert und quantisiert in der PIANOROLLE.

Die Darstellung von Takt, Taktposition und Songlänge in Logic

Abbildung 2.24 und Abbildung 2.25 erklären auch die Funktionsweise der Quantisierung und von Logics Taktraster etwas besser. Sie sehen in Takt 2 vier gespielte Noten als Balken, deren Länge die Länge der gespielten Note abbildet. Die horizontalen Linien entsprechen Tonhöhen bzw. Tasten auf der Klaviatur. Sie sehen diese Balken (die alle dieselbe Note spielen) in Abbildung 2.24 etwas neben den vertikalen Linien liegen, in Abbildung 2.25 jedoch genau auf den vertikalen Linien. Das ist das Ergebnis der Quantisierung. Der fünfte Balken liegt genau auf Takt 3. Manche vertikalen Linien markieren hier $\frac{1}{4}$-Noten, die dünneren vertikalen Linien dazwischen $\frac{1}{16}$-Noten. Eine Einstellung von $\frac{1}{4}$ für die Quantisierung wäre also auch okay gewesen. $\frac{1}{2}$ dagegen wäre zu grob ausgefallen, denn dann wäre die zweite Note an die gleiche Stelle wie die erste geschoben worden. Das wäre keine sinnvolle Korrektur einer ungenauen Spielweise mehr gewesen.

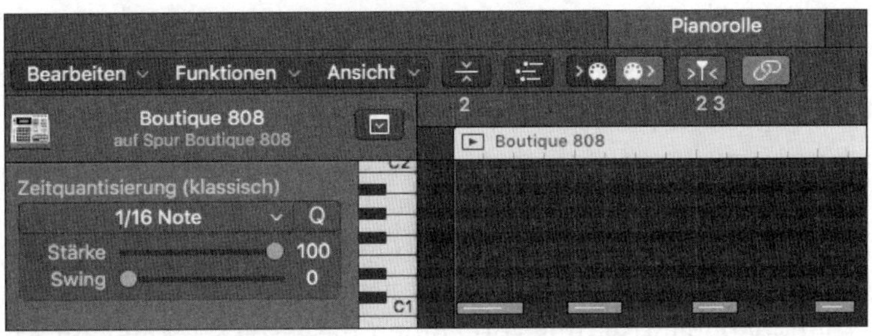

Abbildung 2.24 Die eingespielten Noten aus dem Beispiel »Schnellkurs03« in der Pianorolle – unquantisiert

Abbildung 2.25 Die eingespielten Noten aus dem Beispiel »Schnellkurs04« in der Pianorolle – mit im Informationsfenster »Region« eingestellter Quantisierung

Dass Sie diese 16tel-Noten-Linien sehen, liegt daran, dass /16 als *Rasterwert* für Ihren Song eingestellt ist (unter der Taktangabe »4/4« oben im Display des Hauptfensters oder in Abbildung 2.26). Wären hier z. B. Achtel (»/8«) eingestellt, so würde sich die Anzeige entsprechend ändern.

Bei einem $^4/_4$-Takt passen in jeden Takt vier Viertelnoten, in jede Viertelnote weitere vier Sechzehntelnoten und in jede Sechzehntelnote weitere 240 Bruchteile, die hier *Ticks* heißen und folgerichtig 3.840stel-Noten sind (16 × 240 = 3.840).

Wenn also beispielsweise im Display steht: 9 3 2 76, dann bedeutet das eine Abspielposition von Takt 9, drei Vierteln, zwei Sechzehnteln und sechsundziebzig 3.840steln.

Abbildung 2.26 Songlänge und Rasterwert im Display

Unterhalb der Tempoeinstellung ist in unserem Beispiel im Display eine Songlänge von 129 Takten abzulesen, nach der Logic automatisch aufhört abzuspielen. Natürlich können Sie dort auch z. B. via Doppelklick eine andere Länge angeben.

Erste Edits in der Pianorolle

Die Pianorolle ist einer von mehreren Editoren zur Bearbeitung von Noten und MIDI-Events (siehe Abschnitt 7.2) Hier können Sie z. B. Noten anfassen, löschen, verschieben, kopieren, verlängern, verkürzen oder einzeichnen. Sie öffnet sich durch Doppelklick eine MIDI-Region, kann aber auch im Menü Fenster als eigenes Fenster geöffnet werden. Auch in der Pianorolle gilt wieder: erst selektieren, dann bearbeiten. Wenn Sie bestimmte Noten selektieren und andere nicht, können Sie in der Pianorolle (mit dem Shortcut [Q] oder nach Klick auf den Q-Button) auch nur die ausgewählten Noten quantisieren. Sie können in der Pianorolle auch eine Tonhöhenquantisierung vornehmen, die gespielte Noten nur auf den korrekten Tönen einer Tonleiter zulässt. Zudem werden Drum-Namen bei Logic-Schlagzeuginstrumenten angezeigt, optional können die Tasten ausgeblendet werden (Menü Ansicht • Drumnamen). Eine reduzierte Ansicht zeigt ausschließlich verwendete Drums bzw. Noten (Button rechts neben dem Menü Ansicht (vergleiche Dokument *Schnellkurs06-Namen* und Abbildung 2.27).

Abbildung 2.27 Reduzierte Ansicht und Drumnamen in der Pianorolle

Tipp

Die zu editierende Region können Sie durch Klick auf den kleinen PLAY-Button links oben neben dem Namen der Region schnell anhören/abspielen.

Cycle-Bereich im Taktlineal einstellen

In unserem Schnellkursbeispiel habe ich erst bei Takt 2 angefangen zu spielen. In Abbildung 2.28 sehen Sie einen (gelben) Balken über Takt 2 bis 6. Dieser zeigt an, dass Logic beim Start der Wiedergabe nur die Takte 2 bis 6 wiederholt (geloopt bzw. gecyclet) abspielt. Das erreichen Sie wie folgt:

- Markieren Sie den Loop-Bereich oben im Taktlineal mit der Maus. Durch Klick auf den markierten Bereich (de-)aktivieren Sie den sogenannten *Cycle*. Alternativ nutzen Sie bei selektierter Region den Shortcut [U], um einen Bereich zu selektieren, der genau der Länge Ihrer selektierten Region entspricht, sowie den Shortcut [C], um den Loop zu aktivieren. Erläuterungen zu verschiedenen Einstellungen und Optionen für die Wiedergabetaste finden Sie in Abschnitt 4.5.6.
- Öffnen Sie das Dokument *Schnellkurs05*, wo Loop-Bereich und Cycle wie in Abbildung 2.28 eingestellt sind.

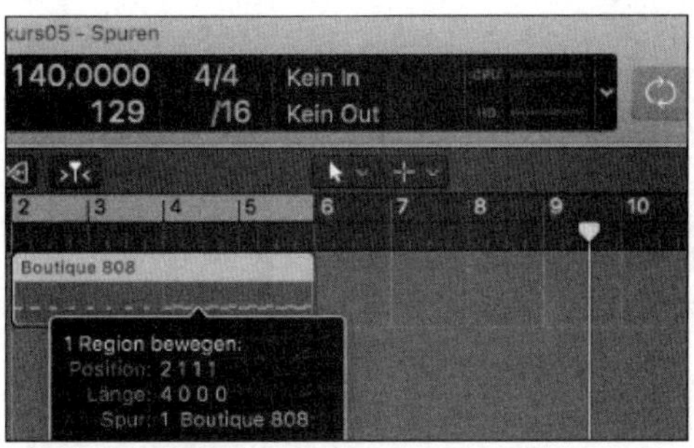

Abbildung 2.28 Oberhalb der Region sehen Sie einen aktiven Loop für Takt 2 bis 6. Die Region ist gerade mit gehaltener Maustaste im oberen Bereich angeklickt. Hierbei und beim Verschieben der Region werden Position und Länge der Region angezeigt.

Eine Region im Hauptfenster verschieben und ihre Länge anpassen

In unserem Beispiel soll es lieber bereits bei Takt 1 losgehen.

- Selektieren Sie die Region durch Anklicken mit der Maus mittig *im oberen Bereich der Region* (dort, wo der Name steht), halten Sie die Maustaste gedrückt, und schieben Sie die Region auf Takt eins. Während Sie die Region anfassen, zeigt Logic die Länge und Position in einem Zahlenformat, das Sie nun kennen. Wenn Sie die Region zu weit seitlich anfassen, klappt es nicht.

- Sorgen Sie außerdem dafür, dass Ihre Region vier Takte lang ist, indem Sie die Region gegebenenfalls am *unteren* rechten oder linken Ende anfassen, um Sie zu verkürzen oder zu verlängern. Dann wird ein Längentool sichtbar (das klappt nicht, wenn Sie sich mit der Maus zu weit oben an der Region befinden). Wenn Sie die Maustaste dabei gedrückt halten, können Sie die Länge der Region verändern. Die eingestellte Länge wird Ihnen angezeigt.

Das Menü »Einrasten«

Regionen in Logic rasten beim Verschieben oder bei Längenänderungen möglicherweise in einem bestimmten Raster ein. Und möglicherweise verhält sich Logic dabei nicht immer ganz so, wie Sie es erhoffen. Wovon hängt das ab? Von den Einstellungen im Menü EINRASTEN. Ein solches Menü finden Sie nicht nur im Hauptfenster, sondern auch in der PIANOROLLE. Wundern Sie sich nicht, falls es in Ihrem Hauptfenster etwas anders aussieht, die Darstellung hängt davon ab, wie viel Platz auf dem Bildschirm zur Verfügung steht.

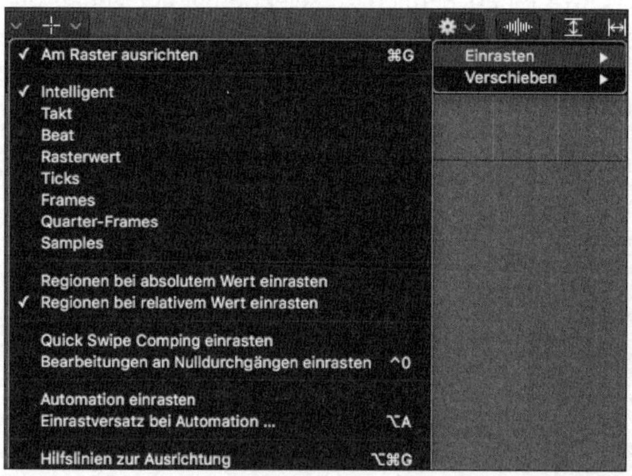

Abbildung 2.29 Menü »Einrasten«, hier sichtbar gemacht durch Klick auf den Pfeil neben dem Zahnrädchen. Das Menü »Einrasten« ist eventuell auch direkt sichtbar, wenn Sie genug Platz auf dem Bildschirm haben.

Ob sich die Regionen beim Verschieben an Rasterlinien einrasten, hängt davon ab, ob die Funktion AM RASTER AUSRICHTEN ([cmd] + [G] oder Klick auf den Eintrag im Menü, so dass das Häkchen auftaucht oder verschwindet) aktiviert ist – und ob Regionen bei absolutem Wert einrasten. REGIONEN BEI RELATIVEM WERT EINRASTEN (Voreinstellung in Abbildung 2.29) bedeutet: Regionen orientieren sich zwar am Raster, behalten aber einen eventuellen Versatz bei.

Sie können durch Selektion des entsprechenden Eintrags ein Raster einstellen – und auch festlegen, dass Regionen am absoluten und nicht am relativen Wert einrasten. Steht das Raster wie in Abbildung 2.29 auf INTELLIGENT, so hängt es von der Zoom-Einstellung ab, mit welcher Rasterauflösung Sie gerade arbeiten.

Durch Drücken [ctrl] + [⇧] können Sie das Raster während des Verschiebens von Regionen oder bei Events mit der Maus temporär deaktivieren oder via [ctrl]-Taste temporär etwas feiner einstellen.

Eine Region loopen und geloopt anhören

Selektieren Sie eine Region und klicken auf das Häkchen Loop im Informationsfenster Region links, so wird die Region wiederholt, bis wieder eine andere Region auf der Spur liegt oder der Song beendet ist (vergleiche Abbildung 2.30). Diesen Zwischenstand finden Sie im Dokument *Schnellkurs06*. Nun können Sie eine Bassline dazu spielen oder dazu improvisieren, der Drumloop läuft als Begleitung erst einmal immer weiter.

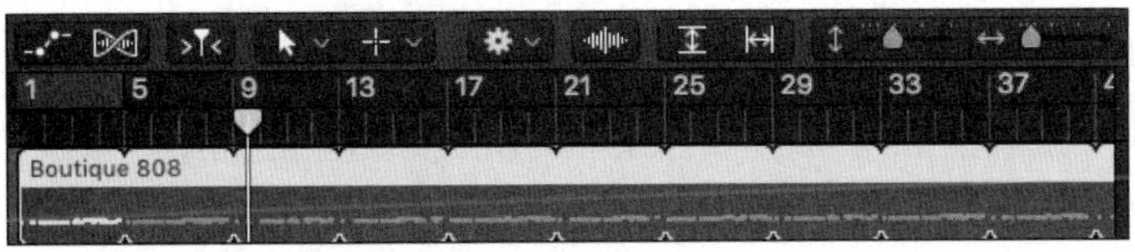

Abbildung 2.30 Die Region im Bild ist geloopt, die Ansicht ist ausgezoomt. Oben rechts sehen Sie zwei Schieberegler zum Zoomen, Sie können aber auch mit Shortcuts zoomen.

Zoomen

Im Dokument *Schnellkurs06* habe ich die Ansicht ausgezoomt. Mit Hilfe der Tasten [cmd] + [←], [→], [↑], [↓] zoomen Sie den sichtbaren Bildausschnitt im Arrangierbereich des Hauptfensters und in allen anderen Fenstern horizontal und vertikal ein und aus. Alternativ selektieren Sie einen Bereich mit gehaltener [alt]-Taste und zoomen ihn dann mit dem dann erscheinenden Lupenwerkzeug. Zurückzoomen zur vorherigen Einstellung geht dann durch erneutes Drücken von [alt] und einfachen Klick auf den Hintergrund.

Weitere Optionen zum Zoomen sind u. a. die Zoom-Handles am rechten oberen Rand des Spurenbereichs (Abbildung 2.30) oder die Buttons links daneben zum optimalen horizontalen und vertikalen Einzoomen.

2.4.10 Begleitung hinzufügen: Bassline via MIDI einspielen oder nachträglich einfangen

Wir nehmen nun eine Bassbegleitung mit einem Software-Instrument via MIDI auf.

Eine neue Spur erzeugen

Erzeugen Sie im Dokument *Schnellkurs06* eine neue Software-Instrument-Spur über das Menü Spur oder direkt via [alt] + [cmd] + [S]. Sie können die neue Spur alternativ auch durch Klicken auf den +-Button links oberhalb der ersten Spur erzeugen und im folgenden Dialog die Option Software-Instrument auswählen.

Bass-Sound auswählen

Der Sound »Tech Bass« soll nun in die neue Spur geladen werden. Er befindet sich in der BIBLIOTHEK und dort in der Kategorie SYNTHESIZER • BASS, Sie finden ihn aber auch, indem Sie z. B. »Tech« oben in das Suchfeld der BIBLIOTHEK eingeben. Spielen Sie nun mit Ihrem neuen Instrument bei laufendem Sequencer ein paar Töne zum neuen Beat – erst einmal ohne aufzunehmen.

Probegespieltes nachträglich einfangen mit der Funktion »Aufnahme behalten«

Sie können eingespielte MIDI-Noten in Logic nachträglich einfangen, auch wenn Sie zunächst nicht aufgenommen haben. Wenn Ihnen oder einem befreundeten Musiker mit Lampenfiebersyndrom beim Üben etwas besonders Gutes gelungen ist, ist es nicht verloren. Sie können so lange herumklimpern, bis Ihnen etwas gefallen hat – und es nachträglich einfangen. Die Funktion nennt sich AUFNAHME BEHALTEN und kann mit dem Shortcut [⇧] + [R] nachträglich Ihre MIDI-Performance auf der Spur sichern.

Ich habe die Funktion benutzt, die Region anschließend geschnitten und das Ergebnis im Dokument *Schnellkurs07* zwischengespeichert. Falls Sie das Schneiden einer Region üben möchten, das ich im nächsten Abschnitt zeige, liegt im Dokument *Schnellkurs06b* mein Geklimper in ungeschnittener Form vor. Besser: Üben Sie das Schneiden anhand Ihrer eigenen Einspielung. Falls es nicht so klappt, liefern Ihnen Kapitel 5 über Aufnahme und Kapitel 6 über Editing alle wichtigen Details.

2.4.11 Editing: Teilen, Schneiden, Verschieben, Kopieren und Werkzeuge in Hauptfenster und Pianorolle

Zum Teilen/Schneiden einer Region können Sie verschiedene Techniken anwenden:

- Editing mit Hilfe der Locator-Punkte und des Taktlineals
- Teilen mit dem Scherenwerkzeug
- Ein dritter Unterabschnitt widmet sich sonstigen Hinweisen zum Editing in Hauptfenster und PIANOROLLE.

Editing mit Hilfe der Locator-Punkte und des Taktlineals

Sie können einen gewünschten Bereich im Taktlineal markieren, *anschließend die zu schneidende Region markieren* und dann den Shortcut [ctrl] + [cmd] + [T] benutzen, um die Region genau auf die Länge des im Taktlineal selektierten Bereichs zu schneiden (siehe Abbildung 2.31). Falls Sie sich den Shortcut nicht merken möchten, können Sie auch die Symbolleiste einblenden und den Button für AN LOCATOR-PUNKTEN TEILEN anklicken, um die Funktion auszulösen.

Ich möchte hier zunächst einmal grob eine Bassline-Idee herausschneiden und die Feinjustage später vornehmen.

Abbildung 2.31 Die Region im Bild wurde anhand der Selektion im Taktlineal (auch linker und rechter Locator-Punkt genannt) geteilt.

Den Bereich im Taktlineal wählen Sie mit gehaltener Maustaste. Sie können ihn auch einstellen, indem Sie die Funktion LOCATOR-PUNKTE SETZEN (cmd + U) nutzen.

Dass Takt 23 für den linken und Takt 27 für den rechten Locator-Punkt eingestellt ist, sehen Sie auch im Display der bereits konfigurierten Anzeige (siehe Abbildung 2.32 und Dokument *Schnellkurs06c*). Sie können diese Zahlen auch mit der Maus anfassen und verändern oder nach Doppelklick eine Zahl eingeben. Der markierte Bereich im Taktlineal verändert sich dementsprechend (bei aktivem Cycle-Mode ist der Cycle-Bereich orange markiert, ansonsten erkennen Sie ihn hellgrau schattiert im Taktlineal). Im Schnellkurs-Beispiel könnte der Schnitt ja auch erst bei Takt 23 2 1 1 anstatt glatt auf Takt 23 erfolgen, wonach man die Region wieder auf vier Takte Länge ziehen könnte. Eine entsprechende Einstellung können Sie auch im Display vornehmen.

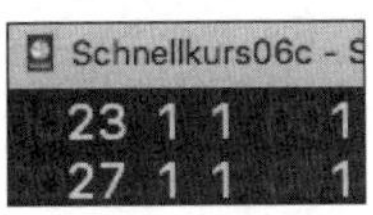

Abbildung 2.32 Die Locator-Punkte im Display

Alternative Schnittmethoden, primäre und sekundäre Werkzeuge

Alternativ können Sie die Region auch mit dem Scherenwerkzeug teilen. Es gibt zwei Werkzeugmenüs, über die Sie an das Scherenwerkzeug gelangen (siehe Abbildung 2.34). Das Werkzeugmenü für den linken Mausklick zeigt das Zeigerwerkzeug als eingestelltes *Primärwerkzeug*. Mit einem Klick auf das Menü oder dem Shortcut T rufen Sie dieses (linke) Werkzeugmenü auf und können weitere Werkzeuge auswählen (Abbildung 2.33).

Das rechte Werkzeugmenü (Werkzeugmenü für das Klicken bei gedrückter Befehlstaste) enthält die gleichen Werkzeuge und zeigt ein ausgewähltes *Sekundärwerkzeug*, das bei gehaltener cmd-Taste erscheint. Ein solches Sekundärwerkzeugmenü finden Sie in vielen Logic-Fenstern.

In Abbildung 2.34 ist die SCHERE als Sekundärwerkzeug eingestellt.

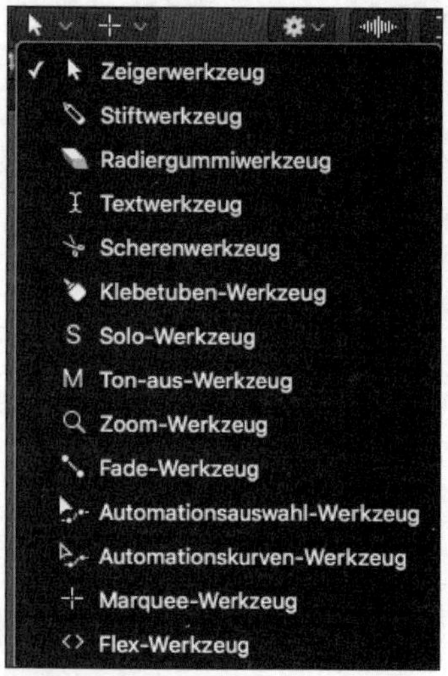

Abbildung 2.33 Werkzeuge

Abbildung 2.34 Primär- und Sekundärwerkzeug-Menüs

Wenn Sie nun die [cmd]-Taste festhalten, schneiden Sie mit der SCHERE die Region an der gewünschten Taktstelle, die Logic Ihnen hilfsweise anzeigt. Die SCHERE ist dabei erst zu sehen, wenn Sie den Cursor über der Region platzieren. Wenn Sie nach dem Schnitt die Region links daneben löschen wollen, selektieren Sie sie und drücken die Taste [⌫].

Sie können als alternative Schnittmethode auch das Längentool nutzen, die Region an der *unteren* linken Ecke anfassen und mit dem erscheinenden Längentool die linke Ecke auf Takt 23 1 1 1 oder 23 2 1 1 ziehen. Auf diese Weise löschen Sie das vorher eingespielte Material nicht. Die vorher gespielten Daten werden dabei nicht gelöscht, bei den zuvor gezeigten »echten« Schneidetechniken hingegen schon.

In *Schnellkurs07* finden Sie die entsprechend geschnittene Bassline.

Überlappende Noten beim Teilen?

Wenn Sie die Region an einer Stelle teilen wollen, an der eine Note spielt, müssen Sie in einem aufspringenden Dialog z. B. wählen, ob die Note gekürzt oder geteilt werden soll. Eine gespielte Note ist ein MIDI-Steuerbefehl mit einer bestimmten Länge. Nach einer Teilung würden stattdessen zwei Noten vorliegen.

Weiteres MIDI-Editing in der Pianorolle

Die PIANOROLLE zeigt Inhalte der im Hauptfenster selektierten Region(en) an. Die meisten Schneide- und Kopierfunktionen funktionieren dort wie im Hauptfenster – bezogen auf

Noten statt auf Regionen. Ein Längenwerkzeug erscheint, wenn Sie eine Note am linken oder rechten Ende mit der Maus anfassen. Und Sie haben auch wieder zwei Werkzeugmenüs.

In der PIANOROLLE ist ein STIFT als sekundäres Werkzeug voreingestellt (siehe Abbildung 2.35). Wenn Sie also mit gehaltener `cmd`-Taste mit der Maus in der PIANOROLLE agieren und an eine bestimmte Stelle klicken, erzeugen Sie eine Note. Sie können Noten auch anfassen und bewegen. Meistens hören Sie dabei auch Sound, der auf der entsprechenden Note erzeugt wird, weil in der PIANOROLLE die MIDI OUT-Option aktiviert ist. Dies ist erkennbar an einem grünen Symbol mit einem Pfeil, der von dem kreisrunden MIDI-Symbol wegzeigt (siehe Markierung in Abbildung 2.35).

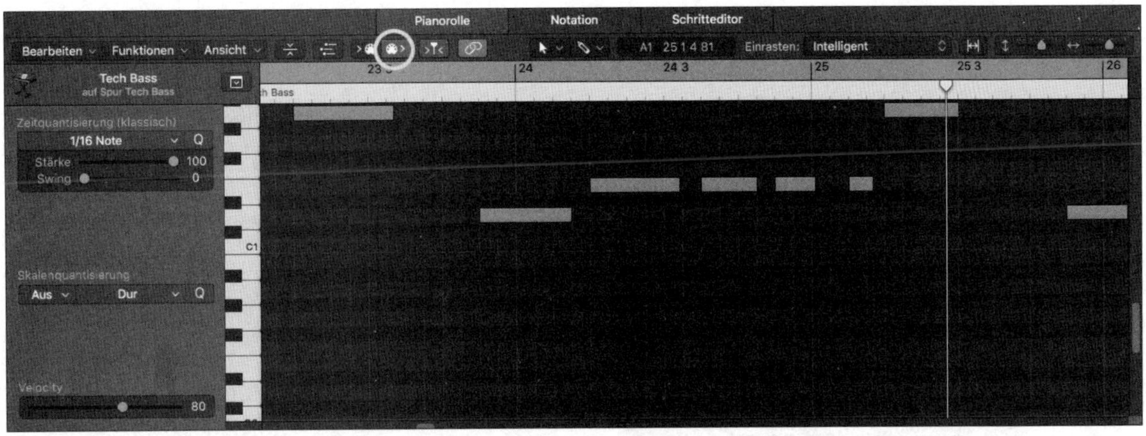

Abbildung 2.35 Pianorolle mit »Stift« zum Einzeichnen von Noten als sekundäres Werkzeug in »Schnellkurs07«.

Einfaches Kopieren von Regionen und Noten

Halten Sie zum Kopieren von Regionen oder Noten jeweils beim Verschieben die `alt`-Taste gedrückt.

> **»alt« beim Loslassen gedrückt halten**
> Wichtig ist, dass Sie die `alt`-Taste gedrückt haben, wenn Sie das zu kopierende Element loslassen, nicht wenn Sie es das erste Mal anfassen – das ist beim Konkurrenten *Pro Tools* genau umgekehrt.

Wenn Sie mehrere Noten oder Regionen auswählen, können Sie sie gleichzeitig bearbeiten.

2.4.12 Regionen oder Spuren einfärben

Wenn Sie im Menü ANSICHT • FARBEN EINBLENDEN wählen, erscheint eine Farbpalette, mit der Sie selektierte Regionen individuell einfärben. Das gilt erst einmal nicht für die Noten in der PIANOROLLE, deren Farbe voreingestellt über die Anschlagstärke (*Velocity*) Auskunft gibt. Auch Spuren bzw. Mixerkanäle können Sie im Mixer einfärben.

2.4.13 Selektionstechniken

Mit gehaltener [⇧]- oder alternativ [cmd]-Taste sorgen Sie dafür, dass Sie bei bereits selektierten Objekten die Selektion beibehalten und weitere Objekte, die Sie selektieren, der Selektion hinzufügen. Wenn Sie z. B. Spuren oder Mixerkanäle selektieren und beispielsweise Spur 1 selektiert haben und mit gehaltener [⇧]-Taste auf Spur 7 klicken, werden alle Spuren dazwischen ebenfalls selektiert. Wenn Sie nur Spur 1 und Spur 7 selektieren möchten, halten Sie hierfür die [cmd]-Taste gedrückt, während Sie Spur 7 selektieren. Ähnlich ist es beim Selektieren von Regionen oder im Mac-Finder.

2.4.14 Kontextmenüs von Regionen und Noten

Bei Rechtsklick sowohl auf REGIONEN (im Hauptfenster) als auch auf NOTEN (z. B. in der PIANOROLLE) öffnen sich unterschiedliche *Kontextmenüs* mit vielen Funktionen. Fast alles, was Sie suchen könnten, werden Sie hier gut kategorisiert finden.

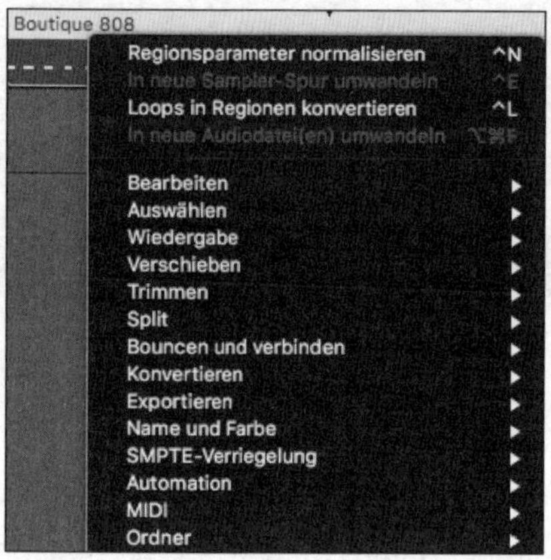

Abbildung 2.36 Regionskontextmenü

2.4.15 Übung: Schneiden, Editieren, Arrangieren, Einfärben, Lautstärke justieren

Sie sollten nun in der Lage sein, folgende Übung durchzuführen:

1. Arrangieren Sie die Drum-Spur im Dokument *Schnellkurs07* so, dass von Takt 1 bis 9 nur die Bassdrum spielt und von Takt 9 bis 25 Bassdrum und Hi-Hat. Färben Sie dabei die ab Takt 9 beginnende Region in einem helleren Grün ein (Sie finden die Lösung in Dokument *Schnellkurs07b*).
2. Lassen Sie den Bass ab Takt 17 einsetzen und bis Takt 25 spielen, und färben Sie die Region blau ein. Vorsicht: Wenn Sie nun unsere bereits glatt auf Takt 23 1 1 1 geschnittene Region zu Takt 17 1 1 1 schieben, bemerken Sie vielleicht, dass der erste Basston erst eine Viertelnote später spielt, nämlich bei 17 2 1 1. Sie sollte aber schon bei Takt 17 1 1 1 spielen, ansonsten hört sich der Basseinsatz irgendwie komisch bzw. verspätet an, insbesondere

wenn Sie das Stück von vorn hören. An diesem Beispiel merken Sie vielleicht, dass es Stellen in einem Musikstück gibt, an denen gewisse musikalische Dinge quasi erwartet werden. In unserem Fall liegt es auch daran, dass wir nach den ersten vier Takten eine Veränderung hatten (die Hi-Hat kam dazu) – und nun vielleicht eine weitere nach weiteren vier Takten erwarten. Lösen Sie das Problem mit Hilfe einer der Schneide-, Verschiebe- oder Längenänderungstechniken, die Sie oben kennengelernt haben, so dass die Bassnote früher spielt (Sie finden diesen Zwischenstand in Dokument *Schnellkurs07c*).

3. Sie können eine Region an der oberen rechten Ecke anfassen. Danach erscheint ein Loop-Tool-Symbol. Mit ihm können Sie nun die Region ähnlich wie mit der Loop-Funktion im Informationsfenster REGION loopen. Hierzu ziehen Sie die Länge der Region mit angezeigtem Loop-Tool bis zu dem Punkt – im Beispiel Takt 17 –, an dem der Loop enden soll (Sie finden diesen Zwischenstand in Dokument *Schnellkurs07d*).
4. Mit der Funktion BEARBEITEN • MEHRFACH WIEDERHOLEN können Sie eine selektierte Region schnell mehrfach wiederholen, indem Sie in einem aufspringenden Dialog die Zahl der gewünschten Wiederholungen eingeben. Sie können auch einen Shortcut für die Funktion REGIONEN/EVENTS MEHRFACH KOPIEREN vergeben (siehe Abschnitt 3.6.3), um selektierte Regionen wie in anderen Programmen (Cubase, Ableton, Pro Tools) per Shortcut wiederholen zu können.
5. Verringern Sie nun die Lautstärke des Bass-Sounds, indem Sie den LAUTSTÄRKE-Slider im Track etwas nach links bewegen oder unten im Kanalzug den Lautstärkeregler herunterdrehen (siehe Abbildung 2.37 und Abbildung 2.38). Sie finden diesen Zwischenstand im Dokument *Schnellkurs07e*.

Abbildung 2.37 Der Lautstärkeregler in der Spur (rechts)

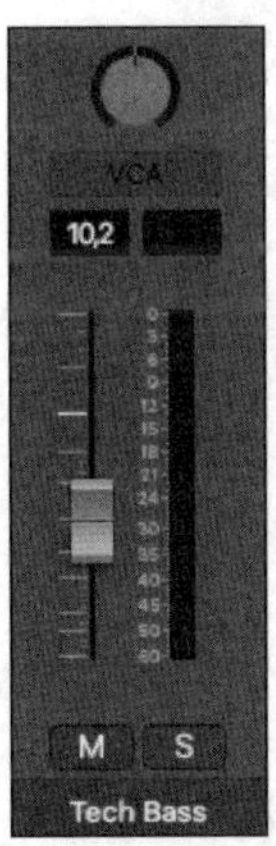

Abbildung 2.38 Der Lautstärkeregler im Kanalzug

2.4.16 Audiofiles und Apple Loops in ein Projekt einbinden

Klicken Sie nun oben rechts auf den zweiten Button von rechts mit der Schleife bzw. dem Loopingsymbol. Hierdurch werden die installierten Apple Loops eingeblendet (falls Sie die Loop-Packs *Dubstep* und *Jam Pack 1* nicht geladen haben, holen Sie das bitte jetzt nach oder installieren direkt alle zusätzlichen Inhalte).

Wenn Sie oben auf den Eintrag LOOPS klicken und entsprechende Inhalte installiert haben, können Sie Loop-Packs mit genrespezifischem Soundmaterial anwählen (siehe Abbildung 2.39), so dass nur Inhalte einzelner Packs angezeigt und durchsucht werden können. Manchmal erscheinen Loops in ausgegrauter Schrift mit einem Download-Button, weil sie noch nicht heruntergeladen wurden.

Der selektierte Beat ARMAMENT BEAT 01 gehört zum Apple-Loop-Pack *Dubstep*. Klicken Sie auf einzelne Einträge, um die Apple Loops vorzuhören.

Abbildung 2.39 Loop-Packs (Teilansicht)

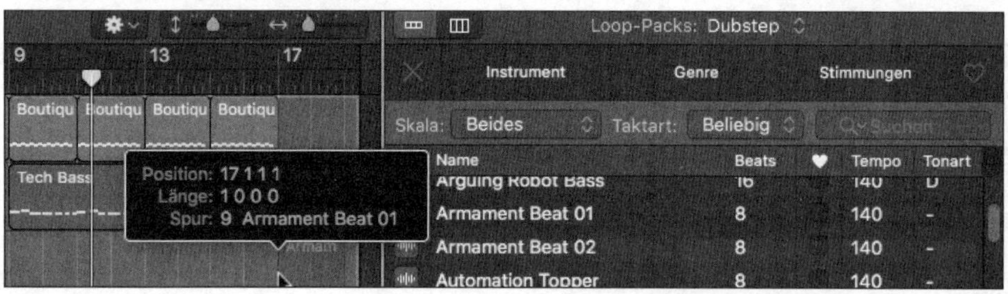

Abbildung 2.40 Der Apple Loop »Armament Beat 01« wird auf Takt 17 im Hauptfenster gezogen.

Logics Sound Library liefert mit den Apple Loops fertige musikalische Bausteine, die Sie auch selbst erstellen können, um Ihre Ideen schneller bei der Hand zu haben. Wie Sie Apple Loops nutzen können, hängt davon ab, ob es sich um *blaue*, *grüne* oder *gelbe* Apple Loops handelt. Apple Loops sind grundsätzlich Audiofiles (im Format AIFF oder CAF), die bei der Nutzung mit Apple-Programmen weitere Funktionen offenbaren und sich eventuell auch auf Instrumentenspuren (grüne) oder auf »Drummer«-Spuren (gelb) ziehen lassen. Sie passen sich automatisch dem eingestellten Tempo (und bei Bedarf auch einer eingestellten Tonart) an. Informationen über musikalischen Inhalt, Tempo und Tonhöhe sind in den Files gespeichert – ähnlich wie Tags bzw. Informationen bei Musik im MP3- oder AAC-Format. Mehr zu Apple Loops lesen Sie in Abschnitt 4.8.

Wenn Sie Loops in das Hauptfenster hinüberziehen, können Sie sie auf einer bestimmten Taktposition platzieren. Bitte ziehen Sie den »Armament Beat« auf Takt 17. Logic erzeugt nun automatisch eine neue *Audiospur* (weil in unserem Beispiel noch keine vorhanden ist). Das geschähe übrigens auch, wenn Sie ein beliebiges anderes Audiofile ins Logic-Fenster zögen. Dieses würde dann allerdings nicht automatisch im Tempo des Songs wiedergegeben. Fassen Sie die Audioregion anschließend an, und kopieren Sie sie ein weiteres Mal. Diesen Zwischenstand finden Sie im Dokument *Schnellkurs08*.

2.4.17 Audiofiles, Regionen, der Bereich »Übersichten« und die Übersicht »Projekt«

Zum Verwalten und Editieren von Audiofiles besitzt Logic verschiedene Ansichten im Hauptfenster und optionale Fenster.

Um einen Überblick zu haben, welche Audiofiles und Regionen in Ihrem Projekt verwendet werden, öffnen Sie die Ansicht Übersicht PROJEKT, die Sie rechts oben im Hauptfenster durch Klick auf den Button ÜBERSICHTEN und anschließende Auswahl des Tabs PROJEKTE einblenden (siehe Abbildung 2.41).

Abbildung 2.41 Rechts oben im Bild im Bild der »Übersichten«-Button, etwas darunter die Übersicht »Projekt«

In unserem Beispiel sehen Sie nun zwei im Spurenbereich verwendete Regionen eines Audiofiles – des Apple Loops »Armament Beat«.

Sie können von jedem Audiofile beliebig viele Regionen erstellen, die auf jeweils andere Teile des Audiofiles verweisen können. Das ist z. B. bei Gesangs- oder Audioaufnahmen praktisch, um gute Stellen einer Aufnahme zu markieren, damit Sie sie schnell verwenden und wiederfinden können. Sie können Regionen auch einfärben, umbenennen und sogar später wieder in neue Audiofiles umwandeln. Sobald Sie eine Region kopieren, taucht sie auch in der PROJEKT-Ansicht auf.

2.4.18 Pegel und Fades bei Audioregionen

Für Audioregionen gibt es im Informationsfenster REGION auch eine eigene Pegeleinstellung. Auf diese Weise können Sie für einzelne Regionen schnell eine andere Lautstärke einstellen, ohne die Lautstärke anderer Regionen auf der Spur zu verändern. Wenn Sie das kleine Dreieck neben dem Eintrag MEHR aufklappen, sehen Sie u. a. Regioneneinstellungen für Fade-Ins und -Outs. Fades können Sie auch mit gehaltenen Tasten `ctrl` + `⇧` erzeugen.

2.4.19 Einfache Edits von Audioregionen

Sie können Audioregionen wie MIDI-Regionen teilen, schneiden, kopieren und kürzen. Je nachdem, wohin Sie den Cursor mit der Maus bewegen, bietet Logic unterschiedliche Werkzeuge und Funktionen an: Fassen Sie die Regionen zum Ändern der Länge an einer der unteren Ecken an, um mit dem Längenwerkzeug arbeiten zu können (Abbildung 2.42). Wenn Sie es bei gehaltener Maustaste bewegen, zeigt Ihnen Logic auch die Länge der Region daneben an – in Weiß, falls Sie diese verändert haben, und in Gelb, falls die Länge der zuvor eingestellten Länge entspricht.

Abbildung 2.42 Das Tool, mit dem Sie die Länge der Audioregion verändern

Öffnen Sie entweder das Dokument *Schnellkurs09* mit einer fertig eingebauten Schlagzeugvariation, oder versuchen Sie, diese auf der Basis von *Schnellkurs08* und folgenden Übungsschritten nachzuvollziehen:

- Kopieren Sie eine dritte Region des Audiofiles *Armament Beat* auf Takt 21 mit einer Länge von zwei ganzen Takten (die Anzeige zeigt 2 0 0 0 an).
- Kopieren Sie dahinter zwei weitere Regionen mit einer Länge von je einer Viertelnote (die Anzeige zeigt 0 1 0 0 an).
- Kopieren Sie dahinter zwei weitere Regionen mit einer Länge von je einer Achtelnote (die Anzeige zeigt 0 0 2 0 an, was zwei 16tel-Noten = einer 8tel-Note entspricht).

Sie können Regionen übrigens auch als Audiofiles exportieren.

2.4.20 Audioaufnahme: akustische Begleitung (Gesang) über den Audioeingang aufnehmen

Ich habe nun die Wörter »House Music« in mein Mikrofon gesprochen und mit Logic aufgenommen. Auch wenn ich kein Gitarrist bin, habe ich später noch mit einer Gitarre einen Akkord gespielt und diesen ebenfalls aufgenommen.

Grundsätzlich erfordert das Aufnehmen externer Audioquellen in Logic folgende Schritte:

1. das Projekt als Ordner speichern (haben wir schon erledigt)
2. Sample- und Bitrate einstellen (siehe Abschnitt 5.3.2,)
3. Audiospur erzeugen und benennen (noch zu tun)
4. Aufnahmequelle in Mixer oder Audiointerface auswählen, gegebenenfalls passendes Mikrofon auswählen und anschließen, richtig aussteuern (noch zu tun)
   Input für Audiokanal einstellen und Aufnahmepegel für Logic aussteuern (noch zu tun). Eventuell/Optional: Software-Monitoring aktivieren und Tape Return hören (nicht immer nötig). Eventuell muss konfiguriert werden, dass Sie doer ein Musiker sich selbst einerseits »live« und andereseits bestehende Musikteile auf einem Kopfhörer können bzw. kann.
5. Vorzähler einstellen
6. aufnehmen

Hierzu finden Sie detaillierte Ausführungen in Kapitel 5 und im Folgenden eine Kurzanleitung.

Audiospur erzeugen und benennen, Aufnahme aktivieren

Erzeugen Sie eine Audiospur im Menü Spur • Neue Audiospur (`alt` + `cmd` + `A`).

Vorsicht: Bei aktivierter Aufnahme kann es sein, dass Sie einen Rückkoppelungspfeifton abbekommen – zum Beispiel wenn Ihr Mikro zu nah an einem Lautsprecher steht, der zu laut aufgedreht ist. Logic Pro X gibt Warnhinweise und regelt automatisch Lautstärken von scharfgeschalteten Audiospuren herunter. Reduzieren Sie trotzdem vorsichtshalber zusätzlich die Lautstärke Ihres Verstärkers. Schalten Sie durch Klick auf den M-Button (für »mute«) zunächst die Spur stumm, damit es keine Rückkoppelung geben kann, und klicken Sie erst dann auf R wie »record« (siehe Abbildung 2.43). Damit ist die Spur scharf geschaltet und bereit für eine Aufnahme. Eventuell muss noch der Input-Button gedrückt sein, damit Sie eingehendes Material hören.

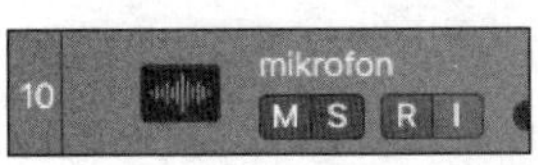

Abbildung 2.43 Scharf geschaltete und gleichzeitig stumm geschaltete Spur mit aktiviertem Input-Monitoring

Benennen Sie die Spur, indem Sie den bisherigen Namen (z. B. AUDIO 2) doppelt anklicken und anschließend einen neuen Namen eingeben. So werden alle Audiofiles, die Sie auf dieser Spur aufnehmen, automatisch ebenfalls diesen Namen mit durchnummerierten Zahlen in der Reihenfolge ihrer Aufnahme bekommen.

Input für Audiokanal einstellen und Aufnahmepegel für Logic aussteuern

Wenn Sie wie in Eingang 1 (INPUT 1) als Aufnahmequelle eingestellt haben, entspricht dieser Eingang dem ersten Eingang der eingestellten Soundkarte. Sie können auch einen anderen oder einen Stereoeingang einstellen. Wenn Sie auf den Kreis links daneben klicken, können Sie den Kanalzug von *mono* auf *stereo* umschalten (siehe Abbildung 2.44).

Abbildung 2.44 Kanal auf »stereo«. Per gehaltener Maustaste auf »Input« wird das Wahlmenü sichtbar.

Wenn Sie alles richtig gemacht haben, sehen Sie einen Pegelausschlag im Kanalzug. Der Pegel sollte so ausgesteuert sein, dass Sie genug Sicherheitsabstand zur obersten 0-dB-Marke haben. Der Lautstärkeregler Ihres Kanalzugs regelt nur, wie laut das, was Sie gerade aufnehmen wollen, wieder aus Logic herauskommt. Auch eventuell eingestellte Effekte im Kanalzug wirken erst hinter dem aufgenommenen oder eingehenden Signal.

Signal abhören, Logic zurück ins Mischpult routen, um eventuell begleitende Musik, Klick oder Tape Return zu hören

Optimalerweise hören Sie beim Aufnehmen das Signal, das von Logic zurückkommt (*Tape Return*), und nicht jenes, das Sie in Logic hineinschicken. Auf diese Weise können Sie Fehler rechtzeitig bemerken.

Auch wenn Sie nicht Tape Return hören, wollen Sie in der Regel dafür sorgen, dass Sie das bereits vorhandene musikalische Material oder einen Klick während der Aufnahme z. B. auf einem Kopfhörer hören können.

Aufnahmeposition vorbereiten

Sie sollten sich eine Taktstelle überlegen, an der Sie Audio aufnehmen möchten. Dabei spielt auch die Einstellung des vorher klickenden Einzählers eine Rolle (erreichbar über das Menü AUFNAHME • AUFNAHMEEINSTELLUNGEN).

Kommen wir auf unser Beispiel zurück: Kopieren Sie die musikalischen Inhalte zwischen Takt 9 und Takt 17 auf Takt 25 bis Takt 33 (oder zusätzlich bis Takt 41), um beispielsweise ab

Takt 25 einen Vocal-Einsatz aufnehmen zu können. Um genau ab Takt 25 aufnehmen zu können, positionieren Sie die Abspielposition auf Takt 25, indem Sie die entsprechende Markierung im Taktlineal dorthin bewegen. Dieser Zwischenstand ist im Dokument *Schnellkurs09b* gespeichert.

Audioaufnahme starten

Drücken Sie jetzt wieder den AUFNAHME-Button oder den Shortcut [R], um an der von Ihnen gewünschten Stelle Audiomaterial aufzunehmen. Einen neuen Zwischenstand inklusive einer Aufnahme (ich habe die Wörter »House Music« eingesprochen) finden Sie im Dokument *Schnellkurs10*. Wenn Sie nicht zufrieden mit Ihrer Aufnahme sind, löschen Sie die Region mit [⌫] und nehmen neu auf. Um alternative Takes aufzunehmen, beachten Sie die Optionen im Menü AUFNAHME • AUDIOAUFNAHMEN ÜBERLAPPEN. Details hierzu können Sie in den ausführlichen Ausführungen zum Thema Aufnahme in Kapitel 5 nachlesen.

2.5 Schnellkurs Teil 2: weitere Edits, FX, Automation, Mix und Export

Dieser Abschnitt des Schnellkurses beschäftigt sich mit ersten fortgeschrittenen Edits, Effekten und dem Mixdown.

2.5.1 Audioaufnahmen detailliert editieren

Sie können weitere Edits vornehmen oder beispielsweise das Timing und die Tonhöhe von Gesang korrigieren oder Drums in Slices zerstückeln und kreativ verarbeiten.

Audiofiles und Regionen, Audiodatei- und Audiospur-Editor

Im Beispiel *Schnellkurs11* habe ich die Aufnahme zerschnitten, indem ich die Abspielposition genau zwischen beide Wörter bewegt und dann den Schneidebefehl [cmd] + [T] ausgelöst habe, so dass zwei Audioregionen mit den Wörtern »House« und »Music« entstanden sind. Diese habe ich jeweils verschoben, um eine Rhythmusvariation zu erreichen. Außerdem habe ich alle Regionen in der Übersicht PROJEKT entsprechend den gesprochenen Wörtern umbenannt. Nach Doppelklick auf eine Region öffnet sich unten wiederum der Bereich EDITOREN, diesmal mit *Audio-Editoren*.

Diesmal können Sie unten zwischen einem AUDIOSPUR- und einem AUDIODATEIEDITOR auswählen, die auf dem Bildschirm als SPUR- und DATEI-Tabs erscheinen. Im AUDIOSPUREDITOR können Sie durch Klick auf den Wiedergabeknopf oben links in der Region diese ähnlich wie in der PIANOROLLE schnell vorhören. Ansonsten ähnelt er einer vergrößerten Spur (mehr zum Audiospureditor in Abschnitt 6.6.1).

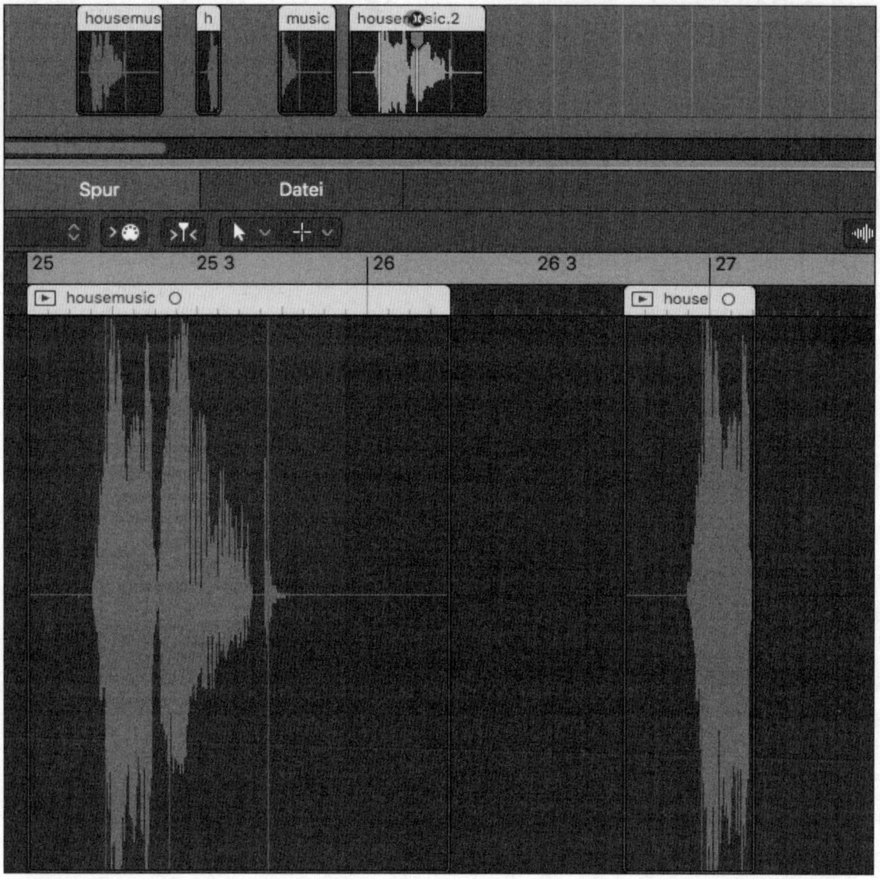

Abbildung 2.45 Durch einen Doppelklick auf die Audioregion öffnet sich unten eine Ansicht zum Editieren von Audiofiles, wobei zwischen Spur- und Datei-Editor unterschieden wird.

Schalten Sie auf den AUDIODATEIEDITOR um. Dieser hat eigene Menüs und erlaubt über das BEARBEITEN-Menü destruktive Edits am Audiofile wie z. B. Schnittoperationen, die das Original-Audiofile verändern (Abbildung 2.46). Im Gegensatz zum Schneiden einer Region im Bereich SPUREN verändern solche Edits die Audiodatei, wobei auch der AUDIODATEIEDITOR nichtdestruktive Edits wie das Erzeugen oder Ändern von Regionen eines Audiofiles erlaubt (z. B. via BEARBEITEN • AUSWAHL ZU REGION). Mehr Details zum AUDIODATEIEDITOR und zur Übersicht PROJEKT lesen Sie in Kapitel 8.

Eine weitere, in Logic 10.3 neu hinzugekommene Option zum Editieren von Audiofiles ist die Funktion AUSWAHLBASIERTE BEARBEITUNG, mit der Sie Effekte direkt in eine neue Datei einrechnen können, die dann an Stelle der alten Region (*in place*) eingefügt wird (siehe Abschnitt 6.6.14).

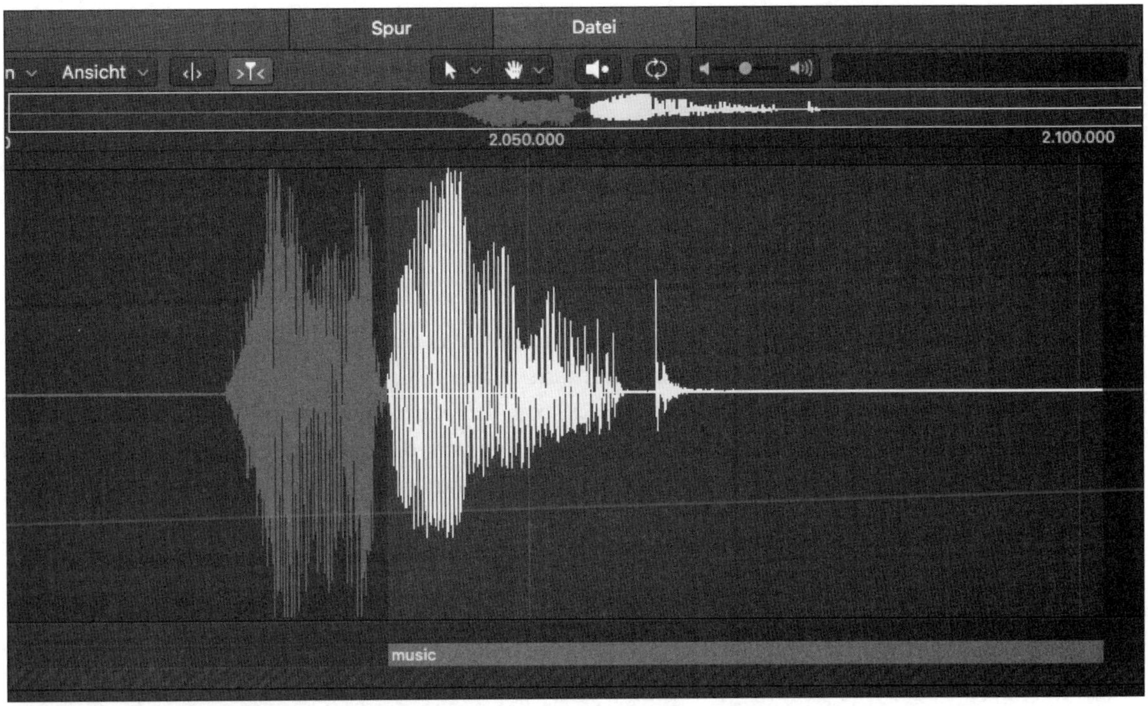

Abbildung 2.46 Der Datei-Editor erlaubt im Menü »Funktionen« auch destruktive Edits.

Timing einer Audioaufnahme mit dem Flex-Mode ändern

Ich habe Ihnen bereits gezeigt, wie Sie mit Hilfe von geschnittenen Regionen das Timing einer Aufnahme verändern können. Mit Hilfe von Echtzeit-Time-Stretching ist das ebenfalls möglich, mit dem sogenannten *Flex-Mode*.

Hierzu klicken Sie im Spurenbereich auf das Symbol rechts neben dem ANSICHT-Menü, das ein Audiofile unter einer Art Schleifensymbol zeigt und beim Anklicken eingefärbt wird (siehe Abbildung 2.47), oder nutzen Sie den Tastaturkurzbefehl [cmd] + [F].

Abbildung 2.47 Mit Klick auf den mittleren Button erscheint die Flex-Ansicht.

Nun erscheint in den Spuren ein Flip-Menü, in dem Sie einen Flex-Modus auswählen (Abbildung 2.48). Je nachdem, ob Drums, Gesang oder komplexes Audiomaterial vorliegen, eignet sich jeweils ein bestimmter Time-Stretching-Algorithmus bzw. Flex-Modus am besten.

Abbildung 2.48 Der Flex-Mode »Monophon« wird für die Gesangsspur aktiviert.

Der Flex-Modus ist eine spurbezogene Option, die zusätzlich für die Region aktiviert sein muss. Das geschieht grundsätzlich automatisch, wenn Sie den Flex-Modus für die Spur wählen, kann aber im Informationsfenster REGION für jede Region separat ein- und ausgeschaltet werden – oder für mehrere Regionen gemeinsam, die selektiert sind. Auch in der Spur können Sie den Flex-Modus noch ein- und ausschalten (Abbildung 2.49).

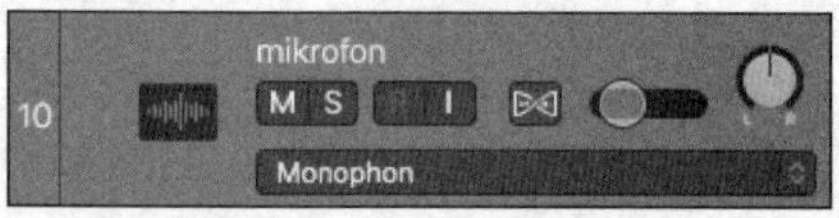

Abbildung 2.49 Der »Flex«-Button leuchtet, wenn Flex für die Spur aktiv ist.

Im Dokument *Schnellkurs10b* habe ich den Flex-Mode aktiviert und zusätzliche Drum- und Bass-Regionen kopiert und ab Takt 33 eingefügt, um das Beispiel für kommende Variationen zu verlängern (siehe Abbildung 2.48). Im *Schnellkurs10c* habe ich zusätzlich das Tempo auf 50 BPM heruntergedreht, um Ihnen vorzuführen, dass die Audiofiles in der Spur nun das eingestellte Tempo mitgehen. Der Flex-Mode tackert dabei gewissermaßen bestimmte Stellen des Audiofiles an Taktpositionen fest. Die Taktposition bleibt ja bei Tempoänderungen gleich, es sei denn, Sie lösen die Taktbezogenheit auf. Im Dokument *Schnellkurs10c* macht der »Armament Beat« die Tempoänderung ebenfalls mit, weil er ein Apple Loop ist und in seinem Informationsfenster REGION ein Häkchen beim Eintrag TEMPO UND TONHÖHE FOLGEN gesetzt ist; dann funktioniert die automatische Tempoanpassung bei Apple Loops auch ohne aktivierten Flex-Modus. Bei anderen importierten Audiofiles dagegen muss der Flex-Modus aktiv sein – dieser erlaubt ohnehin für alle Audiofiles deutlich detailliertere Justageoptionen.

Wenn Sie unseren *Schnellkurs10* öffnen und dort das Tempo ändern, hören Sie, dass das Vocal-Audiofile die Tempoänderung dort bislang nicht mitmacht.

Im Dokument *Schnellkurs11* habe ich eine komplexere rhythmische Variation des Gesangssamples erstellt. Die Aufnahme wird gedehnt und zusätzlich vom Timing her verändert, weil sich das einfache Dehnen rhythmisch für mich zu unpassend anhört. Diesmal empfehle ich, zuerst das Ergebnis anzuhören – und dann bei Bedarf mit mir gemeinsam nachzuvollziehen, wie Sie dorthin gelangen.

- Zunächst kopierte ich die Region mit dem gesamten Text »House Music« einmal auf Takt 29 und schnitt sie anschließend auf eine Länge von einem Takt.
- Anschließend fasste ich die Region rechts unten, so dass das Längentool erschien.
- Ich fasste die Region (bei aktivem Flex-Mode) rechts oben an (siehe Abbildung 2.50), so dass sich das Längentool in ein Time-Stretching-Werkzeug wandelte, mit dem ich anschließend bei gehaltener Maustaste die Region auf eine Länge von zwei Takten dehnte. Die Region wurde nun also nicht verlängert, sondern gedehnt. Hierbei veränderte sich das Original-Audiofile übrigens nicht. Mit dem Ergebnis war ich aber bezogen auf die Rhythmik noch nicht zufrieden.

Abbildung 2.50 So sieht das Werkzeug für Time-Stretching-Operationen aus, das erscheint, wenn Sie die »alt«-Taste drücken und die Region an ihrer rechten oder linken Ecke anfassen.

- Daher klickte ich danach in die obere Hälfte der Wellenform und versuchte, bestimmte Bereiche auf bestimmte Taktpositionen zu ziehen, so dass die Wörter halbwegs genau auf die Zählzeit 1 fielen. Jedes Mal, wenn Sie bei aktiviertem Flex-Mode mit gehaltener Maustaste in die Wellenform klicken, wird ein Flex-Marker erzeugt und ein entsprechendes Werkzeug sichtbar, mit dessen Hilfe Sie die Wellenform verschieben können (Abbildung 2.51).

Abbildung 2.51 Flex-Editing in der Wellenform

Es spielt dabei eine Rolle, ob bereits links oder rechts davon irgendwelche Marker existieren. Diese sorgen dafür, dass sämtliche Dehnungen nur bis zu diesem Marker erfolgen und danach alles gleich bleibt. Wenn Sie mit der Maus in die untere Hälfte der Wellenform klicken, werden eventuell automatisch drei Flex-Marker erzeugt, so dass Sie den mittleren davon anschließend leicht verschieben können, ohne dass links und rechts davon etwas verrutscht. Neben kreativen Variationen können Sie mit solchen Edits alle Ungenauigkeiten aus Audioaufnahmen herausbügeln. Sogar quantisieren können Sie Audiofiles im Flex-Modus.

Das Flex-Editing kann auch unten im bereits kurz vorgestellten AUDIOSPUREDITOR erfolgen. Auf diese Weise können Sie oben im Spurenbereich einen Überblick über das Arrangement behalten, unten dagegen stärker hereingezoomt im Flex-Modus arbeiten. Details zum Flex-Mode finden Sie in Kapitel 9, »Timing, Tempo, Tuning, Groove«. Allerdings beschäftigen wir uns auch in diesem Schnellkurs noch etwas näher mit dem Flex-Mode: Ich zeige Ihnen noch kurz die Funktion der Tonhöhenkorrektur.

Tuning der Audioaufnahme mit »Flex Pitch« verändern

Auch diesmal empfehle ich Ihnen wieder, sich zuerst das Ergebnis anzuhören – und dann selbst ein bisschen zu experimentieren. Im Dokument *Schnellkurs12* habe ich die Tonhöhe meiner eingesprochenen Worte etwas verändert und nach unten gestimmt. Klicken Sie zur Sicherheit doppelt auf die Audioregion mit der Gesangsaufnahme, um ihren Inhalt unten im SPUR-Editor zu sehen. Mein Ergebnis ist eher experimentell und soll Ihnen nur kurz die Möglichkeiten der Gesangstonhöhenkorrektur in Logic zeigen.

Wenn Sie in der Spur als Flex-Modus FLEX PITCH auswählen, können Sie die Tonhöhe korrigieren. Das geht einerseits im Hauptfenster, wo bei kleineren Zoomstufen kleine waagerechte Balken erscheinen, die die Tonhöhe darstellen sollen und die Sie nach oben und nach unten schieben können.

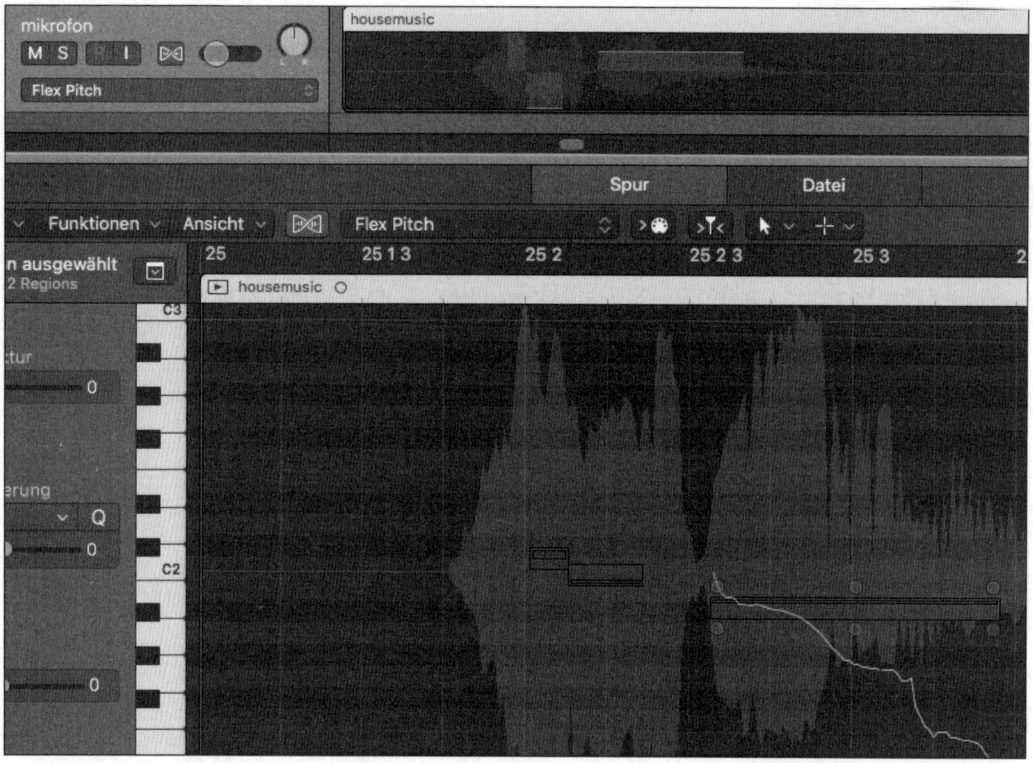

Abbildung 2.52 Eine Audioregion mit »Flex Pitch« – oben im Hauptfenster, unten im Spur-Editor. Sie können die Balken, die die Tonhöhe symbolisieren, in beiden Fenstern anfassen.

Für eine größere Darstellung ist der AUDIOSPUR-Editor vorgesehen. Um den Balken herum erscheinen jeweils sechs Punkte, anhand deren Sie die Parameter PITCH, FINE PITCH, FORMANT SHIFT, PITCH DRIFT (links und rechts) und GAIN justieren können. Für Details verweise ich Sie auf Abschnitt 9.4 über Flex Pitch und Tonhöhenkorrektur.

Regionen in Audiofiles umwandeln und Bouncen von Regionen auf Festplatte

Über das Kontextmenü (erreichbar via Rechtsklick auf eine Region) können Sie selektierte Regionen auch als Audiodatei bouncen oder exportieren – z. B. um einen Flex-Edit als neue Audiodatei zu speichern (die Sie auch außerhalb Logics verwenden können) oder um eine MIDI-Region in ein Audiofile umzuwandeln (dessen Wiedergabe mittendrin starten kann, das weniger Ressourcen benötigt und andere Formen von Edits erlaubt). Diese Funktion finden Sie im Menü BOUNCEN UND VERBINDEN (das Sie im Regionskontextmenü sehen) als Befehl BOUNCEN AUF SPEICHERMEDIUM (`ctrl` + `B`). Dabei stehen verschiedene Optionen zur Verfügung, mit denen Sie bestimmen, was beim Erzeugen des neuen Audiofiles mit der alten Region passieren soll.

Es kann auch wichtig sein, ein neues Audiofile (ohne Einrechnung von Effekten) anzulegen, wenn Sie z. B. einen Teil des Audiofiles mit Effekten verändern wollen, ohne das Original zu verändern. Dazu wandeln Sie eine Region in ein neues Audiofile um. Das geht im Regionskontextmenü via KONVERTIEREN • IN NEUE AUDIODATEI UMWANDELN (Shortcut `alt` + `cmd` + `F`).

2.5.2 Audioeffekte einbinden (Teil 1)

Sie können Effekte auch einzeln in den Kanalzug laden, den Sie links vom Spurenbereich sehen (falls der Informationsbereich eingeblendet ist). Gehen Sie mit der Maus an die Stelle in Ihrem Kanalzug, wo AUDIO FX steht (siehe Abbildung 2.53).

Abbildung 2.53 Im »Audio FX«-Slot werden Effekte geladen.

Halten Sie die Maustaste gedrückt, und wählen Sie einen Effekt aus dem aufspringenden Menü, das die Logic-Effekte kategorisiert auflistet. Effekte anderer Hersteller finden Sie unten im Menüeintrag AUDIO UNITS nach Herstellernamen kategorisiert. Sie können sich die Plug-In-Anzeige auch mit dem Plug-In Manager konfigurieren (siehe Abschnitt 3.5)

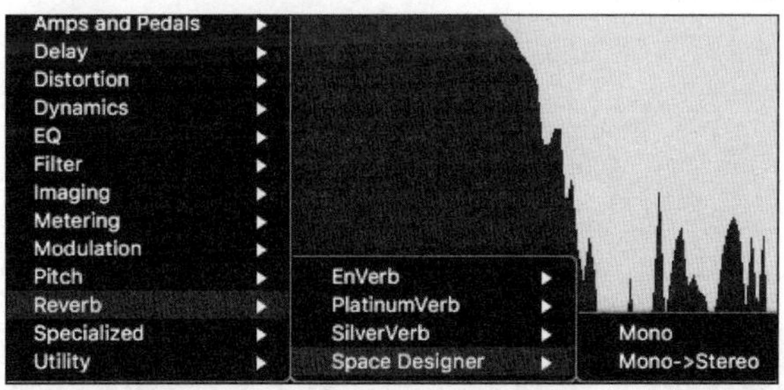

Abbildung 2.54 Das Menü zur Auswahl eines Effekts ist kategorisiert nach Effekttypen wie Hall, Delay und EQ, dabei werden vielfach englische Bezeichnungen benutzt.

Im Beispiel *Schnellkurs13* habe ich einen »Space Designer«-Effekt (eines von Logics Hall-Plug-Ins) in den AUDIO FX-Slot geladen. Beim erstmaligen Laden öffnet sich das zugehörige Plug-In-Fenster.

Wenn Sie den Cursor mit der Maus über den Eintrag des aktuell geladenen Effekts bewegen, verändert sich die Grafik des Effektslots, über den Sie sich mit der Maus bewegen. Statt des Namens »Space Designer« sehen Sie dort nun einen dreigeteilten AUDIO FX-Slot (siehe Abbildung 2.55): Links schalten Sie den Effekt an und aus. Ein Klick auf die Mitte öffnet das Plug-In. Wenn Sie mit gehaltener Maustaste auf den rechten Bereich gehen, gelangen Sie ins Flip-Menü zur Auswahl von Effekten.

Abbildung 2.55 So sieht der »Audio FX«-Slot mit geladenem Effekt aus, wenn Sie den Cursor mit der Maus darüberbewegen.

2.5.3 Patches und Presets in der Bibliothek

Natürlich besitzt Logic jede Menge Presets für seine Effekte (siehe Abbildung 2.56).

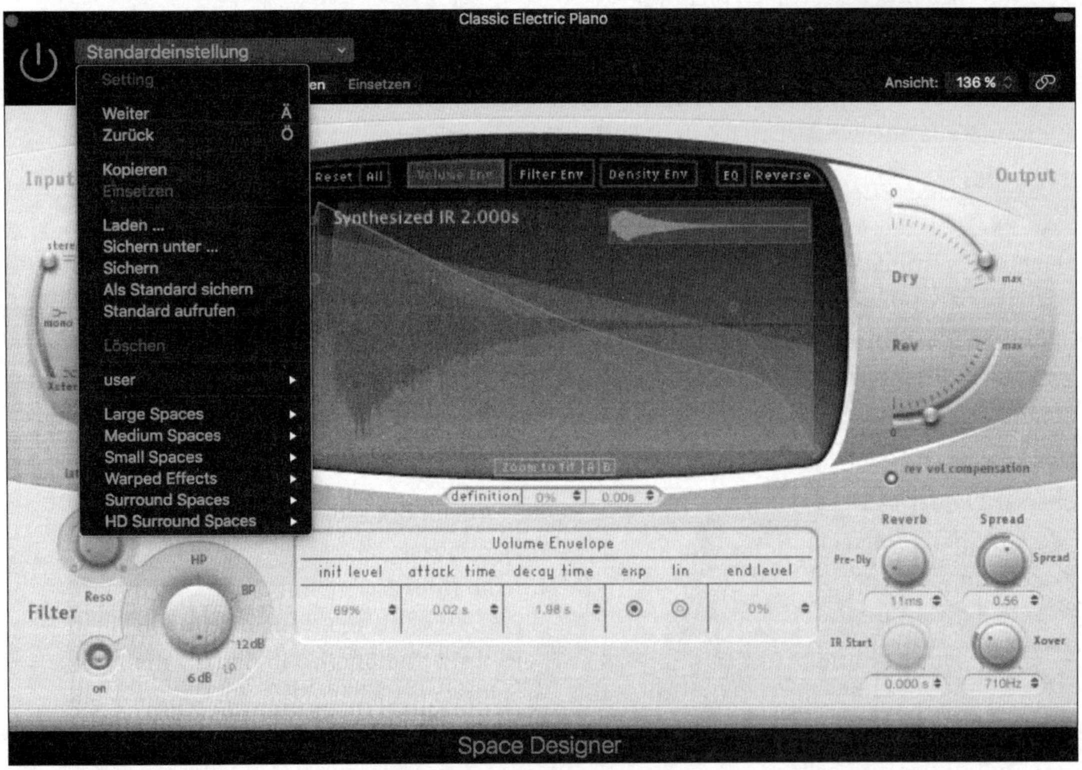

Abbildung 2.56 Das Plug-In-Settings-Menü im »Space Designer« – inklusive sämtlicher Inhalte und meiner User-Settings

Wenn Sie in der Kanalzuganzeige mit gehaltener ⇧-Taste auf den Effekt-Slot oder links daneben klicken, wird dieser weiß umrandet, und es erscheint links daneben ein blauer Pfeil, der den Slot markiert, siehe Abbildung 2.57. Damit erreichen Sie, dass sich die Ansicht der Inhalte der BIBLIOTHEK nun nicht mehr auf den gesamten Kanalzug, sondern auf das gewählte Effekt-Plug-In bezieht! Wenn Sie die oberste Menüebene aus Abbildung 2.56 und Abbildung 2.57 vergleichen, sehen Sie, dass es sich um die gleichen Einträge handelt (LARGE SPACES, MEDIUM SPACES usw.), die sowohl im PRESETS-Menü als auch in der BIBLIOTHEK zu sehen sind.

Außerdem ist unterhalb des geladenen Effektes ein weiterer, kaum sichtbarer und nicht eingefärbter, sehr schmaler Slot vorhanden, in den Sie einen weiteren Effekt laden könnten. Klicken Sie darauf, um an das Aufklappmenü zum Erzeugen eines neuen Effekts zu gelangen.

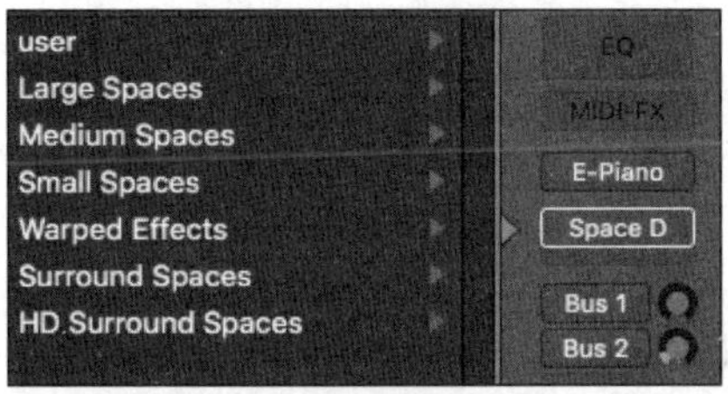

Abbildung 2.57 Der weiße Rahmen um den Eintrag »Space Designer« zeigt an, dass der Slot durch Anklicken mit gehaltener »Shift«-Taste selektiert wurde, wodurch Sie in der Bibliothek nun automatisch die zum Plug-In gehörenden Plug-In-Settings angezeigt bekommen.

Die Position der Effekte im Kanalzug können Sie vertauschen, indem Sie den Slot bei geladenem Effekt in der Mitte anfassen und mit gehaltener Maustaste in den gewünschten Slot bewegen. Das funktioniert auch, wenn dieser sich in einem anderen Kanalzug befindet. Gegebenenfalls tauschen Effekte bei solchen Verschiebungen auch automatisch ihre Position.

Den gesamten Mischpultkanal einer Spur nennt man *Channel-Strip* oder *Kanalzug*. Einen ganzen Kanalzug inklusive Kombinationen aus Effekten (bei MIDI-Spuren inklusive Instrument) können Sie ebenfalls speichern und ganz oder teilweise wieder laden (als sogenanntes *Channel-Strip-Setting* oder als *Patch*, mehr in Abschnitt 3.2.5). Hierbei handelt es sich um zwei leicht unterschiedliche Formate, die manchmal, aber nicht immer den gleichen Zweck erfüllen.

Zudem gibt es verschiedene Arten von *Patches*: Audio-, Aux-, Instrument- und Output-*Patches*. Je nachdem, welche Art Spur Sie selektiert haben, zeigt die BIBLIOTHEK entsprechende *Patches* an. Im Bild ist eine Audiospur selektiert. Sobald Sie auf einen Eintrag wie VOICE klicken, sehen Sie die vorliegenden Voice-*Patches* für Audiospuren, mit denen Sie nun Gesangsspuren schnell bearbeiten können.

In den Dokumenten *Schnellkurs13b* und *Schnellkurs13c* habe ich alternative Einstellungen für den Audio-Kanalzug geladen. In *Schnellkurs13b* klingt die Stimme nach Telefonstimme, in *Schnellkurs13c* nach Retroeffekt (gegebenenfalls müssen Sie hierfür zusätzliche Inhalte laden).

2.5.4 Spuren duplizieren

Ein Klick auf den rechten Button mit dem +-Symbol über den Spuren erzeugt eine neue Spur, die dieselben Effekte und dasselbe Routing besitzt wie die bereits selektierte Spur. Alternativ geht das auch über das Menü SPUR • ANDERE • NEUE SPUR (EINSTELLUNG DUPLIZIEREN) oder [cmd] + [D].

In *Schnellkurs14* habe ich die Vocal-Spur dupliziert, um einige der Vocals mit einem zusätzlichen Effekt (Delay) zu versehen. Der Halleffekt aus der Originalspur wurde dabei natürlich erneut geladen. Natürlich können Sie so etwas auch anders lösen (via Automation).

2.5.5 Bus-Routing, Summierung, Aux-Kanäle, Spurstapel

Es ist sehr oft sinnvoll, mehrere Audiosignale zusammenzufassen. Sei es, um sie mit einem einzigen Lautstärkeregler zu regeln, sie gemeinsam durch einen Effekt zu schicken oder um sie für einen Remix oder Live-Act getrennt vom Rest zu exportieren. Im Mix mache ich das in der Regel zumindest mit allen Drums, mit allen Bässen, allen Vocals und allen sonstigen Sounds – und oft noch mit stärker verschachtelten Subgruppen.

In unserem Beispiel könnten wir beispielsweise die beiden Vocal-Spuren zusammenfassen. Hierzu stellen Sie auf beiden Vocal-Spuren einen anderen Output ein. Momentan ist STEREO OUT eingestellt. Das entspricht einem Routing zu den ersten beiden Anschlüssen einer Soundkarte. Stellen Sie nun in beiden Vocal-Spuren BUS 4 als Output ein (siehe Abbildung 2.58 und Abbildung 2.59).

Abbildung 2.58 Der Mauszeiger ist an den Slot bewegt, der zur Auswahl des Outputs dient.

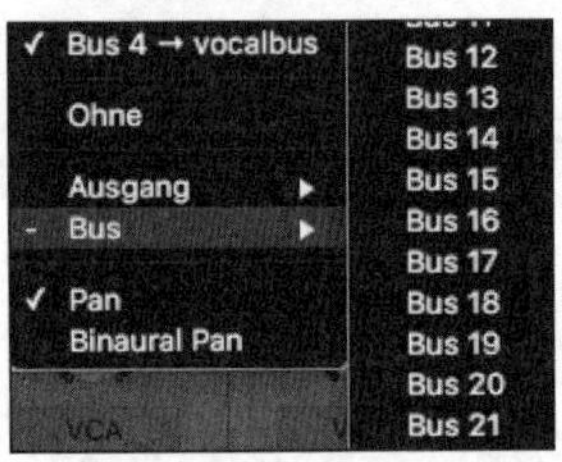

Abbildung 2.59 Im Bild ist Bus 4 als Output ausgewählt, der Aux-Kanal wurde im Bild bereits wie weiter unten beschrieben beschriftet.

Logic dabei automatisch einen Aux-Kanalzug (= *auxiliary*), bei dem Bus 4 als Input und Stereo-Out als Output eingestellt ist, um das Signal von Bus 4 abzugreifen und hörbar zu machen. Dadurch hören Sie das Signal wie zuvor, denn es landet nach wie vor beim Stereo Out und läuft nur durch den Aux-Kanal hindurch. Sie können sich die Busse als eine Matrix vorstellen, durch die Sounds fließen. Der Aux-Kanal (oder alternativ auch eine Audiospur) wird benutzt, um den Sound aus der Matrix abzugreifen und an einen Ausgang zu routen, der (zumindest im weiteren Verlauf des Routings) Sound ausgibt.

Im Info-Bereich des Logic-Hauptfensters sehen Sie stets zwei Kanalzüge. Der linke davon entspricht dabei der selektierten Spur. Der rechte sichtbare Kanalzug hat sich in unserem Beispiel nun geändert: Hier sehen Sie jetzt nicht mehr den Kanalzug für den Stereo-Output, sondern stattdessen den neuen Aux-Kanal, bei dem Bus 4 als Input und Stereo Out als Output eingestellt ist. Durch Doppelklick auf seinen Namen können Sie einen neuen Namen eingeben – ich nenne ihn »vocalbus« (Abbildung 2.60). Diesen Zwischenstand finden Sie im Dokument *Schnellkurs15*.

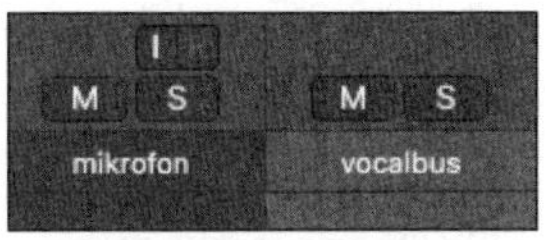

Abbildung 2.60 Rechts im Bild der beschriftete Aux-Kanal (in dessen Input nun Bus 4 eingestellt ist)

Busse als Signalquelle in Audiospuren, Input-Monitoring

Auch in einer neuen Audiospur könnten Sie Bus 4 als Input einstellen, z. B., um beide Vocal-Spuren als neues Audiofile aufnehmen zu können. Busse können als Inputs für Audiospuren dienen, so dass Sie Busse auch in Echtzeit aufnehmen bzw. mitschneiden können. Bei aktiviertem Input-Monitoring-Button (mit I oberhalb des Solo-Buttons beschriftet, vergleiche *Schnellkurs15b*) kann das Signal ähnlich einem Aux-Kanal durch einen Audiokanal durchgeschleift werden, mehr zu Vor- und Nachteilen hiervon lesen Sie in Kapitel 14. In *Schnellkurs15c* habe ich noch eine andere Option wahrgenommen: Dort habe ich mit der rechten Maustaste auf den Vocal-Bus-Aux-Kanal geklickt und die Option Spur erzeugen (ctrl + T) ausgewählt, wodurch für den Aux-Kanal eine Spur im Spurenfenster angelegt wurde.

Spurstapel: Spurstapel erzeugen und abspeichern

Im *Schnellkurs15d* habe ich dasselbe auf eine andere Art erreicht: Ich habe die Vocal-Spuren selektiert und dann mit Hilfe der Funktion Spurstapel erzeugen (und dem nachfolgenden Dialog) in einen sogenannten *Summenstapel* (engl. *stack*) umgewandelt (Spurstapel = engl. *track stack*, dieser Begriff wurde in älteren Logic X-Versionen benutzt). Das bedeutet, dass wiederum beide Vocal-Spuren auf einen Aux-Kanal geroutet werden und der Aux-Kanal im Spurenbereich sichtbar ist.

Dieser Summenstapel-Aux-Kanal wird nicht nur sofort in der Spurenansicht sichtbar, sondern kann ein- und ausgeklappt werden, um die Spuren, die er verwaltet, zu verstecken (siehe Dokument *Schnellkurs15e*).

1. Zunächst selektieren Sie beide Vocal-Spuren, indem Sie mit gehaltener ⇧-Taste auf beide Spuren klicken, bis diese in einem helleren Grau erscheinen, das anzeigt, dass sie selektiert sind.

2. Anschließend wählen Sie den Eintrag SPURSTAPEL ERZEUGEN im Menü SPUR oder im Kontextmenü der Spur oder nutzen den Shortcut ⇧ + cmd + D.
3. Im folgenden Dialog wählen Sie die Option SUMMENSTAPEL, um einen Summenstapel mit einem Aux-Summenkanal zu erzeugen, wie Sie ihn gerade kennengelernt haben (siehe Abbildung 2.61).

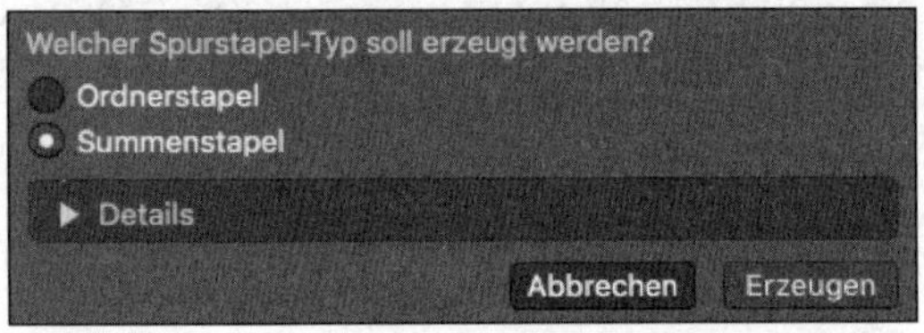

Abbildung 2.61 Der Dialog zum Erzeugen eines Track-Stack-Summenstapels

Nun landen die beiden Vocal-Spuren ebenfalls in Bus 4 (weil dies der erste unbenutzte Bus bei der Track-Stack-Erstellung war), der Input des Summenstapel-Aux-Kanales ist (siehe das bereits erwähnte Dokument *Schnellkurs15e*).

Diese Art Summenstapel mit Aux-Kanal (aber nicht die Ordnerstapel-Variante ohne Aux-Kanal) können Sie außerdem als *Patch* inklusive aller enthaltenen Routings und Spuren abspeichern. Hierzu selektieren Sie die Track-Stack-Aux-Spur und klicken dann auf den SICHERN ...-Button unterhalb der BIBLIOTHEK. Solche Spuren werden in unserem Beispielkurs und vielen Beispielsounds aus der BIBLIOTHEK benutzt.

Falls Sie stattdessen die Option ORDNERSTAPEL auswählen, fasst Logic die beiden Spuren ebenfalls zusammen, legt aber keinen Aux-Kanal an, sondern nur eine andere Art Hilfskanal, dessen Lautstärkeregler die Lautstärke der beiden Spuren zwar regeln kann, hierfür aber kein Bus-Routing benutzt. Ein Beispiel hierzu finden Sie im Dokument *Schnellkurs15f*. Diese Option nutzt man vor allem, wenn man ein wenig Ordnung schaffen will, ohne dass sich am Routing etwas ändert. Die Optionen bei der Nutzung von Spurstapeln sind komplex; ausführliche Details finden Sie in Abschnitt 4.10.23 über Spurstapel. Sie können auch Instrumentenspuren zu Spurstapeln zusammenfassen. Ein Summenstapel Aux-Kanal kann MIDI-Daten an im Summenstapel liegende Spuren senden, so dass Instrumente gebaut werden können, die sich aus mehreren Synths zusammensetzen und jeweils ihre eigenen Effekte haben können.

2.5.6 Effekt-Plug-Ins in andere Spuren verschieben und kopieren

Ich habe bereits erläutert, dass Sie Effekte im Kanalzug verschieben können, indem Sie den Eintrag in seiner Mitte anfassen. Darüber hinaus ist es kein Problem, Effekte einer Spur in andere Spuren zu verschieben, indem Sie die Maustaste gedrückt halten und den Effekt einfach in die andere Spur hinüberziehen. Dabei bleiben sämtliche im Effekt vorgenommenen

Einstellungen erhalten. Wenn Sie dabei die alt-Taste gedrückt halten, wird der Effekt nicht verschoben, sondern kopiert.

Sie könnten den Hall der beiden Vocal-Spuren nun auch auf den Summenbus legen und aus den beiden einzelnen Spuren entfernen, um ein Hall-Plug-In weniger nutzen zu müssen und beide Spuren einheitlich zu bearbeiten. Im Dokument *Schnellkurs16* habe ich genau das gemacht, wobei ich in nachfolgenden Projekten auf der Grundlage von *Schnellkurs15e* weitergemacht habe (mit Spurstapel bzw. Summenstapel, den ich dann ebenfalls »vocalbus« genannt habe).

Das bedeutet nun, dass die Vocals der zweiten Spur zunächst durch den Delay-Effekt und erst danach durch den Hall-Effekt laufen – zuvor war in der zweiten Vocal-Spur das Delay ja *vor* dem Hall eingefügt. Auch wenn das vielleicht in diesem Fall keinen großen Soundunterschied bedeutet, ist es immer wichtig, sich bei der Arbeit die Reihenfolge zu verdeutlichen, in der Sie Sounds durch Effekte schicken – und ob diese geeignet zum Erreichen Ihrer selbstgesteckten Ziele ist. Eine kurze Erläuterung hierzu finden Sie in Abschnitt 17.3.1, »Reihenfolge der Effektanordnung; Fallbeispiele«.

2.5.7 Audioeffekte einbinden (Teil 2): Bus-Routings via Send

Selektieren Sie Spur 2, Tech Bass, und drehen Sie den Send-Regler probeweise hoch, während Sie den Sound spielen oder den Track abspielen lassen. Sie hören, dass Sie damit dem Bass etwas Hall zumischen, denn indem Sie den Send-Regler hochdrehen, schicken Sie den Bass an das Hallgerät in Bus 3, dessen Sound wiederum im Stereo-Output landet.

Diesen Zustand habe ich im Dokument *Schnellkurs17* zwischengespeichert. Nachdem ich das Bus-Routing (hier: Send 1 an Bus 3) im Kanal eingestellt habe, hat Logic wiederum automatisch einen Aux-Kanal (hier: mit Input Bus 3) erstellt, um das Audiosignal aus Bus 3 abzugreifen. Sie können über mehrere Sends und die Outputs natürlich auch an mehrere Busse bzw. Aux-Kanäle gleichzeitig senden. Welchen Aux-Kanal Sie rechts im Infobereich/Inspector sehen, hängt davon ab, worauf Sie zuvor mit der Maus geklickt haben. In Abbildung 2.62 habe ich den blau leuchtenden Send-Button an Bus 3 rechtsseitig angeklickt, so dass der zugehörige Aux-Kanal mit Bus 3 als Input angezeigt wird.

Wenn Sie dagegen auf die Anzeige Stereo Out unten im Kanalzug klicken, erscheint der Kanalzug für den Stereo-Output rechts im Infobereich. Bedenken Sie, dass Sie das Signal bei einem Bus-Routing via Send wie im Beispiel an Bus 3 *und* den Stereo Out senden (also zweimal ausgeben!). Zuvor haben wir das Signal bei einer Summierung an Bus 4 *anstelle* des Stereo Outs geschickt (auch wenn letztlich auf Umwegen alles wieder im Stereo Out landet).

Abbildung 2.62 Im Bild habe ich den »Send«-Regler des Sounds »Tech Bass« etwas hochgedreht.

Wenn Sie den SEND-Bereich mit der Maus überfahren, sehen Sie, dass Sie ihn wie Plug-Ins durch Klick auf den erscheinenden EIN/AUS-Button links aktivieren/deaktivieren können. Auf diese Weise können Sie z. B. temporär Ihre gewählte Send-Lautstärke beibehalten und trotzdem den Effekt abschalten.

Wenn Sie einen neuen, leeren Song mit einem geladenen *Vintage E-Piano*-Patch erstellen, sind dort normalerweise ebenfalls zwei solcher Send-Busse aktiv, ohne dass Sie etwas gemacht haben. Das können Sie mit einem Mischpult vergleichen, an das bereits zwei Effektgeräte angeschlossen sind, bevor Sie loslegen. In vielen Patches sind bereits Send-Effekteinstellungen integriert, beim Laden von Patches können Sie dies aber auch umgehen bzw. ignorieren (vergleiche den Unterabschnitt »Patches mischen« in Abschnitt 4.7.4).

Sie können Effektgeräte sowohl in den AUDIO FX-Slot als auch in einen Bus laden und dort via Send ansteuern. Man unterscheidet auch zwischen Insert- und Send-Verkabelung bzw. -Effekten, was ich in Abschnitt 14.2.3 über Einschleif- vs. Zumischeffekte ausführlich erläutere.

Es wird Zeit, den Mixer kennenzulernen, wo Sie alle für eine Spur relevanten Kanalzüge auf einmal sehen.

2.5.8 Der Mixer (1): Instrumente mit einfachen oder mehreren Outputs erzeugen

Im Hauptfenster können Sie den Mixer im unteren Bereich des Hauptfensters einblenden, und zwar über den Menüpunkt ANSICHT • MIXER EINBLENDEN oder mit Hilfe des Shortcuts [X] oder mit dem kleinen Button oben in der Steuerungsleiste (siehe Abbildung 2.63).

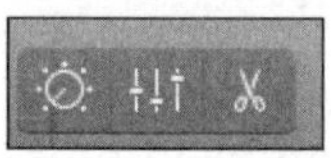

Abbildung 2.63 Der Mixerbutton in der Steuerungsleiste

Sie können den Mixer aber auch als separates Fenster öffnen – über den Menüeintrag FENSTER • MIXER ÖFFNEN ([cmd] + [2]). Auch die PIANOROLLE, die Übersicht PROJEKT, den DATEI-Editor und viele Ansichten mehr können Sie über das FENSTER-Menü als eigenständiges Fenster anzeigen lassen. Beim Mixer-Fenster ist das aufgrund seines Platzbedarfs besonders sinnvoll.

Details zum Mixer erfahren Sie in Kapitel 14. Hier zeige ich kurz einige wichtige Arbeitsschritte:

Sie können Sounds eines Instruments aus mehreren Outputs kommen lassen, um diese besser abzumischen. Das betrifft in unserem Fall die erste Spur. Das dort geladene Drumkit *Boutique 808* ist ein Patch, das im Spurstapel-Format gespeichert wurde. Dieses ermöglicht, dass auch alle Einstellungen mitgespeichert werden, die einzelne Outputs eines Instruments betreffen. Klicken Sie auf den Pfeil in Spur 1 rechts neben der Zahl 1, um die Spuren aufzuklappen (Abbildung 2.64).

Abbildung 2.64 Im Fenster sehen Sie die aufgeklappte Spur 1

Dieser Zwischenstand ist im Dokument *Schnellkurs18* gespeichert. In Abbildung 2.65 sehen Sie unten über dem Eintrag KICK zwei Buttons, mit denen Sie zusätzliche Ausgänge für das in der KICK-Spur geladene Instrument *Ultrabeat* erzeugen (+-Button) und wieder löschen (–-Button) können.

Abbildung 2.65 Buttons zum Erzeugen von Aux-Kanälen für Einzelouts

Im Beispiel sind das die Spuren SNARE, HI HATS etc. In diesen Aux-Spuren sind zudem oben die verschiedenen Ausgänge von *Ultrabeat* als Eingänge eingestellt (UB 3-4, UB 5-6, ...)

Achtung

Sie können auf solchen mit den Namen einzelner Schlagzeuginstrumente beschrifteten Spuren mit MIDI-Daten alle möglichen Sounds ansteuern, auch wenn diese eventuell aus einem anderen Aux-Kanal als Audiosignal herauskommen.

Wichtig: Nur wenn *Ultrabeat* (wie im *Boutique 808*-Kit) als Multi-Output-Instrument geladen ist, erscheinen in seinem Instrumenten-Mixerkanal die –/+-Buttons, mit denen Sie zusätzliche Outputs erzeugen können.

Abbildung 2.66 »Ultrabeat« als Multi-Output-Instrument auswählen

Für viele, aber nicht für alle Instrumente steht diese MULTI-OUTPUT-Funktion zur Verfügung. Damit die einzelnen Sounds nun so wie auf den Kanälen beschriftet aus den Aux-Spuren herauskommen, muss das natürlich auch im Instrument entsprechend eingestellt sein. In unserem Beispiel mit *Ultrabeat* und dem Patch *Boutique 808* sehen Sie das in Abbildung 2.67.

Abbildung 2.67 Für die verschiedenen Sounds sind verschiedene Outputs eingestellt (z. B. »Sub 1« für Kick und »Sub 2« für Rim).

Selektieren Sie nun Spur 4, HI HATS. Sie sehen, dass dort ein Delay-Effekt namens DELAY DESIGNER aktiviert ist. Dieser wirkt sich nur auf die Hi-Hat aus, nicht auf die anderen Drumsounds. Deaktivieren Sie den DELAY DESIGNER, um den Soundunterschied zu hören. Delays eignen sich unter anderem gut, um zusätzliche rhythmische Komponenten mit Hilfe eines Effekts einzubauen.

2.5.9 Der Mixer (2): Übersicht und Anzeigemodi

Logics Mixer bietet nicht nur große Flexibilität, sondern auch verschiedene Mixer-Ansichten an, damit es bei komplexen Konfigurationen nicht unübersichtlich wird. Diese heißen:

- EINZELN
- SPUREN
- ALLE

Selektieren Sie Spur 1 im Dokument *Schnellkurs18*, und klicken Sie im Mixer auf den Button EINZELN. Der Mixer zeigt nun sämtliche Aux-Kanäle an, die mit der selektierten Spur in Verbindung stehen bzw. durch die noch der Sound fließt. Das ist quasi eine konsequente Fortführung der zwei Spuren, die Sie im Informationsbereich sehen – diesmal ist die Anzeige nicht auf zwei Spuren limitiert,

Abbildung 2.68 In der »Einzeln«-Ansicht zeigt der Mixer alle Spuren, die den Sound der gewählten Spur betreffen.

Wechseln Sie nun in die Ansicht SPUREN. Nun macht es einen Unterschied, ob ihre Spurstapel-Spur 1 ausgeklappt ist oder nicht, denn der Mixer zeigt nun alle im Spurenbereich sichtbaren Spuren an.

In der Ansicht ALLE dagegen sehen Sie alle im Logic-Projekt verwendeten Spuren inklusive aller Aux-Kanäle, egal, ob diese im Spurenbereich sichtbar sind oder nicht.

2.5.10 MIDI-FX-Plug-Ins einbinden

Im Dokument *Schnellkurs19* habe ich eine weitere Spur eingebaut, die ein Software-Instrument spielt, das den MIDI-Effekt »Arpeggiator« benutzt.

MIDI-Effekte können Sie weit oben im Kanalzug, noch über dem Instrumenten-Slot, wählen. Im Mixer ist der passende Slot links mit MIDI-FX gekennzeichnet. Das ist von Grafik und Signalfluss her logisch, denn die beim Instrument ankommenden MIDI-Noten, die Sie spielen, werden zuerst vom MIDI-Effekt bearbeitet, bevor sie beim Instrument landen.

Sie können verschiedene MIDI-Effekte laden, die ebenfalls eigene Presets besitzen. Ein Arpeggiator wandelt beispielsweise gespielte Noten und Akkorde in rhythmische Sequenzen mit schnell gespielten Einzeltönen (unter Verwendung derselben Noten) um. Der Arpeggiator von Logic Pro X macht das übrigens auch, wenn die Wiedergabe ansonsten angehalten ist. In Abschnitt 13.1.1 finden Sie eine sehr ausführliche Anleitung für Logics Arpeggiator-MIDI-Effekt und andere MIDI-FX (in den darauffolgenden Abschnitten). Es gibt auch interessante MIDI-FX von Drittherstellern, z. B. Step-Sequencer. MIDI-Effekte können natürlich ebenfalls Bestandteil von Patches sein.

Im Dokument *Schnellkurs19* habe ich einen sehr kurzen Basis-Sound des neuen »Retro Synth«-Plug-Ins von Logic benutzt, der automatisch beim Öffnen des »Retro Synth«-Plug-Ins eingestellt ist. Solche kurzen Synth-Sounds eignen sich besonders gut für schnelle Arpeggios. Zusätzlich habe ich einen Delay- und einen Hall-Effekt eingefügt.

Die Noten habe ich nur einmal eingespielt und in den Regionen unterschiedlich bearbeitet.

Die späteren Regionen ab Takt 33 spielt nur noch eine Note auf der Zählzeit 1. Die beiden Regionen auf Takt 17 und 25 sind um 12 Halbtöne transponiert (was Sie in den Einstellungen des Informationsfensters REGION sehen) und spielen deshalb höher.

2.5.11 Erste Mix-Automationen einbauen

In der Hi-Hat-Spur des Patches *Boutique 808* (entspricht Spur 4, falls Sie die Track-Stack-Spur in Track 1 ausgeklappt haben) ist ein Send zu Bus 2 eingestellt, der aber noch komplett heruntergedreht ist. Wenn Sie diesen SEND-Regler mit der Maus aufdrehen, bekommt die Hi-Hat zusätzlichen Hall. Das liegt daran, dass in Bus 2 (genauer: einem Aux-Kanal mit eingestelltem Bus 2 als Input) ein Hall geladen ist.

Ein solcher Hall auf der Hi-Hat lässt sich wunderbar als dynamische Komponente in die Drums einbauen, um diese lebendiger und interessanter zu machen. Grundsätzlich können Sie an jedem Effekt-, Instrumenten- oder Lautstärkeregler drehen und diese Bewegungen in Logic aufzeichnen. Das nennt man *Automation*.

In welchem Automationsmodus sich eine Spur befindet, stellen Sie in ihrem unteren Bereich ein, wo als Standard READ vorgegeben ist. Genau wie die Effekt-Slots oder Bus-Sends lässt sich der Automationsmodus mit einem Power-Button links ein- und ausschalten, wenn Sie mit der Maus über das Feld gehen.

Schalten Sie nun den Automationsmodus ein, und stellen Sie außerdem Latch statt Read ein, indem Sie das Feld links anklicken und den entsprechenden Eintrag aus dem Flip-Menü auswählen (siehe Abbildung 2.69 und Abbildung 2.70).

Abbildung 2.69 Hier wählen Sie den Automationsmodus aus.

Abbildung 2.70 Im Bild ist »Latch« als Automationsmodus eingestellt, um Reglerbewegungen aller Art aufzunehmen. Vergessen Sie nicht, diesen nach erfolgter Automationsaufzeichnung wieder auf »Read« zu stellen.

Vergessen Sie nicht, den Automationsmodus nach erfolgter Automationsaufzeichnung wieder zurück auf Read zu stellen. Ansonsten passiert es schnell, dass Sie an Reglern drehen und das versehentlich als Automation aufzeichnen.

Voreingestellt arbeiten wir gerade mit spurbezogener Automation. Es gibt auch noch regionsbezogene Automation (seit Logic 10.1), die sich leichter verschieben oder loopen und teilweise etwas anders editieren lässt (siehe Kapitel 16.)

Im Dokument *Schnellkurs20* habe ich eine Automation eingebaut. Hören Sie sich die Soundveränderung an – die Hi-Hat bringt nun so etwas wie eine zusätzliche Steigerung oder einen Spannungsaufbau in die simplen Beats hinein.

Sie können die Automation auch im Spurenbereich mit Hilfe eines Klicks auf den entsprechenden Button im Hauptfenster (siehe Abbildung 2.71) oder mit dem Shortcut [A] sichtbar machen. Erneutes Drücken von [A] blendet die Automationsansicht anschließend wieder aus. Außerdem zeigt der gelb leuchtende Automationsbutton in der Hi-Hat-Spur an, dass diese Spur für Automation aktiviert wurde.

Abbildung 2.71 Button zum Einblenden der Automationsansicht rechts neben dem »Ansicht«-Menü

In der Hi-Hat-Spur können Sie in der Automationsansicht in einem weiteren Flip-Menü aussuchen, welchen Parameter Sie gerade angezeigt bekommen (Abbildung 2.72 und Abbildung 2.73). Die Parameter sind dabei sortiert. Send 1 gehört zur Main-Gruppe der Parameter. Gehen Sie in ein anderes Menü (z. B. Delay D für »Delay Designer«), dann sehen Sie die

Parameter des entsprechenden Effekts und können auch selbst eine Automation einzeichnen (z. B. mit dem Stift-Tool). Mehr zum Thema Automation und alternative Aufzeichnungsmethoden lesen Sie in Abschnitt 16.1.

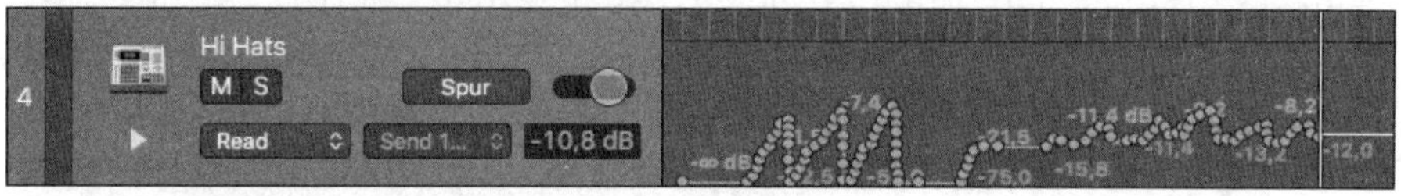

Abbildung 2.72 Spur mit angezeigter Send-Automation

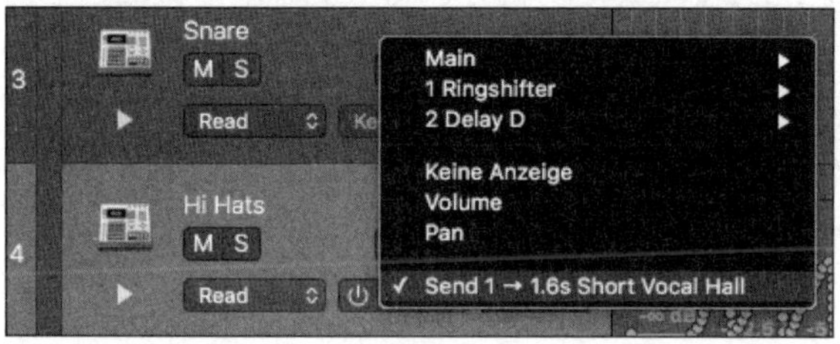

Abbildung 2.73 Das Flip-Menü zur Auswahl des Parameters, der angezeigt werden soll

2.5.12 Smart Controls kennenlernen, mehrere Mix-Automationen für ein Instrument einbauen

Viele Logic-Sounds bzw. -Patches sind so programmiert, dass Ihnen mit Hilfe von sogenannten *Smart Controls* schnell die wichtigsten Klangparameter zur Verfügung stehen. Auch bei nicht vorkonfigurierten Sounds mappt Logic automatisch die wichtigsten Parameter auf Smart Controls, die eigentlich nur leicht erreichbare Fernsteuerungen anderer Parameter darstellen. Die *Smart Controls* entsprechen dem, was Sie auch in GarageBand an (vereinfachten) Zugriffsmöglichkeiten auf Effekte und Instrumente finden. Das verschaffte Logic X anfangs zu Unrecht das Image einer großen Garage-Band-Version. Da *Smart Controls* auch mehrere Parameter gleichzeitig und skaliert ansteuern können, dienen sie nicht nur der Vereinfachung, sondern sind auch ein komplexes Profi-Tool. Alle Details zu Smart Controls lesen Sie in Abschnitt 16.2, Anleitungen zum Editieren und Designen von Sounds finden Sie in Kapitel 11.

Klicken Sie oben im Hauptfenster auf den SMART CONTROLS-Button, oder benutzen Sie den Shortcut [B], um die Smart Controls des selektierten Sounds »Tech Bass« unten im Hauptfenster ein- und auszublenden. Alternativ doppelklicken Sie auf das Symbol einer Spur oder öffnen ein eigenständiges Fenster unter FENSTER • SMART CONTROLS ÖFFNEN.

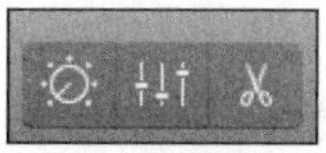

Abbildung 2.74 Der Button in der Steuerungsleiste des Hauptfensters zum Öffnen der Ansicht »Smart Controls« links

Spielen Sie den Song nun ab, und bewegen Sie dabei einige der Smart Controls. Diese können mit verschiedenen AUDIO FX-Slots oder Bus-Sends verbunden sein. Welche das sind, sehen Sie, wenn Sie den Informationsansicht-Button im Smart-Controls-Bereich links oben wie in Abbildung 2.75 anklicken, um den Informationsbereich für die Smart Controls einzublenden.

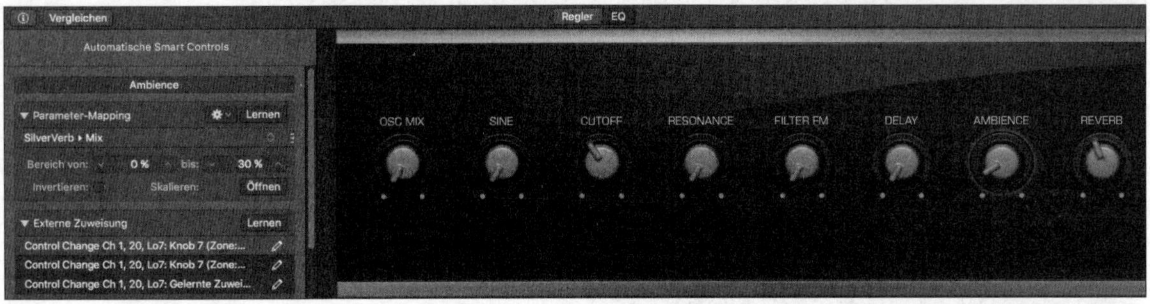

Abbildung 2.75 Der im Bild selektierte »Ambience«-Drehregler der Smart Controls regelt das Mixverhältnis dry/wet im Plug-In »SilverVerb«.

Sie können auch Bewegungen von Smart Controls als Automation aufzeichnen. Im Dokument *Schnellkurs21* habe ich das gemacht. Indem ich den CUTOFF-Regler zwischendurch (im Bereich von Takt 33 bis Takt 45) auf- und danach wieder zugedreht habe, habe ich die Dramatik der Bassline gesteigert und später wieder beruhigt. Im Spurmenü zur Auswahl der sichtbaren Automationsparameter der TECH BASS-Spur sehen Sie den Eintrag SMART CONTROLS. Der Bindestrich links von dem Eintrag zeigt an, dass der aktuell sichtbare Parameter CUTOFF aus der Kategorie SMART CONTROLS stammt. Analog dazu habe ich auch die Automation der Hi-Hat angepasst, damit diese ebenfalls bei Takt 45 eine Art Höhepunkt hat, bevor beide Sounds sich wieder »beruhigen«.

Für nachfolgende Dokumente habe ich durch einfachen Klick auf die Line der Automationskurve bei Takt 9 und Takt 25 einen Automationspunkt erstellt, der dafür sorgt, dass der Regler an diesen Positionen auch ganz sicher den gewünschten Wert annimmt (siehe Abbildung 2.77).

Übrigens: Bewegungen von Smart Controls können auch als »Regionsautomation« aufgezeichnet werden, wenn Logic sich im Aufnahmemodus befindet. So kann die Automation leichter mit der Region verschoben werden. Das funktioniert besonders gut bei MIDI-Spuren. Mehr hierzu in Abschnitt 16.2.

2.5.13 Eine Gitarre aufnehmen, stimmen und mit automatisierten Effekten versehen

Nun habe ich eine weitere Spur erzeugt, die Kategorie AUDIO • GUITAR & BASS ausgesucht und einen Gitarrenakkord aufgenommen. Die Auswahl der Kategorie GUITAR & BASS für die Audiospur bedeutet, dass Logic ein Patch für die Audiospur lädt, das Effekteinstellungen besitzt, die zu Gitarren oder Bass-Sounds passen. Übrigens: Wenn Sie eine Gitarre aufnehmen, können Sie sie zuvor auch mit Logics »Tuner«-Plug-In stimmen (Abbildung 2.76, im Effekt-Plug-In-Menü finden Sie es unter der Kategorie METERING).

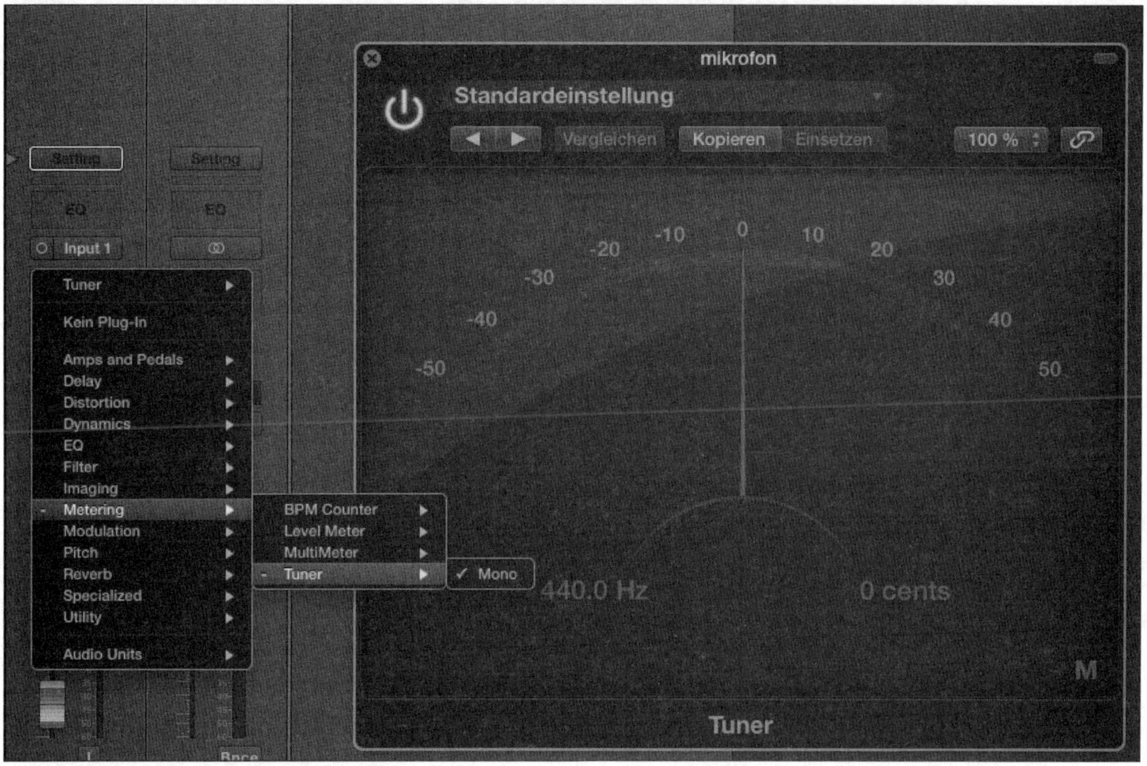

Abbildung 2.76 Gitarrentuner in Logic

Sie können den Tuner aber auch über einen Button mit Stimmgabel in der Steuerungsleiste öffnen, falls Sie diese zuvor entsprechend konfiguriert und eine Audiospur selektiert haben.

Öffnen Sie Dokument *Schnellkurs22*. Meine harmlose Akustikgitarre läuft hier durch ein Patch namens *Seventies Rock* und klingt anschließend wie eine E-Gitarre. Logic besitzt jede Menge Gitarren- und Basseffekte mit authentischem Sound und cooler Optik (was Sie z. B. sehen, wenn Sie das »Pedalboard«-Plug-In im Kanalzug öffnen). Ich habe allerdings noch ein zusätzliches Tape Delay in den Kanalzug eingefügt. Der Gitarrenakkord spielt genau zwei Mal. Beim zweiten Mal habe ich Automationen für mehrere Smart Controls gleichzeitig aufgenommen, was sich in der Spurenansicht ebenfalls darstellen lässt, indem Sie das kleine Dreieck neben dem Eintrag READ in der Spur wie in Abbildung 2.77 aufklappen.

Die Smart Controls sehen in der Gitarrenspur ganz anders aus als in der TECH BASS-Spur. Das liegt daran, dass sich im Informationsbereich oben verschiedene Layouts auswählen lassen (zu sehen in Abbildung 2.75, wo aktuell steht: AUTOMATISCHE SMART CONTROLS). Es stehen noch viele andere Layouts zur Verfügung. Auch verwendete EQs lassen sich in der Smart-Controls-Ansicht anzeigen.

Abbildung 2.77 Im Bild sind mehrere Automationen gleichzeitig für die Gitarrenaufnahme zu sehen.

Es steckt also jede Menge Programmierarbeit von Soundtüftlern in Patches – egal, ob es sich um Patches für Audiospuren, Instrumente, Aux-Kanäle oder Output-Kanäle handelt. Natürlich können Sie auch selbst Patches erstellen, editieren und speichern.

2.5.14 Logics »Drummer« benutzen

Ein besonderes Feature in Logic Pro X ist der »Drummer«, der zumindest halbautomatisch Schlagzeugbegleitungen für Sie erstellen kann (Details in Kapitel 11).

Erzeugen Sie eine neue »Drummer«-Spur. Dabei öffnet sich ein Patch mit einem Drumkit und Effekten. Außerdem wird im Spurbereich automatisch mindestens eine gelbliche »Drummer«-Region erzeugt. Im unteren Bereich des Hauptfensters öffnet sich spätestens nach einem Doppelklick auf eine Region ein »Drummer«-Bereich bzw. ein DRUMMER-EDITOR, in der BIBLIOTHEK sehen Sie eine Auswahl an Drummern verschiedener Genres und Subgenres, die als zusätzliche Inhalte installiert sein müssen. Als Erstes installiert wurde übrigens der Rockdrummer »Kyle«.

Öffnen Sie nun das Dokument *Schnellkurs23*. Hier habe ich eine »Drummer«-Spur erzeugt und editiert (Abbildung 2.78).

Abbildung 2.78 Eine »Drummer«-Spur mit eingeblendetem Rockdrummer »Kyle« unten

Für jede Region lassen sich im »Drummer« unten intuitiv Parameter einstellen. Nach Änderungen verändert sich automatisch die zugehörige »Drummer«-Region. Neue Regionen erstellen Sie per Copy & Paste oder indem Sie mit der Maus über das Regionsende gehen und den auftauchenden +-Button klicken.

Probieren Sie kleine Edits für Drum-Regionen aus. Sie können spätestens nach einem Doppelklick unten im DRUMMER-EDITOR einen gelben Punkt in einem X/Y-Quadrat einfügen, um das Schlagzeugspiel innerhalb zweier Gegenpole (einfach versus komplex, leise versus laut) vage zu positionieren. Außerdem können Sie im DRUMMER-EDITOR links vom X/Y-Pad diverse Stile und rechts davon Art und Intensität der Verwendung der einzelnen Schlagzeugkomponenten wählen. In der BIBLIOTHEK wählen Sie einen Drummer und sein Genre aus, darunter das Schlagzeug.

Wenn Ihnen dieser Apple-typisch intuitive, aber keine präzisen Angaben erlaubende Dialog mit Ihrem »Drummer« nicht ausreicht, können Sie »Drummer«-Regionen jederzeit mit der rechten Maustaste anklicken und über das aufspringende Menü und den Eintrag KONVERTIEREN • IN MIDI-REGION KONVERTIEREN in eine normale MIDI-Region umwandeln, die Sie manuell editieren können. Das kann auch nur für einzelne Regionen geschehen, während andere im »Drummer«-Modus bleiben. Allerdings können Sie auf eine »Drummer«-Spur nicht per MIDI-Noten aufnehmen, ein RECORD-Button fehlt. Andererseits können Sie natürlich auch die Drumsounds im Kanalzug durch Anwählen eines neuen Patches verändern.

Die in *Schnellkurs24* neu erstellte MIDI-Region habe ich anschließend editiert. Zwei Schläge bei Takt 45 holperten etwas. Ich habe sie selektiert und mit dem Shortcut `ctrl` + `M` unabhängig vom Rest stumm geschaltet und mit dem Bleistift eine weitere Beckennote eingefügt (siehe *Schnellkurs25).*

2.5.15 Grooves/Quantisierungen von Schlagzeugspuren für mehrere Regionen gleichzeitig anpassen

Logic besitzt verschiedene Optionen, Grooves von Schlagzeugspuren aneinander anzupassen. Damit sind die Situationen gemeint, in denen das Feeling verschiedener Schlagzeugspuren zwar grob passt (d. h. vom Gesamttempo her), aber nicht im Detail (also zum Beispiel bezüglich der Zwischenschläge innerhalb eines Taktes, die in verschiedenen Spuren leicht versetzt voneinander vorkommen können).

Logic erlaubt es, den Groove von Spuren oder Regionen an das Feeling einer bestimmten Region anzupassen, was Sie in Abschnitt 9.2.2, »Groove-Tracks«, nachlesen können.

Für den Anfang empfiehlt es sich, eventuell störende Ungenauigkeiten zu beseitigen, indem Sie alle Regionen mit der gleichen Einstellung im Informationsfenster REGION quantisieren ($^1/_{16}$- oder $^1/_8$-Note sind z. B. gängige Quantisierungen, $^1/_8$-Swing-D-Beat ist eine alternative Swing-Beat-Quantisierung, deren Wirkung man in der Regel deutlich hören kann).

- Selektieren Sie hierzu alle Regionen, die Sie quantisieren wollen, indem Sie sie mit gedrückter `⇧`-Taste anklicken oder indem Sie mit gedrückter Maustaste einen Selektionsbereich mit der Maus aufziehen. Möglicherweise zeigt die Einstellung QUANTISIERUNG im Informationsfenster REGION anschließend ein Sternchen. Das zeigt an, dass Sie Regionen selektiert haben, für die bislang unterschiedliche Einstellungen gelten (Abbildung 2.79).

Abbildung 2.79 Mehrere Regionen mit verschiedenen Quantisierungseinstellungen sind selektiert.

- Indem Sie eine neue Einstellung wählen, vereinheitlichen Sie sie für alle Regionen.

Aber auch hierbei sind einige Dinge zu beachten. So kann die »Drummer«-Spur erst dann quantisiert werden, wenn die Regionen wie oben gezeigt in MIDI-Regionen umgewandelt wurden.

Audioregionen (z. B. die Region ARMAMENT GROOVE) können ebenfalls quantisiert werden, wenn ein Flex-Mode für die Spur und die Region aktiviert wurde (bevorzugter Flex-Mode für Schlagzeug ist übrigens RHYTHMISCH).

Ich demonstriere Ihnen das an einem Beispiel: Öffnen Sie dazu das Dokument *Schnellkurs24b*. Hier habe ich allen relevanten Regionen – inklusive des Basses – einen Swing-Beat-Groove verpasst (ohne die Edits von Schnellkurs 25). Zwischen Takt 17 und 21 habe ich mich allerdings zurückgehalten, denn da passte das Ganze nicht so richtig. Der Versuch, das Audiofile *Armament Beat* in einen Swing-Beat zu verwandeln, klang nicht überzeugend, daher habe ich zudem das »Drummer«-Schlagzeug aus diesem Taktbereich entfernt.

In den folgenden Beispielen arbeite ich aber ohne die Swing-Beat-Quantisierung weiter.

2.5.16 Externe MIDI-Klangquelle ansteuern, das Informationsfenster »Spur«

Wenn Sie einen externen Klangerzeuger benutzen, wird der Klang außerhalb von Logic erzeugt. Logic sendet MIDI-Steuerdaten zum externen Klangerzeuger. Erzeugen Sie eine neue externe MIDI-Spur im Menü SPUR • NEUE EXTERNE MIDI-SPUR (alt + cmd + X). Das Informationsfenster SPUR einer externen MIDI-Spur sieht etwas anders aus als das einer Software-Instrument-Spur. Sie können dort den MIDI-PORT einstellen – in Abbildung 2.80 als PORT 1 sichtbar (physischer Ausgang Ihres MIDI-Interface, über den Ihr Klangerzeuger angesteuert wird, hiermit kann auch der USB-MIDI-Port eines Synths gemeint sein). Ein Klick auf den entsprechenden Eintrag (UNITOR8AMT8 PORT 1 in Abbildung 2.80) erlaubt das Auswählen eines (anderen) Zielports; im Flip-Menü werden sämtliche angeschlossenen MIDI-Interfaces oder -Instrumente aufgelistet. Darunter können Sie auch einen MIDI-Kanal einstellen. Mit einem externen MIDI-Instrument kann übrigens auch ein via Rewire oder IAC-Bus angesteuertes Instrument einer anderen Software im gleichen Rechner gemeint sein (siehe Kapitel 19)

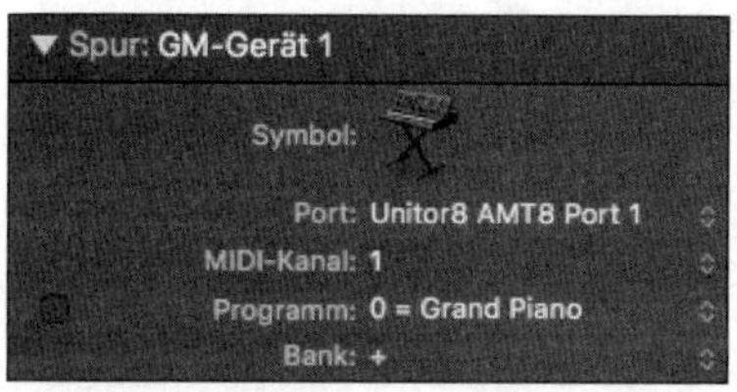

Abbildung 2.80 Hier stellen Sie Port und Kanal im Informationsfenster »Spur« ein.

Öffnen Sie probeweise das Dokument *Schnellkurs26*. Vermutlich fragt Logic Sie beim Öffnen, wo das MIDI-Interface für die erzeugte Spur ist, weil es das von mir konfigurierte MIDI-Interface sucht. Ein solcher Dialog wird immer dann erscheinen, wenn Sie eine Zuordnung von MIDI-Interfaces in einem Projekt vorgenommen haben und dieses dann auf einem anderen Arbeitsplatz öffnen, wo dieses MIDI-Interface nicht vorhanden ist. Klicken Sie auf NICHT ZUORDNEN. Der Port wird dann auf Aus gestellt, das können Sie natürlich danach wieder ändern.

Weil Konfigurationen außerhalb von Logic bei jedem von Ihnen unterschiedlich sind, machen wir nun wieder ohne externen Klangerzeuger weiter.

2.5.17 Song arrangieren, globale Spuren und Arrangement Marker

Das Arrangieren eines Songs ist eine Kunst, die Sie bei der laufenden Arbeit mit Logic immer besser lernen. Wir haben in diesem Schnellkurs bereits Regionen verschoben, kopiert, ihre Länge geändert oder sie gelöscht. Genau diese Techniken wenden Sie auch beim Arrangieren an und werden sie durch Learning by Doing immer besser beherrschen. Einige weitere stelle ich Ihnen hier kurz vor.

Regionen stumm schalten/Mute

Sie können eine Region stumm schalten, falls Sie nicht ganz sicher sind, ob Sie sie verwenden möchten (regionenbezogenes Muting). Verwenden Sie hierfür bei selektierter Region den Shortcut `ctrl` + `M`. Anschließend sehen Sie die Region blasser eingefärbt und mit einem Punkt vor dem Regionsnamen (siehe Abbildung 2.81).

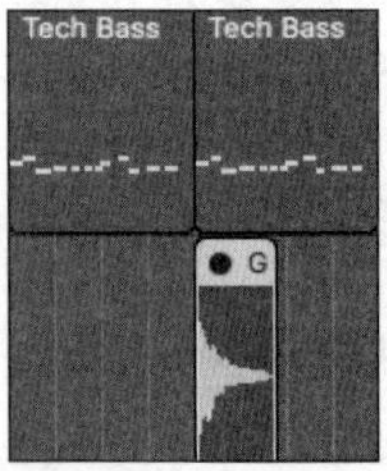

Abbildung 2.81 Die Region unten im Bild ist stumm geschaltet.

Öffnen Sie das Dokument *Schnellkurs27*. Dort habe ich beispielsweise den ersten Gitarrenakkord auf Takt 13 wie in Abbildung 2.81 stumm geschaltet, ohne ihn zu löschen.

Regionen beschriften

Wählen Sie das Textwerkzeug als primäres oder sekundäres Werkzeug aus. Klicken Sie auf eine Region, um sie zu beschriften.

Globale Spuren und Arrangement Marker

Logic besitzt sogenannte *globale Spuren*. Diese können unter anderem das Tempo und die Tonart steuern sowie Filme, Marker und Arrangement Marker verwalten.

Im Menü SPUREN können Sie alle globalen Spuren auf einmal einblenden lassen bzw. zuvor konfigurieren oder auch einzelne Spuren ein- und ausblenden.

Besonders wichtig ist natürlich die *Tempospur*, in der wechselndes Tempo realisiert werden kann (siehe Kapitel 9)

In Logic Pro X wurde die *Arrangement-Marker-Spur* eingeführt. Arrangement-Marker (die mit der +-Taste neben dem Eintrag erzeugt werden) können Sie einfach verschieben, und das zugehörige Musikmaterial darunter verschiebt sich automatisch mit. Solche Arrangement Marker kommen auch in GarageBand für iOS als 8-taktige Songabschnitte vor, so dass Sie musikalische Ideen strukturiert auf iPhone oder iPad anlegen und später in Logic weiterbearbeiten können (mehr hierzu in Kapitel 10). Im Dokument *Schnellkurs27b* habe ich solche Arrangement Marker erzeugt. Laden Sie die Datei, probieren Sie Arrangement Marker aus, und versuchen Sie probeweise, Bereiche zu verschieben (oder zu kopieren).

Abbildung 2.82 Das Menü zum Ein- und Ausblenden globaler Spuren

Es gibt aber auch »normale« Marker in Logic, die Sie in der globalen Marker-Spur auf ähnliche Weise erzeugen können. Diese helfen Ihnen, schnell verschiedene Bereiche des Songs zu erkennen und dorthin zu navigieren. Sowohl normale Marker als auch Arrangement Marker können Sie mit Hilfe der Farbpalette einfärben.

Im Dokument *Schnellkurs27c* finden Sie normale Marker. Öffnen Sie es. Mit den Shortcuts `alt` + `,` oder `.` können Sie nun schnell zum vorherigen oder nächsten Marker springen.

2.5.18 Einen Song abmischen

Für das Abmischen eines Songs gibt es viele Methoden und Philosophien. Hierbei viele Vorschriften zu machen, ist schwer. Andererseits gibt es einige Grundregeln. So versucht man meistens, Sounds in drei Sounddimensionen zu positionieren, um die Sounds etwas voneinander abzuheben. Denn ein Mix, in dem alle Sounds gleich präsent sind, ist oft ähnlich langweilig wie Portraitfotos, deren Hintergrund genauso scharf wie das fotografierte Antlitz ist. Die drei Sounddimensionen lassen sich wie folgt beschreiben:

- räumliche Ebene: vorn und hinten
- horizontale Ebene: links, mittig und rechts im Stereobild
- vertikale Ebene: oberer, mittlerer und tiefer Frequenzbereich

Zusätzlich kann das Spiel mit Kontrasten aus trockenen, uneffektierten Sounds und halligen, effektierten Sounds für einen interessanten Mix mit »Tiefe« sorgen (mehr in Abschnitt 17.1).

Im Folgenden einige Tipps für eine schnelle Abmischung:

Spuren anordnen

Sie können Spuren so verschieben, dass z. B. oben alle Schlagzeugspuren, darunter die Bässe, darunter die Sounds und darunter die Vocals liegen. Das habe ich im Dokument *Schnellkurs28* gemacht. Auf diese Weise finden Sie sich besser zurecht, falls Sie das Projekt eines

Kollegen mixen – oder ein eigenes, das Sie vor längerer Zeit angefangen und nicht beendet haben.

Zum Verschieben einer Spur fassen Sie sie durch Klick mit gehaltener Maustaste an ihrem Namen an und verschieben sie nach oben oder unten. Im Mixer lassen sich die Spuren dagegen nicht verschieben.

Lautstärke regeln

Bevor Sie Effekte einsetzen, oder wenn Sie generell wenig Zeit haben, sollten Sie immer zuerst versuchen, eine gute Mischung der Elemente Ihres Songs durch einfache Regelung derer Lautstärken zu realisieren.

Solo und Mute

Mit den Shortcuts [M] (für »mute«) oder [S] (für »solo«) oder Klick auf die entsprechenden Buttons in der Spur bzw. im sogenannten *Spur-Header* können Sie schnell den Inhalt bestimmter Spuren allein hören oder stumm schalten. Abgesehen von diesen spurenbezogenen Funktionen gibt es alternativ regionenbezogene Solo- und Mute-Funktionen, die Sie mit [ctrl] + [M] bzw. [ctrl] + [S] auslösen.

Spuren einpacken

Nun können Sie mehrere Spuren selektieren (mit gehaltener [⇧]- oder gehaltener [cmd]-Taste) und sie anschließend über den Befehl SPUR • SPURSTAPEL ERZEUGEN in einen Track-Stack-Ordner packen, um mehr Übersichtlichkeit in Ihrem Arrangement zu haben. Im Dokument *Schnellkurs28b* habe ich alle Drum-Spuren in einen Spurstapel/Ordnerstapel gewandelt. Sie erinnern sich vielleicht, dass Sie bei der Erzeugung eines Spurstapels zwischen den Optionen ORDNERSTAPEL und SUMMENSTAPEL wählen konnten. Dieser Spurstapel wurde als Ordnerstapel angelegt. Das bedeutet, dass kein Bus-Routing für die Spuren vorgenommen wurde. Stattdessen findet sich nun eine Art Master-Hilfskanalzug mit Lautstärkeregler in der obersten Spur des Dokuments *Schnellkurs28b*, mit dem man immerhin die Lautstärke aller Drum-Spuren schnell auf einmal regeln kann. Bei den folgenden Beispielen mache ich allerdings ohne diesen Ordnerstapel weiter.

Strukturiertes Summen-Bus-Routing

Bei Projekten mit vielen Spuren ist es nicht nur sinnvoll, die Sounds verschiedener Soundkategorien in eigene Summen-Bus-Aux-Kanäle zu routen. Sie müssen auch beachten, dass z. B. auch all jene Aux-Kanäle auf eine hier DRUMSUMME genannte Aux-Spur geroutet werden, die Effektgeräte beherbergen, die über Send-Routings Sound von Schlagzeugspuren geschickt bekommen. Logic erstellt solche Aux-Spuren ohne Ihr Zutun automatisch. Sie sollten dafür sorgen, am Ende der Signalkette (aber noch vor dem Master) wirklich alle Drumsounds auf einer Spur zu haben, um diese bouncen, solo hören oder muten zu können. Sie möchten diese ja beispielsweise nicht stumm schalten und trotzdem noch irgendwelche Schlagzeughallreste zu hören bekommen.

Betrachten Sie Abbildung 2.83, oder öffnen Sie das Dokument *Schnellkurs28c* mit bereits sortierten Drum-Spuren und eingestelltem Bus-Routing. Alle Spuren links von der Spur TECH BASS sind Schlagzeugspuren. Die Spuren SNARE, HI HATS, PERCUSSION, BASS HITS und SOCAL haben Sends zu den Bussen 2 und 5 eingestellt. Also müssen die Aux-Kanäle weiter rechts mit Bus 2 bzw. Bus 5 als Input ebenfalls in die DRUMSUMME (im Bild der Aux-Kanal ganz rechts mit Bus 7 als Input/im Bild steht B 7) geroutet werden. Der in der Spur TECH BASS eingestellte Send zu Bus 3 betrifft dagegen die Schlagzeugsumme nicht, es handelt sich um die Bass-Spur. Auch für die Unterspuren der Track-Stack-Spur BOUTIQUE 808 (KICK, SNARE …) kann Bus 1 als Output eingestellt bleiben, denn die Track-Stack-Spur leitet nun mit Bus 1 als Eingang ja alles auf Bus 7 weiter!

Ferner ist es durch Rechtsklick auf den DRUMSUMME-Aux-Kanal und Auswahl des Eintrags SPUR ERZEUGEN ([ctrl] + [T] bei selektierter Spur) möglich, die DRUMSUMME-Spur auch im Spurenfenster sichtbar zu machen.

Abbildung 2.83 Sämtliche Spuren mit Schlagzeug landen dank eines eingestellten Bus 7 im Output im Aux-Kanal »Drumsumme« ganz rechts, dessen Input auf Bus 7 steht.

Öffnen Sie das Dokument *Schnellkurs29*. Der DRUMSUMME-Aux-Kanal ist als Spur im Spurenbereich sichtbar.

Equalizer und Compressor

Zusätzlich habe ich nun die Effekte *Equalizer* und *Compressor* eingesetzt, die zu den wichtigsten Effekten gehören.

Beim *Equalizer* ist eine Automation eingebaut, die am Anfang Bass herausdreht und langsam hereinkommen lässt. Mit dem *Equalizer* können Sie Bässe, Mitten oder Höhen dämpfen/wegfiltern oder anheben, um den Gesamtsound einzelner Spuren zu verändern, wobei Logics *Equalizer* sehr präzise Einstellmöglichkeiten erlaubt. Es empfiehlt sich, bei allen Sounds, die nicht Bass spielen sollen, auch Bass wegzufiltern. Wie Sie sehen, macht der *Equalizer* auch als Tool für Effektverläufe eine gute Figur.

Der *Compressor* sorgt grob gesagt dafür, dass die lautesten Stellen nicht ganz so viel lauter sind als die leisen Stellen. Mit anderen Worten: Der Dynamikumfang wird geringer. Er sorgt in unserem Beispiel dafür, dass die Drumsounds ein wenig mehr *verschmelzen* und subtil rhythmisch pumpen.

Die Bedienung der beiden Effekte erkläre ich Ihnen in den Abschnitten über den »Channel EQ« (Abschnitt 15.2) und den Compressor (Abschnitt 15.3.1) genauer.

2.5.19 Limiter und Pre-Mastering

Wenn Sie in einer Abhörsituation abmischen, die keine neutrale Wiedergabe der Frequenzen gewährleistet (was fast immer der Fall ist), kann es sein, dass Sie bestimmte Frequenzen zu sehr betonen, weil Sie diese zu wenig hören. Wenn Sie den Track dann woanders anhören, wird Ihnen das eventuell auffallen.

Achten Sie dennoch zunächst vor allem darauf, dass die Relationen der Sounds zueinander stimmen, denn den Gesamtklang des Mixes können Sie nachträglich noch ändern. Es gibt Mastering-Spezialisten, die Ihnen hierbei helfen können.

Sie können aber auch selbst den Gesamtklang des Songs verändern, indem Sie einen *Equalizer* in den Master-Output einfügen oder einen *Limiter* nutzen. Ein *Brickwall-Limiter* kann die Lautstärke zu lauter Signale oberhalb eines Grenzwertes so abschneiden, dass der eingestellte Grenzwert überhaupt nicht mehr überschritten werden kann. Das ist sinnvoll, wenn Sie ein Projekt als Audiofile exportieren und keine digitalen Verzerrungen wünschen, die vorkommen können, wenn der Pegel Ihres Audiofiles bereits über die 0-dB-Marke im Master-Output hinausgeht, oder wenn Ihr Song noch relativ leise ist und Sie ihn insgesamt lauter machen möchten. Dann können Sie den Eingangspegel Ihres Limiters erhöhen. Egal, wie laut Sie das Signal machen, das in einen Brickwall-Limiter hineingeht – mehr als 0 dB werden nicht herauskommen.

Öffnen Sie *Schnellkurs29b*. Dort habe ich das Plug-In »Adaptive Limiter« (mit *Brickwall-Limiter*-Funktionalität) aus dem Bereich DYNAMICS in einen Audio-Effektslot des Master-Outputs geladen, durch den alle Signale laufen. Anschließend habe ich das in den *Limiter* gehende Signal sowohl via INPUT SCALE als auch über den GAIN-Regler lauter gemacht. Sie hören, dass der Song deutlich lauter geworden ist. Irgendwann wird es aber immer schlecht und unsauber klingen, wenn Sie das Signal zu laut in den *Limiter* schicken oder es dort zu laut aufdrehen. Probieren Sie selbst aus, wie stark Sie den GAIN-Regler hochdrehen können, bevor alles anfängt, deutlich schlechter zu klingen.

Sie finden in Abschnitt 18.3, »Mastering«, Erläuterungen zum Thema Mastering. Details zu Logics *Limitern* lesen Sie in Abschnitt 15.3.8.

2.5.20 Logic-Projekt als Audiotrack exportieren/bouncen und speichern

Nun wollen wir aus dem Projekt ein Audiofile erzeugen, das Sie auf CD brennen oder z. B. in iTunes abspielen können. Das nennt man *bouncen*. Reguläres Bouncen bedeutet, dass Sie (fast) genau das als Audiofile bekommen, was Sie (in Logic) hören. Wenn Sie also eine Spur auf Solo stellen und anschließend bouncen, so enthält Ihr Audiofile nur den Sound der solo gestellten Spur.

Sie finden die Funktion im Menü ABLAGE • BOUNCEN • PROJEKT ODER ABSCHNITT oder rufen den entsprechenden Dialog mit dem Shortcut `cmd` + `B` auf. Es öffnet sich der Dialog aus Abbildung 2.84.

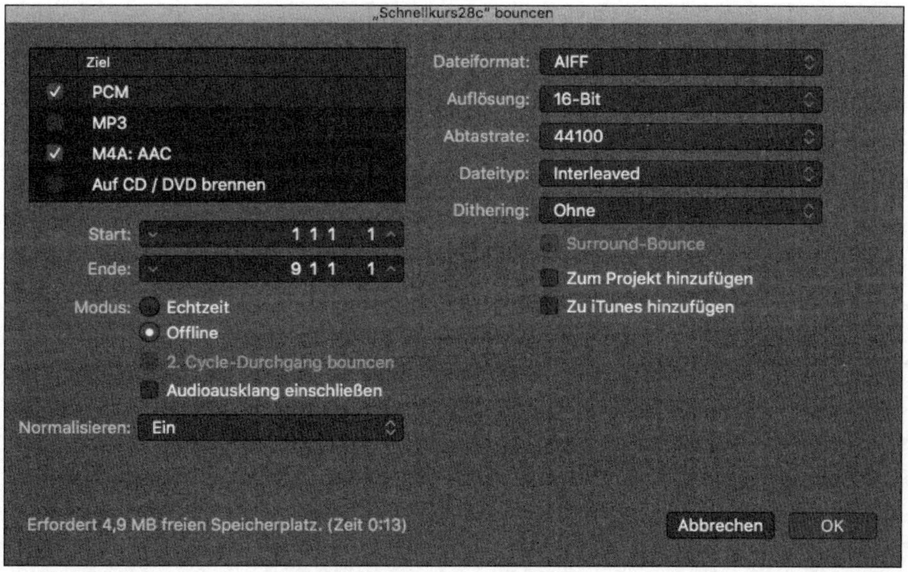

Abbildung 2.84 Der Bounce-Dialog

Audioformat beim Bounce wählen

Hier können Sie zunächst das gewünschte Audioformat einstellen. Setzen Sie das Häkchen neben dem Eintrag PCM, selektieren Sie diesen Eintrag, und nehmen Sie anschließend rechts die Detaileinstellungen vor (z. B. ob ein AIFF- oder ein WAV-File gebounct werden soll).

Die Einstellung in Abbildung 2.84 entspricht CD-Qualität (PCM/AIFF mit 16 BIT AUFLÖSUNG und 44.100 HZ SAMPLERATE).

Sie können zusätzlich auf das Kästchen neben MP3 oder M4A: AAC klicken, um in einem Rutsch zusätzliche andere Formate zu bouncen. Mehr zu Audioformaten, Sample- und Bitrates lesen Sie in Abschnitt 10.2.

Taktbereich beim Bounce wählen

In unserem Fall soll das Projekt in voller Länge, also von Takt 1 bis ca. Takt 51, gebounct werden. Der Bounce-Dialog in Abbildung 2.84 zeigt aber Takt 41 als Startpunkt und Takt 49 als Endpunkt. Das können Sie im Bounce-Dialog manuell ändern. Alternativ können Sie schon vor dem Auslösen des Bounce-Dialogs den gewünschten Bereich im Taktlineal selektieren. Achten Sie darauf, den Bereich lang genug zu wählen, damit eventueller Audioausklang nicht abgeschnitten wird.

Modus beim Bounce wählen

Unter MODUS (Abbildung 2.84) können Sie einstellen, ob Sie in ECHTZEIT (entspricht der Original-Abspielgeschwindigkeit) oder OFFLINE (so schnell, wie es der Computer angesichts der verwendeten Effekte schafft, ohne dass Sie in Echtzeit mithören können) bouncen möchten.

Externe Klangerzeuger beim Bounce berücksichtigen

Ein Bounce berücksichtigt nur interne Sounds aus Logics Mixer. Externe Klangerzeuger werden in der Regel nicht mitgebounct bzw. sind im fertigen Bounce nicht zu hören, es sei denn, sie wurden in Logic hineingeroutet, dort hörbar gemacht, und Sie bouncen in Echtzeit. Der gängigste Workaround ist, den Sound eines externen Klangerzeugers vor dem Bounce in eine Audiospur aufzunehmen.

Normalisieren/Übersteuerungsschutz beachten

Übrigens: Durch die Einstellung NORMALISIEREN: NUR ÜBERSTEUERUNGSSCHUTZ im Bounce-Dialog wird Ihr Projekt auch ohne Limiter vor Übersteuerungen geschützt, dabei aber gegebenenfalls automatisch um den Betrag der Übersteuerung leiser gemacht. Mehr hierzu in Abschnitt 10.2.6.

Bounce speichern und in das Projekt integrieren

Wenn Sie im Dialog aus Abbildung 2.84 schließlich auf BOUNCEN klicken, erscheint ein Dialog, der Sie auffordert, Ihrem zu exportierenden Bounce einen Namen zu geben und einen

Speicherort zu wählen. Ist das Projekt als Ordner gespeichert (siehe *Schnellkurs30alsOrdner*), soll dort normalerweise der Bounce in einem Unterordner BOUNCES gesichert werden, dieser Ort wird Ihnen jedenfalls automatisch im Speichern-Dialog angeboten. Ist es als Paket gespeichert (siehe Projekt *Schnellkurs30*), müssen Sie den Speicherort manuell wählen.

Abbildung 2.85 Hier liegt der Bounce auf Spur 1.

In Projekt *Schnellkurs30bxedited* habe ich noch ein paar Klangeinstellungen verändert, den Bounce auf Spur 1 gelegt und diese solo geschaltet. Auf diese Weise speichern Sie das klangliche Ergebnis Ihres Projekts zum Zeitpunkt des Bounces sicher mit dem Projekt. Das hat den Vorteil, dass Sie den Song, egal wo Sie ihn abspielen wollen, genau so vorliegen haben und abspielen können, wie er bei Ihnen zu Hause oder im Studio geklungen hat.

Der Bounce entstand allerdings unter Mitwirkung von Multiband-Kompressor und Limiter auf der Masterspur, diese habe ich nun allerdings deaktiviert, damit der abgespielte Bounce nicht ein weiteres Mal durch sie hindurchläuft. Wenn Sie das Projekt wieder ohne den Bounce hören möchten, müssen Sie die Plug-Ins im Master-Channel wieder aktivieren und die Bounce-Spur oder Region stumm schalten, damit es so klingt wie im Bounce.

Andere Bounces

Abgesehen davon können Sie auch einzelne Elemente eines Songs wie Regionen (über das Kontextmenü und den Eintrag BOUNCEN – wie schon gezeigt) oder Spuren (über die Menübefehle ABLAGE • BOUNCEN oder ABLAGE • EXPORTIEREN) bouncen. Mehr dazu erfahren Sie auch in Kapitel 10.

2.6 Ausblick

Wenn Sie dieses Kapitel durchgearbeitet haben und das Musizieren Ihnen nicht völlig fremd ist, denke ich, dass Sie nun bereits in der Lage sein sollten, in Logic einfache Tracks oder musikalische Layouts zu erstellen. Übrigens: Mit dem Shortcut `alt` + `cmd` + `W` schließen Sie ein Projekt. Zuvor sollten Sie es allerdings sichern.

Nach diesem Schnellkurs sollten Sie vielleicht einmal überprüfen, ob Sie die folgenden Fragen beantworten können. Wenn nicht, sollten Sie die entsprechenden Abschnitte des Schnellkurses wiederholen.

- Wie speichere ich mein Projekt richtig?
- Wie erstelle ich ein Software-Instrument, suche Sounds aus und nehme MIDI-Noten auf?
- Wie kann ich eingespielte Noten korrigieren und arrangieren, so dass sie genau so klingen, wie ich möchte? Wie öffne ich die PIANOROLLE, und worauf beziehen sich ihre Inhalte?
- Was bedeutet in diesem Zusammenhang »Quantisierung«, und wie stelle ich sie ein?
- Wie zoome ich die Ansicht ein und aus?
- Wie nehme ich Audioquellen (Gesang oder Gitarre) in Logic auf?
- Wie verwalte ich Audiomaterial und positioniere einzelne Teile meiner Aufnahme richtig? Was ist der Unterschied zwischen Regionen und Audiofiles?
- Wie korrigiere ich das Timing und das Tuning einer Gesangsaufnahme?
- Was sind Busse und Aux-Kanäle? Wie stelle ich einen Bus als Send-Output oder als Output im Kanal ein? Was machen *Equalizer* und *Compressor*?
- Was sind Spurstapel, Patches und Plug-In-Settings?
- Wie bounce ich meinen Song, um ihn auf CD zu brennen oder in einem Musik-Player abzuspielen?

Von hier aus können Sie zu einem beliebigen Kapitel im Buch springen, das Sie interessiert. Wenn Sie selbst mit Synthesizern, Drum Machines, Samplern und Effekten Musik produzieren möchten, könnten Sie zu Kapitel 11 über Logics Instrumente oder Kapitel 15 über Logics Effekte springen. In diesen Kapiteln warten viele Soundbeispiele auf Sie, und es macht Spaß, sie durchzuarbeiten.

Vielleicht stellen sich Ihnen auch einige Fragen aus der folgenden Liste:

- Welche Optionen habe ich, zusätzliche Noten für eine Region aufzunehmen, in der es schon Noten gibt? (Antwort in Abschnitt 5.2, »MIDI aufnehmen oder programmieren«)
- Welche Optionen habe ich, mehrere Gesangs-Takes aufzunehmen und später die besten Stellen davon auszusuchen? (Antwort in Abschnitt 5.3, »Audio aufnehmen«)
- Wie funktionieren ein *Equalizer* und ein *Compressor* wirklich? (Antwort in Kapitel 15, »Die Effekte in Logic Pro X«)
- Was kann ich tun, damit mein Mix besser klingt? (Antwort in Kapitel 17, »Mixingstrategien, musikalische Ziele und Stile«)
- Welche Fenster gibt es in Logic, und wie kann ich sie anordnen? (Antwort in Abschnitt 4.2, »Fensteranordnungen, Fenster und Musik-Tastatur/Keyboard«)
- Wie stelle ich meine eigenen Tastaturkommandos ein? (Antwort in Abschnitt 3.6, »Tastaturkurzbefehle nutzen, verwalten und selbst erstellen«)
- Ich möchte mehr über Harmonielehre und Kompositionstechniken wissen. Kann mir das Buch weiterhelfen? (Das Thema finden Sie in Kapitel 12, »Harmonielehre, Skalen und Rhythmik: eine Einführung«.)

Kapitel 3
Setup/Konfiguration, Speichern und MIDI-Hintergrundwissen

Willkommen in Teil 2 dieses Buches – nun geht es ins Detail. Dabei kann es besonders in diesem Kapitel auch etwas trockener als zuvor zugehen. Deshalb können Sie es bei Bedarf auch nur zum Nachschlagen benutzen. Orientieren Sie sich dabei an Gliederung und Index.

Das Kapitel behandelt die Themen Speichern, Soundverwaltung und Einstellungen. Es gehört außerdem die Konfiguration von Tastaturkommandos (*Shortcuts*) und der neuen Touch Bar dazu. Auch die Möglichkeit, Logic intern mit »Microtunings« zu »stimmen«, ist Thema dieses Kapitels.

Sie sollten wissen, dass Sie Einstellungen in Logic in zwei Kategorien vornehmen können:

- in den allgemeinen Einstellungen (erreichbar via LOGIC PRO X • EINSTELLUNGEN). Diese gelten für Logic allgemein.
- in den projektbezogenen Einstellungen (erreichbar via ABLAGE • PROJEKTEINSTELLUNGEN). Diese beziehen sich auf das jeweilige Projekt.

3.1 Speichern und Verwalten von Projekten

In diesem Abschnitt finden Sie Details zum Thema Speichern und Verwalten von Projekten sowie zu den Funktionen für die Bereinigung und Verwaltung von Projekten.

3.1.1 Grundregeln des Speicherns, Umgang mit verwendeten Dateien

Sie sollten Projekte im nach dem Befehl ABLAGE • SICHERN UNTER ... erscheinenden Dialog (erstmalig) speichern. Dabei stehen Ihnen die Optionen PAKET und ORDNER zur Verfügung. Beim Speichern als Paket sichert Logic alle zugehörigen Projektinhalte in einer einzigen Datei. Beim Speichern als Ordner legt es einen Ordner an, in den Inhalte in Unterordnern je nach Wunsch gespeichert werden. Sie können geöffnete Projekte jederzeit nachträglich im jeweils anderen Format speichern. Egal, ob Sie Projekte als Paket oder als Ordner verwalten, Sie können und sollten zum Projekt gehörende Dateien wie etwa Gesangsaufnahmen und Samples in die Paketdatei bzw. den Ordner kopieren. Wenn Sie das getan haben, sorgt Logic automatisch dafür, dass Audiodateien, die Sie ins Projekt hineingezogen haben, in die Paketdatei oder den Projektordner kopiert werden. Dies können Sie ansonsten bzw. zuvor auch unter Projekteinstellungen • Medien manuell einstellen. Neue Audioaufnahmen landen ohne erstmalige Sicherung automatisch in einer automatisch erstellten Sicherungsdatei.

Wenn Sie ein Projekt als Ordner speichern möchten und im Dialog aus Abbildung 3.1 auf Sichern klicken, wird automatisch ein Projektordner mit dem eingegebenen Namen (hier: *Musterspeicherung1)* angelegt. In macOS ist das optionale Hinzufügen von Tags (unterhalb der Eingabe des Projektnamens) hinzugekommen, die bei der Suche mit Spotlight helfen können, ein Projekt schneller aufzufinden.

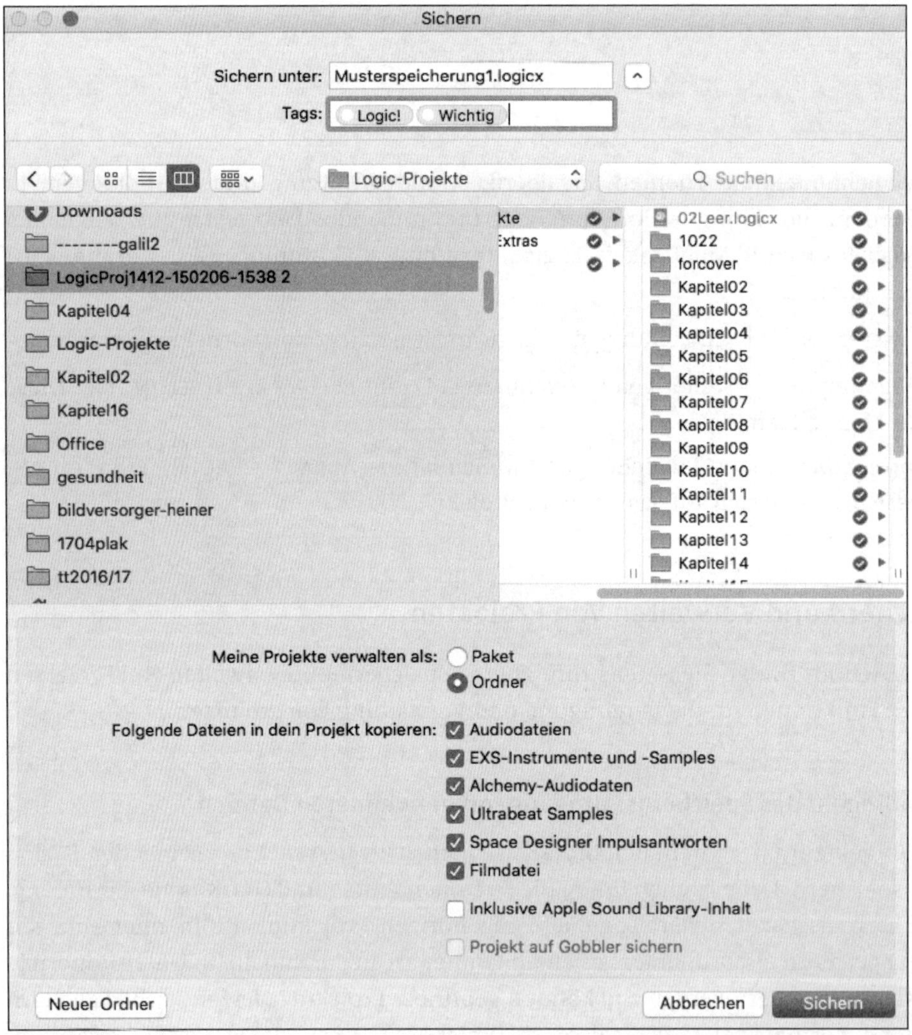

Abbildung 3.1 Im Bild ist eingestellt, dass alle Dateiarten in Ihren Projektordner kopiert werden und Sie das Projekt als Ordner verwalten.

Speichern Sie alle Dateien, die zum Projekt gehören, in einem Ordner. Nach meiner Erfahrung ist das zumindest langfristig die richtige Strategie – selbst wenn es bedeutet, dass Dateien doppelt auf dem Rechner liegen. Das gilt insbesondere, wenn Sie auf verschiedenen Rechnern arbeiten wollen oder Ihr Stück fertig ist. Als Musikproduzent möchten Sie außerdem typischerweise ab und zu Ihre Soundbibliothek umsortieren, ohne dass Ihre Projekte dann ihre verwendeten Sounds nicht mehr finden. Um alle zugehörigen Dateien mitzuspeichern, empfehle ich eine Verwaltung als Ordner; bei einer Verwaltung als Paketdatei müssten Sie solche Dateien in jede neue Paketdatei kopieren.

Wenn Sie Ihr Projekt nicht gespeichert haben, erstellt Logic automatisch eine Sicherungskopie »Ohne Titel« im Ordner *Benutzer/Musik/Logic*, die manchmal, aber nicht immer auch nach einem Absturz noch auffindbar ist.

3.1.2 Speichern von Apple-Soundinhalten in Ihren Projekten

Sie können Logic-Projekte inklusive aller Audiofiles, aber ohne die Inhalte der Sound Library speichern (hierfür lassen Sie im Dialog aus Abbildung 3.1 das dort gesetzte unterste Häkchen weg – umgekehrt setzen Sie es, wenn Sie die Inhalte der Sound Library mitspeichern wollen). Wenn alle Soundinhalte der Apple Sound Library auf Ihrem Rechner installiert sind, müssen Sie sie natürlich nicht unbedingt zusätzlich mit jedem Projekt speichern. Auch ich habe bei den Beispieldateien dieses Buches die Apple-Inhalte aus Platzgründen nicht mitgespeichert. Aber: Nach der endgültigen Fertigstellung eines Projekts kann das für die langfristige Archivierung eines Projekts dennoch sinnvoll sein, weil nicht sicher ist, welche Inhalte in zukünftigen Logic-Versionen zur Verfügung stehen werden.

Bei einer Speicherung Ihres Projekts könnten Sie die Häkchen im Dialog SICHERN UNTER ... (⇧ + cmd + S) also wie in Abbildung 3.1 setzen. Das Häkchen links an dem Eintrag SUFFIX AUSBLENDEN (nicht in allen macOS-Versionen sichtbar) sorgt dafür, dass zum Dateinamen keine sichtbare Endung (*.logicx*) hinzugefügt wird.

3.1.3 Sichern ... und Sicherungskopien

SICHERN ... oder cmd + S ist die einfachste und schnellste Methode, ihr Projekt zu sichern. Dabei wird voreingestellt automatisch eine Sicherungskopie der Vorversion erstellt.

Sicherungskopien werden innerhalb der Projektdatei verwaltet, egal, ob die Projektdatei als Paket oder als Ordner verwaltet wird. Sie finden gespeicherte Sicherungskopien inklusive der zuletzt gespeicherten Version im Menü ABLAGE • ZURÜCKSETZEN AUF (Abbildung 3.2).

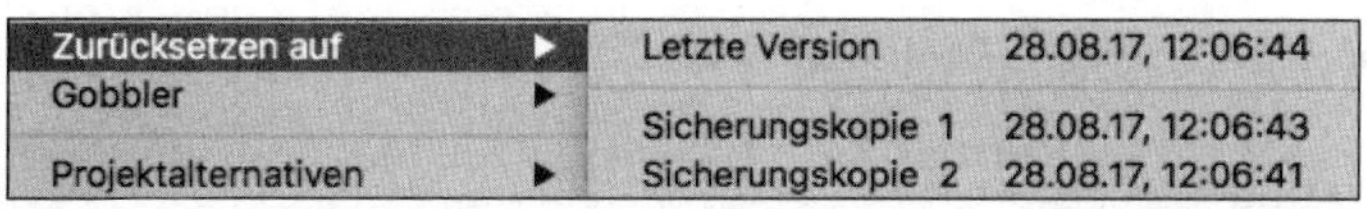

Abbildung 3.2 Im Menü sehen Sie sowohl die zuletzt gesicherte Version als auch mit dem Befehl »Sichern« (»cmd« + »S«) gespeicherte Sicherungskopien (Projekt »03Testsave«).

Jedes Mal, wenn Sie mit cmd + S ein Projekt sichern, wird automatisch eine neue Sicherungskopie mit Datum und Uhrzeit erstellt. Das ist komfortabler, als in einem Ordner nach manuell gespeicherten Projektdateien zu suchen. Nachteil: *Projektinterne* automatische Sicherungen können nicht manuell benannt werden. Hierfür steht die Alternativenfunktion zur Verfügung.

Dieses projektinterne Sichern birgt aber auch das Risiko, dass Sie an gesicherte Dateien nicht mehr herankommen, wenn sich aus irgendeinem (allerdings eher unwahrscheinlichen) Grund einmal die Hauptdatei selbst nicht mehr öffnen lässt, denn nur über diese gelangt man an die Sicherungskopien.

Unter LOGIC PRO X • EINSTELLUNGEN • ALLGEMEIN • PROJEKTHANDHABUNG • AUTOMATISCHE SICHERUNGSKOPIE können Sie einstellen, wie viele Versionen maximal via ABLAGE • ZURÜCKSETZEN AUF erreichbar bleiben, wenn Sie via cmd + S sichern.

3.1.4 Sichern unter ... mit Paket- versus Ordnerdateien: Vor- und Nachteile

Ich empfehle, nach angemessenen Zeitintervallen mit dem Befehl SICHERN UNTER (⇧ + cmd + S) eine neue Datei mit neuem Namen abzuspeichern. Das kostet bei einer Verwaltung des Projekts als Ordner kaum zusätzlichen Platz, weil zugehörige Medien bereits im gleichen Ordner liegen und nicht neu kopiert werden müssen.

Bei einer Speicherung als Paketdatei ist es unter dem Aspekt der Platzersparnis oft sinnvoller, den Befehl SICHERN (und nicht SICHERN UNTER ...) zu benutzen, damit nicht jeweils eine neue Projektdatei inklusive aller Mediendateien neu erstellt wird. Der Vorteil der Paketspeicherung ist die komplette Zusammenfassung des Projekts in einer Datei. Hierdurch wird unter anderem das Verschicken leichter, z. B. via AirDrop oder WeTransfer.

Ein Nachteil bei als Paketdatei gespeicherten Projekten ist auch, dass Logic beim Bounce-Dialog nachfragt, wohin der Bounce gespeichert werden soll, anstatt direkt den Projektordner hierfür vorzuschlagen (was der Fall ist, wenn Sie mit der ORDNER-Option arbeiten).

Auch in der Paketdatei kommen Sie an gespeicherte Medien heran, indem Sie mit der rechten Maustaste auf die Paketdatei klicken und den Eintrag PAKETINHALT ZEIGEN auswählen. Die Mediendateien werden im Ordner *Media* abgelegt.

Natürlich können auch andere Programme und Plug-Ins (z. B. Ableton oder Kontakt) eine solche Paketdatei nicht lesen oder schreiben. Übrigens: Die Projektdatei ist auch beim Speichern als Ordner eine Paketdatei mit verschiedenen Inhalten.

3.1.5 Speichern von Drittanbieter-Daten im Projektordner

Wenn Sie externe Plug-Ins wie Battery oder Kontakt benutzen, legen Sie manuell Ordner in Ihrem Projektordner an, wo Sie die vom Plug-In verwendeten Sounds abspeichern, denn diese speichert Logic normalerweise nicht automatisch mit ab. Zwar kann Logic den Status von Plug-Ins wie Battery, Maschine und Kontakt mit dem Projekt speichern und wieder aufrufen, inklusive der Verweise auf Dateien. Allerdings enthält ein solcher Status in der Regel nicht die verwendeten Audiodateien selbst. Daher sollten Sie für die zugehörigen Dateien selbst einen passend beschrifteten Ordner in Ihrem Projektordner anlegen. Dies gilt ebenso, wenn Sie via Rewire verbundene Programme wie Ableton oder Reason nutzen.

3.1.6 Projektverwaltung

Der Menüeintrag Ablage • Projektverwaltung erlaubt Ihnen Zugriff auf verschiedene fortgeschrittene Funktionen bei der Verwaltung von Projekten:

- Bereinigen
- Zusammenlegen
- Umbenennen
- Im Finder anzeigen

Wenn Sie nachträglich Dateien in Ihr Projekt kopieren oder aus ihm löschen möchten, geht das mit der hier aufgelisteten Zusammenlegen-Funktion aus dem Menüpunkt Projektverwaltung.

»Bereinigen«

Dateien, die in keiner Projektalternative verwendet werden, können Sie aus der Übersicht Projekt löschen. Mit dem Befehl Backups löschen entfernen Sie die Sicherungskopien. Außerdem können Sie Dateien aus dem Projekt bzw. dem Projektordner löschen (Abbildung 3.3).

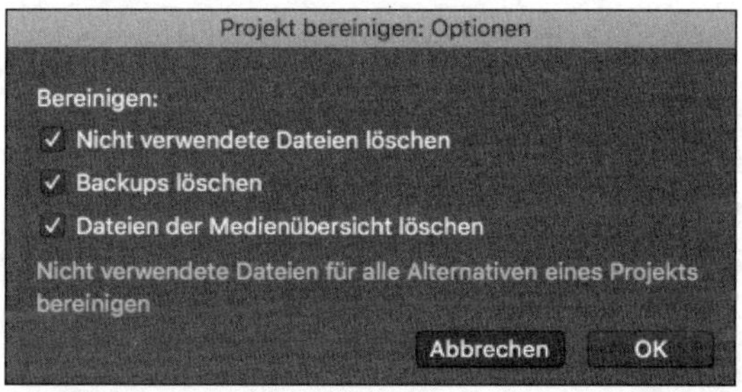

Abbildung 3.3 Das Menü »Projektverwaltung • Bereinigen«

»Zusammenlegen«

Mit Hilfe der Funktionalität Zusammenlegen aus dem Menü Projektverwaltung können Sie nachträglich sicherstellen, dass alle zum Projekt gehörenden Medien in einen Projektordner oder eine Paketdatei gespeichert werden, ohne hierfür die Funktion Sichern unter ... benutzen zu müssen – mit Hilfe derer Sie das ebenfalls erreichen könnten. Bei letzterer Möglichkeit müssten Sie einen neuen Projektnamen vergeben. Doch auch nach der Nutzung der Funktion Zusammenlegen sollten Sie die eigentliche Projektdatei nochmals speichern.

»Umbenennen«

Mit UMBENENNEN ändern Sie den Namen des gesamten Projekts. Wenn Sie das Projekt in einem Ordner verwalten, wird durch eine Änderung des Projektnamens auch automatisch der Name dieses Ordners geändert!

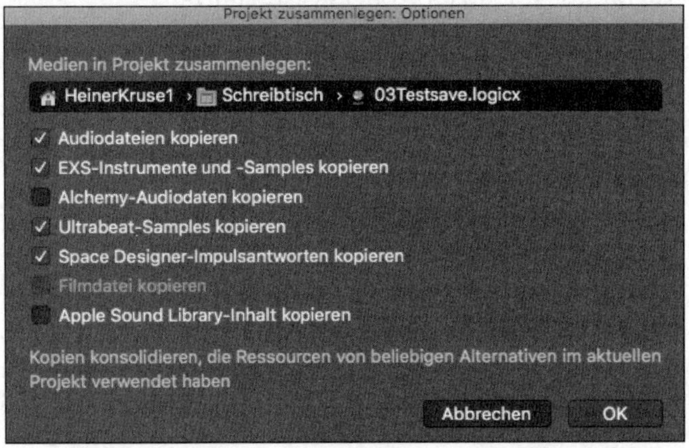

Abbildung 3.4 Der Dialog »Projektverwaltung/Zusammenlegen«

»Im Finder anzeigen«

Mit der Funktion IM FINDER ANZEIGEN lassen Sie sich den Speicherort Ihrer Projektdatei auf Ihrem Computer schnell und unkompliziert anzeigen, der Ordner mit der Datei wird im Finder geöffnet.

3.1.7 Autosave

Logic Pro X speichert im Hintergrund automatisch Ihre Arbeit an einem Projekt, selbst wenn Sie es noch gar nicht gespeichert haben (gegebenenfalls als Projektdatei mit dem Namen *Ohne Titel,* in die auch zugehörige Audiofiles von Aufnahmen geschrieben werden). Die Autosave-Funktion kann nicht manuell konfiguriert werden.

Falls Logic während der Arbeit mit einem Projekt abstürzt oder via Task Manager zwangsweise beendet wird, werden Sie beim erneuten Öffnen eines Projekts gefragt, ob Sie auf eine von Ihnen selbst gesicherte oder auf die automatisch gesicherte Version zurückgreifen möchten (Abbildung 3.5).

Wenn Sie auf GESICHERT klicken, wird die zuletzt gesicherte Version geöffnet. Wenn Sie die automatisch gesicherte Version öffnen (was ich empfehle), wird dadurch die zuletzt gesicherte Version nicht überschrieben. Es werden nur die automatisch gesicherten Daten in Logic geladen. Die zuletzt gesicherte Version können Sie also nach wie vor über den Menüpunkt ABLAGE • ZURÜCKSETZEN AUF … erreichen! Wenn Sie die automatisch gesicherte Version öffnen, sollten Sie sie schnellstmöglich speichern, um eventuell später über das Menü ZURÜCKSETZEN AUF … wieder an sie heranzukommen.

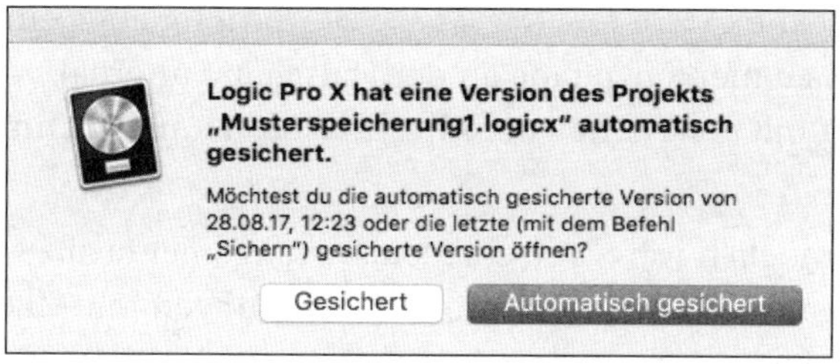

Abbildung 3.5 Die Meldung von Logic, falls es automatisch gesicherte Daten gibt

Sollte Ihnen dieser Dialog im Zusammenspiel mit Beispielprojekten dieses Buches begegnen, öffnen Sie dagegen ruhig die gesicherte Version. Logic sicherte auch automatisch, wenn ich nur ein Projekt geöffnet ließ und gar nichts oder versehentlich etwas verändert hatte.

3.1.8 Alternativen

Logic Pro X bietet die Möglichkeit, sogenannte *Alternativen* zu speichern. Diese können Sie im Menü ABLAGE • ALTERNATIVEN wiederfinden, aufrufen und bearbeiten. Der Vorteil liegt darin, dass Sie sie via ALTERNATIVEN BEARBEITEN nachträglich (im Gegensatz zu Sicherungskopien) umbenennen können und aus Ihrem Logic-Projekt heraus verfügbar sind. Sie können so z. B. an einem Projekt arbeiten und verschiedene Versionen (z. B. kurze und lange Version) als Alternativen abspeichern.

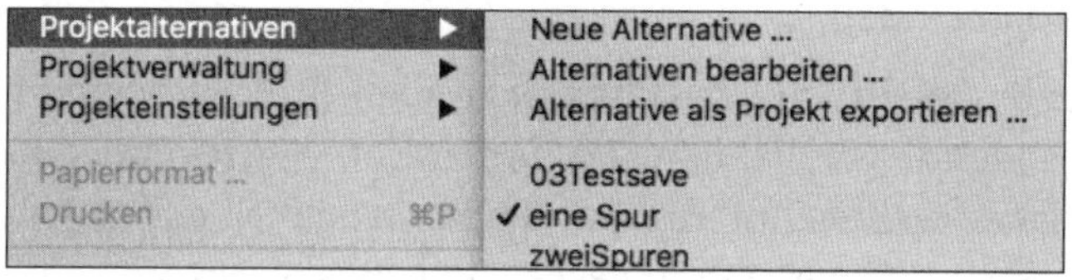

Abbildung 3.6 Sie finden gespeicherte Alternativen im Menü »Ablage • Alternativen«.

Wenn Sie eine Alternative aufrufen und daran weiterarbeiten, anschließend aber auf eine andere Alternative umschalten möchten, werden Sie gefragt, ob Sie Änderungen am Projekt speichern möchten. Alternativen sind eigenständige Projekte in einem Projekt. Wenn Sie ALTERNATIVE BEARBEITEN... wählen, erscheint der Dialog aus Abbildung 3.7, siehe Projekt *03Testsave* .

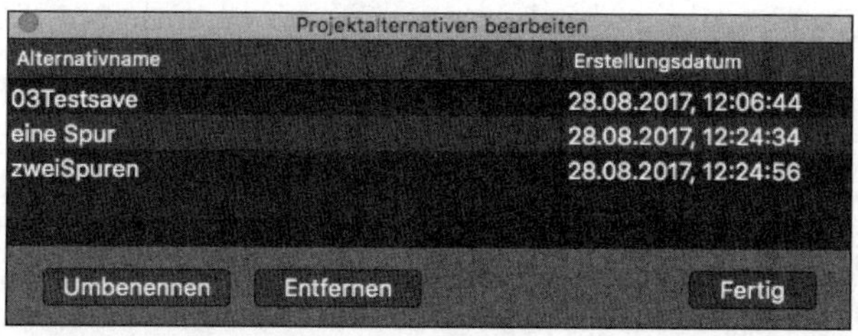

Abbildung 3.7 Dialog »Projektalternativen bearbeiten«

Sie können Alternativen als separates Projekt exportieren. Das Ganze ist mitunter auch ein wenig verwirrend, wenn man z. B. ohne es zu merken gerade an der »falschen« Alternative arbeitet. Der Name des Gesamtprojekts hat mit den Namen der Alternativen erst mal nichts zu tun, auch das kann verwirren.

Besser wäre es, wenn es stattdessen z. B. möglich wäre, verschiedene Arrangements abzuspeichern, ohne dass der Mixer davon betroffen ist. Dann könnten Änderungen am Mix schnell für alle Arrangements übernommen werden, was oft Zeit sparen würde. Doch das geht leider bislang nicht.

Der Befehl SICHERN UNTER ... bleibt mein Favorit für unterschiedliche Versionen und ist zum Glück weiterhin in Logic vorhanden, während er von Apple aus Final Cut und TextEdit verbannt wurde. Das macht dort das Speichern unter einem neuen Namen unnötig kompliziert (hierzu muss man dort erst die Datei duplizieren und danach umbenennen und neu sichern). Selbst erfahrene Nutzer von PCs oder alten Mac-Systemen sind bei der erstmaligen Nutzung dieses Systems oft ratlos.

3.1.9 Projekt schließen

Mit dem Shortcut `alt` + `cmd` + `W` können Sie ein Logic-Projekt – sofern es (z. B. via `cmd` + `S`) gesichert wurde – schnell schließen.

3.1.10 Ein (kürzlich benutztes) Projekt laden

Projekte werden grundsätzlich über das Menü ABLAGE • ÖFFNEN geladen. Im Menü ABLAGE • BENUTZTE DOKUMENTE werden jedoch zuletzt benutzte Dokumente aufgelistet und können so schneller gefunden und geladen werden. Interessant hierbei: Wenn Sie ein Projekt mit dem gleichen Namen an zwei verschiedenen Orten gespeichert haben, werden sogar beide Projekte mit dem jeweiligen Speicherort angezeigt. Manchmal werden zuletzt benutzte Projekte leider nicht gelistet; insbesondere dann nicht, wenn das Projekt nicht ladbar ist, etwa weil der Speicherort (z. B. eine externe Festplatte) nicht verfügbar ist.

3.1.11 Projektvorlagen nutzen und erstellen

Sie können jeden beliebigen Logic-Song als Vorlage sichern. Nutzen Sie hierzu den Befehl ABLAGE • ALS VORLAGE SICHERN. Die Datei wird hierdurch in dem Ordner *Benutzer/Audio Music Apps/Project Templates* gesichert.

Anschließend erstellen Sie mit dem Befehl ABLAGE • NEU AUS VORLAGE Songs auf Basis dieser Vorlage.

Der neue Song wird dann als Projekt mit dem Namen *Ohne Titel* geöffnet. Änderungen an diesem Projekt verändern nicht die Projektvorlage. Wenn Sie allerdings zu Ihrem Ordner *Project Templates* manövrieren und das Projekt von dort aus wie ein ganz normales Logic-Projekt öffnen, arbeiten Sie nicht an einem neuen Projekt von einer Vorlage, sondern am Vorlagenprojekt selbst. Auf diese Art und Weise können Sie die Vorlage gegebenenfalls verbessern.

Die mitgelieferten Werks-Projektvorlagen von Logic befinden sich innerhalb der Logic Pro X-Programm-Paketdatei.

Eine einfache Beispielvorlage habe ich mit der Datei *4Bus+X140317* erstellt, die Sie in den Materialien zum Buch unter *Logic-Projekte/Vorlagen* finden. Um sie benutzen zu können, öffnen Sie die Datei zuerst und sichern sie anschließend via ABLAGE • ALS VORLAGE SICHERN.

Abbildung 3.8 Im Menü »Ablage« können Sie ein Dokument als Vorlage sichern oder ein neues Dokument aus einer Vorlage erzeugen.

Danach können Sie ein neues Projekt von dieser Vorlage erstellen.

In der Vorlage habe ich verschiedene Aux-Kanäle erstellt: *Aux 1* für Drumsounds, *Aux 2* für Bässe, *Aux 3* für Sounds und *Aux 4* für Vocals. Das ist schon mal ein guter Anfang, um Sounds und Spuren, die anschließend benutzt werden, auswendig richtig und schnell zu routen. Darüber hinaus gibt es einen Aux-Kanal *Aux 5* für das Mastering und zwei Aux-Kanäle mit einem kurzen und einem langen Hall für die Instrumentenspur, die ebenso wie das Instrument selbst in den Aux-Kanal für Sounds geroutet ist.

3.1.12 Gobbler

Sie können Ihr Projekt auch auf Gobbler »in der Cloud« abspeichern und so ein Backup erstellen. Hierzu müssen Sie zunächst einen Account bei Gobbler anlegen. Dies ist grundsätzlich kostenfrei. Zum Zeitpunkt der Bucherstellung stellt auch die Firma Softube ihre Installer oder Updates über Gobbler bereit.

Dies funktioniert grundsätzlich über das Menü ABLAGE • GOBBLER • PROJEKT AUF GOBBLER SICHERN – aber nur dann, wenn Sie Ihr Projekt zuvor schon anderswo gesichert haben. Nun werden regelmäßig Backups Ihres Projekts auf Gobbler gesichert (Abbildung 3.9.

Auch über das Menü TEILEN können Sie Projekte oder Songs (also Bounces) auf Gobbler sichern. Hierbei geht es weniger um das Sichern, sondern mehr um das Teilen von Inhalten mit anderen Nutzern. Mehr Details hierzu lesen Sie in Abschnitt 10.8.

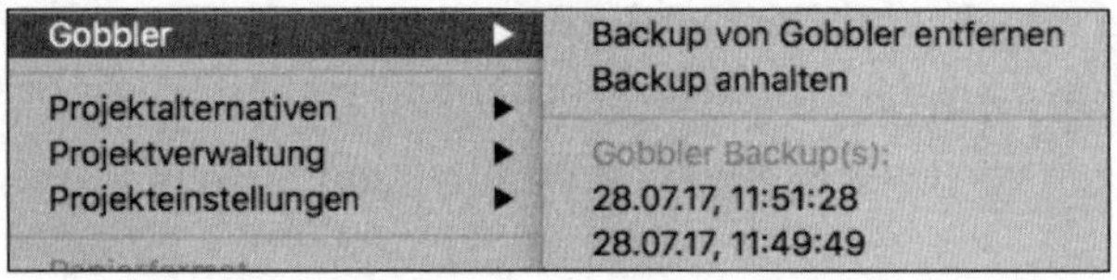

Abbildung 3.9 Bereits konfiguriertes Gobbler-Backup

3.1.13 Import von Teilen eines Songs

Über die Übersicht ALLE DATEIEN können Sie auch Teile eines Songs importieren. Hierzu gehen Sie auf diese Übersicht und doppelklicken auf ein Logic-Projekt. Anschließend werden die Inhalte bzw. Spuren des Projekts angezeigt, und Sie können auswählen, ob Sie bestimmte Spuren mit oder ohne Inhalte, Plug-Ins oder Automationen des betreffenden Projekts in Ihr aktuell geöffnetes Projekt importieren wollen. Dieser Prozess wird in Abschnitt 10.6.1 genauer erläutert.

3.2 Speichern und Verwalten von Sounds/Logic-Inhalte auf dem Mac

In diesem Abschnitt geht es darum, wo auf Ihrem Rechner installierte Logic-Inhalte wiederzufinden oder installierbar sind, welche Datenformate Logic verwendet und wie und wohin Sie diese speichern können. Wie Sie mit LOGIC PRO X • SOUND LIBRARY-MANAGER ÖFFNEN beim Installieren der Sounds arbeiten, konnten Sie bereits in Abschnitt 1.3.5 sehen

Auch das Thema der Verwaltung von Apple Loops wird behandelt. Hier möchten viele User auch Inhalte von Drittherstellern installieren oder extern verwalten. Ferner erläutere ich den Unterschied zwischen Patches, Channel-Strips und Plug-In-Settings von Logic-Plug-Ins sowie von Plug-Ins anderer Hersteller.

3.2.1 Benutzerordner sichtbar machen

Der Ordner *Library* im Benutzerordner ist beim Mac von Haus aus seit Mac OS X 10.7 unsichtbar. Wenn Sie mit gedrückter `alt`-Taste auf das Finder-Menü GEHE ZU klicken und die Maustaste festhalten, sehen Sie im aufspringenden Menü auch den *Library*-Ordner.

Alternativ können Sie das Programm Terminal (das sich im Ordner *Dienstprogramme* befindet) benutzen, um ihn sichtbar zu machen. Geben Sie hierzu im Programm Terminal Folgendes ein:

```
sudo chflags nohidden ~/Library
```

Gegebenenfalls müssen Sie sich hierfür mehrfach mit dem User-Passwort legitimieren. Danach sollte der *Library*-Ordner sichtbar sein.

Der Befehl

```
sudo chflags hidden ~/Library
```

hebt das Ganze wieder auf, und der Ordner sollte danach wieder unsichtbar sein.

3.2.2 Von Logic verwendete Dateiformate und -endungen

Tabelle 3.1 listet von Logic verwendete Dateiformate und -endungen (auch Dateisuffixe genannt) auf. Dateiformate von Audiofiles werden in Abschnitt 10.1 besprochen.

Logic ist außerdem in der Lage, GarageBand-Projekte mit der Endung *.band* zu öffnen.

Dateiendung	Erläuterung
.logicx	Logic Pro X-Song
.logic	Logic 9-Song
.wav, .aiff, .caf	Audiodateien, *EXS*-Samples oder als Sample importierte Alchemy Samples. Komprimierte Dateien wie *.mp3*-Dateien werden beim Import automatisch konvertiert.
.patch	Patches aus Logic Pro X oder MainStage
.cst	Channel-Strip in Logic Pro X oder Logic 9. Logic Pro X kann Logic 9-Channel-Strips problemlos öffnen und auch speichern. Sie sind das Format der Wahl, wenn Sie die Funktion AUSWAHLBASIERTE BEARBEITUNG nutzen.
.pst	Logic-Plug-In-Settings für Logic-eigene Plug-Ins
.aupreset	AU-Presets von Drittanbieter-Plug-Ins
.exs	*EXS*-Sampler-Instrument. In dieser Datei steht geschrieben, welche Samples verwendet werden und wo sie auf der Tastatur liegen. Die Samples selbst sind nicht mit in der Datei gespeichert.
.acp	Alchemy Presets
.aaz	Alchemy Samples mit Editor-Daten (z. B. nach Import eines Bildes)
.arp, .lfo, .ahd, .mse, .seq, .mma, .src, .eff, .cvr, .cvb, .dly, .shp, .vcp, .mfx	verschiedene Alchemy Preset-Formate für Teilbereiche von Alchemy
.ubs	*Ultrabeat*-Samples können im Samplebereich von *Ultrabeat* mit dem Befehl LOAD SAMPLE geladen werden.

Tabelle 3.1 Dateiendungen mit Erläuterungen

Dateiendung	Erläuterung
.logikcs	Logic-Tastaturkommandos (können auch aus Logic 9 importiert werden)
.sdir	Impulsantworten/Audiofiles, die in den »Space Designer«-Reverb geladen werden können. Zu finden in den Impulse-Responses-Ordnern. Können in Logic auch selbst erstellt werden.
.plist	Preference Files
.layout	Smart-Control-Designs
.scl	Tuning Files/Stimmungen innerhalb des Logic-Programmfiles

Tabelle 3.1 Dateiendungen mit Erläuterungen (Forts.)

3.2.3 Logic-Inhalte auf dem Mac

Die installierten Inhalte (inklusive Demosong) werden grundsätzlich im Ordner *Library/Application Support/Logic* auf Ihrer Systemfestplatte abgelegt, siehe Abbildung 3.10.

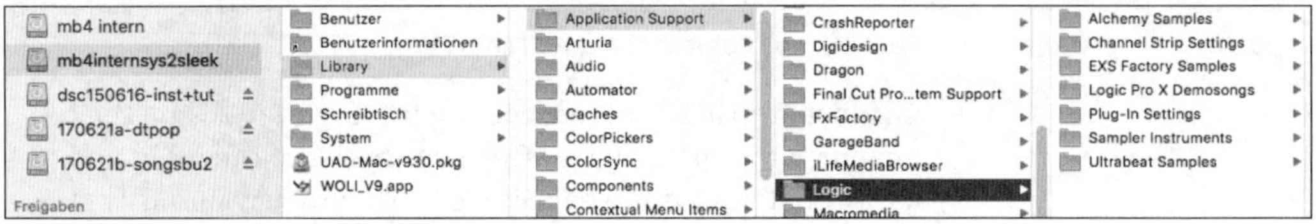

Abbildung 3.10 Installierte Inhalte von Logic auf der Systemfestplatte im Ordner »Library/Application Support/Logic«

Sie sehen hier nur die installierten Logic-Inhalte, nicht die von Ihnen selbst gespeicherten Patches, Channel-Strip-Settings und Plug-In-Settings.

Letztere werden seit Logic Pro X im Ordner *Benutzer/<Benutzername>/Musik/Audio Music Apps* gespeichert, von wo aus nicht nur Logic, sondern auch die Programme GarageBand und MainStage auf sie zugreifen können (Abbildung 3.11).

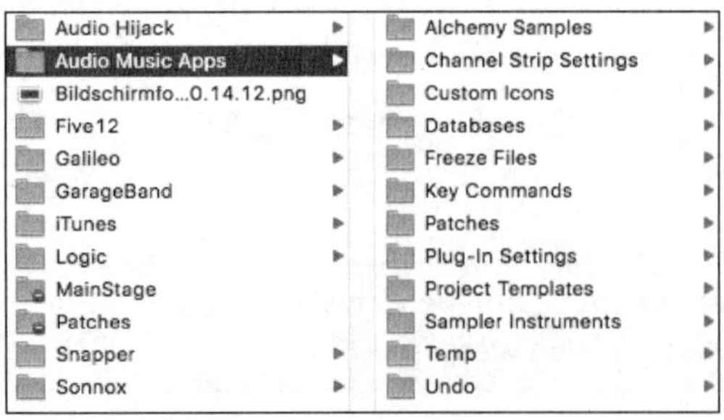

Abbildung 3.11 Der Ordner »Benutzer/<Benutzername>/Musik/Audio Music Apps«

Presets für Logics eigene Instrumente und Effekte werden (im Gegensatz zu Presets für Plug-Ins von Drittherstellern) im Ordner *Plug-In Settings* abgespeichert und auch *Presets* genannt (*.pst*). Praktischerweise steht dabei für jeden Effekt ein eigener Ordner zur Verfügung.

Eigene Projektvorlagen werden im Ordner *Audio Music Apps/Project Templates* und selbsterstellte *.exs*-Sampler-Instrumente im Ordner *Audio Music Apps/Sampler Instruments* abgelegt. In diesem Ordner finden Sie auch von Ihnen selbst erstellte Benutzer-Tastaturkurzbefehle, und Sie dürfen dort auch selbst gefahrlos herumsortieren, um die Struktur Ihrer Presets, Sampler-Instrumente oder Key-Commands in Ordnung zu bringen. Gegebenenfalls müssen Sie die BIBLIOTHEK oder Presetmenüs in Logic aktualisieren, um die Inhalte entsprechend einer vorgenommenen Umsortierung anzuzeigen.

Alchemy

Vorinstallierte Alchemy-Inhalte finden Sie unter *Library/Application Support/Logic*. User-Alchemy-Inhalte finden Sie unter *Benutzer/Musik/Audio Music Apps/Plug-In Settings/Alchemy*. Dort werden in einem Unterordner *Libraries* von Ihnen erstellte Presets für Teilbereiche von Alchemy (Sources, Effekte, Arps etc.) verwaltet.

Logic-Programm-Paketdatei

Weitere Logic-Inhalte wie die Standard-Project-Templates (Vorlagen) und Default-Patches (Standard-Patches, die z. B. beim Erzeugen eines bestimmten Instruments aufgerufen werden) finden sich in der Logic-Programmdatei selbst. Die Logic-Programmdatei ist ihrerseits ebenfalls eine Paketdatei, deren Inhalt Sie sich mit Hilfe der rechten Maustaste anzeigen lassen können (Vorlagen befinden sich im Unterordner *Resources/Project Templates/New Project*). Normalerweise sollten Sie dort aber im Interesse Ihrer Logic-Betriebssicherheit keine Veränderungen vornehmen!

Sonstige Inhalte

Patches als Kombinationen mehrerer Channel-Strips wurden bereits vor Logic Pro X von dem Programm MainStage benutzt (und tauchen daher eventuell auch unter *Benutzer/<Benutzername>/Library/Application Support/Logic* auf). Alte MainStage-Patches müssen Sie allerdings zuerst in MainStage 3 öffnen und von dort exportieren, bevor Sie sie in Logic öffnen können. Logic 9-User-Inhalte finden Sie übrigens auf der Systemfestplatte im Ordner *Benutzer/<Benutzername>/Library/Application Support/Logic*.

Unter *Library/Application Support/Logic/Smart Controls/* finden Sie Smart-Control-Designs in Form von *.layout*-Files. Die werksseitig installierten Apple Loops und Impulsantworten (Hallräume für den »Space Designer«-Hall) sind im Ordner *Library/Audio* in einem *Apple Loops*-Unterordner gespeichert. Im Ordner *Library/Audio* finden Sie neben Apple Loops auch Drittanbieter-Plug-Ins und Impulse Responses. Von Ihnen erzeugte Apple Loops, Impulse Response, Presets/Plug-In-Settings liegen dagegen im Ordner *Benutzer/<Benutzername>/Library/Audio*.

In Abschnitt 1.3.6 erfahren Sie, wie Sie Logic-Inhalte auf externe Festplatten auslagern können. Plug-In-Konfigurationen werden in Abschnitt 3.5 besprochen.

3.2.4 Apple Loops: Speicherorte

Apple Loops, die zur Logic Library gehören, finden Sie unter Library • Audio • Apple Loops • Apple. Unter Meine Loops sehen Sie im Loop Browser die Dateien, die im Benutzerbereich liegen – unter *Benutzer/<Benutzername>/Library/Audio/Apple Loops/User Loops*. Dort in Ordner einsortierte Loops (hier z. B. CleanDnB1) sehen Sie in Abbildung 3.12 unten, während ein manuell im Ordner *Library/Audio/Apple Loop*s installierter Ordner (hier: DJF_APPLE_LOOPS) weiter oben auftaucht.

Abbildung 3.12 Apple Loops

Wenn Sie z. B. ein Apple Loops Pack bei Loopmasters erwerben oder eigene Apple Loops in Ordnern kategorisieren wollen, dann tun Sie das einfach innerhalb der vorgegebenen Pfadstruktur und mit Hilfe von Aliassen. Ziehen Sie das Pack hierzu einfach auf den Loop Browser. Nach dem Umsortieren von Inhalten der Ordner oder dem Hinzufügen neuer Apple

Loops muss der Index eventuell neu indiziert werden. Ihre Apple Loops werden danach kategorisiert aufgelistet. In neuer Versionen wurden Aliasse jedoch nur im Pfad *Benutzer/<Benutzername>/Library/Audio/Apple Loops/User Loops* erkannt (siehe auch Abschnitt 1.3.6.). Mehr zur Arbeit mit Apple Loops lesen Sie in Kapitel 4.

3.2.5 Patches, Channel-Strip-Settings und (Default-)Presets/Plug-In-Settings: Bedeutung und Speicherorte

Patches, Channel-Strip-Settings und *Presets* bezeichnen jeweils Soundeinstellungen, die Sie individuell oder über die BIBLIOTHEK laden können. Die Begriffe *Preset* und *Plug-In-Setting* werden synonym verwendet.

Man unterscheidet also wie folgt:

- *Patches* (die sich auf Channel-Strips beziehen) sind von der Hierarchie her am höchsten anzusiedeln – vor den
- *Channel-Strip-Settings* (inklusive Performances als Abwandlung davon), denn ein Patch kann mehrere Channel-Strips/Performances enthalten bzw. verwenden. Ferner kann ein Channel-Strip mehrere Effekte mit
- *Plug-In-Settings* enthalten, wobei es Unterschiede zwischen Settings für Logic-interne und für Fremdanbieter-Plug-Ins gibt. Ferner ist zwischen einem Factory-Preset von Fremdanbietern und einem über Logic gespeicherten *.aupreset* für Fremdanbieter-Plug-Ins zu unterscheiden.

In der BIBLIOTHEK-Ansicht sehen Patches und Channel-Strip-Settings gleich aus.

Logic Pro X stellt vor allem Patches bereit. Doch mit Version 10.3 haben Channel-Strip-Settings wieder an Bedeutung hinzugewonnen, denn sie werden für das Audio-Processing der neuen Funktion AUSWAHLBASIERTE VERARBEITUNG verwendet. In meiner Logic X-Installation tauchen zudem alte Channel-Strip-Settings aus meiner früheren Logic 9-Installation in der BIBLIOTHEK auf.

Patches

Patches sind ein Format, das Ihnen erlaubt, einen oder mehrere Kanalzüge zusammen mit Instrument- und Effektkombinationen zu speichern. Sie können so z. B. sämtliche Basssounds verschiedener Plug-Ins (z. B. Alchemy, Massive, Serum) in einem Ordner *Basssounds* zusammenfassen. Auf diese Weise kann die BIBLIOTHEK Ihre Hauptsoundlibrary werden, in der Sie schnell alles ablegen können, z. B. alle Lieblingsbässe aller Synths und sie müssen nicht in verschiedenen Bass-Presetmenüs der unterschiedlichen Synths suchen.

Patches können wie ein Channel-Strip-Setting eine einfache Kombination aus Effekten und Instrumenten eines Kanalzugs darstellen, können aber auch eine gespeicherte Kombination aus mehreren Kanalzügen (*Spurstapel*) mit komplexeren Verkabelungen (Bus-Routings mit

Aux-Kanälen) sein und Smart-Control-Einstellungen enthalten. Es gibt Audio-, Aux-, Instrument- und Output-Patches; sie werden in unterschiedlichen Ordnern als *.patch* abgelegt. Welche Patches in der Bibliothek angezeigt werden, hängt vom gewählten Spurtyp ab. Sowohl für das Laden als auch für das Sichern sollte der weiße Selektionsrahmen im Kanalzug ganz oben (wo Setting steht) via ⇧ + Klick auf das Feld für den gesamten Kanalzug (und nicht für ein Plug-In) oder durch Klick links neben den Eintrag selektiert sein (Abbildung 3.14). Das funktioniert übrigens auch für den im Informationsbereich angezeigten zweiten, rechten Kanalzug.

Dies ist die Voraussetzung dafür, dass die Bibliothek Patches für die jeweilige Spurkategorie anzeigt. Das Sichern und Laden von Patches erfolgt über den Sichern ...-Button unten rechts in der Bibliothek (Abbildung 3.13).

Abbildung 3.13 »Sichern ...«-Button unten in der Bibliothek

Abbildung 3.14 Das Setting des gesamten Kanalzugs ist für die Arbeit mit der Bibliothek selektiert.

Ein entsprechender Dialog öffnet sich. Der Speicherpfad für User-Patches lautet *Benutzer/<Benutzername>/Musik/Audio Music Apps/Patches*, wobei in den Unterordner der jeweiligen Patch-Kategorie (Audio, Aux, Instrument und Output) gespeichert wird.

Ergänzende Hinweise zur Arbeit mit der Bibliothek sowie zur Funktion *Patch-Mischen*, mit Hilfe derer nur Teile eines Patches (z. B. ohne Sends) geladen werden können, lesen Sie in Abschnitt 4.7.

Channel-Strips

Eine Kombination aus Effekten (bei MIDI-Spuren inklusive Instrument) nennt man auch *Channel-Strip* (*.cst*). Channel-Strip-Presets gab es bereits in Logic 9. Channel-Strip-Presets können auch in Logic Pro X verwendet werden. Sie sind seit Logic 10.3 wichtiger als vorher, denn sie sind das Preset-Format der Wahl, wenn Sie Auswahlbasierte Bearbeitung (siehe Kapitel 6.) nutzen. Die CST-Dateien der Benutzer werden in der Bibliothek im Ordner Benutzereinstellungen für Channel-Strips angezeigt. Ältere Logic 9 Channel-Strips finden Sie in der Bibliothek unter dem Eintrag Ältere Versionen. Beim Laden bemerken Sie zwischen Channel-Strips und Patches, die sich nur auf einen Kanalzug beziehen, oft keinen Unterschied.

Wenn Sie den Eintrag Setting ganz oben im Kanalzug selektieren und die Maustaste gedrückt halten, können Sie im angezeigten Menü auch in Logic Pro X Channel-Strip-Settings sichern. Sie können über diesen Dialog auch nur Plug-Ins oder Sends davon laden (Abbildung 3.15).

Beim Sichern öffnet sich ein entsprechender Dialog, der Speicherpfad lautet entweder *Benutzer/Music/Audio Music Apps/Channel Strip Settings* oder *Benutzer/Library/Application Support/Logic /Channel Strip Settings* – beides funktioniert. Außerdem gibt es Unterkategorien für die Kanalzugtypen (Bus, Input, Instrument, Master, Output, Processing, Track).

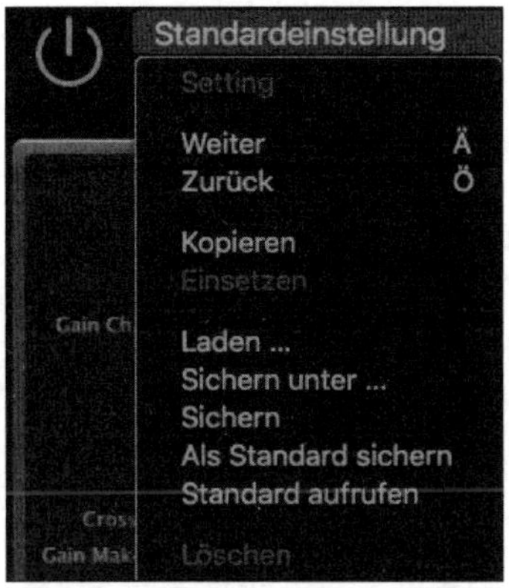

Abbildung 3.15 Hier sichern Sie Channel-Strips.

Auch im Dialog AUSWAHLBASIERTE BEARBEITUNG (alt + ⇧ + P) können Sie Channel-Strips sichern, für diese ist der Unterordner *Processing* vorgesehen.

Performances

Darüber hinaus sehen Sie in diesem Speicher-Dialog die Factory-Channel-Strips, die unter *Library/Application Support/Logic /Channel Strip Settings* im Ordner *Performances* liegen.

Sie können zusätzlich eine Unterart von Channel-Strips, sogenannte *Performances*, sichern. Wenn Sie ein Channel-Strip-Setting als Performance sichern, werden Sie aufgefordert, eine PROGRAMMNUMMER zu vergeben. Als Performance gespeicherte Channel-Strip-Settings finden Sie in der BIBLIOTHEK unter USER-CHANNEL-STRIP-SETTINGS • PERFORMANCES. Anschließend können Sie eine solche Performance laut Logic-Manual über per Keyboard gesendete Program-Change-Befehle auf MIDI-Kanal 1 aufrufen.

Plug-In-Settings von Logic-Plug-Ins laden und sichern; Standard-Presets

Ist der weiße Selektionsrahmen im Kanalzug via ⇧-Klick um einen Plug-In-Slot gesetzt (Abbildung 3.16) oder der Pfeil links neben dem Plug-In Slot, zeigt die BIBLIOTHEK Plug-In-Settings an. Zudem wird dann mit dem Befehl SICHERN ... unten in der BIBLIOTHEK ein entsprechender Dialog zum Speichern des *.pst*-Plug-In-Settings aufgerufen. Der vorgegebene Standardpfad ist, wie erwähnt, *Benutzer/<Benutzername>/Musik/Audio Music Apps/Plug-In Settings* sowie der Unterordner für das jeweilige Plug-In, ein anderer Speicherort kann ebenfalls gewählt werden. Ausnahme: Falls ein *EXS24*-Plug-In markiert ist, wird eine *.exs*-Datei gespeichert.

Abbildung 3.16 Der Plug-In Slot ist via »Shift« + Klick für die Arbeit mit der Bibliothek selektiert.

In jedem Plug-In-Fenster können Sie außerdem im SETTING-Menü Plug-In-Settings unabhängig von der BIBLIOTHEK laden, sichern oder auch als eine Art Default-Setting laden und sichern (Abbildung 3.17).

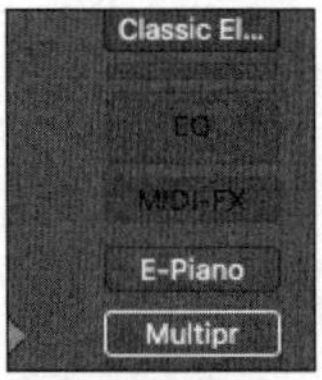

Abbildung 3.17 Presetmenü der Plug-Ins

Die Dialoge zum Laden oder Sichern erlauben dabei auch ein Laden aus oder Sichern in frei wählbaren Ordnern.

Presets für nicht Logic-interne Plug-Ins speichern

Presets für AU-Plug-Ins anderer Hersteller werden mit der Dateiendung *.aupresets* abgespeichert (und nicht als *.pst* wie die Plug-In-Settings für Logic-Plug-Ins). Das Settings-Menü im Plug-In-Fenster bietet hierbei grundsätzlich die gleiche Funktionalität wie bei Logic-Plug-Ins. Sie haben sowohl im Settings-Menü des Plug-In-Fensters als auch im Dialog SICHERN UNTER ... die Möglichkeit, Presets für Drittanbieter-Plug-Ins abzuspeichern.

Wenn Sie ein Setting für ein Drittanbieter-AU-Plug-In erzeugen, wird es normalerweise im Ordner *Benutzer/<Benutzername>/Library/Audio/Presets* landen, von wo aus auch andere Programme darauf zugreifen können, die AU-Plug-Ins verwenden (z. B. Ableton Live, Maschine). Gegebenenfalls müssen Sie den Ordner noch, wie oben in Abschnitt 3.2.3 über Logic-Inhalte gezeigt, sichtbar machen.

Die BIBLIOTHEK zeigt mir dabei in der Regel selbstgespeicherte User-Presets an, nicht jedoch mit dem Plug-In gelieferte Werks-Presets, selbst wenn sich diese im gleichen Ordner befinden. Diese sind aber in der Regel über das Plug-In-Setting-Menü erreichbar.

3.3 Logic-Einstellungen

Die Einstellungen (LOGIC PRO X • EINSTELLUNGEN) beziehen sich auf die allgemeinen Programmeinstellungen.

Viele wichtige Konfigurationen wie Audioeinstellungen oder automatischer Latenzausgleich von Verzögerungen durch Plug-Ins stellen Sie hier ein. Bedenken Sie, dass Sie Einstellungen über das Menü LOGIC PRO X • EINSTELLUNGEN • ALLE AUSSER TASTATURKURZBEFEHLE INITIALISIEREN mit Ausnahme der Tastaturkurzbefehle (siehe Abschnitt 3.4.11) stets auf Werkseinstellungen zurücksetzen können, falls sich Logic merkwürdig verhält und Sie nicht wissen, warum, oder Sie versehentlich etwas verstellt haben. Leider können Sie Ihre Einstellungskonfigurationen umgekehrt nicht als »Presets« abspeichern.

Es ist nicht ganz leicht, bei der Vielzahl an Einstellmöglichkeiten durchzublicken. Hierbei soll dieser Abschnitt helfen, der viele (wichtige), aber (aus Platzgründen) nicht alle Einstellungen behandelt, einige sind auch selbsterklärend.

Bei kleinen Updates ändern sich oft die Anordnungen der Einstellungen, die meisten Funktionen bleiben aber gleich. Daher finden Sie hier vor allem Erläuterungen zu Funktionen und nicht alle Dialogfenster als Abbildungen.

3.3.1 Einstellungen »Allgemein«

Unter dem Tab ALLGEMEIN der Logic-Einstellungen (Abbildung 3.18) öffnet sich ein Fenster mit den Unterkategorien PROJEKTHANDHABUNG, BEARBEITUNG, CYCLE, FOLGEN und MITTEILUNGEN.

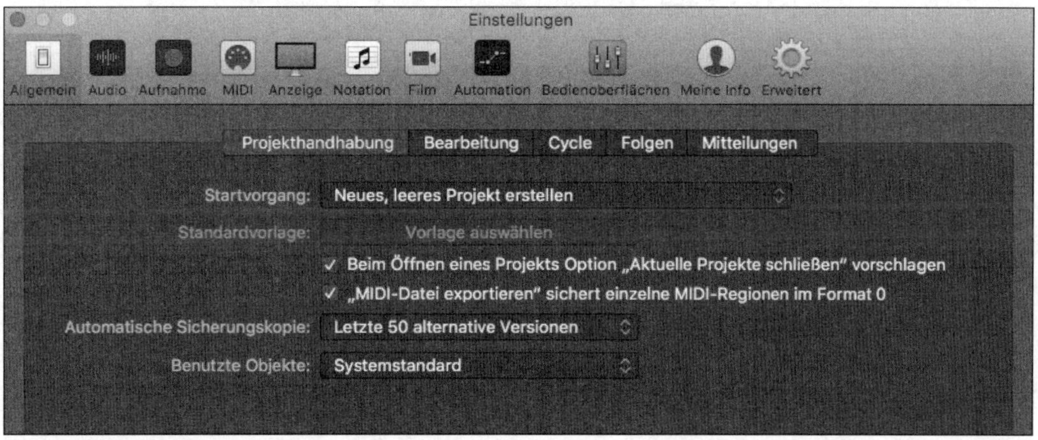

Abbildung 3.18 Einstellungen allgemein

»Projekthandhabung«

Hier legen Sie fest, was passiert, wenn Sie Logic starten. Sie können beispielsweise beim Start von Logic immer das zuletzt bearbeitete Projekt öffnen, ein bestimmtes Projekt öffnen, ein neues, leeres Projekt erstellen oder einstellen, dass gar nichts beim Start von Logic passiert. Sinnvoll sind aus professioneller Sicht die Optionen Keine Aktion oder Nachfragen, um keine Probleme durch eventuell nicht vorhandene Projekte zu riskieren. Unter Automatische Sicherungskopie können Sie einstellen, wie viele Versionen maximal via Ablage • Zurücksetzen auf erreichbar bleiben, wenn Sie via [cmd] + [S] sichern.

»Bearbeitung«

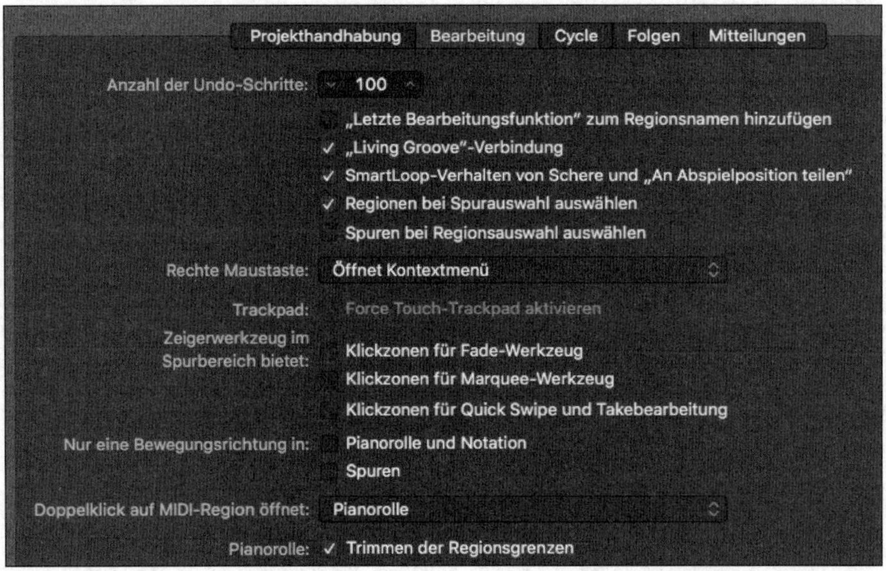

Abbildung 3.19 Bearbeitungs-Tab

Oben stellen Sie die Anzahl der Undo-Schritte ein. Wenn Sie hier eine höhere Anzahl von Schritten vorgeben, können Sie zwar mehr Operationen nachträglich rückgängig machen, beanspruchen allerdings auch mehr Arbeitsspeicher auf Ihrem Rechner.

»Living Groove«-Verbindung: In Logic können Sie aus Noten einer Region Quantisierungsraster (sogenannte *Groove-Templates*) erstellen, die anschließend im Quantisierung-Menü auftauchen und mit denen Sie andere Regionen quantisieren können. Eine aktive »Living Groove«-Verbindung sorgt dafür, dass sich die Quantisierung aller betroffenen Regionen ändert, wenn Sie die rhythmischen Komponenten der Originalregion verändern.

Neu ist die Option Spuren bei Regionsauswahl auswählen.

Unter RECHTE MAUSTASTE können Sie ebendieser verschiedene Funktionen zuweisen. Als Standard ist eingestellt, dass sie ein Kontextmenü öffnet. Sie können die rechte Maustaste aber auch einem Werkzeug direkt zuweisen, so dass Ihnen dann drei Werkzeugmenüs zur Verfügung stehen. Hiefür wählen Sie die Option KANN EINEM WERKZEUG ZUGEWIESEN WERDEN. In den jeweiligen Fenstern werden dann drei Werkzeugmenüs nebeneinander angezeigt.

Alternativ lässt sich mit der rechten Maustaste auch ein Werkzeug- oder ein kombiniertes Werkzeug- und Kontextmenü aufrufen. Übrigens: Das aktuell selektierte Werkzeug aus dem zweiten Werkzeugmenü (sogenanntes *Sekundärwerkzeug* oder *Secondary Tool*) rufen Sie stets mit gehaltener [cmd]-Taste auf.

Falls Sie ein *Force-Touch*-Trackpad nutzen, können Sie es hier aktivieren/deaktivieren. Das Force-Touch-Trackpad übernimmt je nach Bedienung verschiedene Funktionen. Es befindet sich an neuen MacBooks dort, wo sich zuvor die Funktionstasten ([F1]–[F12]) befunden haben. Das Force-Touch-Trackpad kann diese nach wie vor anzeigen, aber auch ganz andere Ansichten bereitstellen.

Klickzonen für Werkzeuge: Wenn Sie z. B. die Option KLICKZONEN FÜR MARQUEE-WERKZEUG wählen und anschließend beim Versuch, eine Region zu schneiden, den Cursor mit dem Standard-Pfeilwerkzeug über den unteren Bereich einer Region bewegen, erscheint automatisch das Marquee-Tool. Die andere Option, KLICKZONEN FÜR FADE-WERKZEUG, lässt automatisch das Fade-Werkzeug erscheinen, wenn Sie sich im Grenzbereich zwischen zwei Audioregionen bewegen. Auch für QUICK SWIPE COMPING und Take-Bearbeitung gibt es eine optionale Klickzone. Als Standardvoreinstellung sind sie jedoch deaktiviert.

Die Option NUR EINE BEWEGUNGSRICHTUNG IN erlaubt Ihnen, das Verschieben oder Kopieren von Objekten wie Regionen oder Noten in *eine* Richtung zu limitieren. Auf diese Weise stellen Sie zum Beispiel sicher, dass eine Region, die Sie in eine darunterliegende Spur vertikal verschieben wollen, die gleiche Position auf der horizontalen Achse bzw. dem Taktlineal behält. Sie können einstellen, ob diese Funktion nur für den Bereich SPUREN oder auch für Editoren wie PIANOROLLE und NOTATION aktiv ist. Sie können diese Einstellung auch deaktivieren und anders erreichen, denn Sie erhalten die gleiche Funktionalität, wenn Sie beim Verschieben oder Kopieren von Objekten die [⇧]-Taste gedrückt halten.

Darunter legen Sie unter DOPPELKLICK AUF MIDI-REGION ÖFFNET fest, welcher der in Kapitel 7 detailliert erläuterten MIDI-Editoren sich bei einem Doppelklick auf eine MIDI-Region automatisch öffnet und ob Sie in der PIANOROLLE auch Regionsgrenzen editieren können.

»Cycle« und die »Folgen«- und »Link«-Funktionen

Die Einstellungen im Bereich CYCLE betreffen mögliche Optimierungen für eventuelle Glitches oder leichte Audioholperer, die beim Abspielen im Cycle-Mode vorkommen können, was für Live-Performances wichtig sein kann

Die Einstellungen des Bereichs FOLGEN betreffen verschiedene Fenster und die Frage, ob die »Folgen«-Funktion beim Starten oder bei der Bewegung der Abspielposition automatisch aktiviert wird. Viele Fenster besitzen zusätzlich eine LINK-Einstellung, wo Sie bestimmen, ob der Inhalt von selektierten Objekten oder manchmal auch die gleiche Ebene wie im Bereich SPUREN angezeigt wird.

3.3.2 Einstellungen »Audio« und ihre Optimierung (inklusive Bitrate und Latenz)

Kommen wir nun zu den Einstellungen unter LOGIC PRO X • EINSTELLUNGEN • AUDIO. Dort gibt es die Unterkategorien GERÄTE, ALLGEMEIN, I/O-ZUWEISUNGEN, AUDIODATEIEDITOR und MP3 (Abbildung 3.20).

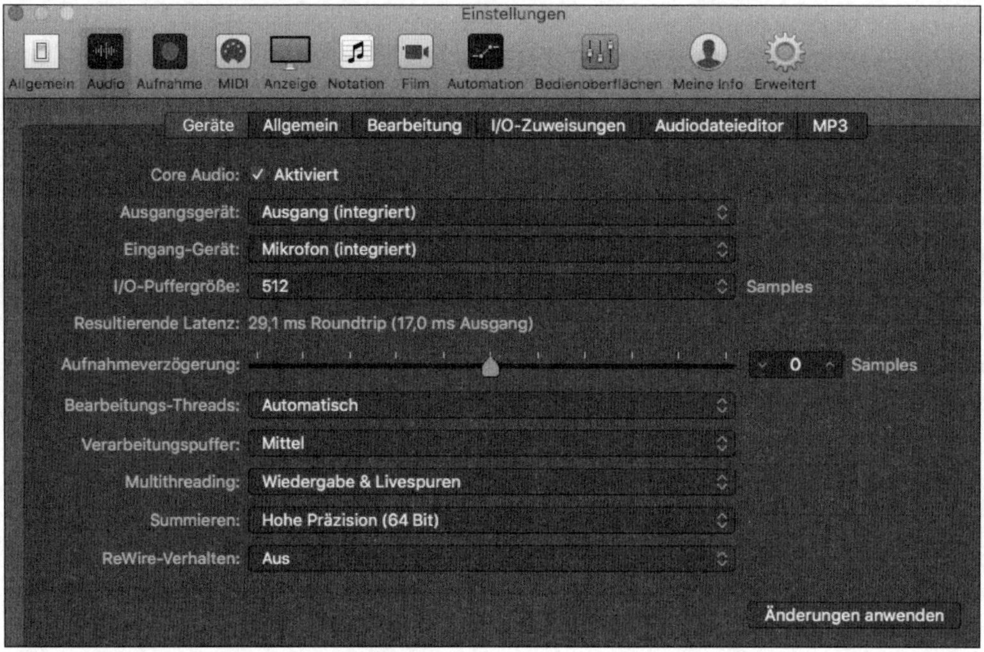

Abbildung 3.20 »Einstellungen • Audio«

»Geräte« (Audiointerface, Latenz, Bitrate)

Die vielleicht wichtigsten Einstellungen in der praktischen Arbeit mit Logic Pro X finden Sie unter dem Tab GERÄTE. Die meisten Änderungen, die Sie in diesem Fenster vornehmen, werden wirksam, sobald Sie den Button ÄNDERUNGEN ANWENDEN drücken (der im Bild ausgegraut ist, weil gerade nichts geändert wurde). Alternativ schließen Sie das Fenster einfach, auch dann werden die Änderungen übernommen und nicht verworfen. Es erfolgt jeweils eine Art Restart des Audiobereichs von Logic. Eine Ausnahme ist z. B. das Häkchen beim Eintrag 24-BIT-AUFNAHME: Hier erfordert eine Änderung keinen Restart. Umgekehrt erlaubt ein Entfernen und neues Setzen des Häkchens beim Eintrag CORE AUDIO den Restart bei ansonsten gleichbleibenden Einstellungen, anschließend können Sie unten den Button Änderungen anwenden drücken. Durch solche Restarts lassen sich manche Probleme der Audioausgabe beheben. Core Audio muss übrigens aktiviert sein, damit Audiofunktionen in Logic überhaupt präsent sind. Ist Core Audio nicht aktiv, stehen auch keine Audio-Plug-Ins in den Effektslots zur Verfügung. Letzteres kann helfen, wenn Sie das Projekt ansonsten wegen eines stets abstürzenden Plug-Ins nicht öffnen können.

- Ausgangsgerät und Einganggerät: Sie können hier für Output und Input separat ein Audiointerface einstellen. Diese Einstellungen betreffen Logic, nicht den Sound anderer Programme auf dem Mac. Gleichwohl gibt es die Option Systemeinstellung, die bewirkt, dass automatisch die Einstellungen für Audioein- und -ausgänge aus dem Audio-MIDI-Setup übernommen werden. Welche Audiointerfaces zur Verfügung stehen, hängt nicht nur von den angeschlossenen Geräten, sondern auch von den Einstellungen im Audio-MIDI-Setup ab, denn dort können mehrere Audiointerfaces zu einem *Gerät* verbunden werden, das sich anschließend in Logic als Audiointerface auswählen lässt. Sie können z. B. auch Audio zwischen Mac-Programmen (via Soundflower, Loopback o. Ä.) austauschen (siehe Abschnitt 3.9.)
- I/O-Puffergrösse: Hier bestimmen Sie die Größe des Pufferspeichers, den die Audiohardware für ihren Betrieb nutzt. Je kleiner die Puffergröße, desto geringer die Latenz. Bei kleiner Puffergröße bzw. Latenz können Sie eingehende Audiosignale ohne große Verzögerung hören oder Instrumente spielen. Kleine Puffergrößen benötigen höhere CPU-Leistung und gut programmierte Treiber bzw. Hardware. Es kann daher auch sinnvoll sein, große Puffergrößen einzustellen, um z. B. ein fertig eingespieltes und CPU-intensives Projekt besser (beispielsweise ohne Ruckler) abspielen und abmischen zu können.

  Die Puffergröße rechnet Logic vage in Millisekunden um, was Sie an der Anzeige Resultierende Latenz darunter sehen (wobei zwei Wandlungen berücksichtigt werden – Input und Output). Es ist wichtig zu verstehen, dass die resultierende Latenz nicht nur von der Puffergröße, sondern auch von der eingestellten Projekt-Samplerate abhängt. Achtung: Dies kann nur in den Projekteinstellungen eingestellt werden.

  Die Samplerate gibt an, aus wie vielen digitalen Samples in der Sekunde sich der Sound zusammensetzt. Der Puffer wird in Samples angegeben – nicht in Sekunden. Tausend Millisekunden sind eine Sekunde. Bei einer Samplerate von 44.100 Hz in der Sekunde werden also 44.100/1.000 = 44,1 Samples in einer Millisekunde abgespielt. Bei einer Samplerate von 88.200 Hz werden dagegen 88.200/1.000 = 88,2 Samples in einer Millisekunde abgespielt. Bei einer von 44.100 Hz in 88.100 Hz geänderten Samplerate würde also dieselbe Puffergröße nun nur noch die Hälfte der Zeit bedeuten. Je höher die Samplerate, desto kleiner wird die Latenz bei gleichbleibendem Puffer. Aus diesem Grunde kann es auch passieren, dass Ihr System nicht mehr funktioniert, nachdem Sie die Samplerate verdoppelt haben – weil ein eventuell bereits am Limit arbeitendes Audiointerface möglicherweise eine zeitliche Halbierung seines Puffers nicht mehr hinbekommt. Ist die Puffergröße zu klein für Ihren Rechner oder Ihre Soundkarte, merken Sie das in der Regel an Knackgeräuschen oder Warnmitteilungen.

Eine voreingestellte Latenz von 128 oder 256 Samples bei einer Samplerate von 44.100 Samples/Sekunde ist normalerweise problemlos. Schwächelt Ihr Rechner, gehen Sie auf 512, 1.024 oder 2.048 hoch. Brauchen Sie eine schnellere Wiedergabe für Live-Performances, versuchen Sie, auf 64 oder 32 herunterzugehen. Das ist zum Beispiel ein Grund, warum manche Soundkarten wie z. B. Avid-Pro-Tools-Hardware so teuer sind: Einige von ihnen erlauben extrem kurze Latenzen bei sehr hohen Samplerates, so dass Musiker im Studio, die über Kopfhörer ein Signal von ihrem eigenen Spiel hören, keine Verzögerung bemerken, obwohl das Signal bereits in den Computer und zurück geleitet wurde.

- Aufnahmeverzögerung: Verzögert die Audioaufnahme um einen festen Wert, um etwaige Datenverzögerungen auszugleichen, die vom Treiber verursacht werden. Normalerweise müssen Sie diese Einstellung nicht anpassen. Wenn Sie aber für den Kopfhörermix eines Sängers beispielsweise eine andere Software (z. B. eines Audiointerfaceherstellers wie UAD) oder den Low-Latency-Mode bei der Aufnahme nutzen, kann es sein, dass die Aufnahme gegenüber dem Playback aus Logic verrutscht. Ich korrigiere so etwas allerdings meist manuell.
- Bearbeitungs-Threads: Seit Logic 10.0.7 unterstützt Logic bis zu 24 Verarbeitungsthreads auf 12-Core-Maschinen (hier einstellbar, die Voreinstellung lautet: Automatisch).
- Multi-Threading: Zusätzlich kann unter Multi-threading eingestellt werden, ob mehrere Threads nur für Wiedergabespuren oder für Wiedergabe und Livespuren verfügbar sind.
- Verarbeitungspuffer: Dieser steht zur Berechnung von Mischungen und Effekte zur Verfügung (Optionen Klein, Mittel und Gross). Größere Pufferspeicher verursachen eine höhere Latenz. Niedrige Pufferspeicher können Logics Fähigkeit zur Echtzeitverarbeitung des Audiomaterials einschränken.
- Summieren: Hier können Sie 64-Bit-Summierung aktivieren, wodurch beim Gesamtmix/Bounce die Klangqualität verbessert wird (eingeführt in Version 10.3).
- ReWire-Verhalten: Aus, Wiedergabe-Modus oder Live-Modus: Mit Aus verhindern Sie, dass sich Logic automatisch als ReWire-Masterprogramm anmeldet, mit dem sich später gestartete Programme wie Reason als Slave verbinden, wie es bei den anderen beiden Einstellungen der Fall ist. Ist Aus eingestellt, öffnen sich potentielle ReWire-Slave-Programme wie Ableton Live oder Reason mit eigener Audiointerface-Einstellung und können unabhängig von Logic genutzt werden. Damit eine Umschaltung zwischen Aus und einem der anderen Modi wirksam wird, müssen Sie Logic Pro X neu starten.

  Im Live-Modus ist die Latenz für das Live-Einspielen von ReWire-Instrumenten geringer als beim Wiedergabe-Modus, dafür wird der Prozessor mehr beansprucht.

»Allgemein«

Im Reiter Einstellungen • Audio • Allgemein finden Sie weitere Einstellungen für Logics Audio-Engine.

- Samplegenaue Automation: Bestimmt, welche Automationen samplegenau erfolgen. Zu beachten sind in diesem Kontext allerdings auch die projektbezogenen Automationseinstellungen (die über das Mix-Menü oder die Projekteinstellungen zugänglich sind).
- Automatische Buszuweisung verwendet: Hier können Sie einstellen, dass Logic die automatische Buszuweisung beim Laden von Patches nur für Busse oberhalb einer bestimmten Nummer vornimmt.

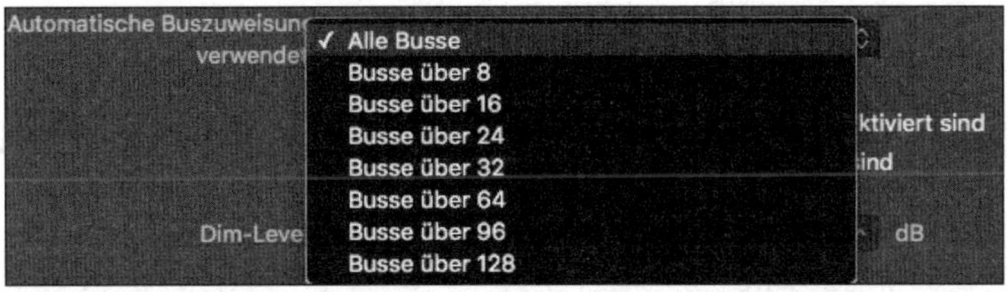

Abbildung 3.21 Welche Busse dürfen automatisch zugewiesen werden?

- Software-Monitoring: Muss aktiviert sein, damit Sie eingehendes Audiomaterial live via Software abhören können.
- Eingangs-Monitoring: Die beiden Einstellungen führten in der Praxis auf meinem System nicht zu den Ergebnissen, die man aus der Beschreibung im Handbuch erwarten würde. Ich empfehle, beide Settings zu deaktivieren, um eingehende Audiosignale live abhören zu können. (Eingangs-Monitoring nur für ausgewählte Spur sowie Spuren, die für die Aufnahme aktiviert sind sowie Unabhängiger-Monitoring-Pegel für Channel-Strips, die für die Aufnahme aktiviert sind)
- Dim-Level: Im Master-Kanalzug gibt es einen mit »D« markierten Dim-Button, mit dem Sie den Sound schnell leiser machen können. Um wie viel es leiser wird, stellen Sie hier ein.
- Plug-In-Latenz (Latenzausgleich) und Low-Latency-Modus: Instrumente und Effekt-Plug-Ins verursachen rechenintensive Prozesse, die Zeit beanspruchen. Wenn Sie auf verschiedenen Spuren unterschiedliche Instrumente und Effekte nutzen, gleicht Logic die unterschiedlichen Bearbeitungszeiten dieser Plug-Ins mit Hilfe des sogenannten *Latenzausgleichs* automatisch aus, so dass am Ende alle Spuren synchron wiedergegeben werden.

  Weil Logic nicht in die Zukunft blicken kann, kann das nur funktionieren, indem alle Signale an das mit der größten Verspätung ankommende Audiosignal angepasst werden. Die Option Wiedergabevorlauf verzögert den Start der Wiedergabe entsprechend. Sie können einstellen, für welche Bereiche dieser Latenzausgleich gilt, oder den Latenzausgleich auch deaktivieren.

  Die Nachteile der hierdurch entstehenden Latenzen bestehen u. a. in der eingeschränkten, weil nur mit Verzögerung erfolgenden Spielbarkeit von Software-Instrumenten.

Logic besitzt allerdings eine sehr praktische Funktion namens *Low-Latency-Modus*. Sie können besonders rechenintensive Plug-Ins temporär deaktivieren, um live mit einer nur geringen Verzögerung Instrumente spielen zu können. Welche Plug-Ins dabei genau deaktiviert werden (diese werden dann temporär orange eingefärbt) und wie hoch die maximale Verzögerung sein darf, bestimmen Sie hier durch Festlegen eines LIMITS.

Den Low-Latency-Modus aktivieren Sie mit einem in der Steuerungsleiste einblendbaren Button oder dem Befehl LOW-LATENCY-MODUS EIN-/AUSSCHALTEN, für den ein Shortcut vergeben werden kann – oder durch Aktivierung des Häkchens für den LOW-LATENCY-MODUS unter EINSTELLUNGEN • AUDIO • ALLGEMEIN.

»Bearbeitung«

- CROSSFADE-DAUER und CROSSFADE-KURVE: Für den Bereich SPUREN werden Standardzeitwerte und Standardkurvenformen für Crossfades aktiviert. Sie können natürlich jederzeit im Informationsfenster REGION manuelle Einstellungen vornehmen.
- SCRUBBING: Wenn MIT AUDIO IM SPURBEREICH SCRUBBEN aktiv ist, werden MIDI-Regionen gescrubbt (egal, ob sie ausgewählt wurden oder nicht). (Achtung: Damit Scrubbing funktioniert, muss die PAUSE-Taste gedrückt sein).

»I/O-Zuweisungen«

Die meisten von Ihnen werden hier nichts verstellen wollen.

- STEREO-AUSGANG: Die Option SPIEGELN im OUTPUT-Reiter sorgt dafür, dass das Signal zusätzlich aus Output 1-2 herauskommt, wenn Sie Output 3-4 auswählen.

  Falls Sie Surround-Sound nutzen, können Sie Ihr Setup auf bestimmte Standards initialisieren. Das hier gewählte Surround-Format ändert das Layout/Routing zwischen den Kanälen und Lautsprechern im Bereich I/O-ZUWEISUNGEN. Das tatsächliche Surround-Format wird in den PROJEKTEINSTELLUNGEN festgelegt.
- BOUNCE-DATEISUFFIXE: Hier legen Sie fest, welche Dateisuffixe beim Bouncen verwendet werden (wichtig z. B. bei Surround-Bounces).

Audiodateieditor

Logic verwaltet Undo-Schritte für Aktionen im DATEI-Editor getrennt von Undo-Schritten anderer Bereiche. Daher finden Sie in diesem Reiter hierfür zusätzliche Detaileinstellungen wie etwa die ANZAHL DER UNDO-SCHRITTE oder die Frage, ob Änderungen an der Selektion eines Bereichs ebenfalls rückgängig gemacht werden können. Solche Features benötigen zusätzliche Rechenleistung und Speicherplatz.

Externer Audiodateieditor

Logic erlaubt die Zuhilfenahme eines externen Sample-Editors, in dem Sie selektierte Audiofiles aus Logic schnell öffnen können. Klicken Sie auf das Feld hinter dem Eintrag EXTER-

NER SAMPLE-EDITOR, um einen solchen zu definieren. Über das BEARBEITEN-Menü, den AUDIOSPUREDITOR, die Übersicht bzw. das Fenster PROJEKTAUDIO oder direkt mit dem Shortcut [⇧] + [W] öffnen Sie selektierte Audiofiles anschließend in dem ausgewählten Programm. Details zur Anwendung der Funktion und eine Diskussion über geeignete Programme finden Sie in Abschnitt 8.3, »Nutzung eines externen Audio-Editors«.

»MP3«

Im Bereich MP3 treffen Sie Einstellungen für das Bouncen von MP3. Das ist allerdings nicht so wichtig, weil Sie die gleichen Einstellungsoptionen (und mehr) für die Erstellung von MP3s auch im Bounce-Dialog angezeigt bekommen und dort ändern können.

3.3.3 Einstellungen »Aufnahme«

Hier stellen Sie beispielsweise ein, ob Sie mit 24-Bit-Auflösung und mit welchem Audiofileformat Sie aufnehmen. Ist die Option 24-BIT-AUFNAHME aus, nehmen Sie mit 16-Bit auf (Abbildung 3.22).

Abbildung 3.22 »Einstellungen • Aufnahme«

Die darunter angezeigten Einstellungen für überlappende Aufnahmen stellen Voreinstellungen für das Menü AUFNAHME dar, die Sie dort jederzeit ändern können und die ich in Abschnitt 5.2.6 über Aufnahme besprechen werde.

3.3.4 Einstellungen »MIDI«

Unter dem MIDI-Tab der Logic-Einstellungen finden Sie folgende Reiter: ALLGEMEIN, ZURÜCKSETZEN (RESET) und SYNC (Abbildung 3.23).

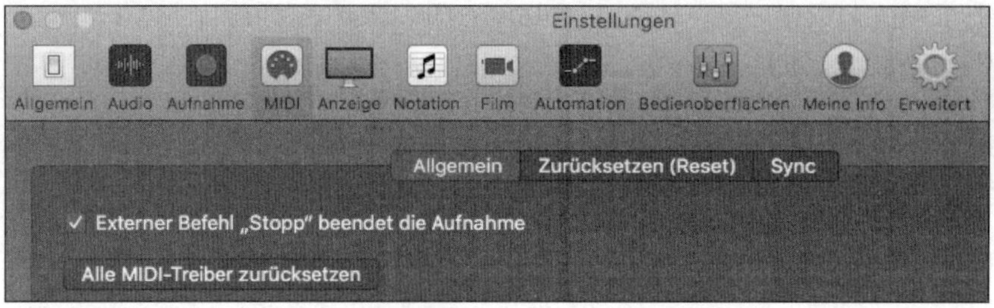

Abbildung 3.23 »Einstellungen • MIDI«

»Allgemein«

Durch Setzen des Häkchens bei EXTERNER BEFEHL »STOPP« BEENDET DIE AUFNAHME stellen Sie ein, dass, falls der Timecode bei externer Synchronisation während der Aufnahme stoppt, der Aufnahmemodus ausgeschaltet wird. Ohne gesetzte Option stoppt Logic Pro, bleibt aber im Aufnahmemodus (Aufnahmemodus ist im Pausenzustand).

Sie können ferner durch Klick auf ALLE MIDI-TREIBER ZURÜCKSETZEN alle MIDI-Treiber bei Kommunikationsproblemen zurücksetzen. Dies ist manchmal praktisch, wenn MIDI-Verbindungen neu gescannt werden müssen.

»Zurücksetzen«/MIDI-Reset

Falls Sie im Display die MIDI-Aktivitätsanzeige eingeblendet haben, können Sie durch Doppelklick einen MIDI-Reset-Befehl senden. Hier stellen Sie ein, ob dabei bestimmte Regler bzw. Controller ebenfalls zurückgesetzt werden, wobei es unterschiedliche Einstellungen für Software und externes MIDI gibt.

»Sync«

Es ist möglich, Geräte über MIDI zu synchronisieren. Dies erläutere ich in Abschnitt 19.3. Hierfür können Sie hier Detaileinstellungen vornehmen, um z. B. durch Einstellung eines Delays alle MIDI-Outputs leicht verzögert ausgeben lassen oder das Aufgreifen oder Senden von MTC (MIDI Time Code) zu verzögern.

3.3.5 Einstellungen »Anzeige«

Es gibt vier Reiter: ALLGEMEIN, SPUREN, MIXER und EDITOREN.

»Allgemein«

Unter PROGRAMMSPRACHE können nun Sie auch unabhängig vom System die Sprache für Logic einstellen. Oft sind z. B. die Begriffe der englischen Version »griffiger« und kürzer.

Mit INFORMATIONSFENSTER GROSS erscheinen Darstellungen im Informationsbereich in größerer Schrift, vergleichbar mit der Darstellung vor Logic 10.3. Hier wählen Sie auch, wie groß Menüs sind und wie der Dialog Neue Spuren dargestellt wird, wie das mittlere C dargestellt wird, wie die Taktpositionen angezeigt werden (wenn Sie beispielsweise aus Pro Tools eine andere Taktdarstellung gewöhnt sind, können Sie diese in Logic ebenfalls wählen) und wie das Zeitformat angezeigt wird (SMPTE-Timecode mit Frames, die die Bilder pro Sekunde bei Filmen anzeigen, oder normale Zeitanzeige mit Millisekunden).

»Spuren«

Hier lässt sich seit Logic 10.3. eine andere Farbe für den Hintergrund oder für ein Gitternetz im Hintergrund des Bereichs Spuren einstellen. Für Bilder zu diesem Buch habe ich beispielsweise die Farbe etwas heller eingestellt, damit Schwarzweißbilder im Druck nicht zu dunkel erscheinen.

»Mixer«

Hier können Sie unter anderem einstellen, ob sich Plug-Ins automatisch öffnen, wenn sie in einen Slot eingefügt werden. Sie können auch eine Peak-Hold-Zeit oder einen Standard (z. B. EBU langsam) für die Reaktionszeit der Pegel einstellen. Optional können Sie vorgeben, dass sich Plug-Ins in der Steuerungsansicht öffnen, was für sehbehinderte User hilfreich sein kann, die die Voice-over-Funktion nutzen. Logics Kommunikation mit der Voice-over-Funktion wurde mit neueren Versionen verbessert.

»Editoren«

Stellen Sie im Bereich Editoren ein, ob die Pianorolle einen hellen Hintergrund haben soll.

3.3.6 Einstellungen »Notation«

Die Einstellungen im Bereich Notation betreffen den Noten-Editor (siehe Abschnitt 7.4). Sie können hier unter anderem die Farbe eines selektierten Bereichs (Voreinstellung: Grün) ändern. Sie können auch einstellen, ob das Kamerawerkzeug erfasste Bilder in die Zwischenablage oder als PDF liefert.

Sie können Noten in polyphonen Notenzeilen automatisch in Bass- und Violinschlüsselnotation teilen und einstellen, bei welcher Note die Teilung erfolgen soll.

Das Kamerawerkzeug kann Aufnahmen hier optional in die Zwischenablage oder ein PDF schicken. Unten rechts finden Sie auch einen Link zu weiteren projektbezogenen Notationseinstellungen.

3.3.7 Einstellungen »Film«

Weitere Erläuterungen zu allgemeinen und projektbezogenen Film-Einstellungen finden Sie in Kapitel 18 über Filmmusik.

3.3.8 Einstellungen »Automation«

Sie können hier einen Einrastversatz für Automationen einstellen, um eventuell Verzögerungen zu kompensieren. Sie können auch einstellen, ob Automation stets mit Regionen verschoben wird – das geht aber auch im MIX-Menü. Ob Regionsautomation Vorrang vor Spurautomation hat, wird momentan in den PROJEKTEINSTELLUNGEN • ALLGEMEIN eingestellt. Weitere Parameter dieser Einstellungs-Tabs erläutere ich in Abschnitt 16.1.23.

3.3.9 Einstellungen »Bedienoberflächen«

Sie können Logic mit verschiedenen Controllern fernsteuern. Dies wurde in jüngeren Logic-Versionen deutlich verbessert. Logic erkennt Bedienoberflächen, die die Lua-Skriptsprache verwenden.

Der Tab BEDIENOBERFLÄCHEN besteht aus den Reitern ALLGEMEIN, INFO-TEXT und MIDI-CONTROLLER.

In Ersterem können Sie z. B. einstellen, welche Informationen wie lange auf einem entsprechenden Controller angezeigt werden oder ob SOLO/MUTE-Tasten blinken etc.

Der Bereich INFO-TEXT bietet Optionen für Anzeigen im Controller.

Unter MIDI-CONTROLLER werden Bedienoberflächen gelistet, die beim ersten Anschließen automatisch konfiguriert werden können. Diese Einstellung können Sie hier nachträglich ändern, indem Sie das Häkchen beim Feld AUTOMATISCH setzen oder entfernen. Falls Sie das Häkchen setzen, werden Zuweisungen für dieses Gerät automatisch erstellt, wobei die Informationen im Lua-Skript als Basis dienen. Existiert bereits eine vom Benutzer definierte oder bearbeitete Zuweisung für ein Steuerelement, wird sie beibehalten, und es wird keine zusätzliche Zuweisung für dieses Steuerelement erstellt. Das Lua-Skript wird gestartet und aktiviert seine optionale MIDI-In- und MIDI-Out-Verarbeitung.[1]

Wenn Sie das Feld AUTO deaktivieren, werden die Lua-Skript-Zuweisungen entfernt (vom Benutzer geänderte Zuweisungen bleiben erhalten), und die MIDI-Verarbeitung durch das Lua-Skript wird gestoppt.

Mehr Details hierzu finden Sie in Abschnitt 16.3, »Bedienoberflächen und Controller-Zuweisungen«.

Zum Thema Bedienoberflächen-Support gibt es ein eigenes Manual. Sie erreichen es über das HILFE-Menü. Beachten Sie dabei die genaue Beschriftung des Manuals. Eventuell wird hierbei ein veraltetes Manual angezeigt, und im Internet ist ein neueres zu finden.

3.3.10 Einstellungen »Meine Info«

Hier können Sie persönliche Informationen eingeben, die es ermöglichen, Ihren Song bei einer Freigabe zu identifizieren.

---

1 Logic 10.3-Bedienoberflächen-Manual

3.3.11 Einstellungen »Erweitert«

Wie bereits zuvor erläutert, können Sie selbst den Funktionsumfang von Logic über die ERWEITERTEN WERKZEUGE erweitern oder beschränken, um weniger Funktionen angezeigt zu bekommen, was Logic für Anfänger übersichtlicher macht. Welche Funktionen beim Ausblenden des ein oder anderen Werkzeugs genau fehlen, ist im Dialog mehr oder weniger selbsterklärend. Um alle erweiterten Werkzeuge zu aktivieren/deaktivieren, nutzen Sie am besten die Schaltflächen ALLE AKTIVIEREN oder ALLE DEAKTIVIEREN unten links im Dialog, denn nach jedem Aktivieren eines einzelnen Unterpunkts startet Logics Grafik neu.

3.4 Projekteinstellungen

Die PROJEKTEINSTELLUNGEN werden mit dem Projekt gespeichert und gelten (im Gegensatz zu den allgemeinen Einstellungen) nur für das jeweilige Projekt. An die PROJEKTEINSTELLUNGEN gelangen Sie über das Menü ABLAGE • PROJEKTEINSTELLUNGEN

3.4.1 Projekteinstellungen »Allgemein«

Wenn der Haken beim Eintrag MUSIKALISCHES RASTER VERWENDEN (Abbildung 3.24) gesetzt ist, wird als primäres Lineal im Spurenbereich das Taktlineal angezeigt. Eine größere Bedeutung hat diese Option nicht, außer dass bei Audioaufnahmen zusätzlich Tempoinformationen in die Datei aufgenommen werden. Im ANSICHT-Menü des Spurenbereichs können Sie jederzeit ein sekundäres Lineal ein- oder ausblenden. Selbst wenn Sie die Option MUSIKALISCHES RASTER VERWENDEN aktivieren, werden Ihre Aufnahmen einen Taktbezug behalten, so dass sich bei Änderungen des MIDI-Tempos auch die Zeitposition von Regionen und Events verändert. Wenn Sie das verhindern möchten, müssen Sie für selektierte Regionen die SMPTE-POSITION VERRIEGELN (im Menü FUNKTIONEN des Hauptfensters.)

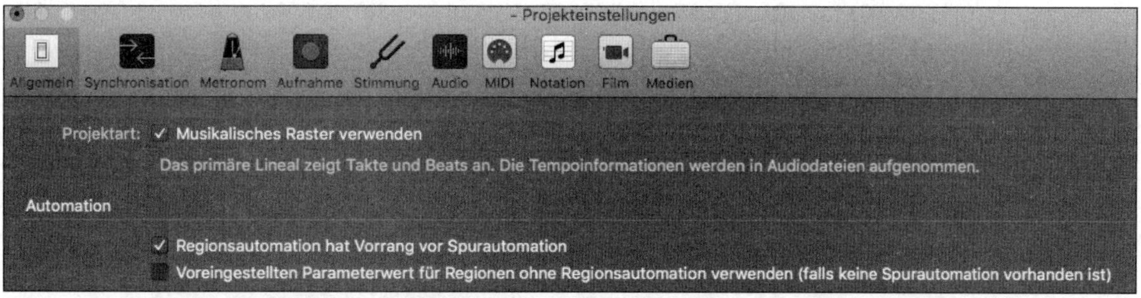

Abbildung 3.24 Projekteinstellungen »Allgemein«

Spur- und Regionsautomation können koexistieren, Sie können hier (Voreinstellung) festlegen, dass Regionsautomation Vorrang vor Spurautomation hat. Außerdem können Sie hier einstellen, dass ein voreingestellter Parameterwert für Regionen ohne Regionsautomation verwendet wird, falls keine Spurautomation vorhanden ist. Dies ist voreingestellt deaktiviert, Sie sollten es bevorzugt aktivieren. Regionen ohne Automation springen dann auf den Wert, den Sie einstellen, wenn keine Automation aktiv ist. Diesen können Sie jederzeit wieder ändern. Regionen ohne Automation springen dann auf den geänderten Wert (siehe Abschnitt 16.1.3).

3.4.2 Projekteinstellungen »Synchronisation«

Die Einstellungen zum Thema Synchronisation umfassen vier verschiedene Reiter.

Im Reiter ALLGEMEIN (Abbildung 3.25) der projektbezogenen Synchronisationseinstellungen stellen Sie ein, ob Logic nach der eigenen Clock läuft, als Sklave eines MIDI Time Codes (MTC) eines externen Sync-Masters (siehe Kapitel 19, »Andere Programme, Synchronisation, spezielle Verbindungen«) oder nach der Vorgabe von Taps der TAP-TEMPO-Funktion mit im TEMPO-INTERPRETER vorgenommenen Einstellungen.

Der MTC sendet absolute Zeitpositionen in seinen Nachrichten. Diese enthalten Informationen über die SMPTE-Zeit. Dabei ist wichtig, dass die richtige FRAME-RATE eingestellt wurde.

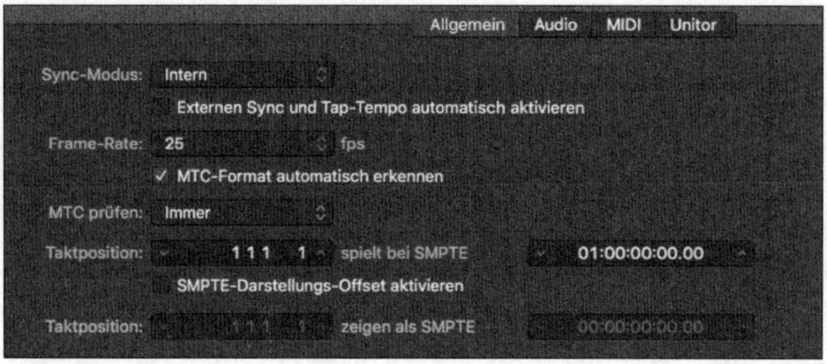

Abbildung 3.25 Projekteinstellungen »Synchronisation • Allgemein«

Sie können ferner die Synchronisationsposition eines Filmes gegenüber dem Logic-Taktlineal verschieben, indem Sie die Start-Taktposition in Logic einer Zeitposition im Film zuweisen (siehe auch Abschnitt 18.1.3).

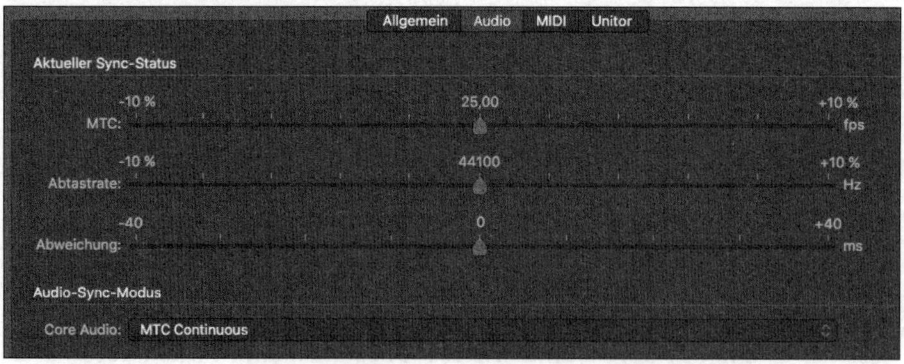

Abbildung 3.26 Projekteinstellungen »Synchronisation • Audio«

Im AUDIO-Tab (Abbildung 3.26) können Sie ergänzend Feinjustierungen für den Fall von Problemen bei der Synchronisation vornehmen.

Im MIDI-Tab (Abbildung 3.27) stellen Sie ein, wohin Logic welche Synchronisationsinformationen sendet, falls Logic selbst der Taktgeber für ein anderes externes Programm sein soll (siehe auch Kapitel 19, »Andere Programme, Synchronisation, spezielle Verbindungen«). Der MTC kann gesendet werden, Sie können hier den MIDI-Ausgangsport dafür einstellen. Im UNITOR-Tab können Sie Feineinstellungen für die Synchronisation mit dem Emagic[2]-MIDI-Interface Unitor 8 vornehmen, das SMPTE-Daten lesen und schreiben und für die Videosynchronisation hilfreich sein kann.

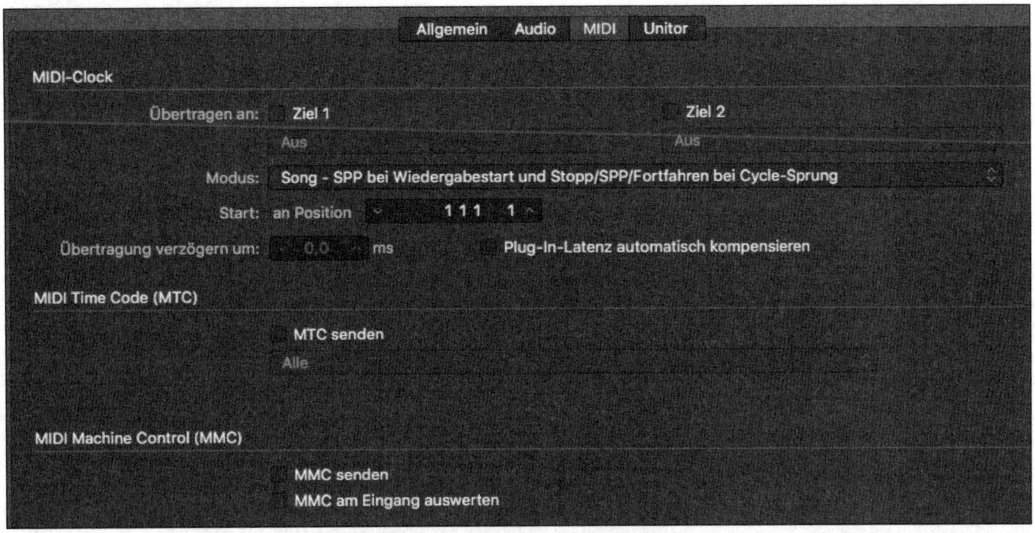

Abbildung 3.27 Projekteinstellungen »Synchronisation • MIDI«

3.4.3 Projekteinstellungen »Metronom« und »Klopfgeist«

Dieses Fenster erreichen Sie auch über den Eintrag METRONOMEINSTELLUNGEN im AUFNAHME-Menü. Wenn das Häkchen beim Eintrag AUDIO CLICK (KLOPFGEIST) aktiviert ist, gibt Logic den Klick bei aktivierter Metronomfunktion aus einem eigenen Instrument namens *Klopfgeist* aus. Dies sehen Sie im Mixer, wenn Sie sich dort alle Spuren anzeigen lassen. Dort ist es immer Instrument Nr. 256. Sie können auch ein anderes Instrument laden und den *Klopfgeist* ersetzen. Im Flip-Menü OUTPUT stellen Sie den Audioausgang Ihres *Klopfgeist*-Instruments ein. Damit der *Klopfgeist* nicht versehentlich stumm geschaltet wird, wenn Sie eine Spur solo schalten, ist die Spur mit *Klopfgeist solo safe* geschaltet.

Eher aus alten Zeiten stammt dagegen noch die Option, das Metronom durch ein externes MIDI-Instrument »klicken« zu lassen. Falls Sie das wünschen, müssen Sie im Flip-Menü neben dem Eintrag PORT den entsprechenden MIDI-Anschluss Ihres externen Instrumentes einstellen.

2 Ehemalige Entwicklerfirma von Logic

3.4.4 Projekteinstellungen »Aufnahme«

Hier können Sie die Länge des Einzählers einstellen, das ist aber auch über das Menü AUFNAHME möglich (Abbildung 3.28).

Sie können ferner unter anderem einstellen, ob Takes eingefärbt oder ob Tempoänderungen aufgenommen werden. Dies ist mit dem TEMPO-Regler möglich (Abschnitt 9.8).

Sie können hier auch den Audioaufnahmepfad festlegen, was insbesondere wichtig ist, wenn Sie das Projekt noch nicht gespeichert haben.

Die Aktivierung der Option MEHRSPURAUFNAHMEN NACH EVENT-KANAL TRENNEN ist wichtig, wenn Sie mehrere Instrumente gleichzeitig getrennt voneinander aufnehmen möchten. Ist die Option deaktiviert, werden bei der Aufnahme alle MIDI-Daten zu allen scharfgeschalteten Spuren gesendet. In die selektierte Spur wird eine neue Originalregion aufgenommen, in die anderen Spuren Aliasse davon.

Sie finden weitere Erläuterungen zu Einstellungen für Audio- und MIDI-Aufnahmen in den verschiedenen Unterabschnitten über das Thema Aufnahme von Kapitel 5.

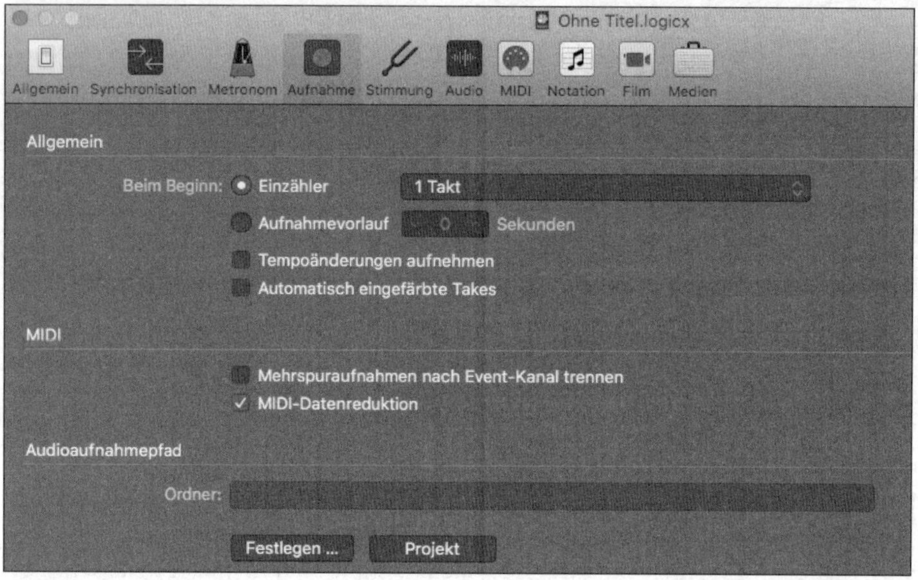

Abbildung 3.28 Die Projekteinstellungen »Aufnahme«

3.4.5 Projekteinstellungen »Stimmung«

Im Tab STIMMUNG (Abbildung 3.29) können Sie die Tonhöhe von Software-Instrumenten insgesamt (oben) verstimmen. Sie können aber auch die Tonhöhen einzelner gespielter Tasten im Microtuningbereich verstimmen.

Dabei können Sie eigene Stimmungen anwenden oder im Laufe der Musikgeschichte entstandene Stimmungen benutzen. Bei diesen geht es grob gesagt darum, dass man sich im Laufe der Geschichte nicht immer ganz einig war, wie nun ein Instrument gestimmt werden müsste.

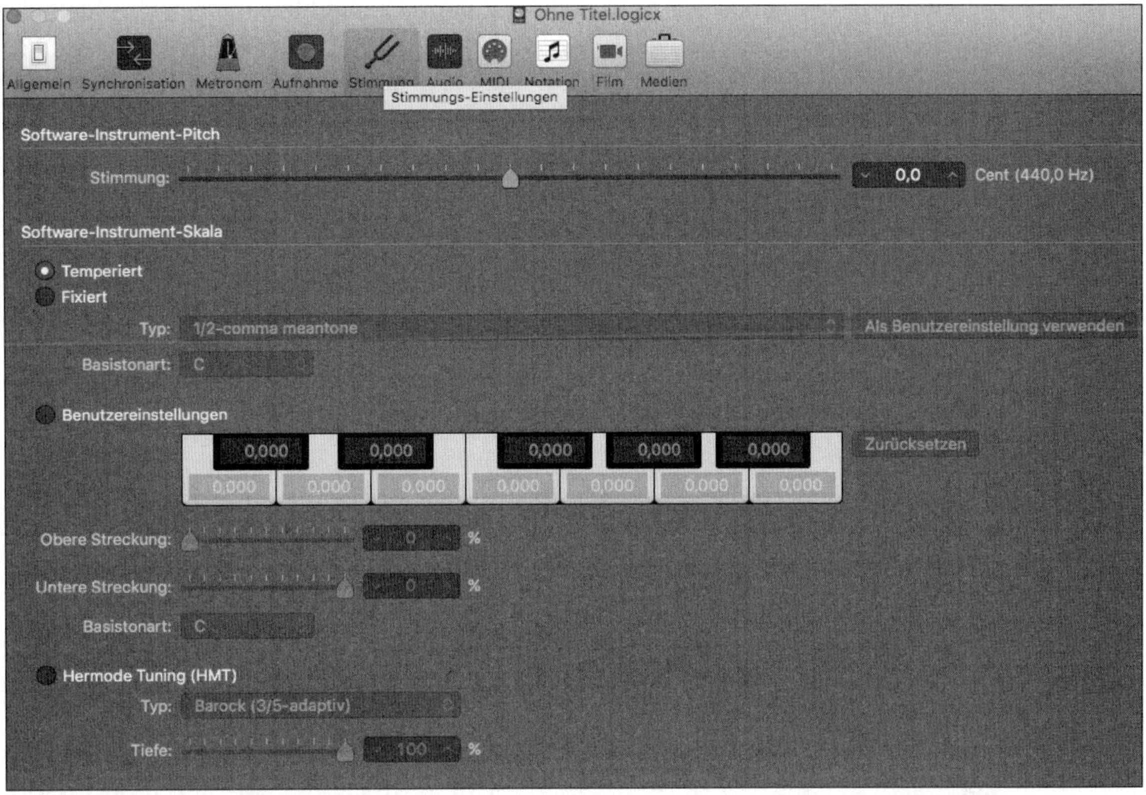

Abbildung 3.29 Die Projekteinstellungen »Stimmung«

Einer Stimmung entsprechend der natürlichen Obertöne steht als Gegenpol die Aufteilung einer Oktave in zwölf gleiche Teile – die sogenannte *wohltemperierte Stimmung* – gegenüber. Zwischen diesen beiden puristischen Ansätzen gibt es praktikable Kompromisse. Es ist in der Musikhistorie oft vorgekommen, dass Stücke für bestimmte Stimmungen und Grundtöne geschrieben wurden und in anderen Tonlagen oder mit anderen Stimmungen nicht harmonisch sinnvoll wiedergegeben werden konnten.

Dem wird Logic gerecht, indem es Ihnen erlaubt, verschiedene Stimmungen aufzurufen. Problematisch an solchen speziellen Stimmungen ist, dass manche von ihnen in bestimmten Tonlagen großartig, in anderen aber schrecklich klingen.

Die Einstellung HERMODE TUNING erlaubt eine automatische Stimmung elektronischer Software-Instrumente während einer musikalischen Darbietung inklusive Frequenzkorrektur. Dabei wird versucht, Quinten, Terzen oder/und Septimen (je nach gewähltem TYP im Flip-Menü) entsprechend der natürlichen Obertöne *rein* zu stimmen. Es werden automatische Korrekturen vorgenommen, die sich den musikalischen Inhalten anpassen. Das Logic-Handbuch wartet hier mit einigen sehr ausführlichen Detailinformationen auf. Probieren Sie es einmal in der Praxis aus: Spielen Sie mit dem Standard-E-Piano einen C-Dur- oder c-Moll-Dreiklang bei eingeschaltetem HERMODE TUNING (HMT), oder wechseln Sie zwischen temperierter und Hermode-Einstellung hin und her. Ich jedenfalls war begeistert von dem Soundunterschied; die Standardeinstellung klang für meine Ohren mitunter plötzlich *flach*. Das ist natürlich insbesondere für akustische Instrumente relevant, die auch real tatsächlich reine Stimmungen spielen können. Bei einem E-Piano ist das eher ein Synthesizer-Experiment. Nicht zuletzt deshalb kann man HMT auch spurweise im Informationsfenster SPUR wieder deaktivieren (der Button erscheint nur, falls HMT ansonsten aktiv ist). Grundsätzlich besteht die Wahl zwischen:

- temperierter Stimmung
- nach einem bestimmten Modus fixierter Stimmung
- Hermode-Stimmung

Probieren Sie aus, mit Logics *E-Piano* eine fixierte Skala wie etwa die abgebildete 1/2-COMMA MEANTONE oder eine der indischen Skalen zu spielen. Wechseln Sie dabei von einem c-Moll- zu einem f-Moll-Akkord – plötzlich klingt es grausam. Mit dem Hermode Tuning klingen die Akkorde dann wieder halbwegs akkurat – und interessant. Öffnen Sie das Projekt *03Tuning02*, wo ich das obengenannte Beispiel nachvollzogen und in entsprechend benannte Regionen eines Audiofiles abgespeichert habe; oder probieren Sie so lange herum, bis Sie etwas Interessantes hören.

Allerdings ist die Funktionalität nicht ganz bug-frei. Ich war bei meinen Versuchen mit Stimmungen öfters unsicher, ob Logic die eingestellte Stimmung auch tatsächlich spielte oder nicht – Stimmungseinstellungen gehen immer wieder verloren, z. B. wenn Sie ein neues Instrument in die Spur laden. Daher habe ich für das Projekt *03Tuning02* Noten mit dem *Vintage E-Piano* live eingespielt, dann Stimmungs-PROJEKTEINSTELLUNGEN geändert und wieder neu eingespielt. Simultan hatte ich eine Audiospur scharf geschaltet und das *E-Piano* auf Bus 3 geroutet und diesen zugleich als Input für die Audiospur verwendet. Die Unterschiede zwischen den drei (entsprechend der Stimmung beschrifteten) Regionen sollten Sie zu Hause hören können.

Ein weiteres Beispiel mit einer manuell erstellten indischen Stimmung finden Sie im Projekt *03Indian*. Das Logic-Tuning funktioniert nicht mit Drittanbieter-Klangerzeugern; diese bieten teilweise jedoch eigene Tuning-Sektionen für entsprechende Programmierungen an (z. B. Kontakt, Absynth).

Wenn Sie auf den Button ALS BENUTZEREINSTELLUNG WÄHLEN klicken, zeigt Ihnen Logic die Verstimmungen der aktuell gewählten fixierten Skala genau an bzw. übernimmt sie als

Benutzereinstellung. Schalten Sie anschließend links daneben die BENUTZER-Stimmung aktiv – dann können Sie die Stimmung manuell editieren (und mit dem Projekt, aber leider nicht separat abspeichern).

Zudem lassen sich im Bereich STRECKUNG Stimmungen von akustischen Konzertinstrumenten wie Konzertpianos anpassen. In einigen Logic-Instrumenten wie etwa den drei Instrumenten der *Vintage*-Serie (*Vintage Piano*, *Clav* und *B3*) finden Sie solche Parameter auch im Instrumenten-Plug-In.

3.4.6 Projekteinstellungen »Audio« (inklusive Samplerate und Surround-Format)

Die Samplerate eines Projekts bestimmen Sie hier. Denken Sie daran: Die für Latenz und Performance wichtige Puffergröße geben Sie unter LOGIC PRO X • EINSTELLUNGEN • AUDIO wie erläutert in Samples an. Verdoppeln Sie die Samplerate, bedeutet das: Bei gleicher Puffergröße wird die Latenz halbiert, wodurch Ihr System schneller reagiert, aber auch überfordert sein kann.

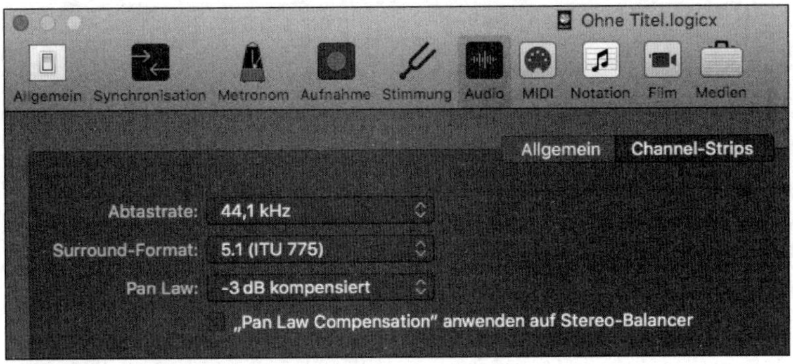

Abbildung 3.30 Projekteinstellungen »Audio«

In diesem Tab stellen Sie außerdem das SURROUND-FORMAT für Ihr Projekt ein. Die Zuweisung zu Output-Kanalzügen erfolgt hingegen in den EINSTELLUNGEN • AUDIO • I/O ZUWEISUNGEN.

Die Option AUTOMATISCHE VERWALTUNG VON CHANNEL-STRIP-OBJEKTEN sollten Sie aktiviert lassen, es sei denn, Sie möchten manuell in der MIDI-UMGEBUNG Änderungen vornehmen. Die Option AUTOMATISCHE BENENNUNG VON CHANNEL-STRIP-OBJEKTEN sorgt dafür, dass diese nach dem zuletzt geladenen Channel-Strip-Setting/Patch benannt werden, was Sie allerdings nicht daran hindert, die Namen nachträglich manuell zu ändern.

Die PAN LAW-Einstellung von –3 DB KOMPENSIERT in Abbildung 3.30 soll verhindern, dass ein Sound mit mittiger Panorama-Einstellung lauter klingt, als wenn er auf links oder rechts gelegt wird. Sie haben hier allerdings alternativ die Einstellmöglichkeiten 0 DB und –3 DB. Dazu liefert das Handbuch zusätzliche Detailinformationen.

3.4.7 Projekteinstellungen »MIDI«

Hier finden Sie die projektbezogenen Einstellungen zum Thema MIDI mit den Reitern ALLGEMEIN, INPUT-FILTER, VERFOLGEN und LÄNGE BESCHN(EIDEN).

»Allgemein«

In den PROJEKTEINSTELLUNGEN unter MIDI • ALLGEMEIN (siehe Abbildung 3.31) können Sie einstellen, dass nach dem Laden eines Projekts MIDI-Einstellungen an verwendete Instrumente gesendet werden. Die Option ALLE REGLERWERTE ermöglicht Ihnen, nach dem Laden eines Projekts auch alle Reglerwerte der MIDI-UMGEBUNG zu senden.

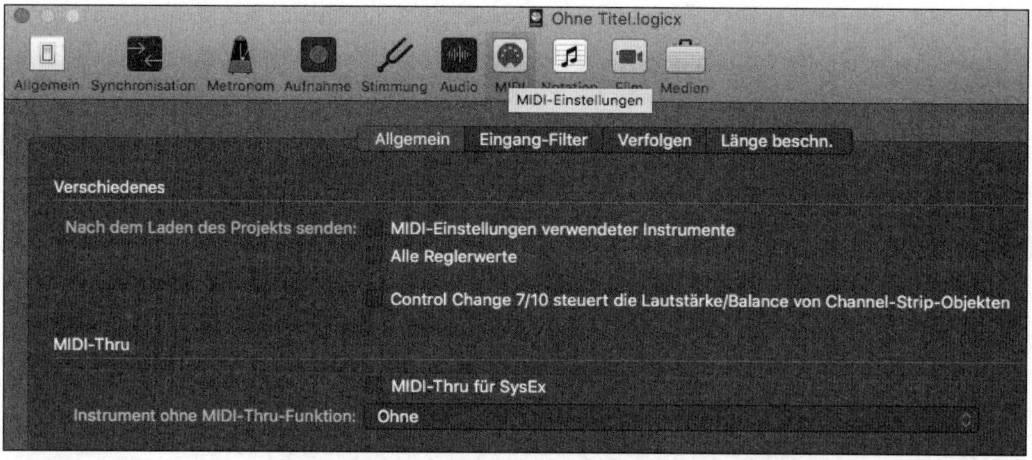

Abbildung 3.31 Die Projekteinstellungen »MIDI • Allgemein«

Darunter finden Sie die Option CONTROL CHANGE 7/10 STEUERT DIE LAUTSTÄRKE/BALANCE VON CHANNEL-STRIP-OBJEKTEN. Falls diese wie in Abbildung 3.31 *ausgeschaltet* bzw. nicht aktiviert ist, bedeutet das, dass der genannte Befehl die Lautstärke-/Pan-Fader in den verwendeten Plug-Ins selbst anspricht und nicht die entsprechenden Lautstärke-/Pan-Fader des zugehörigen Logic Channel-Strips.

MIDI-Thru bezeichnet das Durchschleifen von eingehenden MIDI-Signalen an das im Spurinstrument eingestellte Ziel. MIDI-THRU FÜR SYSEX ist beispielsweise sinnvoll, wenn Parameteränderungen via SysEx sofort zu hören sein sollen.

Ein INSTRUMENT OHNE MIDI-THRU-FUNKTION leitet live eingehende MIDI-Informationen nicht automatisch an das in der Spur eingestellte Ziel weiter, im Abspielmodus dagegen sendet es MIDI an das Ziel. Wie auch in Abschnitt 3.11.3 im Unterabschnitt »Local On/Off« zu lesen ist, kann dies bei Keyboards mit eigener Klangerzeugung sinnvoll sein, die nicht über eine sogenannte *Local-Off-Funktion* verfügen, die die interne Klangerzeugung vom Keyboard trennt, um zu verhindern, dass ein solches Keyboard bei der Aufnahme zweimal dieselben Befehle erhält (einmal vom internen Keyboard, einmal von Logic). Mit einer Spur ohne MIDI-Thru können Sie MIDI in eine Logic-Spur aufnehmen, ohne dass diese MIDI-Informationen direkt wieder an den Synthesizer gesendet werden. Im Flip-Menü neben dem Eintrag INSTRUMENT OHNE MIDI-THRU-FUNKTION können Sie hierfür ein in der MIDI-UMGEBUNG verfügbares MIDI-Instrument auswählen.

»Eingang-Filter«

Wenn Sie Abschnitt 3.11.2, »MIDI-Befehle«, in diesem Kapitel lesen, werden Sie die im Bereich MIDI • INPUT-FILTER aufgelisteten Befehle wiedererkennen: Es sind die acht Standard-MIDI-Befehle (mit »Note-Befehlen« sind ja Note-On- und Note-Off-Befehle gemeint). Wenn zum Beispiel ein Häkchen beim Eintrag SYSTEM-EXKLUSIV gesetzt ist, ist es nicht möglich, dass Logic systemexklusiv Daten empfängt und (eventuell versehentlich) weiterleitet, weil sie zuvor von Logic herausgefiltert werden. Das gilt analog dazu auch für die anderen MIDI-Befehle, falls ein Häkchen gesetzt ist.

»Verfolgen«

Grundsätzlich geht es im Fenster MIDI • VERFOLGEN der PROJEKTEINSTELLUNGEN darum, dass Logic bei einem Start der Wiedergabe in der Mitte des Projekts dieses zuvor nach im Song an früheren Taktpositionen vorkommenden MIDI-Befehlen durchsucht, um diese auf die an der Abspielposition eigentlich angemessenen Werte zu setzen. Das ist deshalb wichtig, weil es andernfalls passieren kann, dass ein an früherer Stelle im Projekt vorkommender MIDI-Befehl beim Start der Wiedergabe in der Mitte eines Songs nicht berücksichtigt wird, weil er ja gar nicht erst abgespielt wurde. Somit wären Parameter ohne die VERFOLGEN-Funktion anders eingestellt, wenn Sie Ihr Projekt von der Mitte aus starten, als wenn Sie es von Anfang an abspielen. Sie können im Dialog einstellen, nach welchen MIDI-Befehlen Ihr Projekt dabei durchsucht wird.

3.4.8 Projekteinstellungen »Notation«

Unter NOTATION finden Sie zahlreiche Einstellungen für die Darstellung im Noten-Editor, der ein komplexes Thema für sich ist.

In diesem Dialog geht es um Seitenränder, Abstände zwischen Noten, die maximale Anzahl der Takte pro System, automatische Anzeige von Seitenzahlen, Taktnummerierungen, Instrumentennamen in der Notation, alternative Notation von Saiteninstrumenten mit Bünden (Tabulatur), Darstellung von Akkorden und Akkorddiagrammen, Darstellung von Notenschlüsseln, Takt- und Tonart, das Layout, den Einfluss verwendeter graphischer Symbole auf die MIDI-Wiedergabe der Noten und Optionen für die farbliche Darstellung von Noten oder Velocities.

Hier liefert das Handbuch detaillierte Informationen; auf einige elementare Möglichkeiten dieses Editors gehe ich in Abschnitt 7.4, »Notationseditor«, ein.

3.4.9 Projekteinstellungen »Film«

Die Option, hier eine SMPTE-Zeit für den Filmstart einzugeben, erlaubt im Zusammenspiel mit den PROJEKTEINSTELLUNGEN unter SYNCHRONISATION und den allgemeinen EINSTELLUNGEN • FILM, einen zu vertonenden Film an einem Fixpunkt in Logics Taktraster auszurichten. Mehr hierzu finden Sie in Abschnitt 18.1.3.

3.4.10 Projekteinstellungen »Medien«

Eine wichtige und recht versteckte Voreinstellung verbirgt sich im Bereich MEDIEN (Abbildung 3.32).

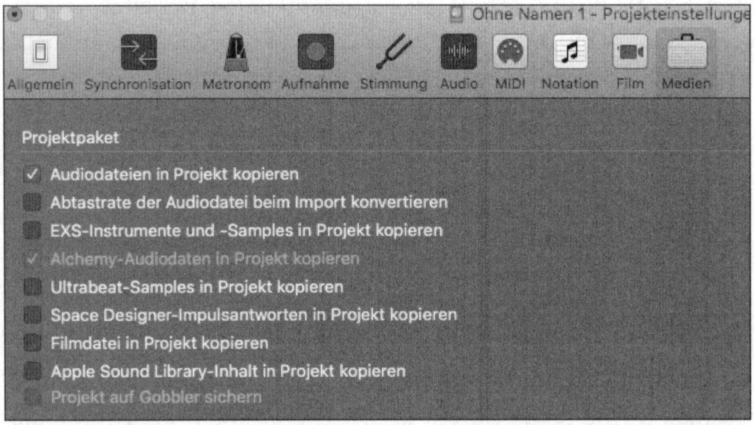

Abbildung 3.32 Projekteinstellungen »Medien«

Hier können Sie einstellen, ob Medien mit dem Projekt gespeichert oder beim Import in die richtige Samplerate konvertiert werden. Wenn Sie den Befehl ABLAGE • SPEICHERN UNTER oder den Befehl ABLAGE • PROJEKTVERWALTUNG • PROJEKT ZUSAMMENLEGEN auswählen, sehen Sie die gleichen Optionen (siehe ab Abschnitt 3.1).

3.4.11 Projekteinstellungen importieren

Über den Eintrag ganz unten aus dem zugehörigen Menü ABLAGE • PROJEKTEINSTELLUNGEN • PROJEKTEINSTELLUNGEN IMPORTIEREN können Sie verschiedene PROJEKTEINSTELLUNGEN aus anderen Logic Pro X-Projekten importieren. Wählen Sie in einem Dialog zunächst das Logic-Projekt, aus dem Sie importieren möchten. Sie können auch Fensteranordnungen, Transform-Sets usw. importieren (alle Optionen sehen Sie in Abbildung 3.33). Konfigurationen der Steuerungs- und Symbolleiste sind in diesem Zusammenhang übrigens Bestandteil von Fensteranordnungen.

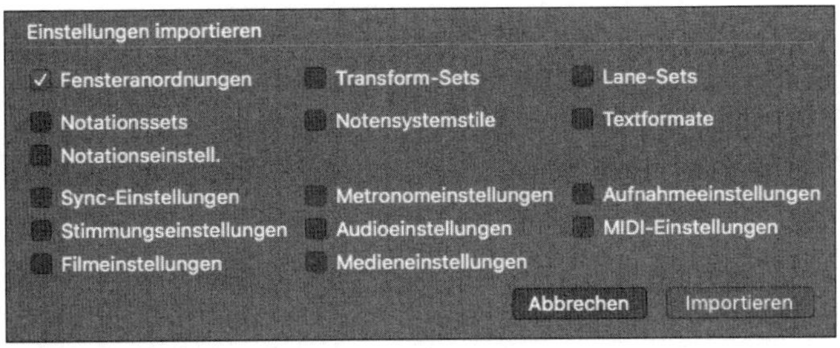

Abbildung 3.33 Dialog zum Importieren von Projekteinstellungen

3.5 Plug-In-Manager und Audio Units

Grundsätzlich sind installierte Audio Units nach dem Scan anschließend automatisch im AUDIO UNITS-Menü in Logic verfügbar. Die aktuell verfügbaren AU-Plug-Ins finden Sie für Effekte in einem Menüeintrag AUDIO UNITS unterhalb der Logic-Effekte, für Instrumente unterhalb der Logic-Instrumente.

3.5.1 Manueller Scan

Falls einmal ein externes Plug-In Probleme macht oder Sie den Scan abgebrochen haben: Rufen Sie den Audio-Unit-Manager über das Menü LOGIC PRO X • EINSTELLUNGEN • PLUG-IN-MANAGER auf.

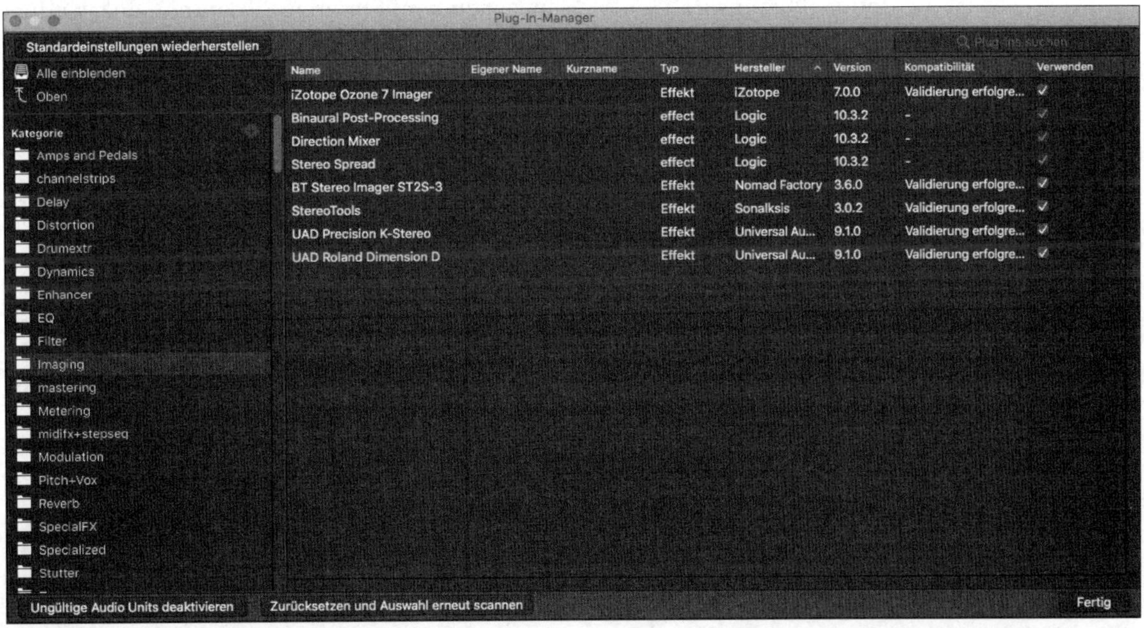

Abbildung 3.34 Der Plug-In-Manager

Selektieren Sie Instrumente, die kein Häkchen unter VERWENDEN haben – was nur bei Drittanbieter Plug-Ins vorkommen kann –, und klicken Sie unten auf ZURÜCKSETZEN UND AUSWAHL ERNEUT SCANNEN. Nur selektierte Objekte werden gescannt. Um schnell alle nicht aktiven Plug-Ins zu finden, können Sie oben auf die Spalte VERWENDEN klicken, so dass die aktiven/nicht aktiven Plug-Ins gruppiert aufgelistet werden.

3.5.2 Problematische Plug-Ins

Gegebenenfalls müssen Sie die Prozedur wiederholen, manchmal klappt es beim zweiten Versuch. Sie können theoretisch auch ein Plug-In, obwohl es die Validierung nicht bestanden hat, durch Anklicken des Häkchens unter VERWENDEN aktivieren. In den meisten Fällen ist das aber nicht empfehlenswert. Plug-Ins, bei denen das VERWENDEN-Häkchen nicht gesetzt ist, erscheinen nicht in den Logic-Auswahlmenüs.

Logic Pro X kann nur mit 64-Bit-Plug-Ins arbeiten. Das ist zwar eine Einschränkung, dadurch entfällt aber im Gegensatz zu Logic 9 die Notwendigkeit von separaten Scans für 32-Bit- und 64-Bit-Plug-Ins.

AU-Plug-Ins von Drittherstellern kann Logic nach dem Scan in der Regel verwenden, das Format VST versteht Logic nicht. Normalerweise ist das kein Problem, denn Hersteller, die Mac-Plug-Ins anbieten, stellen diese meist auch im AU-Format zur Verfügung.

3.5.3 Eigene Plug-In-Menü-Konfigurationen und Ordner bearbeiten

Neu ist die Option, Plug-Ins im Plug-In-Manager zu konfigurieren. Sie können links Ordner verwalten, um z. B. Ihre Lieblings-Plug-Ins verschiedener Hersteller zusammenzufassen. Diese Order sehen Sie dann auch beim Laden von Plug-Ins.

Sehr viele Effekt-Plug-Ins von Drittherstellern (aber nicht die Logic-Plug-Ins in 10.3.2) erscheinen nach der Zuordnung in eigene Ordner auch als ladbare Instrumente mit Sidechain-Input. Voreingestellt werden die Ordner angezeigt, nach denen Logic seine Plug-Ins sortiert: AMPS & PEDALS, DELAY, DISTORTION usw. (siehe unten links in Abbildung 3.34). Unterhalb der Ordner gibt es zusätzlich eine Liste der Hersteller der von Ihnen verwendeten Plug-Ins. Klicken Sie auf den Herstellernamen (Logic Plug-Ins sind unter Logic aufgelistet), und verschieben Sie gewünschte Plug-Ins in Ordner. Legen Sie durch Klick auf das kleine +-Zeichen rechts neben dem Eintrag KATEGORIE selbst neue Ordner an. Per Rechtsklick können Sie diese durch Auswahl der ENTFERNEN Option auch wieder löschen. Die Anzeige erfolgt stets alphabetisch. Sie können sowohl Instrument- als auch Effekt-Plug-Ins in Ordner schieben.

Wenn Sie ein Plug-In aus einem Ordner in einen anderen verschieben und dabei die `alt`-Taste gedrückt halten, wird das Plug-In in den Ordner kopiert und erscheint fortan in Ihrer Liste mehrfach. Wenn Sie Plug-Ins ohne gehaltene `alt`-Taste aus Ordnern verschieben, verschwinden sie aus dem Ordner, in dem sie sich bis dahin befanden.

Zusätzlich stehen Ihnen beim Laden von Plug-Ins ganz unten immer die Menüs AUDIO UNITS und LOGIC zur Verfügung. Dort finden Sie in jedem Fall weiterhin die Standard-Logic-Unterordner (Abbildung 3.35) bzw. die Plug-Ins von Drittherstellern im AUDIO UNITS-Unterordner sortiert nach dem Herstellernamen.

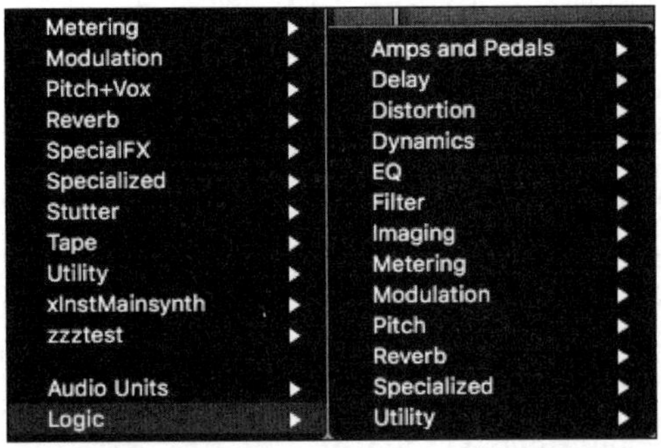

Abbildung 3.35 Die Ordner links sind selbst konfiguriert, unten finden Sie Logic inklusive der Standardunterordner, darüber den Eintrag »Audio Units«.

Konfigurationen speichern oder resetten?

Sie können leider keine Konfigurationen speichern, sehr wohl aber die Standardeinstellungen wiederherstellen.

Es gibt aber eine unoffizielle Methode, die ich ausprobiert habe: Im Pfad *Benutzer/Musik/Audio Music Apps/Databases* finden Sie den Ordner *Tags*. In diesem sind die Konfigurationen des Plug-In-Managers gespeichert. Wenn Sie eine Kopie dieses Ordners an einem sicheren Ort speichern, können Sie ein Backup Ihrer Plug-In Konfiguration anlegen und ggf. wieder einsetzen.

3.6 Tastaturkurzbefehle nutzen, verwalten und selbst erstellen

Fast jeder mit der Maus erreichbare Menüpunkt oder Befehl kann als *Tastaturkurzbefehl* (auch *Tastaturkommando*, *Key Command* oder *Shortcut* genannt) frei konfiguriert werden. Es gibt auch spezielle Befehle, die nicht mit der Maus oder Menüeinträge, sondern nur via Tastaturkurzbefehl ausführbar sind. Zudem sind nicht für alle Befehle voreingestellt Shortcuts vergeben.

Auch die in Kapitel 1 kurz vorgestellte Touch Bar neuerer MacBook Pros kann über Tastaturkurzbefehle konfiguriert werden (siehe Abschnitt 3.7). Ein Tastaturkommandoset lässt sich als Preset speichern. Zum Beispiel über das Menü LOGIC PRO X • TASTATURKURZBEFEHLE • PRESETS können Sie schnell auf das Standard-Shortcut-Set (siehe Anhang »Tastaturkurzbefehle«) oder auf selbstgespeicherte Presets zurückschalten.

Abbildung 3.36 Menü zum Auswählen von Tastaturkurzbefehl-Presets

Logics Menüeinträge helfen Ihnen beim Erlernen von Tastaturkurzbefehlen, indem die aktuellen Shortcuts in den Menüs neben den Befehlen angezeigt werden.

3.6.1 Hard-wired Shortcuts

Einige wenige Tastaturkurzbefehlsfunktionen in Logic sind fest vergeben. Sie tauchen nicht im Fenster TASTATURKURZBEFEHLE auf. Nicht zuletzt, wenn Sie sich als Logic X-Benutzer auf unterschiedlichen Systemen auskennen möchten (wie z. B. ein durch eine entsprechende Prüfung zertifizierter Apple-Logic-Pro-X-Benutzer), sollten Sie solche Shortcuts kennen, denn diese sind auf allen Systemen gleich. Je nachdem, welche Art Maus (Scrolling in zwei oder vier Richtungen) oder Trackpad Sie benutzen, haben manche Modifier beim Scrollen/Zoomen allerdings unterschiedliche Wirkungen. Tabelle 3.2 zeigt eine Liste wichtiger Hard-wired Shortcuts.

Tastenkürzel	Beschreibung
alt (früher ctrl + alt)	Lupenfunktion: Ein Bereich kann aufgespannt und gezoomt werden. Erneuter Klick mit gehaltener alt-Taste zoomt zur ursprünglichen Zoom-Einstellung zurück.
⇧ + ctrl bei Kurvenbearbeitung	Kurve wird gebeugt, z. B. bei Automationskurven und MIDI-Draw-Kurven.
⇧ + ctrl im Hauptfenster (gegebenenfalls mit Mauszeiger über Anfang/Ende einer Audioregion)	Der Arrangierbereich kann in vier Richtungen bewegt werden (über Audioregion: Fade-Werkzeug, [Cross-]Fade kann erzeugt werden).
cmd	Die gehaltene cmd-Taste ruft das ausgewählte Werkzeug aus dem zweiten Werkzeugmenü des Fensters auf.

Tabelle 3.2 Hard-wired Shortcuts in Logic

Tastenkürzel	Beschreibung
cmd + Klick auf Taktlineal	Autopunch-Bereich wird eingeblendet.
alt + Scrollen (z. B. im Hauptfenster oder in der PIANOROLLE)	Die Zoomstufe aller Spuren verändert sich gleichzeitig (gegebenenfalls abweichendes Verhalten, falls eine einzelne Spur zuvor deutlich stärker eingezoomt wurde).
⇧ + Scrollen mit Maus (z. B. im Hauptfenster oder in der PIANOROLLE)	horizontales Scrolling (bei Maus mit horizontalem Mausrad)
⇧ + Klick auf untere linke Ecke eines Spur-Headers im Bereich SPUREN	Alle Spuren werden auf eine einheitliche vertikale Zoomstufe zurückgesetzt.
alt + Klick auf Fader im Kanalzug und viele andere Einstellungen (z. B. PAN-, Plug-In-Regler)	Reset. Der Kanalzugfader wird auf 0 dB zurückgesetzt, diverse Einstellungen können so zurückgesetzt werden (z. B. PAN- oder Plug-In-Regler).
alt + Klick auf SOLO oder MUTE in Kanalzügen	Deaktiviert alle aktiven Solos und Mutes.
ctrl + Klick auf SOLO-Button im Kanalzug	Schaltet den SOLO-Button *solo safe*.
alt + Klick auf Marker im Bereich SPUREN oder Einträge in der MARKER-Liste	Die Abspielposition springt an den Markeranfang
alt + Klick mit Fade-Tool auf Fades bzw. Beschleunigungs-/Verlangsamungseinstellungen von Audioregionen im Hauptfenster oder im AUDIOSPUREDITOR	Löscht Fades bzw. Beschleunigungs-/Verlangsamungseinstellungen von Audioregionen im Hauptfenster oder im AUDIOSPUREDITOR.
⇧ + ctrl in der PIANOROLLE	Velocity-Werkzeug
⇧ + alt bei Parameterbearbeitung (z. B. in PIANOROLLE, in der EVENT-Liste oder im Informationsfenster REGION im Hauptfenster)	Alle selektierten Events haben anschließend den gleichen Wert für den entsprechenden Parameter eingestellt.
⇥	Fokuswechsel zwischen Teilbereichen im Hauptfenster
⌫	Löschen selektierter Objekte

Tabelle 3.2 Hard-wired Shortcuts in Logic (Forts.)

Tastenkürzel	Beschreibung
ctrl + Leertaste	Vorhören von Selektionen im AUDIODATEI-EDITOR, in der Übersicht PROJEKT und der Übersicht ALLE DATEIEN
cmd auf Autopunch-Markierung	Deaktiviert Autopunch.

Tabelle 3.2 Hard-wired Shortcuts in Logic (Forts.)

3.6.2 Tastaturkurzbefehle editieren/frei konfigurierbare Kurzbefehle

Kommen wir nun zu den frei definierbaren Tastaturkurzbefehlen.

Fenster Tastaturkurzbefehle öffnen

Über das Menü LOGIC PRO X • TASTATURKURZBEFEHLE • BEARBEITEN öffnen Sie das Fenster zur Vergabe von Tastaturkurzbefehlen (Shortcut: alt + K; Abbildung 3.37). Wenn Sie einen Mac mit Touch Bar benutzen, sieht das Menü anders aus (siehe Abschnitt 3.7).

Auch beim Anklicken eines beliebigen Menüpunktes bei gehaltener ctrl-Taste öffnet sich der Dialog für die Shortcut-Vergabe für den selektierten Befehl.

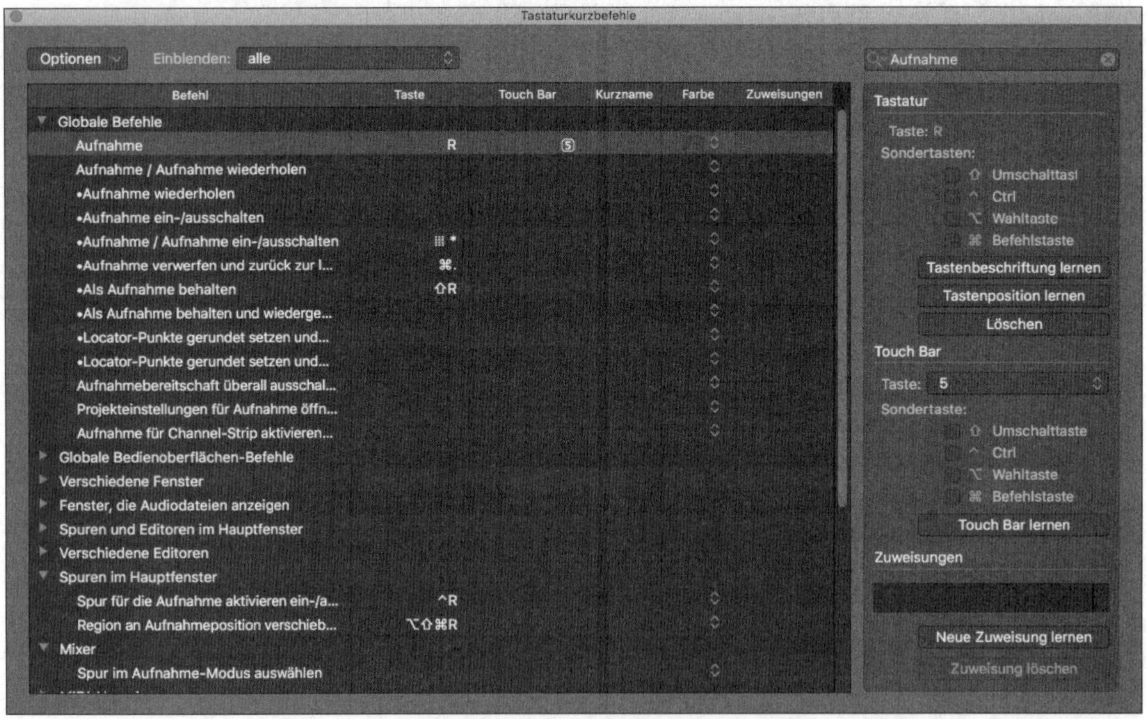

Abbildung 3.37 Das Fenster »Tastaturkurzbefehle« auf einem Mac mit Touch Bar und macOS 10.12

Befehle suchen/Logic kennenlernen

Das Fenster TASTATURKURZBEFEHLE kann Ihnen auch beim Kennenlernen von Logic helfen: Mit der Suchfunktion rechts oben finden Sie schnell Shortcuts und Befehle (wie im Bild für Aufnahmebefehle). Suchen Sie beispielsweise den Shortcut für schnelles Vor- und Zurückspulen (⇧ + . bzw. ⇧ + ,), so heißt der Befehl tatsächlich *Vorspulen* und nicht etwa *Vorwärts*. Oft muss man beim Suchen ein paar Mal herumprobieren, bis man den richtigen Begriff gefunden hat. Manche Übersetzungen sind gewöhnungsbedürftig, bei kleinen Logic-Versionssprüngen erfolgen zudem oft unbemerkt kleine Änderungen und Neuerungen. So wurden z. B. (optionale) Kurzbefehle zum Erzeugen von Arrangement Markern und Fades hinzugefügt. Schauen Sie mal nach, was es gibt, um Ihren Workflow beschleunigen.

Befehle, die es nur als Shortcut gibt

Befehle, die mit einem Punkt davor markiert sind, sind nur über Shortcuts erreichbar und nicht in Menüs zu finden. Insbesondere in kleinen Updates kommen hier ständig neue Befehle hinzu.

Befehle in der Symbolleiste/Bildschirmsymbol

Manche Shortcuts wie z. B. AUF ABSPIELPOSITION BEWEGEN (englisch: *pickup clock*) gibt es auch als Icon in der Symbolleiste oder als Shortcut, nicht aber in Menüs. Dies wird durch ein Bildschirm-Symbol vor dem Shortcut angezeigt.

Was zeigt das Fenster »Tastaturkurzbefehle« an?

Im Bereich EINBLENDEN (Abbildung 3.38) können Sie aussuchen, ob Sie

- alle,
- nur die verwendeten,
- nur die mit der Tastatur verwendeten,
- nur die mit Touch Bar verwendeten oder
- die nicht verwendeten Befehle

sehen möchten.

Mit den Befehlen ALLE ERWEITERN/ALLE REDUZIEREN aus dem OPTIONEN-Bereich blenden Sie alle Shortcuts in der Anzeige ein oder aus. Sie können auch die Shortcut-Anzeige bestimmter Funktionsbereiche aus- und einklappen.

Tastaturkurzbefehle als Textdokument exportieren

Über den Knopf OPTIONEN können Sie eine komplette Shortcut-Liste als Textdokument exportieren. Via TASTATURKURZBEFEHLE IN ZWISCHENABLAGE KOPIEREN können Sie die Liste von gerade angezeigten Shortcuts in die Zwischenablage speichern und via Paste-

Befehl (cmd + V) an ein Textprogramm übergeben, um sie von dort aus beispielsweise auszudrucken. So lassen sich Shortcuts wie Vokabeln lernen.

Tastaturkurzbefehle laden und sichern

Das Laden eines Standardsets ist über Logic Pro X • Tastaturkurzbefehle • Presets, aber auch über das Optionen-Menü im Fenster Tastaturkurzbefehle möglich, dort können Sie via Tastaturkurzbefehle importieren aber auch Tastaturkurzbefehl-Presets aus beliebigen Ordnern (und nicht nur aus dem Standardverzeichnis) importieren (etwa um auf einem fremden Rechner schnell eigene Shortcuts vom Desktop laden zu können, wo man diese zuvor abgelegt hat). Wenn Sie den Befehl Tastaturkurzbefehle exportieren auslösen, können Sie sie an einen beliebigen Platz exportieren, natürlich wird Ihnen natürlich zunächst der Standardordner als Speicherort angeboten (von dem aus Shortcuts auf dem gleichen Rechner via Logic Pro X • Tastaturkurzbefehle • Presets ja schneller geladen werden können).

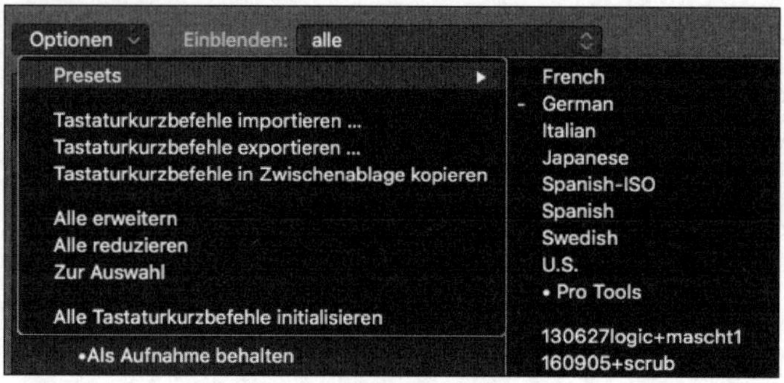

Abbildung 3.38 Optionen im Fenster »Tastaturkurzbefehle«

Shortcuts, die dem Apple-Betriebssystem zugeordnet sind, können in Logic nicht richtig funktionieren. Das können Sie durch Anpassung von Systemeinstellungen ändern, insofern der Shortcut nicht fest vergeben ist. Beispiel: cmd + M ist für »Fenster minimieren bzw. im Dock ablegen« reserviert. In einem solchen Fall (wie übrigens auch beim Versuch, bereits in Logic vergebene Shortcuts neu zu nutzen) meldet sich Logic allerdings mit einem erläuternden Warnhinweis.

3.6.3 Tastaturkurzbefehle selbst vergeben

Um selbst Tastaturbefehle zu vergeben, klicken Sie die Schaltfläche Als Tastenbeschriftung lernen (oder alternativ Als Tastenposition lernen) an und drücken danach die gewünschte Tastenkombination. Bei Als Tastenbeschriftung lernen geht es um die Beschriftung der Taste, bei Als Tastenposition lernen um ihre Position. Das kann einen Unterschied ausmachen, wenn Sie zum Beispiel von einer englischen auf eine deutsche

Tastatur wechseln. Dass beispielsweise der Shortcut [cmd] + [Z] auf englischen Tastaturen effizienter ist als auf deutschen, liegt daran, dass die [Z]-Taste einer englischen Tastatur dort liegt, wo sich auf einem deutschen Keyboard das Y befindet – nämlich direkt neben der [cmd]-Taste, was leichter zu greifen ist. Ein als Tastaturposition auf einer englischen Tastatur vergebener Shortcut [cmd] + [Z] wäre auf der deutschen Tastatur als [cmd] + [Y] genauso schnell erreichbar. Ein weiteres Beispiel: Die Ziffer 1 gibt es sowohl auf dem Haupttastenfeld als auch auf dem Ziffernblock. Shortcuts des Nummernblocks werden durch ein kleines quadratisches Symbol gekennzeichnet.

Ist eine Kombination noch nicht vergeben, wird die neue übernommen, und Sie können das Fenster mit einem Mausklick wieder schließen. Im anderen Fall erhalten Sie eine Warnmeldung und können sich dafür entscheiden, entweder einen anderen Shortcut zu ersetzen oder diesen zu belassen. Diese Problematik kommt oft vor, wenn man viele eigene Shortcuts vergeben will, weshalb ich empfehle, grundsätzlich mit den Standard-Shortcuts zu arbeiten und diese lediglich ein wenig an eigene Bedürfnisse anzupassen.

3.6.4 Befehle mit Controllern oder MIDI-Geräten fernsteuern

Ferner lassen sich Befehle mit dem Button NEUE ZUWEISUNG LERNEN (unten rechts) auch Controllern oder MIDI-Befehlen zuweisen, so dass Sie Logic z. B. mit einem iOS-Gerät, einem MIDI-Keyboard oder einem MIDI-Controller fernsteuern können. Dabei ist es auch möglich, mehrere MIDI-Befehle bzw. -Controller demselben Befehl zuzuweisen, um beispielsweise mehrere Controller benutzen zu können. Sie können auch das Loslassen eines Controller-Buttons einer Funktion zuweisen, indem Sie den Button an der Hardware zuerst drücken, anschließend mit der Maus NEUE ZUWEISUNG LERNEN auslösen und danach den Hardware-Controller-Button loslassen.

Die Zuordnungen von Controller-Zuweisungen können Sie in einem entsprechenden Dialogfenster editieren. Lesen Sie hierzu Abschnitt 16.3, »Bedienoberflächen und Controller-Zuweisungen« oder das Logic Manual zu Bedienoberflächen.

Entsprechende Zuweisungen werden auch im TASTATURKOMMANDO-Fenster angezeigt. Nach Klick auf die entsprechende Zuweisung im Zuweisungsbereich können Sie sie mit dem Button ZUWEISUNG LÖSCHEN auch wieder loswerden.

3.7 Touch Bar

Bei der Nutzung eines Mac mit Touch Bar oder der Simulations-App *Touché* können Sie der Touch Bar Befehle zuweisen. So ist z. B. in Abbildung 3.37 der Befehl AUFNAHME der Touch Bar-Position 5 mit roter Farbe zugewiesen. Nachfolgend lesen Sie mehr über die Arbeitsweise der Touch Bar.

3.7.1 Systemeinstellungen Tastatur/Touch Bar

In den Systemeinstellungen im Bereich TASTATUR können Sie einstellen, ob die Touch Bar ausschließlich APP-STEUERUNGEN oder APP-STEUERUNGEN MIT CONTROL STRIP oder nur ERWEITERTE CONTROL STRIP(-Parameter) zeigt. Zusätzlich kann die [fn]-Taste andere Darstellungen aufrufen (z. B. [F1]–[F12], App-Steuerungen etc.) Unten rechts lassen sich angezeigte Icons des Mac-Control-Strips einstellen.

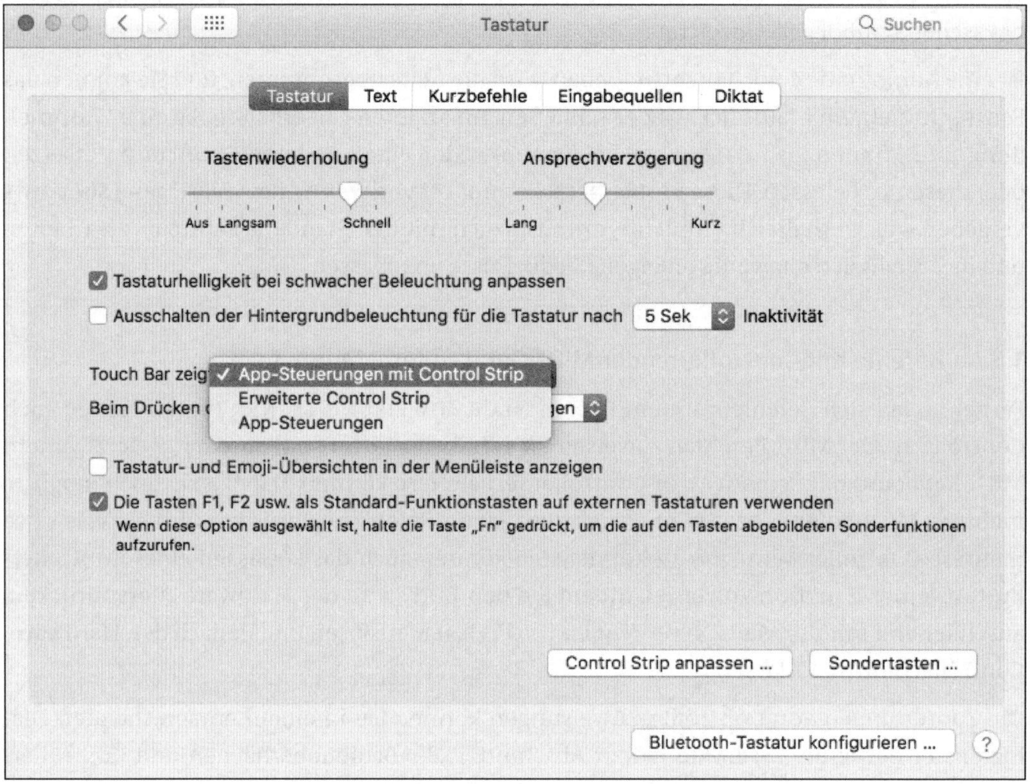

Abbildung 3.39 Systemeinstellungen Tastatur/Touch Bar (System 10.13)

3.7.2 Touch Bar – Übersicht

Die Touch Bar hat die vier Hauptansichten mit je einem eigenen Icon (Abbildung 3.40). Dieses erscheint auch, wenn Sie eine Ansicht aufrufen (z. B. Smart Controls, 2. von links in Abbildung 3.41) und über dieses gelangen Sie wieder ins Hauptmenü zurück.

Diese heißen (von links nach rechts).

- Smart Controls (Ansicht 1)
- Arrangement-Übersicht (Ansicht 2)

- Tastaturkommandos (Ansicht 3)
- Performance-Ansicht (Ansicht 4)

Abbildung 3.40 Übersicht über alle Ansichten

Smart Controls (Ansicht 1)

Die Smart-Controls-Ansicht zeigt jeweils die zur Spur gehörenden Smart Controls, die dementsprechend unterschiedlich aussehen können. So sehen Sie für den DRUM MACHINE DESIGNER Felder mit beschrifteten Drumsounds, für das E-Piano Smart Controls. Durch Klick auf einen Button erscheint ein Pegelregler für Justagen. Für Alchemy sehen Sie einen Strip, der den acht Feldern des Transform-Pads entspricht, um schnell zwischen Soundvariationen morphen zu können.

Abbildung 3.41 Smart-Controls-Felder eines E-Pianos

Arrangement-Übersicht (Ansicht 2)

In dieser Ansicht können Sie durch Tappen und Bewegen des Fingers von rechts nach links schnell durch das Arrangement navigieren. Sie bewegen dabei den Abspielpositionsmarker.

Abbildung 3.42 Arrangement in der Touch Bar

Tastaturkommandos (Ansicht 3)

Diese Ansicht zeigt zugewiesene Tastaturkurzbefehle. Mit verschiedenen Modifiern (⇧-, ctrl-, alt- und cmd-Taste oder Kombinationen davon) können weitere Befehle aufgerufen werden.

Voreingestellt sind unter anderem:

- ohne Modifier: Transportbefehle
- ⇧-Modifier: verschiedene Funktionen und Fenster einblenden
- ctrl-Modifier: Spuren erzeugen, Automation
- alt-Modifier: Werkzeuge
- cmd-Modifier: Diverse Bearbeitungsfunktionen

Abbildung 3.43 Touch Bar mit Transportbefehlen

Performance-Ansicht (Ansicht 4)

Die Performance-Ansichten dienen zum Spielen des Instruments im Kanalzug bzw. zum Bedienen einer Audiospur. Aktuell bietet Logic folgende Performance-Ansichten:

- Tastatur (mit wählbarer Skala)
- Tastatur, die nur Tasten einer Skala anzeigt (Abbildung 3.44)
- Audiokanal-Bedienelemente (z. B. Gain)
- Drums (Abbildung 3.45)

Abbildung 3.44 Keyboard-Performance-Strip mit gewählter Skala und optionalem Arp

Abbildung 3.45 Performance Strip für Drums inklusive Note-Repeat

3.7.3 Touch Bar – Befehle selbst zuweisen

Das funktioniert im Prinzip wie das Zuweisen von Tastaturkurzbefehlen. Gehen Sie folgendermaßen vor:

1. Wählen Sie zuerst den gewünschten Befehl aus, den Sie zuweisen möchten, und klicken Sie darauf, so dass er selektiert ist.

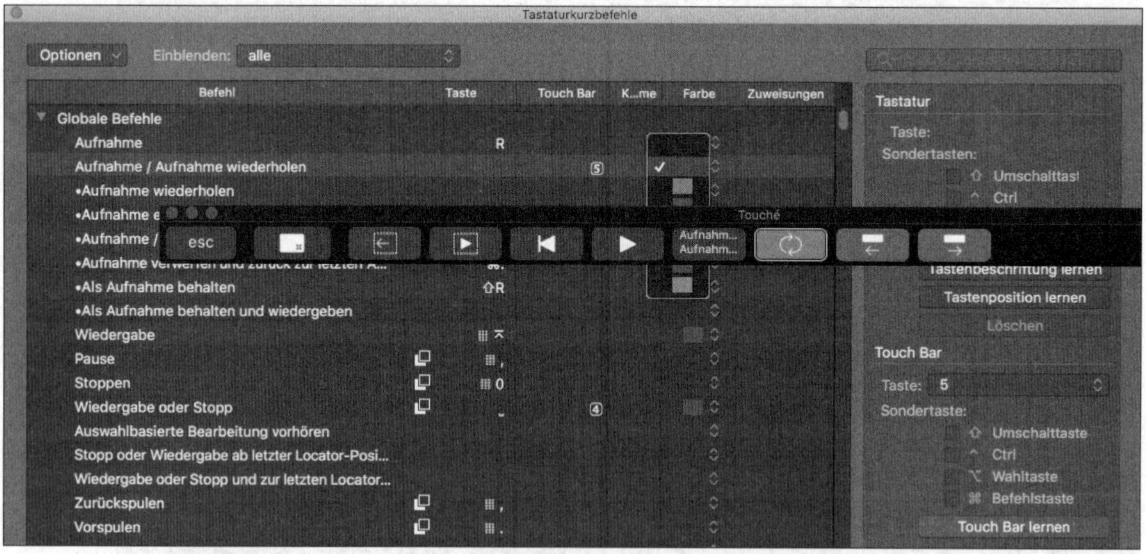

Abbildung 3.46 Zuweisung von Touch Bar-Elementen

2. Klicken Sie dann auf TOUCH BAR LERNEN (unten rechts in Abbildung 3.46). Dort können Sie auch wählen, welche Modifier oder Kombinationen davon gedrückt werden müssen, um an den Befehl heranzukommen.
3. Drücken oder klicken Sie dann auf das Touch Bar-Feld, das Sie zuweisen möchten. Im Bild habe ich Feld 5 der Funktion AUFNAHME/AUFNAHME WIEDERHOLEN anstelle der voreingestellten Funktion AUFNAHME zugewiesen. Dabei erschien zunächst ein Warnhinweis, dass es bereits eine zugewiesene Funktion gibt, den ich ignoriert habe. Anschließend habe ich dem Button noch manuell in der Spalte FARBE die Farbe Rot zugewiesen. In der Spalte TOUCH BAR steht nun klein die zugewiesene Touch Bar-TASTE 5 (ohne Modifier) neben dem Befehl.

3.8 Undo- und Redo-Funktionalität in Logic

Grundsätzlich erlaubt Logic via Undo (cmd + Z) und Redo (⇧ + cmd + Z), Bearbeitungsschritte rückgängig zu machen und rückgängig Gemachtes zu wiederholen. Was genau rückgängig gemacht oder wiederholt werden kann, wird im BEARBEITEN-Menü angezeigt.

Welcher Undo-Schritt im BEARBEITEN-Menü auftaucht bzw. worauf sich der Shortcut cmd + Z auswirkt, hängt auch von dem aktuellen Fokus bzw. generell vom im Vordergrund stehenden Fenster ab. Es ist wichtig, darauf zu achten, denn ansonsten lösen Sie durch Betätigung von Undo schnell unerwartete Resultate aus. Wenn Sie die Abschnitte über die Logic-Einstellungen unter ALLGEMEIN und AUDIO gelesen haben, wissen Sie, dass Logic für die Zahl der Undo-Schritte im AUDIODATEIEDITOR und im Hauptmenü BEARBEITEN unterschiedliche Einstellungen erlaubt und diese getrennt verwaltet.

Logic ist in der Lage, auch beim Öffnen bereits gespeicherter Projekte nachträglich Schritte, die vor der Speicherung erledigt wurden, im Undo-Verlauf (BEARBEITEN • UNDO-VERLAUF) zur Rückgängigmachung anzubieten. Diese Verlaufs-Undo-Liste (Abbildung 3.47) bietet den größten Komfort und listet die Schritte gemäß der Zahl der möglichen gespeicherten Schritte auf – allerdings werden Sie hier normalerweise keine Plug-In-Edits und auch keine Fader-Bewegungen wiederfinden.

Wenn Sie durch Klick auf einen Schritt zu diesem zurückspringen, werden die Einträge danach ausgegraut angezeigt. Das bedeutet, dass sie rückgängig gemacht wurden, wobei sie allerdings durch einen weiteren Klick auf Einträge weiter unten oder durch Nutzung der Redo-Funktion wiederhergestellt werden können.

Wenn Sie nun allerdings eine neue Operation vornehmen, verschwinden die nächsten Schritte, was logisch ist, weil Logic auf der Basis eines veränderten Zustands nicht mehr die Folgeschritte eines anderen Zustands realisieren kann.

Alternativ zur Undo-Funktion kommen Sie über gespeicherte Sicherungskopien an wiederherzustellende Zwischenstände heran.

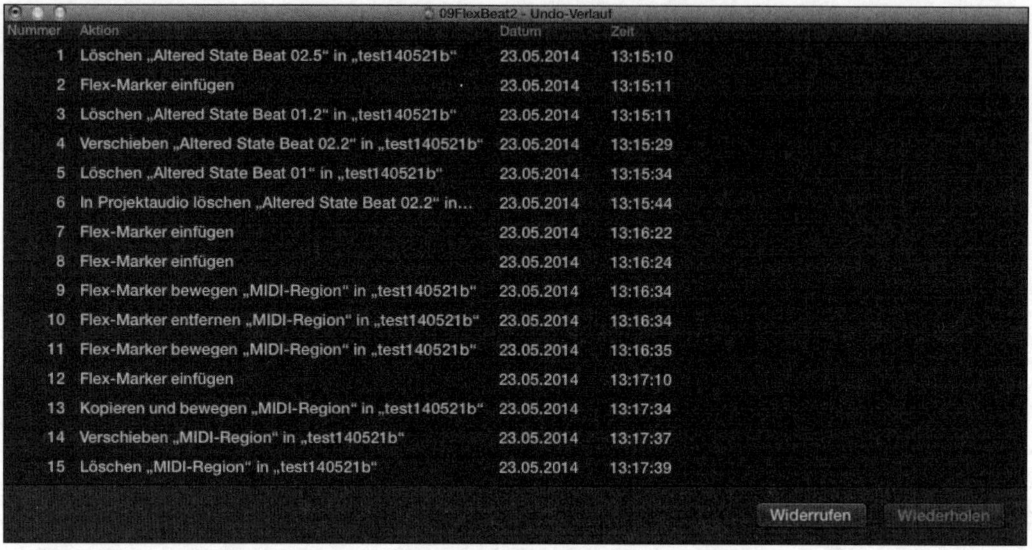

Abbildung 3.47 Undo-Verlauf. Schritt 3 wurde hier rückgängig gemacht

Nicht alles kann rückgängig gemacht werden (das betrifft z. B. Fader-Stellungen im Mixer oder Edits an Drittanbieter-Plug-Ins im Mixer). Falls Sie solche Edits, die Sie nicht in der Undo-Liste finden, zurückholen möchten, können Sie eventuell Spuren aus anderen Logic-Projekten importieren, falls Sie Ihr Projekt zuvor einmal zum richtigen Zeitpunkt gespeichert haben. Öffnen Sie hierfür über die Übersicht ALLE DATEIEN durch Doppelklick eine zuvor gespeicherte Version Ihres Projekts, die die wiederherzustellenden Einstellungen enthält (siehe Kapitel 10).

3.9 Audiointerface-Konfiguration im Audio-MIDI-Setup

In diesem Abschnitt geht es um die Konfiguration von Audiointerfaces. Das AUDIO-MIDI-SETUP habe ich in Abschnitt 1.5.2, »Audio-MIDI-Setup«, bereits kurz vorgestellt, zusätzlich finden Sie einen Abschnitt über MIDI im Audio-Setup in Abschnitt 3.10, »MIDI im Audio-MIDI-Setup«. Die zur Verfügung stehenden Audiogeräte machen Sie via FENSTER • AUDIOGERÄTE EINBLENDEN sichtbar, wobei bei verschiedenen macOS-Versionen kleine Unterschiede vorkommen, weil es sich um ein zum System gehörendes Programm handelt.

Sie können durch Klick auf den +-Button ganz unten rechts im AUDIO-MIDI-SETUP eigene virtuelle Geräte erzeugen, die mehrere physisch vorhandene Audiointerfaces kombiniert nutzen. Das ist in Form von

- Hauptgeräten oder
- Geräten mit mehreren Ausgängen

möglich. Solche Geräte können Sie selbst benennen und in Logic später als eigenständiges Audiointerface auswählen.

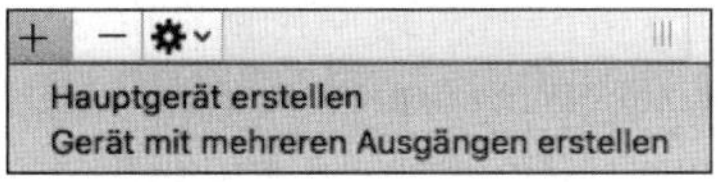

Abbildung 3.48 Geräte im Audio-MIDI-Setup erzeugen

Hauptgeräte stellen die In- und Outputs mehrerer Interfaces gleichzeitig zur Verfügung, wodurch Sie beispielsweise aus zwei Audiointerfaces mit je 2 Kanälen eines mit insgesamt 4 machen können (auch in Abbildung 3.49 werden mehrere Interfaces zu einem Gerät kombiniert).

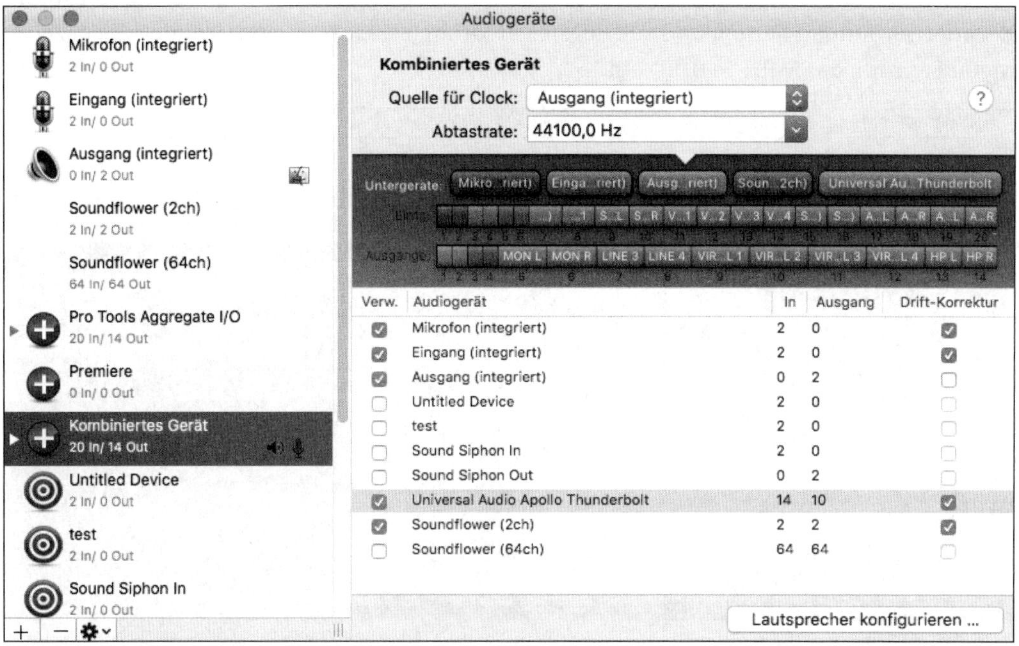

Abbildung 3.49 Im Bild sehen Sie, dass für das neue Hauptgerät bereits sechs Eingänge zur Verfügung stehen. Hierbei werden drei Audiointerfaces kombiniert, die jeweils zwei Eingänge haben.

Geräte mit mehreren Ausgängen dagegen senden einfach nur den Output an mehrere wählbare Outputs gleichzeitig. Zum Umbenennen doppelklicken Sie auf den Namen des erzeugten Geräts. Mit dem Pfeil links neben dem Namen sehen Sie übrigens die verwendeten Untergeräte, und mit Rechtsklick auf die enthaltenen Geräte können Sie Master-Clock-Einstellungen vornehmen.

Anschließend können Sie das neu erzeugte Gerät in Logic verwenden. Hierzu wählen Sie es unter Logic Pro X • Einstellungen • Audio • Geräte aus der Liste aus. Beachten Sie, dass ein Gerät, das ausschließlich Eingänge verwendet, nicht in Logics Liste der Output-Interfaces stehen kann und umgekehrt. Außerdem müssen Sie Logic eventuell schließen und neu starten, um ein im AUDIO-MIDI-SETUP neu konfiguriertes Gerät in Logic zu sehen.

Wenn Sie die kostenlose Software *Soundflower* installieren, erscheint ein virtuelles Gerät namens »Soundflower«. Hiermit können Sie Audiodaten zwischen mehreren Programmen auf dem Rechner hin und her senden. Sie können im AUDIO-MIDI-SETUP dann auch ein Audiointerface erstellen, das Soundflower in Kombination mit physischen Ein- und Ausgängen nutzt. Mehr hierzu lesen Sie in Abschnitt 19.2 und Abschnitt 19.8.

3.10 MIDI im Audio-MIDI-Setup

Im Programm AUDIO-MIDI-SETUP sehen Sie MIDI-Geräte, die Sie schon einmal mit Ihrem Rechner verbunden hatten, und solche, die gerade angeschlossen sind. Blenden Sie dazu im Menü FENSTER das MIDI-STUDIO ein.

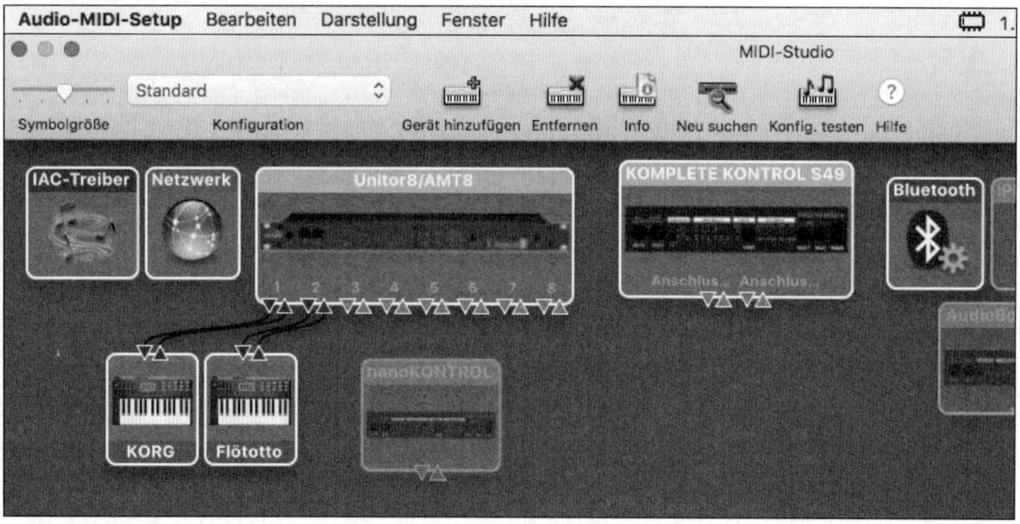

Abbildung 3.50 Im Bild sind zwei virtuelle Objekte mit zwei Ports des angeschlossenen MIDI-Interface verbunden.

Sie können im AUDIO-MIDI-SETUP auch eigene Objekte erzeugen und benennen und einstellen, welche MIDI-Kanäle Sie damit spielen wollen. Angenommen, Sie haben einen KORG-Synthesizer an Port 1 des AMT8-Interface angeschlossen: Dann können Sie z. B. oben in der Symbolleiste des Programmfensters auf GERÄT HINZUFÜGEN klicken, das neue Gerät »KORG« nennen und nach einem Doppelklick auf das erzeugte Gerät weitere Einstellungen vornehmen.

Anschließend könnten Sie die In- und Out-Verbindungen zum AMT8 mit einem virtuellen Kabel herstellen, indem Sie mit gehaltener Maustaste die entsprechenden Anschlüsse ver-

3

binden. Sie können Ihrem Synthesizer auch einen Wunschnamen geben (siehe die beiden Objekte unten links in Abbildung 3.50). Die ganze Prozedur dient vor allem dem Zweck, die angeschlossenen Geräte im Computer schneller finden zu können, indem Sie bei der Einstellung eines MIDI-Ports direkt den Namen eines angeschlossenen Synthesizers sehen.

Bei der Auswahl eines MIDI-Ports im Informationsfenster SPUR für eine externe MIDI-Spur sehen Sie die Namen der neu erzeugten Geräte. Das funktioniert übrigens auch in anderen Programmen, die MIDI nutzen (Abbildung 3.51).

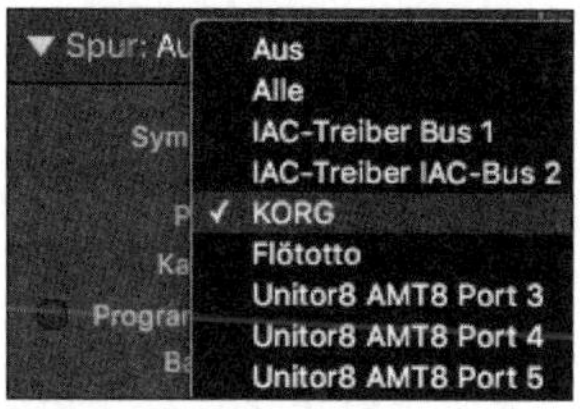

Abbildung 3.51 Portauswahl in Logic

Sie können auch zwei Geräte gleichzeitig mit demselben Port verbinden und im Objekt nach einem Doppelklick die entsprechenden MIDI-Kanäle aktivieren/deaktivieren.

Sie können außerdem über die Objekte *IAC-Bus*, *Netzwerk* und *Bluetooth* spezielle Verbindungen (z. B. innerhalb des Computers, via Netzwerk/WLAN oder Bluetooth) konfigurieren (siehe Kapitel 19)

3.11 MIDI in Theorie und Praxis

Das MIDI-Format (*Music Instruments Digital Interface*) erlaubt eine Datenübertragung zwischen Geräten verschiedener Hersteller – und somit auch zwischen Logic und externen Synthesizern sowie Software-Instrumenten. Es wurde zur Vereinheitlichung der Kommunikation zwischen Geräten verschiedener Hersteller Anfang der 80er Jahre eingeführt und u. a. von Dave Smith entwickelt.

Die Tonhöhe einer gespielten Note kann via MIDI exakt übermittelt werden. Beim vor MIDI dominierenden CV/Gate-Verbindungssystem (CV = *Control Voltage*), bei dem Steuerungsdaten analog übertragen wurden, war das nicht immer ganz so einfach.

MIDI spielt auch bei Lightshows, Live-Acts oder Synchronisierung von Programmen bei Filmvertonungen eine Rolle. Logic wurde ursprünglich als reines MIDI-Programm ohne Audiofunktionen konzipiert und besitzt viele komplexe MIDI-Funktionen.

3.11.1 Grundlegende technische Informationen über MIDI

MIDI-Steuerungsdaten werden über MIDI-Kabel digital und unidirektional übertragen, d. h. nur in eine Richtung. Zudem erfolgt die Übertragung seriell, das heißt, Daten werden nacheinander und nicht gleichzeitig parallel übertragen. Ferner gibt es eine Datenübertragungsgeschwindigkeit von 31,25 kBit/s, die relativ langsam ist. Bei großen Datenmengen können also auch hörbare Verzögerungen auftreten.

Über MIDI übertragene Daten haben eine bestimmte Struktur, in der die Befehle untergebracht sind. Am Beispiel einer auf dem Keyboard gespielten Note und des zugehörigen MIDI-Befehls sieht das folgendermaßen aus:

- Statusbyte (Note On)
- 1. Datenbyte (bei Noten: Tonhöhe/Pitch [128 Werte, 0–127])
- 2. Datenbyte (bei Noten: Velocity [128 Werte, 0–127])

Wenn Sie die gespielte Taste wieder loslassen, wird ein Note-Off-Befehl mit der gleichen Befehlsstruktur gesendet. Die Länge einer gespielten Note ist also *nicht* Teil des Note-On-Befehlssatzes, auch wenn es in Logics EVENT-Liste manchmal so aussieht.

Die Bewegung eines Drehreglers würde dagegen in der Regel wie folgt übertragen:

- Statusbyte (Control Change)
- 1. Datenbyte
  (bei Control-Change-Regler-Bewegung: Control-Change-Regler-Wert (128 Werte))
- 2. Datenbyte
  (bei Control-Change-Regler-Bewegung: Control-Change-Regler-Wert (128 Werte))

Wenn Sie sich digitale Computerbefehle als Abfolge von Nullen und Einsen vorstellen, dann ergeben zwei aufeinanderfolgende Stellen eines Befehls mit diesen beiden Möglichkeiten $2^2 = 4$ verschiedene Werte, die dargestellt werden können: 00, 01, 10 und 11. Die 0 und die 1 werden über das Kabel in Form von zwei verschiedenen Spannungswerten (0 V oder 5 V) gesendet, die das Empfängergerät eindeutig interpretieren kann. Statusbyte und Datenbytes haben jeweils acht solcher Stellen, die man auch *Bits* nennt. Auf ein Statusbyte folgen typischerweise zwei Datenbytes (sogenannter 3-Byte-Datensatz – das wurde festgelegt). Das Statusbyte hat an der ersten Stelle eine 1, die Datenbytes jeweils eine 0. Es bleiben also jeweils noch sieben weitere Stellen übrig, um Werte zu übertragen. Das ergibt jeweils $2^7 = 128$ Werte. Daher gibt es in der Regel 128 verschiedene Werte in MIDI-Befehlen.

Die zweite bis vierte Stelle des Statusbytes gibt an, um welchen Befehl es sich handelt. Es gibt demzufolge $2^3 = 8$ verschiedene Befehle (welche das sind, lesen Sie im nächsten Abschnitt).

Die fünfte bis achte Stelle des Statusbytes gibt an, welcher MIDI-Kanal gesendet wird. Es gibt $2^4 = 16$ verschiedene MIDI-Kanäle, die übertragen werden können.

Es gibt Ausnahmen: Bei manchen Befehlen wie SysEx wird die Struktur weitgehend aufgelöst, im Running Status Mode folgen auf ein Statusbyte mehrere Datenbytes für eine effizientere Übertragung.

Pro MIDI-»Port« können für 16 Kanäle gleichzeitig Steuerungsinformationen übertragen werden – etwa so, als würde man ein Orchester mit 16 verschiedenen Musikern dirigieren. Um mehr Musiker zu dirigieren, bräuchte man entsprechend mehrere Ports. Bei MIDI-Verbindungen zu Klangerzeugern außerhalb des Rechners (auch bei einer Verbindung dieser über USB) ist ein MIDI-Port mit einem physischen Anschluss oder einem MIDI-Ein- bzw. -Ausgang gleichzusetzen.

3.11.2 MIDI-Befehle

Tabelle 3.3 zeigt die MIDI-Befehle und die Verwendung der zugehörigen Datenbytes.

Befehl	1. Datenbyte	2. Datenbyte
Note Off	Note	Velocity
Note On	Note	Velocity
Polyphonic Pressure	Note	Wert
Control Change	Controller-Nr.	Wert
Program Change	Bank-Nr. (uneinheitlich)	Programm-Nr. (uneinheitlich)
Channel Pressure	Wert	Wert
Pitch Bend	Wert	Wert
System Exclusive	Hersteller-ID und Daten	Daten

Tabelle 3.3 Die MIDI-Befehle

Logic zeigt Ihnen ein- und ausgehende Befehle in einem entsprechend konfigurierten Display an (siehe Abschnitt 4.4.1). Sämtliche Befehle mit Ausnahme von System Exclusive enthalten Informationen über den MIDI-Kanal im Statusbyte. Damit können für 16 verschiedene MIDI-Kanäle voneinander unabhängige Werte gesendet werden.

MIDI-Kanal-abhängige Befehle (Channel Voice Messages)

Polyphonic Pressure und Channel Pressure transportieren Informationen über den Druck, den ein Keyboarder durch nachträglichen Druck bei gehaltener Taste auf die Taste ausübt. Während Polyphonic Pressure diesen Wert für jede Klaviertaste einzeln übermittelt, passiert das bei Channel Pressure für alle Noten eines MIDI-Kanals gemeinsam, egal, wie viele Tasten nachträglich gedrückt werden. Unter Musikern kursiert der Begriff *Aftertouch* für diese Funktion, wobei zumeist nur Channel Pressure damit gemeint ist, denn es gibt kaum (noch) Keyboards, die polyphonen Aftertouch senden können. Viele senden nicht einmal einfachen Aftertouch. Abgesehen davon reagieren viele Synthesizer-Sounds nicht auf Aftertouch-

Befehle, weil sie nicht so programmiert sind, dass dieser Parameter Klangveränderungen bewirkt. Ein positives Beispiel sind dagegen Hardware-Synthesizer von Dave Smith (Prophet 8, 12, Mopho etc.), deren Keyboards einfaches Aftertouch senden, was in den meisten Sounds deutlich hörbare Soundänderungen bewirkt.

Control-Change-Befehle (in Logic oft übersetzt als STEUERUNG) sind dafür da, die Bewegungen eines Reglers zu senden. Manche Reglernummern sind dabei standardisiert vergeben, z. B. Control Change 1 für das Mod-Wheel eines Keyboards und Control Change 7 für Volume.

Wenn Sie beispielsweise die typischen acht Regler zur Bedienung eines Synths an einem MIDI-Hardwarecontroller (z. B. KORG nanoKONTROL, Maschine) vorfinden, so benutzen diese typischerweise bestimmte Nummern, die normalerweise nicht für bestimmte Funktionen verwendet werden.

Es gibt auch Modifizierungen und Sonderfälle, so wird manchmal eine Kombination aus Control-Change-Informationen zum Senden eines Program-Change-Befehls genutzt. Auch beim Pitch-Bend-Befehl werden die beiden Wertebytes manchmal miteinander kombiniert benutzt, um eine feinere Auflösung der gesendeten Werte zu erreichen. Denn wenn nur 128 Werte zur Verfügung stehen, können etwa Pitch-Bend-Werteveränderungen ein wenig »ruckartig« klingen. Das hängt auch davon ab, wie weit in der Klangprogrammierung die Pitch-Bend-Range definiert wird. Bei einer maximalen Auswirkung von +/–24 Halbtönen wird eventuell eine höhere Auflösung benötigt als bei +/–2 Halbtönen (oftmals Standardeinstellung). In vielen Fällen wird der Einfachheit halber nur der Wert *eines* der beiden Datenbytes für das Pitch Bending variiert.

Die eigenwillige Übersetzung *Steuerung* für Control-Change-Befehle in Logic macht das Lernen der MIDI-Standards für Anfänger nicht einfacher – und die Arbeit für Fortgeschrittene auch nicht.

System-Exclusive-Daten (SysEx)

System-Exclusive-Daten werden benutzt, um Geräteinformationen wie etwa Soundeinstellungen zu senden oder zu empfangen. Im Gegensatz zu den anderen sieben MIDI-Befehlen enthalten sie keine MIDI-Kanal-Information, denn eine systemexklusive Information wie z. B. Daten für eine Presetbank soll und kann nur einmal und nicht sechzehnmal gleichzeitig gesendet werden. Zudem muss sichergestellt werden, dass andere Geräte eine solche Information ignorieren. Details zum Im- und Export von SysEx-Daten finden Sie in Abschnitt 10.7.3, »Im- und Export von System-Exclusive-(SysEX-)Daten«.

MIDI Time Code

Mit MIDI Time Code werden z. B. 24, 25 oder 30 Mal in der Sekunde (je nach gewünschtem Synchronisationsformat) Positionsinformationen übertragen, um Bandmaschinen, Sequenzer oder andere MIDI-Geräte miteinander synchronisieren zu können. Es gibt noch weitere Raten/Einstellungen wie z. B. 29,97 Drop Frame oder 50 bzw. 60 FPS für HD. Mit den Befehlen

Start, Continue und Stop können über MIDI auch Befehle gesendet werden, die einem Sequenzer befehlen, von Anfang an oder von der aktuellen Position aus abzuspielen oder anzuhalten.

System-Reset-Befehle versetzen Empfänger in ihren Grundzustand und initialisieren ihre Vorgabewerte.[3]

MIDI-Aktivitätsanzeige und MIDI-Reset

Sie können in einem kleinen Monitorfeld (MIDI-Aktivitätsanzeige) im Display (oder im MIDI-Umgebung-Fenster unter Klick & Port) sehen, ob überhaupt und welche MIDI-Befehle ankommen, wenn Sie z. B. auf dem Keyboard Noten spielen – vorausgesetzt, Sie haben das Display entsprechend konfiguriert (Einstellung: Eigene).

3.11.3 Externe MIDI-Hardware-Synthesizer anschließen, Daisy Chaining, Sternverkabelung, Local On/Off

Da MIDI eine unidirektionale Schnittstelle ist, werden wie in Abbildung 3.52 zwei Kabel benötigt, wenn sich Ihr MIDI-Interface und ein externer Synthesizer gegenseitig MIDI-Daten senden sollen.

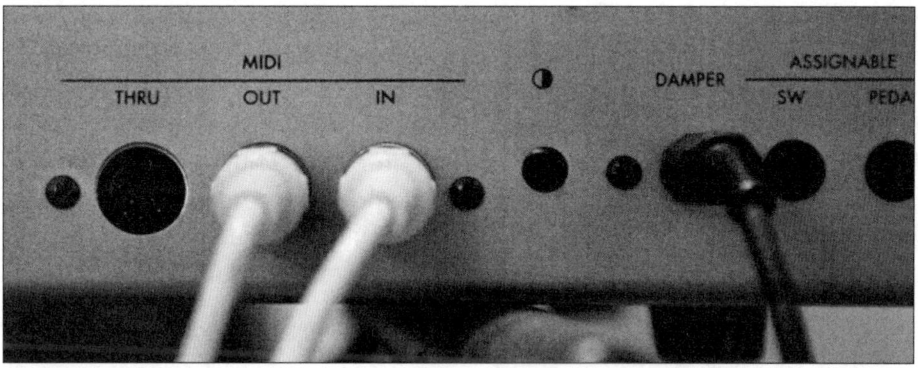

Abbildung 3.52 Ein Synthesizer mit MIDI-Buchsen und -Verkabelung. Für ein angeschlossenes Pedal muss oft im Gerät noch eine Polarität eingestellt werden, damit es nicht falsch herum funktioniert.

Daisy Chaining und MIDI-Thru, grundsätzliche MIDI-Port- und -Kanalkonfiguration

MIDI-Thru heißt auch eine dritte MIDI-Buchse, die in Abbildung 3.52 zu sehen (und nicht bei allen MIDI-Geräten vorhanden) ist. Sie schleift eingehende MIDI-Daten an angeschlossene Geräte durch.

Angenommen, der im Bild sichtbare Klangerzeuger (ein KORG-Synth) ist mit Logic verbunden. Sie haben ihn an Ihr kleines MIDI-Interface angeschlossen (hier eine Mbox), das jeweils

3 Quelle: MIDI-Kompendium auf *http://www.zem-college.de/midi*

nur einen einzigen MIDI-Ein- und Ausgang besitzt. Falls Sie die MIDI-In-Buchse eines weiteren externen Klangerzeugers (den nenne ich hier Bassstation) mit der MIDI-Thru-Buchse des KORG verbunden haben, empfängt die Bassstation anschließend dieselben MIDI-Daten von Logic wie der KORG (mit einer minimalen Verzögerung). Sie empfängt dagegen nicht die MIDI-Daten, die vom KORG-Synthesizer ausgesendet werden, diese werden nur aus dem MIDI-Out-Anschluss ausgegeben!

Diese Art der Verkabelung nennt man *Daisy Chaining*. Die Idee dabei ist, einen MIDI-Port für mehrere Geräte zu nutzen, weil der KORG und die Bassstation jeweils nicht alle 16 MIDI-Kanäle gleichzeitig benötigen. Die Bassstation kann ohnehin nicht mehr als einen Ton zur gleichen Zeit ausgeben. Zu diesem Zweck müssten Sie der Bassstation im Informationsfenster SPUR von Logic neben dem richtigen Port, der gemeinsam mit dem KORG-Synth benutzt wird, einen eigenen MIDI-Kanal zuweisen, der mit dem in der Bassstation eingestellten Empfangskanal übereinstimmen müsste. Ebenso müsste dem KORG-Synth derselbe Port, aber ein eigener (anderer) MIDI-Kanal in der Spur zugewiesen werden, der auch im KORG-Synth eingestellt werden muss.

Pro Port stehen 16 MIDI-KANÄLE zur Verfügung, entsprechende Kanäle werden als Einträge in der BIBLIOTHEK angezeigt.

Sternverkabelung

Eine andere Art der Verkabelung nennt sich *Sternverkabelung*. Hierbei wird jeder Synthesizer an seinen eigenen MIDI-Port angeschlossen. Das setzt natürlich voraus, dass ein MIDI-Interface im Studio vorhanden ist, das so viele Ports besitzt wie die Anzahl der Synthesizer, die Sie anschließen möchten (z. B. MotU MIDI Express oder Unitor 8 mit 8 MIDI-Ports für 8 Klangerzeuger). Der Vorteil dieser Verkabelung ist ein leicht verbessertes Timing durch die kürzeren Kabelwege – vorausgesetzt, Sie nutzen nicht zu lange MIDI-Kabel. Generell sollten 10 Meter Kabellänge nicht überschritten und in einer Daisy Chain nicht mehr als fünf Geräte verbunden werden.

Local On/Off

Wenn Ihr externer Synthesizer ein eigenes Keyboard besitzt, nehmen Sie damit möglicherweise Noten auf eine Logic-Spur auf, während diese Spur an denselben Synthesizer MIDI-Daten sendet, so dass dieser Synthesizer beim Einspielen seine MIDI-Daten doppelt bekommt: einmal vom internen Keyboard und einmal von Logic. Hierbei entsteht eine Art Kammfilter- oder Flanging-Effekt. Um das zu verhindern, haben die meisten Keyboards mit eigener Klangerzeugung eine sogenannte *Local-Off-Funktion*, die das Keyboard von der internen Klangerzeugung trennt. Ist das – was selten vorkommt – nicht der Fall, kann auch ein (in der Regel selten gebrauchtes) MIDI-Thru-Instrument in Logic (wählbar in den PROJEKTEINSTELLUNGEN • MIDI • ALLGEMEIN) helfen, ausschließlich beim Live-Einspielen die MIDI-Daten nicht an den Synth zu senden; siehe Abschnitt 5.2.

3.11.4 General MIDI, GM-Drumkits und MIDI-(».mid«-)Files

General MIDI (kurz GM) ist ein weiterer Standard, der unter anderem 128 Standardsounds einer Soundbank definiert, so dass vorkonfigurierte GM-MIDI-Files auf verschiedenen GM-Klangerzeugern immer die richtigen Instrumente ansteuern. Programm Nr. 0 ist beispielsweise immer ein Grand Piano, Programm Nr. 32 immer ein Acoustic Bass. Das gilt allerdings nur für sogenannte General-MIDI-Klangerzeuger. Hierdurch lassen sich leicht Arrangements bekannter Kompositionen als MIDI-Files (*.mid*) erstellen, die Logic und alle anderen gängigen Sequenzer-Programme im- und exportieren können.

Außerdem ist die standardisierte Drum-Belegung eine wichtige Anwendung von GM (z. B. C1 immer Kick, D1 und E1 Snares, F1, G1 und A1 Low, Mid und Hi Tom), die von den meisten Drumkits aus Logics Library verwendet wird. Kennt man sie, findet man sich in vielen Drumkits unterschiedlicher Herkunft leicht auf dem Keyboard zurecht, um Drums einzuspielen.

Weitere Erläuterungen zu diesem Thema im Hinblick auf den Im- und Export finden Sie in Abschnitt 10.7, »MIDI-Im- und -Export«, und den Unterabschnitten über General MIDI.

3.12 Logic Interface Design Mods/Skins

Im Internet kursieren modifizierte Logic Pro X-Designs/Skins, die allerdings nicht offiziell von Apple abgesegnet sind. Durch das Austauschen einer Datei innerhalb der Logic-Programm-Paketdatei können Sie den gesamten Look von Logic verändern (und z. B. zum 10.2-Look zurückkehren oder einen Bitwig-Style auswählen).

Mehr Informationen finden Sie, wenn Sie im Internet nach »Logic Pro X Design Mods« suchen oder zum Beispiel die Website *http://logicxinterfaces.wordpress.com* besuchen. Es gibt ferner ein kleines Programm namens *Logic Theme Switcher*, das eine Veränderung der Skins beim Logic-Start erlaubt.

Kapitel 4
Hauptfenster und Hauptmenüs, Fensterübersicht

Sie finden hier eine Übersicht über Logics Hauptfenster und Hauptmenüs – die Herzstücke des Programms.

In Logic Pro X kann fast alles über das Hauptfenster und die Hauptmenüs erledigt werden. In Teilbereichen des Hauptfensters können Sie die wichtigsten anderen Bereiche einblenden, um alles in nur einem Fenster griffbereit zu haben. Damit meine ich Editoren wie die PIANOROLLE oder den AUDIODATEIEDITOR, den Bereich SMART CONTROLS, den Mixer oder die Übersicht PROJEKTAUDIO. Diese Bereiche sind zum Teil auch als separate Fenster verfügbar und werden im Buch teilweise in eigenen Kapiteln besprochen. Eine workfloworientierte Übersicht hierüber gab Ihnen bereits der Einführung in Kapitel 2.

Viele Funktionen sind in Logic Pro X mehrfach und an verschiedenen Stellen zu finden, und Sie können Aufgaben immer auf verschiedenen Wegen lösen. Das ist ein Charakteristikum von Logic und macht es sowohl für Sie als Leser als auch für mich als Autor nicht immer leicht.

Dieses Kapitel erläutert mit Hauptmenüs und Hauptfenster die Herzstücke von Logic eher als eine Art Detailübersicht, damit Sie wissen, was es gibt und wo Sie was finden. Außerdem bespreche ich hier das Spur-Menü und Funktionen zum Erstellen von Spuren.

In Kapitel 5 und Kapitel 6 gehe ich dagegen eher ziel- und workfloworientiert vor: In Kapitel 5 finden Sie detaillierte Erläuterungen, wie Sie Audio- und MIDI aufnehmen. In Kapitel 6 finden Sie Detailerläuterungen zum Audio- und MIDI-Editing und Arrangement inklusive Markern, Spuralternativen und Ordnern etc. (in der 2015 erschienenen ersten Auflage dieses Buches waren diese drei Kapitel als großes Kapitel 6 zusammengefasst).

Neben den Hauptmenüs gibt es weitere üppig ausgestattete Menüs mit teilweise deckungsgleichen Inhalten. Die sind die Menüs BEARBEITEN, FUNKTIONEN und ANSICHT im Bereich *Spuren*, die Menüs EINRASTEN und VERSCHIEBEN sowie Kontextmenüs für Regionen, Transporttasten, die Steuerungsleiste und sogar für das Taktlineal. Kontextmenüs erreichen Sie jeweils mit der rechten Maustaste oder via `ctrl` + Klick.

4.1 Hauptmenüs in Logic

Die Hauptmenüs sind mittlerweile sehr gut »ausgestattet« und strukturiert. Sie können Ihnen oft beim Erlernen und Bedienen des Programms schnell weiterhelfen. Tabelle 4.1 liefert Ihnen eine grobe thematische Übersicht über die Hauptmenüs und deren Inhalte.

Menüname	Inhalte
Logic Pro X	allgemeine Einstellungen, Audio-Unit-Manager (siehe Kapitel 2, »Schnellkurs: Musikproduktion und Hauptfenster in Logic«) und Installation (Kapitel 1, »Einführung, Schnellkurs Mac, Logic-Installation«)
Ablage	Projektverwaltung (Sichern etc.) und Projekteinstellungen (vergleiche Kapitel 3, »Setup/Konfiguration, Speichern und MIDI-Hintergrundwissen«), Import und Export (vergleiche Kapitel 10, »Export und Import von Audio, MIDI, Sonderformaten und Projektbestand teilen«)
Bearbeiten	Die wichtigsten Bearbeitungs- und Tempofunktionen. Die Anzeige des Bearbeiten-Menüs ändert sich je nach selektiertem Fenster.
Spur	Alle möglichen Arten von Spuren erzeugen, globale Spuren (inklusive Tempo- und Film-), Spurstapel, Spuren verwalten (sortieren, einfärben etc.), siehe unten
Navigieren	Einstellungen für Play und Stopp, Locator-Punkte, Gehe zu ...-Funktionen, Marker-Befehle etc. Einstellungen für Play, Stop und Record werden hier auch im Abschnitt 4.5.5 besprochen.
Aufnahme	Klick, Vorzähler, Aufnahmeeinstellungen, Einstellungen für überlappende Aufnahmen etc. (Kapitel 5, »Aufnahme«)
Mix	Automations- und Mixereinstellungen (Kapitel 16, »Automation, Smart Controls, Controller, Logic Remote«)
Ansicht	Diese Einstellungen betreffen hauptsächlich das, was im Hauptfenster zu sehen ist oder eingeblendet wird, zusätzlich kann eine Farbpalette ein- und ausgeblendet oder der Vollbildmodus aktiviert werden.
Fenster	Wie weiter unten gezeigt, rufen Sie hier die verschiedenen Fenster auf.

Tabelle 4.1 Die Hauptmenüs in Logic

Menüname	Inhalte
Fensteranordnungen/ Fensteranordnungsnummer	Hier können Sie Fensteranordnungen konfigurieren, speichern, ändern und aufrufen. Im Menü rechts daneben zeigt eine Zahl die aktive Fensteranordnung, darunter verbirgt sich ein weiteres Menü für die Arbeit mit Fensteranordnungen, siehe Abschnitt 4.2.1.
HILFE	Hier gelangen Sie an die verschiedenen Handbücher, aktuelle Informationen (in den Handbüchern nicht aktualisierte Informationen über Veränderungen bei Updates,) und die dynamische Hilfe von Logic.

Tabelle 4.1 Die Hauptmenüs in Logic (Forts.)

Diese HAUPTMENÜS stehen weitgehend unabhängig von den eingeblendeten Logic-Fenstern zur Verfügung. Die Inhalte des BEARBEITEN-Menüs ändern sich jedoch wie erwähnt fensterspezifisch, zudem haben die meisten Fenster eigene Untermenüs und hierbei meist ein zusätzliches, eigenes BEARBEITEN-Menü. Andere Funktionen – wie z. B. das Einblenden von Automation im MIX-Menü – sind natürlich nicht verfügbar, wenn das hierfür relevante Fenster (hier: das Hauptfenster mit dem Bereich SPUREN) nicht angezeigt wird.

4.2 Fensteranordnungen, Fenster und Musik-Tastatur/Keyboard

Ursprünglich wurde Logic als Programm mit vielen Fenstern zur Nutzung mit mehreren Monitoren konzipiert. Die meisten Funktionen der verschiedenen Fenster sind mittlerweile in das Hauptfenster integriert. Dennoch ist die Arbeit mit mehreren Monitoren und mehreren geöffneten Fenstern immer noch eine besonders komfortable Option, für die Sie sogenannte *Fensteranordnungen* speichern können.

4.2.1 Fenster und Fensteranordnungen

Abbildung 4.1 zeigt das FENSTER-Menü in Logic. Mit ihm können Sie einzelne Fenster im Dock ablegen oder mit dem Befehl NÄCHSTES FENSTER (Shortcut [cmd] + [<]) schnell zum nächsten Fenster springen. Dieses Menü zeigt Ihnen auch, welche verschiedenen Fenster es in Logic gibt, und ganz unten, welche zu welchem Projekt gehörenden Fenster aktuell geöffnet sind.

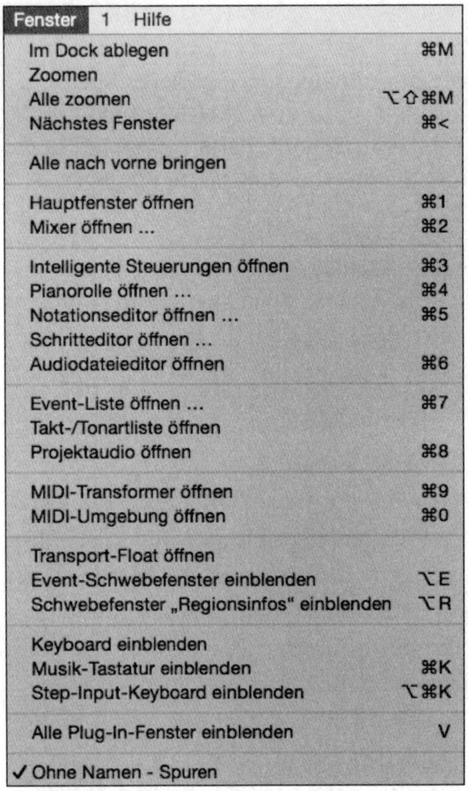

Abbildung 4.1 Das »Fenster«-Menü in Logic

Gehen wir die Liste der Fenster einmal kurz durch. Die meisten Fenster haben Sie bereits im Schnellkurs kennengelernt, wie z. B. Hauptfenster, Mixer, Audiodateieditor, Intelligente Steuerungen und Pianorolle, sie werden detailliert an anderer Stelle erläutert. Weitere MIDI-Editoren sind Notationseditor, Schritteditor und Event-Liste, die ich in Kapitel 7, »Die MIDI-Editoren«, vorstelle.

Im Schwebefenster »Transport« können Sie den Transportbereich aus der Steuerungsliste des Hauptfensters als separates Fenster öffnen. Hier können Sie z. B. Buttons einblenden, für die in der Steuerungsleiste kein Platz war. Der Begriff *Schwebefenster* bzw. englisch *Float-Fenster* bezeichnet Fenster, die stets im Vordergrund schweben. Auch die Event-Liste und das Event-Schwebefenster öffnen sich immer als Schwebefenster.

In der Taktart/Tonart-Liste verwalten Sie Takt- und Tonartänderungen im Songverlauf (siehe Abschnitt 4.11 über die Listeneditoren im Hauptfenster). Viele Fenster lassen sich als Bereich im Hauptfenster einblenden, dabei sind die Bezeichnungen nicht immer gleich. So ist z. B. das Fenster Projektaudio (siehe Abschnitt 8.1) das Pendant zur Übersicht Projekt im Hauptfenster (hier verwalten Sie im Projekt verwendete Audiodateien).

Fensteransicht via Shortcut wechseln

Sind mehrere Fenster in Logic offen, können Sie mit dem Shortcut [cmd] + [<] zwischen ihnen wechseln. Dies bezieht sich nur auf die Fenster, die nicht als Schwebefenster geöffnet sind.

Anlegen und Aufrufen von Fensteranordnungen

Sie können mehrere Fenster öffnen und Anordnungen als Fensteranordnung (*Screenset*) in einem Projekt speichern, um sie schnell und mit einfachen Shortcuts wieder aufrufen zu können ([1] für Fensteranordnung 1, [2] für Fensteranordnung 2 usw.). Dabei stehen Ihnen 99 mögliche Fensteranordnungen zur Verfügung, von denen die ersten zehn dank der Shortcuts besonders schnell zu erreichen sind. Wenn Sie eine zweistellige Fensteranordnung aufrufen, müssen Sie beim Eingeben der ersten Ziffer die [ctrl]-Taste gedrückt halten.

Und so funktioniert das: Bei einem leeren Projekt sehen Sie zunächst nur *eine* Fensteranordnung in dem Menüpunkt rechts neben dem Eintrag FENSTER, eine Zahl zeigt dabei wie in Abbildung 4.2 die aktuell sichtbare Fensteranordnung an.

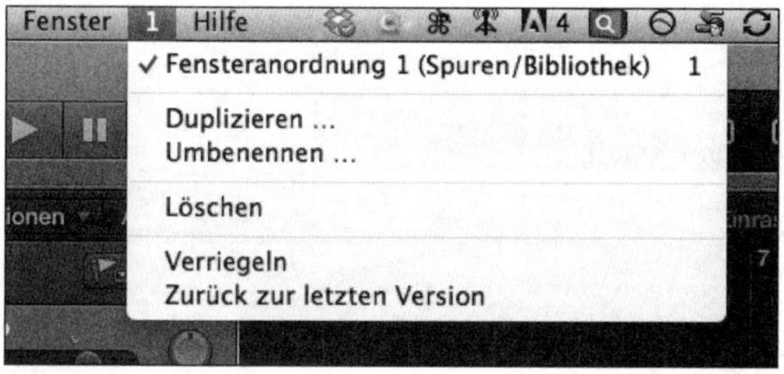

Abbildung 4.2 Fensteranordnungen in Logic (hier: nur eine Anordnung)

Wählen Sie nun den Eintrag DUPLIZIEREN aus. Sie werden anschließend gefragt, wie Sie die neue Fensteranordnung nennen möchten. Nehmen wir an, Sie möchten schnell ein großes MIXER-Fenster öffnen können. Nennen Sie Ihre neue Fensteranordnung daher »Mixer« (Abbildung 4.3). Alternativ können Sie auch einfach eine Zifferntaste wie zum Beispiel die [2] oder [3] drücken, und sofort legt Logic ein entsprechendes Screenset an. Allerdings erscheint dann nicht der Dialog zur Benennung der Fensteranordnung. Sie können im Fensteranordnungsmenü eine Fensteranordnung allerdings auch jederzeit umbenennen, indem Sie den Eintrag UMBENENNEN auswählen.

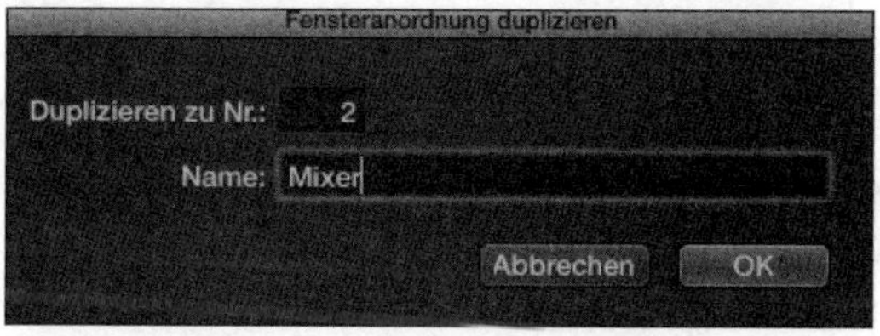

Abbildung 4.3 Ich benenne die zweite Fensteranordnung in »Mixer« um.

Nun gibt es bereits zwei Fensteranordnungen in ihrem Logic-Projekt, beide zeigen bislang aber denselben Inhalt, und die zweite, gerade neu erzeugte Fensteranordnung ist aktuell selektiert.

Öffnen Sie nun über das Menü FENSTER • MIXER ein MIXER-Fenster (cmd + 2). Danach (nicht vorher, denn ansonsten würden Sie das einzige offene Fenster und damit das ganze Projekt schließen) schließen Sie das Hauptfenster. Sie haben nun Fensteranordnung 2 verändert.

Bringen Sie Ihr MIXER-Fenster durch Klick auf den grünen Button oben links in den Vollbildmodus. Wenn Sie zufrieden sind mit Fensteranordnung 2, gehen Sie wiederum in das Fensteranordnungsmenü und wählen diesmal den Eintrag VERRIEGELN. Hiermit sorgen Sie dafür, dass die aktuell gewählte Fensteranordnung nicht mehr durch Öffnen und Schließen von Fenstern verändert werden kann. Sie können die Fensteranordnung danach im gleichen Menü jederzeit wieder entriegeln, um sie wieder zu verändern. Eine verriegelte Fensteranordnung erkennen Sie an einem kleinen schwarzen Punkt neben ihrer Nummer (Abbildung 4.4). Das Ergebnis finden Sie im Dokument *04Fensteranordnung*. So können Sie selbst beliebige Fensteranordnungen konfigurieren und in Ihrem Projekt speichern.

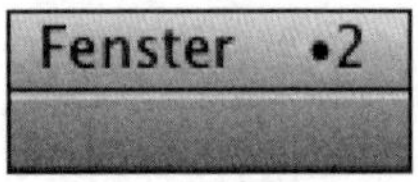

Abbildung 4.4 In diesem Beispiel ist Screenset 2 verriegelt.

4.2.2 Vollbildmodus

Den Vollbildmodus können Sie für das Hauptfenster unten im Hauptmenü ANSICHT aktivieren und deaktivieren oder durch Klick auf den grünen Button oben links im Fenster (für eine einfache Fenstervergrößerung halten Sie dabei die alt-Taste fest).

4.2.3 Musik-Tastatur und Keyboard

Die MUSIK-TASTATUR (Abbildung 4.5) kann Noten mit unterschiedlichen Velocities, Pitch-Bend-Befehle, Modulation (Control Change 1) und Sustain-Pedal-Befehle senden. Die Beschriftung zeigt die Tasten Ihrer Computertastatur an, mit denen Sie Noten spielen und entsprechende MIDI-Befehle senden können; wenn Sie die passenden Tasten Ihres Computerkeyboards drücken, zeigt die MUSIK-TASTATUR dies ebenfalls an. Um ein Sustain-Pedal zu simulieren, halten Sie die ⇥-Taste gedrückt; probieren Sie es einmal mit dem ganz einfachen Standard-E-Piano (*Vintage E-Piano)* aus (siehe Dokument *03Sustain*).

Die MUSIK-TASTATUR rufen Sie mit dem Befehl MUSIK-TASTATUR EIN- UND AUSBLENDEN (frei konfigurierbarer Shortcut cmd + K oder über das FENSTER-Menü auf. Unten links stellen Sie den Tastaturbereich bzw. die Oktavlage ein, daneben können Sie die Anschlagstärke wählen, die in Abbildung 4.5 mit 98 angezeigt wird. Im Gegensatz zum Caps-Lock-Keyboard aus Logic 9 ist die MUSIK-TASTATUR nicht mehr im physischen Eingang der MIDI-UMGEBUNG (vergleiche Abschnitt 13.2) separat abgreifbar, die von ihm gespielten Noten landen aber im Sequenzer.

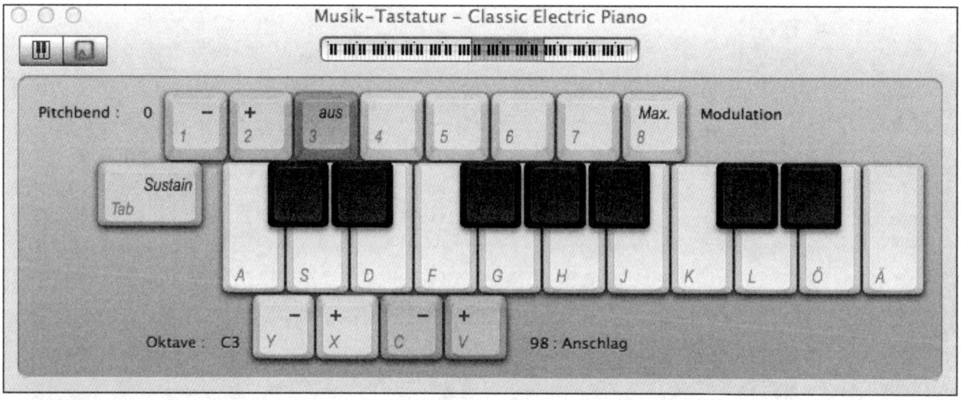

Abbildung 4.5 Die Musik-Tastatur

Mit dem Umschalter oben verwandeln Sie die MUSIK-TASTATUR in das Keyboard (und zurück). Das Keyboard stellt je nach aufgezogener Fenstergröße unterschiedlich viele Tasten bereit. Die Tasten können zwar angeklickt, aber nicht wie bei der MUSIK-TASTATUR über die Buchstaben der Computertastatur angespielt werden (Abbildung 4.6).

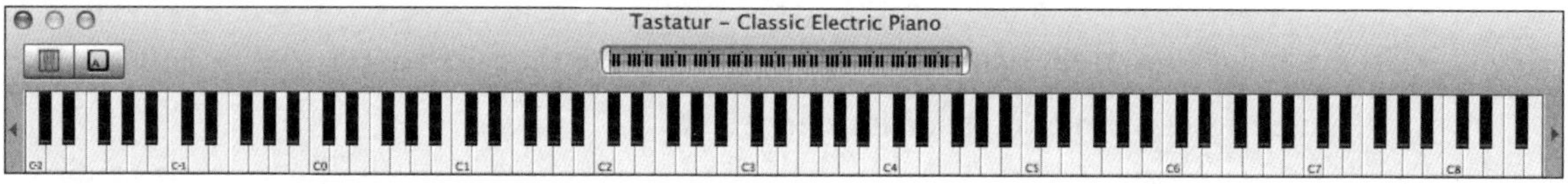

Abbildung 4.6 Keyboard

4.3 Das Hauptfenster: Aufbau und Bereiche

Das Hauptfenster ist ein komplexes All-in-one-Fenster zur Arbeit mit Logic, in dem der komplette Songverlauf vertikal (in einzelnen Spuren) und horizontal (über die Zeit) dargestellt wird, das Sie bereits in Kapitel 2 kennengelernt haben.

4.3.1 Übersicht über Bereiche des Hauptfensters

Betrachten Sie Abbildung 4.7, oder öffnen Sie das Projekt *04Schnellkurs31*. Die Breite oder Höhe einzelner eingeblendeter Bereiche des Hauptfensters lässt sich an deren Grenzen teilweise verändern. Das ist immer dann der Fall, wenn Sie mit dem Cursor auf eine Grenzlinie gehen und ein kleines Symbol zum horizontalen oder waagerechten Verschieben des Bereichs angezeigt wird.

Abbildung 4.7 Logics Hauptfenster aus dem Dokument »04Schnellkurs31«

Grundsätzlich unterteilt sich das Hauptfenster in folgende Bereiche:

- Steuerungsleiste mit Transportfunktionen ❶
- Symbolleiste ❷
- Bibliothek ❸
- Informationsbereich und dynamische Hilfe ❹
- Bereich SPUREN (der eigentliche Sequenzer- und Arrangierbereich) inklusive globaler Spuren, Menüs, Automation, Flex, Einrasten- und Verschieben-Menüs ❺
- Notizen, Listen, Apple Loop Browser und Übersichten ❻
- Bereich Editoren, Mixer und intelligente Steuerungen/Smart Controls ❼

4.3.2 Menü »Ansicht« und Bereiche im Hauptfenster ablösen

Über das Hauptmenü ANSICHT (Abbildung 4.8) lassen sich die meisten Bereiche des Hauptfensters ein- und ausblenden.

Neben den Einträgen in Abbildung 4.8 sehen Sie den passenden Shortcut. Auch eine Farbpalette (alt + C) gehört dazu, mit der Sie selektierte Spuren oder Regionen einfärben.

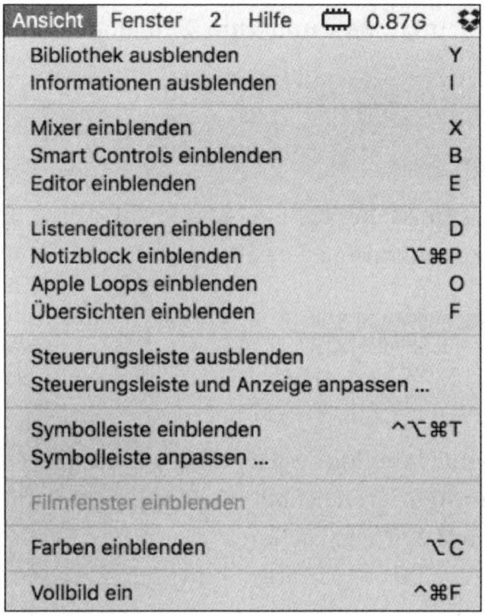

Abbildung 4.8 Menü »Ansicht«

Bereiche ablösen

Sie können viele Bereiche (z. B. Editoren, ÜBERSICHTEN oder das Informationsfenster REGION) mit Klick auf entsprechende Beschriftungs-Tabs und anschließendes Ziehen bei gehaltener Maustaste auch »loslösen«. Dann liegt der jeweilige Bereich anschließend als separates, frei verschiebbares Fenster vor.

Darüber hinaus stehen im Menü FENSTER übrigens auch ein Schwebefenster »Transport« und ein Event-Schwebefenster zur Verfügung (vergleiche Abschnitt 4.5.13 und Abschnitt 7.6.9).

Fokus mit Tabulatortaste im Hauptfenster wechseln

Wenn Sie die ⇥-Taste drücken, wechselt der Fokus zwischen den verschiedenen Bereichen des Hauptfensters (BIBLIOTHEK, Bereich SPUREN, dem rechten Bereich – Listen, Notizen, Loop Browser und Übersichten – sowie dem unteren Bereich mit Editoren und Mixern).

Welcher Bereich gerade fokussiert ist, erkennen Sie an einem dünnen blauen Rahmen um den jeweiligen Bereich. Das bedeutet auch, dass sich einige Tastaturkurzbefehle auf den fokussierten Bereich beziehen. Ein wichtiger Shortcut in diesem Zusammenhang lautet ctrl + Leertaste zum Vorhören von Audiomaterial außerhalb des Bereichs SPUREN.

Nachfolgend beschreibe ich die einzelnen Bereiche des Hauptfensters.

4.4 Steuerungsleiste, Display, Songeinstellungen

In der Steuerungsleiste (zu der auch das Display gehört) finden Sie die wichtigsten Transport- sowie konfigurierbare Buttons für sonstige Funktionen und zum Einblenden von Bereichen des Hauptfensters.

4.4.1 Steuerungsleiste und Display konfigurieren

Die Steuerungsleiste können Sie aus dem Menü ANSICHT heraus ein- und ausblenden. In Abbildung 4.9 und *Projekt* 04Leer habe ich sie bereits umkonfiguriert.

Abbildung 4.9 Die Steuerungsleiste im Projekt »04Leer«

Die Steuerungsleiste lässt sich über das Kontextmenü (Abbildung 4.12) oder via ANSICHT • STEUERUNGSLEISTE UND ANZEIGE ANPASSEN umkonfigurieren (Abbildung 4.10). Anpassungen werden projektspezifisch und nicht allgemein für Logic gespeichert.

Abbildung 4.10 Rechtsklicken Sie zum Anpassen der Steuerungsleiste.

In den EINSTELLUNGEN FÜR DIE STEUERUNGSLEISTE UND ANZEIGE können Sie nachfolgend auswählen, für welche Funktionen Buttons in Steuerungsleiste und Display angezeigt werden; nicht genutzte Anzeigeoptionen sind ausgegraut (siehe Abbildung 4.11).

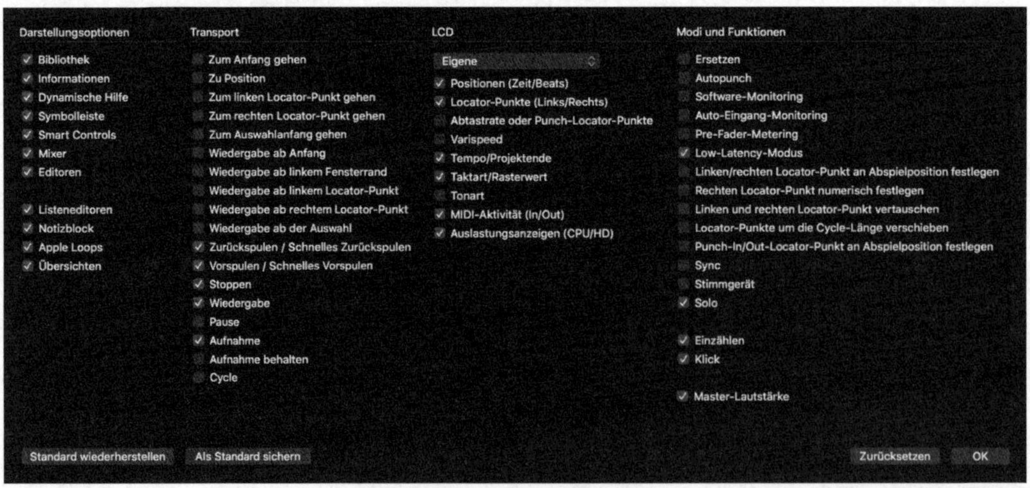

Abbildung 4.11 Optionen für Steuerungsleiste und Display

Um die Einstellung für das Display (auch *LCD* oder *Anzeige* genannt) zu ändern, klicken Sie auf seinen rechten Bereich (vergleiche Abbildung 4.12).

Abbildung 4.12 Umschaltung der Ansicht auf den Modus »Eigene«

Ist die Ansicht EIGENE für das Display konfiguriert, hat dies nicht zuletzt den Vorteil, dass das eingestellte Tempo exakt inklusive Nachkommastellen angezeigt wird. In den anderen Ansichten sehen Sie das leider nicht. Sie bietet Ihnen ferner einen kleinen MIDI-Monitor, der eingehende MIDI-Daten detailliert anzeigt, und weitere Anzeigen (z. B. Locator-Punkte oder Punch-In-Bereiche).

Falls nach Konfiguration der Ansicht EIGENE nicht genug Platz in der Steuerungsleiste ist, erreichen Sie über das >>-Symbol weitere Funktionen (Abbildung 4.13 und *Projekt* 04Leer2) oder öffnen gegebenenfalls ein separates Transport-Schwebefenster, das als zweite Steuerungsleiste dienen kann.

Abbildung 4.13 >>-Symbol zum Erreichen weiterer Funktionen

4.4.2 Songlänge einstellen

Unterhalb der Tempo/BPM-Anzeige können Sie auch die Songlänge (in Abbildung 4.9 129 Takte) einstellen. Nach Ablauf von 129 Takten hält Logic in diesem Beispiel automatisch an.

4.4.3 Tempo, Takt- und Tonart im Display einstellen

Tempo, Takt- und Tonart können Sie schnell im Display einstellen (und später im jeweiligen Listeneditor editieren). Doppelklicken Sie auf das entsprechende Feld für das Tempo im Display, und geben Sie den gewünschten Wert ein. Das in BPM (Beats/Schläge per Minute) angezeigte Tempo entspricht hier der Zahl der Viertelnoten pro Minute. Bei einem $^{4}/_{4}$-Takt passen in jeden Takt vier Viertelnoten, in jede Viertelnote weitere vier Sechzehntelnoten und in jede Sechzehntelnote weitere 240 Bruchteile, die *Ticks* heißen und 3.840stel-Noten sind. Sie können auch andere Taktmaße einstellen, z. B. $^{6}/_{8}$-Takt, oder sehr krumme Taktarten. Für die

Stelle unter dem Bruchstrich stehen Ihnen ganze, halbe, Viertel-, Achtel-, Sechzehntel-, 32stel- und 64tel-Noten zur Aufteilung des Taktes zur Verfügung. Für die erste Zahl der Noten pro Takt können Sie jede Ziffer zwischen 1 und 99 eingeben. $^9/_8$-Takte sind zum Beispiel gar nicht so ungewöhnlich.

Abbildung 4.14 Das Display im einfachen »Beats & Projekt«-Modus, wo Sie immerhin BPM, Tonart und Taktart sehen und eingeben können

4.4.4 Rasterwert im Display einstellen

Wenn die Einstellung für das Display auf EIGENE steht (Abbildung 4.9), können Sie unterhalb der Taktanzeige den Rasterwert (voreingestellt 16tel-Noten) einstellen. Um ternäre Rhythmen in der PIANOROLLE einzuzeichnen, können Sie auch 6tel oder 12tel als Rasterwert wählen. Der Rasterwert ist für viele Befehle (z. B. Verschieben-Befehle) oder auch die Anzeige eines Rasters in der PIANOROLLE relevant.

4.4.5 MIDI-Aktivitätsanzeige im Display

In Abbildung 4.15 zeigt das Symbol links eingehende Controllerbewegungen an, die mit MIDI-Kanal 1 eingehen. Dabei wird gerade Controller Nr. 1 mit dem Wert 54 gesendet.

Abbildung 4.15 MIDI-Aktivitätsanzeige mit eingehendem MIDI-Controller, wenn das Display im Modus »Eigene« steht

In Abbildung 4.16 symbolisiert die Note den eingehenden Note-On-Befehl, die Zahl 1 daneben den MIDI-Kanal, das C3 die Tonhöhe (wird im ersten Datenbyte übertragen), die 98 die Velocity (wird im zweiten Datenbyte übertragen, vergleiche Abschnitt 3.11 über MIDI). Bei eingehenden Noten werden Ihnen auch die Namen von gespielten Akkorden angezeigt.

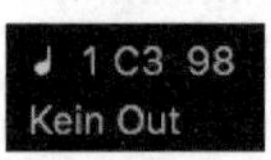

Abbildung 4.16 MIDI-Aktivitätsanzeige mit eingehender Note

In Abbildung 4.17 wird angezeigt, dass der Note-Off-Befehl auch ausgeht (an ein externes Instrument).

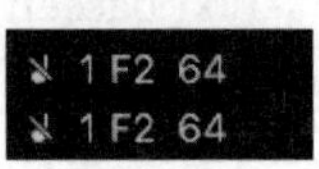

Abbildung 4.17 MIDI-Aktivitätsanzeige mit ein- und ausgehendem Note-Off-Befehl

Falls Sie das Display nicht entsprechend konfiguriert haben, erkennen Sie MIDI-Aktivität an den kleinen Punkten oben in der Taktanzeige.

Blinkende Punkte oben rechts stehen für eingehende MIDI-Signale, blinkende Punkte unten rechts für ausgehende MIDI-Signale (Abbildung 4.18).

Abbildung 4.18 MIDI-In- und -Out-Indikatoren (Punkte rechts oben und unten im Display)

Auf ähnliche Weise sehen Sie auch die anderen Befehle, nur dass statt der Note ein anderes Symbol zu sehen ist. So könnten Sie zum Beispiel auch überprüfen, ob Ihr Keyboard Aftertouch-Informationen sendet oder nicht oder die Nummer des Controllers erfahren, den Sie gerade senden, wenn Sie z. B. an einem angeschlossenen Hardwarecontroller drehen.

4.4.6 MIDI-Reset im Display

Durch Doppelklick auf die MIDI-Aktivitätsanzeige erzeugen Sie einen MIDI-Reset-(Zurücksetzen-)Befehl, der eventuell hängende Noten zum Schweigen bringen kann. Was genau beim MIDI-Reset-Befehl gesendet wird, hängt von den allgemeinen Einstellungen unter LOGIC • EINSTELLUNGEN • MIDI • ZURÜCKSETZEN ab (wie z. B. Note-Off-Befehle, Zurücksetzen von Controllern auf 0 und Pitch Bending auf Mittelstellung). Einzelne Spuren können Sie im Informationsfenster SPUR vom MIDI-Reset-Befehl ausnehmen.

4.4.7 CPU/HD-Meter und Wellenformberechnung

Rechts neben der MIDI-Aktivitätsanzeige sehen Sie Aktivitätsanzeigen für Ihre CPU-Belastung und die HD-(Hard Drive-)Beanspruchung. Via Doppelklick gelangen Sie zu einer detaillierteren Anzeige (Abbildung 4.19). Wie viele Balken Sie sehen, hängt von der in Ihrem Rechner verbauten CPU ab. Die Zahl der Verarbeitungsthreads ist einstellbar unter EINSTELLUNGEN • AUDIO • GERÄTE. Die Leistungsfähigkeit im Zusammenspiel mit Apple-Computern betrachte ich als großes Plus von Logic. Wenn Sie anspruchsvolle Berechnungen wie Wellenformdarstellungen durchführen, informiert seit Logic 10.3.2 ein kleiner Balken unterhalb des Displays über den Bearbeitungsfortschritt.

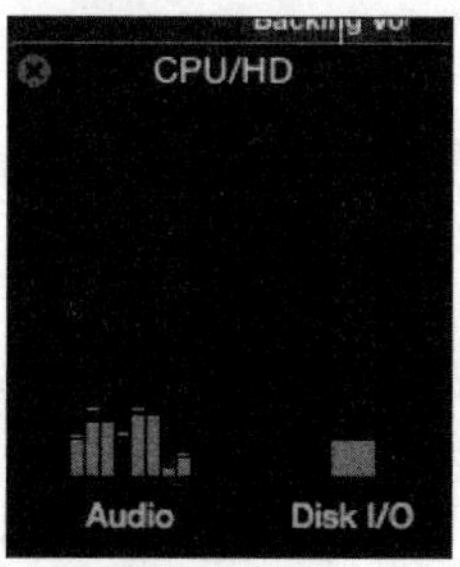

Abbildung 4.19 CPU-Meter

4.5 Transport, Taktlineal, und Menü »Navigieren«

Die Transportfunktionen, die zum Teil in der Steuerungsleiste oder einem separaten Schwebefenster »Transport« konfiguriert werden können, hängen eng mit dem Taktlineal des Bereichs SPUREN weiter unten im Hauptfenster zusammen, den ich hier zunächst vorstellen möchte. Außerdem finden Sie die wichtigsten Funktionen auch im Menü NAVIGIEREN.

4.5.1 Taktlineal, Locator-Punkte und Cycle

In Abbildung 4.20 sehen Sie das Taktlineal mit einem aktiven Cycle-Bereich zwischen Takt 4 und 6. Dieser Bereich wird geloopt abgespielt. Ein Klick in den unteren Bereich im Taktlineal bewegt den Abspielpositionsmarker an die entsprechende Stelle, ein Klick in den oberen, gelbfarbigen Bereich (de)aktiviert den Cycle.

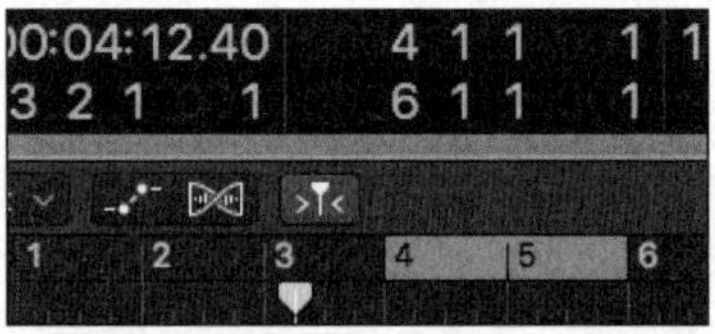

Abbildung 4.20 Der linke Locator-Punkt im Bild steht auf Takt 4, der rechte auf Takt 6.

Alternativ schalten Sie den Cycle-Modus mit dem Shortcut [C] oder Klick auf den gelben CYCLE-Button mit den zwei rotierenden Pfeilen ein und aus.

Sie können den Cycle-Bereich und damit die beiden Locator-Punkte (linker und rechter Locator-Punkt) mit gehaltener Maustaste im Taktlineal einstellen, indem Sie die Maus über den Taktbereich bewegen. Dies ist auch durch Eingabe der Locator-Punkte im Display möglich, wenn Sie es entsprechend konfiguriert haben.

4.5.2 Locator-Punkte automatisch setzen

Hilfreich sind diverse Funktionen zum automatischen Setzen von Locator-Punkten. Über das Kontextmenü des CYCLE-Buttons (Abbildung 4.21) können Sie z. B. einstellen, dass Locator-Punkte immer automatisch anhand einer Selektion gesetzt werden, für diesen Befehl können Sie auch einen Shortcut vergeben (LOCATOR-PUNKTE AUTOMATISCH SETZEN ein/aus).

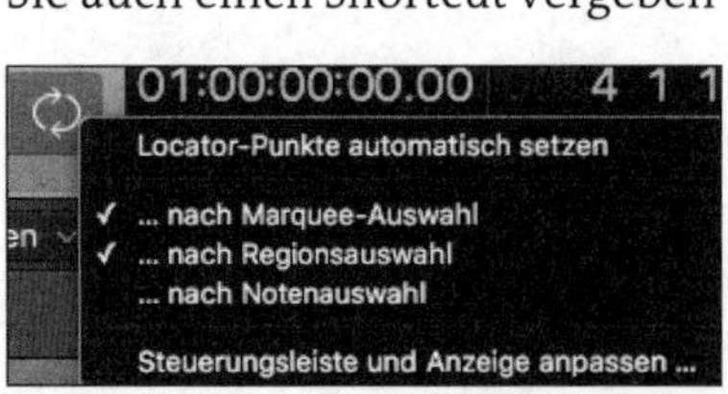

Abbildung 4.21 Kontextmenü des »Cycle«-Buttons. Locator-Punkte können automatisch gesetzt werden.

Falls eingestellt ist, dass Locator-Punkte automatisch gesetzt werden, ändert der Cycle-Button sein Aussehen (Abbildung 4.22)

Abbildung 4.22 Die Option, Locator-Punkte automatisch zu setzen, ist hier aktiv.

Die Einträge darunter sind von oben nach unten nach Ihrer Priorität geordnet, ein Eintrag muss selektiert werden, damit ein Häkchen dahinter erscheint. Beachten Sie, dass im Kontextmenü des Play-Buttons ähnliche Optionen existieren, um die Wiedergabe anhand einer Selektion automatisch zu starten, ohne dass hierfür ein Cycle aktiv sein muss.

Es gibt ferner in der Symbolleiste einen Button namens Locator-Punkte setzen (Abbildung 4.23). Hiermit werden die Locator-Punkte genau entsprechend der Länge einer zuvor selektierten Region gesetzt. Der Shortcut für den Befehl (der in voller Länge Locator-Punkte den Regionen/Events/Marquee anpassen heißt) lautet cmd + U. Der Shortcut U setzt die Locator-Punkte gerundet (der Befehl heißt Gerundete Locator-Punkte über Regionen/Events festlegen). Diese Befehle finden Sie auch im Navigieren-Menü.

Abbildung 4.23 Der Button zum Setzen von Locator-Punkten in der Symbolleiste

Der sich bewegende Zeiger in Logic, der die Abspielposition anzeigt, heißt *Abspielpositionsmarker* (in der englischen Version *Song Position Pointer* oder kurz *SPP*). Das Taktlineal heißt im Englischen übrigens *ruler*.

Ein weiteres Kontextmenü ist via Rechtsklick/ctrl + Klick auf das Taktlineal zu erreichen und enthält ebenfalls wichtige Befehle im Zusammenhang mit dem Taktlineal und Locator-Punkten, welche beim Arrangieren benötigt werden.

4.5.3 Taktlineal: Bereich im Song überspringen; linken und rechten Locator-Punkt vertauschen (Skip-Modus)

Die Funktion Linken und rechten Locator-Punkt vertauschen rufen Sie ebenfalls nach einem Rechtsklick auf das Taktlineal auf, mit cmd + Klick auf einen Cycle-Bereich im Taktlineal oder mit Hilfe des Shortcuts = (der nur auf der numerischen Tastatur aufgerufen werden kann. Laptop-User können die Taste natürlich neu vergeben). Sie führt dazu, dass anstelle eines Cycle-Bereichs ein Bereich eingestellt werden kann, der übersprungen wird. Im Taktlineal wird das wie in Abbildung 4.24 durch einen zackig hinterlegten und gelb umrandeten Bereich sichtbar.

Abbildung 4.24 So sieht es aus, wenn Takt 6, 7 und 8 übersprungen werden.

4.5.4 Start vor Takt 1?

Der Startpunkt eines Logic-Projekts kann vor Takt 1 liegen. Wenn Sie mit der Maus auf das kleine Dreieck links von der Markierung des Takts 1 gehen, erscheint ein Längentool. Wenn Sie den Cursor nun bei gehaltener Maustaste nach links oder rechts bewegen, verschieben Sie den Anfangszeitpunkt des Projekts (siehe Abbildung 4.25).

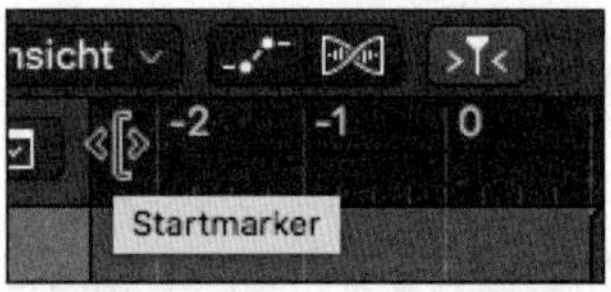

Abbildung 4.25 Das Längentool im Taktlineal zum Verschieben des Startzeitpunktes

Starten Sie Ihr Projekt einige Takte vor Takt 1 damit Sie verhindern, dass Logic zu vielen Spuren- und Plug-In-Berechnungen auf Takt 1 berechnen muss. Knackser können sonst die Folge sein. Ein Start vor Takt 1 kann allerdings zu Problemen bei der Arbeit mit ReWire- oder synchronisierten Programmen führen. Eine alternative Methode ist es, den Startpunkt eines Arrangements auf einen späteren Takt, z. B. auf Takt 9 oder 17, zu verlegen. Das mache ich oft so. Viele Produzenten möchten aber lieber genau auf Takt 1 anfangen, um mit vertrauten Taktzahlen zu arbeiten (z. B. Start des Hauptteils bei Takt 65 etc.).

4.5.5 Transportfunktionen: Einführung

Es gibt verschiedene Transportfunktionen, die als Buttons in der Steuerungsleiste oder im Schwebefenster »Transport« eingeblendet werden können. Hierzu gehören beispielsweise Befehle wie (Shortcut in Klammern):

- Aufnahme- (R), Stopp- (0 auf der numerischen Tastatur) und Wiedergabetaste (LEERTASTE, ↵)
- zum Anfang gehen (↵)
- zur Position (#)
- zum linken Locator-Punkt gehen
- zum rechten Locator-Punkt gehen

Darüber hinaus haben Tasten wie Aufnahme-, Stopp- und Wiedergabetaste in der Steuerungsleiste ein eigenes Funktionsmenü, das Sie z. B. durch Rechtsklick auf den jeweiligen

Transportbutton erreichen. Auch im NAVIGIEREN-Menü finden Sie Optionen für die Start- und Stopptaste und weitere Navigationsfunktionen (vergleiche Abschnitt 4.10).

4.5.6 Wiedergabetaste, alternative Wiedergabefunktionen der Wiedergabetaste und zusätzliche Wiedergabefunktionen

Für die Wiedergabe (Leertaste) gibt es verschiedene Einstellungen. Drücken Sie hierfür mit der rechten Maustaste (oder länger mit gehaltener Maustaste oder mit ctrl + Klick) auf den PLAY-Button.

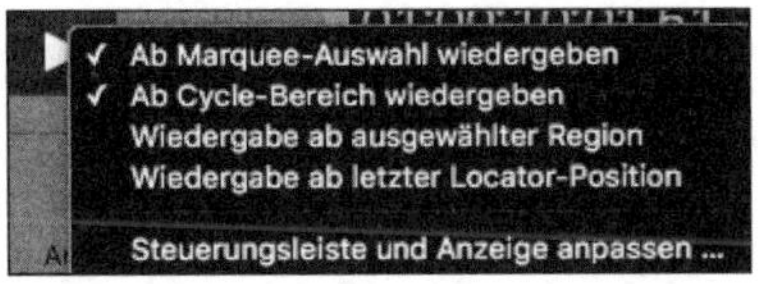

Abbildung 4.26 Die Optionen für die Wiedergabetaste

Die in Abbildung 4.26 sichtbaren Optionen können alle vier aktiviert sein – die oberen Einträge haben dabei Priorität gegenüber den darunterliegenden Einträgen!

- AB MARQUEE-AUSWAHL WIEDERGEBEN: Wenn dieses Häkchen gesetzt ist, beginnt die Wiedergabe beim Anfangspunkt der Marquee-Auswahl, falls eine Marquee-Auswahl vorhanden ist – selbst dann, wenn ein Cycle aktiv ist, weil der Eintrag in der Prioritätenliste ganz oben steht.
- AB CYCLE-BEREICH WIEDERGEBEN: Die Wiedergabe beginnt am linken Cycle-Locator-Punkt. Beachten Sie auch die Optionen zum automatischen Setzen von Locator-Punkten (z. B. auf die Auswahl via cmd + U) im NAVIGIEREN-Menü.
- WIEDERGABE AB AUSGEWÄHLTER REGION: Die Wiedergabe beginnt bei der ausgewählten Region.
- WIEDERGABE AB LETZTER LOCATOR-POSITION: Die Wiedergabe beginnt nicht dort, wo Sie Ihren Song zuletzt angehalten, sondern dort, wo Sie ihn zuletzt gestartet haben. Sinn: Sie können einen bestimmten Abschnitt immer wieder von vorn hören, ohne beachten zu müssen, wie weit der Abspielmarker danach gelaufen ist, oder deswegen wieder ein- und auszoomen zu müssen.
- Im Konfigurationsmenü für die Steuerungsleiste stehen weitere Buttons für Wiedergabefunktionen zur Verfügung, z. B. (Shortcuts in Klammern):
  - WIEDERGABE AB ANFANG
  - WIEDERGABE AB LINKEM FENSTERRAND (⇧ + ⏏)
  - WIEDERGABE AB LINKEM LOCATOR-PUNKT
  - WIEDERGABE AB RECHTEM LOCATOR-PUNKT
  - WIEDERGABE AB DER AUSWAHL (⇧ + Leertaste)

4.5.7 Aufnahmetaste

Wenn Sie z. B. via rechter Maustaste auf den Aufnahmeknopf im Transportfenster klicken, öffnet sich ein Submenü (dessen Parameter Sie – etwas anders angeordnet – auch ganz oben im Menü AUFNAHME finden). Hier können Sie einstellen, welche Funktion der AUFNAHME-Button (bzw. der Shortcut [R]) genau hat.

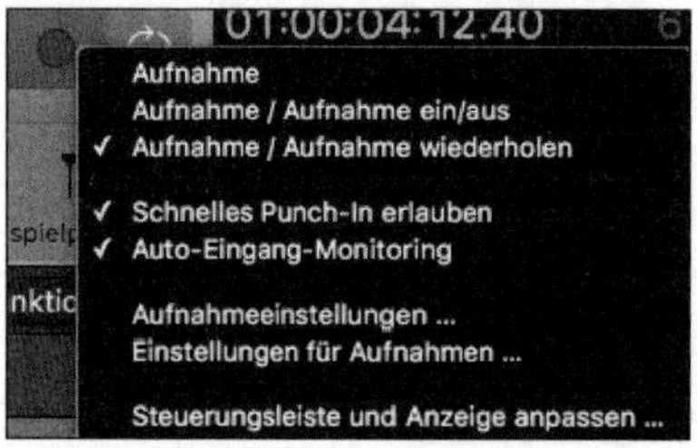

Abbildung 4.27 Das »Aufnahme«-Untermenü

- Die Standardeinstellung AUFNAHME sorgt dafür, dass Sie durch Drücken auf den Aufnahmeknopf oder mit dem Shortcut [R] die Aufnahme starten.
- Ist das Häkchen dagegen beim Eintrag AUFNAHME / AUFNAHME EIN/AUS gesetzt, dann wird die Aufnahme beim nächsten Klick auf den AUFNAHME-Button oder bei der nächsten Betätigung des Shortcuts [R] beendet.
- Ist das Häkchen beim Eintrag AUFNAHME / AUFNAHME WIEDERHOLEN gesetzt, bewirkt jeder Klick auf den AUFNAHME-Button oder jedes Auslösen des Shortcuts [R] ein erneutes Auslösen der Aufnahme an der gleichen Stelle, an der die Aufnahme zuerst gestartet wurde (und Sie müssen eine zuvor gemachte, eventuell misslungene Aufnahme nicht extra löschen, denn das geschieht automatisch).

Natürlich können Sie alternativ für die Funktion AUFNAHME / AUFNAHME WIEDERHOLEN auch einen anderen, zusätzlichen Shortcut vergeben, um einerseits den Shortcut [R] für die »normale« Aufnahmefunktion zu nutzen und andererseits direkt an die Funktion AUFNAHME / AUFNAHME WIEDERHOLEN heranzukommen.

4.5.8 Stopp-/Gehe-zu-Anfang-Button

Wenn Sie mit der rechten Maustaste oder per [ctrl] + Klick auf den STOPP-Button klicken, erscheint das Submenü aus Abbildung 4.28. Dieselben Optionen für die Stopptaste sind auch über das NAVIGIEREN-Menü zugänglich.

- STOPPEN: Stoppt die Projektwiedergabe.
- WIEDERGABE STOPPEN UND ZUM LINKEN LOCATOR-PUNKT GEHEN: Beendet die Wiedergabe und bewegt die Abspielposition zum linken Locator-Punkt.
- STOPP UND ZUR LETZTEN LOCATOR-POSITION: Stoppt und bewegt die Abspielposition zu der Position, von der aus Sie den Play-Modus zuletzt gestartet haben.

- Zwischen Marquee- und Projekt-Start wechseln, wenn gestoppt: Bewegt, falls es eine Marquee-Auswahl gibt, die Abspielposition zwischen Marquee-Start und Projektstart hin und her, wenn gestoppt wird.
- Zwischen Cycle- und Projekt-Start wechseln, wenn gestoppt: Bewegt die Abspielposition, falls es einen aktiven Cycle gibt, zwischen Cycle-Start und Projektstart hin und her, wenn gestoppt wird.
- Beim stoppen zwischen ausgewähltem Regions- und Projektstart wechseln: Bewegt die Abspielposition, falls eine Region ausgewählt ist, zwischen dem Startpunkt einer ausgewählten Region und dem Projektstart hin und her, wenn gestoppt wird.
- Zwischen letzter Locator-Position und Projekt-Start wechseln, wenn gestoppt: Bewegt die Abspielposition, falls eine Region ausgewählt ist, zwischen der Position, von der aus Sie den Play-Modus zuletzt gestartet haben, und dem Projektstart hin und her, wenn gestoppt wird.

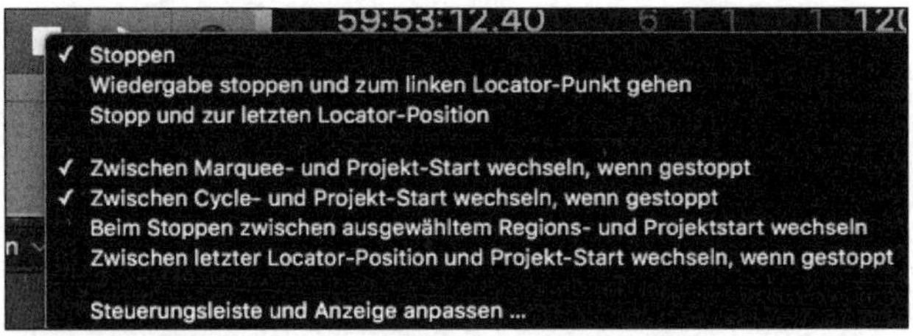

Abbildung 4.28 Optionen für die Stopp- und die Gehe-zu-Anfang-Taste

Bei Interesse an Shortcuts und weiteren praktischen Befehlen geben Sie im Dialog zur Anpassung der Tastaturkurzbefehle den Begriff »Wiedergabe« im Suchfeld ein, um diese angezeigt zu bekommen

4.5.9 Position eingeben, Befehl »Zur Position ...«

Sie können im Display manuell eine Position eingeben, zu der die Abspielposition springen soll. Sie können außerdem den Befehl Zur Position ... (Shortcut [#]) benutzen (oder einen Button für den Dialog Zu Position in der Steuerungsleiste einrichten). Daraufhin erscheint ein Dialog, in dem Sie die Position eingeben, zu der die Abspielposition springen soll (Abbildung 4.29).

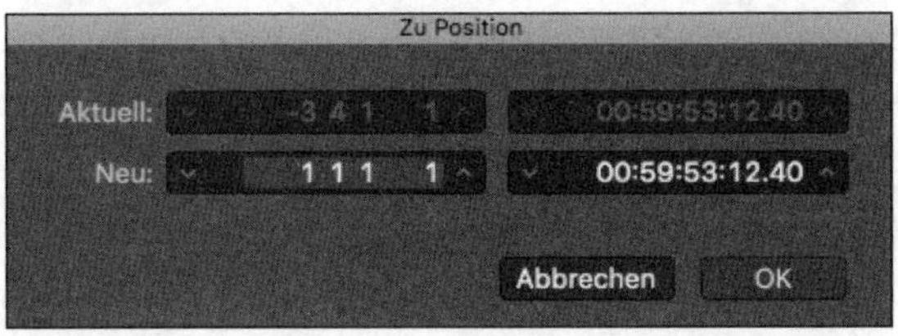

Abbildung 4.29 Dialog zum Eingeben einer Zielposition für die Abspielposition

4.5.10 Scrubbing

Beim sogenannten *Scrubbing* bewegen Sie die Maus so über Regionen, dass deren Inhalte in der Geschwindigkeit Ihrer Mausbewegung hörbar werden. Das funktioniert sowohl für Audio- als auch für MIDI-Regionen. Sie müssen hierfür allerdings unter EINSTELLUNGEN • AUDIO • BEARBEITUNG • MIT AUDIO IM SPURBEREICH SCRUBBEN aktivieren (Audio, Voreinstellung ist leider »deaktiviert«). Für MIDI geht das unter PROJEKTEINSTELLUNGEN • MIDI • ALLGEMEIN. Das Werkzeug in Logic hierfür ist das Solo-Werkzeug – aber auch wenn Sie mit der SCHERE schneiden wollen, funktioniert es. Halten Sie mit ausgewähltem Solowerkzeug die Maustaste gedrückt, und bewegen Sie es nach links und rechts, um den Inhalt der ausgewählten Region(en) vorzuhören. Das funktioniert übrigens auch durch Bewegung des Abspielpositions-Markers, falls sich Logic gerade im angehaltenen Wiedergabemodus befindet. Der Shortcut für PAUSE ist voreingestellt das [,] (Komma) im Ziffernblock einer großen Tastatur, er funktioniert also zunächst nicht bei Laptops. Alternativ können Sie den PAUSE-Button in der Steuerungsleiste einblenden.

Die Scrubbing-Funktion können Sie außerdem Shortcuts (Vor- und Zurückspulen mit Hörkontrolle/Scrub Forward/Rewind) und angeschlossenen Controllern zuweisen. Mehr Informationen hierzu finden Sie im Handbuch »Logic Pro Control Surfaces Support«.

4.5.11 Vor- und Rückspulbefehle

Für die Vor- und Rückspul-Buttons in der Steuerungsleiste gibt es kein eigenes Kontextmenü zur Konfiguration von Funktionen dieser Tasten. Stattdessen gibt es verschiedene zuweisbare Tastaturkurzbefehle, von denen vor allem die Befehle *Vorspulen* (Shortcut [.]), *Zurückspulen* (Shortcut [,]), *schnelles Vorspulen* ([⇧] + [.]) und *schnelles Zurückspulen* ([⇧] + [,]) in den Standard-Tastaturkurzbefehlen vergeben sind.

Außerdem sind die Befehle *Vor- und Zurückspulen mit Transient (*[ctrl] + [,] bzw. [ctrl] + [.], *um ein Frame, mit Rasterwert* und *per Scrubbing* als Shortcut nutzbar/zuweisbar. Ich empfehle, auch einen Tastaturkurzbefehl für die Funktion *Zurückspulen/Vorspulen mit Rasterwert* zu vergeben. Hiermit arbeite ich öfter, weil sich der Rasterwert schnell im Display verändern lässt. Konsequent wäre die Einführung einer Funktion *Vor- und Zurückspulen um Schrittweite* gewesen, die allerdings fehlt.

4.5.12 Menü »Navigieren«

Viele wichtige und bereits gezeigte Transportfunktionen erreichen Sie (auch) über das übergeordnete NAVIGIEREN-Menü (Abbildung 4.30). Im NAVIGIEREN-Menü finden Sie außerdem Einträge für die Arbeit mit Locator-Punkten und Markern.

Unter dem Menü-Punkt GEHE ZU können Sie (über einen nachfolgenden Dialog) nicht nur zu einer Position, sondern auch direkt zu Locator-Punkten, Auswahlanfang und -ende oder einem Marker springen.

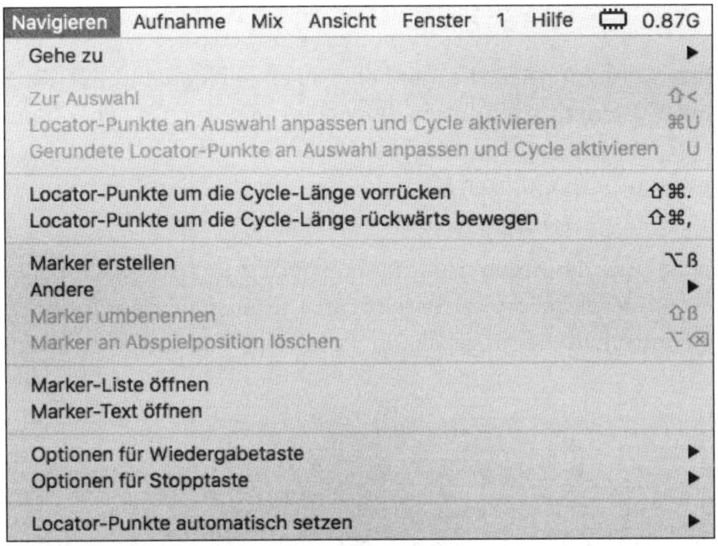

Abbildung 4.30 »Navigieren«-Menü

4.5.13 Schwebefenster »Transport« und große Beats/Zeitanzeige

Sie können sich über einen entsprechenden Eintrag im FENSTER-Menü ein separates Schwebefenster »Transport« anzeigen lassen, das Ihnen grundsätzlich die gleiche Funktionalität wie Steuerungsleiste und Display anbietet. Dieses ist dann frei verschiebbar und durch Rechtsklick auf den Hintergrund genau wie die Steuerungsleiste inklusive des Displays frei konfigurierbar. Falls Sie also in der Steuerungsleiste nicht genug Platz für ein breites Display haben, können Sie zusätzlich ein Transport-Schwebefenster nutzen.

Über das Display der Steuerungsleiste und des Transportfensters können Sie sich auch ein Display als große Beats- oder große Zeitanzeige anzeigen lassen (siehe Abbildung 4.12 und Abbildung 4.31). In diesen Fenstern können Sie die angezeigte Taktposition mit der Maustaste anfassen und damit die Abspielposition bzw. den Playhead (kurz *SPP* für *Song Position Pointer*) bewegen.

Abbildung 4.31 Große Beats- und große Zeitanzeige sind als frei schwebende Fenster geöffnet.

4.6 Symbolleiste

Unter der Steuerungsleiste ist in Abbildung 4.32 die Symbolleiste eingeblendet (durch Klick auf den quadratischen Button mit einem nach unten zeigenden Pfeil rechts neben dem I-Symbol oder via `ctrl` + `alt` + `cmd` + `T`), mit deren Hilfe Sie wichtige Funktionen schnell erreichen. Um Befehle auszuführen, klicken Sie auf die entsprechenden Symbole. Die Funktionen sind alle auch anderweitig erreichbar (z. B. über Shortcuts),

Auch die Symbolleiste passen Sie über das Menü ANSICHT • SYMBOLLEISTE ANPASSEN oder per rechter Maustaste bzw. `ctrl` + Klick auf die Leiste selbst an. Die einstellbaren Optionen enthalten wichtige Befehle, die unterhalb der angezeigten Icons nochmals ausgeschrieben erläutert sind.

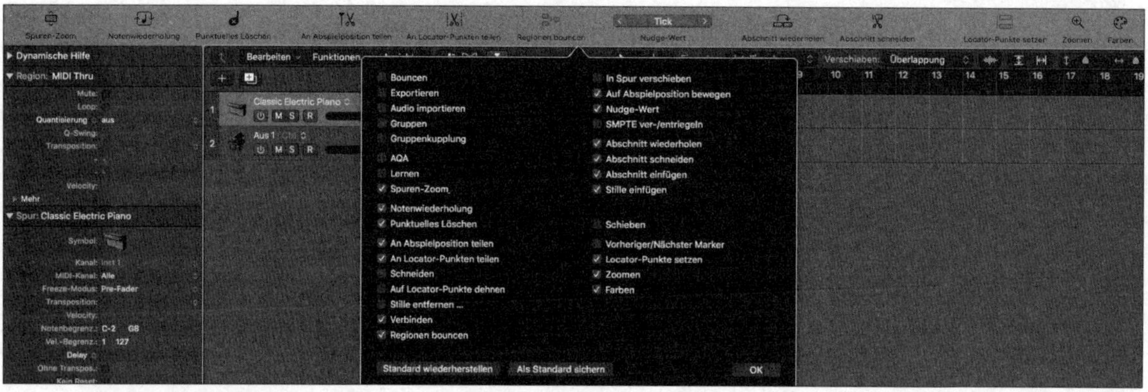

Abbildung 4.32 Die Symbolleiste (im Bild oben) inklusive einstellbarer Optionen. AQA ist übrigens eine Abkürzung für die Funktion Automation Quick Access.

Symbole in der Symbolleiste lassen sich nicht frei anordnen, sondern nur mit Häkchen aktivieren und deaktivieren. Bei Platzmangel führt ein >>-Symbol rechts zu weiteren Symbolen/Befehlen.

Erwähnenswert ist die Nudge-Funktion: Hier können Sie nicht nur den Wert für *Nudge* (Verschieben eines selektierten Objekts) einstellen (in Abbildung 4.33 ist TICK angezeigt, ein Klick auf den Eintrag erlaubt andere Einstellungen wie TAKT oder 1 MS), sondern mit Hilfe zweier Pfeile die Nudge-Aktion selbst (selektiertes Objekt nach links und rechts um den eingestellten Wert verschieben) durchführen. Die Einstellung des Nudge-Werts heißt anderswo übrigens auch SCHRITTWEITE und wird bei den Shortcuts unter diesem Namen gelistet.

Abbildung 4.33 Nudge-Funktion in der Symbolleiste

4.7 Bibliothek

Durch Klick auf das Schubladensymbol links blenden Sie die BIBLIOTHEK ein.

Hier laden und speichern Sie Patches, Channel-Strips und Presets. Erläuterungen zur inhaltlichen Bedeutung von Patches, Channel-Strips und Plug-In-Settings sowie Presets von Fremd-Plug-Ins und deren Sicherung finden Sie in Abschnitt 3.2.

Die folgenden Ausführungen beziehen sich auf die Arbeit mit der BIBLIOTHEK im Hauptfenster.

4.7.1 Suchen in der Bibliothek

In der BIBLIOTHEK steht Ihnen auch eine komfortable Suchfunktion zur Verfügung, geben Sie gesuchte Begriffe im Suchfeld ein.

4.7.2 Verbreitern der Bibliotheksdarstellung

Sie können die BIBLIOTHEK im Hauptfenster durch Bewegung der Grenzmarkierung verbreitern, um mehr Spalten zu sehen (Abbildung 4.34). Ist die Darstellung zu schmal um alles anzuzeigen, erscheint ein Scrollbalken.

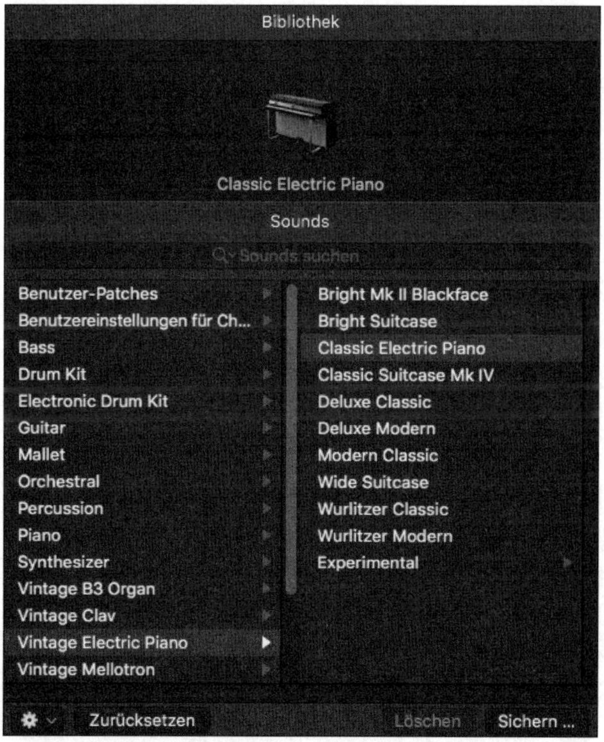

Abbildung 4.34 Bibliothek

4.7.3 Grundsätzliche Funktionsweise der Bibliothek im Hauptfenster

Zur Wiederholung: Die Ansicht der Bibliotheksinhalte wechselt automatisch, je nachdem, was Sie im Kanalzug selektieren. Wenn Sie mit gehaltener [⇧]-Taste auf einen Slot klicken, wird dieser weiß umrandet, und es erscheint links daneben ein blaues Dreieck, das den Slot markiert.

Alternativ klicken Sie links neben den Slot, so dass der Pfeil erscheint. Dies funktioniert für jede der beiden im Informationsbereich angezeigten Spuren. Die Anzeige der BIBLIOTHEK bezieht sich jeweils auf:

- den gesamten Kanalzug einer der beiden Spuren Spur (je nachdem, welche Art Spur selektiert ist, werden Audio-, Aux-, Instrument- oder Output-Patches angezeigt; siehe Abbildung 4.35),
- das gewählte Effekt-Plug-In
- das selektierte Instrument

Nach Klick auf einen Send oder Output (hier Bus 1) in der linken Spur wird der Ziel-Aux-Kanal rechts angezeigt. (siehe auch Abschnitt 4.9.3).

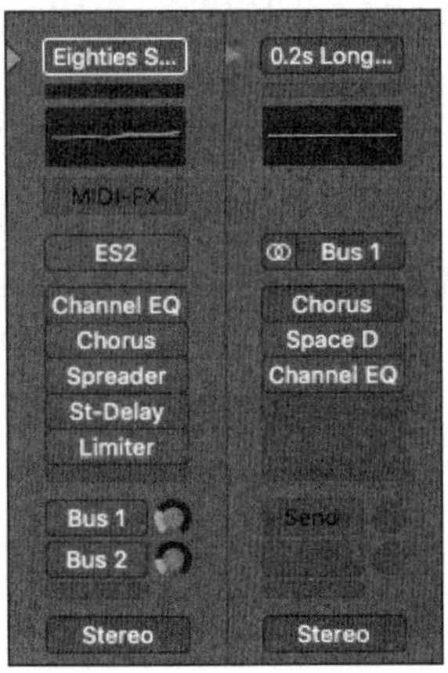

Abbildung 4.35 Mit selektiertem Gesamtkanalzug zeigt die Bibliothek Patches – alternativ auch für die rechte Spur.

Zwischen den angezeigten Einträgen in der BIBLIOTHEK können Sie (bei Fokus auf der BIBLIOTHEK) mit den Pfeiltasten [↑] umschalten. Hierdurch – oder durch Anklicken des jeweiligen Eintrags – wird jeweils ein neues Patch, Plug-In-Setting oder *EXS*-Instrument geladen (was Sie via Undo [cmd] + [Z] rückgängig machen können). Sie können hierfür auch den Befehl NÄCHSTES bzw. VORHERIGES PATCH/PLUG-IN SETTING ODER EXS INSTRUMENT LADEN nutzen (Shortcuts [Ä] und [Ö]; das funktioniert auch, wenn Sie gerade den Fokus auf dem Bereich SPUREN haben).

4.7.4 Zu viele Bus-Sends? Patches mischen!

Unten links in der BIBLIOTHEK finden Sie den Eintrag PATCH-MISCHEN EIN (Abbildung 4.36), der die Ansicht aus Abbildung 4.37 aufruft. Diese bieten zusätzliche Detailoptionen beim Laden von Patches, z. B. um nicht alle Send-Einstellungen zu laden.

Abbildung 4.36 Der Eintrag »Patch-Mischen ein« im Menü unten links in der Bibliothek

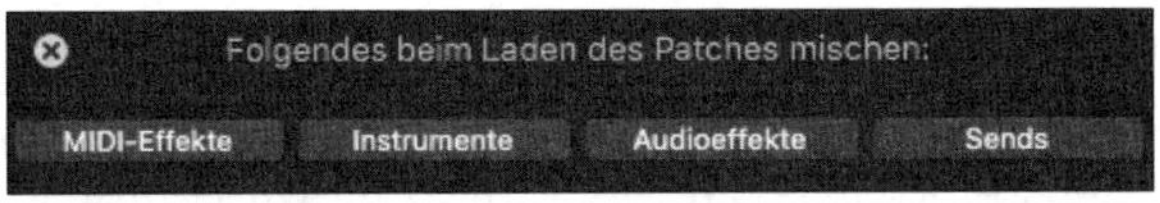

Abbildung 4.37 Optionen zum Thema »Patch mischen« in der Bibliothek

Alle blau unterlegten Elemente von Patches werden beim Laden eines Patches bzw. der Auswahl des Bibliothekseintrags geladen.

Wenn Sie Bereiche deaktivieren, werden diese nicht geladen. Teile des zuvor geladenen Patches würden dann erhalten bleiben und mit den anderen Einstellungen des neu geladenen Patches (z. B. Instrument) »vermischt«, daher heißt die Funktion auch PATCH-MISCHEN. Wenn Sie z. B. den Button SENDS deaktivieren, werden beim Klick auf einen Bibliothekseintrag keine Send-Einstellungen des Patches geladen, die bislang vorhandenen Einstellungen im Kanalzug bleiben erhalten. Das ist hilfreich, denn oft lädt Logic mehr Sends, als man eigentlich möchte. Beachten Sie, dass Sie zudem in den EINSTELLUNGEN • AUDIO • ALLGEMEIN • AUTOMATISCHE BUSZUWEISUNG VERWENDET einstellen können, ab welcher Bus-Nr. Busse für automatische Zuweisungen beim Laden von Patches verwendet werden.

4.7.5 Bibliothek sortieren und aktualisieren

Sie können in den in Abschnitt 3.2 gezeigten Speicherorten für Patches, Channel-Strips und Presets selbst im Finder Umsortierungen vornehmen (und dabei Ordner und Unterordner anlegen), die danach auch in der BIBLIOTHEK angezeigt werden können. Gegebenenfalls müssen Sie hierfür aber zunächst noch einmal die Ansicht der BIBLIOTHEK aktualisieren (Abbildung 4.37).

4.7.6 Spurstapel-Patches, Channel-Strips und Performances in der Bibliothek

Patches verwenden und laden auch sogenannte *Spurstapel*, Kombinationen aus mehreren Kanalzügen. Mehr hierzu in Kapitel 6. Ganze Kanalzugsettings können auch in Form von

Channel-Strips (.csts) oder Performances vorliegen oder gespeichert werden (siehe Abschnitt 3.2.5), auch die Bibliothek zeigt nun Channel-Strips an

Wenn Sie ein Spurstapel-Audio-Patch laden, das eine komplexere Effektkonfiguration über interne Aux-Wege für eine Audiospur realisiert, bleiben die auf der Audiospur liegenden Regionen typischerweise auf der in den Spurstapel wandernden Audiospur liegen.

4.8 Apple Loops und Loop Browser

Im *Loop Browser* finden Sie vor allem gut sortierte und getaggte Audio-, MIDI- und Drummer-Loops – genannt *Apple Loops*. Eines der wichtigsten Merkmale von Apple Loops ist, dass sie *tempounabhängig* in Logic genutzt werden können. Wenn Sie einen Apple Loop in den Bereich SPUREN ziehen, »folgt« er normalerweise automatisch dem Tempo Ihres Songs – das entsprechende Häkchen im Informationsfenster REGION für die Anpassung wird automatisch gesetzt. Sie können auch eigene Apple Loops speichern.

In Logic Pro X ist im Laufe der Zeit immer mehr genrespezifisches Soundmaterial (z. B. Dubstep, Electro House) hinzugekommen. Aber auch Orchestrales und Perkussives ist zu finden – etwa im Loop-Pack *Symphony Orchestra*. Sie können selbst Ordner mit Apple Loops anlegen und verwalten und den Loop Browser zu einem genauso wichtigen Ressourcenbereich bei Produktionen machen wie Ihre BIBLIOTHEK. Das Design des Loop Browsers hat sich seit Version 10.3.2 stark verändert.

Über den Befehl LOOP-BROWSER EIN-/AUSBLENDEN (Shortcut: [O]) können Sie den Apple Loop Browser im rechten Bereich des Hauptfensters ein- und ausblenden (Abbildung 4.38).

Abbildung 4.38 Der Loop Browser (oberer Bereich)

4.8.1 Loops-Dateiformate, blaue, grüne und gelbe Loops

Die von Apple gelieferten Apple Loops liegen in neueren Logic-Versionen meist als *.caf*-Dateien vor, die angeblich verlustfrei die Dateigröße um etwa die Hälfte reduzieren, aber oft nicht auf Windows-PCs abgespielt werden können. Es gibt auch Apple Loops im *.aif*-Format.

- Blaue Apple Loops (Format Audio) lassen sich nur auf Audiospuren ziehen. Nach dem Import ist im Informationsfenster REGION die Option TEMPO & TONHÖHE FOLGEN aktiviert, wodurch die Loops temposynchron abspielen. Bei den meisten neuen Apple Loops handelt es sich um reine Audiofiles, also blaue Apple Loops. Diese klingen zwar meistens »fett«, doch kann der User ihre Entstehung kaum nachvollziehen, und sie sind auch etwas weniger leicht zu editieren als grüne Apple Loops, wobei Sie in Kapitel 17, »Mixingstrategien, musikalische Ziele und Stile«, Beispiele für den kreativen Umgang mit blauen Apple Loops finden.
- Grüne Apple Loops lassen sich auf Instrument- *und* Audiospuren ziehen. Auf einer Instrumentenspur werden der gespeicherte Channel-Strip *und* die dazugehörigen MIDI-Daten geladen.

Beim Import grüner Apple Loops (MIDI und Audio) auf Instrumentenspuren werden die Send-Effekte, die beim Vorhören im Loop Browser oder bei einem Import des grünen Apple Loops auf einer Audiospur zu hören sind, nicht immer korrekt berücksichtigt. Gegebenenfalls müssen Sie entsprechende Effekte nachträglich einfügen. Um genau denselben Effekt hinzubekommen, ist allerdings ein wenig Erfahrung nötig.

- Gelbe Drummer-Loops (Drummer und Audio) lassen sich dementsprechend auf »Drummer«-Spuren und Audiospuren ziehen (siehe die Erläuterungen zum »Drummer« in Kapitel 11, »Die Instrumente: Synths, Sampler, ›Drummer‹ und Co.«).

4.8.2 Tags/Suchkriterien und Loop-Packs

Apple Loops werden ähnlich wie MP3-Files mit Informationen »getaggt« (z. B. Schlagzeug/Beats, Tempo, Tonart). Im Loop Browser werden einerseits diese Tags zur Suche nach bestimmten Soundkategorien benutzt. Zudem ist es andererseits möglich, alle, nur Ihre eigenen oder nur Apple Loops aus bestimmten Packs anzeigen zu lassen. Weil in Logic Pro X zahlreiche neue Packs mitgeliefert werden, die sich jeweils einem der Genres Hip-Hop, Electro House, Dubstep, Modern R & B, Tech House, Deep House und Chillwave widmen, ist es auf diese Weise schnell möglich, auf Audiomaterial für bestimmte Genres zuzugreifen. Hierzu wählen Sie einfach oben im Loop Browser aus, ob

- alle Loops,
- nur die aus einem bestimmten installierten Soundpack oder
- nur Ihre eigenen, selbsterzeugten Apple Loops

angezeigt werden (Abbildung 4.39).

Abbildung 4.39 Oben wählen Sie, ob Sie alle Loops, nur die aus einem bestimmten installierten Soundpack oder nur Ihre eigenen, selbsterzeugten Apple Loops im Loop Browser angezeigt bekommen.

Darüber hinaus können Sie die angezeigten Loops durch Auswahl von Tags eingrenzen und nach bestimmten Kriterien suchen (Instrumente/Genres/Stimmungen). Klicken Sie hierzu auf das entsprechende Feld im Loop Browser.

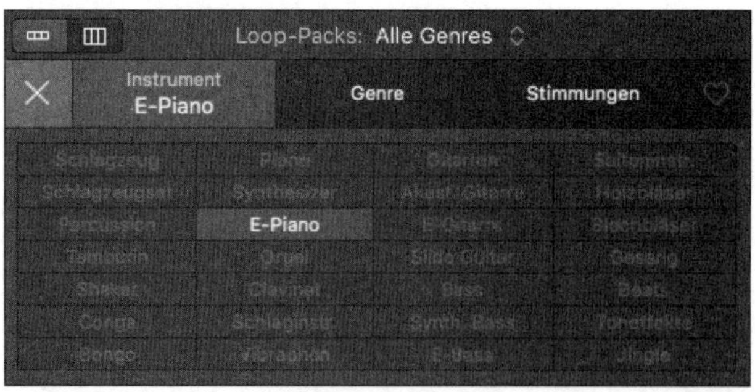

Abbildung 4.40 Suchkriterien

In Bild Abbildung 4.40 ist als Suchkriterium bzw. Tag der Button E-PIANO gedrückt, so dass nur E-Pianos angezeigt werden. Durch Klick auf den X- bzw. ZURÜCKSETZEN-Button können Sie neue Suchkriterien definieren. Sie können auch den Namen eines gesuchten Loops oder Namensbestandteile über das Suchfeld mit dem Lupensymbol eingeben.

4.8.3 Apple Loops vorhören

Wenn Sie einen Apple Loop anklicken, wird er Ihnen in der unten eingestellten Lautstärke temposynchron vorgespielt; nochmaliges Klicken stoppt die Vorhörwiedergabe. Anschließend können Sie mit den Pfeiltasten [↑] und [↓] durch die Loop-Sammlung navigieren, der jeweils selektierte Loop wird automatisch zum Vorhören abgespielt.

Abbildung 4.41 Einstellungen zum Vorhören von Loops

Auch mit [ctrl] + Leertaste können Sie die Wiedergabe starten und stoppen. Das Vorhören erfolgt übrigens über den im Mixer vorkonfigurierten Prelistening-Channel-Strip.

Vorhören in der Song-Tonart? Apple Loops können durch Einstellung des Flip-Menüs SPIELEN IN in der Song-Tonart, ihrer Originaltonart oder einer gewählten Tonart vorgehört werden – auch wenn es sich um Audiofiles handelt.

4.8.4 Variationen von Apple Loops

Manche Apple Loops sind Variationen anderer Apple Loops – was am Namen erkennbar ist. Gemeinsam bilden diese Variationen gewissermaßen eine Art Loop-Familie. Gegebenenfalls können Sie die Variationen dann auch direkt im Bereich SPUREN aufrufen (Abbildung 4.42); dazu dienen die Pfeile neben dem Regionsnamen.

Abbildung 4.42 Die verfügbaren Variationen

4.8.5 Loops als Favoriten markieren

Durch Klick auf einen Button unter der Herzchen-Spalte markieren Sie Apple Loops als Favoriten. Klicken Sie das Herzchen weiter oben an, werden nur Ihre favorisierten Loops angezeigt (Abbildung 4.43).

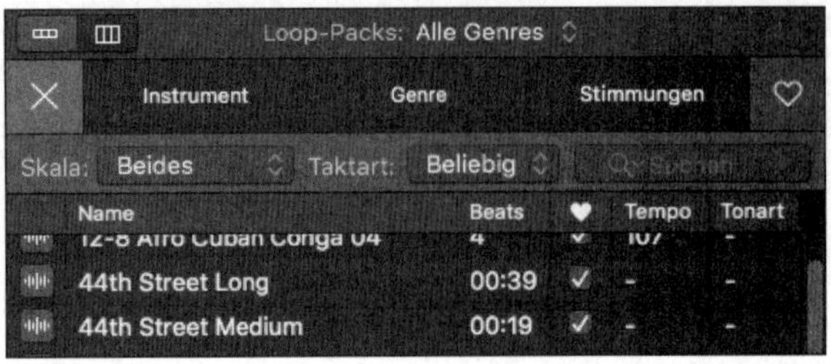

Abbildung 4.43 Favoriten

4.8.6 Tonartanpassung, Transponieren und Tempoanpassungen von Apple Loops

Bei der Verwendung von Apple Loops spielt die voreingestellte Tonart des Projekts eine Rolle. Wenn Sie Apple Loops als Audiofiles importieren, erscheint im INFORMATIONSFENSTER: REGION ein Eintrag mit Häkchen/Aktivierung eines Feldes namens TEMPO & TONHÖHE FOLGEN. Neu ist, dass im Bereich MEHR, der im Informationsfenster REGION aufgeklappt werden kann, ein Eintrag TEMPO zu finden ist. Damit können Sie das Tempo eines Loops leicht vervielfachen oder teilen (Abbildung 4.44).

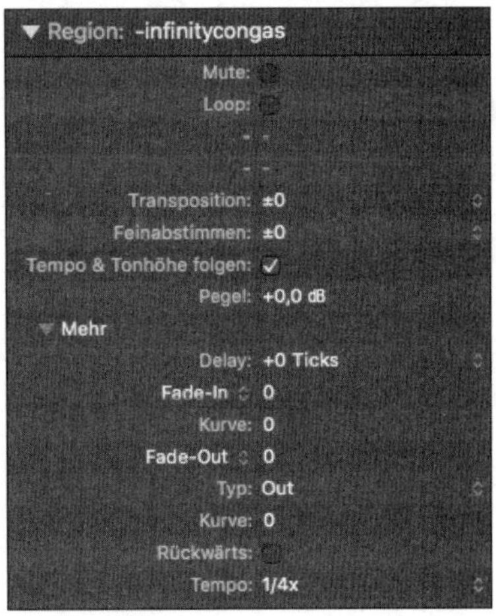

Abbildung 4.44 Die Einträge Tempo & Tonhöhe folgen bzw. das Flip Menü Tempo zur Temposkalierung unten

Irritierend kann Folgendes sein: Wenn im Loop Browser die Tonhöhe des Loops zu lesen (z. B. »E«) ist, der Loop beim Import in einen Song mit anderer Tonart (z. B. »C«) aber anschließend mit gleicher Tonhöhe wie beim Vorhören im Browser spielt, liegt das eventuell daran, dass im Loop Browser unten eingestellt ist, dass Loops in der Songtonart vorgehört werden.

Übrigens: Auch andere Audio- (seit 10.3.2) und MIDI-Regionen lassen sich unabhängig von Apple-Loops-Funktionen im Informationsfenster REGION nachträglich transponieren.

4.8.7 Eigene Apple Loops speichern

Sie können eigene musikalische Ideen als Apple Loops exportieren (z. B. via ABLAGE • EXPORTIEREN • REGION ZUR LOOP-BIBLIOTHEK oder [ctrl] + [⇧] + [O]) – oder indem Sie Regionen direkt auf die Loop-Bibliothek ziehen. Weitere Details zu diesem Thema finden Sie in Abschnitt 10.4, »Audio und MIDI: Apple Loops erzeugen/exportieren«.

4.9 Informationsbereich und dynamische Hilfe, »Hilfe«-Menü

Das I-Symbol blendet den Informationsbereich (in der englischen Version *Inspector* genannt) ein. Hier sehen Sie, je nach sonstigen angezeigten Inhalten, diverse dazu passende Kontextparameter. Oben können Sie die dynamische Hilfe (Abbildung 4.48) oder das Informationsfenster FILM (oben in Abbildung 4.49) anzeigen lassen, darunter das Informationsfenster REGION (in der englischen Version *Region Inspector*) und das Informationsfenster SPUR. Rechts daneben können Sie mit dem Fragezeichensymbol die dynamische Hilfe einblenden (Abbildung 4.45). Auch ohne DYNAMISCHE HILFE erscheinen kurze Funktionserklärungen von Buttons, wenn Sie die Maus auf dem Button ruhen lassen.

Abbildung 4.45 Buttons für Infobereich und dynamische Hilfe

4.9.1 Dynamische Hilfe und »Hilfe«-Menü

Voreingestellt erscheint die dynamische Hilfe neuerdings nicht mehr im Informationsbereich, sondern in Form gelber Sprechblasen. Dies ist aber nur dann der Fall, wenn im Menü HILFE • DYNAMISCHE HILFE FOLGT ZEIGER aktiv ist (Abbildung 4.46).

Abbildung 4.46 »Hilfe«-Menü

Ansonsten erscheint die DYNAMISCHE HILFE als Abschnitt oben im (eingeblendeten) Informationsbereich oder als frei schwebendes Fenster (Abbildung 4.48). Sie kann auch ohne Hauptfenster als kleines Schwebefenster präsent bleiben, wenn Sie sie aus dem Informationsbereich herausziehen.

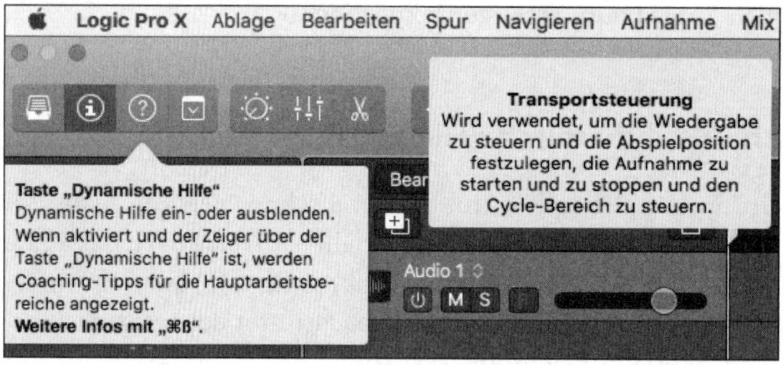

Abbildung 4.47 Dynamische Hilfe folgt Zeiger

Die DYNAMISCHE HILFE informiert Sie kurz darüber, welche Funktion der Bereich hat, den Sie gerade mit der Maus überfahren.

Zusätzlich wird angeboten, detailliertere Informationen mit Hilfe des Befehls DETAILHILFE EINBLENDEN (Shortcut ⇧ + cmd + ß) anzuzeigen. Durch diesen Shortcut erscheint der entsprechende Bereich aus der Dokumentation. Der Shortcut cmd + ß aktiviert nun die *Dynamische Hilfe* (siehe Tastaturkurzbefehlszuweisung, diese Shortcuts werden bei kleinen Updates auch immer mal wieder geändert).

Sie können über das HILFE-Menü auch Manuals zu Logic und AKTUELLE INFORMATIONEN (Details der Änderungen in den letzten Updates) aufrufen.

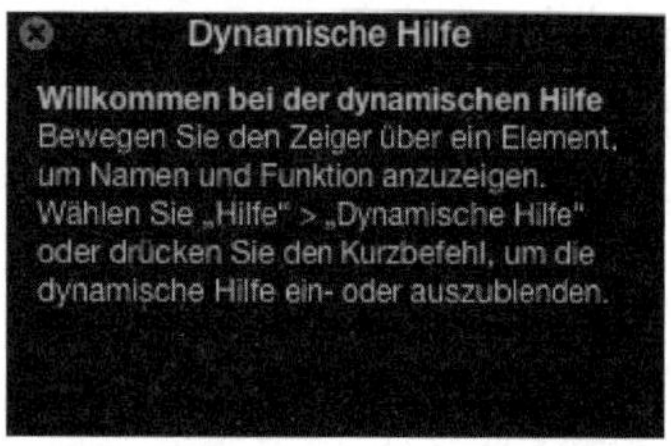

Abbildung 4.48 Frei schwebendes dynamisches Hilfefenster

4.9.2 Informationsfenster »Region« und »Spur«

Das Informationsfenster REGION zeigt Parameter der selektierten Region(en) an. Je nachdem, ob es sich um Audio- oder MIDI-Regionen handelt, sind diese Parameter unterschiedlich (z. B. MIDI: Velocity, Quantisierung, Transponierung, Dynamik; Audio: Fade, Pegel und ebenfalls Transposition (+ Feinabstimmen) und Quantisierung, falls Flex aktiv ist).

Das Informationsfenster SPUR zeigt Parameter des gewählten Spurobjekts (siehe 4.10.13) an. Auch diese fallen je nach Spurkategorie unterschiedlich aus. Bei externen MIDI-Spuren stellen Sie hier z. B. den Port bzw. MIDI-Ausgang ein. Für alle MIDI-Spuren lässt sich ein Tastaturbereich definieren.

Je nach Bildschirmgröße müssen Sie bestimmte Bereiche im Informationsbereich mit den kleinen Dreiecken einklappen, um mehr sehen zu können (in Abbildung 4.49 ist das Informationsfenster REGION ein- und das Informationsfenster SPUR ausgeklappt). In neuen Logic-Versionen klappen sich manche Bereiche bei Platzmangel auch automatisch ein.

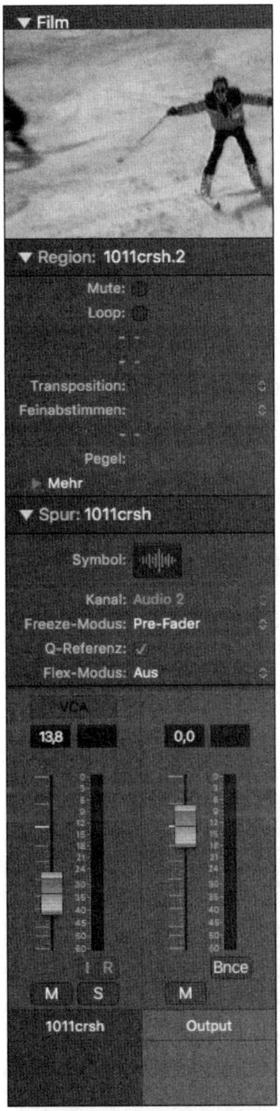

Abbildung 4.49 Der Informationsbereich mit einigen ein- und ausgeklappten Bereichen inklusive eines kleinen Filmfensters

Werden spezielle MIDI-Editoren wie Notationseditor oder Schritteditor verwendet und sind fokussiert, zeigt das Informationsfenster SPUR andere Inhalte bzw. den Informationsbereich dieser Editoren an. Die meisten Parameter der Informationsfenster REGION und SPUR werden in Kapitel 6 erläutert.

4.9.3 Kanalzuganzeige im Informationsbereich

Darunter wird der Mixer-Kanalzug der selektierten Spur angezeigt, bei Audiospuren und Software-Instrument-Spuren inklusive Plug-Ins sowie einem zweiten Kanalzug (siehe auch Abschnitt 4.7.3). Bei einem angezeigten zweiten Kanalzug handelt es sich um einen Kanal, an den das Signal des Spurenkanalzugs (via Sends oder via Outputs) geroutet wird. Welcher Kanal angezeigt wird, falls mehrere solcher Kanäle in Frage kommen (beispielsweise weil das Signal sowohl über einen Send als auch über einen Output aus dem Kanalzug herausgeroutet wird, siehe Abbildung 4.50), hängt davon ab, welchen Output-Slot Sie kurz mit der Maus anklicken. (Wollen Sie beide Kanäle sehen, wechseln Sie in den Mixer und wählen dort die Ansicht EINZELN.)

Abbildung 4.50 Unten im Kanalzug sehen Sie die Output-Slots. Im Bild ist ein Bus-Send aktiv, was Sie an einer blauen Einfärbung erkennen. Das Signal wird hier also sowohl an Bus 1 als auch an den Stereo-Output gesendet.

4.10 Bereich »Spuren« im Hauptfenster und das Hauptmenü »Spur«

Der Bereich SPUREN zeigt den Sequenzerbereich und ist das Herzstück des Hauptfensters, der eigentliche Aufnahme- und Arrangierbereich. Blenden Sie andere Teile des Hauptfensters über Buttons und das Menü ANSICHT aus, diesem Bereich mehr Platz einräumen und so besser arrangieren zu können (Abbildung 4.51).

Abbildung 4.51 Bereich »Spuren«

Hier erstellen Sie Ihren Song mit allen Spuren, MIDI- und Audioregionen, arbeiten mit dem Taktlineal und mit *globalen* Spuren, in denen Sie z. B. Marker und Tempowechsel unterbringen.

Der Bereich Spuren verfügt über eigene Menüs, die hier zusammen mit dem Hauptmenü Spur vorgestellt werden. Workflows im Bereichs Spuren werden auch in den nächsten beiden Kapiteln im Zusammenhang mit MIDI- und Audioaufnahme sowie dem Editing und Arrangieren erläutert.

4.10.1 Scrollen, Zoomen und Spurgröße ändern

Falls Sie nicht alle Events auf dem Bildschirm sehen können, hilft die Scrollfunktion des Bereiches Spuren weiter. Mit dem Scrollrad der Maus scrollen Sie vertikal oder auch horizontal (mit [⇧] + Scrollen).

Scrollen

Mit Hilfe der sogenannten Scrollen bei Wiedergabe-Funktion im Menü Ansicht ([ctrl] + [<] bewegt sich nicht der Wiedergabepositionsmarker, sondern bleibt im Bild stehen, während im Hintergrund das Arrangement visuell »vorbeifliegt« bzw. sich bewegt.

Zoomen und Spurgröße ändern: Basics

Logic bietet sehr viele Optionen für das Zoomen, die meist auch in den anderen Fenstern zur Verfügung stehen. Beginnen wir mit meinen favorisierten Optionen:

- mit [cmd] + [↑], [↓], [←] oder [→] können Sie vertikal und horizontal zoomen
- via [alt] + Mausrad/Touchpad können Sie vertikal zoomen.
- rechts oben im Bereich Spuren können Sie mit horizontal angeordneten Slidern vertikal und horizontal zoomen.
- eine weitere Alternative ist das Aufziehen eines Bereichs mit dem Zoom-Werkzeug (es erscheint bei gehaltener [alt]-Taste); die Umschaltung auf den Zoombereich erfolgt automatisch, nachdem Sie den Bereich aufgezogen haben. Ein Klick auf den Hintergrund mit gehaltener [alt]-Taste stellt die Ansicht auf die vorherige Zoomstufe zurück.
- die beiden Buttons oben rechts passen Ihren Bereich Spuren schnell optimal vertikal und horizontal an, so dass Sie möglichst eine Komplettübersicht bekommen (Abbildung 4.52). Sie leuchten blau, wenn sie aktiv sind. Bei vergrößerten Spuren oder aktiver Automationsansicht klappt das nicht immer. Das Anlegen einer leeren Region als Maß für das vertikale Autozooming kann hilfreich sein (siehe Projekt *04Vorlage*).

Abbildung 4.52 Buttons für horizontales und vertikales Auto-Zoomen

Sonstige Zoom-Alternativen

Der Shortcut [Z] ist dem Befehl Umschalten zwischen Zoom an Auswahl anpassen und Zoom an alle Inhalte anpassen zugeordnet. Das bedeutet, dass das erste Auslösen von Z dafür sorgt, dass die Zoomstufen für den ausgewählten Bereich optimiert werden, und Sie mit einem weiteren Drücken von Z wieder (wie beim Zoom-Werkzeug) zurück zur zuvor eingestellten Zoomstufe springen.

Eine weitere Option ist das Sichern (⇧ + ctrl + alt + cmd + 1, 2 oder 3) und Abrufen (ctrl + alt + cmd + 1, 2 oder 3) von drei verschiedenen Zoomstufen.

In der Tastaturkommandoliste finden Sie noch weitere Optionen.

Außerdem können Sie ein iPad mit Logic Remote einsetzen und es für Zoom- und Navigationsfunktionen nutzen.

Vertikale Spurhöhe einzelner Spuren modifizieren

An den Spurgrenzen können Sie die Größe für einzelne Spuren unabhängig von anderen Spuren vertikal einstellen. Wenn Sie mit gehaltener ⇧-Taste auf die untere Ecke einer Spur klicken, wird die Größe für *alle* Spuren gemeinsam zurückgesetzt. Wenn Sie beim Aufziehen der vertikalen Spurgröße die alt-Taste gedrückt halten, so ändert sich die Größe für alle Spuren.

4.10.2 Wellenformzoom

Die Wellenformen von Audiospuren können ebenfalls (vertikal) gezoomt werden. Hierfür gibt es oben rechts im Bereich SPUREN einen entsprechenden Button (Abbildung 4.53). Wenn Sie darauf klicken, wird er bläulich eingefärbt, und der Wellenformzoom wird aktiv und kann via Button-Klick deaktiviert werden, ohne dass die exakte Zoomstufe verlorengeht. Wenn Sie mit gehaltener Maustaste länger daraufklicken, können Sie genau einstellen, wie stark Sie einzoomen möchten (siehe Abbildung 4.54). Die Darstellungsergebnisse gelten gleichzeitig für alle Audiodateien, sind allerdings bei Dateien mit wenig Pegel nicht immer auf dem erhofften Niveau.

Abbildung 4.53 Einstellen der Zoomstufe

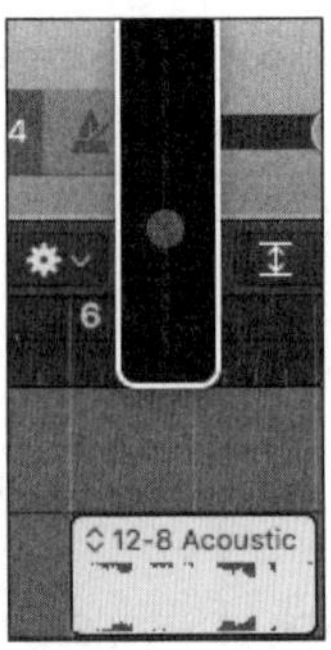

Abbildung 4.54 Wellenformzoom

Wellenformzoom steht übrigens auch im AUDIOSPUREDITOR zur Verfügung. Ein Reset auf die Originalgröße erfolgt mit [alt] + Klick auf den Button.

4.10.3 Hauptmenü »Spur«

Im Hauptmenü SPUR (Abbildung 4.55) finden Sie die direkten Befehle und Shortcuts zum Erzeugen von Spuren und vieles mehr.

Abbildung 4.55 Hauptmenü »Spur«

4.10.4 Spuren erstellen

Durch Klick auf das +-Symbol im Bereich SPUREN oder den Shortcut [alt] + [cmd] + [N] gelangen Sie in den Dialog zum Erzeugen neuer Spuren (siehe auch Abschnitt 2.4.1 im Schnellkurs). Hier gezeigt mit selektierter Audiospur (Abbildung 4.56).

Im Dialog kann für die Erstellung einer Audiospur das Feld AUDIO ausgewählt werden, ob in einem Rutsch mehrere Spuren mit aufsteigenden Eingängen erstellt werden soll oder ein STANDARDPATCH zu laden ist. Dieses wird dann automatisch bei jedem Auslösen des Befehls NEUE AUDIOSPUR geladen.

Wählen Sie stattdessen SOFTWARE-INSTRUMENT, erscheint ein Flip-Menü INSTRUMENT. Dort kann ein Plug-In, STANDARDPATCH oder LEERER CHANNEL-STRIP ausgewählt werden. Auch diese Einstellung wird dann später automatisch bei jedem Auslösen des Befehls NEUE SPUR FÜR SOFTWARE-INSTRUMENT geladen.

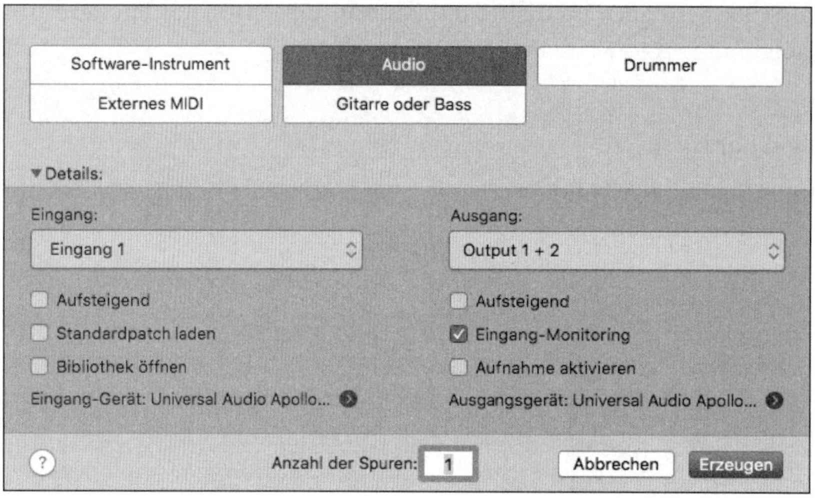

Abbildung 4.56 Dialog zum Erzeugen von Spuren.

Im Dialog können Sie auch mehrere Spuren einer Spurkategorie gleichzeitig erzeugen (im Eintrag unten, wo eine Anzahl zu erzeugender Spuren eingegeben werden kann). Einzelne Spuren lassen sich dagegen schneller über die direkten Shortcuts realisieren:

- Mit alt + cmd + S erzeugen Sie schnell eine Software-Instrument-Spur.
- Mit alt + cmd + A erstellen Sie schnell eine Audiospur.
- Mit alt + cmd + X legen Sie schnell eine Spur für ein externes MIDI-Instrument an.

Eine Kurzanleitung zum Ansteuern externer MIDI-Instrumente finden Sie im Schnellkurs in Abschnitt 2.5.16. Details zum Konfigurieren der MIDI-Umgebung, um externe MIDI-Instrumente anzusteuern, lesen Sie in Kapitel 13.

- Sie können über die Eingabe eines Werts von 1-16 in das Feld neben dem Eintrag MULTITIMBRAL (PARTS) im Dialog zur Erstellung von Software- und MIDI-Instrumenten optional bis zu 16 Spuren mit unterschiedlichen MIDI-Kanälen erstellen (siehe auch Abschnitt 4.10.6).

Unter dem Eintrag ANDERE im SPUR-Menü finden Sie weitere Optionen zum Erzeugen neuer Spuren (Abbildung 4.57). Der Inhalt dieses Menüs wechselt je nach selektierter Spur, verschiedene Fälle werden nachfolgend erläutert.

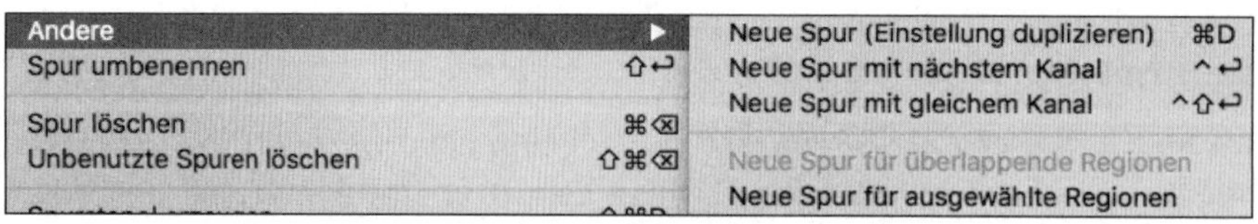

Abbildung 4.57 Spezielle Spuroptionen im »Spur«-Menü für eine Audiospur

4.10.5 Neue Spur mit gleichem Kanal/Instrument/mehrere Spuren des gleichen Instruments

Wenn Sie genau die gleiche Spur noch einmal benötigen, nutzen Sie die Option Spur • Andere • Neue Spur mit gleichem Kanal (für Audio-Spuren) bzw. Neue Spur mit gleichem Instrument (ctrl + ⇧ + ↵), z. B. um dort etwas anderes zu spielen. Dies passiert beim Auftrennen von Regionen nach MIDI-Events nach Noten übrigens automatisch. Solche Spurduplikate können jeweils ein eigenes Set an Regionen und Spuralternativen (siehe Abschnitt 6.7) verwalten, sind dabei aber stets von derselben Spurautomationen betroffen.

Eine Alternative ist die Funktion Spur duplizieren, die eine neue Spur mit denselben Einstellungen anlegt (siehe Abschnitt 4.10.7), für die dann auch leicht veränderte Effekte oder Spurautomationen genutzt werden können.

4.10.6 Neue Spur mit nächsten Kanal/Instrument erstellen

Wenn Sie externe MIDI-Instrumente oder Plug-Ins anderer Hersteller *multitimbral*, d. h. mit mehreren verschiedenen MIDI-Kanälen auf mehreren Spuren, verwenden möchten, können Sie Spuren hierfür über den Dialog zur Erstellung neuer Spuren (siehe Abschnitt 4.10.4) oder später auch manuell lösen.

Stellen Sie zunächst auf der ausgewählten Spur einen MIDI-Kanal (z. B. Kanal 1) statt Alle ein. Wählen Sie dann Spur • Andere • Neue Spur mit nächstem Kanal (ctrl + ↵). Mit diesem Befehl können Sie übrigens auch eine neue Audiospur mit dem nächsten Audioobjekt erstellen, wenn eine Audiospur selektiert ist.

Die meisten Logic–Instrumente sind nicht auf die Nutzung mehrerer MIDI-Kanäle ausgelegt. Stattdessen bietet es sich für Logic-Instrumente an, für jedes Instrument eine neue Spur zu erzeugen.

4.10.7 Spuren duplizieren

Mit dem Befehl Neue Spur (Einstellung duplizieren) (cmd + D) erzeugen Sie eine neue Spur als Duplikat mit den gleichen Einstellungen und Plug-Ins wie die aktuell selektierte (siehe Abschnitt 6.4.2). Auf diese Weise können Sie schnell mit einer Variation eines Sounds arbeiten.

Abbildung 4.58 Rechts neben der »+«-Taste zum Erzeugen einer neuen Spur sehen Sie den Button zum Duplizieren einer Spur.

4.10.8 Globale Spuren

Sogenannte *globale Spuren* (z. B. Tempospur, Marker-Spur, Filmspur) betreffen das ganze Projekt bzw. alle Spuren eines Projekts gemeinsam und werden oberhalb des Bereichs SPUREN angezeigt. Im Menü SPUR • GLOBALE SPUREN • GLOBALE SPUREN EIN-/AUSBLENDEN, mit dem in Abbildung 4.59 sichtbaren Button mit einem nach oben zeigenden Dreieck für die globalen Spuren oder mit dem Shortcut [G] blenden Sie globale Spuren ein und aus. Das Dreieck zeigt nach unten, wenn die Spuren ausgeblendet sind, und nach oben, wenn sie eingeblendet sind, dann wird der Button zudem blau eingefärbt (Abbildung 4.59).

Sie können ferner über das Menü SPUR • GLOBALE SPUREN • GLOBALE SPUREN KONFIGURIEREN oder via [alt] + [G] den Dialog zum Konfigurieren der globalen Spuren aufrufen. Dort können Sie einstellen, welche globalen Spuren sichtbar sind.

Abbildung 4.59 Die im Bild angezeigten »Globalen Spuren« blenden Sie über den Button mit dem Dreieck ein.

Durch Klick auf die +-Symbole der jeweiligen globalen Spur erzeugen Sie dort Einträge (Marker, 8-taktige Arrangement Marker etc.). Durch Klick auf die jeweiligen Einträge können Sie *Sets* verwalten, um z. B. zwischen unterschiedlichen Marker-Beschriftungen zu wechseln. Es gibt globale Arrangement-, Marker-, Taktart/Tonart-, Tempo- und Beat-Mappingspuren. Die einzelnen globalen Spuren werden im Detail in anderen Abschnitten erläutert.

Inhalte der globalen Spuren MARKER, TAKTART/TONART und TEMPO lassen sich nicht nur in der globalen Spurenanzeige, sondern auch (und manchmal besser) in den zugehörigen Listeneditoren editieren.

4.10.9 Spuren sortieren nach ...

Sie können mittels verschiedener Optionen unter dem Eintrag SPUREN SORTIEREN NACH ... im Menü SPUR Spuren nach verschiedenen Kriterien sortieren (MIDI-KANAL, AUDIOKANAL, AUSGANGSKANAL, INSTRUMENTNAME, SPURNAME, BENUTZT/UNBENUTZT).

4.10.10 Ausgabespur einblenden

Unter dem Menüeintrag Spur • Ausgabespur einblenden (⇧ + cmd + M) erzeugen Sie schnell eine Spur für den Master-Stereo-Ausgangskanalzug im Bereich Spuren. Bei Surround-Konfigurationen wird ein Spurstapel mit mehreren integrierten Aux-Kanälen eingeblendet (der Eintrag im Spur-Menü heißt dann Master-Spur einblenden).

4.10.11 Spur-Header

Der eigentliche Spurbereich, in dem Sie den Spurnamen sehen heißt *Spur-Header*

Für diesen können verschiedene wichtige Funktionen bzw. Buttons ein- und ausgeblendet werden (Abbildung 4.60).

Abbildung 4.60 Spur-Header einer Audiospur mit vielen eingeblendeten Optionen (siehe auch Abbildung 4.63)

4.10.12 Spurkontextmenü

Mit der rechten Maustaste gelangen Sie in ein Spurkontextmenü, das weitgehend dem Hauptmenü Spur (siehe unten) entspricht. Allerdings können Sie hier auch im Eintrag Spur neu zuordnen ein Objekt der MIDI-Umgebung als Spurobjekt auswählen.

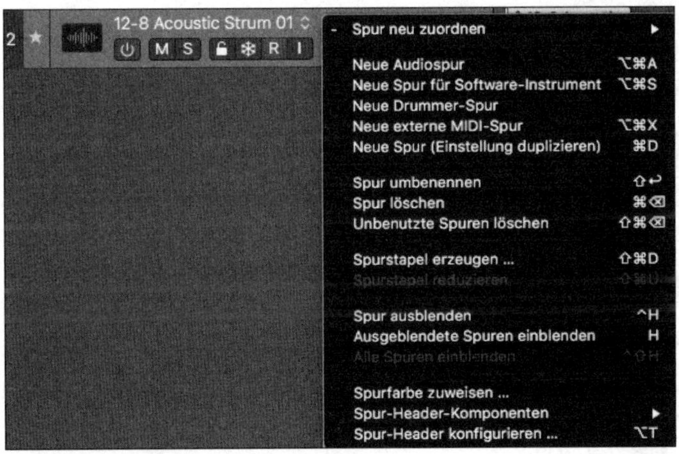

Abbildung 4.61 Spurkontextmenü

4.10.13 Spur neu zuweisen und Spurkontextmenü

Sie können im Kontextmenü des Spur-Headers im Eintrag Spur neu zuordnen einer Spur ein anderes Objekt aus den Layern der MIDI-Umgebung (vergleiche Abschnitt 13.2) zuweisen, an das dann die Spurinhalte oder die im Sequenzer ankommenden MIDI-Daten geschickt werden. So können Sie theoretisch auch eine Software-Instrument-Spur im Bereich SPUREN nachträglich in eine Audiospur umwandeln.

Abbildung 4.62 Im Submenü »Spur neu zuordnen« sehen Sie rechts die Layer der MIDI-Umgebung, aus denen Sie ein Objekt auswählen können.

4.10.14 Spur-Header konfigurieren/Spurfarbe

Wenn Sie mit der rechten Maustaste in eine Spur klicken, sehen Sie im Spurkontextmenü (Abbildung 4.61) unten die beiden Einträge SPUR-HEADER-KOMPONENTEN und SPUR-HEADER KONFIGURIEREN (alt + T). In beiden können Sie wählen, was angezeigt wird. Im ersten Fall sehen Sie eine Liste mit Komponenten, im zweiten Fall den Dialog SPUR-HEADER KONFIGURIEREN mit wählbaren Buttons (Abbildung 4.63). Mit Hilfe des Menüpunkts darüber (SPURFARBE ZUWEISEN ...) können Sie außerdem das Fenster FARBEN einblenden, um die selektierte Spur einzufärben.

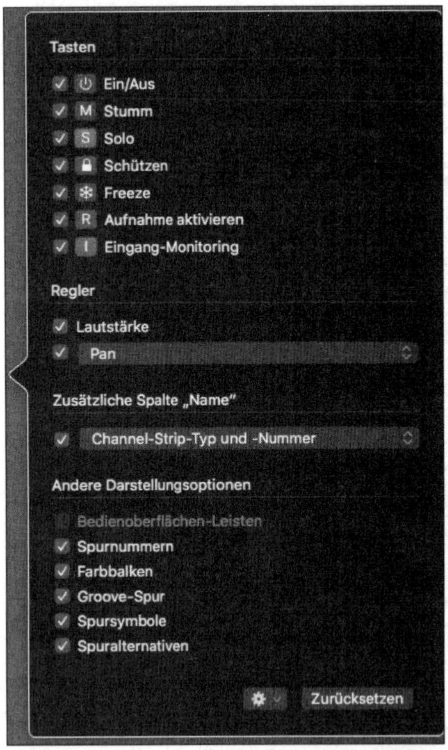

Abbildung 4.63 Die möglichen Komponenten des Spur-Headers werden ebenfalls im Fenster »Spur-Header-Konfiguration« angezeigt.

Auch den Lautstärkeregler des Kanalzugs können Sie im Bereich SPUREN einblenden, ebenso wie den Panoramaregler. Anstelle des Panoramareglers können Sie auch SEND-Regler im Spur-Header einblenden. Durch Anfassen des Spur-Headers mit der Maus können Sie Spuren nach oben oder unten verschieben und anders anordnen. Ein Klick auf den Spur-Header selektiert zudem die Spurinhalte innerhalb des Cycle-Bereichs oder bei deaktiviertem Cycle für die ganze Spur (AUTOPUNCH darf nicht aktiviert sein).

4.10.15 Ein/Aus-Button im Spur-Header

Sehr wichtig ist in diesem Zusammenhang das Einblenden des EIN/AUS-Buttons. Auf diese Weise können Sie z. B. mehrere Spuren des gleichen Instruments unabhängig voneinander stumm schalten. Der MUTE-Button hingegen schaltet in diesem Fall immer alle Spuren gleichzeitig stumm.

4.10.16 Namensspalte im Spur-Header

Eine zusätzliche Namensspalte erlaubt die Anzeige einer weiteren Bezeichnung für den Kanalzug, die von einem selbstvergebenen Namen für den Kanalzug abweichen kann. Hierbei stehen verschiedene Optionen zur Verfügung (Abbildung 4.64).

Abbildung 4.64 Zusätzliche Optionen für das, was in der Spalte »Name« angezeigt wird

Das kann hilfreich sein, wenn Sie eine Spur individuell beschriften, aber z. B. gleichzeitig noch sehen möchten, welches Patch in der Spur geladen ist oder um welchen Kanalzug im Mixer bzw. welches Objekt aus der MIDI-UMGEBUNG es sich handelt. Mit dem Setting AUTOMATISCH zeigt die weitere Bezeichnung im Beispiel den Channel-Strip-Typ, der vom Spurnamen abweicht, und seine Nummer an.

4.10.17 Spuralternativen im Spur-Header

Stellen Sie sich eine Spur als Musikabspielgerät vor, in das Sie unterschiedliche Musik laden können (z. B. Tonbänder). So ähnlich verhält es sich mit Spuralternativen, einem in Logic 10.3 eingeführten Feature. Sie können für eine Spur mehrere Spuralternativen erstellen. Im SPUR-Menü können Sie die Funktion einblenden. Neben dem Spurnamen erscheint der Name der aktiven Spuralternative oder – wenn es noch keine gibt – eine Grafik mit nach oben und unten zeigenden Pfeilen. Wenn Sie auf diese klicken, erscheint ein Kontextmenü. Mehr zu Spurstapeln lesen Sie in Abschnitt 6.7.

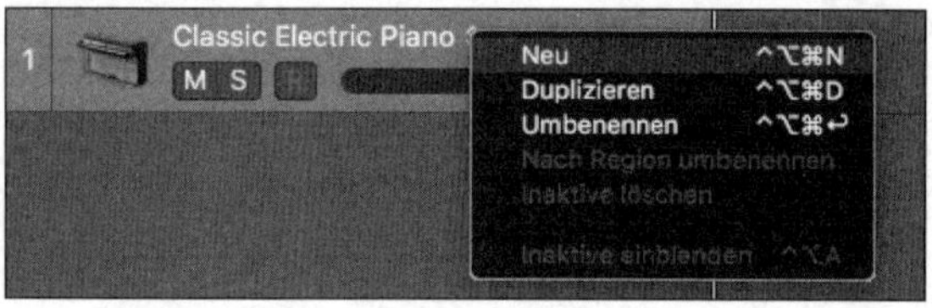

Abbildung 4.65 Kontextmenü für Spuralternativen nach dem Einblenden

4.10.18 Spursymbole im Spur-Header

Ein Rechtsklick auf das Symbol (Icon) einer Spur führt Sie in ein Menü, wo Sie unter zahlreichen in Kategorien eingeteilten Symbolen bei Bedarf ein solches für Ihre Spur wählen können (Abbildung 4.66). Im Eintrag EIGENE SYMBOLE können Sie über einen +-Button eigene Bilddateien als Spursymbole importieren.

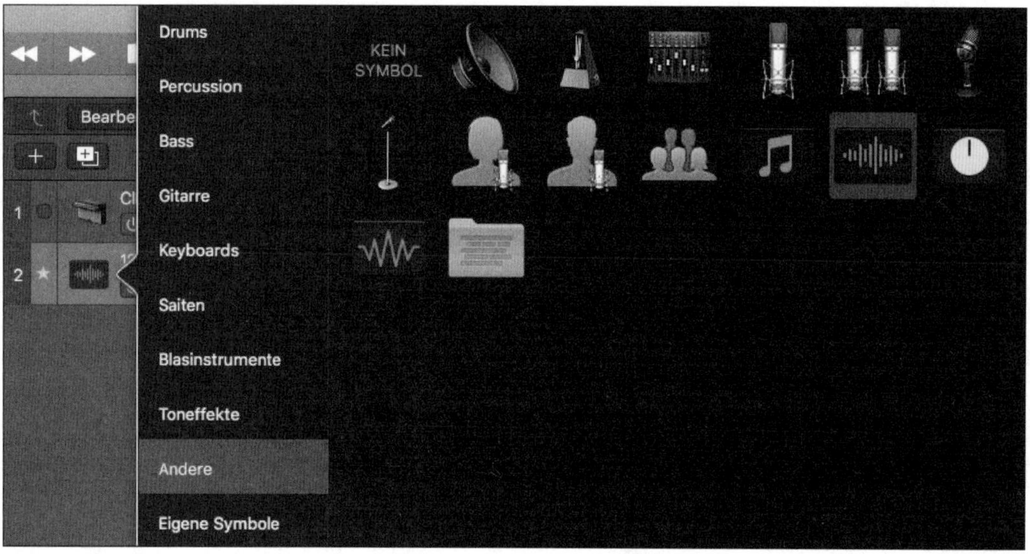

Abbildung 4.66 Symbole für Keyboardinstrumente

4.10.19 Freeze-Funktion im Spur-Header

Mit Hilfe der Freeze-Funktion (über einen Button, den Sie über den Spur-Header einblenden können, erreichen Sie die Funktion) können Sie Spuren einfrieren. Dies ist z. B. für Spuren interessant, bei denen viele Plug-Ins geladen sind und die viel Prozessorleistung in Anspruch nehmen. Die Freeze-Funktion kann auch helfen, wenn Sie ein Projekt auf einem anderen Rechner abspielen möchten, bei dem ein bestimmtes verwendetes Plug-In fehlt. Doch ich empfehle in so einem Fall, einen Bounce der betreffenden Spur zu benutzen. Denn wenn Sie Freeze zwischendurch abschalten und dann wieder einschalten, müssen die Audiofiles neu erstellt werden. Spätestens dann verschwinden die Freeze-Files aus vorherigen Rendering-

Prozessen ohne weitere Nachfrage, und neue Files können nicht korrekt erstellt werden, wenn Plug-Ins fehlen.

Wie wenden Sie Freeze an? Klicken Sie einmal auf den Freeze-Button (Abbildung 4.67), der dann grün erscheint. Nun wird beim nächsten Mal, wenn Logics Sequenzer gestartet wird, diese Spur von Takt 1 maximal bis zum eingestellten Songende eingefroren (gegebenenfalls sind die Freeze-Files kürzer bzw. nur so lang wie Inhalte auf den Spuren). Dabei wird im Hintergrund ein 32-Bit-Audiofile erzeugt und automatisch platziert/abgespielt, das allerdings nicht in der Spur dargestellt wird – dort sehen Sie die Spurinhalte wie zuvor (z. B. MIDI-Regionen, Audioregionen).

Abbildung 4.67 »Freeze«-Button, zu erkennen an der Schneeflocke

Sie finden entsprechende Audiofiles in Ihrem Projektordner im Unterordner *Freeze Files*. Der Freeze-Button der Spur bleibt nun grün eingefärbt. Wenn Sie versuchen, ein solches Audiofile auf eine Audiospur zu ziehen, erzeugt Logic im gleichen Ordner automatisch ein 24-Bit-File. Nochmaliges Klicken des Freeze-Buttons im Spur-Header deaktiviert die Freeze-Funktion. Sie können nach wie vor die Lautstärke des Kanalzugs regeln, jedoch keine Edits mehr in den eingefügten Plug-Ins vornehmen. Im Informationsfenster Spur können Sie zusätzlich einstellen, ob im Freeze-Modus (im Informationsfenster Spur) mit Nur Quelle nur die Inhalte der Spur ohne Effekte (z. B. bei rechenintensiven Flex-Modi) oder im Modus Pre-Fader die Spur inklusive aller Effekte eingefroren wird.

4.10.20 Sonstige Optionen im Spur-Header

Mit der Verriegelungsfunktion (Geschützt-Symbol) schützen Sie Spuren vor unbeabsichtigten Bearbeitungen. Die Groove-Spur erläutere ich in Abschnitt 9.2.

4.10.21 Solo und Mute: regionsbezogen und spurbezogen

Solo und Mute (Stummschaltung) sind im täglichen Gebrauch wichtige Funktionen. Im Spur-Header sehen Sie die Buttons für Spuren-Solo und -Mute, die den gleich bezeichneten Buttons im Kanalzug entsprechen. Es gibt jedoch noch andere Solo- und Mute-Funktionen.

Grundsätzlich unterscheidet Logic zwischen:

- Regionen-, Noten- und Ordner-Solo und -Mute (in Logic *Solo*- und *Stummschaltung* genannt)
- Spuren-Solo und -Mute (in Logic auch *Channel-Strip-Solo* und *-Mute* genannt)

Egal, ob Regionen- oder Spuren-Solo oder -Mute: Logic Pro X versucht, Ihnen grafische Hilfen zu geben, indem es aktuell nicht hörbare Regionen im Bereich Spuren ausgegraut anzeigt.

Solo hörbare Regionen, Noten oder Ordner werden hingegen gelb umrandet angezeigt. Stummgeschaltete Regionen werden mit einem Punkt links oben neben dem Regionsnamen versehen (Abbildung 4.68).

Abbildung 4.68 Im Bild rechts eine stummgeschaltete Region

Im ersten Fall (Regions Solo/Mute) schalten Sie die Region oder den Ordner solo (via ctrl + S) oder stumm (via ctrl + M). Mit diesen Shortcuts können Sie auch Noten oder Events in anderen Editoren wie der PIANOROLLE solo oder stumm schalten. Selektierte Regionen können auch im Informationsfenster REGION durch ein Häkchen neben dem dortigen Eintrag MUTE stummgeschaltet werden, die Region erscheint anschließend blass/ausgegraut sowie mit einem Punkt links neben dem Namen. Das funktioniert sowohl für MIDI- als auch für Audioregionen. Oder wählen Sie die Option TON AUS im Bereich WIEDERGABE des Kontextmenüs, das sich bei einem Rechtsklick auf die Region öffnet. Zusätzlich gibt es das Solo- und das Mute-Werkzeug. Im Solo-Modus für Regionen ist/sind immer die Region(en) solo zu hören, die Sie gerade selektiert haben. Ausnahme: Sie können eine Solo-Verriegelung für selektierte Regionen einschalten (via alt + S). Das hat den Zweck, dass die soloverriegelten Regionen weiterhin solo spielen, auch wenn Sie andere Region(en) selektieren und solo schalten.

Im zweiten Fall (Spuren Solo/Mute) hören Sie die Mischpult-Spur solo (sogenanntes *solo in place*) oder schalten sie stumm. Die im Bild sichtbaren SOLO- und MUTE-Buttons rechts gehören zum Spur-Header und entsprechen den SOLO- und MUTE-Buttons im Kanalzug. Im Gegensatz zu Logic 9 ist es in Logic Pro X nicht möglich, für mehrere Spuren desselben Instruments individuell Mute- und Solo-Funktionen einzustellen. Verwenden Sie stattdessen den über die SPUR-HEADER-KONFIGURATION erreichbaren SPUR-EIN/AUS-Button.

Die wichtigsten Befehle (mit voreingestelltem Shortcut) lauten:

- Solo-Modus für Regionen/Ordner/Noten ein/aus: ctrl + S
- Solo-Verriegelungsmodus für Regionen/Ordner/Noten ein: alt + S (Ausschalten mit ctrl + S)
- Channel-Strip-Solo ein/aus: S
- Mute für Noten/Regionen/Ordner ein/aus: ctrl + M
- Channel-Strip-Mute ein/aus: M
- ctrl + alt + cmd + S deaktiviert/aktiviert die Solo-Schaltung überall, jedoch bezieht es sich nur auf Spuren und den Mixer, nicht auf Regionen oder Noten.
- alt + Klick auf einen SOLO- oder MUTE-Button im Kanalzug schaltet Solo oder Mute im Mixer für alle Kanalzüge aus.

- ctrl + Klick auf einen SOLO-Button im Kanalzug schaltet diesen *solo safe*, was Sie an einer durchgestrichenen Linie im SOLO-Button erkennen (Abbildung 4.69). Das bedeutet, dass dieser Kanalzug nicht stumm geschaltet wird, wenn andere Kanäle solo geschaltet werden (und so gewissermaßen vor der Solo-Schaltung anderer Spuren »geschützt« ist).

Abbildung 4.69 Dieser Kanalzug ist solo safe geschaltet.

- Wenn Sie ein Signal via Bus an einen Aux-Kanal senden, schaltet Logic praktischerweise diesen Aux-Kanalzug bei Aktivierung des SOLO-Buttons Ihrer Spur automatisch temporär *solo safe*, damit nicht diese Stummschaltung verhindert, dass Sie etwas hören
- alt + ⇧ + S wählt solo hörbare Regionen aus (auch Regionen auf *solo* und *solo safe* geschalteten Kanälen werden hierbei ausgewählt).
- Im Hauptfenster wählen Sie stummgeschaltete Regionen mit ⇧ + M aus.
- Im Mixer wählen Sie stummgeschaltete Channel-Strips mit ⇧ + M aus.

4.10.22 Hide-Funktion

Mit der Hide-Funktion oder den entsprechenden Befehlen des SPUR-Menüs (Abbildung 4.70) blenden Sie Spuren ein und aus.

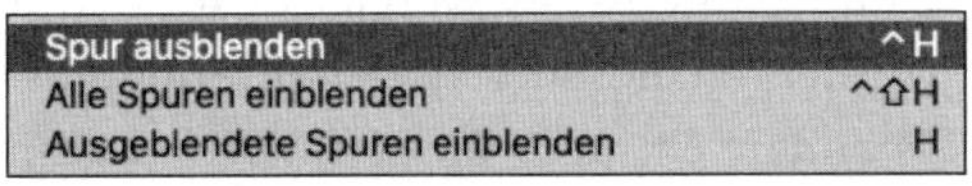

Abbildung 4.70 Optionen zum Ein- und Ausblenden von Spuren im »Spur«-Menü

Lösen Sie den Befehl SPUREN AUSBLENDEN EIN-/AUSSCHALTEN (Shortcut H auf Ihrer Tastatur aus, um den Hide-Modus zum Ein- oder Ausblenden von Spuren angezeigt zu bekommen oder zwischen den beiden Modi (Spuren ein- oder ausgeblendet) zu wechseln.

Oberhalb der Spuren wird ein grün eingefärbter Button mit dem Buchstaben »H« sichtbar, der dort vorher eventuell nicht zu sehen war (Abbildung 4.71).

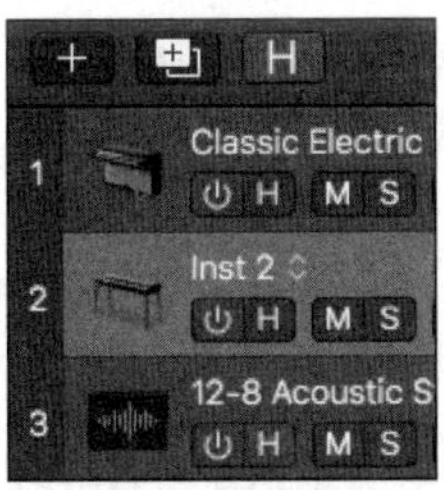

Abbildung 4.71 Hide-Modus mit grünem H, Spuren können zum »Verstecken« selektiert werden (hier Spur 3 ebenfalls mit grünem H).

Nun können Sie den Hide-Modus mit einem Mausklick auf den »H«-Button der jeweiligen Spur für einzelne Spuren aktivieren. Wird der »H«-Button oben grün angezeigt, sehen Sie alle Spuren – auch die, die zum Ausblenden markiert sind (z. B. Spur 3 in Abbildung 4.71).

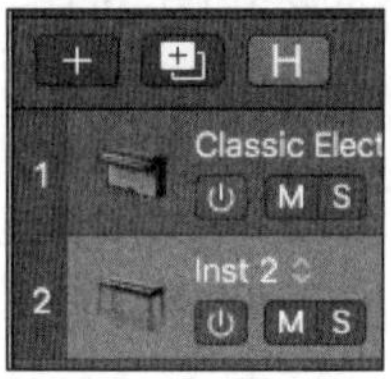

Abbildung 4.72 Hide-Modus mit orangefarbenem Button oben und versteckter Spur 3

Nach Klick auf den großen »H«-Button oberhalb der Spuren (oder erneute Betätigung des Shortcuts `H`) werden die zum Ausblenden markierten Spuren wieder versteckt, sind aber weiterhin hörbar. Mit dem Befehl AUSGEWÄHLTE SPUR AUSBLENDEN UND NÄCHSTE SPUR AUSWÄHLEN (`ctrl` + `H`) geht es eventuell etwas schneller.

Falls Spuren auf diese Weise »versteckt« wurden, erscheint der »H«-Button anschließend in Orange. Daran erkennen Sie, dass es Spuren gibt, die aktuell nicht angezeigt werden. Sind keine Spuren versteckt, erscheint der »H«-Button farblos (oder ist gar nicht sichtbar, falls die Funktion noch nicht benutzt wurde).

Die Funktion ist auch im Zusammenhang mit Mixgruppen interessant (vergleiche Abschnitt 14.4). Hierbei können Sie ganze Gruppen von Instrumentenspuren bequem ein- und ausblenden oder sich allein anzeigen lassen, indem Sie andere Gruppen ausblenden. Mit dem Befehl ALLE SPUREN EINBLENDEN (`⇧` + `ctrl` + `H`) lassen Sie schnell wieder alle Spuren anzeigen. Manchmal ist das Verstecken von Spuren in einem Ordnerstapel (z. B. für »Reste«) allerdings die übersichtlichere Alternative.

4.10.23 Spurstapel und Arrangieroptionen

Mit Spurstapeln können Sie mehrere Spuren zusammenfassen. Mit Spurstapeln der Kategorie Summenstapel zusammengefasste Tracks lassen sich als Patches abspeichern. Spurstapel sind auch ein Werkzeug, mit dem Sie beim Arrangieren und Mixen Ordnung schaffen. Das geht alternativ auch mit Ordnern und Take-Ordnern. Diese Funktionen stelle ich in Unterabschnitten von Abschnitt 6.7 nacheinander vor, wenn es etwa um Arrangiertechniken geht.

4.10.24 Sonstiges aus dem Menü »Spur«

Die Funktion REGIONEN IN NEUE SAMPLER-SPUR KONVERTIEREN erkläre ich in Abschnitt 9.3.9. Über die Funktion DRUM-SPUR ERSETZEN ODER DOPPELN können Sie Details in Abschnitt 17.4.5 nachlesen.

4.10.25 »Folgen«-Funktion

Die Funktion ABSPIELPOSITION FOLGEN (die es auch in anderen Fenstern gibt) stellt sicher, dass im Bereich SPUREN auch die aktuelle Wiedergabeposition zu sehen ist.

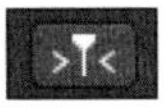

Abbildung 4.73 »Abspielposition folgen« ist eingeschaltet.

4.10.26 Automation oder Flex-Bearbeitung einblenden

Im Bereich SPUREN können Sie sich mit Hilfe von zwei Buttons rechts neben dem ANSICHT-Menü entweder Automation (Shortcut [A], Abbildung 4.74) oder Flex-Einstellungen (Shortcut [cmd] + [F], Abbildung 4.75) anzeigen lassen. Wichtig: Die erwähnten Buttons betreffen lediglich die Anzeige.

Sie finden in der Spur selbst zusätzliche Automations- und FLEX-Buttons, mit denen Sie Automation und Flex-Modus spurweise aktivieren/deaktivieren können. Die Buttons leuchten nun jeweils blau, wenn Automation bzw. Flex für die Spur aktiv ist. (Im Flex-Modus können Sie Flex auch aktivieren und deaktivieren.)

Abbildung 4.74 Automation eingeblendet

Mit dem Dreieck links neben der Automationsmoduseinstellung (in Abbildung 4.74 unten links steht diese auf READ) können Sie in den Spuren auch mehr als einen automatisierten Parameter anzeigen lassen. Im Flip-Menü rechts daneben wählen Sie den angezeigten Parameter aus (im Bild VOLUME). Mit *Automationen* können Sie Reglerbewegungen so gut wie aller Parameter in einem Mix aufzeichnen, einzeichnen und editieren. Das erkläre ich ausführlich in Abschnitt 16.1, »Automation«.

Abbildung 4.75 Flex-Modus im Spur-Header eingeblendet

Mit dem *Flex-Mode* nehmen Sie detaillierte Timing- und Tonhöhenkorrekturen vor. Details dazu erfahren Sie in verschiedenen Abschnitten von Kapitel 9, »Timing, Tempo, Tuning, Groove«.

4.10.27 »Einrasten«- und »Verschieben«-Menüs

Die Einstellungen der Menüs EINRASTEN und VERSCHIEBEN sind entscheidend dafür, wie sich Regionen und Objekte beim Verschieben verhalten und ob sie beispielsweise an glatten Taktpositionen einrasten oder nicht. In welcher Form diese Menüs oberhalb des Taktlineals angezeigt werden, hängt vom verfügbaren Platz auf Ihrem Bildschirm ab.

4.10.28 Menüs »Bearbeiten«, »Funktionen« und »Ansicht« im Bereich »Spuren«

Das BEARBEITEN-Menü hat (bei selektiertem Bereich SPUREN) dieselben Einträge wie das Haupt-BEARBEITEN-Menü am oberen Bildschirmrand. Die Undo-Funktion sehen Sie oben.

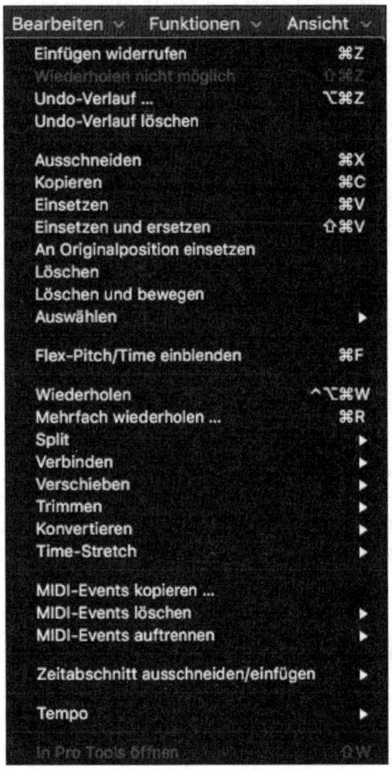

Abbildung 4.76 Das »Bearbeiten«-Menü im Hauptfenster

Abbildung 4.76 zeigt das BEARBEITEN-Menü des Hauptfensters. Viele Funktionen finden sich auch im Kontextmenü von Regionen wieder und werden in Kapitel 6 funktionsbezogen erläutert. Bitte nutzen Sie den Index, um Funktionen aufzufinden. Funktionen zum Ausschneiden und Kopieren von Zeitabschnitten finden sich außerdem im Kontextmenü des Taktlineals.

4.10.29 Menü »Funktionen« im Bereich »Spuren«

Die im FUNKTIONEN-Menü des Hauptfensters sichtbaren Einträge in Abbildung 4.77 beziehen sich auf eine selektierte MIDI-Region, die ausgegraut sichtbaren Einträge sind verfügbar, wenn eine Audioregion selektiert ist. Viele Funktionen finden Sie auch im Regionskontextmenü wieder. Die Funktionen im Untermenü MIDI-TRANSFORMER entsprechen denen im MIDI-TRANSFORMER-Fenster.

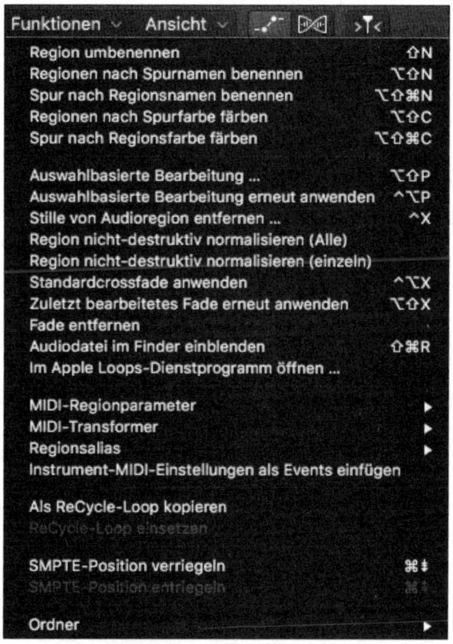

Abbildung 4.77 »Funktionen«-Menü im Hauptfenster

Viele Funktionen werden in Kapitel 6 erläutert.

4.10.30 Menü »Ansicht« im Bereich »Spuren«, Scrolling

Das ANSICHT-Menü im Bereich SPUREN stellt einige zusätzliche Darstellungsoptionen zur Verfügung (Abbildung 4.78).

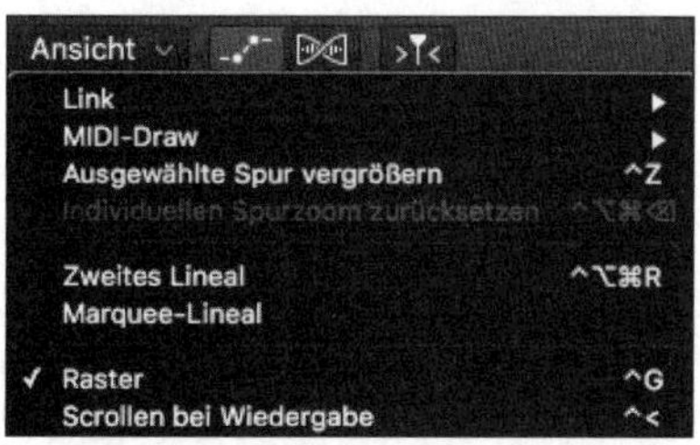

Abbildung 4.78 Das »Ansicht«-Menü im Bereich »Spuren«

- LINK-Modus: Das Hauptfenster besitzt wie andere Editorfenster im ANSICHT-Menü die Möglichkeit, es zu verlinken – mit dem gleichen Level oder dem Inhalt eines anderen Fensters. Auf diese Art und Weise könnten Sie beispielsweise zwei Hauptfenster öffnen, von denen eines stets die Inhalte des anderen anzeigt (was hilfreich sein kann, wenn Sie z. B. Ordner editieren).
- MIDI-DRAW: MIDI-Draw ermöglicht die Ansicht von MIDI-Controller-Daten und deren Editierung im Hauptfenster. Das können gewöhnliche MIDI-Controller-Daten, aber auch in MIDI-Controller-Daten umgewandelte Automationsdaten sein. Eine ähnliche Funktionalität finden Sie z. B. in der PIANOROLLE. Wählen Sie im Menü ANSICHT • MIDI-DRAW • AUTOMATISCH DEFINIEREN, um vorhandene Daten zu sehen oder zum nächsten Parameter umzuschalten. Die Einträge im MIDI-DRAW-Menü sind ausgegraut, wenn die Automationsansicht aktiv ist. Mehr Details zum Thema MIDI-Draw finden Sie in Abschnitt 7.3.
- ZWEITES LINEAL, MARQUEE-LINEAL: Ein zweites Lineal (Abbildung 4.79) ermöglicht eine gleichzeitige Darstellung eines Takt- und eines Zeitlineals. Ein Marquee-Lineal erlaubt komplexe Selektionen ähnlich wie das Marquee-Tool. Mehr hierzu erfahren Sie in Kapitel 5, »Aufnahme«.

Abbildung 4.79 Zweites Lineal

- RASTER: Ein im Hintergrund abgebildetes Raster können Sie mit dem Shortcut [ctrl] + [G] ausblenden.

4.10.31 Kontextmenü für Regionen im Bereich »Spuren«

Im via Rechtsklick auf REGIONEN erreichbaren Kontextmenü sind fast alle wichtigen Logic-Funktionen thematisch kategorisiert erreichbar. Oben im Kontextmenü werden stets die zuletzt benutzten Funktionen aufgelistet (Abbildung 4.80).

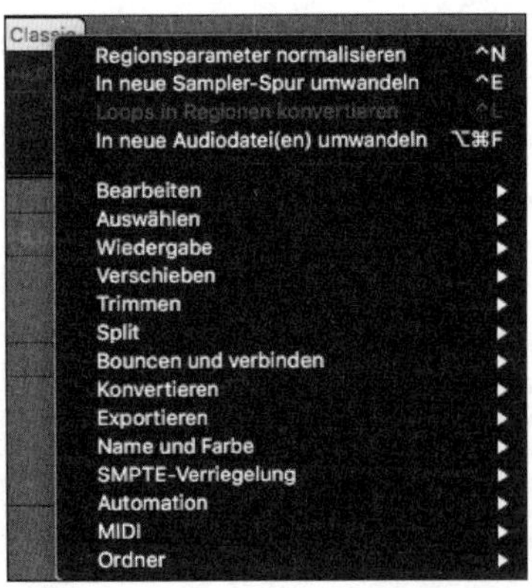

Abbildung 4.80 Kontextmenü im Bereich »Spuren«

4.10.32 Kontextmenü im Taktlineal

Per Rechtsklick auf das Taktlineal gelangen Sie an weitere Funktionen, die z. B. beim Arrangieren wichtig sind.

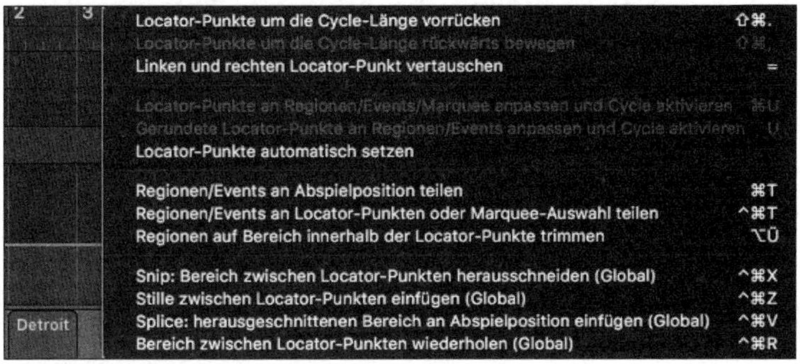

Abbildung 4.81 Kontextmenü im Taktlineal

4.11 Listeneditoren

Die *Listeneditoren* lassen sich rechts im Hauptfenster mit dem ganz linken Button einblenden. Sie können Sie auch als frei schwebende Fenster vom Hauptfenster loslösen.

Abbildung 4.82 Button zum Einblenden der Listen

Im Bereich LISTEN ❶ (Shortcut [D]) gibt es die EVENT-Liste, eine MARKER-Liste, eine TEMPO-Liste und eine TAKTART/TONART-Liste.

4.11.1 Grundsätzlicher Workflow in Listeneditoren

Alle Listeneditoren sind ähnlich zu bedienen. Ihnen gemeinsam ist die Eigenschaft, dass die hier aufgelisteten Ereignisse untereinander angeordnet werden, wobei die früheren Ereignisse oben stehen und die späteren unten. Für die Ereignisse wird jeweils eine Takt- oder eine Zeitposition aufgelistet. Diese können Sie durch einen Doppelklick bequem editieren. Wenn Sie zum Beispiel ein Ereignis glatt auf Takt 9 positionieren möchten, reicht es, »9 1 1 1« oder einfach nur »9« einzugeben. Mit dem +-Button erzeugen Sie jeweils neue Ereignisse.

Kurzübersicht Listeneditoren

- Der komplexeste Editor ist die EVENT-Liste. Die EVENT-Liste kann nicht nur dem Editieren von MIDI-Daten, sondern auch dem Editieren von Automationsdaten oder dem Arrangieren von Regionen dienen.

- Die MARKER-Liste bietet beim Editieren von Markern gegenüber der globalen Spur zusätzlichen Komfort.
- Tonart und Takt können Sie grundsätzlich zunächst im Display einstellen. Im Listenbereich des Hauptfensters können Sie ergänzend eine TAKTART/TONART-Liste nutzen (z. B. für Taktart-Wechsel). So können Sie z. B. Taktartwechsel in einem Song programmieren.
- Sie können das Tempo im Display eingeben und Änderungen des Songtempos werden auch in den globalen Spuren angezeigt. Doch manchmal lassen sich Tempoänderungen präziser in der TEMPO-Liste eingeben. Eine Tempo-Kurve lässt sich dagegen besser in den globalen Spuren einzeichnen. Öffnen Sie das Logic-Projekt *04Tempowechsel*; dort finden Sie ein Beispiel.

Die verschiedenen Listen-Editoren werden an verschiedenen Stellen im Buch besprochen. Nutzen Sie den Index.

4.12 Notizblock

Der *Notizblock* kann rechts oben im Hauptfenster mit dem dritten Button von links eingeblendet werden. Sie können ihn als frei schwebendes Fenster vom Hauptfenster loslösen. Im Bereich NOTIZ (❷ in Abbildung 4.82) können Sie sich projekt- oder spurbezogene Notizen machen (Shortcut `alt` + `cmd` + `P`).

Dies kann einerseits Promozwecken bei der Weitergabe eines kompletten Logic-Projekts dienen – wie im Fall von Logics Demoprojekt (Abbildung 4.83). Andererseits können Sie hier projekt- oder spurweise Notizen für Kollegen, die am Projekt weiterarbeiten sollen, oder zur Erinnerung für sich selbst unterbringen (wenn Sie zu einem späteren Zeitpunkt am Projekt weiterarbeiten wollen).

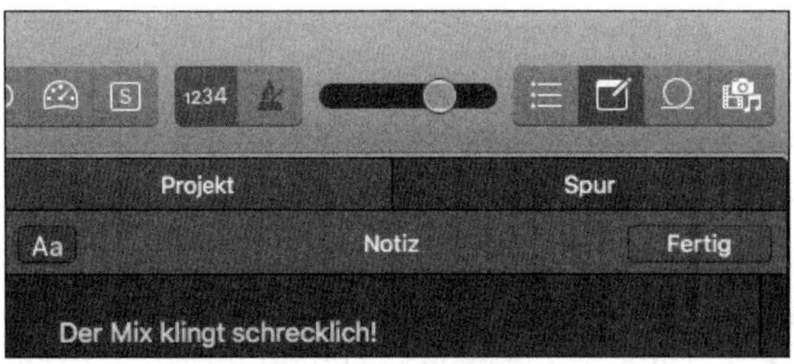

Abbildung 4.83 Projektnotizen

Zum Erstellen von Notizen klicken Sie oben rechts auf den BEARBEITEN-Knopf, was in Abbildung 4.83 bereits geschehen ist, so dass dort nun der Eintrag FERTIG steht und der Button blau leuchtet. Auf diesen Button klicken Sie nach erfolgter Bearbeitung, um die Notiz fertigzustellen. Zusätzlich können Sie links oben auf das kleine Buchstabensymbol klicken, um ein Schriftenmenü angezeigt zu bekommen.

Bei spurbezogenen Notizen wird immer die zur gerade selektierten Spur gehörige Notiz angezeigt. Diese Funktion eignet sich, um Kommentare zu erfolgten Aufnahmen auf Spuren (z. B. verwendetes Mikrofon) oder Mixproblemen in der jeweiligen Spur unterzubringen. Die Spurnotizen sind dann (falls dort unter ANSICHT • CHANNEL-STRIP-KOMPONENTEN eingeblendet ist) auch in der Mixeransicht zu sehen.

4.13 Übersichten »Projekt«, »Medien« und »Alle Dateien«

Die Übersicht MEDIEN dient dem schnellen Zugriff auf für Logic relevante Dateien. Hierzu zählen insbesondere Audiofiles, aber auch Logic-Projekte und andere. Drücken Sie hierzu den Button ganz oben rechts im Hauptfenster (❸ in Abbildung 4.82).

4.13.1 Übersicht »Projekt« im Hauptfenster

Die Übersicht PROJEKT können Sie sich als separates Fenster (PROJEKTAUDIO, Öffnen mit `cmd` + `8`) anzeigen lassen, das fast funktionsgleich ist. Dieses werde ich in Abschnitt 8.1 ausführlich behandeln. Hier eine Kurzübersicht:

In der Übersicht PROJEKT (Abbildung 4.84) sehen Sie Audiofiles und Regionen (= markierte Teilbereiche von Audiofiles), die im Projekt verwendet werden. Diese können Sie zum Beispiel per Drag & Drop ins Arrangierfenster ziehen oder mit Rechtsklick auf *Region* oder *Audiodatei* bzw. über die Menüs AUDIODATEI und BEARBEITEN auch verwalten und exportieren. Unten können Sie Dateien (gegebenenfalls geloopt) vorhören; hierfür betätigen Sie bei fokussierter Übersicht PROJEKT den Shortcut `ctrl` + Leertaste oder klicken auf das Lautsprechersymbol.

Abbildung 4.84 Übersicht »Projekt«

4.13.2 Übersicht »Medien«

Die Übersicht MEDIEN ist nur aus dem Hauptfenster zu erreichen und zum Importieren von Songs und Filmen in Ihr Projekt gedacht, wobei Sie insbesondere auf den Inhalt aus den Apple-Programmen GarageBand, iTunes und Logic zurückgreifen können. In GarageBand ist dies die einzige der drei Logic-Übersichten, die zur Verfügung steht. Wenn Sie das Dreieck neben dem Programmeintrag von Logic aufklappen, werden gefundene Logic-Projekte aufgelistet. Auch ein SUCHEN-Dialog steht zur Verfügung. In Abbildung 4.85 ist ITUNES selektiert, wodurch in iTunes gefundene Musikstücke unten aufgelistet werden. Ganz unten können Sie die gerade selektierte Datei durch Klick auf die PLAY-Taste oder durch Betätigung der Leertaste bei fokussierter Übersicht MEDIEN vorhören oder im Suchfeld einen Titel suchen.

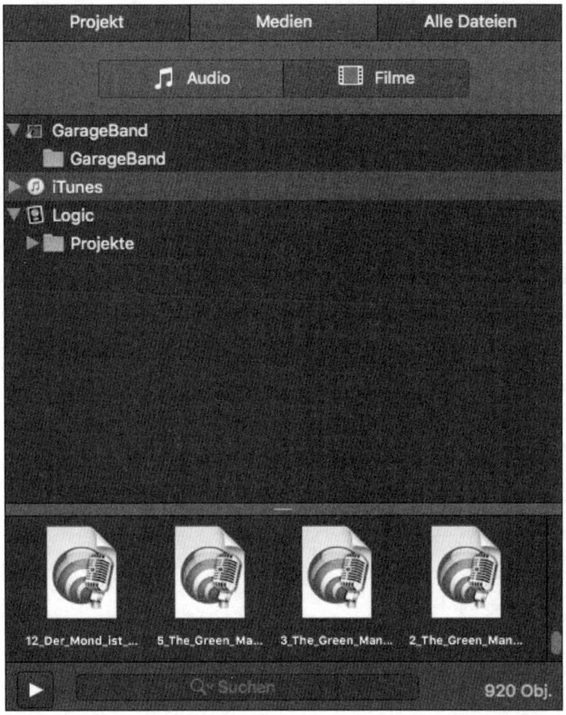

Abbildung 4.85 Übersicht »Medien«

Über ABLAGE • BEREITSTELLEN können Sie Projekt-Bounces für die Medienübersicht, iTunes, SoundCloud oder als Klingelton bereitstellen.

4.13.3 Übersicht »Alle Dateien«

Die Übersicht ALLE DATEIEN ist nur über das Hauptfenster zu erreichen. Sie ist ein echter Geheimtipp bei der Arbeit mit Logic.

Abbildung 4.86 Die Übersicht »Alle Dateien«

Sie können mit der Übersicht ALLE DATEIEN (Abbildung 4.86):

- überall auf dem Rechner Audiomaterial suchen und vorhören (*.aif*, *.wav*, *.mp3*, *.m4a* u. a.)
- ReCycle-Dateien vorhören und in Apple Loops konvertieren
- Ordner erzeugen und Dateien schnell im Finder finden
- Spuren und Inhalte aus anderen Logic-Dokumenten importieren

Ein großer Vorteil der Übersicht ALLE DATEIEN ist, dass Sie keineswegs alle Dateien sehen. Sie sehen stattdessen nur die für Logic relevanten Dateien und können auf diese Weise z. B. schneller Ihren Schreibtisch oder einen Ordner durchsuchen. Zusätzlich können Sie beispielsweise auch andere Audioformate wie ReCycle-Dateien vorhören, was über den normalen Finder nicht geht. Dabei werden diese sogar temposynchron abgespielt (leider nicht taktsynchron).

Abbildung 4.87 ReCycle-Dateien können Sie wie viele andere Audioformate in der Übersicht »Alle Dateien« vorhören. Das Bild zeigt zusätzlich ein Kontextmenü, das sich durch Rechtsklick auf die Datei oder auch durch Klick auf das Einstellungsrädchen links unten öffnet.

Besonders schnell ist der Zugriff mittels Taster auf drei zentrale Stellen, die Sie an ihrem Symbol erkennen, siehe Abbildung 4.88:

- die oberste Hierarchieebene des Computers
- den Ordner des Benutzeraccounts
- den Ordner, in dem sich das Projekt befindet. Je nachdem, ob das Projekt als Paket oder als Ordner gespeichert wird, ist entweder der Inhalt des Projektordners (inklusive Medien, wie in Abbildung 4.86) oder des übergeordneten Ordners zu sehen, in dem die Paketdatei liegt.

Abbildung 4.88 Die drei Orte Computer, Benutzerordner und Projektordner

Pfadleiste und Suchfunktion

Unterhalb der drei Symbole wird eine Pfadleiste angezeigt (Abbildung 4.86) – mit einem Klick auf einen dort angezeigten Ordner wechseln Sie jeweils dorthin. Über das darunter sichtbare Eingabefeld (rechts neben dem Lupensymbol) für einen zu suchenden Dateinamen und die Eingabefelder für passende Suchkriterien (siehe Abbildung 4.89) durchsuchen Sie bestimmte Orte. Zusätzliche Optionen zum Wechsel auf die Spaltenansicht und die browsermäßigen Pfeile links oben (um schnell zur zuletzt gezeigten Ansicht zurückzuschalten) sowie die Option, Suchkriterien einzustellen, machen die Übersicht ALLE DATEIEN zu einer Mischung aus einem Finder-Fenster, Browser und Spotlight.

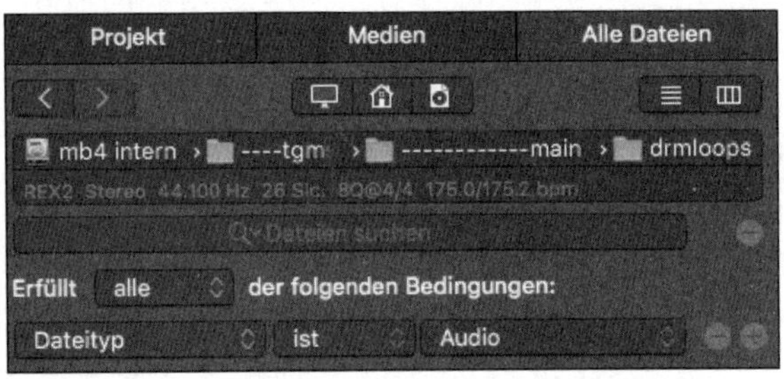

Abbildung 4.89 Suchfunktionen in der Übersicht »Alle Dateien«

Praxistipps

Sind vorhörbare Files selektiert, ändert sich die Darstellung unten, und ein Vorhör-Button mit Lautsprechersymbol erscheint. Dann können Sie Dateien vorhören und für das Vorhören auch eine Lautstärke einstellen. Anstelle des Lautsprechersymbols können Sie zum Vorhören auch, bei fokussierter Übersicht, den Shortcut `ctrl` + Leertaste nutzen. Wenn Sie eine Datei selektieren und rechts unten auf HINZUFÜGEN klicken, wird die Datei zum Logic-Projekt hinzugefügt.

Ein Tipp, falls Sie schnell Dateien zwischen anderen Programmen (z. B. Pro Tools oder TwistedWave als externem Sample-Editor) und Logic austauschen wollen: Speichern Sie die Dateien aus dem anderen Programm in einem selbstangelegten Ordner innerhalb des Projektordners. Dann können Sie diesen Swap-Ordner über die Übersicht ALLE DATEIEN sehr schnell in Logic erreichen (indem Sie einfach auf den Button für den Projektordner klicken, woraufhin der gewünschte Ordner unten aufgelistet wird) und von dort die Datei in Logic importieren (z. B. per Drag & Drop).

Import von Teilen aus anderen Projekten

Über den Übersichtsbrowser lassen sich sogar Spuren inklusive Effekt-Settings und Noten aus anderen Projekten importieren. Hierfür müssen Sie lediglich das gewünschte Logic-Projektfile, aus dem Sie Teile importieren wollen, ausfindig machen und darauf doppelklicken (siehe Kapitel 10).

4.14 Editoren, Smart Controls und Mixer im Hauptfenster

Zum Schluss wenden wir uns dem unteren Bereich des Hauptfensters zu: Oben links im Hauptfenster können Sie entweder den Bereich SMART CONTROLS (Shortcut: [B]), ein Mixerfenster (Shortcut: [X]) oder den Bereich der Editoren (Shortcut: [E]) anzeigen lassen. Bis auf den AUDIOSPUREDITOR und den DRUMMER-EDITOR lassen sich diese Bereiche über das FENSTER-Menü auch als eigenständige Fenster öffnen. Die verschiedenen Editoren, die Smart Controls (Abschnitt 16.2) und der AUDIOSPUREDITOR (Abschnitt 6.6.1) werden in separaten Kapiteln erläutert.

Abbildung 4.90 Die Buttons zum Einblenden von Smart Controls, Mixer und Editoren

4.14.1 Editoren

Der Editorbereich öffnet sich auch bei Doppelklick auf REGIONEN oder nach einem Klick auf das Symbol mit der Schere. Wenn Sie auf eine MIDI-Region doppelklicken, öffnet sich unten ein MIDI-Editor (wahlweise PIANOROLLE, NOTATION oder SCHRITTEDITOR); wenn Sie auf eine Audioregion doppelklicken, öffnet sich unten ein Audio-Editor (wahlweise AUDIODATEI- oder AUDIOSPUREDITOR, deren Tabs abgekürzt mit SPUR und DATEI beschriftet sind). Handelt es sich um eine »Drummer«-Spur, wird unten ein DRUMMER-EDITOR angezeigt.

Der LINK-Modus eines Editors verknüpft den Editor mit der Anzeige im Spurenbereich. Das bedeutet zum Beispiel: Wenn Sie eine Region im Hauptfenster selektieren, zeigt der Editor ihren Inhalt. Mehr hierzu in Abschnitt 7.1.3.

4.14.2 Smart Controls

Den Bereich SMART CONTROLS können Sie auch mit einem Doppelklick auf ein Spursymbol im Spur-Header öffnen. Hier werden Ihnen vorkonfigurierte Regler angezeigt, mit denen Sie schnell wichtige Klangparameter des Kanalzugs ansteuern können.

Mit einem VERGLEICHEN-Button können Sie zwischen neuen und alten Einstellungen wechseln. Sie können auch selbst Smart Controls für eigene Instrumente sowie MIDI-Fernsteuerungen für Smart Controls konfigurieren.

Durch Klick auf den EQ-Button können Sie sich hier alternativ einen im Kanalzug befindlichen EQ anzeigen lassen. Bei der Verwendung des *Alchemy*-Synths steht zusätzlich ein Transform-Pad zur Verfügung. Bei Instrumentenspuren stehen oben rechts Arpeggiatoroptionen und ein zugehöriges Arp Flip-Menü bereit. Details lesen Sie in Abschnitt 16.2.

Abbildung 4.91 Smart Controls

4.14.3 Mixer im Hauptfenster

Den Mixer erläutere ich in Kapitel 14. Wenn Sie den Mixer unten im Hauptfenster einblenden, sieht das in etwa aus wie in Abbildung 4.92. Der Mixer im Hauptfenster besitzt zwar die gleiche Funktionalität wie das große MIXER-Fenster, weil aber meist weniger Platz zur Verfügung steht, ist die in Abbildung 4.92 rechts oben einstellbare schmaleren Kanalzugdarstellung sinnvoll. Ich empfehle, für den Mixer ein separates Fester zu öffnen (via [cmd] + [2]) und via Screenset oder mit dem Shortcut [cmd] + [<] (zum vorherigen Fenster wechseln) zwischen Fensteransichten umzuschalten, weil Sie in der Vollansicht des Mixers besser alle Plug-Ins eines Kanalzugs sehen können.

Sie können in der Mixeransicht des Hauptfensters an der rechten Seite oder mit dem Mausrad nach oben und unten und mit gehaltener [⇧]-Taste und Mausrad nach links und rechts scrollen oder durch Verschieben der Grenzlinie zwischen verschiedenen Bereichen des Hauptfensters dem Mixer mehr Platz im Hauptfenster einräumen.

Abbildung 4.92 Mixer im Hauptfenster

Sie wissen, dass im Infobereich des Hauptfensters der Kanalzug der ausgewählten Spur und ein Zielkanalzug angezeigt werden. Falls es mehrere Zielkanalzüge gibt (z. B. Output, Bus-Send), erscheint rechts jeweils der Kanalzug, der dem jeweiligen Output entspricht, den Sie mit der Maus anklicken. Die Ansicht EINZELN im Mixer ist eine bessere Alternative hierzu, weil sie alle Zielkanalzüge einer selektierten Spur anzeigt, so dass Sie schnell einen Überblick über das gesamte Routing bekommen.

4.14.4 Spur im Hauptfenster für Mixerkanal erzeugen

Oft möchte man für einen Zielkanal eine eigene Spur (z. B. einen Aux-Kanal für die Drumsumme oder einen Send-Effekt) erzeugen, um dort beispielsweise eine Automation aufzeichnen zu können. Dies geht (sowohl im Infobereich des Hauptfensters als auch im Mixer des Hauptfensters oder im separaten MIXER-Fenster) durch Rechtsklick auf den entsprechenden Kanalzug (Abbildung 4.93) oder alternativ via `ctrl` + `T` (bei im Mixer selektierter Spur).

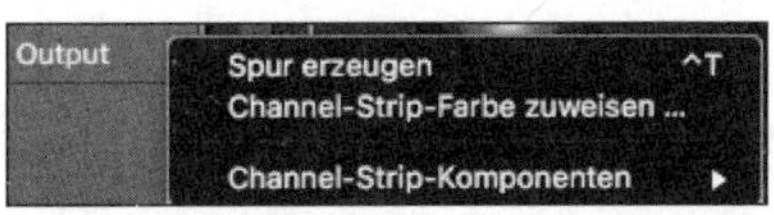

Abbildung 4.93 Spur für den angeklickten Mixerkanal erzeugen

4.14.5 Ausblick

Nachdem Sie nun gesehen haben, was wo zu finden ist: Lernen Sie vor allem die Realisation bestimmter Ziele (z. B. einen oder mehrere Takes aufnehmen, Tempounabhängigkeit erreichen, Grooves optimieren), wie ich Ihnen das in den nächsten Kapiteln zeigen werde. Zu viel auswendig zu lernen klappt bei einem Programm wie Logic nicht; die Dinge prägen sich ein, wenn Sie regelmäßig zielorientiert arbeiten.

Kapitel 5
Aufnahme

In diesem Kapitel geht es um jegliche Arten von Aufnahme in Logic – und was dabei zu beachten oder möglich ist.

Es gibt einige Details, die bezüglich Logics Aufnahmefunktionen sowohl für MIDI als auch für Audioaufnahmen kennen sollten. Diese behandelt das Kapitel zuerst. Anschließend werde ich Audio- und MIDI-Aufnahmen und zugehörige Funktionen separat erläutern. Wenn Sie als Anfänger schnell zur Sache kommen wollen: Der Schnellkurs aus Kapitel 2 hat bereits eine Einführung in Logics grundlegende Aufnahme-Workflows geliefert. In diesem Kapitel finden Sie tiefergehende Details.

Beachten Sie auch das in Kapitel 3, »Setup/Konfiguration, Speichern und MIDI-Hintergrundwissen«, besprochene Menü PROJEKTEINSTELLUNGEN • AUFNAHME.

Das Aufnehmen von Audio und MIDI und die Bearbeitung der Aufnahmen finden hauptsächlich im Hauptfenster statt.

5.1 Allgemeine Aufnahmefunktionalität und das Menü »Aufnahme«

Das AUFNAHME-Menü zeigt Ihnen die wichtigsten Optionen und Einstellungen rund um das Thema Aufnahme an. Ganz unten können Sie unter AUFNAHMEEINSTELLUNGEN ... auch zum Menü von ABLAGE • PROJEKTEINSTELLUNGEN • AUFNAHME springen (Abbildung 5.1).

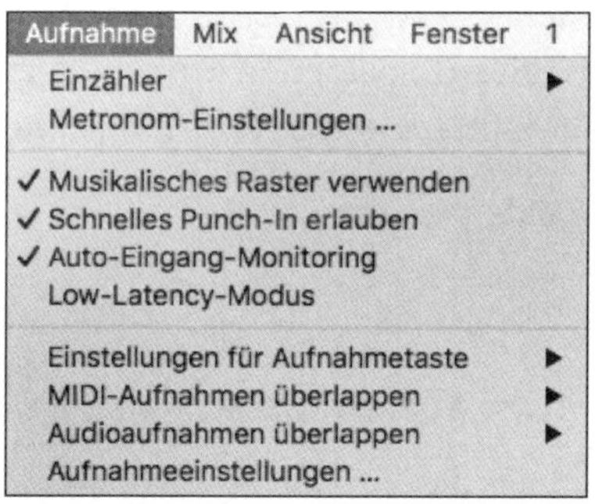

Abbildung 5.1 Hauptmenü »Aufnahme«

5.1.1 Einzähler/Vorzähler einstellen und Aufnahme starten

Um an einer bestimmten Takt- oder Zeitposition mit der Aufnahme zu beginnen, bewegen Sie den Abspielpositionsmarker an diese Stelle und stellen im neuen, übersichtlichen AUFNAHME-Menü unter dem Eintrag EINZÄHLER ein, wie viele Takte vorher ein Klick einzählen soll. Alternativ geht das in den AUFNAHMEEINSTELLUNGEN.

Voreingestellt ist in Logic ein Einzähler von einem Takt. Die optimale Länge des Einzählers hängt auch von der gewählten Songgeschwindigkeit ab. Wenn Sie andere Künstler im Studio aufnehmen, ist es wichtig, dass Sie die Länge des Einzählers kennen und diese den performenden Künstlern vor der Aufnahme mitteilen, egal, ob diese MIDI- oder Audioaufnahmen einspielen sollen. Mit dem EINZÄHLER-Button (⇧ + K) können Sie den Einzähler aktivieren/deaktivieren (Abbildung 5.2). Davon unabhängig gibt es noch Metronomeinstellungen. Sie können sich den Klick auch ausschließlich während des Einzählens vorspielen lassen, was Sie in den Metronomeinstellungen regeln.

Abbildung 5.2 Links der Button für den Einzähler in der Steuerungsleiste

Anschließend beginnt die Aufnahme nach Auslösung des Aufnahmebefehls (Shortcut: R) an der Wiedergabeposition oder dem gewählten Cycle-Bereich (falls Sie nicht gerade Punch-In-Recording benutzen). Zusätzlich zählt der eingestellte Einzähler Ihnen entsprechend viele Takte vor dem Einsetzen der Aufnahme vor und lässt Logic früher loslaufen.

Wenn Sie nicht zufrieden mit Ihrer Aufnahme sind, löschen Sie die Region mit ⌫ und nehmen sie neu auf oder nutzen die Funktion AUFNAHME / AUFNAHME WIEDERHOLEN. Für den Aufnahmebefehl können Sie verschiedene Einstellungen treffen.

5.1.2 Musikalisches Raster verwenden

Diese Einstellung regelt, ob Sie bei der Aufnahme ein Takt oder Zeitlineal sehen. Unabhängig davon landen Ihre Aufnahmen voreingestellt stets auf einer taktbezogenen Position (siehe auch Abschnitt 5.3.14).

5.1.3 Einstellungen für die Aufnahmetaste

Konfigurieren Sie via Rechtklick auf den Aufnahmeknopf, ob der AUFNAHME-BUTTON (bzw. der Shortcut R) ...

- die Standardeinstellung AUFNAHME,
- bei abwechselndem Drücken AUFNAHME / AUFNAHME EIN/AUS

- oder Aufnahme / Aufnahme wiederholen

auslöst (siehe auch Transportfunktionen in Kapitel 4, »Hauptfenster und Hauptmenüs, Fensterübersicht«).

5.1.4 Metronom einstellen

Typischerweise wird der Metronomklick über ein internes Software-Instrument namens *Klopfgeist* ausgegeben, das im Mischpult *solo safe* geschaltet ist. Der Klick kann aber auch an ein externes MIDI-Instrument gesendet werden.

Einfache Einstellungen für das Metronom (Abbildung 5.3) stehen auch durch einen einfachen, langen (Links-)Klick auf den Metronom-Button in der Steuerungsleiste zur Verfügung. Die hier festgelegten Einstellungen entsprechen auch der Funktionalität des Metronom-Buttons in Logic Remote auf dem iPad.

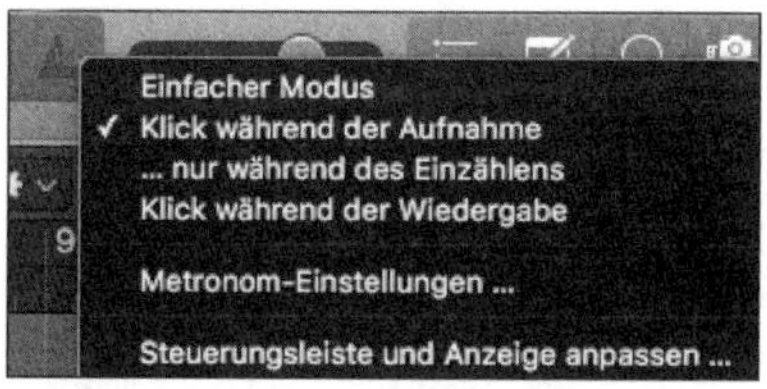

Abbildung 5.3 »Metronom«-Button

Über das Menü Aufnahme • Metronom-Einstellungen (auch via Ablage • Projekteinstellungen • Metronom; siehe Abbildung 5.4) können Sie alle Metronomeinstellungen vornehmen.

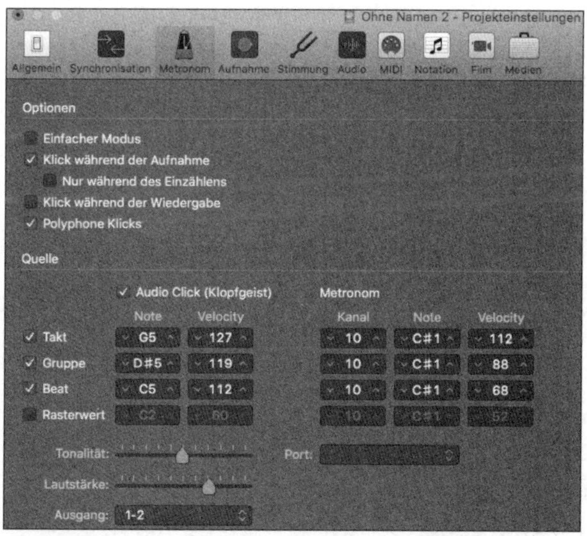

Abbildung 5.4 »Projekteinstellungen • Metronom«

Sie können sich den Klick auch ausschließlich während des Einzählens vorspielen lassen, wenn Sie z. B. etwas ohne Klick aufnehmen möchten (und Sie Logic mehr wie eine Bandmaschine benutzen).

Natürlich müssen Sie sicherstellen, dass Sie und der Künstler den Klick des Einzählers überhaupt hören. Normalerweise soll der Klick nicht mit aufgenommen werden. Daher tragen Musiker bei Mikrofonaufnahmen geschlossene Kopfhörer, über die sie das Metronom hören können, ohne dass viel davon nach außen dringt.

Falls bereits Spuren aufgenommen wurden, können Sie auch bereits aufgenommene Spuren (z. B. Schlagzeug als Guide-Track) anstelle des Metronoms nehmen, um weiteren Instrumentalisten die Basis für ihr Spiel zu liefern. Aus diesem Grund fängt man bei Aufnahmen von Bands oft mit der Aufnahme des Schlagzeugs an.

5.1.5 Low-Latency-Modus bei Aufnahmen nutzen

Wenn Sie latenzintensive Plug-Ins wie den »Linear Phase EQ« nutzen, wird die Latenz des Gesamtsystems manchmal zu groß, um ohne störende Verzögerung neue Aufnahmen machen zu können. Als Musiker merken Sie das an langen Verzögerungen von Klängen, die Sie über MIDI spielen, so dass Aufnahmen fast unmöglich werden. Auch wenn Sie einen Musiker live über ein Mikro aufnehmen und dabei Tape Return hören möchten, stört eine zu große Latenz sehr.

In solchen Situationen können Sie den Low-Latency-Mode in Logic einschalten, um die Latenz temporär außer Kraft zu setzen (via selbst zugewiesenem Shortcut oder durch einen Button in der Steuerungsleiste, siehe Abbildung 5.5). Dadurch werden latenzverursachende Plug-Ins vorübergehend deaktiviert (und erscheinen orange eingefärbt), so dass sich Noten besser einspielen und Aufnahmen verzögerungsfreier abhören lassen. Sie können hierfür eine maximal erlaubte Latenz unter LOGIC PRO X • EINSTELLUNGEN • AUDIO • ALLGEMEIN • PLUG-IN-LATENZ einstellen. Vergessen Sie nach der Aufnahme nicht, diesen Modus für den Mixdown wieder zu deaktivieren.

Abbildung 5.5 Der Low-Latency-Modus ist, wie in der Steuerungsleiste sichtbar, aktiviert.

5.1.6 Punch-In-Recording (Autopunch und schnelles Punch-In)

Beim Punch-In-Recording geht es darum, an einer bestimmten Stelle mit der Aufnahme einzusetzen und sie an einer anderen wieder zu verlassen. Das macht man zum Beispiel, wenn man mit einem Teil einer Aufnahme zufrieden war, einen anderen aber ersetzen möchte. Sie können automatisch (*Autopunch*) oder manuell ausgelöste Punch-In-Aufnahmen (*schnelles Punch-In*) vornehmen. Es handelt sich um eine Funktion, die von der Aufnahme auf Magnetband herrührt. Logic bietet komfortablere Methoden – inklusive des Umschaltens zwischen mehreren Aufnahmen (z. B. mit Hilfe von Take-Ordnern).

Bei automatischem Punch-In müssen Sie einen aufzunehmenden Bereich im Taktlineal oder über die Locator-Punkte vordefinieren. Nutzen Sie hierfür die Option AUTOPUNCH-MODUS EIN/AUS (Shortcut `ctrl` + `alt` + `cmd` + `P`). Danach erscheinen ein rot markierter Bereich im Taktlineal, dessen linke und rechte Grenze Sie mit der Maustaste verschieben können, sowie ein AUTOPUNCH-Button in der Steuerungsleiste (sofern nicht bereits vorhanden). Alternativ dazu können Sie auch einen Bereich mit dem Marquee-Tool selektieren und anschließend die Aufnahme mit `R` auslösen. In beiden Fällen ist dies der Punch-In-Bereich für Ihre geplante Punch-In-Aufnahme.

Beim schnellen Punch-In müssen Sie einen entsprechenden Haken im Menü AUFNAHME unter dem Eintrag SCHNELLES PUNCH-IN ERLAUBEN setzen (nur bei Audioaufnahmen nötig) und die Funktion AUFNAHME / AUFNAHME EIN/AUS für den Aufnahmeknopf definieren. Detaillierte Erläuterungen und Beispiele finden Sie ab Abschnitt 5.3.17.)

5.1.7 Smart Control Bewegungen aufnehmen?

Sie können auch Bewegungen von Smart Controls aufnehmen oder als Automation aufzeichnen. Mehr hierzu in Abschnitt 16.1.

5.1.8 Überlappende Aufnahmen in mehreren Takes: Übersicht

Was passiert, wenn Sie ergänzend etwas aufnehmen wollen, wo sich schon eine Aufnahme befindet? Hierfür bietet das AUFNAHME-Menü verschiedene Einstellungen. Diese sind gegliedert in MIDI- (Eintrag MIDI-AUFNAHMEN ÜBERLAPPEN) und Audioaufnahmeoptionen (Eintrag AUDIOAUFNAHMEN ÜBERLAPPEN). Innerhalb dieser beiden Bereiche trennt Logic zwischen Situationen, in denen ein Cycle aktiv ist oder nicht. Ist ein CYCLE aktiv, wollen Sie vermutlich eine Songstelle mehrfach aufnehmen und sich dann die beste Aufnahme heraussuchen. Ist kein Cycle aktiv, wollen Sie eher eine Aufnahme ergänzen.

Die Optionen für MIDI und Audio sind in getrennten Untermenüs verfügbar, ähneln sich aber. Für MIDI-Aufnahmen stehen Optionen zum Überlappen und Zusammenführen zur Verfügung, die es für Audioaufnahmen nicht gibt. Abbildung 5.6 zeigt die Optionen für Audioaufnahmen, die für MIDI weitgehend ebenfalls existieren.

Sie können aber in beiden Fällen, also sowohl für MIDI als auch für Audio, aussuchen, ob Logic ...

- neue Aufnahmen in sogenannte Take-Ordner schreibt,
- neue Aufnahmen in Spuralternativen schreibt,
- bisherige Regionen ersetzt oder
- für neue Aufnahmen jeweils neue Spuren anlegt.

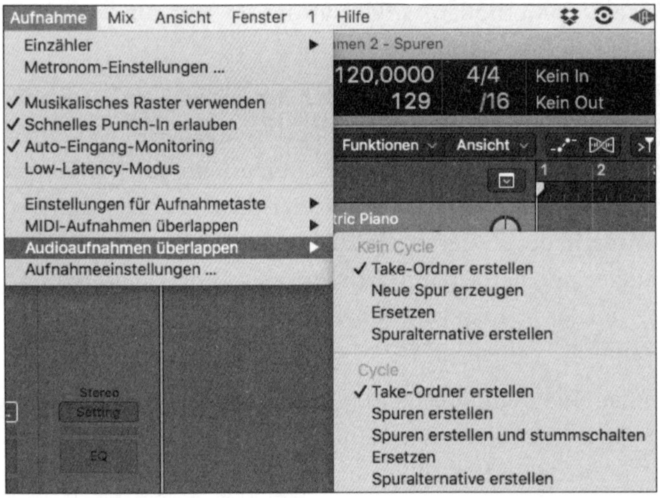

Abbildung 5.6 Optionen für überlappende Aufnahmen

Die letzten beiden Optionen, ERSETZEN und NEUE SPUR ANLEGEN, erklären sich von selbst. Besonders die Optionen TAKE-ORDNER ERSTELLEN und SPURALTERNATIVEN ERSTELLEN bieten sehr komfortable Editier- und Verwaltungsoptionen, die ich nachfolgend kurz erläutere.

5.1.9 Überlappende Aufnahmen: »Take-Ordner erstellen«

Take-Ordner sind die Voreinstellung, es gibt sie für MIDI und Audio. Bei der Aufnahme werden bisherige Spurinhalte stummgeschaltet. Die Aufnahmen landen in einer Art aufklappbaren Region, die Sie in Abbildung 5.7 sehen, wenn Sie die Option TAKE-ORDNER ERSTELLEN wählen.

Abbildung 5.7 Ein in einer MIDI-Spur erstellter Take-Ordner

Diesen Ordner können Sie mit dem Pfeil links oben aufklappen, um die verschiedenen Takes zu sehen. Die in Abbildung 5.7 sichtbare Zahl 2 zeigt an, dass Take 2 im Take-Ordner für die Wiedergabe ausgewählt ist.

Abbildung 5.8 Audio-Take-Ordner

Mehr zur Aufnahme von Audio-Take-Ordnern in finden Sie in Abschnitt 5.3.16.

In Bezug auf das, was nach der Aufnahme an Editing möglich ist, unterscheiden sich Take-Ordner für Audio und MIDI erheblich. Das liegt in der Natur der Sache, weil z. B. Audioaufnahmen von mittendrin abgespielt werden können, bei MIDI aber Note-On- und Note-Off-Befehle entscheidend sind. Daher können Sie bei Audio-Take-Ordnern mittels der sogenannten *Comping-Funktion* eine Mischung verschiedener Takes erstellen, bei MIDI-Take-Ordnern aber nicht.

5.1.10 Überlappende Aufnahmen/Spuralternativen aufnehmen

Das Arbeiten mit Spuralternativen (siehe auch Abschnitt 6.7.1) funktioniert für Audio und MIDI gleich. Sie können Spuralternativen für überlappende Aufnahmen auswählen, aber auch manuell erstellen. Sie können Spuralternativen aber auch unabhängig von den Einstellungen für überlappende Aufnahmen manuell erstellen.

Im Projekt *05Spuralternative1* habe ich drei Takes im Cycle-Modus aufgenommen und eingestellt, dass Logic Spuralternativen erstellen soll. Die letzte Alternative erscheint in der Spur. Darin ist neben dem Spurnamen ein C zu sehen. Dies zeigt an, dass die Spuralternative C sichtbar und hörbar ist. Der erste Take wurde in Spuralternative A, der zweite in B und der dritte in C gelegt. Im Kontextmenü, das Sie in Abbildung 5.9 neben dem Buchstaben C erreichen, können Sie die Spuralternativen anwählen. Diese werden aktiv, sobald Sie das Häkchen daneben sehen (hier: C). Sie können dort die Spuralternativen umbenennen oder inaktive einblenden.

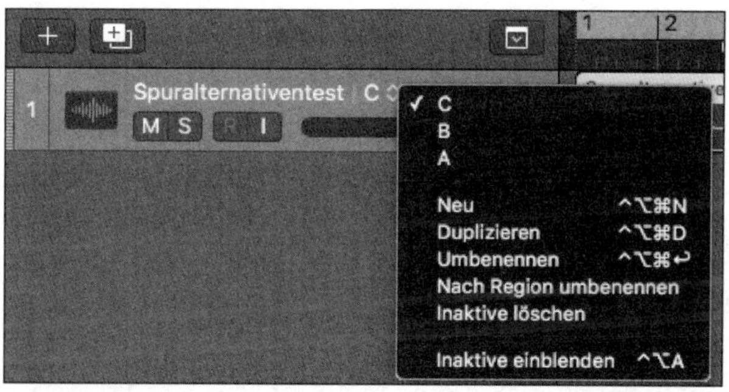

Abbildung 5.9 Spuralternativenkontextmenü, im Bild ist C aktiv

Mit dem Befehl Neu ([ctrl] + [alt] + [cmd] + [N]) können Sie auch eine neue, leere Spuralternative erstellen und in diese etwas Neues aufnehmen.

Sie können Audio- und MIDI-Regionen aber auch per Drag & Drop in die nun sichtbaren Spuralternativspuren hinein- und oder auf andere Spuren herausziehen.

5.1.11 Überlappende Aufnahmen: vorherige Aufnahmen ersetzen

Den ERSETZEN-Modus erreichen Sie durch einen Klick auf den in der Steuerungsleiste anzeigbaren Button oder mit dem Shortcut [/] auf der Nummerntastatur. In diesem Modus werden auf der Spur im relevanten Taktbereich liegende Regionen bei einer neuen Aufnahme gelöscht und überschrieben.

5.2 MIDI aufnehmen oder programmieren

Zu den Besonderheiten bei der Aufnahme von MIDI-Noten gehören die Möglichkeiten, eine Aufnahme automatisch zu quantisieren, nachträglich einzufangen oder bei langsamerem Tempo aufzunehmen, sowie Einstellungen, die Sie treffen müssen, wenn Sie über bereits bestehende Daten oder zusätzlich MIDI aufnehmen. Grundsätzliche Regeln des Aufnehmens lesen Sie im vorangegangenen Abschnitt und im Schnellkurs in Kapitel 2.

5.2.1 Informationsfenster »Spur« für Software-Instrumente bei der Aufnahme

In Abbildung 5.10 sehen Sie ein Informationsfenster SPUR für ein Software-Instrument.

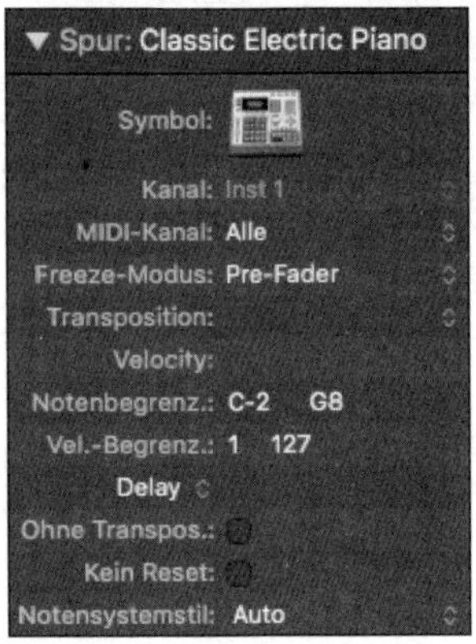

Abbildung 5.10 Software-Instrument-Informationsfenster

Hier müssen Sie oft gar nichts einstellen, es sei denn, Sie nutzen ein Instrument von Drittherstellern, das verschiedene MIDI-Kanäle verwendet. Die Logic-Instrumente sind (im Gegensatz zu vielen Instrument-Plug-Ins von Drittherstellern) nicht darauf ausgelegt, verschiedene MIDI-Kanäle zu empfangen, sondern sollen nur ein MIDI-Instrument gleichzeitig spielen und spielen dieses auch, wenn sie einen beliebigen MIDI-Kanal empfangen. Daher entfällt hier meist die Notwendigkeit, einen MIDI-Kanal einzustellen, und darum stört es zunächst nicht, dass im Informationsfenster SPUR als MIDI-Kanal ALLE eingestellt ist. Dabei wird übrigens der MIDI-Kanal, den Ihr Keyboard sendet, an das Instrument geleitet.

Wenn Sie mehrere Instrumente gleichzeitig über eine Spurstapel-Spur ansteuern, müssen Sie gegebenenfalls die in den Unterspuren eingestellten MIDI-Kanäle beachten.

5.2.2 Live-Mode

Software-Instrument-Spuren werden automatisch scharf geschaltet und in einen Live-Mode versetzt, wenn sie ausgewählt werden. Allerdings kann die Wiedergabe der ersten gespielten Note leicht verzögert erfolgen. Sobald Sie eine Note an die Spur senden, wird die Spur in den Live-Mode versetzt. Sie erkennen das auch am RECORD-Button im Bereich SPUREN, der dann nicht mehr mit einem roten R auf grauem Hintergrund, sondern mit einem weißen R auf rotem Hintergrund angezeigt wird.

5.2.3 Externes MIDI-Instrument ansteuern und aufnehmen

Nach dem Erzeugen einer externen MIDI-Spur (alt + cmd + X) müssen Sie im Informationsfenster SPUR eines externen MIDI-Instruments den richtigen Port und den richtigen MIDI-Kanal einstellen, um den externen Klangerzeuger ansteuern zu können.

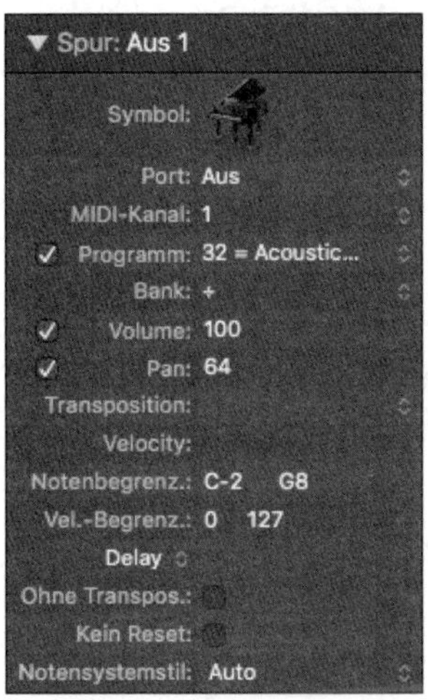

Abbildung 5.11 Informationsfenster für externes MIDI-Instrument

Voreingestellt ist zunächst:

- PORT: ALLE
- MIDI-Kanal: 1

Der MIDI-PORT kann der physische Ausgang Ihres MIDI-Interface sein, mit dem Ihr Klangerzeuger verbunden ist, oder dessen USB-Port oder auch ein via IAC-Bus oder ReWire angesteuertes Instrument eines anderen Programms auf demselben Computer (siehe Kapitel 19, »Andere Programme, Synchronisation, spezielle Verbindungen«).

Sollte am externen Klangerzeuger ein anderer MIDI-KANAL eingestellt sein, müssen Sie den Kanal entweder im Synth oder in Logic angleichen. Mit einem MIDI-Port können 16 MIDI-Kanäle adressiert werden

Sie können im Informationsfenster SPUR für externe MIDI-Instrumente auch ein gewähltes Programm, die gewählte Programmbank, die Lautstärke des Sounds und das Panorama angeben, so dass die Einstellungen jedes Mal bei einem Abspielen des Projekts von Anfang an an den Klangerzeuger gesendet werden (wenn ein Häkchen neben PROGRAMM, VOLUME oder PAN gesetzt ist, Abbildung 5.11) Dann setzt der startende Logic-Sequenzer den gewählten Sound übrigens auch immer wieder auf die im Informationsfenster SPUR getroffene Einstellung zurück. Die eventuell angezeigten Instrumentennamen neben den Programmnummern beziehen sich auf General-MIDI-fähige Geräte und haben nicht notwendigerweise etwas mit den vorhandenen Sounds in einem angeschlossenen Hardware-Synth zu tun. Was angezeigt wird, hängt ab von der Konfiguration des in der Spur ausgewählten Objekts in der MIDI-UMGEBUNG, wo eingestellt wurde, dass ein General-MIDI-fähiges Objekt angesteuert wird (siehe Abschnitt 13.2).

Ergänzend finden Sie in Kapitel 3 und Kapitel 13, »Die MIDI-FX-Plug-Ins und die MIDI-Umgebung«, weitere Ausführungen zur Verkabelung von externen Hardware-Klangerzeugern.

Bereits im Schnellkurs haben Sie gelesen, wie Sie externe Klangerzeuger ansteuern, und das Dokument *Schnellkurs26* mit einer externen MIDI-Spur gefunden.

5.2.4 Automatische Quantisierung von Regionen nach der Aufnahme

Wenn Sie im Informationsfenster REGION im Bereich SPUREN eine Einstellung für die Quantisierung vornehmen (Abbildung 5.12), ohne eine Region selektiert zu haben, wird sie anschließend für jede neu aufgenommene Region automatisch übernommen.

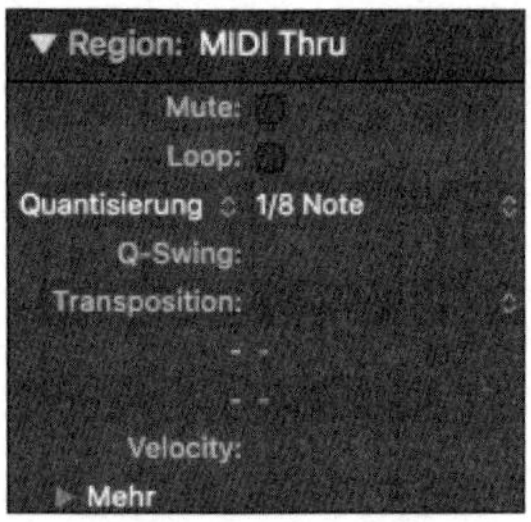

Abbildung 5.12 Voreingestellte automatische Quantisierung im Informationsfenster »Region«

5.2.5 MIDI-Aufnahme im Hauptfenster und Aufnahme nachträglich einfangen/behalten

Wenn Sie etwas eingespielt, aber nicht aufgenommen haben, können Sie eingespielte MIDI-Noten nachträglich mit der Funktion AUFNAHME BEHALTEN einfangen. Das kann nicht nur helfen, gelungene Takes von Musikern mit Lampenfieber festzuhalten. Es hilft auch generell im kreativen Prozess. Sie können spielerisch mit Sounds probeweise herumspielen und jederzeit Gelungenes einfangen. Ich nutze diese Funktion oft – sie hat bei mir die normale Aufnahmefunktion, was das Einspielen von MIDI angeht, fast abgelöst.

Das geht offiziell nur mit MIDI-Daten, denn diese werden stets in einem Puffer zwischengespeichert. Allerdings gibt es auch einen (ganz anders funktionierenden) Trick, Audioaufnahmen nachträglich einzufangen, den ich in Abschnitt 5.3.21 erläutere.

Sie lösen die Funktion mit dem Shortcut ⇧ + R aus. Alternativ können Sie sich in der Steuerungsleiste einen Button hierfür einblenden lassen. Die Funktion erlaubt auch das nachträgliche Einfangen mehrerer Takes. Wenn der Cycle-Modus aktiv ist und Sie stundenlang vor sich hin klimpern, können Sie mit einmal ⇧ + R alles einfangen und in Take-Ordnern oder Spuralternativen bearbeiten, nachträglich zerschneiden oder nach guten Stellen durchsuchen, falls die entsprechende Option unter MIDI-AUFNAHMEN ÜBERLAPPEN eingestellt ist. Die Option ZUSAMMENFÜHREN macht dabei hingegen oft weniger Sinn.

5.2.6 MIDI-Aufnahmen überlappen/in mehreren Takes: Optionen

Optionen für MIDI-Aufnahmen, die in mehreren Takes – also entweder im Cycle-Modus oder einfach zusätzlich zu einer bestehenden Region auf der gleichen Spur und im gleichen Taktbereich – erfolgen, finden Sie im Menü AUFNAHME • MIDI-AUFNAHMEN ÜBERLAPPEN (siehe Abbildung 5.13).

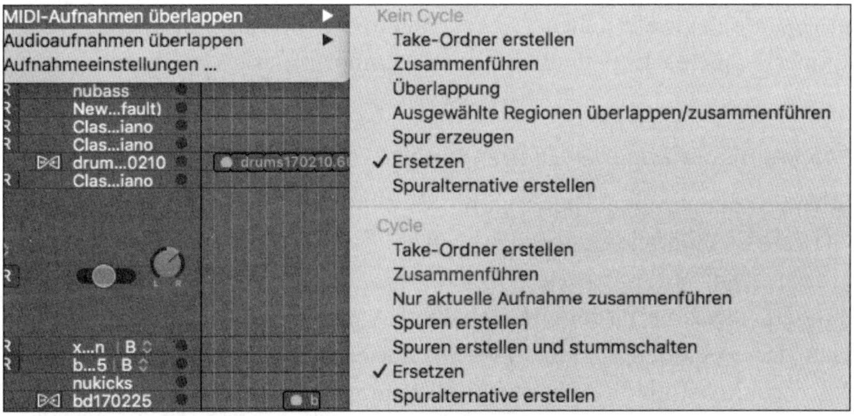

Abbildung 5.13 Die Aufnahmeeinstellungen für überlappende MIDI-Aufnahmen

Grundsätzliche Einstellungen für Aufnahmen in mehreren Takes wurden ab Abschnitt 5.1.8 bereits erläutert. Beachten Sie auch die Ausführungen zu Spuralternativen in Abschnitt 5.1.10. Für MIDI-Aufnahmen stehen Optionen zum Überlappen und Zusammenführen zur Verfügung, die es für Audioaufnahmen nicht gibt und die nachfolgend erläutert werden.

5.2.7 MIDI-Aufnahmen überlappen: Besonderheiten bei MIDI-Take-Ordnern

MIDI-Takes können ebenso wie Audio-Takes in Take-Ordner aufgenommen und untereinander angeordnet werden. Wenn Sie den Take-Ordner aufklappen, sehen Sie alle Aufnahmen und können eine davon durch Klick aktivieren. Mehr hierzu in Kapitel 6.

5.2.8 MIDI-Aufnahmen überlappen: verschiedene »Zusammenführen«-Optionen

Die neu gespielten Noten werden in einer Region mit den zuvor eingespielten Noten verschmolzen. Das geht natürlich nur mit MIDI-Regionen, nicht mit Audio.

Diese Methode eignet sich, um nacheinander die verschiedenen Sounds eines Drumkits aufzunehmen, und verbindet beispielsweise automatisch im Cycle-Modus nacheinander erstellte Aufnahmen. Sie können z. B. zunächst die Kickdrum aufnehmen, anschließend pausieren (während der Cycle weiterläuft) und danach in einer Art Overdub-Modus weitere Sounds aufnehmen. Gefällt Ihnen ein Take nicht, können Sie den letzten Take mit cmd + Z rückgängig machen. Mit der Take-Ordner-Methode entstünden dabei unübersichtlich viele leere Takes.

Ist die Option ZUSAMMENFÜHREN voreingestellt, können Sie allerdings nicht mehr so gut nachträglich eine Aufnahme einfangen (siehe Abschnitt 5.2.5). Verschiedene, nicht zusammenhängende Improvisationen würden möglicherweise zusammengeführt.

Sie sollten die zuvor eingespielte Region bei der neuen Aufnahme selektiert haben, wenn Sie die Option AUSGEWÄHLTE REGIONEN ÜBERLAPPEN/ZUSAMMENFÜHREN wählen. Ansonsten wird die darunterliegende Region möglicherweise von einer neuen Region überlagert. Bei neuen Logic-Versionen klappt es im Test allerdings auch ohne vorherige Selektierung.

5.2.9 MIDI-Aufnahmen überlappen: »Überlappung«

Letzteres ist bei Auswahl der Option »Überlappung gewollt. Liegen zwei Regionen übereinander, können Sie beide selektieren und mit dem Befehl cmd + J oder dem entsprechenden Eintrag REGIONEN VERBINDEN aus dem BEARBEITEN-Menü des Bereichs SPUREN zu einer Region verbinden. Allerdings besteht bei sich überlagernden Regionen die Gefahr, dass Sie gar nicht wissen, dass Regionen übereinanderliegen, weil Sie sie nicht sehen. In diesem Fall hilft die Funktion NEUE SPUREN für überlappende Regionen im Menü SPUR • ANDERE.

5.2.10 Noten beim Einspielen transponieren

Ein weiteres mögliches Szenario ist, dass Sie die eingespielten Noten automatisch transponieren möchten. Angenommen, Sie möchten einen Song in Es-Dur begleiten, kennen sich aber mit den weißen Tasten von C-Dur besser aus. In diesem Fall können Sie im Informationsfenster SPUR die TRANSPOSITION auf +3 stellen. Schon spielen Sie Es-Dur mit den weißen Tasten der C-Dur-Tonleiter.

5.2.11 Langsameres Tempo für schwierige Einspielungen einstellen

Sie können ein langsameres Tempo einstellen, um schwierige Passagen aufzunehmen. Aufgenommene MIDI-Events landen an Takt- und nicht an Zeitpositionen, so dass Sie anschließend einfach das Tempo wieder hochschrauben können. Zusätzlich stehen Ihnen Tools wie der MIDI-TRANSFORMER, das Time-Stretching-Tool oder Time-Handles in der PIANOROLLE zur Verfügung, mit denen Sie leicht das Tempo einer Einspielung verdoppeln können (auch für MIDI-Regionen ist es möglich, sie mit gehaltener `alt`-Taste an ihrem Ende anzufassen und zu dehnen oder zu stauchen).

5.2.12 Notenwiederholung und punktuelles Löschen

Die Funktionen NOTENWIEDERHOLUNG (engl. *note repeat*) und PUNKTUELLES LÖSCHEN (engl. *spot erase*) sind durch Buttons in der Symbolleiste (Abbildung 5.14), in Logic Remote, in der Touch Bar oder als selbst definierbarer Tastaturkurzbefehl verfügbar.

Abbildung 5.14 Buttons in der Symbolleiste für die Funktionen »Notenwiederholung« und »Punktuelles Löschen«

Notenwiederholung/Note Repeat

Mit der Funktion NOTENWIEDERHOLUNG können Sie live eine einzige eingespielte Note wiederholen lassen und diese Wiederholungen aufzeichnen. In welcher Geschwindigkeit die gewünschte Note wiederholt wird, ist im Schwebefenster NOTENWIEDERHOLUNG einstellbar, das beim Aufrufen der Funktion eingeblendet wird (Abbildung 5.15).

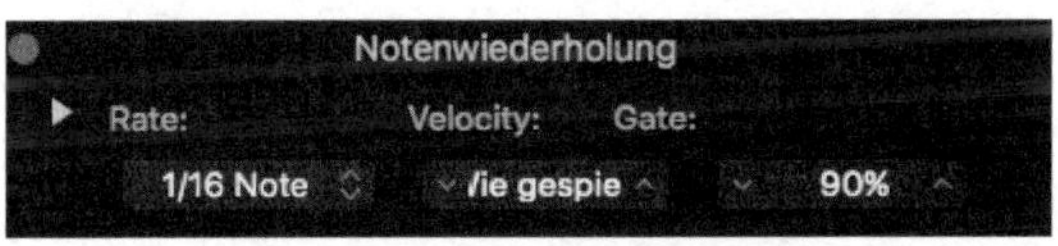

Abbildung 5.15 »Notenwiederholung«-Fenster

In Abbildung 5.16 ist dieses Fenster mit dem Dreieck oben links ausgeklappt worden und mittig links das Häkchen beim Eintrag TASTE gesetzt, wodurch zusätzlich ein Tastaturbereich eingeblendet wird.

In Abbildung 5.16 erkennen Sie vielleicht schon, dass Sie die Notenwiederholungsgeschwindigkeit auf verschiedene Weise variieren können, wodurch z. B. auch die für den Trap-Stil typischen, sich in der Geschwindigkeit steigernden *Drumrolls* entstehen können.

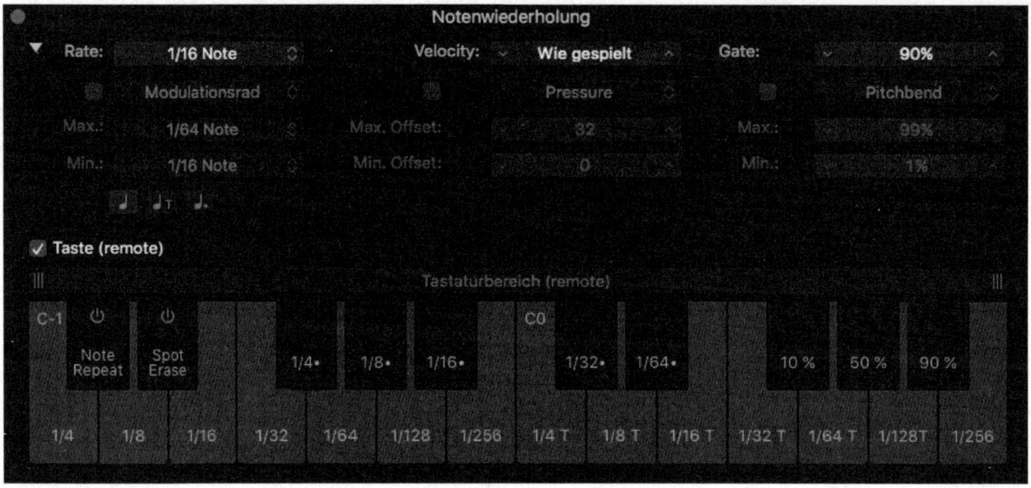

Abbildung 5.16 Ausgeklapptes »Notenwiederholung«-Fenster

Zum einen können Sie die Wiederholrate mit einem Controller wie dem Modulationsrad verändern bzw. modulieren. Dabei können Sie einen Wertebereich »von … bis« einstellen. Zum anderen können Sie im Tastaturbereich auch Tasten definieren, mit denen Sie zwischen verschiedenen Notenwiederholungsgeschwindigkeiten umschalten. Der Tastaturbereich für diese Funktionalität lässt sich dabei verschieben. Fassen Sie hierzu die Handles des blauen Balkens oberhalb der Tastatur an, und verschieben Sie sie. Das kann z. B. helfen, wenn Sie unterwegs ohne angeschlossenes Keyboard mit der Musiktastatur arbeiten müssen. Eine ähnliche Anpassung und einen kleinen Drumroll habe ich im Projekt *05NoteRepeat1* programmiert, ein weiteres Beispiel finden Sie unter *05Drmroll1*.

Auch die *Velocity* und die Länge der wiederholten Noten lassen sich einstellen – oder von MIDI-Informationen wie *Pressure* oder *Pitch Bend* in Echtzeit bei der Aufnahme modulieren. Die *Note Repeat*- und die *Spot-Erase*-Funktion lassen sich auch über definierte Tasten ein- und ausschalten.

Punktuelles Löschen/Spot Erase

Die Funktion PUNKTUELLES LÖSCHEN erlaubt Ihnen, bereits aufgenommene Noten durch Spielen der entsprechenden Note in Echtzeit zu löschen. Hierdurch können intuitiv interessante rhythmische Variationen programmiert werden. Ein Beispiel finden Sie im Projekt *05Drmroll1loesch*. Diese Funktion ist oft bei Drumcomputern für die Beatprogrammierung vorzufinden. Die weiteren Ausführungen zum Thema *MIDI-Aufnahme* finden Sie in Abschnitt 5.2.

Abbildung 5.17 Punktuelles Löschen

5.2.13 Erzeugen von leeren MIDI-Regionen

Nach einem Rechtsklick auf einen leeren Bereich im Bereich SPUREN erzeugen Sie mit dem entsprechenden Befehl aus dem Kontextmenü eine leere MIDI-Region (Abbildung 5.18), die Sie z. B. für Overdub-Aufnahmen nutzen können.

Abbildung 5.18 Leere MIDI-Region erzeugen

5.2.14 Einzeichnen von Events in der Pianorolle

Natürlich können Sie Ihre Noten/Events auch manuell einzeichnen. Die PIANOROLLE oder der sogenannte SCHRITTEDITOR bieten hierfür verschiedene Möglichkeiten. Voraussetzung ist, dass eine leere oder auch bereits mit Noten gefüllte Region als Container für die Events vorhanden ist.

Sie können in der PIANOROLLE Noten mit dem Stift- oder Pinselwerkzeug einzeichnen. Mehr hierzu in Kapitel 7, »Die MIDI-Editoren«, in den Abschnitten über die PIANOROLLE.

5.2.15 Noten Schritt für Schritt erzeugen/Step-Input-Keyboard

Zusätzlich gibt es mit dem sogenannten STEP-INPUT-KEYBOARD (das Sie mit `alt` + `cmd` + `K` öffnen, siehe Abbildung 5.19) eine weitere Möglichkeit, Noten zu erzeugen.

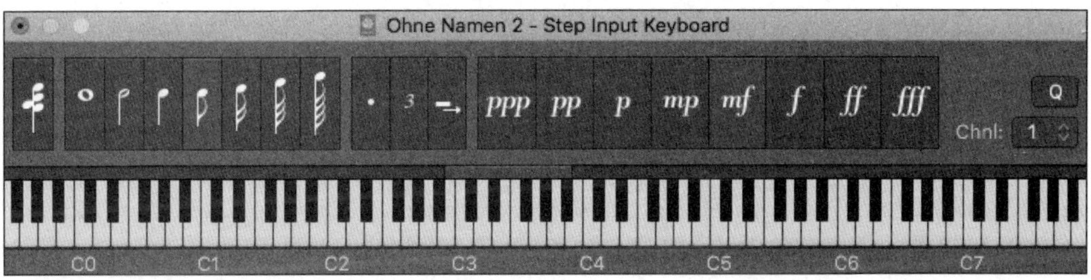

Abbildung 5.19 Step-Input-Keyboard

Stellen Sie beim STEP-INPUT-KEYBOARD ein, welche Notenlänge Sie erzeugen wollen, wählen Sie die gewünschte Anschlagstärke (die Buttons entsprechen den in der Notation üblichen Bezeichnungen für gespielte Lautstärke), und klicken Sie anschließend auf dem Keyboard auf die gewünschte Tonhöhe. Nun werden entsprechende Note-On-/Note-Off-Befehle mit dem eingestellten MIDI-Kanal erzeugt.

Wenn Sie einen Akkord über das Step-Input-Keyboard erzeugen wollen, klicken Sie vorher auf das Akkordsymbol ganz links und klicken dann auf alle Noten des gewünschten Akkordes. Um die Eingabe des Akkordes zu beenden, klicken Sie ein weiteres Mal auf das Akkordsymbol.

Die Lautstärkebezeichnungen lauten:

- ppp: piano pianissimo (extrem leise)
- pp: pianissimo
- p: piano
- mp: mezzopiano
- mf: mezzoforte
- f: forte
- ff: fortissimo
- fff: forte fortissimo (extrem laut)

Sie sind (im Gegensatz zu den im Notation-Editor verfügbaren Symbolen) jeweils bestimmten MIDI-Werten im Bezug auf die Velocity zugewiesen. Sie können auch mit einem beliebigen Keyboard Noten spielen, die an der Abspielposition eingefügt werden. Die geht zum Beispiel, wenn sich Logic in einem pausierenden Aufnahmemodus befindet (der Aufnahmemodus wird nicht beendet, sondern durch Klick auf den Pause-Button – [,] auf der numerischen Tastatur – in den Pausemodus versetzt).

Sie können auch den MIDI In-Button in der Pianorolle, im Notationseditor oder in der Event-Liste aktivieren (leuchtet danach rot, Abbildung 5.20).

Abbildung 5.20 Links der »MIDI In«-Button der Pianorolle, der rot wird, wenn Sie ihn aktivieren

Anschließend werden die auf einem beliebigen Keyboard gespielten Noten oder Akkorde eingefügt (in der Länge, die im Step-Input-Keyboard eingestellt ist, und mit der auf dem Keyboard gespielten Velocity). Damit das funktioniert, muss der entsprechende Editor angeklickt und »im Fokus«, also blau umrandet, sein. Das Step-Input-Keyboard muss hingegen nicht eingeblendet sein.

Falls Sie eine Eingabe korrigieren wollen, nutzen Sie die Undo-Funktion ([cmd] + [Z]).

5.2.16 Aufnehmen auf mehreren MIDI-Spuren: Separate Aufnahmen oder Layering

Sollen mehrere Musiker mit unterschiedlichen Keyboards gleichzeitig spielen und live MIDI in Logic aufnehmen (hallo Josi!), erfordert dies etwas Know-how. Das gleiche gilt, wenn Sie MIDI-Daten eines externen Sequencers (z. B. MPC) auf mehreren Kanälen gleichzeitig aufnehmen möchten.

Die Aktivierung der Option PROJEKTEINSTELLUNGEN • AUFNAHME • MIDI • MEHRSPURAUFNAHMEN NACH EVENT-KANAL TRENNEN (siehe Abschnitt 3.4.4) ist wichtig, wenn Sie mehrere Instrumente gleichzeitig und getrennt voneinander aufnehmen möchten. Logic hat nicht wie andere Sequencer für jede Spur einen eigenen MIDI-Ein- und Ausgang, die Verkabelung erfolgt stattdessen über die MIDI-Umgebung. In diese müssen Sie aber nicht eintauchen, um das hier ins Auge gefasste Ziel einer Mehrspuraufnahme zu realisieren.

Sie müssen für zwei weitere Dinge sorgen: Zunächst müssen die von verschiedenen Keyboards oder von einem externen Sequencer kommenden MIDI-Daten, die auf einer eigenen Spur aufgezeichnet werden sollen, jeweils einen eigenen MIDI-Kanal haben. Stellen Sie diesen ggf. an Ihrem Keyboard ein, evtl. müssen Sie hierzu in dessen Manual nachschlagen.

Anschließend weisen Sie jeder Spur, die Sie aufnehmen möchten, einen MIDI-Kanal zu, den Sie im Informationsfenster SPUR einstellen. Dieser muss natürlich dem Kanal entsprechen, den Sie aufnehmen möchten. Stellen Sie für die Spur außerdem das gewünschte Software-Instrument ein. Nun können Sie bis zu 16 Spuren mit unterschiedlichen MIDI-Kanälen gleichzeitig auf separaten Spuren aufnehmen.

Ist die Option MEHRSPURAUFNAHMEN NACH EVENT-KANAL TRENNEN hingegen deaktiviert (Voreinstellung), werden bei der Aufnahme alle MIDI-Daten zu allen scharfgeschalteten Spuren gesendet. In die (selektierte) Hauptspur wird eine neue Originalregion aufgenommen, und in die anderen Spuren Aliasse (siehe Abschnitt 6.5.16) davon. So entstehen gelayerte Sounds. Abgesehen davon, erlaubt es Logic auch über über die Spurstapel-Funktionalität, mehrere Synths gleichzeitig anzusteuern und deren Sounds zu *layern*. Schalten Sie zusätzlich Audiospuren scharf, so nehmen diese natürlich auf jede Spur ein jeweils eigenes Audiofile (und kein Alias) auf.

5.3 Audio aufnehmen

Themen, die speziell Audioaufnahmen betreffen, sind zum Beispiel:

- die Vorbereitung der Aufnahme, inklusive Benennung der Dateien und Wahl des Audioformats und Speicherorts
- das Routing
- die Aussteuerung

5.3.1 Speichern und Name der Audioaufnahme

Wenn Sie Ihr Projekt noch nicht gespeichert haben oder wenn Sie es als Paket speichern, werden Audioaufnahmen in der Paketdatei gespeichert (es sei denn, Sie haben unter PROJEKTEINSTELLUNGEN • AUFNAHME einen anderen Audiopfad festgelegt). Hierdurch ist Logic Pro X schneller als Vorversionen aufnahmebereit. Das bedeutet aber andererseits, dass Sie die Aufnahmen möglicherweise nicht im Finder oder via Spotlight wiederfinden (weil Sie in der Paketdatei versteckt liegen). Wenn Sie Ihr Projekt vor Aufnahmebeginn als Ordner speichern, wird es für Sie leichter, den Überblick über Aufnahmen zu behalten.

Damit Ihre aufgenommenen Files nicht verwechselbare Namen wie *»Ohne Namen #01«* erhalten, sollten Sie entweder das Projekt zunächst speichern oder die Audiospur aussagekräftig benennen. Eine danach neu aufgenommene Aufnahmedatei anschließend nach dem Spurnamen benannt. Ist kein solcher eingestellt, greift Logic neuerdings auch den Projektnamen auf. Bei einer Namensvergabe für ein Projekt und für Spuren empfehle ich, das aktuelle Datum und den Namen des aufzunehmenden Künstlers einzubauen. Nutzen Sie dabei das Datumsformat Jahr/Monat/Tag, eventuell mit Uhrzeit (z. B. *171021-1659*), um später gleichnamige Aufnahmen in einer Listenansicht anhand des Namens chronologisch auflisten zu können. So verhindern Sie auch Verwechslungen und können leicht neuere von älteren Versionen unterscheiden.

5.3.2 Samplerate und Bitrate einstellen

Unter LOGIC PRO X • EINSTELLUNGEN • AUDIO • GERÄTE stellen Sie Ihr Audiointerface, den Verarbeitungspuffer und die Bitrate ein. Unter LOGIC PRO X • EINSTELLUNGEN • AUDIO • AUFNAHME bestimmen Sie das Dateiformat und die Bitrate. Ist das Häkchen bei 24-BIT-AUFNAHME gesetzt, nehmen Sie Audio in 24-Bit-Qualität auf, ansonsten in 16 Bit.

Die Samplerate (auch Abtastrate genannt) stellen Sie dagegen unter ABLAGE • PROJEKTEINSTELLUNGEN • AUDIO ein. Je nach verwendetem Audiointerface sind Samplerates bis zu 192 kHz möglich.

Mehr Informationen zu technischen Details erhalten Sie in Abschnitt 10.1, »Audio: Dateiformate, Bitrate, Abtastrate/Samplrate«, Details zur Optimierung der Einstellungen bezüglich Puffer und Latenz lesen Sie in Abschnitt 3.3.2.

5.3.3 Stereo-/Mono-Eingangsquelle wählen und scharfschalten, Software-Monitoring

Jede Spur kann scharf geschaltet werden – allerdings nur dann, wenn auch ein entsprechender Eingang vorhanden ist. Normalerweise wird für neu erzeugte Spuren automatisch der erste Eingang des Audiointerface oben in der Spur als INPUT eingestellt. Falls Sie kein Audiointerface für den Input eingestellt haben, sehen Sie im Kanalzug auch keinen Button zum Scharfschalten. Abgesehen davon müssen Sie den richtigen Input Ihres Audiointerface auswählen, an den Ihre Signalquelle angeschlossen ist, falls mehrere Inputs vorhanden sind. Wenn Sie eine Soundkarte mit z. B. 16 Eingängen nutzen, stehen auch 16 Inputs zur Verfügung. Sie können den gewählten Input in der Spur jederzeit ändern.

Der weiße Kreis kennzeichnet eine Monospur. Ein Klick auf den Kreis wandelt die Spur in eine Stereospur um. Daraufhin ändern sich die Optionen im INPUT. Für Stereokanäle muss der Input dementsprechend zweikanalig sein.

Abbildung 5.21 Input-Optionen für einen Monokanal. Der weiße Kreis links zeigt an, dass es sich um eine Monospur handelt. Der rechte Kanal ist ein Stereokanal (erkennbar an den zwei Ringen links). Entsprechend stehen Mono- oder Stereo-Eingänge im »Input«-Menü zur Verfügung.

Falls bereits ein Signal am Kanal anliegt und die Spur selektiert ist, sehen Sie ein rotes R in der Spur im Bereich SPUREN sowie einen Ausschlag im Level-Meter des Kanals (gegebenenfalls auch im Bereich SPUREN). Während im Bereich SPUREN das R rot eingefärbt ist, ist das im Channel-Strip nicht der Fall. Doch auch dort sehen Sie den Eingangspegel bereits (Abbildung 5.22).

Abbildung 5.22 Im Spurenbereich ist bereits ein Pegelausschlag zu erkennen. Das rote R signalisiert, dass die Spur schnell scharf geschaltet werden kann und bereits den Eingangspegel anzeigt.

Wenn Sie die Spur dagegen richtig scharfschalten, sehen Sie sowohl im Bereich SPUREN als auch im Kanalzug ein blinkendes R (weiße Schrift auf rotem Grund). Jetzt könnten Sie mit dem Aufnahmebefehl (Shortcut [R]) aufnehmen. Zuvor sollten Sie das eingehende Signal allerdings noch richtig aussteuern.

Abbildung 5.23 Die Audiospur im Bild ist scharf geschaltet, der Record-Button blinkt.

Es ist nicht möglich, auf zwei Audiospuren im gleichen Format (z. B. mono/stereo) aufzunehmen, die exakt den gleichen Input eingestellt haben.

5.3.4 Aussteuern und Einpegeln

Um den Eingangspegel richtig auszusteuern, sollten Sie zuerst den Kanalzug scharfschalten. Dies geschieht zu einem großen Teil außerhalb von Logic. Der Pegel, den Sie danach in einem aufnahmebereiten Logic-Kanalzug sehen, repräsentiert, was in Logic ankommt. Das stellen Sie typischerweise außerhalb von Logic ein. Ausnahme sind die Audiogerätesteuerungen. In Abbildung 5.21 sind im Kontextmenü des Kanalzugs die Channel-Strip-Komponenten so konfiguriert, dass oben auch Audiogerätesteuerungen zum Einpegeln zu sehen sind, was nicht für alle Interfaces funktioniert, wohl aber für das interne Mikrofon eines Laptops. Es ist oft nicht notwendig, diesen Regler zu benutzen, manchmal lässt er sich je nach angesprochener Eingangsquelle auch gar nicht bewegen. Oft ist das auch nicht notwendig, denn Sie stellen die Eingangslautstärke in der Drittanbietersoftware Ihres Interface oder am Interface direkt ein. Seit Logic 10.3.2 ist es jedoch auch möglich, dort detaillierte Interface-Einstellungen vorzunehmen, z. B. für einige Apogee-Interfaces. Ob Sie diese angezeigt bekommen, hängt von der Konfiguration des Channel-Strip ab (siehe Abschnitt 14.1.11).

5.3.5 Einpegeln im Mischpult

Wenn Sie ein Mischpult einsetzen oder Ihr Signal von einem Mischpult in ein Audiointerface routen, sollten Sie das Signal zunächst einmal im Mischpultkanal und mit dessen GAIN-Regler so aussteuern, dass es dort weder verzerrt noch zu leise herauskommt. Hierzu sollte der Pegel des Kanals nach Justierung des GAIN-Reglers (und gegebenenfalls 0-dB-Stellung des Faders – man spricht auch von *Unity Gain*) bei ca. 0 dB ausschlagen. Ein sogenannter *Headroom* (Puffer bis zur 0-dB-Grenze) von 6 bis 9 dB ist bei Mikrofonaufnahmen sinnvoll (so dass Sie die Aufnahme so aussteuern könnten, dass der maximale Pegel bei –6 oder –9 dB liegt. Insbesondere bei Sprache sollten Sie nicht zu wenig Headroom einräumen, die Ausschläge können hier sehr groß sein. Andererseits soll der Pegel unter dieser Prämisse so laut wie möglich sein, um nicht einen zu starken Rauschanteil diverser am Aufnahmeprozess beteiligter Geräte mit aufzunehmen. Je niedriger der Signalpegel der Quelle für Ihre Aufnahme eingestellt ist, desto lauter ist typischerweise das (immer gleich laute) Grundrauschen der Geräte (z. B. des Audiointerface) im Verhältnis zum Signal, das aufgenommen werden soll (z. B. dem Gesang).

Anschließend müssen Sie gegebenenfalls noch das, was vom Mischpult an ein Audiointerface gesendet wird, richtig einpegeln. Diese Aufgabenstellungen gibt es generell beim Recording und im Zusammenspiel mit analogen Geräten. Für viele Studenten, die nur mit Computern arbeiten (wo es kaum rauscht), ist das zunächst etwas ungewohnt.

Je nachdem, ob Sie z. B. ein Mikrofon, einen Synth oder eine E-Gitarre für die Audioaufnahme angeschlossen haben, kann es sein, dass das eingehende Signal Dämpfung oder Verstärkung benötigt.

5.3.6 Stimmgerät/Tuner

Mit dem Stimmgerät (auch: *Tuner*), das auch über den STIMMGERÄT-Button in der Steuerungsleiste erreichbar ist, falls eine Audiospur mit aktivem Eingang selektiert ist, können Sie die Tonhöhe von eingehenden Audiosignalen exakt ablesen und gegebenenfalls Ihr Instrument stimmen. Im Bereich METERING finden Sie das gleiche Gerät als TUNER-Plug-In zur freien Verwendung.

5.3.7 Phantomspeisung und Mikrofonwahl

Insbesondere Signale von empfindlichen Kondensatormikrofonen benötigen eine Verstärkung (z. B. mit Hilfe von Phantomspeisung und zusätzlicher Input-Gain-Justage), man kann solche Mikros nicht ohne Verstärkung an einen einfachen Audio-Input anschließen. Sie benötigen sogenannte *Mic-Pre-Amps*, die normalerweise in Mischpulten und Audiointerfaces integriert werden und deren Qualität nicht zuletzt an der Lautstärke des Grundrauschens festgemacht wird.

Es gibt natürlich auch Szenarios, in denen es gewünscht ist, die Verzerrungen bzw. Übersteuerungen des Mischpults oder Audiointerface aufzunehmen.

Kondensatormikrofone wie z. B. Neumann U87, Brauner Phantom oder Røde NT1 (sehr rauscharm) und NT2 (Preis-Leistungs-Tipps) ermöglichen detailreichere Aufnahme, sind aber auch empfindlicher gegenüber sehr lauten Impulsen. Dynamische Mikrofone wie etwa das SM57, SM58 oder SM7B von Shure benötigen keine Phantomspeisung und sind robuster. Sie gehen weniger schnell durch zu laute Signale kaputt und eignen sich besser für den Live-Bereich.

Beachten Sie auch die Richtcharakteristik des Mikrofons: Ein Mic mit Kugelcharakteristik nimmt deutlich mehr Umgebungsgeräusche auf. Von Niere bis hin zur Superniere sind die Mikrofone immer stärker gerichtet, so dass Sie weiter entfernte Ziele anvisieren können.

5.3.8 Raumakustik für Aufnahmen

Für Audioaufnahmen und ihre Verständlichkeit sind grundsätzlich Räume mit einem ausgeglichenen Frequenzbild und nicht zu kurzer, aber auch nicht zu langer Nachhallzeit geeignet (< 0,8 Sekunden). Orchester und Big Bands bevorzugen dagegen längere Nachhallzeiten, die bei Konzerträumen typischerweise zwischen ca. 1,5 und 2,2 Sekunden liegen. Ein Raum sollte möglichst nicht Maße haben, die durch einander teilbar sind.

Eventuelle Frequenzüberbetonungen durch Reflektionen bestimmter Wellen können durch Absorber oder Bassfallen ausgeglichen werden, ungünstige Raummaße durch eingezogene Wände. In der Playlist »Raumakustik« von *logichilfe.de* finden Sie interessante Videos zu diesem Thema.

Die Nachhallzeit ist die Zeit, die vergeht, bis der Schalldruck in einem Raum nach dem Abklingen einer Schallquelle auf den 1.000sten Teil, also um 60 dB, abgefallen ist. Daher kommt die Bezeichnung RT60.

5.3.9 Logic-Inhalte »live« aufnehmen

Sie können auch einen internen Bus als Input einer Audiospur einstellen. Damit ist es möglich, das Signal anderer Logic-Spuren live aufzuzeichnen, deren Signal an diesen Bus geroutet ist.

Sie können dabei auch an Effekten der abspielenden Spuren live herumdrehen und dies in Echtzeit aufzeichnen. Das geht beim Bouncen nicht, dabei ist Logic für weitere Bedienung gesperrt. Details zum Bus-Routing lesen Sie in Kapitel 14 über das Mischpult.

5.3.10 Tape Return in Logic hören, Monitoring, externes Routing

Es gibt den alten Tontechniker-Spruch: »Alle hör'n Tape Return.« Diesen Begriff nutzt man generell für das Abhören des Audiomaterials vom Aufnahmemedium (hier: Logic, das Aufnahmemedium war früher fast immer ein Tape). Grund: Sollte z. B. irgendwo auf dem Signalweg in den Recorder eine Störung sein oder dieser nicht richtig aufnehmen, so werden Sie das nur dann bereits während der Aufnahme hören und können reagieren, wenn Sie Tape Return hören.

Das erfordert jedoch einen gewissen Routing-Aufwand, eventuell benötigen Sie auch ein kleines Mischpult. Ein guter Treiber und eine kurze Latenz sind ebenfalls wichtig.

Software-Monitoring

Sie können in Logic Pro X das Eingangssignal live mithören. Die Voraussetzung hierfür ist laut Logic-Manual, dass die Option SOFTWARE-MONITORING in den ABLAGE • EINSTELLUNGEN • AUDIO • ALLGEMEIN aktiviert und die Spur scharfgeschaltet ist. Es gibt dort allerdings noch ein paar zusätzliche Einstellungen zu beachten, vergleiche Abschnitt 3.3.2. Zusätzlich muss der Kanal scharfgeschaltet sein. In der Praxis habe ich damit in Logic manchmal Probleme, allerdings gibt es für Sie zunächst viele andere Einstellungen auf Korrektheit zu überprüfen, u. a. am Audiointerface. Ergänzende Hinweise finden Sie in Abschnitt 20.2.7 bei der Fehlersuche.

Input-Monitoring-Button

Wenn Sie im Kanalzug den INPUT-MONITORING-Button aktivieren, sollten Sie stets den anliegenden Input im Kanal hören können; Logic macht allerdings dann zunächst automatisch den Kanal leiser, um Rückkopplungen zu verhindern. Beachten Sie die Ausführungen zum Thema Auto-Input-Monitoring im nächsten Unterabschnitt. Buttons zum Scharfschalten (R) und Aktivieren des Input-Monitorings (I) finden Sie sowohl unten im Kanalzug als auch im Spur-Header (Abbildung 5.24).

Abbildung 5.24 Der Kanal im Bild ist scharf geschaltet, Input-Monitoring ist ebenfalls aktiv.

Externes Routing

Auch außerhalb von Logic gibt es vieles, was Sie beachten müssen.

Falls Sie eine Soundkarte mit eigener angebundener Software und einer Monitoring-Funktion nutzen (z. B. UAD Console), kann es sein, dass Sie Einstellungen treffen müssen, um das Signal nicht doppelt abzuhören.

Manche Audiointerfaces haben eingebaute Umschalter, mit denen Sie wahlweise das eingehende oder das ausgehende Signal hören, so dass dies auch ohne Mischpult möglich ist.

Falls Sie ein externes Mischpult benutzen, um einerseits Ihre Klangquelle aufzunehmen und andererseits den Sound aus Logic auszugeben, müssen Sie dafür sorgen, dass Sie den Sound von Logic nicht versehentlich wieder an Logic zurückschicken. Ansonsten kann eine Feedbackschleife entstehen. Ein Mischpult ist eine Art Matrix, und wenn es kein sehr kleines Mischpult ist, verfügt es zusätzlich zum Master-Bus wenigstens über einen separaten Stereobus (den ich hier Sub-Output nenne).

Wohin mit dem Signal, das aufgenommen werden soll?

Das Signal des Kanalzuges, an dem der Eingang des externen Klangerzeugers anliegt, lässt sich dann wahlweise an einen Sub-Output, einen Master-Output oder an beides schicken. Ist nun beispielsweise das aufzunehmende Signal auf den Sub-Output eines Mischpults geroutet und der Sub-Output des Mischpults mit dem Eingang des Audiointerface verbunden (und der Signalpegel überall entsprechend eingestellt), können Sie es aufnehmen.

Wo bekomme ich das Monitoring-Signal?

Der Output des Audiointerface (also das, was von Logic zurückkommt) sollte mit einem Eingangskanal im Mischpult verbunden sein; doch den Output dieses Eingangskanals routen Sie im Mischpult *nicht* auf diesen Sub-Output (sonst besteht die Gefahr einer Rückkopplung), sondern zum Main-Output, den Sie im Beispiel aus Abbildung 5.25 über Boxen abhören können. Nun würden Sie in diesem Beispiel Tape Return hören.

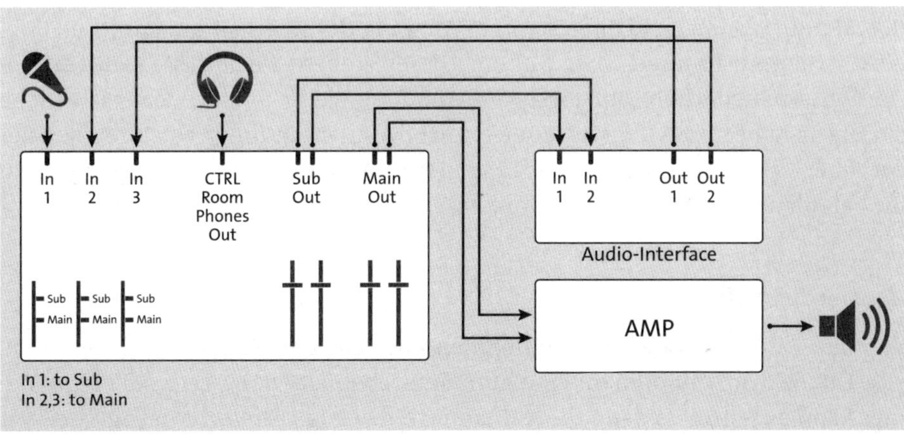

Abbildung 5.25 Einfaches Routing bei der Audioaufnahme inklusive Tape-Return-Abhörsituation

Der Master-Out wird in meiner Abbildung direkt mit der PA verbunden, während das finale Aufnahmegerät bereits mit dem Sub-Bus verbunden ist (Abbildung 5.25 und Abbildung 5.26).

Abbildung 5.26 Mixer-Routing in einem Kleinmixer von Behringer. Der Stereokanal 5/6 ist an Sub 1-2 geroutet (der mittlere der drei schwarzen Buttons ist leicht gedrückt), das Signal kommt auf Kanal 1 und 2 von Logics Audiointerface zurück und wird von dort auf den Main-Mix geroutet (die unteren schwarzen Buttons sind gedrückt).

Control-Room

Eine Control-Room- oder Phones-Sektion im Mixer erlaubt es bei vielen kleineren Mixern, darüber zu entscheiden, ob Sie das Signal des Sub-Outputs oder des Main-Outputs über die Kopfhörer oder die an den Control-Room-Out angeschlossenen Monitore hören (bei großen Pulten können in der Control-Room-Sektion meist die Summe, weitere externe Quellen und die Solo-Sammelschiene abgehört werden).

Mehrere Kopfhörermixe

Es können komplexe Routings nötig werden, wenn unterschiedliche Musiker unterschiedliche Abmischungen hören wollen. Diese können Sie – falls Ihr Audiointerface genügend Ausgänge hat – auch über Logic konfigurieren. Hierfür legen Sie für jeden gewünschten Sub-Mix einen Aux-Kanal mit entsprechend eingestelltem Ausgang des Interface an. Für jeden Sub-Mix-Aux-Kanal stellen Sie als Input einen Bus ein. Diesen steuern Sie über die Sends einzelner Kanäle mit unterschiedlichen Lautstärken an. Auf diese Weise können Sie verschiedene Mixe anlegen, die nicht beeinflussen, wie die eigentliche Aufnahme klingt. Letztere sollte der Toningenieur über seinen konfigurierten Tape-Return-Abhörweg unabhängig von den Mixen für die beteiligten Musiker abhören können.

5.3.11 Latenz bei der Aufnahme

Wenn Sie den Low-Latency-Mode zu Hilfe nehmen oder das eingehende Signal abhören, können Sie die Latenz beim Abhören für eine Aufnahme ebenfalls verbessern oder eliminieren. Allerdings kann es sein, dass dann die Aufnahme ein wenig verrutscht in Logic gelangt und Sie sie manuell nachträglich verschieben müssen.

5.3.12 Auto-Input-Monitoring

Eine wichtige Einstellung, die Sie beachten müssen, ist die Auto-Input-Monitoring-Schaltung; hier können Sie zwei Möglichkeiten einstellen:

1. Ob Sie bei der Aufnahme in Spuren immer das eingehende Signal hören (genannt: *Input-Monitoring*) oder
2. ob das am Audioausgang ausgespielte Signal in bestimmten Aufnahmesituationen von der Wiedergabe bereits aufgenommenen Materials zum am Input anliegenden Signal (und zur alten Aufnahme zurück) automatisch umschaltet (genannt: *Auto-Input-Monitoring*). Diese Einstellung oder Funktion wird z. B. bei Aufnahmen ab einer bestimmten Position oder bei Punch-In-Recording benötigt.

Zwischen diesen beiden Modi schalten Sie um, indem Sie im Menü AUFNAHME ein Häkchen beim Eintrag AUTO-INPUT-MONITORING (Abbildung 5.1) setzen. Ist das Häkchen nicht gesetzt, sollten Sie immer Input-Monitoring hören, das gilt auch, wenn der INPUT-Button im Kanalzug wie zuvor gezeigt aktiviert ist.

Die Auto-Input-Monitoring-Umschaltung zwischen einem bereits aufgenommenen und noch aufzunehmendem Signal funktionierte bei mir in Logic Pro X 10.0.7 übrigens nur bei aktivierter SCHNELLES PUNCH-IN ERLAUBEN-Funktion (was natürlich nicht ausschließt, dass das Punch-In programmiert werden kann).

5.3.13 Einfache Audioaufnahme im Hauptfenster mit Tempovorgabe

Durch einen Doppelklick auf die Stopptaste (oder Drücken der Taste 0 auf der numerischen Tastatur) bewegen Sie den Abspielpositionsmarker auf Takt 1. Wenn Sie die Taste R für Record drücken, sollte die Aufnahme genau dort losgehen. Ich nehme in diesem Abschnitt beispielhaft simple Aufnahmen, wo ich von 1 bis maximal 10 zähle, um Take-Ordner, Comping und Punch-In-Recording zu erklären.

Öffnen Sie das Dokument *06Zaehlerrec1*. Hier zähle ich von 1 bis 4.

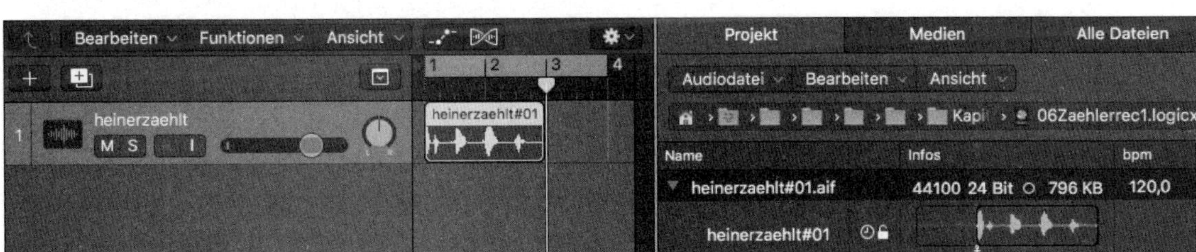

Abbildung 5.27 Die erste Aufnahme ist im Kasten – im Bild habe ich die Übersicht »Projekt« zusätzlich eingeblendet.

Das Audiofile wurde dabei nach dem Namen der Audiospur (HEINERZAEHLT) benannt und am Ende mit dem Zusatz *#01* versehen. Abbildung 5.27 zeigt, wie das in Logic aussieht, wenn

Sie zusätzlich die Übersicht PROJEKT öffnen. Sie erkennen an der Darstellung in der Übersicht PROJEKT, dass die Region nicht über die ganze Länge des Audiofiles geht und somit Logic auch den Vorzähler mit aufgenommen hat: Es gibt ein Audiofile mit dem Namen *heinerzaehlt#01* und eine gleichnamige Region; die Darstellung in der Übersicht PROJEKT zeigt, dass die blau markierte Region kürzer ist als das gesamte Audiofile. Die Länge der Region wurde automatisch so gesetzt, dass der Vorzähler abgeschnitten wurde. Falls Sie wünschen, dass beispielsweise das »Atmen« vor Takt 1 hörbar sein soll, verlängern Sie die entsprechende Region entsprechend nach links, um auch die während des Vorzählers erfassten Geräusche abzuspielen.

Die Aussteuerung der Beispielaufnahme ist nicht optimal – die gesprochene Zahl »Eins« ist leicht übersteuert. Wenn Sie in der Spur eine zweite Aufnahme erstellen, bekommt diese selbstverständlich den Zusatz *#02*. Wenn Sie eine Aufnahme sofort wieder löschen möchten, betätigen Sie einfach [⌫]. Danach erscheint der Dialog aus Abbildung 5.28.

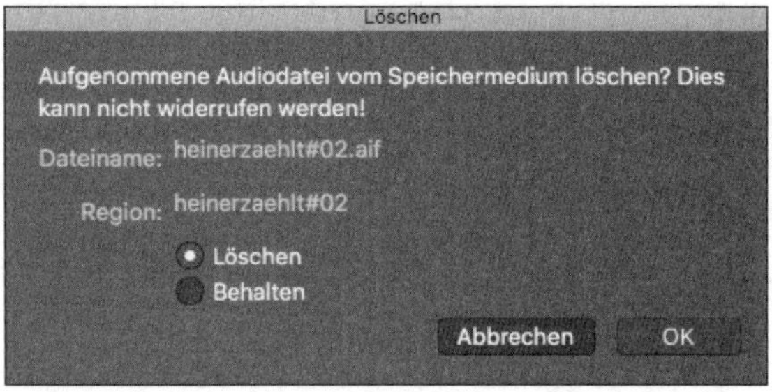

Abbildung 5.28 Der Dialog zum Bestätigen des Löschvorgangs

Selbst wenn Sie Aufnahme *#02* löschen, erhält die nächste Aufnahme die Ziffer *#03* usw. Das hat vermutlich etwas mit der Undo-Funktion zu tun, die es mitunter ermöglicht, Aufnahme *#02* wieder zurückzuholen – obwohl der angezeigte Dialog eigentlich besagt, dass das Löschen nicht widerrufen werden kann. Wenn Sie dagegen das Projekt abspeichern und schließen, wird die nächste Aufnahme wieder mit *#02* nummeriert.

5.3.14 Audioaufnahme im Hauptfenster in freiem Tempo/ Logic als Bandmaschinenersatz

Viele Musiker möchten lieber ohne straighten Klick aufnehmen und selbst im Songverlauf das Tempo bestimmen oder wechseln. Es bleibt sinnvoll, das ungefähre Tempo der Aufnahme zu kennen, um einen passendes Vorzählertempo einstellen zu können. In Kapitel 9, »Timing, Tempo, Tuning, Groove«, diskutiere ich verschiedene Möglichkeiten in Logic, Aufnahmen mit schwankendem Tempo zu bearbeiten. Sie können Logic an schwankendes Tempo anpassen oder auch schwankendes Tempo glattbügeln und an Logic anpassen.

Zeitbezug oder Taktbezug/Zeitanzeige oder Taktanzeige?

Es kann sinnvoll sein, sich bei einer solchen Aufnahme nicht vom Taktlineal irritieren zu lassen, sondern stattdessen ein Zeitlineal einzublenden. Dazu können Sie bei Bedarf in den PROJEKTEINSTELLUNGEN • ALLGEMEIN oder im Menü AUFNAHME die Option MUSIKALISCHES RASTER VERWENDEN ausschalten. Danach sehen Sie als primäres Lineal kein Taktlineal, sondern stattdessen ein Zeitraster. Alternativ können Sie im Menü ANSICHT die Option ZWEITES LINEAL EINBLENDEN aufrufen.

Auch wenn Sie ein Zeitlineal benutzen, sind Ihre Aufnahmen Taktpositionen zugeordnet. Bei Tempoänderungen ändert sich dann deren Zeit-, nicht aber die Taktposition. Um Regionen oder Aufnahmen festen Zeitpositionen zuzuordnen, müssen Sie sie via FUNKTIONEN • SMPTE-ZEIT VERRIEGELN zeitverriegeln. Zu diesem Thema finden Sie mehr Details in Abschnitt 18.1.4.

5.3.15 Audioaufnahmen überlappen/in mehreren Takes: Optionen

Wenn Aufnahmen in mehreren Takes erfolgen sollen, gibt es dafür zwei für Logic relevante Szenarien: Sie können dafür einen Cycle-Bereich/Loop bei der Aufnahme erstellen oder ein zweites Mal auf derselben Spur aufnehmen.

In beiden Fällen legt Logic standardmäßig Take-Ordner an, um die Aufnahmen zu verwalten, doch es gibt auch andere Optionen. Ab Abschnitt 5.1.8 habe ich allgemeine Optionen für überlappende Aufnahmen im Menü AUFNAHME • AUDIOAUFNAHMEN ÜBERLAPPEN vorgestellt. Hier lesen Sie zusätzlich, was nur für Audioaufnahmen gilt.

Die Optionen im Menü AUFNAHME • AUDIOAUFNAHMEN ÜBERLAPPEN lauten:

- TAKE-ORDNER ERSTELLEN
- SPUREN ERSTELLEN
- (falls CYCLE an ist:) SPUREN ERSTELLEN UND STUMMSCHALTEN
- ERSETZEN
- SPURALTERNATIVE ERSTELLEN

Beachten Sie auch die Ausführungen über die Möglichkeiten der neuen Funktion Spuralternativen in Abschnitt 5.1.10.

Nachfolgend finden Sie Erläuterungen zu Besonderheiten für überlappende Aufnahmen, die sich ausschließlich auf *Audio* beziehen. Dabei geht es hier nur um den Aufnahmevorgang. Die Editing-Prozeduren erläutere ich in Kapitel 6, »Editing und Arrangieren im Hauptfenster«.

5.3.16 Audioaufnahmen überlappen: Audio-Take-Ordner aufnehmen

Im Dokument *05Zählerrec2* habe ich für Takt 3 und 4 einen Cycle/Loop eingestellt, um an dieser Taktposition wiederholt aufzunehmen (Abbildung 5.29).

Abbildung 5.29 Die Aufnahme auf den Takten 3 und 4 habe ich in mehreren Durchgängen erstellt.

Die im Cycle-Modus wiederholt aufgenommenen Takes befinden sich grundsätzlich in einem einzigen Audiofile, das (entsprechend den Cycles) in Regionen aufgeteilt ist, wie Abbildung 5.29 zeigt.

Anwendungsbeispiele

Diese Aufnahmetechnik empfiehlt sich unter anderem, wenn es eine Stelle im Song gibt, an der dem Künstler die Performance schwerfällt. Angenommen, es handelt sich um einen Sänger, der einen besonders hohen Ton erreichen soll: Indem Sie ihn die Stelle innerhalb eines sinnvollen musikalischen Zusammenhangs (z. B. in ein, zwei oder vier Takten) wiederholt singen lassen, erhöht das die Chance, dass ein optimaler Versuch in relativ kurzer Zeit aufgenommen wird.

Wenn Sie den Vorzähler entsprechend länger einstellen oder eine Punch-In-Aufnahme programmieren, haben Sie die Möglichkeit, dem Sänger die Takte vor der schwierigen Stelle vorzuspielen, so dass er die schwierige Stelle nicht »aus dem Nichts« singen muss, sondern die Passage vorher schon mitsingen kann, ohne dass dies aufgezeichnet wird (Hinweise zu möglichen Problemen beim Monitoring finden Sie in Abschnitt 20.2.)

In Projekt *06zaehlerrec2* habe ich einen 2-taktigen Cycle eingestellt. Jede halbe Note habe ich eine neue Zahl gesagt. In Take 1 zähle ich von 1 bis 4, in Take 2 von 5 bis 8. Nachdem ich die Zahl 10 ausgesprochen habe, habe ich die Leertaste gedrückt, um Logic anzuhalten.

Logic hat nun einen sogenannten Take-Ordner mit zweieinhalb Takes erstellt (siehe Abbildung 5.29). Dieser spielt im Bild die zweite Aufnahme ab, also den Bereich, in dem ich von 5 bis 8 zähle. Die Aufnahme der Zahlen 9 und 10 taucht nicht im Take-Ordner auf, weil ich Logic angehalten habe, bevor der dritte Cycle komplett durchlaufen war. Anhand der dritten Region in der Übersicht PROJEKT erkennen Sie allerdings, dass auch die Aufnahme dieser beiden gesprochenen Zahlen vorhanden ist, die Sie von dort in den Bereich SPUREN oder den Take-Ordner ziehen können.

Der Take-Ordner bietet besonders bei Audioaufnahmen komfortable Editierfunktionen, über die Sie mehr in Kapitel 6 lesen.

Es ist natürlich auch bereits in der Aufnahmesituation sinnvoll, Aufnahmen so zu beschriften, dass sie Sie später wiedererkennen. Sie könnten favorisierte Takes auch mit Hilfe der Farbpalette einfärben. In meinem Beispiel habe ich die Regionen in der Übersicht Projekt beschriftet, wodurch sie im Take-Ordner leichter zu erkennen sind (vergleiche Projekt *06zaehlerrec2named*).

5.3.17 Punch-In-Aufnahme und »schnelles Punch-In« für Audioaufnahmen

In Abschnitt 5.1 über allgemeine Aufnahmefunktionalität finden Sie das Thema Punch-In-Aufnahmen in Grundzügen erklärt. Nachfolgend finden Sie weitere Erläuterungen zu diesem Thema bezogen auf Audioaufnahmen. Für Punch-In bei Audioaufnahmen sind zusätzliche Details – vor allem bezüglich des Monitorings (siehe Abschnitt 5.3.20) – zu beachten. Punch-In-Aufnahmen können Sie spontan (*schnelles Punch-In/Punch on the Fly*) oder vorprogrammiert (*Autopunch*) vornehmen.

5.3.18 Autopunch

Beispiel: Auf Basis des Dokuments *06zaehlerrec2named* habe ich eine vorprogrammierte Punch-In-Aufnahme erstellt, um die dort gesprochene Zahl 7 zu ersetzen.

Im Taktlineal teilt sich bei eingeschalteter Autopunch-Funktion der eingefärbte Cycle-Bereich in einen oberen und einen unteren Bereich. Der untere (rote) Bereich markiert den *Punch-Bereich*, in dem aufgenommen wird, der obere (gelbe) den *Cycle-Bereich*, der abgespielt wird (die Autopunch-Funktion aktivieren und deaktivieren Sie über einen entsprechenden Button in der Steuerungsleiste [rot in Abbildung 5.30] oder mit dem Befehl Autopunch-Modus ein/aus [ctrl + alt + cmd + P]).

Über ein entsprechend konfiguriertes Display lässt sich der Autopunch-Bereich einfacher einstellen, was bei einem Beispiel wie diesem, wo es nur um einen kurzen Abschnitt geht, hilft (siehe Abbildung 5.30). Diesen Zwischenstand finden Sie im Dokument *06zaehlerrec2prepunched*.

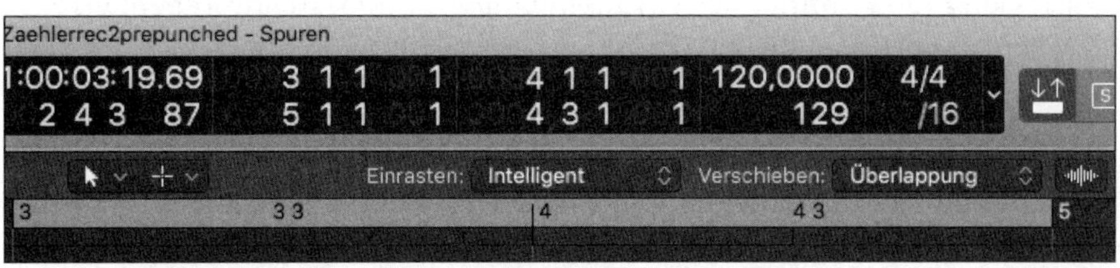

Abbildung 5.30 Hier habe ich von Takt 4 1 1 1 bis Takt 4 3 1 1 ein Autopunch programmiert, was auch am rot leuchtenden »Autopunch«-Button sowie am Display abzulesen ist.

Die erfolgte Punch-In Aufnahme ist im Dokument *06zaehlerrec2punched* (neu gesprochene »7«) im Take-Ordner zu sehen und zu hören.

Mit entsprechend eingestellter Auto-Input-Monitorfunktion schaltet Logic bei der Aufnahme zwischen der Wiedergabe des zuvor aufgenommenen Materials (hier die gesprochenen Zahlen 5 und 6) und der Wiedergabe des neu aufzunehmenden Input-Signals (Zahl 7) um – und nach der Aufnahme wieder zurück auf die Wiedergabe (Zahl 8).

Übrigens: Trotz des aktivierten Cycle-Bereichs bricht die Aufnahme danach ab. Der Cycle-Bereich hat hier vor allem die Funktion, einen vom Punch-In-Bereich unabhängigen Wiedergabebereich zu markieren. Um ein zweites Mal oder immer wieder neu aufzunehmen, müssen Sie die Prozedur wiederholen oder den Cycle-Modus ohne Auto-Punch-In benutzen.

Punch-In-Shortcuts

Einige praktische Befehle und die dazugehörigen Standard-Logic-Pro-X-Shortcuts lauten:

- Punch-In-Locator-Punkt an Abspielposition festlegen: ctrl + alt + cmd + I
- Punch-In-Locator-Punkt an gerundeter Abspielposition festlegen: ⇧ + ctrl + alt + cmd + I
- Punch-Out-Locator-Punkt an Abspielposition festlegen: ctrl + alt + cmd + O
- Punch-Out-Locator-Punkt an gerundeter Abspielposition festlegen: ⇧ + ctrl + alt + cmd + O

Abbildung 5.31 Mit den mit »In« und »Out« beschrifteten Buttons setzen Sie an der Abspielposition die entsprechenden Punch-In-Locator-Punkte.

5.3.19 Schnelles Punch-In erlauben/Punch on the Fly

Im AUFNAHME-Menü findet sich außerdem der Eintrag SCHNELLES PUNCH-IN ERLAUBEN. Die englische Übersetzung hierfür heißt *Punch on the Fly* (und auch im Shortcutzuweisungsmenü von Logic heißt die Funktion noch so). Sie können auch lange auf den Aufnahmeknopf im Transportfenster klicken – so öffnet sich ein Submenü, wo Sie die Funktion ebenfalls aktivieren können, indem Sie sie mit gehaltener Maustaste auswählen, falls noch kein Häkchen gesetzt ist.

Sie können nun eine Spur abspielen und spontan an einer Stelle etwas Neues aufnehmen. Das klappt, weil die Audiospur (sofern zuvor richtig scharf geschaltet) bei aktiver Option SCHNELLES PUNCH-IN ERLAUBEN und laufendem Sequencer Audio im Hintergrund aufnimmt. Daher können Sie, was die Aufnahme angeht, beliebig ein- und aussteigen – ohne eine Unterbrechung oder gar Knackser als Folge des Umschaltens.

Aufnahme ein/aus

Damit das Ein- und Aussteigen aus der Aufnahme richtig funktioniert, sollten Sie die Funktion AUFNAHME / AUFNAHME EIN/AUS benutzen, die Sie über das AUFNAHME-Menü oder wiederum durch langes Drücken des Aufnahmeknopfes der Funktion AUFNAHME (und damit dem Ihnen bekannten Shortcut [R]) zuweisen können. Hiermit können Sie bei einer schnellen Punch-In-Aufnahme die Aufnahme spontan aktivieren und bei einem zweiten Drücken auf die Taste [R] wieder deaktivieren. Vorsicht: Möglicherweise wird eine Aufnahme dennoch erst dann sichtbar, wenn Sie die Stopptaste gedrückt haben!

5.3.20 Auto-Eingangs-Monitoring

Bei aktiviertem AUTO-EINGANGS-MONITORING soll Logic zwischen bereits auf der Spur liegendem Audiomaterial (bei Playback) und der neuen Aufnahme (während der Aufnahme) automatisch umschalten. Die Funktion ist aktiv, sobald links neben AUFNAHME • AUTO-EINGANGS-MONITORING ein Häkchen gesetzt ist. Diese Einstellung ist nicht zuletzt optimal für Punch-In Aufnahmen.

Ist das Häkchen nicht gesetzt, sollen Sie bei scharfgeschalteten Spuren hingegen stets nur das anliegende Eingangsignal hören (im gängigen Toningenieurs-Sprachgebrauch wäre das dann *Input-Monitoring* statt *Auto-Input-Monitoring*). Das ist etwa sinnvoll, wenn Sie gerade einen Kanal aussteuern möchten.

Das Abhören des Eingangssignals funktioniert in Logic immer öfter, aber nicht immer wie erhofft (in Kapitel 20, »Fehler, Workarounds, Problemlösungen«, finden Sie Hinweise, wie Sie mit eventuell auftretendem Fehlverhalten umgehen können).

5.3.21 Audioaufnahmen nachträglich einfangen

Falls sie im AUFNAHME-Menü die Funktion SCHNELLES PUNCH-IN ERLAUBEN aktiviert und einen Track scharf geschaltet haben, ist es möglich, auch Audioaufnahmen nachträglich einzufangen. Das klingt verwirrend, hat aber einen logischen Hintergrund: Die Funktion SCHNELLES PUNCH-IN ERLAUBEN ermöglicht es, aus dem Wiedergabemodus schnell in den Aufnahmemodus zu wechseln. Das klappt nur deshalb, weil Logic sowieso im Hintergrund bereits aufnimmt. Diese Aufnahme wird als temporäre Datei auf der Festplatte gespeichert – ohne dass Sie es bemerken. Allerdings müssen Sie die Spur hierfür richtig scharf schalten, so dass Sie den RECORD-Button wie im Live-Mode weiß auf rot und nicht rot auf grau sehen.

Sie können es selbst ausprobieren, indem Sie ein Projekt als Ordner speichern und sich im Finder den im Ordner befindlichen Unterordner *Audiofiles* geöffnet anzeigen lassen. Denn genau hierhin werden die temporären Audiofiles geschrieben. Dabei werden die Audioaufnahmen wiederum durchnummeriert. und die temporäre Aufnahme erhält die Nummer, die die nächste reguläre Aufnahme bekommen hätte.

Im Gegensatz zur MIDI-Funktion AUFNAHME BEHALTEN ist dies keine offizielle Logic-Funktion, und es gelingt nur mit einiger Vorsicht. Denn wenn Sie erneut in den Aufnahme- oder Wiedergabemodus gehen, wird die temporäre Aufnahme von der regulären Aufnahme überschrieben.

Es kann beispielsweise passieren, dass ein Künstler, während Logic läuft, eine herausragende Performance hingelegt, die Sie aber nicht aufgenommen haben, jedoch nachträglich einfangen möchten. Nur wenn Sie direkt danach in den *Audiofiles*-Ordner gehen und die temporäre Aufnahme dort herausziehen oder umbenennen, können Sie sie dauerhaft behalten und retten. Das geht manchmal übrigens auch, wenn Sie einfach irgendwann auf Aufnahme drücken ([R]). Alles davor können Sie dann einfach nach links aufziehen (natürlich nur ab dem Startzeitpunkt der Wiedergabe). Damit wäre die Aufnahme auch gerettet; in meinen Praxisversuchen hat das manchmal geklappt, ein anderes Mal aber auch nicht.

5.3.22 Auf mehrere Spuren Audio aufnehmen, aufsteigende Inputs/Outputs einstellen

Sie können auf mehrere Spuren gleichzeitig Audio aufnehmen. Schalten Sie dafür die gewünschten Spuren scharf. Sie können für mehrere selektierte Spuren auch gemeinsam einen Input oder Output einstellen. Wenn Sie bei Letzterem die [alt]-Taste gedrückt halten, werden Inputs/Outputs in aufsteigender Reihenfolge erzeugt; dies funktioniert mit Inputs, Bussen und auch mit physischen Outputs.

Für die Bearbeitung der Aufnahme empfiehlt sich eventuell die Erstellung einer Bearbeitungs- und Mixgruppe durch Zuordnung der Spuren zu Gruppen im Kanalzug (z. B. bei Schlagzeugaufnahmen mit mehreren Mikros, siehe Abschnitt 14.3).

5.4 Philosophisches zum Thema Audioaufnahmen

Ich arbeite in Köln als Dozent an der Akademie Deutsche POP. Natürlich gibt es zum Thema Audioaufnahme und Audiobearbeitung auch unter den verschiedenen Dozenten viele unterschiedliche Philosophien. Das hat natürlich auch etwas damit zu tun, in welchem Genre jemand zu Hause ist. Ich finde es oft bereichernd, die sehr unterschiedlichen Sichtweisen von Kollegen kennenzulernen, nicht zuletzt, weil die heutige Musik sehr oft Elemente verschiedener Genres miteinander kombiniert. Mancher Student mag etwas verwirrt sein, wenn der eine Dozent dies und der andere etwas anderes für richtig erklärt – aber genau das wird im Laufe der Zeit helfen zu verstehen, dass die Wahrheit in der Mitte liegt ... und herauszufinden, wo für Sie selbst diese Mitte ist.

So vermittelte beispielsweise ein Kollege, der unter anderem Mikrofonie unterrichtet, morgens den Schülern die Qualitätsunterschiede zwischen Mikrofonen, mit dem Fazit, dass ohne ein anständiges Mikrofon keine gute Aufnahme möglich ist und dass eine Aufnahme nicht verzerren darf. Nachmittags erfuhren die Schüler dann von mir, wie sie beispielsweise mit dem »Logic Match EQ« die Aufnahme eines billigen Mikrofons in die klangliche Nähe der Aufnahme eines teuren Mikrofons bringen können. Was nicht bedeutet, dass ich nicht auch ein gutes Mikrofon schätze. Doch wenn ich Drum & Bass produziere, lässt mir das Genre viele Freiheiten. Es darf hier oberste Priorität sein, ob die Aufnahme musikalisch und vom Feeling her passt. Wenn der Sound mal ein bisschen anders ist, ist das kein Problem, denn Experimente sind erlaubt. Ich habe schon aus in ein Telefon-Headset aufgenommenen Vocals einen Track machen können und wurde gefragt, wie ich die Effekte auf den Vocals hinbekommen habe. Auch Logic bietet im »Space Designer« schöne Presets, die Stimmen klingen lassen, als kämen Sie aus dem Radio.

Ich glaube zudem an die »Magie des ersten Takes«, insbesondere wenn man Künstler aufnimmt, die ohnehin »richtig gut« sind. Oft sind erste Versuche, etwas musikalisch rüberzubringen, am besten oder besonders authentisch. Während es natürlich sehr hilfreich sein kann, erst einige Male zu üben, bevor die Sie die Performance aufnehmen, ist es aus Sicht eines Toningenieurs oft sinnvoll, solche Übungen schon aufzunehmen und gut kenntlich gemacht abzuspeichern, insbesondere wenn Sie den Künstler selten im Studio haben.

Auch wenn mir klar ist, dass ein gutes Mikrofon Gold wert ist – und eine wirklich schlechte Aufnahme manchmal nicht gerettet werden kann –, werde ich außerdem nicht müde, die chirurgischen Möglichkeiten Logics bei der Bearbeitung von Aufnahmen hervorzuheben. Wenn also eine Aufnahme beispielsweise nur etwas zu hell oder zu dumpf ist, lässt sich das recht gut mit einem Logic-EQ korrigieren.

Und was Verzerrungen angeht: Natürlich ist es sinnvoll, zuerst eine saubere Aufnahme zu realisieren, um eventuelle Verzerrungen später kontrolliert hinzufügen zu können. Doch Geschichte wurde oft anders geschrieben. So hörte ich beispielsweise einmal in einem Interview der bekannten Kölner Band Can, dass den Mitgliedern ganz besonders wichtig war, bei der Aufnahme alle Effekte »final« mit aufzunehmen, damit genau das, was in jenem magischen Moment der Aufnahme als gut empfunden wurde, auch genauso eingefangen wurde. Auch dieser Standpunkt hat seine Berechtigung. Heutzutage ist schließlich eine der größten Schwierigkeiten bei der Vielzahl der Möglichkeiten, *gute Entscheidungen* im Produktionsprozess zu treffen. Und mit dieser Methode werden ja Entscheidungen getroffen, und Sie können sich so auch von der Last der unzähligen Möglichkeiten, die Sie später eventuell noch haben, befreit fühlen. Ich hatte einmal spontan einen Sänger im Studio, der so in Fahrt war, dass er eine unglaubliche Performance hinlegte, die allerdings ziemlich verzerrt war – weil er etwas zu laut in das Mikrofon sang. Doch die Aufnahme war perfekt für den Song. Und nicht zuletzt hörte der Sänger sich auch selbst inklusive dieser Verzerrungen, was ihn möglicherweise dazu angeregt hatte, genau in diesem Style zu singen. Manchen zu sehr an der Technik verhafteten Toningenieuren fehlt das Verständnis für die Bedeutung solcher Zusammenhänge.

Wenn Sie gute Künstler im Studio aufnehmen möchten, dann geht es für einen Produzenten zudem nicht nur darum, die Aufnahme technisch optimal einzufangen, sondern auch darum, den Künstler bei Laune zu halten, genau hinzuhören und seinen besten kreativen Moment einzufangen. In praktische Handlungen übersetzt bedeutet das: Hören Sie genau hin, wenn jemand musikalisch herumprobiert. Sorgen Sie auch für einen vollen Kühlschrank oder sonstige Vorräte, fragen Sie den Künstler eventuell vorher nach Sonderwünschen, und vergessen Sie wie gesagt bloß nicht, den AUFNAHME-Button zu drücken, wenn Ihr Künstler am Mikrofon loslegt oder improvisiert, selbst wenn noch nicht alles richtig eingestellt ist! Konfigurieren Sie Ihr Setup bzw. ein (Talkback-)Mikro bereits so, dass Sie schnell zum Künstler Kontakt aufnehmen können.

Eine andere Frage ist künstlerisch: Wie viele Vorgaben machen Sie z. B. einem Sänger? Geben Sie ihm ein Arrangement vor und erklären ihm genau, was er wohin aufnehmen soll? Oder lassen Sie ihn improvisieren und erarbeiten erst später ein Arrangement, so dass sie offenlassen, was für ein Musikstück entstehen wird? Auch das ist wieder eine Typfrage. Denken Sie einmal darüber nach – was passt besser zu Ihnen oder zum nächsten Projekt? Oder probieren Sie beides einmal aus. Beides hat Vor- und Nachteile, beides ist reizvoll.

5.5 Übung: externe MIDI-Spur als Audio aufnehmen

Tipp: Eine wichtige und sehr gute Übung ist es:

- einen Hardware-Synth-Sound auszuwählen,
- etwas einzuspielen,
- das Eingespielte zu bearbeiten, bis es gefällt, und
- es anschließend inklusive korrektem Routing und Aussteuerung als Audio aufzunehmen –
- und dann damit weiterzuarbeiten.

Das ist ein einfach erscheinender, aber gar nicht so einfach zu bewältigender und plausibler Anwendungsfall, wenn Sie z. B. einmal in einem anderen Studio oder mit einem geliehenen Synth spielen und zu Hause daran weiterarbeiten möchten. Hierbei lernen Sie MIDI-, Audioaufnahme- und Editiervorgänge gleichermaßen – und müssen zudem das Zusammenspiel von Computer und externer Hardware richtig konfigurieren. Oft gibt es im Audiointerface noch Optionen für die Eingangsempfindlichkeit oder einen sogenannten *Direct Monitoring*-Regler oder -Knopf. Mit diesem kann man einstellen, ob das Interface das eingehende oder das ausgehende Signal ausgibt. Um wirklich »Tape Return« hören zu können, muss natürlich das ausgehende Signal zu hören sein.

Kapitel 6
Editing und Arrangieren im Hauptfenster

Dieses Kapitel erklärt detailliert Bearbeitungsoptionen von Audio und MIDI in Logics Hauptfenster, die oft auch für andere Fenster gelten. Von Edits arbeiten wir uns vor in Richtung Arrangiertechniken. Dieses Kapitel dient vor allem als Nachschlage-Kompendium für alle möglichen wichtigen Funktionen des Hauptfensters.

In diesem Kapitel geht es ums detaillierte Editieren im Hauptfenster sowie ums Arrangieren. In Kapitel 4 gab es bereits eine Übersicht über das Hauptfenster und den Bereich Spuren. Einen kompakteren Überblick über diese Workflows liefert der Schnellkurs aus Kapitel 2.

Zunächst lesen Sie nachfolgend Details zu Funktionen, die für alle Edits relevant sind, bevor anschließend Audio und MIDI-Edits separat behandelt werden. Auch der AUDIOSPUREDITOR als Teil des Hauptfensters sowie die neue Audio-Editing-Funktion AUSWAHLBASIERTE BEARBEITUNG wird in Abschnitt 6.6.14 besprochen.

Am Ende in Abschnitt 6.7 geht es um die Arbeit mit globalen Spuren und das Arbeiten mit Spurstapeln und Ordnern. Die Besprechung von Tools, die das Arrangieren betreffen, sowie sonstige Workflows und Funktionen im Hauptfenster runden das Kapitel ab.

6.1 Allgemeines Editing 1: Menüübersicht, Einrasten und Verschieben

Viele Befehle kommen mehrfach in den verschiedenen Menüs vor. Daher sortiere ich die Themen hier nach einer kurzen Vorstellung der Menüs eher workfloworientiert, anstatt nacheinander die Menüeinträge zu besprechen und mich zu oft zu wiederholen. Welchen Weg Sie gehen, um ihr Ziel zu erreichen, ist oft nicht so wichtig. Nutzen Sie den Index des Buches, um Funktionen und Begriffe nachzuschlagen und aufzufinden. Als Besitzer eines E-Books können Sie auf Verweise klicken, und die Datei springt automatisch dorthin. Hier noch einmal eine Übersicht, welche wichtigen Menüs es im Hauptfenster gibt.

6.1.1 Regionskontextmenü

Sowohl für Audio- als auch für MIDI-Regionen öffnet sich voreingestellt im Bereich SPUREN durch Rechtsklick/`ctrl` + Klick ein thematisch gut sortiertes Regionskontextmenü, in dem Sie die wichtigsten Befehle finden, die für die Arbeit im Hauptfenster relevant und ansonsten über andere Menüs verteilt sind. Teilweise finden Sie anderswo, z. B. im BEARBEITEN-Menü, zum gleichen Thema etwas mehr oder andere Befehle. Zuletzt benutzte Befehle werden oben gelistet (Abbildung 6.1).

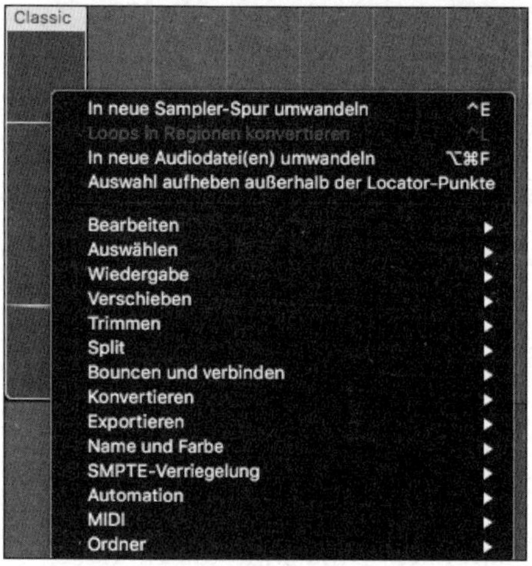

Abbildung 6.1 Regionskontextmenü

6.1.2 Menüs »Bearbeiten«, »Funktionen« und »Ansicht« im Bereich »Spuren«

Diese Menüs von links nach rechts in dieser Reihenfolge tauchen am oberen Rand des Bereichs Spuren auf. Abbildungen hierzu finden Sie in Kapitel 4 über den Bereich SPUREN.

Das BEARBEITEN-Menü hat (bei selektiertem Bereich SPUREN) dieselben Einträge wie das Haupt-BEARBEITEN-Menü am oberen Bildschirmrand.

Das FUNKTIONEN-Menü besitzt Funktionen zum Einfärben und Umbenennen von Regionen – darunter spezielle Funktionen für Audio bzw. MIDI. Ganz unten sind Ordnerfunktionen. Die neue Funktion AUSWAHLBASIERTE BEARBEITUNG, welche Effekte in Audiodateien hineinrechnet, finden Sie ebenso im Funktionen-Menü wie Benennungsoptionen oder Optionen, um Einstellungen in MIDI-Regionen hineinzuschreiben.

Das ANSICHT-Menü erlaubt das Einblenden eines Zeitlineals, MIDI-Draw und weitere Ansichts- und Spurzoomoptionen.

6.1.3 Taktlinealkontextmenü

Sie finden auch im Taktlineal ein Kontextmenü, das mit der rechten Maustaste erreichbar ist und insbesondere Befehle rund um das Taktlineal, Schnitte und das Setzen von Locator-Punkten bereitstellt. (Eine Abbildung und ergänzende Hinweise bietet auch Abschnitt 6.7.15).

6.1.4 Spur-Header-Kontextmenü

Per Rechtsklick auf eine Spur gelangen Sie an ein Spurkontextmenü, über das Sie u. a. die Anzeige verschiedener Elemente im Spur-Header konfigurieren und das ansonsten inhaltlich weitgehend dem Haupt-Spurmenü entspricht. Hier können Sie außerdem jede Spur einem Objekt der MIDI-UMGEBUNG zuweisen.

6.1.5 Menü »Einrasten« und die Funktion »Am Raster ausrichten«

Wenn Sie richtig verstehen wollen, was passiert, wenn Sie Regionen (und in der PIANOROLLE Noten) anfassen und verschieben, müssen Sie das Menü EINRASTEN kennen und die Funktionen im Zusammenhang mit der Option AM RASTER AUSRICHTEN verstehen.

Sowohl im Bereich SPUREN als auch in der PIANOROLLE können Sie Objekte an einem Raster ausrichten. Das betrifft das Bewegen oder Kopieren von Regionen sowie Regionslängenänderungen, aber auch:

- das Bewegen der Abspielposition
- das Anpassen eines Cycle-Bereichs
- das Bewegen von Loops
- das Bewegen von Steuerpunkten in Automationskurven
- das Bewegen von QUICK SWIPE COMPING-Abschnitten bei Take-Ordnern mit Audioinhalten

Sichtbarkeit des »Einrasten«-Menüs

Achtung: Ob Sie ein Werkzeug/Einstellungsrädchen sehen, hinter dem sich das Menü EINRASTEN verbirgt (Abbildung 6.2), oder dieses direkt zu erreichen ist (Abbildung 6.3), hängt vom verfügbaren Platz auf Ihrem Bildschirm ab. Bei zu wenig Platz kann es auch komplett versteckt sein.

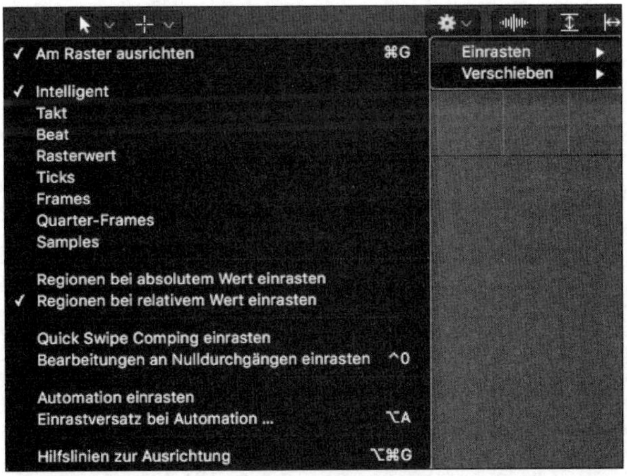

Abbildung 6.2 Die Menüs »Einrasten« und »Verschieben«

Abbildung 6.3 Ist mehr Platz vorhanden, sehen Sie die Menüs »Einrasten« und »Verschieben« sofort unabhängig voneinander.

Es gibt einen Eintrag mit dem Namen Am Raster ausrichten. Nur wenn das Häkchen hier gesetzt ist, werden Regionen beim Verschieben tatsächlich am im Einrasten-Menü eingestellten Raster ausgerichtet. Mit dem Shortcut [cmd] + [G] schalten Sie diese Funktion ein und aus. [alt] + [cmd] + [G] schaltet zusätzlich ein oder aus, ob beim Verschieben Hilfslinien eingeblendet werden oder nicht (Menüeintrag: Hilfslinien zur Ausrichtung). Die Shortcuts können Sie sich eventuell leichter merken, wenn Sie daran denken, dass das [G] für das englische Wort *grid* (Raster) steht. Zusätzlich gibt es im Ansicht-Menü eine Funktion Raster ein- und ausblenden (Shortcut [ctrl] + [G]). Wenn Sie mit [cmd] + [G] das Raster deaktivieren, wird Ihnen das im Einrasten-Menü auch angezeigt, dort steht dann Aus.

Einrasten: Zum absoluten oder zum relativen Wert?

Neben dem Raster selbst ist die Frage, ob Regionen auf einem absoluten oder relativen Wert einrasten sollen. Ist Regionen bei absolutem Wert einrasten eingestellt, so rasten die Regionen direkt auf dem eingestellten Rasterwert ein.

Ist Regionen bei relativem Wert einrasten eingestellt (was momentan bzw. je nach Logic-Version die Voreinstellung ist), so bleibt ein Versatz der Regionen gegenüber einem Raster bestehen. Beispiel: Falls eine Region eine Viertelnote vor einem glatten Takt beginnt, als Raster Takt eingestellt sowie die Funktion Regionen bei relativem Wert einrasten aktiviert ist, wird die Region taktweise verschoben, behält aber stets ihren Auftakt von einer Viertelnote bei.

Achtung: Bei der Erstellung neuer, leerer Dokumente stellt Logic aktuell zunächst Regionen bei relativem Wert einrasten ein. Sie können für beide Einstellungen einen Shortcut vergeben, um so schnell zwischen beiden Einstellungen zu springen.

Einrasten: Rastereinstellungen

Für das Raster selbst stehen die folgenden Einstellungen zur Verfügung:

- Intelligent: Je nach Zoomstufe oder eingestelltem Raster rasten Objekte am nächsten Takt, Beat (zweite Stelle im Display hinter dem Takt je nach Taktart/Metrum, zumeist $^{1}/_{4}$-Note) oder Subbeat usw. ein.
- Takt: Objekte rasten am nächsten Takt ein.
- Beat: Objekte rasten am nächsten Beat ein.
- Rasterwert: Objekte rasten an der nächsten dem Raster entsprechenden Unterteilung ein.
- Ticks: Das ist die richtige Einstellung, um Objekte um minimale Werte zu verschieben. Ticks ($^{1}/_{3.840}$-Note) sind die feinste Taktauflösung von Logic.

- FRAMES: Das ist für Geräuschvertonung die richtige Einstellung, um Sounds bei der Filmvertonung exakt auf den gewünschten Frame zu ziehen.
- QUARTER-FRAMES und SAMPLES stellen ein noch feineres Raster dar, das ebenso wie die Einstellung AUS weitgehend freies Verschieben ermöglicht.

Temporäre Rasterdeaktivierung/Feinjustage

Mit gehaltener ctrl-Taste beim Verschieben von Regionen können Sie diese in einem feineren Raster (typischerweise der im Display eingestellte Rasterwert unterhalb der Taktanzeige) verschieben. In Bezug auf das Menü EINRASTEN bedeutet das eine temporäre Deaktivierung des Rasters. Wenn Sie ctrl + ⇧ festhalten, wird das Raster noch feiner, und Sie können Regionen genau auf Ticks platzieren.

Bearbeitungen an Nulldurchgängen einrasten/Audio knacksfrei schneiden

Die Funktion BEARBEITUNGEN AN NULLDURCHGÄNGEN EINRASTEN betrifft Selektionen von Audiofiles (z. B. mit dem Marquee-Tool). Ist diese Option aktiv, so können die Selektionsgrenzen nicht ganz frei gesetzt werden, sondern werden automatisch auf den nächstmöglichen Nulldurchgang gesetzt (um Knackser beim Schneiden von Audio zu vermeiden).

6.1.6 Menü »Verschieben«, Überlappungsoptionen

Im Menü VERSCHIEBEN sind verschiedene Optionen verfügbar, die Aktionen wie Bewegungen, Längenänderungen oder Löschen von Regionen betreffen. Die Einstellungen ÜBERLAPPUNG bzw. KEINE ÜBERLAPPUNG sind für mich wichtig. Sie haben jeweils eigene Vorteile, ich schalte beim Arrangieren öfter zwischen beiden um.

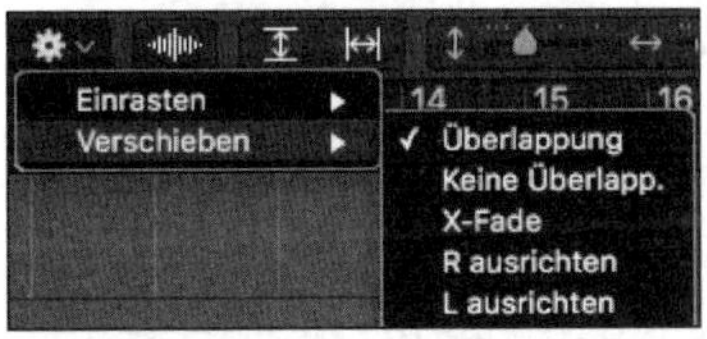

Abbildung 6.4 Die Optionen im Menü »Verschieben«

- ÜBERLAPPUNG: Regionen können sich überlappen, weil die linke und rechte Begrenzung der Region auch dann beibehalten wird, wenn Sie diese über einer anderen Region platzieren. Dies ist nützlich, damit Sie Inhalte nach Regionslängenänderungen beim Verschieben schnell wieder zu erreichen.
- KEINE ÜBERLAPPUNG: Platzieren Sie eine Region über einer anderen Region, so wird die im Arrangement früher spielende Region an ihrem rechten Rand gekürzt. Das ist eine »ordentliche« Lösung, die verhindert, dass unnötig Regionsfragmente herumliegen.
- X-FADE: Wenn sich durch einen Editiervorgang zwei Audioregionen überlappen, wird automatisch ein Crossfade ausgeführt.

- R AUSRICHTEN (»R« für »rechts«) und L AUSRICHTEN (»L« für »links«), englisch *shuffle*: Sowohl bei R AUSRICHTEN als auch bei L AUSRICHTEN wird die Position von Regionen getauscht, falls eine über die andere bewegt wird. Dieser Modus ist z. B. beim Schneiden von Radiobeiträgen nützlich. Hat sich der Sprecher kurz verhaspelt oder muss husten, markieren Sie den entsprechenden Bereich einfach und schneiden ihn heraus; der Rest rutscht anschließend nach, ohne die vorherigen Regionen zu verändern (Modus L AUSRICHTEN). Hier noch Details zu den Unterschieden zwischen beiden Modi:
  - R AUSRICHTEN: Bewegen Sie eine Region nach rechts, wird ihr rechter Endpunkt an den Startpunkt der folgenden Region geschoben. Bewegen Sie den linken Rand einer Region, rutschen die vorhergehenden Regionen nach; Ausnahme: Wenn dadurch die vorhergehenden Regionen über den Anfang des Projekts hinaus bewegt würden, überlappt die geänderte Region die vorherige um den entsprechenden Wert. Löschen Sie eine Region, rutschen die anderen Regionen entsprechend nach rechts nach.
  - L AUSRICHTEN: Bewegen Sie eine Region nach links, wird ihr linker Endpunkt an den Startpunkt der früher im Arrangement platzierten Region geschoben. Bewegen Sie den rechten Rand einer Region, rutschen die folgenden Regionen nach. Löschen Sie eine Region, rutschen die andern Regionen entsprechend nach links nach. Insbesondere wenn Sie Radiobeiträge schneiden, könnte diese Option für Sie interessant sein: Hat sich z. B. jemand versprochen, können Sie einen Teil der Aufnahme herausschneiden und der Rest rutscht schnell automatisch passend nach.

6.2 Allgemeines Editing 2: Regions-Editing im Hauptfenster, Menüs

Dieser Abschnitt beleuchtet grundlegende Möglichkeiten zur Bearbeitung von Regionen in Logic und im Hauptfenster, die sowohl für Audio- als auch für MIDI-Regionen relevant sind.

6.2.1 Wiederholung: Transportfunktionen beim Editing

Durch Klick auf den PLAY-Button im Taktlineal einer MIDI-Region in der PIANOROLLE, einer »Drummer«-Region im DRUMMER-EDITOR und einer Audioregion im AUDIODATEIEDITOR werden mehrere Dinge ausgelöst:

- Die Wiedergabe beginnt.
- Temporär wird ein Cycle-Modus für die Länge der Region eingestellt.
- Die Region wird temporär solo geschaltet.

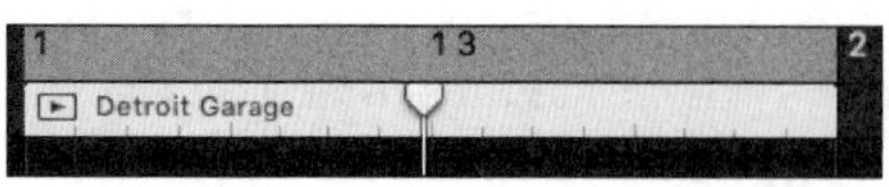

Abbildung 6.5 Links unter der Taktzahl 1 sehen Sie den Play-Button.

Ein weiterer praktischer Befehl beim Editieren lautet: Wiedergabe ab der Auswahl (⇧ + Leertaste). Alternativ hilft das automatische Setzen eines Cycle-Bereichs anhand einer Selektion (cmd + U oder einfach nur U für gerundetes Setzen der Locator-Punkte). Bei Rechtsklick auf die Transporttaste stehen weitere Optionen zur Verfügung.

6.2.2 Region(en) oder Teilbereiche auswählen/Selektionstechniken

Grundsätzlich gilt: Regionen, Noten oder Objekte müssen Sie zuerst selektieren, bevor Sie sie bearbeiten. Wichtigste Tools zum Auswählen von Regionen und Bereichen von Regionen sind das Zeigerwerkzeug und das Marquee-Werkzeug.

Außerdem finden Sie im Regionskontext- oder Bearbeiten-Menü verschiedene Selektionstechniken im in beiden Menüs vorhandenen Untermenü Auswählen (Abbildung 6.6). Die Auswahl im Bearbeiten-Menü ist dabei am umfangreichsten.

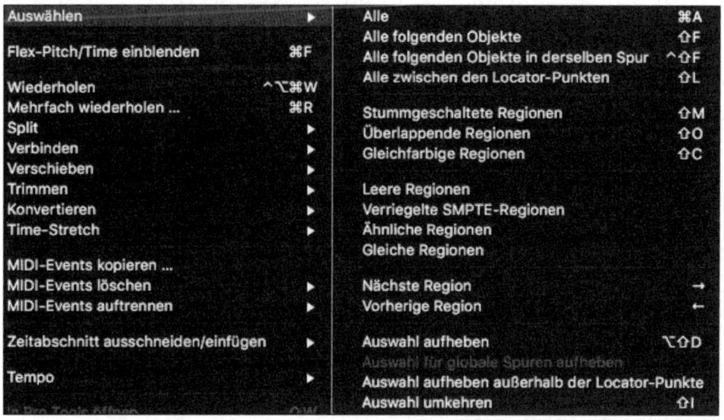

Abbildung 6.6 Sonderfunktionen für das Auswählen von Regionen

Sie können z. B. Alle folgenden Objekte (⇧ + F) auswählen. Viele Einträge erklären sich von selbst. Mit dem Befehl Auswahl umkehren (⇧ + I) selektieren Sie schnell alle Objekte, die nicht der vorher erstellten Selektion entsprechen.

Oft hilfreich ist das Selektieren von Bereichen zwischen Locator-Punkten (⇧ + L). Dabei stehen ergänzend Schneide- und Löschfunktionen im Bearbeiten-Menü oder im Kontextmenü des Taktlineals zur Verfügung. Es ist auch möglich, stummgeschaltete Regionen, gleichfarbige Regionen oder die jeweils vorherige oder nächste Region zu selektieren (Abbildung 6.6). Die Option Gleiche Regionen erkennt und selektiert Regionen, die genauso sind wie die selektierte Region. Ist keine Region selektiert, sind die entsprechenden Einträge im Auswählen-Menü ausgegraut.

Spurinhalte auswählen

Wenn Sie auf den Spur-Header klicken, selektieren Sie die Spurinhalte innerhalb des Cycle-Bereichs oder bei deaktiviertem Cycle für die ganze Spur (Autopunch darf nicht an sein).

6.2.3 Regionslänge ändern

Bewegen Sie den Mauszeiger an den linken oder rechten unteren Rand einer Region, um deren Länge zu ändern. Nun wird ein Längenänderungstool angezeigt. Bewegen Sie das Tool mit gehaltener Maustaste nach links oder rechts, um die Länge der Region zu verändern. Seit Logic 10.3 werden bei Veränderungen der Regionslänge temporär auch Inhalte ausgegraut angezeigt, die außerhalb der momentan aktiven Regionsgrenzen liegen.

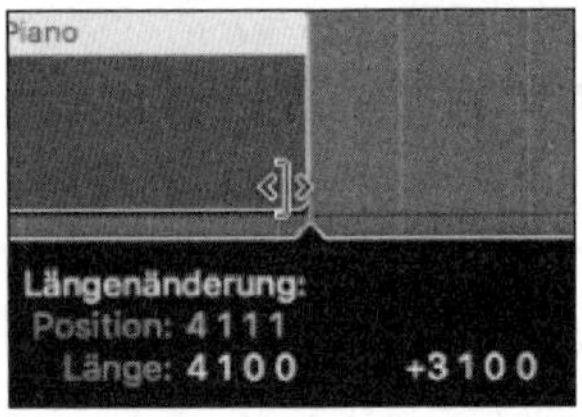

Abbildung 6.7 Auch bei der Veränderung der Regionslänge hilft Ihnen wieder die kleine Infobox.

Halten Sie beim Ändern der Länge von Regionen die [ctrl]-Taste fest, können Sie Längenänderungen in einem feineren, mit [ctrl] + [⇧] in einem noch feineren Raster einstellen. Entscheidend sind wieder die Einstellungen in den Menüs EINRASTEN und VERSCHIEBEN sowie die aktivierte Funktion AM RASTER AUSRICHTEN (siehe Abschnitt 6.1.5).

Mit den Shortcuts [⇧] + [alt] + [←] oder [→] verkürzen oder verlängern Sie Regionen um eine eingestellte Schrittweite (mehr hierzu in Abschnitt 6.2.6 im Abschnitt »Regionen um Nudge-Wert (Schrittweite) verschieben«). Im Gegensatz zu einer MIDI-Region kann eine Audioregion nicht über ihre Originallänge hinaus verlängert werden. Um besser arrangieren zu können, können Sie sie in Ordner oder Take-Ordner einpacken.

6.2.4 Region trimmen

In den Menüs TRIMMEN im BEARBEITEN- und Regionskontextmenü stehen Ihnen verschiedene Optionen zum Kürzen oder Verlängern der Region (z. B. bis zur Abspielposition, bis vorherige Region, innerhalb Locator-Punkten) zur Verfügung.

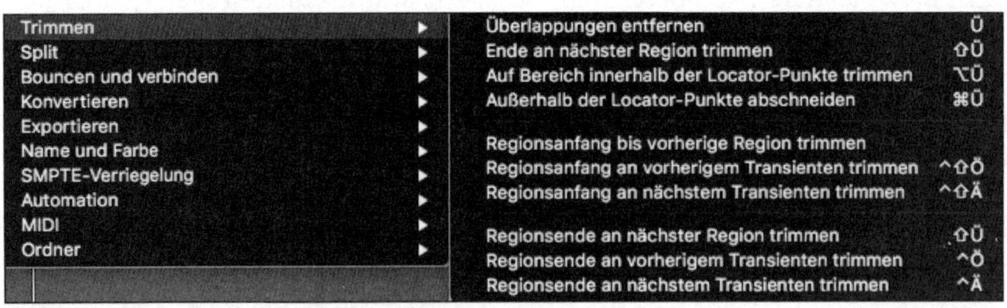

Abbildung 6.8 »Trimmen«-Menü im Kontextmenü

6.2.5 Regionen teilen/schneiden, Split

Die unten gelisteten Funktionen finden Sie im Bereich SPLIT des BEARBEITEN- und Regionskontextmenüs.

Region(en)/Events an der Abspielposition teilen

Wenn Sie den Songpositionsanzeiger genau auf eine bestimmte Stelle bewegen (z. B. durch manuelle Angabe der Position im Display), können Sie eine oder mehrere selektierte Region(en) exakt an der Songposition teilen. Nutzen Sie hierfür den Shortcut cmd + T oder den entsprechenden Button in der Symbolleiste. Es ist auch möglich, einen Shortcut zu vergeben, um Regionen oder Events an einer gerundeten Abspielposition zu teilen.

Region(en)/Events an Locator-Punkten oder Marquee-Auswahl teilen

Wenn Sie eine Region auf den im Taktlineal markierten Bereich zurechtschneiden wollen, ist dieser Befehl richtig. Hierfür steht auch ein Button in der Symbolleiste zur Verfügung. Der voreingestellte Shortcut hierfür lautet ctrl + cmd + T. Die genaue Bezeichnung des Befehls lautet: REGIONEN/EVENTS AN LOCATOR-PUNKTEN ODER MARQUEE-AUSWAHL TEILEN. Sie können also auch einen Bereich mit dem Marquee-Tool auswählen und den Befehl anwenden. Es besteht die Möglichkeit, dass mit dem Marquee-Tool oder dem Marquee-Lineal ein anderer Bereich selektiert ist als mit den Locator-Punkten. In diesem Fall hat die Marquee-Selektion Priorität!

6.2.6 Region verschieben/bewegen/kopieren

Fassen Sie eine oder mehrere Region(en) an, halten Sie die Maustaste gedrückt, und bewegen Sie die Maus nach links, rechts, oben oder unten, um die Region(en) zu verschieben. Wenn Sie dabei die alt-Taste festhalten, werden ein oder mehrere Region(en) kopiert. Dabei taucht eine kleine Box auf, die Sie über die aktuelle bzw. neue Position und Länge der selektierten bzw. kopierten oder verschobenen Region informiert, siehe Abbildung 6.9.

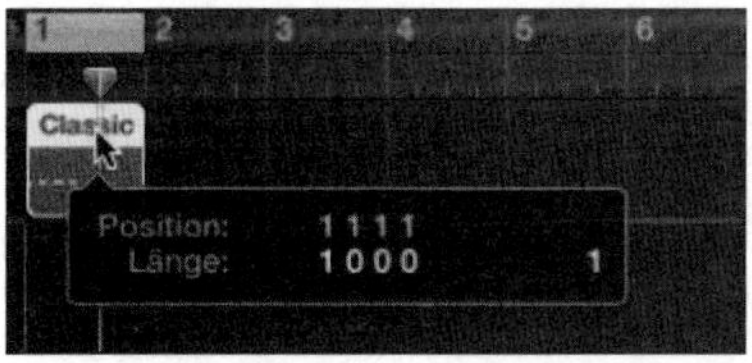

Abbildung 6.9 Beim Bewegen einer Region wird Ihnen in einer Infobox ihre Taktposition und Länge angezeigt.

Wichtig sind hierbei die Einstellungen in den Menüs EINRASTEN und VERSCHIEBEN; sie entscheiden darüber, wie und wo Regionen dabei einrasten und ob Regionen sich auch überlappen können.

Regionen um Nudge-Wert (Schrittweite) verschieben

Sie können Regionen auch mit Hilfe von Tastaturshortcuts oder der Symbolleiste um einen bestimmten Wert verschieben. Wählen Sie die zu verschiebenden Regionen aus, halten Sie die Wahltaste gedrückt, und drücken Sie die Links- oder Rechtspfeiltaste, um Regionen um den eingestellten Nudge-Wert bzw. die Schrittweite zu verschieben (alt + ← oder →). Die Begriffe *Nudge* und *Schrittweite* werden in Logic synonym verwendet. Diese Funktion finden Sie auch in der Symbolleiste und können sie darüber ausführen. Dort können Sie auch die Schrittweite schnell einstellen (siehe Abbildung 6.10 und Abschnitt 4.6).

Abbildung 6.10 Durch Klick auf die Pfeiltasten können Sie Regionen in der Symbolleiste verschieben; mittig stellen Sie dabei den Wert ein, um den verschoben wird.

In Abbildung 6.10 ist RASTERWERT angezeigt, ein Klick auf den Eintrag erlaubt andere Einstellungen wie TAKT oder 1 MS. Sie können den Parameter SCHRITTWEITE auch für Längenänderungen von Regionen nutzen.

Um die Schrittweite einzustellen, können Sie auch folgende Befehle verwenden:

- Schrittweite auf Tick setzen: ctrl + alt + T
- Schrittweite auf Rasterwert setzen: ctrl + alt + D
- Schrittweite auf Beat setzen: ctrl + alt + B
- Schrittweite auf Takt setzen: ctrl + alt + M
- Schrittweite auf SMPTE-Frame setzen: ctrl + alt + F
- Schrittweite auf 1/2 SMPTE-Frame setzen
- Schrittweite auf 5 SMPTE-Frames setzen
- Schrittweite auf Sample setzen: ctrl + alt + S
- Schrittweite auf 1 ms setzen: ctrl + alt + 1
- Schrittweite auf 10 ms setzen: ctrl + alt + 0

Die Shortcuts zeigen, dass es hilfreich ist, sich auch mit den englischen Begriffen auszukennen; dann sind die Shortcuts schlüssiger. So steht zum Beispiel das M für englisch *measure* (Takt) und D für englisch *division* (ins Deutsche übersetzt als *Raster*). Hinzu kommt, dass Begriffe wie *Frame* oder *Tick* ohnehin nicht übersetzt werden.

Regionen um festen Wert verschieben

Sie können alternativ Regionen per Shortcut um einen festen Wert (anstatt um den Nudge-Wert) verschieben/verlängern/verkürzen. Allerdings sind hierfür zunächst keine Shortcuts vergeben.

Limitierung auf eine Verschieberichtung

Sie können die Bewegung von Regionen beim Verschieben oder Kopieren in eine Richtung beschränken: horizontal oder vertikal. Hierzu halten Sie beim Verschieben die [⇧]-Taste gedrückt. Alternativ wählen Sie unter LOGIC PRO X • EINSTELLUNGEN • ALLGEMEIN • BEARBEITUNG • NUR EINE BEWEGUNGSRICHTUNG IN SPUREN aus.

Auf diese Weise können Sie Regionen auf eine andere Spur verschieben, ohne versehentlich die Position zu verändern, das ist durch die Begrenzung der Verschiebeoperation auf eine Bewegungsrichtung ja nicht mehr möglich.

Optionen im Menü »Bearbeiten • Verschieben«

Im Menü BEARBEITEN • VERSCHIEBEN des Bereichs SPUREN stehen zusätzliche Optionen bereit, wie

- ZUR ABSPIELPOSITION (Shortcut [cmd] + [#]), heißt auch *Pickup Clock*.
- NACH LINKS SCHIEBEN ([alt] + [←]): Verschiebt die Region um den eingestellten NUDGE-WERT (SCHRITTWEITE) nach links.
- NACH RECHTS SCHIEBEN ([alt] + [→]): Verschiebt die Region um den eingestellten NUDGE-WERT (SCHRITTWEITE) nach rechts.
- NUDGE-WERT FESTLEGEN AUF: Hier können Sie in einem Untermenü oder via Shortcut einen Nudge-Wert einstellen.

6.2.7 Regionen loopen, Loop-Tool, Loop in Regionen umwandeln

Bewegen Sie den Mauszeiger an den rechten oberen Rand einer Region. Nun wird ein Loop-Tool angezeigt. Bewegen Sie das Tool mit gehaltener Maustaste nach rechts, um die Region zu loopen. Gleichzeitig wird im Informationsfenster REGION ein Häkchen beim Eintrag LOOP gesetzt. Wenn Sie mit dem Loop-Tool arbeiten, setzen Sie einen Loop-Stopp, der in Abbildung 6.11 auf Takt 10 liegt. Wenn Sie einfach nur die Region selektieren und das Häkchen für LOOP im Informationsfenster REGION setzen, wird die Region zunächst so lange geloopt, bis ihr in der Spur eine neue Region »im Weg steht« oder Sie den zunächst endlosen Loop mit dem Loop-Tool an einer Stelle anklicken. Das funktioniert sowohl für MIDI- als auch für Audioregionen. Mit dem Loop-Tool können Sie den geloopten Bereich verkürzen und verlängern, indem Sie den Cursor mit gehaltener Maustaste nach links oder rechts bewegen. Die geloopten Regionsbereiche werden dunkler dargestellt als das Original.

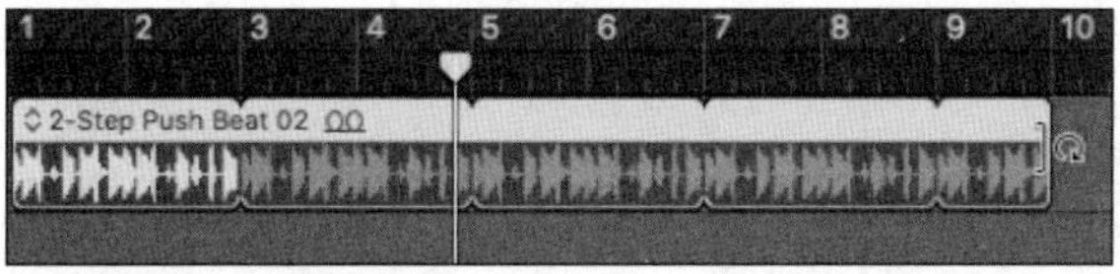

Abbildung 6.11 Geloopte Region. Mit dem Loop-Tool konfigurieren Sie nicht nur einen Loop, sondern gleichzeitig ein Ende des Loopings.

Wenn Sie anschließend das Häkchen für den Eintrag LOOP im Informationsfenster REGION entfernen oder den Shortcut [L] für den Befehl LOOP FÜR REGIONEN/ORDNER EIN/AUS nutzen, verschwindet der Loop bzw. die mit dem Loop-Tool justierte Loop-Länge. Der Loop erscheint nach nochmaliger Auslösung des Befehls oder Setzen des Häkchens zunächst wieder als Endlos-Loop bis zum Songende oder bis zur nächsten Region.

Im Menü BEARBEITEN • KONVERTIEREN (auch über das Kontextmenü) können Sie Loops auch in vollwertige Regionen umwandeln ([ctrl] + [L], Abbildung 6.12). Auch das funktioniert sowohl für Audio- als auch für MIDI-Regionen.

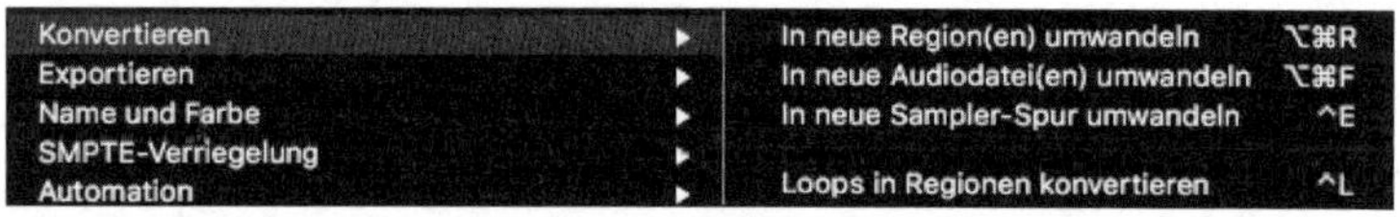

Abbildung 6.12 Konvertierung von Loops

Die Looping-Funktion dient zum Beispiel dem Zweck, eine Region schnell dauerhaft spielen zu lassen, beispielsweise um dazu ein anderes Instrument zu spielen oder zu improvisieren. Wenn Sie dagegen im Songverlauf individuelle Edits vornehmen wollen, ist es natürlich sinnvoller bzw. nötig, hierfür eine eigene Region zu erstellen.

6.2.8 Regionen mehrfach wiederholen

Die Funktion REGIONEN/EVENTS MEHRFACH WIEDERHOLEN ([cmd] + [R]) ruft einen Dialog auf, der danach fragt, wie oft der selektierte Bereich kopiert werden soll.

Im anschließend aufgehenden Dialog tippen Sie die gewünschte Zahl an Kopien ein. Mit dieser Funktion können Sie auch mehrere Objekte selektieren und wiederholen. Im Flip-Menü SCHRITTWEITE des aufspringenden Dialogs können Sie ein Raster für das mehrfache Kopieren einstellen. So kopieren Sie beispielsweise selektierte Regionen anhand eines glatten Taktrasters, damit sie ihre relativen Positionen beibehalten. Diese Funktion ist auch praktisch, wenn Sie nicht Regionen, sondern Events wie einzelne gespielte Noten kopieren wollen und die Funktion REGIONEN/EVENTS MEHRFACH KOPIEREN in der PIANOROLLE oder im Notationseditor verwenden.

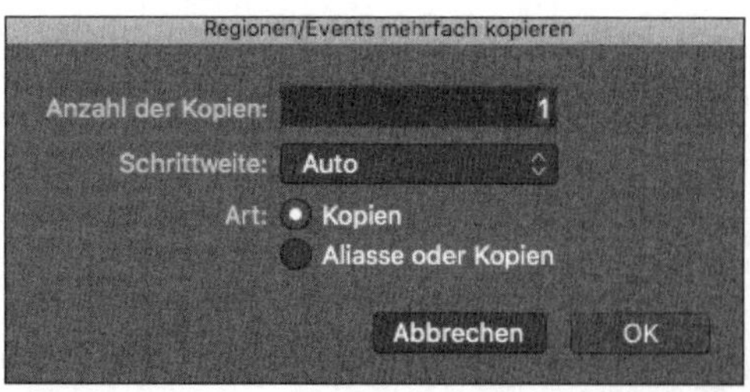

Abbildung 6.13 Regionen mehrfach wiederholen

Wählen Sie beim Eintrag ART die Option ALIASSE ODER KOPIEN (dies müsste eigentlich »Aliasse oder Klone« heißen), werden keine Kopien, sondern Aliasse (bei MIDI-Regionen) bzw. Klone (bei Audioregionen) erstellt. Was dies bedeutet, erläutere ich in Abschnitt 6.5.16.

Die Funktion »Regionen/Events mehrfach wiederholen« (cmd + R) ist irreführenderweise falsch mit REGIONEN/EVENTS MEHRFACH KOPIEREN beschriftet. Dieser Name bezeichnet eigentlich eine andere, neu hinzugekommene Funktion, die der nächste Abschnitt erklärt. Hierdurch wurden auch die Namen der Funktionen z. T. gegenüber Vorversionen geändert.

6.2.9 Regionen/Events mehrfach kopieren

Der (erst in neueren Logic Pro X-Versionen hinzugekommene) Befehl REGIONEN/EVENTS MEHRFACH KOPIEREN, dem in den Standard-Tastaturkommandos noch kein Shortcut zugewiesen wurde, ermöglicht das schnelle, sofortige Kopieren/Duplizieren von Regionen/Events ohne einen störenden Zwischendialog, so wie es z. B. auch in Ableton Live oder Pro Tools mit dem dortigen Tastaturkurzbefehl cmd + D funktioniert und programmübergreifend eine Art Standard geworden ist. Die Länge der entstehenden Wiederholung ist natürlich von der Länge der Selektion abhängig. Der Befehl cmd + D ist in Logic allerdings voreingestellt dem Befehl SPUR DUPLIZIEREN zugewiesen. Sie können zum Beispiel manuell ctrl + alt + cmd + W als Tastaturbefehl für diese Funktion definieren. Das ist meine persönliche Lösung. Es lohnt sich, diesen Shortcut zu definieren, man kann ihn sehr oft brauchen.

6.2.10 Verbinden und Zusammenführen von Regionen

Mit Hilfe des Shortcuts cmd + J (J für englisch *join*), der auch von anderen Programmen bekannt ist, fassen Sie mehrere selektierte Regionen zusammen, falls das sinnvoll möglich ist. Im Menü BEARBEITEN finden Sie entsprechende Befehle unter dem Eintrag VERBINDEN, wo Sie auch Regionen pro Spur verbinden können.

Auch wenn das bei MIDI- und Audioregionen etwas unterschiedliche Konsequenzen hat, steht der Befehl doch für beide Arten Regionen zur Verfügung.

- MIDI-Regionen werden beim Verbinden einfach zu einer neuen MIDI-Region zusammengefasst. Falls verschiedene Regionen unterschiedliche Einstellungen im Informationsfenster REGION besitzen, werden diese normalisiert, d. h. dauerhaft in die Region hineingeschrieben.
- Für Audioregionen wird dabei meistens ein neues Audiofile gerendert (es sei denn, die neu verbundenen Regionen entsprechen der Ursprungskonstellation des bereits existierenden Audiofiles).

Beim derartigen Rendern neuer Audiofiles erscheint ein Dialog, der fragt, ob Sie eine neue Audiodatei erstellen möchten.

Klicken Sie einen Spur-Header doppelt an, so werden alle Regionen der Spur selektiert, was sich gut als Vorbereitung eignet, um sie pro Spur zu verbinden.

Alternativ können Sie einen Bereich mit dem Marquee-Tool selektieren und via `ctrl` + `B` als Audiodatei bouncen. So können Sie leere Stellen einbeziehen und z. B. Regionen erstellen, die bei Takt 1 beginnen, um sie in andere DAWs zu exportieren.

6.2.11 Regionen timestretchen/Zeitdehnung von Regionen

Wenn Sie bei der Arbeit mit dem Längentool die `alt`-Taste gedrückt halten und sich an der unteren Hälfte der Regionsgrenze bewegen, erscheint ein Time-Stretching-Tool, das aussieht wie das Längentool mit einer Art Wellenformsymbol (Abbildung 6.14). Hierdurch wird angezeigt, dass nicht die Länge verändert, sondern der Inhalt zeitlich gedehnt oder gestaucht wird. Auf diese Weise können Sie sowohl Audio- als auch MIDI-Regionen im Bereich SPUREN mit Time-Stretching bearbeiten. Die aktuell justierte Länge wird dabei genauso angezeigt wie bei einem normalen Längen-Edit.

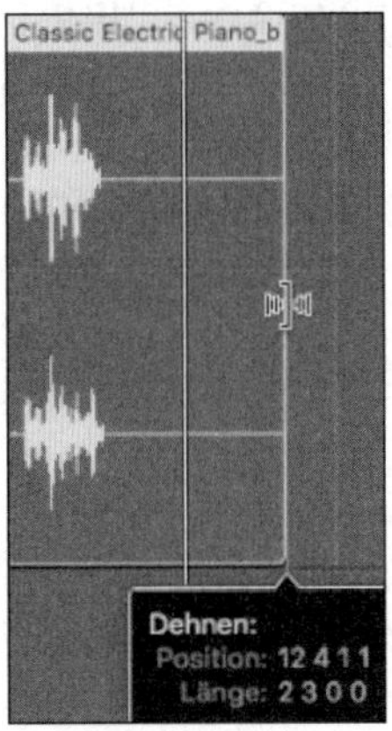

Abbildung 6.14 So sieht das Längentool für die Time-Stretching-Funktion bei gehaltener »alt«-Taste aus.

Alternativ stehen Ihnen im FUNKTIONEN-Menü der PIANOROLLE die sogenannten *Time-Handles* zur Verfügung. Mit ihnen können Sie selektierte Bereiche einer MIDI-Region ebenfalls zeitlich dehnen oder stauchen (siehe Abschnitt 7.2.36).

6.2.12 Regionen beschriften

Sie können Regionen individuell benennen. Mit `⇧` + `N` zum Umbenennen von Regionen oder auch den verschiedenen Optionen zum Benennen von Regionen nach Spurnamen und umgekehrt im FUNKTIONEN-Menü oder Regionskontextmenü (unter dem Eintrag NAME UND FARBE) geht das besonders schnell.

6.2.13 Regionen durchnummerieren

Wenn Sie mehrere Regionen selektieren, umbenennen (z. B. »Drums«), alle selektieren und anschließend eine davon entsprechend nummeriert beschriften (z. B. »Drums1«), werden die restlichen selektierten Regionen automatisch durchnummeriert, z. B. »Drums1«, »Drums2«, »Drums3« (siehe Abbildung 6.15), es sei denn, die Regionen sind Klone.

Abbildung 6.15 Durchnummerierte Regionen

6.2.14 Regionen färben/Farbe als Selektionstool

Mit [alt] + [C] oder über das Kontextmenü einer Region blenden Sie das Fenster FARBE ein. Wenn Sie auf eine Farbe klicken, während eine oder mehrere Region(en) selektiert ist/sind, erfolgt eine Einfärbung der Region(en). Die Farbe einer selektierten Region erkennen Sie im Fenster FARBE am weißen Rahmen um die Farbe, was es Ihnen erleichtert, andere Regionen mit exakt derselben Farbe einzufärben (Abbildung 6.16). Ein Klick auf den Button AUTOMATISCH färbt alle Regionen in der Spurfarbe ein.

Abbildung 6.16 Einfärbung von Regionen

Auch das Auswählen gleichfarbiger Regionen ist möglich. Mit dem Befehl AUSWAHL UMKEHREN ([⇧] + [I]) können Sie andererseits schnell alle Objekte selektieren, die *nicht* einer bestimmten Farbe entsprechen.

6.2.15 Sonstiges und Spuralternativen

Falls Sie bislang nicht gefunden haben, was Sie suchen, schauen Sie in den nächsten Abschnitten oder im Index nach – oder klicken Sie im E-Book direkt auf die Verweise: Abschnitt 6.3 behandelt die Werkzeuge, Abschnitt 6.4 Allgemeines zu den Informationsfenstern, Abschnitt 6.5 MIDI-Editing, Abschnitt 6.6 Audio-Editing und Abschnitt 6.7 Arrangiertechniken und ergänzende Workflows und Tools. Take-Ordner behandle ich z. B. nach MIDI und Audio getrennt (Abschnitt 6.5.4 und Abschnitt 6.6.9) sowie in Abschnitt 6.7.4 nochmals kurz im Vergleich zu Ordnern als Arrangiertool. Spuralternativen sind ebenfalls eine hilfreiche Funktion beim allgemeinen Editing und werden in Abschnitt 6.7.1 erläutert.

6.3 Allgemeines Editing 3: Werkzeuge im Hauptfenster

Durch Klick auf das Menü oder Drücken der T-Taste öffnet sich am Mauszeiger ein Werkzeugmenü. Dieses enthält 14 Werkzeuge, die Sie durch Mausklick oder einen direkt daneben aufgelisteten Shortcut auswählen können. Dieser Shortcut ist nur dann sichtbar, wenn Sie das Werkzeugmenü auch mit Hilfe der T-Taste sichtbar gemacht haben. Auf diese Weise können Sie beispielsweise durch Eingeben der Tastenkombination T + 2 (T muss dabei zuerst eingegeben werden) schnell auf das Stiftwerkzeug zugreifen. Drücken Sie zweimal hintereinander auf die T-Taste, so ist automatisch wieder das Zeigerwerkzeug ausgewählt.

Welches Werkzeug ausgewählt ist, erkennen Sie am Häkchen daneben bzw. an der Anzeige im unausgeklappten Werkzeugmenü. Es stehen Ihnen zwei Werkzeugmenüs nebeneinander angeordnet zur Verfügung – manchmal sogar drei. Alle enthalten die gleiche Palette an Werkzeugen. Dass es mehrere Menüs gibt, soll Ihnen helfen, schneller zwischen häufig benutzten Werkzeugen umzuschalten. Das aktuell selektierte Werkzeug aus dem zweiten Werkzeugmenü (sogenanntes *Sekundärwerkzeug* oder *Secondary Tool*) rufen Sie mit gehaltener cmd-Taste auf (Abbildung 6.17).

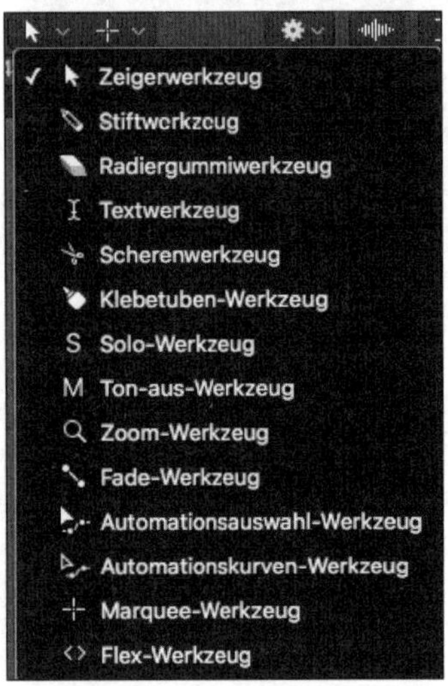

Abbildung 6.17 Hier ist das erste Werkzeugmenü eingeblendet. Die Werkzeugmenüs unterscheiden sich nicht voneinander, erlauben lediglich die individuelle Zuweisung eines jeweils anderen Werkzeugs. Im Bild ist das Zeigerwerkzeug zugewiesen.

Auch in anderen Fenstern wie der PIANOROLLE oder dem AUDIODATEIEDITOR stehen mehrere Werkzeugmenüs bzw. ein Secondary Tool zur Verfügung, dort enthalten die Werkzeugmenüs zum Teil etwas andere Werkzeuge, die ich in den jeweiligen Kapiteln besprechen werde.

6.3.1 Zeigerwerkzeug/Selektion

Das Zeigerwerkzeug (Shortcut [T]) ist das Standardwerkzeug für das Auswählen und andere Operationen. Manchmal wird dieses Werkzeug auch *Pfeilwerkzeug* oder *Mauszeiger* genannt. Wenn Sie dieses Werkzeug über den Anfang oder das Ende von Regionen, Markern oder Events bewegen, so ändert sich sein Aussehen, und Sie können beispielsweise die jeweilige Region, das Event oder auch Loops am Anfang oder Ende verlängern oder verkürzen.

Klicken Sie auf eine Region, um sie zu selektieren. Um mehrere Regionen zu selektieren, klicken Sie sie mit der gehaltenen [⇧]-Taste an oder spannen mit dem Standard-Zeigerwerkzeug einen Bereich um die gewünschten Regionen auf. Klicken Sie die Maustaste unterhalb der Regionen, und ziehen Sie dann mit gehaltener Maustaste einen Bereich auf, der die Regionen selektiert.

Zusätzliche Optionen für ein Multifunktionszeigerwerkzeug

In den allgemeinen Einstellungen (LOGIC PRO X • EINSTELLUNGEN • ALLGEMEIN • BEARBEITUNG) können Sie Klickzonen für das Zeigerwerkzeug aktivieren: So verwandelt sich das Zeigerwerkzeug optional z. B. in ein Marquee-, Crossfade- oder Swipe-Tool, wenn Sie einen bestimmten Bereich einer Region oder eines Take-Ordners mit der Maus überfahren.

6.3.2 Stiftwerkzeug

Das Stiftwerkzeug (Shortcut [2]) erzeugt neue (leere) Regionen oder Events (z. B. Automationen) im Hauptfenster.

6.3.3 Radiergummiwerkzeug

Mit dem Radiergummiwerkzeug (Shortcut [3]) löschen Sie Regionen und Events.

6.3.4 Textwerkzeug

Das Textwerkzeug (Shortcut [4]) dient zum Beschriften von Regionen (geht auch durch Selektion und [⇧] + [N]).

6.3.5 Scherenwerkzeug

Sie können eine Region mit dem Scherenwerkzeug teilen. Stellen Sie das Scherenwerkzeug ein, und bewegen Sie es mit gehaltener Maustaste über die Region. Dabei wird diese automatisch selektiert und auch Scrubbing ist möglich. Sie hören den Inhalt der entsprechenden Region(en) am Schnittpunkt, sie wird (werden) temporär solo geschaltet. Das ist sowohl bei Audio- als auch bei MIDI-Regionen der Fall. Wenn mehrere Regionen selektiert sind, hören Sie beide gleichzeitig. Eine zusätzliche Infobox informiert Sie über den anvisierten Schnittpunkt.

Wenn Sie mit aktiviertem Scherenwerkzeug die `alt`-Taste halten, steht der Befehl WIEDERHOLT SCHNEIDEN zur Verfügung, mit dem Sie Regionen oder Noten in mehrere gleiche Teile auftrennen. Neben der SCHERE sehen Sie dabei ein kleines +-Symbol (siehe Abschnitt 6.6.11).

6.3.6 Klebetuben-Werkzeug

Die Klebetube (Shortcut `6`) dient dem Verbinden von Regionen/Events. Sie entspricht dem Befehl REGIONEN VERBINDEN (`cmd` + `J`)

6.3.7 Solo- und Mute-Werkzeuge

Das Werkzeug SOLO (Shortcut `7` dient zum temporären Solo-Hören einer Region (nicht: der Spur), solange die Maus gedrückt bleibt, und erlaubt optionales Scrubbing.

Das Mute-Werkzeug (Shortcut `8`) dient dem Stummschalten von Regionen und Events (nicht: der Spur). Details über Solo und Mute für Regionen und Spuren lesen Sie in Abschnitt 4.10.24.

6.3.8 Zoom-Werkzeug

Das Zoom-Werkzeug (Shortcut `9`) dient der Vergrößerung der Darstellung. Spannen Sie mit dem Zoom-Tool einen Bereich auf – und Logic zoomt ein und nutzt die Größe des Fensters zur Darstellung genau dieses Bereichs. Nochmaliges Klicken auf den Hintergrund mit dem Zoom-Werkzeug bewirkt ein Zurückspringen zur vorher aktuellen Zoomstufe. Das Zoom- bzw. Lupenwerkzeug können Sie übrigens auch durch alleiniges Drücken der Taste `alt` aufrufen (in älteren Logic-Versionen `ctrl` + `alt`).

6.3.9 Fade/Crossfade-Werkzeug

Das Fade/Crossfade-Werkzeug (Shortcut `0` oder `ctrl` + `⇧` in Verbindung mit Mausaktionen bei gehaltener Maustaste) dient zum schnellen Erstellen von nichtdestruktiven Fades (am Regionsanfang oder -ende) oder Crossfades (zwischen zwei Regionen) bei Audiodateien (nicht für MIDI); vergleiche Abschnitt 6.6 über das Editieren von Audioaufnahmen.

Ist im Informationsfenster REGION BESCHLEUNIGEN/VERLANGSAMEN statt FADE-IN und -OUT eingestellt, wird das Fade-Tool für Beschleunigungs- oder Verlangsamungsoperationen verwendet.

6.3.10 Automationsbearbeitungswerkzeuge

Das Automationswahlwerkzeug (Shortcut [Q]) dient zum Selektieren und Editieren von Automationspunkten.

Das Automationskurven-Werkzeug (Shortcut [W]) verwenden Sie zum Erzeugen von Automationskurven bzw. exponentiellen und logarithmischen Verläufen in der Automation. Das Automationskurven-Werkzeug können Sie bei der Bearbeitung von Automation auch durch gleichzeitiges Drücken der Tasten [ctrl] + [⇧] in Verbindung mit Mausaktion bei gehaltener Maustaste aufrufen, auch andere Kurven können Sie so bearbeiten.

6.3.11 Marquee-Werkzeug und Marquee-Lineal: Selektieren und Schneiden

Maquee-Werkzeug und Maquee-Lineal sind komplexe Tools zum Auswählen und Schneiden, insbesondere (aber nicht nur) für Audioregionen. Zunächst eine Übersicht: Mit dem Marquee-Werkzeug (Fadenkreuz; Shortcut [E]) können Sie Teile einer oder mehrerer Regionen im Bereich SPUREN auswählen – zum Beispiel, um diese durch Anklicken zu schneiden. Mit einem Klick an einer Position (statt einer Selektion) wird es zum Marquee-Einfügemarker, der anschließend durch Drücken der [←]- und [→]-Tasten zum nächsten/vorherigen Transienten springen kann. Dies dient als passende Markierung für Schnittoperationen (via [ctrl] + [cmd] + [T]). Hilfreich ist dabei auch das Marquee-Lineal.

Tipp

Der in Abschnitt 6.6.1 vorgestellte AUDIOSPUREDITOR eignet sich besonders gut für Edits mit dem Marquee-Tool.

Markieren und Schneiden

Im Einzelnen: Mit dem Marquee-Werkzeug können Sie einen Bereich einer Region markieren und dann mit dem Shortcut [ctrl] + [cmd] + [T] herausschneiden (Befehl: REGION/EVENTS AN LOCATOR-PUNKTEN ODER MARQUEE-AUSWAHL TEILEN). Wenn Sie den selektierten Bereich der Region anklicken, wird er an den Selektionsgrenzen geschnitten und selektiert (Projekt *06Marquee*).

Sie können mit dem Marquee-Tool selektierte Bereiche auch direkt mit der [⌫]/[←]-Taste löschen. So können Sie z. B. aus einem Audiofile manuell »stille« Stellen herausschneiden (Abbildung 6.18).

Abbildung 6.18 Den hier selektierten Bereich können Sie mit der »Delete«-Taste sofort löschen.

Navigationsfunktionen im Zusammenhang mit dem Marquee-Tool

Wenn für die Wiedergabetaste die Option AB MARQUEE-AUSWAHL WIEDERGEBEN aktiv ist (im Kontextmenü oder im NAVIGIEREN-Menü), beginnt die Wiedergabe selbst dann beim Anfangspunkt der Marquee-Auswahl, falls noch ein Cycle-Bereich eingestellt ist. Ein eventuell eingestelltes automatisches Setzen von Locator-Punkten, die Funktion LOCATOR-PUNKTE SETZEN in der Symbolleiste oder der entsprechende Eintrag, der auftaucht, wenn Sie mit der rechten Maustaste oder `ctrl` + Klick auf Ihre Selektion im Marquee-Lineal klicken, bringt die Locator-Punkte in Einklang mit Ihrer Marquee-Selektion. Mit `ctrl` + `↥` oder `↧` springen Sie mit der Abspielposition zum Auswahlanfang oder -ende.

Marquee-Lineal

Wenn Sie im Bereich SPUREN im ANSICHT-Menü das Marquee-Lineal einblenden, können Sie durch die Selektion eines Taktbereichs im Marquee-Lineal diesen Bereich wie mit dem Marquee-Tool für alle Spuren gleichzeitig selektieren.

Es ist außerdem möglich, anschließend einige Spuren aus der Selektion zu entfernen, indem Sie mit der gehaltenen `⇧`-Taste auf den Spur-Header klicken. In Abbildung 6.19 sehen Sie das eingeblendete Marquee-Lineal und darunter drei Spuren. Die Inhalte aller Spuren sind durch die Selektion im Marquee-Lineal ebenfalls selektiert – mit Ausnahme der zweiten Spur, deren Spur-Header mit gehaltener `⇧`-Taste angeklickt wurde. `ctrl` + `cmd` + `T` würde in diesem Fall den selektierten Bereich aus den Regionen in Spur 1 und 3 herausschneiden (Projekt *06MarqueeLin*).

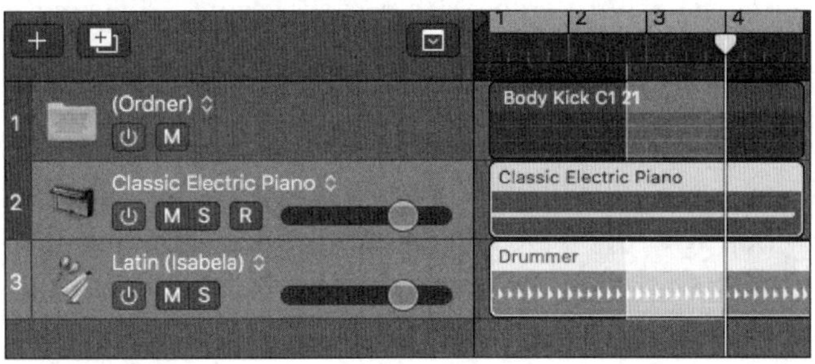

Abbildung 6.19 In der Abbildung habe ich Spur 2 aus der Selektion des Marquee-Lineals entfernt.

Wenn Sie eine Selektion mit dem Marquee-Tool erstellen, wird sie im Marquee-Lineal angezeigt. Im Bild ist mit Marquee-Tool und Marquee-Lineal ein anderer Bereich selektiert als mit den Locator-Punkten. In diesem Fall hat die Marquee-Selektion bei Schneidebefehlen Priorität.

Marquee-Einfügemarker/Schneiden anhand von Transienten und MIDI-Events

Wenn Sie (statt einen Bereich zu markieren) mit dem Marquee-Werkzeug nur einmal kurz in eine Region klicken, so erhalten Sie anstelle eines selektierten Marquee-Bereichs eine Einfügemarke (englisch *insert point*; siehe Abbildung 6.20). Das Interessante hierbei ist, dass Sie diese Einfügemarke mit den Tasten ← und → zu den nächsten Transienten (bei Audioregionen) oder Noten (bei MIDI-Regionen) bewegen können. Der Befehl heißt AUSWAHLENDE ZUM VORHERIGEN [bzw. NÄCHSTEN] TRANSIENTEN VERSCHIEBEN. Danach können Sie z. B. an der Position der Marquee-Einfügemarkierung die Region schneiden. Der entsprechende Shortcut lautet ctrl + cmd + T (Befehl REGIONEN/EVENTS AN LOCATOR-PUNKTEN ODER MARQUEE-AUSWAHL TEILEN).

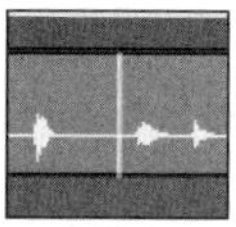

Abbildung 6.20 Im Bild wird das Marquee-Tool als Insert-Point benutzt (Projekt »06MarqueeMark«).

Transienten sind die Stellen in einer Audioaufnahme, an denen es plötzlich sehr laut wird, z. B. die kurze Attack-Phase eines Schlagzeuginstruments. Auch die Start- und Endpunkte von MIDI-Noten werden in diesem Fall als »Transienten« im Sinne von Events, an denen ein markantes Ereignis vorkommt, eingeordnet.

Selektionen anhand von Transienten oder Noten erweitern und verschieben

Die Länge einer mit dem Marquee-Werkzeug oder dem Marquee-Lineal erstellten Selektion können Sie mit den Pfeiltasten ← und → verändern. Die Selektion wird dann bis zum nächsten gefundenen Transienten (oder der nächsten gefundenen MIDI-Note) ausgedehnt oder reduziert. Wenn Sie dabei die ⇧-Taste festhalten, wird der Anfang des Selektionsbereichs ausgedehnt oder reduziert, ansonsten das Ende des Selektionsbereichs. Wenn Sie die Marquee-Einfügemarkierung benutzt haben, müssen Sie die ⇧-Taste nutzen, um mit ← oder → eine Auswahl auszuweiten, ansonsten bewegt sich die Markierung einfach zum nächsten Transienten. Wenn Sie mit dem Audiospureditor arbeiten (siehe Abschnitt 6.6.1) erkennen Sie das besonders gut.

Mit dem Tastaturkommando ⇧ + ↥ oder ↧ verschieben Sie die gesamte Marquee-Auswahl (an Transienten orientiert) nach rechts oder links. Die Befehle hierzu heißen: ERSTES AUSWÄHLEN UND MARQUEE-SELEKTION NACH LINKS VERSCHIEBEN bzw. LETZTES AUSWÄHLEN UND MARQUEE-SELEKTION NACH RECHTS VERSCHIEBEN.

Logic erkennt auch die Start- und Endpunkte von MIDI-Noten als mögliche Transienten bzw. Selektionserweiterungspunkte, wenn ich mit den Pfeiltasten arbeite, um eine Selektion nach links oder rechts zu erweitern.

Marquee-Werkzeug als Standardwerkzeug

Das Verhalten des Standard-Pfeilwerkzeuges können Sie in den allgemeinen Logic-Einstellungen im Bereich ALLGEMEIN • BEARBEITUNG ändern (KLICKZONEN FÜR WERKZEUG »MARQUEE«), so dass ein Marquee-Werkzeug automatisch sichtbar wird, wenn Sie den Cursor über den unteren Bereich einer Region bewegen.

6.3.12 Flex-Werkzeug

Das Flex-Werkzeug (Shortcut [R]): Hiermit erreichen Sie schnell grundlegende Flex-Bearbeitungsmöglichkeiten, ohne dass Sie dafür die Flex-Ansicht aktivieren müssen. Mit dem Flex-Werkzeug können Sie Stellen in der Wellenform der Region anklicken und bewegen.

6.4 Allgemeines Editing 4: Informationsfenster »Region« und »Spur« allgemein

Der folgende Abschnitt behandelt die Bereiche der Informationsfenster REGION und SPUR, die für MIDI- und Audiospuren und -regionen übergreifend relevant sind.

Das Informationsfenster REGION blenden Sie im Infobereich ein. Hier stellen Sie für selektierte Regionen nichtdestruktive Abspielparameter ein. Sie können jederzeit wieder zu Ihrem Original zurückkehren, da dieses nicht dauerhaft verändert wurde. Das gilt für alle Einstellungen, die Sie in dieser Box vornehmen. Sie können es außerdem als Schwebefenster »Regionsinfos« unabhängig vom Hauptfenster einblenden ([alt] + [R]). Je nachdem, ob eine Audio- oder MIDI-Region selektiert ist, stehen verschiedene Parameter zur Verfügung, und die Darstellung verändert sich.

Sowohl für Audio- als auch für MIDI-Regionen stehen einige Parameter gemeinsam zur Verfügung.

6.4.1 Informationsfenster »Region«: »Mute«

Hiermit schalten Sie Regionen stumm. Stummgeschaltete Regionen sind erkennbar an einem Punkt links im Namen und ausgegrauter Farbe.

6.4.2 Informationsfenster »Region«: »Loop«

Bei aktiviertem LOOP-Parameter wird die Region wird wiederholt bzw. geloopt; siehe Abschnitt 6.2.7.

6.4.3 Informationsfenster »Region«: »Transposition«

Seit Version 10.3.2 können sowohl MIDI- als auch alle Audioregionen transponiert werden, zuvor ging das nur für bestimmte Audioregionen. Zudem zeigen Regionen nun Transpositionswerte an, sofern in der Anzeige genug Platz dafür da ist (vergleiche Projekt *06Regtransp*). Ob Transposition auch in der Pianorolle angezeigt wird, kann dort im Menü ANSICHT eingestellt werden.

6.4.4 Informationsfenster »Region«: »Delay«

Hierfür muss der Bereich MEHR im Informationsfenster REGION aufgeklappt werden, die Region wird um einstellbare Werte (in Ticks bzw. ms) verzögert bzw. vorgezogen (bei negativen Werten). Eine genaue Erläuterung folgt in Abschnitt 6.4.6.

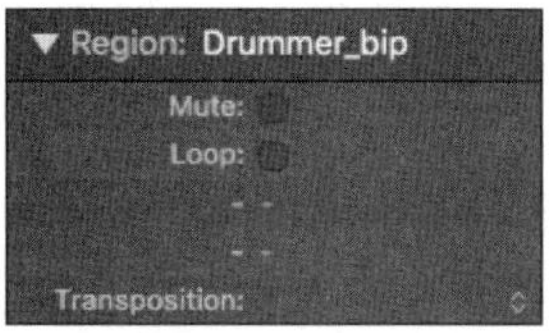

Abbildung 6.21 Der obere Bereich des Informationsfensters »Region« – hier für eine Audioregion

6.4.5 Informationsfenster »Region«: Quantisierung für MIDI und Audio

Die Funktion QUANTISIERUNG gehört zum Informationsfenster REGION, ist aber auch an anderen Stellen verfügbar. Auch Audioregionen können quantisiert werden, falls sie sich im Flex-Modus befinden.

Durch eine Quantisierungseinstellung werden gespielte Noten so korrigiert, dass sie genau auf das von Ihnen eingestellten Raster der Quantisierung geschoben werden. Diese Korrektur erfolgt nichtdestruktiv.

Ob eine Quantisierung und welches Raster sinnvoll ist, hängt von der Qualität und Rhythmik Ihrer Einspielung und vom eingestellten Tempo ab. Eine 16tel-Noten-Quantisierung bei Tempo 86 entspricht z. B. einer 8tel-Noten-Quantisierung bei Tempo 172.

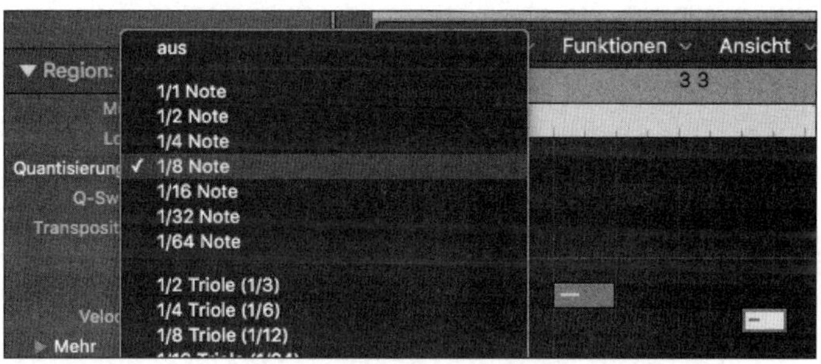

Abbildung 6.22 Die Noten im Bild liegen genau auf Achtelnoten.

Bei der Auswahl eines Quantisierungsrasters (Abbildung 6.22) werden die eingespielten Noten oder Flex-Marker einer Audioregion genau auf die Rasterposition geschoben, die der gespielten Note am nächsten ist. MIDI-Noten können dabei überlappen, Audioregionsbestandteile nicht – allein schon deshalb, weil eine Audiospur nicht mehr als einen Ton gleichzeitig ausgeben kann.

Seit Logic 10.2.3 bezieht sich die Quantisierung sinnvollerweise immer auf das absolute Raster. Das alte Verhalten (nämlich Quantisierungsorientierung am Regionsstart) war manchmal irritierend, wenn Regionen z. B. auf Zählzeiten zwischen den 1/16tel Noten starteten. Dies kann nun mit gehaltener `alt`-Taste erreicht werden. Nach dem Verschieben von Regionen wird die Quantisierung so oder so nicht automatisch beibehalten und muss ggf. neu vorgenommen werden.

Die meisten Quantisierungsfunktionen stehen in den MIDI-Editoren und der EVENT-Liste ebenfalls zur Verfügung. Sie können auch mehrere Audioregionen in verschiedenen Spuren arrangieren, selektieren und über die EVENT-Liste quantisieren – vorausgesetzt, diese zeigt die gleiche Ebene an wie der Bereich SPUREN. Mehr in Abschnitt 7.6 über die EVENT-Liste. Erweiterte Quantisierung: Q-Stärke und Q-Bereich

Wenn Sie auf das kleine Dreieck im Informationsfenster REGION klicken, wo MEHR steht, sehen Sie weitere Parameter für die Region. Dort ist es auch möglich, unter Q-STÄRKE eine Quantisierungsstärke einzustellen, so dass die Noten nicht ganz genau, sondern nur prozentual in Richtung einer Rasterposition korrigiert werden.

Q-BEREICH erlaubt die Einstellung eines Bereichs um die Quantisierungsrasterlinien herum, der entscheidend dafür ist, ob Events quantisiert werden oder nicht. Bei einem positiven Wertebereich werden viele Noten exakt auf die gewünschte Rasterpositionen gesetzt, während Schläge außer der Reihe eventuell unquantisiert bleiben.

Steht Q-BEREICH auf 0, werden alle Noten quantisiert. Ist ein negativer Wert eingestellt, werden lediglich Noten außerhalb des Bereichs quantisiert, so dass nur die am ungenauesten eingespielten Noten quantisiert werden. Oft bzw. je nach Art des eingespielten Materials haben negative Werte auch gar keine Wirkung.

Ist die Quantisierung aus, hat auch eine Einstellung für Q-BEREICH keine Wirkung. Weitere Quantisierungsparameter wie Q-FLAM, Q-VELOCITY und Q-LÄNGE stehen nur bei MIDI-Regionen zur Verfügung und werden in Abschnitt 6.5 erläutert.

Spezielle Quantisierungsraster in Logic

Neben den Standardrastern, die gleichmäßigen Einteilungen der Zwischenräume zwischen den Zählzeiten »eins« von Takten entsprechen und sich selbst erklären, gibt es noch besondere Quantisierungs-Taktraster, deren Sound Sie hören sollten, um zu begreifen, was die Quantisierung bei verschiedenem musikalischem Material bewirkt. Einen kleinen Eindruck erhalten Sie im Dokument *06quantisierungsraster* anhand eines Drumloops.

Gemischte Quantisierung erlaubt z. B. die Berücksichtigung von 8tel- oder 12tel-Notenschlägen (1/8TEL & 1/8TEL TRIOLE-Setting), ungerade Quantisierung teilt den Beat in die entsprechende Schlagzahl ein, z. B. NOVEMOLEN (9 Schläge pro Takt).

Swing-Quantisierung

Bei Shuffle-Beats/Swing-Beats wird jeder zweite Schlag bzw. jede zweite Linie des Quantisierungsrasters leicht nach hinten verschoben. Die Quantisierungsraster entsprechen folgender Einstellung:

- 1/8F Swing oder 1/16F Swing: 71 %
- 1/8E Swing oder 1/16E Swing: 66 %
- 1/8D Swing oder 1/16D Swing: 62 %
- 1/8C Swing oder 1/16C Swing: 58 %
- 1/8B Swing oder 1/16B Swing: 54 %
- 1/8A Swing oder 1/16A Swing: 50 %

Mit dem Parameter Q-Swing (Abbildung 6.23) können Sie die gleiche Wirkung erzielen. Q-Swing-Werte unter 50 % schieben die Position jedes zweiten Schlags des Rasterwerts nach vorn statt nach hinten.

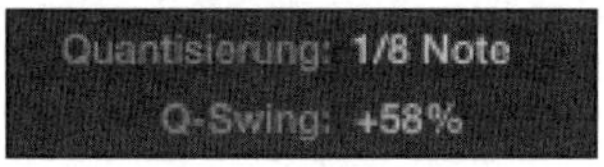

Abbildung 6.23 »Q-Swing«

Groove-Templates

Sie können Quantisierungsraster aus Regionen erzeugen und auf andere Regionen anwenden, um ein einheitliches Feeling zu erhalten. Wenn Sie eine Region selektieren und zum Quantisierungsmenü wechseln, sehen Sie dort unten im Quantisierungsmenü den Eintrag Groove-Template erzeugen, mit dem Sie einen zusätzlichen Eintrag bzw. ein neues Raster im Quantisierungsmenü auf Basis der selektierten Region erzeugen und anschließend in allen Quantisierungsmenüs von Logic verwenden können. Dieser taucht anschließend unten in der Quantisierungsrasterliste auf und erhält den Namen der Region, aus der er gewonnen wurde (Vorsicht: das Raster geht verloren, wenn Sie diese Region löschen). Mehr Details hierzu finden Sie in Abschnitt 9.2 über Groove-Anpassungen.

Quantisierung von nachträglich bearbeiteten Regionen

Einstellungen im Informationsfenster Region entsprechen nicht unbedingt den Inhalten der Region. Es ist ja beispielsweise möglich, freie Edits einzelner Noten *nach* einer Quantisierung vorzunehmen oder auch die ganze Region etwas zu verschieben. Die quantisierten Noten verrutschen dann. Falls Sie die Quantisierung anschließend auf Aus stellen und danach erneut quantisieren, erfolgt eine neue Quantisierung auf der Basis der neuen Verschiebung.

6.4.6 Informationsfenster »Region« und Informationsfenster »Spur«: »Delay«

Der DELAY-Parameter steht sowohl im Informationsfenster REGION als auch im Informationsfenster SPUR von Instrumentenspuren zur Verfügung. Im Informationsfenster REGION wird der DELAY-Parameter sichtbar, wenn Sie auf das kleine Dreieck neben dem Eintrag MEHR klicken.

Abbildung 6.24 Delay im Informationsfenster »Region«

Mit dem DELAY-Parameter stellen Sie einen kleinen Versatz für Regionen ein. Das ist beispielsweise sinnvoll, wenn Sie eine MIDI-Region editieren, die einen langsam anschwellenden Streichersound spielt. Nehmen wir an, dass die Noten jeweils auf der Taktzählzeit 1 spielen. Im Ergebnis klingt ein solcher Sound durch die lange Attack-/Anschwellzeit der Streicher dann trotzdem so, als würde er etwas zu spät spielen. Wenn Sie für die Region oder den Instrumentparameter beispielsweise ein negatives DELAY (z. B. –200) einstellen, werden alle Noten etwas vorgezogen gespielt und können trotzdem auf ganze Noten quantisiert werden. Ein in Ticks angegebenes DELAY verändert natürlich seine zeitliche Länge, wenn Sie das Tempo ändern. Im Flip-Menü wird unterstützend angezeigt, welche Millisekunden-Verzögerung im eingestellten Tempo welchen Taktbruchteilen entspricht.

Im Informationsfenster SPUR können Sie aussuchen, ob das DELAY in Ticks oder Millisekunden eingestellt wird. Die Einstellungen im Informationsfenster SPUR beziehen sich nicht auf selektierte Regionen, sondern auf die gesamte Spur und alle Regionen, die in ihr spielen. Wenn Sie sowohl im Informationsfenster SPUR als auch im Informationsfenster REGION ein DELAY einstellen, so werden diese miteinander verrechnet.

6.4.7 Informationsfenster »Region«: mehrere Regionen gleichzeitig editieren

Wenn Sie mehrere Regionen gleichzeitig selektieren, können Sie im Informationsfenster REGION Parameter für mehrere Regionen gleichzeitig verändern. Falls dieser Parameter für mehrere selektierte Regionen bereits auf unterschiedliche Werte eingestellt ist, erscheint im Informationsfenster REGION ein Sternchensymbol.

Nachfolgende Wertänderungen des Parameters werden nun zusätzlich übernommen, so dass eine *relative* Änderung der Parameterwerte entsteht. Im Ergebnis sehen Sie anschließend den absoluten, für alle Regionen eingestellten Wert im Informationsfenster. Wenn Sie eine *absolute* Änderung herbeiführen möchten, halten Sie die Tasten [⇧] + [alt] während der Wertänderung gedrückt.

Falls für die Parameter nur ein Häkchen zu setzen ist, sieht die Darstellung im Falle, dass mehrere Regionen mit unterschiedlichen Einstellungen selektiert sind, aus wie in Abbildung 6.25 für den Parameter LOOP.

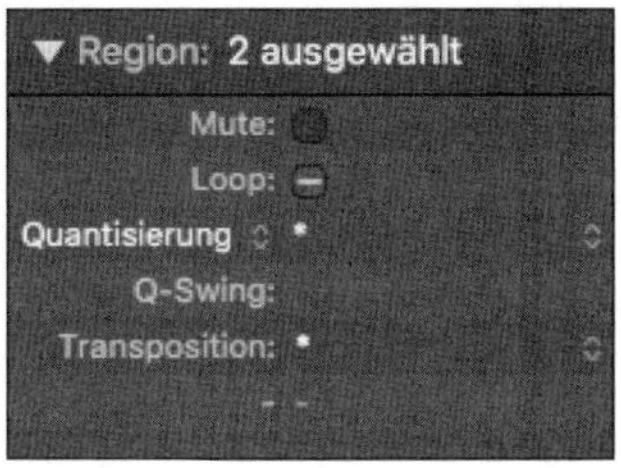

Abbildung 6.25 Für mehrere selektierte Regionen liegen jeweils unterschiedliche Loop-, Quantisierungs- und Transpositionseinstellungen vor.

Ferner können Sie mehrere Regionen und Spuren gleichzeitig editieren, wenn Sie eine *Gruppe* für mehrere Spuren angelegt haben, für die die gleichzeitige Bearbeitung im Hauptfenster (hiermit sind z. B. auch Schneide- oder Flex-Bearbeitungen gemeint) der zugehörigen Spuren aktiviert ist (vergleiche Abschnitt 14.3 über Mix- und Edit-Gruppen). Das ist zum Beispiel bei Timingkorrekturen von Mehrspuraufnahmen wichtig.

6.4.8 Informationsfenster »Spur«: »Kanal« und »Freeze« bei Audio- und Software-Instrument-Spuren

Die Parameter KANAL und FREEZE (siehe Abschnitt 4.10.19) stehen bei Audiospuren und Software-Instrument-Spuren (nicht jedoch bei externen MIDI-Spuren) zur Verfügung:

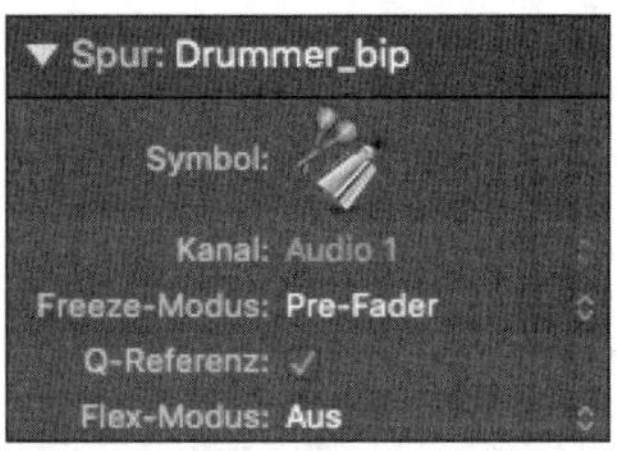

Abbildung 6.26 »Kanal«- und »Freeze«-Einstellungen im Informationsfenster »Spur«

»Kanal«

Die KANAL-Angabe entspricht hier dem der Spur zugeordneten Objekt in der MIDI-UMGEBUNG (im Layer MIXER) – und nicht (wie bei externen MIDI-Spuren) dem MIDI-Kanal. Beim Erzeugen einer Spur (z. B. einer neuen Software-Instrument-Spur) wird gegebenenfalls automatisch ein zugehöriges Objekt im Environment erstellt, falls es noch nicht vorhanden ist. Unabhängig von Spurname und -nummer werden auch die Objekte im Environment durchnummeriert (z. B. *Audio 1, 2, 3* ... sowie *Instrument 1, 2, 3* ...). Jedes Objekt kann es dabei nur einmal geben. Wenn Sie im Hauptfenster also im Menü SPUR • ANDERE eine NEUE SPUR mit dem gleichen Instrument erzeugen, so erkennen Sie anhand der Kanalbeschriftung, ob es sich bei zwei Spuren um das gleiche Instrument bzw. Environment-Objekt handelt. Im Spur-Header können Sie konfigurieren, dass Sie dies entsprechend angezeigt bekommen.

»Freeze-Modus«

Hier legen Sie fest, ob im Freeze-Modus NUR QUELLE nur die Inhalte der Spur ohne Effekte (z. B. bei rechenintensiven Flex-Modi) oder PRE-FADER (inklusive aller Effekte) eingefroren werden. Mehr zum Freeze-Modus lesen Sie in Abschnitt 4.10.9.

6.4.9 Parameter dauerhaft anwenden/normalisieren

Über das FUNKTIONEN-Menü gibt es im Untermenü MIDI-REGIONPARAMETER bzw. im Regionskontextmenü im Unterabschnitt MIDI für MIDI-Regionen Optionen, die Quantisierung oder alle/andere Parameter dauerhaft anzuwenden. Das wird andernorts auch »Normalisieren von Parametern« genannt. Immerhin ist am Shortcut `ctrl` + `N` zu erkennen, dass es sich um die gleiche Funktion handelt.

Auch mit REGIONSPARAMETER NORMALISIEREN können Sie ausgewählte Einstellungen des Informationsfensters in die Region oder einen Ordner schreiben. Die Parameter sollen dann laut Handbuch zurückgesetzt werden, so dass Ihre Edits quasi destruktiv statt nichtdestruktiv werden. Im Test hat das »Normalisieren« nicht immer funktioniert, das »dauerhafte Anwenden« hingegen schon.

Sie benötigen diese Funktion beispielsweise, wenn Sie eine ungenaue Einspielung zunächst grob quantisieren (z. B. $^1/_{16}$) und dann nochmals anders mit Groove-Templates quantisieren möchte. Nach der ersten Quantisierung wird dann »normalisiert«, anschließend neu quantisiert.

6.5 MIDI-Editing im Hauptfenster: spezielle Funktionen

In diesem Abschnitt geht es um die Bearbeitung von MIDI-Regionen. Logics spezielle MIDI-Editoren stehen Ihnen auch im Hauptfenster im Editorenbereich zur Verfügung, werden aber in Kapitel 7, »Die MIDI-Editoren«, besprochen (PIANOROLLE, NOTATION, SCHRITT-EDITOR und EVENT-Liste).

Allerdings gibt es auch viele spezielle Funktionen zum Editieren von MIDI-Daten, die ausschließlich oder besonders gut im Hauptfenster zu realisieren sind. Hierzu zählen:

- die Editierung von MIDI-Parametern der Informationsfenster REGION und SPUR
- Spezialfunktionen zum Auftrennen von MIDI-Daten nach Noten oder Kanal
- MIDI-Take-Ordner
- Spezielle Funktionen zum Erzeugen von mehreren MIDI-Spuren mit dem gleichen Kanal oder MIDI-Spuren mit unterschiedlichen Kanälen werden in Abschnitt 4.10.5 besprochen.

6.5.1 MIDI-Events in Regionen löschen, kopieren oder schneiden: Besonderheiten

Beim Editieren und Schneiden von MIDI-Regionen oder Noten in Regionen müssen Sie beachten, dass MIDI-Noten keine Information über ihre Länge enthalten, sondern dass am Ende einer Region ein Note-Off-Befehl gesendet wird. Liegen z. B. zwei Regionen übereinander, die exakt die gleiche Note spielen, kann das dazu führen, dass ein Note-Off-Befehl einer älteren Note gesendet wird und die kurz zuvor neu gestartete Note ausschaltet, obwohl diese eigentlich länger spielen soll. Wenn Sie eine Region an einer Stelle schneiden wollen, in der eine MIDI-Note gehalten ist, könnten mehrere Verfahrensweisen sinnvoll oder gewünscht sein. Logic hat dafür Pop-up-Dialogfragen eingebaut (Abbildung 6.27).

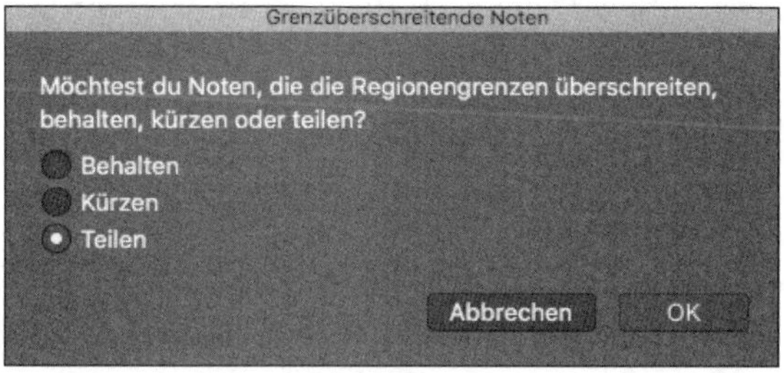

Abbildung 6.27 Dialog für überlappende Noten

Wählen Sie aus, ob die Noten in zwei Noten geteilt, in ihrer ursprünglichen Länge beibehalten oder am Schnittpunkt ohne Erzeugen einer zweiten Note gekürzt werden.

Im BEARBEITEN-Menü des Bereichs SPUREN finden Sie spezielle Menüpunkte zum Kopieren, Löschen und Auftrennen (siehe Abbildung 6.28, Abschnitt 6.5.2) von MIDI-Events:

- Mit MIDI-EVENTS LÖSCHEN können Sie nach verschiedenen Kriterien (z. B. ZWISCHEN LOCATOR-PUNKTEN, AUSSERHALB DER REGIONSGRENZEN) MIDI-Events löschen.
- Die Funktion MIDI-EVENTS KOPIEREN zum Kopieren/Bewegen eines selektierbaren Bereichs erläutere ich in Abschnitt 7.2.34 im Zusammenhang mit der PIANOROLLE.

6.5.2 Auftrennen von MIDI-Events/Regionen nach Tonhöhe oder Kanal und Beschriftung von Regionen oder Spuren

Wenn Sie eine Region mit mehreren MIDI-Noten gespielt haben (z. B. Kick, Snare und Hi-Hat), können Sie über den Befehl MIDI-EVENTS AUFTRENNEN im BEARBEITEN-Menü des Hauptfensters für jede Tonhöhe eine eigene Spur mit einer eigenen Region erzeugen.

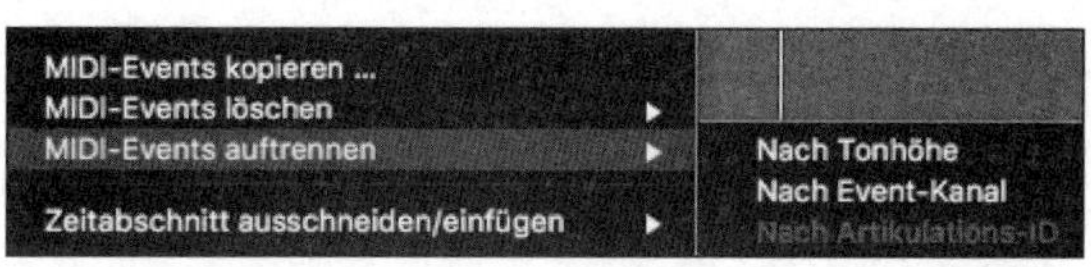

Abbildung 6.28 Im »Bearbeiten«-Menü des Hauptfensters finden Sie den Befehl »MIDI-Events auftrennen«

Auch eine Auftrennung nach Event-Kanälen ist möglich. Das ist hilfreich, falls Sie MIDI-Daten von mehreren Keyboards gleichzeitig einspielen und nachträglich auftrennen möchten. Oder wenn Sie ein GM-File des Typs 0 importiert haben, bei dem alle Instrumente in einer Region gespeichert, aber verschiedenen MIDI-Kanälen zugewiesen sind.

Praxisbeispiel zum Auftrennen von MIDI-Events

Öffnen Sie das Projekt *06Midiedit1*. Hier habe ich einen Groove mit drei Schlagzeugsounds aufgenommen. Im Projekt *06Midiedit2* habe ich diese aufgetrennt. Sie erkennen am Eintrag KANAL der Software-Instrument-Spuren, dass alle vier Spuren das gleiche Environment-Objekt bzw. Instrument ansteuern. Im Projekt *06Midiedit3* habe ich alle Regionen beschriftet (via Selektion und [⇧] + [N]) und die Spuren über das FUNKTIONEN-Menü und den Befehl SPUR NACH REGIONSNAMEN BENENNEN umbenannt.

In der Praxis ist das Ergebnis jedoch nicht optimal zu bedienen. Wollen Sie Kick, Snare oder Hi-Hat einzeln stumm schalten, müssen Sie das über die Regionen tun, denn wenn Sie Spuren via MUTE-Button stumm schalten, werden alle Spuren gleichzeitig stumm geschaltet. Eine verbesserte Konfiguration sehen Sie in Abbildung 6.29 und finden Sie im Projekt *06Midiedit4*. Über die SPUR-HEADER-KONFIGURATION habe ich EIN/AUS-Tasten eingeblendet, um einzelne Spuren zu deaktivieren. Über die Option ZUSÄTZLICHE SPALTE „NAME" • CHANNEL-STRIP-TYP UND -NUMMER können Sie sich zusätzlich zum Spurnamen den Namen des zugehörigen Channel-Strip-/Environment-Objekts/Instrumentenkanals im Bereich SPUREN anzeigen lassen, um den Überblick zu behalten, da hier alle drei Spuren dasselbe Instrument ansteuern.

Abbildung 6.29 Über die »Spur-Header-Konfiguration« wurden die Spuren mit einer »Ein/Aus«-Taste versehen und zeigen zusätzlich den Namen des Instrumentenkanals an.

6.5.3 MIDI-Events dehnen/stauchen

MIDI-Regionen können Sie dehnen/stauchen, indem Sie die Länge der Region mit gehaltener [alt]-Taste editieren, so dass das entsprechende Werkzeug sichtbar wird (siehe Abschnitt 6.2.11). Time-Stretching für MIDI-Regionen ist z. B. hilfreich, um ein musikalisches

Thema, das Sie ohne Metronom in Logic hineingeklimpert und aufgenommen haben, an ein gewünschtes Tempo in Logic anzupassen. Alternativ können Sie auch die neuen Time-Handles in der Pianorolle hierfür nutzen (siehe Abschnitt 7.2.36).

6.5.4 MIDI-Take-Ordner editieren

Dieses Thema habe ich bereits in Abschnitt 5.2 über die MIDI-Aufnahme in mehreren Takes angeschnitten. Nachfolgend geht es um Bearbeitungsoptionen *nach* der Aufnahme.

Im Projekt *06Kinderlieder-Takeordner* habe ich wie beschrieben »Alle meine Entchen« und anschließend »Hänschen klein« (unquantisiert) mit der Einstellung TAKE-ORDNER ERSTELLEN in dieselbe Spur aufgenommen. Diesen Ordner können Sie mit dem Pfeil links oben aufklappen. Die Zahl 2 zeigt dabei an, dass Take 2 im Take-Ordner ausgewählt ist (siehe Abbildung 6.30).

Abbildung 6.30 MIDI-Take-Ordner mit zwei Takes

Das Aufklappen des Pfeils lässt die Aufnahmen sichtbar werden, ein Klick auf die Zahl ruft ein zusätzliches Menü auf (Abbildung 6.31). Das Häkchen neben dem Take zeigt an, welcher Take gerade zu hören ist. Um einen anderen Take hörbar zu machen, klicken Sie ihn einfach an. Wenn Sie einen Take angeklickt und selektiert haben, stehen im Informationsfenster REGION auch alle Parameter wie Quantisierung zur Verfügung, die nicht angezeigt werden, wenn Sie nur den Take-Ordner selbst als eine Art »Containerregion« selektieren. Den zuletzt eingespielten Take finden Sie normalerweise oben.

Abbildung 6.31 Kontextmenü des Take-Ordners

Das Menü bietet neben den Funktionen zum Umbenennen, Löschen und Reduzieren verschiedene Funktionen zum Entpacken an, die den Optionen ähneln, die Sie bereits bei der Aufnahme im Menü AUFNAHME • MIDI-AUFNAHMEN ÜBERLAPPEN hatten.

Sie können die Takes via TAKE UMBENENNEN beschriften und danach leicht zwischen ihnen umschalten. Dies habe ich im Projekt *06Kinderlieder-Takeordner2* gemacht.

Mit der Funktion ENTPACKEN können Sie die Takes in zwei neue Spuren entpacken. Dabei werden im Beispiel zwei Spuren mit jeweils einer Region erzeugt, und die Region, die aus dem gerade nicht selektierten Take erzeugt wurde, wird stumm geschaltet.

Mit der Funktion ENTPACKEN IN NEUE SPUREN landen beide Regionen in einer eigenen Spur. Die Option REDUZIEREN macht aus dem Take-Ordner mit dem gerade hörbaren Take eine einfache Region, wodurch sämtliche nicht selektierten Takes verschwinden.

ENTPACKEN IN NEUE SPURALTERNATIVEN legt die Takes in Spuralternativen (siehe Abschnitt 6.7.1).

Sie können mit MIDI-Take-Ordnern keine QUICK SWIPE COMPING-Funktion benutzen wie mit Audio-Take-Ordnern. Dies ist eine logische Beschränkung, da andernfalls Note-Off-Befehle eventuell nicht korrekt übermittelt würden. Sie können einzelne Takes innerhalb von MIDI-Take-Ordnern auch nicht verschieben.

Wollen Sie nur einen bestimmten Bereich eines Take-Ordners reduzieren, hilft es, den Take-Ordner vorher zu zerschneiden (z. B. durch Auswahl eines Bereichs im Taktlineal und den Shortcut ctrl + cmd + T).

6.5.5 MIDI-Take-Ordner: Länge ändern

MIDI-Take-Ordner-Regionen können Sie übrigens links wie rechts über die Länge der in ihr vorhandenen Takes hinaus mit dem Längentool erweitern – z. B., damit Sie eine kurze Region bequem als längeres, gut greifbares Objekt zum Arrangieren verwenden können.

6.5.6 Informationsfenster »Region«: besondere Parameter bei MIDI-Regionen

Das Informationsfenster REGION zeigt bei MIDI-Regionen andere Parameter an als bei Audioregionen, z. B. bezüglich QUANTISIERUNG, DYNAMIK, VELOCITY und TRANSPOSITION (Letzteres funktioniert etwas anders als bei Audioregionen). Um alle Optionen zu sehen, klappen Sie den Pfeil neben dem Eintrag MEHR auf.

Viele Quantisierungsfunktionen stehen zusätzlich in den MIDI-Editoren zur Verfügung. Abbildung 6.32 zeigt ein aufgeklapptes Informationsfenster REGION für MIDI-Regionen.

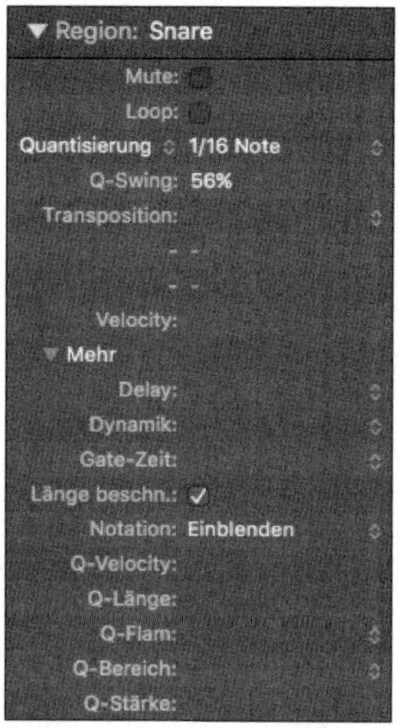

Abbildung 6.32 Das Informationsfenster »Region« inklusive eingeblendeter weiterer Parameter

6.5.7 Zusammenspiel zwischen Pianorolle und Hauptfenster bei der MIDI-Quantisierung

Auch in der PIANOROLLE können Sie quantisieren – nicht nur Regionen, sondern auch einzelne Noten. Ist in der PIANOROLLE unter ZEITQUANTISIERUNG ein entsprechender Wert eingestellt, wird durch Auslösen des Shortcuts Q bei fokussiertem Hauptfenster dieser Wert auch im Informationsfenster REGION für im Hauptfenster selektierte Regionen eingestellt.

6.5.8 Informationsfenster »Region«: »Velocity« und »Dynamik«

Positive oder negative Werte verändern die Velocity *aller* Noten der selektierten Region. Sie können außerdem die DYNAMIK der gespielten Noten als Regionsparameter von 0 (fester Wert) bis 400 % einstellen. Ist kein Eintrag zu sehen, steht die Dynamik auf 100 %, und die Velocities werden so weitergeleitet, wie Sie sie gespielt haben. Bei der Einstellung fester Werte werden alle Noten mit der gleichen Velocity ausgegeben. Ob diese nun der leisesten oder lautesten Note entspricht, hat sich in vergangenen Logic-Versionen mehrmals geändert. Aber in jedem Fall können Sie ja im VELOCITY-Bereich durch Eingabe eines positiven oder negativen Wertes die gespielte Velocity ändern.

6.5.9 Informationsfenster »Region«: »Gate-Zeit«, Länge, »Notation«

Die GATE-ZEIT wird in Prozent angegeben. Kleinere Werte verkürzen die Längen aller Noten in der Region, größere Werte verlängern sie.

Ist bei LÄNGE BESCHNEIDEN ein Häkchen gesetzt, schneidet Logic Noten am Ende von Regionen automatisch ab. Das hat deshalb eine Bedeutung, weil andernfalls nicht der Note-Off-Befehl gesendet wird, der die Note abschaltet, und die Note hierdurch möglicherweise weiterspielt. Im Praxistest wird der Note-Off-Befehl allerdings immer auch am Ende der Note gesendet, selbst wenn das Regionsende bereits überschritten wurde.

Ist die Funktion NOTATION deaktiviert, soll die MIDI-Region nicht im Notationseditor dargestellt werden (z. B. weil ihre Inhalte wie SysEx dort nicht editiert werden sollen).

6.5.10 Informationsfenster »Region«: intelligente Quantisierung für MIDI-Events

Im Informationsfenster REGION steht für die Quantisierung von MIDI-Regionen nun die zusätzliche Option INTELLIGENTE QUANTISIERUNG zur Verfügung. Diese versucht, Bereiche zu erkennen, die besser nicht wie der Rest der Noten entsprechend dem Raster quantisiert werden, z. B. *Triller* oder kurzzeitig schnell gespielte Noten. Auch beim Editieren von Schlagzeugpatterns kann die Funktion hilfreich sein.

Die entsprechende Option ist ein wenig versteckt, Sie finden sie durch Klick auf den Eintrag QUANTISIERUNG im Informationsfenster REGION, wo Sie nun zwischen KLASSISCHER und INTELLIGENTER QUANTISIERUNG wählen können (Abbildung 6.33).

Abbildung 6.33 Flip Menü »Klassische/Intelligente Quantisierung«

Im Projekt *06xIntelliQ* finden Sie ein einfaches Beispiel mit drei Regionen, von denen die erste unquantisiert ist, die zweite klassisch im 1/16-Raster und die dritte im intelligenten Modus im 1/16-Raster, wodurch sich für die zwischendurch schnell gespielten Noten ein abweichendes Ergebnis ergibt.

6.5.11 Informationsfenster »Region«: weitere Quantisierungsoptionen für MIDI

Die Quantisierungsparameter Q-STÄRKE und Q-BEREICH (Abbildung 6.32) regeln das Ausmaß der Quantisierung (wodurch Feinheiten des Ausgangsmaterials beibehalten werden können) und wurden in Abschnitt 6.4.5 im Abschnitt »Informationsfenster ›Region‹: ›Quantisierung‹ für MIDI und Audio« erläutert.

Die folgend aufgelisteten Quantisierungsoptionen stehen lediglich für MIDI-Regionen zur Verfügung:

- Q-FLAM: Akkorde werden zu einer Art Flam bzw. Arpeggio entzerrt. Positive Werte bewirken ein aufsteigendes, negative ein absteigendes Arpeggio. Nützlich, um z. B. Up- oder Downstrokes bei Gitarren zu simulieren, obwohl die Akkorde zunächst auf der Klaviatur ohne entsprechenden Zeitversatz eingespielt wurden.

- Q-VELOCITY: Hiermit regeln Sie prozentual, inwiefern die Anschlagdynamik einer als Groove-Template verwendeten Region auf die selektierte Region angewendet wird.
- Q-LÄNGE: Steuert prozentual, inwiefern die Länge der Noten einer als Groove-Template verwendeten Region auf die Noten der selektierten Region angewendet wird. Verschiedene Optionen zum Trimmen der Notenlänge (z. B. das Erzwingen eines Legatos) finden Sie auch im Menü BEARBEITEN • TRIMMEN von PIANOROLLE und Notationseditor.

Tipp:
Wenn Sie schnell alle Noten auf die gleiche Länge oder z. B. auf Längen von glatten Notenbruchteilen quantisieren wollen, empfiehlt sich die Nutzung des MIDI-TRANSFORMERS (siehe Abschnitt 7.7).

6.5.12 Informationsfenster »Region«: automatische Quantisierung und Standardparameter

Automatische Quantisierung steht nur für MIDI-Regionen zur Verfügung und funktioniert, wenn Sie eine Quantisierungseinstellung im Informationsfenster REGION vornehmen, ohne dass eine Region selektiert ist. Daraufhin wird jede eingespielte Region automatisch mit der eingestellten Quantisierung abgespielt. Sie können auf diese Weise auch andere Standardparameter für neue MIDI-Regionen festlegen.

6.5.13 Informationsfenster »Spur« bei Software-Instrumenten und externen MIDI-Spuren

Bei Software-Instrumenten und externen MIDI-Spuren hat das Informationsfenster SPUR zwar viele gemeinsame Parameter, externe MIDI-Spuren besitzen aber zusätzlich Einstellungen für Program-Change-Befehle und mehr. Abbildung 6.34 und Abbildung 6.35 zeigen die verschiedenen Einstellmöglichkeiten.

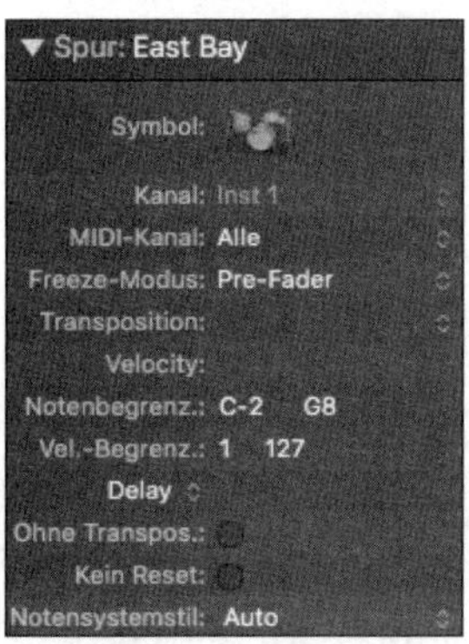

Abbildung 6.34 Settings für das Informationsfenster »Spur« einer Software-Instrument-Spur

Die Parameter DELAY, KANAL und FREEZE-MODUS habe ich bereits besprochen. Irritierenderweise hat die Bezeichnung KANAL bei Software- und externen MIDI-Instrumenten verschiedene Bedeutungen (siehe unten).

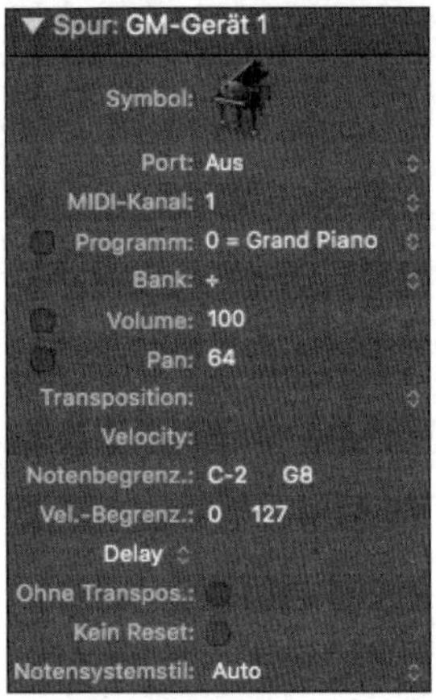

Abbildung 6.35 Settings für das Informationsfenster »Spur« einer externen MIDI-Spur

- SYMBOL: Hier können Sie via Rechtsklick ein Symbol für das Instrument auswählen.
- KANAL (hier: »MIDI-Kanal«): Falls Sie mit einer externen MIDI-Spur arbeiten, steht hier nur KANAL (statt MIDI-KANAL). Bei Software-Instrumenten gibt es einen Eintrag KANAL *zusätzlich* zum Eintrag MIDI-KANAL, womit eine Kanalzugtyp-Nummerierung gemeint ist.
- TRANSPOSITION: Hier können Sie sämtliche Inhalte der Spur transponieren.
- VELOCITY: Hicrmit verändern Sie schnell die Velocity-Werte auf der gesamten Spur positiv oder negativ um den eingestellten Wert.
- NOTENBEGRENZUNG: Hier können Sie einstellen, dass das Instrument nur einen bestimmten Notenbereich empfängt. Das ist hilfreich, wenn Sie zwei Instrumente in einem Split-Keyboard-Modus auf unterschiedlichen Bereichen der Tastatur spielen möchten.
- VELOCITY-BEGRENZUNG: Hier können Sie einstellen, dass das Instrument nur einen bestimmten Velocity-Bereich empfängt. Das ist hilfreich, wenn Sie Instrumente layern und manche nur bei niedrigeren Velocities, andere nur bei höheren Velocities erklingen sollen.
- OHNE TRANSPOS.: Schützt alle Regionen der Spur vor Transposition über das Informationsfenster SPUR oder REGION. Diese Einstellung kann helfen, versehentliche Transponierung von Schlagzeugregionen zu verhindern.
- KEIN HMT: Haben Sie in den PROJEKTEINSTELLUNGEN unter STIMMUNG HERMODE TUNING eingestellt, so findet sich zusätzlich das Feld KEIN HMT, mit dem Sie für die jeweilige Software-Instrument-Spur das Hermode Tuning deaktivieren können, z. B. für ein Klavier,

das typischerweise wohltemperiert gestimmt ist und dessen Sound mit HMT nicht jedermanns Sache ist.

- KEIN RESET: Wenn Sie einen MIDI-Reset-Befehl senden, wird dieser nicht über das Instrument ausgegeben.
- NOTENZEILENFORMAT: Hier können Sie einen Notensystemstil für den NOTATION-Editor auswählen oder automatisch erzeugen. Das Informationsfenster SPUR erlaubt bei Software-Instrumenten und Aux-Kanälen keine Einstellung für Program-Change-Befehle. Hierfür gibt es Workarounds:
  - Verbinden Sie das Environment-Objekt der externen MIDI-Spur in der MIDI-UMGEBUNG mit einem Software-Instrument.
  - Schreiben Sie via FUNKTIONEN • INSTRUMENT-MIDI-EINSTELLUNGEN ALS EVENT EINFÜGEN die entsprechenden Einstellungen (wie z. B. Program-Change-Befehle) dauerhaft in die Region, anstatt sie über das Informationsfenster SPUR zu senden. Das ist nützlich, wenn Sie ein MIDI-File für einen GM-Klangerzeuger oder zur Verwendung in einem anderen Programm erstellen wollen.
  - Nutzen Sie ein Keyboard, das Program-Change-Befehle senden kann.

6.5.14 Informationsfenster »Spur«: besondere Parameter bei externen MIDI-Spuren

Die folgenden Parameter stehen nur bei externen MIDI-Spuren zur Verfügung:

- PORT: Hier stellen Sie den MIDI-Anschluss ein, an den das Instrument sendet. Das Instrument entspricht einem Objekt, das im Environment erzeugt wurde und dort im Layer MIDI-INSTR. zu finden ist. Wenn Sie Objekte dort mit dem Namen der angeschlossenen Synths beschriften, haben Sie einen besseren Überblick, welchen Synth Sie gerade ansteuern.
- KANAL: Achtung: Entspricht hier der Einstellung MIDI-KANAL eines Software-Instruments.
- PROGRAMM und BANK, VOLUME und PAN: Den Program-Change-MIDI-Befehl verstehen viele Instrumente, manche verstehen nur Program Change und nicht Bank Change. Falls Sie hier ein Häkchen gesetzt und sonst am Klangerzeuger alles richtig eingestellt haben, schaltet der empfangende Klangerzeuger automatisch auf das hier ausgewählte Programm. Das kann irritierend sein, wenn Sie z. B. manuell am Klangerzeuger einen Sound auswählen, dieser aber beim Abspielen des Songs immer wieder auf einen anderen Sound zurückspringt.

  Ein Access-Virus-C-Synth hat beispielsweise vier Bänke A, B, C und D mit je 128 Sounds. Der Bank-Change-Befehl ändert die angewählte Bank, der Program-Change-Befehl ein Programm. General-MIDI-Klangerzeuger haben feste Zuweisungen von Instrumenten zu Programmnummern. Diese werden in Logic aufgelistet, falls dies im entsprechenden

Environment-Objekt so konfiguriert wurde. Dort ist z. B. Programm Nr. 1 immer ein Piano, Programm Nr. 11 immer ein Vibraphon, Programm Nr. 50 sind immer Streicher, und auf MIDI-Kanal 10 spielen immer Drums mit einer bestimmten Tastaturbelegung.

Software-Instrumente wie z. B. Native Instruments *Massive* und *FM8* erlauben die Erstellung von Programmlisten, mit Hilfe derer per Program-Change-Befehl zwischen Sounds umgeschaltet werden kann. Das ist nicht nur in Live-Situationen, sondern auch bei der Verwaltung von Sounds hilfreich. So lässt sich beispielsweise eine Programm-Liste mit Lieblings-Bass-Sounds nutzen.

6.5.15 Informationsfenster »Spur«: Besonderheiten bei Spurstapeln und Aux-Kanälen

Die Parameter des Informationsfensters Spur für Aux-Kanäle und Spurstapel-Masterspuren entsprechen weitgehend denen des Informationsfensters Spur für Software-Instrumente, allerdings steht kein Freeze-Modus zur Verfügung.

6.5.16 Aliasse (MIDI)

Aliasse sind Regionen, die exakte Abbilder von Regionen sind. Sie können Aliasse im Menü Funktionen • Regionsalias einer selektierten Region erzeugen. Wenn Sie das Original editieren, dann ändert sich der Alias automatisch mit. So können Sie beim Arrangieren und Editing Zeit sparen. MIDI-Aliasse erkennen Sie an der kursiven Darstellung ihrer Bezeichnung (Abbildung 6.36),

Abbildung 6.36 Alias

Aliasse können Sie im Menü Funktionen • Regionsalias auch nachträglich in eine reguläre Kopie umwandeln, Sie können dort auch die Originalregion ausfindig machen etc. (siehe Abbildung 6.37). Verwaiste Aliasse sind Aliasse, deren Originalregion gelöscht wurde. Im Gegensatz zu Loops können Aliasse überallhin bewegt werden. Aliasse können auch bei der Aufnahme mehrerer Spuren gleichzeitig erstellt werden (siehe Abschnitt 5.2.16).

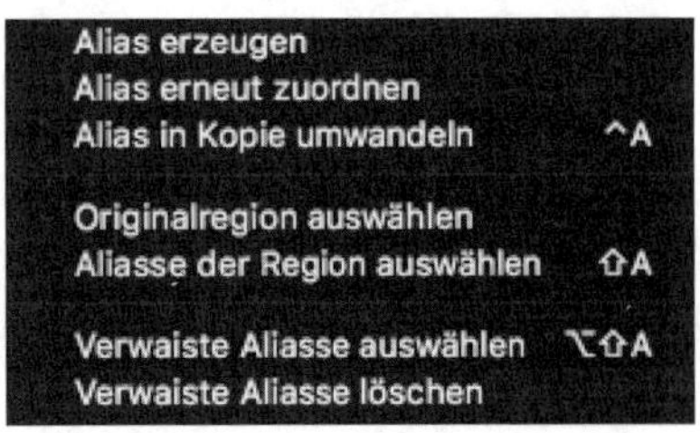

Abbildung 6.37 Funktionen zum Thema Aliasse

6.5.17 Sonstiges

Einen Abschnitt zum Thema Tempoanpassung von MIDI-Regionen, die ebenfalls zeitlich gedehnt und gestaucht werden können, finden Sie in Abschnitt 9.7.4, »Tempoanpassung von MIDI-Regionen«.

6.6 Audio-Editing im Hauptfenster

Sie arbeiten in Logic mit Audioaufnahmen und Audioregionen. Die Audioregionen sind Verweise auf bestimmte Abschnitte Ihrer Audiofiles bzw. Ihrer Audioaufnahmen.

Ein Doppelklick auf eine Audioregion öffnet unten den Editorenbereich für Audiofiles. Dort gibt es den AUDIOSPUREDITOR und den AUDIODATEIEDITOR.

In Kapitel 8, »Audiobearbeitung in ›Projektaudio‹-Fenster und Audiodateieditor«, finden Sie eine detaillierte Beschreibung des AUDIODATEIEDITORS. Der AUDIOSPUREDITOR ist hingegen ein Bestandteil des Hauptfensters und wird weiter unten in Abschnitt 6.6.1 besprochen. Ferner finden Sie in diesem Kapitel noch Erläuterungen zur direkten Einrechnung von Effekten durch die neue Option AUSWAHLBASIERTE BEARBEITUNG (und alternativ durch Bouncen).

In der Übersicht PROJEKT (bzw. dem Fenster PROJEKTAUDIO) im Hauptfenster sehen Sie eine Übersicht Ihrer Audiodateien und Regionen: Mit dem Fenster PROJEKTAUDIO beschäftigt sich Kapitel 8.

Wichtige Tools im Hauptfenster zum Editieren von Audioaufnahmen und Audioregionen sind wieder die beiden Informationsfenster REGION und SPUR. Hier können Sie z. B. Transposition (seit Version 10.3.2. für alle Audiofiles), nichtdestruktive Fades, Gain-Änderungen oder Reverse-Einstellungen für eine oder mehrere selektierte Regionen vornehmen. Auch Details für Time-Stretching-Bearbeitungen mit Flex-Audio finden Sie dort (mehr dazu in Kapitel 9).

Hilfreich bei Audio-Edits sind auch die verschiedenen Werkzeuge des Hauptfensters: Gut gelöst ist z. B. die Möglichkeit des Audioschnitts anhand von Transienten, der auch bei Aufnahmen ohne Klick sehr helfen kann. Erklärungen zum zugehörigen Workflow lesen Sie in Abschnitt 6.3.11 über das Marquee-Tool.

6.6.1 Audiospureditor

Der AUDIOSPUREDITOR ist eine Art vergrößerte Einzelspur aus dem Bereich SPUREN (Abbildung 6.38) – und mehr. Audio-Edits sind hier vor allem aufgrund der Darstellungsgröße komfortabler möglich. Sie finden Sie hier auch einen kleinen PLAY-Button in der Region – wie in PIANOROLLE und DRUMMER-EDITOR. Er aktiviert per Klick wiederum einen der Regionslänge entsprechenden Cycle, stellt einen Loop ein, startet die Wiedergabe und schaltet die Region temporär solo. Wenn Sie die Wiedergabe mit der Leertaste beenden, springt der Cycle-Bereich wieder auf seine ursprüngliche Einstellung zurück.

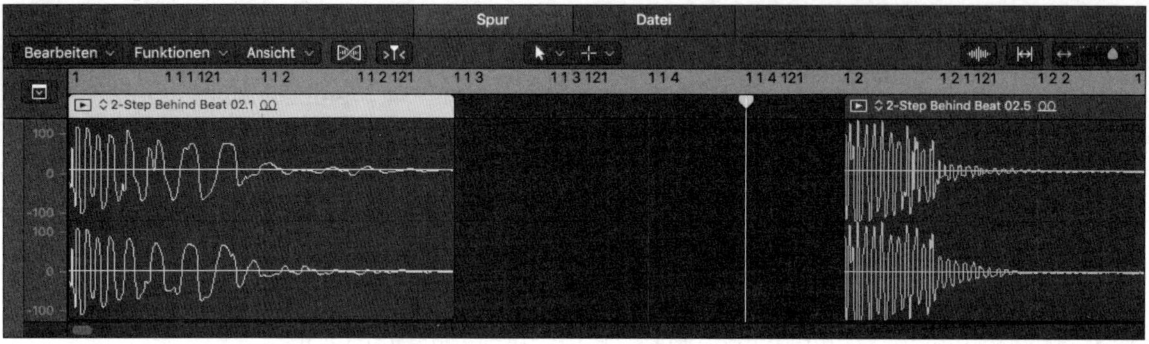

Abbildung 6.38 Audiospureditor

Im AUDIOSPUREDITOR stehen Ihnen eigene Werkzeuge und Werkzeugmenüs zur Verfügung (siehe Abbildung 6.38 mittig oben).

Auch ein Taktlineal steht Ihnen zur Verfügung. Das Editing (z. B. mit dem Marquee-Tool) funktioniert im AUDIOSPUREDITOR weitgehend wie im Bereich SPUREN – mit kleinen Unterschieden: Wenn Sie eine Selektion in der unteren Hälfte der Anzeige (beim Flex-Editing außerhalb der Region) beginnen, wird voreingestellt automatisch das Marquee-Tool angezeigt. Besonders geeignet ist der AUDIOSPUREDITOR dementsprechend für das Arbeiten mit dem Marquee-Tool und das transientenbezogene Editing und Schneiden, das ich ab Abschnitt 6.3.11 über das Marquee-Tool erläutern werde. Auch Operationen wie Längenänderung, Verschieben, Trennen/Schneiden, Verschmelzen von Regionen und Fading können Sie gut im AUDIOSPUREDITOR vornehmen.

Der AUDIOSPUREDITOR ist ferner besonders für Bearbeitungen im Flex-Mode geeignet. Mit [cmd] + [F] können Sie die Flex-Ansicht im AUDIOSPUREDITOR aktivieren/deaktivieren und in einem Flip-Menü einen Flex-Modus für eine Spur auswählen. Anschließend können Sie z. B. via FLEX PITCH erkannte Noten aus Audiofiles ähnlich wie in der PIANOROLLE editieren. Die Werkzeuge VIBRATO und LAUTSTÄRKE beziehen sich auf die Arbeit mit Flex (siehe Abschnitt 6.3.12).

Durch den AUDIOSPUREDITOR können Sie sich das Ein- und Auszoomen sparen und parallel mit zwei verschiedenen Zoomstufen/Ansichten arbeiten und im Bereich SPUREN weiterhin die Übersicht behalten.

Es ist auch möglich, mehrere Regionen im AUDIOSPUREDITOR zu selektieren – wie bei einer »normalen« Spur. Mit den Pfeil-Navigationstasten navigieren Sie zwischen verschiedenen Regionen und Spuren.

Je nachdem, wo Sie beispielsweise mit dem Zeigerwerkzeug über die Region fahren, erscheinen wiederum unterschiedliche Tools wie das Loop- oder Längentool. Fassen Sie die Wellenform an, können Sie die Region verschieben (es sei denn, die Flex-Ansicht ist aktiv). Die Rastereinstellungen des Bereichs SPUREN gelten für den AUDIODATEIEDITOR nicht, sondern er verhält sich intelligent. Ein Einrasten von zu verschiebenden Objekten können Sie allerdings genau wie im Hauptfenster bei stark ausgezoomter Ansicht mit gehaltener [⇧] + [ctrl]-Taste temporär deaktivieren.

Die BEARBEITEN- und ANSICHT-Menüs des AUDIOSPUREDITORS entsprechen weitgehend denen des Hauptfensters ohne MIDI-Funktionen.

6.6.2 Audio knacksfrei schneiden/Bearbeitungen einrasten

Die Funktion BEARBEITUNGEN AN NULLDURCHGÄNGEN EINRASTEN im Menü EINRASTEN betrifft Selektionen von Audiofiles (z. B. mit dem Marquee-Tool). Ist diese Option aktiv, so können die Selektionsgrenzen nicht ganz frei gesetzt werden, sondern werden automatisch auf den nächstmöglichen Nulldurchgang gesetzt (um Knackser zu vermeiden).

6.6.3 Informationsfenster »Region« bei Audioregionen

Das Informationsfenster REGION zeigt bei Audioregionen andere Parameter an, wie Abbildung 6.39 zeigt. Das Quantisierungsmenü wird nur eingeblendet, wenn ein Flex-Modus aktiv ist (siehe Kapitel 9, »Timing, Tempo, Tuning, Groove«). Sie können Flex auch regionsbezogen ein- und ausschalten.

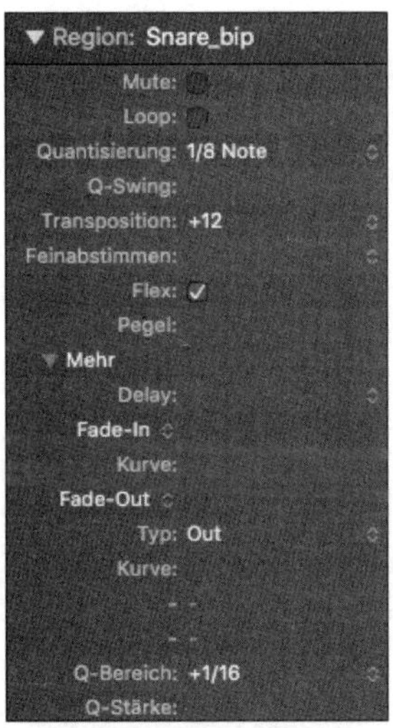

Abbildung 6.39 Informationsfenster »Region« mit aktiviertem Flex-Modus

6.6.4 Informationsfenster »Region«: »Pegel« für Audioregionen/alternatives De-Essing

Der Eintrag PEGEL ist ein von Automation unabhängiger Parameter für Audioregionen. Hiermit können Sie auch ohne Automation die Lautstärke einzelner Regionen individuell einstellen. Im Dokument *06ZaehlerrecPegel* können Sie das anhand eines Beispiels nachvollziehen. Den übersteuerten S-Laut am Anfang habe ich in eine separate Region geschnitten und diese leiser gemacht (was die Situation allerdings nicht wesentlich verbessert). Die Regionen für die Zahlen 2 und 4 haben niedrigere Pegel, bei der Region für die Zahl 3 habe ich den Pegel erhöht. Dies wird auch an der Wellenformdarstellung sichtbar.

6.6.5 Informationsfenster »Region«: »Fades«, »Crossfade«, »Batch Fades« für Audioregionen

Es gibt mehrere Möglichkeiten, Fades für Regionen in Logic einzustellen. Eine davon ist das Fade-Werkzeug, das ich oben bereits vorgestellt habe. Es erscheint auch bei eingestelltem Zeigerwerkzeug durch temporäres Drücken der Tasten `ctrl` + `⇧`. Bewegen Sie das Fade-Werkzeug zum Erstellen von Fades mit gehaltener Maustaste über den Bereich, in dem der Fade erstellt werden soll. Das funktioniert sowohl für Regionsanfang und -ende als auch für Crossfades (Abbildung 6.40).

Abbildung 6.40 »Crossfade«

Den Verlauf eingezeichneter Fades ändern Sie, indem Sie sie mit dem Fade-Werkzeug mittig anfassen und die Kurvenform verändern (Abbildung 6.41). Ein Klick auf den Fade mit Fade-Werkzeug und gehaltener `alt`-Taste löscht den Fade.

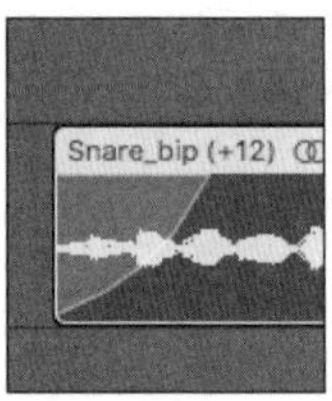

Abbildung 6.41 Fade-Kurvenedit mit dem Fade-Werkzeug

Alternativ können Sie Fade-Parameter im Informationsfenster Region einstellen, wobei Sie die Fade-Parameter durch Klick auf Mehr erst einblenden müssen. Geben Sie dann einfach den gewünschten Wert für Fades ein. Sind mehrere Regionen selektiert, können Sie Fades für mehrere Regionen gleichzeitig erstellen und editieren (*Batch Fade*).

Auch mit dem Parameter Kurve können Sie auch dort die Verlaufsform der Fades editieren. Die Verlaufsform Ihrer Fades wird in den Regionen angezeigt. Werden Regionen stark ausgezoomt dargestellt, entspricht die Darstellung nicht immer der echten Relation zur Länge der Region, sondern diese wird verlängert dargestellt, damit erkenntlich ist, dass es einen Fade gibt.

Im FADE-OUT-Menü können Sie statt eines Fade-Outs verschiedene Crossfade-Varianten einstellen. Wenn Sie hier einen Crossfade einstellen, zwei Regionen selektieren und einen Wert angeben, wird ein Crossfade erstellt.

Es wird zwischen verschiedenen Crossfadetypen unterschieden:

- X (CROSSFADE): gleichmäßiger, linearer Crossfade
- EQP (EQUAL POWER CROSSFADE): sorgt für einen Kurvenverlauf, der gleichmäßige Lautstärke gewährleistet und einen Lautstärkeabfall verhindert
- X S (S-CURVED CROSSFADE): ein S-kurven-förmiger Crossfade

6.6.6 Informationsfenster »Region«: Beschleunigen/Verlangsamen

Statt Fades können Sie auch Beschleunigungs- oder Verlangsamungsprozesse einstellen. Wechseln Sie hierfür im Flip-Menü des Informationsfensters REGION vom FADE-MODUS in den entsprechenden BESCHLEUNIGEN-Modus (statt FADE-IN) oder VERLANGSAMEN-Modus (statt FADE-OUT). Sie können dabei wie bei den Fades die Kurvenform ändern. In den Regionen ist anschließend statt einer Fade-Kurve eine orangefarbene Kurve zu sehen. Werden Regionen stark ausgezoomt dargestellt, entspricht die Darstellung nicht immer der echten Relation zur Länge der Region.

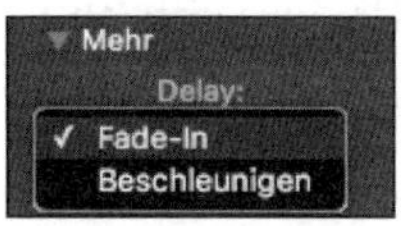

Abbildung 6.42 Beschleunigungsmodus

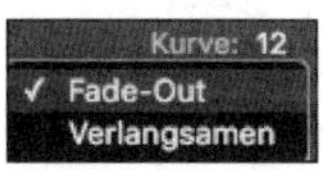

Abbildung 6.43 Verlangsamungsmodus

Die unterschiedlichen Verlaufsformen der Kurve sind hier dank drastischerer Unterschiede besser unterscheidbar als bei Fades. Im Projekt *06Zaehlerrecverlangsamung* hören Sie eine Verlangsamung einer Region im Stile eines anhaltenden Plattenspielers.

6.6.7 Informationsfenster »Region«:»Transposition«, »Feinabstimmung«, »Tempo und Tonhöhe folgen«, »Flex«, »Tempo«

Mit TRANSPOSITION und FEINABSTIMMUNG können Sie Audioregionen nicht nur in Halbtonschritten, sondern auch in Cents transponieren. Wenn Sie die Parameter verstellen, wird automatisch ein Flex-Mode für die Region und die Spur aktiviert. Dies bedeutet gleichzeitig, dass die Region sich auch an Tempoänderungen anpasst (es sei denn, sie ist SMPTE-zeitverriegelt). Wenn Sie Flex für die Region oder die Spur deaktivieren, bleibt der eingestellte Transpositionswert erhalten und wird in Klammern dargestellt. Setzen Sie die TRANSPOSITION auf 0 zurück, wird Flex eventuell deaktiviert.

TEMPO UND TONHÖHE FOLGEN wird nur noch für Apple Loops angezeigt. Beim Import alter Logic-Projekte wird die alte Einstellung übernommen. Im Dokument *06ZaehlerrecEditpitch* hören Sie, wie es damals klang, eine Audioregion mit diesem Parameter zu verstimmen. Nach dem Deaktivieren der Funktion und anschließendem Aktivieren von Flex steht dagegen auch hier der neue Transpositionsparameter zur Verfügung – und es klingt nun besser (siehe *06ZaehlerrecEditpitch2)*. Für Apple Loops gibt es im aufklappbaren Bereich nun noch einen Tempo-Parameter, um Loops z. B. in der halber oder doppelten Geschwindigkeit abzuspielen: Einstellungen von 1/8tel bis 8x sind möglich.

6.6.8 Informationsfenster »Spur«: Flex-Modus bei Audiospuren

Falls ein Flex-Modus aktiviert wurde, stehen im Informationsfenster SPUR weitere Optionen zur klanglichen Feinjustage des Flex-Algorithmus zur Verfügung. Falls Sie Flex deaktivieren möchten, so finden Sie hierfür den Eintrag FLEX-MODUS: AUS im Informationsfenster SPUR.

6.6.9 Take-Ordner: Comps, »Quick Swipe Comping«, Takes, Abschnitte verschieben

Take-Ordner bei Audioaufnahmen können mehrere Takes auf einer Spur verwalten. Dabei kann nie mehr als ein Audiofile gleichzeitig wiedergegeben werden. Take-Ordner sind ein zentrales Element bei der Editierung von Audioaufnahmen, weil schnell Teilbereiche verschiedener Takes mit dem sogenannten QUICK SWIPE COMPING selektiert werden können. Einen Vergleich zwischen Ordnern und Take-Ordnern finden Sie in Abschnitt 6.7.4.

Praxisbeispiel

Öffnen Sie das Dokument *06zaehlerrecabcd*. Hier befinden sich drei Takes im Take-Ordner. Im ersten zähle ich »1, 2, 3, 4«, im zweiten »6, 7, 8, 9« und im dritten (etwa doppelt so schnell) »A, B, C, D«. In Abbildung 6.44 ist der letzte Take ausgewählt. Oben links im Ordner sehen Sie einen Pfeil, der den Take-Ordner aufklappt. Rechts daneben steht die Zahl 3, die anzeigt, dass sich drei Takes im Ordner befinden. Das Symbol rechts daneben zeigt den Namen des aktiven Takes an. Die Takes habe ich bereits kurz nach der Aufnahme umbenannt – dann findet man sich später schneller zurecht (Abbildung 6.44).

Sie können nun mit der Maus einen Take anklicken, um ihn anzuwählen und hörbar zu machen, oder mit dem QUICK SWIPE COMPING mit der Maus über bestimmte Teile der jeweiligen Takes mit gehaltener Maustaste fahren, um Ausschnitte aus verschiedenen Takes zu selektieren und zu einem sogenannten *Comp* zu kombinieren.

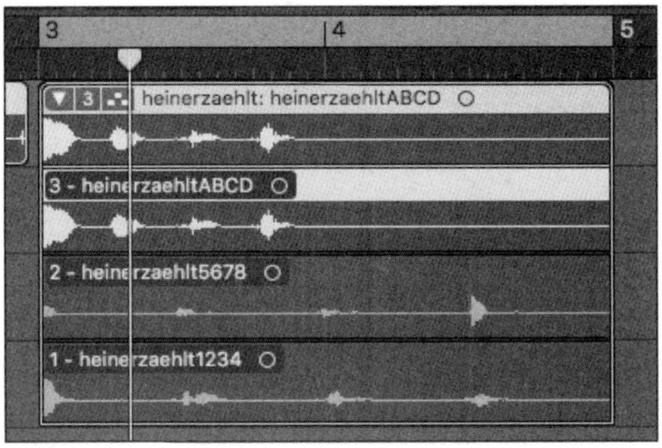

Abbildung 6.44 Im Bild ist der dritte Take zu hören.

Die selektierten Bereiche aus den Takes in Abbildung 6.45 ergeben, dass nun Folgendes zu hören ist: »1, 2, D, 7, 8« (was Sie in unserem speziellen Beispiel an der Beschriftung und den Namen der Takes erkennen).

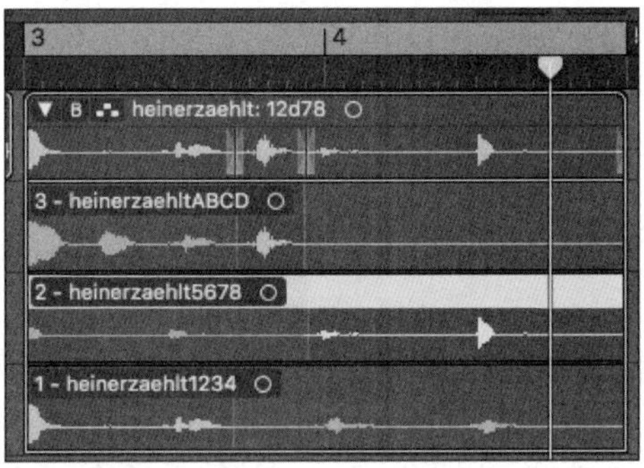

Abbildung 6.45 Dieser Comp ergibt als hörbare Audioausgabe: »1, 2, D, 7, 8«.

Sie können zwischen mehreren Comps wechseln. In Abbildung 6.45 zeigt der Take-Ordner an: COMP B. Daran sehen Sie, dass es schon einen weiteren Comp gibt, nämlich Comp A. Comps werden automatisch als Comp A, B, C usw. benannt bzw. durchnummeriert; Sie können sie zusätzlich selbst benennen.

Take-Ordner/Comping-Menü

Wenn Sie auf das Feld rechts neben dem Aufklappfeil klicken, öffnet sich ein Menü mit allen Optionen (die ich in diesem Abschnitt erkläre). In Abbildung 6.46 habe ich den oben sichtbaren COMP B nun in »12d78« umbenannt (siehe auch Projekt *06Zaehlerrec2-12d78*).

Take-Ordner können wahlweise ganze Takes oder Comps abspielen, wobei ein Comp identisch mit einem Take sein kann. Im Bild spielt Comp B (genannt B – 12D78), links daneben ist ein Häkchen gesetzt. Sie könnten stattdessen auch einen der Takes oben im Menü oder Comp A selektieren, so dass das Häkchen danach dort zu sehen wäre.

Sie sehen ferner die Option COMP UMBENENNEN im Menü. Wollen Sie weitere Comps erzeugen, funktioniert das grundsätzlich durch die Funktion COMP DUPLIZIEREN, mit der Sie einen aktiven Comp kopieren und anschließend verändern können (das habe ich zuvor schon einmal gemacht, sonst könnte es keine zwei Comps geben). Sie können Comps mit den entsprechenden Menüeinträgen auch löschen.

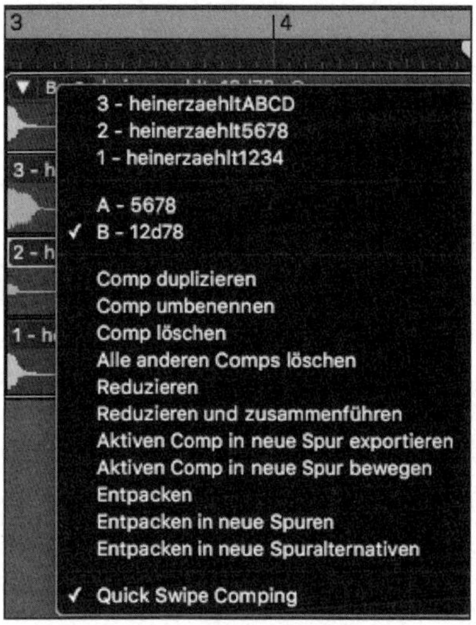

Abbildung 6.46 Comping-Menü

Unten im Menü ist QUICK SWIPE COMPING aktiviert. Nur wenn dies der Fall ist, funktioniert der Trick des Selektierens verschiedener Bereiche eines Takes, indem Sie mit gehaltener Maustaste darüberfahren. Sie können bei aktiviertem QUICK SWIPE COMPING auch blau markierte Bereiche mittig anklicken und so selektieren – und anschließend mit der [⌫]-Taste oder dem Befehl BEARBEITEN • LÖSCHEN aus dem Take-Ordner entfernen.

Verschiebemodus vs. »Quick Swipe Comping«

Ist QUICK SWIPE COMPING inaktiv, können Sie die Takes anfassen und nach links oder rechts (auch über die bisherigen Grenzen des Take-Ordners hinaus) bewegen. Beachten Sie: Im Take-Ordner-Header sehen Sie nun als äußerliches Erkennungsmerkmal ein Scherensymbol (Abbildung 6.47). Auch durch Klick auf das entsprechende Symbol können Sie vom einen in den anderen Modus umschalten.

Abbildung 6.47 Quick Swipe Comping« ist für diesen Take-Ordner aus.

Beim Anfassen des Takes erscheint nun ein Hand-Mauszeiger. Das Ergebnis einer Verschiebeoperation finden Sie im Projekt *06Zaehlerrec2-12d78moved*.

Natürlich können Sie beide Modi abwechselnd benutzen und nach dem Verschieben einzelner Bestandteile des Take-Ordners wieder swipen.

6.6.10 Take-Ordner reduzieren, entpacken, Comps und Takes bewegen und exportieren

Export von Take-Ordner-Inhalten

Sie können die Inhalte (Takes, Comps) eines Take-Ordners reduzieren, entpacken (wodurch der Take-Ordner aufgelöst wird) oder Comps exportieren und bewegen (wobei der Take-Ordner erhalten bleibt). Sollen mehrere Aufnahmen gleichzeitig spielen, müssen Sie entsprechende Bereiche aus dem Take-Ordner exportieren, denn dieser kann stets nur eine Aufnahme wiedergeben.

»Reduzieren« und »Reduzieren und zusammenführen«

Die Funktion REDUZIEREN (Abbildung 6.46) sorgt dafür, dass sämtliche anderen Takes verschwinden und nur noch der selektierte Take oder Comp übrig bleibt. In der Übersicht PROJEKT sind die anderen Takes allerdings nach wie vor verfügbar.

Die Optionen REDUZIEREN unterscheidet sich von REDUZIEREN UND ZUSAMMENFÜHREN dadurch, dass im ersten Fall Regionen mit Crossfades erzeugt werden und im zweiten Fall aus diesen Regionen ein neues, zusammenhängendes Audiofile erstellt wird– ganz so, als würden Sie die Regionen alle selektieren und den Befehl verbinden (cmd + J) auslösen.

Aktive Comps in neue Spur bewegen/exportieren

Mit dem Befehl AKTIVES COMP IN NEUE SPUR BEWEGEN wird der aktive Comp in eine neue Spur verschoben (wo er anschließend wie ein reduzierter Take-Ordner mit Crossfades zu sehen ist) und mit AKTIVES COMP IN NEUE SPUR EXPORTIEREN exportiert. Der Unterschied zwischen beiden Varianten ist, dass die Inhalte beim Exportieren im Take-Ordner bleiben, während sie beim Bewegen daraus verschwinden.

»Entpacken« und »Entpacken in neue Spuren«

Diese Befehle lösen den kompletten Take-Ordner auf und exportieren alle Takes und Comps – entweder auf Kopien derselben Spur, wobei das, was zuvor im Take-Ordner nicht zu hören war, stumm geschaltet wird (via Regionsstummschaltung), oder auf neue Spuren, so dass anschließend zunächst alle Takes und Comps gleichzeitig zu hören sind.

Entpacken in neue Spuralternativen

Bei Audio-Take-Ordnern exportieren Sie mit dieser Alternative nicht nur die Takes, sondern auch alle existierenden Comps in neue Spuralternativen. Diese sind insofern eine interessante Alternative zu Comps, als sich die Regionen dort manchmal leichter editieren und bewegen lassen als im Take-Ordner – eben wie in einer ganz normalen Spur. Mehr zu Spuralternativen lesen Sie in Abschnitt 6.7.1.

6.6.11 Stuttereffekte mit der Funktion »Wiederholt schneiden«

Wenn das Scherenwerkzeug ausgewählt ist und Sie dabei die [alt]-Taste gedrückt halten, erscheint ein kleines +-Symbol rechts oben neben der SCHERE. Hiermit können Sie selektierte Regionen in lauter gleich lange Segmente zerschneiden. Anschließend können Sie beispielsweise jede zweite Region löschen oder stumm schalten, um einen Stutter-Effekt zu erzeugen. Vorraussetzung hierfür ist, dass das Audiofile durchgängig Sound von sich gibt, vergleiche Projekt *06Stutter1*. Sie können zusätzlich einfach die Länge aller geschnittenen und ausgewählten Schnipsel gleichzeitig kürzen, um Stottereffekte zu generieren.

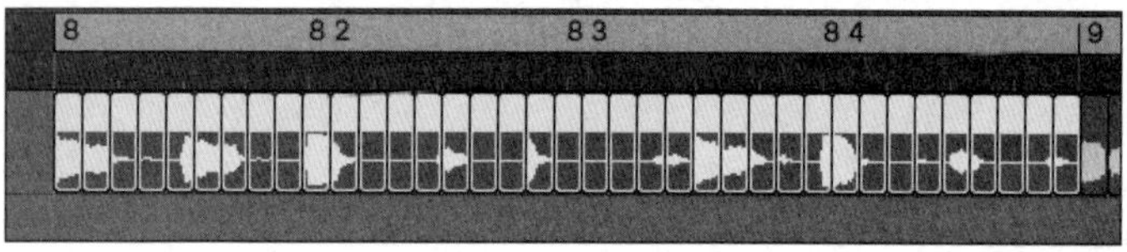

Abbildung 6.48 Mit der Funktion »Wiederholt schneiden« geschnittene Region

6.6.12 Klon-Regionen/Klone (Audio)

Wenn Sie eine Region mit gehaltener [alt]-Taste kopieren, erstellen Sie eine neue Region. Wenn Sie sie stattdessen mit [alt] und [⇧] anfassen und kopieren, erzeugen Sie einen Klon. Auch mit dem Befehl [cmd] + [R] (REGIONEN MEHRFACH WIEDERHOLEN) können Sie Klone erzeugen, wenn Sie im Dialog ALIASSE ODER KOPIEN auswählen (hier ist die Bezeichnung nicht korrekt); Klone sind Audio-Pendants zu MIDI-Aliassen. Es ist nicht (wie bei MIDI-Aliassen) eine Region das Original und die anderen sind Aliasse, sondern alle Regionen sind gleichberechtigt. Das kann verwirren, aber auch Zeit sparen.

Klone von Audioregionen sehen aus wie andere Audioregionen und haben keine Kursivschrift (mehr zu Klonen in Kapitel 8, »Audiobearbeitung in ›Projektaudio‹-Fenster und Audiodateieditor«).

6.6.13 Editing von Mehrspuraufnahmen und Drums, Drums doppeln

Wenn Sie mehrere Spuren einer Gruppe zuweisen, können Sie in den Gruppeneinstellungen die Option BEARBEITEN auswählen. Dann werden auch sämtliche Regions-Edits wie Quantisieren, Verschieben, Schneiden und Kopieren für alle der Gruppe zugehörigen Spuren gleichzeitig vorgenommen, so dass Sie z. B. Mehrspurschlagzeugaufnahmen leichter editieren können. Sie können dabei auch temporär die Gruppe deaktivieren, um Spuren temporär einzeln zu editieren. Das Erstellen von Gruppen erkläre ich grundsätzlich in Kapitel 14. Das Korrigieren von Timingfehlern wird in Kapitel 9, »Timing, Tempo, Tuning, Groove«, behandelt, wenn es um Flex Time geht. Logic bietet außerdem ein Tool, das aufgenommene akustische Drums mit elektronischen Drums »doppelt«, nämlich die Funktion DRUM-SPUR ERSETZEN ODER DOPPELN ([ctrl] + [D]) im Menü SPUR. Ein Beispiel finden Sie in Kapitel 17.

6.6.14 Effektieren mit »Auswahlbasierter Bearbeitung«

Die neue Funktion AUSWAHLBASIERTE BEARBEITUNG erlaubt das schnelle Einrechnen von Effekten in Audiodateien. In einem separaten Fenster können Sie Effektkanalzüge laden und bearbeiten und mit einem einzigen Knopfdruck anwenden. Das spart vor allem Zeit gegenüber anderen Methoden. Es impliziert aber auch einen anderen kreativen Workflow.

- Der Zeitsparfaktor ist z. B. bei Geräuschvertonungen wichtig, wo verschiedene Operationen wie z. B. Effektierung oder Lautstärkeanpassungen von Schritten manchmal hunderte Male wiederholt werden. Ob man für die gleiche Prozedur einen oder drei Schritte braucht, wird plötzlich wichtig. Macht man so etwas nur ab und zu, ist es dagegen eher egal.
- Mal eben schnell z. B. in eine Bassdrum einen anderen Effekt hineinrechnen zu können, macht das Arbeiten mit Audiodateien deutlich attraktiver, und Sie kommen auf andere Ideen.

Funktionsweise und Anwendungsbeispiele

Öffnen Sie das Fenster AUSWAHLBASIERTE BEARBEITUNG über das Menü FUNKTIONEN des Bereichs SPUREN oder via `alt` + `⇧` + `P` (das »P« steht für »Processing«). Sie können nun in die A und B genannten Spalten manuell einzelne Effekte laden oder oben ein Channel-Strip-Preset wählen. Channel-Strip-Presets werden mitgeliefert, können aber auch selbst erstellt werden (im Kontextmenü des Settingbereichs eines Kanalzugs). In Abbildung 6.49 habe ich das Channel-Strip-Setting WEIRD DELAY geladen.

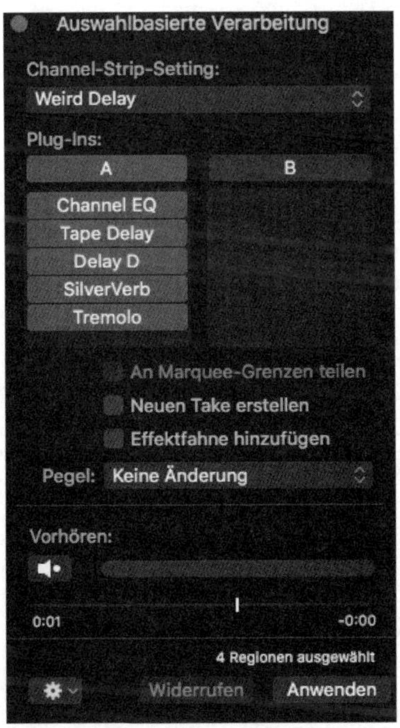

Abbildung 6.49 Dialog »Auswahlbasierte Bearbeitung«.

Im Projekt *06AwbV1* habe ich eine einfache Bassdrum viermal hintereinander jeweils auf 1/4tel Noten Zählzeiten gelegt, wie in der nachfolgenden Abbildung sichtbar. Selektiere ich nun die erste Bassdrum und klicke auf ANWENDEN im Dialog AUSWAHLBASIERTE BEARBEITUNG, generiert Logic eine neue Audiodatei – in diesem Fall eine Bassdrum mit ausklingendem Echo (siehe *Projekt 06AwbV2* und Abbildung 6.50).

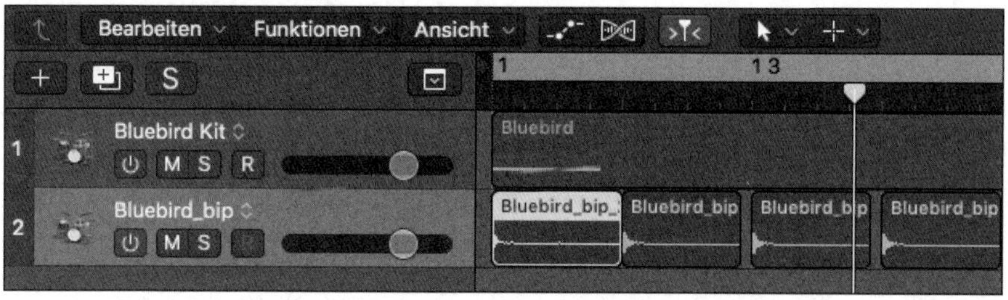

Abbildung 6.50 Die erste Region ist ein neues, effektiertes File.

Die auf der Spur liegende Region wird automatisch und auf der gleichen Spur und Taktposition (*in place*) gegen ein neues Audiofile ausgetauscht, das effektiert ist. Die Effekte werden in das Audiofile hereingerechnet. Das alte Audiofile wird dabei nicht überschrieben, sondern Sie finden nun eine neue Audiodatei mit aufsteigender Nummerierung in der Übersicht PROJEKT.

Effekt vorhören

Um den Effekt vorzuhören, Klicken Sie auf den Button mit dem Lautsprechersymbol. Beim Vorhören werden automatisch Solo und ein Cycle aktiviert. Das ist zumindest unten im Einstellungsbereich voreingestellt, kann aber geändert werden.

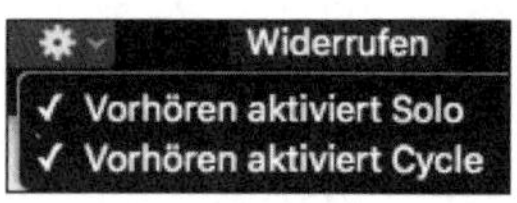

Abbildung 6.51 Einstellungen für die Vorhörfunktion

Der Cycle orientiert sich an der Selektion. Gegebenenfalls sollten Sie also z. B. mit dem Marquee-Werkzeug einen größeren Bereich vorselektieren, um einen eventuellen Effektausklang vorhören zu können.

An Marquee-Grenzen teilen

Wenn Sie mit dem Marquee-Werkzeug nur einen Teilbereich eines Audiofiles selektieren, haben Sie mit dieser Funktion die Möglichkeit, die Region bei der Anwendung von AUSWAHLBASIERTER BEARBEITUNG an der Selektionsgrenze automatisch zu teilen.

Effektfahne hinzufügen

Aktivieren Sie diese Funktion, um lange ausklingende Effekte über die bisherige Länge der Region hinaus in das neue Audiofile einzurechnen.

Effekte mehrfach anwenden

Klicken Sie ein weiteres Mal auf ANWENDEN, so können Sie den gleichen Effekt mehrfach anwenden. Er wird immer auf die Region(en) angewendet, die Sie gerade selektiert haben. Sie können den Effekt also auch schnell auf mehrere Regionen anwenden. Hierfür steht auch der Befehl AUSWAHLBASIERTE BEARBEITUNG ERNEUT ANWENDEN (ctrl + alt + P) zur Verfügung.

Audioeffekt-Slots A und B

Die beiden Slots helfen Ihnen, schnell auf zwei verschiedene, alternative Effekte zuzugreifen, von denen nur einer aktiv sein kann. Im Projekt *06AwbV3* ist in Slot B ein Hall geladen, der auf den zweiten Kick angewendet wurde. Sie können Effekte auch zwischen den Slots hin- und herschieben.

Pegelanpassung

Im Menü zur PEGELANPASSUNG finden Sie ein paar zusätzliche Optionen.

Abbildung 6.52 Pegeloptionen im Menü »Auswahlbasierte Bearbeitung«

Die Begriffe aus Abbildung 6.52 sind weitgehend selbsterklärend. NORMALISIEREN bedeutet, dass das Audiofile auf den maximal möglichen Pegel angehoben wird, was bei Anwendung auf leisen Parts eine deutliche Veränderung bewirkt. Im Projekt *06AwbV4* habe ich den aushallenden Teil einer Kick mit dem Marquee-Werkzeug selektiert und die Optionen NORMALISIEREN und AN MARQUEE-GRENZEN TEILEN angewendet.

6.6.15 Regionen und Spuren bouncen oder in Audiodateien umwandeln

Mit dem Befehl REGIONEN BOUNCEN (ctrl + B) können Sie (alternativ) jede Audio- oder MIDI-Region auf einer Software-Instrument-Spur inklusive der Effekte auf der Spur zu einem neuen Audiofile bouncen. Auf diese Weise legen Sie zum Beispiel schnell mal einen Effekt auf eine Spur, das Ergebnis inklusive Automation und Effektausklang auf eine neue Spur bouncen und danach den Effekt wieder ausschalten. Routings werden dabei für die neue Spur übernommen.

Detaillierte Informationen zum Thema Export und Bouncing von Audiomaterial (Regionen, Spuren) und Bouncing finden Sie in Abschnitt 10.2 bis Abschnitt 10.4.

Mit dem Befehl In neue Audiodatei(en) umwandeln (alt + cmd + F) konvertieren Sie schnell eine oder mehrere Regionen in eine neue Audiodatei. Dabei spielen Effekte und Routings der Spur keine Rolle und werden nicht in das neue Audiofile eingerechnet. Die auf der Spur liegende Region wird automatisch und auf der gleichen Spur und Taktposition (*in place*) gegen eine neue Audiodatei ausgetauscht.

6.7 Arrangiertechniken, Workflows und ergänzende Funktionen im Hauptfenster

Das Hauptfenster stellt viele Funktionen zur Verfügung, die bei der Ausarbeitung eines Projekts bzw. der Erstellung eines Arrangements zum Einsatz kommen. Viele davon (wie grundsätzliche Workflows, Bearbeitungstechniken, Aliasse, Locator-Punkte und Loop-Tool) wurden bereits besprochen. Beachten Sie auch das Menü Einrasten (siehe Abschnitt 6.1.5) und die Überlappungsoptionen im Menü Verschieben (siehe Abschnitt 6.1.6), die beim Arrangieren wichtig sind.

In diesem Abschnitt lesen Sie mehr über Spuralternativen, Ordner, Spurstapel, globale Spuren mit Marker, Arrangement Marker und Taktart-/Tonart-Wechsel sowie einige spezielle Navigations-, Editier- und Selektionsfunktionen mit dem Fokus auf das Arrangieren. Zusätzliche musikalische Tipps finden Sie in Kapitel 12, »Harmonielehre, Skalen und Rhythmik: eine Einführung«, mehr (und teilweise ausgearbeitete) musikalische Beispiele in Kapitel 17, »Mixingstrategien, musikalische Ziele und Stile«.

6.7.1 Spuralternativen und Arrangementvariationen

Spuralternativen sind eine neue Funktion, die sowohl beim Verwalten von Aufnahmen, beim Editieren als auch beim Arrangieren hilfreich sein können.

Wenn Sie z. B. beim Überlappen von Aufnahmen im Menü Aufnahme die Option Spuralternative erstellen wählen, können Sie leicht zwischen verschiedenen Aufnahmetakes hin- und herwechseln, die jeweils auf der richtigen Position liegen. Doch auch nachträglich können Sie verschiedene Aufnahmetakes so verwalten.

Oft sind beim Arrangieren die Möglichkeiten wichtig, während der kreativen Erstellung eines Songs einerseits mit verschiedenen Variationen eines Sounds oder andererseits mit verschiedenen eingespielten Inhalten desselben Sounds zu arbeiten. Mit Spuralternativen behalten Sie Ideen im Hintergrund, ohne durch ein überfülltes Arrangement die Übersicht zu verlieren.

Machen Sie Spuralternativen zunächst im Spur-Header sichtbar.

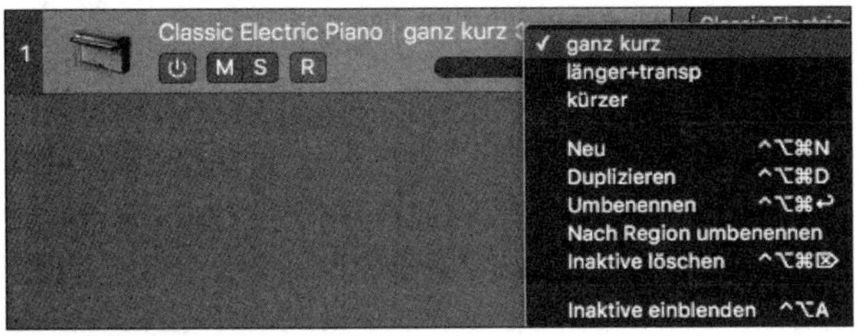

Abbildung 6.53 Spuralternativen und die zugehörigen Befehle

Durch die Shortcuts (Abbildung 6.53) zum Erstellen neuer Spuralternativen oder eines Duplikats wird nicht nur eine Spuralternative erstellt, auch das Einblenden der Funktionalität in der Spur geschieht dann automatisch, falls die Funktion in der Spur noch nicht benutzt wurde. Sind schon Spuralternativen vorhanden, werden Sie ohnehin im Spur-Header angezeigt.

Zwischen Spuralternativen können Sie wechseln; es ist immer eine Spuralternative aktiv. Aktivieren Sie die Ansicht INAKTIVE EINBLENDEN (`ctrl` + `alt` + `A`), um vorhandene Spuralternativen zu sehen. Inhalte können Sie per Drag & Drop hinein- und hinausziehen. Beachten Sie, dass Sie Spuralternativen unabhängig von Spuren benennen können, was beim Arrangieren sehr nützlich sein kann (vergleiche Projekt *06Spuralt2*), zumal sich im Spur-Header beides nebeneinander angezeigt lässt.

Abbildung 6.54 Inaktive Spuralternativen sind hier sichtbar (Projekt »06Spuralt2«).

Wenn Sie inaktive Spuralternativen einblenden, können Sie sie auch durch Klick auf den nach oben gerichteten Pfeil in die Spur hieven und aktivieren. Zuvor können Sie sie mit dem Power-Button rechts neben hörbar machen und Probe hören.

Wenn Sie via NEUE SPUR MIT GLEICHEM INSTRUMENT oder NEUE SPUR MIT GLEICHEM KANAL mehrere Spuren des gleichen Objekts erzeugen, können die verschiedenen Duplikate dieser Spuren übrigens jeweils Ihr eigenes Set an Regionen und Spuralternativen verwalten. Sie teilen dann aber auch die gleiche Spurautomation miteinander.

6.7.2 Soundvariationen/Spur duplizieren

Um schnell eine Variation eines Sounds (Audio oder MIDI) in Ihrem Projekt zu integrieren, nutzen Sie den Befehl NEUE SPUR (EINSTELLUNG DUPLIZIEREN) im Menü SPUR • ANDERE

(Shortcut [cmd] + [D]). So erzeugen Sie schnell eine unabhängige neue Spur mit exakt den gleichen Einstellungen der zuvor selektierten Spur.

6.7.3 Ordner und Songvariationen

Ordner dienen dazu, in einem Projekt mehrere Komplettarrangements zu verwalten oder Spuren oder Regionen zusammenzufassen. Wenn Sie nur eine Spur mit Regionen zusammenfassen, bleibt das Spurinstrument erhalten. Ansonsten wird eine Ordner-Spur erzeugt. Diverse Funktionen für Ordner finden Sie im FUNKTIONEN-Menü des Bereichs SPUREN, aber auch im Kontextmenü von Regionen. In beiden finden Sie ganz unten die Einträge ORDNER und TAKE-ORDNER.

Ordner: Erzeugen, Packen und Entpacken, Wechsel der Hierarchieebene

Ordner sind ein hilfreiches Tool beim Arrangieren. Dies gilt z. B., wenn kleinere Regionen verschiedener Spuren (auch Audio und MIDI gemischt) zu einem editierbaren und verschiebbaren Block zusammengefasst werden sollen – ähnlich einem Pattern (siehe Projekt *06Ordner*). Es ist dabei auch möglich, einzelne Regionen stumm zu schalten.

Sie können mehrere Spuren bzw. die Regionen darauf selektieren und den Befehl ORDNER PACKEN (im FUNKTIONEN-Menü unter dem Eintrag ORDNER) geben. Eine Ordnerregion und eine entsprechende Spur werden angelegt (Abbildung 6.55). Im FUNKTIONEN-Menü stehen anschließend auch Einträge zum Entpacken des Orders zur Verfügung.

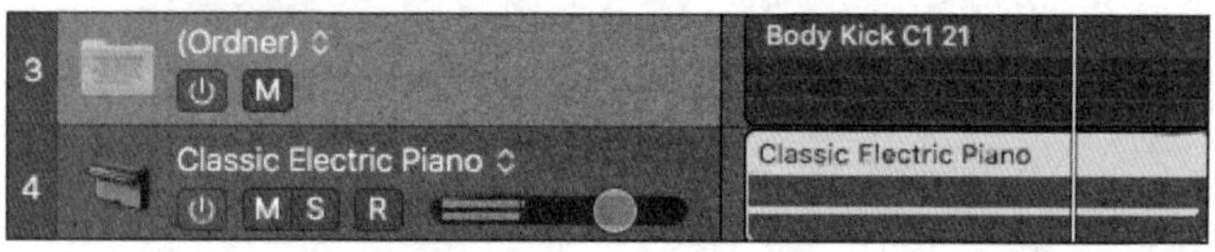

Abbildung 6.55 Ordnerregion auf Ordnerspur

Anschließend können Sie auf den gepackten Ordner doppelklicken, um seinen Inhalt zu sehen. Wenn Sie dann wieder zu Ihren anderen Spuren bzw. auf die alte Hierarchieebene zurück möchten, so klicken Sie auf den Button mit dem nach oben zeigenden Pfeil oben links im Bereich SPUREN (siehe Markierung in Abbildung 6.56 ebenfalls ganz oben links) oder doppelklicken in den leeren Hintergrund des Bereichs SPUREN.

Abbildung 6.56 Funktion zum Verlassen eines Ordners

Songvariationen mit Ordnern erstellen, Ordner und Spuralternativen

Um mehrere Songvariationen in einem Projekt zu verwalten, können Sie mehrere Spuren zu einem Ordner zusammenfassen, anschließend die Ordnerspur duplizieren und den Ordner kopieren. Dabei werden die Spuren nicht neu angelegt, was Sie im Mixer sehen können. Stattdessen wird eine neue Spur desselben Objekts der MIDI-Umgebung erstellt, ähnlich wie bei den Befehlen NEUE SPUR MIT GLEICHEM INSTRUMENT und NEUE SPUR MIT GLEICHEM KANAL (für Audio-Spuren). Ein sehr reduziertes Beispielprojekt zum Experimentieren mit der Funktion finden Sie unter *06OrdnerArr1*, in dem zwei Ordner mit jeweils zwei Spuren vorhanden sind, die unterschiedliche Arrangements beinhalten. Dabei können die verschiedenen Duplikate jeweils ein eigenes Set an Spuralternativen verwalten, so dass Sie z. B. in jedem Ordner spurbezogen mit verschiedenen Spuralternativen herumhantieren können.

Das ist eine geniale Funktion, die man anderswo vergeblich sucht. Problematisch wird die Nutzung einer solchen Funktion jedoch, wenn Sie Automation nutzen. Denn eine Änderung von Spurautomation würde sofort alle Ordner/Songvariationen betreffen und könnte – je nach Komplexitätsgrad und Übersichtlichkeit Ihres Projekts – zu Chaos führen. Das hat vielleicht damit zu tun, dass die Ordner-Funktionalität in Zeiten erschaffen wurde, als Logic noch keine Audiospuren hatte und das Mischen eher außerhalb von Logic stattfand. Die ausschließliche Nutzung von Regionsautomation kann hier möglicherweise Abhilfe schaffen, hat aber andere kleine Nachteile (siehe Kapitel 16).

Spur neu zuweisen für Ordnerspuren

Bei der Verwendung von Ordnern kann es passieren, dass diese versehentlich auf einer falschen Spurkategorie landen und Sie nichts mehr hören. Sie können jedoch stets eine neue Spur, gleich welcher Art, erzeugen und für diese im Menü SPUR NEU ZUORDNEN (erscheint durch Rechtsklick auf die Spur-Header) ORDNER auswählen und anschließend den Ordner auf diese Spur ziehen, um Inhalte wiedergeben zu können.

Verlinkung zweier Hauptfenster bei der Nutzung von Ordnern/»Link«- Modus

Das Hauptfenster besitzt im ANSICHT-Menü aus dem Bereich SPUREN (nicht zu verwechseln mit dem Hauptmenü ANSICHT) unter ANSICHT • LINK die Möglichkeit, es zu verlinken. Auf diese Art und Weise können Sie zwei Hauptfenster öffnen, von denen eines stets die Inhalte des anderen anzeigt. Das ist relevant, wenn Sie z. B. Ordner selektieren. Sie können dann verschiedene Hierarchieebenen gleichzeitig sehen. Hierzu wählen Sie für das zweite Fenster unter ANSICHT • LINK die Option INHALT aus (so dass die Ordnerinhalte des ersten Fensters angezeigt werden).

6.7.4 Ordner versus Take-Ordner

Ein wichtiger Unterschied zwischen Take-Ordnern und Ordnern besteht darin, dass Ordner verschiedene Spuren enthalten können, während Take-Ordner sich immer nur auf eine Spur beziehen, so dass beispielsweise nur ein Audiofile gleichzeitig wiedergegeben werden kann.

Abbildung 6.57 »Ordner«-Untermenü im Menü »Funktionen« des Bereichs »Spuren« und im Regionskontextmenü

Take-Ordner können wie Ordner auch dem Zweck dienen, lose herumliegende Regionen zu einer längeren Region zusammenzufassen. Das hat den Nachteil, dass verschiedene Regionsparameter nicht mehr im Informationsfenster zu sehen sind, wenn Sie lediglich den zugeklappten Take-Ordner anklicken. Bei regulären Ordnern gilt dieser Nachteil nicht. Sie können in einem Pop-up-Dialog theoretisch auch entscheiden, den Inhalt des ganzen Ordners zu quantisieren. Ordner, die nur eine Spur enthalten, benötigen keine Ordnerspur, sondern können die Spur beibehalten. In Ordnern müssen Sie stets die Hierarchieebene wechseln, um Inhalte zu sehen, Take-Ordner lassen sich hingegen im Arrangement aufklappen. Ob Sie Ordner oder Take-Ordner beim Arrangieren nutzen, ist manchmal Geschmackssache.

6.7.5 Ordner versus Spurstapel

Gegenüber Spurstapeln haben die Hauptordnerregionen den Vorteil, teilweise besser editierbar zu sein, Sie können z. B. leicht deren Länge ändern. Ordner lassen sich ganz leicht kopieren –Regionen der Spurstapel-Masterspur, die lediglich Inhalte der darunter liegenden Spuren zusammenfassen, hingegen nicht (siehe Abschnitt 6.7.13). Zudem lassen sich beliebig viele Ordnerebenen ineinander verschachteln, auch das geht mit Spurstapeln nicht.

Leider können Sie Ordnerregionen nicht wie Spurstapel aufklappen, sondern nur zwischen Hierarchieebenen wechseln, diese aber niemals gleichzeitig anzeigen. So können Sie niemals in einem Bereich SPUREN den Inhalt des Ordners und den Inhalt der anderen Spuren außerhalb der Ordner gleichzeitig sehen – es sei denn, Sie arbeiten mit zwei Hauptfenstern, die Sie passend verlinken.

Ein Beispiel, in dem verschiedene Bass-Sound-Regionen in einem Take-Ordner und Drumsound-Regionen in einem regulären Ordner zusammengefasst werden, finden Sie im Projekt *06TrackObass3*. Die Drums werden außerdem in einem Bus summiert.

6.7.6 Spurstapel: Summenstapel vs. Ordnerstapel

Spurstapel sind eine Kombination aus mehreren Spuren, die als Summenstapel oder Ordnerstapel vorliegen können. Mit Spurstapeln können Sie im Bereich SPUREN Spuren zusammenfassen, ohne wie bei den Ordnern die Ansichtsebene wechseln zu müssen. Dies kann beim Aufräumen eines Arrangements sehr nützlich sein. Spuren können Sie im Bereich SPUREN einfach aus Spurstapeln heraus- und in sie hineinziehen.

Spurstapel der Kategorie Summenstapel sorgen für ein automatisches Bus-Routing der zusammengefassten Spuren auf die Summenstapel-Masterspur. Summenstapel lassen sich als Patches speichern (z. B. Patch *Boutique 808*, Abbildung 6.58). Ordnerstapel ändern dagegen das Routing nicht und können auch nicht gespeichert werden.

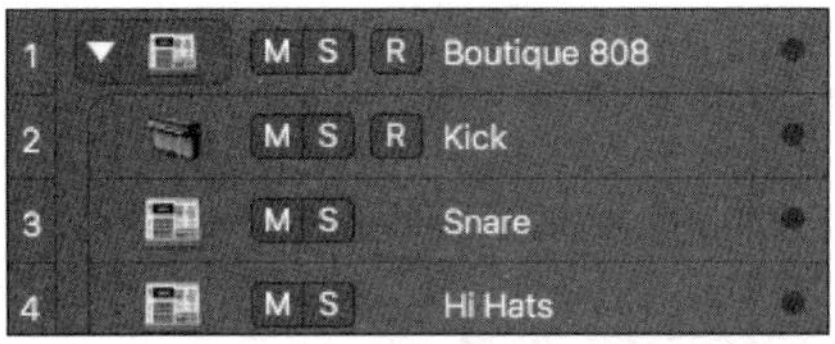

Abbildung 6.58 Spur 1 aus »06Schnellkurs30TrackStack«

Wenn Sie Spuren in Spurstapeln erstellen wollen, funktioniert dies nicht mit Befehlen zum Erzeugen neuer Spuren, denn diese erstellen Spuren außerhalb des Spurstapels. Als Workaround bietet sich das Duplizieren von Spuren via [cmd] + [D] an. Wenn Sie eine Spur im Spurstapel duplizieren, wird die neue Spur ebenfalls im Spurstapel angelegt.

6.7.7 Spurstapel erzeugen

Den Eintrag SPURSTAPEL ERZEUGEN finden Sie im Menü SPUR, via Rechtsklick auf den Spur-Header, oder Sie nutzen den Shortcut [⇧] + [cmd] + [D]. Wollen Sie eine oder mehrere selektierte Spuren zu einem Spurstapel zusammenfassen, selektieren Sie zuvor die entsprechenden Spuren und lösen dann den Befehl SPURSTAPEL ERZEUGEN aus. Im folgenden Dialog wählen Sie den beiden Optionen ORDNERSTAPEL und SUMMENSTAPEL (Abbildung 6.59), die ich nachfolgend erläutere.

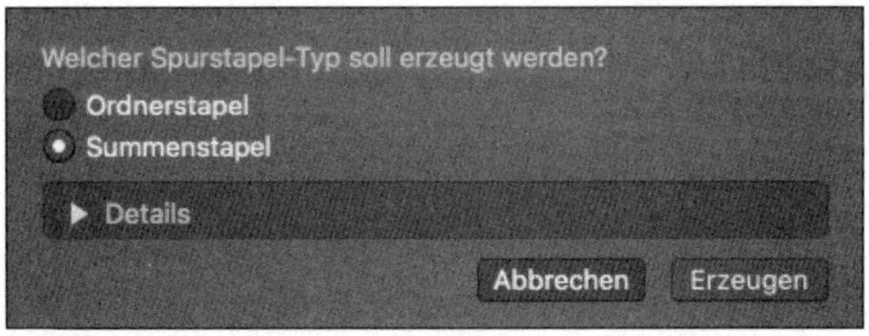

Abbildung 6.59 Dialog bei der Erstellung eines Spurstapels

Manchmal erscheinen die Einträge SPURSTAPEL ERZEUGEN oder SPURSTAPEL-TYP ausgegraut. Nicht immer verhält sich Logic hierbei ganz logisch oder leicht durchschaubar. Möglicher Grund: Spurstapel-Spuren lassen sich normalerweise nicht verschachtelt bzw. nochmals als Spurstapel anlegen. Allerdings können Sie einmalig nachträglich einen Summenstapel der jeweils anderen Kategorie (Ordnerstapel vs. Summenstapel) in einen manuell (z. B. durch »Stapeln« einer einzelnen Spur) angelegten Ordnerstapel ziehen.

6.7.8 Spurstapel: mit Ordnerstapeln arbeiten

Wählen Sie ORDNERSTAPEL, um Spuren oder Instrumentengruppen in einem Ordnerstapel mit Spurstapel-Masterspur und VCA-Fader, aber ohne zusätzliches Audio-Routing im Projekt zusammenzufassen. Ordnerstapel ändern das Routing nicht, stellen aber einen VCA-Master-Fader in der Ordnerstapel-Spurstapel-Spur für alle Spuren zur Verfügung. Eine Automation des Reglers ist möglich. Zudem können Sie hier schnell alle Inhalte Ihres Ordnerstapels solo hören oder muten.

Ich habe ein Beispiel auf der Basis des Projekts *Schnellkurs30* aus Kapitel 2 und allen Spuren, die keine Drum-Spuren sind, erstellt; das Ergebnis sehen Sie in Abbildung 6.60 und finden es im Projekt *06Schnellkurs30TrackStack*.

Abbildung 6.60 Selektierte Spuren und Dialog zum Erzeugen eines Spurstapels

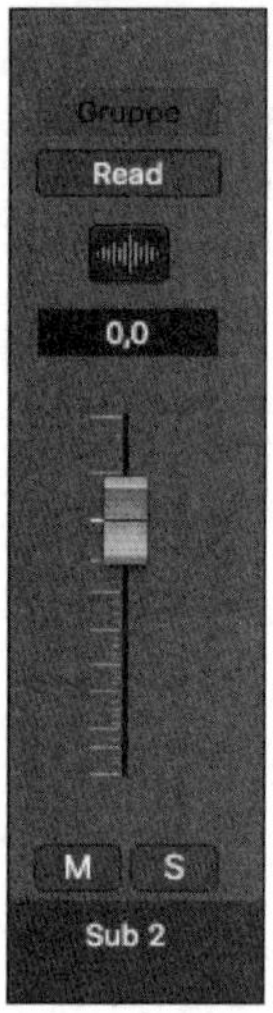

Abbildung 6.61 Kanalzug eines Ordnerstapels

Ordnerstapel eignen sich sehr gut als Ordnungstool, um Ihren Bereich SPUREN übersichtlicher zu gestalten. Mit Hilfe der HIDE-Funktion der Spurstapel-Masterspur können Sie zudem schnell alle Spuren eines Spurstapels schnell ausblenden.

6.7.9 Spurstapel: mit Summenstapeln und Layering arbeiten

Das Routing im Summenstapel ist der Hauptunterschied zum Ordnerstapel: Die im Stapel liegenden Spuren werden automatisch an einen Bus geroutet. Die aufklappbare Summenstapel-Masterspur ist ein Aux-Kanal, in dem genau dieser Bus als Input eingestellt ist. Wählen Sie SUMMENSTAPEL, wenn Sie das möchten. Übrigens: Wenn Sie mehrere Spuren zu einem Summenstapel zusammenfassen, die als Ausgang bereits denselben Bus eingestellt hatten, so wird dieser automatisch als Eingangsbus für den neue Summenstapel-Master-Aux-Kanal übernommen.

Summenstapel lassen sich auch als Patches in der BIBLIOTHEK abspeichern. Dies gilt für Kombinationen aller Arten von Spuren, also z. B. sowohl für Kombinationen aus Instrumenten mit fetten Layern als auch für Kombinationen aus Aux-Kanälen für komplexe Effekt-Routings. Wenn Sie Spuren in Summenstapel ziehen, wird automatisch deren Output-Routing geändert.

Summenstapel für Instrumente mit Einzelout-Aux-Spuren und Layering

Summenstapel werden zum Beispiel für Instrumente mit mehreren Ausgangskanalzügen (z. B. unser bereits öfters verwendetes Patch *Boutique 808*), gelayerte Synth-Sounds oder Instrumentengruppen genutzt. Auch der DRUM MACHINE DESIGNER ist letztlich ein (besonders aufwendig) vorkonfigurierter Summenstapel. Über die Summenstapel-Masterspur können Sie die darin verpackten Instrumentenspuren per MIDI ansteuern und Noten aufnehmen. Auf Spurstapel-Instrumente wie dem DRUM MACHINE DESIGNER verwendete Aux-Spuren können Sie zwar Regionen ziehen und abspielen, aber nicht aufnehmen.

In diesen Spuren geöffnete Instrumente werden typischerweise nicht auf der Spurstapel-Masterspur, sondern auf einer im Stack liegenden Spur eingefügt. Die Spurenbeschriftung der Audio ausgebenden Aux-Kanäle in Spurstapel-Patches ist unabhängig davon, was via MIDI in der Spur gesendet wird. Sie kann also abweichen, wenn Einzelouts von Instrumenten als Aux-Kanäle in Spurstapel integriert sind.

Summenstapel mit Audio- oder Aux-Spuren

Ein Summenstapel kann Aux-, Audiospuren oder eine Mixtur von Audio- und Software-Instrument-Spuren enthalten und einfach den Zweck haben, die in ihm untergebrachten Spuren abzumischen. Dabei ist im Gegensatz zu Summenstapeln, die der Erzeugung von Layer-Sounds dienen, meist nicht beabsichtigt, die im Stapel liegenden Spuren per MIDI anzusteuern. Sie können aber auch mit diesen Summenstapeln z. B. Patches erstellen, um schnell für eine Audiospur ein komplexes Bus-Routing aufzurufen.

Ergänzende Erläuterungen hierzu lesen Sie in Abschnitt 14.2 über Aux-Kanäle, Busse und Sends.

Aux-Kanäle können allerdings keine Audioregionen abspielen. Wenn Sie ein Spurstapel-Audio-Patch laden, das eine komplexere Effektkonfiguration über interne Aux-Wege für eine Audiospur realisiert, bleiben die auf der Audiospur liegenden Regionen typischerweise auf der in den Spurstapel wandernden Audiospur liegen. Ist der Summenstapel dann zusammengeklappt, ist das Audiomaterial dann übrigens dennoch auf der Summenspur zu sehen (Abbildung 6.62, Abbildung 6.63, Projekt *06Audiospurst*).

Abbildung 6.62 So wird das Audiomaterial im Spurstapel angezeigt, das auf einer Audiospur im Stack liegt.

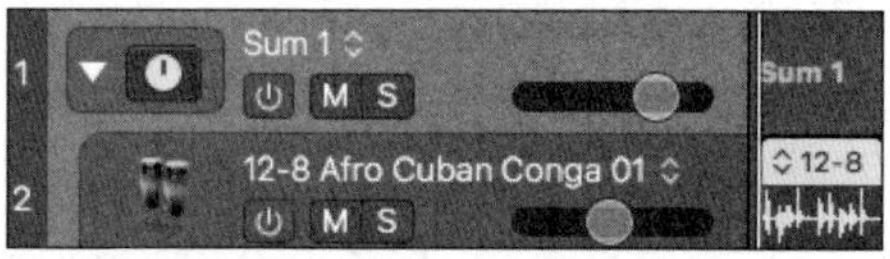

Abbildung 6.63 Audiomaterial wird nur von einer Audiospur, nicht von einem Aux-Kanal abgespielt.

Summenstapel abspeichern

Summenstapel können Sie als Patch inklusive aller enthaltenen Routings und Spuren abspeichern. Hierzu selektieren Sie die Spurstapel-Aux-Spur und klicken auf den SICHERN ...-Button unterhalb der BIBLIOTHEK. Viele solcher Patches finden Sie in der BIBLIOTHEK und viele – egal, ob Instrument-, Audio-, Aux- oder Output-Patches – enthalten komplexe Routings. Eine Kategorisierung nach Hauptspurtyp erfolgt automatisch, so dass Sie beim Laden eines Patches für eine Instrumentenspur nur Instrumenten-Summenstapel angezeigt bekommen usw.

Manuelles Routing in Summenstapeln?

Öffnen Sie das Projekt *06Trackstacksum*. Hier habe ich einen Summenstapel für zwei Synths erzeugt. Der Stapel wird auch entsprechend benannt: Die Busse 1, 2 und 3 waren schon für Send-Routings belegt; der Stapel wird nun Sum 4 genannt, weil Bus 4 als Output für die Spuren und als Input des Stapel-Master-Kanals fungiert.

Die Lösung für das automatische Routing von Summenstapeln müssen Sie eventuell manuell überprüfen. Spuren, die Sie nachträglich in einen Summenstapel ziehen, werden automatisch in die Summenstapel-Masterspur geroutet. Zum Glück sind manuelle Routing-Konfigurationen inklusive der Integration von zusätzlichen Sub-Bussen in die Spurstapel möglich. Doch müssen Sie aufpassen, dass keine Automatik automatisch eingreift.

Die Outputs der beiden Spuren im Beispiel wurden zwar auf Bus 4 geroutet, jedoch sind für beide Spuren Sends an Busse eingestellt. Die Frage ist, ob die Outputs dieser Send-Busse ebenfalls auf Bus 4 landen. Ansonsten wäre bei Nutzung dieser Sends auch bei stummgeschalteter Stack-Masterspur noch ein Resthall der darin vorhandenen Instrumente zu hören. Bei älteren Logic-Versionen klappte das nicht automatisch, bei neueren hingegen schon.

6.7.10 Spurstapel: Stummschaltungen in Spurstapeln (Ordner- und Summenstapel).

Um einerseits einzelne Spuren, andererseits eine ganze Soundkategorie stumm schalten zu können, müssen Sie strategisch vorgehen und ein paar Logic-Klippen umschiffen. Denn wenn Sie z. B. den EIN/AUS-Button für den Ordnerstapel aktivieren/deaktivieren, betrifft dies alle Spuren im Stapel. Sollten dort zuvor einige Spuren ausgeschaltet gewesen sein, aber andere nicht, lässt sich dies anschließend nicht mehr nachvollziehen. Schalten Sie Ihre Einzelspuren daher lieber mit den MUTE-Buttons an und aus (oder testen, ob das bei Ihrer aktuellen Logic-Version immer noch so ist). Den gesamten Ordner können Sie ebenfalls mit dem MUTE-Button stumm schalten (Konfiguration siehe Projekt *06Schnellkurs30TrackStack2*), alte Einstellungen werden nach Deaktivierung des Mutes aber (normalerweise) wieder aufgerufen.

6

Dass das so ist, ist andererseits problematisch, wenn Sie mehrere Spuren desselben Instruments benutzen, einzelne per EIN/AUS-Schalter deaktivieren und dennoch Spurstapel nutzen möchten. Eine weitere Alternative, nicht die Übersicht zu verlieren, besteht im Stummschalten von Regionen in Spuren, die dauerhaft stumm geschaltet bleiben sollen – oder natürlich in deren Löschung.

6.7.11 Spurstapel reduzieren/auflösen

In den gleichen Menüs können Sie mit der Funktion STAPEL REDUZIEREN (englisch: *flatten stack*; [⇧] + [cmd] + [U]) Spurstapel auch wieder auflösen.

6.7.12 Spurstapel: Mehrere Spurstapel verschachteln?

Sie können einmalig Summenstapel in Ordnerstapel ziehen (und umgekehrt), ansonsten aber keine Stapel in Stapel hineinziehen. Das kann zu Problemen führen, wenn z. B. alle Drums zusammengefasst werden sollen, dabei aber bereits Spurstapel-Spuren im Einsatz sind. Alternativ können Sie die Ordner-Funktion nutzen.

6.7.13 Spurstapel: Darstellung und Edits von Regionen

Die Darstellung der Inhalte von Spurstapeln ist allerdings nicht immer optimal gelöst – hier gefallen mir Ordner in Cubase deutlich besser. Warum verstehen Sie vielleicht nach Lektüre des folgenden Abschnitts.

Eine Spurstapel-Spur (egal ob Ordnerstapel oder Aux-Kanal) können Sie ein- (Abbildung 6.65) und ausklappen (Abbildung 6.64), um die Spuren, die verwaltet werden, zu verstecken (Projekt *06Schnellkurs30TrackStack*).

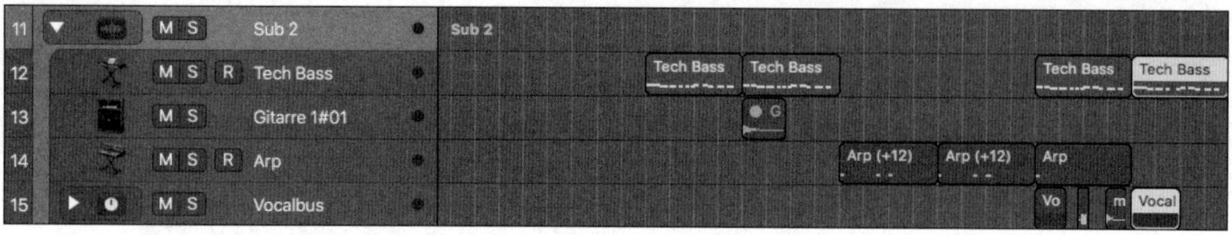

Abbildung 6.64 Ausgeklappter Spurstapel-Ordnerstapel

Abbildung 6.65 Eingeklappter Spurstapel-Summenstapel

Falls ein Spurstapel aus Spuren zusammengestellt wird, die Regionen enthalten und diese übereinanderliegen, ist bei eingeklappten Spurstapeln in der Haupt-Spurstapel-Spur ebenfalls eine Art Region zu sehen, mit der Sie – ähnlich, aber nicht genau wie mit einem Ordner – die Inhalte verschieben und kopieren können, die sich aber etwas anders verhält als eine normale Region oder ein Ordner.

Wird ein Spurstapel, in dem sich übereinanderliegende Regionen befinden, zugeklappt, sieht es aus wie in Abbildung 6.66. Die Region auf der Spurstapel-Masterspur können Sie aber nicht wie eine normale Region editieren. Sie können sie zwar verschieben und auf der gleichen Spur kopieren oder an der Abspielposition oder den Locator-Punkten schneiden. Aber Sie können nicht die Länge ändern oder sie auf eine andere Spur (z. B. einen duplizierten Spurstapel) kopieren. Für solche Operationen sind Ordner besser geeignet.

Beispiel: Eine Spurstapel-Region wurde im Bild von Takt 33 auf Takt 53 kopiert. Sie können nicht das Ende des Objekts anfassen, um es beispielsweise am Ende auf Takt 55 zu kürzen. Wohl aber können Sie hierfür im Taktlineal Takt 53 bis 55 auswählen und die Funktion AN LOCATOR-PUNKTEN TEILEN benutzen, um das Objekt zu teilen (Abbildung 6.66).

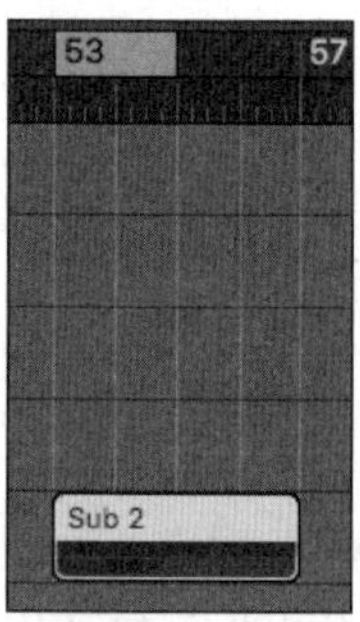

Abbildung 6.66 Kopierte Spurstapel-Region. Diese Art »Region« zeigt an, dass es in den enthaltenen Spuren des Summenstapels Inhalte gibt (Projekt »06Schnellkurs30TrackStack3«). Die Balken im Ordner zeigen an, wie viele Regionen übereinanderliegen: Von Takt 53-55 ist es eine, von Takt 55-57 sind es zwei.

Wenn Sie den Spurstapel aufklappen und Regionen im Stapel verlängern oder loopen, verlängert sich auch die Spurstapelregion (Projekt *06Schnellkurs30TrackStack4*). Haben die Regionen unterschiedliche Quantisierungen, können Sie das am Informationsfenster REGION erkennen, das sich dann wie bei der Selektion mehrerer Regionen verhält.

Wenn Sie aber eine MIDI-Region auf einem Summenstapel-Master-Aux-Kanal einspielen, erzeugen Sie eine neue MIDI-Region. Die anderen Inhalte bzw. Regionen der Spuren aus dem Stapel werden dann nicht mehr angezeigt, sind aber noch hörbar (Abbildung 6.67, vergleiche Projekt *06Spurstapel05*).

Abbildung 6.67 Die MIDI-Region steuert über den Aux-Kanal alle im Stack befindlichen Synths an.

Wenn Sie die neue MIDI-Region anschließend verschieben, werden die Inhalte der im Spurstapel verborgenen Spuren nicht mit verschoben (Abbildung 6.68, Abbildung 6.69).

Abbildung 6.68 In der Masterspur werden die im Stack liegenden Regionen nicht mehr angezeigt.

Abbildung 6.69 In der Masterspur werden die im Stack liegenden Regionen nicht mehr angezeigt – wie die ausgeklappte Stack-Spur beweist. Falls Sie die Region auf der Masterspur wieder entfernen, werden die Inhalte wieder angezeigt.

Falls Sie eine Region auf der Masterspur wieder entfernen, werden die Inhalte wieder angezeigt (siehe Projekt *06Spurstapel6*); das betrifft sowohl Summenstapel als auch Ordnerstapel. Ob das konsequent ist oder es sich um einen Bug handelt, darüber lässt sich streiten.

Eine mögliche Strategie, nicht die Übersicht zu verlieren, könnte der Verzicht auf MIDI-Daten in den Unterspuren sein, so dass diese nur in der Spurstapel-Masterspur vorkommen, wie das z. B. bei »Drummer«-Spuren der Fall ist.

Die Alternative hierzu ist der Verzicht auf Regionen auf der Summenspur und die ausschließliche Nutzung der Spuren innerhalb des Stapels – was ohnehin typischerweise der Fall ist, wenn viele unterschiedliche Instrumente in einem Stack vorkommen, die zusammen abgemischt, aber nicht gelayert oder gemeinsam über MIDI angespielt werden sollen.

Audioexport bei Spurstapeln

Zum Export und Import von Audio, MIDI und Projekten finden Sie weitere Ausführungen in Kapitel 10.

6.7.14 Spuren sortieren nach...

Sie können mittels verschiedener Optionen unter dem Eintrag SPUREN SORTIEREN NACH... im Menü Spur Spuren umbenennen, löschen, einfärben oder nach verschiedenen Kriterien sortieren.

6.7.15 Arrangement: Bereich zwischen Locator-Punkten wiederholen, kopieren, einfügen oder löschen

Möchten Sie arrangieren und verschieben, so bieten sich diverse Funktionen des BEARBEITEN-Menüs des Hauptfensters (Abbildung 6.70) sowie des Kontextmenüs des Taktlineals (Abbildung 6.71) an.

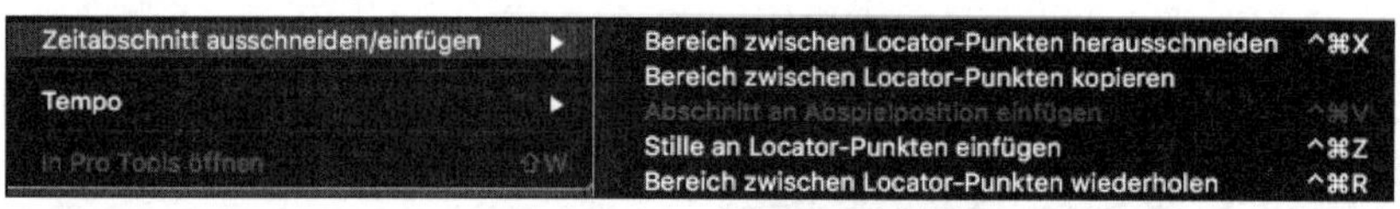

Abbildung 6.70 Zeitabschnittoperationen im »Bearbeiten«-Menü

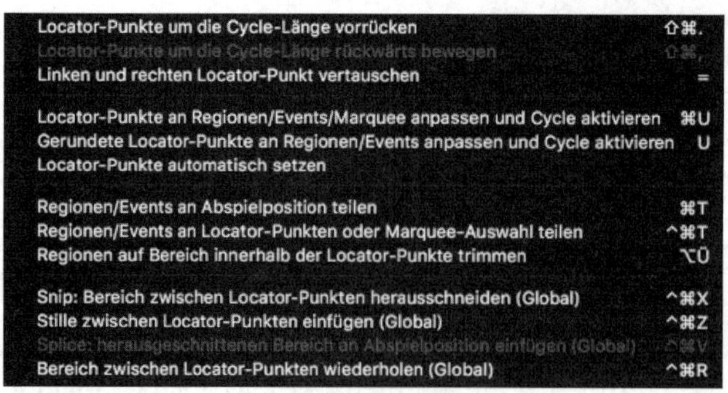

Abbildung 6.71 Taktlineal-Kontextmenü

Oft hilfreich ist dabei die schnelle Anpassung der Locator-Punkte an die Auswahl im Navigieren-Menü (automatisch z. B. nach Regionsauswahl über den Eintrag ganz unten im Navigieren-Menü oder via [cmd] + [U] oder der gerundete Anpassung der Locatorpunkte mit [U]).

Besonders praktisch sind die Optionen im Unterpunkt Auswählen und Zeitabschnitt ausschneiden/einfügen des Bearbeiten-Menüs – insbesondere mit Kenntnis der Shortcuts (siehe Abbildung 6.72 und Abbildung 6.70). Zeitabschnitte werden über die Locator-Punkte definiert – und können eingefügt, wiederholt, gelöscht oder durch Stille ersetzt werden. Unter Bearbeiten • Auswählen können Sie alle Objekte ([⇧] + [A]) oder alle zwischen den Locator-Punkten selektieren ([⇧] + [L]). Wenn Sie alles selektieren, können Sie schnell das ganze Arrangement verschieben.

Unter Bearbeiten • Zeitabschnitt ausschneiden/einfügen können Sie Bereiche zwischen Locator-Punkten löschen ([ctrl] + [cmd] + [X]), kopieren (unabhängig von der Selektion), wiederholen ([ctrl] + [cmd] + [R]) oder einfügen ([ctrl] + [cmd] + [V]). Gegebenenfalls sollten Sie zuvor überlappende Regionen schneiden (z. B. via An Locator-Punkten teilen/trennen oder [ctrl] + [cmd] + [T]).

Ein weiteres Tool, das ich oft benutze, um ein Arrangement zu verlängern oder einen neuen Part einzufügen, ist der Befehl Auswählen • Alle folgenden Objekte im Bearbeiten-Menü. Auch im Regionskontextmenü sind diverse Auswahloptionen zu finden.

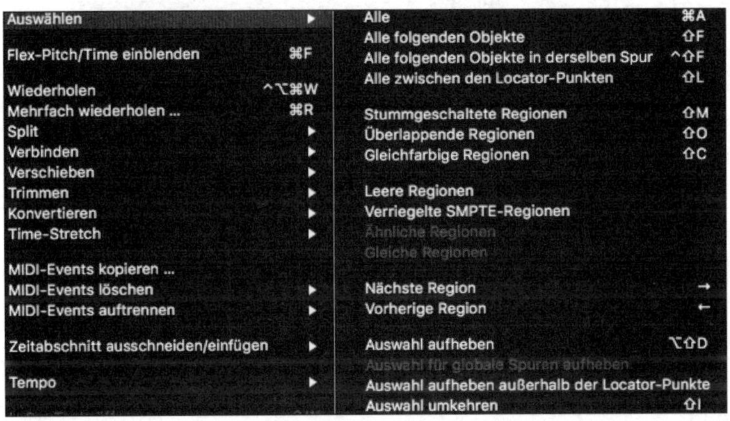

Abbildung 6.72 Auswahloperationen im »Bearbeiten«-Menü

Hiermit können Sie alle Regionen selektieren, die hinter einer Taktposition liegen – und gegebenenfalls mit der gehaltenen [⇧]-Taste und Mausklick einzelne Regionen manuell selektieren/deselektieren. Den so selektierten Block können Sie dann um eine gewünschte Taktzahl nach hinten verschieben.

6.7.16 Mix-Routing

Das mixtechnische Zusammenfassen von Instrumenten ist sehr wichtig und gehört gewissermassen auch zum Arrangement. Sie lesen darüber in Kapitel 14 und Kapitel 17.

6.7.17 Arrangieren mit Arrangement Markern

Eine globale Spur mit einem innovativen Funktionsansatz ist die Arrangement-Marker-Spur in den globalen Spuren, die Sie mit dem Befehl SPUR • GLOBALE SPUREN • ARRANGEMENTSPUR EIN- ODER AUSBLENDEN (⇧ + cmd + A) anzeigen und verbergen. Arrangement Marker können Sie auch mit Hilfe der über das Menü ANSICHT einblendbaren Farbpalette (Shortcut alt + C) einfärben.

Die Arrangement-Marker-Funktion ist auch eng in Verbindung mit GarageBand für iOS zu betrachten, wo jeweils einzelne Arrangement-Marker-Bereiche editiert und später zu einem Song zusammengefügt werden können. Beachten Sie auch Abschnitt 6.7.19 zu »normalen« Markern, denn Sie können normale Marker in Arrangement Marker konvertieren oder aus Arrangement Markern erstellen, ändern und dann wieder zurückkonvertieren. Sie können ferner Arrangement-Marker-Sets nutzen. Arrangement Marker unterscheiden sich optisch von normalen Markern: Sie haben oben links keine »Ecke ab«.

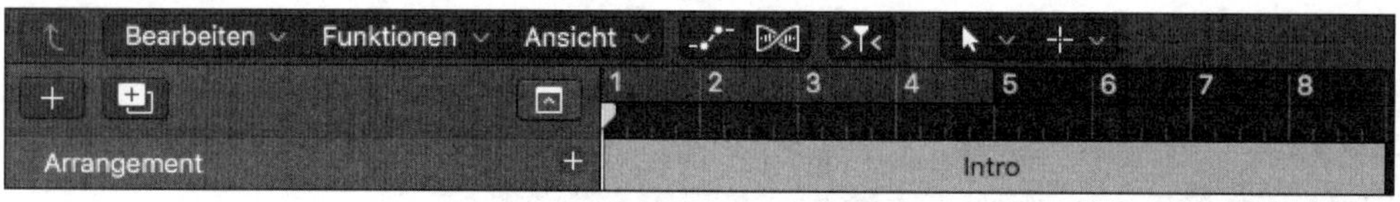

Abbildung 6.73 Globale Arrangement-Marker-Spur

Nachdem Sie Arrangement Marker erzeugt haben, können Sie sie einfach verschieben, und das zugehörige Musikmaterial darunter verschiebt sich automatisch mit! Ferner werden in neu erzeugten »Drummer«-Spuren automatisch Regionen entsprechend den vorhandenen Arrangement Markern erstellt.

Arrangement Marker erzeugen

Erzeugen Sie Arrangement Marker mit Hilfe des +-Symbols in der globalen Spur. Die Beschriftung der Arrangement Marker erfolgt zunächst automatisch und orientiert sich an klassischen Songstrukturelementen, Sie können die Namen aber manuell ändern (Abbildung 6.74). Wenn Sie auf den Button mit dem +-Zeichen klicken (mittig in Abbildung 6.73), wird standardmäßig hinter dem letzten bereits erzeugten Arrangement Marker ein weiterer, 8-taktiger Arrangement Marker erzeugt. Auch Schnitte werden dementsprechend durchgeführt, falls die Regionen auf den Spuren länger sind als der jeweilige Bereich in der Arrangementspur.

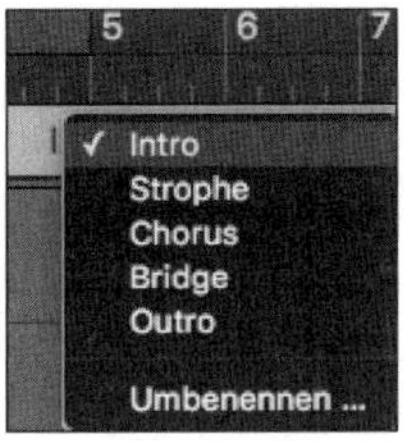

Abbildung 6.74 Automatische Beschriftung von Arrangement Markern

Sie können Arrangement Marker auch durch Klick mit dem Stiftwerkzeug auf die Arrangement-Marker-Spur erzeugen. Arrangement Marker lassen sich auch aus »normalen« Markern generieren und mit deren Hilfe umarrangieren (siehe Abschnitt 6.7.19).

Länge von Arrangement Markern verändern

Bewegen Sie die Maus über den Grenzbereich eines Arrangementmarkers, und bewegen Sie die Markierung, so dass Sie den Arrangement Marker ähnlich wie eine Region verkürzen und verlängern können. Fassen Sie den Grenzbereich zwischen zwei Arrangementmarkern an und bewegen die Markierung, so verkürzen Sie einen der beiden Marker und verlängern den anderen.

Arrangement Marker umbenennen

Doppelklicken Sie auf einen Arrangement-Marker-Namen in der Arrangement-Marker-Spur, um den Namen mit Hilfe eines sich öffnenden Kontextmenüs zu ändern.

Mit Arrangement Markern arbeiten

Im Dokument *06Schnellkurs27b* habe ich solche Arrangement Marker erzeugt. Laden Sie *06Schnellkurs27b*, und probieren Sie, die Marker zu verschieben – Sie sehen, dass sich alle auf den zugehörigen Takten liegenden Regionen bzw. der gesamte entsprechende musikalische Part mit verschiebt.

Natürlich birgt die Nutzung von Arrangement Markern (kopierbar mit gehaltener `alt`-Taste) auch die Gefahr in sich, versehentlich etwas falsch zu machen. Bei komplexen Arrangements mit Nutzung von Automationen löst das Verschieben solch großer Datenblöcke schnell ungewollte Verwirrung aus.

Arrangement-Marker-Sets

Ähnlich wie bei anderen globalen Spuren steht Ihnen die Option zur Verfügung, mehrere Arrangement-Markersets anzulegen und zu verwalten, mit denen Sie arbeiten können. Klicken Sie auf den Namen der globalen Spur, um das Set-Menü angezeigt zu bekommen

(Abbildung 6.75). In den Sets können Sie dann beispielsweise die Inhalte auf alternative Art und Weise zusammenfassen.

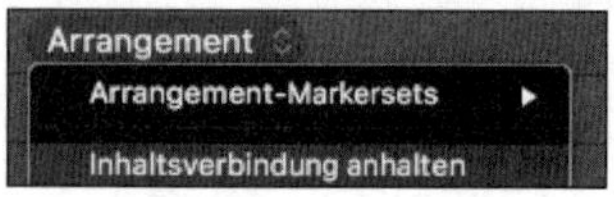

Abbildung 6.75 Arrangement-Marker-Sets

Inhaltsverbindung anhalten

Sie können auch die Verbindung der Arrangement Marker zu den Inhalten temporär anhalten, um ungestört die Arrangement-Marker-Anordnung ändern zu können, ohne dass Inhalte mitverschoben werden.

6.7.18 Listeneditoren: Marker, Tempo etc.

Nachfolgend geht es um die Themen Marker, Tempo, Taktart/Tonart, für die auch Edits in Listeneditoren vorgenommen werden können. Das grundsätzliche Arbeiten mit Listeneditoren bespreche ich auch in Abschnitt 4.11.

6.7.19 Marker und die »Marker«-Liste

Marker helfen Ihnen, schnell verschiedene Bereiche des Songs zu erkennen und dorthin zu navigieren. Marker können Sie auch im Listeneditor MARKER verwalten. »Normale« Markern fehlt oben links eine kleine Ecke (Abbildung 6.76). Im Gegensatz zu den Arrangement Markern haben Marker keine Verknüpfung mit darunterliegenden Bereichen. Sie können sie also verschieben, ohne dass sich Regionen mitverschieben. Übrigens: Ist die globale Marker-Spur nicht eingeblendet, werden Marker klein und nicht eingefärbt im Taktlineal angezeigt.

Marker erstellen

Wenn Sie einen Cycle-Bereich im Taktlineal selektieren und nach unten in den Marker-Bereich ziehen, wird automatisch ein Marker in entsprechender Länge erstellt. Das funktioniert auch, wenn die globale Marker-Spur nicht eingeblendet ist.

Im NAVIGIEREN-Menü können Sie ebenfalls einen MARKER ERSTELLEN (`alt` + `ß`).

Abbildung 6.76 Marker

Im Dokument *06Schnellkurs27c* finden Sie normale Marker. Öffnen Sie es.

Abbildung 6.77 Marker in der »Marker«-Liste

Es gibt verschiedene weitere Optionen, Marker zu erzeugen, beispielsweise durch Klick mit dem Stiftwerkzeug auf die Marker-Spur. Über das Menü NAVIGIEREN • ANDERE können Sie Marker aus Regionen erstellen, Marker aus Audiodateien auslesen, Marker in Audiodateien exportieren oder Filmszene-Marker erstellen oder entfernen. Filmszene-Marker sind mit festen Zeiten und nicht mit Taktpositionen verknüpft (siehe Abschnitt 18.1.5). Auch im Listeneditor können Sie Marker erzeugen.

Marker im Listeneditor

Sie können Marker auch durch Klick auf die +-Taste in der MARKER-Liste erstellen (siehe Abbildung 6.77. Dort sind sie automatisch durchnummeriert.).

Marker-Länge

Die MARKER-Liste zeigt Ihnen auch die genaue Marker-Länge an, die sich hier auch editieren lässt (diese stimmt nicht immer mit dem überein, was Sie in der globalen Spur sehen; Marker können nach dem Erzeugen durch einen Shortcut »kürzer« als angezeigt sein). Alternativ können Sie auch Marker in der globalen Spur ähnlich wie Regionen editieren und verkürzen und verlängern.

Marker umbenennen und nummerieren

Doppelklicken Sie auf einen Marker-Namen in der Marker-Spur oder der MARKER-Liste, um den Namen zu ändern. Wenn Sie die Zeichen ## hinter den Markern (werden automatisch erstellt) dort belassen (oder manuell hinzufügen), werden Marker automatisch durchnummeriert. Auch wenn Sie neue Marker einfügen, werden sie entsprechend automatisch umnummeriert.

Marker-Sets

Ähnlich wie bei anderen globalen Spuren steht Ihnen die Option zur Verfügung, mehrere Marker-Sets anzulegen und zu verwalten. Klicken Sie auf den Namen der globalen Spur, um das Set-Menü angezeigt zu bekommen (Abbildung 6.78).

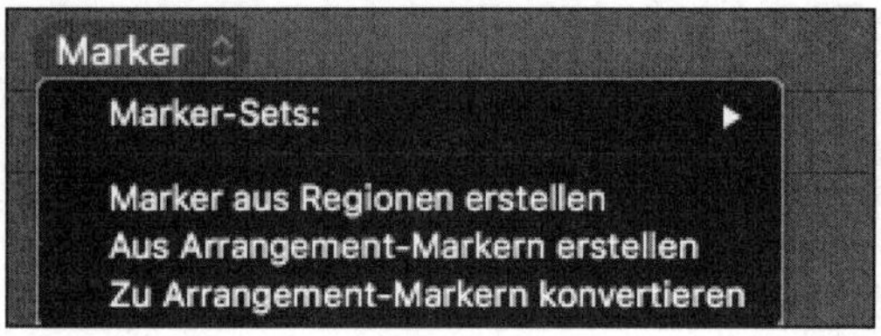

Abbildung 6.78 Marker-Sets

Marker-Sets können Sie auch in der MARKER-Liste verwalten. Sie können verschiedene Marker-Sets speichern, aufrufen und zwischen ihnen umschalten. Mit Marker-Sets können Sie Ihr Projekt auch nach verschiedenen Kriterien gliedern. So kann sich ein Marker-Set beispielsweise auf Szenenbezeichnungen eines Films und ein anderes auf die musikalischen Inhalte beziehen. Neue erstellte Sets können Sie auch umbenennen (siehe Abbildung 6.79).

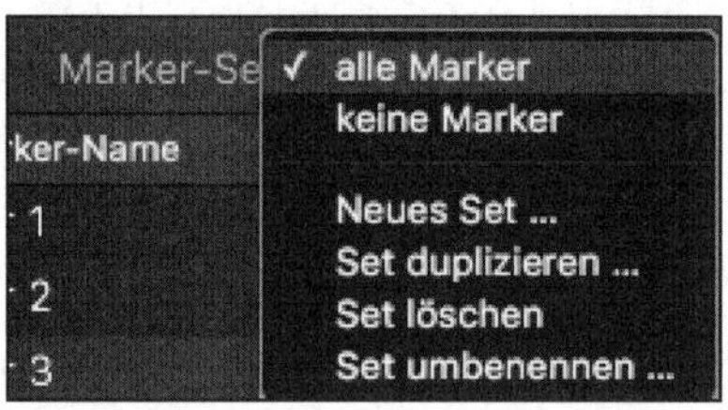

Abbildung 6.79 Marker-Set im Projekt »Schnellkurs27cmark2«

Marker vs. Arrangement Marker

Sie können im Marker-Flip-Menü in der globalen Spur auch normale Marker in Arrangement Marker konvertieren oder aus Arrangement Markern erstellen, ändern und dann wieder zurückkonvertieren (Abbildung 6.78). Dabei können die Sets z. B. für Experimente hilfreich sein. So können Sie leicht ein neues Marker-Set erstellen, modifizieren und danach zum Erstellen von Arrangement Markern nutzen.

Navigation mit Markern

Mit den Shortcuts `alt` + `,` und `.` springen Sie schnell zum vorherigen bzw. nächsten Marker. Ein gegebenenfalls aktiver Cycle springt dabei mit!

Mit dem Shortcut `alt` + `#` wählen Sie Marker über ihre Nummern aus. Wenn Sie nach jedem erstellten Marker ein ## stehenlassen (wird zunächst automatisch erzeugt) oder Marker entsprechend beschriften, werden diese automatisch durchnummeriert. Wenn Sie dann neue Marker einfügen, ändern die folgenden Marker ihre Nummern automatisch entsprechend. Die Nummern bleiben immer aufsteigend, auch wenn Sie einen Marker löschen oder hinzufügen.

Durch Klick auf den Marker mit gehaltener [alt]-Taste springt die Abspielposition an den Markeranfang. Das klappt auch, wenn Sie mit gehaltener [alt]-Taste einen Eintrag in der MARKER-Liste anklicken.

Sie finden im NAVIGIEREN-Menü im Unterpunkt GEHE ZU ... Befehle zum direkten Erreichen von Markern: GEHE ZU... VORHERIGER/NÄCHSTER MARKER ([alt] + [,] bzw. [.]), GEHE ZU MARKER-NUMMER ... ([alt] + [#]).

Wenn Sie einen Marker selektieren und hoch in den Taktlinealbereich ziehen, werden automatisch entsprechende Locator-Punkte gesetzt, und der Cycle-Modus wird aktiviert.

Marker-Design in der »Marker«-Liste editieren/große Marker für Karaoke

Beim Editieren von Markern in der MARKER-Liste steht nicht nur ein Typografiemenü (via Klick auf den Button »Aa«, Abbildung 6.80), sondern beim Editieren des Marker-Texts noch ein weiteres Kontextmenü zur Verfügung (Abbildung 6.81).

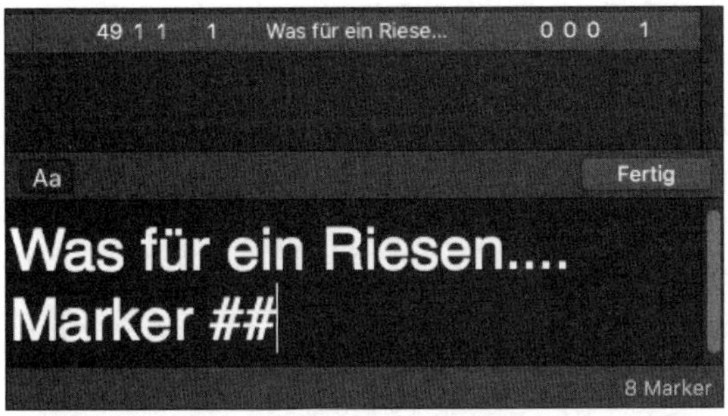

Abbildung 6.80 Marker-Text-Fenster im Projekt »06Schnellkurs27cmark3«

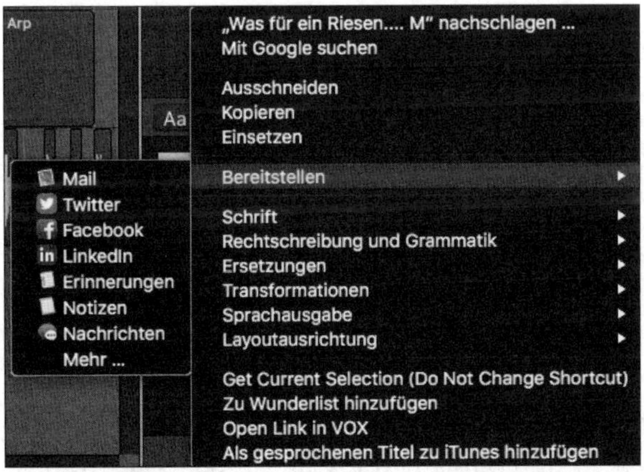

Abbildung 6.81 Marker-Text-Editing in der »Marker«-Liste

Hier können Sie das Aussehen Ihrer Marker detailliert gestalten. Natürlich können Sie Marker auch mit der Farbpalette einfärben. Marker sind nicht nur zum Navigieren durch einen

Song praktisch, sie können quasi als Teleprompter-Ersatz dienen, wenn sie über den Befehl MARKER-TEXT ÖFFNEN im NAVIGIEREN-Menü als separates Fenster angezeigt werden (vergleiche hierzu auch das Projekt *06Marker1*). Das ist z. B. bei Karaoke-Performances interessant. Der Inhalt des Fensters ändert sich automatisch, sofern FOLGEN aktiviert ist, wenn Sie zum nächsten Marker wechseln.

Auch mit dem Meta-Event GO TO ...-MARKER können Sie Marker ansteuern – z. B. zu Präsentationszwecken (siehe Abschnitt 18.4, »Meta-Events in Logic«).

Extrem »wichtig«: Sie können den Marker-Text auch direkt zu Facebook oder als E-Mail versenden (Abbildung 6.81).

6.7.20 Taktart/Tonart detailliert einstellen und wechseln

Tonart und Takt können Sie wie schon gezeigt im Display einstellen. Es gibt aber auch eine globale Taktart/Tonart-Spur. Auch im Listenbereich des Hauptfensters können Sie zusätzlich eine TAKTART/TONART-Liste einblenden. So können Sie z. B. Taktartwechsel in einem Song programmieren.

Das kann auch für moderne Genres oder Dance-Musik interessant sein. Wenn Sie im Internet irgendwo meinen Song The Green Man – »Easy feat. MC's Dragoon & Chevy« auftreiben können, finden Sie dort zwischendurch ein paar Takte lang einen Wechsel auf einen $^3/_4$-Takt, der im Club regelmäßig für gute Stimmung gesorgt hat.

Mit der Nutzung von Touch-Instruments in Logic Remote oder GarageBand für iOS gewinnt die Einstellung von Tonarten und Tonartwechseln im Song an Bedeutung hinzu. Denn dort können Sie mit automatisch auf Basis der Tonart konfigurierten Akkord-Strips arbeiten.

Erzeugen von Taktart-/Tonart-Events

Durch Klick auf die +-Taste in der globalen Spur oder im Listeneditor erzeugen Sie Takt- und Tonart-Events. Im Flip-Menü des Listeneditors (Abbildung 6.82) wählen Sie aus, ob Sie ein TAKTART- oder ein TONART-Event einfügen wollen.

Abbildung 6.82 Taktart- oder Tonart-Event einfügen

Beispiel mit Taktart-/Tonart-Wechseln

Öffnen Sie das Logic-Dokument *06Taktart*, oder betrachten Sie Abbildung 6.83 und Abbildung 6.84. An Takt 5, 9 und 13 habe ich Taktwechsel eingefügt. Der automatische Drummer wechselt dabei ebenfalls den Takt. Die Taktwechsel werden im Taktlineal angezeigt. Im Taktlineal sehen Sie außerdem, dass die Zahl der Striche/Unterteilungen zwischen den Taktnummern entsprechend der Taktart geändert wurde, wodurch sich auch die Länge der Takte im Taktlineal ändert. Das ist nur logisch, denn vier Takte im $^3/_4$-Takt bedeuten 12 Schläge, 4 Takte im $^4/_4$-Takt bedeuten 16 Schläge usw.

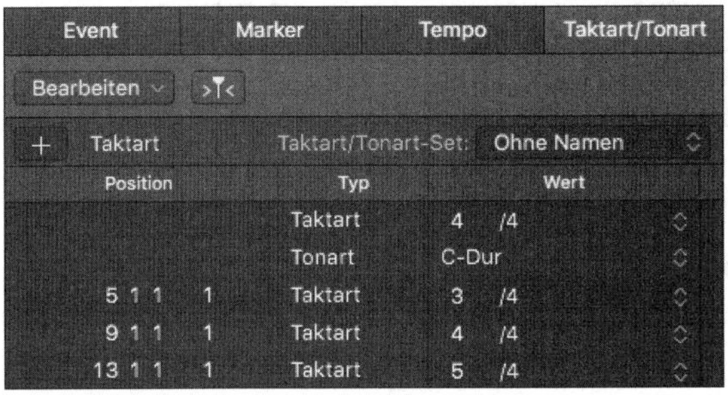

Abbildung 6.83 In der Listenansicht können Sie unter dem Reiter »Taktart/Tonart« Takt- oder Tonartwechsel einstellen.

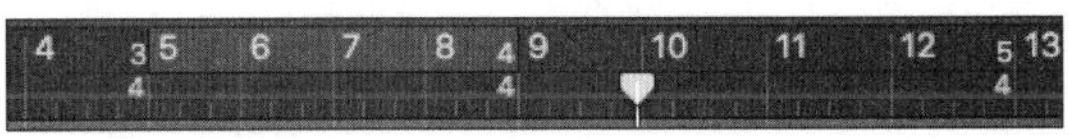

Abbildung 6.84 Das Taktlineal zeigt die Taktänderungen an.

Taktart/Tonart-Sets

Sie können (wie schon von den Markern und der TEMPO-Liste bekannt) verschiedene Taktart/Tonart-Sets speichern, aufrufen und zwischen ihnen umschalten. Auf diese Weise können Sie neue Varianten ausprobieren, ohne alte, mühsam ausgearbeitete Edits verwerfen zu müssen. Um mit einer neuen Alternative arbeiten zu können, erzeugen Sie ein neues Set. Dieses können Sie anschließend umbenennen.

6.7.21 »Varispeed«

Zum Abschluss des Kapitels noch ein Special: Wenn Sie das Display so konfigurieren, dass die Ansicht EIGENE gewählt ist, steht Ihnen bei den Konfigurationsoptionen für Steuerungsleiste und Anzeige die Option VARISPEED zur Verfügung. Hierdurch erscheint neben der VARISPEED-Anzeige im Display ein zusätzlicher VARISPEED-Button (bei genügend Platz, siehe Abbildung 6.85 und Abbildung 6.86).

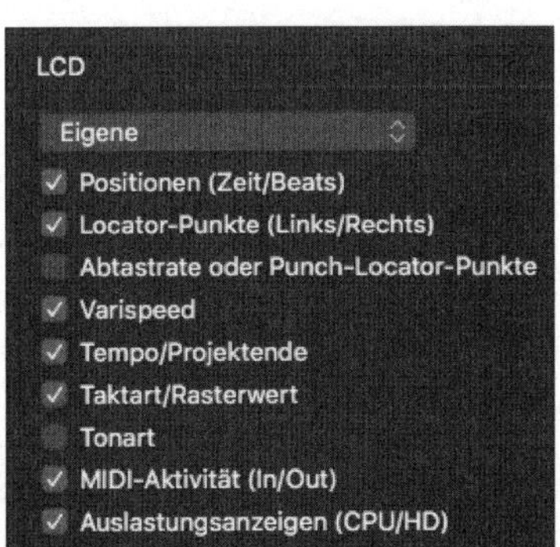

Abbildung 6.85 »Varispeed« als Option im Display

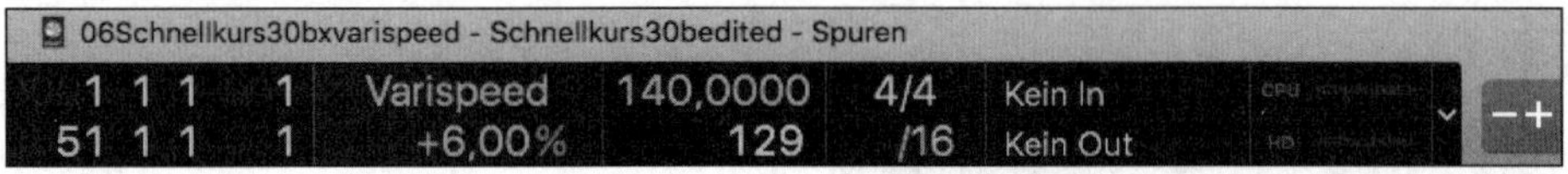

Abbildung 6.86 »Varispeed« in der Anzeige und im Projekt »06Schnellkurs30bxvarispeed«

Mit Varispeed können Sie Ihr gesamtes Arrangement (über externe Mischpulte ausgegebene externe Klangerzeuger ausgenommen) schneller abspielen und haben die Option, die Tonhöhe zu verändern. Das klingt manchmal wie ein Plattenspieler, der schneller läuft, was Sie im Projekt *06Schnellkurs30bxvarispeed* nachvollziehen können. Wenn Sie auf den Eintrag Varispeed klicken, erscheinen drei Optionen für den Modus (Abbildung 6.87):

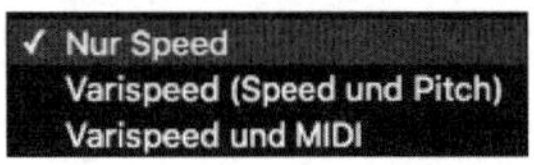

Abbildung 6.87 »Varispeed«-Modi

- Nur Speed: Nur das Tempo wird geändert, die Tonhöhe bleibt gleich.
- Varispeed (Speed und Pitch): Tempo und Tonhöhe werden geändert, ähnlich einem Plattenspieler, der schneller läuft.
- Varispeed und MIDI: Zusätzlich werden laut Handbuch Tonhöhen von MIDI-Noten (quantisiert) transponiert. Damit sind wohl externe MIDI-Spuren gemeint, denn bei der Verwendung von internen Synths höre ich im Projekt *06Schnellkurs30bxvarispeed* keinen Unterschied zwischen Varispeed (Speed und Pitch) und Varispeed und MIDI, obwohl eine MIDI-Software-Instrument-Spur spielt.

Ursprünglicher Sinn von Varispeed war möglicherweise, die Tonhöhen einer bestehenden Aufnahme an zusätzlich aufzunehmende Instrumente anzugleichen, die selbst nicht exakt auf die Aufnahme gestimmt werden können.

Der durch einen erhöhten Pitch-Wert im Varispeed-Modus entstehende Effekt kann aber auch die Energie eines Stückes subtil erhöhen und ähnelt einer Wiedergabe durch den DJ im Club, der den Track leicht schneller abspielen lässt.

Kapitel 7
Die MIDI-Editoren

Eingespielte Noten und andere MIDI-Events können Sie in Logic mit verschiedenen Editoren und Tools editieren – mit oder ohne Notenkenntnisse, grafisch oder mit logischen Operationen. Seinem Ursprung als MIDI-Programm verdankt Logic eine große Funktionsvielfalt.

Die in diesem Kapitel besprochenen MIDI-Editoren heißen:

- PIANOROLLE
- EVENT-Liste/-Schwebefenster (kann auch für Positionierungen von Audioregionen und Automationen verwendet werden)
- SCHRITTEDITOR
- Notationseditor
- MIDI-TRANSFORMER

Mit Ausnahme des MIDI-TRANSFORMERS lassen sich alle genannten Editoren sowohl als Bereich im Hauptfenster als auch als eigenes Fenster öffnen.

7.1 Die Editoren: Überblick und gemeinsame Eigenschaften

Die Editoren konkurrieren nicht miteinander, sondern stellen für verschiedene Arbeitssituationen optimierte Lösungen dar, die sich auch kombiniert nutzen lassen. Es gilt das Prinzip: erst selektieren, dann bearbeiten. Sie können z. B. einen Editor für eine komfortable Selektion nutzen und anschließend in einem anderen Editor die eigentliche Operation durchführen. Welchen MIDI-Editor Sie bevorzugen, kommt auch auf persönliche Vorlieben an. So ist der EVENT-Editor vielleicht eher etwas für Menschen, die gerne mit Zahlen arbeiten, der NOTATION-Editor eher etwas für Musiker, die Notenschrift beherrschen, während die PIANOROLLE vielleicht am leichtesten zu bedienen und etwas visueller orientiert ist.

MIDI können Sie natürlich auch im Hauptfenster editieren. Im Informationsfenster REGION sind viele wichtige Einstellungen für MIDI-Daten möglich, schnell erreichbar und nichtdestruktiv einstellbar.

7.1.1 Menüs

Wie schon im Hauptfenster finden Sie auch in den MIDI-Editoren verschiedene Menüs, die ich in den Abschnitten zum Teil detailliert bespreche. Viele Funktionen (z. B. Selektions- und Verschiebetechniken) der in allen Editoren vorhandenen Menüs BEARBEITEN, FUNKTIONEN und ANSICHT kennen Sie schon aus den vorangegangenen Kapiteln. Darüber hinaus gibt es wiederum ein Kontextmenü, das Sie per Rechtsklick auf Noten erreichen. Nutzen Sie ergänzend den Index, um einzelne Begriffe nachzuschlagen.

7.1.2 Werkzeuge

In den Editoren finden Sie eigene Werkzeugmenüs, die Sie ähnlich wie die Werkzeuge im Hauptfenster aufrufen. Durch Drücken der [T]-Taste öffnet sich am Mauszeiger auch in (fokussierten) Editoren ein Werkzeugmenü, in dem Sie Werkzeuge durch Mausklick oder einen direkt daneben aufgelisteten Shortcut auswählen (der wieder nur zu sehen ist, wenn Sie das Menü via [T] aufgerufen haben). Das aktuelle Werkzeug aus dem zweiten Menü (*Sekundärwerkzeug*) rufen Sie wiederum mit gehaltener [cmd]-Taste auf.

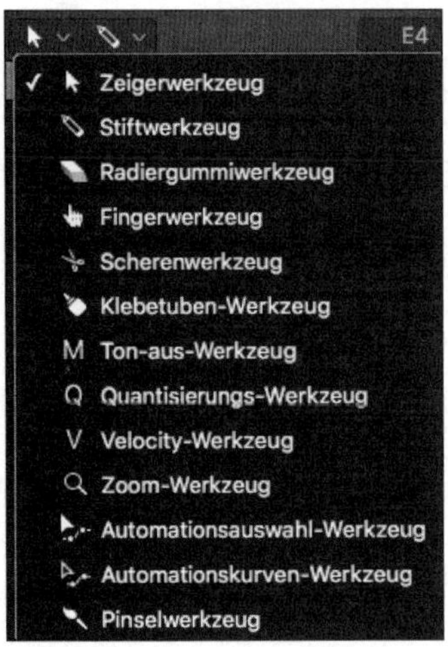

Abbildung 7.1 Hier ist das erste Werkzeugmenü in der Pianorolle eingeblendet.

Viele Werkzeuge kennen Sie aus dem Bereich SPUREN. Es gibt aber auch spezielle Werkzeuge, die nur in bestimmten Editoren vorkommen (Abbildung 7.1), sie werden in diesem Kapitel im Kontext des Edit-Vorgangs erläutert (z. B. Velocity editieren/Velocity-Werkzeug usw.)

7.1.3 »Link«-Modus und die Funktion »Abspielposition folgen«

Der LINK-Modus (im Menü ANSICHT oder Taste mit Kettensymbol, die gelb leuchtet, wenn sie aktiv ist) eines Editors verknüpft den Editor mit der Anzeige im Spurenbereich. Das bedeutet zum Beispiel: Wenn Sie eine Region im Hauptfenster selektieren, zeigt der Editor ihren Inhalt.

Wenn ein LINK-Modus vorhanden ist, lässt er sich im Untermenü ANSICHT des Editors aktivieren, wie z. B. in der EVENT-Liste (Abbildung 7.2). In der EVENT-Liste spielt dabei die Hierarchieebene eine wichtige Rolle, so können Sie z. B. je nach Level die Position der Regionen selbst oder von deren Inhalten editieren. Der Link funktioniert hier also (ausnahmsweise) optional auf gleichrangiger oder untergeordneter Ebene. Mehr hierzu in Abschnitt 7.6 über die EVENT-Liste.

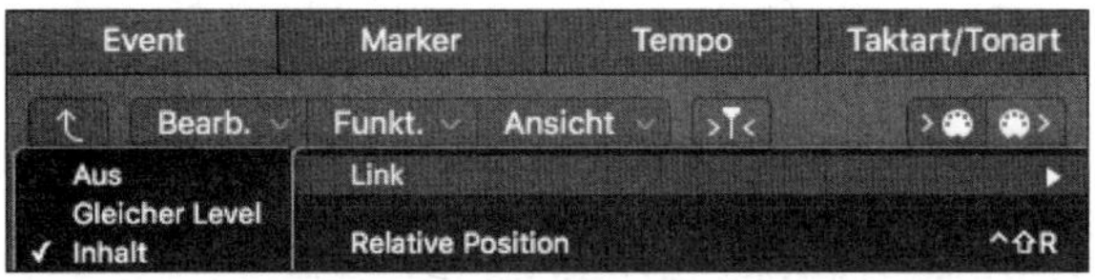

Abbildung 7.2 »Link«-Modus in der »Event«-Liste

Die LINK-Funktion können Sie in anderen Editoren wie der PIANOROLLE auch mit Hilfe des Buttons mit dem Kettensymbol aktivieren (aktiviert leuchtet der Button gelb). Links daneben sehen Sie einen Button mit einem Abspielpositionszeiger, dessen Funktion ABSPIELPOSITION FOLGEN (manchmal nur kurz FOLGEN genannt) Sie in Abbildung 7.3 sehen.

Abbildung 7.3 Die Buttons für die Funktionen »Abspielposition folgen« und »Link«

Anhand der PIANOROLLE wird der Unterschied zwischen der Funktion LINK und der Funktion ABSPIELPOSITION FOLGEN deutlich: Ist die Funktion LINK aktiviert, dann zeigt die PIANOROLLE die Noten der Region(en) an, die im Bereich SPUREN bzw. dem Arrangierbereich selektiert wurde(n). Ist die Funktion ABSPIELPOSITION FOLGEN aktiviert, zeigt die PIANOROLLE immer einen Inhalt um die aktuelle Abspielposition herum. Es kann sinnvoll sein, ABSPIELPOSITION FOLGEN zu deaktivieren, wenn Sie einen bestimmten Bereich bearbeiten und verhindern möchten, dass die Anzeige ständig ungewollt umspringt. Umgekehrt sollten Sie LINK deaktivieren und ABSPIELPOSITION FOLGEN aktivieren, wenn die PIANOROLLE stets den Inhalt der selektierten Spur bei der aktuellen Abspielposition zeigen soll. Diese Details helfen Ihnen, einen komfortablen Workflow in Logic zu finden.

7.1.4 »MIDI Out«-Button in den MIDI-Editoren

Die aktivierte MIDI OUT-Funktion sorgt dafür, dass in den Editoren angefasste Noten oder Events als MIDI-Befehl gesendet werden, so dass Sie die Tonhöhe der editierten Note hören können, falls der angesteuerte Klangerzeuger Sound ausgibt (Abbildung 7.4).

Abbildung 7.4 »MIDI Out«-Button (links daneben der »MIDI-In«-Button)

7.1.5 »MIDI In«-Button und Step-Input-Recording in den MIDI-Editoren

Ist der in PIANOROLLE, Notationseditor und EVENT-Liste vorhandene MIDI IN-Button (links neben dem MIDI OUT-Button) aktiv (dann leuchtet er rot) und der Editor im Fokus, können Sie über Ihr angeschlossenes Keyboard auch Noten in der im STEP-INPUT-KEYBOARD festgelegten Länge erzeugen (Step-Input-Recording). Mehr hierzu in Abschnitt 5.2.15 über die Aufnahme mit dem STEP-INPUT-KEYBOARD.

7.1.6 Informationsfenster »Lokal« in Pianorolle und Notationseditor

In PIANOROLLE und Notationseditor können Sie im lokalen Menü ANSICHT ein Informationsfenster LOKAL einblenden (Abbildung 7.5).

Abbildung 7.5 Informationsfenster »Lokal« in der Pianorolle

Hier können Sie für selektierte Noten ZEITQUANTISIERUNG, SKALENQUANTISIERUNG und VELOCITY-EDITING durchführen. Detaillierte Erläuterungen finden Sie in verschiedenen Abschnitten über Zeitquantisierung (Abschnitt 7.2.30), Skalenquantisierung (Abschnitt 7.2.31) und Velocity-Editing (Abschnitt 7.2.17) sowie in Abschnitt 7.2 über die PIANOROLLE.

Besonderheiten beim Editieren mehrerer Events

Beim Editieren mehrerer Noten/Events sorgt in vielen Fällen das gleichzeitige Drücken von ⇧ + alt dafür, dass der eingestellte Wert für alle selektierten Events übernommen wird, während ansonsten die Werte nur als Offset (Versatz) zu ihrem bisherigen Wert verändert werden.

7.1.7 Editieren der Inhalte mehrerer Regionen

Für das Editieren mehrerer Regionen gleichzeitig halten die Editoren unterschiedliche Funktionen bereit. In der PIANOROLLE sehen Sie z. B. die Noten aller Regionen gleichzeitig (falls LINK aktiv ist und unter Ansicht AUSGEWÄHLTE REGIONEN eingestellt ist). Im Notationseditor wird zunächst voreingestellt eine Partitur angezeigt.

7.1.8 Voreingestellter Editor nach Doppelklick auf eine MIDI-Region

Unter LOGIC PRO X • EINSTELLUNGEN • ALLGEMEIN • BEARBEITEN stellen Sie ein, welcher Editor sich durch Doppelklick auf eine MIDI-Region unten im Editorenbereich des Hauptfensters öffnet (Abbildung 7.6).

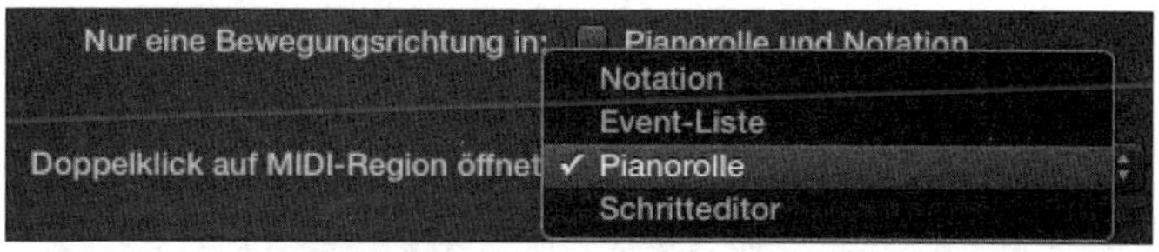

Abbildung 7.6 Hier bestimmen Sie, welcher Editor sich nach Doppelklick auf eine MIDI-Region öffnet.

7.1.9 Scrolling und Zooming in Editoren

Falls Sie nicht alle Events auf dem Bildschirm sehen können, hilft Ihnen neben dem Zoom auch die Scrollfunktion weiter. Sie können mit dem Scrollrad der Maus vertikal oder auch horizontal scrollen (mit ⇧ + Scrollen). Auch die Zoomfunktionen funktionieren, wie Sie das vom Hauptfenster bereits kennen.

7.1.10 Sonstiges

Den MIDI-TRANSFORMER (Abschnitt 7.7) erreichen Sie in allen MIDI-Editoren auch über das FUNKTIONEN-Menü (inklusive der EVENT-Liste).

Auch die Funktion MIDI-EVENTS KOPIEREN (Abschnitt 7.2.34) ist in allen Editoren zugänglich (teils im BEARBEITEN-, teils im FUNKTIONEN-Menü).

Mit dem Befehl HALTEPEDAL IN NOTENLÄNGE KONVERTIEREN nutzen Sie Haltepedaldaten (MIDI-Controller 64), um die Länge gespielter Noten zu ändern, indem Logic die Notenlänge entsprechend der Haltepedalinformation einstellt. Auch diese Funktion ist in den MIDI-Editoren zu finden (in der Regel im Menü FUNKTIONEN • NOTEN).

Die Funktionen EVENTS WIEDERHOLT KOPIEREN (cmd + R) oder EVENTS MEHRFACH WIEDERHOLEN können analog zum Kopieren/Wiederholen von Regionen in MIDI-Editoren angewendet werden. In Abschnitt 7.2.21 finden Sie ein Anwendungsbeispiel.

Beachten Sie auch die Möglichkeiten, mit Hilfe von MIDI-Plug-Ins und der MIDI-UMGEBUNG (siehe Kapitel 13) MIDI-Events zu manipulieren, z. B. Noten in Echtzeit auf in Skalen vorkommende Noten zu korrigieren (MIDI-FX *Transposer*).

7.2 Pianorolle

Die PIANOROLLE ist vielleicht der wichtigste Editor für die Bearbeitung eingespielter MIDI-Noten. Dieser Editor besitzt viele spezielle Funktionen, die andere Editoren nicht haben. In der PIANOROLLE können sich auch Musiker ohne Kenntnisse von Notenschrift leicht zurechtfinden und Noten bequem verschieben, kürzen, verlängern, löschen, hinzufügen, quantisieren oder die Velocity ändern. Keyboarder haben es besonders leicht, denn links wird eine Klaviertastatur angezeigt. Auf der linken Seite sehen Sie in Abbildung 7.7 das optional über das Menü ANSICHT ein-/ausblendbare Informationsfenster LOKAL.

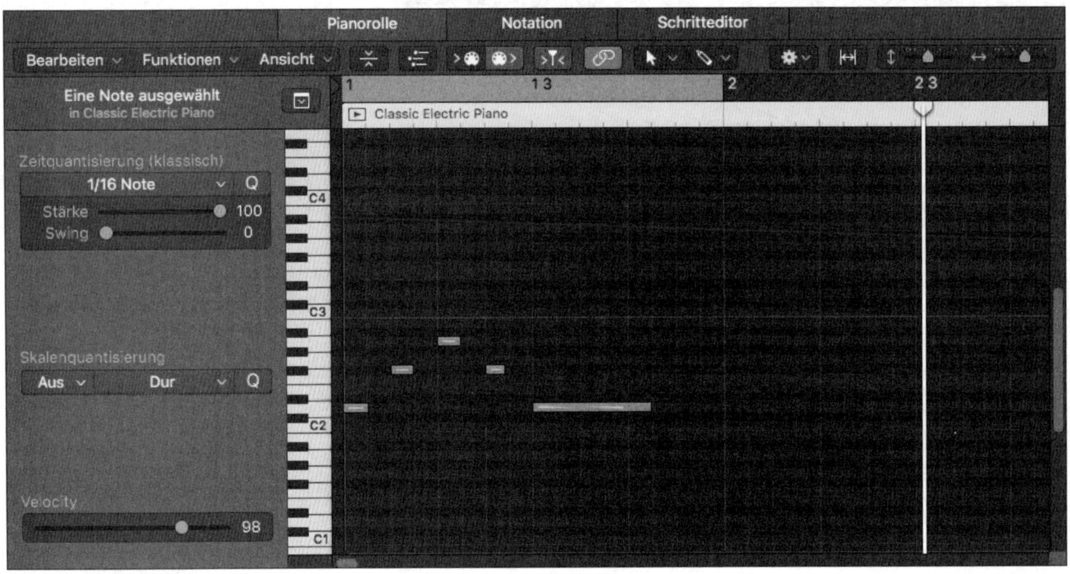

Abbildung 7.7 Die Pianorolle im Hauptfenster; Sie können sie auch als eigenes Fenster öffnen.

Typischerweise öffnet sich eine MIDI-Region nach einem Doppelklick unten in der PIANOROLLE im Editorenbereich des Hauptfensters (siehe Abbildung 7.7 und Projekt *07Pianorolle1*), weil dies die Voreinstellung unter LOGIC PRO X • EINSTELLUNGEN • ALLGEMEIN • BEARBEITEN ist.

7.2.1 Play-Button im Taktlineal der Pianorolle

Ähnlich wie bei Audioregionen im AUDIOSPUREDITOR können Sie Regionen in der PIANOROLLE wieder durch Klick auf den kleinen PLAY-Button oben in der Region abspielen. Dabei passiert Folgendes:

- Die Wiedergabe beginnt.
- Temporär wird ein Cycle-Modus für die Länge der Region eingestellt.
- Die Region wird temporär solo geschaltet.

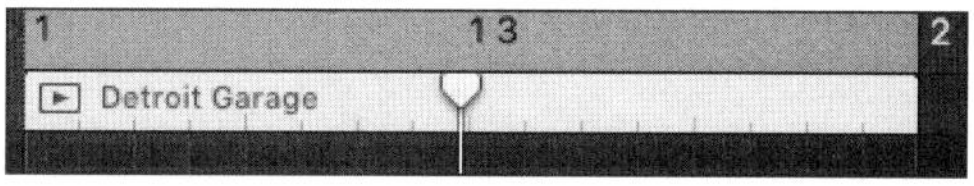

Abbildung 7.8 Links unter der Taktzahl 1 sehen Sie den Play-Button.

7.2.2 Verschieben von Regionen in der Pianorolle

Wenn Sie eine Region in der PIANOROLLE an ihrer Abspielleiste unterhalb des Taktlineals anfassen, können Sie die Region seit Logic 10.1 auch in der PIANOROLLE verschieben.

7.2.3 Regionslänge in der Pianorolle ändern

Sie können voreingestellt die Länge der editierten MIDI-Region in der PIANOROLLE ändern. Hierzu bewegen Sie den Cursor über die in der PIANOROLLE sichtbaren Regionsgrenzen, wodurch ein Längentool erscheint. So machen Sie Inhalte, die außerhalb von Regionsgrenzen liegen, hörbar.

7.2.4 Pianorolle als separates Fenster loslösen

Wenn Sie den PIANOROLLE-Tab mit gehaltener Maustaste anfassen und in eine beliebige Richtung wegziehen, wird die PIANOROLLE vom Hauptfenster losgelöst und zum separaten Fenster. Das erreichen Sie auch mit dem Shortcut [cmd] + [4] oder durch Auswählen des Eintrags PIANOROLLE ÖFFNEN im FENSTER-Menü bei selektierter MIDI-Region.

7.2.5 MIDI-Out in der Pianorolle

Ist der MIDI OUT-Button an, so erzeugt das Anfassen/Anklicken einer Note auf der in der PIANOROLLE abgebildeten Tastatur sofort den entsprechenden MIDI-Befehl, so dass die Note bzw. Tonhöhe hörbar wird (es sei denn, Einstellungen beim Klangerzeuger verhindern dies).

7.2.6 Menüs »Bearbeiten«, »Funktionen«, Notenkontextmenü

Wie schon im Hauptfenster finden Sie auch in den MIDI-Editoren verschiedene Menüs. Viele Funktionen (z. B. Selektions- und Verschiebetechniken) der in allen Editoren vorhandenen Menüs BEARBEITEN, FUNKTIONEN und ANSICHT kennen Sie auch schon aus den vorangegangenen Kapiteln. Manche Funktionen sind selbsterklärend. Diverse Untermenüs bespreche ich in verschiedenen Abschnitten funktionsorientiert – denn wie immer finden Sie gleiche oder ähnlichen Funktionen an mehreren Stellen in Logic.

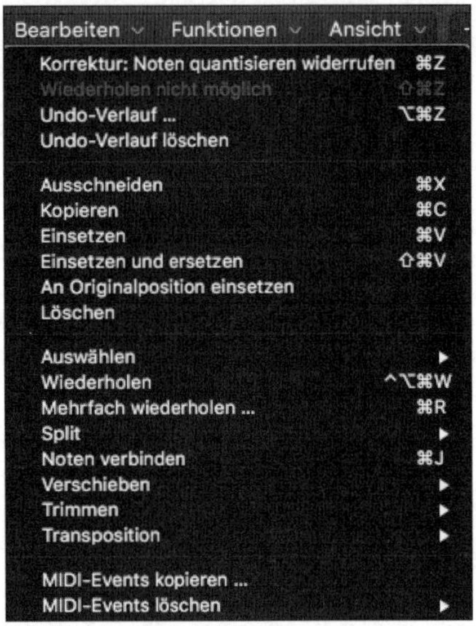

Abbildung 7.9 »Bearbeiten«-Menü in der Pianorolle

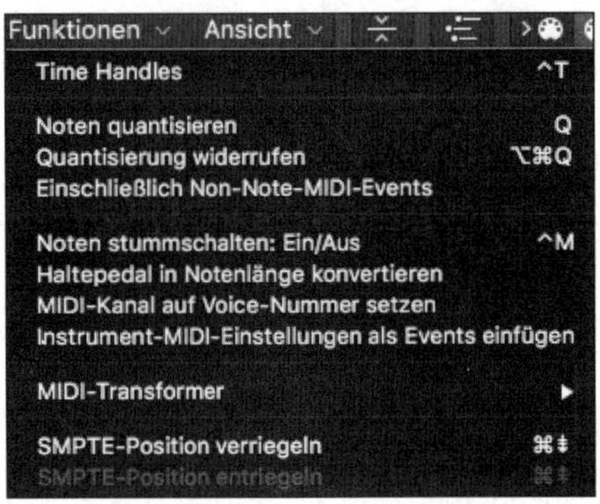

Abbildung 7.10 »Funktionen«-Menü in der Pianorolle

Darüber hinaus gibt es ein Kontextmenü, das Sie per Rechtsklick auf Noten erreichen (siehe Abschnitt 7.2.9). Darin finden Sie die wichtigsten Editierfunktionen gebündelt.

7.2.7 Menü »Ansicht«: mehrere Regionen oder den Inhalt einer Spur editieren

Im ANSICHT-Menü (Abbildung 7.11) können Sie z. B. einstellen, ob in der PIANOROLLE anstelle der Inhalte ausgewählter Regionen der Inhalt einer ganzen Spur angezeigt wird. Ansonsten beschränkt sich die Anzeige auf eine ausgewählte Region, auch wenn sich mehrere Regionen auf der Spur befinden.

Sind mehrere Regionen selektiert, so können Sie durch Doppelklick auf eine einzelne Note in der PIANOROLLE nur den Inhalt jener Region anzeigen lassen, in der sich die doppelt angeklickte Note befindet. Ein Doppelklick auf den Hintergrund wechselt zu einer Ansicht der Events aller Regionen in der PIANOROLLE. Welche Regionen hiermit genau gemeint sind, hängt von einer Einstellung im Menü ANSICHT der PIANOROLLE ab: Dort können Sie zwischen den Einträgen EINE SPUR und AUSGEWÄHLTE REGIONEN wählen. Im ersten Fall wechselt die Ansicht der PIANOROLLE gegebenenfalls zu den Inhalten aller Regionen einer Spur (auch wenn diese nicht selektiert sind), im zweiten Fall (spurübergreifend) zu den Inhalten aller selektierten Regionen.

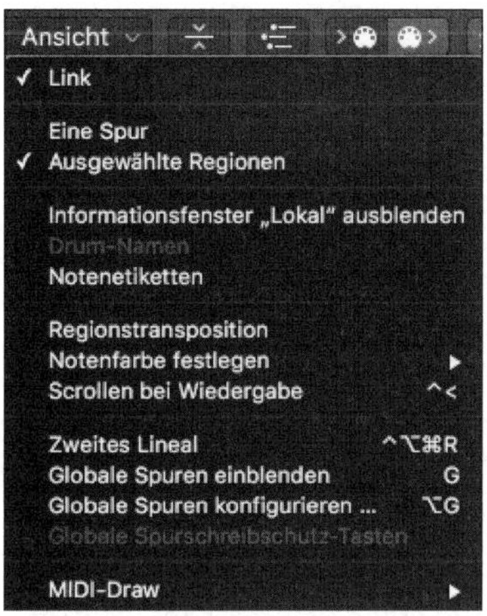

Abbildung 7.11 »Ansicht«-Menü in der Pianorolle

7.2.8 Menü »Ansicht«: Notenfarbe/Anzeige von Transposition

Im Menü ANSICHT finden Sie weitere Optionen. So können Sie die NOTENFARBE statt nach Anschlag auch nach MIDI-Kanal oder Regionsfarbe anzeigen lassen. Hier stellen Sie zudem unter REGIONSTRANSPOSITION ein, ob eine über das Informationsfenster eingestellte Transposition automatisch in den Notenbalken der PIANOROLLE angezeigt wird oder die untransponierten Noten der Region zu sehen sind.

7.2.9 Notenkontextmenü in der Pianorolle

Das Standard-Kontextmenü einer Note (Abbildung 7.12) macht viele Auswahl- und Bearbeitungsfunktionen schnell erreichbar.

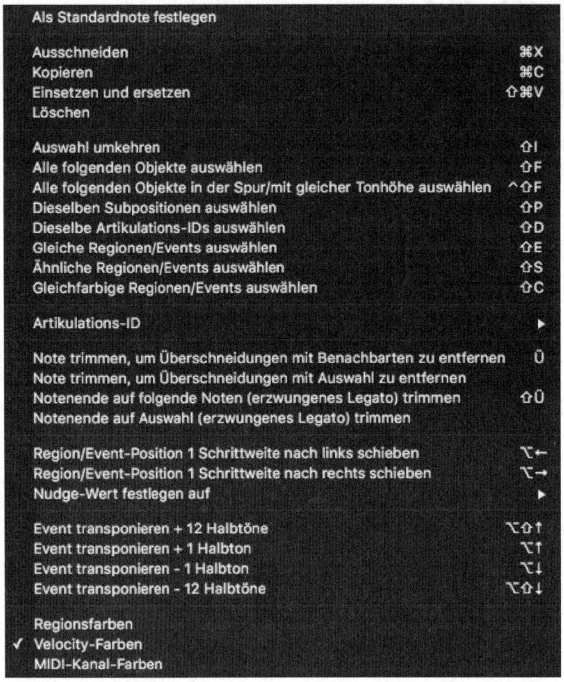

Abbildung 7.12 Kontextmenü in der Pianorolle

7.2.10 Reduzierte Ansicht und Drum-Namen in der Pianorolle

Die reduzierte Ansicht reduziert die Anzeige auf die tatsächlich in der Region vorkommenden Noten/Events. Sie ist ein bevorzugter Modus, wenn Sie mit Schlagzeuginstrumenten aus Logic arbeiten. Sie lässt sich über das Menü ANSICHT oder mit dem Icon rechts neben dem ANSICHT-Menü aufrufen (siehe Abbildung 7.13). Ist ein Schlagzeug-Patch in Logic ausgewählt, werden die verwendeten Soundbezeichungen links angezeigt. Ein Beispiel finden Sie im Projekt *07xPianoR1*.

Abbildung 7.13 Pianorolle mit reduzierter Ansicht und Drum-Namen

Die Namen der Drums werden auch im nicht reduzierten Modus angezeigt. Hierzu mussten Sie vor Version 10.3.2 im Menü ANSICHT der PIANOROLLE den Eintrag DRUM NAMEN auswählen. Die Drum-Namen erscheinen seit Version 10.3.2 automatisch. Ein Aktivieren des Eintrags blendet dann zusätzlich die Tasten aus, was im reduzierten Modus ohnehin der Fall ist. Die reduzierte Ansicht kann auch bei zu editierenden Instrumentennoten sinnvoll sein, wenn Sie Platz sparen müssen.

7.2.11 Noten erzeugen/Stiftwerkzeug

Sie können Noten mit dem Stiftwerkzeug einzeichnen. Mit dem Stiftwerkzeug erzeugte Noten haben die gleiche Länge wie zuletzt erstellte oder angeklickte Noten.

7.2.12 Noten erzeugen und löschen: Pinselwerkzeug in der Pianorolle

Das Pinselwerkzeug in der PIANOROLLE dient ebenfalls dem schnellen Einzeichnen von Events in der PIANOROLLE. Es bietet Vorteile gegenüber dem Stiftwerkzeug, denn es ist ein Multifunktionswerkzeug: Wenn Sie das Pinselwerkzeug über Events bewegen, wandelt es sich in ein Radiergummiwerkzeug, wodurch auch ein schnelles Löschen von Events möglich ist. Wenn Sie es an Anfang oder Ende von Events bewegen, wird es zum Längenwerkzeug.

Und noch etwas ist anders als beim Stiftwerkzeug: Die Länge der durch das Pinselwerkzeug eingezeichneten Events entspricht dem unter ZEITQUANTISIERUNG in der PIANOROLLE eingestellten Wert (Abbildung 7.14 und Projekt *07xPianoR2*).

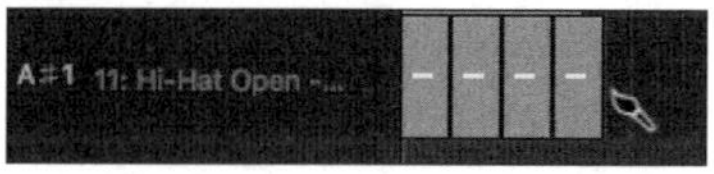

Abbildung 7.14 Pinselwerkzeug in der Pianorolle

Sie können mit dem Pinselwerkzeug z. B. schnell und komfortabel Rolls mit 1/64tel-Noten einzeichnen. Das Pinselwerkzeug ist nicht nur beim Drum-Editing praktisch: Wenn Sie z. B. eine Skala einstellen und mit dem Pinselwerkzeug quer über die Tastatur Noten einzeichnen, werden automatisch nur die Noten der gewählten Skala gezeichnet.

Im Beispiel *07xPinselnoten* habe ich mit dem Pinselwerkzeug schnell viele 1/64tel-Noten einer c-Moll-Skala und im Beispiel *07xPinsel2* in zwei Durchgängen Noten der Skala f-Moll (pentatonisch) eingezeichnet.

7.2.13 Noten erzeugen advanced: Pinselmuster definieren

Sie können mit dem Pinselwerkzeug sogenannte *Pinselmuster* (englisch: *brush patterns*) nutzen. Selektieren Sie hierzu zunächst die Noten, die Sie als Pinselmuster definieren möchten. Nutzen Sie anschließend den Befehl PINSELMUSTER DEFINIEREN (Abbildung 7.15.)

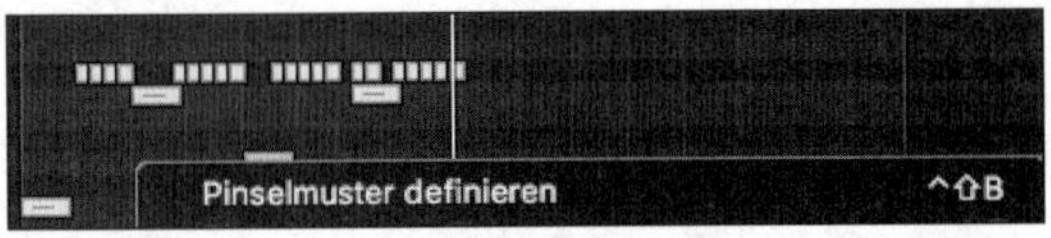

Abbildung 7.15 Der Befehl »Pinselmuster definieren« im Kontextmenü des Pinselwerkzeugs

Diesen erreichen Sie mit dem Shortcut [ctrl] + [⇧] + [B] oder alternativ über dementsprechend erweiterte Kontextmenü des Pinselwerkzeugs. Dort können Sie das Pinselmuster auch wieder zurücksetzen ([ctrl] + [⇧] + [⌫]).

Wenn Sie ein Pinselmuster definiert haben, bewirkt das Zeichnen mit dem Pinsel nun nicht mehr das Zeichnen einzelner Noten, sondern des entsprechenden Musters, auch wenn Sie einen versetzten Notenbereich nutzen. Dieses etwas versteckte und eher spezielle Tool eignet sich z. B. für Trap-Beast-Rhythmusfiguren oder Melodiefiguren, die Sie versetzen oder transponieren wollen.

7.2.14 Noten auswählen/selektieren

Wenn Sie eine gespielte Note selektieren, helfen Ihnen der kleine Infokasten (zeigt dann Velocity und Tonhöhe) sowie die dann blau unterlegte Keyboardtaste (D2 auf dem Keyboard in Abbildung 7.16). Selektierte Noten werden heller angezeigt.

Wenn Sie auf der abgebildeten Tastatur auf eine Taste klicken, werden alle mit dieser Taste gespielten Noten in der Region selektiert. Mit den Pfeiltasten [←] oder [→] selektieren Sie die vorherige bzw. nächste Note. Wenn Sie dabei die [⇧]-Taste halten, werden Noten zur Selektion hinzugefügt.

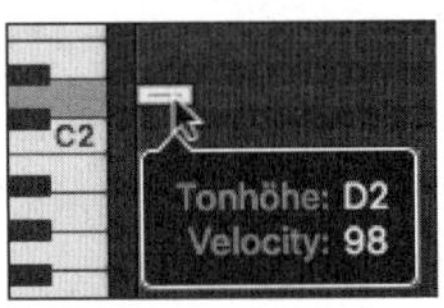

Abbildung 7.16 Selektierte Note D2

Im Menü Bearbeiten • Auswählen sowie im Notenkontextmenü (siehe Abschnitt 7.2.9) stehen diverse Einträge zum effizienten Selektieren von Noten zur Verfügung (Abbildung 7.17). Neben bereits bekannten Techniken wie dem Selektieren von Noten zwischen Locator-Punkten gibt es auch Befehle zum Selektieren stummgeschalteter, überlappender oder gleichfarbiger Noten, ferner von Noten mit gleichem Notennamen, gleicher Tonhöhe, mit gleichem MIDI-Kanal, mit gleicher Subposition im Takt, mit gleicher Artikulations-ID (siehe Abschnitt 11.12.13). Außerdem können Sie die höchste oder tiefste Note auswählen und die Auswahl (auch durch Klick auf den Hintergrund) aufheben oder umkehren.

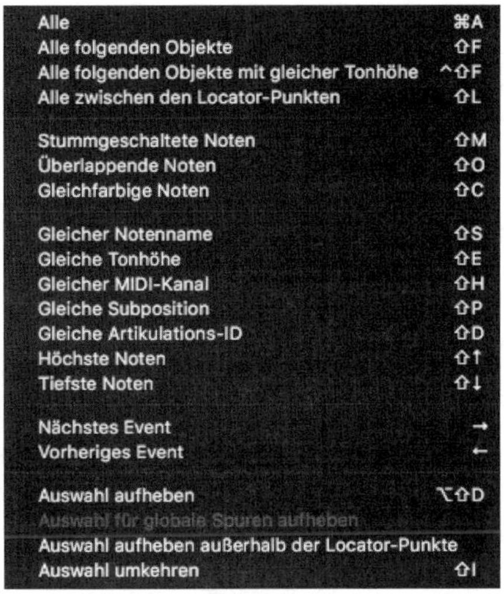

Abbildung 7.17 Optionen im Unterpunkt »Auswählen« im »Bearbeiten«-Menü der Pianorolle

7.2.15 Noten verschieben, kopieren, löschen

Wenn Sie Noten verschieben wollen und die Maustaste nach Klick auf die Note gedrückt halten, zeigt der Infokasten an, auf welcher Taktposition die Note sich gerade befindet (siehe Abbildung 7.18). Beachten Sie Abschnitt 7.2.32 und die Optionen für das Einrasten.

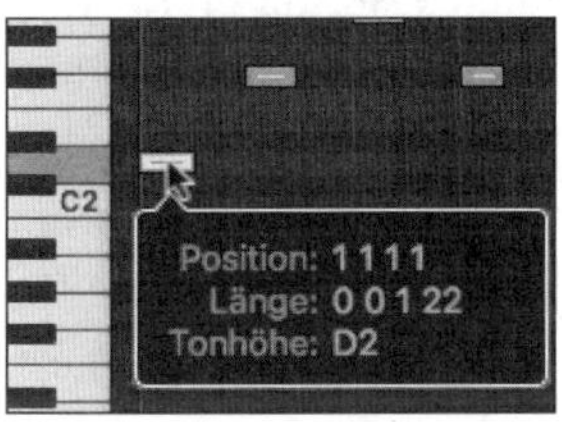

Abbildung 7.18 Der Infokasten in der Pianorolle zeigt die Taktposition an.

Noten können Sie (ähnlich wie eine Region im Bereich Spuren) durch Selektion bei gehaltener Maustaste und anschließender Bewegung des Objektes verschieben oder mit gehaltener [alt]-Taste kopieren. Durch Selektieren einer Note und anschließendes Betätigen der [⌫]-Taste löschen Sie die Note.

7.2.16 Noten in großen oder kleinen Schritten per Shortcut transponieren

Mit [alt] + [↑], [↓] transponieren Sie selektierte Noten jeweils einen Halbton nach oben bzw. unten. Wenn Sie dabei die [⇧]-Taste drücken, erfolgt die Transponierung nicht nur um einen Halbton, sondern um eine Oktave

7.2.17 Velocity mit Velocity-Werkzeug und Slider editieren

Die Velocity von Noten können Sie mit dem Velocity-Werkzeug, dem VELOCITY-Slider im Informationsfenster LOKAL, mit dem Velocity-Werkzeug oder im MIDI-Draw-Bereich (siehe Abschnitt 7.3) der PIANOROLLE editieren.

Wenn das Velocity-Werkzeug ausgewählt ist, können Sie Noten selektieren und mit gehaltener Maustaste nach oben und unten schieben, wodurch sich die Velocity der Noten verändert. Sie erreichen das Velocity-Werkzeug im mit [T] aufrufbaren Werkzeug-Menü via Shortcut [9] oder direkt via [ctrl] + [cmd].

Ist eine Note selektiert, können Sie den Velocity-Wert auch mit dem VELOCITY-Slider (siehe Abbildung 7.19) links im Info-Bereich der PIANOROLLE anzeigen und verändern.

7.2.18 Velocity mehrerer Noten ändern (Besonderheiten)

Sind mehrere Noten selektiert, so wirkt sich eine Veränderung des Velocity-Wertes mit VELOCITY-Slider oder -Werkzeug grundsätzlich auf sämtliche Noten als Offsetwert aus, also als Versatz zum bisherigen Wert. Unterschiede bleiben also auch beim Editieren mehrerer Noten erhalten, es sei denn, Sie halten [⇧] + [alt] gedrückt, dann wird die Werteveränderung absolut, bzw. für alle bearbeiteten Noten gilt dann der gleiche Wert.

Wenn Sie lediglich die [alt]-Taste drücken, wird eine Wertebegrenzung aufgehoben, die sich ergeben kann, wenn eine von mehreren selektierten Noten eine obere oder untere Grenze erreicht hat (dies wurde in Version 10.0.7 eingeführt). Wenn beispielsweise die erste Note eine Velocity von 100 hat und die zweite eine Velocity von 120, Sie beide gemeinsam selektieren und den VELOCITY-Slider der PIANOROLLE auf +5 einstellen, landet die eine Note bei Velocity 105 und die andere bei 125. Eine gemeinsame Änderung über +7 hinaus wäre zunächst nicht möglich, weil die Relation zwischen Noten gewahrt würde und die Werte für Velocity nicht über 127 hinausgehen können. Wenn Sie aber dabei die [alt]-Taste drücken, können Sie den Wert (auch wenn beide Noten selektiert sind) weiter erhöhen, aber natürlich nur für die Noten, die noch nicht das Maximum 127 erreicht haben. Bei Standardeinstellung ändert sich mit der Velocity auch die Notenfarbe.

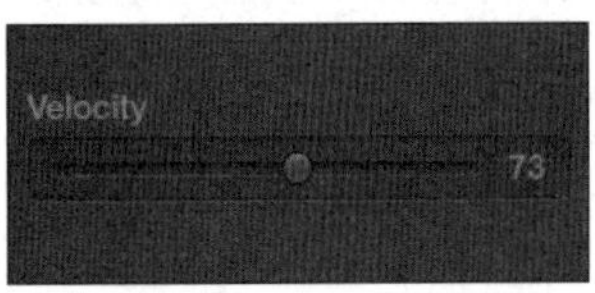

Abbildung 7.19 »Velocity«-Slider in der Pianorolle

7.2.19 Scheren-Werkzeug und »Wiederholt schneiden«

Mit dem Scherenwerkzeug können Sie Noten teilen. Das Scherenwerkzeug beherrscht nun (wie im Hauptfenster) die Funktion WIEDERHOLT SCHNEIDEN. Wenn Sie die [alt]-Taste bei ausgewähltem Scherenwerkzeug drücken, sollte rechts neben der Schere ein kleines +-Zeichen zu sehen sein.

Auf diese Weise schneiden Sie schnell eine Note in viele gleich lange Teile, je nachdem, wo Sie die Schere ansetzen. Die Länge neuer Notenfragmente, die via Wiederholt schneiden erzeugt werden, entspricht der Länge vom Notenanfang bis zum ersten angesetzten Schnitt.

Die Funktion kann z. B. beim Erstellen schneller Trap-Hi-Hats nützlich sein und ist fast so etwas wie eine Offlinealternative zur Note-Repeat-Funktion.

7.2.20 Events um Schrittweite kopieren/verschieben

Ähnlich wie im Hauptfenster können Sie Noten bzw. Events (z. B. Kurvenpunkte der MIDI-Draw-Ansicht) auch in der Pianorolle um den Parameter *Schrittweite* verschieben. Das kann etwas komfortabler als das Verschieben durch Anfassen mit der Maus sein. Für die Befehle Nach links schieben und Nach rechts schieben sind die Shortcuts alt + ← bzw. alt + → vergeben, der Befehl wird unter Bearbeiten • Verschieben im Untermenü sichtbar (Abbildung 7.20). Verschoben wird dabei um die eingestellte Schrittweite (Nudge-Wert, einstellbar in einem Eintrag darunter, Nudge-Wert festlegen auf, der ein weiteres Untermenü öffnet).

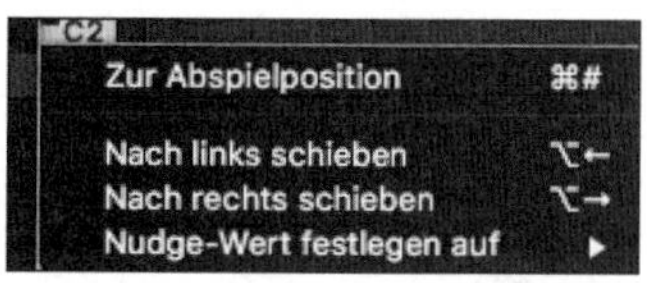

Abbildung 7.20 Optionen im Unterpunkt »Verschieben« im »Bearbeiten«-Menü

7.2.21 Events mehrfach wiederholen/mehrfach kopieren

Auch die Funktion Events mehrfach wiederholen (cmd + R) kann in der Pianorolle und den anderen MIDI-Editoren angewendet werden. Dabei können Sie einstellen, in welchem Raster die Wiederholungen erzeugt werden sollen.

Die Funktion Events mehrfach kopieren wiederholt selektierte Events mit einem einzigen Shortcut, den Sie frei zuweisen können. Die Länge der entstehenden Wiederholung ist von der Länge der Selektion abhängig. Die beiden Funktionen funktionieren sowohl für Events in der Pianorolle als auch für Regionen im Hauptfenster und wurden dort bereits genau erläutert (siehe Abschnitt 6.2.8).

7.2.22 Events zur Abspielposition bewegen

Sie finden im Menü Bearbeiten • Verschieben auch den Befehl Zur Abspielposition, (cmd + #), mit dem Sie Noten an die Abspielposition bewegen.

7.2.23 Events nur in eine Richtung bewegen

Unter LOGIC PRO X • EINSTELLUNGEN • ALLGEMEIN • BEARBEITEN können Sie festlegen, dass Events in PIANOROLLE und Notationseditor nur in eine Richtung bewegt und kopiert werden können, um versehentliches Verrutschen der Events beim Verschieben zu verhindern. Ist diese Option nicht aktiv, erreichen Sie das Gleiche über die gehaltene [⇧]-Taste während des Bewegungs- oder Kopiervorganges.

7.2.24 Notenanfang/-ende auf Abspielposition setzen

Mit dem Befehl REGION/EVENT/MARQUEE-START AUF ABSPIELPOSITION SETZEN ([cmd] + [Ö]) setzen Sie den Anfang einer Note auf die Abspielposition, mit dem Befehl REGION/EVENT/MARQUEE-ENDE AUF ABSPIELPOSITION SETZEN ([cmd] + [Ä]) entsprechend das Ende einer Note.

7.2.25 Noten binden

Mit dem Befehl NOTEN BINDEN ([cmd] + [J]) aus dem BEARBEITEN-Menü fügen Sie zwei selektierte Noten (mit der gleichen Tonhöhe) zu einer langen, gebundenen Note zusammen.

7.2.26 Noten verkürzen/verlängern, Finger-Werkzeug

Mit dem Längentool (das automatisch auftaucht, wenn Sie sich mit dem Cursor über den Anfang oder das Ende der Note bewegen) ändern Sie die Länge der Note.

Nutzen Sie auch das Finger-Werkzeug zum Verkürzen/Verlängern von Events.

7.2.27 Länge für mehrere Noten ändern

Sind mehrere Noten selektiert, können Sie Parameter wie die Länge mehrerer Noten gleichzeitig editieren. Wenn Sie die Tasten [⇧] + [alt] gedrückt halten, während Sie die Länge mehrerer selektierter Noten ändern, werden diese auf die gleiche Länge gesetzt (auf die Länge der Note, deren Ende Sie gerade editieren), während ansonsten die Werte nur als Offset zu ihrem bisherigen Wert verändert werden. Achten Sie dabei darauf, erst das Längentool durch Anfassen einer Note am Ende zu bedienen, *bevor* Sie die [⇧]-Taste drücken. Ansonsten deselektieren Sie mit der [⇧]-Taste eine Note.

7.2.28 Noten trimmen, Legato erzwingen

Im Untermenü BEARBEITEN • TRIMMEN finden Sie verschiedene Optionen zum Anpassen der Notenlänge (Abbildung 7.21).

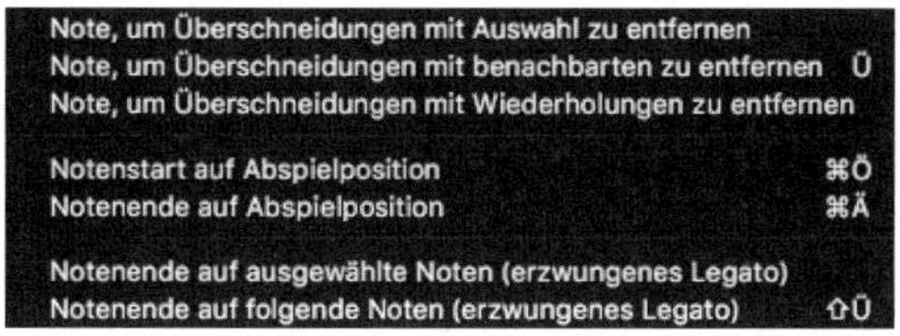

Abbildung 7.21 Optionen im »Trimmen«-Untermenü des »Bearbeiten«-Menüs

Logic kann Ihnen helfen, die Noten (z. B. von selektierten Akkorden) schnell auf eine bis zum nächsten folgenden Akkord oder bis zur nächsten folgenden Note gebundene Länge zu bringen. Hierzu selektieren Sie die Noten und wählen anschließend in der PIANOROLLE den Menübefehl BEARBEITEN • TRIMMEN • NOTENENDE AUF AUSGEWÄHLTE (oder FOLGENDE) NOTEN (ERZWUNGENES LEGATO) aus. Früher hieß diese Option *force Legato*. Ein Beispiel sehen Sie in Abbildung 7.22, Abbildung 7.23 und Abbildung 7.24 (Projekte *07Pianorolle2* und *07Pianorolle2b*). Sind die Noten einmal auf eine einheitliche Länge gebracht, lassen sich mehrere Noten davon ausgehend auch gut auf eine andere Länge kürzen (z. B. auch in der EVENT-Liste), um gleich lange Pausen zu den nachfolgenden Noten zu erzeugen.

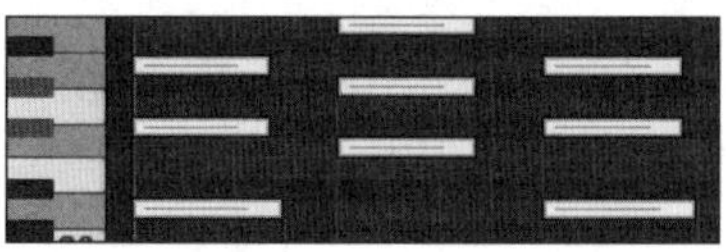

Abbildung 7.22 Akkorde in der Pianorolle

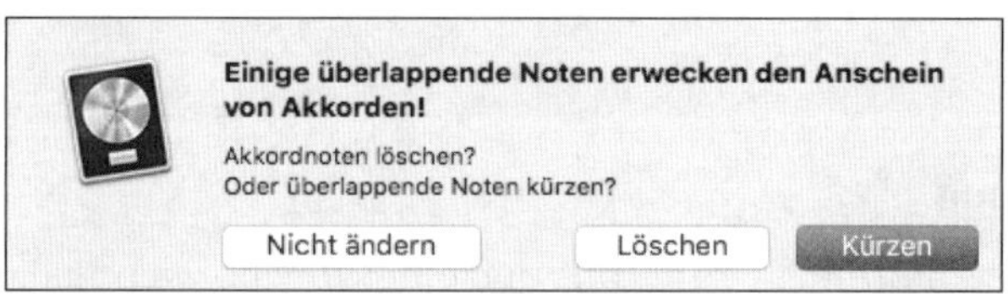

Abbildung 7.23 Im Beispiel habe ich im Dialog »Nicht ändern« ausgewählt, um die Akkorde zu behalten.

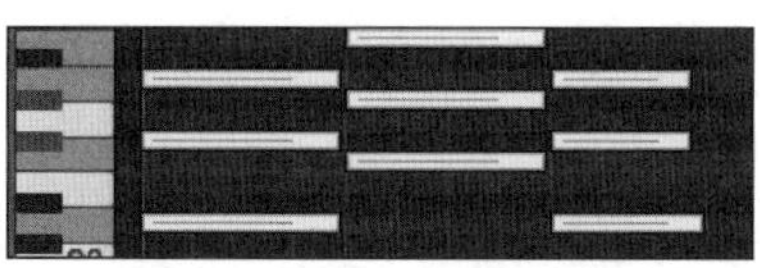

Abbildung 7.24 Gebundene Noten

7.2.29 Einzelne Noten stumm schalten

Mit dem Shortcut zum Stummschalten von Regionen im Bereich SPUREN können Sie auch in der PIANOROLLE Noten stumm schalten. Standardbefehl ist hier `ctrl` + `M` für »mute«. An dem Spruch »Weniger ist mehr« ist oft etwas dran; nicht zuletzt Basslines gewinnen oft, wenn einige zunächst eingespielte Noten weggelassen werden. Allerdings möchte man so etwas in der Regel gerne ausprobieren, ohne die eingespielten Noten direkt zu löschen, daher ist es oft sinnvoller, sie probeweise stumm zu schalten. Stummgeschaltete Noten erscheinen ausgegraut.

7.2.30 Zeitquantisierung in der Pianorolle/Quantisierungswerkzeug

Selektierte Events können Sie durch Einstellung eines Quantisierungsrasters im Menü ZEITQUANTISIERUNG (Abbildung 7.25) des Informationsfensters LOKAL oder mit dem Quantisierungswerkzeug quantisieren.

Abbildung 7.25 Das Menü »Zeitquantisierung« in der Pianorolle

Ist bereits ein Zeitraster eingestellt, erfolgt die Quantisierung selektierter Noten durch Klick auf den mit Q beschrifteten Button neben dem Rastereintrag im Informationsfenster LOKAL, durch Auslösen des Befehles FUNKTION • NOTEN QUANTISIEREN, durch den Shortcut [Q] oder durch Anklicken des Events mit dem Quantisierungswerkzeug. Übrigens: In den letzten Logic-Versionen wurden diese Quantisierungen nicht im Informationsfenster des Hauptfensters angezeigt.

7.2.31 Tonhöhen-/Skalenquantisierung

Selektierte Noten können Sie durch Einstellen eines Grundtons und einer zugehörigen Skala im Menü SKALENQUANTISIERUNG des Informationsfensters LOKAL quantisieren (Abbildung 7.26), wodurch Noten auf in der Skala mit dem jeweiligen (einstellbaren) Grundton vorkommende Töne korrigiert werden.

Abbildung 7.26 Grundton und Skala auswählen

Ist eine Skala eingestellt, kann die die Skalenquantisierung selektierter Noten durch Klick auf den Q-Button im Bereich SKALENQUANTISIERUNG erfolgen. Mehr zu Harmonielehre, Skalen und Tonleitern lesen Sie in Kapitel 12.

7.2.32 Editierungs- bzw. Verschiebungsraster in der Pianorolle

Für das Raster, in dem Ihre Edit-Operationen in der Pianorolle erfolgen, stehen im Einrasten-Menü verschiedene Einstellungen zur Verfügung. Das Prinzip der Einrasten-Funktion entspricht demjenigen des Einrasten-Menüs im Hauptfenster (siehe Abschnitt 6.1.5).

Durch Drücken der [ctrl]-Taste oder der Tasten [ctrl] + [⇧] können Sie das Raster wie im Hauptfenster auch temporär deaktivieren. Falls die Funktion Am Raster ausrichten via [cmd] + [G] dauerhaft deaktiviert ist, sehen Sie dies auch im Einrasten-Menü.

Ist Noten bei absolutem Wert einrasten eingestellt, so rasten Noten direkt auf dem eingestellten Rasterwert ein. Ist Noten bei relativem Wert einrasten eingestellt, so bleibt ein Versatz der Noten gegenüber einem Raster bestehen.

7.2.33 Notenfarbe und Hintergrundfarbe festlegen

Die Notenfarbe zeigt voreingestellt die Anschlagstärke (Velocity) an. Wenn Sie die Tasten ganz besonders fest angeschlagen haben, leuchtet es orangerot, bei mittlerer Anschlagstärke grünlich, und wenn Sie soft gespielt haben, wird es eher dunkelblau – die Farbskalierung orientiert sich an Spektralfarben. Sie können über entsprechende Einträge unten im Kontextmenü einer Note oder den Eintrag Ansicht • Notenfarbe festlegen die Farbe auch entsprechend der Regionsfarbe oder nach MIDI-Kanal anzeigen lassen. Noch schneller gelangen Sie an einen entsprechenden Eintrag unten im Kontextmenü von Noten (unten in Abbildung 7.12). Die Hintergrundfarbe können Sie in den allgemeinen Einstellungen unter Anzeige • Editoren auch für die Pianorolle auch auf einen hellen Hintergrund einstellen.

7.2.34 MIDI-Events kopieren

Über das Menü Bearbeiten rufen Sie den Dialog MIDI-Events kopieren auf (der auch in anderen MIDI-Editoren zur Verfügung steht). Hierüber können Sie einen bestimmten Bereich zwischen Locator-Punkten selektieren und an eine bestimmte Position bewegen oder kopieren. Abbildung 7.27 bezieht sich dabei auf einen Prozess, der im Projekt *07Pianorolle4* zum Ergebnis aus *07Pianorolle4b* führt.

Abbildung 7.27 MIDI-Events kopieren im »Bearbeiten«-Menü der Pianorolle

Dabei stehen verschiedene weitere Optionen zur Verfügung:

- KOPIEREN UND MISCHEN: Kopierte Daten werden an der Zielposition mit Daten an der Zielposition gemischt.
- KOPIEREN UND ERSETZEN: Kopierte Daten ersetzen an der Zielposition bisherige Daten.
- KOPIEREN UND EINFÜGEN: Kopierte Daten werden eingefügt und verschieben an der Zielposition vorhandene Daten nach hinten.
- BEWEGEN UND MISCHEN: Bewegte Daten werden an der Zielposition mit Daten an der Zielposition gemischt.
- BEWEGEN UND ERSETZEN: Bewegte Daten ersetzen an der Zielposition bisherige Daten.
- BEWEGEN UND EINFÜGEN: Bewegte Daten ersetzen an der Zielposition bisherige Daten und verschieben diese nach hinten.
- ROTIEREN: Die Daten werden an die Zielposition verschoben. Daten an der Zielposition sowie die Daten, die zwischen Quell- und Zielposition fallen, werden in Richtung Quellposition und um einen zentralen Punkt rotiert, der sich auf halber Länge zwischen der Quell- und Zielposition befindet.
- DIREKT AUSTAUSCHEN: Vertauscht die ausgewählten Daten mit jenen, die an der Zielposition beginnen. Die Länge des ausgetauschten Abschnitts wird durch die Locator-Punkte bestimmt.
- ENTFERNEN: Entfernt die selektierten Quelldaten, die restlichen Daten rücken gegebenenfalls entsprechend nach.

Abbildung 7.28 Optionen im Dialog »MIDI-Events kopieren«

7.2.35 Noten zeitverriegeln

Die Zeitposition von Noten können Sie (ähnlich wie Regionen im Hauptfenster) im FUNKTIONEN-Menü (Abbildung 7.10) verriegeln, was insbesondere bei der Geräuschvertonung von Filmen nützlich ist. Nutzen Sie diese Funktion in der PIANOROLLE, so können Sie die Position von selektierten Events einer Region an Zeitpunkte binden, während dies für andere Events der Region nicht der Fall sein muss.

Bei Quantisierungen, die sich danach auf alle Noten beziehen, werden die zuvor verriegelten Positionen auch ignoriert, das heißt, die Noten werden trotz Verriegelung mitquantisiert. Typischerweise würde man im Bereich SPUREN allerdings vermutlich eher ganze Regionen an Zeitpositionen verriegeln, um im Arrangement die Übersicht zu behalten.

7.2.36 Time-Stretching von Noten in der Pianorolle (Time Handles)

MIDI-Time-Stretching ist auch für selektierte Bereiche der PIANOROLLE möglich.

Wählen Sie das Menü FUNKTIONEN • TIME HANDLES (Abbildung 7.29).

Abbildung 7.29 Die Option »Time Handles«

Die *Time Handles* sehen Sie jedoch erst in Form zweier blauer Marker am linken und rechten Ende Ihrer Selektion, wenn Sie mehrere Noten selektieren (siehe Abbildung 7.30), denn die Länge einer Note allein können Sie ja auch ohne Time Handles ändern. Schieben Sie sie nun zusammen oder auseinander, um Noten zu stauchen oder zu dehnen.

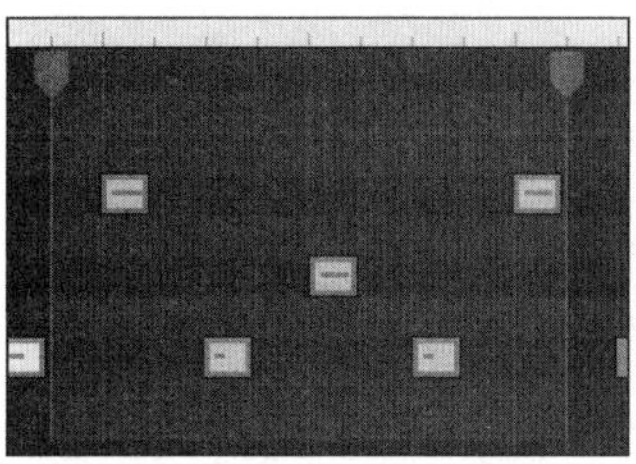

Abbildung 7.30 Zeit-Handles bezogen auf mehrere selektierte Noten

Sie können alternativ mit gehaltener `alt`-Taste im Bereich SPUREN eine MIDI-Region dehnen/stauchen. Öffnen Sie hierzu auch das Beispielprojekt *07xPiRZeithandle*.

7.3 MIDI-Draw (in Pianorolle und Notationseditor)

In PIANOROLLE und Notationseditor (aber auch im Hauptfenster) können Sie via MIDI-Draw nicht nur Noten und Notenlängen, sondern auch Controller-Daten editieren. Dies betrifft (nicht ausschließlich) Standard-MIDI-Control-Change-Daten (in Logic STEUERUNG genannt), aber auch sogenannte REGIONSAUTOMATION. Sie können dabei sowohl Daten ganz neu einzeichnen als auch bereits aufgenommene Daten editieren.

In den folgenden Ausführungen mache ich das exemplarisch meist in der PIANOROLLE. Hierfür klicken Sie auf das MIDI-Draw-Symbol oder wählen im Menü ANSICHT • MIDI-DRAW •

AUTOMATISCH DEFINIEREN (cmd + Y, Abbildung 7.31 und Abbildung 7.32). Bei mehrfachem Auslösen dieser Funktion wechselt die MIDI-Draw-Darstellung zwischen verschiedenen Parametern – je nachdem, welche Daten in der Region vorhanden sind (Controller, Velocity u. a.).

Abbildung 7.31 Links der Button für MIDI-Draw

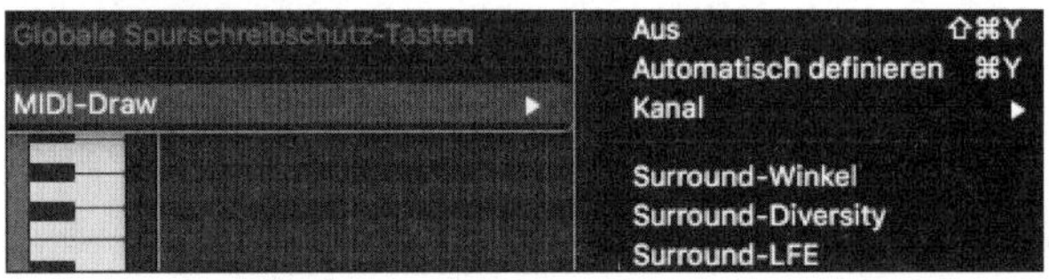

Abbildung 7.32 »MIDI-Draw« im Menü »Ansicht« automatisch definieren

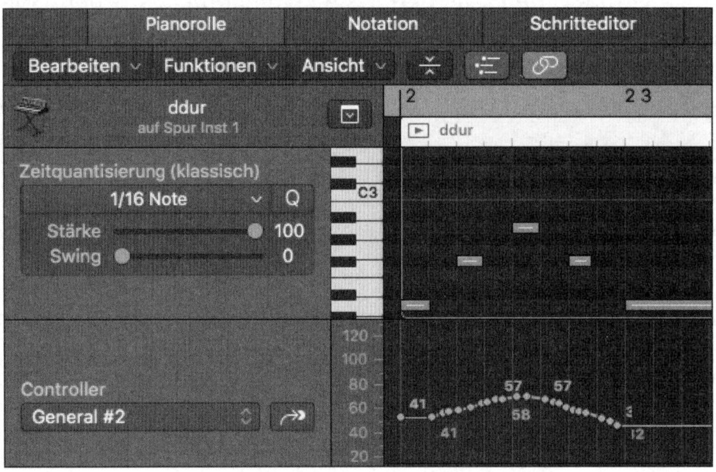

Abbildung 7.33 MIDI-Draw-Kurve mit Controller-Daten

Mehr zu Control-Change- bzw. MIDI-CC-Befehlen lesen Sie in Abschnitt 3.11.2.

In Regionsautomation konvertierte Spurautomationsdaten können in der MIDI-Draw-Anzeige ebenfalls editiert werden.

Auch Velocity-Edits können Sie hier vornehmen. Während MIDI-Controller-Daten frei eingezeichnet werden können – hierbei werden auch neue Events generiert –, verhalten sich die Dinge anders, wenn Sie Velocity-Werte editieren wollen: Die Information über die Anschlagstärke einer gespielten Note (Velocity) ist Teil des Notenbefehls, hier müssten also zuerst Noten erzeugt werden. Betrachten wir zunächst das Editieren von Velocity via MIDI-Draw und anschließend das Editing von MIDI-Controller-Daten.

7.3.1 Velocity editieren in MIDI-Draw

Wenn Sie MIDI-Draw in der PIANOROLLE aktivieren und keine Controller-Daten in der Region vorhanden sind, sehen Sie zunächst meistens eine Anzeige für die Velocity. Typischerweise ist der STIFT in der PIANOROLLE als Sekundärwerkzeug eingestellt. Beim Editieren von Velocity-Werten sorgt das Stiftwerkzeug ebenso wie eine gedrückte Maustaste dafür, dass eine Linie erscheint, mit der Sie einen Verlauf einzeichnen können. In beiden Fällen gilt: erst selektieren, dann editieren.

Bei unterschiedlichen Velocity-Werten ändert sich typischerweise die Farbe der eingezeichneten Noten (dies ist die Voreinstellung im Menü ANSICHT der PIANOROLLE). Sie finden ein Beispiel im Projekt *07Velocitydraw1*. Im Ergebnis spielt die abgebildete Region die Noten gegen Ende immer leiser, was allerdings nur funktioniert, weil der Klangerzeuger *E-Piano* entsprechend auf Velocity-Werte reagiert.

Die nach dem Zeichnen einer Linie erzeugten Velocity-Werte entsprechen möglicherweise nicht exakt dem, was Sie erwarten, denn die Linie sorgt lediglich für eine »Skalierung« der bisher vorhandenen Werte.

7.3.2 Erzeugen und Editieren von MIDI-Controller-Daten in MIDI-Draw/MIDI-Controller zur Steuerung eines Synths nutzen

Wenden wir uns nun einem Beispiel zu, in dem MIDI-Controller-Daten eingezeichnet und editiert werden, die Synths ansteuern. Im Projekt *07Midictrldraw0* habe ich einen *ES1*-Synth in den Instrumenten-Slot geladen. Dieser kann (außer mit Automation) auch mit MIDI-Controller-Daten angesteuert werden. Voreingestellt zugewiesen ist MIDI-Controller 17 für die Cutoff-Frequenz des Filters.

Für MIDI-Controller 17 können Sie (statt einer Live-Aufnahme) auch mit dem Stiftwerkzeug via MIDI-Draw einen Werteverlauf in die Region einzeichnen. Hierfür wählen Sie unten links im Bereich CONTROLLER (Abbildung 7.34) durch Klick auf das Flip-Menü aus dem aufgehenden Menü (Abbildung 7.35) den Eintrag ANDERE ... (`alt` + `Y`), um aus einer dann aufspringenden Liste (Abbildung 7.36) den gesuchten Controller auszuwählen. Auch Smart Controls können Sie hier auswählen oder oben im Menü die Anzeige auf bestimmte Artikulations-IDs einschränken.

Abbildung 7.34 Hier können Sie ein Flip-Menü öffnen. Der Button rechts daneben entspricht dem Eintrag »Automatisch definieren«.

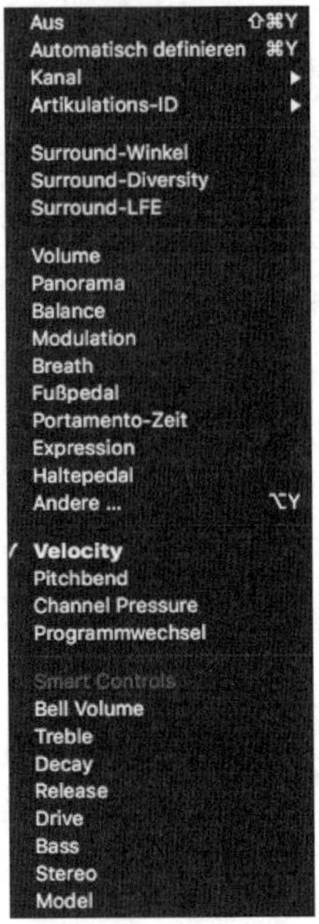

Abbildung 7.35 Auswahlmenü für im Bereich »MIDI-Draw« sichtbare Daten. Wählen Sie hier »Andere …«, um aus einer Liste den gesuchten Controller auszuwählen oder anzeigen zu lassen.

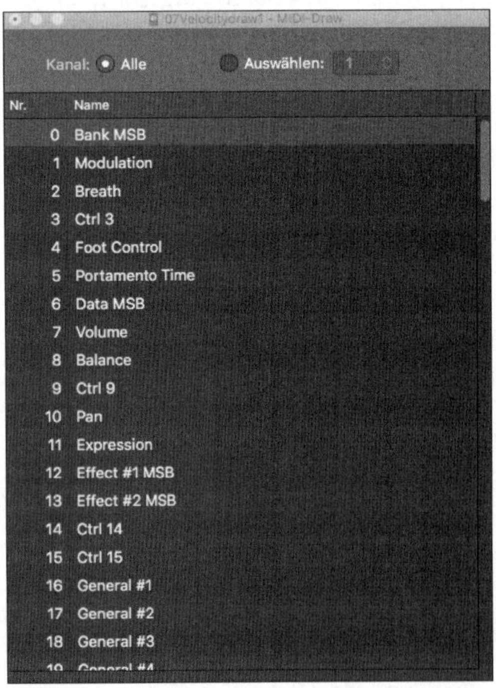

Abbildung 7.36 Auswahlmenü für einen im Bereich »MIDI-Draw« sichtbaren Controller

In der sich öffnenden Liste wähle ich nun Controller 17 aus. Anschließend kann ich mit dem STIFT einen Werteverlauf für Controller 17 einzeichnen. Das Ergebnis hören Sie im Projekt *07Midictrldraw1*: In der zweiten Region bewegt sich nun die Filter-Cutoff-Frequenz des *ES1*. Der am Ende der Region eingestellte Wert wird beibehalten, wenn die Abspielposition am Ende des Cycle-Bereichs zurück zu Takt 1 springt.

Controller-Befehle können auch Parameter von anderen Plug-Ins wie Native Instruments Massive (dort ist MIDI Learn über einen Rechtsklick auf einen Parameter möglich) oder eines externen Klangerzeugers fernsteuern.

Editieren von MIDI-Controller-Daten und Kurvenverläufen in MIDI-Draw

Das Editieren von MIDI-Draw-Kurvenverläufen funktioniert ähnlich wie das Editieren von Automationsdaten.

Sie können einen Werteverlauf selektieren und mit dem Zeigerwerkzeug nach oben und unten schieben. Im Projekt *07Midictrldraw2* habe ich den Werteverlauf nach unten gezogen, um den Filter etwas dumpfer und die Wirkung des Kurvenverlaufs deutlicher hörbar zu machen.

Sie können eine Controller-Bewegung auch als Verlauf zwischen zwei Events definieren, entweder als Gerade oder als Kurve.

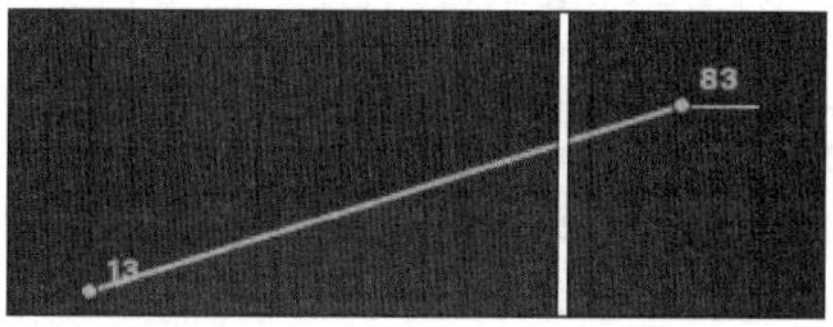

Abbildung 7.37 Linearer Verlauf zwischen Controller-Events

In Abbildung 7.37 ergibt sich der Werteverlauf aus lediglich zwei Events, zwischen denen Logic einen linearen Verlauf interpoliert (Projekt *07Midictrldraw2b*). Wenn Sie auf den rechten Punkt doppelklicken, wird er gelöscht. Wenn Sie irgendwo auf die Linie oder daneben klicken, erzeugen Sie einen weiteren Punkt, der den Kurvenverlauf verändert. Sie können die Kurve aber auch mit gleichzeitig gehaltener `ctrl` + `⇧`-Taste anfassen. Es erscheint automatisch das Automationskurven-Werkzeug, mit dem Sie den Kurvenverlauf verbiegen können (siehe Abbildung 7.38 oder Projekt *07Midictrldraw5*).

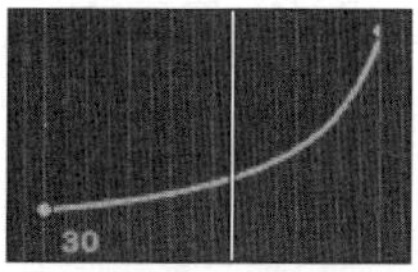

Abbildung 7.38 Kurvenförmiger Verlauf zwischen Events – erzeugt mit Hilfe des Automationskurven-Werkzeugs

7.3.3 MIDI-Draw in separaten Regionen editieren

Ein Vorteil der Fernsteuerung mit MIDI-Draw bzw. Controller-Daten ist, dass Sie diese wie MIDI-Noten auch leicht in eigene Regionen bewegen können, die unabhängig von den Notenregionen existieren können.

Ein Beispiel: In *07Midictrldraw3* habe ich im Menü SPUR mit ANDERE • NEUE SPUR MIT GLEICHEM MIDI-KANAL eine neue Spur mit dem gleichen MIDI-Kanal eingestellt. Anschließend habe ich die zweite Region in die untere Spur kopiert. Daraufhin habe ich die Region in der oberen Spur von Controller-Daten befreit und in der Region in der unteren Spur die Notendaten gelöscht. Anschließend habe ich die Regionen entsprechend umbenannt (Abbildung 7.39).

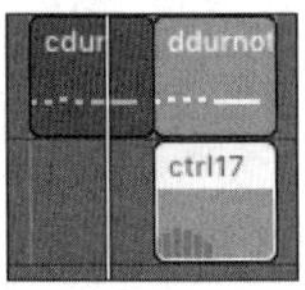

Abbildung 7.39 In der selektierten Region befinden sich lediglich Controller-Daten

Anschließend habe ich die Region mit den Controller-Daten noch einmal nach links kopiert, so dass zu jeder Notenregion eine Controller-Region gehört. Danach habe ich in der linken Region die Controller-Daten nach unten verschoben, so dass der Sound in Takt 1 dumpfer klingt als in Takt 2, in beiden Takten aber Bewegung im Sound ist (siehe Projekt *07Midictrldraw4*).

Sie können die Controller-Daten so komplett unabhängig von den MIDI-Daten verwalten und z. B. in der oberen Spur verschiedene Noten spielen, die in der unteren Spur stets von der gleichen Filterbewegung begleitet werden. Sie können eine modulierende Region auch loopen und anschließend Noten einspielen, die »live« moduliert werden.

7.3.4 Regionsautomation und MIDI-Draw

Die oben beschriebenen Techniken können Sie auch anwenden, wenn Sie Spurautomation in Regionsautomation umwandeln. Für Regionsautomation werden beim Editieren in MIDI-Draw nun auch die Parameterbezeichnungen angezeigt.

Statt des dreiteiligen Befehls

- Control Change (bzw. Steuerung; Kanalnummer [1–16])
- Controller-Nummer (0–127)
- Controller Value (0–127)

werden Regler-Events mit folgender, dreiteiliger Befehlsstruktur editiert:

- Regler (Plug-In-Nummer [2–16], die 1 ist für die Regler des Kanalzugs vergeben)
- Reglernummer (0–127, damit sind Plug-In-Parameter gemeint)
- Reglerwert (0–127)

Sie können dann auch Edits im Stile des oben gezeigten Beispiels vornehmen und Regionsautomationsdaten anschließend wieder in Spurautomationsdaten zurückwandeln (siehe Abschnitt 16.1).

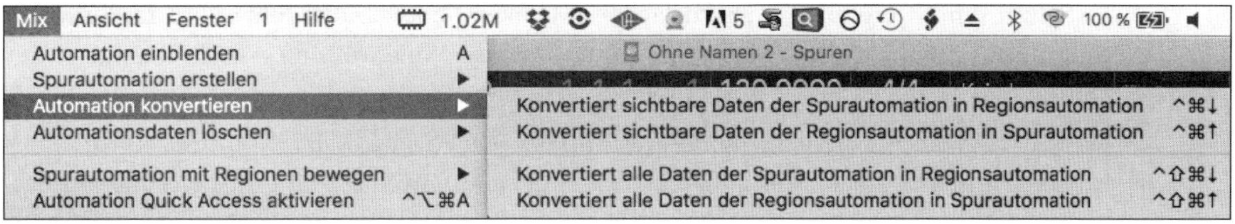

Abbildung 7.40 Automation konvertieren

7

7.4 Notationseditor

Auch den MIDI-Notationseditor können Sie unten im Editorenbereich einblenden. Mit dem Shortcut [cmd] + [5] oder dem Eintrag NOTATIONSEDITOR ÖFFNEN … im FENSTER-Menü bei selektierter MIDI-Region öffnet sich der Notationseditor als separates Fenster.

7.4.1 Einführung

Editing im Notationseditor ist zwar oft vergleichbar mit Editing in der PIANOROLLE, doch die Handhabung ist anders und eher für Leser mit Notenkenntnissen geeignet. Selektion, Kopieren, Löschen und Verschieben – vieles funktioniert ähnlich, das Informationsfenster LOKAL mit ZEIT- und SKALENQUANTISIERUNG sowie Optionen für das VELOCITY-EDITING sind analog zur PIANOROLLE vorhanden.

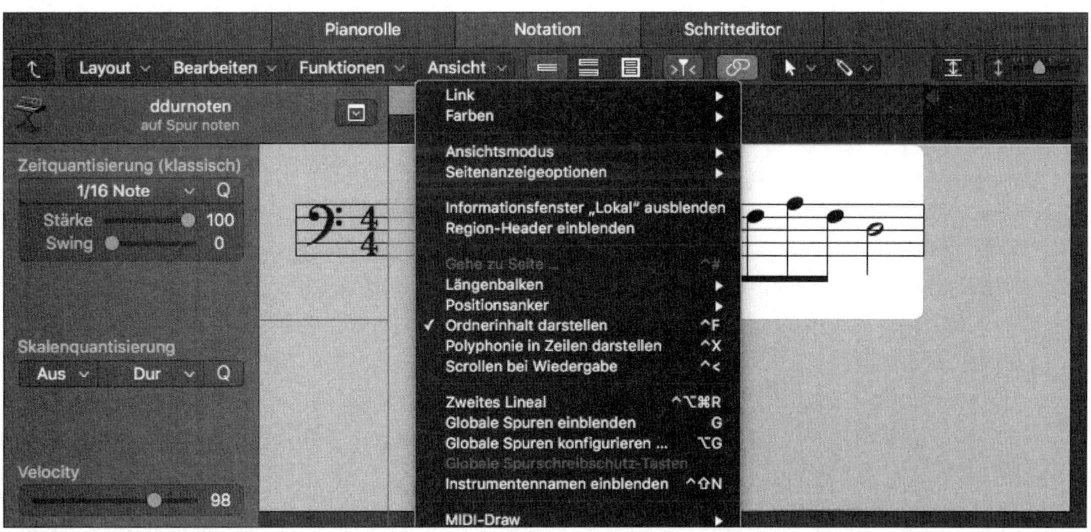

Abbildung 7.41 Notationseditor und Menü »Ansicht«

Der Notationseditor kann auch bei der Erstellung von Noten für anders gestimmte Instrumente hilfreich sein.

Editing im Notationseditor kann andererseits zusätzlich oder ausschließlich dem Zweck der Erstellung eines Notenblattes als Vorlage für Musiker dienen. Dabei geht es um das Einfügen bestimmter Symbole wie Vorzeichen, Notenschlüssel, Spielweisen (piano, forte etc.) oder Pausen.

Diesen beiden unterschiedlichen Verwendungszwecken wird der Notationseditor nicht immer simultan gerecht, denn vieles, was dargestellt wird, hat keine Auswirkung auf das, was ausgegeben wird! Dies ist einerseits gewöhnungsbedürftig, andererseits ist es beabsichtigt. Denn wenn man den Notationseditor zum Erstellen einer qualitativ hochwertigen Notation nach gültigen Standards benutzen will, möchte man beim Editieren der Notenschrift typischerweise die klanglichen Ergebnisse oft nicht ändern.

Sibelius und Finale

Zum Erstellen von Notenschrift auf dem Markt gibt es auch spezialisierte Notationsprogramme wie *Sibelius* oder *Finale*. Diese werden auch von vielen Logic-Usern für das Erstellen einer professionellen Notation favorisiert.

7.4.2 Ansichten/Ansichtsänderungen/Drucken

Der Notationseditor verfügt über verschiedene Ansichten. Diese heißen LINEARE ANSICHT, REDUZIERTE ANSICHT und SEITENANSICHT. Sie wählen sie über das Menü ANSICHT • ANSICHTSMODUS oder einen der drei darüberliegenden, lila unterlegten Buttons aus, die sichtbar sind, wenn genug Platz vorhanden ist (Abbildung 7.41).

Die lineare Ansicht zeigt, anders als die reduzierte Ansicht, durch einen aufgehellten Bereich auch die Region bzw. deren Grenzen an.

Druckvorschau

Die Seitenansichtanzeige (aufrufbar via `ctrl` + `P`) ermöglicht eine Vorschau dessen, was Sie im Hauptmenü via ABLAGE • DRUCKEN ausgeben können. Ein entsprechendes Druckdokument der im Projekt *07Notation4* selektierten Region finden Sie im Bonusbereich im Ordner *Sonstiges* mit dem Namen *07NotenausdruckNotation4.pdf*.

Zoom

Oben rechts im Notationseditor können Sie vertikal zoomen oder mit dem Button links daneben die Ansichtsgröße automatisch für den vorhandenen Platz optimieren (Abbildung 7.41).

Anzeige im Hauptfenster

Ist der Notationseditor im Bereich EDITOREN des Hauptfensters fokussiert (ein Fokussierungswechsel erfolgt durch Klick auf die [⇥]-Taste), ändert sich auch die Anzeige im Infobereich des Hauptfensters, und Parameter des Notationseditors werden im Informationsbereich angezeigt. Das hat damit zu tun, dass es hier sehr viele Inhalte gibt, die es darzustellen gilt.

Der Informationsbereich links unter dem Informationsfenster REGION des Notationseditors wird auch angezeigt, wenn Sie den Notationseditor als separates Fenster öffnen. Zusätzlich können Sie über das lokale ANSICHT-Menü den *lokalen* Informationsbereich einblenden (Abbildung 7.42).

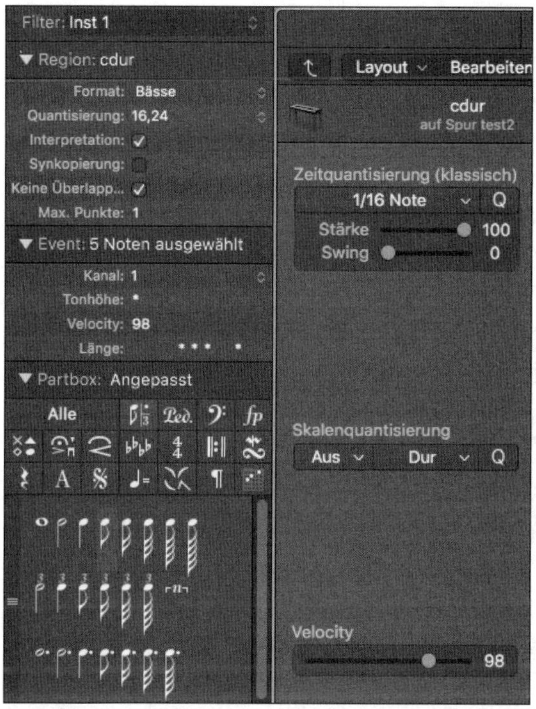

Abbildung 7.42 Notationseditor und Informationsbereiche, oben links der Eintrag »Filter« für rechts daneben auszuwählende Notationssets

Notationssets

Sie können mehrere Notationseditor-Fenster öffnen, in denen jeweils unterschiedliche Notationssets angezeigt werden. Im Menü FILTER im Informationsbereich des Hauptfensters können Sie Instrumente und zugehörige Notationssets auswählen. Sie müssen gegebenenfalls noch Link-Einstellungen beachten oder deaktivieren, die die Anzeige automatisch an selektierte Regionen koppeln.

7.4.3 Tonart wählen

Das Einstellen der Tonart im Listenbereich des Hauptfensters oder das Einfügen eines Tonartsymbols sorgt für die Anzeige der passenden Vorzeichen, wodurch sich die Darstellung der Noten ebenfalls entsprechend ändert und übersichtlicher wird (entsprechende Vorzeichen müssen Sie nun nicht mehr vor die Note setzen). Am hörbaren Ergebnis ändert sich hierdurch jedoch nichts.

Abbildung 7.43 zeigt einen im Bereich EDITOREN des Hauptfensters eingeblendeten Notationseditor mit in den Notationseditor gezogenen Vorzeichen für f-Moll. Im Informationsbereich des Hauptfensters wird nun ein Informationsbereich für die Region angezeigt, der zum Notationseditor gehört, bei dem es wiederum mehr um die Darstellung als die Noteneditierung geht. Dort eingestellte Quantisierungen bewirken z. B. eine veränderte Darstellung der Noten, aber keine Quantisierung der MIDI-Events.

Unten links im Informationsbereich sehen Sie Symbole für die Auswahl einer Tonart (FM für f-Moll ist gerade selektiert) ❶ und darunter Notensymbole ❷. Im Informationsbereich ist zudem markiert, dass Notenwerte ❸ und Tonartsymbole ❹ angezeigt werden (die jeweils vierten Felder von rechts unterhalb des Schriftzugs PARTBOX: ANGEPASST), so dass Sie sie in die Notation ziehen können. Sie finden das abgebildete Beispiel auch im Projekt *07Notation1*. Die erste Region im Projekt spielt übrigens F-Dur und hat andere Vorzeichen.

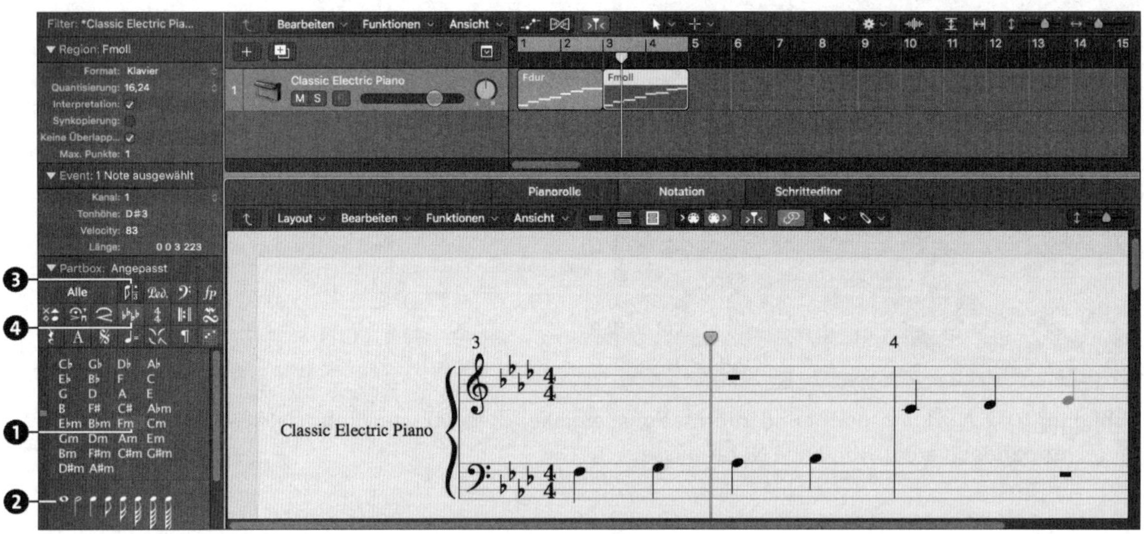

Abbildung 7.43 Notationseditor

Im Projekt *07Notation2* ist D-Dur als Tonart eingestellt, wodurch die entsprechenden Vorzeichen im Notationseditor automatisch gesetzt werden.

7.4.4 »Partbox«, Notenerzeugung per Drag & Drop und Notationselemente

Mit Hilfe der PARTBOX lassen sich verschiedene Informationen wie Notenlängen oder Spielhinweise anzeigen bzw. ein- und ausblenden. In Abbildung 7.44 sind z. B. Notenlängen und Lautstärkeinformationen eingeblendet.

Während Sie Notensymbole auch per Drag & Drop in den Editierbereich ziehen können und dies einen entsprechenden MIDI-Befehl mit der Note erzeugt, haben andere Komponenten keine Wirkung auf die Note. So erzeugt z. B. das Hineinziehen einer Fortissimo-Lautstärkeanweisung keine entsprechende Velocity.

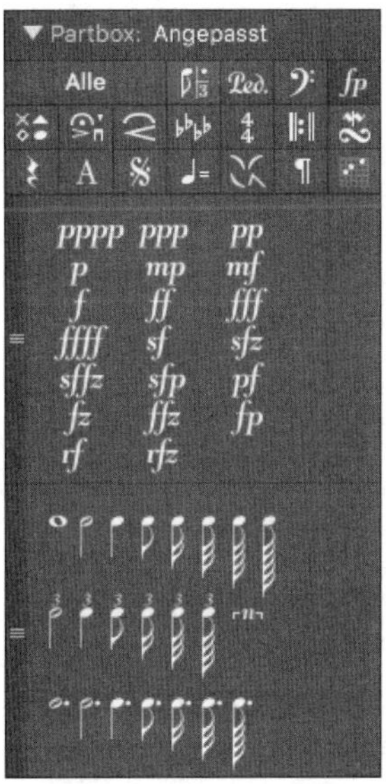

Abbildung 7.44 Hier werden auch die Lautstärkeanweisungen in der »Partbox« angezeigt.

Dass der ein oder andere Befehl nur für die Darstellung, aber nicht für die Wiedergabe relevant ist, kann beim Komponieren problematisch werden. Ein Beispiel sind Wiederholungszeichen. Ein – allerdings nur mäßig zufriedenstellender – Lösungsvorschlag hierfür ist, mit zwei unterschiedlichen Projekten zu arbeiten oder das Projekt erst nach seiner Fertigstellung und dem Audioexport für die Notation zu optimieren.

7.4.5 Noten einfügen

Sie erzeugen Noten mit dem Stiftwerkzeug oder durch einfaches Hineinziehen einer Note aus den links angezeigten Notensymbolen in den Notationseditor.

Sind keine Noten selektiert, ist bei selektiertem Notationseditor-Tab links in der Regel ein Infobereich mit Event-EINFÜGESTANDARDS zu sehen, wo diverse Parameter eines mit dem STIFT einzufügenden Events vorgegeben werden (siehe Abbildung 7.45).

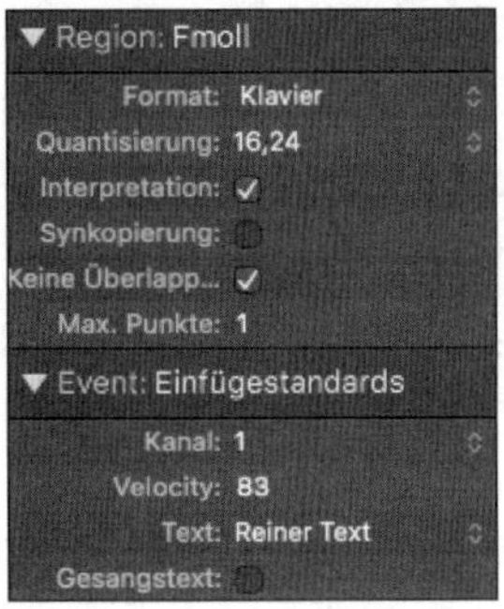

Abbildung 7.45 Links die Event-Einfügestandards

7.4.6 Noten selektieren, kopieren, verschieben und löschen

Selektierte Noten werden im Notationseditor grünlich dargestellt, nicht selektierte Noten schwarz. Mit den Pfeiltasten [←], [→] bewegen Sie die Selektion zur vorherigen bzw. nächsten Note, ein Klick auf den Hintergrund hebt Selektionen auf. Selektierte Noten können Sie mit der Maus verschieben, mit gehaltener [alt]-Taste kopieren und mit [⌫] löschen. Mit [alt] + [↑]/[↓] transponieren Sie selektierte Noten jeweils einen Halbton nach oben bzw. unten. Wenn Sie dabei die [⇧]-Taste drücken, erfolgt die Transponierung nicht nur um einen Halbton, sondern um eine Oktave. Wie Sie sehen, ähneln viele Bearbeitungsfunktionen denen, die Sie in der PIANOROLLE finden.

Der bei mit gehaltener Maustaste selektierten Noten oder beim Verschieben von Noten angezeigte kleine Infokasten hilft Ihnen bei der Auswahl der Taktposition und zeigt zudem die Tonhöhe an, was auch hilfreich sein kann, wenn Sie Notenschrift lernen möchten.

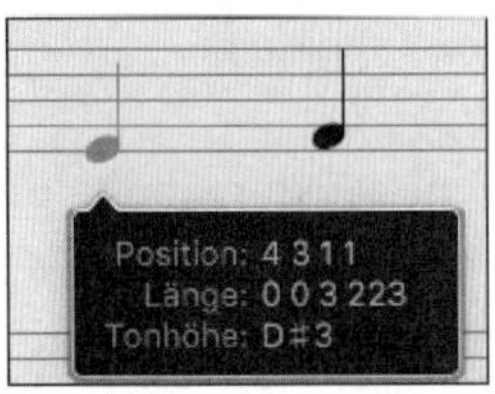

Abbildung 7.46 Infokasten im Notationseditor

7.4.7 Notenlängen anzeigen und editieren

Die Länge der Noten können Sie etwas besser editieren, wenn im Menü ANSICHT die Option LÄNGENBALKEN für ALLE oder für SELEKTIERTE NOTEN ausgewählt ist (siehe Projekt *07Notation3*).

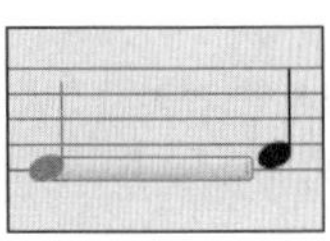

Abbildung 7.47 Notation mit angezeigten Längenbalken für selektierte Noten (wählbar im Menü »Ansicht«)

7.4.8 Gespielte Noten in unterschiedlichen Notationssystemen (z. B. Violin- und Bassschlüssel) setzen/Werkzeuge

Der Notationseditor verfügt über ein eigenes Werkzeugmenü mit bekannten und speziellen Werkzeugen. Hier soll das Stimmtrennungswerkzeug vorgestellt werden.

Stimmtrennungswerkzeug

Damit es beispielsweise möglich ist, die in einer Region gespielten Noten in ein System mit Violin- und Bassschlüssel zu setzen, muss für die selektierte Region bei gleichzeitig fokussiertem Notationseditor-Tab in dem nun sichtbaren Informationsfenster ein entsprechendes Notationsformat ausgewählt sein. Alternativ geht das im Hauptfenster und dem Informationsfenster SPUR im Menüpunkt ganz unten (NOTENSYSTEMSTIL).

Anschließend können Sie gespielte Noten mit der Maus und dem Werkzeug STIMMTRENNUNGSWERKZEUG grafisch voneinander trennen. Halten Sie dabei die Maustaste so lange gedrückt, bis Sie mit einer gegebenenfalls gezogenen Linie zufrieden sind. Sie können das im Projekt *07Notation4* oder anhand der Vorher-nachher-Abbildungen – Abbildung 7.48 und Abbildung 7.49 – nachvollziehen.

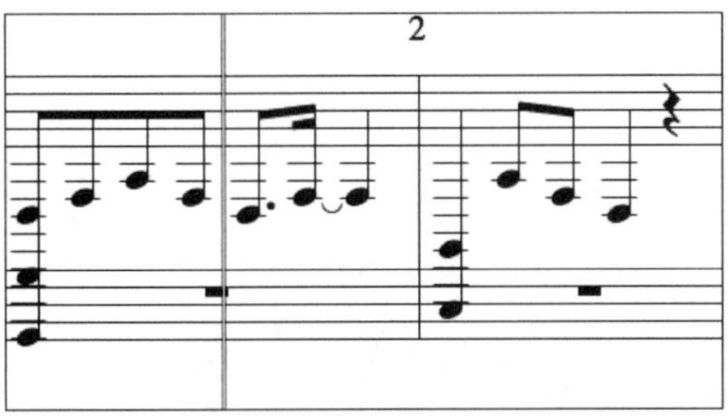

Abbildung 7.48 Notationstrennung: vorher

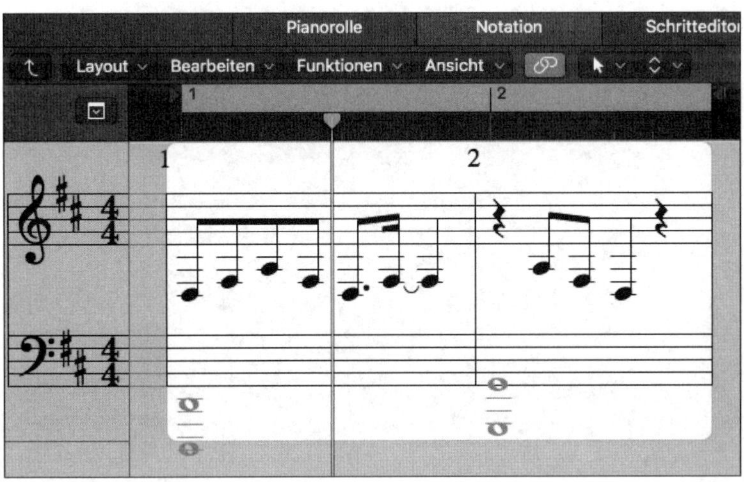

Abbildung 7.49 Notationstrennung: nachher

7.5 Schritteditor

Im SCHRITTEDITOR werden die Geschehnisse von MIDI-Regionen in sogenannten *Lanes* dargestellt. Das hat den Vorteil, dass Sie im Gegensatz zur MIDI-Draw-Darstellung mehr als eine Kurve gleichzeitig sehen können.

Lanes können nicht nur Kurven, sondern auch Notenwerte darstellen. Der SCHRITTEDITOR eignet sich gut zum Editieren von Schlagzeugregionen, weil Sie sich Lanes mit Bezeichnungen der Schlagzeugsounds anzeigen lassen können, die z. B. mit der GM-Drum-Belegung übereinstimmen. Nutzt der jeweilige Klangerzeuger das GM-Mapping, funktioniert das perfekt. In neueren Logic X-Versionen (ab 10.1) macht die reduzierte Ansicht in der PIANOROLLE in Kombination mit dem Pinselwerkzeug dem SCHRITTEDITOR allerdings starke Konkurrenz.

Mit dem Befehl SCHRITTEDITOR ÖFFNEN ... im FENSTER-Menü öffnet sich der SCHRITTEDITOR optional sofort als separates Fenster, Sie können ihn aber auch im Hauptfenster im Bereich EDITOREN einblenden. Dann sehen Sie die Informationen zu den Lanes nicht unten im Editorenbereich, sondern im Bereich SPUREN. Dies gilt – wie beim Notationseditor – aber nur dann, wenn der Fokus im Hauptfenster auf dem SCHRITTEDITOR (Abbildung 7.50) und nicht auf dem Bereich SPUREN liegt.

7.5.1 Zoom

Rechts oben im SCHRITTEDITOR sind die Zoomslider, in der Abbildung ist die Darstellung vertikal an den verfügbaren Platz optimiert – vertikale und horizontale Optimierung der Darstellung regeln wieder die beiden Buttons links neben den Zoomslidern.

Abbildung 7.50 Schritteditor

7.5.2 Lanes und Lane-Sets

Wenn Sie eine MIDI-Region (wie ein *Ultrabeat*-Pattern) im SCHRITTEDITOR öffnen und sich ihre Inhalte anzeigen lassen, können Sie mit der Funktion NEUES LANE-SET FÜR AKTUELLE EVENTS automatisch Lanes für alle in der Region vorkommenden (und aktuell selektierten) Events erzeugen (Abbildung 7.51). Sie können Lanes auch manuell oder über den Befehl MEHRERE LANES ERZEUGEN ... erstellen; in diesem Fall fragt ein Dialog, welche Events hierfür herangezogen werden sollen.

Ein *Lane-Set* ist eine Sammlung mehrerer Lanes, die angezeigt werden. Im Infobereich des Hauptfensters können Sie zwischen mehreren Lane-Sets umschalten (rechts neben dem Eintrag LANE-SET oben links in Abbildung 7.50).

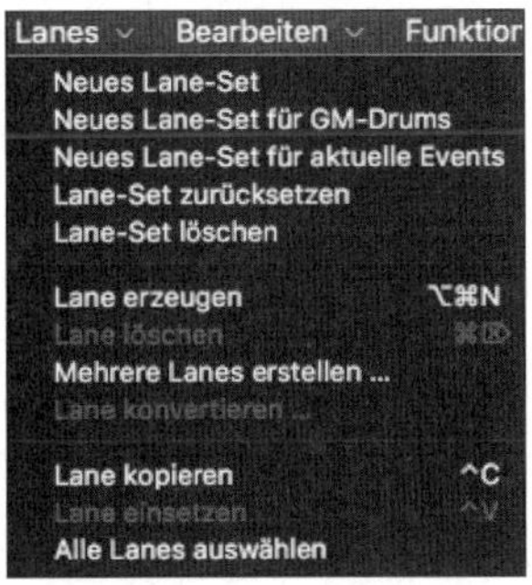

Abbildung 7.51 Lane-Set für Events erzeugen

MIDI-Befehlstyp für Lane auswählen

Sie können jede Lane im Infobereich editieren. So können Sie zum Beispiel für eine manuell erzeugte Lane aussuchen, welche MIDI-Daten angezeigt werden soll. Unter STATUS wählen Sie den Typ MIDI-Befehl, den Sie in der Lane sehen wollen, Control-Change-Befehle werden hier verwirrenderweise wieder STEUERUNG genannt (siehe Abbildung 7.52).

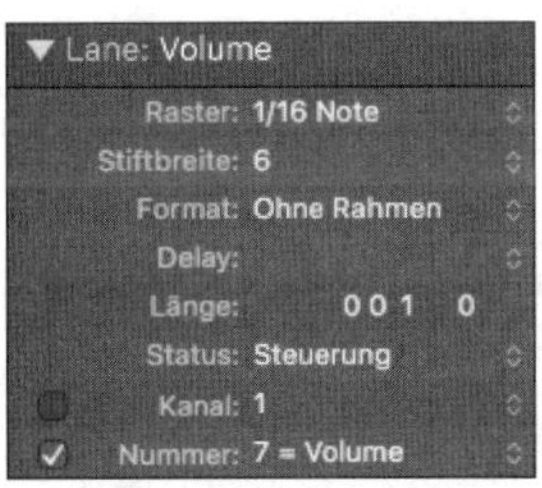

Abbildung 7.52 Im Infobereich wählen Sie, was in der Lane angezeigt wird, oder stellen z. B. die Stiftbreite fürs Einzeichnen ein.

Praxisbeispiele

Im Beispiel *07Schritteditornoten* werden Noten eines *Ultrabeat*-Patterns im SCHRITTEDITOR angezeigt (Abbildung 7.50).

Sie können mit dem STIFT Events einzeichnen oder mit dem Linienwerkzeug Werteverläufe realisieren. Außerdem können Sie eine Stiftbreite zum Einzeichnen von Events sowie ein Raster einstellen (Abbildung 7.52).

Im Dokument *07Schritteditordraw1* steuern zwei MIDI-Controller Parameter des *ES2* (einmal den PITCH und einmal den CUTOFF). Das zugehörige Lane-Set habe ich manuell in »es2-2ctrls« umbenannt.

Im Dokument *07Schritteditordraw2* habe ich zusätzlich zum *ES2* ein Drumkit geladen. Das Lane-Set GM DRUMKIT zeigt wiederum automatisch die richtigen Namen zu den verwendeten Noten an. Die meisten Logic-Drumkits benutzen eine solche GM-Standard-Tastaturbelegung, so dass Sie auch ohne große Gefahren die Sounds austauschen und andere Logic-Drum-Patches laden können.

Finger-Werkzeug

Das Finger-Werkzeug im SCHRITTEDITOR kann, wie Sie wissen, zum Verschieben von Events genutzt werden.

7.6 »Event«-Liste/Event-Schwebefenster

Die EVENT-Liste (Abbildung 7.53) und das kleine Event-Schwebefenster (das im Prinzip nur eine Zeile der EVENT-Liste abbildet) ermöglichen das Editing von Regionen, Regionspositionen, Noten und MIDI-Events in einer Darstellung, die Informationen in einer Liste als Zahlen darstellt. Die Events haben dabei jeweils eine eigene Zeile. Auch die EVENT-Liste steht als separates Fenster (cmd + 7) oder als Teil des Bereichs LISTEN im Hauptfenster zur Verfügung. Dabei taucht die EVENT-Liste im Hauptfenster allerdings nicht unten bei den EDITOREN, sondern rechts bei den LISTEN auf, wo Sie auch die ähnlich aufgebauten Listen zum Editieren von TAKTART/TONART, MARKERN und TEMPO erreichen.

Die Darstellung von Informationen wie Taktposition, Länge des Events, MIDI-Kanal, MIDI-Datenbytes (bzw. deren Inhalte wie Tonhöhe, Velocity und Controller-Nummer) in einer Liste in Zahlenform bietet manchmal Vorteile gegenüber anderen Editoren. Die EVENT-Liste eignet sich z. B. gut, um Events präzise zu erzeugen oder die Länge und Position von Events und Noten zu editieren. Außerdem können bestimmte Events ausgeblendet werden. Auch Automationsdaten sind Events, die Sie in der EVENT-Liste editieren können (siehe Abschnitt 7.6.8 und Abschnitt 16.1).

7.6.1 Events ausblenden

Sie können Events nach Kategorien durch Klick auf die blau markierten Felder ❶, die den MIDI-Befehlstypen entsprechen (NOTEN, CHNL PRESSURE, PROGR. CHANGE usw.), ausblenden lassen (so dass Sie z. B. alle MIDI-Events sehen, die kein Notenbefehl sind).

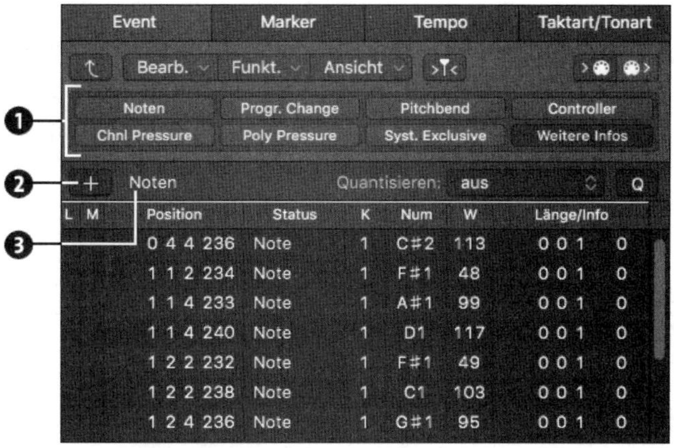

Abbildung 7.53 »Event«-Liste

7.6.2 Events erzeugen

Sie können alle Arten von Events mit der kleinen +-Taste ❷ an der aktuellen Abspielposition erzeugen. Im Flip-Menü (❸, Abbildung 7.54) daneben wählen Sie aus, welche Events erzeugt werden sollen. Dieses Flip-Menü wird aber erst sichtbar, wenn Sie mit der Maus über den entsprechenden Bereich fahren.

In der EVENT-Liste können Sie zum Beispiel auch Program-Change-Befehle erzeugen, mit denen Sie Sounds umschalten, oder in MIDI-Files dafür sorgen, dass bestimmte Programme aufgerufen werden. Sie können auch sogenannte *Meta-Events* erzeugen, die in Abschnitt 18.4, erläutert werden. Hierbei handelt es sich nicht um Standard-MIDI-Befehle, sondern um ein Logic-internes Befehlsformat mit einer ähnlichen Struktur.

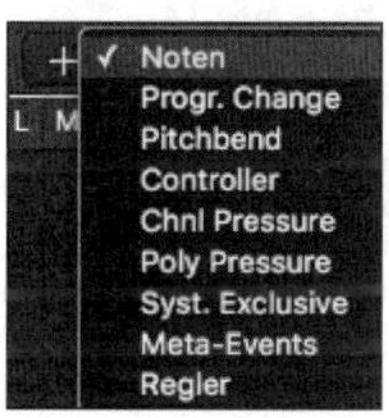

Abbildung 7.54 Welche Art Events möchten Sie erzeugen?

Ist der rote MIDI IN-Button aktiv, lassen sich auch einfach durch Spielen auf der MIDI-Tastatur (Masterkeyboard) oder Logics MUSIK-TASTATUR neue Noten oder Controller schreiben.

7.6.3 »Link«-Modus

Den LINK-Modus habe ich in Abschnitt 7.1.3 schon kurz vorgestellt, hier finden Sie etwas detailliertere Informationen und ein Beispiel – bezogen auf die EVENT-Liste, denn hier spielt er eine besondere Rolle. Unter Ansicht • Link können Sie in der Event-Liste einstellen, ob dort der Inhalt einer untergeordneten Ebene oder einer mit dem verlinkten Fenster gleichberechtigten Ebene angezeigt wird. Sie könnten daher zum Beispiel mit zwei Event-Listen parallel arbeiten, von denen eine die arrangierten Regionen und deren Taktpositionen im Bereich Spuren zeigt und die andere die Inhalte der (MIDI-)Regionen (z. B. Noten und ihre Taktpositionen). Eventuell müssen Sie nach dem Umschalten zwischen verschiedenen Link-Modi die Event-Liste neu öffnen, um eine veränderte Ansicht zu sehen.

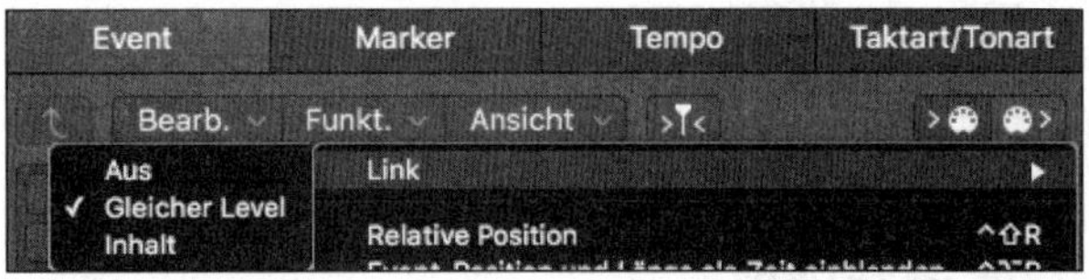

Abbildung 7.55 Die »Link«-Einstellung im »Ansicht«-Menü

In Abbildung 7.56 zeigt die Event-Liste das gleiche Level an. Sie sehen rechts zwei Regionen namens Drummer und es2. Sie können diese Regionen durch Veränderung der Taktposition oder Länge nun in der Event-Liste editieren bzw. verschieben. Auf diese Weise können Sie sogar mit Hilfe der Event-Liste arrangieren – auch Regionen können in der Event-Liste editierbare Events sein. Ein Doppelklick auf die Taktposition ermöglicht auch die direkte Eingabe einer anderen Position, Sie können die Zahlen aber auch mit gehaltener Maustaste nach oben und unten bewegen.

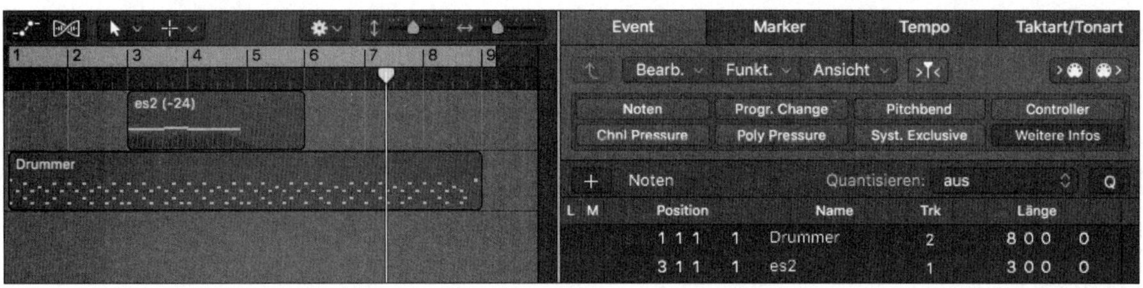

Abbildung 7.56 Mit dem Bereich »Spuren« verlinkte »Event«-Liste, die den gleichen Level anzeigt

Die auf diese Weise selektierten Regionen können Sie nun in der Event-Liste im Flip-Menü quantisieren. Quantisieren Sie auf diese Weise z. B. kurze Regionen mit Schlagzeugsounds, die auf Audiospuren herumliegen – ein Workflow, der durch die neue Funktion Auswahlbasierte Verarbeitung auch für Musiker (und nicht nur Geräuschvertoner) attraktiver geworden ist, weil einzelne Sounds schnell effektiert werden können.

Die Eingabe oder Änderung von Takt- und Längenangaben oder Quantisierung für Events funktioniert natürlich auch, wenn der Link-Modus auf Inhalt steht, dann sind die Inhalte von Regionen betroffen.

7.6.4 Datenstruktur und Selektionstechniken, Workflow-Beispiel

In Abbildung 7.57 werden die Inhalte einer Region mit Namen ES2 angezeigt. Dabei handelt es sich um einige wenige Noten und viele Controller-Daten von zwei Controllern aus dem Beispiel *07Eventliste1*.

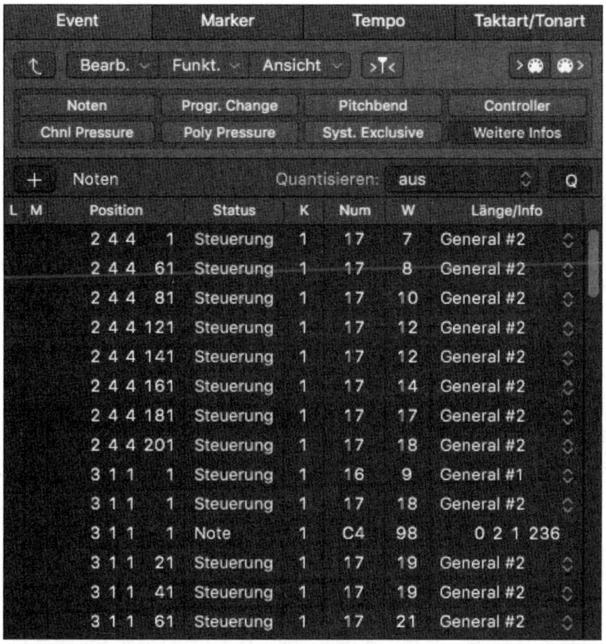

Abbildung 7.57 Inhalte der Region »es2« aus dem Beispiel »07Eventliste1« in der »Event«-Liste

Die EVENT-Liste bietet manchmal selektionstechnische Vorteile gegenüber der PIANOROLLE. Sie können zum Beispiel alle Noten und Controller-Daten oben in der Liste durch Klick auf die blauen Felder ausblenden lassen, so dass Sie die übrigbleibenden Daten selektieren und weitereditieren können (z. B. löschen, verschieben). In Abbildung 7.58 habe ich auf das Feld CONTROLLER geklickt; es leuchtet nun nicht mehr blau, und nur noch die in der Region ES2 befindlichen Noten (nicht mehr die als STEUERUNG übersetzten Controller-Daten) werden angezeigt. Die Controller-Daten sind aber noch da und aktiv.

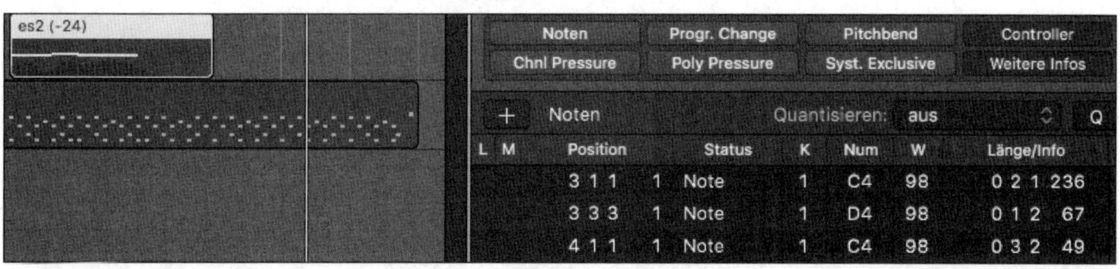

Abbildung 7.58 Region »es2« mit ausgeblendeten Controller-Daten

Dass erlaubt nun beispielsweise eine schnelle Selektion via `cmd` + `A` und anschließende Löschung von ausschließlich den Noten – ohne dass die anderen Daten (hier: die ausgeblendeten Controller-Daten) mit gelöscht werden.

7.6.5 Ansicht-Menü

Im Ansicht-Menü der Event-Liste können Sie auch entscheiden, ob Locks (verriegelte Events), Mutes (Ton aus), die grundsätzlichen MIDI-Befehlsdaten und die Position, Artikulations-IDs (via `ctrl` + `⇧` + `D`) und mehr eingeblendet werden sollen (Abbildung 7.59). Ferner können Sie sich im Ansicht-Menü die Position und Länge von Events auch als SMPTE-Zeitangabe oder die Länge als absolute Position des Event-Endes anzeigen lassen.

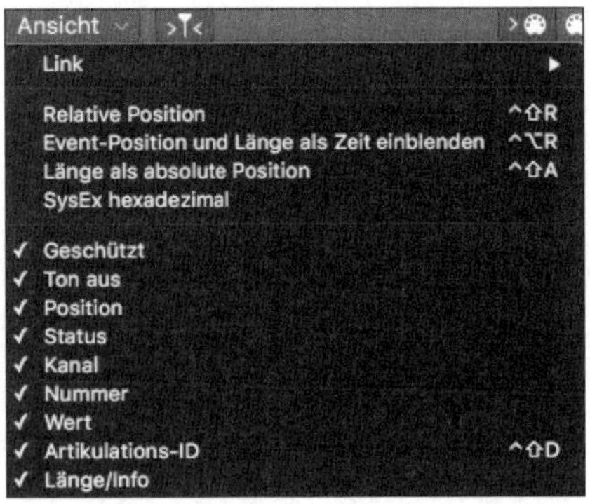

Abbildung 7.59 Ansichtsoptionen in der »Event«-Liste

7.6.6 Artikulations-IDs in der »Event«-Liste

Artikulations-IDs sind in Logic Pro X eingeführte Parameter, durch die bestimmte Variationen/Spielweisen (wie z. B. staccato, pizzicato und legato) von Sounds in Instrumenten wie dem Drum Kit Designer oder dem *EXS24* (z. B. das Patch *Violin 1* oder das *EXS*-Instrument *Violin 1+*) aufgerufen werden können (mehr dazu in Abschnitt 11.12 über den *EXS24*). Wenn Sie darüber nichts wissen, könnten Sie sich wundern, wenn zwei bis auf die Artikulations-ID identische Notenbefehle unterschiedliche Sounds in diesen Instrumenten auslösen.

Mit der Event-Liste können Sie leicht für verschiedene Noten unterschiedliches Artikulations-IDs einstellen, so dass (je nach angesteuertem Instrument) verschiedene Sounds bzw. Spielweisen (z. B. Legato- oder Staccato-Strings) aufgerufen werden. Passen Sie gegebenenfalls die Spaltenbreite etwas an, um den Parameter richtig angezeigt zu bekommen (siehe Abbildung 7.60).

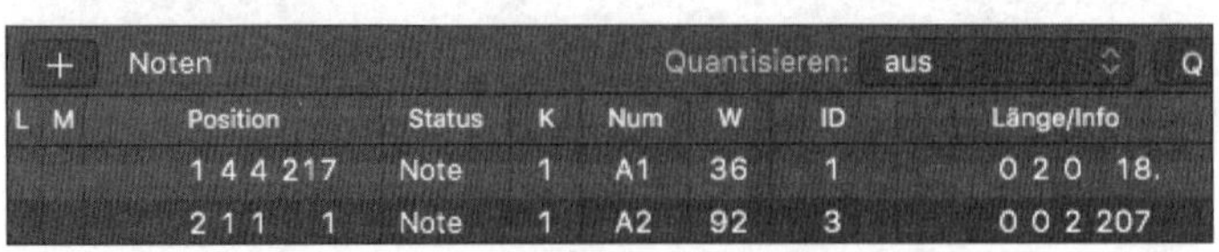

Abbildung 7.60 Die beiden Noten haben unterschiedliche Artikulations-IDs.

Um sinnvoll mit dieser Funktion zu arbeiten, müssen Sie natürlich zuvor das Instrument genauer untersuchen und erforschen, was genau mit welcher Artikulations-ID aufgerufen wird. Gegebenenfalls eignen sich andere Editoren auch besser für die Vorselektion von bestimmten Noten und Akkorden (z. B. die PIANOROLLE).

7.6.7 Streicher und Artikulations-IDs in der »Event«-Liste editieren: ein Beispiel

Ein weiteres Beispiel sehen Sie in Abbildung 7.61, die aus dem in Abschnitt 17.4 über Streicher benutzten Projekt *17Strings1* stammt. Hier habe ich mit der PIANOROLLE bestimmte Noten (die Legato-Samples spielen) selektiert, die in der PIANOROLLE leichter zu selektieren waren als in der EVENT-Liste. Anschließend habe ich die Noten um einige Ticks nach vorn geschoben, weil die Legato-Noten eine längere Attack-Zeit als die Staccato-Noten haben. Ob diese Noten nun Staccato- oder Legato-Samples triggern, stellen Sie wie beschrieben in der Spalte ID (für »Artikulations-ID« ein), die Sie im ANSICHT-Menü einblenden und anschließend gegebenenfalls noch etwas in die Breite ziehen.

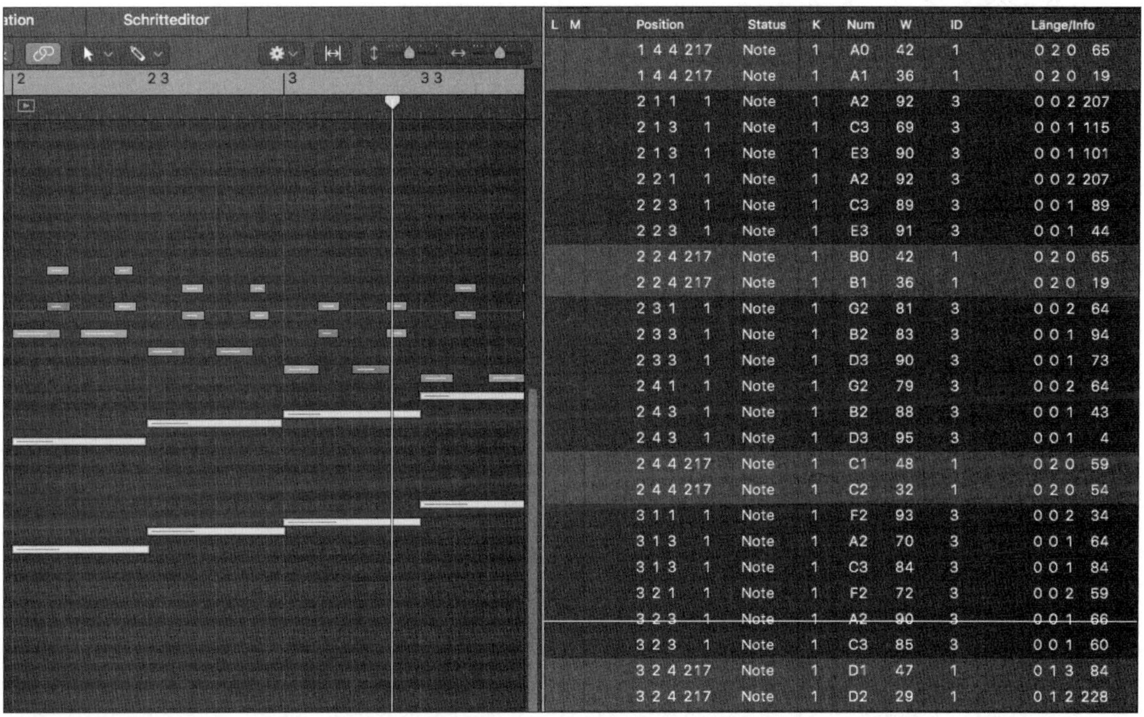

Abbildung 7.61 Editierte Events in der »Event«-Liste

7.6.8 Automations-Events in der »Event«-Liste

Automations-Events bzw. -daten in Logic haben eine ähnliche Struktur, die sich in dieser Listenform darstellen lässt. Sie können eine Liste der Spur-Automations-Events oder (für

Regionsautomation) die Event-Liste aufrufen und Automationsdaten editieren (ctrl + cmd + E; siehe auch Abschnitt 16.1.26).

7.6.9 Event-Schwebefenster

Einen Sonderfall stellt das Event-Schwebefenster dar, das Sie über das Fenster-Menü als separates, unabhängiges und frei schwebendes Fenster einblenden können. Im Event-Schwebefenster wird eine einzelne Zeile im Stile einer Event-Liste mit dem gerade selektierten Event angezeigt. Dies kann z. B. eine Region oder auch eine Note sein. Im Event-Schwebefenster können Sie – wie in der Event-Liste – auf die Takt- oder Zeitposition des Events klicken und es mit gehaltener Maustaste verschieben. So können Sie beispielsweise Regionen verschieben. Dies ist z. B. bei Filmvertonungen praktisch. Außerdem können Sie das Event-Schwebefenster nutzen, um Noten direkt auf eine bestimmte Position zu bewegen, indem Sie auf den jeweiligen Wert im Fenster doppelklicken, ihn per numerische Eingabe überschreiben und mit der ↵-Taste bestätigen. Wenn Sie in den allgemeinen Einstellungen das musikalische Raster nicht anzeigen lassen, kann das Event-Schwebefenster auch Zeitpositionen statt Taktpositionen anzeigen. Ansonsten funktioniert das über den aus der Event-Liste bekannten Befehl Event-Position und Länge als Zeit angeben (ctrl + alt + R) – allerdings nur, wenn das Event-Schwebefenster selektiert ist.

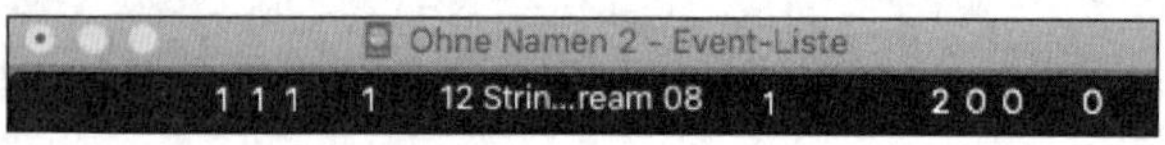

Abbildung 7.62 Event-Schwebefenster

7.7 MIDI-Transformer

Der MIDI-Transformer ermöglicht auf recht spezielle Art und Weise MIDI-Editing. Sie können Objekte nach bestimmten Kriterien selektieren und anschließend alle einer genau konfigurierten Bearbeitung unterziehen – oder auch selektierte Events löschen. Insbesondere hilft der MIDI-Transformer bei der Auswahl und Bearbeitung einer größeren Zahl von Objekten oder bei komplexeren Bearbeitungsschritten. Zudem erlaubt er experimentellere Operationen wie die Umwandlung von Befehlen oder den Austausch von Datenbytes, so dass Sie aus einer Controller-Bewegung theoretisch auch gespielte Noten erzeugen können. Der MIDI-Transformer besitzt ein Echtzeit-Pendant namens Transformer in der MIDI-Umgebung (siehe Abschnitt 13.2.7).

7.7.1 Grundsätzliche Bedienung des MIDI-Transformers

Grundsätzlich können Sie mit dem MIDI-Transformer zunächst eine Auswahl von MIDI-Daten nach bestimmten Kriterien treffen (Auswahlbedingung, oben sichtbar) und anschließend die gesamte Auswahl wiederum nach sehr spezifischen Kriterien bearbeiten (z. B. im Modus Funktion für ausgewählte Events). Oben rechts stellen Sie den Modus ein.

Das Auswählen und Bearbeiten kann unabhängig voneinander passieren, indem Sie rechts unten auf einen der Buttons Nur auswählen, Nur anwenden oder Auswählen und Anwenden klicken. Sie können also beispielsweise auch manuell (ohne die Hilfe des MIDI-Transformers) Events selektieren und anschließend die im MIDI-Transformer definierte Bearbeitung für die selektierten Events durch den Befehl Anwenden auslösen.

7.7.2 Modus

Oben rechts lässt sich wie gesagt ein Modus einstellen (Abbildung 7.63 und Abbildung 7.64). Es stehen vier Modi zur Verfügung. Diese lauten:

- Funktionen auf ausgewählte Events anwenden
- Funktionen anwenden und nicht ausgewählte Events löschen
- Ausgewählte Events löschen
- Ausgewählte Events kopieren, dann Funktionen anwenden

Ein Beispiel: Nutzen Sie den MIDI-Transformer, um beispielsweise nur alle Noten mit derselben Tonhöhe (z. B. Snares auf E1) in sämtlichen Regionen einer Spur zu selektieren und anschließend zu löschen (indem Sie rechts oben unter Modus die Funktion Ausgewählte Events löschen auswählen).

Sie müssen dazu natürlich zumindest einen der beiden Buttons (Nur anwenden oder Auswählen und Anwenden) unten rechts in Abbildung 7.64 drücken, die eine Anwenden-Funktion auslösen.

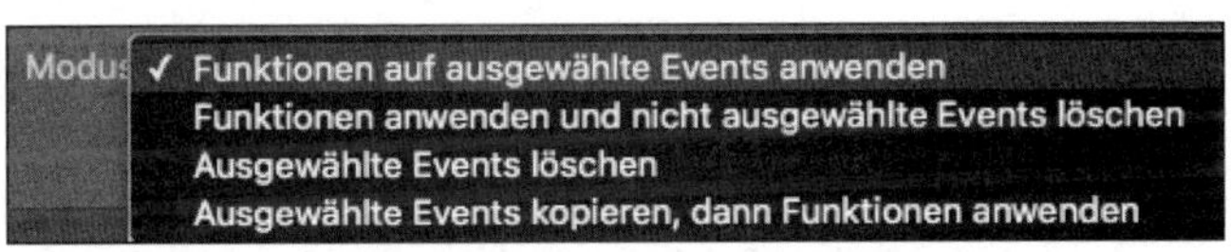

Abbildung 7.63 Modi im MIDI-Transformer

7.7.3 Presets und eigene Parametersets

Links oben stehen unter Presets einerseits bereits konfigurierte Voreinstellungen zur Verfügung, andererseits können Sie auch sämtliche Kriterien in einem Neuen Parameterset selbst definieren.

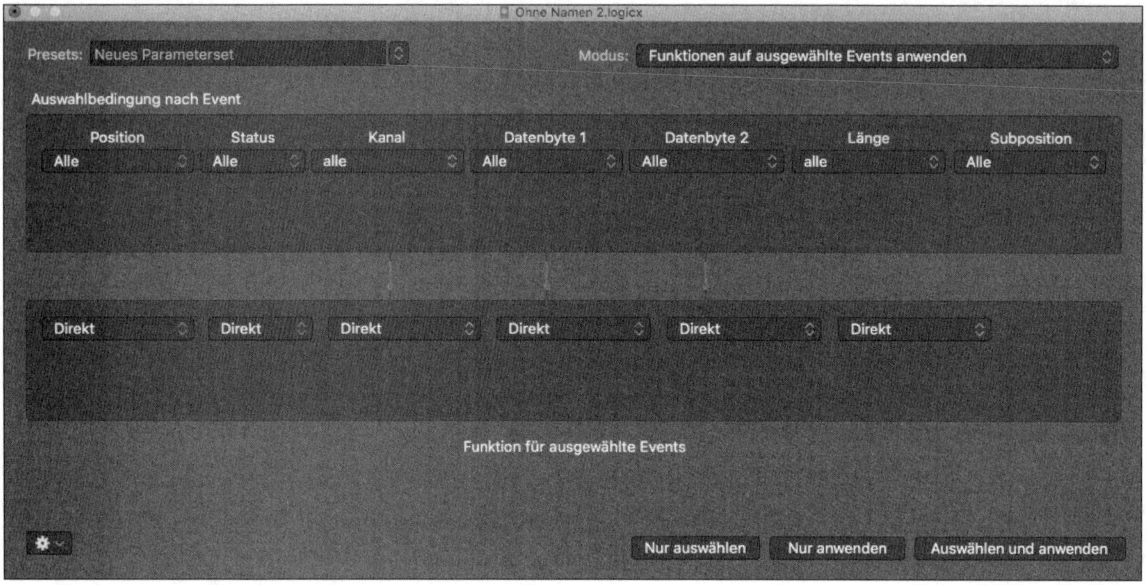

Abbildung 7.64 Der MIDI-Transformer – hier so eingestellt, dass er komplett selbst konfiguriert werden kann

Oben links im MIDI-TRANSFORMER wählen Sie ein Transform-PRESET (Voreinstellung, Abbildung 7.65) – z. B. DOPPELTE GESCHWINDIGKEIT.

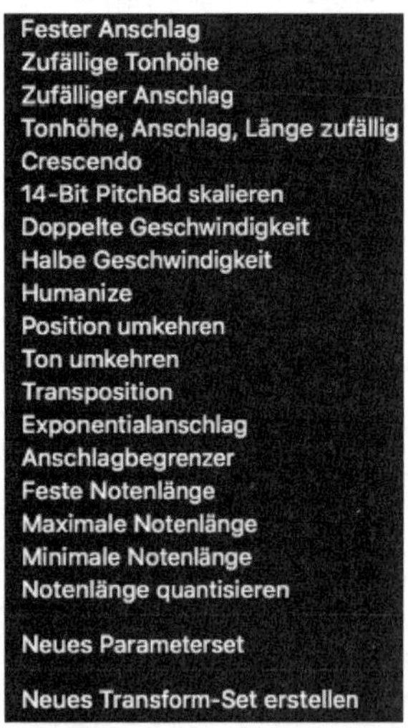

Abbildung 7.65 Hier wählen Sie ein Preset aus, im Bild habe ich zudem bereits manuell ein neues Parameterset erzeugt.

Ein Beispiel: Der MIDI-TRANSFORMER zeigt im oberen Bereich (bzw. oberhalb einer virtuellen Mittellinie) eine Auswahlbedingung und unten eine Funktion. Für beide Bereiche können Sie Parameter einstellen. Bei der Operation DOPPELTE GESCHWINDIGKEIT passiert Folgendes: Alle Noten werden selektiert. Anschließend werden ihre Position und Länge in Relation zum Anfang der Selektion halbiert (*Div. 2* = dividiere durch 2). Unten links in der Ecke ist ein Häkchen beim Eintrag NICHT VERWENDETE PARAMETER AUSBLENDEN gesetzt, so dass nur die für die oben erklärte Funktionalität benötigten Parameter angezeigt werden.

Mit dieser Funktion können Sie beispielsweise etwas langsam einspielen und dann schneller machen. In Logic ist es auch möglich, etwas langsam einzuspielen und dann mit gehaltener [alt]-Taste die Regionslänge auf die gewünschte Länge einzustellen (eine Art MIDI-Time-Stretching).

Abbildung 7.65 zeigt weitere Presets des MIDI-Transformers. Viele der genannten Funktionen sind selbsterklärend, das Logic Pro X-Benutzerhandbuch enthält weitere Details zu diesen Funktionen.

7.7.4 Eigenes Parameterset verwenden

Ganz unten im Menü lässt sich ein eigenes TRANSFORM-SET ERSTELLEN. Anschließend erscheint der Dialog aus Abbildung 7.66.

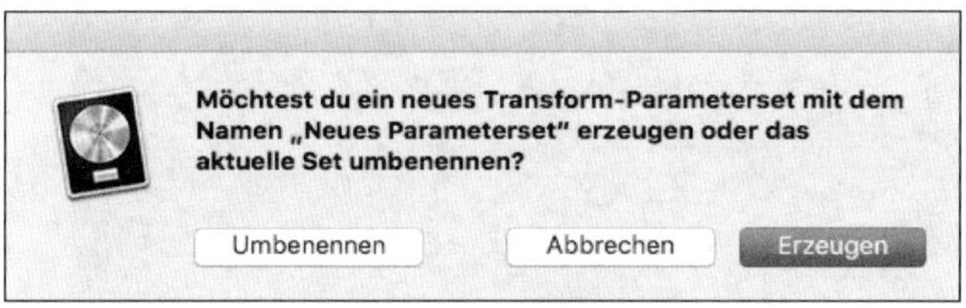

Abbildung 7.66 Dialog zum Erstellen eines neuen Parametersets

Im initialisierten Parameterset ist die Option NICHT VERWENDETE PARAMETER AUSBLENDEN im versteckten Einstellungsmenü unten links nicht gesetzt, und alle eingestellten Optionen sind sichtbar.

7.7.5 Speichern und Importieren von Parametersets, Preset-Management

Wenn Sie über den Eintrag NEUES TRANSFORM-SET ERSTELLEN ein neues Set erzeugen, wird dieses anschließend in der PRESET-Liste aufgeführt (wie in Abbildung 7.65 NEUES PARAMETERSET).

Hier können Sie Presets durch Auswahl des Eintrags NEUES TRANSFORM-SET ERSTELLEN auch umbenennen. Sie werden dann wie im Dialog aus Abbildung 7.66 gefragt, ob Sie ein Preset umbenennen oder ein neues Parameterset erzeugen möchten.

Die Presets bleiben projektbezogen im PRESETS-Menü, das heißt, sie sind in einem anderen Projekt nicht aufrufbar, sondern nur über die Funktion ABLAGE • PROJEKTEINSTELLUNGEN • PROJEKTEINSTELLUNGEN IMPORTIEREN aus anderen Projekten importierbar.

7.7.6 Anwendungsbeispiele

Ein Beispiel: In Abbildung 7.67 ist eine VELOCITY-Begrenzung ❶ eingestellt. In der Auswahlbedingung ist dabei vorgegeben, dass sämtliche Noten selektiert werden ❷. Im Funktionsbereich ist die Velocity auf einen Maximalwert von 78 begrenzt ❸. Das bedeutet, dass sämtliche Noten mit einer Velocity unter 78 unverändert bleiben, während alle Noten mit einer Velocity von 78 und darüber auf eine Velocity von 78 gesetzt werden. Eine solche Operation ist beispielsweise sinnvoll, wenn ein Synthesizer-Sound bei großen Velocities beginnt, grell zu klingen, Sie aber ansonsten mit den Soundeinstellungen zufrieden sind und nichts weiter daran verändern möchten, oder gegebenenfalls bei bestimmten Samplebibliotheken, in denen mit bestimmten Velocity-Werten eine andere Spielweise desselben Instruments verbunden ist (z. B. Wechsel von legato auf staccato bei Werten über 120).

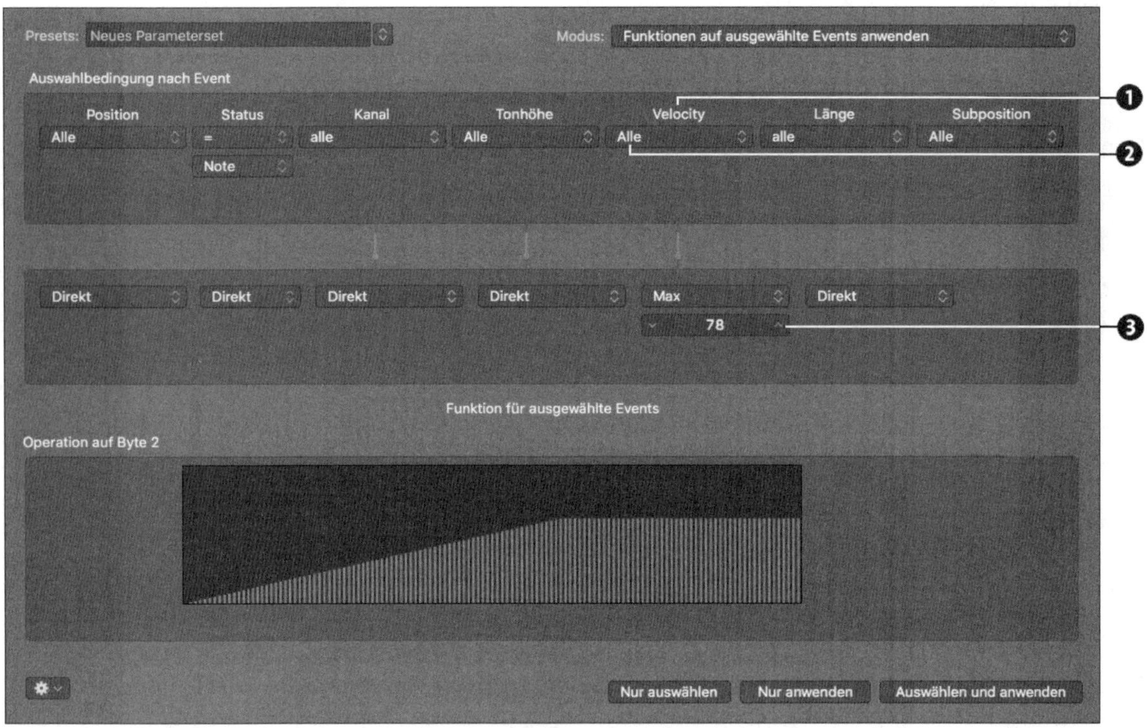

Abbildung 7.67 Eine selbstprogrammierte Velocity-Begrenzung im initialisierten Parameterset für alle Noten

In den verschiedenen Flip-Menüs stehen zahlreiche Parameter zur Verfügung. Zunächst zu den Auswahlbedingungen: Wählen Sie zum Beispiel nur auf bestimmten Positionen liegende Events oder nur MIDI-Controller-Daten aus. Oder wählen Sie beispielsweise nur Noten einer bestimmten Tonhöhe, Noten mit einem bestimmten MIDI-Kanal oder Noten bis zu einer bestimmten Velocity oder Länge aus.

Im Funktionsbereich können Sie dagegen Parameter direkt auf einen bestimmten Wert korrigieren, addieren, subtrahieren, Noten in MIDI-Controller umwandeln, die Position verschieben und vieles mehr.

Auch Logic-eigene und nicht zum MIDI-Protokoll gehörende Event-Typen wie Regler- (zur Steuerung von Automation) und Meta-Events (siehe zu Meta-Events Abschnitt 18.4) können einbezogen werden und stehen in der Status-Spalte als Auswahlbedingung oder Bearbeitungsfixierung zur Verfügung.

Etwas holprig ist dabei die deutsche Übersetzung (Abbildung 7.69). So wird beispielsweise die früher auch in deutschen Versionen verwendete englische Bezeichnung Thru für das unveränderte Durchschleifen der Parameter mit Direkt übersetzt, die Fixierung eines Parameters auf einen bestimmten Wert heißt in der englischen Version Fix und in der deutschen Korrigieren.

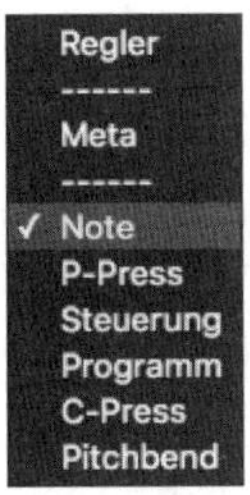

Abbildung 7.68 Event-Typen

Abbildung 7.69 Funktionen im MIDI-Transformer

Befehle und Datenbytes vertauschen

Sie können mit dem MIDI-Transformer auch experimentieren und beispielsweise Befehle verändern oder Befehlskomponenten bzw. Datenbytes vertauschen. Öffnen Sie das Projekt

07transfmodwheel, oder betrachten Sie Abbildung 7.70. In diesem Beispiel habe ich zunächst eine Region aufgenommen, die keine Noten, sondern lediglich MIDI-Daten aus der Bewegung eines Modulation-Wheels an meinem Master-Keyboard enthält.

Das Modulation-Wheel am Keyboard sendet normalerweise MIDI-Controller Nr. 1. Viele Instrumentenpresets sind so programmiert, dass bei einer Erhöhung des Wertes von MIDI-Controller 1 automatisch ein Vibratoeffekt erzeugt wird, indem ein LFO die Tonhöhe moduliert.

Ein MIDI-Befehl besteht, wie in Abschnitt 3.11 erläutert, aus drei Bytes, die hintereinander gesendet werden: Wird ein Notenbefehl gesendet, so steht im ersten Datenblock der Notenbefehl, im zweiten Datenblock (erstes Datenbyte) die Tonhöhe und im dritten Datenblock (zweites Datenbyte) die Velocity.

Wenn Sie dagegen das Mod-Wheel bewegen, so wird im ersten Datenblock der Befehl *Control Change* gesendet (was der MIDI-TRANSFORMER mit STEUERUNG übersetzt), im zweiten Datenblock (erstes Datenbyte) die Controller-Nummer (hier: 1 für das Mod-Wheel) und im dritten Datenblock (zweites Datenbyte) die Position des gedrehten Mod-Wheels.

Nun erlaubt Ihnen der MIDI-TRANSFORMER, die Befehle und Datenbytes zu vertauschen. Auf diese Weise können Sie aus einem gedrehten Mod-Wheel gespielte Noten machen!

Zunächst wird in der Spalte STATUS in Abbildung 7.70 geregelt, dass sämtliche Steuerungsbefehle (MIDI-Controller) selektiert werden, was in der Spalte DATENBYTE 1 noch auf solche Steuerungsbefehle limitiert wird, die Controller Nummer 1 senden. Im Funktionsbereich habe ich vorgegeben, dass der Status der MIDI-Befehle nach der Bearbeitung immer NOTE heißen soll, indem ich KORRIGIEREN • NOTE eingestellt habe.

Die Datenbytes tauschen Sie durch Klick auf die blauen Linien im mittleren Bereich. Klicken Sie gegebenenfalls mehrmals, bis die gewünschte Verbindung entsteht. In Abbildung 7.70 sehen Sie, dass Datenbyte 2 in den Funktionsbereich von Datenbyte 1 geroutet ist und umgekehrt.

In unserem Beispiel bedeutet das: Für ein hoch aufgedrehtes Mod-Wheel entsteht anschließend eine hohe Note in Datenbyte 1, denn der Wert wird ja direkt übernommen (Einstellung: DIREKT). Auf der anderen Seite wird Controller Nummer 1 im ersten Datenbyte nicht durchgeschleift, sondern auf einen fixen Wert von 84 korrigiert. Das geschieht, weil ansonsten die Noten mit Velocity 1 gespielt würden und möglicherweise (je nach Einstellung im Klangerzeuger) nicht zu hören wären.

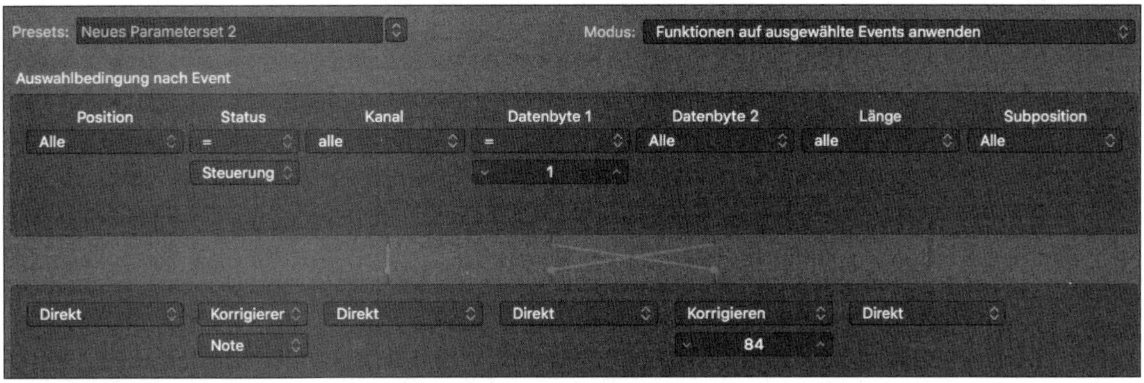

Abbildung 7.70 Datenbyte 1 und Datenbyte 2 werden vertauscht.

Das Ergebnis können Sie im Dokument *07transfmodwheel2* hören oder in Abbildung 7.71 sehen.

Weitere Anwendungsmöglichkeiten des Transformers bzw. eine vergleichbare Operation in Echtzeit finden Sie auch in Abschnitt 13.2, über das Echtzeit-Pendant des MIDI-TRANSFORMERS namens *Transformer* in der MIDI-UMGEBUNG. Aber auch mit Hilfe des MIDI-FX *Scripter* (und z. B. des Presets *Modwheelglissandoscript*) ist so etwas möglich (siehe Abschnitt 13.1.8, »Scripter«).

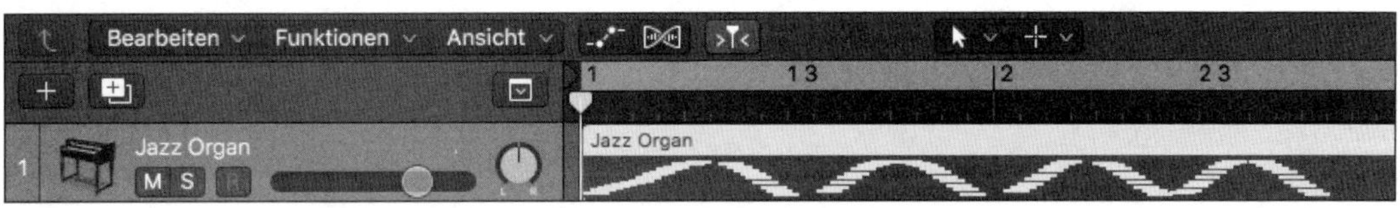

Abbildung 7.71 Mod-Wheel-Bewegungen wurden in Noten umgewandelt.

Kapitel 8
Audiobearbeitung in »Projektaudio«-Fenster und Audiodateieditor

Alle Audioaufnahmen oder importierten Audiofiles können Sie in den in diesem Kapitel besprochenen Fenstern und Editoren verwalten und editieren.

Das PROJEKTAUDIO-Fenster und der AUDIODATEIEDITOR stehen beide als Bereich im Hauptfenster und als eigenständiges Fenster zur Verfügung.

Dass sich bei einem Doppelklick auf eine Region nicht automatisch der AUDIODATEIEDITOR, sondern der AUDIOSPUREDITOR (siehe Abschnitt 6.6.1) öffnet, kann nicht geändert werden. Am Ende des Kapitels lesen Sie kurz, wie Sie mit einem externen Sample-Editor in Logic Pro X arbeiten können. In Kapitel 6, »Editing und Arrangieren im Hauptfenster«, und Kapitel 9, »Timing, Tempo, Tuning, Groove«, finden Sie ergänzend viele weitere Inhalte zum Thema Audiobearbeitung.

8.1 »Projektaudio«-Fenster (und Übersicht »Projekt«)

Das Fenster PROJEKTAUDIO (cmd + 8) ist fast funktionsgleich mit der Übersicht PROJEKT im Hauptfenster, bietet aber eine etwas andere Darstellung und ein zusätzliches OPTIONEN-Menü inklusive der Funktion STILLE VON AUDIOREGION ENTFERNEN .... Der Hauptzweck des PROJEKTAUDIO-Fensters ist die Verwaltung Ihrer Audiodateien und -regionen im Projekt. Von hier aus können Sie Audiofiles oder Regionen editieren, in den Bereich SPUREN ziehen oder exportieren.

8.1.1 Mit Audiofiles und Regionen im Fenster »Projektaudio« arbeiten

Audiofiles sind physisch auf der Festplatte vorhandene Dateien. Regionen sind lediglich Verweise auf eine Audiodatei bzw. Abspielanweisungen für bestimmte Teilbereiche einer Audiodatei. Für eine Audiodatei kann es unendlich viele Regionen geben, die sich leicht in selbständige Audiofiles umwandeln lassen.

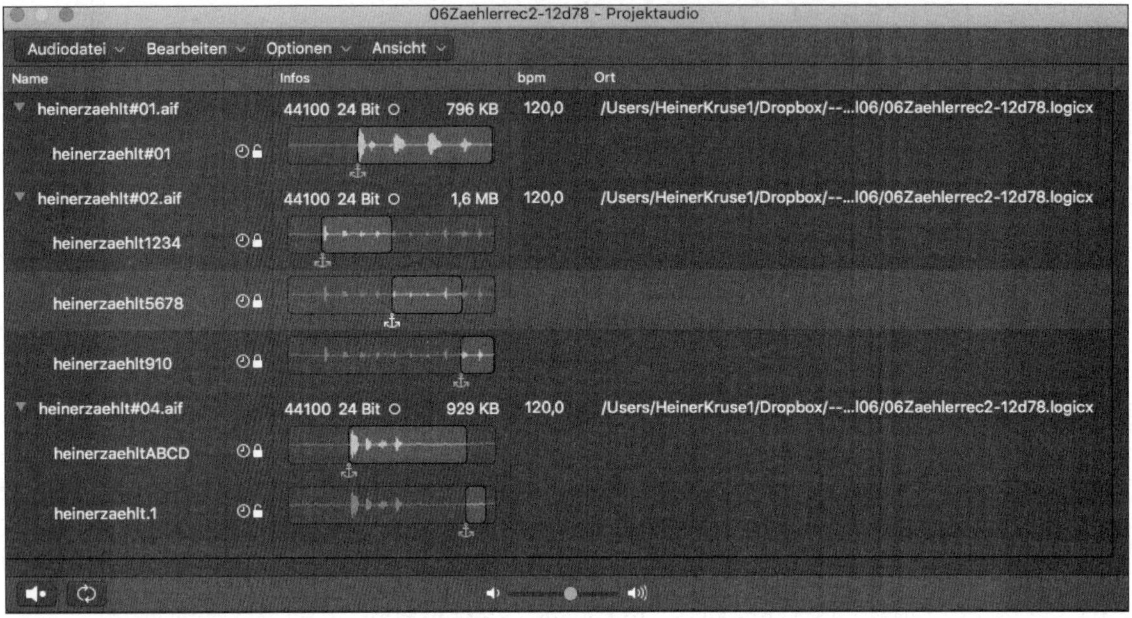

Abbildung 8.1 »Projektaudio«-Fenster

Import in den Bereich »Spuren«, Regionskontextmenü

Im Fenster PROJEKTAUDIO sehen Sie Audiofiles und Regionen, also markierte Teilbereiche von Audiofiles.

Regionen können Sie grundsätzlich per Drag & Drop in den Bereich SPUREN hineinziehen. Mit ctrl + Klick auf eine Datei erscheint zudem ein Kontextmenü (Abbildung 8.2), in dem Sie unter anderem die Option ZU SPUR HINZUFÜGEN (ctrl + #) finden, mit der Sie die Region auf der aktuellen Spur an der Abspielposition einsetzen.

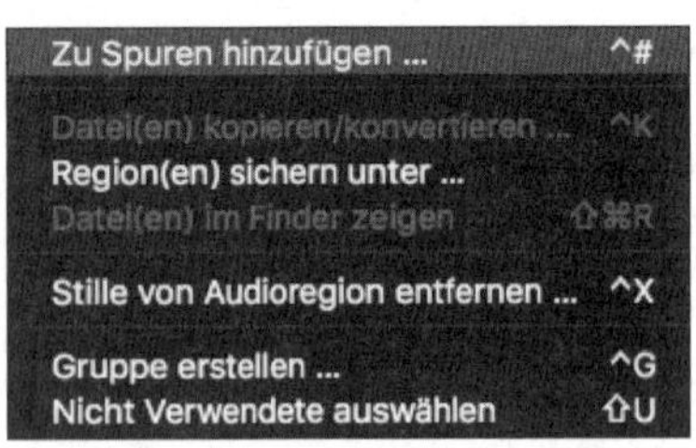

Abbildung 8.2 Regionskontextmenü

Editing

Ein Doppelklick auf eine Region im Fenster PROJEKTAUDIO öffnet diese im AUDIODATEIEDITOR. Im PROJEKTAUDIO-Fenster verwalten und arbeiten Sie mit Regionen von Audiofiles, und oft sehen und verwalten Sie hier mehr Regionen, als Sie tatsächlich im Bereich SPUREN verwenden (weshalb es mitunter sinnvoll ist, unbenutzte Regionen via FUNKTIONEN •

NICHT VERWENDETE AUSWÄHLEN, ⇧ + U, zu selektieren und mit ⌫ zu löschen). Das kann unter anderem daran liegen, wie Logic Regionen bei Schnittoperationen erzeugt. Ein Beispiel dazu: In Abbildung 8.3 sehen Sie eine Region (Projekt *08Regionsbounce*). Die Übersicht PROJEKT ist fokussiert, der Pfad für die Datei ist oben rechts klein zu sehen.

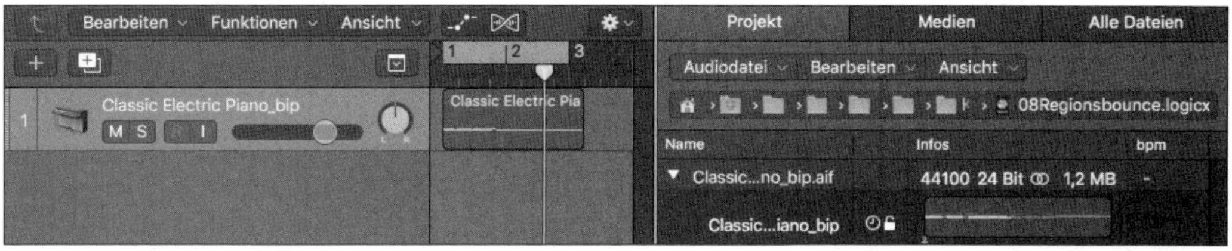

Abbildung 8.3 Eine Region

In Abbildung 8.4 habe ich diese Region an der Abspielposition geteilt. Daraufhin sehen Sie im Bild in der Übersicht PROJEKT nun gleich drei Regionen: die Region mit der ursprünglichen Länge (die nicht mehr im Bereich SPUREN vorkommt) sowie die beiden neuen Regionen, die durch das Teilen entstanden sind. Das ist sinnvoll, weil die erste Region möglicherweise nicht verlorengehen soll.

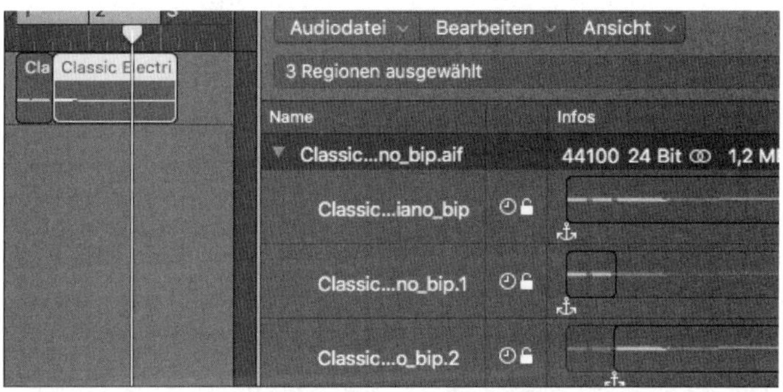

Abbildung 8.4 Nach der Teilung an Takt 1 3 1 1 gibt es drei Regionen in der Übersicht »Projekt«.

Auf solche Weise getrennte Regionen können Sie mit cmd + J wieder zu einer neuen Region zusammenfügen, ohne dass hierfür ein neues Audiofile gerendert werden muss.

Wenn Sie nun die beiden Regionen selektieren und mit gehaltener Taste alt kopieren, entstehen zwei weitere Regionen. Kopieren Sie dagegen mit ⇧ + alt, dann entstehen Klone (siehe Abschnitt 8.1.4).

8.1.2 Vorhören, Handsymbol, Verschiebetool, Längentool und Lautsprechersymbol

Wenn Sie auf Regionen klicken, erscheint, je nachdem, wohin Sie genau klicken ...

- ein Lautsprechersymbol (zum Vorhören, bei Bewegung des Cursors mittig auf mittlerer Höhe der Region, Abbildung 8.5);

Abbildung 8.5 Lautsprechersymbol

- ein Längentool (zum Ändern der Länge der Region, bei Bewegung des Cursors über die linken und rechten Enden der Region);
- ein Verschiebetool (zum Verschieben der Region/bei Bewegung des Cursors mittig über die untere Hälfte einer Region, Abbildung 8.6), mit dem Verschiebetool behalten Sie die Länge einer Region exakt bei, verschieben jedoch den in der Region ausgewählten Bereich des Audiofiles;

Abbildung 8.6 Verschiebetool

- ein Handsymbol (zum Ziehen der Region in den Bereich SPUREN, bei Bewegung des Cursors mittig über die obere Hälfte einer Region) oder
- ein Fingersymbol (zum Verändern des Ankerpunktes). Wenn Sie das allerdings im AUDIODATEIEDITOR machen, ist es etwas leichter, den Anker genau auf die gewünschte Stelle zu setzen.

Vorhören von Dateien im Detail

Klicken Sie wie oben abgebildet mittig auf eine dargestellte Region, um sie vorzuhören, oder nutzen Sie hierfür ctrl + Leertaste. Auch unten links können Sie Regionen (gegebenenfalls geloopt) vorhören und hierfür auch eine Lautstärke einstellen. Zum Vorhören können Sie bei fokussierter Übersicht PROJEKT und selektierter Region auch den Shortcut ctrl + Leertaste betätigen. Mit ↑ oder ↓ wählen Sie die nächste bzw. vorherige Region aus. Sie können auch alle Regionen aus- oder einblenden (im Menü ANSICHT oder via alt + ↓ oder alt + ↑), um gegebenenfalls mit den Pfeiltasten das nächste oder vorherige Audiofile zu selektieren (Abbildung 8.7). Die Audioausgabe des AUDIODATEIEDITORS erfolgt über den Prelisten-Channel-Strip des Mixers.

Abbildung 8.7 Vorhörbereich im Fenster »Projektaudio«

8.1.3 Löschen und Verwalten von Audiodateien

Für eine Audiodatei ist stets mindestens *eine* Region im PROJEKTAUDIO-Fenster (Abbildung 8.1) zu sehen. Falls Sie versuchen, diese zu löschen, löschen Sie gleichzeitig das Audiofile aus dem Bereich PROJEKTAUDIO. Dadurch verschwindet es noch nicht automatisch aus Ihrem Projektordner. Dies geschieht erst, wenn Sie Ihr Projekt via ABLAGE • PROJEKTVERWALTUNG bereinigen. Ein Löschen von selektierten Audiofiles von der Festplatte ist auch mit Hilfe der Funktion DATEI(EN) LÖSCHEN im MENÜ AUDIODATEI und via [cmd] + [⌫] möglich.

8.1.4 Klone

Klone (auch *Klonregionen* genannt) sind Instanzen einer Audioregion. Dabei kommt dieselbe Region mehrfach im Arrangierbereich vor. Wird z. B. die Region gekürzt, werden alle Klonregionen ebenfalls gekürzt.

8

Es ist nicht (wie bei MIDI-Aliassen) eine Region das Original und die anderen sind Aliasse, sondern alle Regionen sind gleichberechtigt. Wie viele Instanzen einer Region verwendet werden, können Sie durch das Einblenden eines Regionsverwendungszählers im ANSICHT-Menü der Übersicht PROJEKT kontrollieren (Abbildung 8.8, Abbildung 8.9). Wenn Sie die Region im PROJEKTAUDIO-Fenster oder in der Übersicht PROJEKT selektieren, werden hierdurch außerdem automatisch alle Instanzen derselben Region im Projekt selektiert.

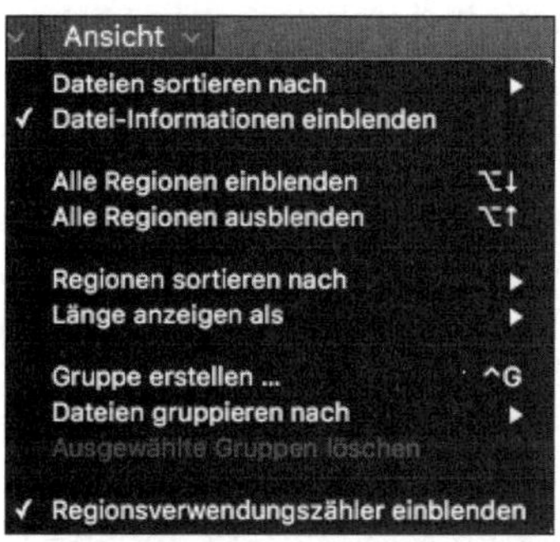

Abbildung 8.8 Hier blenden Sie den Regionsverwendungszähler ein.

Abbildung 8.9 Die Region wird zweimal verwendet.

Wenn Sie eine Region mit gehaltener [alt]-Taste kopieren, erstellen Sie eine neue Region. Wenn Sie sie stattdessen mit [alt] und [⇧] anfassen und kopieren, erzeugen Sie stattdessen einen Klon. Auch mit dem Befehl [cmd] + [R] (REGIONEN MEHRFACH WIEDERHOLEN) können Sie Klone erzeugen, wenn Sie im Dialog ALIASSE ODER KOPIEN auswählen (irritierenderweise ist hier die Bezeichnung nicht korrekt). Für eine Aktualisierung des Regionsverwendungszählers müssen Sie die Übersicht PROJEKT gegebenenfalls noch fokussieren.

Sie können Klone im Bereich SPUREN im Kontextmenü des Hauptfensters im Bereich KONVERTIEREN (oder via [alt] + [cmd] + [R]) in eine neue Region umwandeln. Alternativ geht das via BEARBEITEN • KONVERTIEREN • AUDIOREGION IN NEUE REGION. Letzteres ist insofern schwer zu verstehen, als der Begriff »Klon« hier gar nicht benutzt wird.

Ich benutze meistens eigenständige Regionen statt Klone von Audioregionen, insbesondere weil sich die Klone nicht so schnell wie Aliasse anhand einer Kursivschrift und leicht veränderter Darstellung erkennen lassen. Oft ist mir das Risiko zu hoch, versehentlich andere Regionen mit zu verändern.

8.1.5 Menü »Audiodatei«

Nachfolgend erläutere ich verschiedene Funktionen, die Sie im Menü AUDIODATEI (Abbildung 8.10) finden.

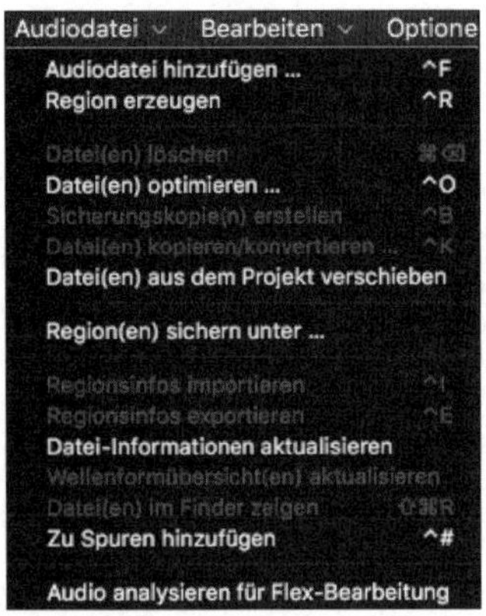

Abbildung 8.10 »Audiodatei«-Menü im »Projektaudio«-Fenster

Menü »Audiodatei«: »Audiodatei hinzufügen«

In diesem Dialog oder mit dem Shortcut [ctrl] + [F] fügen Sie Ihrem Projekt Audiodateien hinzu. Anschließend öffnet sich ein Dialogfenster. Mehr Details zum Audioimport finden Sie in Abschnitt 10.7.

Menü »Audiodatei«: »Region erzeugen«

Mit dem Befehl REGION ERZEUGEN ([ctrl] + [R]) legen Sie eine Region an. Sie können beliebig viele Regionen eines Audiofiles erzeugen und umbenennen. Auf diese Weise können Sie schnell unterschiedliche Bereiche einer Audioaufnahme markieren und so oft sie wollen verwenden.

Dieser Befehl erzeugt eine neue, eigenständige Region, keinen Klon.

Menü »Audiodatei«: »Datei(en) löschen«, »Datei(en) optimieren«

Beide Befehle funktionieren nur, wenn Sie mindestens ein Audiofile selektieren – und nicht eine Region.

Der Befehl DATEIEN LÖSCHEN öffnet einen Dialog (»WOLLEN SIE WIRKLICH LÖSCHEN?«) und entfernt gegebenenfalls die Datei von der Festplatte.

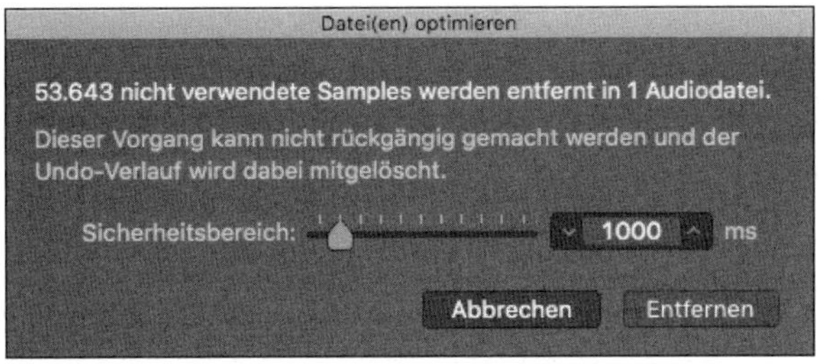

Abbildung 8.11 Dialog für die Dateioptimierung

Der Befehl DATEIEN OPTIMIEREN analysiert zunächst, welche Bereiche eines Audiofiles im Projekt verwendet werden. Anschließend können Sie über einen Dialog (Abbildung 8.11) sämtliche nicht benutzten Bereiche des Audiofiles von der Festplatte löschen, wobei Sie einen Sicherheitspuffer einstellen können. Diese Funktion dient vor allem Platzsparzwecken, führte in der Vergangenheit aber auch gelegentlich dazu, dass die Audiofiles nach der Optimierung nicht mehr zu gebrauchen waren, weshalb ich diese Funktion selten benutzte. Bei Testversuchen mit Logic Pro X funktionierte die Funktion aber tadellos. Dennoch empfehle ich Ihnen, diese Funktion nur dann zu verwenden, wenn Sie zuvor ein externes Backup einer zu optimierenden Datei vorgenommen haben. Das wiederum macht den Platzsparvorteil aber möglicherweise zunichte. Allerdings kann es ja noch andere Gründe geben, Dateien zu optimieren – zum Beispiel das Entfernen unerwünschter Teile einer Aufnahme oder den Wunsch, ein zu verschickendes Projekt möglichst klein zu halten.

Menü »Audiodatei«: »Datei(en) kopieren und konvertieren«, »Datei(en) verschieben«, Samplerate konvertieren

Auch diese Befehle funktionieren nur, wenn Sie im PROJEKTAUDIO-Fenster ein oder mehrere Audiofile(s) selektieren – und nicht eine Region. Wenn Sie eine Datei verschieben möchten, öffnet sich ein Dialog, der Sie auffordert, ein Ziel für die selektierte Datei anzugeben.

Etwas interessanter ist vielleicht der Befehl DATEIEN KOPIEREN UND KONVERTIEREN (`ctrl` + `K`). Hiermit gelangen Sie in einen Dialog, mit dem Sie beispielsweise auch das Audioformat, die Samplerate oder das Stereoformat (*Split* oder *Interleaved*) ändern können.

Die Datei *08Zaehlerrecsampleratenkonv* enthält das gleiche Audiofile einmal mit 44.100 und einmal mit einer Samplerate von 48.000 (nach Konvertierung). Letzteres klingt dunkler/langsamer – denn die Samplerate im Projekt beträgt 44.100 Samples/Sekunde. Das in eine Samplerate von 48.000 Samples/Sekunde konvertierte Audiofile ist nach einer Sekunde noch nicht vollständig abgespielt, der Effekt ist in etwa so, als ob Sie eine Schallplatte langsamer laufen lassen. Hierbei habe ich übrigens zunächst die zweite Datei wieder manuell ins Projekt geladen, denn der Dialog geht nicht davon aus, dass Sie sowohl das Original als auch die konvertierte Version im Projekt behalten möchten. Stattdessen wählen Sie unten im Dialog, ob das Projekt auf die neue Datei verweisen soll (wodurch das Original aus der Liste der

Dateien im PROJEKTAUDIO-Fenster entfernt wird) oder nicht. Übrigens: Die genauen Einstellungen für die Qualität einer eventuellen Konvertierung in MP3 oder AAC können Sie hier nicht definieren; das geht (zumindest für MP3) über die Programmeinstellungen: LOGIC PRO X • EINSTELLUNGEN • AUDIO • MP3.

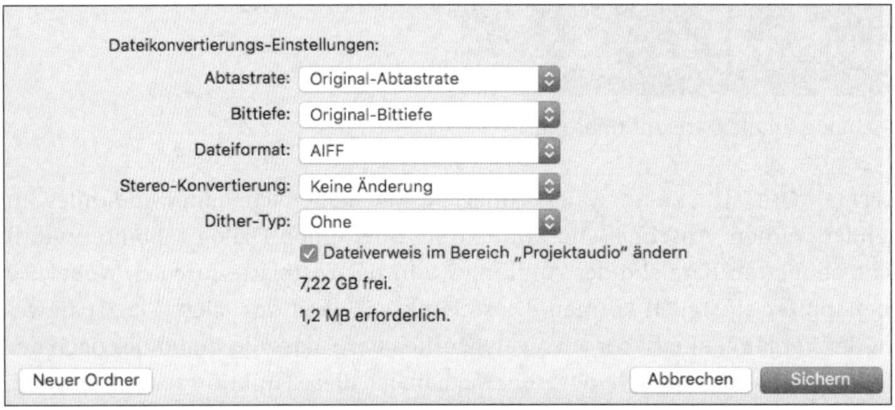

Abbildung 8.12 Konvertierungsoptionen im Dialog für den Befehl »Datei(en) kopieren und konvertieren«

Menü »Audiodatei«: »Datei(en) im Finder zeigen«

Mit diesem Befehl (englisch REVEAL IN FINDER, [⇧] + [cmd] + [R]) öffnet sich schnell ein Finder-Fenster mit dem Speicherort der Datei; die Datei erscheint dabei selektiert.

Menü »Audiodatei«: »Sicherungskopie(n) erstellen«

Der Befehl legt an dem Ort, an dem die Datei liegt, nach einem entsprechenden Hinweis eine Sicherungskopie mit dem Zusatz *dup* (für »duplicated«) am Ende des Namens an ([ctrl] + [B]).

Menü »Audiodatei«: »Region(en)sichern unter«

Mit diesem Befehl sichern Sie schnell und komfortabel alle selektierten Regionen als Audiofiles. Ein Dialog zum Speichern öffnet sich, der detaillierte Format- und sonstige Einstellungen für die zu speichernden Regionen erlaubt (wie in den Dateikonvertierungseinstellungen, Abbildung 8.12). Unten haben Sie ferner die Option, die neuen Audiofiles durch Setzen eines Häkchens automatisch zum Fenster PROJEKTAUDIO, also zu Ihrem Projekt hinzuzufügen.

Menü »Audiodatei«: Regionsinfos importieren/exportieren

Nach dem Auslösen des Befehls REGIONSINFOS EXPORTIEREN ([ctrl] + [E]) erscheint ein Dialog, der fragt, ob Sie Regionsinfos in der Audiodatei sichern (und gegebenenfalls bestehende Regionsinfos aus der Audiodatei löschen) wollen. Es geht hierbei um die Informationen über die zur Audiodatei gehörenden bzw. in ihr verwendeten Regionen.

Abgenommen, Sie haben das gemacht, während Sie in einem bestimmten Projekt (nennen wir es *Projekt 1*) arbeiten. Wenn Sie das Audiofile nun in einem anderen Projekt (nennen wir es *Projekt 2*) öffnen oder dort bereits mit dem Audiofile arbeiten, können Sie die Regionsinfos des Audiofiles importieren (`ctrl` + `I`), um auf Regionen aus *Projekt 1* zuzugreifen, die zusätzlich zu den Regionen existieren, die Sie ohnehin bereits in *Projekt 2* von dem Audiofile erstellt haben (ebenfalls wieder via Dialog, Abbildung 8.13). Es versteht sich von selbst, dass hierbei das entsprechende Audiofile selektiert sein muss.

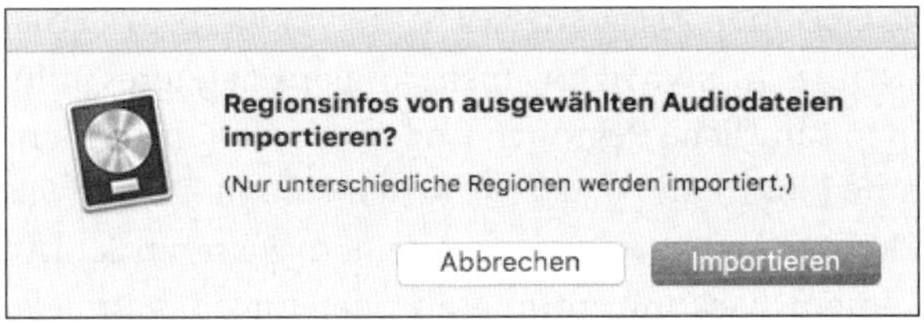

Abbildung 8.13 Dialog zum Importieren von Regionsinfos

Achtung: Bei einem Konvertieren der Audiodatei in andere Samplerates können Informationen über die Regionsinfos der Audiodatei verlorengehen.

Menü »Audiodatei«: Zu Spuren hinzufügen …

Mit dem Befehl ZU SPUREN HINZUFÜGEN (`ctrl` + `#`) positionieren Sie eine oder mehrere Regionen an der Abspielposition in der gewählten Spur; gegebenenfalls können Sie beim Import mehrerer Regionen auswählen, dass neue Spuren erzeugt werden sollen.

8.1.6 Menü »Bearbeiten«

Nachfolgend erläutere ich verschiedene Funktionen des Menüs BEARBEITEN im Fenster PROJEKTAUDIO (Abbildung 8.14).

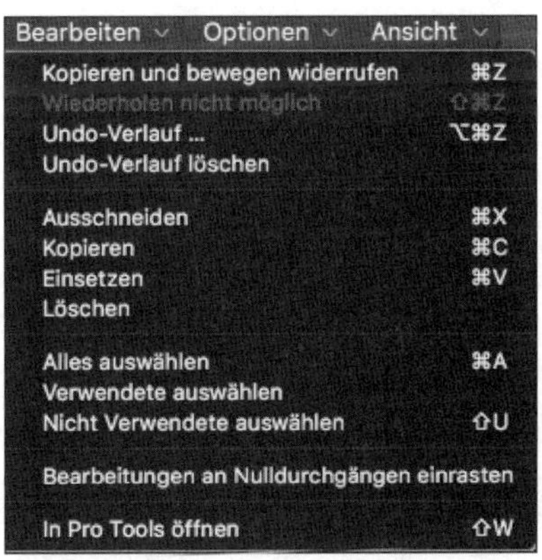

Abbildung 8.14 »Bearbeiten«-Menü im »Projektaudio«-Fenster

Das BEARBEITEN-Menü enthält die üblichen Cut-, Copy- und Paste-Befehle sowie Befehle zum Auswählen. Wenn Sie eine Region kopieren und einsetzen, wird eine neue Region erzeugt. Wenn Sie das Gleiche mit einem Audiofile versuchen, geht das natürlich nicht, weil ein Audiofile mit dem gleichen Namen ja schon im Projekt vorhanden ist. Die Undo-Liste im Fenster PROJEKTAUDIO entspricht der des Hauptfensters.

Menü »Bearbeiten«: Selektionen (und die Option, nicht verwendetes Material zu löschen)

Zum Erstellen von Selektionen dienen die Optionen ALLES AUSWÄHLEN, VERWENDETE FORMATE AUSWÄHLEN und NICHT VERWENDETE AUSWÄHLEN. Insbesondere Letzteres hilft beim Aufräumen eines Projekts: Sie können sämtliche Regionen und Audiofiles auswählen, die im Bereich SPUREN *nicht* verwendet sind (Shortcut: ⇧ + U). Anschließend können Sie die Selektion via ⌫ aus dem Fenster PROJEKTAUDIO entfernen. In einem weiteren Schritt könnten Sie dann Audiodateien (nach einem Backup) optimieren oder/und das Projekt unter ABLAGE • PROJEKTVERWALTUNG zusammenlegen und von nicht verwendeten Audiofiles komplett bereinigen. Alternativ löschen Sie selektierte Audiofiles über das Menü AUDIODATEI unter DATEI(EN) LÖSCHEN direkt von der Festplatte. Danach sollten Sie das Projekt allerdings neu speichern, damit Logic beim nächsten Neustart nicht unnötig nach den gelöschten Dateien sucht.

Aber auch bereits das Löschen von überflüssigen Regionen allein (ohne das Löschen von Audiofiles) schafft mehr Übersicht bei der Arbeit im PROJEKTAUDIO-Fenster.

Menü »Bearbeiten«: »Split-Stereo-Dateien bearbeiten«

Mit den Befehlen ALLE AUFGETRENNTEN SPLIT-STEREO-DATEIEN ERNEUT VERKNÜPFEN und AUSGEWÄHLTE SPLIT-STEREO-DATEI AUFTRENNEN können Sie Split-Stereo-Dateien (zwei Monodateien mit den Endungen *-L* und *-R* für Stereo) in Interleaved-Audio-Dateien (nur eine Datei im Stereomodus) umwandeln und umgekehrt.

Menü »Bearbeiten«: »An Nulldurchgängen einrasten«

Mit der Funktion AN NULLDURCHGÄNGEN EINRASTEN sorgen Sie dafür, dass Längen-Edits stets so gut es geht an Nulldurchgängen der Wellenform einrasten, um Knackser zu vermeiden. Genaueres hierzu finden Sie in Abschnitt 8.2.5, denn diese Funktion gibt es auch im AUDIODATEIEDITOR, der sich besser als das PROJEKTAUDIO-Fenster für detaillierte Änderungen der Selektion eignet.

Menü »Bearbeiten«: »Im externen Sample-Editor öffnen«

In Abbildung 8.14 ist anstelle dieses Eintrags ganz unten bereits aufgrund des voreingestellten Editors IN PRO TOOLS ÖFFNEN zu lesen. Sie können Audiofiles so im definierten externen Sample-Editor (hier: Pro Tools) öffnen (Shortcut ⇧ + W), um auf spezielle Funktionen für das Audio-Editing Ihres bevorzugten Editors zurückzugreifen. Einen externen Audio-Editor legen Sie unter EINSTELLUNGEN • AUDIO • AUDIODATEIEDITOR fest (siehe Abschnitt 8.3).

8.1.7 Menü »Optionen«: »Stille von Audioregion entfernen … « (»Strip-Silence«)

Die Funktion STILLE VON AUDIOREGION ENTFERNEN … hieß in früheren Versionen STRIP-SILENCE oder STRIP-STILLE und wird im Pop-up-Fenster STILLE ENTFERNEN genannt. Sie ist die einzige Funktion im Menü OPTIONEN (Abbildung 8.15).

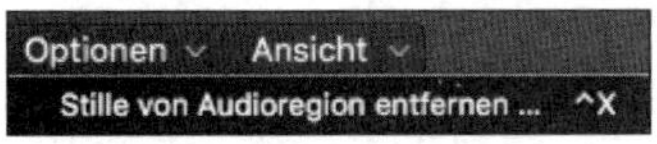

Abbildung 8.15 Das »Optionen«-Menü ist nicht in der Übersicht »Projekt«, sondern nur im separaten Fenster »Projektaudio« sichtbar.

Egal wie Sie heißt, Sie erreichen sie via Shortcut `ctrl` + `X` oder auch über verschiedene andere Menüs, z. B. im Untermenü SPLIT des Regionskontextmenüs. Es handelt sich um eine besondere Funktion zum Erstellen von Regionen aus längeren Audiofiles auf der Basis von Pegelausschlägen. Im Dialogfenster STILLE ENTFERNEN (Abbildung 8.16) können Sie unten links einen SCHWELLENWERT für Pegelausschläge einstellen, der zur Erstellung von neuen Regionen führen soll – ebenso wie eine MINDESTDAUER FÜR STILLE und eine zusätzliche Attack- und Release-Zeit, durch die neue Regionen gegebenenfalls am Anfang oder Ende noch etwas verlängert werden. Auf diese Weise befreien Sie Audioaufnahmen von leiseren Phasen mit eventuellen Störgeräuschen, die zwischen den wichtigen Aufnahmeteilen liegen, ohne mühsam Stelle für Stelle manuell schneiden zu müssen.

Dabei kann die bearbeitete Region auch im Bereich SPUREN liegen, und es werden (nach einem Dialog) nur die gewünschten Zwischenbereiche gelöscht, während für den Rest neue Regionen erzeugt werden, die das Audiomaterial positionsgenau wie zuvor abspielen.

Praxisbeispiel

STILLE VON AUDIOREGION ENTFERNEN … kann auch für andere Ziele gut sein. Nehmen Sie zum Beispiel Schlagzeugsounds eines Instruments nacheinander auf, erfassen Sie dann die einzelnen Sounds mit STRIP-SILENCE in Regionen, und exportieren Sie sie anschließend mit Hilfe der Funktion REGION(EN) SICHERN UNTER … als einzelne Audiofiles.

Im Beispiel *08Stripsilence* habe ich so etwas Ähnliches gemacht: Ich habe verschiedene synthetisch erzeugte Sounds von *Ultrabeat* – bearbeitet mit einem Verzerrungseffekt – zu einem Audiofile gebounct (via `ctrl` + `B`). Anschließend habe ich die Funktion STILLE VON AUDIOREGION ENTFERNEN … bei selektierter Audioregion mit dem Befehl `ctrl` + `X` aufgerufen.

In Abbildung 8.16 sehen Sie, dass die Funktion die ersten beiden Schläge ganz links nicht getrennt hat. Ich habe den SCHWELLENWERT etwas erhöht, so dass der Ausklang der ersten Kick als Stille akzeptiert wird. Danach ergibt sich das Bild aus Abbildung 8.17.

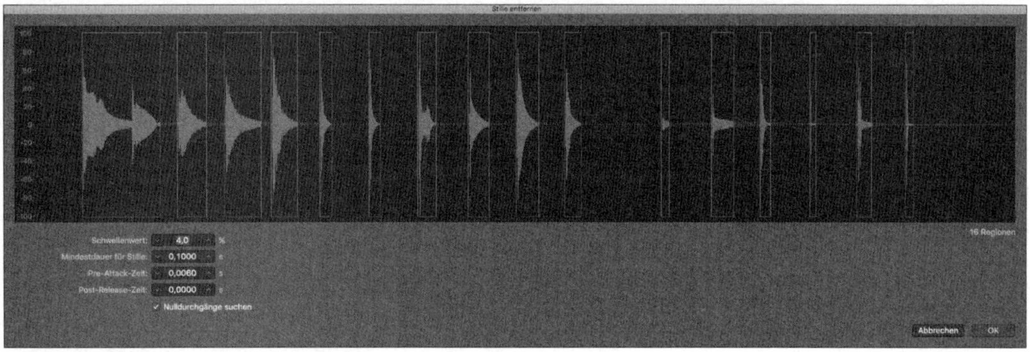

Abbildung 8.16 »Stille von Audioregion entfernen …«

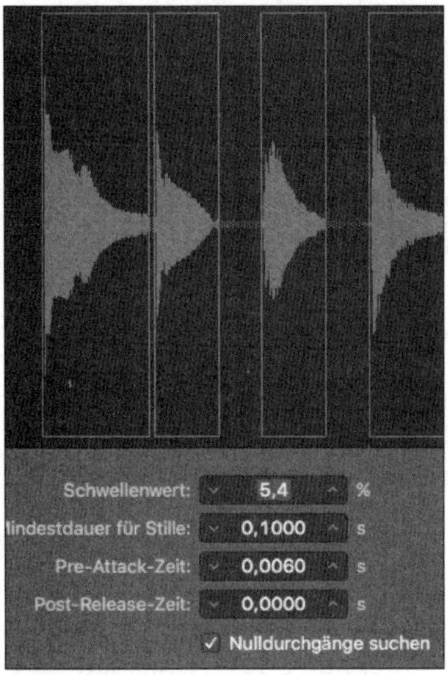

Abbildung 8.17 »Stille von Audioregion entfernen …« mit erhöhtem Schwellenwert

Zudem werden einige Schläge etwas früh abgeschnitten. Bedenken Sie, dass STILLE VON AUDIOREGION ENTFERNEN … letztlich nur eine Art Makro bzw. Automatik oder Editing-Tool darstellt, das nichtdestruktiv ist und ergänzend zu anderen Tools eingesetzt werden kann. STILLE VON AUDIOREGION ENTFERNEN … soll Ihnen etwas Zeit sparen, verbietet Ihnen aber nicht, nachträglich manuell zu editieren. Versuchen Sie also nicht, stundenlang an den Reglern herumzudrehen, bis für alle Regionen die perfekte Einstellung gefunden ist (was oft gar nicht geht), sondern erstellen Sie Regionen auf der Basis eines ungefähr erwünschten Ergebnisses via STILLE VON AUDIOREGION ENTFERNEN …, und justieren Sie anschließend kleine

Ungenauigkeiten nach. Wenn Sie verhindern möchten, dass die Schläge am Anfang noch eine kurze Attack-Zeit haben, und der Pegelausschlag so nah wie möglich am Regionsanfang liegen soll (und Sie den Regionsstartpunkt nicht nachträglich bei allen Regionen manuell ändern wollen), ist dies hingegen machbar, indem Sie eine gegen 0 gehende PRE-ATTACK-ZEIT einstellen.

Wenn Sie mit der Bearbeitung fertig sind, auf OK klicken und eine Region editiert haben, die im Bereich SPUREN liegt, werden positionsgetreu neue Regionen erzeugt, die die alte Region ersetzen. Ansonsten – und falls die Region nicht im Bereich SPUREN liegt – werden einfach nur neue einzelne Regionen im PROJEKTAUDIO-Fenster erzeugt (siehe Abbildung 8.18 oder Projekt *08Stripsilence2*).

8

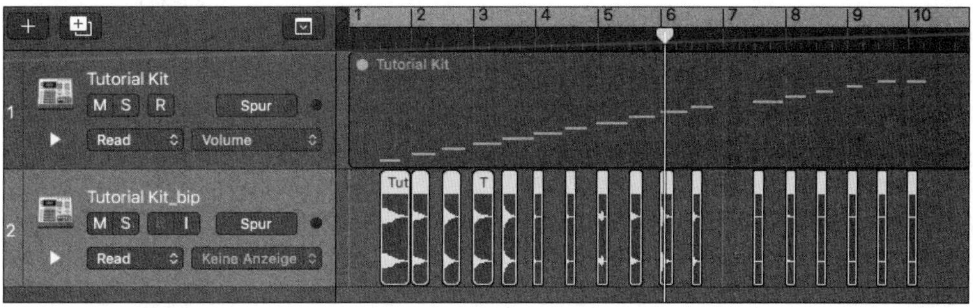

Abbildung 8.18 Das Ergebnis des »Strip-Silence«-Prozesses

8.1.8 Menü »Ansicht«

Menü »Ansicht«: Sortier- und Anzeigeoptionen (Teil 1)

Nun zu einigen Optionen des Menüs ANSICHT (Abbildung 8.19).

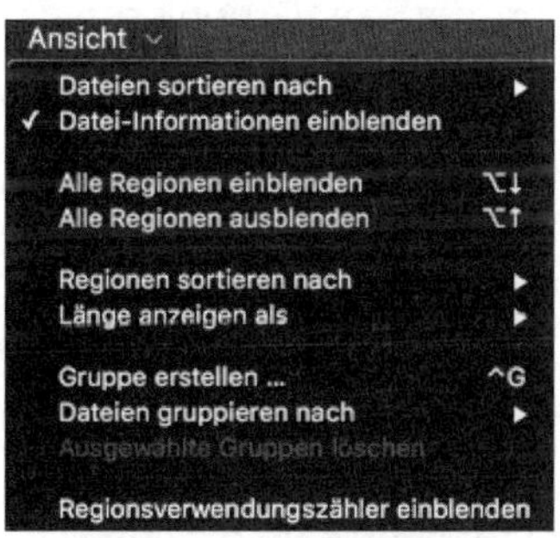

Abbildung 8.19 Menü »Ansicht«

Ist unter DATEI SORTIEREN NACH • OHNE (Abbildung 8.20) eingestellt, so werden die Dateien in der Reihenfolge aufgeführt, in der Sie sie erstellen bzw. dem Projekt hinzufügen. Unlogischerweise wird das nicht so »benannt« – dabei ist dies eine der sinnvollsten Sortierungseinstellungen überhaupt, durch die Sie stets unten die zuletzt bearbeiteten Audiofiles sehen.

Abbildung 8.20 Optionen im Menü »Dateien sortieren nach …«

Sie können Audiodateien aber auch nach NAME, GRÖSSE, LAUFWERK, BITTIEFE oder DATEITYP auflisten. Nutzen Sie die Sortierungsoption NAME, um schneller »verwandte« Audiofiles zu finden; mit der Option GRÖSSE finden Sie schnell große Audiofiles im Projekt, um diese gegebenenfalls zu löschen.

Regionen ein-/ausblenden

Indem Sie mit der entsprechenden Option Regionen temporär ausblenden (alt + ↓), erhalten Sie im PROJEKTAUDIO-Fenster eine bessere Übersicht über verwendete Audiofiles, die dann ohne Regionen aufgelistet werden. Anschließend lassen sich die Regionen auch wieder einblenden (alt + ↑).

Abbildung 8.21 Optionen zum Sortieren von Regionen

Sie können nicht nur Audiofiles sortieren, sondern auch Regionen nach dem STARTPUNKT innerhalb des Audiofiles, nach LÄNGE oder NAME anzeigen lassen. Hierzu müssen Sie allerdings das Audiofile und nicht die Regionen selektieren. Das ist relevant, wenn Sie sehr viele verschiedene Regionen eines Audiofiles in Ihrem Projekt benutzen, z. B. weil es sich um eine sehr lange Aufnahme handelt. Weitere Sortierungsfunktionen, die mit Gruppierungen arbeiten, finden Sie im nächsten Abschnitt.

Menü »Ansicht«: Sortier- und Anzeigeoptionen (Teil 2): Gruppierungsfunktionen

Sie können Audiofiles im PROJEKTAUDIO-Fenster in Gruppen zusammenfassen (das hat übrigens nichts mit Mixgruppen oder VCA-Gruppen zu tun). Hierzu selektieren Sie ein oder mehrere Audiofiles und wählen die Option GRUPPE ERZEUGEN … im Menü ANSICHT. Die Audiofiles werden nun automatisch der Gruppe hinzugefügt. Sie können aber auch ohne Audiofile-Selektion eine Gruppe erzeugen und Audiofiles per Drag & Drop darauf ziehen. Als Resultat lassen sich die Audiofiles im PROJEKTAUDIO-Fenster in der Gruppe anzeigen, die Gruppe lässt sich auch »einklappen«. Im Projekt *08Stripsilenceandgroup3* habe ich die aus dem STILLE VON AUDIOREGION ENTFERNEN …-Vorgang gewonnenen Regionen mit dem Befehl REGION(EN) SICHERN UNTER … als einzelne Audiofiles gesichert, die alle einen manuell vorgegebenen Namen mit einem automatischen Nummernzusatz erhalten haben. Dabei habe ich die Option genutzt, die zu exportierenden Regionen als neue Audiofiles dem Projekt hinzuzufügen. Anschließend habe ich alle Audiofiles selektiert und eine neue Gruppe mit passendem Namen erzeugt (Abbildung 8.22).

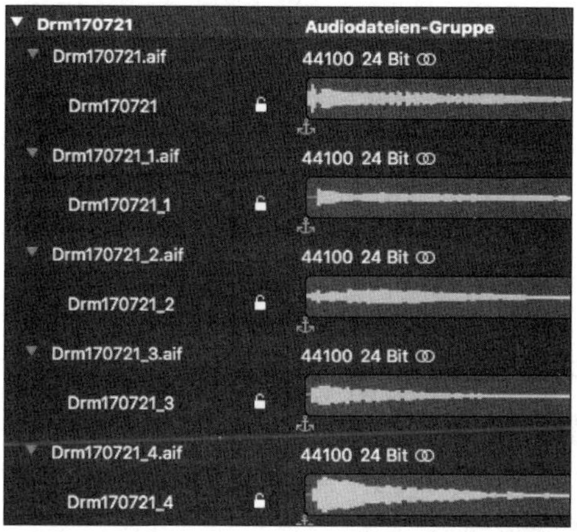

Abbildung 8.22 Gruppierte Dateien (die Gruppe heißt hier »Drm170721«)

Mit der zusätzlichen Funktion DATEIEN GRUPPIEREN NACH können Sie Dateien nach den Kriterien ORT, DATEIATTRIBUTE (wie Dateiformat oder Bitrate) oder der AUSWAHL IM SPURBEREICH gruppieren. Dies bewirkt eine automatisierte Gruppierung im PROJEKTAUDIO-Fenster.

Möglicherweise sehen Sie anschließend einen Dialog, in dem Sie entscheiden, ob bereits gruppierte Audiofiles in ihrer Gruppe bleiben sollen oder nicht.

Logic 9 erlaubte im Zusammenhang mit dieser Funktion die Erstellung von Ordnern für Audiodateigruppen, in die die Audiofiles automatisch bewegt wurden, wenn die Funktion PROJEKT ZUSAMMENLEGEN mit einer entsprechenden Option benutzt wurde. Das hatte den Vorteil, dass man Audiofiles auch für die Verwendung im Finder oder in anderen Programmen vorsortieren konnte. Das hat bislang in Logic Pro X leider nicht mehr funktioniert (Stand: Logic 10.3.2.).

Menü »Ansicht«: Dateiinformationen und Regionsverwendungszähler

Durch Einblenden des Regionsverwendungszählers im ANSICHT-Menü können Sie sich anzeigen lassen, wie oft die Region im Bereich SPUREN benutzt wird (bzw. wie viele Klone oder Instanzen es von einer Region gibt).

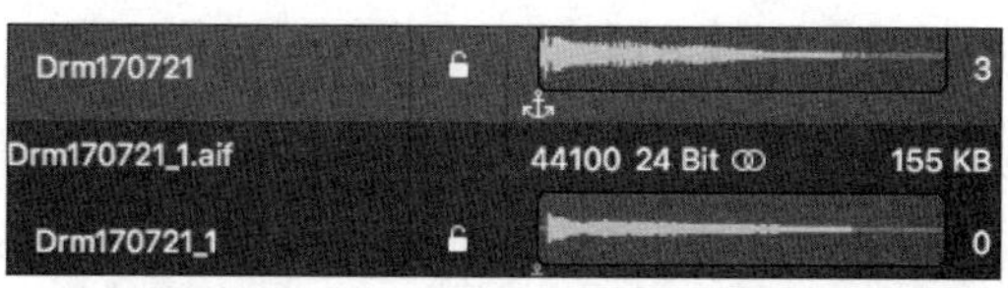

Abbildung 8.23 Rechts neben der Region zeigt der eingeblendete Verwendungszähler an, wie oft Sie die Region benutzen (hier 3-mal bzw. 0-mal). Dateiinformationen sind in der mittleren Spalte »Infos« eingeblendet (hier: 44.100 kHz, 24 Bit, Stereo, 155 KB).

Über das Menü ANSICHT können Sie sich weitere Dateiinformationen – vor allem Samplerate, Bitrate und Kanalzahl – einblenden lassen.

Die weiteren angezeigten Informationen fallen im großen PROJEKTAUDIO-Fenster unabhängig von der Funktion etwas anders aus als in der im Hauptfenster integrierten Übersicht PROJEKT.

8.1.9 Umbenennen von Audiofiles und Vorgehensweise bei nicht gefundenen Files

Doppelklicken Sie auf den Namen einer Audiodatei, um sie umzubenennen. Aber Vorsicht – möglicherweise greifen andere Projektversionen auf die umzubenennende Datei zu. Falls eine Datei nicht gefunden wird, erscheint zunächst der Dialog aus Abbildung 8.24.

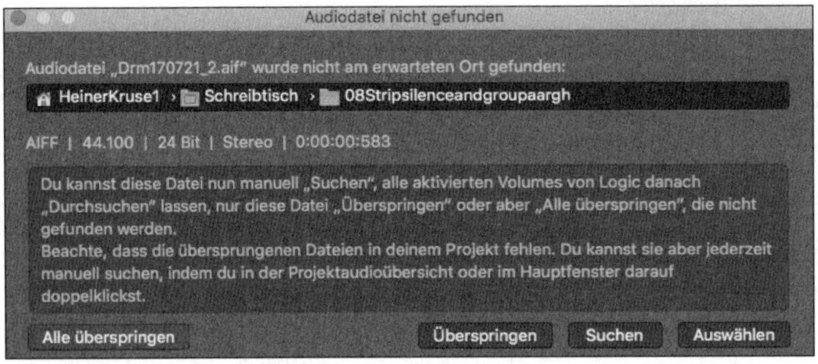

Abbildung 8.24 Eine Datei wird nicht gefunden.

Sie können nun auf SUCHEN klicken, um die Datei via Spotlight suchen, auf ÜBERSPRINGEN, um jede weitere Such oder Zuordnungsprozedur für die fehlenden Datei zu überspringen, oder eine Datei ein einem nachfolgenden Dialog im Finder auszusuchen, wenn Sie auf AUSWÄHLEN klicken. Wenn Sie auf ALLE ÜBERSPRINGEN klicken, überspringen Sie logischerweise die Suche für alle noch fehlenden Dateien.

Wenn eine gesuchte Datei gefunden wird, geht es automatisch weiter. Werden mehrere Dateien mit dem gleichen Namen gefunden, werden die Dateien aufgelistet, und Sie können eine aussuchen. Verwenden Sie also eindeutige Namen bei Aufnahmen oder Bounces für Dateien, z. B. indem Sie Datum und Uhrzeit hinzufügen. Wird die Datei nicht gefunden, weil Sie sie z. B. umbenannt haben, können Sie auch eine andere Datei durch Klick auf AUSWÄHLEN zuordnen. Hat diese einen anderen Namen, erscheint ein Dialog. In diesem müssen Sie bestätigen, dass Sie eine andere Datei verwenden wollen.

8.2 Audiodateieditor

Der AUDIODATEIEDITOR dient der Bearbeitung von Audiodateien und Regionen. Sie können hier nichtdestruktiv Regionen editieren, erstellen und ihre Länge verändern oder auch

Audiofiles destruktiv bearbeiten. Ein destruktiver Edit wäre zum Beispiel die Selektion eines Bereichs, den Sie anschließend aus einem Audiofile herausschneiden. Destruktive Bearbeitungen werden in die Dateien eingerechnet. Ein nichtdestruktiver Edit verändert das Original-Audiofile nicht.

Sie können im AUDIODATEIEDITOR auch Samplezonen aus dem *EXS24* bearbeiten (siehe Abschnitt 11.12.3) und z. B. komfortabel Loops in Samples über einen entsprechenden Eintrag im BEARBEITEN-Menü erstellen.

Da Logic jeweils eine Sicherungsdatei erstellt, sind Undo-Schritte möglich. Wie viele Undo-Schritte (durch Sicherungskopien) möglich sind, legen Sie zentral unter EINSTELLUNGEN • AUDIO • AUDIODATEIEDITOR fest. Achtung: Diese Undo-Einstellung weicht von der allgemeinen Undo-Einstellung für andere Arbeitsschritte außerhalb des AUDIODATEIEDITORS ab.

8.2.1 Neue Region erzeugen und Selektionstechniken

Der obere Teil des Editors in Abbildung 8.25 zeigt eine kleine Übersicht der gesamten Audiodatei und etwas heller umrahmt den Bereich, der gerade angezeigt wird, sowie den gerade selektierten Bereich, den ich für die Abbildung mit dem Befehl NEUE REGION aus dem BEARBEITEN-Menü in eine Region umgewandelt habe und der nun der Region entspricht, während der Ankerpunkt etwas verschoben wurde. Oben in Abbildung 8.25 sehen Sie die Regionsgrenzen. Wenn Sie oben in die Übersicht des gesamten Audiofiles klicken, wird unten entsprechend ein anderer Bereich bei gleicher Zoomstufe angezeigt (z. B. wenn Sie ganz links an den Anfangsbereich der Übersicht klicken).

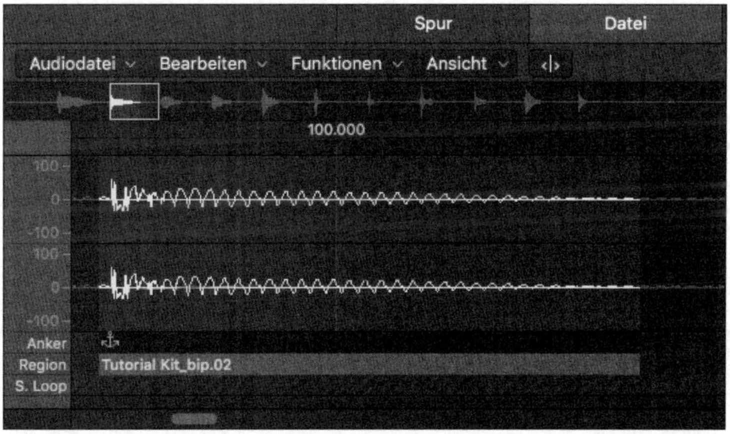

Abbildung 8.25 Eine Region mit leicht verschobenem Ankerpunkt im Audiodateieditor aus dem Projekt »08Audiodateiedit1«

Wenn Sie auf eine Region im Fenster PROJEKTAUDIO oder im Hauptfenster doppelklicken oder den AUDIODATEIEDITOR mit selektierter Region öffnen, ist der Bereich der Region zunächst automatisch im AUDIODATEIEDITOR selektiert.

Zum Aufziehen einer Selektion halten Sie die Maustaste gedrückt. Wenn Sie anschließend eine Selektion verändern möchten, halten Sie dabei [⇧] und die Maustaste gedrückt. Ob Sie dabei das linke oder rechte Ende Ihrer Selektion verändern, hängt davon ab, ob Sie sich dabei rechts oder links von der Mitte des selektierten Bereichs befinden. Wenn Sie [⇧] nicht gedrückt halten, verschwindet die aktuelle Selektion, und Ihr Cursor springt dorthin, wo Sie geklickt haben.

Markierte Teilbereiche können Sie anschließend über die verschiedenen Menüs bearbeiten, z. B. für die üblichen Schneideoperationen. Lesen Sie zum Thema »Neue Regionen erzeugen« auch Abschnitt 8.2.5 über das BEARBEITEN-Menü und speziell den Unterabschnitt zum Menü BEARBEITEN • REGION AUS AUSWAHL oder AUSWAHL AUS REGION, sowie zur Funktion GEHE ZU ...

8.2.2 Vorhören von bearbeitetem oder zu bearbeitendem Material/ Audioausgabe im Audiodateieditor

Die Audioausgabe des AUDIODATEIEDITORS erfolgt über den Prelisten-Channel-Strip des Mixers. Wenn Sie auf den Vorhör-Button (mit dem Lautsprechersymbol) klicken oder bei fokussiertem AUDIODATEIEDITOR den Shortcut [ctrl] + Leertaste nutzen, wird die Selektion (!) abgespielt. Falls genug Platz für die Darstellung ist, sehen Sie außerdem einen CYCLE-Button zum wiederholten Abspielen der Selektion.

Es gibt außerdem u. a. folgende Shortcuts für die Wiedergabe bei fokussiertem AUDIODATEIEDITOR:

- alles starten/stoppen: [ctrl] + [alt] + [cmd] + Leertaste
- Region starten/stoppen: [⇧] + [ctrl] + [alt] + Leertaste
- Region ab Anfang starten/stoppen: [ctrl] + [alt] + Leertaste
- Auswahlanfang und -ende auf vorherigen Transienten und Wiedergabe starten: [alt] + [cmd] + [←]
- Auswahlanfang und -ende auf nächsten Transienten und Wiedergabe starten: [alt] + [cmd] + [→]
- Auswahl zu Region: [↖]

Die Wiedergabefunktionen in Bezug auf das automatische Setzen von Auswahlanfang und -ende auf Transienten sind sehr hilfreich beim Slicing und Transienten-Editing.

8.2.3 Ankerpunkte, Regionen mit Auftakt arrangieren

Der Ankerpunkt markiert, welcher Zeitpunkt der Audiodatei auf der im Arrangierfenster gewählten Taktposition einrastet. Er ist gewissermaßen das (neue) Verbindungsglied zum Taktlineal, was auch durch eine weiße horizontale Linie vom Ankerpunkt zum Taktlineal angezeigt wird (Abbildung 8.26), sofern Sie die Funktion HILFSLINIEN ZUR AUSRICHTUNG, [alt] + [cmd] + [G], aus dem EINRASTEN-Menü des Bereichs SPUREN nicht deaktiviert haben.

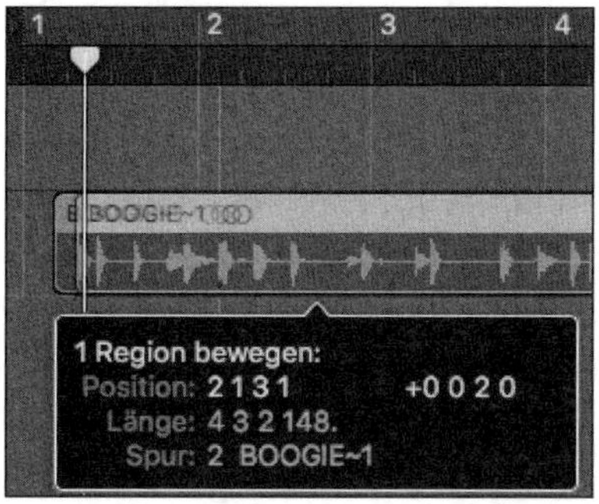

Abbildung 8.26 Das Bewegen der Region orientiert sich am Ankerpunkt, eine kleine weiße horizontale Linie wird angezeigt.

Voreingestellt (ohne Ankerverschiebung) ist der Regionsanfang der Bezugspunkt zum Taktlineal. Doch bei einem Drumloop kann es sinnvoller sein, den Ankerpunkt z. B. genau auf die erste Bassdrum zu legen, während vorher noch ein Intro-Roll spielt. Oder stellen Sie sich eine Wellenform der gesprochenen Zahl »Zwei«. vor Bei der korrekten rhythmischen Platzierung einer solchen Region im Bereich SPUREN erscheint es sinnvoll, genau mit dem »ei« von »zwei« auf dem betonten Schlag zu liegen, während das »zw« vorher kommt. Entsprechend müssten Sie einen Anker setzen. Fassen Sie ihn einfach mit Gefühl an, und bewegen Sie ihn an die gewünschte Stelle innerhalb der Region. Ähnliche Aufgabenstellungen erwarten Sie beispielsweise, wenn Sie Audiofiles mit Streichersounds und langen Attack-Phasen positionieren. Wenn Sie die Region dann im Bereich SPUREN einfügen, entspricht die dargestellte Position im Informationsfenster der Position des Ankers.

Das kleine Informationsfenster zeigt beim Verschieben ebenfalls die Position des Ankers. Das ist die Idee bei der Nutzung des Ankers: Es ist natürlich viel einfacher, die Region anhand des betonten Taktschlages zu verschieben, als zu rätseln, wie viele Ticks genau die Region vorher anfangen muss, damit der betonte Teil des Audiofiles genau auf der betonten Taktposition liegt.

Allerdings müssen Sie dies auch noch in Verbindung mit einer anderen Funktion betrachten: Es ist die Frage, ob im EINRASTEN-Menü des Bereichs SPUREN eingestellt ist, dass Regionen auf einem absoluten oder einem relativen Wert einrasten! Ist Letzteres eingestellt (und das ist komischerweise die Voreinstellung), so hilft die korrekt gesetzte Ankerposition beim Verschieben nicht so viel, weil Logic versucht, die ungerade Position der Region, also ihren genauen Versatz zur glatten Taktzahl, beim Verschieben beizubehalten. Ist dagegen eingestellt, dass REGIONEN AUF EINEM ABSOLUTEN WERT EINRASTEN, versucht Logic, die Region auf glatte Takte zu ziehen.

Anker von Regionen aus dem Arrangement verschieben

Ob eine Region, deren Anker Sie verschieben und die bereits im Arrangement vorkommt, automatisch verrutscht oder an der Position liegenbleibt, hängt davon ab, ob im Menü BEARBEITEN (siehe unten) der Eintrag POSITION AUF SPUR VERRIEGELN, WENN ANKER BEWEGT WIRD ([ctrl] + [A]) an oder aus ist.

Öffnen Sie das Projekt *08electroaudio2*. Hier habe ich ein Audiofile aufgenommen und spreche: »One, two, three.« Ich möchte, dass der Beat genau auf »three« einsetzt (bzw. dabei auf dem »ree« von »three«). Hierzu verschiebe ich im AUDIODATEIEDITOR den Ankerpunkt genau auf das am lauteren Ausschlag zu erkennende »ree«. Nun ist die Region im Arrangierbereich mit diesem markierten Punkt verbunden. In der Variante *08electroaudio2b* liegen später im Song auf Takt 17 und 19 zwei Regionen mit einem »three«. Die erste Region auf Takt 17 liegt dort genau mit dem »ree« auf der 1, die zweite Region nicht.

Wenn Sie den Anker im AUDIODATEIEDITOR auf das »ree« verschieben, so rutscht die Region automatisch auf die richtige Position, falls die Option POSITION AUF SPUR VERRIEGELN WENN ANKER BEWEGT WIRD nicht aktiv ist. Ist diese dagegen aktiv (das heißt, das Häkchen ist gesetzt), so bleibt die Region (zunächst) trotz des Verschiebens des Ankerpunkts an derselben Position.

8.2.4 Menü »Audiodatei«, Sicherungskopien

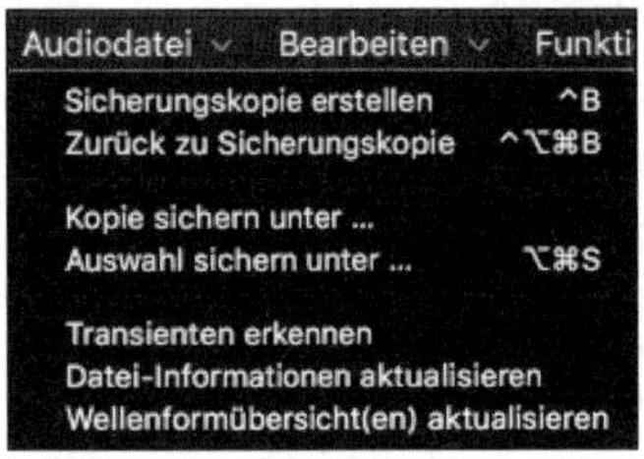

Abbildung 8.27 Menü »Audiodatei« im Audiodateieditor

Die meisten Einträge des AUDIODATEI-Menüs (Abbildung 8.27) sind selbsterklärend, Transientenbearbeitung behandele in Abschnitt 8.2.6.

Wenn Sie *destruktive* Edits wie das Herausschneiden oder Reversen/Rückwärtsdrehen eines Bereichs aus dem Audiofile durchführen, sollten Sie stets vorher eine Kopie des Originals anfertigen und irgendwo ablegen. Das ist auf verschiedene Weise möglich:

- Wenn Sie SICHERUNGSKOPIE ERSTELLEN ([ctrl] + [B]) wählen, wird eine Kopie der Audiodatei mit der Erweiterung *.dup* im selben Ordner wie das Original erstellt. Sie können dann via ZURÜCK ZU SICHERUNGSKOPIE ([ctrl] + [alt] + [cmd] + [B]) die bestehende Audiodatei durch Ihre Sicherungskopie ersetzen.

- Die Option AUDIODATEI • KOPIE SICHERN UNTER nutzen Sie typischerweise, um Audiodateien unter einem anderen Namen zu speichern. Dabei können Sie – durch Setzen des entsprechenden Häkchens unten – auch auswählen, dass die Kopie anschließend auch in der Übersicht PROJEKT verfügbar ist.
- Im Menü AUDIODATEI lässt sich übrigens auch eine Auswahl als Audiodatei abspeichern.

8.2.5 Menü »Bearbeiten«

Hier einige Erläuterungen zu Funktionen im Menü BEARBEITEN (siehe Abbildung 8.28).

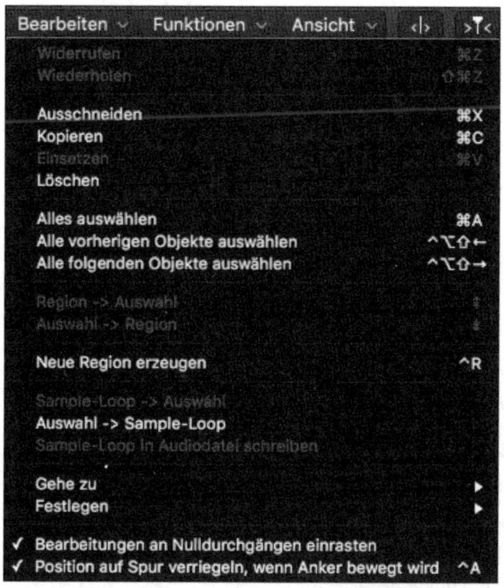

Abbildung 8.28 Das »Bearbeiten«-Menü des Audiodateieditors

Menü »Bearbeiten«: Regionen erzeugen, bearbeiten, schneiden

Eine neue Region, die Sie über den entsprechenden Eintrag oder via `ctrl` + `R` erzeugen, wird anschließend in der Übersicht PROJEKT angezeigt und kann von dort in den Bereich SPUREN gezogen werden. Sie können neue Regionen auch aus einer Auswahl erzeugen. Dies ist für mich der bevorzugte Schneide- bzw. Edit-Workflow in Logic mit den Funktionen REGION • AUSWAHL und AUSWAHL • REGION im BEARBEITEN-Menü. Damit schneide ich z. B. Drumloops. Nachdem ich eine genaue Selektion erstellt habe (z. B. ein Takt), wende ich den Befehl AUSWAHL • REGION an, woraufhin die Regionsgrenzen meiner Region exakt auf die Selektion (also z. B. einen Takt) gesetzt werden. Das ist z. B. wichtig, wenn Sie das Tempo einer Aufnahme herausfinden oder das Tempo der Aufnahme an ein Projekt anpassen möchten (mehr in Abschnitt 9.7.1).

Ein Beispiel: In Abbildung 8.29 entspricht die Selektion *nicht* der Region. Mit dem Befehl AUSWAHL • REGION würden die Regionsgrenzen genau auf die Auswahl gesetzt und auch im Bereich SPUREN entsprechend geändert. Probieren Sie es im Projekt *08Count1* selbst aus.

Sie können im AUDIODATEIEDITOR beim Schneiden/Editieren unabhängig vom Bereich SPUREN im AUDIODATEIEDITOR detailliert horizontal einzoomen, um z. B. den Anfang einer Selektion sehr exakt festzulegen. Möchten Sie anschließend das Ende genauso detailliert justieren, müssen Sie nicht erst wieder auszoomen, ans Auswahlende gehen und dann wieder einzoomen, sondern können die Funktion GEHE ZU ... • AUSWAHLENDE (Abbildung 8.30) nutzen. Ferner finden Sie im GEHE ZU ... Untermenü Optionen, z. B. mit denen Sie zum REGIONSANFANG, -ENDE oder -ANKER springen.

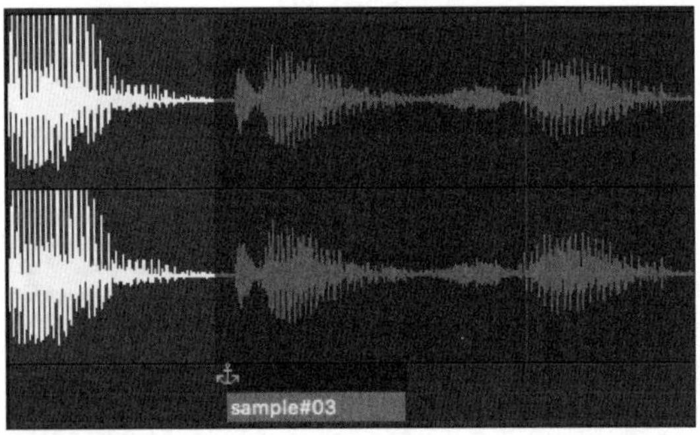

Abbildung 8.29 In diesem Bild entspricht die Selektion nicht der Region.

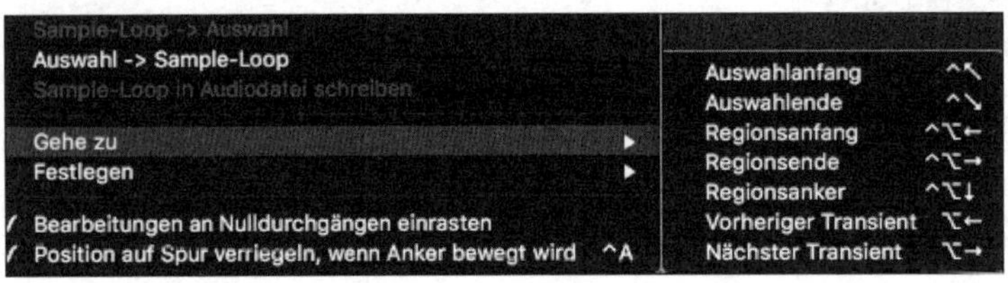

Abbildung 8.30 Die Optionen im »Gehe zu ...«-Menü. Beachten Sie auch die dort angezeigten Shortcuts.

Im Projekt *08electroaudio2b* habe ich ebenfalls einige neue Regionen erzeugt und entsprechend beschriftet – jeweils eine eigene für »one«, »two« und »three«. Hierzu habe ich jeweils einen Bereich im Audiofile gewählt und den Befehl NEUE REGION ERZEUGEN oder AUSWAHL • REGION benutzt – je nachdem, ob schon eine Region vorhanden war.

Menü »Bearbeiten«: »Bearbeitungen an Nulldurchgängen einrasten«

Mit dieser Funktion unten im BEARBEITEN-Menü sorgen Sie dafür, dass Längen-Edits stets so gut es geht an Nulldurchgängen der Wellenform einrasten, um Knackser zu vermeiden. Ist wie in Abbildung 8.28 ein Häkchen gesetzt, rasten von Ihnen gemachte Selektionen automatisch ein, was allerdings ein wenig einschränkend sein kann, weil Ihre Selektion nicht exakt übernommen wird. Umgekehrt sollten Sie also prüfen, ob diese Funktion aktiv ist, wenn Sie sich wundern, dass Logic Ihre Selektionen oder Bearbeitungen auf der Basis von Selektionen nicht exakt so erstellt oder beibehält, wie Sie das erwarten (und gegebenenfalls die Funktion deaktivieren, indem Sie den Eintrag nochmals im BEARBEITEN-Menü aufrufen).

Menü »Bearbeiten«: Sample-Looping

Mit Hilfe der Sample-Looping-Funktionen loopen Sie Audiofiles und Regionen, was unter anderem der Vorbereitung von Audiofiles für die Nutzung im *EXS24*-Sampler (siehe Abschnitt 11.5) dienen kann.

Hierbei stehen drei Optionen zur Verfügung:

- SAMPLE-LOOP • AUSWAHL
- AUSWAHL • SAMPLE-LOOP
- SAMPLE-LOOP IN AUDIODATEI SCHREIBEN

Die erste und die letzte Option sind erst dann verfügbar, wenn Sie bereits einen Loop festgelegt haben. Das sieht dann ungefähr aus wie in Abbildung 8.31. Sie können einen Sample-Loop über den entsprechenden Eintrag in eine Audiodatei schreiben, so dass er z. B. auch von Drittanbieterprogrammen erkannt wird.

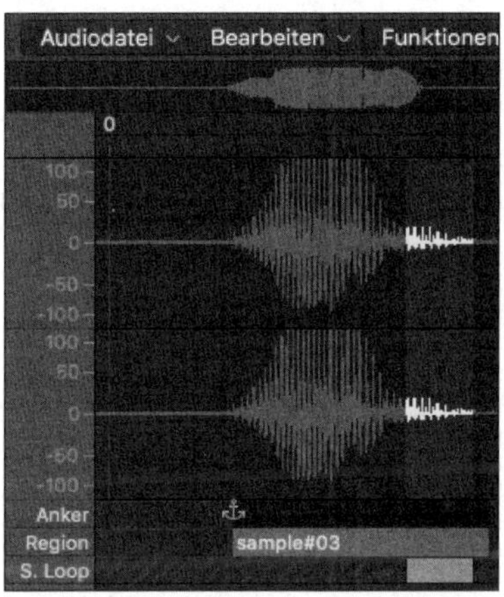

Abbildung 8.31 Angezeigter Loop-Bereich für ein Sample

Ich empfehle aus Sicherheitsgründen, im *EXS*-Sampler keine Regionen (und am besten keine Audiofiles) zu benutzen, die im Bereich SPUREN vorkommen, sondern stattdessen eine Kopie des entsprechenden Audiofiles mit eigenem Namen zu verwenden. Es kann auch sinnvoll sein, für neue Loop-Einstellungen jeweils ein neues Audiofile anzulegen.

8.2.6 Transient-Bearbeitungsmodus

Ist der Transient-Edit-Modus aktiv, den Sie mit dem Button rechts neben dem ANSICHT-Menü über den Eintrag im Menü AUDIOFILE aktivieren, so können Sie Markierungen in

Form von vertikalen, orangefarbenen Linien für erkannte Transienten sehen und justieren (Abbildung 8.32).

Abbildung 8.32 Button zum Aktivieren des Transientenbearbeitungsmodus

Wo genau im Audiofile solche Transient-Marker liegen und dass sie korrekt gesetzt sind, ist zum einen beim automatischen Anpassen von Audiofiles ans Tempo via Flex Time, zum anderen beim Konvertieren von Audiofiles in eine neue Sampler-Spur auf der Basis von Transient-Markern entscheidend für gute Ergebnisse. Auch bei der Nutzung von Quantisierungsfunktionen, beim Erstellen von Groove-Templates aus Audiofiles und beim Export von Apple Loops ist es unverzichtbar, dass die Transienten richtig gesetzt sind, damit Tempo- und Groove-Anpassungen korrekt funktionieren.

Ein Beispiel: Im Projekt *08Transedit1* (Abbildung 8.33) werden Regionen mit Flex Time in einem anderen Tempo abgespielt. Dabei sind die Transient-Marker für die Region aus Spur 1 (wie im Bild) korrekt gesetzt, woran sich die Tempoanpassung orientiert. Dies funktioniert, indem die Taktpositionen der Transientenmarker beibehalten werden. Daher spielt es auch eine Rolle, zu welchem Zeitpunkt und bei welchem Tempo Flex erstmalig aktiviert wird, weil so die Transientenmarker zu Taktpositionen zugeordnet werden.

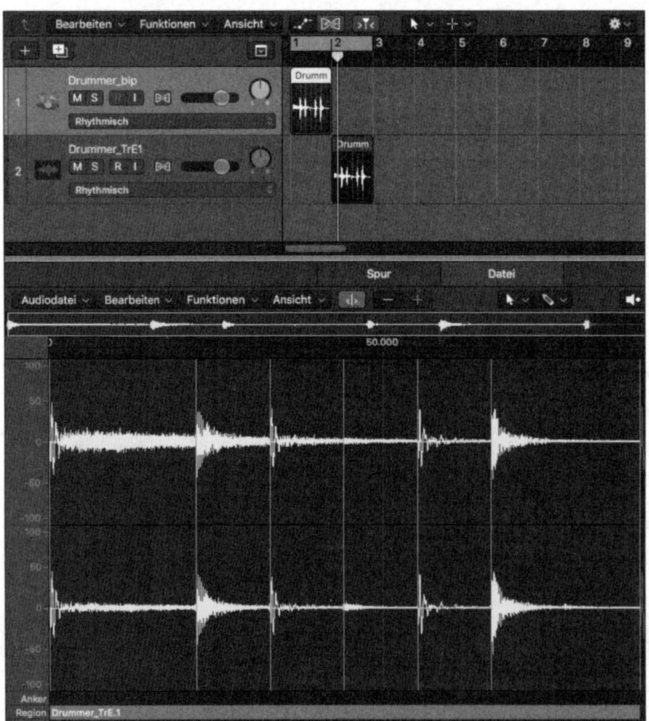

Abbildung 8.33 Erkannte Transienten

Für die Region in Spur 2 sind die Transientenmarker nicht korrekt gesetzt (Abbildung 8.34). Entsprechend holpert die Wiedergabe für Spur 2.

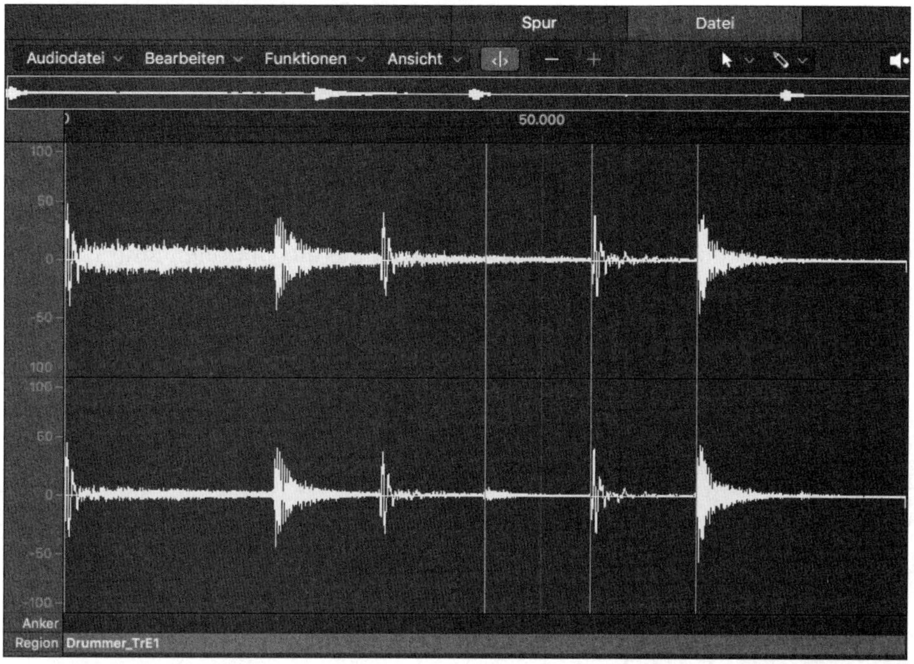

Abbildung 8.34 Am Anfang der Region wurden die Transienten nicht richtig erkannt

Erkannte Transienten erkennen Sie an den braunen Linien. Die –/+-Buttons verringern bzw. erhöhen die Empfindlichkeit des Erkennungsmodus. Mit dem Stiftwerkzeug zeichnen Sie neue Transienten ein; einzelne Transient-Marker löschen Sie mit einem Doppelklick oder dem Radiergummiwerkzeug. Dies geht auch, wenn Sie einen Bereich bei aktiviertem Transient-Editiermodus selektieren und die [⌫]-Taste drücken. Halten Sie die [alt]-Taste, um Transient-Marker zu verschieben.

Klicken Sie auf den Vorhör-Button, um den selektierten Bereich anzuhören. Im Menü BEARBEITEN • FESTLEGEN ... können Sie Auswahlanfang und -ende auf den vorherigen bzw. nächsten Transienten setzen ([⇧] + [cmd] + [←]/[→]) oder dabei zusätzlich automatisch die Wiedergabe starten ([alt] + [cmd] + [←]/[→]). Auf diese Weise wird das Vorhören einfacher – und erlaubt eine Hörkontrolle beim exakten Setzen von Transienten und beim Vorhören einzelner Schläge. Sie finden unter FESTLEGEN ... zusätzliche Tools zum Justieren der Selektion. So lässt sich (ähnlich wie im Hauptfenster bei der Arbeit dort mit dem Marquee-Tool) die Selektion an ihrem Ende mit den Pfeiltasten ([←] und [→]) erweitern oder reduzieren und springt, je nach verwendeter Pfeiltaste, auf den nächsten oder vorherigen erkannten Transienten. Wenn Sie dabei die [⇧]-Taste benutzen, verändern Sie statt des Auswahlendes den -anfang. Sie können auch die Funktionen aus dem GEHE ZU-Untermenü nutzen, um zum nächsten oder vorherigen Transienten zu springen (siehe Abschnitt 8.2.5).

Übrigens: Sie können auch im Bearbeiten-Menü des Audiospureditors mit dem Befehl Audio analysieren für Flex-Bearbeitung Transienten sichtbar machen.

8.2.7 Menü »Funktionen«

Das Menü Funktionen (Abbildung 8.35) zeigt einige destruktive Editierfunktionen. Selektieren Sie den entsprechenden Bereich Ihres Audiofiles, um die entsprechende Operation auf den selektierten Bereich anzuwenden. Es handelt sich hierbei im Grunde nur um eine Basisausstattung – es fehlen z. B. Effekte wie Hall oder Delay. Um Effekte von Plug-Ins oder Channel-Strips in (neue) Audiofiles einzurechnen, nutzen Sie die Optionen zum Bouncen von Regionen oder die Funktion Auswahlbasierte Bearbeitung im Hauptfenster. Logic erlaubt zudem, einen externen Sample-Editor mit umfangreicherer Ausstattung zu nutzen und Dateien aus Logic heraus mit diesem zu öffnen (siehe Abschnitt 8.3).

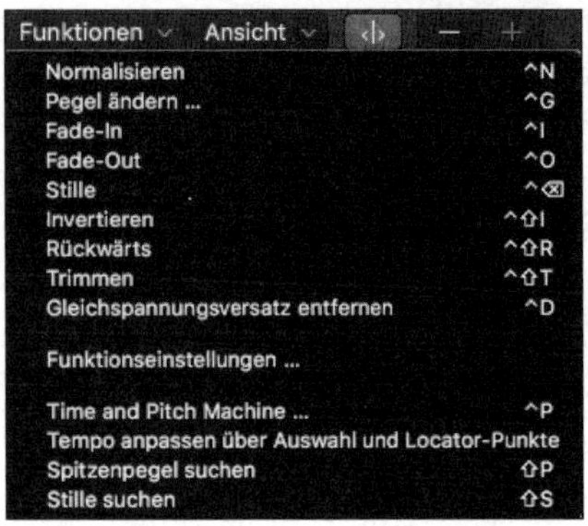

Abbildung 8.35 Das Menü »Funktionen«

Menü »Funktionen«: Normalisieren

Der Begriff Normalisieren kann Ihnen an verschiedenen Stellen in Logic oder anderen Programmen begegnen. Normalisieren im Audiodateieditor bedeutet, die lauteste Stelle im Audiofile aufzufinden und dann das gesamte Audiofile um den Betrag lauter zu machen, um den die im Audiomaterial gefundene lauteste Stelle von einer möglichen Maximallautstärke (die bei digitalen Files mit 0 dB – bezogen auf den Headroom – bezeichnet wird) entfernt ist, es sei denn, Sie haben den Zielwert für die Normalisierung zuvor über den Eintrag Funktionseinstellungen auf einen anderen Wert als 0 dB eingestellt (Abbildung 8.36).

Das bedeutet, dass mit Normalisieren nur die Gesamtlautstärke, nicht aber das Lautstärkeverhältnis zwischen laut und leise oder der Klang der Aufnahme verändert wird.

Falls sich also beispielsweise irgendwo im Audiofile ein Knackser befindet, der bis zur Maximallautstärke ausschlägt, während der Rest des Audiofiles mit einer maximalen Lautstärke von –20 dB dahindümpelt, bewirkt der Befehl Normalisieren keine Veränderung.

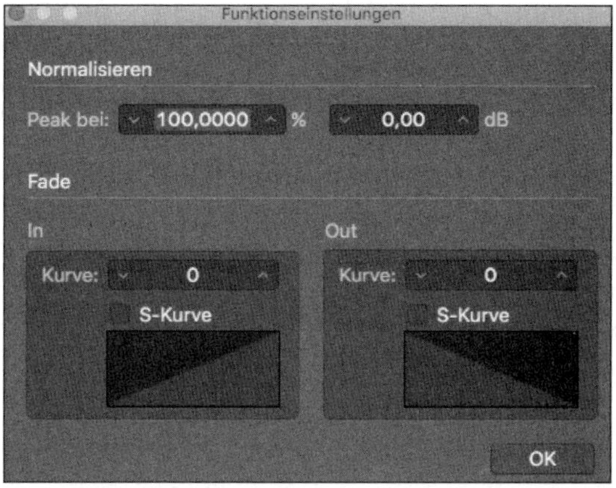

Abbildung 8.36 Der Dialog »Funktionseinstellungen«, den Sie aus dem Menü »Funktionen« aufrufen (Einstellungen für Fades und Normalisierung)

Menü »Funktionen«: sonstige Edits

Pegel ändern ..., Fade-In, Fade-Out, Rückwärts und Stille sind weitgehend selbsterklärend. Sowohl Pegeländerungen als auch Fades können Sie jedoch auch nichtdestruktiv im Informationsfenster Region des Bereichs Spuren realisieren. Aber Achtung: Es sind Clippings/Übersteuerungen durch Pegeländerungen möglich! Sie sollten also gegebenenfalls die Funktion Maximum suchen im sich nach der Auslösung der Funktion Pegel ändern öffnenden Dialog nutzen, um zuvor zu überprüfen, wie viel »Luft« Sie noch für eine Anhebung haben (siehe Abbildung 8.37).

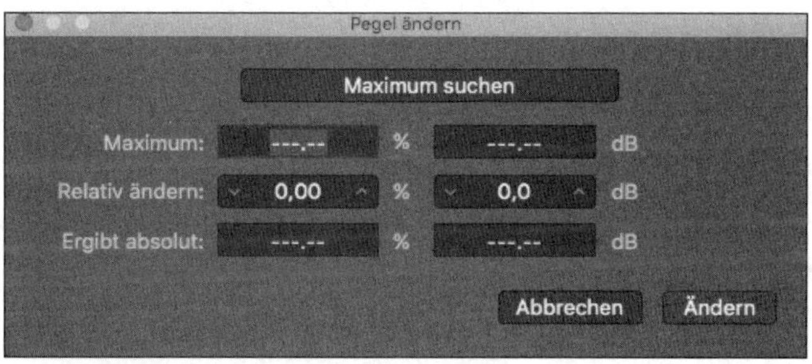

Abbildung 8.37 »Pegel ändern«-Dialog

Mit dem Befehl Trimmen (englisch: *crop*) schneiden Sie Bereiche des Audiofiles außerhalb des selektierten Bereichs ab.

Falls Ihre Wellenform nicht gleichmäßig um die Nulllinie in der Mitte herum nach oben und unten ausschlägt, kann das Nachteile haben:

- Es kann zu Knacksern am Anfang oder am Ende des Audiofiles kommen.

- Sie können das Audiofile mit einem Limiter nun nicht mehr so laut machen, weil beispielsweise oberhalb der Nulllinie bereits die Grenze erreicht ist, während unten noch Luft ist.

Sie können mit dem Eintrag GLEICHSPANNUNGSVERSATZ ENTFERNEN störenden Einfluss von Gleichspannung eliminieren, wodurch die Schwingungen ihrer Audiodatei nicht exakt um die Nulllinie, sondern etwas versetzt schwingen (und dementsprechend früher an die oberste Pegelgrenze stoßen können). Dies sollten Sie spätestens beim Mastering einer fertigen Mischung tun. Logic zeigt an, wie groß der prozentuale Anteil des Gleichspannungsversatzes (DC-Offset) ist.

Mit dem Befehl INVERTIEREN spiegeln Sie die Schwingungen des Audiofiles an der Mittelachse.

8.2.8 Stiftwerkzeug zum Editieren von Audiomaterial

Mit dem Stiftwerkzeug können Sie in der Audiodatei zeichnen, sofern Sie die Wellenform nah genug eingezoomt haben. Dies bietet Ihnen zum einen ein paar limitierte Optionen beim Design von Wellenformen, zum anderen ist es so manchmal möglich, Knackser in einem Audiofile loszuwerden. Nach meiner Erfahrung hat das allerdings selten so gut funktioniert, dass die Knackser komplett verschwunden waren, und klappt nach meinen Praxiserfahrungen z. B. in Pro Tools besser. Bedenken Sie außerdem, dass es sich hierbei um destruktives Editing handelt.

8.2.9 »Time and Pitch Machine«

Aus dem FUNKTIONEN-Menü ist noch die TIME AND PITCH MACHINE (`ctrl` + `P`) hervorzuheben, mit der Sie einen selektierten Bereich bearbeiten.

Hier handelt es sich um eine Einrichtung für destruktives Time-Stretching von Audiofiles. Das betrifft vor allem Fälle, in denen Sie nicht mit Flex-Algorithmen arbeiten. Hilfreich bei der TIME AND PITCH MACHINE ist, dass Sie leicht eine genaue Ziellänge eingeben können. Das ist z. B. von Vorteil, wenn Sie bei einer Filmvertonung eine Audiodatei exakt auf die Länge einer Szene legen möchten.

Sie können unter MODUS zwischen einem klassischen und einem freien Modus wählen. Beim klassischen Modus verändert eine Änderung der Länge eines Audiofiles auch dessen Tonhöhe, im freien Modus (siehe Abbildung 8.38) können Sie die Tonhöhe unabhängig von der Länge des Audiofiles einstellen. Voreingestellt ist dabei der Wert 0 für die TRANSPOSITION, so dass sich bei einer Längenänderung die Tonhöhe zunächst einmal nicht verändert.

Die TIME AND PITCH MACHINE war schon in älteren Logic-Versionen vor Einführung der Flex-Technologie integriert und hat durch die Flex-Technologie etwas an Bedeutung verloren. Die Algorithmen in der TIME AND PITCH MACHINE sind teilweise veraltet, teilweise aktualisiert, in jedem Fall aber dieselben Algorithmen, die Ihnen im großen BEARBEITEN-Menü der Logic-Menüleiste bei selektiertem Bereich SPUREN zur Verfügung stehen, wenn Sie im Bereich SPUREN eine Region *ohne* Flex-Algorithmus zeitlich dehnen oder stauchen (z. B. mit gehaltener [alt]-Taste). Die TIME AND PITCH MACHINE hat nach wie vor ihre Daseinsberechtigung, nicht zuletzt, wenn Sie gerne Lo-Fi- oder Vintage Digital-Effekte als Kreativanwendung einsetzen.

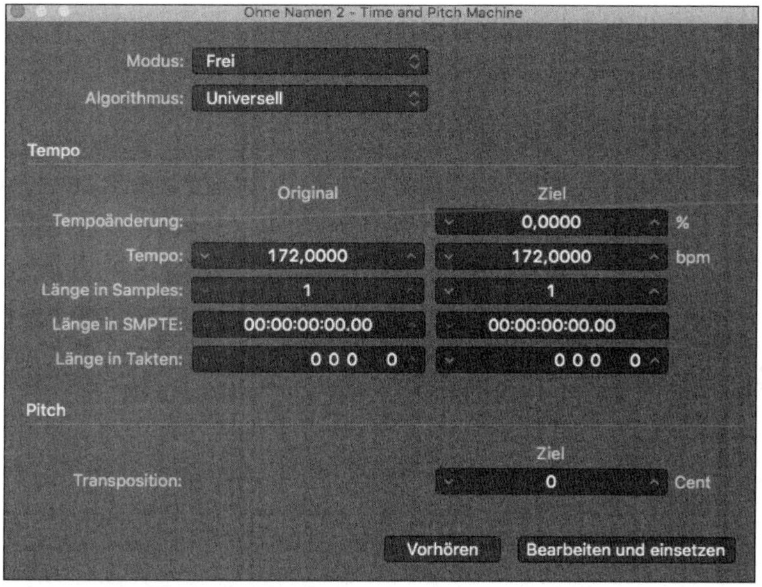

Abbildung 8.38 Dialog »Time and Pitch Machine«

In der Vergangenheit boten diverse Firmen zusätzliche Algorithmen an, die nach der Installation unter ALGORITHMUS wählbar waren, aber seit dem Erscheinen der qualitativ verbesserten Flex-Modi ebenfalls an Bedeutung verloren haben und zum Teil nicht mehr aktualisiert werden (z. B. iZotope »Radius«).

8.3 Nutzung eines externen Audio-Editors

Selektierte Audiofiles und Regionen lassen sich mit dem Befehl [⇧] + [W] aus verschiedenen Fenstern heraus in einem externen Sample-Editor öffnen, den Sie zuvor in den EINSTELLUNGEN • AUDIO • AUDIODATEIEDITOR definiert haben (siehe Abschnitt 8.2). Die entsprechende Funktion finden Sie auch im BEARBEITEN-Menü des AUDIOSPUREDITORS.

Als externe Sample-Editoren eignen sich Programme wie TwistedWave, DSP-Quattro, Adobe Audition, Steinberg WaveLab und viele mehr. Eine Empfehlung ist TwistedWave, das ich in Abschnitt 19.12 kurz vorstelle. Es arbeitet schnell, ist einfach zu bedienen und editiert und schreibt auch MP3s.

Auch professionelle Tools oder Audacity sind geeignet, allerdings muss hier bereits ein Dokument geöffnet sein, damit das Audiofile anschließend z. B. in der Pro-Tools-Session auftaucht.

Im Normalfall aktualisiert sich eine in einem externen Audiofile-Editor bearbeitete und unter dem gleichen Namen wieder gesicherte Datei automatisch in Logic, nachdem Sie vom Editor zurück zu Logic wechseln. Sonst speichern Sie die bearbeitete Datei unter einem neuen Namen an einem Ort, den Sie aus Logic schnell erreichen – wie z. B. im Projektordner, falls Sie Ihr Projekt als Ordner verwalten, oder auf dem Schreibtisch, auf den Sie relativ schnell über die Übersicht ALLE DATEIEN gelangen.

Kapitel 9
Timing, Tempo, Tuning, Groove

In diesem Kapitel arbeiten wir mit Groove-Templates, Groove-Spur und Flex-Technologie. Wir finden außerdem das Tempo von Audiofiles heraus und passen es an Logic an – und umgekehrt. Das machen wir sowohl mit Audiofiles, die ein schwankendes Tempo haben, als auch mit solchen, die ein gleichmäßiges Tempo aufweisen. Wir korrigieren ferner Timingungenauigkeiten und Tonhöhen von Solo-Instrumenten wie Vocals in Audioaufnahmen mit »Flex Pitch«.

Logic Pro X bietet Werkzeuge zur Korrektur von Timing- und Tuningdetails sowie weitere innovative Tools wie Slicing und die Möglichkeit, Groove-Templates als Vorbilder bei Quantisierungen zu nutzen.

9.1 Einführung

Wenn Sie eine Band-Aufnahme im Studio gemacht haben, bei der der Bassist Timingprobleme hatte oder der Sänger einige Töne nicht gut getroffen hat, ist es heute oft kein großes Problem mehr, die Aufnahme nachträglich auf ein deutlich verbessertes Niveau zu hieven (da ich nicht in einer Medienagentur arbeite, muss ich zum Glück auch nicht den Begriff »kein Hexenwerk« benutzen). Bei solchen Korrekturen von Timing und Tonhöhe helfen Ihnen die Quantisierungs- und Groove-Funktionen ebenso wie die Flex-Modi, wobei Logic begrifflich zwischen *Flex Time* (zur Timingkorrektur, verschiedene Algorithmen stehen zur Verfügung) und *Flex Pitch* (zur Tonhöhenkorrektur inklusive optionaler Timingkorrektur) unterscheidet.

Zunächst behandele ich Groove-Anpassungen. Damit sind Justierungen kleiner Timingnuancen gemeint, wenn das grobe Tempo schon stimmt.

Die Flex-Modi stelle ich dann zunächst grundsätzlich vor, bevor wir Flex später im Buch für konkrete Praxis-Tempo-Anpassungsaufgabenstellungen nutzen. Möglicherweise möchten Sie ein wechselndes Tempo in einem Song verwenden, bestehende Aufnahmen in einem neuen Tempo remixen oder Logics Tempo an eine bestehende Aufnahme anpassen oder deren Tempo herausfinden.

In manchen Studios oder Anwendungsfällen wird Logic auch wie eine Bandmaschine benutzt, zum Beispiel, um eine Musikergruppe aufzunehmen, die in wechselndem Tempo (und nicht zum Klick) spielt. Auch auf diese Fälle gehe ich in diesem Kapitel ein. Manche der vorgestellten Workflows sind auch geeignet, Ihnen zu helfen, falls Sie Sound an eine bestimmte Länge einer Szene in einem Film anpassen möchten (Filmvertonung als Thema finden Sie in Abschnitt 18.1).

9.1.1 Richtiges Zählen als Basis von Tempoanpassungen

Bei allen Arten von Tempo- und Timingoperationen in Logic ist es wichtig, zumindest die Taktzählzeit eines $^4/_4$-Taktes in Viertelnoten (1, 2, 3, 4, 1, 2, 3 ...) oder gegebenenfalls andere Taktmaße richtig mitzählen zu können. Sie brauchen diese Mitzählfähigkeit zum Beispiel, um Aufnahmen korrekt auf eine gewünschte Taktlänge zu schneiden oder um die Taktlänge oder Position einzelner Schläge einer Region herauszufinden.

Sollten Sie unsicher sein, kann Logic Ihnen zumindest bezüglich der Basics helfen; Taktzählzeiten werden ja im Display angezeigt. Nehmen Sie zum »Zählenüben« ein Stück, das im Logic-Taktraster arrangiert ist, wie z. B. unser Schnellkursdokument oder das über das HILFE-Menü ladbare Logic-Pro-Demoprojekt. Auch in Kapitel 12 gehe ich auf Rhythmik ein. Natürlich ist es bei komplexerem musikalischem Material wie Breakbeats etwas schwieriger, mitzuzählen, als bei straighten Techno-Bassdrums oder Pop-Rhythmen.

Grundsätzlich ist das Ziel dieses Kapitels bzw. bei der Arbeit mit Logic, dass Sie im Taktraster von Logic arbeiten. Erst dann entfalten viele Logic-Tools ihre Fähigkeiten – z. B. Quantisierungen, Groove-Funktionen oder das Einbinden von temposynchronen Modulationseffekten oder Delays. Das gilt selbst dann, wenn Sie eine Aufnahme einer Band bearbeiten, die ohne Klick eingespielt hat. Daher behandelt dieses Kapitel intensiv alle Details, damit Sie dieses Ziel erreichen.

9.2 Groove-Optimierungen mit Groove-Tracks und Groove-Templates

Mit Groove-Templates können Sie MIDI- und Audiomaterial an Vorbilder wie z. B. an von berühmten Schlagzeugern gespielte Drumloops anpassen. Die weiter unten behandelten Groove-Tracks sind hiervon zu unterscheiden und eine weitere Funktion in Logic Pro X zur schnellen Anpassung der Grooves mehrerer Spuren aneinander.

9.2.1 Groove-Templates

Im Informationsfenster REGION erscheint unten im Quantisierungsmenü der Eintrag GROOVE-TEMPLATE ERZEUGEN, wenn eine MIDI-Region oder eine Audioregion, die sich im Flex-Modus befindet, angewählt ist. Durch Auswahl des entsprechenden Eintrags (Abbildung 9.1) können Sie ein Quantisierungsraster auf Basis des selektierten MIDI-Files erzeugen. Dieses wird anschließend mit dem Namen der Region, von der es stammt, oberhalb des Eintrags GROOVE-TEMPLATE ERZEUGEN im Quantisierungsmenü aufgelistet (Abbildung 9.2). Sie können anschließend andere Regionen damit quantisieren.

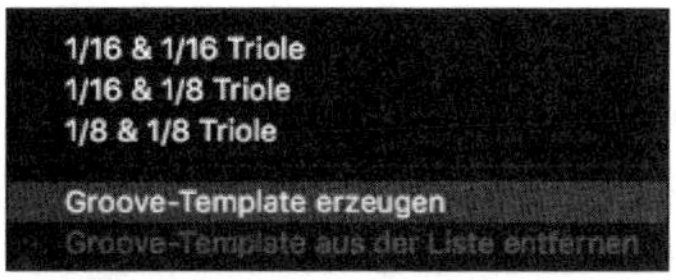

Abbildung 9.1 Eintrag »Groove-Template erzeugen« unten im Quantisierungsmenü

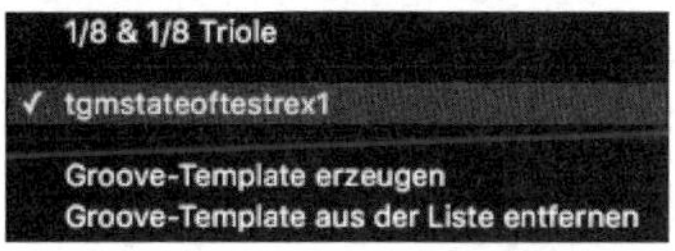

Abbildung 9.2 Ein Groove-Template namens »tgmstateoftestrex1«wird unten aufgelistet (siehe Projekt »09nugroovetemp«).

Kopplung von Groove-Templates an die Quellregion

Logic erlaubt im Gegensatz zu Reason, Pro Tools oder Live nicht, das Quantisierungsraster songunabhängig zu speichern. Es ist gekoppelt an die MIDI-Region, von der es stammt. Sie sollten diese also nicht löschen. Ansonsten funktioniert eventuell die Quantisierung nicht mehr.

Unter EINSTELLUNGEN • ALLGEMEIN • BEARBEITEN gibt es ferner eine Einstellungsoption, die regelt, ob das Quantisierungsraster sich automatisch mitändert, wenn Sie die Originalregion editieren (Häkchen bei »LIVING GROOVE«-VERBINDUNG).

Sie können sogenannte *DNA-Groove-Templates* importieren (= Quantisierungsraster-Fremdformat, das mit manchen Sample-CDs mitgeliefert wird, z. B. »DNA Groove Templates: Sly Dunbar«). Das funktioniert über den Dialog ABLAGE • IMPORTIEREN • ANDERE. Im sich öffnenden Fenster wählen Sie das File, das Sie importieren möchten. Es werden dann Regionen auf einer Spur angelegt, die Sie anschließend wie oben beschrieben in Groove-Templates umwandeln können. Das können Sie letztlich mit jedem beliebigen MIDI-File machen: Importieren, Groove-Template erstellen – fertig!

Groove-Templates für und von Audiofiles

Sie können Groove-Templates auch aus Audioregionen generieren. Hierzu muss sich die Spur allerdings im Flex-Modus befinden. Damit das Template korrekt die Schläge der Audioregion erfasst, müssen Sie im Transienten-Erkennungsmodus des AUDIODATEIEDITORS sicherstellen, dass alle Transienten richtig erkannt wurden (siehe Abschnitt 8.2.6). Ergänzende Hinweise liefert Abschnitt 9.3.8.

Groove-Templates: Praxisbeispiele

Haben Sie vorher beispielsweise einen James-Brown-Beat haargenau geslict, können Sie nun das Feeling dieses Beats als Quantisierungsmuster für andere Drumloops oder Songbestandteile verwenden.

Falle Ihr eingespielter Groove sehr weit entfernt davon ist, auf richtigen Zählzeiten zu liegen, führt eine Quantisierung mit Groove-Templates oft nicht zum gewünschten Ergebnis. Sie sollten dann Ihre Region zunächst auf ein »glattes« Raster quantisieren (z. B. $^1/_8$ oder $^1/_{16}$) und diese Quantisierung dauerhaft einrechnen lassen (z. B. im Bereich SPUREN im Menü FUNKTIONEN • MIDI-REGIONPARAMETER • QUANTISIERUNG DAUERHAFT ANWENDEN, `ctrl` + `Q`). Wenden Sie erst danach das Groove-Template auf die »vorquantisierte« Region an.

Groove-Templates sind für mich bei der Arbeit mit vielen Layern von Drumloops sehr wichtig. Wenn Sie mehrere Drumloops oder Schlagzeugebenen layern, entsteht oft irgendwann ein »holpriger« Sound. Manchmal hilft allerdings keine Quantisierung, sondern Snares und Bassdrums müssen manuell verschoben werden (falls z. B. in Loop 1 eine Snare nur auf Zählzeit »2« und in Loop 2 nur auf Zählzeit »2 und« liegt). Denn die Quantisierungsfunktion sorgt ja nur dafür, dass die Schläge auf die nächstliegende Linie gezogen werden. Sie erkennt dagegen nicht, ob Kicks oder Snares gleichzeitig spielen.

Zusätzlich müssen Sie beim Mix darauf achten, ob zwei oder mehr übereinanderliegende Sounds sich eventuell gegenseitig auslöschen oder wie Sie zusammen klingen, und eventuell einzelne Sounds minimal (z. B. um wenige Samples) verschieben.

Spielen Sie mehrere Drumloops, können Sie beispielsweise beide gleich quantisieren oder die Quantisierung des einen Drumloops auf den anderen anwenden (um z. B. beiden ein James-Brown-Feeling zu verpassen). Es funktioniert nicht immer gleich gut und oft muss man ein bisschen ausprobieren. Ein Beispiel finden Sie in Abschnitt 17.4.8 und in den Projekten, die mit dem Namen *17Loop3x* beginnen. Oft sind es scheinbar winzige Unterschiede, die den Groove insgesamt deutlich flüssiger machen können, falls Sie versuchen, Drums aus vielen Layern zu erstellen.

Damit die Quantisierungsfunktion greift, müssen die im Klangerzeuger ausgelösten Schläge verzögerungsfrei abgespielt werden. Das bedeutet zum Beispiel: Es sollte keine lange Attack-Phase in einem Sound stecken, und ein Sample sollte nicht unsauber geschnitten sein (so dass die MIDI-Note zunächst Stille und dann erst den Schlag auslöst). Zum anderen müssen bei Audioregionen alle Schläge mit Hilfe der Transientenerkennung (siehe Abschnitt 8.2.6) erkannt werden.

In den erweiterten Quantisierungseinstellungen des Informationsfensters REGION bei MIDI- und Audioregionen stehen außerdem die Parameter INTELLIGENTE QUANTISIERUNG, Q-STÄRKE und Q-BEREICH zur Verfügung, für eine MIDI-Region können Sie zudem unter Q-VELOCITY und Q-LÄNGE einstellen, ob sich die Quantisierung (auf der Basis des Groove-Templates) zusätzlich auf die Länge und Velocity von Schlägen auswirkt.

9.2.2 Groove-Tracks

Groove-Tracks sollen die Prozedur einer Groove-Anpassung gegenüber den Groove-Templates vereinfachen und die Möglichkeiten erweitern. Die Anpassung findet dabei auf Basis einer Spur statt, die auch wechselnde Grooves nutzen kann. Sie gilt für den ganzen Song und nicht wie bei Groove Templates typischerweise für eine Region. Groove Tracks lassen sich besonders gut in Verbindung mit den neuen »Drummer«-Spuren nutzen.

Sie können pro Projekt einen Groove-Track festlegen. Dieser kann in puncto Groove-Quantisierung die Vorlage (vergleichbar mit einem Template) für ausgewählte andere Tracks sein. Arbeiten Sie mit Groove-Tracks, so stehen alternative Quantisierungsmethoden sowohl in der Master-Groove-Spur als auch in Spuren, die der Master-Groove-Spur folgen, nicht mehr zur Verfügung.

Groove-Tracks erstellen

Zur Erstellung von Groove-Tracks sind mehrere Schritte nötig. Konfigurieren Sie zunächst den Spur-Header über den Befehl SPUR-HEADER KONFIGURIEREN (alt + T), den Sie auch im Spurkontextmenü (Abbildung 9.3) finden, das Sie per Rechtsklick auf die Spur aufrufen. Klicken Sie auf das Häkchen neben dem Eintrag GROOVE-SPUR.

Abbildung 9.3 Eintrag »Groove-Spur« im Dialog »Spur-Header konfigurieren«. Stellen Sie dort die Sichtbarkeit der Groove-Spur ein.

Nach dieser Konfiguration bewegen Sie die Maus über die Spurnummer. Es erscheint ein Sternchen, mit dem Sie die Spur als Master-Groove-Spur festlegen (Abbildung 9.4, ohne vorherige SPUR-HEADER-KONFIGURATION geht es nicht). Nach einem nochmaligen Klick auf das Sternchen verschwindet dieses wieder, und Sie können die Prozedur wiederholen, um eine andere Spur als Master-Groove-Spur festzulegen.

Abbildung 9.4 Hier lege ich die sichtbare Spur als Groove-Spur fest.

Die Darstellung im Bereich SPUREN ändert sich anschließend ein wenig, und eine neue Spalte erscheint. An ihr erkennen Sie, welche der ausgewählten Spuren Ihre Master-Groove-Spur ist, welche Spuren dieser Master-Groove-Spur folgen und welche sie ignorieren. Setzen Sie die Häkchen entsprechend, damit Spuren der Master-Groove-Spur folgen. Audiospuren mit eingestelltem Flex-Modus können dabei einbezogen werden (Abbildung 9.5).

Abbildung 9.5 Die Zuweisung von Groove-Spuren

Groove-Tracks: Praxisbeispiele

Ein Logic-Dokument, mit dem Sie das selbst nachvollziehen können, finden Sie im Bonusbereich unter dem Namen *09Groovespur*.

In Spuren, die der Master-Groove-Spur folgen, ist stets der Name der Master-Groove-Spur im Bereich QUANTISIERUNG des Informationsfensters REGION eingestellt und an einem Sternchen daneben erkennbar.

Das Beispiel *09Groovespur* macht deutlich, wie eine Groove-Spur funktioniert und auch, wo eventuell Probleme bleiben. Die beiden Spuren, die hier aufeinander abgestimmt werden sollen, haben rhythmisch nicht allzu viel gemeinsam, was Sie merken, falls Sie beide völlig unabhängig voneinander laufen lassen.

Die Grundidee der Quantisierung ist, dass (auf einer Slave-Spur) Noten zum nächstliegenden Raster hin korrigiert werden, wobei es sich im Fall der Master-Groove-Spur meistens nicht um ein gleichmäßiges Raster, sondern um eine Vorgabe anhand der in der Master-Groove-Spur gespielten Noten handelt. Falls es zusätzlich zu Noten, die auf diese Weise nach hinten oder vorn korrigiert wurden, eine oder mehrere Note(n) gibt, die zwischen zwei Quantisierungslinien liegt/liegen, so bleibt/bleiben diese in der Regel unverändert.

In der Praxis und im vorliegenden Beispiel bedeutet das: Zwei mit Hilfe der neuen GROOVE-SPUR-Funktionalität aufeinander abgestimmte Grooves spielen ihre wichtigsten Schläge in der Regel total synchron und gleichzeitig. Ob allerdings weitere Schläge, die nur in einer der beiden Spuren vorkommen, zum Rest passen, bleibt offen bzw. subjektiv. Zudem wird durch die Quantisierung ja nicht automatisch erkannt, um welches Schlagzeuginstrument es sich handelt. So ist es beispielsweise möglich, dass ein Snare-Schlag der einen Spur mit einem Kickdrum-Schlag der anderen Spur synchronisiert wird. Sie sollten also nicht zu viel von solchen Automatikfunktionen erwarten. Sie als menschliches Kontrollorgan sind immer noch gefragt.

9.3 Flex-Time-Algorithmen für Tempo- und Timingbearbeitung im Detail

Die in Version Logic 9 eingeführte, nichtdestruktive Flex-Time-Stretching-Technik erlaubt zahlreiche nachträgliche Timingkorrekturen, die semiprofessionelle Aufnahmen (vom Timing her) durch nachträgliche Korrekturen in gut gespielte Aufnahmen verwandeln können. Natürlich wird die Flex-Technik auch gerne für kreative Edits genutzt-

Seit Logic Pro X gibt es auch FLEX PITCH für Tonhöhenkorrekturen (siehe Abschnitt 9.4, »Flex Pitch). Mit eingeschalteten Flex-Modi werden grundsätzlich bestimmte Stellen einer Audioregion bestimmten Taktpositionen in Logic zugeordnet, manuelle Edits lassen sich vornehmen. Ändern Sie anschließend das Tempo, bleiben die Taktpositionen bestehen; es erfolgt also eine Tempoanpassung.

Es stehen verschiedene klangliche Algorithmen zur Verfügung.

9.3.1 Flex-Ansicht aufrufen, Flex-Einstellungen in den Informationsfenstern »Spur« und »Region«

Via [cmd] + [F] oder Klick auf den entsprechenden Button neben dem Menü ANSICHT können Sie im Bereich SPUREN die Flex-Modus-Ansicht aufrufen, der Button aus Abbildung 9.6 erscheint danach farbig unterlegt. Dies ist zunächst nur eine Ansichtsaktivierung, durch die sich automatisch auch die Zoomstufe der Spuren verändert, um Flex-Parameter besser anzuzeigen.

Abbildung 9.6 Flex-Ansichtsaktivierung

Besonders geeignet für Flex-Editing ist der AUDIOSPUREDITOR, der eine große Darstellung der selektierten Spur bereithält.

Im Spur-Header, dem AUDIOSPUREDITOR oder dem Informationsfenster SPUR können Sie anschließend Flex und einen Flex-Modus aktivieren (Abbildung 9.7). Flex aktivieren Sie grundsätzlich in der Spur durch Klick auf den FLEX-Button ganz rechts, der nach Aktivierung blau unterlegt erscheint. Durch Klick auf das FLEX-Symbol können Sie Flex auch wieder deaktivieren (danach wechselt die Region bzw. das Audiofile gegebenenfalls in den unbearbeiteten Ursprungszustand zurück). Bei erstmaliger Aktivierung wird automatisch ein

Modus bzw. Algorithmus eingestellt, von dem Logic denkt, dass er passt. Im Bild (vergleiche Projekt *09FlexBeat1*) ist RHYTHMISCH aktiv.

Abbildung 9.7 Rechts sehen Sie den Flex-Button (Schleifensymbol).

Im Informationsfenster SPUR unter dem Eintrag FLEX-MODUS (Abbildung 9.10) oder im Spur-Header (Abbildung 9.8) können Sie einen FLEX-MODUS einstellen.

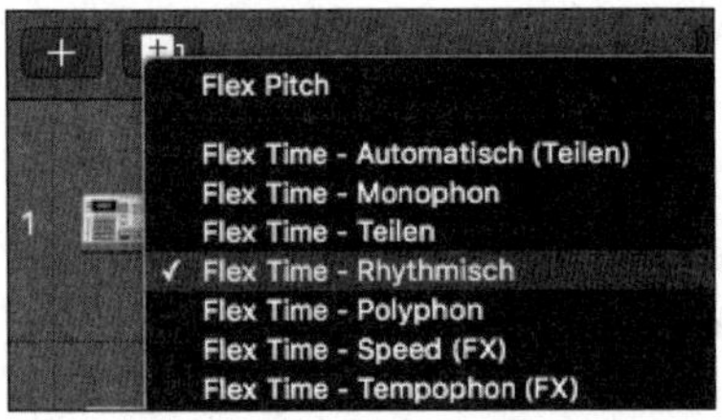

Abbildung 9.8 Auswahl des Flex-Modus im Informationsfenster »Spur«

Sie können nicht nur die Flex-Time-Algorithmen, sondern auch FLEX PITCH auswählen (siehe Abschnitt 9.4 über FLEX PITCH).

Zusätzlich muss FLEX für die selektierten Regionen aktiviert sein (siehe Abbildung 9.9). Das geschieht voreingestellt automatisch; setzen Sie ansonsten das entsprechende Häkchen im Informationsfenster REGION. Ansonsten kann es Ihnen z. B. passieren, dass Flex für einzelne Regionen einer Spur nicht funktioniert, für andere aber schon. Umgekehrt können Sie die Funktion auch als Option betrachten, einzelne Regionen einer Spur von der Flex-Bearbeitung auszuschließen.

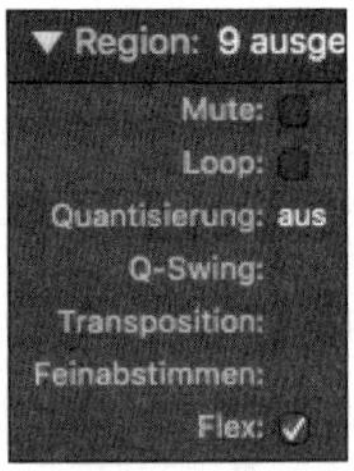

Abbildung 9.9 Für die Region aktivierter Flex-Mode

9.3.2 Flex-Time-Algorithmen im Detail (ohne »Flex Pitch«)

Die Flex-Time-Algorithmen finden Sie zusammen mit einer Beschreibung in Tabelle 9.1 dargestellt.

Auch bei der Verwendung von FLEX PITCH sind Timingkorrekturen möglich. Wählen Sie den Eintrag AUTOMATISCH aus, versucht Logic, anhand des Audiomaterials einen passenden Algorithmus einzustellen.

Im Informationsfenster SPUR können Sie außerdem je nach Algorithmus unterschiedliche Feineinstellungen vornehmen, wie in Abbildung 9.10 die Einstellung GRAIN-GRÖSSE oder CROSSFADE für den Algorithmus TEMPOPHON (FX), oder die Option KOMPLEX für den Algorithmus POLYPHON. Probieren Sie es aus; die optionalen Detaileinstellungen ermöglichen interessante Soundveränderungen, die teilweise auch experimentell genutzt werden können.

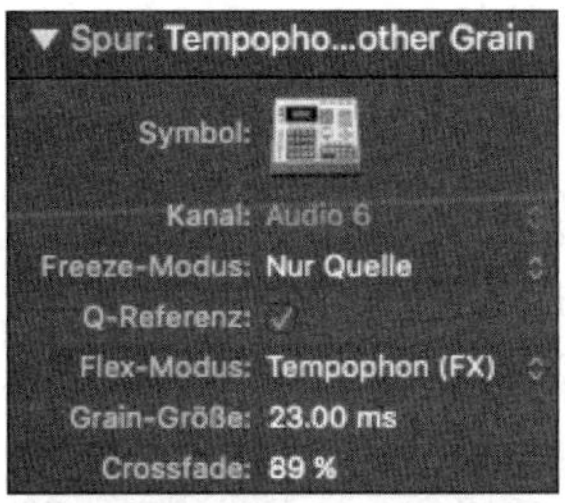

Abbildung 9.10 Flex-Algorithmus »Tempophon« im Informationsfenster »Spur« und in Spur 4 des Beispielprojekts »09Flexbeat1«

9

Flex-Algorithmus	Beschreibung
MONOPHON	Speziell für Stimmen und Solosounds geeignet. Manchmal auch ein interessanter elektronischer Verfremdungseffekt bei Nutzung auf Drums. Die zusätzliche PERKUSSIV-Einstellung im Informationsfenster SPUR versucht, die Transienten besser beizubehalten.
RHYTHMISCH	Geeignet für Drumloops. Die Transienten werden automatisch beibehalten. Dies ist bei Drumsounds sinnvoll, diese möchte man typischerweise nur langsamer spielen und nicht die Schläge selbst in die Länge ziehen. Bei langsamerem Tempo wird eine Art Loop-Nachhall hinzugefügt. Zusätzliche Parameter: LOOP-LÄNGE, LOOP-DECAY und LOOP-VERSATZ.
TEILEN	Geeignet für Drumloops, die hier einfach nur zerschnitten werden. Ähnlich wie RHYTHMISCH. Entspricht in etwa dem Slicing bei Propellerheads ReCycle. Das Audiofile bleibt unverändert, bei langsamerem Tempo klingt es unter Umständen zu kurz, es sei denn, Sie füllen die Lücken. Zusätzliche Parameter: LÜCKEN FÜLLEN AN/AUS, SLICE-DELAY-LÄNGE, SLICE-LÄNGE (Kürzung kann helfen, Knackser am Slice-Ende zu entfernen).
POLYPHON	Geeignet für komplexeres Material, wie z. B. gesamte Songs. Die zusätzliche Option KOMPLEX soll Transienten besser bewahren.

Tabelle 9.1 Flex-Time-Algorithmen und Detaileinstellungen

Flex-Algorithmus	Beschreibung
SPEED (FX)	Langsameres Material klingt tiefer, schnelleres hochgepitcht – wie bei einem Plattenspieler oder Tape Deck mit veränderter Geschwindigkeit.
TEMPOPHON (FX)	Emuliert eine Art Old-School-Time-Stretching mit Artefakten ähnlich der Granularsynthese (Sound aus kleinen Teilchen). Nachregelbar sind GRAIN-GRÖSSE und Grain-CROSSFADE. Ergebnis ist ein tonaler Sound.

Tabelle 9.1 Flex-Time-Algorithmen und Detaileinstellungen (Forts.)

Im Beispiel *09Flexbeat1* finden Sie einen Drumloop auf verschiedene Arten mit Flex-Tools bearbeitet (siehe Abbildung 9.11).

Abbildung 9.11 Das Beispiel »09Flexbeat1«

In Spur 1 spielt in der zweiten Hälfte von Takt 2 der gleiche Beat wie in der zweiten Hälfte von Takt 1 mit einer subtilen Rhythmusmodifikation (Flex-Time-Algorithmus RHYTHMISCH). Der gleiche Beat spielt in den Spuren 2, 3, 4, 5 und 6 mit doppelter Länge, um die klangliche Wirkung der Algorithmen zu demonstrieren, Spur 2 behält den Algorithmus RHYTHMISCH bei. In Spur 3 spielt der Beat mit dem Algorithmus TEMPOPHON (FX), ebenso in Spur 4, dort aber mit etwas veränderten Einstellungen im Informationsfenster SPUR.

Spur 5 ist der Algorithmus SPEED (FX) zugewiesen, und es klingt wie ein in halber Geschwindigkeit laufender Plattenspieler. In Spur 6 stretcht der Algorithmus MONOPHON den Beat recht gleichmäßig, aber das wirkt hier nicht besonders gut und funktioniert eher bei Vocals und Solo-Instrumenten. In Spur 6 ist der Algorithmus POLYPHON mit der Detaileinstellung KOMPLEX eingestellt. Auch wenn dies ein aufwendiger Algorithmus ist, sind Drums doch besser mit dem Algorithmus RHYTHMISCH zu bearbeiten, weil dort die Transienten weniger gestreckt werden.

9.3.3 Flex-Time-Editing/Timingkorrekturen vornehmen

Sie können bei aktiviertem Flex-Modus selbst Flex-Marker für Timing-Edits setzen – unter anderem per Mausklick – und mit ihnen Teile eines Audiofiles verschieben. Im Beispiel *09Zaehlerrecflex* finden Sie meine in Kapitel 6, »Editing und Arrangieren im Hauptfenster«, eingesprochenen Zahlen mit Flex Time modifiziert.

Wenn Sie die Maus dabei über erkannte Transient-Marker bewegen, ist es leicht, an genau dieser Stelle einen Flex-Marker zu setzen.

Aber auch an anderen Stellen können Sie Flex-Marker im Audiofile einfügen. Durch Anfassen mit gehaltener `alt`-Taste verschieben Sie einen Flex-Marker nachträglich auf dem Audiofile, ohne das Audiofile zu bewegen. Das Löschen von Flex-Markern funktioniert ebenfalls per Mausklick oder durch Klick auf das mit x markierte Symbol über dem Marker (siehe Abbildung 9.12).

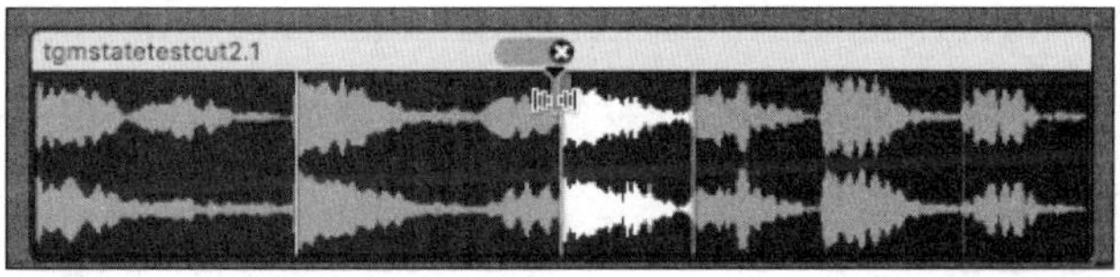

Abbildung 9.12 Flex-Marker

Der Flex-Marker in Abbildung 9.12 auf Takt 1.3 wurde nach rechts bewegt. Dadurch wird das Audiomaterial bis zu diesem Marker gedehnt (weiße Darstellung) und nach dem Marker (bis zum nächsten Marker) gestaucht (graue Darstellung). Falls das Audiomaterial keinerlei Dehnung/Stauchung erfahren hat, erscheint es in der Farbe der Region (siehe Abbildung 9.13). Die farbliche Darstellung der Flex-Bearbeitung hat sich bei kleinen Versionsupdates in der Vergangenheit allerdings schon öfter geändert.

Extreme Flex-Bearbeitungen zeigt Logic gegebenenfalls rot an bzw. fragt in einem Warndialog nach, ob Sie das wirklich wollen, und warnt vor Systemüberlastungen.

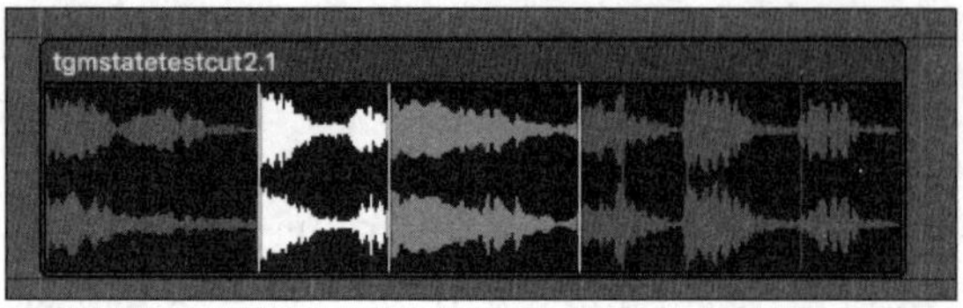

Abbildung 9.13 Flex-Korrektur: links unbearbeitet, daneben weiß (gestaucht), dunkler (gedehnt) und dahinter wieder unbearbeitet

Bewegen Sie den Cursor in die untere Regionshälfte, erscheinen drei Striche. Diese deuten auf Logics Angebot hin, drei Flex-Marker auf einmal zu setzen, und zwar anhand der erkannten Transienten.

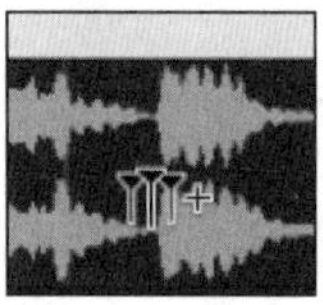

Abbildung 9.14 Sie können drei Flex-Marker auf einmal setzen, wenn Sie den Cursor in den unteren Bereich der Region bewegen.

Der Sinn dieser Funktion erklärt grundsätzlich einen typischen Workflow: Durch die äußeren Marker, die sich freilich auch nachträglich oder manuell auch weiter außen setzen lassen, bleibt vor und hinter der Time-Stretch-Operation alles unverändert. Innerhalb der Marker können Sie nun frei editieren und Timingkorrekturen vornehmen, ohne sich um das, was davor oder danach kommt, kümmern zu müssen.

Flex-Marker lassen sich mit Reißzwecken vergleichen, mit denen das Audiomaterial an einer bestimmten Taktposition »festgeklebt« wird. Typischerweise klebt man vor und hinter dem zu editierenden Bereich das Audiomaterial mit Flex-Markern fest, um sicherzustellen, dass Sie nur das Audiomaterial im selektierten Bereich bearbeiten und davor oder dahinter alles unverändert bleibt. Beispiel: Eine Schlagzeugaufnahme ist gut gelungen, aber ein kleiner Teil zwischendurch (z. B. ein Fill) soll ausgebessert werden.

Regionskontextmenü und Flex

Das Regionskontextmenü liefert einige wichtige Optionen, wenn Sie mit Flex arbeiten (Abbildung 9.15). Über MANUELLE FLEX-BEARBEITUNGEN ZURÜCKSETZEN erreichen Sie Befehle, mit denen Sie alle oder nur manuelle Flex-Bearbeitungen rückgängig machen

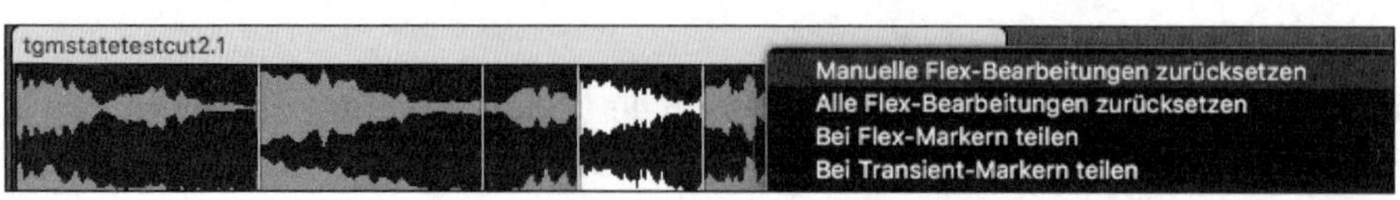

Abbildung 9.15 Optionen zum Löschen von Flex-Bearbeitungen im Kontextmenü einer Audioregion

MIT REGIONEN ANHAND VON FLEX-MARKERN/TRANSIENT-MARKERN TEILEN splitten Sie Regionen auch anhand von Flex- und Transient-Markern.

9.3.4 Flex und das Marquee-Werkzeug

Das Marquee-Werkzeug bietet wichtige zusätzliche Optionen beim Arbeiten mit Flex Time.

Verschieben eines Bereichs

Wenn Sie einen mit dem Marquee-Tool selektierten Bereich in der oberen Hälfte der Region anfassen, können Sie ihn verschieben (es erscheint ein Handsymbol). Die Bereiche der Region davor oder dahinter werden dann automatisch gedehnt bzw. gestaucht (Abbildung 9.16 oder Projekt *09Zaehlerrecflex2*).

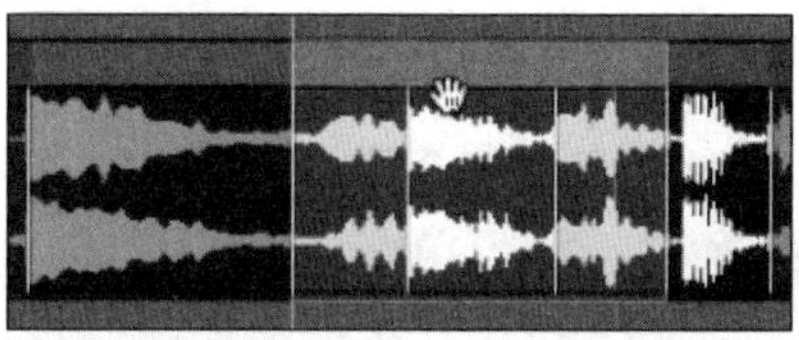

Abbildung 9.16 Mit dem Marquee-Tool selektierter und nach rechts verschobener Bereich

Flex-Marker mit Hilfe des Marquee-Tools setzen

Wenn Sie mit dem Marquee-Werkzeug bei aktiviertem Flex einen Bereich selektieren und in den unteren Bereich der Region klicken (es erscheinen drei Flex-Marker-Symbole), werden automatisch drei Flex-Marker erzeugt: zwei an den äußeren Grenzen der Selektion und einer in der Mitte.

9.3.5 Gesamte Region dehnen/stauchen

Ist ein Flex-Time-Mode aktiviert und fassen Sie die Region am Anfang oder Ende sowie oben an, können Sie die gesamte Region (nichtdestruktiv) dehnen oder stauchen. Längen von 400 % sind dabei durchaus möglich – ich habe auf diese Weise schon einige sehr interessante Schlagzeugsounds erhalten.

Achtung: Wenn Sie ein Audiofile *nach* dem manuellen Setzen von Flex-Markern mit dem Längentool und der gehaltenen `alt`-Taste timestretchen/verlängern, verrutschen leider sämtliche zuvor gesetzten Flex-Marker!

9.3.6 Anfang einer Region dehnen/stauchen und Rest der Region automatisch mitbewegen

Leider haben sich beim Flex-Editing ein paar Ungereimtheiten eingeschlichen. Weil z. B. die Grenzen einer Region in Logic stets wie zusätzliche Flex-Marker fungieren, die Sie aber ja nicht manuell gesetzt haben und eventuell nicht wollen, müssen Sie sich manchmal eines Workarounds bedienen.

Wenn Sie beispielsweise eine Spur von Beginn an langsam an eine andere anpassen, wollen Sie in der Regel nicht, dass durch eine Anpassung des vorderen Teils (z. B. Dehnung) der Teil hinter der Anpassung eine gegenteilige Bearbeitung (Stauchung) erfährt. Stattdessen sollte der hintere Teil in diesem Fall um das Ausmaß der Dehnung mit nach rechts rutschen.

Zu diesem Zweck müssen Sie den letzten sichtbaren Flex-Marker vor dem Regionsende über dieses hinausschieben, wodurch sich die Region verlängert und der unsichtbare Flex-Marker am Ende der Region verschwindet. Das klappt aber nur, falls das Regionsende auch das Ende der Audiodatei ist. Löschen Sie dann den zuvor verschobenen letzten Flex-Marker von rechts. Nun sollte sich der rechte Rand der Region automatisch bewegen, wenn Sie weiter vorn liegende Flex-Marker ändern (siehe Abbildung 9.17, Abbildung 9.18 oder Projekt *09Zaehlerrecflex3*).

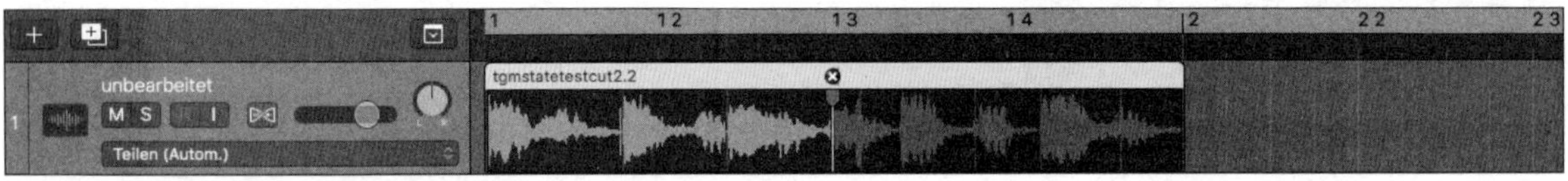

Abbildung 9.17 Die Region vor der Bearbeitung

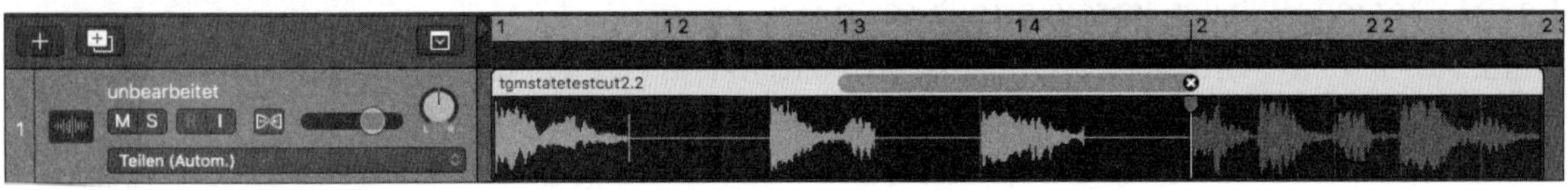

Abbildung 9.18 Der rechte Bereich wird mit verschoben.

9.3.7 Sounddesign mit Flex

Im Projekt *09Flexextremestretch* ist ein Apple-Drumloop extrem gedehnt, was je nach ausgewähltem Flex-Time-Algorithmus sehr unterschiedlich klingt: Vergleichen Sie Spur 1 und 2. Bei Bedarf sollten Sie die stummgeschalteten Spuren solo hören. Die klanglichen Ergebnisse habe ich übrigens in den Spuren darunter gebounct, in einer weiteren Spur darunter in einen *EXS24*-Sampler geladen, bearbeitet, eingespielte Noten wiederum gebounct etc. – dies nur als Gedankenanstoß, denn Flex-Tools können auch ein Sounddesign-Tool sein. Sie können Flex-Marker auch nach links und rechts über andere Flex-Marker hinausziehen, um extremer zu dehnen oder zu stauchen.

9.3.8 Flex-Time-Quantisierung

Sie können auch Audioregionen, die sich im Flex-Modus befinden, quantisieren. Wenn Sie allerdings beispielsweise die Quantisierung auf $\frac{1}{1}$-Note einstellen, werden nicht alle Teile des

Audiofiles übereinander auf die Zählzeit 1 gezogen, sondern nur der an der nächsten Position erkannte Transient, weil eine Audiospur nicht mehr als ein Audiofile (und dessen Kanäle, z. B. zwei bei Stereo) gleichzeitig ausgeben kann.

Die Quantisierung erfolgt anhand erkannter Transienten. Sie können auch im BEARBEITEN-Menü des AUDIOSPUREDITORS mit dem Befehl AUDIO ANALYSIEREN FÜR FLEX-BEARBEITUNG Transienten analysieren. Sie können ferner im Transienten-Erkennungsmodus des AUDIODATEIEDITORS Transienten erkennen lassen bzw. das Ergebnis auch detailliert bearbeiten. Die Quantisierung rückt lediglich die erkannten Transient-Marker genau auf das Quantisierungsraster, manchmal müssen Sie bei unbefriedigenden Ergebnissen die Transienten manuell justieren, auch wenn die automatische Erkennung recht gut arbeitet. Die Genauigkeit der Quantisierung hängt von den erkannten Transient-Markern ab. Unser Beat aus dem Beispiel *09Flexbeat1* hat diesbezüglich Verbesserungspotential, wie Sie im Beispiel *09Flexbeat2* sehen. Mehr zu diesem Thema lesen Sie in Abschnitt 8.2.6 über den AUDIODATEIEDITOR bzw. den Transienten-Erkennungsmodus.

9.3.9 Ergänzende Hinweise zu Flex Time

Damit eine Audioregion nach Tempoänderungen taktsynchron zu Logic erklingt, sollten am besten bereits vor der erstmaligen Aktivierung von Flex alle Taktpositionen korrekt zugewiesen worden sein, z. B. indem Sie Logics Tempo an das Originaltempo des Audiofiles anpassen. Das erscheint möglicherweise widersprüchlich, soll doch Flex manchmal der Tempoanpassung dienen. Doch bedenken Sie Folgendes:

Wenn Sie den Flex-Modus bei einem nicht mit dem Taktraster synchronen Audiofile aktivieren, weist Logic den Transienten »falsche« Taktpositionen zu. Wenn Sie dann Flex-Bearbeitungen zurücksetzen (oder Flex deaktivieren, das Tempo ändern und dann Flex wieder aktivieren), kann es passieren, dass Logic das Audiofile unerwartet *timestretcht* und Schläge auf diese »falschen« Positionen verschiebt, die dem Stand des ersten Aktivierens von Flex entsprechen.

Ich rate Ihnen also, *zuerst* das Tempo einer Region herauszufinden, so dass Logic es wie in Abschnitt 9.7.1 erläutert anzeigt und die Taktlänge Ihrer Region korrekt ist (Fall 1 aus Abschnitt 9.7.1), und *erst dann* einen Flex-Mode für die Spur zu aktivieren und anschließend beliebig das Tempo zu ändern (Fall 2 aus Abschnitt 9.7.2).

Hierdurch werden die Transienten von Beginn an mit richtigen Taktpositionen verknüpft. Die Region hat nun *vor* einer Bearbeitung die richtige Taktlänge, und die einzelnen Transienten liegen bereits exakt an den richtigen Taktpositionen. Auf dieser Basis lassen sich nach meiner Erfahrung auch Folge-Edits wie Tempoänderungen oder Slicing zuverlässiger ausführen. Slicing, also das Umwandeln von Regionen in neue Sampler-Spuren, wie in Abschnitt 9.10, funktioniert nämlich meist nur bei nicht gestreckten Regionen korrekt.

Als Workaround können Sie die Region mit Flex auf die korrekte Position bzw. das richtige Tempo bringen, selektieren und dann mit [ctrl] + [B] ein neues Audiofile dieser Region bouncen. Für dieses neue Audiofile können Sie dann ohne aktiven Flex-Mode korrekt slicen oder den Flex-Mode erstmalig aktivieren, wodurch die Transienten auf den korrekten Taktpositionen festgetackert werden und weitere Tempoänderungen unproblematisch sein sollten. Diese Methode hat sich auch bewährt, wenn Sie Audiofiles mit wechselndem Tempo bearbeiten und auf ein neues Tempo bringen wollen, wie im vierten Fall aus Abschnitt 9.8.2.

9.4 »Flex Pitch« und andere Tonhöhenkorrekturen

Die Tonhöhen-Korrektur FLEX PITCH orientiert sich an am Markt erfolgreichen Programmen wie Celemony Melodyne und Antares Auto-Tune, in denen detailliertes, manuelles Editing möglich ist (quasi »offline«), während der Sequenzer nicht läuft (Gesangskorrektur in Echtzeit können Sie in Logic mit dem »Pitch Correction«-Plug-In realisieren).

Prinzipiell können Sie damit Gesangs-Audioaufnahmen (auch solche, die nicht in Logic erstellt wurden) mit Intonationsfehlern korrigieren – oder die Tonhöhe anderer Audioaufnahmen wie Trompetensolos manipulieren, so dass Sie theoretisch mit Hilfe von Logic z. B. auch renommierte Trompeter neue Melodien spielen lassen können. Es gibt Sound-Libraries auf dem Markt, die genau für solche Zwecke hergestellt wurden. Sie können mit Hilfe von FLEX PITCH auch MIDI-Noten aus Audiomaterial generieren. FLEX PITCH umfasst außerdem einen Time-Stretching-Algorithmus.

Eine wichtige Komponente hierbei ist die näherungsweise Bewahrung von ursprünglichen Formanten und Obertönen, damit eine Stimme nach einer Transponierung nicht nach zu schnell abgespielter, heller Helium-Gas-Stimme oder nach dunklem Flaschengeist klingt.

9.4.1 Ganze Region transponieren

Seit Logic 10.3.2 können Sie ganze Audioregionen durch einen entsprechenden Parameter im Informationsfenster REGION nichtdestruktiv transponieren. Dies bewirkt zudem eine automatische Aktivierung des Flex-Time-Modus. Mit dem Eintrag FEINABSTIMMEN können Sie zudem Finetuning betreiben und Verstimmungen im Cent-Bereich für die selektierte Region realisieren.

9.4.2 »Flex Pitch«-Praxis

Schauen wir uns zunächst einmal genauer an, was mit FLEX PITCH möglich ist. Über den Befehl FLEX PITCH/TIME EIN-/AUSBLENDEN ([cmd] + [F]) können Sie im Bereich SPUREN wieder die Flex-Modus-Ansicht aufrufen und im Spur-Header, im AUDIOSPUREDITOR oder im Informationsfenster SPUR den Modus FLEX PITCH aktivieren. Zusätzlich muss Flex für die selektierten Region(en) aktiviert sein, wie Sie das nun schon von Flex Time kennen sollten.

Mit Flex Pitch detailliert editieren bzw. die Tonhöhe korrigieren können Sie einerseits im Hauptfenster. Dort erscheinen bei geringeren Zoomstufen kleine waagerechte Balken, die die Tonhöhe darstellen und die Sie nach oben und unten schieben können. Es täuscht, wenn nicht viel Platz da zu sein scheint, um die Balken zu verschieben, denn Sie können auch über die Grenzen hinaus immer weiter schieben. Mehr Optionen bzw. eine bessere Darstellung zum Editieren gibt es bei größeren Zoomstufen und unten im Audiospureditor, wo Sie Flex als Ansicht aktivieren und auch den Algorithmus auswählen können, so dass (falls Flex Pitch eingestellt ist) um den Balken herum jeweils sechs Punkte (*Hotspots*) erscheinen, mit denen Sie Parameter wie Vibrato, Fine Pitch, Formant Shift, Pitch Drift (links und rechts) und Gain justieren können (Abbildung 9.19). Im Audiospureditor erscheinen Noten wie Balken, damit Sie hier Audiomaterial ähnlich wie in der Pianorolle editieren können. Ein erstes Beispiel hierfür haben Sie bereits im Schnellkurs kennengelernt. Ein weiteres finden Sie im Projekt *09laaa1* auf der Basis einer einzigen, relativ schief und mit viel Vibrato gesungenen Note.

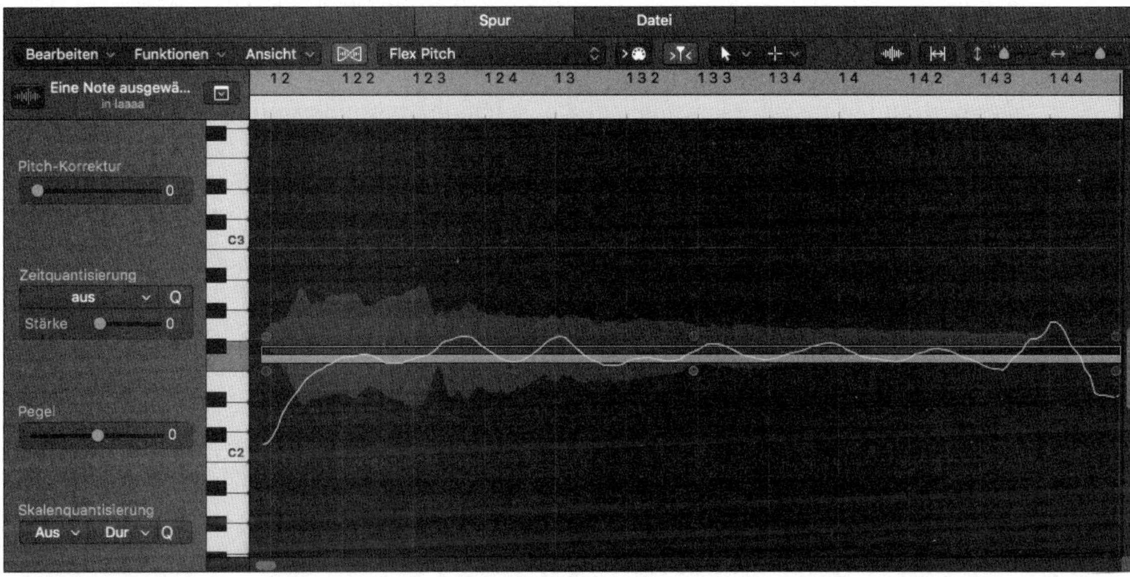

Abbildung 9.19 »Flex Pitch« im Audiospureditor/Projekt »09laaa1«

9.4.3 »Flex Pitch«-Erkennung und -Parameter im Informationsfenster »Spur«

Nach der Aktivierung von Flex Pitch in der Spur erscheint (nach automatischer Analyse des Audiomaterials durch Logic) unter anderem im Informationsfenster Spur der eingestellte Flex Pitch-Modus mit seinen Parametern. Durch die Auswahl der Option Audio analysieren für Flex-Bearbeitung im Bearbeiten-Menü des Audiospureditors können Sie Material jederzeit neu analysieren. Im folgenden Beispiel lieferte eine Neuanalyse bessere Ergebnisse als das alte Beispiel aus Logic 10.0.7.

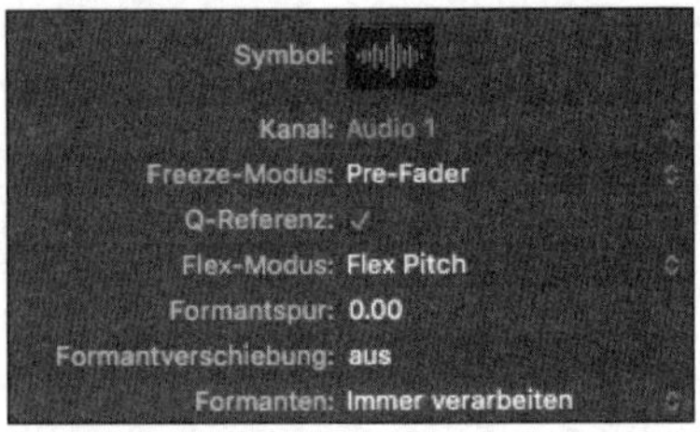

Abbildung 9.20 »Flex Pitch«-Einstellungen im Informationsfenster »Spur«

Während ein in der deutschen Logic-Version FORMANTSPUR genannter Parameter im Informationsfenster SPUR über die Zeiträume der Suche nach Formanten entscheidet und bei einer fehlerhaften Analyse helfen kann, können Sie mit dem Parameter FORMANTVERSCHIEBUNG im Informationsfenster SPUR die Formanten allgemein verschieben.

Im Menü FORMANTEN können Sie aussuchen, ob alles (Option IMMER VERARBEITEN) bearbeitet wird oder nur die stimmhaften Formanten (Option STIMMLOSE FORMANTEN BEHALTEN). Mit »stimmlosen Formanten« sind alle nicht tonalen Bestandteile wie z. B. S-Laute gemeint. Testen Sie diesbezüglich das Projekt *09Vocalkorrx02-Formantkorr-2*). Hier wurde alles nach unten transponiert, manche Konsonanten (besonders ein »S«) klingt dann mit IMMER VERARBEITEN ganz anders als mit STIMMLOSE FORMANTEN BEHALTEN.

Erkennung

Logic unterscheidet zwischen stimmhaftem und stimmlosem Audiomaterial. Stimmhafte Formanten (in denen eine Tonhöhe erkannt wird) werden erkannt und erscheinen, wie Sie in den nächsten zwei Abschnitten lesen werden, als Balken in den Regionen und in einer Art Pianorolle des AUDIOSPUREDITORS. Möglicherweise gibt es aber nach der Erkennung Stellen, an denen gar kein Balken zu sehen ist. Das sind Bereiche, die Logic als »nicht stimmhaft« einstuft, z. B. S- oder T-Laute – oder Schlagzeugsounds. Das ist auch oft sinnvoll, denn es klingt natürlicher, wenn diese Laute bei Tonhöhenkorrekturen *nicht* verschoben werden. Falls Sie daran manuell etwas ändern möchten, wird es schwierig; am ehesten gelingt das im AUDIOSPUREDITOR. Dort können Sie nicht zuletzt AUDIO ANALYSIEREN FÜR FLEX-BEARBEITUNG im BEARBEITEN-Menü stets neu ausprobieren, um zu sehen, ob sich Logics Erkennungsalgorithmus bei einem Update verbessert hat. Mehr hierzu in Abschnitt 9.4.7.

9.4.4 Editierung der Tonhöhe im Hauptfenster (Bereich »Spuren«)

Nach der Aktivierung von FLEX PITCH in der Spur erscheint nach der automatischen Analyse des Audiomaterials durch Logic in den betroffenen Regionen eine Balkenanzeige (siehe Abbildung 9.21), bei vergrößerter Zoomstufe ähnelt die FLEX PITCH-Darstellung im Hauptfenster der Darstellung im AUDIOSPUREDITOR. Erkannte Noten(balken) können Sie mit Hilfe von sechs Steuerungspunkten, sogenannten *Hotspots*, editieren (Abbildung 9.19).

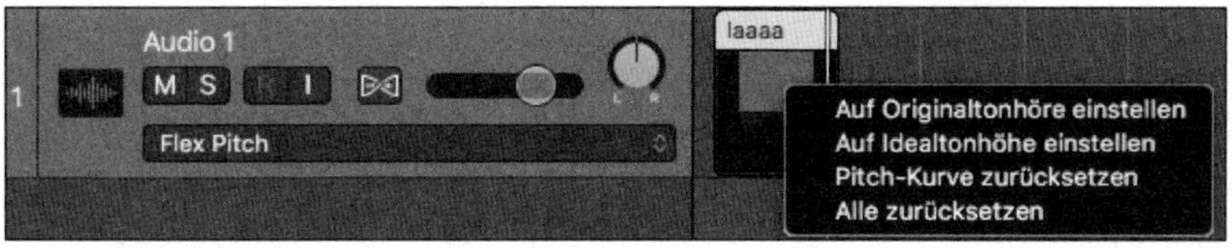

Abbildung 9.21 Einzelne Balken sind selektiert, und das Kontextmenü wird aufgerufen.

Die mittlere horizontale Linie der Darstellung repräsentiert im Bild eine glatte Tonhöhe entsprechend der Stimmung. Sie können erkannte Notenbalken auch im Bereich SPUREN mit dem Scherenwerkzeug zerteilen.

Die sichtbaren Balken können Sie via AUF IDEALTONHÖHE EINSTELLEN im Kontextmenü der Region (siehe Abbildung 9.21) auf glatte Tonhöhen bringen.

Sie können einzelne Noten auch im AUDIOSPUREDITOR über das Kontextmenü auf Original- oder Idealtonhöhe einstellen. Letzteres entspricht einem waagerechten Balken. Das per Logic-Erkennung in einer Note existente Vibrato ändert sich hierdurch nicht, wodurch trotz Korrektur auf Idealtonhöhe eine »ungerade« Tonhöhenschwankung vorkommen kann.

Sie können die Balken im Hauptfenster ganz nach oben und unten schieben, was einer Verschiebung um +/– 50 Cents gleichkommt. Wenn Sie versuchen, den Balken über diese Grenzen hinauszuschieben, ist das zumindest theoretisch auch möglich – Sie editieren dann im Bereich der nächsthöheren oder nächstniedrigeren Note.

Das Kontextmenü ändert sich und nimmt Bezug auf eine mehrfache Selektion, wenn Sie (mit gehaltener [⇧]-Taste im Bereich SPUREN) alle Noten bzw. Balken selektiert haben. Sie können dann nicht eine Note, sondern ALLES auf Ideal- oder Originaltonhöhe einstellen.

9.4.5 Analyse der Tonhöhe, »Flex Pitch«-Editing im Audiospureditor

Nach dem Aktivieren von FLEX PITCH können Sie die Region doppelklicken und im AUDIOSPUREDITOR editieren. In Logic öffnet sich im Bereich EDITOREN nach einem Doppelklick auf Audioregionen zunächst der AUDIODATEIEDITOR.

Falls die automatische Erkennung gut funktioniert hat, können Sie im AUDIOSPUREDITOR erkannte Noten aus Vocals oder Solo-Instrumenten ähnlich wie in der PIANOROLLE editieren. Tatsächlich lassen sich die Noten verschieben oder durch Anfassen am linken und rechten Ende verlängern und verkürzen (wodurch gegebenenfalls vorherige oder folgende Noten verkürzt oder verlängert werden und Flex-Time-Edits vorgenommen werden). Sie können den die Tonhöhe symbolisierenden Balken wie eine MIDI-Note einfach nach oben und unten schieben und dabei das Ergebnis vorhören. Der Balken rastet dabei stets auf den Tönen der links angezeigten MIDI-Tastatur ein. Zudem ist es – ähnlich wie in der PIANOROLLE – in einem über das Menü ANSICHT des AUDIOSPUREDITORS einblendbaren lokalen Informationsmenü (links in Abbildung 9.19 und in Abbildung 9.22) möglich, erkannte Noten zu quantisieren – sowohl bezüglich des Timings als auch bezüglich der verwendeten Notenskala. Die Einstellungen beziehen sich dabei auf selektierte Noten. Mit dem PITCH-KORREKTUR-Regler links im Infobereich des AUDIOSPUREDITORS korrigieren Sie graduell die Tonhöhe in Richtung der Idealtonhöhe (auf glatte Noten, vergleiche Editierung mit FLEX PITCH im Bereich SPUREN), nicht aber das Vibrato. Mit dem PEGEL-Slider verändern Sie die Lautstärke einzelner oder mehrerer selektierter Noten (Abbildung 9.22)

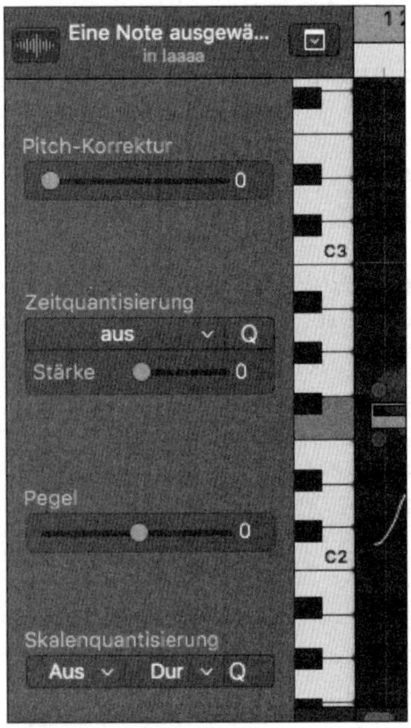

Abbildung 9.22 Informationsbereich im Audiospureditor

Wenn Sie erkannte Noten im AUDIODATEIEDITOR selektieren, können Sie sie in einem Rutsch verschieben und mit den Reglern des Informationsbereichs im AUDIOSPUREDITOR schnell gemeinsam editieren.

Wenn Sie eine Selektion beim Flex-Editing im AUDIOSPUREDITOR außerhalb der Region beginnen, wird übrigens automatisch das Marquee-Tool angezeigt. Zum Selektieren von Notenbalken sollten Sie den Cursor allerdings innerhalb der Region ansetzen.

Notenbalken editieren, »Hotspots«

Sie können die Noten bzw. Notenbalken aber auch einzeln editieren. Um eine angezeigte Note in Form eines Balkens herum erscheinen jeweils sechs Punkte (*Hotspots*), anhand deren Sie (theoretisch) Parameter wie VIBRATO, FINE PITCH, FORMANT SHIFT, PITCH DRIFT (links und rechts) und GAIN justieren können (siehe Abbildung 9.23 bis Abbildung 9.28). In der Praxis funktionierte bei mir das Verschieben von Tonhöhen und auch das Editing von Vibrato recht gut.

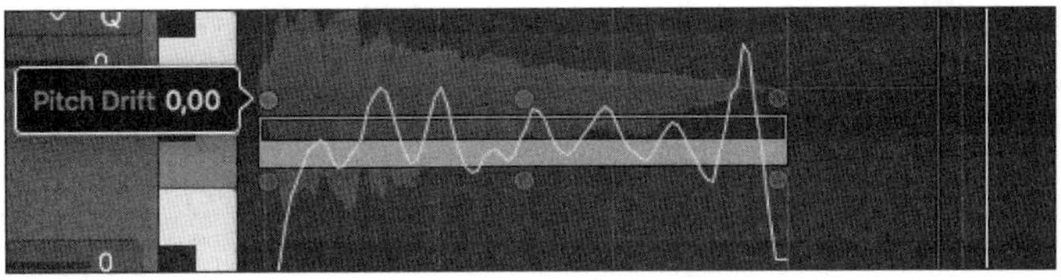

Abbildung 9.23 »Pitch Drift«-Hotspot (sowohl links als auch rechts oben)

Pitch Drift bezeichnet den Tonhöhenverlauf von und zur nächsten gesungenen Tonhöhe.

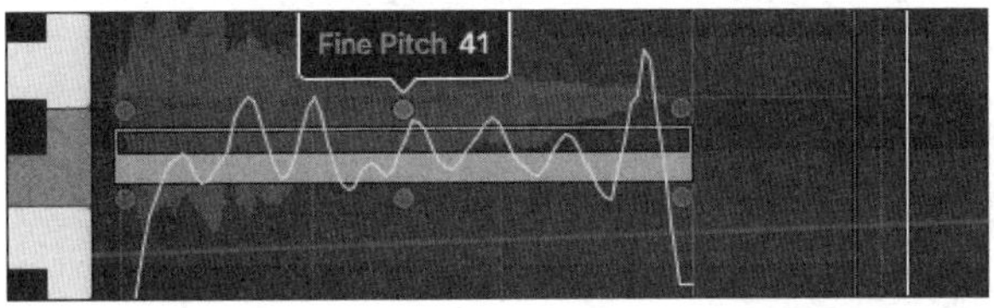

Abbildung 9.24 »Fine Pitch«-Hotspot

Mit Fine Pitch verschieben Sie Noten in Cent-Schritten anstatt in Halbtönen und können Noten so auch »neben« exakte Töne setzen. Die angezeigte Note entspricht aber ohnehin nicht immer der wirklichen Note, z. B. wenn noch ein starkes Vibrato in der Note vorkommt. Es kann dann auch sinnvoll sein, die Note zum Editieren in mehrere Noten zu zerschneiden.

Das Ausbügeln des Vibratos ist ein gängiger Effekt, der sich für meine Ohren nicht unbedingt schön anhört. Das ist allerdings Geschmackssache – ich habe erlebt, dass sowohl Teenager als auch eingefleischte Reggae-Junkies im Alter von über 50 plötzlich von einem derartigen Sound – der auch als *Cher-Effekt* bekannt wurde – begeistert waren. Ein schönes Beispielvideo finden Sie im Internet, wenn Sie nach den Stichwörtern »Obama Auto-Tune« oder »Obama T-Pain« suchen. In vielen Fällen wird nicht nur das Vibrato »ausgebügelt«, sondern auch jeglicher Drift bis hin zum Angleichen mehrerer ursprünglich unterschiedlicher Tonhöhen auf nur einen Wert. Dies passiert auch durch Skalenänderung bzw. manuelles Einschränken/Ändern der gesungenen Skala, was in Logic auch mit Hilfe des Plug-Ins »Pitch Correction« möglich ist (siehe Abschnitt 15.12.1).

In Flex Pitch funktionieren diese Angleichungen am besten mit dem Vibrato-Hotspot. Was ich damit meine, hören Sie, wenn Sie den Sound im Projekt *09laaa1* (Abbildung 9.25) mit dem im Projekt *09laaa2* vergleichen (Abbildung 9.26).

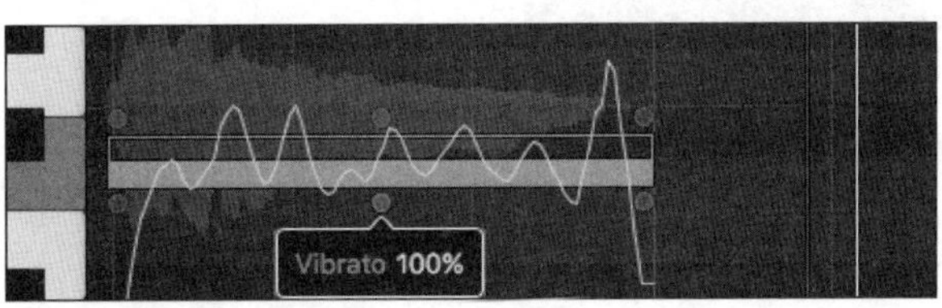

Abbildung 9.25 »Vibrato«-Hotspot

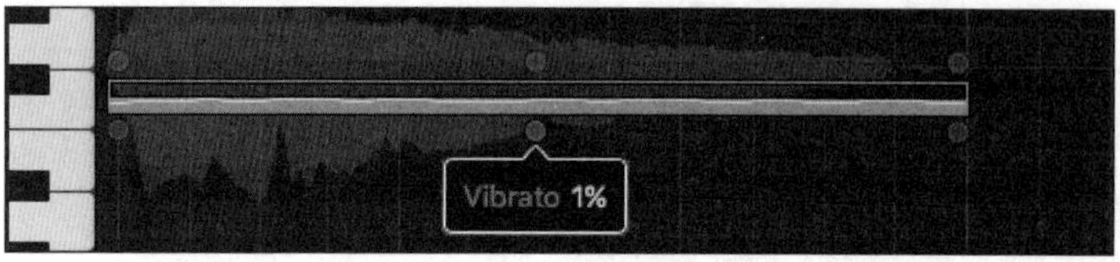

Abbildung 9.26 Glattgebügeltes Vibrato

In Letzterem habe ich eine einfache, gesungene Note glattgebügelt, der Vibratoeffekt ist verschwunden. Im Projekt *09laaa5* ist gegenüber *09laaa4* ein leichter PITCH DRIFT-Effekt hinzugekommen (*09laaa3* ist eine unbearbeitete Variante aus einem anderen Beispiel).

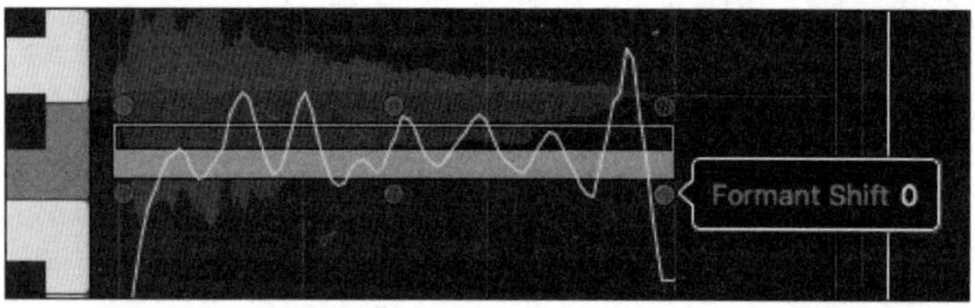

Abbildung 9.27 »Formant Shift«-Hotspot

Das Bearbeiten von FORMANTEN lässt Vocals bei gleichbleibender Tonhöhe tiefer oder höher klingen.

Entsprechende im AUDIOSPUREDITOR vorgenommene Formanten-Edits verschwinden übrigens nicht beim Zurücksetzen der FLEX PITCH-Edits des Audiofiles auf die Originaltonhöhe, was Sie im Projekt *09Attention1* hören (anders aber, wenn Sie FLEX PITCH deaktivieren). Im Projekt *09Attention2* sind dagegen die Notentonhöhen verschoben. Im Projekt *09Attention3* habe ich die Spur zweimal dupliziert und jeweils andere Tonhöhen eingestellt, so dass ein G-Dur-Akkord in diversen Lagen gesungen wird. Sie können FLEX PITCH also auch nutzen, um Stimmen zu doppeln oder eine zweite Stimme zu erzeugen. In *09Attention4* habe ich das Ganze noch weitgehend von Formantveränderungen befreit.

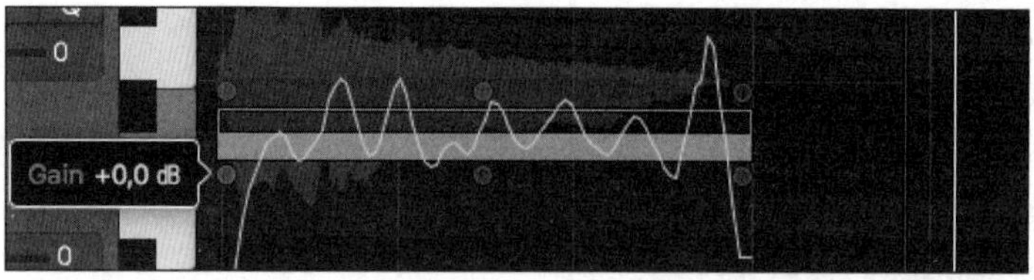

Abbildung 9.28 »Gain«-Hotspot. Mit diesem machen Sie die Note leiser oder lauter.

Diese Projektbeispiele eignen sich aufgrund ihrer Einfachheit auch gut, um eigene Versuche mit FLEX PITCH an einem kurzen, überschaubaren Vocal anzustellen.

9.4.6 Flex-Pitch Noten im Audiospureditor einspielen

Sie können Noten mit einem MIDI-Keyboard einspielen. Aktivieren Sie den MIDI-IN-Button, fokussieren Sie den Audiospureditor bei aktiver Flex-Pitch-Ansicht und platzieren Sie den Abspielmarkers vor einem im Audiospureditor abgebildeten Notenbalken. Hierdurch verändert sich die Tonhöhe des Audiomaterials genau auf Ihre eingespielte Note. Der Abspielpositionsmarker springt zur nächsten erkannten Note und Sie können die Prozedur wiederholen (Abbildung 9.29).

Abbildung 9.29 MIDI-In im Audiospureditor

9.4.7 Probleme bei der Analyse von Audiomaterial in »Flex Pitch«, experimentelles Editing

Manchmal erscheinen nach dem Aktivieren von FLEX PITCH auch wie erwähnt falsche oder gar keine Notenbalken – also nicht nur kein Balken, wenn Töne nicht als stimmhaft erkannt wurden, sondern z. B. auch ein langer Balken, obwohl eigentlich mehrere Töne gesungen werden.

Falls Sie mit den Ergebnissen der Analyse nicht zufrieden sind, können Sie auch nach einer Bearbeitung mit der Funktion AUDIO ANALYSIEREN FÜR FLEX-BEARBEITUNG im Menü BEARBEITEN des AUDIOSPUREDITORS einen neuen Analyseversuch wagen (der, wie gesagt, nach Logic-Updates besser als in Vorversionen ausfallen kann).

Stiftwerkzeug, Schere und Klebetubenwerkzeug als Hilfstools und Experimentierwerkzeuge

Sie können Noten im AUDIODATEIEDITOR mit dem Scherenwerkzeug oder durch Einzeichnung neuer Noten mit dem STIFT trennen, falls zwei gesungene Töne oder Silben als eine einzige Note erkannt wurden und Sie stattdessen zwei Noten bzw. Silben daraus machen und editieren möchten. Im umgekehrten Fall verbinden Sie mit dem *Klebetubenwerkzeug* mehrere Noten zu einer einzigen (wie in *09laaa5* geschehen). Wenn Sie versuchen, mit dem Stift an einer Stelle neue Noten zu erzeugen, an der bislang keine Tonhöhe erkannt/zugeordnet wurde, müssen Sie die Maustaste so lange gedrückt halten, bis ein vertikaler blauer Strich angezeigt wird. Bewegen Sie dann, um den Bezug herzustellen, Ihr Stiftwerkzeug so weit nach links oder rechts, dass diese Linie über der Note angezeigt wird, für die Sie eine Notenerkennung erzeugen wollen (siehe Abbildung 9.30).

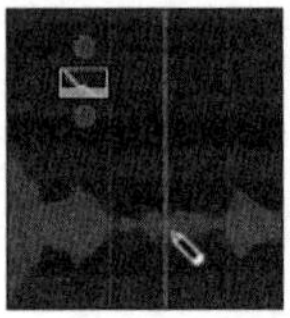

Abbildung 9.30 Der vertikale blaue Strich, der beim Einzeichnen von Noten erscheint, wenn Sie die Maustaste lang genug gedrückt halten

Falls sich nach einer Trennung mit dem Scherenwerkzeug die im AUDIOSPUREDITOR sichtbare Länge der Note geändert hat oder ein Teil davon verschwunden ist, können Sie neue Noten mit dem Stift einzeichnen. Falls Sie dabei allerdings eine Note einzeichnen, die nicht der tatsächlichen Tonhöhe entspricht, kann das Editing im Chaos enden.

Spaß kann es dagegen machen, mit Absicht falsche Ergebnisse zu erzeugen. Wenn Sie z. B. Schlagzeug analysieren, werden oft nur wenige tonale Bestandteile erkannt, und diese sind eigentlich kaum brauchbar und werden dann oft den Snares zugeordnet. Im Beispiel *09Drumeditfpitch* habe ich ein paar zusätzliche Noten im AUDIOSPUREDITOR für einen Drumloop eingezeichnet, andere gelöscht. Das ist zwar hier kein überragend gelungenes Beispiel geworden, doch ich hoffe, es zeigt, worauf ich hinaus will.

9.4.8 Audio mit »Flex Pitch« in MIDI-Noten umwandeln

Die alte Audio-zu-Noten-Funktionalität des ehemaligen Sample-Editors aus Logic 9 wurde durch eine Funktion ersetzt, die Sie im aktivierten FLEX PITCH-Edit-Mode im BEARBEITEN-Menü des AUDIOSPUREDITORS wiederfinden: MIDI-SPUR AUS FLEX PITCH-DATEN ERZEUGEN (Abbildung 9.31).

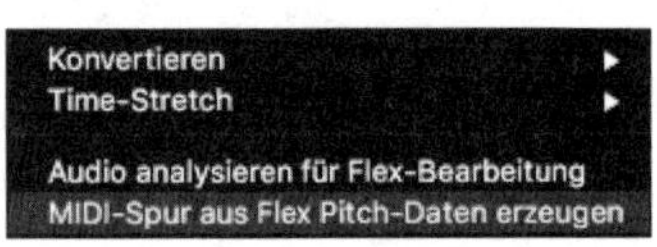

Abbildung 9.31 Befehl »MIDI-Spur aus »Flex Pitch«-Daten erzeugen«

Hierdurch wird eine MIDI-Spur mit einer Region auf der Basis der analysierten Noten erzeugt. Die Resultate sind nicht immer völlig zufriedenstellend, dienen jedoch als guter Start für weitere Edits. Im Dokument *09laaa4plusMIDI* finden Sie die Funktion an einem praktischen Beispiel angewendet.

9.4.9 Timingkorrekturen mit »Flex Pitch«, Umschalten zwischen Tuning- und Timingkorrektur

Sind bei Gesangsaufnahmen Korrekturen nötig, dann gilt dies meistens sowohl für das Timing als auch für die Tonhöhe. FLEX PITCH kann beidem gerecht werden.

Im Beispiel *09VocalkorrxO1* habe ich das Timing zweier stark korrekturbedürftiger Vocal-Aufnahmen im Flex-Time-Modus MONOPHON mit Flex-Markern im Bereich SPUREN editiert und das Metronom dazu klicken lassen, um ein akzeptables Ergebnis zu erreichen. Nach Umschaltung auf FLEX PITCH bleiben die Timingkorrekturen erhalten (siehe Dokument *09VocalkorrxO2*). Welcher Algorithmus dabei verwendet wird, wird nicht angegeben.

Umgekehrt erscheint nach erfolgtem Editing im FLEX PITCH-Modus eine Nachfrage, ob FLEX PITCH-Änderungen »angehalten werden sollen« (Abbildung 9.32). Das bedeutet, dass beim Wechsel in einen Flex-Time-Mode die FLEX PITCH-Änderungen nicht mehr zu hören, aber auch nicht verloren, sondern nur angehalten sind, denn sie lassen sich beim nächsten Wechsel in den FLEX PITCH-Modus wieder aufrufen.

Abbildung 9.32 Warnung beim Wechsel aus dem »Flex Pitch«- in einen Flex-Time-Modus

Ein weiteres Editieren des Timings im FLEX PITCH-Modus funktioniert übrigens über das Editieren von Noten und Notenlängen im AUDIOSPUREDITOR und nicht wie bei den anderen Modi im Bereich SPUREN. Dieser zeigt im FLEX PITCH-Modus nur Informationen über die Tonhöhe an.

Tipp: Regionen bouncen oder in neue Audiofiles konvertieren

Natürlich können Sie auch mal den Überblick verlieren, wenn Sie die Tonhöhen editieren oder sowohl Timing als auch Tuning mit zwei verschiedenen Flex-Modi editieren. Weil beide Flex-Modi nichtdestruktives Editing bieten, empfehle ich, zur Sicherheit editierte Region(en) zu bouncen ([ctrl] + [B]).

9.4.10 Fazit und Ausblick, Melodyne

Es gehört zu den besten Neuerungen von Logic Pro X, dass man ohne externe Plug-Ins mit Hilfe der verschiedenen Flex-Modi fast jede Gesangsaufnahme, und sei sie noch so schnell und ungenau aufgenommen, in eine ziemlich professionell klingende Aufnahme wandeln kann, weil sich Intonations- und Timingfehler ausbügeln lassen. Wenn Sie ganz sicher sein wollen, dass Sie auf jeden Fall zum Ziel kommen, empfehle ich Ihnen zusätzlich den Kauf des

Programms Melodyne, das Sie auch bei schwierigeren Korrekturen mit größter Wahrscheinlichkeit nicht im Stich lassen wird.

Klanglich und von der Bedienung her war mein erster Eindruck bei der Arbeit mit Melodyne (das mein bevorzugtes Tool für solche Edits ist) meist besser als mit FLEX PITCH. Doch die Ergebnisse von Edits sind in neueren Logic-Versionen deutlich brauchbarer geworden. Es kommt jedoch auch immer auf den Einzelfall und das Material an, das Sie bearbeiten, wie die Ergebnisse ausfallen.

Die Timingbearbeitung finde ich bislang in Logic einfacher zu bewerkstelligen als in Melodyne. Es gibt freilich noch weitere gute Programme mit ähnlicher Funktionalität, wie Antares *Auto-Tune*, Waves *Tune* oder iZotope *Nectar*, die ich nicht im Detail getestet habe.

9.5 Tempowechsel im Song

Logic ermöglicht die Erstellung/Editierung eines Tempoverlaufs im Listeneditor TEMPO sowie in der globalen Tempospur.

9.5.1 Tempoverläufe erstellen und bearbeiten

Wenn Sie in einem Song ein wechselndes Tempo verwenden möchten, können Sie in Logics TEMPO-Liste (wie bei der Arbeit mit anderen Listeneditoren) durch Klick auf das +-Symbol oberhalb der Spalte POSITION in Abbildung 9.33 an der Abspielposition Tempoevents erzeugen. Diese lassen sich wie andere Events bzw. die EVENT-Liste editieren, und Sie können manuell eine Taktposition und ein ab dort geltendes Tempo eingeben. Alternativ erzeugen Sie in der globalen Spur TEMPO durch Doppelklick oder mit dem Stiftwerkzeug ein Tempoevent.

Wenn Sie in der TEMPO-Liste neue Tempoevents erzeugen, sieht der erzeugte Tempoverlauf im Dokument zunächst treppenförmig aus (siehe Abbildung 9.33 und Projekt *09tempo0*).

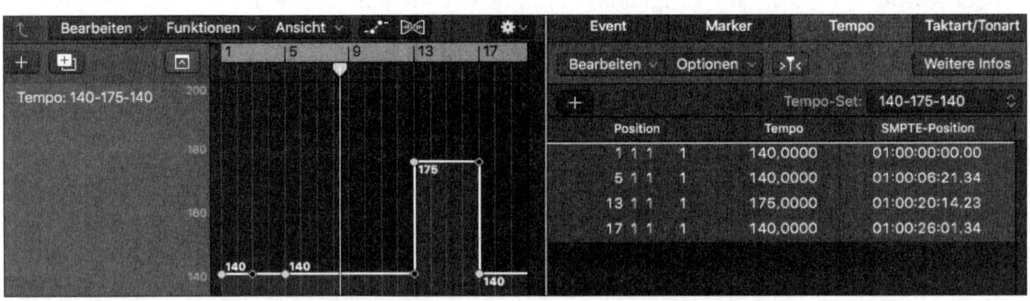

Abbildung 9.33 Tempoverlauf und Tempo-Listen-Editor mit Tempoevents

Wenn Sie danach den Punkt anfassen, der auf Takt 13 unterhalb des Punktes mit dem Eintrag 175 liegt, und ihn bewegen, können Sie eine Kurve (vergleichbar mit jener in Abbildung 9.34)

formen (siehe Projekt *09Tempo1*). Dort sind zum einen Einträge in der TEMPO-Liste vorhanden, zum anderen ist ein Tempoverlauf bzw. eine Kurve in der globalen Tempospur zu sehen. Der Kurvenverlauf ist zunächst nicht in der Tempoliste erkennbar, es sei denn, Sie klicken auf das oben rechts in Abbildung 9.33 sichtbare Feld WEITERE INFOS, danach werden zusätzliche Tempoevents angezeigt. Der typische Workflow, um einen fließenden Tempoverlauf zu erzeugen, ist also: zuerst ein Event in der Tempoliste erzeugen, dann in der globalen Spur eine Kurve formen.

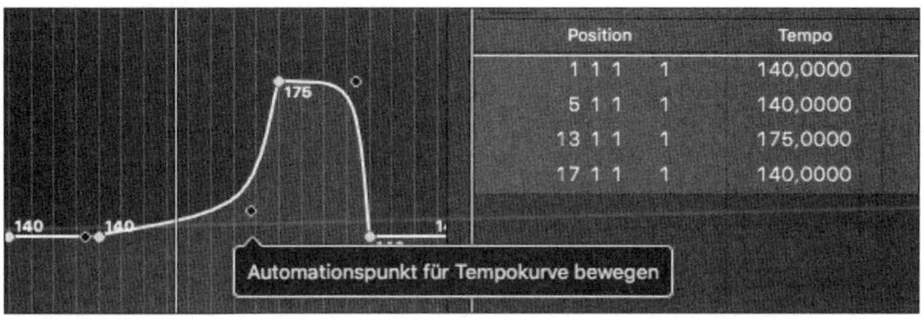

Abbildung 9.34 Tempokurve mit editierbarem Automationspunkt in den globalen Spuren und angezeigter »Tempo«-Liste rechts

9.5.2 Tempo-Sets

Zusätzlich stellt Logic eine Funktion namens TEMPO-SETS zur Verfügung, die Sie, ähnlich wie Sie das z. B. schon von Marker-Spuren kennen, sowohl über die TEMPO-Liste als auch über die globale Tempospur erreichen (Abbildung 9.35). Auf diese Art und Weise können Sie verschiedene Tempoverläufe für das gleiche Stück verwalten und zwischen ihnen wechseln. Sie können Tempo-Sets erzeugen, löschen oder umbenennen. Der Set-Name wird dann auch angezeigt (Abbildung 9.35).

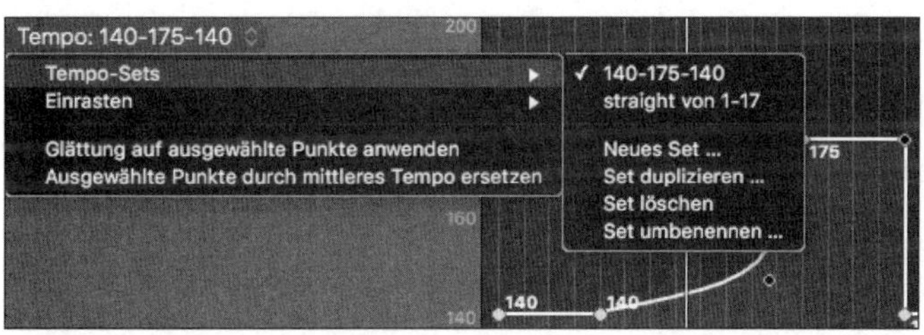

Abbildung 9.35 Tempo-Set in der globalen Spur im Hauptfenster und rechts in der »Tempo«-Liste aus dem Projekt »09Tempo2«

In den globalen Spuren finden Sie Optionen, die Tempokurven zu glätten und Events einrasten zu lassen. Die Einstellungen werden dabei tempo-set-spezifisch verwendet. Ein Beispiel: Im Dokument *09Tempo2* habe ich ein weiteres Tempo-Set erzeugt und dic Tempo-Sets beschriftet, was angezeigt wird. Im zweiten Tempo-Set habe ich einen Tempoverlauf von Takt 1 bis 17 realisiert und hierfür unter dem Eintrag EINRASTEN $^1/_1$-Note eingestellt. Wenn Sie dort das angezeigte Tempo im Display beobachten und das Projekt bei Takt 1 starten, sehen Sie, dass die Tempoänderungen nur bei glatten Takten erfolgen. Wenn Sie das Projekt *09Tempo3* aufrufen, sehen Sie, dass das bei dem anderen Tempo-Set nicht der Fall ist und dort die Tempoänderung zwischen Takt 5 und 13 fließend (in $1/8$-Schritten) verläuft. Das sehen Sie außerdem, wenn Sie in der TEMPO-Liste auf den Button WEITERE INFOS klicken.

9.5.3 Tempo-Kontextmenü in der globalen Spur

Nachdem Sie in der globalen Tempospur Punkte selektiert haben, erreichen Sie mit gehaltener `ctrl`-Taste + Klick ein Kontextmenü, in dem Sie z. B. eine Tempoeinstellung nach links bewegen oder einen Mittelwert erzeugen.

9.6 Tempoanpassung: Einführung und Übersicht

Nachdem Sie bereits Flex-Tools, Tempospur und TEMPO-Liste kennen, wenden wir uns Aufgabenstellungen aus der Praxis zu. Nacheinander werde ich verschiedene Arten von Tempoanpassungen von Logic an Audiomaterial und umgekehrt besprechen. Sie sollten hierbei unterscheiden zwischen:

- der Arbeit mit Audiomaterial mit gleichmäßigem MIDI-Tempo
- der Arbeit mit Audiomaterial mit ungleichmäßigem Tempo (Band, die ohne Klick gespielt hat). Mit ungleichmäßigem Tempo meine ich hier nicht kleine Groove-Schwankungen innerhalb eines Taktes, sondern größere, langfristigere Schwankungen.

Ferner unterscheide ich die Möglichkeiten, einerseits

- das Audiomaterial an das Tempo von Logic oder andererseits
- das Tempo von Logic an das Audiomaterial anzupassen.

Dementsprechend unterscheiden wir zwischen vier Fällen:

- Fall 1: das Logic-Tempo an Audiomaterial mit gleichmäßigem Tempo anpassen
- Fall 2: Audiomaterial mit gleichmäßigem Tempo an das Logic-Tempo anpassen
- Fall 3: das Logic-Tempo an Audiomaterial mit ungleichmäßigem Tempo anpassen
- Fall 4: Audiomaterial mit ungleichmäßigem Tempo an das Logic-Tempo anpassen

In ergänzenden Abschnitten gehe ich noch auf experimentelle Anwendungen und Besonderheiten bei der Tempoanpassung von MIDI-Files ein.

9.7 Tempoanpassungen bei gleichmäßigem Tempo (Fall 1 und 2)

In diesem Abschnitt fange ich mit den einfacheren Prozeduren (Fall 1 und 2) an und erkläre, wie Sie

- entweder das Logic-Tempo an ein beliebiges Audiofile anpassen oder
- das Tempo eines beliebigen Audiofiles an ein vorhandenes Logic-Projekt anpassen.

Dabei gehe ich zunächst von einem lediglich einen Takt langen Audiofile aus; eventuelle Timingungenauigkeiten innerhalb des Taktes, die durch Quantisierungen gelöst werden können, bleiben dabei unbeachtet.

Öffnen Sie das Dokument *09Tempoanpass01*. Das Audiofile in diesem Dokument passt bislang nicht zu dessen Tempo, ist aber auch (in seinem eigenen Tempo) noch nicht auf eine glatte Taktlänge zurechtgeschnitten! Damit simuliere ich eine Situation, in der Sie eine Audioaufnahme mit unbekanntem Tempo weiterverarbeiten wollen, z. B. wenn Sie etwas von einer Tonaufnahme gesampelt haben.

Sowohl für Fall 1 als auch für Fall 2 gilt: Das Schneiden auf eine gewünschte Taktlänge ist wichtig und Voraussetzung für alle weiteren Schritte. Es spielt keine Rolle, ob Sie einen, zwei oder anderthalb Takte schneiden, wichtig ist, dass Sie genau wissen, wie viele Takte es sind. Zudem ist diese Art einer konkreten Schnittaufgabenstellung eine gute Übung, um zu überprüfen, wie gut Sie die Tools beherrschen, die Logic Ihnen für den Schnitt bereitstellt (z. B. die Arbeit im AUDIODATEIEDITOR, den ich in Abschnitt 8.2 ausführlich besprochen habe). In unserem Beispiel soll genau ein Takt geschnitten werden. Um das zu vereinfachen, ist unser Audiofile am Anfang bereits sauber geschnitten und beginnt mit der Taktzählzeit 1. Sie müssen lediglich das Ende neu schneiden und hören hierfür am besten die nächste Taktzählzeit 1 aus dem Audiofile heraus.

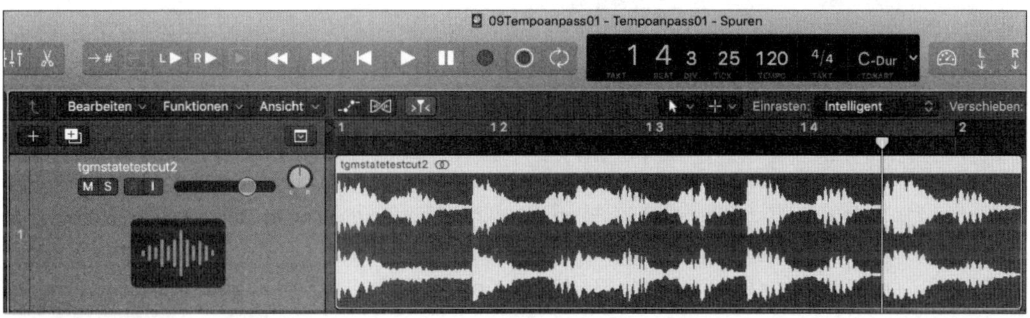

Abbildung 9.36 Der Abspielpositionsmarker im Bild bei Takt 1 4 3 25 liegt ungefähr auf der nächsten Zählzeit 1 im Audiofile.

In Abbildung 9.36 zeigt die Abspielposition, wo Sie ungefähr schneiden müssten. Es hilft, sich diese vorher anhand der Wellenform visuell zu verdeutlichen. Eine solche Schneideoperation können Sie auf verschiedene Weise durchführen, unter anderem folgendermaßen:

- durch die Selektion der gewünschten Länge im AUDIODATEIEDITOR und anschließende Wahl der Funktion BEARBEITEN • AUSWAHL ZU REGION (siehe Abschnitt 8.2.1)
- durch Schnitt im Hauptfenster an der Abspielposition wie in Abbildung 9.36 (Shortcut `cmd` + `T`)

- mit Hilfe des Scheren- oder Marquee-Werkzeugs, eventuell mit Hilfe der Option, das Marquee-Tool zum vorherigen/nächsten Transienten zu bewegen oder auch der TRIMMEN-Option im Kontextmenü

Egal, welche Methode Sie anwenden, wichtig ist, dass Sie diesen Schnitt inklusive eines richtig gezählten Taktes irgendwie präzise hinbekommen. Ob es geklappt hat, können Sie überprüfen, indem Sie den geschnittenen Bereich loopen und prüfen, ob sich der Loop »rund« anhört. Diesen Zwischenstand habe ich im Dokument *09Tempoanpass02* zwischengespeichert. Nun trenne ich das Vorgehen auf. In Fall 1 wollen wir das Tempo des Audiofiles herausfinden und Logics Tempo daran anpassen. In Fall 2 werden wir das Audiofile auf das vorgegebene Tempo bringen.

9.7.1 Fall 1: Originaltempo herausfinden und Projekttempo an Audiofile anpassen

Öffnen Sie das Dokument *09Tempoanpass02*. Hier ist das Audiofile bereits auf einen glatten Takt in seinem eigenen Tempo geschnitten – das nicht mit Logics Tempo übereinstimmt.

Selektieren Sie genau einen Takt im Taktlineal, so dass der linke Locator-Punkt glatt auf Takt 1 und der rechte Locator-Punkt glatt auf Takt 2 steht (Abbildung 9.37). Wichtig: Selektieren Sie außerdem die Region, deren Tempo Sie herausfinden möchten.

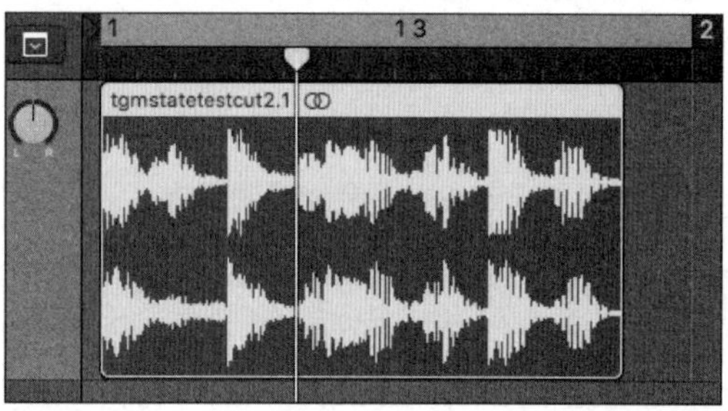

Abbildung 9.37 Im Bild habe ich einen Takt im Taktlineal sowie die Region selektiert.

Wählen Sie nun im BEARBEITEN-Menü die Option TEMPO • TEMPO ANPASSEN ÜBER REGIONSLÄNGE UND LOCATOR-PUNKTE (zweiter Eintrag von oben in Abbildung 9.38). Die Funktion erreichen Sie auch über das FUNKTIONEN-Menü des Sample-Editors.

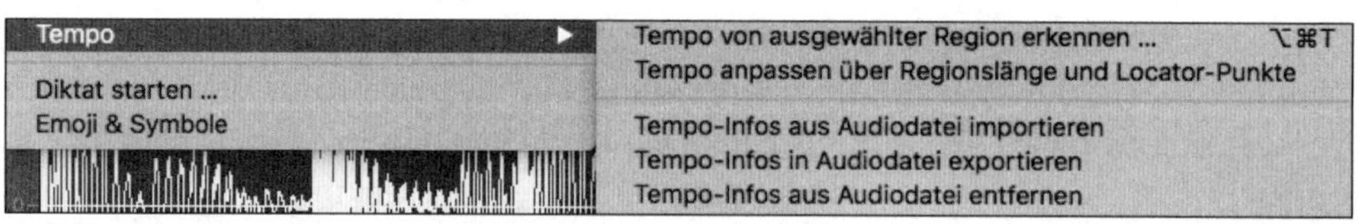

Abbildung 9.38 Der Dialog zur Tempoanpassung bezogen auf einen selektierten Bereich im Taktlineal und eine selektierte Region

Dabei passiert Folgendes: Sie teilen Logic durch die gleichzeitige Selektion einer Region und eines Bereichs im Taktlineal mit, welche Länge die selektierte Region hat, indem Sie die Funktion Tempo anpassen über Regionslänge und Locator-Punkte nutzen. Logic muss nun nur noch wie ein normaler Taschenrechner eine Gleichung lösen. Es muss bei vorgegebener Zeit (= die Region) und vorgegebener Taktzahl (= der markierte Bereich im Taktlineal) das Tempo ausrechnen. Dieses wird anschließend automatisch eingestellt, wobei Sie in einem aufspringenden Dialog die Option haben, eine Tempoänderung im selektierten Bereich (durch Klick auf Erzeugen) oder global für das ganze Projekt zu erstellen (Abbildung 9.39).

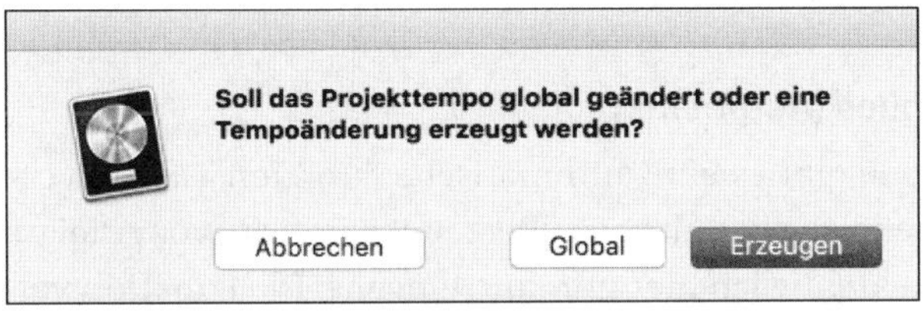

Abbildung 9.39 Hier geben Sie ein, ob Sie das Tempo für das gesamte Projekt oder nur für einen Zeitabschnitt ändern wollen.

Ob Sie alles richtig gemacht haben, können Sie ganz einfach testen, indem Sie die betroffene Region selektieren und ihre neue Taktlänge prüfen. Logischerweise muss diese in unserem Beispiel genau einen Takt betragen! Abbildung 9.41 zeigt dies; Sie sehen dort außerdem die eingeblendete globale Tempospur mit dem neuen globalen Tempo. Diesen Zwischenstand finden Sie auch im Dokument *09Tempoanpass03* abgespeichert.

Wenn Sie eine Region exemplarisch für ein längeres Audiofile auf diese Weise analysiert und das Tempo herausgefunden haben, kann es natürlich sein, dass durch kaum zu vermeidende Ungenauigkeiten beim Schnitt ein etwas ungenaues Tempo herauskommt. Aber Achtung, das können Sie nur dann sehen, wenn Sie im Display die Ansicht Eigene entsprechend konfiguriert haben (siehe Dokument *09Tempoanpass03b*). Andere Displayeinstellungen (wie im Dokument *09Tempoanpass03*) zeigen Ihnen nicht die Nachkommastellen an.

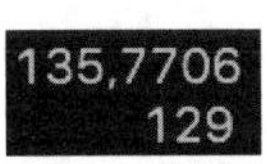

Abbildung 9.40 Das im Projekt »09Tempoanpass03« herausgefundene Tempo, das im Dokument »09Tempoanpass03b« anders dargestellt wird

Oft ist es so, dass das analysierte Material ein glattes Tempo (z. B. 135) verwendet, der Schnitt aber nicht genau genug sein kann, um auf ein glattes Ergebnis zu kommen; in unserem Fall wäre Tempo 136 am wahrscheinlichsten, aber Tempo 135 sollte auch in Betracht gezogen werden. Es handelt sich bei unserem Beispiel nur um ein kurzes Audiofile, eventuelle Ungenauigkeiten lassen sich möglicherweise auch durch Quantisierungen beheben.

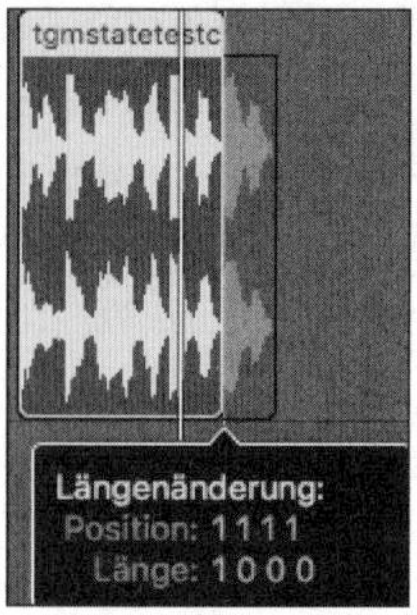

Abbildung 9.41 Die Region im Bild ist genau einen Takt lang.

Tempo von ausgewählter Region erkennen (Automatik)

Zusätzlich zu der hier gezeigten Methode gibt es eine automatische Funktion TEMPO VON AUSGEWÄHLTER REGION ERKENNEN, die mich aber nicht so überzeugt wie die zuvor gezeigte Methode nach »alter« Logic-Schule und auf die ich hier nur kurz eingehe. Die Funktion vereinfacht die zuvor gezeigte Prozedur insofern, als Sie nur eine Region anwählen, ohne diese zuvor korrekt schneiden zu müssen; eventuell kommen Sie schneller, aber etwas weniger genau ans Ziel. Wählen Sie bei selektierter Region aus dem Menü BEARBEITEN • TEMPO VON AUSGEWÄHLTER REGION ERKENNEN ([alt] + [cmd] + [T]). Logic macht danach selbst Vorschläge, um welches Tempo es sich handelt, von denen Sie einen auswählen und anwenden können, wobei Ihnen verschiedene weitere Optionen zur Verfügung stehen (Abbildung 9.42).

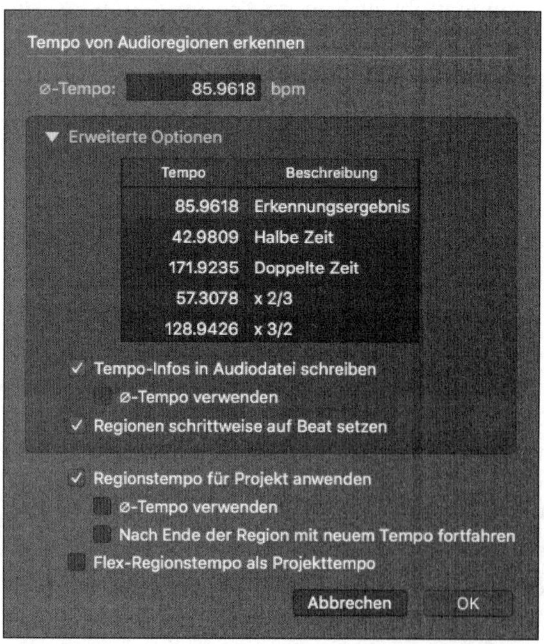

Abbildung 9.42 Tempo von Audioregionen erkennen

Es kann passieren, dass keiner der Vorschläge so genau ist wie das durch die zuvor gezeigte Methode errechnete Ergebnis (speziell bei Breakbeats) oder die Analyse »abstürzt«. Ich empfehle daher die zuvor gezeigte manuelle Tempoanalyse und -anpassung.

»BPM Counter«

Alternativ können Sie auch das Plug-In »BPM Counter« (Abbildung 9.43) als einfaches Tempomessgerät zu Hilfe nehmen. Es hat nun auch zwei Buttons, »: 2« und »× 2«, mit denen Sie ein als halb oder doppelt so schnell erkanntes Tempo (z. B. bei Breakbeats) korrigieren. Sie finden es als Effekt-Plug-In unter dem Eintrag METERING.

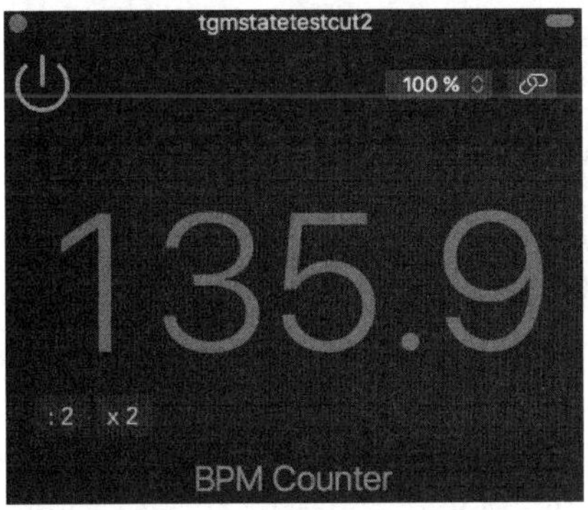

Abbildung 9.43 »BPM Counter«

9.7.2 Fall 2: Audiofile an Projekttempo anpassen

Auf der Basis des Dokuments *09Tempoanpass02* möchte ich nun die umgekehrte Form der Tempoanpassung nachvollziehen: Die Region soll sich an unser Projekttempo anpassen. Das können wir durch Time-Stretching und Erzeugen eines neuen Audiofiles oder durch nichtdestruktives Flex-Editing mit dem vorhandenen Audiofile realisieren. Wir unterscheiden also zwischen:

- destruktivem und
- nichtdestruktivem Time-Stretching.

Die Verfahrensweise ist bei beiden Fällen weitgehend gleich, bei nichtdestruktivem Time-Stretching ist lediglich Flex aktiviert!

Auch mit *Slicing* können Sie eine Unabhängigkeit des Tempos erreichen. Dies beschreibe ich in Abschnitt 9.10.

Tempoanpassung durch destruktives Time-Stretching

Öffnen Sie das Dokument *09Tempoanpass02*. Die Region im Dokument ist (in ihrem eigenen Tempo) bereits auf einen glatten Takt geschnitten. Gehen Sie bei selektierter Region im Dokument *09Tempoanpass02* in das BEARBEITEN-Menü. Dort finden Sie unter dem Eintrag

Time-Stretch die Funktion Regionslänge auf Locator-Punkte dehnen/stauchen (alt + cmd + L). Hiermit wird die selektierte Region auf einen zuvor im Taktlineal selektierten Bereich gedehnt. Wenn Sie also sauber einen Takt geschnitten haben, müssen Sie anschließend die Region lediglich auf die Länge eines Taktes dehnen/stauchen, um sie an Logics Tempo anzupassen. Beim Dehnen/Stauchen wird (falls kein Flex-Modus aktiv ist) ein neues Audiofile angelegt, das das alte im Spurenbereich automatisch ersetzt. Sie haben die Wahl zwischen verschiedenen Time-Stretching-Algorithmen (siehe Abbildung 9.44). Das Ergebnis können Sie im Dokument *09Tempoanpass04* aufrufen. Dort sehen Sie außerdem, dass in der Übersicht Projekt ein neues Audiofile angelegt wurde.

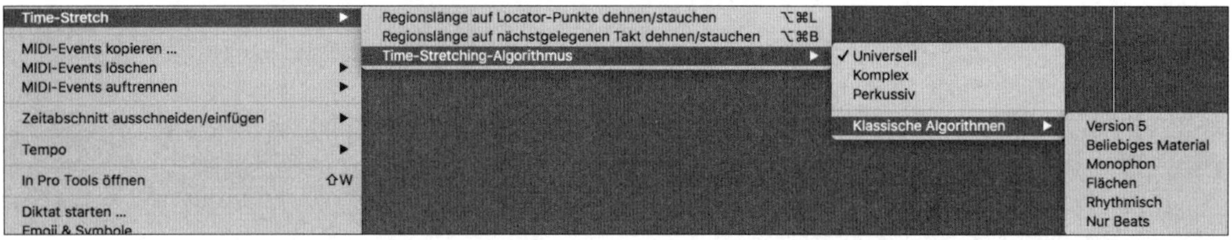

Abbildung 9.44 Die Funktion für das Time-Stretching einer Region

Die auswählbaren Algorithmen sind meistens nicht ganz so gut wie jene, die im später hinzugekommenen Flex-Modus geboten werden. Klangeinbußen wegen schlechterer Time-Stretching-Algorithmen werden vor allem dann deutlich hörbar, wenn Audiofiles stark in die Länge gezogen werden.

Alternativ können Sie die Region auch mit gehaltener alt-Taste an ihrer rechten unteren Ecke anfassen, so dass ein Time-Stretching-Tool bzw. eine Art Längentool mit speziellen Wellenformsymbolen erscheint (Abbildung 9.45). Mit ihm bringen Sie Ihre Region auf die gewünschte Länge, wobei Sie gegebenenfalls Einstellungen des Einrasten-Menüs beachten müssen. Der im Menü Bearbeiten • Time-Stretch ausgewählte Algorithmus ist dabei aktiv. Dabei wird ebenfalls ein neues Audiofile erzeugt (falls Flex nicht aktiv ist).

Eine weitere Alternative finden Sie im Funktionen-Menü des Audiodateieditors; sie heißt Time and Pitch Machine (siehe Abschnitt 8.2.9). Der Vorteil der Time and Pitch Machine besteht in einem Dialogfenster, das präzise Eingaben zu Takt-, Zeit- oder Samplelänge für Quell- und Zieldatei des Time-Stretchings erlaubt.

Tempoanpassung durch nichtdestruktives Time-Stretching und Flex-Algorithmen

Der Flex-Betriebsmodus mit seinen diversen Algorithmen, die auch mitunter *Flex-Modes* genannt werden, erlaubt nichtdestruktives Editing. Gehen Sie zurück zum Dokument *Tempoanpass02*. Aktivieren Sie den Flex-Modus, und stellen Sie den Flex-Algorithmus Rhythmisch ein (Abbildung 9.45). Achten Sie zusätzlich darauf, dass Flex im Informationsfenster Region für die betreffende Region aktiviert ist.

Anschließend können Sie wiederum die gewünschte Taktlänge im Taktlineal wählen, zugleich die Region selektieren und wie im Beispiel zuvor die TIME-STRETCH-Funktion REGIONSLÄNGE AUF LOCATOR-PUNKTE DEHNEN/STAUCHEN (alt + cmd + L, Abbildung 9.44) aus dem Menü BEARBEITEN • TIME-STRETCH aufrufen. Die Region wird dann auf die passende Länge gedehnt/gestaucht. Dabei wird kein neues Audiofile angelegt und das alte Audiofile nicht verändert. Wenn Sie einen doppelt so langen Taktbereich im Taktlineal auswählen, halbiert Logic das Tempo der Region entsprechend.

Alternativ können Sie mit dem Längen-Tool arbeiten und die Regionslänge exakt einstellen. Das Längentool erscheint bei aktiviertem Flex-Modus beim Anfassen der oberen Ecke einer Region, die alt-Taste brauchen Sie dabei nicht mehr. Nun können Sie Ihre Region leicht auf die gewünschte Länge bringen (siehe Abbildung 9.45). Im Dokument *TempoanpassO5* habe ich das Audiofile mit dem Flex-Modus RHYTHMISCH auf 1 Takt gedehnt.

Abbildung 9.45 Das Stretch-Längentool. Die Länge der Region wird Ihnen angezeigt, wenn Sie die Maustaste festhalten. Auf diese Weise können Sie die Maus bewegen, bis die Ziellänge erreicht ist.

9.7.3 Experimentelle Anwendung von Time-Stretching

Natürlich können Sie die gezeigten Arbeitsschritte nicht nur für einfache Tempoanpassungen verwenden, sondern hiermit auch kreative Prozesse gestalten. So ist es insbesondere im nichtdestruktiven Modus ja ein Kinderspiel, Audiofiles im doppelten, vierfachen, halben oder geviertelten Tempo laufen zu lassen, egal, ob Sie Flex-Tools verwenden oder nicht.

Im Dokument *09TempoanpassO6* habe ich das Audiofile auf vier Takte Flex-Mode RHYTHMISCH gedehnt. Das ist immerhin gleichbedeutend mit 400%igem Time-Stretching. Weil der Algorithmus jedoch auf RHYTHMISCH steht, wird der Sound der Schläge/Transienten weitgehend bewahrt und vor allem der Nachhall/Aushall gedehnt, wodurch interessante Drumsounds entstehen. Im Dokument *09TempoanpassO6b* habe ich das Audiofile auf vier Takte Flex-Mode POLYPHON gedehnt. Sie hören, dass das Time-Stretching jetzt zwar künstlich klingt, aber gleichmäßiger erfolgte. Im Dokument *09TempoanpassO4b* habe ich das Audiofile auf vier Takte mit destruktivem Time-Stretching, universellem Algorithmus und Längentool gedehnt.

9.7.4 Tempoanpassung von MIDI-Regionen

Sie können Tempoanpassungen auch für MIDI-Regionen anwenden. Nachdem Sie eine MIDI-Region korrekt geschnitten haben, können Sie sie mit den bereits gezeigten Tools wie der gehaltenen [alt]-Taste bei einer Längenänderung timestretchen und ans Tempo anpassen. Oder nutzen Sie für MIDI-Regionen die Funktion TIME HANDLES (siehe Abschnitt 7.2.36).

Praxisbeispiel 1

Im Projekt *09MIDItempo1* habe ich in Spur 1 eine *E-Piano*-Region eingespielt. Dabei habe ich ein ungefähres Tempo eingestellt, mir einen Klick während des Vorzählers vorspielen lassen und die Aufnahme erst bei Takt 2 begonnen, damit nicht eventuell Noten verschluckt werden. In Spur 2 (hier zunächst stummgeschaltet) habe ich die gleiche Region, die ich zuvor aus Spur 1 dorthin kopiert hatte, nach vier Takten geschnitten. Danach wiederholt sich die eingespielte musikalische Einheit. Gegebenenfalls müssen Sie beim Schneiden überlappende Noten kürzen, teilen oder beibehalten. Offensichtlich habe ich die vier Takte in einem schnelleren als dem eingestellten Tempo gespielt. Daher habe ich anschließend die Region mit gehaltener [alt]-Taste auf eine Länge von vier Takten gedehnt. Dabei bekommt das Längentool das gleiche Aussehen wie beim Time-Stretching von Audiofiles. Das Ergebnis liegt in Spur 2.

Ich musste allerdings im EINRASTEN-Menü einstellen, dass Regionen auf absolute Werte einrasten sollen (das wirkt sich auch auf Edits mit dem Längentool aus). Problematisch bleibt eine Temposchwankung innerhalb der *E-Piano*-Region, die ich jedoch durch eine Quantisierung beseitigen konnte (die quantisierte Version der Region habe ich in Spur 3 kopiert). Auch Anpassungen für die weiter rechts auf Spur 2 liegenden Reste der Region habe ich noch nicht vorgenommen.

Alternativ können Sie auch die BEAT-MAPPING-Funktion (siehe hierzu auch die Unterabschnitte über BEAT-MAPPING in Abschnitt 9.8) benutzen und jeden Schlag einer Taktposition zuweisen. Liegen die Noten erst einmal auf der richtigen Taktposition, können Sie danach das Tempo wieder beliebig variieren und so zumindest theoretisch aus einer Einspielung mit Tempowechseln eine ohne Tempowechsel machen.

Praxisbeispiel 2

Ein Schüler spielte mir seinen Entwurf vor. Er hatte mehrere Drum-Regionen aneinandergereiht. Diese spielten jeweils nacheinander einen 2 Takte langen Groove. Jedoch hatte das Tempo seines Grooves nichts mit dem in Logic eingestellten Tempo zu tun, er hatte ohne Metronom aufgenommen.

Ich konnte die Regionen in Logics Taktraster bringen, indem ich zunächst im Menü FUNKTIONEN des Bereichs SPUREN deren SMPTE-Positionen verriegelte, denn durch eine Tempoänderung sollten diese nicht verrutschen, sie spielten ja bereits korrekt nacheinander. Anschließend wählte ich eine Region (die ja 2 Takte lang sein sollte), wählte 2 Takte im Taktlineal aus und nutzte wiederum TEMPO ANPASSEN ÜBER REGIONSLÄNGE UND LOCATORPUNKTE (global für den ganzen Song). Danach waren die Regionen im Takt mit Logic, und ich entriegelte die SMPTE-Positionen wieder.

9.8 Tempoanpassung bei schwankendem Tempo (Fall 3 und 4) und Mehrspuraufnahmen

Das Spielen ohne Klick erlaubt Musikern eine zusätzliche musikalische Ausdrucksmöglichkeit in Form von Tempowechseln, die bei computergestützter Musikproduktion oft etwas in den Hintergrund gerät. Dabei ist z. B. ein sich steigerndes Songtempo ein sehr wirksames Mittel, um die Spannung eines Songs hochzuhalten oder eine Steigerung emotional spürbar zu machen. Ein Aufnahme ohne Klick kann ist dann sinnvoll. Sie kann auch sinnvoll sein, wenn Musikbands nicht in der Lage sind, ein Stück korrekt zu einem Klick einzuspielen (weil das Stück zu schwierig ist oder die Musiker das Timing nicht so gut beherrschen). Wenn Sie Logic wie eine Bandmaschine als reines Aufnahmegerät benutzen und das MIDI-Taktraster ignorieren, müssen Sie sich natürlich nicht um Tempoanpassungen kümmern. Tempoanpassungen in Logic sind nötig, wenn Sie

- entweder Logic oder seine Sequenzerinhalte als Begleitung zum Song mitspielen lassen möchten und wollen, dass Logic richtig »mitzählt« (Fall 3), so dass auch das Editing insgesamt komfortabler wird,
- oder wenn Sie einen Song oder eine Mehrspuraufnahme mit schwankendem Tempo in ein gleichmäßiges Taktraster von Logic bringen möchten, um beispielsweise einen DJ-freundlichen Remix zu erstellen (Fall 4).

9.8.1 Logics Tempo an einen Song mit wechselndem Tempo anpassen (Fall 3)

Logic kann sein Tempo an Musik mit wechselndem Tempo anpassen. Richtig eingesetzt, können Sie Logic als eine Art zusätzliches Band-Mitglied verwenden. Um das zu realisieren, bietet Logic Ihnen mehrere Möglichkeiten, die sich auch kombiniert nutzen lassen.

Für einige der folgenden Ausführungen und Abbildungen habe ich einen alten Rock-Song namens »A Horse With No Name« von der Gruppe America für die Tempoanpassung verwendet, den ich aus Copyright-Gründen nicht in den Bonusbereich legen konnte (den Song können Sie auch im Internet kaufen und es selbst ausprobieren, er eignet sich für Übungszwecke gut; sein Anfangstempo beträgt ca. 120 BPM, und die Temposchwankungen sind nicht zu extrem).

Nun möchte ich Logic den Song begleiten lassen. Weil bei dieser Methode das schwankende Tempo beibehalten und das Original-Audiofile nicht verändert werden soll, aktivieren Sie hierbei Flex natürlich *nicht*, denn das Audiofile soll unverändert bleiben.

Grundsätzlich haben Sie zwei Möglichkeiten, Logic das Tempo und damit auch die Taktpositionen eines vorgegebenen Songs mit wechselndem Tempo vorzugeben:

- Geben Sie durch »Tappen« das Tempo manuell vor, und nutzen Sie anschließend die Funktion Beats von Region, um Logic das wechselnde Tempo des Songs mitzuteilen. Das funktioniert zuverlässig.
- Wenden Sie Beats von Region auf das Audiofile selbst an. Eventuell erkennt Logic automatisch korrekt alle Tempowechsel. Das klappt nicht immer, aber wenn es klappt, spart es viel Zeit.
- Ziehen Sie Taktpositionen auf Transient-Marker, die in Audio- oder MIDI-Regionen vorkommen. Optimale Ergebnisse erzielen Sie möglicherweise durch die Kombination dieser Technik mit den Ergebnissen von Beats von Region.

»Beats von Region« mit manuell eingespielter Region

Zur Vorbereitung der Nutzung der Funktion Beats von Region legen Sie wieder die »Eins« des Audiofiles auf einen fixen Punkt in Logic (z. B. auf Takt 1 oder 9). Lassen Sie sich einen kurzen Vorzähler vorspielen, und spielen Sie anschließend die Original-Audiospur ohne störenden Klick ab. Dabei tappen Sie analog zur Musik beispielsweise in Viertelnoten auf Ihrem Keyboard und nehmen das auf eine Software-Instrument-Spur auf, die Sie zuvor erstellt haben (zum Beispiel mit einem Kick-Schlagzeug-Sound oder *Ultrabeat*). Am besten stellen Sie zuvor den Metronomklick so ein, dass das Tempo dem Anfang des Stücks ungefähr entspricht und Sie ihn beim Einzählen hören, aber nicht mehr danach (wenn die Aufnahme beginnt). Denn der Klick hat ja mit dem Rhythmus und Tempo des Audiofiles, an das Logic angepasst werden soll, bislang ja noch nichts zu tun. Die entsprechende Einstellung Klick während der Aufnahme/Nur während des Einzählens finden Sie in den Metronom-Einstellungen im Menü Aufnahme.

Anschließend blenden Sie in den globalen Spuren die Beat-Mapping-Spur ein. Wenn Sie auf den Eintrag Beat-Mapping klicken, wird ein Eintrag Beats von Region sichtbar (Abbildung 9.47), auf den Sie klicken, wenn die Region mit der Aufnahme der getappten Viertelnoten selektiert ist.

Im anschließenden Dialog fragt Logic, wie die von Ihnen getappten/gespielten Noten interpretiert werden sollen. Wenn Sie anschließend hier Viertelnoten als Option auswählen (Abbildung 9.48), fügt Logic automatisch Tempokurven und Änderungen so ein, dass die von Ihnen gespielten Viertelnoten automatisch auf Viertelnotenpositionen in Logics Taktraster liegen und das Logic-Metronom somit synchron mit den getappten Schlägen spielt.

Blenden Sie auch die Tempospur ein (eine globale Spur), um die von Logic vorgenommenen Tempoänderungen zu sehen (Abbildung 9.46). Nun sollte Logic synchron zu Ihrer Aufnahme laufen. Mit dieser Methode geht es relativ schnell, Logics Tempo zumindest halbwegs genau an musikalische Inhalte mit schwankendem Tempo anzupassen. Die Genauigkeit, mit der Logic nun synchron zu Ihrer Aufnahme läuft, hängt davon ab, wie genau bzw. synchron Sie die Viertelnoten eingespielt haben.

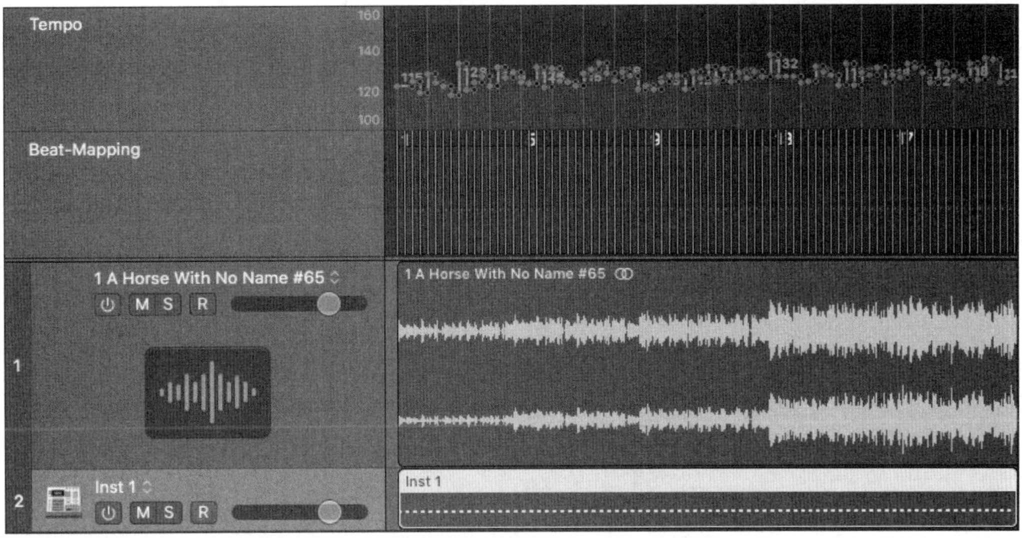

Abbildung 9.46 Im Bild hat Logic das Tempo mit Hilfe der »Beats von Region«-Funktion anhand der gespielten Noten in Viertelnotenschritten geändert.

Abbildung 9.47 Die Funktion »Beats von Region« in der globalen Spur »Beat-Mapping«

Abbildung 9.48 Wie sollen die von Ihnen gespielten Noten interpretiert werden? Die Voreinstellung von 1 Takt habe ich im Bild in eine Viertelnote geändert.

»Beats von Region« für das gesamte Audiofile

Sie können die Funktion BEATS VON REGION wie gezeigt auch auf die ganze Audiodatei anwenden. Im Folgedialog bietet Logic eine *Tolerierung* fehlender oder zusätzlicher Events an (Abbildung 9.49). Im Beispiel von »A Horse with No Name« hat dies erstaunlich gut funktioniert, auch wenn die Audiodatei ohne erkennbaren Grund einen halben Takt nach hinten geschoben wurde. Dies konnte ich durch ein nachträgliches Verschieben aller Tempoevents sowie der Regionsposition um einen halben Takt nach vorn ausbügeln.

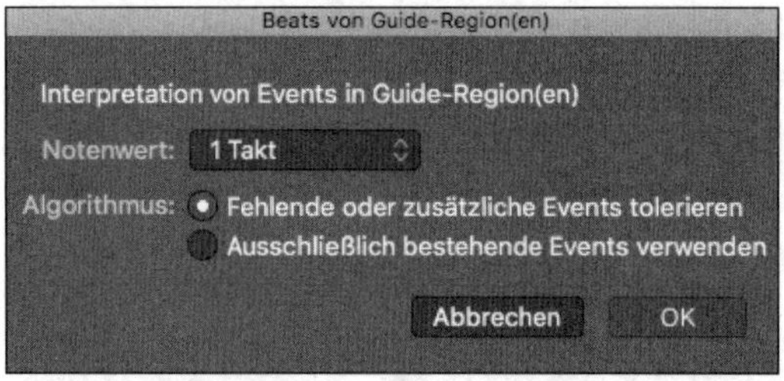

Abbildung 9.49 »Beats von Guide-Region(en)«-Dialog – Variante 2

»Beat-Mapping«: Beispiel 1 (Audio)

Gehen wir nachfolgend von einer ungefähren, aber nicht ganz korrekten Anpassung durch das manuelle Eintappen und die Anwendung von BEATS VON REGION aus. Nun können Sie die zweite Technik der detaillierteren Anpassung des Audiofiles anwenden, um das Ergebnis zu optimieren.

Da Taktlineal und Song schon einigermaßen zueinandergefunden haben, ist es nun leichter, Korrekturen vorzunehmen. Sie können die im Folgenden gezeigte Methode des BEAT-MAPPINGS allerdings auch anwenden, ohne vorher die Funktion BEATS VON REGION benutzt zu haben.

Sie können eine oder mehrere Regionen selektieren und zum BEAT-MAPPING heranziehen. Selektierte Regionen (egal, ob Audio oder MIDI) sind in der BEAT-MAPPING-Spur schattiert.

Das Taktraster, das oben in der BEAT-MAPPING-Spur erscheint, entspricht dem von Logics Taktlineal. Wählen Sie bei selektiertem Audiofile in der BEAT-MAPPING-Spur die Option TRANSIENTEN ANALYSIEREN aus. Ihr Audiofile wird nun analysiert (für MIDI-Regionen müssen/können keine Transienten analysiert werden, denn diese liegen quasi als Note-On-Befehl vor). Es ist auch möglich, dass bereits Transienten erkannt wurden und Sie gefragt werden, ob diese überschrieben werden können. Mit den –/+-Buttons neben dem Eintrag BEAT-MAPPING erhöhen oder verringern Sie die Empfindlichkeit und die Zahl erkannter Transienten.

Anschließend können Sie eine Taktposition im Taktlineal mit einem erkannten Transienten im Audiofile verbinden, um genau diese Stelle des Audiofiles mit der gewünschten Logic-Taktposition zu verknüpfen. Das funktioniert, weil Logic anschließend eine Tempoänderung in der Tempospur einfügt (siehe Abbildung 9.50). Sie sollten das Audiofile am Anfang beginnend bis zum Ende durcharbeiten – denn Tempoänderungen verschieben das Taktraster für alles Folgende! Außerdem sollten Sie sicherstellen, dass Sie ein Tempoevent am Anfang Ihrer Aufnahme platzieren, falls diese nicht exakt bei Takt 1 beginnt. Zur besseren Kontrolle können Sie sich beim BEAT-MAPPING stets den Klick mit vorspielen lassen.

BEAT-MAPPING-Marker können Sie durch Doppelklick oder mit dem Radiergummiwerkzeug wieder löschen. Große Tempospünge weisen auf eine möglicherweise fehlerhafte Zuordnung hin.

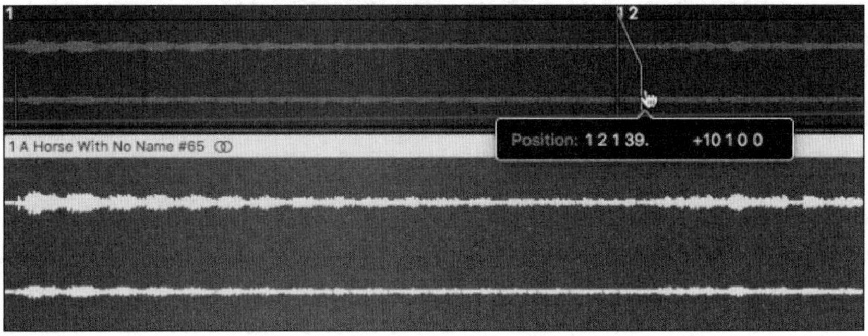

Abbildung 9.50 Mit gehaltener Maustaste ziehe ich die Taktposition 1.2 zu dem beim dritten Gitarren-Strumming erkannten Transienten auf Position 1 2 1 39. Anschließend ändert Logic das Tempo entsprechend.

Wenn Sie ein schwankendes Tempo beibehalten und Logics Taktraster anpassen, können Sie grundsätzlich zwar taktsynchrone Inhalte oder Apple Loops nutzen, die sich an die Tempoänderungen anpassen können. Allerdings wird es komisch klingen, wenn Sie bestimmte, sehr straighte Apple Loops wie z. B. einen House-Beat-Drumloop bei wechselndem Tempo dazumischen. Eher lässt sich ein zusätzliches Instrumenten-Solo oder ab und zu eine Bassdrum auf der Taktzählzeit 1 einbinden.

Alternativ können Sie für eine größere Genauigkeit der Anpassung auch die zuvor gespielten Viertelnoten aus der MIDI-Region nachträglich justieren, um Logics Tempoänderungen zu optimieren, und anschließend wieder BEATS VON REGION nutzen. Ganz leicht ist das alles nicht, ein paar Stunden müssen Sie bei solchen Anpassungen für ganze Projekte eventuell einkalkulieren.

Hinweis: Da Sie sich globale Spuren auch in der PIANOROLLE oder den Audio-Editoren anzeigen lassen können, können Sie auch dort mit der BEAT-MAPPING-Funktion arbeiten.

»Beat-Mapping«: Beispiel 2, Audio und MIDI, MIDI und Flex schützen

Hier noch ein anderes Beispiel: Im Projekt *09Beatmapp1* spielt ein Klavier nicht zum Takt, die gespielten Akkorde werden gefühlvoll langsamer gespielt (*ritardando*). Die so eingespielte MIDI-Region habe ich zudem als Audiofile gebounct.

Im Projekt *09Beatmapp2* habe ich die Taktpositionen im Beat-Map-Grid-Transienten im Audiofile zugewiesen. Hierdurch wurden Tempoänderungen erzeugt (siehe Abbildung 9.51).

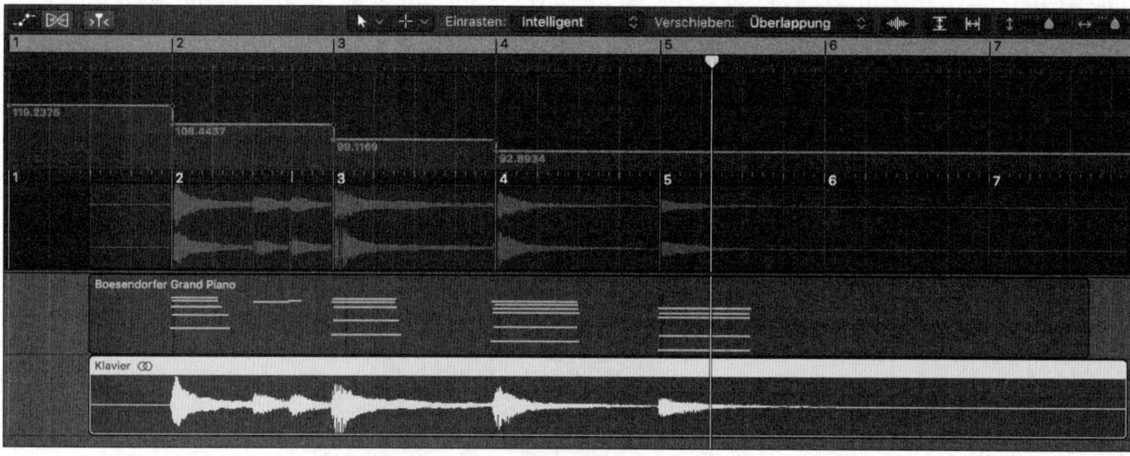

Abbildung 9.51 Mit »Beat-Mapping« habe ich Logics Raster an die selektierte Audioregion und die synchron laufende MIDI-Region angepasst.

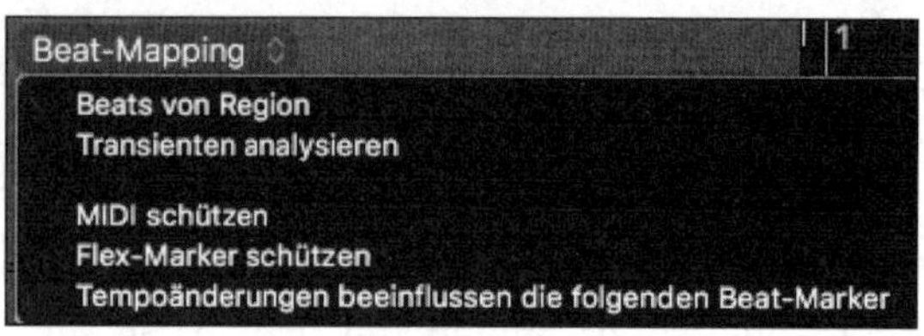

Abbildung 9.52 MIDI schützen

Wenn Sie MIDI SCHÜTZEN auswählen und damit das Häkchen setzen, bleiben die MIDI-Noten bei folgenden BEAT-MAPPING-Edits auf ihren Taktpositionen. Ob das sinnvoll ist oder nicht, hängt davon ab, ob die MIDI-Region zu dem Zeitpunkt, an dem Sie MIDI SCHÜTZEN aktivieren, bereits auf den richtigen Positionen des Logic-Taktrasters liegt. Das Gleiche gilt für die Option FLEX-MARKER SCHÜTZEN.

Falls Sie z. B. zuerst einen Beat in das Taktraster gebracht haben und anschließend Logics Tempo aus irgendeinem Grund via BEAT-MAPPING anpassen möchten, sollten Sie MIDI oder Flex-Marker schützen, damit die MIDI-Events bzw. Flex-Marker an ihren (bereits korrekt) zugewiesenen Taktpositionen bleiben und nicht an die Zeitposition gekoppelt sind. Dies ist beim BEAT-MAPPING für Audio und MIDI-Inhalte der Fall, wenn die entsprechenden Optionen deaktiviert sind.

Falls Sie die MIDI-Region dagegen ohne Bezug zum Klick frei eingespielt haben (wie im Beispiel), sollten Sie MIDI SCHÜTZEN beim BEAT-MAPPING zunächst besser deaktivieren. In *09Beatmapp2* war MIDI SCHÜTZEN vor der Bearbeitung ausgeschaltet, die MIDI-Noten sind so an ihren Zeitpositionen geblieben. Das erfolgte BEAT-MAPPING passt nun für beide Spuren. Durch Tempoänderungen wurde das Logic-Taktraster sowohl an die Audio- als auch an die MIDI-Spur angepasst. Für das BEAT-MAPPING hätte ich auch die MIDI-Region heranziehen können (siehe Projekt *09Beatmapp3*).

Sie können nun auch das Tempo in der Tempospur nachträglich ändern (z. B. die treppenförmigen Tempoverläufe mit Kurven glätten). Die an neu zugeordneten Taktpositionen liegenden MIDI-Events machen die Tempoänderungen jetzt mit, ohne ihre Taktposition zu verlieren. Auf diese Weise können Sie theoretisch auch wieder ein glattes Taktraster ohne Temposchwankungen einführen (siehe Projekt *09Beatmapp3b*). Dies funktioniert zumindest in der Theorie auch mit Audiofiles, wenn der Flex-Modus zum richtigen Zeitpunkt aktiviert wird. Logic verhält sich dabei nicht wie erwartet, aber berechenbar. Dieser Workaround funktioniert so: Sie müssen vor Tempoänderungen eine neue Audiodatei bouncen und dann Flex für diese Datei erstmals aktivieren, wenn die Taktpositionen stimmen – und danach das Tempo ändern.

9

9.8.2 Song mit schwankendem Tempo an straightes Taktraster von Logic anpassen/Remixing (Fall 4)

Oft möchte man Aufnahmen mit schwankendem Tempo in ein Taktraster ohne Temposchwankungen bringen – z. B. um straighte DJ-Club-Remixe zu erstellen oder schlecht eingespielte Aufnahmen zu formatieren. In diesem Abschnitt erläutere ich die entsprechenden Arbeitsweisen. In älteren Logic-Versionen ging das hauptsächlich durch das Setzen von Flex-Markern. Mit der aktuellen Logic-Version bevorzuge ich das im Abschnitt zuvor erläuterte BEAT-MAPPING.

Straightes Tempo nach Beat-Mapping einstellen

Wenn Sie wie oben gezeigt ein BEAT-MAPPING vornehmen, erhalten Sie eine Tempospur mit Tempoänderungen und ein Audiofile, das auf richtigen Taktpositionen liegt. Nun könnten Sie ja zumindest theoretisch einfach das Tempo in der Tempospur ändern: Sie könnten die Tempoänderungen löschen und ein komplett einheitliches Tempo einstellen (siehe Projekt *09Beatmapp3b* im Ordner für die zu Kapitel 9 gehörenden Projekte), in der Hoffnung, dass das Audiofile an den korrekten Taktpositionen liegenbleibt. Das sollte bei »geflexten« Audiofiles ja eigentlich immer der Fall sein, denn Flex-Marker tackern Events an Taktpositionen fest.

In der Praxis verrutscht das Audiofile in Logic allerdings leider nach solchen Tempoänderungen. Das geschieht selbst nach korrekter erstmaliger Aktivierung von Flex nach dem BEAT-MAPPING, vermutlich weil diese Region noch (falsche) Taktpositionen aus der Zeit vor der Tempoanpassung »kennt«.

Abhilfe schafft ein einmaliger Regionsbounce der »ungeflexten« Region. Damit ist die Originalregion gemeint (an die Logics Tempo angepasst wurde). Für diese muss Flex deaktiviert sein – alle Taktpositionen stimmen ja jetzt durch die Tempoanpassungen. Sie erhalten nun eine zweite Audiodatei auf derselben Position, deren Schläge ebenfalls auf korrekten Taktpositionen liegen. Wenn Sie jetzt Flex für die neu erzeugte Region mit korrekten Positionen erstmalig aktivieren, können Sie das Tempo beliebig ändern, und das Audiofile wird sich korrekt an das Tempo anpassen! Falls z. B. ein House-Remix gewünscht ist, könnten Sie anschließend Beats einspielen und quantisieren oder einen Drumloop unter ein an das Logic-Taktraster angepasstes File legen und prüfen, wie gut Drums und das via Flex-Tools gestretchte Audiofile bereits zueinander passen.

Für ein komplexes Audiofile empfiehlt es sich, den Flex-Modus POLYPHON einzustellen.

Song mit schwankendem Tempo manuell mit Flex-Markern anpassen

Alternativ legen Sie das Audiofile des anzupassenden Songs an einer passenden Taktposition am Anfang des Logic-Projekts an. Anschließend aktivieren Sie den Flex-Modus für die betreffende Spur. Danach wird das Audiofile analysiert. In Abbildung 9.53 habe ich wieder »A Horse With No Name« von der Gruppe America für die Tempoanpassung benutzt. Das Tempo des Songs liegt nahe an den eingestellten 120 BPM und ist schwankend. Sobald das Schlagzeug einsetzt, schnellt das Tempo gegenüber dem Intro leicht in die Höhe.

Nun gehen Sie Schritt für Schritt durch den Song und setzen einzelne (!) Flex-Marker auf erkannte Transienten (erkennbar an den dünnen Linien), die auf erkennbaren Taktpositionen (z. B. Zählzeit 1 oder Viertelnoten wie in Abbildung 9.53) liegen, und bewegen sie mit gehaltener Maustaste an die gewünschte Taktposition.

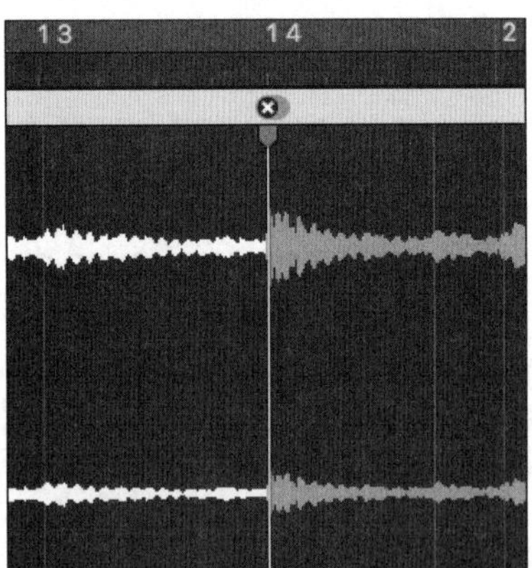

Abbildung 9.53 Durch Anfassen der Transienten-Linie erstellen Sie einen Flex-Marker.

Achtung: In Logic Pro X wurde bei meinen Tests beim Erstellen dieses Buchs (im Gegensatz z. B. zu Pro Tools) durch das sukzessive Setzen und Verschieben von Flex-Markern beim Verschieben des jeweils letzten neu gesetzten Markers *nicht* auch der Rest des Audiofiles (etwa nach hinten) verschoben. Stattdessen wurde mit jedem neuen Flex-Marker stets der Rest des Audiofiles gestaucht, als ob ganz hinten bereits ein Flex-Marker gesetzt wäre. Eine Dehnung im vorderen Bereich eines Audiofiles rief also immer auch eine Stauchung im hinteren Bereich hervor – und umgekehrt.

Wenn Sie wollen, dass der hintere Teil der Region um das Ausmaß der Dehnung/Stauchung mit nach rechts/links rutschen soll, müssen Sie den letzten sichtbaren Flex-Marker vor dem Regionsende über dieses hinausschieben. Hierdurch verlängert sich die Region, und der unsichtbare Flex-Marker am Ende der Region verschwindet. Löschen Sie nun außerdem den zuvor nach rechts verschobenen letzten Flex-Marker von rechts. Nun sollte sich der rechte Rand der Region automatisch mit bewegen, wenn Sie weiter vorn liegende Flex-Marker bewegen (siehe Abbildung 9.17, Abbildung 9.18 oder Projekt *09Zaehlerrecflex3*).

Versuchen Sie nachfolgend, weitere Zählzeiten wie z. B. die »Eins« im Audiofile zu finden und die neuen Flex-Marker anschließend auf entsprechende Zählzeiten in Logics Taktlineal zu ziehen. Auf diese Weise passen Sie relativ schnell einen kompletten Song grob an und können sich später um die Details kümmern.

Mit dieser Vorgehensweise ist es meistens bei der nächstens »Eins« in der Wellenform relativ leicht zu erkennen, wohin sie im Taktlineal gezogen werden muss (ob nach links oder rechts). Auf diese Art arbeiten Sie sich von vorn bis hinten durch das Audiofile.

Sie können alternativ auch zunächst die Takte eines Audiofiles manuell durchzählen. Stellen Sie danach bei aktiviertem Flex-Modus vorab eine passende Länge für die gesamte Region ein (via Längentool mit gehaltener `alt`-Taste). Anschließend setzen Sie die manuellen Flex-Marker beginnend von Takt 1 taktweise genau bis zum Ende des Stückes.

9.9 Sonderfall: Mehrspuraufnahmen an das Taktraster von Logic anpassen (Fall 4) und unsauber eingespielte Stellen korrigieren

Wenn Sie mehrere Spuren einer Mehrspuraufnahme (z. B. »Drummer«-Spuren) gleichzeitig mit Flex-Tools bearbeiten, sollten Sie die Spuren, die Sie gemeinsam bearbeiten möchten, zuvor einer Gruppe zuweisen (siehe Abschnitt 14.8 über Mixgruppen) und unter GRUPPENEINSTELLUNGEN BEARBEITEN • GEMEINSAM QUANTISIEREN aktivieren (siehe Abbildung 9.54). Hierdurch werden bei Flex-Bearbeitungen sämtliche Edits in allen Spuren der Gruppe gleichzeitig vorgenommen.

Wenn Sie z. B. ein Schlagzeug mit mehreren Mikrofonen aufgenommen haben, sollen sich bei manchen Edits ja die Aufnahmen aller aufgenommenen Spuren mitbewegen. Wenn Sie einzelne Spuren bearbeiten wollen, deaktivieren Sie die Gruppe temporär oder entfernen die Spur aus der Gruppe.

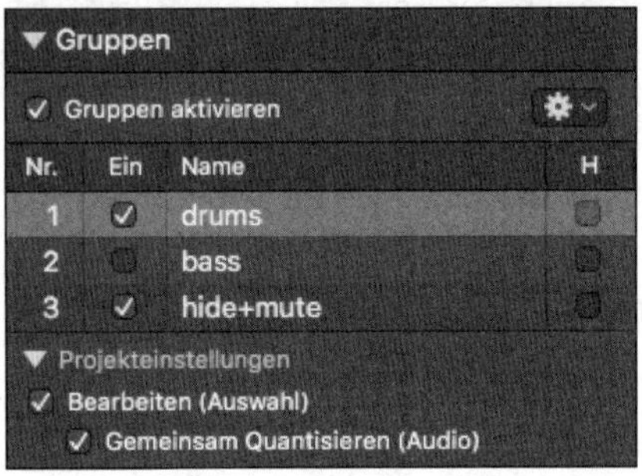

Abbildung 9.54 Gruppeneinstellungen mit Option »Gemeinsam Quantisieren (Audio)«. Diese hieß in Vorversionen »Phasenstarres Audio«, dieses »Versprechen« halten DAWs beim Time-Stretching nicht unbedingt ein.

Mehrspuraufnahmen können wie die Beispiele zuvor in einem schwankenden oder einem gleichmäßigen Tempo vorliegen, wenn sie z. B. zu einem Klick eingespielt wurden. Oft soll eine Ungenauigkeit der Einspielung ausgebügelt werden, beispielsweise ein holprig eingespielter Drum-Fill.

Es gibt verschiedene Anwendungsszenarien:

- Möglichkeit 1: Sie möchten nur eine unsauber eingespielte Stelle korrigieren, danach soll es weitergehen wie bisher.

  In diesem Fall setzen Sie in allen Spuren Flex-Marker kurz vor den Anfang und kurz hinter dem Ende des Bereichs, den Sie bearbeiten wollen. Auf diese Weise kann außerhalb der zu korrigierenden Stelle nichts verrutschen. Dann bearbeiten Sie die unsauber eingespielte Stelle – entweder nach Gefühl oder mit Hilfe von Logics Taktraster. Für die zweite Möglichkeit müssen Sie natürlich auch den Rest des Songs an das Taktraster anpassen, ansonsten stellt dieses ja keine relevante Orientierung dar.
- Möglichkeit 2: Sie möchten Logics Tempo an das Tempo der Mehrspuraufnahme anpassen. Bislang hat das Tempo der Aufnahme nichts mit Logics Tempo zu tun; Sie haben Logic wie eine Bandmaschine eingesetzte.
- Möglichkeit 3: Sie möchten die gesamte Mehrspuraufnahme in ein neues Tempo bringen (das möglicherweise gar nichts mit dem Originaltempo zu tun hat, z. B. wenn Sie einen Remix anfertigen).

Zum Experimentieren finden Sie in den Materialien zum Buch verschiedene Beispiele, anhand derer ich mögliche Vorgehensweisen erläutere.

9.9.1 Mehrspurtestprojekte zur Tempoanpassung

Im Dokument *09Mehrspur01* kann der Drummer weder richtig gut Schlagzeug spielen, noch hat er einen Klick gehört. Die Aufnahme besteht aus 5 Spuren – je eine mit Aufnahmen von Mikrofonen für Bassdrum, Snare und Hi-Hat und zwei Spuren mit Aufnahmen von XY-Mikrofonen für eine räumliche Aufnahme des gesamten Sets. Für unsere Zwecke ist das gut, denn wir wollen testweise aus dem Nichts etwas Brauchbares machen. Dieses Dokument soll als Basis für weitere Versuche dienen. Damit Sie wissen, was erreicht werden soll, habe ich ein paar Folgedokumente gespeichert, in denen ich diverse Klippen nacheinander umschifft habe. In der Praxis verhielt sich Logic bei mir nicht immer wie erwartet oder erhofft – Sie können anhand der Beispielprojekte selbst nachvollziehen, was in ihrer Logic-Version funktioniert und was nicht. Es war mir bei Flex-Editing-Versuchen teilweise nicht möglich, einen einfachen Flex-Marker zu setzen, der den ganzen Bereich links und rechts davon dehnte/stauchte. Vielmehr wurden oft links und rechts (ungewollt) zusätzliche Flex-Marker aktiv.

Im Dokument *09Mehrspur02* sind alle Spuren bereits einer Gruppe zugewiesen, und der FLEX-Mode ist aktiv. In den Dokumenten *09Mehrspur03* und *09Mehrspur04* ist das Schlagzeug an das Logic-Taktraster angepasst, wobei ich im Dokument *09Mehrspur04* zusätzlich eine Swing-Quantisierung für die Hi-Hat programmiert habe. Die Overheads (Mikrofonaufnahme, die sämtliche Schlagzeugsounds umfasst, hier Overhead-Aufnahme mit XY-Mikrofonie) sind in beiden Fällen ausgeblendet. Das ist sinnvoll, wenn die einzelnen Spuren verschiedene Bearbeitungen erfahren haben. Die Overhead-Aufnahme hat dann zumindest für einzelne Instrumente ein anderes Timing inne. Es hört sich dementsprechend furchtbar an, wenn man sie dazumischt. Im Projekt *09Mehrspur05* geht es dank zusätzlicher Quantisierung etwas besser.

Eine alternative Methode finden Sie im Dokument *09Mehrspur01a*. Dort habe ich die Kickdrum-Region als alternative Methode in der BEAT-MAPPING-Spur analysiert und jeder Kickdrum einen Takt zugewiesen, damit zunächst Logic sein Tempo an das Audiomaterial anpasst. Anschließend habe ich FLEX für alle Spuren aktiviert und ein neues Tempo-Set mit einem schnelleren Tempo erzeugt (Projekt *09Mehrspur01a2*). In einem Alternativprojekt ist ein langsameres Tempo nahe dem Originaltempo eingestellt (Projekt *09Mehrspur01b*, siehe Abbildung 9.55). Wie in den vorherigen Abschnitten gezeigt, kann es bei unerwartetem Verrutschen der Audiodateien nötig sein, nach der Tempoanpassung Spuren als neue Audiodateien zu bouncen und danach Flex erstmalig für neue Audiodateien zu aktivieren. Passen Sie Logics Tempo also zuerst an Ihr Audiomaterial an, bouncen Sie dieses dann als neue Audiodatei(en). Aktivieren Sie erst danach einen Flex-Modus für neue Files, und erstellen Sie anschließend ein neues Tempo-Set mit dem neuen, gewünschten (gleichmäßigen) Tempo. Die Schläge sollten nun an ihren Taktpositionen bleiben.

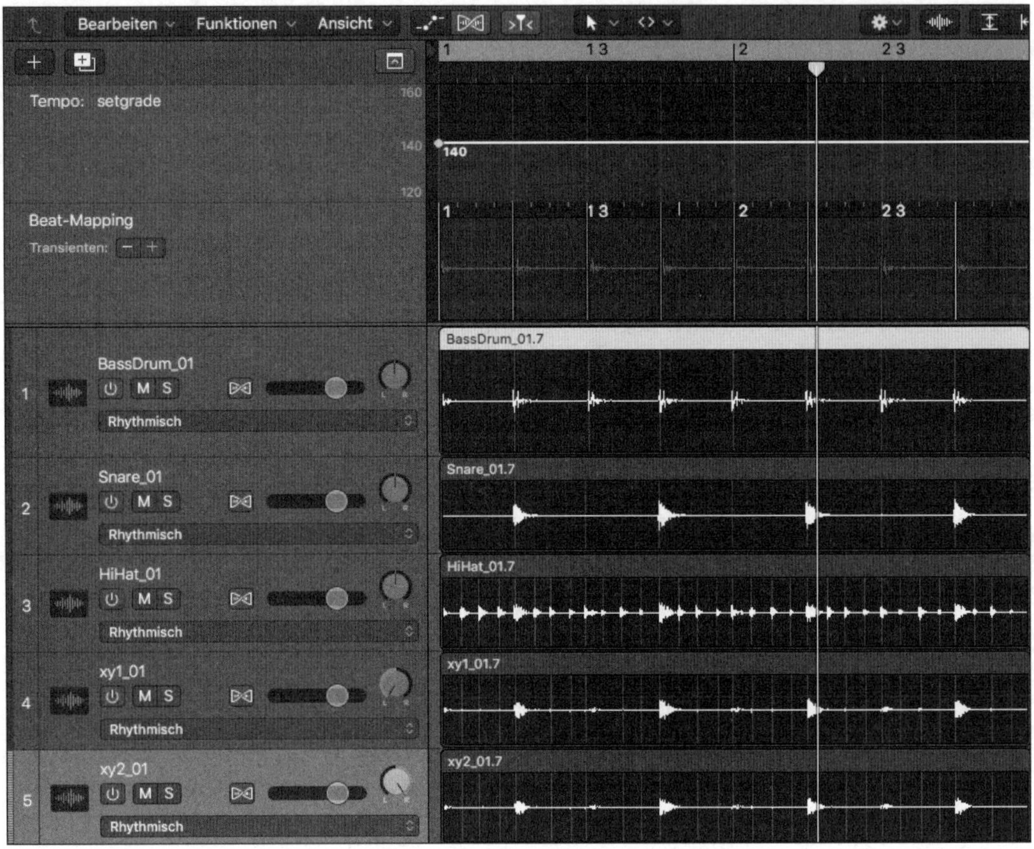

Abbildung 9.55 Mit »Beat-Mapping« editierte Mehrspuraufnahme

9.10 Region(en) in Sampler-Instrument konvertieren, Slicing und ReCycle-Datei-Import

Auch Slicing kann eine Methode der Tempoanpassung sein – und mehr. Beim *Slicing* wird ein Audiofile auf der Basis erkannter Transienten in Einzelteile zerschnitten (englisch *sliced*). Die Einzelteile werden später genau auf ihrer Taktposition abgespielt – entweder in einem Sampler, als Audioregionen oder als Audiofile in einer Spur mit Flex Time. Vor dem Slicing sollten Sie also wie in Abschnitt 9.7.1 gezeigt das korrekte Tempo herausfinden, damit die Taktpositionen *vor* dem Slicing stimmen. Durch die Beibehaltung der Taktpositionen der Einzelschläge kann danach das Tempo variiert werden. Werden einzelne Slices in einen Sampler geladen und von dort abgespielt, entstehen interessante Sounddesignmöglichkeiten.

In diesem Abschnitt behandle ich das Slicing mit Hilfe von Logics Funktion EXPORTIEREN IN NEUE SAMPLER-SPUR sowie mit Hilfe des Slicing-Pionierprogramms ReCycle.

9.10.1 Exportieren in neue Sampler-Spur (Slicing und Regionsimport)

Mit der Funktion In neue Sampler-Spur umwandeln (Abbildung 9.56; Rechtsklick auf Audiofile oder ctrl + E) lässt sich ein Audiofile (z. B. ein Drumloop) anhand erkannter Transienten in eine Sampler-Spur umwandeln – oder Sie können eine oder mehrere Regionen in ein Sampler-Instrument umwandeln.

Selektieren Sie also z. B. einen Drumloop oder einige Regionen, und rufen Sie im Kontextmenü den Befehl In neue Sampler-Spur umwandeln über das Submenü Konvertieren auf (Abbildung 9.56).

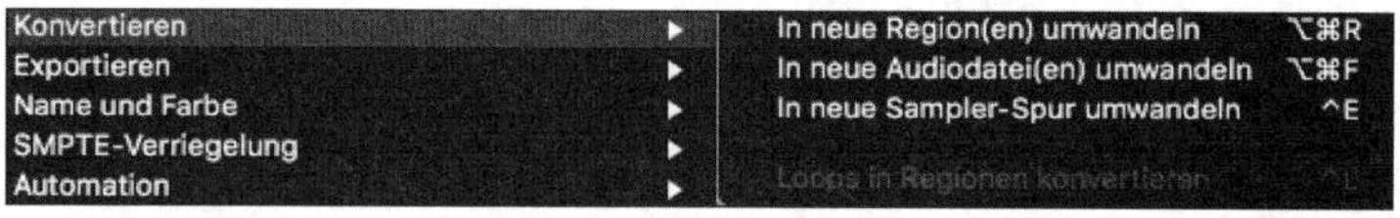

Abbildung 9.56 Der Eintrag »In neue Sampler-Spur umwandeln« im Menü »Konvertieren«

Es erscheint der Dialog aus Abbildung 9.57.

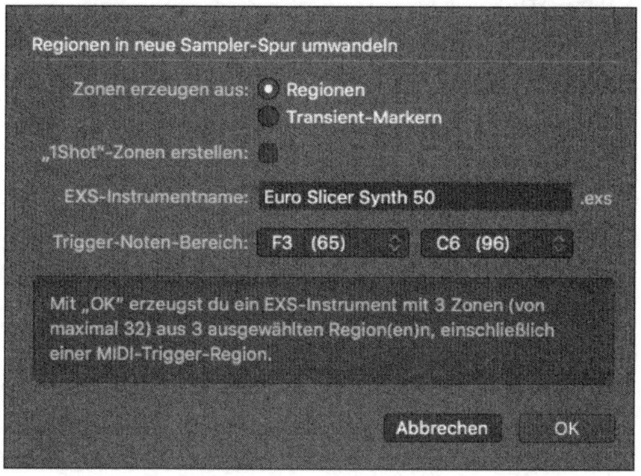

Abbildung 9.57 Der Dialog nach dem Auslösen der Funktion »In neue Sampler-Spur umwandeln«

Natürlich muss es sich nicht notwendigerweise um einen Drumloop handeln – auch Gitarrensoli, Arpeggios oder Synth-Lines eignen sich für das Slicing.

Sie werden im Dialog aus Abbildung 9.57 zunächst gefragt, ob Sie in einem neu zu erschaffenden *EXS24*-Sampler-Instrument Samplezonen aus mehreren selektierten Regionen oder aus Transient-Markern erzeugen wollen.

- Die erste Variante erlaubt es Ihnen schnell, mehrere im Bereich Spuren selektierte Regionen als abfeuerbare Samples auf Ihre Sampler-Tastatur zu legen (ein einfaches Beispiel finden Sie im Projekt *09Regionenaufsampler* oder in Abbildung 9.58).
- In der zweiten Variante analysiert Logic das Audiofile und versucht, einzelne Schläge in der Audiodatei mit Hilfe von Transient-Markern zu erkennen und als Zonen auf jeweils eine eigene Taste eines neuen Sampler-Instruments zu legen (siehe Abbildung 9.60 bis Abbildung 9.62).

Abbildung 9.58 Die drei Regionen aus Spur 1–3 wurden in eine neue Sampler-Spur umgewandelt und zum richtigen Zeitpunkt getriggert.

In beiden Fällen können Sie festlegen, auf welchem Tastaturbereich die neuen Samplezonen angelegt werden sollen. Gleichzeitig informiert Sie der Dialog im Voraus darüber, wie viele Samplezonen mit dieser Einstellung angelegt werden. Anschließend wird eine *EXS24*-Spur mit einem *EXS*-Instrument erzeugt.

Im ersten Fall wird für jeden erkannten Schlag eine Samplezone generiert, deren Breite eine Taste im Sampler-Instrument beträgt. Der nächste Schlag wird auf die nächsthöhere Taste gelegt, zusätzlich wird eine MIDI-Region erzeugt. Darin enthalten sind Notenbefehle, die der Länge der Regionen entsprechen und die an genau der Taktposition liegen, die der Position der Region entspricht. Theoretisch könnten Sie natürlich auch einen Drumloop, der als Audioregion vorliegt, in lauter kleine Regionen zerschneiden und anschließend importieren. So etwas Ähnliches zeige ich im nächsten Abschnitt mit einem importierten ReCycle-File. Diese Option kann allerdings auch einfach dem Zweck dienen, mehrere herumliegende Regionen/Effekte zu einem Instrument zusammenzufassen – eventuell auch ohne Interesse an der zugehörigen MIDI-Region (die freilich immer erzeugt wird).

Im zweiten Fall wird für jeden erkannten Schlag eine Samplezone generiert, deren Breite eine Taste im Sampler-Instrument beträgt. Der nächste Schlag wird auf die nächsthöhere Taste gelegt. Zusätzlich wird wiederum eine MIDI-Region erzeugt. Darin enthalten sind Notenbefehle, die der Länge der Schläge bzw. Schnipsel entsprechen und die an genau der Taktposition liegen, die der Position des Schlages/Schnipsels im Audiofile entspricht. Daraus ergibt sich schon, dass Sie das Audiofile nach Möglichkeit *vor* dem Konvertieren in eine neue Sampler-Spur an das Tempo von Logic anpassen sollten.

Eine MIDI-Region, wie sie in beiden Fällen erzeugt wird, lässt sich auch nachträglich über das Optionen-Menü des *EXS24* erstellen (Abbildung 9.59).

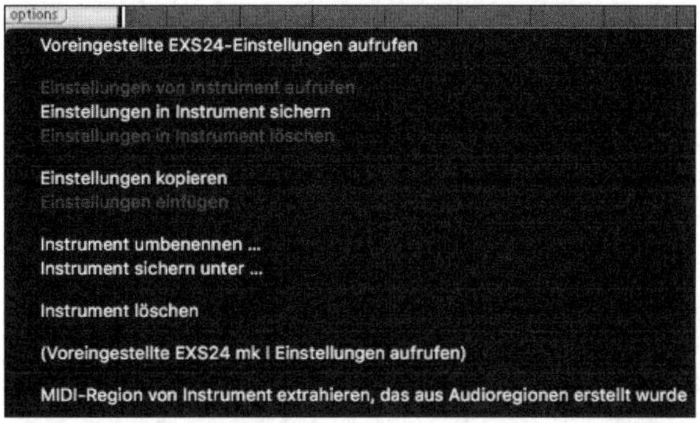

Abbildung 9.59 Unten im Bild die Option, eine MIDI-Region für ein aus Regionen erzeugtes MIDI-Instrument zu extrahieren (die MIDI-Region wird mit dem Befehl automatisch im Bereich »Spuren« erzeugt)

In der Praxis sehen die Resultate zum Beispiel folgendermaßen aus: Abbildung 9.60 zeigt eine neue MIDI-Region unterhalb eines Original-Drumloops, Abbildung 9.61 zeigt die Zuweisung der einzelnen Samplezonen im neuen *EXS24*-Sampler-Instrument. Beide Abbildungen stammen aus dem Projekt *09Slice1*. Mehr Details zum *EXS24*-Sampler finden Sie in Abschnitt 11.12.

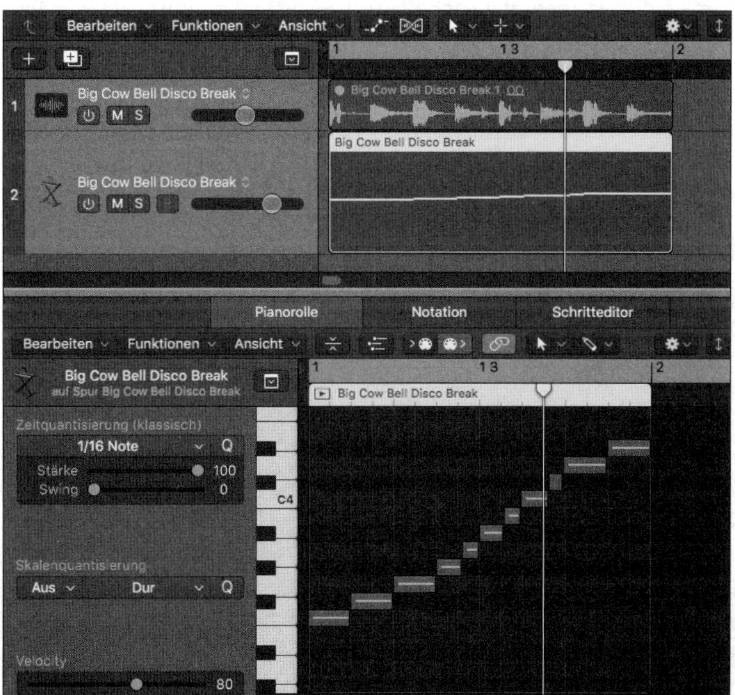

Abbildung 9.60 Bereich »Spuren« und Pianorolle nach dem Slicing

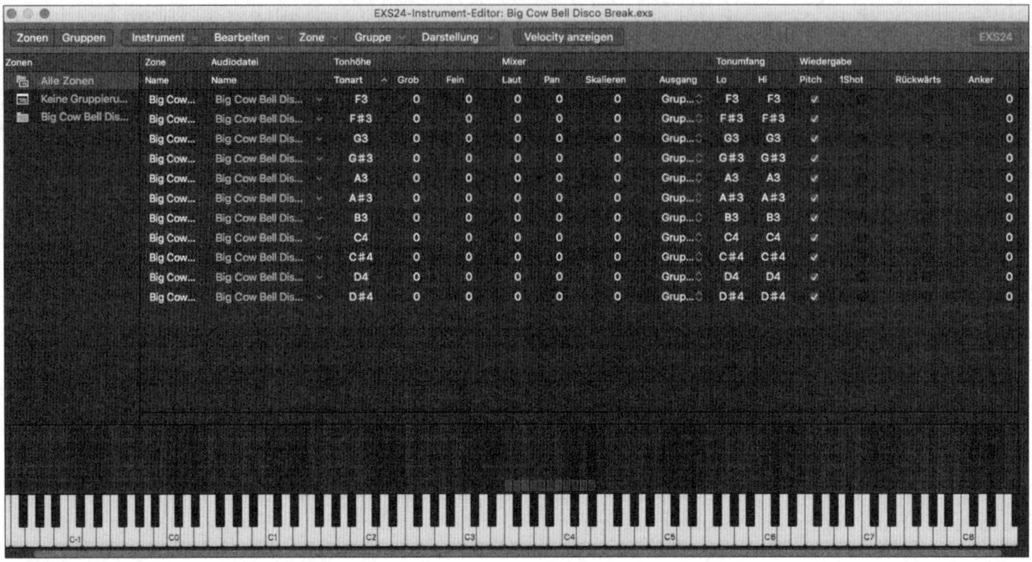

Abbildung 9.61 »EXS24«-Instrument

Exkurs: Verbesserung der Transienten-Erkennung für das Slicing

Diese Transienten-Erkennung bzw. die Position der Transient-Marker lässt sich im AUDIODATEIEDITOR justieren, wenn Sie den Transient-Bearbeitungsmodus einschalten. Dies erläutere ich genauer in Abschnitt 8.2.6. Bedenken Sie bei der Transienten-Erkennung unter dem Aspekt des Slicings zur automatischen Tempoanpassung: Falls ein Schlag aus zwei Schlägen besteht (also ein Transient-Marker zu wenig gesetzt wurde), werden diese beiden Schläge immer im Originaltempo abgespielt, wodurch die Tempounabhängigkeit grundsätzlich verlorengeht.

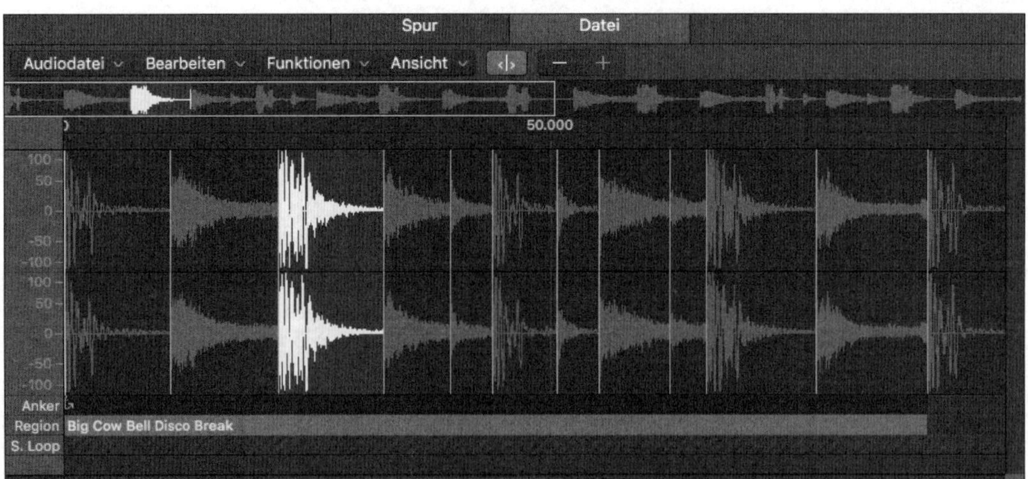

Abbildung 9.62 Transient-Bearbeitungsmodus

Wenn Sie zu viele Transient-Marker setzen, klingt das Ergebnis dagegen bei anderen Tempi unnötig zerhackt. Ob solche Probleme bestehen, hören Sie natürlich vor allem dann, wenn Sie das Tempo probeweise deutlich verlangsamen oder beschleunigen.

In Abbildung 9.62 ist genau ein Schlag zwischen zwei Transient-Markern markiert, mit `alt` + `cmd` + `←`/`→` können Sie den vorherigen bzw. nächsten Schlag anhören und überprüfen.

Ergänzende Hinweise und Praxisbeispiele

Nach dem Slicing können Sie die Drumsounds aber auch unabhängig von einem MIDI-File einzeln auf der Tastatur spielen und eventuell einen neuen Beat selbst über die Tastatur einspielen. Vollziehen Sie das an einem Beispiel nach: Öffnen Sie das Projekt *09Tempoanpass07sliced*. Hier liegt der Drumloop bereits in an das Taktraster angepasster Form vor; slicen Sie ihn. Das Resultat können Sie in *09Tempoanpass07bsliced* bewundern und werden keinen großen Unterschied feststellen. Anschließend können Sie in Logic jedes Tempo einstellen, und das MIDI-File spielt es synchron mit.

Allerdings bietet ein geslicter Drumloop noch einige kreative Möglichkeiten mehr, die sich daraus ergeben, dass für jeden einzelnen Schlag Zugriff auf das Timing und die Klangparameter besteht. So lassen sich z. B. alle Slices gleichzeitig mit dem Pitch-Wheel hochpitchen. Oder stellen Sie für alle Slices gleichzeitig eine kurze, perkussive Hüllkurve ein, um den Drumloop abgehackt klingen zu lassen. Das hören Sie beispielsweise im Projekt *09Tempoanpass07csliced* – hier habe ich den Drumloop hochgepitcht und eine Hüllkurve mit kurzem Decay und Sustain-Wert auf 0 gestellt. Alternativ lassen sich auch die Notenlängen in der PIANOROLLE kürzen.

Schließlich lassen sich auch Quantisierungsfunktionen auf die neue MIDI-Region sinnvoll anwenden – und zwar in beide Richtungen: Extrahieren Sie das Feeling des Grooves, oder verändern Sie den Groove mit einem Quantisierungsraster (z. B. Swing-Beat; siehe *09Tempoanpass07dsliced*). Ein weiteres Beispiel finden Sie unter *09Slice-other*, wo ich auch Noten umarrangiert habe und wo zusätzliche, duplizierte Sampler-Instrumente mit anderen Einstellungen und Automationen vorkommen. Auch in Abschnitt 17.2 über Drums und Breakbeats finden Sie weiterführende Projektbeispiele.

9.10.2 ReCycle-Dateien in Logic und im »EXS24« nutzen

Die Idee tempounabhängiger Loops durch Slicing stammt nicht zuletzt aus dem ca. 1994 von der schwedischen Firma Propellerhead erfundenen und heute noch aktuellen Programm *ReCycle*. Vorteile der Nutzung der von diesem Programm erstellten ReCycle-Dateien (die auch *Rex-Files* genannt werden) gegenüber der zuvor vorgestellten und zunächst vermeintlich einfacheren Funktion IN NEUE SAMPLER-SPUR UMWANDELN in Logic sind:

- Sie können die einmal geslicten Drumloops in vielen Programmen verwenden. Weil es das erste Programm seiner Art war, haben sich ReCycle-Files zu einer Art Standardformat entwickelt: Die ReCycle-Dateien aller ReCycle-Versionen (mit den Dateiendungen *.rx2*, *.rcy* und *.rex* – Version 1 war noch mono) können von den meisten Programmen und Samplern gelesen werden, z. B. von Logic, Cubase, Reason, Pro Tools, Ableton Live, Maschine, Kontakt, Battery – und auch vom *EXS24*. Die ReCycle-Datei enthält sowohl das Sample-Preset als auch die MIDI-Region. Beides kann beim Import extrahiert werden. Selbst wenn Sie gar nichts mit dem Programm ReCycle zu tun haben wollen (ergänzende Ausführungen zum Programm ReCycle selbst finden Sie in Abschnitt 19.10), ist die Wahrscheinlichkeit groß, dass Ihnen in Ihrem Produzentenleben ReCycle-Files in Sound-Libraries (Drums, Arpeggios, Soli etc.) begegnen.
- Der Editiervorgang ist im Programm ReCycle inklusive der genauen Bestimmung und des Vorhörens einzelner Slices etwas komfortabler.
- Der *EXS24*-Sampler stellt mit der Funktion LOOP TEILEN beim ReCycle-Import ein zusätzliches mächtiges Kreativtool zur Verfügung.

Ich möchte Ihnen daher zur Nutzung dieses Formats raten – selbst wenn die Funktion IN NEUE SAMPLER-SPUR UMWANDELN bereits ein vergleichbares Werkzeug in Logic darstellt.

Eine markante Eigenschaft der Slicing-Technik allgemein ist, dass der Originalsound der Schläge weitgehend erhalten bleibt. Das Prinzip, die Transienten eines Schlags unverändert zu lassen, lebt in Algorithmen wie Logics Flex-Modi RHYTHMISCH und TEILEN weiter. Optional können Sie im Flex-Modus RHYTHMISCH nur den Nachhall etwas dehnen; auch ReCycle bietet einen solchen Stretchparameter an, der eine Art Nachhall hinzufügt, der benötigt wird, wenn Sie Drumloops langsamer abspielen und leere Stellen vermeiden wollen.

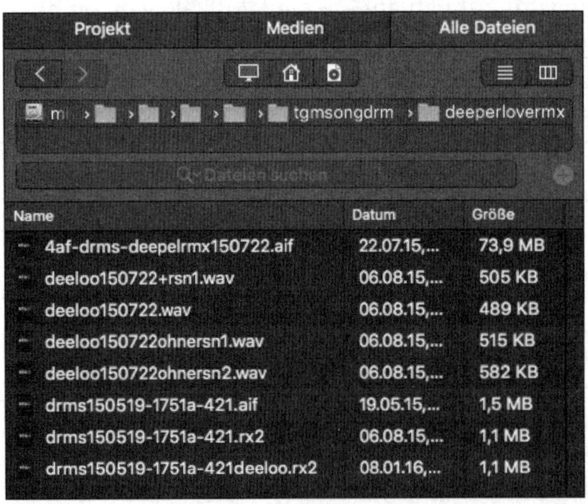

Abbildung 9.63 Vorhören von ReCycle-Dateien in der Übersicht »Alle Dateien«, die unteren beiden Dateien sind ».rx2«-Files.

In der Übersicht ALLE DATEIEN können Sie – im Gegensatz zum Finder – auch ReCycle-Dateien in an das Songtempo angepasstem Tempo (aber leider nicht taktsynchron) vorhören.

ReCycle-Dateien können Sie:

- in den Sampler importieren (im INSTRUMENT-EDITOR unter RECYCLE)
- direkt in Logic ziehen (dann haben Sie die Auswahl zwischen verschiedenen Importmethoden)
- über die Übersicht ALLE DATEIEN in Apple Loops konvertieren

Sie können die folgenden Erläuterungen anhand der zum Bonusmaterial zu Kapitel 9 gehörenden ReCycle-Datei *tgmstateoftestrex* nachvollziehen. Beim regulären Import einer ReCycle-Datei in Logic öffnet sich der Dialog aus Abbildung 9.64.

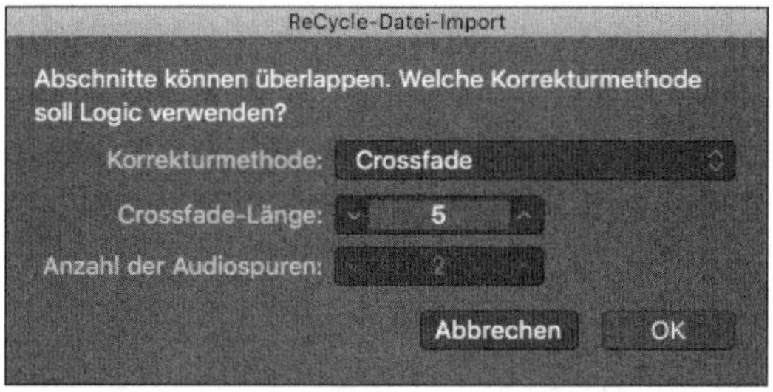

Abbildung 9.64 Dialog beim ReCycle-Datei-Import

Abbildung 9.65 Korrekturmethoden beim ReCycle-Datei-Import

In diesem Dialog werden Ihnen verschiedene Einstellungen für den Import angeboten (Abbildung 9.65):

- NICHT KORRIGIEREN: Auf einer Audiospur wird ein Ordner angelegt, in dem die einzelnen Slices als einzelne Audiofiles angeordnet sind. Das sehen Sie, wenn Sie auf den Ordner doppelklicken. Die ReCycle-Datei landet zudem als Audiofile in der Übersicht PROJEKT. Dabei werden eine Region in voller Länge und Regionen für die einzelnen Slices angelegt (siehe Datei *09reximport1*).

- Crossfade (Voreinstellung): Wie Nicht korrigieren, allerdings bekommen die Regionen Crossfades.
- Spuren hinzufügen: Ähnlich wie Nicht korrigieren und Crossfade, allerdings werden unterschiedliche Spuren bei sich überlappenden Regionen erstellt. Die Regionen können sich überlappen, weil sie in ReCycle mit dem Stretch-Parameter künstlich verlängert werden können, was beim Abspielen in langsameren Tempo Vorteile hat. Weil der Ordner in Logic dann aus mehreren Spuren besteht, ist die Spur eine Ordnerspur – und nicht mehr nur eine Audiospur (siehe Dokument *09reximport2*).
- Zu einzelner Datei rendern: Die ReCycle-Datei wird in eine einzelne Audiodatei gerendert.
- Zu Apple Loop rendern: Die ReCycle-Datei wird in einen Apple Loop gerendert.

Logic benutzt die in ReCycle definierten Transienten ebenfalls als Transient-Marker. Allerdings habe ich mit Logic Pro X auch Fälle erlebt, in denen die Transienten aus ReCycle bei einem Import als einzelne Datei oder als Apple Loop nicht im Audiodateieditor und dessen Transienten-Ansicht korrekt wiederzufinden waren. Der Import von Slices in den Sampler oder in Form von erzeugten Regionen in einer Spur nach der voreingestellten Crossfade-Methode funktionierte dagegen stets korrekt.

Übrigens: Wenn Sie einzelne Regionen einer nach der Methode Spuren hinzufügen importierten ReCycle-Datei selektieren und die Funktion In neue Sampler-Spur umwandeln nutzen (im Submenü Konvertieren des Kontextmenüs von Regionen), landen die Slices ebenfalls nicht nur als Zonen auf den Tasten des *EXS24*, sondern es wird zusätzlich ein MIDI-File erstellt, das die Slices an der entsprechenden Regionsposition triggert. Sie können das am Beispiel *09reximport3* nachvollziehen.

ReCycle-Dateien in den »EXS24«-Sampler importieren

Sie können die ReCycle-Datei aber auch direkt in den Sampler importieren. Das geht über das Menü Instrument • ReCycle konvertieren im EXS24-Instrument-Editor, der erscheint, wenn Sie auf der *EXS24*-Plug-In-Oberfläche auf Edit klicken.

Die dort vorhandenen vier Optionen (siehe Abbildung 9.66) lassen sich inhaltlich gruppieren: Es gibt zwei Varianten, in denen neue Instrumente erzeugt, und zwei Varianten, in denen neue Inhalte zu einem bestehenden Instrument hinzugefügt werden. Das bedeutet: Bestehende Samplezonen bleiben erhalten, neue Samplezonen kommen hinzu. Eine eventuell zu erzeugende MIDI-Region wird um weitere Noten erweitert.

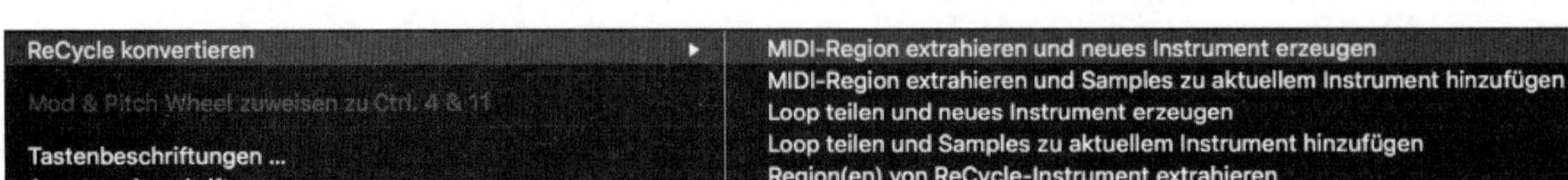

Abbildung 9.66 Der Dialog zum Import einer ReCycle-Datei in den Sampler

Nach dem Import sieht es in der Regel so aus wie in Abbildung 9.67.

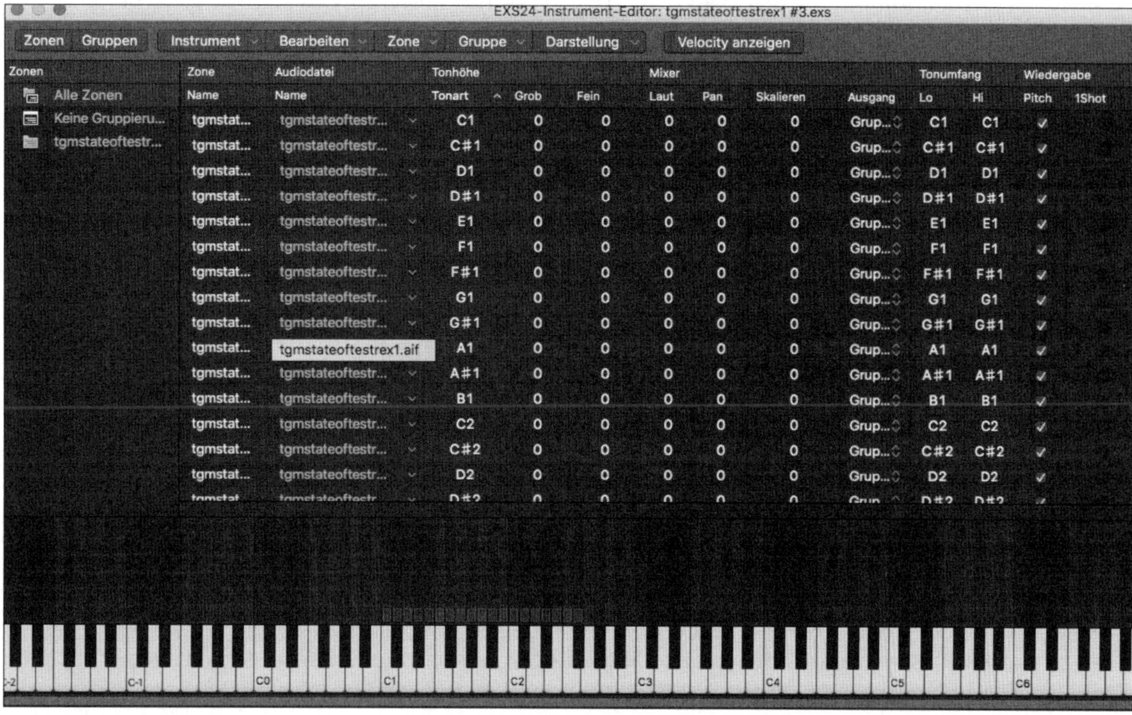

Abbildung 9.67 Zonen für Slices, die chromatisch auf der Tastatur angeordnet sind

Weiterer Erklärung bedarf die Wahl zwischen den Optionen MIDI-REGION EXTRAHIEREN und LOOP TEILEN. Auch wenn nur MIDI-REGION EXTRAHIEREN auf der Spur eine MIDI-Datei erzeugt, können Sie in beiden Fällen später aus dem OPTIONS-Menü des *EXS* heraus ein MIDI-File exportieren (Abbildung 9.68).

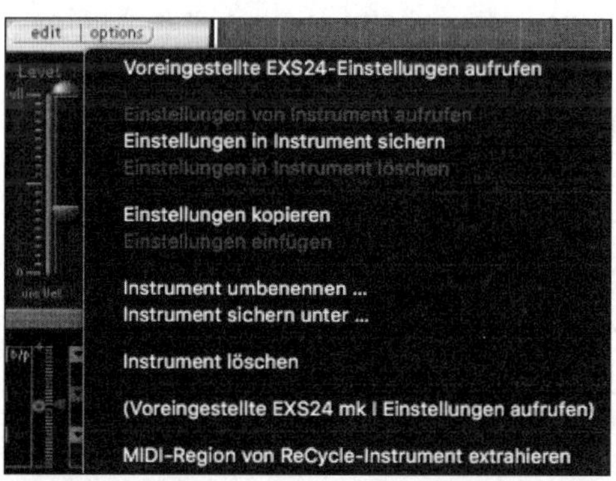

Abbildung 9.68 Export einer MIDI-Region nach dem Import eines ReCycle-Files aus dem »options«-Menü der »EXS24«-Oberfläche

Dabei kann Logic außerdem die Lautstärke der Slices analysieren und anhand des Ergebnisses Noten mit unterschiedlichen Velocity-Werten generieren. Das ist praktisch, wenn Sie aus einem Drumloop gewonnene MIDI-Daten mit anderen Sounds spielen möchten – um sich z. B. das Feeling eines James-Brown-Drumloops mit anderen Drumsounds näherungsweise anzuhören. Es erscheint dabei der Dialog aus Abbildung 9.69.

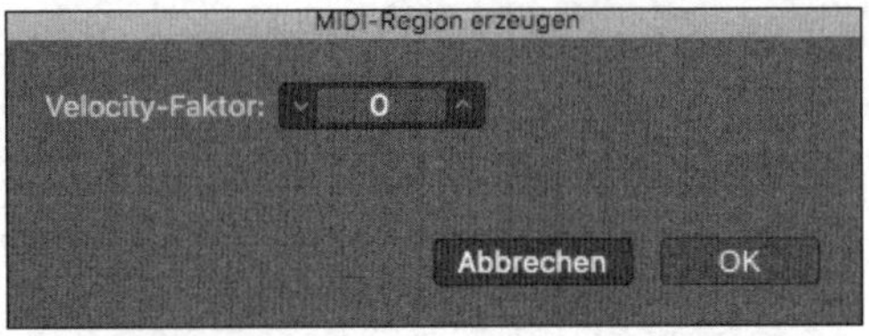

Abbildung 9.69 Soll Logic im MIDI-File Noten mit unterschiedlichen Velocities generieren?

Der VELOCITY-FAKTOR wird hier prozentual angegeben. Wenn Sie es bei der Voreinstellung 0 belassen, bekommen alle erzeugten Noten die gleiche Velocity (127). Wenn Sie den VELOCITY-FAKTOR auf 100 erhöhen, werden für laute Schläge Noten mit hohen, für leise Schläge Noten mit niedrigen Velocities erzeugt.

Doch zurück zu den Importmethoden aus Abbildung 9.66: MIDI-REGION EXTRAHIEREN macht das, was ich schon gezeigt habe – die Slices laden auf Zonen, die jeweils einer einzigen Taste zugeordnet sind. Gleichzeitig wird auf der Spur eine MIDI-Datei erzeugt.

Mit LOOP TEILEN landen die Slices ebenfalls auf Zonen, die jeweils einer einzigen Taste zugeordnet sind. Die Besonderheit dabei ist: Alle Slices spielen den Drumloop bis zum Ende – und zwar in dem Tempo, das aktuell ist bzw. beim Import eingestellt war! Eine MIDI-Region wird dabei nicht erzeugt, kann aber nachträglich aus dem *EXS* exportiert werden. Wird das Tempo geändert, kann sich das Tempo der Samples naturgemäß nicht automatisch mitändern, denn der *EXS* verfügt nicht über Time-Stretching-Fähigkeiten. Es ist also wichtig, diese Funktion dann anzuwenden, wenn das Tempo, mit dem Sie weiterarbeiten wollen, bereits eingestellt ist.

Dafür wird hiermit eine sehr musikalische, breakbeatorientierte Spielweise eines Drumloops möglich, die der alten Schule entspricht, wo z. B. zwei oder drei Schnipsel eines Drumloops in den Sampler geladen wurden, die an unterschiedlichen Stellen begannen und dann abwechselnd und rhythmisch sinnvoll über das Keyboard getriggert wurden. Das können Sie im Beispielprojekt *09rexbreakbeat* (oder vielleicht auch mit Abbildung 9.70) nachvollziehen. In Abschnitt 17.4.8 über »Breakbeats« finden Sie ein Projektbeispiel, wo ich diese Technik mit dem gleichen Drumloop noch ein wenig mehr ausgereizt habe.

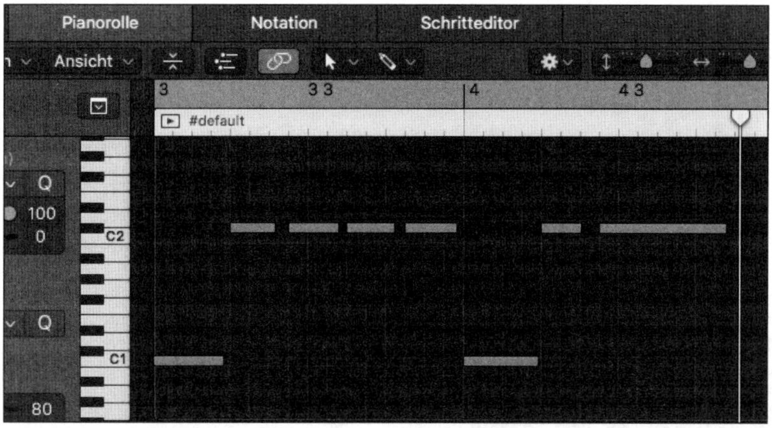

Abbildung 9.70 Breakbeatig gespielte Slices – die Noten triggern nicht nur einen Schlag, sondern den Drumloop selbst ab einer bestimmten Stelle.

9.10.3 Sonstiges: Logic, Apple Loops und ReCycle im Zusammenspiel

Die Bedeutung des ReCycle-Dateiformats wird an weiteren Logic-Funktionen ersichtlich:

1. In Logic selektierte Audioregionen lassen sich als ReCycle-Loop kopieren und via Copy & Paste in ReCycle öffnen und umgekehrt. Sie finden entsprechende Befehle im Menü FUNKTIONEN des Bereichs SPUREN. Wenn Sie einen in ReCycle kopierten Loop einsetzen, finden Sie ihn in Logic typischerweise nicht direkt auf der Spur, sondern lediglich in der Übersicht PROJEKT.
2. Mehrere in der Übersicht ALLE DATEIEN selektierte ReCycle-Loops lassen sich per Rechtsklick mit einer Art Batch-Processing in Apple Loops umwandeln.

Sample Instrument konvertieren

Wenn Sie einen Apple Loop in ein Sample-Instrument konvertieren wollen, dann wandeln Sie ihn zur Sicherheit in eine neue, unabhängige Datei im AIF-Format um.

9.11 Tempoanpassungen mit »Tap-Tempo«, dem »Tempo-Interpreter« oder dem »Tempo«-Regler

Eine weitere Tempoanpassungsoption ist die Nutzung der Funktion TAP-TEMPO und des TEMPO-INTERPRETERS, mit deren Hilfe Sie Logics Tempo sogar live an ein laufendes Stück anpassen können.

»Tap-Tempo«

Sie können Logic live zu Musik mit schwankendem Tempo synchronisieren, indem Sie das Tempo in Logic mit manuellen Taps regulieren.

Die einfachste Möglichkeit, Logic einmal ein Tempo mittels Taps mitzuteilen, besteht bereits ganz am Anfang beim Erzeugen eines Projekts, wenn Sie im Menü ABLAGE ein NEUES PROJEKT AUS VORLAGE erstellen. Im anschließenden Dialog werden Sie gefragt, welches Tempo das Projekt haben soll. Sie können aber auch auf den Button TAP-TEMPO drücken, um selbst das Tempo einzutappen (Abbildung 9.71).

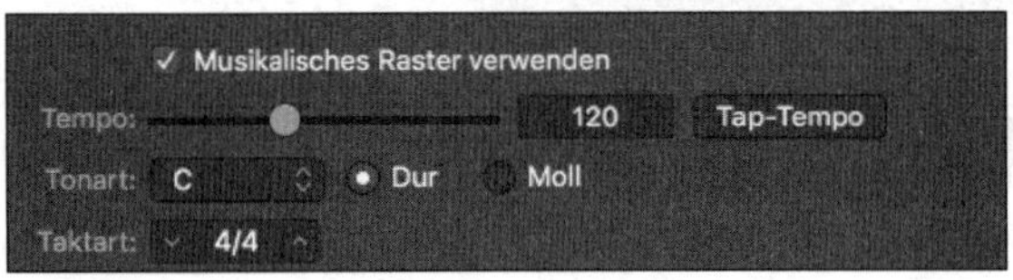

Abbildung 9.71 Der Button »Tap-Tempo«

Abgesehen davon gibt es eine TAP-TEMPO-Funktion bzw. den sogenannten TEMPO-INTERPRETER in Logic: Sie »tappen« über eine bestimmte Taste, die Sie festlegen müssen (Sie finden den Shortcut TAP-TEMPO in den Tastaturkommandos, zum Zeitpunkt der Drucklegung dieses Buchs war werksseitig kein Shortcut vergeben), das Tempo ein – und erklären Logic über die TEMPO-INTERPRETER-Funktion, wie Ihre »Taps« interpretiert werden sollen.

Ich schlage für die Zuweisung zur TAP-TEMPO-Funktion den bislang unbenutzten Tastaturkurzbefehl [⇧] + [ctrl] + [alt] + [T] oder einen MIDI-Befehl vor.

Nun rufen Sie den TEMPO-INTERPRETER auf, den Sie unter BEARBEITEN • TEMPO • TEMPO-INTERPRETER im BEARBEITEN-Menü des Bereichs SPUREN im Hauptfenster finden. Hier legen Sie fest, wie die von Ihnen über die der TAP-TEMPO-Funktion zugewiesene Taste eingegebenen Impulse von Logic interpretiert werden (Abbildung 9.72).

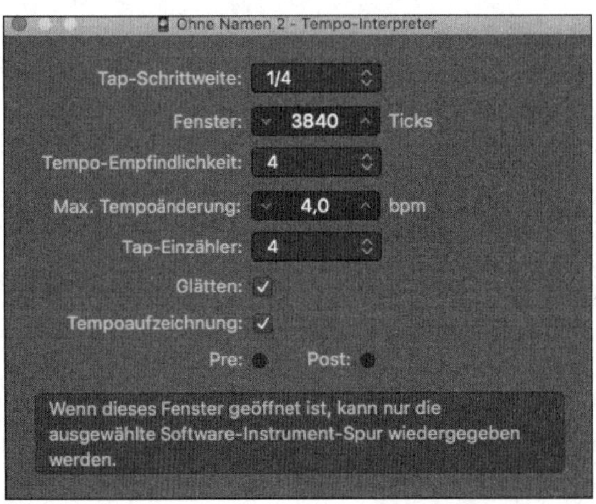

Abbildung 9.72 Die Einstellungen des »Tempo-Interpreter«-Fensters

Stellen Sie außerdem in den PROJEKTEINSTELLUNGEN unter SYNCHRONISATION • ALLGEMEIN den SYNC-MODUS auf MANUELL, und setzen Sie ein Häkchen bei der Option EXTERNEN SYNC UND TAP-TEMPO AUTOMATISCH AKTIVIEREN (Abbildung 9.73).

Abbildung 9.73 Der »Sync-Modus« in den Projekteinstellungen wurde auf »Manuell« gestellt.

Die TEMPO-INTERPRETER-Einstellungen im Bild geben eine TAP-SCHRITTWEITE von einer Viertelnote und einen Einzähler von vier Schlägen vor. Viertelnoten eignen sich sehr gut für diese Funktion. Sie müssen nun lediglich anfangen, mit dem für den Befehl TAP-TEMPO vergebenen Shortcut das gewünschte Tempo im Viertelnotentakt »einzutappen«. Nach vier Taps hat Logic bereits das Tempo errechnet und beginnt loszulaufen.

Die Feinjustierungsoptionen im Fenster TEMPO-INTERPRETER erlauben unter anderem, einzustellen, wie genau Logic auf Temposchwankungen Ihres Klopfens reagiert. Soll Logic live mitlaufen, kann es sinnvoll sein, zu verhindern, dass Logic Ungenauigkeiten beim Tempo-Klopfen zu exakt wahrnimmt. Stattdessen ist oft gewünscht, dass Logic ein weitgehend konstantes Tempo beibehält – was allerdings nicht ganz einfach zu realisieren ist. Hierzu sollten Sie die Option GLÄTTEN aktivieren und im Feld MAX. TEMPOÄNDERUNG einen möglichst kleinen Wert eintragen. Umgekehrt sollten Sie die Option GLÄTTEN deaktivieren, wenn Logic Ihren Taps exakt folgen soll (siehe Abbildung 9.72).

Temporegler

Außerdem können Sie das Tempo mit dem TEMPO-Regler fernsteuern. Der TEMPO-Regler ist ein Reglerobjekt, das Sie in der MIDI-UMGEBUNG im Menü NEU • REGLER • SONDERFÄLLE • TEMPO-REGLER erzeugen. Mit ihm können Sie das Tempo manuell erhöhen und verringern. Wenn Sie den TEMPO-Regler zwischen den Objekten PHYSISCHER EINGANG und SEQUENZER-EINGANG im Layer KLICK & PORT wie in Abbildung 9.74 verkabeln, können Sie Bewegungen des TEMPO-Reglers aufzeichnen (siehe Projekt *09Temporegler1*). Die Aufzeichnung können Sie anschließend in den globalen Spuren editieren. Die reine Live-Fernsteuerung funktioniert aber bereits durch den Regler selbst – auch ohne Verkabelung, denn die Tempoänderungen erfolgen mit Hilfe des sogenannten *Meta-Events 100*. Dieses steuert das Sequenzertempo.

Im Projekt *09Temporegler2* habe ich den TEMPO-Regler als Spurobjekt zugewiesen (via Rechtsklick auf den Spur-Header und Klick auf den Eintrag SPUR NEU ZUORDNEN, der im Spur-Kontextmenü erscheint). Das funktioniert nur, weil ich ihn zuvor in der MIDI-UMGE-

BUNG zuweisbar gemacht habe, indem ich das entsprechende Häkchen neben dem Eintrag ZUWEISBAR in der Infobox zum TEMPO-Regler gesetzt habe. Anschließend habe ich eine Region erzeugt und in der Region der Spur mehrere Meta-Events Nr. 100 erzeugt, die die Stellung des TEMPO-Reglers verändern. Auch das kommt einer Tempoautomation gleich.

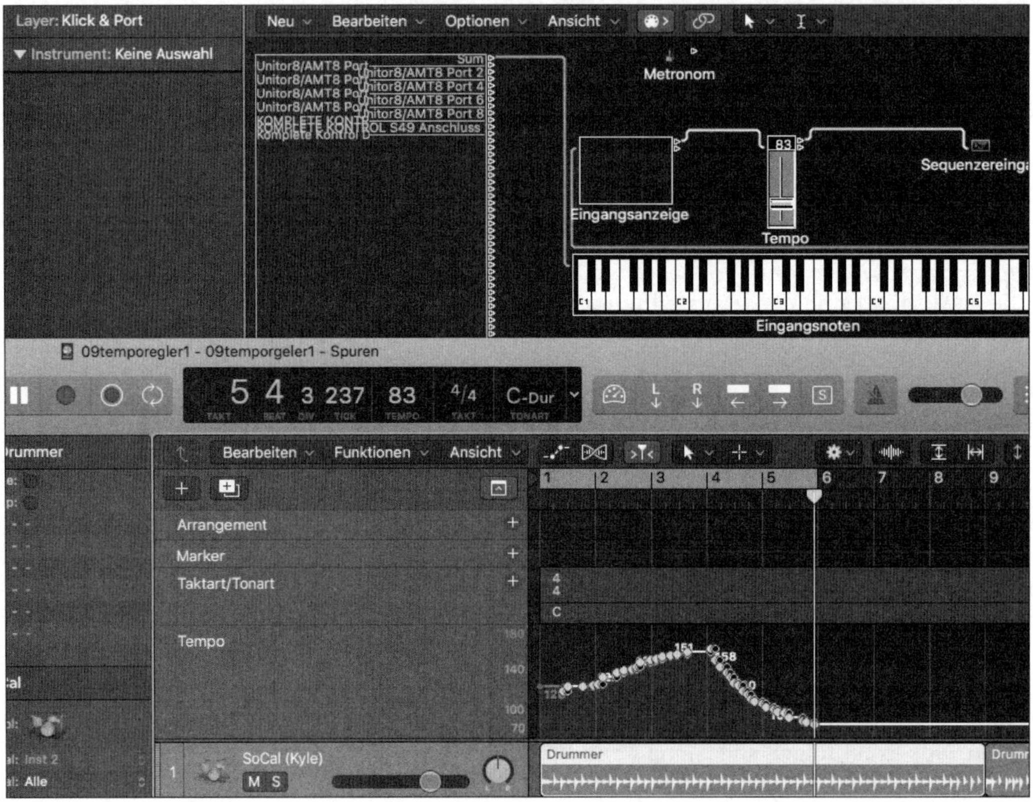

Abbildung 9.74 Hier ist der »Tempo«-Regler im Layer »Klick & Port« zwischen dem physischen Eingangsobjekt und dem Sequenzereingang verkabelt, so dass seine Bewegung aufgezeichnet werden kann.

Mehr zum Thema MIDI-UMGEBUNG, Layer etc. lesen Sie in Abschnitt 13.2, »MIDI-Umgebung/Environment«. Ergänzende Informationen zu Meta-Events finden Sie in Abschnitt 18.4.

9.12 Ausblick

Mit den Effekt-Plug-Ins der Kategorie PITCH (»Pitch Shifter«, »Pitch Correction«, »Vocal Transformer«) sowie der Instrumenten- und Effektvariante des *EVOC 20*-Vocoders bietet Ihnen Logic weitere Möglichkeiten der Tonhöhenmanipulation, die ich in Abschnitt 11.22 über Vocoder-Instrumente und in Abschnitt 15.10.2 und Abschnitt 15.10.3 über den *EVOC 20*-Vocoder erläutere.

Kapitel 10

Export und Import von Audio, MIDI, Sonderformaten und Projektbestand teilen

Dieses Kapitel widmet sich dem Thema Audio- und MIDI-Im- und Export, Bounces und dem Export von Regionen oder Spuren. Außerdem finden Sie in diesem Kapitel Informationen zu verschiedenen Audioformaten, Samplerates und Bitrates. Schließlich werde ich in diesem Kapitel Optionen zum Import und Export von besonderen Formaten und Projektbestandteilen behandeln.

Die verschiedenen Möglichkeiten, Audio- und MIDI-Dateien in Logic zu im- oder zu exportieren, werde ich in diesem Kapitel erklären. Ein Audioexport wird manchmal auch *Bounce* genannt, andernorts wird vom *Export* oder von *Konvertieren in eine Audiodatei* gesprochen. Für Anfänger stellet sich die Frage: Wo ist der Unterschied zwischen den Funktionen?

Zudem lesen Sie Erläuterungen zum Im- und Export von MIDI und von Sonderformaten (z. B. zum Austausch mit Notationsprogrammen oder Final Cut).

10.1 Audio: Dateiformate, Bitrate, Abtastrate/Samplrate

In diesem Abschnitt geht es um die Eigenschaften verschiedener Dateiformate inklusive Bitrate und Samplerate. Logic X nutzt übrigens in einigen Fenstern den Begriff *Abtastrate* anstelle von *Samplerate*. Hier im Buch werden beide Begriffe synonym benutzt.

10.1.1 Von Logic nutzbare Audiodateiformate und ihre maximale Dateigröße

Logic bevorzugt Datenformate ohne klangverschlechternde Kompression, die auch *Lossless*-Formate genannt werden. Wenn Sie zum Beispiel eine *.mp3*-Datei importieren, wird sie automatisch in ein Lossless Format umgewandelt, damit Logic das komprimierte Format nicht ständig dekodieren muss, was CPU-Leistung kostet.

Im Bounce-Dialog sind diese Formate unter *PCM* (Pulse-Code-Modulation) zusammengefasst. Dabei können Sie zwischen verschiedenen PCM-Formaten auswählen:

- *AIFF = Audio Interchange File Format* (*.aif* oder *.aiff*), entwickelt von Electronic Arts; Standard auf Macs; erlaubt maximal 2 GB große Dateien, was bei einer Auflösung von 16 Bit und einer Samplerate von 44,1 kHz ca. 3 Stunden und 15 Minuten bei einer Stereodatei entspricht.

- *WAVE (PC)* = basiert auf Microsofts RIFF-Format, dem meistverbreiteten Format. Logic benutzt das Format Broadcast Wave (BWF), das in der Datei auch Informationen über Zeitpositionen (Timestamps) enthalten kann und (im ursprünglichen Format) eine maximale Dateigröße von 4 GB zulässt. Größere Files sind grundsätzlich mit dem Format MBWF/RF64 möglich, das bislang nicht in Logic verwendet wird.
- *SD2 = Sounddesigner 2* (*.sd2*); entwickelt von Digidesign; Verbreitung lässt nach; in der Regel nicht PC-kompatibel; steht in Logic nur für den Import, aber nicht mehr für den Export oder Bounce zur Verfügung.
- *CAF* = relativ neues Apple-Audioformat (*Core Audio Format*), in dem Apple-Loop-Content gespeichert wird (etwa halbe Dateigröße von *.aif*/*.wav*). Dateien werden mit dem sogenannten Apple Lossless Codec komprimiert, der angeblich verlustfrei arbeitet. Es handelt sich um ein Container-Datenformat, das heißt, in der Paketdatei können auch Metadaten abgelegt werden. Vorsicht – mangelnde Kompatibilität mit anderen Programmen oder PCs. Erlaubt Dateigrößen >4 GB (laut Logic-Handbuch ca. 13 Std. und 30 Min. bei einer Samplerate von 44,1 kHz).

Zudem existiert das AAF-Format, das Logic grundsätzlich versteht. Hierbei handelt es sich um ein auch von anderen DAWs wie Pro Tools verwendetes Format, das den Austausch (Import und Export) mehrerer Audiospuren gleichzeitig in einer Datei inklusive Verweisen zu Spurnummern, Zeitpositionen und Volume-Automation ermöglicht (erstellbar über Ablage • Importieren bzw. Exportieren, aber nicht über den Bounce-Dialog).

Die maximale Dateigröße kann z. B. eine Rolle spielen, wenn Sie einen 7 Stunden langen MP3-Mitschnitt von einem Clubabend in einen Editor oder ein Programm importieren wollen, das versucht, diese Datei automatisch in ein AIFF-File umzuwandeln. Bei älteren Versionen von Logic führte das wegen der maximalen Dateigröße von 2 GB für AIFF-Dateien zu einem Crash – abgesehen davon, dass 32-Bit-Programme nur ca. 4 GB verwalten bzw. adressieren können. Wenn Sie eine so große MP3-Datei in Logic Pro X ziehen, die als WAV-Datei größer als 4 GB würde, konvertiert Logic Pro X sie nun in eine neue Datei im CAF-Format.

10.1.2 Samplerate, Bitrate und Dateigröße

Die *Samplerate* regelt, wie oft in der Sekunde eine Art *Schnappschuss* des Audiosignals aufgenommen wird, das von analog in digital und zurück umgewandelt wird. Die *Bitrate* (einstellbar in den allgemeinen Einstellungen) dagegen regelt, wie groß die Auflösung ist bzw. wie umfangreich die aufgenommenen Daten dieses Schnappschusses sind. Die Samplerate wird in Samples pro Sekunde angegeben. Eine Samplerate von 44.100 Samples pro Sekunde mit 16 Bit Auflösung entspricht CD-Qualität. Bei einer Abtastrate von 44,1 kHz sind das also 44.100 Einzelsamples pro Sekunde oder 44.100 Wandlungen von analogen in digitale Signale oder umgekehrt.

Pro Sekunde fallen Abtastrate × Bytes pro Sample (Auflösung) × Anzahl der Kanäle (mono = 1, stereo = 2) Bytes an. Ein Beispiel: 5 min = 300 s, CD-Qualität (16 Bit = 2 Byte, 44.100 Hz, stereo). Das ergibt 44.100 Hz × 2 Byte × 2 × 300 s = 52.920.000 Byte = 51.679,69 KB = 50,5 MB (geteilt durch 1.024).

Eine 16-Bit-Auflösung bedeutet 65.536 mögliche Level (die Lautstärke des Samples kann in 65.536 Werten dargestellt werden), bei 24 Bit sind es 16.777.216 Level.

Standard für Audiofiles

16 Bit und 44,1 kHz im WAV-Format sind das übliche CD-Format bzw. Standard für die Anlieferung von Audiofiles.

Eine Verwendung von Audiofiles mit verschiedenen Samplerates im Projekt ist problematisch und sorgt dafür, dass einige davon schneller oder langsamer klingen und eine Veränderung der Tonhöhe auftritt. Der Grund: Die Festlegung einer Samplerate bedeutet, dass eine bestimmte Zahl Samples pro Sekunde gelesen wird. Audiofiles mit kleineren oder größeren Samplerates werden schneller oder langsamer als bei der Aufnahme ausgelesen (Beispiel im Projekt *10SR2x*). Dagegen ist die Verwendung von Files mit unterschiedlichen Bitrates im Projekt unproblematisch.

Die Vorteile kleinerer Sample- und Bitrates sind ein geringerer Speicherbedarf und eine höhere Geschwindigkeit bei der Verarbeitung. Zudem ist keine zusätzliche Wandlung mehr nötig, wenn das Zielformat ohnehin 44.100 Samples und 16 Bit bzw. CD-Qualität aufweist. Abgesehen davon, dass die Fähigkeit zur Wahrnehmung von Detailverbesserungen durch höhere Sample- und Bitrates von vielen Faktoren (individuelle Wahrnehmungsfähigkeit, Gehörschulung, Blendersyndrom, Qualität der Wiedergabe-PA) abhängt, gibt es Anwendungsbeispiele, die höhere Sample- oder Bitrates besonders rechtfertigen, z. B. wenn Sie beabsichtigen, die Aufnahmen später langsamer abzuspielen oder in einen Sampler zu laden, um sie dort heruntergepitcht abzuspielen. Auch das lässt sich wieder mit einem Film vergleichen: Wenn Sie einen Slow-Motion-Effekt nutzen möchten, hilft Ihnen eine höhere Bildrate pro Sekunde deutlich.

Auch wenn die Aufnahmen wiederholt in verschiedensten Effekten bearbeitet werden, kann eine Aufnahme mit höheren Samplerates oder Auflösungen sinnvoll sein, denn in solchen Fällen können die Unterschiede später deutlicher zutage treten.

Einige Toningenieure empfehlen 48 kHz als Standard-Samplerate für Aufnahmen – zum Beispiel, weil bei 48-kHz-Aufnahmen die Höhenwiedergabe besser als bei 44,1 kHz sein soll. Über den Daumen gerechnet sagt man, dass die Wiedergabe von Frequenzen mit etwa der Hälfte der Samplerate störungsfrei möglich ist. 48 kHz ist auch ein gebräuchliches Standardformat bei der Filmvertonung oder auf DVDs.

10.1.3 Komprimierte Formate

Die gängigsten komprimierten Audiodateiformate sind:

- MP3
- AAC/M4A/M4R

MP3-Dateien haben ab 192 kBit Auflösung meiner Meinung nach eine erträgliche Qualität, die auch einem Publikum vorgespielt werden könnte. Unter DJs ist der Austausch von 320-kBit-MP3s populär. Das Fraunhofer-Institut hat 2017 die Weiterlizenzierung des Formates eingestellt, weil andere Formate besser klingen, so dass andere Formate in Zukunft wichtiger sein werden, wie z. B. AAC.

AAC (*.m4a*) ist das Format der iTunes-Shop-Stücke, es wird auch oft für Streaming verwendet. iTunes-Stücke wurden zunächst mit 128 kBit/44,1 kHz angeboten und lieferten dabei bereits brauchbare Ergebnisse und in jedem Fall besseren Sound als ihre MP3-Pendants. Somit wurden kleinere Dateien für akzeptablen Sound benötigt als beim Format MP3. Mittlerweile sind 256-kBit-AAC-Dateien das gängige Format im iTunes Store (Stand 2017).

.m4r-Dateien sind als Telefon-Klingeltöne verwendbare Files, die Sie über Ablage • Bereitstellen erzeugen.

10.1.4 Interleaved vs. Split Stereo

Interleaved ist ein Begriff für ein Stereofile, in dem beide Kanäle in einer Datei gebündelt sind. Im Gegensatz dazu gibt es auch Split-Stereo-Files. Auch sie sind Stereofiles, nur eben in zwei Teilen. Logic beherrscht eine Konvertierung von dem einen in das andere Stereo-File-Format.

10.1.5 Surround

Das Bouncen von Audioformaten in Surround-Formaten bzw. mit mehr als zwei Kanälen ist möglich (*Surround-Bounce*). Unter Einstellungen • Audio • I/O-Zuweisungen können Sie auf detaillierte Surround-Einstellungen zugreifen. Achtung: Manchmal erstellt man automatisch einen Surround-Master-Kanal, wenn man bestimmte mehrkanalige Apple Loops benutzt bzw. importiert. Das kann zu Problemen beim Bouncen führen, weil gegebenenfalls automatisch ein Surround-Output erstellt wird. Logic bounct aber bisher noch keine sogenannten AC3-Encodierungen oder andere Kino-/DVD-Formate. Dazu benötigen Sie externe Encoder.

10.1.6 Rex/ReCycle

Logic kann Rex-Files importieren und über die Übersicht Alle Dateien anspielen; den Import dieser Files behandelt Abschnitt 9.10 ausführlich.

10.2 Audio: gesamtes Projekt oder Abschnitt bouncen

Bouncen ([cmd] + [B]) bedeutet das Zusammenrechnen des Hörbaren in eines der gängigen Audiofile-Formate, die von anderen Geräten und Programmen gelesen werden können.

Betrachten wir zunächst die Funktion BOUNCEN • PROJEKT ODER ABSCHNITT (ganz unten in Abbildung 10.1). Sie wird in der Regel benutzt, um aus dem fertigen Logic-Projekt eine Audiodatei zu erstellen.

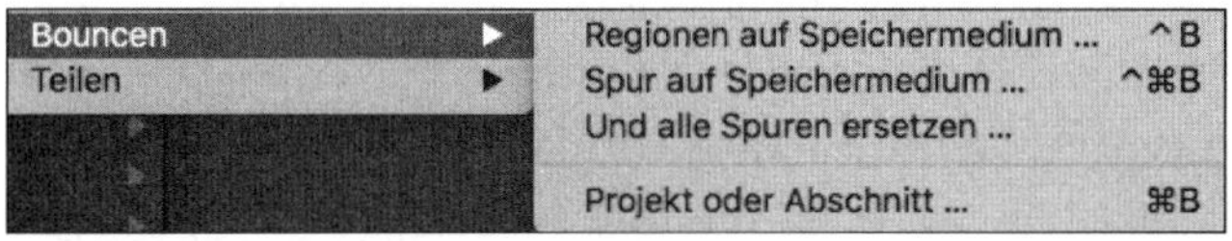

Abbildung 10.1 Bounce-Optionen

Sie können dabei einen ganzen Song oder auch nur ein Teilbereich eines Songs oder solo gestellte Spuren bouncen. Weitere Optionen zum Exportieren oder Bouncen von Teilbereichen eines Projekts werden in Abschnitt 10.3 besprochen.

10.2.1 Bounce-Dialog und Auswahl der Dateiformate für den Bounce: PCM, MP3, M4A/AAC, CD

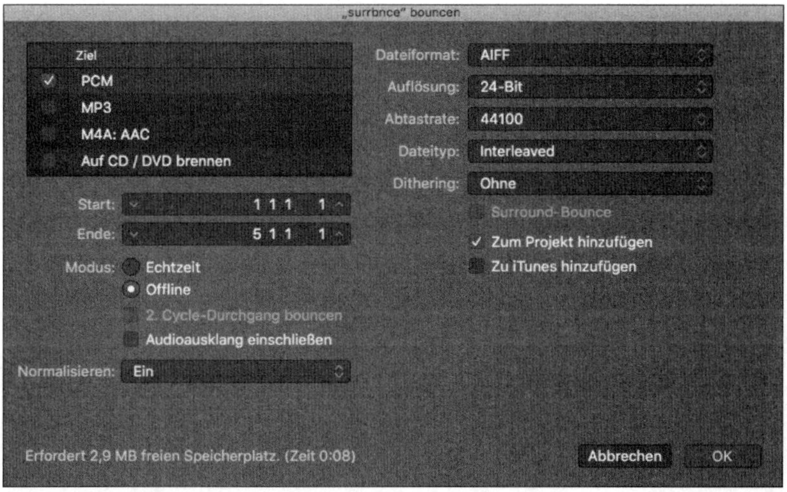

Abbildung 10.2 Bounce-Dialog

Der Bounce-Befehl befindet sich u. a. im Menü LOGIC • ABLAGE. Der anschließende Dialog bezieht sich in der Regel auf den Output 1-2 (erkennbar oben im Fenster) und erlaubt die Auswahl verschiedener Zielformate. Dabei ist es sogar möglich, aus Logic heraus auf CD zu brennen. Bei den anderen Zielformaten handelt es sich um unkomprimierte PCM-Files, die Sie aus Abschnitt 10.1.1 kennen, sowie um MP3 und M4A bzw. AAC.

Zunächst können Sie also das gewünschte Audioformat oder mehrere Formate für den Bounce einstellen. Wenn Sie das Häkchen neben dem Eintrag »PCM« setzen und diesen Eintrag selektieren, können Sie anschließend rechts die Detaileinstellungen vornehmen (z. B. ob ein AIFF- oder ein WAV-File und in welcher Bit- und Samplerate gebounct werden soll). Die Einstellung in Abbildung 10.2 entspricht CD-Qualität (PCM/AIFF mit 16 Bit AUFLÖSUNG und einer ABTASTRATE von 44.100 Hz). Eine feinere Auflösung von 24 Bit ist möglich. Das Erzeugen von 32-Bit-Bounces ist grundsätzlich nicht bzw. nur auf Umwegen möglich, beispielsweise wenn Sie Freeze-Files manuell aus Ordnern herausziehen. Sie können mehrere Formate gleichzeitig bouncen und z. B. zusätzlich auf das Kästchen neben »MP3« oder »M4A:AAC« klicken, um in einem Rutsch zusätzliche andere Formate zu bouncen. Wenn Sie den Eintrag »MP3« links selektieren, erscheinen rechts die möglichen Detaileinstellungen für das Format. Beachtyen Sie, dass hierbei stets zunächst ein PCM-Format gebounct und anschließend gewandelt wird. Unter EINSTELLUNGEN • AUDIO • I/O ZUWEISUNGEN können Sie zudem Dateisuffixe für Bounces einstellen, was insbesondere bei Surround-Bounces eine Rolle spielt.

10.2.2 Welcher Audio-Output und was genau wird gebounct?

Es wird in der Regel das gebounct, was zu hören ist, wenn Sie die PLAY-Taste drücken, nämlich der Output 1-2. Das heißt: Möchten Sie einen Sound solo bouncen, reicht es, ihn solo abzuspielen, denn sowohl Regionssolo als auch Spurensolo entsprechen hier einem *Solo in place*, das heißt, Sie hören das Signal solo wie im Mix über denselben Output. Ausnahme: Wenn Sie an einem eventuell vorhandenen Output-Objekt, das nicht dasjenige ist, das Sie gerade abhören, den BOUNCE-Knopf drücken, bouncen Sie eventuell etwas anderes als das, was Sie hören.

Abbildung 10.3 Links ist ein Kanal auf Output 3-4 geroutet, rechts erscheint ein neues, passendes Output-Objekt.

Wenn Sie Audiokarten mit mehreren Outputs verwenden, legt Logic zusätzliche Output-Objekte an, sobald Sie einen solchen separaten Output als Ausgang in einem Kanalzug wählen. Diese verfügen über einen eigenen BOUNCE-Button und einen eigenen Bounce-Dialog (Abbildung 10.3, Abbildung 10.4).

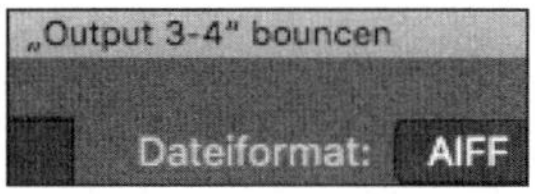

Abbildung 10.4 Im Fensterkopf des Bounce-Dialogs sehen Sie, dass hier Output 3-4 gebounct werden soll.

10.2.3 Taktbereich beim Bounce wählen, Cycle-Bereich zweimal bouncen, Audioausklang einschließen

Der Bounce-Dialog in Abbildung 10.2 zeigt Takt 1 als Startpunkt und Takt 5 als Endpunkt. Das können Sie im Dialog durch Eingabe anderer Werte in START und ENDE manuell ändern. Alternativ können Sie den ganzen Song im Taktlineal selektieren, *bevor* Sie in den Bounce-Dialog wechseln. Dann wird der selektierte Bereich automatisch im Bounce-Dialog voreingestellt. Wenn Sie die Songlänge im Display entsprechend einstellen, kann der Bounce-Bereich nie über die maximale Songlänge hinausgehen.

Sie können auch einen Cycle-Bereich im Taktlineal einstellen, der anschließend gebounct wird. Dabei ist es auch möglich, diesen ein zweites Mal zu bouncen (Option 2: CYCLE-DURCHGANG BOUNCEN), um eventuell einen Audioausklang aus dem ersten Cycle mitzubouncen.

Audioausklang einschließen

Ist das Häkchen bei AUDIOAUSKLANG EINSCHLIESSEN gesetzt, werden ausklingende Sounds über die im Dialog eingestellte Taktposition hinaus gebounct, damit es kein abruptes Ende im Bounce gibt. Auch diese Option findet sich in verschiedenen Bounce-Dialogen; sie führt eventuell zu Problemen, falls Sie z. B. ein nicht endendes Delay im »Tape-Delay«-Plug-In eingestellt haben. In diesem Fall empfiehlt es sich, den Bounce gegebenenfalls abzubrechen. Ich überlege mir insbesondere beim Bounce fertiger Stücke vorher, wie lange der Bounce werden soll, verlängere in solchen Fällen den Taktbereich entsprechend, deaktiviere die Option AUDIOAUSKLANG EINSCHLIESSEN (weil Logic in Ausnahmefällen bei eventuell zu lange aushallenden Sounds kein Ende findet), bearbeite den Bounce anschließend destruktiv in einem Editor und schneide oder fade das Ende nach Bedarf.

10.2.4 Modus beim Bounce wählen: Echtzeit- vs. Offline-Bounce

Sie können in Echtzeit (entspricht der Original-Abspielgeschwindigkeit) oder offline (so schnell, wie es der Computer angesichts der verwendeten Effekte schafft, ohne dass Sie in Echtzeit mithören können) bouncen. Externe Klangerzeuger werden nur mitgebounct, wenn ...

- sie in Logic hineingeroutet sind *und*
- in Echtzeit gebounct wird.

Es gibt die Meinung, dass Echtzeit-Bounces oder Aufnahmen auf Audiospuren via Bus-Routing aufgrund einer angeblich verlustfreieren Art der Berechnung/Erzeugung besser klingen. Ich fand die Klangqualität von Offline-Bounces bislang absolut brauchbar und bevorzuge diese vor allem aus folgenden Gründen: Wenn Sie (insbesondere bei einem komplexen Projekt) einen Echtzeit-Bounce vornehmen, muss Logic zusätzlich zum Bounce die korrekte Wiedergabe des Audiomaterials realisieren. Hierdurch wird es nicht nur zusätzlich beansprucht, es ist zudem verpflichtet, für die Berechnung des Bounces nie länger zu brauchen, als das Abspielen in Echtzeit dauert.

Falls Logic damit an irgendeiner Stelle im Projekt für den Bruchteil einer Sekunde überfordert sein sollte, können sich Artefakte einstellen. Zwar sollte normalerweise ein Warnhinweis erscheinen und der Bounce abgebrochen werden (das gilt natürlich nur, wenn Sie intern bouncen und keinen externen Recorder verwenden), bei mir ist es jedoch in der Praxis vorgekommen, dass sich kleinere Holperer oder Fehler in solche Echtzeit-Bounces geschlichen haben, ohne dass Logic den Bounce unterbrach. In der Praxis bedeutet das einen hohen Zeitaufwand, der viel Substanz kostet: Sie werden sich den Bounce anhören wollen, während er in Echtzeit passiert – und außerdem das gebouncte File. Ist eine Klangverbesserung von Echtzeit-Bounces den zusätzlichen Aufwand wert? Für mich nur dann, wenn ich den Unterschied wirklich selbst hören kann, nicht, wenn ich nur darüber lese.

Wenn Sie Offline-Bounces verwenden und Logic temporär überfordert ist, kann es sich dagegen immer die Zeit für den Bounce nehmen, die es braucht, denn es bounct mit der x-fachen Geschwindigkeit der CPU-Leistungsfähigkeit. Das bedeutet andererseits oft eine Zeitersparnis: Wird die CPU-Leistungsfähigkeit nur zu einem Zehntel beansprucht, bounct Logic offline dementsprechend auch mit der zehnfachen Geschwindigkeit. Zudem haben die Offline-Bounces in den seltensten Fällen Artefakte, lediglich bei der Verwendung des »Tape Delay«-Plug-Ins in komplexen Projekten sind mir solche mal in Form von Unterbrechungen des Effektausklanges an bestimmten Stellen begegnet, die allerdings dann meist zuvor auch schon beim Abhören in Echtzeit Probleme bereitet hatten.

10.2.5 64-Bit- vs. 32-Bit-Rendering (Summieren)

Unter Logic Pro X • Einstellungen • Audio • Geräte können Sie für das Summieren zwischen den Optionen 64 Bit und 32 Bit wählen. Dies betrifft neben dem, was Sie im laufenden Logic-Betrieb hören, ebenfalls den Bounce (siehe detailliertere Erläuterungen im nächsten Abschnitt). Die 64-Bit-Option bietet eine mögliche klangliche Verbesserung durch größeren Dynamikumfang und feinere Auflösung.

10.2.6 »Normalisieren«, Übersteuerungsschutz, interne Bitrate-Wandlung

Sie können im Bounce-Dialog aus Abbildung 10.5 und auch in anderen Exportdialogen für Audiofiles unter dem Eintrag NORMALISIEREN zwischen folgenden Optionen wählen:

- AUS: keine Normalisierung/kein Übersteuerungsschutz. Das bedeutet: Wenn im Song der Master-Output über 0 dB ausschlägt, klingt der Bounce anschließend möglicherweise verzerrt.
- NUR ÜBERSTEUERUNGSSCHUTZ: Wenn im Song der Master-Output über 0 dB ausschlägt, macht Logic den Bounce automatisch leiser, so dass keine Verzerrungen auftreten (und zwar um genau den Wert der maximalen Übersteuerung).
- EIN (Voreinstellung): wie bei NUR ÜBERSTEUERUNGSSCHUTZ. Zusätzlich wird der Bounce aber lauter gemacht, falls die lauteste Stelle leiser als 0 dB ist – und zwar genau so viel, bis der höchste Pegel 0 dB beträgt. Dabei erfolgt keine Klangveränderung oder -stauchung wie beim Limiting. Der Bounce wird lediglich lauter gemacht. Dieses Normalisieren entspricht der Funktion NORMALISIEREN im AUDIODATEIEDITOR.

10

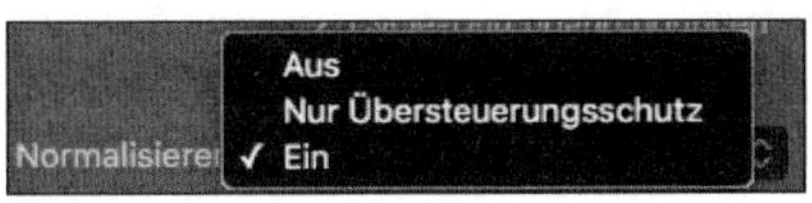

Abbildung 10.5 Einstellungen unter der Option »Normalisieren«

Die letzten beiden Einträge schützen Sie vor Übersteuerungen, falls z. B. kein Brickwall-Limiter in der Masterspur installiert ist. Wenn Sie keinen Limiter benutzen und den Übersteuerungsschutz aktivieren, klingt Ihr Bounce hinterher möglicherweise leiser als der Song bei der Arbeit in Logic zuvor (und zwar um genau den Wert der maximalen Übersteuerung). Ein solches File eignet sich anderseits besser als bereits selbst mit Limiter bearbeitete Files dazu, später an einen externen Mastering-Ingenieur weitergegeben zu werden, weil der Dynamikumfang durch das Limiting noch nicht eingeschränkt wurde.

Falls Sie ein übersteuertes Projekt ohne Übersteuerungsschutz bouncen, wird das Ergebnis nach dem Bounce natürlich trotzdem niemals mehr Pegel haben als 0 dB. Werte, die darüber hinausgingen, wurden abgeschnitten. Wie das bei der Wiedergabe klingt, kommt auf das musikalische Material und den Einzelfall an – und auch auf den Sound Ihres Wandlers.

Beachten Sie, dass automatisches Normalisieren beim Export von Teilbereichen eines Songs die Lautstärkerelationen der Teilbereiche verändern kann!

Technischer Hintergrund

Warum kommt es überhaupt so weit, dass ein zunächst nicht verzerrendes Projekt zu einem verzerrten Bounce wird? Die theoretische Dynamik eines 16-Bit-Files liegt ungefähr beim Sechsfachen seiner Bittiefe (also ca. 96 dB). Die theoretisch mögliche Dynamik eines 24-Bit-Files beträgt demzufolge ca. 144 dB. Bei 32- oder 64-Bit-Files bzw. Summierung ist theoretisch noch mehr Dynamik möglich, und selbst übersteuertes Material kann verzerrungsfrei wiedergegeben werden. Logic arbeitet intern mit einer 64- oder 32-Bit-Auflösung beim Summieren (siehe oben), die beim Bounce in 24- oder 16-Bit-Audiofiles gewandelt wird, wodurch Verzerrungen auftreten können, falls der Output über 0 dB liegt. Solche Verzerrungen durch Wandlungen können in DAWs auch vorkommen, wenn in Plug-Ins Wandlungen stattfinden (durch Truncation, also Abschneiden der niederwertigen Bits ohne Dithering). Das passiert theoretisch bei jeder Offlinebearbeitung. Ob Sie diese Verschlechterungen hören können, ist eine andere Frage; z. B. werden bei leisen Hallausklängen manchmal Unterschiede hörbar. Im Einzelfall kommt es auf die verwendeten Programme und Hardwarekomponenten an. Leider kann man die Funktionsweise von Software-Plug-Ins nicht wie Schaltpläne eines Effektgeräts genau analysieren und miteinander vergleichen.

Ein Praxisbeispiel: Im Projekt *10Channeleqverzerr1* ist ein Apple Loop geladen. Im Masterbereich wird per Automation ab Takt 3 ein »Channel EQ« aktiviert (den ich genauer in Abschnitt 15.2.4 erläutere) und der lediglich mit LPF und HPF Signalanteile wegfiltert. Trotzdem schnellt der Peak des Kanals durch die Plug-In-Bearbeitung von 0 dB auf +4,7 dB. Natürlich ergäbe ein Bounce mit einem kurzzeitigen Spitzenwert von 4,7 dB nicht das gleiche Ausmaß an Übersteuerung und Lautstärke wie ein Bounce des gleichen Files ohne EQ mit einem um +4,7 dB angehobenen Masterbereich (was Sie im Beispielprojekt *10Channeleqverzerr2* hören).

10.2.7 Dithering

Beim *Dithering* geht es um die klangliche Optimierung von Artefakten, die durch die Bitreduktion entstehen. Vom mehrfachen Dithering eines Audiofiles ist abzuraten, genauso wie von mehrfacher Truncation durch Bitrate-Wandlung.

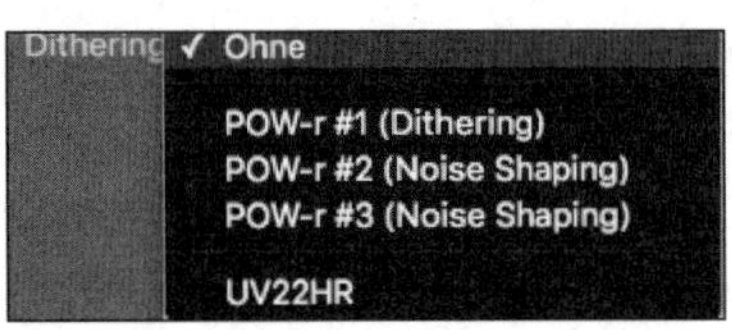

Abbildung 10.6 Dithering-Optionen

Sie können im Bounce-Dialog zwischen verschiedenen DITHERING-Optionen wählen (Abbildung 10.6). Dithering in Logic betrifft die Wandlung des internen 32-Bit-Signals in Dateien mit dem Zielformat 24 oder 16 Bit. Dies kann beim Bouncen einer Audiodatei, beim Brennen einer CD aus Logic heraus oder beim Export von AAF-Dateien der Fall sein. Die Option UV22HR steht nur zur Verfügung, wenn Sie ein 16-Bit-Audiofile bouncen wollen. Der Algorithmus UV22HR stammt von Apogee und wird im Logic-Handbuch selbst als bester der vorhandenen Algorithmen hervorgehoben. Ich kenne Künstler, die den Output von Logic oder Cubase (auch dort gibt es den UV22HR-Algorithmus) mit Absicht übersteuern und mit

UV22HR dithern, wodurch die Verzerrungen/Artefakte angeblich annehmbar werden und eine größere Lautstärke bei weniger ungewollter Klangveränderung erzielt wird als mit Limitern. Ob das stimmt und wie gut es klappt, hängt vom verwendeten Audiomaterial ab muss sicherlich im Einzelfall ausprobiert werden. Von artefakt- oder verzerrungsfreien Ergebnissen können Sie bei dieser Methode jedoch keinesfalls ausgehen. Zudem darf die Übersteuerung nicht zu hoch ausfallen.

10.2.8 »Zum Projekt hinzufügen«

Auch die Option ZUM PROJEKT HINZUFÜGEN kommt in verschiedenen Bounce- und Audioexportdialogen vor. Logic bietet hiermit an, die Files der Übersicht PROJEKTAUDIO für die weitere Verwendung im Projekt hinzuzufügen. Wenn Sie das entsprechende Häkchen setzen, wird Ihr Bounce automatisch für weitere Verwendungen in Ihrem Projekt hinzugefügt, und Sie ersparen sich die eventuell notwendigen Schritte für einen anschließenden Import.

10.2.9 Speicherort für Bounces auswählen

Wenn Sie dann auf BOUNCEN klicken oder [↵] drücken, fragt Logic in einem Dialog, wo Sie den Bounce speichern möchten. Falls Sie das Projekt als Ordner verwalten, bieten der Dialog im Projektordner den Unterordner *Bounces* als Speicherort an. Falls Sie das Projekt als Paket verwalten, müssen Sie einen Speicherort außerhalb des Pakets festlegen. Vergeben Sie einen sinnvollen Namen, der sich auf den Namen des Projekts bezieht.

Wenn Sie nach Festlegung des Speicherorts auf BOUNCEN klicken oder [↵] drücken, sehen Sie während des Bounce-Vorgangs (sowohl bei Echtzeit- als auch bei Offline-Bounces) ein kleines Fenster im Vordergrund mit einem Balken, der Sie über den Fortschritt informiert.

10.2.10 Bounces abbrechen

Mit dem Befehl [cmd] + [.] brechen Sie einen laufenden Bounce ab. Dies gilt auch beim Bounce von Spuren oder Regionen.

10.2.11 Logic-Blockade beim Bounce, Bus-Routing als Alternative zur Aufnahme von Parameterbewegungen in Echtzeit

Beim Bounce ist Logic blockiert und Sie können nicht auf Parameter zugreifen. Als Alternative zum Bouncing (z. B. um live vorgenommene Parameter-Edits in Logic direkt aufzunehmen), können Sie die aufzunehmenden Signale auf einen Bus routen, diesen als Input im Audiokanal einstellen und das Bus-Signal anschließend in die Audiospur aufnehmen. Diese Methode eignet sich natürlich auch zur Aufnahme einzelner, solo geschalteter Regionen oder Spuren.

10.3 Audio: Songteile (Spuren oder Regionen) als Audio exportieren oder bouncen

Logic Pro X bietet verschiedene komfortable Optionen für den Export von Teilbereichen eines Projekts wie Spuren oder Regionen an. Sie finden sie (unter anderem) in den Menüs ABLAGE • EXPORTIEREN und ABLAGE • BOUNCEN. Natürlich können Sie Teile eines Songs auch durch das zuvor gezeigte Bouncing eines Projekts oder Abschnitts erreichen, wenn Sie das zu exportierende Material solo schalten.

Bei wichtigen Projekten sollten Sie stets besser noch einmal selbst überprüfen, ob alles korrekt exportiert wurde. Auch ein Testlauf mit kleineren Projekten (z. B. aus diesem Buch) kann helfen, die Funktionen zu verstehen. Bedenken Sie, dass wichtige Unterschiede zwischen den verschiedenen Optionen bestehen, insbesondere zwischen Bounces und Exports. Der Bereich Export und Bounces hat zudem in verschiedenen Logic-Updates oft kleine Änderungen erfahren. Diese betreffen etwa Details beim Export von Einzelausgängen von Instrumenten und Aux-Kanälen. Um alles komplett zu verstehen, sollten Sie zuvor auch Kapitel 14 über den Mixer gelesen haben. Logics Verhalten entsprach in Details zudem nicht immer der Dokumentation und wird sich auch in Zukunft wieder ändern. Daher gilt: Vertrauen ist gut, Kontrolle ist besser.

Gegen Ende dieses Abschnitts erwähne ich nochmals kurz die Option, Regionen in neue Audiodateien umzuwandeln. In Abschnitt 8.1.5 können Sie ferner Details zu den Optionen nachlesen, Audiodateien im Fenster PROJEKTAUDIO in andere Formate zu konvertieren oder Regionen als Audiofiles zu exportieren.

10.3.1 Vorsicht vor dem Normalisieren von Teilbereichen eines Songs bei Bounces und Exporten

Wenn im Exportdialog NORMALISIEREN nicht ausgeschaltet ist, kann sich die Lautstärke gebouncter Spuren und als Konsequenz die Lautstärkerelation zwischen den exportierten Spuren verändern. Das gilt natürlich auch, wenn die Option NUR ÜBERSTEUERUNGSSCHUTZ ausgewählt wurde, diese macht die Audiodatei ja gegebenenfalls leiser. Falls Verzerrungen in einzelnen Spuren drohen, könnten Sie besser stattdessen vorher einen Limiter in übersteuerten Spuren einsetzen und/oder gegebenenfalls die Lautstärken vor dem Export anpassen. Je fertiger Ihr Mix vor dem Export ist, desto ärgerlicher kann es sein, wenn Lautstärken durch die Normalisierungsfunktion verändert werden.

10.3.2 Exportoptionen

Nachfolgend bespreche ich einige Möglichkeiten des Menüs ABLAGE • EXPORTIEREN (Abbildung 10.7). Der Export von Regionen zur Loop-Bibliothek betrifft Audio und MIDI und wird Thema von Abschnitt 10.4.1 sein.

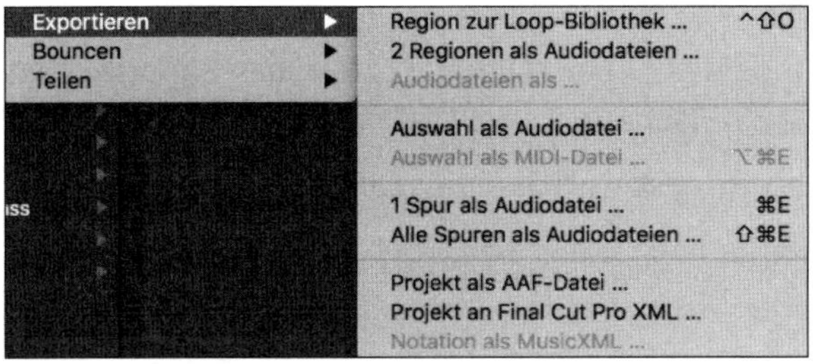

Abbildung 10.7 Menü »Ablage • Exportieren«

10.3.3 Region(en) oder eine Auswahl als Audiodatei(en) exportieren

Mit diesen Optionen aus dem Menü ABLAGE • EXPORTIEREN können Sie eine oder mehrere zuvor selektierte Region(en) oder eine Auswahl als Audiofiles exportieren. Dabei spielt es keine Rolle, ob es sich um Audio- oder um MIDI-Regionen handelt, es ist sogar mit Spurstapelregionen möglich. Als Ergebnis erhalten Sie immer eine (oder mehrere) Audiodatei(en). Diese können optional zum Projekt hinzugefügt werden, ersetzen aber niemals die alte Region im Bereich SPUREN. Nach der Selektion und Auswahl einer der beiden Befehle öffnet sich der Dialog aus Abbildung 10.8.

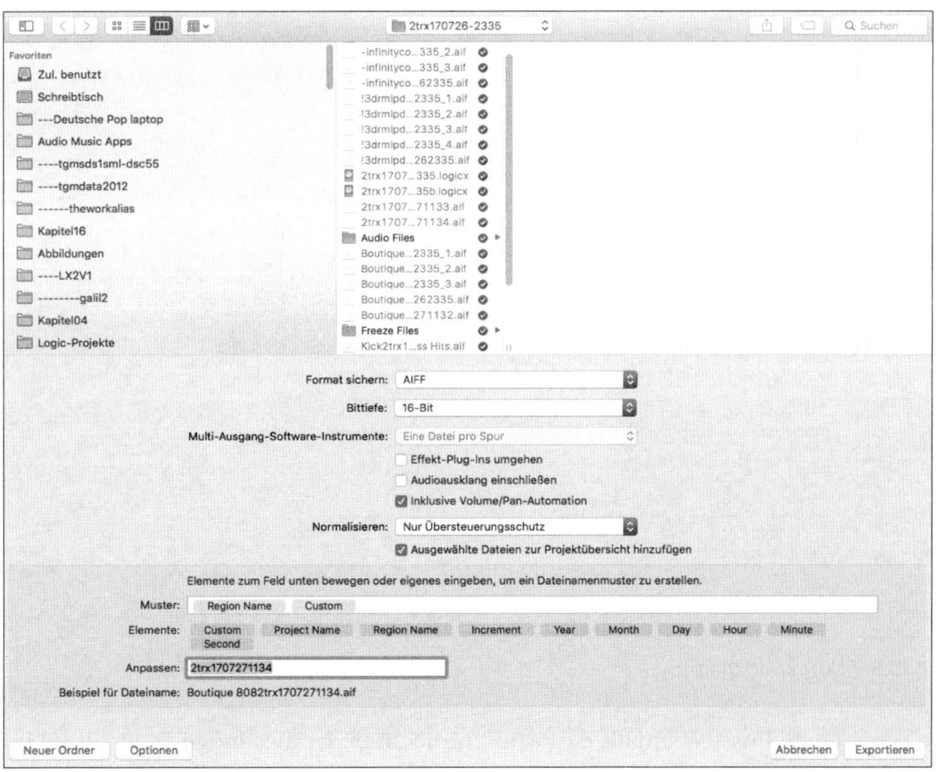

Abbildung 10.8 Dialog zum Regionsexport

Neu ist, dass Sie im Bereich OPTIONEN verschiedene Elemente für eine automatisierte Benennung exportierter Regionen verwenden können. Dieser Bereich des Exportdialogs lässt sich durch Klick auf die OPTIONEN-Schaltfläche auch ein-/ausblenden.

Lesen Sie zum Thema Export von Multi-Ausgang-Software-Instrumenten den separaten Abschnitt 10.3.5

10.3.4 Spuren exportieren

Sie können über das Menü ABLAGE • EXPORTIEREN sowohl eine einzelne Spur als Audiodatei ([cmd] + [E]) als auch alle Spuren als Audiodateien exportieren ([⇧] + [cmd] + [E]). In beiden Fällen sehen Sie im Anschluss einen Dialog, der nach dem Zielort fragt und Ihnen unter OPTIONEN verschiedene Möglichkeiten zur Benennung der Tracks anbietet (siehe Abbildung 10.9).

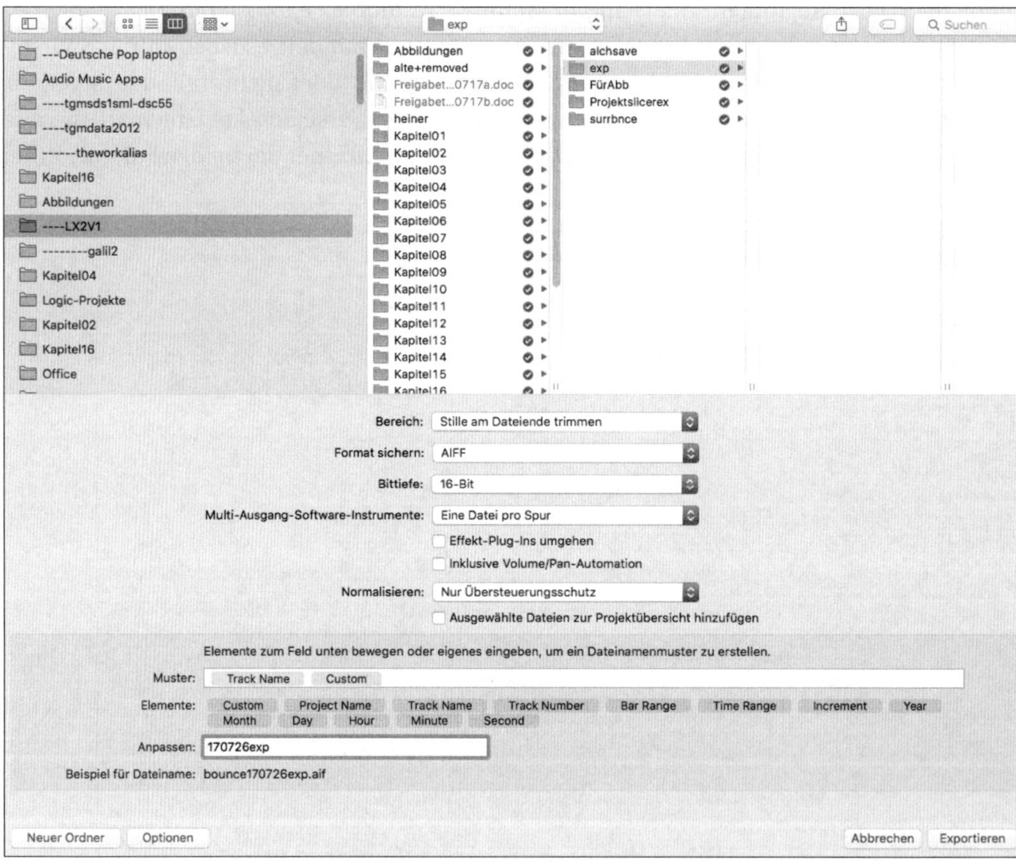

Abbildung 10.9 Spurexportdialog

Wenn Sie verwendete Busse ebenfalls exportieren möchten, ist dies möglich, wenn sie im Bereich SPUREN als Spur angelegt sind. Die Länge des Exports bzw. der exportierten Dateien entspricht maximal der im erweiterten Display eingestellten Songlänge (Abbildung 10.10), auch kurze Exporte sind möglich. Falls in der Spur nicht über die volle Länge des Exportbereichs Musik spielt, wird die exportierte Datei kürzer.

Abbildung 10.10 Hier ist die Songlänge auf 89 Takte eingestellt.

Sie können auch Signale von Aux-Kanälen exportieren, und zwar sowohl Aux-Kanäle als Spuren als auch – über die Funktion REGION BOUNCEN – eine auf eine Aux-Kanal-Spur mit dem Stiftwerkzeug eingezeichnete leere Region.

Wenn Sie generell Aux-Kanal-Spuren bouncen möchten, sollten Sie zuvor die jeweilige(n) Aux-Spur(en) im Bereich SPUREN erzeugen (via Selektieren im Mixer und `ctrl` + `T`), zusätzlich sollten Sie eine leere Region auf die Spur für die Länge des zu bouncenden Bereichs legen.

10.3.5 Spurexport: Sonderfall Multi-Ausgang-Software-Instrumente

Sowohl beim Exportieren von Regionen als auch beim Exportieren von Spuren erscheint möglicherweise ein Eintrag MULTI-AUSGANG-SOFTWARE-INSTRUMENTE mit verschiedenen Optionen, die sich im Test nicht immer schlüssig verhalten haben (Abbildung 10.11).

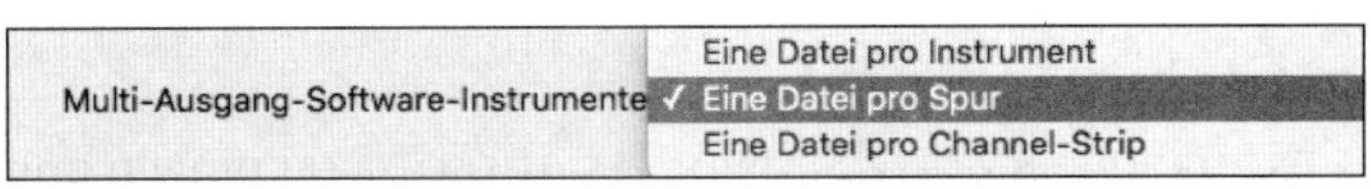

Abbildung 10.11 Flip-Menü zur Auswahl des Exports von jeweils einer Datei pro Channel-Strip

Auch beim Bouncen von Regionen oder Spuren erscheint im Bounce-Dialog ein Eintrag, ob Instrument-Multi-Ausgänge mit exportiert bzw. als neue Spuren angelegt werden. (Abbildung 10.12)

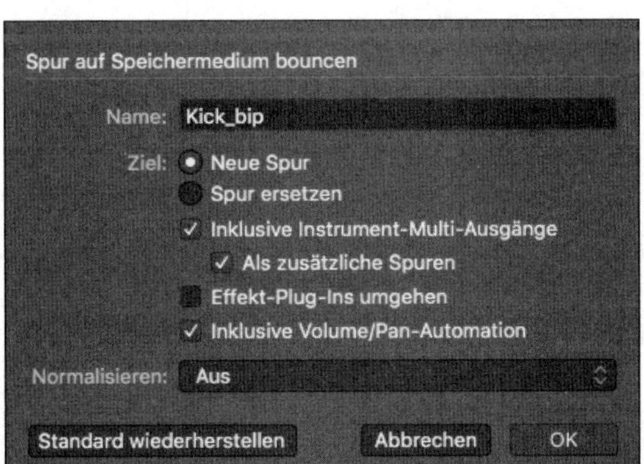

Abbildung 10.12 Spuren-bouncen-Dialog

Auch wenn sich bei Updates oft Nuancen ändern: Es hilft, das genaue Routing zu verstehen, um das, was Logic tut, zumindest besser nachvollziehen zu können. Ein Beispiel finden Sie nachfolgend und in den Projekten *10Exporttest* und *10Exporttest2*. Dort liegt eine Region auf einer Spurstapelspur. Bei dieser handelt es sich nicht um eine Instrumentenspur. Gleichwohl sendet die Spurstapelspur MIDI an das Instrument im Spurstapel. Das Instrument selbst liegt im Projekt in Spur 2 (Abbildung 10.13), wie links im Bild zu sehen ist.

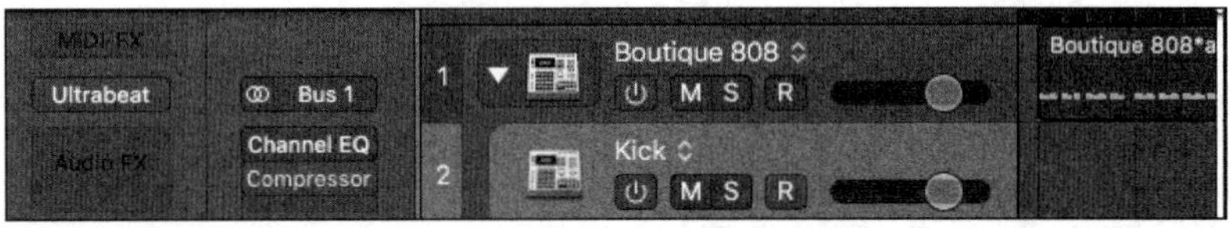

Abbildung 10.13 Spur 2 ist selektiert, das Instrument liegt im Spurstapel.

Als Aux-Kanäle vorliegende Einzelouts sind im Bild beschriftet. Sie könnten die Region aus Spur 1 nun auch auf Spur 2 ziehen. Das, was Sie dann hören, wäre zwar dasselbe, für einen Export würde das aber möglicherweise einen Unterschied machen.

Sie könnten die Region auch auf Spur 3 ziehen und würden wiederum dasselbe hören, weil verbundene Aux-Kanäle ja MIDI an das verbundene Instrument schicken. Die Beschriftung bezeichnet hier nur, was aus dem selektierten Mixer-Kanal herauskommt, was manchmal irreführend ist.

Multi-Ausgang-Software-Instrumente beim Spurexport

Wenn Sie die Funktion Ablage • Exportieren • Alle Spuren als Audiodatei nutzen und im anschließenden Dialog beim Flip-Menü für Multi-Ausgang-Instrumente Eine Datei pro Channel-Strip wählen, werden die Unterspuren im Spurstapel-Instrument auch ohne das Vorhandensein von Regionen auf diesen Spuren exportiert – vorausgesetzt, auf der Instrumentenspur (!) befindet sich eine Region. Befindet sich diese lediglich auf der Spurstapelspur, hat das im Test nicht funktioniert. Die Instrumentenspur ist typischerweise und wie im Beispiel im Spurstapel versteckt.

Multi-Ausgang-Software-Instrumente beim Regionsexport

Wenn Sie eine Region selektieren, die auf einer Spur mit einem Instrument liegt, welches mehrere Ausgänge nutzt, (und nur dann) erscheinen Optionen im Bereich Multi-Ausgang-Software-Instrumente (Abbildung 10.11). Wenn Sie Eine Datei pro Channel-Strip wählen, wurden im Test leider nicht auch die Einzelouts als Instrument exportiert. Befindet sich die Region auf der Spurstapelspur, hat der Export im Test funktioniert. Die Instrumentenspur ist typischerweise im Spurstapel versteckt.

Multi-Ausgang-Software-Instrumente beim Regionsbounce

Seit Logic 10.3.2 ist es auch möglich, Regionen aus Spurstapelspuren bzw. aus Instrumenten mit verbunden Aux-Kanälen auf diese Weise zu bouncen. Einzelouts wurden dabei im Test stets mit in die gebouncte Region einbezogen, egal, ob diese auf der Instrumentenspur oder der Spurstapelspur lag.

Multi-Ausgang-Software-Instrumente und Aux-Kanäle beim Spur-Bounce

Beim Bouncen von Instrument-Multi-Ausgängen spielte es eine Rolle, ob die Spur eines Instruments oder die Spurstapel-Spur selektiert war. Im Test wurden nur im ersten Fall Audiodateien für die Einzelout-Aux-Spuren erstellt.

10.3.6 Bounce-Optionen

Nachdem ich in Abschnitt 10.2 bereits die Optionen zum Export des gesamten Projekts besprochen habe, komme ich nun zu den anderen Optionen des Bounce-Dialogs (Abbildung 10.14).

10

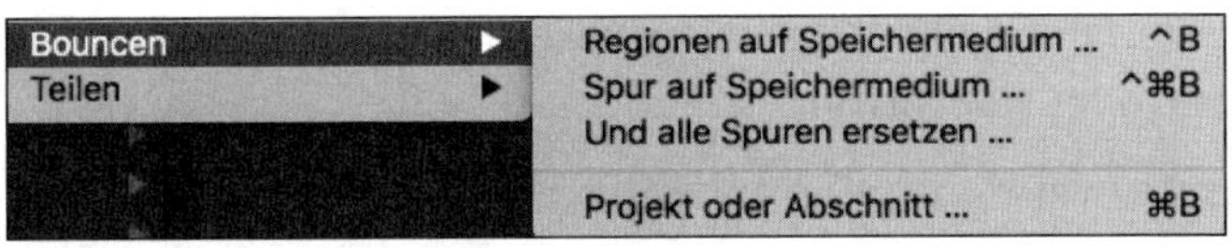

Abbildung 10.14 Bounce-Dialog

Beim Bouncen von Regionen und Spuren stehen keine detaillierten Einstellungen für das Zielformat zur Verfügung, erstellt wurden bei meinen Versuchen 24-Bit-Audiofiles in der Samplerate des Projekts.

10.3.7 Regionen bouncen

Eine besonders wichtige Funbktion, die ich oft benutze, ist die Funktion BOUNCEN • REGIONEN AUF SPEICHERMEDIUM (ctrl + B). Selektieren Sie eine Region, und Logic erstellt ein Audiofile daraus, das im Bereich SPUREN automatisch auf die richtige Abspielzeit und zumeist auf eine neue Spur gelegt wird. Es gibt dabei verschiedene Optionen, z. B. ob die Originalspur gelöscht oder der Effekt mit eingerechnet wird oder ob der Bounce normalisiert werden soll. Auch Automationen können in die neue Audiodatei hineingerechnet werden – dies ist ein Vorteil gegenüber der neuen Funktion AUSWAHLBASIERTE BEARBEITUNG, die als Alternative betrachtet werden kann.

Die neue Spur bekommt exakt die Routing-Einstellungen der Originalspur. Das bedeutet gleichzeitig, dass die nachfolgend auf einem Bus liegenden Effekte nicht mitgebounct werden, hierfür würden Sie die Funktion BOUNCEN • PROJEKT ODER ABSCHNITT BOUNCEN benutzen.

Sinn der Funktion ist z. B., ein gebounctes Audiofile anstelle einer aufwendig mit Effekten versehenen Stelle mit Automationen oder anstelle eines gespielten Software-Instruments verwenden zu können. Dadurch kann einerseits der Rechner entlastet werden, andererseits können Sie mit solchen Audiofiles auch kreativ arbeiten. Auch für die Filmvertonung ist dies ein zeitsparendes Feature. Sie können mit dieser Funktion z. B. auch eine Stelle im Song in ein Audiofile umwandeln, die Unsicherheit verbreitet, beispielsweise weil ein Plug-In nicht sauber läuft oder viele unübersichtliche Edits und Automationen vorkommen. Vielleicht wollen Sie auch ein Audiofile in einem Sampler oder einem anderen Programm weiterverarbeiten (was mit einer MIDI-Region natürlich nicht klappt).

Die Option Ausgewählte Spur als Ziel für den Bounce ist dabei wie in Abbildung 10.15 ausgegraut, wenn Sie dieselbe Spur, auf der die Region liegt oder eine MIDI-Spur angewählt haben. Es ist nicht möglich, mit einer neuen gebouncten Region einfach eine alte zu ersetzten, was bei einer Einstellung Ziel = Ausgewählte Spur, Quelle = Löschen theoretisch möglich wäre. Nutzen Sie hierfür alternativ die Funktion Spur bouncen oder Auswahlbasierte Bearbeitung.

Die Option Ausgewählte Spur ist nicht mehr ausgegraut, wenn Sie zuvor eine andere, im Projekt vorhandene Audiospur ausgewählt haben. Zusätzlich besteht die Option, die Quellregion zu löschen, stummzuschalten oder zu belassen.

Die neue Audioregion wird typischerweise auf eine neue oder eine zuvor ausgewählte (andere) Audiospur gelegt, die alte Region wird dann stummgeschaltet. Ein Beispiel finden Sie im Projekt *10bounceinplace1*, wo ich eine Region inklusive des in der Spur eingestellten Delays in die Spur darunter gebounct habe.

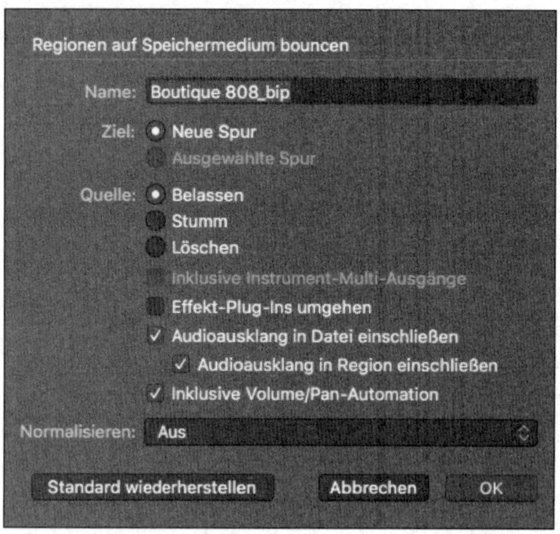

Abbildung 10.15 Der Dialog »Regionen auf Speichermedium bouncen«

Seit Logic 10.3.2 ist es auch möglich, Regionen aus Spurstapelspuren bzw. aus Instrumenten mit verbunden Aux-Kanälen auf diese Weise zu bouncen. Beachten Sie hierzu und zum Thema Einzelouts Abschnitt 10.3.5. Alternativ hat bereits in Vorversionen auch die Funktion Als Audiodatei exportieren für den Export einer Spurstapel-Region funktioniert.

10.3.8 Einzelne Spuren bouncen

Mit der Funktion SPUR(EN) BOUNCEN ... (Menü: ABLAGE • BOUNCEN • SPUR AUF SPEICHERMEDIUM ..., ctrl + cmd + B) können Sie (einzelne oder mehrere) zuvor selektierte Audio- und Software-Instrument-Spuren bouncen und optional *in place* ersetzen (Abbildung 10.16). Entscheidend ist hierbei logischerweise das Selektieren der Spur(en), nicht der Region(en). Auch mehrere Spuren selektieren Sie mit gehaltener ⇧- bzw. alt-Taste.

Das Ergebnis landet dann auf einer Audiospur, deren Send- und Output-Routing der Quellspur entspricht (oder diese ersetzt).

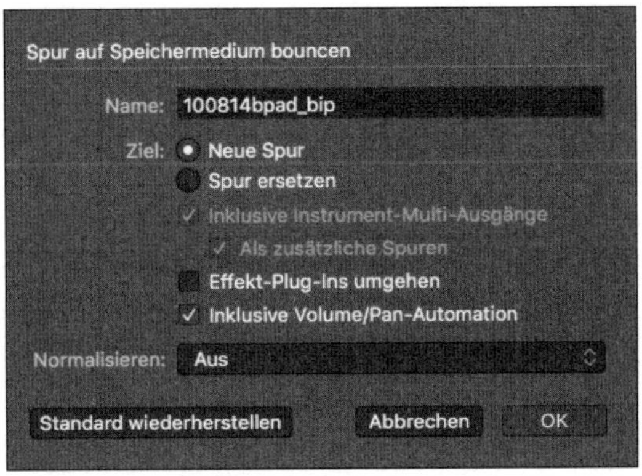

Abbildung 10.16 Dialog »Spur auf Speichermedium bouncen«

Auch Aux-Kanal-Spuren können Sie so bouncen. Diese müssen dabei keine leere Region auf der Spur liegen haben, was in Vorversionen teilweise nötig war. Beim Bouncen von Instrument-Multi-Ausgängen spielte es eine Rolle, ob die Spur eines Instruments oder die Spurstapel-Spur selektiert war. Im Test wurden nur im ersten Fall Audiodateien für die Einzelout-Aux-Spuren erstellt. Das können Sie im Beispiel *10Exporttest* selbst ausprobieren.

10.3.9 Alle Spuren bouncen (inkl. Aux-Kanäle) und ersetzen

Sie können diese Prozedur auch für mehrere Spuren durchführen oder die nachfolgend beschriebene Option ABLAGE • BOUNCEN • UND ALLE SPUREN ERSETZEN verwenden.

Mit dem Menübefehl ABLAGE • BOUNCEN • UND ALLE SPUREN ERSETZEN können Sie alle Spuren eines Projekts durch Audiofiles ersetzen Dies betrifft auch die im Bereich SPUREN sichtbaren Aux-Kanal-Spuren. Sie müssen hierbei keine leeren Regionen auf Aux-Kanälen erstellen, es wird automatisch eine Audiodatei in der richtigen Länge angelegt, falls der Aux-Kanal als Spur im Bereich SPUREN vorhanden ist! Hierfür müssen Sie gegebenenfalls die jeweilige(n) Aux-Spur(en) im Bereich SPUREN erzeugen (via SELEKTIEREN im Mixer und ctrl + T).

Zur Sicherheit sollten Sie auch vor und nach dieser komplexen Operation das Projekt sichern, gegebenenfalls einmal als Kopie in einem separaten Ordner. In der Praxis hat die

Funktion bei mir sehr gut funktioniert. Es ist so theoretisch möglich, schnell ganze Projekte aus Logic in allen Einzelspuren in eine andere DAW oder auf analoge Mehrspurbänder zu übertragen.

Output-Channel-Strips werden dabei nicht gebounct; bestehende Sends auf Spuren bleiben erhalten, selbst wenn für die Aux-Kanäle ein Bounce erstellt wird. Wiederum sollten Sie die Wirkung der zuvor schon erläuterten Option NORMALISIEREN nicht vergessen, die zwar Verzerrungen verhindern, aber auch Lautstärkerelationen verändern kann.

Ein weiteres Praxisbeispielprojekt beschreibe ich auch in Abschnitt 10.3.11.

10.3.10 Freeze-Funktion und 32-Bit-Export

Mit Hilfe der Freeze-Funktion können Sie Spuren einfrieren, was ich in Abschnitt 6.4.8, im Unterabschnitt über die Freeze-Funktion, erläutert habe. Dabei wird im Hintergrund ein 32-Bit-Audiofile erzeugt und automatisch platziert/abgespielt, das allerdings nicht in der Spur dargestellt wird, dort sehen Sie die Spurinhalte wie zuvor (z. B. MIDI-Regionen, Audioregionen). Sie finden entsprechende Audiofiles in Ihrem Projektordner im Unterordner *Freeze Files*. Der FREEZE-Button der Spur bleibt nun grün eingefärbt. Wenn Sie versuchen, ein solches Audiofile auf eine Audiospur zu ziehen, erzeugt Logic im gleichen Ordner automatisch ein 24-Bit-File und legt das entsprechende Audiofile auf der Spur an. Wir haben es hier also mit einer weiteren Alternative eines Spurexports zu tun. Über den Umweg der Freeze-Funktion ist es also auch möglich, ein 32-Bit-Audiofile aus Logic zu exportieren, indem Sie es aus dem Ordner *Freeze Files* in Ihrem Projektordner oder -paket in einen anderen Ordner legen. Wenn Sie mit einem nochmaligen Klicken des FREEZE-Buttons im Spur-Header die Freeze-Funktion deaktivieren, verschwinden die Freeze-Dateien im Ordner *Freeze Files* (im Projektordner oder der in Paketdatei) aus vorherigen Rendering-Prozessen ohne weitere Nachfrage. Wenn Sie die Datei allerdings zuvor in einen anderen Ordner gelegt haben, bleibt sie dort erhalten.

10.3.11 Ein Praxis-Beispielprojekt mit Spurexporten

Im Projekt *10freeze+bounce* spielt auf Spur 1 eine Orgel. Im Projekt *10freeze+bounce2* ist diese Spur eingefroren. Im Projekt *10freeze+bounce3* habe ich das eingefrorene Audiofile auf eine Audiospur gezogen; es wurde automatisch in ein 24-Bit-File umgewandelt. Im Projekt *10freeze+bounce4* spielt zusätzlich eine Bassspur, deren Sound an zwei Aux-Kanäle gesendet wird. Im Projekt *10freeze+bounce4spurersetzen* habe ich die beiden Spuren mit der SPUR BOUNCEN-Funktion in Audiofiles umgewandelt, deren Send- und Output-Routing dabei gleich bleibt.

Im Projekt *10freeze+bounce5* habe ich diesen Bounce wieder rückgängig gemacht und für alle Channel-Strips, durch die Audio läuft, Spuren erzeugt, also für die beiden Send-Aux-Kanäle des Basses und für einen eingerichteten Summen-Aux-Kanal, wo alle Signale landen. Im Projekt *10freeze+bounce5allespurenaudiofile* habe ich die Funktion ABLAGE • BOUNCEN • UND ALLE SPUREN ERSETZEN angewendet. Die Aux-Sends, die von der Bassspur beschickt werden, bleiben aktiv. Im Projekt habe ich neue Audiospuren mit dem gebouncten Audioinhalt dieser Aux-Kanäle angelegt. Diese (oder die Sends) müssen Sie stumm schalten, damit es so klingt, wie vor der der Funktion ABLAGE • BOUNCEN • ALLE SPUREN ERSETZEN. Ein wenig Konfiguration und Kontrolle ist nach der Anwendung dieser Funktion also nötig. Doch diese Variante des Bounces ist sehr sinnvoll, wenn Sie ein Projekt an jemanden weitergeben möchten, der Ihre Fremd-Plug-Ins nicht zur Verfügung hat.

10.3.12 Regionen in neue Audiodateien umwandeln

Interessant ist auch die Funktion REGIONEN IN NEUE AUDIODATEIEN UMWANDELN im Bereich SPUREN (alt + cmd + F), auch im Kontextmenü von Regionen unter KONVERTIEREN), mit der Sie Regionen (auch mehrere gleichzeitig) in neue Audiofiles umwandeln, auf die dann im Bereich SPUREN automatisch neu verwiesen wird. Das ist zum Beispiel hilfreich, wenn Sie an einem Teil eines Audiofiles eine destruktive Bearbeitung vornehmen wollen (z. B. Lautstärkeveränderung). Für solche Edits »besorgen« Sie sich auf diese Weise besser ein eigenes Audiofile und verändern lieber nicht das Original, das ja noch von anderen Regionen »gebraucht« werden könnte. Generell empfiehlt sich, auch bei der Verwendung von Audiomaterial im Sampler eigenständige Audiofiles, die nicht anderweitig gebraucht werden, zu nutzen oder auf diese Weise anzulegen. Auch einzelne Regionen, die mit STRIP-SILENCE nichtdestruktiv geschnitten wurden, können Sie auf diese Weise schnell in Audioregionen wandeln, die Sie danach z. B. in den *EXS24*-Sampler oder NI Kontakt importieren können.

10.4 Audio und MIDI: Apple Loops erzeugen/exportieren

Wie bereits in Abschnitt 4.8 über den Loop Browser angedeutet, können Sie sowohl Audio- als auch MIDI-Regionen (sofern diese auf Software-Instrument-Spuren liegen) inklusive der Kanalzug-Settings als Apple Loops ex- und importieren. Das Ergebnis ist immer eine Audiodatei, die aber eventuell zusätzliche Informationen verwaltet (z. B. welches Software-Instrument geladen wird, wenn die Datei aus dem Loop Browser heraus auf eine leere oder eine MIDI-Spur gezogen wird). Auf diese Weise können Sie auch eigene musikalische Ideen in Apple Loops umwandeln bzw. exportieren – hierdurch kann die Loop Library zum Ideenpool werden.

10.4.1 Grundsätzlicher Workflow

Der Export funktioniert bei selektierten Regionen über den Befehl ZUR LOOP-BIBLIOTHEK HINZUFÜGEN (⇧ + ctrl + O), z. B. im Kontextmenü einer Region unter EXPORTIEREN) Alternativ können Sie auch den Menüeintrag ABLAGE • EXPORTIEREN • REGION ZUR LOOP-BIBLIOTHEK nutzen oder Regionen einfach auf die Loop-Bibliothek ziehen.

Beim anschließenden Tagging-Dialog aus Abbildung 10.17 können Sie viele Informationen, z. B. auch das (Ton-)Geschlecht, eingeben.

Loop vs. One-shot

Eine Speicherung als LOOP, der sich automatisch dem Songtempo anpasst und im Loop Browser mit Beatlänge angezeigt wird, ist nur dann möglich, wenn die Region eine glatte Taktzahl hat (im Loop Browser wird anschließend eine Zeit, die der Länge des Audiofiles entspricht, in der Spalte BEATS angezeigt). Andernfalls erfolgt eine Speicherung als ONE-SHOT. »One-shots« (z. B. Effektgeräusche) werden beim Import nicht automatisch ans Tempo angepasst.

Speicherung/Indexierung

Die Speicherung kann etwas dauern, weil die Datenbank zwischendurch neu indexiert wird. Bei zu exportierenden Audiofiles sollten Sie vor dem Export darauf achten, dass die Transienten richtig gesetzt und erkannt sind.

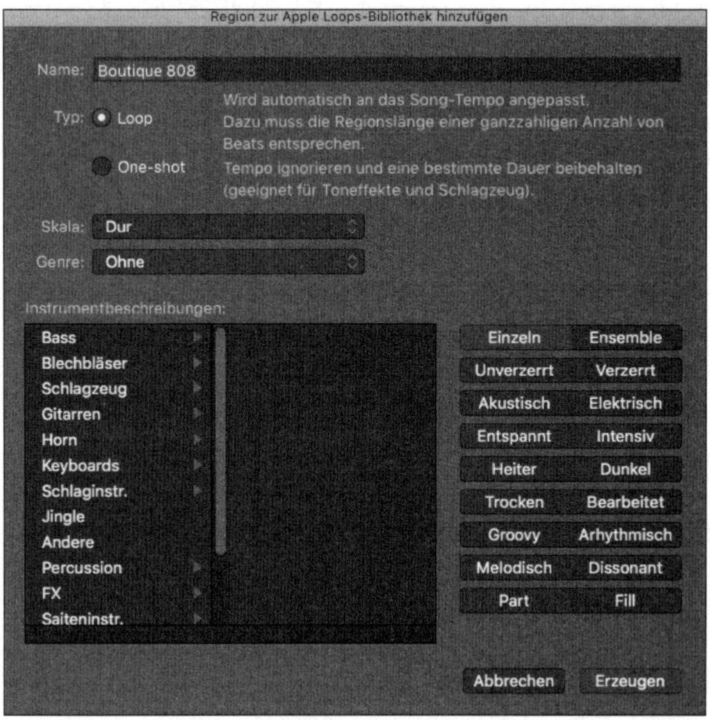

Abbildung 10.17 Der Dialog zum Taggen Ihrer eigenen Apple Loops

Gespeichert werden die Apple Loops (gelbe, grüne und blaue) als Audiofiles (*.aif* oder *.caf*) mit Zusatzinformationen im Pfad *Benutzer/Library/Audio/Apple Loops*. Die so erzeugten Apple Loops lassen sich wie ein normales Audiofile abspielen.

Deshalb können Sie z. B. auch gelbe und grüne Apple Loops auf Audiospuren ziehen: Sie werden dann als Audiofile geladen, und es wird eine Audioregion erzeugt. Außerdem werden aber die MIDI-Informationen selektierter Regionen in grünen Apple Loops gespeichert, so dass beim Ziehen eines grünen Apple Loops auf eine Software-Instrument-Spur im Bereich SPUREN automatisch eine MIDI-Region erzeugt wird.

Komplexe Routings?

Wenn Sie beim Export z. B. eines grünen Apple Loops sicherstellen wollen, dass alle Effekteinstellungen miteingerechnet werden, sollten Sie die Effektierung vor dem Speichern über Insert- und nicht über Send-Effekte realisieren. Beim Import grüner Apple Loops werden keine Send-Effekt-Einstellungen berücksichtigt, wodurch der Loop anders klingen kann, als wenn er auf eine Audiospur gezogen oder im Loop Browser vorgehört wird. Ähnlich verhält es sich mit gelben Apple Loops. Neue Logic-Versionen bouncten im Test einfach eine Audioregion bzw. erzeugten einen blauen Apple Loop, wenn ich MIDI-Noten, die mit zu komplexen Routings verknüpft waren (z. B. bei Spurstapel-Instrumenten), in den Loop Browser zog.

Indexierung

Falls Sie im Finder neue Apple Loops in die User Library (*Benutzer/Library/Audio/Apple Loops*) gelegt haben oder Ihre Loops nicht richtig im Browser angezeigt werden, sollten Sie die Informationen des Loop Browsers mit Hilfe von ALLE LOOPS ERNEUT INDIZIEREN (unten im Loop-Packs-Flip-Menü des Loop Browsers) neu indizieren, damit alle Inhalte wieder korrekt angezeigt werden. Dieses Anlegen eines neuen Index aller Apple Loops ist auch der Grund, weshalb es beim Hinzufügen einzelner Dateien zum Loop Browser meist relativ lange dauert, denn normalerweise erfolgt es hierbei automatisch. Da geht so etwas in Ableton mit dem Pendant »Clips« deutlich schneller.

Loop-Familien

Wenn Sie Apple Loops speichern und dabei durchnumerieren, können Sie eine Art »Loop-Familie« erzeugen. Bereits die Library enthält viele Loops, von denen es mehrere Varianten gibt, bei denen Sie schnell im Arrangierbereich des Hauptfensters zwischen Varianten umschalten können.

10.4.2 Ein Relikt aus alten Zeiten: das Apple Loops-Dienstprogramm

Es gibt noch ein weiteres Tool zum Editieren von Apple Loops, das auch optisch eher aus der Vergangenheit stammt, aber im FUNKTIONEN-Menü des Spurenbereichs immer noch präsent ist: Das Apple Loops-Dienstprogramm, das Sie bei selektierter Region im Hauptfenster im Menü FUNKTIONEN • IN APPLE LOOPS-DIENSTPROGRAMM ÖFFNEN anzeigen und mit dem Sie eine Region editieren können (das hat zumindest auf meinem Rechner funktioniert, auf dem zuvor Logic 8 und 9 installiert war). Mit Hilfe des Apple Loops-Dienstprogramms können Sie ebenfalls Tags vergeben, aber zusätzlich Schläge und Transienten identifizieren, was in Logic 9 und Logic Pro X mit Hilfe der Flex-Tools auch ohne das Apple Loops-Dienstprogramm möglich ist. Falls Sie es auf Ihrem Rechner nicht finden, weil Sie beispielsweise keine relevanten alten Logic-Versionen installiert hatten, müssen Sie es leider im Netz suchen und sich möglicherweise als Apple Developer anmelden, um über die dort vorhandenen Downloads an das Programm heranzukommen.

10.4.3 ReCycle-Dateien in Apple Loops umwandeln

Aus der Übersicht ALLE DATEIEN heraus lassen sich selektierte ReCycle-Dateien über ein Kontextmenü, das dort bei Rechtsklick auf angezeigte Audiodateien erscheint, in Apple Loops konvertieren. Apple möchte die neu erstellten Loops dann unter *User/Library/Audio/Apple Loops/User Loops/Single Files* speichern. Sie können umgekehrt Apple Loops nicht in ReCycle-Dateien konvertieren. Dieses Format kann nur von den Programmen ReCycle und Reason geschrieben werden.

Mehr zu Apple Loops lesen Sie in Abschnitt 4.8.

10.5 Sonderformate exportieren

Im EXPORT-Menü (nicht im Bounce-Dialog) ist es möglich, Projekte als AAF-(Advanced Authoring Format-)Datei, Final Cut Pro XML und Music XML zu exportieren.

AAF ist ein von anderen DAWs wie Pro Tools verwendetes Format, das den Austausch (Import und Export) mehrerer Audiospuren und -dateien gleichzeitig inklusive Verweisen zu Spurnummern, Zeitpositionen und Volume-Automation ermöglicht. Hierbei werden jedoch MIDI-Files nicht berücksichtigt. Um ein komplettes Projekt zu exportieren, sollten Sie MIDI-Files zuvor in Audiospuren umwandeln.

Wählen Sie den Eintrag ABLAGE • EXPORTIEREN • PROJEKT ALS AAF-DATEI, so können Sie im anschließenden Dialog SAMPLERATE, BITTIEFE, DATEIFORMAT (WAV, AIFF) und DITH-TYP (Dithering-Typ) auswählen.

Wenn Sie einen Export als Final Cut Pro XML (*.fcpxml*) wünschen, können Sie wählen, ob ein eventuell im Projekt vorhandenes Video einbezogen und ob als zusammengesetzter Final-Cut-Pro-Clip exportiert wird. Logic bietet die detailliertesten Möglichkeiten zur Erstellung einer Filmvertonung, auf diese Weise können Sie das Tonmaterial schnell zu Final Cut passgenau übertragen.

Music XML (*.xml*) ist ein offenes Dateiformat zum Export von Notenschrift, das auch von anderen Notationsprogrammen gelesen werden kann. Um eine Music-XML-Datei aus Logic zu exportieren, selektieren Sie nicht nur die Region, sondern öffnen auch den Notationseditor.

10.6 Importieren

Via ABLAGE • IMPORTIEREN können Sie Bestandteile von Logic-Projekten, Audio- und MIDI-Dateien, Musikmemo-Dateien, Music XML, Final Cut XML und AAF-Dateien in Ihr Projekt laden. Darüber hinaus gibt es weitere Importoptionen in anderen Fenstern, wie z. B. in der Übersicht PROJEKT oder der Übersicht ALLE DATEIEN. Über letztere können Sie fast alles auf Ihrem Rechner ausfindig machen und importieren. Das Importieren von MIDI-Dateien behandele ich weiter unten, auch in gelben und grünen Apple Loops sind MIDI-Informationen enthalten. Das Laden von Patches und Apple Loops haben Sie schon an anderen Stellen im Buch kennengelernt.

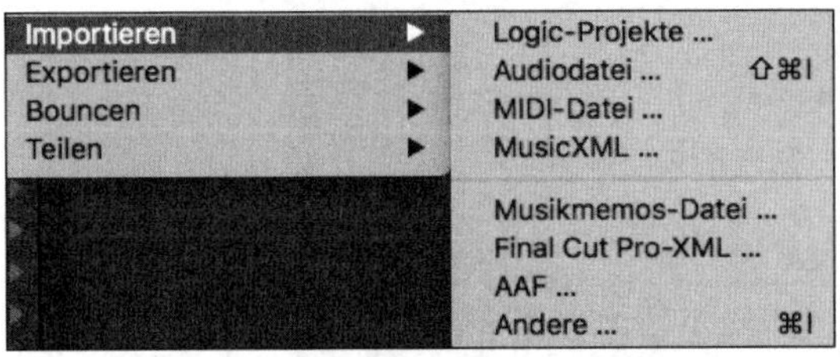

Abbildung 10.18 Importoptionen in Logic

10.6.1 Spurimport aus anderen Projekten in der Übersicht »Alle Dateien«

Sie können Spuren inklusive Effekt-Settings und Noten aus anderen Projekten importieren, etwa mit dem Befehl ABLAGE • IMPORTIEREN • LOGIC-PROJEKTE. Alternativ machen Sie einfach das gewünschte Logic-Projektfile, aus dem Sie Teile importieren wollen, in der Übersicht ALLE DATEIEN ausfindig und doppelklicken darauf. So oder so vollziehen Sie den Import anschließend über die Übersicht ALLE DATEIEN.

Wenn Sie das beispielsweise mit dem Projekt *10Schnellkurs32* machen, sollten Sie eine Ansicht ähnlich derjenigen in Abbildung 10.19 erhalten (die ich hier zur besseren Übersicht etwas in die Breite gezogen habe).

Sie können Inhalte von Spuren (Regionen), Plug-Ins bzw. Channel-Strips, Sends, I/Os und Automationen importieren. Setzen Sie das Häkchen in der entsprechenden Spalte, um die entsprechenden Inhalte mit zu importieren (Abbildung 10.19).

Sie können die zu importierenden Spuren und Inhalte Ihrem aktuellen Projekt hinzufügen – oder die aktuell selektierte(n) Spure(n) durch die zu importierende Auswahl ersetzen. Dementsprechend finden Sie unten rechts die Buttons ERSETZEN und HINZUFÜGEN.

Oder Sie importieren nur bestimmte Teile einer Spur, beispielsweise nur eine Channel-Strip-/Mixer-Einstellung oder nur eine Automation (ohne die Inhalte der Spur). Das kann hilfreich sein, wenn Sie beispielsweise versehentlich etwas an Drittanbieter-Plug-Ins verändert haben, nicht mehr genau wissen, wie der Ursprungszustand war und die Undo-Funktion Ihre Veränderung nicht aufgezeichnet hat. Importieren Sie dann die Inhalte einer älteren Version in eine neue Spur, und vergleichen Sie sie mit der fraglichen Originalspur, um zurück zu den ursprünglichen Einstellungen zu finden. Beachten Sie dabei, dass es logischerweise nicht möglich ist, Inhalte aus einem geöffneten Projekt zu importieren. Speichern Sie Ihr Projekt gegebenenfalls unter einem anderen Namen neu.

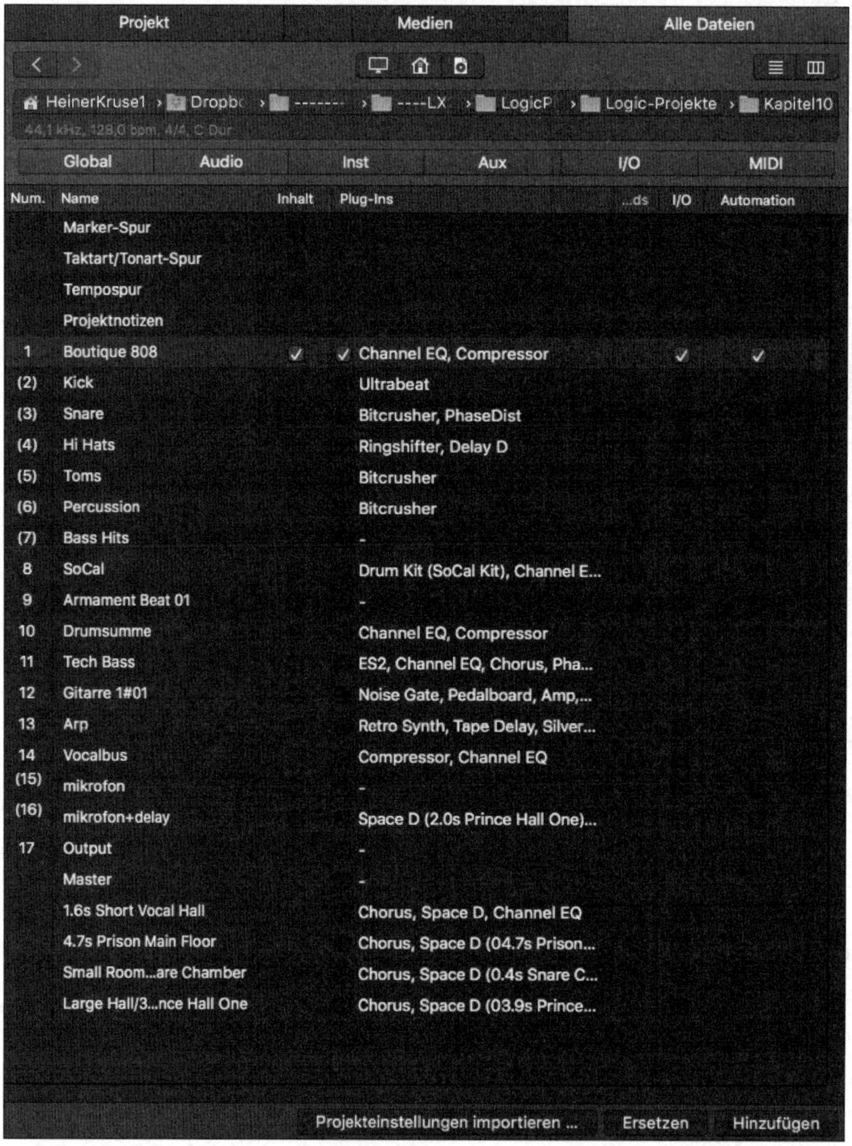

Abbildung 10.19 Importieren von Inhalten aus Logic-Projekten nach Doppelklick auf eine Projektdatei in der Übersicht »Alle Dateien«

Sie können auch Tempo- und Marker-Spuren, Projektnotizen (sofern vorhanden) oder ganz unten Projekteinstellungen importieren.

10.6.2 Audio: verschiedene Importoptionen

Über das Menü ABLAGE • IMPORTIEREN • AUDIODATEI (⇧ + cmd + I) lassen sich Audiofiles importieren, wenn Sie zuvor eine Audiospur selektiert haben. Hierüber ist es allerdings nicht möglich, mehrere Audiofiles gleichzeitig zu importieren.

Der Audiodateiimport funktioniert aber auch intuitiv per Drag & Drop aus dem Finder (z. B. in den Bereich SPUREN, in die Übersicht PROJEKT oder in den INSTRUMENT-EDITOR des *EXS24*). Sie können Audiodateien auch per Drag & Drop aus verschiedenen Übersichts-Tabs (beispielsweise durch Ziehen der Datei aus der Übersicht MEDIEN oder der Übersicht ALLE DATEIEN in den Bereich SPUREN) importieren. Auch per Klick mit dem Stiftwerkzeug auf eine Taktposition können Sie eine Audiodatei dort importieren.

Alternativ führen den Befehl AUDIODATEI HINZUFÜGEN aus (ctrl + F im Menü AUDIODATEI in der Übersicht PROJEKT) und gelangen in einen Importdialog (Abbildung 10.20), mit dessen Hilfe Sie eine Datei oder auch mehrere auf einmal importieren können (siehe auch Abschnitt 8.1.5).

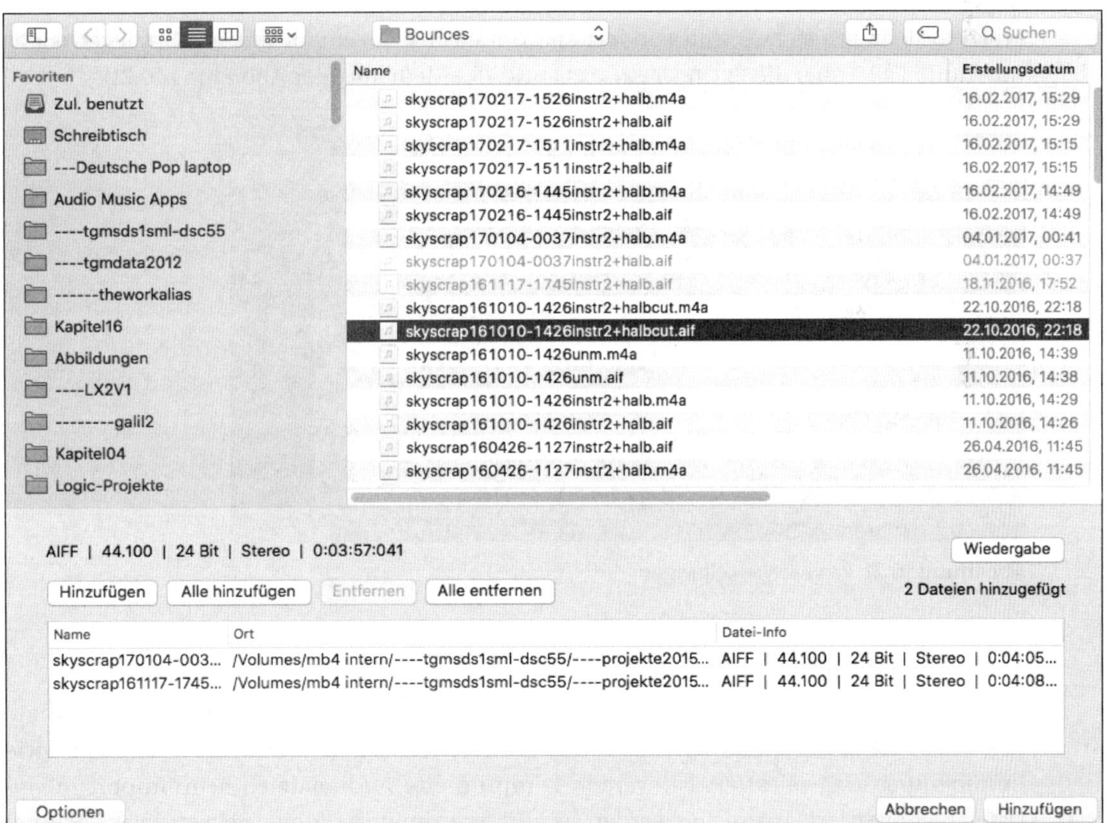

Abbildung 10.20 Dialog zum Hinzufügen einer Audiodatei. Sie können auch mehrere Dateien selektieren und auf »Alle hinzufügen« klicken.

Sowohl nach dem Import von Audiofiles als auch nach der Aufnahme neuer Audiofiles berechnet Logic die Wellenform und zeigt dies in einem von links nach rechts fortschreitenden Balken unterhalb des Displays an.

10.6.3 Samples laden

Der Import von Audiodateien in verschiedene Instrumente oder Effekte (*EXS24, Alchemy, Ultrabeat,* »Space Designer«) funktioniert zum Teil via Drag & Drop, zum Teil über Dialoge, die ich in den Abschnitten zu den jeweiligen Plug-Ins bespreche.

10.6.4 Werden Audiodateien beim Import automatisch in den Projektordner kopiert?

Im Menü ABLAGE • PROJEKTEINSTELLUNGEN • MEDIEN können Sie unterschiedliche Voreinstellungen für das Importieren von Medien in ein Projekt vornehmen und festlegen, ob diese beim Import automatisch in das Projekt kopiert werden oder nicht. Dass sich die Audiofiles in der Übersicht PROJEKT befinden, bedeutet *nicht* automatisch, dass sie auch im Projektordner gespeichert sind, sondern sie können auch an einem anderen Ort liegen (siehe Abschnitt 3.4.10 über die PROJEKTEINSTELLUNGEN »Medien« oder Abbildung 10.21).

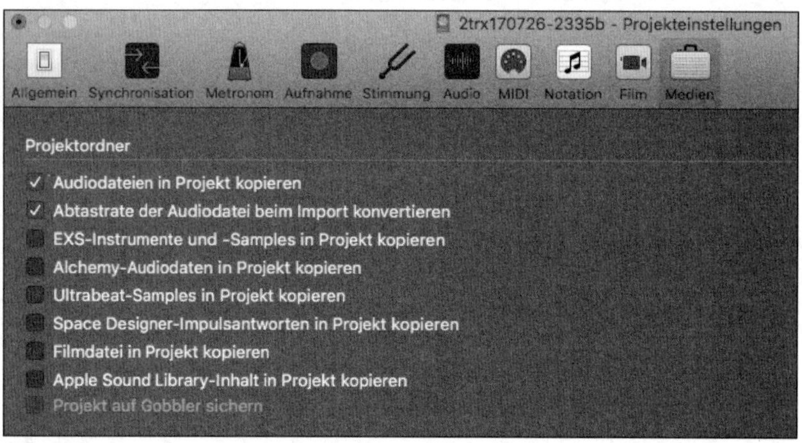

Abbildung 10.21 Projekteinstellungen

10.6.5 Komprimierte Audiodateien importieren

Es ist möglich, komprimierte Audiodateien zu importieren. Hierzu gehören die Formate AAC, MP3 und CAF. Wenn ABTASTRATE DER AUDIODATEI BEIM IMPORT KONVERTIEREN wie in Abbildung 10.21 selektiert ist, werden komprimierte Audiodateien beim Import in *.aif*-Dateien konvertiert. Ansonsten werden sie als komprimierte Dateien geladen, was Logic bei der Wiedergabe ein wenig zusätzliche Leistung abverlangt. Komprimierte Dateien sind grafisch an einem Symbol erkennbar (Abbildung 10.22).

Abbildung 10.22 Rechts das Symbol zur Erkennung eines komprimierten Files in Stereo

.caf-Dateien werden von Apple hingegen nicht als komprimierte, sondern als verlustfreie Dateien behandelt.

Wenn Sie eine extrem lange MP3-Datei in Logic Pro X ziehen, die als WAV-Datei größer als 4 GB ausfallen würde, konvertiert Logic Pro X diese in eine neue Datei im CAF-Format.

Grundsätzlich empfehle ich, in Logic nur mit den Standard-PCM-Formaten WAV und AIFF zu arbeiten. Selbst bei der Arbeit mit dem CAF Format, in dem die meisten Apple Loops vorliegen, habe ich manchmal Probleme gehabt, was allerdings schon etwas länger her ist. Allerdings sollten Sie ohnehin besser eine Kopie von importierten Apple Loops anlegen, wenn Sie versuchen, destruktive Edits an ihnen vorzunehmen.

10.6.6 Sonderformate importieren

Sie können über das Importmenü Projekte als AAF -Datei, Final Cut Pro XML und Music XML importieren.

AAF-Files aus anderen Sequenzern importieren Sie über das Menü ABLAGE • IMPORTIEREN • AAF oder über einen Doppelklick auf eine AAF-Datei in der Übersicht ALLE DATEIEN. Die entsprechenden Inhalte werden anschließend Ihrem Projekt hinzugefügt. Sie können AAF-Dateien auch über das Menü ABLAGE • ÖFFNEN als eigenes Projekt öffnen.

Durch den Import einer Final-Cut-Pro-XML-Datei (*.fcpxml*) können Sie schnell Ton- und Videomaterial von Final Cut importieren. Auch Music-XML-Dateien lassen sich importieren.

Importierte Ergebnisse tauchen danach einerseits auf Spuren als MIDI-Dateien auf. Andererseits sind zusätzliche Notationssymbole und -details in diesen Dateien, die im Notationseditor (aber zum Teil auch in anderen Editoren wie der EVENT-Liste) gezeigt werden. Unter *https://musescore.com* finden Sie einige kostenlose *.xml-* bzw. *mxl*-Dateien, die Sie importieren können.

10.7 MIDI-Im- und -Export

Weil MIDI-Befehle ein standardisiertes Format haben, ist es natürlich auch möglich, zwischen Sequenzern Dateien auszutauschen. Sie können MIDI-Files (*.mid)* einfach in den Bereich SPUREN ziehen oder über ABLAGE • IMPORTIEREN • MIDI-DATEI importieren.

10.7.1 Was sind ».mid«-Files und was ist General MIDI?

.mid-Files können unterschiedlichen Charakter haben und verschiedene Zwecke erfüllen.

- So können zum Beispiel Plug-Ins wie »Kontakt«, »Battery«, »Maschine« und »Stylus RMX« oder ReCycle MIDI-Files exportieren, mit denen geslicte Loops oder Patterns in einem Sequenzer abgespielt werden können. Auch in ReCycle- bzw. Rex-Files stecken (gewissermaßen versteckte) *.mid*-Dateien.
- *.mid*-Files, die SysEx-Daten enthalten, können dagegen dem Zweck dienen, über SysEx-Dump-Befehle Programme, Bänke und Einstellungen von Synthesizern zu einem externen MIDI-Sequenzer und von dort wieder in das Instrument zu senden (siehe Abschnitt 10.7.3.).
- Am bekanntesten ist die Verwendung von *.mid*-Files als General-MIDI-Files (abgekürzt GM-Files). Diese enthalten Program-Change-Befehle, durch die automatisch bestimmte Sounds auf GM-kompatiblen Klangerzeugern aufgerufen werden.
- Auch in Music-XML-Dateien sind MIDI-Daten enthalten (siehe oben).

Wenn Sie ein MIDI-File ohne Program-Change-Befehl auf eine leere Spur ziehen, erzeugt Logic typischerweise eine externe MIDI-Spur. Die MIDI-Daten können dann von Logic an ein externes MIDI-Instrument gesendet werden. Wenn Sie es auf eine Software-Instrument-Spur ziehen, spielt es das Instrument an.

10.7.2 General MIDI, GM-Drumkits und der Import von GM-Files

Fast alle Hits der Welt sind als General-MIDI-Files im Internet erhältlich und können in Logic importiert werden. Die Qualität der GM-Files hängt von den Künsten des Arrangeurs ab. Auf Webseiten wie *www.midi.com.au*, *www.mididb.com* oder *www.free-midi.org* finden Sie MIDI-Files mit Arrangements der meisten populären Pop-Songs und Klassikwerke. Zahlreiche davon sind kostenlos, aber gegen kleine Gebühren finden sich auch teilweise aufwendiger ausgearbeitete MIDI-Files.

General-MIDI-Songs sind MIDI-Files, die fest zugewiesene Instrumente abspielen. Das funktioniert, weil Program-Change-Befehle für die einzelnen Spuren in den MIDI-Files gespeichert sind und als Klangerzeuger ein Instrument mit einer Standardsoundbelegung angesteuert wird.

In der Standardsoundbelegung sind 128 Soundprogramme und der MIDI-Kanal 10 nach einem genormten Standard belegt, z. B. Programm 1 = Grand Piano, MIDI-Kanal 10 = immer Drums. Zudem haben Drumkits ebenfalls eine Standardbelegung (z. B. C1 immer Kick, D1 und E1 Snares, F1, G1 und A1 Low, Mid und Hi Tom), die auch von den meisten Drumkits aus Logics Library verwendet wird.

Vergebene Programmnamen sehen Sie auch in der Programmliste des Informationsfensters SPUR.

Hier noch ein paar ergänzende Hinweise:

- Wenn Sie in einem leeren Projekt eine externe MIDI-Spur erzeugen, wird diese normalerweise einem Multi-Instrument-Objekt mit den Namen *GM-Instr.* zugeordnet. Wenn Sie doppelt auf das Spur-Icon (oder das Icon im Environment-Fenster) klicken (siehe Projekt *10GMInstr*), öffnet sich ein Fenster, wo Sie die Namen der Programme festlegen können. Definieren können Sie dort auch einen Controller als Bankwechselbefehl (im Projekt Controller 32) und festlegen, ob GM-Programm-Drumnamen für Kanal 10 verwendet werden (siehe Abschnitt 13.2.8.).
- Wenn Sie (siehe das Projekt *10Mappeddrms*) in der MIDI-UMGEBUNG ein sogenanntes *Mapped Instrument* mit einer Drumkit-Spur verkabeln und als GM-Namen initialisieren, sehen Sie die entsprechende Belegung (mehr zu Mapped Instruments in Abschnitt 13.2.14, »Mapped Instrument«). Auch im SCHRITTEDITOR können Sie die Namen von Lanes nach GM-Namen initialisieren.
- Wenn Sie einen so konfigurierten GM-Song in ein leeres Logic-Projekt ziehen, lädt Logic automatisch Spuren mit Software-Instrumenten, die soundmäßig der Programmnummer eines GM-Geräts entsprechen. Diese wurden intern als Performances mit der entsprechenden GM-Programm-Nummer abgelegt. Dies funktioniert seit Logic 8.
- Ein Problem dabei sind oftmals Volume-Befehle, die Logic zum Übersteuern des Kanalzuges bringen. MIDI-Volume 90 entspricht 0 dB Fader-Gain, MIDI-Volume 127 entspricht +6 dB Fader-Gain. Dies gilt für MIDI-Daten, die auf Software-Instrument-Spuren abgespielt werden. Allerdings gilt andererseits: Die ausgeschaltete Option CONTROL 7/10 STEUERT DIE LAUTSTÄRKE/BALANCE VON CHANNEL-STRIP-OBJEKTEN in den PROJEKTEINSTELLUNGEN • MIDI sorgt dafür, dass der entsprechende Befehl nicht die entsprechenden Logic-Fader, sondern die (sichtbaren oder unsichtbaren) LAUTSTÄRKE-/PAN-Fader von verwendeten Plug-Ins anspricht.
- In vielen MIDI-Files nicht enthalten ist eine Information über das Songtempo. Sinnvoll ist, dieses beim Export in den Dateinamen zu schreiben.
- Nach dem Import von GM-Files des Typs 0, bei dem alle Instrumente in einer Region gespeichert, aber verschiedenen MIDI-Kanälen zugewiesen sind, kann die Funktion MIDI-EVENTS AUFTRENNEN NACH TONHÖHE im BEARBEITEN-Menü des Hauptfensters hilfreich sein.
- Wenn Sie einen externen GM-Klangerzeuger nutzen wollen, steuern Sie ihn am besten mit einem Multi-Instrument an. Wie das ersatzweise mit dem (allerdings etwas instabilen) *DLS Music Device* funktioniert, lesen Sie in Abschnitt 13.2.12.

10.7.3 Im- und Export von System-Exclusive-(SysEX-)Daten

Gespeicherte Programme und Bänke eines externen Klangerzeugers lassen sich mit SysEx-Daten über MIDI übertragen, so dass Sie die Einstellungen eines Hardware-Synths komplett speichern und wieder laden können. Hierfür sollten Sie jeweils in der Bedienungsanleitung nachlesen, wie der Klangerzeuger diese Daten empfängt und sendet, und in Logic den SysEx-Datenfilter bei der Aufnahme ausschalten (in den PROJEKTEINSTELLUNGEN • MIDI • INPUT FILTER). Solche vom Klangerzeuger aufgenommene und später als *.mid*-File aus Logic exportierte Daten lassen sich nach einem Export auch ohne Logic mit einem einfachen MIDI-File-Player wieder an den Klangerzeuger senden, um Einstellungen aufzurufen. Bei guter Backup-Politik ist die Datensicherung auf Festplatte zudem manchmal langlebiger als in Hardware-Synthesizern mit Presetmenüs – hier gehen Daten nicht selten beim »Ableben« von internen Batterien verloren. Es gibt Editor-Programme, mit denen Sie die Klangerzeugung bestimmter externer Synths wie bei einem Plug-In vor sich sehen und editieren können. Das funktioniert anhand des Austauschs systemexklusiver Daten via MIDI. Ein Beispiel hierfür sind Programme auf *www.soundtower.com* (Editoren für Synths von Moog, Alesis, Roland oder Dave Smith). Sie finden außerdem Soundbänke für verschiedene Instrumente auf dem Markt, die als *.mid*-Files angeboten werden.

Wenn Sie als Bestandteil eines Projekts SysEx-Daten an Klangerzeuger senden, sollten Sie diese immer den Noten voranstellen, um einen Überlauf (*MIDI-Overflow*) der Schnittstelle zu verhindern und vorab die richtigen Klangdaten zu laden.

10.7.4 MIDI-Export im Allgemeinen

Wenn Sie MIDI als *.mid*-File exportieren wollen, kann das (neben dem erwähnten Export von SysEX-Daten) den Zweck haben, ein General-MIDI-File zu erstellen oder einen Drumloop in einem anderen Sequenzer zu spielen. Sie können auch ganz generell MIDI zur Verwendung in anderen Projekten exportieren. Hierzu nutzen Sie den Befehl ABLAGE • EXPORTIEREN • AUSWAHL ALS MIDI-DATEI (`alt` + `cmd` + `E`), der auch im Kontextmenü von Regionen im Bereich SPUREN erscheint. Wie der Name des Befehls schon sagt, wird dabei die selektierte Auswahl exportiert.

Für den korrekten Export von MIDI-Files sollten Sie:

- alle Regionen selektieren
- Aliasse in Regionen umwandeln
- alle Regionen einer Spur – da MIDI-Files im Format 0 nur eine Region pro Spur enthalten können – selektieren und zusammenfassen
- Regionsparameter und Spurparameter in die Regionen einrechnen (Regionsparameter normalisieren und Instrument-Einstellungen als Events einfügen)

Für die Erstellung von General-MIDI-Files sollten Sie u. a. die Information über die Programmnummer (Program-Change-Befehle) des zugehörigen Sounds in der jeweiligen Region unterbringen. General-MIDI-Klangerzeuger verstehen noch weitere Einstellungen wie Lautstärke (Control Change 7) und Hall-Send. Für den Fall, dass Sie externe MIDI-Spuren nutzen, bietet Logic die Funktion INSTRUMENT-MIDI-EINSTELLUNGEN ALS EVENTS EINFÜGEN an. Ansonsten können Sie entsprechende Informationen auch über die EVENT-Liste erzeugen.

Bitte informieren Sie sich im Internet genauer über General-MIDI-Spezifikationen (oder die des Nachfolgers General MIDI 2), wenn Sie weitere Antworten benötigen, um die Files korrekt zu erstellen, oder alle Möglichkeiten ausschöpfen wollen.

Wie bereits in Abschnitt 10.4 erläutert, können Sie MIDI-Regionen auf Software-Instrument-Spuren inklusive der Kanalzug-Settings auch als grüne Apple Loops ex- und importieren.

10.8 Teilen. GarageBand/Gobbler/Musikmemos/iTunes

Im Menü ABLAGE • TEILEN stehen Ihnen verschiedene Optionen zur Verfügung.

Abbildung 10.23 Teilen-Optionen

10.8.1 Songs und Klingeltöne an iTunes

Sie können einen Bounce Ihres Projekts als Song oder Klingelton (*.m4r*-Datei) zu iTunes schicken – SONG FÜR ITUNES oder KLINGELTON FÜR ITUNES. Dabei wird iTunes automatisch geöffnet und die gebouncte Datei der iTunes-Bibliothek hinzugefügt.

10.8.2 Song für Medienübersicht/für SoundCloud

Sie können auch ein Audiofile für die Medienübersicht bouncen oder direkt zu SoundCloud hochladen. Gegebenenfalls müssen Sie Logic für Letzteres Zugriff auf Ihre Anmeldedaten bei SoundCloud erlauben.

SONG FÜR MEDIENÜBERSICHT funktioniert wie ein Bounce, lässt Sie aber im Unklaren darüber, wohin der Bounce genau gespeichert wird – allerdings ist er anschließend unten in der MEDIENÜBERSICHT zu sehen. Jedoch konnte ich das bereitgestellte Ergebnis selbst über Spotlight nirgendwo finden.

10.8.3 AirDrop: Einführung

Sie können Songs mit Hilfe von AirDrop mit anderen iOS-Geräten und auch Macs teilen, sofern die entsprechenden Betriebssysteme der Geräte aktuell genug sind. Das ist eine neuere und in der Praxis oft die schnellste Art, Dateien zwischen Macs oder auch zwischen iOS-Gerät und Mac zu übertragen.

Mit einigen älteren Systemen funktioniert das leider nicht. So erkennen Macs mit Betriebssystem Mavericks (10.9) und älter lediglich Macs und keine iOS-Geräte. AirDrop ist grundsätzlich für iOS-Geräte mit Lightning Connector verfügbar. Bei neueren Systemen funktioniert AirDrop sehr gut.

Damit der Austausch via AirDrop funktionieren kann, müssen sich grundsätzlich zunächst einmal zwei verschiedene Geräte gegenseitig erkennen. Hierfür müssen Sie auf jedem Gerät AirDrop aktivieren und zudem einstellen, für wen das Gerät sichtbar ist. Funktioniert die Erkennung nicht auf Anhieb, dann kann es helfen, die Sichtbarkeit an-, aus- und wieder anzuschalten.

AirDrop auf Mac aktivieren

Auf dem Mac können Sie sich sichtbar machen, indem Sie in der Seitenleiste des Finders auf das AirDrop-Symbol klicken. Zuvor müssen Sie allerdings sowohl Bluetooth als auch WLAN aktivieren. Ein entsprechendes Fenster erscheint, und Sie können aussuchen, wer diesen Mac sehen soll. Dies ist wichtig, wenn Sie eine Datei empfangen wollen. Sie sehen auch potentielle Empfänger in dem Fenster.

Am Mac erscheint beim Empfang vom iOS-Gerät oder einem anderen Mac ein Dialog, der fragt, ob die Datei angenommen werden soll. Falls Sie das bestätigen, landet die Datei in Ihrem Benutzerordner unter Downloads. Von dort aus lässt sie sich in einem Programm Ihrer Wahl öffnen.

AirDrop auf dem iOS-Gerät aktivieren

Bevor Sie einen Song auf dem iOS-Gerät mit AirDrop freigeben oder empfangen können, müssen Sie diese Funktion im sogenannten *Kontrollzentrum* des iOS-Geräts aktivieren. Wiederholen Sie diese Prozedur gegebenenfalls, wenn es hakt.

10.8.4 Aus Logic via AirDrop exportieren

Wählen Sie ABLAGE • AIRDROP, erscheint der Dialog aus Abbildung 10.24 mit den Exportoptionen.

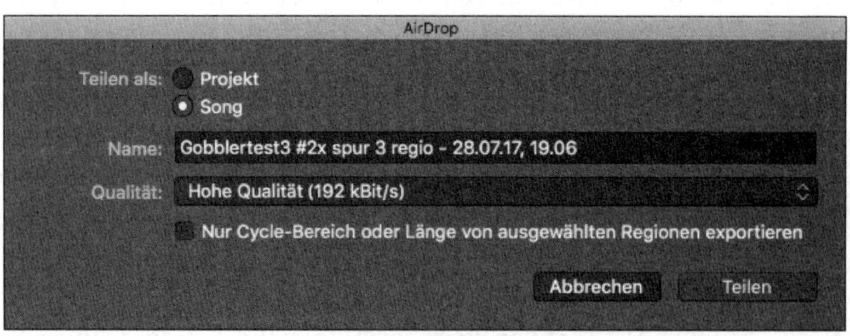

Abbildung 10.24 AirDrop-Exportdialog aus Logic

Grundsätzlich wird zwischen *Projekt* und *Song* beim Export unterschieden. Mit *Song* ist ein Audiofile gemeint, dessen Format Sie unter QUALITÄT auswählen. Mit *Projekt* ist das Logic-Projekt gemeint. Wenn Sie dieses nicht als Paket, sondern als Ordner gespeichert haben, erscheint eine Warnung, dass nicht alle Dateien mitexportiert werden, weil nur das sogenannte *Projektpaket* exportiert wird (Logic nennt die Projektdatei auch ohne Speicherung als Paket so, weil sich auch dann verschiedene Inhalte darin finden). Nach dem Klicken von Teilen erscheint ein Dialog, in dem erkannte User ausgewählt werden können (Abbildung 10.25).

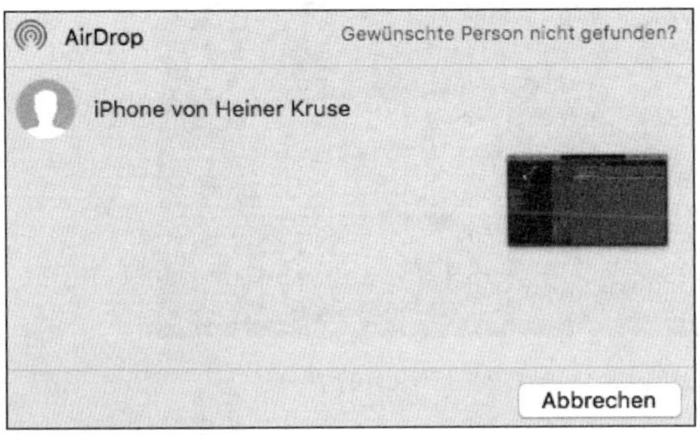

Abbildung 10.25 AirDrop-Empfängerauswahl nach dem Export aus Logic

10.9 Dateiaustausch mit iOS-Geräten, GarageBand iOS und Musikmemos

Je nach App tauchen auf Ihrem iOS-Gerät unterschiedliche Optionen auf, Dokumente per AirDrop zu verschicken oder zu empfangen. GarageBand iOS und Musikmemos erlauben Ihnen das Skizzieren von Tracks auf dem iOS-Gerät und eine spätere Weiterbearbeitung in Logic. Mehr hierzu finden Sie in Abschnitt 19.1 und Abschnitt 19.2.

10.9.1 GarageBand-iOS-Projekte an den Mac senden und AirDrop Export

Um ein GarageBand-iOS-Projekt an den Mac zu senden bzw. nachfolgend in Logic öffnen zu können, selektieren Sie den Song in GarageBand im Bereich MEINE SONGS mit einem langen Tap (so dass das Song-Icon zu wackeln beginnt und blau umrahmt ist). Danach können Sie ihn übrigens über das +-Icon auch duplizieren.

Anschließend klicken Sie auf das BEREITSTELLEN-Icon (ein Art Blatt Papier mit einem Pfeil nach oben) ganz oben links in Abbildung 10.26 (siehe Markierung). Sie sehen dann die Anzeige aus Abbildung 10.27. Sie können das Projekt nun nicht nur an iTunes, sondern via AirDrop oder auch an das iCloud Drive, andere Apps, SoundCloud, YouTube oder Facebook schicken oder per E-Mail versenden. Auf dem iPhone müssen Sie nach unten scrollen, um alle Optionen zu sehen.

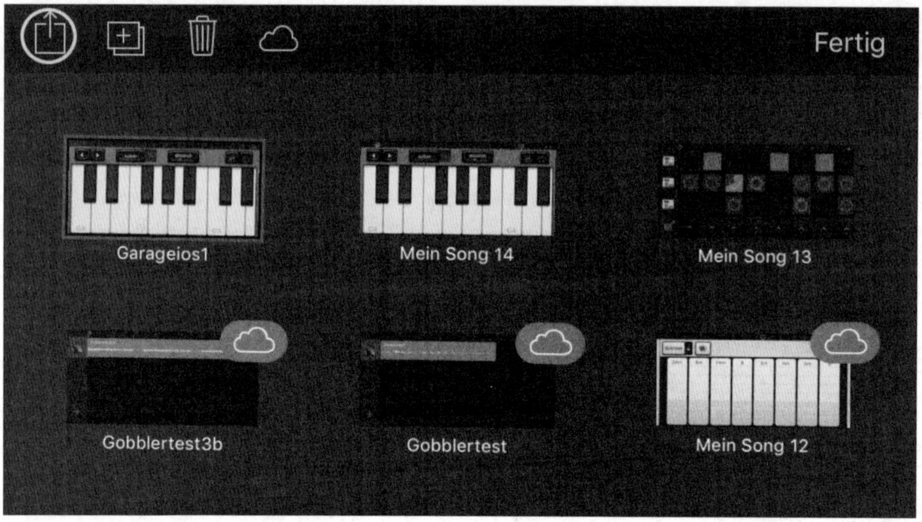

Abbildung 10.26 Der Song »Garageios1« wackelt und ist selektiert (iPhone)

Abbildung 10.27 Die Ansicht, die nach dem Antippen des »Bereitstellen«-Icons erscheint – nennen wir sie den »Bereitstellen an ...«-Dialog.

Meine bevorzugten Wege für den Dateitransfer vom iOS-Gerät zum Mac sind AirDrop und iTunes. Letzteres klappt so gut wie immer, ist aber etwas umständlicher.

Sie haben in allen genannten Fällen (und auch bei anderen Optionen) die Wahl, den Song als Audiodatei (*Song*) oder als GarageBand-Projekt (*Projekt*) zu verschicken (siehe Abbildung 10.28).

Wie Sie per Air Drop Dateien empfangen, steht kurz in Abschnitt 10.9.4, wie Sie diese via iTunes erreichen in Abschnitt 10.9.6. Wie Sie Dateien an ein iOS-Gerät senden, erklären Ihnen Abschnitt 10.9.3, Abschnitt 10.9.6 und Abschnitt 10.9.7.

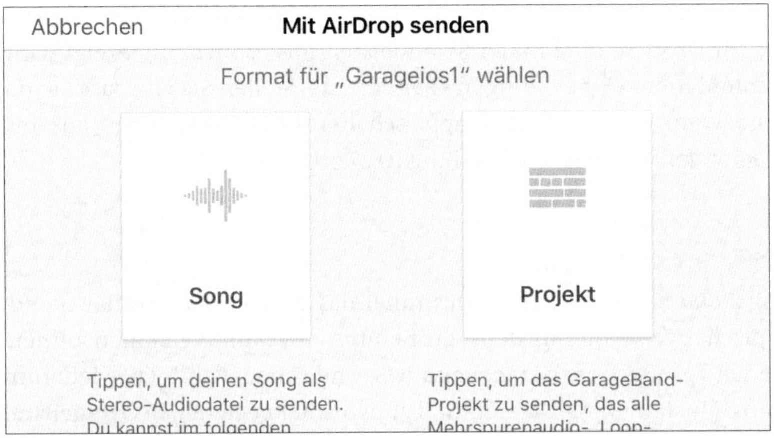

Abbildung 10.28 Möchten Sie den Song als Audiofile oder als Songdatei (».band«) an iTunes schicken?

10.9.2 Musikmemos-Datei senden

Das Senden einer Musikmemos-Datei funktioniert ähnlich wie das Senden einer GarageBand Datei. Klicken Sie wiederum auf das BEREITSTELLEN-Icon.

Als Optionen beim Senden der Datei stehen Ihnen (zumindest beim Senden an iTunes) drei Möglichkeiten zur Verfügung:

- MIXDOWN: In einem folgenden Dialog wählen Sie das Audioformat.
- AUDIOFILE: Erstellt ein unkomprimiertes Audiofile der Idee ohne Begleitung.
- GARAGEBAND-PROJEKT: Legt aufgenommenes Material sowie begleitend Spuren in separate Tracks.

10.9.3 AirDrop auf iOS-Geräten empfangen

Wenn Sie am iOS-Gerät gefragt werden, ob die Datei empfangen werden soll, wird sie dadurch noch nicht automatisch in GarageBand geöffnet, auch wenn es sich um ein *.band*-Projekt handelt.

Stattdessen wird gefragt, mit welchem Programm die Datei geöffnet werden soll, falls mehrere in Frage kommende Apps installiert sind. Dokumente werden in iOS dem Programm zugeordnet, in dem es zuerst geöffnet wird. Das bedeutet: Die App, in der Sie das Projekt öffnen, ist gleichbedeutend mit der App, in der es gespeichert wird und unter der es z. B. beim iTunes-Transfer zu finden ist.

10.9.4 Per AirDrop auf Mac empfangen

Auf dem Mac müssen Sie in einem selbsterklärenden Dialog kurz bestätigen, dass Sie eine an Sie gesendete Datei empfangen wollen. Sie können diese im *Downloads*-Ordner sichern und anschließend weiterverarbeiten. Wichtig ist, dass Air Drop und Bluetooth am Mac aktiviert sind. Klicken Sie auf das Air Drop-Symbol in der Seitenleiste. Falls es nicht angezeigt wird, finden Sie den Eintrag unter Finder • Einstellungen • Seitenleiste. Stellen Sie ein, dass Sie für Ihr iOS-Gerät sichtbar sind. Wenn es nicht direkt klappt, schalten Sie den Dienst kurz aus und wieder aus, bis das iOS-Gerät den Mac wie in Abbildung 10.27 erkennt.

10.9.5 ».band«-Dateien

Projekte mit der Endung *.band* haben zudem nicht immer das gleiche Dateiformat. *.band*-Projekte lassen sich typischerweise nur in den »größeren« Programmversionen öffnen. GarageBand Mac nenne ich »größer« als GarageBand iOS, und GarageBand iOS wiederum »größer« als Musikmemos. Musikmemos-Dateien sind zudem eher geeignet, in GarageBand und Logic weiterverarbeitet zu werden, und lassen sich zurzeit nicht vom Musikmemos-Programm empfangen.

10.9.6 Per iTunes Dateien mit GarageBand austauschen

Wenn Sie Ihr iOS-Gerät an iTunes anschließen, sehen Sie beim Herunterscrollen in der Liste der Apps und anschließender Auswahl des GarageBand-Programms rechts im Bereich DOKUMENTE VON »GARAGEBAND« die bereitgestellten Dateien (siehe Abbildung 10.29), die Sie dann wiederum per Drag & Drop oder via SICHERN UNTER ... in den Finder bewegen bzw. auf dem Mac speichern können. Umgekehrt können Sie auch Dateien für iOS-Version von GarageBand in diesen Ordner ziehen.

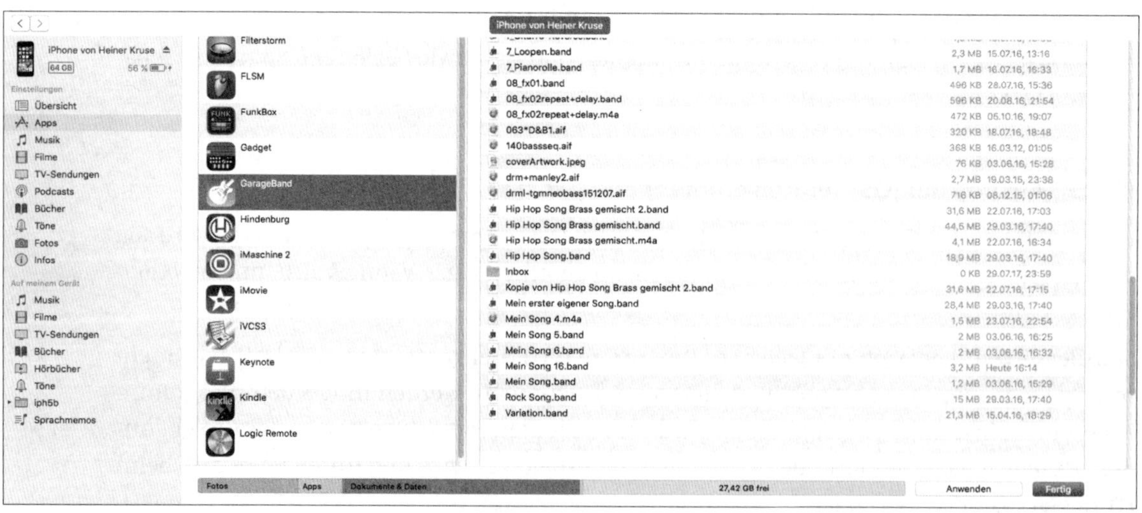

Abbildung 10.29 Exportierte Songs in iTunes

Dateien auf dem Mac laden

Die GarageBand-iOS-Projekte mit der Endung *.band* können Sie anschließend in Logic öffnen; gegebenenfalls muss Logic hierfür allerdings zusätzliche Inhalte herunterladen. Sie müssen die Datei außerdem via Rechtsklick selektieren und im aufspringenden ÖFFNEN MIT ...-Dialog LOGIC auswählen (ansonsten öffnet sich das Projekt nach einem Doppelklick in GarageBand).

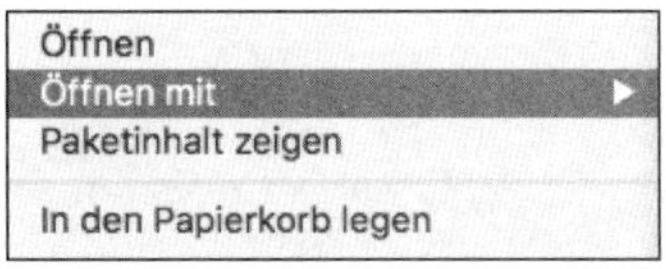

Abbildung 10.30 Via Rechtsklick auf das Projekt wählen Sie Logic als Programm zum Öffnen aus.

Im Ordner zu Kapitel 16 finden Sie das auf diese Weise exportierte Songdokument *Garageios1.band* sowie die bereits in Logic importierte Version als gespeichertes Projekt (*Garageios1.logicx*). Hierbei habe ich einige der Smart Instruments benutzt und Sounds mit dem internen Mikro aufgenommen.

10.9.7 An das iOS-Gerät via iTunes gesendete Dateien auf dem iOS-Gerät öffnen

Nachdem Sie Dateien in den zur App gehörenden Bereich gezogen haben, sind sie auf verschiedene Weise im iOS-Gerät nutzbar. Auf Apple Loops und Audiodateien können Sie im Loops- bzw. Audiobereich zugreifen.

Songs müssen sie erst im Dialog zum Erstellen neuer Songs (+-Taste ganz oben links) unter dem Eintrag AUS ITUNES-DATEIFREIGABE KOPIEREN in Ihren Bereich *Songs* importieren. Ähnliches gilt, wenn Sie einen Song per iCloud importieren (Abbildung 10.31).

Abbildung 10.31 Dialog zum Erstellen neuer Songs inklusive iTunes/iCloud-Import

10.10 Sonstige Import- und Exportoptionen

Weitere spezielle Importoptionen finden Sie in diesem Buch im Zusammenhang mit den jeweiligen Fenstern und Plug-Ins. Hierzu gehört z. B. der Import von speziellen Sampler-Formaten in den *EXS24* oder in *Alchemy*.

Kapitel 11

Die Instrumente: Synths, Sampler, »Drummer« und Co.

Dieses Kapitel erläutert die Instrumente von Logic im Detail und enthält außerdem einen Grundkurs zur Soundprogrammierung mit Synthesizern. Die große Auswahl an Instrumenten in Logic umfasst akustisches und elektronisches Schlagzeug inklusive »Drummer«, Synthesizer, Sampler, Vocoder, Pianos, Gitarren, World Instruments und mehr ... Nahezu alles. Die Breite der Instrumentenaustattung ist sicher eine der großen Stärken von Logic.

Am Anfang des Kapitels finden Sie zunächst einen Synthesizer- und Sounddesign-Grundkurs. Ab Abschnitt 11.8 finden Sie Erläuterungen zu Werkzeugen wie *Alchemy*, *EXS24* und vielen anderen.

11.1 Logic-Instrumenten-Plug-Ins laden

Sie erreichen in Logic ein Menü mit Logic-Instrumenten (Abbildung 11.1) zum direkten Laden der Instrument-Plug-Ins, indem Sie mit der Maustaste auf den rechten Teil eines Instrumenten-Slots klicken. Ein vergleichbares Menü ist auch beim Erstellen einer neuen Software-Instrument-Spur zu sehen (dabei fehlt der DRUM MACHINE DESIGNER). Alternativ können Sie wie zuvor gezeigt Instrumente als Patches in der BIBLIOTHEK laden. Zuletzt benutzte Plug-Ins werden oben aufgelistet, wenn im Menü EINSTELLUNGEN • ANZEIGE • MIXER die Option PLUG-IN-MENÜ MIT DER LISTE DER ZULETZT VERWENDETEN PLUG-INS aktiviert ist.

Ferner können Sie mit dem Plug-In-Manager Ordner (siehe Abschnitt 3.5) konfigurieren, die dann unter der Liste der Logic-Instrumente auftauchen (in Abbildung 11.1 ist dies nur der vorkonfigurierte Ordner UTILITY).

Abbildung 11.1 Das Menü zur Auswahl von Logic-Instrumenten

11.2 Output-Konfiguration für Instrumente (Stereo/Mono/Surround/ Multi-Out), mehrere Outputs für ein Instrument nutzen

Instrumente lassen sich dabei oft (nicht immer) in verschiedenen Output-Konfigurationen (z. B. Mono, Stereo oder als 5.1-Surround-Sound-Konfiguration) beziehungsweise als Multi-Ausgang-Instrument laden, in dem Sounds verschiedenen Einzel-Outputs zugewiesen werden können. Diese können in Aux-Kanälen abgegriffen werden, die Sie entweder manuell erstellen oder die in Spurstapel-Instrumenten bereits automatisch integriert sind.

Um die Output-Konfiguration (Abbildung 11.2) eines Instruments zu ändern, laden Sie einfach das gleiche Instrument mit der gewünschten Output-Konfiguration noch einmal (das gewählte Setting bleibt erhalten – es besteht *Settingkompatibilität*).

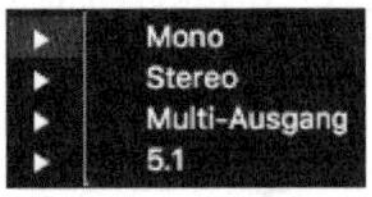

Abbildung 11.2 Output-Konfiguration eines »EXS24«-Instruments

11.3 AU-(Audio-Unit-)Instrumente laden

AU/Audio-Unit-Instrumente von Drittanbietern lassen sich im unteren Bereich laden (AU MIDI-GESTEUERTE EFFEKTE, AU-GENERATOREN und AU-INSTRUMENTE, siehe Abbildung 11.1). Sie können sie alternativ im Plug-In-Manager in eigene Ordner verschieben.

Im Eintrag AU-GENERATOREN laden Sie z. B. mit macOS installierte Tools wie die Plug-Ins »AUNetReceive« und »AUAudioFilePlayer«. »AUNetReceive« greift optional einen Stream auf, der via »AUNetSend« im gleichen Netzwerk gesendet wird.

11.4 Side-Chain-Input bei Instrumenten/AU-MIDI-gesteuerte Effekte

Wenn ein externes Audiosignal im Instrument verarbeitet werden soll (z. B. im *EVOC 20 Vocoder*), besteht die Möglichkeit, es via Side Chain in das Instrument zu routen. Das Flip-Menü zur Einstellung des Side-Chain-Audiokanals finden Sie im Plug-In-Fenster oben rechts (Abbildung 11.3). Falls sich dort kein entsprechendes Menü befindet, verfügt das Plug-In auch nicht über eine Side-Chaining-Funktion.

Abbildung 11.3 »Side Chain«-Flip-Menü, Umschaltung zwischen »Regler«- und »Editor«-Ansicht

Manche Instrumente können auch als Effekte genutzt werden (z. B. *Serum*, *FM8*). Diese werden dann als Instrument geladen, und das zu effektierende Signal wird via Side Chain hineingeroutet. Hierdurch können sie auch MIDI empfangen, anders als im Effektslot geöffnete AU-Effekte. Mehr zum Thema Side Chain finden Sie in Abschnitt 14.9 sowie in Kapitel 15.

11.5 Plug-In-Bedienung und -Darstellung

Nachfolgend finden Sie generelle Hinweise zur Arbeit mit Plug-In-Fenstern in Logic.

11.5.1 Fenstergröße, Darstellung als Regler oder Editor, »Link«-Modus

Ganz oben rechts im Plug-In-Fenster (Abbildung 11.3) können Sie mit einem ovalen Button ❶ den oberen Bereich ausblenden, um Platz zu sparen.

Oben rechts wählen Sie unter ANSICHT die Größe der Darstellung des Plug-Ins. Sie können das Fenster auch durch diagonales Ziehen an den unteren Ecken mit der Maus vergrößern und verkleinern. Ferner können Sie zwischen einer EDITOR-Ansicht (die die Plug-In-Oberfläche zeigt) und einer REGLER-Ansicht umschalten. Die REGLER-Ansicht bietet verbesserte Funktionalität der Voice-Over-Funktion, die Logic-Inhalte, Befehle oder Parameter vorliest (z. B. für blinde Nutzer). Überraschenderweise besitzen manche Plug-Ins (z. B. *Space Designer, Vintage Organ*) in der REGLER-Ansicht (Abbildung 11.3) mehr Einstellmöglichkeiten als in der EDITOR-Ansicht. Daher ist es wichtig, auch diese Umschaltmöglichkeit zu kennen, selbst wenn man sonst nur die EDITOR-Ansicht nutzt.

Die REGLER-Ansicht bietet zudem verbesserte Funktionalität der Voice-Over-Funktion, die Logic-Inhalte, Befehle oder Parameter vorliest (z. B. für sehbehinderte Nutzer).

Wenn Sie den LINK-Modus im Plug-In-Fenster aktivieren (Button mit Kettensymbol ❷), wird das Fenster automatisch aktualisiert, wenn Sie ein neues Plug-In öffnen. Danach wird das neue Plug-In im gleichen Fenster angezeigt. Wenn Sie bei aktiviertem LINK-Modus den Slot oder die Spur wechseln, wechselt die Darstellung im Plug-In-Fenster automatisch auf den nächsten Slot oder den gleichen Plug-In-Slot der neu selektierten Spur (selbst wenn sich in diesem Slot gar kein Plug-In befindet). Mit dem BYPASS/POWER-Button aktivieren und deaktivieren Sie das Plug-In. Der Parameter lässt sich natürlich auch automatisieren, wobei er dabei nicht unter den Automationsparametern des Plug-Ins, sondern im MAIN-Menü des Kanalzugs zu finden ist.

11.5.2 Parameter-Reset

Eine nützliche Funktion ist der Reset via Klick mit gehaltener [alt]-Taste auf fummelig zu bedienende Parameter – hierdurch werden diese zurückgesetzt, also auf Null- oder Default-Stellung gebracht.

11.5.3 Alle Plug-Ins ein- und ausblenden

Mit dem Shortcut [V] blenden Sie schnell alle Plug-In-Fenster ein und aus. Wenn Sie beim Schließen eines Plug-In-Fensters die [⇧]-Taste gedrückt halten, werden alle Fenster geschlossen.

11.5.4 Preset-Management

Im SETTING-Menü der Plug-Ins laden und sichern Sie Einstellungen. Ein Setting können Sie als neuen Standard speichern – und den Standard können Sie schnell wieder aufrufen. Die verschiedenen Instrumente sind unterschiedlich umfangreich mit Soundpresets bzw. Settings ausgestattet.

Im gleichen Menü sind außerdem oben die selbsterstellten User-Presets sichtbar. Wenn Sie in der BIBLIOTHEK mit [⇧] + Klick auf das Plug-In oder links neben das Plug-In klicken, so dass der Pfeil auf das Plug-In zeigt, zeigt die BIBLIOTHEK danach Instrumentpresets an.

11.5.5 Wie schalte ich Presets um: Presetverwaltung

Mit den Tasten [Ä] und [Ö] oder einem individuell vergebenen Shortcut schalten Sie schnell zwischen Sounds und Effektpresets um. Der Befehl heißt NÄCHSTES/VORHERIGES PATCH, PLUG-IN-SETTING ODER EXS-INSTRUMENT und bezieht sich auf den (via [⇧] + Klick) selektierten Bereich im Channel-Strip bzw. das entsprechende Plug-In, ist also für jedes Plug-In, auch für Effekte und MIDI-FX, möglich.

Ist die BIBLIOTHEK selektiert, können Sie auch mit den Pfeiltasten schnell zwischen Presets umschalten. Das Laden von Patches oder Presets, die Samples verwenden, dauert meist deutlich länger als das Umschalten von Synth-Presets. Das sieht man den Kanalzug-Patches natürlich nicht an. Sie merken es z. B., wenn Sie *ES2*- oder *Retro Synth*-Presets umschalten.

Mit den entsprechenden Buttons können Sie Effekt-Settings auch kopieren und einsetzen (Abbildung 11.4). Der EINSETZEN-Button erscheint ausgegraut, wenn zuvor nichts kopiert wurde. Die Pfeilbuttons links schalten wiederum zwischen den Settings in dem Ordner um, in dem sich das aktuell geladene Setting befindet. Details zur Presetverwaltung lesen Sie in Abschnitt 3.2.5.

11

11.5.6 Vergleichen/zwischen gespeicherten und geänderten Einstellungen umschalten

Mit dem VERGLEICHEN-Button oberhalb des genannten Presets schalten Sie zwischen der aktuellen Soundeinstellung und der zuletzt benutzten um. Er leuchtet blau, sobald Sie an der gespeicherten Einstellung etwas verändert haben. Diese Funktion ist umso wichtiger, als die Undo-Funktion bei Reglerbewegungen an Instrumenten und Effekten nicht funktioniert.

Abbildung 11.4 »Vergleichen«-Button und andere

11.6 Einführung in Klangerzeuger (Synths und Sampler) und Sounddesigntechniken

So unterschiedlich die Bedienoberflächen von Synthesizern aussehen mögen – bei den meisten von ihnen ist die Struktur ähnlich. Es gibt dort:

- Klangerzeugungsbereich bzw. die Oszillatorsektion
- Filter
- einen Amp

Alle drei zusammen sind für die eigentlich Klangerzeugung zuständig. Diese drei Bereiche sind meist von links nach rechts im Klangerzeuger angeordnet. Sie haben jeweils stets bestimmte Parameter und Regler (z. B. Pitch/Tonhöhe, Cutoff und Lautstärke). Diese sind typischerweise Modulationsziele für Modulationsquellen.

Modulationsquellen wie Envelopes, LFOs und Velocity sind mit Parametern verknüpft, die typischerweise aus dem Klangerzeugungsbereich stammen, um sie gewissermaßen automatisch zu bewegen. Diese Verknüpfungen können vorkonfiguriert sein oder manuell von Ihnen erstellt werden. Einfachstes Beispiel: Eine Hüllkurve sowie die Velocity steuern die Lautstärke, um einen Lautstärkeverlauf zu erzeugen, wobei es lauter wird, wenn Sie fester in die Tasten hauen.

Das ist im Prinzip schon fast alles, was Sie am Anfang an Theorie benötigen – der Rest ergibt sich auch aus Erfahrung: Wie klingt was? Mit diesem Grundgerüst können Sie also im Prinzip jeden Klangerzeuger verstehen, egal, wie schräg er aussieht.

Es gibt verschiedene Klangerzeugungsprinzipien: Das verbreitetste nennt sich *subtraktive Synthese*. Der Name erklärt sich ganz einfach: Von dem zunächst erzeugten Klang wird im Verlauf der Klangerzeugung etwas »weggenommen«, z. B. durch Filter, so wie ich es oben beschrieben habe.

Doch auch Sampler und Synths mit alternativen Synthesearten enthalten typischerweise einen Filter und einen Amp, an die das Signal geschickt wird.

Andere Synthesearten nennen sich *FM-Synthese*, *additive Synthese* oder *Wavetable-Synthese*. Bei Samplern besteht die Klangerzeugung aus Samples.

11.6.1 Presets oder eigenes Sounddesign?

Als Musikproduzent können Sie unterschiedliche Einstellungen zu der Arbeit mit Synthesizer- und Sampler-Presets entwickeln: Vom totalen Purismus und der inneren Verpflichtung, jeden Sound selbst zu designen, bis hin zur ausschließlichen Nutzung. In der Praxis findet man sich oft irgendwo dazwischen. Es ist nicht verwerflich, sich von Presets inspirieren zu lassen, jeder Sound hat einen eigenen Charakter. Doch bei vielen Produktionen kommt irgendwann der Punkt, an dem die neuen Sounds für die bereits bestehenden Inhalte im Song passend gemacht werden müssen und entsprechende Kenntnisse nötig sind.

11.6.2 Hauptbestandteile eines Klangerzeugers: die Sektionen Osc, Filter und Amp und die Modulationsquellen

Jeder der Bereiche Klangerzeugung, Filter und Amp hat typische Einstellmöglichkeiten.

Wie immer, wenn es um Signalfluss geht, gibt es einen Anfang, eine Richtung und ein Ende des Signalflusses. Der Sound wird in der Oszillatorsektion erzeugt, durchläuft den Filterbereich (oder umgeht ihn), um anschließend in die Verstärker-(Amp-)Sektion zu gelangen. Abbildung 11.5 zeigt den typischen Aufbau eines Synths mit seinen Parametern.

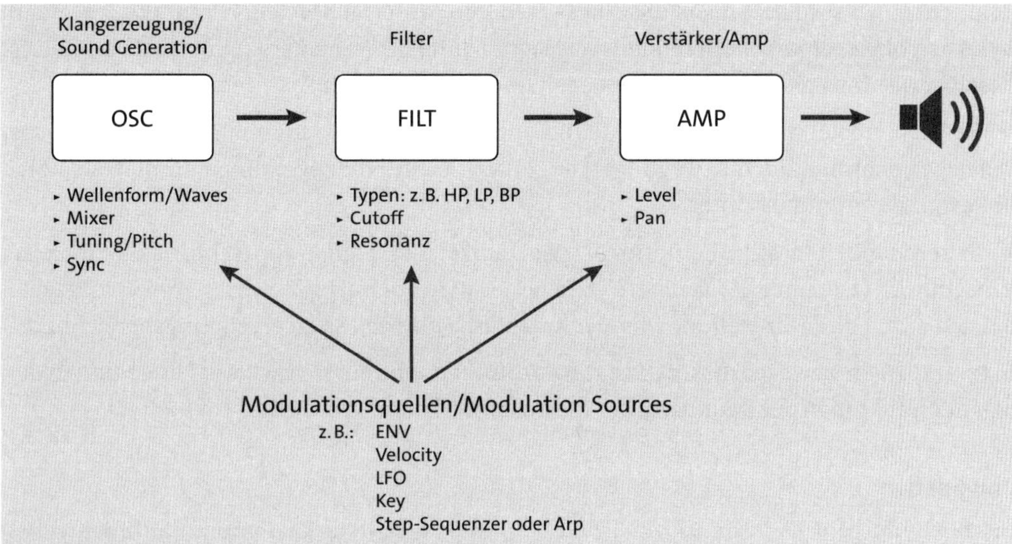

Abbildung 11.5 Der Aufbau eines Synthesizers

Klangerzeugung

Der *Klangerzeugungs-* bzw. *Oszillatorbereich* hat typischerweise folgende Einstellmöglichkeiten:

1. Sie können die Wellenform (z. B. Sine, Square, Saw, Noise) eines Oszillators wählen, der Sound erzeugt, sowie dessen
2. Tuning/Pitch/Oktavlage.
3. Meistens gibt es mehrere Oszillatoren, und Sie können ihr Mixverhältnis zueinander bestimmen.

Die Ausgestaltung des Mixbereichs fällt oft besonders unterschiedlich aus. So kann es wie in *Alchemy* Lautstärkeregler für die einzelnen Klangerzeuger geben, während im *ES2* ein Dreieck für die Balance zwischen den Oszillatoren sorgt.

Im Projekt *11Osc1* drehe ich zunächst am Tuning eines Oszillators, dann ändere ich die Wellenform, schließlich mische ich einen zweiten Oszillator hinzu. In Abschnitt 11.7 über den *Retro Synth* lesen Sie mehr über weitere Funktionen, die in diesem Bereich vorkommen können, wie Osc-Sync oder ein FM-Mode.

Filter und Filtertypen

Danach geht der Sound in den *Filterbereich*. Hier stellen Sie normalerweise den

1. Filtertyp (verschiedene Low Pass, High Pass, Band Pass, Band Reject etc.),
2. die Cutoff-Frequenz und die
3. Filterresonanz ein.

Bei einem Low-Pass-Filter regelt die Cutoff-Frequenz, unterhalb welcher Frequenz, bei einem High Pass, oberhalb welcher Frequenz das Signal durchgelassen wird. Ein Low-Pass-Filter ist dasselbe wie ein High-Cut-Filter, ebenso entsprechen sich High Pass und Low Cut.

Der Resonanzregler regelt die Stärke der Betonung der Cutoff-Frequenz. Das klingt zunächst vielleicht penetrant, doch Bewegungen der Filter-Cutoff-Frequenz klingen mit etwas höherer Resonanz oft interessanter.

Die Filter-Steilheit bestimmt optional, wie radikal das Signal abgeschnitten bzw. leiser gemacht wird (z. B. um 6, 12, 24 dB pro Oktave; das wird auch als *1-*, *2-* oder *4-Pol-Filter* bezeichnet). Ich ordne diese Einstellung hier der Kategorie *Filter* des Klangerzeugungsbereichs zu.

Im Projekt *11Filt1* bewege ich zunächst die Cutoff-Frequenz eines Low-Pass-Filters und in den folgenden Takten in der Spur darunter die Cutoff-Frequenz eines High-Pass-Filters.

Amp-Sektion

Anschließend geht es in den *Amp/Verstärker*, wo Sie Lautstärke, Panorama (links/rechts) sowie Effekte einstellen. In manchen Klangerzeugern sind dort zusätzliche Effekte untergebracht, in anderen finden sich Amp-Komponenten auch bereits im Klangerzeugungsbereich.

Wellenformen

Laut *Fourier-Theorem* lassen sich alle Schallereignisse und andere Wellenformen (wie *Sawtooth*, *Pulse*, *Rectangle*) aus sich überlagernden Sinuswellen zusammensetzen, nämlich Grundton und Obertöne (typischerweise ein Vielfaches der Grundtonfrequenz, z. B. 2fache, 3fache, 4fache Frequenz). Filtert man die Obertöne, so bleibt lediglich der Grundton, also eine einzelne Sinuswelle (mehr zu Obertönen und ihrer Bedeutung für die Harmonielehre lesen Sie auch in Abschnitt 12.4). Andere Wellenformen haben mehr Obertöne und einen deutlich anderen Sound. Die Obertöne einer Wellenform können Sie beim Spielen einer Note auch im Analyzer des »Channel EQs« (siehe Abschnitt 15.2.4) erkennen. Im *Alchemy*-Synth können Sie dagegen auf einzelne Obertöne zugreifen und mittels additiver Synthese Sounds designen.

Den typischen »hohlen« Sound einer Rechteckwellenform erreichen Sie z. B. durch das Weglassen jedes zweiten Obertons.

Modulationsquellen

Alle drei Hauptbereiche werden (als Modulationsziele) von sogenannten *Modulationsquellen* bearbeitet, zum Beispiel:

- Hüllkurven (englisch: *envelopes*, abgekürzt ENV oder EG (für *Envelope Generator*) oder ADSR (siehe Abbildung 11.6)

- LFOs (= *Low Frequency Oscillators*), die in niedrigen Frequenzen schwingen (z. B. einmal pro Sekunde = 1 Hz), für Beispiele siehe Abschnitt 11.6.4
- Velocity (Projektbeispiel *11Mod1* – siehe unten)
- andere, wie beispielsweise Key Input (Tonhöhe der gespielten Note), Step-Sequenzer, MIDI-Controller

Es gibt viele weitere mögliche Modulationsquellen, und Modulationsquellen können sich auch gegenseitig modulieren.

Modulationsquellen versus Modulationsziele, Velocity versus Volume

In Synthesizern gibt es also Modulationsquellen und Modulationsziele (z. B. Tonhöhe, Cutoff-Frequenz und Amp-Lautstärke).

Ein einfaches Beispiel sind wie erwähnt Velocity (Modulationsquelle) und das Volume bzw. der Pegel des Amplifiers (Modulationsziel). *Velocity* ist die Anschlagstärke und wird mit dem MIDI-Befehl Note On als 2. Datenbyte gesendet. Das Volume bzw. der Pegel des Amps bestimmt die Lautstärke. Meistens sind Sounds so programmiert, dass die Lautstärke bei höherer Velocity größer wird. Je fester Sie draufhauen, desto lauter wird es.

Damit ahmt das elektronische Instrument die typische Verhaltensweise eines akustischen Instruments nach (z. B. ein Klavier). Fachlich korrekt ausgedrückt *moduliert* die Velocity den Pegel des Amps (Volume). Das ist keine Selbstverständlichkeit, sondern muss im Sound erst programmiert werden.

Im Projekt *11Mod1* ist ein Sound geladen, der umso lauter und umso heller klingt, je fester Sie ihn anspielen, weil die Velocity sowohl die Amp-Lautstärke als auch die Filter-Cutoff-Frequenz moduliert. Die Modulation kann in ihrer Intensität geregelt werden.

Viele Klangerzeuger ermöglichen eine freie, modulare Kombination aus Modulationsquellen und Modulationszielen. Beispiele aus der Hardware-Synthesizer-Welt hierfür sind modulare Synthesizersysteme (z. B. Doepfer Modular, Moog-Modularsystem), doch auch *Alchemy*, *ES2* und *EXS24* in Logic ermöglichen Parameterverknüpfungen auf modulare Art und Weise. Man spricht dann auch von einer *Modulationsmatrix*.

11.6.3 Hüllkurven (Envelopes)

Die Hüllkurve ist vielleicht das wichtigste und elementarste Klagformungswerkzeug. Sie zeichnet einen Werteverlauf.

ADSR

Die typische ADSR-Hüllkurve (Abbildung 11.6) hat den Vorteil, dass mit vier Knöpfen bzw. Schiebereglern ein Kurvenverlauf flexibel eingestellt werden kann.

Am einfachsten zu verstehen ist das Prinzip, wenn wir eine dem Verstärker (Amp) zugeordnete Hüllkurve (Amp-Envelope) betrachten. Man könnte auch sagen: Die Hüllkurve moduliert den Verstärker. Diese Hüllkurve regelt nun, wann es laut wird und wann leise, und zwar in einem zeitlichen Verlauf mit Bezug auf das Auslösen (*Triggering*) und Loslassen der Note, das in der Regel durch Ihr Klavierspiel oder den Sequenzer erfolgt.

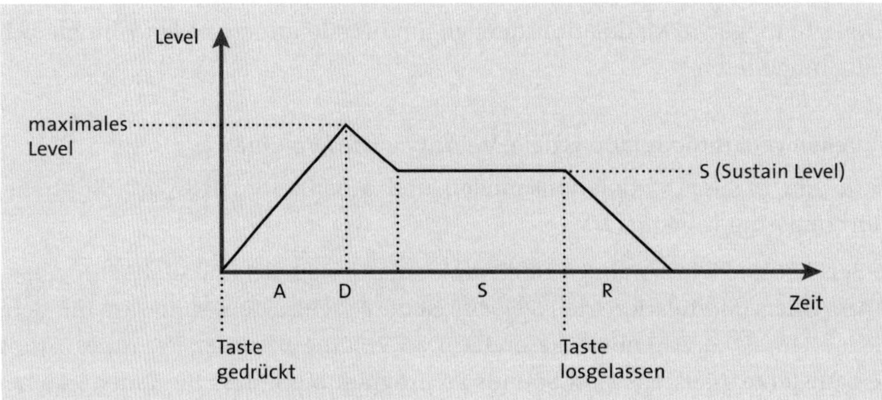

Abbildung 11.6 Die ADSR-Hüllkurve

Nachdem eine Note gespielt wurde und die entsprechende Taste weiter festgehalten wird ...

- ... dauert es die *Attack-Zeit »A«*, bis der Sound die maximale Lautstärke erreicht hat.
- ... dauert es anschließend die *Decay-Zeit »D«* , bis die Lautstärke auf
- ... den *Sustain-Pegel »S«* heruntergefahren wird (ist das Sustain-Level voll aufgedreht, ist die Decay-Zeit egal, denn die volle Lautstärke wird bereits nach Ablauf der Attack-Zeit erreicht).

Wird die Taste los gelassen ...

- ... dauert es die *Release-Zeit »R«*, bis der Verstärker nach dem Loslassen der Taste vom aktuellen Pegel der Hüllkurve vollständig heruntergedreht ist und man nichts mehr hört.

Diese Art Hüllkurve findet man in den meisten Synths wieder, so auch beispielsweise im *ES1* und im *Retro Synth*. Die Erbauer von Hardware-Synths ermöglichten es so ihren Usern, mit nur vier Knöpfen/Reglern (jeweils einen für Attack, Decay, Sustain und Release) einen Hüllkurvenverlauf flexibel zu regeln.

In vielen Software-Synthesizern ist eine solche Beschränkung gar nicht mehr nötig, weil sich auch graphische Edits und dementsprechend komplexere Hüllkurven realisieren lassen (das gilt in Logic z. B. für *Alchemy*, *Ultrabeat* und *Sculpture*).

Eine Lösung, die beides vereint, liefert Logics *Retro Synth*: Hier gibt es die besagten vier Regler für die Lautstärkehüllkurve, die dabei jedoch wie in Abbildung 11.7 graphisch dargestellt wird.

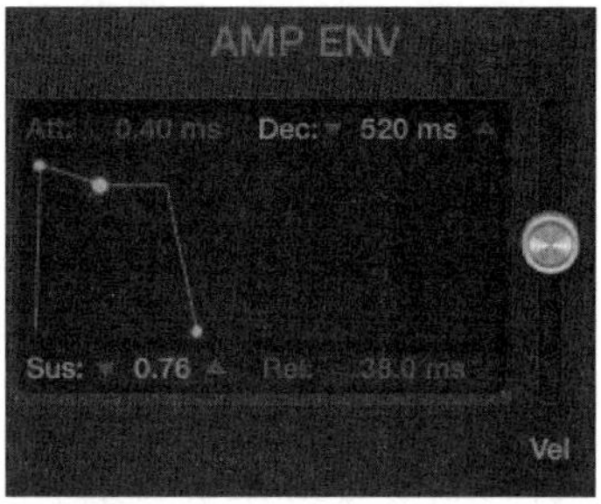

Abbildung 11.7 Die Hüllkurve in Logics »Retro Synth«

Wichtig ist zu verstehen, dass die Hüllkurve durch Drücken einer Taste oder einen anderen Auslöser gestartet wird, durch Loslassen der Taste springt sie zur Release-Phase. Doch wann die Taste losgelassen wird, weiß man nicht vorher, und das kann dementsprechend nicht in die Grafik im *Retro Synth* einfließen.

Wichtig zu verstehen ist auch, dass die Regler *A* (Attack), *D* (Decay) und *R* (Release) jeweils einen Zeitwert ausmachen, während *S* (Sustain) ein Levelwert ist (die Beschriftung im *Retro Synth* schreibt die Begriffe im Bild teilweise aus). Neben dem Levelwert *S* gibt es zwei weitere »versteckte« Levelwerte in der Hüllkurve: das maximale und das minimale Level. Hüllkurven werden auf viele Parameter angewendet, oft gibt es dann einen ENV-AMOUNT-Regler, der die Stärke der Hüllkurvenwirkung auf den jeweiligen Parameter regelt.

Die große Wirkung der Volume-Hüllkurve

Mit Einstellungen der ADSR-Hüllkurve können Sie sehr leicht und zielgerichtet Soundänderungen herbeiführen. Beispiel: Stellen Sie je eine lange Attack- und Release-Zeit für die Lautstärkehüllkurve ein, erhalten Sie einen flächigen Sound (Spur 2 im Projekt *11Adsr1*). Stellen Sie Attack und Release kurz ein, Decay ziemlich kurz und Sustain auf 0, so erhalten Sie einen recht perkussiven Sound (Spur 1 im Projekt *11Adsr1*). Steht Sustain auf maximalem Pegel, ist die Länge der Decay-Zeit egal, denn der Pegel bleibt beim Maximalwert.

Orgel vs. Piano in der ADSR-Volume-Hüllkurve

Bei vielen elektronischen Instrumenten bzw. Synthesizer-Sounds ist der Sustain-Wert größer als 0; das bedeutet, dass bei gehaltener Taste immer ein (elektrischer) Sound hörbar bleibt. Dieser ist am Anfang möglicherweise kurzzeitig lauter, behält dann aber bei gehaltener Taste die Sustain-Lautstärke (>0) bei (wie eine Orgel, siehe Spur 4 im Projekt *11Adsr1*).

Bei einem Piano (typisch für ein akustisches Instrument) dagegen ist der Sustain-Wert eigentlich immer gleich 0, denn egal, wie lange Sie Ihre Hand auf der Taste halten (oder vielleicht noch das sogenannte Sustain-Pedal drücken), irgendwann herrscht Stille, wobei dies nach dem Loslassen der Taste etwas schneller geht (siehe Spur 3 im Projekt *11Adsr1*).

Also auch wenn sich das englische Wort »sustain« mit »aufrechterhalten« übersetzen lässt, stellt man bei einer Synthesizer-ADSR-Hüllkurve einen langen Decay-Wert und einen Sustain-Wert von 0 ein, um das Lautstärkeverhalten eines Klaviers zu simulieren. Ein gehaltenes Sustain-Pedal würde durch einen erhöhten Release-Wert emuliert – hierdurch verschwindet der Sound nach dem Loslassen einer Taste deutlich langsamer.

ADSR-Filter-Hüllkurve

Hüllkurven können nicht nur den Lautstärkeknopf des Verstärkers modulieren, sondern auch etwas anderes, wie z. B. die Filterfrequenz. Die Werte einer zweiten aktiven Hüllkurve namens FILTER ENV, die die Frequenz des Filter-Cutoffs moduliert, habe ich im Beispiel an die Amp-Env-Werte angepasst.

Im Projekt *11Adsr2* wirkt in Spur 1 die Filter-Env-Hüllkurve mit schnellem Attack, längerem Decay und heruntergedrehtem Sustain auf den zunächst heruntergedrehten Low-Pass-Filter bzw. dessen relativ tief eingestellte Cutoff-Frequenz, wodurch der Filter schnell geöffnet wird und sich langsam wieder schließt. In Spur 2 wird der Filter dagegen langsam geöffnet und ist zunächst verschlossen. Hier moduliert eine Hüllkurve mit langer Attack-Zeit den zunächst relativ geschlossenen Filter. In Spur 3 agiert eine ähnliche Hüllkurve wie in Spur 1, wirkt sich aber auf die Tonhöhe (Pitch) und nicht auf die Filterfrequenz aus. In Spur 4 ist diese Hüllkurve schneller und wirkt etwas extremer, wodurch eine schnelle Tonhöhenbewegung am Anfang des Sounds herbeigeführt wird, die sich in Lead- oder Drumsounds oft gut verwenden lässt.

Im Projekt *11AdsrFilt3* klingt der gleiche Sound durch leichte Veränderungen jeweils komplett anders, hierbei demonstriere ich auch die Wirkung des Filters: In Spur 2 habe ich mit einer tieferen Cutoff-Frequenz des Low-Pass-Filters mehr Höhen abgeschnitten, zudem habe ich dieselben Noten (via Informationsfenster REGION) drei Oktaven tiefer gespielt. In Spur 3 dagegen schneidet ein Hochpass-Filter die Bässe ab, und die Töne spielen eine Oktave höher als in Spur 1. Zusätzlich habe ich die Attack- und Release-Zeiten verlängert.

11.6.4 LFO (Low Frequency Oscillator) und Vibrato, Tremolo und Wah Wah

Während es bei der Hüllkurve meistens einen manuell formbaren, aber auf einen einzigen Durchlauf begrenzten Verlauf nach dem Triggering oder Drücken einer Taste gibt, sorgt ein LFO für periodische Modulationen (es gibt auch Mischformen wie loopbare Hüllkurven oder Step-Sequenzer).

Ein LFO (*Low Frequency Oscillator*) schwingt langsamer als ein Oszillator (z. B. einmal pro Sekunde = 1 Hz) – meist so langsam, dass man ihn selbst nicht hört (manche LFOs erlauben auch hörbare Schwingungsfrequenzen). Stattdessen soll er beispielsweise in jeder Sekunde eine immer wiederkehrende Klangveränderung (z. B. durch Modulation des CUTOFF-Reglers) bewirken.

Vibrato, *Wah Wah* und *Tremolo* sind Soundvariationen, die durch LFO-Modulationen entstehen. Der LFO ist dabei die Quelle; die Ziele sind jeweils andere: Beim Vibrato moduliert ein LFO die Tonhöhe (Osc oder Pitch-/Frequenzmodulation, abgekürzt FM), beim Wah Wah den Filter-Cutoff und beim Tremolo die Amp-Lautstärke (Amplitudenmodulation, abgekürzt AM). Insbesondere der Vibratoeffekt (stellen Sie sich die Stimme einer Opernsängerin vor) kann sehr unterschiedlich eingesetzt werden: Aus einem einfachen Sound entsteht mit Hilfe von Vibrato eine Art Sirene, eine Art Opernstimme oder auch ein sich dezent bewegender Sound, der nach altem Analog-Synth klingt.

Im Projekt *11LFOmoduliertpitch* finden Sie hierfür einige Beispiele. In Spur 1 moduliert ein langsamer LFO mit sinusartiger Wellenform die Tonhöhe sehr stark (Sireneneffekt). In Spur 2 ist der gleiche LFO schneller gestellt, moduliert die Tonhöhe aber weniger extrem, wodurch es etwas mehr wie ein menschliches Vibrato klingt. In Spur 3 ist statt der Sinuswellenform eine treppenförmige Zufallswellenform (auch *Sample & Hold* genannt) für den LFO eingestellt, die den Pitch wiederum extremer moduliert und mit einem anschließenden Band-Pass-Filter bearbeitet wird, um die tiefsten und höchsten Frequenzen abzuschwächen (R2-D2-Effekt). Bei einer Sample-and-Hold-Schaltung wird der Zustand einer Schwingung regelmäßig abgetastet und dann zunächst beibehalten, wodurch ein treppenförmiger Verlauf entsteht.

In Spur 4 moduliert ein LFO diesmal wieder mit Sinuston die Tonhöhe nur ganz leicht, wodurch der Sound etwas lebendiger wird als sein Pendant in Spur 5 ohne diese Modulation. Die Beispiele habe ich im *ES2*-Synth (siehe Abschnitt 11.17) erstellt.

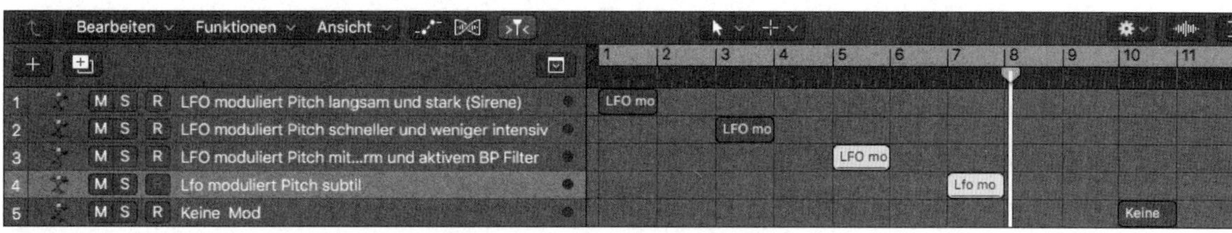

Abbildung 11.8 Ein LFO moduliert den Pitch auf verschiedene Weise.

Im Projekt *11LFOmoduliertcutoffundamp* hören Sie weitere Modulationsbeispiele: In Spur 1 moduliert derselbe LFO wie in Spur 2 die Cutoff-Frequenz eines Low-Pass-Filters, was man *Wah-Wah-Effekt* nennt. In Spur 1 ist allerdings der Resonanzparameter hochgedreht, wodurch der Effekt deutlich prägnanter wird, denn genau jene Frequenz, die laufend verändert wird (Cutoff), wird ja zusätzlich betont. Die Modulation in Spur 2 wird von Studenten bei Gehörbildungsübungen oder Blindtests oft mit der Modulation aus Spur 3 verwechselt, wo der LFO nicht den Cutoff, sondern den Amp bzw. dessen Lautstärke moduliert (sogenannter *Tremolo-Effekt*). Wer genau hinhört, bemerkt, dass in Spur 3 der gesamte Sound – inklusive all seiner Höhen bzw. ohne Veränderung des Höhenanteils – leiser und lauter gemacht wird, während in Spur 2 ein ähnlicher Effekt zu hören ist, der dadurch entsteht, dass die Höhen weg- und hinzugedreht werden. In Spur 4 ist ebenfalls ein Tremolo-Effekt zu hören, hier wurde der LFO für etwas schneller gemacht. In Spur 5 ist wieder ein Wah-Wah-Effekt aktiv, die Wirkung des LFO wird hier allerdings sanft eingeblendet, was interessant klingt. Dies geschieht durch die Einstellung einer Delay-Hüllkurve im LFO1 des *ES2*-Synths – in anderen Synths nennt man das auch *Fade-In* oder einfach *Delay* für den LFO.

11.6.5 Key- oder Key-Follow-Parameter

Die Tonhöhe der auf dem Keyboard gespielten Note (bzw. deren Notennummer) ist eine beliebte Modulationsquelle; die Bezeichnung hierfür variiert (z. B. *Key* oder *Key Follow*). Eine typische Anwendung ist etwa die Modulation der Cutoff-Frequenz durch die Tonhöhe. Auf diese Weise öffnet sich ein Filter zunehmend, je höher die gespielte Note ausfällt.

11.6.6 Schwebungen

Schwebungen entstehen durch zwei Oszillatoren mit identischen Wellenformen mit leicht voneinander abweichenden Tonhöhen, die zusammengemischt werden. Da es bei geringen Verstimmungen eine gewisse Zeit dauert, bis beide Wellenformen wieder am gleichen Punkt ihres Zyklus sind, ist der Sound für diese Zeitdauer »in Bewegung«. Gleichzeitig wirkt der Sound durch die Stimmenverdoppelung meist »fetter«. Für viele Sounddesigner sind Schwebungen einer der wichtigsten Bestandteile interessanter Sounds.

Im Projekt *11Schwebung* sind zwei Oszillatoren mit der gleichen Wellenform leicht gegeneinander verstimmt. In Spur 1 beträgt die Verstimmung nur 1 Cent, in Spur 2 dagegen 4 und in Spur 3 7 Cent, wodurch die Schwebung in Spur 2 und 3 im Vergleich zu Spur 1 wie ein schneller modulierender LFO klingt. In Spur 4 ist die Verstimmung noch größer und wird eher wie zwei verschiedene Töne wahrgenommen.

11.6.7 Weitere typische Synthesizer-Parameter in Logic und anderen Synthesizern

Folgende Parameter werden Ihnen in vielen Synths begegnen:

Pitch Bend Range

Hier stellen Sie ein, um wie viele Halbtöne Ihr PITCH BEND-Regler bzw. der entsprechende MIDI-Befehl (der ja auch eingezeichnet werden kann) den Sound nach oben und unten verändert. Wenn Sie Ihr Pitch-Wheel also z. B. ganz nach oben drehen, kann es (je nach Einstellung) sein, dass der gespielte Sound zwei Halbtöne, eine ganze Oktave oder gar noch stärker hochgepitcht wird.

Voices bzw. Zahl der Stimmen

Hiermit stellen Sie die maximale Anzahl der Stimmen (Voices) ein. Diese Funktion findet sich in Logic z. B. beim *ES1*, *ES2*, *Retro Synth* und *EXS24*. Im Monomodus kann der Synthesizer nur eine einzige Stimme ausgeben. Das ergibt manchmal, wenn Leads gespielt werden, einen bestimmten »eigenen« Sound von musikalischen Parts – weil ja niemals zwei Töne gleichzeitig erklingen können –, der an berühmte monophone Synthesizer wie den Minimoog erinnert, die vor allem aus technischen Gründen nicht mehr als einen Ton gleichzeitig ausgeben konnten.

Mono/Poly/Legato/Portamento/Glide

Im Legato- und im Portamento-Mode startet die Amp-Hüllkurve typischerweise nicht neu, wenn eine neue Note gespielt wird, sondern verweilt in ihrer Sustain-Phase, falls die alte Note nicht losgelassen wurde, bevor die neue Note gespielt wurde. Gleichzeitig ist dieser Modus oft (nicht immer) an einen Monomodus gekoppelt. Dadurch wechselt der Ton auf die neu gespielte Note, während die zuvor gespielte Note automatisch eliminiert wird.

Auf diese Weise lässt sich eine besondere Art, Solos zu spielen, realisieren. Diese ist zum Beispiel mit dem Spielen einer Flöte vergleichbar, wenn Sie zuerst heftig anblasen, anschließend die Luftzufuhr aufrechterhalten, dabei aber den Ton wechseln. Der Glide-Parameter regelt bezüglich des Portamento-Effekts außerdem, wie lange es dauert, bis die Tonhöhe eines neu gespielten Tones (ausgehend vom zuvor gespielten Ton) erreicht wird. Auch hier sind die Bezeichnungen nicht einheitlich. Typischerweise wird der Glide-Modus in Kombination mit einer Monoeinstellung für die Stimmenanzahl verwendet.

Im Poly-Mode sind Synths mehrstimmig, und die Zahl der maximal ausgebbaren Stimmen kann oft eingestellt werden; im Mono-Mode können Synths nur einstimmig spielen. Dies ist zwar eine Beschränkung der Möglichkeiten, kann für bestimmte Spielweisen – beispielsweise von Lead-Sounds – aber durchaus erwünscht sein. Insbesondere für Bässe ist das relevant, um undefinierte, energiereiche Klanggemische durch überlappende Noten im Tiefenbereich auszuschließen.

Tuning

Mit der Tuningeinstellung verstellen Sie die Gesamtstimmung des Instruments. Dabei geht es oft um Bruchteile von Halbtönen, beispielsweise wenn Synthesizer kombiniert mit akustischen Instrumenten benutzt werden, deren Stimmung etwas von der Norm abweicht.

Unison

Im Unison-Modus werden der gespielten Stimme zusätzliche, leicht verstimmte Voices hinzugemischt, um den Sound insgesamt fetter zu machen, ähnlich dem Chorus-Effekt bzw. der Schwebung zwischen mehreren Oszillatoren.

So weit einige erste allgemeine Erläuterungen, weitere ergeben sich bei der Besprechung der einzelnen Klangerzeuger. Wenn Sie das bisher Gelesene am Beispiel eines Synthesizers vertiefen möchten, schauen Sie sich zum Beispiel Abschnitt 11.7 über den *Retro Synth*, Abschnitt 11.14 über *ES1* oder auch Abschnitt 11.17 über den *ES2* an.

11.6.8 Zwölf Klangbeispiele

Sie finden zwölf einfache Klangbeispiele mit verschiedenen Synths in 12 Spuren (Projekt *11Soundbeispiele*) mit kurzen Erläuterungen:

Spur 1: Das Filter ist »geschlossen«, wird zunächst schnell geöffnet und dann im Verlauf des Abspielens wieder geschlossen. Das klingt das ungefähr so: »eeeaaaooouuu«. Die Attackzeit der modulierenden Hüllkurve ist kurz, der Filter geht sofort auf.

Spur 2: Das umgekehrte »uuuoooaaaeee« finden Sie in Takt 5-9. Hier ist der Filter erst zu. Wegen der langen Attackzeit der Hüllkurve geht er nur langsam auf.

Spur 3: Die Filterfreuqenz wird von einem LFO zyklisch moduliert, die Bewegung ist Dank eingestellter Resonanz gut hörbar.

Spur 4: Der LFO ist schneller als in Spur 3. Seine Wellenform ist nun eine Zufallswellenform und es wird nicht mehr der Filter moduliert, sondern die Tonhöhe. Es klingt ein wenig nach R2D2.

Spur 5: Wieder moduliert der LFO die Tonhöhe, diesmal aber wieder mit einer Dreieckswellenform und viel langsamer. Es klingt nach einer Sirene.

Spur 6: Der LFO moduliert wieder die Tonhöhe. Man nennt das auch *Vibrato-Effekt*. Diesmal ist die Modulationsintensität nicht so groß wie in Spur 5 und der LFO ist schneller. Es klingt nach einem traurigen, alten Synth und es ist mehr Bewegung im Sound als ohne Modulation.

Spur 7: Wie Spur 6, nur mit längerer Attack- und Releasezeit der Amp-Hüllkurve. Der Sound klingt noch mehr wie ein Pad.

Spur 8: Wie Spur 6, doch nun mit kurzem Decay und Sustain auf «0« für die Amp-Hüllkurve. Der Sound wird schnell leise und ist nun perkussiv spielbar.

Spur 9: Wieder ähnlich wie Spur 6, aber diesmal moduliert der LFO den Amp. Es kommt zu einem Tremolo-Effekt mit etwas größerer Intensität.

Spur 10: Ein auf der Taste F tief gespielter Sinuston eignet sich besonders gut als Subbass.

Spur 11: Der Sound aus Spur 10 mit Rechteck- statt Sinuswellenform hat mehr Obertöne, wodurch der wie in Spur 10 vorhandene Grundton weniger gut hörbar ist.

Spur 12: Es klingt ein wenig nach einer Mücke, die vorbeifliegt. Eine Hüllkurve lässt die Tonhöhe von oben nach unten wandern, eine andere lässt den Filter erst auf und dann wieder zugehen.

11.7 »Retro Synth«

Der *Retro Synth* (Abbildung 11.9) ist ein einfacher, maximal 16-stimmiger Synthesizer mit einfacher Bedienbarkeit, gutem Sound und einer recht flexiblen Klangerzeugung, der in einigen Beispielen oben bereits vorkam. Seine verschiedenen Klangerzeugungen bilden einen einfachen Querschnitt aus einigen populären Synths der Geschichte ab.

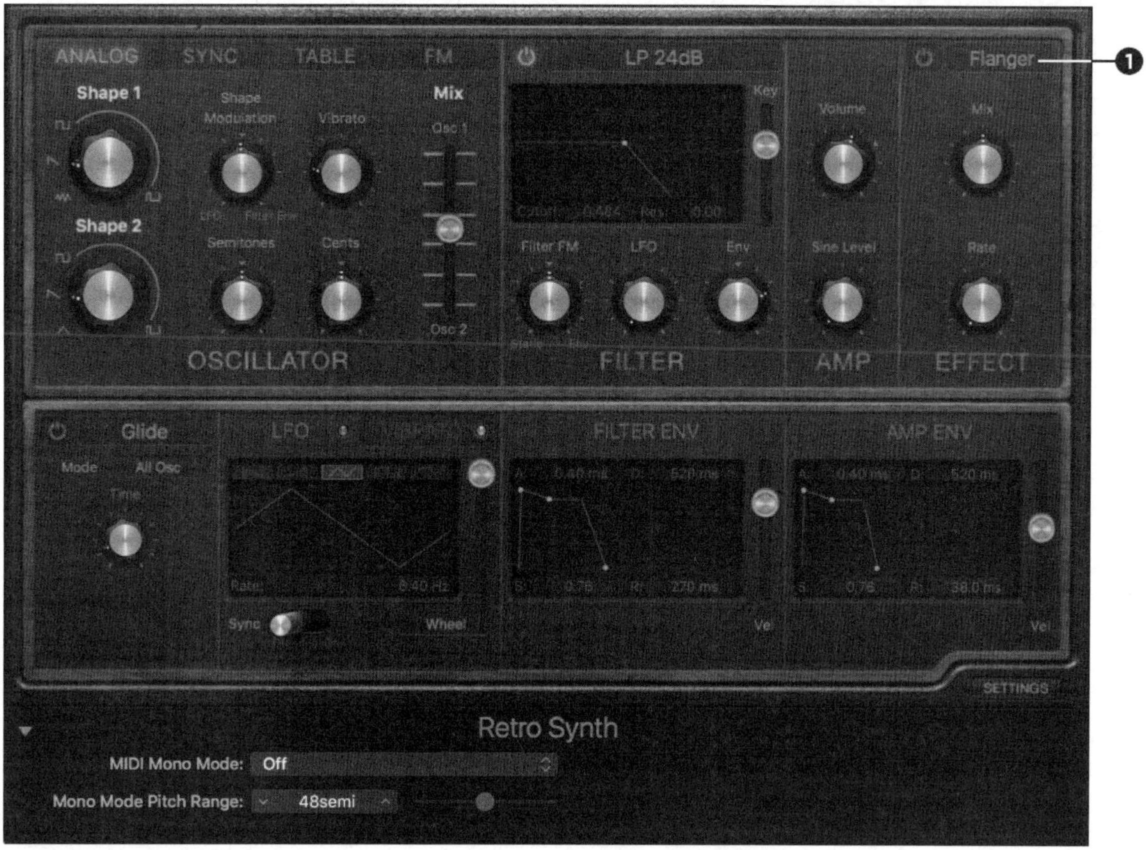

Abbildung 11.9 Die Grundansicht des »Retro Synths« – unten ausgeklappt

Für Filter und Modulationsquellen sind grafische Edits der Parameter möglich.

Soundmäßig hebt sich der *Retro Synth* von anderen Synths in Logic durch seine eingebaute Effektsektion mit CHORUS und FLANGER (wählbar durch Klick auf den Eintrag rechts oben im Synth, Abbildung 11.9 ❶) und die Option, in den globalen Einstellungen des SETTINGS-Bereichs ein *Voice-Detuning* (Abbildung 11.10 ❷) sowie ein *Voice-Stacking* ❸ einzustellen, ab. Design, Sound und Features machen den *Retro Synth* zu einer hybriden und auf das Wesentliche reduzierten Hommage an alte Moog-, Yamaha-, Roland- und PPG-Synthesizer. Die Sounds reichen von analog-warm bis digital-kalt, von harsch und aggressiv bis glockig. Ähnlichkeiten des Designs sollten allerdings nicht über ein im Vergleich zu den Originalen stark vereinfachtes Konzept hinwegtäuschen.

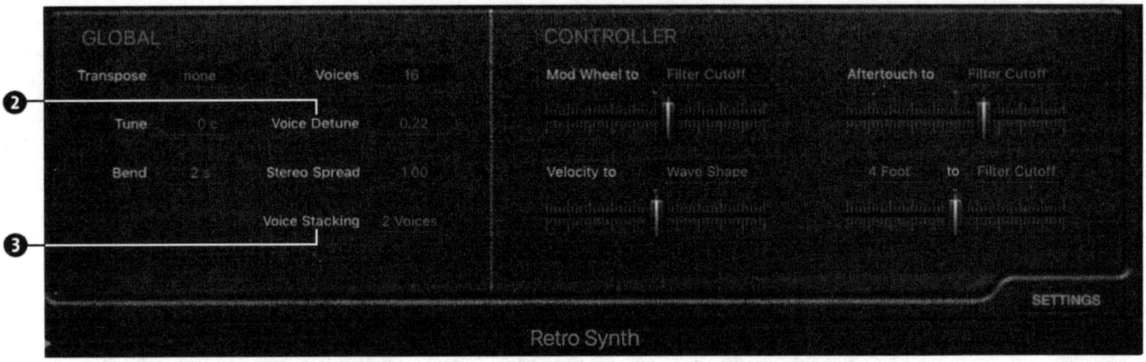

Abbildung 11.10 Im Bild sind Settings anstelle der LFOs und Envelopes eingeblendet. In den globalen Einstellungen sind »Voice Detune«und »Voice Stacking« einstellbar.

11.7.1 Klangerzeugung

Während die untere Hälfte in *Retro Synth* abgesehen von ihrem Look funktional immer gleich bleibt, können Sie mit den vier Tabs oben links vier verschiedene Arten der Klangerzeugung einstellen. Den Moog-artigen Look des oben abgebildeten Analog-Modus (Abbildung 11.9) hat auch die SYNC-Einstellung (Abbildung 11.11). Die anderen beiden Einstellungen verpassen dem Synth einen jeweils anderen Look. Der blaue TABLE-Look (Abbildung 11.12) erinnert an den PPG Wave, das Braun-Grün-Rosa-Farbschema der »FM«-Sektion an Yamahas DX7. Die Effektsektion erinnert mich an einen alten Juno (Abbildung 11.13). Von den Variationen wird in den folgenden Abbildungen nur die obere Hälfte eingeblendet. Der untere Bereich des *Retro Synths* ändert seinen Look zwar ebenfalls, doch die Funktionalität bleibt gleich. Für alle Klangerzeugungsmodi gilt, dass sich jeweils bestimmte Parameter wahlweise von LFO oder Envelope modulieren lassen. Grundsätzlich repräsentieren die beiden Shape-Regler links zwei Oszillatoren, die über den Mix-Regler zusammengemischt werden. Im FM-Mode heissen die beiden Regler *Modulator* und *Carrier*.

Analog und Sync

Abbildung 11.11 »Sync«-Mode im »Retro Synth«

Im Analog-Modus gibt es zwei unabhänige Oszillatoren mit unterschiedlichen Einstellmöglichkeiten. Über den Tuning-Regler können Sie z. B. einen davon davon stimmen, über Shape Mod den Wellenform/Shape-Regler des anderen modulieren.

Im Sync-Modus wird die Wellenform des zweiten Oszillators (*Slave*) mit der des ersten Oszillators (*Master*) synchronisiert, wenn eine neue Note gespielt wird oder der Wellenformdurchgang des ersten Oszillators von vorn beginnt. Die Idee stammt aus älteren Synthesizern, bei denen sich Oszillatoren verstimmten (z. B. Sequential Circuits *Prophet V*). Der erste Oszillator funktioniert also grundsätzlich wie gewohnt, während die Wellenform des zweiten Oszillators verfremdete Züge annehmen kann, weil sie wegen der Kopplung an den ersten Oszillator an einer Stelle neu starten muss, an der ihre eigentliche Wellenform noch mittendrin im Zyklus wäre. Interessant wird es also, wenn Sie beispielsweise die Tonhöhe einer der beiden Oszillatoren verändern. Genau das passiert, wenn Sie am Sync-Regler drehen (siehe Projekt *11Oscsync*). Dieser ist (entgegen seiner etwas irreführenden Beschriftung) eigentlich ein Pitch-Regler für Oszillator 2. Je höher Sie ihn drehen, desto mehr Obertöne entstehen, während gleichzeitig ein gleichbleibender Grundton zu hören ist, weil ja der Neustart des Wellenformzyklus an den unverändert bleibenden Master-Oszillator gekoppelt ist. Auch wenn Sie den Standardsound des *Retro Synth* im Sync-Modus aufrufen, wird der Effekt deutlich hörbar, wenn Sie den Osc-Mix-Regler nur auf Osc2 stellen und anschließend den Sync-Regler drehen.

»Table« – Wavetable-Klangerzeugung

Abbildung 11.12 »Table«-Mode im »Retro Synth«

Im Table-Modus (Abbildung 11.12) können Sie durch Drehen an den Shape-Reglern in jedem Oszillator unabhängig von seinem Gegenpart zwischen verschiedenen Wellenformen (sogenannten *Wavetables*) morphen (siehe Projekt *11Wavetable*). Die beiden Shape-Regler repräsentieren zwei Oszillatoren, die beide dasselbe Wavetable unabhängig voneinander nutzen. Zwischen den beiden Shape-Reglern finden Sie ein Menü zum Auswählen von Wavetables. Wavetables sind eine Ansammlung mehrerer kurzer Wellenformen, zwischen denen überblendet werden kann, indem die SHAPE-Regler bewegt werden (Projekt *11RetroWt1*). Dadurch entsteht eine komplexe Soundvariation. Bekannte andere Synths mit Wavetable-Synthese sind *Serum* und *Massive*. Aus wie vielen Wellenformen ein Wavetable zusammengesetzt ist, ist je nach Wavetable unterschiedlich. Alternativ können Sie dort auch eigene Wavetables erstellen (mehr zur Erstellung von Wavetables in Abschnitt 11.7.5).

FM

Im »FM«-Modus (Abbildung 11.13) moduliert typischerweise ein Oszillator (*Modulator*) den anderen (*Carrier*), wodurch obertonreiche Frequenzspektren mit schrägen Obertönen oder auch glockenartige Klänge entstehen können (siehe Projekt *11RetroFM1*).

Abbildung 11.13 »FM«-Mode im »Retro Synth«

Im *Retro Synth* funktioniert das auf eine spezielle Art und Weise, die nicht unbedingt auf andere FM-Synths übertragbar ist. So ist ein Teil der Klangerzeugung in den AMP-Bereich verrutscht: Dort können Sie im »FM«-Modus einen zusätzlichen Sinuston hinzumischen.

Es gibt einen Carrier und einen Modulator-Oszillator (der Carrier wird passiv moduliert), beide haben grundsätzlich eine leicht unterschiedliche Wellenform inne. Das können Sie hören, indem Sie alle Regler des Oszillatorbereichs nach unten bewegen und im MIX-Regler zwischen MODULATOR und CARRIER überblenden. Bewegen Sie den SHAPE-Regler, werden sowohl die Wellenform des Modulators als auch die des Carriers auf leicht unterschiedliche Art verändert. Typisch FM ist, dass der »FM«-Regler die Intensität regelt, mit der der Modulator den Carrier moduliert. Das führt dazu, dass sehr obertonreiche Sounds entstehen – es sei denn, der MIX-Regler steht zu 100 % auf der MODULATOR-Stellung; dann hört man ja nichts von dem Carrier, der moduliert wird. Die HARMONIC- und INHARMONIC-Fader verändern die Tonhöhe des *modulierenden* Oszillators. HARMONIC tut dies durch geradzahlige Multiplikation der Tonhöhe und indem teilweise Obertöne hinzugefügt werden, INHARMONIC verstimmt die Oszillatorfrequenz mit nicht geradzahliger Multiplikation, was in der Regel harsch oder schräg klingt, es sei denn, für den INHARMONIC-Regler ist ein Wert von 0,500 oder 1,000 eingestellt.

Mehr zum Thema FM-Synthese und einen weiteren Logic-FM-Synth finden Sie in Abschnitt 11.16, »›EFM 1‹ und FM-Synthese«.

Voice Stacking und Voices/Legato

Die Voice Stacking-Option im Settings- Bereich (Abbildung 11.10) erlaubt ein Layern leicht verstimmter Voices übereinander (bis zu 8). Das ist eine Art Unison-Modus, der den Sound fetter macht.

Im Voices-Flip-Menü wählen Sie die Zahl der Voices und können einen Legato-Mode einstellen. Im Legato-Mode werden Hüllkurven nicht neu getriggert, wenn noch eine Note liegengeblieben ist.

11.7.2 »Filter«-Sektion

Auch in der Filter-Sektion lassen sich diverse Filter einstellen (Abbildung 11.14).

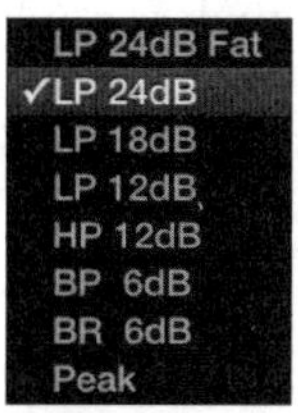

Abbildung 11.14 Filtertypen im »Retro Synth«

Band-Reject-Filter (BR) filtern eine bestimmte Frequenz heraus, Peak-Filter betonen diese.

Die Cutoff-Frequenz lässt sich von Envelope, LFO oder Tonhöhe (Key) modulieren. Zusätzlich kann die Filterfrequenz in der Filter FM-Einstellung von der Klangerzeugung in Osc1 statisch oder in Abhängigkeit von einer Hüllkurve moduliert werden.

11.7.3 »Amp«-Sektion

In der Amp-Sektion findet sich ausnahmsweise ein zusätzlicher Sinustongenerator, der z. B. als Subbass untergemischt, aber nicht gestimmt werden kann. Rechts im Effect-Bereich können Sie alternativ Chorus oder Flanger hinzumischen, um die Sounds etwas fetter und/oder lebendiger zu machen (mehr hierzu in Abschnitt 15.11 über Modulationseffekte).

11.7.4 Modulationssektion

Auch wenn für die Modulatoren grafische Edits möglich sind, ist das Funktionsprinzip der Amp- und Filter-Hüllkurve dasselbe wie zuvor im Abschnitt über die ADSR-Hüllkurve erläutert. Die Grafik kann hilfreich sein, um den Hüllkurvenverlauf bzw. die Wirkung von Parameteränderungen bei Attack, Decay, Sustain und Release besser zu verstehen.

Die von unten nach oben bewegbaren Slider am rechten Rand der Sektionen LFO/VIBRATO, FILTER ENV und AMP ENV (Abbildung 11.9) bestimmen, wie sehr die Wirkungen von Hüllkurven und LFOs von weiteren Parametern wie der Velocity (bei den Hüllkurven) oder dem Mod-WHEEL (bei den LFOs, im Flip-Menü sind können Sie z. B. auch AFTERTOUCH wählen) abhängig sind. Im Projekt *11Retromod* hören Sie verschiedene Modulationseinstellungen und ihre Auswirkungen (die Spuren sind entsprechend beschriftet).

LFOs

Es gibt zwei LFOs; einer heißt VIBRATO und löst im Klangerzeugungsbereich ein Vibrato aus bzw. moduliert die Tonhöhe. Dies geschieht in Abhängigkeit vom VIBRATO-Regler im Klangerzeugungsbereich.

Unten im LFO können Sie die LFO-Geschwindigkeit einstellen, wobei freie und temposynchrone Einstellungen möglich sind, je nachdem, wie der SYNC-Schalter eingestellt ist. Steht z. B. der Slider am rechten Rand ganz oben, dominiert der Einfluß des Modwheels auf die Modulation. Ein Beispiel: Steht das Modwheel selbst auf »0«, wird die Modulation des Shape Parameter in Projekt *11RetroLFOModwh* intensiver, wenn der Slider am rechten Rand unten steht.

Der zweite LFO lässt sich dagegen in der FILTER-Sektion als Modulationsquelle des Cutoffs nutzen.

»Glide«-/»Autobend«-Modus

Unten links lässt sich zunächst ein GLIDE-Modus aktivieren. Sie können zwischen GLIDE und AUTOBEND umschalten.

Abbildung 11.15 Glide vs. Autobend

Bei aktiviertem GLIDE-Effekt geht (mit justierbarer Zeitdauer) die Tonhöhe sanft in die des nächsten gespielten Tons über (abhängig von Einstellungen des LEGATO-Modes). Die Länge der Tonhöhenbewegung bzw. des Pitch-Bending-Effekts hängt von der Einstellung des TIME-Reglers sowie der Entfernung der nächsten bzw. zuvor gespielten Taste ab. Ist im VOICE-Mode LEGATO eingestellt, klingt es noch einmal anders.

Ist alternativ AUTOBEND (statt GLIDE) eingestellt, können Sie für jeden gespielten Ton eine andere Ausgangstonhöhe und eine Zeit einstellen, in der der Zielton erreicht wird. Die Ausgangstonhöhe kann über oder unter Ihrem gespielten Ton liegen (hierfür wählen Sie positive oder negative Depth-Werte). Ein Beispielprojekt finden Sie unter *11Glideautobend2*.

In beiden Fällen können Sie in einem Flip-Menü darunter auswählen, auf welche Teilbereiche der Klangerzeugung sich der Effekt auswirkt.

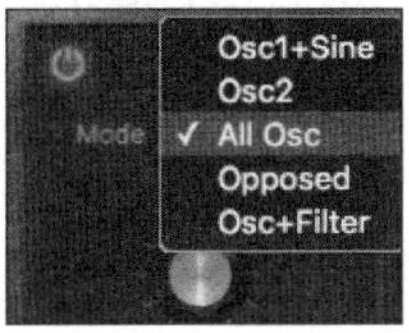

Abbildung 11.16 Von Glide/Autobend betroffene Bereiche der Klangerzeugung

11.7.5 »Retro Synth«: Wavetables auswählen und selbst erstellen

Das Wavetable-Menü erreichen Sie zwischen den beiden SHAPE-Reglern (Abbildung 11.17 und Abbildung 11.18). Dort können Sie Wavetables auswählen und Wellenformen laden, aus denen Sie eigene Wavetables erstellen können.

Abbildung 11.17 »Shape«-Regler, darunter das Wavetable-Flip-Menü

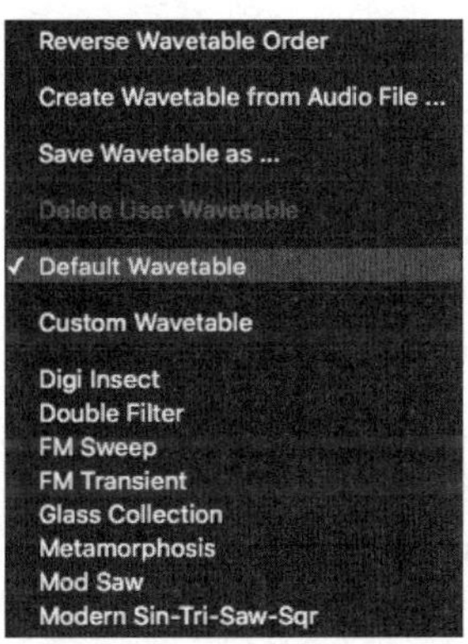

Abbildung 11.18 Flip-Menü mit Wavetables und zum Erstellen eigener Wavetables, das, wenn es nicht wie hier beschnitten ist, noch viel mehr Wavetables darunter auflistet

Unten sehen Sie die verschiedene Wavetables, die zur Verfügung stehen. Oberhalb des MODULATION-Reglers sehen Sie in Abbildung 11.19 den Eintrag SHAPE.

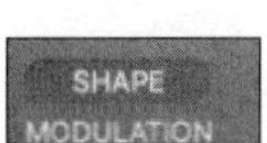

Abbildung 11.19 Shape – oder Formant?

Die Modulation durch LFO oder Envelope moduliert also die Position in der Wavetable, wodurch zwischen Wellenformen »gemorpht« wird. Im Projekt *11xRetroWavet1* hören Sie die klangliche Wirkung anhand einer Automation der SHAPE 1-Reglers. Im Projekt *11xRetroWavet2* erfolgt die Modulation via LFO.

Statt SHAPE können Sie aber auch FORMANT einstellen, um die Formanten der aktuell geladenen Wellenform zu modulieren. Im Dokument *11xRetroWavet3* moduliert der LFO aus *11xRetroWavet2* die Formanten (statt des SHAPE-Reglers).

Eigene Wavetables erstellen

Um eigene Wavetables zu erstellen, verwenden Sie den Eintrag CREATE WAVETABLE FROM AUDIOFILE aus dem Wavetable-Flip-Menü. Im anschließenden Dialog können Sie eine Audiodatei zur Analyse auswählen. Im aufklappbaren Bereich unten können Sie alternative Analysemodi stellen (Abbildung 11.20).

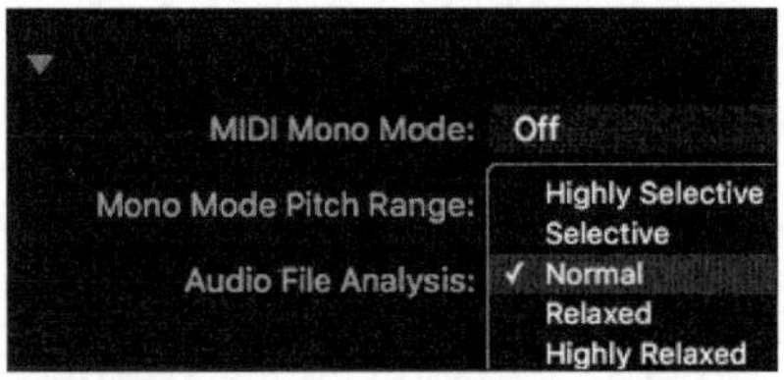

Abbildung 11.20 »Audio File Analysis«-Mode

Das Ergebnis eines Versuchs, eine Wavetable aus einer Audiodatei zu generieren, fällt höchst unterschiedlich aus und wird von Logic mit sehr verschiedenen Meldungen quittiert. Logic setzt für die Audiodatei »eine konstante Tonhöhe, verschiedene, durch Stille getrennte Abschnitte oder einen bzw. mehrere einzelne Cycle-Abschnitte« voraus. In der Praxis können Sie es trotzdem mit jedem x-beliebigen Audiofile ausprobieren. Das Ergebnis hängt stark von den Einstellungen unter AUDIO FILE ANALYSIS im erweiterten Bereich ab.

Meldungen über Erfolge und Misserfolge

Ist es gelungen, eine neue Wavetable zu erstellen, so erscheint beispielsweise die Meldung aus Abbildung 11.21.

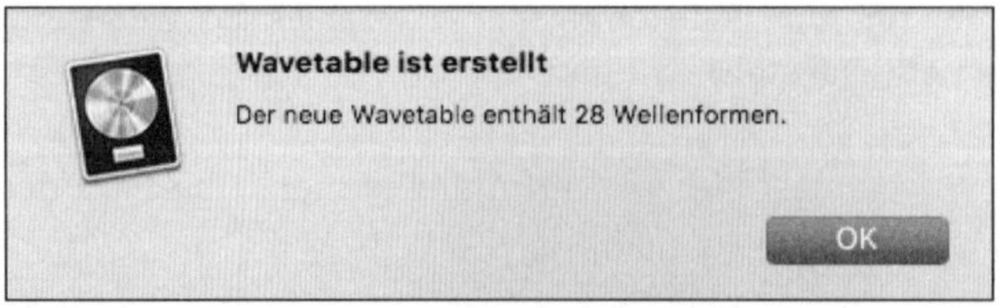

Abbildung 11.21 Wavetable wurde erstellt.

Klappt es mit der Wellenform nicht, eine Wavetable zu erstellen, erscheint ebenfalls eine entsprechende Meldung. In schwierigen Fällen kann es quasi so gerade noch geklappt haben, so dass eine Wavetable mit einer einzelnen Wellenform erstellt wurde.

Wird nach erfolgter und erfolgreicher Analyse der Modus der Analyse verändert, so kann eine neue, veränderte Meldung erscheinen, weil eine neue, andere Wavetable erstellt wird.

Wavetable-Verwaltung

Alle erstellten Wavetables sind zunächst nur temporär als CUSTOM WAVETABLE gespeichert. Erzeugen Sie eine neue, verschwindet die Vorgängertabelle.

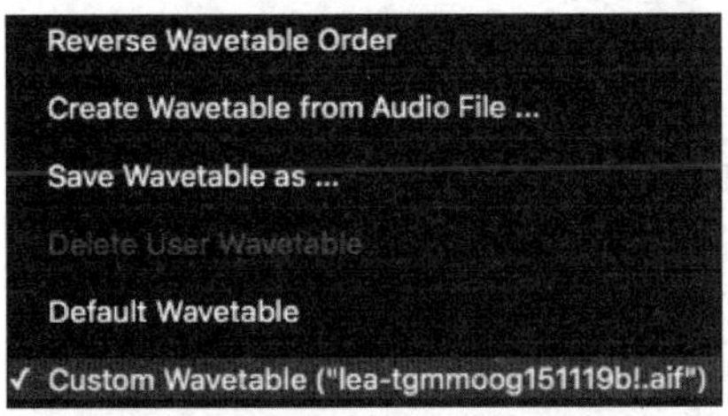

Abbildung 11.22 Das erstellte Wavetable wird hier als »Custom Wavetable« gelistet.

Wird die Soundeinstellung als Preset gespeichert, landet die Wavetable mit in der Presetdatei. Zudem gibt es ein User-Verzeichnis für Wavetables, wo Sie die generierte Wavetable speichern können (sie erscheint dann ganz unten in der Wavetable-Liste). In beiden Fällen ist der Speicherbedarf für Wavetables nicht besonders groß bzw. im KB-Bereich. Die via SAVE WAVETABLE AS ... gespeicherten User-Wavetables werden anscheinend in der *RetroSynth-Wavetable.plist*-Datei verwaltet, die sich im Ordner *Benutzer/Musik/Audio Music Apps/Plug-In Settings/Retro Synth* befindet.

11.8 »Alchemy«-Synthesizer und Sampler

Mit Logic 10.2 wurde *Alchemy* eingeführt, ein Synthesizer-Sampler-Hybrid.

11.8.1 Einführung

Alchemy kann wie ein einfacher, subtraktiver Synth genutzt werden, aber auch wie ein Sampler, ein Granularsynthesizer, ein additiver Synth oder eine Mischung aus diesen Werkzeugen. Das führt dazu, dass *Alchemy* klanglich wohl das vielseitigste Logic-Instrument ist. Sie finden eine dementsprechend interessante Preset-Library vor.

Ähnlich wie Logic selbst ist *Alchemy* einerseits intuitiv, andererseits komplex und verschachtelt (Abbildung 11.23). Manche Dinge funktionieren erstaunlich einfach und intuitiv, allerdings sind manche Funktionen so versteckt, dass ich mich wirklich gewundert habe und vor Jahren als erfahrener User planlos vor *Alchemy 1.5* saß.

Wollte ich wirklich alles erklären, könnte ich ein eigenes Buch zu *Alchemy* schreiben. Ich habe allerdings bereits 2015 Tutorials für eine *Alchemy*-DVD produziert (»Hands On Alchemy« bei DVD Lernkurs) und biete unter *www.logichilfe.de* weitere Tutorials und Lernangebote.

Abbildung 11.23 Alchemy

11.8.2 Logic-»Alchemy« im Vergleich zu Camel-Audio-»Alchemy«

Vor dem Aufkauf der Firma Camel Audio durch Apple war *Alchemy* in einer ähnlichen Vorversion (bis 1.5) auch für User anderer Systeme erhältlich. Diese war etwas anders und insgesamt nicht ganz so gut ausgestattet, verfügte allerdings über einige interessante Sound-Libraries. Das Logic Plug-In hieß zunächst *Alchemy 2*. Es wurde seitdem mehrfach aktualisiert.

Alchemy besitzt gegenüber der Vorversion neue Klangerzeugungsfunktionen, und es erfolgte eine Anpassung an Logic. So sind beispielsweise die MIDI-Zuweisungen nur noch über Logics System (z. B. via Smart Controls) möglich. Auch Optionen zum Speichern im File-Menü sind gegenüber der Vorversion reduziert. Dafür ist es andererseits möglich, *Alchemy*-Sounddaten mit dem Logic-Projekt zu verwalten. Ein Parameter-Reset funktioniert wie bei anderen Logic-Plug-Ins via `alt` + Klick. *Alchemy* reagiert nun (wie andere Logic-interne Klangerzeuger) auch auf in den Projekteinstellungen ausgewählte Stimmungen/Microtunings.

11.8.3 Basics der Klangerzeugung

Alchemy hat vier *Soundsources*, die jeweils einen eigenen Klangerzeugungsbereich haben. Die Klangerzeugungsmodi heißen Additive, Spectral, Formant, Granular, Sampler und VA (*Virtual Analog*), mit Hilfe derer auch Audiodateien geladen bzw. resynthetisiert werden können. Im VA-Modus benimmt sich *Alchemy* z. B. wie ein komplexer Synthesizer mit einer großen Auswahl an Oszillatorwellenformen.

Sie können Klänge im additiven Resynthesemodus aus bis zu 600 Sinustönen neu synthetisieren. Andererseits können im Spectral-Modus auch Sounds aus Bildern generiert werden. Mit Granularsynthese, der additiven oder spektralen Synthese kann *Alchemy* Time-Stretching in Echtzeit und kann auch als Sampler dienen, der *EXS*-Instrumente mit gewissen Einschränkungen importieren kann.

Sampling-Spezialisten wie *Kontakt* oder Logics eigener *EXS24* beherrschen manche für das detaillierte Sounddesign von Instrumenten wichtige Funktionen trotzdem bislang besser, z. B. die Nutzung von Artikulations-IDs, Einzelouts und Rex-File-Import im *EXS*.

11.8.4 Obere Leiste, einfachen Grundsound laden

Betrachten wir nun *Alchemy* von oben bis unten und zunächst die obere Leiste von links nach rechts (Abbildung 11.24):

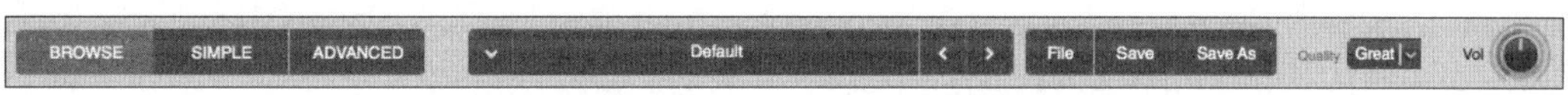

Abbildung 11.24 Obere Leiste in »Alchemy«

Links oben in der oberen Leiste schalten Sie zwischen den Ansichten Browse, Simple-Mode und Advanced um. In allen drei Ansichten bleiben die obere Leiste und der Performance-View-Anteil sichtbar. Das, was darunter angezeigt wird, variiert.

Rechts daneben wählen Sie in einem Drop-down-Menü mit Hilfe von übergeordneten Kategorien einen Sound aus, der wiederum rechts daneben angezeigt wird. Die Soundanzeige entspricht der rechten Spalte im Browser. Durch Klick auf den Namen können alle Sounds wie im Browser (entsprechend der gewählten Kategorie oder des Tags) angezeigt werden (Abbildung 11.25).

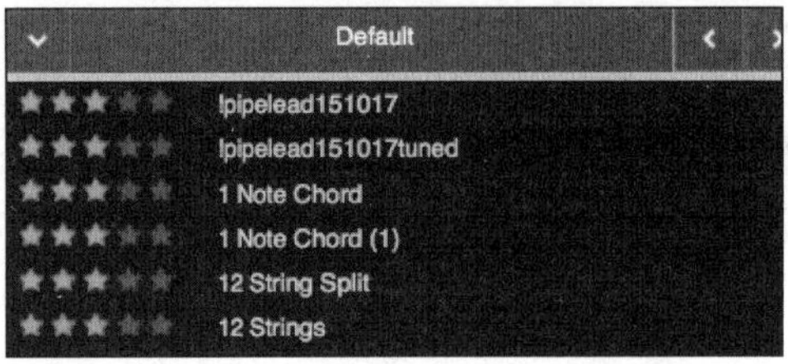

Abbildung 11.25 Soundanzeige oben

Wählen Sie im Browser etwas anderes aus, ändert sich auch hier die Anzeige. Daneben gibt es Vorwärts/Rückwärts-Buttons, Speicherfunktionen im FILE-Menü (reduziert gegenüber der *Alchemy*-Vorversion) sowie die SAVE- und SAVE AS-Menüs.

Einfachen Grundsound laden

Mit der Option CLEAR aus dem FILE-Menü (Abbildung 11.26) beginnen Sie mit einem leeren *Alchemy*. Das einfache Preset mit einem aktiven Oszillator, das dann geladen wird, erlaubt Ihnen, einzelne Funktionen auszuprobieren, ohne dass Sie von komplexen Programmierungen gestört werden.

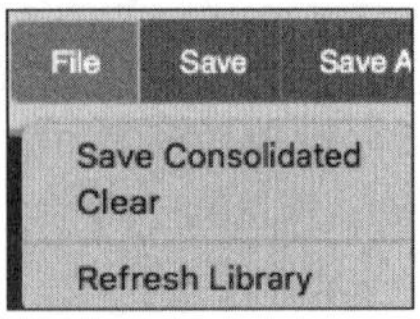

Abbildung 11.26 Option zum Erstellen eines leeren Presets

Alchemy speichert Presets als *.acp*-Datei. Mit der Funktion SAVE CONSOLIDATED werden auch Samples am Ort der Speicherung mitgespeichert (exklusive Factory-Samples, eventuell mit zusätzlichen *.aaz*-Dateien z. B. nach dem Import eines Bildes). Logic bietet sicherheitshalber auch an, die *Alchemy*-Samples im Projektordner mitzuspeichern. Eine Funktion zum monolithischen Speichern aller Dateien in einer Paketdatei fehlt bisher.

Qualität der Soundausgabe

Ganz rechts können Sie im QUALITY-Drop-down-Menü die Qualität der Soundausgabe wählen, um eventuell CPU-Ressourcen zu sparen. Ganz oben rechts ist ein Master-Volume-Regler.

11.8.5 Browser/Library, Tags und Sterne

Unterhalb der oberen Leiste sehen Sie in der Ansicht BROWSE bzw. beim ersten Öffnen von *Alchemy* den Browser (Abbildung 11.27).

Sterne können Sie nach Klick auf den Sound vergeben. Zum Vergeben von Sternen »swipen« Sie kurz über diese. Ein Klick auf den Eintrag RATING sortiert die Darstellung Ihrer Presets übrigens nach der Zahl der Sterne. Seit Version 10.2.1 sind die vorkonfigurierten drei Sterne pro Sound grau, nur selbst vergebene Sterne leuchten golden.

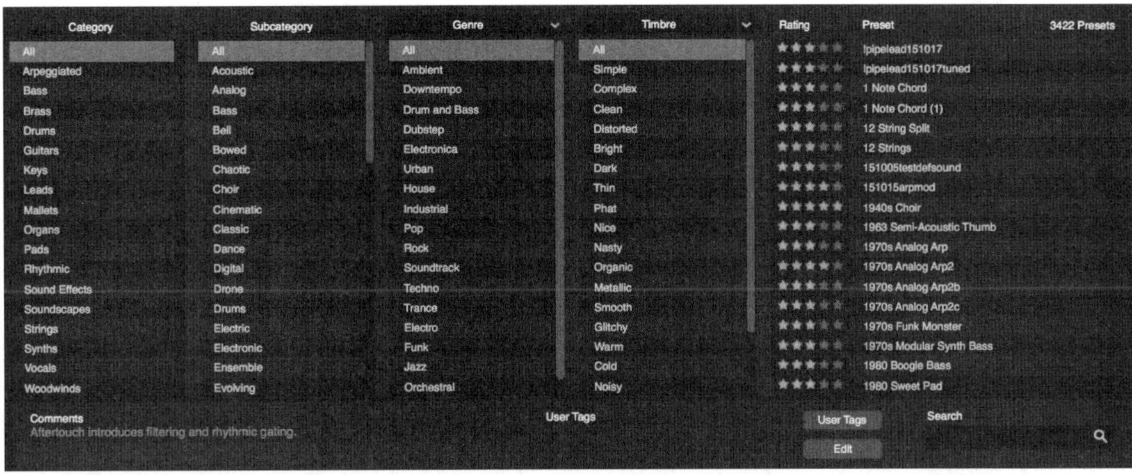

Abbildung 11.27 »Alchemys« Browser nach dem Öffnen in der Browseransicht

Der Browser besteht aus vier Spalten. Tags können ausgewählt werden, um die rechts erscheinende Liste auf Sounds, die mit den selektierten Tags versehen sind, zu beschränken. Nutzen Sie außerdem das SEARCH-Feld, um nach Presetnamen oder Begriffen zu suchen. Die Ergebnisliste rechts zeigt anschließend nur Sounds passend zu Ihrer Suche oder/und den markierten Tags an. Auch Sounds, deren im COMMENTS-Feld eingegebenen Begriffe mit Ihrem Suchbegriff übereinstimmen, tauchen in der Liste auf.

Die zwei rechten Tags-Spalten können Sie frei konfigurieren (Abbildung 11.28), so dass Sie nach weiteren Kriterien suchen können (z. B. Sound-Designer- oder User-Tags). Tags eines Sounds können Sie via EDIT-Button (unter dem USER-TAGS Button) ändern. Wählen Sie die gewünschten Tags aus und schliessen den Dialog durch Klick auf CLOSE.

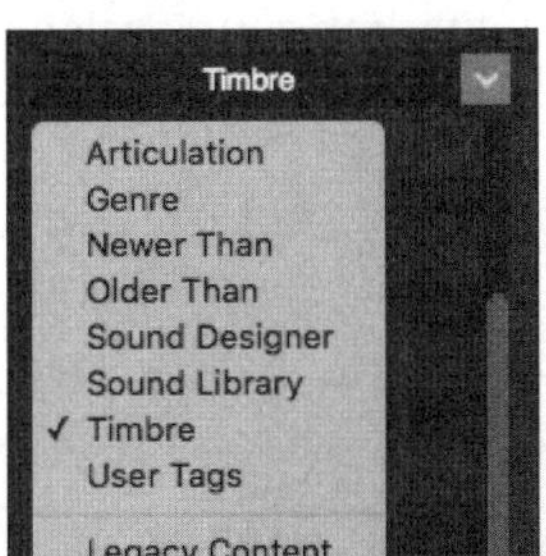

Abbildung 11.28 Optionen zum Anzeigen von Tags für die rechte Spalte

Sie können auch COMMENTS bearbeiten. Das ist nützlich, da Sie die detaillierten Beschreibungen später durchsuchen können. Viele Sounds sind bereits mit Kommentaren versehen, diese sind jedoch meist englisch: »Aftertouch introduces rhythmic filtering and gating«.

Tags löschen

Im SEARCH-Feld können Sie auch Sounds mit einem bestimmten Tag aus der Ergebnisliste ausfiltern, indem Sie die [-]-Taste in der Suche verwenden.

Es gibt auch User-Tags. Zusätzlich zu den vorkonfigurierten Tags können Sie sie mit einem Rechtklick auf USER TAGS (Abbildung 11.29) erstellen. User-Sounds sind im Browser schnell auffindbar. Wenn sie entsprechend getaggt sind, sind sie aber auch recht gut über das Plug-In-Settings-Menü aufzufinden.

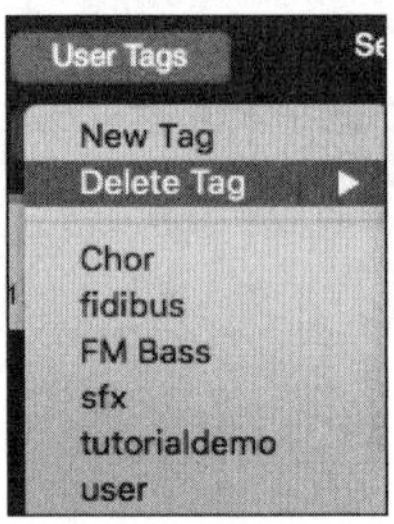

Abbildung 11.29 User-Tags

Zugehörige Ordner im Finder mit *Alchemy*-Presets lassen sich wie die Logic-Patch-Library manuell umsortieren. Die Darstellung der Library lässt sich über das FILE-Menü aktualisieren. Änderungen werden nach dem »Refresh« sichtbar.

11.8.6 Simple-Mode/Performance Controls

Der SIMPLE-Mode ist eine vereinfachte Darstellung von *Alchemy*. Diese entspricht dem Performance-Bereich, der im ADVANCED-Mode ganz unten zu sehen ist. Dort stehen acht Transform-Pads, acht Drehregler, zwei X/Y-Pads und vier ADSR-Regler zur Verfügung (siehe Abschnitt 11.8.21).

Abbildung 11.30 »Simple«-Mode-Ansicht

Auch im Smart-Controls-Bereich von *Alchemy* sind ein Transform-Pad und andere Regler des Performance-Bereichs einblendbar.

11.8.7 »Advanced«-Mode: Klangerzeugung, Filter und globale Ansicht

Durch Umschaltung auf den ADVANCED-Mode erhalten Sie detaillierten Zugriff auf die *Alchemy*-Soundprogrammierung (es gibt allerdings noch weitere Editoransichten). Links sehen Sie die Reiter GLOBAL, A, B, C, D und MORPH.

Soundsources im Detail

Die Soundsources A, B, C und D lassen sich auch individuell editieren, indem Sie links oben statt auf GLOBAL auf einen der Reiter/Tabs für die Bereiche A–D klicken, woraufhin die Klangerzeugungsbereiche einer Soundsource sichtbar werden (Abbildung 11.31). Ganz unten können Sie auch eine Morphing-Funktion aktivieren werden (siehe Abschnitt 11.8.18 über Morphing).

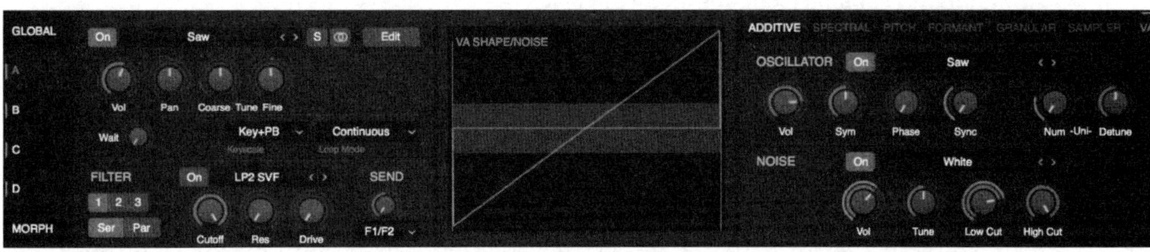

Abbildung 11.31 Erweiterte Darstellung der Soundsource A. Rechts der aktivierte Tab »VA« (Virtual Analog).

Für die Soundsources A, B, C und D stehen Parameter wie Lautstärke, Tuning sowie drei eigene Filter zur Verfügung, aber auch Keyscaling-, WAIT- und Loop-Optionen. So können Sie justieren einfach das Lautstärkeverhältnis von verschiedenen Parts der Klangerzeugung (z. B. wenn Sie einen Analogsynth mit einem Sampler mischen).

In jeder Soundsource gelangen Sie mit dem EDIT-Button rechts neben dem Stereo/Mono-Wahlschalter in einen Edit-Bereich (z. B. für geladene Samples oder manuelle Einzeichnungen, siehe Abschnitt 11.8.17).

Beim Parameter KEYSCALE geht es darum, ob sich die Tonhöhe bei gespielten Noten oder Pitch-Bending verändert oder gleich bleibt (was bei Drumsounds sinnvoll sein kann). In jeder Soundsource gibt es auch einen SOLO-Button und einen SEND-FX Routing-Regler. In der Soundsource kann auch ein Loop-Modus (wie z. B. CONTINUOUS oder FORWARD/BACKWARD) aufgerufen werden, der sich auch im EDIT-Mode erreichen lässt.

Ferner hat jede Soundsource ein eigenes Menü zum Laden von Samples und Wellenformen mit Copy/Paste-Befehlen, das ich detailliert in Abschnitt 11.8.8 besprechen werde. Hier zunächst ein Überblick darüber, wo Sie die Klangerzeugungsbereiche finden:

Klangerzeugungen in der Soundsource

Für die Klangerzeugung stehen in jeder Soundsource die Modi ADDITIVE, SPECTRAL, PITCH, FORMANT, GRANULAR, SAMPLER und VA (*Virtual Analog*) zur Verfügung, die Sie jeweils über einen ON-Button aktivieren/deaktivieren, auch ohne dass Sie zuvor Audiomaterial importiert haben (Ausnahme: Sampler und Granular, deren Tabs erscheinen dann ohne vorherigen Audioimport stets ausgegraut, siehe ABBILDUNG 11.32. Haben Sie Audiomaterial mit einem bestimmten Analysis-Mode importiert, sind die anderen Klangerzeugunsmodi genauso ausgegraut).

Abbildung 11.32 Klangerzeugungsmodi (hier ist »VA« aktiviert)

Rechts oben sehen Sie im Bild übrigens den ohne jeden Import voreingestellt aktivierten Virtual-Analog-Tab (VA), dort ist eine SAW-Wellenform geladen, die Klangerzeugung ist ON.

Mehrere Klangerzeugungen nutzen?

Ist (wie im Bild) noch nichts importiert worden, stehen zunächst additive und virtuell-analoge Synthese (VA) gleichzeitig zur Verfügung. Durch Klick auf den EDIT-Button in der Soundsource können Sie im Editor (Bereich: ADDITIVE oder SPECTRAL, siehe Abschnitt 11.8.17) auch selbst etwas zeichnen und damit den Bereich aktivieren, jedoch wie gesagt nicht, wenn Sie schon Audio in einem anderen Analysemodus importiert haben! Es können zwar grundsätzlich mehrere Modi gleichzeitig aktiv sein, hierbei gelten aber mitunter verwirrende Regeln. So entscheidet z. B. bei den Bereichen GRANULAR und SAMPLER in meiner aktuellen Logic-Version, welcher Reiter angewählt ist, was ich höre – selbst wenn beide auf ON stehen.

Filterbereich in der Soundsource

Jede Soundsource hat intern drei eigene Filter, die von den globalen Filtern zu unterscheiden sind. Es lassen sich sehr viele verschiedene Filtertypen aussuchen, das gilt für alle drei Filter – und auch die globalen Filter (Abbildung 11.33).

Auch kreative Filter sind dabei, wie z. B. der DOWNSAMPLE-Filter (siehe Projekt *11AlchFilt-downsample*).

Die drei Filter können seriell oder parallel geschaltet werden.

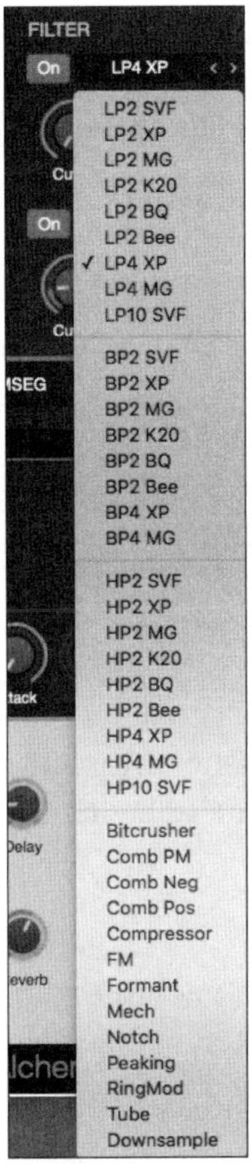

Abbildung 11.33 Filtertypen in »Alchemy«

Routing in der Soundsource

Neben den drei Filtern können Sie mit Hilfe eines Drehreglers und eines darunterliegenden Routing-Menüs definieren, wohin der Sound der Soundsource gesendet wird. Der Sound kann mit Hilfe des Drehreglers an zwei Ziele gleichzeitig gesendet werden (Abbildung 11.34).

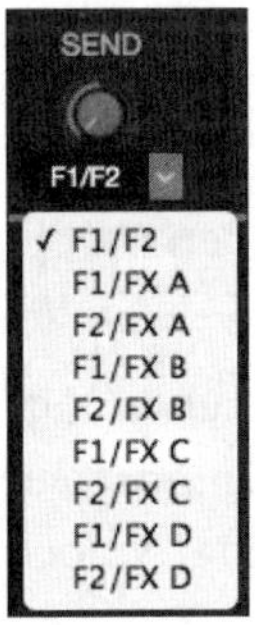

Abbildung 11.34 Filter-Routing im Soundsource-Bereich

Globale Ansicht mit Filtern

Ist der Reiter GLOBAL angewählt (Voreinstellung, Abbildung 11.35), werden vier verschiedene Oszillatorbereiche bzw. die Soundsources A, B, C und D angezeigt (inklusive Pegelausschlag), und Sie haben Zugriff auf Parameter wie TUNE, Volume on/off, die globalen FILTER und den globalen MASTER-Bereich.

Abbildung 11.35 Reiter »Global«

Es stehen zwei globale Filter zur Verfügung. Diese können parallel oder seriell geroutet sein, wobei diesmal ein Regler zum Überblenden zwischen den beiden Modi existiert. Am Ende jedes Filtermoduls ist ein Routing-Bereich, mit dem Sie den Sound in den FX-Bereich (an Main, A, B, C oder D) senden.

Globales Filter-Routing

Nicht direkt ersichtlich ist, dass der Sound direkt in den MASTER-Bereich geroutet wird, wenn der Regler ganz links steht; ansonsten wird prozentual skaliert. Sie können die gleichen Filtertypen auswählen wie bei den Soundsource-Filtern.

»Master«-Bereich

Im globalen MASTER-Bereich gibt es verschiedene Voice-/Polyphonie-/Glide-/Retrigger- und Portamento-Einstellungen. Dass diese Einstellungen für die einzelnen Soundsources unterschiedlich ausfallen können, ist eine weitere Besonderheit von *Alchemy*. Auch die Stärke eines eventuell benutzten Pitch-Bending-Effekts stellen Sie hier ein.

11.8.8 Soundsource-Menü

Durch Klick auf die Beschriftung einer Soundsource erscheint ein Menü zum Laden von Wellenformen oder zum Importieren von Audio. Unter dem Eintrag LOAD VA ist eine große Auswahl virtuell-analoger Wellenformen für den Virtual-Analog-Bereich vorhanden (Abbildung 11.36).

Zudem können Sie hier den Inhalt einzelner Sources kopieren und einsetzen, speichern (als Datei mit der Endung *.src*, eventuell mit zusätzlichem Audiomaterial) und laden, löschen und via RANDOMIZE SOURCE zufällig einstellen. Die Zufallsfunktion hat mich hier jedoch weniger überzeugt.

Abbildung 11.36 Import von Audio – oder Laden einer virtuell-analogen Wellenform

11.8.9 Laden von Audiodaten und ».exs«-Instrumenten

Wenn Sie im Menü den Eintrag IMPORT AUDIO wählen, erscheint ein Dialog, über den Sie sowohl Samples als auch *.exs*-Instrumente importieren können. Das fand ich zwar etwas ungewohnt, denn man kennt es eher so, dass die Importdialoge für Audiomaterial und/oder Patches eigene Dialoge sind – dennoch eine sehr interessante Zusatzoption. Sie können auch im Editorbereich für die Soundsource das gleiche Menü aufrufen, dort gibt es zusätzliche Optionen zum Hinzufügen neuer Zonen und Gruppen (siehe Abschnitt 11.8.17).

Abbildung 11.37 Audioimport

Ist unten Preview aktiv, können Sie auf Files klicken und diese vorhören. Links navigieren Sie durch Festplatten und die Library, und durch Klick auf das Sternchen neben der Pfadzeile ganz oben erstellen Sie Favoriten, die anschließend unter Favorites gelistet werden.

Analyse beim Import von Audiodateien und ».exs«-Instrumenten

Abbildung 11.38 Einstellungen für die Analyse

> **Achtung!**
> Beim Audioimport müssen Sie leider etwas versteckt links unten im Dialogfenster auswählen, ob der Import in einem bestimmten Klangerzeugungsmodus (z. B. Additive, Granular …) ausgeführt wird (Abbildung 11.38). Dies entscheidet darüber, ob geladenes Material anschließend konventionell im Sampler zu finden ist oder später z. B. im additiven Synthesebereich des Editors editiert werden kann und zuvor resynthetisiert wird (siehe Abschnitt 11.8.17).

Wenn Sie ein *.exs*-Instrument laden, können Sie die entsprechende Einstellung unten links für die Analyse dementsprechend für alle Zonen des *.exs*-Instruments vornehmen.

Für den Sampleimport bzw. die *künstliche Resynthetisierung* eines Samples gibt es die Algorithmen Additive, Spectral, Add+Spec, Granular sowie Sampler. Zusätzlich gibt es Bereiche für Pitch- und Formantkorrektur.

Ist ein Sample z. B. nicht in einem passenden Modus importiert worden, ist der entsprechende Modus später für die Soundsource zunächst nicht adressierbar, wobei es logische Ausnahmen gibt. So kann ein im Sampler-Mode importierter Sound danach auch problemlos im Granular-Mode genutzt werden. Additive, virtuell-analoge und spektrale Synthese können z. B. auch gemeinsam genutzt werden, nicht jedoch Sampling *und* Granularsynthese gleichzeitig.

Was bedeutet das? *Alchemy* kann auch wie ein ganz normaler Sampler benutzt werden. Es steht alternativ eine spektrale oder additive Resynthese zur Verfügung. Hierbei wird das sich ändernde Frequenzspektrum eines Signals analysiert und eine Reproduktion versucht, in die Sie auf verschiedene Weise mit grafischen Mitteln eingreifen und Frequenzen zeichnen oder löschen können.

Die Ergebnisse z. B. der spektralen Resynthese fallen je nach importiertem Material unterschiedlich überzeugend aus, sind aber oft gut geeignet für Drums. Sie ergänzen sich mitunter gut mit den Ergebnissen der additiven Synthese, es klingt dann manchmal auch, als ob Sie bei einem Vocoder zusätzliche Brillanz oder s-Laute hinzumischen.

Die Einstellung Spectral + Formant ist die Standardvoreinstellung. Die zusätzliche Analyse der Formanten verbessert die Qualität der klangformenden Optionen im Formant-Klangerzeugungsbereich der Soundsource (siehe Abschnitt 11.8.13).

Die additive Synthese basiert hingegen auf bis zu 600 Teiltönen. Dabei können Sie eine erste, auf Sinustönen basierende Resynthese später ebenfalls im Editor (Abschnitt 11.8.17) bearbeiten. Sie können sie aber auch in der Soundsource verfremden und z. B. Effekte und andere Wellenformen statt Sinustönen nutzen (siehe Abschnitt 11.8.11). Auch die spektrale Synthese bietet zusätzlich zum Editor viele klangformende Parameter und FX in der Soundsource (Abschnitt 11.8.12).

Apple selbst empfiehlt den Spectral-Mode für den Import von Drumloops in einem Arbeitspapier und erwähnt dabei, dass dieser Modus die Transienten besonders gut bei der Resynthese abbilden bzw. beibehalten kann: *https://www.apple.com/logic-pro/docs/alchemy_for_creative_loop_manipulation_0818.pdf.*

Natürlich sind die Modi Granular und Sampler besonders relevant, wenn es natürlich klingen soll. Die anderen Modi können dagegen mit Hilfe des Editors auch funktionieren, wenn kein Audio importiert wurde, sondern im Editor Teiltöne oder Bilder »angelegt« wurden.

Wie die Resynthese genau klingt, müssen Sie im Einzelfall ausprobieren.

Mapping

Eine weitere Voreinstellung für Mapping beim Import mehrerer Samples gleichzeitig kann auf Pitch oder Drum stehen, so dass mehrere Samples entweder als spielbares Instrument oder im Stile eines Drumkits (eine Zone pro Taste) geladen werden.

Probleme beim ».exs«-Import

Wenn Sie *.exs*-Instrumente importieren, erscheint unten ein Eintrag Max Size mit optionalem Flip-Menü, in dem Sie bestimmen können, wie viele Layer eines *.exs*-Instruments geladen werden sollen (Abbildung 11.39).

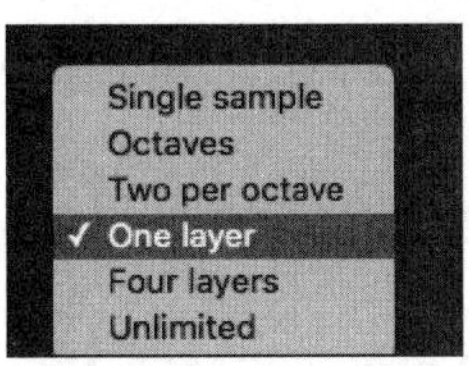

Abbildung 11.39 Flip-Menü

Im Test konnte *Alchemy* nicht immer alle Informationen eines komplexen Instruments auslesen, manchmal dauerte es auch ziemlich lange – je nach gewählter Analyseoption. Insbesondere bei einfachen, selbst erstellten Instrumenten gibt es dagegen oft gar keine Probleme. Im Sampler Analysis Mode geht es natürlich am schnellsten. Der Härtetest: Beim Full Strings+ *EXS*-Instrument wird nur eine Artikulation importiert und Artikulations-IDs kennt *Alchemy* auch noch nicht.

11.8.10 Verschiedene Klangerzeugungen

Sie haben nun schon einiges von den verschiedenen Klangerzeugungsbereichen gehört. Nun zu mehr Details.

11.8.11 Additiver Modus

Die additive Synthese beruht auf dem Fourier-Theorem, wonach sich jeder Ton aus einzelnen Sinustönen zusammensetzen lässt. In *Alchemy* stehen hierfür bis zu 600 Sinustöne zur Verfügung, die editiert werden können. Die Grundidee einer solchen Synthese ist auch in alten Zugriegel-Orgeln zu finden (wie z. B. Logics *Vintage B3 Organ*). In der Soundsource stehen entsprechende Einstellungen zur Verfügung, die Sie im Editor verfeinern können. Mit NUM PARTIALS stellen Sie ein, wie viele Partialtöne verwendet werden (Abbildung 11.40).

Abbildung 11.40 Additiver Klangerzeugungsbereich in der Soundsource

Sie können auch einstellen, ob mit Sinustönen oder anderen Wellenformen resynthetisiert wird (via Umschaltung zwischen SINE und COMPLEX). Bei der Einstellung COMPLEX erscheint das bekannte Menü zur Wellenformauswahl und ein SYM-Regler, mit dem Sie die Symmetrie der Wellenformen verändern können. Der PVAR-Regler sorgt bei Einstellung 0 % für keine Variation, bei 100 % folgen Teiltöne den in der Originalaudiodatei erkannten Tonhöhenschwankungen. So klingt es bei 0 % nach Roboter oder Vocoder.

Der Bereich darunter, der Additivelementbereich, dient dazu, bestimmte Elemente der Synthese etwas zu verändern. Dieser Bereich steht in Form von drei FX-Slots mit Parametern zur Verfügung, und Sie können in jedem Slot verschiedene Modi auswählen (Abbildung 11.40). Im HARMONIC-Mode von Slot 1 können Sie bestimmte Gruppen von Sinustönen (FUNDAMENTAL, OCTAVES, ODD/EVEN oder FIFTHS) betonen oder abschwächen. Pulse/Saw skaliert

Teiltonpegel, um höhere Teiltöne weicher als tiefe Teiltöne zu machen, und ist voreingestellt geladen, wenn kein Sample im additiven Modus importiert wurde.

Slot 2 dient eher pitch-basierten FX. Im Beating-Mode von Slot 2 können Sie z. B. manche Teiltöne stärker anschlagen. In Slot 3 finden sich Imaging-FX, so lässt sich der Sound hier z. B. auch *spreaden*. In jedem Slot gibt es verschiedene Modi, und in verschiedenen Updates sind neue Optionen hinzugekommen.

Informationen über Edits der einzelnen Teiltöne der additiven Resynthese lesen Sie in Abschnitt 11.8.17 über den Editor.

11.8.12 Spektrale Resynthese

Bei der spektralen Resynthese wird das sich ändernde Frequenzspektrum eines Signals aufgezeichnet. Sie können die entstandene Zeichnung mit grafischen Werkzeugen im Editor editieren. Sie können eine Zeichnung aber auch ohne Audioimport erstellen oder Bilder importieren (vergleiche Projekt *11AlchSpectralMan*). Das Handbuch spricht von »Spektral-Bins«, die mit Sound gefüllt werden (alternativ Sinustöne oder Rauschen). Die Ergebnisse der spektralen Resynthese klingen z. B. bei Drumloops meist besser als die der additiven Synthese, doch lassen sich beide Modi auch kombinieren. Unten sind wiederum Effektbereiche mit Spezialeffekten zu sehen. Auch hier sind nach Updates weitere Effekte hinzugekommen.

Abbildung 11.41 »Spectral«-Tab in der Soundsources

Im Projekt *11AlchSpectOrg* finden Sie ein Orgelsample, das im SPECTRAL-Mode gespielt werden kann. Darunter ist ein Effekt aktiv. Weiteres lesen Sie in Abschnitt 11.8.17 über *Alchemys* Editor.

Die FORMANT-Option erlaubt die Umwandlung der Resonanzen in eine Filterkurve, die Sie z. B. mit Hilfe der SPEED-/POSITION-Regler links im Klangerzeugungsbereich (hier nicht in der Abbildung zu sehen, stattdessen auch in Abbildung 11.44) verschieben und in der Wiedergabegeschwindigkeit ändern können. Informationen über Edits der spektralen Frequenzverteilung lesen Sie in Abschnitt 11.8.17 über den Editor.

11.8.13 »Formant«-Modus

Mit *Formanten* sind im generellen Sprachgebrauch *Partialtöne* gemeint, die besonders prägend für einen Sound sind. Wählen Sie in *Alchemy* beim Audioimport das Feld FORMANT mit aus, so stehen im FORMANT-Bereich Regler einer ANALYZED-Sektion zur Verfügung. Zusätzlich sehen Sie Regler eines SYNTHESIZED-Bereichs. Nun können Sie die Formanten manipulieren (siehe Projekt *11AlchSpectOrgForm*).

Die Formanten können Sie im SYNTHESIZED-Mode auch ändern, wenn Sie kein Audio importiert haben. Auf diese Weise können Sie jeden Sound ein wenig heller oder dunkler klingen lassen. Rechts stehen vier spezielle Filter zur Verfügung, zwischen deren Sound Sie mit Hilfe des SELECT-Reglers morphen (Abbildung 11.42). Für jeden dieser Filter gibt es wiederum ein Flip-Menü mit Filtertypoptionen.

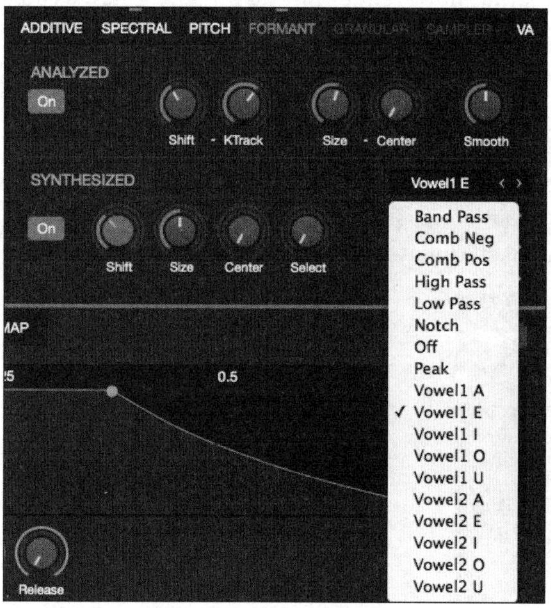

Abbildung 11.42 »Formant«-Bereich

11.8.14 »Granular« und »Sampler«-Modus

Diese beiden Modi sind eng miteinander verbunden und setzen, im Gegensatz zu ADDITIVE, SPECTRAL und VA, einen Audioimport voraus. Erfolgt die Analyse beim Import im SAMPLER-Mode, können Sie trotzdem im GRANULAR-Modus (Abbildung 11.43) weiterarbeiten, und umgekehrt.

Welche Klangerzeugung (GRANULAR oder SAMPLER) Sie hören, hängt vom angewählten Reiter ab. So habe ich im Projekt *11AlchGran+Sampler* ein Wasserrauschen in *Alchemy* geladen, die Spur dupliziert und in Spur 2 GRANULAR statt SAMPLER ausgewählt. Sie hören in den Spuren nur den ausgewählten Reiter (Spur 1 SAMPLER, Spur 2 GRANULAR).

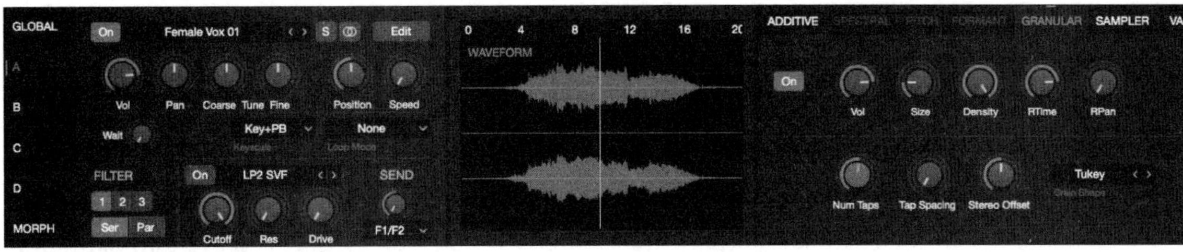

Abbildung 11.43 Rechts im Bild der »Granular«-Tab, in der Mitte die Wellenform, links weitere wichtige Regler

Links in der Soundsource stellen Sie Startposition und Abspielgeschwindigkeit (SPEED) ein. SPEED ist nur im GRANULAR-Modus verfügbar. Auf diese Weise kann ihr Sound unabhängig von der Tonhöhe immer in der gleichen Länge gespielt werden. Im SAMPLER-Modus werden die Samples dagegen typischerweise schneller abgespielt, je höher die Tonhöhe ist.

Abbildung 11.44 »Position«- und »Speed«-Regler

Im GRANULAR-Modus ist also Echtzeit-Time-Stretching möglich. Das Sample wird in einzelne Grains zerlegt, zwischen denen sanft übergeblendet wird. Auf diese Weise können Samples unabhängig von der Tonhöhe ihre Länge beibehalten. Das ist beispielsweise relevant, wenn ein Sample mit rhythmischen Veränderungen als Akkord gespielt werden soll, ohne dass die Synchronizität verlorengeht.

Andererseits können Sie im GRANULAR-Modus auch den SPEED auf 0 stellen und eine geeignete Position im Sample mit POSITION auswählen (Abbildung 11.44).

Sie können so aus jedem noch so kurzen Sound theoretisch eine atmosphärische Fläche basteln, indem Sie ergänzend eine lange Releasezeit und eine passende weiche ATTACK-Zeit einstellen (siehe Projekt *11AlchGranKalimb*, wo ich aus einem kurzen Kalimba-Sound ein Pad erzeugt habe). Wie weich das klingt, hängt nicht zuletzt vom GRAIN SHAPE-Parameter ab. Abletons *Granulator* oder *Omnisphere* können das auch – mit klanglich teilweise noch ein wenig mehr oder anderen Justageoptionen.

Alchemy ist insofern recht leicht zu bedienen, als der Ausgangspunkt für Edits nach dem Import zunächst die Wiedergabe in Originalgeschwindigkeit unabhängig von der Tonhöhe ist. Hierdurch wird das klangliche Ergebnis nachvollziehbarer, extreme Verfremdungen müssen Sie erst selbst erstellen. So eignet sich *Alchemys* GRANULAR-Modus sogar auch für Drumloops.

Die meisten wichtigen Parameter der Granularsynthese lassen sich modulieren, die höchste Grain-Dichte scheint aber nicht ganz so mächtig und weich zu klingen wie in Granulator oder auch Omnisphere. Lange Hüllkurven sind beim Sounddesign von Flächen mit Granularsynthese wichtig. Die Hüllkurven können von *Alchemy* nur scheinbar nicht so lange Werte annehmen, bei 20 Sekunden ist bei den normalen Hüllkurven Schluss, die MSEGs können dafür quasi endlos lang sein. Zudem ist es im Gegensatz zu den genannten Instrumenten möglich, die Granularsynthese auf mehrere Samples, die wie bei einem Multi-Sampling-Instrument gemappt werden, anzuwenden.

Im GRANULAR-Tab können Sie auch die Länge und die Zahl der verwendeten Grains einstellen. Außerdem können Sie optional mehrere Grains aus verschiedenen Bereichen des Samples nehmen und im Stereopanorama mit Hilfe der Drehregler NUM TAPS/TAP SPACING/STEREO OFFSET pannen.

Ein weiteres Projektbeispiel finden Sie unter *11xAlch1021Gran*.

11.8.15 »Sampler«

Der SAMPLER-Modus ist weniger erklärungsbedürftig. Mapping und Looping nehmen Sie im Editor vor. Aktivieren/Deaktivieren Sie den SAMPLER-Modus wiederum mit dem ON-Button. Der im SAMPLER-Modus bereitstehende REVERSE-Button (Abbildung 11.45) fehlt mir leider im GRANULAR-Modus.

Abbildung 11.45 »Sampler«-Modus

11.8.16 »Virtual Analog«

Im Bereich VA benimmt sich *Alchemy* eher wie ein konventioneller Synth, bietet aber auch hier eine Menge: viele Wellenformen, SYNC und Pulsweitenmodulation.

Dieser Bereich steht immer, auch ohne Audioimport, zur Verfügung. Sie können aus einem großen Wellenform-Menü virtuell-analoge Wellenformen heraussuchen. Für jede Soundsource ist auch ein Noise Generator vorhanden.

Abbildung 11.46 »Virtual Analog«-Bereich

11.8.17 Bereich »Edit« in »Alchemy« (Editor)

Ein Klick auf den EDIT-Button (Abbildung 11.47) öffnet einen Editor.

Abbildung 11.47 Rechts im Bild sehen Sie den »Edit«-Button.

Im Editor können Sie zwischen einer MAIN-, einer ADDITIVE- und einer SPECTRAL-Ansicht umschalten. Beachten Sie: Interessanterweise gibt es einen MAIN-Bereich auch für in der ADDITIVE- oder SPECTRAL-Ansicht bearbeitetes Material – z. B. um einen Loop einzustellen. Sie sehen ihn in Abbildung 11.48.

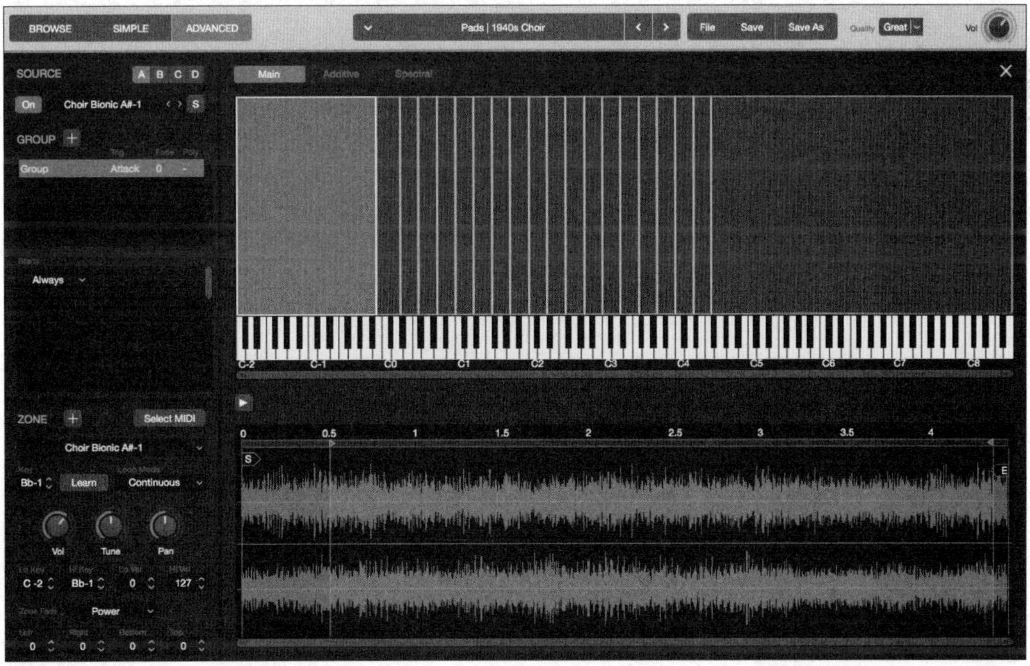

Abbildung 11.48 Editor (»Main«-Ansicht) in »Alchemy«

Der EDIT-Mode ist nicht nur für Sample-Editing geeignet, sondern erlaubt auch ohne Sampleimport das Einzeichnen von additiven Synthesekonfigurationen und -verläufen (Abbildung 11.54) sowie Klangverläufe/Zeichnungen für spektrale Synthese (Abbildung 11.55). Auch Bilder können importiert werden.

Main-Bereich, Keymap-Editor

Die MAIN-Ansicht (Abbildung 11.49) ist ein abgewandelter *EXS*-Mapping-Editor mit Wellenformansicht, der allerdings bislang noch nicht alle Features von *EXS*-Instrumenten korrekt verwaltet. In *Alchemy* heißt dieser Bereich *Keymap-Editor*. Sie sehen in einem Bereich oberhalb einer Tastatur, welche Samples Sie spielen.

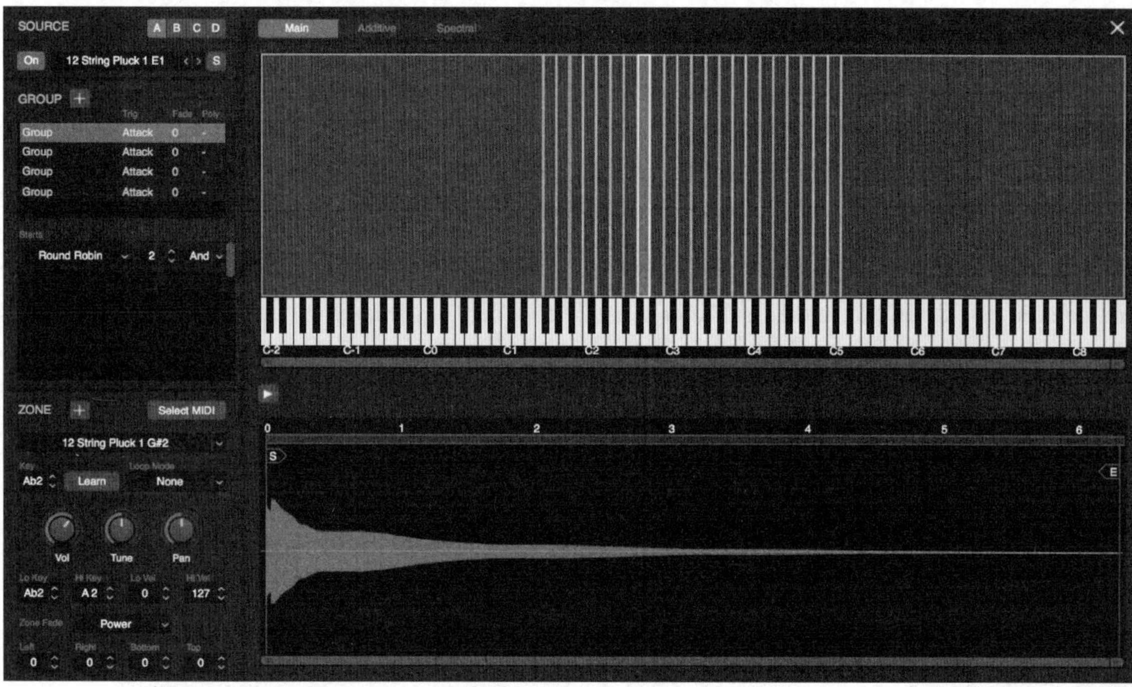

Abbildung 11.49 »Main«-Ansicht im Editor

In diesem können Sie Zonenbreiten verändern oder auch Velocity-Bereiche grafisch festlegen (Abbildung 11.50), detaillierte Edits (z. B. Basistonhöhe, Velocity-Bereiche) hierzu sind auch links unten im Bereich ZONE möglich.

Mit einem Rechtsklick auf eine Zone rufen Sie ein Kontextmenü auf, um z. B. mehrere Samples zu einer Gruppe zusammenzufassen, Gruppenzuweisungen vorzunehmen oder Samples auszutauschen.

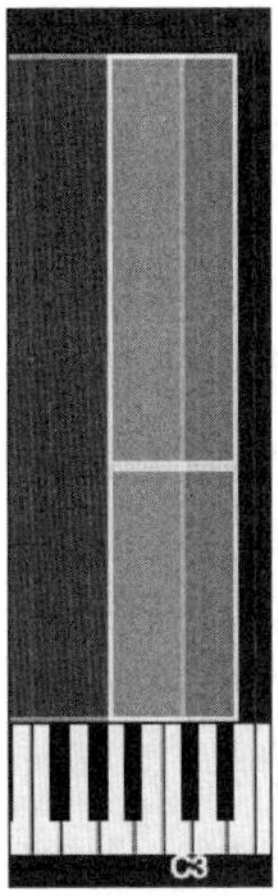

Abbildung 11.50 Die selektierten Zonen überlappen sich von A2 bis C3 mit der Zone links daneben. Außerdem spielt die untere Zone nur bei niedrigen und die obere bei größeren Velocities.

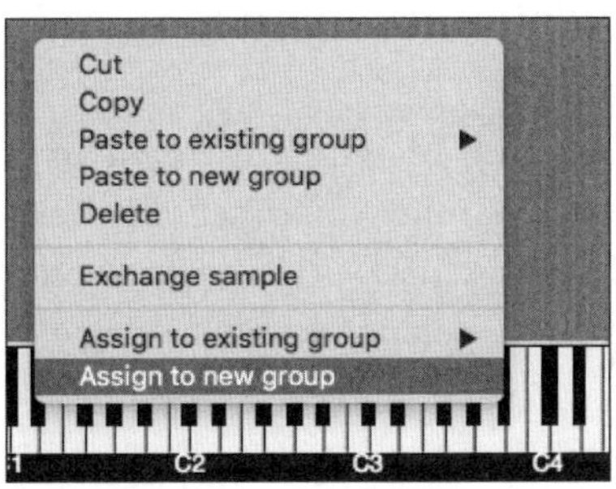

Abbildung 11.51 Kontextmenü im Keymap-Editor

Im Bereich links oben können Sie Gruppen editieren. Für Gruppen können Sie etwa einstellen, dass sie nur unter bestimmten Bedingungen hörbar sind, um verschiedene Artikulationen eines Instruments aufzurufen.

Wellenformanzeige/Start-, End- und Loop-Punkte, Zonen

Unten ist eine Wellenformanzeige zu sehen. Diese erscheint auch für synthetisiertes Material! Hier können Sie den Startzeit- und Endpunkt für ein Sample oder einen Loop verändern. Für einen Loop-Bereich erscheinen Markierungen.

Für im SAMPLER-Mode importierte Samples erscheint auch ein LOOP XFADE-Button oberhalb des Wellenformdisplays.

Im ZONE-Bereich links unten lassen sich auch neue Zonen erstellen und neue Samples importieren. Neben den üblichen Einstellungen wie Root Key können Sie dort den Looping-Modus einstellen. Dabei stehen verschiedene Optionen wie FORWARD/BACKWARD zur Verfügung. Sie können ganz unten auch Crossfades für eine selektierte Zone einstellen. Gegenüber *Alchemy 1.5* fehlt ein Slicing-Mode.

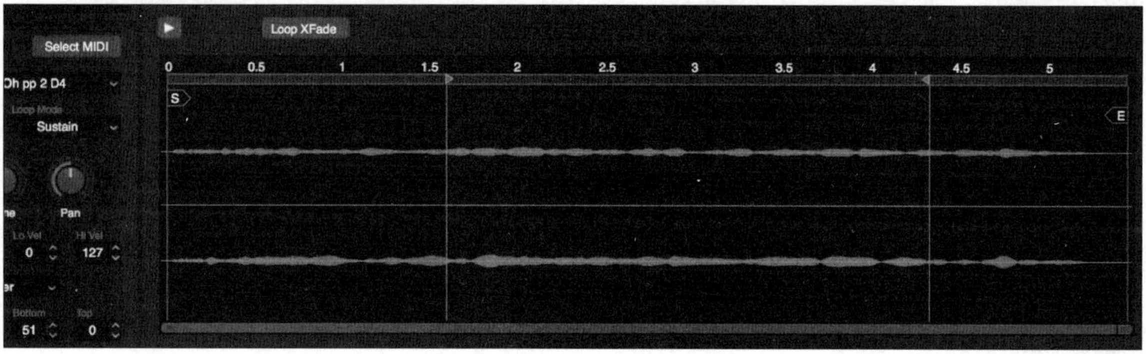

Abbildung 11.52 Gelooptes Sample

Wenn Ihnen das grundsätzliche Arbeiten mit Samplezonen, Velocity-Layern und Gruppen unbekannt ist, verweise ich hier auf den INSTRUMENT-EDITOR des *EXS24*-Samplers ab Abschnitt 11.12.2.

Auch wenn *Alchemy* gegenüber dem *EXS24* mehr Möglichkeiten bietet, ist es manchmal sinnvoller, Instrumente im *EXS24* zu erstellen. Diese lassen sich nämlich anschließend meist problemlos in *Alchemy* importieren, während das umgekehrt nicht geht. *EXS24*-Instrumente (*.exs*) können auch von vielen anderen Programmen und Plug-Ins geladen werden, *Alchemy*-Instrumente dagegen nicht.

Soundsource-Kontextmenü im Editor

Ist der EDIT-Bereich einmal geöffnet, können Sie von hier aus auch über die Source-A-, B-, C- und D-Buttons oben links auf die anderen Soundsources zugreifen (Abbildung 11.53), darunter Soundsources solo stellen oder z. B. Einstellungen duplizieren oder randomisieren (das Menü entspricht dem aus der Soundsource). Wichtig ist natürlich auch, dass Sie hier die im Editor getätigte Arbeit via SAVE SOURCE speichern oder gespeicherte Sources wieder laden können.

Abbildung 11.53 Soundsource-Menü

Interessant ist auch, dass sich eine Gruppe von Samples leicht als zusätzliche Gruppe laden lässt. Klicken Sie hierzu auf die +-Taste neben dem Eintrag GROUP, und wählen Sie den Eintrag IMPORT.

Fortgeschrittene Optionen für Experten

Mit der letztgenannten Option lassen sich auch Instrumente designen, indem Sie Sounds als Gruppe laden, deren Triggering durch Release ausgelöst wird. Auch Fade- und Polyphonie-Einstellungen stehen zur Verfügung, und darunter sind Triggeroptionen wie Round Robin unter (GROUP) STARTS verfügbar. Hier können Sie auch Transform-Pad-Stellungen als Trigger nutzen. Wählen Sie die etwas irreführende Bezeichnung KEYSWITCH (und eine Range, z. B. Keyswitch 1 bis 5) aus, erscheint ein neuer Regler, der Modulationsziel sein kann, in der Soundsource. Doch es gibt auch »richtige« Keyswitches als Option. Unter dem Eintrag CONTROL dienen Controls aus dem Performance-Bereich, X/Y-Pads oder richtige MIDI-Controller dazu, Samplegruppen auszulösen. Dabei können Sie eine prozentuale Range einstellen.

Für die Gruppen können Sie nicht wie z. B. in Kontakt ein eigenes Klangparameterset definieren, aber mit Hilfe des Keymap-Editors können Sie durchaus Gruppen bzw. deren selektierte Sample-Zones in eine andere Soundsource kopieren.

»Additive«-Bereich im Editor

Im ADDITIVE-Bereich lassen sich auch spezielle Sinustöne gezielt ansteuern, die Tönen der Obertonreihe entsprechen. Andererseits lässt sich auch der Soundverlauf justieren. Dies geschieht mit einer Folge von *Snapshots*, die Amplitude, Tonhöhe, Panorama und Phase jedes Teiltons zu einem bestimmten Zeitpunkt erfassen. Zwischen Snapshots wird weich übergeblendet, das Handbuch nennt das »homogen aktualisieren«.

In der oberen Grafik, der Teiltonbalkendarstellung, können dabei Lautstärken, Tuning und Pan von Teiltönen justiert werden. Was angezeigt wird, lässt sich umschalten. Die Taste OVERALL regelt, ob Veränderungen in der Teiltonbalkendarstellung sich auf alle Punkte der Teiltonhüllkurve oder nur auf einzelne beziehen. So kann also auch jeder Teilton eine eigene Hüllkurve aufweisen, wodurch z. B. auch die Resynthese von Drumloops möglich ist.

Ferner können Sie alle, einzelne oder nur bestimmte Teiltöne editieren. In einem Dropdown-Menü können Sie auswählen, welche Teiltöne editiert werden.

Im unteren Teil von Abbildung 11.54 (Teiltonhüllkurve) sehen Sie eine Reihe von Punkten, die die zeitliche Position von Hüllkurven-Snapshots angeben. Es stehen verschiedene Werkzeuge zum Bearbeiten dieser Hüllkurve zur Verfügung. Punkte können ausgedünnt oder auch verschoben werden, Loops und Warp-Marker können gesetzt werden.

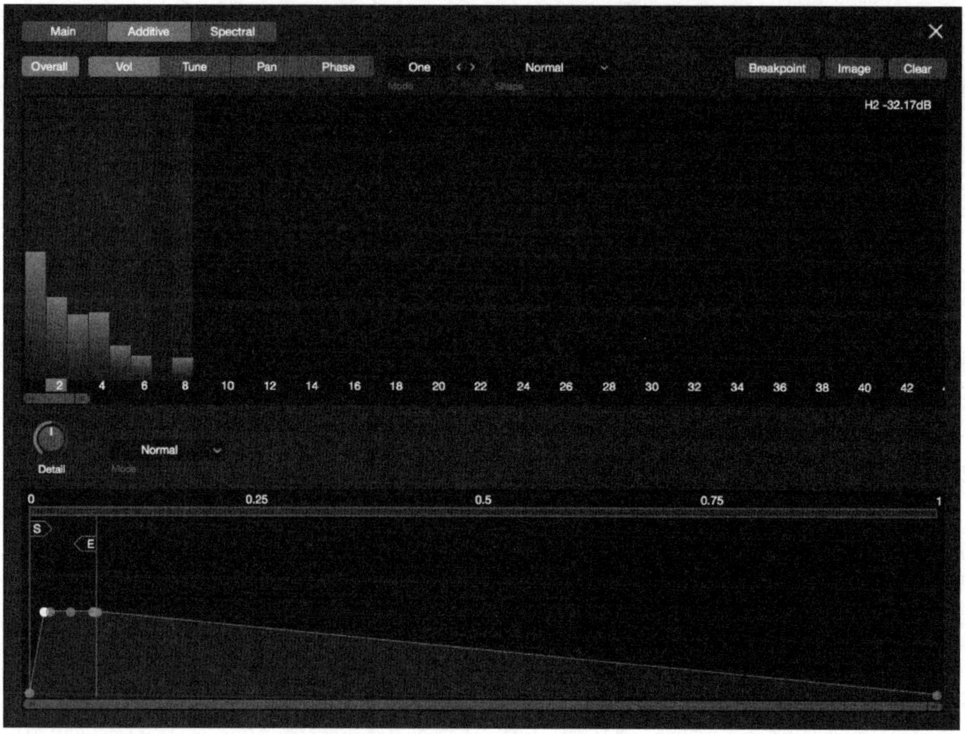

Abbildung 11.54 Editor für additive Synthese

Interessant dabei ist, dass in der MAIN-Ansicht des Editors auch dann eine Wellenform zur Verfügung steht, wenn z. B. die Resynthese »additiv« war und kein Sampler-Modus aktiv oder verfügbar ist. Dies ist insofern besonders wichtig, als über die MAIN-Ansicht auch der Start- und Endpunkt geändert werden kann. Wird ein Sample mit Stille am Anfang importiert, ist unter Umständen nichts zu hören. Besser erkennbar wird das in der MAIN-Ansicht, wo sich nun auch leicht der Sample-Startpunkt verschieben lässt.

Spectral-Bereich im Editor

Im SPECTRAL-Bereich der EDIT-Page können Sie, ähnlich wie ehemals in Soundtrack Pro, in einer Spectralanalysegrafik (Spectogramm) zeichnen, um bestimmte Frequenzbereiche zu betonen oder zu entfernen. Das Ergebnis einer spektralen Resynthese klingt oft ähnlich wie Granularsynthese. Die X-Achse entspricht Zeit, die Y-Achse tiefen/hohen Frequenzen und die Helligkeit der Darstellung der Lautstärke.

Mit verschiedenen Tools wie STIFT oder RADIERGUMMI, deren Größe und Farbe einstellbar sind, können Sie grafisch editieren. Oben sind die hohen, unten die tiefen Töne, die Darstellung kann linear oder exponential sein. Für die Werkzeuge lassen sich Größe und Helligkeit einstellen, und Sie können im Zeichen- oder Maskierungsmodus arbeiten. Unter IMAGE importieren Sie ein Bild.

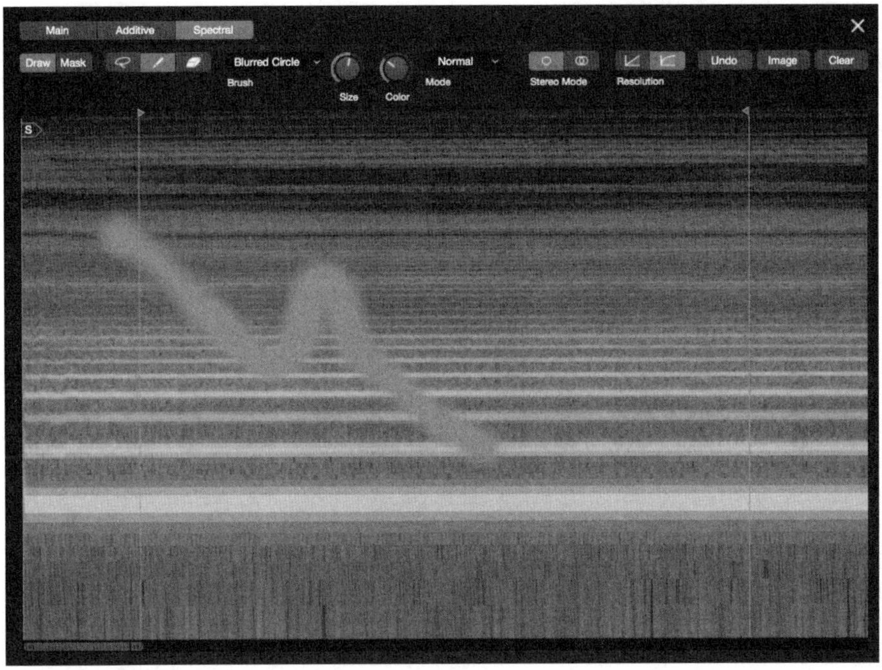

Abbildung 11.55 Editor für spektrale Synthese

11.8.18 Morphing

Im MORPH-Tab wird zwischen Crossfading und Morphing unterschieden. Oben rechts haben Sie vier Optionen (XFADE XY, XFADELIN und MORPH XY, MORPH LIN). Sie können also linear oder mit Hilfe eines X/Y-Pads überblenden (siehe unten).

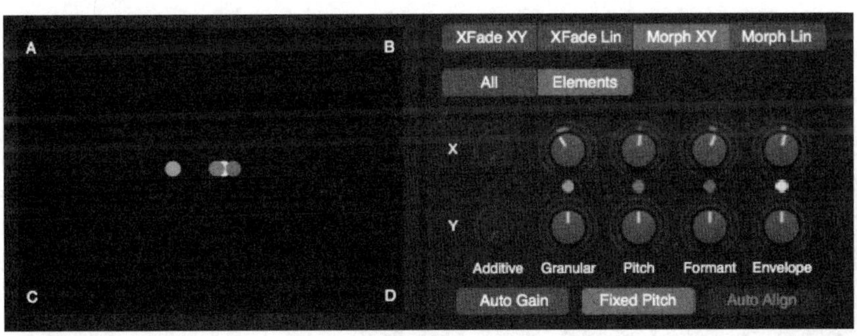

Abbildung 11.56 »Morph XY« für Elements

Crossfading

Beim Crossfading wird zwischen den Soundsources übergeblendet, ohne sie zu verändern (Modi XFADE XY, XFADE LIN). Es werden alle Soundsources gleichzeitig abgespielt, die X-/Y-Bereiche steuern die Abmischung.

Morphing

Beim Morphing wird zwischen verschiedenen grün angezeigten Parametern der verschiedenen Soundsources gleichzeitig gemorpht (Modi MORPH XY, MORPH LIN). Was genau an einer Position in der Matrix eingestellt ist, hängt von den Einstellungen aller vier Soundsources ab. Ist im MORPH-Tab ein Morph Mode angewählt, haben Parameter, die von Morphs betroffen sind, einen grünen Rand. Ist ein Morph Mode deaktiviert, ist dieser grüne Rand nicht mehr zu sehen.

Es wird ein Sound erstellt, indem zwischen Parametern der Soundsources interpoliert wird. Ist der Morph-Punkt in der Mitte des Quadrats, bewirkt die Parameteränderung eines Parameters auch eine Soundveränderung.

»All« vs. »Elements«

Zudem können Sie Morphs alternativ für alle Bereiche einer Soundsource (Einstellung ALL) oder auch für Teilbereiche (Einstellung ELEMENTS) separat anwenden. Im ELEMENTS-Mode kann das Morphing auch nur auf bestimmte Parameter bezogen erfolgen (so dass z. B. ein Voice-Sample den Tonhöhenverlauf eines im additiven Modus analysierten Synth-Samples übernehmen kann, hierzu steht im Netz ein von Apple erläutertes Beispiel zur Verfügung: *https://www.apple.com/logic-pro/docs/elemental_morphing_in_alchemy_0818.pdf*).

Das Handbuch spricht auch von »Cross-Synthesis«. Parameter, die nicht vom Morph betroffen sind, werden in der Sourceansicht mit einem Kettensymbol (Locksymbol) angezeigt.

»XY« vs. »Lin«

Sowohl für Crossfades als auch für Morphs können Sie zwischen einer X/Y-Pad- (mit zwei Achsen X und Y) und einer linearen Darstellung (die nur eine Achse X hat) wählen, um zwischen den Soundsources A, B, C und D zu crossfaden oder zu morphen. Bewegungen an Punkten können Sie mit der Maus vornehmen und z. B. als Automation aufzeichnen. Sie können Punkte aber auch mit Hilfe der X-/Y-Knöpfe rechts bewegen, die zudem als Modulationsziel ansteuerbar sind.

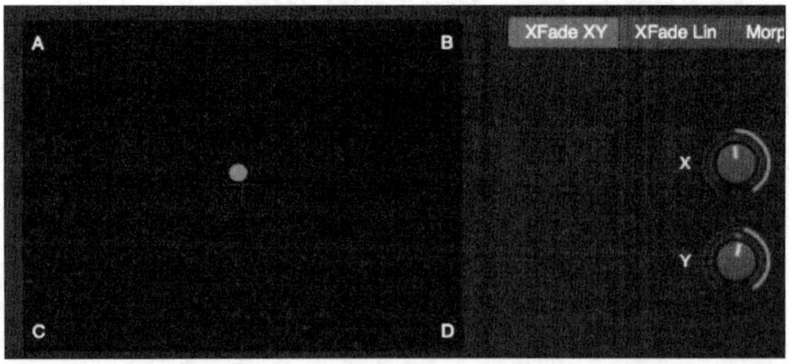

Abbildung 11.57 XY-Crossfade-Pad mit X- und Y-Reglern rechts

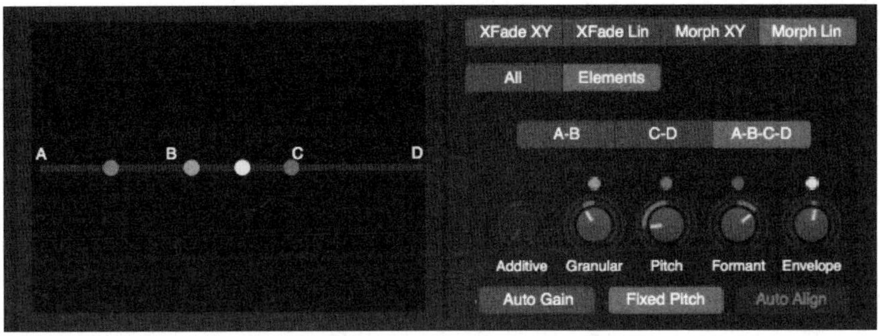

Abbildung 11.58 Lineares Morphing im »Elements«-Mode

11.8.19 Modulationsmatrix und Step-Sequenzer

Die Modulationsmatrix verknüpft Bestandteile der Klangerzeugung mit Modulationsparametern und mehr. *Alchemy* verfügt über eine ungeheuer komplexe Modulationsmatrix.

Abbildung 11.59 Modulationsbereich

Diese ganz zu verstehen, ist nicht ganz einfach, dazu sind schon fortgeschrittene Kenntnisse nötig. Aber auch als Anfänger können Sie komplexe Presets ja einfach nur nutzen und damit spielen.

Grundsätzliche Funktionsweise

Grundsätzlich gilt: Wird ein Knopf selektiert und erscheint er blau, kann er moduliert werden. Dann werden die für diesen Knopf gültigen Einstellungen im Modulationsbereich angezeigt. Die Reglereinstellung selbst wird ebenfalls blau angezeigt, der (gegebenenfalls von mehreren Parametern) modulierte Wertebereich dagegen orange. Der während der Modulation aktive Wert wird durch einen sich bewegenden weißen Punkt dargestellt.

Bis zu 16 Modulationsquellen können für einen Zielparameter definiert werden. Vorkonfiguriert ist z. B. eine AHDSR-Hüllkurve für den globalen Output-/Lautstärkeparameter. Wird ein Parameter moduliert, ist das wie gesagt am orangefarbenen Ring um den Parameter erkennbar. Ändern Sie danach die Anzeige einer Modulationsquelle (z. B. LFO 2 statt LFO 1), ändert sich dadurch nicht automatisch die Anzeige des Parameters, dessen Modulationsmatrix editiert wird. Das verwirrt gegebenenfalls.

Durch Klick auf die »E« Taste in der Modulationsmatrix lässt sich die gerade in der Modulationsmatrix relevante Modulationsquelle anzeigen.

Im Bereich SHOW TARGET rechts können außerdem alle Modulationsquellen/Modulator sortiert angezeigt werden – und welche Parameter sie fernsteuern (so dass Sie auch sehen, wenn eine Quelle mehrere Ziele ansteuert).

Modulationen entfernen

Verwirrende Modulationen können Sie stets über das Kontextmenü via CLEAR MODULATION komplett entfernen.

Modulationsquellen: Übersicht

Es gibt unzählige frei verschaltbare LFOs, MSEG-Hüllkurven, AHDSR-Hüllkurven, Sequenzer und Modmaps als Modulationsquellen. Man kann bis zu 16 LFOs erzeugen. Auf ähnliche Weise lassen sich zusätzliche AHDSR- oder MSEG-Hüllkurven, Step-Sequenzer oder Modmaps erzeugen.

Über den FILE-Eintrag lassen sich jeweils Presets (z. B. für LFOs. Hüllkurven und Step-Sequenzer) aufrufen und speichern. Als Modulationsquellen sind noch weitere Optionen (z. B. Steuerungen aus dem Performance-Bereich, Envelope-Follower-Modulatoren, Note Properties – und hierüber auch die Arpeggiatoren) im Flip-Menü zur Auswahl der Modulationsquelle verfügbar.

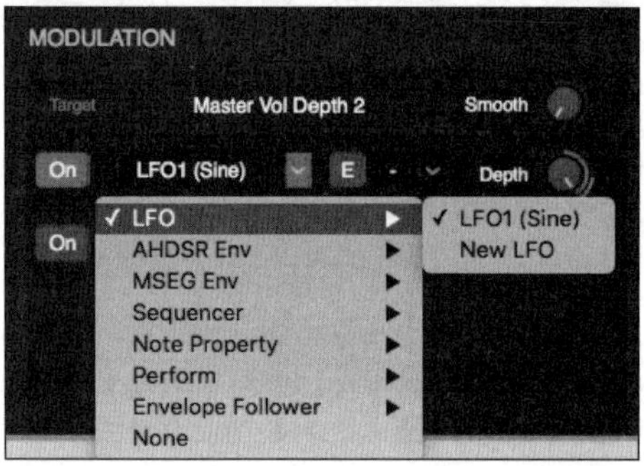

Abbildung 11.60 Auswahl der Modulationsquelle

Verschachtelte Modulationen

Manchmal ist die Anzeige allerdings auch noch aus einem anderen Grund verwirrend: Denn auch wenn Sie die Modulationstiefe herunterdrehen, verändert sie sich im Originalparameter beispielsweise nicht immer. Um das zu verstehen, ist etwas Hintergrundwissen nötig: Fast jeder *Alchemy*-Parameter kann mit bis zu 10 Modulatoren moduliert werden. Es gibt allerdings eine drei Ebenen tiefe Hierarchie: Modulatoren können selbst wiederum von bis zu fünf Modulationsquellen moduliert werden, die selbst jeweils wiederum von einer weitere Quelle moduliert werden können. Hierdurch kommen beispielsweise die orangefarbenen Ringe um die Modulation-DEPTH-Regler zustande. Um an die zusätzlichen Modulationsebenen zu gelangen, klicken Sie jeweils mit gehaltener [ctrl]-Taste auf den DEPTH-Regler des Knopfes. Dort stehen die Einträge ADD, COPY, CLEAR, PASTE und EDIT MODULATION zur Verfügung (Abbildung 11.61). Wählen Sie den Eintrag EDIT MODULATION, wird die nächsttiefere Modulationsebene angezeigt.

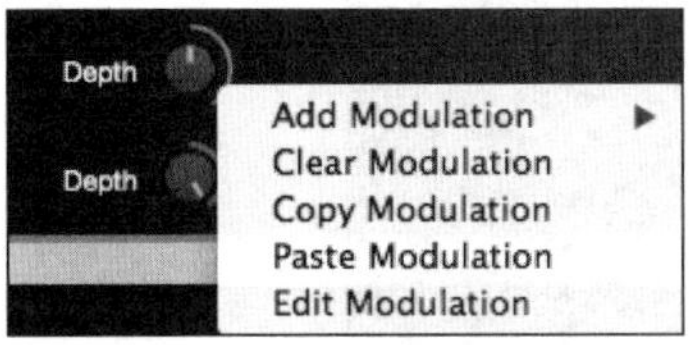

Abbildung 11.61 So gelangen Sie in die nächsttiefere Modulationsebene.

Eine Zahl hinter der Bezeichnung der Modulation bezieht sich dabei auf die drei Ebenen und die Modulationsslots, von denen es in Ebene 1 zehn, in Ebene 2 fünf und in Ebene 3 einen gibt.

Es könnte dort also auch stehen: FILTER 1 CUTOFF DEPTH 10.5, wenn auf der dritten Ebene die Depth des fünften Slots von Ebene 2 moduliert wird, die wiederum die Depth aus Slot 10 moduliert (wo ein Parameter den Filter-Cutoff moduliert). Alles klar? Klicken Sie in dem Fall auf den Filter-Cutoff-Regler, um wieder die oberste Modulationsebene angezeigt zu bekommen.

Sogenannte Modmaps sind eine weitere Modulationsquelle und stehen nicht wie die anderen Modulationsquellen als Quelle in der Matrix zur Verfügung, sondern können Modulationen im Slot skalieren/quantisieren. Hierfür steht im Slot ein Flip-Menü zur Verfügung, durch Klick auf den E-(Edit-)Button zeigen Sie die relevante Modmap direkt an. Mehr zu Modmaps finden Sie im weiteren Verlauf des Abschnitts.

LFOs

Für die LFOs stehen über 100 Wellenformen zur Verfügung, die bipolar oder unipolar wirken können (was Sie im LFO-Bereich an-/ausschalten; Abbildung 11.62).

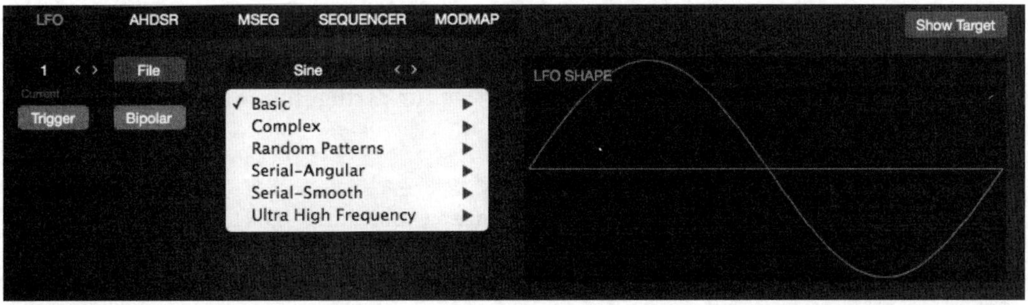

Abbildung 11.62 LFOs in »Alchemy«

MSEG (Multiple Stage Envelope Generator)

In MSEG-Hüllkurven können Punkte (Breakpoints) frei eingezeichnet oder (nach Rechtsklick) gelöscht werden (Abbildung 11.63).

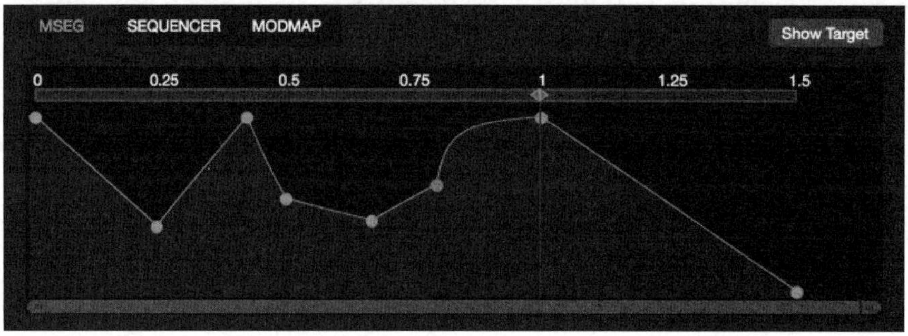

Abbildung 11.63 MSEG-Hüllkurve in »Alchemy«

Ziehen Sie einen Punkt nach rechts, erweitert sich die Länge der Hüllkurve. Kurvenverläufe zwischen Breakpoints entstehen durch Anfassen der Linie, ähnlich wie bei Tempokurven in Logic. Sie können auch treppenförmige Verläufe programmieren. Ein Sync-Button ändert die Darstellung der X-Achse in Beats. Während dies eine Art »Sync X ist«, ist die Snap-Y-Funktion eine Art vertikales Raster, das sinnvoll ist, wenn die MSEG-Hüllkurve die Tonhöhe modulieren soll (so dass die »Höhe« des Step-Sequenzer-Werts in glatten Halbtönen einrastet).

Lange MSEG-Hüllkurven

Eine Besonderheit der MSEGs ist auch ihre optionale Länge, die weit über die 20 Sekunden einer ADSR-Hüllkurve hinausgehen kann! Auf diese Weise können Sie dann doch auch in *Alchemy* athmosphärische Ambientsounds erschaffen, die sich minutenlang im Verlauf stets ein wenig verändern (im Browser auch mit »Evolcing« getaggt zu finden). Ein Praxisbeispiel finden Sie im Projekt *11Alchlongpad*. In einem weiteren Test konnte ich die MSEG-Hüllkurve übrigens auf über 10.000 Sekunden ziehen.

Geloopte MSEG-Hüllkurven

In MSEGS lassen sich auch Loops einstellen, für die verschiedene Modi zur Verfügung stehen z. B. CONTINUOUS/FWD/BACKWARD. In diesen beiden Modi läuft der Loop auch in der Release-Phase. Im SUSTAIN-Mode wechselt die Hüllkurve beim Release zur Releasephase. Außerdem stehen die Edit-Modi SLIDE und STRETCH zur Verfügung.

Step-Sequenzer

Besonders interessant ist, dass der Step-Sequenzer (Abbildung 11.64) Sequenzen von 128 Steps Länge beherrscht und dass 16 verschiedene Step-Sequenzer zur Verfügung stehen. Für Tuning-Modulationen ist die VALUE SNAP-Option interessant, mit der Sie z. B. Töne mit der korrekten Modulationsintensität chromatisch ansteuern.

Im EDIT MODE bestimmen Sie, ob Sie Value, Length oder Swing editieren. Groove-Templates wie in Omnisphere können bislang nicht verarbeitet werden.

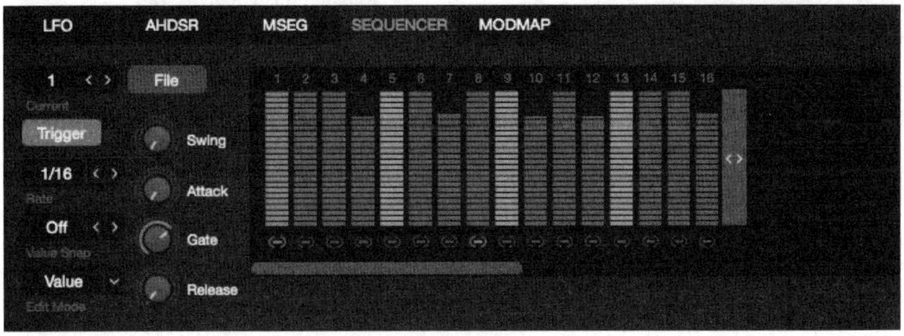

Abbildung 11.64 Step-Sequenzer in »Alchemy«

Modmaps

Modmaps sind keine Modulatoren, sondern verarbeiten den Output einer Modulationsquelle, bevor sie auf ein Ziel angewendet werden. Dementsprechend werden Sie auch in einem Flip-Menü dazwischen erstellt und eingefügt (Abbildung 11.65).

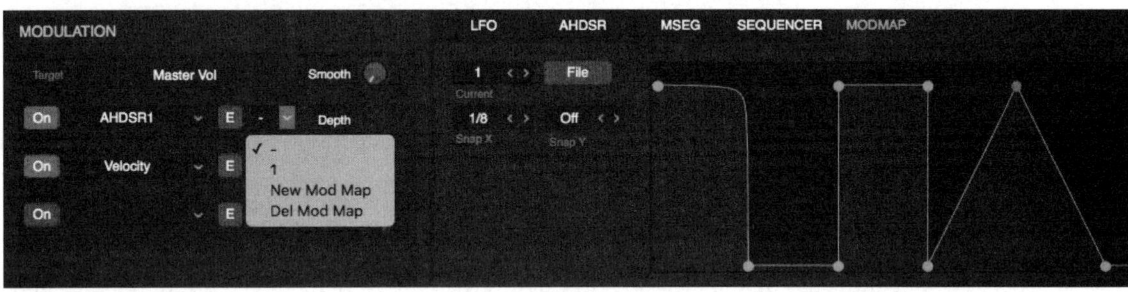

Abbildung 11.65 Modmaps

Auf diese Weise können Sie z. B. ein kurvenförmiges Velocity-Ansprechverhalten realisieren. Es ist beispielsweise auch möglich, einen LFO mit Zufallswellenform, der die Tonhöhe moduliert, so zu skalieren, dass die zufälligen Werte immer Tonhöhen einer Dur- oder Moll-Tonleiter ergeben. Für Letzteres steht zwar ein entsprechendes Preset zur Verfügung, doch die manuelle Justage gestaltet sich nicht ganz einfach. Man arbeitet wieder mit der SNAP-Funktion, die es erlaubt, Werte in einem Raster zu quantisieren. SNAP steht hier für die X- und die Y-Achse zur Verfügung. Wie in MSEG-Hüllkurven lassen sich auch Breakpoints einzeichnen.

11.8.20 »Perform«/»Arp«/»Effects«

Der untere Bereich von *Alchemy* besteht aus den Bereichen PERFORM, ARP und EFFECTS. Sie wählen durch Klick auf die Tabs links, welcher davon angezeigt wird. Voreingestellt ist der nachfolgend beschriebene PERFORM-Bereich sichtbar, der auch im Simple-Mode zu sehen ist (Abbildung 11.66).

Abbildung 11.66 »Perform«-Bereich von »Alchemy«

11.8.21 »Perform«-Bereich

Der Perform-Bereich vereint 12 Drehregler, 2 X/Y-Pads und ein Transform-Pad mit 8 Snapshots als kompaktes Bedienpanel für komplexe Soundvariationen.

Bewegungen am Transform-Pad oder an Drehreglern können zu komplexen Veränderungen mehrerer Parameter führen. Die Transform-Pad-Idee hat man sich meiner Erinnerung nach damals von NIs Synth-Projekt *Kore* abgeguckt, das leider eingestellt wurde. Die komplexe Programmierarbeit, die dahintersteckt, können Sie selbst erledigen oder anderen überlassen.

Funktionsweise

Die 8 Knöpfe, 2 X/Y-Pads und 4 ADSR-Knöpfe können über die Modulationsmatrix Parametern zugeordnet werden. Sie stehen dort als Quellen zur Verfügung. Sie lassen sich auch per Automation ansteuern.

Darüber hinaus steht ein Transform-Pad mit acht Snapshots zur Verfügung, zwischen denen stufenlos gemorpht werden kann. Dabei wird ein kleines Quadrat sichtbar (Abbildung 11.69).

Bei den Snapshots handelt es sich um Parametereinstellungen der Regler aus dem Perform-Bereich.

Regler und X/Y-Pad des »Transform«-Bereichs

Eine im Manual typische Zuordnung der 8 Knöpfe lautet:

- 1 und 5 FX-Delay/Reverb
- 2 und 4 Filter-Cutoff und Resonanz
- 3 und 7 Modulationen/rhythmische Veränderungen
- 4 und 8 Timbre und Panoramapositionierung

Dies ist nur eine Beispielzuweisung, abweichende Zuordnungen sind auch in der Factory-Library zu finden und frei konfigurierbar. Im Menü Gear können Sie mit der Auto Assign-Funktion automatische Zuweisungen vornehmen.

Neben den beiden X/Y-Pads gibt es vier ADSR-Drehregler, die typischerweise der Amp-Hüllkurve AHDSR 1 zugeordnet sind.

Menü »Gear«

Unten links finden Sie ein Menü, das von der Hilfe »Menü ›Gear‹« genannt wird (siehe Markierung in Abbildung 11.67). Dort können Sie z. B. automatische Zuweisungen für den gesamten PERFORM-Bereich via AUTO ASSIGN ALL realisieren. Sie können auch Snapshots randomisieren, eine Einstellung auf alle acht Snapshots kopieren etc.

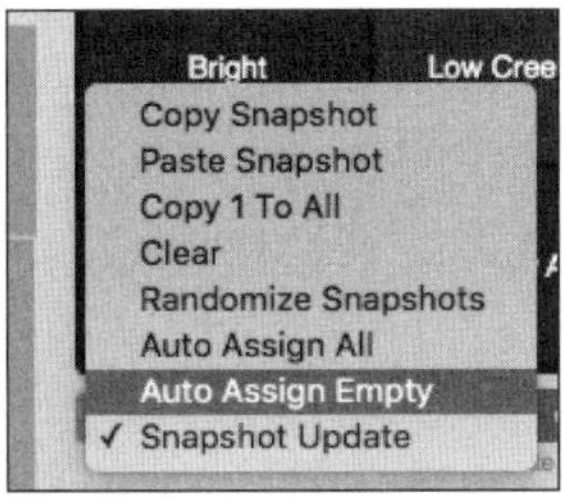

Abbildung 11.67 Snapshot-Menü unten

Wichtig: Ist SNAPSHOT UPDATE aktiv, gilt: Wenn Sie Regler oder X/Y-Pads aus dem PERFORM-Bereich verändern, verändert sich auch die Einstellung des dabei gerade selektierten Snapshots.

Unten finden sich noch einige Flip-Menüs mit Einstellungen (z. B. wie laut einzelne Snapshots sind und wie lange ein Übergang dauert, Abbildung 11.68).

Abbildung 11.68 Einstellungen unterhalb des Transform-Pads in »Alchemy«

Snapshots lassen sich in der unter OCTAVE im PERFORM-Bereich definierten Oktave mit Keyswitches aufrufen.

Ein stufenloser Übergang zwischen den Snapshots ist möglich. RATE regelt dabei, wie lange der Übergang zwischen Snapshots dauert (stufenlos = RATE OFF). Das MODWHEEL kann verschiedenen Controls des TRANSFORM-Bereichs zugewiesen werden. SNAP VOL regelt die Lautstärke der einzelnen Snapshots.

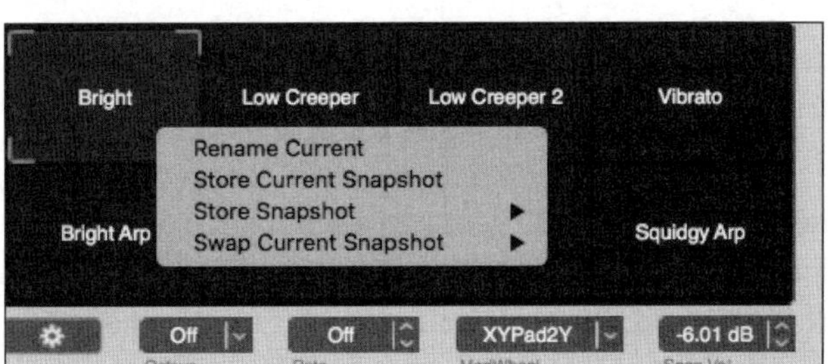

Abbildung 11.69 Snapshots

Snapshots haben ein Kontextmenü (Abbildung 11.69). Mit seiner Hilfe sind alle 8 Snapshots speicherbar. Außerdem sind Zuordnungen von Einstellungen zu (anderen) Transform-Pads zuweisbar oder austauschbar.

Auch für die 8 Regler, 2 X/Y-Pads und 4 ADSR-Knöpfe gibt es Kontextmenüs. Beispielhaft zeigt Abbildung 11.70 das Reglerkontextmenü.

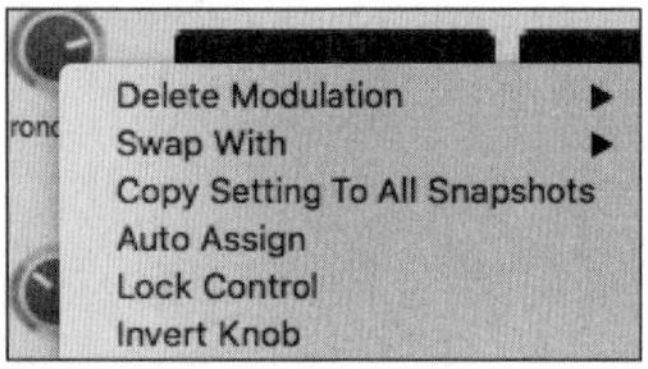

Abbildung 11.70 Kontextmenü für Controls

Sie können hier z. B. Modulationsverknüpfungen löschen oder auch eine Einstellung sämtlichen acht Transform-Pads zuweisen. Mit der LOCK-Funktion verriegeln Sie Einstellungen, so dass bei Bewegungen des Transform-Pads keine Veränderungen passieren. Verriegelte Controls erkennen Sie an einem kleinen Schloss unterhalb des Reglers.

Der PERFORM-Bereich ist weit mehr als ein reiner Fernsteuerungsbereich. Aber das ist noch längst nicht alles, was *Alchemy* in puncto Soundmorphing zu bieten hat. Auch das bereits gezeigte Morph-Pad ist ja ein Tool für Überblendungen.

11.8.22 Arpeggiatoren

Mit einem Arpeggiator gestalten Sie Ihre Sounds technoid/rhythmisch. Damit der Arp läuft, setzen Sie zunächst den MODE-Drehregler auf einen der aktiven Betriebsmodi (steht in Abbildung 11.71 noch auf MODE OFF). Bedenken Sie, dass eventuell Fernsteuerungen über das Transform-Pad oder/und die Modulationsmatrix existieren. Dann kann der Knopf ausgegraut erscheinen. Die Modulation wird in der Modulationsmatrix angezeigt. Im Projekt *11AlchArp1* spielt der Standardsound mit aktivem Arp.

Patterns und sonstige Einstellungen

Über den PATTERN-Drehregler, der auch als Modulationsziel zur Verfügung steht, lassen sich pro Arpeggiator bis zu 16 Patterns aufrufen (siehe auch Projekt *11AlchArp1b*). Dabei können die Patterns auch unterschiedlich lang sein.

Die sonstigen Einstellungen wie z. B. die Geschwindigkeit (RATE), Arp-Richtung, Notenlänge, -VELOCITY und Oktavlage gelten dagegen für alle Patterns. Mit SPLIT teilen Sie die Tastatur auf (in einen Bereich, der vom Arp betroffen ist, und einen anderen, wo das nicht der Fall ist). Mit LATCH aktivieren Sie den Arp dauerhaft.

Im Menü Key Trigger können Sie einstellen, ob gespielte Noten den Arpeggiator nur an Taktpositionen eines einstellbaren Rasters starten.

»Step«- und »Multi«-Ansicht

Unten gibt es vier Arps (einen pro Soundsource) oder alternativ einen globalen Arp. Alle Arps bieten zwei Modi: Step (Abbildung 11.71) und Multi (Abbildung 11.72). Dies sind zwei verschiedene Ansichten desselben Arpeggiators, was bedeutet, dass ein Edit in der einen Ansicht sich auch auf die andere auswirkt.

Abbildung 11.71 »Alchemys« Arpeggiatorbereich mit »Step«-Ansicht

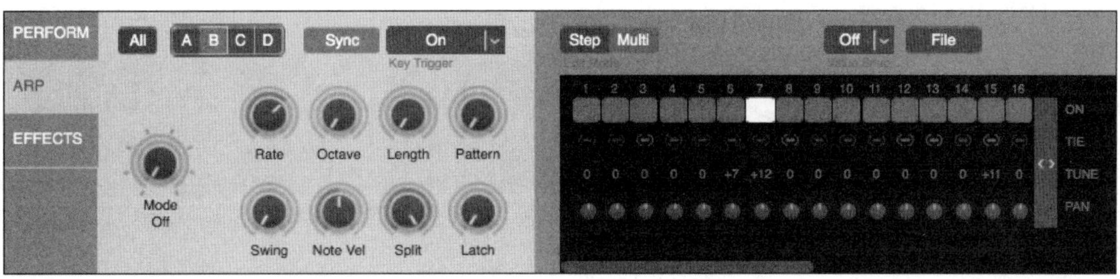

Abbildung 11.72 »Multi«-Ansicht im Arp

Die beiden Ansichten lassen sich für verschiedene Zwecke unterschiedlich gut editieren.

In der Step-Ansicht können Sie Parameterverläufe für verschiedene Parameter programmieren, die in einem Flip-Menü (in Abbildung 11.73 ist Velocity gewählt) sichtbar werden. Dazu gehören auch die Step-Length sowie die beiden Parameter Arp Mod 1 und 2. Letztere können Sie als Modulationsquelle in der Modulationsmatrix unter Note Properties nutzen. Mit Split teilen Sie die Tastatur auf in einen Bereich, der vom Arp betroffen ist, und einen anderen, wo das nicht der Fall ist. Mit Latch aktivieren Sie den Arp dauerhaft.

Rechts daneben können Sie im Flip-Menü Value Snap ausgehende Werte »quantisieren«, auch wenn dies nicht immer direkt zu sehen ist. Über den File-Eintrag lassen sich eigene Arp-Presets aufrufen bzw. speichern und es gibt auch wieder eine Randomize-Funktion.

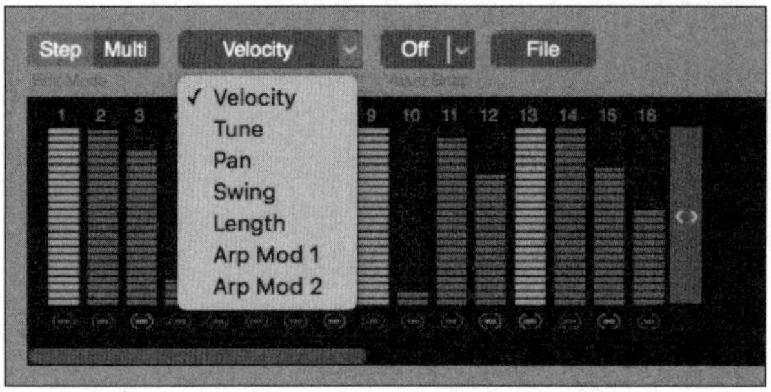

Abbildung 11.73 Wählbare Parameter im Arp

In einem Arpeggiator kann es also unabhängige Werteverläufe für Länge, Velocity und weitere Parameter geben. Über das Flip-Menü wählen Sie aus, welche Kurven Sie editieren, so dass ein Arp aus mehreren Step-Sequenzern besteht, denn für jeden Parameter können Sie eine ganz eigene Kurve zeichnen.

11.8.23 »Effects«-Sektion

In der EFFECTS-Sektion gibt es die FX-Bereiche bzw. Busse MAIN, A, B, C und D (Abbildung 11.74).

Abbildung 11.74 »Alchemys« Effektsektion

Die FX-Busse A, B, C und D sind mit FX-Racks vergleichbar, an deren Ende ein SEND genannter Regler steht, der den Sound entweder zum Main-FX Bereich (Stellung ganz rechts, nachvollziehbar in Projekt *11AlchFXAOut*) oder direkt zum Output routet. Die Effekte sind dabei (ähnlich wie in Ableton) von links nach rechts angeordnet. Im Master-Bereich können Sie ebenfalls wie in einem Rack nacheinander Master-FX einsetzen. Von dort aus geht es zum Output-Bereich.

Auf diese Weise können Sie also beispielsweise den vier Soundsources jeweils eine eigene Effektkette spendieren – und am Schluss noch einmal alles zusammen effektieren.

Bemerkenswert ist auch das Vorhandensein eines Convolution-Reverbs, einer Art *Space Designer* für *Alchemy* mit überzeugender Library und Presets. Während die Hall-Effekte eindeutig die Stärke von *Alchemy* sind, fehlt gegenüber Konkurrenten wie *Serum* und *Spire* ein Multibandkompressor. Natürlich können Sie auch den auch aus Logic nehmen …

Über den FILE-Eintrag lassen sich FX-Presets aufrufen und speichern. In der FX-Sektion bewirkt RANDOMIZE (im FILE-Menü) eine zufällige Verstellung der Parameter; die Effekte bleiben wie vorher angeordnet.

FX-Parameter lassen sich in der Modulationsmatrix auch ansteuern und modulieren! Da *Alchemy* eine Weiterentwicklung des gleichnamigen Camel-Audio-Synths ist, finden Sie in der Effektsektion auch viele eigenständige FX des Vorgängers, die Sie von Logic nicht kennen.

11.9 »Drummer«

Logics »Drummer« ist ein Feature, mit dem das Programm gegenüber der Konkurrenz glänzt. Er bietet Ihnen schnell automatisch erstellte und detailreiche Schlagzeugbegleitungen unterschiedlichster Stilrichtungen im Flow eines echten Schlagzeugers, die Sie bei Bedarf auch komplett nacheditieren können, und unterstreicht Logics Ausrichtung als Allround-DAW für viele Genres. Die Auswahl an Drummern ist seit der ersten Veröffentlichung von Logic Pro X ständig erweitert worden. Zur Verfügung stehen Drummer für die Genres Rock, Alternative, Songwriter, R & B, Electronic, Hip-Hop und Percussion mit jeweils eigenen Subgenres. Für jeden Drummer stehen ferner Presets zur Verfügung. Neu seit Logic 10.3.2 sind »Drummer«-Apple-Loops, dank denen Sie die Optionen der Drummer vor allem schneller vorhören und laden können.

11.9.1 »Drummer«-Spur erzeugen

Wenn Sie eine neue »Drummer«-Spur erzeugen, öffnet sich zusätzlich ein Patch mit einem Drumkit und Effekten (DRUM KIT DESIGNER oder DRUM MACHINE DESIGNER). Außerdem werden im Spurenbereich automatisch gelbliche Regionen erzeugt, durch die das Kit im Stile des »Drummers« automatisch »getrommelt« wird. Für jede Region können Sie unten im Editor eigene Einstellungen vornehmen. Den Drummer und das Genre wählen Sie hingegen seit Logic 10.3.2 links in der BIBLIOTHEK aus. Auf »Drummer«-Spuren können Sie nicht manuell MIDI aufnehmen. Sie können auch mehrere »Drummer«-Spuren erzeugen.

11.9.2 Genre und Drummer wählen

In der BIBLIOTHEK wählen Sie zunächst ein Genre aus. Rechts davon erscheinen dann die verfügbaren Drummer inklusive Subgenre (Abbildung 11.75).

Die Drummer müssen als zusätzliche Inhalte zunächst installiert sein. Als Erstes installiert wurde übrigens der Rock-Drummer »Kyle«. Er spielt auch im Dokument *11Drummer1*. Wenn ein Drummer selektiert ist und allein angezeigt wird (wie in Abbildung 11.75), können Sie die Maus auch auf das Foto bewegen, um Pfeile angezeigt zu bekommen, mit denen Sie zwischen Drummern wechseln können. Das geht (einfacher) auch durch Klick auf den Eintrag in der BIBLIOTHEK. Sie können Drummer auch durch »Drummer«-Loops auswählen und erzeugen.

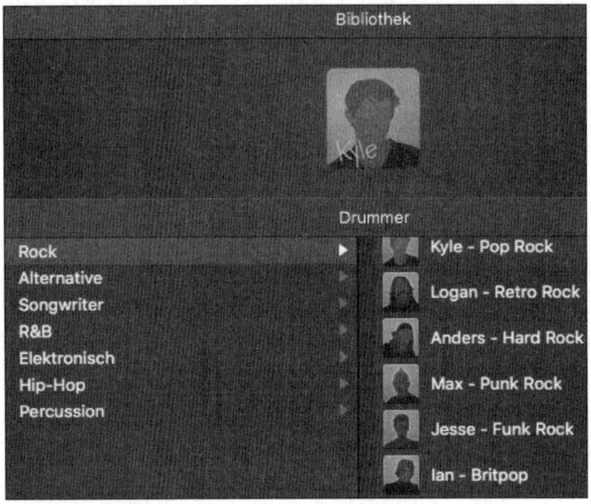

Abbildung 11.75 Hier wählen Sie ein Genre aus.

11.9.3 Drummer mit »Drummer«-Loops erzeugen und vorhören

Sie können gelbe »Drummer«-Loops wie andere Apple Loops auch im Loop Browser vorhören (Abbildung 11.76). Wenn Sie einen »Drummer«-Loop auf eine leere Spur ziehen, wird automatisch der zugehörige Drummer mit der entsprechenden »Drummer«-Region erzeugt.

Abbildung 11.76 »Drummer«-Loops

Ähnlich wie bei grünen Loops können Sie gelbe »Drummer«-Loops auch auf Audiospuren ziehen und so eine Audiodatei ins Projekt bewegen.

11.9.4 »Drummer« ohne Arrangement Marker

Sind keine Arrangement Marker vorhanden, wird eine 8-taktige »Drummer«-Region erstellt, siehe Dokument *11Drummer1* und Abbildung 11.77.

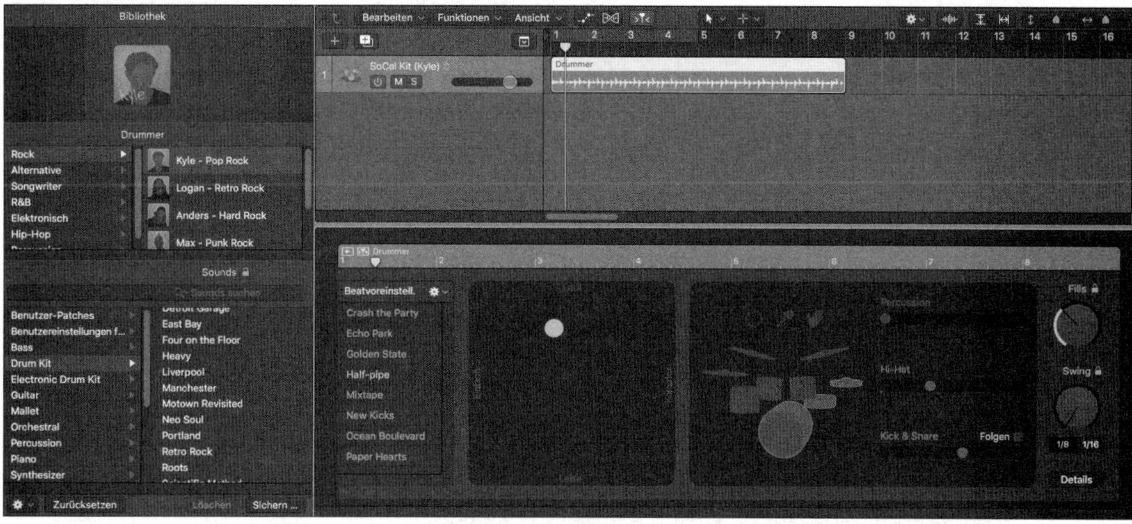

Abbildung 11.77 Eine »Drummer«-Spur mit angezeigtem Editor; der Informationsbereich ist hier ausgeblendet, um Platz zu sparen.

11.9.5 Manuell »Drummer«-Regionen erzeugen und kleine Edits/Ansicht

Bewegen Sie den Mauszeiger rechts neben die »Drummer«-Region, so erscheint voreingestellt ein +-Zeichen, mit dem Sie weitere Regionen erzeugen. Dies können Sie unter EINSTELLUNGEN • ANZEIGE • SPUREN deaktivieren. Auf »Drummer«-Spuren und Aux-Kanäle ohne Record-Button können Sie keine MIDI-Noten aufnehmen

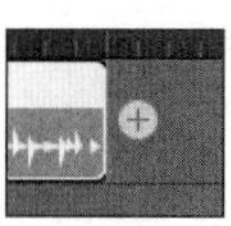

Abbildung 11.78 +-Symbol zum Erzeugen einer »Drummer«-Region

Sie können »Drummer«-Regionen auch verlängern, indem Sie sie mit dem Längentool in die Länge ziehen. Ansonsten können Sie sie ähnlich wie andere Regionen editieren und z. B. zerschneiden. Typischerweise spielt der »Drummer« eine kleine Variation am Regionsende. Details editieren Sie im DRUMMER-EDITOR. Wenn Sie die »Drummer«-Region einzoomen (z. B. durch Selektion der Region und den Shortcut [Z]), sind mehr Details der diversen aktiven Schlagzeuginstrumente sichtbar (z. B. oben Hi-Hats und unten Kick und Snare).

11.9.6 »Drummer« mit Arrangement Markern

Im anderen Fall gilt: Je nachdem, wie viele Arrangement Marker aktiv sind, wird beim Erzeugen einer »Drummer«-Spur eine bestimmte Menge an »Drummer«-Regionen im Bereich SPUREN erzeugt, die automatisch mit dem Namen von Arrangement Markern beschriftet werden (siehe Projekt *11Drummer1b*). Auf diese Weise haben Sie schnell eine komplette Begleitung für einen Song.

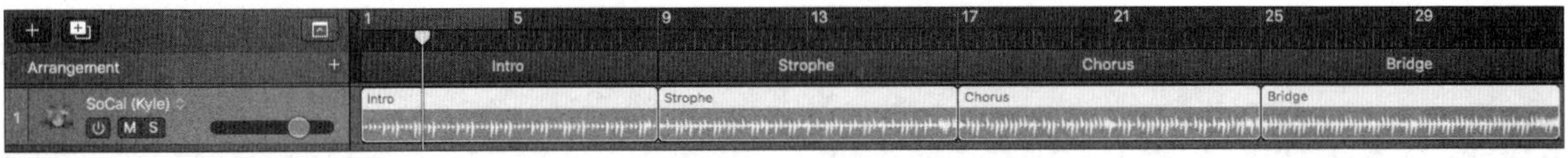

Abbildung 11.79 Arrangement Marker mit passenden, automatisch erzeugten »Drummer«-Regionen

Das funktioniert so ähnlich übrigens auch beim iPhone-Programm Musikmemos.

11.9.7 Drummer-Editor – Basics

Widmen wir uns nun dem Editing des »Drummers« im DRUMMER-EDITOR, der beim Erzeugen einer »Drummer«-Spur oder nach Doppelklick auf eine »Drummer«-Region unten im Bereich EDITOREN des Hauptfensters sichtbar wird. Mit ihm können Sie vor allem »Drummer«-Regionen editieren, aber auch regeln, ob Kits beim Wechseln des Drummers beibehalten werden oder nicht.

»Drummer«-Region für Edits solo geloopt abspielen

Durch Klick auf den PLAY-Button im Taktlineal der »Drummer«-Region im DRUMMER-EDITOR werden (wie schon von PIANOROLLE und AUDIOSPUREDITOR bekannt) mehrere Dinge ausgelöst:

- Die Wiedergabe beginnt.
- Temporär wird ein Cycle-Modus für die Länge der Region eingestellt.
- Die Region wird temporär solo geschaltet.

Abbildung 11.80 Play-Taste der »Drummer«-Region

Wenn Sie auf das FOLGEN-Symbol rechts neben der PLAY-Taste in Abbildung 11.80 klicken, zeigt der Editor beim Abspielen eines Arrangements automatisch die an der Taktposition liegende Region an.

11.9.8 Presets/Beatvoreinstellungen im Drummer-Editor einstellen, nutzen und speichern

Der DRUMMER-EDITOR stellt verschiedene vorgefertigte Presets (BEATVOREINSTELLUNGEN) pro Drummer mit voreingestellten Parametern bereit. Es ist zwar kein Zugriff auf einzelne

Noten möglich, die der Drummer spielt, dafür gibt es andere Parameter wie Komplexität des Spiels, Lautstärke, Fills und Ghost Notes. Die Parameter sind regionsbezogen und werden für jede Regionen individuell eingestellt. Selektieren Sie jeweils eine »Drummer«-Region, um deren Einstellungen zu ändern. Presets symbolisieren komplette Einstellungen aller Parameter. Eigene Konfigurationen können Sie als User-Presets speichern.

Abbildung 11.81 Drummer-Presets

11.9.9 »Drummer«-Regions-Einstellungen bei Drummer-Wechsel behalten

Wählen Sie den entsprechenden Eintrag im Presetmenü, damit die Einstellungen für die Regionen (z. B. des X/Y-Pads) beim Wechsel des Drummers beibehalten werden.

11.9.10 Kit ohne Drummer wechseln

In Abbildung 11.82 sehen Sie in der unteren Hälfte der Library einen Bereich SOUNDS, wo Sie ganz einfach unabhängig vom Drummer ein neues Patch wählen können.

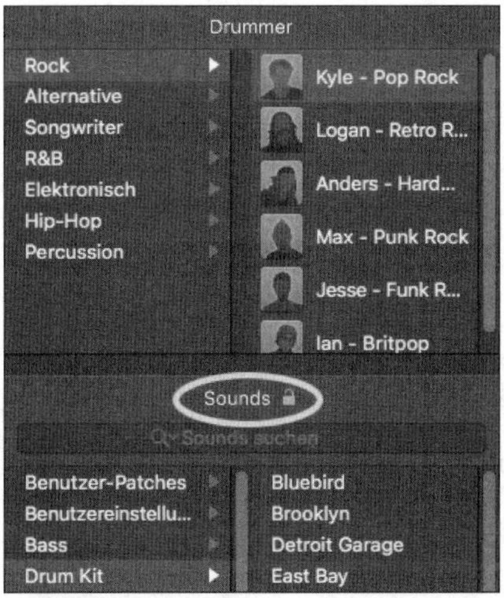

Abbildung 11.82 Browser/Library für Drummer

11.9.11 Drummer ohne Kit wechseln

Den Drummer können Sie ändern, ohne dass das Drumkit wechselt. Verriegeln Sie hierzu das Schloss neben dem Eintrag SOUNDS (siehe Markierung in Abbildung 11.82), oder nutzen Sie die Option DRUM-KITS BEIM ÄNDERN VON DRUMMERN BEHALTEN im Zahnradmenü des Editors (Abbildung 11.81).

11.9.12 Schlagzeugspielvariationen im X/Y-Pad einstellen

Sie können z. B. einen gelben Punkt in einem X/Y-Pad positionieren, um das Schlagzeugspiel innerhalb zweier Gegenpole vage zu positionieren.

Die Gegenpole im X/Y-Pad für die Einstellungen einer »Drummer«-Region lauten:

- EINFACH versus KOMPLEX
- LEISE versus LAUT

Abbildung 11.83 X/Y-Pad

Was genau dabei passiert, hängt bei elektronischen und Percussion-Drummern von den Einstellungen unter DETAILS ab.

Wenn Sie Änderungen im DRUMMER-EDITOR vornehmen (oder den Drummer wechseln), aktualisieren sich die Regionen nach kurzer Zeit automatisch. Sie können ausgewählte »Drummer«-Regionen im Kontextmenü via BEARBEITEN • REGION AKTUALISIEREN auch aktualisieren, ohne Einstellungen für die Region zu verändern, um eine geringfügig unterschiedliche Version zu erzeugen.[1]

Im Dokument *11Drummer2rnb* befinden sich vier Regionen, gewählt ist R-and-B-Drummer *Rose*, die zunächst leise und einfach, dann leise und komplex, dann laut und einfach und dann laut und komplex spielt (Abbildung 11.84).

1 Vergleiche Logic Pro X-Handbuch, S. 374.

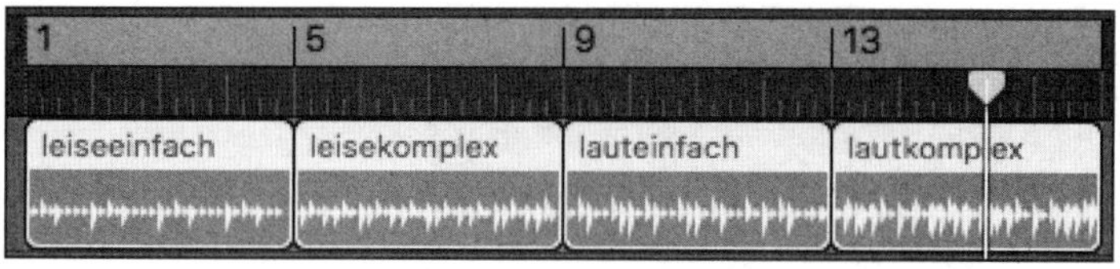

Abbildung 11.84 Regionen im Dokument »11Drummer2rnb«

11.9.13 Wahl der verwendeten Schlagzeuginstrumente und deren Lautstärke

Außerdem können Sie rechts vom X/Y-Pad verwendete Schlagzeugkomponenten auswählen oder deaktivieren. Sie können zudem die Intensität der Verwendung der einzelnen Schlagzeugkomponenten individuell bestimmen (Abbildung 11.85). Weiter nach rechts bewegte Slider sorgen für ein lauteres und komplexeres Spiel oder ein anderes Pattern. Steigern Sie z. B. die Intensität für Kick und Snare, während Sie sie für andere Komponenten unverändert lassen.

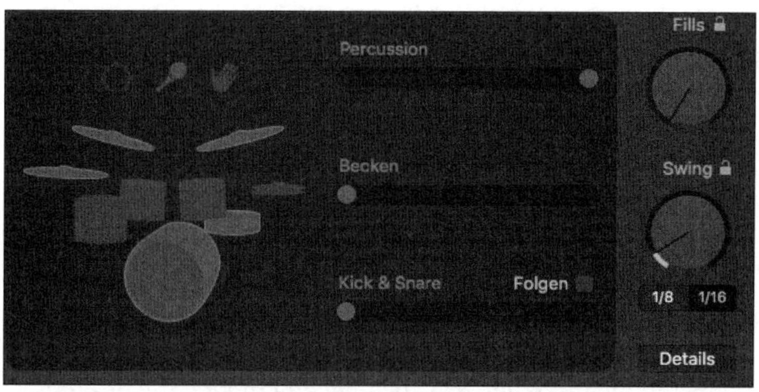

Abbildung 11.85 Einige Drummer-Editor-Parameter

KICK & SNARE stellen einen Kit-Instrument-Part dar und können bezüglich des wählbaren Patterns nur gemeinsam editiert werden, lassen sich aber separat ein- und ausschalten, so dass gegebenenfalls nur eine Kick oder nur eine Snare zu hören ist. Die Variationen 7 und 8 stellen Halftime- bzw. Doubletime-Variationen ein. Mit der FOLGEN-Option folgt das KICK & SNARE-Pattern einer eingestellten Groove-Spur folgen (siehe unten).

Je nach verwendetem Drummer sieht die Darstellung jeweils etwas anders aus. Die elektronischen Drummer und Percussion-Drummer weichen von der Darstellung der akustischen Varianten ab und ähneln sich (Abbildung 11.86 und Projekte *11Drummer2perc* und *11Drummer2Dubst*).

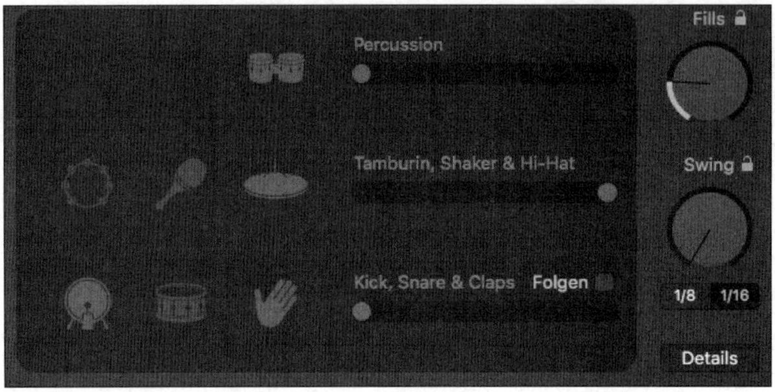

Abbildung 11.86 Elektronischer Drummer

Praxisbeispiele

Im Dokument *11Drummer3rnb* spielen die gleichen vier Regionen vier unterschiedliche User-Presets und wurden mit dem Namen der Presets beschriftet. Während im Preset »Block Party« beispielsweise Becken und Percussion spielen, spielt im Preset »New Scool« eine Hi-Hat statt des Beckens (ohne Percussion). Im Dokument *11Drummer4rnb* spielt das Preset »Block Party« zunächst mit einer Halftime-, dann einer normalen und schließlich einer Double-Speed-Variante.

11.9.14 Fills und Swing-Beat

Auf der rechten Seite justieren Sie die Anzahl und Länge der Fills und den Swing-Beat-Faktor (siehe Markierungen in Abbildung 11.87). Mit einem Klick auf das Schlosssymbol verriegeln Sie die entsprechenden Einstellungen, so dass sie auch bei einem Wechsel des Presets oder des Drummers erhalten bleiben.

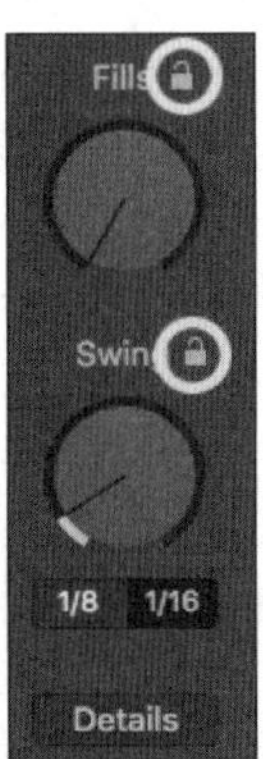

Abbildung 11.87 Fills und Swing-Beat stellen Sie rechts ein.

11.9.15 Details im Drummer-Editor

Die Ansicht aus Abbildung 11.88 erscheint bei einem elektronischen und ähnlich bei einem Percussion-Drummer durch Klick auf den Details-Button.

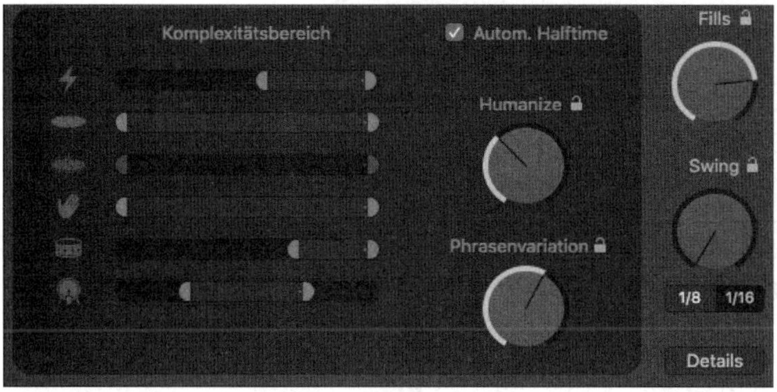

Abbildung 11.88 Detailoptionen

Die in der Abbildung sichtbaren, sehr kleinen Pünktchen in den Slidern repräsentieren die im X/Y-Pad im Drummer-Editor gewählte Komplexitätseinstellung. Die Komplexitätsoptionen sind im Drummer-Editor individuell für die einzelnen Drumkit-Instrumente einstellbar. Für jedes Drumkit-Instrument ist unterhalb des Eintrags Komplexitätsbereich eine Art Wertebereich oder »Range« mit Slidern einstellbar, die Sie für jedes durch ein Symbol dargestellte Kit-Instrument am linken und rechten Ende verschieben können. Einstellungen für die Komplexität im X/Y-Pad des Drummer-Editors wirken dann für die einzelnen Instrumente nur innerhalb dieser Range (siehe hierzu Projekt *11xDrmKomplex*, wo die Komplexität für die zweite Region höher ist als für die erste, wobei die Hi-Hat schon in der ersten Region nur Einstellungen im oberen Komplexitätsbereich zulässt).

Auch eine Humanize- und eine Phrasenvariation-Funktion sind mit an Bord. Die Option Autom. Halftime sorgt beispielsweise beim Hip-Hop-Drummer *Maurice* dafür, dass er auch bei einem eingestellten Drum-and-Bass-Tempo von 172 BPM immer Hip-Hop-mäßig langsam bleibt.

Bei akustischen Drummern sieht die Details-Seite ein wenig anders aus (Abbildung 11.89).

Wenn Sie den Feeling-Regler nach rechts bewegen, spielt der »Drummer« ein wenig vor dem Beat, wenn Sie ihn nach links bewegen, hinter dem Beat (verspätet, schleppend). Das erscheint vielleicht insofern etwas irritierend, als Sie den Feeling-Regler nach links bewegen, hierdruch die Schläge des Drummers aber weiter nach rechts rücken und umgekehrt. Das lässt sich anhand der graphischen Updates der »Drummer«-Region auch visuell nachvollziehen bzw. kontrollieren (siehe Projekt *11Drumfeel*).

Ghost Notes sind kleine, kaum hörbare Zwischenschläge, die Logic automatisch einfügt und deren Lautstärke Sie hier einstellen. Ferner können Sie festlegen, wie weit eine offene Hi-Hat geöffnet ist.

Abbildung 11.89 Details im Drummer-Editor

11.9.16 Regionsbezogen dem Groove einer anderen Spur folgen

Es ist a möglich, dass der Groove des Schlagzeugers in einer »Drummer«-Region dem Feeling einer bestimmten Spur im Arrangement folgt. Statt des Sliders erscheint beim Klick auf FOLGEN ein Flip-Menü mit den im Projekt als Vorlage geeigneten/vorhandenen Tracks. Dabei können Sie pro »Drummer«-Region im DRUMMER-EDITOR auch jeweils eine eigene Spur einstellen, der die Region (bzw. das KICK& SNARE-Pattern) folgt. Sie finden ein Praxisbeispiel im Dokument *11Drummer5rnb*, wo in einer zweiten Spur ein *E-Piano* auf unterschiedliche Weise spielt. Für die »Drummer«-Regionen ist im entsprechenden Taktbereich FOLGEN eingestellt, ansonsten sind die Einstellungen für alle drei »Drummer«-Regionen gleich. Sie sehen, dass hierdurch drei recht unterschiedliche »Drummer«-Regionen realisiert werden, die auf die Intensität und das Feeling des *E-Piano* Spiels mehr oder weniger sinnvoll eingehen.

Für andere »Drummer«-Regionen ist es dann wieder möglich, anderen Spuren zu folgen.

Praxisbeispiel

Wenn Sie zwei Drummer gleichzeitig spielen lassen, können Sie einen davon als Groove-Masterspur definieren, welcher der andere folgt (siehe Projekt *11xDrummerHipH+2x*).

11.9.17 »Drummer«-Region in MIDI umwandeln und umgekehrt

Sie können »Drummer«-Regionen im Kontextmenü (und dort im Menü KONVERTIEREN) in MIDI-Regionen umwandeln, so dass Sie anschließend einzelne Noten im Detail editieren können. Eventuell müssen Sie dabei aber auf versteckte Artikulations-IDs achten, die die Soundauswahl beeinflussen können (siehe Abschnitt 11.12.12 zum *EXS24*).

Eine Konvertierung ist zumindest teilweise auch umgekehrt möglich. Im Dokument *11Drummerkonv1* habe ich auf der Instrumentenspur eines Producer Kits, das zuvor als »Drummer«-Spur geladen wurde, ein paar Noten mehr schlecht als recht eingespielt (auf der »Drummer«-

Spur selbst lässt sich kein MIDI aufnehmen). Wenn ich die entsprechende Region auf die »Drummer«-Spur ziehe, erscheint im Kontextmenü unter KONVERTIEREN die Option IN DRUMMER-SPUR UMWANDELN (Ergebnis im Projekt *11Drummerkonv2*). Der »Drummer« macht im Beispiel zwar nicht genau das, was ich eingespielt habe, aber etwas Ähnliches. Das Gleiche wäre für eine MIDI-Region möglich, die Sie zuvor von einer »Drummer«-Region in eine MIDI-Region umgewandelt haben.

11.10 Drum Kit Designer

Der DRUM KIT DESIGNER bietet eine intuitiv bedienbare Plug-In-Oberfläche, die den einfachen Austausch von Drumsounds ermöglicht. Er ist Bestandteil vieler Drummer-Patches, kann aber auch als Patch oder Instrument ohne Drummer geladen werden. Soundmäßig ist er vor allem für akustische Drums zuständig.

11.10.1 Drum Kit Designer: grundsätzliche Bedienung

Je nachdem, welches Schlagzeuginstrument Sie auf der Plug-In-Oberfläche selektieren oder welches Kit Sie geladen haben (Producer Kits bieten mehr Optionen), sieht die Plug-In-Oberfläche jeweils etwas anders aus, ist aber vom Prinzip her gleich zu bedienen.

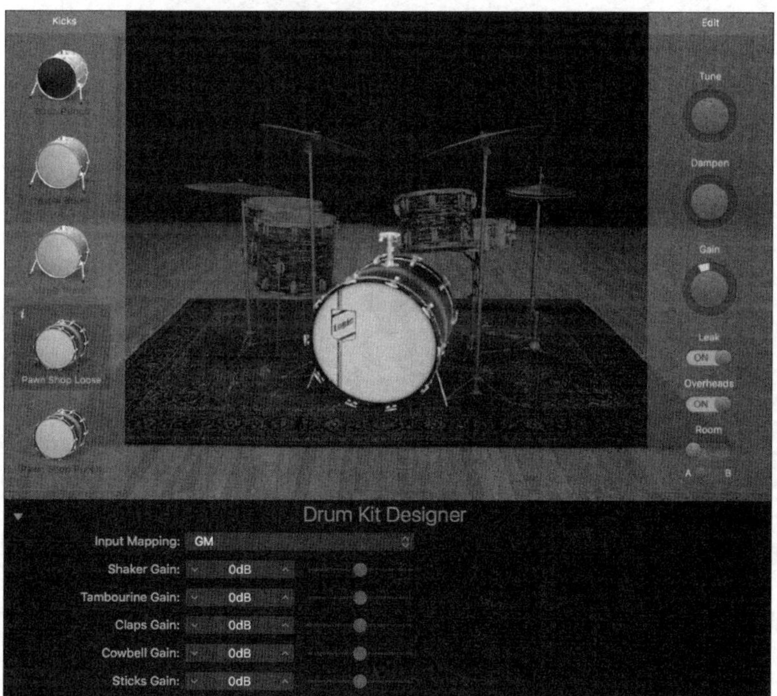

Abbildung 11.90 Ein Producer Kit und die »Edit«-Optionen für die Kickdrum

Abbildung 11.90 zeigt ein geladenes (Producer) Drumkit (siehe Abschnitt 11.10.2.). Beim Erstellen einer »Drummer«-Spur oder beim Erzeugen eines DRUM KIT DESIGNER-Instruments öffnet sich zunächst ein einfaches Drumkit (mit etwas weniger Optionen).

Sie können stets leicht durch Klick auf ein Instrument im Kit ein Instrument auswählen (hier: Bassdrum) und dann anschließend rechts und links verschiedene Typen auswählen oder Parameter wie Tuning, Damping oder Volume einstellen. Auf diese Weise können Sie sich ein individuelles Kit zusammenstellen. Im aufklappbaren erweiterten Bereich können Sie ferner Pegel für Instrumente justieren und verschiedene Input-Mappings auswählen. Hierbei können Sie aussuchen, ob das Mod-Wheel steuern kann, wie weit die Hi-Hat geöffnet wird, und sich zwischen einer GM-Schlagzeugbelegung und einer Roland-V-Drum-Belegung entscheiden.

Falls Sie Toms oder Crashbecken selektieren, stehen links andere Kits und rechts im EDIT-Bereich Optionen für alle oder einzelne Toms bzw. Crashbecken zur Verfügung, die Sie durch Klick auf den jeweiligen Reiter (in Abbildung 11.91 ALL, LOW, MID und HIGH für die Toms) auswählen.

Wenn Sie den DRUM KIT DESIGNER als Multi-Ausgang-Instrument öffnen, lassen sich die einzelnen Schlagzeugsounds über zu erzeugende Aux-Kanäle als Einzel-Outputs abgreifen.

Abbildung 11.91 Die drei Toms (Low, Mid, High) sind selektiert, links gibt es alternative Toms, rechts werden die »Edit«-Einstellungen für alle Toms angezeigt.

11.10.2 Producer Kits

In der BIBLIOTHEK stehen PRODUCER KITS als Patches zur Verfügung, die detailliertere Eingriffe in das Mixverhältnis der Sounds und weitere Parameter zulassen. Sie sind in einem eigenen Ordner innerhalb der Kategorie DRUM KITS untergebracht und am +-Zeichen hinter dem Bibliothekseintrag erkennbar (Abbildung 11.92).

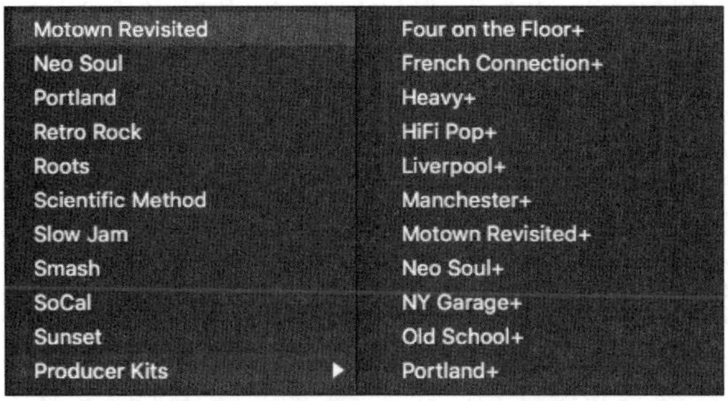

Abbildung 11.92 Producer Kits sind mit einem + hinter dem Namen gekennzeichnet.

Producer Kits sind Spurstapel, bei denen bereits Aux-Kanäle für einzelne Sounds eingerichtet wurden. Das Drumkit-Instrument erscheint dabei (wie bei anderen Spurstapel-Instrument-Patches auch) nicht in der Spurstapel-Masterspur (wo stattdessen EQ und Compressor aktiv sind), sondern in einer im Spurstapel integrierten Spur (in der Regel die erste Spur, die beim Aufklappen unterhalb der Spurstapel-Spur zu sehen und mit einem RECORD-Button ausgestattet ist).

Die weiteren mit den einzelnen Instrumentennamen beschrifteten Spuren dienen der separaten Abmischung dieser Sounds und haben keinen eigenen RECORD-Button. Sie können in letzteren Spuren jedoch auch alle anderen Sounds des Drumkits via MIDI ansteuern, z. B. indem Sie Regionen auf diese Spuren ziehen, daher kann die Beschriftung verwirrend sein (siehe Abschnitt 6.7.6 über Spurstapel).

Dabei können Sie unter anderem einstellen, ob die Sounds noch an einen Leak-Kanal, an Overheads oder an Room-Aux-Kanäle gesendet werden. Typisch für Mikrofon-Schlagzeugaufnahmen ist, dass für jedes einzelne Schlagzeuginstrument eigene und passende Mikrofone genommen werden. Die Einzelmikros für die Schlagzeuginstrumente nehmen aber auch die Umgebungsgeräusche auf (so ist z. B. die Kick auf der Snare-Mikro-Aufnahme zu hören). Das ist einerseits nachteilig, weil einzelne Drumsounds auf diese Weise niemals so sauber und getrennt voneinander herausgearbeitet werden können wie bei der Produktion elektronischer Drums. Andererseits wird in Logics DRUM KIT DESIGNER (aber auch vergleichbaren Tools wie NIs *Studio Drummer* oder XLN Audios *Addictive Drums*) die Möglichkeit bereitgestellt, genau diesen »Nachteil« zu realisieren, damit es authentisch klingt. Außerdem ist es üblich, bei der Schlagzeugaufnahme Overhead-Mikros hoch über dem Schlagzeug zu platzieren, um später einen räumlichen Sound hinzumischen zu können.

Auch diese Option bieten die Producer Kits. Die Einstreuungen und das Vermischen der Sounds in den einzelnen Mixkanälen sowie die räumlichen Anteile ergeben einen charakteristischen Sound.

Der Overhead-Sound wird im *Motown Revisited*-Kit (Abbildung 11.93) beispielsweise realisiert, indem Drumsounds des Overhead-Aux-Kanales via Bus-Send an einen Reverb-Aux-Kanal gesendet werden. Bei anderen Producer Kits werden allerdings auch andere Mixer-Konfigurationen geladen (z. B. *Neo Soul* inklusive Aux-Kanälen mit Distortion-Effekten).

Abbildung 11.93 Mixerkonfiguration eines Producer Kits

Sounds des Drum Kit Designers basieren weitgehend auf *EXS24*-Presets. Um auf andere Art und Weise Edits vornehmen zu können, ist es möglich, einen *EXS24*-Sampler (bei Producer Kits am besten als Multi-Ausgang-Version) anstelle des Drum Kit Designers in den Instrumenten-Slot zu laden. Dabei besteht weitgehende, aber nicht immer komplette Setting-Kompatibilität (siehe Abschnitt 11.12.14).

11.11 Drum Machine Designer

Der Drum Machine Designer erlaubt schnellen Zugriff auf einzelne Drumsounds. Er liefert »vom Werk aus« vor allem elektronische Drumsounds und ist Bestandteil vieler Drummer-Patches. Sie können auch Samples per Drag & Drop laden. Beim Erzeugen einer neuen Spur steht er aber (teilweise) nicht in der Instrumentenliste. Er hat auch kein eigenes Presetmenü. Eigentlich ist er eine Art Mega-Smart-Control-Fernsteuerung für den vom Design her altmodischer daherkommenden *Ultrabeat*. Er ist immer ein Spurstapel mit einem Buseingang sowie einem verwendeten *Ultrabeat* in einer Unterspur und vielen vorkonfigurierten Aux-Kanälen (Einzelouts und Send-Busse).

Abbildung 11.94 »Drum Machine Designer«

Der Drum Machine Designer (abgekürzt DMD) besteht aus zwei Seiten mit je 16 Zellen, in die Sie Drumsounds laden können. Es gibt pro Zelle je einen Aux-Kanal und weitere Aux-Kanäle für Effekte, die sichtbar werden, wenn Sie die Spurstapel-Spur aufklappen.

Im unteren Bereich werden, je nach selektiertem Bereich oben, Smart Controls zur Steuerung einzelner Zellen oder des ganzen Kits angezeigt. *Zellen* bzw. *Kit-Pieces* des Drum Machine Designers können Sie stumm oder solo schalten, per Drag & Drop neu anordnen oder auch ersetzen.

11.11.1 Drum Machine Designer: Kit laden

Zum Kennenlernen des Drum Machine Designers laden Sie ein entsprechendes Instrument oder öffnen Projekt *17xDMD1*. In diesem Projekt und in Abbildung 11.94 wurde das Kit *After Party* geladen. Der Eintrag AFTER PARTY oben in der Leiste ist selektiert.

Ist der Eintrag oben mit dem Namen des Drumkits selektiert, zeigt die BIBLIOTHEK Drum-Machine-Patches an (Abbildung 11.95) und im Informationsbereich den Kanalzug, an den der Ausgang des DRUM MACHINE DESIGNERS gesendet wird. Zwischen diesen können Sie, wie bei anderen Patches auch, mit den ↑/↓-Tasten wechseln, um andere Kits zu laden.

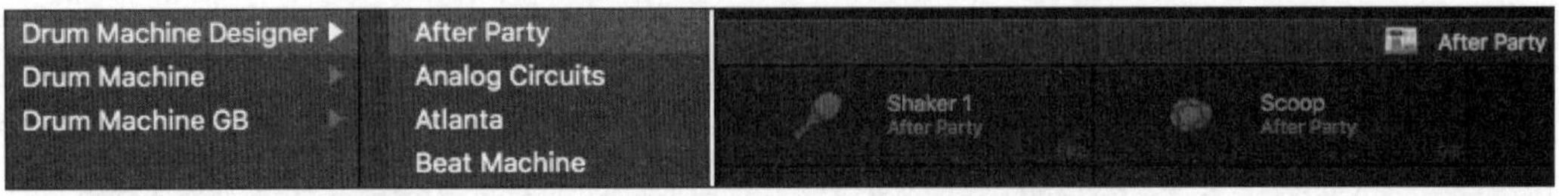

Abbildung 11.95 Drumkits in der Bibliothek bei selektiertem Header im »Drum Machine Designer«

Unten sind zunächst Smart Controls für das Kit zu sehen, mit denen Sie Lautstärken von bestimmten Gruppen von Sounds (z. B. Kicks, Hi-Hats) sowie Effekte für alle Sounds gleichzeitig einstellen.

Mit den hellblau leuchtenden Buttons neben den Smart Controls schalten Sie die entsprechenden Soundgruppen bzw. Effekte ein oder aus. So ist z. B. im Projekt *17xDMD1b* der Hall aufgedreht. Im Projekt *17xDMD1c* sind die Kicks deaktiviert und die Hi-Hats leiser gedreht.

Mittig rechts können Sie die Anzeige wechseln: Statt STEUERUNGEN sehen Sie in Abbildung 11.96 unten SENDS für die sechs verschiedenen Gruppen. Im Projekt *17xDMD1d* habe ich den Send nur für die Hi-Hat-Gruppe aufgedreht. Den Smart-Control-Bereich unten können Sie mit dem kleinen Dreieck mittig links auch einklappen (Abbildung 11.97).

Abbildung 11.96 Gruppen-Sends statt Steuerungen

Wenn Sie eine einzelne Zelle selektieren, sehen Sie in der Zelle unten rechts ihre Tastaturbelegung, unten links Mute- und Solo-Schalter. Stummgeschaltete Zellen werden gedimmt dargestellt.

Die Anzeige rechts unten entspricht der General-MIDI-Belegung. Diese Beschriftung ändert sich auch dann nicht, wenn Sie etwas ganz anderes in die Zelle laden. Das heißt: Dort steht z. B. auch dann C1 – KICK, wenn Sie einen Shaker laden, zudem triggert ein Klick auf die Zelle die angezeigte Note. Das ist kein Nachteil, da Sie auf diese Weise sehen, welcher Sound bei einer korrekten GM-Belegung im Slot sein müsste. Sie können die Plug-In-Fenstergröße durch Ziehen unten rechts verändern, oben rechts wird eine prozentuale Zoomstufe angezeigt.

11.11.2 Kit-Pieces/Zellen/Samples laden

Ist eine einzelne Zelle statt des Drumkit-Namens selektiert, erscheinen unten im Smart-Control-Bereich Smart Controls für die Zelle statt für das Kit (Abbildung 11.97 und Abbildung 11.98) – inklusive einer Lautstärkeregelung für die Zelle. Je nach selektiertem Kit-Piece werden andere Parameter angezeigt (z. B. BODY, DISTORTION für eine Snare).

Abbildung 11.97 »Mute«- und »Solo«-Buchstaben

Abbildung 11.98 Smart Controls einer Zelle

Es gibt mehr als die 16 Zellen – nämlich noch eine zweite Seite mit weiteren 16 Zellen (mittig finden sich kleine Punkte zum Umschalten zwischen den beiden Anzeigeseiten).

Ist eine Zelle selektiert, erscheinen in der BIBLIOTHEK Patches für Kit-Pieces passend zur selektierten Zelle (Abbildung 11.100). Mit den [↑]/[↓]-Tasten wechseln Sie zwischen den Kit-Pieces. Wenn dabei bereits ein Beat spielt, sind die ausgetauschten Sounds schnell in Echtzeit zu hören. Probieren Sie das beispielsweise im Projekt *11xDMDKickSn* mit Kick und Snare aus, die dort bereits ausgetauscht wurden. Ist eine Zelle selektiert, zeigt der Informationsbereich im Hauptfenster als zweiten Kanal rechts den zur Zelle zugehörigen Channel-Strip (Abbildung 11.99), das Feld ganz oben ist weiß umrandet, die angezeigten Bibliotheksinhalte sind also Kanalzug-Patches für diese Zelle. Sie laden Samples, indem Sie sie auf Zellen ziehen. Dabei werden der Ultrabeatslot und der Kanalzug resettet. Der Kanalzug enthält den Namen des Samples.

Abbildung 11.99 Rechts der Kanalzug, der zur Hi-Hat-Zelle gehört

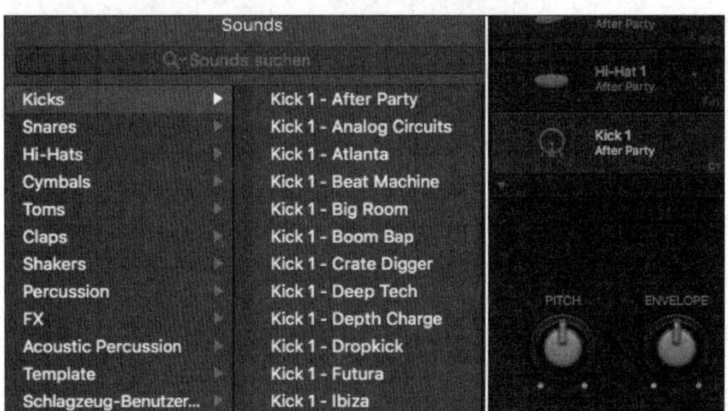

Abbildung 11.100 Kick-Kit-Pieces

11.11.3 Drum Machine Designer – weitere Details

Es gibt pro Zelle je einen Aux-Kanal und weitere Aux-Kanäle für Effekte, die sichtbar werden, wenn Sie die Spurstapel-Spur aufklappen. Sie können auch auf Kanäle zugreifen, wenn Sie den Mixer öffnen und die DRUM MACHINE DESIGNER-Spur mit dem kleinen Dreieck unten öffnen. Für jeden Einzelsound in *Ultrabeat* sind Sub-Outs voreingestellt, die von einem eigenen Aux-Kanal im Spurstapel abgegriffen werden.

Möchten Sie z. B. den Regler DISTORTION der Kick automatisieren, dann geht das nicht in der Drum Machine Designer-Spur. Sie müssen hierfür eine eigene Spur für die Kick anlegen (siehe Projekt *11xDMD1e*). Diese Spur kann dann übrigens auch die anderen Sounds in *Ultrabeat* ansteuern, im Fall der Kick entsteht eine Spur mit *Ultrabeat* selbst, im Fall von anderen Kit-Pieces entstehen Aux-Kanäle, deren Input auf Einzelouts des *Ultrabeats* steht und diesen via MIDI ansteuern. Wenn Sie ein Kit-Piece laden, wird übrigens der Voice-Slot des zugehörigen *Ultrabeat*-Instruments ausgetauscht, was Sie im Projekt *11xDMD1e2* anhand der Hi-Hat auf F#1 sehen und ausprobieren können.

Der Drum Machine Designer ist ein Spurstapel mit einem vorkonfigurierten Multi-Ausgang *Ultrabeat* mit speziellen Smart Controls. Dies erklärt auch, warum im Patch nur 24 Zellen belegt sind: *Ultrabeat* hat nur 24 + 1 Slots. Das Soundmaterial zu den Drum Machine Designer-Kits ist zum einen im Ordner *Library/Application Support/Logic/Ultrabeat Samples/ Drum Machine Designer* in Form von *.aif*-Dateien zu finden, zum anderen liegen sowohl Drumkits als auch Kit-Pieces in Form von Patches vor.

Leider fehlen Optionen zum Time-Stretching von Drumsamples oder zum schnellen Tuning aller Sounds gleichzeitig.

11.12 »EXS24«-Sampler

Sampler sind die flexibelsten Klangerzeuger überhaupt, denn als Klangquelle steht das ganze Sounduniversum – inklusive Orchestersounds, Alltagsgeräuschen, World Instruments, Vocals und Synthesizern aller Klangfarben – zur Verfügung.

Hintergrundinformation Sampler

Der erste Sampler im Sinne eines Instruments, das Audioaufnahmen spielbar macht, war das um 1960 erfundene *Mellotron*. Technisch basierte es auf Bandschleifen (*Tape Loops*; Endloswiedergabe bei gehaltener Taste möglich). Mellotron-Sounds sind in vielen bekannten Produktionen zu hören (Etwa die Flöte in »Stairway to Heaven« von Led Zeppelin und Nelly Furtados »Why do all good Things come to an End«, Streicher in vielen Songs des »Moon Safari«-Albums von AIR) und sind von diversen Herstellern für neue Sampler aufbereitet worden. Auch in Logic finden Sie unter dem Eintrag *Vintage Mellotron* einige Mellotron-Sounds (Projekt *11Mellotron*).

Die ersten digitalen Sampler kamen Ende der 1970er/Anfang der 1980er Jahre auf den Markt und waren zunächst nur für große Studios erschwinglich. Hierzu gehören das Synclavier (eigentlich ein FM-Synthesizer, später mit Sampling-Funktionen) und der Fairlight-Computer (siehe hierzu YouTube-Videos mit Bob Moog und Peter Gabriel zum Fairlight oder Art-Of-Noise-Interviews). Bekannte Pioniere, die diese Technik genutzt haben, sind Wally Badarou (Synclavier; »Level 42«, »M«), Trevor Horn und Art of Noise (Fairlight).

Ab den späten 1980er Jahren wurden Sampler bei gleichzeitiger Verbesserung der Technik (mehr Speicher, höhere Auflösung, mehr Stimmen) erschwinglicher. Bedienkomfort und Soundqualität der 1990er-Jahre-Geräte (Akai S-3000, EMU E-64) sind z. T. bis heute unerreicht (Sampling, Workflow, automatisches Sample-Mapping, Filterqualität). Dafür war die Soundverwaltung auf speziell formatierten Datenträgern oft mühsam.

Moderne Softwaresampler können deutlich größere Mengen an Samples laden, was realistische Orchesterinstrumentierungen ermöglicht. Dafür sind sie meist nur Sample-Player, die selten Workflow-Lösungen für das Sampling eigener Sounds bieten.

Logics *EXS24*-Sampler ist der am weitesten verbreitete Sample-Player für den Mac. Eine empfohlene Alternative ist *Kontakt* von Native Instruments, der auch *EXS*-Instrumente importieren kann. Eine gelungene Softwareumsetzung für einfaches Sampling liefert auch Propellerheads *Reason*. Auch kleinere Hersteller wie New Sonic Arts und 112dB haben interessante Sampler für einfaches Arbeiten mit wenigen Samples nach alter Schule veröffentlicht. Im Gegensatz zu Logics *Alchemy* beherrscht der *EXS24* allerdings kein Time-Stretching von Samples.

11.12.1 »EXS24«-Plug-In – Bedienoberfläche, Instrumente laden und voreingestellter Sinuston

Abbildung 11.101 zeigt die Plug-In-Oberfläche des *EXS24*.

Sie finden im *EXS24* die bereits bekannte Klangerzeugung-Filter-Amp-Anordnung (siehe Abschnitt 11.6.2) mit den Modulationsquellen darunter. Instrumente und die Zuweisung von Samples zu Tastaturzonen bearbeiten Sie im INSTRUMENT-EDITOR. Den INSTRUMENT-EDITOR öffnen Sie mit dem EDIT-Knopf auf der Oberfläche des *EXS24* (unterhalb des ANSICHT-Flip-Menüs). Wenn ein solcher Button nicht sichtbar ist, haben Sie die »Erweiterten Werkzeuge« nicht aktiviert.

Wenn Sie den *EXS24* zum ersten Mal öffnen und noch kein Instrument geladen ist, können Sie einen automatisch geladenen Sinuston spielen, der sich auch gut als Sub-Bass eignet. Mit Hilfe des DRIVE-Reglers im Filterbereich (den Sie durch Klick auf den EIN/AUS-Button erst aktivieren müssen) lässt sich dieser Sinuston zusätzlich angenehm anzerren.

Um mit der *EXS24*-Bedienoberfläche vertraut zu werden, können Sie durchaus für den Anfang einfach mit dem Sinuston-Sound etwas herumprobieren.

Im schwarzen Fenster des *EXS24* oberhalb des Filters können Sie ein Menü öffnen und *EXS24*-Instrumente laden (siehe Abbildung 11.102). Hierbei handelt es sich um ein anderes Dateiformat (*.exs*) als bei den Presets (*.pst*), die über das Plug-In-Presetmenü des *EXS24* aufgelistet werden. Die *.exs*-Instrumente können Sie unter AUDIO MUSIC APPS • SAMPLER INSTRUMENTS auch manuell sortieren, gegebenenfalls müssen Sie danach das Menü im *EXS* aktualisieren.

Abbildung 11.101 Der »EXS24«-Sampler

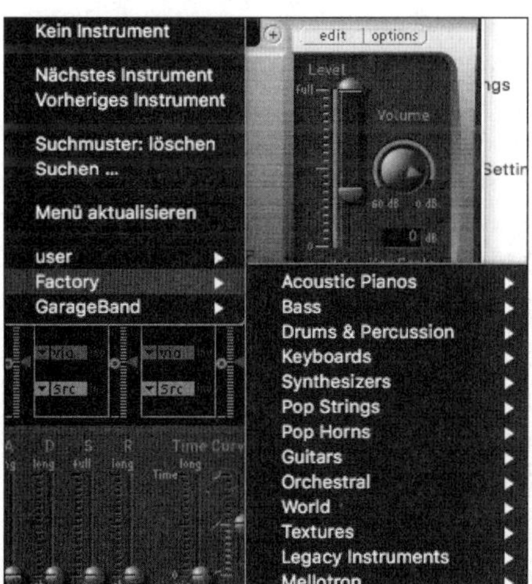

Abbildung 11.102 »EXS«-Instrumente über das Plug-In laden

11

Tuning, Random Tuning und Klangerzeugungsbereich

Links oben auf der *EXS24*-Oberfläche sehen Sie Einstellungen für die samplebasierte Klangerzeugung wie Tuning ❶ oder FINE PITCH ❸, inklusive Random Tuning ❷. Eine Besonderheit ist der RANDOM-Parameter, der ohne zusätzliches Modulationsrouting für jeden gespielten Ton ein jeweils leicht anderes Zufallstuning ermöglicht. Dies ist sehr sinnvoll für Naturinstrumente wie z. B. Bläser, die durch eine Variation von wenigen Cents pro Tastendruck deutlich authentischer klingen. Alternativ erreichen Sie das natürlich, indem Sie einen LFO mit Zufallswellenform dezent auf die Tonhöhe routen.

Voice Modes im »EXS24«

Die Zahl der maximal ausgegebenen Stimmen (Mono/Poly) können Sie ebenso einstellen wie ein Legato und einen Unison-Modus. Ein Soundbeispiel finden Sie im Projekt *11legato*. Zunächst werden Noten gespielt, während eine zuvor gespielte Note noch gehalten wird. Eine Filter-Hüllkurve (ENV 1) moduliert beim ersten Anspielen die Filterfrequenz, im Legato-Modus passiert das für die folgenden Noten (die erklingen, während andere Noten noch gehalten sind) jedoch nicht. Wenn die Noten hingegen so eingespielt werden, dass die vorherige Note losgelassen wird, bevor die neue Note gespielt wird, startet die Filter-Hüllkurve jedes Mal neu, was Sie im Beispiel um Takt 3 herum hören, in dem zwischen beiden Spielweisen gewechselt wird. Die Klangerzeugung erfolgt hier wiederum nicht durch ein Sample, sondern durch einen Sinuston. Diesem werden durch den DRIVE-Regler ❺ im Filter zusätzliche Obertöne hinzugefügt, um den Effekt besser hörbar zu machen.

Filterbereich

Im Filterbereich des *EXS24* können Sie verschiedene Filtertypen auswählen (HP, LP mit verschiedenen Steilheiten sowie BP). Der Filter muss rechts neben dem CUTOFF-Regler ❻ durch Klick auf den OFF/ON-Button ❼ erst aktiviert werden. Im optionalen FAT-Modus (den Sie mit dem FAT-Button ❹ links vom CUTOFF-Regler aktivieren) kann er noch ein bisschen dicker klingen.

Amp-Sektion

In der Amp-Sektion ist vor allem der LEVEL-Regler ❽ interessant, der eine Modulation von Lautstärke durch die Velocity ermöglicht. Ziehen Sie den Regler (wie in Abbildung 11.101 rechts zu sehen) auf, dann markiert das untere Ende die Lautstärke bei niedriger, das obere die Lautstärke bei höherer Velocity. Ziehen Sie die beiden Enden zusammen, bleibt die Lautstärke unabhängig von der Velocity immer gleich (es sei denn, verschiedene Velocities triggern unterschiedliche Samples). Via KEY SCALE ❾ lässt sich auch eine Auswirkung der gespielten Tonhöhe auf die Lautstärke programmieren. Höhere Werte sorgen dafür, dass es bei höheren gespielten Noten lauter wird – und umgekehrt. Typischerweise dämpft man eher nach oben transponierte Samples.

Modulationsmatrix

Die Oberfläche des *EXS24* bietet eine Modulationsmatrix, die komplexe Synthesefunktionen ermöglicht und an einen modularen Synthesizer erinnert. Es stehen unzählige Modulationsziele und Modulationsquellen zur Verfügung, die Sie verknüpfen können und deren Modulationsintensität Sie in den Modulationsslots (wie bei vielen Logic-Instrumenten üblich) von einem weiteren Parameter modulieren lassen können. Typisches Beispiel: Die Vibratointensität regeln Sie mit Hilfe des Mod-Wheels (entspricht MIDI-Controller #1). Letzteres ist in einem neu geöffneten *EXS24* bereits voreingestellt (Abbildung 11.103).

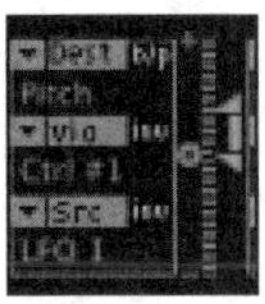

Abbildung 11.103 Hier regeln Sie die Intensität eines Vibratos vom MIDI-Controller 1.

Der KEY SCALE-Parameter unterhalb des VOLUME-Knopfes kann dafür sorgen, dass höhere gespielte Noten automatisch leiser gemacht werden. Das ist insbesondere bei Samplern eine sinnvolle Funktion, weil mit höherem Pitch abgespielte Samples durch die Verdichtung des Audiomaterials oft lauter klingen.

Ein für einen Sampler wichtiges und typisches Modulationsziel ist der Parameter SAMPLE START. Durch Modulation des Sample-Startpunktes können Sie z. B. Streicher oder Drums mit viel oder wenig Attack spielen. Weitere Beispiele mit einer vergleichbaren Modulationsmatrix finden Sie in Abschnitt 11.17.7, »Modulation-Router«, im Unterabschnitt über den *ES2*-Synthesizer.

11.12.2 Einfaches Instrument erstellen, Instrument-Editor

Im *EXS24* können Sie sogenannte *EXS*-Instrumente erstellen, laden und speichern, die Sie als Datei an der Endung *.exs* erkennen. In diesen Instrumenten ist die Informationen gespeichert, welche Audiofiles benutzt werden und mit welchen Einstellungen (z. B. Keyboardtastaturbereich, Velocity-Bereich, Looping, Tonhöhe) abgespielt wird. Instrumente erstellen und bearbeiten Sie im INSTRUMENT-EDITOR, nicht im *EXS* selbst. Den INSTRUMENT-EDITOR öffnen Sie mit dem EDIT-Knopf auf der Oberfläche des *EXS*.

Hierdurch wird in neueren Logic-Versionen automatisch ein leeres Instrument erzeugt. In dieses ziehen Sie ein Sample oder mehrere Samples per Drag & Drop. Dadurch werden automatisch eine oder mehrere sogenannte *Zonen* erzeugt. Wenn Sie mehrere Samples laden, erscheint ein Dialogfenster (siehe Abschnitt 11.12.5 bzw. Abbildung 11.108).

In einer Zone stellen Sie ein, welches Sample geladen ist (ein Sample pro Zone) und auf welchem Bereich der Tastatur Sie es im Sampler spielen können. Mehrere Zonen können sich überlagern, so dass Sie mehrere Samples gleichzeitig spielen können.

In Abbildung 11.104 ist das Sample auf der ganzen Tastatur von C-2 bis C8 verteilt (ebenso in den Beispielen *11ExsSY1* und *11Exsinst1sing*). Außerdem ist das Häkchen beim Eintrag PITCH ❷ gesetzt, so dass das Sample je nach gespielter Taste seine Tonhöhe verändert. Beides sorgt dafür, dass Sie das geladene Sample im *EXS* nun wie ein Instrument spielen können. In den Spalten TONUMFANG (LO/HI) ❶ ist C-2 bis G8 als für das Sample relevanter Tastaturbereich eingestellt, diesen können Sie in den Spalten auch ändern. Sie sehen außerdem einen blauen Balken unten, oberhalb der Tastatur. Dieser korrespondiert mit den Einstellungen unter TONUMFANG und kann mit der Maus ebenfalls verändert werden, indem Sie ihn an der rechten oder linken Ecke anfassen, so dass ein Längentool erscheint, und mit gehaltener Maustaste die jeweilige Ecke nach links oder rechts ziehen. Wenn Sie einen Balken mit kleinerem Tastaturumfang mittig anfassen, können Sie ihn auch als Ganzes nach links oder rechts ziehen.

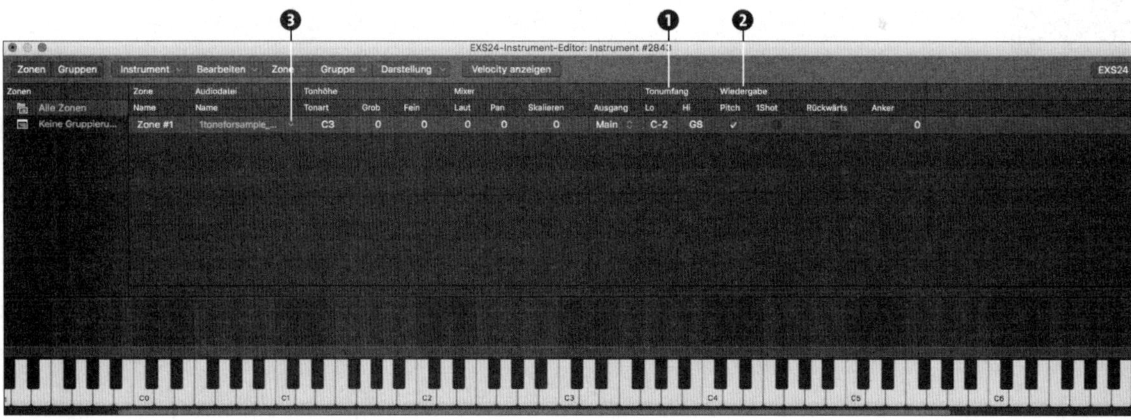

Abbildung 11.104 Eine Zone im »EXS« mit einem Sample, das über die ganze Tastatur gespielt werden kann liegt daneben

Abbildung 11.105 Für eine erzeugte Zone können Sie auch per Dialog anstatt per Drag & Drop ein Sample laden.

Sie können jederzeit über das ZONE-Menü (Abbildung 11.110) neue Zonen hinzufügen ([ctrl] + [Z]) oder aus der Zone heraus ein AUDIO-SAMPLE LADEN ([ctrl] + [F]; Abbildung 11.105).

11.12.3 Audiodateieditor als Helfer, Loopen von Sounds

Das in Abbildung 11.105 sichtbare Menü erscheint durch Klick auf das nach unten zeigende Dreieck neben dem Samplenamen ❸, aus diesem Menü heraus können Sie das Sample auch im AUDIODATEIEDITOR öffnen (auch wenn dort noch dessen alte Bezeichnung SAMPLE-EDI-

Tor steht, siehe Abbildung 11.105). Dort können Sie Samples schneiden, Start- und Endpunkte ändern oder einen Loop einstellen, so dass Ihr Sample endlos lange spielt. Sie können sowohl im Instrument-Editor als auch im Audiodateieditor Start- und Endpunkte verändern, einen Ankerpunkt verschieben oder Loops programmieren. Entsprechende Optionen müssen Sie eventuell im Darstellung-Menü einblenden lassen.

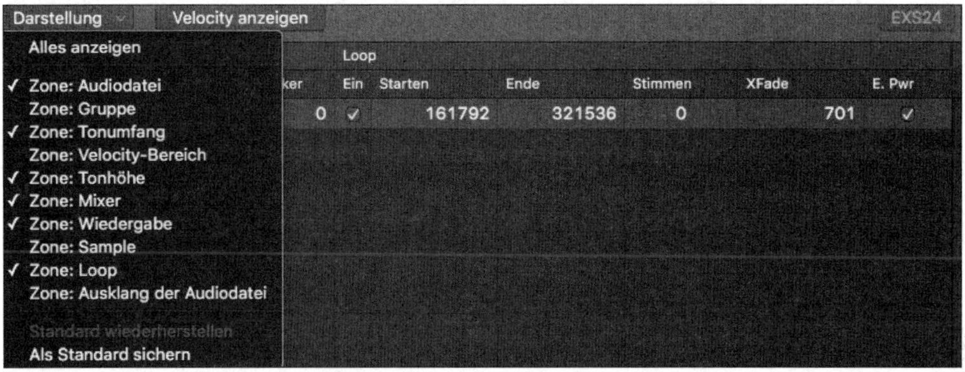

Abbildung 11.106 Den Loop-Bereich für die Zone lassen Sie sich in der »Zonen«-Ansicht über das Menü »Darstellung« anzeigen.

Nach meiner Erfahrung funktioniert der Wechsel vom Instrument-Editor zum Audiodateieditor und zurück manchmal etwas hakelig, und nicht alle Einstellungen werden immer direkt wie erwartet übernommen. Aber mit etwas Geduld kommen Sie in der Regel zum Ziel, und es klappte mit neueren Versionen immer besser.

Loopen von Sounds

Wählen Sie im EXS24-Instrument-Editor im Menü Darstellung für eine Zone aus (Abbildung 11.106), dass der Loop-Bereich angezeigt wird, und aktivieren Sie die Loop-Funktion. Danach wird ein Loop im Audiodateieditor angezeigt und kann dort editiert werden. Sie können für Regionen (ob sie nun im *EXS* geladen sind oder auch nicht) Loops im Audiodateieditor erstellen (Funktion Bearbeiten • Auswahl zu Sample-Loop) und diese in das Audiofile schreiben (Menü Bearbeiten • Sample-Loop in Audiodatei schreiben). Entsprechende Einstellungen werden übrigens im *EXS* übernommen, wenn Sie das Audiofile (und nicht eine Region) per Drag & Drop in den Instrument-Editor ziehen. War die Region bereits geladen, ist der Loop im Instrument-Editor zu sehen, muss dort aber eventuell noch aktiviert werden.

Das Sample aus dem einfachen Beispiel *11Exsinst1sing* habe ich in *11Exsinst1sing2* geloopt (Abbildung 11.107). Gleichzeitig habe ich den Samplestartpunkt etwas nach hinten verschoben. Im Audiodateieditor sehen Sie unten einen Bereich S. Loop (Sample-Loop), dessen Länge Sie auch durch Anfassen seiner Endpunkte verändern können, wobei ein Handsymbol mit ausgestrecktem Zeigefinger erscheint. Im Instrument-Editor oben ist der Loop aktiviert (Spalte Ein) und ein Crossfade eingestellt (Spalte XFade).

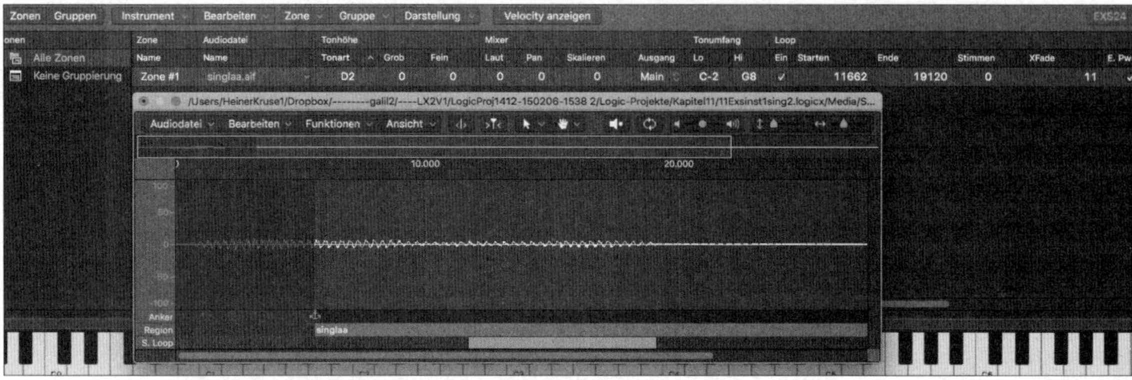

Abbildung 11.107 Die »Loop«-Funktion wurde aktiviert.

Es ist manchmal sinnvoll, einen Crossfade für das Looping zu erstellen, um den Loop »runder« klingen zu lassen und Knackser zu vermeiden (Spalte XFADE in Abbildung 11.106). Der Eintrag »E« in der Spalte rechts daneben steht übrigens für »Equal Power« und versucht, die Lautstärke des Crossfades zu optimieren, indem er die Mitte des Crossfade-Bereichs um 3 dB anhebt. Ein weiteres Beispiel finden Sie im Projekt *11ExsSY2*. Mit dem Eintrag STIM(MUNG) links daneben verstellen Sie die Stimmung des Loops prozentual.

11.12.4 Tuning und Sounddesign

Wenn Sie ein Sample in eine Zone laden und anschließend im *EXS* spielen, dann entspricht die Tonhöhe des gespielten Samples in der Regel nicht der Tonhöhe der tatsächlich der gespielten Note. Um aber bei den Tonhöhen den Überblick zu behalten und gespielte MIDI-Noten einer anderen Spur mit den gleichen Tasten spielen zu können, empfiehlt es sich, das *EXS*-Instrument richtig zu stimmen. Im Beispiel *11Exsinst1sing3* habe ich das Sample aus dem Beispiel *11Exsinst1sing2* gestimmt.

Die Tonhöhe Ihres Samples verstimmen Sie im INSTRUMENT-EDITOR in den drei Spalten TONART, GROB und FEIN (Abbildung 11.107).

Mit GROB stellen Sie Halbtonschritte ein und mit FEIN Cents, d. h. 100tel-Halbtonschritte. Eine Verstimmung von GROB +1, FEIN –50 entspräche also dem gleichen Ton wie eine Einstellung GROB +0, FEIN +50.

TONART gibt den Ton an bzw. die Klaviertaste, die den Ton in der Originaltonhöhe spielt. Die Bezeichnung in der englischen Version heißt *Root Key*. Dieser Begriff ist gängig. Wenn Sie nun also die Tonart oder den Root Key in die Höhe drehen, verstimmt sich Ihr Instrument nach unten. Das ist logisch: Die Originaltonhöhe wird nun bei höher gespielten Tasten erreicht. Spielen Sie also weiterhin die gleiche Taste, hören Sie einen tieferen Ton.

Als Hilfe beim Stimmen habe ich im Dokument *11Exsinst1sing3* eine Instrumentenspur mit einem *E-Piano* (das die korrekte Tonhöhe spielt) und das »Tuner«-Plug-In genutzt (das die gespielte Tonhöhe des Samples anzeigt).

Im Dokument *11Exsinst1sing4* habe ich aus dem gleichen Sample vor allem mit Hilfe von Tuning und anderen Hüllkurveneinstellungen eine Bassdrum, eine Hi-Hat und einen Lead-Sound gebastelt, die nun in drei verschiedenen *EXS*-Instanzen spielen.

Längenänderung bei Tonhöhenänderung

Wenn Sie ein Sample um 12 Halbtöne nach oben verstimmen, spielt es doppelt so schnell und doppelt so hoch. Während es mit Hilfe der Flex-Tools und in *Alchemy* möglich ist, ein Sample in die doppelte Länge zu ziehen und dabei die Original-Tonhöhe beizubehalten, geht das im *EXS24*-Sampler nicht. Das vermeintliche »Manko« haben sich allerdings auch viele Künstler zunutze gemacht, um Drumloops an ein Tempo anzupassen, ohne Time-Stretching zu benötigen. Diese in den 90er Jahren groß gewordene Technik trug maßgeblich zur Entwicklung von Breakbeat-Genres bei und ist auch heute noch interessant (siehe auch Projekt *17rexbreakbeat2*).

Sichern von editierten »EXS«-Instrumenten

Nach dem Editieren eines Instrumentes sollten Sie dieses eventuell aus dem INSTRUMENTEN-EDITOR-Menü INSTRUMENT heraus unter neuem Namen sichern und wieder neu laden (siehe Abschnitt 11.12.16). Logic verhält sich beim Duplizieren und anschließenden Editieren von *.exs*-Instrumenten nicht immer schlüssig.

11.12.5 Instrument/Drumkit/Effektkit mit mehreren Samples erstellen

Beim Import mehrerer Samples per Drag & Drop ist die Option ANEINANDERGRENZENDE ZONEN mit einer Zonenbreite von einer Note sinnvoll, um mehrere Sounds auf jeweils eine einzelne Taste der Tastatur zu legen (Abbildung 11.108). Das ist typischerweise der Fall, wenn Sie ein Drumkit erstellen, aber auch wenn Sie sich ein FX-Preset zum Abfeuern von FX-Samples, ganzen Drumloops oder Jingles basteln. Auch komplexe Dubstep-Basslines lassen sich erstellen, indem Sie sorgfältig gestimmte Samples entsprechend auf der Tastatur eines Samplers anordnen und schnell nacheinander abspielen.

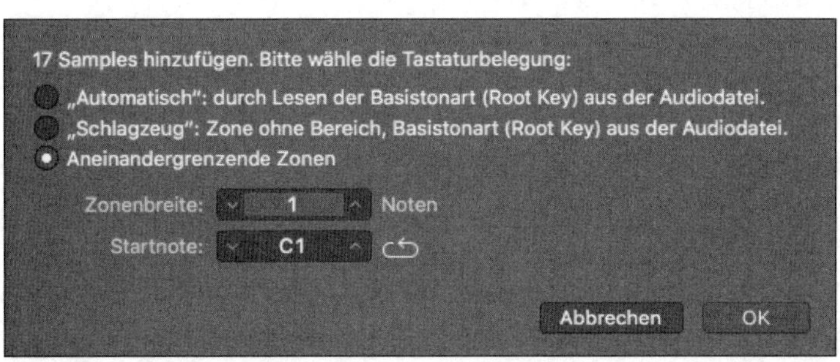

Abbildung 11.108 Der Dialog beim Importieren mehrerer Samples

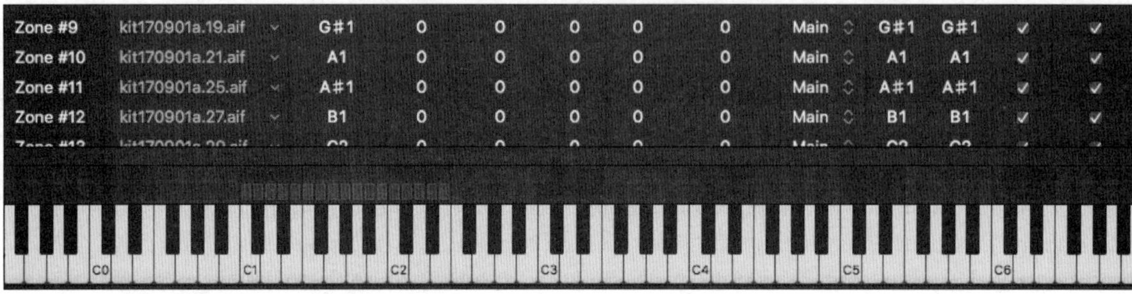

Abbildung 11.109 Mehrere Samples wurden importiert (Projekt »11Kit170901-a«).

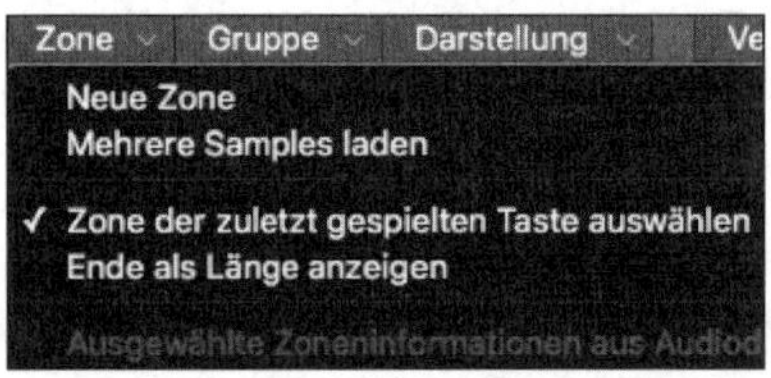

Abbildung 11.110 Im Menü »Zone« können Sie sowohl eine neue Zone erzeugen als auch den Dialog zum Importieren mehrerer Samples aufrufen.

Sie können eine oder mehrere neue Zone(n) erstellen (`ctrl` + `Z`), deren Tastaturbereich definieren und jeweils eine Audiodatei in die Zone laden – oder über den Eintrag MEHRERE SAMPLES LADEN (`ctrl` + `0`) einen Dialog zum Import mehrerer Samples gleichzeitig aufrufen, für die dann jeweils eigene Zonen erstellt werden, denn eine Zone kann jeweils nur ein Sample verwalten. Etwas einfacher geht es per Drag & Drop.

Vorsicht: Bei eingeschaltetem ONE-SHOT im INSTRUMENT-EDITOR (passiert bei dieser Art des Importierens automatisch) werden alle Samples immer bis zum Ende gespielt – selbst wenn Sie die entsprechenden Keyboardtasten früher loslassen (vergleiche Projekt *11Kit170901-a*). Selektieren Sie gegebenenfalls mehrere Zonen gleichzeitig, und deaktivieren Sie diese Option, um den Lautstärkeverlauf der Hüllkurve des *EXS24* auf die Zone entsprechend ihrer gespielten MIDI-Note anzuwenden (siehe *11Kit170901-b*).

11.12.6 Editieren mehrerer Zonen gleichzeitig

Sie können auch mehrere Zonen selektieren und gleichzeitig editieren. Bewegen Sie die Maus auf einen leeren Bereich im Editor, und ziehen Sie einen Bereich bei gehaltener Taste auf, um mehrere Zonen zu selektieren und zu editieren. Sie können nun auch z. B. bei einem geslicten Loop gleichzeitig alle Slices bis ans Sample-Ende verlängern, indem Sie auf das Feld für das Sample-Ende doppelklicken und den passenden Wert numerisch eingeben.

11.12.7 Region(en) in neue Sampler-Spur umwandeln (Slicing und mehrere Regionen importieren)

Sie können ein oder mehrere Regionen im Bereich SPUREN selektieren und auf verschiedene Weise in eine *EXS24*-Sampler-Spur umwandeln. Mit der Funktion IN NEUE SAMPLER-SPUR UMWANDELN (im Kontextmenü unter dem Eintrag KONVERTIEREN, erreichbar durch Rechtsklick auf eine Audioregion oder [ctrl] + [E]) wandeln Sie

- eine oder mehrere selektierte Region(en) oder
- eine selektierte Region (z. B. einen Drumloop) anhand von Transient-Markern

in eine Sampler-Spur um.

Falls Sie einzelne Samples, die bereits als Regionen vorliegen, auf Tasten im Sampler chromatisch platzieren möchten, ist dafür Option 1 geeignet.

Option 2 teilt eine Region anhand erkannter Transienten in Abschnitte und verteilt diese ebenfalls chromatisch als Zonen auf der Tastatur.

In beiden Fällen wird außerdem eine MIDI-Region in der *EXS24*-Spur erzeugt, die im Fall 1 Noten an der bisherigen Abspielposition der Regionen und im Fall 2 Noten an der Taktposition erkannter Transienten erzeugt. Oft geht es dabei darum, via *Slicing* Tempounabhängigkeit zu erreichen. Daher erkläre ich den Befehl IN NEUE SAMPLER-SPUR UMWANDELN (und den thematisch artverwandten Import von ReCycle-Dateien) detailliert in Abschnitt 9.10.1.

11.12.8 Multisamples

Nutzen Sie mehrere Samples, um ein Instrument einzufangen, spricht man von *Multisamples*. Damit sind mehrere Einzelaufnahmen gemeint, die über die Tastatur verteilt werden. So erreichen Sie einen natürlicheren Klang. Nutzen Sie nur ein Sample für das ganze Instrument bzw. *eine* Originaltonhöhe, hört sich der Sound vor allem in höheren Oktaven sehr unnatürlich an. Die Formanten und Obertöne eines Samples werden dann nach oben oder nach unten verschoben. Bei Vocal-Samples klingt das, als hätte jemand Lachgas inhaliert – oder nach einem düsteren Flaschengeist.

Wie viele Samples für ein gut klingendes Instrument nötig sind, variiert. Wenn Nuancen eines Klaviers eingefangen werden sollen, ist prinzipiell ein Sample pro Taste nötig, aber auch mit einem Sample pro Oktave lassen sich bei vielen Instrumenten ordentliche Ergebnisse erzielen. Bei manchen Synth-Sounds kommen Sie mit noch weniger Samples aus. Zudem klingen tiefer gestimmte Samples oft sehr interessant. Es ist immer wieder erstaunlich, welche faszinierenden Sounds sich oft ergeben, wenn Sie ein Sample mehrere Oktaven tiefer spielen (und dabei gegebenenfalls den Bass mit einem HP-Filter entfernen). So basieren zum Beispiel viele Klänge des im Filmmusikbereich häufig verwendeten Software-Instruments *Omnisphere* von Spectrasonics auf tief gestimmten Samples.

11.12.9 Velocity-Layering

Eine weitere Methode, authentischen Instrumentenklang einzufangen, ist das Velocity-Layering. Hierbei werden Zonen mit unterschiedlichen Samples angelegt, die in Abstufungen entsprechend der Anschlagsdynamik abgespielt werden können. Damit versucht man der Tatsache gerecht zu werden, dass leiser oder lauter gespielte Noten (z. B. bei Naturinstrumenten oder Schlagzeug) auch unterschiedlich klingen. Dies kann in einem Sampler mit Filter-Cutoff- oder Amp-Variationen nicht gut genug emuliert werden. Daher wird für verschiedene Dynamikstufen ein eigenes Sample erstellt, dem dann ein Velocity-Bereich zugewiesen wird. Man spricht von *Velocity-Layern*. Wie viele Velocity-Zonen man sinnvollerweise für ein gut gesampeltes Instrument benötigt, lässt sich wiederum nicht verallgemeinern. Die Firma Imperfect Samples hat einen Versuch unternommen, 128 Velocity-Layer eines Klaviers zu erfassen (mehr Velocity-Werte lässt MIDI gar nicht zu). Weil jede Keyboard-Tastatur unterschiedlich zu spielen ist, hat der Hersteller der Sample-Library es schwer, das Originalfeeling eines Klaviers authentisch auf die Keyboards von Sampler-Usern zu transportieren. Hier hilft eventuell das MIDI-FX Plug-In »Modifier«.

Programmierung von Velocity-Bereichen im »EXS«

Bei der Programmierung von Velocity-Werten im Sample-Editor müssen Sie die Ansicht ZONE • VELOCITY im ANSICHT-Menü des INSTRUMENT-EDITORS einblenden und die Editierung für die Zone mit einem Häkchen in der Spalte EIN (siehe Abbildung 11.111 ❸) aktivieren.

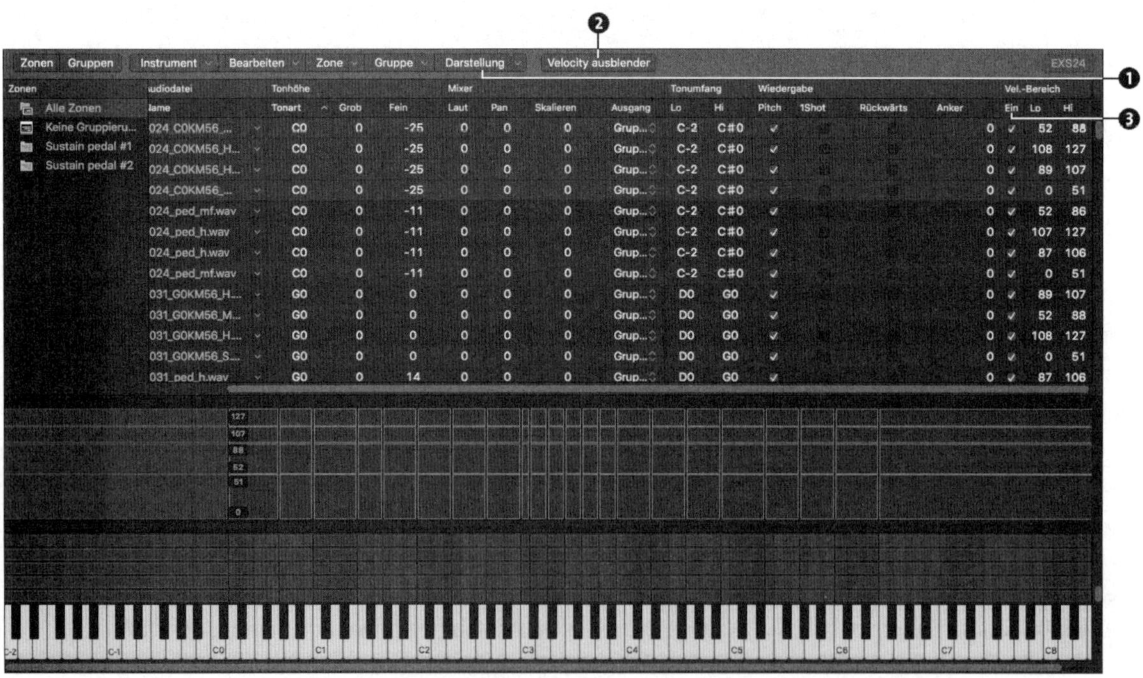

Abbildung 11.111 Zonen mit zugewiesenen Velocity-Bereichen, eingeblendete Velocity im Instrument-Editor

Abbildung 11.111 zeigt, wie das in Logics *Grand Piano* (Projekt *11EXSGrandPiano*) gelöst wurde. Außerdem habe ich dort rechts neben dem DARSTELLUNG-Menü ❶ auf VELOCITY EINBLENDEN ❷ geklickt, um die Velocity-Bereiche unterhalb der Zonenliste grafisch dargestellt zu bekommen. Sie sehen in der Abbildung unter anderem vier verschiedene Zonen, die sich über den Tastaturbereich C-2 bis C0 erstrecken. Diese repräsentieren Velocity-Layer für diesen Tastaturbereich. Die selektierte Zone ist grafisch hervorgehoben und zeigt ihren Velocity- und Tastaturbereich in Dunkelblau an. Sie können die eingestellten Werte durch Doppelklick auf die Werte in den Spalten und Eingabe neuer Werte oder durch Ziehen des abgebildeten Velocity-Bereichs nach oben und unten bei gehaltener Maustaste editieren.

11.12.10 Velocity-Crossfades, Velocity-Amp-Modulation und Sample Select

Wenn Sie verschiedene *EXS*-Instrumente aus der Library öffnen, ist es oft so, dass zugewiesene Velocity-Bereiche klar voneinander getrennt sind (wie beim *Grand Piano*). Auf diese Weise wechseln sich die beiden Samples ab und spielen nie gleichzeitig. Haben Sie besonders viele Samples zur Verfügung, klingt das oft echt. Haben Sie dagegen nur zwei Samples und sind diese zudem recht unterschiedlich, klingt ein abrupter Wechsel zwischen den beiden bei einer bestimmten Velocity meist sehr unnatürlich.

11

Ein zusätzliches Tool bei der Programmierung von Velocity-Layern ist die Einstellung des zugehörigen Crossfade-Wertes in der *EXS24*-Plug-In-Bedienoberfläche, um eine weiche Überblendung zwischen Layern zu realisieren. Wenn Sie versuchen, den Sound eines natürlichen Instruments nachzuahmen, indem Sie z. B. nur zwei verschiedene Audiosamples bzw. Velocity-Layer benutzen, ist die Funktion *Velocity-Crossfading* bei der Erstellung eines realistisch klingenden Instruments sehr hilfreich.

Öffnen Sie die Datei *11EXSVelolayer*. Hier habe ich zwei verschiedene Snares in den *EXS24* geladen. Je fester Sie auf Ihrem Keyboard spielen, desto lauter hören Sie einen leicht zischenden Sound, der hinzugemischt wird. Im INSTRUMENT-EDITOR ist dieser zischende Sound einem Velocity-Bereich von 119 bis 127 zugewiesen, die andere Snare hat einen Velocity-Bereich von 0 bis 127. Die »normale« Snare spielt also über den gesamten Velocity-Bereich, die »zischende« Snare nur über einen Teilbereich. Dass diese zischende Snare nun nicht einfach plötzlich hinzukommt, sondern langsam eingeblendet wird, liegt vor allen Dingen an den in Abbildung 11.112 gezeigten Einstellungen (die Sie nicht im INSTRUMENT-EDITOR, sondern in der Plug-In-Oberfläche des *EXS* treffen).

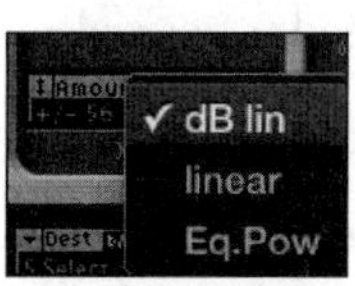

Abbildung 11.112 Velocity-Crossfade

Im Bild ist ein Crossfade mit einem Wert von 56 eingestellt. Das bedeutet, dass die zischende Snare eben nicht erst ab einer Velocity von 119 spielt (wie im INSTRUMENT-EDITOR eingestellt), sondern für die 56 Velocity-Werte darunter, also bereits ab Velocity 63 langsam eingeblendet wird. Neben dem Eintrag für diesen XFADE-Amount können Sie auswählen, welchen Verlauf die Kurve des Crossfades nimmt.

Aber: Leider war das immer noch nicht alles. Denn das Ganze funktioniert nur, weil in einem Modulationsslot des *EXS24* programmiert wurde, dass die VELOCITY sich zu 100 % auf den Parameter S.SELECT (Sample Select) auswirkt (Abbildung 11.113). Nicht ganz unkompliziert, finden Sie? Geht mir auch so. Normalerweise brauchen Sie das nicht einzustellen, weil es die Voreinstellung für neue Instrumente ist.

Abbildung 11.113 Sample Select im EXS

Velocity wirkt auf Volume

Die Wirkung des *Einblendens* der Snare wird dadurch verstärkt, dass die Velocity insgesamt die Lautstärke beider Snares moduliert, so dass der Gesamtsound lauter wird, wenn Sie fester spielen. Dies stellen Sie rechts im *EXS* ein (Abbildung 11.114). Der auseinandergezogene Balken zeigt unten die Lautstärke des Verstärkers bei der niedrigsten spielbaren Velocity (hier ca. 40 %) und oben die Verstärkerlautstärke bei höchster Velocity.

Abbildung 11.114 Die Velocity moduliert den Amp.

Wenn Sie den Balken zusammenschieben, ist die Verstärkerlautstärke bei jeder gespielten Velocity gleich.

Sample-Layer via Mod-Wheel ansteuern

Sie können auch andere Parameter benutzen, um Samples anzusteuern. Definieren Sie beispielsweise das Mod-Wheel Ihres Keyboards (das den MIDI-Control-Change-Befehl 1, hier dargestellt als CTRL #1, sendet) als Modulationsquelle (Abbildung 11.115).

Abbildung 11.115 Das Mod-Wheel selektiert den Layer.

Wenn Sie nun das Mod-Wheel bewegen, wird zwischen Velocity-Layern umgeschaltet. Im Dokument *11EXSVelolayer2* geschieht das mit unseren zuvor programmierten Snares.

11.12.11 Reversed Samples im Instrument-Editor

Besonders in Mode gekommen sind sogenannte *Reversed Sounds,* die sich besonders gut mit rückwärts gespielten Samples realisieren lassen. Sie können alle Samples im INSTRUMENT-EDITOR mit `cmd` + `A` auswählen und anschließend gemeinsam bearbeiten. Dabei können Sie auch für sämtliche Zonen den Rückwärts-(Reversed-)Modus aktivieren, so dass die Samples rückwärts abgespielt werden. Das habe ich in einem Beispiel im Hauruck-Verfahren für das Sample-Instrument *Classical Piano* gemacht. Weil die Samples unterschiedlich lang sind, habe ich einfach ihren Sample-Endpunkt auf eine einheitliche Länge gesetzt. Das ist natürlich eine recht unkonventionelle und ungenaue Editiermethode, doch nun lässt sich das Piano bereits einigermaßen im Rückwärtssound abspielen, um Ihnen zu zeigen, was ich soundmäßig meine. Das Soundbeispiel finden Sie im Projekt *11ReversedTripHop.*

11

11.12.12 Gruppen erzeugen

Zonen lassen sich zu Gruppen zusammenfassen (z. B. zur Auswahl von verschiedenen Artikulationen oder für ein übersichtlicheres Ausgangsrouting für mehrere Samples gleichzeitig).

Im EXS-INSTRUMENT-EDITOR können Sie links oben zwischen der ZONEN- und GRUPPEN-Ansicht umschalten – und im Menü GRUPPE erzeugen Sie eine neue Gruppe (`ctrl` + `G`). Das DARSTELLUNG-Menü bezieht sich jeweils auf die ausgewählte Ansicht.

Abbildung 11.116 zeigt: In der GRUPPEN-Ansicht sind der Velocity-Bereich der Gruppe, Outs, Filter-/ADSR-Offset und mehr editierbar, doch hierzu müssen Sie die entsprechenden Darstellungen oft erst im DARSTELLUNG-Menü sichtbar machen.

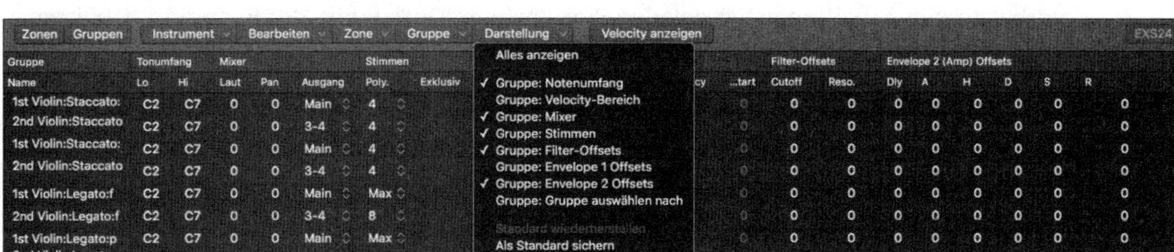

Abbildung 11.116 EXS-Instrument-Editor, »Gruppen«-Ansicht

11.12.13 »Gruppe auswählen nach«/Artikulations-IDs

Die Ansicht Gruppe: Gruppe auswählen nach (die Sie im Menü Darstellung gegebenenfalls erst aktivieren müssen) erlaubt u. a., eine Gruppe anhand von Parametern wie einer vorher gespielten Note (z. B. C0) auszuwählen. Typischerweise wählte man dabei bislang Noten in einem Tastaturbereich aus, der das Instrument nicht direkt anspielt, weil er keiner Zone zugewiesen ist (z. B. ganz tiefe Noten wie C-2). Man spricht auch von *Keyswitches*. Diese werden oft bei der »Programmierung« von Orchestersounds verwendet (siehe Abbildung 11.117 und Projekt *11EXSString*).

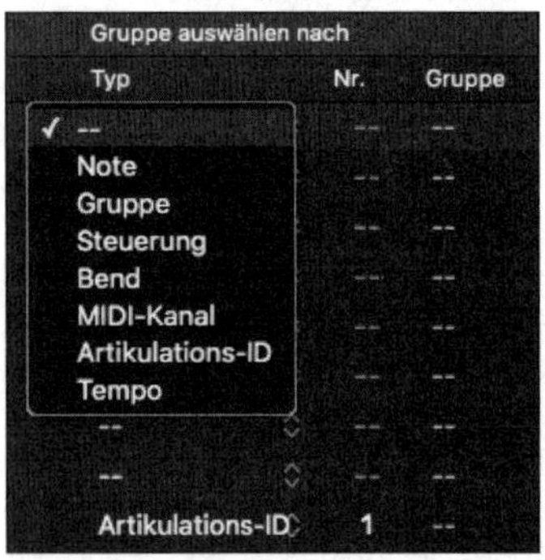

Abbildung 11.117 Spalte »Gruppe auswählen nach« in der »Gruppen«-Ansicht

In Kapitel 17, »Mixingstrategien, musikalische Ziele und Stile«, finden Sie das Beispiel *17Horns2*, wo zwischen French-Horn-Artikulationen mit Hilfe des Parameters »Steuerung 1« gewechselt wird (hiermit ist das Mod-Wheel bzw. Controller Nr. 1 gemeint). In *17Horns2* können Sie verschiedene Wertebereiche des Controllers definieren, die die jeweiligen Artikulationen aufrufen.

In Logic Pro X neu und einzigartig ist der Parameter Artikulations-ID zum Umschalten zwischen Gruppen (als Alternative zur Umschaltung per Note). Ein typisches Anwendungsbeispiel ist vor allem das Umschalten zwischen verschiedenen Spielweisen eines *EXS*-Instruments, z. B. Pizzicato- und Legato-Spielweisen eines Violinen-*EXS*-Instruments. Verschiedene Spielweisen können durch Zuordnung von Artikulations-IDs zu gespielten Noten (z. B. in der Event-Liste) sogar gleichzeitig benutzt werden. Damit dies oder das Umschalten zwischen mehreren Gruppen so schnell möglich ist, müssen die Gruppen natürlich bereits vorher in den Arbeitsspeicher geladen worden sein. Deshalb ist der Bedarf an Arbeitsspeicher bei der Programmierung solcher Sounds sehr hoch, was für ein 64-Bit-Programm wie Logic Pro X kein Problem ist, solange genug Arbeitsspeicher verbaut ist.

Artikulations-IDs werden in vielen neuen Patches von Logic Pro X verwendet, zum Beispiel bei Drumkits, die gemeinsam mit dem »Drummer« benutzt werden, aber auch Streicher- und Brass-Sounds. Diese Sounds sind teilweise etwas versteckt zu finden; einige sind mit einem + hinter dem Sound markiert, Sie finden dieses + in den Soundnamen der *EXS*-Instrumente, jedoch nicht in den allgemeinen Patches, sondern in den Namen der *EXS*-Instrumente (z. B. *Violins 1+*, *Violins 2+*), die andererseits von Patches benutzt werden (z. B. *Violins 2*). Ich entdecke immer mehr von diesen Sounds, je länger ich mit Logic Pro X arbeite. In Patches heißen die Instrumente dann oft »Smart«, wie die Smart Strings im Projekt *11EXS-String*. Ein weiteres Beispiel zu dem Thema finden Sie in Kapitel 17, »Mixingstrategien, musikalische Ziele und Stile«, mit dem Projekt *17Strings1*, wo mehrere String-Artikulationen gleichzeitig aktiv sind.

Das Editing von Artikulations-IDs ist in Logic Pro X-MIDI-Editoren auf unterschiedliche Weise möglich, z. B. in der PIANOROLLE, besonders gut aber in der EVENT-Liste, wo Sie eine separate Spalte für Artikulations-IDs einblenden können. Artikulations-IDs stehen übrigens auch als Modulationsziel in der Modulationsmatrix des *EXS24* zur Verfügung.

11.12.14 Einzelouts und Gruppen

Sollen Einzelouts genutzt werden, ist etwas Vorkonfiguration nötig: Der *EXS24* muss als Multi-Ausgang-Instrument geladen und es müssen zusätzliche Aux-Kanäle angelegt werden (siehe Abschnitt 14.5).

Die Nutzung von Gruppen ist sinnvoll (aber nicht zwingend notwendig), wenn Sie verschiedene Samples unterschiedlichen Kanalzügen/Einzelouts zur Abmischung zuführen wollen.

Betrachten wir den INSTRUMENT-EDITOR etwas genauer in Bezug auf Zonen und Gruppen: Stellen Sie sich vor, Sie haben ein Drumkit mit verschiedenen Schlagzeugsounds gesampelt. Dabei haben Sie jeden Schlagzeugsound einzeln mit verschiedenen Anschlagstärken aufgenommen. Nun möchten Sie beispielsweise alle Bassdrum-Aufnahmen im selben Kanalzug abmischen.

Hierfür erzeugen Sie eine Gruppe »Bassdrum« (GRUPPE • GRUPPE ERZEUGEN, ctrl + G), auf die Sie die verschiedenen Samplezonen mit verwendeten Bassdrum-Samples ziehen. Bei aktivierter ZONEN-Ansicht sind die im Instrument vorhandenen Gruppen links als Ordner sichtbar. Dabei ist oben links zunächst ausgewählt, dass ALLE ZONEN angezeigt werden, siehe Abbildung 11.118.

Abbildung 11.118 »Zonen«-Ansicht im »EXS24«. Links oben sehen Sie, dass die »Zonen«-Ansicht selektiert ist, in der Sie die Zonen den Gruppen zuweisen können.

Wenn Sie einen dieser Ordner anklicken, sehen Sie anschließend (wie rechts in Abbildung 11.119) nur die in dieser Gruppe enthaltenen Samplezonen.

Abbildung 11.119 Die Samplezonen in der links unten selektierten Gruppe. Wir befinden uns weiterhin in der »Zonen«-Ansicht.

Im Bereich OUTPUT der Zone stellen Sie einfach ein: GRUPPE. Nun müssen Sie noch den gewünschten Output des *EXS24* im Bereich OUTPUT der Gruppe festlegen.

Sie können im Bereich OUTPUT einer Zone aber auch direkt und ohne Verwendung von Gruppen einen Ausgang des *EXS24* einstellen. Je mehr Samples in Ihrem Instrument vorkommen, desto sinnvoller ist es aus Übersichtsgründen, zum Zweck des Output-Routings Gruppen zu verwenden.

Ich habe ein entsprechendes Projekt (Projekt *11EXSGruppenouts*) erstellt, damit Sie das nachvollziehen können. Das im Projekt verwendete Drumkit ist recht komplex; ich habe es aus einem Drum Kit Designer-Instrument abgeleitet. Es handelte sich um ein Producer Kit, und ich habe die Einzelouts neu zugewiesen (siehe Projekt *11EXSGruppenouts2*).

Abbildung 11.120 Die »Gruppen«-Ansicht und das Menü zur Auswahl der Outputs

Um einen besseren Überblick über die Zuordnung der bis zu 26 verschiedenen Output-Kanäle des *EXS24* zu behalten, können Sie den Output-Kanälen auch im INSTRUMENT-EDITOR im Menü INSTRUMENT • BESCHRIFTUNGEN AUSGEBEN in der Spalte ETIKETT einen Namen zuweisen, was im Beispielprojekt vorab erfolgt ist.

Im Bild sehen Sie außerdem, dass es möglich ist, Exklusivitätsgruppen zu definieren. Auf diese Weise können Sie z. B. programmieren, dass eine offene Hi-Hat stets ausgeht, wenn danach eine geschlossene Hi-Hat gespielt wird.

Drum Kit Designer, GarageBand-Instrumente und der »EXS24«

Wenn Sie Drum Kit Designer-Instrumente laden (die mit dem »Drummer« oder über die BIBLIOTHEK geladen werden können), so können Sie sie in *EXS24*-Instrumente umwandeln. Bei einfachen Drum Kit Designer-Instrumenten ist der *EXS24* dabei teilweise settingkompatibel, das heißt, es klingt ähnlich wie vorher. Bei komplexeren Producer Kits ist das nicht mehr unbedingt der Fall, vor allem müssen Sie eventuell Einzelouts manuell neu zuweisen. Es ist sinnvoll zu wissen, dass die Drum Kit Designer-Instrumente letztlich auf der Technik des *EXS24* basieren, denn auf diese Weise bekommen Sie möglicherweise detaillierteren Zugang zu einzelnen Parametern von Sounds in Ihrem Instrument als mit dem Drum Kit Designer selbst, wo es allerdings intuitiver zugeht. Denn bei der Vielzahl von verwendeten Samples ist es durchaus schwierig durchzublicken, welches Sample gespielt oder editiert wird.

Ähnlich verhält es sich mit manchen GarageBand-Instrumenten wie *Horns* oder *Strings*. Wenn solche Instrumente geladen sind, können Sie im Instrumenten-Slot einen *EXS24* laden, um das Instrument besser editieren zu können. Der Sound sollte hierbei unverändert bleiben, es besteht Settingkompatibilität.

11.12.15 Gruppen und ADSR/Filter-Offsets

Ein Nachteil des *EXS24* gegenüber *Kontakt* und Co. ist die fehlende Option, samplerintern den Gruppen komplett eigene Filter, Effekte oder Hüllkurven zuzuweisen. Sämtliche Änderungen des Filtertyps im *EXS24*-Plug-In betreffen ja das gesamte Instrument. In der GRUPPEN-Ansicht des INSTRUMENT-EDITORS können Sie jedoch immerhin Offset-Werte für Filter und Hüllkurve einstellen. Damit ist ein Versatzwert gegenüber der Einstellung in der Plug-In-Oberfläche gemeint. Auf diese Weise sind unterschiedliche Filter- und Hüllkurveneinstellungen für verschiedene Gruppen möglich (jedoch keine jeweils *eigenen* Filter oder Hüllkurven). Bei den Hüllkurven steht zusätzlich ein Hold-Parameter bereit, so dass es sich letztlich um eine ADSR-Hüllkurve handelt. Die Hold-Zeit bestimmt, wie lange die Hüllkurve nach dem Ablauf der Attack-Phase auf dem höchsten Wert bleibt, bevor die Decay-Phase beginnt. Dieser Parameter ist wichtig beim Sounddesign von Drumsounds, steht aber überraschenderweise nur in dieser »versteckten« Gruppenansicht zur Verfügung.

11.12.16 Speichern von ».exs«-Instrumenten und Import anderer Formate

EXS24-Instrumente sollten Sie mit dem Projekt speichern, um ein späteres reibungsloses Laden zu sichern. Dies wird üblicherweise im Rahmen der Projektverwaltung erledigt. Aber manchmal möchte man ja auch Instrumente und Samples für weitere Bearbeitungen duplizieren oder für Nutzungen anderswo oder in der *EXS24*-Library speichern. Dies ist aus dem INSTRUMENT-EDITOR heraus möglich (Abbildung 11.121).

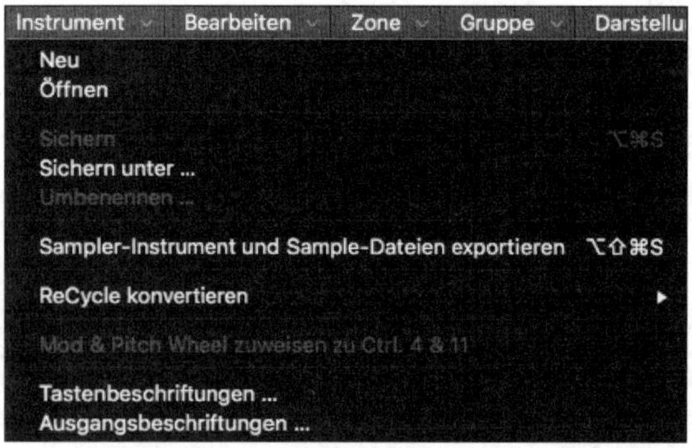

Abbildung 11.121 Im »Instrument«-Menü des »EXS24«-Editors finden Sie die Optionen zum Speichern.

Mit der üblichen SICHERN UNTER ...-Funktion können Sie ein Sampler-Instrument *ohne die dazugehörigen Samples* im Standardordner *User/Music/Audio Music Apps/Sampler Instruments* (empfohlen) speichern. Sie können später aus dem *EXS24* und der BIBLIOTHEK auf Instrumente dieses Ordners zugreifen. Für die nicht mitgespeicherten Samples wird deren Speicherort referenziert. Die mitgelieferten Samples von Logic befinden sich im Ordner *Library/Application Support/Logic/EXS Factory Samples.*

Sie können über den Dialog SAMPLER-INSTRUMENT UND SAMPLE-DATEIEN EXPORTIEREN ein Sampler-Instrument auch inklusive seiner Samples abspeichern. Hierbei öffnet sich ein Dialog, in dem Sie einen beliebigen Speicherort für das *.exs*-Instrument wählen, die zugehörigen Samples werden dabei in dem gleichen Pfad in einem eigenen Ordner neben der *.exs*-Datei abgelegt.

Der *EXS24* kann über das OPTIONS-Menü (Abbildung 11.122) auch Soundfonts (*.sf2*), Giga-Sampler- und DLS-Daten importieren. Die noch in Logic 9 vorhandene Option für den Import von Akai S1000/S3000-Samples ist aus dem *EXS24* in Logic Pro X verschwunden. Den Import von ReCycle-Dateien habe ich in Abschnitt 9.10.2 besprochen.

Vorsicht bei langen Namen

Bei Samples, deren Name länger als 32 Zeichen ist, kann es Probleme beim Laden auf anderen Systemen geben.

Settings der »EXS24«-Plug-In-Oberfläche speichern

Achtung! Die Parameter der *EXS24*-Plug-In-Oberfläche werden zunächst nicht mitgespeichert, wenn Sie eine *.exs*-Datei abspeichern. Mit Hilfe des Menüs OPTIONS • EINSTELLUNGEN IM INSTRUMENT SPEICHERN oben rechts im *EXS24* lässt sich das ändern. Die Einstellungen im Instrument können Sie auch abrufen oder löschen. Die Option VOREINGESTELLTE EXS-EINSTELLUNGEN AUFRUFEN (Abbildung 11.122) lädt eine neutrale Einstellung.

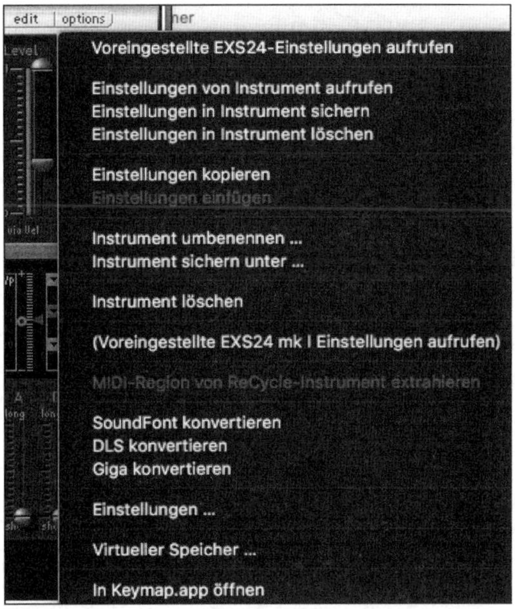

Abbildung 11.122 Das Optionsmenü in der »EXS«-Instrumentenoberfläche

Die Idee bei dieser Methode: Wenn Sie ein Instrument gebaut haben, dessen Einstellungen der *EXS24*-Oberfläche relativ komplex sind, können Sie schnell ein anderes Instrument laden und diese Einstellungen beibehalten, sofern bei diesem anderen Instrument keine Einstellungen mitgespeichert wurden. Auf diese Art und Weise können Ihnen bestimmte *EXS24*-Instrumente als Template dienen.

Eine weitere Möglichkeit besteht darin, die Einstellungen des *EXS24* als *.pst*-Preset zu speichern. Mit dem Preset wird dann nicht nur ein bestimmtes *.exs*-Sampler-Instrument aufgerufen, sondern mit Sicherheit auch die dazugehörigen Einstellungen der *EXS24*-Instrumentenoberfläche. In diesem Format gespeicherte Sampler-Instrumente können aber natürlich nicht von anderen Samplern wie *Kontakt* gelesen werden.

Externer Instrument-Editor/Auto Sampler

Die Einstellung IN KEYMAP.APP ÖFFNEN unten in Abbildung 11.122 bezieht sich auf eine leider nicht mehr erhältliche Sampler-Instrument-Editor-Software des italienischen Softwaredesigners Andrea Gozzi, dessen Firma Redmatica von Apple akquiriert wurde. Er zeichnet für das neue *Auto Sampler* Plug-In in MainStage verantwortlich, mit dem Sie schnell automatisch *.exs*-Instrumente erstellen können (siehe Abschnitt 19.3). Ohne installiertes Keymap stünde hier: IN EXTERNEM INSTRUMENTEDITOR ÖFFNEN ....

11.12.17 Sonstige Optionen, Einstellungen und virtueller Speicher

Im Optionsmenü können Sie außerdem nachträglich MIDI-Regionen von Instrumenten extrahieren, die aus ReCycle-Dateien oder Audioregionen umgewandelt wurden.

Mit den beiden Einträgen EINSTELLUNGEN ... und VIRTUELLER SPEICHER ... im Optionsmenü rufen Sie weitere Dialogfenster. Hierbei geht es u. a. darum, wie die Qualität der Samplerate-Konvertierung ist, wo Samples gesucht werden, wo eventuell eine Information bezüglich der Tonhöhe im Samplenamen gesucht wird, um eventuell auf dieser Basis beim Sampleimport Zonen zu erzeugen. Sie können auch einen MIDI-Befehl für die Umschaltung zum vorherigen oder nächsten Instrument definieren.

In den Einstellungen zum virtuellen Speicher (Festplattenplatz wird als Arbeitsspeicher benutzt) können Sie den virtuellen Speicher an- und ausschalten und an die Performance der Festplatte anpassen.

11.13 Ultrabeat

Ultrabeat ist Logics Drumcomputer mit eigenem Step-Sequenzer. Dieser kann auch ohne Logics Hauptsequenzer gestartet werden. *Ultrabeat* besitzt eine eigene Drumpattern-Programmieroberfläche. Patterns können Sie später auch in den Bereich SPUREN übertragen und dort editieren. Mit *Ultrabeat* können Sie sowohl synthetische Drumsounds designen als auch Samples laden – und das gleich 24 Mal. Ganz oben spielt Sound Nr. 25 – hier ist ein Basssound vorgesehen, der über die Oktaven darüber wie ein Instrument gespielt werden kann.

Auf der linken Seite ist eine Art Mini-Klaviatur für die 24 + 1 Sounds von *Ultrabeat* abgebildet, die auf der jeweiligen Taste (C1–B2) bzw. dem Rest der Tastatur darüber (C3–C8 für den Bass) spielen. Im Tastaturbereich von C-1 bis B0 lassen sich Patterns triggern. Hierfür gibt es verschiedene Modi.

Die blauen Balken in den Sound-Slots sind Lautstärkeregler ❶, wieder rechts daneben MUTE- und SOLO-Button ❷ und PAN-Regler ❸ – fast ein kleines Mischpult also. Die restlichen Parameter rechts daneben stehen jeweils für jeden Sound einzeln zur Verfügung. Man könnte *Ultrabeat* also auch als Modul mit 25 Synths bezeichnen. Über den STEP-Modus (anwählbar links unten) können Sie auch Parameterverläufe programmieren, um Beats interessanter zu machen. Diesbezüglich steht *Ultrabeat* berühmteren Artgenossen wie NI *Maschine* oder Elektron *Analog Rytm* kaum nach.

Abbildung 11.123 »Ultrabeat«

11.13.1 Klangerzeuger »osc1«, »noise« und »osc2« in »Ultrabeat«

Ultrabeat besteht aus drei Klangerzeugungsbereichen (OSC1, NOISE und OSC2), die sich separat ein- und ausschalten lassen. Ist ein Klangerzeugungsbereich eingeschaltet, leuchtet sein virtueller Power-Button rot.

OSC1 und OSC2 haben diverse Klangerzeugungsoptionen (OSC2 u. a. das Laden von Samples sowie Logics Component-Modeling-Synthese, die auch in *Sculpture* und anderen zum Einsatz kommt). Im Noise Generator stehen ein eigener Filter mit Resonanz und ein DIRT-Modul (eine Art Bitcrusher) zur Verfügung. Alle Klangerzeugungsbereiche können Sie mit den Pfeilen in die mittlere FILTER-Sektion routen; die Pfeile leuchten rot, wenn das Routing aktiv ist. Unterhalb der Filtersektion befindet sich ein Beatcrushing- und Distortion-Bereich (die Sie jeweils mit den CRUSH- ❹ oder DISTORT- ❺ Buttons unten aktivieren).

Mit Filtern, Tuningeinstellungen und vor allem den vier präzisen Hüllkurven (unten rechts) und zwei LFOs (oben links) lassen sich Sounds formen.

Die einzelnen Sounds bzw. Tasten eines *Ultrabeat*-Presets werden als *Voices* bezeichnet. Sie können Voices via Rechtsklick initialisieren und Standardeinstellungen aufrufen, z. B. eine neutrale Einstellung, die zum Laden von Samples geeignet ist, oder Synthesizer-Einstellungen, die z. B. einen Sinusbass, eine Kick, eine Snare oder eine Hi-Hat erzeugen (siehe Abbildung 11.124). Voices lassen sich auch kopieren und auf anderen Tasten einfügen. Die Optionen COPY (VOICE & SEQ) und PASTE VOICE oder PASTE SEQUENCE) erscheinen ebenfalls im via Rechtsklick erreichbaren Kontextmenü von Voices, hiermit können Sie sowohl die voicebezogenen Einstellungen als auch die für die Voice bestehenden Sequenzen in *Ultrabeat* kopieren und unabhängig voneinander in Voices einfügen.

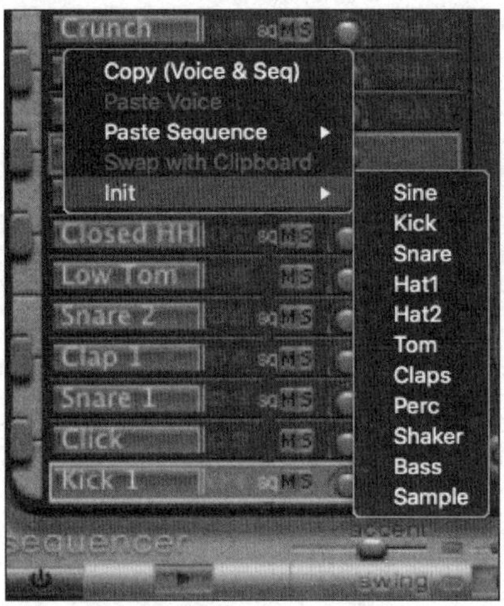

Abbildung 11.124 Rechtsklick-/Kontextmenü der Voices

11.13.2 Samplebasierte Sounds

Im Projekt *11Ultrabeatvintagemasch* sind vor allem Samples geladen. In Abbildung 11.125 ist ein Snare-Sound selektiert ❶, für den im Klangerzeugungsbereich ❷ unten ein Sample geladen ist ❸; die beiden anderen Klangerzeugungsbereiche sind deaktiviert.

Durch Klick links oberhalb der Wellenform im unteren Bereich der Klangerzeugung oder via Drag & Drop aus dem Finder auf die Wellenformdarstellung können Sie Samples laden. Im ersten Fall gelangen Sie in einen Dialog, wo Sie Kits, Drumbänke und einzelne Sounds finden. Teilweise liegen die Einzelsounds hier als *.aif*-Audiodateien vor, die auch in das Fenster PROJEKTAUDIO oder in den *EXS*-Sampler geladen werden können, teilweise sind es *.ubs*-Dateien, also in *Ultrabeat* ladbare Samples (Abbildung 11.126).

Das Preset *Drag & Drop Samples* im Drum Kits-Ordner der Presets ist hierfür optimal, weil es ansonsten neutrale Einstellungen vorkonfiguriert hat.

Abbildung 11.125 Die Snare ist ein samplebasierter »Ultrabeat«-Sound.

Abbildung 11.126 Flip-Menü zum Laden von Samples

11.13.3 »Ultrabeat«-Presetverwaltung, Import-Mode (auch von »EXS«-Instrumenten)

Wenn Sie ein *Ultrabeat*-Preset laden, laden Sie Sounds für alle 25 Voices. Gespeichert werden sämtliche Soundeinstellungen und Patterns. Verwendete Samples können nur mit in den Projektordner gespeichert werden und bleiben ansonsten, wo sie vorher waren.

Im Import-Mode lassen sich auch Voices aus anderen Presets per Drag & Drop laden. Klicken Sie auf den Button Import (sichtbar z. B. unterhalb des Kopieren-Buttons in Abbildung 11.125); anschließend werden Sie in einem Dialog gefragt, aus welchem Preset Sie importieren möchten. Wählen Sie eines aus. Sie finden übrigens auch sogenannte *Drum Banks*, die kein Schlagzeug darstellen, sondern beispielsweise eine Sammlung von Kicks oder Hi-Hats. Diese Presets eignen sich natürlich besonders gut für den Import. Sie können hier auch *EXS*-Instrumente auswählen und Sounds aus *EXS*-Instrumenten importieren (allerdings können nicht alle in einem *.exs*-Dokument möglichen Einstellungen übernommen werden).

Klicken Sie auf einen angezeigten Sound (in Abbildung 11.127: Talk Drum Mid), um ihn vorzuhören, ziehen Sie ihn dann nach links auf den gewünschten Slot (hier: Cow Bell), um ihn inklusive aller Parametereinstellungen zu laden. Wenn Sie Samples aus einem *EXS*-Instrument importieren, erscheint eine ähnliche Anzeige mit Samplezonen.

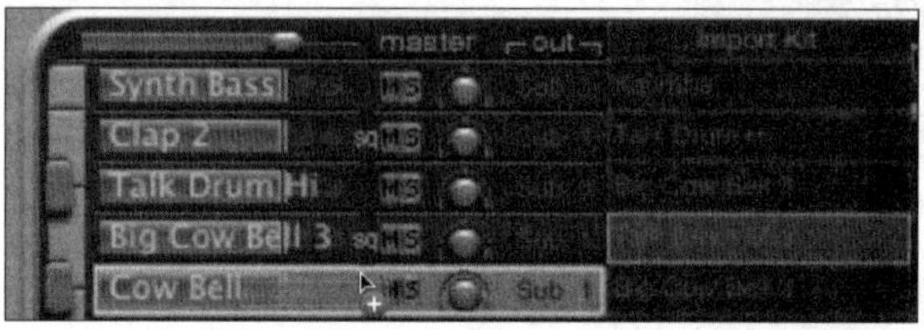

Abbildung 11.127 Importdialog: Auswahl einzelner Sounds

Sie können zu importierende Sounds auch mit `ctrl` + Klick anklicken und Einstellungen (voice- und sequenzerbezogen) kopieren.

11.13.4 Sounddesign in »Ultrabeat«

Sie können das Tutorial-Kit aus den Tutorial-Settings laden, um exemplarisch das Sounddesign für einige typische synthetische Drumsounds nachzuvollziehen. Das habe ich im Dokument *11Ultrabeatkick1* getan.

Kickdrum-Design

Zunächst habe ich die Kick 1 etwas editiert.

Betrachten Sie die Kick 1: Sie wird ausschließlich im obersten Osc erstellt. Unten rechts ist eine kurze Envelope-4-Hüllkurve, die auf den Amp geroutet ist, eingestellt. Sie regelt die Lautstärke. Wenn Sie bei den vier Hüllkurven unten rechts auf Envelope 1 umschalten, sehen Sie eine Hüllkurve, die auf den Pitch der Klick geroutet ist.

In *11Ultrabeatkick1b* habe ich das Routing von Envelope 1 deaktiviert, in *11Ultrabeatkick1c* habe ich Envelope 1 wieder auf den Pitch geroutet. In *11Ultrabeatkick1d* habe ich Envelope 1 verlängert und in *11Ultrabeatkick1e* die Form der Hüllkurve wieder verändert. Sie hören: Der »Klick«-Sound der Kick entsteht zu einem großen Teil aus der Modulation der Tonhöhe (Abbildung 11.127 und Abbildung 11.128). Die Zuweisung von Modulationsparametern ist in *Ultrabeat* allerdings leider nicht besonders übersichtlich.

Abbildung 11.128 »pitch« steht auf »A#0«, aber der Modulationsbereich (blau) lässt eine höhere Tonhöhe zu. Modulator ist hier »envelope 1«.

Abbildung 11.129 »envelope 1« – eingezoomt und editiert. Die Hüllkurven des »Ultrabeat« erlauben präzisere Edits als andere Logic-Synths, wenn es um sehr kurze Hüllkurven geht, was bei der Formung von Drumsounds wichtig ist.

Beachten Sie auch die Option für das Zooming oben rechts in den Darstellungsfenstern für die Envelopes. Zur Veränderung des Zoombereichs bewegen Sie die Maus mit gehaltener Taste über den ZOOM-Schriftzug, und bewegen Sie sie nach links oder rechts.

Hi Hat

Im Projekt *11Ultrabeathh1* entsteht eine Hi-Hat aus dem Noise Generator, der u. a. mit einer kurzen Hüllkurve und einem Filter bearbeitet wird. Gleichzeitig habe ich im Projekt *11Ultrabeathh1* eine Automation aufgenommen, die dokumentiert, wie sich die künstliche Hi-Hat durch Bewegung/Verlängerung des Decay-Bereichs der Hüllkurve von einer eher geschlossenen in eine offene Hi-Hat ändert.

Das Gleiche passiert in *11Ultrabeathh2*, wobei es sich diesmal um eine andere Hi-Hat handelt. Diese setzt sich aus drei Sounds der drei Klangerzeugungsbereiche OSC 1, NOISE und OSC 2 zusammen. Das sehen Sie nicht zuletzt daran, dass die drei virtuellen Power-Buttons aller drei Klangerzeugungsbereiche leuchten. Zusätzlich ist der Equalizer-Bereich aktiv. Darin stehen zwei Bänder mit variabler Bell- und Shelving-Charakteristik zur Verfügung (was genau das bedeutet, können Sie in Abschnitt 15.2.4 über den »Channel EQ« nachlesen). In Abbildung 11.130 sehen Sie zudem den finalen Lautstärkeregler des *Ultrabeat*-Sounds – sowie Einstellungen, dass die Lautstärke von ENVELOPE 4 via Velocity moduliert wird.

Abbildung 11.130 Der EQ-Bereich eines Sounds in »Ultrabeat«

11.13.5 Patterns nutzen und programmieren

Bei Werkspresets sind meist bereits programmierte Drumpatterns integriert. Diese erreichen Sie unten links im Flip-Menü PATTERN (Abbildung 11.131).

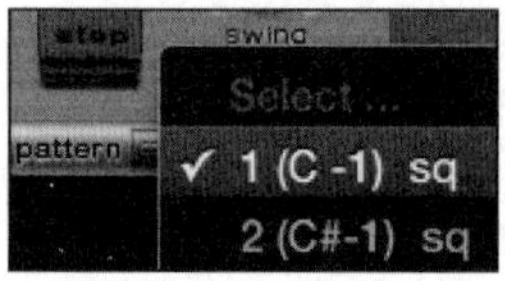

Abbildung 11.131 Patternauswahlmenü unten links in »Ultrabeat«

Steht dort PATTERN 1 (C-1) SQ, dann bedeutet der Eintrag SQ, dass hier eine Sequenz vorhanden ist und über die genannte Taste angesteuert werden kann. Das Häkchen daneben zeigt, dass diese Sequenz gerade in *Ultrabeat* geladen bzw. aktiv ist. Diese erste Sequenz können Sie auch unabhängig von Logics Sequenzer abspielen, indem Sie den Power-Knopf des Sequenzers ❶ (im Bild unter dem Schriftzug) aktivieren und daneben auf PLAY ❷ drücken, falls *Ultrabeats* SEQUENCER aktiv ist.

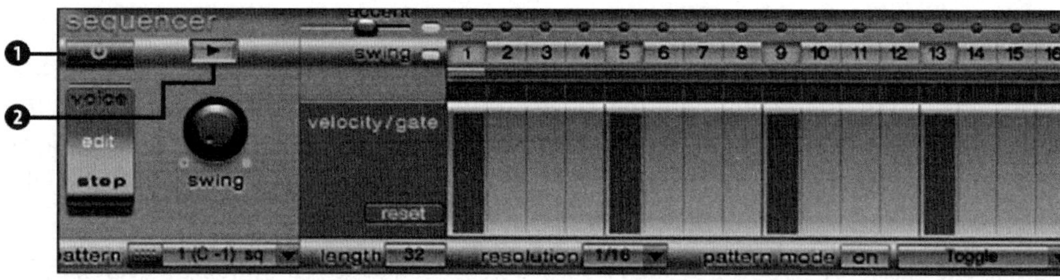

Abbildung 11.132 Im Bild sind »sequencer« und »pattern mode« angeschaltet.

Die dem Pattern zugeordnete Note (im Bild z. B. C-1) spielt eine Rolle, falls weiter rechts noch der PATTERN-Mode aktiviert worden ist (Abbildung 11.132). Dann können Sie durch Anspielen der sehr tiefen Note C-1 dieses Pattern auslösen.

In Abbildung 11.132 sehen Sie außerdem, dass das Beispielpattern eine Länge (LENGTH) von 32 Schritten und eine Auflösung (RESOLUTION) von $^1/_{16}$ Schritten aufweist. Das bedeutet, dass das Pattern zwei Takte lang ist (denn bei einer Auflösung von $^1/_{16}$ hat ein Takt eine Länge von 16 Schritten). Beides können Sie verstellen. Bei einer Auflösung von $^1/_{32}$tel können Sie feinere Rhythmusnuancen programmieren.

Eigene Patterns programmieren

Sie können bei aktiviertem SEQUENCER selbst neue Patterns programmieren, indem Sie im PATTERN-Menü das Flip-Menü aufrufen (wo steht, auf welchen Tasten bereits Patterns liegen) und einen Eintrag suchen, neben dem noch nicht SQ für »Sequenz« steht. *Ultrabeat* ist zum Programmieren und Einzeichnen, aber nicht zum Live-Einspielen von Schlägen gedacht.

Sie können auch mehrere *Ultrabeats* parallel laufen lassen, die jeweils andere Patternlängen haben, um spezielle Schlagzeugfiguren zu erzeugen (siehe Abschnitt 12.11.2, »Polyrhythmik«). Der SEQUENCER zeigt die Schläge für die Kick auf der Taste C1 an, die dort selektiert ist (Abbildung 11.133). Velocity und Länge sind hier editierbar. Wenn Sie per Klick auf die in *Ultrabeat* abgebildete Tastatur einen anderen Sound anwählen, erscheint eine andere Ansicht, und die Patternschläge für ein anderes Instrument werden anzeigt.

Full View

Alternativ lassen sich Patterns im Full View programmieren, wo Sie alle Patternspuren gleichzeitig sehen. Hierbei lassen sich Schläge nicht nur intuitiv einzeichnen oder löschen, es stehen auch einige Hilfsfunktionen zur Verfügung.

Abbildung 11.133 Tools zum Erzeugen und Bearbeiten von Schlägen

11.13.6 Parameter-Step-Programmierung/Step-View

Unter dem Power-Knopf des Sequenzers gibt es die Option, einzelne Parameter pro Schritt zu ändern (STEP-Modus statt VOICE-Modus) ❶. Die Änderungen werden dabei relativ zum Ausgangswert vollzogen (*Offsetwerte*). Änderbare Parameter leuchten gelb. Das ist eigentlich die »schärfste« Waffe von *Ultrabeat*, um wirklich abwechslungsreiche Patterns zu erzeugen.

Um im STEP-Modus eine Werteänderung zu programmieren, selektieren Sie zunächst den entsprechenden Step und drehen dann am entsprechenden Regler (in *Ultrabeats* Klangprogrammierungsbereich) oder ziehen den zugehörigen Balken unten im Step-Sequenzer von *Ultrabeat* ❷ mit gehaltener Maustaste nach oben oder unten. Sie können entsprechende

Werteverläufe auch in Logics Haupt-Sequenzer exportieren (siehe Abschnitt 11.13.8), sie werden dort als Regionsautomation angezeigt. Wenn Sie den STEP-Modus verlassen, sind diese Parameterautomationen allerdings nicht mehr zu hören und werden beim Drag-and-Drop-Export von Patterns (siehe Abschnitt 11.13.8) auch nicht mehr mitexportiert. Sehr wohl bleiben sie natürlich hörbar, wenn Sie sie bereits korrekt exportiert und *Ultrabeats* internen SEQUENCER deaktiviert haben.

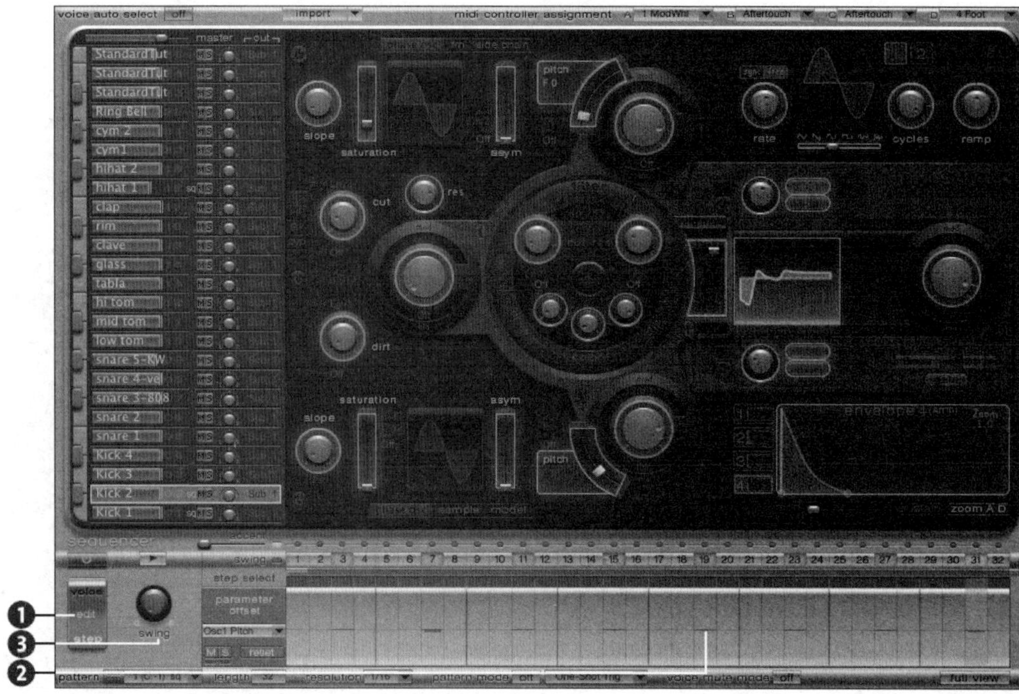

Abbildung 11.134 Der »step«-Modus

Im Projekt *11Ultrabeatstepmod* hören Sie, dass der Pitch des Sounds »Kick 2« aus OSC1 für manche Schritte verändert wurde.

11.13.7 »Accent« und »Swing«

Hier können Sie ein »Swing«-Feeling für *Ultrabeat*-Patterns einstellen. Die Noten auf den geraden Zählzeiten werden dabei nach hinten verschoben (nur bei $\frac{1}{8}$- oder $\frac{1}{16}$-Auflösung), falls Sie das blaue Lämpchen beim Eintrag SWING ❸ aktivieren und den virtuellen Drehknopf SWING aufdrehen (Letzteres reichte bei mir in der Praxis bereits).

Eine zusätzliche Möglichkeit, Nuancen in Patterns einzubauen, liefert die ACCENT-Funktion, die einzelne Schläge lauter macht. Die blauen Lämpchen über den Zählzeiten aktivieren eine besondere Betonung eines Schlages. Ob die ACCENT-Funktion aktiv ist und wie stark sie wirkt, hängt vom blauen Aktivierungsschalter bzw. der Stellung des danebenliegenden ACCENT-Sliders ab.

11.13.8 Übertragung eines Patterns in den Bereich »Spuren«

Fassen Sie das Quadrat rechts neben dem Patternschriftzug an, und ziehen Sie es in eine Spur des Bereichs SPUREN (Abbildung 11.135). So entsteht ein MIDI-File.

Abbildung 11.135 Via »Drag to Arrange Window« wird das Pattern in den Bereich »Spuren« gezogen.

Danach können Sie das *Ultrabeat*-Pattern als MIDI-Region im Bereich SPUREN weiterbearbeiten. Achtung: Um zu verhindern, dass die Noten doppelt spielen, müssen Sie den internen Sequenzer von *Ultrabeat* ausschalten, ansonsten werden die Noten ja sowohl vom Bereich SPUREN aus als auch von *Ultrabeats* internem Sequenzer gespielt.

Beim Ziehen von Patterns ins Arrangement berücksichtigt *Ultrabeat*, wenn Sie Sounds in *Ultrabeat* selbst mit dem kleinen »M«-Knopf stumm geschaltet haben – entsprechende Noten werden als stummgeschaltete MIDI-Events in der neuen Region erscheinen. Auch programmierte Step-Parameter-Offsets werden mit übertragen – vorausgesetzt, der STEP-Modus ist im Moment des Drag-and-Drop-Vorgangs eingeblendet.

11.13.9 Pattern triggern/Pattern-Mode

Ist der PATTERN-Mode aktiv, können 24 Patterns mit den Tasten C-1 bis B0 getriggert werden (C-1 im Beispiel oben). Auf diese Art und Weise können Sie im Bereich SPUREN Patterns von *Ultrabeat* arrangieren, indem Sie Regionen mit einzelnen Noten, die Patterns triggern, benutzen. Für den PATTERN-Mode gibt es wiederum vier verschiedene Triggering-Optionen im Flip-Menü rechts daneben (Abbildung 11.132). Ist der TOGGLE-Mode ausgewählt, spielt das Pattern immer weiter, auch wenn Sie die Taste loslassen (und stoppt, wenn Sie sie erneut drücken). Die Option TOGGLE ON STEP 1 funktioniert genauso, aber das nächste Pattern startet erst auf Zählzeit 1. Im SUSTAIN-Mode spielt es dagegen nur so lange, wie Sie die Taste festhalten. Mit ONE SHOT TRIG spielen Sie ein Pattern genau einmal in voller Länge ab.

11.13.10 MIDI-Controller mit »Ultrabeat« einsetzen

Ultrabeat besitzt im oberen Teil vier Slots, mit denen Sie sogenannten Controllern A–D MIDI-Controller-Daten zuweisen. Diese können Sie mit Hilfe der VIA-Parameter in den Modulationsslots ähnlich wie im *EXS24* zur Modulation einsetzen.

11.13.11 Nutzung von Einzelouts

Sie können die verschiedenen Sounds von *Ultrabeat* auch in verschiedenen Kanalzügen abmischen. Hierfür müssen Sie *Ultrabeat* als Multi-Ausgang-Instrument laden, zusätzliche Aux-Kanäle erzeugen, dort verschiedene *Ultrabeat*-Outputs als Input auswählen und diese in den entsprechenden Sound-Outputs in der *Ultrabeat*-Oberfläche einstellen (siehe Abbildung 11.136, wo z. B. RIM und SNARE1 an den Ausgang 3-4, der hier SUB 2 heißt, geroutet werden). Sie können auf die Aux-Kanäle auch Noten aufnehmen, die den *Ultrabeat* triggern. Damit lässt sich der Sound natürlich viel komfortabler und auch präziser im Logic-Mixer abmischen. Mehr zur Konfiguration im Mixer bei der Nutzung von Einzelouts erfahren Sie in Abschnitt 14.5.

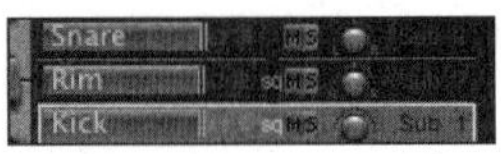

Abbildung 11.136 Rechts sind die Einzelouts pro Sound eingestellt.

11.14 »ES1«

Der *ES1* ist ein einfacher analoger Synthesizer. Sein Aufbau ist typisch für einen Analog-Synthesizer (Abbildung 11.137).

Abbildung 11.137 Der »ES1« mit ausgeklappten erweiterten Parametern

11.14.1 »Oszillator«-Bereich

Ganz links stellen Sie die grobe Tonhöhe in *Inch* bzw. *Fuß* ein ❶; 32 Fuß ist die tiefste und 2 Fuß die höchste Einstellung (die Bezeichnung bezieht sich auf das Längenmaß von Orgelpfeifen). Mit den zwei Drehrädchen rechts daneben ❷ wählen Sie die Wellenformen der beiden Oszillatoren aus. Weiter rechts daneben befindet sich ein Schieberegler mit der Bezeichnung MIX ❸. Hier bestimmen Sie die Relation zwischen der Lautstärke des einen und des anderen Oszillators. Eine Besonderheit ist, dass der zweite Oszillator ein Suboszillator ist, der immer eine Oktave (also 12 Halbtöne) tiefer als der Hauptoszillator spielt.

11.14.2 »Filter«-Bereich

Der Filter des *ES1* ❹ beherrscht nur den Low-Pass-Modus, diesen jedoch in vier verschiedenen Intensitäten. Die beiden 24-dB-Varianten ❺ schneiden die Höhen am steilsten ab – der CUTOFF-Regler darüber ❻ bestimmt, bei welcher Frequenz das geschieht. Der RESONANCE-Regler unten ❼ legt fest, ob diese Frequenz betont wird. DRIVE ❽ regelt den Grad der Verzerrung im FILTER-Bereich. Mit KEY ❾ stellen Sie ein, ob die Cutoff-Frequenz sich bei höheren gespielten Noten ändert. Je weiter der KEY-Regler aufgedreht ist, desto höher stellt sich die Cutoff-Frequenz bei höheren Noten auf der Klaviatur ein.

Modulation des Filters durch Envelope und Velocity

In dem mit ADSR VIA VEL beschrifteten Regelbereich rechts daneben ❿ stellen Sie ein, ob die Standard-ADSR-Hüllkurve, die sich eigentlich auf die Lautstärke auswirkt, auch auf die Filter-Cutoff-Frequenz wirkt, wobei Sie die Velocity Einfluss nehmen lassen können. Der typische Zweck ist, dass der Sound umso heller klingt, je stärker Sie die Tasten anschlagen. Sie können den Regler auseinanderziehen, so dass er wie im Bild aus zwei kleinen Dreiecken besteht. Das bedeutet, dass die Wirkung der ADSR-Hüllkurve auf die Cutoff-Frequenz bei festem Klavierspiel so stark ist wie mit dem oberen Teil des Reglers eingestellt. Der untere Teil des Reglers dagegen steht auf 0 bzw. Mittelstellung. Das bedeutet, dass die ADSR-Hüllkurve bei gespielter Velocity 0 keinen Einfluss auf die Cutoff-Frequenz hat. Schieben Sie die beiden Reglerelemente zusammen, hat die Velocity keinen Einfluss mehr, und Sie regeln nur, wie stark die ADSR-Einstellungen die Cutoff-Frequenz beeinflussen.

11.14.3 »Amplifier«-Bereich

Auch im AMPLIFIER-Bereich finden Sie einen solchen zweigeteilten Regler ⓫. Der obere Teil des Reglers stellt ein, wie groß die Lautstärke des Amps bei gespielter Velocity 127 ist; der untere Teil bestimmt, wie groß sie bei gespielter Velocity 0 ist. Schieben Sie die beiden Reglerelemente zusammen, hat die Velocity hat keinen Einfluss auf die Lautstärke. Rechts können Sie statt einer ADSR-Hüllkurve auch einen anderen Modus (AGATER oder GATER) auswählen ⓬, wodurch sich neben der gespielten Klaviaturtaste (auf die sich hier der Begriff »Gate« bezieht) nur die genannten Regler der Hüllkurve auf den Amp auswirken.

11.14.4 Envelopes und LFO

Auf der linken Seite des *ES1* sehen Sie einen LFO ⓭. Für ihn können Sie verschiedene Wellenformen einstellen. Seine Geschwindigkeit kann temposynchron oder unabhängig vom MIDI-Tempo geregelt werden. Rechts daneben lassen sich die möglichen Ziele des LFO einstellen, wobei Sie immer nur eines auswählen können. Die Stärke der Modulation des Zieles beeinflussen Sie mit dem Mod-Wheel. Auch hier lässt sich der Regler wieder auseinanderziehen, so dass er aus zwei kleinen Dreiecken besteht, deren oberes die Modulationsintensität bei voll hochgedrehtem Mod-Wheel anzeigt, während das untere die Modulationsintensität bei einer Stellung 0 des Mod-Wheels repräsentiert.

Analog dazu funktioniert das auf der rechten Seite mit der Mod-Hüllkurve ⓮ (MOD ENVELOPE) und der ADSR-Hüllkurve ⓯. Die Wirkung letzterer auf den Filter-Cutoff variieren Sie über die Velocity; zudem moduliert sie den Amp. Jedoch ignoriert der Amp in den Modi AGATER oder GATER eventuell manche Regler.

Die zusätzliche Mod-Hüllkurve verfügt nicht über die üblichen vier ADSR-Regler, sondern lediglich über einen Drehregler, der wahlweise eine lange ATTACK-Zeit (inklusive anschließendem hohen Sustain) oder eine lange DECAY-Zeit (mit Sustain = 0) einstellt. Auch für diese können Sie ein Modulationsziel auswählen und die Modulationsintensität mit Hilfe des zweigeteilten Reglers, wie bei der Amp-Modulation bereits erläutert, durch die Velocity beeinflussen.

11.14.5 MIDI-Modulation/-Controller

Die Bedienungsanleitung »Logic Pro-Instrumente« teilt mit, dass der *ES1* auf MIDI-Controller-Daten reagiert, und eine Tabelle listet genau auf, welche das sind. Diese Information finde ich recht versteckt, genauso wie die Option, den hierfür nötigen MIDI-Mode zu aktivieren. Sie finden sie in den erweiterten Parametern, die Sie sehen, wenn Sie den kleinen Pfeil links unten am *ES1* ⓰ ausklappen. Sie können den MIDI-Mode zwischen OFF und FULL REMOTE ⓱ umschalten. Hier wird eingeschaltet, dass die Fernsteuerung über MIDI-Controller funktioniert, der *ES1* hat beim ersten Öffnen diesen MIDI-Mode normalerweise auf OFF voreingestellt.

11.14.6 Globale Parameter

Unten im *ES1* sehen Sie verschiedene sogenannte globale Parameter ⓲:

- TUNE: Hiermit stellen Sie eine globale Verstimmung für den *ES1* ein. Wie Sie an den drei Nachkommastellen sehen, können Sie den Synth bis zu $\frac{1}{1000}$-Halbtöne genau verstimmen. In der Praxis ließen sich in meinem System allerdings nur $\frac{1}{10}$-Halbtöne als Verstimmung einstellen. Sie können den Wert auch durch Doppelklick auf das Feld manuell eingeben.

- ANALOG: Dieser Parameter sorgt dafür, dass die Cutoff-Frequenz gespielter Noten individuell verstimmt und verändert wird, wodurch subtile Veränderungen erzeugt werden.
- BENDER RANGE: Um wie viele Halbtöne soll Ihr PITCH BEND-Regler den Sound verändern?
- OUT LEVEL: Stellen Sie hier den maximalen Ausgangspegel ein.
- VOICES: Legt die maximale Anzahl der Stimmen fest. Dabei ist eine unbegrenzte, nur durch die Systemleistung limitierte Anzahl von Stimmen ebenso möglich wie ein Legato-Mode.
- CHORUS: Hier aktivieren Sie einen Choruseffekt.

11.15 »ES E«, »ES M«, »ES P«

ES E, *ES M* und *ES P* sind drei einfache Synthesizer mit jeweils eigener Spezialisierung, die zumindest die Presets betrifft.

- *ES E* ist auf Ensemble-/Pad-Sounds ausgelegt.
- *ES M* ist spezialisiert auf monophone Leads bzw. Bässe.
- *ES P* eignet sich besonders für synthetische Bass-Sounds.

Im Dokument *11ESE_ESM_ESP1* hören Sie kurz typische Sounds der drei Synths. Alle drei sind recht einfach aufgebaute Synths mit subtraktiver Synthese. Ein im Oszillatorbereich erzeugter Sound wird jeweils von einem Low-Pass-Filter mit Resonanz bearbeitet, und es stehen ein LFO und eine Hüllkurve in leicht unterschiedlichen Ausführungen und Verschaltungen zur Verfügung.

Auf einige Besonderheiten gehe ich unten kurz ein. Wenn Sie Abschnitt 11.6 über Synthesizer-Basics gelesen haben oder sich mit Synths auskennen, sollten Sie den Rest von selbst verstehen.

11.15.1 »ES E«

Abbildung 11.138: Die Wellenform ❷ kann von *Sawtooth* (ganz links) bis *Pulse* mit verschiedenen Pulsbreiten (nach rechts) umgestellt werden. Die Buttons »4«, »8« und »16« ❶ transponieren die Klangerzeugung in Oktaven (Abbildung 11.138).

Mit dem SPEED-Regler unten ❸ justieren Sie die LFO-Geschwindigkeit. Steht die Wellenform auf Sawtooth, wird die Tonhöhe moduliert; steht sie auf Pulse, wird die Pulsbreite moduliert.

Die ATTACK- und RELEASE-Regler ❻ der einfachen Hüllkurve betreffen sowohl die Filter- als auch die Amp-Hüllkurve, wobei Sie die Intensität der Wirkung der Filterhüllkurve via AR INT ❹ einstellen. Es stehen Regler für die Wirkung der gespielten Velocity auf den Filter ❺ und auf die Lautstärke ❼ zur Verfügung. Besonders für Flächen geeignet ist die Effekteinheit rechts am Ende der Klangerzeugung mit CHORUS I- und CHORUS II- sowie einem ENSEMBLE-Effekt ❽.

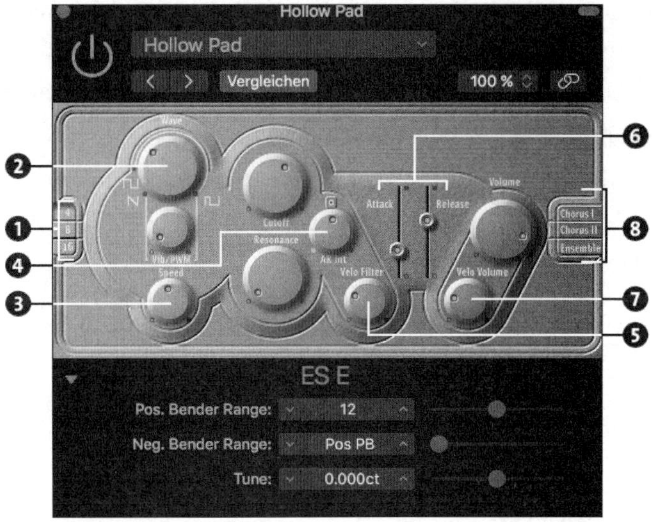

Abbildung 11.138 »ES E«

11.15.2 »ES M«

Die Wellenform können Sie von Sawtooth (ganz links) bis Rechteck (englisch *rectangle*; Regler nach rechts) einstellen (Abbildung 11.139). Mittige Einstellungen ergeben einen Mix der beiden Wellenformen ❶. Die Buttons »8«, »16« und »32« ❷ transponieren die Klangerzeugung in Oktaven.

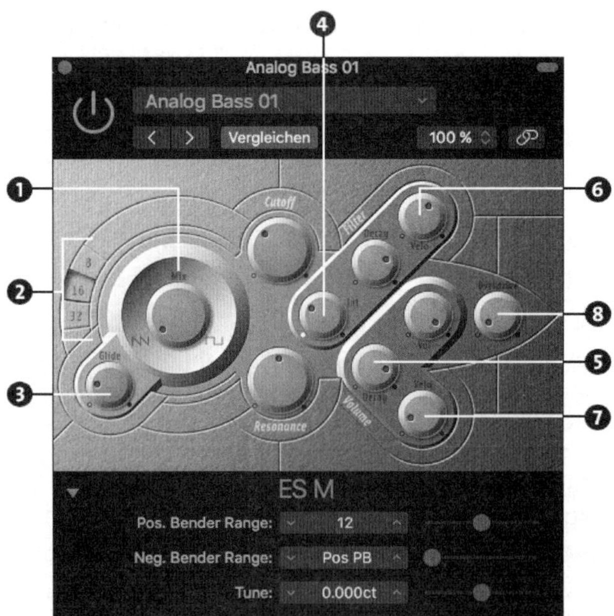

Abbildung 11.139 »ES M«

Mit dem GLIDE-Regler ❸ verlängern Sie den Übergang der Tonhöhe zwischen zwei gespielten Noten. Der *ES M* ist (wie der Name bereits andeutet) monophon ausgelegt ist (kann also nie mehr als einen Ton ausgeben).

Die einfachen Hüllkurven für Filter und Amp besitzen lediglich einen DECAY-Regler ❺, wobei Sie die Intensität der Wirkung der Filterhüllkurve via INT ❹ einstellen. Es stehen Regler für die Wirkung der gespielten Velocity auf den Filter ❻ und auf die Lautstärke ❼ zur Verfügung. Besonders für harsche Leads im Roland 303-Stil geeignet ist die Effekteinheit rechts am Ende der Klangerzeugung mit einem OVERDRIVE-Effekt ❽.

11.15.3 »ES P«

Der Sound kann aus fünf verschiedenen Wellenformen sowie NOISE ❷ erzeugt werden. Indem Sie die entsprechenden Regler links hochdrehen, mischen Sie die jeweilige Wellenform hinzu. Die Buttons »4«, »8« und »16« ❶ transponieren die Klangerzeugung in Oktaven (Abbildung 11.140).

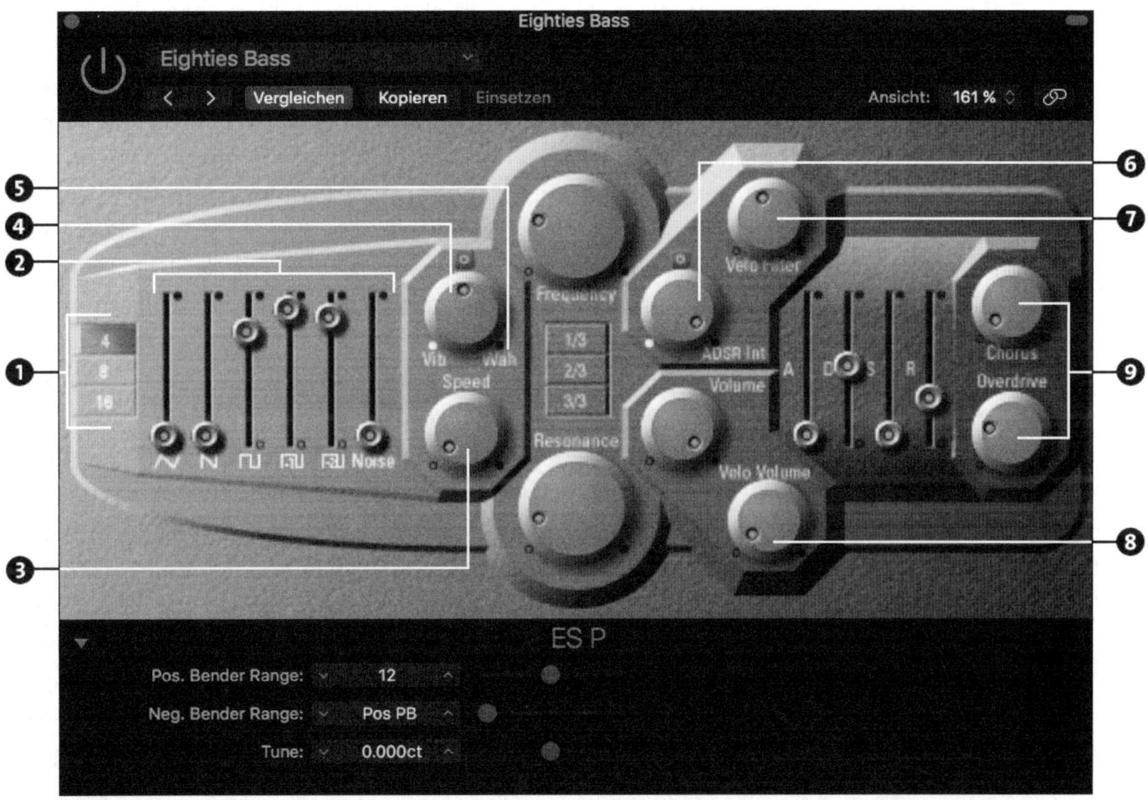

Abbildung 11.140 »ES P«

Die Knöpfe »1/3«, »2/3« und »3/3« ❺ entsprechen einer Key-Follow-Funktion. Hier stellen Sie die Intensität ein, mit der die Höhe der auf dem Keyboard gespielten Note die Cutoff-Frequenz beeinflusst. Ist »3/3« eingestellt, geht der Filter bei hohen Noten weit auf; ist kein Button gedrückt, hat die Höhe der gespielten Note keine Auswirkung auf die Cutoff-Frequenz.

Mit dem SPEED-Regler links daneben ❸ justieren Sie die LFO-Geschwindigkeit. Drehen Sie den Regler darüber ❹ auf VIB, wird die Tonhöhe moduliert; steht der Regler auf WAH, wird die Cutoff-Frequenz moduliert.

Die Hüllkurve ist als ADSR-Hüllkurve etwas komfortabler ausgeführt, aber wiederum für Filter und Amp zuständig, wobei Sie die Intensität der Wirkung der Filterhüllkurve via ADSR INT ❻ einstellen. Es stehen Regler für die Wirkung der gespielten Velocity auf den Filter ❼ und auf die Lautstärke ❽ zur Verfügung. Die Effekteinheit (in Abbildung 11.140 rechts im Bild) am Ende der Klangerzeugung ❾ wartet sowohl mit einem CHORUS- als auch mit einem OVERDRIVE-Effekt auf.

11.16 »EFM 1« und FM-Synthese

Der *EFM 1* basiert auf dem Klangerzeugungsprinzip der *FM-Synthese* (*Frequency Modulation*), die Sie bereits in Abschnitt 11.7 über den *Retro Synth* kurz kennengelernt haben und die erstmals 1983 in Form des Yamaha DX7 auf den Markt kam. FM ist besonders für E-Piano-Sounds, Bässe und glockenartige Klänge bekannt. Bei der FM-Synthese kann man den Ausgang eines Oszillators (bei diversen FM-Synths *Operator* genannt) an den Eingang eines anderen routen. Damit lassen sich theoretisch vibratoähnliche Effekte erzielen, etwa als ob ein LFO einen Osc Pitch moduliert, bei der FM-Synthese können die modulierenden Oszillatoren aber deutlich schneller schwingen als ein LFO, wodurch sich neue Klangfarben ergeben. Die Sounds sind vom Obertonspektrum her komplexer und weniger leicht vorhersehbar als bei einfachen, subtraktiven Synths, doch die grundsätzliche Idee der FM-Synthese ist nicht übermäßig schwer zu verstehen. Freilich unterscheidet sie sich beim *EFM 1* von anderen FM-Synths wie NIs *FM8* oder Abletons *Operator*, die deutlich komplexer aufgebaut sind.

Wie stark sich Klangfarbe bzw. der Obertongehalt ändern, hängt nicht nur von der Frequenz des modulierenden Operators (hier im EFM 1 MODULATOR genannt) ab, sondern auch vom Verhältnis dieser Frequenz zur Frequenz des Zieloszillators (hier CARRIER) und der Intensität der Modulation, die in der Regel der Lautstärke des modulierenden Oszillators entspricht. Diese Intensität bzw. Lautstärke können Sie auch mit der Hüllkurve modulieren, so dass Sie Sounds generieren können, die ihre Klangfarbe anhand des zeitlichen Verlaufs der Hüllkurve ändern. Dabei prägt die Präzision bzw. Schnelligkeit der Hüllkurve die Soundmöglichkeiten.

Die Kombination aus einem Oszillator, einem Verstärker und einer Hüllkurve stellt typischerweise einen »Operator« dar. Stehen mehr als zwei Operatoren zur Verfügung, können Sie sie auf verschiedene Art verknüpfen. Eine solche Verknüpfung heißt *Algorithmus* und legt fest, welche Operatoren welche anderen modulieren und welche Operatoren hörbar werden. NIs *FM8* erlaubt dem User eine sehr freie Programmierung solcher Algorithmen.

In Logics *EFM 1* (Abbildung 11.141) gibt es dagegen eine feste Konfiguration von zwei Oszillatoren, MODULATOR und CARRIER, und er kann eher als Basis-FM-Synth mit einer reduzierten Grundausstattung betrachtet werden.

Der CARRIER-Oszillator (rechts ❽) wird fix vom MODULATOR-Oszillator (links ❶) moduliert (wie Sie Intensität und Intensitätsverlauf regeln, lesen Sie weiter unten). Der CARRIER-Oszillator hat eine Sinuswellenform, für den MODULATOR-Oszillator können Sie verschiedene Wellenformen einstellen.

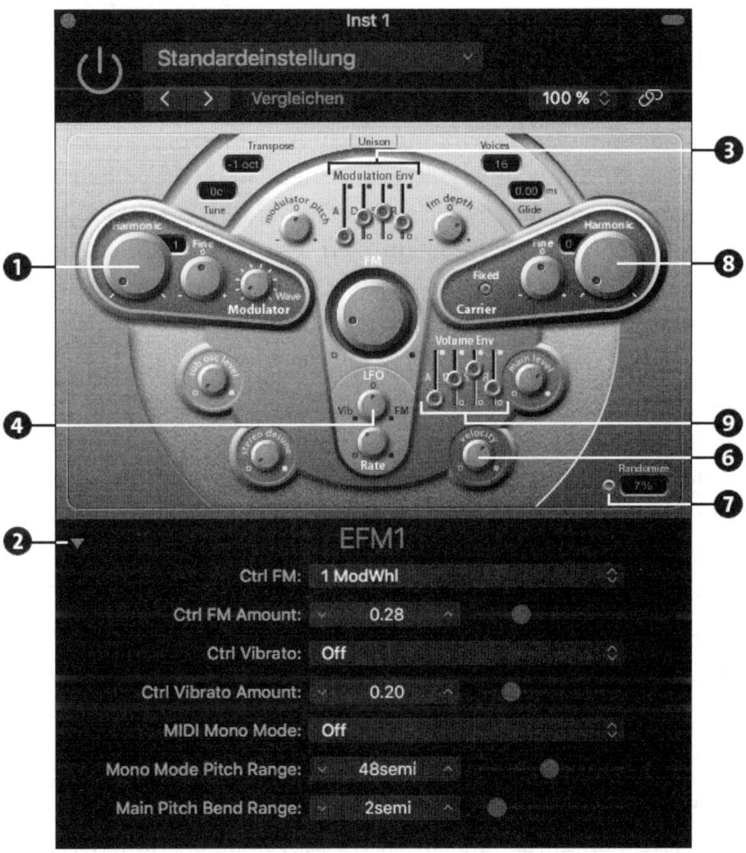

Abbildung 11.141 »EFM 1«

Unten halb rechts sehen Sie eine Lautstärke-ADSR-Hüllkurve ❺, oberhalb des FM AMOUNT-Reglers eine Modulationshüllkurve ❸. Der LFO unterhalb des »FM«-Reglers ❹ kann die FM-Intensität oder die Tonhöhe des Carriers modulieren (eine Art Vibrato). Unten rechts bestimmen Sie die Wirkung der gespielten Velocity auf den Amp ❻. Mit Hilfe des RANDOMIZE-Buttons ganz unten rechts ❼ können Sie die Einstellungen des *EFM 1* zufällig verändern.

11.16.1 Praxisbeispiele, FM und DM Depth

Hier einige Beispiele: Im Dokument *11EFM1a* hören Sie über eine Automation des »FM«-Reglers die Wirkung der Modulation. Im Dokument *11EFM1b* klingt der gleiche Sound mit einer etwas anderen Grundfrequenz deutlich anders. Im Dokument *11EFM1c* klingt es noch einmal deutlich schräger, weil ich die modulierende Frequenz verändert habe.

Es hilft, zu verstehen, dass beim *EFM 1* zunächst nur der CARRIER-Oszillator rechts hörbar ist, wenn der kleine Regler FM DEPTH sowie der große »FM«-Regler ganz nach unten gedreht sind.

In einem weiteren Beispiel stimme ich den *EFM 1* ungefähr so (Spur 1 im Dokument *11EFM2*), dass er von der Tonhöhe denselben Ton spielt wie Logics *E-Piano* (in Spur 7, aber ohne Region). Dazu habe ich den HARMONIC-Regler des Carriers auf 2 eingestellt.

Um den CARRIER-Oszillator durch den MODULATOR-Oszillator zu modulieren, können Sie auch den FM DEPTH-Regler hochdrehen, der die Wirkung der Hüllkurve auf die FM-Intensität regelt. Das habe ich in Spur 2 getan. Sie hören nur dann einen Effekt, wenn die Hüllkurve für die FM-Modulation eine solche hörbar macht. Im Beispiel ist das der Fall: Die Attack-Zeit ist kurz, die Decay-Zeit ist lang und steuert auf einen Sustain-Wert 0 zu. Dementsprechend verebbt der FM-Effekt nach einiger Zeit. Auch wenn der dicke »FM«-Regler eigentlich ganz links auf 0 steht, kann also eine FM-Modulation hörbar und aktiv sein.

In Spur 3 des Beispiels *11EFM2* wird das Tuning völlig anders realisiert: Der CARRIER-Oszillator steht auf einer fixen Frequenz (der FIXED-Button ist eingeschaltet und leuchtet rot). Das bedeutet, dass ohne FM-Modulation immer der gleiche Ton gespielt wird, der bei einer Einstellung von 0 wiederum sehr tief und eventuell auf kleinen Speakern kaum zu hören ist. Beim MODULATOR-Oszillator links ist nun der HARMONIC-Regler auf 1 eingestellt, wodurch der Sound bei höheren gespielten Tasten auch wie gewohnt höher spielt.

In Spur 4 des Beispiels *11EFM2* hören Sie, dass die Modulationshüllkurve gleichzeitig die Tonhöhe und den FM-Amount moduliert. In Spur 5 ist ein Vibratoeffekt zu hören. Spur 6 wartet mit einem weichen Lead auf, den ich übrigens so ähnlich in meinem Track »Somehow you know when it's right« verwendet habe.

11.16.2 MIDI-Controller-Zuweisung

Mit dem kleinen Pfeil zum Aufklappen unten links im *EFM 1* ❷ können Sie unter CTRL FM und CTRL VIBRATO diesen beiden Funktionen einen MIDI-Controller zuweisen, indem Sie diesen aus dem Flip-Menü auswählen. Ist oben bei CTRL FM 1 MODWHL eingestellt, so steuern Sie den FM-Amount mit dem Mod-Wheel Ihres Keyboards und können entsprechende Daten als MIDI-Daten aufnehmen. Das bedeutet vor allem, dass Sie für eine Bewegung des Parameters keine Automation aufnehmen müssen, sondern diese auch als MIDI-Daten in eine geeignete Spur aufnehmen können. Zudem skalieren Sie via CTRL FM AMOUNT die Auswirkung der Mod-Wheel-Bewegung auf den Parameter.

11.17 »ES2«

Der *ES2* ist ein komplexer subtraktiver Synth mit einer Modulationsmatrix und vielen weiteren Modulationsoptionen.

In Logics *ES2* findet sich in den Presets im Unterordner TUTORIAL SETTINGS eine fast neutrale Einstellung, die sich sehr gut eignet und die ich empfehle, um mit dem Experimentieren zu starten. Das Preset nennt sich *Analog Saw Init*.

11.17.1 »ES2«-Aufbau und -Routing

Der Aufbau des *ES2* ähnelt dem, was sie von anderen Synthesizern kennen.

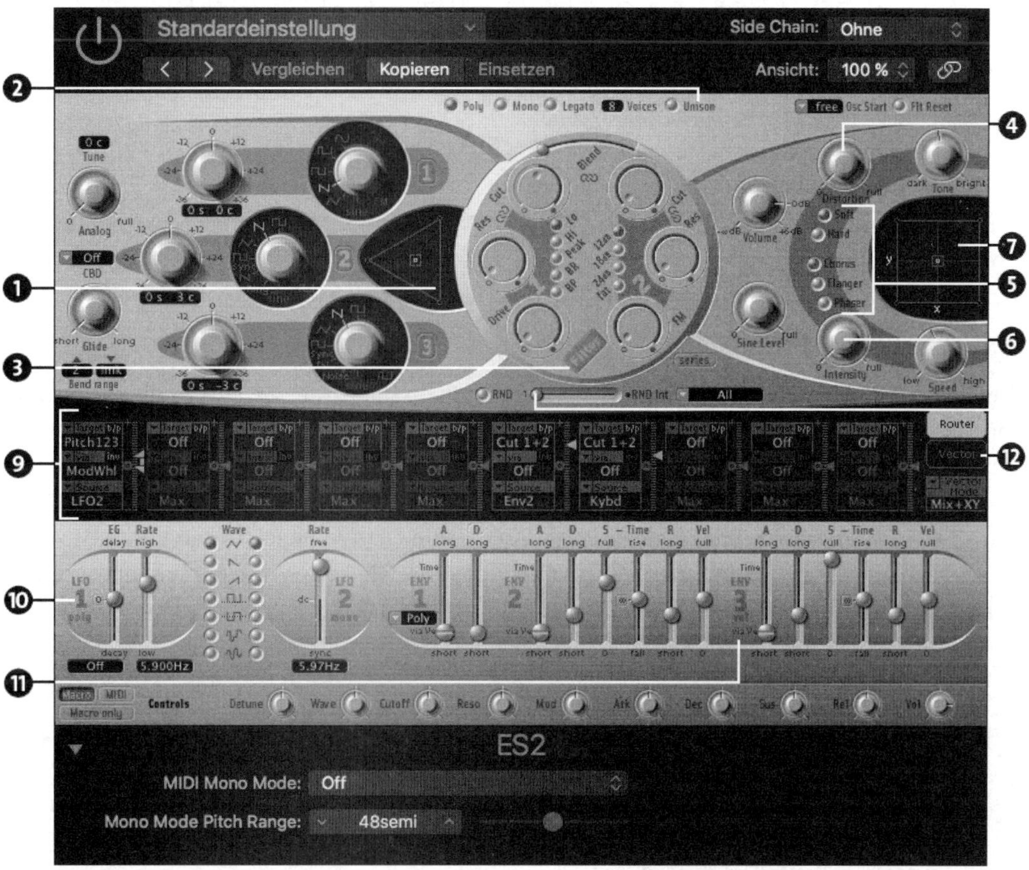

Abbildung 11.142 »ES2

► Auf der linken Seite sehen Sie die Oszillatorsektion mit drei Oszillatoren und einem Osc-Mixer, der in einem Dreieck untergebracht ist ❶, sowie einigen globalen Parametern zur

Klangerzeugung. Weitere globale Klangparameter (UNISON, OSC START etc.) finden sich ganz oben mittig/rechts ❷.

- In der Mitte ist die FILTER-Sektion mit zwei verschiedenen Filtern ❸, zwischen denen Sie auf verschiedene Weise überblenden können.
- Rechts sehen Sie die Amp-Sektion, die zusätzlich mit einem DISTORTION-Effekt ❹ sowie einer Modulationseffekt-Sektion ❺ versehen ist. Der Regler SINE LEVEL ❻ erlaubt das Hinzumischen eines weiteren Sinustons. Das X/Y-Pad ❼ ist eine zusätzliche Modulationsquelle.
- Mit der Zufallssektion ❽ unter der FILTER-Sektion erstellen Sie zufällige Presets.
- Darunter befindet sich die Modulationsmatrix (*Modulation-Router*) ❾ mit frei konfigurierbaren Modulationsquellen und -zielen, ähnlich wie beim *EXS24*. Anstelle einer Modulationsmatrix können Sie auch eine Vektorhüllkurve (VECTOR) ⓬ einblenden, mit der Sie zwischen verschiedenen Einstellungen des X/Y-Pads oder der Osc-Mix-Sektion überblenden können.
- Unter der Modulationsmatrix gibt es auf der linken Seite zwei LFOs ❿ und rechts daneben drei Hüllkurven ⓫.
- Unter LFO und Hüllkurve können Sie unter MIDI-Controller-Assignments sechs verschiedene Hardwarecontroller zuweisen (siehe z. B. Abbildung 11.161).

11.17.2 Oszillatorsektion und globale Parameter

Die Oszillatorsektion besteht aus drei verschiedenen Oszillatoren, die jeweils eigene Tonhöhen und Wellenform-Einstellungen erlauben. Die Tonhöhen geben Sie in Semitones und Cents (»S« und »C«) an, wobei 100 Cent genau einen Halbtonschritt (*Semitone*) ausmachen. Eine Einstellung von +1 S +50 C entspricht also der gleichen Tonhöhe wie eine Einstellung von +2 S –50 C. In Abbildung 11.143 ist Osc 2 um ca. drei Oktaven nach unten verstimmt. Ein Klick auf die entsprechende Zahl rechts neben dem Bereich, in dem Sie die Wellenform auswählen, (de-)aktiviert den jeweiligen Oszillator.

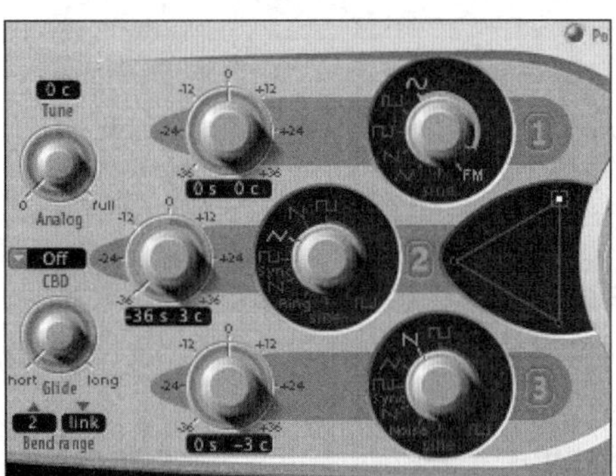

Abbildung 11.143 Die Oszillatorsektion des »ES2«

Mixer

Das Dreieck rechts neben Oszillator 2 ist der Oszillatormixer. Bewegen Sie den im Dreieck sichtbaren Punkt in eine der drei Ecken, um jeweils nur einen der drei Oszillatoren zu hören. Wenn sich der Punkt in der Mitte des Dreiecks befindet, hören Sie den Sound aller drei Oszillatoren gleichzeitig. Mit der Einstellung in Abbildung 11.143 ist nur Osc 1 zu hören.

FM im »ES2«

Oszillator 1 kann von Oszillator 2 frequenzmoduliert werden (was im Bild eingestellt ist). Je weiter Sie den Regler in Osc 1 in Richtung »FM« aufdrehen, desto intensiver ist die Modulation durch Osc 2.

Sync, Ringmod, Wellenformen

Osc 2 und 3 können zu Osc 1 synchronisiert oder ringmoduliert werden. Die Pulsbreite einer gewählten Rechteckwellenform in Osc 1 (und gegebenenfalls die von Osc 2 und 3) können Sie als Ziel im Modulation-Router auswählen und modulieren. Der Regler SINE LEVEL in der Amp-Sektion erlaubt allerdings das Hinzumischen eines weiteren Sinustons, der zum Beispiel als Bassfundament dienen kann.

Für Osc 1 können Sie weitere Wellenformen, die das Handbuch »Digiwaves« nennt, auswählen, wenn Sie ihn auf SINE stellen und das in Abbildung 11.144 gezeigte Flip-Menü via `ctrl` + Klick aufrufen.

Abbildung 11.144 Zusätzliche Wellenformen in Osc 1

Anschließend wird die gewählte Wellenform in Osc 1 angezeigt (Abbildung 11.145).

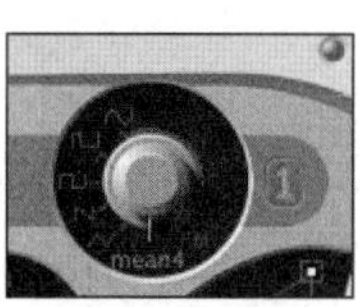

Abbildung 11.145 Osc 1 mit gewählter Wellenform

Globale Parameter in der Oszillatorsektion: Constant Beat Detuning, »Analog«, Tuning, »Bend range«, »Unison«, »Osc Start«

Ganz oben links stellen Sie im Bereich TUNE die globale Stimmung des *ES2* in Cents ein.

CBD (*Constant Beat Detuning*): Schwebungen durch leichte Verstimmung zweier Oszillatoren gegeneinander klingen in höheren Frequenzbereichen »schneller« als in tiefen Frequenzbereichen bzw. klingen schneller schräg. Aktivieren Sie CBD zu 100 %, so versucht der *ES2*, die Schwebung über den ganzen Tastaturbereich konstant zu halten. Wenn Sie sich das im Vergleich anhören wollen, öffnen Sie das Projekt *11ES2CBD*. Dort hören Sie drei Akkorde des gleichen Sounds zunächst mit und anschließend ohne aktivierten CBD-Mode.

Mit der BEND RANGE stellen Sie ein, um wie viele Halbtöne der Sound bei voll aufgedrehtem PITCH BEND-Regler und entsprechend konfigurierter Modulation maximal verstimmt werden kann.

Mit dem ANALOG-Drehregler links oben werden alle drei Oszillatoren nach einem Zufallsmuster um einen bestimmten Prozentsatz verstimmt, um das instabile Tuning analoger Synths zu emulieren. Hierdurch können Klänge etwas lebendiger werden, aber auch schief klingen. Ist als Synth-Mode MONO oder LEGATO eingestellt, bewirkt ANALOG nur einen Grad der Verstimmung übereinandergelegter Stimmen bei aktiviertem UNISON-Modus. Bei aktiviertem LEGATO-Mode werden die Hüllkurven bei neu gespielten Tasten nicht getriggert, wenn zuvor gespielte Tasten noch gedrückt sind, was nur im MONO-Mode funktioniert. Im POLY-Mode gibt die bei VOICES eingestellte Zahl die maximale Stimmenzahl bzw. die maximal gleichzeitig ausgebbaren Töne an, im MONO- oder LEGATO-Mode stellen Sie damit die Anzahl der im UNISON-Mode verwendeten Stimmen ein.

Abbildung 11.146 »Poly«-, »Mono«-, »Legato«-, »Osc Start«- und »Flt Reset«-Einstellungen oben im »ES2«

Im OSC START-Flip-Menü stellen Sie ein, ob Oszillatorwellenformen zufällig (FREE), am Nullpunkt (SOFT) oder bei der größtmöglichen Lautstärke (HARD) beginnen; bei SOFT und HARD wird jeweils auf Note On gesynct. Interessanterweise wird der Sound durch die Einstellungen SOFT und HARD manchmal gleichermaßen lauter, weil es weniger Auslöschungen durch unsynchron startende Oszillatoren gibt.

11.17.3 Filterbereich

Die zwei Filter in der FILTER-Sektion können Sie parallel oder seriell verschalten. Hierzu klicken Sie auf den Button unten rechts (siehe Markierung in Abbildung 11.147) nahe der Filtersektion; der Name der aktiven Schaltung wird angezeigt (siehe Abbildung 11.147 und Abbildung 11.148).

Der erste Filter ist ein Multimode-Filter mit den Filtertypen Low Pass, High Pass, Peak, Band Reject und Band Pass. Der zweite Filter ist ein Low-Pass-Filter, für den Sie verschiedene Flanken-Steilheiten einstellen können. Filter 2 ist zur Selbstoszillation fähig, das heißt, wenn Sie den Resonanzregler ganz hochdrehen, erzeugt er von allein Sound. Eine Besonderheit ist der FM-Modulationsmodus: Drehen Sie den »FM«-Regler hoch, können Sie Filter 2 durch eine in Osc 1 gewählte Wellenform modulieren (was selbst dann möglich ist, wenn Osc 1 abgeschaltet ist).

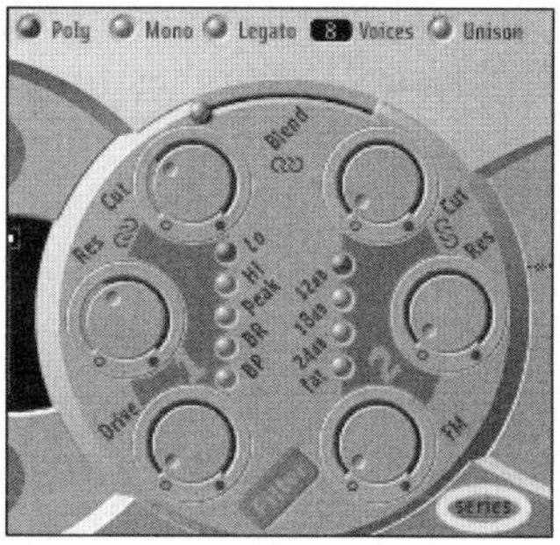

Abbildung 11.147 »ES2«-Filter seriell geschaltet

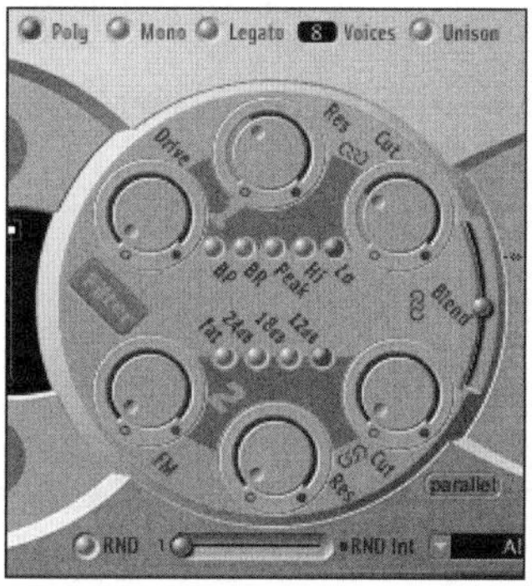

Abbildung 11.148 »ES2«-Filter parallel geschaltet

Beim parallelen Routing ist der DRIVE-Regler zur Verzerrung *vor* Filter 1 positioniert. Die Verzerrung erfolgt für jede gespielte Stimme einzeln. Beim seriellen Routing ist der Signalfluss inklusive der Positionierung des DRIVE-Reglers etwas komplizierter und je nach Stellung des BLEND-Reglers etwas anders. Allerdings ist sowohl bei parallelem als auch bei seriellem Routing eindeutig, dass Sie bei ganz nach rechts gedrehtem BLEND-Regler nur eine Wirkung von Filter 2 hören und bei ganz nach links gedrehtem BLEND-Regler nur die Wirkung von Filter 1.

11.17.4 Amp-Bereich mit Effekten

Das Signal kommt mono im Amp-Bereich an, dessen oberster linker Regler ein simpler Lautstärkeknopf ist. Sie können es dort bearbeiten und z. B. mit Hilfe des DISTORTION-Reglers auf unterschiedliche Art und Weise (wahlweise SOFT oder HARD oder mit dem TONE-Regler heller oder dunkler) verzerren. Im Projekt *11ES2Bassdistort* hören Sie als Beispiel einen kräftig verzerrten Bass. Verändern Sie das Ausmaß der Verzerrung und die Stellung des TONE-Reglers, um ein Gefühl für die Verzerrungseinheit des *ES2* zu bekommen.

Zusätzlich steht im Amp-Bereich ein Modulationseffekt zur Verfügung, bei dem Sie wahlweise einen CHORUS, FLANGER oder PHASER einstellen können. Öffnen Sie den Song *11ES2Choruspad*, wo ein entsprechender Sound geladen ist. Der INTENSITY-Regler bestimmt die Stärke der Effektwirkung. Typischerweise sind in Modulationseffekten LFOs integriert, deren Geschwindigkeit den Verlauf des Effekts prägt. Nicht anders im *ES2*, wo Sie mit dem SPEED-Regler die Geschwindigkeit eines solchen LFOs regeln können. In Abschnitt 15.11.1 über Modulationseffekte wie Chorus, Flanger und Phaser finden Sie eine genauere Erläuterung zur Funktionsweise von Modulationseffekten.

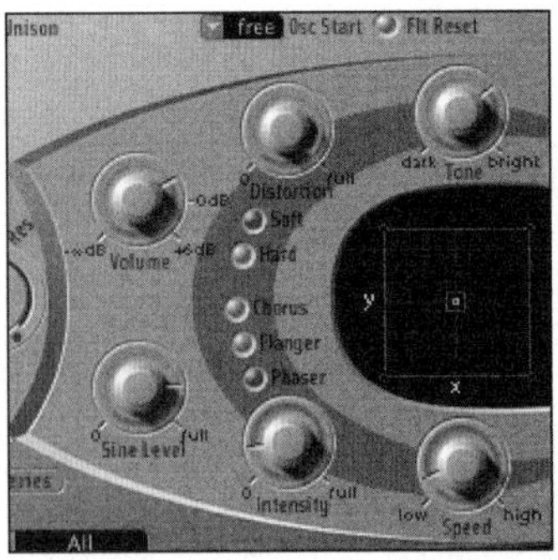

Abbildung 11.149 Amp-Bereich des »ES2«

Der SINE LEVEL-Regler ist wie erwähnt ein versteckter zusätzlicher Oszillator in Form einer Sinuswelle, die sich besonders gut als Subbass eignet.

Das X/Y-Pad ist eine Modulationsquelle, die zusammen mit den Vektorhüllkurven genutzt werden kann. Mehr hierzu in den folgenden Abschnitten.

11.17.5 LFOs und Envelopes

Der *ES2* verfügt über zwei LFOs und drei Envelopes (Hüllkurven) mit jeweils leicht unterschiedlicher Ausstattung, siehe Abbildung 11.150.

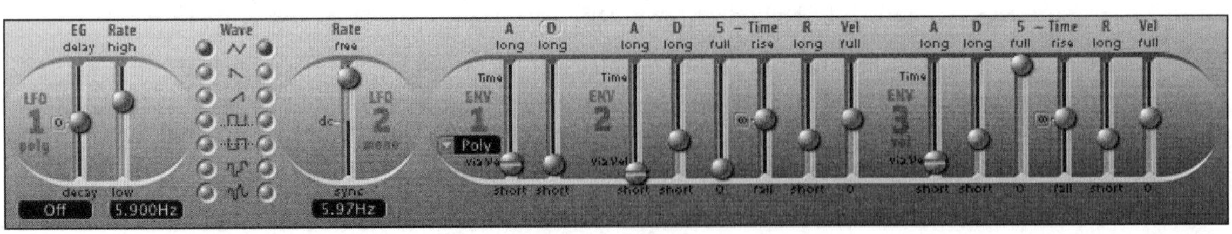

Abbildung 11.150 LFOs und Envelopes im »ES2«

Die unteren beiden Wellenformen der LFOs sind Zufallswellenformen, die zweite von unten echtes SAMPLE & HOLD (der Zustand wird kurz gehalten, bevor stufenlos der nächste Zustand aufgerufen wird, was einen treppenförmigen Werteverlauf ergibt). LFO 1 verfügt über eine zusätzliche interne Hüllkurve, die seine Wirkung entweder einblendet oder ausfadet.

Envelope 1 besitzt lediglich ATTACK- und DECAY-Regler, Sustain steht (ohne sichtbar zu sein) fix auf 0. ENV 2 und ENV 3 haben einen Regler mehr als herkömmliche ADSR-Hüllkurven. Sie können zusätzlich eine Sustain-Zeit (S-TIME) einstellen. Das ist, wenn Sie als Anfänger ADSR-Hüllkurven verstehen wollen, irreführend. Denn normalerweise ist Sustain eben im Gegensatz zu Attack, Decay und Release *kein* Zeitwert, sondern ein Pegelwert. In der Praxis wird mit dem S-TIME-Regler im *ES2* ein weiterer Zwischenhaltepunkt in der Hüllkurve eingeführt. Der DECAY-Regler bestimmt weiterhin, wie lange es dauert, bis die Hüllkurve von vollem Ausschlag auf den Sustain-Pegel herabfällt. Wenn der Regler für die Sustain-Zeit in Mittelstellung bzw. im Off-Modus ist, verhalten sich die Hüllkurven wie ganz normale ADSR-Kurven.

Sie können ergänzend das Beispielprojekt *11ES2EnvSustainxtratime* öffnen, wo die Hüllkurve die Tonhöhe moduliert, damit Sie den Verlauf der Hüllkurve gut nachvollziehen können. Ist der S-TIME-Regler ganz unten, so fällt die Hüllkurve nach Erreichen des Sustain-Pegels schnell auf einen Nullpunkt – als gäbe es einen weiteren Sustain-Pegel mit dem Wert 0 (das passiert im Beispiel in Spur 2). Wie lange es dauert, bis dieser erreicht wird, hängt davon ab, wie weit unten der S-TIME-Regler steht. Wenn Sie ihn bewegen, erkennen Sie eventuell bereits einen Zeitwert in einem gelben Infokasten. Ist er weniger weit unten, fällt der Hüllkurven-Pegel ebenfalls auf einen Sustain-Wert 0 – aber deutlich langsamer (das passiert im Beispiel in Spur 1). Ähnlich funktioniert es umgekehrt: Ist der SUSTAIN-TIME-Regler in der oberen Hälfte, landet die Hüllkurve früher oder später immer bei einem voll aufgedrehten Pegel. In Spur 3 des Beispiels geht das ganz schnell, weil der Regler ganz nach oben gedreht ist.

Envelope 3 ist übrigens automatisch dem Amp zugeordnet und moduliert diesen, ohne dass dies im Modulation-Router konfiguriert werden muss. Env 3 kann außerdem zusätzliche Parameter modulieren bzw. steht hierfür als Modulationsquelle zur Verfügung.

11.17.6 Zufallsfunktion im »ES2«

Der *ES2* besitzt einen Zufallsmodus (»RND«, *random*) zum zufälligen Erzeugen von Sounds, der recht einfach zu bedienen ist. Auf der rechten Seite wählen Sie in einem Flip-Menü aus, ob sich die Zufallsfunktion auf alle Bereiche des *ES2* oder nur auf selektierte Teilbereiche auswirkt.

Mit dem Slider in der Mitte ❷ stellen Sie die Intensität von Zufallsveränderungen gegenüber dem bisherigen Setting ein. Ein Klick auf den »RND«-Button ❶ erzeugt das Zufalls-Setting.

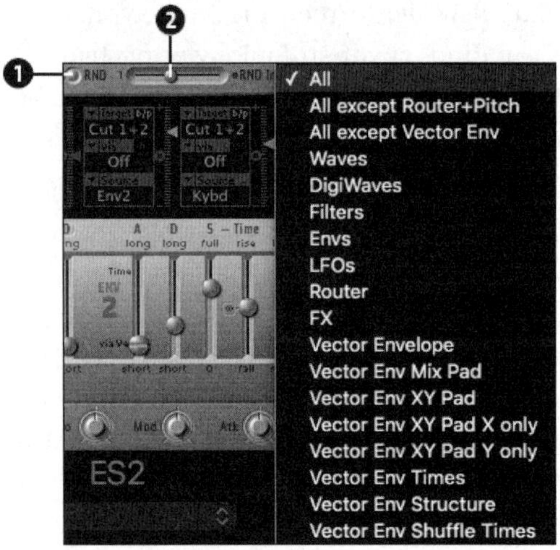

Abbildung 11.151 Zufallsmodus im »ES2«

11.17.7 Modulation-Router

Das Herzstück der Klangbearbeitung ist eigentlich der Modulation-Router (Abbildung 11.152), den es in ähnlicher Form auch im *EXS24*-Sampler gibt.

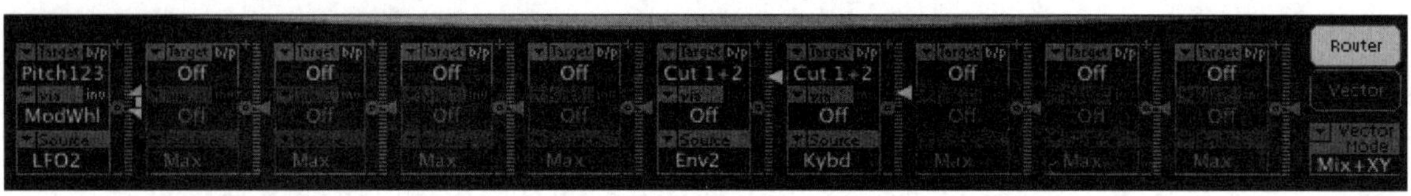

Abbildung 11.152 Modulation-Router im »ES2«

Sie können hier verschiedenste Modulationsziele und Modulationsquellen miteinander verknüpfen. Mit Hilfe des VIA-Parameters binden Sie die Verknüpfung zweier Parameter an weitere Parameter oder einen Hardwarecontroller.

Ein gängiges Beispiel ist der erste Slot links in Abbildung 11.152, der in vielen Sounds des *ES2* und *EXS24* vorkonfiguriert ist. Modulationsquelle ist ein LFO, der mit ca. 6 Hz schwingt. Diese Schwingung wird zum Modulationsziel PITCH123 geroutet, womit die Tonhöhe aller drei Oszillatoren gleichzeitig gemeint ist. Die Modulation findet allerdings nur statt, wenn Sie das Mod-Wheel aufdrehen – und dann so stark, wie es bei dem orangefarbenen, oberen Dreieck eingestellt ist. Ist das Mod-Wheel dagegen ganz heruntergedreht, beträgt das Ausmaß der Modulation den Wert des grünen unteren Dreiecks im Modulation-Router-Slot, nämlich 0. Mit anderen Worten: Wenn Sie eine Note spielen und dabei leicht das Mod-Wheel bewegen, dann hören Sie einen dezenten Vibratoeffekt – und zwar umso stärker, je weiter Sie das Mod-Wheel hochdrehen. Drehen Sie es wieder herunter, so hören Sie keine Beeinflussung der Tonhöhe durch den LFO.

Im Beispielprojekt *11ES2LFOMod* moduliert ein LFO 1 die Cutoff-Frequenz gleichmäßig, und wir erhalten eine Art Wah-Wah-Effekt. Außerdem moduliert ein LFO 2 mit einer Zufallswellenform die Geschwindigkeit von LFO 1, wodurch dieser immer wieder zufällig seine Modulationsgeschwindigkeit ändert.

Es gibt zahlreiche Modulationsziele, Modulationsquellen und VIA-Parameter in den drei Menüs bzw. Zeilen eines Slots. Leider kann der DISTORTION-Amount nicht als Modulationsziel fungieren (ersatzweise ist natürlich eine Automation dieses Parameters möglich).

Die Modulationsquellen CONTROLLER A–F können Sie unten im *ES2* verschiedenen MIDI-Hardwarecontrollern zuweisen (siehe Abschnitt 11.17.10.).

Side Chain

Interessant ist auch die Modulationsquelle SIDE CH (Side Chain). Im Projekt *11ES2Sidechainmod* moduliert ein Drumloop den Filter-Cutoff des *ES2*. Der *ES2* generiert dabei mit einer Art Envelope Follower eine Hüllkurve aus dem Signal des Drumloops, die nun die Frequenz des Cutoff-Filters erhöht und verringert. Den Drumloop selbst habe ich dabei aus dem Mix entfernt, indem ich kein Ziel im Output-Bereich des Kanalzugs eingestellt habe.

11

11.17.8 X/Y-Pad

Das X/Y-Pad steht als Modulationsquelle im Modulation-Router zur Verfügung, und zwar in Form separater X- und Y-Achsen-Parameter (Pad-X und Pad-Y). Die Position des Punktes des X/Y-Pads kann sowohl als Automation aufgezeichnet als auch durch Punkte von nachfolgend erläuterten Vektorhüllkurven moduliert werden.

11.17.9 Vektorhüllkurve

Die Vektorhüllkurve kann anstelle der Modulationsmatrix eingeblendet werden (indem Sie rechts vom ROUTER- in den VECTOR-Modus schalten, siehe Abbildung 11.153) und die Stellung der Punkte auf X/Y-Pad oder in der Osc-Mix-Sektion (oder beides) ❷ beeinflussen bzw. modulieren.

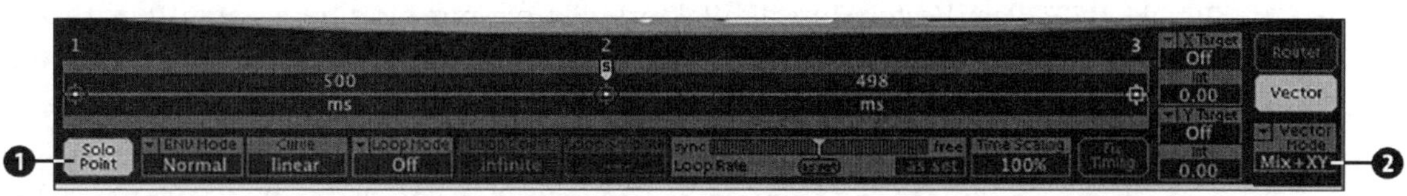

Abbildung 11.153 Vektorhüllkurvenbereich im »ES2« mit eingestelltem »Solo Point«-Mode, der Schriftzug »Solo Point« ❶ ist dunkel auf hellem Hintergrund zu sehen.

Ganz unten rechts im Vektorbereich ist in Abbildung 11.153 Mix+XY eingestellt ❷, Sie können zwischen den Einstellungen OFF, MIX, XY oder MIX+XY als Ziel der Vektorhüllkurve wählen.

Sie sehen dabei allerdings gegebenenfalls keine dazugehörige Bewegung im X/Y-Pad und der Osc-Mix-Sektion, sondern hören diese nur.

Mit der Vektorhüllkurve können Sie zwischen verschiedenen Soundeinstellungen morphen. Ist ganz unten links im Vektorbereich SOLO POINT eingestellt ❶ (siehe Abbildung 11.153), hören Sie nur einen selektierten Punkt der Vektorhüllkurve solo. Dies entspricht einer normalen, statischen Einstellung des *ES2*. Besteht die Vektorhüllkurve aus mehreren Punkten, können Sie für jeden Punkt unterschiedliche Einstellungen (in der Osc-Mix- oder der X/Y-Pad-Sektion) treffen. Ist der SOLO POINT-Mode aktiv, stören die weiteren Vektorhüllkurvenpunkte nicht weiter, und der *ES2* benimmt sich wie ein Synth ohne Vektorhüllkurve oder Morphing. Ist SOLO POINT ausgeschaltet, dann läuft die Hüllkurve mit einstellbaren Zeit- bzw. Taktabständen durch die Punkte und durchläuft verschiedene Einstellungen (Abbildung 11.154).

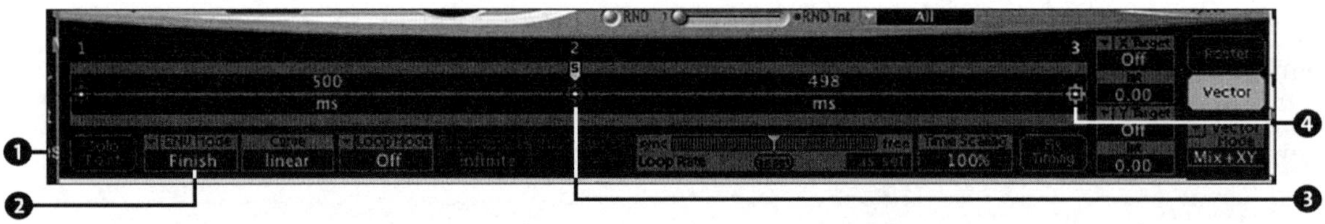

Abbildung 11.154 Unten links ist der »Solo Point«-Modus ausgeschaltet ❶, und der dritte Vektorhüllkurvenpunkt ist selektiert ❹.

Im Projekt *11ES23PointVector* (Achtung: Sie müssen den Sound im Projekt erst mit einer Taste spielen, um etwas zu hören) habe ich jedem Punkt der Vektorhüllkurve eigene Soundeinstellungen zugewiesen. Dies gelingt, indem Sie jeweils einen Vektorpunkt selektieren (in Abbildung 11.154 ist rechts der dritte Vektorhüllkurvenpunkt selektiert, wodurch er grünlich eingefärbt wird ❹) und beispielsweise im Osc-Mix-Dreieck eine Veränderung herbeiführen (wobei die Vektorhüllkurve den Osc-Mixer modulieren muss). Im genannten Beispiel habe ich für jeden Vektorhüllkurvenpunkt einen der drei Oszillatoren solo geschaltet, indem ich den Punkt des Osc-Mix-Dreiecks in jeweils eine andere Ecke gezogen und dabei jeweils einen der drei Vektorhüllkurvenpunkte selektiert habe.

Im Projekt *11ES23PointVector* läuft die Vektorhüllkurve nur bis zum zweiten Punkt. Dort sehen Sie ein kleines S ❸ oberhalb des zweiten Vektorhüllkurvenpunktes, das den Beginn der Sustain-Phase markiert und durch Klick oberhalb des gewünschten Vektorpunkts verschoben werden kann. Drücken und halten Sie also eine Taste Ihres Keyboards, verweilt die Vektorhüllkurve im ENV MODE NORMAL an dieser Position. Nach dem Loslassen der Taste läuft der Rest der Vektorhüllkurve ab, wovon allerdings nur dann genug zu hören ist, wenn die Amp-Hüllkurve durch eine entsprechend lange Release-Zeit den Sound hörbar macht und nicht durch eine kurze Release-Zeit das Signal frühzeitig verstummen lässt.

Ist die Vektorhüllkurve jedoch im Env Mode Finish (siehe Abbildung 11.154 ❷), so läuft sie bis zum letzten Vektorpunkt ganz durch (siehe Projekt *11ES23PointVectorfinish*). In Abbildung 11.155 sehen Sie das Flip-Menü zur Auswahl einer der beiden Modi.

Abbildung 11.155 Umschaltung des »Env Mode« zwischen »Normal« und »Finish«

Natürlich können Sie über ein Kontextmenü (Abbildung 11.156), das Sie mit Rechtsklick in die Vektorhüllkurve erreichen, weitere Vektorpunkte einfügen, kopieren oder löschen. Im Projekt *11ES24PointVector* habe ich einen weiteren Punkt hinzugefügt. Im Projekt *11ES28PointVectorfinish* habe ich mit Hilfe der Funktion Init to 8/8 Loop schnell eine Vektorhüllkurve mit acht Vektorhüllkurvenpunkten erstellt, die im gleichen Abstand zueinander stehen, wodurch rhythmische Effekte möglich sind, die zudem geloopt werden können.

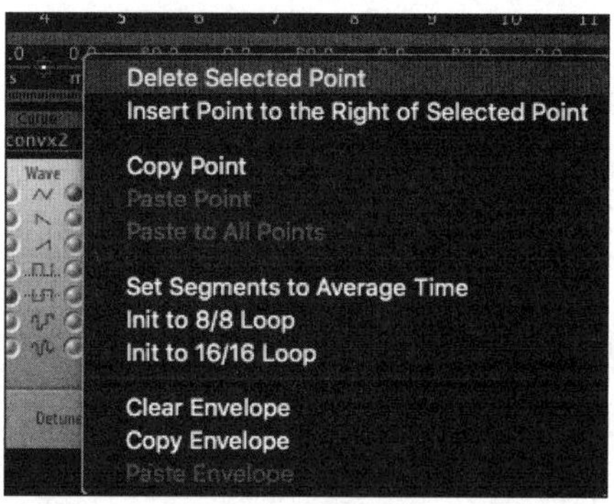

Abbildung 11.156 Kontextmenü zum Erzeugen von Punkten der Vektorhüllkurve bei Rechtsklick auf den Hüllkurvenverlauf

Den einzelnen Punkten habe ich im Projekt *11ES28PointVectorfinish* unterschiedliche Einstellungen für die Osc Mix Sektion und das X/Y-Pad zugewiesen, wobei die Hüllkurve beides ansteuert, Pad-X und Pad-Y im Router Filter-Cutoff und LFO-Rate modulieren und die Hüllkurve zudem geloopt ist, was ich weiter unten erläutere. Hierdurch wird ein in Richtung Dubstep gehender Synth-Sound möglich.

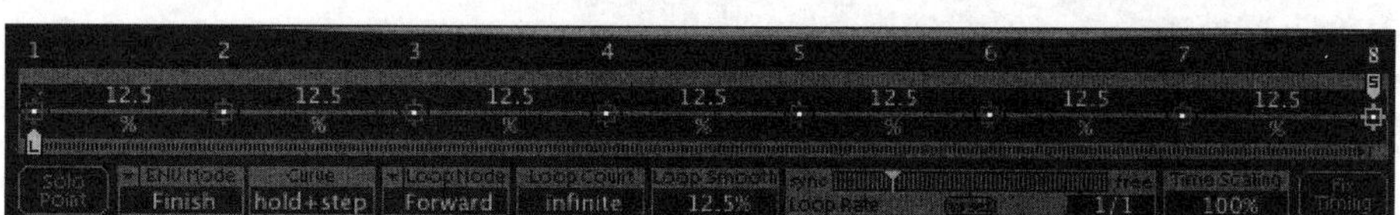

Abbildung 11.157 Acht Vektorpunkte sind im Sound von »11ES28PointVectorfinish« aktiv und von Punkt 1 bis 8 geloopt.

Ein anderes Beispiel finden Sie im Dokument *11ES2Waveseq*. Natürlich stellt der *ES2* jede Menge Presets zur Verfügung, die dieses Feature nutzen. Laden Sie beispielsweise einige Sounds aus dem Ordner SYNTH MOTION SEQUENCES in der Library des *ES2*. Da jedes mögliche Modulationsziel im Router auch ein Ziel einer Modulation durch eine Bewegung im X/Y-Pad sein kann, sind die Einsatzmöglichkeiten der Vektorhüllkurve für Soundvariationen fast grenzenlos.

»Curve«-Menü

Im CURVE-Menü stellen Sie ein, auf welche Weise zwischen Punkten der Vektorhüllkurve übergeblendet wird. Hierbei taucht allerdings kein Flip-Menü auf, sondern Sie müssen den Bereich festhalten und den Mauszeiger bei gedrückter Maustaste nach oben und unten schieben, um zwischen verschiedenen Modi umzuschalten (z. B. LINEAR, HOLD + STEP, siehe Abbildung 11.158).

Abbildung 11.158 Für den Verlauf der Werteänderungen zwischen den Punkten ist »hold + step« eingestellt.

Die verschiedenen Modi regeln beispielsweise, ob der Parameterverlauf fließend ist oder ob beim Erreichen von Punkten in der Vektorhüllkurve ruckartig zwischen eingestellten Parameterwerten umgeschaltet wird. Mehr Details entnehmen Sie bitte dem Logic-Instrumente-Handbuch.

Loop-Modus

Für die Vektorhüllkurve können Sie – ähnlich wie übrigens in *Sculpture* – einen Loop-Bereich zwischen zwei oder mehreren Vektorpunkten einstellen (siehe Abbildung 11.159), so dass die Vektorhüllkurve bestimmte Bereiche stets wiederholt durchläuft. Den Start- und Endpunkt des Loops verschieben Sie durch Klick oberhalb bzw. unterhalb des Vektorpunkts.

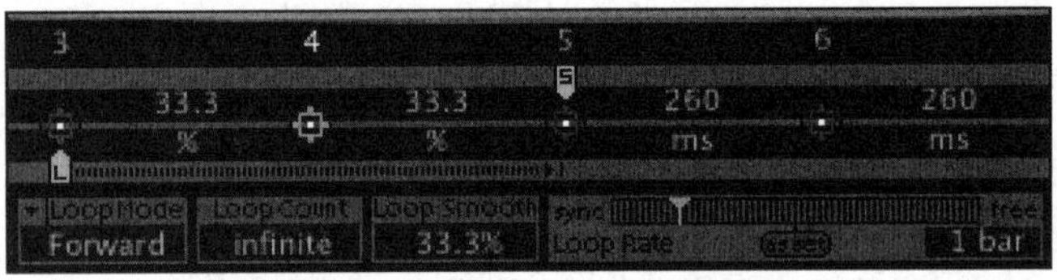

Abbildung 11.159 Hier wird zwischen Vektorpunkt 3 und 5 in einer Länge von einem Takt geloopt.

Dabei können Sie via Flip-Menü LOOPMODE zwischen den Modi OFF, FORWARD, BACKWARD und ALTERNATE (vorwärts/rückwärts) wählen.

Unter LOOP COUNT stellen Sie ein, ob der Loop sich endlos oder nur x Mal wiederholt. LOOP SMOOTH stellt eine Parameterglättung zwischen den Loop-Punkten ein. Mit der LOOP RATE synchronisieren Sie den selektierten Loop-Bereich auf eine bestimmte Taktlänge (siehe Abbildung 11.159). Während die Abbildung für die Abstände zwischen den anderen Vektorpunkten 260 MS anzeigt, sehen Sie zwischen den drei Vektorpunkten des Loops eine Prozentzahl, die die Verweildauer bei den Vektorpunkten angibt (hier: je 33 %). Diese 33 % beziehen sich auf die unten rechts im Bild zu sehende Loop-Länge von einem Takt. Ist als LOOP RATE dagegen AS SET eingestellt (was durch Klick auf das AS SET-Feld auch nachträglich immer wieder möglich ist), können Sie die Loop-Länge mit Hilfe des TIME SCALING-Parameters verändern (Abbildung 11.160).

Abbildung 11.160 Die Optionen »Loop Rate as set« und »Time Scaling«

Zeitskalierung/»Time Scaling«

Mit Hilfe des Parameters TIME SCALING (siehe Abbildung 11.160) können Sie den gesamten zeitlichen Ablauf der Vektorhüllkurve beschleunigen oder verlangsamen. Wenn Sie dies tun, können Sie anschließend durch Klick auf den FIX TIMING-Button die skalierten Werte, die festlegen, wie lang ein Übergang zwischen den Punkten der Vektorhüllkurve dauert, als absolute Werte in der Hüllkurve erhalten. Hierdurch springt die Einstellung für das TIME SCALING automatisch wieder auf 100 % um. Im Projekt *11ES28PointVectorfinish2* habe ich einen solchen Sound mit relativ schnell umspringenden Werten realisiert.

Noch schneller ist der Loop allerdings im Projekt *11ES28PointVectorfinish3*, weil ich dort für die gesamte Loop-Länge nur $^1/_{64}$-Note eingestellt habe. Die Einstellung des TIME SCALING-Wertes ist dabei ohne Bedeutung.

11.17.10 Makro- und Controller-Zuweisungen, Easy (»Macro only«) Mode

Unten im *ES2* können Sie MIDI-Controller den als Modulationsquellen oder VIA-Parameter zur Verfügung stehenden CTRL A–F zuweisen. Das spielt nur dann eine Rolle, wenn Sie externe Hardware zur Fernsteuerung von Modulationen nutzen möchten. Durch die Zwischenstufe der CONTROLLER ASSIGNMENTS (Abbildung 11.161) können Sie Sounds mit komplexen Modulationsroutings auch an anderen Arbeitsplätzen mit anderen Controllern nutzen und müssen gegebenenfalls nicht die Modulationsmatrix, sondern lediglich die CONTROLLER ASSIGNMENTS editieren.

Abbildung 11.161 »Controller Assignments«

MACRO CONTROLS (Abbildung 11.162) im *ES2* sind vorkonfigurierte Regler, die in der Regel mehrere Parameter gleichzeitig steuern, die Sie nicht selbst editieren können und die schnell Zugriff auf wichtige Parameter des *ES2* erlauben. So steuert beispielsweise der CUTOFF-Macro-Regler die Cutoff-Frequenzen beider Filter.

Abbildung 11.162 »Macro Controls«

Im MACRO ONLY-Mode verschwindet die komplette Oberfläche des *ES2*, und nur noch die MACRO-Regler stehen zur Bedienung zur Verfügung.

11.17.11 Surround-Modus im »ES2«

Surround-Instanzen des *ES2* haben unten im aufklappbaren Bereich noch die Parameter SURROUND RANGE und SURROUND DIVERSITY.

- SURROUND RANGE bestimmt die Breite des Surround-Felds, innerhalb dessen Sie Bewegungen des Sounds im Modulation-Router mit Hilfe des Modulationszieles Pan steuern können, von 0 bis 360 Grad.
- SURROUND DIVERSITY verteilt das Signal gleichmäßig auf allen Lautsprechern (bei Stellung 1) oder nur auf jenen, die am nächsten zur PAN-Position liegen (bei Stellung 0).

11.18 Sculpture

Sculpture ist ein sehr spezieller Synthesizer, der der Kategorie »Physical Modeling« zugewiesen werden kann und der als frühes Meisterwerk der Software-Instrument-Programmierung gewürdigt werden muss. *Sculpture* versucht unter anderem, Saiten-, Blas- und Zupf-Instrumente zu simulieren – und zwar nicht samplebasiert, sondern auf der Basis von Algorithmen. Die Klangerzeugung basiert auf Logics Component Modeling Synthese, die auch in *Ultrabeat*, *Vintage B3*, *Vintage Clav* und dem *Vintage Electric Piano* zum Einsatz kommt.

Sculpture kann mal sehr luftig klingen, mal sehr futuristisch – mal nach Flöte, mal nach Saite. Neben Effekten wie DELAY, WAVESHAPER und LIMITER besitzt er mit flexiblen Envelopes und MORPH-Pad mächtige Sounddesign-Tools. Viele Logic-User wissen gar nicht, welche klanglichen Möglichkeiten in ihrem Programm stecken. *Sculpture* erweitert die klanglichen Möglichkeiten von Logic um eine weitere Dimension.

Abbildung 11.163 »Sculpture«

11.18.1 »Sculpture«: Aufbau und Routing

- Der silberne Bereich des Plug-Ins oben ist der Klangerzeugungsbereich.
- Im graublauen Bereich findet die Modulation statt.
- Unten im schwarzgrauen Teil finden Sie die globalen Controller.

Um die Klangerzeugung zu verstehen, hilft es, den Signalfluss zu verstehen, der Ihnen zusätzlich die vorhandenen Module bewusst macht. Laut Handbuch lautet er (in dieser Reihenfolge): Objekte – Pickups – AmpEnv – Waveshaper – Filter – StereoDelay – BodyEQ – Level-Limiter.

Oben rechts schalten Sie zwischen POLY, MONO und LEGATO (siehe Markierung in Abbildung 11.163) um. Im Dokument *11Sculpture01* habe ich zu Demozwecken unterschiedliche *Sculpture*-Sounds in verschiedene Spuren geladen.

11.18.2 Klangerzeugungsobjekte

Anstelle von Oszillatoren sehen Sie auf der linken Seite drei Objekte:

- OBJECT 1 kann die Saite anregen. Die Art der Anregung wählen Sie in einem Flip-Menü aus (IMPULSE, STRIKE, GRAV STRIKE, PICK, BOW = Bogen, BOW WIDE, NOISE und BLOW, siehe Abbildung 11.164). Ein Vergleich der Wirkungen auf Basis des einfachen Sounds »0000-default«, den Sie im Ordner TUTORIAL der *Sculpture*-Settings finden, hören Sie im Projekt *11Sculptimpulse1*. Wie Sie dort sehen, lässt sich eine Umschaltung der Anregungsmodi auch automatisieren.

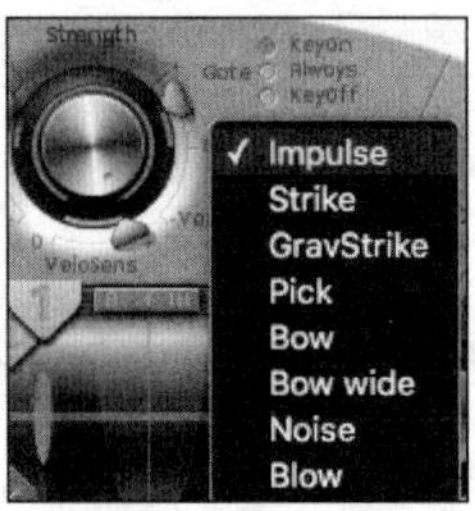

Abbildung 11.164 Anregungsmodi von »Object 1«

- OBJECT 2 kann eine Saite anregen oder dämpfen/stören und bietet sowohl die Optionen des OBJECT 1- als auch des OBJECT 3-Menüs (verschiedene Soundbeispiele für Dämpfung/Störung hören Sie im Projekt *11Sculptimpulse2*).
- OBJECT 3 kann eine Saite ausschließlich dämpfen/stören (die Dämpf-/Störmodi heißen: DISTURB, DISTURB 2 SIDED, BOUNCING, BOUND, MASS, DAMP).

Mit dem Drehknopf am Objekt stellen Sie jeweils die Intensität ein. Viele Anregungsmodi klingen ziemlich authentisch und laden zu experimentellen Einstellungen ein.

Mit den Reglern um die Knöpfe herum stellen Sie TIMBRE, GATE, VARIATIONEN und Velocity-Empfindlichkeit (VELOSENS) ein.

Abbildung 11.165 Dämpfungsmodi von »Object 3«

Die abgebildete schwingende Saite zeigt die Punkte, an denen die drei Objekte die Saite anregen oder dämpfen/stören. Diese Punkte können Sie verschieben (und Verschiebungen automatisieren), wodurch sich der Sound verändert (siehe Projekt *11Sculptimpulse3*). Zusätzlich gibt es zwei Pickups, die den Sound der Saite abgreifen und die Sie ebenfalls verschieben können. Auch der Abstand der Anregung/Dämpfung zu den Pickups beeinflusst den Sound (siehe Projekt *11Sculptimpulse4*).

ctrl + Klick auf die Saite (de-)aktiviert ihre Schwing-Animation. Objekte können Sie ähnlich wie Oszillatoren an- und ausschalten.

Das Logic-Handbuch liefert ergänzende Beschreibungen zu Details der Anregungen/Dämpfungen.

11.18.3 Bereich »Material«

Mit den Saitenparametern in der Mitte des Bereichs MATERIAL stellen Sie die Dämpfung beim Ausschwingverhalten (INNER LOSS) oder die Steifheit (STIFFNESS) der Seite ein. Hierdurch bewegt sich das angeregte Saitenmaterial in einem Spektrum zwischen den Eigenschaften von Stahl, Nylon, Glas und Holz. Unten links klingt es ungedämpft schwingend wie eine Stahlsaite, oben rechts gedämpft und nicht schwingend wie Holz (siehe Projekt *11Sculptmaterial1*).

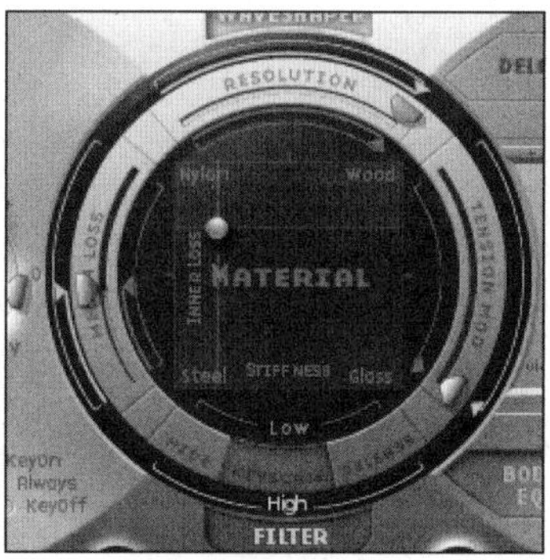

Abbildung 11.166 »Material«-Bereich von »Sculpture«

Der Regler MEDIA LOSS links außen simuliert weitere Reibungsverluste durch Umgebungsmaterial und blendet virtuell zwischen Luft (unten) und Wasser (oben) als Materie über, in der Sounds entstehen und ausschwingen (Projekt *11Sculptmedialoss1*). RESOLUTION regelt den Obertongehalt (Projekt *11Sculptresolut1*), TENSION MOD regelt die (kurzfristige) Modulation der Spannung durch die Impulse (Projekt *11Sculpttensionmod1*), was eventuell extremere Ergebnisse nach sich zieht; der LEVEL LIMITER (siehe unten) als Absicherung soll zu starke Pegelausschläge verhindern.

Mit dem PITCH BEND-Regler simulieren Sie ein leichtes Ziehen auf der Seite.

Mit einem Klick auf die Buttons KEYSCALE und RELEASE unten im Mittelkreis (Abbildung 11.166) bestimmen Sie die Wirkung der gespielten Tonhöhe und des Release auf den Bereich

MATERIAL (oder blenden die KEYSCALE- und RELEASE-Einstellugen mit HIDE aus). Im Modus KEYSCALE sind Regler außerhalb und innerhalb des MATERIAL-Kreises zu sehen (Abbildung 11.166), jene außerhalb regeln die Wirkung von Tönen oberhalb des Tons C3, jene innerhalb die der Töne unterhalb C3. Die Wirkung der Regler ist dabei umso größer, je weiter der gespielte Ton vom C3 entfernt ist. Im Projekt *11Sculptkeyscale1* können Sie das nachvollziehen. Dort wird der Ausklang der Saite zunächst für die höheren, dann für die tieferen Töne mit Hilfe des Parameters MEDIA LOSS gedämpft.

Im Modus RELEASE sind Regler nur außerhalb des MATERIAL-Kreises zu sehen, diese erlauben alternative Einstellungen für die Release-Phase (das Handbuch spricht von einer Saite, die während des Schwingens in einen Eimer Wasser geworfen wird, siehe Projekt *11Sculpt-releasemod1*).

11.18.4 Hüllkurve, »Spread« und »Level Limiter«

Sculpture verfügt über eine Standard-ADSR-Hüllkurve, die den Amp moduliert, zu sehen links in Abbildung 11.167. Rechts daneben regeln Sie die Stereobreite.

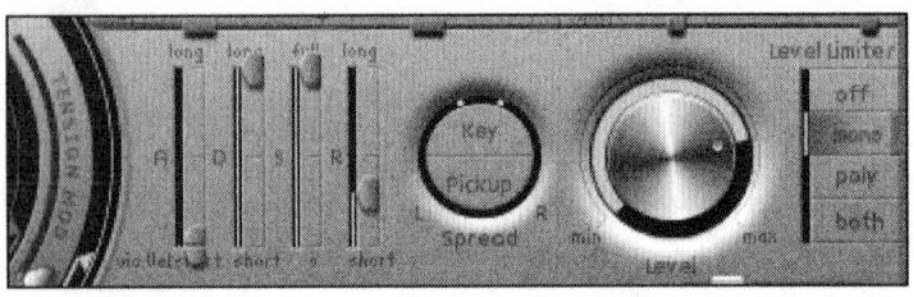

Abbildung 11.167 »Sculpture«-ADSR und Level Limiter

Der LEVEL LIMITER in Abbildung 11.167 ganz rechts limitiert

- in der Stellung MONO das gesamte Signal,
- in der Stellung POLY jede Stimme separat,
- in der Stellung BOTH sowohl jede Stimme separat als auch das gesamte Signal
- und kann natürlich auch auf OFF gestellt und deaktiviert werden.

11.18.5 »Waveshaper«

Es stehen verschiedene Waveshaping-Typen zur Verfügung, siehe Abbildung 11.168. Hier können Sie Verzerrungen hinzufügen. Den WAVESHAPER müssen Sie durch Klick auf den entsprechenden Button zunächst aktivieren (wie z. B. oben in Abbildung 11.166).

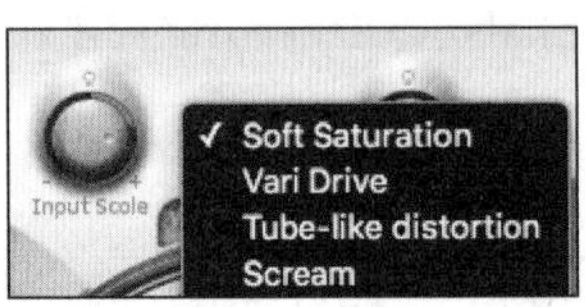

Abbildung 11.168 Waveshaping-Bereich

11.18.6 »Filter«

Auch den Filter müssen Sie zuerst aktivieren. HiPass, LowPass, Peak, BandPass und Notch stehen zur Verfügung (Abbildung 11.169).

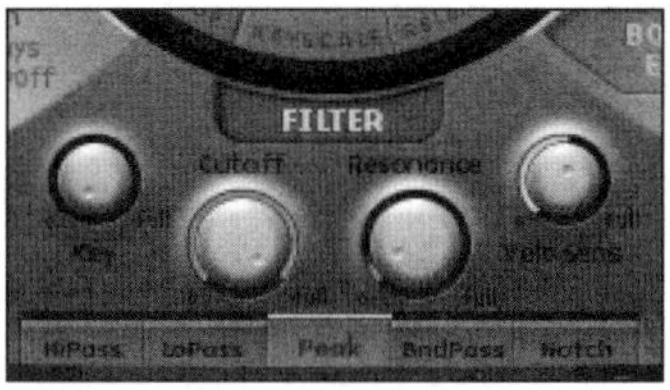

Abbildung 11.169 »Sculpture«-Filter

11.18.7 »Delay«

Bei der Nutzung von *Sculptures* Delay (siehe Abbildung 11.170) können Sie einen Effekt-Anteil mit dem Wet Level-Regler hinzumischen. Ähnlich wie beim Tape-Delay können Sie beim Feedback den Bass- und Höhenbereich wegfiltern. Das Delay kann auch temposynchron agieren. Bewegungen auf einem Vektor-Pad, die Stereo-Spread und Groove (bzw. Delay-Zeit) betreffen, können automatisiert werden. Den Delay-Effekt können Sie durch Klick auf den Delay-Button auch abschalten.

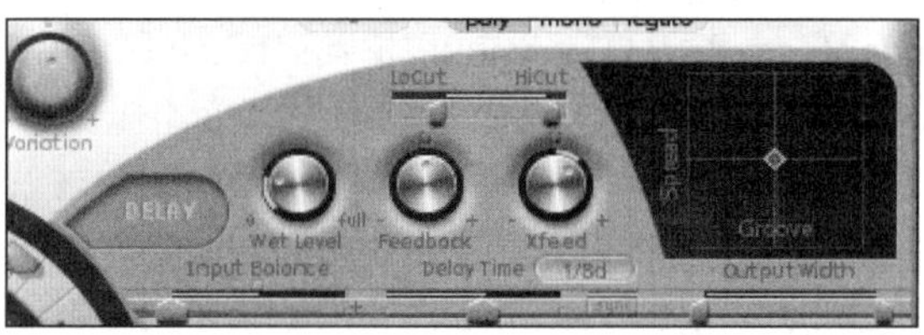

Abbildung 11.170 Delay in »Sculpture«

11.18.8 »Body EQ«

Der Body EQ-Bereich (Abbildung 11.171) muss zunächst aktiviert werden und ahmt über Formanten-Manipulation den Sound verschiedener Korpusse nach. Sie können im Frequenzanzeigebereich mit der Maus zeichnen (und das eventuell auch als Automation oder Modulation aufzeichnen).

Dann können Sie verschiedene Korpusse auswählen (zwei akustische Gitarren, zwei Westerngitarren, zwei weitere Gitarren, Banjo, Mandoline, zwei Ukulelen, Kalimba, zwei Kontrabässe, Cello, drei Violinen, zwei Flöten). Dabei stehen Ihnen Formant Shift- und Formant Stretch-Klangregler zur Klangformung zur Verfügung. In der Einstellung Lo Mid Hi stellt der Body EQ dagegen einen EQ mit zwei Shelving-Bändern und einem Peak-Band zur Verfügung.

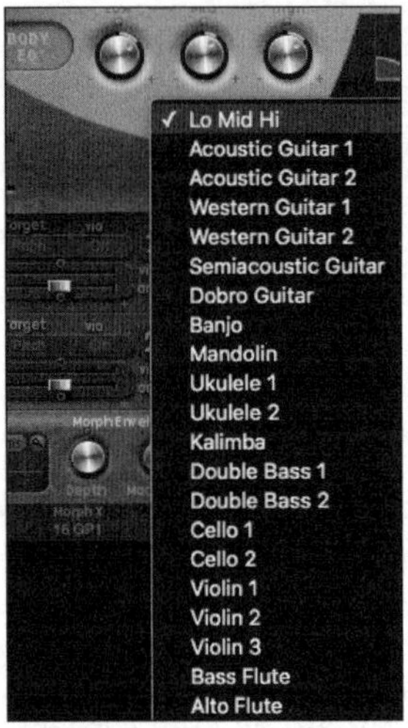

Abbildung 11.171 »Body EQ« in »Sculpture«

11.18.9 Modulationsbereich: LFOs, »Jitter«, »Vibrato«, »Velocity«, »Note On Random« oder »CTRL A« und »CTRL B«

Ziele der zwei LFOs sind frei konfigurierbar und können (wie z. B. in *EXS* und *ES2*) über einen dritten Parameter gesteuert werden. Die Wellenform des LFO können Sie zusätzlich zur Auswahl einer Wellenform detailliert editieren.

Unten links können Sie auch JITTER, VIBRATO, VELOCITY, NOTE ON RANDOM oder CTRL A und CTRL B als Modulationsquellen (zusätzlich zu den LFOs) einstellen und bekommen entsprechende Parameter anstelle der LFOs angezeigt. Es gibt zwei Jitter-Objekte, die LFO-ähnlich wirken.

Abbildung 11.172 LFO-Bereich von »Sculpture«

Abbildung 11.173 Jitter in »Sculpture«

Note On Random bewirkt zufällige Änderungen bestimmter Parameter pro gespielter Note, um natürliche Spielweisen zu ermöglichen.

11.18.10 Modulationsbereich: Envelopes

Für jede Hüllkurve können Sie zwei Modulationsmodi konfigurieren: Envelope und Control (Abbildung 11.174).

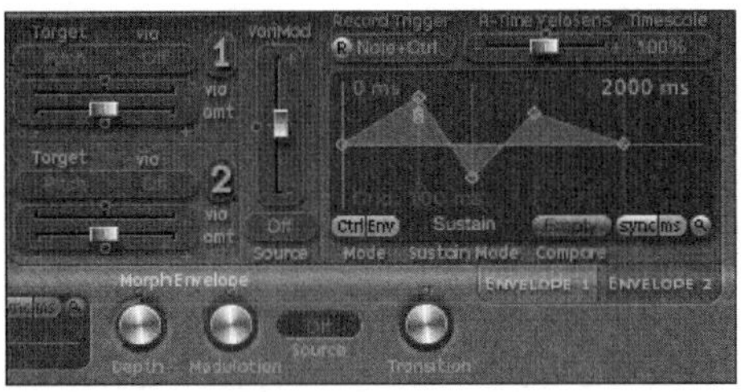

Abbildung 11.174 Envelope-Bereich von »Sculpture«

Im Envelope-Modus steht eine Hüllkurve mit editierbarem Verlauf zur Verfügung. Im Control-Modus können Sie Bewegungen eines weiter unten im MIDI-Controller-Assign-Bereich zuweisbaren Controllers aufzeichnen.

Unten können Sie dem Contr Env einen Controller zuweisen.

Dann können Sie auf Aufnahme schalten (wobei es verschiedene optionale Record Trigger-Modi gibt, die die Aufnahme einer Bewegung auslösen, siehe Abbildung 11.175).

Abbildung 11.175 »Sculpture«: Envelope Rec Mode

Die Hüllkurven können Sie in beiden Fällen in der zugehörigen Grafik editieren (Abbildung 11.176).

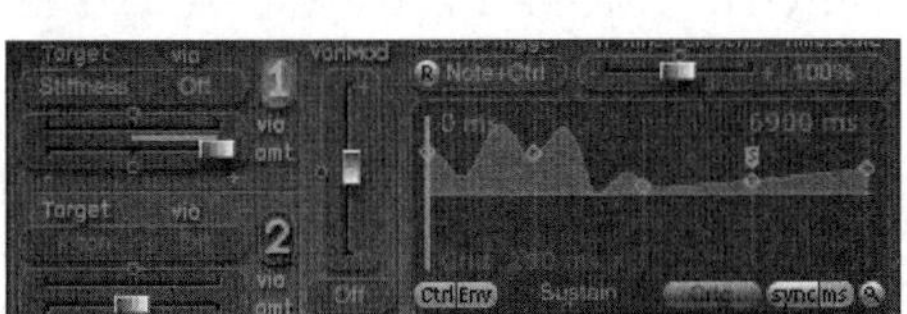

Abbildung 11.176 Hüllkurve mit aufgezeichneter Controller-Bewegung

Sie können – ähnlich wie in *Ultrabeat* – Punkte zur Formung der Hüllkurve bewegen und einen SYNC-Modus einstellen, um eventuelle Punkte der Hüllkurven an Taktrasterwerten auszurichten. Bei mit Controller-Bewegungen erstellten Hüllkurven können Sie die Original- mit den editierten Hüllkurven vergleichen.

Zusätzlich können Sie verschiedene Abspielmodi für die Hüllkurve einstellen (SUSTAIN, FINISH, LOOP FORWARD, LOOP BACKWARD, LOOP ALTERNATE).

Abbildung 11.177 Envelope-Modes

Bei eingestellten Loop-Modi lässt sich ein bestimmter Bereich der Hüllkurve loopen – eine ähnliche Funktionalität finden Sie bei Hüllkurven des *ES2* und unten in *Sculpture*, wo Sie Bewegungen im MORPH-Pad aufzeichnen und in einer Hüllkurve editieren können. Dies behandle ich in den nächsten Abschnitten, die dort erläuterten Möglichkeiten werden Ihnen auch die Möglichkeiten von ENVELOPE 1 und 2 etwas besser verständlich machen, weil einiges analog dazu anwendbar ist.

11.18.11 »Morph«-Pad

Laden Sie das Preset *Electric Jazz Guitar* aus dem Presetordner *Sculpture Legacy* in Logic, oder öffnen Sie das Projekt *11SculptureMorph*. Bewegen Sie den roten Punkt in der Mitte in eine der vier Ecken des MORPH-Pads. Sie sehen, dass *Sculpture* für jede Ecke des MORPH-Pads verschiedene Soundeinstellungen aufruft. Jede der vier Ecken stellt eine Soundeinstellung dar, verändert werden allerdings nur die Parameter mit einem roten Punkt bzw. orange markierte Parameter sowie der Einstellungspunkt im Bereich MATERIAL. Wenn sich der rote Punkt des Morphs in einer der vier Ecken oder in der Mitte des MORPH-Pads befindet, können Sie Parameterveränderungen vornehmen, die anschließend jedes Mal wieder aufgerufen werden, wenn der rote Punkt an dieser Stelle ist. Durch das MORPH-Pad existieren so gewissermaßen fünf Soundeinstellungen, zwischen denen Sie auch überblenden können. Die roten Punkte in den Parametern bzw. in der Grafik von *Sculpture* verändern sich dabei und zeigen Ihnen die aktuelle Position des Morphings an, während die orangefarbene Linie den Wert des nächstgelegenen Morphing-Punktes darstellt. Hierfür muss allerdings unten links AUTO SELECT aktiv sein, so dass der nächstliegende Punkt editiert wird. Ist AUTO SELECT ausgeschaltet, so verändert sich die Selektion eines Morph-Punktes bei Bewegungen auf dem MORPH-Pad nicht automatisch, so dass Sie eventuelle Edits immer noch für den aktuell selektierten Punkt vornehmen, der mit zwei Kreisen umrandet ist (in Abbildung 11.178 ist das der Punkt in der Mitte, in Abbildung 11.179 ist es der Punkt oben links).

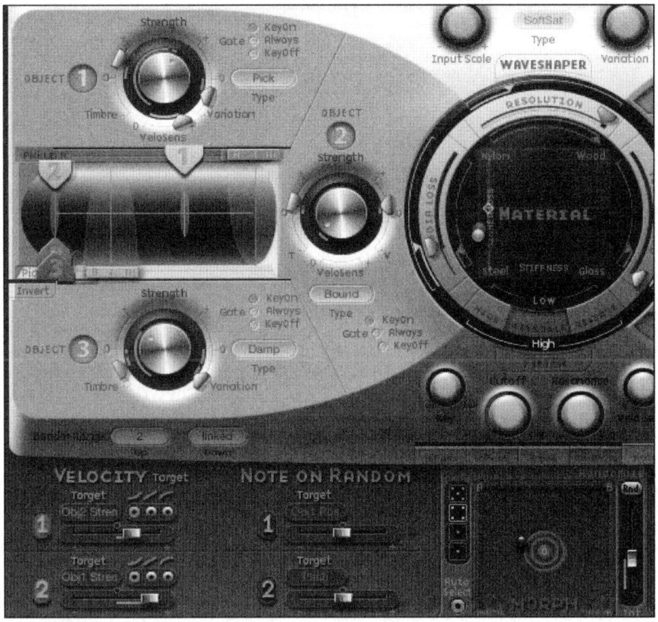

Abbildung 11.178 Unten rechts im Bild das »Morph«-Pad. Einige betroffene Parameter weisen orangefarbene Linien und rote Punkte auf.

Im Bereich MATERIAL sehen Sie einen schwach dunkelgrauen Punkt, der die Position aufgrund der aktuellen Stellung im MORPH-Pad widerspiegelt (die Sie auch hören), während der heller leuchtende Punkt die Einstellung für den selektierten Morph-Punkt repräsentiert.

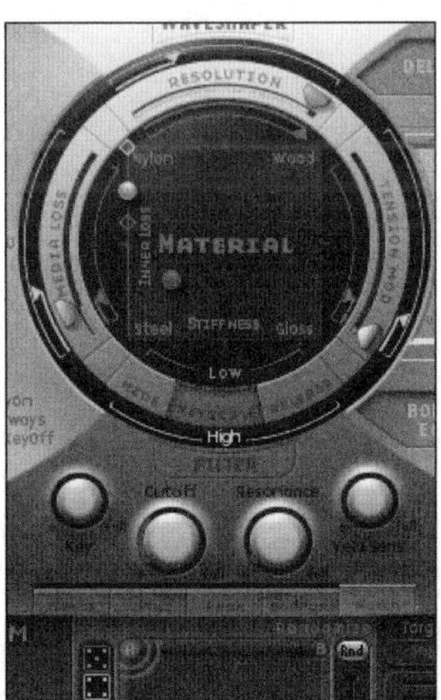

Abbildung 11.179 »Material«-Bereich und »Morph«-Pad mit selektiertem Morph-Punkt oben links

Wenn Sie den Morph-Punkt anfassen, gelangen Sie mit einem Rechtsklick auf den Morphing-Punkt in ein zusätzliches Menü (Abbildung 11.180), wo sich die Soundeinstellungen von Morphing-Punkten kopieren, vertauschen und verändern lassen.

Abbildung 11.180 »Morph«-Pad-Positionswerte können Sie über dieses Menü editieren.

11.18.12 Zufallsfunktion im »Morph«-Pad

Ferner gibt es eine Zufallsfunktion im MORPH-Pad (Abbildung 11.181). Wählen Sie mit den würfelähnlichen Darstellungsbuttons links, welche der fünf Morph-Punkte von der Zufallsfunktion betroffen sein sollen.

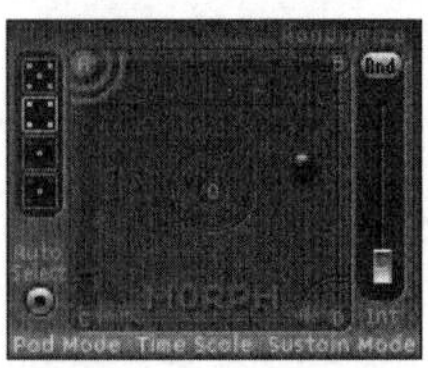

Abbildung 11.181 »Morph«-Pad und Random-Funktion

Bestimmen Sie anschließend durch Klick auf den kleinen RND-Button, welche Funktionen vom Zufallsmodus betroffen sein sollen.

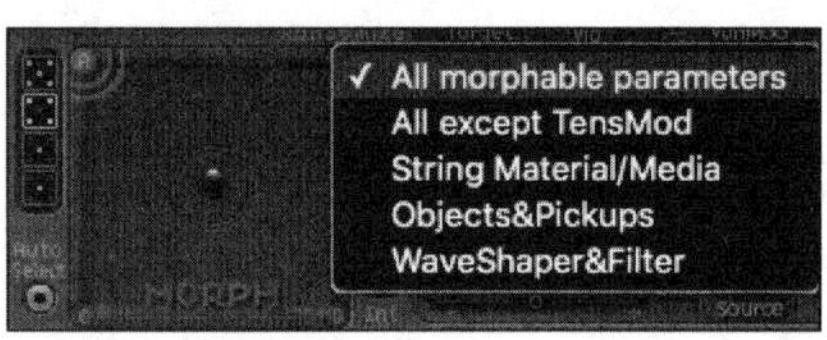

Abbildung 11.182 Wählbare Parameter für Zufallsmorphs nach Rechtsklick auf den »Rnd«-Button

Schieben Sie nun den Random-Intensity-(INT-)Fader hoch, um das Ausmaß der vorbereiteten Zufallsvariation einzustellen. Klicken Sie auf RANDOM, um den Prozess auszulösen. Anschließend werden die Einstellungen der zuvor markierten Morph-Punkte verändert, und Sie haben einen kontrolliert zufällig erzeugten Sound.

11.18.13 Aufzeichnung von Bewegungen des »Morph«-Pads

Öffnen Sie das Projekt *11Sculpturemorph2*; dort ist der Sound »Turbine Noise« geladen (Abbildung 11.183). In dem Bereich unterhalb des MORPH-Pads können Sie Bewegungen des

MORPH-Pads aufzeichnen und editieren, falls der ENV-Modus links oben aktiviert ist ❶. Falls nur PAD aktiviert ist, ist nur die Einstellung des Morph-Punktes auf dem Pad relevant. Falls sowohl PAD als auch ENV als Modi aktiv sind (und blau unterlegt schimmern), ist zusätzlich zu der aufgezeichneten Bewegung, die mit dem Morph-Punkt in der Mitte beginnt, ein Versatz aktiv, der die gesamte Bewegung um genau jenen Betrag und in jene Richtung verschiebt, die der Morph-Punkt vom Mittelpunkt entfernt ist.

Abbildung 11.183 Unten im Bild der Bereich, wo Bewegungen aufgezeichnet werden. Das Bild zeigt die im Projekt »11Sculpturemorph2b« aufgenommene Bewegung inklusive eines Versatzes.

Sie können links auf den RECORD-Button ❷ drücken, anschließend eine Bewegung auf dem MORPH-Pad aufzeichnen, diese durch erneuten Klick auf den RECORD-Button beenden und anschließend die Aufzeichnung als mehrstufige Hüllkurven (Envelopes) ähnlich wie für ENVELOPE 1 und ENVELOPE 2 editieren. Wann genau die Aufzeichnung dieser Bewegung beginnt, stellen Sie im entsprechenden Menü ein. Ist der Morph-Punkt zu Beginn Ihrer Bewegung nicht in der Mitte, müssen Sie ihn gegebenenfalls vor dem Spielen einer Note in die Mitte zurückführen, damit Ihre MORPH-Pad-Bewegungen beim Abspielen der Note auf genau jenen Positionen ablaufen, auf denen Sie sie aufgenommen haben.

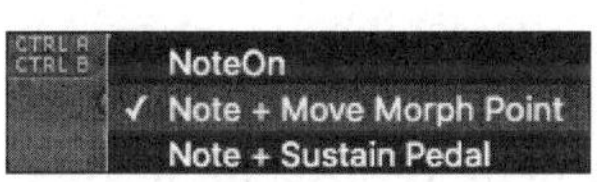

Abbildung 11.184 Hier stellen Sie ein, durch welche Aktion die Aufzeichnung der Bewegung auf dem »Morph«-Pad startet.

Im Dokument *11Sculpturemorph2b* habe ich eine solche Bewegung für den eingestellten Sound aufgezeichnet. Morph-Envelopes sind polyphon – für jede neu gespielte Taste starten sie neu.

11.18.14 Envelopes für die Bewegung des »Morph«-Pads editieren

Wenn Sie im Envelope-Bereich den Abstand zwischen verschiedenen Punkten Ihrer Aufzeichnung verkürzen, läuft an dieser Stelle auch die Bewegung zwischen den Punkten auf dem MORPH-Pad schneller. Im Bereich TIME SCALE skalieren Sie das Gesamttempo der Hüllkurve.

Zum genaueren Editieren können Sie zoomen: Klicken Sie mit der Maus auf den Envelope-Bereich. Nun erscheint der Schriftzug ZOOM (Abbildung 11.185), und Sie können durch Bewegung mit der Maus nach links und rechts zoomen. Mit Klick auf das Lupensymbol zoomen Sie wieder aus.

Abbildung 11.185 Zooming in dem Bereich, in dem Bewegungen des »Morph«-Pads aufgezeichnet werden.

Ist SYNC aktiviert, rasten Bewegungspunkte im Taktraster ein, so dass Sie auch rhythmische Modulationen realisieren können.

Für die Hüllkurve stehen wiederum verschiedene Modi zur Verfügung (Abbildung 11.186), wie auch in ENVELOPE 1 und ENVELOPE 2. Interessant ist auch die Option, den Verlauf der Hüllkurve durch Bewegung eines Controllers manuell zu durchfahren – eine Technik, die einigen Sounddesignern unter Ihnen vielleicht auch von Native Instruments *Absynth* bekannt ist.

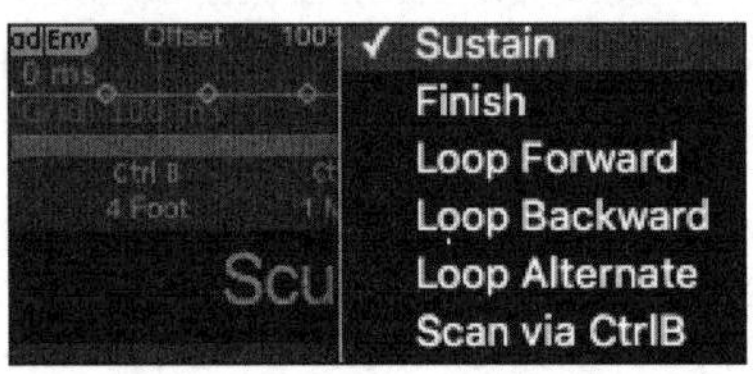

Abbildung 11.186 Einstellbare Envelope-Modes in »Sculpture«

Ein kleines S markiert den Sustain-Punkt; diesen können Sie verschieben, um einen bestimmten Punkt des Verlaufs als Sustain-Punkt zu markieren. Sind Loop-Modi anstelle eines Sustain-Modus eingestellt, erscheinen zusätzliche Loop-Punkte. In Abbildung 11.187 habe ich LOOP BACKWARD eingestellt, wodurch wiederholt der Bereich zwischen dem Sustain-Punkt und dem Loop-Punkt abgefahren wird. Das hier abgebildete Beispiel beruht auf der aufgezeichneten Bewegung der vorherigen Abbildungen, allerdings habe ich den Bewegungsverlauf mit dem TIME SCALE-Parameter beschleunigt und auf 16 % der Originalzeit eingestellt sowie weitere Edits vorgenommen, die ich im nächsten Abschnitt erläutere.

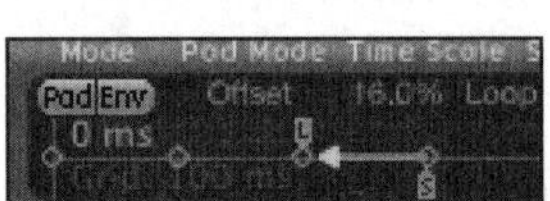

Abbildung 11.187 »Looping Backward« mit 16 % als eingestelltem Wert für das »Time Scaling«

11.18.15 Weitere Edits für Envelopes für die Bewegung des »Morph«-Pads

Mit gehaltener Maustaste können Sie Morph-Punkte nachträglich verschieben. In Abbildung 11.188 habe ich gegenüber Abbildung 11.183 die letzten beiden Envelope-Punkte verschoben.

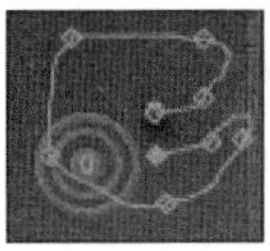

Abbildung 11.188 Die letzten beiden Morph-Punkte wurden manuell editiert.

Mit dem DEPTH-Drehregler (rechts unten in Abbildung 11.189) skalieren Sie die Intensität der Verlaufsauswirkung.

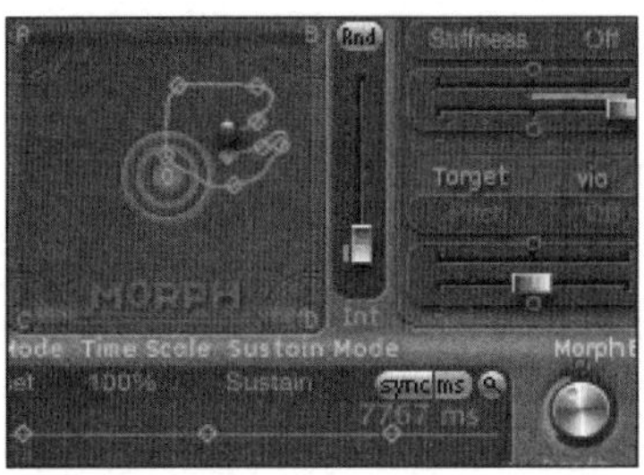

Abbildung 11.189 Der Verlauf wurde etwas skaliert.

Mit dem TRANSITION-Regler bestimmen Sie, ob der Verlauf zwischen Punkten Ihrer Aufzeichnung auf dem MORPH-Pad genau so bleibt, wie Sie ihn aufgezeichnet haben, oder ob er linear oder im Step-Modus verläuft. Ist Letzteres der Fall, wird ruckartig und ohne Übergänge zwischen Punkten gewechselt (Abbildung 11.190). Insbesondere im Zusammenhang mit der unten genannten SYNC-Funktion für Envelopes werden hiermit interessante rhythmische Ergebnisse möglich.

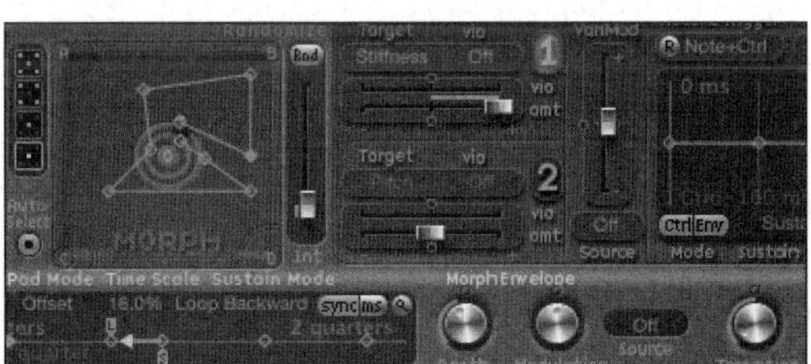

Abbildung 11.190 Bei einem linearen Verlauf besteht die Verbindung zwischen Punkten aus einer Geraden und ist schnörkellos.

Manchmal sind es die kleinen, subtilen Änderungen, die Morphs interessant machen. Verallgemeinerungen sind hier allerdings schwierig, denn dafür gibt es einfach zu viele Möglichkeiten in *Sculpture*.

Von Synths wie *Sculpture* kann man sich auch mal inspirieren lassen und muss nicht alles verstehen, was klanglich passiert. Der Zufall ist ein wichtiger Partner – hören Sie genau hin, wenn er Ihnen ein schönes Geschenk anbietet, und nutzen Sie es.

11.18.16 Zusätzliche Parametermodulation in Automation

Manche Parameter wie z. B. der BODY EQ können nicht Ziele von Modulationsquellen, wohl aber Ziele von Automation sein.

11.18.17 Surround-Modus von »Sculpture«

Surround-Instanzen von *Sculpture* haben unten im aufklappbaren Bereich noch die Parameter SURROUND RANGE und SURROUND DIVERSITY.

- SURROUND RANGE legt die Breite des Surround-Felds, innerhalb dessen Sie Bewegungen des Sounds mit Hilfe des Modulationszieles Pan eines Pickups (hier *Pickup Position* genannt) steuern können, von 0 bis 360 Grad fest. Stellen Sie für einen LFO einen Sägezahn ein und setzen Sie die SURROUND RANGE auf 360 Grad, bewirkt dies eine kreisförmige Bewegung im Surround-Feld.
- SURROUND DIVERSITY verteilt das Signal gleichmäßig auf allen Lautsprechern (bei Stellung 1) oder nur auf jenen, die am nächsten zur PAN-Position liegen (bei Stellung 0).

11.19 Vintage Electric Piano

Das *Vintage Electric Piano* von Logic ist der Nachfolger des *EVP88* aus Logic 9; es hat einen anderen Namen, sieht anders aus, besitzt aber die gleiche Funktionalität. Ich nenne es im Buch oft nur *E-Piano*, weil der Name kürzer ist und auch so im Plug-In-Slot angezeigt wird.

Es sind elektronische Keyboards wie Rhodes, Hohner und Wurlitzer, die hier nachgeahmt werden und die in der Vergangenheit von Künstlern wie Billy Joel (»Just the Way you are«, Rhodes), Justin Timberlake (»Señorita«, Rhodes), den »Carpenters« (»Top of the World«. Wurlitzer), »Steely Dan« (»Do it again«, Wurlitzer) und »Led Zeppelin« (»Stairway to Heaven«, Hohner Electra) verwendet wurden.

Probieren Sie ein paar Patches aus. Die Unterschiede zwischen den Sounds sind nuancierter und weniger groß als bei anderen Instrumenten. Das Sounderlebnis stellt sich vor allem dann ein, wenn Sie ein paar gute Harmonien damit spielen. Das Dokument *11Epiano1* kann als Beispiel dienen.

Abbildung 11.191 Übersicht über die Bedienoberfläche des »Vintage Electric Pianos«

Abbildung 11.192 Oben links im Flip-Menü wählen Sie unter verschiedenen E-Piano-Modellen aus.

Oben rechts können Sie auf den dort stehenden Eintrag (auf meinem System war das voreingestellt immer Deluxe Classic) klicken, um aus verschiedenen E-Piano-Engines auszuwählen.

11.19.1 »Effects«

In der Effects-Sektion finden Sie EQ-, Drive-, Chorus-, Phaser- und Tremolo-Effekte (Abbildung 11.191).

Chorus, Phaser und Tremolo sind Modulationseffekte, die Sie nutzen können, um ein bisschen mehr Bewegung in den Sound zu bekommen. Alle drei Effekte sind klassische Modulationseffekte, die Ihr Keyboardspiel durch etwas Bewegung im Sound lebendiger klingen lassen sollen. Interessant ist beim *E-Piano*, dass Sie diese Modulationseffekte nicht nur alternativ, sondern auch gleichzeitig einsetzen können.

Weitere Soundjustageoptionen erreichen Sie, indem Sie oben rechts auf Details klicken.

11.19.2 »Details« und gespreizte Stimmung

Unter Model stellen Sie die Zahl der verfügbaren Stimmen, Decay- und Release-Zeiten, Stereobreite sowie die Lautstärke von glockig klingenden Obertönen (Tine Bell) und emulierten Geräuschen von Filzdämpfern des Originals ein.

Abbildung 11.193 Detaileinstellungen des »Vintage Electric Pianos«

Im Bereich Pitch können Sie die Tonhöhe mit dem Stretch Tuning-Parameter einer gespreizten Stimmung unterwerfen. Er dient laut Handbuch insbesondere dazu, Probleme beim gemeinsamen Musizieren mit Logics *Vintage*-Instrumenten und einem echten akustischen Instrument zu beheben. Klaviere und andere Saiteninstrumente werden in der Praxis oft leicht gespreizt gestimmt, um Inharmonizitäten der Obertonstruktur zu kompensieren, durch die bei gleichmäßiger Stimmung Obertöne tiefer und hoher Töne gegeneinander verstimmt klingen könnten. Die Stimmung des *Vintage Electric Pianos* können Sie hier gegebenenfalls angleichen.

WARMTH steuert die zufällige Verstimmung aller Tongeneratoren.

11.20 Vintage Clav

Das *Vintage Clav* (Abbildung 11.194) emuliert das Hohner D6 Clavinet, das insbesondere von Künstlern wie Herbie Hancock, Stevie Wonder oder den Commodores typischerweise für Funk- oder Rock-Musik benutzt wurde, und entspricht dem *EVD6* aus Logic 9. Das Logic-Instrumente-Handbuch führt als Referenztracks für das Hohner D6 Stevie Wonders Tracks »Superstition« und »Higher Ground« an. Logics *Vintage Clav* emuliert auch Ungenauigkeiten der Originalmodelle – so klingen zwei nebeneinander gespielte Töne beispielsweise meistens leicht unterschiedlich.

Den Sound des Clavinets hören Sie im Beispielprojekt *11Clavinet1*, wo ein paar typische Töne von unterschiedlichen Clavinet-Settings gespielt werden. Ähnlich wie beim *Vintage E-Piano* können Sie oben links zwischen verschiedenen Modellen wählen.

Abbildung 11.194 Logics »Vintage Clav«

Abbildung 11.195 Modelle des Clavinets

Insbesondere die Modelle *Classic I* und *II* sowie *Vintage I* und *II* emulieren das Original Hohner D6, die letzteren beiden ahmen ein etwas abgerockteres Modell nach. Die anderen Modelle sind Variationen. Das *Mellotone* liefert über die gesamte Tastatur einen gleichmäßigen, weichen Klang. *Sitartone* und *Belltone* haben einen höheren Anteil inharmonischer Obertöne. *Dulcitone* erinnert an ein Dulcimer. Ganz wichtig ist der *Damper* unten rechts, der die Ausklingzeit verlängert oder verkürzt. Weitere Details sind im Handbuch zu den Logic-Instrumenten nachzulesen.

Rechts oben (siehe Abbildung 11.194) können Sie zwischen verschiedenen Plug-In-Seiten mit Einstellmöglichkeiten umschalten:

- Main
- Effects
- Details

Den unteren Bereich des *Vintage Clavs* mit den Schaltern und dem Damper sehen Sie auf allen drei Seiten.

11.20.1 »Main«-Page

Auf der Main-Page (Abbildung 11.194) können Sie die Position des Pickups (sowohl bezüglich der Höhe der Position als auch bezüglich des Winkels) verschieben, um den Klang zu verändern. Mit Hilfe der Taster Pickup »A B« und »C D« unten können Sie einen zusätzlichen Tonabnehmer nutzen bzw. die interne Verschaltung der Pickups verschieben, wodurch sich ein anderer Sound ergibt. Ein Pickup ist *über*, einer *unter* den Saiten angebracht. In der Vorgängerversion *EVD6* aus Logic 9 hießen die vier Pickup-Konstellationen Lower, Upper, Lower – Upper und Lower + Upper, was das Ganze für mein Empfinden etwas leichter verständlich macht. Bewegungen an der Pickup-Position können Sie via Automation aufzeichnen (siehe Projekt *11Clavinet2* und *11Clavinet3*).

Der STEREO SPREAD-Parameter moduliert die Stereoposition des erzeugten Sounds in Abhängigkeit von der gespielten Tonhöhe (rote Anzeige) oder/und der Pickup-Position (gelbe Anzeige) – was ein Unterschied zum Hohner D6 ist, das über eine Mono-Klangerzeugung verfügt.

Die Filterschalter darunter sind gedrückt, wenn Sie sie oben klicken. BRILLIANT, TREBLE und MEDIUM dünnen den Bassbereich aus und machen den Sound nasal, schärfer oder dünner, SOFT macht den Sound weicher.[2]

11.20.2 »Effects«

In der Effektsektion (Abbildung 11.196) stehen Ihnen WAH, COMPRESSOR, DISTORTION und MODULATION zur Verfügung.

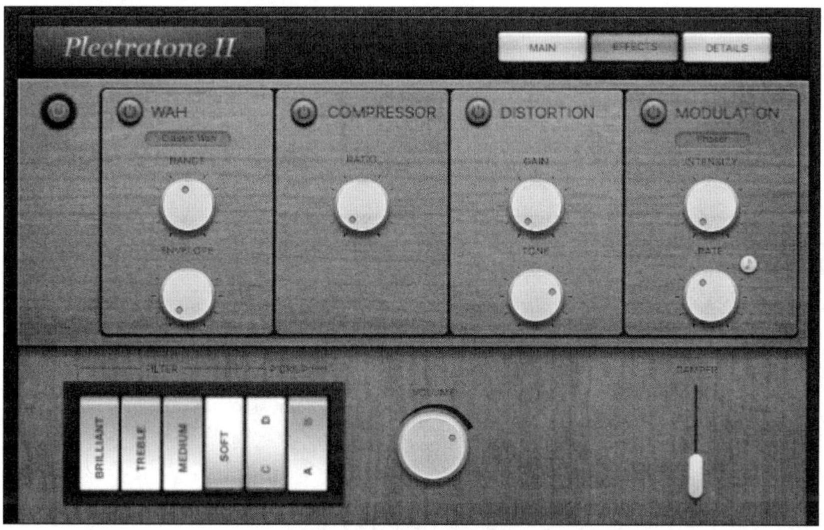

Abbildung 11.196 Effektsektion im »Vintage Clav«

Für den WAH-Effekt lassen sich verschiedene Modi einstellen, die klassische Wah-Pedale (z. B. eines von Jimi Hendrix) emulieren sollen (Abbildung 11.197) – und er steht als »Fuzz-Wah« (mit mehr Parametern) auch als separates Effekt-Plug-In unabhängig vom *Vintage Clav* zur Verfügung (siehe Abschnitt 15.10.4, »›Fuzz-Wah‹«). Zusätzlich können Sie die Intensität der Wirkung einer Hüllkurve auf die Cutoff-Frequenz einstellen, die von einem Envelope Follower ausgelöst wird. Dabei wird die Hüllkurve von gespielten Noten bestimmter Intensität ausgelöst – die Empfindlichkeit stellen Sie mit dem ENVELOPE-Regler ein. Der Parameter RANGE bestimmt die Cutoff-Frequenz. Im Beispiel *11Clavinet4* hören Sie ein Soundbeispiel, bei dem mit jeder gespielten Note die Hüllkurve die Filterfrequenz nach oben und wieder nach unten bewegt.

---

2 Vergleiche Logic Pro X-Instrumente-Handbuch, S. 405.

Im MODULATION-Bereich können Sie zwischen PHASER, FLANGER und CHORUS wählen. Mehr zum Unterschied zwischen diesen drei Effekten lesen Sie in Abschnitt 15.11 über Modulationseffekte.

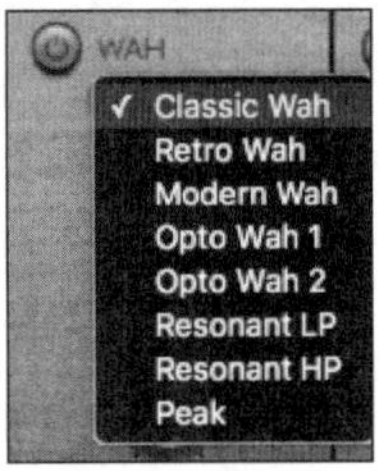

Abbildung 11.197 »Wah«-Modi

11.20.3 »Details«

Auf der DETAILS-Seite können Sie Feineinstellungen vornehmen. Je nach eingestelltem Modell fällt die Wirkung aber leicht unterschiedlich aus. Viele Parameter ähneln denen von *Sculpture*, andere sind auch von anderen Instrumenten bekannt. Ich erwähne hier einige besondere Parameter, andere schlagen Sie gegebenenfalls bitte im Handbuch nach.

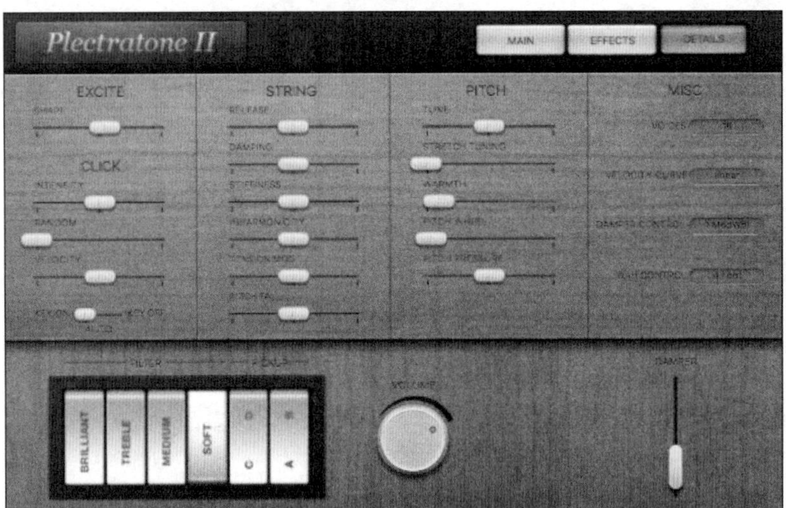

Abbildung 11.198 Detaileinstellungen des »Vintage Clavs«

EXCITE und CLICK betreffen die Anregung der Saite sowie ein Klickgeräusch beim Loslassen der Gummihämmer.

Die Saitenparameter beeinflussen das Schwingverhalten der Saite. STIFFNESS und INHARMONICITY können eine Spreizung unharmonischer Obertöne bewirken. TENSION MOD führt zu einer Verstimmung im Anschluss auf den Anschlag der Saite und ermöglicht auch schräge und verstimmte Sounds.

Im Bereich PITCH unterwerfen Sie die Tonhöhe des *Vintage Clavs* mit dem STRETCH-Parameter einer gespreizten Stimmung (siehe Abschnitt 11.19.2 über das *Vintage E-Piano*). WARMTH steuert die zufällige Verstimmung aller Tongeneratoren.

11.21 Vintage B3 Organ

Auch die *Vintage B3* ist eine liebevolle, detailgetreue Emulation eines Instrumentenklassikers – der Hammond-B-3-Orgel (und Nachfolger des *EVB3* aus Logic 9). Im Original rotieren stählerne Tonräder vor elektromagnetischen Tonabnehmern. Eine weitere charakteristische Komponente sind die eingebauten rotierenden Leslie-Lautsprecher in dem etwa kühlschrankgroßen Leslie-Cabinet-Gehäuse.

Die Klangerzeugung von Logics B-3-Emulation basiert wiederum auf Logics Component Modeling Synthese. Auch der rotierende Lautsprecher wird nachgebildet und kann sogar als Effekt ohne die *B3* eingesetzt werden.

Die Hammond-Orgel war insbesondere in den 60er und 70er Jahren sehr populär. Sie war einmal ein Ersatz für wesentlich teurere Pfeifenorgeln in Kirchen gedacht, wurde anschließend in Kirchen für Gospel-Musik verwendet und trat von dort aus ihren Siegeszug in allen möglichen Genres von Rock über Blues bis Funk an. Die Liste der Interpreten oder Keyboarder von Bands, die diese Orgel benutzen, ist lang: Procol Harum, Deep Purple, Isaac Hayes, Santana, Pink Floyd ...

Die *Vintage B3* besitzt fünf Pages/Ansichten für Soundfeineinstellungen:

- MAIN
- ROTOR CABINET
- OPTIONS
- EFFECTS
- EXPERT

11.21.1 »Main«-Page

Charakteristisch für die Spielweise der Orgel sind zwei leicht versetzt übereinanderliegende Tastaturen (*Manuale*) wie bei einer Kirchenorgel sowie Fußpedale (in Form einer zweioktavigen Fußpedaltastatur), über die die Orgel gespielt wird. Dort nennt man das Obermanual *Swell* oder *Schwellwerk*, das Untermanual *Great* oder *Hauptwerk*. Für jedes Manual kann ein eigener Sound eingestellt werden, der sich aus neun verschiedenen Frequenzen zusammensetzt. Die Lautstärke dieser Frequenzen lässt sich bei der echten Hammond-Orgel genau wie in Logics *Vintage B3* über die neun Zugriegel einstellen, für die jeweils neun verschiedene Lautstärken (0–8) einstellbar sind. Auch für den Pedalbereich ist ein eigener Sound einstellbar – hierfür sind in Logics *B3* die beiden Riegel in der Mitte zwischen den 9er-Zugriegelgruppen links und rechts ❷ vorgesehen.

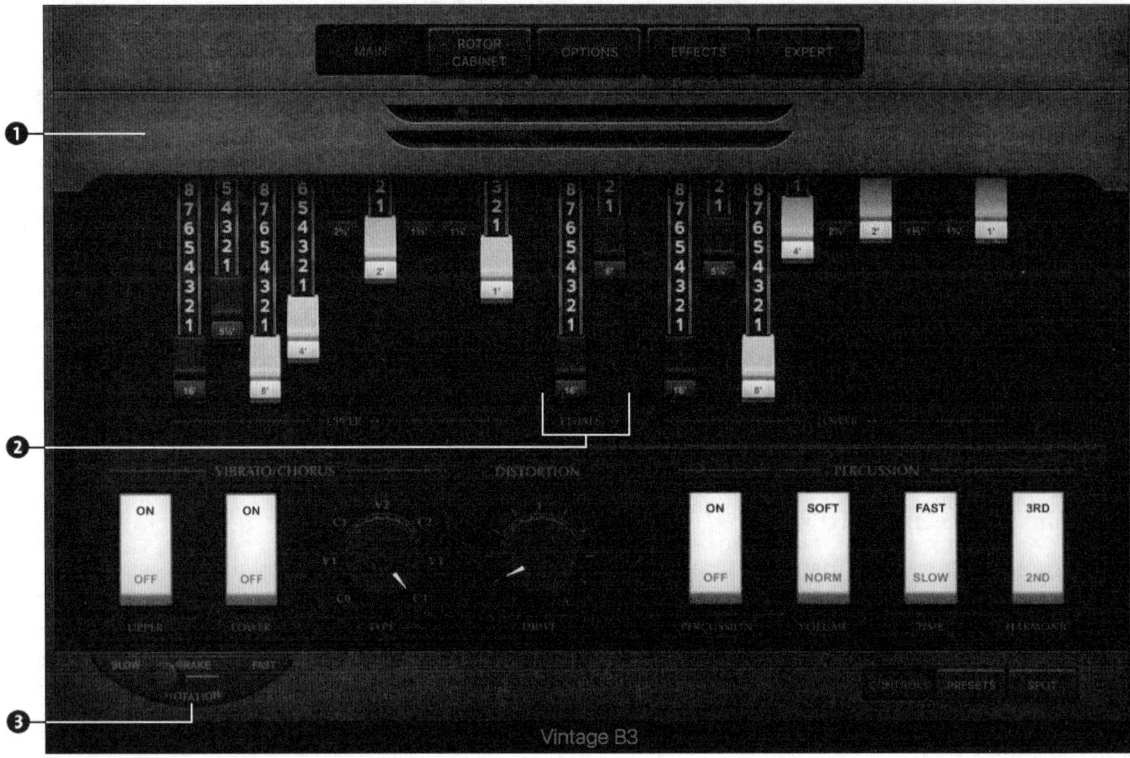

Abbildung 11.199 »Main«-Page mit Zugriegeln

In der MAIN- und der ROTOR CABINET-Ansicht ist unten links ein kleiner Schalter ❸ mit drei Einstellungen zu sehen, der den Leslie-Lautsprecher in langsame oder schnelle Drehung versetzt (oder ihn in der Mittelstellung anhält – BRAKE). Auch wenn es für die Leslie-Simulation eine separate Seite mit Settings gibt (ROTOR CABINET), erkennen Sie an der grafischen Simulation oben (hinter den beiden »Luftschlitzen«) ❶, ob sich der rotierende Lautsprecher bewegt oder nicht. Das ist allerdings nicht gleichbedeutend damit, dass der Effekt aktiv ist – der Lautsprecher kann sich drehen, der Effekt aber trotzdem abgeschaltet sein (siehe die Seite ROTOR CABINET).

Unten rechts können Sie die MAIN-Ansicht zwischen den Ansichten CONTROLS, PRESETS und SPLIT umschalten. Ich zeige die letzteren beiden zuerst, weil sie mir für das Verständnis des Instruments wichtiger erscheinen.

»Presets«-Ansicht

In der PRESETS-Ansicht werden pro Manual die Tasten einer Oktave für das Aufrufen von Presets (inklusive Miniaturgrafik der Zugriegeleinstellungen) dargestellt. In Abbildung 11.200 sind für beide Manuale Presets der obersten Taste (deutsch: H, englisch: B) aufgerufen. Wenn Sie nun einzelne Zugriegel verstellen, ändert sich die Miniaturgrafik auf der Taste automatisch, die die Stellung der Zugriegel abbildet. Dies gilt zumindest, wenn in den Optionen oder in einem Flip-Menü in der Regleransicht des Plug-Ins (siehe Abschnitt 11.5.1) eingestellt ist, dass stets der CURRENT PRESETKEY editiert wird (Abbildung 11.202 und Abbildung 11.201).

Alternativ können Sie einstellen, dass Edits der Zugriegel nur die Taste A# (Bb) bezüglich des oberen Manuals und H bezüglich des unteren Manuals verändern. Ist Letzteres eingestellt, können Sie mit den Zugriegeln einen neuen Sound auf anderen Tasten quasi vorbereiten, bevor Sie ihn über A# und H aufrufen. Abbildung 11.201 zeigt, wo Sie das einstellen können.

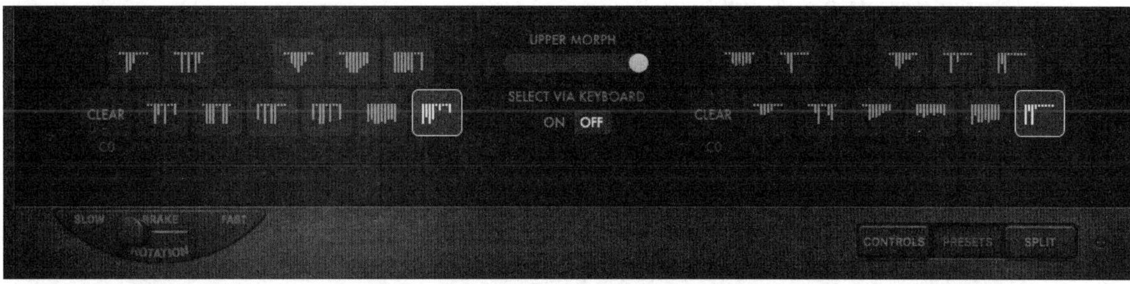

Abbildung 11.200 »Vintage B3«-Presets

Abbildung 11.201 Dieses Flip-Menü finden Sie in der Regleransicht, wenn Sie nach unten scrollen.

Abbildung 11.202 Dieser Wahlschalter befindet sich auf der »Options«-Page.

Die unterste Taste C ist mit CLEAR beschriftet und setzt alle Zugriegel des Manuals auf Nullstellung.

Die Einstellungen im Keyboard-Split-Modus (die ich im nächsten Abschnitt erläutern werde) sind entscheidend dafür, ob Sie Presets mit Ihrem Keyboard oder nur mit der Maus umschalten können. Im folgenden Beispiel habe ich im Keyboard-Split-Mode SINGLE eingestellt, um die Presettasten mit nur einem Keyboard ansteuern zu können.

Im Beispiel *11VintageB3b* gibt es zwei Spuren desselben Instruments. Dort schalte ich in Takt 1 und 2 in der unteren Spur zwischen verschiedenen Presets um, oben spielen Akkorde. Ab Takt 3 spiele ich zunächst oben einen Akkord und unten die C0/CLEAR-Presettaste. Ich halte den Akkord, dabei spiele ich unten andere Presettasten an, wodurch jedes Mal ein anderer

Sound zu hören ist und scheinbar ein neuer Akkord gespielt wird. Die Wirkung des Morph-Reglers, mit Hilfe dessen verschiedene Soundpresets gemorpht werden können, hängt von zusätzlichen Einstellungen der OPTIONS-Seite ab, und ich erkläre sie in Abschnitt 11.21.3, »Options«.

Wenn Sie durch Morphing eine interessante Soundeinstellung gefunden haben, können Sie sie nicht nur als Logic-Plug-In-Setting, sondern auch im Stile der Original-Hammond-Orgel als Presettaste speichern. Sie erreichen das Menü zum Abspeichern wiederum, indem Sie die Plug-In-Ansicht auf die Regleransicht umstellen, dort finden Sie das versteckte SAVE MORPH TO ...-Flip-Menü (Abbildung 11.203).

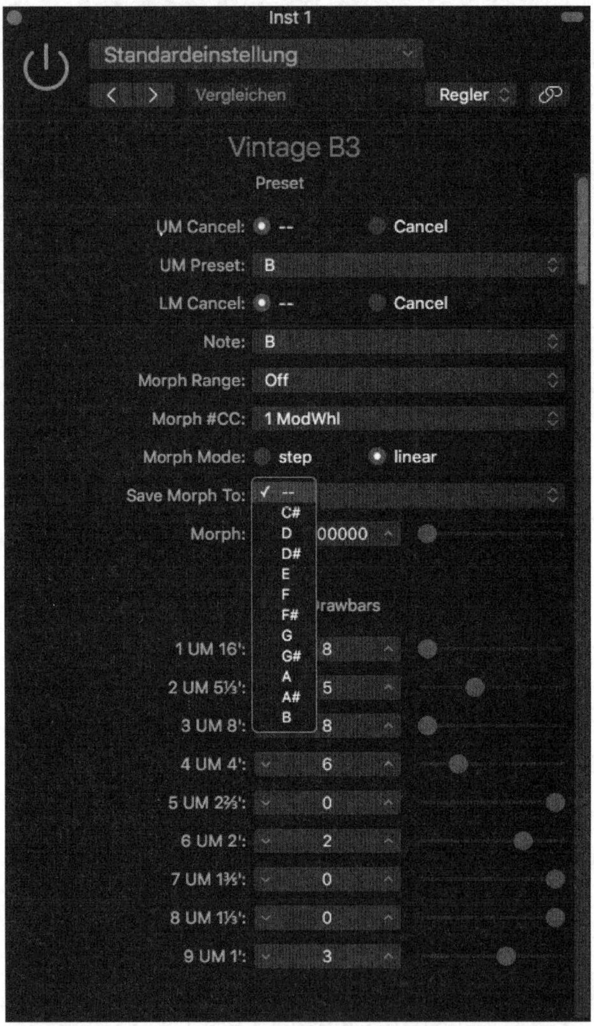

Abbildung 11.203 Hier speichern Sie ein Preset aus einem Morph-Sound.

Im Gegensatz zu den Plug-In-Presets oben im Plug-In-Fenster rufen diese Presets Zugriegeleinstellungen, aber keine anderen Parameter auf. Auch die Original-Hammond-Orgel hat neben den beiden Manualen jeweils eine Oktave mit invertiert eingefärbten Tasten zum Aufrufen registrierter Presets. Es ist nur logisch, dass die beiden Oktaven jeweils die Presets für das betreffende Manual aufrufen. Es ist ein wenig Konfigurationsarbeit oder -verständnis notwendig, damit das bei Ihnen zu Hause ähnlich funktionieren kann – insbesondere wenn Sie die gleiche Flexibilität mit nur einem einzigen Keyboard erreichen möchten –, aber es ist möglich. Hierfür wechseln Sie unten rechts in die SPLIT-Ansicht.

Keyboard-Split-Modes

Um das Verhalten der Original-Hammond-Orgel zu Hause mit den Ihnen zur Verfügung stehenden Keyboards oder Controller nachzuahmen, richten Sie im Keyboard-Split-Mode ein Setup für ein oder mehrere Keyboards bzw. Controller ein.

Die *Vintage B3* in Logic zeigt die beiden Manuale und den Pedalbereich ja grafisch nicht an. Klicken Sie stattdessen unten rechts auf die SPLIT-Taste, um Optionen für Keyboard-Splitting angezeigt zu bekommen (Abbildung 11.204). Sie haben die Wahl zwischen:

- SINGLE
- SPLIT
- MULTI

Im SINGLE-Mode spielt die gesamte Klaviatur nur den Klang des oberen Manuals. Wenn Sie bei den Presets SELECT VIA KEYBOARD aktiviert haben, können Sie die Presets mit den Tasten C0 bis B0 aufrufen.

Der SPLIT-Mode (Abbildung 11.204) teilt die Klaviatur in drei Teile ein (auch wenn das Handbuch nur von zwei Teilen spricht). Der untere Teil spielt den Sound des Pedalbereichs (und kann dann gegebenenfalls nicht zusätzlich Presets aufrufen), der mittlere den Sound des Lower Manuals und der obere den Sound des Upper Manuals. Welcher der drei Bereiche angespielt wird, sehen Sie darüber an dem Lämpchen (siehe Markierungen in Abbildung 11.204), das neben dem Eintrag UPPER, PEDAL oder LOWER aufleuchtet. Eventuell müssen Sie die Bereiche PEDAL, LOWER oder UPPER unterhalb des abgebildeten Keyboards noch transponieren (z. B. PEDALS nach oben, wenn Sie Pedals via Noten unterhalb von C1 spielen), um etwas zu hören. Das funktioniert technisch deshalb, weil Logic den gespielten Noten nun intern verschiedene MIDI-Kanäle zuweist, so dass es möglich ist, die Note C2 mit dem Sound des PEDAL-Bereichs unabhängig von der Note C2 des Lower Manuals mit nur einem Keyboard zu spielen. Sie können dabei selbst definieren, welches Manual der *B3* über welche Tasten Ihres Keyboards angesteuert wird, indem Sie die Grenzmarkierung verschieben oder nach Klick auf den LEARN-Button neu zuweisen.

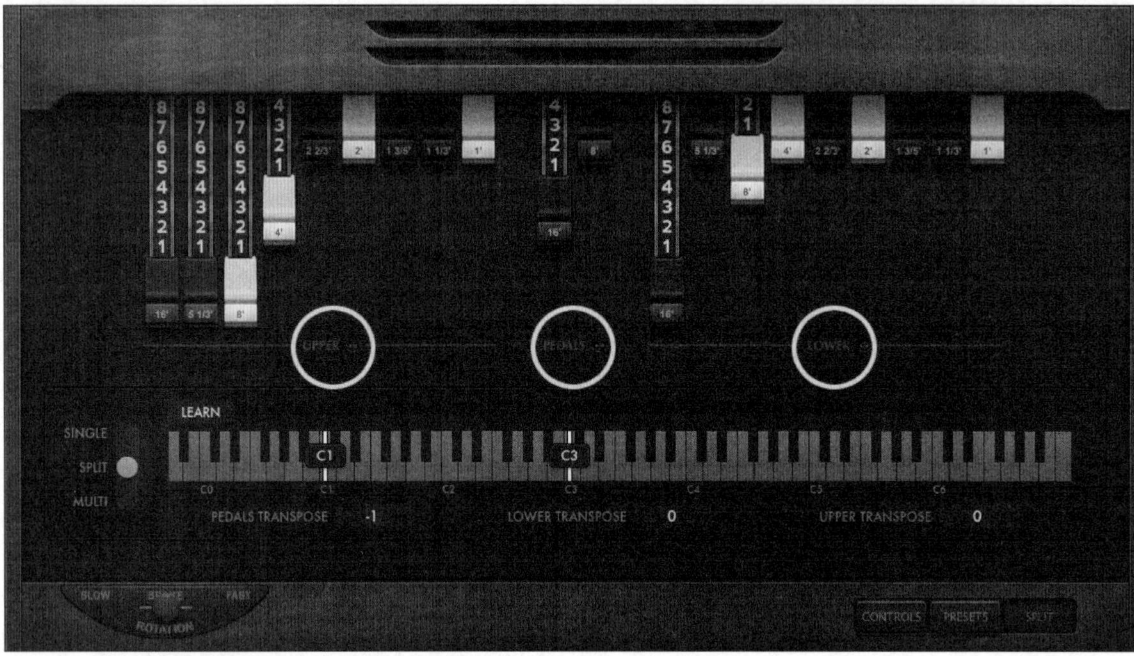

Abbildung 11.204 Unten rechts ist die Ansicht für den Keyboard-Split aktiviert, links sehen Sie die Optionen »Single«, »Split« und »Multi«.

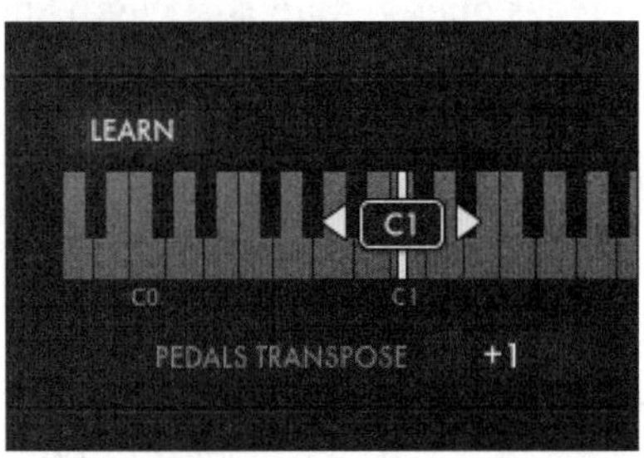

Abbildung 11.205 Änderung der Grenzbereiche für das Ansteuern von Manuals auf Ihrem Keyboard

Der MULTI-Mode teilt die Klaviatur ebenfalls in drei Teile ein. Diesmal können Sie Ihre Keyboards über den MIDI-Kanal dem Upper oder Lower Manual oder den Pedals zuweisen. Diese Methode eignet sich gut, wenn Sie die *B3* mit mehreren Keyboards spielen wollen.

Auch hier können Sie für die einzelnen Bereiche wieder einen eigenen Transpositionswert einstellen. Im Gegensatz zu Logic 9 (*EVB3*) ist nun der MIDI-Kanal pro Bereich frei zuweisbar. Zuvor waren es fest die Kanäle 1–3 für Upper, Lower und Pedal-Bereich (Abbildung 11.206).

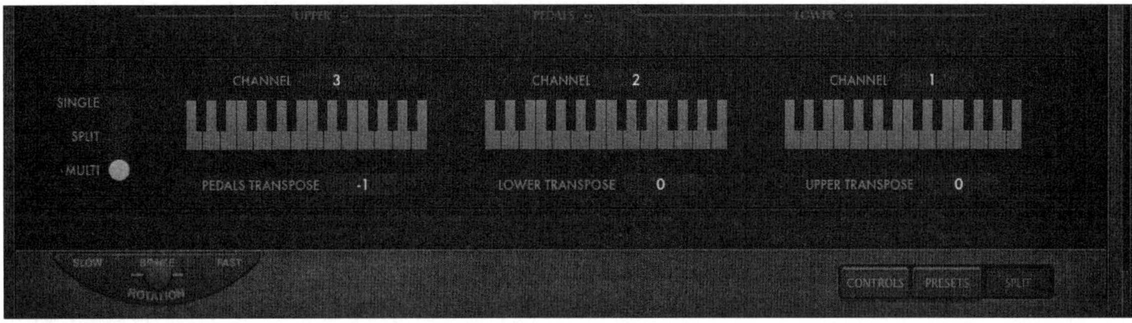

Abbildung 11.206 »Multi«-Mode

Controls und Sonstiges/Stimmung

Sehen wir uns noch die sonstigen Regler der Main-Page an. Mit den Tastern für

- Vibrato/Chorus,
- Distortion und
- Percussion

fügen Sie dem Sound zusätzliche Effekte hinzu.

- Vibrato und Chorus sind für beide Manuals separat einstellbar und emulieren den Scanner-Vibrato-Effekt der B-3. Der Drehknopf bietet Ihnen verschiedene Vibratos (V1, V2, V3) und Choruseffekte (C0, C1, C2 und C3) an; je höher die Zahl hinter dem Effekt, desto intensiver ist der Effekt zu hören. Sowohl das Original als auch Logics »Scanner Vibrato«-Effekt beruhen laut Manual auf einer sehr speziellen Technik, die angeblich mit herkömmlichen LFOs nicht zu simulieren ist (und in Logic emuliert wurde).[3] Auf der Options-Seite sehen Sie zusätzliche Einstellmöglichkeiten für die Geschwindigkeit und Intensität des Effekts (unter Scanner Vibrato). Laut Handbuch wird dieser nur von wenigen Künstlern (z. B. Brian Auger) benutzt, und es empfiehlt, diesen Effekt alternativ zum Leslie (Rotor Cabinet) – und nicht gemeinsam mit ihm – einzusetzen. Das ist natürlich Geschmacksache; interessant klingen natürlich auch Kombinationen. Im Dokument *11vintageb3modandfx* hören Sie ab Takt 1 den Scanner-Vibrato-Effekt, ab Takt 3 eine Kombination aus Scanner Vibrato und Leslie.
- Distortion wird dagegen für das gesamte Instrument eingestellt und simuliert die Verzerrung eines eingebauten Leslie-Verstärkers, wobei Sie verschiedene Verstärkertypen auswählen können. Der Drive-Regler regelt die Intensität der Verzerrung (passt dabei aber die Lautstärke automatisch an) und ist an einen anderen Drive-Regler gekoppelt, der im Fenster Effects angezeigt wird. Dort können Sie zwischen verschiedenen Verstärkertypen für die Verzerrung wählen und mit dem Tone-Regler die Klangfarbe ändern.

3 Vergleiche Logic Pro X-Effekte-Handbuch, S. 218.

- PERCUSSION steht nur für das obere Manual zur Verfügung und fügt Obertöne zum Anfang jeder Note hinzu, die schnell verklingen und für ein perkussives Element sorgen. Wie schnell genau, das stellen Sie mit dem FAST/SLOW-Regler ein, wobei Sie in der OPTIONS-Ansicht für FAST und SLOW präzise Zeitwerte vorgeben können. Mit dem Schalter HARMONIC fügen Sie einen jeweils anderen zusätzlichen Oberton hinzu. Mit dem Schalter VOLUME LOW/HIGH wählen Sie zwischen zwei Lautstärken für den PERCUSSION-Effekt aus, die Sie im OPTIONS-Bereich (ebenso wie die Velocity-Empfindlichkeit) wiederum detailliert einstellen können. Im Dokument *11VintageB3Perc* hören Sie die Wirkung des Effektes an drei verschiedenen Einstellungen: Zunächst ist der Effekt aus (Takt 1 und 2), dann laut und kurz (Takt 3 und 4) und schließlich länger (Takt 5 und 6). Im Beispiel mache ich außerdem Gebrauch vom DISTORTION-Effekt.

Zusätzliche Detailerläuterungen zur Funktionsweise der Taster entnehmen Sie bitte dem Handbuch zu den Logic-Instrumenten.

Durch die technischen Gegebenheiten der Klangerzeugung hat die Hammond-Orgel eine insbesondere bei Terzen und Quinten leicht veränderte Stimmung gegenüber Pfeifenorgeln, was für Pfeifenorgelspieler unangenehm bzw. ungewohnt klingen kann, andererseits auch den Sound der Hammond-B-3-Orgel ausmacht.

11.21.2 »Rotor Cabinet«

In der ROTOR CABINET-Ansicht (Abbildung 11.207) sehen Sie die Nachbildung der rotierenden Leslie-Lautsprecher. Es gibt bei dieser unten einen Basslautsprecher und oben Hörner für die Höhen.

In der MAIN- und der ROTOR CABINET-Ansicht sehen Sie unten links einen kleinen Regler namens ROTATION ❶, der über drei verschiedene Einstellungen verfügt. Hierdurch werden die Leslie-Lautsprecher in der Stellung SLOW in langsame oder in der Stellung FAST in schnelle Drehung versetzt (in der Mittelstellung BRAKE werden die Speaker angehalten). In der ROTOR CABINET-Ansicht finden Sie zusätzliche Justageoptionen.

Ein Rotor-Cabinet-Effekt steht auch als Effekt-Plug-In zur Verfügung. Mit dem CABINET-Schalter (de-)aktivieren Sie den Effekt. Auch ohne dass sich der Motor dreht, sorgt die Nutzung des Cabinets für einen authentischen Sound. Öffnen Sie das Dokument *11VintageB3A*, um ein Beispiel zu hören. In Takt 3 wird das zuvor aktivierte Cabinet bei ansonsten gleichen Einstellungen deaktiviert.

Oberhalb der abgebildeten Lautsprecherbox können Sie unter TYPE verschiedene Lautsprecherboxen auswählen, die z. B. als aufgenommene Impulsantworten vorliegen. Der Eintrag REAL CABINET ❷ (der auch im Beispiel verwendet wird) simuliert eine echte Leslie-Box mit zwei Lautsprechern (wodurch im Bereich MIC PROCESSING ❸ weitere Drehregler zur Justage der Stereobreite angeboten werden – für HORN und DRUM –, denn beide Speaker werden simuliert mit jeweils eigenen Mikros abgenommen). Ebenso bietet nur die Option Real Cabinet für die Mics auch die Optionen Mic Position Front und Rear (wodurch auch der Lautsprecherkasten in der Abbildung von beiden Seiten gezeigt werden kann). Für alle anderen Einstellungen als Real Cabinet wird die Box nur von vorn (wie eine Art große Holzkiste) gezeigt, und es gibt links zusätzliche bzw. andere Optionen für die Position eines Mikros (Distance und Angle).

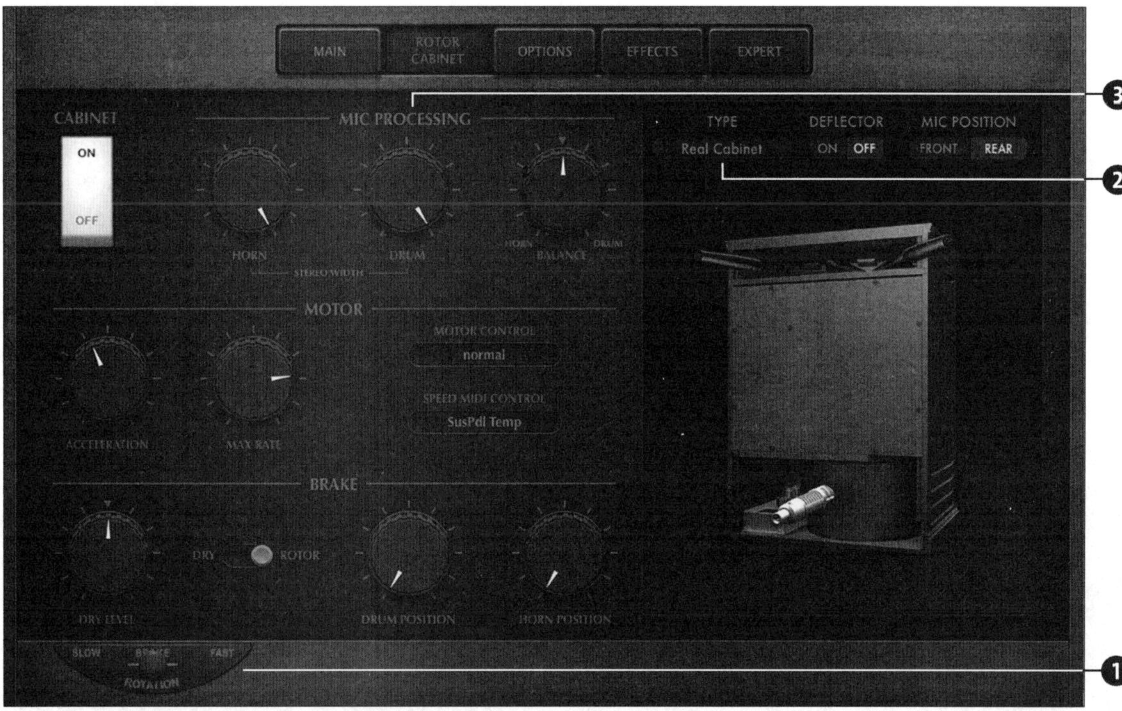

Abbildung 11.207 Die »Rotor Cabinet«-Ansicht

Bei den Einstellungen der Parameter für den Motor geht es vor allem um die Relation der Drehungen der beiden Lautsprecher bzw. des Hoch- und Tieftöners zueinander:

- In der Einstellung Sync sind diese fast synchron, aber besonders beim An- oder Auslaufen der Motoren sind Unterschiede zu hören.
- In der Einstellung »910« bleibt der Rotor des Basslautsprechers in der Einstellung Slow stehen, um einen stabilen Basssound zu gewährleisten, während der Hochtöner sich noch drehen kann (Memphis-Sound).
- In der Einstellung inv dreht sich der Hochtöner schnell, wenn sich der Basstöner langsam dreht, und umgekehrt.
- In der Einstellung normal entspricht die Einstellung beider Lautsprecher der Einstellung des Rotation-Reglers ❶ unten links.

Unter Speed MIDI Control können Sie für die Geschwindigkeit der Drehung des Lautsprechers einen MIDI-Controller konfigurieren, mit dem Sie diese fernsteuern. Dabei stehen verschiedene Optionen zur Verfügung, darunter eine Fernsteuerung durch das Mod-Wheel. Weitere Details entnehmen Sie bitte dem Handbuch. Bedenken Sie, dass Sie die meisten Parameter (auch ohne optionale MIDI-Fernsteuerung) auch automatisieren können.

11.21.3 »Options«

Im Bereich Morph stellen Sie ein, wie der Morphing-Regler der Main-Page funktioniert. Es ist möglich, zwischen Zugriegelpresets klanglich überzublenden/zu morphen. Im Linear-Mode geschehen diese Übergänge weich, im Step-Mode dagegen abgehackt. Ich habe den Morphing-Regler im Dokument *11VintageB3c* automatisiert. In den Takten 1 und 2 erfolgen die Übergänge weich und linear, in den Takten 3 und 4 ruckartig im Step-Mode. Sie können auch einen MIDI-Controller für das Morphing zuweisen – oder es via Automation realisieren.

Im Feld Range stellen Sie ein, zwischen welchen Presets gemorpht werden kann. Als oberste Taste ist dabei das H gesetzt; wenn Sie bei Range »C#« einstellen, betrifft der Morph-Bereich alle Einstellungen bis hinunter zum C#. Wenn Sie dagegen »A#« einstellen, morphen Sie lediglich zwischen den beiden Einstellungen der Tasten H und A#.

Abbildung 11.208 »Options«-Page

Bei linearen Morphs kann es sein, dass Sie eine Einstellung gut finden und auf eine Presettaste speichern wollen; die Lösung versteckt sich – wie in Abschnitt 11.21.1, im Unterabschnitt über die »Presets-Ansicht« bzw. Abbildung 11.201 gezeigt – in der Plug-In-Ansicht, die Sie von EDITOR auf REGLER umschalten müssen (siehe Abschnitt 11.5.1). Dort finden Sie dann einen Eintrag SAVE MORPH TO ...

Die Einstellungen für den PERCUSSION-Effekt habe ich bereits in Abschnitt 11.21.1, im Unterabschnitt über die CONTROLS-Ansicht, erläutert.

11.21.4 »Effects«

Mit einem Klick auf den MASTER-Schalter in der Effektsektion der *Vintage B3* (de-)aktivieren Sie die gesamte Sektion (der Leslie- bzw. ROTOR CABINET-Effekt ist unabhängig davon).

Der PEDAL-Schalter entscheidet, ob die mit dem Pedalregister gespielten Noten die Effektsektion ebenfalls durchlaufen oder nicht.

Die interne Reihenfolge der Effekte, durch die das Signal in der *Vintage B3* läuft, lautet zunächst (wie auch im Bild) EQUALIZER, WAH WAH, DISTORTION, REVERB, Rotor/Leslie (der letzte Effekt ist nicht im Bild, sondern auf der ROTOR CABINET-Page zu finden). Die Reihenfolge von EQUALIZER, WAH WAH und DISTORTION können Sie jedoch mit Drag & Drop auf der EFFECTS-Page ändern.

Abbildung 11.209 »Effects«-Page der »Vintage B3«

Für den WAH WAH-Effekt stehen verschiedene Filtertypen zur Verfügung. Sie können zudem einen MIDI-Controller definieren, mit dem der Organist selbst den Wah-Effekt realisiert und den Filter auf- und zudreht. Wie weit der Filter bei voller Bewegung des MIDI-Controllers dabei auf- und zugeht, hängt von der Einstellung unter RANGE ab. Im Dokument *11vintageb3modandfx* hören Sie den Effekt ab Takt 9.

Auch im DISTORTION-Bereich stehen verschiedene Verstärkertypen für die Verzerrung zur Verfügung. Der TONE-Regler variiert die Frequenzen der Verzerrung, während der DRIVE-Regler ein Double des DISTORTION-Reglers auf der MAIN-Page ist. Im Dokument *11vintageb3-modandfx* hören Sie außerdem ab Takt 7 die Wirkung des Reverbs und ab Takt 11 einen stark verzerrten Akkord.

11.21.5 »Expert«

Im Bereich PITCH können Sie wie schon bei *Vintage E-Piano* und *Vintage Clav* die Tonhöhe der *Vintage B3* mit dem STRETCH-Parameter einer gespreizten Stimmung unterwerfen (siehe Abschnitt 11.19.2 über das *Vintage E-Piano*). WARMTH steuert die zufällige Verstimmung aller Tongeneratoren.

Im Bereich SUSTAIN können Sie auswählen, auf welche Tastaturen sich die Wirkung eines angeschlossenen Sustain-Pedals bezieht.

Unter MISC wählen Sie einen Controller aus, um Ihre *Vintage B3* von diesem aus optimal bedienen zu können. Zur Auswahl stehen die Einstellungen ROLAND VK, KORG CX, HAMMOND SK/XK, NATIVE INSTRUMENTS B4D, NORD ELECTRO und OFF. Viele dieser Hardwarecontroller stellen zumindest partiell mehr oder weniger originalgetreue Nachbildungen der Zugriegel der Hammondorgel mit einem Keyboard und weiteren Features dar.

Im Bereich CONDITION können Sie diverse Parameter einstellen, die bestimmte Zustände (z. B. aufgrund von Abnutzung) bestimmter Bauteile simulieren. Weitere Details entnehmen Sie bitte dem Handbuch.

Etwas genauer möchte ich noch die Parameter unter ORGAN MODEL ansprechen. Dort bestimmt ...

- MAXIMUM WHEELS die Zahl der Tonradgeneratoren, die simuliert werden (was bei höheren Werten Authentizität und zusätzliche Obertöne bringt, aber Rechenleistung fordert),
- EQUALIZER TONAL BALANCE das Mischverhältnis zwischen den höheren und tieferen Tonrädern.
- LOWER und PEDALS VOLUME legen die Lautstärke des jeweiligen Registers fest.
- SHAPE modifiziert die Wellenform der Tonradgeneratoren, um bestimmte Orgelmodelle nachzuahmen.
- Der BASS FILTER befreit den Sound des Bass-Manuals bzw. Pedalbereichs von eventuell störenden Höhen.

- Mit dem ULTRABASS-Schalter können auch auf den Keyboardmanualen zusätzliche tiefe Töne gespielt werden. Allerdings können Sie diese auch auf der MAIN-Page transponieren.

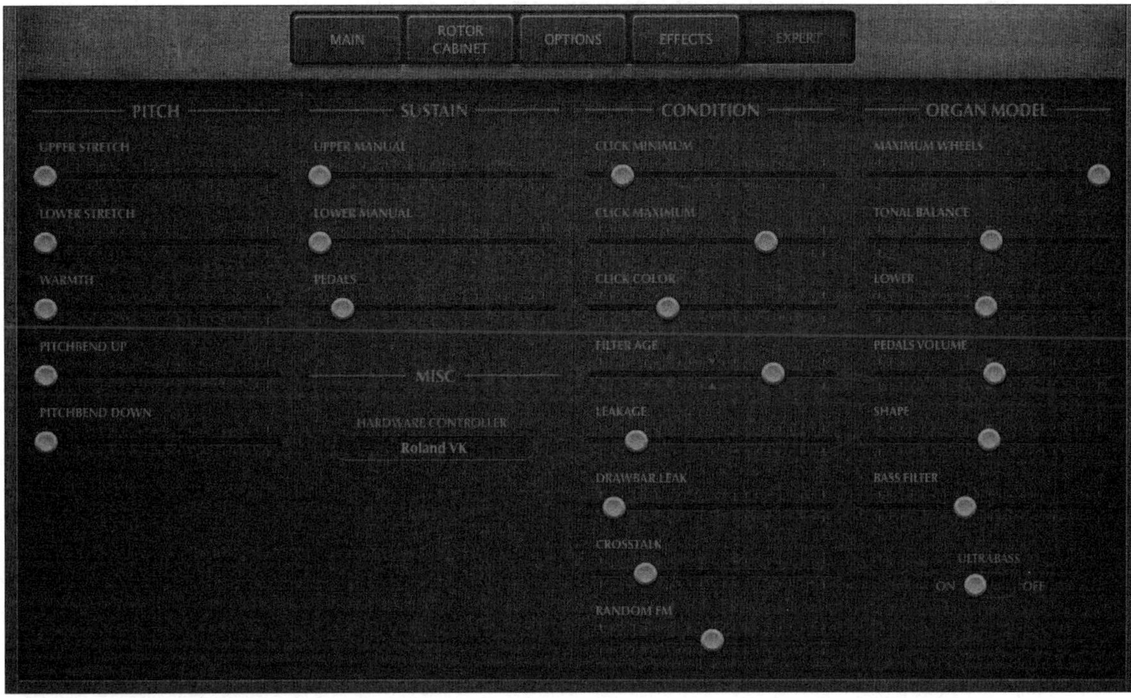

Abbildung 11.210 »Expert«-Page

11.22 EVOC 20 PS-Vocoder

Ein Vocoder moduliert ein Trägersignal (*Carrier*) mit einem Modulatorsignal (*Modulator*). Genauer: Der Vocoder analysiert mit Hilfe vieler Band-Pass-Filter den Modulator (also z. B. eine Stimme) und wendet dessen Lautstärke-Verlaufshüllkurven/Charakteristika in Form von live arbeitenden Hüllkurven (*Envelope Follower*) »pro Filter« auf den Carrier (die Fläche) an. Je mehr Filter im Einsatz sind, desto präziser wird in der Regel das Ergebnis. Typischerweise erzeugt man mit Vocodern Roboterstimmen. Der erste Vocoder wurde der Legende nach entwickelt, um Nachrichten am Kriegsgegner vorbeizuschleusen, später wurden Vocoder-Stimmen unter anderem durch Kraftwerk und Herbie Hancock berühmt.

In Logics *EVOC 20 PS Vocoder* routet man gewöhnlich eine Gesangsaudiospur in den Vocoder, indem man die Gesangsspur im SIDECHAIN-Bereich einstellt. Soll die Gesangsspur selbst in der Originalversion nicht mehr zu hören sein, müssen Sie das Output-Routing der entsprechenden Audiospur entfernen! Dann stellen Sie beispielsweise rechts die SIGNAL-Einstellung auf SYNTH, um einen Synth-Sound auszuwählen, der als Vocoder-Carrier den

Sound prägt. Danach stellen Sie den SIGNAL-Bereich wieder zurück auf VOC. Nun können Sie die Gesangsspur mit eigenen Akkorden, die Sie als MIDI-Noten einspielen, prägen.

Dabei spielt die Originaltonhöhe natürlich überhaupt keine Rolle, da nur der Pegelverlauf pro Band in der Zeit ausgewertet wird. Somit können Sie z. B. etwas völlig schief einsingen. Solange Sie rhythmisch auf dem Punkt sind und nachher die richtigen Noten greifen, ist die Vocoder-Linie perfekt in der Tonart. Sie hören aber nur dann etwas, wenn

- Logic läuft,
- die Gesangsspur richtig in den Side-Chain-Eingang des Vocoders geroutet ist und
- Sie bei angewählter Vocoder-Spur zeitgleich live Noten spielen oder auf der Vocoder-Spur bereits eine Region mit Noten abspielt.

Natürlich ist es alternativ auch interessant, etwas anderes als Stimmen durch den Vocoder laufen zu lassen – beispielsweise Beats. Und: Bei Verwendung der Effektversion »EVOC 20 TrackOscillator« werden die Möglichkeiten noch erweitert, denn dort ist es möglich, jeden beliebigen Synth als Synthesequelle zu verwenden. Mehr hierzu lesen Sie in Abschnitt 15.10.2, »EVOC 20 TrackOscillator«.

Logics Vocoder (Abbildung 11.211) verfügt über maximal 20 Bänder, was im Vergleich zur Konkurrenz nicht viel ist. Dafür gibt es aber speziellere Eingriffsmöglichkeiten wie FORMANT STRETCH ❹ und FORMANT SHIFT ❺. Der Charakter des Vocoder-Sounds hängt stark von der Auswahl des im linken Bereich einstellbaren Synthesizer-Carrier-Sounds und der eingestellten ATTACK- und RELEASE-Zeiten in der Analysesektion ab.

Links in Abbildung 11.211 sehen Sie die Parameter des Synthesizers – inklusive ATTACK- ❶ und RELEASE-Regler ❷ (etwas weiter in der Mitte als vertikale Slider links unterhalb der mittigen Grafik). Die Oszillatoren können im Dual- oder FM-Modus betrieben werden und besitzen 50 statische Wellenformen mit sehr unterschiedlichem Klangcharakter. Dagegen beziehen sich die ATTACK- und RELEASE-Regler oben links ❸ auf die Analyse des Signals und haben dementsprechend eine ganz andere Wirkung auf den Vocoder-Sound als ATTACK und RELEASE des Synths! Probieren Sie es aus – oder öffnen Sie das Dokument *11housemusic-vocoded1*. Hier drehe ich an verschiedenen Parametern des Vocoders und habe das als Automation aufgezeichnet. Zwischen Takt 1 und Takt 4 wird der RELEASE-Wert der Side-Chain-Analyse verändert.

Interessant ist hier auch die Wirkung des FREEZE-Parameters, der den aktuellen Sound kurz einfriert (und den Sie natürlich automatisieren können, was im Beispiel etwa bei Takt 19 passiert). Im Filterbereich in der Mitte stellen Sie unter BANDS die Zahl der Band-Pass-Filter, die für die Analyse zur Verfügung stehen, ein (Im Beispiel steigt die Zahl der Bänder etwa bei Takt 7 an, wodurch der Vocoder etwas besser verständlich wird). Für die Band-Pass-Filter können Sie einen Frequenzbereich einstellen – und zwar separat für den Analysebereich und für die Filter, die das Synth- bzw. Carrier-Signal modulieren. Das heißt, während die Analyse im

Bild auf einen Frequenzbereich von 140 Hz bis 3.800 Hz beschränkt ist, erfolgt die Modulation durch Formant Stretching im Bild in einem breiteren Frequenzbereich. Rechts oben in Abbildung 11.211 ist VOC (für »Vocoder «) im SIGNAL-Feld eingestellt ❻. Hier können Sie auch den SYNTH oder ANA (das Analysesignal) auswählen. Im Beispiel erfolgt auch diese Umschaltung automatisiert ca. bei Takt 12, so dass Sie zwischendurch auch das pure Vocal-Signal hören.

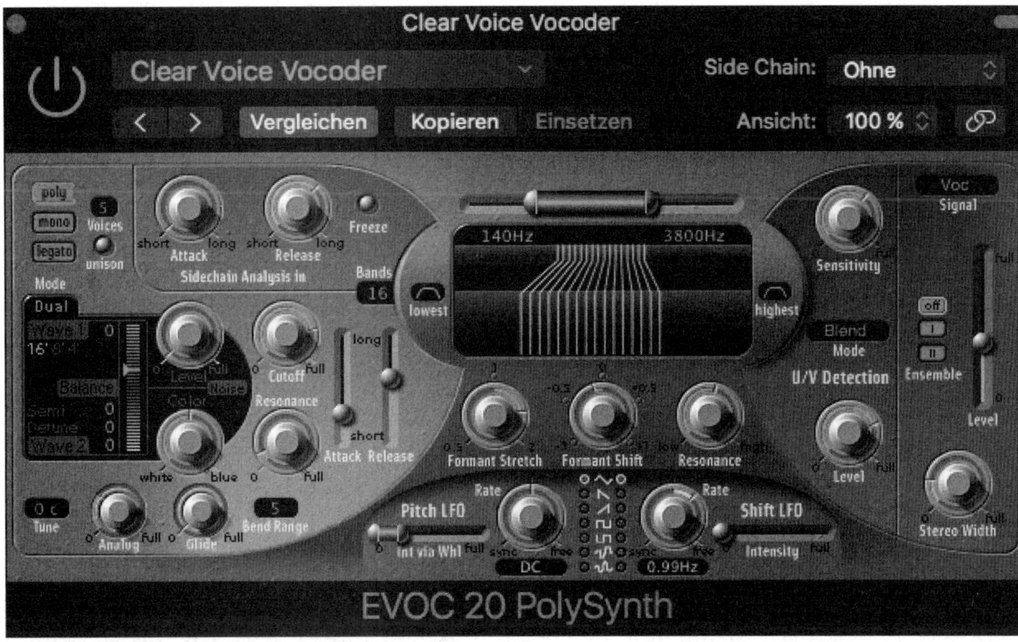

Abbildung 11.211 Logics »EVOC 20«-Vocoder

Die menschliche Stimme spricht außerdem mit stimmhaften und stimmlosen Lauten. Um den Vocoder noch echter nach Stimme klingen zu lassen, können Sie diese stimmlosen Signalanteile (z. B. »S«- und »T«-Laute) getrennt von den stimmhaften Signalen durch einen Rauschgenerator (NOISE), durch einen Rauschgenerator plus Synth (NOISE + SYNTH) oder durch die echten, im Analysesignal vorkommenden stimmlosen Anteile, die mit einem HP-Filter bearbeitet (BLEND) wurden, simulieren bzw. hinzumischen. Hierfür ist der Regler U/V DETECTION ❽ da, der die Lautstärke dieser stimmlosen Signalanteile regelt, während Sie darüber die Auswahl zwischen NOISE, NOISE + SYNTH oder BLEND ❼ treffen. Im Beispiel hören Sie ca. bei Takt 17, dass der Vocoder ohne diese Signalanteile deutlich weniger prägnant klingt.

Im Dokument *11housemusicvocoded1* habe ich diverse Parameter des Vocoders automatisiert. Ein weiteres Beispiel finden Sie im Projekt *11Beatvocoded*. Hierbei moduliert ein Beat den Synth. Durch die im Bereich U/V DETECTION hinzugemischten stimmlosen Original-Beat-Anteile ist der Originalcharakter des Beats deutlich besser herauszuhören.

11.23 External Instrument

Das Plug-In *External Instrument* (Sie finden es im Untermenü UTILITY) dient der Ansteuerung eines externen Instruments, das über Logics MIXER abgemischt werden soll. Sie können sowohl das Ziel zu sendender MIDI-Daten als auch einen Audio-Input einstellen (Abbildung 11.212).

Bei der Auswahl zu sendender MIDI-Daten können Sie sowohl einen Port als auch einen MIDI-Kanal einstellen. Der einzustellende INPUT bezieht sich auf Audiosignale.

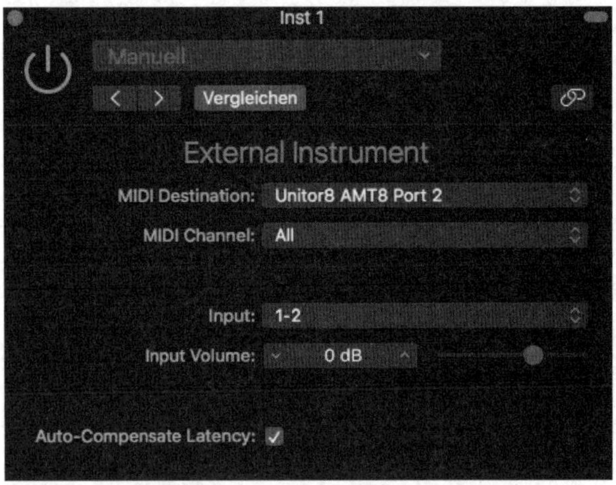

Abbildung 11.212 »External Instrument«

Wenn Sie ein externes Instrument über Logic abmischen, muss das externe Instrument in Echtzeit sowohl eingangsseitig als auch wie alle anderen Sounds ausgangsseitig gewandelt werden, wodurch die doppelte Latenz vorhanden ist. Diese kann das *External Instrument* optional kompensieren.

Sie können externe Instrumente alternativ auch über externe MIDI-Spuren ansteuern (die etwas mehr Parameter besitzen) und über Aux-Kanäle mit entsprechend konfiguriertem Input oder auf Input-Monitoring geschaltete Audiokanäle abmischen.

Der Vorteil dabei, externe Instrumente in Logics Mixer abzumischen, besteht vor allem in der Möglichkeit, alle Mixer-Reglereinstellungen wieder im selben Mixer aufzurufen.

11.24 Klopfgeist

Das *Klopfgeist*-Instrument (ladbar im Untermenü UTILITY) erzeugt Logics Metronomsounds und wird normalerweise automatisch in ein Instrument mit der Kanalnummer INSTR. 256 geladen. Wenn Sie es auf einen anderen Instrumentenkanalzug laden, können Sie den Klicksound wie einen Synthesizer spielen (Abbildung 11.213).

Abbildung 11.213 »Klopfgeist«

Dabei stehen Ihnen Tuningregler sowie die Option, das Plug-In mehrstimmig (POLY) oder einstimmig (MONO) zu betreiben (TRIGGER MODE-Setting), zur Verfügung. Sie können auch die Wirkung der Velocity auf den Amp einstellen.

Mit dem TONALITY-Regler verändern Sie den tonalen Charakter des Klicks. Im Presetmenü stehen verschiedene Klick-Styles zur Verfügung.

11.25 Test Oscillator

Der *Test Oscillator* (ladbar im Untermenü UTILITY) erzeugt einen Dauerton, ohne dass Sie eine Note spielen müssen. Sie können für diesen Dauerton verschiedene Wellenformen auswählen und Lautstärke und Frequenz einstellen (Abbildung 11.214).

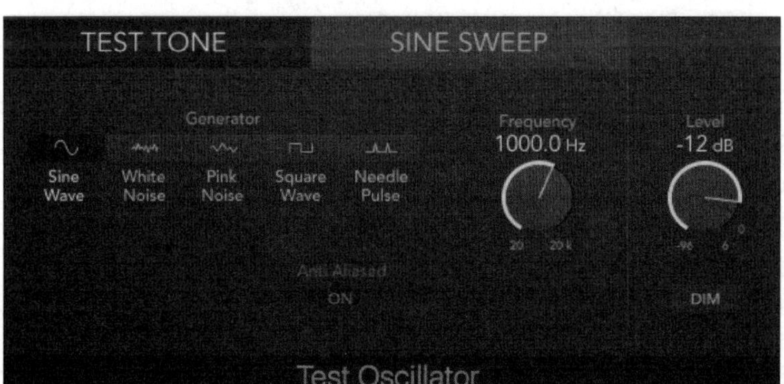

Abbildung 11.214 »Test Oscillator« (hier in der »Test Tone«-Ansicht)

Sie können außerdem einen Sinussweep erzeugen (auch via Automation), um ihn als Effekt zu nutzen oder vor allem mit seiner Hilfe Impulsantworten für den Space Designer zu erstellen. Sie können dabei Länge und Frequenzbereich des Sweeps einstellen. Einen Sweep lösen Sie durch Klick auf den TRIGGER-Button aus. In den erweiterten Parametern können Sie einstellen, ob der Sweep-Mode linear oder logarithmisch ist.

Ansonsten dient der Test Oscillator auch zum Anpassen der Logic-Pegel bzw. dessen Interface auf eine analoge Umgebung oder auch zum Einmessen von akustischen Räumen per Rauschen oder Sinussweep in Verbindung mit einem Analyzer. Auch ein Einsatz als Stimmton für Gitarristen ist denkbar (z. B. A = 440 Hz). Der Test Oscillator steht übrigens auch im EFFEKTE-Menü als Plug-In zur Verfügung.

11.26 Multitimbrale Instrumente nutzen

In Logic erzeugt man für einen neuen Sound einfach eine neue Spur mit einer neuen Plug-In-Instanz. Logics Software-Instrumente arbeiten typischerweise nicht multitimbral – populäre Instrumente anderer Anbieter wie Native Instruments *Kontakt* (siehe Abschnitt 19.9) oder Spectrasonics *Omnisphere* dagegen schon.

Wenn Sie im Informationsfenster SPUR statt ALLE einen Kanal (z. B. KANAL 1) für den MIDI-KANAL einstellen, können Sie im Menü SPUR • ANDERE eine NEUE SPUR MIT NÄCHSTEM MIDI-KANAL erzeugen (`ctrl` + `↵`).

Auf diese Weise können Sie mehrere Spuren für unterschiedliche MIDI-Kanäle einer multitimbralen Hardware (z. B. Roland XV 5080) oder von multitimbralen Software-Instruments (z. B. NI *Kontakt*, Spectrasonics *Omnisphere*, Apple *DLS Music Device*) nutzen, um mehrere Instrumente aus diesem Klangerzeuger zu spielen. Falls ALLE eingestellt ist, werden zwar theoretisch alle Kanäle zum Instrument durchgeschleift, in einem Notenbefehl ist jedoch immer ein MIDI-Kanal (und niemals alle) integriert. In der Praxis bedeutet das, dass Noten mit genau jenem MIDI-Kanal an Ihrem Instrument ankommen, den Ihr Masterkeyboard sendet, falls ALLE für den MIDI-Kanal der Spur eingestellt ist.

In Abbildung 11.215 wird eine *Kontakt*-Instanz mit drei verschiedenen Spuren mit jeweils eigenem MIDI-Kanal aus dem Bereich SPUREN angesprochen. Trennen Sie hierbei bitte gedanklich MIDI und Audio. Die bisher getroffenen Einstellungen betreffen nur MIDI. Ohne weitere Konfiguration sind sämtliche Sounds des Software-Instruments aus demselben Kanalzug zu hören. Um diese in verschiedenen Kanalzügen abzumischen, müssen Sie das Instrument neu als Multi-Ausgang-Instrument laden (hierbei gehen keine Einstellungen verloren) und zusätzliche Aux-Kanäle erzeugen. Diese können dann überraschenderweise (seit Logic 9.1.8) auch genutzt werden, um MIDI an das Instrument zu senden. Die Aux-Kanäle senden MIDI an das verbundene Instrument.

Wie Sie alternativ mit Hilfe der MIDI-UMGEBUNG Ähnliches erreichen oder ein externes multitimbrales MIDI-Instrument ansteuern, lesen Sie in Abschnitt 4.10.6 und Abschnitt 13.2.12.

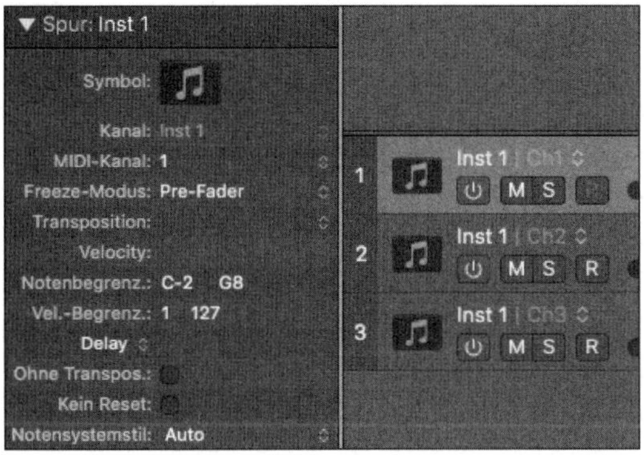

Abbildung 11.215 Drei Spuren desselben Software-Instruments mit verschiedenen MIDI-Kanälen

11.27 Ausblick: interessante Software-Instrumente von Drittherstellern

Die Instrumente aus Logic bieten viel, doch können sie auf dem Markt durch einige andere Instrumente ergänzt werden. Hier noch einige empfehlenswerte Instrumente, die sich in Logic als Plug-In nutzen lassen.

11.27.1 Native Instruments

Kontakt von Native Instruments – meistverbreiteter Sampler mit den besten Sound-Library-Angeboten – eignet sich für Künstler aller Genres sowie für Filmmusikkomponisten.

Maschine ist Native Instruments Groove-Production-Zentrale, die insbesondere bei der Programmierung von Beats Logic gut ergänzt. *Battery* ist NIs auf Drums spezialisierter Sampler – und ebenso wie *Kontakt* mit Echtzeit-Time-Stretching ausgestattet (mehr zur Nutzung von *Kontakt* und *Maschine* in Logic lesen Sie in Abschnitt 19.8 und Abschnitt 19.9).

FM8, Absynth, Massive, Battery, Reaktor (inklusive *Rounds, Kontour* u. v. m.) – Native Instruments Synths sind fantastische Ergänzungen zu Logic und auch im »Komplete«-Bundle erhältlich – *Kontakt* eingeschlossen! Das Bundle erfüllt nahezu alle Wünsche, die an Klangerzeuger gestellt werden können. Bei *Reaktor* sind verschiedenste Synths dabei oder separat erhältlich, vom alten analogen Vintage-Sound bis zu Physical Modeling, inklusive eines modularen Systems, den Reaktor Block. Abgespeckte Versionen namens *Reaktor Player* sowie *Blocks Wired* (ein fest verkabeltes Modularsystem) können Sie zum Ausprobieren umsonst herunterladen – ein paar tolle Sounds sind schon dabei!

In der *Komplete Kontrol*-Software können Sie alle Sounds mit Hilfe von Tags durchsuchen. Auch Drittanbieter unterstützen das Format *.nks* (Native Kontrol Standard), um Komplete

Kontrol zur Browsing-Zentrale zu machen. Als Logic-User haben Sie diesbezüglich mit der Bibliothek bereits eine fast unschlagbare Alternative, die höchstens den Nachteil hat, in anderen DAWs nicht genutzt werden zu können.

Die dazugehörigen *Komplete Kontrol-Keyboards* haben zwar keine eigene Klangerzeugung, harmonieren aber prächtig mit Logic und können nicht nur besonders gut die NI-Komplete-Instrumente ansteuern, sondern emulieren auch eine Mackie-Control-Fernsteuerung, so dass unter anderem auch Logic-Transportfunktionen über das Keyboard ohne weitere Konfiguration ausgelöst werden können.

11.27.2 Xfer

Xfers *Serum* ist ein sehr gut klingender Synth, der viele Dubstep- und Trap-Presets mitliefert. Er arbeitet vor allem auf Basis der Wavetable-Klangerzeugung, kann aber auch Samples verwenden. Goodies wie ein Mono-Sub-Path, der an den Effekten vorbeiläuft, zahlreiche verschiedene Filter sowie ein integrierter Multibandkompressor können schon bei Presets für einen richtig »dicken« Sound sorgen.

11.27.3 Arturia, xils-Lab

Arturia und xils-Lab haben sich eher auf die Emulation bekannter Hardwareklassiker spezialisiert – hier gibt es einige Schätze zu entdecken. Arturia bietet die berühmtesten Instrumente, Arturias Plug-In-Handling hat sich zuletzt deutlich verbessert. xils ist immer gut für nerdige Exoten mit coolen Sounds.

11.27.4 u-he

u-he liefert mit *Diva* ein an Analogklassikern orientiertes Plug-In, mit *Zebra* einen innovativen Synthesizer, mit dem Soundprogrammiererlegende Howard Scarr Sounds für Hans Zimmer bastelt, und mit *Bazille* einen modularen Synth. Auch der *Repro-Synth* und *Hive* sind interessant, letzterer ist vergleichsweise leicht zu bedienen und kommt mit einer für Dance-Produktionen gut geeigneten Library.

11.27.5 Spectrasonics

Produkte von Spectrasonics wie *Omnisphere* (Sounds), *Trillian* (Bass) und *Stylus Rmx* (Drums) eignen sich nicht zuletzt gut für Filmmusikaufgaben und liefern »teuer« klingende Sounds »out of the box«.

11.27.6 AIR/Akai

Akai macht Native Instruments in vielen Bereichen Konkurrenz. Die MPC als Maschine-Konkurrent in Form der MPC-X und -Live-Modelle mit Touchscreen funktioniert sowohl Standalone als auch mit Computersoftware: Sie kann also deutlich mehr. Die Plug-Ins der Schwesterfirma AIR sind ein echter Preis-/Leistungsgeheimtipp, Transfuser ist zudem ein kompetenter Rex-File Player. Das Akai VIP Plug-In verfolgt ein mit Komplete Kontrol vergleichbares Konzept.

11.27.7 FXpansion

Die mit ROLI fusionierten Briten bieten unter anderem mit *Geist 2* (samplebasiert, hochprofessionell, guter Rex-File Player) und *Tremor* (synthetisch, mit Sequencer) zwei hervorragende Drumtools.

11.27.8 Emulation realistischer Instrumente

Kontakt ist als Basis die Heimat für zahllose spezialisierte Libraries von Herstellern aus aller Welt, die Spielbarkeit und Klang von für Keyboarder in der DAW verfügbar gemachten Instrumenten auf ein neues Level bringen.

Die Firma East-West bietet verschiedene World-, Orchester- und Pop-/Rock-Synth-Sounds auf der Basis einer eigenen Sample-Player-Engine.

Der Hersteller Music Lab aus Russland stellt hervorragende Plug-Ins her, die ein realistisches Gitarrenspiel ermöglichen. Mittlerweile hat Native Instruments hier ebenfalls einiges im Programm, z. B. die Strummed Acoustic Library. Die Kanadier von AAS liefern ein Pendant auf der Basis von Physical Modeling (Strum GS2).

11.27.9 Splice

Hip ist auch die Plattform »Splice«, wo Sie trendige und günstige Plug-Ins und Sounds aufspüren können. Dies kostet allerdings eine monatliche Gebühr. Viele DJs laden sich ihre Sounds von Splice und setzen ihre Stücke daraus zusammen, um schnell professionell oder zeitgemäß klingen zu können.

Kapitel 12

Harmonielehre, Skalen und Rhythmik: eine Einführung

Musik von Musikern, die Logic beherrschen, aber nichts über Musikkomposition wissen, klingt oft langweilig. Dieses Kapitel erläutert einige Grundbegriffe der Musiktheorie und zeigt, wie Sie durch den Auf- und Abbau von Spannung oder die Nutzung bestimmter Tonvorräte musikalische Ziele erreichen. Dabei sollen Sie auf relativ einfache Weise und auch ohne große Vorkenntnisse einige Grundpfeiler der klassischen Kompositionslehre nachvollziehen.

Die hier zusammengetragenen Inhalte sind eine Art »kleines ABC« der Harmonielehre für Einsteiger, für die Sie keine Notenkenntnisse beherrschen müssen. Zudem betrachten wir Harmonielehre hier nicht isoliert, sondern im Zusammenhang mit Sounddesign und Logic.

Vielleicht geht Ihnen ja bereits mit Hilfe der nächsten Abschnitte das ein oder andere Lichtlein auf, falls Sie in Bezug auf Harmonielehre noch Anfänger sind.

12.1 Logic hilft beim Lernen: Noten- und Akkordanzeige

Die Bezeichnung der Akkorde, die Sie in Logic einspielen, wird in Logics Display angezeigt. Wenn Sie das Display wie in Kapitel 4 gezeigt auf die Ansicht EIGENE gestellt haben, wird auch der Name jeder einzelnen gespielten Note angezeigt.

12.2 Tonleitern und Klaviertöne, Dur und Moll, Intervalle

Eine Oktave besteht aus zwölf Halbtonschritten (Abbildung 12.1).

Eine in westlicher Musik verwendete Tonleiter (auch *Skala* genannt) besteht üblicherweise aus sieben aufeinanderfolgenden verschiedenen Tönen, deren Grundton auf einer selbst gewählten ersten Taste liegt. Wenn man Musik mit einem bestimmten Instrument und Tönen einer solchen Tonleiter produziert, ergibt das einen bestimmten, eigenen Klang (ich benutze auch das Wort *Sound*).

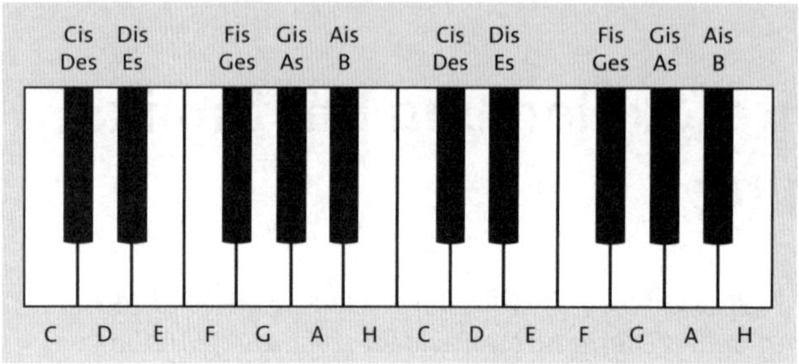

Abbildung 12.1 Klaviatur mit Notennamen

Die weißen Tasten beginnend mit dem C sind die Tasten der sogenannten C-*Dur*-Tonleiter und heißen C, D, E, F, G, A und H – dann geht es wieder los mit dem C. Dur klingt ziemlich fröhlich.

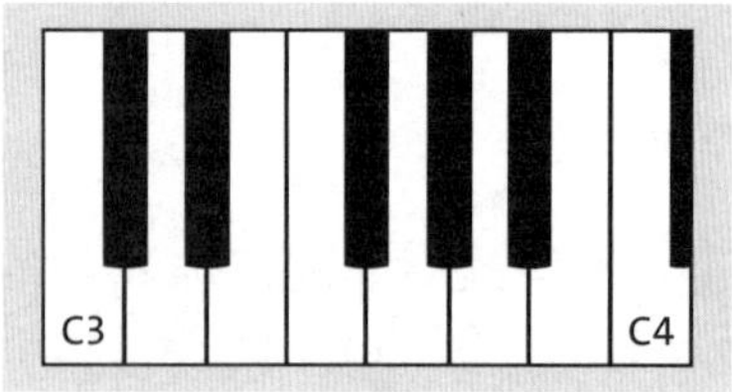

Abbildung 12.2 C-Dur (weiße Tasten)

Die sogenannte a-*Moll*-Tonleiter benutzt dieselben Tasten wie die C-Dur-Tonleiter, beginnt aber mit dem A statt mit dem C. Die Töne der a-Moll-Tonleiter heißen A, H, C, D, E, F und G – dann geht es wieder los mit dem A.

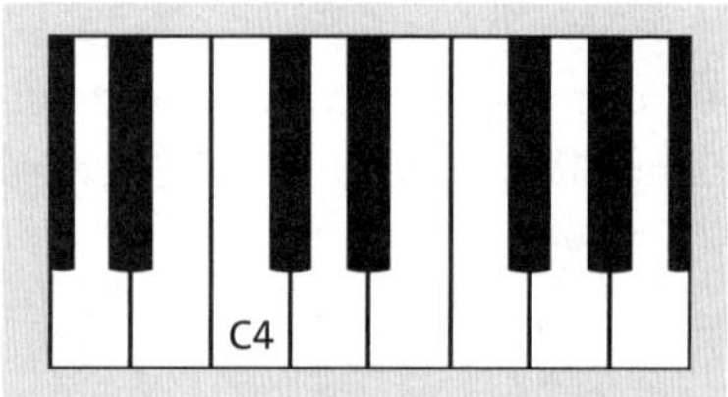

Abbildung 12.3 a-Moll (weiße Tasten)

Moll klingt traurig – und sicher trauriger als Dur. Wie ist das möglich, wo es doch die gleichen Tasten verwendet werden? Das liegt daran, dass die Abfolge von Halbton- und Ganztonschritten jeweils eine andere ist. Die unterschiedliche Abfolge der Halb- und Ganztonschritte führt also zu einem unterschiedlichen Empfinden beim Hörer. Ein Ganztonschritt besteht aus zwei Halbtonschritten. In beiden Tonleitern ist der zweite Ton der Tonleiter einen Ganzton entfernt, der dritte Ton dagegen ist in der Dur-Tonleiter einen Ganzton (von D auf E), in der Moll-Tonleiter nur einen Halbton entfernt (von H auf C).

Die Reihenfolge macht's: Moll- und Dur-Tonleiter/Mollparallele

Eine Dur-Tonleiter hat ihre Halbtonschritte (bezogen auf den Grundton) jeweils zwischen dem dritten und vierten und dem siebten und achten Ton der Tonleiter. Bei der C-Dur-Tonleiter (die den namensgebenden Grundton C hat) sind das auf der Klaviatur die beiden weißen Tasten *ohne* schwarze dazwischen; also E und F sowie H und C.

Die Moll-Tonleiter hat die Halbtonschritte (bezogen auf den Grundton) hingegen zwischen dem zweiten und dritten und dem fünften und sechsten Ton der Tonleiter. Bei der a-Moll-Tonleiter liegen die Halbtonschritte wie bei der C-Dur-Tonleiter zwischen den Tönen H und C sowie E und F. Sie liegen bezogen auf den Grundton A an der zweiten und dritten bzw. fünften und sechsten Position der Tonleiter. Spielt man eine Dur-Tonleiter vom sechsten bis zum nächsten sechsten Ton, spielt man die »parallele« Moll-Tonleiter.

12.2.1 Halbtonschritt und Ganztonschritt

Weil die Töne einer typischen westlichen Klaviatur vom »Tuning« her alle gleich weit voneinander entfernt liegen (je 1 *Halbtonschritt*, was in vielen Instrumenten 100 Cent entspricht), ist der Abstand zwischen zwei weißen Tasten doppelt so groß, wenn eine schwarze Taste dazwischenliegt (*Ganztonschritt*).

12.2.2 Tonales Zentrum/Tonika

Dieselben gespielten Töne können eine sehr unterschiedliche Wirkung haben, je nachdem, von welchem Grundton aus man sie spielt. Das liegt daran, dass man den ersten Ton als Basis, Heimat, Grundton, tonales Zentrum oder sogenannte *Tonika* interpretiert und die Abstände zu den anderen Tönen der Tonleiter in Relation zu diesem Grundton setzt.

Insgesamt hat eine Tonleiter sieben Schritte. Die weißen Tasten auf dem Klavier heißen also C, D, E, F, G, A, H und C.

12.2.3 Das Problem mit dem »H« und dem »B«

Der im Deutschen *H* genannte Ton wird im Englischen als *B*, das deutsche *B* dagegen als *Bb*, ausgesprochen: *B flat*, bezeichnet. Im Englischen lassen sich die Töne deshalb leicht anhand des Alphabets merken (a-Moll: A, B, C, D, E, F, G).

Übrigens: Töne unterhalb von ca. E1 bzw. unterhalb von 40 Hz können auf vielen Lautsprechern nur unbefriedigend wiedergegeben werden. Dies ist bei der Wahl der Tonart zu bedenken. In Abschnitt 17.2.5 finden Sie eine Tabelle, in der Sie Frequenzen für Töne nachschlagen können.

12.2.4 Intervalle

Der Abstand zwischen zwei Tönen wird *Intervall* genannt. Verschiedene Intervalle haben einen bestimmten Klang und eine bestimmte Wirkung. Haben Sie den »Sound« eines Intervalls ein paarmal gehört, setzt er sich im Kopf fest. So beträgt der Abstand zwischen den zwei Tönen einer Polizeisirene im Deutschland eine Quarte. Das Gleiche gilt für die zwei Töne eines Kölner Karnevalstuschs. Die Kenntnis solcher Tonabstände und Tonbezüge hilft z. B. einem Sänger, der die nächste Note vom Blatt singen muss. Zum Üben gibt es viele geeignete Gehörbildungsprogramme für iPhone/iPod/Android, z. B. den »Harmonic Ear Trainer«.

Allerdings ist z. B. eine Terz (also der Abstand vom ersten bis zum dritten Ton der Tonleiter) nicht in jeder Tonleiter gleich groß. So ist der dritte Ton in der Moll-Tonleiter einen Ganzton- und einen Halbtonschritt vom Grundton entfernt (was einer *kleinen Terz* entspricht), während der dritte Ton in der Dur-Tonleiter (wie bei C-Dur) zwei Ganztonschritte entfernt ist (entspricht einer *großen Terz*). Nachfolgend liste ich das Ganze noch einmal in einer für Logic-User brauchbaren Liste auf, in der ich einen Intervallnamen (z. B. große oder kleine Terz) jeweils der absoluten Zahl der Halbtonschritte des Abstands zwischen den Tönen (Intervall) gegenüberstelle.

Meine Korrektorin findet es mit einer Klaviatur vor Augen sehr leicht, das nachzuvollziehen, und erläutert das wie folgt: Septime = sieben weiße Tasten voneinander entfernt, Sexte = sechs weiße Tasten voneinander entfernt, Quinte = fünf etc. Es geht immer aus dem Wort hervor, wie viele weiße Tasten es sind. Je nachdem, wie viele schwarze Tasten dazwischenliegen, ist es jeweils ein großes oder kleines Intervall, und die Halbtonschritte lassen sich an der Klaviatur abzählen.

- 12 Halbtonschritte = reine Oktave
- 11 Halbtonschritte = große Septime
- 10 Halbtonschritte = kleine Septime
- 9 Halbtonschritte = große Sexte
- 8 Halbtonschritte = kleine Sexte
- 7 Halbtonschritte = reine Quinte
- 6 Halbtonschritte = Tritonus = übermäßige Quarte oder verminderte Quinte (Stammtonprinzip)
- 5 Halbtonschritte = Quarte
- 4 Halbtonschritte = große Terz
- 3 Halbtonschritte = kleine Terz
- 2 Halbtonschritte = große Sekunde
- 1 Halbtonschritte = kleine Sekunde
- 0 Halbtonschritte = Prime

Eselsbrücke

Zur Benennung der Intervalle gibt es eine Eselsbrücke; sie lautet:

»Die eins (Prime), vier (Quarte), fünf (Quinte) und acht (Oktave) sind rein und andere Intervalle klein!«

Sogenannte *Komplementärintervalle* ergänzen sich gegenseitig zu einer Oktave, zum Beispiel: kleine Sexte (8 Halbtonschritte) + große Terz (4 Halbtonschritte) = Oktave (12 Halbtonschritte). Andere Komplementärintervalle sind: Prime + Oktave, Quarte + Quinte usw.

Ist ein Intervall größer, muss natürlich das andere etwas kleiner sein. Beispiel: eine verminderte Sekunde + eine übermäßige Septime = eine Oktave.

Bezogen auf die C-Dur-Tonleiter (siehe Abbildung 12.4) können wir nun Folgendes sagen:

- Der Schritt vom ersten zum ersten Ton (C = der Grundton selbst) heißt *Prime*.
- Der Schritt vom ersten zum zweiten Ton (D) heißt (große) *Sekunde*.
- Der Schritt vom ersten zum dritten Ton (E) heißt (große) *Terz*.
- Der Schritt vom ersten zum vierten Ton (F) heißt *Quarte*.
- Der Schritt vom ersten zum fünften Ton (G) heißt *Quinte*.
- Der Schritt vom ersten zum sechsten Ton (A) heißt (große) *Sexte*.
- Der Schritt vom ersten zum siebten Ton (H) heißt (große) *Septime*.
- Der Schritt vom ersten zum achten Ton (C) heißt *Oktave*.
- Der Schritt vom ersten zum neunten Ton (D) heißt *None*.

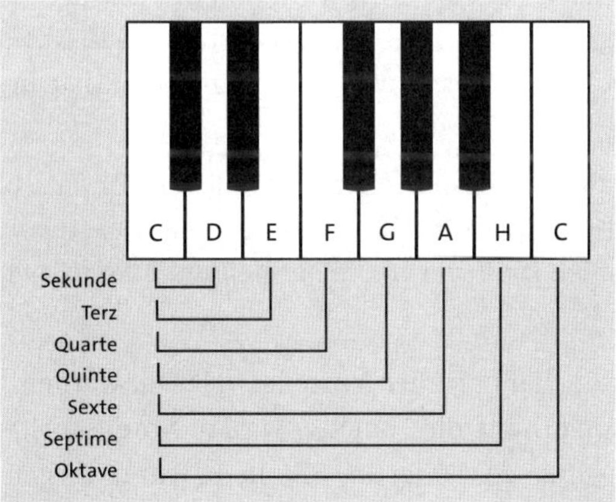

Abbildung 12.4 Die Tasten der C-Dur-Tonleiter mit Intervallnamen auf der Klaviatur

In der Dur-Tonleiter haben wir also zunächst zwei Ganztonschritte, dann einen Halbtonschritt, dann wieder drei Ganztonschritte und dann wieder einen Halbtonschritt. Man kann auch sagen: groß – groß – klein – groß – groß – groß – klein.

12.2.5 Dur- und Moll-Tonleiter – reloaded

In der Moll-Tonleiter haben wir zunächst einen Ganztonschritt, dann einen Halbtonschritt, dann zwei Ganztonschritte, einen Halbtonschritt, und wieder zwei Ganztonschritte. Das entspricht: groß – klein – groß – groß – klein – groß – groß.

So können Sie sich auch ohne große Kenntnisse die genauen Töne einer Dur- oder Moll-Tonleiter von irgendeinem anderen Grundton aus ohne weitere Kenntnisse selbst herleiten. Auf diese Weise können Sie bestehende Töne einer Dur-Melodie zum Beispiel in eine tiefere Tonleiter bringen (*transponieren*), etwa weil die Töne ansonsten für einen Sänger zu hoch sind. Logic erleichtert Ihnen das Ganze zusätzlich, weil Sie Regionen oder Spuren einfach in den Informationsfenstern REGION und SPUR transponieren können.

12.3 Stammtonprinzip und Namen der schwarzen Tasten

Diejenigen schwarzen Tasten, die rechts von einer weißen Taste mit einem bestimmten Namen liegen (also einen höheren Ton spielen), können denselben Namen tragen und ein »is« angehängt bekommen: Cis, Dis, Fis, Gis, Ais. Man spricht von *erhöhten Tönen*, auch geschrieben als C#, D#, F#, G#, A#. Die schwarzen Tasten, die links von einer weißen Tasten mit einem bestimmten Namen liegen, können hingegen ein »es« im Namen haben; man spricht von *erniedrigten Tönen*: Des, Es, Ges, As, B (oder englisch Db, Eb, Gb, Ab, Bb bzw. *B flat*).

Offensichtlich ist Ges dieselbe Taste bzw. derselbe Ton wie Fis. Wie die Taste bzw. der Ton nun genannt wird, hängt von der verwendeten Tonart ab. Das sogenannte *Stammtonprinzip* besagt, dass jeder Stammtonname (C bis H) genau einmal vorkommen muss. Das »Fis« in einer G-Dur-Tonleiter wird dementsprechend nach dem F benannt und nicht nach dem G (denn das G gibt es ja schon in der Tonart – daher zählt man auf: ... Fis, G anstatt ... Ges, G). So kommt es, dass auch mal ein Ton »Fisis« statt »G« oder »His« statt »C« heißen kann (Gis-Dur-Tonleiter: Gis, Ais, His, Cis, Dis, Eis, Fisis, Gis).

Mit diesem Wissen empfehle ich nun, selbständig nachzuvollziehen, aus welchen Tönen z. B. die G-Dur-, F-Dur- und D-Dur- bzw. die e-Moll-, d-Moll- und die h-Moll-Tonleiter bestehen und wie die entsprechenden Töne heißen. Beispiel: Die Töne von E-Dur heißen: E, Fis, Gis, A, H, Cis, Dis, E.

Ein anderes Beispiel: Wer Notenschrift lesen kann, hat natürlich Vorteile: In D-Dur werden zwei Töne der C-Dur-Tonleiter um einen Halbton erhöht, die Tonleiter wird in Notenschrift mit zwei # gekennzeichnet, entsprechend die Namen der Töne: C# = Cis. In As-Dur hingegen kennzeichnen 4 ♭ die Tonart, da vier Töne um einen Halbton erniedrigt werden – darunter Db = Des.

12.4 Akkorde und Harmonien

Ein Akkord kann auch *Harmonie* genannt werden; er besteht aus mindestens drei Tönen. Die Grundakkorde zu Dur und Moll bestehen jeweils aus Prime, Terz und Quinte. Das heißt: Man nimmt den 1., 3. und 5. Ton der Tonleiter, um damit einen Akkord zu spielen: C-Dur = C – E – G, a-Moll = A – C – E.

Man kann es auch anders betrachten: Dur-Akkord = große Terz und kleine Terz, Moll-Akkord = kleine Terz und große Terz, oder: C-Dur-Akkord = C – E – G, c-Moll-Akkord = C – Es – G.

Die restlichen Töne der Tonleiter bilden nun den »Standard-Tonvorrat«, um zu den Akkorden »typische« Melodien zu spielen oder um daraus andere Akkorde zu bilden, die aus Tonleitertönen bestehen (z. B. den 2., 4. und 6. Ton). Leicht üben und nachvollziehen lässt sich das natürlich, indem Sie erst einmal nur mit den weißen Tasten herumexperimentieren. Werden Melodien und Akkorde nur aus den tonleitereigenen Tönen gebildet, heißen sie *diatonisch*. Das ist natürlich keine »Pflicht« und hilft hier vor allem bei der Erläuterung. Den verschiedenen Akkorden weist man dann Funktionen zu, die ich später erläutern werde. Die einfachste Funktion lautet: *Tonika*. Das ist der *Heimatakkord* der Tonleiter – zu ihm, also zum Grundton der Tonika, will sich ein Song zumeist wieder auflösen. Ein Beispiel: Spielen Sie »Alle meine Entchen« von C ausgehend.

Die zur C-Dur-Tonleiter gehörenden diatonischen Akkorde (mit Funktionsbezeichnungen) heißen dementsprechend:

1. C-Dur (Tonika, C – E – G)
2. d-Moll (Subdominantparallele, D – F – A)
3. e-Moll (Dominantparallele, E – G – H)
4. F-Dur (Subdominante, F – A – C)
5. G-Dur (Dominante, G – H – D)
6. a-Moll (Tonikaparallele, A – C – E)
7. H vermindert (verkürzter Dominantseptakkord, H – D – F; verkürzt, weil als obere drei Töne eines Vierklangs G – H – D – F [Dominantseptakkord, siehe Abschnitt 12.7], interpretiert)

Diese Akkorde haben Sie nun kennengelernt, aber was es mit den Funktionsbezeichnungen auf sich hat, wird Ihnen vielleicht klarer, wenn Sie den nächsten Abschnitt lesen. Ich liefere daher zunächst ein wenig Theoriehintergrundwissen, bevor ich unsere Liste mit den Akkorden der C-Dur-Tonleiter wieder aufgreife.

12.5 Obertöne und Fourier-Theorem

Töne bestehen in der Natur nicht nur aus einem Ton, sondern aus einem Grundton und mehreren Obertönen, die mitschwingen, wie Sie z. B. bei Klaviertönen hören oder was Sie am

Beispiel der Wellenformen grafisch im Analyzer eines »Channel EQs« nachvollziehen können. Letztlich ist in Tönen jeder Teilton bzw. jedes Intervall in unterschiedlicher Lautstärke enthalten. Jeder Ton hat seine eigene Obertonreihe (bei der die Obertöne unterschiedlich laut sind). Manche Synthesizer erlauben eine Editierung der Lautstärken von Obertönen oder die Erzeugung von natürlichen oder unnatürlichen Obertönen.

Wenn Sie einen Sinuston in einem einzelnen *ES2*-Oszillator spielen, so sehen Sie in einem Analyzer, dass er deutlich weniger Obertöne hat als eine Rechteckwellenform im gleichen Synth (Abbildung 12.5 und Abbildung 12.6).

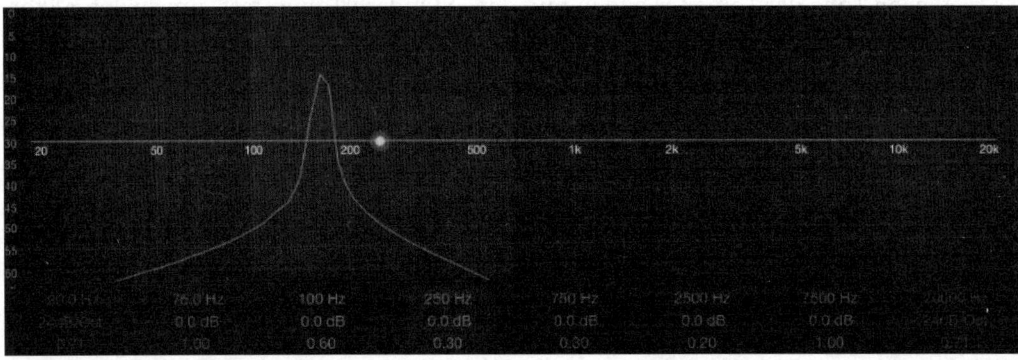

Abbildung 12.5 Sinuston

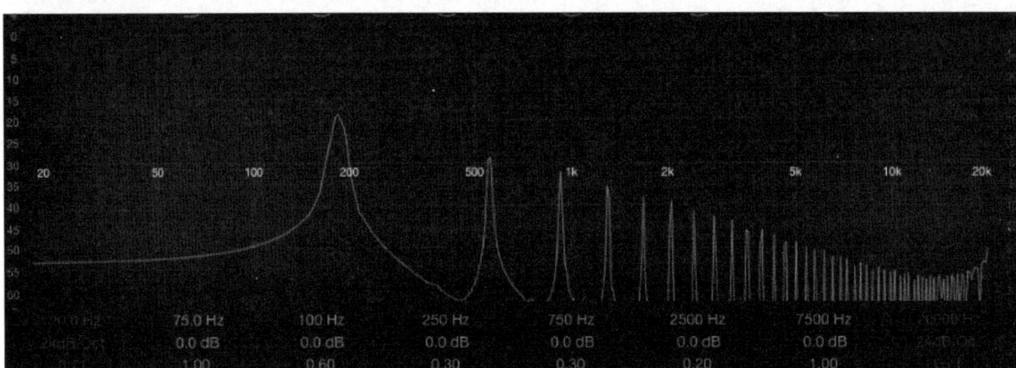

Abbildung 12.6 Rechteckwellenform

In Orgeln setzten sich Sounds oft aus Grundtönen und mehreren Obertönen zusammen, die mit »Reglern« (Zugriegel oder Register) hinzugemischt werden. Laut »Fourier-Theorem« lassen sich alle Schallereignisse aus sich überlagernden Sinuswellen zusammensetzen, nämlich Grundton und Obertöne. Filtert man die Obertöne, so bleibt lediglich der Grundton, also eine einzelne Sinuswelle.

Je nachdem, wie laut manche Obertöne sind, empfinden wir das als typisch für bestimmte Instrumente (z. B. Flöte, Trompete). Deshalb sind z. B. bei Kirchenorgeln bestimmte Register entsprechend beschriftet. Die additive Klangerzeugung von Logics *Alchemy*-Synth funktioniert genau nach diesem Prinzip.

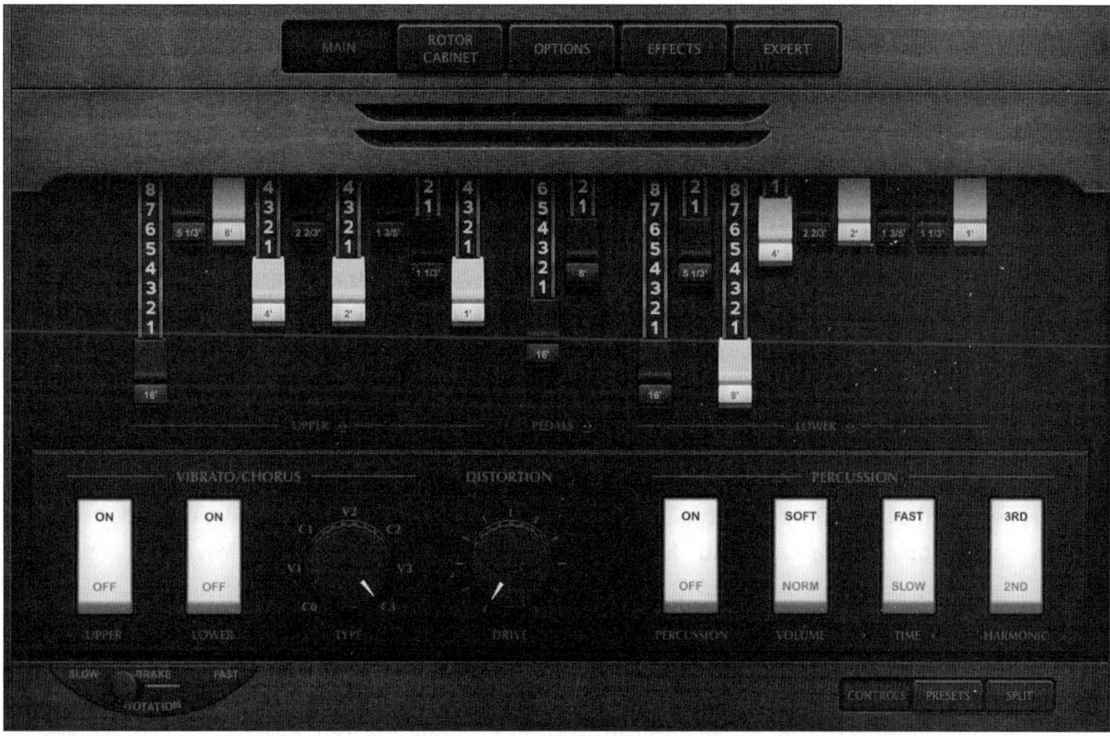

Abbildung 12.7 Orgelzugriegel

Begreift man einen Ton auf diese Art und Weise, so kann man jeden Ton als Akkord aus mehreren Teiltönen verstehen.

12.5.1 Obertonreihe und wohltemperierte Stimmung

Auch wenn unsere sogenannte wohltemperierte Stimmung mit 12 Teiltönen, die gleiche Abstände zueinander haben, nicht genau der Obertonreihe entspricht, ist sie doch zumindest daraus hergeleitet.

Der erste Oberton schwingt doppelt so schnell wie der Grundton, der zweite dreimal so schnell, der dritte viermal usw. In diesem Zusammenhang ist auch die Frequenztabelle aus Abschnitt 17.2.5 interessant. Ein Ton, der eine Oktave höher spielt als ein Grundton, hat genau dessen doppelte Frequenz (schwingt also zweimal so schnell, entspricht dem ersten Oberton). Der zweite Oberton hat also die dreifache Frequenz des Grundtons. Ausgehend vom Kammerton A (bzw. a'), der in Deutschland auf 440 Hz gestimmt ist, finden Sie in der gerade erwähnten Tabelle die Frequenzen aller Töne der Tastatur. Während der erste Oberton dem Grundton entspricht (nur eine Oktave höher, im Beispiel: C), ist der zweite Oberton das G. Dieser zweite Oberton liegt nun eine Quinte über dem ersten Oberton. Eine Quinte bedeutet: fünf Schritte auf der Tonleiter (entspricht sieben Halbtonschritten).

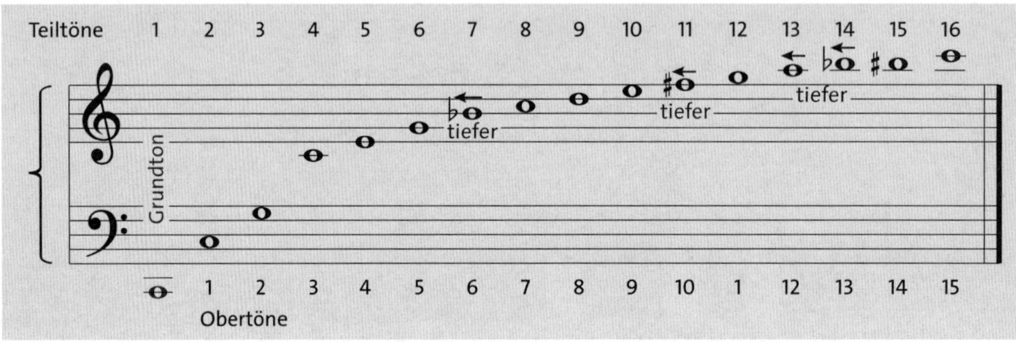

Abbildung 12.8 Obertöne eines Grundtons (hier: C)

Nacheinander gespielt, ergeben die Obertöne eine Melodie, die man *Obertonreihe* nennt. Auf *www.oberton.org* wird das schön erklärt und von der »ältesten Melodie der Welt« gesprochen[1] und davon, dass verschiedene Kulturen unterschiedliche Intervalle der Obertonreihe in ihre Tonsysteme eingebaut haben. Wenn wir Musik hören, setzen wir Tonfolgen mehr oder weniger unbewusst in unserem Kopf zu Akkorden zusammen. Vermutlich sehnen wir uns in Liedern, die wir hören, nach bestimmten Auflösungen oder Vervollständigungen. Unbewusst wollen wir den Akkord der Obertonreihe vervollständigen. Genau das ist der Grund, warum es tatsächlich so etwas wie eine »Hit-Formel« gibt, die immer und immer wieder funktioniert und zu der ich im Laufe dieses Kapitels komme.

Den Grundton und seine ersten Obertöne hören Sie im Projekt *12Ersteobertoene*. Berücksichtigen Sie aber, dass die Stimmung hier eben nicht 100 % exakt den Obertönen entspricht, sondern der wohltemperierten Stimmung, die sich in der Musikgeschichte als »Kompromiss« herausgearbeitet hat. Ist der Grundton A, so müsste beispielsweise der zweite Oberton E mit 440 Hz × 3 = 1.320 Hz schwingen, weist aber in der Tabelle in Abschnitt 17.2.5 nur eine Frequenz von 1.318,5 Hz auf.

Informationen darüber, wie Sie Logic auch »anders« stimmen können, so dass die Stimmung mehr an den Frequenzen der natürlichen Obertönen orientiert ist und zwischen den Halbtonschritten *nicht* immer exakt 100 Cent liegen, finden Sie in Kapitel 3, mehr wissenschaftliche Inhalte inklusive komplexer mathematischer Formeln können Sie auch unter *http://de.wikipedia.org/wiki/Tonstruktur_(mathematische_Beschreibung)* nachlesen.

Wenn wir die typischen Obertöne hören, denkt sich das menschliche Gehirn manchmal den Grundton hinzu. Dieses psychoakustische Phänomen wird *Residualeffekt* genannt und spielt auch beim Hören auf kleinen Lautsprechern oder beim Abmischen von Bass-Sounds eine Rolle.

1 *http://www.oberton.org/obertongesang/die-obertonreihe*

12.6 Kadenzen, Akkordfunktionen, der Auf- und Abbau von Spannung – und die »Hit-Formel«

Bei Musikkomposition lässt sich die Quinte gut Richtung Grundton auflösen, sie ist diesem Klang (auch in der Obertonreihe) sehr nahe. Man legt also beispielsweise einen Grundton oder Grundakkord als Haupttonart fest (z. B. C/C-Dur). Wechselt man dann zu G/G-Dur, kann man von dort leicht wieder zu C/C-Dur zurückkehren.

Der Grundton (z. B. C) kann seinerseits die Quinte eines anderen Tons und Akkords sein und sich umgekehrt auch in Richtung eines anderen Tons auflösen, der sich eine Quinte tiefer befindet (dann: F). Das heißt, es besteht auch ein sehr enger Bezug zu jenem Ton, der sich eine Quarte höher befindet (also zwischen dem Grundton C und F). Um dem Hörer genau zu vermitteln, welche der Töne die »Heimtonart« ist, arbeiten Kompositionen mit Wiederholungen und Betonungen, um einem bestimmten Ton Halt zu geben, der eindeutig als Grundton erkannt werden soll, während zwischendurch auf andere Töne oder Akkorde gewechselt wird. Dabei wird Spannung auf- und wieder abgebaut.

Dadurch entsteht eine typische *Kadenz* (Abfolge von Akkorden), und die Musiktheorie gibt dem Grundton und den zum Grundton im Quart- bzw. Quintverhältnis stehenden Tönen »Funktionsbezeichnungen« in dieser Abfolge. Diese heißen: *Tonika* (T), *Subdominante* (SD), *Dominante* (D), *Tonika* (T); im Beispiel wären das die Töne (oder Akkorde) C – F – G – C. Eine andere Bezeichnung in der Musiklehre bezieht sich auf die Stufen der Grundtöne der Akkorde in der Tonleiter der verwendeten Tonart. C – F – G – C bezogen auf C-Dur entspräche demnach 1 – 4 – 5 – 1, was in der sogenannten *Stufentheorie* in römischen Ziffern geschrieben wird (I – IV – V – I).

Folgendermaßen könnte man Funktionen von Akkorden beschreiben:

- Tonika (T) = tonales Zentrum (hier: C bzw. Stufe I)
- Subdominante (S oder SD) = Quinte abwärts, Quarte aufwärts, der Tonika nahestehender Ton, relativ wenig Spannung, wenig Strebewirkung zum Grundton (hier: F, Stufe IV)
- Dominante (D) = Quinte aufwärts, als Dur-Akkord/Dur-7-Akkord spannungsreich, Strebewirkung zum Grundton, stärkt Tonalität (hier: G, Stufe V)

In Kompositionen ist es wichtig, die richtige Kombination aus dem Aufbau und dem Auflösen von Spannung zu finden. Die Spannung wird aufgelöst, wenn man wieder in der Tonika (oder ihrer Parallele) angelangt ist. In den dominantischen Akkorden ist die Spannung am höchsten. Das heißt, typischerweise wechselt man von der Tonika in subdominantische Akkorde, danach in dominantische und dann wieder in die Tonika.

Die Tonika ist im Beispiel C bzw. der Akkord C. Dieser strebt Richtung F bzw. F-Akkord. Um z. B. klarzustellen, dass der Grundton C ist, wechselt man danach von F auf G oder den G-Akkord. Von dort geht/strebt es wieder eindeutig Richtung C.

12.6.1 Gleitton und Leitton

Dass wir das Streben der Akkorde in Richtung anderer empfinden, hat damit zu tun, dass in den Akkorden Töne vorkommen, die nach einer Auflösung streben, die einen Halbton höher liegt (genannt *Leitton*). Umgekehrt spricht man von *Gleittönen*, wenn diese nach einer Auflösung streben, die einen Halbton darunter liegt.

Beispiel: C-Dur, Dominantakkord G – H – D – hier strebt das H zum C (Gleitton).

Andererseits hat es auch damit zu tun, dass wir die verschiedenen natürlichen Obertöne als Gesamtakkord betrachten, dessen Teiltöne zueinander zu passen scheinen (siehe Abschnitt 12.5 zur Obertonreihe).

12.6.2 Kadenzprinzip und tonales Zentrum

Wichtig ist, sich beim Komponieren des tonalen Zentrums, also der Tonika, bewusst zu sein. Oft setzt man sich beim Songarrangement auch Ziele, wann man die Tonika wieder erreichen will, um die »Heimat« des Songs zu unterstreichen, beispielsweise nach 8 Takten.

Dieses Kadenzprinzip ist letztlich die Grundlage vieler Popsongs, denn die einzelnen Funktionen lassen sich auch wiederholen und leicht abwandeln. Die Akkorde können in anderer Reihenfolge gespielt oder wiederholt werden. »Stellvertretende« Funktionsakkorde, die »Ähnlichkeiten« besitzen (z. B. 2 von 3 Tönen sind dieselben, a-Moll statt C-Dur, e-Moll statt G-Dur), lassen sich anstelle der typischen Funktionsakkorde einbauen. Nimmt man alle Dreiklänge einer Tonleiter, dann kann man ihnen »Stufennummern« und Funktionen zuordnen und es so sehen, dass alle Akkorde letztlich eine Funktion wahrnehmen. Im Einzelfall und bei Unklarheiten (wenn die Akkorde nicht exakt den Akkorden aus der Theorie entsprechen) müssen Sie sich bei einzelnen Akkorden überlegen, welcher Funktion Sie sie zuordnen wollen.

- C-Dur (Tonika); C – E – G; Stufe I
- d-Moll (Subdominantparallele); D – F – A; Stufe II
- e-Moll (Dominantparallele); E – G – H; Stufe III
- F-Dur (Subdominante); F – A – C; Stufe IV
- G-Dur (Dominante); G – H – D; Stufe V
- a-Moll (Tonikaparallele); A – C – E; Stufe VI
- H vermindert (verkürzter Dominantseptakkord); H – D – F; verkürzt, weil als obere drei Töne des Dominantseptakkords/Vierklangs G – H – D – F interpretiert; Stufe VII (siehe auch Abschnitt 12.7 über Akkordumkehrung).

a-Moll und C-Dur haben zwei Töne gemeinsam (C und E). Sie können also bei einer C-Dur-Komposition durchaus auch a-Moll als Vertreter der Tonika C-Dur verwenden. Auch in anderen Fällen kommt es vor, dass Akkorde zwei Töne gemeinsam haben. So hat z. B. e-Moll sowohl mit der Tonika als auch mit der Dominante zwei Töne gemeinsam. Daher wird der Akkord in der Literatur nicht nur als Dominantparallele, sondern auch als *Tonikagegenklang* bezeichnet. Der Kontext, in dem man den Akkord spielt, macht mal die eine, mal die andere Interpretation passender.

Auch d-Moll als Subdominantparallele zu F-Dur hat mit der Subdominante zwei Töne gemeinsam. Verwenden Sie d-Moll statt F-Dur, dann benutzen Sie also die zweite Stufe (II) statt der vierten und erhalten eine sogenannte II–V–I-Kadenz (auch *Jazz-Kadenz* genannt, deren Verwendung sehr gängig ist) anstelle einer IV–V–I-Kadenz. d-Moll wird in diesem Beispiel auch als *Subdominantparallele*, a-Moll als *Tonikaparallele* und e-Moll als *Dominantparallele* bezeichnet. Den Dreiklang, der sich durch die Töne H – D – F ergibt, kann man als verkürzten Dominantseptakkord betrachten, denn die Töne H und D kommen auch in G-Dur (G – H – D) vor; mit »sept« ist der zusätzliche siebte Ton gemeint. G – H – D – F (durch die Anreicherung mit der kleinen Septime F) ist eine sehr starke Dominante, der hier eventuell nur der Grundton fehlt.

12.6.3 Funktionsakkorde in Logic und GarageBand

Wenn Sie beispielsweise das Programm Logic Remote oder GarageBand auf dem iPad benutzen, so erleichtern Ihnen diese Programme das Finden der zugehörigen Akkorde, indem sie automatisch Akkord-Strips zur Verfügung stellen, die sich leicht spielen lassen und zu der im Projekt eingestellten Tonart passen, aber auch manuell editiert werden können (siehe Abschnitt 16.4.12 und Abschnitt 19.1.4). Zu den Dreiklängen können Sie dabei leicht einen vierten Ton und einen Basston hinzufügen (Abbildung 12.9).

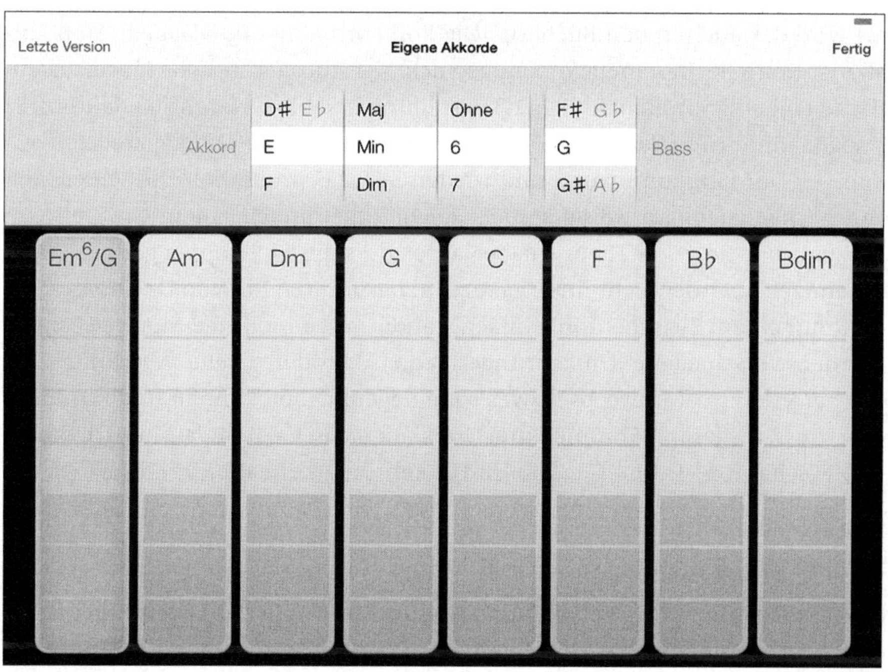

Abbildung 12.9 Akkord-Strips in Logic Remote

12.6.4 Hit-Formel

Ein sehr anschauliches Beispiel für die erfolgreiche Nutzung des Kadenzprinzips in Popsongs liefert die Band Axis of Awesome, die in einem Potpourri ein Medley aus zahlreichen großen Hits spielt, die sich alle aus den gleichen vier Akkorden zusammensetzen, die noch dazu in der gleichen Reihenfolge gespielt werden. Hiervon finden sich mehrere Varianten im Netz. Darunter sind u. a. die folgenden bekannten Titel:

James Blunt – »You're beautiful«, Alphaville – »Forever young«, Alex Lloyd – »Amazing«, Elton John – »Can you feel the Love tonight«, Maroon 5 – »She will be loved«, U2 – »With or without you«, The Beatles – »Let it be«, Red Hot Chili Peppers – »Under the Bridge«, Bob Marley – »No Woman, no cry«, a-ha – »Take on me«, Green Day – »When I come around«, Eagle Eye Cherry – »Save Tonight«, Toto – »Africa«, The Offspring – »Self Esteem«, Lady Gaga – »Poker Face«, Aqua – »Barbie Girl«, MGMT – »Kids«.

Die verwendete Akkordfolge heißt: D-Dur – A-Dur – h-Moll – G-Dur, was (um zwei Halbtöne nach unten transponiert) C-Dur – G-Dur – a-Moll – F-Dur entspricht. Das sind die bekannten Hauptfunktionen von C-Dur, nämlich C-Dur, G-Dur und F-Dur – die nur zwischendurch von der Tonika zu ihrer Moll-Parallele a-Moll wechselt. Sie können sich das im Projekt *12awesomekadenz* anhören. Die gewählte Kadenz habe ich in C eingespielt und anschließend zwei Halbtöne über das Informationsfenster REGION transponiert.

12.6.5 »Pop Formeln« und »Hip Hop Formeln« von Volkmar Kramarz

Sehr gut erklärt wird das auch in den Büchern »Die Pop Formeln« und »Die Hip Hop Formeln« von Volkmar Kramarz. In seinen Werken versucht der Autor, sämtliche Musikzusammenhänge anhand einer pianorollenähnlichen Darstellung und ohne Noten zu erläutern. Er nennt z. B. als sogenannte *Hip-Hop-Smash-Formel* die Kadenz a-Moll (Tonikaparallele) – G-Dur (Dominante) – F-Dur (Subdominante) und wieder G-Dur (Dominante), die seiner Meinung nach (und nachvollziehbarerweise) so oder leicht abgewandelt einem Großteil von Hip-Hop-Tracks zugrunde liegt. Die Theorie dabei lautet, dass die Hip-Hopper gern mit Moll anfangen. Noch einfacher verdeutlicht finde ich das im berühmten Riff von Dr. Dre in »Still Dre«, in dem (mit nur einem Zwischenton) einfach ständig von a-Moll zu e-Moll gewechselt wird. Dabei werden verschiedene Umkehrungen von Akkorden (siehe Abschnitt 12.7) genutzt, so dass bei jedem Akkordwechsel zwei Töne liegenbleiben können und nur einer geändert werden muss. Insgesamt kommen drei Dreiklänge vor: C – E – A (a-Moll, 1. Umkehrung), H – E – A (Zwischenton), H – E – G (e-Moll, 2. Umkehrung; siehe Projekt *12HipHop*).

12.6.6 Variationen

Und so geht es in der Theorie weiter bei der Konstruktion von Songs. Sie können ab und zu die Moll-Parallele oder anstelle der Dur- die Moll-Akkorde eines Tons benutzen, bei Dur- oder Moll-Akkorden die Grundtöne weglassen und Zwischentöne hinzufügen etc. Beziehen Sie diese Tricks ein, können Sie letztlich jeden Song von der Funktion her analysieren und Akkorden einen funktionalen Charakter zuordnen. Und die wichtigsten Funktionen sind eben Tonika, Subdominante und Dominante. Eine weitere mögliche Abwandlung wäre: Während oben a-Moll, G-Dur, F-Dur, G-Dur spielen, bleibt unten im Bass die ganze Zeit ein A liegen. Andererseits könnte oben a-Moll liegenbleiben, während unten der Bass A – G – F – G spielt. Diese beiden Abwandlungen hören sich recht unterschiedlich an, basieren aber auf der gleichen funktionstheoretischen Idee – ebendieser Hip-Hop-Smash-Formel. Laut Kramarz »kaschieren« sie nur die Originalformel. Probieren Sie auch das einfach einmal aus ...

12.6.7 Zwischendominanten

Ein Werkzeug, mit dem Sie bestimmte Akkorde vorbereiten, sind sogenannte *Zwischendominanten*. Damit sind die eine Quinte vom Zielakkord entfernten Akkorde (typischerweise in Dur und mit zusätzlicher kleiner Septime: Dominantseptakkord) gemeint. Der Zielakkord ist hierbei nicht die Tonika, sondern ein anderer Akkord.

Diese Prinzipien können Sie auch als Anfänger langsam verinnerlichen. Es ist hilfreich, regelmäßig sich selbst die Frage zu beantworten: Wie lauten die zugehörigen Funktionsakkorde und Töne der Tonart, in der ich gerade komponiere?

Natürlich ist Spannung nicht nur eine Frage von Akkorden oder Harmonielehre – es ist ein zentrales Thema, wenn es um Musik im Allgemeinen geht. Sei es Klassik, Pop, Techno, Rock oder Drum & Bass, sei es ein 3-Minuten-Track, ein 30-minütiger Live-Act, ein 90-Minuten-Konzert oder ein 9-stündiger Clubabend: Die musikalischen Elemente müssen richtig in Szene gesetzt werden, damit sie ihre Wirkung entfalten – mit Akkorden, Effekten, Sounds, Arrangements, Automationen ... Auch ein Sound (wie z. B. ein neu einsetzendes Instrument, ein Umweltgeräusch, ein Sample oder ein Synthesizer-Effekt) braucht eine Bühne und will »vorbereitet« werden.

Einige weitere Beispiele für die Bedeutung des Auf- und Abbaus von Spannung in der Musik:

- Ich hatte einen Schüler, der in einem Live-Act auf mehrere Minuten heftigster E-Gitarre anschließend einen ebenso heftigen Synth folgen ließ. Doch dieser konnte meiner Meinung nach seine Wirkung gar nicht erst entfalten – weil ich als Hörer schon von der E-Gitarre vorher erschöpft war.
- In einem 9-stündigen Clubabend entfalten die härtesten Stücke irgendwann ihre Wirkung nicht mehr, wenn nicht zwischendurch mal etwas anderes läuft (es sei denn, Sie gehen davon aus, dass der Rezipient sich seine Pausen selbst schafft, indem er zwischendurch den Raum verlässt und sich Abwechslung sucht, in der er dem musikalischen Vortrag nicht mehr folgt).
- Spielt ein DJ zwei Stücke einer ähnlichen musikalischen Intensität hintereinander, von denen das folgende einige BPM (z. B. 5–10 BPM) langsamer als das vorherige Stück ist, klingt das neue Stück »lahm« und wirkt ermüdend.

- In vielen Dance-Musik-Stücken wird der Hauptpart mit einem Break oder Trommelwirbel vorbereitet und in Szene gesetzt.

Bei minimaler oder repetitiver Musik sind es die kleinen Abweichungen von Schemata, die besonders deutlich wahrgenommen werden können und Wirkung entfalten.

12.7 Akkordumkehrung, weite und enge Lage

Die gleichen Akkorde können einen anderen Klang ergeben, wenn Sie alle oder einzelne Töne eine Oktave höher oder tiefer spielen. Für bestimmte derartige Variationen eines Dreiklangs haben sich Begriffe eingebürgert: Man spricht von *1.* und *2. Umkehrung* sowie *enger* und *weiter Lage*. Betrachten wir das am Beispiel von C-Dur.

- Die 1. Umkehrung eines Akkordes hat die Terz im Bass bzw. als tiefsten Ton (z. B. E – G – C).
- Die 2. Umkehrung eines Akkordes hat die Quint im Bass bzw. als tiefsten Ton (z. B. G – C – E).

Außerdem gibt es natürlich die Grundstellung (C – E – G). Man unterscheidet zwischen enger und weiter Lage (am Beispiel C-Dur). Wenn Sie einen Akkord in weiter Lage spielen, spielen Sie einen Ton (z. B. die Terz oder den mittleren Ton des Akkords) eine Oktave höher als die anderen Töne. Hierdurch verändert sich der Sound sehr stark. Das können Sie in Projekt *12Akkordlageundumkehr* hören. Sämtliche Akkorde sind C-Dur-Akkorde in verschiedenen Lagen und Umkehrungen.

Betrachten Sie es also als weiteres Werkzeug in der Kiste Ihrer Kompositionstools, einen Akkord mal in enger, mal in weiter Lage oder auch als erste oder zweite Umkehrung zu spielen. Ein Wechsel zu anderen Akkorden klingt oft besonders interessant, wenn ein Großteil der Töne liegenbleiben kann und sich nur einer der Töne ändert. Auch das erreichen Sie manchmal leicht, indem Sie Ihren Akkord als Umkehrung spielen.

- enge Lage: Grundstellung (C – E – G)
- 1. Umkehrung, Terz = tiefster Ton, = *Sextakkord* bzw. *Terzsextakkord* (E – G – C)
- 2. Umkehrung, Quint = tiefster Ton = *Quartsextakkord* (G – C – E)
- weite Lage: Grundstellung, weite Lage (C – G + höheres E)
- 1. Umkehrung, weite Lage: Terz = tiefster Ton = *Sextakkord* (E – C + höheres G)
- 2. Umkehrung weite Lage: Quint ist tiefster Ton (G – E + höheres C)

Die vier Regionen im Beispiel *12Akkordlage* demonstrieren dies. In Region 1 wechseln die Töne von C-Dur zu e-Moll. Zunächst spielen beide Töne in Grundstellung, danach spielt in Region 2 C-Dur als 1. Umkehrung, wodurch zwei Töne liegenbleiben können (E und G), während nur das oben melodieführende C in das H wechselt. Mit so einem Sound hat z. B. Moby in seinem Hit »Go« gespielt – und hat anschließend (wie in Region 3) den oberen Ton zwischendurch ins D bewegt. Auch in Region 4 spielen wieder abwechselnd C-Dur und e-Moll, diesmal allerdings in anderen Lagen und Umkehrungen. Die klangliche Wirkung einer weiteren Lage wird in den Regionen 5 und 6 noch einmal deutlich: In beiden Regionen spielt exakt die gleiche Akkordfolge mit Akkorden in Grundstellung, in Region 5 jedoch in weiter Lage und in Region 6 in enger Lage. Hierdurch ist der Klang in Region 5 ein anderer als in Region 6.

Übrigens: In der Musiktheorie gibt es auch eine andere Verwendung und Bedeutung des Wortes »Lage« im Zusammenhang mit der Beschreibung von Akkorden: Es gibt an, welcher der *tiefste* Ton eines Akkordes ist (z. B. *Quintlage*), während die sogenannte *Stellung* angibt, welcher der *höchste* Ton eines Akkordes ist.

12.8 Grundsätzliche Gedanken zur Kompositionsphilosophie

Ich will Ihnen nicht nahelegen, dass Sie Ihre Songs mit solchen Akkorden aus dem Lehrbuch komponieren müssen. Das sture Anwenden dieser Prinzipien klingt manchmal langweilig. Abwechslung verschaffen auch Synthesizersounds mit interessanten Obertönen – oder gesampelte Umweltgeräusche und Effekte aller Art. Spätestens nachdem Sie diesen Abschnitt gelesen haben, sollte Ihnen klar sein, dass sich Musiktheorie und Sounddesign nicht voneinander trennen lassen.

Einer der erfolgreichsten Komponisten der Neuzeit ist der Elektronik-Musikpionier Jean Michel Jarre, dessen 1976 produziertes Album »Oxygène« über 12 Millionen Exemplare verkaufte. Jarre war ein Schüler von Pierre Schaeffer, auf den er sich immer wieder beruft (Jarre über Schaeffer: »In my opinion, this guy is the father of all of us. He created absolutely everything. He was the first saying that music is not made of notes, but of sounds and noise.«[2]). Schaeffer prägte den Begriff der *Musique concrète*. Schaeffer sah die Nutzung von Alltagsgeräuschen in der Musik als Wandlung vom »Konkreten« ins »Abstrakte«, während bei klassischer Musik die Komposition selbst das Abstrakte sei.[3] Künstler wie Jarre oder auch Karlheinz Stockhausen ließen sich von diesen Gedanken inspirieren und erschufen auf dieser Basis etwas Neues. Musste Schaeffer zunächst noch mit Tonbandspulen arbeiten, hatten es die Künstler spätestens seit Einführung des Samplers leichter, solche Ideen in Kompositionen einfließen zu lassen. Spätere Vorreiter waren Art of Noise und Trevor Horn, aber auch für Künstler wie Peter Gabriel eröffnete das Sampling neue Wege. Ich habe die Erfahrung gemacht, dass viele interessante Sounds meiner Stücke durch gezielte Verfremdungen im Sampler entstehen. Das funktioniert für synthetische und akustische Klänge sowie Umweltgeräusche gleichermaßen gut.

Betrachten Sie Ihre Komposition wie ein Koch sein Gericht: Kleine Zutaten, egal ob aus der musiktheoretischen oder der klangformenden Ecke, sind oft entscheidend und prägend für ein geniales Werk. Umgekehrt kann eine falsch platzierte Kleinigkeit auch schnell alles verderben.

Ich betrachte Ausführungen über Musiktheorie, Obertonreihen und Kirchentonleitern vor allem als mögliche Hilfestellungen, die ich nutzen kann – aber nicht muss. Insbesondere

2 *http://www.soundonsound.com/sos/feb08/articles/jmjarre.htm*
3 *http://de.wikipedia.org/wiki/Musique_concrete*

wenn ich bei einem Song nicht genau weiß, wie es weitergehen soll, hilft es mir, mir bewusst zu machen, in welcher Tonart ich mich gerade befinde und welche Töne jetzt nahelägen.

Es hilft auch, wenn ich die Stimmung, die ich mit dem Stück ausdrücken möchte, ungefähr in Worte fassen oder mir bewusst machen kann, denn neben den simplen Dur- und Moll-Tonleitern, die ganz simpel »fröhlich« und »traurig« ausdrücken sollen, gibt es viele andere Tonleitern wie die Kirchentonleitern, die ich in Abschnitt 12.14 besprechen werde; sie sind recht eindeutig mit bestimmten Stimmungen verbunden und eignen sich zum Erzeugen dieser. Lust auf »sinnlos gut gelaunt«? Oder »cool«?

12.9 Quintenzirkel und Tonleitern in der Notation

In der Musiktheorie ist oft vom *Quintenzirkel* die Rede. Die Kenntnis des Quintenzirkels hilft, anhand der Anzahl der b-Vorzeichen oder Kreuzzeichen # in einem Notenblatt die Tonart zu erkennen. Der Quintenzirkel kann auch der Kontrolle dienen, wie viele schwarze Tasten eigentlich in der Tonart vorkommen müssen. Die im Quintenzirkel benachbarten Tonarten sind jeweils die, die der verwendeten Tonart besonders verwandt sind (und jeweils eine Quinte nach oben oder unten entfernt liegen) und sich daher als Standardkandidaten für Tonartwechsel in einer Komposition anbieten.

Im Quintenzirkel sind Tonarten in einem Kreis angeordnet. Ganz oben auf 12 Uhr steht die C-Dur-Tonleiter; die Tonleitern rechts davon haben jeweils ein Kreuzchen (#) mehr, je weiter es im Kreis nach unten geht, die Tonleitern links davon haben jeweils ein ♭ mehr.

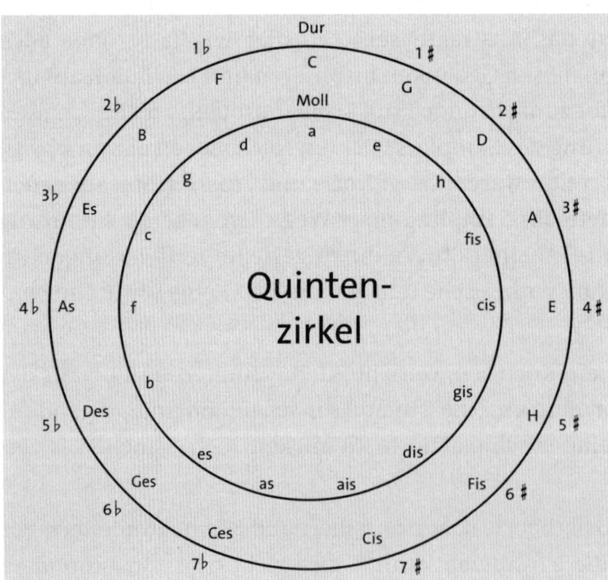

Abbildung 12.10 Der Quintenzirkel

Die Tonleitern im Quintenzirkel können Sie sich mit einer Eselsbrücke leicht merken:

- F(ritz) B(rachte) Es(ther) As(tern) Des Ges(angvereins)

  Das erste Wort steht für die Tonart mit einem ♭, das zweite Wort für die Tonart mit zwei ♭s usw. Die ♭s kommen dabei in folgender Reihenfolge dazu: B, Es, As, Des, Ges, Ces. B-Dur hat also beispielsweise die Vorzeichen B und Es, Es-Dur hat B, Es und As usw.

- G(eh) D(u) A(lter) E(sel) H(eringe) Fis(chen)

  Das erste Wort steht für die Tonart mit einem #, das zweite Wort für die Tonart mit 2 # usw. Die Kreuzchen kommen dabei in folgender Reihenfolge hinzu: Fis, Cis, Gis, Cis, Ais, Eis. D-Dur hat also beispielsweise die Vorzeichen Fis und Cis, A-Dur hat Fis, Cis, Gis usw.

Fis und Ges sind wieder derselbe Ton.

Die jeweils nächste Tonleiter mit jeweils einem # mehr liegt genau eine Quinte (7 Halbtöne) höher liegt als die vorherige, während die jeweils nächste Tonart mit einem ♭ mehr jeweils genau eine Quinte tiefer liegt – daher der Name Quintenzirkel. In der Aufzählung der Tonleitern durch die Eselsbrücke fehlen noch die Ces- bzw. Cis-Tonleitern, die im Quintenzirkel abgebildet sind. Allerdings entspricht Ces H, und Cis entspricht Des.

Entsprechend werden diese Tonarten auch in Notenblättern notiert: Abbildung 12.11 und Abbildung 12.12 zeigen beispielsweise F-Dur und f-Moll.

Abbildung 12.11 F-Dur-Notation (oder d-Moll)

Abbildung 12.12 f-Moll-Notation (oder As-Dur)

Wenn in einem Notenblatt ein ♭ zu sehen ist, so kann die Tonart nach dem Quintenzirkel entweder F-Dur oder d-Moll lauten. Wird im gleichen Stück die Tonart gewechselt, und es kommen plötzlich vier ♭ in einer Taktzeile vor, handelt es sich um As-Dur oder f-Moll. Ohne mehr zu wissen oder gehört zu haben, können Sie nun bereits Vermutungen nur anhand der aufgelisteten Vorzeichen des Notenblattes anstellen – zum Beispiel, dass das Stück möglicherweise von F-Dur nach f-Moll wechselt ...

Auch bei anderen »theoretischen« Gelegenheiten spielen Quinten eine Rolle – lesen Sie Abschnitt 12.5.1, Abschnitt 12.14.2 und Abschnitt 12.14.3.

12.10 Vierklänge und andere Akkorde

Aus den Tönen der C-Dur-Tonleiter lassen sich natürlich statt der bisher verwendeten Dreiklänge auch Vierklänge herstellen, indem wir den 7. Ton der Tonleiter hinzunehmen:

1. C-Major 7 (Tonika; C – E – G – H), Stufe I
2. d-Moll 7 (Subdominantparallele, D – F – A – C), Stufe II
3. e-Moll 7 (Dominantparallele, E – G – H – D), Stufe III
4. F-Major 7 (Subdominante, F – A – C – E), Stufe IV
5. G-Dominant 7 (Dominante/Dominantseptakkord, G – H – D – F), Stufe V
6. a-Moll 7 (Tonikaparallele, A – C – E – G), Stufe VI
7. H halbvermindert (H – D – F – A), Stufe VII

Die Bezeichnung »Major 7« bezieht sich hier auf eine große Septime.

Das ist nicht zuletzt ein Ansatz, der vom Sound her dem Jazzbereich nahe ist. Andererseits können Sie natürlich auch andere Töne der Tonleiter hinzunehmen – z. B. den 6., 9., 11. oder 13. Ton der Tonleiter dem Akkord hinzufügen. Nehmen Sie sich ruhig einmal zwischendurch die Zeit, das auszuprobieren. Logic hilft Ihnen dabei, indem es im Display den gespielten Akkord erkennt und benennt. Wie bereits oben erwähnt, können Sie auch Logic Remote auf dem iPad nutzen, um schnell ausgewählte Vierklänge zu spielen (siehe Abschnitt 16.4.12).

12.11 Taktzählweise und Rhythmik, Polyrhythmik

Ein $^4/_4$-Takt kann mit vier Viertelnoten, aber auch jeder anderen beliebigen Kombination aus Noten und Pausen gefüllt werden: ganze Noten, halbe Noten, Viertelnoten, Achtelnoten, Sechzehntelnoten, Viertelpausen usw. Der $^4/_4$-Takt in Abbildung 12.13 enthält eine Viertelnote, vier Sechzehntelnoten, eine weitere Viertelnote und eine Viertelnotenpause.

Abbildung 12.13 Beispiel für einen 4/4-Takt

Abbildung 12.14 zeigt die verschiedenen Noten und Pausenzeichen in Logic bei der Arbeit mit dem Notationseditor.

Im $^{4}/_{4}$-Takt zählt man »1, 2, 3, 4, 1, 2, 3, 4« usw. Verschiedene Taktarten werden jeweils unterschiedlich gezählt; so hört sich z. B. ein $^{3}/_{4}$-Takt etwas anders an als ein $^{6}/_{8}$-Takt. In letzterem zählt man »1, 2, 3, 4, 5, 6, 1, 2, 3 …«.

Meistens sind die Zählzeiten 1 betont, und bei 1 beginnt ein musikalisches Motiv möglicherweise wieder von vorn.

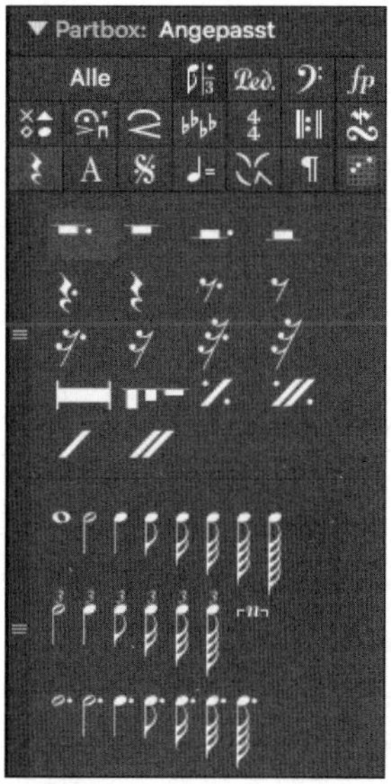

Abbildung 12.14 Noten und Pausenzeichen

12.11.1 Rhythmen und Dichtermetren, binäre und ternäre Spielweisen

Wenn man Rhythmen hört, sind bestimmte Zählzeiten eher »leicht«, andere eher »schwer«. Schwer ist bei moderner Pop- und Dance-Musik, welche meist 4/4-Takte nutzt, tendenziell die erste Zählzeit. Zweitschwerste Zählzeit ist (im 4/4-Takt) die dritte. Wir können das auch auf größerer Ebene bzw. in Bezug auf Songteile betrachten: Wenn wir 32 Takte haben, ist die 1 des 1. und 17. Taktes oft etwas schwerer als diejenige der anderen Takte. Bei Drum & Bass liegt die Betonung dagegen oft auf den Zählzeiten 2 und 4. Man spricht hier von *Offbeats*, da sie zwischen den typischen betonten Zählzeiten des Metrums liegen. Trotzdem sollte man auch hier die 1 heraushören können.

Sowohl in Musik als auch in Literatur bezeichnet der Begriff *Metrum* die Weise, in der betonte und unbetonte Schläge aufeinanderfolgen. Folgen über einen Zeitraum (z. B. in einem Song) länger gleiche Metren aufeinander, kann man davon sprechen, dass mit jedem neuen Metrum ein neuer Takt beginnt (das Stück »steht« dann beispielsweise im $^{4}/_{4}$-Takt, im $^{6}/_{8}$-Takt).

Man unterscheidet *binäre* (zweiteilige; lateinisch *bini* = »zwei«) und *ternäre* (dreiteilige; lateinisch *ter* = »dreimal«) Spielweisen.

Binäre Spielweise

Bei der binären Spielweise werden die Noten (z. B. Viertelnoten) in zwei gleich lange Noten unterteilt (in diesem Fall also Achtelnoten). Die Noten werden gespielt wie notiert (etwa bei Rock, Latin, Marsch, aber auch Funk-Musik).

Ternäre Spielweise und Swing

Bei ternärer Spielweise werden Noten in eine Gruppe von drei gleich langen Noten unterteilt, die *Triole* genannt wird; auf die Länge einer Viertelnote passen also drei Achtelnoten. Häufig werden nur die erste und die dritte dieser Noten gespielt, die mittlere wird ausgelassen. Dies klingt, als ob bei einem binären Rhythmus die zweite Note der Gruppe erst später gespielt wird; Musiker nennen dies auch *Shuffle*. Auf diese Weise entsteht ein für bestimmte musikalische Stilrichtungen charakteristisches Swing-Feeling (z. B. Jazz, Blues, Electro-Swing). Dies wirkt bei mittleren Tempi besonders gut, bei langsameren Tempi wird die zweite Achtelnote oft tendenziell noch mehr verzögert.[4] In der Praxis wird dies in der Notation häufig nicht kenntlich gemacht, sondern lediglich einmal am Anfang des Stückes verzeichnet.

Die Übergänge vom geraden bis hin zum Swing-Feeling können fließend sein, und auch Logic bietet hierfür geeignete Quantisierungsraster und Programmierungen solcher Feelings durch die Quantisierungsraster oder den Drehregler SWING in *Ultrabeat* an, die verschiedene Intensitäten von Verschiebungen ermöglichen. Bei den Quantisierungen 1/8 A-F oder 1/16 A-F werden jeweils die zweite und vierte 8tel- bzw. 16tel-Note verzögert. F hat dabei die größte Verzögerungs-/Swing-Intensität, A die kleinste. Solche Swing-Bestandteile sind oft prägend für Grooves des »House« Genres.

Verslehre

Auch in der Verslehre bezeichnet man die Weise, in der »schwere« und »leichte« Silben aufeinanderfolgen, als Metrum. Die fünf wichtigsten Metren mit Nennung der Reihenfolge der Silbenbetonung und mit Beispielwörtern[5]:

- Jambus: leicht, schwer; Beispiel: »Verstand«
- Trochäus: schwer, leicht; Beispiel: »Hilfe«
- Spondeus: schwer, schwer; Beispiel: »Vollmond«
- Daktylus: schwer, leicht, leicht; Beispiel: »Achterbahn«
- Anapäst: leicht, leicht, schwer; Beispiel: »Harmonie«

Unter *www.musicians-place.de* finden Sie einen detaillierten Rhythmikkurs. Ein empfehlenswertes Buch zum Thema Rhythmik ist »Die Rhythmik-Lehre« von Eddy Marron.

---

4 Quelle: *universal_lexicon.deacademic.com*

5 Gunter Steudel, MA-Skript, Deutsche Pop, 2006

12.11.2 Polyrhythmik

Wenn mehrere unterschiedliche Rhythmen in einem Stück zusammenspielen, spricht man von *Polyrhythmik*. Die Rhythmen können dabei verschiedene Längen oder Taktmaße haben. Ein einfaches Beispiel sind zwei verschiedene, parallel laufende Rhythmen.

Polyrhythmik kommt häufig in afrikanischen Rhythmen vor: Verschiedene Musiker (z. B. Percussionisten) spielen zusammen, aber die Länge der musikalischen oder rhythmischen Figuren, die sie spielen, ist unterschiedlich. Sie ist aber auch ein einfaches Mittel in der modernen Musik, relativ einfache Rhythmen komplexer zu machen, indem man zwei rhythmische Instrumente kontinuierlich leicht gegeneinander versetzt.

Drumcomputer und Schlagzeug-Plug-Ins machen das Programmieren von komplexen Rhythmen ziemlich leicht. Ähnliches ist in GarageBand und Logic beispielsweise durch verschiedene (geloopte) Regionen mit unterschiedlicher Länge oder Quantisierung ebenfalls leicht realisierbar. Ein grafisch anschauliches Beispiel liefert ein Plug-In namens »Tremor« von der Firma FXpansion (Abbildung 12.15).

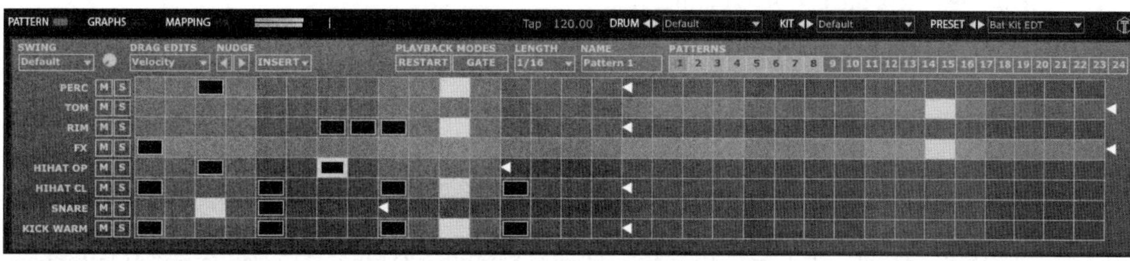

Abbildung 12.15 Polyrhythmik in FXpansions »Tremor«

Die offene Hi-Hat (in der vierten Zeile von unten) wiederholt sich hier nach $^{12}/_{16}$-Schritten, während die Snare (zweite Zeile von unten) sich nach 8 und die anderen verwendeten Instrumente mit Ausnahme des Effekts FX (der sich nach $^{32}/_{16}$ wiederholt) sich nach $^{16}/_{16}$ wiederholen. Insbesondere die Hi-Hat klingt also in den nachfolgenden Takten etwas anders, und es dauert 6 Takte, bis alle Instrumente gleichzeitig wieder von vorn anfangen.

Aus Sicht eines Schlagzeugers mag das Beispiel oben »gehört« bzw. zum »Live-Spielen« schwierig wirken. Wenn man die Noten aber nicht selbst spielen und nur ein paar Dreiecke verschieben oder Regionslängen kürzen muss, ist es ziemlich banal.

12.11.3 Synkopen

Synkopen sind ein Stilmittel, das starre Betonungsraster zu verändern, indem eigentlich unbetonte Schläge betont werden. Dies wird beispielsweise erreicht, indem ein musikalisches Motiv bei einer Wiederholung etwas verschoben wird.

12.12 Einfache Lieder, Spannung, Melodie, Pentatonik, Motiv und Phrase

Indem Sie zwei verschiedene Töne spielen (z. B. E und G), können Sie bereits Spannung darstellen. Aus der unterschiedlichen Reihenfolge und Länge der beiden gespielten Töne ergeben sich bereits verschiedene Ausdrucksmöglichkeiten, die beispielsweise musikalisch eine Szene in einem Theaterstück unterstützen oder in einem Stummfilm untermalen könnten. Dabei müssen Sie berücksichtigen, dass die Verwendung von Intonation in Wörtern in verschiedenen Sprachen unterschiedliche Bedeutung hat oder regionale Unterschiede vorkommen. Als Kölner kenne ich beispielsweise eine bestimmte Art von Kölnern oder Rheinländern, zu sprechen, eine Art Singsang. Wie auch immer, klar ist, dass verwendete Tonhöhen menschliche Regungen richtungsweise ausdrücken können. Betrachten wir beispielsweise die deutsche oder englische Sprache, fällt uns Folgendes auf: Frage und Befehl entsprechen zwei verschiedenen Melodietönen, am Ende geht dabei die Tonhöhe aufwärts (»Ach wirklich?«, »Oh really?«, »Jetzt geh!«). Bei Antwort und Bitte oder einem Befehl mit zwei Silben geht die Tonhöhe am Ende tendenziell abwärts (»Bitte schön!«, »You're welcome!«, »Ach, bitte!«, »Jetzt laufe!«)

Je mehr rhythmische Betonungen Sie in einfache Tonfolgen legen, desto ausdrucksstärker werden diese. Mit einem dritten Ton A können Sie beispielsweise bereits einfache Kinder- oder Naturvolkstammeslieder spielen.

12.12.1 Pentatonik

Fügen Sie den drei Tönen G, E und A noch das C und das D hinzu, entsteht eine Tonleiter bzw. Tonreihe aus fünf Tönen. Man spricht von *Pentatonik* (griechisch: *penta* = »fünf«). Die Tonleiter wird in Logics Skalenquantisierungsfunktion als Dur-Pentatonik-Skala verwendet (C, D, E, G, A mit Grundton C). Die pentatonische Tonreihe enthält Sprünge, die größer als ein Ganzton sind, und ist daher keine Skala im strengeren Sinn, sondern eine Art Tonauswahl. Die Moll-Pentatonik-Tonleiter (so wie Logic sie benutzt) besteht dagegen (basierend auf C) aus den Tönen C, Es, F, G und B. Mit A als Basis entspricht das wieder den Tönen A, C, D, E, G (die der Dur-Pentatonik-Tonleiter mit Grundton C entsprechen). Mit Dis als Basis ergäben sich (transponiert) die Töne Dis, Fis, Gis, Ais und Cis – die Tonreihe entspricht also den schwarzen Tasten.

Die Pentatonik mit nur fünf Tönen in der Tonleiter erlaubt eine einfache Annäherung an das Thema Skalen für Anfänger. Zum einen, weil es nur um fünf Töne geht, zum anderen, weil der »asiatische« Klang einen recht hohen Wiedererkennungswert hat. Und auch weil Logic über Instrumente verfügt, die das zusätzlich unterstützen (siehe Projekt *12Pentatonik*). In dem Projekt hören Sie die oben erwähnten Dur- und Moll-Pentatonik-Töne, die entspannende Wirkung der jeweiligen Pentatonik-Tonleiter. Diese entspannende Wirkung entsteht, weil die »spannungsreichen« Halbtonschritte der jeweiligen Dur- und Moll-Tonleiter vermieden werden. Die Töne, denen auf der Tonleiter ein einfacher Halbtonschritt folgt, bieten meist mehr Spannung und Auflösungsdrang als die anderen (z. B. Leitton und Gleitton). Die Töne der Pentatonik-Tonleiter haben keinen solchen Schritt und sind daher spannungsarm und klingen immer relativ harmonisch miteinander (asiatisch).

12.12.2 Was braucht man noch für eine Melodie?

Die Töne für Melodien stammen typischerweise aus dem Tonvorrat der Tonleitern bzw. Skalen. Als Tonleitern stehen Dur- und Moll-Tonleitern, Pentatoniken, Kirchentonleitern (siehe Abschnitt 12.14), Blues-Tonleitern und andere Skalen zur Verfügung.

Sie haben bereits gelernt, dass musikalische Gesetze manchmal dafür da sind, gebrochen zu werden. Unter diesem Aspekt stelle ich hier typische Ansätze zur Melodiegestaltung zur Diskussion: Eine Melodie sollte singbar, selbständig und eine in sich geschlossene Folge von Tönen sein. Der Tonumfang sollte maximal eine Oktave plus eine Quinte betragen.

12.12.3 Motive, Melodien und Phrasen

Die kleinste musikalische Sinneinheit ist das *Motiv*, die nächstgrößere Einheit ist die *Phrase*.

Leichte oder unbetonte Endtöne eines Motivs bauen Spannung auf; auf schweren, betonten Stellen kommt die Musik dagegen eher zur Ruhe. Als tendenziell schwer empfinden wir auch lange Notenwerte oder etwa Phrasen, in denen sich die Töne nach unten bewegen. Als tendenziell leicht werden dagegen kurze Notenwerte, Offbeats, hohe Töne oder von der Tonhöhe her eher aufsteigende musikalische Elemente empfunden.

Verarbeitungsmöglichkeiten für ein Motiv lassen sich kategorisieren in:

- Wiederholung
- Variation
- Kontrast

Abgesehen davon, dass Sie diese Verarbeitungsmöglichkeiten miteinander kombinieren können, lassen sie sich auch getrennt voneinander als rhythmische und melodische Verarbeitungsmöglichkeiten betrachten.

Melodien bewegen sich typischerweise in Sekundschritten.

Auf der Basis eines Motivs kann eine Melodie ...

- rückwärts gespielt werden (das nennt man *musikalischer Krebs/Krebsgang*)
- als sogenannte *Umkehrung* gespielt werden (die Richtungen der Intervalle werden umgekehrt, z. B. aufwärts statt abwärts)
- melodisch variiert werden
- transponiert und kopiert werden (das Motiv wird transponiert mehrfach hintereinander verwendet)

Die Art und Weise, wie Motive kombiniert werden, ergibt eine Art melodischen Rhythmus (z. B. schnelle Rap-Strophe – langsam, getragener Refraingesang – schnelle Rap-Strophe – schnell gesungene Bridge). Auch dieser Rhythmus kann als (größere) musikalische Einheit betrachtet werden, die wiederholt wird, um dem Song Struktur zu geben.

Wird das gleiche Motiv mehrfach mit nur leichten Änderungen (z. B. Transponierung um einen Halbton) verwendet, spricht man bezüglich des Gesamtabschnitts aller Wiederholungen auch von einer *Sequenz*.

Zuletzt sind einfache, sich wiederholende Dur-Terzen als sogenannter *Millenial Whoop* in vielen banalen Popsongs als Erfolgsmuster identifiziert worden.

Für verschiedene Songteile gibt es je nach Funktion gängige Bezeichnungen, die ich im nächsten Abschnitt anspreche. Eine solche Einteilung mag für einen minimalen Techno-Track absurd erscheinen, dennoch gibt es oft auch dort bestimmte Trackteile, die bestimmte (vergleichbare) Funktionen übernehmen.

12.13 Aufbau von Songs und Songteilen, Arrangement

Über das Thema Arrangement ließe sich ein eigenes Buch schreiben. Gelungene Arrangements arbeiten sehr oft mit verschiedenen Intensitäten desselben Themas. Als gelungene Beispiele fallen mir z. B. die Variationen des Hauptthemas im Soundtrack von »Inception« genauso ein wie der Pop-Klassiker »Video killed the Radio Star« von den Buggles.

Dabei vermischen sich klassische Orchestrierungstechniken wie das Hinzufügen zusätzlicher Stimmen oder das Führen einzelner Stimmen nach gewissen Regeln mit neuartigen Techniken durch den Einsatz von Effekten (wie etwa dem Nach-vorn-Holen eines Sounds aus einem verhallten Hintergrund anstelle einer Steigerung vom piano in forte). Der Kreativität sind keine Grenzen gesetzt, und dennoch lassen sich einzelne Komponenten solcher Stücke innerhalb der Komposition oft einer musikalischen Einheit (z. B. einer Folge von Akkorden, Sounds oder einer Melodielinie) zuordnen, die mehrfach auftaucht.

Bestimmte Teile eines Songs lassen sich manchmal kategorisieren, insbesondere wenn Sie Songs miteinander vergleichen, die dem gleichen Genre entstammen. Auf diese Weise können Sie das Genre etwas systematischer analysieren. Sie können zunächst die Songteile identifizieren und sie dann charakterisieren.

Typische Songteile in der Popmusik lauten beispielsweise:

- Intro (Einführung)
- Verse/Strophe (z. B. musikalische und textliche Geschichte)
- Chorus/Refrain (Text: Haupttext, einprägsam; Musik: höchster Wiedererkennungswert, viele Instrumente spielen lebhaft)
- Bridge (Überbrückung/Einschub/dritter Hauptteil)

- Interlude, Solo (Überbrückung, Instrumentensolo, oft instrumental)
- Pre-Chorus (Übergang von Strophe zu Refrain)
- Break – um z. B. der Stelle eine größere Bedeutung zu geben, etwa indem die Band aussetzt und ein Sänger oder Instrumentalist solo performt

Wenn Sie dagegen einen Electro-House-Produzenten nach typischen Songteilen fragen, so kennt er vielleicht eher:

- Breakdown (Spannung wird langsam aufgebaut, musikalischer Teil, oft mit Gesang)
- Build-Up (Überleitung zwischen Breakdown und Drop, z. B. Trommelwirbel oder Rise [Ton mit kontinuierlich ansteigender Tonhöhe])
- Drop (hier sollen die Tänzer ausflippen, das Stück soll seinen Höhepunkt erreichen, oft ohne Gesang und mit Bass/Synth-Leadline)

Wenn Sie dagegen Filmmusik analysieren, sind wieder andere Einteilungen gebräuchlich. Etwas ketzerisch gesagt könnten diese bei manchem Komponisten auch heißen:

- Hauptthema mit Instrumentation 1
- Hauptthema mit Instrumentation 2
- Hauptthema mit Instrumentation 3 usw.

Trotzdem kann es sich – vor allem wegen der gekonnten Instrumentierung und des Arrangements – dabei um ein gefeiertes Meisterwerk handeln ... Abgesehen davon gibt es natürlich auch bei Filmmusiken sehr große Unterschiede; und es werden immer öfter ausdrucksstarke Popsongs von abseits der Filmmusik erfolgreichen Künstlern als Filmmusik herangezogen.

Aber unabhängig davon, wie man Songteile oder Phrasen nun bezeichnet, ist es doch interessant, dass viele Musikstücke über einen strukturierten Aufbau und Funktionen in Bezug auf den Spannungsaufbau innerhalb der Komposition verfügen. So finden sich Songteile (wenn jeder Part einen eigenen Buchstaben erhält) z. B. folgendermaßen angeordnet in Songs wieder:

- ABAB CDCD EEEE ABAB CDCD
- ABAC DEDF GGGG ABAC

Dabei bleibt es natürlich subjektiv, wie groß die musikalischen Einheiten sind, die zu einem Songteil, der strukturiert angeordnet wird, zusammengefasst werden. Wenn man hier sehr unterschiedliche Interpretationen erlaubt, kann man manchmal auch sehr langgezogene, minimalistische Tracks mit so einem Schema erfassen.

Dies soll hier nur als Beispiel dienen, auf welche Weise eine Analyse erfolgen könnte. Das Studium anderer Songs mit gut gelungenem Aufbau kann nicht verwerflich sein, sondern ist insbesondere für Anfänger hilfreich, um ein Gefühl für die richtige Dosierung von Variationen, Wiederholungen, Überraschungen, Verzierungen und Spannungen zu entwickeln.

12.13.1 Kontrapunkt

Im weitesten Sinne geht es beim Thema Kontrapunkt um die Lehre, wie man mehrstimmige Arrangements realisiert. Es geht grundsätzlich darum, wie man zu einer vorhandenen Melodie eine begleitende Tonfolge komponiert, die sowohl im Zusammenklang (vertikal) gut klingt als auch allein für sich gestellt eine sinnvolle und gegenüber der ursprünglichen Melodie eigenständige Tonfolge ergibt. Hierfür wurden im Verlauf der Geschichte verschiedene Regeln aufgestellt. Für einen Laien oder zeitgenössische Pop-Musiker mögen manche hier ausgesprochenen »Verbote« ein wenig absurd anmuten. So wird z. B. die Parallelführung bestimmter Intervalle vermieden, weil hiermit die Eigenständigkeit der Stimme verlorengeht. Eine andere Regel (die wir unbewusst schon beim mit Mobys »Go« verwandten Beispiel gehört haben) ist, dass Dissonanzen (Spannungen) im Sekundschritt aufgelöst werden (und nicht mit großen Sprüngen in der Melodie über Terzen oder größere Intervalle hinweg). Umgekehrt werden Spannungen bzw. dissonante Töne eingeführt, indem sie zunächst in einem spannungsarmen (konsonanten) Kontext gespielt werden und man anschließend die anderen Töne so bewegt, dass der liegenbleibende Ton dissonant wird. Die entstehenden Harmonien werden dann als Resultat fortschreitender Stimmführungen aufgefasst und nicht umgekehrt (das führt natürlich zu einer verstimmten Art von Musik). Solche Regeln klingen altmodisch, doch führte die Einhaltung solcher Regeln zu musikalischen Meisterwerken (z. B. von Johann Sebastian Bach). Die Kenntnis und das Studium solcher Regeln sind auch heute noch sehr inspirierend und für den Satz mehrstimmiger Arrangements essentiell.

12.14 Skalen und Kirchentonleitern, modale Komposition, Filmmusik

In Abschnitt 12.12.1 habe ich Ihnen bereits Pentatonik als erste »Skala« vorgestellt. Nun geht es weiter mit den Kirchentonleitern.

12.14.1 Kirchentonleitern

Spielen Sie eine Tonleiter nicht vom Grundton, sondern von einem anderen Ton aus, erhalten Sie einen anderen Sound bzw. eine andere Stimmung, obwohl Sie mit dem gleichen Tonvorrat arbeiten. Das haben Sie schon im Zusammenhang mit der Dur- und der Moll-Tonleiter kennengelernt. Die Dur-Tonleiter besteht aus sieben Tönen, und Sie können (wie bei der Pentatonik auch) von jedem Ton aus eine Tonleiter beginnen, die jeweils einen eignen Sound hat. Die sieben verschiedenen Tonleitern, die sich hieraus ergeben, nennt man *Kirchentonleitern*; man spricht auch von *Modi*, wobei diese auch als Teilmenge des übergeordneten Begriffs *Skalen* (zu denen auch z. B. Pentatonik-Skalen mit fünf Tönen oder Bluestonleitern gehören) anzusehen sind. Besonders leicht für einen Anfänger ist das mit Hilfe der weißen Tasten auf der Tastatur nachzuvollziehen: Wenn Sie als ersten Ton das C nehmen und alle weißen Tasten spielen, ist das nicht nur die C-Dur-Tonleiter, sondern man nennt das auch *Modus 1* oder *ionisch*. Merken Sie sich die Größe der aufeinanderfolgenden Sekundschritte, so erhalten Sie für die Dur-Tonleiter Folgendes: G (groß) – G – K (klein) – G – G – G – K. Beginnen Sie nun mit einem anderen Grundton (z. B. eine schwarze Taste wie Es), so können Sie anhand der bekannten sieben Abstände für die Schritte einer Tonleiter schnell nachvollziehen, welche Töne zur Es-Dur-Tonleiter gehören:

Es – F – G – As – B – C – D – Es (entspricht GGKGGGK).

Spielen Sie dagegen vom 6. Ton der C-Dur-Tonleiter aus (A) *nur auf den weißen Tasten*, so entspricht der Abstand zwischen den Tonleiterschritten keinesfalls mehr GGKGGGK. Das ist allein schon anhand der ersten beiden Schritte leicht nachzuvollziehen: Nach dem ersten Schritt zum Ton H landen wir beim C als nächste weiße Taste; insgesamt verläuft diese Tonleiter bezogen auf die Schrittgröße wie folgt: GKGGKGG. Das ist dann nicht nur die a-Moll-Tonleiter, sondern auch der sogenannte *Modus 6* (*aeolisch*), der so genannt wird, weil er den Tönen einer einfachen Dur-Tonleiter (hier: C-Dur) entspricht, wenn man deren 6. Ton (hier: A) als Grundton nimmt.

12.14.2 7 Modi von C bis H

Wenn Sie dieses Vorgehen nun für jeden der sieben Töne der Dur-Tonleiter durchspielen, entstehen insgesamt sieben Tonleitern:

- Modus 1 – ionisch (Dur): GGKGGGK
  (von C ausgehend: C – D – E – F – G – A – H – C)
- Modus 2 – dorisch: GKGGGKG
  (von D ausgehend: D – E – F – G – A – H – C – D)
- Modus 3 – phrygisch: KGGGKGG
  (von E ausgehend: E – F – G – A – H – C – D – E)
- Modus 4 – lydisch: GGGKGGK
  (von F ausgehend: F – G – A – H – C – D – E – F)
- Modus 5 – mixolydisch: GGKGGKG
  (von G ausgehend: G – A – H – C – D – E – F – G)
- Modus 6 – aeolisch (Moll): GKGGKGG
  (von A ausgehend: A – H – C – D – E – F – G – A)
- Modus 7 – lokrisch: KGGKGGG
  (von H ausgehend: H – C – D – E – F – G – A – H)

Das Besondere an diesen sieben Tonleitern ist, dass sie tendenziell jeweils eine eigene klangliche Wirkung (ich nenne das hier mal *Sound*) haben. Diesen sollte man gehört haben, um zu wissen, wovon die Rede ist. Der Sound der sieben Kirchentonleitern deckt von sinnlos gut gelaunt über indifferent cool bis zu depressiv sehr viele Stimmungen ab.

Natürlich ergibt sich der Gesamtsound auch aus den verschiedenen verwendeten Instrumenten in einem Song (und deren meist nicht bewusst bekannten Obertönen), allerdings ist es erstaunlich, wie prägnant wiedererkennbar allein der Sound der Kirchentonleitern ist.

12.14.3 7 Modi – sortiert nach »Fröhlichkeit«

Ordnet man den Sound der Kirchentonleitern nach dem Ausmaß der Fröhlichkeit/Traurigkeit, so kommt eine andere Reihenfolge zustande. Hierbei haben die fröhlicheren bzw. zuerst genannten Tonleitern auch stets die zum Grundton größeren Intervalle als die nachfolgenden Tonleitern, bei denen stets ein Intervall kleiner wird. Die Bezeichnung der einzelnen Intervalle hilft ebenfalls beim Kennenlernen der Kirchentonleitern: So sind z. B. die große Dur-Terz und die kleine Septime typisch und prägend für »mixolydisch«.

- Modus 4 – lydisch: GGGKGGK

  (oder auch: g2 g3 ü4 r5 g6 g7 bezüglich der Intervallgrößen, lies: große Sekunde, große Terz, übermäßige Quarte, reine Quinte, große Sexte, große Septime)
- Modus 1 – ionisch (Dur): GGKGGGK

  (oder auch: g2 g3 r4 r5 g6 g7)
- Modus 5 – mixolydisch: GGKGGKG

  (oder auch: g2 g3 r4 r5 g6 k7)

  (Die oberen Modi lassen sich Dur zuordnen und haben eine große Terz.)
- Modus 2 – dorisch: GKGGGKG

  (oder auch g2 k3 r4 r5 g6 k7)
- Modus 6 – aeolisch (Moll): GKGGKGG

  (oder auch g2 k3 r4 r5 k6 k7)
- Modus 3 – phrygisch: KGGGKGG

  (oder auch k2 k3 r4 r5 k6 k7)
- Modus 7 – lokrisch: KGGKGGG

  (oder auch g2 k3 r4 v5 g6 k7; v5 steht für verminderte Quinte)

  (Die unteren Modi lassen sich Moll zuordnen und haben eine kleine Terz.)

Der Grundton von nach dieser Reihenfolge auf den weißen Tasten angeordneten Kirchentonleitern liegt übrigens jeweils eine Quinte über der vorherigen Tonleiter: C (Grundton für den ionischen Modus auf den weißen Tasten) liegt eine Quinte über F (Grundton für die lydische Skala auf den weißen Tasten).

Betrachten wir diese Reihenfolge genauer, so fällt auf, dass die Tonleitern umso schwerer/ »trauriger« wirken, je früher die kleinen, einfachen Halbtonschritte auf der Tonleiter auftauchen. Jede nachfolgende Tonleiter in der Sortierung nach »Fröhlichkeit« entspricht der Tonleiter davor – mit Ausnahme eines einzigen Halbtonschritts, der einen Schritt früher kommt.

12.14.4 Praxisbeispiel

Im Dokument *12Kirchentonarten* hören Sie in dieser Anordnung für jede Kirchentonleiter ein kurzes Soundbeispiel (mit einer Pause dazwischen). Die Betonung der im jeweiligen Modus vorkommenden Halbtonschritte in einem Melodieverlauf sowie die jeweilige Herstellung des Bezugs zum Grundton sollen dabei jeweils den Charakter der Skala herausarbeiten. Zusätzlich läuft in Spur 2 eine Begleitung, die fast immer passt, weil sie nur Grundtöne und Quinten verwendet. Ausnahmen bilden der lokrische Teil ab Takt 49 (hier passt die Quinte nicht) und die letzte Region, die »dorisches« zwei Halbtöne tiefer und wieder zurück spielt.

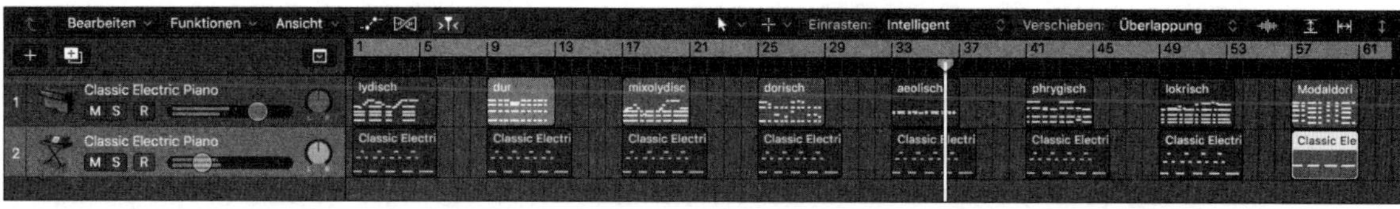

Abbildung 12.16 Musikalische Beispiele für die Kirchentonarten im Projekt »12Kirchentonarten«

Jede der sieben Kirchentonleitern können Sie mit diesem Wissen nun natürlich von einem beliebigen Grundton aus bilden.

Jede der sieben Kirchentonleitern hat also mehrere »typische« Töne bzw. Intervalle, die sie gegenüber den anderen Tonleitern charakterisieren. Den Charakter der Tonleiter betont man in der Melodie durch besonders intensive Verwendung dieser typischen Töne – z. B. des Grundtons und der Halbtonschritte in Verbindung mit dem Grundton (bekannte Begriffe sind in diesem Zusammenhang die *phrygische Sekunde*, *dorische Sext*, *lydische Quart* und die *mixolydische Sept*).

12.14.5 Blues-Tonleitern

In der Literatur finden sich verschiedene Blues-Tonleitern, z. B. Dur- und Moll-Blues-Tonleitern, doch auch diese werden nicht ganz einheitlich verwendet. Ein Beispiel für eine auf C basierende Moll-Blues-Tonleiter sind die Töne C – Es – F – Ges – G – B (dies entspricht Pentatonik und einer hinzugefügten verminderten Quinte). Die Blues-Dur-Tonleiter verwendet dagegen C – D – Es – E – G – A – C. Diese beiden Tonleitern finden Sie (wie alle Kirchenleitern und einige Skalen mehr) auch als Skalenquantisierung in Logic (sie heißen dort Dur (Blues) und Moll (Blues)). Ihnen gemeinsam ist, dass Noten, die zwischen reiner und verminderter Quinte oder reiner und verminderter Terz liegen (die sich durch die natürlichen Obertöne ergeben), durch die in der wohltemperierten Skala darunter- und darüberliegenden Töne ersetzt werden. Die in den Tonleitern verwendeten Halbtonschritte sind besonders charakteristisch für die Tonleitern.

12.14.6 Harmonisch und melodisch Moll in der Musiktheorie

Die Funktionsakkorde Tonika, Dominante und Subdominante einer Moll-Tonleiter sind Moll-Akkorde (z. B. a-Moll, e-Moll und d-Moll bei der a-Moll-Tonleiter). So entsteht eine weniger starke Tendenz der Dominante, sich in die Tonika aufzulösen.

Um dem entgegenzuwirken, erhöht man die Terz des Dominantakkordes (aus e-Moll wird E-Dur). Es ergibt sich eine orientalisch klingende Tonleiter namens harmonisch Moll (A – H – C – D – E – F – Gis – A). Um den dort vorhandenen zu großen Sprung zwischen dem sechsten und siebten Schritt zu kaschieren, erhöht man zusätzlich den Ton darunter, so dass sich die Tonleiter melodisch Moll ergibt (A – H – C – D – E – Fis – Gis – A).

12.14.7 Sonstige Skalen und Harmonielehretools in Logic

Wie erwähnt, liefert Logic durch die Option der Skalenquantisierung im Informationsfenster LOKAL der PIANOROLLE und des NOTATIONSEDITORS, im MIDI-FX-Plug-In »Transposer« oder durch die Akkord-Strips in Logic Remote und GarageBand für iOS einige harmonielehrebezogene Hilfestellungen. Auch in Controllern anderer Firmen wie Abletons Push oder NIs Maschine Jam ist das automatische Aufleuchten von zu Skalen/Tonleitern gehörenden Tönen ein zentrales Element.

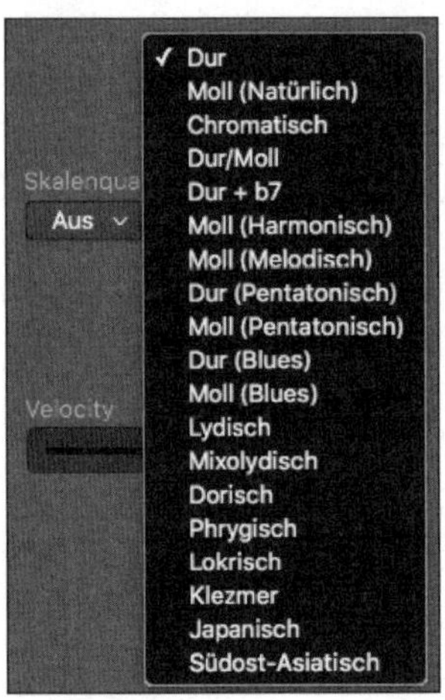

Abbildung 12.17 Skalenquantisierung in Logic

Die Kenntnis von Kirchentonleitern und anderen Skalen ist ein wichtiges Element im »Sortiment der Fähigkeiten« eines Komponisten. Die Verwendung von Kirchentonleitern als Melodievorrat ist keineswegs altbacken, sondern eine sehr gängige Technik bei der Musikkomposition, was Sie im folgenden Abschnitt hoffentlich nachvollziehen können.

12.14.8 Modale Komposition und Filmmusik

Modale Komposition ist ein Oberbegriff für eine Kompositionstechnik, in der man die Klangfarbe bestimmter Modi bzw. Kirchentonleitern auskostet und darin verweilt, anstatt z. B. Kadenzen mit Zwischendominanten zu komponieren.

- Ein wegweisendes Beispiel ist das Miles-Davis-Album »Kind of Blue«. Im Opener »So What« dominiert der dorische Sound, der anschließend auch beim Wechsel in andere Tonarten beibehalten wird. Miles Davis und der Cool Jazz verwendeten oft eine dorische Skala – ein Inbegriff für Indifferenz und Coolness. Im Jazz-Genre findet man das Verweilen in bestimmten Modi bzw. Kirchentonarten über einen längeren Zeitraum eines Stücks oft. Gegebenenfalls wird dabei auch die Tonart gewechselt und derselbe Modus in einer neuen Tonart weitergespielt (wie z. B. auch bei »So What« oder in Takt 57 des Dokuments *12Kirchentonarten*).
- Ein anderes Beispiel: Thomas Newman benutzte im Titelthema für die Serie »Six Feet Under« mixolydisch – im Film geht es um eine Familie, die ein Beerdingungsinstitut leitet und in Situationen gerät, bei denen die Menschen nicht wissen, ob sie nun lachen oder weinen sollen. Die mixolydische Skala verwendet die kleine Septime einer Moll-Tonleiter, aber die große Terz der Dur-Tonleiter, und vermittelt irgendwie beide Stimmungen und passt zum Thema.
- Björks düsteres »Army of Me« (lokrisch) erzeugt seine düstere Stimmung zu einem großen Teil über das Spiel mit der kleinen Sekunde vom Grundton aus.
- Die intensive Verwendung von Mollharmonien im Hip-Hop (z. B. bei Dr. Dre – »Still Dre«) sind letztlich ein weiteres Beispiel für modale Komposition.

Ich finde immer wieder erstaunlich, wie leicht man zu einer Filmszene eine eindrucksvoll passende Musik komponieren kann, die eine bestimmte Stimmung erzeugen soll, wenn man zuvor eine bestimmte Skala oder einen Modus ausgewählt hat. Dabei ist zu beachten, dass es bei der Komposition von Filmmusik unterschiedliche Strategien gibt. So kann das Ziel sein, Bilder zu untermalen, zu kommentieren oder ihre Stimmungswirkung in die gleiche Richtung zu verstärken, die die Bilder des Films ohnehin bereits vermitteln. Eine andere Strategie kann darin liegen, dass die Musik eher neutrale Bilder in eine bestimmte Stimmungsrichtung bewegen möchte oder sich eher an Handlungssträngen oder Figuren orientiert (mehr hierzu in Abschnitt 18.1).

12.14.9 Modal Interchange

Im Gegensatz zur modalen Komposition ist mit dem Begriff *Modal Interchange* eine Kompositionstechnik gemeint, bei der man zwischen verschiedenen Modi und Klangfarben wechselt, dabei aber stets den Grundton bzw. das tonale Zentrum beibehält. Auf diese Weise wechseln Sie die Stimmungen, haben aber dennoch eine Konstante – nämlich den Grundton bzw. den Bezug zu demselben. Beispiele hierfür sind viele Kompositionen der Beatles oder Michael Jacksons »Earth Song«.

12.15 Ausblick: Theorie und Praxis

Die Theorie soll Sie nie am intuitiven Musizieren hindern, kann Ihnen aber vielleicht weiterhelfen, wenn Sie nicht mehr weiterwissen. Je mehr Sie die Theorie verinnerlicht und verstanden haben, desto intuitiver können Sie sie danach anwenden.

Für erfolgreiche Musikproduktionen muss der Gesamtsound stimmen – und der wird zu einem großen Teil auch durch Sounddesign bestimmt. Logic bietet hierfür genügend Optionen, doch sind andere (Sounddesign-) Kenntnisse gefragt, die z. B. in Kapitel 11, Kapitel 14, Kapitel 15 oder in Kapitel 17 nachzulesen sind.

Wenn Sie manche komplexe und aufwendig designte Sounds spielen, haben diese möglicherweise auch bereits so viele zusätzliche Obertöne, dass die hier aufgeführten Regeln über Akkorde nicht ohne weiteres anzuwenden sind, weil einzelne Töne solcher Sounds als mehrere gleichzeitig gespielte Töne eingeordnet werden müssen. Welche gespielten Töne dann passen oder nicht, muss man vielleicht nicht analysieren, sondern eher hören. Für eine Analyse oder Editierung von Sounds hilft das Programm *Melodyne editor*, das Obertöne in Noten analysiert und bei Bedarf auch herausrechnet.

12.16 Ausblick: Literaturtipps

Gute ergänzende Bücher zu dem Thema sind die sehr günstige »Allgemeine Musiklehre« von Kurt Johnen (Reclam), die »Neue Jazz-Harmonielehre« von Frank Sikora, »Die neue Harmonielehre« von Frank Haunschild sowie die praxisnah für Kompositionsanfänger geschriebenen Bücher von Volkmar Kramarz (»Die Pop Formeln« und »Die Hip Hop Formeln«). Ebenfalls sehr gut für den Einstieg geeignet ist das Reclam-Büchlein von Markus Lonardoni mit dem Titel »Popularmusiklehre. Pop, Rock, Jazz«.

Kapitel 13

Die MIDI-FX-Plug-Ins und die MIDI-Umgebung

Mit MIDI-FX-Plug-Ins, die es seit Logic Pro X gibt, und der »MIDI-Umgebung« ergeben sich viele Möglichkeiten der MIDI-Programmierung und Verkabelung, die ich Ihnen in diesem Kapitel nahebringen möchte.

MIDI-FX-Plug-Ins bieten viele kreative Möglichkeiten und sind teilweise einfacher zu bedienen als die MIDI-UMGEBUNG (früher auch *Environment* genannt) und die dort vorhandenen, zum Teil ähnlichen Alternativen bzw. Vorgänger. Nicht zuletzt für die Produktion von elektronischer Musik können Sie diese Tools nutzen. Auch Drittanbieter wie z. B. Xfer oder Five12 bieten interessante MIDI-FX-Plug-Ins an.

Es lohnt sich, auch einen Blick auf die MIDI-UMGEBUNG zu werfen, nicht zuletzt, um zu verstehen, wie MIDI-Steuersignale genau durch Logic laufen.

13.1 MIDI-FX-Plug-Ins

MIDI-FX-Plug-Ins führen Änderungen an MIDI-Daten herbei, die als MIDI weitergesendet werden.

Beim Einfügen und bei der Bedienung von MIDI-FX-Plug-Ins erinnert vieles an Instrument- oder Audio-Effekt-Plug-Ins: Auch bei MIDI-FX wird wieder ein dreigeteilter Bereich sichtbar, wenn Sie den Mauszeiger über das Plug-In bewegen; links finden Sie wieder EIN/AUS-Buttons, durch Doppelklick auf den mittleren Bereich öffnen Sie das Fenster, und über den rechten Bereich gelangen Sie an ein Flip-Menü zur Auswahl eines anderen Plug-Ins.

Abbildung 13.1 Der dreigeteilte Bereich für das MIDI-FX-Plug-In

MIDI-FX-Plug-Ins können Sie nach einem Klick auf den mittleren Bereich mit gehaltener Maustaste auch per Drag & Drop wie andere Plug-Ins auf andere Kanalzüge oder MIDI-FX-Slots im selben Kanalzug verschieben. Es ist auch möglich, mehrere MIDI-FX-Plug-Ins in den gleichen Kanalzug zu laden (siehe Abbildung 13.1). Bewegen Sie hierzu Ihren Mauszeiger an den oberen oder unteren Rand des Plug-Ins. Sobald Sie eine hellgrüne Linie sehen, klicken Sie mit der Maustaste, um das Menü zum Einfügen eines MIDI-FX-Plug-Ins aufzurufen. Beim Einfügen eines MIDI-FX-Plug-Ins öffnet sich das Plug-In-Fenster nicht automatisch, sondern erst nach Doppelklick. Natürlich können MIDI-FX als Bestandteil von Patches mitgespeichert werden.

Weitere Details zum Handling von Plug-In-Fenstern finden Sie in Abschnitt 11.5, »Plug-In-Bedienung und -Darstellung«.

Testen Sie auch die stets anwachsende Zahl von Presets im Plug-In-Presetmenü, um einen Eindruck zu bekommen, was das jeweilige MIDI-FX-Plug-In kann. Kürzlich hinzugekommen ist die in Abschnitt 13.1.5 erläuterte Möglichkeit, Plug-In-Parameter unmittelbar als Ziel von manchen MIDI-FX-Outputs zu definieren.

13.1.1 Arpeggiator

Die Grundfunktion eines Arpeggiators ist es, gespielte Noten in einer anderen Reihenfolge wiederzugeben oder überhaupt eine Reihenfolge von bisher gleichzeitig gespielten Noten zu generieren – z. B. von einzelnen Noten eines Akkords. Die einzelnen Noten werden rhythmisch in einer bestimmten Reihenfolge nacheinander wiedergegeben, weswegen sich besonders kurze, perkussive Synth-Sounds für den Einsatz mit einem Arpeggiator eignen.

Einführung und Abspielmodi

Logics »Arpeggiator« kann – im Gegensatz zu dem Arpeggiator aus dem Environment – auch ohne laufenden Sequenzer aktiv sein. Hierzu muss lediglich die PLAY-Taste oben links gedrückt sein. Selbst darum müssen Sie sich kaum kümmern: Ist sie nämlich nicht aktiv, startet der Arpeggiator automatisch, wenn Sie den Sequenzer starten.

Abbildung 13.2 Logics MIDI-FX »Arpeggiator«

Es gibt verschiedene Einstellungen, in welcher Reihenfolge eingespielte Noten wieder abgespielt werden (Abspielmodi). Die Buttons mit den Pfeilen unter dem Eintrag Note Order repräsentieren die jeweilige Abspielrichtung, die Sie mit ebendiesen Buttons auswählen. Zusätzlich sehen Sie rechts daneben Einstellungen für Variationen und Oktavlage (siehe Abbildung 13.2).

Im Dokument *13Arp1* spiele ich mit dem *Retro Synth* einen c-Moll-Akkord, der in einer Abwärtsreihenfolge arpeggiert wird. Im Dokument *13Arp2* dagegen ist der Oct Range-Regler auf 3 gestellt, weswegen der gesamte Akkord über drei Oktaven der Tastatur verteilt gespielt wird und das Arpeggio beeindruckender wirkt. Im Dokument *13Arp3* ist ein Zufallsmodus eingestellt, im Dokument *13Arp3b* erfolgt das Arpeggio im Up/Down-Mode über drei Oktaven. Ein Klick auf den Oct Range-Schriftzug schaltet auf einen sogenannten Inversions-Mode um, wodurch die Reihenfolge der gespielten Akkordnoten modifiziert wird (Dokument *Arp3c* oder Abbildung 13.3). Im Handbuch »Logic Pro-Effekte« ist genau aufgelistet, welche Variationen bzw. Inversions-Modes in welchen Abspielmodi was genau bewirken. Im Projekt *13Tecarp1* wird ein Standard-Arpeggiator von einem $^4/_4$-Beat begleitet.

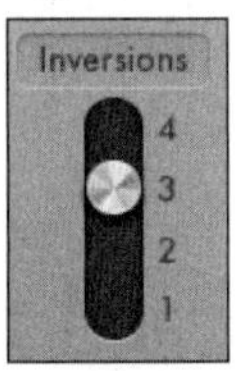

Abbildung 13.3 »Inversions«-Modus des »Arpeggiators« (erscheint bei Klick anstelle des Eintrags »Oct Range«)

Im Projekt *13Arp10* dagegen ist die Abspielgeschwindigkeit erhöht – es klingt nach kaputtem 8-Bit-Videospiel.

Klicken Sie auf den Button mit den verschlungenen Pfeilen (Abbildung 13.4), schalten Sie den Zufallsmodus ein. Diesen habe ich schon oft in Stücken benutzt (siehe Projekt *Arp3*).

Der über den Button mit dem Handsymbol rechts daneben aktivierbare Modus spielt die Noten in der gespielten Reihenfolge und kann verriegelt werden (es erscheint ein kleines Schlosssymbol unter dem Button mit der Hand, siehe Abbildung 13.4).

Abbildung 13.4 Optionen für die Abspielreihenfolge inklusive Verriegelungsoption

MIDI-Arpeggio exportieren

Wenn Sie eines der Felder neben der Play-Taste (Abbildung 13.5) mit gehaltener Maustaste anfassen, während der »Arpeggiator« läuft, können Sie ein eintaktiges MIDI-File aus dem »Arpeggiator« in den Bereich Spuren ziehen.

Manchmal möchte man ja die einzelnen arpeggierten Noten im Detail bearbeiten – und nicht nur die simplen Akkorde, die man einspielt. Hierfür benutzen Sie das untere der beiden Felder mit dem Pfeil an der rechten Seite (der symbolisiert, was aus dem Arpeggiator »herausgeht«).

Wenn Sie live Noten gespielt haben, können Sie auch nur diese Noten (z. B. einen Akkord) aus dem Arp in den Sequenzer befördern, indem Sie das obere der beiden Felder rechts neben der PLAY-Taste anfassen und in den Sequenzer ziehen (der Pfeil symbolisiert, was in den Arp »hineingeht«).

Abbildung 13.5 Per Drag & Drop lassen sich kurze Sequenzen aus dem »Arpeggiator« exportieren.

Übrigens: Sie finden in Abschnitt 13.2.11 über den Arpeggiator, »Delay Lines« und mehr in der MIDI-UMGEBUNG eine alternative Option, Arpeggios im Sequenzer zu erzeugen.

»Pattern«-Bereich, »Live«- und »Grid«-Mode

Im PATTERN-Bereich schalten Sie zwischen LIVE- und GRID-Mode um:

- LIVE-Mode: Das Verhalten des »Arpeggiators« wird inklusive Velocities in Echtzeit durch eingespielte MIDI-Noten bestimmt.
- GRID-Mode: Sie hören zwar weiter eingespielte Noten, diese werden aber in einer editierbaren Sequenz arpeggiert, so dass z. B. einzelne Schläge deaktiviert werden können (Pausen). Die Sequenz enthält außerdem Velocity-Parameter oder auch Haltebögen (*Ties*) und Akkorde und kann beliebig verlängert werden. Ein gelber Step-Marker zeigt die Abspielposition im Grid an.

Im Dokument *13Arp6* habe ich den LIVE-Modus deaktiviert, und der »Arpeggiator« spielt nach einem vorgegebenen festen Grid/Rhythmus. Dabei können (siehe Abbildung 13.6) auch einzelne Schläge ausgelassen werden: Pausen erzeugen Sie durch Klick auf die Nummer eines entsprechenden Steps, dieser wird hierbei deaktiviert.

Steps können als kompletter Akkord gespielt werden, indem Sie das Akkordsymbol unter der Nummer des Steps aktivieren (siehe auch Projekte *13Arp6b* und *13Arp6c*). Im Beispiel habe ich für den *Retro Synth* den Monomodus aktiviert, so dass er mehrstimmig spielen kann.

Vergessen Sie nicht, dass der »Arpeggiator« selbst keinen Sound erzeugt. Ferner bestimmt das Grid nur, wie Ihre eingespielten Noten abgespielt werden. Wenn Sie einen neuen Akkord spielen, ändern sich nach wie vor die Noten, die Sie hören. Die Balken bilden – wie im LIVE-Modus – die Velocity ab. Bewegen Sie die Maus mit gehaltener Maustaste über die Balken, um diese zu einer Einheit (*Tie*, Abbildung 13.7) zu verbinden. Ganz unten markiert ein Cycle-

Bereich, welche Schritte durchlaufen werden – in Abbildung 13.6 sind sechs Schritte eingestellt.

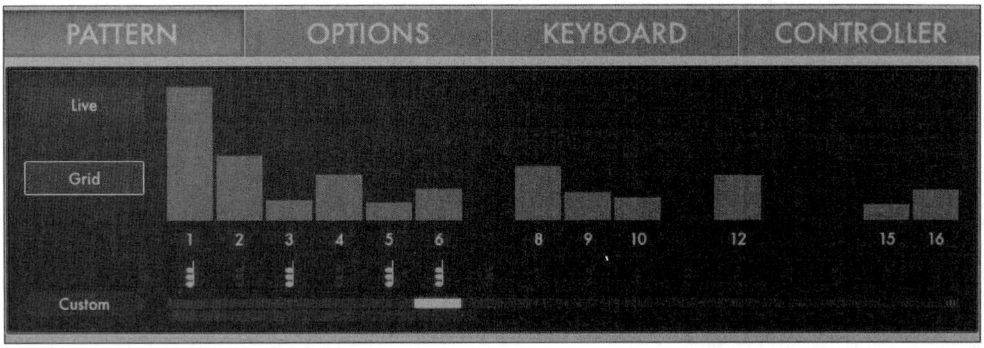

Abbildung 13.6 »Grid«-Modus

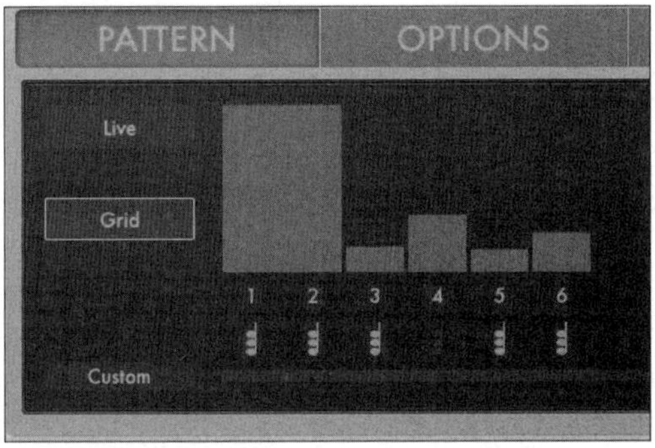

Abbildung 13.7 Steps 1 + 2 sind verbunden, auf 1 + 2, 3, 5 und 6 spielen Akkorde, auf Step 4 spielt eine einzelne Note, und auf Step 7 wird pausiert.

Wenn Sie vom GRID- zum LIVE-Modus wechseln, gehen die Grid-Einstellungen nicht verloren.

Es gibt auch die Möglichkeit einer Interaktion zwischen den beiden Modi LIVE und GRID: Im LIVE-Modus eingespielte Noten können Sie durch Klick auf den Pfeil in den GRID-Modus kopieren und dort weiter editieren (siehe Abbildung 13.8). Das habe ich in den Dokumenten *13Arp7* (zunächst aus dem LIVE-Mode herüberkopiert) und *13Arp8* (weiter editiert, inklusive veränderter Einstellungen im OPTIONS-Tab, siehe den folgenden Abschnitt »Options«) gemacht.

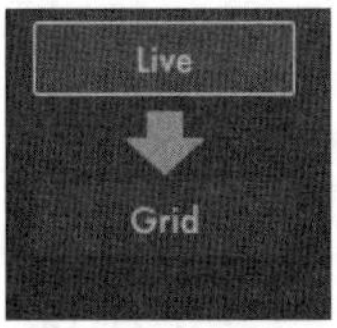

Abbildung 13.8 Durch Klick auf den Knopf mit dem Pfeil kopieren Sie die Inhalte des »Live«-Modus in das Grid.

Eine vergleichbare Arpeggiator-Funktionalität finden Sie übrigens in Plug-Ins wie Native Instruments *FM8*, Spectrasonics *Omnisphere* oder in *Reason*. *Omnisphere* glänzt dabei noch mit einer optionalen MIDI-Groove-Synchronisation des Arpeggiators anhand von Groove-Templates.

Im LIVE-Modus erscheinen zusätzliche Optionen, Live-Pausen, Haltebögen oder Akkorde einzufügen, die später in den Grid kopiert werden können. Das passiert aber nur, wenn der LATCH-Modus aktiv ist (siehe Abbildung 13.9).

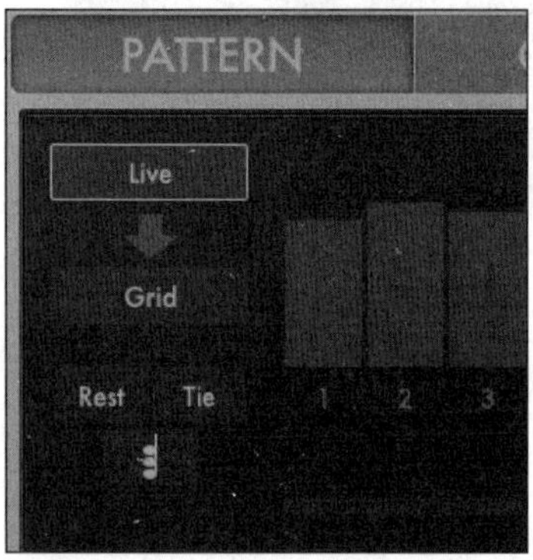

Abbildung 13.9 Zusätzliche Optionen zum Setzen von Parametern für die Sequenz im »Grid«-Mode

Unten links, dort wo in Abbildung 13.6 CUSTOM steht, gibt es ein aufklappbares Menü mit rhythmischen Figuren für den GRID-Modus, die Sie laden können. Dort können Sie auch Ihre eigenen Patterns speichern (siehe Abbildung 13.10).

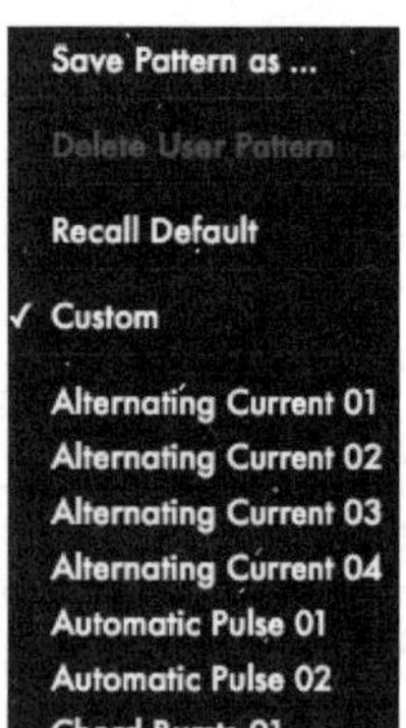

Abbildung 13.10 Hier werden Patterns aufgerufen und gespeichert – die Liste ist noch wesentlich länger als im Bild.

»Options«

Im Bereich OPTIONS aus Abbildung 13.11 verändern Sie die Notenlängen (NOTE LENGTH) der gespielten Noten und bauen eine Zufallskomponente (RANDOM) ein. Sie können die VELO-

CITY-Werte skalieren und dort ebenfalls eine Zufallskomponente einbauen. Sie können einen SWING-Faktor integrieren und die Länge des im PATTERN-Bereich eingestellten Pattern-Cycles zwischen der im GRID-Mode eingestellten Länge und der Länge der gespielten Noten stufenlos überblenden.

Abbildung 13.11 Die Optionen des »Arpeggiators«

Das führt zwar in der Praxis zu manchmal etwas verwirrenden Resultaten, wann genau sich ein Arpeggio wiederholt. Dabei können allerdings musikalisch sehr inspirierende Ergebnisse herauskommen. Hören Sie also einfach genau hin, wie es klingt, anstatt genau verstehen zu wollen, warum es so und nicht anders passiert.

»Keyboard«

Im KEYBOARD-Bereich des »Arpeggiators« stellen Sie mit der INPUT SNAP-Funktion ein, ob eingespielte Noten im Raster der im »Arpeggiator« eingestellten Notenrate verarbeitet werden – auf diese Weise fallen eingespielte Noten niemals komplett aus dem verwendeten Notenraster und werden quantisiert (falls wie in Abbildung 13.12 LINK TO RATE eingestellt ist). Ist unter INPUT SNAP NONE eingestellt, werden eingehende Noten nicht quantisiert.

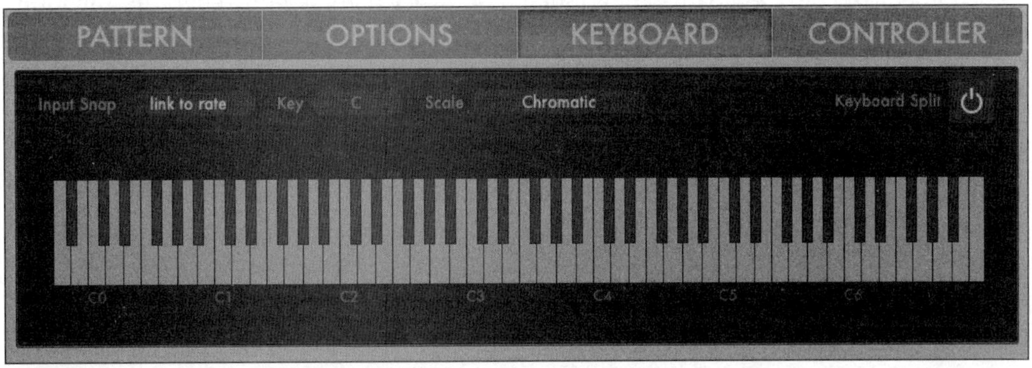

Abbildung 13.12 »Keyboard«-Einstellungen des »Arpeggiators«

Über die Flip-Menüs in den Bereichen KEY und SCALE stellen Sie ein, ob nur bestimmte Noten zugelassen werden – wie bei einer Skalenquantisierung. Im Dokument *13Arp9* spielt in der Region ein d-Moll-Akkord, das Keyboard ist aber auf D-Dur (englisch *major*) eingestellt. Daher wird die Note F des d-Moll-Akkordes, die nicht in D-Dur vorkommt, in ein E umgewandelt, was Ihnen auf dem Keyboard auch angezeigt wird (Abbildung 13.13).

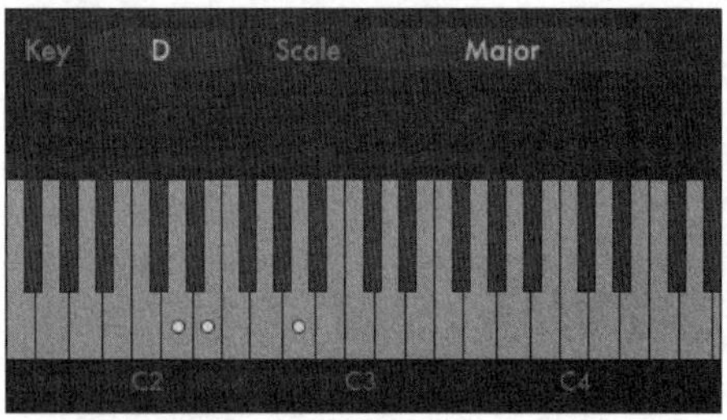

Abbildung 13.13 Ein gespielter d-Moll-Akkord wird wegen der eingestellten Dur-Skala auf die Noten D, E und A korrigiert.

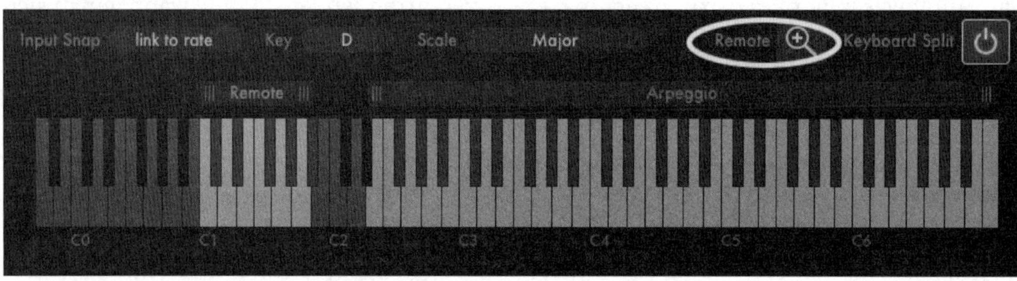

Abbildung 13.14 Der »Keyboard Split«-Mode ist aktiviert.

Sie können das Keyboard auch splitten, so dass nur ein Teil Ihres Keyboards Arpeggios spielt oder/und ein Teil des Keyboards Funktionen des »Arpeggiators« fernsteuert. In Abbildung 13.14 und dem Dokument *13Arp9b* ist beispielsweise die Taste D2 weder dem Arpeggio noch einer Fernsteuerungsfunktion zugeordnet, weshalb sie im Dokument *13Arp9b* wie eine ganz normale Note spielt. Die Tastaturbereiche verändern Sie mit den Slidern neben den Bezeichnungen REMOTE und ARPEGGIO.

In Abbildung 13.15 sehen Sie, wie Sie einem Tastaturbereich »Arpeggiator«-Funktionen zuweisen. Umschaltungen können dann also durch gespielte Noten ausgelöst werden (anstatt durch Automation) – wie im Beispieldokument *13Arp9c*, wo zwischen einem Ab- und einem Aufwärts-Arpeggio umgeschaltet wird. Die Funktionalität ist den Tasten dabei nicht fest zugewiesen, stattdessen können Sie Funktionen per Drag & Drop von einer Taste zur anderen ziehen. Durch Klick auf den REMOTE-Knopf (die Lupe mit Pluszeichen in der Mitte, siehe Markierung in Abbildung 13.14) wechseln Sie in die Fernsteuerungsansicht, die alle verfügbaren Funktionen bereits enthält.

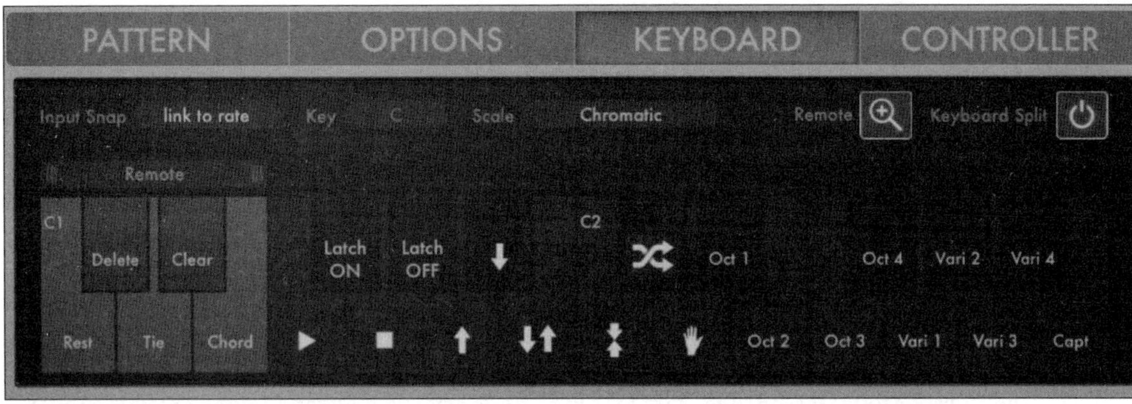

Abbildung 13.15 Im Bild ist einigen Tasten jeweils eine »Arpeggiator«-Funktion zugewiesen.

»Controller«

Sie können bestimmten Funktionen MIDI CONTROLLER zuweisen (siehe Abbildung 13.16). Hierfür stehen vier Zuweisungs-Slots zur Verfügung.

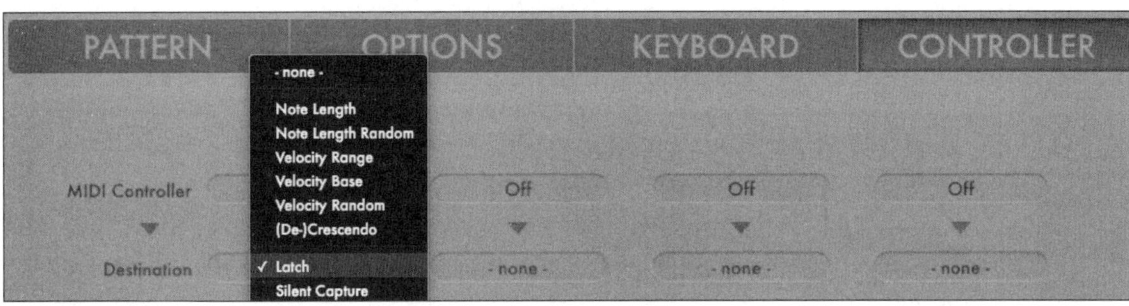

Abbildung 13.16 Der »Controller«-Dialog im »Arpeggiator«

Im Dokument *13Arp6d* habe ich beispielsweise der Note-Length-Funktion MIDI CONTROLLER 3 zugewiesen und eine Parameterveränderung in die Region eingezeichnet. Hierdurch ändert sich die Notenlänge im Verlauf des Arpeggios. Einen ähnlichen Soundeffekt erhalten Sie übrigens, indem Sie den Decay-Parameter eines Synths live automatisieren (Sie finden ein Beispiel hierzu im Dokument *13Arp6e*).

»Latch«-Mode

Im LATCH-Mode (Abbildung 13.17) wird das Arpeggio auch dann gehalten, wenn Sie gespielte Tasten loslassen. Der »Arpeggiator« spielt dann automatisch weiter. Im Flip-Menü rechts daneben stehen unter MODE zusätzliche Optionen zur Verfügung.

Besonders interessant finde ich die Varianten ADD und ADD TEMPORARILY, mit denen Sie bereits laufenden Arpeggios Noten dauerhaft oder temporär hinzufügen. Im Dokument *13Arp4* geschieht Ersteres, in *13Arp5* Letzteres. Beachten Sie: Auch über die Region hinaus spielt der »Arpeggiator« weiter. Mit der Option THROUGH spielen Sie einfach Noten dazu, die nicht vom »Arpeggiator« verfremdet werden.

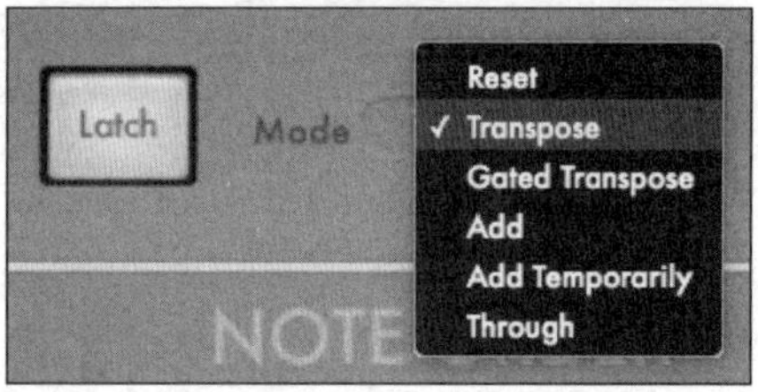

Abbildung 13.17 Die zusätzlichen Mode-Einstellungen für den »Latch«-Mode des »Arpeggiators«

Die LATCH-Modes lassen sich weniger gut in einem gespeicherten Songbeispiel darstellen – am besten schalten Sie LATCH ein und probieren selbst, wie es klingt, wenn Sie zusätzliche Noten zum Arpeggio hinzufügen oder auch einen der anderen Modi benutzen.

Die Tasten DELETE LAST und CLEAR rechts oben im »Arpeggiator« beziehen sich ebenfalls auf den LATCH-Modus und können benutzt werden, um die letzte respektive alle Noten aus dem laufenden Arpeggio zu entfernen.

In den unten am Plug-In aufklappbaren erweiterten Bereich können Sie eine Option SILENT CAPTURE aktivieren, die sich ebenfalls auf den LATCH-Mode bezieht. Ist SILENT CAPTURE aktiviert, können Sie einzelne Noten spielen und einem Live-Pufferspeicher gespielter Noten im »Arpeggiator« hinzufügen, ohne von einem laufenden »Arpeggiator« gestört zu werden (zwischengespeicherte Noten werden im Display angezeigt).

Wenn Sie SILENT CAPTURE anschließend deaktivieren, beginnt der »Arpeggiator« loszulaufen und erzeugt bei aktiviertem LATCH-Modus aus den von Ihnen zuvor eingespielten Noten ein Arpeggio.

13.1.2 »Chord Trigger«

Das MIDI-FX-Plug-In »Chord Trigger« erzeugt aus einem einzelnen gespielten Ton (der oben angezeigt wird) automatisch einen Akkord (Anzeige in der unteren Klaviatur). Dieses Plug-In unterscheidet zwischen einem SINGLE- und einem MULTI-Mode.

- Im SINGLE-Modus ist *ein* Akkord programmiert, der transponiert für jede gespielte Taste ausgelöst wird. Beispiel: Aus C wird Cm^7, aus D wird Dm^7 usw. (wie in Spur 1 des Projekts *13Chordtrigger*).
- Im MULTI-Modus müssen Sie für jede Taste einen eigenen Akkord programmieren. Beispiele: Aus C wird Cm^7, aus D wird D^{maj7}, aus E wird a-Moll. Dieser Modus entspricht dem Verhalten des »Akkordspeicher«-Plug-Ins in der MIDI-UMGEBUNG (wie in Spur 2 des Projekts *13Chordtrigger*).

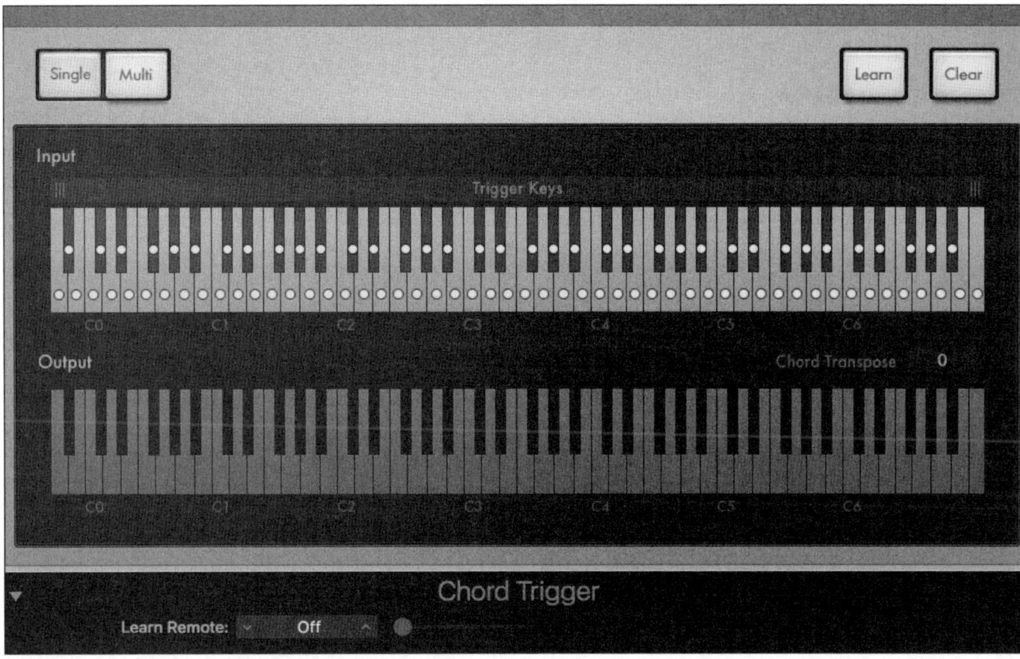

Abbildung 13.18 »Chord Trigger«

Oberhalb der oberen Tastatur wird ein TRIGGER KEYS-Bereich aufgespannt (siehe Abbildung 13.19) und zeigt den Bereich der Tastatur an, der Akkorde auslöst. Nur der im TRIGGER KEYS angezeigte Bereich löst – wenn überhaupt – Akkorde aus; im MULTI-Modus kann es sein, dass manchen Tönen kein Akkord zugewiesen ist. Ein Projektbeispiel finden Sie unter dem Namen *13Chordtrigger*.

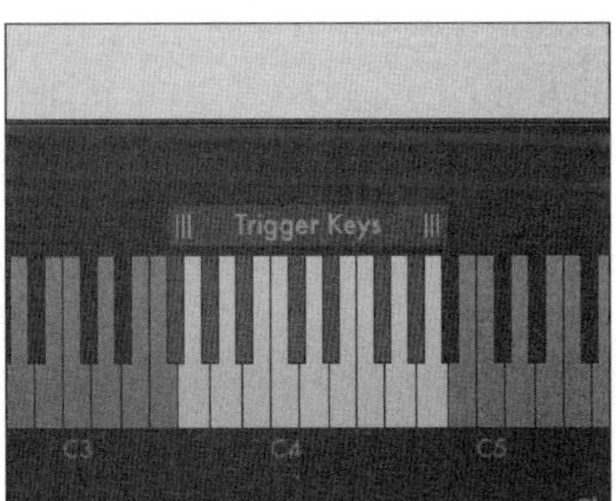

Abbildung 13.19 »Trigger Keys«

Im LEARN-Modus (siehe Abbildung 13.20) geben Sie nacheinander die Töne eines Akkords ein, der anschließend für alle (SINGLE-Modus) oder nur bestimmte (MULTI-Modus) Tasten gilt. Im MULTI-Modus selektieren Sie zunächst eine Taste in der oberen Tastatur, die dann rot markiert wird. Anschließend spielen Sie einen Akkord ein, der dann unten in der Tastatur angezeigt wird.

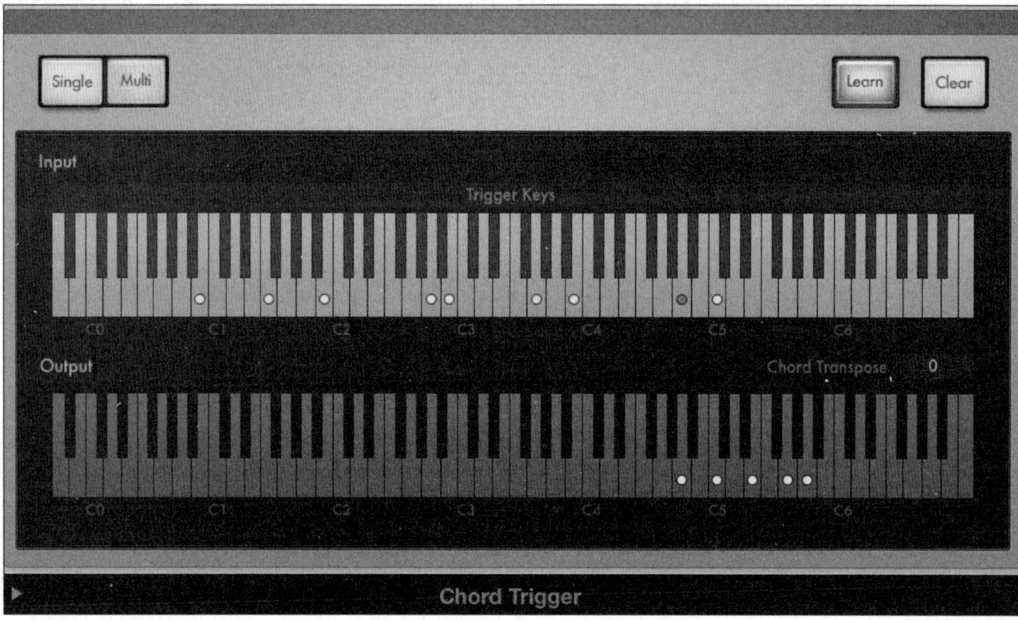

Abbildung 13.20 »Chord Trigger«-Learn-Modus

Alternativ können Sie die Tasten auch per Maus anklicken. Um die Zuweisung zu löschen, drücken Sie bei weiterhin aktiviertem LEARN-Modus auf den CLEAR-Button; gelöscht wird dann der Akkord, der der mit dem roten Punkt markierten Note zugewiesen ist. Wenn Sie die `alt`-Taste beim Klick auf die CLEAR-Taste festhalten, werden alle zugewiesenen Akkorde gelöscht. Um die Zuweisung zu beenden oder einen weiteren Akkord zuzuweisen, klicken Sie eine andere Taste in der oberen Klaviatur oder klicken erneut auf den LEARN-Button. In den unten am Plug-In einblendbaren erweiterten Parametern können Sie via LEARN REMOTE eine Taste programmieren, die automatisch den LEARN-Modus an- und ausschaltet. Diese Taste liegt automatisch im Bereich einer 88er-Klaviatur, da nur die MIDI-Notennummern 21 bis 108 verfügbar sind, nicht aber 0 bis 127.

Nach erfolgter Zuweisung von Akkorden im MULTI-Modus bewirkt eine Verschiebung des TRIGGER KEY-Bereichs (z. B. nach oben) überraschenderweise eine Transposition: Die Akkorde, die den Tasten zugewiesen wurde, wechseln; in aufsteigender Reihenfolge bleibt die Zuweisung gleich, wird nun aber von höheren Tasten ausgelöst – und löst höhere Akkorde aus.

Das MIDI-FX-Plug-In »Chord Trigger« verfügt in beiden Modi über eine große Presetauswahl, die Ihnen auch helfen kann, den Sound bestimmter Akkorde, deren Name Ihnen als Anfänger vielleicht noch nichts sagt, kennenzulernen. Mit dem MULTI-Modus ist das »Chord Trigger«-Plug-In beispielsweise auch in der Lage, Gitarren-Barré-Griffe schnell auf einem Piano verfügbar zu machen. Weitere Projektbeispiele finden Sie unter *13Chords1*, *13Chords2* und *13Chords3*.

13.1.3 »Modifier«

Das MIDI-FX-Plug-In »Modifier« ermöglicht unter anderem die Echtzeit-Bearbeitung eingehender MIDI-Daten, wie z. B. die Wandlung eines eingehenden MIDI-Controllers in einen anderen (siehe Abbildung 13.21). Die Werte des eingehenden Controllers können auch skaliert oder um den im ADD-Bereich eingestellten Wert verschoben werden – wobei der eingehende Controller auch unverändert bleiben kann. Mit Hilfe des THRU-Buttons können Sie den eingehenden Wert *zusätzlich* ausgeben. Unter dem Eintrag LEARN PLUG-IN PARAMETER im Menü RE-ASSIGN TO können Sie auch einen Plug-In-Parameter zuweisen (siehe Abschnitt 13.1.5).

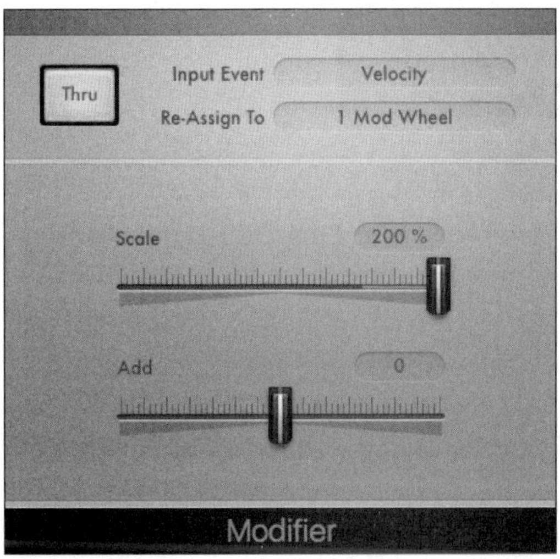

Abbildung 13.21 »Modifier«

13.1.4 »Modulator«

Der »Modulator« (siehe Abbildung 13.22) kann mit Hilfe eines LFOs und einer Hüllkurve folgende MIDI-Befehle erzeugen: MIDI-Control-Change-, Aftertouch- und Pitch-Bend-Befehle. Im unteren Bereich stellen Sie im neben dem Eintrag TO erscheinenden Flip-Menü ❶ jeweils den durch LFO oder ENV erzeugten Parameter ein. Beide Bereiche (LFO und ENV) (de-)aktivieren Sie über die POWER-Buttons ❷ oben unabhängig voneinander.

Im Dokument *13Modulator1* erzeugt der LFO ein Up and Down des Mod-Wheel-Controllers (Control Change 1), im *Vintage Piano* ist in den erweiterten Parametern außerdem eingestellt, dass das Mod-Wheel das Tremolo steuert.

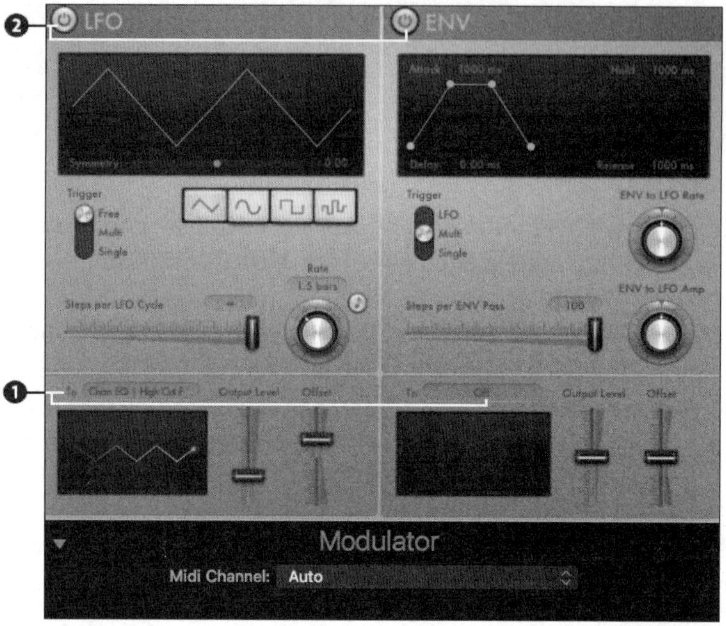

Abbildung 13.22 »Modulator«

Für den LFO lassen sich verschiedene Wellenformen einstellen. Eine MIDI-Tempo-Synchronisation ist möglich (durch Klick auf das Notensymbol), ansonsten ist das Tempo in Hz einstellbar.

Die Hüllkurve ist keine Standard-ADSR-Hüllkurve, sondern erlaubt zunächst die Einstellung einer DELAY-Zeit (wie lange dauert es, bis die Attack-Zeit beginnt?), gefolgt von einer ATTACK-Zeit (wie lange dauert es, um von 0 auf den höchsten Ausschlag zu kommen?), einer HOLD-Zeit (wie lange wird der höchste Ausschlag beibehalten?) und einer RELEASE-Zeit (wie lange dauert es, um vom höchsten Ausschlag auf 0 zu kommen?).

Sowohl für den LFO als auch für die Hüllkurve gibt es verschiedene TRIGGER-Optionen:

- FREE (nur LFO): Der LFO läuft frei, unabhängig von eingehenden MIDI-Noten.
- SINGLE: MIDI-Noten lösen LFO oder ENV aus, aber nicht, wenn es sich um gebundene Noten (Legato-Spielweise) handelt.
- MULTI: Alle eingehenden MIDI-Noten lösen LFO bzw. ENV aus.
- LFO (nur ENV): Der LFO löst die Hüllkurve aus, wenn er seinen positiven Spitzenwert erreicht.

Wenn Sie STEPS PER LFO CYCLE oder STEPS PER ENV PASS reduzieren, erfolgt der jeweilige Parameterverlauf treppenförmig (siehe Projekt *13Modulator2* oder Abbildung 13.23).

Durch die Möglichkeit, mit der Hüllkurve die LFO-Geschwindigkeit oder -Wirkungsstärke zu modulieren, entstehen noch komplexere Optionen zum Erzeugen von Werteverläufen.

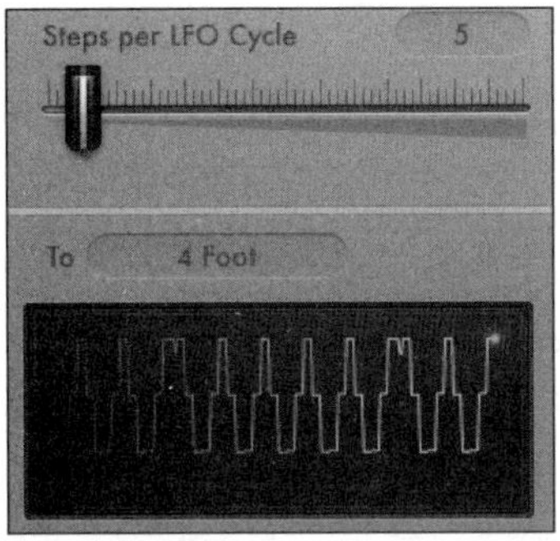

Abbildung 13.23 Treppenförmiger Werteverlauf durch eine Reduzierung der Schritte per LFO-Cycle auf 5

Leider lässt sich der erzeugte MIDI-Output bislang nicht als normale Region aufnehmen und editieren. Allerdings sind sehr wohl Verknüpfungen mit MIDI-Befehlen oder internen Plug-Ins möglich, wie der nächste Abschnitt zeigt.

13.1.5 Fernsteuerung von Plug-In-Parametern mit MIDI-FX (»Modulator«, »Modifier«)

Sie können manche MIDI-FX nutzen, um Parameter von Plug-Ins bzw. Effekten fernzusteuern. Aktuell geht das bei »Modifier« und »Modulator«. Sie können zu modulierende Plug-In-Parameter von Logic-Plug-Ins dabei direkt (ohne den Umweg über MIDI) zuweisen. Wählen Sie hierzu unter TO (beim »Modulator«, siehe Abbildung 13.24) bzw. RE-ASSIGN TO (beim »Modifier«) den Eintrag LEARN PLUG-IN PARAMETER aus.

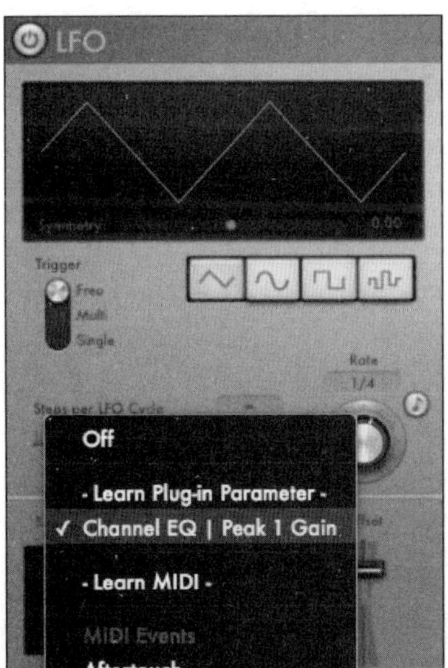

Abbildung 13.24 Zuweisungsoptionen für den LFO. Der Eintrag mit dem Häkchen signalisiert eine bereits erfolgte Zuweisung.

Im Projekt *13ModulatorX1* moduliert der LFO des »Modulators« anschließend den Gain des Peak-1-Bandes eines »Channel EQs«.

Im Projekt *13ModulatorX2* moduliert der LFO stattdessen die Frequenz. In *13ModulatorX3* und alternativ in *13tecarp2* habe ich EQ-Einstellungen sowie den OFFSET-Wert, der entscheidet, welcher Wertebereich moduliert wird, und zuletzt die Intensität der Wirkung (OUTPUT LEVEL im »Modulator«) verändert, um mit der gleichen Technik eine andere Modulation zu erreichen. Sie können mit dem »Modulator« ganz präzise justieren, was Sie modulieren wollen.

13.1.6 »Note Repeater«

Mit dem MIDI-FX-Plug-In »Note Repeater« (Abbildung 13.25) können Sie ein MIDI-Delay erzeugen und dabei Anzahl (REPEATS), Transposition (TRANSPOSE) und Velocity-Verlauf (VELOCITY-RAMP) der erzeugten Delays justieren. Wie interessant das musikalisch sein kann, verstehen Sie, wenn Sie es sich anhören. Öffnen Sie hierfür das Projekt *13Noterepeater1*. Die transponierten Noten klingen hier besser, wenn die Velocity durch eine VELOCITY-RAMP-Einstellung unter 100 % langsam absinkt.

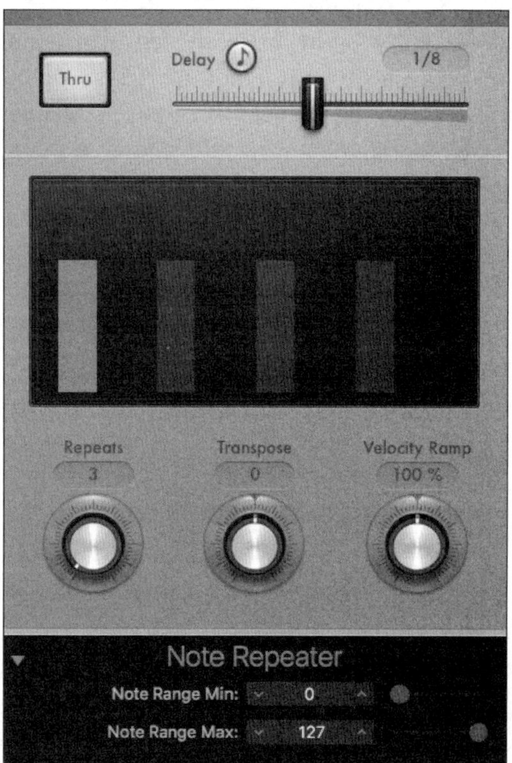

Abbildung 13.25 »Note Repeater«

Den – gleichbleibenden – zeitlichen Abstand zwischen den einzelnen Delays stellen Sie ganz oben mit dem DELAY-Slider ein. Eine MIDI-Tempo-Synchronisation ist natürlich möglich (durch Klick auf das Notensymbol über dem Slider, ansonsten sind Delays in Millisekunden einstellbar). Der THRU-Button sorgt dafür, dass der eingehende Ton ebenfalls wiedergegeben wird.

Unten stellen Sie den Notenbereich ein, für den das Plug-In aktiv ist. Wenn Sie den MIN-Regler über den MAX-Regler hinaus drehen, werden nur Werte *außerhalb* des Bereichs bearbeitet, der sich aus den eingestellten Werten ergibt. Ein weiteres Beispiel finden Sie im Projekt *13Noterepeater2*.

13.1.7 »Randomizer«

Der »Randomizer« (siehe Abbildung 13.26) ordnet eingehende MIDI-Events im Zufallsmodus neu. Dabei handelt es sich um verschiedene Channel Voice Messages oder Teile davon (Note Number, Pitch Bend, Control Change etc.). Dies betrifft zunächst nur die unter der INPUT RANGE eingestellten Werte.

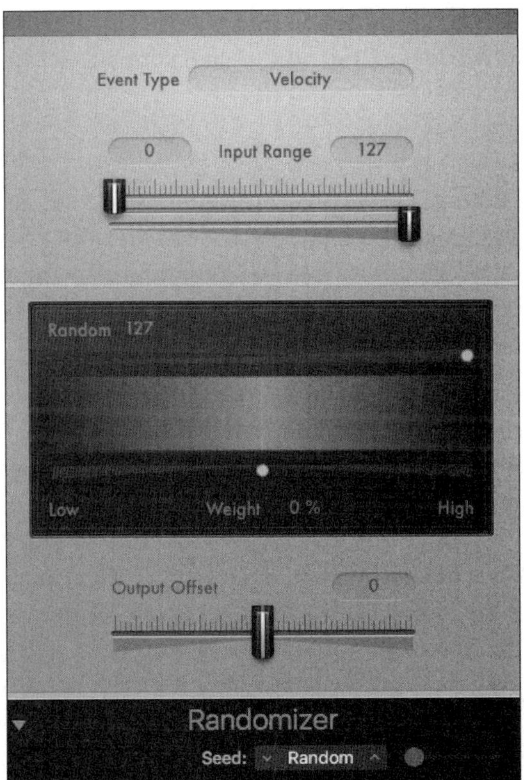

Abbildung 13.26 »Randomizer«

Hierdurch lässt sich eventuell der Klang von eingehendem Material etwas »vermenschlichen«, falls der Klangerzeuger entsprechend auf die eingehenden Werte reagiert. Aber auch interessante maschinell klingende Effekte sind möglich. Der Befehl TUNING ist hierbei allerdings nicht eindeutig der generellen MIDI-Implementierung zuzuordnen. Im Praxisversuch hatte er nur bei Verwendung eines Logic-Instruments eine Wirkung, nicht aber bei Drittanbieter-Plug-Ins, ähnlich wie das bei der Projekteinstellung STIMMUNG der Fall ist. Vergleichen Sie hierzu Spur 2 im Projekt *13Randomiz*, wo außerdem ein »Chord Trigger«-Plug-In aktiv ist; Spur 2 erklingt mit Zufallstuning im »Randomizer«, Spur 3 mit ansonsten identischen Inhalten und Settings ohne »Randomizer«.

Wenn Sie den MIN-Regler über den MAX-Regler hinaus drehen, werden wiederum nur Werte *außerhalb* des Bereichs bearbeitet. Der RANDOM-Regler darunter regelt das Ausmaß der Zufallswirkung (im Handbuch wird dieser Regler »Amount« genannt), das Sie zudem nach oben oder unten »lenken« können. Eine Wirkung ist nur dann zu beobachten, wenn der zufällig zu verändernde Wert auch tatsächlich als Event in der Region vorkommt. Es bringt also natürlich nichts, den »Randomizer« für Pitch Bending einzustellen, wenn Sie zuvor keinen Pitch-Bend-Befehl aufgenommen haben.

In den erweiterten Parametern bestimmt der Parameter SEED einen Startpunkt für die zufällige Anordnung von Werten, den Sie seinerseits wieder auf RANDOM stellen können.

13.1.8 »Scripter«

Mit dem MIDI-FX-Plug-In »Scripter« (siehe Abbildung 13.27) können Sie eigene MIDI-Plug-Ins erstellen (hierfür benötigen Sie Kenntnisse der Sprache JavaScript) oder von anderen Programmierern erstellte MIDI-Plug-Ins laden (hierfür benötigen Sie keine Programmierkenntnisse). Es werden bereits einige Scripts als Presets mitgeliefert, deren Wirkungen u. a. der anderer MIDI-FX-Plug-Ins oder der von Objekten in der MIDI-UMGEBUNG ähneln.

Im Dokument *13Scripter1* lernen Sie einige davon kennen. In Spur 1 werden die Noten aus Spur 2 anhand einer einstellbaren Note gespiegelt. In Spur 3 werden die gleichen Noten mit einem »Harmonizer«-Script um weitere Noten – ähnlich dem »Chord Trigger«-Plug-In – ergänzt. In Spur 4 wirkt das »Mod Wheel Glissando«-Script in dem Sinne, dass aus Mod-Wheel-Bewegungen Noten erzeugt werden. Das können Sie übrigens auch mit Hilfe des MIDI-TRANSFORMERS (siehe Abschnitt 7.7, »MIDI-Transformer«) oder im Environment auch mit Hilfe des Echtzeit-Transformers realisieren (siehe Abschnitt 13.2.11). Der »Note Repeater« in Spur 5 funktioniert ähnlich wie das MIDI-Delay.

Wer sich genauer mit der Programmierung solcher Scripts beschäftigen möchte, findet im Logic Pro X-Effektehandbuch eine detaillierte Anleitung hierzu. Das Presetmenü des »Scripters« enthält auch einige Tutorial-Presets (siehe Abbildung 13.28), die sich modifizieren lassen und anhand derer sich das Scripting leichter erlernen lässt.

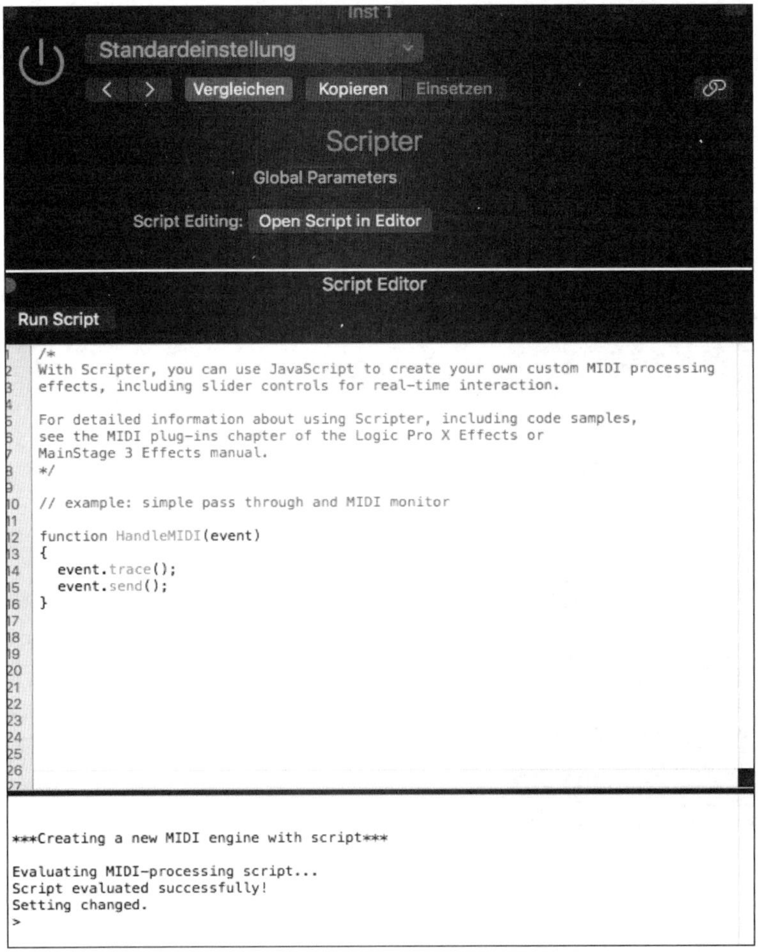

Abbildung 13.27 »Scripter«

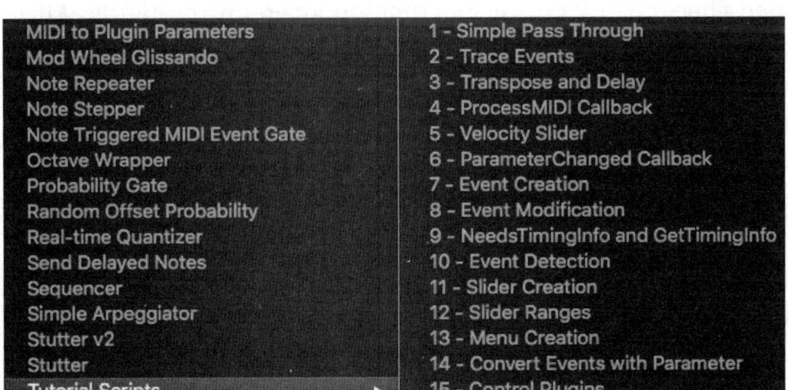

Abbildung 13.28 Scripts im Presetmenü des »Scripter«-Plug-Ins

13.1.9 »Transposer«

Mit dem MIDI-FX-Plug-In »Transposer« (siehe Abbildung 13.29) können Sie z. B. eingehende MIDI-Noten live transponieren oder live eine Echtzeit-Notenkorrektur vornehmen, indem Sie nur Noten bestimmter einstellbarer Skalen zulassen. Im Beispiel *13Transposer1* lässt der Transposer nur die Noten C und C1 zu, obwohl auch ein D und E in der Region vorkommen.

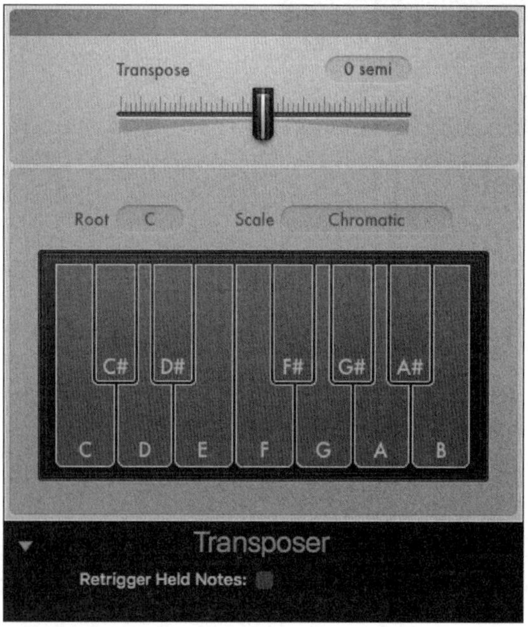

Abbildung 13.29 »Transposer«

13.1.10 »Velocity Processor«

Der »Velocity Processor« (siehe Abbildung 13.30) kann Note-On- oder Note-Off-Velocity bearbeiten. Die Optionen ähneln den Werteveränderungsoptionen im Fenster des MIDI-TRANSFORMERS (der ja auch als Echtzeit-Transformer zur Verfügung steht). Unter MODE lassen sich drei verschiedene Werteveränderungsmodi auswählen, wodurch sich die grafische Darstellung des »Velocity Processors« jeweils etwas verändert.

- Im COMP./EXP.-Modus (links) werden die Werte oberhalb eines THRESHOLDS und ähnlich wie bei einem Audiokompressor oder Audioexpander (bei RATIO-Werten unter 1, siehe mittlerer Regler) skaliert. Das Input/Output-Diagramm in der Mitte (Input auf der waagerechten x-Achse, Output auf der vertikalen y-Achse) stellt die Einstellungen grafisch dar, wobei Sie bei MIDI immer berücksichtigen müssen, dass Werte unter 0 oder über 127 nicht möglich sind. Mit dem MAKE UP-Regler (rechts) werden die Output-Werte insgesamt erhöht, im AUTO-Modus dagegen stellen Sie über den MAKE UP-Regler einen maximalen Wert ein.

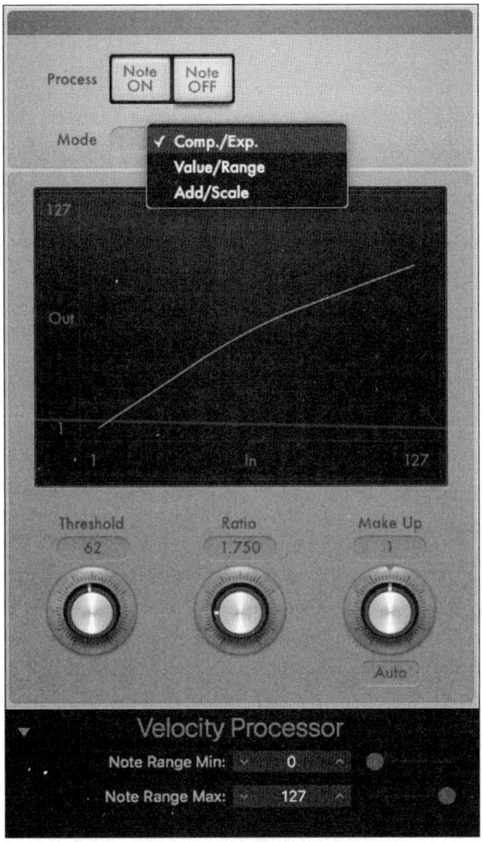

Abbildung 13.30 »Velocity Processor«

- Im VALUE/RANGE-Modus werden die Werte entweder auf den unter VALUE eingestellten Wert begrenzt (Einstellung VALUE) oder auf die unten in den erweiterten Parametern eingestellte RANGE (Einstellung RANGE, siehe Abbildung 13.31).

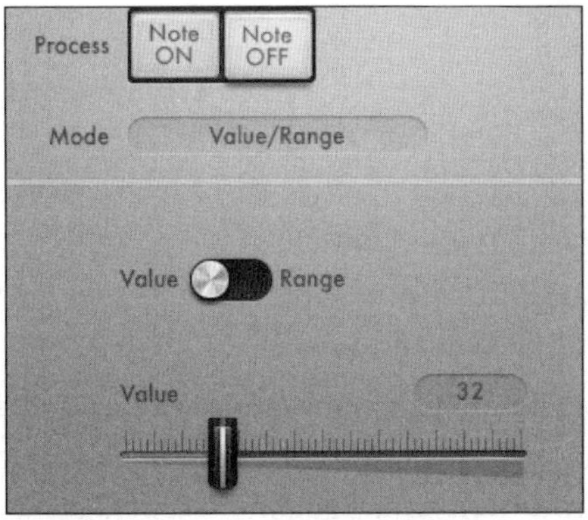

Abbildung 13.31 »Velocity Processor« im »Value/Range«-Modus

- Im ADD/SCALE-Modus können Sie die Velocity-Werte skalieren oder/und absenken bzw. erhöhen (Abbildung 13.32).

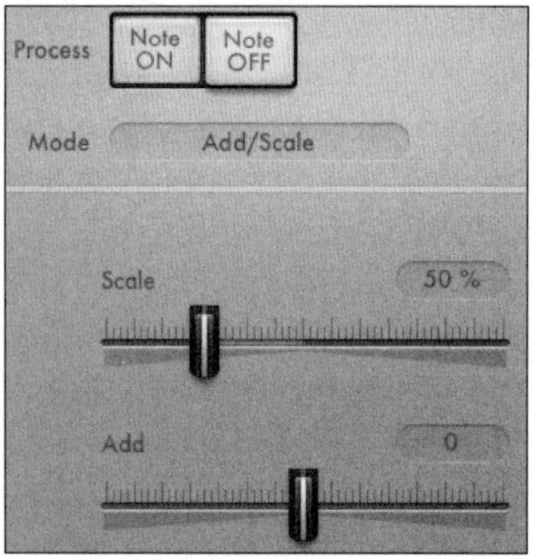

Abbildung 13.32 »Velocity Processor« im »Add/Scale«-Modus

13.1.11 Audio-Unit MIDI FX von Drittherstellern

Interessante AU MIDI-FX-Plug-Ins von Drittherstellern gibt es immer mehr. Diese lassen sich in den MIDI-FX-Slot eines Instruments laden. Besonders populär ist das »LFO-Tool« von Xfer, mit dem Sie Modulationen des Filters und anderer Plug-Ins in gut editierbaren LFOs programmieren können.

»Chtulu« (ebenfalls von Xfer), Kirnus »Cream« oder SquaredHeads Plug-In »Nora« bieten eher erweiterte Arpeggiator oder Akkord-Funktionen.

Ein Monster-Programm, dass sowohl Standalone als auch als MIDI-FX funktioniert, ist Five12s »Numerology«. Hier finden Sie viele Profi-Step-Sequencer aller Art, die Sie nach alter Schule programmieren können. Das Ergebnis lässt sich als MIDI an Logic schicken. Zudem kann Abletons Push-Controller für die Step-Sequencer-Programmierung benutzt werden.

13.2 MIDI-Umgebung/Environment

Die MIDI-UMGEBUNG (englisch *Environment,* so wird sie auch in Logic 10.3.2 noch im Fenskopf genannt) bildet im wahrsten Sinne die MIDI-UMGEBUNG Ihres Arbeitsplatzes in Logic ab. Sie ist eine Art MIDI-Patchbay, in der Sie das MIDI Signal einer Spur im Sequenzer an Instrumente und Objekte innerhalb und außerhalb Logics routen.

Im Hauptfenster ordnen Sie, vermutlich ohne es zu wissen, jede Spur einem Objekt aus der MIDI-UMGEBUNG zu, an das die MIDI-Daten gesendet werden. Von einem solchen Objekt können die Daten auch an andere Objekte im Environment weitergeleitet werden. Sie können Kabel zwischen Objekten ziehen, um diese miteinander zu verbinden. Manche Kabel, wie die Verbindung eines summierten Eingangs mit dem Sequencereingang, sind voreingestellt vorhanden. Es gibt hingegen keinen jeweils eigenen MIDI Ein- und Ausgang pro Spur. Das ist die Grundlage des MIDI-Datenflusses in Logic. MIDI-Prozessoren, Arpeggiatoren oder Akkordspeicher lassen sich an verschiedenen Stellen integrieren; Sie können auch gesplittete Instrumente realisieren.

Objekte in Logics MIDI-Umgebung sind die Kanalzüge des Mixers, MIDI-Instrumente, der Eingang des Sequenzers, alle physischen Eingänge sowie zahlreiche Spezialobjekte wie Fader, Knöpfe, Kanalsplitter, »Arpeggiator«, »Transformer«, »Delay Line«, »Touch Tracks«, »Akkordspeicher« und viele mehr.

Viele der kreativen Optionen, die Sie in den MIDI-FX-Plug-Ins kennengelernt haben, stehen auch in der MIDI-Umgebung zur Verfügung und sind dort etwas weniger komfortabel zu erreichen und zu bedienen, dafür aber flexibler zu verkabeln.

Interessant an solchen Verkabelungen ist, dass Sie MIDI-Daten-verfremdende Objekte wie einen »Arpeggiator«, eine »Delay Line« oder einen »Transformer« einerseits *vor*, andererseits *nach* dem Eingang der MIDI-Daten in den Sequenzer verkabeln können. Die Verfremdung der MIDI-Noten kann also wie bei den MIDI-FX-Plug-Ins aus einfachen Noten im Sequenzer entstehen (Verkabelung *nach* dem Sequenzereingang), andererseits können die MIDI-Daten-Verfremdungen aber auch bereits im Sequenzer als MIDI-Region aufgenommen und später editiert werden (Verkabelung *vor* dem Sequenzer).

Bei den Kabelverbindungen im Environment handelt es sich ausschließlich um MIDI-Verbindungen, durch die MIDI-Daten fließen – auch wenn Audioobjekte involviert sind. Über das Menü Ansicht • Rahmenloses Schwebefenster des MIDI-Umgebung-Fensters können Sie sich dieses übrigens auch als Float-Fenster anzeigen lassen, das stets im Vordergrund bleibt.

Öffnen Sie zu den folgenden Erläuterungen begleitend das Logic-Projekt *15Environment01*.

13.2.1 Grundlagen der MIDI-Umgebung, Layer und Verkabelung

Die MIDI-Umgebung besteht aus verschiedenen Layern. (Abbildung 13.33).

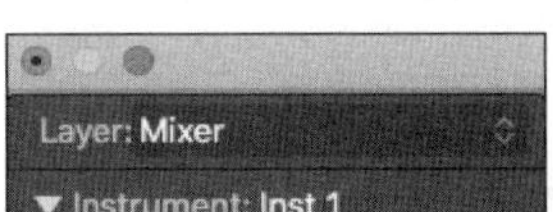

Abbildung 13.33 Layer »Anzeige« oben links in der MIDI-Umgebung mit sichtbarem Flip-Menü-Feld

Zwischen den Layern schalten Sie in einem Menü links im MIDI-Umgebung-Fenster um. Sie können Layer auch umbenennen, löschen oder erzeugen (siehe Abbildung 13.34).

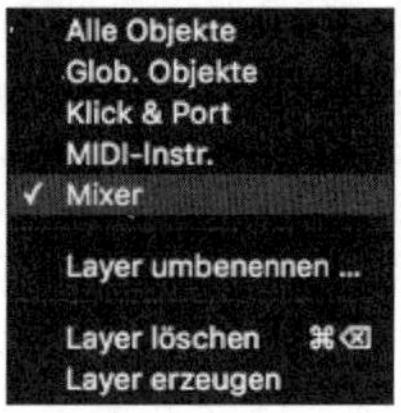

Abbildung 13.34 Das Auswahlmenü für Layer in der MIDI-Umgebung

Die wichtigsten Layer heißen:

- Klick & Port
- MIDI-Instr.
- Mixer

Die Unterteilung in Layer ist funktionsbezogen und dient der Übersicht; theoretisch könnten sich alle Objekte auch in einem Layer befinden.

Zugehörige Objekte werden in Logic Pro X oft automatisch erzeugt und in bestimmte Layer gelegt (in Vorversionen mussten Sie Environment-Objekte zunächst selbst erzeugen, bevor Sie sie in einer Spur nutzen konnten). Im Layer MIDI-Instr. etwa sollen die Objekte liegen, die Ihnen beim Erzeugen einer externen MIDI-Spur zur Verfügung stehen, und im Layer Mixer nur Audioobjekte. In frühen Logic-Versionen war es üblich, die Objekte kreuz und quer über die Layer zu verteilen. Aus Kompatibilitätsgründen ist das auch immer noch möglich, ich rate Ihnen allerdings davon ab, hiervon unbedacht Gebrauch zu machen. Ich empfehle auch aus Stabilitätsgründen von Versuchen abzusehen, z. B. die Audioobjekte aus dem Mixer-Layer herauszubewegen. Es ist dagegen unproblematisch, beispielsweise ein »Arpeggiator«-Objekt im Layer Klick & Port zu verwenden. Es ist sogar möglich, Layer aus anderen Projekten zu importieren (siehe Abschnitt 13.2.16 über den Import von Environment-Layern und anderen Objekten).

Außerdem gibt es die Layer Globale Objekte und Alle Objekte. In Letzterem werden alle im Environment vorhandenen Objekte aufgelistet. Im Layer Globale Objekte werden dagegen nur Objekte angezeigt, die in allen Layern zu sehen sind. Die anderen Layer stelle ich hier kurz vor.

13.2.2 Layer »Klick & Port«, MIDI-Datenfluss, einfache Verkabelung

Im Klick & Port-Layer sehen Sie die verfügbaren MIDI-Eingänge. Wenn ich im Buch bislang von Ports gesprochen habe, waren meistens die MIDI-Ausgänge gemeint.

MIDI-Datenfluss

In Abbildung 13.35 ist der mit Sum (Englisch für »Summe«) beschriftete Kabelausgang des Objekts Physischer Eingang (links unten im Bild) mit dem Objekt Sequenzereingang verbunden. Das bedeutet, dass sämtliche MIDI-Daten, die von irgendeinem angeschlossenen Gerät in Logic eingehen, an den Sequenzereingang weitergeleitet werden. Von dort aus werden MIDI-Daten jeweils an das in der Spur ausgewählte Spurobjekt weitergeleitet. Einen jeweils eigenen MIDI-Ein- und Ausgang pro Spur gibt hingegen nicht. Daher werden z. B. MIDI-Mehrspur-Aufnahmen relativ kompliziert (siehe Abschnitt 3.4.4 über die Projekteinstellungen »Aufnahme«).

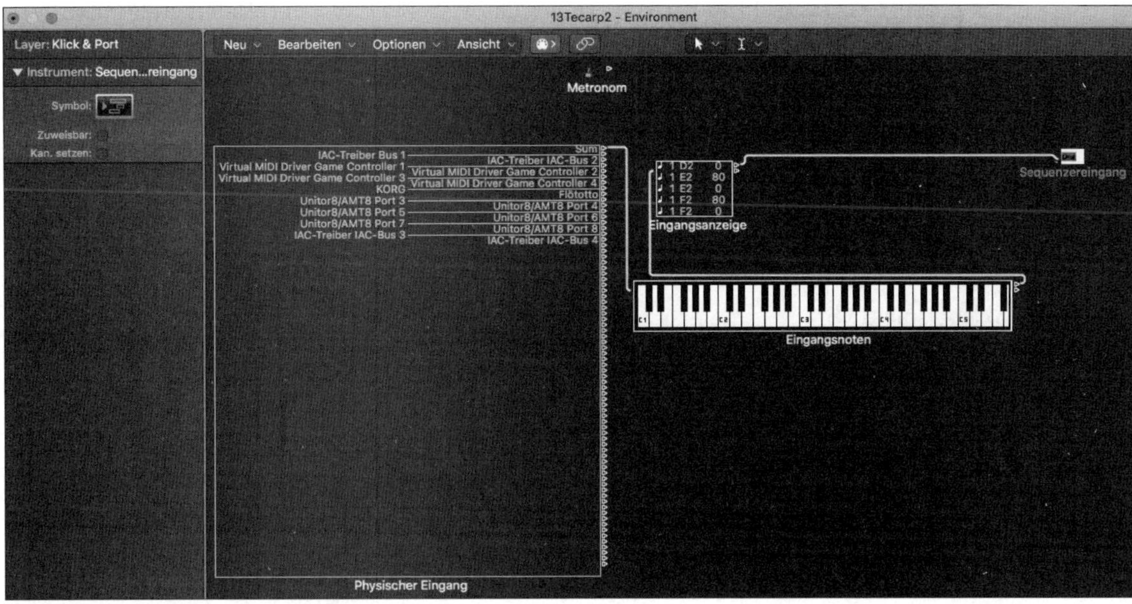

Abbildung 13.35 Layer »Klick & Port«

Dabei sehen Sie in der zwischenverkabelten Eingangsanzeige (Monitor), welche MIDI-Daten genau ankommen. Das entspricht der MIDI-Aktivitätsanzeige im Display des Hauptfenster. Auch durch Klick auf das Eingangsnotenkeyboard können Sie Noten senden. Vom Sequenzereingang werden MIDI-Daten an das in der Sequenzspur zugeordnete Objekt gesendet.

Im Objekt Physischer Eingang sehen Sie sämtliche von Logic erkannten MIDI-Eingänge. Beachten Sie, dass diese auch im Audio-MIDI-Setup umbenannt werden können. Falls keine Verbindung zwischen dem physischen Eingang und dem Sequenzereingang mehr besteht (z. B. weil Sie das Kabel versehentlich gelöscht haben), kann Logic trotz ansonsten richtiger Konfiguration kein MIDI mehr empfangen, und Logic scheint »nicht zu funktionieren«. Mancher User ist in Unkenntnis des Environments bei solchen Problemen schon hoffnungslos verzweifelt. Als Zugeständnis an den unerfahrenen Benutzer kommt bei neueren Logic-Versionen (unlogischerweise) auch dann MIDI im Sequenzer an, wenn das Objekt Physischer Eingang gelöscht wird.

Manuelle Verkabelung

Sie können manuelle Verkabelungen vornehmen, indem Sie einen der dreieckigen Objektausgänge mit gehaltener Maustaste anfassen, zum Zielobjekt Ihrer Wahl führen und das dabei automatisch entstehende Kabel damit verbinden. In der Praxis funktioniert das manchmal nicht so leicht und man selektiert nur das Objekt, statt ein Kabel zu erzeugen. Stattdessen sollten ein Steckersymbol und ein Kabel sichtbar werden. Zudem soll am Objekt ein weiterer neuer Anschluss entstehen, um ein weiteres Kabel verbinden zu können usw. Bei mir hat es am besten funktioniert, die Maus nach dem Anfassen des dreieckigen Objektausgangs schnell bewegt habe.

Sie können Kabel auch wieder löschen. Dabei müssen Sie darauf achten, nur das Kabel zu selektieren. Sie können dann via [⌫] löschen oder alternativ entweder im Menü BEARBEITEN den Befehl NUR KABEL LÖSCHEN ([ctrl] + [⌫]) oder das Radiergummiwerkzeug verwenden.

Praxisbeispiele

Nehmen wir an, Sie haben ein Keyboard an Port 1 eines MIDI-Interface angeschlossen. Nun könnten Sie das Kabel, das aus den Summenausgang (SUM) hinausgeht, entfernen und stattdessen ein Kabel aus einem Port 1 mit dem SEQUENZEREINGANG verbinden. Auf diese Weise würden nur die Noten, die Sie mit Ihrem am Port 1 angeschlossenen Keyboard spielen, in Logics Sequenzer landen.

An anderen Ports angeschlossene Keyboards oder Controller könnten Sie nun beispielsweise für andere Programme auf Ihrem Computer verwenden, ohne dass Logic davon Notiz nimmt.

Die Verkabelung des SUM-Outputs aller eingehenden MIDI-Signale kann problematisch sein. Zumindest in älteren Logic-Versionen entstanden MIDI-Feedbackschleifen, wenn z. B. MIDI an interne IAC-MIDI-Busse gesendet wurde, die über das AUDIO-MIDI-SETUP erzeugt werden können (siehe Abschnitt 19.5.1, »Computerinterne MIDI-Verbindungen mit Logic«), und diese über den SUM-Output wieder zurück in Logic geroutet wurden. Als Workaround können Sie auch einzelne Objekte des PHYSISCHEN EINGANGS aus dem SUM-Output entfernen, indem Sie sie einzeln mit einem Kabel abgreifen und an irgendein nutzloses Objekt senden.

13.2.3 Layer »MIDI-Instr«

Im Layer MIDI-INSTR. (siehe Abbildung 13.36) und im Projekt *13MidiEnv* sehen Sie vorkonfigurierte MIDI-Objekte, die am Arbeitsplatz angeschlossene Synthesizer repräsentieren. Wenn Sie nicht wie ich ein AMT8-Interface angeschlossen haben, wird Logic dies beim Öffnen allerdings monieren (siehe nächster Abschnitt).

Der Inhalt dieses Layers wird beim Erzeugen einer neuen externen MIDI-Spur in der BIBLIOTHEK im Hauptfenster angezeigt, was ich in Abschnitt 13.2.7 genauer erläutere.

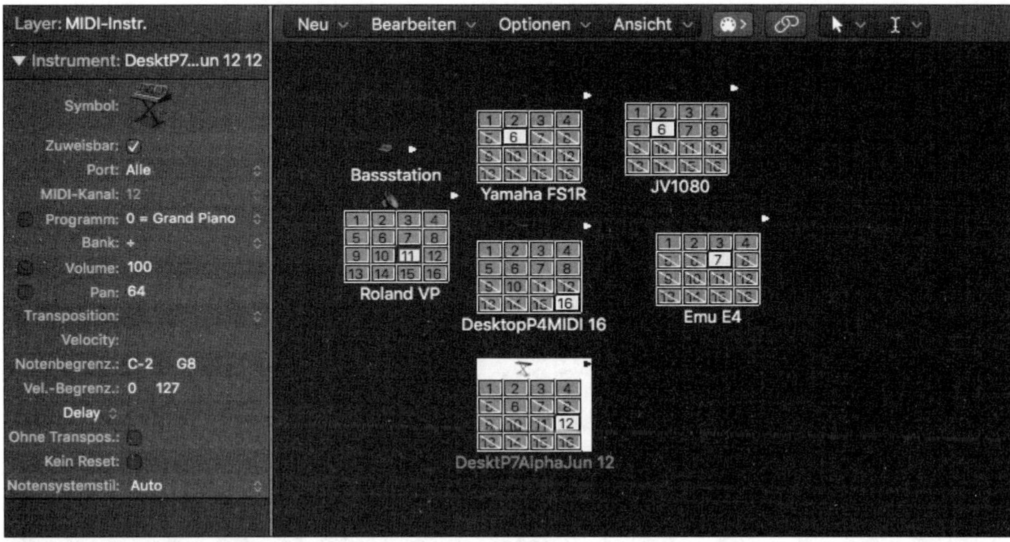

Abbildung 13.36 Layer »MIDI-Instr.«

Sie können außerdem viele zusätzliche Objekte wie »Arpeggiator«, Fader oder »Delay Line« neu erzeugen und in Ihr Setup integrieren. All diese Objekte können Sie über das Menü NEU erstellen, das auch in anderen Layern erreichbar ist.

13.2.4 Fehlt das MIDI-Interface?

Logic fragt Sie beim Öffnen von Projekten, die externe MIDI-Spuren verwenden, manchmal, wo das MIDI-Interface für diverse erzeugte Spuren ist, weil es das vorkonfigurierte MIDI-Interface sucht und nicht findet. Sie können in dem Dialog wahlweise Ihr MIDI-Interface zuweisen oder auf NICHT ZUORDNEN klicken. Während Sie diese Frage beim Öffnen des Dokuments *13Environment01* wohl nicht gestellt bekommen, weil sämtliche Ports hier entweder auf der Einstellung ALLE oder auf der Einstellung AUS standen, wird Ihnen dieser Dialog höchstwahrscheinlich begegnen, wenn Sie das Dokument *13Environment02* öffnen, es sei denn, Sie haben wie ich ein AMT8-MIDI-Interface angeschlossen.

13.2.5 Layer »Mixer«

Im Layer MIXER (siehe Abbildung 13.37) sehen Sie die Audioobjekte – diesmal allerdings nicht ganz so schick angeordnet wie im MIXER-Fenster. Die Anordnung erfolgt typischerweise nach dem Parameter KANAL. So ist beispielsweise auch jedem Software-Instrument (INST 1, INST 2 ...) oder Audiokanalzug (AUDIO 1, AUDIO 2 ...) auch ein Kanal zugeordnet, was Sie im Informationsfenster SPUR in Abbildung 13.37 auch für die selektierte Software-Instrument-Spur sehen. Ironischerweise werden integrierte MIDI-FX-Plug-Ins in Channel-Strip-Objekten in der MIDI-UMGEBUNG nicht angezeigt.

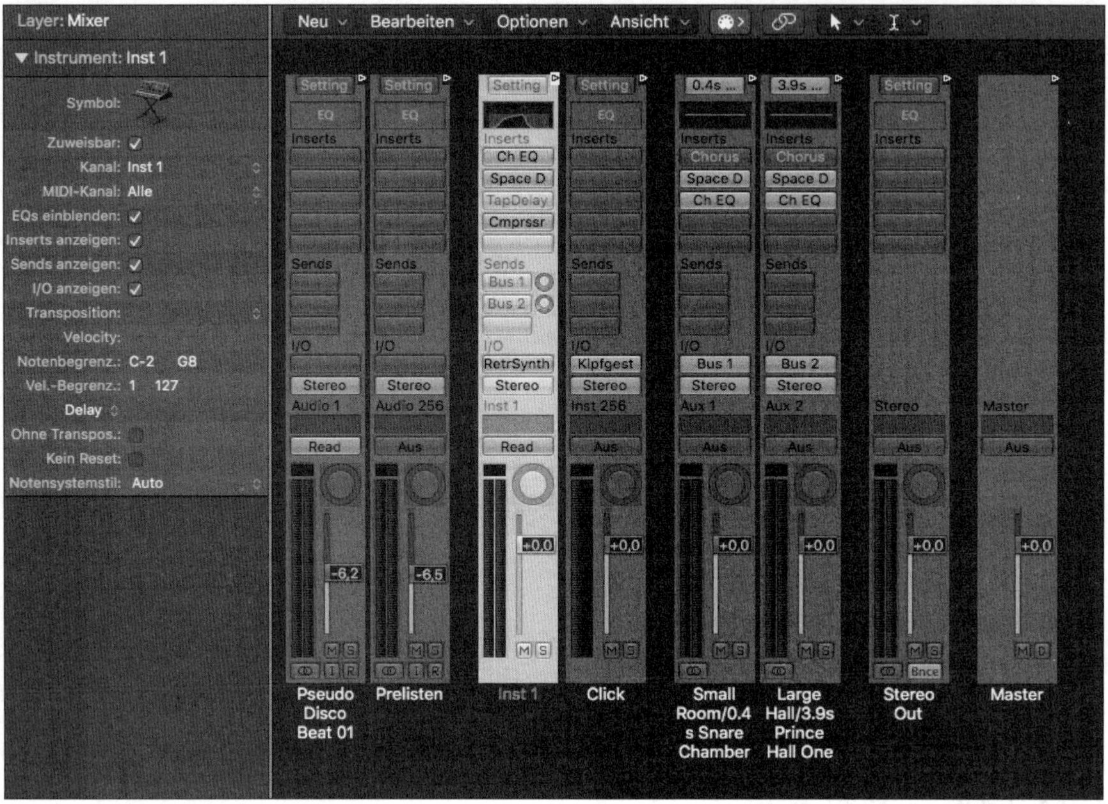

Abbildung 13.37 Layer »Mixer«

13.2.6 Objekte neu erzeugen

Über das Menü Neu (Abbildung 13.38) erzeugen Sie neue Objekte.

Dabei können Sie auch manche Channel-Strip-Objekte erzeugen. Hier wird die Verzahnung des Bereichs Spuren mit der MIDI-Umgebung ein wenig deutlicher: Instrumente und Audiokanäle erstellen Sie ja über das Menü Spuren oder im Hauptfenster. Dabei werden stets automatisch die zugehörigen Environment-Objekte erzeugt. In alten Logic-Versionen (z. B. Logic für Windows 5.5) mussten Sie übrigens erst die MIDI-Umgebungs-Objekte erstellen und konnten erst danach eine Spur mit diesen erzeugen.

Manche Channel-Strip-Objekte wie Busse oder Inputs werden eigentlich nicht mehr benutzt, sondern sind aus Gründen der Kompatibilität mit alten Versionen noch verfügbar. Bus-Objekte sind fest bestimmten Bussen zugeordnet, Input-Objekte fest bestimmten Eingängen. Zusätzlich können Sie hier Output- und Master-Objekte erzeugen. Weitere Informationen zu diesen Kanalzugtypen finden Sie in Kapitel 14, »Der Mixer und das Routing«.

Abbildung 13.38 Neue Objekte, die erzeugt werden können

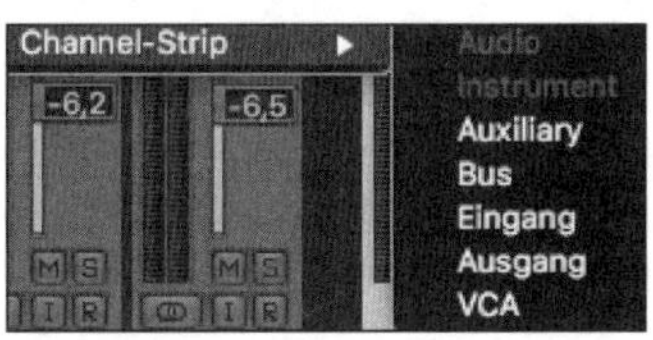

Abbildung 13.39 Channel-Strips, die Sie im Menü »Neu« erzeugen können

Plug-Ins können im Layer MIXER übrigens nicht wie im MIXER-Fenster verschoben oder kopiert, sondern nur geladen werden

13.2.7 Objekte zum Ansteuern externer MIDI-Geräte in der MIDI-Umgebung konfigurieren

Im Layer MIDI-INSTR. können Sie verschiedenste Objekte erzeugen bzw. platzieren. Öffnen Sie das Dokument *13GMInstr* oder *13Environment03* (Abbildung 13.40).

In Abbildung 13.40 bzw. Projekt *13Environment03* sehen Sie zwei Multi-Instrument-Objekte namens GM-GERÄT und KORG Z1 sowie ein einfaches Instrument namens BASSSTATION. Sie können eines dieser Objekte als Spurobjekt für ein externes MIDI-Instrument auswählen und sehen es auch in Ihrer BIBLIOTHEK, wenn Sie eine externe MIDI-Spur selektiert haben. Voraussetzung ist, dass wie in der Abbildung das Häkchen unter ZUWEISBAR gesetzt ist.

Sie sehen in Abbildung 13.40 links ein eingeblendetes Informationsfenster zu dem selektierten Objekt, in diesem Fall zum Objekt YAMAHA FS1R. Unter dem Eintrag PORT ist hier momentan noch ALLE eingestellt. Hier würden Sie in der Praxis einstellen, an welchen MIDI-

Port Ihr Synthesizer angeschlossen ist. Das Objekt Yamaha FS1R ist ein sogenanntes *Multi-Instrument*, während das Objekt Bassstation ein einfaches Objekt ist. Multi-Instrumente können gleichzeitig an mehrere MIDI-Kanäle senden, die als sogenannte *Sub-Kanäle* abgebildet sind und durch Klick auf die entsprechende Zahl oder Setzen des Häkchens Zuweisbar im Informationsfenster freigeschaltet werden. Im Bild sind nur die Kanäle 1, 2, 3 und 4 freigeschaltet, so dass auch nur diese Einträge in den entsprechenden Menüs auftauchen werden. Dies erkennen Sie an den *nicht* durchgestrichenen Zahlen des Multi-Instrument-Objekts. Der Inhalt des Informationsfensters in Abbildung 13.40 bezieht sich übrigens auf den dort selektierten Subkanal 5. Wenn Sie das Häkchen beim Eintrag Zuweisbar im Informationsfenster entfernen, erscheint der Subkanal im Multi-Instrument übrigens wie im Bild durchgestrichen.

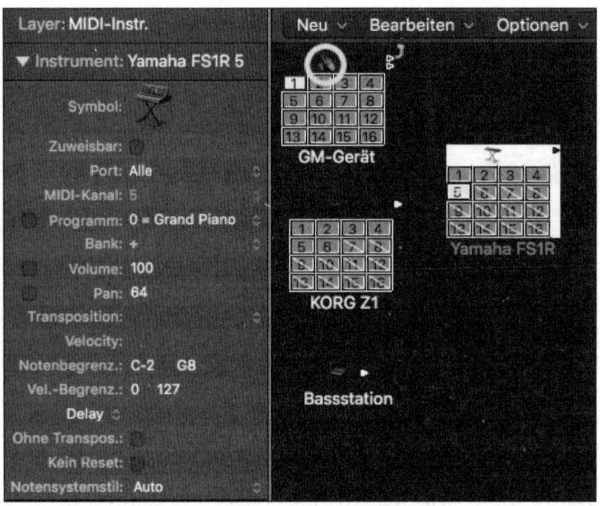

Abbildung 13.40 Verschiedene Objekte im Layer »MIDI-Instr.« inklusive der Informationen zum Objekt »Yamaha FS1R«

Für externe MIDI-Spuren können Sie übrigens in neuen Logic-Versionen eine Spur anlegen, die zu einem bestimmten MIDI-Port sendet, auch ohne dass zuvor ein Environment-Objekt existiert (dieses wird automatisch erzeugt).

Um einen Überblick über Ihre angeschlossenen Geräte zu behalten, empfiehlt es sich dennoch nach wie vor, die entsprechenden Objekte im Layer MIDI-Instr. (und nicht in anderen Layern) zu erzeugen, richtig zu benennen und dem angeschlossenen Port zuzuweisen.

Objekte im Bereich »Spuren« als Spurinstrument auswählen

Sie sehen die Objekte außerdem (sortiert nach Layern), wenn Sie mit der rechten Maustaste auf eine Spur (im Spur-Header im Hauptfenster über dem Spurnamen) klicken und im anschließend erscheinenden Kontextmenü den Eintrag Spur neu zuordnen wählen – siehe Abbildung 13.41.

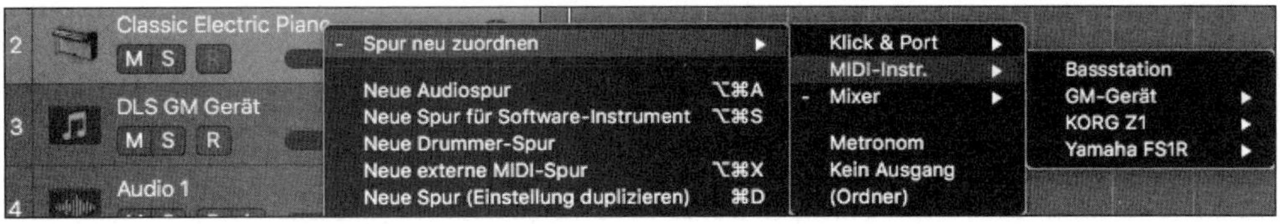

Abbildung 13.41 Die Objekte des Layers »MIDI-Instr.« links in der Bibliothek bei selektierter externer MIDI-Spur. Sie sehen außerdem die Layer der MIDI-Umgebung im Menü »Spur neu zuordnen«.

Alternativ können Sie Environment-Objekte auch ganz einfach zum Spurinstrument machen, indem Sie sie auf den Spur-Header im Hauptfenster ziehen. Wenn Sie ein entsprechendes Environment-Objekt wie etwa den »Arpeggiator« als Spurobjekt ausgewählt haben, erscheinen seine Parameter auch im Informationsfenster SPUR.

Spätestens jetzt sollte Ihnen die enge Verzahnung zwischen MIDI-UMGEBUNG und SPUR-Fenster klar geworden sein. Sie können theoretisch jedes Spurinstrument durch Auswahl eines anderen Eintrags im Menü SPUR NEU ZUORDNEN ändern.

13

13.2.8 Programmnamen eines Multi-Instruments konfigurieren

Für Multi-Instrument-Objekte können Sie die Namen der Programme definieren sowie einen als BANKWECHSEL-BEFEHL vorgegebenen Controller (in Abbildung 13.42: CONTROLLER 32) und festlegen, ob GM-Drum-Programmnamen für Kanal 10 verwendet werden (unten im Bild). Klicken Sie hierzu doppelt auf das Icon des Objekts, in Abbildung 13.40 (siehe Markierung) ist das ein kleiner Lautsprecher für das Objekt »GM-Gerät«.

Abbildung 13.42 Zuweisung von Programmnamen im Instrument »GM-Gerät« (Projekt »13GMInstr«)

Im OPTIONEN-Menü (oben rechts in Abbildung 13.42) stehen nun verschiedene Optionen für die Definition von Programmnamen zur Verfügung. Sie können das Instrument wie im Beispiel als Instrument mit GM-Namen initialisieren; die Namen tauchen anschließend auch in der Programmliste auf. Ergänzende Ausführungen zum Thema General MIDI finden Sie in Abschnitt 13.2.12 über die Verkabelung eines GM Klangerzeugers.

Sie können aber auch Namen von Sounds anderer Klangerzeuger einsetzen. Dabei helfen Ihnen die Funktionen zum Ausschneiden, Kopieren und Einsetzen (siehe Abbildung 13.43), um z. B. die Namen aus einer Textauslistung einzufügen. In speziellen Fällen haben Sie auch die Möglichkeit, die Namen von Presets eines externen Synths zu übertragen. Für so etwas war früher das Programm *SoundDiver* zuständig. Es wurde allerdings eingestellt, weil die Verwaltung externer Synths aus Logic heraus im Vergleich zur Nutzung von Software-Instrumenten zumindest vorübergehend eher der Ausnahmefall geworden ist. Sie können für Soundbänke eigene Listen anlegen.

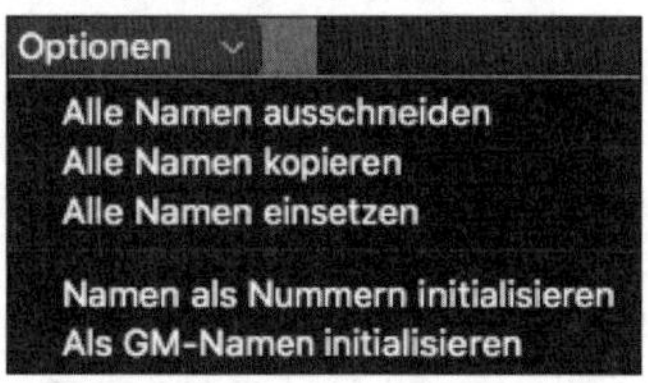

Abbildung 13.43 Namensinitialisierung für Multi-Instrumente

13.2.9 Fortgeschrittene Verkabelung über verschiedene Layer hinweg

Sie können alle Objekte aus einem Layer mit einem anderen verbinden. Hierzu halten Sie die `alt`-Taste gedrückt, wenn Sie eine Kabelverbindung herstellen wollen. Nun erscheint ein Menü, das wie in Abbildung 13.44 die Layer und ihre Inhalte auflistet. Wählen Sie das gewünschte Objekt aus. Nun wird eine Verbindung dorthin erzeugt, die wie ein abgebrochenes Kabel aussieht. Beim Zielobjekt auf dem anderen Layer sehen Sie dagegen leider nicht, dass es verkabelt ist. Alternativ können Sie übrigens auch zwei Fenster mit verschiedenen Layern öffnen, um eine Verbindung herzustellen, und das Kabel dabei einfach von einem zum anderen Fenster ziehen.

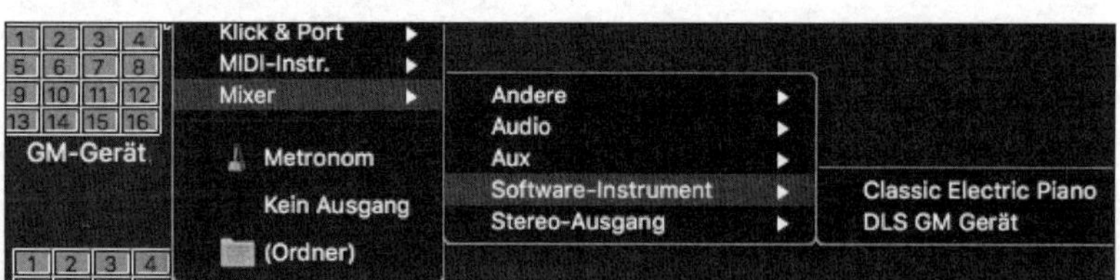

Abbildung 13.44 Das Menü zeigt die drei Layer »Klick & Port«, »MIDI-Instr.« und »Mixer« an.

Abbildung 13.45 Das Objekt »GM-Gerät« ist mit einem Objekt in einem anderen Layer verbunden.

Sie können wie schon erwähnt auch mehrere Kabel aus einem Objekt herausziehen, um sie mit verschiedenen Zielobjekten zu verbinden. Mit jedem neu gezogenen Kabel »wächst« ein weiterer Kabelausgang nach.

Im Projekt *13Environment03* habe ich das Objekt »GM-Gerät« mit einem passenden multitimbralen Software-Instrument namens »DLS Music-Device« verkabelt (siehe Abschnitt 13.2.12).

13.2.10 Praxisbeispiel: Layer und Keyboard-Splits

Mit Hilfe von einfachen MIDI-Instrumenten habe ich im Projekt *13LayerundKeyboardsplit* einen Layer und ein Keyboard-Split-Instrument realisiert.

Es handelt sich bei den Objekten in diesem Beispiel jeweils um über das Menü NEU erzeugte einfache MIDI-Instrumente, die ich entsprechend benannt habe.

Das *Layer* genannte Instrument leitet eingehende MIDI-Noten gleich an zwei verschiedene Software-Instrumente weiter.

Das Instrument *Keyboardsplit* leitet MIDI an zwei weitere, neu erzeugte MIDI-Instrumente weiter, die hier *splitA* und *splitB* heißen und von denen jedes wiederum mit einem anderen Software-Instrument verbunden ist. Die Zielinstrumente können nach wie vor auch direkt als Spurinstrumente angewählt werden. In *splitA* und *splitB* wird konfiguriert, welche gespielten Noten zu welchem Instrument gelangen, hierfür ist im Informationsbereich jeweils ein eigener Tastaturbereich eingestellt, und zwar C–2 bis B2 für *splitA* und C3–G8 für *splitB*.

Etwas Ähnliches können Sie in Logic Pro X aber auch mit Hilfe von Aux-Kanälen realisieren, die z. B. als Spurstapel -Master an weitere Software-Instrument-Spuren MIDI senden, für die Sie dann Tastaturbereiche einstellen können. Der Vorteil von Spurstapeln gegenüber der Variante aus Projekt *13LayerundKeyboardsplit* ist, dass Sie das Konstrukt anschließend als Patch speichern können (siehe Abschnitt 6.7.9 über Spurstapel).

13.2.11 »Arpeggiator«, »Delay Line«, »Akkordspeicher«, »Transformer«, »Touch Tracks« – und Verkabelungstricks in der MIDI-Umgebung (2)

Die freien Verkabelungsoptionen in der MIDI-UMGEBUNG bieten nach wie vor Vorteile gegenüber den MIDI-FX. Daher sind Objekte wie »Arpeggiator«, »Delay Line«, »Transformer« und »Akkordspeicher« durchaus eine Betrachtung wert. All diese Objekte können Sie über das Menü NEU erzeugen und sollten sie im Layer MIDI-INSTR. platzieren.

»Arpeggiator«

Der »Arpeggiator« aus Logics MIDI-UMGEBUNG ist im Vergleich zu Logics MIDI-FX-»Arpeggiator« einfacher zu bedienen, funktioniert aber nur dann, wenn Logics Sequenzer läuft.

Im Beispiel *13ArpEnv1* habe ich ein »Arpeggiator« im Layer MIDI-INSTRUMENTE mit Hilfe mit dem Software-Instrument *E-Piano* verbunden und zudem als Spurinstrument ausgewählt.

Letzteres ist möglich, indem Sie entweder das Objekt »Arpeggiator« der Spur neu zuordnen oder indem Sie das Objekt »Arpeggiator« einfach auf den Spur-Header ziehen. Voraussetzung ist das (hier automatisch) gesetzte Häkchen unter dem Eintrag ZUWEISBAR im Informationsfenster.

Im Projekt ist ein zufälliges Arpeggio über drei Oktaven mit einer Auflösung und Notenlänge von $^1/_{16}$-Note eingestellt, dessen Sound ich besonders gut finde. Alle Einstellungen für das selektierte Objekt »Arpeggiator« sind in dem zugehörigen Informationsfenster im Fenster MIDI-UMGEBUNG editierbar (siehe Abbildung 13.46).

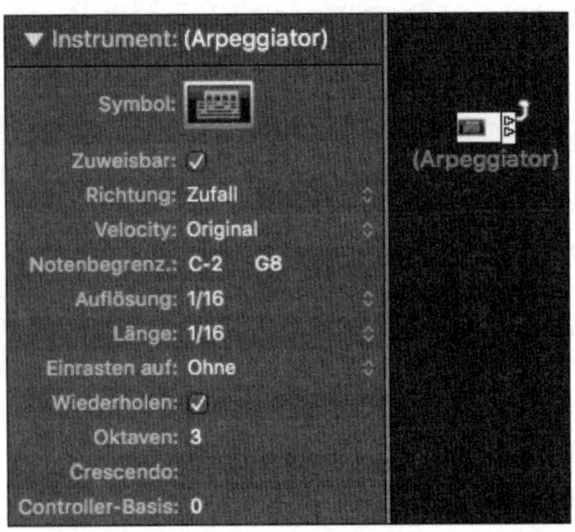

Abbildung 13.46 Der »Arpeggiator« im Layer »MIDI-Instr.«

In der Spur spielen wieder lediglich die Akkorde, die anschließend in den »Arpeggiator« wandern und dort »zerpflückt« werden, bevor sie im Software-Instrument ankommen.

Anders habe ich es im Dokument *13ArpEnv2* gelöst. Dort habe ich denselben »Arpeggiator« im Layer KLICK & PORT zwischen den physischen Eingang und den Sequenzereingang verkabelt. Ergebnis: Sämtliche eingespielten Noten werden nun vom »Arpeggiator« bearbeitet, bevor sie im Sequenzer und irgendeiner dort angewählten Spur landen. Daher erscheinen die vom »Arpeggiator« erzeugten, über drei Oktaven verteilten $^1/_{16}$-Zufallsnoten auf Basis des gespielten Akkordes nun im Sequenzer, nachdem sie eingespielt und aufgenommen wurden (siehe Abbildung 13.47 und Abbildung 13.48).

Mit dem Arpeggiator erzeugten Melodien hört man ihre »computergenerierte« Herkunft an, sie eignen sich daher gut für elektronische Musik und als Mittel, um eine gewisse »Technikästhetik« musikalisch auszudrücken.

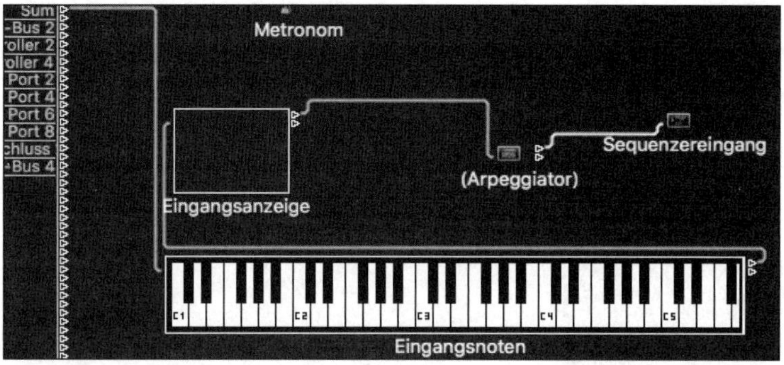

Abbildung 13.47 Der »Arpeggiator« im Layer »Klick & Port«

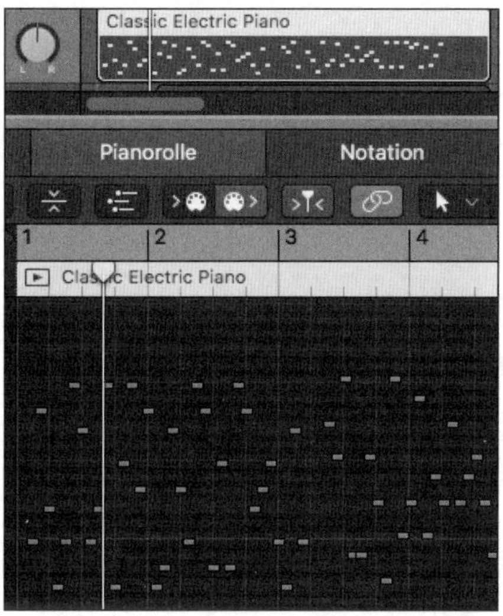

Abbildung 13.48 Aufgenommene »Arpeggiator«-Noten im Projekt »13ArpEnv2«

»Delay Line«

Das Objekt »Delay Line« lässt sich ähnlich wie der »Arpeggiator« im Beispiel zuvor einbinden. Es erzeugt ebenfalls nur dann eine Wirkung, wenn der Sequenzer läuft.

Im Dokument *13DlyEnv1* ist das Objekt »Delay Line« mit dem gleichen *E-Piano* wie im Beispiel oben der »Arpeggiator« verbunden. Dieses Beispiel demonstriert die Bedeutung von Verkabelung in der MIDI-UMGEBUNG recht gut: Sie suchen sich ein in der MIDI-UMGEBUNG liegendes Objekt als Spurobjekt aus, dorthin werden die im Objekt Sequenzereingang eingehenden MIDI-Daten geleitet, und von diesem Objekt aus können die MIDI-Daten über Kabel an andere Objekte geschickt werden. Diese Zielobjekte können Sie, wie im Fall des *E-Pianos*, aber natürlich auch nach wie vor *direkt* als Spurobjekt auswählen (wie in Spur 1, unbehelligt von den früher im MIDI-Signalfluss liegenden Objekten »Delay Line« und »Arpeggiator« im Beispielprojekt)!

Im Beispiel habe ich mit der »Delay Line« fünf kurze MIDI-Delays erzeugt, die jeweils eine um einen Wert von 4 reduzierte Velocity haben (Abbildung 13.49). Im Hauptfenster ist das Informationsfenster für die »Delay Line« als Informationsfenster Spur ebenfalls zu sehen, wenn die »Delay Line« als Spurobjekt ausgewählt wurde. Beim Erzeugen externer MIDI-Spuren (via `alt` + `cmd` + `X`) zeigt die Bibliothek die im Layer MIDI-Instr. platzierten Objekte »Arpeggiator« und »Delay Line« in einem Ordner Andere Objekte an (Abbildung 13.50).

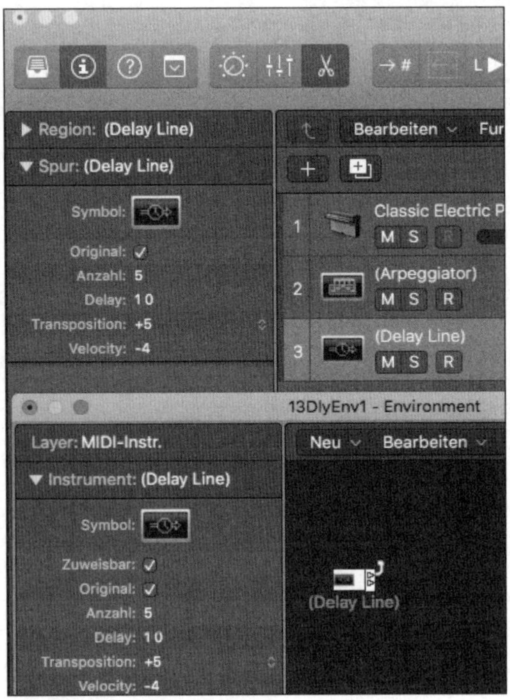

Abbildung 13.49 Eingestellte Parameter für die »Delay Line«

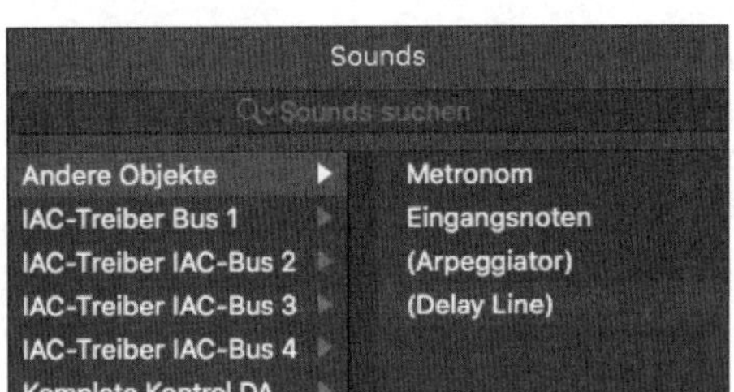

Abbildung 13.50 Das Informationsfenster für das »Delay Line«-Objekt taucht auch im Hauptfenster auf.

»Akkordspeicher«

Im »Akkordspeicher«-Objekt (siehe Abbildung 13.51) können Sie für einzelne Tasten resultierende Akkorde programmieren. Das Beispiel *13AkkArpEnv1* enthält in Spur 4 ein solches

»Akkordspeicher«-Objekt, das wiederum an das einzige Software-Instrument *E-Piano* geroutet ist. Für die Taste C habe ich dabei einen Akkord programmiert. Als Konsequenz spielt dieser Akkord nun bei jedem Auslösen eines C aus dem im Informationsfenster des »Akkordspeichers« festgelegten Notenbereich C2–C4, alle anderen Töne werden allerdings wie gehabt durchgeschleift.

In der untersten Spur des Projekts habe ich eine Kopie des »Akkordspeicher«-Objekts (die ich durch Ziehen bei gehaltener `alt`-Taste erzeugt habe) mit dem »Arpeggiator«-Objekt aus Spur 2 verkabelt (Abbildung 13.52), so dass das einfache Einspielen z. B. der Note C3 in der Spur ein komplexes Arpeggio auslöst. Probieren Sie es aus!

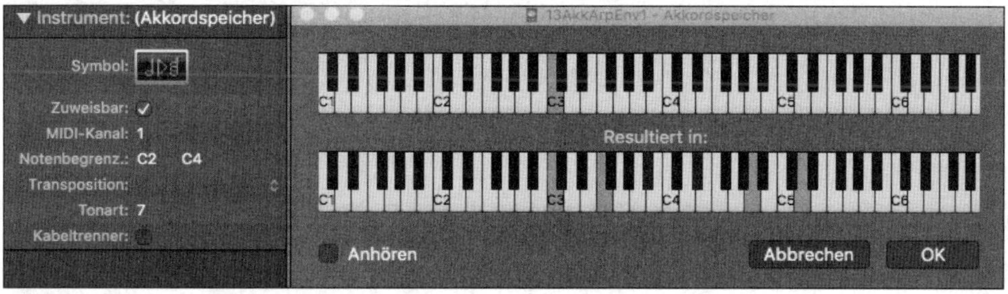

Abbildung 13.51 »Akkordspeicher«-Objekt

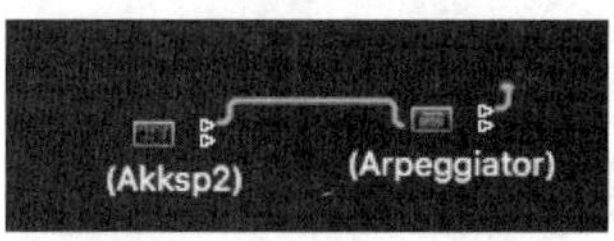

Abbildung 13.52 »Akkordspeicher«, dessen MIDI-Out im »Arpeggiator« landet

Alternativ lässt sich auch ein sogenanntes »Touch Tracks«-Objekt ähnlich wie ein »Akkordspeicher«-Objekt nutzen, siehe den übernächsten Abschnitt, »Touch Tracks«.

»Transformer«

Im Dokument *13Transf1* ist ein »Transformer« mit dem *E-Piano* verbunden, der eingehende Mod-Wheel-Daten in Noten umwandelt. Außerdem ist der »Transformer« als Spurinstrument ausgewählt (wozu ich das Häkchen unter ZUWEISBAR im Informationsfenster manuell setzen musste). Der »Transformer« ist eine Art Echtzeit-Pendant zum MIDI-TRANSFORMER und kann zu verschiedensten Zwecken eingesetzt werden. Natürlich kommt es dabei auch wieder darauf an, wo genau im MIDI-Signalfluss Sie ihn verkabeln. Sie könnten ihn beispielsweise einsetzen, um sicherzustellen, dass von Ihnen gespielte, eingehende Noten niemals eine bestimmte Velocity (hier: 86) überschreiten (siehe Projekt *13Velocitylimit* oder Abbildung 13.53) – oder in Echtzeit die Velocity Ihres Keyboards skalieren. Die Verkabelung in Abbildung 13.53 vor dem Sequenzereingang ist im Beispiel so angelegt, dass dies sämtliche eingehenden MIDI-Daten für alle Spuren betrifft.

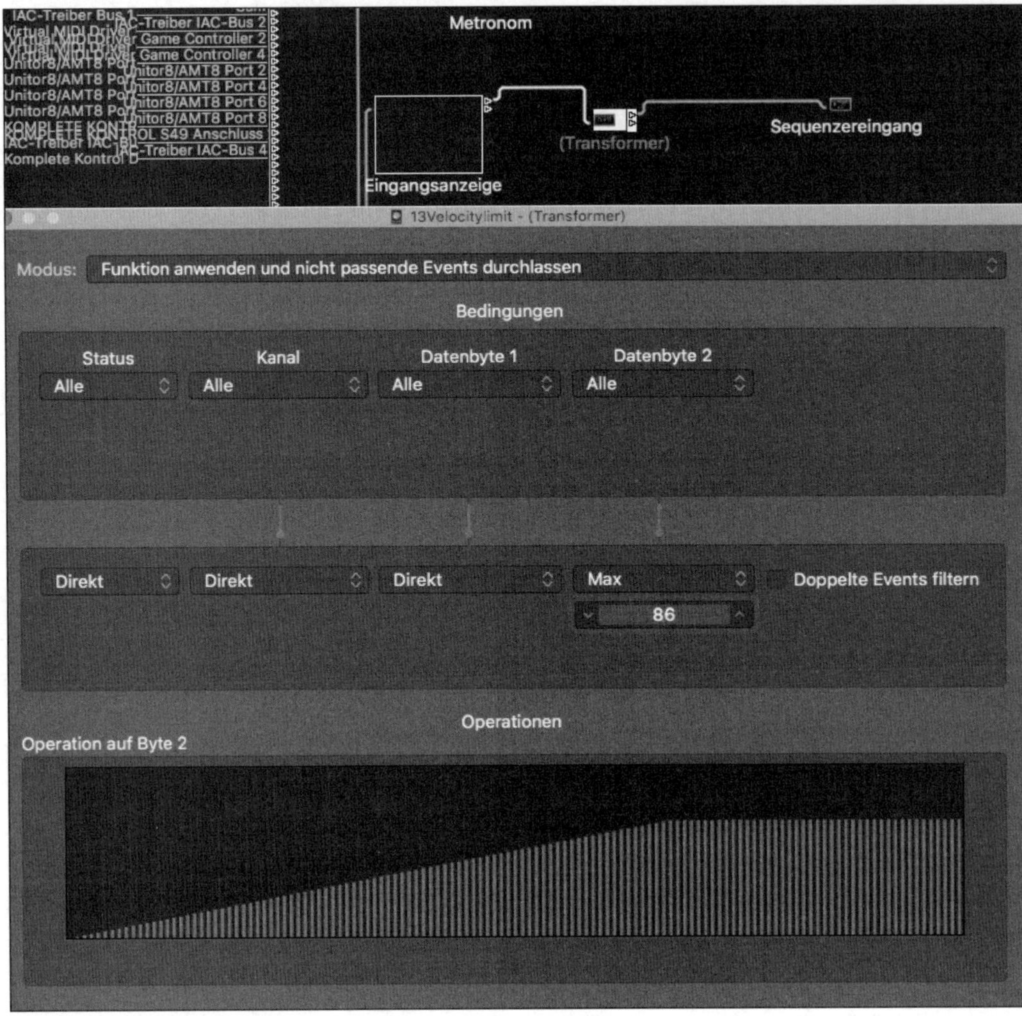

Abbildung 13.53 Velocity-Limiting in Echtzeit im Transformer

In einem weiteren Beispiel wird – analog zum in Abschnitt 7.7.6, für den MIDI-TRANSFORMER erläuterten Beispiel – die Bewegung des Mod-Wheels (allerdings diesmal in Echtzeit) in Noten umgewandelt. Das Ergebnis einer Mod-Wheel-Bewegung hören Sie in Dokument *13Transf1*. Die Noten klingen hierbei sehr lange aus, weil ja keine Note-Off-Befehle gesendet werden.

Auch Logic-eigene und nicht zum MIDI-Protokoll gehörende Events wie Regler- (zur Steuerung von Automation) und Meta-Events (siehe Meta-Events in Abschnitt 18.4) können einbezogen werden.

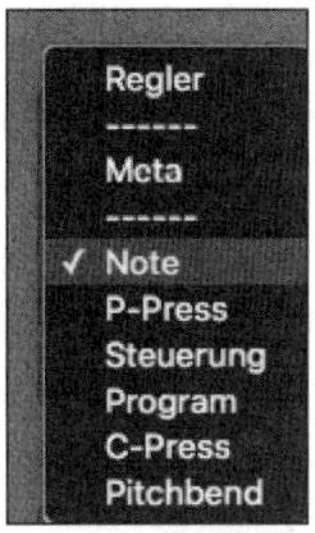

Abbildung 13.54 Mögliche Bedingungen oder Fixierungen für das Statusbyte

Der (Echtzeit-)»Transformer« in der MIDI-UMGEBUNG verfügt über einige zusätzliche Funktionen, wie etwa Modi, mit denen Events, die eine Bedingung erfüllen, aus einem anderen Kanal herausgeschickt werden können als jene, die die Bedingung nicht erfüllen.

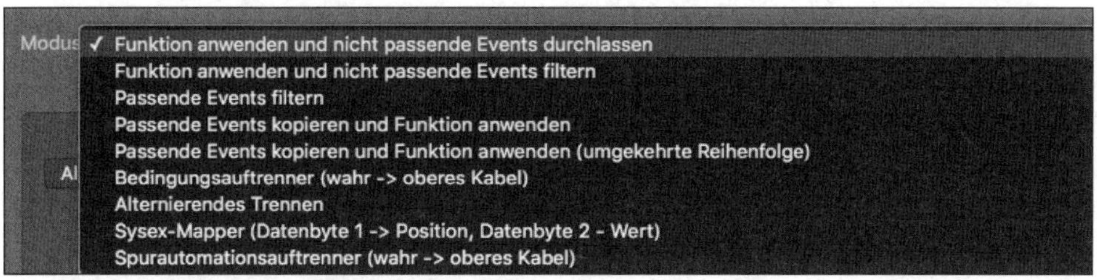

Abbildung 13.55 Modi im »Transformer«

Erwähnenswert hierbei ist auch die Funktion des »Transformers« mit dem Namen SPURAUTOMATIONSAUFTRENNER (WAHR → OBERES KABEL), zu sehen unten in Abbildung 13.55. Erfüllte Bedingungen können auf die Automation eines Objekts geroutet werden, MIDI-Daten lassen sich dabei in Regler-Event-Daten zur Steuerung bestimmter Plug-In-Parameter umwandeln. Auch umgekehrt können Automationsdaten theoretisch in MIDI-Controller-Daten umgewandelt werden (abgesehen davon, dass Sie Spurautomationsdaten über das Mix-Menü in Regionsautomation und somit in MIDI-Draw-Daten wandeln können; siehe Abschnitt 16.1.27).

»Touch Tracks«

»Touch Tracks« bieten die Möglichkeit, mit einer Taste Regionen, die zuvor eingespielt wurden, automatisch und über die ganze Tastatur transponiert auszulösen. Der Sequenzer darf hierfür nicht angehalten sein, sondern muss laufen.

Im Beispiel *13Touchtrack1* habe ich eine Region eingespielt und in den Layer MIDI-INSTR. gezogen. Hierdurch wird automatisch ein »Touch Tracks«-Objekt (siehe Abbildung 13.56) erzeugt, das ich anschließend als Spurinstrument eingestellt habe. Alternativ können Sie ein solches Objekt auch im Menü NEU erzeugen. Der Objektname wurde im Beispiel zunächst aufgrund des Regionsnamens CLASSIC ELECTRIC PIANO vergeben. Nun können Sie in dieser »Touch Tracks«-Spur (Spur 2 im Projekt) die Region transponiert über die ganze Tastatur spielen. Im Beispiel erklingt der Sound erst mit etwas Verzögerung, denn auch die Region selbst beginnt nicht auf der Zählzeit 1, sondern etwas später. Der Sound kommt dabei von Spur 1; ein Kabel vom »Touch Tracks«-Objekt zum klangerzeugenden Instrument musste hierfür allerdings nicht gezogen werden.

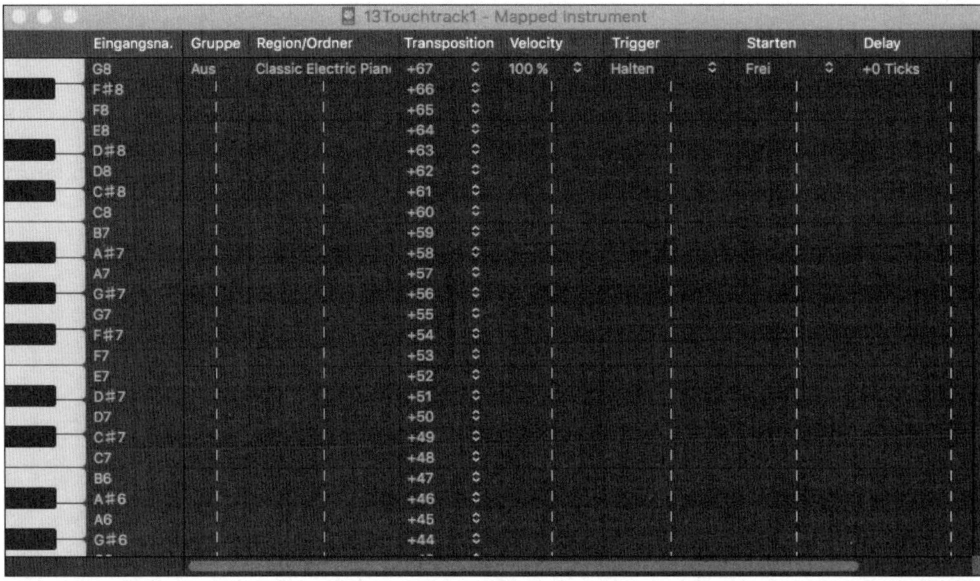

Abbildung 13.56 Geöffnetes »Touch Tracks«-Objekt; ganz oben ist der Name der Region zu sehen.

Die Bedienung bzw. Editierung kann in Einzelfällen aber etwas unlogisch oder holprig sein. Zu beachten ist beispielsweise, dass im Bereich SPUREN gelöschte Regionen anschließend auch aus »Touch Tracks« verschwinden, andererseits die Undo-Funktion nicht für Edits im »Touch Tracks«-Objekt funktioniert.

Mehrere Regionen in »Touch Tracks« nutzen

Sie können auch mehrere Regionen auf unterschiedliche Tasten ziehen, um verschiedene Regionen zu triggern. Im Projekt *13Touchtrack2* ist eine weitere Region namens AKKORD (ein Akkord spielt auf der Zählzeit 1) auf der Taste C#3 aktiv, alle anderen Tasten triggern wie im Projekt *13Touchtrack1* weiterhin die Region CLASSIC ELECTRIC PIANO.

Optionen in den Spalten, z. B. für »Trigger« und »Starten«

Sie können in den jeweiligen Spalten für jede Taste Einstellungen vornehmen, indem Sie auf Felder mit den nach oben und unten zeigenden Pfeilen klicken (siehe Abbildung 13.57). In der Abbildung ist z. B. für das Starten FREI eingestellt und für die Taste G8 eine Transposition +67. Sie können für die Spalten TRANSPOSITION, VELOCITY, TRIGGER, STARTEN und DELAY Einstellungen vornehmen.

Abbildung 13.57 »Touch Tracks«-Konfigurationsoptionen

Praxisbeispiel

Im Projekt *13Touchtrack3* sind für beide Regionen zusätzlich unterschiedliche Optionen aus den Spalten TRIGGER und STARTEN aktiv. Zunächst ist für beide Regionen NÄCHSTE 1/1 als Startpunkt eingestellt. Dies ist hilfreich bei Live-Performances: Auch wenn auf der Bühne totales Chaos herrscht und Sie irgendwann mit schlechtem Timing die Taste drücken, wird der Trigger trotzdem immer erst auf der nächsten Zählzeit 1 ausgelöst. Mit der Option UMSCHALTEN, SCHLEIFE im Bereich TRIGGER stellen Sie ein, dass das Auslösen einer Taste zwischen dauernder Wiederholung und angeschaltetem bzw. abgeschaltetem Zustand umschaltet. Hierdurch sorgt das kurze Triggering der Note C#3 im Projekt für ein länger andauerndes Spielen der einen Takt langen Region AKKORD2. Das nächste C#3 schaltet den »Betrieb« dieses Sounds dann aus, das nächste C#3 wieder an usw. Die Taste C3 im Projekt triggert dagegen unsere erste Region CLASSIC ELECTRIC PIANO, die sich im TRIGGER-Mode HALTEN, SCHLEIFE befindet, d. h., sie wird geloopt wiedergegeben, solange die Taste gehalten wird.

13.2.12 GM-Gerät verkabeln und Klangerzeuger mit Hilfe von Multi-Instrument-Objekten multitimbral nutzen

In diesem Abschnitt geht es um die Nutzung und Verkabelung von Multi-Instrument-Objekten aus der MIDI-UMGEBUNG als Spurobjekte, von denen aus MIDI zu Klangerzeugern gesendet wird, die auf allen MIDI-Kanälen empfangsbereit sind. Solche eine Verkabelung simuliert die Existenz eines externen General-MIDI-Klangerzeugers und kann auch bei der Nutzung von verbreiteten multitimbralen Instrumenten wie *Kontakt* oder *Omnisphere* hilfreich sein, auch wenn Logic auch einfachere Lösungen bereithält (siehe Abschnitt 4.10.6 und Abschnitt 11.26).

Verkabelung eines Multi-Instruments mit einem Klangerzeuger im Environment

Im Dokument *13Environment03* und dem Beispiel einer Verkabelung hin zu einem Objekt, das in einem anderen Layer liegt, habe ich das Multi-Instrument-Objekt mit dem Namen »GM-Gerät« mit einem GM-fähigen Plug-In verkabelt, das sich »DLS Music Device« nennt. Dieses Plug-In ist standardmäßig auf jedem Apple-Rechner installiert und steht nachfolgend stellvertretend für einen externen GM-Klangerzeuger. Sie finden dieses Plug-In als externes Instrumenten-Plug-In unter dem Herstellereintrag APPLE. Das Apple-AU-Plug-In »DLS Music Device« ist ein General-MIDI-kompatibler Klangerzeuger, der zwar unscheinbar aussieht, aber tatsächlich 16 verschiedene Instrumente unabhängig voneinander ausgeben kann (ab und zu führte das »DLS Music Device« allerdings in der Vergangenheit zu Programmabstürzen). Auch QuickTime kann dieses Instrument ansteuern, daher lassen sich z. B. General-MIDI-Files auch ohne Logics Hilfe mit dem QuickTime Player abspielen.

Das »DLS Music Device« ist im Gegensatz zu den Logic-Instrumenten multitimbral, d. h., es kann die Informationen mehrerer eingehender unterschiedlicher MIDI-Kanäle verarbeiten, um so ein ganzes Arrangement abspielen zu können. Hierfür muss im Informationsfenster SPUR in der Spur mit dem geladenen »DLS Music Device« unter MIDI-Kanal ALLE eingestellt sein, damit alle Kanäle empfangen werden können (Abbildung 13.58).

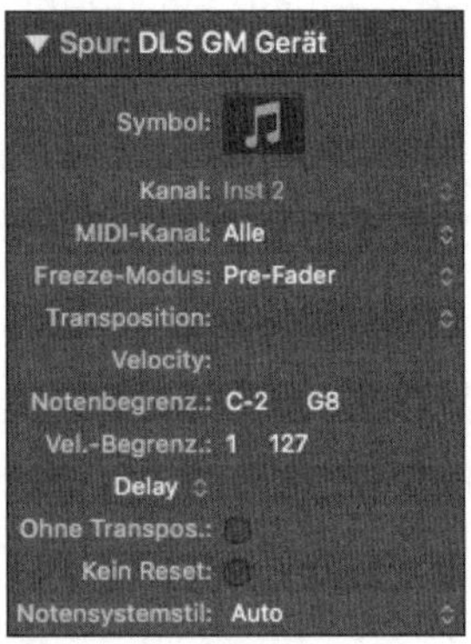

Abbildung 13.58 Hier habe ich eingestellt, dass das Instrument der Spur alle MIDI-Kanäle empfangen kann.

Wenn Sie das selbst nachvollziehen wollen: Verbinden Sie im Environment ein MULTI-INSTRUMENT-MIDI-Objekt (das MIDI-Daten für die einzelnen Kanäle bzw. gespielten Instrumente sendet) mit einem Kabel mit dem Ziel Software-Instrument. Die Instrumente eines Multi-Instruments müssen Sie zuvor durch Klick auf seine Zahlenfelder manuell freischalten. Sie müssen dazu die `alt`-Taste halten, um eine Kabelverbindung in andere Layer herzustellen. Nun können Sie MIDI-Spuren mit 16 verschiedenen Kanälen zu diesem Instrument routen und Ihr Setup wie ein Orchester mit 16 Musikern betrachten.

Im Dokument *13Environment04* spielt ein kleines Arrangement, um das zu demonstrieren. Es soll verdeutlichen, dass es leicht ist, in Logic mehrere Spuren mit unterschiedlichen Instrumenten zu spielen, die dasselbe Klangerzeuger-Gerät ansteuern, sei es nun ein externes Hardwaregerät (hierzu finden Sie im Bonusbereich das Projekt *13GMohneDLS*) oder ein internes Gerät in Form eines Software-Instrumenten-Plug-Ins (*13GMmitDLS*). Im Projekt *13Environment04* habe ich die Spuren des Environment-Objekts »GM-Gerät« benutzt (siehe Abbildung 13.59).

Ein Vorteil der oben gezeigten Methode gegenüber der Nutzung von Software-Instrument-Spuren mit verschiedenen Kanälen ist: Für jede externe MIDI-Spur können Sie im Informationsfenster SPUR eigene Parameter wie das verwendete Programm und den MIDI-Kanal vorgeben (bei Software-Instrument-Spuren lassen sich keine Programmnummern einstellen).

So ist zum Beispiel für Spur 2 PROGRAMM: 32 (ein ACOUSTIC BASS) eingestellt. Sie müssen dabei allerdings darauf achten, das Häkchen neben dem Eintrag PROGRAMM zu setzen. Ansonsten wird der Befehl zum Aufrufen des Programms nicht an das Instrument gesendet. Und: Nach dem Öffnen des Projekts hören Sie eventuell trotz korrekter Einstellung beim Projekt einen Flügel auf Spur 2. Erst nach Ab- und erneutem Anhaken im Infofenster kommt der Bass zum Vorschein. Im Projekt *13Environment04b* habe ich via Menübefehl FUNKTIONEN • INSTRUMENT-MIDI-EINSTELLUNGEN ALS EVENTS EINFÜGEN des Bereichs SPUREN die Information über das einzustellende Programm in die erste Region von Spur 2 (und dort an den Anfang) geschrieben. Die Position, an der die Events eingefügt werden, wird durch die Abspielposition bestimmt; die Region habe ich hier zudem nach links verlängert.

Abbildung 13.59 Projekt »13Environment04«. Für die Drum-Spur ist MIDI-Kanal 10 im Infofenster eingestellt.

Neue Spuren mit weiteren MIDI-Kanälen erzeugen Sie dann übrigens über den Menübefehl SPUR • ANDERE • NEUE SPUR MIT NÄCHSTEM MIDI-KANAL oder den entsprechenden Shortcut `ctrl` + `↵`.

Multitimbrales Instrument mit mehreren Software-Instrumentspuren ansteuern

Im Projekt *13Environment05* habe ich die bereits erläuterte Technik angewendet, um ganz einfach drei verschiedene Software-Instrument-Spuren mit verschiedenen MIDI-Kanälen von meinem multitimbralen Instrument »DLS Music Device« zu spielen. Der Befehl NEUE SPUR MIT NÄCHSTEM MIDI-KANAL bezieht sich hier direkt auf die Software-Instrument-Spur. Neue Spuren mit weiteren einzelnen MIDI-Kanälen erzeugen Sie dort über das Menü SPUR • ANDERE oder den entsprechenden Shortcut `ctrl` + `↵`. Das funktioniert nur, wenn zuvor nicht MIDI-KANAL: ALLE, sondern ein bestimmter MIDI-Kanal eingestellt ist. Dass es in Logic im Gegensatz zu den meisten anderen Sequenzerprogrammen möglich ist, für ein internes Software-Instrument mehrere Spuren zu erzeugen, kann zu Verwirrung führen, wenn es um die Ansicht von Automationsdaten geht, denn diese werden dann in mehreren Spuren gleichzeitig angezeigt.

Weil Software-Instrument-Spuren keinen Eintrag für die Programmnummern haben, fügen Sie gewünschte Befehle am besten mit Hilfe der EVENT-Liste ein, siehe Kapitel 7, »Die MIDI-Editoren«.

Multitimbrales Instrument mit Aux-Kanälen ansteuern

Eine weitere Alternative zum Ansteuern multitimbraler Instrumente ist (übrigens seit Logic 9.1.8) die Nutzung von Aux-Kanälen, die zu einem Multi-Ausgang-Instrument gehören und die Einzelouts eines Instruments ausgeben. Diese Aux-Kanäle können ergänzend auch MIDI an das Hauptinstrument senden. Sie können den MIDI-Kanal im Informationsbereich des Aux-Kanals einstellen.

13.2.13 »Kanaltrenner«-Objekt und Aufnahme mehrerer Spuren

Das »Kanaltrenner«-Objekt ist in der Lage, live durch es geroutete MIDI-Daten nach Kanälen aufzutrennen und anschließend jeden Kanal einzeln auszugeben. Diese Funktionalität ist zum Beispiel hilfreich, wenn mehrere eingehende MIDI-Daten von verschiedenen Keyboards an verschiedene einzelne Instrumente geroutet werden sollen. Lesen Sie zu diesem Thema auch Abschnitt 3.4.4 über die Projekteinstellungen »Aufnahme« und Abschnitt 5.2.16 über Aufnahme.

13.2.14 Mapped Instrument

Sogenannte *Mapped Instruments* erlauben spezielle Konfigurationen für Instrumente (siehe Abbildung 13.60). Sie erlauben:

- eine Beschriftung der einzelnen Tasten (z. B. Drumsounds)
- das Mapping von Eingangsnoten zu Ausgangsnoten (diese müssen nicht übereinstimmen), MIDI-Kanälen und Velocity-Offset-Werten
- das Senden von Noten zu bestimmten Kabel-Outputs (die Zahl der Kabel-Outputs erhöht sich, wenn Sie ein zusätzliches Kabel mit einem freien Kabeloutput des Objekts verbinden; hierdurch können Sie mit Hilfe des Mapped Instruments auch mehrere verschiedene Software-Instrumente oder externe Klangerzeuger ansteuern)
- die Zuweisung eigener Notationsparameter wie etwa eine für bestimmte Schlagzeugsounds typische Form

Wenn Sie die Maus mit gehaltener Maustaste über mehrere Noten bewegen, können Sie mehrere Tasten für Edits selektieren.

Im Projekt *13Mappeddrms* habe ich ein Mapped Instrument mit einem Drumkit-Software-Instrument verkabelt, und Sie können die Richtigkeit der GM-Beschriftung überprüfen. In der Pianorolle ist die Funktion mittlerweile von der automatischen Anzeige der Drum-Namen (siehe Kapitel 7, »Die MIDI-Editoren«) »überholt« worden. Die Event-Liste sollte Namen anzeigen.

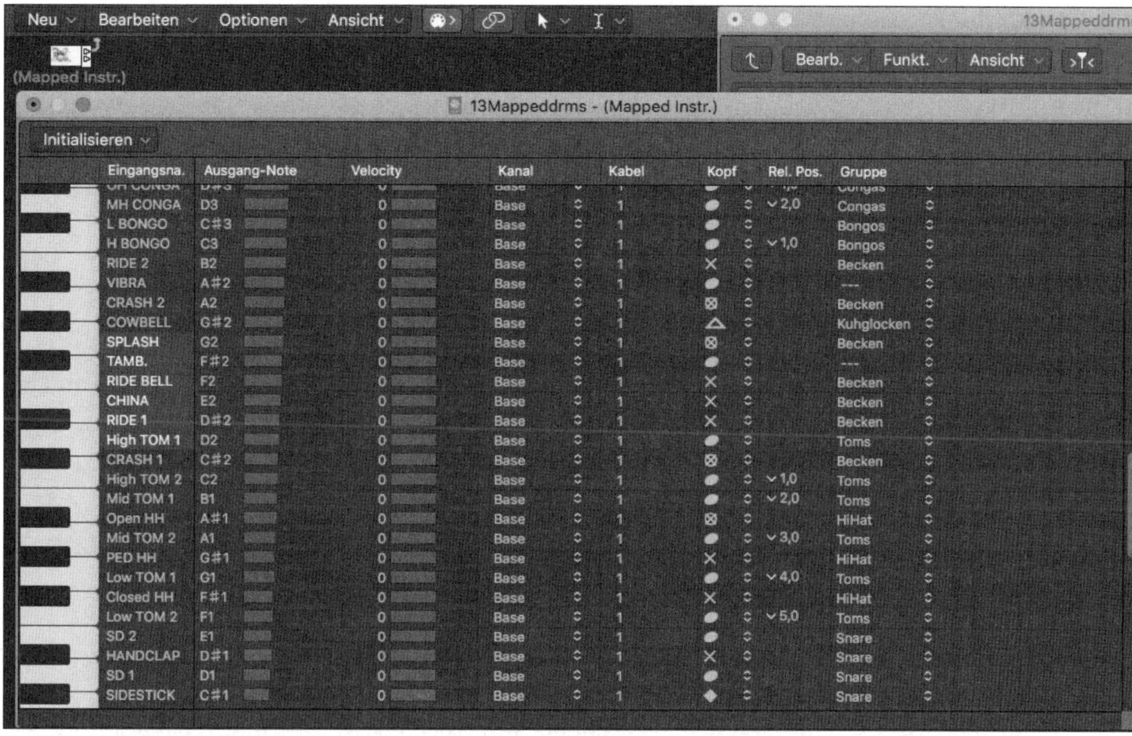

Abbildung 13.60 Mapped Instrument

13.2.15 Sonstige Environment-Objekte und -Layer

Im Environment finden Sie noch viele weitere Objekte, die ich hier aus Platzgründen nicht aufführen kann, und die Sie im Handbuch nachschlagen können. Hier einige Beispiele:

In Ermangelung eines Hardwarecontrollers oder als Alternative dazu können Sie Fader und/ oder Knöpfe in einem Layer arrangieren, um MIDI-Controller-Daten (über optimalerweise übersichtlich angeordnete Fader) an Logic zu senden. Im Dokument *13Faderenv1* habe ich einen neuen Layer erzeugt. In diesem Layer senden acht neu erzeugte Fader jeweils Controller 21–28. Sie können diese nun beispielsweise zur Fernsteuerung von Plug-Ins oder einer MIDI-Hardware ohne Fader benutzen. Im Menü NEU stehen Ihnen unter dem Eintrag REGLER viele verschiedene Knöpfe und Fader zur Verfügung.

Alle Fader-Objekte wurden mit dem Farbfenster (`alt` + `C`) eingefärbt und verfügen außerdem über optionale Inputeinstellungen, die zunächst jeweils ebenfalls auf Controller 21–28 eingestellt sind. Alle Fader werden über ein neutrales »Transformer«-Objekt, das ich hier ROUTER getauft habe, an den Sequenzereingang geroutet (siehe Abbildung 13.61).

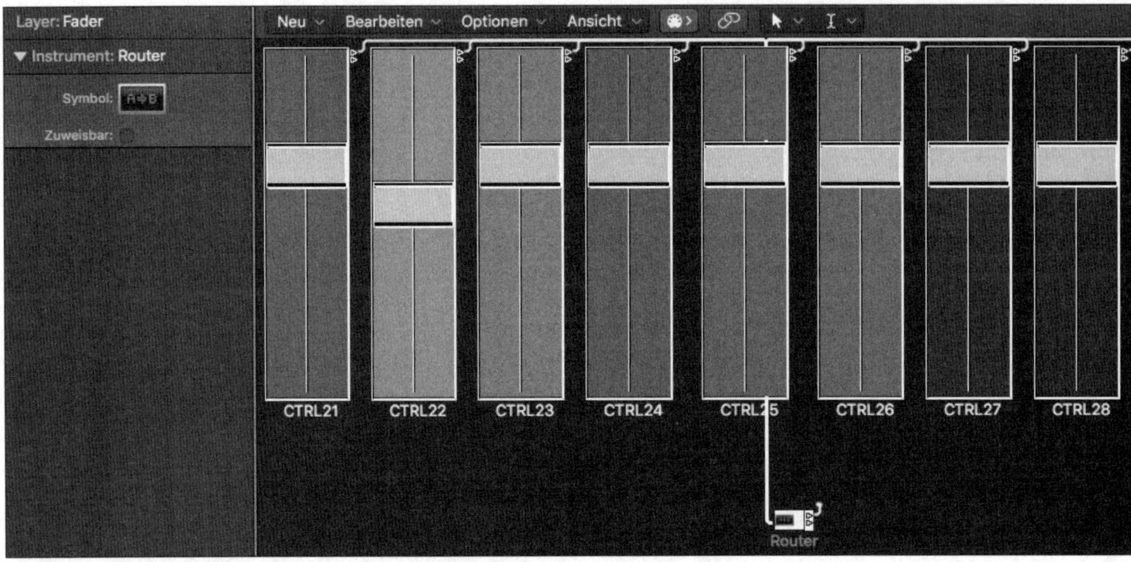

Abbildung 13.61 Selbsterzeugter und benannter »Fader«-Layer

Sie können die Inputeinstellungen aber auch abändern und somit beispielsweise einen Hardwarecontroller, der Controller 40–47 sendet, mit unseren virtuellen Logic-Fadern (aber nicht mit dem Sequenzereingang) verbinden, um von der Hardware (obwohl diese zunächst etwas anderes ausgibt) Controller 21–28 an die virtuellen Fader (und von dort erst weiter an den Sequenzereingang) zu senden. Hierfür habe ich im Projekt *13Faderenv2* ein neutrales »Transformer«-Objekt als Sammelstelle eingerichtet, mit dem Sie den Output Ihres angeschlossenen Controllers im physischen Eingang des Layers KLICK & PORT (am Sequenzereingang vorbei) verbinden müssten.

»Monitor«

Das Objekt »Monitor« im KLICK & PORT-Layer (das die Struktur durchfließender MIDI-Daten anzeigt) habe ich bereits in Abschnitt 13.2.10 kurz vorgestellt; es kann auch in anderen Layern zum Einsatz kommen. Auch in Abschnitt 16.1.26 finden Sie ein Beispielprojekt (*16Parametermonitoring*), das den Monitor nutzt, um herauszufinden, welche Bezeichnungen und Nummern Logic für die Bewegung einzelner Plug-In-Regler verwendet (so dass Sie z. B. Kurven zum Ansteuern bestimmter Parameter als MIDI-Draw-Events selbst einzeichnen können).

Temporegler

In Abschnitt 9.11 finden Sie Erläuterungen über den TEMPO-Regler, den Sie im Menü NEU • REGLER • SONDERFÄLLE erzeugen und zur Steuerung des Logic-Tempos verwenden können.

13.2.16 Import von externen Environment-Layern und -Objekten

Sie können Environment-Layer aus anderen Projekten importieren, und zwar über das Menü OPTIONEN • ENVIRONMENT IMPORTIEREN des Fensters MIDI-UMGEBUNG. Zur Auswahl stehen mehrere Möglichkeiten – inklusive des Imports von Layern und Objekten aus anderen Projekten bis hin zum Ersetzen des kompletten Environments. Das ist interessant, weil es im Internet viele herunterladbare Environments zu verschiedensten Zwecken gibt, die Sie importieren können.

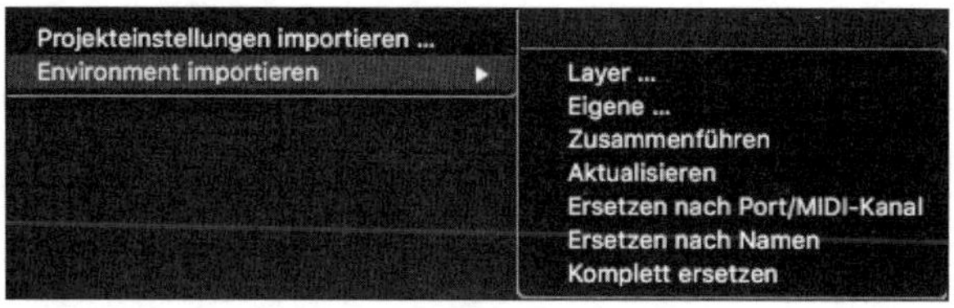

Abbildung 13.62 Import von Environments

Wenn Sie die Option LAYER auswählen, erscheint der Dialog aus Abbildung 13.63. Im Flip-Menü LAYER können Sie Layer aus dem gewählten Projekt auswählen.

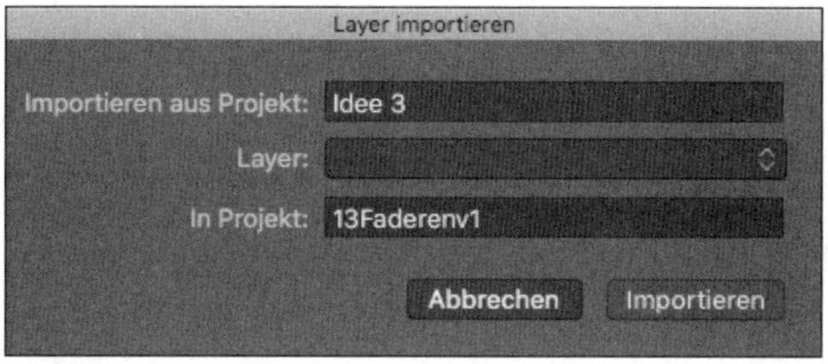

Abbildung 13.63 Optionen zum Import von Layern

Wenn Sie hier beispielsweise einen Layer MIDI-INSTR. importieren, legt Logic in Ihrem Projekt einen neuen Layer mit dem entsprechenden Namen an (auch wenn sich ein solcher bereits in Ihrem aktuellen Projekt befindet). Die BIBLIOTHEK kann gegebenenfalls auch auf Inhalte anderer verschiedener Layer zurückgreifen.

Wenn Sie die Importoption EIGENE ... wählen, können Sie Objekte Ihres Tracks gegen Objekte des anderen Projekts austauschen oder einzelne Objekte importieren.

Kapitel 14
Der Mixer und das Routing

Damit ein Song gut klingt, mischen Sie seine einzelnen Bestandteile entsprechend ab. Lassen Sie uns zunächst die Arbeitsoberfläche betrachten, in der all dies stattfindet: den Mixer. In Kapitel 15, »Die Effekte in Logic Pro X«, lernen Sie dann alle Effekte kennen, in Kapitel 17, »Mixingstrategien, musikalische Ziele und Stile«, finden Sie einen kleinen Leitfaden für Mixingstrategien.

Logics Mischpult ist mächtig und flexibel. Um Kontrolle über Ihre Mixe zu bekommen, sollten Sie wissen, wie das Signal durch den Mixer fließt – und auch, wie Sie es anzeigen, umleiten, effektieren, splitten und zusammenfassen. Sie lernen Begriffe wie *Insert-* und *Send-Effekte*, *Busse*, *Summen-Routing* und *Stems* und ihre Bedeutung kennen.

14.1 Einführung in den Mixer

Logics Mixer orientiert sich an klassischem Mischpult-Design, seine Flexibilität ist auch von teuersten Hardwaremixern nicht zu übertreffen. Es bietet innovative Ansichtsoptionen für Übersichtlichkeit.

14.1.1 Mixerfenster einblenden und scrollen

Im Hauptfenster blenden Sie mit dem Shortcut [X] oder dem entsprechenden Button in der Symbolleiste unten einen kleinen Mixer ein. Das MIXER-Fenster öffnen Sie dagegen mit dem Shortcut [cmd] + [2]. Tipp: Bei Mouse-Wheels, die nur vertikal scrollen, können Sie via [⇧] + Scroll horizontal scrollen, um besser durch einen großen Mixer mit vielen Spuren zu navigieren.

14.1.2 Ansichten des Mixers: Übersicht

Eine Besonderheit des Logic-Mixers sind seine drei Ansichten:

- EINZELN
- SPUREN
- ALLE

14.1.3 Ansicht »Einzeln«

In der Ansicht EINZELN wird ein Kanalzug inklusive sämtlicher für den Signalfluss relevanten Folge-Kanalzüge angezeigt (bei regulärer Verkabelung mit Aux-Kanälen, nicht jedoch bei Nutzung von Audiospuren als Sammelspuren).

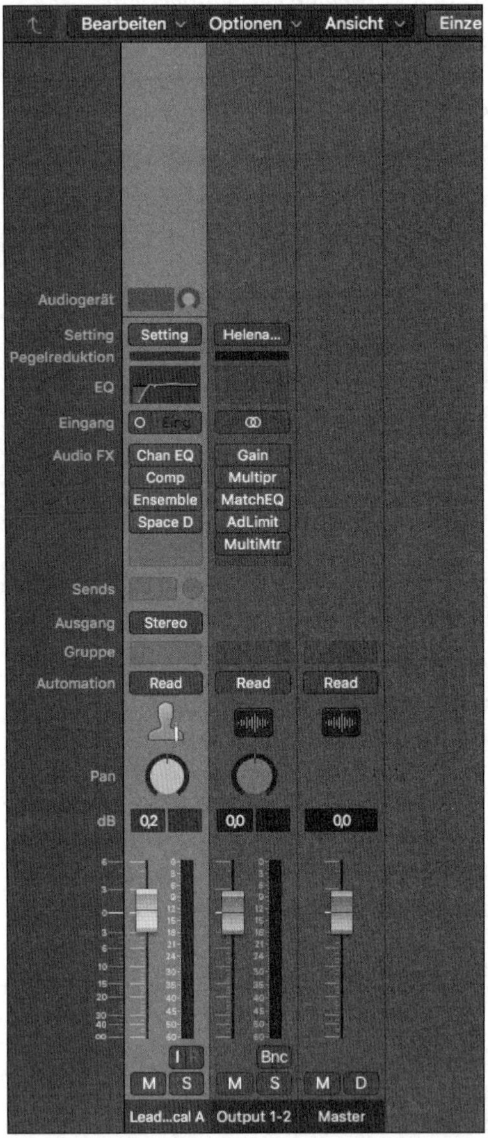

Abbildung 14.1 Ansicht »Einzeln« im Mixer für einen Kanalzug des Logic-Demoprojekts

Die anderen beiden Ansichten (SPUREN, ALLE) benötigen meist etwas mehr Platz in der Breite.

14.1.4 Ansicht »Spuren«, Spuren anordnen, Spuren im Hauptfenster

In der Ansicht SPUREN (siehe Abbildung 14.2) wird die Reihenfolge und Anordnung von Spuren aus dem Bereich SPUREN auch im Mixer angezeigt. Allerdings lassen sich auch dann die Spuren nur im Bereich SPUREN, nicht im Mixer selbst verschieben. Manche Mixerspuren sind möglicherweise im Bereich SPUREN nicht zu sehen. Um alle Spuren im Bereich SPUREN verfügbar zu haben, müssen Sie gegebenenfalls für Aux- oder sonstige Mixerkanalzüge eigene Spuren im Bereich SPUREN erzeugen. Dies geht, wie gezeigt, durch Rechtsklick auf den entsprechenden Kanalzug oder via `ctrl` + `T` (bei selektierter Spur).

Abbildung 14.2 Ansicht »Spuren« im Mixer für einen Kanalzug des Logic-Demoprojekts

Erzeugen von Aux-Spuren im Hauptfenster

Wenn Sie in einem Mixer-Kanalzug wie z. B. *Bus* oder *Output* einen Automationsmodus aktivieren, wird nun automatisch im Bereich SPUREN eine Spur dieses Kanalzugs erzeugt. Sie können nun auch mehrere Spuren gleichzeitig selektieren und neue Spuren im Hauptfenster erzeugen.

14.1.5 Ansicht »Alle«

In der Ansicht ALLE sehen Sie alle Spuren des Mixers (z. B. inklusive *Klopfgeist* und Prelistening-Kanal, siehe Abschnitt 14.1.34). Dabei werden alle Kanalzüge und Mixer-Objekte in einer bestimmten, nicht verschiebbaren Reihenfolge angezeigt, die die verschiedenen Typen von Kanalzügen im Mixer nacheinander in der Reihenfolge ihrer Kanal-Nummerierung als MIDI-Umgebung-Objekte auflistet. Kanaltyp und -nummer werden oberhalb des SETTING-Buttons sichtbar, wenn Sie sich im ANSICHT-Menü für Channel-Strip-Komponenten TYP UND NUMMERNBESCHRIFTUNG anzeigen lassen. Wenn Sie sich dort dagegen die NUMMER anzeigen lassen, ist die Spurnummer gemeint, die Sie unter dem Spurnamen sehen (siehe Abschnitt 14.1.11).

14.1.6 Kanalzugtypen im Mixer und weitere Ansichtsoptionen

Der Mixer zeigt folgende Arten von Kanalzügen an:

- Audio
- Instrumente
- Aux
- Bus
- Input
- Output
- Master
- MIDI

Die verschiedenen Kanalzugtypen werden rechts oben aufgelistet und können durch Klick auf den entsprechenden Button in den Ansichten SPUREN und ALLE ein- und ausgeblendet werden. Angezeigte Kanalzugtypen erkennen Sie an blau leuchtenden Buttons. Klicken Sie einen Kanalzugtyp-Eintrag dagegen mit gehaltener [alt]-Taste an, so wird anschließend *ausschließlich* diese Spurkategorie angezeigt. Ein anschließender Klick auf den blau leuchtenden Kanalzugtyp-Button reaktiviert die Anzeige für alle Kanalzugtypen. Rechts daneben stellen Sie die Spurbreite für angezeigte Objekte ein (siehe Abbildung 14.3).

Abbildung 14.3 Einstellung für die Breite der Darstellung des Kanalzugs

14.1.7 Spuren sortieren

Unter SPUREN SORTIEREN NACH ... bietet das SPUR-Menü praktische Optionen zum Erzeugen und zum *automatischen* Sortieren von Spuren nach Kategorien (wie MIDI-Kanal, Audiokanal oder Spurname). Alternativ ist ein *manuelles* Umsortieren von Spuren zwar möglich, muss allerdings im Hauptfenster im Bereich SPUREN und kann nicht im Mixer selbst erfolgen. Auch automatische Sortierungen finden zunächst im Hauptfenster statt, wodurch sie im Mixer in der Ansicht SPUREN angezeigt werden.

14.1.8 Spur-Selektionstechniken im Mixer

Haben Sie beispielsweise Spur 1 selektiert und klicken mit gehaltener [⇧]-Taste auf Spur 7, werden alle Spuren dazwischen ebenfalls selektiert. Wenn Sie nur Spur 1 und Spur 7 selektieren möchten, halten Sie hierfür die [cmd]-Taste gedrückt, während Sie Spur 7 selektieren. Sie können auch den Cursor mit gehaltener Maustaste über die Abbildung der Spuren im Mixer bewegen, um mehrere Spuren auszuwählen.

14.1.9 Spuren löschen

Wenn Sie eine oder mehrere Spuren selektiert haben, können Sie sie durch Klick auf die [⌫]-Taste löschen (gegebenenfalls erfolgt eine Warnung, falls Spuren für das Arrangement bzw. im Bereich SPUREN verwendet werden).

14.1.10 Plug-Ins und Effekte im Mischpult bedienen

Sie laden Plug-Ins, indem Sie mit Gefühl und gehaltener Maustaste auf den entsprechenden Slot klicken und das Plug-In aus dem Menü auswählen, oder über die BIBLIOTHEK.

Wenn Sie den Cursor mit der Maus über den Eintrag eines geladenen Plug-In Slots bewegen, verändert sich dessen Grafik. Statt des Namens des Plug-Ins sehen Sie eine dreigeteilte Ansicht (Abbildung 14.4). Diese ist für Software-Instrumente und Audioeffekte blau, für MIDI-Effekte grün.

Abbildung 14.4 Dreigeteilter Slot

Für alle Plug-Ins gilt: Links schalten Sie das Plug-In an und aus. Ein Klick auf die Mitte öffnet das Plug-In. Wenn Sie mit gehaltener Maustaste auf den rechten Bereich gehen, gelangen Sie wieder ins Flip-Menü zur Auswahl von Plug-Ins. Während pro Kanalzug nur ein Instrument geladen werden kann, wird beim Einfügen von Effekt-Plug-Ins unterhalb des geladenen Effekts ein weiterer, nicht eingefärbter, sehr schmaler Slot sichtbar, in den Sie einen weiteren Effekt laden könnten. Halten Sie beim Klick auf diesen Slot die Maustaste mit Gefühl lange genug gedrückt, um an das Aufklappmenü zum Erzeugen eines neuen Effekts zu gelangen.

Mit dem Shortcut [V] blenden Sie schnell alle geöffneten Plug-In-Fenster ein oder aus. Wenn Sie mit gedrückter Maustaste den Cursor von oben nach unten oder von unten nach oben über Effekt-Plug-Ins bewegen, können Sie diese in einem Rutsch aktivieren oder deaktivieren.

Effekte verschieben und kopieren

Die Position der Effekte im Kanalzug vertauschen Sie, indem Sie den Slot bei geladenem Effekt in der Mitte anfassen und mit gehaltener Maustaste in den gewünschten Slot bewegen. Gegebenenfalls tauschen Effekte bei solchen Verschiebungen auch automatisch ihre Position, falls mehrere Effekte geladen sind. Darüber hinaus ist es kein Problem, auf die gleiche Art und Weise Effekte einer Spur in andere Spuren zu verschieben, indem Sie die Maustaste gedrückt halten und den Effekt einfach in die andere Spur hinüberziehen (siehe Abbildung 14.5).

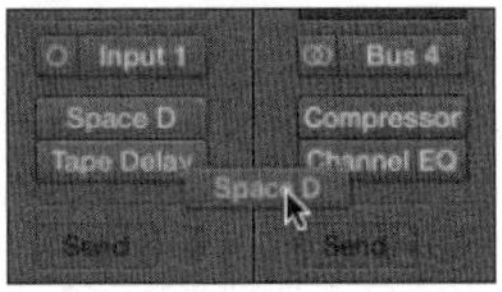

Abbildung 14.5 Im Bild ziehe ich den »Space Designer«-Effekt in einen Slot der rechten Spur.

Dabei bleiben sämtliche im Effekt vorgenommenen Einstellungen erhalten. Wenn Sie dabei die `alt`-Taste gedrückt halten, wird der Effekt nicht verschoben, sondern kopiert.

14.1.11 Aufbau und Ansichtsoptimierung von Channel-Strips

Sie finden im Menü ANSICHT diverse Optionen für die Anzeige der Bestandteile von Kanalzügen Auch ein Rechtsklick auf einen Kanalzug öffnet ein Kontextmenü mit entsprechenden Optionen. Die komfortabelste Option ist der über ANSICHT • CHANNEL-STRIP-KOMPONENTEN KONFIGURIEREN erreichbare Dialog aus Abbildung 14.6.

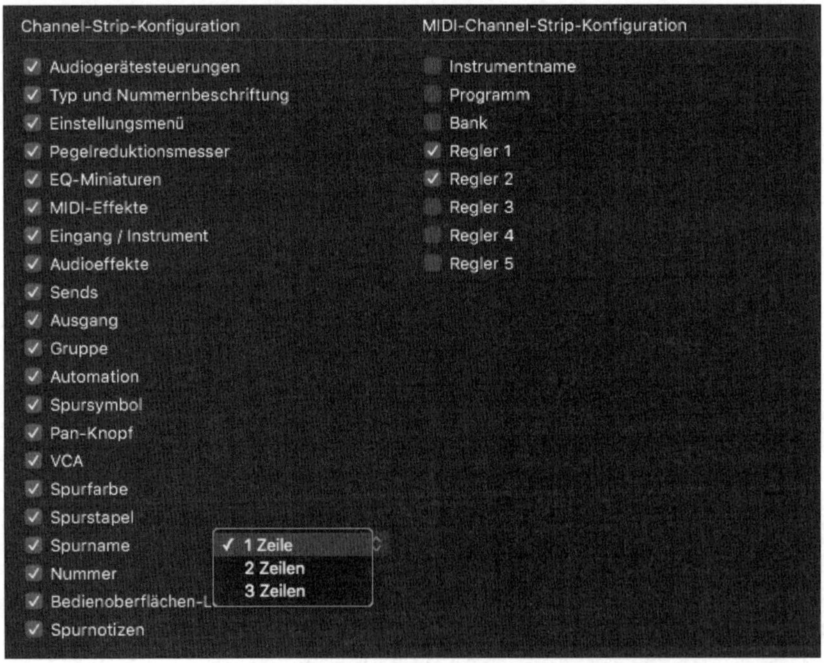

Abbildung 14.6 Dialog »Channel-Strip-Komponenten konfigurieren«

Betrachten Sie Kanalzüge mit allen eingeblendeten Optionen. Je nach Anzahl der Effekte etc. kann ein Kanalzug sehr lang werden.

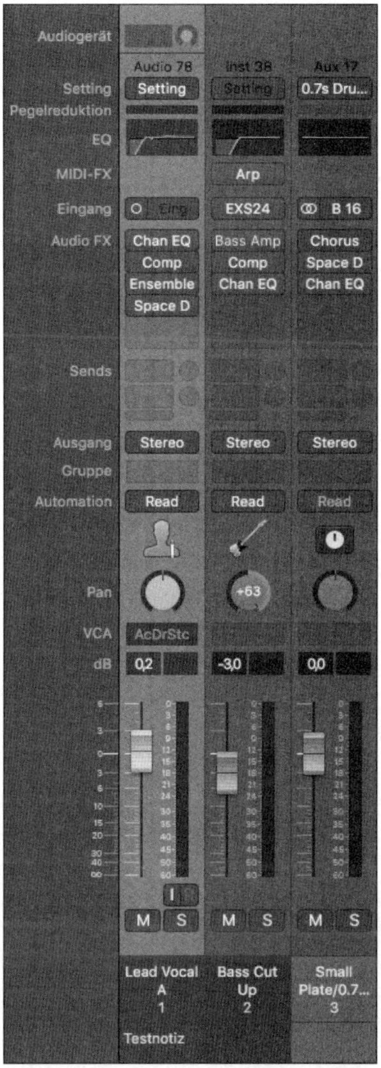

Abbildung 14.7 Kanalzüge (»Audio«, »Inst«, »Aux«) mit allen eingeblendeten Ansichten

Beim Instrumentenkanalzug können Sie oben »MIDI-FX«-Plug-Ins und darunter Instrumente laden. Der Bereich für Audiogerätesteuerung fehlt gegenüber dem Audiokanal. Beim Aux-Kanalzug ist unten kein RECORD-Button zu sehen.

Die Abbildung zeigt von oben nach unten die Bestandteile in den Kanalzügen von Logics Mixer, die ich Ihnen in den nächsten Abschnitten erkläre.

14

14.1.12 Kanalzug: Audiogerätesteuerung

Hier können Sie bei Audiospuren die Eingangslautstärke Ihres Audioeingangs regeln (ein relativ neues Feature in Logic). Nutzen Sie hierfür bei Interfaces von Drittanbietern gegebenenfalls deren mitgelieferte Software. So können Sie hier z. B. seit Logic 10.3.2 diverse Einstellungen wie z. B. Phantomspeisung von Apogee-Interfaces einstellen.

Abbildung 14.8 Apogee Element 24-Einstellungen im Logic-Mixer

14.1.13 Kanalzug: Typ und Nummernbezeichnung:

Zeigt die Art des Kanalzugobjekts und seine Nummer an. Kanalzugobjekte vom Typ AUDIO werden im Mixer in der Reihenfolge ihrer Kanalzuweisung durchnumeriert. Diese Kanalzuweisung ist im Informationsfenster in der MIDI-UMGEBUNG einstellbar und in den anderen Fenstern ausgegraut sichtbar, z. B. AUDIO 1, AUDIO 2 ...

Übrigens: Der Prelistening-Audiokanal zum Vorhören in diversen Situationen ist ebenfalls ein gewöhnlicher, allerdings *solo safe* geschalteter Kanalzug (typischerweise ein Audioobjekt mit dem Kanal AUDIO 256).

14.1.14 Kanalzug: »Setting«-Menü

Hier laden und speichern Sie *.cst*-Files (Channel-Strip-Presets).

14.1.15 Kanalzug: Pegelreduktions- und EQ-Miniaturen

Die Miniaturdarstellungen (Abbildung 14.9) zeigen die Gain-Reduction durch das erste verwendete Logic-»Compressor«-Plug-In im Kanalzug bzw. die EQ-Kurve des ersten verwendeten »Channel EQs« oder »Linear Phase EQs«. Ein Doppelklick auf die jeweiligen Miniaturen öffnet und schließt das zugehörige Plug-In. Falls noch kein EQ oder Compressor eingefügt ist, wird ein entsprechendes Plug-In beim ersten Doppelklick in den Miniaturenbereich automatisch eingefügt.

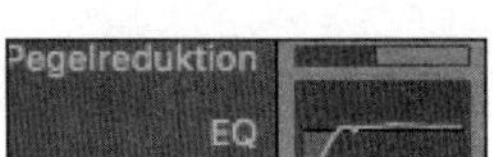

Abbildung 14.9 Pegelreduktions- und EQ-Kurven-Miniaturen

14.1.16 Kanalzug: »MIDI-FX«

Sind MIDI-FX aktiv, werden sie oberhalb der Plug-Ins angezeigt (nur bei Software-Instrument-Spuren). Diese können Sie ebenfalls per Drag & Drop zwischen Kanälen austauschen und kopieren (siehe Kapitel 13, »Die MIDI-FX-Plug-Ins und die MIDI-Umgebung«).

14.1.17 Kanalzug: Input/Instrument, Mono/Stereo/Surround

In Audio- und Aux-Kanälen wird der Input inklusive der Schaltung für Mono/Stereo und Surround angezeigt (links daneben, siehe Abbildung 14.10). Das Flip-Menü erreichen Sie im Bild durch Klick auf die Kreise bzw. das Symbol für das ausgewählte Routing (in Abbildung 14.10 zwei kreise für »Stereo«).

Sie können auch z. B. nur das linke Signal einer Stereoaufnahme wiedergeben. Sie können auch nur einen Kanal eines Stereosignals nutzen

Das ist beispielsweise bei Verwendung bestimmter Mikrofontechniken nützlich. Nutzen Sie den entsprechenden Eintrag LINKS bzw. RECHTS im Flip-Menü neben dem Eingang, wo sonst die zwei Kringel für eine Stereokonfiguration zu sehen sind (Abbildung 14.10). Dies gilt sowohl für Audiospuren als auch für Aux-Kanäle.

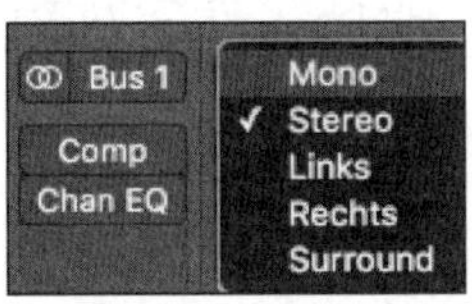

Abbildung 14.10 Input-Auswahl

Kanalkonfigurationen, die sich durch die Verwendung der Effekte ergeben (z. B. Mono zu Stereo, Dual-Mono, bespreche ich in Abschnitt 15.1.3).

In Software-Instrument-Spuren können Sie hier ein Instrument-Plug-In laden.

14.1.18 Kanalzug: Audioeffekte

In diesen Slots fügen Sie Audioeffekt-Plug-Ins ein (siehe auch Abschnitt 14.1.10)

14.1.19 Kanalzug: »Sends«

Von hier aus senden Sie das Signal Pre- oder Post-Fader an Busse (siehe Abschnitt 14.3 über Einschleif- vs. Zumischeffekte). Beachten Sie, dass es meist außerdem aus dem Output-Bereich herauskommt.

Beim Erzeugen von Bussen steht der Pegel des SEND-Knopfes zunächst auf minus unendlich. Klicken Sie mit gehaltener `alt`-Taste auf den Fader, um ihn auf eine Einstellung von 0,0 dB zu bringen. Zum Abgriff des Signals neu erstellter Zielbusse erzeugt Logic automatisch einen Aux-Kanal oder verwendet einen existierenden Aux-Kanal. Bewegen Sie die Maus über den linken Teil der SENDS-Anzeige, um einen Power-Knopf angezeigt zu bekommen und Sends zu aktivieren/deaktivieren. Inaktive Sends sind grau, aktive blau farbig unterlegt.

14.1.20 Kanalzug: »Ausgang«

Von hier aus kann das Signal an Outputs oder Busse gesendet werden.

14.1.21 Kanalzug: »Gruppe«

Hier können Sie den Kanalzug einer oder mehreren Mixgruppe(n) zuweisen (siehe auch Abschnitt 14.8).

14.1.22 Kanalzug: »Automation«

Hier stellen Sie den Automationsmodus der Spur ein (siehe Abschnitt 16.1). In den Kanalzügen des Mixers können Sie so gut wie jeden Parameter (inklusive der meisten Regler von Audioeffekt- und Instrumenten-Plug-Ins, MIDI-Plug-Ins via Smart Controls) live verändern und die Bewegungen/Veränderungen als Automation aufzeichnen.

14.1.23 Kanalzug: VCA-Gruppe

Weisen Sie Sie Spuren einer VCA-Gruppe zu (siehe Abschnitt 14.8.3).

14.1.24 Kanalzug: Spursymbol

Ein Spursymbol können Sie unterhalb der Automationseinstellung einblenden und es z. B. durch Doppelklick auf das Symbol im Informationsfenster SPUR des Hauptfensters oder durch Rechtsklick auf das Symbol im Spur-Header im Bereich SPUREN auswählen.

14.1.25 Kanalzug: Pan, Pan/Balance, Stereo-Pan, Binaural

Hiermit bewegen Sie das Signal im Stereofeld nach links und rechts. Klicken Sie mit gehaltener `alt`-Taste auf den PAN/BALANCE-Regler, um ihn zurück auf Mittelstellung zu bringen.

Handelt es sich um einen Monokanalzug, ist ein PAN-Regler zu sehen. Handelt es sich um einen Stereokanalzug, übernimmt der Regler voreingestellt eine BALANCE-Funktion, er verschiebt also das gesamte Stereobild nach links oder rechts.

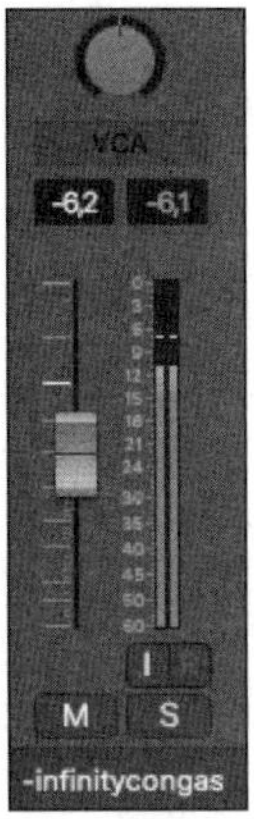

Abbildung 14.11 Volume-Regler, Pegelanzeige etc.

Via STEREO-PAN können Sie die Breite des Stereobilds kontrollieren und zusätzlich nach links oder rechts verschieben. Rufen Sie bei Stereokanälen das Kontextmenü des Pan-Reglers auf, um die Option STEREO-PAN zu erreichen.

Abbildung 14.12 Via »Stereo-Pan« schmaler gemachtes Stereobild, leicht nach rechts positioniert

Sie können ferner die Option BINAURAL auswählen, die auch erscheint, wenn als Output eines Kanalzuges SURROUND ausgewählt ist. Dann steht statt des PAN-Reglers ein Positionierungsregler zur Verfügung (siehe Abschnitt 15.9.3 zu Binaural Pan).

14.1.26 Kanalzug: Gain- und Pegel-Anzeigen

Die linke Zahl (–6,2) zeigt die Stellung des VOLUME-Reglers an. Die rechte Zahl (–6,1) liefert den maximalen Pegel (Abbildung 14.11).

Durch Doppelklick auf die Gain-Anzeige können Sie manuell einen Wert für den Volume-Fader eingeben.

Durch einen Doppelklick auf die Pegel-Anzeige setzen Sie den Wert zurück, so dass er neu gemessen werden kann. Hierfür gibt es auch einen (Shortcut-zuweisbaren) Befehl ÜBERSTEUERUNGSANZEIGE IN AUDIOKANÄLEN ZURÜCKSETZEN. Auch beim erneuten Starten des Sequenzers wird die Anzeige zurückgesetzt.

14.1.27 Kanalzug: Volume-Regler

Mit diesem Regler stellen Sie die Lautstärke des Kanalzugs ein. Halten Sie die [⇧]-Taste gedrückt, um in feineren Schritten zu justieren. Klicken Sie mit gehaltener [alt]-Taste auf den Fader, um ihn auf eine Einstellung von 0,0 dB zurückzusetzen. Doppelklicken Sie auf die Gain-Anzeige, um den Wert numerisch einzugeben.

14.1.28 Kanalzug: Input- und Record-Button

Bei Audiokanalzügen sind INPUT-Buttons sichtbar, mit denen Sie Signale durch Audiokanäle schleifen oder einfach nur hörbar machen. Audiokanäle können so fast wie Aux-Kanäle verwendet werden, durch die das Signal fließt und abgegriffen wird, mit dem Vorteil, dass Sie Audiokanäle durch Klick auf den RECORD-Button auch schnell in den Aufnahmemodus versetzen können.

14.1.29 Kanalzug: Mute- und Solo-Button

Mit diesen Buttons schalten Sie Kanalzüge stumm oder solo (»M« wie »mute«, »S« wie »solo«) Die Solo-Schaltung in Logics Mischpult entspricht einem *Solo-in-place-Modus*, denn die Spur bleibt in ihrem normalen Kontext zu hören und wird nicht auf einen separaten Solo-Bus (wie z. B. beim *Cueing* in einem DJ-Mixer) geroutet. Die Befehle *Solo* und *Mute* für einen Kanalzug entsprechen in Logic Pro X den Shortcuts `S` und `M`.

Falls das Signal eines solo geschalteten Kanals durch einen nachfolgenden Aux-Kanal läuft, wird dieser automatisch *solo safe* geschaltet, damit Sie das Signal auch hören können. Das ist eine sehr nützliche Automatik, die man nicht in allen DAWs findet. Sie können Kanäle auch manuell *solo safe* schalten, so dass sie von einer eventuellen späteren Solo-Schaltung eines Kanals ausgenommen werden. Hierzu klicken Sie mit gehaltener `ctrl`-Taste auf den SOLO-Button, so dass das S anschließend wie in Abbildung 14.13 rot durchgestrichen wird.

Abbildung 14.13 Solo-safe-Schaltung

Ein erneutes Klicken mit gehaltener `ctrl`-Taste hebt die Solo-safe-Schaltung wieder auf.

Mit `alt` + Klick auf einen MUTE- oder einen SOLO-Button werden alle Mute- bzw. Solo-Schaltungen im Mixer deaktiviert. Auch der Befehl SOLO ÜBERALL AUSSCHALTEN (Shortcut `ctrl` + `alt` + `cmd` + `S`) deaktiviert alle Solo-Schaltungen, inklusive sogenannter Regionssolos (siehe hierzu auch Abschnitt 4.10.21 über den Bereich SPUREN und den Unterabschnitt »Mute und Solo«).

14.1.30 Kanalzug: Spurfarbe, Spurname, Spurnummer

Zeigt die Spurfarbe an. Sie färben die Spur ein, indem Sie die Farben einblenden (`alt` + `C`) und bei selektierter Spur eine Farbe anklicken. Außerdem können Sie auch einen Spurnamen vergeben.

Die Spurnummer aus dem Bereich Spuren im Hauptfenster wird unten (mit dem Spurnamen) angezeigt. Dies ist z. B. sinnvoll, um die Spurnummer auch bei Nutzung der Mischpultansicht Alle im Blick zu behalten (siehe Abbildung 14.14).

Abbildung 14.14 Spurnummern werden optional unten im Kanalzug angezeigt.

14.1.31 Kanalzug: Notizen

Unten können Sie Notizen für den Kanalzug eintippen und auf diese Weise schnell im Mixer sehen. Diese entsprechen Notizen, die Sie im Hauptfenster im Bereich Notizen unter dem Reiter Spur eingegeben haben.

14.1.32 Sonstige Kanalzugtypen: Bus, Input, Output, Master (bei Stereo und Surround-Projekten)

Es gibt noch weitere Kanalzugtypen in Logic. Bus- und Inputkanalzüge sind vor allem aus Kompatibilitätsgründen noch in aktuellen Logic-Versionen enthalten. Heute wird empfohlen, anstelle von Bus- oder Input-Channel-Strips nur Aux-Channel-Strips einzusetzen. Praxisrelevanter sind noch die *Output*- und *Master*-Kanalzüge (Abbildung 14.15).

Bus- und Inputkanalzüge

Kanalzüge vom Typ *Bus* und vom Typ *Input* erzeugen Sie in der MIDI-Umgebung im Layer Mixer im Menü Neu • Channel-Strip. Ein Bus-Objekt ist fest einem Bus und ein Input-Objekt fest einem Input zugewiesen. Die Objekte greifen das Signal des Busses oder Inputs ab, der Input kann hierbei nicht verändert werden, nur der Output. Im Informationsfenster Spur wird unter Kanal entsprechend (und ausgegraut) angezeigt, welcher Input oder Bus durch den Kanalzug repräsentiert wird (z. B. Bus 3, siehe Projekt *14Busobjekteffekt*). Für Bus-, Input- und Output-Kanalzüge können Sie wählen, ob es sich um Stereo- oder Mono-Kanalzüge handelt.

> **Vorsicht**
> In Bus-Objekten aufgerufene Effekte sind anschließend möglicherweise auch in anderen Kanälen zu hören. Dies gilt beispielsweise für Aux-Kanäle, in denen die entsprechenden Busse als Input eingestellt sind (siehe Projekt *14Busobjekteffekt*).

Output- und Master-Kanalzüge

Die Output-Kanalzüge werden im Menü Einstellungen • Audio • I/O-Zuweisungen den Ausgangskanälen einer Stereo- oder auch einer 5.1- bzw. Surround-Konfiguration zugewiesen und repräsentieren die physischen Ausgänge Ihres Audiointerface. Für Output-Kanalzüge (die über eigene BOUNCE-Buttons unten im Kanalzug verfügen) gibt es auch eigene Patches in der BIBLIOTHEK; sie werden sichtbar, wenn Sie einen Output-Kanalzug im Bereich SPUREN selektieren. Im Hauptmenü SPUR können Sie mit [⇧] + [cmd] + [M] die AUSGABESPUR im Bereich SPUREN schnell anzeigen lassen (bei Surround-Konfigurationen spricht das Menü von einer MASTER-SPUR). Patches für einen Output-Kanalzug sind oft mit Genrenamen wie Hip-Hop, Pop, Jazz, Rock benannt und sollen Ihnen helfen, bei Ihrer Mischung dem typischen Frequenzgang und Sound bestimmter Genres schnell nahezukommen.

Abbildung 14.15 Output- und Master-Kanalzug

Der Master-Kanalzug steuert die Lautstärke aller Output-Kanalzüge gleichzeitig und entspricht einem VCA-Fader. Dies erscheint überflüssig, wenn es ohnehin nur *einen* Stereo-Output-Kanalzug gibt. Falls es derer jedoch mehrere sind oder Surround-Konfigurationen gemischt werden, kann der Master-Kanalzug die Lautstärke *aller* Output-Kanäle gleichzeitig steuern (laut Handbuch sind dann auch Effekt-Aux-Kanäle von Änderungen an der Masterspur betroffen, siehe hierzu Abschnitt 3.3.2 über Audio-Einstellungen und den Unterabschnitt über I/O-Zuweisungen). Das Lautstärkeverhältnis zwischen den verschiedenen Outputs bleibt bestehen.

Der Master-Kanalzug verfügt außerdem über einen DIM-Button (Markierung rechts unten in Abbildung 14.15), der temporär die Lautstärke senkt. Das Ausmaß der Lautstärkeabsenkung stellen Sie unter EINSTELLUNGEN • AUDIO • ALLGEMEIN ein.

Natürlich können Sie all diese Kanalzugtypen auch automatisieren; bei Master-Kanalzügen könnten beispielsweise für Fade-Outs am Ende von Projekten Automationen sinnvoll sein.

14.1.33 MIDI-Kanalzüge im Mixer

Etwas anders sehen MIDI-Kanalzüge im Mixer aus (Abbildung 14.16).

Abbildung 14.16 MIDI-Kanalzug für externe MIDI-Instrumente

Es ist auch bei MIDI-Kanalzügen über das Menü ANSICHT • MIDI-CHANNEL-STRIP-KOMPONENTEN möglich, zusätzliche Regler und Anzeigen im Kanalzug einzublenden (siehe Abbildung 14.17).

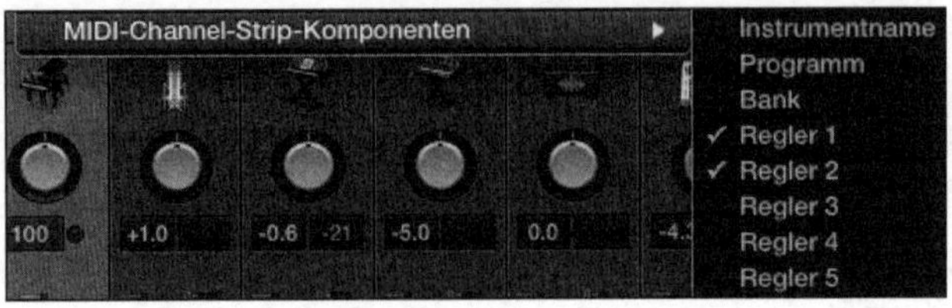

Abbildung 14.17 Im »Ansicht«-Menü stellen Sie ein, wie viele Regler im Kanalzug zur Verfügung stehen.

Wenn hier ein Button wie REV oder CHOR zu sehen ist, betrifft das die Steuerung/Abmischung mit angeschlossenen General-MIDI-Klangerzeugern, bei denen z. B. die Zumischung eines Chorus-Effekts mit einem standardisierten MIDI-Controller angesteuert wird (hier: Controller Nr. 93). Sie können stattdessen durch Klick auf den (z. B. mit CHOR beschrifteten) Button auch andere MIDI-Controller auswählen und senden lassen, um andere Parameter anzusteuern (siehe Abbildung 14.18).

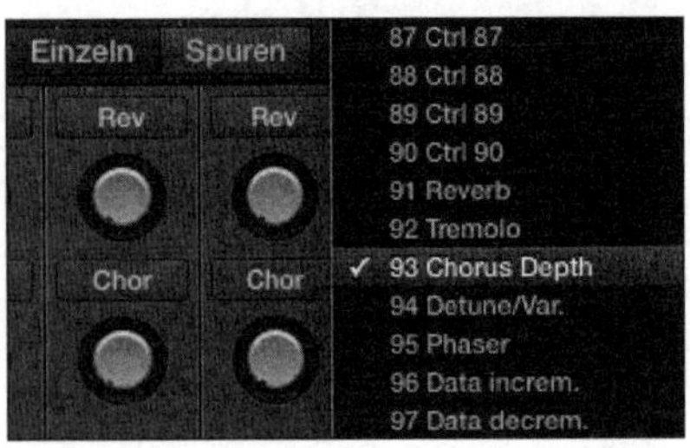

Abbildung 14.18 Durch Klick auf die mit »Rev« und »Chor« beschrifteten Buttons bestimmen Sie genau, welchen MIDI-Controller der Regler des Kanalzugs sendet.

Übrigens: Die Bewegung der Regler, die hier konfiguriert wurden und die eigentlich (MIDI) Control Change-Daten senden können Sie wie bei anderen Mischpultspuren auch als Automation aufzeichnen und editieren (siehe Projekt *14MIDIChautomation*).

14.1.34 Prelistening und »Klopfgeist«

In jedem Logic-Projekt ist normalerweise ein Prelistening-Audiokanal (Kanal 256, er wird zum Vorhören der Dateien aus diversen Fenstern genutzt) sowie ein *Klopfgeist*-Software-Instrument (Instrument 256 für das Metronom) vorhanden. Beide sehen Sie in der MIXER-Ansicht, wenn der Mixer auf ALLE zum Anzeigen aller Spuren eingestellt ist.

Beachten Sie, dass das versehentliche Einfügen eines Effekts im Prelistening-Audiokanal dazu führt, dass sämtliche Files versehentlich effektiert vorgehört würden, weil das Vorhören im AUDIODATEIEDITOR, im Loop Browser und in der Übersicht PROJEKT durch diesen Audiokanal erfolgt.

14.1.35 »I/O-Beschriftungen« im Mixer

Im Fenster I/O-Beschriftungen, das Sie über das Optionen-Menü des Mixers aufrufen, können Sie für Ihr System lange oder kurze individuelle Benutzer-Beschriftungen für Inputs, Outputs und Busse vergeben. Diese gelten projektübergreifend. Das ist schade, zumindest Optionen zum Speichern und Laden einer Konfiguration würden helfen. Es können auch vom Treiber eines Audiointerface übermittelte Beschriftungen übernommen werden (Abbildung 14.19). Wählen Sie jeweils den gewünschten Eintrag durch Klick auf den Punkt aus. In einem Flip-Menü oben können Sie manuelle Beschriftungen ganz oder für Teilbereiche zurücksetzen.

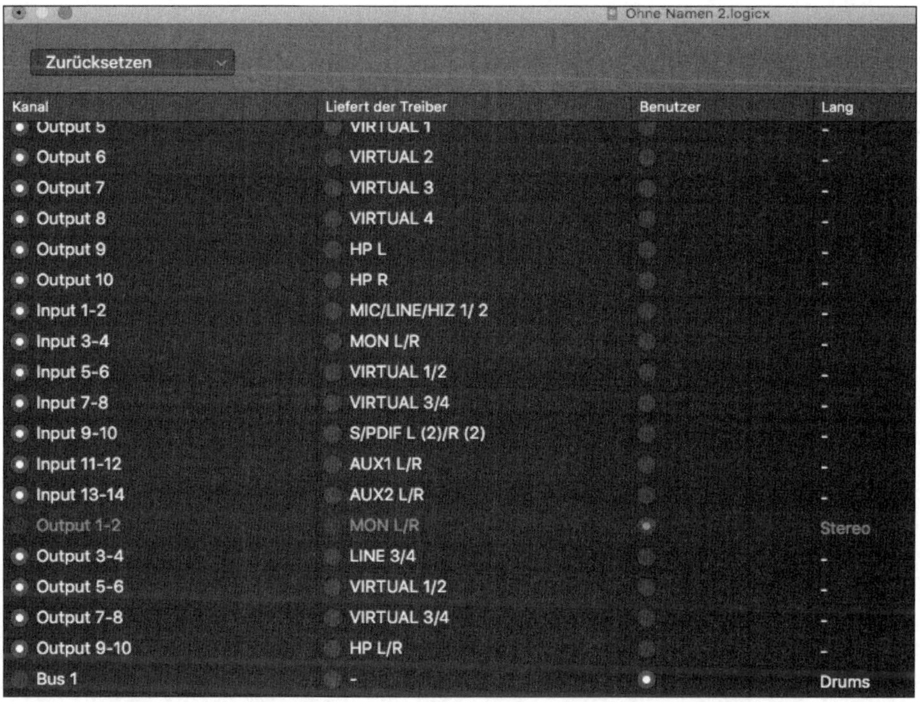

Abbildung 14.19 I/O-Beschriftungen, inklusive vom Treiber eines UAD Apollo Twin Interface übermittelte Namen für die aufgelisteten Inputs und Outputs

14.2 Aux-Kanäle, Busse, Sends, Routing-Strategien, Insert- vs. Send-FX und Einzel-Outs

Logics Mixer erlaubt flexible und komplexe Routings. Weil er im Vergleich zu Hardwaremixern freier konfigurierbar ist, verlangt er dem Mix-Engineer allerdings ab und zu auch mehr Gedanken über das Routing- bzw. Mixkonzept ab. Dies gilt z. B. für die Verwendung und Beschriftung von Aux-Kanälen.

Wenden Sie Summen- oder Aux-Kanal-Routing nur an, wenn Sie wissen, was Sie und warum Sie es tun. Machen Sie nichts, »weil man das ja so macht«, sondern nur, weil Sie es aus einem bestimmten Grund so wollen. Wenn Sie einmal in wenigen Minuten einen Rough Mix erstellen wollen oder Sie auch so zufrieden mit Ihrem Ergebnis sind, kann es sinnvoll sein, das Bus-Routing auch mal wegzulassen.

14.2.1 Unterschied zwischen Bussen und Aux-Kanälen

Jeder Channel-Strip kann über seinen Output auf einen Bus geroutet werden oder via Send(s) das Signal an einen (oder mehrere) Bus(se) schicken. Signalführende Busse existieren wie eine unsichtbare Matrix im Hintergrund und werden von Aux-Kanälen abgegriffen. Wenn Sie im Output oder im Send-Bereich eines Channel-Strips einen Bus einstellen, erzeugt Logic automatisch einen Aux-Kanal, bei dem derselbe Bus als Input eingestellt ist. Die Aux-Kanäle können Signale aus der Bus-Matrix also hörbar machen.

14.2.2 Aux-Kanäle manuell erstellen

Neue Aux-Channel-Strips können Sie im Mixer auch manuell im Menü unter OPTIONEN • NEUEN AUX-CHANNEL-STRIP ERZEUGEN oder mit dem Shortcut `ctrl` + `N` erzeugen.

14.2.3 Welcher Bus landet in welchem Aux- oder Audiokanal? Beschriftung

Damit Sie nicht die Übersicht verlieren, welcher Aux-Kanal welchen Bus abgreift, hilft Logic Ihnen: Wenn Sie einen Aux-Kanal durch Doppelklick in die Spur beschriften und zu Bus 4 schicken, wird die Beschriftung des Aux-Kanals fortan neben dem Eintrag BUS 4 zu sehen sein, wenn Sie ein Routing zu Bus 4 einstellen möchten. Ohne manuelle Benennung des Aux-Kanals steht die Nummer des Aux-Kanals dahinter. Falls Bus 4 von mehreren Aux-Kanälen abgegriffen wird, werden die Namen aller Aux-Kanäle angezeigt, die Bus 4 abgreifen (siehe Abbildung 14.20). Wenn Sie manuell einen Bus im Aux-Input einstellen, zeigt Logic auch die Kanäle, die an diesen Bus senden.

Wird ein Bus für einen Summenstapel benutzt, ist der Name der Summenstapelspur vorn, und der Bus kann hinter dem Pfeil rechts daneben angezeigt werden (rechts in Abbildung 14.20). Dort wird z. B. der Bus 1 für die Summierung des Spurstapels mit dem Namen ELDRUM STACK (im Logic-Demoprojekt) benutzt.

Abbildung 14.20 Bus 4 zeigt die Namen der Aux-Kanäle an, die ihn abgreifen.

14.2.4 Audiokanäle statt Aux-Kanäle nutzen/Live-Recording von Bussen

Wenn Sie einen Audiokanal mit aktiviertem Input-Monitoring für das Bus-Routing verwenden und einen Bus als Input einstellen, so hat dieser Audiokanal de facto die Funktion eines Aux-Kanals: Das Signal wird durchgeschleift und hörbar gemacht. In Ableton Live ist diese Methode Standard. Gegenüber dem Aux-Kanal hat ein so konfigurierter Audiokanal den Vorteil, dass Sie mit einem Klick vom Input-Monitoring in den Aufnahmemodus schalten und das Signal schnell aufnehmen können.

Andererseits haben Sie dann den Nachteil, dass die Ansicht EINZELN im Mixer Audiokanäle, durch die das Signal auf diese Weise geroutet wird, nicht anzeigt. Ein weiterer Nachteil: Die Audiospur erscheint in der Darstellung des Informationsbereichs nicht automatisch als zweite Spur rechts neben den Vocal-Audiospuren wie der Aux-Kanal. Immerhin werden aber neuerdings derartig zugewiesene Audiokanäle hinter den Bus-Namen in den Auswahlmenüs kenntlich gemacht.

Daher sollten Sie für Summen- und Effekt-Routing besser Aux- statt Audiokanäle verwenden. Allerdings spricht nichts dagegen, Bus-Signale auf Audiokanälen als Alternative zu einem Bounce aufzunehmen, so dass beispielsweise live vorgenommene Parameter-Edits in Logic direkt mitgeschnitten werden können, was beim regulären Bouncen ja nicht möglich ist, hierbei ist die Live-Bedienung von Parametern ja gesperrt.

14.3 Einschleif- vs. Zumischeffekte (Insert-FX vs. Send-FX) – und die Möglichkeiten der Verkabelung

Die in der Überschrift genannten Begriffe werden in vielen Tontechniklehrbüchern verwendet. Was ist die Idee dahinter?

- Ein Hall z. B. wird eher als Zumischeffekt bezeichnet. Man schickt in analogen Mischpulten, wie zuvor besprochen, üblicherweise das Originalsignal zum Main-Output und sendet es zusätzlich per Aux-Send an ein angeschlossenes (oder im Mixer vorhandenes) Hallgerät. Dieses muss nun intern auf 100 % wet stehen (so dass nur das Effektsignal herauskommt). Dieses Effektsignal wird nun dem Mix hinzugemischt. Man spricht von einem *Zumisch-* oder *Send-Effekt*.
- Bei einem Equalizer dagegen geht das Signal typischerweise direkt in den EQ und wird dort bearbeitet (z. B. indem Bass herausgefiltert wird). Es ergäbe nun keinen Sinn, das Signal, bei dem der Bass noch nicht herausgefiltert wurde, erneut hinzuzumischen. Daher spricht man bei einem EQ eher von einem typischen *Einschleif-* oder *Insert-Effekt*. Das bearbeitete Signal ersetzt das Original normalerweise vollständig.

Abbildung 14.21 zeigt die typische Verkabelung eines Zumischeffekts, die Sie in Abschnitt 14.3.1 über Send-Busse kennenlernen.

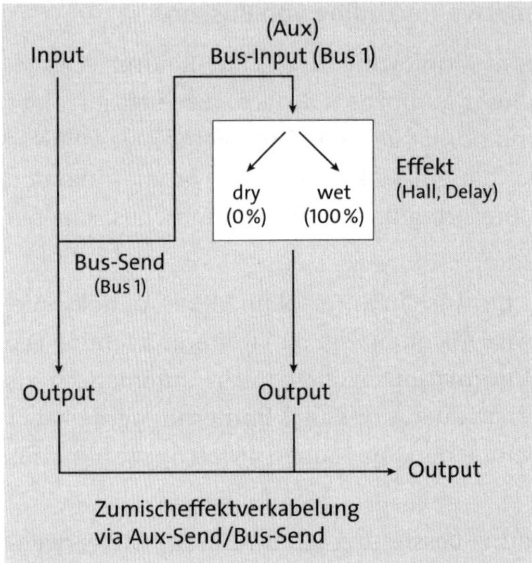

Abbildung 14.21 Zumischeffekt via Send-Verkabelung (wie in vielen analogen Mischpulten, aber auch in Logic möglich)

In Logic und vielen anderen Sequenzerprogrammen kann man *alle* Plug-Ins (also auch Hallgeräte) in *Insert-Slots* laden. Verkabeln Sie ein Hallgerät auf diese Weise (nennen wir das hier einmal »Insert-Verkabelung«), wird der Hall in der Regel jedoch trotzdem dazugemischt, weil Sie im Hallgerät ja intern das Mixverhältnis dry/wet justieren können, das zwei Signale betrifft und nicht nur eines. Abbildung 14.22 illustriert dies.

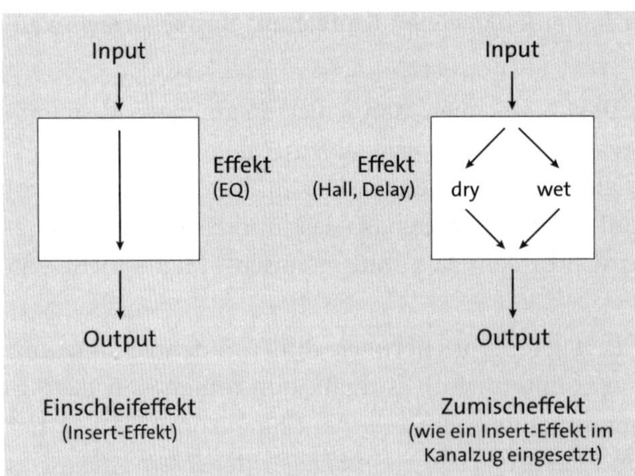

Abbildung 14.22 Zumischeffekt vs. Einschleifeffekt, im Kanalzug eingefügt

In der Praxis ist es mittlerweile gängiger denn je, die idealtypischen, theoretischen Kategorien zu durchbrechen und einen typischen Insert-Effekt wie einen Kompressor zum Originalsignal hinzuzumischen. Das hat auch damit zu tun, dass Verkabelungen in einer DAW oft schneller zu realisieren sind. Logics »Compressor« hat aus diesem Grund einen versteckten Dry/Wet-Regler, den Sie unten mit dem Dreieck aufklappen, so dass Sie den »Compressor« über eine Insert-Verkabelung wie einen Zumischeffekt einsetzen können. Diese *Parallelkompression* oder *New-York-Kompression* genannte Mixtechnik wurde vor allem von amerikanischen Toningenieuren etabliert. Es ist in modernen DAWs viel leichter als früher möglich, Parallelkompression ohne Artefakte und aufwendige Verkabelung zu realisieren.

Ich rate eher davon ab, eine Parallelkompression über eine Bus-Send-Verkabelung herzustellen, um das Risiko unerwünschter *Kammfiltereffekte* zu minimieren, was bei einem per Send zugemischten Kompressor-Signal gegeben ist. Das kann ziemlich schlecht klingen, weil Sie zwei relativ ähnliche Signale (das Original und das komprimierte Signal) zusammenmischen, falls eines mit einer ganz leichten Verzögerung ankommt.

Mehr Ausführungen und Beispiele zum »Compressor« (und Parallelkompressionsbeispiele) finden Sie in Abschnitt 15.3.1, »Compressor«.

14.3.1 Send-Busse verwenden

Sends können das Signal über die Send-Regler aus dem Kanalzug heraus an einen zu wählenden Bus senden (siehe Abbildung 14.23). Dieser kann dann in einem Aux-Kanal abgegriffen werden, wo er (automatisch) als Input eingestellt wird.

Abbildung 14.23 »Send«-Regler

14.3.2 Pre- und Post-Fader-Sends

Die Bezeichnungen *Pre-* oder *Post-Fader-Send* oder *Post-Pan-Send* bezeichnen die genaue Stelle im Signalfluss, an der das Signal vom Send-Regler abgegriffen wird. Der Abgriff des Signals kann vor oder hinter dem Fader bzw. Panorama-Regler erfolgen, hierdurch entscheidet sich, ob die Volume- und Pan-Regler eine Auswirkung auf das gesendete Signal haben (Einstellung Post) oder nicht (Einstellung Pre). In Abbildung 14.24 und Abbildung 14.25 sehen Sie, wo Sie die entsprechenden Einstellungen in Logic vornehmen.

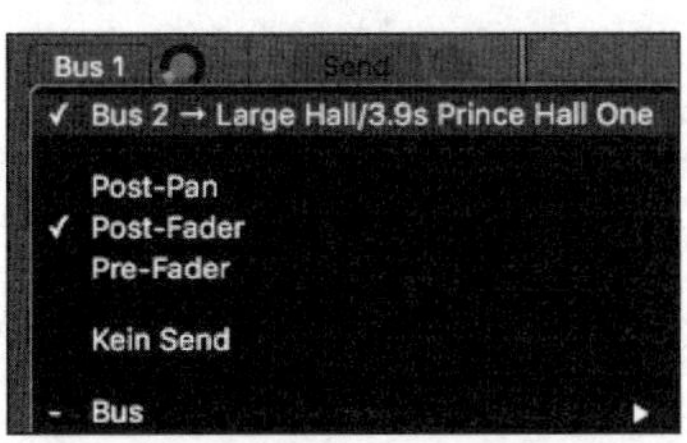

Abbildung 14.24 Auswahl eines Ziels für die »Send«-Regler (oben links): »Post-Pan«, »Post-Fader« oder »Pre-Fader«

Abbildung 14.25 Oben ein Post-Fader-Send, unten ein Pre-Fader-Send

- Eine typische Anwendung für *Post-Fader-Sends* ist der Einsatz von Hall und Delay auf Sounds im Mix. Durch die POST-FADER-Einstellung bleibt die Dry/Wet-Relation gleich, wenn Sie den Fader des Ursprungsklangs nach oben oder unten bewegen, um die Gesamtlautstärke zu ändern. Der Output im Send verändert sich analog zur Gesamtlautstärke entsprechend (siehe Projekt *14Pianohall1*).
- Eine typische Anwendung von *Pre-Fader-Sends* ist die Nutzung der Sends für einen Kopfhörermix, den ein Instrumentalist oder Vocalist während seiner Performance hört. Dieser Kopfhörermix kann den Präferenzen des Künstlers entsprechend eingestellt werden. In einem solchen Fall möchte man typischerweise, dass die Fader-Lautstärken, die zum Beispiel den Mix im Control-Room oder im Veranstaltungsraum bestimmen, keinen Einfluss auf den Kopfhörermix haben. Das heißt, auch bei veränderter Fader-Stellung im Kanal bleibt das über die Sends zum Kopfhörermix ausgehende Signal gleich.

14.3.3 Effekt-Sends: Vertiefung

Wenn Sie ein Signal an mehrere Busse schicken möchten, realisieren Sie das über mehrere Sends oder über einen Output und einen zusätzlichen Send.

Sie können Aux-Kanäle bzw. Sends nutzen, um (wie bei einem Hardwaremischpult) einen einzigen Hall- oder Delay-Effekt für mehrere Spuren gleichzeitig zu verwenden. Hierzu laden Sie einen entsprechenden Effekt in einen Aux-Kanal, für dessen Input Sie einen entsprechenden Bus (typischerweise Post-Fader) einstellen (z. B. Bus 1). Anschließend schicken Sie mit Hilfe des Sends aus mehreren Kanälen (z. B. BD, SN) Signale unterschiedlich laut an diesen Effekt, um jeweils eine unterschiedliche Dosierung für die einzelnen Sounds hinzuzufügen.

Im Effekt selbst stellen Sie ein, dass lediglich das Effektsignal ausgegeben wird (Einstellung 100 % WET, siehe Abschnitt 14.3). Typischerweise senden die Kanäle ihr Signal zusätzlich an einen anderen Output (z. B. Stereo Out oder Drum-Bus), mit Hilfe der Sends wird lediglich der Effekt dosiert.

Diese Technik entspringt der Nutzung analoger Mischpulte und Effektgeräte. Früher war es nicht so leicht wie heute möglich, jeder Spur Effekt-Plug-Ins hinzuzufügen. Stattdessen standen nur wenige Effektgeräte bereit, die auf diese Weise mit dem Mischpult verkabelt und von mehreren Kanälen angesprochen werden konnten. Doch diese Technik hat auch heute noch ihre Berechtigung, denn es klingt ziemlich natürlich, wenn verschiedene Instrumente eines Songs den gleichen Hall nutzen und gewissermaßen im gleichen Hallraum spielen. Bei vielen Patches aus der BIBLIOTHEK werden bereits Aux-Kanäle mit Effekten (z. B. mit einem kurzen und einem längeren Hall) geladen, die über Sends Pegel vom Instrument erhalten (siehe Projekt *14Send1*).

14.3.4 Master-Effekt-Send simulieren

In analogen Mischpulten steht meist noch ein *Aux-Master-Send-Regler* zur Verfügung, mit dem Sie die Lautstärke aller eingehenden Signale ans Hallgerät gegebenenfalls dämpfen (um Verzerrungen zu vermeiden) oder anheben (um einen zu großen Rauschanteil des Effektgeräts zu vermeiden). Sie können eine entsprechende Aux-Master-Send-Verkabelung in Logic simulieren, indem Sie ein »Gain«-Plug-In vor den Effekt verkabeln oder einen zusätzlichen Aux-Kanal erzeugen und von diesem aus alles an den Effekt weiterleiten.

Letzteres finden Sie im Projekt *14SendFx1* verkabelt. Dort ist ein FX-Send von zwei Spuren zu hören, die beide dieselbe Delay-Effekt-Instanz ansteuern (TAPE-DELAY im Aux-Kanal SEND-FX1 mit BUS 2 als Input). BUS 1 ist jedoch als Master-FX-Send zwischengeschaltet, der das Signal an BUS 2 weiterleitet. Am Ende wird alles in BUS 3 summiert. (siehe Abbildung 14.26).

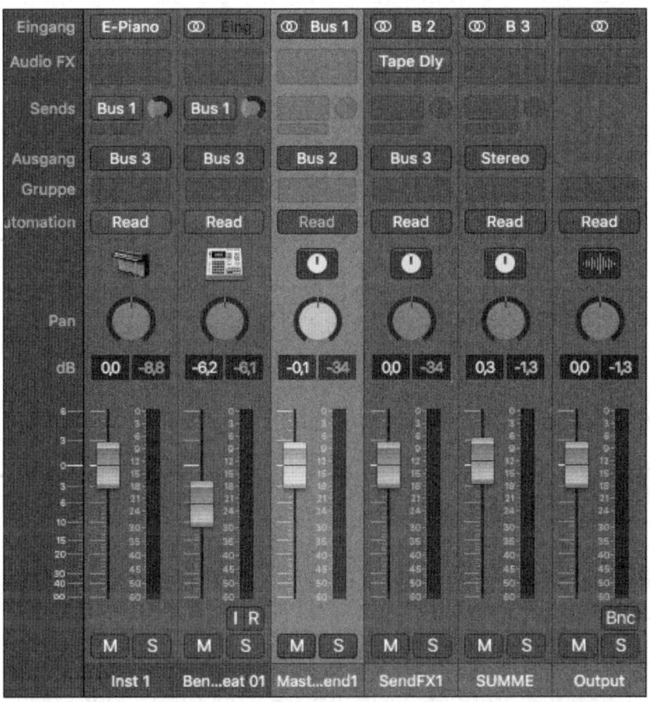

Abbildung 14.26 Im Projekt »14SendFx1« nutzen die beiden Kanäle links das »Tape Delay« via Bus-Send; ein weiterer Aux-Kanal ist zwischengeschaltet.

Außerdem wird die Lautstärke des Effekts natürlich durch die Lautstärke bestimmt, mit der Sie das Effektsignal wieder in den Mix zurücksenden (in analogen Geräten spricht man oft vom *Aux Return*). Die Aux-Return-Lautstärke entspricht in Logic dem Lautstärkeregler des Effekt-Aux-Kanals. Zusätzlich bietet Ihnen Logic im Aux-Kanal natürlich die Möglichkeit, das Effektsignal nachfolgend mit einem EQ zu bearbeiten.

14.3.5 Feedbackschleife im Aux-Kanal erzeugen

Sie können einen Aux-Kanal via Send theoretisch auch an sich selbst routen, um einen Feedbackeffekt zu erzeugen! Allerdings ist hier Vorsicht vor Rückkopplungen geboten. Ein Beispielprojekt namens *17Dubfxpiano*, das Sie nicht zu laut abhören sollten, finden Sie in Abschnitt 17.4, wo es um Dub geht.

14.3.6 Vorteile einer Send- gegenüber einer Insert-Verkabelung

Ein Vorteil davon, z. B. ein TAPE-DELAY Effekt nicht als Insert-Effekt auf den Spuren, sondern als Bus-Send zu verkabeln, besteht darin, dass Sie temporär damit aufhören können, bestimmte Sounds in den Effekt zu senden, damit aber nicht den Ausklang des Effektgeräts herunterregeln, sondern nur das Signal, das in den Effekt hineingeht. Genau das demonstriert das Projekt *14SendFx1* mit seinen Automationen. In *14SendFx2* wird eine Silbe von Lyrics mit Delay versetzt. Weil der Send nach der Silbe heruntergedreht wird, kann der Effekt weiter ausklingen, während im weiteren Verlauf der Rest der Vocals ohne Effekt abgespielt wird. Der zwischengeschaltete MASTERFXSEND1-Aux-Kanal ist hier zwar eher Luxus, bietet aber in diesem Zusammenhang ebenfalls den zusätzlichen Komfort, das Signal aller Instrumente gleichzeitig schnell mal mehr und mal weniger in den Effekt senden zu können. Zusätzlich simuliert er das Routing in einem Analogpult, wo solche Master-Send-Regler besonders helfen müssen, das Effektgerät in der optimalen Lautstärke anzusteuern.

14.4 Summierung, Subgruppen und Stems

Sie können in einem Bus alle Signale bestimmter Instrumentenkategorien (z. B. Drums) zusammenfassen, indem Sie den Output aller Spuren auf einen entsprechenden Bus (z. B. Bus 33) routen. Logics Aux-Channel-Strips, die beim Bus-Routing automatisch erzeugt werden, greifen dabei wie gesagt den jeweiligen Bus als Input im Aux-Kanal ab und schicken diesen voreingestellt in die Stereosumme. Das heißt, im neuen Aux-Kanal steht z. B. INPUT: BUS 33, OUTPUT: OUTPUT 1–2 bzw. STEREO OUT (siehe Projekt *14Summ1*).

Ich finde es wichtig, bestimmte Instrumentengruppen wie Drums, Bass, Sounds oder Vocals in Aux-Kanälen bzw. Bussen zusammenzufassen. Wozu das Ganze?

1. Zum einen können Sie so stets leicht die Gesamtlautstärke einer Instrumentengruppe regeln oder diese kurz solo oder stumm schalten, um sie in sich schlüssig abzumischen. Wenn ich viele Schlagzeugspuren mühsam zusammengemischt habe, mir aber irgendwann insgesamt das Schlagzeug zu leise erscheint, wird es so (auch auf einem analogen Mischpult) einfach, mal eben das gesamte Schlagzeug lauter zu machen, ohne die Relationen zu verändern – indem ich ebenjenen Subgruppen-Fader bewege.

2. Zum anderen können Sie so leicht die Stereosubgruppen gemeinsam bearbeiten und soundmäßig stärker »verschmelzen« und zu einer Einheit formen, indem Sie z. B. einen Kompressor oder einen Hall einschleifen. Meine Schlagzeugsounds entspringen (im Gegensatz zur typischen Situation bei einer Schlagzeug-Mikrofonierung) oft sehr unterschiedlichen Quellen. Eine gemeinsame Bearbeitung aller Sounds durch einen EQ oder einen Kompressor hat in der Regel den Effekt, dass die Sounds ein wenig zusammengeschweißt werden. Auf Englisch nennt man das *glueing*. Hierbei geht es nicht darum, Kleber zu benutzen oder daran zu schnüffeln, sondern den Effekt zu erzielen, als käme alles von derselben Schlagzeugeinheit. Auch ein dezenter Hall, den Sie auf alle Drums legen, kann diesen Effekt bewirken.
3. Außerdem ist es so leicht möglich, am Ende der Produktion Instrumentenstämme (sogenannte *Stems*) solo aufzunehmen, um gegebenenfalls später z. B. einen Remix mit allen Sounds außer den Drums anzufertigen – oder lediglich die Drums für einen weiteren, neuen Track zu nutzen.

In Logic 10.3 wurde die maximale Zahl der Busse von 64 auf 256 erweitert. Das ermöglicht die Nutzung von vielen weiteren Subgruppen: Falls beispielsweise Kick, Snare und Hi-Hat von einem elektronischen Schlagzeug stammen, zusätzlich aber Conga, Djembe und Tambourin von einem Percussionisten dazukommen, könnte man die elektronischen und die akustischen Sounds vorher in »Sub-Subgruppen« zusammenfassen und bearbeiten, bevor sie schließlich alle auf einem Drumsummenkanal landen. Ähnlich sieht es bei Vocals aus: Falls Lead- und Background-Vocals vorkommen, könnte es ebenfalls sinnvoll sein, sie zunächst getrennt voneinander in Subgruppen zusammenzufassen – beispielsweise um die Backgroundsänger, wie der Name schon sagt, so abzumischen, dass sie etwas mehr aus dem Hintergrund kommen als die Hauptstimme. Bei Rock-/Pop-Produktionen, Big-Band-Jazz-Aufnahmen oder anderen Genres sind dann vielleicht andere Kategorisierungen sinnvoll. In der Rock-/Pop-Musik sind es vielfach Gitarren (elektrische und akustische), Bläser verschiedenster Art, E-Pianos, Orgeln und Akustikpianos etc., die als Subgruppen zusammengefasst werden.

14.4.1 Summierung – wohin mit den Aux-Kanälen mit vorkonfigurierten Effekten?

Oft ist es gar nicht so einfach, dafür zu sorgen, dass wirklich alle Spuren, die z. B. mit Schlagzeug zusammenhängen, auf eine Busspur geroutet werden. Schließlich sollten hierfür eigentlich auch all jene Aux-Kanäle auf die Drumsumme geroutet werden, die über Send-Routings Sound von Schlagzeugspuren geschickt bekommen. Ich empfehle, wirklich alle Drumsounds auf eine Summierungsspur zu routen – wie z. B. in Projekt *14Summ1* den Hall, der an Bus1 geschickt wird. Sie möchten ja beispielsweise nicht, dass, wenn Sie die Drumsumme stumm schalten, trotzdem noch irgendwelche Schlagzeughallreste zu hören sind (das würde in Projekt *14Summ1falsch* passieren). Selbst wenn Sie nachfolgend die Drumsumme mit Hall versehen wollen, der nicht zusätzlich komprimiert werden soll, empfiehlt es sich, den Hall und das trockene Signal in einem zusätzlichen Bus zusammenzumischen, um die entsprechende Soundgruppe schnell bouncen, muten oder solo hören zu können. Alternativ könnten Sie natürlich auch mit VCA- oder Mixgruppen (siehe Abschnitt 14.8) arbeiten.

14.4.2 Summierung mit Spurstapeln: automatisches Routing

Die Befehle zum Erstellen oder Auflösen von Spurstapeln finden sich im SPUR-Menü. Spurstapel werden in Abschnitt 6.7 ausführlich behandelt.

Die Verwendung von Spurstapeln der Kategorie Summenstapel für die Summierung ist natürlich auch ein Mischpultthema.

Bei Summenstapeln wird automatisch der Output von in den Spurstapel hinein- oder aus ihm herausgezogenen Spuren verändert, diese werden in die Master-Summenstapel-Spur geroutet. Ziehen Sie sie wieder heraus, wird wieder das ursprüngliche Routing eingestellt. Beides kann verwirrend sein. Sind bereits mehrere Spuren in einen Bus geroutet, kann diese Konfiguration auch nachträglich in einen Summenstapel gewandelt werden, wenn Sie alle Tracks selektieren und einen Summenstapel erzeugen.

Manchmal sind Ordnerstapel eine einfachere Alternative, um Ordnung zu schaffen. Sie können in Ordnerstapeln ein Routing auf einen finalen Sammelbus – wie auch weitere Routing-Konfigurationen (z. B. weitere Subgruppen) – manuell realisieren und z. B. via `ctrl` + `T` erzeugte Aux-Spuren manuell im Bereich SPUREN in den Ordnerstapel ziehen.

14.4.3 Nummerierung von Bussen

Bei vielen Bussen und Subgruppen kann es schwierig werden, die Übersicht zu behalten. Das gilt umso mehr, weil neu geladene Spurstapel-Patches oft automatisch zusätzliche Busse erzeugen.

In den EINSTELLUNGEN • AUDIO • ALLGEMEIN können Sie nun konfigurieren, welche Busse Logic für die automatische Zuordnung benutzt (z. B. ab Bus x).

Eine Lösung könnte auch sein, zunächst ein Template anzulegen, das Bus 1 für Drums, Bus 2 für Bässe, Bus 3 für Sounds und Bus 4 für Vocals vorkonfiguriert. Egal, wie viele Busse Sie sonst verwenden, Sie können auf diese Weise schnell erkennen, wo die »finalen« Busse sind, und Spuren dorthin routen.

Logic zeigt beim Routing in Busse die Beschriftung der Aux-Kanäle an, die diesen Bus benutzen. Ist ein Aux-Kanal als DRUMSUMME beschriftet, ist er beim Bus-Routing relativ einfach aufzufinden. Falls mehrere Aux-Kanäle den gleichen Bus benutzen, werden auch die Namen mehrerer Aux-Kanäle angezeigt.

Eine Alternative wäre, beispielsweise die Busse 1-–32 für Drums, 33–64 für Bass, 65–96 für Sounds und 97–128 für Vocals anzulegen. Logic gruppiert die Anzeige der Busse selbständig in 32er-Gruppen.

14.5 Output-Konfiguration von Instrumenten/mehrere Ausgänge/ Multi-Outs in Spurstapeln nutzen

Um mehrere Ausgänge bzw. Einzel-Outs eines Instruments zu benutzen und dessen Sounds über mehrere Channel-Strips in Logic abzumischen, müssen Sie das Instrument als Multi-Ausgang-Instrument laden. Wenn Sie die Output-Konfiguration eines bereits geladenen Instruments ändern möchten, laden Sie einfach das gleiche Instrument mit der gewünschten Output-Konfiguration noch einmal (das gewählte Setting bleibt erhalten – es besteht *Setting-kompatibilität*, siehe Abbildung 14.27).

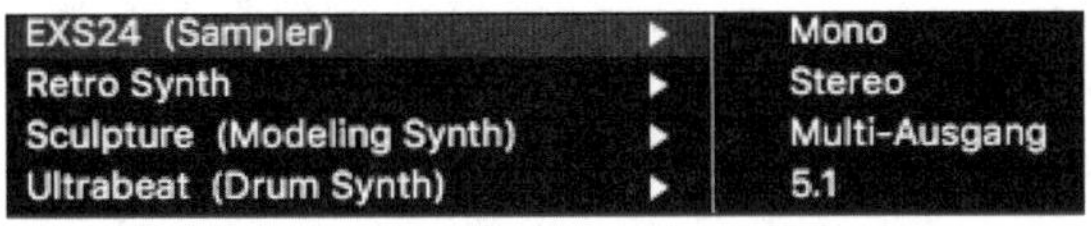

Abbildung 14.27 »EXS«-Output-Konfigurationen

Anschließend erscheint unten im Kanalzug des Instruments ein kleiner +-Button, mit dem Sie zusätzliche Aux-Kanäle für Einzel-Outs erzeugen. In so erzeugten Aux-Kanälen werden zudem automatisch passende Inputs (bzw. Instrumenten-Outputs) eingestellt. Sie können so nacheinander die einzelnen Outputs des Instruments über Aux-Kanäle abgreifen. Sie können im Inputmenü des Aux-Kanals entsprechende Einzel-Outputs auch manuell auswählen (siehe Abbildung 14.28). Der Minus-Button zum Löschen von Aux-Kanälen für Instrument-Einzel-Outs erscheint ausgegraut, wenn keine Aux-Kanäle zum Löschen vorhanden sind.

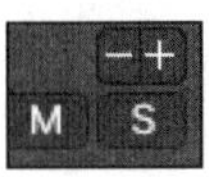

Abbildung 14.28 Der +-Button zum Erzeugen zusätzlicher Aux-Kanäle

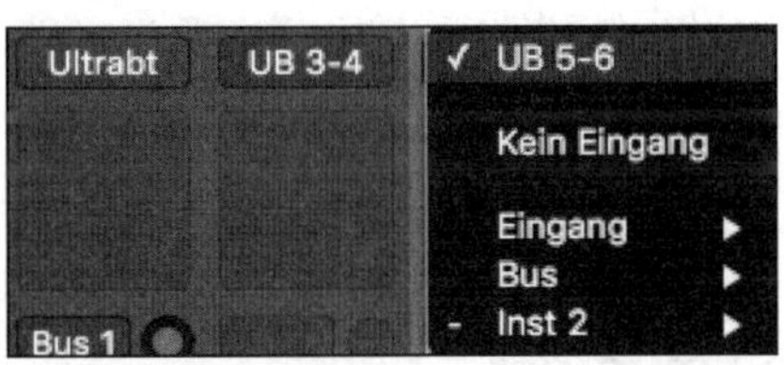

Abbildung 14.29 Hier wählen Sie die Einzel-Outputs von »Ultrabeat« (bis zu 24) aus.

Damit Sie in diesen Aux-Kanälen allerdings tatsächlich verschiedene Sounds eines Instruments hören, müssen Sie diese Sounds zuvor im jeweiligen Instrument (z. B. Hi-Hat aus *Ultrabeat*) selbst auch an die Einzel-Outs senden/routen! Wenn Sie dies allerdings tun, ohne zuvor das Plug-In als Multi-Ausgang-Instrument geladen zu haben, passiert nichts – alle Sounds werden unverändert im Instrumentenkanalzug ausgegeben.

In Logic Pro X sind solche Konfigurationen in vielen Spurstapel-Patches integriert. Abbildung 14.28 und Abbildung 14.29 zeigen die Konfiguration des Patches *Boutique 808*«, das wir bereits im Schnellkurs verwendet haben. Die Aux-Kanäle sind in der Lage, MIDI an das im Input ausgewählte Instrument oder gegebenenfalls (wenn sie als Spurstapel-Master verwendet werden) an im Spurstapel vorkommende Instrumente zu senden.

Im Spurstapel »Boutique 808« ist konfiguriert, dass der Sound sämtlicher Aux-Kanäle am Ende in einem gemeinsamen Aux-Kanal zusammengemischt wird (mit Input BUS 1), daher ist als Output in den Spurstapel-Spuren BUS 1 eingestellt. Dieser Aux-Kanal mit dem Input BUS 1 fungiert als Spurstapel-Masterspur, während sich das klangerzeugende Instrument in einer der Spurstapel-Spuren befindet. Im Bus-Menü taucht dann statt BUS 1 nun BOUTIQUE 808 auf, dahinter ist in einem Sub-Menü BUS 1 gelistet (und auswählbar). Es ist vermerkt, dass Bus 1 in die Spur Boutique808 führt. Im Preset genutzte Sends (an Bus 2) werden aber nicht automatisch in Bus 1 geroutet, das ist nicht ganz konsequent (siehe Abschnitt 14.4.1 und Projekt *14Auxeinzelouts1*, in dem ich einfach nur das Patch *Boutique 808*« geladen habe).

Die Beschriftung der Aux-Kanäle und/oder das im Aux-Kanal anliegende Signal muss dabei nicht mit dem via MIDI angesteuerten Sound übereinstimmen. So kann z. B. ein Aux-Kanal im Spurstapel »Snare« heißen, Sie spielen in einer MIDI-Region auf der Spur aber Kicks und Hi-Hats – das kann verwirren. Sie können dies im Projekt *14Auxeinzelouts1* selbst nachvollziehen.

Wenn Sie das Projekt *14Auxeinzelouts2* laden, finden Sie dort ein anderes Beispiel: die sogenannten *Producer Kits*. Das sind ebenfalls Patches mit bereits aufwendig vorkonfigurierten Einzel-Outs.

14.6 Aux-Kanäle als ReWire-In

Im Aux-Input-Bereich können Sie auch Audio-Outs von ReWire-Programmen wie Reason oder Live oder auch Einzel-Outputs von Instrumenten einstellen. Mehr hierzu in Abschnitt 19.1 über die Nutzung von Logic und ReWire.

14.7 Aux- oder Audio-Kanäle zum Abmischen externer Klangerzeuger im Mixer

Es ist möglich, externe MIDI-Instrumente in Echtzeit in Logics Mixer abzumischen. Hierfür können Sie entweder das Plug-In *External Instrument* nutzen (siehe Abschnitt 11.23, »External Instrument«), oder Sie senden MIDI über eine externe MIDI-Spur an Ihr externes Instrument und mischen das Audiosignal des Instruments über einen oder mehrere Aux- oder Audiokanäle in Logic ab, indem Sie in diesen den Input Ihres Audiointerface einstellen, an den Ihr externes Instrument angeschlossen ist.

Auf diese Weise produzierte ich selbst eine Zeitlang Stücke, indem ich MIDI-Daten für einen EMU-Sampler arrangierte und dessen über ADAT-Kabel in Aux-Kanäle gerouteten Output über Logics Mischpult abmischte. Manche Filmmusikkomponisten arbeiten heute noch so, wenn sie die klanglichen Ergebnisse mehrerer Rechner mit unterschiedlichen Sound-Libraries digital zusammenmischen möchten.

Dabei müssen Sie natürlich entstehende Latenzen beachten. Bis Sie den Sound Ihres MIDI-Instruments hören, vergeht die doppelte Latenzzeit, denn sowohl der Eingang als auch der Ausgang muss gewandelt werden. Das ist der Nachteil einer solchen Konfiguration. Das Plug-In *External Instrument* bietet nun einen Button für optionalen Latenzausgleich.

Weil zudem Verzögerungen durch MIDI auftreten können, die in Relation zur reinen Audio-Latenz meist nicht konstant bleiben – je nachdem, wie viele MIDI-Daten gesendet, Audiodaten gewandelt und Latenzen von Plug-Ins kompensiert werden müssen –, sind solche Mischungen in der Praxis schwierig. Doch es kommt auch auf den Einzelfall und das Instrument an: Möchten Sie z. B. eine von einem externen Instrument in Logic geroutete Hi-Hat (bei der Ungenauigkeiten schneller auffallen) mit Schlagzeugsounds Logic-interner Instrumente synchronisieren, ist das nach meiner Erfahrung kaum dauerhaft und zufriedenstellend lösbar. Bei einem Bass oder bei Strings fallen solche Timingungenauigkeiten dagegen weniger auf.

Ich empfehle langfristig, den Sound des MIDI-Instruments als Audioaufnahme in Ihr Arrangement zu integrieren und damit weiterzuarbeiten (oder alternativ nur mit MIDI und ohne Audiospuren zu arbeiten und eventuell auch extern abzumischen).

14.8 Mix-, Edit- und VCA-Gruppen, gemeinsame Bearbeitung von Mix-Kanälen

Spuren lassen sich zu Gruppen zusammenfassen. Auf diese Weise erreichen Sie beispielsweise, dass Sie den VOLUME-Fader einer Spur bewegen und sich die VOLUME-Fader anderer Spuren derselben Mixgruppe automatisch mitbewegen. Auch SEND- und PAN-Regler-Bewegungen oder Solo- und Mute-Schaltungen lassen sich so synchronisieren (siehe Abbildung 14.32). Das funktioniert für Audio-, Software-Instrument- und Aux-Kanal-Spuren. Ein Sonderfall sind die neu hinzugekommenen VCA-Gruppen, die über einen eigenen Bereich im Kanalzug bzw. andere Befehle verwaltet werden.

14.8.1 Bearbeitung mehrerer Kanäle mit Gruppierung

Um verschiedene Spuren einer Gruppe zuzuweisen, selektieren Sie mehrere Spuren gleichzeitig, wählen an der entsprechenden Stelle im Channel-Strip (unterhalb des Schriftzuges) eine entsprechende Gruppe aus (die gegebenenfalls neu erzeugt wird, Abbildung 14.30) und benennen diese anschließend im GRUPPEN-Fenster. Das Fenster für Gruppeneinstellungen rufen Sie via [⇧] + [alt] + [G] auf (Abbildung 14.31).

Abbildung 14.30 Hier weisen Sie im Kanalzug eine Gruppe zu, die Sie in den Gruppeneinstellungen beschriften können.

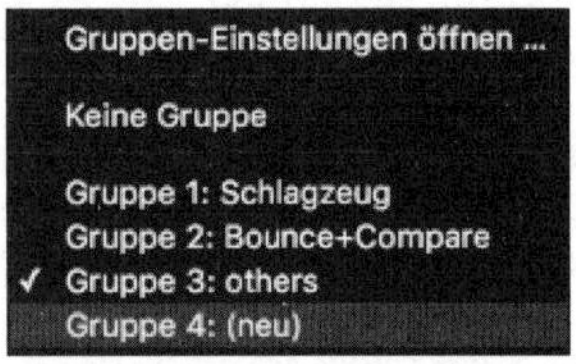

Abbildung 14.31 Hier öffnen Sie Gruppeneinstellungen.

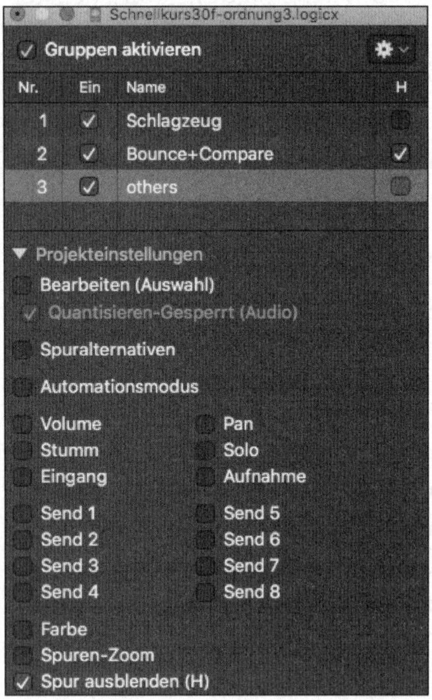

Abbildung 14.32 Im Bild sind die Gruppen bereits beschriftet.

Während die Nutzung von Gruppen manchmal zu etwas mehr Komfort beim Mixing oder Editing führt und eine Alternative zur Zusammenfassung der Signale in Bussen darstellt, ist sie für die Timing- bzw. Tempoanpassung einer Mehrspurschlagzeugaufnahme unverzichtbar. In den Gruppeneinstellungen können Sie hierfür ein Häkchen neben dem Eintrag BEARBEITEN (AUSWAHL) setzen, um z. B. bei Schneide-, Flex- oder Edit-Optionen alle Regionen der Gruppe gleichzeitig zu bearbeiten. Durch das Setzen des Häkchens beim Untereintrag QUANTISIEREN GESPERRT können Sie einstellen, ob sich Regionen einer Gruppe bei Edits phasenstarr verhalten. Das ist insbesondere wichtig, wenn Sie eine Aufnahme derselben Schallquelle mit mehreren Mikrofonen bearbeiten. Verrutscht eine Aufnahme nur leicht, kann sich der Sound unabsichtlich gravierend verändern.

Dieser Eintrag hieß in Vorversionen PHASENSTARRES AUDIO. Hier nimmt Apple nun den Mund nicht mehr ganz so voll und behauptet nur noch versteckt, dass Bearbeitungen exakt phasenstarr erfolgen, was bei Mehrspur-Flex-Editing nur schwer möglich ist. In einem Test mit Apple Loops benahm sich die Funktion zudem bei aktiviertem Flex-Mode nicht wirklich schlüssig (probieren Sie es in Projekt *14Group* aus). Mein Fazit: Während die gemeinsame Bearbeitung in Gruppen für sich genommen ein sehr wichtiges und hilfreiches Feature ist, gilt beim Thema Phasenprobleme bei Mehrspuredits die Maxime: Probieren geht über Studieren!

Gruppen aktivieren/deaktivieren

Einzelne Gruppen können Sie im GRUPPEN-Fenster deaktivieren. Klicken Sie hierzu auf den Button in der Spalte EIN, um die Gruppe an- und auszuschalten. Dies erlaubt dann gegebenenfalls, einzelne Veränderungen in einzelnen Kanälen vorzunehmen, ohne die komplette Gruppe zu beeinflussen. Mit [⇧] + [G] deaktivieren/reaktivieren Sie alle Gruppen gleichzeitig.

Gruppierung zur Ansichtsoptimierung und Spuren mehreren Gruppen zuweisen

Auch zum Optimieren der Ansicht im Bereich SPUREN kann die Zuweisung verschiedener Spuren zu Gruppen als Alternative oder Ergänzung zu Spurstapeln oder Ordnern sinnvoll sein: In den Gruppeneinstellungen können Sie die Hide-Funktion für alle Spuren einer Gruppe gleichzeitig aktivieren und deaktivieren. Lassen Sie auf diese Art und Weise mit Hilfe der Gruppenfunktionalität z. B. Drum-, Bass-, Sound- und Schlagzeugspuren nach entsprechender Zuweisung zu Gruppen einzeln anzeigen, während alle anderen Spuren ausgeblendet, aber optional weiterhin zu hören sind.

Etwas Ähnliches habe ich im Projekt *14Schnellkurs30f-ordnung3* realisiert, in dem Sie die zuvor beschriebenen Ansichtsoptionen ausprobieren können. Zwei Spuren mit dem Bounce und einem Vergleichstrack sind in Gruppe 2, alle Drum-Spuren sind in Gruppe 1 und alle sonstigen Spuren (außer einem Master-Aux-Kanal) in Gruppe 3. Im Beispiel habe ich für die Spuren außerhalb der Drums nur eine einzige Gruppe eingerichtet, weil es ja ansonsten nicht so viele verschiedene Spuren im Projekt gibt. Für Gruppe 2 ist die Hide-Funktion aktiv. Der orangefarbene »Hide«-Button im Bereich »Spuren« zeigt an, dass Spuren versteckt sind.

Hinweis: Spuren ausblenden

Wenn Ihnen die Hide-Funktionalität im Spur-Header nicht angezeigt wird, können Sie den Befehl SPUREN AUSBLENDEN EIN- UND AUSSCHALTEN (Shortcut [H]) nutzen, um die entsprechenden Buttons im Spur-Header zu sehen.

Sie können Spuren übrigens mehreren Gruppen zuordnen, indem Sie bei der Zuordnung die [⇧]-Taste gedrückt halten (siehe Abbildung 14.33).

Abbildung 14.33 Die linke Spur gehört zu den Gruppen 1 + 2, die rechte zu den Gruppen 1, 2, 3 und weiteren.

Dabei kann bezüglich der Einstellung SPUR EIN-/AUSBLENDEN ein Konflikt entstehen, weil diesbezügliche Einstellungen für verschiedene Gruppen unterschiedlich sein können. Alternativ können Sie die Hide-Funktion für einen Spurstapel-nutzen, dessen Inhalte dann automatisch mit ein- und ausgeblendet werden.

14.8.2 Bearbeitung mehrerer Kanäle ohne Gruppierung und aufsteigende Outputs konfigurieren

Natürlich können Sie auch ohne Gruppierung mehrere Kanalzüge gleichzeitig steuern, wenn Sie diese zuvor gemeinsam selektiert haben (dies funktioniert bei externen MIDI-Spuren nicht). Auf diese Weise können Sie in die selektierten Kanäle z. B. gleichzeitig Plug-Ins einfügen, die Parameter von Plug-Ins jedoch nicht gleichzeitig editieren.

Sie können für mehrere selektierte Spuren auch gemeinsam Effekte laden oder gemeinsame Reglerbewegungen vornehmen – oder einen Input oder Output einstellen. Wenn Sie bei Letzterem die [alt]-Taste gedrückt halten, werden Inputs/Outputs in aufsteigender Reihenfolge erzeugt; dies funktioniert sowohl mit Bussen als auch mit physischen Outputs.

14.8.3 VCA-Gruppen

VCA-(Voltage Controlled Amplifier-)Gruppen sind ein typisches Feature von analogen Mixern. Wenn Sie in Logic eine VCA-Gruppe erzeugen, so erzeugen Sie einen zusätzlichen Fader, der die Lautstärke aller relevanten Kanäle senkt. Das entspricht der Funktionalität von Ordnerstapeln (ohne die Stapelfunktion). Vorteil (z. B. gegenüber Summierung per Bus-Routing): Sie benötigen keinen zusätzlichen Aux-Kanal und müssen kein Routing vornehmen. Nachteil: In VCA-Fader können Sie aber auch keine Effekte routen, wie Sie das von Bussen her kennen.

Wie erzeugen Sie VCA-Gruppen?

Zum Erzeugen von VCA-Gruppen haben Sie wieder mehrere Möglichkeiten:

- Selektieren Sie die Kanalzüge im Mixer, und wählen Sie im OPTIONEN-Menü des MIXER-Fensters NEUEN VCA ERSTELLEN (falls schon ein Ordnerstapel existiert, wird der entsprechende VCA-Fader hier bereits aufgeführt).
- Machen Sie den Bereich »VCA« in Ihrem Channel-Strip sichtbar, und weisen Sie im Feld selektierten Kanalzügen eine VCA-Gruppe zu. (Abbildung 14.34).

Abbildung 14.34 VCA-Gruppen-Anzeige

- Sie können bis zu 256 VCA-Gruppen erstellen.

In Logic gibt es voreingestellt auch ein Objekt, das sich *Master-Fader* nennt. Dieser entspricht einem VCA-Fader und ist ein reines Steuerobjekt, mit dem Sie für alle Spuren die Lautstärke beeinflussen.

14.9 Side Chain in Logic

Bei der Anwendung von Side Chaining geht es typischerweise darum, dass das Plug-In auf ein anderes Signal reagiert als jenes, das es bearbeitet. Damit ist aber nicht nur ein völlig andere externes Signal, sondern alternativ auch eine gefilterte Version des Originalsignals gemeint. Die in Logic so bezeichnete *Side Chain* (SC) ist genau genommen ein sogenannter *Key Input*, also der Eingang eines externen Signals.

Side-Chain-Schaltungen bei Hardware-Instrumenten erlauben typischerweise das Senden des *internen* Signals aus der Hardware nach draußen (z. B. um es via EQ zu bearbeiten) und wieder zurück. In Logic haben viele Plug-Ins (etwa der Compressor) Plug-In-interne Filtermöglichkeiten, die eine solche Schaltung ohne weitere Verkabelung realisieren (also auch ohne Relevanz des »Side Chain« genannten Eingangs rechts oben im Plug-In, der eigentlich »Key Input« heißen müsste).

In Logic können Sie Audiokanäle, Busse, Inputs und mittlerweile auch Software-Instrumente als Side-Chain-Input-Quellen nutzen.

In diesem Buch finden Sie Side-Chaining-Beispiele an vielen Stellen, z. B. in Abschnitt 15.3, in dem diverse Dynamic-Plug-Ins angesprochen werden, oder in Kapitel 17, wenn es um das Thema Mixdown geht.

14.10 Ausblick

Im nächsten Kapitel werde ich Logics Effekte im Detail und mit Beispielen behandeln. In Kapitel 16, »Automation, Smart Controls, Controller, Logic Remote«, finden Sie das Thema Automation. Automation ist ja eigentlich auch eine Mischpultfunktion, mit der Sie vermutlich mehr anfangen können, wenn Sie die Effekte verstanden haben. Das Thema Mixing und weitere Praxisbeispiele mit Erläuterungen zu Mixtechniken finden Sie in Kapitel 17. Außerdem führt das Thema Mastering in Abschnitt 18.3 einige der hier erläuterten Inhalte weiter.

Kapitel 15
Die Effekte in Logic Pro X

In diesem Kapitel erläutere ich die Effekte von Logic. Auch wenn viele Effekte Logic-spezifische Eigennamen haben: Die meisten von ihnen finden Sie in ähnlicher Form auch in anderen Programmen wieder. Es lohnt sich auch über die Arbeit mit Logic hinaus, ihre Funktionsweise zu verstehen.

Logic besitzt eine ziemlich komplette Allround-Effektausstattung inklusive einiger »Spezialisten«.

15.1 Einführung und allgemeine Eigenschaften der Effekte

Viele Aspekte der Plug-In-Bedienung habe ich bereits in Abschnitt 11.5 erläutert. Hier Ergänzungen zu Details, die sich auf Effekte beziehen.

15.1.1 Effektliste und Laden von Effekt-Plug-Ins

Im Effektmenü (das erscheint, wenn Sie einen Effekt in einem Effektslot laden möchten) werden die Effekte voreingestellt nach Kategorien geordnet aufgelistet und können geöffnet werden. Sie können die Anzeige der Plug-Ins jedoch auch im Menü LOGIC PRO X • EINSTELLUNGEN • PLUG-IN- MANAGER konfigurieren (siehe Abschnitt 3.5).

Das Standard-Logic-Plug-In-Menü ist aber auch im Fall einer selbstkonfigurierten Plug-In-Liste ganz unten unter dem Eintrag LOGIC vollständig vorhanden.

Die Kategorien in der Liste beschreiben die grundsätzliche Funktionalität der im Menü enthaltenen Effekte. Die Erläuterungen in diesem Kapitel sind nach diesen Kategorien geordnet. In Logic sind die Kategorien alphabetisch sortiert, in diesem Kapitel eher nach Relevanz. Wir beginnen mit EQs, Dynamics, Hall und Delay, weil das sehr häufig benötigte Effekte sind. Abbildung 15.1 zeigt die Effektkategorien.

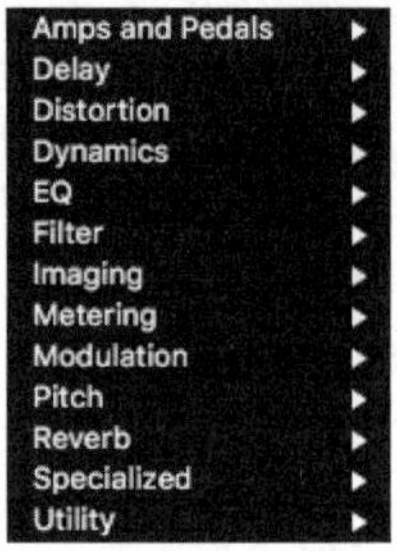

Abbildung 15.1 Die Effektkategorien

In neueren Logic Pro X-Versionen werden oben die fünf zuletzt benutzten Plug-Ins aufgelistet, so dass Sie sie auf diese Weise schneller erreichen (falls im Menü EINSTELLUNGEN • ANZEIGE • MIXER die Option PLUG-IN MENÜ MIT DER LISTE DER ZULETZT VERWENDETEN PLUG-INS aktiviert ist). Viele, aber nicht alle Effekt-Plug-Ins wurden überarbeitet und erscheinen in neuem Design.

15.1.2 Audio-Units-Effekte

Effekte von Drittanbietern finden Sie nach Herstellern sortiert unten im Menü AUDIO UNITS aufgelistet.

15.1.3 Output-Konfiguration (Mono/Dual-Mono/Stereo/5.1 Surround): Einführung

Die Output-Konfiguration spielt in verschiedenen Fällen eine Rolle. Relevant ist natürlich, in welchem Format Audio in den Effekt hineingeht. Ob eine Audio- oder Aux-Spur im Mono- oder Stereoformat vorliegt, wählen Sie links neben dem Input aus. Ebenfalls spielt natürlich eine Rolle, ob bereits Plug-Ins im Stereo- oder Monoformat im Kanalzug geladen sind. Bei Instrumentenspuren ist natürlich die Konfiguration des geladenen Instruments entscheidend. Beim Laden des Plug-Ins stehen dann unterschiedliche Konfigurationen zur Auswahl. Diese heißen z. B. »Mono« und »Mono to Stereo« bei einem Mono-Eingangssignal oder »Stereo und Dual-Mono« bei einem zweikanaligen Eingangssignal.

Sollten Effekte unerwarteterweise nicht aufgelistet werden, kann das beispielsweise daran liegen, dass Sie eventuell einen Effekt auf einer Monospur laden möchten, das Plug-In aber nur im Stereoformat vorliegt. Manche Plug-Ins (z. B. Halleffekte) erlauben auch eine Wandlung eines Monosignals in ein Stereosignal (sogenanntes *Pseudo-Stereo*, siehe Abbildung 15.2). Dies wird durch einen Eintrag MONO • STEREO angezeigt. Mit gehaltener [alt]-Taste können Sie zwischen zwei Stereo-Plug-Ins auch ein Mono-Plug-In im Kanalzug einfügen.

Abbildung 15.2 Der »Space Designer« kann aus einem Mono- ein Stereosignal machen.

15.1.4 Dual-Mono- und Mitte/Seite-Bearbeitung

Die Dual-Mono-Bearbeitung erlaubt getrennte Bearbeitung für links/rechts, manche Plug-Ins haben hierfür aber keine passende Funktionalität (Abbildung 15.3).

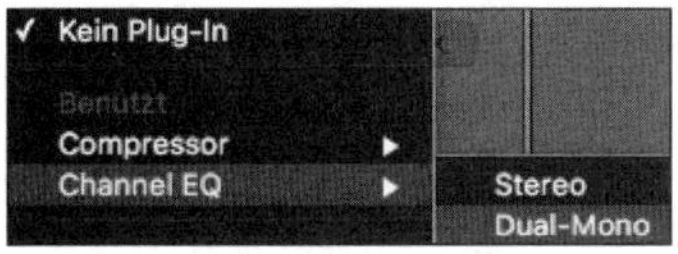

Abbildung 15.3 Dual-Mono-Modus

Seit Logic 10.3.2 können durch Aktivierung des COUPLE-Modus die Parameteränderungen schnell für beide Kanäle des Dual-Mono-Modus angewendet werden (Abbildung 15.4).

Abbildung 15.4 Dual-Mono-Buttons

Das Zahnradmenü ruft eine Darstellung auf, in der für die Plug-Ins oft auch eine Mitte/Seite-Bearbeitung einstellbar ist, selbst wenn das aus dem Plug-In heraus (z. B. im »Compressor«) nicht zu sehen ist (Abbildung 15.5). Eine detaillierte Erläuterung zu diesem Thema finden Sie in Abschnitt 17.3.4.

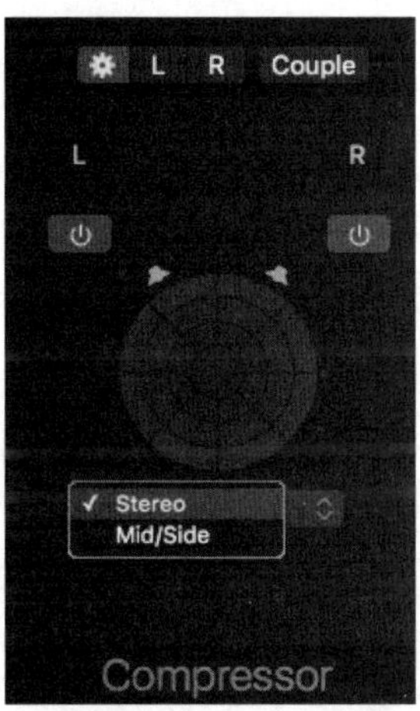

Abbildung 15.5 Zahnradmenü in der Dual-Mono-Konfiguration

15.1.5 Surround

Die meisten Plug-Ins können auch im Multi-Mono- oder 5.1-Surround-Format geladen werden. Die entsprechende Option wird nur angezeigt, wenn Sie im Input oder einem vorherigen Plug-In im Kanalzug das SURROUND-Format ausgewählt haben (siehe Abbildung 15.6). In einigen Plug-Ins wie dem »Space Designer« stehen dann zusätzliche Mix-Output-Regler zur Verfügung.

Abbildung 15.6 Hier kann ein »Microphaser« als 5.1-Surround-Effekt geladen werden.

Sind Surround-Kanalzüge im Spiel (was automatisch der Fall ist, wenn Sie Surround-Audiofiles auf einen leeren Bereich SPUREN ziehen oder manche älteren Apple-Loop-Sound-FX laden), werden der Output des Kanals sowie der Master-Output automatisch entsprechend konfiguriert (was Sie ändern müssen, wenn Sie nur einen einfachen Stereo-Bounce realisieren möchten). Im Panorama-Regelbereich des Kanalzugs können Sie gegebenenfalls den Sound frei positionieren und die Surround-Positionierung auch leicht automatisieren (siehe Abbildung 15.7 und Abschnitt 15.9.3 über Surround Panning).

Abbildung 15.7 Surround Routing

15.1.6 Side-Chain-Input bei Effekten und AU-MIDI-gesteuerte Effekten

Wie schon erläutert, ist es möglich, bei manchen Plug-Ins oben rechts im Plug-In-Fenster im sogenannten SIDE CHAIN-Eingang (siehe Abbildung 15.9) in einem Flip-Menü andere Kanalzüge (Inputs, Audiospuren, Instrumente und Busse) auszuwählen und zur Steuerung eines Effekts zu nutzen. In diesem Kapitel finden Sie Praxisbeispiele in Abschnitt 15.3.1, »Compressor«, oder Abschnitt 15.3.2, »›Expander‹ und ›Noise Gate‹: Upward und Downward Expander«.

In Logic wird Side Chaining auch benutzt, um Effekte per MIDI fernzusteuern. In Audio-Unit-Effektslots geladene Effekte können regulär keine MIDI-Daten empfangen. Das ist ein Problem, denn viele Effekte, insbesondere von Drittherstellern, sind so konzipiert, dass sie auf MIDI-Befehle reagieren sollen.

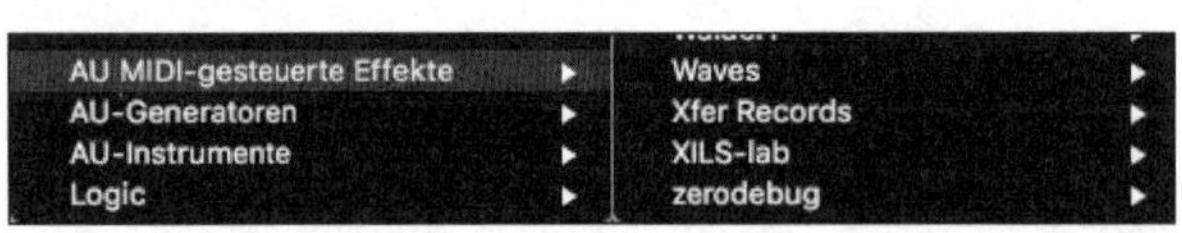

Abbildung 15.8 Hier laden Sie AU-MIDI-gesteuerte Effekte.

Sie umgehen das Problem in Logic, indem Sie den Effekt in einen Instrumenten-Slot laden und nicht in einen Effektslot, denn ein Instrumenten Plug-In kann ja MIDI-Daten empfangen. Das zu effektierende Signal wird dann via Side-Chain-Input in den als »Instrumenten Plug-In« geladenen Effekt geroutet.

Um einen Effekt in einen Instrumenten-Slot laden zu können, muss er als AU-MIDI-gesteuerter Effekt vorliegen. Es gibt viele AU-MIDI-gesteuerte Effekte von anderen Herstellern, z. B. Sugar Bytes »Effectrix«, Native Instruments »FM8« und »Reaktor« mit Ensembles wie »The Finger« etc. Es kann sehr sinnvoll sein, Effekte via MIDI zu steuern, um z. B. spontan und nach Gefühl im richtigen Moment mit einer Keyboard-Taste/-Note einen (eventuell tonalen) Effekt auszulösen.

Alternative Möglichkeiten, Effekt Plug-Ins anzusteuern, sind die Nutzung von Automation, Smart Controls oder die Fernsteuerung von Parametern via MIDI-FX.

15.1.7 Fernsteuerung durch MIDI-FX

Es ist möglich, via MIDI-FX Parameter zu modulieren. Im Beispiel *15FXMod* moduliert ein LFO des MIDI-FX-Modulators den Gain eines EQ-Bandes des »Channel EQs«. Dies funktioniert durch eine interne Verknüpfung besonders komfortabel mit Logic-Plug-Ins. Mehr hierzu in Abschnitt 13.1.5.

15.1.8 Bedienung und Ansicht von Plug-In-Fenstern und Presetmanagement

Ausführungen zur Bedienung und Darstellung von Plug-In-Fenstern finden Sie in Abschnitt 11.5. Details zur Presetverwaltung in Abschnitt 3.2.5.

Ansicht

Überraschenderweise besitzen manche Plug-Ins (z. B. »Space Designer«, siehe Abschnitt 15.4.4) in der Regler-Ansicht mehr Einstellmöglichkeiten als in der Editor-Ansicht (Abbildung 15.9). Neben dem Zooming-Wert können Sie bei manchen Plug-Ins (z. B. beim »Loudness Meter«) auch einstellen, ob das Plug-In vertikal oder horizontal dargestellt wird.

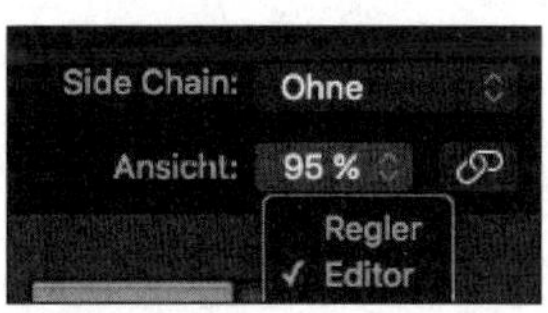

Abbildung 15.9 Zoom- und Ansichtseinstellungen, »Side Chain«-Eingang

15.1.9 Nutzung älterer Effekte aus Vorversionen

Einige ältere Effekte aus Logic 9 und Logic X-Vorversionen sind in Logic Pro X nicht mehr vorhanden (»AVerb«, »Bass Amp«, »DJ EQ«, »Fat EQ«, »Silver EQ«, »GoldVerb«, »Guitar Amp Pro«, »Silver Compressor«, »Silver Gate«, »Denoiser«, »Grooveshifter«, »Speech Enhancer«).

Wenn diese Effekte in einem alten Projekt vorkommen, öffnet Logic Pro X sie dennoch automatisch. Im Projekt *15Guitaramp+AVerb* habe ich die beiden im Projektnamen genannten Logic 9-Effekte verwendet, im Projekt *15L9FX* alle oben genannten Effekte, so dass Sie von dort aus auch an sie herankommen und gegebenenfalls auch Channel-Strip-Settings oder Patches mit diesen Effekten speichern können, falls Sie sie öfter benutzen möchten. Ältere Plug-Ins tauchen dann in einer Unterkategorie namens ÄLTERE VERSIONEN in der Plug-In-Liste auf.

Sie können auch die Beispielprojekte *15Denois1, 15Grooveshift1* und *15SpeechEnhance* aus der Vorversion des Buchs öffnen, die noch im Begleitmaterial enthalten sind.

15.2 Equalizer (EQ)

In diesem Abschnitt geht es nicht nur um Logics EQ-Plug-Ins, sondern auch um Basiswissen über EQs im Allgemeinen. Der EQ ist vielleicht der unverzichtbarste Effekt beim Abmischen. Typische Anwendungsbeispiele finden Sie weiter unten. Der EQ ist auch im Dual-Mono- bzw. Mitte/Seite-Modus nutzbar.

Abbildung 15.10 zeigt die EQs in Logics EQ-Kategorie, die ich nach den allgemeinen Ausführungen über EQs, die ich hier voranstelle, einzeln vorstellen werde.

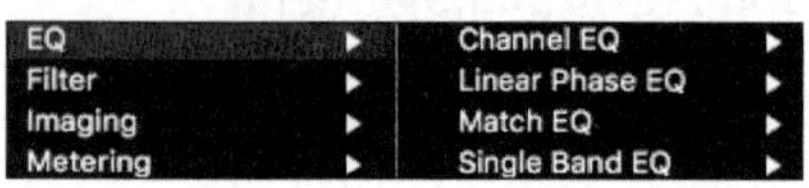

Abbildung 15.10 EQs in Logic

15.2.1 Einfache, semiparametrische und vollparametrische EQs

Bei Equalizern unterscheidet man in der Fachliteratur gängigerweise zwischen:

- einfachen,
- semiparametrischen und
- vollparametrischen Equalizern.

Einfache Equalizer regeln nur die Lautstärke eines festgelegten Frequenzbandes (Beispiel: Bass- und Höhen-Regler am Verstärker).

Semiparametrische Equalizer bieten zusätzlich die Möglichkeit der Frequenzauswahl. Sie können also die Frequenz einstellen, die Sie leiser oder lauter machen. Das ist z. B. bei vielen kleineren analogen Mischpulten teilweise der Fall.

Vollparametrische Equalizer haben drei Einstellmöglichkeiten: Gain, Frequenz und Q-Faktor. Mit Letzterem bestimmen Sie, wie steil bzw. mit welcher Breite angehoben und abgesenkt wird. Das Verhältnis Frequenz geteilt durch Bandbreite nennt man *Q*. Man spricht in der Fachliteratur auch von *Güte*. Eine Anhebung über eine Breite von 100 Hz entspricht bei einer

Frequenz von 100 Hz (Q = 1) natürlich einer breiteren Anhebung als bei einer Frequenz von 1.000 Hz (Q = 10). Wenn also laut Reglerbeschriftung anstelle der Bandbreite der Q-Faktor veränderbar ist, regeln Sie damit zumindest bei Bell-EQs (der glockenförmige Frequenzanhebungen und -absenkungen erlaubt, siehe unten) auch die Bandbreite. Ein großer Q-Faktor (Güte) bedeutet eine schmale Glocke, ein kleiner Q-Faktor eine große Bandbreite und eine breite Glocke! Logics EQs erlauben hier große Variabilität von sehr breit bis sehr schmal. Das ist optimal für chirurgische Präzisionseingriffe, diesbezüglich können viele analoge EQs nicht mithalten, auch wenn diese manchmal schöner »färben«.

Einfache Equalizer liegen oft an einfachen Mischpulten oder Verstärkern vor. Ein grafischer Equalizer besteht aus vielen einfachen Equalizern (typischerweise 31 von je ⅓-Oktave Breite), so dass der Verlauf der Frequenzkorrektur »grafisch« durch die Regler dargestellt wird. Logics Equalizer sind dagegen vollparametrisch.

15.2.2 Bell- und Shelving-Charakteristik, Filter

Eine andere Kategorisierung der Arten von Equalizer, die sich insbesondere für Logics EQs anwenden lässt, lautet:

- Bell-EQ (Glockencharakteristik)
- Shelving-EQ (Kuhschwanzcharakteristik)
- Filter (High Pass und Low Pass)

Bell-EQs erhöhen die Lautstärke für die Frequenz »glockenförmig« um die gewählte (oder fest eingestellte) Frequenz herum. Beim vollparametrischen EQ wird mit dem Q-Faktor die Breite der »Glocke« geregelt.

In *Shelving-EQs* ist das Ganze etwas anders geregelt: Ein Low Shelving bearbeitet die eingestellte Frequenz und gleichmäßig alle Frequenzen darunter, ein High Shelving bearbeitet die eingestellte Frequenz und gleichmäßig alle Frequenzen darüber. Auch Shelving-EQs können (zumindest in Logics »Channel EQ«) einfach, semiparametrisch und vollparametrisch sein. Anstelle des Q-Faktors wird nur die Steilheit der Shelving-Kurve eingestellt (sozusagen eine Hälfte der Glocke).

Als Letztes gibt es die *Filter*, die ebenfalls im »Channel EQ« zu finden sind. Hier stellen Sie wiederum drei Parameter ein: Frequenz, Flankensteilheit und Resonanz (Betonung der Filterfrequenz, was vor allem bei Filtersweeps über verschiedene Frequenzen interessant klingt). Sie haben Filter schon in Synthesizern kennengelernt. Es gibt Hochpass- und Tiefpassfilter (entspricht *Low Cut* und *High Cut*, das ist englische Bezeichnung, die in der Fachsprache geläufig ist). Wenn von der *Flankensteilheit* gesprochen wird, drückt das aus, um wie viel dB *pro Oktave* der Sound leiser wird. Ein Beispiel: Ein Filter mit 24 dB Flankensteilheit bei 128 Hz macht den Sound bei 64 Hz (= halbe Frequenz = genau eine Oktave tiefer) um etwa 24 dB leiser und bei 32 Hz sogar um 48 dB. Je mehr dB pro Oktave abgeschnitten werden, desto »steilflankiger« arbeitet der Filter.

15.2.3 EQ-Anwendungsbeispiele

Hier einige Anwendungsbeispiele:

- Sie möchten einen Sound im Mix weiter hinten auf einer virtuellen Bühne positionieren. Um dies zu simulieren, entfernen Sie vor allem Höhen, beispielsweise gleichmäßig mit einem Hi-Shelving-EQ, und auch ein wenig Bässe. Aber auch Hall und Dynamics können hierbei helfen.
- Ein tonales Geräusch oder ein Sound stört. Nun heben Sie mit einem vollparametrischen EQ schmalbandig eine Frequenz an, wo Sie das störende Geräusch vermuten (hierbei kann ein Analyzer helfen, den Sie in Logics »Channel EQ« und »Linear Phase EQ« eingebaut finden). Dann ändern Sie die Frequenz so lange, bis die richtige gefunden ist. Danach senken Sie diese Frequenz stark ab. Hören Sie Ihren Mix jedoch nicht zu lange mit solchen extremen Probeeinstellungen, denn Ihre Ohren gewöhnen sich schnell an falsche Relationen oder ermüden.
- Heben Sie tendenziell eher breitbandig an, und senken Sie eher schmalbandig ab. Sie möchten einen Track etwas heller klingen lassen und heben hierfür die Höhen oberhalb einer Frequenz gleichmäßig an. Natürlich senkt man auch manchmal »breiter« oder kräftiger ab, z. B. mit Low Shelf oder Low Cut (= High Pass), um störende Bassanteile bei Vocals oder Drums oder beim Bass selbst wegzufiltern.
- Sie wollen einen analogen Retro-Sound hinbekommen? Viele ältere, analoge Geräte hatten begrenzte Frequenzgänge. Senken Sie in den extremen Höhen- und Tiefenbereichen ab (etwa mit einem Filter). Sie haben ein analoges Mackie- oder Behringer-Mischpult mit einem Bassregler vor sich? Solche Bassregler sind meistens Shelving-EQs. Das ist wichtig zu wissen, denn ein 80-Hz-Bell-EQ hebt in der Regel den Subbass nicht an (es sei denn, die Bandbreite ist extrem hoch eingestellt), ein 80-Hz-Shelving-EQ dagegen schon. Ebenso hebt ein 12-kHz-Shelving-EQ auch Frequenzen oberhalb von 12 kHz an. Bei besseren Pulten können Sie das in der Anleitung oder im Schaltdiagramm nachlesen.
- Sie wollen eine Bassdrum designen. Hierbei sind extremere EQ-Veränderungen praktikabel. Sie müssen ja nicht, wie z. B. bei einem Basslauf, beachten, dass unterschiedliche Noten vorkommen, sondern müssen oft nur eine gepielte Bassdrum EQen. Detaillierte EQ-Edits ermöglichen es, aus einer akustischen Bassdrum leicht etwas zu machen, was nach fetter EDM-Kick klingt. Theoretisch können Sie fast jeden gewünschten Drumsound mit EQing designen.

15.2.4 »Channel EQ« durch Doppelklick laden

Der »Channel EQ« lässt sich auch durch Doppelklick auf das mit »EQ« beschriftete freie Feld oben im Channel-Strip öffnen, siehe Abbildung 15.11. Anschließend erscheint in diesem Feld eine Miniaturdarstellung des EQ.

Abbildung 15.11 Klicken Sie in das EQ-Feld, um einen »Channel EQ« zu laden.

15.2.5 »Channel EQ« und »Linear Phase EQ«

Beide Logic-EQs (siehe Abbildung 15.12 und Abbildung 15.13) sind extrem flexible Werkzeuge. Sie bieten jeweils

- vier vollparametrische Bell-EQs
- zwei Shelving-Filter (High und Low Shelving mit regelbarer Charakteristik)
- zwei Filter (High und Low Pass, mit wählbarer Flankensteilheit, 6, 12, 18, 24, 36 oder 48 dB pro Oktave)

Die einzelnen Bänder lassen sich oben durch Klick auf das Symbol, das den jeweiligen EQ-Typ repräsentiert, an- und abschalten.

Jeder EQ klingt ein wenig anders – deshalb gibt es so viele verschiedene Exemplare davon auf dem Markt. Logics EQs klingen relativ neutral und färben wenig.

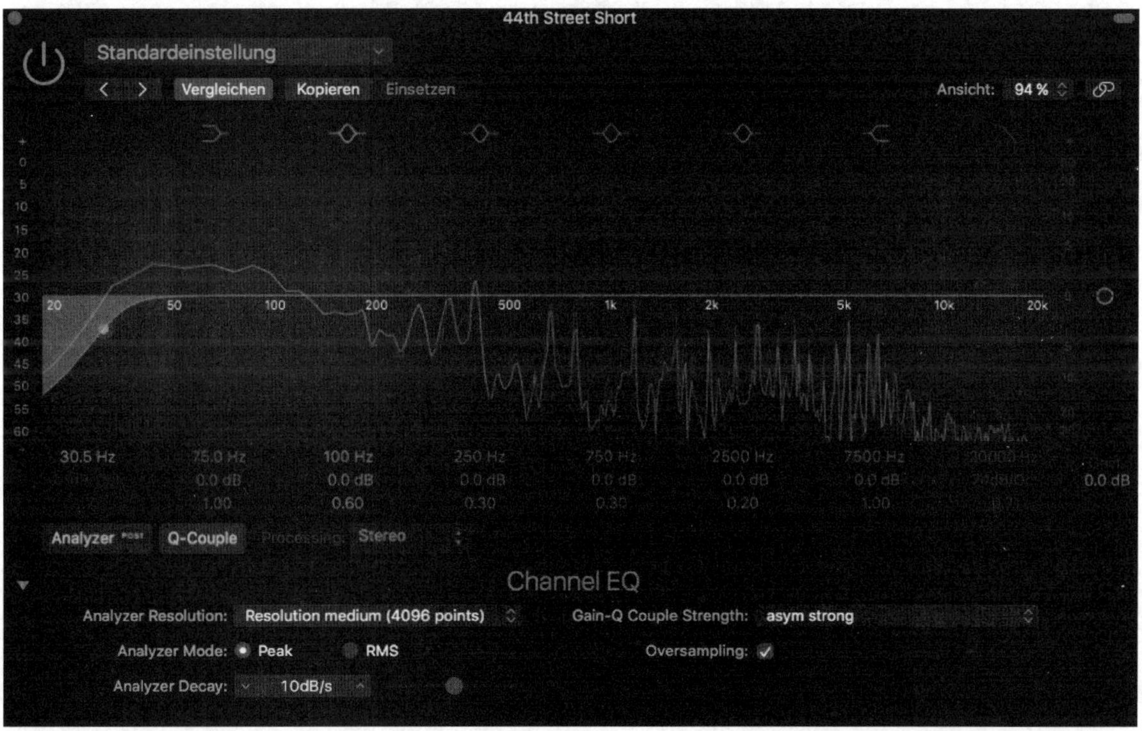

Abbildung 15.12 »Channel EQ«

Logics »Channel EQ «und »Linear Phase EQ« sind settingkompatibel: Laden Sie anstelle des einen den anderen, dann bleiben die Einstellungen erhalten. Der »Linear Phase EQ« erlaubt kleinere Bearbeitungsschritte in 0,1-dB- statt 0,5-dB-Schritten.

Er gibt das Signal phasentreu erst wieder aus, wenn alle Frequenzbänder gleichzeitig berechnet sind – egal, wie viele Frequenzbänder aktiv sind. Hieraus ergibt sich ein klanglicher Unterschied. Er verbraucht außerdem mehr CPU-Ressourcen und führt mehr Latenz ein.

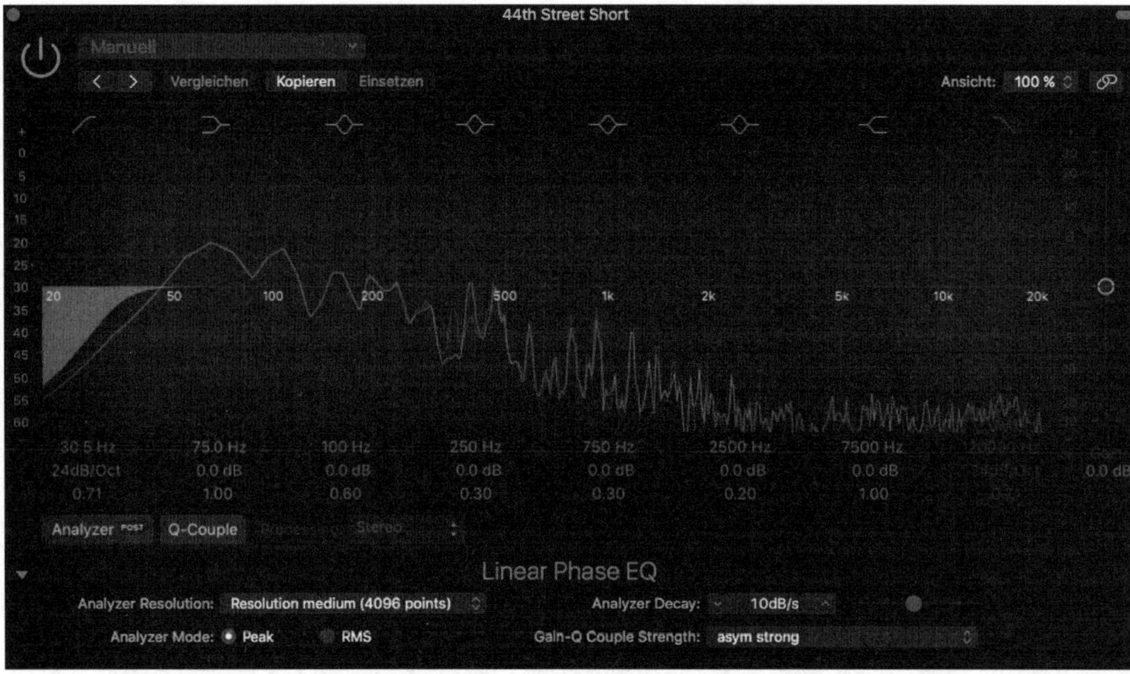

Abbildung 15.13 »Linear Phase EQ«

Die meisten analogen Hardware-EQs sind nicht linearphasig. Das kann auch die räumliche Empfindung beeinflussen. Manchmal ist das ein gewollter oder tolerierter Effekt. Nicht zuletzt weil manche analoge EQs sehr angenehm klingen, bevorzuge ich subjektive Kriterien und den Höreindruck bei der Beurteilung eines EQs.

Bei der Bedienung gibt es kaum Unterschiede zwischen den beiden Logic-Haupt-EQs. Der »Channel EQ« ist blau – der »Linear Phase EQ« schwarz; beim »Channel EQ« können Sie in den erweiterten Einstellungen OVERSAMPLING aktivieren/deaktivieren. Via Oversampling kann die Samplerate bei der EQ-Bearbeitung verdoppelt werden.

Meiner Meinung nach können Sie auch mit Logic pur, ohne jedes Drittanbieter-Plug-In, sehr gut Tracks abmischen. Logics Mischpult inklusive seiner EQs gehört zu seinen großen Stärken im Vergleich zu Konkurrenzprodukten wie z. B. Ableton oder Reason.

15.2.6 Analyzer im EQ

Als Hilfestellung bieten beide Logic-EQs noch den eingebauten Analyzer, der mit verschiedenen Auflösungen den Frequenzgang vor und nach der EQ-Bearbeitung anzeigen kann (unten in Abbildung 15.12 und Abbildung 15.13). Um den Analyzer zu benutzen, klicken Sie auf den entsprechenden Button. Sie können den Analyzer dabei Pre- oder Post-EQ schalten (indem Sie in das kleine Feld klicken) und somit auswählen, ob der Analyzer den Frequenzgang vor oder nach der Bearbeitung durch den EQ anzeigt. Im erweiterten Bereich des EQs können Sie außerdem die Auflösung, mit der der Analyzer die Frequenzen Ihrer Spur darstellt, ändern und einstellen, ob er Spitzenwerte oder Durchschnittspegelwerte anzeigt.

Wenn das Signal zu leise ist, so dass Sie den Frequenzgang nicht richtig sehen können, fassen Sie die Zahlen auf der linken Seite der EQ-Darstellung (Lautstärkeangaben auf der Y-Achse) an und ziehen sie mit gehaltener Maustaste nach oben, um einen anderen Wertebereich angezeigt zu bekommen.

15.2.7 Typische EQ-Settings für Instrumente

Im Internet finden Sie einige Aufstellungen von Studios, die Ihre Erfahrungen beim EQing in Form einer generalisierten Aufstellung der Öffentlichkeit zugängig machen. Solche Aufstellungen sind vor allem für Anfänger hilfreich, um erste Anhaltspunkte zum Ausprobieren zu bekommen und dabei spielerisch die Wirkung bestimmter Frequenzen zu erlernen. Solche Seiten sind etwa *http://www.bws-tonstudio.ch/frameset.htm* oder *http://www.dontrecords-musicgroup.com/mixdown.htm*. Der erste Link führt zu einer umfangreichen PDF-Datei.

Je nach Genre und individueller Kombination von verwendeten Instrumenten sind aber oft andere Settings empfehlenswert. Schon die auf diesen beiden Internetseiten gegebenen Tipps unterscheiden sich bezüglich dessen voneinander, wie man eine Kickdrum EQen sollte. Der zweite Link empfiehlt +3 dB bei 50 Hz, –3 dB bei 275 Hz und +1 dB bei 3 kHz. Als Musiker mit einer Vorliebe für Drum-and-Bass-Musik bin ich beispielsweise gewöhnt, die Kickdrum etwas höher abzumischen und *nicht* bei 50 Hz zu verstärken. Auf diese Weise lasse ich Platz für den Subbass. Doch illustriert das Beispiel gut, dass man oft mehrere Frequenzen bearbeitet, um verschiedene Ziele bezüglich eines Instruments zu erreichen: Die 50 Hz würde man anheben, um mehr bassigen Druck zu erzeugen, die 275 Hz absenken, um etwas »Dröhnen« herauszunehmen, und die 3 kHz anheben, um das Anschlag-Kick-Geräusch zu verstärken. Es gibt viele neue, spezialisierte Kick-Drum-Plug-Ins, wie *Kick2*, *Punchbox* und *Big Kick*, die Kickdrums aus mehreren Soundlayern zusammenbauen können, um diese Einzelteile einer Kick zu designen. Doch auch mit nur einem einzigen Sound und einem EQ haben Sie oft vergleichbare Möglichkeiten, wenn der Originalsound das hergibt. Dabei kann es sinnvoll sein, auch mal extremere Einstellungen oder mehrere EQs hintereinander zu nutzen. Wie die Frequenzen klingen, ist natürlich ein Learning-by-Doing-Prozess.

Weiteres zum Thema Mixdown finden Sie ab Abschnitt 17.1 über Mixing.

15.2.8 M/S-Processing im EQ

Logics EQs erlaubt den Zugriff auf Mid/Side-Processing (*Mitte/Seite* oder *M/S*) auch direkt im Plug-In.

Abbildung 15.14 Processing-Kanal-Konfiguration in »Channel EQ« und »Linear Phase EQ«

Sie können im PROCESSING-Menü des EQ unten (siehe Abbildung 15.14) unter anderem einstellen, nur das Mittensignal oder nur das Seitensignal zu bearbeiten. Wollen Sie beides, fügen Sie einfach mehrere EQs hintereinander in den Kanalzug ein oder nutzen eine Dual-Mono-Konfiguration im Mitte/Seite-Modus (siehe Abbildung 15.5).

15.2.9 »Match EQ«

Der »Match EQ« hilft, den Frequenzgang von einem Signal auf ein anderes zu übertragen. Dafür gibt es verschiedene Anwendungsszenarios. Der »Match EQ« lässt sich auch in einen linearphasigen Modus schalten, wodurch er etwas mehr Latenzen einführt und mehr CPU-Leistung benötigt. Auch ein Analyzer, den Sie Pre- oder Post-EQ schalten können, ist eingebaut.

»Match EQ«-Beispielanwendungen

- Gleichen Sie damit zum Beispiel Musikstücke auf einer CD beim Mastering oder ein Musikstück an ein Vorbild z. B. desselben Genres näherungsweise an. Der »Match EQ« stellt im Presetbereich viele genretypische Einstellungen bzw. Spektren zur Verfügung.
- Versuchen Sie, einen Drumsound näherungsweise klingen zu lassen wie einen Vorbild-Drumsound – der »Match EQ« ist dafür das ideale Tool.
- Sie können auch die Frequenzcharakteristika von Vorbildmikrofon A (z. B. teures Neumann-Mikro) als sogenanntes *Template* auf die zu bearbeitende Aufnahme (CURRENT MATERIAL) von Mikrofon B (beispielsweise ein günstiges t.bone-Mikro) via »Match EQ« anwenden, indem Sie zweimal dieselbe Sprachaufnahme mit beiden Mikrofonen erstellen und anschließend mit dem »Match EQ« analysieren. Das kann nicht nur sinnvoll sein, um tendenziell einen »teuren« Sound mit einem günstigen Mikro hinzubekommen, es kann auch nötig sein, wenn nachträglich ein Schnipsel einer Produktion unter anderen Aufnahmebedingungen oder mit einem anderen Mikrofon neu aufgenommen werden muss, aber wie die alte Aufnahme klingen soll – sei es bei einer Musik- oder bei einer Filmproduktion. Natürlich gelingt das nur näherungsweise; inwiefern das Ergebnis zufriedenstellend ist, bleibt eine subjektive Entscheidung.

»Match EQ«-Workflow

Um z. B. den Sound von Vorbild Mikro A für Mikro B mit dem »Match EQ« hinzubekommen, öffnen Sie einen »Match EQ« auf der Spur der Aufnahme von Mikrofon B, routen die Spur des Referenzsignals Mikrofon A oben rechts in den SIDE CHAIN-Eingang und wählen REFERENCE: LEARN (Abbildung 15.15). Anschließend spielen Sie die Aufnahme der Referenz für eine Weile ab, bis die Frequenzkurve des Vorbilds »gelernt« wurde.

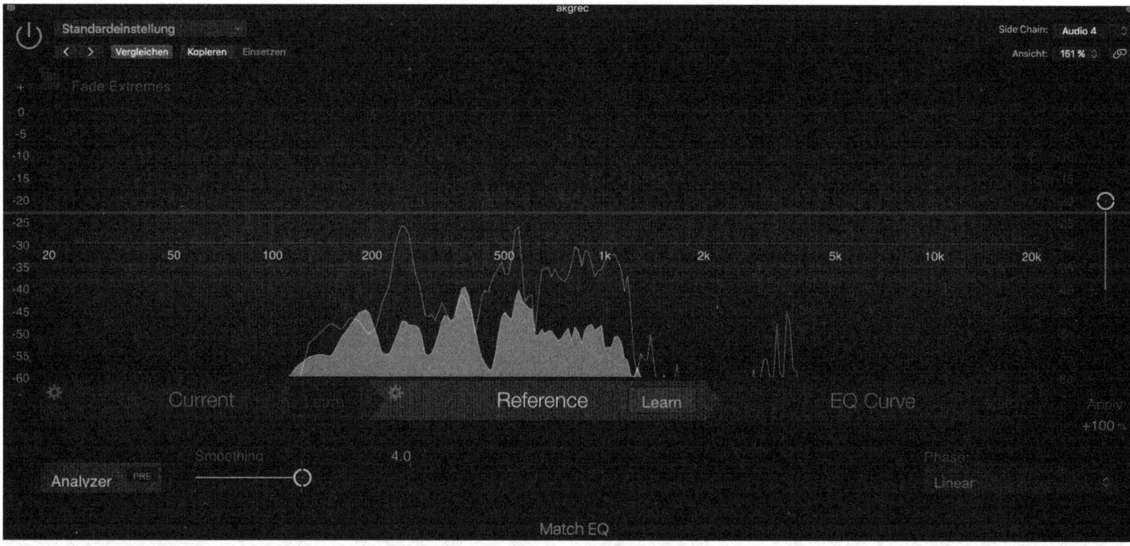

Abbildung 15.15 Reference-Learning im »Match EQ«

Dann klicken Sie nochmals auf REFERENCE: LEARN, um den Lernmodus zu beenden.

Nun entfernen Sie das Signal von Mic A wieder aus der SIDE CHAIN. Klicken Sie jetzt auf CURRENT: LEARN-Button. Spielen Sie die von Ihrem »Match EQ« zu bearbeitende Aufnahme von Mic B ab – und zwar am besten genauso lange wie beim Vorbild –, um den Frequenzgang des zweiten Mikros zu lernen. Klicken Sie erneut auf den CURRENT: LEARN-Button, um den Lernmodus wieder zu beenden.

Alternativ kann der Frequenzgang eines Signals auch erlernt werden, indem Sie das Referenzsignalspektrum lernen, kopieren und einfügen. Dann funktioniert das Ganze etwas anders. Sie benötigen zwei »Match EQs«, z. B. auf den Spuren von Vorbild Mic A und B. Dann lernen Sie zuerst das Spektrum von Vorbild Mic A, kopieren es, fügen es auf der Spur von Mic B ein und lernen auf der Mic-B-Spur das aktuelle Material. Es ist übrigens auch möglich, Frequenzgänge aus »Match EQ«-Settings oder Audiofiles zu importieren bzw. zu generieren (siehe Einträge in Abbildung 15.16). Dieses Copy-and-Paste-Menü steht sowohl im TEMPLATE- als auch für den CURRENT MATERIAL-Bereich zur Verfügung!

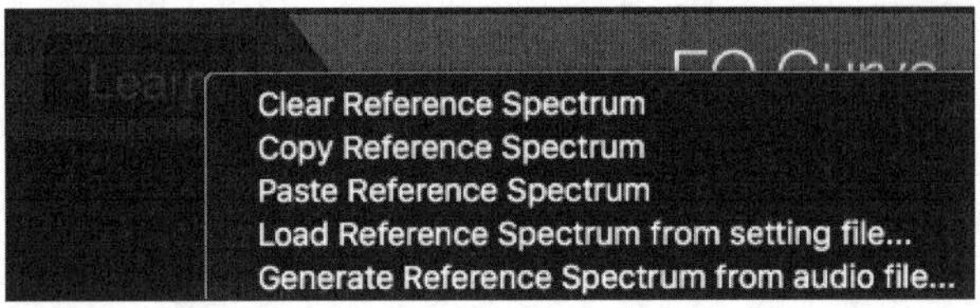

Abbildung 15.16 Die »Match EQ«-Optionen im Bild stehen sowohl im »Template«- als auch im »Current Material«-Bereich zur Verfügung.

Wenn Sie alles richtig gemacht haben, löst nun ein Klick auf den MATCH-Knopf (Abbildung 15.17) einen Abgleich der beiden Spektren aus.

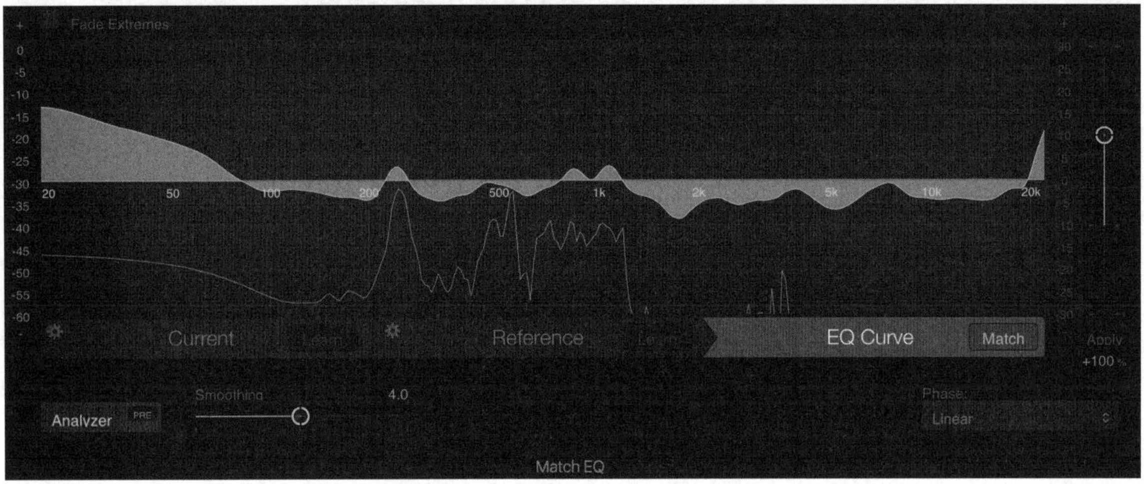

Abbildung 15.17 »Match EQ«-Kurve

Der »Match EQ« stellt dann eine Filterkurve ein, um das Signal von Spur B an den Sound von Spur A anzupassen. Mit dem APPLY-Fader auf der rechten Seite regeln Sie das Ausmaß dieses Equalizings prozentual. Unangenehm klingende »Nasen« (schmalbandige Anhebungen oder Absenkungen) in der EQ-Kurve können Sie auch manuell mit Mausoperationen grafisch entfernen.

Ein Beispiel mit zwei sehr unterschiedlichen Vocals finden Sie im Projekt *15MatchEQ*. Zunächst habe ich den Vocal aus Spur 2 an den Sound aus Spur 1 angepasst, dann umgekehrt (was im Beispiel weniger gut funktioniert und verzerrt).

»Match EQ«-Kurvenfinetuning

Durch Klick auf FADE EXTREMES in den erweiterten Parametern entfallen eventuell extreme Bearbeitungen an den äußeren Frequenzbereichen. Zudem kann eine Bewegung des SMOOTHING-Reglers dafür sorgen, ob die Frequenzkurve des »Match EQ« sämtliche Details enthält oder eher geglättet verläuft.

Abbildung 15.17 und Abbildung 15.18 zeigen dies anhand eines anderen Frequenzspektrums, bei dem eine Aufnahme eines AKG-C414-Mikros (mit Low Cut) mit einem Brauner-Mikro verglichen wurde, das als Vorbild diente.

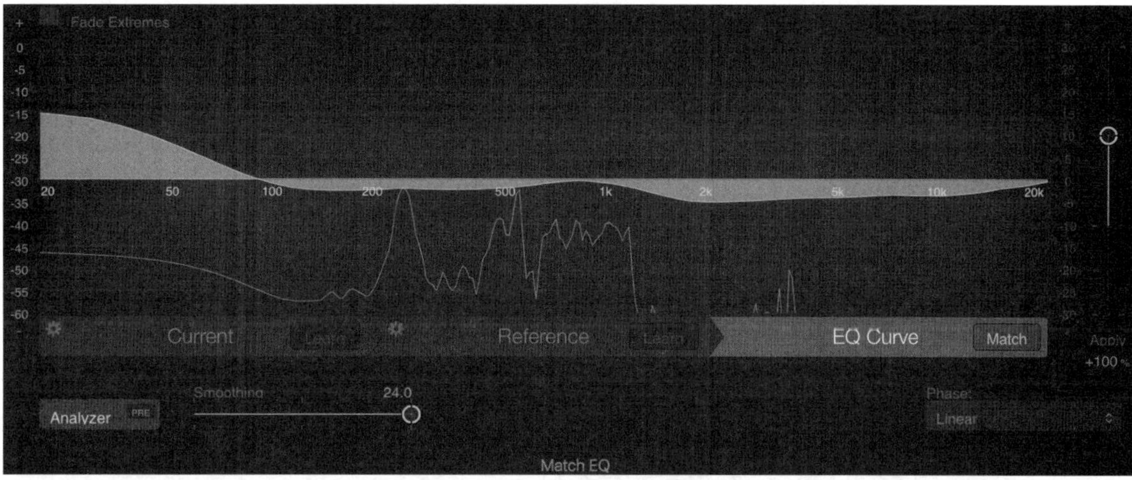

Abbildung 15.18 Stark geglättete »Match EQ«-Kurve

Mit Hilfe des APPLY-Reglers erfolgt die Veränderung prozentual; von –100 % bis 200 % ist alles möglich. Eine Einstellung von 100 % kommt dem Vorbild am nächsten. Wählen Sie z. B. 30 %, geht der Sound nur ein bisschen in Richtung des Vorbilds. Wählen Sie dagegen –100 %, könnten Sie diese Einstellung nutzen, um das Vorbild so klingen zu lassen wie das eigentlich zu bearbeitende Material.

Mit gehaltener Maustaste können Sie auch manuell in der »Match EQ«-Kurve zeichnen. Das ist zwar etwas fummelig, erlaubt mit vielen kleinen Bewegungen jedoch eine Art Ausradieren einer ungewünschten Bearbeitung unter Beibehaltung des Rests.

Hilfreich sind Hilfestellungen im Display. So können Sie mit gehaltener `alt`-Taste und Klick auf die Grafik manuelle Änderungen wieder »resetten«. Alternativ können Sie eine gewonnene Vergleichskurve zwischen den Spektren auch als Vorbild nehmen und versuchen, sie manuell in einem EQ einzuzeichnen.

»Match EQ«-Presets

Die gewonnene Einstellung lässt sich als »Match EQ«-Preset speichern, mit dessen Hilfe Sie zum Beispiel sämtliche Aufnahmen, die Sie in Zukunft zu Hause mit Mikrofon B (z. B. t.bone) machen, in etwa klingen lassen, als wären sie mit Mikrofon A (Neumann) aufgenommen. Sie können natürlich auch ein Plug-In-Setting speichern, das lediglich ein Referenzspektrum enthält – z. B. von Ihrer Lieblingsbassdrum.

Teilbereich des Frequenzspektrums anpassen

Soll nur ein Teilbereich des Frequenzspektrums angeglichen werden (z. B. Bassbereich), so erreichen Sie dies, indem Sie für die zu vergleichenden Sounds lediglich diesen Bereich abhören bzw. vergleichen (etwa indem Sie ein entsprechendes Band eines Multiband-Kompressors/Multipressors in Logic zuvor auf »solo« stellen).

15.2.10 »Single Band EQ«

Der »Single Band EQ« ist ein einfacher EQ. Sie können hier, wie in Abbildung 15.19 zu sehen, zwischen einem Low Cut-, Low Shelf-, Parametric-Bell-EQ-, High Shelf- und High Cut-Band auswählen – das entspricht den Optionen im »Channel EQ«. Je nach Auswahl steht Ihnen als weiterer Parameter der QFactor oder die Flankensteilheit des Filters zur Verfügung (mit bis zu 48 dB/Oktave, wie im »Channel EQ« bzw. »Linear Phase EQ«).

Abbildung 15.19 Single Band EQ

15.3 Dynamics

Plug-Ins aus der Dynamics-Sektion (Abbildung 15.20) führen am Audiomaterial typischerweise Bearbeitungen durch, die mit dem Lautstärkeverlauf des eingehenden Materials zusammenhängen und darauf reagieren. Man spricht auch von *Regelverstärkern*.

Die Differenz zwischen dem lautesten und leisesten Signal nennt man *Dynamik*. Zwischen absoluter Stille bei 0 dB und einer Schmerzgrenze von 120 dB SPL liegen also theoretisch 120 dB. Medien wie CDs oder Vinyl benötigen allein aus technischen Gründen eine Dynamikbearbeitung, weil sie einen solchen Dynamikumfang nicht wiedergeben können.

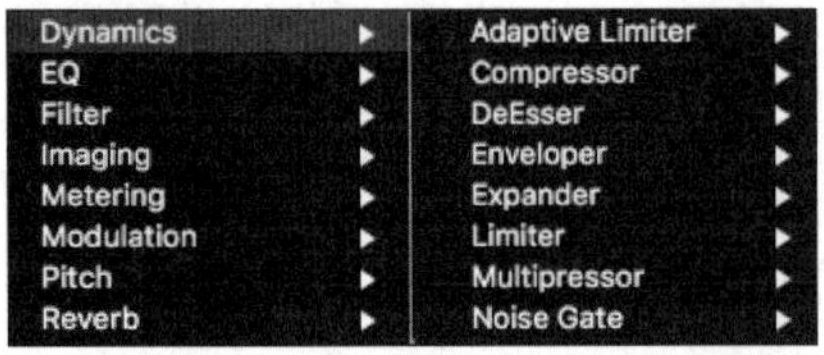

Abbildung 15.20 »Dynamics«-Plug-Ins in Logic

Die Anwendungen sind vielfältig: Ein Kompressor macht die Lautstärke eines Signals gleichmäßiger oder bringt es zum Pumpen. Ein Gate blendet rauschende Zwischenteile aus oder zerteilt ein Signal rhythmisch. Ein Brickwall Limiter verhindert strikt, dass ein bestimmter Pegel überschritten wird, und macht das Signal »kontrolliert« lauter. Ein Enveloper betont Drums, ein De-Esser reduziert unangenehme s-Laute aus Vocal-Aufnahmen ... und viele mehr.

Spielen viele Instrumente in Pop-Musik gleichzeitig, wird es oft stärker notwendig, den Dynamikumfang einzelner Instrumente zu begrenzen, denn ansonsten würden die leisen Stellen eines Instruments, die gut solo zu hören sind, durch andere Instrumente oft verdeckt.

15.3.1 »Compressor«

Im Deutschen heißt der Effekt eigentlich Kompressor, im Englischen und in Logic wird das Wort dagegen mit C (»Compressor«) geschrieben.

Abbildung 15.21 Logics »Compressor«

Grundsätzliche Funktionsweise

Ein Kompressor bearbeitet das eingehende Signal, wenn dessen Lautstärke lauter als der sogenannte *Threshold* (Schwellenwert, THR) ist. Um den THRESHOLD passend einzustellen, können Sie alternativ auch den INPUT GAIN-Regler links in Logics »Compressor« nutzen.

Übersteigt die Lautstärke des Signals den Threshold, wird das Signal im Verhältnis der RATIO (1:1 bis 30:1) leiser gemacht. Bis diese Wirkung vollständig eintritt, vergeht die ATTACK-Zeit. Ist das Signal wieder leiser als der THRESHOLD, dauert es die RELEASE-Zeit, bis das Signal wieder unbearbeitet zu hören ist. Den Übergang zwischen Bearbeitung und keiner Bearbeitung können Sie mit Hilfe einer einstellbaren »Soft Knee«-Kurve weich gestalten (siehe unten).

Es ist einleuchtend, dass Veränderungen der kompressoreigenen Reaktionsgeschwindigkeit für ein stark verändertes musikalisches Resultat sorgen können. Die Reaktionsgeschwindigkeit bei gleichbleibender Kompressionseinstellung via THRESHOLD und RATIO hängt von mehreren Faktoren ab: Zu diesen Faktoren zählen die erwähnten Regelzeiten (ATTACK/RELEASE), die KNEE-Einstellung (Kurvenverlauf um den Threshold herum), aber auch der verwendete Kompressor-Typ bzw. Circuit-Type (Schaltungsstyp) – und ob als Referenz für den THRESHOLD PEAK oder RMS eingestellt ist. Über den DISTORTION-Bereich können Sie in Logics »Compressor« zusätzlich Sättigung/Verzerrung hinzufügen.

Ein Beispiel: Ein eingehendes Signal mit einem digitalen Pegel von –12 dB geht bei einer eingestellten RATIO von 4:1 und einem THRESHOLD von –20 dB nur noch mit einem Pegel von –18 dB aus dem Kompressor heraus, weil die zusätzlichen 8 dB nur im Verhältnis 4:1 durchgelassen werden. Steht die RATIO auf 8:1, kommt nur noch 1 dB durch.

Man spricht daher bei einem Kompressor, der mit einer Ratio höher als 8:1 bis hin zu unendlich zu 1 arbeitet, von *Limiting*. Ist eine Ratio von 1:1 eingestellt, entspricht der Output dem Input.

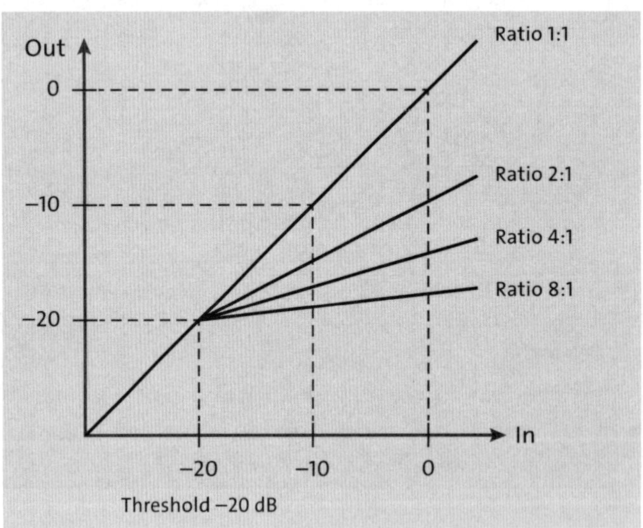

Abbildung 15.22 Input und Output bei einem Threshold von –20 dB und verschiedenen Kompressor-Ratios

Wenn man einen Kompressor auf einen Drumloop legt, ist leicht nachvollziehbar, warum daraus tendenziell rhythmische und pumpende Effekte entstehen: Der Kompressor reagiert insbesondere im PEAK-Modus auf die lautesten Stellen, z. B. auf die Bassdrum. Kein Wunder also, wenn die durch den Kompressor entstehende Veränderung manchmal zusätzlichen »Groove« hineinbringt.

»Compressor«: »Knee«

Der KNEE-Parameter regelt den Übergangsverlauf zwischen Nicht-Kompression unter dem THRESHOLD und Kompression über dem THRESHOLD. Bei einem »Hard Knee« (Abbildung 15.23) ist am Threshold ein exakter Knick vorhanden, der mit alternativen Einstellungen (drehen Sie nach rechts) runder und weicher dargestellt werden kann – was oft etwas weicher und unauffälliger klingt. Was der KNEE-Parameter im »Compressor« macht, zeigt Ihnen auch die Kurve links in der GRAPH-Ansicht an.

Anzeige des »Compressors«

Die Lautstärkereduzierung wird oben unter GAIN REDUCTION angezeigt, wenn METER eingestellt ist. Ist GRAPH eingestellt, sehen Sie noch mehr: Die Kompressionskennlinie mit Threshold und Knee (im Bild ein Hard Knee mit KNEE-Einstellung »0«), den Kompressionsverlauf und rechts ebenfalls die aktuelle Gain Reduction.

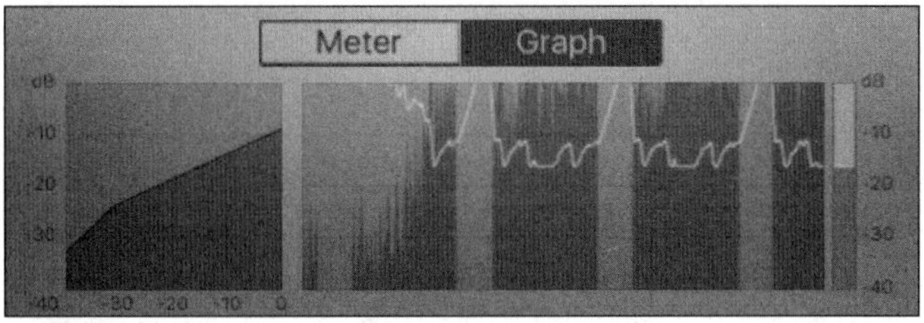

Abbildung 15.23 »Graph«-Ansicht mit Knee links

Ist nur ein »Compressor« aktiv, sehen Sie die Gain Reduction in einer Miniaturansicht im Kanalzug (Abbildung 15.24). Ein Doppelklick öffnet den »Compressor«.

Abbildung 15.24 Gain-Reduction-Anzeige im Kanalzug

»Compressor«: Macht er leiser oder lauter? Auto Gain

Ein Kompressor macht grundsätzlich das Signal zunächst leiser. Wann und um wie viel leiser, zeigt die Pegelanzeige GAIN REDUCTION oben im »Compressor«, die im Kanalzug in der Regel auch als Miniatur sichtbar ist, falls Sie nicht zusätzlich andere Logic-Kompressoren zuvor in den Kanalzug eingesetzt haben.

Lauter wird es erst dadurch, dass sich am Ende der Kette ein zusätzlicher Lautstärkeregler (GAIN) befindet und aufgedreht ist (oder eine AUTO GAIN-Funktion automatisch die Lautstärke erhöht). Der AUTO GAIN bei Logics »Compressor« sorgt meist für eine Überkompensation der Bedämpfung, die sich nur an der Einstellung des THRESHOLD-Reglers und nicht an der tatsächlichen Gain-Reduction orientiert. Sie ist daher mit Vorsicht zu genießen. Im Zweifelsfall sollten Sie den AUTO GAIN besser deaktivieren, um keine undurchschaubaren Lautstärkeveränderungen bei Edits im »Compressor« zu erleben. Versuchen Sie stattdessen, den Compressor manuell um etwa soviel dB lauter zu machen, wie der Compressor das Signal durchschnittlich leiser macht. Das ist an der GAIN REDUCTION-Anzeige ablesbar. Dann können Sie den Gesamtklang mit und ohne Compressor durch manuelles An- und Ausschalten des Compressors besser vergleichen (siehe Projekt *15CompGain*).

»Input Gain« und »Output Gain« (im Vergleich zu Auto Gain)

Mit Hilfe des neuen INPUT GAIN-Reglers machen Sie das Signal lauter, bevor es in den »Compressor« geht. Dies hilft, wenn das Signal zu leise ist und Sie durch Herunterregeln des THRESHOLD-Reglers nicht genug Kompression einstellen können. Mit dem OUTPUT GAIN-Regler machen Sie andererseits das gesamte Ausgangssignal wieder leiser – und zwar im Signalfluß hinter dem MIX-Regler, während der oben erwähnte Autogain-Regler das Signal vor dem MIX-Regler lauter macht. Mit dem MIX-Regler können Sie zwischen unbearbeitetem und bearbeitetem Signal überblenden und beide zusammenmischen (siehe den Unterabschnitt über Parallelkompression).

Limiter im »Compressor«

Logics »Compressor« hat ganz rechts noch einen eigenen Limiter, der ergänzend und unabhängig zum »Compressor« seinen Dienst verrichtet. Hierzu aber erst mit dem Button unterhalb des Schriftzugs LIMITER eingeschaltet werden muss und über einen zusätzlichen, eigenen Threshold verfügt.

Kompressor-Typen bzw. Circuit Types

Logics »Compressor« hat sieben unterschiedliche Modi (siehe Abbildung 15.25), die Sie oben einstellen können (die dynamische Hilfe spricht von Circuit Types). Diese sollen verschiedene Hardwarekompressor-Modelle nachahmen. Verschiedene Hardwarekompressoren der Entwicklungsgeschichte hatten jeweils unterschiedliche Ansätze und verwendeten verschiedene Bauteile, wodurch manche Modelle z. B. träge in der Attack-Regelzeit und schnell im Release-/Rückregelverhalten waren, bei anderen war es umgekehrt. Die klanglichen Wirkungen dieser Modi unterscheiden sich stark voneinander.

Ich möchte mich hier mit Urteilen zurückhalten, ob die Logic-Emulationen näherungsweise den Vorbildern entsprechen oder nicht. Wichtiger finde ich einen anderen Denkansatz: Manchmal sucht man eher nach einem stark hörbaren Kompressoreffekt (z. B. um Drums lebendiger zu machen), in anderen Fällen eher nach unauffälligen Kompressoren (etwa um Stimmen gleichmäßig laut zu machen). Probieren Sie aus, welcher Kompressor oder welcher

Circuit Type in der jeweiligen Situation hilft und welcher eher nicht. Sie haben ja für jeden Circuit Type auch noch diverse Einstellmöglichkeiten, z. B. Regelzeiten. Welche Kombination im Einzelfall passt – das probieren selbst erfahrene Ingenieure immer wieder mit unterschiedlichen Geräten und Plug-Ins neu aus. Natürlich lernt man dabei, was man von seinen Effekten erwarten kann, doch für Überraschungen muss man offen bleiben.

Abbildung 15.25 »Compressor« mit oben angewählter Vintage-FET-Emulation

Platinum

Die oberste Einstellung (Platinum Digital) entspricht dem Verhalten des »Compressors« aus alten Versionen und macht recht genau das, was Sie tatsächlich einstellen. Je nachdem, ob Sie den »Compressor« auf das Peak- oder das RMS-Signal (Voreinstellung) reagieren lassen, kann er sehr schnell, aber auch sehr ausgleichend und unauffällig reagieren. Letzteres empfinde ich eher als seine Stärke.

Studio, Vintage und Classic VCA

VCA-Kompressoren reagieren typischerweise auf das Peak-Signal. Sie sind sehr weit verbreitet. Sie bekommen damit gut ein aggressives, klares Signal mit prägnanten Transienten hin. Beispiele: dbx160- (in Logic: Classic VCA), Focusrite- (in Logic: Studio VCA) und SSL- (in Logic: Vintage VCA), Neve- oder API-Bus-Kompressoren. In jedem Fall neu in Logic ist der

CLASSIC VCA-Modus – und er klingt auch gut (Sie finden ein Soundbeispiel im Projekt *15xCompNu1*).

Studio und Vintage FET

FET-Kompressoren (mit Feldeffekttransistoren) reagieren typischerweise besonders schnell auf Transienten. Setzen Sie sie z. B. ein, wenn Sie hören möchten, wie der Kompressor arbeitet, weil Sie diesen Sound mögen. Ein typisches Beispiel hierfür ist der UREI 1176. Gewissermaßen nehmen Sie hiermit eher eine Mikro-Dynamics-Bearbeitung vor, Sie bearbeiten eher die kurzfristigen Unterschiede.

Vintage OPTO

Berühmte Opto-Kompressoren wie z. B. Teletronix LA2A reagieren manchmal eher langsam auf Signalspitzen, doch das hängt auch von der eingehenden Frequenz ab. Ein LA2A ist geeignet, mit wenig Reglern eine gleichmäßige, unauffällige Bearbeitung zu realisieren, und eignet sich damit besonders für Vocals und Radio-Stationen (gewissermaßen eine Makro-Dynamics-Bearbeitung, man bearbeitet eher die großen, langfristigen Unterschiede). Die Release-Reaktion ist typischerweise zunächst schnell und später langsam, vollzieht sich also in mehreren Abschnitten und funktioniert ebenfalls programmabhängig (d. h. je nach eingehendem Audiomaterial unterschiedlich). Dies ergibt einen speziellen Sound. Allerdings ist die Frage, was genau der Logic-Opto-Mode zu emulieren versucht. Das Logic-Handbuch spricht z. B. davon, dass Opto-Kompressoren ein besonders schnelles Einschwingverhalten hätten.

Vari-Mu

Bislang nicht emuliert wird der auf Röhren basierende Kompressor-Typ Vari-Mu. Kompressoren wie der Fairchild 670 oder Manleys Vari-Mu beherrschen diesen. Dadurch, dass Verzerrung im Spiel ist, oder die Ratio bei stärkerer Kompression ansteigt, ergibt sich ein spezieller Sound, der auf zahlreichen populären Produktionen zu finden ist und gerne auch auf Summen eingesetzt wird. Ein derartiges Verhalten kann näherungsweise durch ein weicheres »Knee« erreicht werden, so dass die Kompression lauterer Signale etwas stärker ist.

»Compressor«: »Attack«, »Release«, »Peak« und »RMS«

Eine zu kurze ATTACK-Zeit kann z. B. die Transienten eliminieren. Das ist in der Regel nicht erwünscht, es sei denn, Sie möchten einen Sound absichtlich unauffälliger machen oder ihn etwas weiter hinten im Mix platzieren. Abgeschnittene Transienten sind ein typischer Grund, warum manche Bassdrums im Mix kaum wahrnehmbar sind.

Für die optimale Einstellung des THRESHOLDS ist wichtig, ob der »Compressor« auf PEAK oder RMS reagiert, was Sie unterhalb der THRESHOLD-Regelung auswählen (sofern oben kein Typ eingestellt ist, der das nicht erlaubt). Peak sind die Spitzenwerte der Pegellautstärke, RMS ist ein Durchschnittswert. Peak entspricht demnach einem lauteren, sich schneller bewegenden Signal, das analysiert wird. Dementsprechend arbeitet der Kompressor bei ansonsten gleichen Einstellungen weniger und langsamer, wenn der Kompressor auf RMS-Pegel statt des Peak-Pegels reagieren soll. Außerhalb des Platinum-Modus steht die PEAK/RMS-Umschaltung nicht zur Verfügung, weil die emulierten analogen Regelkreise dies auch nicht beherrschen.

»Compressor«: »Max«- und »Sum«-Detection

Diese Option entscheidet, ob der Kompressor reagiert, wenn nur auf einer Seite eines Stereosignals der THRESHOLD überschritten wird (Stellung MAX) oder ob er auf beiden Seiten überschritten werden muss (Stellung SUM).

»Compressor«: Bässe komprimieren

Es ist ziemlich schwer, die richtige Lautstärke für Bässe zu finden – zumindest wenn es um Musik geht, bei der der Bass Druck erzeugen soll. Das ist insbesondere bei Musik der Fall, die über Clubanlagen gehört wird.

Sind die Bässe zu laut, machen sie einen Track »platt« oder dröhnen im Club. Sind sie zu leise, wirkt ein Stück etwas »kraftlos«. Der Unterschied liegt – zumindest nach meiner Erfahrung als Drum-and-Bass-Produzent – manchmal in wenigen Millimetern Fader-Weg. Vielleicht brauchen Sie ein paar Versuche, bis Sie die richtige Einstellung gefunden haben, vor allem wenn bei der Abmischung die Abhörsituation nicht optimal ist.

Das kann bedeuten: Hören Sie einen Track über verschiedene Anlagen so lange, bis Sie sicher sind, ob der Bass okay, zu laut oder zu leise ist, machen Sie gegebenenfalls Korrekturen, wiederholen Sie bei Bedarf die Prozedur etc. Weil es nun aber so schwer ist, die richtige Lautstärke für den Bass zu finden, ist es wichtig, dem Bass eine relativ einheitliche Lautstärke zu geben und nicht zu viele Schwankungen in der Lautstärke zuzulassen. Genau das erreichen Sie mit einem Kompressor, der relativ stark komprimiert (typischerweise mit einer recht hohen Ratio).

»Compressor«: Drums komprimieren

Komprimierte Drums klingen meistens *kompakter* als nicht komprimierte Drums. Die leisen Stellen werden lauter und die ganz lauten Stellen leiser. Bearbeitet ein Kompressor auf einem Summenbus *mehrere zusammengemischte Drums*, klingen diese nach der Bearbeitung etwas mehr »aus einem Guss«, da sich die Kompressoreffekte auf alle Sounds gleichzeitig auswirken. Öffnen Sie hierfür das Dokument *15compressor1*, und vergleichen Sie den Sound der Drums mit und ohne »Compressor«, indem Sie ihn temporär deaktivieren.

Bei der Bearbeitung *einzelner* Sounds durch den »Compressor« geht es dagegen oft darum, deren Soundlautstärke konstant zu halten. Sollen einzelne Schläge klanglich knalliger oder länger/breiter wirken, kann auch ein Transient-Designer helfen (z. B. Logics »Enveloper«).

Compressor: internes Side Chaining

Bei der Bearbeitung der Schlagzeugsumme ist das Hauptproblem oft, dass der Kompressor zu stark auf die Bassdrum reagiert. Hier können Sie gegensteuern: Sie können einstellen, dass der Kompressor auf ein von der Bassdrum befreites Signal reagiert, insgesamt allerdings das komplette Signal inklusive der Bassdrum bearbeitet. Somit reagiert der Kompressor auf ein anderes Signal als das, das er bearbeitet.

Ist kein externes Signal für Side Chaining vorgesehen, beziehen sich die Filtereinstellungen auf das anliegende Signal – das nach der Filterung verändert ist.

Hierzu blenden Sie oben rechts im »Compressor« (Abbildung 15.26) den SIDE CHAIN-Bereich ein und aktivieren unten einen High-Pass-Filter als Side-Chain-Filter (FILTER steht auf ON, MODE auf HP). Das hatte ich bereits in *15compressor1* gemacht und im Projekt *15compressor-sidechain1* noch einmal etwas übertrieben/überzogen bzw. mit einer Automation dargestellt, die den Side-Chain-Filter zum Soundvergleich abwechselnd an- und ausschaltet. Der Side-Chain-Filter bearbeitet in diesem Beispiel die Drums und schneidet die Bässe ab. Hierdurch reagiert der »Compressor« weniger stark auf die Kickdrums und lässt sie entsprechend besser durch.

Abbildung 15.26 Der Side-Chain-Filter im »Compressor«

Die Benutzung des »Side-Chain-Filters in diesem Beispiel bedeutet also, dass das ohnehin aktuell im »Compressor« anliegende *interne* Signal klanglich bearbeitet wird, damit der »Compressor« auf eine leicht veränderte (hier: weniger bassige) Version davon reagiert.

»Compressor«: Side Chaining mit externen Signalen

Man kann einen Kompressor auch so einstellen, dass er seine Lautstärkeveränderungen als Reaktion auf ein *externes* Audiosignal ausführt (z. B. Bassdrum-Loop), aber auf ein anderes anwendet (beispielsweise Fläche auf der Spur, in der der »Compressor« eingefügt wurde). Auf diese Weise kann im genannten Beispiel die Bassdrum dafür sorgen, dass die Fläche leicht pumpt/vibriert, was meist etwas weicher klingt, als wenn Sie versuchen, die Fläche mit einem Gate (anstelle eines Kompressors) und einem externen Signal rhythmisch zu variieren.

Wollen Sie so etwas in Logic realisieren, sollten Sie den »Compressor« im Channel-Strip der Fläche laden und die Bassdrum bzw. den Drumloop als SIDE CHAIN einstellen. Ein Beispiel finden Sie im Projekt *15compsidech*. Als Side-Chain-Input dient dort ein Beat auf einem »Ghost Track« (Spur 3), der zunächst auch als Kopie auf Spur 1 zu hören ist, später aber nicht mehr, dabei aber die ganze Zeit in der stummgeschalteten Spur 3 weiterläuft und die Fläche aus Spur 4 moduliert. Falls ein Side-Chain-Instrument nicht hörbar sein soll (z. B. wenn der Drumloop nur »Triggerfunktion« hat), entfernen Sie den Output aus dem Kanal. Auf diese Weise bringen Sie z. B. die Fläche konstant zum Pumpen, auch wenn die eigentlichen Drums pausieren.

Im Aufklappmenü lässt sich das externe Side-Chain-Signal (wie bei der Verwendung des internen Signals für das Side Chaining) noch filtern, um sicherzustellen, dass der »Compressor« auf einen bestimmten Teil des Signals reagiert. Bei Bassdrums als Trigger empfiehlt es sich wiederum, etwas Bass in der Side Chain herauszufiltern, um ein etwas präziseres Ansprechverhalten auf den Rest des Signals zu bekommen, das ansonsten oft zu stark durch die Energie der Bassdrums dominiert wird.

»Compressor«: Ducking

Auch beim sogenannten *Ducking-Effekt* reagiert ein Kompressor auf ein anderes Signal als jenes, das er leiser macht. Ein typisches Beispiel: Ein Kirmesmoderator redet wie im Beispiel *15Ducking* (»Einsteigen, mit dabei sein ...«), und bei seiner Ansage wird automatisch die Musik (auf einem Sammelbus) leiser. Angebracht sind hier in der Regel kräftige Ratios, schnelle Attack- und extrem langsame Release-Zeiten, damit die Musik in Sprechpausen nicht zu schnell wieder auf die alte Lautstärke zurückschwingt. Hierfür laden Sie den »Compressor« im Channel-Strip der Musik und stellen die Stimme als SIDE CHAIN-Input ein.

»Compressor«: Parallelkompression/New-York-Kompression

Wie schon in Abschnitt 14.2 über Insert- und Send-Effekte erwähnt, ist es heute durchaus üblich, einen Kompressor über einen Zumischeffekt zu nutzen. Logics »Compressor« hat aus diesem Grund einen DRY/WET-Regler, der eine Parallelkompression ohne Phasenprobleme ermöglicht und sich unten mit dem Dreieck aufklappen lässt. Dieses Feature fehlt in so manchen teuren Kompressor-Plug-Ins. Ein Beispiel für Parallelkompression finden Sie im Projekt *15Logicparallelcomp1*. Manchmal klingt es besonders gut, wenn man ein stark komprimiertes Signal zu einem unkomprimierten dazumischt. Sie können ein stark komprimiertes, pumpendes Signal durch die unverfälschten Drums des Originals anreichern. Hierdurch werden Drums in der Regel deutlich kompakter als ohne Kompression, andererseits aber auch weniger glattgebügelt als bei einer reinen Kompression ohne Zumischung des Originals. Sie haben mixtechnisch die Wahl zwischen »the best of both worlds«: Mischen Sie diese beiden Signale nun – je nach Geschmack – zusammen; schalten Sie den Kompressor einmal aus, um den unbearbeiteten Sound zu hören – oder bewegen Sie den MIX-Slider auf 100 %, um nur das extrem komprimierte Signal zu hören. Ein weiteres Beispiel finden Sie im Projekt *15Compmix1*. Natürlich können Sie auch ein weniger drastisch mit dem »Compressor« bearbeitetes Signal zumischen.

Abbildung 15.27 Die Einstellung im »Mix«-Slider lässt erkennen, dass zwei Signale im Kompressor zusammengemischt werden.

15.3.2 »Expander« und »Noise Gate«: Upward und Downward Expander

Upward Expander verstärken das Signal, wenn ein bestimmter Threshold überschritten wird. Die Idee dabei ist die Betonung der Schläge; im Ergebnis kann aus einem relativ gleichförmigen Soundmaterial eines mit etwas mehr Kontrasten entstehen. Das entspricht einem Expander-Effekt

Downward Expander regeln die Lautstärke unterhalb eines Thresholds herunter. Das entspricht dem Verhalten eines Noise Gates.

In Logic arbeitet das Plug-In »Expander« als Upward Expander, die Plug-Ins »Noise Gate« (allerdings ohne regelbare Ratio, sondern nur mit REDUCTION-Parameter) und »Multipressor«als Downward Expander.

15.3.3 »Noise Gate«, Ducker vs. Gate-Modus

Im Gegensatz zum Kompressor arbeitet das Gate, wenn der (wiederum regelbare) Threshold *unterschritten* (statt wie beim Kompressor überschritten) wird. Dann wird das Signal um den unter REDUCTION eingestellten Wert abgesenkt. In anderen Noise Gates lässt sich stattdessen oft eine Ratio einstellen. Es wird eine Hüllkurve ausgelöst, die den Verlauf der Öffnung (im Gate-Modus) oder den Verlauf der Schließung (im Ducker-Modus) bestimmt. Ob das Gate offen ist oder nicht, sehen Sie darüber an der Open/Close-Anzeige. Die Hüllkurve besitzt lediglich die Parameter Attack, Hold und Release.

Auch beim Noise Gate (Abbildung 15.28) gibt es einen Side Chain-Bereich. Ist kein externes Signal oben rechts eingestellt, beziehen sich die Filtereinstellungen auf das interne/anliegende Signal.

Die Gefahr, dass ein sich öffnendes Gate Transienten abschneidet, weil es sich einen Tick zu spät öffnet, können Sie durch Einstellung eines Lookahead-Zeitraums reduzieren. Das Gate analysiert das Signal dann vorausschauend, indem die Signalausgabe etwas verzögert erfolgt. So wird Latenz eingeführt.

Hysteresis, Hold und Decay

Ergänzend zu den Parametern Hold und Decay der Hüllkurve ist auch der Hysteresis-Parameter geeignet, zu verhindern, dass das Gate nach einem gewollten »Öffnen« zu schnell wieder schließt. Im Grunde ist der Hysteresis-Parameter ein zweiter Threshold. Manche Gates haben dementsprechend zwei unabhängige Thresholds. In Logics Gate liegt das Hysteresis-Gate um eine bestimmte dB-Zahl *unter* dem eigentlichen Threshold, damit niedrigere Lautstärken vorkommen müssen, um das Gate erneut zu schließen.

Damit soll sichergestellt werden, dass es lange genug offen ist, um das gewünschte Signal unbearbeitet durchzulassen. Man möchte sogenanntes *Gate-Flattern* verhindern. Das tritt auf, wenn die Ausschwingphase eines Signals im Pegel um den Threshold-Wert herum schwankt, bevor sie endgültig darunterfällt. Eine andere Möglichkeit der Vorbeugung gegen diesen Effekt ist die Verlängerung der Hold-Zeit.

Abbildung 15.28 »Noise Gate«

Mit dem Gate nur die wichtigen Sounds durchlassen

Benutzen Sie ein Gate z. B., um Nebengeräusche bei mit Mikrofonen aufgenommenen Drums auszublenden oder rauschende Kanäle stumm zu schalten, solange auf dem Kanal kein Sound spielt. Ein typisches Beispiel sind Toms, die selten gespielt werden. Auf der Aufnahme sind dann stets die Nebengeräusche der anderen Drums zu hören. Aufgabe des Gates könnte es nun sein, die Toms nur dann durchzulassen, wenn sie tatsächlich spielen, und ansonsten die Lautstärke mit einem hohen REDUCTION-Wert herunterzupegeln. Um das zu optimieren, können Sie per SIDE CHAIN die Frequenz der Toms betonen und andere Frequenzen entfernen, so dass das Gate erst recht nur auf die Toms und nicht auf etwas anderes reagiert. Oft ist in so einem Fall jedoch manuelles Herausschneiden der gewünschten Sounds die sauberere Alternative.

Verschiedene Beispiele für Gate-Anwendungen

Öffnen Sie das Dokument *15noisegate1* (Abbildung 15.28). Im SIDE CHAIN-Bereich schneidet ein LOW CUT-Filter den Bassbereich ab, damit das Gate präziser auf den Rest reagieren kann. Beim Öffnen des Gates wird eine Hüllkurve ausgelöst, für die ich die RELEASE-Zeit verlängert habe, so dass sich das Ergebnis wiederum etwas weniger abgehackt anhört als mit ganz kurzer RELEASE-Zeit. Im Beispiel habe ich den THRESHOLD absichtlich nur an den lautesten Schlägen eines Drumloops orientiert, so dass dieser nach der Bearbeitung abgehackter klingt als zuvor. Bei den lautesten Schlägen öffnet sich das Gate, das ansonsten das Signal um 48 dB leiser macht (einstellbar im Bereich REDUCTION, hier sind natürlich auch höhere oder niedrigere Werte wählbar).

Im Dokument *15noisegate2* habe ich u. a. den ATTACK der Hüllkurve verlängert, wodurch das Gate langsamer aufgeht, was vielleicht ein wenig an einen rückwärts laufenden Drumloop oder Scratching erinnert, in jedem Fall aber indirekter klingt, weil die Transienten stark beschnitten werden.

Im Dokument *15gatedrev* ist das Gate einem Reverb auf einem per Send angesteuerten Effektbus nachgeschaltet und schneidet den Hall unterhalb einer gewissen Lautstärke ab, wodurch ein sogenannter *Gated-Reverb-Effekt* entsteht.

Gate auf externe Signale reagieren lassen (Trance-Gate)

Oder Sie verwenden ein Gate, um via Side Chain typische zerhackte Tranceflächen zu erzeugen. Fügen Sie das Gate im Channel-Strip der Fläche ein, und routen Sie ein Triggersignal (z. B. Snaredrum) in den Side-Chain-Kanal. Das Resultat klingt, je nach Einstellung, weniger weich und deutlicher hörbar bzw. abgehackter als die Modulation einer Fläche via »Compressor« und Side Chain.

Im Dokument *15Trancegate* wird eine Fläche durch einen Beat zerhackt. Jedes Mal, wenn dank des in der SIDE CHAIN anliegenden Beats der THRESHOLD überschritten wird, öffnet sich das Gate, und die Hüllkurve wird ausgelöst. Die Reaktion auf das Über- und Unterschreiten des Thresholds erfolgt wesentlich präziser, wenn Sie im Side Chain-Bereich etwas Bass abgeschnitten wird, weil die dominante und stärkere Energie einer Bassdrum ansonsten verhindert, dass andere, leichtere Schläge wie Snare und Hi-Hat präzise wahrgenommen werden.

15.3.4 Expander

Der »Expander« kann z. B. helfen, Schläge eines Drumloops mit wenig Lautstärkeunterschieden stärker zu betonen. Lesen Sie bitte auch den Abschnitt über den »Enveloper«, der für diesen Zweck eine Alternative darstellt.

Abbildung 15.29 »Expander«

Analog zum »Compressor« stellen Sie auch beim »Expander« wieder eine Kompressions-Ratio ein und sehen eine Input-Output-Grafik, die bei einer Ratio von 1:1 einer linearen y = x-Funktion bzw. einer Geraden im 45-Grad-Winkel, die durch den Nullpunkt verläuft, entspricht. Eine Ratio von 0,6:1 bedeutet, dass das Signal oberhalb des Thresholds im Verhältnis 0,6:1 komprimiert (also verstärkt) wird. Ein Beispiel dafür hören Sie im Projekt *15Expander1*, wo ein Drumloop zunächst unbearbeitet, dann mit dem »Expander« effektiert spielt.

Der Regelbereich für die Ratio liegt in Logics »Expander« zwischen 0,5:1 und 1:1, während er bei Logics »Compressor« zwischen 1:1 und 30:1 liegt. Auch wenn der »Compressor« noch ein paar Regler mehr besitzt, entsprechen die sonstigen Regler des »Expanders« denen, die Sie schon vom »Compressor« kennen.

15.3.5 Multiband-Kompressor

Ein Multiband-Kompressor ist grundsätzlich in der Lage, ein oder mehrere frequenzspezifische Teile des Signals unabhängig vom Rest des Signals mit Kompressorfunktionalität zu bearbeiten. Im Gegensatz zu Logics »Compressor« werden hier also in der Regel mehrere

Bänder getrennt voneinander bearbeitet, auch wenn Sie die Zahl und den Frequenzbereich der Bänder ändern und theoretisch auch auf ein Band reduzieren können.

Ein solches Tool hilft beispielsweise, wenn an bestimmten Stellen einzelne Frequenzen immer wieder zu laut sind (z. B. extrem zischende Hi-Hat) und Sie diese »bändigen«, dabei aber nicht zu viel von der Frequenz (hier: Höhen) herausdrehen oder im Gegenteil diese noch präsenter machen möchten, indem Sie die Höhen mit dem GAIN-Regler des Bandes insgesamt anheben. Ein anderes Anwendungsbeispiel ist die Verdichtung des Signals auf eine im Vergleich zu einem normalen Kompressor unauffälligere Weise, z. B. im Mastering-Bereich.

Logics »Multipressor«-Plug-In ist von seiner Ausstattung und Funktionalität her ein komfortabel ausgestatteter, typischer Multiband-Kompressor. Die Filter, die die Frequenzbereiche voneinander trennen, sind dabei eher etwas weniger steil als bei Konkurrenzprodukten, was nicht immer ein Nachteil ist.

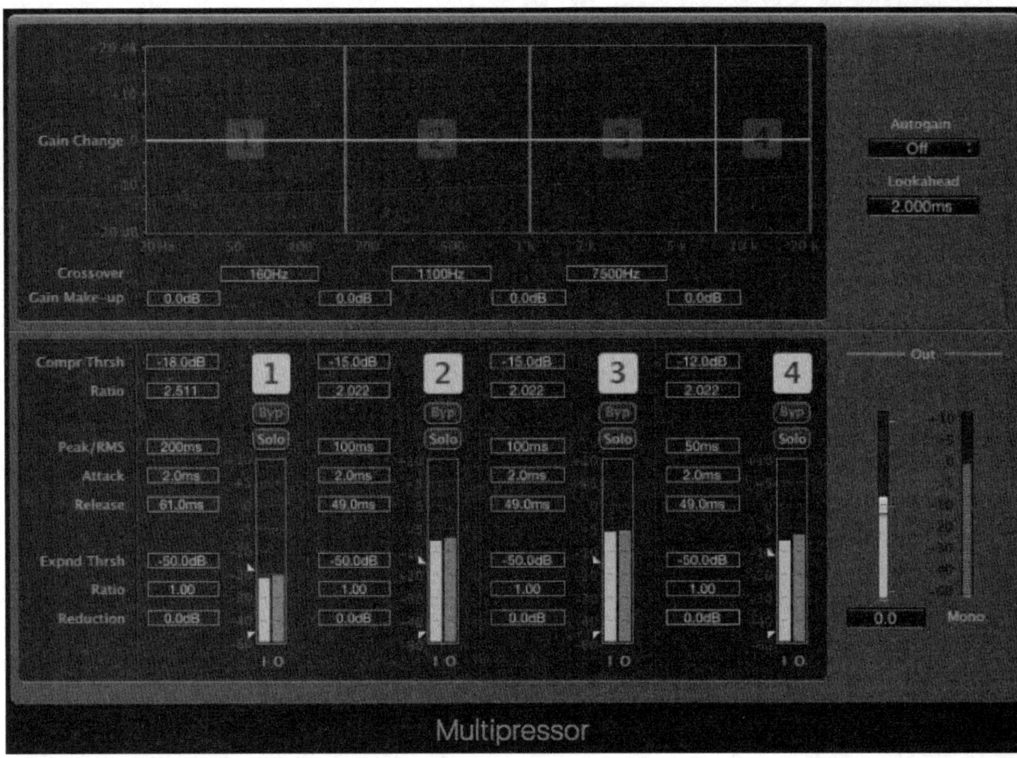

Abbildung 15.30 Logics »Multipressor«

In Abbildung 15.30 sehen Sie in allen vier Bändern Pegel. Der linke (hellere) Balken symbolisiert den Eingangspegel, der rechte (dunklere) Balken den Ausgangspegel. Die Differenz zwischen beiden wird typischerweise auch ganz oben im Bereich GAIN CHANGE angezeigt.

Grundsätzlich sollten Sie Folgendes beachten:

1. In wie viele Frequenzbänder ist der Kompressor aufgeteilt? In Logics »Multipressor« sind es maximal vier Bänder, Sie können ihn aber auch mit weniger Bändern betreiben, indem Sie auf die mit den Zahlen 1–4 numerierten Felder klicken.
2. Welche Bänder sind aktiv, welche auf Bypass geschaltet? Einzelne Bänder können Sie solo hören. Ein Band aus der Bearbeitung zu entfernen hat natürlich eine andere Wirkung, als das Band via Bypass neutral einzustellen.
3. Wo sind die Übergangsfrequenzen zwischen den Bändern? Diese können Sie durch Verschieben der Balken ändern. Wie gesagt: Die Bänder in Logics »Multipressor« sind nicht sehr scharf voneinander getrennt, die Filter sind nicht sehr steilflankig. Selbst wenn Sie ein Höhenband solo hören, werden Sie noch ein wenig Bass durchhören.
4. Für jedes Band stellen Sie einen Threshold ein, ab dem der Kompressor leiser wird. In Logics »Multipressor« bestimmen Sie eine RATIO, die regelt, in welchem Verhältnis das Signal bei Überschreitung des Thresholds leiser gemacht wird (in anderen Multiband-Kompressoren wie z. B. Waves »C4« stellt man stattdessen auch mal eine »Range« ein).
5. Für jedes aktive Band müssen Sie ATTACK- und RELEASE-Zeiten einstellen. Grundsätzlich gilt: Je tiefer die Frequenz, desto länger sind sinnvollerweise die ATTACK- und RELEASE-Zeiten. Natürlich unterscheiden sich dabei Klang-, Regel- und Reaktionseigenschaften von Multiband-Kompressoren unterschiedlicher Hersteller.
6. Für jedes Band stellen Sie mit einem GAIN-Regler die Lautstärke des Bandes nach der Bearbeitung ein. Es wird somit auch deutlich, dass ein Multiband-Kompressor auch eine Equalizerfunktionalität besitzt. Die Möglichkeiten, die EQ-Kurve zu editieren, sind dabei limitiert. Alternativ gibt es auch dynamische EQs (z. B. iZotope »Neutron«).
7. Ist AUTOGAIN angeschaltet? Wenn ja, macht der »Multipressor« je nach eingestelltem Threshold die Bänder eventuell automatisch lauter.

Im Projekt *15Multipressordrums* liegt ein »Multipressor« auf einer Schlagzeugsumme, der insbesondere die Höhen verdichtet und anhebt. Im Beispiel ist die AUTOGAIN-Funktion aktiv. Weil die automatische Verstärkung teilweise zu extrem war, habe ich die einzelnen Bänder manuell mit dem GAIN-Regler oben wieder leiser gemacht.

Expander im »Multipressor«

Logics »Multipressor« bietet zusätzlich eine Expander-Sektion mit einem Downward Expander. Im Dokument *15multipressorgatedband* hören Sie, wie auf dem hohen Mittenband der »Multipressor« wie ein Gate reagiert, die Snare durchlässt und ansonsten den Pegel herunterregelt. Das entspricht auch dem Verhalten eines Noise Gates.

Für den normalen Kompressorbetrieb können Sie die Expander-Sektion aber auch vernachlässigen. Falls die RATIO auf 1 und die REDUCTION auf 0 steht, passiert nichts – ebenso wenig, als wenn der untere Threshold-Marker ganz unten steht (und somit nicht unterschritten werden kann).

15.3.6 »DeEsser« – und die Bearbeitung von vereinzelt auftretenden Störfrequenzen

Ein De-Esser funktioniert ähnlich wie ein Multiband-Kompressor, allerdings typischerweise mit nur einem Band. Ziel ist oft die Reduzierung der s-Laute aus Gesang- oder Sprachaufnahmen. Manche Produzenten, die keinen De-Esser bzw. keine frequenzspezifischen Dynamic FX nutzen, drehen sich beim Vocals-Abmischen im Kreis: Wenn sie Vocals brillanter machen wollen, stören s- und Zischlaute, und dann drehen sie hohe Frequenzen weg. Danach klingen die Vocals zu dumpf, und sie drehen wieder Höhen rein usw.

Abbildung 15.31 Logics »DeEsser«

Logics »DeEsser« unterscheidet zwischen einem Detector- und einem Suppressor-Bereich. Die Idee hierbei ist, dass ein eigener Frequenzbereich mit regelbarer Empfindlichkeit (Sensitivity) zur Entdeckung der s-Laute definiert wird (Detector), der ein anderer sein kann als jener, der später um die Strength leiser gemacht wird (Suppressor; siehe Abbildung 15.31). Unten links können Sie im Bereich Monitor wie beim Side Chaining von Logics »Compressor« zusätzlich beide Bereiche vorhören, wobei das separate Hören der s-Laut-Reduzierung besonders praktisch ist (Einstellung Sens.). Steht Monitor auf Off, ist der »DeEsser« im normalen Betrieb.

Ein Beispiel für die Funktionsweise des »DeEssers« finden Sie im Projekt *15Deess*. In Spur 1 (Takt 1) hören Sie die Sprachaufnahme ohne De-Essing. In Spur 2 (Takt 2) ist ein »DeEsser« aktiv, und seine Monitorfunktion lässt Sie die mit Hilfe der Einstellungen erkannten s-Laute hören (Monitor-Einstellung Sens.). Spur 3 (Takt 3) spielt die s-Laute mit aktivem »DeEsser«. Spur 4 und 5 (Takt 4) wenden eine andere Technik an: Spur 4 und 5 sind dieselbe Audiospur, weshalb nur ein Audiofile gleichzeitig von beiden wiedergegeben werden kann. Wiedergegeben wird stets das neueste File. Im Beispiel findet durch die verschiedenen Regionen, die in Takt 4 spielen, automatisch eine Umschaltung zwischen der Wiedergabe in Spur 4 und Spur 5 statt. In der unteren Spur wurden s-Laute herausgeschnitten. Die Regionen der unteren Spur mit den s-Lauten habe ich im Informationsfenster Region mit Hilfe des Pegel-Parameters leiser gemacht.

15.3.7 »Enveloper«

Mit dem »Enveloper« bearbeiten Sie vor allem Transienten von Drums (siehe Abbildung 15.32). Aber Sie können auch einen weichen Ausklang von Flächen oder Gitarrensounds realisieren.

Abbildung 15.32 »Enveloper«

Dies funktioniert mit Hilfe integrierter Envelope Follower – und indem Sie die Hüllkurve des Signals weitgehend unabhängig von der sonstigen Lautstärke modifizieren. Eines der ersten Effektgeräte dieser Art war SPLs Transient-Designer (als Hardware), dem Logics »Enveloper« nachempfunden ist.

Die beiden GAIN-Regler für ATTACK und RELEASE stellen das Ausmaß der Soundverstärkung oder -absenkung ein. Richtig hörbar wird das Ergebnis allerdings erst, wenn Sie mit dem TIME-Regler entsprechende Zeiten einstellen, in denen die Bearbeitung wirken kann. Diese Zeiten betreffen die Bearbeitung an von internen Lautstärkedetektoren bzw. Envelope Followern zugewiesenen Phasen. Am Ausgang des Envelopers können Sie das Gesamtsignal mit einem Output-GAIN-Regler zur manuellen Kompensation der Lautstärkeveränderung durch den Effekt absenken oder anheben. Leichter zu verstehen ist das Ganze mit einem Beispiel:

Öffnen Sie das Projekt *15Enveloper01*. Der Drumloop wird in Spur 1, ENVELOPER, so bearbeitet, dass neben den Attacks vor allem die Ausklingphasen lauter gemacht werden. Hierdurch entsteht ein leicht pumpender Sound. In Spur 2 werden diese Ausklingphasen dagegen mit dem GAIN-Regler abgesenkt, so dass die Schläge gekürzt klingen. In beiden Spuren ist die Attack-Phase verstärkt, was deutlicher wird, wenn Sie Spur 3 zum Vergleich hören, wo der Drumloop unbearbeitet liegt und die Bassdrum weniger knallig klingt. Außerdem wurden in Spur 1 und 2 sowohl für die Attack-Betonung als auch für die Release-Betonung (in Spur 1) und -absenkung (in Spur 2) relativ lange Zeiten eingestellt. Zudem habe ich den Lautstärkezugewinn, der in beiden Spuren ja zumindest für die Attack-Phase besteht, mit einer Absenkung des Outputs um –3 dB kompensiert.

Selbst wenn ein THRESHOLD regelt, oberhalb welchen Wertes Signale bearbeitet werden, soll dieser doch laut Logic-Effekte-Handbuch im »Enveloper« zumeist sehr niedrig eingestellt bleiben, damit das ganze Signal bearbeitet wird. Es sei denn, durch eine Veränderung des RELEASE-Wertes betonte Ausklänge führen zu einer zu starken Verstärkung des Rauschens.

15.3.8 »Limiter« und »Adaptive Limiter«

Ein *Limiter* ist eigentlich ein Kompressor mit hoher Ratio. Ab einer Ratio von 8:1 aufwärts wird meistens von *Limiting* gesprochen. Sogenannte *Brickwall Limiter* haben eine Ratio von unendlich zu 1 und sollen dafür sorgen, dass zu keinem Zeitpunkt ein Signal über die eingestellte *Out Ceiling* (*ceiling* ist passenderweise das englische Wort für »Zimmerdecke«) hinausgeht. Einen solchen Brickwall Limiter mit einer Ratio von unendlich zu 1 benötigen Sie z. B. als letztes Glied in der Kette beim Mastering. Sie können Limiter aber auch auf Instrumenten (z. B. Bass) verwenden, um ihnen eine gleichmäßige Lautstärke zu verpassen, wodurch sie leichter abzumischen sind.

Funktionsweise der Limiter in Logic

In Logic gibt es die Limiter-Plug-Ins »Limiter« und »Adaptive Limiter« (siehe Abbildung 15.33 und Abbildung 15.34).

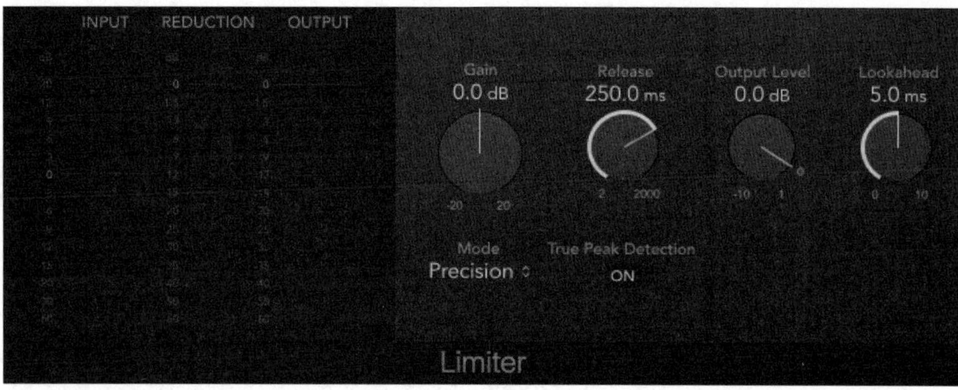

Abbildung 15.33 »Adaptive Limiter«

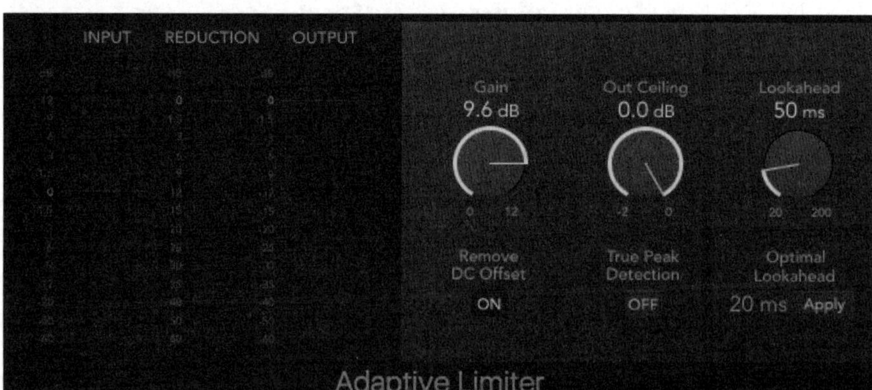

Abbildung 15.34 »Limiter«

Beide haben weitgehend die gleichen Regler. Typischerweise haben Limiter im Gegensatz zum »Compressor« keinen Attack-Regler, denn dass kurzzeitig noch Pegelspitzen durchkommen, widerspäche ja dem Zweck.

Die Limiter erlauben grundsätzlich, das Signal immer und unbegrenzt lauter zu machen. Dies geschieht, indem Sie den Input im Limiter oder vor dem Limiter aufdrehen. Dieser gibt aber unverändert einen festgelegten maximalen Pegel aus. Den maximalen Pegel stellen Sie unter OUT CEILING ein; Werte unter 0 verringern die Gefahr von Verzerrungen mit bestimmten Wiedergabewandlern. Damit Sie etwas hören, müssen digitale Signale ja irgendwann in analoge Signale umgewandelt werden. Nicht jeder Wandler klingt gleich.

Der Parameter LOOKAHEAD regelt, inwieweit Pegelspitzen im Voraus analysiert werden (was wiederum funktioniert, weil Logic dann das Signal verspätet ausgibt). Höhere LOOKAHEAD-Werte schneiden tendenziell die Transienten etwas mehr ab oder limiten »strenger«.

Mit dem TRUE PEAK DETECTION-Knopf werden Spitzenpegel auch zwischen Samples ermittelt. Auch dies bewirkt eine größere Absicherung gegen eventuelle Übersteuerung und Pegelspitzen.

Der »Adaptive Limiter« arbeitet laut Handbuch mit zusätzlicher »Färbung«, um die wahrgenommene Lautstärke zu erhöhen. Mit REMOVE DC wird im »Adaptive Limiter« ein Gleichstromversatz aus der Audioaufnahme entfernt, der eventuell zu einem niedrigeren maximalen Pegel führen würde.

Der »Limiter« besitzt noch den RELEASE-Knopf, der regelt, wie schnell die Lautstärkereduzierung nach Unterschreitung eines Grenzwerts wieder zurückgeregelt wird.

RELEASE ist grundsätzlich auch ein wichtiger Parameter am Limiter. Je länger die RELEASE-Zeit, desto mehr Zeit braucht der Limiter, um wieder lauter zu machen, er bleibt also meist leiser.

Der »Limiter« unterscheidet in seiner neuen Version zwischen einem PRECISION- und einem LEGACY-Mode. PRECISION erlaubt größere Lautstärke bei weniger Verzerrung. LEGACY entspricht der alten Version des Limiters, hier erscheint anstelle von TRUE PEAK DETECTION ein SOFT KNEE-Button.

Lesen Sie zum Thema optimale Lautstärke aber auch unbedingt Abschnitt 15.8.1 über LUFS-Metering und Abschnitt 18.3 über Mastering.

Anwendungsbeispiele

Grundsätzlich ist das Ziel solcher Limiter, das Signal ohne Klangeinbußen so laut wie möglich machen zu können (siehe *Projekt 15limiting1*). Machen Sie extrem viel lauter, so klingt der Sound in fast jedem Limiter irgendwann ziemlich kaputt (siehe Projekt *15limiting2*).

Bei beiden Projekten kam der »Adaptive Limiter« zum Einsatz. In den Projekten *15limiting2b* und *15limiting2c* hören Sie stattdessen die Wirkung des »Limiters« bei vergleichbaren Einstellungen im PRECISION- und LEGACY-Mode. In beiden Fällen verzerrt es weniger, man hört den Limiter aber auch stärker »arbeiten«, wobei der Precision-Mode etwas besser klingt. Im Beispiel *15limiting3* ist ein einfaches Gain-Plug-In im Masterkanal, das lediglich lauter macht, wodurch der Masterkanal übersteuert. Im Gegensatz zu den vorherigen Fällen mit Limiter wird sich das gebouncte Ergebnis dann anders anhören als das, was Sie beim Arbeiten mit Logic hören. In diesem Fall ist für das finale Ergebnis besonders relevant, was Sie beim Bouncen unter Normalisieren eingestellt haben (siehe Abschnitt 10.2.6).

Wenn Sie die Inter Sample Peak Detection im Beispiel *15Electrolim1* aktivieren und rechts oben durch Klick auf die over-Schriftzüge über dem Pegel und unterhalb des Margin-Eintrages klicken, um die Anzeige zu resetten, dann sehen Sie, dass das Projekt mit eingeschalteter Inter Sample Peak Detection dort nicht mehr übersteuert, andernfalls aber schon.

Mastersatz-Aux-Kanal

Im Projekt *15Electrolim1* treffen sich sämtliche Sounds in einem Aux-Kanal, der mit »Mastersatz« beschriftet ist und einen Limiter beherbergt. Dank des Masterersatzkanals können Sie eine beliebige Spur, z. B. die Referenzmusik genannte Spur 2 des Projekts, zum Soundvergleich am »Limiter« im Masterersatzkanal vorbei in den Stereo Out routen. Auf diese Weise können Sie Ihr Stück besser mit einem Referenzstück vergleichen.

15.4 Reverb

In diesem Abschnitt erläutere ich zunächst das Thema Hall im Allgemeinen, bevor ich die verschiedenen Logic-Hall-Plug-Ins »EnVerb«, »PlatinumVerb«, »SilverVerb« und »Space Designer« vorstelle.

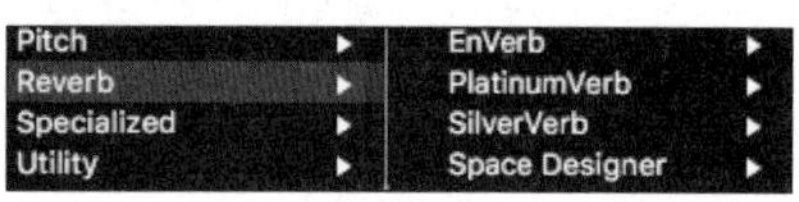

Abbildung 15.35 Reverbs in Logic

15.4.1 Hall im Allgemeinen

Ein Halleffekt simuliert Eigenschaften eines Raumes, in dem sich eine abzumischende Schallquelle befindet. Je nachdem, wo sich der Hörer im Raum befindet und wo die Schallquelle ist, wird diese unterschiedlich wahrgenommen und geortet. Hall ist dementsprechend neben dem EQ und den Dynamics ein weiteres Werkzeug, mit dem Sie eine Soundquelle auf einer virtuellen Bühne positionieren. Hall ist ein typischer »Zumischeffekt« und wird oft dem unveränderten Originalsignal zugemischt.

Algorithmischer Hall vs. Faltungshall

Man unterscheidet grundsätzlich zwischen *algorithmischem Hall*, bei dem Hall anhand von Algorithmen mit Parametern wie Raumgröße, Raumform und Reflexionsgrad synthetisch erzeugt wird, und *Faltungshall* (*Convolution-Reverb*), wo der Hall auf der Basis von Samples, sogenannten *Impulsantworten* (*Impulse Responses*, abgekürzt *IRs*), berechnet wird.

Raumgröße und Reflektivität

Die Halllänge und -dichte lassen sich, falls es sich im einen algorithmischen Hall handelt, mittels Decay-, Density- oder Room-Size-Parameter einstellen. Oft gibt es zusätzliche Parameter für die Reflektivität des Raumes. Natürlich klingen Räume sehr unterschiedlich, je nachdem, wie groß sie sind, wie glatt die Wände sind und welches Inventar sich in ihnen befindet. All das versuchen Hallgeräte und -Plug-Ins zu berücksichtigen – sowohl durch Algorithmen als auch bei der Auswahl von Impulsantworten. Die zur Verfügung stehenden Parameter haben natürlich je nach Hallgerät nicht immer die gleichen Namen.

Pre-Delay und Initial Delay

Je näher Sie sich an der Schallquelle befinden, desto größer sind der Zeit- und Lautstärkeunterschied zwischen dem ersten (Original-)Signal und den Reflexionen, die von den Wänden zum Ohr des Hörers zurückgelangen (Hall). Diesen Zeitunterschied stellt man in der Regel mit dem Parameter *Pre-Delay* ein, den Lautstärkeunterschied mit dem Mix-Regler. Auf diese Weise ändern Sie die Hörposition in einem Raum (bei gleichbleibender Raumgröße).

Man unterscheidet auch zwischen *Early Reflections* (frühe, erste Reflexionen, die sich aufgrund besonders günstiger Winkel ergeben) und *Reverb* (alle späteren, diffusen Reflexionen aus allen anderen Winkeln) und kann bei manchen Hallgeräten auch die Verzögerungszeiten für beide getrennt voneinander einstellen. Diese heißen dann *Pre-Delay* und *Initial Delay*.

Die akustischen Eigenschaften von Räumen lassen sich so näherungsweise rekonstruieren. Auf diese Weise können Sie sich dem Ziel eines Mixes mit »Tiefe« bzw. Tiefenstaffelung nähern: Platzieren Sie manche Instrumente weiter vorn und andere weiter hinten im Raum.

Hall-EQ

Oft ist sinnvoll und wichtig, den Hall mittels eines nur für den Hall arbeitenden EQ-Bereichs zu filtern, um z. B. lang anhaltend dröhnende Bässe zu verhindern. Extrem tiefe Frequenzen können im Mix sehr stören, wenn sie zu lange nachhallen; extrem hohe Frequenzen mit langem Nachhall können unangenehm für die Ohren sein und die Sprachverständlichkeit herabsetzen.

Hall-Anwendungsbeispiele

Im Dokument *15Silververb-Predelay* hören Sie auf Spur 1 ein Beispiel, das einen nahe an der Schallquelle stehenden Hörer simulieren soll, in Spur 2 soll die Schallquelle weiter vom Hörer (bei ansonsten gleichem Raum) entfernt erscheinen. Hierfür wird die Schallquelle leiser gemacht, der Hallanteil im Mix erhöht sowie das Pre-Delay verkürzt. Wenn die Schallquelle weiter weg vom Hörer ist, treffen die ersten Reflexionen und der Sound der Originalschallquelle tendenziell fast zeitgleich ein (und die Schallquelle ist natürlich tendenziell leiser – stellen Sie sich einen Priester in einer Kathedrale vor, der weit entfernt spricht). Steht der Priester (oder ein Lautsprecher mit seiner Stimme) dagegen direkt vor dem Hörer, ist er nicht nur lauter und präsenter, es dauert zudem etwas, bis die ersten Reflexionen eintreffen, nachdem Sie ihn als Originalschallquelle gehört haben. Wie gesagt: Hier geht es nur im die Positionierung im Raum, die Raumgröße bleibt gleich.

Halleffekte können natürlich auch interessant klingen, wenn Sie absichtlich »realitätsferne«, künstliche Einstellungen wählen. Verhallen Sie Stücke komplett und erzeugen eine neue Ästhetik, oder streben Sie ein gesundes Verhältnis zwischen trockenen und verhallten Sounds an. Die Art, wann und wo ein Künstler welchen und wie viel Hall einsetzt, drückt oft eine ganz persönliche oder für das Genre typische Soundästhetik aus. Viele Produzenten haben Lieblingshallgeräte und -Presets, die sie immer wieder nutzen. Ein Beispiel sind dominante Halleffekte auf Schlager- und Volksmusik-Vocals, mit denen fast jeder Vocalist sofort nach Volksmusik klingt.

15.4.2 »SilverVerb«

Ein einfacher Hall ist Logics »SilverVerb« (siehe Abbildung 15.36).

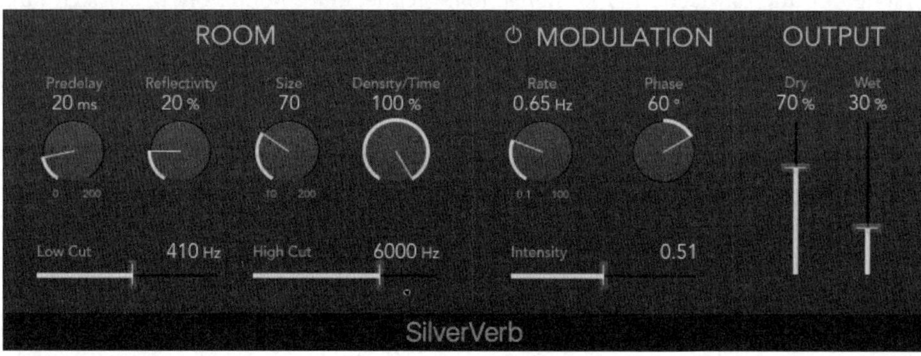

Abbildung 15.36 »SilverVerb«

Wichtige Parameter des »SilverVerbs« sind PREDELAY, REFLECTIVITY (Reflektivität des Raums) und SIZE (Raumgröße). Der DENSITY/TIME-Regler bestimmt sowohl die Raumgröße als auch die Dauer des Halls. Sind REFLECTIVITY und DENSITY/TIME ganz unten, klingt es eher wie ein Delay (siehe Spur 1 des Projekts *15Silververb1*). In Spur 2 des Beispiels habe ich die DENSITY/TIME erhöht, in Spur 3 auch den Reflexionsgrad. In Spur 2 klingt es noch ein wenig mehr nach Lo-Fi-Reverb, in Spur 3 etwas dichter.

Mit LOW CUT und HIGH CUT können Sie das Hallsignal von extremen Frequenzen befreien.

Den Hall können Sie außerdem mit einem LFO modulieren. Wenn Sie dabei die PHASE drehen, kann die Modulation für links und rechts unterschiedlich ausfallen.

Testen Sie die Logic-Presets, um einen Eindruck von Sound und Anwendungsmöglichkeiten des »SilverVerbs« zu bekommen.

15.4.3 »PlatinumVerb«

Das »PlatinumVerb«-Plug-In von Logic funktioniert ähnlich wie »SilverVerb«, bietet aber ein paar Einstellmöglichkeiten mehr.

Abbildung 15.37 »PlatinumVerb«

Early Reflections und Reverb

Wie schon erläutert, unterscheidet man zwischen Early Reflections und Reverb, hierfür gibt es getrennte Regelbereiche im »PlatinumVerb« (siehe Abbildung 15.37). Die Early Reflections hören sich – falls Predelay lang eingestellt ist – wie ein einzelnes Delay-Tap an; die Schwelle liegt bei ca. 50 ms, bei perkussiven Signalen auch darunter. Im erweiterten Bereich können sie noch skaliert werden.

Soll die Plug-In-Einstellung natürliche Umgebungen simulieren, dürfen die Reverb-Anteile freilich nicht später als die Early Reflections zu hören sein. Das ist theoretisch im »PlatinumVerb«-Plug-In aber möglich, weil sich die Parameter Predelay (Zeit, bis die Early Reflections zu hören sind) und Initial Delay (Zeit, bis Reverb zu hören ist) unabhängig voneinander regeln lassen.

Der Parameter Stereo Base simuliert den Abstand zweier Stereomikrofone in AB-Aufstellung, die den Hall aufnehmen.

Im Bereich EARLY REFLECTIONS stellen Sie via ROOM SHAPE und ROOM SIZE die Form und Größe des Raums bzw. die Anzahl seiner Ecken ein. Der Regler ER SCALE im erweiterten Parameterbereich skaliert die zeitliche Reihenfolge der eintreffenden Early Reflections.

Zwei Frequenzbereiche für Hall

Den Reverb-Anteil können Sie mit dem CROSSOVER-Regler in zwei Frequenzbereiche aufteilen – beispielsweise um den Anteil der tiefen Frequenzen besser kontrollieren zu können, die bei einem langen Hall störend sein können. Zur besseren Kontrolle der bassigen Hallanteile unterhalb der CROSSOVER-Frequenz stehen die Regler LOW RATIO (regelt die Hallzeit im Verhältnis zu den hohen Frequenzen) und LOW FREQUENCY LEVEL (regelt die Lautstärke) zur Verfügung. Mit dem HIGH CUT-Regler filtern Sie störende hohe Frequenzen aus dem Hall.

Testen Sie die Presets, um einen Eindruck von Sound und Anwendungsmöglichkeiten des »PlatinumVerbs« zu bekommen.

15.4.4 »Space Designer«

Das »Space Designer«-Plug-In gehört zur Gattung der Faltungshalleffekte bzw. Convolution-Reverbs. Es kann darüber hinaus aber auch als eine Art algorithmischer Halleffekt arbeiten, der im »Synthesized IR«-Mode selbst Hall aus einem Algorithmus »errechnet« (siehe Abbildung 15.38). Dort ist der SYNTHESIZED IR-Modus aktiv, erkennbar an der orangefarbenen Linie über dem Schriftzug.

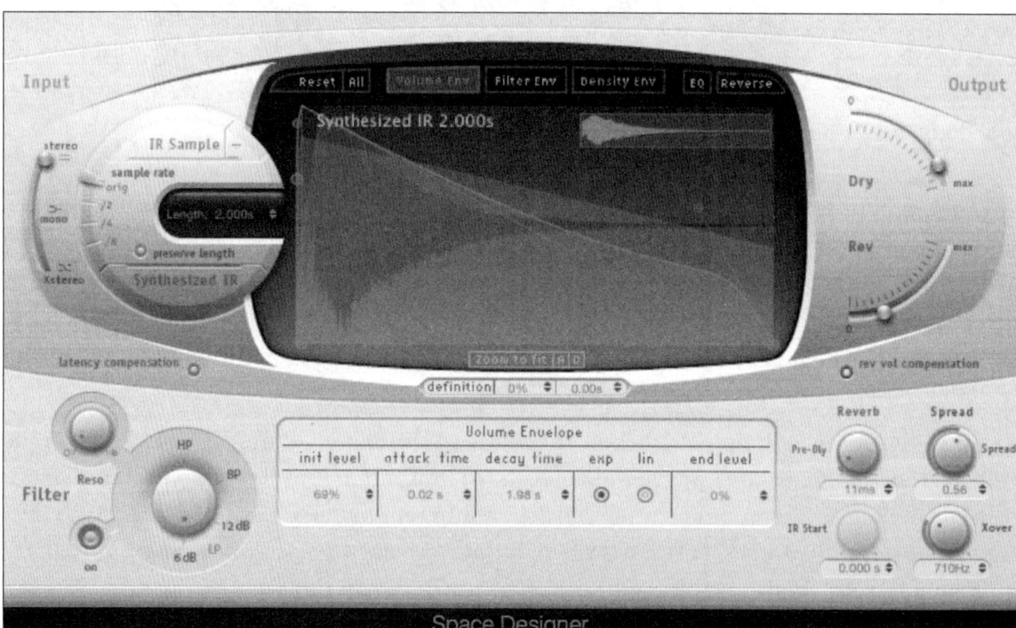

Abbildung 15.38 »Space Designer«

Faltungshall

Faltungshallgeräte nutzen Impulsantworten. Diese werden generiert, indem Sie einen Ton, der möglichst viele Frequenzen abdeckt (Pistolenschuss oder Sinus Sweep), durch einen Effekt oder in einem Raum abspielen und anschließend den Originalton wieder herausrechnen.

Die so erzeugten Impulse Responses können nun auch auf andere Signale angewendet werden. Gewissermaßen wird dann jedes Sample Ihrer zu effektierenden Spur mit dem IR-Audiofile einzeln bearbeitet bzw. multipliziert.

Mit IRs lassen sich nicht nur Hallräume nachbilden, sondern auch komplexe Effekte, Delays oder EQs nachahmen (allerdings keine dynamisch reagierenden Effekte, weil ja jeweils nur *eine* »statische« Reaktion eingefangen wird, auch wenn diese gegebenenfalls länger andauert). Die IR-Technik wird in Filmvertonungs-/Sounddesignbereich oft eingesetzt. So können Sie bei Nachvertonungen Geräusche und Sprecher in einer Abmischung in dem Raum platzieren, in dem sie im Film zu sehen sind – wenn Sie zuvor den Raumhall als IR »eingefangen« haben.

Die Stärke des »Space Designer«-Halls liegt im Vergleich zu algorithmusbasierten Halleffekten in einer großen klanglichen Flexibilität und in der authentischen Simulation natürlicher Hallräume – das ist in etwa so, als ob man einen Sampler mit einem Synthesizer vergleicht. Entscheidend ist dabei aber die Qualität der IRs. Teurere Convolution-Plug-Ins bieten vor allem bezüglich der mitgelieferten Impulsantworten-Library einiges, was das Geld wert ist. Aber auch die »Space Designer«-Library ist gut ausgestattet.

Der besondere Vorteil vom »Space Designer«: IRs können auch selbst erstellt werden (siehe Abschnitt 15.4.5). Die IRs sind digitale Samples und können nun Sample für Sample auch auf andere Signale angewendet werden. In Logic erstellte IRs sind im Gegensatz zu IRs, die mit anderen, teureren Plug-Ins erstellt wurden, auch übergreifend von anderen Plug-Ins nutzbar!

Musikproduzenten nutzen IRs beispielsweise, um schnell Sound oder Vocals mit natürlichen Hallräumen zu versehen oder ihnen Effekte wie Telefonsound zu verpassen. Zudem können Sie von Effekten oder favorisierten Settings von seltenen, alten Hardwaregeräten oder komplexen, selbstgebauten Effektketten eigene IRs erstellen.

Impulsantworten und Presets laden

Laden Sie die »Space Designer«-Presets um einen Eindruck von Sound und Anwendungsmöglichkeiten zu bekommen. Diese Preset-Library ist gut strukturiert (Abbildung 15.39) und basiert hauptsächlich auf echten Impulsantworten aus der Logic-Library, die automatisch geladen werden. Details über deren Speicherorte finden Sie in Kapitel 3, »Setup/Konfiguration, Speichern und MIDI-Hintergrundwissen«.

Zum Lieferumfang gehören interessante IRs wie z. B. ein 14 Sekunden langer Kirchenhall (DOME im Unterordner LARGE SPACES • Indoor Spaces der »Space Designer«-Presets) oder abgesampelte teure Effektgeräte, deren Originalmarkennamen aus rechtlichen Gründen nicht genutzt werden.

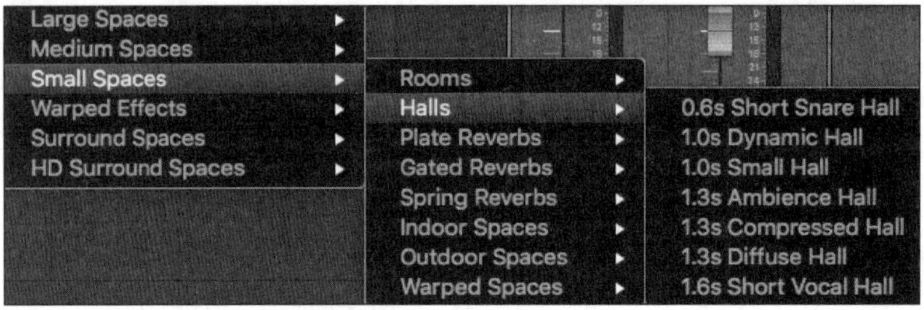

Abbildung 15.39 »Space Designer«-Presets

Im Internet kursieren zahlreiche kostenlose und auch kostenpflichtige IR-»Aufnahmen« von teuren Effekten, EQs oder auch alten Telefonen und Transistorradios. Logic trägt dieser Nachfrage mit einigen »Space Designer«-Presets Rechnung, die Sie in der WARPED EFFECTS-Sektion finden.

Wenn Sie beliebige IRs laden möchten, klicken Sie auf den Pfeil neben dem Feld IR SAMPLE und nutzen das aufspringende Menü (Abbildung 15.40).

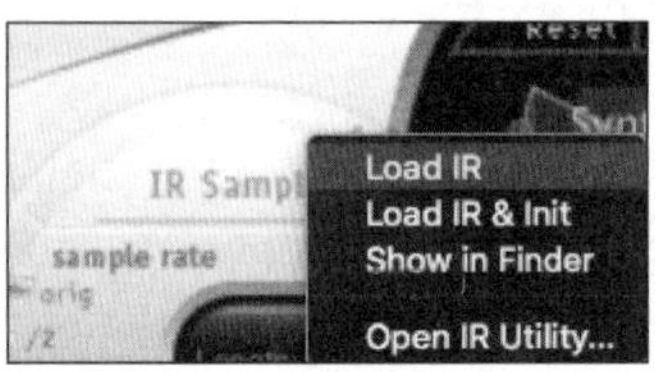

Abbildung 15.40 IR laden

Zu experimentellen Zwecken können Sie auch andere Audiofiles (z. B. kurze Drumsounds) anstelle von IRs laden. Nicht immer kommt etwas Sinnvolles dabei heraus.

Samplerate im »Space Designer«

Die Berechnung von Effekten aus Impulsantworten verbraucht viel Rechnerleistung. Noch vor einigen Jahren wurde die Anzahl gleichzeitig nutzbarer »Space Designer«-Effekte als Kriterium für die Rechnergeschwindigkeit herangezogen, heute haben die meisten Computer wenig Probleme damit. Wenn Sie die Samplerate durch 2 oder 4 oder weiter teilen, wird die CPU-Belastung reduziert – das ist im »Space Designer« möglich. Dadurch verdoppelt oder gar vervierfacht sich aber zunächst auch die Länge der Impulsantwort, weil beispielsweise eine 1 Sekunde lange Impulsantwort, die ursprünglich eine Samplerate von 44.100 Hz hatte und nun stattdessen mit einer Samplerate von 11.025 Hz benutzt wird, 4 Sekunden braucht, um komplett abgetastet zu werden. Dies können Sie im »Space Designer« durch einen Klick auf PRESERVE LENGTH verhindern. Wenn Sie also die Samplerate reduzieren und PRESERVE LENGTH aktivieren (siehe Abbildung 15.41), reduzieren Sie einerseits die CPU-Last, verlieren allerdings auch Höhen und Details.

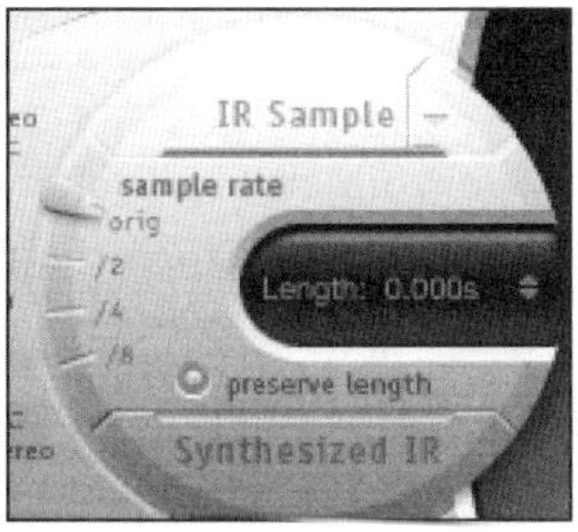

Abbildung 15.41 Hier stellen Sie ein, dass die Länge der geladenen Impulsantwort trotz der links veränderbaren Samplerate beibehalten wird.

Klangformung des Halls mit Filtern und EQ

Der »Space Designer« bietet ferner vielfältige Eingriffsmöglichkeiten in den Klangverlauf von Effekten. Zur Verfügung stehen u. a. eine Volume- und eine Filterhüllkurve (siehe Abbildung 15.42).

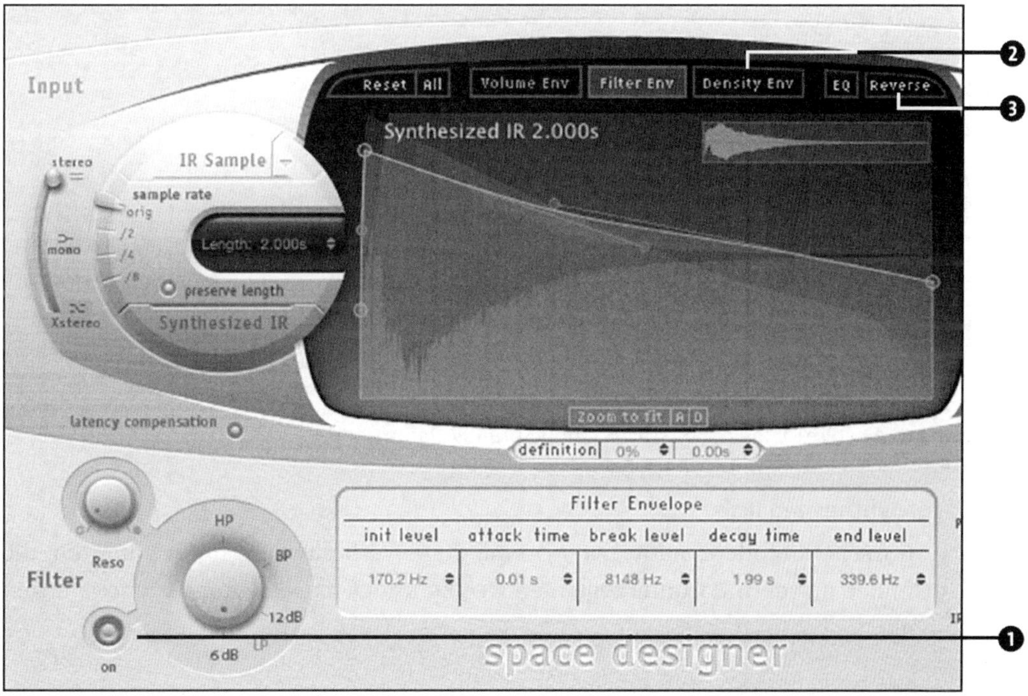

Abbildung 15.42 Den Verlauf der Cutoff-Frequenz des Filters können Sie zeitlich der Wellenform der darunter sichtbaren Impulsantwort anpassen.

Die voreingestellten Volume- und Filterhüllkurven können auch stören, weil sie den eigentlichen Sound der Impulsantwort verändern. Die Filterhüllkurve ist ohnehin nur dann hörbar, wenn der Filter unten links ❶ in Abbildung 15.42 aktiviert ist. Das klangliche Ergebnis fällt natürlich stark unterschiedlich aus, je nachdem, ob dort ein HP, BP, LP mit 6 dB oder LP mit 12 dB Flankensteilheit aktiviert wurde. Die Density-Hüllkurve ❷ zur Modulation der Halldichte steht nur im SYNTHESIZED IR-Mode zur Verfügung.

Im »Space Designer« steht zusätzlich ein EQ mit zwei Shelving- und zwei vollparametrischen Bell-EQs zur Verfügung. Oft ist es bei längeren Halleffekten sinnvoll, diese sowohl im Verlauf des Halls dumpfer werden zu lassen als auch insgesamt etwas von Bass zu befreien, weshalb die parallele Anwendung eines Filters *und* eines EQs nicht ungewöhnlich ist.

Pre-Delay und »IR Start«

Rechts unten wählen Sie das Pre-Delay und den Startpunkt des IR-Files aus. Mit Hilfe der IR-Startpunktkorrektur lassen sich durch eventuelle Latenz mit Verzögerung eingefangene IRs (die hierdurch ein zu langes Pre-Delay haben) korrigieren (nur bei echten IRs und nicht im Synthesized-Mode). Ein späterer IR-Startpunkt kürzt also ein ungewolltes Pre-Delay oder erste Reflektionen weg. Sie können den Parameter IR START natürlich auch kreativ nutzen oder ihn zusammen mit der REVERSE-Funktion (❸, oben rechts neben dem EQ-Button in Abbildung 15.42) verwenden, mit Hilfe derer die Impulsantwort rückwärts abgespielt angewendet werden kann.

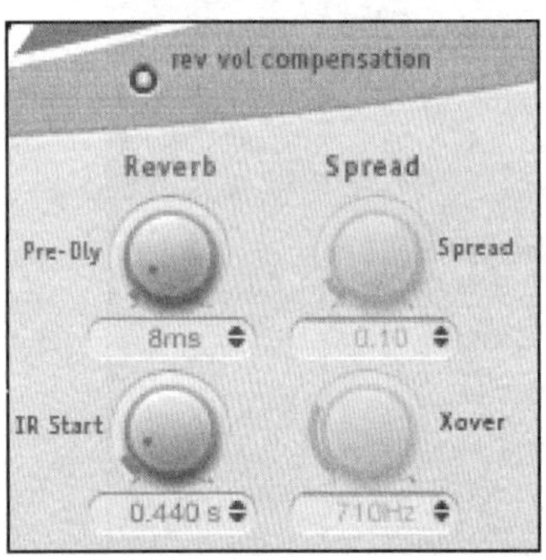

Abbildung 15.43 »Pre-Delay«-, »IR Start«- und »Spread«-Parameter

Spread für Synthesized IRs

Im SYNTHESIZED IR-Mode erlaubt SPREAD eine Stereoverbreiterung für Frequenzen, die oberhalb (!) der mit dem darunterliegenden XOVER-Knopf eingestellten Frequenz liegen (siehe Abbildung 15.43).

15.4.5 Impulsantworten selbst erstellen

IRs generieren Sie, indem Sie einen Ton, der möglichst viele Frequenzen abdeckt (Pistolenschuss oder Sinus-Sweep), durch einen Effekt oder in einem Raum abspielen, aufzeichnen und anschließend den Originalton wieder herausrechnen. Die so erzeugten Impulse Responses sind digitale Samples und können Sample für Sample auch auf andere Signale angewendet werden.

IRs mit der »Impulse Response Utility« selbst erstellen

Sie erreichen das Programm IMPULSE RESPONSE UTILITY, mit dem Sie IRs erstellen können, über den »Space Designer« (siehe Abbildung 15.44).

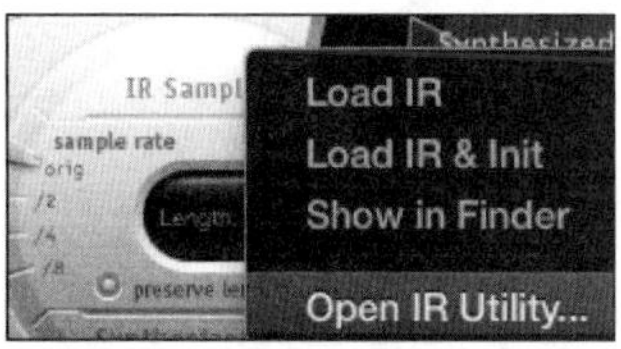

Abbildung 15.44 Über den »IR Sample«-Button gelangen Sie in den abgebildeten Dialog, aus dem heraus Sie die »IR Utility« öffnen.

15

Mit der IMPULSE RESPONSE UTILITY (siehe Abbildung 15.45) können Sie einen Sinuston mit wählbarer Länge über einen einstellbaren Ausgang senden (z. B. Lautsprecher) und dabei über einen Eingang (z. B. internes Mikrofon) ein Antwortsignal (z. B. Hall des Sinustons im Raum, in dem Sie sich gerade befinden) aufnehmen.

Die Aufnahme wandeln Sie anschließend in eine Impulse Response um, indem Sie den Sinuston durch Klick auf DECONVOLVE im PROCESS-Bereich aus der Aufnahme wieder herausrechnet.

Die Arbeitsschritte für das Sampling des Raumhalls bei richtig eingestellten Audioein- und -ausgängen (möglichst kurze Latenz) und mit Hilfe des internen Mikrofons sind also:

1. Projekt erzeugen (mono)
2. Track scharfschalten (mono)
3. Sweep einstellen und auslösen, eventuell auf Preroll achten (es kann dauern, bis der Sweep losgeht) und Monitor muten
4. auf DECONVOLVE klicken
5. mit AUDITION IR Probe hören
6. in Logic bzw. im »Space Designer« via LOAD IR & INIT das resultierende *.sdir*-File importieren und den »Space Designer« resetten oder direkt in der IMPULSE RESPONSE UTILITY (Abbildung 15.45) ein »Space Designer«-Setting (*.pst*) erzeugen und im »Space Designer« aufrufen

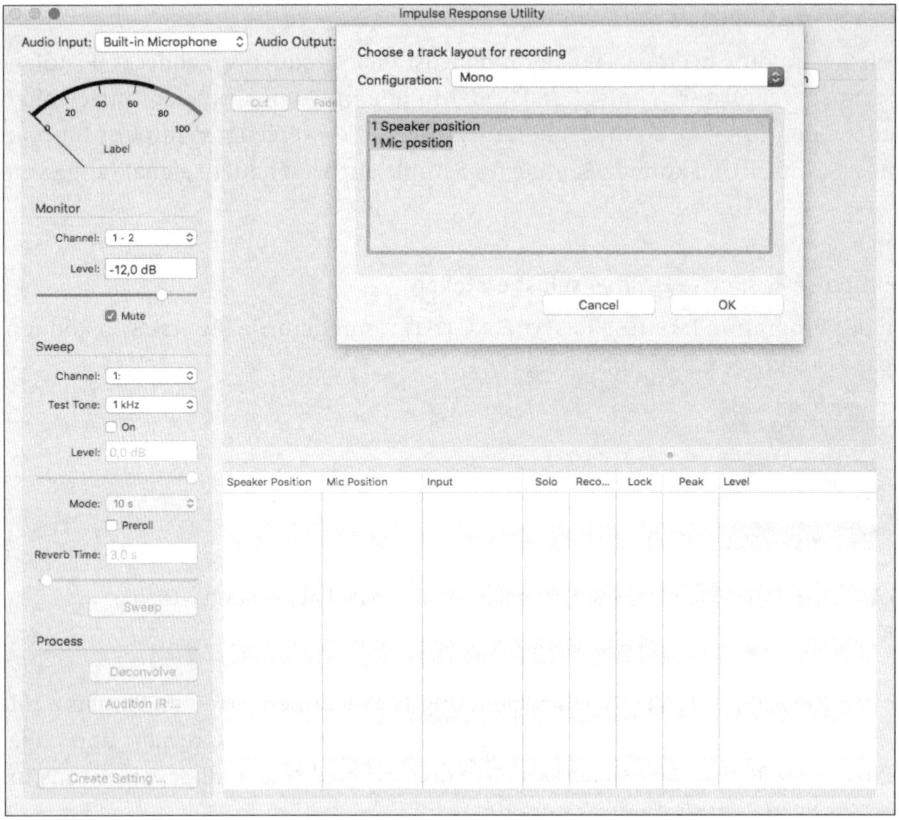

Abbildung 15.45 Die »Impulse Response Utility«

Impulsantworten im »Space Designer« erstellen

Impulse Responses lassen sich dank einer versteckten Methode auch außerhalb der IMPULSE RESPONSE UTILITY im Space Designer von Logic erstellen. Während für die Aufnahme von Raumantworten eher das IR-Dienstprogramm sinnvoll erscheint, ist das Einfangen von speziellen Effekten, Effekt-Plug-Ins oder Kombinationen aus Effekten mit der logic-internen Methode einfacher.

Hierzu legen Sie zunächst ein selbsterzeugtes Sinus-Sweep-Audiofile auf eine Logic-Audiospur (z. B. ein zuvor mit Hilfe des Testtongenerators oder der IMPULSE RESPONSE UTILITY aufgenommenes Audiofile). Anschließend wenden Sie einen gewünschten Effekt auf das File an (z. B. als Insert-Effekte auf einer Audiospur, die den Sinus-Sweep abspielt) und bouncen das Ergebnis in ein neues Audiofile. Danach öffnen Sie »Space Designer« und wählen im Kopfmenü unter ANSICHT den Eintrag REGLER.

Sie sehen eine Parameter- bzw. Reglerliste. Scrollen Sie ein wenig nach unten, um dort eine Funktion zu finden, die sich DECODE IR nennt (siehe Abbildung 15.46) und die aus der Standardansicht heraus nicht erreichbar ist.

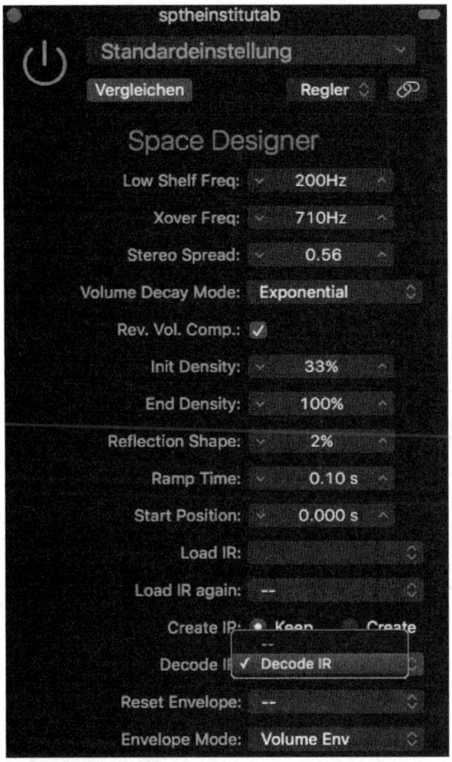

Abbildung 15.46 Der Eintrag zum Erstellen eigener IRs

Wählen Sie im Flip-Menü ein weiteres Mal DECODE IR aus. Danach fragt Logic in aufspringenden Dialogen automatisch zweimal nach Audiofiles: zuerst nach dem effektierten File, dann nach der Originalvorlage (typischerweise der Sinuston). Anschließend fragt Logic, wohin es das Ergebnis (als *.sdir*-Datei) speichern soll. Nun berechnet Logic automatisch ein File, das Sie anschließend über die Standardansicht des »Space Designers« unter LOAD IR laden können.

In jüngeren Logic-Versionen werden auf diese Weise selbsterstellte IRs bei langen Effekten leider manchmal »zu lang« bzw. enden mit einem merkwürdigen Flanging, sind aber dennoch zu gebrauchen (und gegebenenfalls auch manuell in einem Audiodateieditor kürzbar).

Hilfsprogramme bei der Erstellung von Impulse Responses

Wenn Sie schnell relativ viele Impulse Responses erstellen wollen, können Sie sie auch nacheinander bouncen und mit einem speziellen Programm der Firma Voxengo namens Deconvolver stapelweise dem Deconvolution-Prozess unterwerfen. Das Programm läuft zwar nur auf Windows-Systemen, doch Sie müssen lediglich einen Ordner mit den gebouncten Files sowie den Referenz-Sweep auf den Windows-Rechner kopieren. Ein weiteres Hilfsprogramm nennt sich Space Designer Manager und generiert aus Impulsantworten automatisiert »Space Designer«-Settings.

Import von selbsterstellten Impulsantworten in andere Convolution-Reverbs laden

.sdir-Files lassen sich auch in andere Impulshallgeräte wie Altiverb oder Kontakts Convolution-Modul importieren. Gegebenenfalls müssen Sie hierfür die Endung *.sdir* manuell in *.aiff* ändern. In diesem Punkt hat die Verwendung von »Space Designer« einen Vorteil gegenüber den meisten anderen, teureren IR-Plug-Ins; die in Letzteren erstellten IRs lassen sich nur im jeweiligen Plug-In verwenden.

Kanalkonfiguration bei IRs

Wenden Sie ein Mono-IR-File in einem Stereo-»Space Designer« an, so werden beide Stereokanäle individuell mit dem Mono-File bearbeitet. Ein Hall sollte stereo eingefangen werden (Konfiguration: 1 Speaker, 2 Mikro-Positionen). Wird ein solches IR-File in einem Stereo-»Space Designer« angewendet, so werden beide Stereokanäle individuell mit dem Stereo-File bearbeitet – entsprechend einer True-Stereo-Verfahrensweise in einem Hallgerät.

Voraussetzung für die Gültigkeit der obigen Ausführungen ist, dass der »Space Designer« im INPUT-Bereich auf True Stereo eingestellt ist (Slider ist ganz oben, siehe Abbildung 15.47).

Abbildung 15.47 »Space Designer« im True-Stereo-Mode

Wird eine EQ-Impulsantwort oder die Impulsantwort eines eingefangenen Effekts im »Space Designer« genutzt, so entspricht der Sound natürlich nur dann (näherungsweise) dem Original, wenn der »Space Designer« auf 0 % dry und 100 % wet eingestellt ist. Allerdings kann es natürlich trotzdem gewünscht sein, wie bei anderen Hallgeräten auch einen Hall einfach zum Original hinzuzumischen.

»Space Designer« im 5.1-Modus

Im 5.1-Surround-Modus stehen im »Space Designer« zusätzliche Routing-Optionen zur Verfügung (Abbildung 15.48).

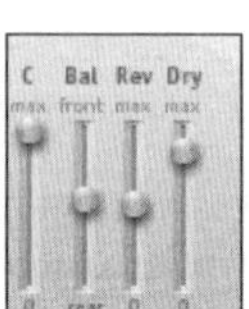

Abbildung 15.48 Mix-Regler im »Space Designer« im 5.1-Modus

15.4.6 »EnVerb«

Der Name des »EnVerb«-Plug-Ins ist Programm, denn seine Besonderheit ist, den Lautstärkeverlauf des diffusen Halls mit einer Hüllkurve (Envelope) zu formen. Die wichtigsten Hüllkurven-Parameter sind etwas versteckt untergebracht: Oben ATTACK, DECAY, SUSTAIN und RELEASE, unten DRY SIGNAL DELAY, PREDELAY und HOLD. Der HOLD-Parameter entscheidet dabei über die Länge der Sustain-Phase. Hierdurch wird es möglich, den Hall für die Hold-Zeit gleichbleibend laut ausklingen zu lassen. Das ist z. B. für einen sogenannten *Gated-Reverb-Effekt* interessant.

Dieser – in der Vergangenheit z. B. von Phil Collins für Drums genutzte – Effekt zeichnet sich dadurch aus, dass ein relativ lauter Hall nicht langsam und gleichmäßig ausklingt, sondern plötzlich verschwindet. Sie können diesen Effekt realisieren, indem Sie einem Hallgerät ein Gate nachschalten, das den Hall komplett herunterregelt und leise macht, sobald eine bestimmte Lautstärke unterschritten wird. Ein ähnlicher Effekt ist aber auch mit dem »EnVerb« möglich, indem nach der HOLD-Phase eine sehr kurze RELEASE-Phase folgt. Etwas Ähnliches hören Sie im Projekt *15Enverb1* in Spur 5, das Projekt führt Ihnen bei Bedarf noch ein paar weitere Soundbeispiele mit dem »EnVerb« vor.

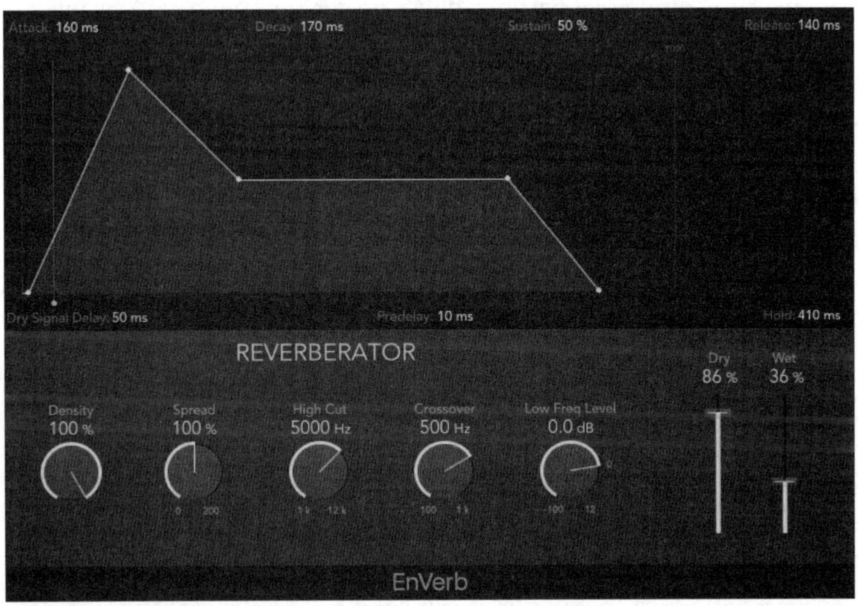

Abbildung 15.49 »EnVerb«

15.5 Distortion

Die Verzerrungs-Plug-Ins von Logic (siehe Abbildung 15.50) bieten vielfältige Möglichkeiten der Verzerrung – von dezent bis extrem. Sie können Verzerrer auf die unterschiedlichsten

Sounds und Instrumente anwenden: auf Drums, Gitarren, Vocals, Bässe und vieles mehr. Noch mehr Verzerrer finden Sie in der Amps and Pedals-Sektion (siehe Abschnitt 15.6).

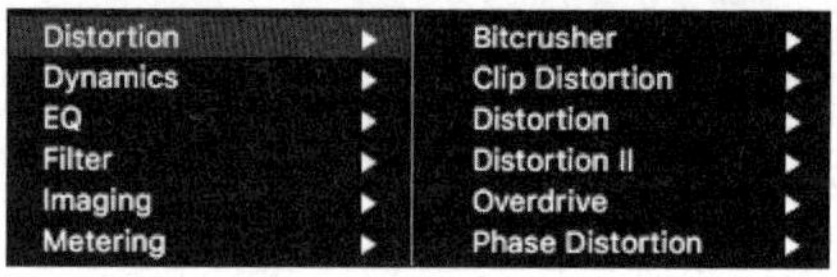

Abbildung 15.50 Distortion-Plug-Ins in Logic

Dabei sind die unterschiedlichsten Anwendungsfälle vorstellbar: Vielleicht möchten Sie das Gesamtsignal nur etwas kompakter machen – und nutzen Verzerrer als Nuance, in etwa so wie ein leicht übersteuertes Mischpult. Vielleicht soll es ein bisschen nach altem Videospiel klingen. Vielleicht möchten Sie aber auch Vocals wie eine E-Gitarre verzerren.

Wenn Sie Verzerrungen subtil nutzen, kann der Effekt auch ähnlich wie ein Kompressor wirken: Eingehende Signale können nicht unbegrenzt oder im Verhältnis ihrer Eingangslautstärke lauter gemacht werden, sondern werden in der Ausgangslautstärke auf die ein oder andere Weise begrenzt. Hierdurch wird der Unterschied zwischen leisen und lauten Signalen geringer. Im Gegensatz zum Kompressor behalten die Verzerrer den Sound des Eingangssignals nicht sauber bei, sondern verzerren es und fügen Obertöne hinzu. Doch auch Kompressoren können eingebaute Verzerreinheiten haben, und die Grenzen sind fließend.

Vor allem klingen verschiedene Verzerrer sehr unterschiedlich. Der Markt ist groß, und es wird viel Geld für Verzerrer unterschiedlichster Art ausgegeben. Bevor Sie investieren, sollten Sie sich selbst ein Bild machen und ausprobieren, ob Ihnen der Sound gefällt. Leichte, dezente, auch ein bisschen »rough« oder zufällig klingende Verzerrungen hinzubekommen – das sind Dinge, die manchmal mit analogen Equipment besser oder anders klingen. Deshalb nehme ich oft Sounds analog auf und verarbeite sie dann im Sampler oder als Audiofile weiter.

Nicht aufgeführt in der Liste, aber eigentlich auch ein Verzerrungs-Plug-In ist der »Exciter« (Abschnitt 15.13.1).

15.5.1 »Bitcrusher«

Der »Bitcrusher« (Abbildung 15.51) ist ein vielseitiges Plug-In, das subtile Verzerrung, bitreduzierte Wiedergabe, kräftige Verzerrung und Brickwall-Limiting beherrscht. Es macht auch ohne Bitreduzierung als Verzerrer eine gute Figur. Mit dem Mix-Regler können Sie auch ein mit dem »Bitcrusher« effektiertes Signal ohne zusätzliches Routing stufenlos mit dem unbearbeiteten Signal zusammenmischen.

Auf der linken Seite stellen Sie mit Drive eine zusätzliche Lautstärke ein, die in das Plug-In geht. Ob dies eine klangliche Auswirkung hat, hängt von der Lautstärke des eingehenden Signals und der Einstellung des Clip Levels rechts ab. Mit dem Clip Level stellen Sie ein, ab wann der »Bitcrusher« verzerrt, und mit dem MODE, wie diese Verzerrung klingt. CLIP LEVEL ermöglicht es Ihnen also, auch nicht voll ausgesteuerte Signale zu verzerren! Mit dem RESOLUTION-Regler verändern Sie die Bitauflösung, mit dem DOWNSAMPLING-Regler die Samplerate. Die voreingestellte 12-Bit-Auflösung klingt dabei recht subtil und entspricht der Auflösung populärer Vintage-Drum-Machines wie der *E-mu SP-1200*, deren Sound recht populär ist.

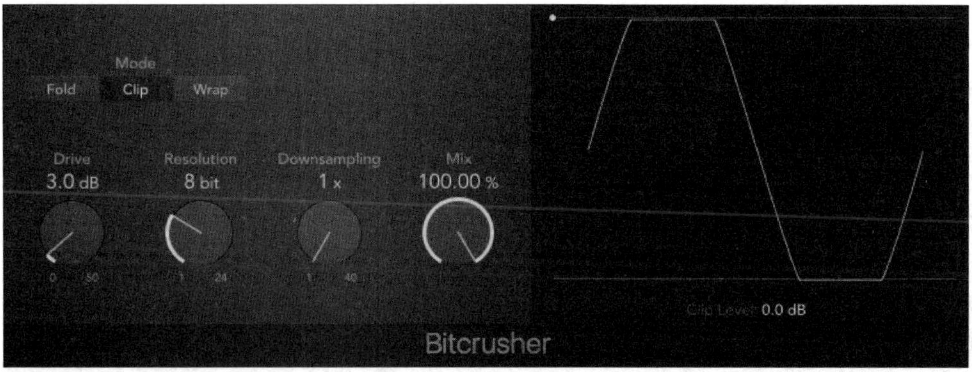

Abbildung 15.51 »Bitcrusher«

Eine Reduktion der Bitrate bzw. RESOLUTION und zusätzliche Reduzierung der Samplrate via DOWNSAMPLING-Regler führen zu einer Reduzierung der Auflösung des Audiomaterials, was »kaputt«, nach altem Videospiel oder billigen Geräten klingt und ein gern genutzter Effekt für Lo-Fi-Anmutung ist. Bei hohen Bitrates über 16 Bit steht dagegen die Verzerrungsfunktionalität des »Bitcrushers« im Vordergrund, und man hört kaum noch einen Bitcrushing-Effekt.

Im Projekt *15Bitcrusher1* habe ich zum Beispiel ca. bei Takt 16 zwischen verschiedenen Verzerrmodi umgeschaltet und den CLIP LEVEL-Regler heruntergedreht. Der obere Verzerrmodus klingt dabei sehr kaputt, der mittlere am moderatesten. In Spur 2 desselben Projekts ist die Verzerrung relativ subtil, in Spur 3 etwas stärker, dafür aber mit dem Originalsignal zusammengemischt. In der Automation aus Spur 4 hören Sie ca. bei Takt 5 bitreduzierten, »kaputt« klingenden Sound.

Schade ist, dass der Bitcrusher, anders als andere Verzerrer, keinen nachgelagerten Output-Gain-Regler hat.

15.5.2 »Clip Distortion«

Der »Clip Distortion«-Effekt hat eine komplexe Kombination von Filtern, die interessante Effekte ermöglicht. Das Signal läuft zunächst durch den DRIVE-Regler, wird dort verstärkt, durchläuft dann einen HP-Filter (dessen Frequenz Sie mit dem TONE-Parameter oberhalb der Grafik verändern) und wird danach nichtlinear verzerrt, wobei Sie die Intensität der nichtlinearen Verzerrung mit dem SYMMETRY-Regler bestimmen (Abbildung 15.52). Dies ist sinnvoll, weil es oft besser klingt, nur die oberen Frequenzen von Signalen zu verzerren.

Danach durchläuft es einen Low-Pass-Filter (hier mit CLIP FILTER beschriftet). Die neue Grafik illustriert die gewählten Cutoff-Frequenzen. Auch beim »Clip Distortion«-Plug-In finden Sie einen MIX-Regler, mit dem Sie das Original mit dem effektierten Signal zusammenmischen und der im Signalfluss dem CLIP FILTER folgt. Nachgeschaltet ist ein weiterer Low-Pass-Filter (LP FILTER). Zusätzlich steht nun ein HIGH SHELVING-EQ zur Verfügung. Zusätzlich finden Sie INPUT GAIN- und OUTPUT GAIN-Regler.

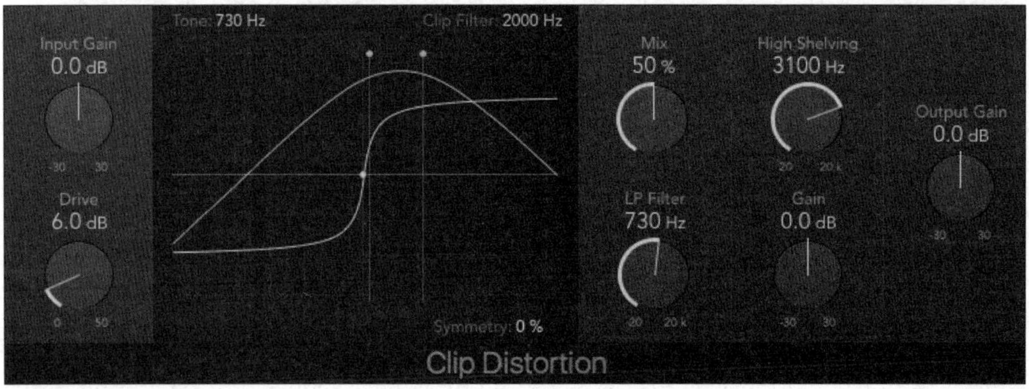

Abbildung 15.52 »Clip Distortion«

Den Sound des Verzerrungseffekts mit einer Variation der Einstellung des TONE- und des SYMMETRY-Reglers hören Sie im Beispielprojekt *15Clipdistort1* mit einer Automation.

15.5.3 »Distortion«

»Distortion« (Abbildung 15.53) ist ein simpler Verzerrungseffekt mit einem Low-Pass-Filter in der Mitte, der den Sound bipolarer Transistoren emulieren soll. Das Handbuch suggeriert hier eine Eignung für Lo-Fi-Effekte. Auch hier zeigt die Grafik, welche Frequenzen mit DRIVE betont werden (nämlich eher die hohen) und wo der Low Cut abschneidet, den Sie mit dem TONE-Parameter einstellen.

Die Wirkung des LEVEL COMPENSATION-Reglers finde ich weniger überzeugend, denn keineswegs empfinde ich das Abhören mit eingeschalteter LEVEL COMPENSATION als geeignet, den Sound mit und ohne Effekt bei gleicher Lautstärke zu vergleichen. Genau das wäre aber interessant: Lauter klingt ja oft besser, aber wie viel dabei »kaputtgeht«, fällt dabei manchmal etwas unter den Teppich.

Das »Distortion«-Plug-In hat dafür immerhin einen OUTPUT-Regler, mit dem Sie manuell die Lautstärke kompensieren und leiser drehen können, um »gerecht« vergleichen und im Effekt selbst dafür sorgen zu können, dass extrem Verzerrtes nicht unbedingt auch extrem laut ist.

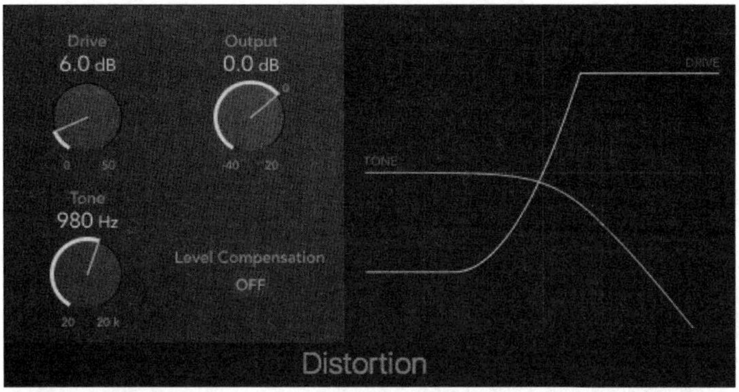

Abbildung 15.53 »Distortion«

15.5.4 »Distortion II«

»Distortion II« (Abbildung 15.54) ist die Distortion-Einheit aus dem *Vintage B3*-Instrument, das eine Hammond-Orgel emuliert.

Abbildung 15.54 »Distortion II«

Im Flip-Menü unterhalb des DRIVE-Reglers können Sie verschiedene Verzerrungsmodi auswählen (GROWL, BITY, NASTY, CLASS AB SOFT und HARD). »Distortion II« ist damit eines der vielseitigsten Verzerrer-Plug-Ins in Logic. Im Praxisversuch scheinen beim TONE-Regler umso mehr Bässe im Spiel zu sein, je weiter er nach rechts gedreht ist. Im erweiterten Parameterbereich finden Sie wiederum einen MIX-Regler und einen Pegelregler zur Kompensation der Ausgangslautstärke. Ein Beispiel für den Sound der »Distortion«- und »Distortion II«-Plug-Ins finden Sie unter *15Distortions1und2* – inklusive Automationen der Verzerrermodi und des TONE-Reglers.

15.5.5 »Overdrive«

»Overdrive« (Abbildung 15.55) bietet dieselben Parameter wie das »Distortion«-Plug-In, emuliert aber nicht bipolare Transistoren, sondern FETs (Feldeffekttransistoren) und soll einen wärmeren Verzerrungseffekt als das »Distortion«-Plug-In erzeugen.

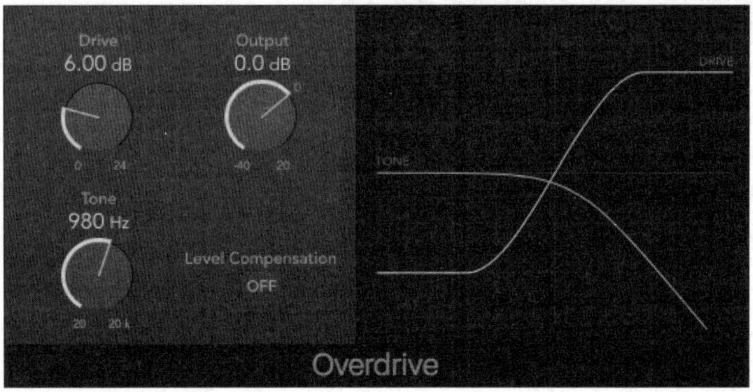

Abbildung 15.55 »Overdrive«

Im Dokument *15DistortionsundOverdrive* können Sie den Sound beider Plug-Ins bei ansonsten gleichen Einstellungen in Spur 1 und 2 vergleichen – der Unterschied fällt nicht besonders groß aus, wobei »Overdrive« etwas mehr Substanz von der Kickdrum übrig lässt.

15.5.6 »Phase Distortion«

»Phase Distortion« (Abbildung 15.56) nutzt einen Low-Pass-Filter und moduliert mit dem gefilterten Signal die eigene Phasenlage. Dies soll laut Handbuch ähnlich wie bei »Chorus« oder »Flanger« funktionieren, wo es neben dem Originalsignal ein zeitverzögertes Signal gibt, wobei Sie die Zeitverzögerung dort in der Regel mit einem LFO modulieren können.

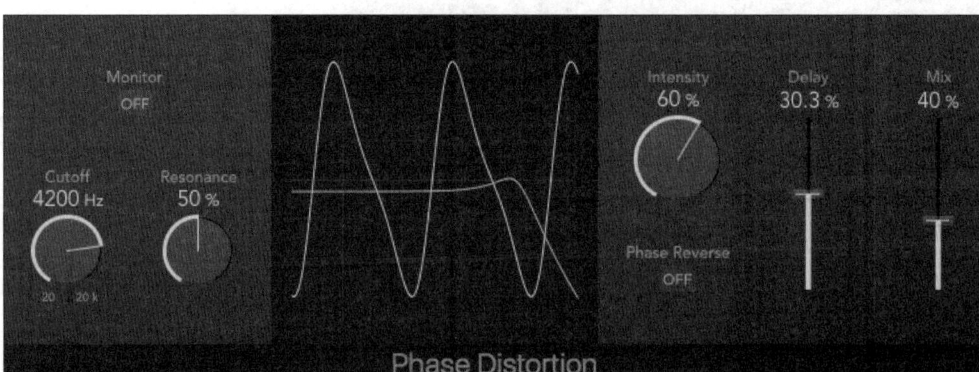

Abbildung 15.56 »Phase Distortion«

In »Phase Distortion« geschieht die Modulation durch das gefilterte Signal; Intensity regelt die Intensität des Effekts. Steht Intensity auf 0, ist kein Effekt zu hören. Mit dem Mix-Regler mischen Sie den Effekt hinzu, mit dem Monitor-Button hören Sie das eingehende Signal zum Vergleich.

Im Dokument *15Phasedistort1* hören Sie (mit Hilfe einer aufgenommenen Automation) zunächst in den ersten Takten die Wirkung einer Veränderung des Cutoff-Reglers bei maximal eingestellter Intensität und Modulationszeit.

Das maximale zeitliche Ausmaß der Zeitverzögerung stellen Sie mit dem Regler Delay ein. Auch ihn habe ich im Dokument zwischen Takt 8 und Takt 15 automatisiert, jedoch holpert es hierdurch zeitlich, und er ist für eine Automation nicht so gut geeignet.

15.6 »Amps and Pedals«

Unter Amps and Pedals finden Sie spezielle Effekte für Gitarristen, die oft aber auch bei einer Effektierung von anderen Sounds ein gutes Bild abgeben (Abbildung 15.57). Die spezialisierten Gitarreneffekt-Plug-Ins in Logic heißen:

- »Amp Designer«
- »Bass Amp Designer«
- »Pedalboard«

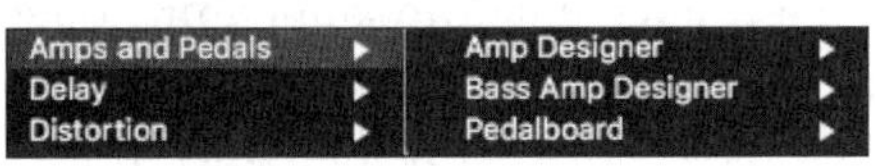

Abbildung 15.57 »Amps and Pedals«

Ein gutes Beispiel für die typischen Sounds, die sich hieraus ergeben, sind die »Sunburst«-Variationen aus Logic 9, die das entsprechende Installationspack benötigen und die in meiner Installation unter Instrument-Channel-Strips unter Ältere Versionen • Logic • 09Guitars • 02Electric Guitars oder im Beispieldokument *15Sunburst01* zu finden sind.

Basis solcher Instrumente sind zumeist simple, gesampelte Gitarren, die anschließend durch markante Effekte laufen, wobei im Beispiel noch der Effekt »Guitar Amp Pro« aus Logic 9 geladen wird, der in Logic Pro X durch die umfangreich ausgestatteten »Amp Designer« abgelöst wurde.

Bedenken Sie, dass es an sehr vielen Stellen verschiedene Arten von Gitarren-Sound-Presets gibt, die Sie ausprobieren können, wenn Sie auf der Suche nach dem richtigen Sound sind:

- Die Plug-In-Presets der Effekte.
- Die Kanalzug-Preset bzw. Patches mit Kombinationen von Effekten für Instrumente. Hier spielen Sie die Gitarre über MIDI und ein gesampeltes Instrument selbst. Dazu gibt es besonders viele Patches im Bereich Ältere Versionen von Logic 9 ...

- Die Effekte für Audio. Hier wird eine Effektkombination geladen, um eine Audioaufnahme zu effektieren. Logic X bietet an dieser Stelle die meisten Patches, denn idealerweise nimmt man eine echte Gitarre auf, anstatt sie via MIDI zu spielen.

Die Auswahl an Voreinstellungen ist insbesondere bei den Effektkombinationen für Audiospuren groß und gut sortiert. Instrumenten-Gitarrenpatches gibt es dagegen nicht so viele. Es kann daher z. B. auch sinnvoll sein, einen über MIDI gespielten Gitarrenriff zunächst zu bouncen, um anschließend zwischen mehr verschiedenen Effekt-Patches für Audiospuren auswählen zu können. Ein Beispiel finden Sie im Dokument *15Remotegitandamps02.*

15.6.1 »Amp Designer« und »Bass Amp Designer«

Bei den Amp-Simulationen »Amp Designer« und »Bass Amp Designer« können Sie die Art des Verstärkers, der Lautsprecherbox (CABINET) sowie die Stellung und Art des Mikrofons einstellen, das das virtuell aus der Box herausströmende Signal abnimmt. Die Bedienung dieser beiden Plug-Ins ist ziemlich intuitiv und bis auf wenige Stolperfallen selbsterklärend, die möglichen Soundergebnisse sind umso beeindruckender.

Hier zunächst einige Gemeinsamkeiten beider Plug-Ins: Auf der linken Seite wählen Sie in beiden Plug-Ins im Flip-Menü MODEL eine Kombination aus Amp und Cabinet. Sie können aber über die jeweiligen Flip-Menüs AMP und CABINET auch einen Verstärker mit jeder beliebigen Box kombinieren. Im MODEL-Menü links ist dann der Eintrag CUSTOMIZED zu lesen.

Rechts stellen Sie das gewünschte Mikro ein. Dabei ist stets auch eine Direktabnahme oder eine Variation der virtuellen Mikro-Abnahmeposition (siehe Abbildung 15.58) möglich, die Sie auch automatisieren können. Natürlich können Sie das Signal bei beiden auch direkt abnehmen.

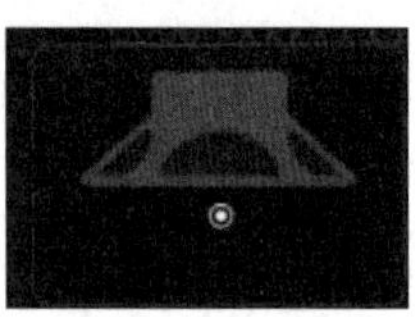

Abbildung 15.58 Bewegen Sie den weißen Punkt, um die Mikro-Abnahmeposition zu variieren. Je weiter in der Speakermitte Sie ihn platzieren, umso mehr Höhen und umso härtere Transienten erhalten Sie.

»Amp Designer«

Der Sound und die Grafik von Verstärker- und Cabinet-Typen des »Amp Designers« (Abbildung 15.59) sind oft an berühmte Vorbilder angelehnt, und es stehen viele verschiedene Varianten zur Verfügung.

Einige davon hören Sie im Beispiel *15Remotegitandamps01.* Sie finden zudem jede Menge gut sortierte Presets für den »Amp Designer«.

Abbildung 15.59 »Amp Designer«

Die verschiedenen Verstärkermodelle habe zudem EQ, Reverb und eventuell Tremolo und Vibrato eingebaut.

Durch Klick auf das Dreiecksymbol rufen Sie eine reduzierte Ansicht auf, siehe Markierung unten rechts in Abbildung 15.60. Ein erneuter Klick auf das Dreiecksymbol rechts neben dem Eintrag OUTPUT, siehe Abbildung 15.60 unten rechts, bringt Sie wieder zur Vollansicht zurück.

Abbildung 15.60 Amp mit eingeklappter Ansicht

Wenn Sie die Maus über den Eintrag REVERB Ihres Amps bewegen, tauchen verfügbare Reverbs auf (siehe Abbildung 15.61 und Abbildung 15.62).

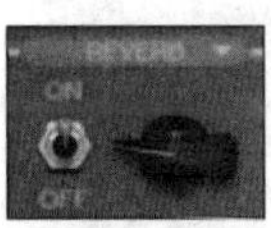

Abbildung 15.61 Wenn Sie die Maus über den Eintrag »Reverb« bewegen, erkennen Sie, dass es noch ein Flip-Menü gibt.

Abbildung 15.62 Wählbare Reverbs in einem Amp

Wenn Sie die Maus auf die gleiche Weise über den Eintrag »EQ« bewegen, sind außerdem alternative EQ-Typen verfügbar (siehe Abbildung 15.63).

Abbildung 15.63 EQs im »Amp Designer«

In den Flip Menüs AMP, CABINET und MIC finden Sie verschiedene emulierte Amps, Speaker und Mics. Beachten Sie, im CABINET-Menü ganz unten den Eintrag Direct, mit dem Sie das Signal direkt hinter dem Verstärker abgreifen. Die virtuellen Mikrofone sind an Klangcharakteristika echter Mikrofone verschiedener Hersteller angelehnt, die für einen Fachmann jeweils an der Nummer erkennbar sind. So soll mit CONDENSER 87 offensichtlich der Klang eines Neumann U87 gemeint sein – tendenziell. Wirklich vergleichen mit Vorbildern kann man das nicht unbedingt, wobei das ja aufgrund der Bezeichnungen auch nur Spekulation ist.

»Bass Amp Designer«

Beim »Bass Amp Designer« (siehe Abbildung 15.64) werden drei verschiedene Modelle von Bassgitarrenverstärkern emuliert. Es gibt dabei zusätzliche Signalflussoptionen, Sie können zusätzlich mit einem Schieberegler zwischen dem Sound eines Verstärkers und dem einer emulierten DI-Box überblenden (siehe Abbildung 15.65). Wenn Sie ganz links im Auswahlmenü für den Verstärkertyp unter MODEL den Eintrag DIRECT BOX wählen, wird der Schieberegler ganz nach rechts auf DIRECT BOX gestellt.

Abbildung 15.64 »Bass Amp Designer«

Abbildung 15.65 Mixüberblendung zwischen dem Amp-Kanal und dem DI-Box-Kanal

Auch wenn Sie auf eines der Felder AMP oder DIRECT BOX klicken, wird entweder ein AMP oder die DIRECT BOX angezeigt. Im Flip-Menü CABINET wählen Sie eine Lautsprecherbox und rechts ein Micro und haben außerdem die Optionen DIRECT (POWER AMP OUT) und DIRECT (PRE AMP OUT), die die Box umgehen und das Signal vor oder hinter dem Amp abgreifen. Die Verstärkermodelle bestehen aus Vorverstärker (mit Kompressor und EQ) und Endstufe – hinter diesen kommt die Box (eventuell mit Mikrofonabnahme).

Im Dokument *15Remotegitandamps03* ist ein Bassgitarren-Amp im Einsatz – zusätzlich habe ich den gewählten Mix verändert und dessen Abnahmeposition geändert und automatisiert.

15.6.2 »Pedalboard«

In Logics »Pedalboard« gibt es eine Auswahl typischer Gitarrenpedaleffekte (auch »Tretminen« genannt; siehe Abbildung 15.66), die sich in einem Pedalboard (Gitarristen sagen auch gerne »Stressbrett« dazu) kombiniert abspeichern lassen.

Abbildung 15.66 »Pedalboard«

Typische Pedaleffekte sind Wah Wah, Flanger, Chorus, Phaser, Ringmodulator, Filter, verschiedene Verzerrer (verschiedene Arten »Fuzz«, »Vintage Drive« etc.), Delays und Pitch-Effekte etc. Sie sollten ihr Funktionsprinzip leicht verstehen, wenn Sie einen entsprechenden Abschnitt über Plug-Ins derselben »Gattung« in diesem Kapitel gelesen haben, z. B. den Abschnitt 15.11 über Modulationseffekte.

Mit Wah-Wah-Effekten ist die zyklische Modulation (durch einen LFO) der Filterfrequenz eines resonanten Low-Pass-Filters gemeint, bei einem Tremolo wird eine Amp zyklisch moduliert.

Interessant ist auch die große Auswahl an Presets des »Pedalboard«-Plug-Ins. Im Projekt *15Remotegitandamps04* hören Sie einige davon. Sie finden im Presetmenü sowohl Kombinationen aus Pedalen als auch eine Sortierung nach Effekttyp. Zu beachten ist, dass auch in vielen Presets einige oder alle geladenen Pedale noch nicht aktiv sind und erst durch einen Klick auf den jeweiligen Knopf angeschaltet werden müssen. Aktive Pedale erkennen Sie an einer rot leuchtenden Diode in der Grafik des Pedals.

Pedal laden

Um ein Pedal zu laden, ziehen Sie es einfach vom rechten Bereich nach links. Das Signal fließt im »Pedalboard« von links nach rechts. Oberhalb der Anzeige der Pedale rechts im Pedal-Browser sehen Sie zwei Flip-Menüs. Dort, wo der Eintrag SHOW ALL zu sehen ist, können Sie alternativ auswählen, nur bestimmte Pedale angezeigt zu bekommen. Auf diese Weise wird die Auswahl übersichtlicher, und Sie können z. B. leichter alle 12 DISTORTION-Pedale sehen und einen Soundvergleich starten. Die anderen Kategorien heißen PITCH, MODULATION, DELAY, FILTER, DYNAMICS und UTILITY. Mit dem kleinen Dreieck unten links neben dem Pedal-Browser blenden Sie dessen Anzeige ein und aus.

»Import Mode«

Rechts oberhalb der Pedale sehen Sie einen IMPORT MODE-Button, über den Sie einzelne Pedale mit deren Einstellungen aus anderen Presets laden können. Nachdem Sie das »Pedalboard«-Setting im Importdialog ausgewählt haben, werden die verwendeten Pedalboards angezeigt, die Sie dann inklusive Setting ins »Pedalboard« ziehen können.

Fortgeschrittenes Routing im »Pedalboard«

Im »Pedalboard« sind außerdem zwei Signalfluß-Busse für das Audiosignal möglich (siehe oben in Abbildung 15.66). Diese entstehen, wenn Sie über den Pedalen auf das schwarze Feld und auf den Namen eines verwendeten Pedaleffekts klicken. Genauer: Es entsteht ein zusätzlicher Signalfluß-Mix-Bus und rechts in der Effektanordnung ein MIXER-Utility-Pedal (im Bild nicht sichtbar).

Alternativ ziehen Sie ein SPLITTER-Utility-Pedal in den Pedalbereich, um den zweiten Signalflussbus zu erzeugen. Ähnlich lässt sich der zusätzliche Mix-Bus wieder entfernen –

indem Sie den MIXER bzw. SPLITTER löschen. Durch Klick auf den Pedalnamen bewegen Sie ein Pedal von einem Signalflussbus zum anderen. Oder Sie klicken die Splitpunkte rechts oberhalb der Pedale an, um das Pedal in den jeweils anderen Bus zu schicken.

Makros im »Pedalboard«

Unten im erweiterten, ausklappbaren Parameterbereich können Sie Makro-Reglern Parameter aus dem »Pedalboard« oben zuweisen (siehe Abbildung 15.66 unten), die mit Presets gespeichert werden können. Sie können so die Zuweisung zu einem Parameter mit einem Controller fernsteuern und mit demselben MIDI-Controller abwechselnd verschiedene Parameter steuern, wenn Sie Presets wechseln. Sie können allerdings auch ohne Makros den sichtbaren Parametern der Pedals Controller oder Smart Controls zuweisen – daher müssen Sie sich mit den Makros nicht unbedingt beschäftigen.

Mehr zu Controller-Zuweisungen (cmd + L) lesen Sie in Abschnitt 16.3.

15.7 Delay

Der Begriff *Delay* bedeutet übersetzt *Verzögerung*. Wenn wir von einem Delay-Effekt sprechen, meinen wir in der Regel aber eher eine Art *Echo*: Man hört das Original und anschließend weitere, zeitverzögerte Kopien davon (siehe Abbildung 15.67). *Sample Delays* sind hingegen Delays im wahrsten Sinne des Wortes (ohne Echo). Sample Delays können manchmal verwendet werden, um bestimmtes Audiomaterial mit etwas Verzögerung abzuspielen.

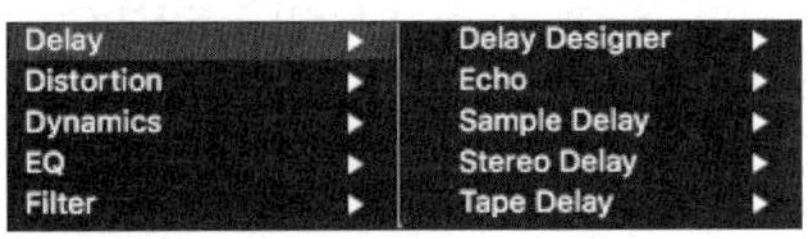

Abbildung 15.67 Delays in Logic

Während ein Sample Delay meist wie ein Einschleifeffekt verkabelt wird, ist das *Echo Delay* ein typischer Zumischeffekt. Viele bekannte Schlagzeugfiguren sind nicht nur durch die Schnelligkeit des Drummers entstanden, sondern durch Delay-Effekte, die auf einzelne Drumsounds gelegt wurden.

Ein Delay eignet sich auch als Effekt beim Überblenden zwischen mehreren Songteilen: Lassen Sie einen alten Songteil noch etwas nachklingen, während es mit etwas Neuem weitergeht. Echo Delays werden auch oft in Dub- und Reggae-Musik verwendet. In Dub-Combos der 70er Jahre entdeckten Musiker das Mischpult als eigenständiges Instrument und mischten abwechselnd verschiedene Delays und Reverbs und Kombinationen aus beidem zu relativ monotonen Snares, Pianochords, Vocals und vielem mehr. Ein besonders beliebtes Gerät ist das Roland RE-201 Space-Echo, das als Besonderheit den Delay-Effekt mit einem eingebauten Spring-Reverb (Federhallgerät) erst richtig »spacig« macht.

Abgesehen davon, dass die meisten Delay-Plug-Ins erlauben, die Delay-Zeit im Sync-Mode passend zur BPM-Zeit einzustellen, können Sie das zu einem Tempo passende Delay auch errechnen. Bei einem Tempo von 120 BPM gibt es 120 Schläge pro 60 Sekunden, so dass bei einem $^4/_4$-Takt 500 ms oder 0,5 Sekunden (60 geteilt durch 120) pro Viertelnote herauskommen (unter *http://dvfugit.com/beats-per-minute-millisecond-delay-calculator.php* finden Sie ein Tool zum schnellen Ausrechnen der Delay-Zeit).

15.7.1 Tape Delay oder Tap Delay?

Sowohl bei den auf dem Markt befindlichen als auch den in Logic vorhandenen Delays kann man außerdem zwischen *Tape-* bzw. *Feedback Delays* und *Tap Delays* unterscheiden. Bei Ersteren wird die Verzögerung erneut in den Effekt eingeschleift, wodurch das Echo entsteht. Bei Letzteren gibt es Regler zur Kontrolle von Delay-Zeit, -Lautstärke, -Pan, -Filter und eventuell sogar Pitch für verschiedene einzelne Delays, die *Taps* heißen.

15.7.2 »Tape Delay«

Der Name »Tape Delay« kommt daher, dass hier ein bei Bandmaschinen realisierbarer Effekt nachgeahmt wird: Bei Tonbandmaschinen sitzt üblicherweise der Wiedergabetonkopf hinter dem Aufnahmetonkopf, so dass er die Aufnahme mit etwas Verzögerung wiedergibt. Die Länge dieser Verzögerung ist abhängig von der Bandgeschwindigkeit sowie dem Abstand zwischen den Tonköpfen, zudem ist natürlich wichtig, wie laut und mit welchen Effekten bearbeitet das Signal zurück an den Aufnahmekopf geleitet wird. Routet man das vom Wiedergabekopf kommende Signal zurück in den Aufnahmekopf, so wird es erneut aufgenommen, erneut wiedergegeben usw. Es entsteht eine Feedbackschleife.

Grundsätzlich erzeugt Logics »Tape Delay« zunächst ein einzelnes verzögertes Signal (Delay). Mischen Sie dieses zum Originalsignal dazu, gibt es zwei Signale (Echo; siehe *Projekt 15tapeecho1*).

Feedback und Filter

Der eigentliche Tape-Delay-Effekt entsteht mit Hilfe des FEEDBACK-Reglers, der das verzögerte Effektsignal wieder in den Effekt zurückschickt. Dadurch entstehen mehrere Echos. Das Signal kann durch die Filter unten bei jedem Durchlauf verändert werden (siehe Abbildung 15.68 oder *Projekt 15tapeecho2*).

Die Wirkung des Filters hören Sie im Projekt *15tapeecho3*. Zunächst ist ein HP-Filter, dann ein LP-Filter und schließlich eine Kombination aus beidem aktiv. Interessanterweise (und je nach Filtereinstellung) beginnt das »Tape Delay« ab einem Feedback über 100 % im Verlauf immer lauter zu werden – Vorsicht vor zu lauten Rückkopplungen/Feedbacks!

Weil weiter entfernt klingende Sounds weniger Bässe und Höhen haben, klingen Delay-Feedbacks, die sowohl leiser werden als auch immer weniger Bässe und Höhen haben, besonders »räumlich« – als würden sie sich entfernen.

»Character«/»Tape Head Mode«

Neu ist die CHARACTER-Sektion, mit der Sie den Delay-Sound ein wenig färben. Hierzu gehört die Unterscheidung zwischen einem CLEAN und einem DIFFUSE TAPE HEAD MODE. Letzterer erlaubt verschwommenere, halligere Delays, was natürlich besonders bei langen Feedbacks bzw. wiederholten Durchläufen auffällt. Den Sound hören Sie im Projektbeispiel *15tapeechoTH*. Ein weiterer Parameter ist CLIP THRESHOLD, ähnlich wie im »Bitcrusher«. Niedriger eingestellt beginnt der Effekt früher zu verzerren, was sich durch Feedbacks immer stärker manifestiert. Zudem können Sie in Stereo-Instanzen die Breite des Effekts mit dem SPREAD-Regler manipulieren. Weniger breite Effekte haben dabei durchaus auch Ihren Reiz und erlauben authentisch klingende Positionierungen im Raum. Die geringste Breite haben Sie bei einer SPREAD-Einstellung von 0.

»Tape Delay«-Zeit einstellen

Im SYNC-Modus (siehe TEMPO SYNC Button links neben DELAY-TIME) können Sie einen auf das MIDI-Tempo bezogenen Notenwert (im Bild $\frac{1}{8}$-Note) für die Länge des Delays einstellen. Natürlich lassen sich auch andere Notenwerte oder Bruchteile von Notenwerten (mit Hilfe des GROOVE-Sliders darüber) auswählen. Ist der SYNC-Button aus, können Sie das Delay auch frei in Millisekunden eingeben (siehe Projekt *15tapeecho4*) oder ein eigenes Tempo in BPM eingeben. Dabei sind auch sehr lange DELAY-Zeiten bis 4.999,9 ms möglich (was in »Hardwarezeiten« ein Qualitätskriterium für teure Delays war).

15

Abbildung 15.68 »Tape Delay« mit eingestelltem Feedback

Flutter & LFO

Die Flutter- und LFO-Parameter können zusätzliche Bewegung in den Effekt bringen. Hierbei soll auch die Ungenauigkeit einer Bandmaschine simuliert werden. Gleichlaufschwankungen des Motors, des Capstan, der Andruckrolle etc. lassen den Klang jedoch »organischer« und mitunter musikalischer wirken. Mit dem SMOOTHING-Parameter können Sie die Wirkung dieser Modulationen etwas glätten.

Beispiele

Öffnen Sie als Beispiel das Projekt *15Tapedelay3x*. Neben Übergängen zwischen Songteilen, einfachen Hi-Hat- oder sonstigen Schlagzeugfiguren (im Projektbeispiel Spur 2) und Vocals mit Dub-Charakter (Spur 1) können Sie mit dem »Tape Delay« auch Synthesizer-Sounds ein wenig »spacig« oder nach »Retro« klingen lassen (Spur 3). Das »Tape Delay« ist bei meiner Arbeit eins der von mir am meisten verwendeten Plug-Ins in Logic überhaupt.

15.7.3 »Echo«

Das einfachere »Echo«-Plug-In (siehe Abbildung 15.69) funktioniert ähnlich wie das »Tape Delay«, bietet aber nur temposynchrone Delays an.

Abbildung 15.69 »Echo«

Der COLOR-Regler bestimmt die Filterung des via Feedback ins Plug-In zurückgehenden Sounds.

15.7.4 »Delay Designer«

Im »Delay Designer« lassen sich die Delays als Taps einzeln bearbeiten. Wir können es daher auch der Kategorie »Tap Delay« zuordnen.

Funktionsweise

Sie können Delays durch Taps mehrere mit unterschiedlichen Einstellungen erzeugen. Unten wird ein Raster angezeigt, das der Einstellung, die Sie links oben unter GRID gewählt haben, entspricht. Dort können Sie jederzeit Delay-Taps einzeichnen (auch frei, also ohne Grid), die dann nacheinander Tap A, B, C usw. genannt werden. Es erscheint dabei ein Stiftwerkzeug. Durch Rechtsklick auf die Taps unten erscheint ein Kontextmenü mit Bearbeitungsmöglichkeiten und der Option zum Löschen eines Taps (Abbildung 15.70).

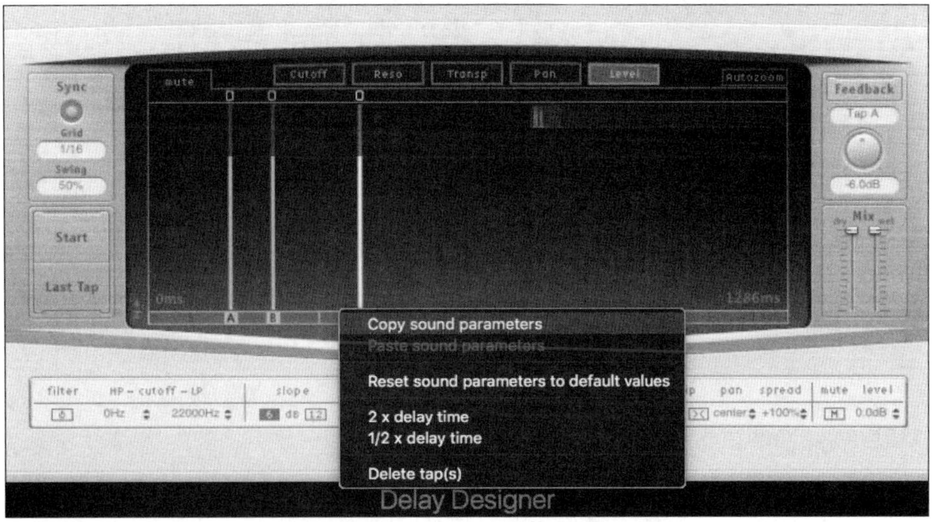

Abbildung 15.70 »Delay Designer« mit Tap-Kontextmenü

Am oberen Rand des Displays sind die möglichen Einstellungen pro Tap zu sehen (Cutoff, Reso(nanz), Trans(os), Pan und Level). Im Bild wird gerade die Lautstärke (Level) eingestellt, und alle Taps haben die gleiche Lautstärke. Wenn Sie ein Tap unten selektieren, können Sie oben auf die Parameterfelder klicken und Einstellungen für das jeweilige Tap vornehmen. Das können Sie auch noch weiter unten mit zusätzlichen Beispielen nachvollziehen.

Der Abstand zwischen den Delay-Taps kann (wie im Bild) auch ungleichmäßig sein. Durch unterschiedliche Lautstärke-, Panorama- oder Transpositionseinstellungen pro Tap können Sie experimentelle rhythmische Delays erzeugen. Die Echos können hier z. B. auch nach 3–4 lauten Taps komplett verstummen, so etwas lässt sich z. B. mit dem »Tap Delay« *nicht* realisieren. Doch der »Delay Designer« hat umgekehrt ebenfalls eine Feedback-Funktion, so dass »Tape Delay«-ähnliche Effekte auch mit dem »Delay Designer« möglich sind. Hierbei können Sie auswählen, an welchem Tap das Effektsignal wieder in den Effekt zurückgeschickt wird, wodurch die Delays noch viel komplexer werden können. Der »Delay Designer« kommt mit sehr vielen und gut kategorisierten Presets. Wenn Sie sie ausprobieren, werden Sie besser verstehen, was ich meine. Im übernächsten Abschnitt lesen Sie, wie Sie live Delays »eintappen« können.

Anwendungsbeispiele

Betrachten Sie Abbildung 15.71, oder laden Sie das Projekt *15echo1*. Hier ist ein einzelnes Delay-Tap auf die Länge eines Taktes bei links oben aktiviertem Sync-Mode mit einem Feedback von 0 dB und einer Einstellung von 100 % Dry und 100 % Wet für Tap A aktiv, wodurch ein endloses, sich in der Lautstärke nicht veränderndes Echo entsteht.

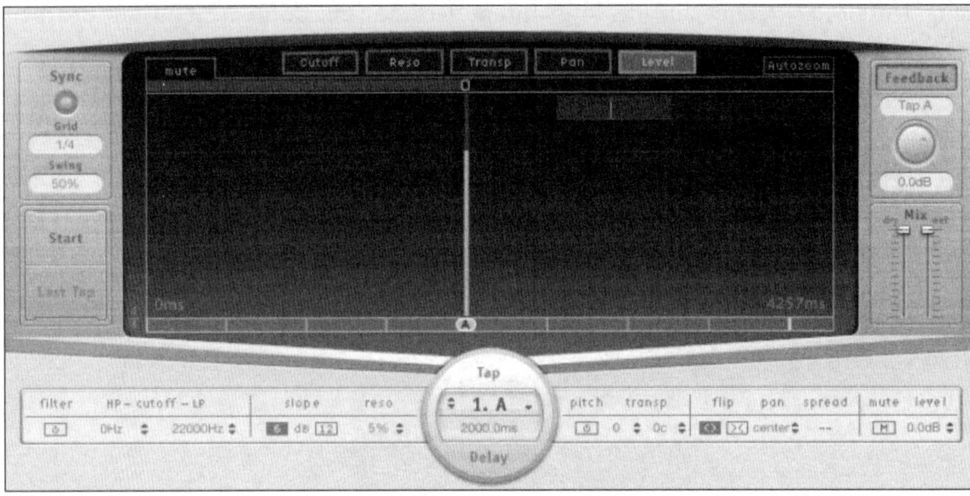

Abbildung 15.71 Ein unendliches Echo

Wählen Sie ein einfaches Delay-Tap bei eingeschaltetem SYNC-Grid, und stellen Sie es auf $\frac{1}{4}$-Note ein. Unten wird ein Raster angezeigt, das der Einstellung, die Sie links oben unter GRID gewählt haben, entspricht. Dort können Sie jederzeit weitere Delay-Taps einzeichnen oder z. B. das einzelne Tap auf $\frac{1}{4}$-Note einstellen. Bleiben wir zunächst bei unserem einfachen Beispiel mit nur einem Tap. Damit das Echo mit der Zeit etwas leiser und weniger bass- und höhenreich wird, stellen Sie im CUTOFF-Bereich entsprechende Filterfrequenzen für HP und LP ein (die unten links angezeigt werden) und verringern die Lautstärke des FEEDBACKS oben rechts (siehe Projekt *15echo2* oder Abbildung 15.72).

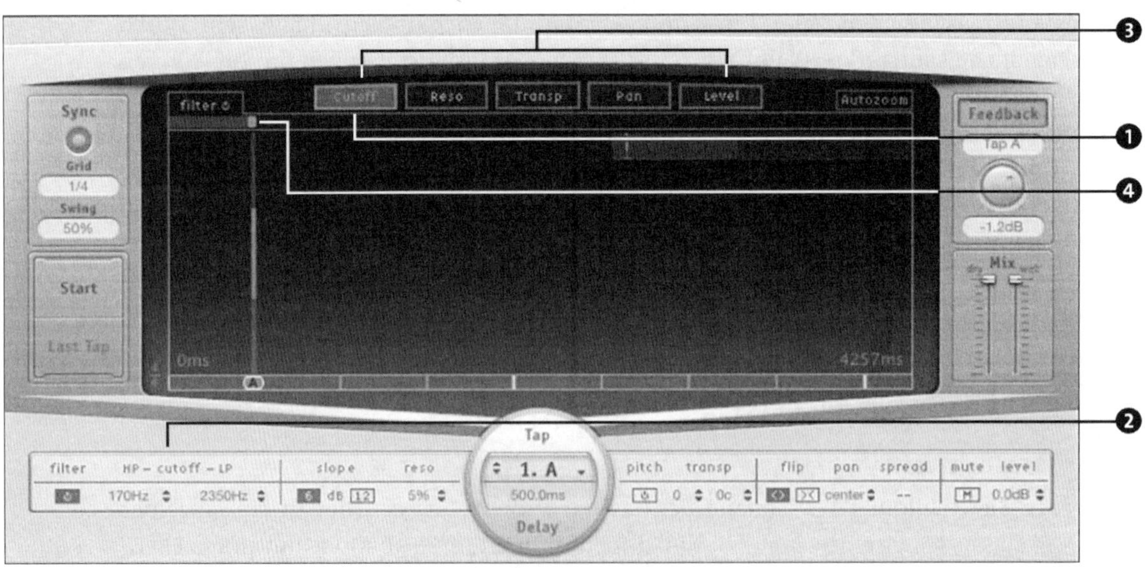

Abbildung 15.72 Tape-Delay-Effekt im »Delay Designer«

Wie stark die folgenden Echos gefiltert sind, hängt von den in der Cutoff-Ansicht getroffenen Filtereinstellungen für die separat verfügbaren HP- und LP-Filter ab. Diese lassen sich in der Cutoff-Ansicht über den im Bild sichtbaren Balken ❶ und (auch ohne aktive Cutoff-Ansicht) unten links ❷ festlegen, wo Sie auch die aktuelle Einstellung überprüfen können. Diese Einstellungen stehen Ihnen für jedes Delay Tap individuell zur Verfügung.

Neben den Cutoff-Frequenzen können Sie für jeden Tap Resonanz, Transposition, Pan und Level individuell einstellen. Oben im Display ❸ schalten Sie zwischen den entsprechenden Ansichten um.

Den in der jeweiligen Ansicht pro Tap einstellbaren Parameter können Sie in dem kleinen Punkt oben im Tap ❹ deaktivieren, was z. B. bei Level-Einstellungen einer Tap-Mute-Funktion entspricht. Dementsprechend steht in Abbildung 15.71 oben im Display MUTE, in Abbildung 15.72 dagegen FILTER, in Abbildung 15.73 wird bezogen auf das Panorama mit FLIP der linke und rechte Audiokanal vertauscht.

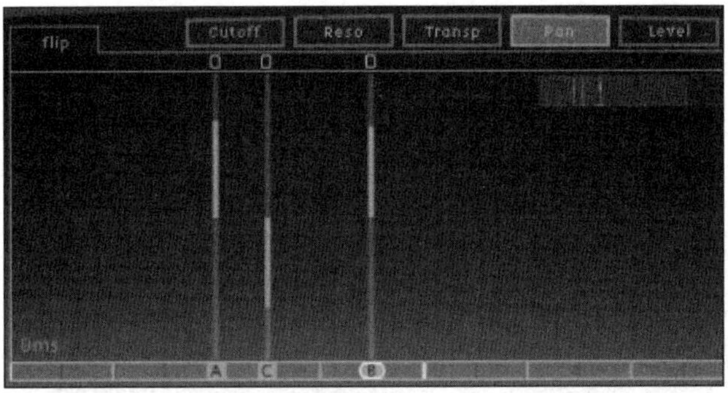

Abbildung 15.73 Drei Echos (Taps) mit unterschiedlichen Verzögerungs- und Panoramaeinstellungen

Sie können z. B. auch nach einem letzten, relativ lauten Tap den Effekt enden lassen (siehe Projekt *15echo3* oder Abbildung 15.73). Im Takt- bzw. Rasterlineal unten, wo Sie in Abbildung 15.73 die Taps A, B und C sehen, können Sie weitere Delay-Taps einzeichnen. Im Bild unter der PAN-Einstellung sichtbar ist eine Art Vogelperspektive aller Taps, die sich mit etwas Fingerspitzengefühl bei gehaltener Maustaste ein- und auszoomen lässt, wodurch sich die gesamte Anzeige verändert. Sie können dort anschließend auch einen angezeigten Ausschnitt nach links oder rechts verschieben.

Abbildung 15.74 Zooming im »Delay Designer« und der kleine Punkt oben im Tap zum Deaktivieren von angezeigten Einstellungen

Der »Delay Designer« bietet vielfältige Möglichkeiten, rhythmische Effekte zu erzeugen, die auch sehr stark verfremdet wirken können (siehe Projekt *15echo3b*). Weitere Beispiele finden Sie im Presetmenü des »Delay Designers«.

Delay-Rhythmus manuell eintappen

Links unten lassen sich nach Klick auf den START-Button und anschließendes Tappen mit dem Mauszeiger auf den gleichen Button rhythmische Delays »eintappen«. Der letzte Tap muss dabei auf den Button darunter erfolgen. Das bekommt man nicht so leicht hin, aber Sie können ja auch alle Taps eintappen, dann einen beliebigen letzten Tap darunter eintappen und anschließend manuell löschen (siehe auch *Projekt 15echo4*).

15.7.5 »Stereo Delay«

Das »Stereo Delay« (Abbildung 15.75) bietet im Gegensatz zum »Tape Delay« die Möglichkeit, Delay, Feedback, Filter und Mix-Parameter für links und rechts getrennt einzustellen. Auf diese Weise kann beispielsweise das Delay links einen anderen Rhythmus bzw. eine andere Zeiteinstellung haben als rechts. Zudem können Sie mit zwei CROSSFEED-Reglern Feedback eines Signals an die gegenüberliegende Stereoseite senden.

Abbildung 15.75 »Stereo Delay«

Pro Kanal können Sie zusätzlich für Feedback oder/und Crossfeed die PHASE drehen. Die Dry/Wet-Regelung können Sie nicht über separate Regler, sondern pro Kanal über einen eigenen OUTPUT MIX-Regler vornehmen, der rechts unten sitzt. Überraschenderweise finden Sie im Bereich GLOBAL unter ROUTING (zusätzlich zum üblichen Presetmenü) einige »Presets« zur schnellen Erstellung oder Nutzung gängiger Delay-Effekte, wie z. B. eines Ping-Pong-Delays. Die Einstellungen dort entsprechen verschiedenen Delay-Zeiten und Crossfeed-Einstellungen. Wenn Sie manuell die CROSSFEED-Regler verstellen, erscheint dort der Eintrag CUSTOMIZED.

Interessant ist auch die STEREO LINK-Funktion unten im Bereich GLOBAL: Existierende Unterschiede zwischen Kanälen werden nach Aktivierung relativ beibehalten, wenn Sie an einem Regler drehen.

Der »Stereo Delay« macht auf einfache Weise recht komplexe Delays möglich; ein einfaches Beispiel finden Sie im Projekt *15Stereodelay1*.

15.7.6 »Sample Delay«

Das »Sample Delay« (Abbildung 15.76) dient typischerweise einer subtilen Timingkorrektur von Aufnahmen (technisches Delay). Verzögerungen können Sie für die Kanäle separat in Samples und in Millisekunden einstellen. Die absolute Verzögerungszeit ist natürlich abhängig von der Samplerate (in Samples pro Sekunde), wenn Sie den Eintrag SAMPLES wählen.

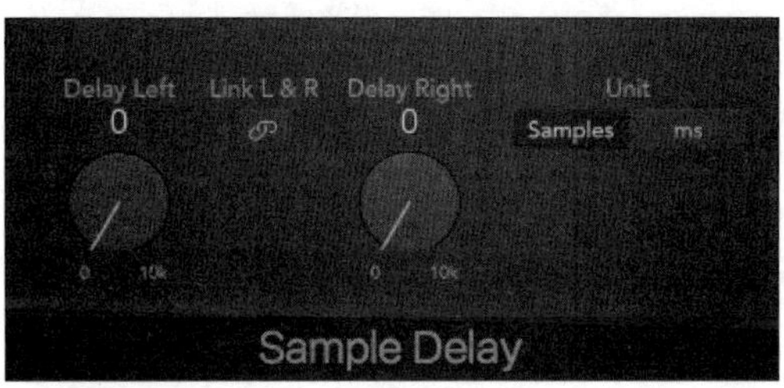

Abbildung 15.76 »Sample Delay«

Anwendungsbeispiele

Bei Aufnahmen mit mehreren Mikrofonen kann es zu Phasenproblemen kommen, wenn sie wieder zusammengemischt werden und Kammfilter mit regelmäßigen Bedämpfungen und Verstärkungen im Klangbild entstehen (siehe Abschnitt 17.2.6 über Phasenlage und Kammfilter). Mit Hilfe des »Sample Delays« können Sie dem – je nach Aufgabenstellung – entgegenwirken. Bei der richtigen Berechnung des Delays helfen auch theoretische Kenntnisse über die Geschwindigkeit, mit der sich Schall ausbreitet, sowie den Zusammenhang zwischen Ausbreitungsgeschwindigkeit, Wellenlänge und Frequenz (siehe Abschnitt 17.2.4 über die Geschwindigkeit der Schallausbreitung).

Spurbezogene Verzögerungen können Sie alternativ auch über den Spurparameter Delay im zugehörigen Informationsfenster im Hauptfenster vornehmen, regionsbezogene Verzögerungen über den Parameter Delay im Informationsfenster Region.

Das »Sample Delay«-Plug-In kann außerdem zur Erzeugung von Stereoeffekten dienen, wie Sie im Beispielprojekt *15Sampledly1* am Beispiel eines *E-Piano*-Sounds in Spur 2 im Vergleich zur unbearbeiteten Spur 1 hören. Hierbei wird ein Kanal gegenüber dem anderen leicht verschoben. Gegebenenfalls müssen Sie hierbei allerdings auf Monokompatibilität achten, durch Auslöschungen beim Zusammenmischen der Kanäle können Probleme entstehen (siehe Abschnitt 17.3.2).

Auch für eine »breitere« Wirkung von Hi-Hats eignet sich der Effekt gut.

15.8 Metering

In der Kategorie Metering finden Sie verschiedene Metering-(Anzeigen-)Plug-Ins, die Ihnen hilfreiche Informationen beim Mixing geben (siehe Abbildung 15.77).

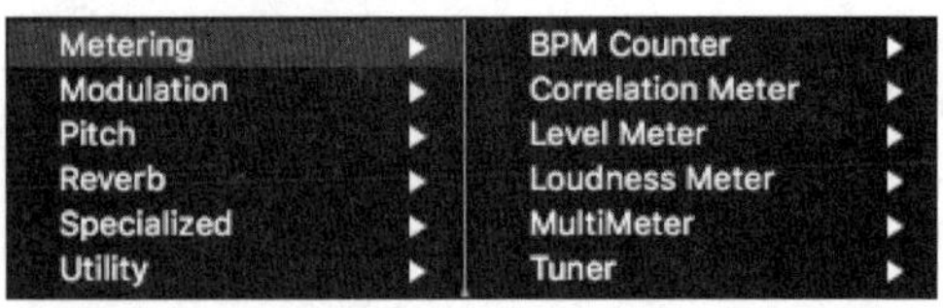

Abbildung 15.77 »Metering«-Menü in Logic

15.8.1 LUFS und »Loudness Meter«

Neu gegenüber früheren Versionen sind LUFS-Messungen im »Loudness Meter« und im »MultiMeter«.

EBU, LUFS-Arten

Die European Broadcasting Union (EBU) hat im Rahmen einer Richtlinie unter anderem den Begriff *Loudness Units Full Scale* (LUFS) eingeführt. Hiermit wird die durchschnittliche Lautstärke über einen bestimmten Zeitraum gemessen. Der Messalgorithmus orientiert sich an der menschlichen Lautstärkewahrnehmung. Relative Veränderungen oder Wertebereiche lassen sich mit Loudness Units (LU) darstellen, wobei 1 LU = 1 dB entspricht. Für LUFS-Messungen gibt es drei verschiedene Zeiträume:

- LUFS-M (*momentary*): momentane Lautheit im Zeitfenster von 400 ms
- LUFS-S (*short-termed*): kurzfristige Lautheit für ein Zeitfenster von 3 Sekunden
- LUFS-I (*integrated*): Lautheit des gesamten Stücks

LUFS-I Messung

Fällt bei der LUFS-I-Messung der Wert 10 dB unter den bisher gemessenen Wert, wird die Messung gestoppt. Es funktioniert dadurch nur begrenzt bzw. nur unter bestimmten Umständen, wenn man versucht, die Messung durch lange ruhige Phasen zu manipulieren.

»Loudness Meter«

Das LOUDNESS METER zeigt LUFS-M, -S und -I an. Es erlaubt im ANSICHT-Menü eine vertikale oder horizontale Darstellung.

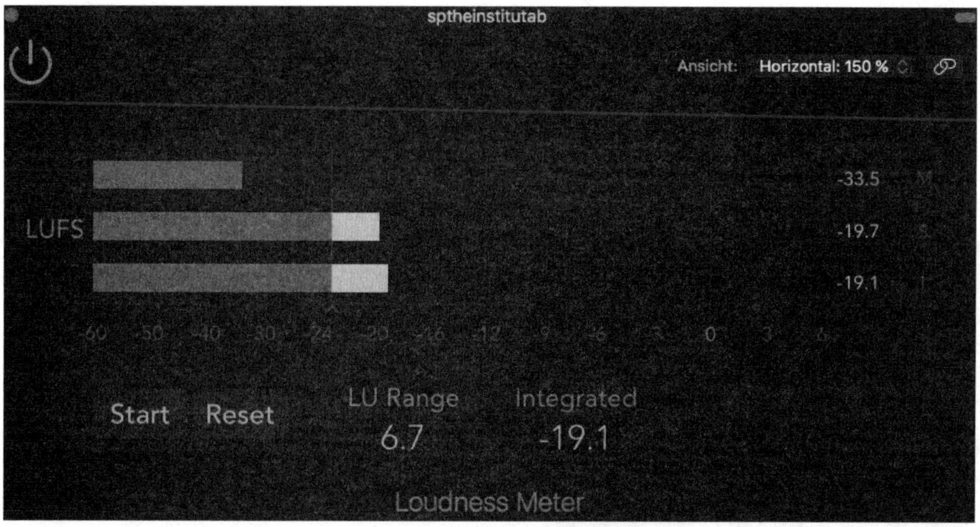

Abbildung 15.78 »Loudness Meter« in horizontaler Darstellung

Der Start der LUFS-I-Messung beginnen Sie mit Klick auf den START-Button links neben dem RESET-Button und resetten ihn gegebenenfalls mit Letzterem.

Lautheitsvorgaben

Die EBU hat nun in der Richtlinie R 128 Vorgaben gemacht, dass z. B. im Broadcastbereich eine Standardlautstärke von –23 LUFS für Produktionen normalisiert wird. Damit möchte man den »Loudness War« beenden. Dieser führe nicht nur zu teilweise überkomprimierten Produktionen, sondern auch dazu, dass Werbejingles zwischen Sendungen oft extrem viel lauter als vorheriges oder folgendes Programmmaterial sind. Dies ist für den Rezipienten der Sendung unangenehm.

Die konsequente Umsetzung der Richtlinie bedeutet, dass laut gemasterte Stücke mit einer Lautstärke von –7 LUFS nun um 16 LU bzw. dB heruntergepegelt werden, um auf –23 dB LUFS zu kommen. Dadurch klingt möglicherweise ein uraltes, ungemastertes Stück mit mehr

Dynamik bei der Sendung besser als ein laut gemastertes Stück. Die Richtlinie wird in der Praxis seit 2012 von öffentlich-rechtlichen und privaten Sendern in Deutschland teilweise angewendet. Stand Mitte 2017 normalisieren auch YouTube und Spotify Material auf immerhin –14 LUFS. SoundCloud und Bandcamp hingegen haben keine Beschränkungen. Die Karten werden also auf gewisse Weise neu gemischt, und Mastering-Ingenieure müssen umlernen. Teilweise ist überlautes Mastering nun eher kontraproduktiv, andernorts nach wie vor unerlässlich.

15.8.2 »BPM Counter«

Der »BPM Counter« hilft Ihnen, schnell das Tempo eines Songs herauszufinden. Genauere Methoden, das Tempo herauszufinden, bespreche ich in Abschnitt 9.7. Durch Breakbeats wird der »BPM Counter« auch schnell einmal in die Irre geführt – oder das Ergebnis seiner Analyse ist die Hälfte der eigentlichen BPM-Zahl. Hierfür erlaubt der »BPM Counter« nun ein manuelles Halbieren/Verdoppeln des Tempos (siehe Abbildung 15.79).

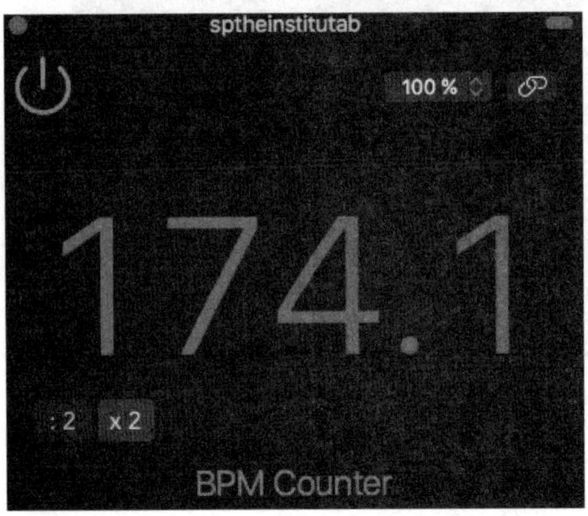

Abbildung 15.79 »BPM Counter«

15.8.3 »Correlation Meter« und Monokompatibilität

Das »Correlation Meter« zeigt den Phasenbezug beider Kanäle eines Stereosignals (siehe Abbildung 15.80).

- Eine Anzeige von +1 (ganz rechts) zeigt eine genaue Übereinstimmung in der Phasenlage beider Kanäle an (Monosignal).
- Eine Anzeige von 0 (weißer Balken in der Mitte) kann bei extremen Stereoeffekten auftreten (z. B. wenn nur auf einem Kanal etwas zu hören ist), ist aber noch relativ unproblematisch in Bezug auf die Zusammenmischung beider Kanäle. Die Signale sind nicht kohärent (übereinstimmend), löschen sich aber auch nicht vollständig aus. Gegebenenfalls machen sich Kammfiltereffekte in Mono bemerkbar.

- Eine Anzeige links von der Null bis –1 (weißer Balken links im roten Bereich) zeigt eine gravierende Phasendrehung an. Dies bedeutet, dass die Kanäle sich beim Zusammenmischen stark gegenseitig auslöschen würden.

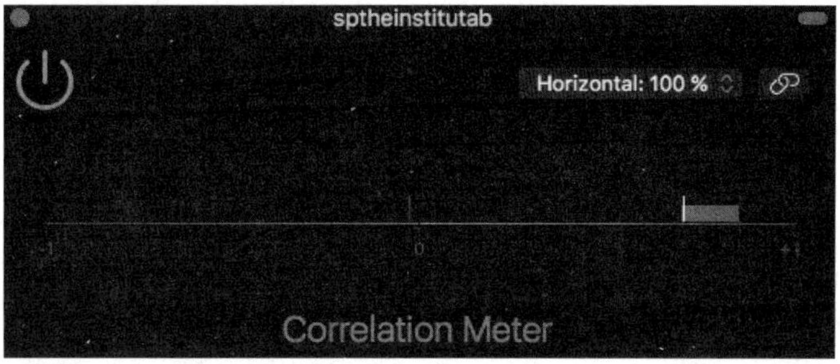

Abbildung 15.80 »Correlation Meter«

Alternativ zum »Correlation Meter« können Sie auch Logics »MultiMeter«-Plug-In nutzen, das ebenfalls ein Correlation Meter sowie weitere zusätzliche Anzeigen wie ein Goniometer bietet.

Warum kann fehlende Monokompatibilität ein Problem sein?

Das Hauptproblem bei mangelnder Monokompatibilität und Phasenauslöschungen besteht ganz banal darin, dass die Lautstärken eines Sounds beim Abspielen in Stereo und Mono unterschiedlich laut sind (und die Sounds gegebenenfalls in Mono unsauber bzw. nach Kammfilter klingen).

Durch Phasenauslöschungen werden kritische Sounds beim Abspielen in Mono leiser. Vergleichen Sie gegebenenfalls Ihren Mix in Stereo und Mono, um Probleme erkennen. Hierzu geeignet ist das »Gain«-Plug-In, mit dem Sie schnell von Stereo auf Mono umschalten.

Bei der Wiedergabe im Radio und beim Vinylschnitt erfolgt die Stereodekodierung nicht exakt wie im Original, sondern erfordert ein gewisses Maß an Monokompatibilität. So erfolgt beispielsweise die Übertragung von UKW-Stereoprogrammen über eine M/S-Codierung, so dass Monoempfänger oder Stereoempfänger bei schwacher Signalstärke nur das Monosignal verwenden.

Bei Problemen könnte also beispielsweise ein Flächensound im Radio leiser klingen als von CD zu Hause. Zudem können Bässe mit Phasendifferenzen einen Schneidstichel beim Vinylschnitt zu extremen Auf- und Abwärtsbewegungen zwingen, wodurch die Rille an manchen Stellen zu schmal werden und die Platte beim Abspielen springen kann. In vielen Clubs erfolgt die Basswiedergabe zudem mono über einen Subwoofer, und der Bass kann bei Phasenproblemen im wahrsten Sinne des Wortes verlorengehen. Selbst bei MP3-Kodierung mit der Joint-Stereo-Methode wird auf das M/S-Verfahren zurückgegriffen.

Was tun bei fehlender Monokompatibilität?

Ganz einfach: Verringern Sie die Stereobreite Ihres Sounds so lange, bis das »Correlation Meter« keine Probleme mehr anzeigt, und kompensieren Sie anschließend den Lautstärkeverlust durch eine leicht erhöhte Lautstärke. Auf diese Weise ist die Lautstärke Ihres Instruments in Stereo und Mono weitgehend gleich. Ein geeignetes Plug-In in Logic zur Verringerung der Stereobreite ist der »Direction Mixer«. Sie finden ein praktisches Beispiel im Projekt *15Monokompatibilität1*: In Spur 1 spielt ein durch einen zu extremen Einsatz des »Stereo Spread«-Stereo-Verbreiterungs-Plug-Ins nicht monokompatibler Sound, und der »Direction Mixer« wird automatisiert und stellt das Signal zwischendurch auf Mono, wodurch es viel leiser wird (was natürlich nur dann auffällt, wenn Sie zuvor stereo gehört haben). In Spur 2 wird der gleiche Sound zunächst mit dem »Direction Mixer« in der Stereobreite deutlich verringert und zudem lauter gemacht. Nun wirkt sich eine Automation eines weiteren, nachgeschalteten »Direction Mixers« nicht mehr oder zumindest nicht mehr so extrem aus, und die Lautstärke bleibt weitgehend gleich.

Natürlich kommt die fehlende Monokompatibilität in diesem Beispiel vom zu extremen Einsatz des »Stereo Spread«-Plug-Ins – und eine Alternative oder leichtere Variante zum Erreichen der Monokompatibilität wäre hier natürlich das Deaktivieren des »Stereo Spread«-Plug-Ins. Manchmal haben Sie diese Möglichkeit jedoch nicht, weil Ihnen nicht monokompatibles Audiomaterial angeliefert wird.

Nur eine Seite eines Stereosignals nutzen

Eine weitere Alternative ist, eine Stereoseite von Spuren einfach nicht zu nutzen (und im Kanal-Input einer Audiospur nur LINKS oder RECHTS einzustellen) und eine gegebenenfalls notwendige Stereoverbreiterung durch Effekte selbst vorzunehmen. Das garantiert die volle Kontrolle, und ein stabiles Monosignal kann erzeugt werden.

Frequenzspezifisch die Stereobreite bearbeiten oder Monokompatibilität erreichen

Für den Fall, dass Sie Ihr Signal frequenzspezifisch bezüglich der Stereobreite bearbeiten oder monokompatibel machen möchten – also beispielsweise nur den Bass in Mono haben möchten, den Rest dagegen in Stereo –, bietet Logic zunächst kein geeignetes Plug-In. Es ist jedoch möglich, ein Signal an zwei Aux-Kanäle zu senden und dort einen Multiband-Kompressor/»Multipressor« mit identischen Settings und einer klangneutralen Kompressor-RATIO von 1 einzusetzen, der für den einen Aux-Kanal nur das Bassband solo hören lässt, für den anderen Aux-Kanal die anderen Kanäle. Anschließend bearbeiten Sie das Bassband mit einem »Direction Mixer«. Im Projektbeispiel *15Monokompatibilität2* habe ich das mit der Drum-Spur (in der ein Basssound spielt) so gemacht.

Als Alternative von Drittherstellern hierfür bieten sich z. B. iZotopes »Ozone« oder »Neutron« an, die über Multiband-Imaging Tools verfügen.

Um einen reinen Monobass zu erhalten, können Sie auch einen »Channel EQ« im M/S-Modus betreiben und z. B. den Bass aus dem Seitensignal komplett herausfiltern (vergleiche Abschnitt 15.1.4).

15.8.4 »Level Meter«

Das »Level Meter«-Plug-In zeigt verschiedene Arten von Pegeln an (siehe Abbildung 15.81). Wird die 0-dB-Marke überschritten, erscheint der Pegel oberhalb der 0 dB rot. PEAK ist der Spitzenwert des Signals und wird gegebenenfalls hellblau angezeigt, RMS (*Root Mean Square*) ist der durchschnittliche Wert in einem längeren Zeitraum (und wird gegebenenfalls dunkelblau angezeigt), der eher der Wahrnehmung des menschlichen Gehörs entspricht. Mit TRUE PEAK sind Spitzenwerte, die zwischen den Samples liegen und nicht immer angezeigt werden, gemeint. Diese können ebenfalls zu Verzerrungen führen und in vielen Limitern ebenfalls begrenzt werden, siehe Abschnitt 15.3.8 über den »Adaptive Limiter«.

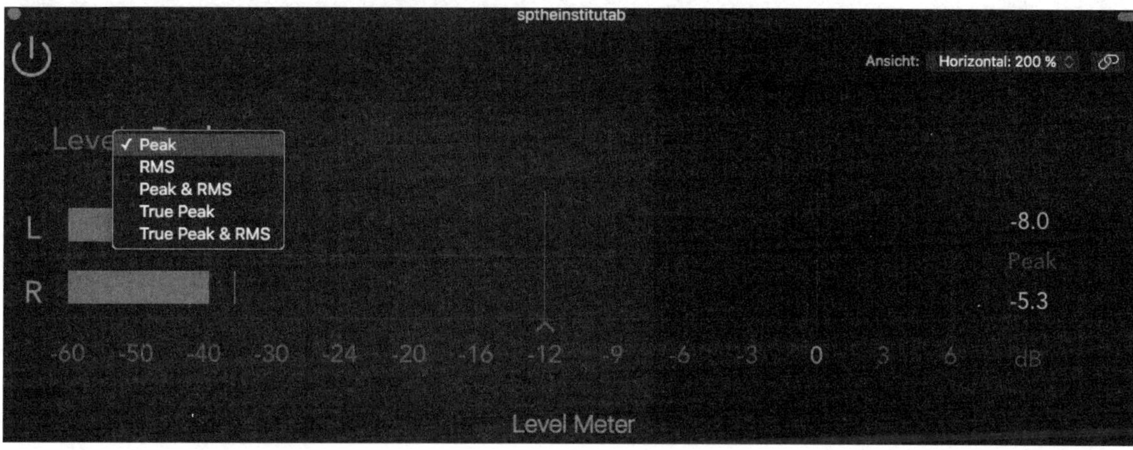

Abbildung 15.81 »Level Meter«

15.8.5 »MultiMeter«

Logics »MultiMeter« (siehe Abbildung 15.82) verbindet die Fähigkeiten der bisher vorgestellten »Level Meter« und »Correlation Meter« und bietet zusätzliche Funktionen wie einen ANALYZER und ein GONIOMETER, zwischen denen Sie die Darstellung wechseln können. Dabei bleibt unten stets ein Korrelationsgrad-Meter und rechts ein Pegel-Meter zu sehen. Auch LUFS-I und LUFS-S werden nun angezeigt.

Für die PEAK-Werte können Sie eine Verweildauer in der Anzeige einstellen. Ist HOLD gedrückt, können Sie im Flip-Menü daneben die Verweildauer festlegen. In der dort wählbaren Einstellung INFINITE bleiben die höchsten erreichten Peaks sowohl im ANALYZER als auch im LEVEL-Meter dauerhaft sichtbar.

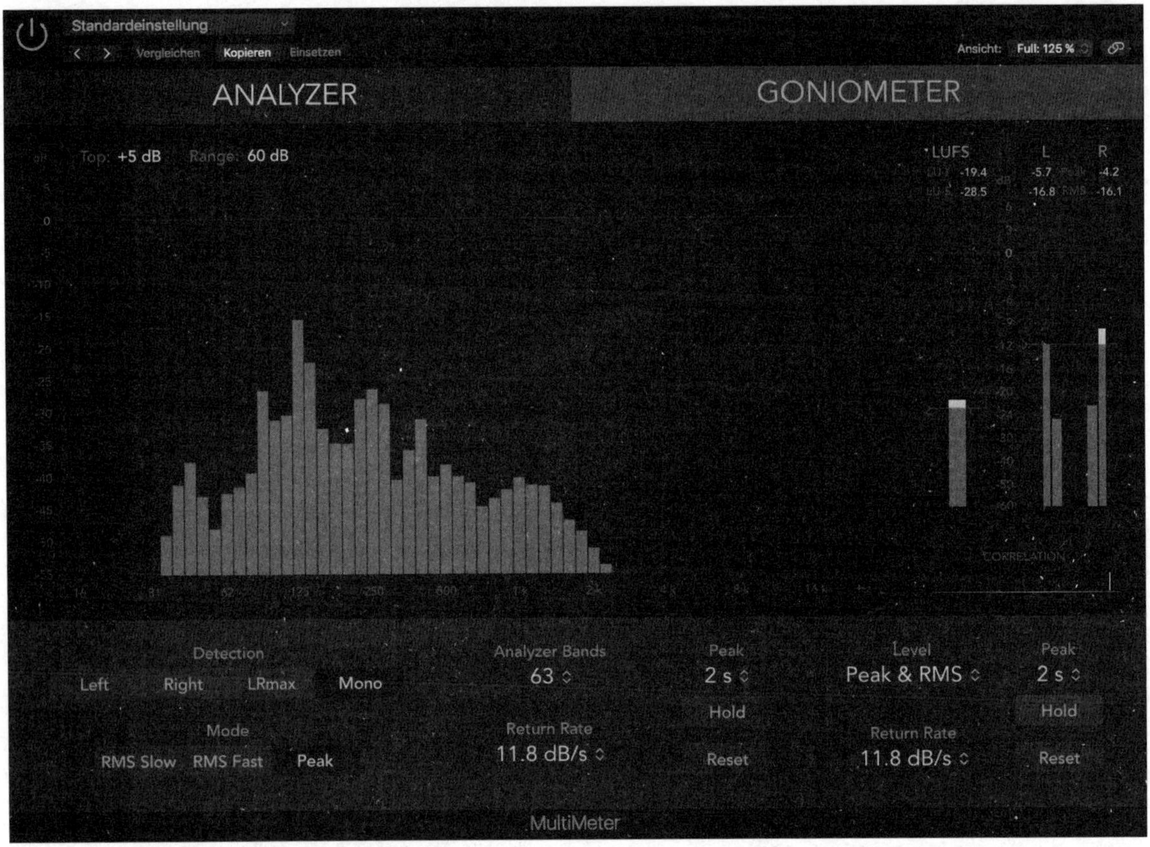

Abbildung 15.82 »MultiMeter«

»Analyzer«

Die Darstellung des ANALYZERS im »MultiMeter« orientiert sich an 30 bzw. 31 von der ISO (*International Standard Organisation*) in Terzschritten ($\frac{1}{3}$-Oktaven = große Terzen) festgelegten Frequenzbändern zwischen 20 Hz und 20 kHz. Der ANALYZER zeigt PEAK-, RMS-SLOW- oder RMS-FAST -Pegel an. Den Spitzenwert der Anzeige können Sie als TOP-Wert einstellen, um Ihr Signal adäquat im ANALYZER zu sehen.

Für die RANGE können Sie Werte von 20 bis 80 dB einstellen. Bewegen Sie alternativ die Maus über den Wertebereich links nach oben und unten, um den angezeigten Wertebereich zu skalieren.

Stärker komprimierte Signale benötigen eine kleinere Darstellungsrange, damit die Unterschiede deutlich sichtbar werden. Höhere Werte sind bei Signalen mit größeren Lautstärkeunterschieden bzw. einem größeren Dynamikumfang sinnvoll. Zusätzlich können Sie die Anzeige zwischen links, rechts, der maximalen Stereosumme und der Monosumme umschalten.

»Goniometer«

Ein Goniometer zeigt – ähnlich wie das »Correlation Meter« – die Phasenlage eines Stereosignals an, ist jedoch nicht ganz so eindeutig zu lesen. Ein Stereosignal sieht in der Regel ein bisschen wie eine Wolke aus (siehe Abbildung 15.83).

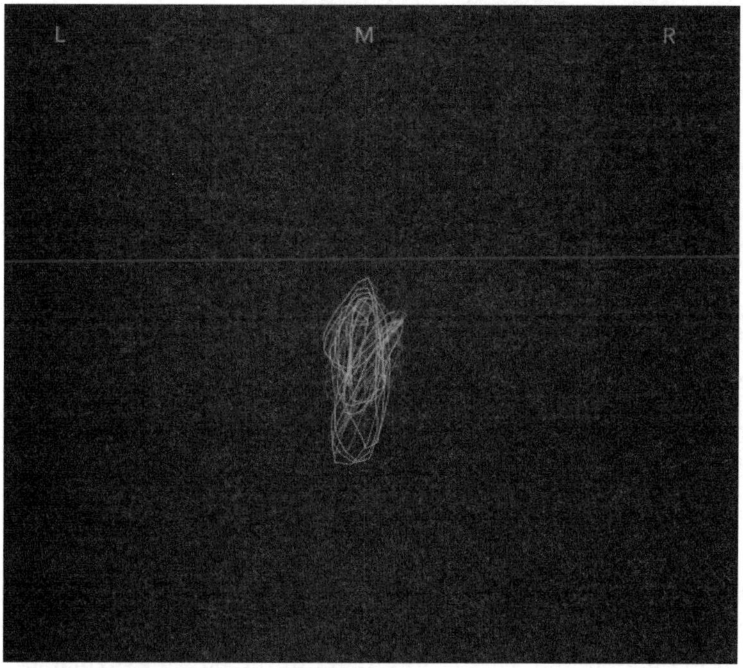

Abbildung 15.83 Wolke im »Goniometer«

Ein Monosignal wird durch einen mittigen vertikalen Strich dargestellt, ein nur auf dem rechten Kanal liegendes Signal durch einen um 45 Grad nach rechts gedrehten Strich und ein nur auf dem linken Kanal liegendes Signal durch einen 45 Grad nach links gedrehten Strich. Signale mit Phasenproblemen erkennen Sie an besonders in die horizontale Breite gehenden Strichen oder Wolken, eine senkrechte Wolke zeigt ein im Panorama mittiges und überwiegend monokompatibles Stereosignal an.

15.8.6 »Tuner«

Mit dem »Tuner«-Plug-In stimmen Sie Ihre Instrumente oder analysieren die Tonhöhe von Signalen. Abweichungen von gespielten Tönen werden rechts neben dem Ton in Cents sowie oben auf der Skala mit Abweichungen von +/–50 Cents angezeigt (Abbildung 15.84). Weil die Abweichung zwischen zwei Halbtönen exakt 100 Cents beträgt, kann über diese Darstellung jeder Ton dargestellt werden, denn ein C mit einer Abweichung von +50 Cents entspricht einem C# mit einer Anweichung von –50 Cents. In der Mitte wird der nächstliegende korrekte Ton angezeigt. Bei einer Standard-Konzertgitarre werden die sechs Gitarrensaiten beispielsweise auf die Töne E, A, D, G, H und E gestimmt. Der »Tuner« ist auch nützlich, um gesampelte Sounds mit unbekannter Tonhöhe richtig zu stimmen.

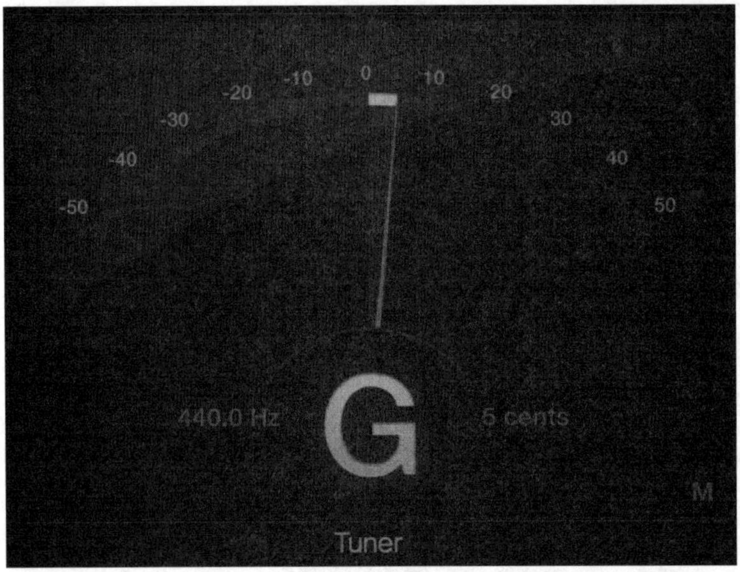

Abbildung 15.84 Hier wurde der Ton G näherungsweise getroffen.

Sie können den »Tuner« übrigens auch über einen Button in der Steuerungsleiste öffnen, falls Sie diese zuvor entsprechend konfiguriert und eine Audiospur selektiert haben. Hierbei wird allerdings kein Plug-In in der Spur eingefügt, es werden nur die Eingangssignale bei scharfgeschalteter Audiospur (und nicht die bereits aufgenommenen Spurinhalte) gemessen und angezeigt.

15.9 Imaging

Unter dem Eintrag Imaging finden Sie mit dem »Direction Mixer« und dem »Stereo Spread«-Plug-In zwei Plug-Ins zur Bearbeitung der Stereobreite bzw. der Positionierung des Signals im Stereobild sowie das Plug-In »Binaural Post-Processing« (siehe Abbildung 15.85).

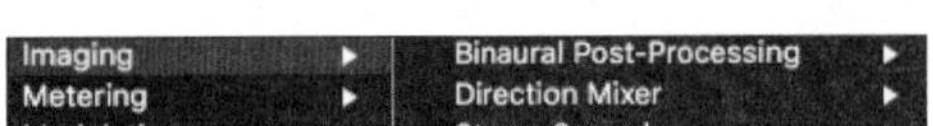

Abbildung 15.85 »Imaging«-Plug-Ins

15.9.1 »Direction Mixer«

Mit dem bereits im Rahmen des Themas Monokompatibilität in Abschnitt 15.8.3 diskutierten Plug-In »Direction Mixer« (Abbildung 15.86) verändern Sie die Breite des Stereosignals und positionieren es auf der horizontalen Achse. Ich habe den »Direction Mixer« sehr oft benutzt, mittlerweile steht Ihnen alternativ die Funktion Stereo-Panning zur Verfügung.

Abbildung 15.86 »Direction Mixer«

In der Einstellung 1.00 für den SPREAD-Regler entspricht die Wiedergabe exakt der vorgegebenen Kanaltrennung. Bei einer Einstellung von 0 entsteht ein reines Monosignal. Der DIRECTION-Regler verschiebt die Mittenposition des Signals nach links oder rechts.

In Abschnitt 17.3.4 finden Sie Ausführungen zur M/S-Technik, die eigentlich aus dem Bereich Mikrofonierung stammt. Dort erläutere ich auch, wie Sie mit dem »Direction Mixer« solche Aufnahmen dekodieren und eine M/S-Matrix selbst erstellen.

15.9.2 »Stereo Spread«

Das »Stereo Spread«-Plug-In (Abbildung 15.87) erlaubt eine Stereoverbreiterung des Signals, die auf dem Verschieben verschiedener Frequenzen nach links oder rechts im Stereobild beruht. Auf diese Weise machen Sie auch aus einer Monoaufnahme etwas, was tendenziell nach Stereo klingt.

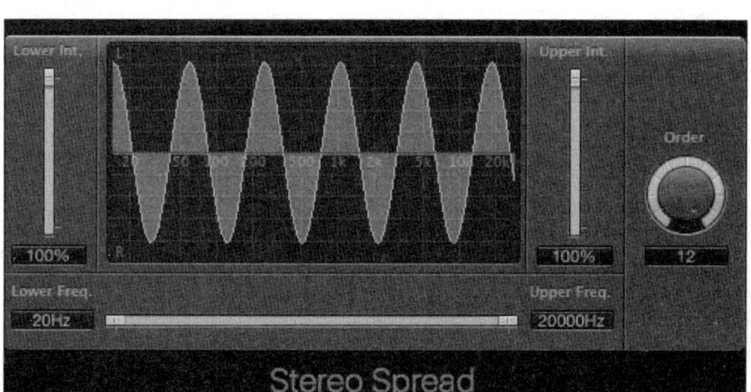

Abbildung 15.87 »Stereo Spread«

Im Beispiel *15Stereospread1* habe ich ein breites Stereosignal zunächst mit dem »Direction Mixer«-Plug-In komplett auf Monosound reduziert, um anschließend die Wirkung des »Stereo Spread«-Plug-Ins vorzuführen.

Mit den Intensity-Reglern LOWER INT. und UPPER INT. (links und rechts in Abbildung 15.87) bestimmen Sie das Ausmaß der Verschiebung im unteren und oberen Frequenzbereich. Darunter können Sie einen Frequenzbereich auswählen, in dem die Verschiebungen stattfinden. Mit dem ORDER-Regler stellen Sie ein, in wie viele unterschiedliche Frequenzbänder das Signal aufgeteilt wird.

Allerdings bewirkt das »Stereo Spread«-Plug-In durchaus eine leichte Klangveränderung, und Sie sollten außerdem ein »Correlation Meter« nachgeschaltet in den Kanalzug einfügen, um nach der Bearbeitung durch das »Stereo Spread«-Plug-In die Monokompatibilität zu überprüfen. Alternativ könnten Sie natürlich auch beispielsweise einen Hall, einen »Stereo Delay«- oder einen »Chorus«-Effekt verwenden, um einem Monosignal mehr Stereobreite zu verpassen.

15.9.3 Binaural Post-Processing, Binaural Panner, und Surround Panner

Auch wenn Sie nur Stereo und kein 5.1- bzw. Surround-Ausgangsformat im Output eines Kanalzugs verwenden, erlaubt Logic unten im Kanalzug oder im Output-Menü die Einstellung eines *Binaural Panners* (siehe Abbildung 15.88). Dieser ähnelt einem *Surround Panner*. Das Handbuch[1] schreibt dazu sinngemäß: Weil die Menschen aufgrund physischer Gegebenheiten unterschiedlich hören, gibt es Aufnahmen von Durchschnittshörern, die mit Mikros in den Ohren erstellt werden und sich auch für andere Hörer gut eignen, um Soundquellen zu orten oder zu verschieben. Wenn solche Aufnahmen nicht zur Verfügung stehen, können Sie sie mittels *Head-Related Transfer Function* simulieren. So bearbeitete Audiosignale eignen sich besonders für die Wiedergabe mit Kopfhörern und sollen den Sound von Kunstkopf-Mikrofonie simulieren.

Abbildung 15.88 Unten im Bild sehen Sie die Option »Binaural Pan« für den Kanalzug.

Anschließend verändert sich die Ansicht des PANNING-Reglers wie in Abbildung 15.89.

1 Logic Pro X-Benutzerhandbuch, Seite 520

Abbildung 15.89 So sieht nach Auswahl der Option »Binaural« der binaurale »Panning«-Regler aus.

Nach einem Doppelklick auf den binauralen Panner öffnet sich das Fenster aus Abbildung 15.90. Die im erweiterten Parameterbereich einstellbare Diffusfeld-Kompensation (DIFFUSE-FIELD COMPENSATION) kommt einer Höhenanhebung ab typischerweise 9 kHz gleich, um den Höhenverlust durch Luftreibung im Diffusfeld auszugleichen.

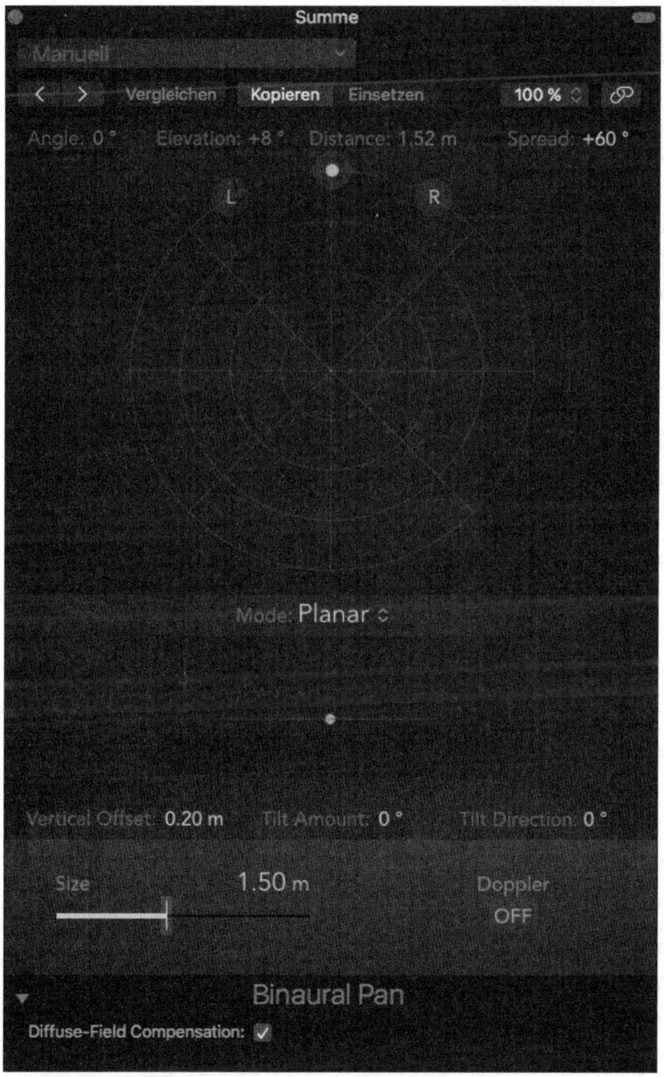

Abbildung 15.90 Binaural Panning im Detail

Zwischen den beiden »L«- und »R«-Markern sehen Sie einen Puck, den Sie ebenso wie die die beiden Marker bewegen können, um das Stereofeld schmaler oder breiter zu machen oder die Position auf der Scheibe (PLANAR) oder Kugel (SPHERICAL) zu verschieben. Sie können via MODE einstellen, ob es sich bei der Panning-Fläche um eine Scheibe oder eine Kugel handelt.

Auch einen DOPPLER-Effekt können Sie hinzuschalten. Dies ist eine Stauchung oder Dehnung eines Sounds durch eine Veränderung des Abstands der hörenden Person zur Signalquelle – bekannt aus dem Effekt der sich im Sound verändernden Sirene eines vorbeifahrenden Polizeiautos.

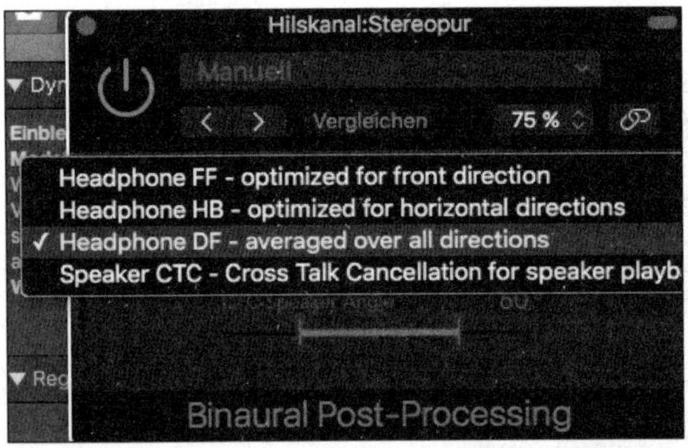

Abbildung 15.91 »Binaural Post-Processing«-Plug-In

Das Plug-In »Binaural Post-Processing« bietet verschiedene Optimierungsoptionen für die realistischere Wiedergabe binauraler Effekte, z. B. über Lautsprecher oder für Kopfhörer mit Schwerpunkt auf bestimmten Bewegungsrichtungen.

Im Dokument *17Binaurall* habe ich Bewegungen des Binaural Panners als Automation für eine Region von Takt 1 bis 7 aufgezeichnet. Anschließend habe ich die gleiche Region noch einmal inklusive der gleichen Automation dahinterkopiert, nun aber das »Binaural Post-Processing«-Plug-In mit der Einstellung SPEAKER CTC – CROSS TALK CANCELLATION (unten in Abbildung 15.91) verwendet (und einen hierdurch entstehenden Lautstärkeverlust mit einer Lautstärkeautomation kompensiert). Die Bewegungen auf der zweiten Region scheinen sich auf meinen Lautsprechern und für meine Ohren nun etwas besser nachvollziehbar anzuhören – urteilen Sie selbst.

Abgesehen von der nicht ganz so leicht verständlichen Theorie können Sie das Binaural-Panning-Tool natürlich auch »frei nach Schnauze« – wenn die Höreinstellung gefällt – oder als Alternative zu anderen Panning-Verfahren verwenden.

Wenn Sie eine Surround-Ausgangskonfiguration nutzen, können Sie das Signal mit dem »Surround Panner« auf ähnliche Weise bearbeiten und positionieren (jedoch mit mehr Möglichkeiten durch die zusätzlichen Ausgangskanäle). Steht Ihr Eingang dabei auf Mono/Stereo, sieht das Plug-In wiederum ein wenig anders aus.

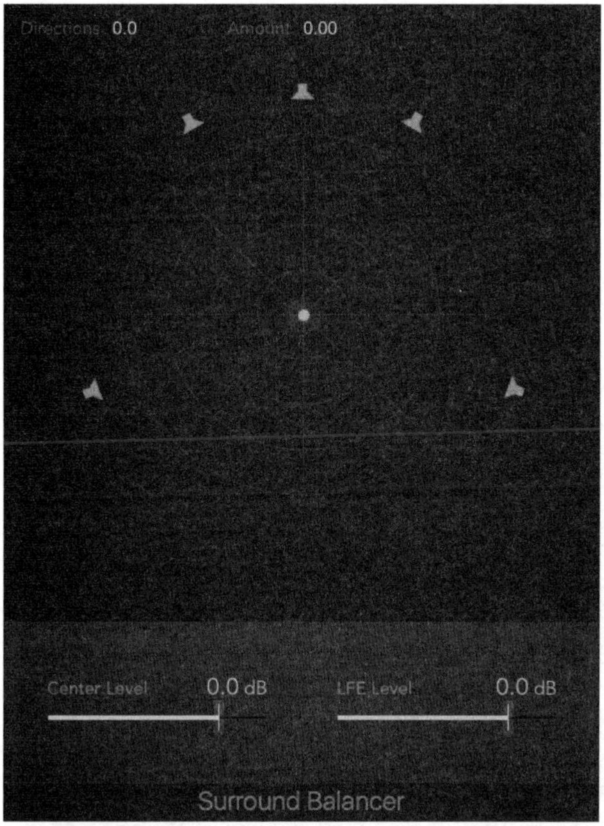

Abbildung 15.92 Surround Panning

15.10 Filter

Neben dem eher klassisch als modulierbarer Multimode-Filter arbeitenden »AutoFilter«-Plug-In stehen in der Kategorie FILTER einige speziellere Plug-Ins zur Verfügung (siehe Abbildung 15.93), deren Wirkung auf der Nutzung von Filtern basiert.

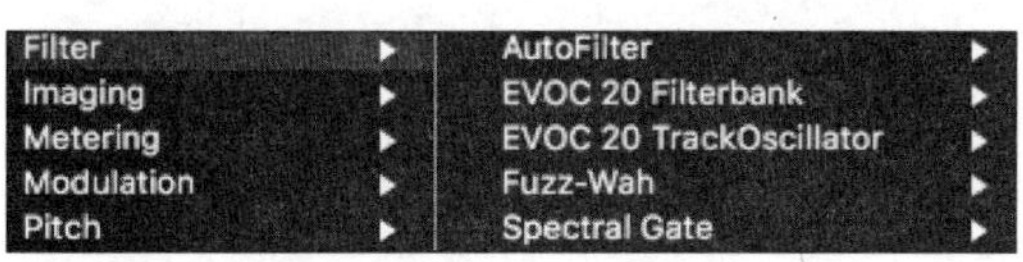

Abbildung 15.93 Filter-Plug-Ins in Logic

15.10.1 »AutoFilter«

Der »AutoFilter« (Abbildung 15.94) bietet detaillierte Modulationsoptionen. Sie können den »AutoFilter« auch wie einen ganz einfachen Filter in Logic benutzen.

»AutoFilter« als einfacher Filter

Hierzu stellen Sie zuerst die beiden Slider/Regler ENVELOPE und LFO im Bereich FILTER auf 0 %, die die Modulationsintensität regeln. Danach können Sie wie bei einem Standard-Filter ohne Modulation den gewünschten FILTER und die CUTOFF-Frequenz einstellen. Zur Auswahl stehen ein Low-Pass-Filter mit 6, 12, 18 oder 24 dB Flankensteilheit sowie verschiedene Ausführungen eines variablen Filters (STATE VARIABLE Filter, abgekürzt manchmal auch SVF genannt, mit den Optionen HP, BP, LP und Peak, die hier als Symbole dargestellt sind), dessen Steilheit nicht regelbar ist. Zusätzlich lässt sich der Filtersound mit dem FATNESS-Regler verstärken und mit zwei DISTORTION-Modulen verzerren. Diese verfügen über neue Verzerrungsmodi gegenüber den Vorversionen, die zudem Pre- oder Post-Filter genutzt werden können.

Abbildung 15.94 »AutoFilter«

Im Ausgangsbereich können Sie das unbearbeitete Original- (DRY SIGNAL) und das Effektsignal (MAIN OUT) zusammenmischen.

Via LFO oder Envelope modulierter »AutoFilter«

Der »AutoFilter« bietet Extrafunktionen: Sie können ihn mit einer Hüllkurve (ENVELOPE) oder einem LFO modulieren. So können Sie die für Synthesizer typischen Filterfunktionen (wie z. B. Filterverläufe oder Wah-Wah-Effekte) auch auf eine Audiospur legen und die Cutoff-

Frequenz beispielsweise rhythmisch von einem LFO modulieren lassen. Nutzen Sie hierfür eine Rechteckwellenform in einem schnellen LFO, lässt sich auch eine Art Stuttereffekt erzeugen.

Die Bearbeitung der Cuttoff-Frequenz durch die Hüllkurve erfolgt dynamisch und bewirkt schnell einen rhythmischen Effekt: Auslöser ist nicht wie bei einem Synth die gedrückte Taste (nichts spielt oder empfängt MIDI). Der Impuls für die Auslösung der Hüllkurve wird hier durch die Lautstärke des Audio-Eingangssignals gegeben – also z. B. durch einen Drumloop. Die Empfindlichkeit, mit der die Hüllkurve immer wieder ausgelöst wird, justieren Sie mit dem THRESHOLD-Regler. Für die Hüllkurve können Sie u. a. ATTACK, DECAY und SUSTAIN manuell einstellen. Wenden Sie den »AutoFilter« auf einen Drumloop an, ist in der Regel ein zusätzliche Rhythmik hinzufügendes Klangergebnis die Folge, weil die Hüllkurve ja in Abhängigkeit vom Drumloop immer wieder neu ausgelöst wird. Das klingt besonders interessant, wenn die Filterbewegung durch Betonung der Resonanzfrequenz deutlicher hörbar gemacht wird.

Bei einer Modulation durch den LFO ist auch eine Veränderung der LFO-Geschwindigkeit, -Phasenlage oder -Wellenform interessant.

Praxisbeispiel

Besser verständlich wird das anhand eines Beispiels: Im Dokument *15Autofilter1* spielt ein Drumloop, und die Hüllkurve moduliert zunächst mit betonter Resonanz den Filter. Dabei hat die Hüllkurve mit ansonsten identischen Einstellungen in Spur 1 und Takt 1 und 2 eine andere ADSR-Einstellung als in Takt 3 und 4. In Spur 3 und Takt 5 und 6 moduliert stattdessen ein LFO mit Rechteckwellenform und schneller Rate den Cutoff. In Spur 4 und Takt 7 und 8 habe ich noch ein wenig vom unbearbeiteten Original hinzugemischt. In Spur 5 und Takt 9 und 10 habe ich die Phasenlage der LFO-Schwingung verschoben, wodurch sich eine komplett andere Rhythmik ergibt; ein wenig vom Original bleibt hier zu hören. In Spur 6 und Takt 11 und 12 hören Sie das Original.

15.10.2 »EVOC 20 TrackOscillator«

Der »EVOC 20 TrackOscillator« (Abbildung 15.95) ist ein Vocoder, dessen Funktionsweise ich zum größten Teil in Kapitel 11, »Die Instrumente: Synths, Sampler, »Drummer« und Co.«, erläutert habe. Der Unterschied zum *EVOC 20 PS*-Vocoder-Instrument und dem als Insert-Effekt verwendbaren »EVOC 20 TrackOscillator« besteht vor allem in anderen Routing-Optionen. Der Synthese-Part kann beim Vocoding nicht bloß vom internen Synth, sondern von jeder beliebigen Klangquelle stammen. Hierdurch erweitern sich die klanglichen Möglichkeiten enorm. Der »EVOC 20 TrackOscillator« kann als Effekt-Plug-In kein MIDI empfangen, die eventuell in ihn gerouteten Synths natürlich schon. Doch es gibt noch eine weitere Option: MIDI-Noten können durch eine Analyse des Eingangssignals erzeugt werden. Das macht dann ein monophoner *Pitch Tracking Oszillator*, der die Tonhöhe des Eingangssignals nachzuverfolgen versucht, was z. B. bei Vocals funktionieren kann.

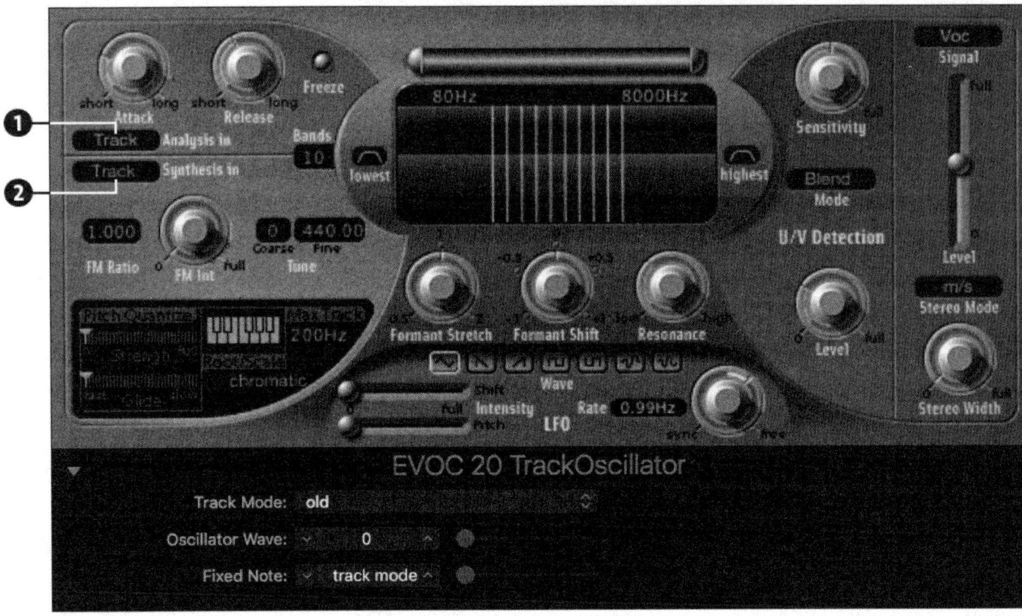

Abbildung 15.95 »EVOC 20 TrackOscillator«

Für den Analysebereich (links unter ANALYSIS IN ❶) und den Synthesebereich (darunter, unter SYNTHESIS IN ❷) können Sie das auf dem Track liegende Signal (TRACK) oder das in der Side Chain anliegende Signal (SIDECH) in Flip-Menüs auswählen – oder auch für beide Bereiche das gleiche Signal. Für den Synthesebereich können Sie ferner den Pitch Tracking Oscillator (Eintrag OSC. im Flip-Menü) aktivieren (siehe Abbildung 15.96).

Abbildung 15.96 Einstellungen für den Pitch Tracking Oscillator

Pitch Tracking Oscillator

Der Tracking Oscillator soll synthetisch den gleichen Ton spielen, der sich aus der Analyse des eingehenden Signals ergibt. Hierzu muss zunächst für den Synthesebereich die Option OSC(ILLATOR) eingestellt sein (unterer Eintrag in Abbildung 15.96).

Mit der PITCH QUANTIZE-Einstellung legen Sie fest, wie stark die Tonhöhe des eingehenden Signals dabei quantisiert wird, und mit GLIDE, wie schnell diese Quantisierungen vonstattengehen. Nicht zuletzt, weil Sie außerdem eine Skala einstellen oder einzelne Töne von der Quantisierung ausnehmen können, erinnert die Funktion an das »Pitch Correction«-Plug-In.

Praxisbeispiel

Im Projekt *15Trackfollowosc* wechseln nicht nur die Einstellungen, sondern die jeweils aktiven Tracks werden zusätzlich per eingezeichneter Automation solo geschaltet, damit im jeweiligen Taktbereich von den anderen Tracks nichts mehr zu hören ist. Achtung, das beste Beispiel kommt zum Schluss.

Wie beim »Pitch Correction«-Plug-In besteht beim Tracking Oscillator das Problem, dass nicht festgelegt werden kann, aus welcher Oktave die Töne stammen, so dass das Ergebnis eventuell zwischen Oktavlagen schwankt. In Spur 1 des Projekts ist festgelegt, dass nur ein C als Output zugelassen ist. Das Ergebnis klingt extrem holprig und flatterig. Änderungen des TRACK MODES/Analysemodes im erweiterten Bereich ändern daran wenig

In Spur 2 geht es etwas besser, dort sind chromatische Töne zugelassen, und der Analysemodus AKF im TRACK MODE-Bereich ist aktiv. Via MAX TRACK habe ich die maximale Frequenz für die Erkennung heraufgedreht, woraufhin die Erkennung deutlich besser funktioniert hat.

In Spur 3 hören Sie das unbearbeitete Original, das in Takt 7 und 8 mit den sich korrekterweise aus der FLEX PITCH-Analyse ergebenden Noten C und G eines *E-Pianos* zusammen gespielt wird. In Spur 3 und 4 spielt ein Vocal-Sample, das in der untersten Spur mit FLEX PITCH analysiert wurde, woraus sich die in der MIDI-Region von Spur 5 und 6 liegenden Töne ergaben (C und G), nachdem ich im AUDIODATEIEDITOR die Funktion BEARBEITEN • MIDI-SPUR AUS FLEX-PITCH DATEN ERZEUGEN angewendet hatte (siehe Abschnitt 9.4.8). Die so gewonnenen Noten können Sie ebenfalls zum Spielen eines Vocoders nutzen – wie in Takt 9 und 10 des Beispielprojekts, wo ein *EVOC 20 PS* aktiv ist.

Externen Synth für die Vocoder-Klangerzeugung nutzen

In Takt 11 und 12 schließlich nutzt der »EVOC 20 TrackOscillator« einen Sound von *Alchemy*, der Akkorde spielt. Ein weiteres Beispiel finden Sie unter *15TrackVoco*. Diese Beispiele demonstrieren, dass das Klangpotential des *EVOC 20* gegenüber dem als Instrument verwendbaren *EVOC 20 PS* deutlich erweitert werden kann, weil die Synthese nun nicht mehr aus EVOCs eigener limitierter Klangerzeugung kommen muss, sondern aus jedem beliebigen Synth stammen kann.

15.10.3 »EVOC 20 Filterbank«

Die »EVOC 20 Filterbank« (Abbildung 15.97) nutzt zwar Filterbänke des *EVOC 20*, hat ansonsten aber wenig mit den *EVOC 20*-Vocoder-Modellen zu tun – zumindest insofern, als hier keine Analyse eines Signals stattfindet. Stattdessen können Sie selbst die Lautstärke einzelner Bänder bestimmen.

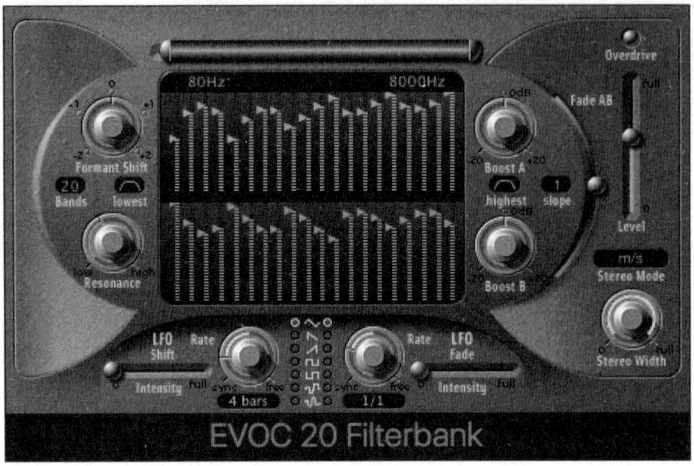

Abbildung 15.97 »EVOC 20 Filterbank«

Das Plug-In verfügt über zwei Filterbänke A und B (in der Mitte zu sehen), die genutzt werden, um dasselbe Signal durch beide Filterbänke parallel laufen zu lassen. Sie können rechts daneben mit dem FADE AB-Regler zwischen den Einstelllungen der oberen und der unteren Filterbank überblenden. Pro Filterbank stehen maximal 20 Bänder (einstellbar im BANDS-Menü) zur Verfügung. Pro Band gibt es in jeder Bank eigene, von der anderen Filterbank unabhängige Pegel- sowie eigene BOOST-Regler. Zusätzlich steht ein Frequenzbereichregler (FB) oberhalb der beiden Filterbänke zur Verfügung, der für beide Filterbänke und deren Bänder einen Frequenzbereich einstellt.

Begrenzter Frequenzbereich?

Wenn Sie dort den Frequenzbereich begrenzen, dann liegen die Bänder nicht mehr auf den gleichen Frequenzen wie vorher, denn die eingestellte Anzahl an Bändern wird gleichmäßig auf den oben eingestellten Frequenzbereich aufgeteilt. Hierdurch können sich insbesondere bei hohen eingestellten Resonanzen deutliche Soundunterschiede ergeben.

Die kleinen Filterkurven über den Einträgen LOWEST und HIGHEST können Sie zwischen Band Pass und High Pass (für das unterste Band) und Band Pass und Low Pass (für das oberste Band) umschalten, um gegebenenfalls ganz tiefe oder ganz hohe Frequenzen herauszufiltern.

»Formant Shift« und »Resonance«

Ansonsten sind es vor allem der FORMANT SHIFT- und der RESONANCE-Regler, die die klangliche Besonderheit dieses Effekt-Plug-Ins ausmachen, wie Sie es schon von den anderen *EVOC 20 Vocoder*-Plug-Ins kennen. Mit dem FORMANT SHIFT-Regler verschieben Sie die Formanten aller Frequenzbänder. Der Sound der einzelnen Bänder verändert sich zusätzlich durch eine Betonung der Resonanz des Filterbandes.

Master, LFO

Ganz rechts gibt es noch eine Mastersektion mit einstellbarer Stereobreite (STEREO WIDTH), Verzerrung und Lautstärke. Unten sehen Sie eine LFO-Sektion, für die Sie als Modulationsziel entweder den FORMANT SHIFT-Regler oder den FADE AB-Regler auserkiesen können.

Praxisbeispiel

Im Dokument *15EvocFilterbank* hören Sie einige Klangbeispiele. In Spur 2 und 3 wird die gleiche Einstellung einmal mit und einmal ohne betonte Resonanz hörbar gemacht, in Spur 4 moduliert ein LFO den FORMANT SHIFTING-Parameter. In Spur 6 ist die gleiche Einstellung von Spur 5 mit einem ganz oben deutlich veränderten Frequenzbereich für beide Bänder zu hören, wodurch die stark resonierenden Bänder andere Frequenzen betonen, was im Beispiel deutlich »schräger« als in Spur 5 klingt. Zusätzlich ist sowohl in Spur 5 als auch in Spur 6 eine LFO-Modulation aktiv, die zwischen Filterbank A und B überblendet, wo die Lautstärken der Frequenzbänder im Ansatz zueinander tendenziell spiegelbildlich eingestellt sind.

15.10.4 »Fuzz-Wah«

Das »Fuzz-Wah«-Plug-In entstammt der Effektsektion des Instruments *Vintage Clav* (siehe Abschnitt 11.20), bietet aber eine etwas andere Ausstattung als die dortige Effektsektion. Es geht um rhythmische Wah-Effekte sowie optionale Kompression und Verzerrung.

15

Abbildung 15.98 »Fuzz-Wah«

Die Intensität der Wirkung einer von einem Envelope Follower ausgelösten Hüllkurve auf die Cutoff-Frequenz stellen Sie mit dem DEPTH-Regler ein. Mit dem Parameter RANGE und seinem Regler bestimmen Sie die Cutoff-Frequenz. Die beiden Markierungen oben und unten im RANGE-Reglerbereich legen fest, welche Cutoff-Frequenz dem Nullpunkt und dem maximalen Pegel einer modulierenden Hüllkurve entspricht (also quasi den Modulationsbereich). Im Soundbeispiel im Projekt *15Fuzzwahsimpel* bewegt für einen Drumloop die vom Envelope Follower ausgelöste Hüllkurve die Filterfrequenz rhythmisch nach oben und wieder nach unten. Mit dem RELATIVE Q-Regler bestimmen Sie die Filterresonanz, mit dem Regler WAH LEVEL die Gesamtlautstärke.

Wie im *Vintage Clav* können Sie rechts neben dem Eintrag AUTO WAH zwischen verschiedenen Modi bzw. emulierten Pedalen umschalten. In Abbildung 15.98 ist MODERN WAH eingestellt, es gibt jedoch noch einige Optionen mehr (siehe Abbildung 15.99).

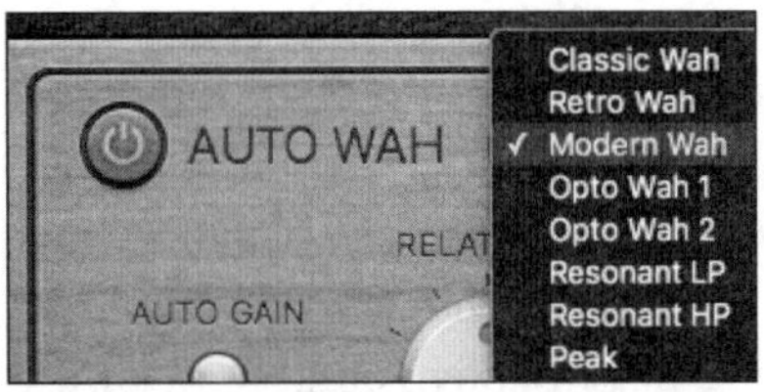

Abbildung 15.99 Modi im »Fuzz-Wah«

Zusätzlich sind ein separat aktivierbarer Kompressor und ein Fuzz-Verzerrer eingebaut, dessen Tone-Regler ein Low-Pass-Filter ist.

Praxisbeispiel

Im Dokument *15Fuzzwah1* finden Sie ein komplexeres Beispiel für den Einsatz des Effekts: Ein Drumloop wird via Send auf drei Aux-Kanäle gesendet, die jeweils eigene »Fuzz-Wahs« mit unterschiedlichen Einstellungen beherbergen. Die Outputs aller drei »Fuzz-Wah«-Aux-Ausgänge sowie der Output des unbearbeiteten Audiokanals landen im Summenkanal. Das Ganze habe ich als Spurstapel gespeichert, um mehrere Signale zu kombinieren und um Signalteile mit zusätzlichen Effekten zu versehen und wie zusätzliche Percussion-Instrumente einzusetzen.

15.10.5 »Spectral Gate«

Das »Spectral Gate«-Plug-In (Abbildung 15.100) ist ein weiterer, relativ exotischer Filter und Gate-Effekt, der nicht besonders leicht zu verstehen ist. Ich hoffe, das Plug-In halbwegs verständlich machen zu können.

»Spectral Gate« unterteilt das Signal in mehrere Frequenzbereiche. Der in der Mitte via CENTER FREQ. und BANDWIDTH selektierte Frequenzbereich arbeitet mit dem THRESHOLD-Regler zusammen. Wie bei einem Gate trennt der THRESHOLD-Regler dann das Signal zunächst in Pegel oberhalb und unterhalb des THRESHOLDS für den selektierten Frequenzbereich. Es wird für den in der Mitte via CENTER FREQ. und BANDWIDTH festgelegten Bereich frequenzspezifisch festgestellt, ob der THRESHOLD überschritten wird oder nicht. Frequenzspezifisch bedeutet hierbei, dass dies für verschiedene Frequenzen einzeln geprüft wird. Dabei kann es passieren, dass Höhen eines Grooves den THRESHOLD nicht überschreiten, die dröhnenden hohen Tiefen einer Kick dagegen schon (siehe Projekt *15SpectralGate1*). CENTER FREQ. und BANDWIDTH können zudem von einem LFO moduliert werden.

Abbildung 15.100 »Spectral Gate«

Auf der rechten Seite des Plug-Ins sehen Sie vier Lautstärkeregler: LOW LEVEL, HIGH LEVEL, SUPER ENERGY und SUB ENERGY. Wenn Sie alle vier Lautstärkeregler herunterdrehen, ist erst einmal Stille angesagt. Die Regler für LOW LEVEL und HIGH LEVEL bestimmen die Lautstärke des von CENTER FREQ. und BANDWIDTH *nicht* betroffenen Frequenzbereichs, der dementsprechend auch nicht von THRESHOLD oder den Modulationsreglern links betroffen ist. LOW LEVEL und HIGH LEVEL sind also ganz einfacher Lautstärkeregler für die unteren und oberen Frequenzbereiche, während ein definierter mittlerer Frequenzbereich beispielsweise moduliert werden kann (siehe Projekt *15SpectralGateMidmod*). Für viele Sounds im Mix ist es praktisch, nur den mittleren Frequenzbereich – noch dazu leicht verzerrt – modulieren zu können, während der untere und obere Frequenzbereich unbearbeitet bleiben. Der SUPER ENERGY-Regler bestimmt die Lautstärke der Frequenzen im definierten Frequenzbereich, die den THRESHOLD überschreiten, der SUB ENERGY-Regler dagegen die Lautstärke der Frequenzen, die den THRESHOLD *nicht* überschreiten.

Weitere Anwendungsbeispiele

In Spur 2 des Projekts *15Spectralgate1* habe ich den Frequenzbereich hörbar gemacht, der den THRESHOLD *nicht* überschreitet (SUB ENERGY), den zuvor in Spur 1 gehörten Frequenzbereich SUPER ENERGY (hierbei sind aufgrund einer großen BANDWIDTH und eines relativ hohen THRESHOLDS nur tiefe Frequenzen zu hören) dagegen heruntergedreht. In Spur 3 wird der mittlere Frequenzbereich moduliert. Am Ende steht noch ein GAIN-Regler für die Summe zur Verfügung, mit dem Sie Lautstärkeänderungen nach der Effektbearbeitung kompensieren.

Im Projekt *15SpectralGate2* wird ein Beat moduliert, und ich habe den Threshold automatisiert. Die Automation liegt übrigens als Region mit Regionsautomation vor. Zusätzlich moduliert der LFO CF (die *Center Frequency*) und BANDWIDTH.

15.11 Modulation

Logic besitzt eine große Auswahl an Modulationseffekten, mit Hilfe derer Sie Sounds in Bewegung versetzen können (Abbildung 15.101). Allerdings sind unter MODULATION nicht alle wichtigen Logic-Modulations-Plug-Ins gelistet, Sie finden im »Pedalboard«-Plug-In (siehe Abschnitt 15.6.2) viele weitere davon.

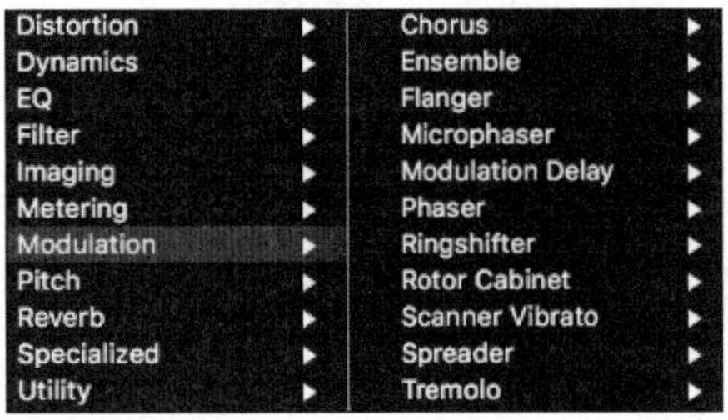

Abbildung 15.101 Modulations-Plug-Ins in Logic

15.11.1 »Chorus«, »Flanger«, »Phaser« im Allgemeinen und der Kammfiltereffekt

Phasing- und Flanging-Effekte eignen sich besonders gut für Pads und Pianos sowie die Mitten- und Höhenanteile von Bässen, um diese etwas »lebendiger« zu machen, aber auch für Gitarren und Drums. »Chorus«-Effekte hört man oft auf Flächen, Synths und natürlich Vocals. Man findet diese Effekte sehr oft in Synthesizern, z. B. im *ES2*, *Retro Synth* oder in alten Roland-Juno-Hardware-Synths, wo sie Bestandteile von Presets sind. Sie klingen gut und bereichern die Sounds; zu erklären, was dabei genau passiert, ist aber nicht ganz unkompliziert.

15.11.2 »Chorus« und »Flanger« in Logic

»Chorus« und »Flanger« unterscheiden sich in der Theorie vor allem durch die Länge der Verzögerung, beim »Flanger« sind es ca. 1–10 ms, beim »Chorus« ca. 20–30 ms. Die Verzögerungszeit in Logics »Chorus« und »Flanger« lässt sich in beiden Effekten zwar nicht justieren, aber in beiden gibt es einen LFO, der die Verzögerungszeit moduliert und dessen Intensität Sie einstellen können. Auch die Geschwindigkeit der Modulation sowie der Anteil des Effekts sind einstellbar.

»Chorus«

Durch die längere Verzögerungszeit ist das Effektsignal beim »Chorus« eher als zusätzliches, zweites Signal wahrzunehmen – daher der Name »Chorus«. Man nutzt den »Chorus«-Effekt, um ein Signal, sei es nun ein Synthesizer-Sound oder eine Gesangsstimme, tendenziell so klingen zu lassen, als würde es von mehreren Musikern gleichzeitig erzeugt. Man möchte

Sound mit einem »Chorus« also etwas »fetter« machen. Die Modulation der Zeitverzögerung durch den LFO bewirkt in höheren Intensitäten einen Effekt, als würden beide Signale sich auch von der Tonhöhe her etwas voneinander unterscheiden, was sie bedingt durch einen entstehenden »Doppler-Effekt« (ähnlich, wie wenn ein Krankenwagen vorbeifährt) auch tun. Je höher die INTENSITY, umso größer die Tonhöhendifferenz, und umso stärker kommt eine Schwebung zustande, was Sie durch eine Automation im Projekt *15Chorusint-mod* hören.

Ein weiteres Soundbeispiel liefert Projekt *15chorus1* (Abbildung 15.102), in dem ich eine Fläche mit einem »Chorus«-Effekt fetter gemacht habe. Mit dem MIX-Regler steuern Sie die Lautstärke des hinzugemischten moduliert zeitverzögerten Signals.

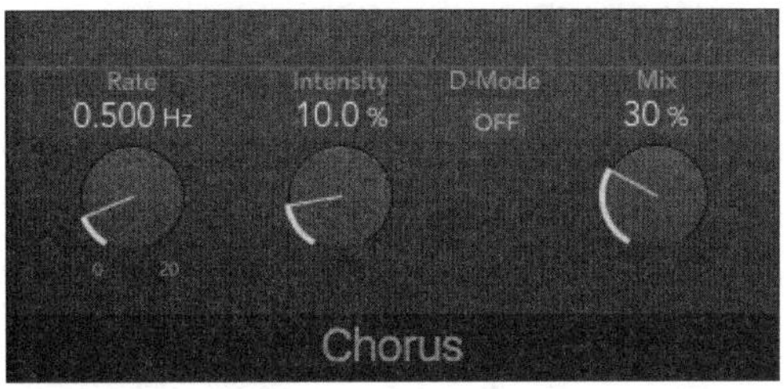

Abbildung 15.102 Der »Chorus«-Effekt

»Flanger«

Logics »Flanger« funktioniert wie der »Chorus«, die Verzögerung ist kürzer gehalten, und es gibt einen Regler mehr: Sie können das Effektsignal mit dem FEEDBACK-Regler nochmals in die Verzögerung zurückschicken.

Öffnen Sie als Beispiel das Projekt *15flanger* (Abbildung 15.103), wo die Fläche aus dem vorherigen Beispiel von einem »Flanger« bearbeitet wird. Den LFO habe ich hier besonders langsam eingestellt, wodurch sich die Frequenzen der beim Zusammenmischen ausgelöschten Frequenzen langsam verändern und zu einer stetigen Verschiebung des Kammfilters im Frequenzbereich führen. Zusätzlich habe ich das Ergebnis mit dem FEEDBACK-Regler wieder zurückgeschleift, was den Effekt ähnlich dem Hochdrehen eines Resonanzreglers beim Filter zusätzlich betont.

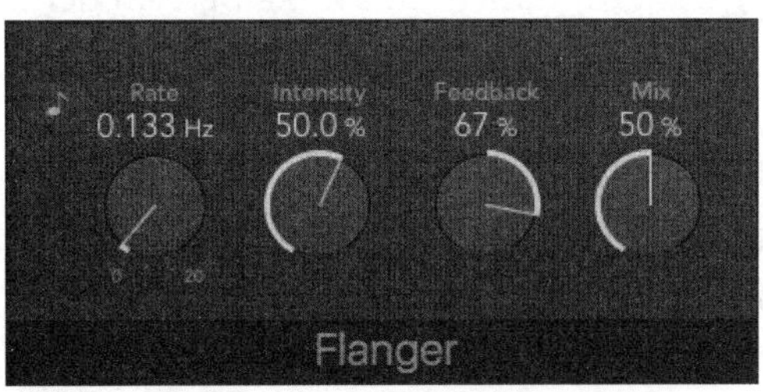

Abbildung 15.103 Der »Flanger« in Logic

15.11.3 »Spreader«

Der »Spreader« hat eine ähnliche Wirkung wie der »Chorus«-Effekt und mit Ausnahme des Channel Delay-Faders auch die gleichen Bedienelemente. Das hören Sie im Projekt *15Spreader1*, wo zunächst der »Spreader«, dann der »Chorus«-Effekt aktiv ist (beide werden beim Einsatz des jeweils anderen Plug-Ins via Automation umgangen). Für den »Spreader« ist der Mix-Regler hier etwas höher eingestellt. Laut Handbuch ermöglicht der »Spreader« eine periodische Verschiebung eines Frequenzbereichs des Signals. Mit dem Regler Channel Delay können Sie zudem eine Verzögerung der Auftrennung des Stereosignals in Samples einstellen, deren zusätzliche Wirkung Sie in dem Projekt *15Spreader2* überprüfen können; ich fand sie zumindest im Beispiel weniger prägnant. Ähnlich wie bei der Nutzung des »Sample Delays« müssen Sie hier zudem auf die Monokompatibilität achten.

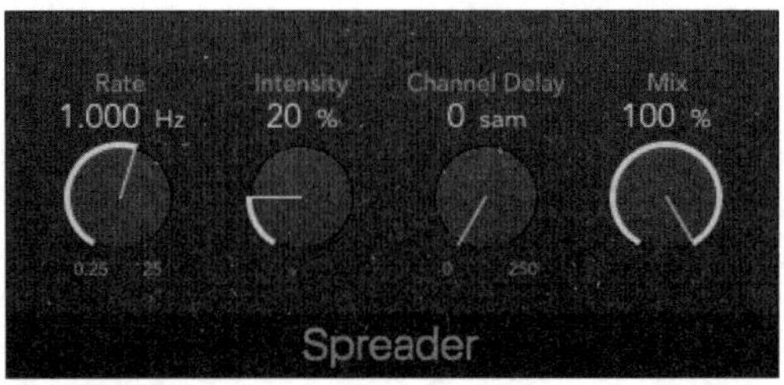

Abbildung 15.104 »Spreader«-Plug-In

15.11.4 »Phaser«

Beim Phaser läuft das zweite Signal typischerweise durch bestimmte Filter oder elektronische Bauteile, die auf bestimmte Frequenzen unterschiedlich reagieren oder Phasenverschiebungen nur in bestimmten Frequenzbereichen ermöglichen.

Logics »Phaser« (Abbildung 15.105) bietet mehr Möglichkeiten: zwei modulierende LFOs, zwischen denen Sie überblenden können, einen Envelope Follower sowie zusätzliche Filter links. Öffnen Sie das Dokument *15Phaser1* – hier hören Sie eine Modulation durch einen LFO. Auch wenn sich das Handbuch nicht genauer über die Konstruktion des »Phasers« auslässt und wir ihn hier nicht wie ein analoges Gerät auseinanderschrauben oder anhand eines Schaltplans analysieren können, wird an den Regelungsoptionen im Sweep-Bereich deutlich, dass der Effekt frequenzspezifischer als beim »Flanger« eingesetzt werden kann. Die Bandbreite des zu bearbeitenden Signals können Sie hier definieren. Ein »Phaser«-Effekt ist daher oft etwas deutlicher hörbar und weniger subtil als der »Flanger«.

In Dokument *15Phaser2* ist zusätzlich ein zweiter LFO aktiv. Im Dokument *15Phaser3* sind beide LFOs inaktiv, und es ist insbesondere eine leichte Bewegung der Frequenzen am Anfang des Sounds zu hören, die durch den Envelope Follower realisiert wird. Hierbei wird eine dem Lautstärkeverlauf folgende Hüllkurve generiert.

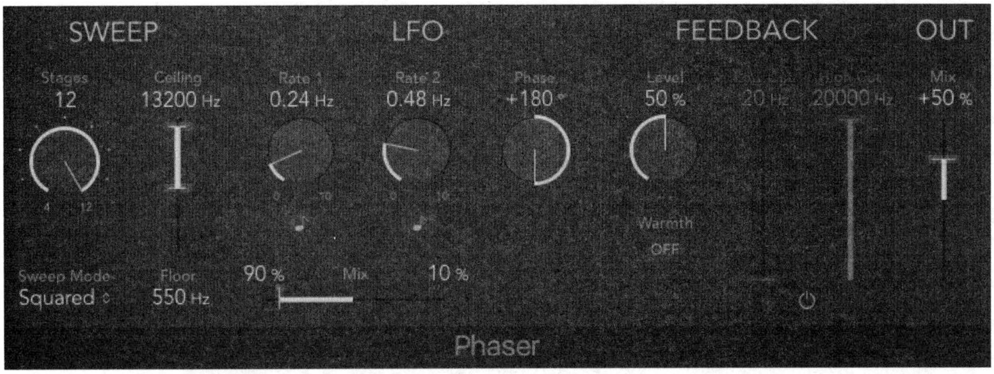

Abbildung 15.105 Logics »Phaser«

15.11.5 »Microphaser«

Eine einfachere Phaser-Variante findet sich im »Microphaser«, der zuvor noch als Apple-AU- und nicht als Logic-Plug-In firmierte und mittlerweile auch vom Design her angepasst wurde. In Logic Pro X finden Sie ihn im Menü der MODULATION-Effects wieder. Der »Microphaser« hat weniger Regelmöglichkeiten als der große »Phaser«, klingt aber schnell und ohne viel Justage sehr gut (siehe Projekt *15microphaser* und Abbildung 15.106).

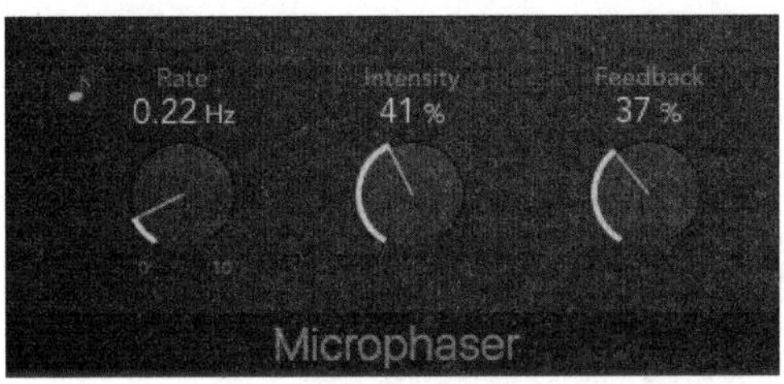

Abbildung 15.106 »Microphaser«

15.11.6 »Ensemble«

Der »Ensemble«-Effekt (siehe Projekt *15ensemble1* und Abbildung 15.107) kombiniert bis zu acht Choruseffekte und erlaubt komplexere Modulationen (regelbar über die Zahl der VOICES) mit Hilfe von zwei Standard-LFOs (LFO1, LFO2) und einem Zufalls-LFO (RANDOM). Dank Letzteren kann sich das Ergebnis noch mehr an natürliche Ungenauigkeiten in Intonation und Zeitbezug von Vokal- oder Streichergruppen annähern (siehe Projekt *15Ensemble2*). Rechts steht ein MIX-Regler zur Verfügung, der das Dry/Wet-Verhältnis regelt, via VOLUME COMPENSATION können Sie außerdem Lautstärkeveränderungen nach der Effektbarbeitung ausgleichen.

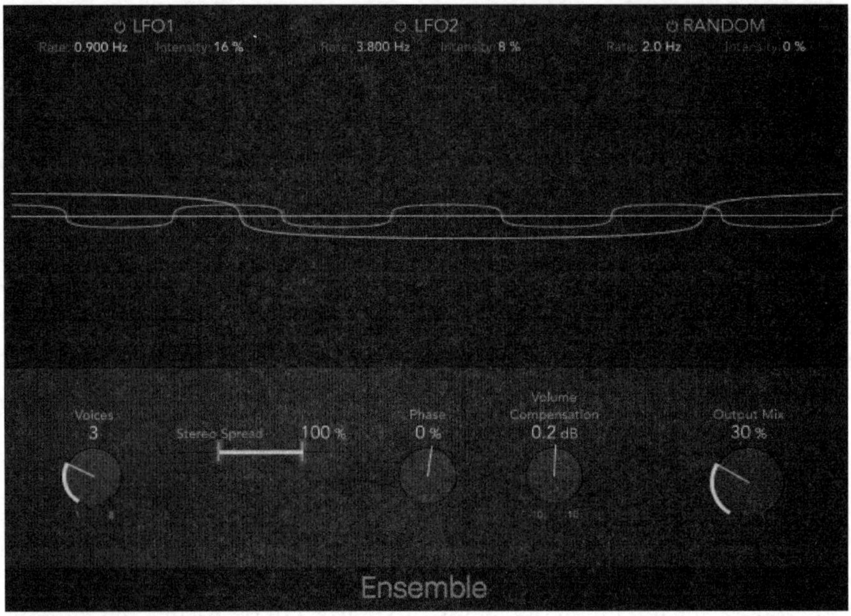

Abbildung 15.107 Der »Ensemble«-Effekt

15.11.7 »Modulation Delay«

Das »Modulation Delay«-Plug-In (Abbildung 15.108) nutzt ebenfalls zwei Signale, von denen eines zeitverzögert hinzugemischt wird.

Abbildung 15.108 »Modulation Delay«

Das »Modulation Delay« erlaubt zusätzlich die manuelle Justage der Verzögerungszeit mit dem TIME-Drehregler, wodurch das Plug-In, wenn dieser Regler nach ganz links eingestellt ist, einem Flanger und bei weiter nach rechts aufgedrehter Stellung längeren Verzögerungen bzw. einem Chorus entspricht. Ein kleines Soundbeispiel finden Sie im Projekt *15Moddly*. Automatisieren Sie diesen Regler, können Sie sehr schön eine Art Doppler-Effekt hören. Zusätzlich stehen gleich zwei LFOs für die Modulation der Verzögerungszeit zur Verfügung, die zudem separate Einstellmöglichkeiten für die individuelle Modulation beider Stereokanäle anbieten (bei mehr Kanälen im Surround-Modus können Sie die Unterschiede skalieren, siehe Logic-Effekte-Manual). Auch die Lautstärke können Sie modulieren, und zwar über den VOLUME MOD.-Regler.

15.11.8 »Rotor Cabinet« und »Scanner Vibrato«

Diese beiden Effekte stammen aus der Emulation der B-3-Hammond-Orgel in Logic in Form des *Vintage B3*-Instruments; Erläuterungen hierzu finden Sie in Abschnitt 11.21.

»Rotor Cabinet«

Hierbei handelt es sich um eine Emulation des sich drehenden Lautsprechers einer Hammond-Orgel, durch den diese einen sehr charakteristischen Effekt erhält. Sie können den Effekt hier für jede beliebige Soundquelle verwenden. Dabei stehen verschiedene Einstellmöglichkeiten für den verwendeten Motor oder die Lautsprecher bzw. Mikrofonabnahme des Lautsprechers zur Verfügung (Abbildung 15.109).

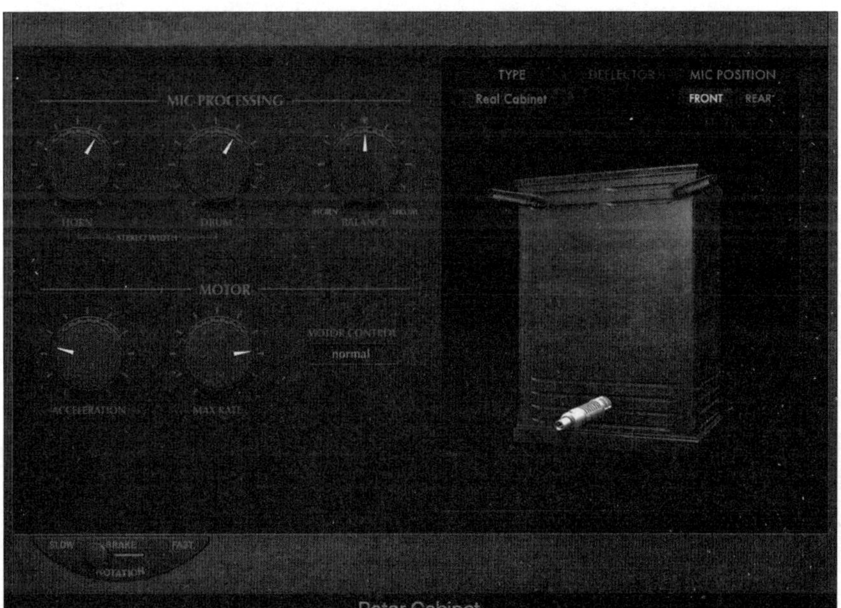

Abbildung 15.109 »Rotor Cabinet«

»Scanner Vibrato«

Hier handelt es sich um eine Emulation des »Scanner Vibrato«-Effekts einer Hammond-Orgel. Der Drehknopf TYPE bietet Ihnen verschiedene Vibratos (V1, V2, V3) und Choruseffekte (C0, C1, C2 und C3) an; je höher die Zahl hinter dem Effekt, desto intensiver ist der Effekt zu hören. Die Vibrato- und Choruseffekte haben einen recht eigenen, speziellen Sound. Ein Soundbeispiel finden Sie im Projekt *15ScanVib*. Das Logic Pro X-Effekte-Handbuch sagt hierzu: »Der ›Scanner Vibrato‹-Effekt beruht auf einer analogen Delay-Line, bestehend aus einer Kette von mehreren Tiefpässen. Diese Delay-Line wird von einem mehrpoligen Kondensator mit einem rotierenden Tonabnehmer gescannt. Diese Eigenheiten sind mit herkömmlichen LFOs nicht zu simulieren.«[2]

Abbildung 15.110 »Scanner Vibrato«

15.11.9 »Ringshifter«

Der »Ringshifter« (Abbildung 15.111) kann als *Frequency Shifter* (die deutsche Übersetzung im Handbuch lautet: »Frequenzschieber«) oder als *Ringmodulator* arbeiten.

Dabei gibt es vier Modi:

Frequency Shifting:

- SINGLE FREQ SHIFT
- DUAL FREQ SHIFT

Ringmodulator-Modus:

- OSC RING MOD
- SIDE CHAIN RING MOD

2 Logic Pro X-Effekte-Handbuch, Seite 218

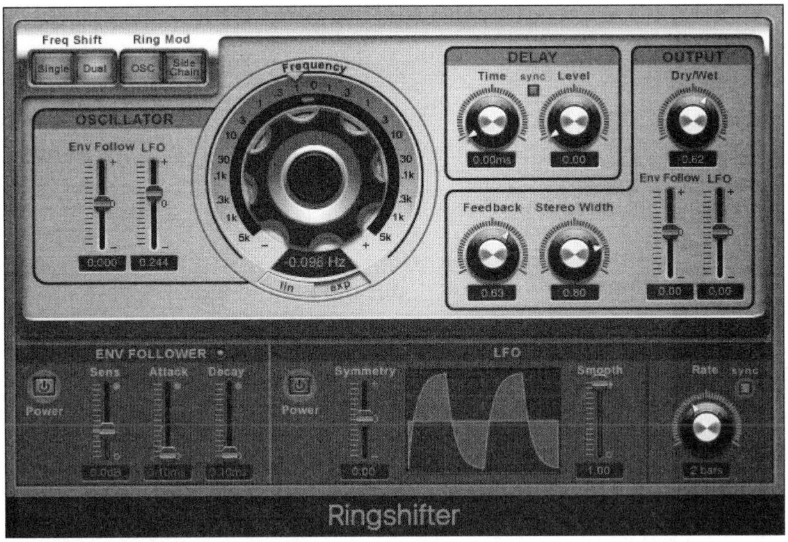

Abbildung 15.111 Der »Ringshifter«-Effekt

Frequency Shifter

Beim Frequency Shifting werden Teiltöne des Eingangssignals um einen bestimmten Betrag in Hertz verändert. Hierdurch erfolgt die Transposition nicht proportional zum ursprünglichen Frequenzverhältnis, wodurch phaserähnliche oder auch unharmonische, metallische Sounds entstehen können. Im DUAL FREQ SHIFT-Modus werden die Teiltöne für einen Stereokanal nach oben und für den anderen nach unten verschoben.

Ringmodulator

Bei einem Ringmodulator moduliert ein Oszillator einen anderen, ähnlich wie bei einfacher FM-Synthese. Das Frequenzspektrum des erzeugten Effektsignals besteht aus den Summen- und Differenzfrequenzen der Originalsignale. Sein Klang ist wegen der unharmonischen Spektren oft metallisch oder glockenhaft. Es können aber auch tremoloartige Sounds dabei herauskommen.

Drücken Sie den SIDE CHAIN-Knopf, fungiert statt des internen Oszillators der Side-Chain-Eingang als Modulator, und der interne Oszillator ist deaktiviert.

Weitere Elemente des »Ringshifter«-Plug-Ins

In der Mitte steht ein großer Oszillator zur Modulation der Amplitude des Signals zur Verfügung, der in den ersten drei der vier oben aufgelisteten Modi eine Rolle spielt.

Die Frequenz des Oszillators können Sie linear oder exponentiell verändern. Langsame Einstellungen können wie LFO-Modulationen klingen. Durch Aufdrehen des FEEDBACK-Reglers intensivieren Sie die Wirkung des Effekts.

Die Wirkung der Oszillatormodulation in einem der ersten drei Modi können Sie (im silbern schimmernden OSZILLATOR-Bereich) zusätzlich regeln:

1. Über den DRY/WET-Regler rechts, der den Effektanteil erhöht oder verringert. Vorsicht: Diesen können Sie ebenfalls über den LFO und den Envelope Follower modulieren, so dass bei einer Stellung ganz links auf DRY möglicherweise trotzdem ein Effekt zu hören ist.
2. Über den LFO-Regler – er moduliert (falls er aktiviert ist) die Frequenz des Modulationsoszillators.
3. Über einen Envelope Follower (falls er aktiviert ist), der die Frequenz des Modulationsoszillators je nach eingehendem Audiosignal moduliert. Die Pegelausschläge des Envelope Followers bestimmen die Modulationsintensität umso stärker, je weiter Sie den Regler aufdrehen.

Sowohl den Envelope Follower als auch den LFO müssen Sie unten aktivieren, bevor sie eine Wirkung haben. Ein Envelope Follower erzeugt eine sich laufend verändernde Hüllkurve auf der Basis des eingehenden Audiosignals. Wie stark diese Hüllkurve ausschlägt, stellen Sie über den SENSITIVITY-Regler ein.

Praxisbeispiele

Im Projekt *15Ringshift1* hören Sie eine tonale Veränderung eines Drumloops via Frequency Shifting. Diese habe ich durch eine zusätzliche Modulation der Intensität (hier: nicht der Frequenz des Modulationsoszillators) mal mehr, mal weniger stark hörbar gemacht, was eine fast tremoloartige Wirkung hat, weil das Ganze ja hierdurch auch lauter und leiser wird.

Im Projekt *15Ringshift2* dagegen klingt der »Ringshifter« mehr wie eine Art Phaser auf einem E-Piano-Sound. Im Modus DUAL FREQ SHIFT ergibt sich ein zusätzlicher Stereoeffekt.

In *15Ringshift2b* habe ich den Modus RING MOD SIDE CHAIN eingestellt, und der Drumloop aus der oberen Spur moduliert per Side Chain das E-Piano aus dem Beispiel *15Ringshift2*. Zudem habe ich den DRY/WET-Regler auf 100 % WET gestellt. Hierdurch klingt die Modulation rhythmisch und anders als zuvor, ist allerdings nur mit Hilfe eines Equalizers und eines Kompressors auf der Spur gut hörbar. Seien Sie bitte vorsichtig, und drehen Sie hier nicht den DRY/WET-Regler wieder auf DRY zurück, ohne zuvor Ihre Abhöre herunterzudrehen.

Im Dokument *15Ringshift3* hören Sie den Unterschied zwischen dem Sound im einfachen Frequency-Shifting-Mode und im Ringmodulator-Modus, zwischen diesen beiden wird in den Takten 1 und 2 per Automation umgeschaltet. In Takt 3 und 4 ist der FEEDBACK-Regler des Modulationsoszillators heruntergedreht, was den Effekt abschwächt.

Im Dokument *15Ringshift4* habe ich die Automationen vom vorherigen Beispiel beibehalten, aber ein anderes Preset in den »Ringshifter« geladen. Diesmal wird der Modulationsoszillator von dem Envelope Follower stark moduliert. Weil der Envelope Follower stark auf die lautesten Schläge des Drumloops reagiert, erhöht sich die Frequenz des Modulationsozillators genau an diesen Stellen. Dadurch wiederum ergibt sich eine rhythmische Veränderung der Tonalität des Drumloops.

15.11.10 »Tremolo«

Tremolo bezeichnet einen »zitternden« Effekt, den man z. B. in einem Synthesizer realisiert, indem man die Lautstärke durch einen LFO moduliert.

Das »Tremolo«-Effekt-Plug-In in Logic erlaubt die Verwendung von sich wiederholenden Lautstärkehüllkurven auf das eingehende Audiomaterial. Die Hüllkurven, die den Lautstärkeverlauf prägen, können Sie dabei mit den SYMMETRY- und SMOOTHING-Reglern teilweise formen und mit dem PHASE-Regler für den linken und rechten Kanal getrennt voneinander einstellen. Nicht unwichtig ist auch der OFFSET-Regler oben, mit dem Sie die Hüllkurvenverläufe nach links und rechts bewegen (siehe Abbildung 15.112).

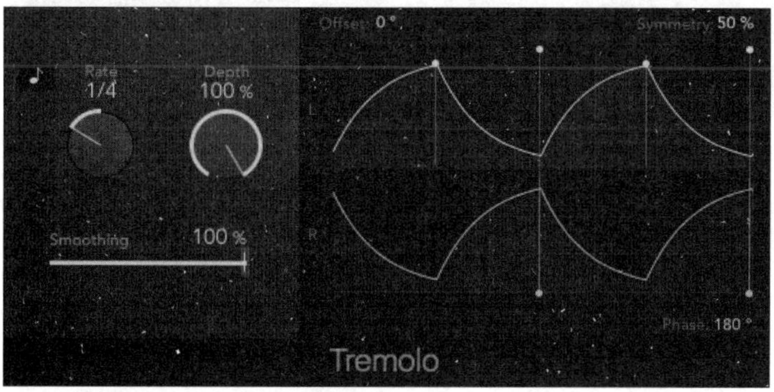

Abbildung 15.112 »Tremolo«-Effekt

Die RATE bestimmt die Wiederholungsgeschwindigkeit der Hüllkurven, so dass die Bedienung und die Möglichkeiten des »Tremolo«-Plug-Ins wiederum einem LFO mit einer in Grenzen editierbaren Wellenform ähnelt, der die Lautstärke moduliert.

Praxisbeispiel

Im Projektbeispiel *15Tremolo1* hören Sie das in drei verschiedenen Einstellungen (siehe Abbildung 15.113).

Im Beispiel *15Tremolo2* bringt der »Tremolo«-Effekt eine Fläche zum Pumpen und liegt dabei voll im Trend aktueller Elektronik-Soundproduktionen.

Solche Effekte werden typischerweise mit Side Chaining erreicht, indem z. B. die im Beispiel spielende Kick mit jedem Schlag die Fläche über einen Kompressor leiser macht, in den sie geroutet ist. Das Side Chaining ist vielen Produzenten aber zu lästig, weshalb beispielsweise Plug-In-Hersteller wie Xfer (»LFO-Tool«), Cable Guys (»Volume-Shaper«) oder der House- und Elektro-DJ und Produzent Nicky Romero (in einfacherer Form) Plug-Ins auf den Mark gebracht haben, die rhythmisches Pumpen auch ohne Side Chaining ermöglichen, indem sie mit wählbaren Verlaufskurven die Lautstärke (oder mehr) modulieren.

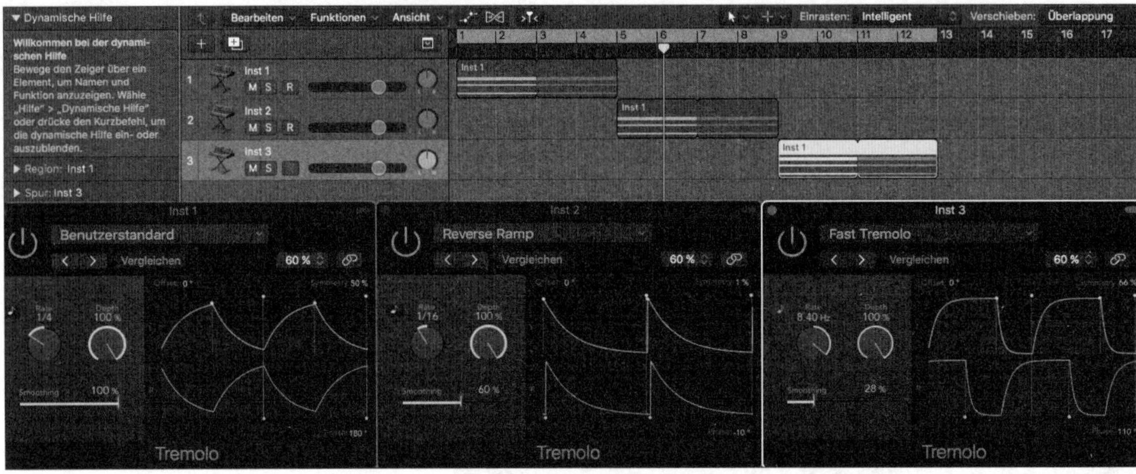

Abbildung 15.113 »Tremolo«-Effekte mit verschiedenen Einstellungen

15.12 Pitch-Effekte und Vocal-Bearbeitung

Die Effekte in der Kategorie PITCH (siehe Abbildung 15.114) eignen sich besonders gut (aber natürlich nicht ausschließlich) für die Bearbeitung von Vocals.

Abbildung 15.114 Plug-Ins zur Bearbeitung der Tonhöhe in Logic

Sämtliche Effekte plus den Vocoder habe ich im Beispielprojekt *15housemusicpitchkorr* (siehe Abbildung 15.115) benutzt. Spur 1 spielt den Vocal im Normalzustand ab, die in den anderen Spuren verwendeten Effekte werde ich Ihnen nachfolgend vorstellen.

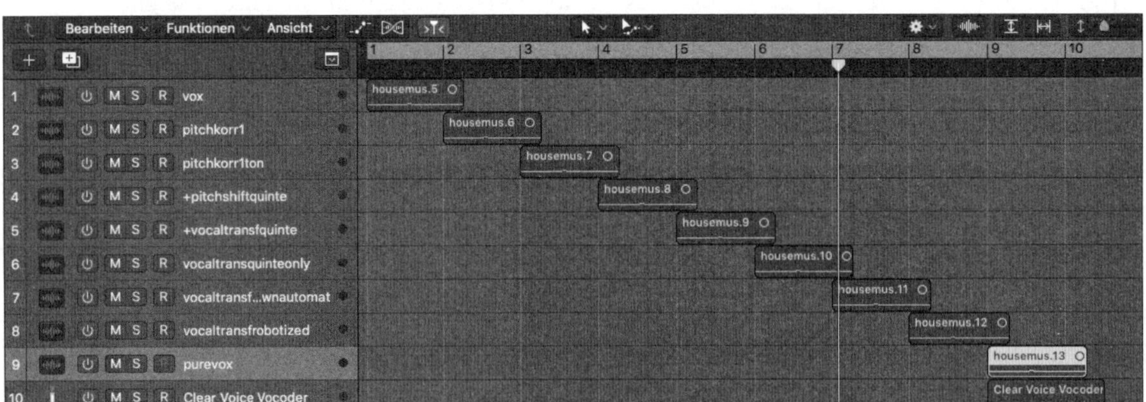

Abbildung 15.115 Die Spuren im Beispielprojekt »15housemusicpitchkorr« führen jeweils unterschiedliche Bearbeitungen einer Gesangsaufnahme vor.

15.12.1 »Pitch Correction«

Mit dem Plug-In »Pitch Correction« stellt Logic ein Tool für die Echtzeitkorrektur von Gesangstonhöhe zur Verfügung. Dieses ist als Effekt zu verstehen, Authentizität ist nicht die Priorität.

Die auf der Tastatur in Abbildung 15.116 leuchtenden Tasten, die Sie durch manuelles Anklicken oder durch Auswahl einer Tonart bzw. Skala in den Menüs ROOT und SCALE aktivieren, geben die Tonhöhen an, die für den zu korrigierenden Gesang erlaubt sind. Im Bild sind das F, G und A#. Unter den Tasten wird die aktuell stattfindende Korrektur angezeigt. Ganz rechts ist die Reaktionszeit (RESPONSE) des Plug-Ins extrem schnell eingestellt, so dass die Korrekturen schnellstmöglich stattfinden. Links können Sie eine globale Stimmung festlegen oder unten (wie im Beispiel) eine generelle Verstimmung eingeben. Die Bypass-Schalter (BYP) deaktivieren die Notenkorrektur für bestimmte Töne.

Abbildung 15.116 Das »Pitch Correction«-Plug-In

Praxisbeispiel

In Spur 2 des Projekts *15housemusicpitchkorr* wird der Gesang entsprechend Abbildung 15.116 korrigiert. Es entstehen relativ geglättete Töne; manch einer würde das eventuell »Cher-Effekt« nennen – nach der Sängerin Cher, die in Hits wie »Believe« einen ähnlichen Effekt erstmals verwendete. Oft nennt man den entsprechenden Effekt auch *Auto-Tune-Effekt* – nach dem gleichnamigen Plug-In der Firma Antares. Erstaunlicherweise fand die Musikwelt genreübergreifend (z. B. besonders bei Trap oder Ragga) Gefallen an der Künstlichkeit solcher Vocals. Dabei wird oft jeglicher tonale Drift entfernt – bis hin zum Angleichen mehrerer ursprünglich unterschiedlicher Tonhöhen auf nur einen Wert. In Spur 3 des gleichen Projekts habe ich die Wirkung des »Pitch Correction«-Plug-Ins überzeichnet dargestellt, weil hier nur auf eine einzige aktive Note (G) korrigiert wird.

Problematisch bei solchen Einstellungen in Logics »Pitch Correction« ist manchmal, dass man keine Oktavlage einstellen kann, so dass die Korrektur des Plug-Ins manchmal zwischen zwei Oktaven schwankt.

Ausblick

Editing mit Flex Pitch (siehe Abschnitt 9.4) oder den Drittanbieterprogrammen Melodyne und Auto-Tune ist in der Regel präziser und erlaubt offline detailliertere Eingriffe, Auto-Tune kann auch in Echtzeit arbeiten.

15.12.2 »Pitch Shifter«

Spur 4 und 5 des Projekts *15housemusicpitchkorr* spannen das »Pitch Shifter« Plug-In mit ein. Es erlaubt grundsätzlich die Verstimmung des Audiomaterials durch Generierung eines verzögerten Zweitsignals mit höherer oder niedrigerer Samplerate ohne Formantenkorrektur in Echtzeit; es ist also auch möglich, mit Hilfe des »Pitch Shifters« live wie ein Flaschengeist oder eine Comic-Figur mit heller Stimme zu sprechen. Durch die fehlende Formantenkorrektur klingen tiefer gestimmte Vocals wie eine langsam abgespielte Platte oder eben wie ein Flaschengeist – und höher gestimmte Vocals in etwa wie nach dem Inhalieren von Helium.

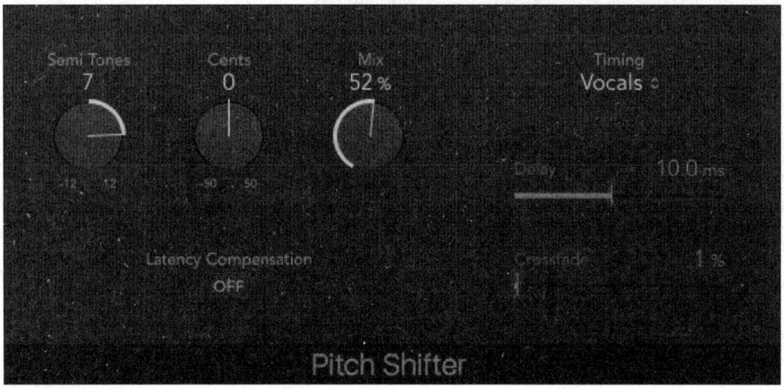

Abbildung 15.117 Logics »Pitch Shifter«

Der »Pitch Shifter« ist nicht nur als Einschleif-, sondern auch als Zumischeffekt interessant, was Sie in Spur 4 hören, wo der Gesang mit einer Stimmung von +7 Semitones hinzugemischt wird (entspricht einer Quinte, siehe Abbildung 15.117). Das ist beispielsweise geeignet, um Vocals in Refrainpassagen zu unterstützen.

Auch ein Finetuning in Cents ist möglich. Unter TIMING können Sie Algorithmen für die Timinganpassung wählen. Zur Auswahl stehen DRUM, VOCALS, SPEECH, PITCH TRACKING sowie MANUAL für manuelle Justage. Das Plug-In ist also auch eine Option für das Tuning von Drums. Wenn Sie eine pure Verstimmung realisieren wollen, stellen Sie einfach den Mix-Regler auf 100 %. Zu beachten ist, dass der »Pitch Shifter« eine Latenz einführt, die Sie mit dem LATENCY COMPENSATION-Button ausgleichen können.

15.12.3 »Vocal Transformer«

Der »Vocal Transformer« (Abbildung 15.118) ermöglicht Tonhöhenbearbeitung von Audiomaterial, ähnlich wie der »Pitch Shifter«; er erlaubt allerdings zusätzlich Formantenkorrektur.

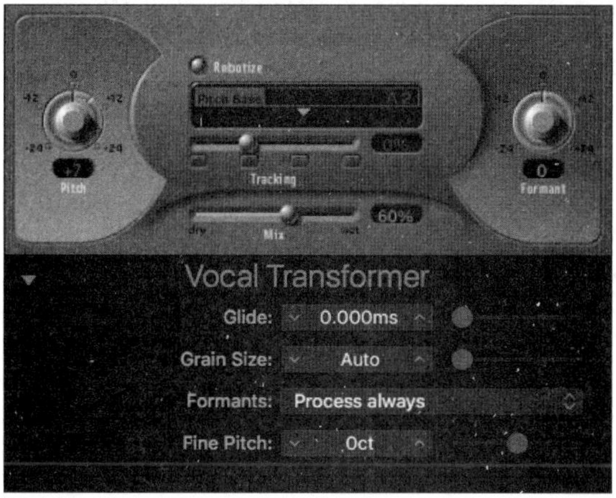

Abbildung 15.118 »Vocal Transformer«

In Spur 5 des Projekts *15housemusicpitchkorr* habe ich wiederum eine zweite Stimme hinzugemischt, die 7 Halbtöne bzw. eine Quinte über der Originalstimme liegt. Würden Sie den Regler FORMANT des »Vocal Transformers« rechts auf +7 drehen, entspräche das Ergebnis klanglich in etwa dem einer vergleichbaren Bearbeitung im »Pitch Shifter«. Doch der Regler in Spur 5 steht auf 0, um die Formanten der Originalstimme möglichst beizubehalten – d. h., es klingt in diesem Fall etwas weniger nach Micky Maus als in Spur 4. Auch der »Vocal Transformer« ist sowohl als Einschleif- wie auch als Zumischeffekt nutzbar. In Spur 6 hören Sie ihn in einer Einstellung 100 % WET.

Spur 7 demonstriert den Sound des »Vocal Transformers« bei einer Automation des PITCH-Parameters, den ich von weit oben nach unten bewegt habe, ohne dass sich die Formanten ändern. Der Sound erinnert mich an den Track »Intergalactic« von den Beastie Boys.

Mit dem ROBOTIZE-Parameter stellen Sie ein, ob die Tonhöhe im »Vocal Transformer« der Tonhöhe des Gesangs folgt oder nicht. Wenn ROBOTIZE aktiv ist, wirkt sich die Einstellung im hierfür vorgesehenen TRACKING-Regler darauf aus. Eine Einstellung von 0 wie in Abbildung 15.118 entspricht dem, was in Spur 8 des Projekts *15housemusicpitchkorr* passiert: Der Gesang bleibt kontinuierlich auf derselben Tonhöhe. Ein Klick auf den Button mit der 1 daneben stellt einen Tracking-Wert von 100 % ein; jetzt folgt die Tonhöhe exakt der Gesangstonhöhe. Probieren Sie einmal aus, was klanglich bei Werten von –100 % oder 200 % oder Werten dazwischen passiert: Die Gesangstonhöhen ändern sich dann relativ (entsprechend der Prozentzahl).

Im ausklappbaren Teil mit erweiterten Parametern haben Sie weitere Optionen. Der »Vocal Transformer« basiert auf Granularsynthese, das heißt, dass das Signal in kleine Granularteilchen zerlegt wird, die geloopt werden. Die Größe der Teilchen (GRAIN SIZE) können Sie justieren, wodurch sich der Sound stark ändert. Außerdem können Sie dort ein Pitch-Finetuning vornehmen und einen GLIDE-Parameter einstellen, der Übergänge zwischen den Tonhöhen zeitlich verlängert.

15.12.4 Vocoder und Harmonizer als Alternative zum Pitch Shifting?

In Spur 9 und 10 des Projekts *15housemusicpitchkorr* habe ich noch einen Vocoder zum Einsatz gebracht. Dessen Funktionsweise erläutere ich zwar genauer in Abschnitt 11.20, »Vintage Clav«, sowie in Abschnitt 15.10.2 über den »EVOC 20 TrackOscillator«. Ich möchte hier nochmals auf Vocoder hinweisen, mit deren Hilfe Sie völlig frei in der Zuordnung von Tonhöhen sind – die Stimme singt genau die Noten, die Sie mit dem Keyboard einspielen. Das müssen Sie mit einer relativ künstlich klingenden Stimme erkaufen.

Alternativen stellen Reasons »Neptune« oder Rolands »VT3« bzw. »VP7« dar, bei denen mit dem Keyboard gespielte Noten auch wie ein echter Chor klingen können.

15.13 Specialized

In der Unterkategorie Specialized finden Sie noch einige Plug-Ins, die nicht in die anderen Kategorien passen (siehe Abbildung 15.119).

Abbildung 15.119 Plug-Ins in Logics Effektkategorie »Specialized«

15.13.1 »Exciter«

Das »Exciter«-Plug-In (Abbildung 15.120) erzeugt hochfrequente Komponenten, die nicht Bestandteil des Originalsignals sind (nonlineare Verzerrungen). Zweck der Prozedur ist ein brillanterer, offenerer Klang, indem ein zuvor mit einem High-Pass-Filter bearbeitetes Signal verzerrt wird.

Wie schon im Rahmen der Distortion-Plug-Ins erläutert, klingen solche Verzerrungen auf sehr tiefen Frequenzen weniger gut bzw. würden ansonsten den Gesamtsound dominieren – daher wird der High-Pass-Filter vor der Verzerrung angewendet. Die Frequenz des High-Pass-Filters stellen Sie mit dem Frequency-Regler ein, mit dem Harmonics-Regler können Sie die zusätzlich generierten Verzerrungen hinzumischen. Color 1 und 2 repräsentieren zwei unterschiedliche Verzerrungsspektren, von denen Color 2 ein wenig intensiver und dichter wirkt.

Die Nutzung eines »Exciter«-Effekts auf der Soundsumme kann wie eine Wunderheilung von Audiomaterial wirken und ist verlockend; beim ersten Hören klingt das Material mit einem »Exciter« oft scheinbar besser. Das kann sich jedoch schnell relativieren, wenn man das Material mit ein paar Tagen Abstand und im Vergleich mit anderen Aufnahmen hört – die über den gesamten Songverlauf und alle Instrumente zusätzlich versprühte Brillanz kann schnell nerven und zu aufdringlich werden, sie muss oft im Nachhinein wieder bedämpft werden. Deshalb ist Vorsicht bei der Nutzung eines solchen Effekts angesagt, insbesondere wenn Sie ihn auf den gesamten Mix anwenden. Dagegen eignet sich der »Exciter« auch, um für einzelne Instrumente die höheren Frequenzanteile präsenter zu machen.

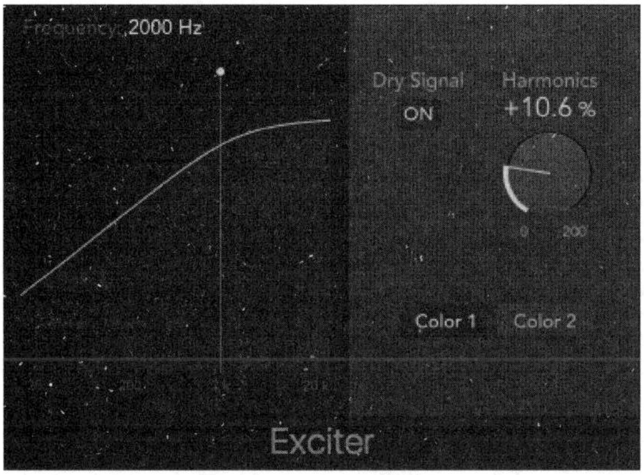

Abbildung 15.120 »Exciter«

Bekannte Hardware-Exciter sind z. B. Aphex »Aural Exciter«, SPL »Vitalizer« oder Behringer »Ultrafex«. In Zeiten von Bandaufnahmen wurden Exciter-Effekte oft genutzt, um den Höhenverlust beim Kopieren von Band zu Band zu kompensieren.

Im Beispiel *15Excite* läuft ein ohnehin stark bearbeiteter Drumloop durch einen automatisierten »Exciter«. Dabei hören Sie zunächst den Klang ohne »Exciter«, danach mit einem dezenten Exciting. Im weiteren Verlauf habe ich die Anteile der HARMONICS erhöht und die Frequenz des HPF verringert, wobei vor allem Letzteres deutlich hörbar wird. Um also nur dezente Brillanz und nicht mittigen Sound hinzuzumischen, muss die Cutoff-Frequenz des HPF hoch genug eingestellt sein.

15.13.2 »SubBass«

Das »SubBass«-Plug-In (Abbildung 15.121) erzeugt Basslines aus Sinustönen auf zwei verschiedenen Ebenen unterhalb des Originalsignals. Grundsätzlich helfen die separaten DRY-/WET-Regler Ihnen, genau zu hören, was das Plug-In macht (indem Sie den DRY-Regler komplett herunterdrehen).

Der Zweck des »SubBass«-Plug-Ins ist es, Sub-Bässe unterhalb des Originalsignals zu erzeugen. Zur Steuerung dessen stehen Ihnen die Bereiche HIGH und LOW zur Verfügung, die Sie in einem wählbaren Mixverhältnis (Regler FREQ. MIX) hinzumischen können. Die beiden Bereiche können Sie grundsätzlich gleich bedienen, was auch bedeutet, dass der Bereich LOW theoretisch auch tiefer klingen kann als der Bereich HIGH.

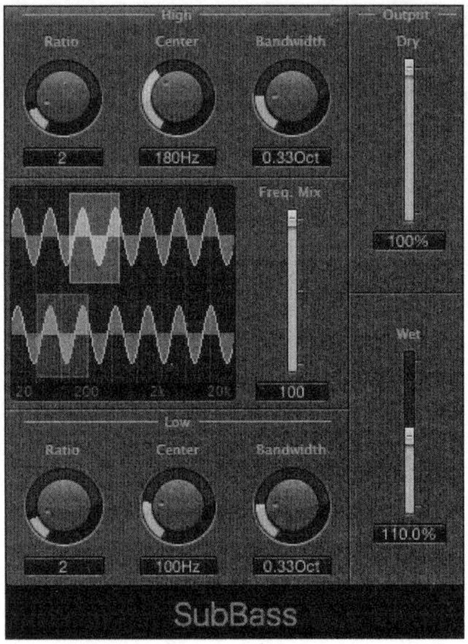

Abbildung 15.121 »SubBass«

Mit den CENTER- und BANDWIDTH-Reglern definieren Sie für beide Bereiche separat, aus welchem Frequenzbereich »SubBass« Audio aus dem Originalsignal für die Erstellung einer neuen, »gedoppelten« Sinuston-Subbasslinie heranzieht. Mit dem RATIO-Regler stellen Sie ein, in welchem Frequenzverhältnis das passieren soll. Eine RATIO von 1 entspricht der Originaltonhöhe, 2 ist eine Oktave tiefer und 4 zwei Oktaven tiefer. 3 ist dementsprechend eine Oktave und eine Quinte tiefer. Trotzdem kann eine RATIO von 7 heller klingen als eine RATIO von 2, weil Sie sich auf ein höheres zuvor gewähltes Frequenzband beziehen kann.

Praxisbeispiel

Es macht Spaß, am RATIO-Regler zu drehen, dabei die Frequenzen zu verstellen und auszuprobieren, was dabei herauskommt, denn es klingt oft musikalisch. Wenn Sie natürlich ein E-Piano spielen lassen, das nicht viel Bässe hat, und versuchen, das Originalsignal aus einem bassigen Frequenzbereich zu nehmen (wo kaum etwas vorhanden ist), und es zudem via hoher RATIO extrem tiefer legen möchten, dann bekommen Sie keinen Megatiefbass, sondern hören tendenziell ... nichts – wie in Spur 1 unseres Beispiels *15Subbass*. In den anderen Spuren des Projekts finden Sie jeweils weitere bzw. bessere Beispiele für die obigen Ausführungen, deren Effekt ich in den Spurnamen kurz erläutert habe (siehe Abbildung 15.122).

Ganz unten ist ein leerer *EXS24* geladen, der eine Alternative darstellt: Sie können Sinustöne natürlich auch ohne »SubBass«-Plug-In mit Hilfe des *EXS24* selbst hinzufügen. Dabei kann Ihnen auch die FLEX PITCH-Funktion helfen, eine MIDI-Spur aus Noten zu generieren, die Sie anschließend »tieferlegen« können (siehe Abschnitt 9.4.8).

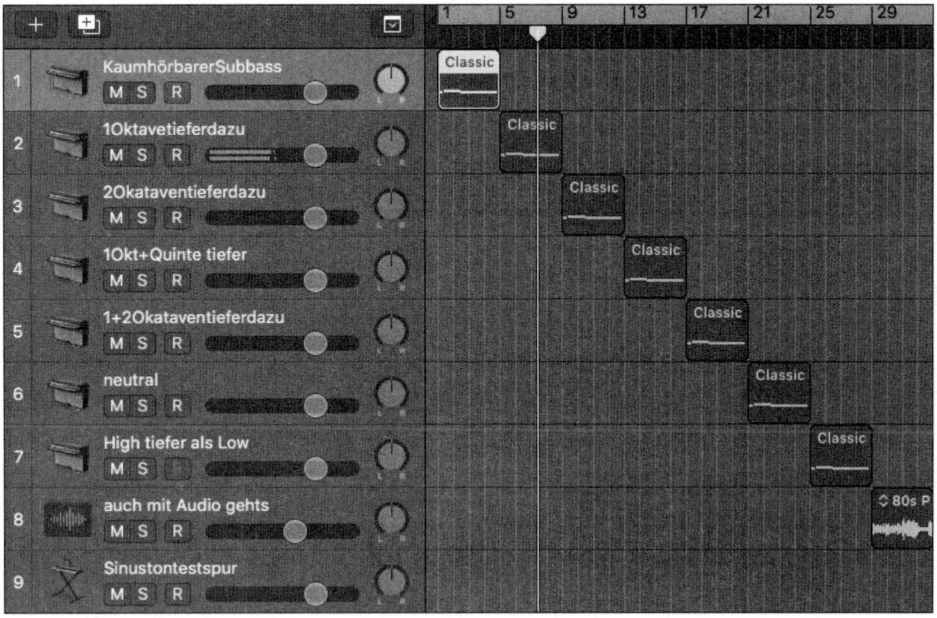

Abbildung 15.122 Spuren im Projekt »15Subbass«

Außerdem können Sie im Beispielprojekt den *EXS24* in Spur 9 ganz unten Probe spielen, um nachzuvollziehen, welche Noten das »Subbass«-Plug-In jeweils hinzufügt.

15.14 Utility

In der Kategorie UTILITY (Abbildung 15.123) finden Sie einige Plug-Ins, die bei der täglichen Mixarbeit wichtig sein können.

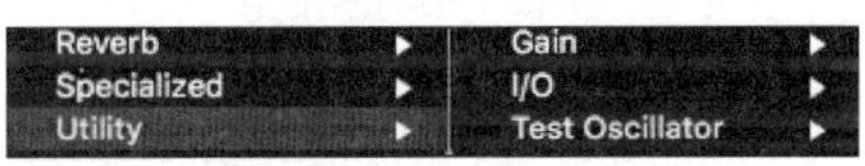

Abbildung 15.123 »Utility«-Menü

15.14.1 »Gain«

Das »Gain«-Plug-In (siehe Abbildung 15.124) ist bei vielen Gelegenheiten ein praktischer Helfer. Sie können hier nicht nur die Lautstärke anpassen, sondern auch für jeden Kanal separat die Phase drehen, Kanäle vertauschen oder ein Stereosignal auf Mono umschalten. Je nachdem, ob Sie es auf einer Mono- oder einer Stereospur öffnen, sieht es dementsprechend etwas anders aus (Abbildung 15.124 zeigt beide Varianten)

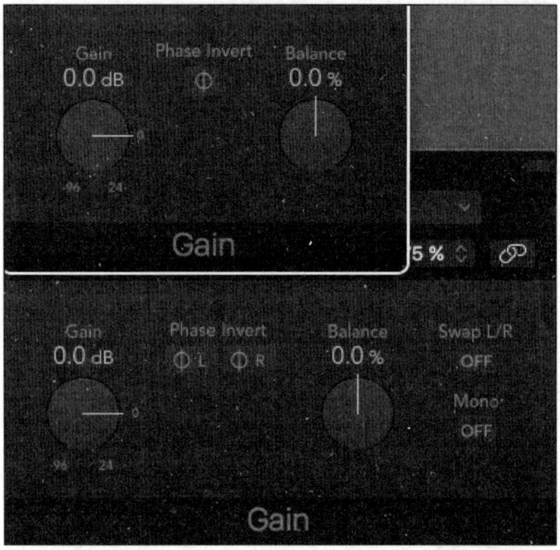

Abbildung 15.124 »Gain« Plug-In in der »Mono« und »Stereo«-Ausführung

Hier einige Anwendungsbeispiele:

- Mit dem »Gain«-Plug-In können Sie die Lautstärke anheben oder absenken, bevor das Signal in ein nachgeschaltetes Plug-In geroutet wird.
- Falls Sie eine Automation des Lautstärkereglers verwenden, können Sie die Lautstärke im Kanal unabhängig von diesem Lautstärkeregler und seiner Automation verändern.
- Schalten Sie mit dem »Gain«-Plug-In einen Stereokanal schnell auf Mono, z. B. die Summe, um die Monokompatibilität der Mischung zu prüfen.
- Vertauschen Sie mit dem »Gain«-Plug-In die Kanäle eines Stereosignals. Das ist etwa sinnvoll, wenn Sie mit einem Stereomikro einen Chor aufnehmen, bei dem die Tenöre links und die Bässe rechts stehen, was auf der Aufnahme mit einem Stereomikro eventuell zunächst genau umgekehrt sein und so leicht wieder geändert werden kann.
- Drehen Sie mit dem »Gain«-Plug-In die Phase des Signals für den linken und rechten Kanal separat. Wenn Sie zwei identische Signale zusammenmischen und die Phase von einem komplett drehen, ist nichts mehr zu hören (siehe Projekt *15Phasendreher1*).

Mit den Phasendrehoptionen ist auch die Erstellung einer M/S-Matrix (siehe Abschnitt 17.3.4) möglich.

Ein Plug-In, das durchaus auch in die Kategorie UTILITY gehört hätte und das »Gain«-Plug-In gut ergänzt, ist der »Direction Mixer«, der die Stereobreite verändern kann und sich in der Kategorie IMAGING wiederfindet.

15.14.2 »I/O Utility«/externe Effekte einbinden

Mit dem »I/O Utility«-Plug-In (siehe Abbildung 15.125) binden Sie externe Effekte in Logics Mixer ein. Hierfür definieren Sie einen Audio-Output, der das Signal aus dem Kanalzug in den Effekt schickt, und einen Audio-Input, über den es wieder zurückkommt. Die entstehende Latenz kann ausgeglichen werden.

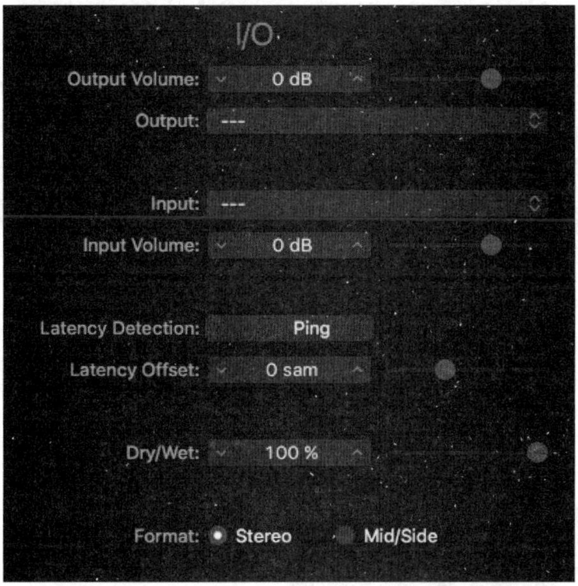

Abbildung 15.125 »I/O«

Wenn Sie auf LATENCY DETECTION: PING klicken, wird die Latenz durch das Aussenden und Empfangen eines Signaltons ermittelt, wodurch für sämtliche anderen Spuren bzw. Effekte entsprechende Latenz eingeführt wird, um die ermittelte Latenz zu kompensieren. Hierbei sollten Sie jedoch latenzeinführende Plug-Ins in der Spur mit dem »I/O«-Plug-In zuvor deaktivieren. Mit dem LATENCY OFFSET-Regler können Sie die Latenz zwischen –500 und 1.000 Samples auch manuell justieren. Es versteht sich von selbst, dass Bounces bei der Nutzung externer Effekte nur in Echtzeit und nicht offline erfolgen können. Neu hinzugekommen sind ein DRY/WET-Regler sowie die Option, auf Mitte/Seiten-Kanalkodierung umzuschalten.

15.14.3 »Multichannel Gain«

Das »Multichannel Gain«-Plug-In steht im Surround-Modus anstelle des »I/O«-Plug-Ins zur Verfügung. Mit dem »Multichannel Gain«-Plug-In (Abbildung 15.126) steuern Sie die Lautstärken einzelner Kanäle bei Surround-/5.1-Mischungen (siehe Projekt *15MultichGain*). Dabei lässt sich für einzelne Kanäle die Phase drehen oder eine Stummschaltung aktivieren.

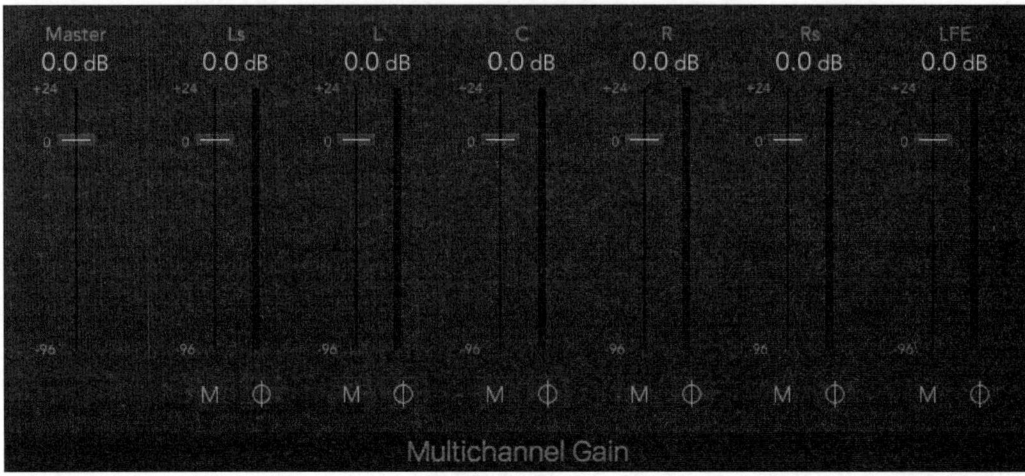

Abbildung 15.126 »Multichannel Gain«-Plug-In

15.14.4 »Test Oscillator«

Den »Test Oscillator« (siehe Abbildung 15.127) habe ich bereits in Abschnitt 11.25 vorgestellt; Sie finden ihn ebenfalls im EFFEKTE-Menü.

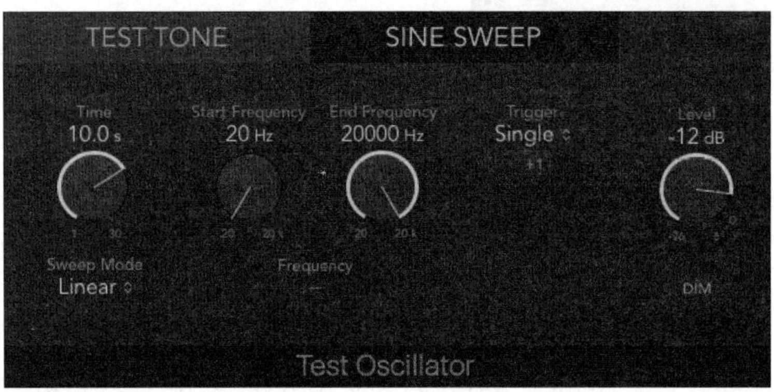

Abbildung 15.127 »Test Oscillator« (hier in der »Sine Sweep«-Ansicht)

15.15 Ausblick für Musiker, denen die Effekte in Logic nicht reichen

Sehr empfehlen kann ich u. a. folgende Effekt-Plug-Ins (Stand Oktober 2017):

- Waves-Plug-Ins – Effekt-Plug-Ins aller Art. Klassiker wie das »Renaissance Bundle« oder »Gold Bundle« sind erstaunlich günstig geworden. Das »Mercury«-Bundle enthält fast alles, auch gute Rauschunterdrücker und De-Clicker sind dabei, es gibt auch immer wieder innovative Plug-In-Ideen wie »Vitamin« oder den »Meta-Filter«. Manche Emulationen finden sich unter anderem Namen, wie etwa »PuigTec« und »PuigChild« für Pultec- und Fairchild-Emulationen. Zusätzlich sind viele Presets bekannter Toningenieure dabei. Um Zugang zu Updates zu erhalten, ist jährlich eine Gebühr fällig. Zahlt man diese nicht, kann man Erworbenes trotzdem weiter nutzen. Plug-Ins können auch ohne Dongle mit rechnerinterner Autorisierung betrieben werden.

- UAD – großartige Plug-In-Sammlung, aber externe Hardware ist Voraussetzung. Preislich nicht immer stimmige Relationen im Vergleich zur nativen Konkurrenz, dafür viele besonders gut klingende und vom Originalhersteller lizenzierte Emulationen (z. B. Manley Vari-Mu, Lexicon Hall, Fairchild, Teletronix, UREI und dbx Compressor, Pultec EQ, Harrison EQ) und viele Presets von bekannten Toningenieuren. Ungewollte Verzerrungen bei hochpegeligen Eingangssignalen (z. B. beim Mastering) passieren nach meiner Erfahrung bei UAD-Plug-Ins seltener als bei bestimmten anderen Herstellern.
- iZotope-Plug-Ins – »Ozone« ist ein großartiger Limiter mit zusätzlichen Modulen, z. B. für EQing, Metering oder frequenzspezifische Dynamik- und Stereobreitenbearbeitung. Hier wie auch im Mix-Tool »Neutron« finden sich auch einige Funktionen, die in die Richtung einer Mix- und Mastering Assistenz gehen, allerdings durchaus etwas Einarbeitung brauchen. Leider sind Updates für Besitzer von Vorversionen manchmal recht teuer und erscheinen recht oft. »RX« zur Klangrestauration, »Trash« als Gitarrenamp und der »Multiband Transient-Designer« sind ebenfalls interessante Mixtools. Die Plug-Ins funktionieren ohne Dongle. »Stutter Edit« ist dagegen eher ein kreativer Effekt. Auch einige interessante Freebies sind am Start.
- Fabfilter-Effekte – im sehr empfehlenswerten Fabfilter Q2 EQ können Sie z.B. die Flankensteilheit eines Bell-EQs unabhängig von der Bandbreite einstellen. Es gibt auch Kompressoren, Verzerrer und Hall.
- Native Instruments »Komplete Bundle« – fantastisches Komplettpaket, auch mit immer besser werdenden Effekten (funktionieren ohne Dongle)
- Audio Ease »Altiverb« – ein großartiger Faltungshall (benötigt iLok)
- Sugar Bytes »Effectrix« – fantastisches Bedienkonzept für vielseitige, moderne Effekte, die auch in moderner Dance-Musik verwendet werden; »Turnado« – Echtzeiteffektmanipulation von mehreren Parametern gleichzeitig (gut für Live-Acts, wird z. B. von Beardyman verwendet, funktionieren ohne Dongle). Es gibt noch viele mehr (»Looperator« etc.).
- Sound Toys »Native Bundle« – großartige Delay- und Modulationseffekte und Verzerrer (benötigen iLok)
- Dada Life – »Sausage Phattener« und »Endless Smile« für künstliche »Rises«. »Sausage Phattener« ist ein Plug-In zum »Anfetten« von Sounds. Eine »Verdichtung«, wie Sie in vielen Stufen eines analogen Mixes vorkommt, kann hier simuliert werden. Ähnliches machen auch viele andere Plug-Ins (z. B. kostenlos Softubes »Tube«).
- Ohm Force – »Ohmicide« ist ein etwas in die Jahre gekommener und störrischer, aber extrem gut klingender Verzerrer.

- Xfer »OTT« – kostenlose Emulation des »Over the Top«-Presets von Abletons Multiband-Kompressor zum *Squashen* von Sounds. Von Xfer gibt es weitere, dem Synth »Serum« entliehene Effekte, die teilweise kostenlos sind.
- Hip ist auch die Plattform »Splice«, wo Sie trendige und günstige Plug-Ins aufspüren können.

Kapitel 16
Automation, Smart Controls, Controller, Logic Remote

Die Themen Automation, Smart Controls, Controller und Logic Remote hängen oft zusammen: Die Frage ist häufig, welche Parameter bzw. wie viele davon Sie gleichzeitig ansteuern – und womit.

In diesem Kapitel zeige ich, wie Sie in Logic mit Automation in Spuren und Regionen arbeiten, um Ihren Mix abwechslungsreicher zu machen. Außerdem finden Sie hier detaillierte Erläuterungen zu den Smart Controls, deren Nutzung und Konfiguration. Danach geht es generell um die Einbindung von Hardwarecontrollern und das iPad mit Logic Remote zur Bedienung von Logic ohne Maus.

16.1 Automation

Mit Hilfe von Automation können Sie komplexe und lebendige Mischungen verwirklichen. Sie können Bewegungen an einzelnen Reglern von Logic-Instrumenten, Effekten und Kanalzügen nacheinander oder simultan (mit Hilfe von Controllern) aufzeichnen, editieren und gesammelt wieder ablaufen lassen. Mit Automationen können Sie als Einzelperson etwas realisieren, wofür sonst viele Hände notwendig wären.

Das kann entscheidend dafür sein, ob sich Instrumente später im Mix gegenseitig stören oder nicht. Sie können mit Automationen z. B. versuchen, das natürliche Verhalten von Bandmitgliedern nachzuahmen, wenn beispielsweise die anderen Instrumentalisten manchmal etwas leiser weiterspielen, um einem Solisten den Vortritt zu lassen. Andererseits wird etwa in der Dub-Musik und auch im Genre Techno durch die ständige Veränderung des Effekteinsatzes von Hall, Verzerrungen, EQs und Delays ein minimalistisches Musikgerüst komplex gemacht und mit Effekten angereichert.

Automation ist aber auch eine Komponente, die – wenn Sie einmal vorhanden ist – ein nachträgliches Umarrangieren eines Songs, z. B. durch Nutzung von Logic-Funktionen wie Spuralternativen oder Ordnern, schwieriger macht. Das gilt für sogenannte Spurautomation mehr als für Regionsautomation.

In Logic können Sie fast alles automatisieren: Fader, Mutes, Sends und Plug-In-Parameterbewegungen – meist auch von Drittanbieter-Plug-Ins (gegebenenfalls ist etwas Konfiguration nötig). Wählen Sie einen passenden Automationsmodus (LATCH oder TOUCH) zum Schreiben von Automation aus, drehen Sie mit der Maus am Regler – fertig ist die Automation (siehe Abbildung 16.1). Gehen Sie danach zurück in den READ-Modus. Auch MIDI-FX-Plug-In-Parameter lassen sich automatisieren. Sie können Automation über vor allem über das Hauptfenster, aber auch im MIX-Menü, im Kanalzug oder in der EVENT-Liste bearbeiten.

16.1.1 Erste Automation »live« aufzeichnen

Im Detail: Realisieren Sie eine erste einfache Aufzeichnung von Automation:

1. Aktivieren Sie die Automationsansicht über das Menü MIX • AUTOMATION EINBLENDEN (Shortcut [A]) oder über den dann blau leuchtenden Button links oberhalb des Taktlineals rechts neben dem ANSICHT-Menü (Abbildung 16.1).

Abbildung 16.1 Automation in Logic (hier wurde bereits Automation aufgezeichnet)

2. Stellen Sie den Automationsmodus der zu automatisierenden Spur auf LATCH oder TOUCH.

Abbildung 16.2 Automationsmodus im Spur-Header einstellen

3. Starten Sie nun den Sequenzer. Bewegen Sie einen beliebigen Regler innerhalb des Kanalzugs (z. B. Lautstärkeregler, SYNTH-Regler, Regler eines geladenen Logic-Plug-Ins) mit der Maus – fertig.
4. Stellen Sie den Automationsmodus anschließend zurück auf READ (Abbildung 16.2).

In Abbildung 16.1 und Beispielprojekt *16Automation1* ist Spurautomation für den Filter-Cutoff des *ES1* aufgezeichnet – das ist die Voreinstellung. Wenn Sie auf den Button SPUR klicken, erscheint alternativ der Eintrag REGION, mit dem Sie Regionsautomation aufzeichnen.

16.1.2 Aufzeichnung via »Latch«, »Touch«, Stiftwerkzeug – oder via Record mit Smart Controls?

Um Automation aufzuzeichnen, müssen Sie einen der hierfür geeigneten Modi (bevorzugt LATCH oder TOUCH) auswählen und den Sequenzer laufen lassen. WRITE wird nicht empfohlen (siehe Abschnitt 16.1.6). Es ist zwar grundsätzlich nicht nötig, Record zu aktivieren – Bewegungen von Smart Controls können Sie jedoch auch durch Klicken von Record bzw. Nutzung der Aufnahmefunktion als Regionsautomation aufzeichnen (Details siehe Abschnitt 16.1.7). Klicken Sie auf RECORD bzw. AUFNAHME (»R«), und bewegen Sie entsprechende Smart Controls oder das Transform-Pad. Um irgendwelche Automationsmodi müssen Sie sich nicht kümmern. Mit Bewegungen an anderen Plug-Ins funktioniert das jedoch bislang nicht.

Hardware oder Maus?

Sie können sowohl mit der Maus arbeiten als auch einen MIDI-Controller zur Fernsteuerung nutzen.

Aufzeichnung via Stiftwerkzeug

Sie können in einem Flip-Menü (rechts neben READ, Abbildung 16.3) auf alle Parameter geladener Instrumente und Effekte (inklusive Smart Controls) zurückgreifen und sie sich anzeigen lassen. Für jeden Parameter, den Sie sich anzeigen lassen, können Sie auch einfach mit dem Stift eine Automationskurve einzeichnen und editieren, wodurch eine Automation auf der Spur erzeugt wird (siehe Abschnitt 16.1.9).

Abbildung 16.3 Automationsparameter

16.1.3 Spurautomation versus Regionsautomation: Einführung

Aufzeichnungen als Spurautomation sind die Voreinstellung, wenn Sie im LATCH- oder TOUCH-Mode in der Spur Automation aufzeichnen. Bewegungen von Smart Controls via »Record« werden als Regionsautomation aufgenommen. Regionsautomation lässt sich leichter verschieben, löschen oder umarrangieren als Spurautomation.

Sie können auch manuell den Modus Regionsautomation einstellen. Klicken Sie hierzu auf den blau markierten SPUR-Knopf, so dass dort nun REGION steht (Abbildung 16.4); dadurch verschwindet gleichzeitig die Ansicht vorhandener Spurautomation.

Abbildung 16.4 Regionsautomationsansicht

Grundsätzlich funktioniert die Arbeit mit beiden Automationsmethoden ähnlich. Regionsautomation hat voreingestellt Priorität vor Spurautomation. Sie können Regionsautomation in Spurautomation konvertieren und umgekehrt. Mehr Details lesen Sie in Abschnitt 16.1.7 und Abschnitt 16.1.22, wo auch Probleme beim Zusammenspiel beider Automationsmethoden erläutert werden).

16.1.4 Automation spurweise aktivieren/deaktivieren

Mit dem bei aktiver Automation blau gefärbten Spur-Button aktivieren/deaktivieren Sie die Automation spurweise. Bewegen Sie hierzu die Maus über den linken Teil des Buttons, um, ähnlich wie bei Plug-Ins, eine Art Power-Button zu drücken und damit die Automation zu (de-)aktivieren (Abbildung 16.5).

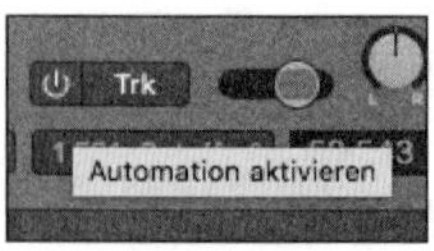

Abbildung 16.5 Links oben der Button zum Aktivieren/Deaktivieren der Automation. Spurautomation wird im Bild als »Trk« für »Track« (engl. für »Spur«) gekennzeichnet.

Alternativ können Sie das auch im Channel-Strip tun, hier (de-)aktivieren Sie allerdings in dem Slot, wo der Automationsmodus (READ, TOUCH, WRITE etc.) eingestellt wird (siehe unten in Abbildung 16.6). Ob Automation *sichtbar* ist, ist unabhängig davon, ob Automation *aktiv* ist oder nicht.

16.1.5 Übersicht über Menüs für Automationseinstellungen

Leider sind die Einstellungen für Automation – Stand bei Drucklegung – auf unterschiedlichste Menüs verteilt (Stand Logic 10.3.2):

1. EINSTELLUNGEN • AUTOMATION versammelt viele wichtige Einstellungen zu Automation.
2. Unter EINSTELLUNGEN • AUDIO • ALLGEMEIN aktivieren Sie die SAMPLEGENAUE AUTOMATION.
3. PROJEKTEINSTELLUNGEN • ALLGEMEIN regelt das Verhältnis von Regionsautomation zu Spurautomation. Was hat Vorrang?
4. Das Menü EINRASTEN bietet Optionen zum Einrasten an das Raster beim Verschieben (AUTOMATION EINRASTEN, EINRASTVERSATZ BEIM VERSCHIEBEN).

Damit haben Sie schon einmal eine Übersicht, wenn es schnell gehen soll. Weitere Details lesen Sie in verschiedenen Abschnitten dieses Kapitels.

16.1.6 Automationsmodi zur Aufzeichnung und Wiedergabe von Automation

Folgende Automationsmodi stehen zur Verfügung oder können per Shortcut für alle Spuren gleichzeitig aufgerufen werden (voreingestellt ist READ):

- READ (für alle Spuren: [⇧] + [ctrl] + [cmd] + [R]): Es können keine Automationsdaten geschrieben, sondern nur gelesen werden.
- TOUCH (für alle Spuren: [⇧] + [ctrl] + [cmd] + [T]): Automationsdaten werden bei Reglerbewegungen geschrieben und Änderungen vorgenommen, sobald Sie einen Regler anfassen. Sobald Sie loslassen, springt die Automation auf ihren ursprünglichen bzw. vorherigen Wert zurück. Diese Methode eignet sich gut, um in einem zweiten Durchgang eine leicht geänderte Variante über eine bereits bestehende Automation aufzunehmen.
- LATCH (für alle Spuren: [⇧] + [ctrl] + [cmd] + [L]): Wie im Modus TOUCH wird eine Reglerbewegung aufgezeichnet, sobald Sie den Regler bewegen. Wenn Sie loslassen, bleibt der Regler allerdings (im Gegensatz zum TOUCH-Modus) auf der zuletzt eingestellten Position und springt auch nicht zu einer eventuell zuvor aufgenommenen Automation zurück. Dieser Modus eignet sich gut, um eine neue Automation aufzuzeichnen, wenn es bislang noch keine gab.
- WRITE: Direkt nach dem Starten des Sequenzers werden Daten von bestehenden Automationen überschrieben, ohne dass Sie etwas anfassen. Stattdessen wird die aktuelle Position eines Parameters neu in die Automation geschrieben – ein gefährlicher Modus also. Logic warnt Sie sogar, wenn Sie diesen Modus nutzen wollen, weil Daten sehr schnell überschrieben werden. Zusätzlich können Sie natürlich auch Parameterbewegungen aufzeichnen. Ich rate in den meisten Fällen von der Nutzung dieses Modus eher ab und empfehle, LATCH oder TOUCH zu verwenden. Der Modus kann sinnvoll sein, wenn Sie schnell für einen Songteil mehrere Parametereinstellungen in bestehende Automation schreiben bzw. diese überschreiben wollen. Wenn Sie die laufende Wiedergabe anhalten, springt ein eingestellter WRITE-Modus übrigens automatisch wieder auf TOUCH zurück.

  In den EINSTELLUNGEN • AUTOMATION können Sie zusätzlich einstellen, was genau WRITE überschreiben würde, wenn es zu Einsatz käme. WRITE schreibt allerdings auch nur für Parameter Automation, für die bereits Automationsdaten existieren.
- AUS: Automation wird ignoriert.

Nachdem Sie Automation aufgezeichnet oder eingezeichnet haben, sollten Sie für alle Spuren stets sofort zurück in den READ-Modus wechseln, um zu verhindern, dass Sie versehentlich Automation aufnehmen.

Abbildung 16.6 zeigt, wo Sie in einem Kanalzug im Mixer den Automationsmodus einstellen. Eine Art Power-On/Off- Button zum Aktivieren/Deaktivieren erscheint diesmal dann, wenn Sie die Maus über den linken Teil der Automationsmodusanzeige bewegen.

Abbildung 16.6 Auch in der Spur lässt sich ein Automationsmodus auswählen.

Hiermit können Sie eine Automation ebenfalls temporär deaktivieren, diese (De-)Aktivierung allerdings nicht als Automation aufzeichnen. Übrigens: Nach jedem Wechsel in einen anderen Automationsmodus wird die Automation eingeschaltet.

Darüber hinaus gibt es weitere Befehle, die als Shortcut vergeben werden können, z. B. Umschalten der ausgewählten Spur zwischen Read und Latch (ctrl + alt + A) oder Read und Touch (noch nicht vergeben). Mit ⇧ + ctrl + cmd + 0 kann die Automation aller Spuren gleichzeitig deaktiviert werden.

16.1.7 Aufnahme von Smart-Control-Bewegungen via Record und »Latch«/»Touch«

Bewegungen von Smart Controls können Sie in MIDI-Spuren ohne vorhergehende Aktivierung von Latch oder Touch im Aufnahmemodus aufzeichnen. Klicken Sie Record, oder nutzen Sie den Shortcut R, und bewegen Sie bei laufender Aufnahme Smart Controls. Die entsprechenden Bewegungen werden als Regionsautomation in die Region geschrieben und sind auf die gleiche Weise editierbar. Automationsaufzeichung von Smart Controls via Latch und Touch ist ebenso möglich (sowohl als Regions- wie auch als Spurautomation).

Wenn Sie eine zweite Automation über eine erste Aufzeichnung aufnehmen möchten, empfiehlt sich die Nutzung von Touch oder Latch anstelle von R/Record. Ansonsten kann es passieren, dass bei Reglerbewegungen einfach neue Automationspunkte aufgenommen werden, bereits aufgezeichnete Punkte aber bestehen bleiben, wodurch sich eine unsinnige Kurve mit wild hin- und herspringenden Werten ergibt.

In Audiospuren können Sie prinzipiell ebenfalls auf diese Weise Smart-Control-Bewegungen aufnehmen. Allerdings landen diese dann in einer separaten Region außerhalb einer Audioregion auf der Spur.

16.1.8 Darstellung von Automationsparametern und mehreren Automationen

Die Darstellung von Automationsparametern in Logic ist spurweise kategorisiert. Oben können Sie Smart Controls automatisieren, im Main-Bereich Parameter des Kanalzugs, darunter werden verwendete Plug-Ins aufgelistet.

Abbildung 16.7 zeigt, wo Sie im Spur-Header einstellen, welchen Automationsparameter Sie sehen. Im Bild ist es der unten mit einem Häkchen versehene Parameter ES1: CUTOFF. Alle Parameter, für die bereits Automation aufgenommen wurde, erscheinen unten im Menü oder werden ansonsten in ihrem zugehörigen Menü fett angezeigt. Für einzelne Automationspunkte werden erreichte Werte in der Automationskurve dargestellt, alternativ können Sie diese als *Regler-Events* in der EVENT-Liste anzeigen lassen (siehe Abschnitt 16.1.26). Ist noch keine Automation geschrieben, wird die VOLUME-Automationsspur gezeigt.

Abbildung 16.7 Im Spur-Header stellen Sie ein, welchen Automationsparameter Sie sehen.

Andere Automationsparameter blenden Sie ein, indem Sie sie in Submenüs (siehe Abbildung 16.8) auswählen. Wenn Sie eine Automation aufgezeichnet haben, wird der Parameter anschließend unten aufgelistet (Abbildung 16.8). Dies geschieht für Spur- und Regionsautomation jedoch unabhängig voneinander.

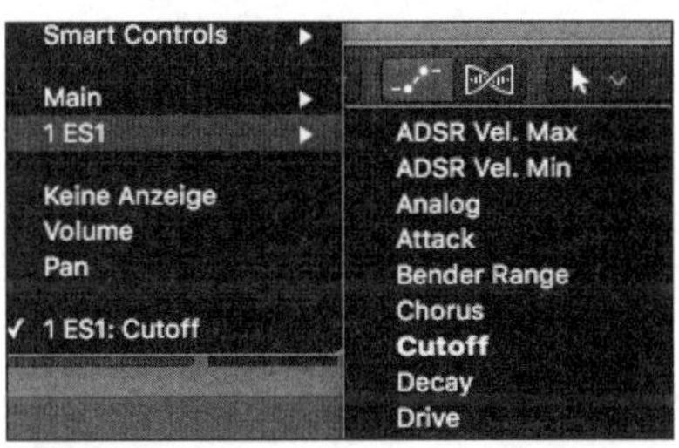

Abbildung 16.8 Ein Ausschnitt der Liste verfügbarer »ES1«-Parameter

Im Projekt *16Automation2* habe ich eine zweite Automation aufgenommen.

Abbildung 16.9 Der aufgeklappte Pfeil neben dem Automationsmodus erlaubt die Darstellung eines zweiten Automationsparameters der gleichen Spur.

Sie können mehrere Automationsparameter gleichzeitig sichtbar machen. Hierzu klicken Sie auf das Dreieck links neben der Anzeige des Automationsmodus, so dass sich eine weitere Automationsanzeigespur öffnet (Abbildung 16.9). Wenn Sie dabei die [alt]-Taste halten, dann erscheinen für alle vorhandenen Automationsparameter solche Spuren. Auch mit den kleinen +- und –-Buttons, die erscheinen, wenn Sie mit der Maus über die angezeigten Automationsparameterdarstellungsspuren gehen, können Sie diese zusätzlich erzeugen oder löschen (hierbei geht es nur um die Darstellung, die Automation selbst bleibt hiervon unberührt).

Im Projekt *16Automation3* habe ich eine dritte Automation aufgenommen.

Welche Automationsparameter sichtbar sind, spielt in Befehlen im MIX-Menü für die Bearbeitung und Löschung von Automationen sowie für die Funktion *Automation Quick Access* (siehe Abschnitt 16.1.24) eine Rolle.

16.1.9 Einzeichnen von Automation

Sie zeichnen Automationen ein, indem Sie mit dem Zeigerwerkzeug oder dem STIFT auf Automationslinien in einer Spur klicken und hierdurch Punkte erzeugen. Falls ein Parameter bislang noch nicht automatisiert ist, so entsteht damit für ihn automatisch eine Automation.

Versehentliches Einzeichnen von Automation

Falls Sie eigentlich eine Region verschieben wollen, versehentlich aber bei aktivierter Automationsansicht durch einen Klick auf die Region einen Automationspunkt für einen bislang noch nicht aktiven Parameter erzeugen (z. B. VOLUME), entsteht automatisch eine aktive Automation. Sie können derart entstandene Automationspunkte zwar wieder löschen, doch wäre auch danach noch für den Parameter VOLUME nun noch eine Automation aktiv, eventuell wäre auch der Wert noch verstellt. Die Lösung des Problems heißt in den meisten Fällen: erneute bzw. mehrmalige Betätigung der Undo-Funktion. Wenn sich ein Wert verstellt hat und Sie den alten Wert wiederhaben möchten, ohne ihn zu kennen, ist die sicherste Methode wie folgt: Speichern Sie das Projekt unter einem neuen Namen. Importieren Sie dann aus der Vorversion die Spur mit den alten Einstellungen (siehe Abschnitt 10.6.1).

Falls Sie im Arrangement Regionen verschieben möchten, sollten Sie die Automationsansicht also besser ausschalten.

16.1.10 Einfaches Selektieren und Löschen von Automation

Mit dem Zeigerwerkzeug oder mit dem Automationsauswahlwerkzeug selektieren Sie Automation und Bereiche von Automationskurven. Alternativ selektieren Sie die gesamte Automation des editierten Parameters in der Spur per [alt]-Klick auf den ersten Knotenpunkt. Selektierte Automation können Sie via [⌫] löschen. Mit gehaltener [alt]-Taste und Dreifachklick lassen sich alle Automationspunkte der angezeigten Automationsspur markieren und anschließend löschen (nach Bestätigung im aufgehenden Dialog). Sie können Automationspunkte auch mit Doppelklick auf einen Automationspunkt wieder löschen.

Im Mix-Menü finden Sie weitere Funktionen zum Selektieren und Löschen (Abschnitt 16.1.20) verschiedener angezeigter Automationsdaten.

16.1.11 Automationskurven editieren

Mit Zeigerwerkzeug, Stift, Automationsauswahl- und Automationskurven-Werkzeug lässt sich die Automation editieren.

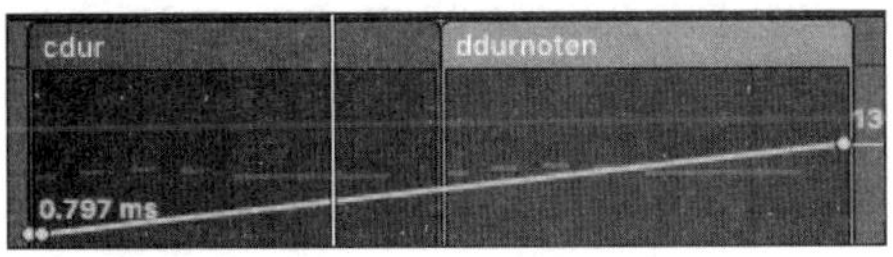

Abbildung 16.10 Die Automation verläuft linear zwischen den in den beiden Punkten eingestellten Werten.

Wenn Sie zwei Punkte einzeichnen, so verläuft die Automation zunächst linear zwischen diesen beiden Parametern (siehe Projekt *16Automation3*). Indem Sie einen Automationspunkt selektieren und nach links oder rechts über andere Automationspunkte hinwegbewegen, wandeln Sie einen etwas »überfüllten« Verlauf in einen interpolierten Verlauf zwischen zwei Punkten um.

Eine gerade Linie können Sie entweder mit zusätzlichen Automationspunkten oder mit dem Automationskurven-Werkzeug (erscheint automatisch, wenn Sie die Tasten `ctrl` + `⇧` halten) »krumm« machen, um exponentiale oder andersartige Kurvenverläufe zu realisieren (siehe Abbildung 16.11).

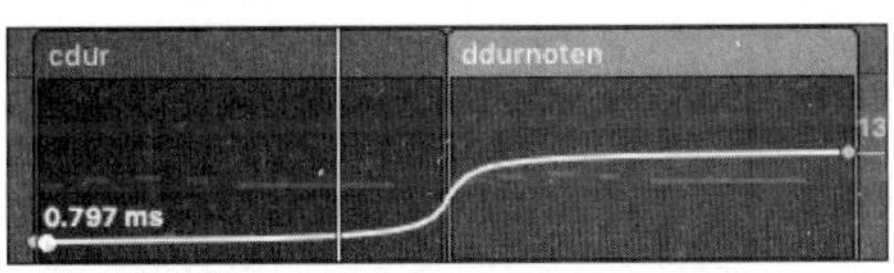

Abbildung 16.11 Beispiel einer gebogenen Automationskurve

Sie können Automation mit dem Automationsauswahl-Werkzeug selektieren und bewegen oder mit gehaltener `alt`-Taste auch kopieren.

Auch mit dem Marquee-Werkzeug können Sie Teilbereiche der jeweiligen Automation selektieren. Dies wird in der Region oder im Marquee-Lineal sichtbar. Wenn Sie nun zurück zum Zeigerwerkzeug wechseln, so lässt sich der markierte Bereich vertikal verschieben, wobei automatisch Automationsknotenpunkte erzeugt werden.

Weitere Hinweise zum Verschieben von Automation finden Sie in Abschnitt 16.1.21.

16.1.12 Automationspunkte am Regionsrand anfassen und editieren

Es ist oft unmöglich, einen Automationspunkt am äußersten Rand einer Region anzufassen. Das betrifft vor allem Regionsautomation, aber z. B. auch Spurautomation auf Takt 1 zu Beginn eines Projekts. Fassen Sie stattdessen einen anderen Automationspunkt weiter innen an, oder Erzeugen Sie einen solchen, und bewegen Sie ihn ganz nach außen auf den Wert, den Sie mit dem äußersten Punkt erreichen wollen.

16.1.13 Automationspunkte exakt auf Werte feineinstellen

Mit gehaltener [ctrl]- + [⇧]-Taste sowie gehaltener Maustaste können Sie Automationspunkte nach oben und unten in kleinstmöglichen Schritten verschieben, um einen exakte(re)n Wert zu erreichen. Wegen der beschränkten Auflösung der Automationskurven in Logic ist dies jedoch nicht immer möglich.

16.1.14 Einrastfunktion für Automation, Verschieben und Kopieren von Automation ohne Region

Im EINRASTEN-Menü des Bereichs SPUREN können Sie unter AUTOMATION EINRASTEN einstellen, ob zu editierende Automationspunkte sich (z. B. beim Verschieben) am Raster orientieren oder nicht.

Es ist auch möglich, hierfür einen projektbezogenen VERSATZ FÜR EINRASTEN DER AUTOMATION einzustellen, wenn Sie beispielsweise den Eindruck haben, dass Automationsparameterbewegungen etwas später hörbar als sichtbar sind. Einen entsprechenden Eintrag finden sie auch im EINRASTEN-Menü, dieser oder der Shortcut [alt] + [A] ruft die EINSTELLUNGEN • AUTOMATION auf. Diese sind auch über das MIX-Menü zugänglich. Beachten Sie ferner die Einstellungen zu samplegenauer Automation (Abschnitt 16.1.25, »Die Option ›Samplegenaue Automation‹«).

16.1.15 Verschieben und Kopieren von Automation auf andere Spuren und Parameter

Sie können Automationsdaten auch in andere Spuren oder auf andere Parameter kopieren. Wenn Sie einen Automationsparameterverlauf angezeigt bekommen und ihn auf einen anderen Parameter der gleichen Spur kopieren möchten, wählen Sie den Zielparameter im entsprechenden Menü mit gleichzeitig gehaltener Befehlstaste ([cmd]) aus. In einem nachfolgend erscheinenden Dialog wählen Sie, ob die Daten konvertiert und kopiert oder nur konvertiert werden (so dass die bisherige Automation verschwindet).

Wenn Sie Automationsdaten in eine andere Spur (auf den gleichen Parameter, der dort natürlich vorhanden sein muss) kopieren möchten, geht das auch mit Hilfe einfacher Kopieren- ([cmd] + [C]) und Einfügen-Befehle ([cmd] + [V]).

16.1.16 Automationstrimmfeld im Spur-Header/Skalierung und Verschiebung von Automation

Im Automationstrimmfeld im Spur-Header können Sie die gesamte Automation der Spur skalieren.

Abbildung 16.12 Hier trimmen Sie die sichtbare Automation.

Natürlich können Sie nicht nur die Volume-Automation, sondern auch den jeweils angezeigten Automationsparameter trimmen. Die Funktion wirkt typischerweise auf die ganze Spur und auch für selektierte Regionsautomation.

Sie können eine Skalierung auch vornehmen, indem Sie alle Automationspunkte selektieren und nach oben oder unten ziehen.

Achtung: Gegebenenfalls wird bei Nutzung dieser Funktion die Automation nicht nur skaliert, sondern auch destruktiv verändert, denn eine völlig glattgebügelte Skalierung lässt sich nicht mehr nachträglich in die ursprüngliche Form bringen.

16.1.17 Spur- versus Regionsautomation im Detail

Klicken Sie auf den SPUR-Button, um auf REGION (Regionsautomation) umzuschalten. Spurautomation und Regionsautomation sind grundsätzlich zwei verschiedene Automationen, die separat aufgezeichnet werden und konkurrieren können. Spurautomation bezieht sich auf die gesamte Spur, Regionsautomation nur auf die selektierte Region. Regionsautomation wird dementsprechend auch immer mit Regionen bewegt und existiert nur innerhalb der Regionsgrenzen. Regionsautomation hat gegenüber Spurautomation den Vorteil, dass sie sich z. B. leichter verschieben, kopieren, löschen oder gar »loopen« lässt. Die sonstige Bearbeitung, beispielsweise das Aufzeichnen im LATCH-Modus oder die Anzeige der Parameter, funktioniert mit Regionsautomation und Spurautomation grundsätzlich gleich.

Auch im Record-Modus aufgezeichnete Bewegungen von Smart Controls in GarageBand (Mac und iOS) werden dort (wie in Logic) automatisch in Regionen geschrieben. Wenn Sie ein solches Projekt in Logic öffnen, finden Sie die Reglerbewegungen in Logic folgerichtig als Regionsautomation.

Spur- und Regionsautomation können auch friedlich koexistieren. Ist der gleiche Parameter betroffen, hat Regionsautomation voreingestellt Vorrang, und Spurautomation wird ignoriert, falls Regionsautomation existiert. Hierfür gibt es eine (leider sehr versteckte) Voreinstellung: Sie befindet sich unter PROJEKTEINSTELLUNGEN • ALLGEMEIN unter AUTOMATION.

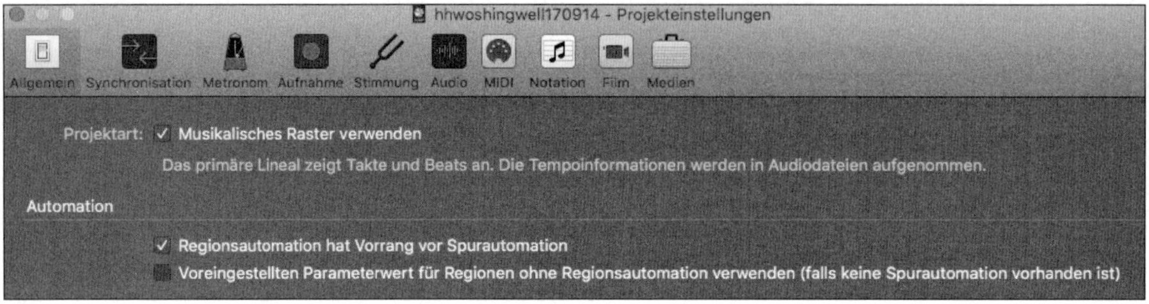

Abbildung 16.13 Allgemeine Projekteinstellungen

Was passiert, wenn zwischendurch eine Region ohne Automation vorkommt? Ist das Feld VOREINGESTELLTEN PARAMETERWERT FÜR REGIONEN OHNE REGIONSAUTOMATION VERWENDEN... deaktiviert, wird der letzte Parameterwert der vorhergehenden Region mit Automation aufgegriffen. Ist er aktiviert, wird stattdessen ein Wert aufgerufen, den Sie manuell einstellen, wenn keine Automation aktiv ist. Dies gilt nur für Regionen ohne Automation – nicht, wenn gar keine Region spielt.

Spurautomation kann in Regionsautomation konvertiert werden – und umgekehrt (siehe Abschnitt 16.1.22).

Praxisbeispiel

Vergleichen Sie hierzu das Projekt *16SpurvsReg1*. Es gibt in Spur 1 drei Regionen; die mittlere hat keine Automation, die beiden äußeren haben Regionsautomation. Der Low Cut des EQs wurde automatisiert. Die mittlere Region springt stets zum letzten Wert der Regionsautomation der ersten Region.

Wird VOREINGESTELLTEN PARAMETERWERT FÜR REGIONEN OHNE REGIONSAUTOMATION VERWENDEN aktiviert (in *16SpurvsReg1b*), soll ein im Kanalzug festgelegter Wert relevant sein – also z. B. eine Einstellung, die ich zwischendurch neu vornehme.

Vergleichen Sie hierzu das Projekt *16SpurvsReg1b*. Die mittlere Region springt nun nicht mehr zum letzten Wert der Regionsautomation der ersten Region, sondern zu einem anderen, eingestellten Wert – aber erst, wenn die neue (mittlere) Region ohne Regionsautomation spielt.

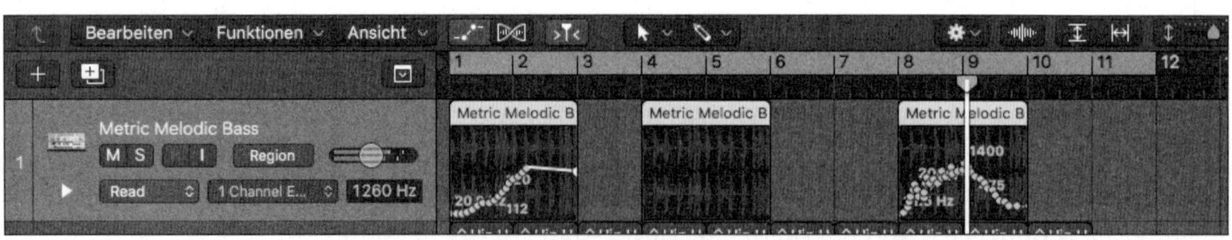

Abbildung 16.14 Projekt »16SpurvsReg1b« mit Regionsautomation in den äußeren Regionen

Die Frage ist: Was passiert, wenn gar keine Region spielt? Im Test gab es auch mal unerwartete Parametersprünge, wenn ich etwa bei der Wiedergabe hin- und hersprang. Eine zusätzliche Spurautomation oder weitere Regionen mit Automationen, die den gewünschten Wert einstellen, könnten helfen.

Dass bei der gleichzeitigen Verwendung von Spur- und Regionsautomation Vorsicht geboten ist, liegt auf der Hand. Im Projekt *16SpurvsReg2* sehen Sie in der unteren Spur Filter- Spurautomationsdaten, hören aber nicht, weil zusätzlich Regionsautomation vorhanden ist.

In Projekt *16SpurvsReg3* wird der Vorteil von Regionsautomation offensichtlich: Ich habe eine neue Spur mit dem gleichen Instrument erstellt, die untere Spur hat eine »geloopte« Filterautomation, während die Spur darüber jeweils andere Noten spielt.

Wenn Sie ein automatisches Plug-In verschieben, bleibt die Automation normalerweise erhalten.

16.1.18 »Mix«-Menü: Übersicht

Das Mix-Menü in Logic Pro X (Abbildung 16.15) enthält grundlegende Funktionen für die Arbeit mit Automationsdaten, deren Darstellung und Bearbeitung, da Automation grundsätzlich eine Mischpult-Funktion ist bzw. zur Mix-Prozedur gehört.

Abbildung 16.15 Das Menü »Mix« von Logic Pro X

16.1.19 »Mix«-Menü: Spurautomation erstellen/Step-Automation

Im Funktionsbereich Spurautomation erstellen können Sie nicht nur Automationspunkte an Regionsrändern erstellen, sondern auch die aktuell an der Abspielposition gültigen Werte eines beliebigen Parameters als einen oder zwei Automationspunkte einfügen, um so eine Art Step-Automation zu realisieren – ein heißes Feature auf dem umkämpften Markt, mit dem auch Beatdesigner-Tools wie Maschine und Ableton zu glänzen wissen (Abbildung 16.16).

Abbildung 16.16 Der Menüeintrag für die Erstellung von Automationspunkten

Ferner können Sie in diesem Menü auch einen oder zwei Automationspunkte für Lautstärke, Panorama und Sends oder einen Fade-Out als Automation erstellen.

Automationspunkte an der Abspielposition einfügen

Sie können an der Abspielposition einen oder zwei Automationspunkte des gerade sichtbaren Parameters oder für Volume, Pan und Sends einfügen. Hierdurch lassen sich treppenartige, rhythmisch sinnvolle oder auch sanfter verlaufende Automationen realisieren. Die Funktionsbezeichnung AUTOMATIONSPUNKTE FÜR SICHTBAREN PARAMETER ERSTELLEN unterschlägt, dass die Automationspunkte jeweils an der Abspielposition eingefügt werden.

In Abbildung 16.17 sehen Sie einen so erzeugten Automationsverlauf aus dem Beispielprojekt *16Stepautomat*. Hier spielt eine Synth-Line, bei dem die LFO-Geschwindigkeit eines einfachen, typischen Wobble-/Wah-Wah-Sounds verändert wird. In den Takten 5 bis 9 habe ich die Abspielposition jeweils einen Takt vorwärtsbewegt, dann die LFO-Geschwindigkeit verändert und jeweils zwei Automationspunkte für den neuen LFO-Speed eingefügt. In den Takten 9 bis 13 habe ich dasselbe gemacht, aber nur einen Automationspunkt eingefügt.

Natürlich ist die Prozedur des Einfügens von Automationspunkten an der Abspielposition praktikabler, wenn Sie hierfür einen Shortcut erstellen, den Sie in Verbindung mit dem Shortcut zum Vor- und Rückspulen nutzen.

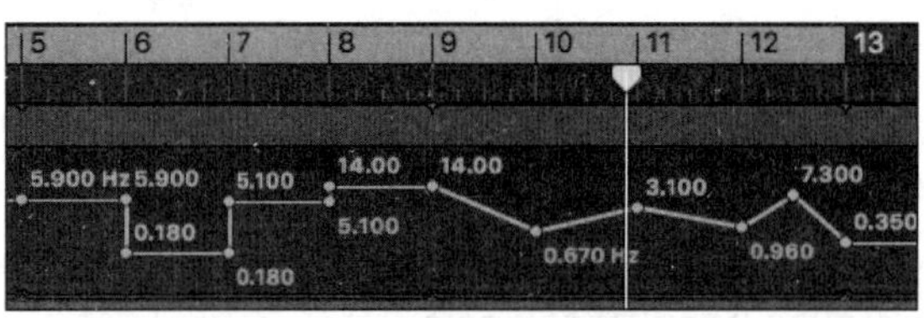

Abbildung 16.17 Eingefügte Automationspunkte – Unterschiede beim Einfügen von zwei Punkten oder einem Punkt an der Abspielposition

Automationspunkte an Regionsrändern erstellen

Sie können über den entsprechenden Befehl im MIX-Menü einen oder zwei Automationspunkte an den Grenzen einer selektierten Region (Regionsrändern) erstellen lassen. Auf diese Weise können Sie leicht die Automationseinstellungen für die Region ändern, während außerhalb davon alles gleich bleibt (alternativ können Sie regionsbezogene Automation nutzen, siehe Abschnitt 16.1.17)

Wenn Sie zwei Automationspunkte statt einem erstellen, sehen Sie den Unterschied nur dann, wenn Sie sehr weit reinzoomen.

16.1.20 »Mix«-Menü: sichtbare oder alle Automationsdaten löschen oder selektieren

Die Auswahl der Automationsdaten, die vom Löschbefehl betroffen sein sollen (SICHTBARE, ALLE, VERWAISTE, REDUNDANTE, GESAMTE) entscheidet darüber, was gelöscht wird. Im Praxistest wurde zudem Spurautomation nur dann gelöscht, wenn Spurautomation auch angezeigt wurde – und umgekehrt. Lesen Sie hierzu auch Abschnitt 16.1.22).

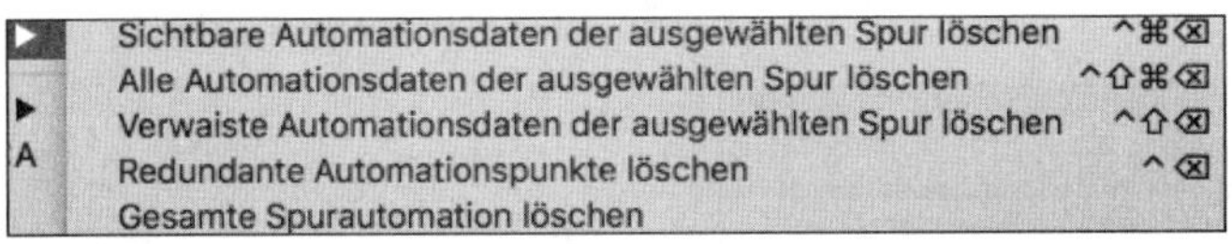

Abbildung 16.18 Das Menü zum Löschen von Automationsdaten

Sichtbar sind Automationen immer dann, wenn Sie den entsprechenden Parameter im Spur-Header ausgewählt haben und die Kurve angezeigt wird. Dabei ist es zwar möglich, dass mehrere Parameter sichtbar sind. Doch der Befehl SICHTBARE AUTOMATIONSDATEN DER AUSGEWÄHLTEN SPUR LÖSCHEN löscht nach meinen Erfahrungen die Automationsdaten, die auf der Hauptspur selbst angezeigt werden. Nicht immer agiert Logic dabei komplett »logisch«. Tipp: Schauen Sie genau hin – und wenn nicht alles auf Anhieb so funktioniert wie erwartet, probieren Sie es noch einmal.

Verwaiste Automationsdaten sind Automationsdaten, deren zugewiesener Parameter nicht mehr existiert. Beispiel: Sie haben eine Automation für einen »Channel EQ« aufgenommen, anschließend aber den »Channel EQ« aus dem Plug-In-Slot gelöscht, so dass die Automationsdaten ins Leere laufen.

Mit der Funktion REDUNDANTE AUTOMATIONSPUNKTE LÖSCHEN dünnen Sie die Automation etwas aus (um die CPU weniger zu belasten) und erreichen den (zumindest annähernd) gleichen Werteverlauf mit weniger Automationspunkten.

16.1.21 »Mix«-Menü: Verschieben von Automation mit Regionen

Unter SPURAUTOMATION MIT REGIONEN BEWEGEN können Sie aussuchen, ob Spurautomation nie oder immer mit den Regionen verschoben oder ob alternativ bei jedem Verschieben nachgefragt wird (siehe Abbildung 16.19). Sie können einen selektierten Automationsbereich also unabhängig von Regionen verschieben oder mit gehaltener `alt`-Taste kopieren.

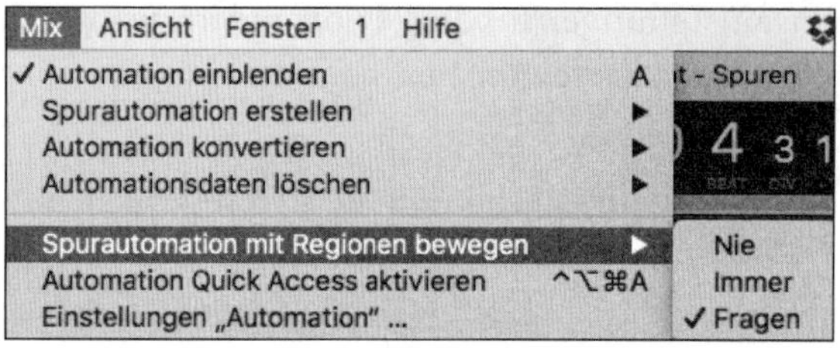

Abbildung 16.19 Die Optionen zum Verschieben von Automationen mit Regionen

16.1.22 »Mix«-Menü: Automation konvertieren (Spur- versus Regionsautomation)

Im Mix-Menü konvertieren Sie Spurautomation in Regionsautomation und umgekehrt.

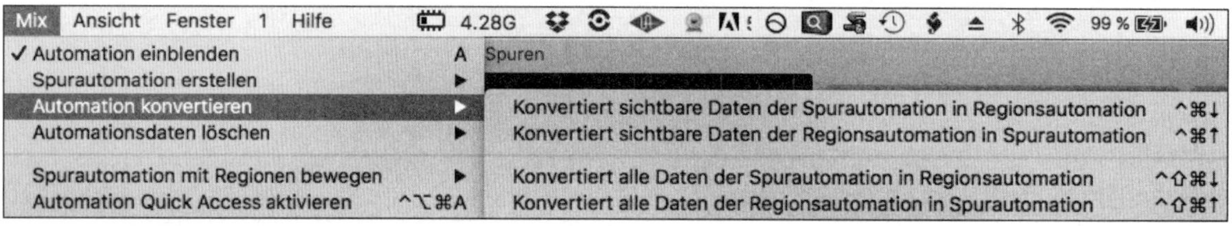

Abbildung 16.20 Automation konvertieren

Sie können alle oder nur die sichtbaren Automationen umwandeln.

Für die Konvertierungsprozedur müssen Sie eine Region in der Spur selektiert haben, die der Länge der in sie zu kopierenden Daten entspricht. Hierzu können Sie (z. B. auf Aux-Spuren) auch beliebig eine leere Region einzeichnen.

Ein Projektbeispiel finden Sie im Dokument *16Automation3b*. Hier habe ich sämtliche Automation aus *16Automation3* in Regionsautomation konvertiert (Abbildung 16.21).

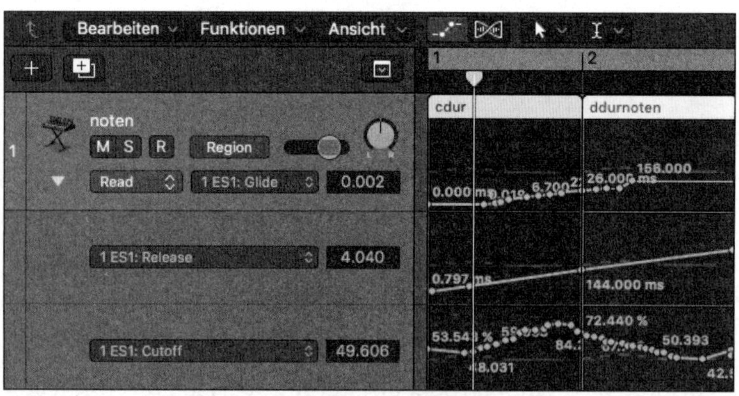

Abbildung 16.21 Konvertierte Regionsautomation

Um die Automation beider Regionen gleichzeitig zu konvertieren, müssen beide selektiert sein. Ansonsten können Sie auch erst die Automation für eine, dann für die andere Region konvertieren. Nach der Umwandlung wurden die richtigen Automationsparameter nicht automatisch angezeigt, dies musste ich erst manuell einstellen. Zudem wurde die Spurautomation beim mir im Praxistest nicht automatisch gelöscht. Da die Regionsautomation aber nachfolgend Priorität hat, ist dies nicht negativ aufgefallen. In *16Automation3c* habe ich die Spurautomation der Ordnung halber manuell gelöscht (via MIX • AUTOMATIONSDATEN LÖSCHEN • ALLE AUTOMATIONSDATEN DER AUSGEWÄHLTEN SPUR LÖSCHEN). Wichtig dabei ist auch, dies bei aktiver Spurautomationsansicht zu tun! Verlassen Sie sich also nicht zu sehr darauf, dass Logic seine eigenen Befehle immer ganz genau ausführt, sondern arbeiten nach dem Motto: Vertrauen ist gut, Kontrolle ist besser!

16.1.23 Automationseinstellungen

Sie erreichen die Automationseinstellungen (Abbildung 16.22) beispielsweise über den Menüpunkt MIX • EINSTELLUNGEN • AUTOMATION. Sie gelangen hierbei zu dem gleichen Fenster, das Sie via LOGIC PRO X • EINSTELLUNGEN • AUTOMATION erreichen.

Abbildung 16.22 Die Automationseinstellungen gehören zu den allgemeinen Einstellungen, Sie erreichen sie aber auch über das Menü »Mix«.

Auch hier können Sie einstellen, ob Logic beim Verschieben von Regionen Automation immer oder nie verschiebt – oder immer nachfragt (Standardeinstellung). Falls Automationsverläufe in die Region hineinragen – möglicherweise sogar ohne Automationsknotenpunkt –, kann das zu Problemen führen, die Logic bei aktiver Option INKLUSIVE AUSKLÄNGE, FALLS MÖGLICH zu lösen versucht.

Mit dem EINRASTVERSATZ stellen Sie ein, dass, wenn Automation gemäß den Einstellungen für das Raster einrasten soll, dies mit einem Versatz geschieht. Das ist sinnvoll, wenn es zu Verzögerungen der Reaktion auf die Automation oder bei der Wiedergabe der klanglichen Effekte einer Automationsbewegung bei bestimmten Plug-Ins kommt.

Ferner können Sie festlegen, für welche Bereiche des Channel-Strips Automation überhaupt aufgenommen wird. Dies ist insbesondere relevant, wenn Sie mit externen Controllern arbeiten. Durch Deaktivierung bestimmter Parameter schließen Sie eine ungewollte Änderung durch Berühren der Controlleroberfläche aus. Gleichzeitig können Sie aber andere Werte gezielt ändern.

Es ist also z. B. nicht selbstverständlich, dass auch die SOLO-Buttons automatisiert werden können (voreingestellt ist wie in Abbildung 16.22 die Option für das Schreiben einer Solo-Automation deaktiviert).

16.1.24 Automation Quick Access

Mit Hilfe der Funktion Automation Quick Access weisen Sie einen MIDI-Controller der aktuell ausgewählten Spur und ihrem angezeigten Automationsparameter zu. Das Besondere hierbei ist, dass Sie mit einem Hardwarecontroller immer genau den Parameter steuern können, der in der selektierten Spur gerade angezeigt wird. Hierzu müssen Sie die Funktion Automation Quick Access natürlich einschalten (im Menü MIX oder via `ctrl` + `alt` + `cmd` + `A`).

Falls es noch keine Zuweisung gibt oder Sie auf MIDI-BEFEHL LERNEN klicken, können Sie durch anschließende Bewegung Ihres gewünschten Controllers einen Controller zuweisen, der anschließend übrigens nicht mehr als MIDI-Controller im Sequenzer ankommt, sondern nur noch den Automationsparameter fernsteuert. Bei Bedarf können Sie die Zuweisung auch bearbeiten (siehe Abschnitt 16.3, »Bedienoberflächen und Controller-Zuweisungen«).

16.1.25 Die Option »Samplegenaue Automation«

Etwas versteckt finden Sie in den EINSTELLUNGEN • AUDIO • ALLGEMEIN einen Eintrag SAMPLEGENAUE AUTOMATION. Im dazugehörigen Flip-Menü können Sie zwischen folgenden Optionen wählen:

- AUS
- LAUTSTÄRKE, PAN, SENDS
- LAUTSTÄRKE, PAN, SENDS, PLUG-INS

Voreingestellt ist Letzteres, das war aber nicht immer so.

Wenn Sie die Einstellung ändern, hat das eventuell Konsequenzen für die Wiedergabe älterer Projekte. Falls Sie in diesen z. B. die SAMPLEGENAUE AUTOMATION für Plug-In-Parameter deaktiviert und für diese Einstellung optimiert hatten, kann sie bei nachträglicher Aktivierung der Option verrutschen. In älteren Logic-Versionen war dies auch mal die Voreinstellung. In diesem Fall ist es manchmal einfacher, für das spezifische Projekt die Einstellung SAMPLEGENAUE AUTOMATION temporär zu ändern, als die gesamte Automation neu zu editieren.

SAMPLEGENAUE AUTOMATION ist präziser, aber benötigt mehr CPU-Leistung. Probieren Sie selbst aus, ob auf Ihrem System die CPU-Leistung dafür verfügbar ist.

16.1.26 Editierung von Automation in der »Event«-Liste und Datenformat von Automations- und MIDI-Draw-Daten

Mit dem Befehl LISTE DER SPURAUTOMATIONS-EVENTS (ctrl + cmd + E) rufen Sie eine EVENT-Liste mit Spurautomations-Events als separates Fenster auf. Ist eine Regionsautomation aktiv, erscheinen entsprechende Events bereits in der normalen Eventliste.

Logic benutzt für Automationsdaten (sowohl vor und nach einer Umwandlung von Spur- in Regionsautomation, wodurch nur ein anderer Datenabgriff eingeleitet wird) sogenannte *Regler-Events bzw. -Befehle* (in Vorversionen *Fader* genannt, bei wenig Platz für die Spalte war im Test auch in Logic 10.3.2 nur ein »F« zu sehen), die von der Struktur her einem dreiteiligen MIDI-Befehl entsprechen. Diese haben folgende Befehlsstruktur:

- *Regler* (Plug-In-Nummer 2–16, die 1 ist für die Regler des Kanalzugs vergeben)
- *Reglernummer* (0–127, damit sind Plug-In-Parameter gemeint)
- *Reglerwert* (0–127)

Betrachten Sie die Darstellung der Regionsinhalte in der EVENT-Liste in Abbildung 16.23. Im Statusbyte bzw. in der Spalte STATUS steht der Befehlstyp (REGLER). Die Ziffer dahinter in der KAN-(Kanal-)Spalte steuert einen bestimmten Bereich/Slot im Kanalzug an. 1 steht für den Kanalzug, 2 für das Instrument, und die folgenden Ziffern repräsentieren verwendete Plug-Ins. Im Bild sehen Sie stets die Ziffer 2, weil Parameter des geladenen Instruments *ES1* betroffen sind. Diese werden rechts in der EVENT-Liste in der Spalte LÄNGE/INFO richtig erkannt und aufgeführt. Zugewiesen werden sie über das, was im MIDI-Befehl normalerweise das erste Datenbyte ist und hier in der Spalte NUM in der EVENT-Liste sichtbar ist. Jeder *ES1*-Parameter ist nummeriert und hat seine eigene Nummer. Die Spalte VAL dahinter gibt den jeweiligen Wert für den Parameter an, der zu einem bestimmten Zeitpunkt aufgerufen wird.

Welcher Parameter welche Nummer in einem Kanalzug hat, erkennen Sie, wenn Sie im Environment ein Monitorobjekt mit einem Kanalzug verkabeln, dann am entsprechenden Regler drehen und den Monitor im Auge behalten (siehe Projekt *16Parametermonitoring*).

Entsprechend lassen sich Regler-Events wie MIDI-Daten in der EVENT-Liste editieren – und auch erzeugen. Als Beispielprojekt können Sie das Projekt *16Automation3* öffnen. Selektieren Sie die Automation, um sie in der EVENT-Liste angezeigt zu bekommen. Bestimmte Edits lassen sich so besser durchführen als durch das Zeichnen von Kurven. Hierzu zählen beispielsweise die genaue Positionierung eines Automationspunktes an einer Taktposition oder die Quantisierung von Automationspunkten.

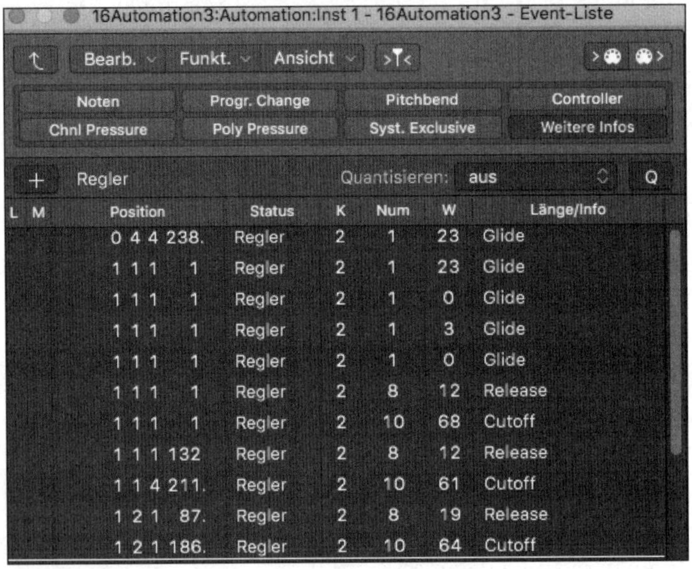

Abbildung 16.23 »Event«-Liste mit Automations-Events

Die Auflösung eines Wertebereichs von 0 bis 127 erklärt zudem, warum es manchmal nicht möglich ist, exakt eine gewünschte Lautstärke in der Automation einzustellen – hierfür wäre eine feinere Auflösung nötig. So entspricht eine Volume-Einstellung von +1,0 dB einem Regler-Wert von 95, während ein Regler-Wert von 96 den Volume-Fader auf +1,2 dB bewegt. Gegebenenfalls hilft in einem solchen Fall die Nutzung eines zusätzlichen »Gain«-Plug-Ins.

Beachten Sie, dass Logic-Parameter in der Event-Liste als Regler-Events aufgeführt werden, während Standard-MIDI-Control-Change-Befehle in der deutschen Version aktuell Steuerung heißen.

16.1.27 Regionsautomation als MIDI-Draw in der Pianorolle

Eine Regionsautomationskurve lässt sich auch in der Pianorolle als MIDI-Draw einblenden und editieren, siehe das Beispielprojekt *16Automation3d*.

16.1.28 Modi »Relativ« und »Trimmen«

Im Modus Trimmen sorgt eine Reglerbewegung und Aufzeichnung bei bereits existierender Automation für eine relative Veränderung, die dann dauerhaft in die Region geschrieben wird. Diese Möglichkeit besteht ergänzend zur bereits verläuterten Trimmen-Option im

Spur-Header. Dabei ist der Modus Trimmen im Flip-Menü der Spur und des Kanalzugs erreichbar, wo Sie die Automationsmodi aufrufen. Dort erreichen Sie übrigens auch den ebenfalls neuen Modus Relativ (Abbildung 16.24).

Abbildung 16.24 »Trimmen« und »Relativ« als zusätzliche Optionen

Beide Modi funktionieren aber derzeit nur für wenige Parameter wie z. B. Volume. Beide Modi werden zusätzlich zum gewählten Automationsmodus (z. B. Latch) aufgerufen. In der Spur ist dann auf dem Button beispielsweise T-Latch (für Latch mit aktivem Trimmen-Modus) zu sehen (Abbildung 16.25 und Projekt *16RegionenautomatlTrim*).

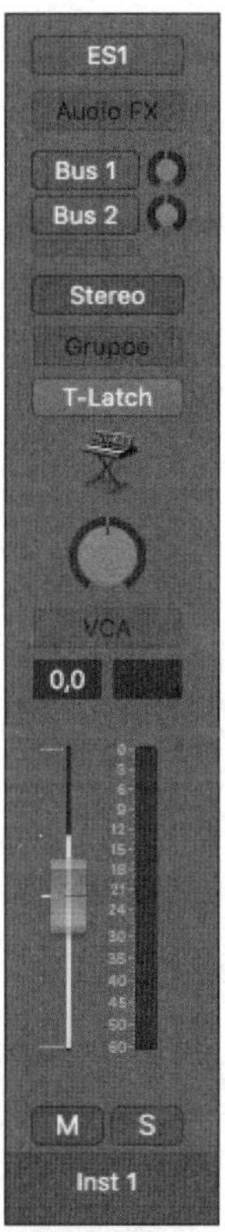

Abbildung 16.25 »Latch«-Modus mit »Trimmen«

Beim Aufzeichnen einer Trimmen-Automation verändert diese die bestehende Automation relativ (siehe Abbildung 16.26, Abbildung 16.27 und Abbildung 16.28).

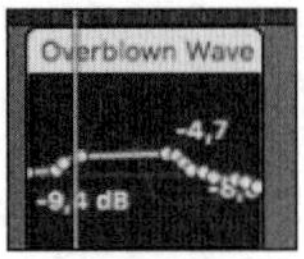

Abbildung 16.26 Vor dem Trimmen

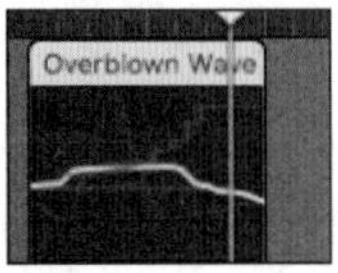

Abbildung 16.27 Während der Aufzeichnung des Trimmens

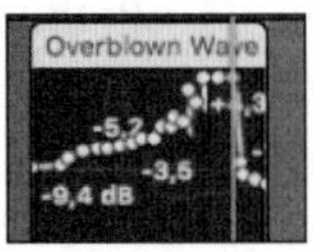

Abbildung 16.28 Nach der Aufzeichnung des Trimmens

Der Relativ-Mode funktioniert ähnlich, jedoch steht die aufgezeichnete relative Automation auch nach der Aufzeichnung noch als zusätzlicher Automationsparameter mit dem Zusatz +/– zum Editieren zur Verfügung (siehe Projekt *16RegionautomRel1* und Abbildung 16.29 sowie Abbildung 16.30).

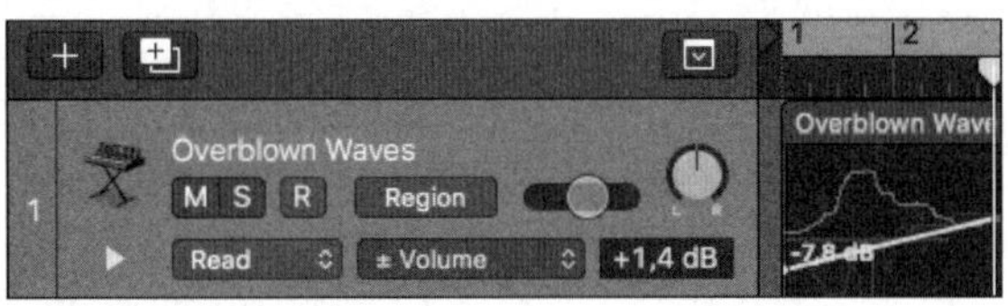

Abbildung 16.29 Aufgezeichnete relative Automation

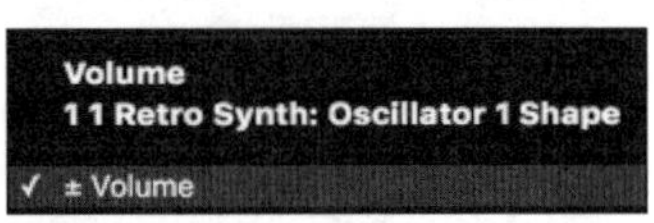

Abbildung 16.30 Relative »Volume«-Automation als unten im Bild anwählbare, editierbare Kurve

16.2 Smart Controls

Smart Controls (in Vorversionen auch *intelligente Steuerungen* genannt) sind dafür da, einen oder mehrere wichtige Parameter eines Sounds oder Effekt-Patches über eine übersichtliche Bedienoberfläche anzusteuern. Für viele Instrumente und Patches sind sie vorkonfiguriert. Bewegungen von Smart Controls können Sie ohne Latch oder Touch im üblichen Aufnahmemodus aufzeichnen (siehe Abschnitt 16.1.7).

16.2.1 Easy Knobbing oder Profi-Feature?

Smart Controls sind einerseits ein professionelles Tool, andererseits auch ein cooles Feature für Anfänger und eine »Brücke« zu GarageBand und iOS-Apps. GarageBand Mac und iOS sowie die iOS-Fernsteuerung Logic Remote nutzen Smart Controls ebenfalls – oder sogar ausschließlich. Mitunter sind dort ausschließlich Smart Controls und nicht die volle Benutzeroberfläche von Logic-Plug-Ins verfügbar. Auf diese Weise bleiben in GarageBand Mac oder iOS erstellte Projekte kompatibel und können in Logic importiert werden. Es ist mit Smart Controls aber auch möglich, mehrere Parameter unterschiedlicher Plug-Ins mit einem einzigen Knopf fernzusteuern und dessen Bewegung als Automation aufzunehmen. Dies ist eher ein Profi-Feature, von dem auch Anfänger profitieren, denn es ermöglicht auch ein Vorkonfigurieren von Reglern, um Sounds zu verändern.

16.2.2 Funktionsprinzip von Smart Controls

Smart Controls erlauben prinzipiell den Zugriff auf alle im Kanalzug verwendeten Klangerzeuger, Effekte, MIDI-FX-Plug-Ins und Kanalzugparameter wie Volume, Pan oder Sends. Zudem können Sie jede Steuerung detailliert skalieren. Smart Controls sind nichts anderes als eine Fernsteuerung von einem oder mehreren Klangparametern, die *vor* dem eigentlichen Parameter liegt. Das kann auch schon mal für Verwirrung sorgen, falls z. B. ein Parameter sowohl von Smart Controls als auch direkt automatisiert wird. Wird etwa ein Cutoff direkt automatisiert, zeigt ein Smart-Control-Regler, der dem Cutoff zugewiesen ist, das nicht an.

Die Logic Pro X-Patches enthalten vorkonfigurierte Smart Controls. Logic mappt aber auch für nicht konfigurierte Sounds automatisch die wichtigsten Parameter.

Klicken Sie oben im Hauptfenster auf den SMART CONTROLS-Button, oder benutzen Sie den Shortcut [B], um Smart Controls ein- und auszublenden. In dem unten angezeigten Bereich lassen sich auch » Channel EQ« oder »Linear Phase EQ« anzeigen. Sie können auch ein Fenster SMART CONTROLS separat öffnen (im Menü FENSTER oder via [cmd] + [3]).

Öffnen Sie das Dokument *16Smartcontrols01*. Es besteht aus Beat und Bass des Schnellkurses. Lassen Sie sich die Smart Controls des Sounds *Tech Bass* aus Spur 2 anzeigen. Spielen Sie den Song nun ab, und bewegen Sie dabei einige der Smart Controls, die dort nicht mit einem bestimmten, sondern mit verschiedenen Insert-Slots oder Bus-Sends verbunden sind.

Praktisches Beispiel

Abbildung 16.31 zeigt, dass die Smart Controls für den Sound *Tech Bass* sowohl Zugriff auf den klangerzeugenden Synth geben als auch auf die im Kanalzug verwendeten Effekte oder Sends. Wenn Sie zum Beispiel den mit DELAY beschrifteten Knopf bewegen, steuert dieser die OUTPUT-MIX LEFT-/RIGHT-Regler des Plug-Ins »Stereo Delay« fern, die zunächst noch auf 0 stehen. Wenn Sie besagtes »Stereo Delay«-Plug-In im Insert-Slot ausschalten oder bypassen, hat die Bewegung des Mix-Reglers im Plug-In natürlich keine Bedeutung mehr – ohne dass dies an der Anzeige der Smart Controls erkennbar wird.

Abbildung 16.31 Unten sind die Smart Controls des Sounds »Tech Bass« eingeblendet.

16.2.3 Automation von Smart Controls

Im Dokument *16Smartcontrols01x* habe ich an dem CUTTOFF-Regler des Smart-Control-Bereichs gedreht und das als Automation aufgezeichnet.

In der Anzeige der Automationsparameter finden Sie die Smart Controls oben. Auch automatisierte Smart Controls werden in ihrem Bereich fett angezeigt und unten im Menü fett aufgelistet (siehe Abbildung 16.32). Automation des CUTOFF-Reglers des SMART CONTROLS-Bereichs ist allerdings unabhängig (und daher zu unterscheiden) von Automation des CUTOFF-Reglers direkt am Synth.

Abbildung 16.32 Automation von Smart Controls

16.2.4 Smart-Control-Designs und Konfiguration

Wenn Sie das Dokument *16Smartcontrols02* öffnen, ist die Automation wieder verschwunden, dafür sind einige Instrumente mehr geladen, die Ihnen zeigen, dass es viele verschiedene Designs von Smart Controls für diverse Instrumente gibt (siehe Abbildung 16.33, Abbildung 16.34). Wie Sie diese manuell einstellen, lesen Sie weiter unten. Beim Öffnen eines

Plug-Ins erstellt Logic automatisch Smart Controls – inklusive einer Zuordnung zu wichtigen Parametern und eines entsprechenden Designs, das Sie jederzeit manuell ändern können. Auch für Audiospuren, die für die Effektierung bestimmter Parts vorgesehen sind (z. B. Vocals, Gitarre), gibt es vorgefertigte Smart-Control-Designs (Abbildung 16.35 und Abbildung 16.36).

Abbildung 16.33 Smart Control für die Drum-Spur inklusive Patterneinstellungen

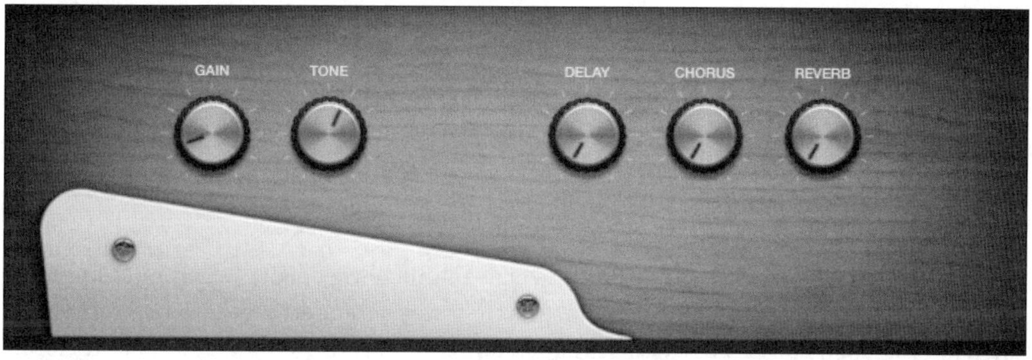

Abbildung 16.34 Smart Controls für einen E-Gitarren-Sound

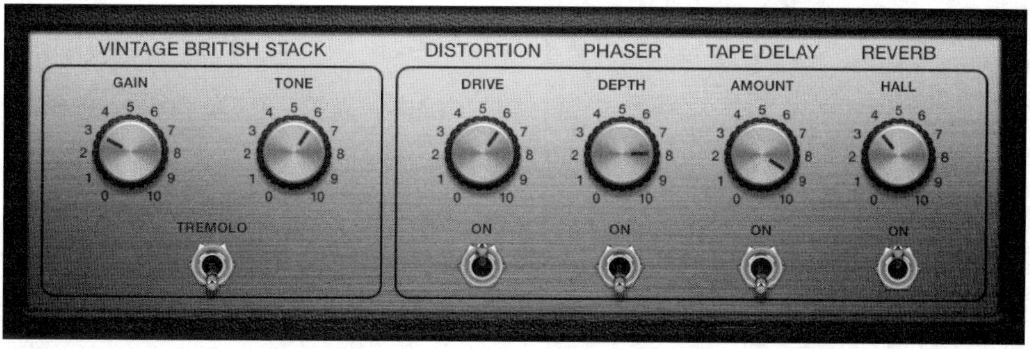

Abbildung 16.35 Smart Controls für eine E-Gitarren-Spur

Abbildung 16.36 Smart Controls für einen Vocal-Channel-Strip

16.2.5 Konfiguration von Smart Controls: Einführung

Sie können selbst Parameterzuweisungen, Skalierungen oder Designänderungen bei Smart Controls vornehmen. Drücken Sie hierfür auf den INFO-Button mit dem I-Symbol im Bereich der Smart Controls, um Details angezeigt zu bekommen; gegebenenfalls müssen Sie noch das kleine Dreieck neben dem Eintrag PARAMETER-MAPPING aufklappen. Öffnen Sie das Dokument *16smartcontrols03*. Hier habe ich zunächst einen *Retro Synth* geladen, der ein paar Noten spielt. Für ihn hat Logic automatisch ein synthesizerorientiertes Smart-Control-Design eingestellt, das an einen Moog-Synth erinnert.

16.2.6 Vergleichen

Ein blau eingefärbter VERGLEICHEN-Button zeigt – ähnlich wie bei der Arbeit mit Plug-Ins – an, dass gegenüber der gespeicherten Einstellung etwas verändert wurde. Hier können Sie durch Klick auf den Button zwischen der neuen und der alten Einstellung umschalten (Abbildung 16.37).

Abbildung 16.37 Smart Controls des »Retro Synth«

In der Infobox links nehmen Sie immer die Einstellungen für den zuvor selektierten Smart-Control-Knopf vor (im Bild: CUTOFF).

16.2.7 Manuell ein Smart-Control-Design auswählen

Wenn Sie in der Infobox auf das Feld AUTOMATISCHE SMART CONTROLS klicken, wird Ihnen das Menü mit anderen Designs angezeigt.

16.2.8 Smart Controls: einfache Zuweisung und Editierung von Parametern

Sie haben zwei Möglichkeiten, einen Parameter zuzuweisen:

Möglichkeit 1: Klicken Sie auf den LERNEN-Button (siehe Abbildung 16.38), und bewegen Sie anschließend den Parameter, den Sie zuweisen möchten.

Abbildung 16.38 Zuweisung eines Smart-Control-Parameters

Danach klicken Sie ein weiteres Mal auf den LERNEN-Button, um den Lernmodus wieder zu deaktivieren. Der neue Parameter wird automatisch auf dem entsprechenden Smart-Control-Button beschriftet, eine eventuell vorher existente Zuordnung wird überschrieben (Abbildung 16.39).

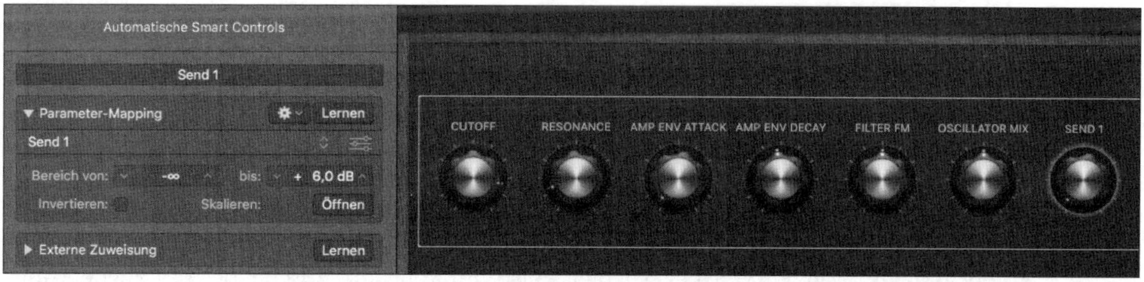

Abbildung 16.39 Der Smart-Control-Regler heißt nun »Send 1« (vorher »Sine Level«).

Möglichkeit 2: Klicken Sie auf das Feld neben dem Parameter-Eintrag, um an ein Menü zur Auswahl des Parameters zu gelangen (Abbildung 16.40).

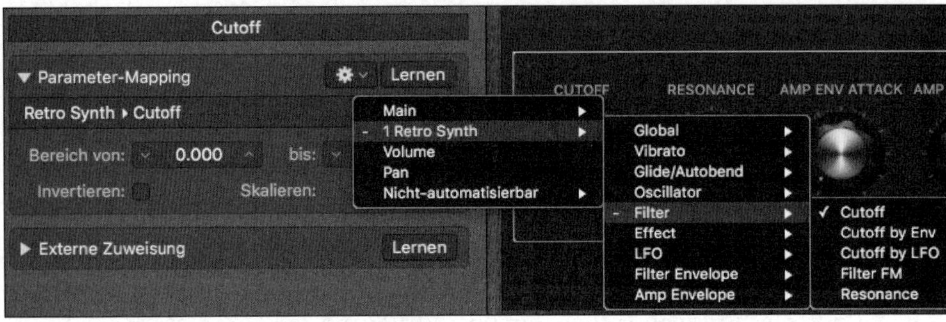

Abbildung 16.40 Menü zur Parameterauswahl

16.2.9 Smart Controls beschriften

Die Beschriftung oben nach einer Zuweisung (die der Beschriftung des Smart-Control-Reglers entspricht) können Sie via Doppelklick auch manuell eingeben. Das ist insbesondere sinnvoll, wenn mehrere Parameter zugewiesen sind.

16.2.10 Smart Controls: einfache Skalierung von Parametern

Öffnen Sie ferner den Bereich PARAMETER-MAPPING. Hier können Sie einen Werte- bzw. Regelbereich festlegen (z. B. obere und untere Filtergrenzfrequenz), der durch Bewegung des Smart-Control-Reglers (der hier dem Cutoff zugewiesen ist) geregelt wird. Wenn Sie im älteren Beispiel *16smartcontrols03* den CUTOFF-Regler ganz nach links drehen, ist der Filter komplett zugedreht. Es wäre hier sinnvoller, den CUTOFF-Regler des Synths so zu programmieren, dass er auch in ganz heruntergedrehtem Zustand noch ein wenig – wenn auch dunklen – Sound durchlässt. Dies erreichen Sie, indem Sie statt eines BEREICHS VON 0.00 BIS 1.00 einen anderen Wertebereich einstellen – z. B. 0.21 bis 1.00 (*16smartcontrols03b*; für mehr Details siehe Abschnitt 16.2.12).

Durch Klick auf das viereckige Feld mit den Slidern unterhalb des LERNEN-Buttons öffnen Sie übrigens das zugehörige Plug-In.

16.2.11 Zweiten Parameter zuweisen und Mapping-Menü

Nun weisen wir dem gleichen Smart-Control-Knopf einen weiteren Parameter zu. Weil der Synth-Sound im Projekt *16smartcontrols03* bei heruntergedrehtem Filter etwas leiser klingt als bei aufgedrehtem Filter, ist es beispielsweise sinnvoll, dem durch eine zusätzliche Anhebung der Lautstärke oder der Filterresonanz entgegenzuwirken. Hierfür könnten Sie dem entsprechenden Smart-Control-Regler einen zweiten Parameter zuweisen.

Klicken Sie mit der Maustaste auf den Bereich unterhalb des Eintrags PARAMETER-MAPPING, wo das Mapping aufgelistet ist. Ein Menü erscheint, in dem sich unter anderem der Befehl

MAPPING HINZUFÜGEN befindet (siehe Abbildung 16.41), womit ein zweites Mapping für den gleichen Knopf angezeigt werden kann. Über dieses Menü können Sie ebenfalls Mappings löschen oder auch Zuweisungen automatisch vornehmen lassen. Weiter unten in diesem Menü wählen Sie aus, um welches Plug-In es beim jeweiligen Mapping geht. Sie können über das Menü auch Mappings kopieren und für andere Smart Controls einfügen.

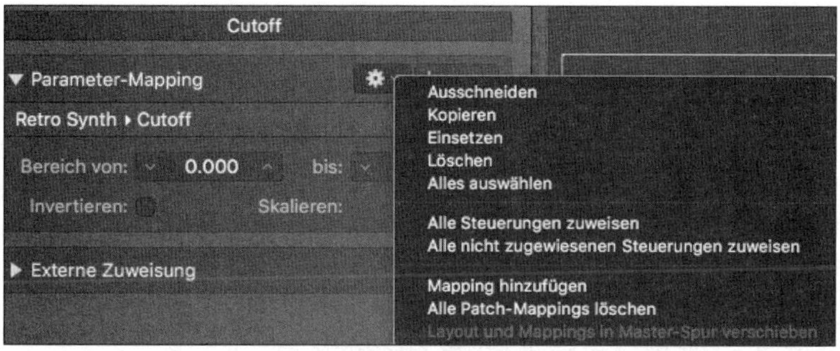

Abbildung 16.41 Zusätzliche Mapping-Funktionen wie das Hinzufügen eines weiteren Mappings

Nach dem Hinzufügen eines zweiten Mappings (siehe Abbildung 16.42) können Sie dieses selektieren und wie das erste Mapping mit Hilfe des LERNEN-Buttons editieren oder einem Parameter zuweisen.

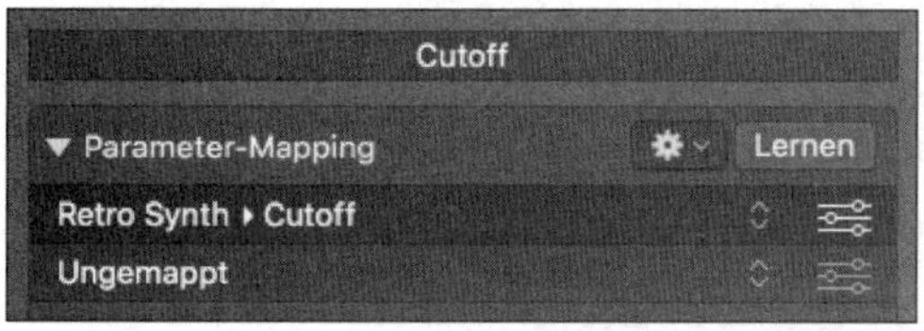

Abbildung 16.42 Ein zweiter, noch nicht zugewiesener Mapping-Parameter wurde hinzugefügt.

Im Projekt *16Smartcontrols03d2* habe ich einen dritten Parameter hinzugefügt, den Smart-Control-Button entsprechend beschriftet und Parameter skaliert. Wenn der Filter durch Drehen des Smart-Control-Knopfes CUTOFF+VOL+RESONANCE zugeht, kompensieren im Beispiel nun zusätzliche Lautstärke und eine betonte Resonanz den Lautstärkeverlust.

16.2.12 Smart Controls: komplexe Skalierung von Parametern

Nun wenden wir Parameterskalierung auf mehrere Parameter an. Es ist theoretisch auch möglich, dass der Filter »aufgeht«, wenn Sie den Regler herunterdrehen. Hierfür klicken Sie entweder auf den Button neben dem Eintrag INVERTIEREN oder stellen beispielsweise einen Wertebereich von 1.000 bis 0.210 ein (wie in *16smartcontrols03c2*), wodurch die gleiche Automation nun zu einem anderen Soundverlauf führt.

Wenn Sie keinen linearen Werteverlauf wünschen, erlaubt ein Klick auf den ÖFFNEN-Button neben dem Eintrag SKALIEREN exponentielle oder manuell editierte Verläufe, um in bestimmten Wertebereichen feinere Veränderungen durch Drehen des Smart-Control-Reglers, für den Sie die Skalierung vornehmen, herbeizuführen. Das kann z. B. bei Parametern wie dem Feedback des »Tape Delays« wichtig werden, das in manchen Wertebereichen sehr empfindlich auf Veränderungen reagiert, während Veränderungen bei anderen Werten weniger prägnant sind.

Auf der horizontalen X-Achse in Abbildung 16.43 ist links ein Punkt mit einer Wertangabe von (0.210). Die 0 steht für einen komplett heruntergedrehten Smart-Control-Regler, die 0.210 für den Wert, den ich unter BEREICH VON ... BIS ... eingestellt habe. Der rechte Punkt dagegen markiert einen voll aufgedrehten Smart-Control-Regler, Wert 127, und die 1.000 zeigt die hierfür vorgenommene Einstellung.

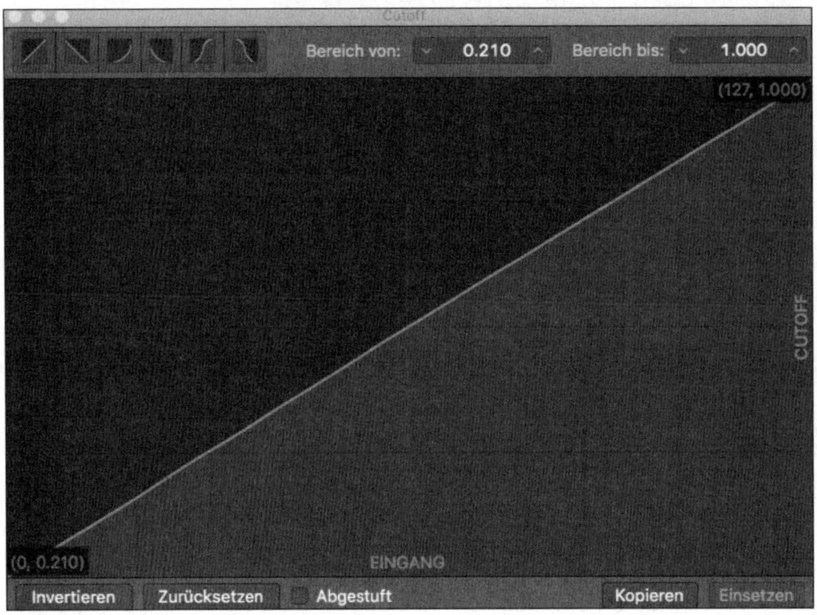

Abbildung 16.43 Skalierungsoptionen in den Smart Controls

Sie können nun selbst Kurven zeichnen, Punkte einfügen (durch Klick auf die Linie) und löschen (durch Selektion und [⌫]) sowie Positionen von Punkten auf der X- und Y-Achse editieren (siehe Abbildung 16.44). Mit einem Rechtsklick erscheint eine Option zum Zurücksetzen der Kurve auf eine lineare Standardkurve.

Manchmal muss man hier ein wenig viel mitdenken, zum Glück hilft dabei die Anzeige der Werte (Abbildung 16.44). Unter BEREICH VON ... BIS ... (oben im Bild) ist 0.262 bis 1.000 eingestellt. Oben links finden Sie Buttons zum schnellen Erzeugen bestimmter Kurvenverläufe. Beim Editieren mehrerer Skalierungskurven sind andere Kurven gedimmt im Hintergrund zu sehen.

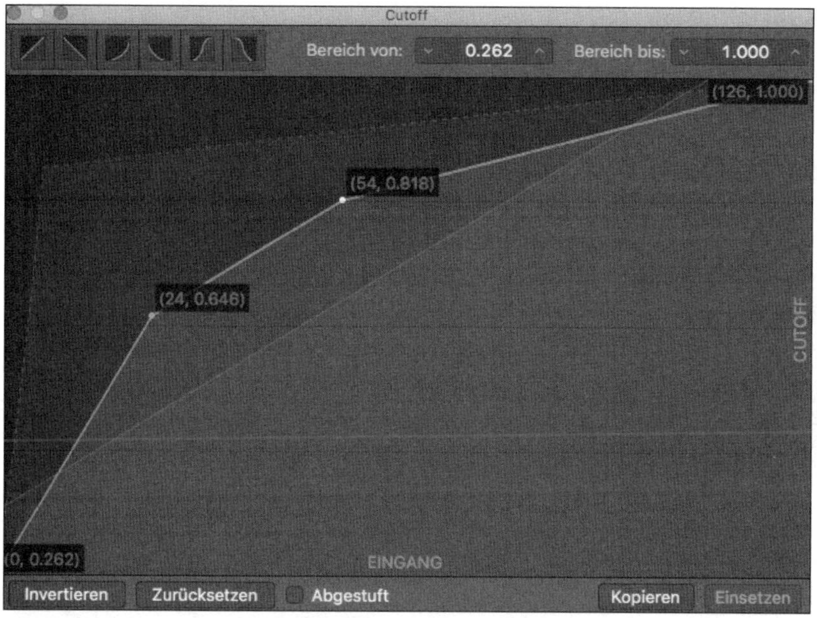

Abbildung 16.44 Editieren von Skalierungspunkten

16.2.13 Smart Controls bei Spurstapeln

Sie können Smart Controls auch bei Spurstapel-Spuren verwenden. Im Zuordnungsmenü für Mappings erscheinen die dem Spurstapel zugehörigen Tracks dann ganz unten (Abbildung 16.45).

Abbildung 16.45 Smart Controls bei Track Stacks

Ein Beispiel mit zwei gestackten *Retro Synths*, wo verschieden skalierte Mappings auf die Bewegung des jeweiligen CUTOFF-Reglers angewendet werden, so dass entweder der Cutoff des einen oder der des anderen *Retro Synths* etwas weiter geöffnet ist, finden Sie im Projekt *16SmrtCntTrSt*.

16.2.14 »Arpeggiator« in der Smart-Control-Ansicht einfügen

Über den Button ganz rechts oben fügen Sie in der Smart-Control-Ansicht leicht ein »Arpeggiator«-MIDI-FX-Plug-In in den Kanalzug ein (siehe Abschnitt 13.1.1) und greifen auf Plug-In-Parameter zu (siehe Projekt *16SmartcontrolsO3e2* und Abbildung 16.46). Dies entspricht den typischen Optionen von GarageBand iOS oder des Logic-Remote-Instrumentenfensters mit Smart Controls. Im Bereich FACTORY sind zahlreiche Presets wählbar.

Abbildung 16.46 Ganz oben rechts der Button zum Einfügen des »Arpeggiators«

16.2.15 Hardwarecontroller zu Smart Controls zuweisen

Unten im Infobereich der Smart Controls können Sie den Smart Controls außerdem MIDI-Controller von angeschlossener Controllerhardware zuweisen. Gegebenenfalls müssen Sie noch das kleine Dreieck neben dem Eintrag EXTERNE ZUWEISUNG aufklappen. Klicken Sie auf den LERNEN-Button, und drehen Sie an Ihrer Hardware am gewünschten Controller, um diesen zuzuweisen (siehe Abbildung 16.47, dort werden auch bereits erfolgte Zuweisungen angezeigt, die auch durch automatische Zuordnung bestimmter Controller bereits vorhanden sein können). Nach der Zuweisung müssen Sie erneut auf LERNEN klicken, um den Lernmodus zu deaktivieren.

Soll auch die Wirkung Ihres Hardwarecontrollers skaliert werden, klicken Sie zum Editieren auf das kleine Bleistiftsymbol rechts neben dem zugewiesenen Controller-Wert. Sie gelangen dann in den Bereich CONTROLLER-ZUWEISUNGEN, den ich in Abschnitt 16.3 behandle.

Abbildung 16.47 Der Hardwarecontroller ist zugewiesen – nun muss nur noch der »Lernen«-Button wieder deaktiviert werden.

16.2.16 Speichern von Smart-Control-Konfigurationen

Smart-Control-Konfigurationen sind Bestandteile von Patches und werden als solche mit dem Patch gespeichert. Es kann jede Menge Programmierarbeit in solchen Patches stecken.

16.3 Bedienoberflächen und Controller-Zuweisungen

Das Thema Bedienoberflächen und Controller-Zuweisungen behandelt die Fernsteuerung von Logic mit dedizierten Controllern oder MIDI-Hardware. In jüngster Zeit sind Verbesserungen wie die automatische Unterstützung einer großen Anzahl von Controllern hinzugekommen.

Ich denke, dass sich Logic mit Maus, Computertastatur und Keyboard (mit MIDI-Controllern) sehr gut bedienen lässt. Natürlich ist es andererseits sowohl im Live-Bereich als auch im Studio von Vorteil, mit beiden Händen gleichzeitig auf verschiedene Parameter schnell zugreifen zu können.

Je häufiger für Sie solche Mix-Tasks anstehen, desto eher sollten Sie sich in das Thema Controller-Konfiguration einarbeiten. Die Nutzung von Spezialisten wie etwa der patentierten Mackie-Control-Hardware erlaubt ein Hardwaremischpult-Feeling bei der Arbeit mit Logic, inklusive Transport-Buttons, Jog-Wheel, Display und Fader. Dabei kommen MIDI-Befehle zum Einsatz. Einige Hardwaregeräte versuchen, die Mackie Control zu emulieren. Dieser Abschnitt kann nur einem ersten »Warmwerden« mit dem Thema und als Ergänzung zur mit Logic mitgelieferten englischen »Control Surfaces Support«-Dokumentation dienen; zu komplex sind die Optionen, zu unterschiedlich die verschiedenen Hardwarecontroller. Ergänzend finden Sie in Abschnitt 16.4 allerdings eine ausführliche Anleitung zu Logic Remote auf dem iPad. Logic Remote erlaubt Recording-Sessions z. B. auch dann, wenn Sie allein im Studio und gleichzeitig Artist und Engineer sind.

Ich habe aber andererseits nicht nur gute Erfahrungen im Umgang mit Control Surfaces und Logic gemacht. Die Konfiguration erforderte oft Zeit und Geduld. Allerdings ging es in den letzten Jahren mit verbessertem macOS und verbessertem Logic in dieser Hinsicht bergauf.

Doch kann es beim Anstecken neuer USB-Geräte beispielsweise passieren, dass andere USB-Geräte (wie Ihr gerade verwendeter Controller) nicht mehr erkannt werden, bis Sie sie neu einstecken. Ferner sollten Sie *Automation Quick Access* deaktivieren, wenn Sie einen Controller zugewiesen haben und das dauerhaft funktionieren soll.

16.3.1 Hardwarecontroller installieren, automatische Zuweisung

Via NEU • INSTALLIEREN im Bedienoberflächen-Setup erscheint ein Dialog, der aktuell unterstützte Geräte auflistet (Abbildung 16.48). In Kursivschrift aufgelistete Geräte können nicht gescannt, aber durch Selektion und Klick auf HINZUFÜGEN hinzugefügt werden.

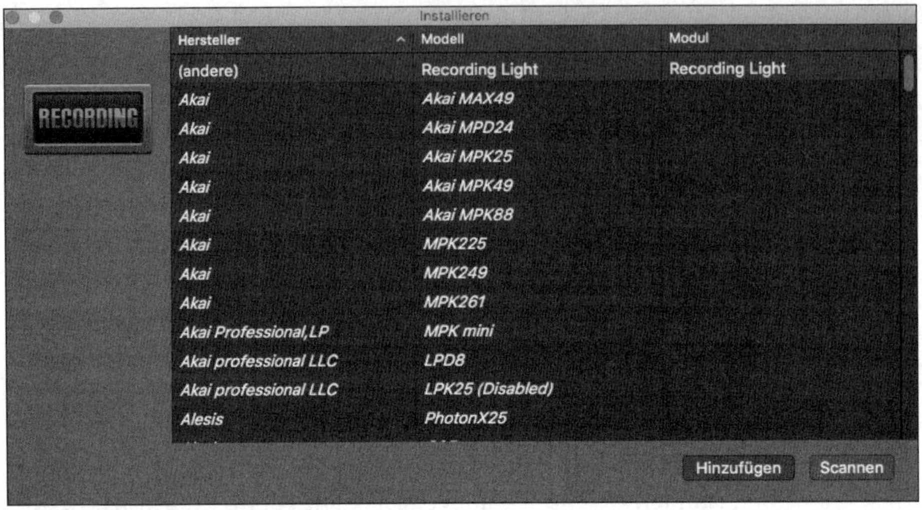

Abbildung 16.48 Bedienoberflächen-Dialog

Erkannte MIDI-Controller können auch unter Einstellungen • Bedienoberflächen • MIDI-Controller automatisch erkannt und zugewiesen werden (Abbildung 16.49), ohne dass Sie etwas tun müssen. Ein angeschlossener KORG nanoKONTROL hat so automatisch stets die aktuellen Smart Controls einer Spur angesteuert. Ferner konnte es mit seinen Transporttasten Logics Transportbereich automatisch fernsteuern. Manuelle Änderungen der Konfiguration sind freilich möglich.

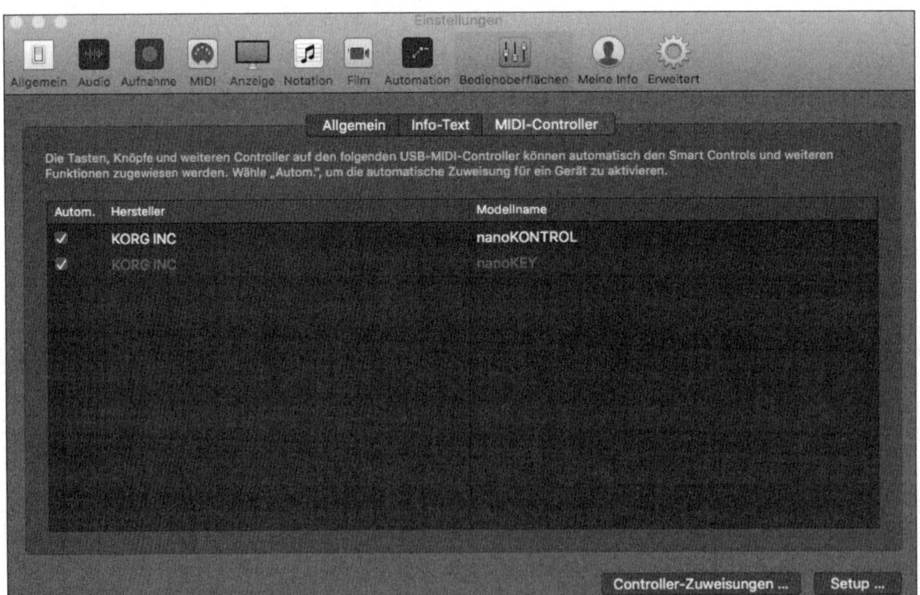

Abbildung 16.49 »Einstellungen • Bedienoberflächen • MIDI Controller«

16.3.2 Bedienoberflächen-Setup

Über das Menü BEDIENOBERFLÄCHEN • SETUP gelangen Sie zum Setup-Dialog für neue Bedienoberflächen (siehe Abbildung 16.50). Gängige Bedienoberflächen werden in der Regel automatisch installiert bzw. können gescannt werden. Im Beispiel wurde Logic Remote gefunden und selektiert, woraufhin die unter dem Eintrag GERÄT befindlichen Informationen für das iPhone angezeigt werden. Hier müssen Sie gegebenenfalls den Eingangs- und Ausgangsport eines angeschlossenen Geräts konfigurieren, falls das nicht automatisch passiert.

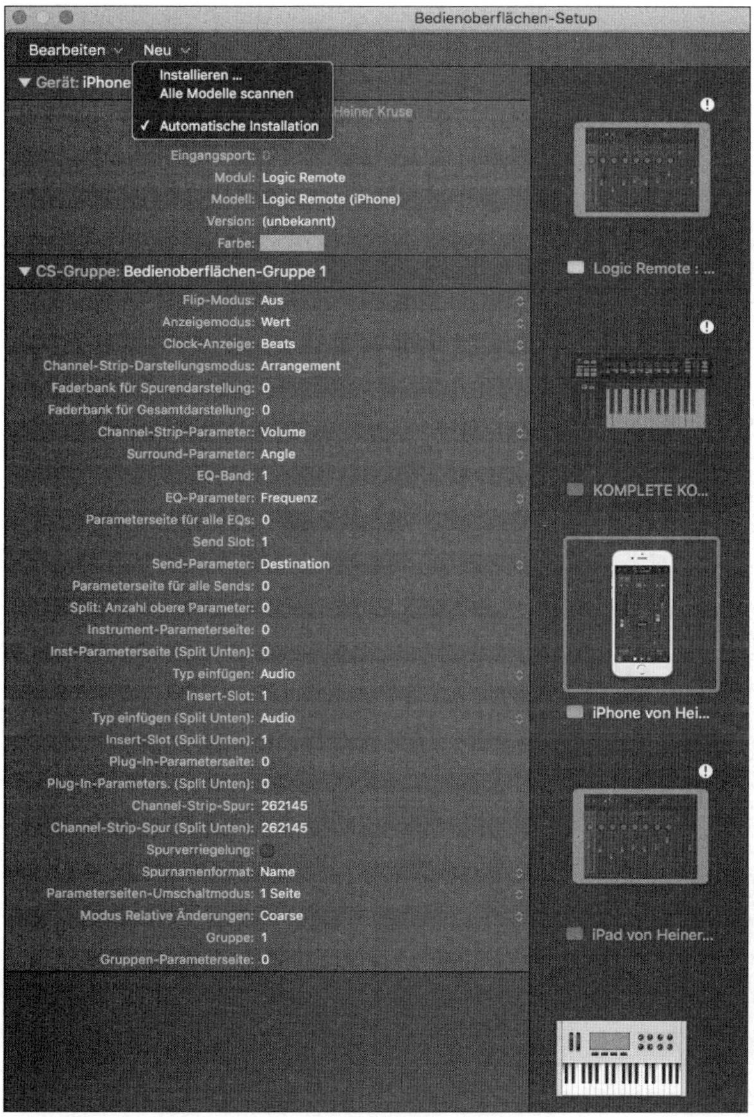

Abbildung 16.50 »Bedienoberflächen-Setup«-Dialog

16.3.3 Hardwarecontrollern manuell Logic-Funktionen zuweisen

Über das Menü LOGIC PRO X • BEDIENOBERFLÄCHEN • CONTROLLER-ZUWEISUNGEN rufen Sie einen Dialog auf, in dem Sie Controller bestimmten Funktionen zuweisen. Das funktioniert, indem Sie in diesem Dialog zunächst den Lernmodus aktivieren, die fernzusteuernde Funktion mit der Maus in Logic anfassen und anschließend den gewünschten Hardwareknopf bewegen, wodurch eine Zuweisung gelernt wird.

Der Dialog kann in einer einfachen (Abbildung 16.52) und einer erweiterten Version (zum Beispiel um die Zuweisung zu editieren, siehe Abbildung 16.51) dargestellt werden, hierfür dienen oben die Buttons EINFACH und ERWEITERT. Wählen Sie die Option ERWEITERT, stehen differenzierte Möglichkeiten der Zuweisung von MIDI-Controllern zu Logic-Funktionen zur Verfügung.

Abbildung 16.51 Erweiterte Version des »Controller-Zuweisungen«-Dialogs, hier mit Zuweisungen für den nanoKONTROL-Controller

Die Controller-Zuweisungen gelten grundsätzlich projektübergreifend und spurübergreifend. Wenn Sie z. B. einen KORG-nanoKontrol-Drehregler einem Volume-Fader zuweisen, bleibt diese Zuweisung bestehen, wenn Sie eine andere Spur auswählen oder ein neues Projekt öffnen.

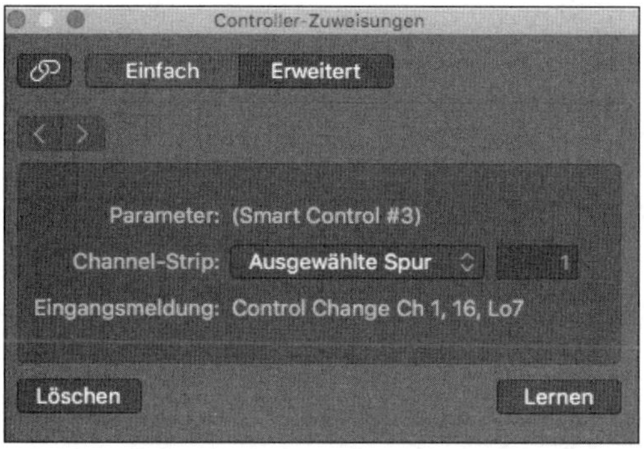

Abbildung 16.52 Einfache Version des »Controller-Zuweisungen«-Dialoges (nicht immer verfügbar)

Wenn die erweiterten Optionen angezeigt werden, erscheint eine vierspaltige Anzeige mit den Spalten ZONE, MODE, CONTROL und PARAMETER.

Ein solcher Dialog öffnet sich übrigens auch dann, wenn Sie in einem anderen Dialog, nämlich in jenem zur Zuweisung von Tastaturkurzbefehlen (siehe Abschnitt 3.6 über Tastaturkurzbefehle) unten rechts auf NEUE ZUWEISUNG LERNEN klicken oder auf gelernte Zuweisungen doppelklicken. (Achten Sie darauf, nicht simultan Automation Quick Access für den Controller zu nutzen, da hier automatische Controller-Zuweisungen vorgenommen werden, die mit bisherigen Zuweisungen interferieren können.)

16

Zonen und Modi

Eine Zone repräsentiert grundsätzlich ein Gerät oder einen Controller-Bereich eines Gerätes. So kann ein Gerät beispielsweise einen Fader- und einen Drehreglerbereich haben. Außerdem können mehrere Controller angeschlossen sein.

Grundsätzlich ist es Ihre Entscheidung, wie viele Zonen Sie anlegen, zumindest aber muss für jedes Gerät eine eigene Zone vorhanden sein. Für jede Zone lassen sich verschiedene Modi anlegen (z. B. Pan-, Send-Level- oder Plug-In-Parameter für die Drehregler eines Mackie-Control-Controllers); nur ein Modus kann gleichzeitig aktiv sein. In den anderen Zonen oder Modi zugewiesene Fernsteuerungen funktionieren dann manchmal nicht mehr. Es kann auch Zuweisungen geben, die unabhängig von Modi zugewiesen wurden und immer aktiv sind (*Modeless Assignments*).

Durch die Modi können die gleichen Knöpfe bzw. die gleichen MIDI-Befehle in der Theorie in verschiedenen Situationen unterschiedliche Funktionen übernehmen. So sollen beispielsweise dieselben Knöpfe einmal einen EQ, ein anderes Mal ein E-Piano ansteuern. Um bei der späteren Bedienung in den jeweiligen Modus zu gelangen, rufen Sie ihn einfach (durch Klick im CONROLLER-ZUWEISUNGEN-Fenster) auf. Zuerst allerdings müssen Sie natürlich mit dem +-Button die entsprechenden Zonen und Modi erzeugen und im Lernmodus die Knöpfe den Funktionen in Logic zuweisen. Das Fenster für erweiterte Controller-Zuweisungen sollte Ihnen nun eine gelernte Controller-Zuweisung anzeigen.

Klassen

Es gibt Unterschiede, welche Arten von Befehl Controller senden oder wie Logic diese klassifiziert. So ist im Bild eine Zuweisung im Flip-Menü KLASSEN als BEFEHLSTASTE klassifiziert (hier Transporttasten eines nanoKONTROL).

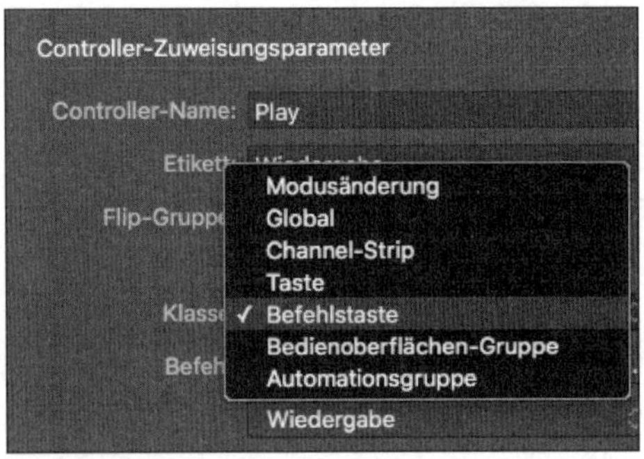

Abbildung 16.53 Klassen

Wird ein gelernter Befehl als TASTE klassifiziert, taucht eine entsprechende Zuweisung auch im Dialog zur Bearbeitung von Tastaturkurzbefehlen auf.

Es gibt weitere Zuordnungsklassen (siehe Abbildung 16.53), für die Sie Details im Handbuch »Control Surfaces« nachlesen können.

Wert-Parameter

Es kann vorkommen, dass die Fernsteuerung nicht zu funktionieren scheint, weil der entsprechende Parameter erst »abgeholt« werden muss. Das passiert beispielsweise, wenn bei einem EQ-Band eine Frequenz von 2.000 Hz eingestellt ist, Sie sich mit Ihrem Controller beispielsweise aber im unteren Wertebereich bewegen, der Frequenzen von 20 bis 100 Hz entspricht. In diesem Fall funktioniert die Fernsteuerung mit Ihrem Knopf erst dann, wenn Sie ihn einmal so weit aufgedreht haben, dass die 2.000 Hz überschritten wurden. Ein derartiges Verhalten Ihres Controllers ändern Sie, indem Sie unten im Bereich WERT für das Flip-Menü MODUS die Option DIREKT auswählen.

In diesem Fall springt der Equalizer immer sofort auf den Wert um, auf dem Ihr Hardwarecontroller steht – zumindest, wenn Sie den Controller kurz bewegen. Das allerdings hat andere Nachteile: Nun passiert eventuell ein Parametersprung, den Sie gar nicht wollen. An diesem Beispiel erkennen Sie den Sinn und Zweck von Motorfadern oder Endlosdrehreglern mit LED-Kranz. Mit Letzteren ist es leicht möglich, einen eingestellten Wert immer nur von der gerade eingestellten Position aus relativ zu verändern. Ist Ihr System dann noch in der Lage, Feedback zu senden, erscheint der gerade eingestellte Wert – wie im Beispiel die Frequenz von 2.000 Hz – im Equalizer, im LED-Kranz bzw. bewegt den Motorfader auf eine entsprechende Position.

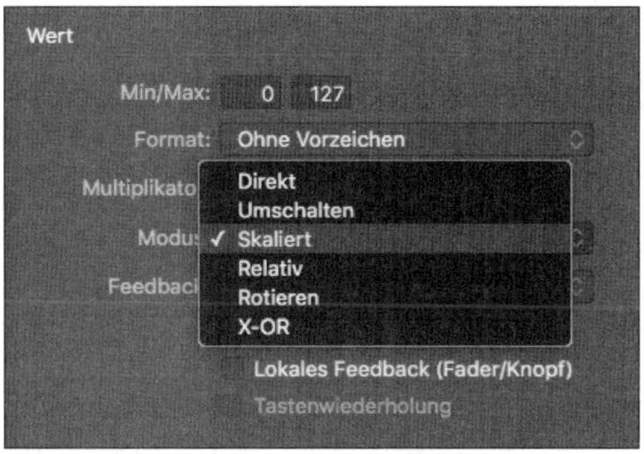

Abbildung 16.54 »Wert«-Bereich

Ein weiteres Beispiel: Mit DREHEN kann ein gedrückter Knopf eines KORG nanoKontrol ein EQ-BAND dauerhaft von AKTIV in INAKTIV und umgekehrt umschalten, anstatt ihn nur temporär einzuschalten. Details für die weiteren WERT-Modi (siehe Abbildung 16.54) finden Sie im Handbuch »Control Surfaces«.

16

16.3.4 Ergänzende Hinweise, Spurautomationsauftrenner

Das Transformer-Objekt als MIDI-Spur-Instrument im Modus SPURAUTOMATIONSAUFTRENNER (WAHR: OBERES KABEL) ist eine Option für eine Hardwarefernsteuerung von Automation: Wenn eine Bedingung erfüllt ist und eine entsprechende Option für die Bearbeitung ausgewählt ist, können eingehende Events auf die Spurautomation des Objekts bzw. Kanalzugs geroutet werden, das mit dem obersten Kabel des Transformers verbunden ist. Bei entsprechenden Einstellungen im Bearbeitungsfeld können Sie die eingehenden MIDI-Daten in Echtzeit in Regler-Event-Daten umwandeln, so dass z. B. Parameter eines eventuell mit dem Transformer verbundenen Mixer-Channel-Strips angesteuert werden können.

16.4 Logic Remote und Touch-Instrumente

Logic Pro X und GarageBand erlauben die Nutzung der kostenlosen Logic-Remote-App auf iOS-Geräten als Fernsteuerung. Auf dem iPad gibt es dabei naturgemäß etwas mehr Möglichkeiten als auf dem iPhone. So faszinierend die Funktionalität der App ist, die Nutzung ist natürlich nicht unbedingt notwendig und birgt auch Konfigurationsfallen.

Prüfen Sie zunächst, ob Ihr iOS-Gerät die neueste Version von Logic Remote laden kann.

Logic Remote bringt dank der Multi-Touch-Instrumente und Akkord-Strips Möglichkeiten ins Spiel, die Logic Pro X und GarageBand Standalone nicht besitzen. Funktionen wie die Fernsteuerung einer Aufnahme aus einem anderen Raum sind ebenfalls praktisch.

Die Nutzung der neuen Touch-Instrumente funktioniert in Logic Remote und GarageBand weitgehend gleich. Sie macht manchmal in GarageBand wegen des gefühlt direkteren Ansprechverhaltens (und der nicht nötigen WLAN-Verbindung und -Konfiguration) mehr Spaß. In GarageBand iOS erstellte Projekte können Sie in Logic importieren und dort weiterbearbeiten (siehe Abschnitt 19.1 über GarageBand).

Logic Remote funktioniert auch als Fernsteuerung für aktuelle Versionen von MainStage und GarageBand auf dem Mac.

16.4.1 Konfiguration und Voraussetzungen

Zunächst müssen Sie Logic Remote auf Ihrem iPad laden und installieren. Das kann insofern ein Problem sein, als neuere Logic-Versionen stets neuere Logic-Remote-Apps benötigen, die wiederum ein bestimmtes iOS voraussetzen. Allerdings hat Apple sich bezüglich Logic Remote zuletzt toleranter gezeigt und die iOS-Mindestvoraussetzung niedriger als z. B. bei GarageBand belassen. Neuere, bessere iPad Pros bieten Berührungsempfindlichkeit des Displays, was beispielsweise in Velocity umgesetzt werden kann.

Auch müssen sich Ihr iPad und Ihr MacBook im gleichen Wireless-Netzwerk befinden, um miteinander kommunizieren zu können.

Manchmal macht das in der Praxis Schwierigkeiten: Wenn ich über ein WLAN-Gerät meines Netzproviders mit dem Internet verbunden war, konnten manchmal sowohl der Mac als auch das iPad im Internet surfen, aber Logic Remote und Logic Pro X fanden sich gegenseitig nicht. Im Laufe der letzten Jahre wurde das allerdings deutlich verbessert.

Probleme können auch immer am WLAN-Router liegen. Aufgrund der Vielzahl verschiedener Router und Systeme auf dem Markt – inklusive der auf Mac und iPad installierten Systeme – lassen sich hier kaum Verallgemeinerungen anstellen. Ich habe dabei einen Workaround gefunden, den ich nachfolgend erläutere.

16.4.2 Netzwerk anlegen

Als Problemlösung eignet sich die Erstellung eines eigenen Netzwerks. Anschließend ist der Computer eine Art WLAN-Basisstation, mit der sich andere Geräte verbinden können (Abbildung 16.55, Abbildung 16.56). Dann wählen Sie dieses Netzwerk auf dem iPad aus, so dass sich dieses mit dem MacBook ohne weitere störende Einflüsse verbinden kann. Hierdurch wird die Verbindungsqualität zwischen iPad und Mac oft deutlich stabiler.

Abbildung 16.55 Hier legen Sie ein Netzwerk an.

Abbildung 16.56 Das Netzwerk ist aktiv,
und Sie können andere Geräte mit ihm verbinden.

16.4.3 iPad mit Netzwerk verbinden, Programme auswählen und beenden

Zur Nutzung von Logic Remote müssen Sie das iPad mit dem passenden Netzwerk verbinden. Bei selbsterstellten Netzwerken funktioniert das grundsätzlich wie bei den Verbindungen zu anderen Netzwerken – außer dass das Netzwerk normalerweise gesondert unter GERÄTE bei der Auswahl der Netzwerke aufgelistet wird.

16

Ist Logic Remote auf dem iPad bereits geöffnet und hat im vorherigen Netzwerk vergebens versucht, sich zu verbinden, müssen Sie es eventuell zwangsweise schließen (denn auch beim Wechsel zu anderen Apps bleiben geöffnete Apps aktiv). Drücken Sie hierfür zweimal kurz hintereinander auf den Home-Button des iPads. Hierdurch erscheint eine Art Task Manager, und Sie sehen eine Liste der geöffneten Programme, die Sie dort auch beenden können. Hierzu tippen Sie das zur App gehörende Fenster an und »wischen« es mit auf dem Screen gehaltenen Finger vertikal nach oben hin »weg«.

Nun können Sie die Logic-Remote-App neu starten. Sie sollte anschließend Logic Pro X auf dem Computer, mit dem Sie sich verbinden möchten, in einem Dialog anzeigen. Vorausgesetzt, dass Logic auf dem Rechner bereits geöffnet ist, können Sie sich nun mit ihm verbinden. Beim ersten Mal müssen Sie diese Verbindung allerdings anschließend noch auf dem Mac in einem Dialog erlauben, bevor sie zustande kommt.

Tipp: Zusätzlich sollten Sie die automatische Verriegelung in Ihrem iPad deaktivieren, denn nach dem Entriegeln kann es sein, dass die Verbindung erneut neu aufgebaut werden muss. Zudem sollten Sie vermeiden, während der Arbeit mit Logic Remote andere Apps auf dem iPad zu benutzen – auch hierdurch kann die Verbindung unterbrochen werden.

16.4.4 Einführung und Aufbau von Logic Remote

Mit Logic Remote können Sie Befehle für die folgenden Funktionen nutzen:

- Navigation
- Touch-Instrumente
- Smart Controls
- Mixer
- Library
- Tastaturkommandos
- Hilfe

Das iPad lässt sich mit mehreren Fingern gleichzeitig bedienen, was gegenüber dem Computer eine andere Art von Bedienung ermöglicht. Aktionen, die Sie auf dem Mac in Logic vollführen, werden mit wenigen Ausnahmen sofort auf dem iPad angezeigt – und umgekehrt! Sie können über das iPad eingespielte Noten mit Logic aufnehmen und Bewegungen an Smart Controls auf dem iPad als Automation aufzeichnen.

Ansicht-Menü

Im ANSICHT-Menü links oben können Sie verschiedene Ansichtsmodi wählen (siehe Abbildung 16.57). Die Auswahl ändert sich bei eingestelltem AUTO-Modus je nachdem, welches Instrument Sie im Kanalzug gewählt haben. Das ist etwas verwirrend, da es keine komplette Übersicht über alle zur Verfügung stehenden Touch-Instrumente gibt, weshalb man erst mal darauf kommen muss, dass es z. B. das sogenannte *Smart-Strings-Patch* überhaupt gibt.

Akkord-Strips sind nur zu sehen, wenn Instrumentenkanalzüge selektiert sind.

Ist ein Drumkit gewählt, steht beispielsweise statt AKKORD-STRIPS eine spezielle SCHLAGZEUGSET-Ansicht zur Verfügung (siehe Abbildung 16.58).

Hier eine kurze Übersicht zu den einzelnen Ansichten, bevor es ins Detail geht:

- SMART CONTROLS & KEYBOARD/GRIFFBRETT/DRUM-PADS etc.: Es werden unterhalb des Navigationsbereichs sowohl Smart Controls als auch darunter ein entsprechendes Eingabetool bzw. Touch-Instrument angezeigt.
- MIXER: Unterhalb des Navigationsbereichs wird der Mixer angezeigt (Abbildung 16.57).
- AKKORD-STRIPS oder SCHLAGZEUGSET: Unterhalb des Navigationsbereichs werden Akkord-Strips mit voreingestellten, zur eingestellten Songtonart passenden Akkorden (Akkorde lassen sich auch manuell einstellen) oder Schlagzeugsets angezeigt. Hierbei handelt es sich um spezielle, zum Instrument passende Touch-Instrumente.
- TASTATURKURZBEFEHLE: In dieser Ansicht stehen Ihnen typische Logic-Funktionen und Shortcuts als beschriftete Buttons zur Verfügung, um den Workflow zu beschleunigen.

- INTELLIGENTE HILFE: Zeigt die Hilfe von Logic an. Dort können Sie im SUCHEN-Feld auch nach Funktionen stöbern. Dieser Anzeigemodus wechselt automatisch und ziemlich schnell die Inhalte, je nachdem, was Sie gerade auf dem Mac in Logic tun.

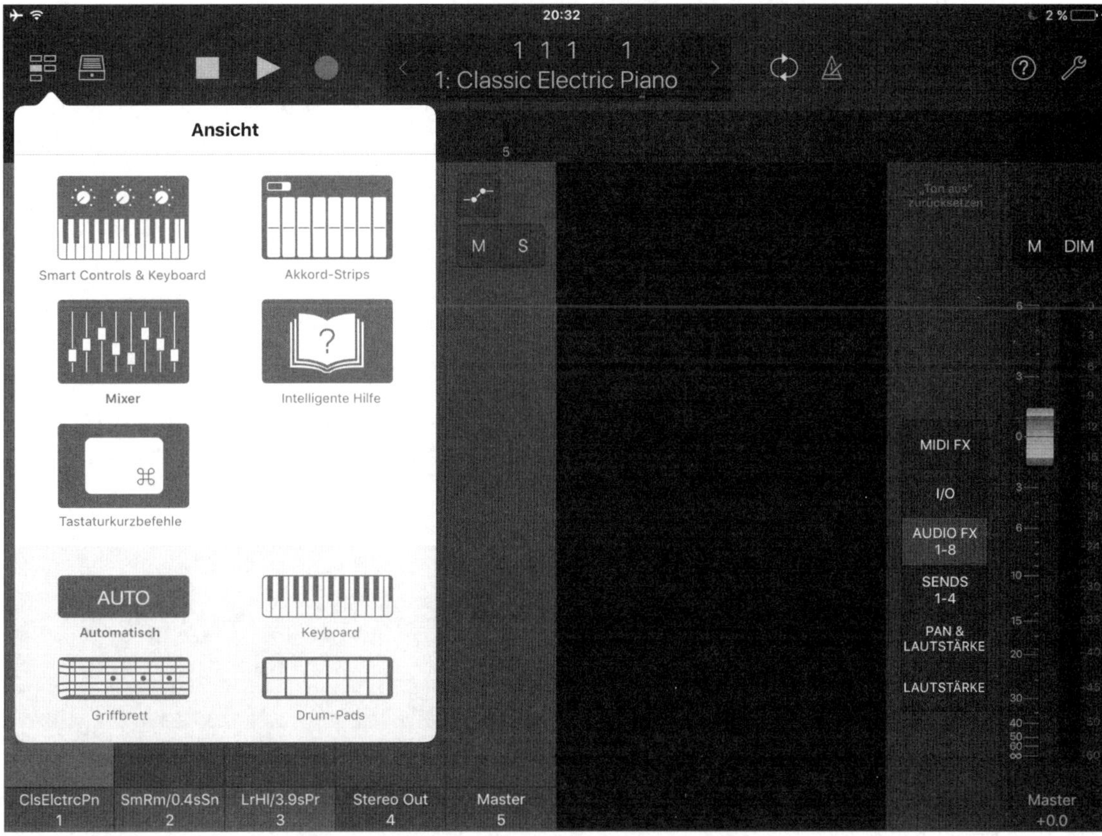

Abbildung 16.57 Menü »Ansicht« in Logic Remote

Abbildung 16.58 Ansichtsoptionen inklusive »Schlagzeugset«

16.4.5 Einstellungen, Info-Funktion und Logic-Remote-Hilfe

Auf der rechten Seite von Logic Remote gelangen Sie an das Menü EINSTELLUNGEN (durch Tippen auf das Schraubenschlüsselsymbol) und die INFO-Funktion (durch Tippen auf das Icon mit dem Fragezeichen).

Im Einstellungsmenü können Sie auch die Funktionen WIDERRUFEN und WIEDERHOLEN aufrufen. Sie finden auch Befehle zum direkten Erzeugen von neuen Spuren (z. B. NEUE AUDIOSPUR, NEUE SOFTWARE-INSTRUMENTSPUR, AUSGEWÄHLTE SPUR DUPLIZIEREN, siehe Abbildung 16.59).

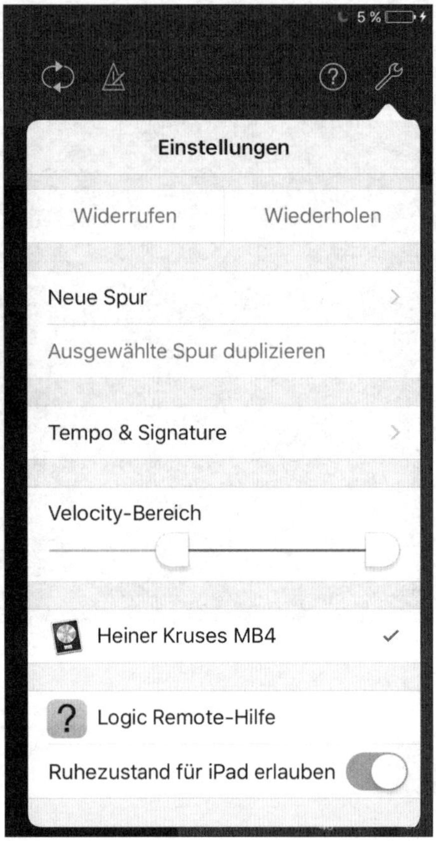

Abbildung 16.59 »Einstellungen«

Die Optionen im EINSTELLUNGEN-Menü ändern sich, je nachdem, womit Sie gerade arbeiten. Die Touch-Instrumente im iPad reagieren velocitysensitiv. Welcher Velocity-Bereich dabei gesendet wird, bestimmen Sie dort ebenfalls. Sie können auch in den Akkord-Strips vorgegebene Akkorde konfigurieren. Ganz unten sehen Sie dort auch einen Eintrag zum Aufrufen der Logic-Remote-Hilfe. Damit das klappt, müssen Sie jedoch mit dem Internet verbunden sein.

Info-Funktion

Davon zu unterscheiden ist die Info-Funktion. Ist sie durch Klick auf das Fragezeichensymbol aktiv, erscheinen in verschiedenen Bereichen von Logic Remote gelb unterlegte Notizen/Sprechblasen, die Ihnen Tipps zu den im aktuellen Bildschirm angezeigten Funktionen und Tools geben (siehe Abbildung 16.60).

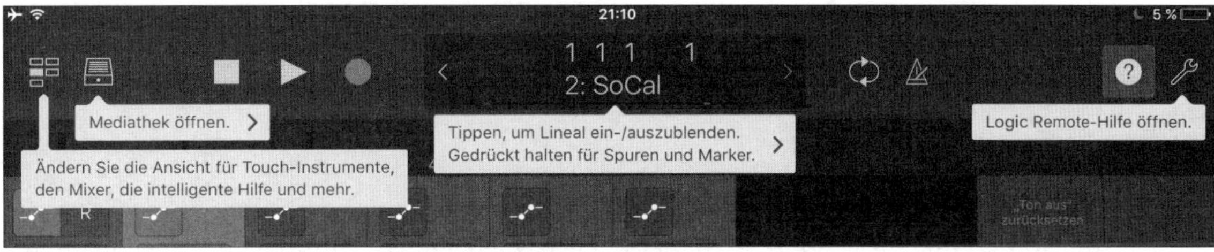

Abbildung 16.60 Logic Remote mit aktivierter Info-Funktion

16.4.6 Transportfunktionen und Aufnahme aus einem anderen Raum

In den nächsten Beispielen verwende ich das Projekt *16Logicremote1*, in dem verschiedenste Spurtypen und Instrumentengattungen geladen sind.

16

Taktlineal, Start, Stopp, Vor- und Rückspulen, Cycle, Marker

Tippen Sie auf den Displaybereich mit der angezeigten Taktposition, um das Taktlineal unterhalb davon (siehe Abbildung 16.61) ein- oder auszublenden. Dort können sie auch einen Cycle-Bereich einstellen und aktivieren. Sind Marker im Song vorhanden, werden sie ebenfalls angezeigt. Wischen Sie mit dem Finger auf dem Display (falls das Taktlineal nicht angezeigt wird) oder im Taktlineal nach links oder rechts, um sich im Song vorwärts oder rückwärts zu bewegen. Die »Wischgeschwindigkeit« hat Einfluss darauf, wie schnell das geschieht.

STOPP beendet die Wiedergabe. Ist die Wiedergabe angehalten, sehen Sie (wie in Logic) statt der STOPP-Taste eine GO TO BEGINNING-Funktionstaste.

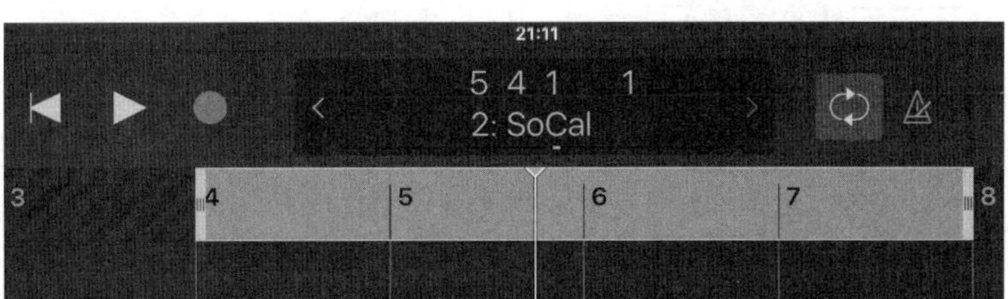

Abbildung 16.61 Taktlineal und Cycle sind sichtbar.

Aufnahme und Metronom

Drücken Sie den RECORD-Button, um Logic in den Aufnahmezustand zu versetzen, wodurch es beispielsweise leichter wird, wenn Sie sich selbst aufnehmen wollen, sich dabei aber in einer Gesangskabine befinden. Das Metronom wird entsprechend der Einstellungen in Logic aktiviert, durch ein Tap auf den Metronom-Button können sie es auch deaktivieren.

Ist die Aufnahme aktiv, färbt sich das Taktanzeigedisplay rot. Spielen Sie z. B. auf dem iPad Keyboard, um MIDI-Noten in die Spur des *E-Pianos* aufzunehmen. Das Keyboard hat dabei verschiedene Modi (siehe den folgenden Abschnitt 16.4.8).

Wenn Sie sich bei der Aufnahme den Mixer anzeigen lassen (indem Sie ihn im ANSICHT-Menü einblenden), können Sie jeweils andere Spuren selektieren bzw. scharf schalten (siehe Projekt *16Logicremote2* und Abschnitt 16.4.15 über die Mixer-Ansicht).

16.4.7 Touch-Instrumente: Einführung

Touch-Instrumente auf dem iPad gibt es in verschiedenen Ausführungen: als Keyboard mit Arpeggiatorfunktionen, als Gitarrengriffbrett, als Saiten von Streicherinstrumenten und als Drum-Pad. Die nachfolgend erläuterten Touch-Instrumente in Logic Remote finden Sie in zumindest ähnlicher Form auch in der kostenlosen GarageBand-App für iPad und iPhone.

16.4.8 Touch-Instrument: Keyboard mit Arpeggiator

Wenn Sie ein Keyboard ausgewählt haben oder sich dies durch die automatische Instrumentenkonfiguration ergibt, so können Sie dieses Keyboard mit mehreren Fingern gleichzeitig spielen, und es besitzt zusätzliche Optionen wie eine Skalenansicht und einen Arpeggiator.

Keyboardgröße

Ganz rechts über dem Keyboard können Sie verschiedene Größen der Tastaturdarstellung wählen (siehe Abbildung 16.62), so dass Sie entweder 19, 26 oder 31 Tasten sehen.

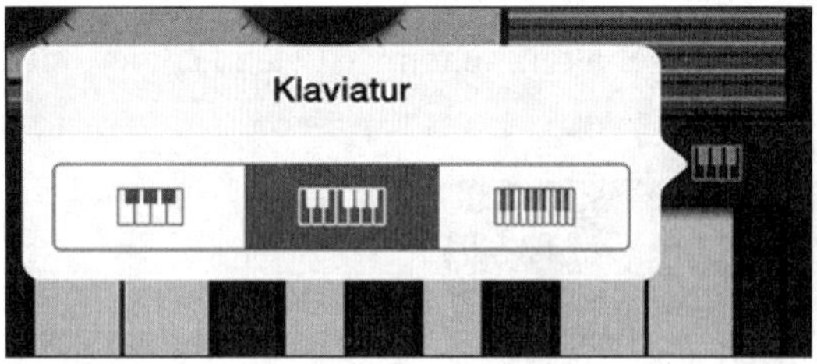

Abbildung 16.62 Keyboardgrößenauswahl

Arpeggiator

Die fünf treppenförmig angeordneten Balken links neben der Auswahl der Klaviaturgröße (siehe Abbildung 16.63) aktivieren oder deaktivieren einen Arpeggiatormodus. Dabei wird ein Arpeggiator-MIDI-Plug-In in den Kanalzug eingesetzt, bedienen/editieren müssen Sie den »Arpeggiator« in Logic auf dem Mac direkt.

Skalen

Links neben der Arpeggiatorfunktionalität können Sie Skalen für das Keyboard aktivieren (siehe Abbildung 16.63). Die Einstellung einer Skala bewirkt, dass mit dem iPad-Keyboard lediglich die Töne der gewählten Skala gespielt werden können (siehe Abbildung 16.64). Die jeweiligen Grundtöne sind dabei schwarz markiert. Sie können den Grundton hier nicht verstellen, sondern müssen die Songtonart ändern, um an einen anderen Grundton für die Skala heranzukommen.

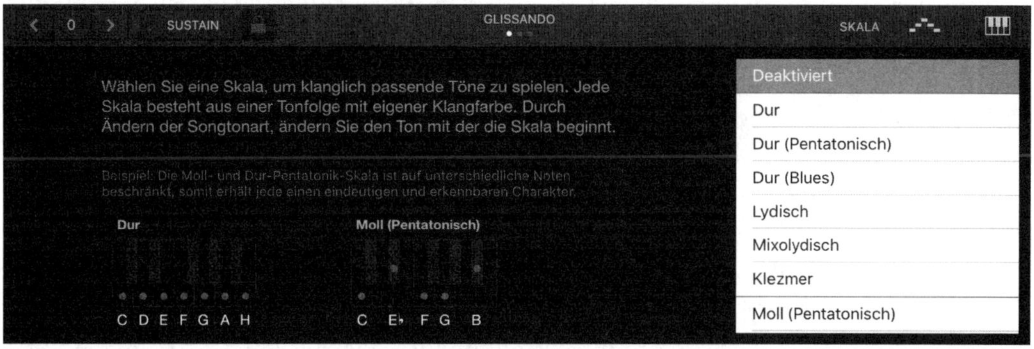

Abbildung 16.63 Das Menü zur Auswahl einer Skala inklusive einer kleinen Erläuterung auf dem iPad

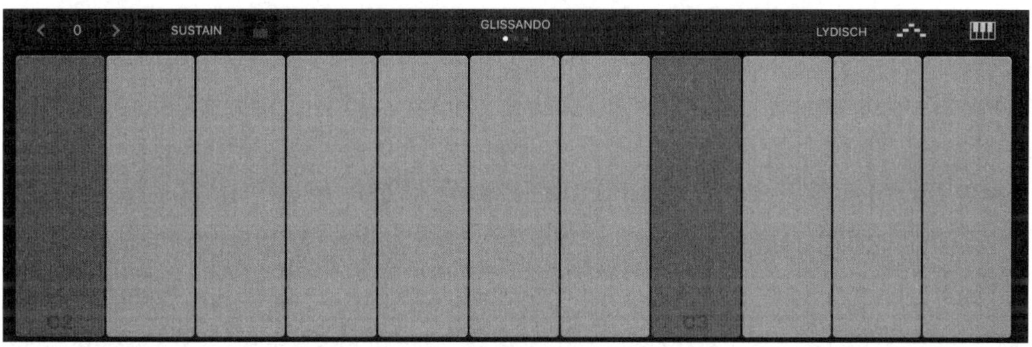

Abbildung 16.64 Das Keyboard zeigt nun nur noch die Töne der gewählten Skala an.

Sliding-Modi: »Glissando«, »Scrollen«, »Pitch«

In der Mitte können Sie zwischen drei Modi umschalten, die regeln, was passiert, wenn Sie Ihren Finger mehr oder weniger schnell nach rechts oder links über das Keyboard bewegen:

- GLISSANDO: Entspricht einem »normalen« Verhalten der Klaviertastatur – wobei Sie auf dem iPad natürlich besonders schnell über die Tasten »streichen« können.
- SCROLLEN: Wenn Sie Ihren Finger nach rechts oder links über das Keyboard bewegen, bewegt sich die Tastatur mit, so dass Sie höhere oder tiefere Tastaturbereiche ansteuern können.

- PITCH: Wenn Sie Ihren Finger nach rechts oder links über das Keyboard bewegen, erzeugen Sie einen Pitch-Bending-Effekt. Das ist eine besonders interessante, weil auf einem normalen Keyboard in dieser Form nicht verfügbare Option. Die Wirkung hängt natürlich von den Einstellungen im jeweiligen Instrument ab (ein Beispiel hierfür habe ich im Dokument *16Logicremote3* aufgenommen).

»Sustain«/»Latch«

Wenn Sie Klavierspieler sind, empfinden Sie vielleicht auch spezielle Freude an der Wirkung eines Sustain-Pedals, das die Noten länger aushallen lässt (zu hören mit *E-Piano* im Beispielprojekt *16Logicremote4*).

Klicken Sie, während Sie auf dem Logic-Remote-Keyboard spielen, mit der anderen Hand auf den SUSTAIN-Knopf halblinks über der Tastatur, um Sustain zu aktivieren. Um den Sustain-Mode zu verriegeln, bewegen Sie den SUSTAIN-Button nach rechts; bewegen Sie ihn anschließend nach links, um ihn wieder zu entriegeln.

Ist der »Arpeggiator« aktiv, wird statt des SUSTAIN-Buttons ein LATCH-Button sichtbar, der sich ebenso verriegeln und entriegeln lässt. Die LATCH-Funktion ist das im Arpeggiatormodus sinnvolle musikalische Pendant zum Sustain-Modus: Nicht die einzelnen Noten werden dann langgezogen gehalten, sondern die gespielten Töne werden vom »Arpeggiator« dauerhaft arpeggiert, ein gespielter Akkord bleibt quasi liegen.

Oktavlage

Links oben über dem Keyboard stellen Sie mit Hilfe der Pfeiltasten die Oktavlage des Keyboards ein und verschieben diese nach unten oder oben.

16.4.9 Touch-Instrument: Griffbrett (für Gitarre und Saiten)

Das Touch-Instrument Griffbrett soll die Spielweise von Saiteninstrumenten wie Gitarre und Streichern (Strings) näherungsweise ermöglichen. Es wird durch die jeweiligen Akkord-Strips ergänzt, die eher eine Strumming-Spielweise ermöglichen, während das Griffbrett sich mehr für das Spielen von einzelnen Noten oder Akkorden ohne Strumming eignet. Wie das klingt, hängt natürlich vom verwendeten Instrument ab.

Logic stellt werksseitig einige Gitarrensounds zur Verfügung, die sich in der Kombination mit den Smart Controls ganz gut mit Logic Remote spielen lassen; mit GarageBand iOS geht es sogar noch etwas einfacher. Je nach verwendetem Instrument sieht das Gitarrengriffbrett dabei etwas anders aus (z. B. E-Gitarre, Akustikgitarre; siehe Abbildung 16.65 und Abbildung 16.66). Eine weitere Besonderheit stellt das Strings-Patch Smart Strings dar (siehe Abbildung 16.67), wodurch das Touch-Instrument wie ein Streicherinstrument aussieht.

Im bereits vorgestellten Ansichtmodus AUTOMATISCH wird jeweils das passende Touch-Instrument zum geladenen Patch in Logic geladen. Auch für einen Harfensound ist dies beispielsweise ein Griffbrett.

Abbildung 16.65 Griffbrett mit E-Gitarren-Instrument

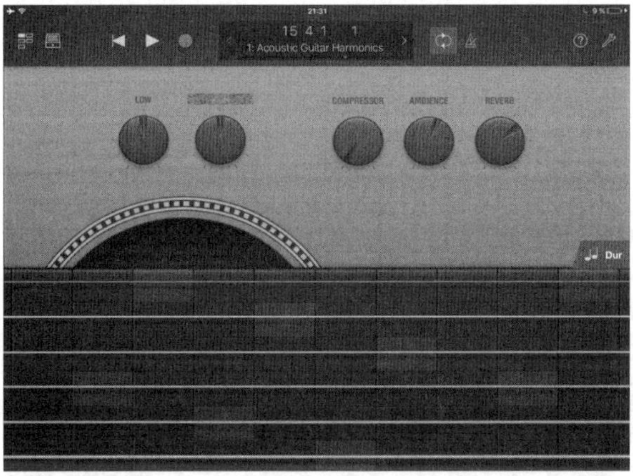

Abbildung 16.66 Griffbrett mit Akustikgitarreninstrument

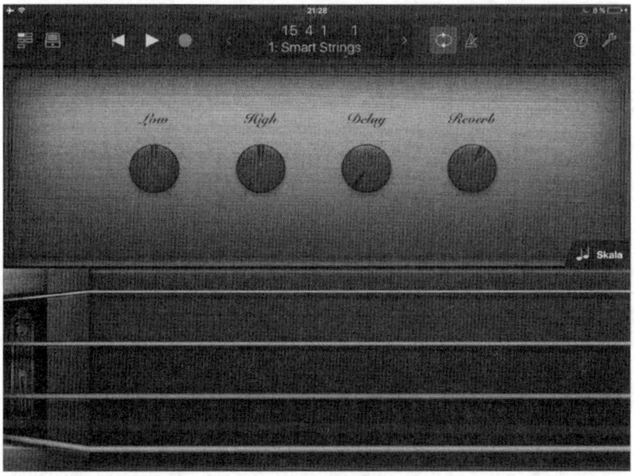

Abbildung 16.67 Griffbrett bei eingestelltem Smart-Strings-Orchesterinstrument

Mit dem Gitarrengriffbrett und dem String-Griffbrett ist Pitch-Bending auf sehr spezielle Weise möglich. Während beim Gitarrengriffbrett Pitch-Bending eher durch vertikale Bewegungen der Saiten geschieht, kein Strumming möglich ist und stattdessen eine horizontale Bewegung auf dem Griffbrett eine in Halbtonschritten einrastende Veränderung der Tonhöhe bewirkt, verhält sich das Saitengriffbrett des Smart-String-Instruments anders: Hier werden zum einen die Noten bei auf der Saite gehaltenem Finger gehalten und Sie erhalten schöne Legato-Strings, andererseits können Sie die Tonhöhe stufenlos durch horizontale Bewegung auf dem Hals verändern – und zwar (und das ist für mich das Besondere) für jeden Ton separat!

Natürlich liegt das an der Programmierung des zugehörigen Sounds und funktioniert nicht ohne weiteres mit anderen Sounds. Wenn Sie ein Instrument eines anderen Herstellers laden (z. B. NIs *FM8*), bewirkt eine horizontale Bewegung einer Saite eventuell auch einfach gar nichts oder einfach ein Pitch-Bending für den Gesamtsound.

Natürlich können Sie auch für das Griffbrett Skalen wählen (siehe Abbildung 16.68). Die Grundtöne sind dann unter den Saiten heller markiert (und können wiederum nur über die eingestellte Songtonart in Logic geändert werden).

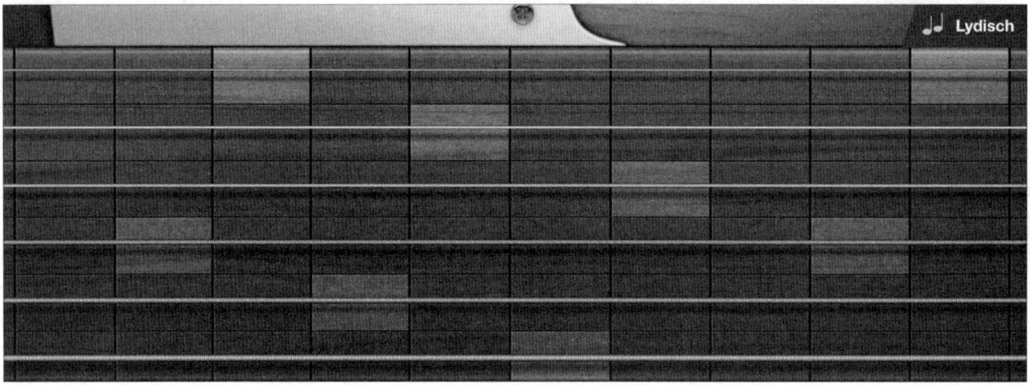

Abbildung 16.68 Griffbrett mit eingestellter Dur-Skala

16.4.10 Touch-Instrument: Drum-Pads

Drum-Pads stehen sowohl für Drumkit- als auch für Drum-Machine- oder Drum Machine Designer-Patches zur Verfügung. Besonders hilfreich ist mitunter die Beschriftung der Pads, an der Sie erkennen, welcher Sound auf dem Pad liegt (siehe Abbildung 16.69). Oben rechts können Sie auch NOTE REPEAT ❶ (inklusive Einstellung einer Wiederholrate) und SPOT ERASE ❷ aktivieren, oben links wählen Sie die OKTAVLAGE ❸.

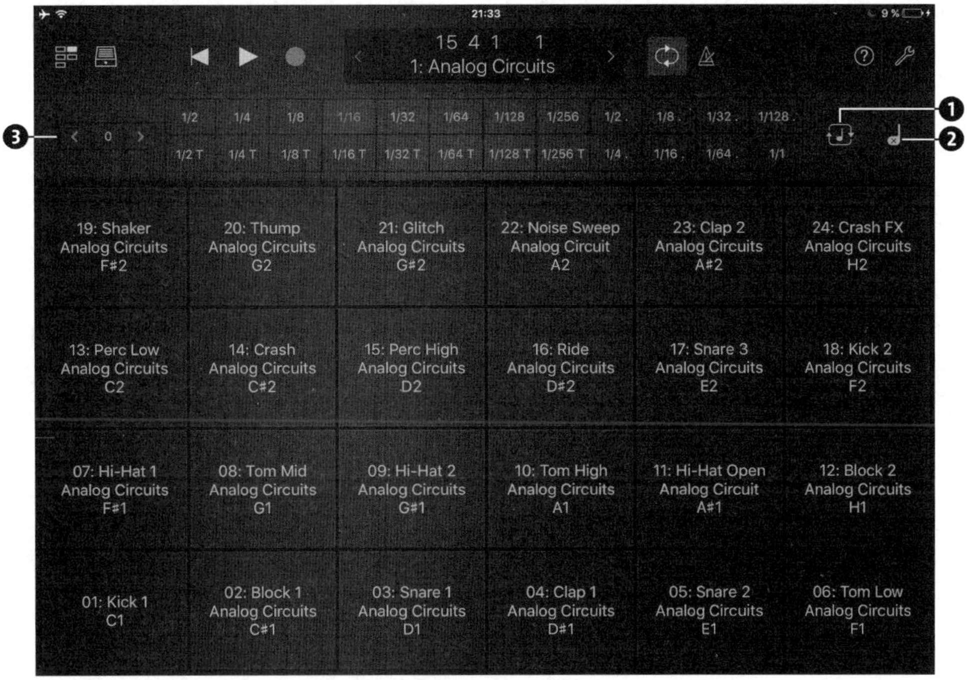

Abbildung 16.69 Drum-Pads-Touch-Instrument

16.4.11 Touch-Instrument: Schlagzeugset

Das Touch-Instrument Schlagzeugset (siehe Abbildung 16.70) steht bei der Auswahl bestimmter Drumkit-Patches oder beim Erzeugen einer »Drummer«-Spur zur Verfügung.

Abbildung 16.70 Schlagzeugset in Logic Remote

Es erlaubt (zusätzlich zu Velocity-Sensitivität) folgende spezielle Spielweisen (öffnen Sie das Projekt *16Remoteschlagzeug*, wo ich eine einfache »Drummer«-Spur erzeugt habe):

- Mit einem Finger auf Crash-Becken links oben tippen: Das Crash-Becken spielt allein.
- Mit zwei Fingern auf Crash-Becken links oben tippen: Crash-Becken und Kickdrum spielen gemeinsam.
- Je nachdem, wo Sie die Hi-Hat (im Bildschirm links auf mittiger Höhe) antippen, spielt entweder eine offene oder eine geschlossene Hi-Hat; für Letztere gibt es dabei zwei unterschiedliche Klangvariationen.
- Je nachdem, wo Sie die Snare (im Bildschirm links unten) antippen, erklingt ein normaler Snare-, ein Rimshot- oder ein Side-Stick-Sound.
- Je nachdem, wo Sie das Ride-Becken rechts oben anspielen, werden zwei verschiedene Arten Ride-Sounds hörbar.
- Toms und Kickdrum klingen, je nachdem, wo und wie fest Sie sie antippen, jeweils etwas unterschiedlich, um einen natürlichen Sound zu realisieren.

16.4.12 Touch-Instrument: Akkord-Strips (Gitarre, Keyboard, Saiten), manuelle Akkordzuweisung

Akkord-Strips erlauben nicht nur den schnellen Zugriff auf Akkorde, sondern zusätzlich für das Instrument typische, jeweils leicht unterschiedliche Spielweisen.

Manuelle Akkordzuweisung

Die in den Akkord-Strips verfügbaren Akkorde ändern sich automatisch, wenn Sie in Logic die Tonart ändern. Zunächst stehen die tonleitereigenen Akkorde von Dur- und Moll-Tonleitern zur Verfügung. Sie können in Logic bei der Songtonart ja einstellen, ob es sich um eine Dur- oder eine Moll-Tonart handelt.

Wollen Sie z. B. die leitereigenen Akkorde der C-Lydisch-Tonleiter spielen, ist dies auf Umwegen möglich, indem Sie F-Dur als Tonart einstellen (zum besseren Verständnis lesen Sie Abschnitt 12.14 über Kirchentonleitern im Harmonielehrekapitel).

Darüber hinaus können Sie die Akkorde über das Einstellungsmenü editieren. Scrollen Sie im EINSTELLUNGEN-Menü nach unten, um an den Eintrag zur Bearbeitung von Akkorden heranzukommen. Zum Editieren von Akkorden selektieren Sie einen Akkord-Strip und treffen entsprechende Einstellungen (siehe Abbildung 16.71).

In Abbildung 16.72 ist für den ersten Akkord-Strip statt Em nun Em^6/G eingestellt, d. h., im Akkord wird zusätzlich der 6. Ton der e-Moll-Tonleiter gespielt. Zusätzlich ist als Grundton des Bassbereichs (der beispielsweise bei den abgebildeten Keyboard-Akkord-Strips, nicht aber bei Gitarren-Akkord-Strips zur Verfügung steht) ein G eingestellt, was nun im Akkord-Strip auch angezeigt wird.

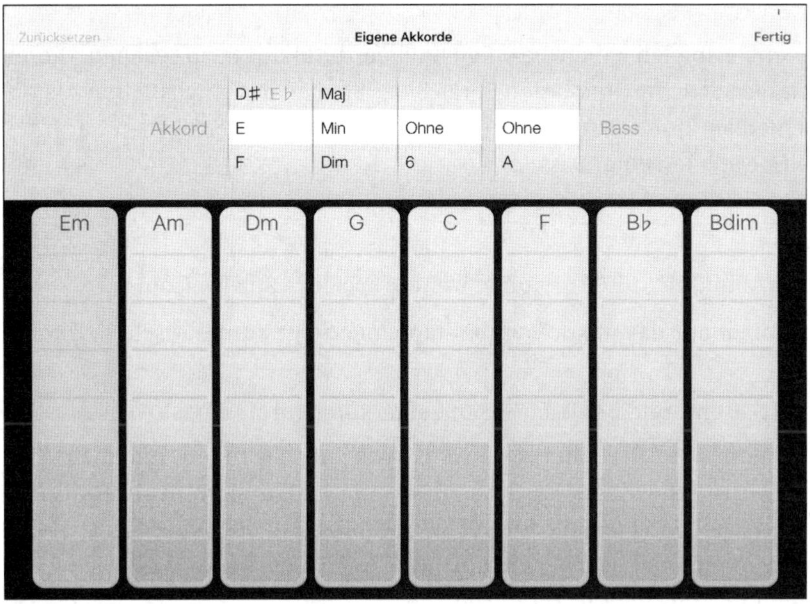

Abbildung 16.71 Für jeden Akkord-Strip können Sie einen eigenen Akkord einstellen.

Wenn Sie die Akkorde editiert haben, sehen Sie die geänderten Akkorde in allen Akkord-Strips des Songs. Geänderte Akkord-Strips werden mit dem Logic-Projekt gespeichert und lassen sich mit diesem auch wieder aufrufen. So können Sie das abgebildete Beispiel testweise mit dem Projekt *16LogicremotegeänderteAkkordstrips* öffnen.

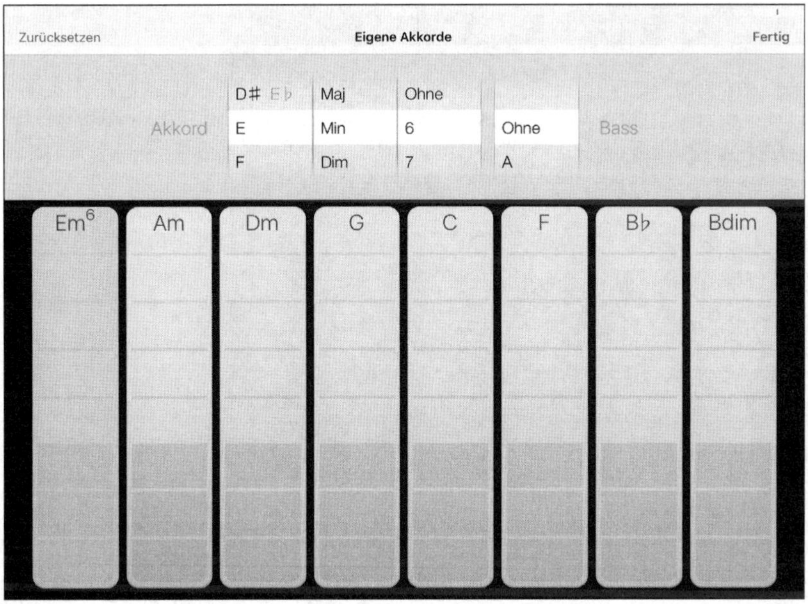

Abbildung 16.72 Zusätzlich lässt sich für den Bassbereich ein anderer Grundton auswählen.

Keyboard-Akkord-Strip

In den vorangegangenen Beispielen haben Sie einen Keyboard-Akkord-Strip gesehen. Dieser erlaubt auf den vier blassen Strichen im oberen Bereich das Spielen des eingestellten Akkordes in jeweils unterschiedlich hoher Lage. Die hellgrau untermalten drei Flächen darunter erlauben das gleichzeitige Spielen einer Bassnote.

Gitarren-Akkord-Strip

Gitarren-Akkord-Strips (Abbildung 16.73) erlauben weitere spezielle Spielweisen:

- Wenn Sie mehrfach oben auf das Akkordsymbol tappen, erfolgt automatisches Akkord-Strumming.
- Wenn Sie einfach auf Saiten tippen, spielen Sie einzelne Noten an.
- Wenn Sie mit den Fingern über alle Saiten streichen, strummen Sie manuell. Je mehr Finger im Einsatz sind, desto schwieriger wird es, ein akkurates Timing hinzubekommen. Allerdings steht Ihnen ja die Möglichkeit zur Verfügung, oben auf die Akkordsymbole zu klicken (was dagegen manchmal etwas gleichförmig klingt). Gegebenenfalls spielen Sie die Aufnahmen in einem langsameren Tempo ein.
- Wenn Sie den Bund links festhalten, bekommen Sie dabei einen »Muted Sound« – sofern das Patch diese Funktion unterstützt.

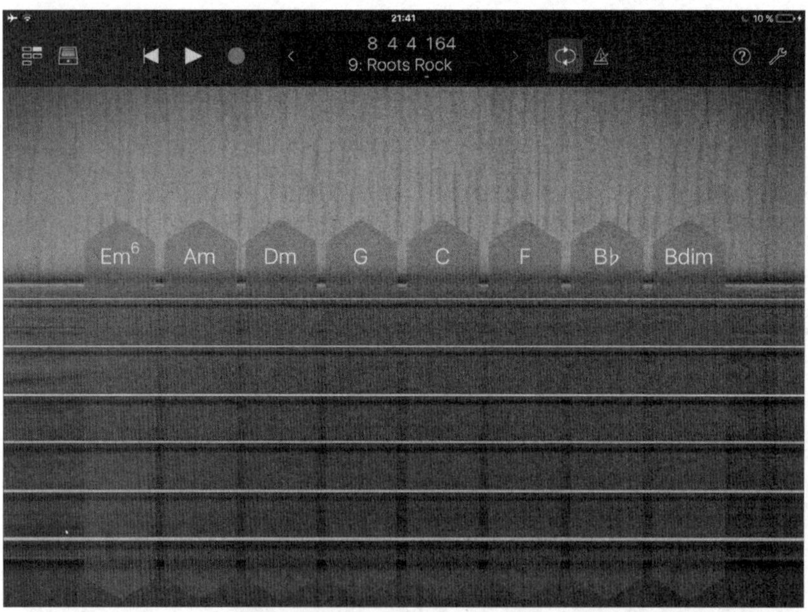

Abbildung 16.73 Gitarren-Akkord-Strips

Im Dokument *16LogicRemoteGitarrenAkkstrips* hören Sie ein Gitarrenbeispiel. Natürlich können Sie Eingespieltes anschließend in MIDI-Editoren bearbeiten. Einfaches Quantisieren mit 100 % Q-STÄRKE im Informationsfenster REGION wird den Strumming-Effekt zunichtemachen, hier kann INTELLIGENTE QUANTISIERUNG helfen, und Ausprobieren ist gefragt.

Zwischen Takt 1 und 3 hören Sie manuelles Strumming. Die Region habe ich nicht quantisiert. Zwischen Takt 3 und 5 hören Sie manuelles Strumming mit zwei Saiten und Fingern, die Region habe ich mit 78 % Stärke quantisiert. Zwischen Takt 5 und 7 wechselt die Gitarre in einen Muted-Mode. Die punktgenaue Umschaltung auf der gleichen Spur wollte nicht so recht gelingen, daher habe ich die Spur dupliziert, so dass Sie nun eine andere Spur mit einem anderen Instrument hören. Ab Takt 7 hören Sie automatisches Strumming durch mehrfaches Tappen auf die Akkordsymbole. Zusätzlich habe ich die Region anschließend quantisiert (Stärke 73 %) und die Noten in der PIANOROLLE mit der Funktion LEGATO ERZWINGEN etwas verlängert.

Saiten-Akkord-Strip

In den Genuss von Saiten-Akkord-Strips bin ich durch das Laden des Smart-Strings-Instrument-Patches (siehe Abbildung 16.74) gekommen. Oben sind verschiedene Streicherinstrumente abgebildet, die Sie durch Klick auf dieselben temporär stumm schalten oder aktivieren. Auch hier stehen – in Verbindung mit dem Instrument – besondere Spielweisen zur Verfügung:

Die drei Linien in den Akkord-Strips teilen diese in vier Bereiche ein, die jeweils einen eigenen Akkord triggern. Durch kurzes Tippen auf einen Abschnitt erzeugen Sie eine Art Staccato-Akkord (der erst beim Loslassen zu hören ist). Ähnlich funktioniert das Smart-Strings-Instrument in GarageBand für iPad.

Wenn Sie den Akkord-Strip von oben nach unten herabstreichen und dabei den Finger auf dem Akkord-Strip halten, spielen Sie einen helleren Legato-Akkord, und einen dunkleren, wenn Sie von ganz unten nach oben streichen. Wiederum etwas anders klingt es, wenn Sie in der Mitte des Akkord-Strips mit dem Hin- und Herstreichen beginnen. Wenn Sie Legato-Akkorde spielen, wirkt sich im Zeitverlauf aus, wie fest Sie Ihren Finger auf dem Akkord-Strip halten (Expression bzw. Crescendo/Decrescendo).

Im Projekt *16Smartstrings* hören Sie, wie es klingt, wenn Sie mit dem Finger über die Akkord-Strips streichen, die bei ausgewähltem Smart-Strings-Instrument erscheinen. In der EVENT-Liste können Sie die dabei verwendeten MIDI-Controller-Daten auch im Detail einsehen und gegebenenfalls editieren.

Im Projekt *16Smartstrings3* habe ich abwechselnd von oben und von unten über die Akkord-Strips gestrichen und dabei zwischendurch tiefere Streichergruppen hinzugeschaltet und das Ergebnis etwas ediert. Damit es nach einer Quantisierung nicht komisch klingt, ist wichtig, dass die MIDI-Befehle für das Streichen der Seite (Controller Nr. 11) gegebenenfalls *vor* der Note einsetzen. Eine genaue Betrachtung der eingespielten Daten zeigt, dass die nachträgliche Aktivierung von Violen, Cellos und Bass lediglich in Form von zusätzlich gespielten Noten eingefangen wurde.

Abbildung 16.74 Streicher-Akkord-Strips

Etwas komplexer wird es im Projekt *16Smartstrings2*. Nachdem das Manual von Pizzicato-Strings sprach, habe ich nachgeschaut, ob es diese überhaupt im geladenen Patch gibt – und bin fündig geworden. Im Editor des Sampler-Instruments sah ich, dass Pizzicato-Gruppen vorhanden sind, und die Gruppen mit Hilfe von Artikulations-IDs (siehe Abschnitt 11.12.13) auswählen. Artikulations-IDs lassen sich in der EVENT-Liste durch entsprechenden Eintrag im Menü ANSICHT anzeigen und editieren. Danach selektierte ich alle Noten, gab eine Artikulations-ID ein, die laut EXS-INSTRUMENT-EDITOR Pizzicatos triggert – und es funktionierte: Danach waren Pizzicato-Strings zu hören.

16.4.13 Innovative Keyboards: Ausblick und Vergangenheit

Das iPad als Tool zum Musizieren ist möglicherweise die Anschaffung wert: Es kann auf neuartige Weise das Spielgefühl des Musikers transportieren oder elektronische Tools zum Erzeugen maschinell klingender musikalischer Ergebnisse wie Step-Sequenzer oder Yamahas Tenori-On emulieren. Das iPad eignet sich für frühkindliche Musikerziehung, für Live-Acts und Studioarbeit.

Doch schon vor etlichen Jahren gab es innovative Instrumente, deren Genialität immer noch unerreicht ist, die es erlaubten, elektronische Sounds mit besonderem Ausdruck zu spielen. Sie sind in Vergessenheit geraten, weil sie in der Produktion zu teuer waren, verhalfen damals aber Profimusikern mit größeren Budgets zu Meisterwerken.

So gab es in den 70er Jahren den sogenannten *ABBA-Synthesizer* GX-1 von Yamaha, der unter anderem Pitch-Bending-Strips über der Tastatur besaß, mit denen der Keyboarder den Sound modulieren konnte. Ein weiteres Beispiel sind Keyboards mit der Fähigkeit, polyphone Aftertouch-MIDI-Daten zu senden. Dabei wird die Information gesendet, wie stark gehaltene Tasten niedergedrückt werden. Ein Beispiel ist der von Vangelis häufig benutzte Yamaha CS 80.

Ein neues Konzept sind die Seaboard Keyboards von ROLI. Dort erfasst eine Silikontastatur Bewegungen und Druck in alle Richtungen. Diese Informationen werden z. B. vom multitimbralen Instrument-Plug-In »Equator« in Soundvariationen umgesetzt. In Logic funktioniert dies, wenn Sie »Equator« als multitimbrales Instrument laden und über mehrere MIDI-Kanäle ansteuern.

16.4.14 Smart Controls und Audiospuren in Logic Remote

Smart Controls lassen sich auf dem iPad in Logic Remote anzeigen, bedienen und fernsteuern und stehen sowohl bei der Verwendung von Instrumenten als auch bei Audiospuren zur Verfügung.

16.4.15 Mischpult in Logic Remote bedienen

Die Mischpultansicht in Logic Remote folgt der Darstellung des Mixers in Logic – ändert sich also z. B. auch, wenn Sie in Logic zwischen den Ansichten EINZELN, SPUREN und ALLE wechseln.

Mixer-Ansicht und Ansichtsoptionen

Der Mixer (Abbildung 16.75) in Logic Remote zeigt maximal acht Channel-Strips, rechts daneben einen sogenannten *Control-Strip*, über den Sie unter anderem verschiedene Bereiche einblenden können, sowie einen Master-Kanalzug an.

Über den Kanalzügen sehen Sie eine kleine Meter-Bridge mit Pegelausschlägen der in Logics Mixer sichtbaren Mixerkanäle, die Ihnen eine Übersicht über die im Mixer vorhandenen Kanäle gibt (wird das Taktlineal angezeigt, ist dieser Bereich nicht zu sehen; blenden Sie dann das Taktlineal durch Klick auf den Displaybereich ein und aus).

Wenn Sie sich z. B. durch Umschalten auf die Ansicht EINZELN in Logics Mixer andere Kanäle anzeigen lassen, so zeigt auch die Meter-Bridge in Logic Remote die entsprechenden Kanäle an. Der hellgrau markierte Bereich in der Meter-Bridge repräsentiert den gerade sichtbaren Ausschnitt des Mixers. Diesen können Sie nach links und rechts bewegen, um andere Bereiche des Mixers angezeigt zu bekommen. Alternativ können Sie auch unten die Kanalzüge an ihren Namensbezeichnungen anfassen und nach links oder rechts bewegen oder auf die Pfeile nach links oder rechts im Display klicken.

Abbildung 16.75 Mixer in Logic Remote

Der INPUT-MONITORING-Button aus den Kanalzügen im Mixer steht in Logic Remote leider nicht zur Verfügung, dafür aber RECORD-Buttons zum Scharfschalten, Buttons zur Aktivierung und Auswahl eines Automationsmodus, MUTE- und SOLO-Buttons sowie alternativ Sends oder PAN- und Lautstärkeregler (was angezeigt wird, wählen Sie im Control-Strip aus; sind mehr als vier Sends aktiv, können weitere Sends angezeigt werden).

Selektion einer Spur/eines Tracks

Sie selektieren eine Spur, indem Sie im Mixer unten auf das Namensfeld klicken. Hierdurch wird diese Spur auch in Logic selektiert (z. B. im Bereich SPUREN) und gegebenenfalls angesteuert.

Automationsmodus in Logic Remote auswählen

Durch Klick auf den Button mit dem Automationssymbol gelangen Sie zur Umschaltung des Automationsmodus für die entsprechende Spur (siehe Abbildung 16.76). Die verschiedenen

Automationsmodi färben den Button für die Automation jeweils anders ein (entsprechend der Farbgebung für die Modi in Logic).

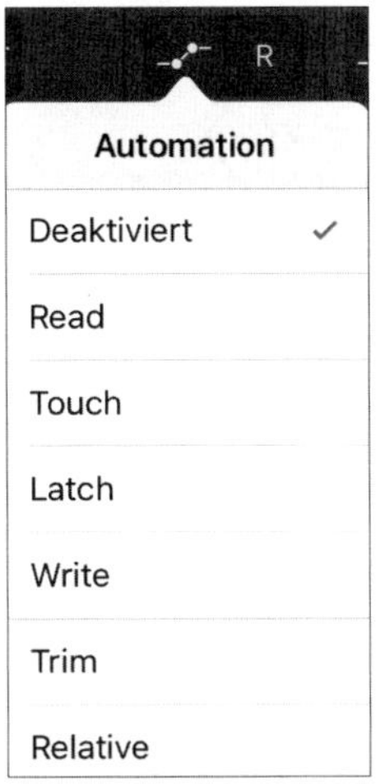

Abbildung 16.76 Hier können Sie den Automationsmodus für einzelne Spuren einstellen und aktivieren.

Mehrere Spuren gleichzeitig bedienen/Mute und Solo im Control-Strip

Wenn Sie einen der Buttons MUTE, SOLO oder RECORD antippen, den Finger darauf halten und nach links oder rechts bewegen/swipen, können Sie die entsprechende Schaltung für mehrere Spuren gleichzeitig vornehmen.

Das Antippen des entsprechenden Buttons unter dem Eintrag ZURÜCKSETZEN im Control-Strip bewirkt ein Zurücksetzen aller Stummschaltungen und Soloschaltungen. Falls irgendwelche Mute- oder Soloschaltungen aktiv sind, sind die MUTE- und SOLO-Buttons des Control-Strips erleuchtet. Vorsicht – im Praxistest ist es mir auch passiert, dass Mutes, die in Logic gemacht wurden, nicht zurückgesetzt wurden, die auf dem iPad dagegen schon.

Fader-Reset

Ein Doppelklick auf einen Fader setzt diesen auf 0 dB zurück.

Pegelanzeigen

Wenn Sie den Fader oder einen Bereich darüber oder darunter kurz anklicken, wird unten im Kanalzug kurz der dB-Wert der Fader-Stellung angezeigt.

Praktisch: Wenn Sie den Fader bewegen, wird oben für eine kurze Zeit ein kleiner Infokasten angezeigt (siehe Abbildung 16.77), der die Veränderung gegenüber der vorherigen Einstellung angibt. Auf diese Weise können Sie etwas sicherer sein, gerade nichts versehentlich verstellt zu haben – oder sehen kurz, was genau passiert ist.

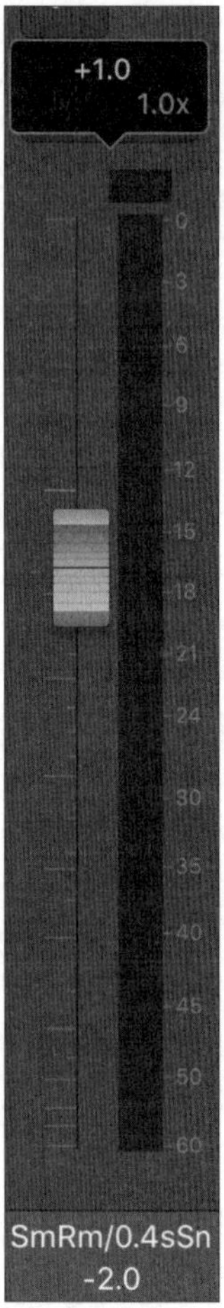

Abbildung 16.77 Infokasten mit Anzeige der Veränderung des Pegels. Unten in Kanalzug ist die absolute Fader-Stellung zu sehen, die nicht an der Skala rechts neben der Anzeige abzulesen ist, denn die dort angezeigte 0 entspricht einer Fader-Stellung von +6 dB im Mixer.

»Dim«-Button im Master-Kanalzug

Mit dem DIM-Button im Master-Kanalzug stellen Sie schnell den Output des Master-Busses leiser. Um wie viel leiser gestellt wird, bestimmen Sie in den EINSTELLUNGEN • AUDIO • ALLGEMEIN.

16.4.16 Sounds auswählen – Library nutzen mit Logic Remote

Mit Hilfe des LIBRARY-Buttons sehen Sie schnell Patches, die sich für die jeweilige Spurkategorie in Logics BIBLIOTHEK befinden (siehe Abbildung 16.78). Dabei können Sie durch die vorhandenen Ordner browsen. Indem Sie auf einen Eintrag tippen, laden Sie das entsprechende Patch.

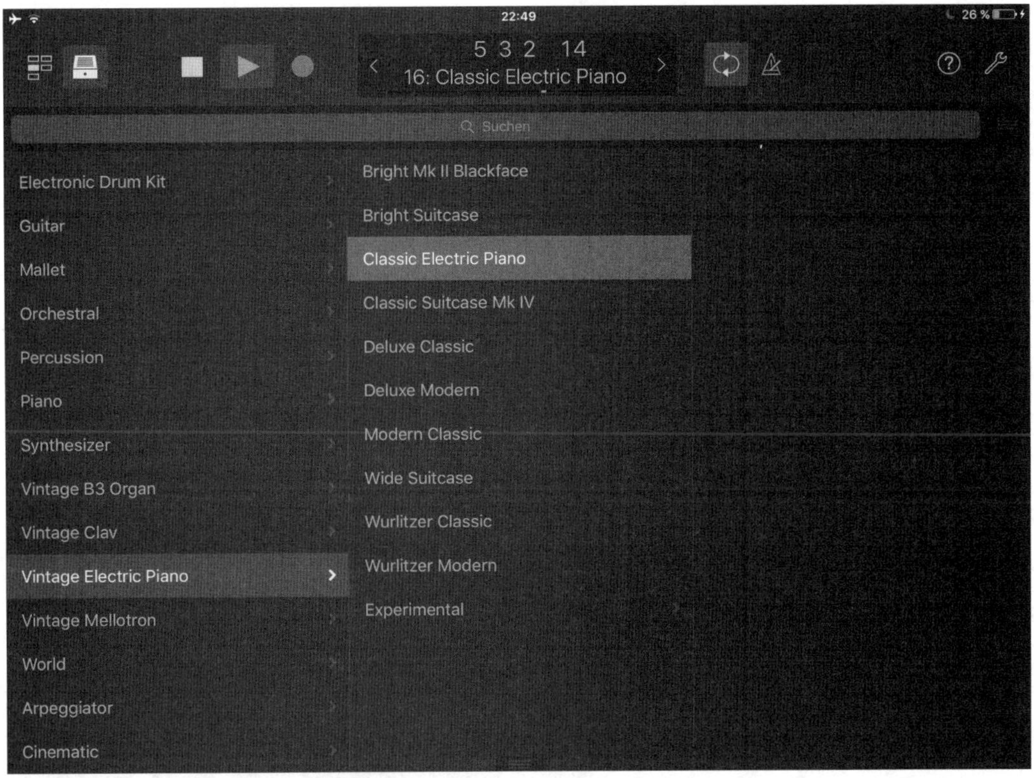

Abbildung 16.78 Library in Logic Remote

16.4.17 Tastaturkurzbefehle in Logic Remote auslösen

In der Ansicht TASTATURKURZBEFEHLE sehen Sie auf insgesamt sechs Seiten Buttons mit Befehlen. Grundsätzlich können Sie hier allen Befehlen Buttons zuweisen, die auch als Shortcuts zur Verfügung stehen (Abbildung 16.79), wobei die Buttons die zugewiesenen Befehle jeweils gut lesbar anzeigen. Auf jeder Seite befinden sich vier Reihen mit je sechs Buttons, wobei die unteren sechs Buttons mit Transportfunktionen stets gleich bleiben und sich nur die oberen drei Reihen verändern, wenn Sie zur nächsten Seite wechseln. Durch Wischen nach links oder rechts oder Antippen der die sechs Seiten symbolisierenden weißen Punkte wechseln Sie zwischen den Seiten. Wenn Sie auf einen Button tippen, senden Sie damit den entsprechenden Befehl. Wenn Sie dabei den Finger auf dem Button lassen, senden Sie den Befehl wiederholt und dauerhaft, was bei Befehlen wie Zooming sinnvoll ist.

Zuweisung und Löschen von Befehlen und Farben

Wenn Sie mit zwei Fingern auf einen bereits zugewiesenen Button klicken oder mit einem Finger auf einen leeren Button, erscheint ein Menü mit Shortcuts, einer Schaltfläche (oben) zum Entfernen eines Shortcuts sowie (unten) einer Farbpalette. Stöbern Sie zur Auswahl eines Befehls entweder durch die verschiedenen Kategorien, oder machen Sie Befehle durch den SUCHEN-Dialog ausfindig (Abbildung 16.79).

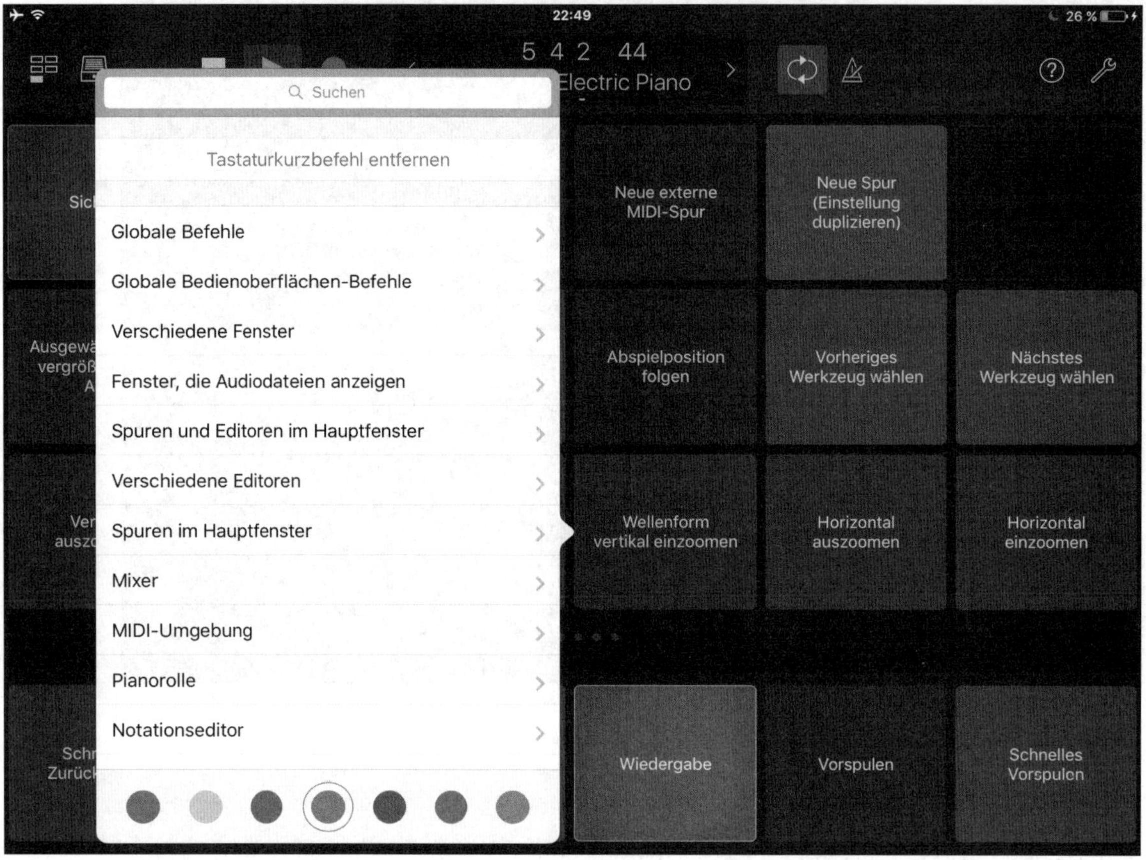

Abbildung 16.79 Zuweisung eines Befehls zu einem Pad. Der Eintrag zum Entfernen des Befehls sowie die Farboptionen sind hier blass dargestellt, weil noch kein Befehl zugewiesen wurde.

Import und Export von Befehlssets

Konfigurierte Befehlssets können zwischen iPads ausgetauscht werden, sind aber nicht mit Logics Key-Commands kompatibel.

Hierzu verbinden Sie Ihr iPad mit iTunes, wählen das iPad an, scrollen nach unten und wählen unter den Apps des iPads LOGIC REMOTE aus, klicken auf dessen Icon und sehen anschließend rechts DOKUMENTE VON »LOGIC REMOTE« – im Beispiel die Key-Commands, die Sie nun selektieren und dann mit dem Befehl SICHERN UNTER ... extern speichern können. Umgekehrt können Sie ein gespeichertes Key-Command-Set per Drag & Drop in den Bereich DOKUMENTE VON »LOGIC REMOTE« oder durch den Befehl HINZUFÜGEN (links neben SICHERN UNTER ...) auch importieren (z. B. von einem anderen iPad).

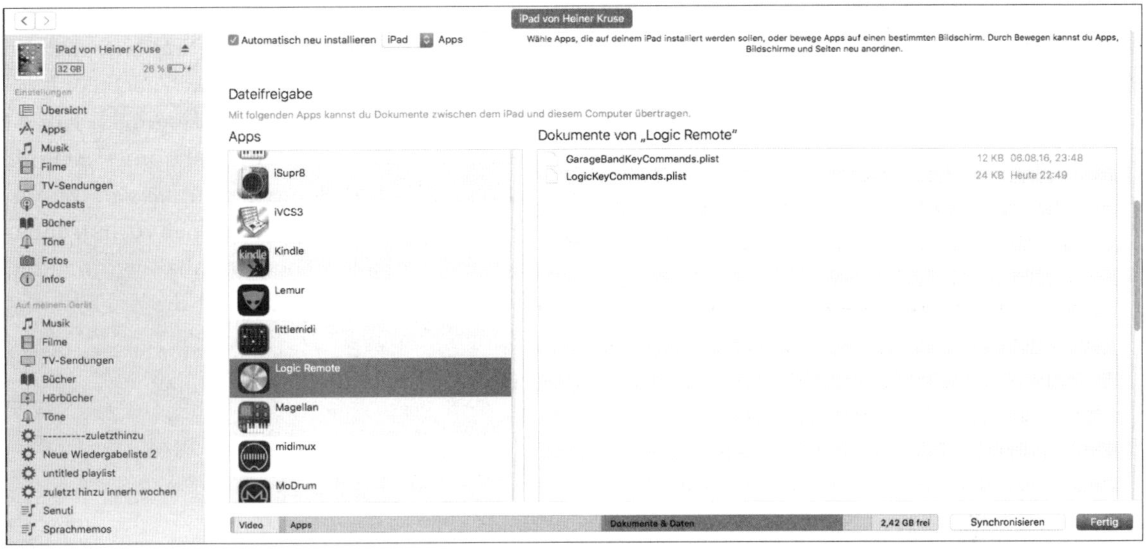

Abbildung 16.80 Hier finden Sie die Key-Commands von Logic Remote in iTunes.

16.4.18 Intelligente Hilfe in Logic Remote

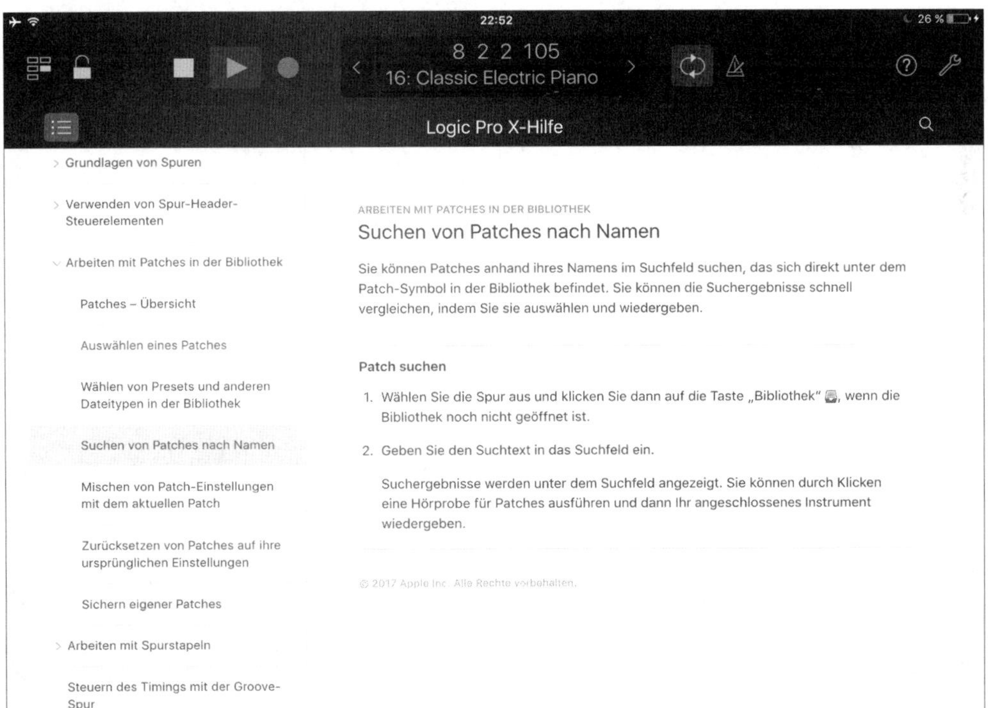

Abbildung 16.81 Intelligente Hilfe in Logic Remote

In der INTELLIGENTE-HILFE-Ansicht (Abbildung 16.81), die Sie ebenfalls über das ANSICHT-Menü links oben erreichen und die auch ohne Internetverbindung funktioniert, wird die dynamische Hilfe von Logic angezeigt. Dort können Sie im SUCHEN-Feld auch nach Funktionen stöbern. Wie erwähnt wechselt dieser Anzeigemodus automatisch und ziemlich schnell die Inhalte, je nachdem, was Sie gerade auf dem Mac in Logic tun. Das funktioniert bei mir auf dem iPad mit Logic Remote sehr gut und schnell. Logic Remote kann also in diesem Modus auch als eine Art Standby-Tutorial dienen – selbst wenn nicht immer vorhersehbar ist, was die Hilfe genau anzeigen wird, und auch nicht zu allen Themen Inhalte vorhanden sind (siehe außerdem Abschnitt 4.9 über den Informationsbereich und die dynamische Hilfe).

Kapitel 17
Mixingstrategien, musikalische Ziele und Stile

In diesem Kapitel geht es um das Mixing sowie um stilistische und künstlerische Aspekte der Musikproduktion – also insgesamt darum, bisher Gelerntes zusammenzufügen.

Sie wissen jetzt, dass Logic ein Programm ist, das viele Wege anbietet. Welchen Sie davon gehen, müssen Sie nun selbst entscheiden – nach genügend Vorbereitung. Es geht nun darum, musikalische Ziele zu erreichen – auf welchem Weg auch immer. Darüber lesen Sie in diesem Kapitel; zunächst bezogen auf Mixing als Leitfaden, danach genrebezogen auf Musikproduktionen allgemein.

17.1 Mixing Teil 1: Schnellkurs und die drei Dimensionen beim Mixing

Nachdem Sie viel über Mischpult, Routing-Optionen, Effekte und Automation gelesen haben, wenden wir uns dem eigentlichen Mixing zu. Es ist nicht leicht, allgemeine Mixingregeln aufzustellen. Denn was im einen Genre üblich ist, kann in einem anderen verpönt sein. Oft ist eine subjektive Entscheidung nötig.

Es gibt jedoch Grundsätze, die näherungsweise als allgemeingültig bezeichnet werden können. Und auch vom Organisatorischen her kann die Mixingprozedur analysiert und typisches Vorgehen aufgezeigt werden.

Der Abschnitt »Mixing Teil 1« behandelt als Erstes einige grundsätzliche und praktische Aspekte des Mixings.

17.1.1 Mixen oder komponieren Sie?

Die Mixing-Aufgabenstellungen unterscheiden sich, je nachdem, ob Sie z. B. eine mit Mikrofonen aufgenommene Mehrspur-Bandaufnahme abmischen möchten oder selbst Musik komponieren und dabei gleichzeitig etwa mit Synths und Samplern arbeiten, so dass der Song selbst noch ständig verändert wird.

Mixing von Bandaufnahmen

Wenn Sie eine Musikgruppe aufnehmen und abmischen, ist die Reihenfolge der Prozedur meistens klar strukturiert: Erst gibt es eine Aufnahme und danach das Mixing. Bei den Aufnahmen kommt es neben gut klingenden Instrumenten und guten Musikern auf passende Mikrofone und deren Ausrichtung sowie eine gute Organisation der Aufnahme an. Beim Mixing liegen Ihnen die Aufnahmen bzw. das fertige Arrangement mit der Auswahl der Takes oft schon vor. Sie können sich dann auf das Mixing konzentrieren. Es ist wichtig und auch leichter, die Spuren gründlich zu organisieren, weil kaum neue dazukommen werden, es sei denn Sie »doppeln« einzelne Parts oder Ähnliches. Es stellt sich vor dem Mix die Frage, inwiefern die Band von Ihnen erwartet, dass Sie im Mix tendenziell auch »gestaltend/kreativ« oder eher »ausarbeitend/optimierend« tätig werden und ob es eine angestrebte Ästhetik als Vorbild gibt.

Alternativ gibt es noch Live-Situationen/Live-Mixing. Hierbei müssen Sie Ihre Spuren möglichst übersichtlich und eventuell reduziert anordnen.

Produktionen in der DAW

Mixing und Aufnahme/Komponieren sind bei Produktionen in der DAW typischerweise enger miteinander verwoben. Das führt zu einer anderen Organisation des Mixings, die Aufgabenstellung ist komplexer. Verglichen mit dem Mixing einer Aufnahme anderer Musiker bzw. einer Band sind Sie gewissermaßen Musiker, Aufnahme- und Mixing-Engineer in einem. Der Mix beginnt bei der Auswahl und Bearbeitung der Sounds und Effekte sowie bei übersichtlichem Routing, so dass Zugriff auf Einzelsounds und Summenkanäle besteht. Sie mixen also bereits, während das Arrangement sich noch ändert und entsteht. Typischerweise haben Sie etwas weniger »Abstand« zum Mix, wodurch Sie sich eventuell durch wiederholtes Hören an Fehler gewöhnen. Andererseits haben Sie mehr Zugriff auf Details der Soundentstehung und können Details teilweise wieder rückgängig machen. Das Festhalten von MIDI-Parts oder gelungenen »Jams« zwischendurch als Audiofiles ist andererseits ein probates Mittel, die Zahl der nötigen Entscheidungen und Optionen zu reduzieren. Immer alles rückgängig machen zu können, kann auch ein Nachteil sein.

Mikroaufnahmen oder Library-Sounds, viele oder wenige Instrumente?

Selbstmikrofonierte Aufnahmen benötigen oft mehr Bearbeitung als »Library-Sounds«, um einen druckvollen Sound für ein Instrument hinzubekommen, das sich in einem komplexen Mix durchsetzen soll. Mit dem »Compressor« und einer Einschränkung des Dynamikumfangs machen Sie ein Instrument oder Vocals »präsenter«, mit dem EQ optimieren Sie den Frequenzbereich.

Das ist für Sie möglicherweise ungewohnt, falls Sie bislang nur mit Sounds aus Sound Libraries oder Logic gearbeitet haben. Dort ist vieles schon »ausproduziert«.

Je mehr Instrumente zusammengemischt werden müssen, desto schwieriger ist es. Spielen Drums, Bass und mehrere Synths, müssen Sie sich entscheiden, was im Vordergrund stehen soll. Kommt Gesang hinzu, muss eventuell ein Synth wegfallen oder leiser spielen.

Fader oben oder Fader unten?

Manche Mixing-Engineers stellen alle Fader auf 0 und beginnen nacheinander, jedes Instrument einzeln abzumischen. Andere bevorzugen eine Mixingprozedur, die von einem Rough Mix ausgeht und diesen laufend verbessert. Kommt man »von unten« und mischt ein bislang nicht vorhandenes Instrument neu hinzu, ist man von vorher einen Zustand gewöhnt, bei dem das Instrument gar nicht da war. Dann mischt man es möglicherweise leiser ab, als wenn es die ganze Zeit schon laut spielt.

Ganz wenig Zeit?

Ist ganz wenig Zeit da und z. B. nur ein Rough Mix einer Bandaufnahme gewünscht, sollten Sie zuerst Lautstärkeverhältnisse justieren und kleine EQ-Korrekturen vornehmen. Sie sollten im EQ bei (fast) allen Spuren den Tiefbass abschneiden. Wenn Sie dies überall unterhalb von 40 Hz mit einem Low-Cut-Filter tun, können Sie nicht viel falsch machen. Eine Subbass-Spur kann eine Ausnahme bilden. Es ist immer wieder erstaunlich, wie viel man durch richtige Lautstärkejustagen und das Wegfiltern tiefer Frequenzanteile bereits erreichen kann.

Ist ein wenig mehr Zeit vorhanden, wenden Sie die nachfolgend erläuterte Spursortierung an und fügen Sie einige wichtige Effekte via Insert oder Send hinzu.

17.1.2 Step-by-Step-Anleitung

Im Folgenden finden Sie einen kleinen Step-by-Step-Mixing-Schnellkurs mit sechs Hauptpunkten und einigen Unterabschnitten, der etwas mehr Zeitaufwand voraussetzt.

Versuchen Sie, die hier aufgelisteten Schritte bei Ihrem eigenen Mix zu beachten. Sinnvoll ist auch die Nutzung einer Logic-Vorlage für die Abmischung, die für jeden Kanal bereits EQ und »Compressor« integriert hat. Um eine solche Vorlage für eine 24-Spur-Mischung zu realisieren, erstellen Sie einfach 24 Audiokanäle, selektieren diese gleichzeitig und doppelklicken die Miniaturanzeigen für den EQ und die Pegelreduktion oben im Kanalzug – oder laden Projekt *17Mix24*. Weitere Vorlagen finden Sie im Ordner *Vorlagen* des Bonusmaterials.

1. Spuren kategorisieren und sortieren, Spuren für Aux-Kanäle erzeugen

Sortieren Sie Spuren durch eine entsprechende Anordnung im Hauptfenster, und beschriften Sie sie sinnvoll. Sie können die Spuren nicht im Mixer selbst verschieben, sondern müssen dies im Bereich SPUREN tun. Schalten Sie dann die Mixeransicht auf SPUREN, damit die Spuren im Mixer in derselben Anordnung angezeigt werden.

Vorschlag: Sortieren Sie Ihre Spuren nach den Kategorien Drums, Bass, Sounds, Vocals. Routen Sie sie auf dann auf Busse, erzeugen Spurstapel oder nutzen VCA-Fader. Manchmal ist es zusätzlich sinnvoll, auch die für den Bassbereich relevanten Spuren der Bereiche Drums und Bass nebeneinanderzulegen (z. B. Kickdrum und Bass), um schnelleren Zugriff auf den tiefen Frequenzbereich zu haben.

Erzeugen Sie Spuren im Hauptfenster für die wichtigsten Aux-Kanäle, so dass Sie auf diese (z. B. für Automationen) auch im Bereich SPUREN Zugriff haben. Eventuell sollten Sie zusätzlich Subgruppen innerhalb der Subgruppen bilden (z. B. Gitarren und Orgeln, die zu Sounds führen, Percussion-Subgruppe, die in die Drumsumme führt). In Live-Situationen helfen gesonderte Effektbusse, die schnell von Subgruppen angesteuert werden können.

2. Routing-Ziele

Setzen Sie sich Routing-Ziele: Sie sollten Sounds einerseits sinnvoll einzeln (um sie besser positionieren zu können), andererseits auch zusammengefasst bearbeiten können (um Soundgruppen zu kompakteren Einheiten zu verschmelzen). Für Ersteres benötigen Sie in einer MIDI-Produktion gegebenenfalls Einzel-Outs von Instrumenten, für Zweiteres Subgruppen/Aux-Kanäle. Manchmal bedeutet Ersteres ganz schönen Aufwand. Wenn Sie hier bei der Produktion schon vorausschauend gearbeitet haben, zahlt sich das aus.

3. Grundsätze und Dimensionen für die Erstellung eines Mix

Nach einer guten Routing-Vorbereitung können Sie die eigentliche Bearbeitung der Einzel- und Summenspuren mit EQ, Dynamics und Effekten vornehmen.

Ein guter Mix spielt mit Kontrasten und besitzt »Tiefe«. Sinnvoll erscheint beispielsweise die Kombination eher mittiger Sounds durch seitlich positionierte Signale oder Signale mit mehr Stereobreite im Mix. Ein guter Mix setzt außerdem die Sounds im Songverlauf gut »in Szene« – durch ein entsprechendes Arrangement oder/und Automationen.

In der Literatur werden verschiedene Kategorisierungen und Reihenfolgen für die Dimensionen eines Mixes benutzt:

- erste Dimension: Raum vorn/hinten bzw. trockene vs. verhallte Sounds (sogenannte *Tiefenstaffelung*)
- zweite Dimension: Panning links/rechts
- dritte Dimension: Frequenzspektrum (Bass bis Höhen)

Erste Dimension (vorn/hinten), Tiefenstaffelung

Sie können versuchen, sich die Anordnung von Instrumenten auf einer virtuellen Bühne vorzustellen. Dabei kann es ohne ein *Hinten* auch kein *Vorn* geben. Sie können das mit guten Porträtaufnahmen vergleichen, bei denen die Gesichter besser wirken, wenn der Hintergrund unscharf ist. Ist das komplette Motiv scharf und gibt es viel zu sehen, fehlt dem Bild

Struktur. Ähnlich verhält es sich mit lieblos zusammengemischten Sounds, die in keiner Weise bearbeitet sind und alle mit dem kompletten Frequenzbereich in voller Lautstärke präsent sind: Auf diese Weise können sich Sounds nicht von anderen Sounds absetzen, die besser weiter im Hintergrund stehen sollten. Leisere, dumpfere Sounds mit mehr Hallanteil und abgeflachten Transienten stehen tendenziell weiter hinten im Mix. In diese Richtung wirken können also der Einsatz von Lautstärkereduzierung, Hall (vorzugsweise mit kurzem Pre-Delay), eine Höhen- und Mittenabsenkung beim EQ, der Einsatz kurzer Regelzeiten beim Compressor etc.

Trockene, laute Signale mit wenig Hall wirken dagegen präsent und stehen eher »vorn« im Mix.

Zweite Dimension (links/rechts)

Die zweite Dimension justieren Sie mit dem PANORAMA-Regler. Typischerweise mischt man Hauptinstrumente wie Bässe, Bassdrum, Snare und oft auch Vocals eher mittig ab. Damit ein Sound auf einer virtuellen Bühne andererseits »authentisch« weiter hinten steht, sollte er ebenfalls nicht zu »breit« sein. Bässe unterhalb von ca. 80 Hz können vom menschlichen Ohr nicht geortet werden. Daher hat die Subwoofer-Technik Verbreitung gefunden; in Clubs werden tiefe Bässe oft nur mittig über einen Lautsprecher wiedergegeben, für die Positionierung an den äußeren Rändern des Stereofelds sind eher »begleitende« Sounds geeignet. Das Frequenzspektrum der Stereoseiten sollte möglichst ähnlich sein, wenn kein asymmetrischer Höreindruck entstehen soll. Zusätzlich zu den Lautstärkeunterschieden zwischen dem linken und rechten Kanal tragen zeitliche Differenzen/Laufzeitunterschiede/Verzögerungen zwischen den Kanälen zur Stereowirkung bei. Sie können diese z. B. über Delays, Reverbs und Modulationseffekte herbeiführen.

Dabei müssen Sie auf Monokompatibilität achten (siehe Abschnitt 17.3.2). Probieren Sie andererseits bei sehr breiten Stereosounds auch einmal aus, die Stereobreite schmaler zu machen und Signale mittiger zu positionieren. Das wirkt oft aufgeräumter und weniger verspielt.

Dritte Dimension (oben/unten im Frequenzspektrum)

Die dritte Dimension bearbeiten Sie hauptsächlich durch Volume, Filter und EQs, wobei das EQing natürlich auch Einfluss auf die Wahrnehmung der ersten Dimension hat und somit diese dritte, selbsterwählte Dimension von der ersten nicht scharf abgegrenzt werden kann. Sorgen Sie dafür, dass nicht zu viele Sounds in ähnlichen Frequenzbereichen spielen und stattdessen alle Frequenzbereiche dem künstlerischen Inhalt des Stücks angemessen vertreten sind.

Weitere grundsätzliche Mix-Tipps

- Achten Sie beim Mixdown zunächst vor allem auf die richtigen Lautstärkeverhältnisse der verschiedenen Sounds zueinander. Den Gesamtsound bzw. das Mastering können Sie später noch ändern. Stimmt das Verhältnis zwischen den Sounds nicht, ist dies später schwer zu korrigieren. Stimmt nur die Relation Bass/Höhen nicht (z. B. zu dumpfer Mix), lässt sich das Problem wesentlich eher im Mastering beheben.

- Vergleichen Sie Ihre Mixe mit Referenztracks – und hören Sie Ihre Mixe auch mit frischen Ohren oder ein paar Tagen Abstand. Möchten Sie den aktuellen Track während des Mixdowns bereits mit einem Referenztrack vergleichen, lesen Sie Abschnitt 18.3.3 über den Vergleich mit einem Referenztrack sowie die sonstigen Ausführungen über Mastering in Abschnitt 18.3.
- Störende Details (wie Rauschen einer schlechten Aufnahme) lassen sich in ansonsten leisen Stücken weniger kaschieren als bei ständig mit Beats unterlegten Tracks. Ist die Aufnahme nicht gut, können Sie eventuell aus der Not eine Tugend machen, indem Sie z. B. Vocals mit verfremdenden Effekten abmischen, durch die sie beispielsweise nach »Telefon« klingen.
- Bass-Sounds, die sowohl Subbass als auch zerrende Höhenanteile liefern sollen, teilen Sie am besten in mehrere Frequenzbereiche auf, die Sie unterschiedlich bearbeiten.
- Logics Effekte bieten Presets, die als Ausgangspunkt dienen können – sowohl für einzelne Sounds (nach Kategorien sortiert) als auch für Summenbearbeitungen.

4. Grundsätze und Tipps zum Einsatz von EQs

- Über kleine Boxen und mit geringer Lautstärke ist oft nicht korrekt zu hören, wie viel Tiefbass alle möglichen Sounds in sich bergen. Befreien Sie Ihren Mix mit Hilfe von steilflankigen Hochpassfiltern sauber von Bass, wo kein Bass sein soll (also z. B. auch auf Streicher- und Vocal-Spuren, selbst wenn Sie Bassanteile auf solchen Spuren kaum bemerken). Ich entferne den Tiefbass meist bei allen Spuren – manchmal selbst bei den Bassspuren – mit einem HP-Filter bei unterschiedlichen Frequenzeinstellungen. Während ich beim Tiefbass (wenn überhaupt) unter 30 Hz steilflankig abschneide, cutte ich bei Keyboards, Vocals etc. oft deutlich höher (z. B. bei 100 Hz).
- Filtern Sie auch hohe Frequenzen weg, wo keine Höhen sein sollen. Dies gilt insbesondere, wenn Sounds etwas mehr im Hintergrund des Mixes stehen sollen. Mit etwas weniger steilen EQ-Kurven können Sie auch versuchen, das Verhalten alter Bandmaschinen nachzuahmen. Manchmal ist es sinnvoll, die Dynamik von hohen Frequenzen mit einem frequenzspezifischen Kompressor oder einem dynamischem EQ zu begrenzen, um einzelne störende Ausschläge abfangen zu können, ohne die Höhen insgesamt zu stark absenken zu müssen.
- Mit dem »Match EQ« können Sie versuchen, Drums mit einem EQ selbst zu modellieren. Das geht mit Drums besser als mit anderen Instrumenten, weil sie weniger verschiedene Tonhöhen spielen, sondern meist näherungsweise durchgängig im selben Frequenzbereich agieren.
- Beim EQing gilt oft: Besser weniger als mehr – wenn, dann gezieltes EQing. Wie viel Bearbeitung brauchen die einzelnen Sounds wirklich noch? Was genau wollen Sie erreichen?

Entfernen Sie eventuell störende Resonanzfrequenzen, und beachten Sie störende Einflüsse Ihres Abhörraumes; hören Sie den Mix auf verschiedenen Boxen und in verschiedenen Räumen. Überlegen Sie, wann eher der Einsatz eines Filters und wann der eines Bell- oder Shelving-EQs sinnvoll ist. Lesen Sie Abschnitt 15.2 über Equalizer, wo Sie weitere Detailtipps für den Einsatz von EQs finden.

5. Tipps zum Einsatz von Kompressoren, Dynamics und Verzerrern

Diese Tipps habe ich ein wenig nach Soundkategorien sortiert. Weitere Details finden Sie in Abschnitt 15.3 über Logics Dynamics.

Drums

Fügen Sie einen oder mehrere Kompressoren auf dem Drum-Hauptbus ein, von denen einer mit kleiner Ratio komprimiert, um das Material zu verdichten. Ein weiterer Kompressor könnte zudem mit höherer Ratio und höherem Threshold eingestellt werden, um Spitzen abzufangen.

Bei der Nutzung von Presets von Dynamics spielt natürlich stets die Justage der Eingangslautstärke bzw. des Thresholds eine Rolle, ohne die Presets eher sinnlose Ergebnisse liefern.

Arbeiten Sie mit Parallelkompression, wenn zu stark Transienten beschnitten werden.

Probieren Sie verschiedene Dynamic-Tools aus, wie z. B. auch Logics »Enveloper«-Plug-In zum Betonen von Attack- oder Decay-Phasen einzelner Schläge. Nur ab und zu gespielte Toms von Schlagzeugaufnahmen können Sie auch manuell herausschneiden, anstatt zu gaten, um Artefakte zu vermeiden. Nutzen Sie interne Side-Chaining-Funktionen der Dynamics, um Ziele wie das Gating von Toms oder eine Kompression ohne zu starke Beschneidung der Kickdrum besser zu erreichen.

Bass

Bei Pop- oder Dance-Musik sollten Sie den Bass durch starke Kompression auf eine gleichmäßige Lautstärke bringen, um ihn richtig abmischen zu können. Anders liegen die Dinge bei Klassik- oder Jazz-Produktionen, wo eine große Dynamik (bzw. Differenz zwischen lauten und leisen Tönen) eher beibehalten werden soll.

Eine immer wieder auftauchende Frage vor Mixdowns moderner Popularmusik ist, ob es eher eine sehr bassige, wuchtige Kickdrum geben soll, die eventuell unterhalb oder im gleichen tiefen Frequenzbereich wie ein Bass liegt – oder eher umgekehrt einen subbigen Bass, der deutlich unter der Kick liegen soll, die dann weniger Bass hat oder hochgepitcht ist. Ersteres kommt bei langsamen Tempi öfter vor, Letzteres eher bei schnellem Drum & Bass.

Spielen Bassdrum und Bass in einem ähnlichen Frequenzbereich (z. B. bei House, Funk und Neurofunk), sind eventuell Strategien wie Side Chaining oder Automation nötig, um zu verhindern, dass Kick und Bass mit doppelter Lautstärke in einem bestimmten Frequenzbereich gegenüber ihrer einzelnen Präsenz in den Mix eingehen.

Vocals

Setzen Sie einen Kompressor für gleichmäßige Lautstärke ein, der eher unauffällig und langsam regelt. Positionieren Sie Lead-Vocals eher »vorn« und »mittig« im Mix. Gestatten Sie dem »Rest« der Musik nicht, zu laut zu werden, wenn Vocals/Texte verstanden werden sollen, insbesondere dann nicht, wenn Instrumente in einem ähnlichen Frequenzbereich spielen (z. B. Gitarren; wenden Sie gegebenenfalls *Ducking* an). Auch das gilt eher für Pop und weniger bei Klassik- oder Jazz-Produktionen.

Nutzen Sie frequenzspezifische Dynamikbearbeitung per De-Esser oder Multibandkompressor, um den Höhenbereich zu optimieren. Oft sind s- oder Zischlaute so laut, dass Sie als Mixer unwillkürlich die Höhen rausdrehen. Das aber führt oft dazu, dass sich die Vocals im Mix nicht richtig durchsetzen können und zu dumpf sind. Sie müssen also zunächst die maximalen Pegel der s-Laute mit frequenzspezifischer Dynamikbearbeitung reduzieren, um anschließend die Vocals insgesamt mit etwas mehr Höhen abmischen zu können, ohne von den s-Lauten gestört zu werden. Diese Problematik ist genreübergreifend und kann bei klassischen Chor-Aufnahmen genau wie bei Pop-Produktionen eine Rolle spielen.

6. Tipps zum Einsatz von Hall und Delay

Verschieden lange Hallräume schaffen Räumlichkeit, ein zusätzlicher Delay-Effekt erzeugt eine weitere Ebene.

- Drums: Nutzen Sie eventuell unauffälligen, verschönernden gemeinsamen Hallraum für alle Drums.
- Vocals: Stellen Sie für Vocals, die »vorn« im Mix stehen sollen, ein langes Pre-Delay und nicht zu lauten Hall ein.

Die Verwendung eher unterschiedlicher Effekte anstelle des gleichen Effekts kann helfen, die einzelnen Effekte besser in Szene zu setzen. Andererseits führt die Verwendung eines Hallraums für alle Spuren dazu, dass die Instrumente akustisch verschmelzen und aus demselben Raum zu kommen scheinen. Ein solcher Einsatz von Hall hat natürlich viel Gewicht, denn der gesamte Mix ist betroffen – daher ist das natürlich auch ein Mastering-Thema. Hall ist oft ein stilbildender Faktor, manche Engineers und Genres erkennt man auch am verwendeten Hall. Ähnliches gilt für Delay-Sounds beim Dub. Auch bei der Abmischung einer klassischen Choraufnahme ist es Geschmackssache, wie viel Hall Sie verwenden, der den Sound »gefälliger« macht. Vielleicht möchte die künstlerische Leitung mit Hall lieber Fehler »schönen«. Dies geht dann eventuell etwas auf Kosten der Authentizität. Weitere Beispiele finden Sie in Abschnitt 15.4, »Reverb«.

17.1.3 Raumakustik und Workarounds

Räume zum Abmischen sollen typischerweise eine kurze Nachhallzeit haben (z. B. 0,3 Sekunden). Für Räume, in denen abgemischt wird, und für Lautsprecher, die Sie benutzen, gilt: Eine möglichst lineare, neutrale Frequenzwiedergabe ist optimal, doch das ist praktisch nur näherungsweise möglich.

Daher sollten Sie Ihren Raum ein wenig erforschen und optimieren. Auch wenn er nicht ganz optimal ist, hilft es ihn zu kennen. Manchmal kann eine kleine Optimierung durch Akustikbau, ein Umstellen der Lautsprecher oder das Ändern Ihrer Abhörposition Wunder bewirken. Sie sollten zudem den Mix auf verschiedenen Boxen und in verschiedenen Räumen hören.

Dieses Thema ist allerdings sehr komplex und könnte ein ganzes Buch füllen – Andere haben sich damit mehr beschäftigt als ich. In der Playlist *Raumakustik*, die Sie unter *logichilfe.de* finden, habe ich ein paar interessante Videos zu diesem Thema zusammengestellt. Zudem gibt es zahlreiche Software-Tools, die Raumeigenschaften erforschen und kompensieren wollen, etwa das ARC 2.5 System von IK Multimedia.

17.1.4 Techniker und Künstler

Als ich Student war, meinte einst ein Dozent: »Bei einem guten Mix darf keine rote Lampe im analogen Mischpult leuchten!« Das mag seine Meinung sein, aber es gibt auch Leute, die das genaue Gegenteil behaupten und anwenden. Auf der anderen Seite kenne ich als anderes Extrem die Aussage eines unorthodoxen, aber sehr erfolgreichen Drum-and-Bass-Künstlers, der in einem Interview sinngemäß sagte: »Mein ganzer Sound basiert darauf, dass überall im Mixer die roten Lampen leuchten.«

Viele Tontechniker vertreten mit Vehemenz extrem unterschiedliche Positionen, je nachdem, womit sie erfolgreich gearbeitet haben. Finden Sie in diesem Kosmos von Meinungen Ihre eigene Position – und für Ihre Aufgabenstellung die richtige Herangehensweise.

Andererseits – die beiden Aussagen können auch symbolisch für die Ansätze eines Toningenieurs versus denen eines Künstlers stehen: Aus künstlerischer Sicht ist grundsätzlich alles erlaubt, was Sie z. B. genrespezifisch begründen können, dem Publikum gefällt oder gar eine eigene, neue Soundcharakteristik generiert, die gut klingt. Das zu beurteilen bleibt subjektiv.

Ein Tontechniker ist dagegen oft dafür da, die Werke und Performances anderer Musiker möglichst professionell und objektiv klangneutral einzufangen und nicht zu verderben. Natürlich wollen viele Musiker auch kreative Hilfe von Tontechnikern, die auch Produzenten sind, und sind für gut klingende Bearbeitungen offen.

17.2 Mixing Teil 2: akustische Phänomene und Mixing-Backgroundwissen

Es hilft, ein paar genreunabhängig geltende technische/theoretische Hintergründe zu kennen, wenn Sie sich professionell mit Mixing beschäftigen.

17.2.1 Fletcher-Munson-Kurven

Die sogenannten *Fletcher-Munson-Kurven* (psychoakustische Kurven gleicher Lautstärkepegel) zeigen Kurven gleich wahrgenommener Lautheit. Ihr Verlauf ändert sich mit unterschiedlichen Lautstärken. So werden tiefe Bässe und spitze Höhen bei größeren Lautstärken tendenziell stärker als bei leisen Lautstärken wahrgenommen. Deshalb gibt es bei vielen Verstärkern und Abhörsystemen einen Loudness-Button, der typischerweise bei geringeren Pegeln Bässe und Höhen anhebt bzw. gehörrichtig die Lautstärke entzerrt, wodurch der Originalklang auch bei niedrigeren Lautstärken erhalten bleiben soll. Denn Ziel ist ja, dass die Musik von Menschen als ausgewogen empfunden wird.

Dieses Phänomen kann Auswirkungen auf Strategien bei der Abmischung haben: So kann ein zu Hause leise abgehörter Track in einem Club bei hohen Lautstärken auch in Anbetracht der Fletcher-Munson-Kurven deutlich bassiger klingen (zumal die Club-PA vermutlich ohnehin mehr Bass wiedergeben kann) – und das müssen Sie bei einer Abmischung mit kleiner, leiser Abhöre bedenken (Abbildung 17.1).

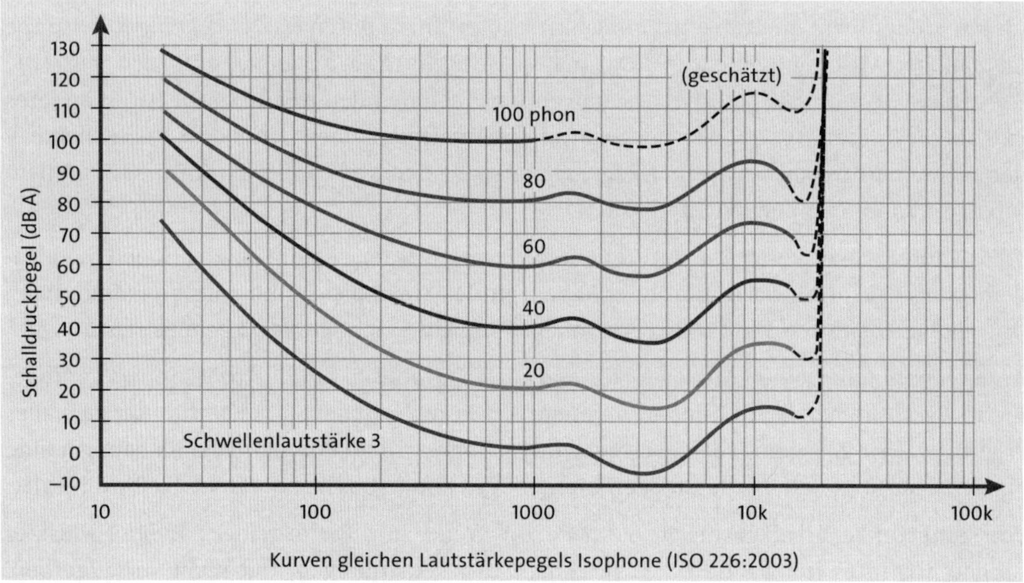

Abbildung 17.1 Kurven gleicher Lautstärke[1]

17.2.2 Masking-Effekt/Verdeckungseffekt

Der *Masking-Effekt* beschreibt ein mit den physischen Gegebenheiten des menschlichen Gehörs zusammenhängendes Phänomen, wonach leisere Klanganteile durch lautere verdeckt werden können. Es gibt hierbei für verschiedene Frequenzen gemessene Kurvenver-

1 Quelle: de.wikipedia.org/wiki/Gehörrichtige_Lautstärke

läufe, die angeben, wie laut bestimmte Frequenzen sein müssen, um in Gegenwart anderer Störtöne in bestimmten Frequenzen gehört werden zu können. Natürlich wirkt der Masking-Effekt in verschiedenen Frequenzbereichen unterschiedlich. Bekannt ist, dass sehr laute Bässe leise Töne im Mittenbereich verdecken. Sind Töne im Verhältnis zu anderen Tönen zu leise, um gehört werden zu können, könnte man sie im Mix auch weglassen, ohne dass ein Unterschied zu merken ist. Das wird auch bei verschiedenen verlustbehafteten Kompressionsverfahren genutzt, um verdeckte Frequenzbereiche wegzulassen oder in niedrigerer Datenrate zu übertragen und so die Dateigröße von Audiofiles zu verringern.

Dieses Phänomen können Sie aber auch in Abmischungen für sich arbeiten lassen. So fällt der Rauschpegel von verrauschten Aufnahmen beispielsweise nicht mehr auf, wenn der sonstige Lautstärkepegel der Musik hoch ist (großer Signal-Rausch-Abstand). Daher ist es auch manchmal unproblematisch, z. B. stark verrauschte Instrumentsoloaufnahmen in einem Mix unterzubringen, in dem auch ansonsten viele Sounds gleichzeitig spielen.

Andererseits führt das Phänomen manchmal dazu, dass Sounds im Mix nicht mehr so gut wahrgenommen werden wie zuvor, weil ein ähnlicher Sound im Mix vorkommt.

17.2.3 Residualeffekt

Anhand von Obertönen kann sich das menschliche Gehirn manchmal den Grundton dazudenken. Dieses psychoakustische Phänomen wird *Residualeffekt* genannt. Auf diese Weise funktioniert beispielsweise das Hören über sehr kleine Lautsprecher. Auch Orgelspieler machen sich das Phänomen zunutze – z. B. wenn bei Kirchenorgeln der Bau großer Orgelpfeifen zu teuer ist. Beim Mixdown können Sie auf diese Weise auch einen tiefen Bass durch Obertöne simulieren, wofür es spezialisierte Plug-Ins wie Waves »Maxx-Bass« gibt.

17.2.4 Geschwindigkeit der Schallausbreitung und Bedeutung bei Mikrofonierung und Mixdown

Schall breitet sich in Luft bei 0 Grad Celsius mit ca. 330 Meter pro Sekunde (m/s) aus. Die Geschwindigkeit steigt um ca. 0,6 m/s pro zusätzlichem Grad Celsius Wärme. Bei ca. 20 Grad beträgt die Ausbreitungsgeschwindigkeit des Schalls ca. 342 m/s, wobei der Einfachheit halber mit 340 m/s gerechnet wird. Frequenzen geben die Häufigkeit von Schwingungen pro Sekunde an.

Je höher der Ton, desto höher die Frequenz. Das menschliche Ohr hört Frequenzen von ca. 16 Hz bis 20 kHz, wobei die Hörfähigkeit an der oberen Grenze pro Jahrzehnt des Lebensalters ca. 1 kHz abnimmt.

Wenn sich Schall also mit einer bestimmten Geschwindigkeit in einem Medium ausbreitet und in einer bestimmten Geschwindigkeit/Frequenz pro Sekunde schwingt, dann kann man auch die Länge einer einzigen Schwingung eines bestimmten Tons mit einer bestimmten

Frequenz in Metern messen. Teilen Sie hierzu einfach die 340 Meter pro Sekunde durch den Bruchteil einer Sekunde, der einer einzigen Schwingung bei einer Frequenz entspricht. Haben Sie also eine Frequenz von 500 Hz, so dauert eine Schwingung $^1/_{500}$ Sekunde. 340 Meter pro Sekunde geteilt durch $^1/_{500}$ Sekunde ergeben eine Länge von 68 cm für eine Schwingung (Abbildung 17.2), die sich periodisch wiederholt. Drehen Sie also in einem Plug-In (z. B. im »Gain«-Plug-In) die Phase (man spricht hierbei von einer Verschiebung um 180 Grad), haben Sie damit einen Abstand von 34 cm (entspricht einer halben Schwingung) kompensiert. Das gilt natürlich nur für die hier betrachtete Frequenz – tiefere oder höhere Frequenzen haben eine andere Wellenlänge.

Sie können aber auch umgekehrt rechnen: Steht ein zweites Mikro ca. 1 Meter entfernt, benötigt der Schall für diese Strecke ca. $^1/_{340}$ Sekunde. Verschieben Sie die zweite Aufnahme um genau diesen Betrag, könnten Sie nachträglich eventuell Phasenprobleme beheben. Gegebenenfalls müssen Sie dabei auch die Samplerate berücksichtigen.

Im »Sample Delay« werden Verzögerungen nicht in Millisekunden, sondern in Samples eingestellt. Bei einer Samplerate von 44.100 Samples pro Sekunde und einer Schallausbreitungsgeschwindigkeit von 340 m/s entspricht ein Sample ca. 7,76 Millimetern – und eine Verzögerung um 130 Samples ca. einem Meter (= 130 × 7,76 mm). Anders gerechnet hat man 44,1 Samples pro Millisekunde und bei ca. 130 Samples (die wie erläutert einen Meter ausmachen) pro Meter Abstand ca. 3 ms Verzögerung.

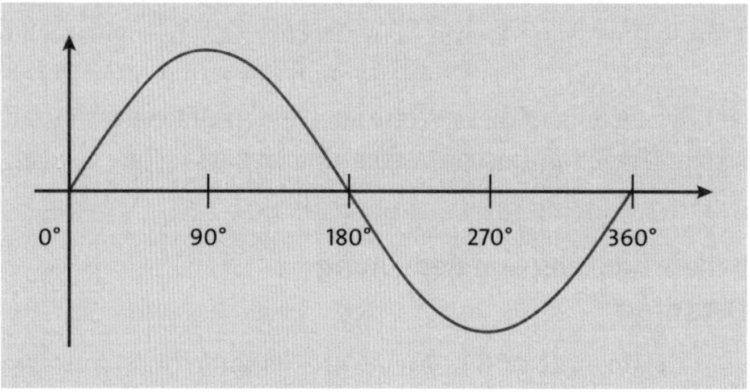

Abbildung 17.2 Schwingung

17.2.5 Frequenzen von Tönen (Tabelle)

Beim EQing hilft es, die Frequenzen der Töne zu kennen und zu wissen, in welcher Tonart/Tonika man sich befindet und welche Frequenz bestimmten Tönen entspricht. Die doppelte Frequenz entspricht dabei einem eine Oktave höheren Ton und die halbe Frequenz einem eine Oktave tieferen Ton.

Manche EQs wie z. B. der Fabfilter Pro Q 2 zeigen praktischerweise eine Klaviatur unterhalb der Frequenzkurve an. Ausgangspunkt von Tabelle 17.1 ist der Kammerton A, der zum Einstimmen von Instrumenten eines Orchesters oder einer Musikgruppe verwendet wird bei 440 Hz liegt (in Österreich bei 443 Hz und der Schweiz bei 442 Hz)[2].

Auf der Website *http://www.sengpielaudio.com/Rechner-notennamen.htm* finden Sie die folgende Tabelle auf der Basis von Klaviernoten. Die schwarzen Obertasten sind hier in Fettschrift dargestellt. Das Stromnetz in Europa »brummt« übrigens bei 50 Hz (nahe dem »G«), das in den USA dagegen bei 60 Hz.

Nummer der Klavier-Taste	Deutsche Notation	Englische Notation	Frequenz in Hz
88	c''''' – letzter Ton	C8 – höchster Ton	4.186,01
87	h''''	B7	3.951,07
86	ais''''/b'	A#7/Bb7	3.729,31
85	a''''	A7	3.520,00
84	gis''''/as''''	G#7/Ab7	3.322,44
83	g''''	G7	3.135,96
82	fis''''/ges''''	F#7/Gb7	2.959,96
81	f''''	F7	2.793,83
80	e''''	E7	2.637,02
79	dis''''/es''''	D#7/Eb7	2.489,02
78	d''''	D7	2.349,32
77	cis''''/des''''	C#7/Db7	2.217,46
76	c''''	C7	2.093,00
75	h'''	B6	1.975,53
74	ais'''/b'''	A#6/Bb6	1.864,66
73	a'''	A6	1.760,00
72	gis'''/as'''	G#6/Ab6	1.661,22
71	g'''	G6	1.567,98
70	fis'''/ges'''	F#6/Gb6	1.479,98

Tabelle 17.1 Frequenzen der Klaviertastatur
(Quelle: www.sengpielaudio.com/Rechner-notennamen.htm)

2 Quelle: *de.wikipedia.org/wiki/Kammerton*

Nummer der Klavier-Taste	Deutsche Notation	Englische Notation	Frequenz in Hz
69	f'''	F6	1.396,91
68	e'''	E6	1.318,51
67	dis'''/es'''	D#6/Eb6	1.244,51
66	d'''	D6	1.174,66
65	cis'''/des'''	C#6/Db6	1.108,73
64	c'''	C6 (high C)	1.046,50
63	h''	B5	987,767
62	ais''/b''	A#5/Bb5	932,328
61	a''	A5	880,000
60	gis''/as''	G#5/Ab5	830,609
59	g''	G5	783,991
58	fis''/ges''	F#5/Gb5	739,989
57	f''	F5	698,456
56	e''	E5	659,255
55	dis''/es''	D#5/Eb5	622,254
54	d''	D5	587,330
53	cis''/des''	C#5/Db5	554,365
52	c''	C5	523,251
51	h'	B4	493,883
50	ais'/b'	A#4/Bb4	466,164
49	a' Kammerton	A4 concert pitch	440,000
48	gis'/as'	G#4/Ab4	415,305
47	g'	G4	391,995
46	fis'/ges'	F#4/Gb4	369,994
45	f'	F4	349,228

Tabelle 17.1 Frequenzen der Klaviertastatur
(Quelle: www.sengpielaudio.com/Rechner-notennamen.htm) (Forts.)

Nummer der Klavier-Taste	Deutsche Notation	Englische Notation	Frequenz in Hz
44	e'	E4	329,628
43	dis'/es'	D#4/Eb4	311,127
42	d'	D4	293,665
41	cis'/des'	C#4/Db4	277,183
40	c' (Schloss-c)	C4 (middle C)	261,626
39	h	B3	246,942
38	ais/b	A#3/Bb3	233,082
37	a	A3	220,000
36	gis/as	G#3/Ab3	207,652
35	g	G3	195,998
34	fis/ges	F#3/Gb3	184,997
33	f	F3	174,614
32	e	E3	164,814
31	dis/es	D#3/Eb3	155,563
30	d	D3	146,832
29	cis/des	C#3/Db3	138,591
28	c	C3	130,813
27	H	B2	123,471
26	Ais/B	A#2/Bb2	116,541
25	A	A2	110,000
24	Gis/As	G#2/Ab2	103,826
23	G	G2	97,9989
22	Fis/Ges	F#2/Gb2	92,4986
21	F	F2	87,3071
20	E	E2	82,4069

Tabelle 17.1 Frequenzen der Klaviertastatur
(Quelle: www.sengpielaudio.com/Rechner-notennamen.htm) (Forts.)

Nummer der Klavier-Taste	Deutsche Notation	Englische Notation	Frequenz in Hz
19	Dis/Es	D#2/Eb2	77,7817
18	D	D2	73,4162
17	Cis/Des	C#2/Db2	69,2957
16	C	C2 (low C)	65,4064
15	,H	B1	61,7354
14	,Ais/,B	A#1/Bb1 – ~60 Hz	58,2705
13	,A	A1	55,0000
12	,Gis/,As	G#1/Ab1	51,9130
11	,G	G1 – ~50 Hz	48,9995
10	,Fis/,Ges	F#1/Gb1	46,2493
9	,F	F1	43,6536
8	,E	E1	41,2035
7	,Dis/,Es	D#1/Eb1	38,8909
6	,D	D1	36,7081
5	,Cis/,Des	C#1/Db1	34,6479
4	,C	C1	32,7032
3	,H	B0	30,8677
2	,,Ais/,,B	A#0/Bb0	29,1353
1	,,A – erster Ton	A0 – tiefster Ton	27,5000

Tabelle 17.1 Frequenzen der Klaviertastatur
(Quelle: www.sengpielaudio.com/Rechner-notennamen.htm) (Forts.)

Töne unterhalb von 40 Hz können auf vielen Systemen und Anlagen nur unbefriedigend wiedergegeben werden. Dies ist bei der Wahl der Tonart zu bedenken.

17.2.6 Phasenlage und Kammfilter

Phasenprobleme können immer dann entstehen, wenn eine zweite Version eines ersten Signals (z. B. über ein anderes Mikrofon oder mehrere andere Mikrofone bei Mehrspuraufnahmen, als Reflexion oder durch ein Plug-In verzögert) im Mix vorkommt. Dadurch, dass ein

Signal quasi mit einer Kopie seiner selbst zusammengemischt wird, können sich insbesondere bei einem leichten Zeitversatz des zweiten Signals bestimmte Frequenzen auslöschen, weil sich die Schwingungen teilweise gegenseitig aufheben. Es entstehen *Kammfilter* mit regelmäßigen Bedämpfungen und Verstärkungen im Klangbild.

Ist die Verzögerungszeit eines zweiten, identischen Signals ein ganzzahliges, positives Vielfaches einer sogenannten *Frequenzperiodendauer* (diese beträgt bei einer Frequenz von 60 Hz genau $\frac{1}{60}$ Sekunde), so wird diese Frequenz doppelt so laut erklingen, die Frequenzen dazwischen dagegen werden bedämpft bzw. teilweise ausgelöscht. Dadurch sieht der Pegel des neuen Signals über einen längeren Zeitraum und den gesamten Frequenzbereich aus wie ein Kamm mit gleichmäßigen Einkerbungen an den Frequenzen, bei denen es leiser wird. Daher stammt der Begriff *Kammfiltereffekt*. In vielen Synths (z. B. NIs *Massive*) gibt es auch einen Filtertyp, der diesen Sound simuliert (»Comb-Filter«).

Dass durch Phasendrehung komplette Signale ausgelöscht werden können, können Sie auch in einem Beispiel bei der Erläuterung des »Gain«-Plug-Ins in Abschnitt 15.14.1, »Gain«, selbst nachvollziehen.

EQs und Phasen

Die meisten EQs führen in verschiedenen Frequenzbereichen unterschiedliche Phasenverschiebungen ein, wodurch sich der Sound verändern kann. Was das genau für Konsequenzen hat und bedeutet, darüber streiten selbst die Fachleute. Manchmal führt genau das zu einem typischen und gewollten Sound bestimmter Hardware.

In Logic gibt es linearphasige EQs und EQ-Modi, um das zu verhindern (z. B. Logics »Linear Phase EQ«/»Match EQ«). Ob es dadurch besser klingt, bleibt eine offene und frequenzabhängige Frage. Grundsätzlich finde ich es nicht angemessen, zu viele Schlüsse von der Anwendung eines EQs (z. B. Fabfilter EQ) auf ein anderes Gerät/Plug-In (z. B. Logics »Linear Phase EQ«) zu ziehen. Plug-Ins sind letztlich – wie Hardware – in Details unterschiedlich konzipiert, aber weniger gut überprüfbar, weil der Programmiercode nicht einsehbar ist.

»Sauberes Arbeiten«

Es empfiehlt sich ein »sauberes« Arbeiten, um Phasenprobleme zu verhindern. »Sauberer« wäre ein Mix zum Beispiel mit weniger Mikros, die zusammengemischt werden müssen. Es gilt, Vor- und Nachteile abzuwägen. Manchmal hilft eine frequenzspezifische Berechnung der Schallgeschwindigkeit (siehe Abschnitt 17.2.4), Mikrofone so aufzustellen, dass es wenig Phasenprobleme gibt.

Phasenbearbeitung

Ein leichtes Verschieben einzelner Spuren (z. B. Overheads versus Direktabnahme) kann *nachträglich* zur Beseitigung von Phasenproblemen angewendet werden. Sie können einzelne Spuren manuell oder auch mit Hilfe des »Sample Delay«-Plug-Ins (siehe Abschnitt 15.7.5) um minimale, samplegenaue Beträge verschieben.

Oft bewirkt das Verschieben einer Spur um Millisekunden bzw. Samples oder das Verschieben der Phase Klangunterschiede, die markanter ausfallen als zunächst gedacht. Sogar ein frequenzspezifisches Eingreifen ist mit Hilfe von Drittanbieter-Plug-Ins wie Waves »In-Phase« möglich. »Direkter« klingenden Sounds stehen dann oft »indirekt« klingende Ergebnisse gegenüber. Oft muss man Kompromisse machen und Prioritäten setzen, denn es kann z. B. beim Verschieben von Overheads nicht für alle Sounds gleichzeitig ein optimales Ergebnis erzielt werden. In Logic kann auch das »Correlation Meter« (siehe Abschnitt 15.8.2) bei der Analyse von Phasenproblemen helfen.

17.2.7 Blauertsche Bänder

Jens Blauert hat (in der Fachwelt weitgehend anerkannte) Frequenzbänder definiert, die dem Gehör tendenziell eine Information vermitteln, ob ein Sound von vorn, hinten oder gar von oben kommt. Entsprechende, aus Versuchen resultierende Frequenzkurven geben dabei an, welche Frequenzbereiche tendenziell zu einer Lokalisierung vorn, hinten oder oben geführt haben (siehe *http://www.sengpielaudio.com/DieRichtungswahrnehmungMedianebene.pdf*, mehr hierzu finden Sie auch unter *http://www.sengpielaudio.com/DieBedeutungDerBlauertschenBaender.pdf*).

Das bedeutet, dass Sie tendenziell durch das Anheben oder Absenken bestimmter Frequenzbereiche den Höreindruck eines direkteren, präsenteren oder eines diffuseren und verwascheneren Signals erzeugen können, z. B. ungefähr so:

- Direkterer Sound: Anhebung um maximal 6 dB bei 315 oder 400 Hz bzw. 3.150 Hz oder 4 kHz; dabei nicht breiter als mit Q-Faktor 1 anheben (zur Erläuterung des Q-Faktors siehe Abschnitt 15.2 im Unterabschnitt über EQ-Parameter).
- Indirekterer Sound: Absenkung bei ca. 1 kHz. Das Phänomen der blauertschen Bänder ändert jedoch nichts daran, dass Sounds, die weiter entfernt sind, u. a. durch Luftreibung grundsätzlich mittiger klingen, es liefert nur eine Detailergänzung.

17.3 Mixing Teil 3: sonstige Mixthemen

Nachfolgend finden Sie noch einige Mix-Themen, die ich bislang nicht ausführlich behandelt habe oder an die ich kurz erinnern möchte.

17.3.1 Reihenfolge der Effektanordnung; Fallbeispiele

Für die richtige Reihenfolge der Effektanordnung gibt es keine festen Regeln, logisches Denken ist gefragt. Sie sollten sich im Klaren darüber sein, was Ihre Plug-Ins genau machen –

dann entscheiden, ob es wichtig ist, in welcher Reihenfolge Sie sie aktivieren. Manchmal ist die Reihenfolge relativ egal oder Geschmackssache, manchmal wichtig.

Kontraproduktiv ist es beispielsweise, mit Hilfe eines Gates lautere Schläge durchzulassen und leisere wegzufiltern, dem Gate aber seine Arbeit zu erschweren, indem Sie davor einen Kompressor aktivieren. Entscheidend ist stets, welches Ziel Sie eigentlich erreichen möchten.

17.3.2 Monokompatibilität im Mix

Falls Ihr Mix nicht monokompatibel ist, klingen die Lautstärkeverhältnisse beim Abhören in Mono anders als in Stereo, wodurch es schwierig wird, die richtigen Lautstärken einzustellen. Abhilfe schaffen Sie, indem Sie die kritischen Signale so bearbeiten, dass sie monokompatibel sind (z. B. indem Sie mit Logics »Direction Mixer« schmalere Stereobasis schaffen oder nur einen Stereokanal des kritischen Signals verwenden). Das Thema Monokompatibilität behandle ich in Abschnitt 15.8.2 über das »Correlation Meter« ausführlich.

17.3.3 Side Chain beim Mixdown

Side Chaining (siehe Abschnitt 15.1.6) beim Mixdown kann – neben einem Einsatz als Effekt – auch dem Zweck dienen, zwei Frequenzbereiche oder Instrumente, die sich im Mix stören (z. B. Bassdrum und Bass, Gitarre und Vocals), so abzumischen, dass die Präsenz eines der beiden Instrumente dafür sorgt, dass das andere Instrument – ähnlich wie bei einem Ducking-Effekt – leiser wird, je nachdem, wie Sie die Prioritäten künstlerisch setzen. Statt mit Side Chaining können Sie das auch via Automation erreichen.

Eine gängige Arbeitsweise ist auch das Anlegen von Ghost Tracks, die nicht in den Mix geroutet werden, sondern lediglich als Side-Chain-Eingang dienen, um z. B. eine Fläche zum »Pumpen« zu bringen. Das hat den Vorteil, dass die Wirkung auch erhalten bleiben kann, wenn die Drums mal pausieren, indem Sie diese im Ghost Track einfach durchspielen lassen. Hierzu können Sie beispielsweise die Drums-Spur duplizieren und entsprechend routen und bearbeiten.

17.3.4 M/S-Bearbeitung

In Logics »Equalizer« wie auch neuerdings in allen anderen Plug-Ins, die Sie im Dual-Mono-Modus öffnen (siehe Abschnitt 15.1.4), können Sie Signale statt oder zusätzlich zu nach dem linken und dem rechten Kanal aufgetrennten Signalen in Form von Mitten- und Seitensignalen bearbeiten. Hierdurch können Sie im Mix die Stereoanteile von Sounds frequenzselektiv betonen – oder absenken.

Auf dem Mittenkanal finden Sie dabei ein Monosignal oder ein auf Links- und Rechtskanälen identisches Zwei-Kanal-Signal, auf Seitensignalen auf beiden Kanälen verschiedene Signale. Im Projekt *17MS1-2xGain* finden Sie zwei »Gain«-Plug-Ins hintereinander, die Mitte und Seite getrennt regeln.

Wie funktioniert die M/S-Matrix?

Sie können ein Stereosignal selbst auch ohne Zuhilfenahme eines entsprechenden Plug-Ins im Mitten- und Seitensignal getrennt voneinander bearbeiten, indem Sie das Signal

- auf einen Mitten-Bus routen, indem Sie die Stereosumme dort zu einem Monosignal zusammenfassen,
- auf einen Seiten-Bus routen. Hierzu mischen Sie das Stereosignal und eine phasengedrehte Version des Monosignals zusammen. Es bleibt dann nur noch der Seitenanteil übrig. Dann mischen Sie anschließend beide Signale wieder zusammen.

Dies ist in Logic leicht mit Hilfe des »Gain«-Plug-Ins möglich. Ein Beispiel-Routing finden Sie im Projekt *17MS1korr* (siehe Abbildung 17.3). Der Seitenbus (Aux-Kanal-Seite, auch zu finden im Bereich SPUREN) erlaubt nun eine stufenlose Lautstärkeregulierung und bei Bedarf eine separate EQ-Bearbeitung des Stereobreitensignals.

Abbildung 17.3 M/S-(Mid/Side-)Matrix

Bearbeitung des Stereoeindrucks mit Hilfe von M/S-Routings

Grundsätzlich entsteht ein räumlicherer Sound, wenn das Seitensignal gegenüber dem Mittensignal lauter gemacht wird.

Weil Mitten- und Seitensignal frequenzspezifisch bearbeitet werden können, lässt sich auch der Bassbereich aus dem Seitensignal entfernen, so dass beim anschließenden Zusammenmischen ein sauberer Monobass übrig bleibt.

Hat ein Mix nur eine geringe Stereowirkung, können Sie vielleicht etwas Räumlichkeit hinzufügen, indem Sie das Seitensignal insgesamt oder auch nur seinen Mitten- oder Höhenbereich lauter abmischen. Im Ergebnis erzielen Sie damit möglicherweise einen etwas breiter scheinenden Mix – zumeist, ohne die Monokompatibilität zu verlieren, auf die Sie achten müssen. Natürlich muss der Mix die entsprechenden Stereosignale (die ja nur verstärkt werden) bereits innehaben.

Decodierung vom M/S-Mikrofonaufnahmen

Eigentlich stammt diese Technik aus dem Bereich Mikrofonierung, wo ein Mikrofon (typischerweise mit Nieren- oder Kugelcharakteristik, direkt auf die Schallquelle gerichtet) zur Aufnahme eines Mittensignals, ein anderes (mit der Charakteristik einer Acht und 90 Grad zum ersten Mikro gedreht) zur Aufnahme des Seitensignals verwendet wird. Wenn Sie die beiden Mikros mit einem Stereoaufnahmegerät aufnehmen, können Sie das Signal anschließend dekodieren: Routen Sie das Signal des Mittenmikrofons nach links und das des Seitenmikrofons nach rechts. Fügen Sie nun ein »Direction Mixer«-Plug-In in einen Kanalzug mit den beiden so angeordneten Signalen ein. Schalten Sie das »Direction Mixer«-Plug-In auf M/S. Die Dekodierung erfolgt nun automatisch.

17.4 Musikalische Stile und Ziele sowie künstlerische Aspekte

Haben Sie sich schon öfter gefragt, wie Sie pumpende Bässe und Flächen hinbekommen oder die fetten Beats und Synthies von Trap, Dubstep, Drum & Bass oder Bass Music allgemein – und wie Logic Ihnen dabei helfen kann? Dann finden Sie in diesem Kapitel hoffentlich einige für Sie befriedigende Antworten, zum Teil in Form von Anleitungen, zum Teil als Projektbeispiel. Sie finden dabei nicht nur Elektronikthemen, sondern auch Beispiele für Pop-, Rock- und Jazz-Musik mit akustischen Instrumenten.

17.4.1 Einleitung: zwischen »Malen nach Zahlen« und Sisyphos, zwischen Kunst und Kommerz

Mit vorproduzierten fetten Sounds wird es immer einfacher, richtig professionell klingende Produktionen zu realisieren. Versuchen Sie hingegen, die Sounds »von der Pike« auf selbst zu erstellen, dauert das Ganze ungleich länger.

Doch nicht nur Letzteres will gelernt sein. In Zeiten, wo es keine große Kunst mehr ist, an eine fette Bassdrum heranzukommen, kann es durchaus mal wieder die Kunst sein, sich der richtigen Komponenten zu bedienen und diese individuell kunstvoll und musikalisch zusammenzustellen.

Sie sollten sowohl lernen, Sounds ganz neu zu erstellen, und die Details kennen, als auch wissen, wie Sie mit fertigen Sounds umgehen und den Fokus auf das »große Ganze« bzw. das Arrangement legen. So ehrenhaft es sein mag, alle Sounds komplett selbst zu basteln oder anderweitig talentiert zu sein: Es garantiert nicht gute Musik. Andererseits gibt es immer mehr Produzenten, die z. B. aus der DJing-Ecke kommen, die genau wissen, welchen Sound sie wollen, aber wenig Ahnung von Sounddesign haben und fertige Komponenten von »Splice« oder »Loopmasters« gut zusammenfügen. Es kommt natürlich auch darauf an, was Ihr Ziel ist. Es gibt auch »Fließbandkomponisten«, die aus fertigen Bausteinen unter Zeitdruck schnell, günstig und behände Musik beispielsweise für »Daily Soaps« produzieren müssen.

Ich denke, dass momentan viel Musik auf perfektem Produktionsniveau nach reproduzierbaren »Schemas« produziert wird, um schnell eine Zielästhetik zu erreichen. »Reproduktion« und Vergangenheitszitate sind sehr präsent. Das mag kommerziell funktionieren, unter künstlerischen Aspekten herrscht dabei manchmal ein Mangel an Individualität und Seele – und das ist natürlich auch wieder eine Chance.

Hat man »Seele« und »Vibe«, muss auch die Produktion nicht immer perfekt sein.

Und noch etwas: Neben Talent und Inspiration gehört zum Künstlerdasein entgegen den Klischees vor allem viel Disziplin, Zielgerichtetheit und Ernsthaftigkeit. Und nicht die lange Equipmentliste ist wichtig, sondern die Fähigkeit, etwas daraus zu machen.

17.4.2 Welche Genres, welche Instrumente – in der Musikwelt und in Logic

Für Musik verwendete Genrenamen haben für jedermann unterschiedliche Bedeutungen und ändern sich im Laufe der Zeit wieder. Ein Beispiel: Ein gängiger, aber nicht immer positiv besetzter Oberbegriff für viele verschiedene Dance-Stile und Tempi heißt *Electronic Dance Music* (kurz: EDM). Dieser Begriff wird auch in Logics BIBLIOTHEK in den Synthesizer-Presets aufgegriffen, wo Sie die Ordner EDM BASS und EDM CHORD finden. Letztlich werden Genres wie Trap, Drum & Bass, Dubstep House und Techno unter diesem Begriff zusammengefasst. Genrekategorien ändern sich inhaltlich ständig, zwischen »Dubstep« von 2001 und 2015 bzw. »Trap« von 2013 oder 2017 bestehen extreme musikalische Unterschiede, die sich meist durch einzelne neue Stücke ergeben, die am Markt erfolgreich sind und nachgeahmt werden.

17.4.3 Genres und Instrumente in Logic

Fassen wir noch einmal kurz zusammen, was für die Musikproduktion mit Logic zur Verfügung steht.

Im Loop-Bereich finden Sie folgende genresortierte musikalische »Fragmente« bzw. Loop-Packs: *Hip-Hop, Electro House, Dubstep, Modern R&B, Tech House, Deep House, Chillwave, Indie Disco, Disco Funk, Vintage Breaks, Blues Garage, Chinesisch (traditionell), Drummer (verschiedene Genres), GarageBand, Jam Pack, Remix Tools, Rhythm Section, Symphony Orchestra, Stimmen, Weltmusik, iLife-Toneffekte*.

Ferner liegen folgende spielbaren Instrumente nach Instrumentengattung sortiert vor: *Bass, Drum Kit, Electronic Drum Kit, Guitar, Mallet, Orchestral*, Percussion, *Piano, Synthesizer, Vintage B3 Organ, Vintage Clav, Vintage Electric Piano, Vintage Mellotron, World, Arpeggiator, Cinematic* und *Ältere Versionen*. Zur letzteren Kategorie gehören Logic 9-Sounds, GarageBand-Instrumente sowie Instrumente aus den Jam Packs. Die Logic 9-Instrumente sind wiederum in 14 Instrumentengattungen unterteilt, von denen einige anderweitig nicht zu finden sind (wie *World, Pop Horns*). Insbesondere unter den *World*-Instrumenten finden Sie eine gute Ausstattung (z. B. japanische Koto-Sounds).

Zusätzlich finden Sie in den Einträgen für Audiospuren Patches für *Drums & Percussion, Voice, Performance Patches, Studio Instruments, Acoustic Guitar, Electric Guitar and Bass, Experimental* sowie wiederum einen Eintrag *Ältere Versionen* mit umfassenden Unterordnern inklusive sämtlicher Logic 9-, GarageBand- und Jam-Pack-Channel-Strip-Settings für Audiokanäle.

17.4.4 Gitarren und Keys: Pop und Rock

In Logic sind dank der Ausstattung mit einer großen Palette von Instrumenten viele Arten von Pop-Produktionen möglich. Wenn es richtig nach Akustikband klingen soll, sind MIDI-Produktionen keine Alternative zu einer echten Band. Bei vielen Pop-Produktionen sind dagegen MIDI-Saxophone oder Gitarren keine Seltenheit. Und natürlich helfen ergänzende, schmeichelnde Synth-Flächen oder auch ein bisschen Hall durchaus, ein wenig zu kaschieren, wenn Sounds von MIDI-Instrumenten kommen. Zudem wird hierdurch der Gesamtsound atmosphärischer.

Ein Pop-/Rock-Songbeispiel

Im Projekt *17PopRock1* habe ich verschiedene Pop-Sounds zu einem kleinen Song zusammengebracht. Hierzu gehören ein akustisches Schlagzeug, eine E-Gitarre, Klavier, Trompete und eine Synthie-Fläche sowie ein verhalltes Vibraphon. Das Stück wurde auf Basis der in Kapitel 12, »Harmonielehre, Skalen und Rhythmik: eine Einführung«, erläuterten populären Kadenz D – A – Hm – G komponiert, lebt aber auch davon, dass zwischendurch immer wieder ein paar Noten anders gespielt oder kleine Motive verschoben wurden. Ein einfaches musikalisches Raster wie diese Kadenz sorgt für einen klaren Rahmen, der bei der strukturellen Arbeit hilft, aber zu kleinen Variationen regelrecht einlädt. Die Drums stammen größtenteils von Logics »Drummer«, ich habe sie aber in MIDI »umgewandelt« und dort bearbeitet. Mir fiel auf, dass der »Drummer« eher »funky« Patterns beherrscht und ganz »gerade« Beats seltener vorkommen. Dazu sorgen Halleffekte und kleine Details wie z. B. eine Automation des Delay-Sends des Vibraphons vor Takt 33 (also bevor das Vibraphon aufhört zu spielen, um den Übergang weniger abrupt erscheinen zu lassen) für eine größere Homogenität des Ablaufs. Sie finden es zusätzlich als *.mp3* im Ordner *Sonstiges*.

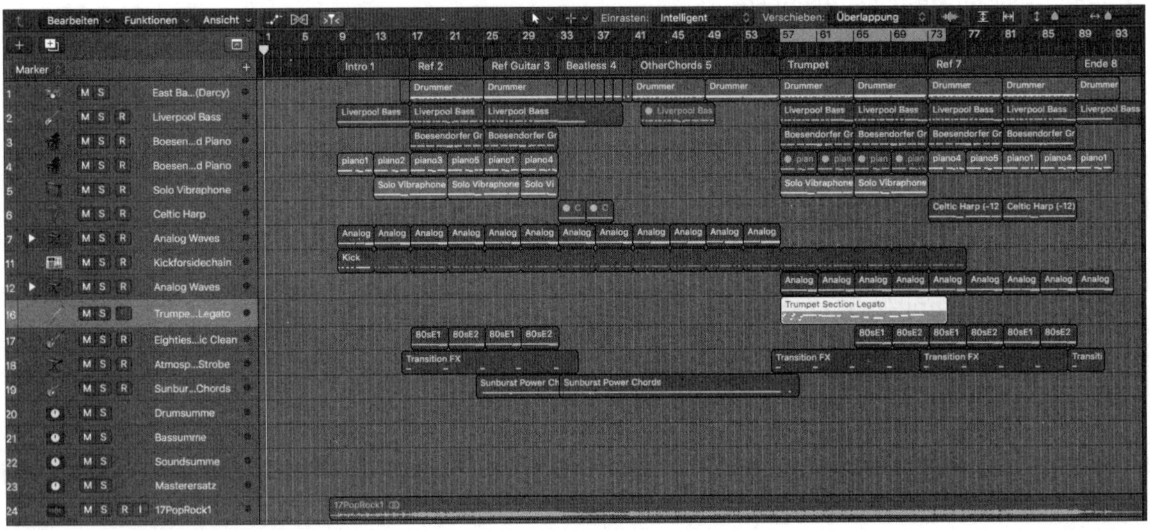

Abbildung 17.4 Das Arrangement des Beispielprojekts »17PopRock1«

Fällt es Ihnen schwer, so etwas ganz allein zu produzieren? Sie können bei der Produktion eines solchen Stückes (siehe Abbildung 17.4) immer das, was bereits aufgenommen ist, als einen Part betrachten, den gewissermaßen »der Rest der Band« spielt. Ihre Aufgabe als jeweils mit einem anderen Instrument imaginär begleitendes Bandmitglied besteht dann darin, etwas Ergänzendes dazuzuspielen. Auch ohne ein Virtuose zu sein, ist das möglich, vor allem, wenn Sie sich das, was herauskommen soll, vorher im Kopf vorstellen.

Eine Alternativmethode ist, fertige Songs und deren Arrangement nachzubauen, um ein Gefühl für Fülle, Variation und Instrumentierung zu bekommen,

MIDI-Sounds realistischer klingen lassen

Damit die *MIDI-Trompete* in Spur 16 des Projekts nicht ganz so schrecklich klingt, waren Velocity-Edits nötig. Der *EXS24*-basierte Gitarrensound in Spur 19 erlaubt die »Programmierung« eines realistischen Sounds: Verschiedene Gitarrenspielweisen sind auf unterschiedlichen Bereichen der Tastatur angelegt – und können in der PIANOROLLE entsprechend nachträglich editiert werden.

Denken Sie daran, dass im Bereich AMPS AND PEDALS (siehe Abschnitt 15.6) sehr viele unterschiedliche Effekt-»Tones« bzw. Verzerrungsnuancen zur Verfügung stehen. Wenn Sie dagegen ein MIDI-Instrument suchen, das realistische Gitarrenspielweisen erlaubt, empfehle ich Music Labs *Real Guitar*. Für dieses Plug-In gibt es sogar eine Erweiterung, die realistisches

Gitarrenspiel auf einem Playstation Guitar Hero Controller erlaubt. Alternativen sind Native Instruments *Strummed*-Serie für Kontakt (die Acoustic-Version kann auch mal nach Oasis klingen) oder das nicht aus Samples, sondern auf Physical Modeling beruhende *Strum GS-2* von AAS.

Busse

Die Hauptbusse für Drums, Bass und Sounds heißen: Bus 20 (Drums), 21 (Bass) und 22 (Sounds).

Für Drums und Bässe ist aktuell aber nur je eine Spur aktiv. Nennen Sie es Macht der Gewohnheit: Wenn ich einen Song »aufräumen« muss, bereite ich immer zuerst die »Ziele« vor – ich kann ja auch kein Zimmer aufräumen, wenn ich nicht zuerst einen Schrank mit Fächern besorge, wo ich alles einräumen kann. Auf diese Weise bin ich immerhin flexibler, falls ich später noch den ein oder anderen Sound dazumische. Beim Soundsummen-Sammelbus lohnte sich die Mühe – ich kann dort außerdem Signale von anderen Aux-Kanälen mit Effekten einsammeln, damit alle auf der Soundsumme landen.

Für die Flächensounds, die in zwei Variationen auftreten, sowie die Pianosounds inklusive aller Hall-Sends gibt es zusätzliche Sub-Busse, die am Ende alle wieder in Bus 22 landen.

Am Ende ist Bus 24 wieder ein Master-Ersatztrack, auf den alle Busse geroutet sind, damit der Bounce, der ganz unten in der Spur liegt (oder ein eventueller Vergleichstrack), ohne »Limiter«-Bearbeitung zu hören ist.

Grundgedanken zum Arrangieren und Produzieren von moderner Pop-Musik

Hier noch einige Grundgedanken zur Erstellung eines Arrangements:

- Die Schlagzeugspur sollte Steigerungen und Dynamik enthalten, sei es auf der Ebene einzelner Sounds, deren Intensität sich steigert, sei es durch wechselnde Rhythmuspatterns oder durch mehrere Ebenen Schlagzeug, die sich ergänzen, teilweise allein und teilweise zusammenspielen oder sich abwechseln.
- Verwendete Sounds sollten »eine Sprache« sprechen – wenn Sie im Verlauf eines Arrangements neue Sounds auswählen müssen, dann nehmen Sie solche, die »charakterlich« und von der Ästhetik her zu den bisher verwendeten Sounds passen.
- Andererseits müssen sich Sounds voneinander absetzen (heftige vs. softe Drums; weiche, unanstrengende Flächen vs. verzerrte, aggressive Sounds; melodische vs. monotone Elemente; elektronische vs. akustische Elemente; Halftime- vs. volles Tempo; Tempowechselclips o. Ä.)
- Die Balance aus »hypnotischer Wiederholung« versus Abwechslungen, Variationen und Überraschungen muss stimmen; wann dies der Fall ist, hat natürlich mit den Hörgewohnheiten im jeweiligen Genre zu tun. Spannung muss auf- und abgebaut werden können, und Sie sollten Überraschungen einbauen. Pausen/Drops/Build-Ups vor Hauptteilen oder vor einprägsamen Stellen setzen diese besser in Szene.

- Versuchen Sie nach und nach, sich selbst zu begleiten und neue Inhalte dazuzuspielen. Arbeiten Sie sich Schritt für Schritt durch, und gestehen Sie sich zu, nicht alles im Voraus exakt planen zu können, sondern lassen sie sich auch mal vom Zufall helfen.

Wenn Sie, wie das Projekt *17PopRock1*, relativ lange auf denselben Akkorden »herumreiten«, ist es umso wichtiger, das musikalische Thema in leichten Variationen und vor allem mit verschiedenen und anderen Instrumenten zu spielen. Gelungen finde ich in dem Beispiel den »Neustart« auf Takt 57: Durch den Wechsel der Instrumentierung wirkt das Stück plötzlich wieder »frisch«. Hören Sie sich Musik von Trevor Horn (z. B. »Video killed the Radio Star«) oder Hans Zimmer (»Inception«-Soundtrack) an, wo Sie gute Beispiele für die Variation und Ausarbeitung von einfachen Themen mit passenden Sounds, Instrumenten und Mixideen vorbildhaft Probe hören können.

Ausblick

Die meisten weiteren Beispiele in diesem Kapitel sind nicht so weit ausproduziert/ausarrangiert wie das Projekt *17PopRock1*; ich konzentriere mich nachfolgend mehr auf Details und verschiedene Soundästhetiken.

17.4.5 Drums doppeln

Logic kann akustisch aufgenommene Drums mit elektronischen Drums timinggenau doppeln, ohne dass hierfür eine Tempoanpassung oder ein straightes Tempo notwendig ist. Das nutzt man zum Beispiel, um nach dem Motto »best of both worlds« den organischen Klang von Akustikschlagzeug mit dem druckvollen Sound elektronischer Musik in verschiedensten Genres zu kombinieren.

Mit Hilfe der Funktion DRUM-SPUR ERSETZEN ODER DOPPELN (`ctrl` + `D`) im Menü SPUR können Sie so etwas realisieren. Es handelt sich um eine Konvertierung von Audiodaten in MIDI-Noten – ähnlich wie es mit FLEX PITCH möglich ist. Auch Aufnahmen, die gar nichts mit Logics Tempo zu tun haben, können Sie auf diese Weise doppeln. Die Lautstärke des Audiomaterials wirkt sich dabei auf die Velocity der Noten aus.

Das Doppeln von akustischen Schlagzeugaufnahmen wird zum Beispiel angestrebt, wenn trockene, elektronische Drums mehr Druck erzeugen sollen als das akustisch mit Mikrofonen abgenommene Schlagzeug. »Akustische« Schlagzeugaufnahmen mit dem Mikrofon enthalten oft Nebengeräusche (z. B. der anderen Schlagzeuginstrumente). Das mag atmosphärisch interessant klingen, kann aber oft nicht so isoliert, trocken und druckvoll abgemischt werden wie Einzelsounds eines elektronischen Schlagzeugs. Den Charme von 1960er-Jahre-Drums können solche Elektronik-Drums allein aber nicht versprühen. Daher ist es für viele Genres wie Soul, R & B, Hip-Hop und Drum & Bass gängig, beides miteinander zu kombinieren – während bei Minimal Techno oft die reinen Elektronik-Drums oder bei Sixties-Sound die reinen Akustik-Drums reichen.

Praxisbeispiel

Grundsätzlich ist das »Doppeln«-Tool natürlich besonders gut geeignet, um Einzelspuren (z. B. einer Schlagzeugaufnahme mit mehreren Mikrofonen) zu bearbeiten und zu erkennen.

Ein Beispiel finden Sie im Ordner zum Mehrspurprojekt von Abschnitt 9.9.1 (*09Mehrspur*) unter *09Mehrspur-Doppeln*. Hier habe ich die Kick gedoppelt. Doch können Sie natürlich auch versuchen, eine Audioaufnahme eines kompletten Drumsets zu analysieren.

Öffnen Sie das Beispielprojekt *17Drumsdoppl*, und selektieren Sie das Audiofile (OVERHEADS_BIP), um es zu doppeln. Wählen Sie im Menü SPUR • DRUM-SPUR ERSETZEN ODER DOPPELN (ctrl + D). Es erscheint der Dialog aus Abbildung 17.5, außerdem wird sofort ein MIDI-File mit einer Software-Instrument-Spur mit Drums erstellt.

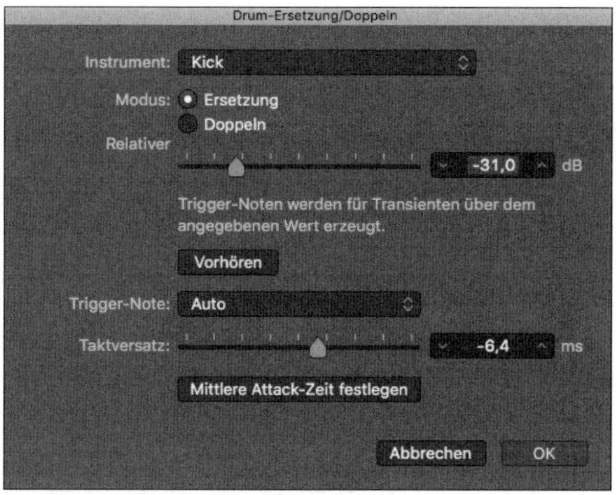

Abbildung 17.5 Drums ersetzen/doppeln

Im Flip-Menü INSTRUMENT können Sie ein zu erkennendes Schlagzeuginstrument auswählen. Die Auswahl regelt vor allem, in welchem Frequenzbereich Logic bei der Erkennung sucht, was wie gesagt vor allem für die Analyse von Einzelspuren optimal ist.

Der Regler RELATIVER SCHWELLENWERT (in Logic 10.3.2 und Abbildung 17.5 wurde das Wort Schwellenwert »vergessen«) stellt ein, wie laut die erkannten Schläge sein müssen, damit Noten erzeugt werden. Ich habe als Instrument KICK ausgewählt und den Schwellenwert zunächst relativ hoch eingestellt.

Durch Klick auf den VORHÖREN-Button können Sie erzeugte MIDI-Noten synchron mit dem Audiofile Probe hören und gegebenenfalls Justierungen vornehmen (Logic startet automatisch die Wiedergabe und stellt die neue Region auf solo).

MIDI in der neuen Region – auf einer oder mehreren Noten?

Grundsätzlich erzeugt Logic neue Noten in der MIDI-Region nur auf einer einzigen Note, dafür aber in verschiedenen Velocities. Ist die TRIGGER-NOTE auf AUTO gesetzt, wird automatisch eine Note getriggert, die dem unter INSTRUMENT ausgewählten Schlagzeugsound (z. B. KICK oder SNARE) von der General-MIDI-Drumkit-Tastenbelegung her entspricht. Alternativ suchen Sie im TRIGGER-NOTE-Flip-Menü selbst eine Note aus; die GM-Belegung wird zusätzlich angezeigt. Sie können die erkannten Noten später auch auf eine andere Note schieben.

Unter TAKTVERSATZ können Sie auch einen Versatz gegenüber dem Original einstellen. Klicken Sie auf OK, wenn Sie fertig sind.

Eine Auftrennung, welche Note eine Kick und welche eine Snare ist, habe ich im Beispiel durch Edits in der PIANOROLLE manuell vorgenommen. Anschließend habe ich das Ergebnis auf eine Spur mit einem selbstgewählten Drumkit gezogen. Das Ergebnis ist im Projekt *17Drumsdopp2* zu hören.

Vergleich mit anderen DAWs

Logic war mit dieser Funktion lange führend auf dem Markt. Seit Version 9 leistet Ableton Live mit seinem neuen Algorithmus Ähnliches und mehr und erkennt auch verschiedene Schlagzeuginstrumente gleichzeitig recht gut. Zudem gibt es mittlerweile Plug-Ins mit vergleichbarer Funktionalität. Ich habe schon öfter erlebt, dass Kollegen eine Schlagzeugspur aus Pro Tools an Takt 1 ausgerichtet und kurz in Logic geladen haben, um diese Funktion zu nutzen, und dann die neuen Drums in Pro Tools importiert haben.

17.4.6 Elektro-Drums und Layering einzelner Drumsounds

Die Drums im Elektro-Drums-Beispiel sind alle synthetisch erzeugt, d. h., es handelt sich *nicht* um Samples. Viele Elektronikmusiker schwören auf solche Synth-Drums, denn durch die Modulation von Synth-Parametern lassen sich diese in kleinen Details zielgerichtet verändern und formen. So habe ich im Beispiel *17Electrodrums* eine Kickdrum im Verlauf der Takte 3 und 4 automatisiert: Dabei wird die Hüllkurve verlängert, wodurch die Kick länger und imposanter wird.

Auch interessant ist die Variation der auf den Tasten E1 und F1 spielenden Snare, die aus Rauschen gemacht ist: Diesen Sound habe ich via Copy & Paste aus einem *Ultrabeat*-Slot in einen anderen kopiert und dort leicht verändert, so dass zwei sich ähnelnde Sounds zur Verfügung stehen. Jener Snare-Sound ist aber nur einer von zwei bis drei Sounds, aus denen sich die auf den Zählzeiten 2 und 4 spielende Snare zusammensetzt, und im Verlauf der beiden Takte des Beispiels werden hierbei jeweils andere Sounds kombiniert, damit die Snare jedes Mal ein bisschen anders klingt (Abbildung 17.6).

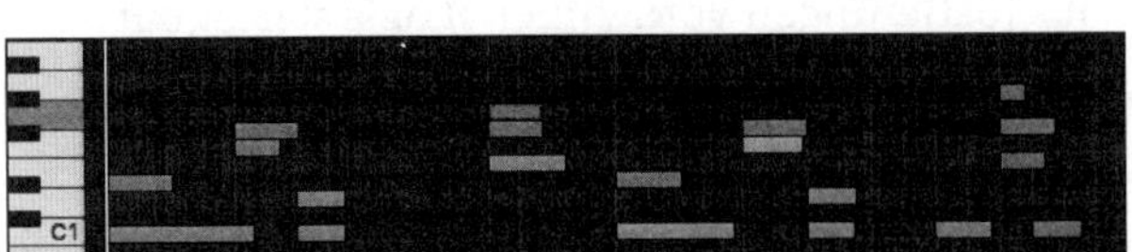

Abbildung 17.6 Drums aus dem Beispiel »17Electrodrums«

17.4.7 Drums im Mix verschmelzen

Um Drums aus unterschiedlichen Quellen im Mix stärker miteinander zu verschmelzen (z. B. nach einer Doppelung), empfiehlt sich der Einsatz von Dynamikeffekten wie »Compressor«, Transienten-Designer (»Enveloper«) oder »Limiter« auf der Drumsumme (siehe beispielsweise das Projekt *17Drumsglow1*).

Dabei sollten Sie darauf achten, dass Sie nicht mit zu kurzen Kompressions-Attack-Phasen die Transienten abschneiden oder, falls das der Fall ist, Parallelkompression einsetzen, damit von den Transienten noch etwas übrig bleibt. Manchmal ist es außerdem sinnvoll, zu verhindern, dass der »Compressor« nur oder zu stark auf Bassdrums reagiert. Hierzu aktivieren Sie in Logics »Compressor« den Side-Chain-Bereich und schalten dort einen High-Pass-Filter ein, so dass der »Compressor« auf ein von Bass befreites Signal und damit weniger auf die Bassdrum reagiert (siehe hierzu auch Abschnitt 15.3.1 über den »Compressor«).

Aber auch die gemeinsame Bearbeitung der Sounds durch einen EQ oder Hall kann diese stärker miteinander verbinden, so dass das Ergebnis eher von demselben »Schlagzeuger« zu stammen scheint (vergleiche Projekt *17Drumsglow2*).

17.4.8 Drum-Beispiele mit Breakbeats und Drum & Bass

Das typische Drum-and-Bass-Tempo von ca. 174 BPM kann je nach Stück auch als Halftime, also 87 BPM, ausgelegt werden. Das potenziert die musikalischen Möglichkeiten und erklärt eine Nähe zu Hip-Hop und Rocksteady/Reggae/Ragga. Natürlich ist das auch noch bei etwas langsameren Tempi und bei Dubstep (140 BPM bzw. 70 BPM als Halftime-Variante) möglich. Eine wichtige Rolle spielen hierbei gebrochene bzw. ungerade »Breakbeats«, mit denen vielleicht die Entwicklung anfing und deren Produktion ich an einem Beispiel erklären möchte.

Breakbeats

Breakbeats werden oft mit verfremdeten oder bearbeiteten Drumloops produziert. Hierbei kann es sich natürlich auch um zuvor selbst erstellte Loops handeln. Es gibt viele Möglichkeiten, mit Loops kreativ zu arbeiten (siehe Abbildung 17.7).

Die Entwicklung von Breakbeats hat viel damit zu tun, dass DJs mit großen Plattensammlungen einen Sampler in die Finger bekamen. Dort wurden die Lieblingsgrooves zerschnitten, hochgepitcht oder getimestretcht. Künstler wie Fatboy Slim/Norman Cook, Photek, Shy FX, Doc Scott, Rebel MC/Congo Natty sind einige Beispiele, die sich zuvor vielleicht von Leuten wie Grandmaster Flash oder Afrika Bambaata inspirieren ließen.

Dabei lagen anfangs oft längere, gesampelte Schnipsel alter Soul- und Funk-Grooves zum Spielen auf der Tastatur bereit. Diese wurden dann hochgepitcht, bis sie zu einem (schnelleren) gewünschten Tempo passten. Tempoanpassung von Loops durch Tonhöhenveränderung ist eine mittlerweile eher ausgestorbene Kunst. Das Hochpitchen von Drums hat noch einen anderen Effekt: Das Soundmaterial wird hierdurch »verdichtet« und klingt oft perkussiver. Sie finden ein Beispiel im Projekt *17rexbreakbeat2*. Dies ist eine Weiterentwicklung des Projekts *09rexbreakbeat* aus Abschnitt 9.10.2.

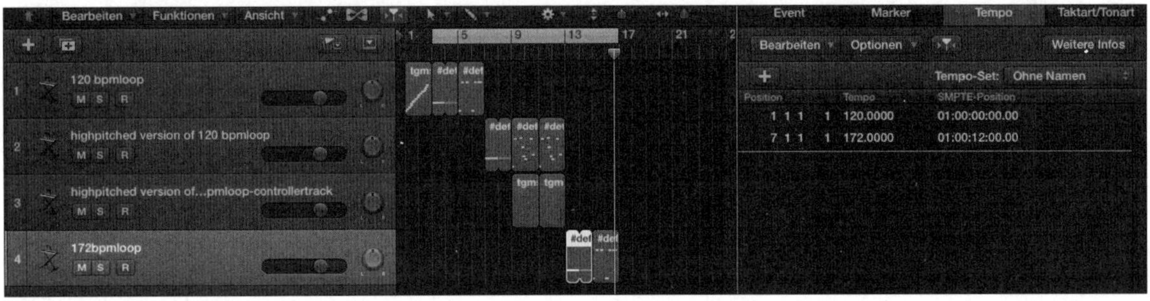

Abbildung 17.7 Breakbeats

Der in den Takten 1–3 im Tempo 120 BPM in Einzelschlägen spielende Loop nutzt eine spezielle und einzigartige Funktion namens Loop Extrahieren des *EXS24*-Samplers. Hiermit können die Slices eines Rex-Files im beim ersten Import eingestellten Songtempo bei gehaltener Note bis zum Ende spielen (siehe Abschnitt 9.10.2). Dementsprechend hören Sie, dass in Takt 3 eine einzige Note spielt und dass das Sample zum Tempo des Songs passt. In Takt 5 entsteht so aus zwei Schnipseln eines Drumloops ein neuer Breakbeat. Hierfür wäre kein komplettes Drumloop-Slicing nötig gewesen, es hätte gereicht, einfach zwei Ausschnitte des Loops (an der richtigen Stelle, die Sie allerdings erst einmal herausfinden müssen) zu zerschneiden und auf die Tastatur zu legen. Genau diese »alte« Technik wird durch die Funktion Loop Extrahieren wieder lebendig. Loop Extrahieren steht aber nur für Rex-Files zur Verfügung und passt das Loop-Tempo auf das beim Import eingestellte Tempo an. Alternativ können Sie auch die Längen von Slices vergrößern.

In Takt 7 habe ich einen Tempowechsel von 120 BPM auf 172 BPM eingefügt und das Instrument aus Spur 1 in Spur 2 dupliziert. Dabei habe ich in der *EXS24*-Bedienoberfläche das Tuning so geändert, dass das Tempo des Samples wiederum zum Song passt.

In den Takten 9–13 spielen wiederum Schnipsel des hochgepitchten Drumloops. Im zugehörigen *EXS*-Instrument ist für das Pitch Bending +/– 12 Halbtöne eingestellt. Spur 3 spricht dasselbe Instrument an wie Spur 2, erlaubt aber ein von den Notenregionen unabhängiges Verschieben einer aufgezeichneten und im Schritteditor editierten Bewegung des Pitch-Wheels. Meiner Meinung nach klingt der hochgepitchte, editierte und schneller spielende Drumloop energetischer, perkussiver und aggressiver – obwohl das gleiche Audiomaterial zugrunde liegt.

Spur 4 enthält eine andere Variante: Dort habe ich das Rex-File bei eingestelltem Tempo 172 wiederum via Loop Extrahieren importiert, wodurch es auch in der Originaltonhöhe in Tempo 172 spielt (und eine Note den Drumloop im richtigen Tempo abspielen kann, so wie zuvor in Spur 1 mit einem anderen Tempo).

Layern und Abmischen von Loops und Drums in Drum & Bass

Wenn Sie mehrere Drumloops übereinanderlegen möchten, klappt das mit der im vorigen Abschnitt über Breakbeats angewendeten Schneidetechnik nicht mehr so gut: Rhythmik-Besonderheiten mehrerer übereinanderliegender Drumloops passen oft nicht ohne weiteres zusammen.

Besonderheiten der Rhythmik eines Drumloops lassen sich oft nur dann auf andere verwendete Drums oder Drumloops anwenden oder mit ihnen kombinieren, wenn es möglich ist, auf alle Schläge einzeln zurückzugreifen und diese gemeinsam und detailliert zu bearbeiten oder zu quantisieren, z. B. durch gemeinsame Quantisierungen oder Groove-Templates (siehe Abschnitt 9.2).

Durch Slicing ist das grundsätzlich keine große Schwierigkeit mehr. Diese Arbeitstechnik führt andererseits mehr oder weniger unbewusst zu »geraderen« Produktionen.

Ein Beispielprojekt aus dem Bereich Drum & Bass finden Sie zunächst unbearbeitet im Dokument *17Loop3xunbearb* sowie in mehreren Stufen bearbeitet in *17Loop3xbearb1*, *17Loop3x-bearb2* und *17Loop3xbearb3b*.

Alle drei Loops entstammen Apple-Loop-Content und wurden im unbearbeiteten Dokument zunächst in neue Sampler-Spuren konvertiert. Die Originalaudiofiles sind weiterhin im Dokument – stummgeschaltet und via »Hide« versteckt.

Die Bearbeitung umfasste unter anderem folgende Schritte:

- Tuning aller Instrumente.
- Duplizieren des Samplers mit dem *Snappy Beat*, um die Snares getrennt von den Bassdrums zu editieren (andere Effekte wie z. B. eine Verlängerung des Nachhalls mit dem Enveloper, anderes Decay). Ich habe die MIDI-Region kopiert und in jeder Spur manche Noten stummgeschaltet.
- In *Snappy Beat* habe ich einzelne Schläge unterschiedlich gestimmt und die Random-Tuning-Funktion im *EXS* aktiviert, damit der Sound jedes Mal etwas anders klingt, und den Nachhall der Snares verlängert.
- Ich habe den *Hip-Hop-Bandit-Beat* in der Region von einigen störenden Bassdrum-Schlägen befreit, hochgepitcht und mit einem Band-Pass-Filter bearbeitet.
- Auch den *Hip-Hop-Small-Beats-Beat* habe ich im Sampler hochgepitcht.
- Sämtliche Drumloops haben eigene Effekte, ich habe sie aber zu einem Track-Stack-Summenstapel zusammengefasst. Im Summenstapel-Master-Track befinden sich verschiedene, eher dezent arbeitende Effekte, durch die die Drums etwas mehr »zusammenwachsen«. In *17Loop3xbearb3d* ist ein alternativer Kompressor-Modus aktiv, was den Drumsound deutlich verändert.
- Ab Takt 1, 5 und 9 spielen die Regionen jeweils mit unterschiedlichen Quantisierungen, wobei mir der Abschnitt ab Takt 5 am besten gefällt und ich ihn daher geloopt habe.

Das ist alles nur der Anfang – gerade einmal vier akzeptable Takte mit Drums sind entstanden (Abbildung 17.8). In Abschnitt 17.4.13 über Bässe füge ich noch einen Basssound hinzu.

Verschiedene Versuche, diesen Beat zu bouncen, habe ich im Projekt gespeichert/hinzugefügt. Das mache ich meistens so, denn auf diese Weise höre ich später beim Durchstöbern von Projektordnern schnell, worum es in einem Projektentwurf geht, ohne ihn in Logic öffnen zu müssen, oder kann verschiedene Versionen vergleichen – und dann entscheiden, ob ich Lust habe, daran weiterzuarbeiten (oder z. B. einfach nur einen gebouncten Beat in einem anderen Projekt verwenden möchte).

Abbildung 17.8 Projekt »17Loop3xbearb3b«

17.4.9 Neurofunk

Ein weiteres Drum-and-Bass-Subgenre ist Neurofunk. Erfolgreichste Vertreter dieses Genres sind wohl Noisia und Black Sun Empire aus den Niederlanden. Neurofunk-Drums haben in der Regel mehr und bassigere Bassdrums als ältere Stücke. Oft wird ein Groove aus alten Drumloops als MIDI-Datei mit anderen, heftigeren, teilweise übersteuerten Drums genutzt. Dabei geht es viel um Engineering, Sounddesign und das exakte Einstellen von Frequenzen für einzelne Sounds und eine Mixtechnik, die einen so extremen Einsatz von Effekten und vor allem EQs erfordert, dass ich behaupte, dass man das meiste davon mit analogen Mischpulten und ein paar Effekten Ende des 20. Jahrhunderts nur sehr schwer hinbekommen hätte.

Basslines fehlen in Neurofunk manchmal völlig, oft wird der Bass via MIDI zwangsweise genau in die Lücken gesetzt, wo die heftige Bassdrum nicht spielt. Das setzen Sie zum Beispiel mit Hilfe von Side-Chaining-Verkabelungen um. Im Extremfall spielt dann nur eine durchgängige Note, die jeweils durch die Bassdrum leiser gemacht wird. Eine ähnliche Technik finden Sie auch bei House- und Techno-Produktionen.

Ein solches Beispiel zeige ich Ihnen im Projekt *17Drumandsimple5*:

- In diesem Projekt ist Bus 4 die Drumsumme. Von dort aus geht ein Send an Bus 7, der hier nur als »Dummy« zum Side-Chain-Triggering dient.
- In der Spur VELO TECHNO BASS sind zwei »Compressor«-Plug-Ins geladen: Das erste macht den Bass gleichmäßig laut, das zweite ist für den Side-Chaining-Effekt da. In Takt 1 und 2 ist dieser zweite Compressor ein-, in Takt 3 und 4 ausgeschaltet – vergleichen Sie den Unterschied.

Ein weiteres Beispiel finden Sie im Projekt *17Drumandsimple6*: Hier ist zusätzlich ein »Auto-Filter« aktiv, der die Bassline moduliert. Die hierdurch entstehenden Lautstärkeunterschiede fängt der erste der beiden »Compressor«-Effekte ab.

Der Track *17TrackObass3* enthält eine etwas elektronischere Drum-and-Bass-Spielart, wo sich wiederum Bass und Drums ergänzen.

17.4.10 Dubstep, Trap und Sounddesign (Beats und Einführung)

Dubstep und Trap können sehr funktional und völlig auf den Dancefloor ausgerichtet sein. Andererseits finden sich zunehmend deepere und musikalischere Varianten in vielen Werbespots (z. B. Flumes »Disclosure«-Remix für »Lacoste« als Vorreiter), im Radio oder bei Castingshows wie »Germany's next Topmodel«. Die Grenzen zwischen den Genres sind in den letzten Jahren einerseits teilweise verschwommen, andererseits haben sich immer mehr Subgenres entwickelt.

Trap

Trap-Musik kombinierte anfangs Subbässe mit Drumsounds einer Roland-808-Drum-Machine, die Sie in unseren Beispielen mit Logics *Boutique 808*-Kit bereits kennengelernt haben. Bedenkt man, dass Tracks wie Tag Team – »Whoop (there it is)« schon einige Jahrzehnte alt sind, Fettes Brot schon vor Ewigkeiten »Wir brauchen Bass« gesungen hat und es zwischendurch auch eine Soundbewegung namens »Miami Bass« gab, handelte es sich nicht um eine neue Erfindung. Wie bei Dubstep ging es danach aber in eine andere, kommerziellere Richtung, angefangen bei Baauers »Harlem Shake«. Die Beats entwickelten sich in Richtung Halftime-Stil, sind nun aber nicht unbedingt auf die 70/140 BPM festgelegt, sondern tauchen auch z. B. als 75/150 oder als 87/174 BPM auf. Mittlerweile gibt es viele Trap-Subgenres, die für den nicht szenekundigen Hörer nicht immer von Dubstep-Subgenres zu trennen sind, andererseits teilweise auch ihre Roots beim Hip-Hop haben. Charakteristisch sind schnelle Hi-Hats, oft verfremdete Vocal-Fetzen und Bläsersounds und jede Menge Sounddesign auf allen Ebenen. Manchmal werden perfekt ausproduzierte Sounds mit eher improvisiert klingenden Leads zusammengebracht.

Ein aus Apple Loops zusammengesetztes Beispiel finden Sie unter *15TrapNewSc*. Falls hier Loops fehlen, installieren Sie bitte noch GarageBand und seine Inhalte.

Dubstep?

Stand »Dubstep« am Anfang noch tendenziell für einen eher dubbigen, düsteren Sound à la »Burial«, wurde das Genre später zu einer funktionalen Teenie-Party-Musik mit 140 BPM Durchschnittsgeschwindigkeit mit Wobble-Bass-Sounds. Bässe und Lead-Sounds in manchen Dubstep-Produktionen haben oft nicht nur »wobbligen« Charakter, sondern sollen oft so »krank« wie möglich klingen (siehe Tracks von Skrillex oder Flux Pavillon) und nehmen gewissermaßen funktional die Rolle von E-Gitarren aus Heavy-Metal-Tracks ein.

Dementsprechend etwas krasser geht es im Beispiel *17phasedistdubst2* zu Werke. Hierbei kommen lediglich zwei Apple Loops zum Einsatz, die ich etwas angepasst habe. Außerdem sorgt ein »Compressor« mit in der Side Chain anliegendem Beat dafür, dass der Bass/Synth-Sound durch den Beat temporär etwas leiser gemacht wird.

Sounddesign

Ein nur eintaktiger Beat mit etwas mehr Detailarbeit steckt als Alternativbeispiel im Beispiel *17Electro1eohnebrass* (und dem weiterführenden Beispiel *17Electro1m+limohnebrass2*).

Das Tempo liegt bei 75 BPM, was ein wenig schneller als das typische Dubstep-Tempo von 70 bzw. 140 BPM ist. Ich habe die auf der Kick-Spur von Spurstapel BOUTIQUE 808 liegende Region als Audiofile(s) exportiert, und zwar für die Aux-Kanal-Spuren des Spurstapels jeweils ein eigenes Audiofile). Die erzeugten Audiofiles habe ich nun noch bearbeitet: Die meisten von ihnen habe ich mit Flex-Tools gestretcht oder mit Flex-Tools gestretchte Drums hinzugemischt. Außerdem habe ich Kick, Snare und Hi-Hat im Kanalzug bearbeitet (z. B. mit etwas Hall und dem »Enveloper«) und jeweils einzeln auf zusätzliche Aux-Kanäle mit verzerrenden Komponenten geschickt (die Originalsounds habe ich zum Vergleich im Projekt belassen). Insbesondere die Kick erhielt zusätzlich einen Schub-Bass über einen weiteren Aux-Kanal. Ziel war dabei, die Drumsounds etwas übersteuert und laut klingen zu lassen. Hier und da habe ich Sounds im *EXS*-Sampler »reversed«. Auch ein paar Brass-Sounds sind dabei.

Im Beispiel *17Electro1m+limohnebrass2* kommen ein paar mit verschiedenen Flex-Algorithmen gestretchte Kick-Fragmente hinzu, und die Drums werden in einem zusätzlichen Bus mit »Limiter« stärker angezerrt, der »Limiter« insgesamt wird zusätzlich lauter gemacht.

Zudem treffen sich sämtliche Sounds in einem weiteren Aux-Kanal, der MASTERERSATZ heißt und ebenfalls einen »Limiter« beherbergt. Auf diese Weise können Sie in Takt 3, falls

Sie den Cycle deaktivieren, noch einmal die gebouncten, völlig unbearbeiteten Drums hören, aus denen diese Beats entstanden sind.

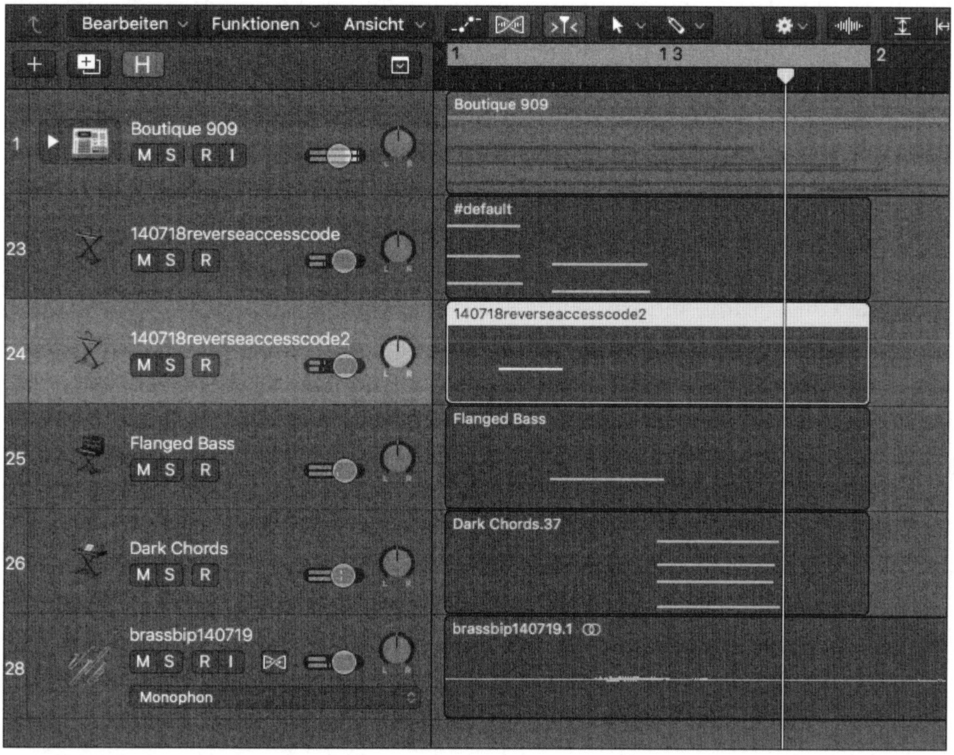

Abbildung 17.9 Das eintaktige Beispiel »17Electro1eohnebrass«

Im Projekt *17Electro1m+limohnebrass3* habe ich eine zusätzliche Spur mit der Kickdrum angelegt, die diverse »Compressor«-Effekte in flächigen Soundspuren triggert, so dass die Sounds auf der 1 und 3 wie durch einen pumpenden »Limiter« kurz »weggefadet« werden.

Die Projekte sollen demonstrieren, wie viel Detailarbeit oft im Shaping von Sounds steckt. Das ein oder andere in diesem Beispiel mag übertrieben sein, doch betrachten Sie Ihr eigenes Studio ruhig auch mal als »Labor«.

17.4.11 Hip-Hop-, Trip-Hop- und Contemporary-R-&-B-Beats

Wenn Hip-Hop-Produzenten von »Beats machen« oder »Beats bauen« reden, meinen sie typischerweise nicht nur »Schlagzeugprogrammierung«, sondern die Produktion eines kompletten Songs, der genug Platz lässt für später darüber aufzunehmende Vocals.

Musikalisch werden beim Hip-Hop und modernen R & B oft vor allem Harmonien komponiert, denn man möchte meistens noch genug Platz für einen Sänger/Rapper lassen. Dabei werden zwar oft die Grundfunktionen Tonika, Subdominante und Dominante verwendet –

allerdings beim Hip-Hop vor allem als Moll-Akkorde, die eher zu den oft etwas cooleren, anklagenden oder von Weltschmerz triefenden Texten passen. Mir gefällt aber auch die Herangehensweise einiger Hip-Hop-Produzenten gut, die ab und zu die Fahne des Instrumental Hip-Hop hochhalten, wie z. B. Hulk Hodn aus Köln. Die Ästhetik von Hip-Hop oder Instrumental Hip-Hop kann die Wärme und Gemütlichkeit alter Jazz- Vinyls anstreben, die Energie von Motown-Soul wiederbeleben – oder versuchen, die Elektronikästhetik von Daft Punk oder Skrillex in ein anderes Genre zu transportieren.

Bei Linkin Park oder den Beastie Boys klingen Hip-Hop-Beats dann andererseits auch mal rockig. Die produzierten Ästhetiken können völlig unterschiedlich ausfallen, es kann nach Jazz und Soul, aber auch nach Elektronik klingen. Zuletzt habe ich auch selbst einen Hip-Hop-Track mit Reggae- und Drums-and-Bass-Einflüssen mit MC Navigator und Skarra Mucci produziert (»Take it Easy«, *https://www.youtube.com/watch?v=OzaX-Tl_Nc8*).

Produktionstechniken

Es geht um das richtige Drumfeeling (Swingfeeling? Groove-Quantisierung?), die richtige Mixtechnik (Verschmelzung oder Trennung der Sounds? Räumliche Positionierung? Lautstärke?) und eine gute Soundauswahl (alte vs. neue Drumsounds oder eine Kombination? Charakter und Vibe der Sounds? Lead-Synthies? Basslines? Flächen?).

Hip-Hop-Drums und -Grooves

Eine gängige Technik bei der Produktion von Hip-Hop-Drums ist, beispielsweise eine Snaredrum aus mehreren Sounds (z. B. Clap, Snare, Bassdrum, tonaler Klang, Glocke) zusammenzusetzen. Der Groove darf durchaus mal etwas »schlurfen«, so dass einzelne Schläge mit etwas Verspätung spielen oder übereinanderliegende Snares und Claps nicht ganz deckungsgleich sind. Das kann relativ natürlich klingen, etwa so, als ob Personen im Takt in die Hände klatschen.

Je dominanter die einzelnen Schläge sind und je öfter sie sich wiederholen, desto wichtiger wird es oft, durch Modulationen jeden Schlag ein wenig unterschiedlich klingen zu lassen. Beim Layering mehrerer Sounds kann der subtile Soundunterschied auch dadurch entstehen, dass sich nur *ein* Sound verändert, während die anderen gleich bleiben – wie schon in Abschnitt 17.4.6 über Elektro-Drums demonstriert.

Oft stellt sich die Frage, ob Sie die Bassdrum frequenzmäßig oberhalb oder unterhalb des Basses abmischen möchten. Für Hip-Hop-Beats ist es gar nicht unüblich, sehr tiefe, langgezogene und dominante Kicks zu nutzen. Anderseits kann die Bassdrum auch knallig und der Bass »subbig« ausfallen, wie im Beispiel *17HipHoploops*, wo einige Loops aus dem *Hip-Hop-Loop-Pack* mit einer typischen Soundästhetik zusammen spielen.

Im Projekt *17ElectroHHc* klingt das Ganze etwas »schlurfend« – und auch wieder ein bisschen elektronisch. Im Dokument *17HipHopbt2* treffen sich sämtliche Drumsounds (inklusive elektronischer und akustischer Sounds) in Bus 6, der oben als Drumsummen-Spur angelegt ist.

Verschiedene Snares spielen abwechselnd – und in der Summe wird alles mit »Compressor«, »EQ«, »Limiter« und Hall bearbeitet.

Sliced Samples für Sounds

Oft werden im Hip-Hop Teile älterer Tracks gesampelt bzw. zitiert oder nachgespielt. Das können Sie auch selbst nachvollziehen.

Im Projekt *17SlicedHH1B4* kommen ein zerschnittenes Sample und einer der schönen Drumloops aus dem Ordner VINTAGE BREAKS zum Einsatz. Das Sample habe ich zuvor selbst erstellt (aus den oberen beiden Spuren) und zerschnitten (mit der Funktion »WIEDERHOLT SCHNEIDEN«). Anschließend habe ich es via KONVERTIEREN IN NEUE SAMPLER-SPUR (anhand von Regionen) in den Sampler gelegt. Die Original-MIDI-Region habe ich in einer Spuralternative versteckt und selbst versucht, Noten zu spielen.

Im Sampler habe ich die Länge der Zonen bearbeitet und eine Zone, die mir gut gefallen hat, dupliziert und unten auf die Tastatur gelegt. Zudem habe ich das Sampler-Instrument dupliziert und bei Variante 2 mit Effekten versehen. In den Sampler-Spuren ist noch ein Modulator aktiv, der eine Low-Cut-Frequenz des EQs moduliert. Ganz einfach geht so etwas übrigens mittlerweile mit dem Plug-In »Sample« von Serato.

Riffs nachspielen und MIDI-Files

Sie können auch ein »Riff« aus einem alten Klassiker leicht verändert nachspielen: So ist z. B. die Bassline des Hip-Hop-Klassikers »Hypnotize« von Notorious B. I. G. auch mehr oder weniger genauso in Herb Alberts 80er-Jahre-Hit »Rise« wiederzufinden. Im Internet finden Sie das File *Rise* von Herb Alpert unter: *http://www.mididatabase.com/20091028/pop/herbalpert/Rise.mid*. Ein Übungsvorschlag: Laden Sie das »Rise«-MIDI-File korrekt in Logic, und versuchen Sie, es durch bessere Sounds aufzupeppen oder einzelne Sequenzen zu etwas Neuem zu machen.

R & B

Contemporary-R-&-B-Tracks (abzugrenzen zu R & B im Sinne von Rhythm & Blues aus der Mitte des 20. Jahrhunderts) klingen nicht selten etwas kitschiger und cleaner als Hip-Hop. Die Drum-Arrangements sind oft leerer, Drumsounds selbst moderner.

Im Projekt *17RnB1* spielen verschiedene Loops miteinander, und es klingt relativ »clean«. Der HAND IN HAND-Piano-Loop klingt wegen eines aktiven Noise Gates etwas »abgehackt«. Ein weiteres R-&-B-Beispiel mit Gesang finden Sie in Abschnitt 17.4.19 über Vocals.

Trip-Hop

Nicht erst seit den britischen Trip-Hop-Pionieren Massive Attack sind Reversed Sounds in Mode gekommen, wie im Beispiel *17ReversedTripHop*, wo ein rückwärts laufendes Piano zum

Einsatz kommt. Die Edits für das rückwärts spielende Klavier habe ich in Abschnitt 11.12.11 erläutert. Ansonsten kommen zwei Apple Loops aus dem *Hip-Hop*-Pack zum Einsatz, die ich rhythmisch komplett anders angewendet habe. Ich musste hierfür Transient-Edits vornehmen, die in der Schlagzeugspur nach einer Speicherung wieder verlorengingen, so dass ich die Spuren gebounct habe. Danach setzte ich u. a. Enveloper und Audiofilter ein. Die Artefakte, die beim Time-Stretching der Drums entstehen, wirken sich meiner Meinung nach vorteilhaft aus.

17.4.12 Techno, Electronica, House

Techno und House haben die typische *4/4-* oder *4-to-the-Floor* genannte Bassdrum gemeinsam.

House

Typisch für House-Beats ist die offene Hi-Hat auf den Zählzeiten 2 und 4; dazu kommen meist eine kräftige Kickdrum und eventuell Percussionsounds. Die Drumsounds sind meist elektronisch. Eine Snare wird manchmal gar nicht gespielt. Oft kommt auch eine Swing-Feeling-Quantisierung zum Einsatz.

Unter Logics Loop-Packs finden sich gleich drei, die House als Genre referenzieren: *Tech House*, *Deep House* und *Electro House*. Wie in den Genres zuvor fallen natürlich auch hier die Vibes und Interpretationen von kommerziell über sommerlich und jazzy bis zu dark und minimal sehr unterschiedlich aus.

House-Bass

Ein tiefer gespielter Orgelsound ist ein typischer House-Bass, den Sie auch aus Logics *Vintage B3 Organ* herausholen können. Das hören Sie im Projekt *17house1*.

Weitere Beispiele

Im Projekt *17HouseVocodedarr11* habe ich das Sample aus dem Projekt *11housemusicvocoded1* zu einem housigen Track-Sketch umgearbeitet. Die den Beat am Anfang und am Ende begleitenden Elektrogeräusche entspringen dabei einer gesampelten Automation des FREEZE-Parameters, die ich in einer anderen Länge als den Rest des Loops geloopt habe, wodurch der Rhythmus etwas komplexer wird (siehe Abschnitt 12.11.2, »Polyrhythmik«).

Im »Break« in der Mitte des Projekts *17HouseVocodedarr11* habe ich versucht, meine Originalstimme mit zahlreichen Effekten bearbeitet einzusetzen, fand allerdings nie ein Ergebnis, mit dem ich zufrieden war. Deshalb habe ich schließlich einen weiteren Vocoder, diesmal in Form des in Abschnitt 15.10.2 vorgestellten EVOC 20 TrackOscillators, eingesetzt, der den Sound aus der Spur darunter von einem *Retro Synth* für das Vocoding via Side Chaining heranzieht.

Electro House und kreative Arbeit mit Apple Loops

Ein Beispiel aus dem Bereich Electro House finden Sie unter *17ElectroHouse*. Im Genre Electro House sind abrupte Übergänge zwischen verschiedenen Parts – wie im Beispiel der kurz eingeschobene Part zwischen Takt 5 und 7 bzw. Übergänge – typisch.

Hier möchte ich die kreative Arbeit mit Apple Loops anregen. Das Projekt besteht lediglich aus zwei Apple Loops aus dem *Electro House*-Pack. Machen Sie z. B. ein eigenes Instrument aus einem Synth-Loop: Die ersten drei bis vier Töne des »Aggressive Stance Bass«-Loops aus Projekt *17ElectroHouse* habe ich nach Setzen von Transienten in eine neue Sampler-Spur umgewandelt. Dann habe ich für jeden Sound im EXS24-INSTRUMENT-EDITOR einen eigenen Velocity-Bereich eingestellt, alle drei Sounds einheitlich und entsprechend einem E-Piano gestimmt und anschließend alle drei Töne über die komplette Tastatur ausgebreitet. Nun habe ich ein spielbares Instrument – mit ihm habe ich neue Melodietöne eingespielt

Anschließend habe ich in der PIANOROLLE für verschiedene Noten die Velocity geändert, damit jeweils andere Samples spielen. Zusätzlich musste ich den VELOCITY TO VOLUME LEVEL-Slider im *EXS* neutral einstellen, damit trotz unterschiedlicher Velocities alles Samples stets gleich laut spielen. Entsprechend habe ich dann noch die Lautstärke im Kanal geändert. Das Ergebnis hören Sie im Projekt *17ElectroHouse2*.

Dass das spielbare Instrument nicht ganz an das Original herankommt, liegt auch daran, dass der *EXS24* kein Echtzeit-Time-Stretching beherrscht, wodurch höher gespielte Noten stets kürzer erklingen, was insbesondere für den im Beispiel etwas nach unten abfallenden Sound, der mit niedrigen Velocities getriggert wird, ein Problem ist. Das Ergebnis liegt auch in einer stummgeschalteten Spur unten als Bounce, so dass Sie es auch bei Problemen auf Ihrem Rechner auf jeden Fall hören können. Als Alternative könnten Sie versuchen, Sounds im *EXS* zu loopen oder in *Alchemy* zu laden.

Minimal Techno, MIDI-FX-Modulationen

Die Gattung »Minimal« findet man nicht nur im Techno, sondern auch im Drum-and-Bass-Bereich. Oft werden die Drums kurz und perkussiv gespielt und mit einer entsprechenden Pitch-Einstellung gegebenenfalls hochgestimmt. Ein weiteres interessantes Merkmal ist die Verwendung von Percussionsounds als Melodieersatz. Die Schönheit und Andersartigkeit vieler Elektronik-Musikproduktionen entsteht manchmal auch aus dem Verzicht auf Harmonien – stattdessen werden eher »Geräusche« verwendet. Konzeptionell wollen die Künstler oft den konventionellen Kompositionsschemata und Klangklischees entsagen. Das durch den Verzicht auf Melodien entstehende musikalische Vakuum füllen dann Geräusche und perkussive Sounds. Ein kleines Beispiel, wie Percussion als Melodieersatz fungieren kann, finden Sie im Projekt *17Minimal1*. Dort habe ich zudem Schnipsel von Apple Loops in eine Sampler-Spur umgewandelt, hochgepitcht und schließlich die *EXS24*-Hüllkurven kurz und perkussiv eingestellt.

Eine weitere Idee bei minimalen Arrangements ist es, gleichförmige, hypnotische Rhythmen lange laufen zu lassen, so dass kleine Veränderungen sehr stark auffallen und wirkungsvoll sind – wie etwa das Einsetzen der Bassdrum im Beispiel bei Takt 5.

Im Beispiel *17Minimal2* kommen zusätzlich Modulator-MIDI-FX zum Einsatz, die ein EQ-Band modulieren, um subtile Bewegungen zu erzeugen. MIDI-FX sind nur auf Instrumentenspuren einsetzbar. Daher spielt in *17Minimal2* in Spur 4 ein *EVOC 20 Vocoder*, durch den die oberste Audiospur geroutet wird (per Side Chain), so dass sie mit einem EQ bearbeitet werden kann, der von einem Modulator ferngesteuert wird.

Vermischte Beispiele und 303-Sounds

Ein weiteres Beispiel finden Sie im Projekt *17HouseBDesMinimal2L*. Die Beats habe ich in einem Spurstapel eingespielt, der hier eingeklappt ist. Die Hi-Hat-Rhythmik wird vor allem durch ein »Tape Delay« erzeugt; wiederum fungieren die Percussionsounds als eine Art Melodieersatz.

In Takt 1–5 spielt ein Bass an den Stellen, wo die Bassdrum gerade *nicht* präsent ist. Dies wird teilweise durch das Setzen von MIDI-Noten, teilweise durch Side-Chain-Kompression erreicht.

In Takt 5–9 spielen dubbige, mit automatisiertem »Tape Delay« versehene Snares und ein deeper, dubbiger Akkord-Synth-Leadsound. Von Takt 9 bis 13 spielt ein Sound in der Ästhetik des legendären Roland TB 303, wobei die Filter-Cutoff-Frequenz via Smart Control automatisiert wird. Von Takt 13 bis 17 spielt wieder ein einfacher House-Bass; insbesondere die zwischendurch schnell und kurz gespielten Noten, die für einen etwas verzögerten Wechsel auf den neuen Ton sorgen, machen diese Bassline weniger statisch.

17.4.13 Bässe und Synths in Dubstep, Trap, EDM und Drum & Bass

In den bisherigen Beispielen kamen bereits einige Basslines vor, nun lege ich den Fokus etwas mehr auf Details der Erzeugung der Basssounds, und Sie finden nachfolgend eine Menge Beispielprojekte und Beschreibungen dazu.

Praxisbeispiele

Im Beispiel *17EDMDanceHipH* kommt ein Bass-Preset aus Logics Library zum Einsatz, das die Funktionen des *ES2* ausnutzt. Etwas unkonventionell eingespielt, übernimmt auch dieser Sound in typischer Weise eine Art Zwischending zwischen Bassline und Synth-Lead.

Oft werden ein unterer Frequenzbereich und ein oberer Frequenzbereich getrennt voneinander mit Effekten bearbeitet. Im Ergebnis soll ein drückend bassiger Sound mit verzerrten und sich veränderten Obertonanteilen herauskommen – das sind ja eigentlich zwei grundsätzlich verschiedene Ziele, die ein Arbeiten in die jeweils andere Richtung erfordern. Ein kräftiges Verzerren eines Sounds als Ganzes zerstört beispielsweise in der Regel den sauberen Tiefbass. Deshalb ist es eine gängige Praxis, mehrere Sounds zusammenzumischen oder als Subbass einen (komprimierten) Sinuston zu verwenden und hinzuzumischen.

Im Beispiel *17EDMDanceHipH+Sub1* habe ich das gemacht – und hierfür dieselben Noten (um eine Oktave heruntertransponiert) und eine neue Spur mit einem leicht angezerrten *EXS24* ohne Sample mit Sinuston benutzt.

Weil die Lautstärke solcher Sinustöne/Subbässe schwer abzumischen ist (zu laut = macht alles platt, zu leise = vermittelt einen dünnen Sound), versucht man, sie mit einem Kompressor auf eine einigermaßen einheitliche Lautstärke zu bringen. Minimale Faderbewegungen können dann den Ausschlag geben, ob der Bass richtig, zu laut oder zu leise abgemischt wird.

Ich fasse die verschiedenen Teilsounds anschließend typischerweise auch noch in einem Bus (im Beispiel Bus 8) oder einer Mixgruppe zusammen, um die Lautstärke mit nur einem Fader regeln zu können.

Es geht aber auch anders: Im Beispiel *17EDMDanceHipH+Sub2* gesellt sich ebenfalls ein Subbass dazu, dieser ist ein Derivat des ursprünglichen Synth-Sounds. Ihn habe ich per Send auf einen Bus geschickt, wo via »Channel EQ« nur Bassiges durchgelassen wird. Anschließend folgen ein »Direction Mixer«, um das bassige Signal möglichst mittig und ohne Stereoeffekte hinzubekommen, und ein »Compressor«. Am Ende wird alles wieder in Bus 8 zusammengefasst. Der *EXS24*-Sinusbass ist zwar noch im Projekt, aber nicht zu hören.

Und noch ein wenig weiter geht es im Beispiel *17EDMDanceHipH+Sub3*. Hier wird das Signal an einen weiteren Bus geschickt, wo diesmal der Bass via EQ herausgefiltert wird. Anschließend wird das Signal in einem »Bitcrusher« verzerrt. Danach sorgt ein Autofilter für Modulationen und Bewegung im Sound, die mit Hilfe eines Delays noch verstärkt hörbar werden. Am Ende landet wieder alles in Bus 8. Sie können sich nun denken, dass Sie via Send beliebig viele Busse mit Modulationen hinzufügen können. Im Beispiel habe ich den eigentlichen Sound mittlerweile sogar aus dem Mix herausgenommen. Auf diese Weise können die einzelnen Komponenten des Basses kontrollierter mixen.

Im Projekt *17EDMDanceHipH+Sub4* wird der bassige Anteil des Sounds im BASSBASS-Aux-Kanal von einem »Subbass«-Plug-In unterstützt, das künstlich versucht, einen Subbass auf Basis eines Sinustons zu erzeugen. Diese Variante empfiehlt sich nicht zuletzt, wenn Sie eine Synth-Line bearbeiten, die auf einer Audioaufnahme beruht. Ansonsten könnten Sie das Ganze auch etwas einfacher haben, indem Sie den Subbass wieder wie im Dokument *17EDMDanceHipH+Sub1* auf der Basis der MIDI-Noten erzeugen.

Im Projekt *17EDMDanceHipH+Sub5* ist die Mischung noch einmal ein wenig anders und transparenter: Der Bassbereich wird limitiert, der Höhenbus hat mehr Höhen, das Mixverhältnis ist ein bisschen anders, und die Basssumme wird von einem »Compressor« bearbeitet, der auf die Kickdrum reagiert und den Bassbus beim Einsetzen der Kickdrum jeweils etwas leiser macht.

Und noch ein Beispiel: Im Projekt *17Dubstbass* wird ein Sinuston an 4 Busse geschickt (Output ist hier deaktiviert), die unterschiedliche Funktionen wahrnehmen (Subbass, verzerrter modulierter Teil A, B, C) und landet auf einer Summe. Dort zerrt ein Bitcrusher die Summe an. Ein Compressor reagiert zudem auf die Drums (Abbildung 17.10.).

Abbildung 17.10 Bass, der an vier Sends geht – im Projekt »17Dubstbass«

Wobble-Bässe im Dubstep

»Wobble-Bässe« sind grundsätzlich ziemlich einfach zu produzieren, Sie müssen lediglich rhythmisch und sich wiederholend (z. B. mit einer Sinuswellenform) die Cutoff-Frequenz eines Low-Pass-Filters modulieren, der ein obertonreiches Signal beschneidet. Oft werden als Basis für solche Sounds angezerrte, obertonreiche Synth-Sounds (sogenannte *Reeces*) oder spezielle Synthesizer-Plug-Ins, die auf Verzerrungen oder Solo-Leads spezialisiert sind wie NIs *Massive* oder Xfer *Serum*, verwendet. Die Dubstep-Bässe in Genre-Hits sind oft nicht ganz so leicht durchschaubar wie die hier bislang gezeigten einfachen Wah-Wah-Wobblesounds. Die Wobble-Geschwindigkeit variiert beispielsweise oft auf eine komplexe Weise, die nicht allein durch eine Modulation der LFO-Geschwindigkeit erklärbar ist, sondern weiteres benötigt (z. B. Automation, Variation der LFO-Wellenform oder andere Techniken).

Praxisbeispiele

In Abschnitt 16.1.10 über die Erstellung von Automationspunkten im MIX-Menü sowie im Projekt *16Stepautomat* habe ich schnelle Wechsel zwischen Modulationsgeschwindigkeiten gezeigt.

Ein anderer Trick ist es, verschiedene gesampelte Wobble-Soundschnipsel aus unterschiedlichen Quellen chromatisch auf der Tastatur eines Sample-Instruments zu platzieren; auf jeder Taste liegt dann ein komplett anders wobbelnder Sound! So habe ich selbst oft gearbeitet, z. B. auch beim Track »Bassball« (Basswerk 28 Vinyl). Hierbei ist natürlich etwas Vorkonfiguration und Tuning nötig, denn die gespielten Tasten triggern dann ein im Sample zu stimmendes Sample und können nicht wie ein normales Instrument beispielsweise eine Dur-Tonleiter abspielen.

Im Beispielprojekt *11ES2LFOMod* aus Abschnitt 11.17 über den *ES2* moduliert ein LFO 1 die Cutoff-Frequenz gleichmäßig, und wir erhalten einen Wah-Wah-Effekt. Außerdem moduliert ein LFO 2 mit einer Zufallswellenform die Geschwindigkeit des LFO 1, wodurch dieser immer wieder zufällig seine Modulationsgeschwindigkeit ändert.

Im Track *17ES2LFOModbassed* habe ich (basierend auf dem einfacheren Projekt *11ES2LFOMod*) einen »Wobble-Bass« an zwei verschiedene Busse geschickt, um dort wiederum einmal den bassigen und einmal den höhenreichen Teil des Sounds getrennt zu bearbeiten. Der Großteil der Bewegung im Sound stammt natürlich aus dem höhenreichen Bus, wo wieder ein Autofilter zum Einsatz kommt, dessen LFO mit einer Zufallswellenform die Cutoff-Frequenz moduliert. Im Track *17ES2LFOModbassed2* kommt ein dritter Bus hinzu.

Bass-Mixdown und Tonart allgemein und bei einem Drum & Bass-Track

Ein Problem beim Abmischen solcher dominanten Synth/Bass-Sounds ist – wie bereits erwähnt –, dass minimale Faderbewegungen dazu führen können, dass diese Bässe im Gesamtmix zu laut oder zu leise sind. Sie sollten diese daher genug komprimieren und für gleichmäßige Lautstärke des Sounds im Stück sorgen. Ansonsten besteht die Gefahr, dass Sie sich im Kreis drehen und den Sound mal leiser, mal lauter machen, je nachdem, welche Stelle Ihres Stücks Sie hören. Für einen kräftigen, massiven Bass, bzw. eine Art »Basswand« und ihre optimale Wirkung, muss der Bass-Sound gleichmäßig laut sein und in optimaler Lautstärkebalance zum Rest stehen.

Im Projekt *17Loop3xbearb3b+bass* spielt ein Bass-Sound zu Drum-and-Bass-Beats, deren Edits ich oben erläutert habe. Hierbei habe ich ein Logic-Preset, dessen Bass mir nicht kräftig genug war, auf Bus 2 und 3 geroutet. Bus 2 arbeitet den Bass heraus, stellt ihn mono und komprimiert ihn; Bus 3 lässt den oberen Frequenzbereich weitgehend unverändert, schneidet aber den Bass ab. Bus 4 mischt Bus 2 und 3 zusammen und dient als Master-Bass-Fader, um die Basslautstärke gegenüber den Drums abzugleichen. Die Bassnoten spielen so, dass die Zählzeit 1 und die Kick freigestellt und betont werden. Im Projekt *17Loop3xbearb3b+bass2* wird das Ganze durch Bass-Limiting weiter optimiert.

Optimale Tonart?

Ich kenne viele erfolgreiche Drum-and-Bass-Produzenten, die ihre Stücke speziell in bestimmten Tonarten (einige Halbtöne um F herum) schreiben, damit der Bass vom Frequenzbereich her die richtige Wirkung erzielen kann. Töne unterhalb von E1 – oder mit etwas Mut D1 – bzw. unterhalb von 40 Hz werden auf vielen Lautsprechern nicht befriedigend wiedergegeben. In Abschnitt 17.2.5 können Sie in einer Tabelle ablesen, welcher Ton welcher Frequenz entspricht.

Mehr Synths

Viele neue Synth-Patches finden sich übrigens unten in der BIBLIOTHEK in den Ordnern ARPEGGIATOR und CINEMATIC sowie etwas darüber im Ordner VINTAGE MELLOTRON. In den Projekten *17xArpsds* und *17xCinematic1* spiele ich einige davon für Sie an. Viele Patches nutzen MIDI-FX und Spurstapel-Funktionalität. Darüber hinaus besitzt natürlich *Alchemy* allein eine riesige Sound Library. Diese sehen Sie nicht in der Patch-Library, sondern nur, wenn Sie *Alchemys* Library betrachten.

17.4.14 FX in Dub und Dubstep

Abgesehen von den Drums, Bässen und Lead-Sounds ist es typisch für die Genres Dub und Dubstep, dass stark mit der Kombination aus Delay- und Halleffekten gespielt wird. Solche Effekte eignen sich, um fließende Übergänge zwischen Songteilen zu ermöglichen. Harmonisch gibt es bei Dub-Musik oft Wechsel zwischen Tonika und Subdominante oder sogenannte II-V-Verbindungen.

»Packen« Sie ein »Tape Delay« in einen Aux-Kanal, legen einen Hall oder weiteren Effekt dahinter und routen anschließend den Aux-Kanal via Bus-Send in sich selbst, erhalten Sie eine besondere Art eines sich selbst immer mehr verhallenden Delays. Ein Beispiel finden Sie im Projekt *17Dubfxpiano*. Vorsicht: Hören Sie dieses Projekt nicht zu laut, es besteht Rückkopplungsgefahr, wodurch Ihre Lautsprecher oder Kopfhörer und Ihr Gehör gefährdet sind! Die Pianoakkorde werden von zwei »Randomizer MIDI-FX«-Plug-Ins und einem »Microphaser« bearbeitet, damit es jedes Mal etwas anders klingt. Dann werden die Akkorde via Send in Bus 1 geroutet. Dort ist ein »Tape Delay« ohne Feedback aktiv, und dann geht es in einen Autofilter und einen Hall. Bus 1 habe ich anschließend per Automation wieder in sich selbst geroutet. Die Akkordspur landet genau wie das Effektsignal aus dem in sich selbst gerouteten Bus 1 noch in Bus 2, wo EQ und zwei »Compressor«-Effekte extreme Übersteuerungen verhindern, um Sie und Ihre Boxen zu schützen.

Ähnliche Effekte können Sie in vielen Genres nutzen, um Übergänge zwischen zwei Songteilen zu schaffen, oder auch auf Vocals anwenden. Im Abschnitt 17.4.19 über Vocals und im Projekt *17RnB+Vox4* finden Sie ein entsprechendes Beispiel.

17.4.15 Side Chaining für pumpende Flächensounds und zerhackte Tranceflächen

In vielen Produktionen finden sich rhythmisch pumpende Flächensounds, die den Track zusätzlich zu den Drums, aber auch dann, wenn keine Drums spielen, lebendig und rhythmisch klingen lassen. Dabei handelt es sich nicht um ein Techno-Phänomen, auch bei vielen Rock- und Pop-Tracks hören Sie solche Sounds, wie z. B. bei »Human« von den Killers. Ein klein wenig habe ich das bereits im Pop-Projekt *17PopRock1* realisiert.

Im Beispiel *15compsidech* aus Kapitel 15 sorgt eine stummgeschaltete Spur mit einem Drumloop für ein dezentes, rhythmisches »Pumpen« des Flächensounds. Als Side-Chain-Input dient dort ein Beat auf Spur 3, der zunächst auch als Kopie auf Spur 1 zu hören ist, später aber nicht mehr, dabei aber die ganze Zeit in der stummgeschalteten Spur 3 weiterläuft und die Fläche aus Spur 4 moduliert. In Projekt *15Trancegate* wird eine Fläche durch einen Beat zerhackt. Jedes Mal, wenn dank des in der Side Chain anliegenden Beats der Threshold überschritten wird, öffnet sich das Gate, und die Hüllkurve wird ausgelöst.

Während bei der Verwendung des Gates die Fläche immer dann zu hören ist, wenn das Triggersignal einsetzt oder laut genug ist, bewirkt der Einsatz des »Compressors« im Beispiel eine umso stärkere Dämpfung, je lauter das Triggersignal ist. Das sollten Sie berücksichtigen, um das rhythmisch richtige Ergebnis zu bekommen. Allerdings können Sie ein unhörbares Triggersignal auf der entsprechenden Spur ja auch beliebig verschieben, so dass die hiermit erzeugten rhythmischen Soundbewegungen angepasst werden können, ohne dass dies den Originalsound betrifft.

17.4.16 Strings und Orchester

Für die Produktion von Streichern (englisch *strings*) ist es besonders hilfreich, dass Sie in Logic Pro X nun mit Hilfe von Artikulations-IDs verschiedene Spielweisen eines Instruments aufrufen können. Die neue Technik erweist sich in der Praxis auch deshalb als vorteilhaft, weil verschiedene Patches in Logics Klangsammlung verschiedene Artikulations-IDs analog zueinander nutzen. Mit anderen Worten: Die Staccato-Strings aus dem einen Preset entsprechen oft auch den Staccato-Strings aus einem anderen. Ein einfaches Beispiel finden Sie im Projekt *17Strings1*.

Das Beispiel demonstriert auch, wie Sie PIANOROLLE und EVENT-Liste bei der Arbeit mit Artikulations-IDs kombiniert miteinander nutzen können. Die Bassnoten sind in der PIANOROLLE leicht zu selektieren, die selektierten Noten sind dann wiederum in der EVENT-Liste leicht auf eine eigene Artikulations-ID einstellbar. Ein Vorteil der Artikulations-ID-Technik ist, dass verschiedene Spielweisen eines gesampelten Instruments gleichzeitig benutzt werden können.

Logic bietet einige gut klingende Orchestersounds bzw. samplerbasierte Patches. Spezialisierte Hersteller (Vienna Symphonic, East West etc.) bieten größere und teurere Libraries mit mehr gesampelten Spielweisen und Instrumenten an, mit denen Sie authentischere Orchesterproduktionen realisieren können. Möchten Sie nur ein paar Streicher- oder Orchestersounds im Hintergrund einer Pop-Produktion, ist eine solche Anschaffung allerdings nicht unbedingt nötig, und Sie kommen recht weit mit dem, was Logic werksseitig mitbringt. Ein einfaches Beispiel finden Sie im Projekt *17Orch1*. Hier habe ich Logics Orchester-Projektvorlage (via ABLAGE • NEU AUS VORLAGE) geöffnet und einige Loops aus dem Loop-Pack *Symphony Orchestra* in den geloopten Bereich ab Takt 146 gezogen (die Regionen vor Takt 146 sind wie in der Vorlage leer). Die Audiofiles der grünen Loops klingen wegen eines fehlenden Halls (weil ja die Send-Effekte nicht mitimportiert werden) im Loop Browser anders als im Bereich SPUREN. Ohne Hall ist die klangliche Wirkung allerdings wenig überzeugend, weswegen ich noch einen Hall (und zusätzlich einen Limiter) auf die Summe gelegt habe.

17.4.17 Jazz, Brass, Funk

Auch einige für die Produktion von Jazz-Musik geeignete Sounds und Loops finden Sie in Logic. Im Projekt *17Jazz1* spielen verschiedene grüne und blaue Apple Loops. Das Beispiel *17Jazz1* demonstriert zum einen den Sound des Brush-Schlagzeugs sowie des Pianos und Akustikbasses und nutzt zum anderen nur einen einzigen grünen Piano-Apple-Loop als Ausgangspunkt für manuelle Edits. Größere Pianosound-Authentizität wird in diesem Loop nicht zuletzt durch den Einsatz des Sustain-Pedals erreicht. Auch die Bass-MIDI-Regionen waren Gegenstand manueller Edits. Stellen Sie sich im Kopf die Melodie vor, die gespielt werden soll, und verschieben Sie die Noten entsprechend, falls Ihnen das auf dem Keyboard nicht so leicht gelingt.

Brass?

Mit hier eventuell noch fehlenden Brass-Sounds geht das übrigens nicht ganz so leicht wie mit dem Piano oder Akustikbässen – zumindest nicht, wenn nicht entsprechend aufwendig gesampelte Instrumente vorliegen.

Ein weiteres Beispiel finden Sie im Projekt *17BrassScore1*, das allerdings nichts mit Jazz zu tun hat. Vielmehr habe ich einige als Audiofiles vorliegende (blaue) Apple Loops mit einer Trompete kombiniert, die als grüner Apple Loop im Instrument vorliegt. Das geladene Instrument *Horn* kann leicht in ein *EXS24*-Instrument umgewandelt werden.

Im Beispiel *17Horns2* werden im Verlauf verschiedene Hornsamples durch Modulationsrad-Edits (Controller 1) angesteuert, wodurch die gespielten Akkorde jeweils unterschiedlich klingen.

Empfehlenswert zum Selbstspielen von Brass-Sounds mit der Möglichkeit detaillierter Edits sind übrigens die Brass-Instrumente des Herstellers Sample Modeling.

17.4.18 Disco-Funk

Ein auf der Basis der *Electro-Funk*-Live-Loops in GarageBand iOS erstelltes Projekt finden Sie unter dem Namen *17GBLiveloopsElectroFunk*. Es benutzt zum Teil Loops des *Disco-Funk*-Loop-Packs benutzt. Auf dem Markt finden sich auch einige gute Disco-Strings-Libraries, mit denen Sie den typischen Disco-String-Sound der 70er hinbekommen.

17.4.19 Vocals und Voices: Gesangsaufnahmen

In Abschnitt 9.3 und Abschnitt 9.4 habe ich die Bearbeitung von Gesangsaufnahmen bezüglich der beiden Bearbeitungsschritte Timingkorrektur und Tonhöhenkorrektur schon ausführlich besprochen. Ein Gesangsbearbeitungs-Workflow nach der Aufnahme von Vocalists könnte – angelehnt an meine eigene Praxis – folgendermaßen aussehen:

1. Zunächst sollten Sie die Spuren beschriften und aufräumen, z. B. indem Sie die neuen Spuralternativen nutzen.
2. Ich nehme bei der eigentlichen Bearbeitung von Vocals zunächst Timing-Edits in Logic im Flex-Time-Algorithmus MONOPHON vor, bounce anschließend das Ergebnis und editiere dann das Tuning (ich bevorzuge Melodyne, aber in den Beispielen hier nutze ich FLEX PITCH), bounce wiederum ... und nehme dann eventuell nochmals Feinjustierungen vor. Auf diese Weise sind sehr präzise Korrekturen möglich, die natürlich klingen können.
3. Die Effekte sind bei mir zunächst in nachfolgenden Bussen untergebracht, in die alle Spuren hineingehen. Daher ist es egal, wenn ich zwischendurch Spuren mit Melodyne editiere oder bounce – alles läuft zum Abhören durch Busse. Zudem ist es sinnvoller, erst einmal Originale ohne Effekte zu editieren, wenn es um Timing und Tuning geht.
4. Mit dem Compressor bringen Sie Vocals auf eine einheitliche Lautstärke, damit sie besser zu verstehen sind.
5. Achten Sie auf De-Essing, um durch Dämpfung mancher Zischlaute nachfolgend mehr Höhen im Mix hinzugeben zu können.

Darüber hinaus sind den kreativen Edits zur experimentellen Bearbeitung von Stimmen in Logic keine Grenzen gesetzt. Hier noch einige Beispiele:

Praxisbeispiele

Im Projekt *17Rnb+Vox1* spielen zwei Apple Loops, einer mit R-&-B-Beats, ein anderer mit Vocals. Beide spielen zwar auch im Original mit Tempo 120 BPM, allerdings lässt die Timingabstimmung zu wünschen übrig. Diese habe ich im Projekt *17RnB+Vox1korr* verbessert – und zwar mit Hilfe einer Kombination aus automatischer Korrektur (Quantisierung anhand eines neu erzeugten Groove-Templates) und manueller Korrektur (Bewegung von Flex-Markern).

Im Projekt *17RnB+Vox+Quinte* spielt in Takt 3 und 4 eine zweite Stimme; es handelt sich um den gleichen Vocal, den ich jedoch mit FLEX PITCH auf einer weiteren Spur eine Quinte nach oben transponiert habe. Auf diese Weise verstärken Sie z. B. einen Refrain.

Fügen Sie gegebenenfalls manuell Ungenauigkeiten ein, um die zweite Stimme authentischer klingen zu lassen. Solch eine leiser hinzugemischte »zweite Stimme« können Sie auch mit Hilfe der Plug-Ins »Vocal Transformer« oder »Pitch Shifter« umsetzen; nicht immer fällt die Künstlichkeit hierbei unangenehm auf (siehe auch das Beispiel *17RnB+Vox4* im folgenden Abschnitt).

Channel-Strip-Settings, Patches oder Effekte bei Vocals anwenden

Im Beispiel *17RnB+Vox4* habe ich die Vocal-Aufnahme mit verschiedenen vocaltypischen Effekten bearbeitet, die auf verschiedenen Spuren liegen und die Sie vergleichsweise durchhören können. In der BIBLIOTHEK stehen Ihnen für Audiospuren unter dem Eintrag VOICE einige entsprechende Settings zur Verfügung, wie z. B. die folgenden:

- das in Spur 2 verwendete Patch *Telephone Vocal*«, das die Stimme wie aus dem Telefon klingen lässt
- das *Tube Vocal*-Setting in Spur 3, das für ein wenig Verzerrung sorgt
- das *Classic Vocal*-Patch in Spur 4, das den Vocal mit ein wenig Delay anreichert

In den Spuren darunter habe ich weitere Edits vorgenommen oder andere Effekte geladen:

- In Spur 5 habe ich das kurze und sich nicht wiederholende »Tape Delay« aus Spur 4 etwas lauter gemacht. Ähnlich klingt es auch, wenn bei alten Rock-'n'-Roll-Vocal-Aufnahmen sogenannte Slap Delays vorkommen.
- In Spur 6 hat dasselbe »Tape Delay« eine längere Delay-Zeit plus zusätzliches Feedback eingestellt, wodurch es länger aushallt und dubbiger klingt. So ein Effekt eignet sich auch für Übergänge zwischen Songteilen, weshalb ich das Feedback am Ende noch etwas via Automation aufgedreht und danach eine kleine Lücke gelassen habe.
- In Spur 7 sind die Vocals mit einem leichten »Chorus«-Effekt angereichert.
- In Spur 8 kommt eine zweite Stimme mit Hilfe des »Vocal Transformers« hinzu, die eine Quinte höher singt.
- In Spur 9 sorgt das »Pitch Correction«-Plug-In dafür, dass nur bestimmte ausgewählte Noten gesungen werden. Zwischendurch geht es dabei auch mal eine Oktave höher.

Allgemein sollten Sie bei Vocals den Tiefbass mit einem EQ abschneiden und Lautstärkeschwankungen insbesondere bei Dance-Produktionen oder auch der Bearbeitung von Sprache bei Filmvertonungen mit einem Kompressor auffangen und ausgleichen, während Vocals bei leiseren Jazz-Stücken oder Klassik ihre Dynamik meistens behalten sollen.

Roboterstimmen

Im Beispiel aus Abschnitt 17.4.12, »Techno, Electronica, House« (*17HouseVocodedarr11*), in Abschnitt 11.22 über den *EVOC 20 Vocoder* sowie in Abschnitt 15.10.2 über den »EVOC 20 TrackOscillator« habe ich bereits die Erzeugung künstlicher Stimmen behandelt. Auf dem Mac steht Ihnen übrigens auch ein Sprachsynthesizer zur Verfügung. Im Kontrollfeld DIKTAT UND SPRACHE der SYSTEMEINSTELLUNGEN lässt sich eine Stimme auswählen – und außerdem ein Shortcut, der selektierten Text mit der Stimme vorliest.

Diesen können Sie gegebenenfalls mit Hilfe von *Soundflower* oder *Audio Hijack* (siehe Kapitel 19, »Andere Programme, Synchronisation, spezielle Verbindungen«) sampeln, wie ich es im Projekt *17RnB+Vox+Roboter* gemacht habe. Um die Frauenstimme robotig zum Singen zu bringen, habe ich in *17RnB+Vox+Roboter2* einen Vocoder zu Hilfe genommen. Im Projekt *17RnB+Vox+Roboter3* habe ich dagegen versucht, die sprechende Stimme mit Hilfe von FLEX PITCH singen zu lassen.

17.4.20 Remixing (und Coverversionen)

Ein *Remix* ist eine Neuinterpretation eines existierenden Musikstückes unter Verwendung von einer oder mehreren Originalspuren. Es wird also Audiomaterial des Originals verwendet (typischerweise besonders prägnantes Audiomaterial wie A-cappella-Gesang oder Lead-Synths). Zusätzlich werden neue Spuren ergänzt. Es wird häufig die Stilistik des Originals verändert, um Fans eines anderen Musikgenres zu bedienen.

Im Vergleich dazu ist eine *Coverversion* die Neuaufnahme eines Musikstückes. Alle Spuren werden neu aufgenommen. Unter rechtlichen Aspekten ist die Coverversion vom Remix abzugrenzen: Bei einer Veröffentlichung müssen in der Regel nicht mehr die Rechte der veröffentlichenden Künstler und Labels gewahrt werden, sondern nur die der Komponisten und Verlage. Hieraus ergeben sich neue Möglichkeiten und sinnvolle Fälle für die Erstellung von Coverversionen (z. B. mit abgeändertem Text) nach Absprache mit dem Verlag, ohne dass die Plattenfirma einbezogen werden muss.

Remixphilosophien

Beim Remixing gibt es recht unterschiedliche Philosophien. Oft versucht ein etablierter Remixer, ausschließlich seinen eigenen Sound durchzusetzen, und nimmt nur wenige Fragmente des Originals. Das ist nicht verwerflich, denn er oder sie wird genau dafür – für einen bestimmten Sound oder ein Genre oder Subgenre (House, Drum & Bass, Techno etc.) – gebucht.

Ein anderer Ansatz ist es, wichtige Elemente weiterhin erkennbar zu lassen und sie eher vorsichtig in einen neuen Sound einzufügen. Die Grundidee ist dabei der Wiedererkennungswert des Songs in einem anderen Kontext.

So oder so: Es ist oft hilfreich, sich vor der praktischen Arbeit ein »Thema« für einen Remix zu überlegen. Auf diese Weise arbeiten Sie meist zielorientierter und haben größere Erfolgsaussichten, weil Sie z. B. Soundauswahl und Edits in ein übergeordnetes Konzept einordnen. Andernfalls passiert es trotz gutem technischem und musikalischem Know-how leicht, dass Sie irgendwie nicht recht weiterkommen. Mögliche Themen sind etwa folgende:

- sommerlicher Remix
- spaciger Remix
- düsterer Remix
- Remix, der eine entspannte Atmosphäre vermittelt
- auf der Tanzfläche treibender Remix

Die für Remixe oft nötige Tempoanpassung von Audiofiles habe ich in verschiedenen Abschnitten von Kapitel 9, »Timing, Tempo, Tuning, Groove«, besprochen.

17.4.21 Exkurs zum künstlerischen Arbeiten

Sie sollten sich beim Musikmachen als eine Art Zauberer, Zauberlehrling oder Koch betrachten, der einen Trank brauen und anschließend servieren will. Es kann etwas Neues, Magisches gelingen, es kann aber auch sein, dass eine Zutat alles verdirbt. Wollen Sie nur ein Glas Limo eingießen, oder soll etwas Komplexes herauskommen? Zunächst müssen Sie sich mit den Zutaten auskennen, sie besorgen und zur Hand haben. Anschließend gilt: Je mehr Erfahrung Sie gesammelt haben, desto besser können Sie mit den einzelnen Zutaten oder Tools umgehen, desto eher trauen Sie sich eventuell auch, (im Bewusstsein der Wirkung) manche Dinge einmal anders als sonst üblich einzusetzen.

Zum Talent muss Fleiß und Experimentierfreude hinzukommen. Es ist nicht verwerflich, in Lehrjahren Techniken anderer Künstler zu studieren; denkt man dabei darüber nach und kopiert nicht nur, dann lernen Sie dadurch. Eventuell entsteht etwas Neues, wenn auch Abgeleitetes daraus. Auch berühmte Maler wie z. B. Piet Mondrian ließen sich lange inspirieren und probierten herum, bevor am Ende ein ganz eigener Stil herauskam. Genres können am Anfang eine Hilfestellung sein, sollten die persönliche Entwicklung aber nicht begrenzen.

Sie sollten auch den Zufall als Helfer und Kompagnon betrachten, der Ihnen nicht selten gute Ideen oder Sounds liefert. Es ist wie im richtigen Leben: Gute Gelegenheiten kommen oft nicht wieder und wollen erkannt und genutzt werden.

Ich erinnere mich an eigene Anfänge als Musikproduzent: Damals hatte ich extrem konkrete und anspruchsvolle Soundvorstellungen, die ich zunächst bei weitem nicht in die Realität umsetzen konnte. Die paar netten Ergebnisse, die herauskamen, waren noch weit entfernt von dem, was ich mir vorstellte. Durch das Studium der Materie wurde mein Arbeitsprozess zwischendurch kopflastiger und weniger intuitiv, bevor ich wichtige Dinge irgendwann verinnerlicht hatte und wieder mehr aus dem Bauch heraus arbeiten konnte.

Wenn es nach dem Lernen der Materie schließlich darum geht, fertige Stücke zu produzieren, erfordert das eine andere Zielsetzung und Priorisierung. Es erfordert ein Umdenken im Kopf. Wenn Sie wirklich Musik produzieren möchten, bedeutet das eben auch, im ein oder anderen Fall darüber hinwegzugehen, wenn das Programm irgendwo einen Bug hat. Es geht dann eben darum, einen Workaround zu finden und zum Ziel zu kommen und das Musikstück fertig zu bekommen.

Manchmal ist es kein Vorteil, sondern ein Nachteil der Musikproduktion am Computer, dass man die Möglichkeit hat, vieles wieder rückgängig zu machen. Das wusste schon die Kölner Band Can und machte es in Form von fixen Aufnahmen von Jams zum Konzept. Angesichts der immer größer werdenden Möglichkeiten wird es immer schwieriger und wichtiger, Entscheidungen zu treffen. Das geht leichter, wenn Sie sich die Fertigstellung eines Stücke zum Ziel setzen oder ein bestimmtes Konzept mit einem Stück oder Album verfolgen und akzeptieren, dass manche Musikstücke besser gelingen als andere. Wenn Sie eher ein Typ sind, der lange an Stücken bastelt, sollten Sie sich besser vorher genau überlegen, welcher Ihrer Ideen Sie mehr Zeit widmen wollen, und verschiedene Ideen vorher gesammelt durchhören.

17.4.22 Ausblick

Ergänzend zu den hier beschriebenen Projekten, die Sie im Bonusbereich herunterladen können, habe ich einen Ordner *Extras* angelegt, in den nach Veröffentlichung des Buchs neuere Beispiele Eingang finden können.

Kapitel 18
Filmmusik, Live-Performance, Mastering und Meta-Events

Dieses Kapitel widmet sich einigen speziellen und fortgeschrittenen Anwendungen. Außerdem gehe ich auf ergänzende Sonderfunktionen ein.

Einige spezielle Anwendungsfälle oder Logic-Funktionen habe ich bislang noch nicht behandelt. Folgende Anwendungen werde ich in diesem Kapitel erläutern:

- Filmmusik
- Live-Act-Konzeption und Logic-Funktionen, die hierbei helfen
- Mastering
- Meta-Events

18.1 Filmmusik und Soundvertonung mit Logic

Grundsätzlich sind Filmmusikkomposition und Sounddesign in der Praxis oft mit unterschiedlichen Workflows verbunden und finden im Film- und Fernsehbereich meist getrennt voneinander statt, bevor die finale Abmischung beides wieder vereint. Ich habe aber auch öfter an kleineren Projekten (z. B. Kinospots) mitgearbeitet, wo ich beides gleichzeitig machen musste – sowohl die Musik als auch Geräusche.

Egal, wie groß das Projekt ist und ob Sie Musik oder Soundeffekte oder beides beisteuern, es lohnt, sich exemplarisch den zeitlichen und organisatorischen Ablauf einer professionellen Filmvertonung (wo beides idealtypisch getrennt voneinander abläuft) zu vergegenwärtigen.

18.1.1 Einführung: Filmmusik vs. Sounddesign, Logic vs. Pro Tools

Sounddesign einerseits im Sinne von »Geräusche für den Film« und Filmmusikproduktion andererseits stellen unterschiedliche Anforderungen an ein Programm. Das wird ganz gut am Vergleich zwischen Logic (Hauptprogramm für viele Komponisten) und Pro Tools (Favorit vieler Sounddesignfirmen) deutlich, auch wenn sich die Programme immer mehr einander annähern.

Die Logic-MIDI-Funktionen sind besonders detailliert, und die Auswahl an Instrumenten und musikalischen Funktionen ist groß. Aber auch im Audiobereich ist eigentlich fast alles machbar, was auch in Pro Tools geht. Es gibt auch keine Einschränkung, dass Nutzer kleinerer Versionen bestimmte Funktionen nicht verwenden können. Viele Sounddesignfirmen verwenden dagegen Pro Tools, das eine lange Tradition als professionelles Audioschnittprogramm mit präzisen und im Detail schnell ausführbaren Schnitt- und Bearbeitungsfunktionen sowie extrem effizienten und durchdachten Shortcuts und Funktionen (z. B. Memory Locations, die Selektionen mit Notizen speichern können) aufweist. Zudem wird der Austausch von Dokumenten zwischen mehreren Bearbeitern leichter gemacht: In neueren Pro-Tools-Versionen lassen sich Dokumente so abspeichern, dass sie auch in älteren Versionen geöffnet werden können; kritische Stellen und sogar Detailselektionen können markiert und an Kollegen weiterkommuniziert werden.

Zeitbezug vs. Taktbezug

Während Geräusche und Sounds stets eine feste Zeitposition haben (an der beispielsweise der Knall einer Explosion erfolgen soll), haben zumindest an MIDI-Tempo gebundene Kompositionen einen Taktbezug. Der Unterschied spielt eine Rolle, wenn man das MIDI-Tempo ändert. Nach Tempoänderungen liegen musikalische Ereignisse nach wie vor an ihrer Taktposition, aber nicht mehr auf denselben Zeitpositionen. Umgekehrt verrutschen nach Tempoänderungen die Taktpositionen zeitgebundener Ereignisse (z. B. Explosionsgeräusche in einem Film).

Für zum Film passende Musikkompositionen in Logic muss ein Komponist in der Regel öfter das Tempo ändern, um eine bestimmten Stelle im Film musikalisch zu betonen (so dass z. B. ein Filmereignis exakt auf der Zählzeit 1 passiert), dabei müssen die zeitgebundenen Elemente (wie Schritte oder andere Geräusche) zeitverriegelt werden. Logic ist standardmäßig für alle Regionen auf Taktbezug eingestellt, doch können Regionen zeitverriegelt werden. In Pro Tools sind Spureninhalte voreingestellt zeitbasiert, können aber leicht auch spurbezogen an »Ticks« (also ein MIDI-Zeitraster) gekoppelt werden.

Effekte in Spuren vs. Effekte in Audiofiles

Ein weiterer Unterschied bei der Vertonung von Musik und Sound betrifft die Art der Effektverarbeitung. Typisch für ein Musikstück wäre es, beispielsweise für den kompletten Song einen Verzerrungseffekt auf eine Gitarrenspur zu legen. Typisch bei der Geräuschvertonung wäre dagegen, Effekte für Schritte jeweils direkt in Audiodateien zu bouncen, weil beispielsweise die Hauptfigur während des Films mal in Pantoffeln, mal in Lederschuhen, mal auf Steinboden auf dem Kirchplatz und mal auf Teppich im Wohnzimmer herumläuft. Das klingt jedes Mal komplett anders, und Sie können kaum einen sinnvollen Effekt auf die gesamte Spur legen, sondern müssen viel mit Automation und Audiofiles arbeiten, bei denen die Effekte direkt hineingerechnet werden. Genau das konnte Pro Tools mit Hilfe der *AudioSuite*-Funktionalität besser als andere, weshalb es durchaus diskutabel war und ist, Pro

Tools als externen Audio-Editor für Logic zu benutzen. In Logic ist aber in Version 10.3 genau diese Funktionalität in Form der AUSWAHLBASIERTEN BEARBEITUNG (siehe Abschnitt 6.6.14) hinzugekommen, so dass zumindest diesbezüglich Logic auf Augenhöhe operiert.

Auch zuvor konnten Sie schon Regionen inklusive Effekte als neue Audiofiles bouncen, mussten danach aber in der Regel noch die alte Spur löschen. Das ist nicht schlimm, wenn Sie nur selten einen Film oder nur ab und zu einen Kurzfilm vertonen müssen. Aber wenn Sie solche Operationen tausende Male wochenlang immer wieder durchführen müssen, dann kann schon ein einziger im Ablauf gesparter Arbeitsschritt viel Zeitgewinn bedeuten und darüber entscheiden, mit welchem Programm Sie letztlich arbeiten möchten. Andererseits bietet die REGIONEN BOUNCEN-Funktion noch den Vorteil, Automationen in neue Audiofiles rendern zu können.

18.1.2 Ein typischer Ablauf von Filmvertonung

Die ganze Filmvertonungsprozedur inklusive Musik und Sounds lässt sich näherungsweise gemäß Tabelle 18.1 darstellen bzw. aufteilen.

Soundvertonung

Jeder der vier Arbeitsbereiche Originalton, Foley, SFX und Atmo versucht, innerhalb seines Zuständigkeitsbereichs den fertig geschnittenen Film weitgehend eigenständig zu vertonen, damit beim Mixen genügend Alternativen bereitstehen. Während die Originalton-Aufnahmen sich vor allem auf Dialoge konzentrieren, muss der Foley-Artist Geräusche für alles machen, was in Szenen zu sehen ist. Dabei geht es nicht unbedingt nur um »realistische« Sounds, sondern besonders um Geräusche, die dabei helfen, die Geschichte zu erzählen.

Mit Atmosphären-Sounds wird oft bei wenig Aufwand viel erreicht, sie haben oft einen verbindenden Charakter, der die Sounds in einen Kontext setzt (und wenn es nur ein leises, tristes Rauschen oder ein Nebengeräusch eines Raumes mit einer tickenden Wanduhr ist) und Ungenauigkeiten bei der sonstigen Vertonung verdecken kann. Weil die Sounddesigner vorher nicht genau wissen kann, an welchen Stellen genau Musik da sein wird, wird meist mehr vertont, als später benötigt wird. So kann der Regisseur gegebenenfalls auch spontan entscheiden, die Musik an einer Stelle wegzulassen. Manches wird doppelt und dreifach produziert, weil man versucht, Alternativen anzubieten, falls man bei der Endabmischung feststellt, dass einer der Teilbereiche nicht so gut gelungen ist oder einfach nicht so gut im Kontext wirkt. Die Ergebnisse der vier Arbeitsbereiche der Sounddesigner werden typischerweise von einem »Supervisor« für die Endabmischung aufbereitet (es muss einiges an Inhalten rausfliegen, damit man übersichtlich genug auf einem Mischpult darauf zugreifen kann), bevor (stets knappe) Zeit im großen Studio für die Endabmischung durch den großen Meister-Mixer (inklusive Filmmusik) in Anspruch genommen wird.

Musikvertonung

Der Filmmusikkomponist arbeitet meist weitgehend allein – oder erstellt im Computer Rohversionen von etwas, was später von einem Orchester eingespielt wird. Gegebenenfalls teilt er ausgewählte Kompositionstonarten mit, damit FX-Geräusche nicht unpassend gestimmt werden. Für den Stil der Komposition insgesamt oder szenenbezogen kommen verschiedene Skalen und konzeptionelle Techniken in Frage, die ich weiter Tabelle 18.1 aufliste. Kommentiert die Musik, verstärkt sie, schwächt sie die Wirkung ab, oder soll sie die Wirkung ins Absurde ziehen? Es gibt viele Möglichkeiten. Natürlich gibt auch die Soundästhetik eine Stimmung vor und kann den Zuschauer auch bereits ohne Bilder in eine bestimmte Zeit oder Szene versetzen. Die unten genannten Filmmusik-Kompositionstechniken können Sie als theoretische Anhaltspunkte betrachten, das Vorgehen lässt sich in der Theorie nicht so leicht schematisieren wie der Prozess der Soundvertonung.

Gesamtüberblick

Filmvertonung: Sounddesign und Filmmusik werden auf Basis eines fertig geschnittenen Films zusammengemischt.	
Sounddesign:	Filmmusik:
Originalton: O-Ton-Aufnahme, O-Ton-Nachbearbeitung, Notizen, was nachsynchronisiert werden muss, gegebenenfalls Nachsynchronisation, passendes Einsetzen inklusive Effektbearbeitung (insbesondere Dynamikbearbeitung), EQing und Automation *Foley (Geräuschemacher):* Foley-Aufnahme (der Foley-Artist arbeitet sich Szene für Szene durch und macht Geräusche für alles, was zu sehen ist – oder auch für Dinge, die nicht zu sehen sind), Foley-Nachbearbeitung, -Schnitt und Synchronisation mit dem O-Ton, passendes Einsetzen inklusive Effektbearbeitung, EQing und Automation *SFX* (kurze Sounds inklusive Peaks = Pegelspitzen, z. B. Türknallen, Reifenquietschen): Auswahl von Sounds aus geeigneten Libraries oder synthetische Erzeugung bzw. Aufnahme und Bearbeitung, passendes Einsetzen inklusive Effektbearbeitung, EQing und Automation	szenenbezogene Musikkomposition (frei eingespielt oder mit MIDI-Tempoanpassung zur Betonung bestimmter Höhepunkte von Szenen), mögliche Kompositionsprinzipen für musikalische Themen: *Leitmotivtechnik:* Erzählstränge oder Personen werden musikalisch repräsentiert. *Underscoring:* Geschehnisse werden annähernd synchron nachvollzogen. *Mood-Technik:* Szenen werden durch stimmungsvolle Musik gestaltet und eingefärbt. *Paraphrasierung:* Musik bezieht Charakter aus den Bildern.

Tabelle 18.1 Ablauf und Elemente einer Filmvertonung mit Sounds und Musik

Atmos (langanhaltende Sounds, z. B. Regen, Waldrauschen, Zimmerrauschen mit Uhr): Atmo-Auswahl aus Libraries oder synthetische Erzeugung bzw. Aufnahme und -bearbeitung, passendes Einsetzen inklusive Effektbearbeitung, EQing und Automation.	*Polarisierung:* Musik dominiert neutrale Bilder und bewegt die Stimmung in eine Richtung. *Kontrapunktierung:* Charakter der Musik widerspricht eindeutig den Bildern.
Anschließend: Optimierung der vier Soundvertonungsbereiche und Aufbereitung für den finalen Mix Anschließend: finaler Mix von Musik und Ton, Besprechung mit dem Regisseur (beides im großen Studio)	Währenddessen: Kommunikation der verwendeten Tonarten mit Sounddesignern, um unerwünschte Spannungen mit tonalen FX zu verhindern

Tabelle 18.1 Ablauf und Elemente einer Filmvertonung mit Sounds und Musik (Forts.)

Die Endabmischung von Musik und Sound erfolgt oft in einem großen Studio – z. B. dem der Sounddesignfirma in Abstimmung mit dem anwesenden Regisseur. Wenn Musik spielt, hört man natürlich nicht viel von den Geräuschen. Spielt keine Musik, muss die Geräuschvertonung perfekt sein.

So weit ein wenig Theorie, wenden wir uns nun der Umsetzung in Logic zu.

18.1.3 Einen Film in Logic öffnen, verschiedene Voreinstellungen, SMPTE-Timecode

In Logic Pro X fügen Sie Filme via ABLAGE • FILM • FILM ÖFFNEN nach Auswahl eines Films in einem Dialog dem Projekt hinzu (siehe Abbildung 18.1). Sie können dann wählen, ob Sie eine eventuell vorhandene Original-Soundspur des Films als Audiospur importieren möchten. Dies rate ich Ihnen, selbst wenn Sie den Ton gar nicht nutzen möchten, weil Sie auf diese Weise eine Region in Logic liegen haben, deren Länge exakt der Filmlänge entspricht. Das ist z. B. beim Exportieren eines Films hilfreich.

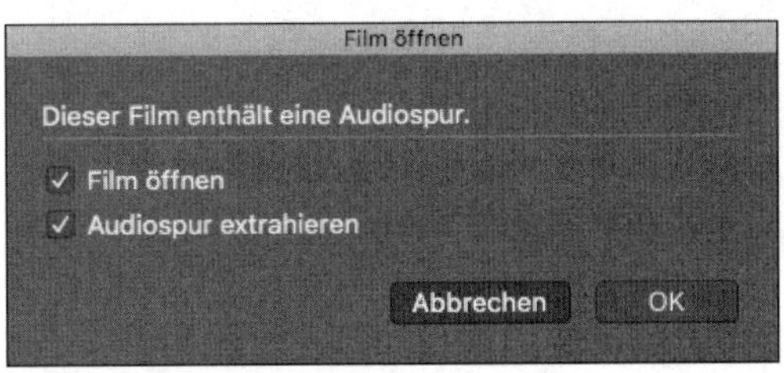

Abbildung 18.1 Optionen zum Import von Audio eines Filmes

Audio aus einem Film können Sie auch nachträglich via ABLAGE • FILM • AUDIO AUS FILM IMPORTIEREN in eine Spur importieren.

Film-Kontextmenü

Sobald sich ein Film-Schwebefenster geöffnet hat, erscheint per Rechtsklick oder ctrl-Klick darauf ein Kontextmenü, in dem Sie unter anderem die Größe einstellen können (siehe Abbildung 18.2).

Sie können dort aber auch z. B. die Film- und Audioregionen auf die Abspielposition verschieben oder die Regionen entsprechend kürzen oder verlängern.

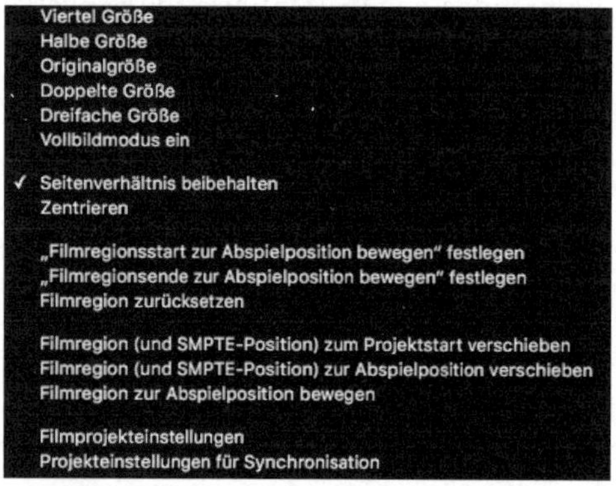

Abbildung 18.2 Film im Float-Fenster

Film-Projekteinstellungen (Film-Voreinstellungen Teil 1/3)

Zudem gelangen Sie von dort unter anderem in die PROJEKTEINSTELLUNGEN • FILM (siehe Abbildung 18.3), die Sie auch über ABLAGE • PROJEKTEINSTELLUNGEN • FILM erreichen.

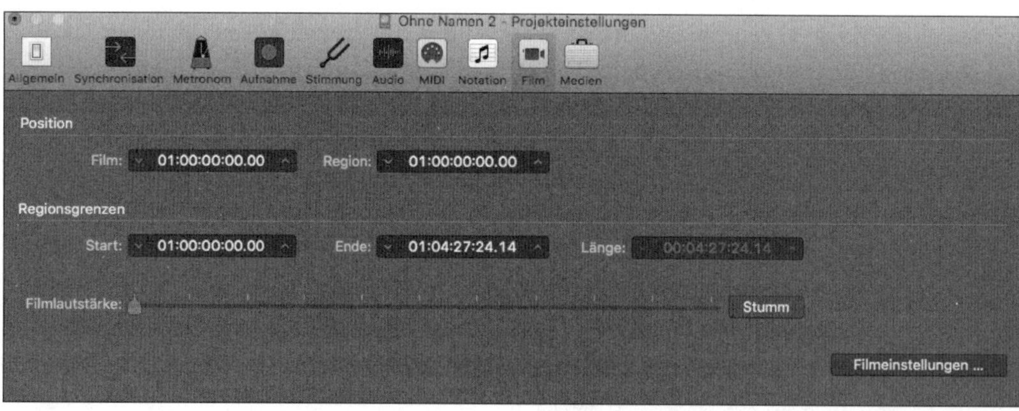

Abbildung 18.3 Filmprojekteinstellungen

Auch hier können Sie die Filmposition bzw. die Regionsgrenzen (wie im Kontextmenü) verändern. Hier legen Sie aber auch die Lautstärke des Filmoriginaltons außerhalb von Logic fest. Standard ist die Einstellung STUMM, denn es soll ja neuer Ton in Logic erzeugt werden.

Zeit als SMPTE-Zeit

Zeit wird bei der Filmvertonung als SMPTE-Zeit angegeben. Ende der 60er Jahre wurde von der amerikanischen *Society of Motion Picture and Television Engineers* (SMPTE) der SMPTE-Timecode als Norm festgelegt, um unabhängige Bild und Tonübertragung zu synchronisieren. Der Code ist nach folgendem Schema aufgebaut: HH (00–23):MM (00–59):SS (00–59):FF (00–24 bei 25 Bildern/Sek.).SF (00–79); dabei steht *H* für Stunden, *M* für Minuten, *S* für Sekunden, *F* für Frames (Einzelbilder) und *SF* für Sub-Frames.

Projekteinstellungen Synchronisation (Film-Voreinstellungen Teil 2/3)

Auch die PROJEKTEINSTELLUNGEN SYNCHRONISATION (Abbildung 18.4) erreichen Sie über das Kontextmenü.

Abbildung 18.4 »Projekteinstellungen • Synchronisation«

In verschiedenen Medien existieren unterschiedliche Frame-Rates. So hat beispielsweise in Deutschland ein Kinofilm üblicherweise 24 fps (Frames per Second), ein Videofilm dagegen 25 fps. Dies stellen Sie für Ihr Projekt unter PROJEKTEINSTELLUNGEN • SYNCHRONISATION ein. Bei digitalen Überspielungen ist so etwas meist nebensächlich, weil die Bilder automatisch entsprechend über die Zeit verteilt werden und ein 10 Sekunden langer Film in der Regel 10 Sekunden lang bleibt. Werden Filme dagegen analog (z. B. für Kinowerbung) überspielt, kann es durchaus vorkommen, dass Film und Musik nach der Überspielung plötzlich schneller oder langsamer abgespielt werden (und damit einhergehend auch in einer anderen Tonhöhe, wie bei einem Plattenspieler, der mit einer anderen Geschwindigkeit läuft). Zur Absicherung sollten Sie sich Spots von der Kinowerbefirma vorher probeweise in einem Kino vorspielen lassen.

Es ist außerdem zu beachten, dass DVDs und DV-Movies typischerweise mit einer Sampling-Rate von 48 kHz arbeiten (Audio-CDs dagegen mit 44.1 kHz). DVD-Authoring-Programme konvertieren den Sound in der Regel automatisch.

Damit der Film und Logic synchron laufen, müssen Sie zusätzlich in den PROJEKTEINSTELLUNGEN • SYNCHRONISATION die Film-Startzeit entsprechend eingestellt haben. Die Option, hier eine SMPTE-Zeit für den Filmstart einzugeben, erlaubt, einerseits den Film im Projekt zu verrücken, so dass Sie Ihre Arbeit bei Taktposition 1 starten können, obwohl der Film bereits längere Zeit läuft. Dies kann Ihnen helfen, falls Sie nur einen Teilbereich des Films vertonen möchten. Andererseits geht es auch hier wiederum einfach nur um die Filmstartposition: Viele Filme beginnen nicht bei 00:00:00:00.00, sondern bei 01:00:00:00.00 (also bei genau einer Stunde), damit eventuelle Countdowns oder Vorspanne nicht auf »negativen« Zeiten vor 00:00:00:00.00 stattfinden müssen. Als Standard ist bei beiden Einstellungen der Wert 01:00:00:00.00 vorgegeben.

Die PROJEKTEINSTELLUNGEN unter FILM und SYNCHRONISATION stehen natürlich in Wechselwirkung miteinander, Logic bietet hier mal wieder mehrere Wege an – und das waren noch nicht alle.

Einstellungen Film (Film-Voreinstellungen Teil 3/3)

Außerdem spielen die allgemeinen EINSTELLUNGEN • FILM eine Rolle, die Sie aus den PROJEKTEINSTELLUNGEN • FILM unten rechts über den Button FILMEINSTELLUNGEN erreichen. In den EINSTELLUNGEN • FILM können Sie gegebenenfalls einen Offset-Wert einstellen (siehe Abbildung 18.5), dann wirkt er sich allerdings auf alle Projekte, die Sie öffnen, aus. Wenn Sie einen Film vertonen, kann es zu Ungenauigkeiten kommen zwischen dem, was Sie sehen, und dem, was Sie hören – beispielsweise durch die Latenz der Audioausgabe. Mit dem Anpassungsschieberegler IN PROJEKT VERSCHIEBEN können Sie versuchen, diese Ungenauigkeiten auszugleichen. Es kann außerdem sinnvoll sein, die Cache-Einstellungen zu ändern, wenn Sie eine Filmwiedergabe in höherer Auflösung benötigen.

Die Option BEIM ÄNDERN VON FENSTERANORDNUNGEN FILMFENSTER SPERREN (unten in den EINSTELLUNGEN • FILM) sorgt dafür, dass das Filmfenster auch bei umgeschalteten Fensteranordnungen stets an derselben Stelle bleibt.

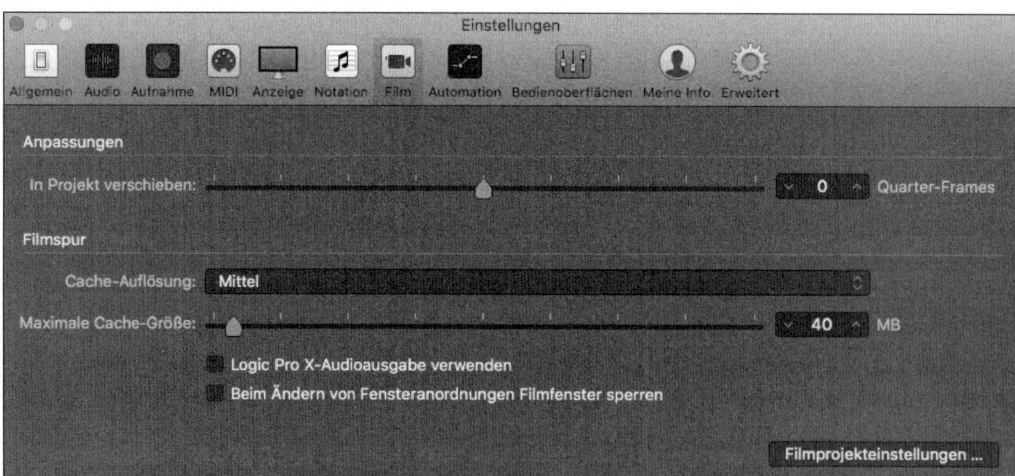

Abbildung 18.5 »Allgemeine Einstellungen • Film«

18.1.4 Filmvertonung in Logic: Sounds an Positionen platzieren und an (SMPTE-) Zeitpositionen koppeln

Um Geräusche an bestimmten Positionen des Films zu vertonen, steht Ihnen im Loop-Browser eine Auswahl von Effekten unter dem Tag TONEFFEKTE (im Reiter INSTRUMENTE) oder nach dem Einblenden der Spaltenansicht zur Verfügung. Wie Sie für die Filmvertonung relevante Tags anzeigen, wie z. B. STINGER, lesen Sie in Abschnitt 4.8 über den Loop Browser. Die Auswahl an Effekten ist für User, die Final Cut Pro X oder zuvor Logic Studio inklusive der Soundtrack-Pro-FX installiert haben, größer als für User, die nur Logic Pro X aufspielen. Letztere können immerhin auf Inhalte des *iLife-Toneffekte*-Packs zurückgreifen. Apple bietet übrigens zumindest temporär Studentenrabatte für den Kauf aller Apple-Medienprogramme im Paket an, wenn Sie sich im deutschen Apple Store *Bildung* anmelden.

Große Zeitanzeige und Event-Schwebefenster

Im Menü des Displays oder Transportfensters können Sie als Hilfe eine große Zeitanzeige öffnen.

Eine weitere Hilfe bei der Platzierung von Geräuschen oder Regionen ist das Event-Schwebefenster. Sie rufen es im Menü FENSTER auf (via `alt` + `E`). Abbildung 18.6 zeigt ein Beispielprojekt, bei dem sowohl die große Zeitanzeige als auch das Event-Schwebefenster geöffnet wurden.

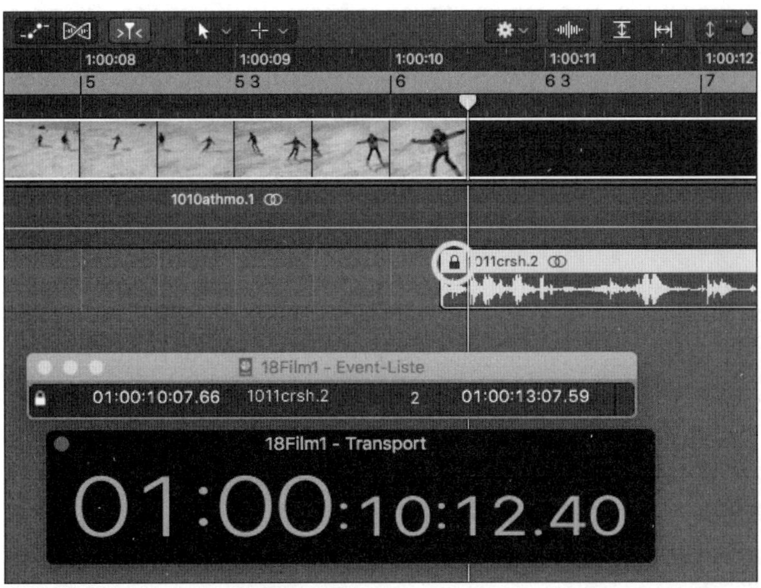

Abbildung 18.6 Große Zeitanzeige (für die Abspielposition) und Event-Schwebefenster (für die Position der selektierten Region)

Die Zeitanzeige zeigt die Abspielposition, das Event-Schwebefenster dagegen die Position der selektierten Region. Wenn das Event-Schwebefenster wie im Bild keine Takt-, sondern eine Zeitposition anzeigen soll, haben Sie zwei Möglichkeiten:

- Selektieren Sie aus einem verfügbaren Kontextmenü des Event-Schwebefensters den Befehl EVENT-POSITION ALS LÄNGE UND ZEIT EINBLENDEN (ctrl + alt + R).
- Deaktivieren Sie unter ABLAGE • PROJEKTEINSTELLUNGEN • ALLGEMEIN die Option MUSIKALISCHES RASTER ANWENDEN.

Zweites Lineal

Am oberen Rand von Abbildung 18.6 sehen Sie ferner, dass im Hauptfenster (über das ANSICHT-Menü) ein zweites Lineal (ctrl + alt + cmd + R) eingeblendet wurde, das ergänzend die Zeit anzeigt.

Pickup Clock

Eine praktische Hilfe beim Platzieren von Sounds ist der Befehl REGION AUF ABSPIELPOSITION VERSCHIEBEN (PICKUP CLOCK), cmd + #. Zunächst sollten Sie Ihre Abspielposition genau auf jene Stelle bewegen, an der Sie den Sound platzieren wollen. Hierzu definieren Sie sich am besten einen Vor- und Rückspultastaturkurzbefehl, um die Abspielposition in variablen Schritten durch den Film bewegen zu können. Ich benutze hier den Befehl VOR- bzw. ZURÜCKSPULEN MIT RASTERWERT, ändere den Rasterwert je nach Bedarf im Display (unterhalb der Tastmaßanzeige) und weise selbst einen Shortcut zu. Alternativ lässt sich der Befehl ZUR POSITION ... (ctrl + #) nutzen, um über einen nachfolgenden Dialog eine genaue Position für den Abspielpositionsmarker eingeben zu können. Anschließend platzieren Sie eine zuvor im Song importierte Soundeffektregion mit »Pickup Clock« genau auf der Position des Abspielpositionsmarkers. Gegebenenfalls müssen Sie Sound mit einer langen Attack-Phase noch etwas vorziehen oder ein negatives Delay einstellen (z. B. im Informationsfenster REGION).

Die große Zeitanzeige verrät dabei genau die Position.

Zu Spuren hinzufügen ...

Eine weitere Alternative ist die Nutzung der Funktion ZU SPUREN HINZUFÜGEN ... (ctrl + #), mit der Sie eine in der Übersicht PROJEKT selektierte Region sofort an der Abspielposition einer selektierten Spur platzieren.

SMPTE-Zeit-Verriegelung

Nun sollten Sie die entsprechende Region noch zeitverriegeln. Das ist sowohl für MIDI- als auch für Audioregionen möglich und erfolgt regionen- und nicht spurbezogen. Um eine selektierte Region fest an einer SMPTE-Zeit zu verriegeln, stellen Sie im FUNKTIONEN-Menü des Bereichs SPUREN oder via Rechtsklick auf die Region im Submenü SMPTE-VERRIEGELUNG ein. Wählen Sie dort die Option SMPTE-ZEIT VERRIEGELN/ENTRIEGELN.

Falls die SMPTE-Zeit für die Region verriegelt wurde, erkennen Sie dies normalerweise an dem kleinen Schlosssymbol im Region-Header (siehe Markierung in Abbildung 18.6).

In der PIANOROLLE lassen sich auch einzelne Events (z. B. Noten) einer Region an einer SMPTE-Zeit verriegeln. Oft ist es allerdings übersichtlicher, in solchen Fällen neue Spuren oder neue Regionen anzulegen, die getrennt voneinander verriegelt oder nicht verriegelt werden.

Ein einfaches Beispiel finden Sie im Projekt *18Film1*. Die verwendeten Sounds passen nicht unbedingt zum Film, demonstrieren Ihnen aber hier und im Folgenden die Arbeitsschritte bei der gleichzeitigen Vertonung eines Films mit Musik *und* Geräuschen.

18.1.5 Was sind Szene-Marker, und wie erstelle ich sie?

Szene-Marker zeichnet ihre Zeitbindung an eine SMPTE-Position aus, während Standard-Marker an Taktpositionen gebunden sind, die bei Tempoänderungen erhalten bleiben. Beide Marker-Typen sind in der globalen Marker-Spur wie auch in der MARKER-Liste zu finden und lassen sich dort editieren oder auch in den jeweils anderen Typ konvertieren. Mit Markern springen Sie bei der Filmvertonung schnell an bestimmte Stellen im Film. Ihre Nutzung ist aber nicht immer notwendig.

18

Szene-Marker können Sie in der globalen Filmspur erzeugen. Dort finden Sie im Flip-Menü zu diesem Zweck die Einträge MARKER-SET AUS SZENENSCHNITTEN ERSTELLEN und SZENENSCHNITTE ZUM MARKER-SET HINZUFÜGEN im aufspringenden Menü (Abbildung 18.7).

Alternativ geht das auch über das Menü NAVIGIEREN • ANDERE, wo ein paar mehr Optionen zur Verfügung stehen und Sie Marker auch entfernen können.

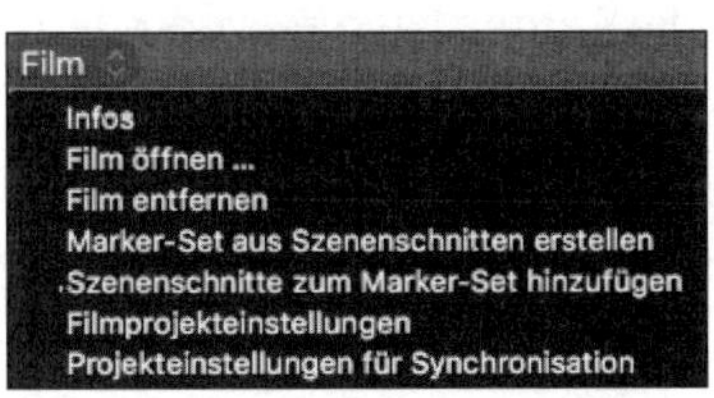

Abbildung 18.7 Hier erstellen Sie Filmszene-Marker.

Allerdings liefert eine solche automatische Erkennung nicht immer sinnvolle Ergebnisse. Eine manuelle Erzeugung von Markern ist alternativ über das Menü NAVIGIEREN • MARKER ERSTELLEN oder per Shortcut `alt` + `ß` möglich. In der MARKER-Liste können Sie Marker editieren und Szene-Marker in Standard-Marker konvertieren und umgekehrt.

18.1.6 Filmmusikkomposition, Taktpositionen mit Szenen synchronisieren

Wenn Sie Musik für einen Film komponieren, möchten Sie das oft so erledigen, dass ein wichtiger filmischer Schnitt oder Höhepunkt (bzw. dessen Zeitposition oder der Marker X) auf einer betonten Zählzeit (z. B. 1) liegt, so dass die filmisch betonte Stelle auch durch eine musikalische Betonung unterstützt wird. Im Beispiel *18Film1* könnte das die Stelle sein, wo der Skifahrer den Kameramann über den Haufen fährt und das entsprechende Geräusch platziert wurde.

Im Beispiel *18Film2* habe ich grob eine Musik angelegt, wie ich sie mir ungefähr vorstellen könnte – es handelt sich hier nur um einen einfachen Beat, der nach sechs Takten mit einem Crash-Becken endet. Nun liegt das Crash-Becken genau auf Takt 7, das Geräusch passend zum Sturz des Kameramanns liegt jedoch irgendwo kurz hinter Takt 6 (Abbildung 18.8).

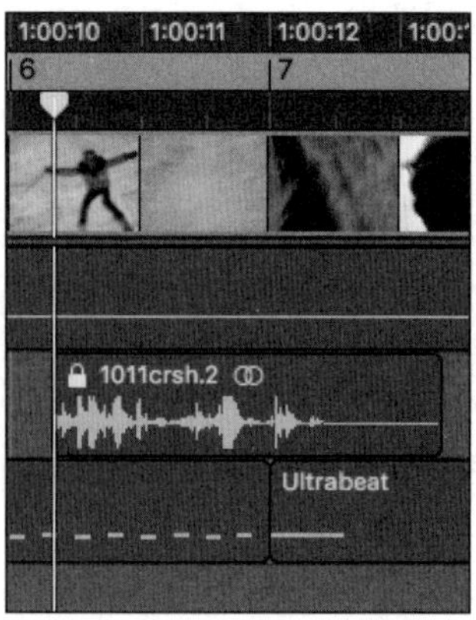

Abbildung 18.8 Die vorab eingespielte Musik bzw. »Ultrabeat«-Beats enden noch nicht genau auf dem durch ein Geräusch unterstützten Zeitpunkt.

Sie möchten nun eventuell das Tempo so anpassen, dass die Taktposition 7 1 1 1 exakt auf der Zeitposition liegt, wo es im Film »knallt«. Hierzu müssten Sie das Tempo passend verändern, wobei Ihnen der Tempo-Operationen-Dialog hilft. Die Arbeitsschritte sind folgende:

- Notieren Sie zunächst die gewünschte SMPTE-Position für die gewünschte Taktposition in Ihrer Musik (in unserem Beispiel nehme ich die Position 1:00:10:08:27, sprich 1 Stunde, 10 Sekunden, 8 Frames und 27 Sub-Frames).
- Erzeugen Sie dann mit Bearbeiten • Tempo • Tempo-Operationen einen Tempoverlauf, so dass für die gewünschte SMPTE-Zeit die gewünschte Taktzahl herauskommt. Hierzu wählen Sie unter Operationen zunächst aus, ob Sie eine Tempoänderung in Form eines Tempoverlaufs oder eines festen Tempos möchten (es gibt auch weitere Optionen wie einen zufälligen oder einen skalierten Tempoverlauf). In Abbildung 18.9 habe ich die Operation Tempokurve erzeugen für einen Tempoverlauf ausgewählt. Damit dieser flüssig abläuft, sollte die Dichte der Tempoänderungen nicht auf $^1/_1$, sondern stattdessen, wie in

Abbildung 18.9, beispielsweise auf $\frac{1}{32}$ stehen. Der Haken beim Eintrag Neues Tempo fortsetzen sorgt dafür, dass das Zieltempo nach der Tempokurve beibehalten wird.

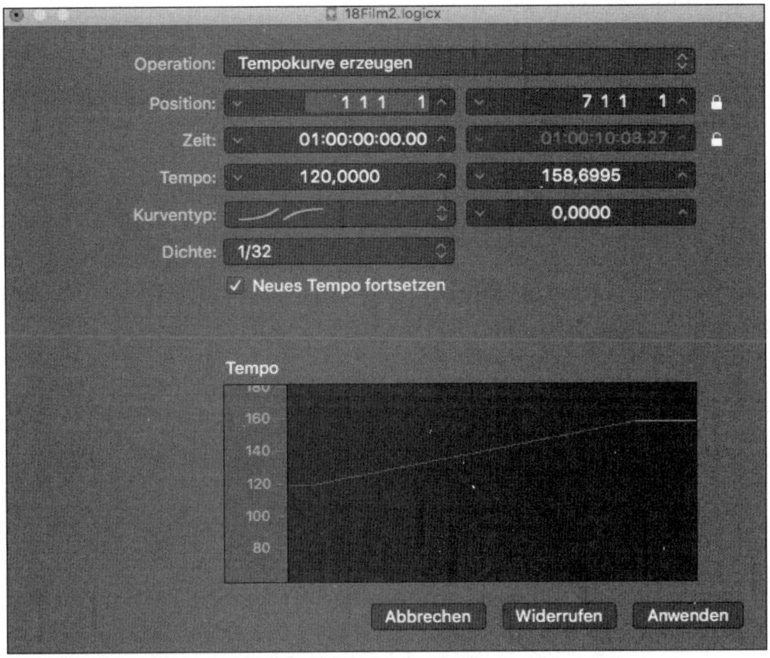

Abbildung 18.9 Das Dialogfenster »Tempo-Operationen«

Anschließend stellen Sie rechts oben die Zieltaktposition (im Beispiel Takt 7 1 1 1) ein und drehen mit der Maus so lange das Tempo herauf oder herunter, bis sowohl die gewünschte Taktposition als auch die gewünschte SMPTE-Zeit gleichzeitig untereinander angezeigt werden. Drücken Sie dann auf Anwenden, um die Ihnen angebotene passende Tempoänderung tatsächlich zu erzeugen. Das Ergebnis finden Sie im Projekt *18Film3b*. Leider hat Logic Pro X hierbei die zeitverriegelte Region etwas verschoben. Ich habe keinen wirklich schlüssigen Grund hierfür gefunden. Allerdings blieb mir das im Projekt *18Film4* erspart, wo ich eine konstante Tempoänderung erzeugt (siehe Abbildung 18.10) und zudem im Hauptfenster den Einrasten-Modus deaktiviert habe. Ein Tempoverlauf müsste sich im Beispielprojekt von 120 auf ca. 158 BPM steigern, ein konstantes Tempo müsste mit ca. 139 BPM spielen, damit Takt 7 1 1 1 genau auf der »Crash«-Situation im Film liegt.

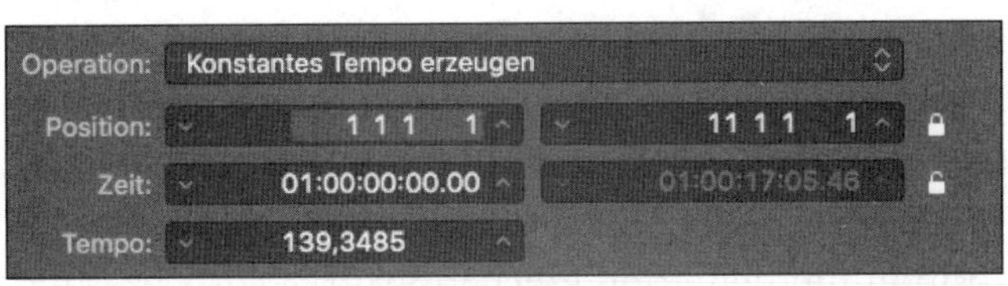

Abbildung 18.10 Konstantes Tempo im »Tempo-Operationen«-Fenster erzeugen

Weitere Ausführungen zu Tempoänderungen finden Sie in Kapitel 9, »Timing, Tempo, Tuning, Groove«. Interessant ist auch, dass Logic Ihnen das Anlegen mehrerer Tempoalternativen in der globalen Tempospur erlaubt (siehe Abschnitt 9.5).

18.1.7 Musik im Zeitverlauf komponieren und mit zeitverriegelten Bounces arbeiten

Oft ist ein Film zuerst fertig geschnitten und wird anschließend vertont, d. h., die Musik muss sich an einen gegebenenfalls unregelmäßig geschnittenen Film anpassen. Natürlich sollten Sie dann Prioritäten setzen, welche Stellen besonders wichtig sind, und diese perfekt realisieren, um anschließend die anderen noch »so gut es geht« hinzubekommen. Manchmal hilft auch »Kollege Zufall«. Zudem muss nicht jeder relevante Bildszenenschnitt auf einer musikalischen Zählzeit 1 liegen, auch eine andere Zählzeit kann gut wirken.

Wichtig ist aber in jedem Fall, sich von Anfang bis Ende durch den Film vorzuarbeiten und nicht irgendwo mittendrin anzufangen. Ansonsten halsen Sie sich eventuell selbst unnötig Arbeit auf, denn wenn Sie spätere Stellen im Film gut synchronisiert haben, verrutscht sehr leicht alles wieder, wenn Sie nachträglich das Tempo in einem Bereich editieren, der zeitlich *davor* liegt. Sollte so etwas aber (warum auch immer) nötig werden, empfiehlt es sich beispielsweise, die Musik des späteren Bereichs als Audiofile zu bouncen und anschließend den Bounce selbst zur Sicherheit als SMPTE-verriegelte Audioregion einzufügen – oder ein neues Dokument zu nutzen.

Praxisgeschichte 1

Ich musste mal mehrere Musiken für denselben Film komponieren (ca. 12 verschiedene Musikthemen), habe diese jeweils gebounct und anschließend die Bounces in einem separaten Dokument angelegt. Sinnvoll war dabei auch, dass ich zur weiteren Sicherheit wichtige SMPTE-Positionen notierte, für den Fall, dass Logic sich mal etwas merkwürdig verhielt oder ich selbst Fehler machte.

Zusätzlich speicherte ich einzelne Logic-Projekte, in denen ich einzelne Bounces erstellt hatte, nach dem Bouncen und benannte sie entsprechend aussagekräftig (z. B. mit Datumsangabe oder Verweis auf das gebouncte Stück), um sie gegebenenfalls nachträglich wieder öffnen und die gebouncte Musik auch nachträglich wieder editieren zu können. Dies war wichtig, um durchzublicken, wenn ich im Laufe des Arbeitsprozesses mehrere Musikversionen von verschiedenen Szenen erstellt hatte.

Was tun, wenn der Filmschnitt nachträglich verändert wird?

Ein denkbares Szenario ist ein nachträglich anders geschnittener Film. In dem Fall markieren Sie die *nach* dem geänderten Schnitt liegenden Tempowechsel und verschieben im Dialog Tempo-Operationen die SMPTE-Position um den erforderlichen SMPTE-Zeit-Wert. Auch das ist natürlich nicht ungefährlich. Manche netten und musikaffinen Filmcutter (»hallo, Sven!«) denken, Sie tun einem Filmmusiker einen Gefallen, wenn Sie nachträglich den Film noch passend zur Musik schneiden. Das ist natürlich bei vielen Musikvideos der Fall, kann auch ansonsten der Fall sein, kann aber auch die Komplexität der Aufgabenstellung erhöhen, wenn entsprechende Ton- und Musikelemente nachträglich auf andere Positionen geschoben werden müssen.

Praxisgeschichte 2

Hierzu eine Praxisgeschichte über kleinere Filmchen, die ich regelmäßig vertont und mit Musik unterlegte. Mein Kollege Marcel Panne aka VJ Sehvermögen ist seit 1999 bei meinen Basswerk-Session-Veranstaltungen als VJ (Videojockey) aktiv, der die Musik live bebildert. Eines Tages im Dezember hatten wir einen britischen Künstler als DJ zu Gast, der über 2 m groß und recht dünn ist. Er trug außerdem einen langen Bart und lange Haare, sah also vielleicht ein bisschen aus wie ein Heiliger auf religiösen Bildern. Am Tag nach der Party zeigten wir ihm Köln und einen Weihnachtsmarkt. Marcel, eigentlich gelernter Fotograf, entsann sich einer einst gelernten Fototechnik: Er machte ein Foto mit Langzeitbelichtung und malte ihm mit einer Taschenlampe einen Heiligenschein. Man nennt diese Technik *Lightwriting*: Durch die lange Belichtungszeit sieht ein (vorzugsweise auf einem Stativ gemachtes Nachtfoto) taghell aus, während die (nur kurz ins Objektiv einfallende) Bewegung einer Taschenlampe wie ein Feuerschweif wirkt. Fortan schickten wir uns zunächst gegenseitig mit Wunderkerzen geschriebene Weihnachts- und Neujahrsgrüße.

Marcel perfektionierte die Technik, zunächst mit Graffitikünstlern und selbstgebastelten Taschenlampen, und begann Filme aus solchen Fotos unter dem Namen »Lichtfaktor« zu machen, für die dann oft eine Komplettvertonung inklusive Musik gebraucht wurde. Diese Filme waren aufwendig in der Produktion: Für eine Minute Film brauchte man ca. 5–6 Bilder/Sek., also über 300 Bilder pro Filmminute – jedes davon mit ca. 30 Sekunden Belichtungszeit. Wir machten Filme für Sky, Arte, Philips, BBCs »Blue Peter«, Al Gores »Current TV«, die Stadtwerke Düsseldorf, das EURAC-Festival in Bozen und viele mehr. Manchmal hatte ich 14 Tage, manchmal nur 2 Tage Zeit für die Vertonung. Produziert habe ich immer in Logic. Gefordert war stets eine Vertonung von Musik *und* Sound. Sie finden diese Filmchen im Internet (zumeist bei YouTube) unter entsprechenden Schlagwörtern. Im Film »Lichtfaktor – Star Wars vs. Star Trek« hatte ich z. B. nur einen Tag Zeit. Bei »Lichtfaktor – Forest« sollten (ohne weitere Story, ebenfalls bei YouTube und Vimeo) Bewohner des dunklen Waldes mit Taschenlampen gezeichnet werden (beide Filme sind bei YouTube, Links finden Sie auf *heinerkruse.de*). Die Geräusche kosteten mich ca. zwei Wochen Arbeit, die Musik nur 10 Minuten, doch die Musik gibt dem ganzen Film erst »Zusammenhalt« und demonstriert die Bedeutung von Musik im Film.

Meistens habe ich auch bei kleinen Produktionen versucht, mich an das Sounddesignschema der Profis zu halten und Sound zunächst unabhängig von der Musik zu realisieren, und dabei auf O-Töne, selbstgemachte Geräusche oder SFX und Atmos aus Libraries zurückgegriffen. Wenn Sie selbst zuvor wissen, wo Musik sein wird, müssen Sie für diese Stellen natürlich nicht mehr so aufwendig Geräusche produzieren.

Wenn Sie bestimmte Geräusche suchen, können Sie sie mit mobilen Recordern einerseits leichter als früher selbst aufnehmen, andererseits gibt es viele Libraries im Netz, wo Sie nach Sounds suchen und diese einzeln kaufen können.

18.1.8 Audio in Film exportieren

Um den in Logic arrangierten Sound einem Film hinzuzufügen, wählen Sie AUDIO IN FILM EXPORTIEREN aus dem Menü ABLAGE • FILM. Anschließend werden Sie gefragt, wo Sie den neuen Film speichern möchten. Logic exportiert dabei den bereits geladenen Film inklusive neuem Audio-Bounce. Achten Sie darauf, dass Sie zuvor für den Bounce die Locator-Punkte entsprechend der Länge des Films setzen. Hierbei hilft Ihnen z. B. die aus dem Film importierte Audioregion: Selektieren Sie sie, und setzen Sie die Locator-Punkte mit dem Shortcut [cmd] + [U] ungerundet auf die Länge der Region, die der Filmlänge entspricht.

Sollte der Film bereits eine Audiospur gehabt haben, fragt Logic Sie, ob Sie sie beibehalten wollen. Die Überschrift ZU EXPORTIERENDE SPUREN AUSWÄHLEN bezieht sich auf Spuren, die sich in der Original-Filmdatei befinden, nicht auf Spuren Ihres Logic-Projekts (siehe Abbildung 18.11).

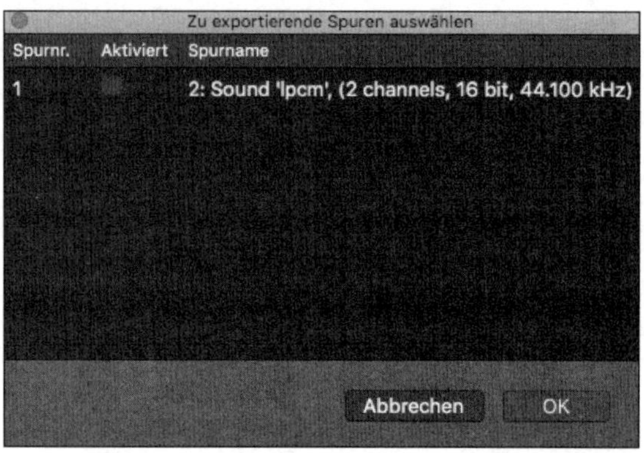

Abbildung 18.11 Der Dialog beim Filmexport

Typischerweise möchten Sie nur neues Audiomaterial im Film haben – und nicht mehr die alte Audiospur. Wenn Sie dennoch das alte Audiomaterial im Film behalten möchten, selektieren Sie den AKTIVIERT-Button in der Spur.

So oder so wird der neue Bounce bzw. Export als separate Audiospur in den Film eingefügt (auch wenn in einem Player beide gemeinsam abgespielt werden). Das können Sie übrigens im alten QuickTime Pro 7 sehen und editieren, im QuickTime Player 10.2 nicht. Alternativ können Sie natürlich auch nur das Audiofile exportieren und in anderen Programmen mit dem Film zusammenbringen.

18.2 Live-Performance und MainStage

Für Live-Performances kann es sehr unterschiedliche und individuelle Konzepte geben. Logic ist eigentlich primär ein Programm für die Arbeit im Studio, besitzt aber auch einige auf Live-Performances abzielende Tools (wie z. B. teilweise auch die Meta-Events, siehe Abschnitt 18.4). *MainStage* heißt ein weiteres Apple-Programm, das als Ergänzung zu Logic angeboten wird, primär für die Realisation von Live-Performances geeignet ist und einiges mit Logic gemeinsam hat. So können sowohl MainStage als auch Logic beide das Soundformat *Patches* lesen. Patches als Kombinationen mehrerer Channel-Strips wurden bereits vor Logic Pro X von MainStage benutzt. Alte MainStage-Patches müssen Sie allerdings zuerst in MainStage 3 öffnen und von dort exportieren, bevor Sie sie in Logic öffnen können.

MainStage (Abbildung 18.12) mag primär auf die Bedürfnisse von Keyboardern, Gitarristen und Sängern ausgelegt sein, die live mit einer Band oder solo spielen und schnell zwischen Sounds oder Soundeffekten umschalten wollen. Es kann aber auch anders genutzt werden – so lassen sich dort beispielsweise Backing-Tracks schnell und taktsynchron mit einem Fußschalter aktivieren.

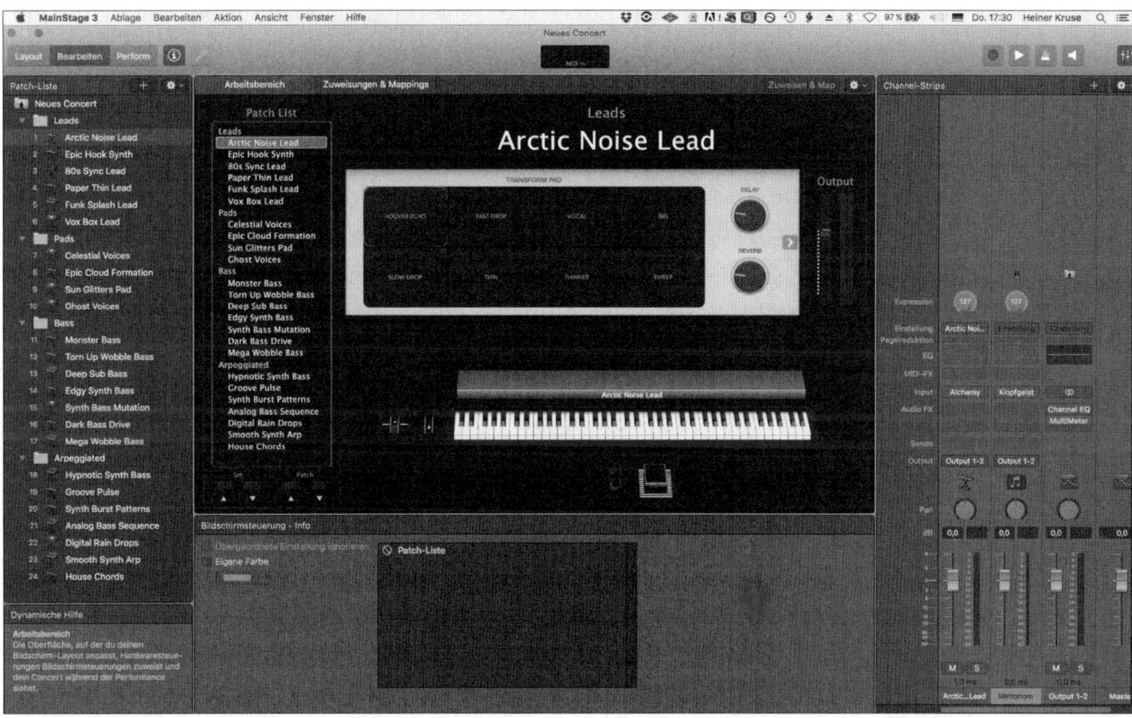

Abbildung 18.12 MainStage

Ich unterrichte regelmäßig einen Kurs, dessen Ziel die Erstellung eines Live-Acts ist, wobei allerdings hauptsächlich Ableton Live zum Einsatz kommt, das viele praktische Funktionen für eine Improvisation ohne Stolperfallen wie das problemlose Hin- und Herspringen zwischen Songteilen und Songbestandteilen und das knacksfreie Einfügen und Aktivieren von Effekten bietet. Aber auch Tools wie Maschine und Traktor machen den Übergang zwischen DJ-Performances und Live-Act immer fließender. Abgesehen von den Technikdetails habe ich allerdings auch einige konzeptionelle Tipps für die Erstellung eines Live-Acts. Diese sind vielleicht eher für die Vorbereitung eines elektronischen Live-Acts als für eine Band relevant, halten aber auch für Letztere vielleicht die ein oder andere Anregung bereit. In Abschnitt 18.2.2 führe ich einige Logic-Funktionen auf, die bei der Konzeption eines Live-Acts hilfreich sein können.

18.2.1 Allgemeine Tipps zu einem Live-Act

Einige Grundgedanken für die Erstellung des Live-Acts:

- Wenn Sie auf die Reaktion der Crowd oder das »Momentum« eingehen möchten, brauchen Sie musikalische Tools und einen schnellen Zugriff auf dieselben. Solche Tools können sein: mehrere Ebenen Schlagzeug, die Sie schnell dem Mix hinzufügen oder aus dem Mix entfernen, sich ergänzende Grooves, die Steigerungen herbeiführen, Wirbel und Einschübe, die gut heraushörbar sind – aber auch ruhige Passagen, die auf unauffällige Weise weiter den Takt vorgeben und mit denen Sie Spannung neu aufbauen und die Aufmerksamkeit neu gewinnen. Haben Sie schon einmal erlebt, dass bei einer Performance die Anlage ausgefallen ist? Kaum eine Aktion auf der Bühne sorgt dermaßen für ein »Aufwecken« des Publikums, was vielleicht ein wenig zeigt, wie wirkungsvoll ruhige Stellen oder Unterbrechungen sein können.
- Grundsätzlich ist es hilfreich, Tools mit gegensätzlichem Charakter zur Verfügung zu haben (heftige vs. softe Drums; weiche, unanstrengende Flächen vs. verzerrte, aggressive Sounds; melodische vs. monotone Elemente; elektronische vs. akustische Elemente; Halftime vs. volles Tempo; leeres vs. volles Arrangement, Tempowechselclips o. Ä.). Zum einen müssen Sie im Live-Act Spannung auf- und abbauen können, zum anderen müssen Überraschungen möglich sein. Ist eine sich langfristig und langsam aufbauende Spannung geplant, kann es wichtig sein, in der Anfangsphase kleine »Wake-up Calls« einzubauen, mit denen der Artist bei Bedarf Aufmerksamkeit erregt oder Energie erzeugt.
- Ein Live-Act sollte zu Hause »Probe gespielt« werden, um eventuelle Schwierigkeiten aufzudecken und um zu gewährleisten, dass der Performer während des Auftrittes in der Lage ist, die Reaktionen des Publikums wahrzunehmen und eventuell zu reagieren, weil er seinen Live-Act ansonsten »im Schlaf« beherrscht.
- Zusätzlich sollten Ausblender/Breaks, mit denen Wechsel von heftigen zu ruhigen Passagen möglich sind, vorhanden sein – und wenn möglich auch »Rises« oder »Wooshes« bzw. spannungssteigernde Effekte.
- Nichttonale Effekte, die zu jeder Zeit eingefügt werden können, sollten separat von tonalen Effekten erreichbar sein. Zusätzlich müssen Sie bei Sounds, die nur dann im Zusam-

menspiel miteinander funktionieren, wenn sie genau gleichzeitig oder in einer bestimmten »Kanon«-Reihenfolge gestartet werden, darauf achten, dass sich das in der Live-Situation leicht realisieren lässt.

- Es stellt sich die grundsätzliche Frage, inwiefern Sie auf vorgefertigte Elemente zurückgreifen wollen: via Arrangement (Live-Improvisationen bauen Sie dann durch Loops im Arrangement ein) oder via Live-Triggering.
- Wenn Optionen bestehen, durch Einbindung von Gesang oder Live-Instrumentalperformance die Bindung des Publikums an die Performer stärker zu machen, sollten Sie das tun (z. B. Sänger, Keyboarder, Gitarrist, die im Set phasenweise Aktionen performen). Für reine Elektronikmusiker/DJs/Performer steht das natürlich manchmal nicht zur Debatte und ich möchte Sie hier nicht animieren, ein weiteres Exemplar eines permanent turnenden und winkenden DJs abzugeben. Alternativ sollten Sie aber eventuell darüber nachdenken, den visuellen Eindruck Ihrer Performance interessanter zu machen, etwa durch den Einsatz von Videos.
- Wenn es schwerfällt, ein Gefühl für die Wirkung des Live-Acts zu bekommen, sollten Sie zuerst versuchen, einen Song aus den Elementen, die für einen Live-Act in Frage kommen, zu erstellen – oder einfach generell Songs produzieren und deren Wirkung vor Publikum zu testen. Das ist zunächst etwas leichter, weil ein Song in der Regel kürzer als ein Live-Act ist.
- Es ist manchmal hilfreich, fertige Elemente von fertigen Songs in Live-Acts einzubauen, z. B. Stems. So können Sie zum Beispiel »live« die Drums eines fertigen (und möglicherweise dem Publikum bekannten) Tracks verändern, während Bass und Soundspur unverändert bleiben oder separat mit Filtern bearbeitet werden.
- Mit Tools wie Hardware-Loopern oder Abletons »Looper« können Sie schnell eingespieltes in Echtzeit loopen und overdubben und mit Tools wie Sugarbytes »Turnado« schnell in Echtzeit verfremden.

18.2.2 Logic-Funktionen, die bei der Erstellung eines Live-Acts helfen

Auch Logic bietet einige Funktionen, die bei Performances hilfreich sein können:

- Die Funktion LOCATOR-PUNKTE UM CYCLE-LÄNGE VORRÜCKEN (⇧ + cmd + .) bzw. RÜCKWÄRTSBEWEGEN (⇧ + cmd + ,) erlaubt es, zunächst einen Teil eines Songs wiederholt abzuspielen (in dem Sie beispielsweise durch Aktivierung und Deaktivierung einzelner Tracks improvisieren) und anschließend ohne Holperer in einen anderen Teil zu wechseln.
- Wenn Sie ein Channel-Strip-Setting (*.cst*) als Performance sichern (siehe Kapitel 3), werden Sie aufgefordert, eine Programmnummer zu vergeben. Als Performance gespeicherte Channel-Strip-Settings finden Sie in der BIBLIOTHEK unter USER-CHANNEL-STRIP-SETTINGS • PERFORMANCES. Anschließend können Sie eine solche Performance über per Key-

board gesendete Program-Change-Befehle auf MIDI-Kanal 1 automatisch aufrufen. Es empfiehlt sich, die Session entsprechend vorzukonfigurieren. Ist der entsprechende Track selektiert und ein Eintrag im gewünschten Ordner mit Patches in der BIBLIOTHEK selektiert, kann der Keyboarder auch ohne Program-Change-Befehle hierfür den Befehl NÄCHSTES bzw. VORHERIGES PATCH/PLUG-IN-SETTING ODER EXS-INSTRUMENT LADEN (Shortcuts [Ä] und [Ö]) nutzen – oder mit Fokus auf dem Bereich SPUREN die Pfeiltasten [↑] und [↓] zum Wechsel zwischen mehreren in einer Session geöffneten Tracks verwenden. Die Pfeiltasten können andererseits auch dafür sorgen, dass das nächste/vorherige Patch ausgewählt wird, falls der Fokus nicht auf dem Bereich SPUREN liegt, sondern ein Bibliothekseintrag ausgewählt und blau unterlegt ist.

- In Abschnitt 13.2.11, im Unterabschnitt über Touch Tracks, habe ich ebensolche vorgestellt. Mit Touch Tracks können Sie z. B. Regionen auf der nächsten Zählzeit 1 durch Drücken einer einzigen Taste dauerhaft oder für die Dauer des Tastendrückens triggern, wobei Ihnen Logic Timingungenauigkeiten verzeiht, was in Live-Situationen vorteilhaft ist.
- Darüber hinaus gibt es Meta-Events, mit denen Sie z. B. die Wiedergabe anhalten oder ein Projekt auswählen können (kurz erwähnt in Abschnitt 18.4).

18.3 Mastering

Beim Mastering geht es um die finale Veredlung und Optimierung eines Mixes. Oft hilft es, externe Mastering-Dienste zu nutzen – und Experten, die hierauf spezialisiert sind und über eine entsprechende Ausstattung, Abhöre und Kompetenz verfügen. Doch auch Mastering-Experten sind Menschen und machen Fehler. Die meisten guten Mastering-Ingenieure treten dabei auch in Dialog mit dem Kunden, und ich habe oft erlebt, dass nach kritischen Hinweisen in einem zweiten Versuch besser gemasterte Ergebnisse als beim ersten Versuch zurückkamen.

Als Musiker haben Sie durchaus die Chance, mit dem Resultat von Mastering-Ingenieuren zu konkurrieren, wenn Sie Ihre Tools und die Abhörsituation beherrschen. Der Vorteil des Mastering-Studios liegt oft mehr in der Erfahrung und der Abhörsituationen (siehe Kapitel 17) als im Potential der verwendeten Tools, denn viele gute Plug-Ins sind mittlerweile relativ erschwinglich geworden.

Insbesondere wenn Sie sich – angesichts einer nicht ganz optimalen Abhörsituation – zusätzlich die Mühe machen, Ihren Master im Kontext mit anderen Stücken oder auf verschiedenen Anlagen (von denen wenigstens eine richtig gut sein und den Subbass abbilden können sollte) oder im DJ-Set Probe zu hören, können Sie sich einem subjektiv optimalen Ergebnis zumindest schrittweise annähern. Das ist dennoch schwer und riskant, falls man nicht genug Erfahrung oder Überprüfungsgelegenheiten für den Sound des Masters hat.

Ein guter Mix ist die beste Voraussetzung für gutes Mastering. Die Techniken hierfür habe ich in Kapitel 17, »Mixingstrategien, musikalische Ziele und Stile«, erläutert. Ein lauter Mix ist oft umso schwerer zu realisieren, je mehr Instrumente im Mix vorkommen. Wenn Sie versuchen, die Lautstärke eines einzelnen Schreis zu optimieren, erhalten Sie im Vergleich zu einem komplexen Arrangement schnell ein subjektiv lauteres Ergebnis.

Beim Mastern eines einzelnen Tracks (auch *Pre-Mastering* genannt) wird nicht selten ein anderer Track als Referenz herangezogen, beim Mastering eines Albums ist oft das Ziel, unterschiedlichen Tracks relativ einheitlichen Sound und Lautstärke zu geben – oder zumindest die Stücke und deren Unterschiede mit mehr oder weniger gewollten Kontrasten aufeinander abzustimmen.

18.3.1 Mastering im Mix?

Studenten stellen mir immer wieder die Frage, inwiefern es eventuell sinnvoll oder erlaubt ist, im Rahmen des Mixprozesses schon mit dem Mastering zu beginnen. Normalerweise erfolgt das Mastering *nach* dem Mixing, dennoch ist diese Frage nicht ganz eindeutig zu beantworten. Grundsätzlich ist es beim Mixing vor allem wichtig, die Relationen der Instrumente zueinander inklusive des Effekteinsatzes pro Instrument richtig abzumischen. Dies kann der Mastering-Engineer (außer beim Stem-Mastering) nicht mehr korrigieren, wohl aber den Gesamtklang (zu dumpf, zu hell etc.).

Doch ein Einbinden des Masterings oder zumindest des Limitings in den Mix kommt in der Praxis dennoch oft vor. Ist ein Track schon fast fertig, nutze ich selbst einige Prozessoren am Ende der Signalkette, auch um bereits mit anderen Stücken vergleichen zu können. Ich kenne auch Artists, die im Mix ihre Drums absichtlich deutlich zu laut abmischen, weil sie bereits berücksichtigen, dass das Schlagzeug beim Limiting »platt« gemacht wird, wodurch ein bestimmter Schlagzeugsound entsteht und wodurch die Künstler nach dem Limiting die Lautstärke des Schlagzeugs in Relation zu dem Rest wieder okay finden.

18.3.2 Stem-Mastering

Es gibt auch sogenanntes *Stem-Mastering*: Hierbei mastert der Mastering-Engineer mehrere angelieferte Soundfiles (sogenannte *Stems*, z. B. ein Bounce einer Drum-Bus-Spur), wodurch er mehr Eingriffsmöglichkeiten hat, dabei aber möglicherweise auch das Lautstärkeverhältnis der Stems zueinander verändert. Damit Stems eines Mixes erstellt werden können, sollten Sie entsprechende Gruppen im Mixer in Bussen zusammenfassen, wie in Abschnitt 14.4 über das Thema Summierung erläutert.

18.3.3 Vergleich mit einem Referenz- oder Vergleichstrack

Ein probates Mittel zur Optimierung eines Mixes bis hin zum Mastering ist ein Vergleich mit einem Referenz- oder Vergleichstrack. Möchten Sie den aktuellen Track während des Mixdowns mit einem Referenztrack vergleichen, stellt sich folgendes Problem: Falls Sie eine aktuelle Produktion im Masterbereich mit einem Limiter bearbeiten, wollen Sie Referenztrack(s) im Vergleich stattdessen *unbearbeitet* hören – und nicht durch den Limiter schicken. Lösung: Sie routen alles (außer der Referenz) auf einen Masterersatz-Aux-Kanal. Falls Sie mehrere Abmischungen Ihres Tracks als Bounces vorliegen haben, können Sie diese nun ebenfalls als Referenzen vergleichen. Wie das aussehen kann, zeige ich in den beiden Projekten *Schnellkurs30cedited+othermaster1 und 2*. Spur 1 enthält den Bounce, Spur 2 einen (jeweils anderen) Referenztrack (diese wurden aus Copyright-Gründen ausgewählt, auch wenn sie hier thematisch nicht ganz so gut zum Schnellkurs-Song passen).

Sie können den Sound des Referenztracks nun durch Betätigung der SOLO-Taste mit dem Bounce in Track 1 oder dem eigentlichen Projekt vergleichen (kleine Verzögerungen beim Umschalten sind normal).

Ein ähnliches Beispiel finden Sie auch in Abschnitt 15.3.8 wo es um die Limiter-Plug-Ins in Logic geht (*Projekt15Electrolim*). Falls Sie es etwas bequemer haben und sich den Routing-Aufwand ersparen möchten, können Sie auch ein Plug-In kaufen, das das Gegenhören verschiedener Referenztracks erlaubt (z. B. Magic AB von Sample Magic).

18.3.4 Mastering-Werkzeuge (in Logic und andere)

Mastering-Engineers arbeiten insbesondere mit Equalizern, Kompressoren, Multiband-Dynamics, Multiband-Imaging-Tools, Multiband-Verzerrern, Hall und Limitern, aber auch mit Bandmaschinen, Röhrenverstärkern und weiteren Tools, um den Sound zu optimieren. Metering-Plug-Ins helfen zusätzlich. Schauen wir uns an, was Logic uns diesbezüglich bietet – und welche anderen Tools sinnvoll sind.

EQ und »Compressor«

Von der Qualität des EQings müssen sich die Logic-EQs nach nicht vor der Konkurrenz verstecken, für meine Ohren klingen sie relativ neutral und erlauben sehr präzise Eingriffe. Es gibt auf dem Markt für Drittanbieter-Plug-Ins natürlich EQs, die bei kleinsten Reglerbewegungen sofort gut klingen und weniger detaillierte Justage hierfür benötigen als Logic-EQs – dafür aber auch weniger präzise Eingriffsmöglichkeiten bieten. Es kann sinnvoll sein, mit mehreren EQ-Modellen zu arbeiten. Bei EQs stellt sich die Frage, ob Sie eher mit neutral klingenden oder färbenden EQs arbeiten wollen. Die gemeinsame Bearbeitung der Summe mit einem EQ kann alles verbinden und zum Glänzen bringen, aber es ist wie mit dem Salz in der Suppe: Etwas zu viel davon, und alles ist verdorben.

Logics »Compressor« besitzt unterschiedliche Modi, in denen er sehr unterschiedlich klingen kann (vergleiche Abschnitt 15.3.1). Eine Bearbeitung des Summensignals mit einem Kompressor sollte vorsichtig erfolgen. Bearbeitungen mit kleinen Ratios wie 1,2 oder 1,5 können gut klingende, dezent verdichtende Wirkungen haben. Ob so etwas nötig ist, hängt von der Beschaffenheit des Mixes ab.

Frequenzspezifische Stereobreitenbearbeitung; M/S-Dekodierung

Mitte/Seite-Bearbeitung ist ein wichtiges Thema beim Mastering. Sie können hiermit – oft ohne Phasenprobleme – den räumlichen Anteil Ihres Mixes hervorheben. Ich habe z. B. gute Erfahrungen bei der Bearbeitung von Choraufnahmen mit einem Stereo-X/Y-Mikrofon gemacht. Den etwas »dünnen« Stereoanteil der Aufnahme mit dem Stereo-X/Y Mikrofon konnte ich mit Hilfe von M/S-Dekodierung authentisch präsenter machen und herausarbeiten konnte. Oder Sie möchten die Stereobreite für verschiedene Frequenzen unterschiedlich einstellen. Das Thema behandele ich in Kapitel 17 über Mixing, im Abschnitt 15.8.3 über das »Correlation Meter« sowie im Abschnitt 15.1.4 über Kanalkonfiguration.

Frequenzspezifische Kompressoren oder dynamische EQs

Auch frequenzspezifische Kompression mit dem Multipressor kann sinnvoll sein. Der Multipressor trennt die Bänder eher weniger steil. Dies kann als Vorteil zu einer homogenen, unauffälligen Bearbeitung, als Nachteil zu einer wenig trennscharfen Bearbeitung führen. Mit einem dynamischen EQ (den es in Logic bislang nicht gibt) können Sie störende Frequenzen meist etwas präziser dynamisch herausfiltern als mit dem »Multipressor«. Die Idee: Weggefiltert wird nur eine bestimmte Frequenz – und auch nur dann, wenn sie eine bestimmte Lautstärke überschreitet. Ist die nervende Frequenz also gerade nicht nervend, wird auch der Rest nicht heruntergeregelt – ähnlich wie beim De-Essing. Solche *dynamischen EQs* wie z. B. in iZotopes »Ozone« und »Neutron« und Voxengos »GlissEQ« sind eine tendenziell neuere Entwicklung. Das meinem Gefühl nach präziseste Tool, das ich bislang zu diesem Zweck benutzt habe, ist der Sonnox »Oxford SuprEsser« – ebenfalls eine Art DeEsser mit komplett variablem Frequenzbereich. Die Grenze zwischen dynamischen EQs und Multibandkompressoren verläuft fließend, allerdings hat beispielsweise ein Voxengo »GlissEQ« eben detailliertere EQ-Einstellungen, während Sie bei Logics »Multipressor« detaillierter an Ratio, Attack und Release des Kompressors schrauben, jedoch weniger genau ein Frequenzband oder die Charakteristik der EQ-Kurve.

Hall

Die Verwendung von prägnantem stilbildendem Hall beim Mastering ist eher ein künstlerischer Schritt, den Sie nicht unbedingt von einem Mastering-Engineer erwarten können. Wenn Sie selbst mastern, können Sie insbesondere bei cineastischer und atmosphärischer Musik damit wahre Wunder erreichen.

Der Einsatz eines kurzen Halleffekts ist hingegen schon eher beim Mastering üblich. Auch damit geht man sicher eher vorsichtig um, doch kann so etwas einem Track etwas mehr Volumen oder auch einen weicheren, schmeichelnden Sound verleihen.

Analoger Signalweg

Ob die Einführung eines analogen Signalwegs (z. B. eines analogen Summierers) für das Mastering notwendig ist, darüber wird heftig gestritten, sicher ist das aber eine gängige Methode. Ich bin der Meinung, dass analoge Geräte oft interessantere Klangfärbungen und Verzerrungen ermöglichen, für eine saubere Lautstärkeoptimierung werden sie hingegen aus meiner Sicht nicht unbedingt benötigt. Logic ermöglicht über das Plug-In »I/O« das Einbinden externer Hardware als Effekt.

Zielmedium und EBU R128

Beim Mastering eines Stückes spielt das Zielmedium eine Rolle: Wird der Master z. B. im großen Kino, im Club oder eher im Radio gehört werden?

Die European Broadcasting Union (EBU) hat außerdem in der Richtlinie R-128 Vorgaben gemacht. In diesen steht u. a., dass im Broadcastbereich eine Standardlautstärke von –23 LUFS für Produktionen normalisiert werden soll. Die Umsetzung der Richtlinie bedeutet, dass laut gemasterte Stücke mit einer Lautstärke von –7 LUFS um 16 LU bzw. dB heruntergepegelt werden, um auf –23 dB LUFS zu kommen. Dadurch klingt in entsprechenden Medien ein weniger laut gemastertes Stück mit mehr Dynamik eventuell sogar besser als ein laut gemastertes Stück.

Wie genau das gemessen wird und weitere Details zu diesem Thema finden Sie in Abschnitt 15.8.1 über Logics »Loudness Meter«.

Limiting

Am Ende der Kette sollte ein sogenannter *Brickwall Limiter* stehen, der in einem digitalen System sicherstellt, dass keine Pegelspitzen über 0 dB hinausgehen. In digitalen Systemen sorgen solche Brickwall Limiter mit einer Lookahead-Funktion dafür, dass die 0 dB niemals überschritten werden. Immerhin bieten Logics »Limiter« und »Adaptive Limiter« im erweiterten Bereich zusätzlich eine sogenannte »Intersample Peak-Detection« an (siehe Abschnitt 15.3.8 über »Limiter«).

Je länger die »Release«, desto geringer die Verzerrungen, wenn Sie hart am Limit fahren – auf Kosten der Lautstärke, weil der Limiter bei langen Release-Zeiten permanent leiser macht.

Der neue PRECISION-Mode des Logic-Limiters ermöglicht lautere Master als Vorversionen.

Digitaler Pegel ist mit analogem Pegel nur begrenzt vergleichbar und entscheidet nicht allein über den Sound. Das verwendete Digital-Analog-Wandlersystem gibt laute digitale Pegel manchmal jeweils recht unterschiedlich aus; Verzerrungen entstehen auf einem System früher, auf einem anderen später (bzw. erst bei größerem Pegel).

Einzelne Kanäle übersteuern, Master nicht übersteuern?

Grundsätzlich ist es in Logic relativ unproblematisch, intern einzelne Kanäle zu übersteuern, weil es intern mit einer hohen Bitrate arbeitet, die eine verzerrungsfreie Wiedergabe auch bei höheren Pegeln zulässt. Allerdings klingen manche Plug-Ins schlechter, wenn sie mit zu hohem Pegel angefahren werden (was ich persönlich bei einigen Waves-Plug-Ins so empfunden habe). Den Master-Output-Kanal sollten Sie zwar in der Regel nicht übersteuern, wenn das Ziel die Ausgabe eines 16- oder 24-Bit-Audiofiles ist, es sei denn, Sie nehmen eventuelle Verzerrungen in Kauf (siehe auch Abschnitt 10.2.6). Das Übersteuern des Masterbereichs wird allerdings aller Theorie zum Trotz von manchen EDM Künstlern auch für kreatives Mastering genutzt. Wie praktikabel das ist, hängt natürlich stark vom musikalischen Inhalt ab.

Drittanbieter-Limiter

Für das Mastering wird oft ein Limiter eines Drittanbieters herangezogen. Gängige Tools stammen von den Firmen iZotope (Ozone), Sonnox, FabFilter, Waves, Brainworx, Slate Digital, UAD, McDSP, Voxengo oder IK Multimedia. Ich empfehle, unterschiedliche Limiter und Einstellungen auszuprobieren, da sie oft jeweils ein stark unterschiedliches Klangverhalten an den Tag legen und unterschiedliche Prioritäten setzen. Limiter wie »Ozone« (den ich empfehlen kann) oder »T-Racks« haben verschiedene Modi eingebaut, die den unterschiedlichen Philosophien gerecht zu werden versuchen und (je nach Modus) z. B. unterschiedlich starke oder verschiedenartige Verzerrungen zulassen oder alternativ vor allem auf maximale Lautheit, maximale Verzerrungsfreiheit, optimale Transientenbewahrung oder minimale Verfälschung des Bassbereichs setzen.

Mastering-/Limiting-Philosophien – länderspezifisch?

Verschiedene Algorithmen spiegeln unterschiedliche Mastering-Philosophien wider. Nach meiner Erfahrung von über 40 gemasterten Drum-and-Bass-Vinylplatten (wobei ich beim Mastering meist anwesend war) masterten englische Toningenieure Platten oft lauter, dafür aber unter Inkaufnahme von (erwünschten) Verzerrungen, während für deutsche Vinyl-Masterer (für das gleiche zu masternde Stück) oft die Unverfälschtheit des Originalsignals im Vordergrund stand (meist auf Kosten der Lautstärke). Die erste Priorität war also jeweils eine andere: Lautstärke vs. originaltreue Reproduktion. Seinen Grund hatte dieser Unterschied neben der Ausbildung, die die jeweiligen Ingenieure genossen hatten, auch in den Genres, mit denen Ingenieure am meisten zu tun hatten (wenige deutsche Ingenieure kannten damals Drum & Bass).

Folgende Fragen sollten Sie sich stellen

- Wo ist für Sie als User selbst beim jeweiligen Stück die Grenze akzeptabler Klangveränderungen auf Kosten von Lautheit erreicht? Das ist subjektiv, hängt aber auch vom Genre ab. Je mehr Tiefbass erhalten bleiben soll, desto schwieriger wird das Limiting, und desto mehr Limiter sind weniger gut geeignet. Es gibt ältere Limiter, die generell meist bei weniger großen Lautstärken beginnen, »kaputt« zu klingen, als die meisten neueren oder teureren Versionen. Das gilt auch für Logics »Limiter«. Allerdings klingen diese alten Limiter (wie z. B. Waves »L1«) bei moderatem Limiting trotzdem nicht unbedingt schlechter als manches neue Produkt.

- Auf welcher Ebene werden – wenn überhaupt – zuerst klangliche Einbußen beim Limiting zugelassen? Manche Limiter erhalten eher die Schönheit des Klangs, bügeln aber schon relativ früh die Drum-Transienten platt und reduzieren den Bass. Solche Eigenschaften eignen sich gut für eine Lautstärkeoptimierung fürs Radio. Andere Limiter retten die Transienten und den Bass besser, klingen dafür nicht ganz so edel.
- Wie viel Dynamik durch die Medien möchten Sie zulassen, auch im Hinblick auf die Umsetzung der EBU-R128-Richtlinie? Entsprechend wählen Sie die Limiting-Parameter.

»Varispeed«/Samplerate-Conversion als Mastering-Tool

Mit Hilfe eines erhöhten Pitch-Werts, der mit der Funktion Varispeed (erreichbar in einem selbstkonfigurierbaren Display, siehe Abschnitt 6.7.21) realisierbar ist, können Sie die Energie eines Stückes subtil erhöhen. Der Effekt ähnelt einer Wiedergabe durch den DJ im Club, der den Track leicht schneller abspielen lässt. Ich habe diesen Effekt durch Samplerate-Konvertierung 1998 beim Mastering der Label-Compilation »Basswerk Sessions Vol. 1« selbst angewendet, um alle Stücke entsprechend der Wiedergabe im Club etwas schneller abzuspielen.

18.3.5 Album-Mastering in Logic und CD-(Master-)Erstellung

Die Erstellung von Mastern einzelner Tracks vor einem finalen Album-Mastering wird auch *Pre-Mastering* genannt. Beim Mastering eines Albums als Ganzes hingegen geht es vor allem darum, verschiedene Tracks zu einer Einheit – dem Album – zusammenzubringen und sie gegebenenfalls aufeinander abzustimmen. Während die meisten Künstler es für richtig halten, alle Tracks beim selben Engineer mastern zu lassen, ziehen andere es vor, Abwechslung im Sound und damit auch verschiedene Soundästhetiken zu bieten, die beim Mastering in unterschiedlichen Studios entstehen. Letztlich muss dann noch jemand die Stücke zu einem Album zusammenfügen. Das ist dann nicht mehr ganz so schwierig.

Logic-Master-Arrangement mit Tempo 10

Eine Methode der CD-Master-Erstellung, die ich öfter angewendet habe, ist die Erstellung des Masters komplett in Logic als Bounce (Abbildung 18.13). Sinnvoll ist es, hierfür ein langsames Songtempo (in Abbildung 18.13 ist 10 als Tempo eingestellt) auszuwählen, wodurch Logic eher in der Lage ist, z. B. eine CD von 79:50 Minuten Länge ausgezoomt übersichtlich abzubilden (wie in der Abbildung).

Wer gewöhnt ist, mit Logic zu arbeiten, wird es in einem solchen CD-Arrangement leichter finden, detailliert gestaltete Übergänge zwischen Stücken zu erstellen, z. B. Automationen für Übergänge mit Aushallern einzubinden.

Ein weiterer Vorteil dieser Technik ist, dass Sie schnell verschiedene Varianten eines Tracks vergleichen können. So sind im Bild links oben beispielsweise drei Varianten von Track 1 zu sehen, die sich nun leicht im Kontext des Folgetracks anhören und vergleichen lassen.

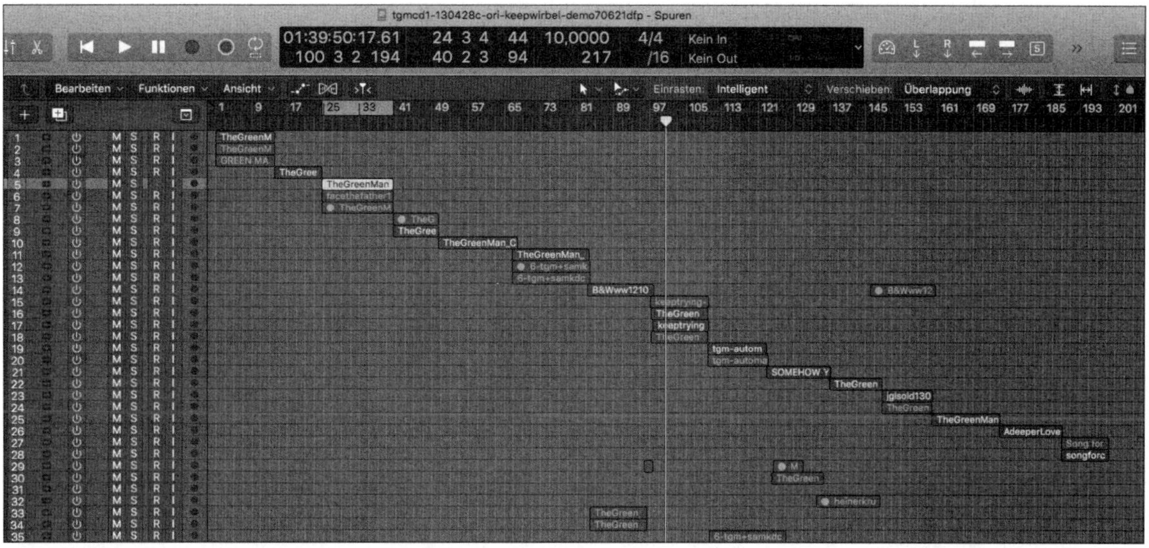

Abbildung 18.13 CD-Mastering in Logic

Was tun mit vorgemasterten Tracks?

Falls sämtliche Tracks noch ungemastert sind, lässt sich ein einzelner Limiter auf die Masterspur legen. Sie können dann (z. B. zusätzlich zu EQing) einfach die Lautstärkefader der einzelnen Tracks justieren, um unterschiedlich laut mit den Tracks in den Limiter zu gehen (anstatt pro Track einen eigenen Limiter öffnen zu müssen). Haben Sie dagegen bereits mühsam erstellte oder teuer bezahlte Pre-Master auf den Spuren, sollten Sie sie eher nicht durch eine Limiterbearbeitung noch einmal modifizieren, sondern sie stattdessen möglichst bouncen, ohne dass sie nochmals durch ein Plug-In geroutet werden. Denn auch wenn Audio durch Plug-Ins fließt, erfolgt eine Signalbearbeitung – auch wenn das Plug-In in einer neutralen Reglerstellung und ein Unterschied kaum hörbar ist.

CD-Master/DDP

Den Bounce aus Logic können Sie anschließend z. B. in ein dafür geeignetes Programm als ganzes Audiofile importieren, wo Sie u. a. noch Track-Marker, CD-Text und ISRCs einfügen müssen, um eine den Formatvorgaben des sogenannten *Red Books«* entsprechende, kompatible CD zur Abgabe ans Presswerk anzufertigen.

Programme mit dieser Funktionalität heißen *HOFA CD-Burn & DDP*, *Sonoris DDP Creator*, *Steinbergs Wavelab*, *Presonus Studio One* oder *DSP Quattro*. Früher konnte man so etwas auch mit dem im Logic 9-Studio-Bundle enthaltenen Apple-Programm *Waveburner* realisieren, das leider aus dem Programm genommen wurde. Die komplette CD müssen Sie zuverlässig auf Clipping hin überprüfen. Sind mehr als drei Samples hintereinander geclippt, so wird das Presswerk u. U. den angelieferten Masterrohling nicht vervielfältigen (digitale Knackser wären die Folge).

Änderungen am Master

Wenn Sie in Logic den Master editieren, können Sie einfach eine neue, große Datei bouncen und in das Programm zum Erstellen der Master-CD importieren (eventuell müssen Sie die neue Datei umbenennen und den Namen des zuvor verwendeten Bounces verwenden). Veränderungen an den Trackstart-Punkten und Indizes, Crossfades zwischen den Tracks, Master-Plug-In-Bearbeitung oder die Eingabe von CD-Text, ISRCs (digitale Signatur des Songs) und EAN-Codes (Barcode zur Abrechnung) müssen Sie dann idealerweise nur justieren und nicht komplett neu vornehmen.

Anlieferung an das Presswerk/DDP-Image

Eine fertig gebrannte CD schicken Sie als Master an das Presswerk. Sie sollten einen Rohling mit möglichst hochwertiger Qualität nutzen, um Fehlern auf dem Medium vorzubeugen. Eine sinnvolle Methode zur Kontrolle der abzugebenden Master-CD ist es, sofort nach dem Brennen eine Kopie oder ein Image von ihr zu erstellen (anstatt eine zweite CD zu brennen). Wenn Sie dann diese Kopie oder das Image Probe hören, sollten Fehler, die auf der Master-CD sind, auch auf der Kopie zu entdecken sein.

Eine alternative Methode der Album-Master-Erstellung für eine CD-Pressung ist die Erstellung sogenannter DDP-Files bzw. eines DDP-Images. Diese können Sie anstelle eines Rohlings an Presswerke schicken, um Klangverluste zu vermeiden. Es handelt sich um mehrere Dateien in einem Ordner, eine davon (die typischerweise *Image.dat* heißt) enthält die Audiodaten, andere weitere Informationen wie CD-Text und Track-Marker).

Es kann bei der Erstellung von DDP-Images zu Software-Inkompatibilitäten kommen (z. B. weil Textfelder nicht oder nicht richtig ausgefüllt wurden). Um Inkompatibilitäten auszuschließen, empfiehlt es sich, vom Presswerk eine »Probe-CD« vor der Fertigung der gesamten Auflage herstellen zu lassen (was nicht immer klappt) oder erstellte DDPs in einem anderen DDP-Reader-Programm testweise zu öffnen.

18.4 Meta-Events in Logic

Dieser Abschnitt soll nur als kurze Vorstellung der Meta-Events-Spezialfunktionen (Abbildung 18.14) aus Logic dienen, die im Logic-Handbuch genauer erläutert werden. *Meta-Events* sind Logic-spezifische Befehle, die nur von Logic erzeugt und verstanden werden können. Sie haben (wie Sie das im Zusammenhang mit Automations- bzw. MIDI-Draw-Daten bereits kennengelernt haben) eine ähnliche Struktur wie MIDI-Daten und lassen sich daher besonders gut über die EVENT-Liste editieren (und dort auch erzeugen).

Auch bei Meta-Events gibt es wieder zwei Datenbytes, von denen eines die Art des Meta-Events beschreibt (in der Spalte NUMMER, z. B. Nr. 49 FENSTERANORDNUNG AUFRUFEN, 50 PROJEKTAUSWAHL, 52 WIEDERGABE STOPPEN) und das andere dessen aktuellen Wert (in der Spalte WERT, z. B. die Nummer der jeweiligen FENSTERANORDNUNG etc.)

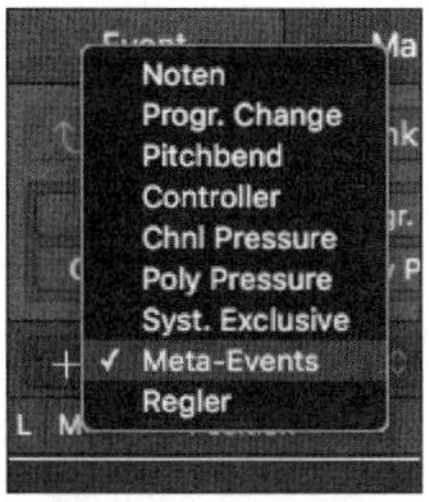

Abbildung 18.14 Hier erzeugen Sie Meta-Events.

Abbildung 18.15 Es gibt verschiedenste Arten von Meta-Events.

Beispiele zum Meta-Event Nr. 100 finden Sie in Abschnitt 9.11 und im Projekt *09Temporegler2*, wo das Tempo über Meta-Events in einer Region gesteuert wird.

Kapitel 19
Andere Programme, Synchronisation, spezielle Verbindungen

Zum Abschluss des Buches möchte ich noch einige Programme im Hinblick auf die Zusammenarbeit mit Logic vorstellen, angefangen mit Apples Programmen GarageBand und Musikmemos. Auch Kontakt, Maschine, Ableton, Reason und Audio Hijack sind wertvolle Komplizen bei der Arbeit mit Logic. In diesem Kapitel finden Sie auch das Thema ReWire als eine von mehreren Optionen, Logic mit anderen Sequenzern zusammenspielen zu lassen. Auch weitere Möglichkeiten, mit mehreren Rechnern gleichzeitig Musik zu machen oder mehrere Programme computerintern miteinander zu verbinden, stelle ich kurz vor.

Zuerst zeige ich GarageBand und Musikmemos auf iPad und iPhone als Standalone-App, deren *.band*-Projektdateien sich in Logic importieren lassen. Das Thema Dateiaustausch finden Sie detailliert in Abschnitt 10.9.

19.1 GarageBand für iOS auf iPad und iPhone

GarageBand für iOS gibt es als App auf dem iPhone und auf dem iPad. Die beiden Varianten der Programme unterscheiden sich vor allem hinsichtlich der angebotenen Größe der Darstellung. Die Leistungsfähigkeit hängt vom im iOS-Gerät verwendeten Prozessor ab. Bessere Prozessoren erlauben mehr Spuren oder müssen weniger früh automatische Rendering-Prozesse auslösen, bessere Displays können die Stärke der Berührung in Steuerdaten umwandeln. Bei schwächeren Modellen fehlen Features wie LIVE LOOPS. Die genauen und sich oft ändernden Voraussetzungen für den Betrieb des Programms auf einem iOS-Gerät entnehmen Sie bitte den Angaben in Apples iOS-App-Store zu GarageBand.

GarageBand für iOS kann als eine Art Logic-Light-Version für iOS betrachtet werden. Als Logic-User können Sie mit GarageBand iOS nicht nur unterwegs mit dem iPad Tracks starten und skizzieren, auch das Sampling einfacher Sounds ist sehr einfach. Beim Import in Logic wird Gesampeltes dann später als *EXS*-Instrument geladen. Zudem können Sie z. B. via Inter-App-Audio oder Audio Units für iOS die Vielfalt der iOS-Audio-Apps kreativ nutzen und in Ihr Projekt einbinden.

In GarageBand können Sie Touch-Instrumente besonders gut spielen, weil sie dort direkt mit passenden Instrumenten »in the box« verfügbar sind.

Nach einem Transfer (z. B. über iTunes oder AirDrop, siehe Abschnitt 10.9.) können Sie Projekte in GarageBand Mac oder Logic Mac öffnen und weiterbearbeiten.

In den folgenden Ausführungen kann ich aus Platzgründen nicht das komplette Programm erklären. Sie sollen Ihnen als erfahrenem Logic-User den Einstieg leichter machen. Einiges wird für Sie selbsterklärend sein. Coole Spezial-Features, die es in Logic nicht gibt, möchte ich vorstellen. Wenn Sie mehr wissen möchten, verweise ich auf das Garage-Band-Buch aus dem Rheinwerk Verlag, das mein Kollege Ben Kampert und ich geschrieben haben. Weitere Informationen finden Sie unter: *https://www.rheinwerk-verlag.de/4179/*

19.1.1 GarageBand für iOS – Einführung

Wenn Sie GarageBand auf dem iPad oder iPhone öffnen und einen neuen Song erstellen, können Sie oben zwischen LIVE LOOPS und SPUREN-Ansicht wählen. Wählen Sie bitte die Option SPUREN.

Falls Sie zuvor bereits an einem Song gearbeitet haben, wird dieser geöffnet. Klicken Sie dann auf MEINE SONGS, und wählen Sie danach oben links NEUEN SONG ERSTELLEN.

19.1.2 Spurenansicht, erstes Instrument erstellen, Songeinstellungen

In der SPUREN-Ansicht sehen Sie zunächst ein Dialogfenster für Ihr »Instrument« (KEYBOARD, siehe Abbildung 19.1). Hiermit sind in GarageBand alle Spuren gemeint, Audiospuren gehören auch dazu. Um eine Spur für eine Audioaufnahme zu erzeugen, wählen Sie die Option AUDIO RECORDER. Wischen Sie das Instrument zur Seite, um die nächste Instrumentenkategorie zu sehen. Welche Instrumentenkategorien es gibt, lesen Sie in Abschnitt 19.1.4.

Abbildung 19.1 Wischen Sie das Instrument zur Seite, um die nächste Instrumentenkategorie zu sehen. Wählen Sie unten eine Unterkategorie.

Für jede Instrumentenkategorie (im Bild: KEYBOARD) gibt es unten weitere Optionen. In Abbildung 19.1 sind das die Einträge SMART PIANO, ALCHEMY-SYNTH, SAMPLER und MEHR SOUNDS. Unter dem Eintrag MEHR SOUNDS öffnet sich eine Soundbibliothek mit Patches.

Sobald Sie eine Option oder ein Patch per Tap auswählen, wird eine erste Spur mit dem gewählten Instrument erzeugt. Sie sehen z. B. ein Keyboard und können nach Tap auf den RECORD-Button etwas einspielen. Danach sieht Ihr Bildschirm aus wie in Abbildung 19.2. Sie sehen nun (nach der Aufnahme) ein Symbol rechts neben dem Pfeil, mit dem Sie zur Spurenansicht zu wechseln, wo Sie eine aufgenommene Region sehen. Abbildung 19.3 zeigt eine Spurenansicht mit bereits etwas mehr aufgenommenen Spuren.

Abbildung 19.2 Keyboard und oben halblinks der Button für die Spurenansicht

19

Songeinstellungen

Treffen Sie zuvor außerdem passende Songeinstellungen (z. B. Tempo, Takt, Tonart) über den Songeinstellungs-Button oben rechts mit dem Schraubenschlüsselsymbol (Abbildung 19.3).

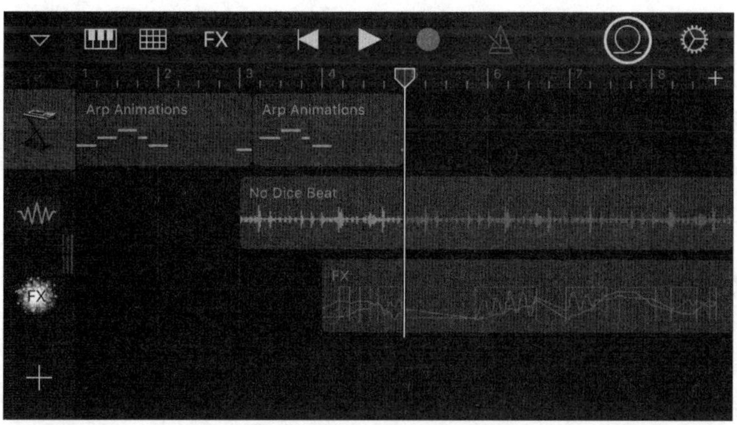

Abbildung 19.3 Spurenansicht auf dem iPhone – oben rechts die Songeinstellungen, links davon der Loop-Button

Wie in Logic Remote: Mit dem Fragezeichensymbol oben rechts blenden Sie Tipps in Form von Sprechblasen (Infofunktion – nur auf dem iPad) ein. Im EINSTELLUNGEN-Menü finden Sie eine HILFE-Funktion bzw. gelangen an ein Manual.

Arbeit im Sequenzer/generelle Workflows in GarageBand iOS

Sie können in GarageBand mit Songsektionen arbeiten, die Arrangement Markern in Logic Pro entsprechen. Oben erzeugen oder duplizieren Sie mit dem +-Symbol im Taktlineal einen Songabschnitt, im Untermenü können Sie diese auch anders anordnen, löschen oder ihre Länge editieren. Sie editieren und arbeiten jeweils im gerade selektierten Songabschnitt, der geloopt abgespielt wird. Sie können auch auswählen, alle Sektionen zu hören.

Bewegen Sie den Playhead durch Fingertaps an bestimmte Taktpositionen.

Wenn Sie Aufnahmen erstellt haben, zeigen Regionen Folgendes an:

- Grüne Regionen sind Touch-Instrument-Aufnahmen/MIDI.
- Blaue Regionen sind Audiofiles (z. B. Apple Loops oder Aufnahmen von Inter-App-Audio-kompatiblen Anwendungen).
- Gelbe Regionen sind Drummer-Regionen.
- Lila Regionen sind FX-Regionen.

Wenn Sie die Spur-Icons nach rechts bewegen, erscheinen SOLO- und MUTE-Buttons sowie ein LAUTSTÄRKE-Slider. Mit einem Doppelklick auf das Instrumenten-Icon gelangen Sie aus dem Sequenzer an die Instrumentkategorie, um z. B. ein neues Instrument auszuwählen.

Wichtig: Es gibt auch eine Undo-Funktion (siehe Abbildung 19.4).

Abbildung 19.4 Undo

Edits

Mit einem Doppelklick auf Regionen machen Sie ein Auswahlmenü für Edits und Copy-, Paste-, Loop- und Löschfunktionen sichtbar. Der Eintrag BEARBEITEN öffnet eine Art Pianorolle. Mit TEILEN rufen Sie ein Scherenwerkzeug auf, mit dem Sie die Region schneiden/teilen (indem Sie das Werkzeug herunterziehen). Ein Tap außerhalb der Region lässt das Scherenwerkzeug wieder verschwinden.

Noten im Editor lassen sich anfassen, verschieben, in der Tonhöhe ändern und in die Länge ziehen. Auch für Noten erscheinen nach einem doppelten Tap Bearbeitungsoptionen.

Tappen Sie lange auf einen Bereich außerhalb von Regionen, um anschließend einen Bereich aufzuziehen bzw. mehrere Regionen selektieren zu können. Oder tappen Sie auf eine Region und dann mit einem zweiten Finger auf die nächste, während Sie die erste noch festhalten.

Ein Antippen des Track-Headers selektiert alle Regionen in der Spur. Edits können Sie auch für mehrere selektierte Regionen gleichzeitig vornehmen.

19.1.3 »Live Loops«-Ansicht

In der LIVE LOOPS-Ansicht werden Regionen als geloopte Zellen in einer Matrix angeordnet. GarageBand bietet Ihnen Templates an (Abbildung 19.5, Abbildung 19.6), Sie können aber auch eine leere Matrix laden (Eintrag NEU).

Abbildung 19.5 Live-Loops-Templates

Nach dem Laden des »Hip Hop«-Templates sieht es ungefähr so aus wie in Abbildung 19.6.

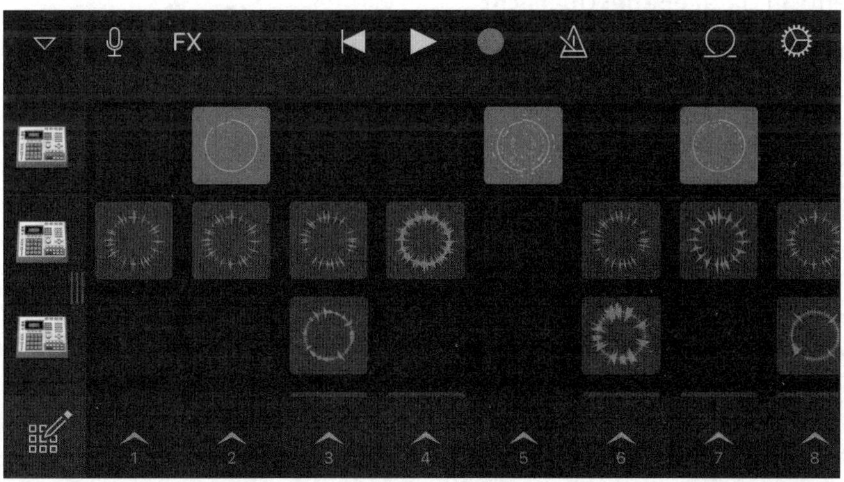

Abbildung 19.6 Live-Loops-Ansicht auf dem iPhone, oben links neben dem Zahnrad das Loop-Browser Symbol

Die waagerechten Linien entsprechen Spuren, wie sie auch im Arrangement bzw. in der Songansicht zu finden sind. Sie können nun auf Zellen tappen, um sie zu starten. Sie können über die unterste Zeile aber auch die Zellen aller Spuren gleichzeitig starten. Wenn Sie die Aufnahme starten und nacheinander Loops starten und beenden, wird dies in ein Arrangement bzw. die Spurenansicht aufgenommen und kann dort editiert werden. Das Konzept erinnert an Ableton Live – und wie in Ableton können Sie im LIVE LOOPS-Modus auch das Arrangement temporär »überstimmen«. Ein auf der Basis der »Electro Funk«-Live-Loops erstelltes Projekt finden Sie unter dem Namen *17GBLiveloopsElectroFunk*.

In Zelle aufnehmen

Sie können auch eine leere Zelle anklicken und den Eintrag IN ZELLE AUFNEHMEN wählen. Ein zur Spur gehörendes Tool erscheint (z. B. ein Keyboard), mit dem Sie aufnehmen können.

Audio in Zellen laden

Es liegt in der Natur der Sache, dass sich Apple Loops besonders gut für die Loop-Matrix eignen. Über den Loop-Browser (siehe Abbildung 19.6) können Sie Apple-Loops, aber auch Audiodateien und iTunes-Stücke per Drag & Drop in Zellen laden.

Zellen bearbeiten

Klicken Sie ganz unten links auf das Feld mit dem Stiftsymbol, um Zellen zu bearbeiten. In diesem Modus können Sie Zellen in der Matrix verschieben oder ein Menü durch Klick auf die Zelle aufrufen.

19.1.4 Instrumente in GarageBand: Übersicht

Folgende Instrumente bzw. Untermenüs stehen zur Verfügung:

- *Keyboard*: Smart Piano, Alchemy Synth, Sampler, Mehr Sounds
- *Drums*: Smart Drums, Akustische Drums, Elektronisch, Mehr Sounds
- *Amp*: Clean, Verzerrt, Bass, Mehr Sounds
- *Audio Recorder*: Stimme, Instrument, Mehr Sounds
- *Streicher*: Smart Strings, Noten, Skalen, Mehr Sounds
- *Bass*: Smart Bass, Noten, Skalen, Mehr Sounds
- *Gitarre*: Smart Guitar, Noten, Skalen, Mehr Sounds
- *Welt*: Pipa, Erhu
- *Drummer*: Akustisch, Elektronisch, Mehr Sounds
- *Extern*: Audio Unit, Inter App Audio

19.1.5 Instrumente in GarageBand: Erläuterung

Viele Instrumente entsprechen fast exakt den Touch-Instrumenten aus Logic Remote (siehe Abschnitt 16.4).

Smart Instruments

Die in den Bereichen *Keyboard, Streicher, Bass und Gitarre* verfügbaren Smart Instruments verfügen (bis auf Smart Drums) über Akkord-Strips bzw. Griffbrett. Eine Zusatzfunktion in den Smart Instruments ist ein optionaler AUTOPLAY-Modus, der automatisch wählbare Bassbegleitungen, Riffs, Pianomelodien oder auch Drums spielt. Diese blenden Sie in der iPhone-Version ein, indem Sie oben auf das Symbol für Smart Controls tappen (siehe Markierung in Abbildung 19.7). Sie können zudem aussuchen, ob Sie Akkorde (CHORDS) oder Noten (NOTES) spielen. Die angezeigten Akkorde können Sie wiederum über die Songeinstellungen bearbeiten. Dort haben Sie auch Optionen zur Auswahl von SKALEN zur Verfügung, so dass Sie z. B. automatisch in einer gewählten Skala einspielen können.

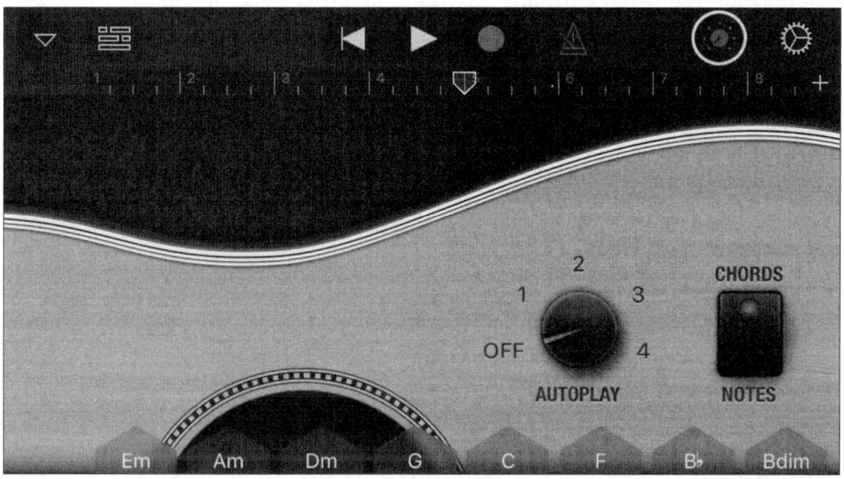

Abbildung 19.7 Smart Guitar mit »Autoplay«, oben links neben dem Zahnradsymbol ist das Smart Controls Symbol zu sehen

Manche automatischen Patterns (z. B. Strings, Gitarre) klingen einigermaßen echt, denn sie nutzen passende Sounds und Artikulationen. Eine weitere Besonderheit sind die Smart Drums (siehe Abbildung 19.8).

Im Smart-Drums-Instrument können Sie in einem X/Y-Pad wie beim »Drummer« Schlagzeugfiguren mit den Parametern LEISE vs. LAUT sowie EINFACH vs. KOMPLEX für jeden Drumsound einzeln erstellen lassen bzw. die einzelnen Sounds im X/Y-Pad positionieren (um gar nichts mehr tun zu müssen, können Sie sich dabei von einer Zufallsfunktion helfen lassen).

19

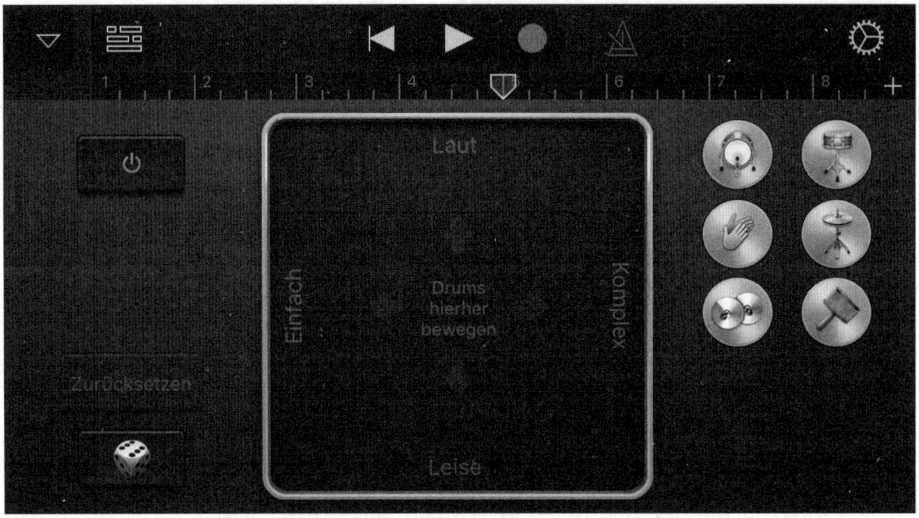

Abbildung 19.8 Soundpositionierung der einzelnen Instrumente im X/Y-Pad und links unten die Zufallsfunktion in den Smart Drums

Inter-App-Audio

Wenn Sie Inter-App-Audio als Spur auswählen, können Sie den Sound einer anderen iPad-Instrumenten-App (die Sie zuvor auswählen) direkt in GarageBand auf dem iPad aufnehmen. In der anderen App erscheinen dann Buttons zum Steuern von GarageBand (siehe Abbildung 19.9).

Abbildung 19.9 GarageBand in der »Funk Box«-App

Wenn Sie stattdessen eine Inter-Audio-Effekt-App auswählen (z. B. QNeo Voice Synth), können Sie das Eingangssignal durch diese durchschleifen und mit dem Audio Recorder aufnehmen.

Audio Recorder

Über den AUDIO RECORDER-Modus können Sie Audiofiles der ausgewählten Quelle aufnehmen und direkt mit einer Effektbearbeitung abspielen.

Wenn Sie (mit der Option AUDIO RECORDER) Audio aufnehmen, können Sie den Input selbst wählen und z. B. das interne oder das Headset-Mikro oder ein angeschlossenes Audiogerät nutzen. Gute Mikrofone für das iPhone/iPad gibt es beispielsweise von Røde, Tascam und Zoom. Auf diese Weise können Sie beispielsweise »on the road« einen guten Vocalist/Rapper zu einem vorbereiteten Instrumental etwas einsingen oder ein paar Shouts einsprechen lassen, falls (z. B. zwischen Flughafen und Auftritt) die Zeit fehlt, ins Studio zu fahren.

Sie können Audio auch durch eine Inter-Audio-Effekt-App schleifen und vor der Aufnahme effektieren.

Sampler

In den Sampler können Sie durch Klick auf den großen, roten START/STOP-Button schnell einen Sound aufnehmen und trimmen sowie Sounds aus einer kleinen Library auswählen und hinzufügen. Super gelöst und ganz wie in alten Samplern: Nach dem Stopp der Aufnahme können Sie den Sound sofort über die ganze Tastatur spielen!

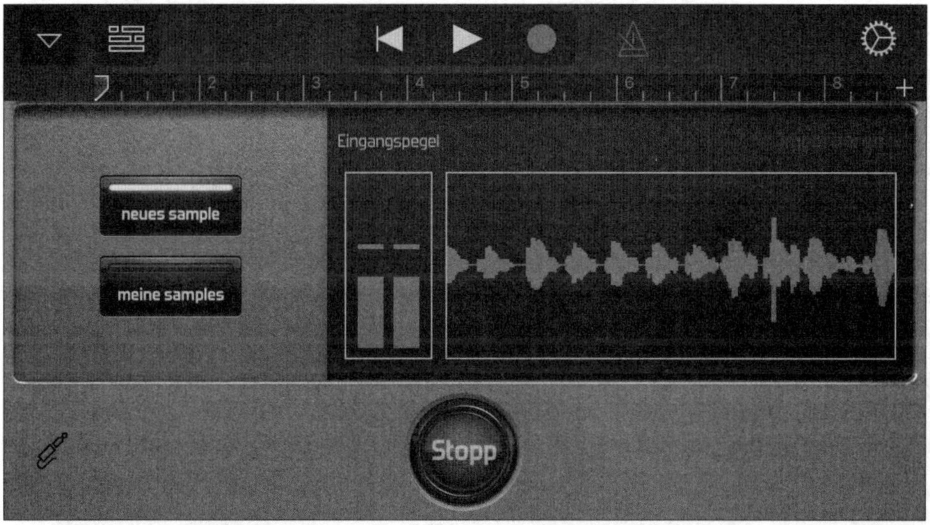

Abbildung 19.10 Sampling ist in vollem Gange

Guitar Amp

Sie können den Guitar Amp benutzen, wenn Sie eine elektrische Gitarre (über einen entsprechenden Adapter) anschließen und Ihr Spiel live effektieren oder den Sound von Inter-App-Audio-Apps durch den Amp routen möchten. In der ausgewählten App tauchten bei mir Transportbuttons auf, um das Ergebnis in GarageBand als Audiofile aufnehmen zu können.

19.1.6 Soundimport

Über den LOOP-Button (siehe Markierung in Abbildung 19.11) importieren Sie Apple Loops, Audiodateien oder Musik aus iTunes und legen sie z. B. auf Audiospuren an. Diese Option haben Sie übrigens auch bei der Verwendung des Samplers.

19.1.7 Remix FX

Mit den *Remix FX* können Sie verschiedene Effekte live anwenden und aufzeichnen. Auch wenn es diese FX in Logic nicht gibt, erscheint beim Import in Logic eine Remix-FX-Spur, die über ein nicht editierbares Plug-In korrekt abgespielt wird.

Die Remix FX wirken grundsätzlich auf alle Spuren. Sie können die Remix FX auch einfach nutzen, um eine einzelne Spur zu bearbeiten, indem Sie diese solo abspielen und dann die Funktion MISCHEN (siehe Abschnitt 19.1.9) anwenden. Die Remix FX werden dann in eine neue Datei eingerechnet.

Die Remix FX werden angezeigt (und auch wieder ausgeblendet), indem Sie auf den FX-Button in GarageBand iOS klicken. Allerdings stehen die FX (ähnlich wie LIVE LOOPS) nur auf neueren Geräten zur Verfügung. Die Abbildungen zeigen die Remix FX auf einem iPhone; auf einem iPad sind X/Y-Pads gleichzeitig sichtbar. Sowohl auf dem iPhone als auch auf dem iPad können Sie die Bewegungen mehrerer Effekte unabhängig voneinander aufnehmen.

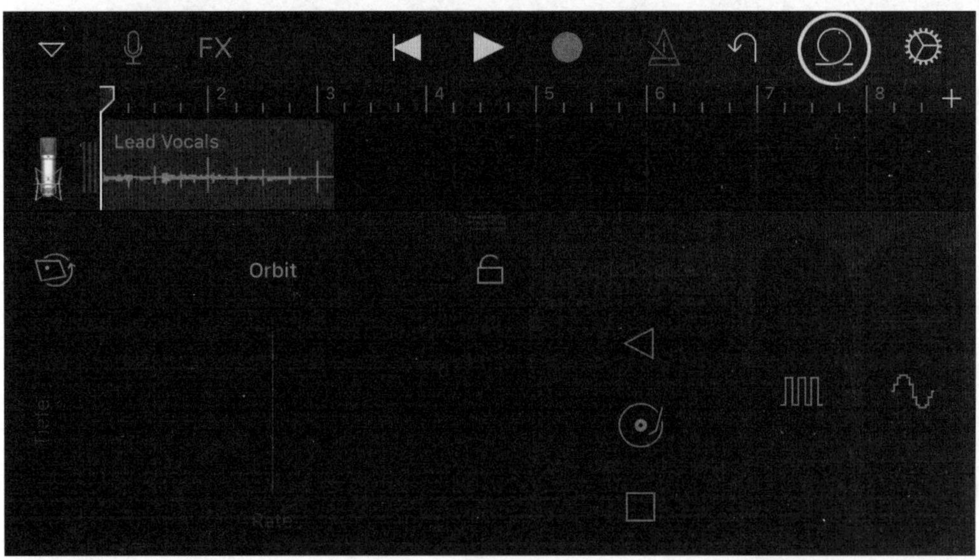

Abbildung 19.11 Remix FX

Sie können für das X/Y-Pad zwischen folgenden FX auswählen: Filter, Wobble, Orbit (Abbildung 19.11), Repeater, Hall und Delay. Weitere Effekte werden rechts angezeigt (Scratch, Reverse, Stop sowie Gater und Downsampler).

19.1.8 Aufnahme und Editing von Remix FX

Aktivitäten im Remix-FX-Bereich können aufgezeichnet werden. Hierzu klicken Sie auf den RECORD-Button. Im Gegensatz zu MIDI- und Audioaufnahmen und Bewegungen von Smart Controls läuft eine FX-Aufnahme nach dem Ende des Abschnitts geloopt weiter. Sie können sich dadurch im ersten Durchlauf auf einen Effekt konzentrieren, beim zweiten Durchlauf einen neuen Effekt auswählen und diesen nutzen und das so immer so weiter fortsetzen.

Bewegungen werden in einer lilafarbenen Region auf einer eigenen FX-Spur aufgezeichnet, die editiert werden kann. Auch in der LIVE LOOPS-Ansicht können Sie Remix FX anwenden; für die Aufnahme wird ebenfalls eine Region im Bereich SPUREN erstellt. Sie können die Region editieren und z. B. frei verschieben und kopieren. Die FX sind vor und nach dem Ende der Region nicht mehr aktiv.

- Im Projektbeispiel *19_fx01* habe ich eine Filterbewegung aufgezeichnet.
- Im Projektbeispiel *19_fx02Hall* habe ich den Halleffekt ohne die Funktion FX-Sperre benutzt. Dadurch ließ sich der Effekt ganz kurzfristig an- und ausschalten.
- Im Projekt *19_fx02repeat+delay* kommt der »Repeater« zum Einsatz – das ist eine Art Stottereffekt.

Das Projekt *19_fx02repeat+delay* zeigt außerdem, dass es möglich ist, zwei Effekte des X/Y-Pads gleichzeitig zu nutzen. Die erste Effektregion des Projekts *19_fx02repeat+delay* habe ich auf Takt kopiert, dann habe ich einen »Delay«-Effekt in die zweite Region aufgenommen. Dieser ist ca. bei Takt 7 zu hören. Es lassen sich endlos viele Effekte übereinanderlegen.

Das Projekt *19_fx03divfx* demonstriert die anderen Effekte bzw. ihre Bedienung kurz. Alle Effekt-Buttons werden lila eingefärbt, wenn Sie sie berühren bzw. aktivieren.

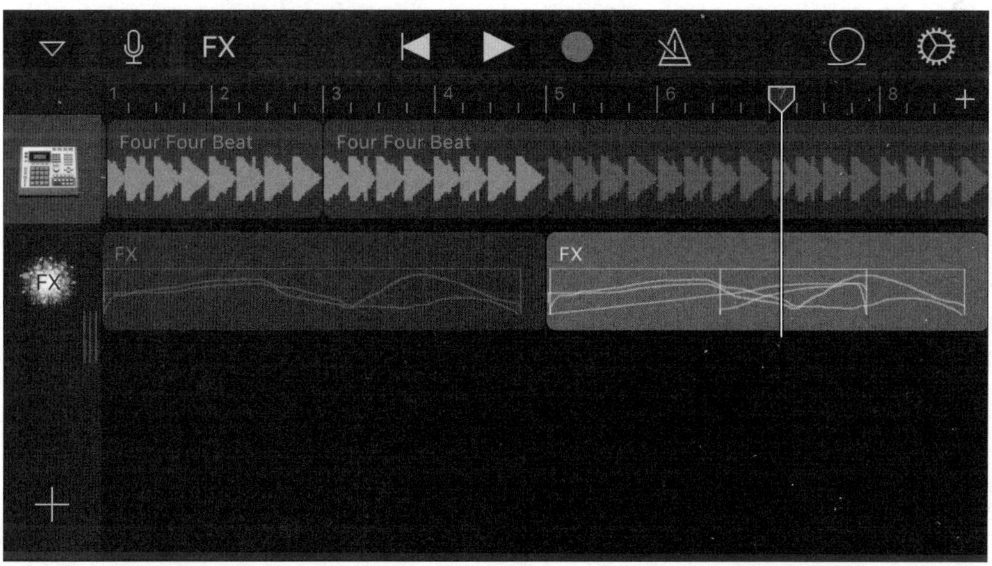

Abbildung 19.12 Projekt »19fx02repeat+delay« mit zwei aufgezeichneten FX Spuren

19.1.9 Mixer und Spuren mischen, löschen, duplizieren ...

Für jedes Instrument stehen Ihnen zwei Send-Effekte zur Verfügung – vermutlich deshalb werden diese nun (leider) auch automatisch in Logic stets beim Erzeugen von neuen Spuren konfiguriert.

In der MIXER-Ansicht (wählbar über das Icon mit den Fadern, nicht verfügbar auf dem iPhone) werden je nach sonstiger Selektion unterschiedliche Inhalte angezeigt; bei selektierten MIDI-Spuren stellen Sie hier auch ein, ob die Aufnahme quantisiert werden soll oder ob MIDI-Aufnahmen gemischt werden sollen.

Durch langsamen Doppel-Tap auf den Spur-Header können Sie selektierte Spuren löschen, duplizieren, umbenennen oder »mischen«, hierbei wird von einer oder mehreren selektierten Spuren ein Bounce als Audiofile angelegt.

Das ist insbesondere hilfreich, wenn die Spurenanzahl das iOS-Gerät überfordert. Hierbei wird der Song übrigens außerdem automatisch dupliziert, damit Sie gegebenenfalls auch noch auf die Regionen von *vor* der Zusammenfassung zurückgreifen können. Das wiederum verbraucht Speicherplatz auf dem iOS-Gerät.

Kreatives Bouncen/Mischen

Das Mischen bzw. Zusammenführen hat aber auch einen kreativen Sinn. Auf diese Weise können Sie Effekte in eine Spur hineinrechnen, die bislang für alle Spuren galten, nun aber nur für eine Spur beibehalten und in eine Audiodatei eingerechnet werden sollen. Auf diese Weise lassen sich anschließend weitere Effekte (Remix FX, Hall oder Echo) nutzen, während Sie den zuvor eingestellten Effekt in der Spur quasi »behalten« können. Diese Funktion ist auch für professionelle Produzenten interessant.

Beim Mischen wird automatisch eine Kopie des Projekts erstellt, die den Zustand vor dem Mischen enthält – als Backup.

19.1.10 Ausblick

Was mir fehlt sind Optionen, Audioaufnahmen auf Audiospuren besser zu editieren (z. B. Mikrofonaufnahme normalisieren, Audiotiming oder Pitch editieren). Auch ein Mischpult ist eigentlich nur sehr rudimentär vorhanden, aber das ist auch eine Haupteinschränkung von GarageBand Mac.

Sie können in GarageBand iOS auch eine Jam-Session erstellen, bei der bis zu drei Bandmitglieder gemeinsam jammen. Hierfür ist jedoch Konfigurationsarbeit und -glück nötig. Weitere Details entnehmen Sie bitte der Hilfefunktion und dem Manual zu GarageBand für iOS.

19.2 Musikmemos

Mit dem Programm *Musikmemos* können Sie eine Idee einsingen, die das Programm dann in einen musikalischen Kontext setzt. Beim ersten Öffnen erscheint ein blauer Kreis. Klicken Sie darauf, um eine Idee aufzunehmen. Die Idee erscheint anschließend im Bild. Alle aufgenommenen Ideen lassen sich durch Tap auf das Bibliotheksfach-Symbol auflisten (Abbildung 19.13).

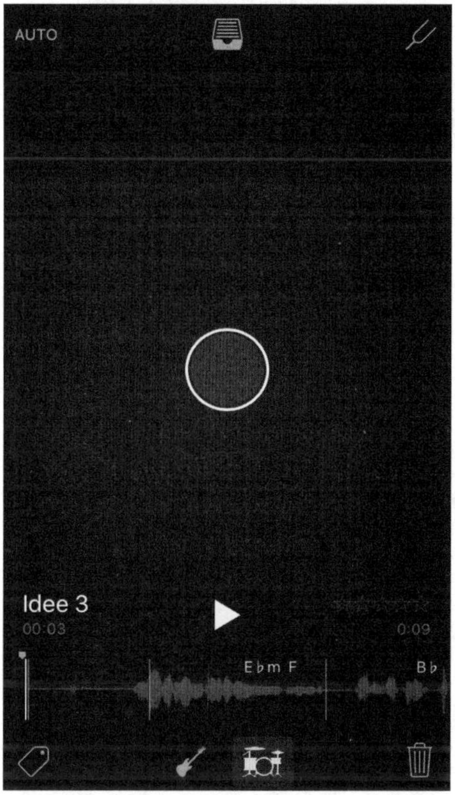

Abbildung 19.13 Musikmemos für iPhone; Aufnahmebutton, Idee und Bibliothekssymbol oben sind zu erkennen.

So habe ich im Beispiel *19Musikmemos.band* zwei Zeilen ins iPhone-Mikro eingesungen, die das Programm anschließend vom Timing her einigermaßen überzeugend mit Drums begleitete, nachdem ich das Symbol mit dem Schlagzeug gedrückt hatte, während die Tonerkennung weniger überzeugende Ergebnisse lieferte.

Wenn Sie auf die Aufnahme doppelklicken, erscheinen Bearbeitungs- und Bereitstellungsoptionen (Abbildung 19.14.).

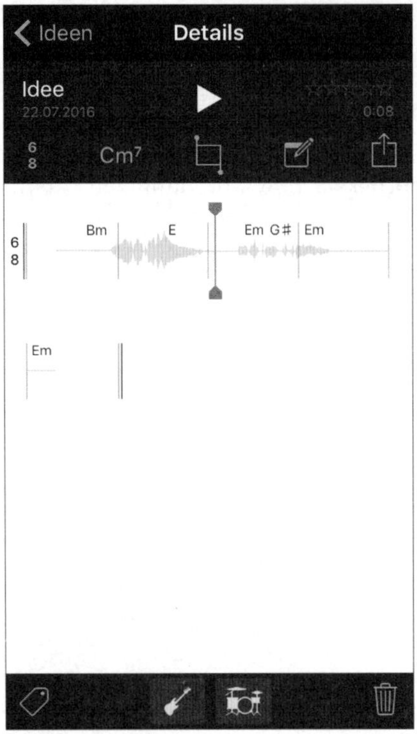

Abbildung 19.14 Musikmemos nach Doppelklick auf die Wellenform mit Bearbeitungsoptionen oben

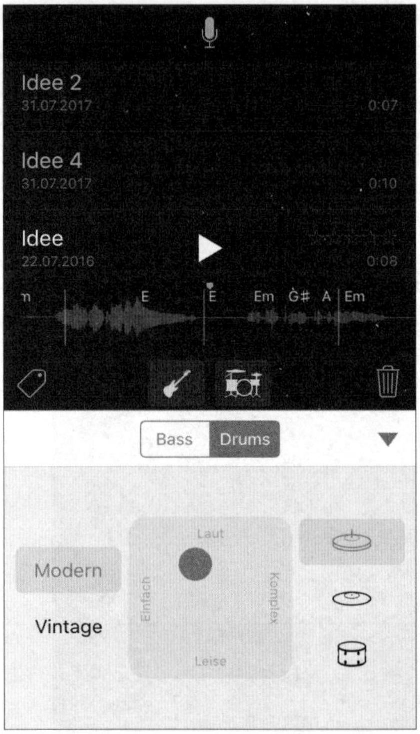

Abbildung 19.15 Optionen für Schlagzeug

Oben ganz rechts in Abbildung 19.14 erscheinen das bekannte das BEREITSTELLEN-Symbol auf dem iPhone sowie weitere Buttons für Bearbeitungsfunktionen (von links: Takteinstellungen, Akkorderkennung, Beschneiden, Notizen). Sie können die Aufnahme also auch schneiden/trimmen und für Einzelteile der Aufnahme Akkorde oder Taktmaße zuweisen oder Notizen hinzufügen.

Ein Klick auf erkannte Akkorde zeigt einen Dialog, in dem sich die automatische Erkennung »überstimmen« lässt. Sie können auch einstellen, dass für bestimmte Akkorde keine Begleitung aktiv werden soll.

Unten können Sie Schlagzeug- oder/und Bassbegleitung aktivieren/deaktivieren. Halten Sie die Buttons länger gedrückt oder doppelklicken Sie, um detailliertere Einstellungen vorzunehmen (Abbildung 19.15).

19.2.1 Export von Musikmemos-Dateien

Sie exportieren die Ergebnisse bzw. stellen sie bereit, indem Sie auf das übliche Symbol drücken. So entstehen Dokumente mit der Endung *.band*, die sowohl in GarageBand iOS als auch in GarageBand Mac oder Logic geöffnet und weiterbearbeitet werden können.

Umgekehrt können in GarageBand iOS oder Mac erstellte Projekte nicht in Musikmemos geöffnet werden, auch wenn sie nach einem Export ebenso die Endung *.band* tragen. Wenn Sie über AirDrop eine Aufnahme direkt aus Musikmemos auf den Mac übertragen, wird automatisch ein *.band*-Dokument exportiert (mehr zum Dateiaustausch in Abschnitt 10.9).

19.3 »Auto Sampler« in MainStage

Apple kaufte vor einiger Zeit die Softwareschmiede *Redmatica* auf, die fantastische Programme zum Erstellen eigener Sampler-Presets aus Aufnahmen (z. B. von externen MIDI-Geräten) entwickelte. Im Januar 2015 erschien ein MainStage-Update mit einem neuen Plug-In namens »Auto Sampler«, das diese Technologie offensichtlich nutzt – wenn auch in stark vereinfachter Form. Man kann verschiedene Töne eines Instruments sampeln und daraus ein Sampler-Instrument erstellen. Eine Besonderheit des Programms »Auto Sampler« ist vor allem die Fähigkeit, gesampelte Töne effektiv zu »loopen«. Das konnten die Redmatica-Programme stets besser als die Konkurrenz. Hierfür stehen neben dem Eintrag AUTO LOOP verschiedene Optionen zur Verfügung.

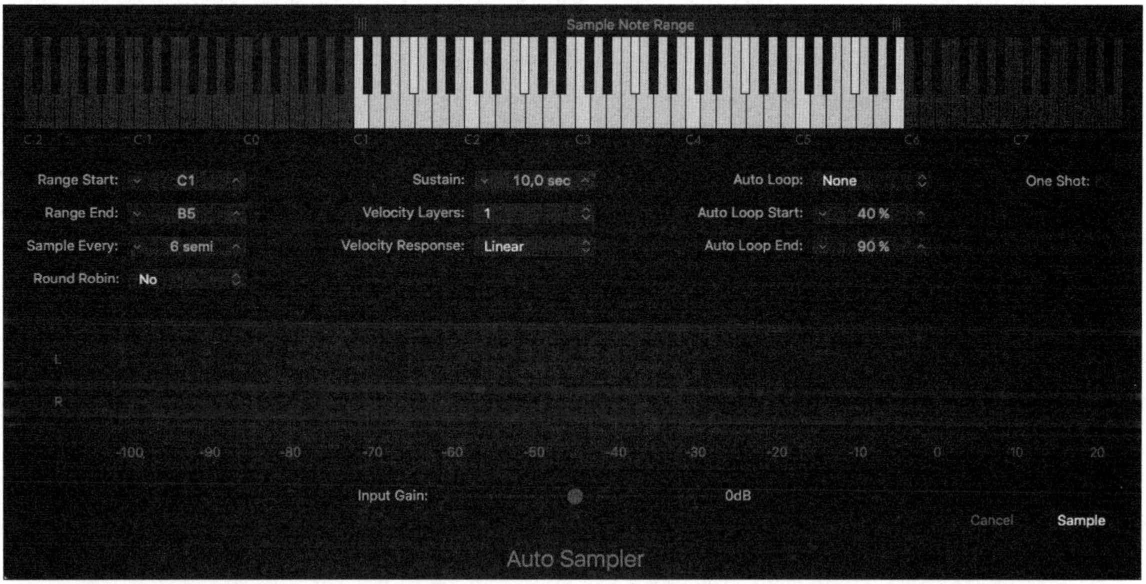

Abbildung 19.16 »Auto Sampler« in MainStage

»Auto Sampler« wird als Effekt-Plug-In in einen Kanalzug geladen. Wenn Sie ein externes Instrument sampeln wollen, nutzen Sie das Instrumenten-Plug-In *External Instrument*. Im Menü SAMPLE EVERY stellen Sie ein, alle wie viel Halbtöne ein Sample erstellt wird. Zum Sampeln klicken Sie auf den Button SAMPLE unten rechts. Die gesampelten Ergebnisse werden in einem *.exs*-Instrument zusammengefasst. In einem Dialog lässt sich einstellen, wo es gespeichert werden soll.

Standardmäßig landen *.exs*-Instrumente und Samples wie bei anderen User-Sampler-Instrumenten auch im Ordner *Audio Music Apps*. Aus diesem Grund ist ein mit »Auto Sampler« gespeichertes Instrument auch sofort in Logics EXS-Menü verfügbar, gegebenenfalls muss dieses nur kurz aktualisiert werden. Auch wenn »Auto Sampler« zurzeit nur in MainStage verfügbar ist, ist das Plug-In daher eine wichtige Neuerung für Logic.

19.4 ReWire: Ableton, Reason und Co. mit Logic nutzen

ReWire ist eine Softwareschnittstelle, die den rechnerinternen Austausch von Audio- und (ab Version 2) MIDI-Daten zwischen zwei Programmen ermöglicht. Logic kann sich als sogenanntes *Master-Programm* via ReWire (bzw. ReWire 2) mit anderen Programmen wie Ableton Live oder Reason verbinden.

19.4.1 Technische Details zu ReWire und ReWire-fähigen Programmen

Mit ReWire 2 kann das Master-Programm detaillierte Informationen des Slave-Programms, wie beispielsweise Devices (Geräte), Drumsounds und Controller, erkennen. Logic fungiert dabei stets als Master. Zudem sind bidirektionale MIDI-Kommunikation für 255 virtuelle Geräte mit je 16 Kanälen sowie Audio-Streaming auf 256 Kanälen möglich. Hierbei dachten die Propellerheads als Erfinder der Schnittstelle an die Anwendung von mehr als zwei Programmen gleichzeitig (z. B. Logic, Ableton Live und Reason). Theoretisch können 16 Programme über ReWire simultan laufen, es können also mehrere Slaves aktiv sein. ReWire-fähige Programme kommen auch aus dem Videobereich, beispielsweise *Arkaos VJ*; die Liste ist lang. Logic, Pro Tools und Cubase können nur Master sein, Ableton Live kann Master und Slave sein, Reason kann (bislang) nur Slave sein. Ableton 9 als ReWire-Slave hat leider keinen Zugriff mehr auf AU-/VST- und Max-for-Live-Instrumente.

19.4.2 Voraussetzungen, damit Logic sich mit ReWire-Slaves verbinden kann

Ein ReWire-Slave muss immer *nach* dem Master geöffnet werden. Das ist auch der größte Nachteil, denn so läuft die ReWire-Verbindung immer nur so gut wie das schwächste Glied in der Kette. Stürzt ein Programm ab, müssen Sie immer alle Programme neu starten (und vorher eventuell mit Gewalt beenden). Wenn Sie den ReWire-Slave zuerst starten und dann den ReWire-Master, entsteht keine ReWire-Verbindung. Wenn Sie anschließend denselben Slave beenden und wieder starten, ebenfalls nicht. Sie müssen in diesem Fall Master und Slave beenden, dann den Master neu hochfahren und anschließend den Slave, um eine ReWire-Verbindung herzustellen. Eine ReWire-Verbindung können Sie ferner nur dann herstellen, wenn beide Programme im gleichen Bit-Modus (64 Bit oder 32 Bit) betrieben werden. Sie können auch mit Absicht z. B. Ableton in der 32 Bit-Version nutzen, um eine automatische

ReWire-Verkabelung zu verhindern und die im nächsten Abschnitt beschriebene manuelle Verkabelung zu nutzen, was ein Vorteil, aber auch ein Nachteil sein kann.

Achtung: In Logic funktioniert ReWire nur, wenn unter EINSTELLUNGEN • AUDIO • GERÄTE unter REWIRE-VERHALTEN ReWire nicht abgeschaltet ist. Letzteres (Modus: AUS) ist jedoch die Voreinstellung. Sie können zwischen den drei Modi AUS, WIEDERGABE- und LIVE-MODUS umschalten. Im LIVE-MODUS funktioniert das Spielen von Instrumenten etwas besser (siehe Abbildung 19.17). Nach einer Aktivierung/Deaktivierung von ReWire müssen Sie Logic neu starten, damit die neue Einstellung wirksam wird.

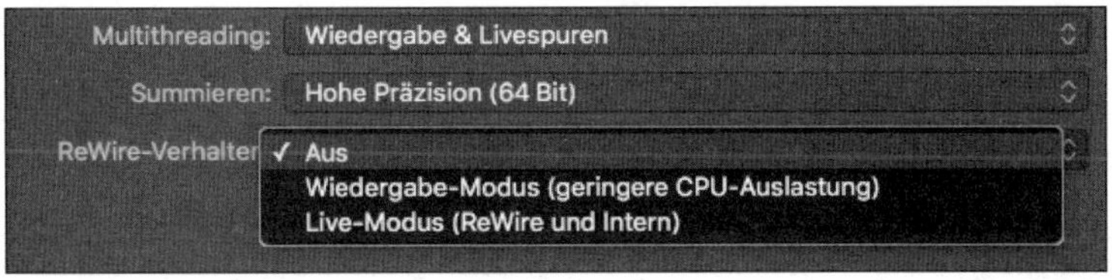

Abbildung 19.17 Einstellungen für Logics ReWire-Verhalten

19.4.3 Instrument eines ReWire-Slave-Programms in Logics Sequenzer ansteuern

Erzeugen Sie nun eine *externe* MIDI-Spur (`alt` + `cmd` + `X`). Die Spuren und Instrumente eines via ReWire verbundenen anderen Sequenzer-Programms erscheinen in Logics BIBLIOTHEK im Auswahlmenü für externe MIDI-Spuren inklusive der in den ReWire-Slaves zugewiesenen Beschriftungen/Bezeichnungen. Das ist logisch, denn es handelt sich insofern um eine externe Spur, als sie ein Ziel außerhalb von Logic ansteuert. In Abbildung 19.18 sehen Sie zum Beispiel eine Operator-Spur, die angesteuert werden kann. Nun könnten Sie theoretisch die MIDI-Daten in Logic arrangieren und z. B. Ableton oder Reason (oder beide gleichzeitig) als Klangerzeuger nutzen. 19

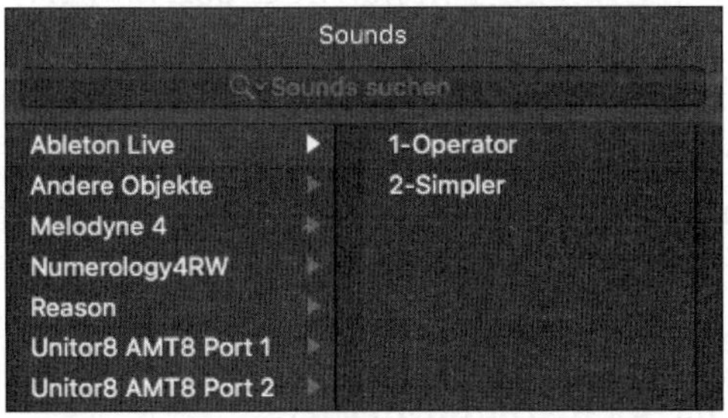

Abbildung 19.18 Ableton-Spuren in Logics Bibliothek

Wenn Sie andere Programme als ReWire-Slave nutzen und Ihre MIDI-Daten in Logic einspielen, dann wollen Sie in der Regel nicht, dass Ihre gespielten MIDI-Noten sowohl über Logics externe MIDI-Spur als auch im ReWire-Slave selbst das gleiche Gerät ein zweites Mal ansteuern. Hier müssen Sie natürlich Wege finden, das zu verhindern (z. B. indem Sie im ReWire-Slave MIDI-Empfang durch das angeschlossene Keyboard verhindern oder eine Audiospur selektieren, die kein MIDI empfängt).

19.4.4 Audio-Routing des ReWire-Slave-Signals in Logic

MIDI an die ReWire-Slaves zu senden reicht allerdings noch nicht, um auch etwas zu hören. Die ReWire-Slave-Programme streamen ihr Audiosignal an den ReWire-Master, wo Sie es dann hörbar machen müssen. In Logic nimmt man dafür typischerweise Aux-Kanäle. Dort stehen die verfügbaren ReWire-Programme als optionale Inputs – inklusive verschiedener Kanäle in den Submenüs – zur Verfügung. Logic listet dabei die installierten Programme alphabetisch auf, egal, ob sie geöffnet sind oder nicht (siehe Abbildung 19.19).

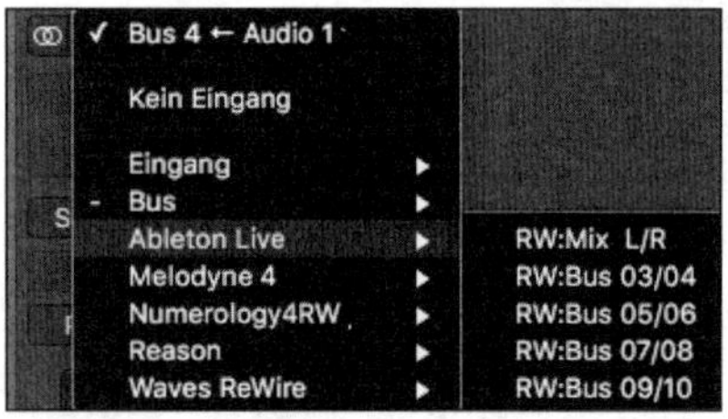

Abbildung 19.19 Optionale Inputs für Aux-Kanäle in Logic

19.4.5 Probleme bei der Zuordnung von ReWire-Programmen in Logic

Wenn Sie ein Projekt mit einem solchen Routing abspeichern und anschließend ein neues ReWire-fähiges Programm installieren, kann es passieren, dass die Zuordnung in Logic (des Aux-Kanal-Inputs und eventuell auch eines externen MIDI-Instruments) verrutscht, weil sich ein weiteres Programm in der Reihenfolge der Zuordnung von ReWire-Programmen in Logic »dazwischenschiebt«. Die richtige Zuordnung können Sie aber in den Aux-Kanälen (durch eine Änderung des Inputs) leicht wieder ändern. Auch ein neues externes MIDI-Instrument lässt sich gegebenenfalls neu zuweisen. Falls Sie solche Neuzuweisungen vornehmen müssen, haben Sie natürlich schneller einen Überblick, wenn Sie Regionen und Spuren zuvor eindeutig beschriftet haben.

19.4.6 Routing des Audiostreams im ReWire-Slave-Programm an Logic

Die ReWire-Slave-Programme ihrerseits erlauben das Routing verschiedener Instrumente an Outputs – ganz so, als ob ein Audiointerface mit vielen Outputs angeschlossen wäre. Visuell intuitiv verständlich und im Stile von Hardwarebuchsen ist das in Reason gelöst (Abbildung 19.20). Diese Outputs des ReWire-Slaves stehen in Logic wiederum als Inputs zur Verfügung (bis zu 256 Kanäle).

Abbildung 19.20 Reasons Output-Routing

In Ableton erreichen Sie das Routing an verschiedene Outs in den einzelnen Kanälen (Abbildung 19.21).

Abbildung 19.21 Abletons Kanal-Output-Routing

Es gibt durchaus eine Menge Künstler, die auf eine ähnliche Art und Weise wie hier gezeigt mit ReWire-Verbindungen arbeiten, weil sie z. B. den Mixer und die Plug-Ins in Logic bevorzugen, aber die Kreativtools aus anderen Programmen wie Reason und Ableton nicht missen möchten. Schnell Einzelsounds durchhören, sampeln, tweaken oder einspielen, um einen Beat zu basteln – das geht in Reason oder Ableton manchmal schneller als in Logic, wo ich es dagegen übersichtlicher finde, zu mixen und zu arrangieren.

Sind Reason oder Ableton allerdings erst einmal via ReWire »versklavt«, können sie nicht mehr auf die angeschlossenen Audiointerfaces zugreifen oder eigenständig Sound exportieren (siehe Abbildung 19.22 und Abbildung 19.23).

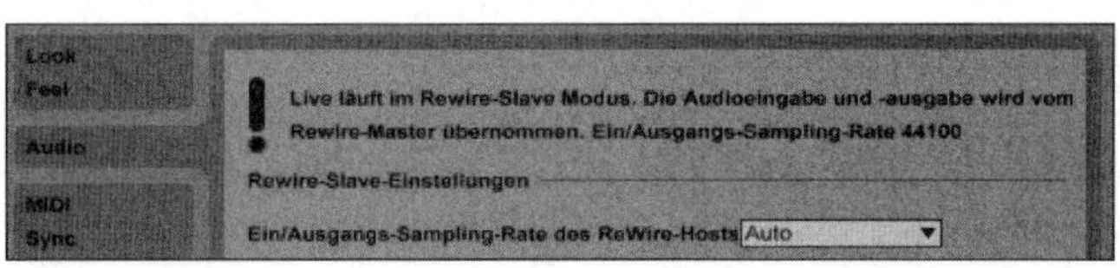

Abbildung 19.22 Abletons Audio-Preferences im ReWire-Slave-Mode

Abbildung 19.23 Reasons Audio-Driver-Anzeige im ReWire-Slave-Mode

19.4.7 Ergänzungen zu Logic X und Ableton

Ableton Live 9 beherrscht die Umwandlung von Audio in MIDI besser als Logic, und bei der Analyse kann eingestellt werden, ob es sich um Drums, Harmonien (Flächen) oder Melodien (Einzelnoten) handelt. Es kann auch mal sinnvoll sein, mit mehreren DAWs parallel zu arbeiten, denn das Arrangieren und Mixen finde ich in Logic übersichtlicher, doch das ist wohl auch Geschmackssache und Gewohnheit.

19.5 Computerinternes MIDI- und Audio-Routing mit Hilfe externer Komponenten

In diesem Abschnitt zeige ich Ihnen eine Option, Logic auch ohne ReWire mit anderen Programmen zu verbinden. Damit können Sie z. B. Instrumente aus Ableton aus Logics Sequenzer anspielen. Ob im Beispiel Abletons Sequenzer noch synchron zu Logic mitläuft und wo das Audiomaterial zusammengemischt wird, ist eine andere Frage; diese Option erläutere ich erst in Abschnitt 19.6 über externe MIDI-Synchronisation. Abletons Link-Schnittstelle ist für Logic bislang leider nicht verfügbar.

19.5.1 Computerinterne MIDI-Verbindungen mit Logic

Das AUDIO-MIDI-SETUP bietet die Möglichkeit, mehrere interne MIDI-Busse zu aktivieren, sogenannte *IAC-Busse*. Hierbei aktivieren Sie ein Gerät, für das Sie Busse aktivieren können (Abbildung 19.24). Diese Busse stehen dann wie MIDI-Ports eines angeschlossenen MIDI-Interface zur Verfügung (Abbildung 19.25, Abbildung 19.26 und Abbildung 19.27).

Auf diese Weise steuern Sie beispielsweise Instrumente in anderen Programmen (wie Ableton Live, Reason oder auch Pro Tools) aus Logic Pro X mit MIDI-Daten an (Letzteres geht via ReWire ja nicht, weil Pro Tools nur ReWire-Master sein kann). Sie können den IAC-Bus auch nutzen, um über diesen Umweg Logic-Instrumente aus einem Step-Sequenzer anzusteuern, der auch als Spurinstrument geladen werden kann (z. B. Sugar Bytes' »Thesys« oder monoplugs' »B-Step Sequencer«). Dabei müssen Sie allerdings darauf achten, dass der Step-Sequenzer das Signal nicht wieder an sich selbst schickt – und deshalb entweder den IAC-Bus in der MIDI-UMGEBUNG nur zu einem Zielobjekt routen oder anderweitig verhindern, dass die Spur mit dem Step-Sequenzer IAC-Bus Daten empfängt, die sie selbst sendet, beispielsweise indem Sie die entsprechende Spur nicht selektieren.

Falls im Environment der SUM-Ausgang des physischen Eingangsobjekts mit dem Sequenzereingang verkabelt ist, bedeutet das, dass alle Eingänge an den Sequenzereingang weitergeleitet werden. Zumindest in der Theorie (und in älteren Logic-Versionen) entsteht hierdurch eine MIDI-Feedback-Schleife, wenn Sie von Logic MIDI an einen IAC-Bus senden, ohne diesen zuvor aus der Eingangssumme (SUM) zu entfernen. In neueren Versionen passiert das wohl nicht mehr, obwohl es logisch wäre. Behalten Sie die Möglichkeit im Hinterkopf, für den Fall, dass sich Logic merkwürdig verhält.

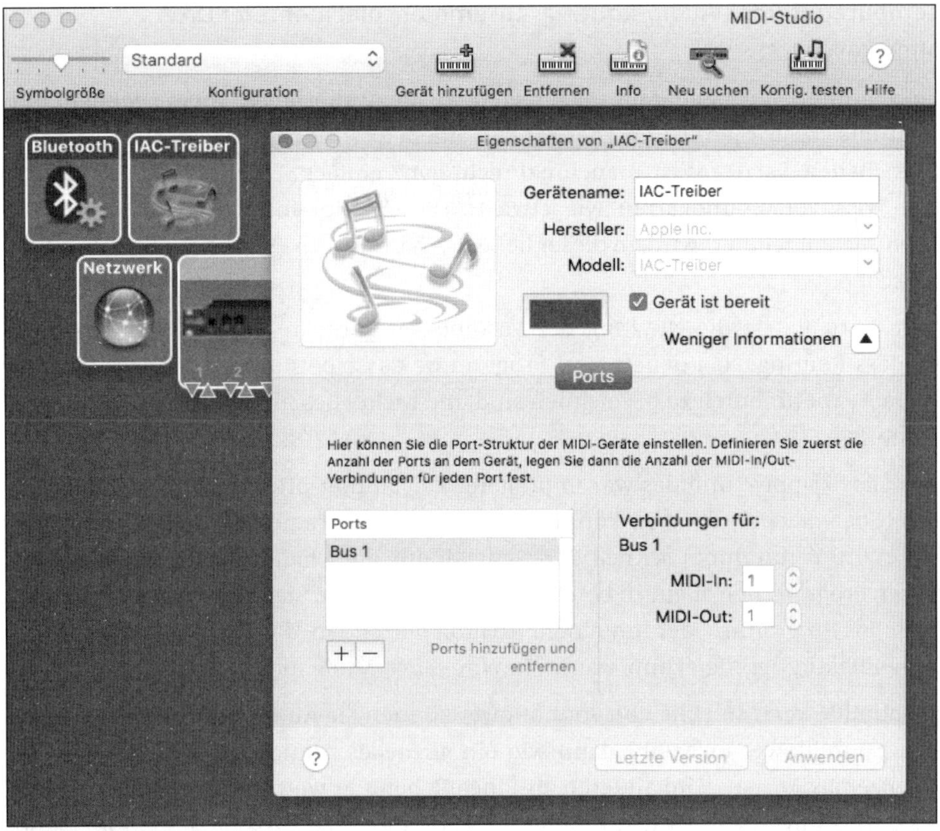

Abbildung 19.24 IAC-Busse in einem internen MIDI-Gerät im Audio-MIDI-Setup

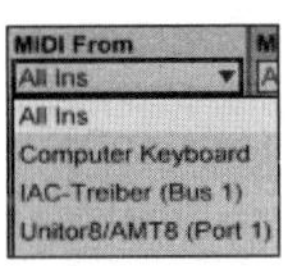

Abbildung 19.25 IAC-Bus als Input einer MIDI-Spur in Ableton Live

Abbildung 19.26 IAC-Bus im physischen Eingang

Abbildung 19.27 IAC-Bus als einstellbarer Ausgangsport einer externen MIDI-Spur in Logic

19.5.2 Computerinternes Audio-Routing, Zusammenspiel mehrerer DAWs ohne ReWire

Sie müssen allerdings gegebenenfalls noch regeln, wo die Audiosignale verschiedener Computerprogramme zusammenfließen. Dies kann in einem externen Mixer, aber auch computerintern geschehen. Letzteres ist manchmal nicht ganz einfach. Eine Option sind zusätzliche Mixer-Apps von Soundkarten wie etwa UADs »Apollo«-Interfaces, bei denen die Software *Console* mitgeliefert wird. In dieser ließen sich im Test die Signale zweier DAWs zusammenmischen.

Eine weitere Variante ist die Nutzung der kostenlosen Software *Soundflower*. Ich muss anmerken, dass Routings, bei denen zwei Programme dasselbe Audiointerface zur selben Zeit nutzen, als experimentell zu bezeichnen sind und nicht alles immer so perfekt funktioniert wie erhofft.

Falls jedoch alles klappt – und das war in jüngerer Zeit immer öfter der Fall –, kann diese Methode viel Spaß machen, denn Sie können dann (im Gegensatz zur Situation bei einer hergestellten ReWire-Verbindung) schnell den Sync-Modus ausschalten, um temporär eines von mehreren Programmen allein zu benutzen. Zudem könnten Sie so ein 64-Bit-Logic auch mit einem 32-Bit-Programm oder mit einem Ableton verbinden, das auch auf Plug-Ins und Max-for-Live-Effekte zugreifen kann, was im ReWire-Slave-Mode nicht geht.

Zurück zu Soundflower: Mit Hilfe von Soundflower können Sie Audio auch zwischen DAWs verschicken. Soundflower erscheint dann wie ein virtuelles Audiointerface und kann im einen Sequenzer als Ausgang, im anderen als Eingang benutzt werden. Eventuell empfiehlt es sich, im AUDIO-MIDI-SETUP ein kombiniertes Audiointerface aus Hardware und Soundflower zu basteln. Wenn Sie sich eine Demoversion des Programms Audio Hijack installieren, wird Soundflower automatisch mitinstalliert (siehe Abschnitt 19.11).

Ist Soundflower als Standard-Output für den Mac und als Input in Logic eingestellt, kann Logic auch ganz einfach das Signal von iTunes, Ihrem Browser oder anderen Programmen live aufnehmen (und Sie können das live mithören, wenn Sie ein entsprechendes Output-Gerät abhören, Abbildung 19.28).

Manche User berichten allerdings von Problemen mit Soundflower, da es nicht mehr aktualisiert wird. Zwei (kostenpflichtige) Alternativen heißen *Sound Siphon* und *Loopback*.

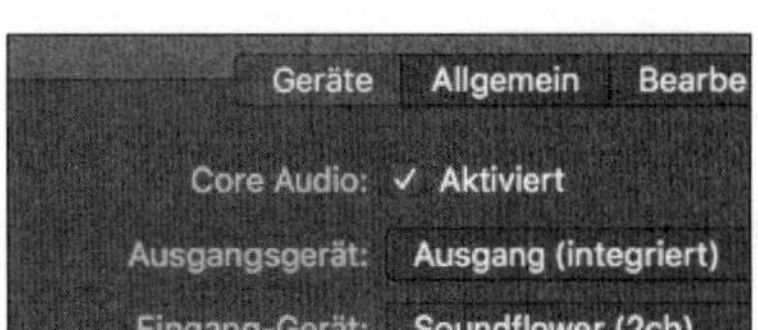

Abbildung 19.28 Soundflower ist Input-Gerät in Logic

19.6 Externe MIDI-Synchronisation – mehrere Sequenzer miteinander synchronisiert betreiben

Sie können zwei Programme oder Sequenzer auf demselben oder auf unterschiedlichen Rechnern miteinander synchronisieren. Das bedeutet zum Beispiel, dass Sie auf Rechner 1 (Master) Transportbefehle geben und ein Projekt abspielen und Rechner 2 (Slave) gleichzeitig ein Projekt abspielt, das sich kontinuierlich an der gleichen Taktposition befindet.

Im Tab ALLGEMEIN der projektbezogenen Synchronisationseinstellungen stellen Sie ein, ob Logic nach der eigenen Clock läuft, als Sklave eines MIDI Time Codes (MTC) oder nach der Vorgabe von Taps der TAP-TEMPO-Funktion mit im TEMPO-INTERPRETER vorgenommenen Einstellungen (Modi INTERN, MTC und MANUELL).

Um Logic als Master zu konfigurieren und die entsprechenden Sync-Informationen senden zu lassen, müssen Sie in den projektbezogenen Einstellungen im MIDI-Tab einstellen, wohin (bzw. an welchen externen oder internen Port) Logic welche Synchronisationsinformationen sendet.

Wollen Sie Logic als Slave konfigurieren, stellen Sie als SYNC-MODUS MTC in den PROJEKTEINSTELLUNGEN ein oder klicken den SYNC-Button in der Steuerungsleiste (falls Sie konfiguriert haben, dass dieser angezeigt wird). Ein Klick auf den SYNC-Button schaltet die Sync-Einstellung in den PROJEKTEINSTELLUNGEN automatisch zwischen INTERN, MTC und MANUELL um (Abbildung 19.29). Sie können auch einen Shortcut für den Umschaltungsbefehl SYNC INTERN/EXTERN vergeben.

Abbildung 19.29 Interner Sync

MIDI Time Code sendet absolute Zeitpositionen in seinen Nachrichten. Auch bei Filmvertonungen mit mehreren Rechnern kommt diese Technik zum Einsatz.

Im MIDI-Tab der projektbezogenen Synchronisationseinstellungen stellen Sie ein, wohin Logic welche Synchronisationsinformationen sendet. Im AUDIO-Tab der projektbezogenen Synchronisationseinstellungen können Sie ergänzend Feinjustierungen für die Synchronisation vornehmen (siehe Abschnitt 3.4.2).

MIDI-Clock sendet keine absoluten Zeitinformationen, sondern Taktpositionen. Je feiner die Auflösung der MIDI-Clock auf beiden Seiten, desto genauer funktioniert das. Ist auf einer Seite einer beidseitigen Synchronisationskommunikation ein ungenaueres Auslesen möglich als auf der anderen, erfolgt eine automatische Umrechnung. Das ist alles andere als ein theoretisches Thema.

So wurde in neuen Versionen beispielsweise die MIDI-Clock von Traktor und Maschine (Programme der Firma Native Instruments) verbessert, um diese beiden Programme mit Hilfe eines internen MIDI-Busses live genauer synchronisieren zu können, was Performances möglich macht, die irgendwo zwischen DJ- und Live-Set liegen und sehr gefragt sind. Logic kann nur MIDI-Clock-Master sein, nicht -Slave.

MMC-Befehle (*MIDI Machine Control*) senden Transportfunktionen wie Start, Stopp und Zurückspulen sowie Track Arming (Scharfschaltung), und zwar auch unabhängig von den Clock-Einstellungen. Sie haben mit der Clock insofern nichts zu tun, als sie als Erweiterung von MTC zu verstehen sind, nicht von MIDI-Clock.

Logic erkennt die MMC-Funktionen *Play*, *Deferred Play* und *Stop*, falls eingestellt ist, dass es MMC am Eingang erkennen soll. Deferred Play ist eine Funktion, die z. B. mit Bandmaschinen benutzt wird. Hierbei muss eine SMPTE-Position erreicht werden, bevor die Wiedergabe gestartet wird.

19.7 Logic-Instrumente aus einem anderen Sequenzer oder von mehreren Musikern ansteuern und aufnehmen

Darüber hinaus kann es interessant sein, die Logic-Instrumente von einem anderen Rechner/Hauptsequenzer aus oder mit mehreren Keyboards wie externe Synths anzusteuern. Hierfür benötigen Sie die richtige MIDI-Verkabelung in der MIDI-UMGEBUNG. Dabei mehr als nur einen Klangerzeuger anzusteuern, ist gar nicht so einfach, weil Logic die eingehenden MIDI-Daten normalerweise immer auf die selektierte Sequenzerspur routet.

Wenn Sie gleichzeitig unterschiedliche Instrumente in Logic ansteuern wollen, so haben Sie zwei Möglichkeiten:

- Verkabeln Sie im physischen Eingang eingehende MIDI-Daten in der MIDI-UMGEBUNG am Sequenzereingang vorbei layerübergreifend mit ihren Zielobjekten (bzw. Zielinstrumenten). Hierdurch können mehrere Musiker verschiedene Instrumente, beispielsweise externe Keyboards, gleichzeitig spielen. Die Noten können nun allerdings nicht mehr im Sequenzer aufgenommen werden, es sei denn, Sie routen sie von den empfangenden Instrumenten zurück an den Sequenzereingang (Objekt EINGANGSNOTEN). Dabei können Sie allerdings im Sequenzer nur auf eine oder mehrere Spuren alles gleichzeitig aufnehmen. Sie können jedoch als Workaround in der MIDI-UMGEBUNG Transformer, die z. B. individuelle MIDI-Kanäle zuweisen, zwischen Instrumente und Sequenzereingang verkabeln, um die von allen Instrumenten in den Sequenzereingang gerouteten MIDI-Daten später auseinanderhalten zu können.

- Nutzen Sie unterschiedliche MIDI-Kanäle, um verschiedene Instrumente anzusteuern. Erzeugen Sie eine Spur mit einem Instrument, das *alle* MIDI-Kanäle empfängt, aufnimmt und selbst ein multitimbrales Instrumente ist (z. B. ein Spurstapel-Instrument, das mehrere Instrumente mit verschiedenen MIDI-Kanälen beherbergt, oder Kontakt) oder die MIDI-Daten durch eine Verkabelung in der MIDI-UMGEBUNG an Instrumente weiterleitet, die so auf unterschiedlichen MIDI-Kanälen angespielt werden können (Logic-Instrumente empfangen voreingestellt stets alle Kanäle).

Wenn Sie also so etwas scheinbar Einfaches wie die Aufnahme mehrerer Musiker mit mehreren Keyboards, die verschiedene Instrumente in Logic spielen, nicht so einfach hinbekommen, liegt das daran, dass das in Logic wirklich nicht gerade einfach ist, denn im Gegensatz zu anderen Sequenzern gibt es eben nicht *pro Spur* einen MIDI-Ein- und -Ausgang.

19.8 Logic und Maschine

Das populäre Plug-In *Maschine* von Native Instruments ist einerseits ein sehr einfaches, andererseits ein mitunter kompliziertes Programm, insbesondere wenn es um MIDI-Einbindung geht. Es erfährt zudem laufend Updates mit gravierenden Veränderungen. Maschine-Hardwarecontroller eignen sich in Verbindung mit Maschine nicht nur für Live-Acts, sondern können auch als Logic-Fernsteuerung dienen.

Sie können Maschine in Logic als Audio-Unit-Instrument oder auch als Audio-Unit-Effekt nutzen (und währenddessen in Maschine selbst z. B. auch VST-Plug-Ins laden). Es eignet sich gut als Ergänzung zu Logic Pro X, weil seine Stärke vor allem in einer großen Sound Library mit Einzelsounds besteht (was ein Manko in Logic ist), die stets durch neue Soundpacks in aktuellen Ästhetiken erweitert wird. Wesentlich unkomplizierter können Sie auf diese Sounds allerdings alternativ mit NIs Plug-In »Battery 4« zurückgreifen, dessen Browser ebenfalls die Library-Tags sämtlicher Maschine-Expansion-Packs erkennt (mehr hierzu in meinem Tutorial »Hands on Battery 4«).

Während die Einbindung von »Battery 4« in Logic relativ einfach funktioniert, ist es mit Maschine etwas komplizierter, denn Maschine hat eigentlich seinen eigenen Sequenzer. In Maschine können Sie Songs auf der Basis von Patterns erstellen. Es stehen Soundgruppen (*Groups*), Sounds und Patterns zur Verfügung. Diese können Sie in »Scenes« (Szenen) anordnen. Die Szenen können Sie wiederum zu einem Arrangement in Maschines internem Sequenzer zusammenfassen, live über dedizierte Pads oder, wie unten gezeigt, aus Logic mit MIDI-Befehlen aufrufen. Maschines Sequenzer läuft dabei grundsätzlich synchron zu Logics Sequenzer, wenn Maschine als Plug-In geladen ist. Die Frage ist, wie man das Zusammenspiel der beiden am besten organisiert.

19.8.1 Szenen aus Logic ansteuern

Szenen in Maschine lassen sich mit MIDI-Noten (beginnend mit der sehr tiefen Note C2 chromatisch aufwärts) oder Program-Change-Befehlen triggern, so dass Sie aus Logic heraus volle Kontrolle darüber behalten können, wann in Maschine welche Szene zu spielen beginnt. Diese Arbeitsweise ist sehr empfehlenswert, wenn Sie in Logic mit Maschine arbeiten.

Klicken Sie in Maschine oben auf das Zahnrädchen rechts neben dem Eintrag SYNC, und wählen Sie MIDI CHANGE, um in einen entsprechenden Dialog zu gelangen (Abbildung 19.30, Abbildung 19.31).

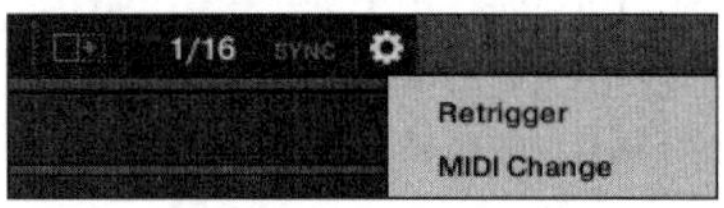

Abbildung 19.30 Einstellungsrädchen

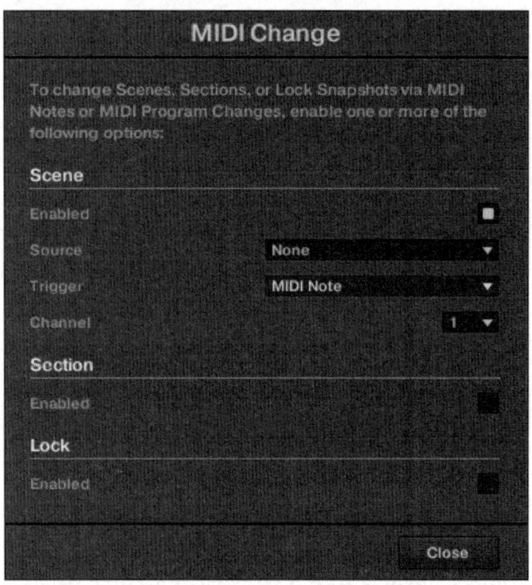

Abbildung 19.31 »MIDI Change«-Dialog

Das Häkchen unter RETRIGGER muss gesetzt sein, damit die Szenen von Anfang an neu gestartet werden, ansonsten springt Maschine an eine der zuvor laufenden Szene entsprechenden Taktposition in der neuen Szene.

Die Befehle zum Triggern von Szenen in Maschine (sowohl in Version 1 als auch in Version 2) sind allerdings nicht fest einer Note oder einem Program-Change-Befehl zugewiesen, sondern die Zuweisung entspricht der automatischen Nummerierung anhand der Anordnung der Szenen in Maschine. Wenn Sie Szenen in Maschines Sequenzer hinter oder vor andere Szenen verschieben oder einfügen, wählt der gleiche MIDI-Befehl in Logic anschließend eine andere Szene an!

Um sicherzustellen, dass stets die richtige Szene getriggert wird, sollten Sie die zusammengehörigen Szenen und MIDI-Befehle einheitlich benennen. Weil Sie den MIDI-Befehl selbst ja nicht benennen können, legen Sie ihn in Logic in eine Region, der Sie einen Namen geben (Abbildung 19.32). Auf diese Weise behalten Sie auch dann den Überblick, welche Maschine-Szene aus Logic angesteuert werden soll, wenn sich in Maschine einmal etwas verschiebt.

Abbildung 19.32 Noten in beschrifteten Logic-Regionen triggern Maschine-Szenen.

19.8.2 MIDI- und Audio-Pattern-Export von Maschine in Logic

Auch ein Audioexport per Drag & Drop von Patterns aus Maschine in Logic ist möglich (siehe Abbildung 19.33) und praktikabel.

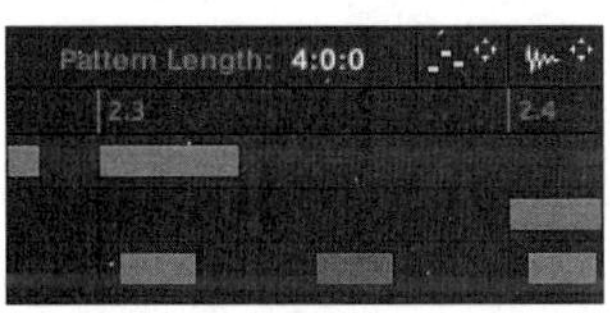

Abbildung 19.33 Drag-and-Drop-Handles für MIDI- und Audioexport in Maschine

Komplizierter ist es beim MIDI-Export von Patterns: Maschine erlaubt das Erstellen von Patterns auf der Basis von 16 Sounds in einer Gruppe. Diese 16 Sounds liegen jedoch nicht chromatisch auf jeweils einer Taste, sondern Sie können für jeden Sound das komplette Keyboard benutzen! Wollen Sie also Pattern-MIDI-Daten von Maschine in Logic übertragen, so ist das zwar per Drag & Drop möglich (siehe Abbildung 19.33), grundsätzlich können aber nur dann wirklich alle Daten des Patterns originalgetreu übertragen und später von Logic abgespielt werden, wenn für jeden Sound ein eigener MIDI-Kanal zur Verfügung steht (weil ja jeder Sound über die komplette Tastatur gespielt werden kann). Das bedeutet wiederum, dass es konsequent wäre, für jede Gruppe und jedes Pattern eine eigene multitimbrale Maschine-Plug-In-Instanz zu laden. Ausnahme: Sie konfigurieren Maschine so, dass es nur einen MIDI-Kanal pro Gruppe gibt. Dann funktioniert das Pattern-Drag-and-Drop entsprechend, und jeder Sound repräsentiert eine Taste auf dem Keyboard. Doch das ist nicht die Standard-Arbeitsweise von Maschine, und diese Konfiguration hinzubekommen ist auch nicht ganz einfach.

19.8.3 Sampling in Maschine

Wenn Sie Maschine als Insert-Effekt einfügen, können Sie auch das im Kanalzug anliegende Signal in Maschine sampeln.

Ansonsten verweise ich hier auf diverse »Hands On Maschine«-Video-Tutorials, die ich bis Version 2.4.5 für die Firma DVD-Lernkurs produziert habe und die online oder als DVD erhältlich sind. Via *heinerkruse.de* informiere ich Sie gegebenenfalls, wenn es etwas Neues gibt.

19.9 Logic und Kontakt

Kontakt ist ein professioneller Sampler von Native Instruments und kann als multitimbrales Instrument in Logic genutzt werden, da Sie es als Audio-Unit-Plug-In laden können. Kontakt ist schon lange auf dem Markt, wurde kontinuierlich weiterentwickelt und bietet detaillierte Sounddesignoptionen. Für mich ist Kontakt deshalb und aufgrund der Vielzahl der für Kontakt erhältlichen Soundinhalte das wichtigste Instrumenten-Plug-In beim Produzieren überhaupt. Ich sample meine sämtlichen Analog-Synths und Field-Recordings in Kontakt und baue daraus Instrumente.

Kontakt funktioniert auch standalone und kann dann über vier verschiedene MIDI-Ports jeweils 16 MIDI-Kanäle empfangen. Wenn Sie Kontakt als Plug-In in Logic und anderen Sequenzern laden, steht Ihnen dagegen nur ein einziger MIDI-Port mit seinen 16 Kanälen zur Verfügung. Allerdings können Sie ja so viele Kontakt-Instanzen laden, wie Sie möchten. Zudem können Sie natürlich mehr als 16 Instrumente in einer Kontakt-Instanz öffnen und mehrere Instrumente dem gleichen MIDI-Kanal zuweisen. Gegenüber dem *EXS24* bietet Kontakt folgende Vorteile, die seine Nutzung in Logic rechtfertigen:

- Samplezonen können in Gruppen zusammengefasst werden, für die sich individuelle Effekte und Modulationen einstellen lassen.
- Kontakt besitzt verschiedene Time-Stretching-Engines für Samples, mit denen Sie Samples in Echtzeit timestretchen.
- Kontakt kann Loops automatisch temposynchron spielen und slicen.
- Mehreren Instrumenten kann derselbe MIDI-Kanal zugewiesen werden, um die Instrumente zu layern.
- Sie können mehrere Instrumente mit verschiedenen MIDI-Kanälen in eine Kontakt-Instanz laden und sie wie ein Musikerensemble mit mehreren Musikern anspielen.

- Es gibt für Kontakt viele spezialisierte Sound Libraries mit fantastischen Sounds aller Art von Native Instruments und Drittanbietern (z. B. *Output*, *Sonic Couture*, *Wave Alchemy*).
- Es gibt zahlreiche verschiedene Filtertypen.
- Zahlreiche Effekte stehen in Kontakt auf verschiedenen Sub-Ebenen (Gruppen-Inserts, Busse, Instrument-Sends, Instrument-Inserts) zur Verfügung und können mit den Instrumenten gespeichert werden.
- Für Modulationen stehen zusätzliche flexible Hüllkurven und Step-Sequenzer zur Verfügung.
- In Scripts können Akkordspeicher, Arpeggiator, Step-Sequenzer und vieles mehr für ein Instrument geladen werden. In einer eigenen Programmiersprache (*KSP*) können Hersteller eigene Skripte für ihre Instrumente (z. B. Streicher-Ensembles, die bestimmte Sequenzen spielen) inklusive individualisierter Grafik erstellen.

Abbildung 19.34 Kontakt mit vier geladenen Instrumenten

Sämtliche Inhalte Kontakts werden als Multi-Instrumente gespeichert (*.nkm*). Außerdem können Sie Instrumente (*.nki*), Bänke (*.nkb*) und Gruppen (*.nkg*) speichern. Bei einem monolithischen File werden ähnlich wie bei Logics Paketdateien sämtliche Inhalte in einer Paketdatei abgelegt. Ich empfehle, beim Speichern die Option PATCH & SAMPLES zu nutzen, so dass Kontakt sich beim Suchen von Samples von Apples Spotlight-Suchfunktion helfen lässt (Samples in monolithischen Dateien erkennt Spotlight nicht). Das funktioniert gut.

Ich empfehle außerdem, einen separaten Ordner für Kontakt-Inhalte in Ihrem Logic-Projektordner anzulegen.

Für mehr Details verweise ich auf ein ausführliches »Hands On Kontakt«-Video-Tutorial, das ich für die Firma *DVD-Lernkurs* produziert habe. Neuigkeiten zu diesem Thema werde ich ebenfalls gegebenenfalls unter *heinerkruse.de* bekanntgeben.

19.10 ReCycle

ReCycle ist (neben dem teureren und für das reine Rex-File-Editing nicht ganz so komfortablen »Reason« von Propellerhead) das einzige Programm, das Rex-Files erstellt. Logic bietet eine Vielzahl von Möglichkeiten zur Integration von Rex-Files, die ich in Abschnitt 9.10.2 und Abschnitt 9.10.3 ausführlich erläutert habe.

Der Vorteil der Nutzung von Rex-Files ist zum einen, dass Sie die einmal geslicten Drumloops in vielen Programmen verwenden können, weil die Rex-Files aller ReCycle-Versionen (*.rx2*, *.rcy*, *.rex* – V1 war noch mono) von den meisten Programmen und Samplern gelesen werden können, z. B. von Logic, Cubase, Reason, Pro Tools, Ableton Live, Maschine, Kontakt, Battery und auch vom *EXS24*. Zum anderen ist der Editiervorgang in ReCycle inklusive der genauen Bestimmung und des Vorhören einzelner Slices etwas komfortabler als in Logic.

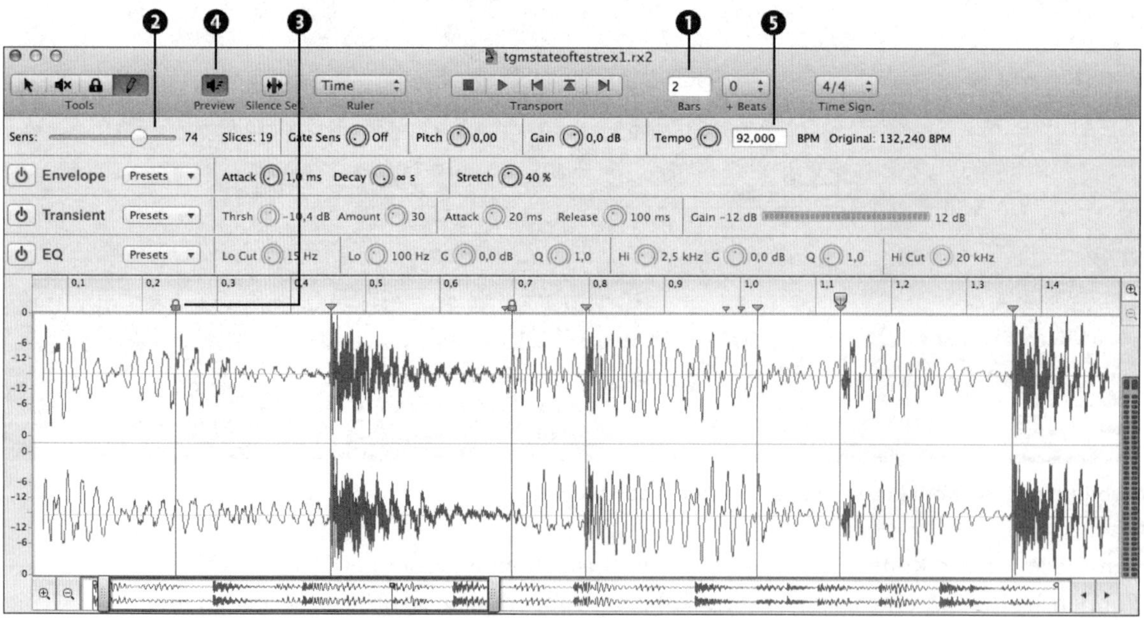

Abbildung 19.35 Ein geladener Drumloop in ReCycle

In ReCycle müssen Sie dem Programm im Eintrag BARS ❶ (Abbildung 19.35) die Taktlänge mitteilen. Wie viele Transienten erkannt werden, entscheidet der SENS(ITIVIY)-Slider ❷. Slice-Marker ❸ werden mit den Werkzeugen hinzugefügt oder entfernt. Nicht verriegelte Slice-Marker verschwinden wieder, wenn Sie die Sensitivity herunterdrehen. Slices lassen sich (per Mausklick) einzeln vorhören. Ist Preview Toggle ❹ an (der PREVIEW-Button in Abbildung 19.35 ist gedrückt), können Sie ein Vorhörtempo einstellen. Stellen Sie dieses deutlich niedriger ein als das durch die Taktlänge ermittelte Tempo (im Bild 92 statt 132,24 ❺), können Sie gut (und besser als in Logic) prüfen, ob Sie gut geschnitten/geslict haben.

Ein gespeichertes Rex-File enthält dann sowohl die Slices als auch die MIDI-Region. Beides können Sie beim Import extrahieren.

19.11 Audio Hijack und Piezo: Sampling von Computerprogrammen

Audio Hijack und *Piezo* (ein einfacheres Programm mit weniger Features) von der Firma Rogue Amoeba können schnell Audio von auf dem Rechner laufenden Programmen absampeln oder Audio von externen Klangquellen aufnehmen. Eine Besonderheit von Audio Hijack ist, dass es auch in der Lage ist, direkt in das Format MP3 oder AAC/M4A aufzunehmen. Es ist eigentlich als Programm für Radiomitschnitte konzipiert, doch eignet es sich auch gut zum Sampling oder zum Digitalisieren von Kassetten oder Schallplatten. Abzusampelnde Programme können übrigens auch Browser wie Safari oder Firefox sein.

Audio Hijack kann normalerweise jedes Programm sofort absampeln. Manchmal muss man das zu sampelnde Programm allerdings neu starten, falls man Audio Hijack erst danach gestartet hat.

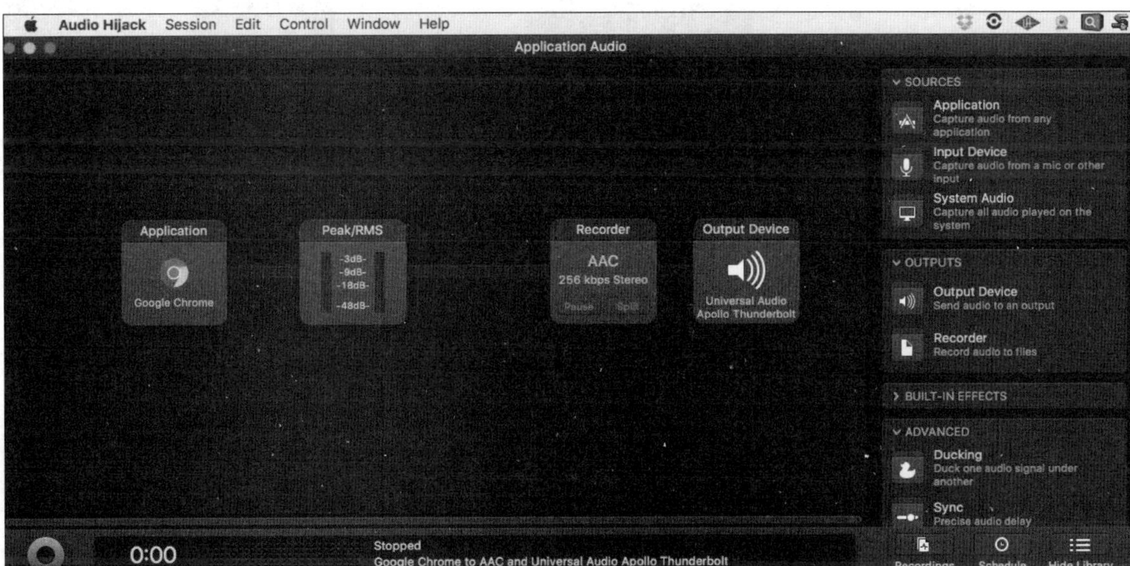

Abbildung 19.36 Audio Hiijack

Da Audio Hijack vor allem auf Radiomitschnitte ausgelegt ist, gibt es eine voll funktionsfähige Demoversion, die nach 10 Minuten anfängt zu rauschen. Zum Sampling ist das allerdings genug Zeit ...

19.12 TwistedWave

In Abschnitt 8.3 habe ich bereits die Einbindung eines externen Audiodateieditors in den Logic-Workflow behandelt, das hierfür meiner Meinung nach recht gut geeignete Programm *TwistedWave* als Audio-Editor stelle ich hier kurz vor.

TwistedWave (Abbildung 19.37) ist ein zuverlässig funktionierender Audiodateieditor, den ich als Ergänzung zu Logic empfehle. Zudem habe ich auf meinem System TwistedWave als Standardprogramm definiert, das sich nach einem Doppelklick auf Audiofiles öffnet (im Informationsfenster, das Sie mit [cmd] + [I] aufrufen).

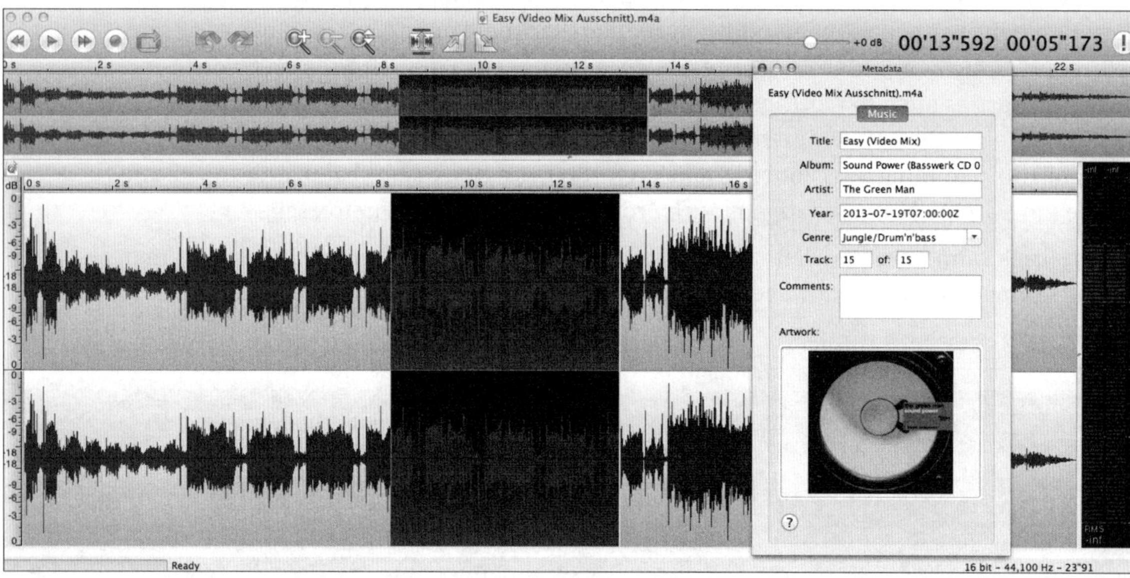

Abbildung 19.37 TwistedWave

Der Hauptgrund für mich, TwistedWave zu benutzen, ist, dass es sich und die zu bearbeitenden Audiodateien sehr schnell öffnet – auch dann, wenn viele Plug-Ins installiert sind. TwistedWave kann außerdem MP3- und M4A-Files direkt und ohne Konvertierung öffnen und anschließend bearbeiten, schnell schneiden, Geschnittenes wieder speichern oder auch konvertieren.

Effekt-Plug-Ins können in Audiofiles hineingerechnet werden, inklusive eines eventuellen Hallausklangs. Dabei ist es auch möglich, Effekt-Stacks mit Kombinationen von Effekten anzulegen oder Batch-Operationen/Stapelverarbeitung auszuführen. Auch Metadaten können geschrieben werden, nicht nur für MP3- und M4A-Dateien, sondern sogar in den Formaten Broadcast Wave und Soundminer. Damit können Sounds mit detaillierten Informationen (z. B. über die Aufnahmesituation) getaggt werden. TwistedWave ist allerdings nicht zum Mastering einer CD oder für die Erstellung von DDPs vorgesehen.

19.13 Sample-Management mit Samplism und Audio Finder

Die Programme *Samplism* und *Audio Finder* bieten interessante Optionen zum Management von großen Samplebeständen. Dabei können auch *.rex*-Files schnell vorgehört und von Samplism sogar in Apple Loops umgewandelt werden.

19.14 MIDI über WLAN senden, iOS-Geräte verbinden

Sie können über WLAN drahtlose MIDI-Verbindungen herstellen, z. B. zu einem anderen Mac oder einem iOS-Gerät. Hierzu müssen zunächst beide Geräte mit demselben Netzwerk verbunden sein.

Anmerkung: Die in den Schritten unten genannten Aktionen wie Aktivierung oder Umbenennung von Sessions dauern gegebenenfalls etwas. Zudem habe ich die Erfahrung gemacht, dass solche Verbindungen nicht immer zuverlässig funktionieren. Falls Sie ein internes Netzwerk ohne Internetverbindung wählen (siehe auch Abschnitt 16.4 über Logic Remote), geht es eventuell etwas schneller. In manchen Fällen hilft auch ein Neustart der Verbindung, indem Sie diese deaktivieren und wieder aktivieren oder das Netzwerkfenster schließen und das NETZWERK-Icon im AUDIO-MIDI-SETUP anklicken, um das Fenster erneut zu öffnen.

Master

- Gehen Sie ins AUDIO-MIDI-SETUP (in das für MIDI relevante Fenster, das je nach System MIDI-STUDIO oder MIDI-FENSTER heißt), und klicken Sie auf das NETZWERK-Icon.
- Klicken Sie auf den +-Button unterhalb der Anzeige MEINE SESSIONS, um eine neue Session zu erzeugen (siehe Abbildung 19.38). Aktivieren Sie die Session, indem Sie ein Häkchen neben dem Eintrag setzen.
- Benennen Sie in den Feldern für die Namen für LOCAL und BONJOUR die Session um. Der BONJOUR-Name sollte den Namen Ihres Netzwerks entsprechen, den lokalen Namen können Sie frei vergeben (z. B. in »Wireless MIDI Master1«).
- Wählen Sie unten aus, wer sich verbinden darf (ALLE).
- Wenn Sie eine Verbindung zu einem iOS-Gerät herstellen möchten, sollte dieses unter VERZEICHNIS sichtbar werden. Klicken Sie dann auf VERBINDEN.

- Auf dem iOS-Gerät sollten Sie mit einer App arbeiten, die in der Lage ist, MIDI zu senden. Dies ist nicht bei allen Apps der Fall. Apps, bei denen dies funktioniert, sind beispielsweise »Pianist Pro« oder der Step-Sequenzer »Little MIDI Machine«. In »Pianist Pro« geschieht die Konfiguration automatisch, und Sie müssen auf dem iPad nichts weiter einstellen. In »Little MIDI Machine« müssen Sie in den Einstellungen konfigurieren, welche Step-Sequenz an das Netzwerk gesendet wird. Ich habe dies selbst mit meinem iPad ausprobiert, und es hat gut funktioniert.

Slave

- Gehen Sie ins AUDIO-MIDI-SETUP, und klicken Sie auf das NETZWERK-Icon.
- Klicken Sie auf den +-Button unterhalb der Anzeige MEINE SESSIONS. Aktivieren Sie sie, indem Sie ein Häkchen neben dem Eintrag setzen.
- Benennen Sie rechts in den Feldern LOKALER NAME UND BONJOUR-NAME die Session um (z. B. in »ipad« oder »Test 170818«).
- Wählen Sie aus, wer sich verbinden darf (ALLE).
- Klicken Sie auf VERBINDEN.

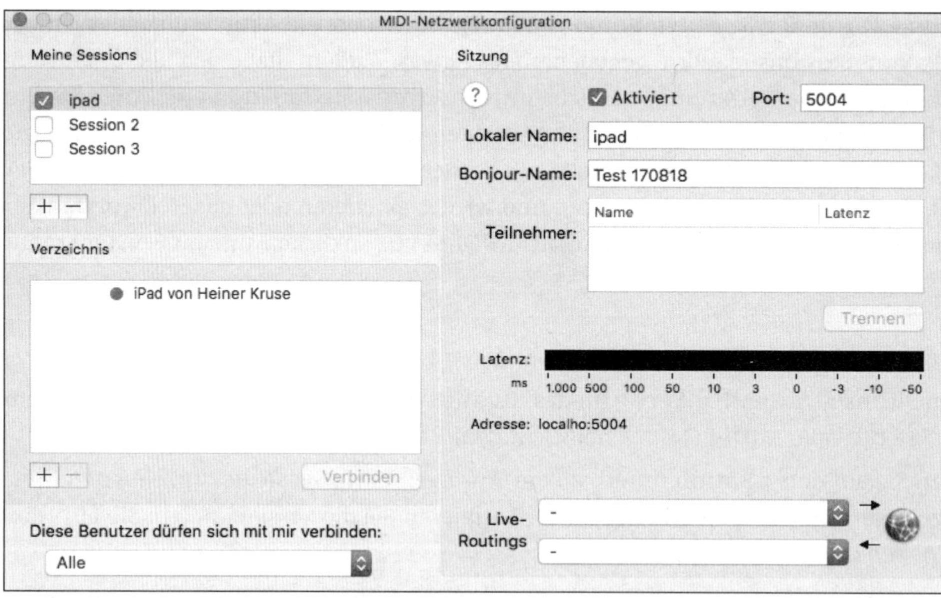

Abbildung 19.38 MIDI-Netzwerkkonfiguration

Konfigurieren Sie gegebenenfalls zusätzlich LIVE-ROUTINGS, und sorgen Sie dafür, dass keine Firewall- oder Router-Einstellungen einer Verbindung im Wege stehen.

Bluetooth- und Netzwerkverbindungen/iOS-Geräte per MIDI nutzen

Sie können laut Manual mit dem AUDIO-MIDI-SETUP auch Bluetooth-MIDI-Geräte nutzen und diese mit Ihrem Mac oder iOS-Gerät (mit mindestens iOS 8) verbinden, wenn der Mac bzw. das iOS 8-Gerät Bluetooth verwenden. Gegebenenfalls müssen Sie Bluetooth im iOS-Gerät (im Bereich EINSTELLUNGEN) oder am Mac (in der Bildschirmleiste ganz oben) aktivieren. Im Test hat das bei mir jedoch leider weder mit dem iPhone noch mit einem iPad funktioniert.

Bluetooth-MIDI-Verbindungen funktionieren laut Handbuch für Macs und iOS-Geräte in beide Richtungen.

19.15 iOS-Apps als Plug-In in Logic einbinden

Für iOS-Geräte gibt es die Apps *Midimux* und *Studiomux* des Drittherstellers AppBC, mit denen Sie MIDI- und Audio-Verbindungen via Kabel realisieren. Auf diese Weise wird es möglich, iOS-Apps über ein auf dem Mac zu installierendes Plug-In in Logic einzubinden, was jedoch MIDI- und Audio-Konfigurationsaufwand bedeutet. Alternativ gibt es das Programm *MusicIO* von PowerTrio.

Kapitel 20

Fehler, Workarounds, Problemlösungen

In diesem Kapitel spreche ich – ergänzend – mögliche Probleme an und zeige die manchmal etwas versteckten Lösungen auf. Manchmal gibt es mehrere mögliche Gründe für ein Problem, in anderen Fällen handelt es sich um Bugs. Manche Dinge ändern sich auch bei kleinen Versionsupdates.

Viele Problemlösungen finden Sie nicht hier, sondern im zum jeweiligen Thema gehörenden Abschnitt. Die betreffenden Abschnitte sollten Sie also immer zuerst lesen, bevor Sie hier in Kapitel 20 suchen, das zudem keinen Anspruch auf Vollständigkeit erhebt. Bezüglich hier gelisteter Bugs ist zudem weder sicher, dass sie in neueren Versionen behoben oder noch da sind, noch dass alle Leser auch mit der neuesten Version arbeiten.

Es kommt außerdem vor, dass Funktionen manchmal reibungslos funktionieren und ein anderes Mal nicht. Ein Neustart von Logic oder des Rechners, ein An- und Abklemmen des Audiointerface (insbesondere wenn es ein USB 2 Interface ist) oder ein probeweises Öffnen eines neuen Projekts, um zu prüfen, ob der Fehler mit der Projektdatei zusammenhängt, helfen manchmal weiter. Sie können zudem über den entsprechenden Eintrag LOGIC PRO X • LOGIC PRO FEEDBACK SENDEN Ihre Gedanken an Apple schicken – das mache ich auch manchmal.

Versuchen Sie zuerst selbst, Fehler aufzuspüren, indem Sie sich selbst wichtige Fragen in der richtigen Reihenfolge stellen. Das gilt besonders bei Dingen wie: »Ich höre keinen Sound.« Insbesondere für Einsteiger sind Bugs in einem Programm etwas wirklich Schreckliches, denn im Vergleich zu Profis können Anfänger weniger sicher sein, selbst alles richtig gemacht zu haben. Oft liegt der Fehler beim User – aber nicht immer.

Die Politik vieler Softwarehersteller macht es oft nicht einfacher: Über Fehler und Bugs wird meist erst dann gesprochen, wenn sie behoben sind. Allerdings war Apples Updatepolitik mit Logic Pro X wirklich lobenswert: Es gab viele kleine Updates, die größtenteils Verbesserungen brachten.

Viele professionelle Musikproduzenten scheuen vor Updates zurück – nach dem Motto: »Never touch a running system.« Aber vor einem Logic-Update können Sie ja immer die Programmdatei kopieren, um auf die neue und alte Version gleichzeitig zurückgreifen zu können.

Zunächst bespreche ich Mac-bezogene Probleme, dann Logic-Pro-X-bezogene Probleme.

20.1 Lösungen für Mac-Probleme

Im Folgenden geht es um Mac-spezifische Probleme.

20.1.1 Verhalten von Maus und Trackpad

Scrollrichtung

Im Fenster SYSTEMEINSTELLUNGEN finden Sie eine Schaltfläche namens TRACKPAD, mit der Sie die Richtung, in die Sie mit der Maus scrollen, ändern.

Mission Control, Dashboard

Falls Ihr Mac-Bildschirm merkwürdige Ansichten produziert, Fenster sich ausblenden und Sie nicht wissen, warum (beispielsweise wenn Sie die Maus in eine Ecke des Bildschirms gezogen haben), dann schauen Sie in den Systemeinstellungen unter MISSION CONTROL nach. Dort findet sich auch ein Button namens AKTIVE ECKEN, wo Sie nachschauen sollten, ob die Bewegung der Maus in eine Ecke voreingestellt irgendetwas auslöst.

20.1.2 Audioausgabe

Kein Sound/ausgegrauter Lautsprecher

Problem: Obwohl im AUDIO-MIDI-SETUP das richtige Interface für die Soundausgabe ausgewählt ist, ist nichts zu hören, und das Lautsprechersymbol zur Regelung der Ausgangslautstärke ist ausgegraut.

Lösungsvorschlag: Stecken Sie einen Kopfhörer in Ihren Audioausgang und ziehen ihn gegebenenfalls wieder heraus, um das interne Audiosystem zu »resetten«. Auch

- ein Abziehen und Wiederanstecken eines angeschlossenen Audiointerface oder
- eine neue Auswahl des Interfaces unter LOGIC PRO X • EINSTELLUNGEN • AUDIO • GERÄTE
- oder ein Computerneustart

können helfen.

20.1.3 Wie formatiere ich eine Festplatte für den Gebrauch mit einem Mac?

Nutzen Sie hierfür das Festplatten-Dienstprogramm. Dort stehen Ihnen verschiedene Optionen zur Verfügung. Bedenken Sie, dass bestimmte Windows-Festplattenformate wie NTFS vom Mac normalerweise gelesen, aber nicht beschrieben werden können. Es gibt auf dem Markt aber Hilfsprogramme, mit Hilfe derer auch NTFS-formatierte Platten auf dem Mac beschrieben werden können. Ab macOS 10.13 hat Apple zudem ein neues Dateiformat namens *APFS* (*Apple File System*) eingeführt, das von älteren Systemen nicht gelesen werden kann. In macOS 10.13 kann aber auch das Standard Mac-Festplattendateiformat *OS X/MacOS Extended* genutzt werden.

20.1.4 Korrupte Festplatten reparieren

Für die Reparatur korrupter Festplatten, die z. B. nur mit Verzögerung mounten und nicht mehr beschrieben, sondern nur noch gelesen werden können, empfehle ich Alsoft Disk Warrior. Das Programm lässt sich zwar altmodischerweise nur in den USA bestellen – trotzdem funktioniert es recht gut.

20.1.5 Sichtbarkeit der User-Library

Der Ordner *Library* im Benutzerordner ist beim Mac von Haus aus seit Mac OS X 10.7 unsichtbar. Wenn Sie mit gedrückter `alt`-Taste auf das Finder-Menü GEHE ZU klicken und die Maustaste festhalten, sehen Sie im aufspringenden Menü auch den *Library*-Ordner (weitere Informationen in Abschnitt 3.2 über Logic-Inhalte).

20.2 Logic-bezogene Problemlösungen

Im Folgenden beschäftigen wir uns mit Logic-spezifischen Problemen.

20.2.1 Ich habe Logic geöffnet, aber nichts passiert

Stellen Sie durch Klick auf das Logic-Symbol im Dock oder durch den Shortcut `cmd` + `⇥` und anschließendes Auswählen des Logic-Symbols sicher, dass Logic das Programm im Vordergrund ist. Danach sehen Sie oben rechts neben dem Apfelsymbol auch den Eintrag LOGIC PRO X. Nun können Sie daneben unter ABLAGE • NEU ein neues Projekt erstellen.

20.2.2 Ich spiele auf einem angeschlossenen Keyboard, aber nichts passiert

Das kann viele Gründe haben. Überprüfen Sie auf jeden Fall Audio- und MIDI-Verbindungen – und ob Ihr Soundverstärker aktiv und aufgedreht ist etc. Hier noch zwei Spezialfälle:

- Falls in der MIDI-UMGEBUNG im Layer KLICK & PORT keine Verbindung zwischen dem physischen Eingang und dem Sequenzereingang besteht (z. B. weil das Kabel versehentlich gelöscht wurde), kann Logic trotz ansonsten richtiger Konfiguration kein MIDI mehr empfangen.
- Bei der Nutzung mancher Drittanbieter-Instrumente in Logic (z. B. *NI Reaktor*) kann es vorkommen, dass die Audio-Engine »hängt« und Sie eine neue Instrumentenspur mit einem einfachen *Vintage E-Piano* öffnen und anspielen müssen – und danach funktioniert es wieder.

20.2.3 Mein Audiointerface gibt keinen Sound aus, oder Plug-Ins laden nicht

Zuerst sollten Sie alle anderen Fehlerquellen ausschließen. Kommt MIDI bei Logic an, gibt Logic visuell im Master-Kanalzug Sound aus? Ist an Ihrem Mischpult oder Verstärker alles richtig eingestellt?

Manchmal ist es problematisch, ältere USB-1.0- oder USB-2.0-Interfaces an USB-3.0-Anschlüsse anzuschließen, und Sie können das Problem lösen, indem Sie einen USB-2.0-Hub an den USB-3.0-Anschluss des Computers stecken und das Audiointerface an den USB-2.0-Hub anschließen (am besten mit eigener Stromversorgung, auch wenn das nicht immer nötig ist).

Wenn ihr Audiointerface in Logics Geräteauswahl in Klammern aufgelistet ist, heißt das, dass es gerade *nicht* erkannt wurde. Es kommt vor, dass ein Audiointerface in Klammern aufgelistet wird, wenn es zuletzt benutzt wurde und nun nicht mehr verfügbar ist. Wählen Sie alternativ ein anderes, verfügbares Audiointerface aus – oder schließen Sie das fehlende Audiointerface erneut an.

Wenn Sie Ihr Audiointerface ausgewählt, das Häkchen bei CORE AUDIO aus Abbildung 20.1 aber nicht gesetzt haben, so hören Sie ebenfalls nichts.

Abbildung 20.1 Häkchen zum Aktivieren von »Core Audio«

In diesem Fall können auch keine Plug-Ins mehr in Audiokanäle geladen werden, weil das komplette Audiosystem inaktiv ist (siehe Abbildung 20.2).

Abbildung 20.2 Inaktives Plug-In

Ansonsten lautet die einfachste Lösung: Trennen Sie die Verbindung zu Ihrem Audiointerface, und warten Sie einen Moment. Falls Ihr Audiointerface eine eigene Stromversorgung hat, trennen Sie diese ebenfalls und starten Ihr Audiointerface neu. Falls Logic Ihnen mitteilt, dass das Audiointerface entfernt wurde, und vorschlägt, stattdessen die Ein- und Ausgänge des Computers zu benutzen, stimmen Sie zu. Schließen Sie Ihr Audiointerface wieder an. Geben Sie hierbei gegebenenfalls Logic genug Zeit, das Gerät neu zu finden und Core Audio neu zu initialisieren.

Manchmal hilft auch ein Programmneustart von Logic. Bei mir war das ab und zu erforderlich, wenn ich ein Thunderbolt-Interface entfernt hatte; ohne Neustart wurde manchmal kein neues Interface erkannt.

20.2.4 Probleme beim Öffnen eines Projekts

Wenn beim Laden zuvor benutzter Projekte bestimmte Dateien nicht gefunden werden, gibt es verschiedene Optionen, die ich in Abschnitt 8.1.9 erläutert habe, wo es unter anderem um die Vorgehensweise bei nicht gefundenen Dateien geht.

Wenn beim Starten des Projekts ein Plug-In nicht geladen werden kann und sich hierdurch das ganze Projekt nicht mehr öffnen lässt oder Logic abstürzt, gibt es einen Workaround. So etwas kann z. B. passieren, wenn Sie ein Plug-In verwenden, das eine Autorisation via iLok oder eLicenser benötigt und Sie iLok oder eLicenser gerade nicht zur Hand haben. Ich empfehle in so einem Fall die temporäre Deaktivierung der Core-Audio-Funktion in den allgemeinen EINSTELLUNGEN • AUDIO • GERÄTE (siehe Abbildung 20.1.) Hierdurch wird Logics Audiofunktion deaktiviert, und es werden überhaupt keine Plug-Ins geladen. Stattdessen erscheinen diese als »fehlend« und sind im Kanalzug mit einem Ausrufezeichen markiert (Abbildung 20.2). Nun können Sie das Projekt in der Regel öffnen, das kritische Plug-In aus dem Kanalzug entfernen und anschließend Core Audio und das Projekt neu starten.

20.2.5 Inhalte fehlen, obwohl Logic mitteilt, dass alle Inhalte geladen sind

Im Internet haben mehrere User von solchen Problemen berichtet. Auch wenn angezeigt wird, dass alles geladen wurde, ist es dennoch in der Regel möglich, bestimmte Pakete zu selektieren und noch einmal neu zu laden, so dass sie anschließend ganz sicher vorhanden sind. Wenn Sie ein Projekt laden, bei dem Inhalte fehlen, bietet Logic in der Regel an, diese automatisch nachzuladen. Auch beim Öffnen von in GarageBand iOS erstellten Projekten musste Logic auf meinem System trotz eines komplett installierten Logics neue Inhalte aus dem Internet nachladen. Grund: Manche Inhalte stammen von GarageBand, wie z. B. einige neue Dubstep-Loops. Diese wurden in Logic als fehlend angezeigt, ich konnte sie aber nur via GarageBand laden (und zwar im Loop Browser über den Download-Button).

20.2.6 Synchronisationsprobleme von MIDI und Audio

Das Timing der Soundausgabe in Logic hängt von der Latenz bzw. Puffergröße ab, während der externe Klangerzeuger vor allem durch die langsame Übertragung von MIDI-Daten seinen Sound eventuell leicht verzögert ausgibt. Diese letztgenannte Verzögerung ist aber nicht konstant, denn je mehr MIDI-Daten gesendet werden müssen, desto größer kann sie werden. Das betrifft dann die Synchronisation von MIDI und Audio. Hierbei kommen Sounds, die zusammengemischt werden, ja einerseits aus Logic, andererseits aus einem externen Klangerzeuger. Wenn MIDI-Daten an Software-Instrumente gesendet werden, geht es in der Regel etwas schneller, als wenn sie zu einem Hardware-Synth gelangen müssen.

Meine Erfahrung aus der Vergangenheit ist, dass es bei der Arbeit an einem komplexen Projekt über Stunden oder Tage sehr schwierig sein kann, beispielsweise Drums aus dem Computer und eine präzise $\frac{1}{16}$-Hi-Hat aus einem externen Klangerzeuger zusammenzumischen.

Wenn Sie es geschafft haben, dass beides zusammen richtig gut klingt, kann es sein, dass am nächsten Tag, beim nächsten Öffnen des Songs oder nach einiger Zeit intensiven Weiterarbeitens das Timing wieder leicht versetzt ist.

Das Problem kann an einer größeren zu sendenden MIDI-Datenmenge liegen, an Ihren Ohren – oder auch an einem leicht abweichenden Verhalten der Soundkarte; das Problem ist schwer zu isolieren. Meist handelt es sich zwar nur um minimale Timingschwankungen, diese stören aber in der Regel bei anderen Sounds deutlich weniger – wenn beispielsweise ein Bass aus einem externen Synth und die Beats aus dem Computer kommen (weil Timingungenauigkeiten bei einer Bassline etwas weniger auffallen als bei einer Hi-Hat).

Wenn Sie andererseits MIDI ausschließlich an externe Klangerzeuger senden, taucht das Problem in der Regel nicht auf. Allenfalls holpern die gespielten Noten bei zu großen zu sendenden MIDI-Datenmengen etwas, was fast schon natürlich klingen kann.

Umgekehrt ist ein sehr tightes Timing zu erwarten, wenn Sie MIDI nur an interne Klangerzeuger senden. Signifikante Latenzprobleme bei Produktionen »in the Box« sind mir nur sehr selten begegnet, wenn, dann eher temporär.

Zudem laufen bei mir neue Versionen stabiler als alte Logic-Versionen, und ich habe diese Problematik lange nicht mehr gehabt, weil ich MIDI-Spuren stets als Audio in Logic aufgenommen und damit weitergearbeitet habe.

20.2.7 MIDI-Fehlersuche

Bei der Lösung von Problemen sollten Sie sich immer eine richtige Reihenfolge überlegen, in der Sie Fehler suchen. Überprüfen Sie den Daten- oder Signalfluss von der Quelle bis zum Ziel.

- Beispiel 1: Sie sitzen vor Logic und hören nichts. Prüfen Sie mit Hilfe der MIDI-Aktivitätsanzeige zuerst, ob überhaupt MIDI-Daten in Logic ankommen.
- Beispiel 2: Eine gespielte Note geht nicht aus, z. B. in Verbindung mit der MUSIK-TASTATUR, wenn diese geschlossen wird, ohne ein Note Off übertragen zu haben. Der Note-Off-Befehl ist also offensichtlich nicht angekommen. Doppelklicken Sie zweimal auf das Fenster MIDI-AKTIVITÄTSANZEIGE für einen Reset.
- Beispiel 3: Es soll eine externe MIDI-Spur erzeugt werden. Ziel ist es, den Klangerzeuger über ein MIDI-Keyboard anzusteuern und zu hören. Stimmen Port und MIDI-Kanal des externen Klangerzeugers mit denen der sendenden Spur in Logic überein? Wenn kein Sound zu hören ist, überprüfen Sie, ob MIDI-Steuerdaten beim Klangerzeuger ankommen (was dort oft an einer kleinen LED oder Anzeige zu erkennen ist). Ist das der Fall, schauen Sie nach, ob die Audiosignalkette richtig eingestellt ist. Falls Sie nicht sicher sind, ob Sie MIDI richtig an den Klangerzeuger routen, können Sie auch versuchen, einen Demosong am externen Klangerzeuger auszulösen, um zumindest die Audiosignalführung zu testen.

20.2.8 Aufnahme in Logic ist nicht möglich

Ein möglicher Grund ist ein unter Ablage • Projekteinstellungen • Aufnahme eingestellter Aufnahmepfad, dessen Zugriffsrechte eine Aufnahme nicht erlauben.

Wenn Sie eine Drummer-Spur erstellt haben, ist diese nicht für die Aufnahme vorgesehen. Nutzen Sie stattdessen eine neue Software-Instrumentspur mit dem gleichen Drumkit. Auch Aux-Kanäle, die in Spurstapeln enthalten sind, haben keinen Record-Button.

20.2.9 Ich höre keinen eingehenden Sound, obwohl mein Audiokanal scharfgeschaltet ist/Input-Monitoring-Probleme

Schlagen Sie in Kapitel 5 über die Aufnahme im Allgemeinen und Audioaufnahme im Speziellen nach, was Sie sonst noch alles hierfür beachten und einstellen müssen. Wenn Sie sicher sind, alles richtig gemacht zu haben, kann ich hier von folgender Erfahrung berichten: Deaktivieren Sie folgende zwei Optionen in den Einstellungen unter Audio • Allgemein (früher unter Geräte): Eingang-Monitoring nur für ausgewählte Spur sowie für Spuren, die für die Aufnahme aktiviert sind sowie Unabhängiger Monitoring-Pegel für Channel-Strips, die für die Aufnahme aktiviert sind (wie in Abbildung 20.3). Dann geht es meistens. Ansonsten konnte ich teilweise in Logic Pro X das Eingangssignal nur dann live mithören, wenn ich im entsprechenden Kanalzug den Input-Button aktivierte.

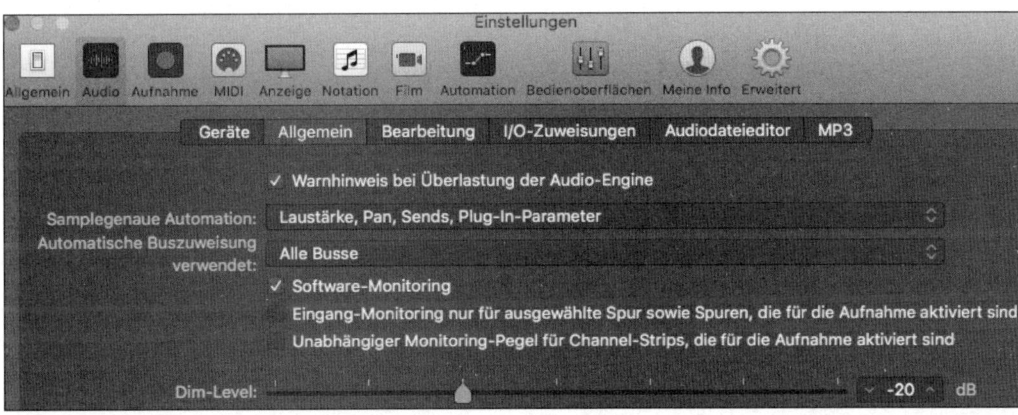

Abbildung 20.3 Die weiteren Input-Monitoring-Einstellungen in den allgemeinen Einstellungen

20.2.10 Ich höre etwas, obwohl ich nichts hören sollte

Die grafische Darstellung der Stummschaltung von Regionen ist manchmal irreführend. Manchmal scheint nichts zu spielen, trotzdem ist was zu hören. Im Beispielprojekt *20snaretoomuch* hören Sie trotz ausgegrauter Region eine Snare. Das liegt daran, dass diese aus einem Einzel-Output herauskommt, es ist ja nur der Audiokanal des Instruments stummgeschaltet, nicht aber der zusätzliche Einzel-Output.

20.2.11 Hilfe, mein Logic sieht aus wie GarageBand, bestimmte Funktionen und Buttons (z. B. Edit-Button im »EXS24«) fehlen

Aktivieren Sie alle erweiterten Werkzeuge unter Logic Pro X • Einstellungen • Erweiterte Werkzeuge.

20.2.12 Mein iPad mit Logic Remote verbindet sich nicht automatisch mit Logic

Lesen Sie die Ausführungen in Abschnitt 16.4 über Logic Remote.

- Sind iPad und Mac beide mit demselben Netzwerk verbunden? Haben Sie versucht, ein eigenes Netzwerk anzulegen (wodurch Verbindungen oft besser funktionieren)?
- Haben Sie in den Systemeinstellungen im Bereich Sicherheit eine Firewall aktiviert? Wenn ja, schalten Sie sie aus.
- Ist auf dem Mac oder auf dem iPad eine andere App aktiv (wie z. B. TouchAble, TouchOSC), die ebenfalls versucht, eine Verbindung zu etablieren?
- Haben Sie in Logic bereits eine andere Bedienoberfläche konfiguriert?
- Versuchen Sie, diese beiden Programme zum ersten Mal zu verbinden? Wenn ja, müssen Sie die Verbindung auf dem Mac in einem kurzen Bestätigungsdialog erlauben.
- Haben Sie schon einmal versucht, Ihre Logic-Remote-App auf dem iPad neu zu starten?

20.2.13 Probleme bei der Quantisierung

Wenn eine MIDI-Region auf einem ungeraden Takt beginnt, quantisierte Logic in früheren Versionen relativ zum eingestellten Raster. Das ist mittlerweile nicht mehr so.

Falls Sie noch eine ältere Version benutzen, kann die Nutzung der Funktion Quantisierung dauerhaft anwenden (z. B. im Menü Funktionen/MIDI-Regionparameter `ctrl` + `Q`) helfen. Mit dieser Funktion wird eine angewendete (und eventuell nicht ganz wie gewünscht funktionierende) Quantisierung in die Region eingerechnet.

20.2.14 Audio-Edits: »Flex Pitch« und Flex Time

Bei der Arbeit mit Flex Pitch und Flex Time können einige Probleme auftauchen, die ich in den zugehörigen Abschnitten in Kapitel 9, »Timing, Tempo, Tuning, Groove«, behandele. Auch das Zurücksetzen oder Löschen der Flex-Marker funktioniert nicht immer wie erwartet. Eventuell hilft es, eine Region, bei der sich Flex unerwartet verhält, bei deaktiviertem Flex-Mode neu zu bouncen und Flex frisch erstmalig zu aktivieren. In Logic Pro X scheinen zudem manchmal – insbesondere, aber nicht nur am Regionsende – bestimmte Positionen des Audiofiles beim Flex-Editing nicht mitzurutschen und verhalten sich, als ob zusätzliche Flex-Marker aktiv wären.

20.2.15 Probleme mit Apple Loops

Beim Duplizieren von Spuren, beim Editieren von Transienten oder beim einfachen Verwenden von Apple Loops habe ich Unregelmäßigkeiten wie unerklärliches, bruchstückhaftes Abspielen oder plötzliche Verlängerungen der Regionslängen bemerkt. Erzeugen Sie dann neue Spuren *nicht* via SPUR DUPLIZIEREN, sondern legen Sie manuell eine neue Spur an (und laden das gewünschte Patch neu). Probieren Sie alternativ, das Apple-Loop-File in ein neues, eigenständiges *.aiff*-File zu konvertieren. Auch wenn Sie einen Apple Loop in ein Sample-Instrument konvertieren wollen, wandeln Sie ihn zur Sicherheit in eine neue, unabhängige Datei im *.aif*-Format um. Aber Vorsicht: Wenn Sie Apple Loops aus Spurstapel- oder multitimbralen Instrumenten erzeugen, kann der Loop im Loop-Browser, auf einer Instrumentenspur und auf einer Audiospur jeweils anders klingen.

20.2.16 Spurstapel

Regionen auf Spurstapel-Spuren, die Inhalte der enthaltenen Spuren anzeigen, sind nicht mit Längen- oder Loop-Tools bearbeitbar, das ist »normal«, vergleiche Abschnitt 6.7.12.

20.2.17 Probleme mit Automationsdaten

In immer seltener werdenden Fällen erhalten Sie unerwartete Ergebnisse beim Verschieben von Automationsdaten, z. B. wenn dort, wo Sie die Automation hinbewegen möchten, bereits Automationsdaten vorliegen. Ein Risikofaktor beim Verschieben von Automationsdaten in Logic ist der Umstand, dass Sie für denselben Channel-Strip mehrere Spuren oder neuerdings auch Spuralternativen anlegen können, dabei aber die gleiche Automation auf beiden Spuren verwendet wird.

Dafür können sich nun spur- und regionsbezogene Automationen in die Quere kommen. Alte Projekte können sich zudem anders anhören, weil die Voreinstellungen für samplegenaue Automation geändert wurden.

Leider sind die Einstellungen für Automation beim Stand der Drucklegung auf unterschiedlichste Menüs verteilt:

1. EINSTELLUNGEN • AUTOMATION
2. EINSTELLUNGEN • AUDIO • ALLGEMEIN
3. PROJEKTEINSTELLUNGEN • ALLGEMEIN
4. MENÜ EINRASTEN

20.2.18 Controller-Zuweisungen

Oft sind Bedienungsfehler und Kleinigkeiten, die Sie übersehen haben, die Ursache, wenn Controller-Zuweisungen nicht funktionieren. Insbesondere die Zuweisung von Automation

Quick Access (die ja automatisch immer neue temporäre Zuweisungen vornimmt) kann mit anderen Zuweisungen konkurrieren und für ein Durcheinander sorgen. Ich empfehle die Nutzung von Automation Quick Access im Zusammenhang mit Controller-Fernsteuerungen entweder gar nicht – oder ausschließlich.

20.2.19 Sonstige Bugs oder problematisches Verhalten

Folgendes unerwartete Verhalten von Logic ist mir begegnet oder wurde mir von anderen Usern angetragen:

- Nach dem Speichern oder Kopieren von *.exs*-Instrumenten, dem Umwandeln in eine Sampler-Spur oder nach einem ReCycle-Datei-Import werden manchmal unerklärlicherweise Dateien oder Sampler-Instrumente nicht gefunden. Machen Sie sicherheitshalber zwischendurch Backups Ihrer Projekte und verwendeten Audiodateien, und nutzen Sie die Funktion ABLAGE • PROJEKTVERWALTUNG • ZUSAMMENLEGEN, die ich in Abschnitt 3.1.6 besprochen habe. Ziehen Sie verwendete ReCycle Dateien zur Sicherheit für den Fall der Fälle zusätzlich manuell in Ihren Projektordner.
- Wenn Sie Ihre MIDI-Noten bei Takt 1 beginnen und Noten etwas vor Takt 1 gespielt wurden, kann es sein, dass Logic die Aufnahme oder eine Automation nicht richtig erfasst. Lösung/Workaround: Beginnen Sie Ihr Projekt bzw. Ihre Aufnahme besser an einem etwas späteren Takt, um solche oder ähnliche Probleme zu vermeiden; das empfehle ich ohnehin generell.

20.2.20 Logic-User-Preferences löschen

Bei unerklärlichen Problemen mit Logic kann es helfen, die »versteckten« Logic-bezogenen User-Preferences zu löschen, die Sie ansonsten nicht anfassen sollten. Gehen Sie hierzu in den Ordner BENUTZER • LIBRARY • PREFERENCES (halten Sie im GEHE ZU ...-Menü des Finders die `alt`-Taste gedrückt, um den *Library*-Ordner zu erreichen). Löschen Sie dort die Datei *com.apple.logic10.plist*. Falls zuvor Logic 9 oder älter installiert war, entfernen Sie auch die Datei *com.apple.logic.pro*. Sichern Sie bei Bedarf eigene Tastaturkurzbefehl-Sets, diese gehen ansonsten hierbei verloren.

Eine weitere Alternative ist eine Neuinstallation über den AppStore.

20.2.21 App-Store-Installation/-Update nicht möglich

Falls ein altes/anderes Logic auf einer anderen Festplatte oder in einem x-beliebigen Ordner herumliegt, kann es sein, das der App Store Probleme hat, Logic auf Ihrer (Haupt-)Platte zu installieren. Unmounten Sie gegebenenfalls andere Festplatten, oder entfernen Sie alle anderen Logic-Versionen. Sonstige Probleme wegen Systemvoraussetzungen habe ich in Kapitel 1 besprochen.

20.2.22 Drum Machine Designer

In nachfolgenden Versionen wurden verwirrende und versteckte Optionen gesperrt, die in Version 10.1 vorhanden waren – z. B. die Möglichkeit, eventuell andere Instrumente wie *Battery* oder *Sculpture* als *Ultrabeat* für Zellen zu nutzen. Wenn Sie Samples auf eine DRUM MACHINE DESIGNER-Zelle ziehen, passierte in Logic 10.1 nichts. Seit Logic 10.2. wird automatisch eine initialisierte *Ultrabeat*-Voice mit dem Sample erstellt.

20.2.23 »Tape Delay« und »Stereo Delay«

Irritierend, aber logisch ist die Neuskalierung des FEEDBACK-Reglers. Im alten »Tape Delay« bedeutete ein Feedback >54 % in der Regel ansteigende Lautstärke. Diese Einstellung entspricht im neuen »Tape Delay« etwa 100 %, das gilt auch, wenn Songs geöffnet werden, die mit alten Logic-Versionen erstellt wurden. Meiner Meinung nach kann es dabei zu Klangveränderungen kommen. Sind die Projekte einmal mit Logic 10.2.1 oder neuer bearbeitet worden, können Sie sie eventuell nicht mehr korrekt in Vorversionen öffnen, denn das alte »Tape Delay« übernimmt die neuen, höheren Werte des FEEDBACK-Reglers, die dann ganz anders klingen (Vorsicht vor extrem lauten Rückkopplungen).

In den Release Notes zu Logic 10.2.2 findet sich übrigens ein Hinweis, das Automationen für »Tape Delay« und »Stereo Delay« aus Songs, die vor 10.2 erstellt wurden, nun korrekt wiedergegeben werden. Somit ist davon auszugehen, dass manche dieser Probleme nur mit Version 10.2.1 nach dem Neudesign, aber nicht mehr mit neueren Versionen existieren.

20.3 Logic Pro X und Vorversionen

Die meisten Logic 9-Songs lassen sich in Logic Pro X öffnen, wenngleich Sie sie dann neu als *.logicx*-Projekte speichern müssen. Nur in wenigen Fällen, z. B. bei verwendeten 32-Bit-Plug-Ins, kann es Probleme geben (weil Logic diese nicht mehr öffnen kann). Zudem lassen sich »Inhalte aus früheren Logic-Versionen laden« (so die Bezeichnung von Apple selbst im Bereich ZUSÄTZLICHEN INHALT LADEN).

20.3.1 Sind parallele Installationen möglich?

Es ist möglich, sowohl Logic 9 als auch Logic Pro X auf demselben Rechner zu installieren. Es ist zumindest nach meinen bisherigen Erfahrungen unproblematisch, mit beiden Programmen simultan auf einem Rechner zu arbeiten. Natürlich kann Logic 9 keine Logic Pro X-Dokumente öffnen, während Logic Pro X Dokumente aus Logic 9 öffnen kann. Leider ist Logic 9 nicht mehr erhältlich.

20.3.2 Die neue Logic Pro X-Terminologie, neue Konzepte, andere Workflows und weitere Änderungen

Viele Funktionen heißen in Logic Pro X anders als in Logic 9. Dabei ist die Verwendung der Begriffe im Programm und in seinen deutschen Handbüchern nicht immer konsequent, auch alte (teilweise sinnvollere) Begriffe werden noch benutzt – und werden Ihnen daher auch in diesem Buch begegnen. So wird für MIDI-Control-Change-Befehle mal der Begriff *Control*, anderswo das Wort *Steuerung* benutzt. Die Funktion *Strip-Silence* heißt mal *Strip-Silence*, dann wieder *Strip-Stille*.

Tabelle 20.1 gibt eine Übersicht über die geänderten Bezeichnungen.

Logic Pro X	Logic 9
Projektdatei oder Projektordner	Projektordner
Hauptfenster	Arrangierfenster
Bereich SPUREN	Arrangierbereich
Informationsfenster REGION	Regionen-Parameterbox
Informationsfenster SPUR	Instrumenten-/Spurenparameterbox
Steuerungsleiste	Transportleiste
Mixer	Mixer
EVENT-Liste	EVENT-Liste
NOTATION/Notationseditor	Notation
MIDI-TRANSFORMER	Transformer
SCHRITTEDITOR	Hyper-Editor
PIANOROLLE	Pianorolle
Transport-Schwebefenster	Transport
MIDI-UMGEBUNG	Environment
MIDI-Draw	Hyperdraw
Schnelles Punch-In	Punch on the Fly
Übersicht PROJEKTAUDIO	Audio-Bin
AUDIODATEIEDITOR	Sample-Editor
MUSIK-TASTATUR (etwas anderes Funktionsprinzip als das Caps-Lock-Keyboard)	Caps-Lock-Keyboard

Tabelle 20.1 Geänderte Bezeichnungen in Logic Pro X gegenüber früheren Versionen

Logic Pro X	Logic 9
ÜBERSICHTEN	Medienbereich
STRIP-STILLE	STRIP-SILENCE
Effekt-Slot/-menü	Insert-Slot/-Menü
Marquee-Lineal	Marquee-Stripe
Vintage Electric Piano	EVP88
Vintage Clav	EVD6
Vintage B3	EVB3

Tabelle 20.1 Geänderte Bezeichnungen in Logic Pro X gegenüber früheren Versionen (Forts.)

Hinzu kommt, dass sämtliche Menüs neu angeordnet und sortiert wurden, wobei sich fast alle Logic 9-Funktionen wiederfinden lassen. Viele zuvor nur in Einstellungen oder in den PROJEKTEINSTELLUNGEN erreichbaren Funktionen sind nun in den Hauptmenüs schneller zugänglich (z. B. Metronomeinstellungen über das Menü AUFNAHME bzw. allgemein die Menüs SPUR, NAVIGATION und AUFNAHME).

Die Hauptmenüs sind übersichtlich geworden, auch Shortcuts für Befehle zum schnellen und direkten Erzeugen von Spuren im SPUR-Menü (z. B. [alt] + [cmd] + [S] zum Erzeugen einer neuen Software-Instrument-Spur, [alt] + [cmd] + [A] für eine neue Audiospur) machen schnelleres Arbeiten möglich.

Die BIBLIOTHEK ist im Hauptfenster nach links gerutscht und befindet sich nicht mehr im Bereich MEDIEN, der nun ÜBERSICHTEN heißt. Der Nachfolger des Audio-Bins heißt »Übersicht PROJEKTAUDIO«. Der alte Bereich ÜBERSICHT, der ein Teilbereich des ehemaligen Bereichs MEDIEN war, heißt nun »Übersicht ALLE DATEIEN«, bei weitgehend gleichgebliebener Funktionalität. Zusätzlich gibt es eine neue Übersicht MEDIEN, die einen schnellen Zugriff auf Audiomaterial und Filme aus Apple-Programmen wie GarageBand, iTunes, Logic und Final Cut ermöglicht. (Apple) Loops haben nun oben rechts im Hauptfenster einen eigenen Button zum Aufrufen.

Ein Doppelklick auf Audioregionen im Spurenbereich öffnet im unteren Teil des Hauptfensters einen Editoren-Bereich, in dem entweder ein AUDIODATEIEDITOR (auch DATEI-Editor genannt), der bis auf wenige Funktionen weitgehend dem alten Sample-Editor entspricht, oder ein neuer AUDIOSPUREDITOR (auch SPUR-Editor genannt) angezeigt werden kann. Der AUDIOSPUREDITOR eignet sich besonders gut für Edits mit der neuen FLEX PITCH-Funktion (Tonhöhenkorrektur).

Auch das Speicherkonzept ist neu. Hierzu gehören: Speichern als Paket, automatisches Sichern, Projektalternativen, Projekt-Backups.

20.3.3 Was Logic Pro X mehr kann als Vorversionen

Diese Liste ist seit der Einführung von Logic X 2013 immer länger geworden. Da das Buch alle wichtigen Features erklärt, verzichte ich hier aus Platzgründen und einer zu großen Schwierigkeit, Vollständigkeit zu gewährleisten, auf eine erneute Auflistung wie in der Vorauflage.

20.3.4 Was fehlt, funktioniert nicht oder hat sich in Logic Pro X gegenüber Logic 9 noch geändert?

Hier noch einige Ergänzungen für Logic 9-User, die zu Logic Pro X wechseln möchten.

Was fehlt in Logic Pro X gegenüber Logic 9?

Es gibt auch Funktionen aus Logic 9, die Logic Pro X nicht (mehr) beherrscht:

- *32 Bit vs. 64 Bit*
  Sie können keine 32-Bit-Plug-Ins mehr ohne Hilfstools von Drittanbietern nutzen. Anders als Logic 9 läuft Logic Pro X nicht mehr im 32-Bit-, sondern nur im 64-Bit-Modus. Daher kann es keine Plug-Ins mehr öffnen, die im 32-Bit-Modus arbeiten. Das bedeutet auch, dass es sich nicht via ReWire mit 32-Bit-Programmen verbinden kann. Im Gegenzug funktioniert ein 64-Bit-Logic-System allerdings auch extrem schnell.
- *Sample-Editor*

  Die alten Funktionen *Groove Machine*, *Audio Energizer* und *Silencer* fehlen, *Audio zu MIDI Groove-Template* fehlt (geht seit Logic 9 via Erstellung eines Groove-Templates von Audioregionen im Flex-Mode), *Audio zu Noten* fehlt (ist sinngemäß im AUDIOSPUREDITOR bei der Bearbeitung mit FLEX PITCH zu erreichen). Das Vorhören funktioniert (bei Fokus auf dem AUDIODATEIEDITOR) via [⇧] + Leertaste statt wie zuvor via Leertaste.
- *Hintergrundfarbe*

  Für den Spurenbereich bzw. ehemaligen ARRANGEMENT-Bereich lässt sich nun keine wählbare Hintergrundfarbe mehr einstellen (wohl aber für die PIANOROLLE).
- *Universal Track Mode*

  Diese allerdings meist eher zu Problemen führende Option aus Logic 9 fehlt unter ALLGEMEINE EINSTELLUNGEN • AUDIO • GERÄTE.
- Manche älteren Effekte aus Logic 9 und Vorversionen sind in Logic Pro X nicht mehr vorhanden (z. B. »AVerb«, »Bass Amp«, »DJ EQ«, »Fat EQ«, »Single Band EQs«, »Silver EQ«, »GoldVerb«, »Guitar Amp Pro«, »Silver Compressor« und »Silver Gate«), öffnen sich allerdings nach wie vor, wenn Sie einen Logic 9-Song mit verwendetem »AVerb« oder »Guitar Amp Pro« öffnen. In neueren Logic X-Versionen sind einige weitere Effekte einfach verschwunden (siehe Kapitel 15, »Die Effekte in Logic Pro X«).
- *Symbolleiste*

  Symbole in der Symbolleiste lassen sich nicht mehr frei anordnen und verschieben.

- *Musik-Tastatur statt Caps-Lock-Keyboard*

  Dass es nun statt des Caps-Lock-Keyboards eine sogenannte MUSIK-TASTATUR gibt, ist nicht nur eine Namensänderung, sondern bedeutet auch, dass mit der Großbuchstabenfeststelltaste kein Keyboard mehr aufgerufen werden kann. Stattdessen ist der Shortcut zum Aufrufen des Keyboards frei belegbar; die Werkseinstellung lautet [cmd] + [K].

- *Plug-In-Fenster*

  In den Plug-In-Fenstern fehlen die Optionen, alternativ zwischen Channel-Strips oder Insert-Slots umzuschalten (hierdurch konnte man schnell im selben Plug-In-Fenster ein ausgewähltes anderes Plug-In anzeigen lassen), bzw. die entsprechenden Flip-Menüs im Fenster. Stattdessen sehen Sie bei eingeschaltetem LINK-Modus automatisch den Insert eines neu gewählten Channel-Strips oder den Slot eines neu gewählten Plug-Ins im Plug-In-Fenster.

- *Node-Funktion fehlt*

  Die Node-Funktion erlaubte die Nutzung der CPU-Ressourcen zweier im Netzwerk miteinander verbundenen Rechner gleichzeitig für dasselbe Projekt.

- *S1000/S3000 Import*

  Im OPTIONS-Menü des *EXS24* fehlt der Eintrag zum Importieren von S1000/S3000-Sounds.

- *Sonstiges*

  Bevor Logic 9 nur noch über Apples App Store erhältlich war, konnte man es als *Logic 9 Studio* kaufen. Zum Paket Logic 9 Studio gehörten noch die Apps *MainStage*, *Quick Time Pro 7*, *WaveBurner*, *Soundtrack Pro* (inklusive dessen Apple Loops Pack), *Compressor* und *Impulse Response Utility*. MainStage und Compressor sind nun separat im App Store erhältlich. Soundtrack Pro und WaveBurner gibt es nicht mehr. Die IMPULSE RESPONSE UTILITY gehört weiterhin zu Logic, ist in der Logic-App selbst »versteckt« und kann über den »Space Designer« geöffnet werden (über das Menü IR SAMPLE, wo Sie auch manuell Impulsantworten laden können). Das war aber bereits in den letzten Logic 9-Versionen der Fall. QT7 wird von der 64-Bit-Version QT10 abgelöst, die nicht ganz so viele Funktionen hat. Es gibt allerdings neuerdings Apple-Academic-Angebote, die ein Bundle aus Logic, MainStage und sogar Final Cut, Motion und Helferprogrammen enthalten.

Einige Detailveränderungen in Logic Pro X

Hier einige weitere ergänzende Detailänderungen in Kurzform:

Taktlineal: Bereich im Song überspringen, linken und rechten Locator-Punkt vertauschen

Mit der Funktion LINKEN UND RECHTEN LOCATOR-PUNKT VERTAUSCHEN, die nach einem Rechtsklick auf das Taktlineal sichtbar wird, oder mit Hilfe des Shortcuts [=] (nur auf dem Nummernblock) vertauschen Sie die Locator-Punkte. In Logic 9 wurde dies realisiert, indem man im Lineal die Selektion von rechts nach links vornahm. In Logic Pro X wird hiermit stattdessen ein ganz normaler Cycle eingestellt.

Vorhören im Audiodateieditor und in den Übersichten »Projekt«, »Medien« und »Alle Dateien«

Das Vorhören einer Selektion im AUDIODATEIEDITOR sowie von Dateien oder Regionen in den Übersichten PROJEKT und ALLE DATEIEN funktioniert auch bei jeweils fokussiertem Bereich nicht mehr wie in Logic 9 mit der Leertaste, sondern via `ctrl` + Leertaste, in der Übersicht MEDIEN dagegen nur mit der Leertaste.

Flex-Mode-Editing

Gedehntes Audiomaterial wird in Logic grau angezeigt, gestauchtes weiß; falls das Audiomaterial keinerlei Dehnung/Stauchung erfahren hat, erscheint es in der Regionsfarbe (Stand Logic Pro X 10.3.2).

Veränderungen im Spur-Header im Spurenbereich; Deaktivierung einzelner Spuren desselben Instruments

Es ist in Logic Pro X nicht möglich, bei mehreren Spuren desselben Software-Instruments einzelne davon zu muten und andere nicht, weil die Einstellungsoption *Spur Mute/Solo* aus den EINSTELLUNGEN • AUDIO • ALLGEMEIN aus Logic 9, die das ermöglichte, nicht mehr vorhanden ist. Alternativ lässt sich im Spur-Header ein EIN/AUS-Knopf zum Deaktivieren einzelner Spuren einblenden, den es in Logic 9 nicht gab.

Steuerungs- und Symbolleiste sowie »Ansicht«-Menü im Hauptfenster

Das ANSICHT-Menü bietet eine übersichtliche Auflistung von Optionen, Teilbereiche des Hauptfensters einzublenden und zu konfigurieren. Dic oberste Leiste des Hauptfensters mit Transportfunktionen heißt nun *Steuerungsleiste* und *Display* und entspricht zum Teil dem, was in Logic 9 unterhalb des Arrangierbereichs untergebracht war, zum Teil aber sind dort auch Buttons der ehemaligen Symbolleiste aus Logic 9 zu finden. Zusätzlich können Sie darunter eine neuartige Symbolleiste im Hauptfenster einblenden, in der Sie viele der in der Steuerungsleiste fehlenden Optionen finden, die es in Logic 9 in der Symbolleiste gab. Symbole in der Symbolleiste lassen sich nicht mehr wie in Logic 9 frei anordnen und verschieben. Dafür sind einige Funktionen verbessert. So können Sie z. B. nicht nur den Wert für Nudge einstellen, sondern mit Hilfe zweier Pfeile die Nudge-Aktion selbst (nach links und rechts) durchführen.

»Link«-Modus in den Editoren

Der LINK-Modus eines Editors wie PIANOROLLE oder EVENT-Liste (der die Anzeige im Editor an die Anzeige im Spurenbereich knüpft) hatte in Logic 9 einen eigenen Button neben dem FOLGEN-Button. In Logic Pro X finden Sie nicht in allen Editoren einen einstellbaren LINK-Modus. Wenn ein LINK-Mode vorhanden ist, lässt er sich im Untermenü ANSICHT des Editors aktivieren oder einblenden, wie beispielsweise in der EVENT-Liste.

Dort können Sie auch einstellen, ob der Inhalt einer untergeordneten Ebene oder einer gleichberechtigten Ebene angezeigt wird.

Regions-Edits für MIDI-Regionen

Beim Editieren von Regionen ist es nun (im Gegensatz zu Logic 9) auch bei MIDI-Regionen möglich, die linke Ecke über den vorhandenen Inhalt der Region hinaus nach rechts zu verschieben.

Erzeugen-Modus in der »Event«-Liste

In früheren Versionen konnte man zwischen einem Filter- und einem Erzeugen-Modus in der EVENT-Liste umschalten. In Logic Pro X hat der EVENT-Editor grundsätzlich die Filterfunktion. In dem Bereich unter den Menüs können Sie wählen, welche Objekte angezeigt bzw. aus der Anzeige herausgefiltert werden. Blau markierte Befehle werden angezeigt. Befehle erzeugen Sie mit dem +-Button daneben. Wenn Sie auf den Eintrag rechts neben dem +-Button klicken, können Sie wählen, welcher Befehl erzeugt werden soll. Die entsprechende Auswahl erscheint erst, wenn Sie mit der Maus über den Bereich streifen.

ReWire: Aus

In Logics allgemeinen Einstellungen unter AUDIO • GERÄTE können Sie nun einstellen, dass Logic betrieben wird, ohne sich als ReWire-Master anzumelden.

Tastaturkommandos/Shortcuts

Die Standard-Tastaturkommandos haben sich geändert. In den Tastaturkommando-Presets, die Sie über LOGIC PRO X • TASTATURKURZBEFEHLE • PRESETS aufrufen, finden Sie einen Eintrag LOGIC 9, so dass Sie auf Wunsch auch mit den alten Logic 9-Shortcuts in Logic Pro X weiterarbeiten können. Darüber hinaus ist es natürlich möglich, ein Shortcut-Preset aus Ihrem alten Logic in Logic Pro X zu importieren und zu nutzen.

Gruppen

Im *Audio Files*-Ordner (im Projektordner oder in der Paketdatei) werden (im Gegensatz zu Logic 9) keine Ordner für Audiodateigruppen mehr erzeugt – auch nicht via PROJEKTVERWALTUNG • PROJEKT ZUSAMMENLEGEN.

Anhang A
Über den Autor

Heiner Kruse arbeitet seit 1994 als Musikproduzent; sein bekanntester Künstlername ist »The Green Man (TGM)«, unter dem er auch als DJ und Live-Act auftritt. Er betreibt außerdem unter anderem seit 1997 das Drum-and-Bass-Label und die Veranstaltungsreihe »Basswerk«. Für 2018 ist eine Jubiläums-Albumveröffentlichung geplant.

Abbildung Heiner Kruse
(Foto: Eva Kruse-Bartsch)

Seit einer Tour zum Album »You decide« auf Combination Records im Jahr 2001 gibt er regelmäßig Musikproduktions-Workshops. 2013 erschien sein Doppel-CD-Album »Sound Power« auf Basswerk. Daneben gab es zahlreiche Releases auf internationalen Labels (z. B. Soundtrax, Dread UK 2016). Seine Musik wurde auch von CSI Miami, Arte, Current TV, Sky, dem Max-Ophüls-Preis, den Stadtwerke Düsseldorf, Jägermeister, Lichtfaktor, Jan Bonny u.v.m. für Filme verwendet. Zudem hat er zu eigenen Stücken eigene Videos produziert (»Take it easy« mit MC Navigator & Skarra Mucci – 2017; »The Moment is now« mit MC Kingz – 2016; »Face the Father« mit Demolition Man, »Word Sound Power« mit Peter Bouncer), siehe *www.youtube.com/basswerkrec*.

Seine Arbeit als Autor umfasst auch Tests und Workshops für »SynMag« und »recording.de«. Er hat zudem im Wizoo-Verlag ein in drei verschiedenen Auflagen erschienenes, vergriffenes Buch »Musikproduktion mit Reason« geschrieben. Außerdem arbeitet er als Dozent für verschiedene Musikproduktionskurse (»Beat Design«, »Music Design«, »Electronic Artist«) an der Akademie Deutsche Pop. Er hat auch für »DVD Lernkurs« diverse Tutorials (»Hands On Kontakt«, »Hands On Battery«, »Hands On Alchemy«, »Hands On Maschine«) produziert.

Ergänzend zu diesem Buch sind Kurz-Tutorials auf *logichilfe.de* geplant, die Sie bei Updates über die neusten Logic-Features informiere.

Künstler-Websites:

- *www.heinerkruse.de*
- *www.basswerk.de*
- *www.thegreenman.de*

Tutorial-Websites:

- *logichilfe.de*
- *sound.report*
- *sound.schule*

Anhang B
Tastaturkurzbefehle

Nachfolgend finden Sie alle Standard-Tastaturkurzbefehle (PRESET: GERMAN) aufgelistet. Sie sind geordnet, wie Logic selbst sie im Dialog LOGIC PRO X • TASTATURKURZBEFEHLE • BEARBEITEN ... (alt + K) kategorisiert. Dort können Sie auch zusätzlich eigene Tastaturkurzbefehle vergeben, was in Abschnitt 3.6 genau erläutert wird. Außerdem erhalten Sie dort einen Überblick über sämtliche Logic-Befehle, für die Sie einen Shortcut vergeben können. Ein angepasstes Shortcutset finden Sie im Bonusmaterial.

Aufnahme / Aufnahme wiederholen	R
Aufnahme / Aufnahme ein-/ausschalten	* (Numpad)
Aufnahme verwerfen und zurück zur letzten Abspielposition	cmd + .
Als Aufnahme behalten	⇧ + R
Wiedergabe	↵ (Numpad)
Pause	, (Numpad)
Stoppen	0 (Numpad)
Wiedergabe oder Stopp	Leertaste
Auswahlbasierte Bearbeitung vorhören	alt + Leertaste
Zurückspulen	, (Numpad)
Vorspulen	. (Numpad)
Schnelles Zurückspulen	⇧ + ,
Schnelles Vorspulen	⇧ + .
Vorspulen mit Transient	ctrl + .
Zurückspulen mit Transient	ctrl + ,
Zurückspulen mit Rasterwert	ctrl + alt + cmd + ,

Tabelle B.1 Global

Vorspulen mit Rasterwert	ctrl + alt + cmd + .
Wiedergabe ab linkem Fensterrand	⇧ + ⏏
Zu Position ...	#
Punch-In-Locator-Punkt an Abspielposition festlegen	ctrl + alt + cmd + I
Punch-In-Locator-Punkt an gerundeter Abspielposition festlegen	ctrl + alt + ⇧ + cmd + I
Punch-Out-Locator-Punkt an Abspielposition festlegen	ctrl + alt + cmd + O
Punch-Out-Locator-Punkt an gerundeter Abspielposition festlegen	ctrl + alt + ⇧ + cmd + O
Locator-Punkte an Regionen/Events/Marquee anpassen und Cycle aktivieren	cmd + U
Gerundete Locator-Punkte an Regionen/Events anpassen und Cycle aktivieren	U
Wiedergabe ab der Auswahl	⇧ + Leertaste
Linken und rechten Locator-Punkt vertauschen	= (Numpad)
Locator-Punkte um die Cycle-Länge vorrücken	⇧ + cmd + .
Locator-Punkte um die Cycle-Länge rückwärts bewegen	⇧ + cmd + ,
Zum Auswahlanfang gehen	ctrl + ↥
Zum Auswahlende gehen	ctrl + ↧
Zum Ende der letzten Region	alt + ↵
Zum Anfang gehen	↵
Marker erstellen	alt + ß
Marker erstellen ohne Runden	ctrl + alt + ß
Marker für ausgewählte Regionen erstellen	alt + ⇧ + ß
Marker löschen	alt + ⌫
Locator-Punkte an Marker anpassen und Cycle aktivieren	ctrl + alt + C
Locator-Punkte an vorherigen Marker anpassen und Cycle aktivieren	ctrl + alt + ,

Tabelle B.1 Global (Forts.)

Locator-Punkte an nächsten Marker anpassen und Cycle aktivieren	ctrl + alt + .
Zum vorherigen Marker gehen und Locator-Punkte setzen	alt + ,
Zum nächsten Marker gehen und Locator-Punkte setzen	alt + .
Zu Marker-Nr. …	alt + #
Marker umbenennen	⇧ + ß
Zu Marker Nr. 1	1 (Numpad)
Zu Marker Nr. 2	2 (Numpad)
Zu Marker Nr. 3	3 (Numpad)
Zu Marker Nr. 4	4 (Numpad)
Zu Marker Nr. 5	5 (Numpad)
Zu Marker Nr. 6	6 (Numpad)
Zu Marker Nr. 7	7 (Numpad)
Zu Marker Nr. 8	8 (Numpad)
Zu Marker Nr. 9	9 (Numpad)
Zu Marker Nr. 10	ctrl + 0 (Numpad)
Zu Marker Nr. 11	ctrl + 1 (Numpad)
Zu Marker Nr. 12	ctrl + 2 (Numpad)
Zu Marker Nr. 13	ctrl + 3 (Numpad)
Zu Marker Nr. 14	ctrl + 4 (Numpad)
Zu Marker Nr. 15	ctrl + 5 (Numpad)
Zu Marker Nr. 16	ctrl + 6 (Numpad)
Zu Marker Nr. 17	ctrl + 7 (Numpad)
Zu Marker Nr. 18	ctrl + 8 (Numpad)
Zu Marker Nr. 19	ctrl + 9 (Numpad)
Cycle-Modus	C

Tabelle B.1 Global (Forts.)

Autopunch-Modus	ctrl + alt + cmd + P
Ersetzen	/ (Numpad)
Solo-Modus	ctrl + S
Solo-Verriegelung einschalten	alt + S
Solo-verriegelte Regionen erneut auswählen	alt + ⇧ + S
Solo löschen/aufrufen	ctrl + alt + cmd + S
Ton überall aus	ctrl + ⇧ + M
MIDI/Monitor-Metronomklick	K
Einzähler	⇧ + K
Fensteranordnung 1 aufrufen	1 (Numpad)
Fensteranordnung 2 aufrufen	2 (Numpad)
Fensteranordnung 3 aufrufen	3 (Numpad)
Fensteranordnung 4 aufrufen	4 (Numpad)
Fensteranordnung 5 aufrufen	5 (Numpad)
Fensteranordnung 6 aufrufen	6 (Numpad)
Fensteranordnung 7 aufrufen	7 (Numpad)
Fensteranordnung 8 aufrufen	8 (Numpad)
Fensteranordnung 9 aufrufen	9 (Numpad)
Fensteranordnung 1x aufrufen	ctrl + 1 (Numpad)
Fensteranordnung 2x aufrufen	ctrl + 2 (Numpad)
Fensteranordnung 3x aufrufen	ctrl + 3 (Numpad)
Fensteranordnung 4x aufrufen	ctrl + 4 (Numpad)
Fensteranordnung 5x aufrufen	ctrl + 5 (Numpad)
Fensteranordnung 6x aufrufen	ctrl + 6 (Numpad)
Fensteranordnung 7x aufrufen	ctrl + 7 (Numpad)
Fensteranordnung 8x aufrufen	ctrl + 8 (Numpad)

Tabelle B.1 Global (Forts.)

Fensteranordnung 9x aufrufen	ctrl + 9 (Numpad)
Schwebefenster »Regionsinfos«	alt + R
Einstellungen öffnen ...	cmd + ,
Automationseinstellungen öffnen ...	alt + A
Event-Liste öffnen ...	cmd + 7
Hauptfenster öffnen ...	cmd + 1
Mixer öffnen ...	cmd + 2
Smart Controls öffnen	cmd + 3
Notationseditor öffnen ...	cmd + 5
Transformer öffnen	cmd + 9
Pianorolle öffnen ...	cmd + 4
Environment öffnen ...	cmd + 0
Projektaudio öffnen ...	cmd + 8
Notenwiederholung	ctrl + alt + ⇧ + ↵
Punktuelles Löschen	ctrl + alt + ⌫ + ⇧
Audiodateieditor öffnen ...	cmd + 6
Musiktastatur ein-/ausblenden ...	cmd + K
Event-Schwebefenster ein-/ausblenden	alt + ⇧ + E
Mixer ein-/ausblenden	X
Smart Controls ein-/ausblenden	B
Notationseditor ein-/ausblenden	N
Fenster »Notensystemstil« ein-/ausblenden	ctrl + alt + ⇧ + S
Fenster »Notationssets« ein-/ausblenden	ctrl + alt + ⇧ + I
Pianorolle ein-/ausblenden	P
Step Input Keyboard ein-/ausblenden	alt + cmd + K
Loop-Browser ein-/ausblenden	O

Tabelle B.1 Global (Forts.)

Bibliothek ein-/ausblenden	Y
Audiodateieditor ein-/ausblenden	W
Dynamische Hilfe ein-/ausblenden	cmd + ß
Detailhilfe einblenden	⇧ + cmd + ß
In externem Sample-Editor öffnen	⇧ + W
Tempoliste öffnen ...	alt + ⇧ + T
Tastaturkurzbefehle öffnen ...	alt + K
Farben ein-/ausblenden	alt + ⇧
Vollbildmodus ein/aus	ctrl + cmd + F
Film öffnen ...	alt + cmd + O
Automation der ausgewählten Spur zwischen Aus und Read umschalten	ctrl + cmd + ctrl
Automation der ausgewählten Spur zwischen Latch und Read umschalten	ctrl + cmd + A
Automation aller Spuren auf Aus stellen	ctrl + ⇧ + cmd + O
Automation aller Spuren auf Read stellen	ctrl + ⇧ + cmd + R
Automation aller Spuren auf Touch stellen	ctrl + ⇧ + cmd + T
Automation aller Spuren auf Latch stellen	ctrl + ⇧ + cmd + L
Liste der Spurautomations-Events ...	ctrl + cmd + E
Automation Quick Access ein-/ausschalten	ctrl + alt + cmd + A
Automationsgruppen (de)aktivieren	⇧ + ctrl
Gruppen-Einstellungen öffnen ...	alt + ⇧ + G
Fenster schließen	cmd + W
Nächstes Fenster	cmd + <
Nächstes Fenster (gegen den Uhrzeigersinn)	⇧ + cmd + <
Vorherige Spur auswählen	↑
Nächste Spur auswählen	↓

Tabelle B.1 Global (Forts.)

Logic Pro X ausblenden	cmd + H
Andere ausblenden	alt + cmd + H
Beenden	cmd + Q
Neues leeres Projekt	⇧ + cmd + N
Neu aus Vorlage ...	cmd + N
Öffnen ...	cmd + O
Projekteinstellungen ...	alt + P
Projekt schließen	alt + cmd + W
Sichern	cmd + S
Projekt sichern unter ...	⇧ + cmd + S
Drucken	cmd + P
Importieren ...	cmd + I
Auswahl als MIDI-Datei exportieren ...	alt + cmd + E
Spuren als Audiodateien exportieren ...	cmd + E
Alle Spuren als Audiodateien exportieren ...	⇧ + cmd + E
Nächste Fensteransicht	⇥
Nächste Fensteransicht (gegen den Uhrzeigersinn)	⇧ + ⇥
Fenster im Dock ablegen	cmd + M
Alle Fenster im Dock ablegen	alt + cmd + M
Fenster zoomen	ctrl + cmd + M
Audiodatei importieren ...	⇧ + cmd + I
Nächstes Channel-Strip-Setting der ausgewählten Spur	⇧ + Ä
Vorheriges Channel-Strip-Setting der ausgewählten Spur	⇧ + Ö
Channel-Strip-Setting kopieren	alt + cmd + C
Channel-Strip-Setting einsetzen	alt + cmd + V

Tabelle B.1 Global (Forts.)

Nächstes Patch, Plug-In-Setting oder EXS-Instrument	[Ä]
Vorheriges Patch, Plug-In-Setting oder EXS-Instrument	[Ö]
Channel-Strip-Mute ein-/ausschalten	[M]
Channel-Strip-Solo ein-/ausschalten	[S]
Channel-Strip-Eingang-Monitoring ein-/ausschalten	[ctrl] + [I]
Channel-Strip-Format wechseln (Mono/Stereo)	[ctrl] + [⇧] + [S]
Alle Plug-In-Fenster ein-/ausblenden	[⇧] + [V]
Schrittweite auf Takt setzen	[ctrl] + [alt] + [M]
Schrittweite auf Beat setzen	[ctrl] + [alt] + [B]
Schrittweite auf Rasterwert setzen	[ctrl] + [alt] + [D]
Schrittweite auf Tick setzen	[ctrl] + [alt] + [T]
Schrittweite auf SMPTE-Frame setzen	[ctrl] + [alt] + [F]
Schrittweite auf 1/2 SMPTE-Frame setzen	[ctrl] + [alt] + [H]
Schrittweite auf 10 ms setzen	[ctrl] + [alt] + [0]
Schrittweite auf 1 ms setzen	[ctrl] + [alt] + [1]
Schrittweite auf Sample setzen	[ctrl] + [alt] + [S]
Eingefügte Note(n) halten	[+]
Controller-Zuweisungen öffnen	[alt] + [⇧] + [K]
Neue Controller-Zuweisung lernen	[cmd] + [L]

Tabelle B.1 Global (Forts.)

Widerrufen	[cmd] + [Z]
Wiederholen	[⇧] + [cmd] + [Z]
Undo-Verlauf ...	[alt] + [cmd] + [Z]
Ausschneiden	[cmd] + [X]
Kopieren	[cmd] + [C]
Einsetzen	[cmd] + [V]

Tabelle B.2 Verschiedene Fenster

Alles auswählen	cmd + A
Werkzeuge einblenden	T
Nächstes Werkzeug wählen	alt + ↖
Vorheriges Werkzeug wählen	alt + ↘
Globale Spuren ein-/ausblenden	G
Globale Spuren konfigurieren ...	alt + G
Arrangierspur ein-/ausblenden	⇧ + cmd + A
Marker-spur ein-/ausblenden	⇧ + cmd + K
Filmspur ein-/ausblenden	⇧ + cmd + O
Transpositionsspur ein-/ausblenden	⇧ + cmd + X
Tempospur ein-/ausblenden	⇧ + cmd + T
Spur »Beat-Mapping« ein-/ausblenden	⇧ + cmd + B
Nur Marker-Spur ein-/ausblenden	ß
Horizontal auszoomen	cmd + ←
Horizontal einzoomen	cmd + →
Vertikal auszoomen	cmd + ↑
Vertikal einzoomen	cmd + ↓
Abruf Zoom 1	ctrl + alt + cmd + 1
Abruf Zoom 2	ctrl + alt + cmd + 2
Abruf Zoom 3	ctrl + alt + cmd + 3
Sichern Zoom 1	ctrl + alt + ⇧ + cmd + 1
Sichern Zoom 2	ctrl + alt + ⇧ + cmd + 2
Sichern Zoom 3	ctrl + alt + ⇧ + cmd + 3
Zoom an Locator-Punkte anpassen, Navigations-Schnappschuss sichern	ctrl + ⇧ + Z
Umschalten zwischen »Zoom an Auswahl anpassen« und »Zoom an alle Inhalte anpassen«	Z

Tabelle B.2 Verschiedene Fenster (Forts.)

Navigations-Schnappschuss sichern	⇧ + Z
Navigation: rückwärts	alt + Z
Navigation: vorwärts	alt + ⇧ + Z
Seite oben	↘
Seite unten	↖
Seite links	↥
Seite rechts	↧
Scrollen bei Wiedergabe	ctrl + <
Informationen ein-/ausblenden	I
Raster	ctrl + G
Abspielposition folgen	<
MIDI senden ein/aus	alt + O
MIDI-In ein/aus	alt + I
Noten/Regionen/Ordner stummschalten: Ein/Aus	ctrl + M
MIDI-Draw: Ausschalten	⇧ + cmd + Y
MIDI-Draw: Automatisch definieren	cmd + Y
MIDI-Draw: Andere ...	alt + Y
Letzten angeklickten Parameter um 1 erhöhen	+
Letzten angeklickten Parameter um 1 verringern	-
Letzten angeklickten Parameter um 10 erhöhen	⇧ + +
Letzten angeklickten Parameter um 10 verringern	⇧ + -

Tabelle B.2 Verschiedene Fenster (Forts.)

Datei(en) im Finder zeigen	⇧ + cmd + R
Bearbeitungen an Nulldurchgängen einrasten	ctrl + 0 (Numpad)
Zu Spuren hinzufügen ...	ctrl + #

Tabelle B.3 Fenster, die Audiodateien anzeigen

Vorhören	ctrl + Leertaste
Cycle für Hörprobe	ctrl + C
Auswahlbasierte Bearbeitung ein-/ausblenden	alt + ⇧ + ⇧
Auswahlbasierte Bearbeitung erneut anwenden	ctrl + alt + P

Tabelle B.3 Fenster, die Audiodateien anzeigen (Forts.)

Neue Spuren ...	alt + cmd + N
Neue Audiospur	alt + cmd + ctrl
Neue Spur für Software-Instrument	alt + cmd + ctrl
Neue externe MIDI-Spur	alt + cmd + X
Neue Spur (Einstellung duplizieren)	cmd + D
Neue Spur mit nächstem Kanal/MIDI-Kanal	ctrl + ↵
Neue Spur mit gleichem Channel-Strip/Instrument	ctrl + ⇧ + ↵
Spur löschen	cmd + ⌫
Unbenutzte Spuren löschen	⇧ + cmd + ⌫
Auswahl aufheben	alt + ⇧ + D
Auswahl umkehren	⇧ + I
Alle folgenden Objekte auswählen	⇧ + F
Alle folgenden Objekte in der Spur/mit gleicher Tonhöhe auswählen	ctrl + ⇧ + F
Alles zwischen Locator-Punkten auswählen	⇧ + L
Überlappende Regionen/Events auswählen	⇧ + O
Gleiche Regionen/Events auswählen	⇧ + E
Ähnliche Regionen/Events auswählen	⇧ + S
Dieselben Subpositionen auswählen	⇧ + P
Stummgeschaltete Regionen/Events auswählen	⇧ + M
Gleichfarbige Regionen/Events auswählen	⇧ + C

Tabelle B.4 Spuren und Editoren im Hauptfenster

Erstes auswählen oder Marquee-Auswahl nach links verschieben	⇧ + ⇞
Letztes auswählen oder Marquee-Auswahl nach rechts verschieben	⇧ + ⇟
»Vorherige Region«/«Vorheriges Event« oder »Marquee-Ende bewegen« (oder »Marquee-Point«) bis »Vorheriger Transient« auswählen	←
»Nächste Region«/«Nächstes Event« oder »Marquee-Ende bewegen« (oder »Marquee-Point«) bis »Nächster Transient« auswählen	→
»Vorherige Region«/«Vorheriges Event« oder »Marquee-Start bewegen« (oder »Marquee-Auswahl erweitern«) bis »Vorheriger Transient«: Ein/Aus	⇧ + ←
»Nächste Region«/«Nächstes Event« oder »Marquee-Start bewegen« (oder »Marquee-Auswahl erweitern«) bis »Nächster Transient«: Ein/Aus	⇧ + →
Zur Auswahl	⇧ + <
Loop für Regionen/Ordner: Ein/Aus	L
Flex/Tempo folgen aktivieren/deaktivieren	ctrl + F
Ausgewählte Events quantisieren	cmd + Q
Quantisierung widerrufen	alt + cmd + Q
Duplizierte Events löschen	alt + D
Einsetzen und ersetzen	⇧ + cmd + V
Regionen/Events mehrfach kopieren	ctrl + alt + cmd + W
Regionen/Events mehrfach wiederholen ...	cmd + R
Regionen/Noten verbinden	cmd + J
Regionen/Events an Locator-Punkten oder Marquee-Auswahl teilen	ctrl + cmd + T
Regionen/Events an Abspielposition teilen	cmd + T
Region/Event auf Abspielposition verschieben (Pickup Clock)	cmd + #

Tabelle B.4 Spuren und Editoren im Hauptfenster (Forts.)

Region/Event zur Abspielposition bewegen und nächste(s) Region/Event auswählen (Pickup Clock+)	⇧ + cmd + #
Region/Event/Marquee-Start auf Abspielposition setzen	cmd + Ö
Region/Event/Marquee-Ende auf Abspielposition setzen	cmd + Ä
Region/Event-Position 1 Schrittweite nach rechts schieben	alt + →
Region/Event-Position 1 Schrittweite nach links schieben	alt + ←
Region/Event rechts um 1 Schrittweite verlängern	alt + ⇧ + →
Region/Event links um 1 Schrittweite verkürzen	alt + ⇧ + ←
Zweites Lineal	ctrl + alt + cmd + R
Spurstapel öffnen	ctrl + cmd + →
Spurstapel schließen	ctrl + cmd + ←
SMPTE-Position entriegeln	cmd + ↘
SMPTE-Position verriegeln	cmd + ↖
Am Raster ausrichten Ein/Aus	cmd + G
Links ausrichten	alt + cmd + Ö
Rechts ausrichten	alt + cmd + Ä
Bouncen ...	cmd + B

Tabelle B.4 Spuren und Editoren im Hauptfenster (Forts.)

Dieselben Kanäle auswählen	⇧ + H
Dieselbe Artikulations-IDs auswählen	⇧ + D
Note trimmen, um Überschneidungen mit Benachbarten zu entfernen	Ü
Notenende auf folgende Noten (erzwungenes Legato) trimmen	⇧ + Ü

Tabelle B.5 Verschiedene Editoren

Höchste Note auswählen	⇧ + ↑
Tiefste Note auswählen	⇧ + ↓
Event transponieren +1 Halbton	alt + ↑
Event transponieren –1 Halbton	alt + ↓
Event transponieren +12 Halbtöne	alt + ⇧ + ↑
Event transponieren –12 Halbtöne	alt + ⇧ + ↓
Event-Position und Länge/Dauer als Zeit oder als Takte/Beats einblenden	ctrl + alt + R

Tabelle B.5 Verschiedene Editoren (Forts.)

Spurauswahl nach oben erweitern	⇧ + ↑
Spurauswahl nach unten erweitern	⇧ + ↓
Vorherige Region auf ausgewählter Spur auswählen	←
Nächste Region auf ausgewählter Spur auswählen	→
1 Automationspunkt an Regionsrändern erstellen	ctrl + ⇧ + cmd + 1
2 Automationspunkte an Regionsrändern erstellen	ctrl + ⇧ + cmd + 2
1 Automationspunkt an jedem Regionsrand erstellen	ctrl + cmd + 1
2 Automationspunkte an jedem Regionsrand erstellen	ctrl + cmd + 2
Redundante Automationspunkte löschen	ctrl + ⌫
Sichtbare Automationsdaten der ausgewählten Spuren löschen	ctrl + cmd + ⌫
Alle Automationsdaten der ausgewählten Spuren löschen	ctrl + ⇧ + cmd + ⌫
Verwaiste Automationsdaten der ausgewählten Spuren löschen	ctrl + ⇧ + ⌫
Sichtbare Regionsdaten zur Spurautomation bewegen	ctrl + cmd + ↑
Sichtbare Spurautomation zur Region bewegen	ctrl + cmd + ↓
Alle Regionsdaten auf Spurautomation bewegen	ctrl + ⇧ + cmd + ↑

Tabelle B.6 Spuren im Hauptfenster

Alle Spurautomationsdaten auf Region bewegen	ctrl + ⇧ + cmd + ↓
Take-Ordner packen	ctrl + alt + cmd + F
Take-Ordner entpacken in vorhandene Spuren	ctrl + cmd + U
Take-Ordner entpacken in neue Spuren	ctrl + ⇧ + cmd + U
Take-Ordner aus-/einblenden	alt + F
Take-Ordner reduzieren	alt + ⇧ + U
Take-Ordner reduzieren und zusammenführen	alt + U
Take oder Comp umbenennen	⇧ + T
Take oder Comp löschen	alt + ⇧ + ⌫
Quick Swipe Comping für Take-Ordner ein-/ausschalten	alt + Q
Vorherigen Take oder Comp auswählen	alt + ⇧ + ↑
Nächsten Take oder Comp auswählen	alt + ⇧ + ↓
Spurstapel erzeugen ...	⇧ + cmd + D
Ordnerstapel erzeugen	⇧ + cmd + F
Summenstapel erzeugen	⇧ + cmd + G
Spurstapel reduzieren	⇧ + cmd + U
Regionen auf Speichermedium bouncen	ctrl + B
Spuren auf Speichermedium bouncen	ctrl + cmd + B
Drum-Ersetzung/Doppeln	ctrl + D
»Spuren ausblenden« ein-/ausschalten	H
Ausgewählte Spur aus-/einblenden und nächste Spur auswählen	ctrl + H
Alle Spuren einblenden	ctrl + ⇧ + H
»Gruppe 1 ausblenden« ein-/ausschalten	ctrl + ⇧ + 1
»Gruppe 2 ausblenden« ein-/ausschalten	ctrl + ⇧ + 2
»Gruppe 3 ausblenden« ein-/ausschalten	ctrl + ⇧ + 3

Tabelle B.6 Spuren im Hauptfenster (Forts.)

»Gruppe 4 ausblenden« ein-/ausschalten	ctrl + ⇧ + 4
»Gruppe 5 ausblenden« ein-/ausschalten	ctrl + ⇧ + 5
»Gruppe 6 ausblenden« ein-/ausschalten	ctrl + ⇧ + 6
»Gruppe 7 ausblenden« ein-/ausschalten	ctrl + ⇧ + 7
»Gruppe 8 ausblenden« ein-/ausschalten	ctrl + ⇧ + 8
»Gruppe 9 ausblenden« ein-/ausschalten	ctrl + ⇧ + 9
Spurzuschaltung (On) ein-/ausschalten	alt + M
Spur für die Aufnahme aktivieren ein-/ausschalten	ctrl + R
Aktuelle Spur einzoomen	ctrl + alt + cmd + ↓
Aktuelle Spur auszoomen	ctrl + alt + cmd + ↑
Aktuelle Spur ein-/auszoomen	ctrl + alt + cmd + Z
Ausgewählte Spur vergrößern: Ein/Aus	ctrl + Z
Individuellen Spurzoom zurücksetzen	ctrl + alt + cmd + ⌫
Zoom für alle Spuren zurücksetzen	ctrl + alt + ⇧ + cmd + ⌫
Alias in Kopie einer Region umwandeln	ctrl + A
Alle Aliasse der Region auswählen	⇧ + A
Alle verwaisten Aliasse auswählen	alt + ⇧ + A
Audio-Crossfade-Optionen beim Zusammenführen ...	alt + X
Standardcrossfade anwenden	ctrl + alt + X
Zuletzt bearbeitetes Fade erneut anwenden	alt + ⇧ + X
Regionen pro Spur verbinden	J
Snip: Bereich zwischen Locator-Punkten herausschneiden (Global)	ctrl + cmd + X
Stille zwischen Locator-Punkten einfügen (Global)	ctrl + cmd + Z
Splice: herausgeschnittenen Bereich an Abspielposition einfügen (Global)	ctrl + cmd + V
Bereich zwischen Locator-Punkten wiederholen (Global)	ctrl + cmd + R

Tabelle B.6 Spuren im Hauptfenster (Forts.)

Abschnitt von gewählten Arrangement-Markern schneiden	alt + cmd + ⌫
Spur umbenennen	⇧ + ↩
Ausgewählte Regionen in ausgewählte Spur bewegen	ctrl + ⇧ + T
Region an Aufnahmeposition verschieben	alt + ⇧ + cmd + R
Regionen in neue Regionen umwandeln	alt + cmd + R
Regionen in neue Audiodateien umwandeln	alt + cmd + F
Regionen in neue Sampler-Spur umwandeln	ctrl + E
Regionslänge auf Locator-Punkte dehnen/stauchen	alt + cmd + L
Regionslänge auf nächstgelegenen Takt dehnen/stauchen	alt + cmd + B
Tempo von ausgewählter Region erkennen ...	alt + cmd + T
Stille von Audioregion entfernen ...	ctrl + X
Region zur Loop-Bibliothek hinzufügen ...	ctrl + ⇧ + O
Regionsparameter normalisieren	ctrl + N
Quantisierung unwiderruflich anwenden	ctrl + Q
Loops in Regionen konvertieren	ctrl + L
Optimale Regionsgrößen nach Takten gerundet festlegen	ctrl + Ü
Überlappungen entfernen	Ü
Regionsende an nächster Region trimmen	⇧ + Ü
Regionen auf Bereich innerhalb der Locator-Punkte trimmen	alt + Ü
Regionen außerhalb der Locator-Punkte oder Marquee-Auswahl abschneiden	cmd + Ü
Spurautomation ein-/ausblenden	ctrl
Flex Pitch/Time ein-/ausblenden	cmd + ctrl
Regionsanfang an vorherigem Transienten trimmen	ctrl + ⇧ + Ö

Tabelle B.6 Spuren im Hauptfenster (Forts.)

Regionsanfang an nächstem Transienten trimmen	ctrl + ⇧ + Ä
Regionsende an vorherigem Transienten trimmen	ctrl + Ö
Regionsende an nächstem Transienten trimmen	ctrl + Ä
Region umbenennen	⇧ + N
Regionen nach Spurnamen benennen	alt + ⇧ + N
Spuren nach Regionsnamen benennen	alt + ⇧ + cmd + N
Regionen nach Spurfarbe färben	alt + ⇧ + C
Spuren nach Regionsfarbe färben	alt + ⇧ + cmd + C
Wellenform vertikal auszoomen	cmd + -
Wellenform vertikal einzoomen	cmd + +
Symbolleiste ein-/ausblenden	ctrl + alt + cmd + T
Spur-Header konfigurieren ...	alt + T
Editor ein-/ausblenden	E
Notizblock ein-/ausblenden	alt + cmd + P
Listeneditoren ein-/ausblenden	D
Übersichten ein-/ausblenden	F
Ausgabespur ein-/ausblenden	⇧ + cmd + M
Hilfslinien Ein/Aus	alt + cmd + G
Neue Spuralternative	ctrl + alt + cmd + N
Spuralternative duplizieren	ctrl + alt + cmd + D
Inaktive Spuralternativen löschen	ctrl + alt + cmd + ⌫
Spuralternative umbenennen	ctrl + alt + cmd + ↵
Inaktive Spuralternativen ein-/ausblenden	ctrl + alt + A
Nächste Spuralternative aktivieren	ctrl + alt + ↑
Vorherige Spuralternative aktivieren	ctrl + alt + ↓

Tabelle B.6 Spuren im Hauptfenster (Forts.)

Mixer-Modus wechseln (Einzeln, Arrangement-fenster, Alle)	⇧ + X
Auswahl aufheben	alt + ⇧ + D
Audio-Channel-Strips auswählen	⇧ + A
Instrument-Channel-Strips auswählen	⇧ + S
Aux-Channel-Strips auswählen	⇧ + F
Ausgangs-Channel-Strips auswählen	⇧ + O
MIDI-Channel-Strips auswählen	⇧ + E
Gleichfarbige Channel-Strips auswählen	⇧ + C
Stummgeschaltete Channel-Strips auswählen	⇧ + M
Vorherigen Channel-Strip (links) auswählen	←
Nächsten Channel-Strip (rechts) auswählen	→
Neuen Aux-Channel-Strip erzeugen	ctrl + N
Spuren für ausgewählte Channel-Strips erzeugen	ctrl + T

Tabelle B.7 Mixer

Nur Kabel löschen	ctrl + ⌫
Objekt nach links	alt + ←
Objekt nach rechts	alt + →
Objekt nach oben	alt + ↑
Objekt nach unten	alt + ↓
Objektbreite -1 Pixel	alt + ⇧ + ←
Objektbreite + 1 Pixel	alt + ⇧ + →
Objekthöhe -1 Pixel	alt + ⇧ + ↓
Objekthöhe + 1 Pixel	alt + ⇧ + ↑
Kabel ein-/ausblenden	ctrl + C
Kabel und Positionen schützen	ctrl + P

Tabelle B.8 MIDI-Umgebung

Auswahl umkehren	⇧ + I
Unbenutzte Instrumente auswählen	⇧ + U
Kabelziel auswählen	⇧ + →
Kabelursprung auswählen	⇧ + ←
Ausgewählte Fader-Werte senden	ctrl + V
Layer löschen	cmd + ⌫
Seriell verkabeln	ctrl + S

Tabelle B.8 MIDI-Umgebung (Forts.)

Time Handles ein-/ausblenden	ctrl + ctrl + alt + cmd
Pinselmuster definieren und Pinselwerkzeug aufrufen	ctrl + ⇧ + B
Pinselmuster zurücksetzen	ctrl + ⇧ + ⌫

Tabelle B.9 Pianorolle

Seitenansicht	ctrl + P
Ordnerinhalt darstellen	ctrl + F
Polyphonie in Zeilen darstellen	ctrl + X
Instrumentnamen ein-/ausblenden	ctrl + ⇧ + N
Seitenlineale ein-/ausblenden	ctrl + ⇧ + R
Gehe zu Seite ...	ctrl + #
Mehrfach einsetzen	alt + ⇧ + cmd + V
Nächstes Event auswählen	→
Vorheriges Event auswählen	←
Nächste Zeile	↓
Vorherige Zeile	↑
Synkope erzwingen	ctrl + ⇧ + Y
Synkope unterdrücken	ctrl + Y

Tabelle B.10 Notationseditor

Interpretation erzwingen	ctrl + ⇧ + I
Interpretation unterdrücken	ctrl + I
Notenhals aufwärts	ctrl + alt + ↑
Notenhals abwärts	ctrl + alt + ↓
Notenhalsende aufwärts bewegen	alt + cmd + ↑
Notenhalsende abwärts bewegen	alt + cmd + ↓
Haltebogen aufwärts	ctrl + alt + ⇧ + ↑
Haltebogen abwärts	ctrl + alt + ⇧ + ↓
Balken erzwingen	ctrl + B
Balken unterdrücken	ctrl + U
Balken automatisch	ctrl + D
Enharmonische Verschiebung: ♯	⇧ + #
Enharmonische Verschiebung: ♭	⇧ + B
Notenattribute zurücksetzen	ctrl + ⇧ + ⌫
MIDI-Kanalzuweisung nach Preset für Stimmen-trennung	ctrl + ⇧ + C
Nach oben verschieben	ctrl + alt + cmd + ↑
Nach unten verschieben	ctrl + alt + cmd + ↓
Nach links verschieben	ctrl + alt + cmd + ←
Nach rechts verschieben	ctrl + alt + cmd + →
Globale Layout-Einstellungen	ctrl + alt + ⇧ + F
Einstellungen: Ziffern und Namen	ctrl + alt + ⇧ + N
Einstellungen: Gitarrentabulatur	ctrl + alt + ⇧ + G
Einstellungen: Akkordsymbole und -diagramme	ctrl + alt + ⇧ + C
Einstellungen: Schlüssel, Takt- und Tonart	ctrl + alt + ⇧ + L
Einstellungen: Erweitertes Layout	ctrl + alt + ⇧ + X
Einstellungen: MIDI-Beeinflussung	ctrl + alt + ⇧ + M

Tabelle B.10 Notationseditor (Forts.)

Einstellungen: Notationsfarben	ctrl + alt + ⇧ + 0
Einfügen: Crescendo	alt + <
Einfügen: Decrescendo	alt + ⇧ + <
Hauptfinger löschen	ctrl + alt + ⇧ + ⌫
Hauptfinger 1 festlegen	ctrl + alt + ⇧ + 1
Hauptfinger 2 festlegen	ctrl + alt + ⇧ + 2
Hauptfinger 3 festlegen	ctrl + alt + ⇧ + 3
Hauptfinger 4 festlegen	ctrl + alt + ⇧ + 4
Hauptfinger 5 festlegen	ctrl + alt + ⇧ + 5

Tabelle B.10 Notationseditor (Forts.)

Vorheriges Event auswählen	↑
Nächstes Event auswählen	↓
Länge als absolute Position	ctrl + ⇧ + A
Artikulations-ID	ctrl + ⇧ + D
Relative Position	ctrl + ⇧ + R
Event duplizieren und numerisch eingeben	cmd + D
Wert auf alle folgenden Events übertragen	⇧ + V

Tabelle B.11 Event-Editor

Lane erzeugen	alt + cmd + N
Lane löschen	cmd + ⌫
Lane kopieren	ctrl + C
Lane einsetzen	ctrl + V
Erkennen ein-/ausschalten	ctrl + A
Nächste Lane auswählen	↓
Vorherige Lane auswählen	↑

Tabelle B.12 Schritteditor

Vorherige Audiodatei auswählen	↑
Nächste Audiodatei auswählen	↓
Umbenennen ...	⇧ + ↵
Audiodatei hinzufügen ...	ctrl + F
Region erzeugen	ctrl + R
Datei(en) löschen	cmd + ⌫
Datei(en) optimieren ...	ctrl + O
Sicherungskopie(n) erstellen	ctrl + B
Datei(en) kopieren/konvertieren ...	ctrl + K
Nicht Verwendete auswählen	⇧ + U
Alle Regionen einblenden	alt + ↓
Alle Regionen ausblenden	alt + ↑
Stille von Audioregion entfernen ...	ctrl + X
Regionsinfos importieren	ctrl + I
Regionsinfos exportieren	ctrl + E
Gruppe erstellen ...	ctrl + G

Tabelle B.13 Projektaudio

Alles starten/stoppen	ctrl + alt + cmd + Leertaste
Region starten/stoppen	ctrl + alt + ⇧ + Leertaste
Region ab Anker starten/stoppen	ctrl + alt + Leertaste
Sicherungskopie erstellen	ctrl + B
Zurück zu Sicherungskopie	ctrl + alt + cmd + B
Auswahl sichern unter ...	alt + cmd + S
Region → Auswahl	↘
Auswahl → Region	↖

Tabelle B.14 Audiodateieditor

Zum Auswahlanfang gehen	ctrl + ↖
Zum Auswahlende gehen	ctrl + ↘
Zum Regionsanfang gehen	ctrl + alt + ←
Zum Regionsende gehen	ctrl + alt + →
Zum Regionsanker gehen	ctrl + alt + ↓
Zum vorherigen Transienten	alt + ←
Zum nächsten Transienten	alt + →
Auswahlanfang zum vorherigen Transienten verschieben	⇧ + ←
Auswahlanfang zum nächsten Transienten verschieben	⇧ + →
Auswahlende zum vorherigen Transienten verschieben	←
Auswahlende zum nächsten Transienten verschieben	→
Auswahlanfang und -ende auf vorherigen Transienten	⇧ + cmd + ←
Auswahlanfang und -ende auf nächsten Transienten	⇧ + cmd + →
Auswahlanfang und -ende auf vorherigen Transienten und Wiedergabe starten	alt + cmd + ←
Auswahlanfang und -ende auf nächsten Transienten und Wiedergabe starten	alt + cmd + →
Transient-Bearbeitungsmodus ein-/ausschalten	ctrl + T
Anzahl der Transienten erhöhen	ctrl + +
Anzahl der Transienten verringern	ctrl + -
Alle vorherigen Objekte auswählen	ctrl + alt + ⇧ + ←
Alle folgenden Objekte auswählen	ctrl + alt + ⇧ + →
Neue Region erzeugen	ctrl + R
Normalisieren	ctrl + N
Pegel ändern ...	ctrl + G

Tabelle B.14 Audiodateieditor (Forts.)

Fade-In	ctrl + I
Fade-Out	ctrl + O
Stille	ctrl + ⌫
Invertieren	ctrl + ⇧ + I
Rückwärts	ctrl + ⇧ + R
Trimmen	ctrl + ⇧ + T
Gleichspannungsversatz entfernen	ctrl + D
Time and Pitch Machine ...	ctrl + P
Spitzenpegel suchen	⇧ + P
Stille suchen	⇧ + S
Position auf Spur verriegeln, wenn Anker bewegt wird	ctrl + A

Tabelle B.14 Audiodateieditor (Forts.)

Auswahl umkehren	⇧ + I
Audio-Sample laden ...	ctrl + F
Neue Zone	ctrl + Z
Neue Gruppe	ctrl + G
Sampler-Instrument und Sample-Dateien exportieren	alt + ⇧ + cmd + S
Ausgewählte Zonen/Gruppen nach links verschieben	alt + ←
Ausgewählte Zonen/Gruppen nach rechts verschieben	alt + →
Ausgewählte Zonen/Gruppen nach links verschieben (Zonen inkl. Basistonart)	alt + ⇧ + ←
Ausgewählte Zonen/Gruppen nach rechts verschieben (Zonen inkl. Basistonart)	alt + ⇧ + →
Instrument sichern	alt + cmd + S
Mehrere Samples laden ...	ctrl + O
im Audiodateieditor öffnen	ctrl + W

Tabelle B.15 EXS24-Instrument-Editor

Note 'C'	A
Note 'C#'	W
Note 'D'	S
Note 'D#'	E
Note 'E'	D
Note 'F'	F
Note 'F#'	T
Note 'G'	G
Note 'G#'	Z
Note 'A'	H
Note 'A#'	U
Note 'H'	J
Pausen	Leertaste
Nächster Ton wird höher (#)	⇧ + #
Nächster Ton wird tiefer (b)	⇧ + B
Akkordmodus	Ü
Löschen	ctrl + ⌫
Schritt zurück	←
Schritt vorwärts	→
Oktave –1	Y
Oktave –2	⇧ + Y
Oktave +1	X
Oktave +2	⇧ + X
$^1/_1$ Note	1
$^1/_2$ Note	2
$^1/_4$ Note	3

Tabelle B.16 - Step Input Keyboard

$^1/_8$ Note	[4]
$^1/_{16}$ Note	[5]
$^1/_{32}$ Note	[6]
$^1/_{64}$ Note	[7]
$^1/_{128}$ Note	[8]
Triolen ein/aus	[9]
Werte für punktierte Noten ein/aus	[0]
Velocity 16 (ppp)	[C]
Velocity 32 (pp)	[V]
Velocity 48 (p)	[B]
Velocity 64 (mp)	[N]
Velocity 80 (mf)	[M]
Velocity 96 (f)	[,]
Velocity 112 (ff)	[.]
Velocity 127 (fff)	[-]
Notenstarts quantisieren: Ein/Aus	[Q]

Tabelle B.16 - Step Input Keyboard (Forts.)

Scherenwerkzeug	[I]
Klebetuben-Werkzeug	[G]
Radiergummiwerkzeug	[E]
MIDI-Thru-Werkzeug	[⇧] + [M]
Textwerkzeug	[⇧] + [T]
Solo-Werkzeug	[S]
Stiftwerkzeug	[P]
Fadenkreuzwerkzeug	[H]

Tabelle B.17 Werkzeugmenü

Ton-aus-Werkzeug	[M]
Fingerwerkzeug	[F]
Layoutwerkzeug	[L]
Zoom-Werkzeug	[Y]
Größenänderungswerkzeug	[Z]
Stimmtrennungswerkzeug	[J]
Kamerawerkzeug	[C]
Velocity-Werkzeug	[V]
Quantisierungs-Werkzeug	[Q]
Fade-Werkzeug	[A]
Automationsauswahl-Werkzeug	[U]
Automationskurven-Werkzeug	[W]
Marquee-Werkzeug	[R]
Flex-Werkzeug	[X]
Pinselwerkzeug	[B]

Tabelle B.17 Werkzeugmenü (Forts.)

Index

B

C

D

E

F

G

H

I

J

K

L

M

N

O

P

Q

R

S

T

X

Z